Diccionario Escolar Ilustrado

Norma

REALIZACIÓN EDITORIAL

Educactiva S. A. S.

DIRECCIÓN Y COORDINACIÓN EDITORIAL

Mabel Pachón Rojas

AUTOR

Martín Moreno Ángel

DIRECCIÓN Y ASESORÍA LÉXICOGRÁFICA

Ma. Clara Henríquez

ASESORÍA EDITORIAL Y LEXICOGRÁFICA

Ma. Teresa Tautivá

EQUIPO REDACCIÓN VOCES NUEVAS

Yuri Ferrer Franco
Sandra Viviana Mahecha Mahecha

EQUIPO REVISIÓN TÉCNICA CURRICULAR

Víctor Ardila Gutiérrez
Área de Matemáticas

Yuri Ferrer Franco
Área de Lenguaje

Ma. Cristina Martínez
Área de Educación Artística

Liliana Ortiz Cifuentes
Área de Ciencias

Henry Rivera Soto
Área de Sociales

EQUIPO LECTURA EDITORIAL Y REVISIÓN TÉCNICA

Fernando Carretero Socha
María Barbarita Gómez
Carolina Salazar Mora

FOTOGRAFÍA

Shutterstock Inc.

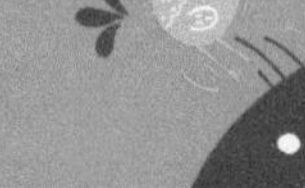

DIRECCIÓN DE ARTE

Gloria Esperanza Vásquez A.

DISEÑO Y CONCEPTO GRÁFICO

Carolina Ávila

Primera impresión, 2016
Avenida el Dorado N° 90 - 10
Bogotá, D. C., Colombia

ISBN 978-958-00-0016-7
61079835

DICCIONARIO ESCOLAR ILUSTRADO

EL DICCIONARIO, LA MEJOR HERRAMIENTA PARA NAVEGAR EL UNIVERSO

Editorial Norma entrega la nueva edición del **DICCIONARIO ESCOLAR ILUSTRADO** a la comunidad educativa de los niveles medios constituyéndose en una obra pionera de consulta gracias a la renovación y actualización realizada a su corpus.

Esta obra se acogió a las pautas lexicográficas derivadas de la más reciente edición del *Diccionario de Lengua Española* (2014), de la Real Academia Española (RAE), e hizo una revisión y actualización del contenido de la primera edición.

Este diccionario fue acogido por estudiantes y maestros porque con su aparición enriqueció la oferta para el área educativa al presentar no solo otra perspectiva en el ámbito de la lexicografía didáctica sino un apropiado número de voces de las diferentes áreas, aspecto también actualizado en esta versión por docentes mediante su exhaustiva mirada a los planes y textos de estudio vigentes.

Continúa siendo un diccionario básico no solo por contener y explicar el vocabulario de uso común y propio de la enseñanza escolar, sino porque es una firme base sobre la cual los estudiantes pueden afianzar sus conocimientos. El **DICCIONARIO ESCOLAR ILUSTRADO**, contiene cerca de **24 000 voces** y más de **44 000 acepciones**; ofrece un amplio número de **desarrollos enciclopédicos** que complementan lo aprendido en el aula e incluye la definición de la totalidad de las palabras utilizadas en las acepciones.

Con el fin de atender a las exigencias de un mundo interrelacionado en todos los niveles y con la certeza de que es la palabra el elemento que lo unifica y permite su comprensión, se ha puesto énfasis en incluir nuevas voces y acepciones, especialmente las derivadas de las ciencias, la tecnología y la informática, tanto de uso diario como especializado. Además se ha dado ingreso a los términos de otros idiomas ya aceptados por la RAE como parte del castellano y a los denominados extranjerismos. Así se conjuga un doble interés: fortalecer el conocimiento de nuestra lengua y garantizar su uso con calidad y precisión.

La **separata** presentada al final incluye variadas secciones que fomentan el interés por nuestro planeta y a la vez responden tanto a temáticas de las necesidades escolares -geografía universal y física- como de interés general y actualidad -el mundo animal, curiosidades y animales en peligro.

PARTES DEL DICCIONARIO

DICCIONARIO ESCOLAR ILUSTRADO

CABEZOTES DE INICIO DE LETRA

abaratar *tr.* y *prnl.* Dis
hacerla barata y accep
abarca *f.* Calzado de c
la planta del pie y se s
cuerdas.
abarcar 1 *tr.* Rodear al
2 Contener en sí. 3 A
prender, ceñir. 5 Ocupa
abarquillar *tr.* y *prnl.* D
de barquillo convexo.
abarrotar 1 *tr.* Atest
2 Llenar de gente un l

VOCES

El diccionario incluye más de 24 000 voces.

abdicar *tr.* e *intr.* Renunciar a la dignidad de soberano, o traspasarla a otro.

DEFINICIÓN DE PALABRAS

Las voces contienen varias definiciones o acepciones.

CORNISAS

Contienen información sobre el número de página y el rango de las palabras que se encuentran entre la página izquierda, primera palabra, y la página derecha, última palabra.

antiácido, da

antiácido, da 1 *adj. y s.* I

36

FOTOGRAFÍAS

Ilustran cada página y complementan los significados. Las voces destacadas se resaltan en color.

antifaz 1 *m.* Pieza
rodea los ojos. 2 Pi
bren los ojos contra

UÑEROS

Ubican al lector en la letra respectiva del alfabeto.

A
B
C

antiácid
antiácido,
siste a la a
que neutral
antiaéreo,
aéreos.
antibelicist

MODO DE USO

DICCIONARIO ESCOLAR ILUSTRADO

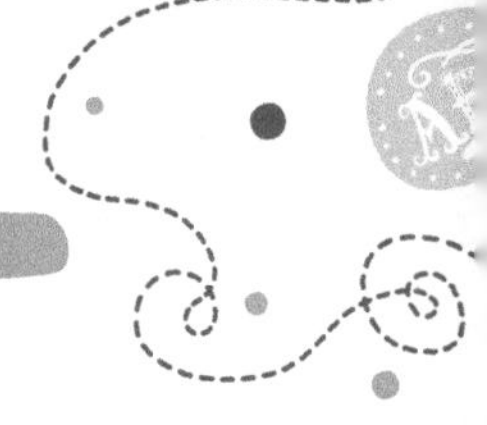

NÚMERO SUPERÍNDICE

Diferencia las voces homógrafas.

CATEGORÍA GRAMATICAL

Indica la clasificación gramatical: sustantivo, adjetivo, verbo, adverbio, etc.

coma[1] *m.* MED Estado de inconsciencia debido a enfermedades o traumatismo grave.

ABREVIATURA TEMÁTICA

Indica el tema o materia al que se adscribe la definición.

VOZ O LEMA

Palabra que se define.

coma[2] **1** *f.* ORT Signo ortográfico (,) que, de manera general, se usa para marcar la pausa que separa los distintos miembros de una oración: *Llegué a tiempo, pero ya te habías ido; El caballo relincha, la vaca muge, el perro ladra* y para evitar confusiones con el sentido de ciertas oraciones: *Las vacas, que rumiaban echadas, se levantaron/Las vacas que rumiaban echadas se levantaron.* **2** ORT **punto** y ~. || ~ **decimal** MAT Signo (,) que separa la parte entera de la parte decimal de un número.

Ejemplos de uso destacados con cursivas.

CUERPO DE VOZ

Comprende la información semántica (qué significados tiene la palabra).

VIRGULILLA (~)

Empleada para reemplazar la grafía de la voz o lema. En este caso, debe leerse punto y coma.

REFERENCIA CRUZADA O ENVÍO

Remite a otras voces, generalmente más especializadas, que se definen en el cuerpo del diccionario, denominadas "formas complejas".

DOBLE BARRA O DOBLE PLECA ||

Se emplea para separar las acepciones de las formas compuestas.

FORMA COMPUESTA

Presenta una expresión compuesta por la voz y otra palabra, la cual da lugar a una definición particular.

ACEPCIONES

Presenta los diferentes significados de la voz o lema. Se enumeran a partir de la primera definición.

MODO DE USO

DICCIONARIO ESCOLAR ILUSTRADO

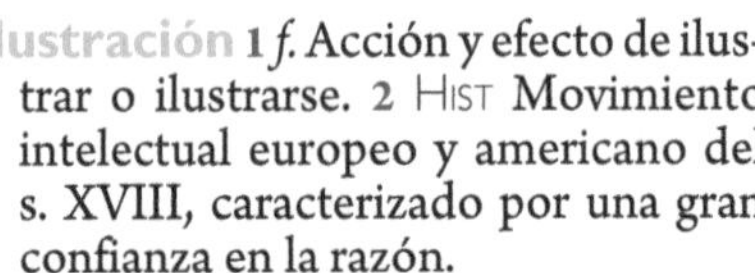

ilustración 1 *f.* Acción y efecto de ilustrar o ilustrarse. 2 HIST Movimiento intelectual europeo y americano del s. XVIII, caracterizado por una gran confianza en la razón.
□ HIST La Ilustración postulaba que mediante el uso de la razón el progreso ilimitado sería posible. En Francia tuvo un desarrollo sobresaliente representado por ilustrados como Montesquieu, Diderot, Voltaire, Rousseau y contó también con valiosos representantes en otros países, como Kant en Alemania, Hume en Escocia y B. Franklin y T. Jefferson en las colonias británicas. Concluyó con la Revolución francesa (1789) y sirvió de modelo para la reforma humanista del mundo occidental del s. XIX.

CUADRATÍN BLANCO

Señala el desarrollo enciclopédico.

DEFINICIONES ENCICLOPÉDICAS

Textos con relevancia didáctica en las diferentes áreas del saber escolar.

constitución 1 *f.* Acción y efecto de constituir. 2 Estructura y disposición de algo. 3 Complexión de un individuo. 4 DER Ley fundamental de un Estado que establece los derechos y las obligaciones de los ciudadanos y de sus gobernantes. ◆ En esta última acepción se escribe con may. inic.

ROMBO

Usado para complementar o precisar información gramatical, fonética o morfológica.

incremento 1 *m.* AUMENTO. 2 MAT Pequeño aumento en el valor de una variable. Símbolo: Δ.

aumento 1 *m.* Acrecentamiento o incremento de algo. 2 Cosa añadida. 3 Avance, progreso.

REMISIÓN

Envía a la voz o lema en el que se desarrolla la definición.

altamar (Tb. alta mar) *f.* GEO Parte del mar que se halla a bastante distancia de la costa.

Incluye información etimológica y sobre variantes dialectales.

jazz (Voz ingl.) *m.* MÚS Forma de expresión musical surgida a finales del s. XIX derivada de los cantos y melodías de los negros estadounidenses.

VOZ EXTRAJERA

Destacadas en bastardilla, se identifican las palabras provenientes de otros idiomas en su forma cruda o sin adaptación.

ABREVIATURAS

DICCIONARIO ESCOLAR ILUSTRADO

GRAMATICALES

A

adj.	adjetivo
adv.	adverbio/adverbial
adv. c.	adverbio de cantidad
adv. comp.	adverbio comparativo
adv. d.	adverbio de duda
adv. dem.	adverbio demostrativo
adv. af.	adverbio de afirmación
adv. l.	adverbio de lugar
adv. m.	adverbio de modo
adv. neg.	adverbio de negación
adv. ord.	adverbio de orden
adv. t.	adverbio de tiempo
amb.	nombre ambiguo
art.	artículo

C

coloq.	coloquial
com.	nombre de género común
comp.	comparativo
conc.	concesivo, va
conj.	conjunción
conj. advers.	conjunción adversativa
conj. cop.	conjunción copulativa
conj. distr.	conjunción distributiva
conj. disy.	conjunción disyuntiva
conj. lat.	conjunción latina
conjug. c.	conjugar como

D

def.	verbo defectivo
dem.	demostrativo
desp.	despectivo, va
distr.	distributivo, va

E

expr.	expresión

F

f.	nombre femenino
fr.	frase

I

impers.	impersonal
indef.	indefinido, da
indet.	indeterminado, da
inic.	inicial
interj.	interjección
interr.	interrogativo, va
intr.	verbo intransitivo

L

loc.	locución
loc. adj.	locución adjetiva
loc. adv.	locución adverbial
loc. lat.	locución latina
loc. prepos.	locución preposicional
loc. conj.	locución conjuntiva
loc. ingl.	locución inglesa
loc. verb.	locución verbal

M

m.	nombre masculino
may.	mayúscula

N

neg.	negación/negativo, va

P

p.a.	participio activo
pers.	personal
pl.	plural
p.p.	participio pasivo
prep.	preposición
prnl.	verbo pronominal
pron.	pronombre
pron. dem.	pronombre demostrativo
pron. indef.	pronombre indefectivo
pron. pers.	pronombre personal
pron. relat.	pronombre relativo

S

s.	sustantivo

T

tr.	verbo transitivo

V

vb. irreg.	verbo irregular
vulg.	vulgar

NO GRAMATICALES

A

a.C.	antes de Cristo
al.	alemán
ant.	anticuado, da/antiguo, gua antiguamente
aprox.	aproximadamente aproximado, da
ar.	árabe

C

c	ciudad
°C	grado centígrado
cap.	capital
cm	centímetro

D

d.C.	después de Cristo
depart.	departamento

E

E	Este
etc.	etcétera

F

fig.	figurado, da
fr.	francés

G

g	gramo

ABREVIATURAS
DICCIONARIO ESCOLAR ILUSTRADO

H

h.	hacia
hebr.	hebreo

I

ingl.	inglés
it.	italiano

J

jap.	japonés

K

kg	kilogramo
km	kilómetro
km/s	kilómetro por segundo

L

l	litro
lat.	latín

M

m	metro
min	minuto
mm	milímetro
m/s	metro por segundo

N

N	Norte
NE	Noreste
NO	Noroeste

O

O	Oeste

P

p. ej.	por ejemplo

R

rom.	romaní

S

s	segundo
s.	siglo
S	Sur
SE	Sureste
SO	Suroeste
ss.	siglos

T

t	tonelada métrica

TEMÁTICAS

A

Anat	anatomía
Arq	arquitectura
Art	arte
Astr	astronomía

B

Biol	biología
Bioq	bioquímica
Bot	botánica

C

Cin	cinematografía

D

Dep	deporte
Der	derecho

E

Ecol	ecología
Econ	economía
Electr	electricidad o electrotecnia
Electrón	electrónica

F

Farm	farmacia
Fil	filosofía
Fis	física
Fisiol	fisiología
Folcl	folclor
Fon	fonética
Fot	fotografía

G

Geo	ciencias de la tierra
Geom	geometría
Gram	gramática

H

Hist	historia

I

Inf	informática

L

Ling	lingüística
Lit	literatura
Lóg	lógica

M

Mat	matemáticas
Med	medicina
Mit	mitología
Mús	música

O

Ópt	óptica
Ort	ortografía

P

Polít	política
Psic	psicología

Q

Quím	química

R

Rel	religión

T

Teat	teatro
Telec	telecomunicaciones
Teol	teología
TV	televisión

Z

Zool	zoología

a[1] *f.* Primera letra del **alfabeto** español y primera de las vocales. Representa gráficamente un fonema vocálico, abierto y central. • pl.: *aes.*

a[2] 1 *prep.* Introduce el complemento directo: *Amo a Luisa*; precede al complemento indirecto: *Vendí la casa a Juan.* 2 Expresa movimiento, dirección o lugar: *Iré a Caracas*; *te veré a la salida del teatro*; tiempo: *Nos encontraremos a las 11*; espacio: *Gira a la izquierda*; modo: *Hecho a mano*; cantidad: *Está a 30 km*; precio: *Todo a mil.* 3 Da principio a muchas locuciones adverbiales: *A oscuras*; *a toda prisa.* 4 Da principio a algunas locuciones conjuntivas: *A menos que*; *a fin de que.* 5 Se utiliza en sustitución de algunas preposiciones y conjunciones: *Siempre al sur* (hacia); *con el agua a la rodilla* (hasta); *a la orilla del mar* (junto a); *a beneficio de los damnificados* (para); *a qué vienes* (para qué).

ábaco *m.* MAT Pieza con varillas paralelas, bolas ensartadas y movibles y un travesaño perpendicular que divide las bolas en dos grupos. Se usa para contar y realizar cálculos aritméticos. La columna más a la derecha representa las unidades, la que está a la izquierda las decenas y así sucesivamente.

abad, desa *m.* y *f.* Superior de un monasterio o de algunas comunidades religiosas.

abadesa *f.* **ABAD.**

abadía *f.* Monasterio o iglesia regido por un abad o una abadesa.

abajo *adv. l.* Hacia lugar o parte inferior.

abalanzar 1 *tr.* Lanzar o arrojar algo con violencia. 2 *prnl.* Arrojarse sobre alguien o algo.

abalear *tr.* Disparar con bala sobre alguien o algo; herir o matar a balazos.

abaleo *m.* Acción y efecto de abalear.

abalorio 1 *m.* Conjunto de cuentas ensartadas. 2 Cada una de las cuentas.

abanderado 1 *m.* Persona que lleva la bandera en actos públicos. 2 Persona que se distingue en la defensa de una causa.

abandonar 1 *tr.* Desamparar a alguien o algo. 2 *prnl.* Confiarse a alguien. 3 Descuidar los propios intereses o el aseo. 4 Rendirse ante las adversidades.

abandonismo *m.* Tendencia a renunciar sin lucha a los propios intereses.

abandono *m.* Acción y efecto de abandonar.

abanicar *tr.* y *prnl.* Hacer aire con el abanico.

abanico 1 *m.* Instrumento de tela o papel y varillas, de forma semicircular, para hacer o hacerse aire. 2 Lo que se utiliza con ese fin o que tiene dicha forma. 3 Conjunto de asuntos, proposiciones, etc. || ~ **aluvial** GEO Depósito de arenas semicircular formado por una corriente de agua cuando abandona un valle y se abre a un terreno llano.

abaratar *tr.* y *prnl.* Disminuir el precio de una cosa, hacerla barata y accequible.

abarca *f.* Calzado de cuero o de caucho que protege la planta del pie y se sujeta al tobillo con correas o cuerdas.

abarcar 1 *tr.* Rodear algo con los brazos o la mano. 2 Contener en sí. 3 Alcanzar con la vista. 4 Comprender, ceñir. 5 Ocuparse a la vez de varias cosas.

abarquillar *tr.* y *prnl.* Dar a una cosa delgada la forma de barquillo convexo.

abarrotar 1 *tr.* Atestar de géneros un almacén. 2 Llenar de gente un lugar.

abarrote *m.* Artículos de primera necesidad.

abasí *adj.* HIST De la dinastía de 37 califas árabes de Bagdad. Su fundador, Abu-l-Abbas, era descendiente de un tío de Mahoma.

abastecer *tr.* y *prnl.* Proveer de lo necesario.

abasto 1 *m.* Provisión de artículos de primera necesidad, especialmente víveres. 2 *pl.* Organización de abastecimiento de dichos artículos a una población.

abate *m.* Clérigo perteneciente a las órdenes menores durante el s. XVIII.

abatido, da *adj.* Desanimado, desmoralizado.

abatimiento *m.* Acción y efecto de abatir.

abatir 1 *tr.* y *prnl.* Derribar, demoler. 2 Hacer perder el ánimo, deprimir. 3 *tr.* Hacer bajar algo. 4 Tender lo que estaba vertical.

abazón *m.* ZOOL Cada una de las dos bolsas que tienen algunos animales en los carrillos para guardar y transportar los alimentos.

abbevilliense *adj.* y s. HIST Dicho del periodo más antiguo del Paleolítico europeo, que se remonta unos 800 000 años. Su industria lítica se caracteriza por las hachas bifaces en forma de almendra.

abdicar *tr.* e *intr.* Renunciar a la dignidad de soberano, o traspasarla a otro.

abdomen 1 *m.* ANAT Cavidad del cuerpo de los vertebrados y conjunto de los órganos contenidos en ella. En los mamíferos estos órganos son: estómago, intestino, hígado, páncreas, bazo y riñones. 2 ZOOL En los insectos, crustáceos, arácnidos y otros artrópodos, es la región posterior del cuerpo ubicada a continuación del tórax.

abducción 1 *f.* Desplazamiento de un órgano o miembro respecto al plano medio del cuerpo. 2 Supuesto secuestro de seres humanos llevado a cabo por criaturas extraterrestres. 3 QUÍM Operación que consiste en conducir un gas desde un recipiente a otro que contiene un sólido o líquido para retenerlo.

abecedario 1 *m.* ALFABETO, serie ordenada de letras. 2 Impreso en el que aparecen las letras del alfabeto, que sirve para enseñar a leer.

abeja *f.* Insecto himenóptero con cuerpo peludo y piezas bucales succionadoras o masticadoras. Algunas especies son sociales, como la abeja melífera, que es muy valiosa desde el punto de vista económico y vive en colonias que constan de una sola hembra fecunda, muchos machos y numerosas hembras estériles.

abejorro *m.* Insecto himenóptero grande y peludo, de color negro y dorado. Especialmente adaptado al frío, vive en enjambres poco numerosos.

abencerraje *adj.* y *m.* HIST Relativo a los abencerrajes, familia del reino musulmán granadino del s. XV.

aberración 1 *f.* Desviación extremada de lo que se considera normal. 2 Disparate; equivocación grave. 3 BIOL Desviación esporádica del tipo normal que experimenta un carácter morfológico o fisiológico. 4 ÓPT Imperfección de un sistema óptico que produce un imagen defectuosa.

abertura 1 *f.* Acción de abrir. 2 Boca, agujero. 3 Terreno abierto entre dos montañas. 4 FON Amplitud que los órganos articulatorios dejan al paso del aire, al producirse un sonido. 5 ÓPT Diámetro útil de un anteojo, telescopio u objetivo.

abeto *m.* Árbol de las coníferas, propio de la alta montaña de las zonas templadas septentrionales, que puede alcanzar hasta 50 m de altura. Sus ramas crecen horizontalmente hasta formar una copa en forma de cono.

abierto, ta 1 *adj.* Desembarazado, llano, dilatado. 2 Sincero, franco. 3 Comprensivo y tolerante. 4 FON **vocal ~**; **sílaba ~**. 5 DEP Dicho de la prueba, torneo, etc., con participación de profesionales y no profesionales.

abigarrar *tr.* Colorear algo con muchos colores mal combinados.

abigeato *m.* Hurto de ganado o bestias.

abiótico, ca *adj.* BIOL Dicho del medio en el que no es posible la vida.

abisal 1 *adj.* GEO Dicho de las zonas del mar con profundidades mayores a 2000 m. 2 GEO **fosa ~**; **llanura ~**.

abismar 1 *tr.* y *prnl.* Confundir, trastornar. 2 *prnl.* Sumergirse en una idea o sentimiento.

abismo 1 *m.* Profundidad grande. 2 PRECIPICIO. 3 Diferencia u oposición tajante entre personas o cosas.

abjurar *tr.* e *intr.* Renunciar solemnemente a una creencia.

ablación *f.* Acción y efecto de cortar, separar, quitar, en especial un órgano.

ablandar 1 *tr.* y *prnl.* Poner blanda una cosa. 2 Suavizar la oposición, la severidad o el enfado. 3 *prnl.* Conmoverse por la emoción o la ternura.

ablativo *m.* GRAM Caso de declinación que expresa relaciones de procedencia local o temporal; se expresa anteponiendo al sustantivo preposiciones como *a, con, de, desde, en, por, sin, sobre, tras.*

ablución *f.* REL Rito de purificación de manos u objetos sagrados.

abnegación *f.* Actitud de quien afronta cualquier sacrificio en favor de una persona, una creencia o un ideal.

abocado, da *adj.* Expuesto a una situación inminente, generalmente negativa.

abocar *tr.* y *prnl.* Acercar, aproximar.

abochornar 1 *tr.* y *prnl.* Causar bochorno el calor excesivo. 2 SONROJAR.

abofetear *tr.* Dar o pegar bofeteadas a alguien.

abogado, da 1 *m.* y *f.* Persona que ha cursado la carrera de Derecho. || **~ defensor** DER Persona que está encargada de la defensa en un juicio. **~ del diablo** Encargado de presentar las objeciones en los procesos de canonización. 2 Persona que pone en duda o contradice un argumento o asunto para esclarecer su sentido.

abolengo *m.* Conjunto de antepasados ilustres.

abolicionismo *m.* HIST Doctrina nacida en Inglaterra en el s. XVIII, que sentó las bases para la abolición de la esclavitud en todo el mundo.

abolir *tr.* Derogar, dejar sin vigor una ley o una costumbre.

abollar *tr.* Producir hundimiento en una superficie al apretarla o golpearla.

abombar *tr.* y *prnl.* Ahuecar una cosa dándole forma convexa.

abominar *tr.* e *intr.* ABORRECER.

abonado, da *m.* y *f.* Persona que, mediante el pago de un abono, disfruta de una cosa o de algún servicio.

abonar[1] 1 *tr.* Acreditar como buena a una persona o cosa. 2 Responder de la fiabilidad de alguien o de la veracidad de una declaración. 3 Pagar los vencimientos de una venta o préstamo a plazos. 4 Asentar cierta cantidad en el haber de una cuenta. 5 Echar abono a la tierra.

abonar[2] *tr.* y *prnl.* Inscribir, mediante pago, a una persona para que pueda asistir a algún espectáculo o recibir algún servicio.

abono[1] 1 *m.* Fianza, garantía. 2 Cada uno de los pagos de una compra o préstamo a plazos. 3 Sustancia que se añade a la tierra para aumentar su fertilidad.

abono[2] *m.* Derecho que adquiere el abonado.

abordaje 1 *m.* Acción de abordar un medio de transporte. 2 Acción de pasar a la nave que se ataca.

abordar 1 *tr.* Acercarse a alguien para proponerle o tratar un asunto. 2 Acometer algo que ofrezca dificultad. 3 Subir un pasajero a un medio de transporte. 4 Plantear o tratar un asunto.

aborigen 1 *adj.* Originario de la zona en que vive. 2 *adj.* y *m.* y *f.* Dicho del primitivo morador de un país.

aborrecer *tr.* Sentir aversión hacia alguien o algo.

abortar 1 *tr.* e *intr.* Parir un feto no viable o muerto. 2 *intr.* Interrumpir el embarazo voluntariamente. 3 Fracasar alguna empresa.

abotagar 1 *prnl.* Hincharse el cuerpo o una parte de él. 2 *tr.* Estar atontado.

abotonar *tr.* y *prnl.* Meter el botón por el ojal para cerrar la prenda.

abra 1 *f.* Abertura ancha entre dos montañas. 2 Bahía de poca extensión.

abracadabra *m.* Palabra a la que se le atribuyen propiedades mágicas.

abrasar 1 *tr.* y *prnl.* Reducir a brasa, quemar. 2 *tr.* Sentir dolor o picor, especialmente a causa de la sed. 3 *tr.* e *intr.* Calentar demasiado.

abrasión 1 *f.* Acción y efecto de desgastar algo por roce o raspado. 2 GEO **plataforma** de ~.

abrasivo, va 1 *adj.* Relativo a la abrasión. 2 *m.* Producto que, mediante fricción, sirve para pulir o desgastar metal, piedra, etc.

abrazadera *f.* Pieza que sirve para asegurar una cosa, ciñéndola.

abrazar 1 *tr.* y *prnl.* Rodear con los brazos. 2 *tr.* Ceñir algo dentro de unos límites. 3 Adherirse a una idea o partido.

abrelatas *m.* Utensilio para abrir los botes y latas de conserva.

abrevar *tr.* Dar de beber al ganado.

abreviación 1 *f.* Acción y efecto de abreviar. 2 Procedimiento de reducción de una palabra mediante la supresión de determinadas letras o sílabas. Los distintos tipos de abreviación son: **abreviatura, acortamiento, acrónimo, sigla** y **símbolo.**

abreviar *tr.* Acortar, reducir a tiempo o espacio menores.

abreviatura *f.* Representación escrita de una palabra o grupo de palabras obtenida mediante la supresión de algunas letras o sílabas de su escritura completa: *Artículo/art.*; *departamento/depto.*

abridor *m.* Instrumento que sirve para quitar las tapas de ciertas botellas o abrir latas.

abrigar 1 *tr.* y *prnl.* Resguardar del frío. 2 *tr.* Tener deseos o afectos: *Abrigar esperanzas.*

abrigo 1 *m.* Defensa contra el frío. 2 Cosa que abriga. 3 Prenda larga y gruesa, con mangas, que se pone sobre las demás. 4 Paraje a resguardo de los vientos. 5 Amparo, auxilio. || ~ **rocoso** Cueva natural poco profunda.

abril *m.* Cuarto mes del año; consta de treinta días.

abrillantar *tr.* Dar brillo a una cosa.

abrir 1 *tr., intr.* y *prnl.* Hacer patente o dejar libre lo cerrado u oculto; separar del marco la hoja de la puerta; descorrer el cerrojo, etc. 2 *tr.* Tirar de los cajones de un mueble sin sacarlos del todo. 3 Separar las cosas que ocultan algo: *Abrió el libro separando las hojas.* 4 *tr.* Despegar o cortar un envoltorio. 5 Iniciar una actividad, un ejercicio: *Abrir la sesión.* 6 Establecer una cuenta corriente. 7 Ir a la cabeza de una fila. 8 *tr.* y *prnl.* En el cuerpo o en instrumentos que giran sobre goznes, dejar un espacio entre dos partes: los brazos, las piernas, las tijeras, etc. 9 Extender lo encogido o plegado: la mano, un paraguas. 10 Hender, rasgar: el suelo, la madera. 11 *prnl.* Hablando del vehículo o del conductor, tomar una curva por la parte exterior de esta. 12 Confiarse a alguien. 13 Salir huyendo. 14 Desistir de algo, volverse atrás.

abrochar *tr.* y *prnl.* Cerrar dos partes de una prenda con broches, botones, etc.

abrogar *tr.* Abolir, revocar una ley o disposición.

abrojo *m.* Árbol dicotiledóneo de hojas compuestas, flores actinomorfas amarillas y fruto espinoso.

abrumar 1 *tr.* Molestar en exceso. 2 Apabullar con alabanzas o burlas desproporcionadas.

abrupto, ta 1 *adj.* Escarpado, que tiene gran pendiente. 2 Áspero, rudo.

absceso *m.* MED Acumulación de pus en los tejidos orgánicos.

abscisa 1 *f.* GEOM Coordenada horizontal en un plano cartesiano rectangular. Es la distancia entre un punto y el eje vertical, medida sobre una paralela al eje horizontal. 2 GEOM **eje** de ~s.

abscisión *f.* Separación de una porción pequeña de un cuerpo hecha con instrumento cortante.

absentismo *m.* No asistencia deliberada al trabajo.

ábside *m.* o *f.* ARQ Parte del templo abovedada y comúnmente semicircular, que sobresale en la fachada posterior.

absolución *f.* Acción de absolver.

absolutismo *m.* HIST y POLÍT Sistema de gobierno caracterizado por la ausencia de las limitaciones constitucionales al poder político o a quien ejerce la dirección del Estado. Predominó entre los ss. XVII y XVIII en las monarquías europeas.

absoluto, ta 1 *adj.* Que excluye toda relación. 2 Que no admite restricción o atenuación: *Silencio absoluto.* 3 Dicho de los gobiernos absolutistas. 4 Dicho del juicio terminante o categórico. 5 FÍS Dicho de las magnitudes cuando se miden a partir de un valor cero que corresponde realmente a la ausencia de la magnitud en cuestión. 6 GRAM **tiempo** ~. 7 QUÍM Dicho de sustancias químicas líquidas en estado puro.

absolver 1 *tr.* Declarar libre de algún cargo u obligación. 2 Perdonar a un penitente sus pecados. 3 Declarar no culpable a un procesado.

absorbancia *f.* FÍS Medida de la cantidad de luz absorbida por una sustancia, la cual se representa como el **logaritmo** de la relación entre la intensidad de la luz que sale y la que entra.

absorber 1 *tr.* FÍS y QUÍM Captar un cuerpo sólido moléculas de otro en estado líquido o gaseoso, como hacen la esponja con el agua y las plantas con el oxígeno. 2 FÍS Captar las moléculas de un cuerpo el calor u otro tipo de energía radiante. 3 Consumir por entero. 4 Incorporar una institución a otra.

absorción *f.* Acción de absorber.

absorto, ta *adj.* Enfrascado en algo con descuido de todo lo demás.

abstencionismo *m.* Criterio o postura de no intervención, sobre todo en política.

abstener 1 *prnl.* Privarse de algo. 2 No participar en algo.

abstinencia 1 *f.* Renuncia a un goce por motivos de virtud o de religión. 2 Privación de comer carne en cumplimiento de un precepto religioso. 3 MED **síndrome** de ~.

abstracción 1 *f.* Acción y efecto de abstraer o abstraerse. 2 Cualidad de abstracto. 3 Cosa irreal.

abstraccionismo *m.* ART Movimiento surgido a comienzos del s. XX cuya principal característica fue la de sustituir la representación realista por un lenguaje visual autónomo y dotado de significaciones particulares. La primera obra abstracta fue *Acuarela abstracta*, de W. Kandinsky (1910).

abstracto, ta 1 *adj.* Que indica una cualidad con independencia del sujeto en el que puede darse, como la belleza o la bondad. 2 Poco definido. 3 ART Dicho del arte o del artista que no pretende representar cosas concretas. 4 GRAM **sustantivo ~**.

abstraer 1 *tr.* Separar mentalmente las cualidades de un objeto para considerarlas en sí. 2 *prnl.* Apartar la atención de algo para concentrarse en otras cosas.

absurdo, da *adj.* Contrario a la lógica o a la razón.

abuchear *tr.* Reprobar con gritos y silbidos una actuación pública.

abuelo, la *m.* y *f.* Cada uno de los progenitores del padre o de la madre.

abulia *f.* Falta de voluntad para emprender algo o para actuar.

abundancia *f.* Gran cantidad de cualquier cosa.

abundar *intr.* Tener o hallarse en abundancia.

aburrimiento *m.* Tedio, cansancio.

aburrir *tr.* y *prnl.* Cansar, fastidiar.

abusar 1 *intr.* Hacer uso excesivo o indebido de algo. 2 Aprovecharse de otras personas. 3 Forzar a alguien a satisfacer el propio apetito sexual.

abyecto, ta *adj.* Despreciable en sumo grado.

acá *adv. l.* Indica un lugar cercano menos preciso que el que denota *aquí*; por ello admite grados de comparación: *Más acá; muy acá; tan acá.*

acabar 1 *tr.* y *prnl.* Terminar algo, esmerarse en concluirlo. 2 Consumir por entero. 3 *intr.* Rematar, finalizar: *Acaba en punta.* 4 *intr.* y *prnl.* Destruir, matar: *Acabaron con Pedro.* 5 Seguido de la preposición *de* y un infinitivo, suceder poco antes: *Acabo de decir.* 6 Extinguirse, aniquilarse.

acacia *f.* Nombre genérico de muchos árboles y arbustos dicotiledóneos de hojas compuestas, flores en cabezuelas dispuestas en racimos y fruto en legumbre.

academia 1 *f.* Sociedad científica, literaria o artística establecida con autoridad pública. 2 Sede en que se reúnen los académicos. 3 Establecimiento privado en que se instruye a quienes han de seguir una carrera o profesión determinada.

academicismo *m.* Cualidad de académico.

académico, ca 1 *adj.* Relativo a las academias. 2 Dicho de las obras de arte o de los artistas, que observan con rigor las normas clásicas. 3 *m.* y *f.* Persona perteneciente a una corporación académica.

acadio, dia *adj.* y *s.* HIST Del imperio surgido en tiempos de Sargón I (h. 2300 a.C.), que supuso el dominio de los semitas de Acad sobre Sumer y Elam.

acaecer *intr.* Ocurrir o producirse un hecho.

acalefo, fa *adj.* y *s.* ZOOL Dicho de un animal marino perteneciente a la familia de los **celentéreos**, que posee una cavidad corporal rodeada de tentáculos y que en su estado adulto tiene forma de medusa.

acallar 1 *tr.* Hacer callar. 2 Apaciguar, aplacar.

acalorar 1 *tr.* y *prnl.* Causar o dar calor. 2 *prnl.* Enardecerse por la mucha pasión o enojo.

acampar *tr.* e *intr.* Instalarse en el campo en tiendas de campaña o al aire libre.

acanalar *tr.* Hacer estrías o canales en un objeto.

acantilado *m.* Costa rocosa cortada verticalmente.

acantonar *tr.* y *prnl.* Distribuir y alojar tropas en diversos poblados.

acaparar 1 *tr.* Acumular mercancías en cantidad superior a la necesaria, encareciendo así el mercado. 2 Llevarse la mayor parte de algo: *Acaparó la atención.*

acaramelar *tr.* Dar a ciertos alimentos un baño de azúcar a punto de caramelo.

acariciar 1 *tr.* y *prnl.* Hacer caricias. 2 Rozar suavemente una cosa a otra.

ácaro *adj.* y *m.* ZOOL Dicho de los arácnidos de respiración traqueal o cutánea con cefalotórax unido al abdomen. Muchos son parásitos de animales o plantas.

acarrear 1 *tr.* Transportar en un vehículo y, por extensión, de cualquier otra manera. 2 Ocasionar o traer consigo consecuencias desgraciadas.

acartonado, da 1 *adj.* Que tiene el aspecto o la consistencia del cartón. 2 Que carece de espontaneidad.

acaso 1 *m.* Casualidad, suerte. 2 *adv. d.* Quizá. 3 *adv. m.* Accidentalmente.

acatamiento *m.* Acción y efecto de acatar.

acatar *tr.* Rendir sumisión o respeto a una persona y a sus órdenes o consejos.

acatarrar *tr.* y *prnl.* Constipar, agarrar un catarro.

acaudalar 1 *tr.* Hacer o reunir caudal. 2 Atesorar conocimientos o cualidades.

acaudillar 1 *tr.* Dirigir como caudillo. 2 Conducir un grupo.

acceder 1 *intr.* Mostrarse conforme con la petición o el parecer ajenos. 2 Ceder alguien en su opinión. 3 Tener acceso a un lugar o cargo.

accesible 1 *adj.* Dicho de lo que puede ser alcanzado o del lugar al que se puede llegar. 2 De fácil trato, cordial.

acceso 1 *m.* Acción de acercarse. 2 Entrada o paso. 3 Acometida de una enfermedad o de un estado anímico. 4 Cópula sexual. 5 INF Forma en que una memoria de computador puede ser leída o escrita.

accesorio, ria 1 *adj.* Que no es necesario o principal. 2 *m.* Utensilio para un determinado trabajo o para el funcionamiento de una máquina.

accidental 1 *adj.* No esencial o sustancial. 2 Contingente, casual.

accidentar 1 *tr.* Producir un accidente. 2 *prnl.* Padecerlo.

accidente 1 *m.* Cualidad o estado no esencial de algo. 2 Suceso eventual que altera el curso regular de las cosas. 3 Suceso imprevisto que, además, produce daños: *Accidente vial.* 4 Irregularidad del terreno. 5 GRAM Modificación que experimentan las palabras variables para expresar diversas categorías gramaticales. Los accidentes gramaticales son: género, número, modo, tiempo y persona.

acción 1 *f.* Ejercicio de una facultad y efecto de hacer algo: acto, hecho. 2 ECON Parte alícuota del capital social de una empresa, que proporciona a su propietario una renta. 3 Documento en que se refleja dicha participación. || ~ **de tutela** DER Formalización del pedimento de una tutela. ~ **popular** DER Posibilidad que tiene cualquier persona para promover un proceso aunque no tenga una relación personal con el objeto del mismo.

accionar 1 *tr.* Poner en funcionamiento un mecanismo. 2 *intr.* Hacer movimientos y gestos para indicar algo o dar más fuerza a la palabra, canto, etc.

accionista *m.* y *f.* Dueño de acciones en alguna empresa.

acebo *m.* Árbol de los países septentrionales, de hojas perennes verdes, flores blancas y fruto rojo, que se usan como adornos navideños.

acechar *tr.* Espiar, observar cautelosamente a alguien.

acecho *m.* Acción de acechar.

acecinar *tr.* Salar las carnes y secarlas al humo y al aire.

acéfalo, la 1 *adj.* Sin cabeza. 2 Dicho de la comunidad, secta, etc., que no tiene jefe.

aceite 1 *m.* Grasa líquida que se extrae de algunos vegetales como la aceituna, el algodón, el girasol, el maíz, la soja, etc. 2 Por extensión, grasa animal o mineral. 3 QUÍM Sustancia líquida, combustible e insoluble en agua formada por ésteres de ácidos grasos o por hidrocarburos derivados del petróleo.

aceituna *f.* Fruto del olivo.

aceleración 1 *f.* Acción y efecto de acelerar o acelerarse. 2 FÍS Magnitud que representa la variación de la velocidad en una unidad de tiempo. Su unidad es el metro por segundo cada segundo (m/s^2). || ~ **negativa** FÍS Disminución de la velocidad de un objeto que se mueve.

acelerado, da 1 *adj.* Que experimenta aceleración. 2 Impaciente, nervioso. 3 *f.* Aceleración súbita a la que se somete un motor.

acelerador, ra 1 *adj.* Que acelera. 2 *m.* Mecanismo del automóvil que regulariza la entrada de la mezcla explosiva en la cámara de combustión del motor y permite acelerar su régimen de revoluciones. 3 Dispositivo con que se acciona dicho mecanismo. || ~ **nuclear** o **de partículas** FÍS Aparato electromagnético que imprime gran velocidad a las partículas elementales con el objeto de desintegrar el núcleo de los átomos. Permite el estudio de las partículas elementales.

acelerar *tr.* y *prnl.* Aumentar la velocidad de una marcha o de un proceso.

acelga *f.* Planta hortense de hojas anchas y jugosas y pecíolo o nervio central muy desarrollado.

acendrar 1 *tr.* Depurar los metales por la acción del fuego. 2 Purificar de cualquier mancha.

acento 1 *m.* FON Modalidad fónica del lenguaje, que afecta a la intensidad, cantidad, timbre y tono de los sonidos. 2 Inflexión particular con que se distingue el modo de hablar de los grupos lingüísticos. || ~ **agudo, gráfico** u **ortográfico** ORT TILDE. ~ **prosódico** FON y GRAM Realce con que se pronuncia una sílaba respecto a las demás que la acompañan, distinguiéndola por una mayor intensidad o un tono más alto.

acentuación *m.* Acción y efecto de acentuar.

acentuar 1 *tr.* FON Dar acento prosódico a las palabras. 2 ORT Poner a las palabras que lo requieren el acento ortográfico. 3 Recalcar las palabras pronunciándolas lentamente. 4 *tr.* y *prnl.* Resaltar, poner de relieve algo.

acepción *f.* Significado en que se toma una palabra o locución que tiene varios.

aceptación *f.* Aprobación o éxito de una persona o cosa.

aceptar 1 *tr.* Admitir a una persona o cosa tal como se presenta. 2 Aprobar, dar por bueno.

acequia *f.* Zanja para conducir las aguas.

acera *f.* Orilla pavimentada y algo elevada de la calle destinada a los peatones.

acerar 1 *tr.* Transformar el hierro en acero. 2 Dar un baño de acero.

acerbo, ba 1 *adj.* Áspero al paladar. 2 Cruel, riguroso.

acerca *loc. adv.* CERCA[2]. || ~ **de** Sobre el asunto que se trata.

acercar *tr.* y *prnl.* Poner cerca o más cerca en el espacio o en el tiempo, y también en sentido figurado.

acería *f.* Fábrica de acero.

acerico *m.* Almohadilla en que se clavan alfileres o agujas.

acero *m.* Aleación de hierro y carbono, de notable dureza y elasticidad. Se utiliza para la fabricación de máquinas, carrocerías de automóvil, estructuras de construcción, horquillas para el pelo, etc.

acérrimo, ma *adj.* Muy fuerte o tenaz.

acertar 1 *tr.* Atinar, dar en el blanco. 2 *tr.* e *intr.* Encontrar, hallar. 3 Dar con la solución o el resultado de algo. 4 Hacer algo con acierto.

acertijo *m.* ADIVINANZA.

acervo 1 *m.* Patrimonio cultural o moral. 2 Montón de cosas menudas.

acetábulo *m.* ANAT Cavidad de un hueso en que encaja otro.

acetato 1 *m.* QUÍM Sal formada por la reacción del ácido acético con una base. 2 QUÍM Éster producido por reacción del ácido acético con un alcohol. 3 Fibra artificial obtenida por la acción del anhídrido y el ácido acético sobre la celulosa.

acético, ca 1 *adj.* Relativo al vinagre o sus derivados. 2 QUÍM Dicho del ácido producido por oxidación del alcohol vínico. Se usa para la síntesis de los colorantes y la acetona y para la obtención de acetatos.

acetileno *m.* QUÍM Hidrocarburo gaseoso obtenido por la acción del agua sobre el carburo de calcio. Se emplea para la soldadura y corte de metales.

acetilo *m.* QUÍM Radical orgánico correspondiente al ácido acético.

acetona *f.* QUÍM Compuesto orgánico líquido e inflamable que se emplea como disolvente de lacas, barnices, pinturas, etc.

achacar *tr.* Atribuir o imputar algo, en especial si es vituperable.

achacoso, sa *adj.* Que padece achaques.
achantar *tr.* y *prnl.* Apabullar, acoquinar.
achaque *m.* Indisposición habitual, propia sobre todo de los ancianos.
achatar *tr.* y *prnl.* Poner chata una cosa, aplastarla.
achelense *adj.* HIST Dicho de la cultura del Paleolítico inferior caracterizada por piezas bifaces (hachas y puntas de flecha) talladas con cierta perfección. Sigue al abbevilliense.
achicar *tr.* y *prnl.* Amenguar una cosa, hacerla más pequeña.
achicharrar *tr.* y *prnl.* Asar o freír algo hasta darle sabor a quemado.
achinado, da *adj.* y *s.* Dicho de una persona, que tiene facciones o un rasgo físico parecido a los naturales de China.
achinar *intr.* Entrecerrar los ojos y alargarlos como los naturales de China.
achiote *m.* Árbol de hojas anchas, flores grandes y fruto en cápsula, de cuya semilla se obtiene un colorante rojo.
achira 1 *f.* Planta de 2 m de altura, de hojas grandes, espigas de flores encarnadas, fruto en caja y raíz feculenta, de la que se extrae una harina con la que se preparan panecillos. 2 Dicho panecillo.
aciago, ga *adj.* Dicho de lo que presagia desgracias.
acicalado, da *adj.* Extremadamente pulcro y arreglado.
acicalar *tr.* y *prnl.* Engalanar en extremo.
acicate 1 *m.* Espuela con una sola punta de hierro. 2 Incentivo o estímulo.
acicular *adj.* En figura de aguja.
acida *f.* QUÍM Cada uno de los compuestos del grupo $-N_3$ de los cuales se obtiene un componente metálico con el que se elaboran artefactos explosivos.
acidez 1 *f.* Cualidad de ácido. 2 Malestar y ardor en las vías digestivas, a causa del exceso de ácidos.
ácido, da 1 *adj.* De sabor agrio como el vinagre. 2 Áspero, desabrido de carácter. 3 ECOL **lluvia ~.** 4 QUÍM Que tiene las propiedades o características de un ácido. 5 QUÍM **~ acético; ~ cítrico; ~ clorhídrico; ~ fluorhídrico; ~ fórmico; ~ nítrico; ~ salicílico; ~ silícico; ~ sulfúrico; ~ sulfuroso; ~ úrico.** 6 *m.* QUÍM Sustancia que, en disolución acuosa, aumenta la concentración de iones de hidrógeno. En general se combina con las bases para obtener sales. || **~ desoxirribonucleico** BIOQ **ADN.** **~ graso** QUÍM Cualquiera de los ácidos orgánicos cuya molécula está formada por dos átomos de oxígeno y doble número de átomos de hidrógeno que de carbono. Los de mayor número de átomos de carbono, combinándose con la glicerina, forman las grasas. **~ nucleico** BIOQ Nombre genérico de los ácidos ribonucleico y desoxirribonucleico. **~ pirúvico** BIOQ Sustancia incolora de olor fuerte que se obtiene en el proceso bioquímico de la **glucólisis** y que aporta energía al organismo. **~ ribonucleico** BIOQ **ARN.**

acierto 1 *m.* Acción y efecto de acertar. 2 Habilidad en lo que se hace. 3 Prudencia, buen juicio.
ácimo, ma *adj.* **pan ~** o ázimo.
acimut (Tb. azimut) *m.* ASTR y GEO Ángulo formado por el plano meridiano y el plano vertical que contiene un punto de la esfera celeste o del globo terráqueo.
aclamar 1 *tr.* Designar la multitud a voces a alguien para un cargo. 2 Aplaudir estruendosamente.
aclarar 1 *tr.* y *prnl.* Hacer algo más claro o transparente. 2 Aumentar los espacios entre una cosa y otra. 3 Poner en claro, explicar. 4 *tr.* Volver a lavar la ropa con solo agua. 5 Hacer más perceptible la voz. 6 *intr.* Amanecer. 7 Disiparse las nubes.
aclimatar 1 *tr.* y *prnl.* Adaptar un ser orgánico a un clima no habitual para él. 2 Hacer que algo prospere fuera de su lugar de origen.
acné *f.* MED Enfermedad de la piel caracterizada por la inflamación de las glándulas sebáceas.
acobardar *tr.* y *prnl.* Amedrentar, quitar el ánimo o sentir temor.
acodar 1 *tr.* y *prnl.* Apoyar los codos. 2 Enterrar el vástago de una planta sin separarlo del tronco, para que arraigue. 3 Doblar en ángulo una varilla o tubería.
acodo 1 *m.* Acción de acodar. 2 Vástago acodado.
acoger 1 *tr.* Admitir a una persona en la propia casa o compañía. 2 Dar refugio, proteger. 3 *prnl.* Refugiarse. 4 Invocar ciertos derechos.
acolchado 1 *m.* Acción y efecto de acolchar. 2 **EDREDÓN.**
acolchar *tr.* Poner algodón u otra materia entre dos telas.
acólito *m.* Persona que ayuda al sacerdote en las funciones litúrgicas.
acomedirse *prnl.* Prestarse a ayudar.
acometer 1 *tr.* Embestir, atacar con ímpetu. 2 Emprender o empezar un trabajo o acción. 3 Aparecer repentinamente una enfermedad o un estado anímico.
acometida 1 *f.* Acción de acometer. 2 Lugar por donde la línea de conducción de un fluido enlaza con la principal.
acomodar 1 *tr.* Colocar una cosa ajustándola a otra. 2 Disponer personas o cosas de modo que quepan y estén cómodas.
acompañamiento 1 *m.* Conjunto de personas o cosas que acompañan. 2 MÚS Sostén armónico de una melodía principal por medio de instrumentos o voces.
acompañar 1 *tr.* y *prnl.* Ir o estar con alguien. 2 MÚS Tocar el acompañamiento en una pieza musical. 3 *tr.* Existir determinadas cualidades en una persona. 4 Participar en los sentimientos de otro.
acompasar *tr.* MÚS Dividir en tiempos iguales las composiciones.
acomplejar 1 *tr.* Causar algún complejo o inhibición a una persona. 2 *prnl.* Padecer un complejo.
acondicionado, da *adj.* Que está en las condiciones debidas.
acondicionar *tr.* y *prnl.* Poner algo en las condiciones adecuadas para un fin.
acongojar *tr.* y *prnl.* Causar angustia o aflicción.
acónito *m.* Hierba perenne venenosa, de hojas digitales, flores azules y raíz tuberosa.

aconsejar *tr.* y *prnl.* Dar o pedir consejo.

acontecer *intr.* Ocurrir, pasar algo.

acontecimiento *m.* Suceso importante.

acopiar *tr.* Reunir una cosa en cantidad.

acopio *m.* Acción y efecto de acopiar.

acoplamiento *m.* Acción y efecto de acoplar.

acoplar 1 *tr.* y *prnl.* Unir dos piezas, máquinas, etc., de modo que ajusten perfectamente. 2 Hacer que dos animales se apareen sexualmente.

acorazado *m.* Buque de guerra de gran tamaño y con potente artillería.

acordar 1 *tr.* Resolver de común acuerdo o por mayoría. 2 Decidir algo después de pensarlo. 3 Conciliar distintas opiniones. 4 Caer en la cuenta. 5 *prnl.* Traer a la memoria.

acorde 1 *adj.* Conforme, correspondiente. 2 En armonía, en consonancia. 3 *m.* Mús Conjunto de tres o más sonidos diferentes que suenan simultánea y armónicamente.

acordeón *m.* Mús Instrumento de viento formado por un fuelle provisto en sus extremos de un teclado y unos botones que dan acordes fijos.

acordonar 1 *tr.* Ceñir o sujetar con un cordón. 2 Aislar un lugar rodeándolo. 3 Rodear su perímetro con cuerdas.

acorralar 1 *tr.* y *prnl.* Encerrar el ganado en el corral. 2 *tr.* Meter a personas o animales en un sitio del que no pueden escapar.

acortamiento 1 *m.* Acción y efecto de acortar o acortarse. 2 Gram Tipo de abreviación que consiste en reducir la parte final o inicial de una palabra para crear otra nueva, como *bici* por bicicleta o *fago* por bacteriófago.

acortar *tr., intr.* y *prnl.* Disminuir la longitud, duración o cantidad de algo.

acosar 1 *tr.* Perseguir a una persona o un animal sin darle descanso. 2 Asediar a una persona con trabajos, molestias o preguntas.

acoso *m.* Acción y efecto de acosar. || ~ **sexual** Comportamiento que consiste en solicitar favores de tipo sexual prevaliéndose de un contexto de superioridad laboral, docente, etc.

acostar 1 *tr.* y *prnl.* Echar o tender a alguien para que descanse. 2 *intr.* y *prnl.* Ladearse hacia un costado. 3 *prnl.* Tener relaciones sexuales.

acostumbrar 1 *tr.* y *prnl.* Hacer que una persona o animal adquiera una costumbre o se adapte a unas determinadas circunstancias. 2 *intr.* Hacer algo habitualmente.

acotación 1 *f.* Nota al margen de un escrito. 2 Anotación sobre la manera de representar una obra de teatro.

acotar 1 *tr.* Marcar el aprovechamiento reservado de un terreno. 2 Reservar o delimitar cualquier otra cosa. 3 Atestiguar algo con testimonios o documentos. 4 Poner notas marginales a un texto.

acracia *f.* Polít Doctrina que niega la necesidad de un poder y autoridad.

acrecentar *tr.* y *prnl.* Hacer crecer algo en cantidad o calidad.

acreditar 1 *tr.* y *prnl.* Dar fe de que una persona o cosa es lo que representa. 2 Demostrar algún derecho o título. 3 Abonar en el haber de una cuenta. 4 *prnl.* Adquirir crédito o fama.

acreencia *f.* Crédito, deuda que alguien tiene a su favor.

acribillar 1 *tr.* Llenar de agujeros una cosa. 2 Herir o picar repetidamente.

acrílico, ca *adj.* y *s.* Quím Dicho de los materiales que se obtienen por la polimerización de monómeros que contienen el grupo acrílico. Son termoplásticos y se usan para fabricar materiales moldeados, adhesivos y pinturas.

acrisolar *tr.* Purificar los metales en el crisol mediante el fuego.

acrítico, ca *adj.* Dicho de una persona, que no tiene una opinión o un juicio sobre algo.

acrobacia *f.* Cada uno de los ejercicios del acróbata.

acróbata *m.* y *f.* Persona que hace ejercicios de singular habilidad y equilibrio en el trapecio, la cuerda floja o con un avión.

acrofobia *f.* Horror a las alturas, vértigo.

acromático, ca *adj.* Sin color.

acromion *m.* Anat Apófisis del omoplato en que se articula la clavícula por su extremidad externa.

acronimia *f.* Ling Procedimiento en el que se sustituye un grupo de palabras por una abreviatura compuesta por sus letras o sílabas iniciales: *Un ejemplo de acronimia es la sigla FM (Frecuencia Modulada).*

acrónimo 1 *m.* Gram Vocablo derivado de la unión de elementos de dos o más palabras: *Ofimática* de *oficina e informática.* 2 Gram Sigla que el uso ha incorporado como palabra independiente al lenguaje común: *Ovni* de *objeto volador no identificado; sida* de *síndrome de inmunodeficiencia adquirida.*

acrópolis *f.* El sitio más alto y fortificado de las ciudades griegas.

acta 1 *f.* Relación escrita que certifica lo tratado en una reunión o junta. 2 Documento público que da fe de un hecho (nacimiento, defunción, etc.).

actina *f.* Biol Proteína que se encuentra en el sistema estructural del interior de las células que intervienen en la contracción muscular.

actínidos *m. pl.* Quím Grupo formado por los elementos químicos radiactivos cuyo número atómico está comprendido entre el 89, el del actinio, y el 103, el del laurencio.

actinio *m.* Quím Elemento químico radiactivo plateado y resplandeciente en la oscuridad. Punto de fusión: aprox. 1050 °C. Punto de ebullición: aprox. 3200 °C. Núm. atómico: 89. Símbolo: Ac.

actinomorfa *adj.* Bot **flor ~**.

actitud *f.* Disposición de ánimo manifestada de modo perceptible.

activación 1 *f.* Acción y efecto de activar. 2 Acrecentamiento en un cuerpo de sus propiedades biológicas o fisicoquímicas.

activar 1 *tr.* Hacer que algo se haga con mayor rapidez o energía. 2 Poner en funcionamiento un mecanismo.

actividad 1 *f.* Capacidad para realizar una acción. 2 Diligencia, prontitud y eficacia en el obrar. 3 Ocupación a la que alguien se dedica.

activista *adj.* y *s.* Dicho del miembro que en un grupo o partido desarrolla una labor intensa de propaganda o que practica la acción directa.

activo, va 1 *adj.* Que obra o tiene la virtud de hacerlo. 2 Que obra con energía y eficacia. 3 Dicho del funcionario en ejercicio. 4 GRAM Dicho del sujeto gramatical que realiza la acción expresada por el verbo, y de la forma de este que indica la actividad del sujeto (en contraposición a la forma pasiva). 5 GRAM **oración ~; participio ~; voz ~.** 6 QUÍM **principio ~.** 7 *m.* ECON Conjunto de los valores, efectos, créditos y derechos que posee una persona o sociedad comercial.

acto 1 *m.* ACCIÓN, ejercicio de una facultad y efecto de hacer algo. 2 Hecho público o solemne. 3 TEAT Cada una de las partes principales en que se dividen las obras escénicas. || **~ de habla** LING Acción que se realiza con el lenguaje, como saludar, agradecer, preguntar, solicitar algo, etc.

actor, triz 1 *m.* y *f.* Persona que representa un papel en una obra teatral, cinematográfica o televisiva. 2 *m.* y *f.* coloq. Persona que tiene gran capacidad para exagerar o fingir.

actor, ra *m.* y *f.* Participante en una acción o suceso.

actriz *f.* ACTOR.

actuación *f.* Acción y efecto de actuar.

actual 1 *adj.* De ahora, presente. 2 Que tiene actualidad.

actualidad 1 *f.* Tiempo presente. 2 Cualidad de algo que ya ha pasado pero no ha perdido vigencia.

actualizar 1 *tr.* Poner al día algo. 2 *tr.* y *prnl.* Hacer actual, dar actualidad a algo.

actuar 1 *intr.* Poner o ponerse en acción. 2 Conducirse de una determinada manera. 3 Ejercer actos propios de su naturaleza o las funciones de su cargo. 4 Trabajar un actor o una compañía en un lugar y tiempo precisos.

acuacultura *f.* BIOL ACUICULTURA.

acuarela 1 *f.* ART Pintura sobre papel con pigmentos diluidos en agua que utiliza para el blanco el fondo del papel. 2 *pl.* Pigmentos con los que se realiza.

acuario 1 *m.* Depósito de agua con paredes transparentes, donde se conservan vivos animales y plantas acuáticos. 2 Edificio destinado a la exhibición de animales acuáticos vivos.

acuartelar *tr.* Reunir la tropa en un cuartel o hacer que permanezca en él.

acuático, ca 1 *adj.* Que vive en el agua. 2 Relativo al agua.

acuatizar *intr.* Posarse un hidroavión en el agua.

acuchillar *tr.* y *prnl.* Dar cuchilladas hiriendo o matando con el cuchillo o con otra arma blanca.

acuciar *tr.* Dar prisa, apremiar.

acuclillarse *prnl.* Ponerse en cuclillas.

acudiente *m.* y *f.* Persona que sirve de tutor a uno o varios estudiantes.

acudir 1 *intr.* Ir a un sitio por haber sido llamado o tener la obligación de hacerlo. 2 Recurrir a una persona o valerse de ella.

acueducto *m.* Conjunto de instalaciones para conducir el agua que ha de abastecer una población.

acuerdo 1 *m.* Convenio entre varias personas. 2 Cosa que se decide en un tribunal o en una junta. 3 Armonía entre varias cosas.

acuicultura *f.* Técnica de cultivo de especies vegetales y animales en el agua.

acuífero, ra 1 *adj.* Que contiene o lleva agua. 2 *m.* GEO Capa porosa de roca capaz de almacenar agua.

aculturación *f.* Proceso por el que un pueblo abandona sus expresiones culturales para adoptar otras foráneas.

acumulación *f.* Acción y efecto de acumular.

acumulador 1 *adj.* y *s.* Que acumula. 2 *m.* ELECTR Aparato que transforma la energía química en eléctrica y está formado básicamente por un par de electrodos inmersos en un electrolito.

acumular *tr.* Juntar o amontonar cosas.

acunar *tr.* Mecer al niño en la cuna o balancearlo en los brazos.

acuñar[1] 1 *tr.* Imprimir y sellar piezas de metal (moneda, medallas, etc.) mediante un troquel. 2 Hacer que una palabra o frase se convierta en expresión de una idea determinada.

acuñar[2] *tr.* Meter cuñas.

acupuntura *f.* MED Método terapéutico consistente en clavar agujas en puntos de la piel relacionados con los órganos vitales internos.

acurrucarse *prnl.* Encogerse, hacerse un ovillo.

acusación *f.* Acción y efecto de acusar.

acusar 1 *tr.* y *prnl.* Imputar un delito o algo vituperable. 2 *tr.* Denunciar, delatar. 3 *prnl.* Declarar las propias culpas y debilidades.

acusativo *m.* GRAM Caso de la declinación que equivale generalmente al complemento directo.

acusatorio, ria *adj.* Relativo a la acusación. || **sistema ~** DER Procedimiento que impone a quien acusa la carga de aportar las pruebas de la acusación.

acústico, ca 1 *adj.* Relativo al órgano del oído. 2 Relativo al sonido. 3 Favorable a la difusión del sonido. 4 ECOL **contaminación ~.** 5 *f.* Conjunto de condiciones sonoras de un local. 6 FÍS Disciplina que estudia la formación y propagación de los sonidos.

adagio[1] *m.* Sentencia o frase breve que contiene un consejo moral.

adagio[2] 1 *adv. m.* MÚS Con movimiento lento. 2 *m.* MÚS Composición o parte de ella que se ha de ejecutar con este movimiento.

adalid *m.* Jefe o personalidad destacada de una escuela o un partido.

adaptación 1 *f.* Acción y efecto de adaptar o adaptarse. 2 BIOL Proceso por el que un ser vivo o sus órganos se acomodan al medio ambiente, mediante selección natural, para resolver los problemas de supervivencia y reproducción de sus antecesores.

adaptador 1 *adj.* Que adapta o se adapta. 2 *m.* Mecanismo que permite acoplar uno o más elementos para realizar funciones que no le son específicas. 3 TRANSFORMADOR.

adaptar 1 *tr.* Acomodar o ajustar una cosa a otra. 2 Modificar una obra científica, literaria, musical, etc. para difundirla por otro procedimiento o para otro público. 3 *prnl.* Avenirse a determinada situación o circunstancias. 4 BIOL Dicho de un ser vivo, modificar la conducta como resultado de sus relaciones con el medio.

adaptativo, va *adj.* Relativo o perteneciente a la capacidad de adaptación.

adarga *f.* Escudo de cuero de forma ovalada.

adecentar *tr.* y *prnl.* Ordenar o limpiar un lugar o una cosa para que luzca bien.

adecuar *tr.* y *prnl.* Acomodar una cosa a otra.

adefesio 1 *m.* Despropósito, extravagancia. 2 Cosa extravagante y ridícula.

adelantado, da 1 *adj.* Aventajado, excelente. 2 Dicho de la persona con un desarrollo físico o intelectual superior a su edad. || ~ **de mar** HIST Persona a quien se confiaba el mando de una expedición, concediéndole el gobierno de las tierras que descubriera o conquistara.

adelantar 1 *tr.* y *prnl.* Mover o llevar hacia delante. 2 Hacer algo antes de lo que corresponde. 3 Anticipar dinero. 4 Exceder a alguien. 5 Aumentar, mejorar. 6 *tr.* Hacer progresar algo. 7 *intr.* Avanzar, ir hacia delante.

adelante 1 *adv. l.* Más allá, más cercano a la meta. 2 *adv. t.* Con preposición antepuesta puede significar tiempo futuro: *En adelante; de ahora en adelante.*

adelgazar 1 *tr., intr.* y *prnl.* Afinar, poner más delgado. 2 Depurar una sustancia.

ademán *m.* Gesto corporal que revela un sentimiento o una intención.

además 1 *adv. c.* A más de; encima de. 2 También.

adenina *f.* QUÍM Compuesto orgánico nitrogenado derivado de la purina y contenido en todas las células vivas.

adenoide *f.* ANAT Porción de tejido glandular linfoide que existe en la parte superior de la garganta. Desaparece en la pubertad. • U. m. en pl.

adentrarse *prnl.* Penetrar en la parte más interna de algo.

adentro *adv. l.* Hacia o en el interior: *Mar adentro.*

adepto, ta *adj.* y *s.* Partidario de alguna persona o idea.

aderezar 1 *tr.* y *prnl.* Adornar, componer. 2 Preparar, arreglar algo. 3 *tr.* Guisar, condimentar los alimentos.

aderezo *m.* Lo que sirve para aderezar.

adeudar *tr.* Deber algo, no haber pagado una deuda contraída.

adherencia 1 *f.* Acción y efecto de adherir o adherirse. 2 Resistencia tangencial en la superficie de contacto de dos cuerpos al deslizarse uno sobre el otro.

adherir 1 *tr., intr.* y *prnl.* Pegar una cosa a o con otra, unirlas físicamente. 2 *tr.* y *prnl.* Mostrar conformidad o simpatía con una idea o partido.

adhesión 1 *m.* ADHERENCIA. 2 Fuerza de atracción entre partículas de diferente clase.

adhesivo, va 1 *adj.* y *s.* Capaz de adherirse o pegarse. 2 *m.* Sustancia que se usa para pegar. 3 Objeto que, provisto de una materia pegajosa, puede ser adherido a una superficie.

adiabático, ca *adj.* FÍS Dicho del proceso termodinámico en el que no hay intercambio de calor entre el exterior y el interior.

adicción *f.* Hábito de quien se deja dominar por el uso de algo: droga, bebida, etc.

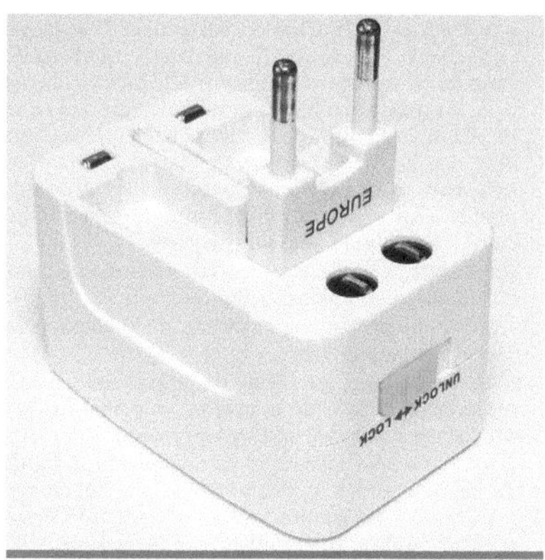

adición 1 *f.* Acción y efecto de añadir. 2 MAT Operación de sumar, es decir, proceso de encontrar la suma entre dos cantidades llamadas sumandos. 3 MAT En teoría de conjuntos, unión de dos o más conjuntos finitos sin elementos comunes. 4 QUÍM Reacción en la que dos o más moléculas se combinan para formar una sola.

adicionar *tr.* Hacer o poner adiciones.

adicto, ta 1 *adj.* Partidario de algo o de alguien. 2 Dicho de la persona que sufre una adicción.

adiós *interj.* Indica despedida o saludo.

adiestrar *tr.* y *prnl.* Hacer diestro, ejercitar en un arte.

adiposo, sa 1 *adj.* De la naturaleza de la grasa. 2 ANAT y FISIOL **tejido ~.**

aditivo, va 1 *adj.* Que puede o que debe añadirse. 2 *m.* Sustancia que se agrega a otras para darles cualidades que no tienen o para mejorar las que poseen.

adivinanza *f.* Tipo de enigma, generalmente en forma de rima, en que se describe un objeto o personaje para que alguien lo adivine como pasatiempo: *Redondo, redondo y no tiene tapa ni fondo* (el anillo).

adivinar 1 *tr.* Conocer algo oculto o predecir el futuro mediante artes mágicas. 2 Descubrir algo por conjeturas. 3 Vislumbrar de forma confusa. 4 Acertar un enigma.

adivino, na *m.* y *f.* Persona que, mediante prácticas esotéricas, pretende conocer el futuro.

adjetivación *f.* Acción de adjetivar o adjetivarse.

adjetivar 1 *tr.* Aplicar adjetivos. 2 *tr.* y *prnl.* GRAM Dar valor de adjetivo a una palabra que no lo es: de color *rosa;* es muy *hombre;* ser persona *de fiar.*

adjetivo, va 1 *adj.* Que expresa cualidad o accidente. 2 Secundario, accidental. 3 GRAM **locución ~.** 4 *m.* GRAM Palabra que modifica al sustantivo directamente: *Árbol frondoso; cielo azul;* o indirectamente, a través de un verbo: *El árbol es frondoso; el cielo es azul.* || ~ **calificativo** GRAM El que expresa cualidad o característica respecto al sustantivo: *Camino pedregoso; análisis químico.* ~ **comparativo** El que presenta la cualidad denotada por el adjetivo en relación con otra propiedad: *Juan es más alto que Diego; Carolina es menor que María.* ~ **demostrativo** El que determina la significación en el espacio: *Este árbol; aquel estudio.* ~ **determinativo** El que determina o delimita el alcance del sustantivo en la oración, puede ser demostrativo, indefinido, numeral o posesivo. ~ **indefinido** El que aporta una significación deliberadamente imprecisa respecto al sustantivo: *Algunos amigos; este libro.* ~ **numeral** El que cuantifica

A B C D E F G H I J K L M N Ñ O P Q R S T U V W X Y Z

u ordena la significación del sustantivo: *Tres días; el segundo año.* ~ **posesivo** El que determina el significado en relaciones de posesión: *Mi bicicleta; nuestra casa.* ~ **superlativo** El que muestra la cualidad en su mayor intensidad; se construye con adverbios como *muy, más* y *extraordinariamente*: *Andrés está muy activo; Antonio es extraordinariamente inteligente*; o añadiendo a los adjetivos sufijos como *-ísimo* o prefijos como *-super*: *Buenísimo; supercontento.*

adjudicar *tr.* y *prnl.* Declarar una cosa como perteneciente a alguien y asignársela.

adjuntar *tr.* Juntar una cosa con otra, en especial cartas, documentos, etc.

adjunto, ta 1 *adj.* y *s.* Dicho de lo que está unido a otra cosa. 2 Dicho de la persona que acompaña a otra como auxiliar en un cargo o función.

administración 1 *f.* Acción de administrar. 2 Cargo de administrador y conjunto de sus funciones. 3 Despacho del administrador. 4 Gobierno de una entidad pública. || ~ **pública** Acción del gobierno al dictar y aplicar las disposiciones para el cumplimiento de las leyes y para la conservación y fomento de los intereses públicos.

administrador, ra *adj.* y *s.* Que administra, especialmente bienes ajenos.

administrar 1 *tr.* Dirigir la economía de una empresa o de una persona. 2 Gobernar un territorio y a las personas que lo habitan, cuidando sus intereses.

administrativo, va *adj.* Relativo a la administración.

admiración 1 *f.* Acción de admirar. 2 ORT EXCLAMACIÓN, signo ortográfico (¡!).

admirar 1 *tr.* y *prnl.* Causar sorpresa una cosa por su aspecto o especiales cualidades. 2 *tr.* Estimar mucho a alguien o algo.

admisible *adj.* Que puede admitirse.

admisión 1 *f.* Acción y efecto de admitir. 2 En los motores de combustión interna, primera fase del proceso en la que la mezcla explosiva es aspirada por el pistón.

admitancia *f.* ELECTR Medida de facilidad con que una corriente recorre un conductor o un circuito. Es inversa a la impedancia.

admitir 1 *tr.* Recibir o dar entrada. 2 Aceptar algo que se ofrece. 3 Tener por legítimo o válido algo. 4 Permitir, consentir.

ADN *m.* BIOL Molécula portadora de la información genética en los seres vivos.

☐ BIOL El ADN o ácido desoxirribonucleico se encuentra en las células de casi todos los seres vivos y es el encargado de llevar la información que guía las actividades de la célula y su **replicación**.

adobar 1 *tr.* Poner un alimento en adobo. 2 Curtir las pieles aplicándoles determinadas sustancias.

adobe *m.* Ladrillo de barro sin cocer.

adobo *m.* Caldo o salsa con que se sazona y conserva una vianda.

adoctrinar *tr.* Inculcar en alguien determinadas ideas o creencias.

adolecer 1 *intr.* Padecer una enfermedad. 2 Estar sujeto a determinadas pasiones o vicios. 3 Tener algún defecto.

adolescencia *f.* Edad de la vida que se extiende desde la pubertad hasta el desarrollo pleno del adulto.

adónde 1 *adv. l.* DÓNDE. 2 A qué lugar.

adopción *f.* Acción de adoptar.

adoptar 1 *tr.* Recibir legalmente como hijo al que no lo es por naturaleza. 2 Tomar como propias ideas, modas, etc., creadas por otros.

adoquín *m.* Ladrillo o piedra labrada para empedrar calles y carreteras.

adoración 1 *f.* Acción de adorar. 2 Amor ilimitado.

adorar 1 *tr.* Rendir culto a Dios. 2 Reverenciar a personas o cosas sagradas.

adormecer 1 *tr.* y *prnl.* Causar somnolencia. 2 *prnl.* Entumecerse o insensibilizarse un miembro.

adormidera *f.* AMAPOLA, planta de la que se obtiene el opio.

adornar *tr.* y *prnl.* Engalanar, poner adornos.

adorno *m.* Lo que confiere hermosura o buena apariencia a personas o cosas.

adosar *tr.* y *prnl.* Poner una cosa junto a otra por su espalda o envés.

adquirir 1 *tr.* Obtener algo. 2 Empezar a tener o poseer algo: *Adquirir una fortuna.*

adquisición 1 *f.* Acción de adquirir. 2 La cosa adquirida.

adquisitivo, va 1 *adj.* Que sirve para adquirir. 2 ECON **poder ~**.

adrede *adv. m.* Deliberadamente, intencionalmente.

adrenalina *f.* FISIOL Hormona de las glándulas suprarrenales que estimula el corazón y otros músculos involuntarios.

adscribir 1 *tr.* Atribuir algo a una persona o cosa asignándolo como suyo. 2 Destinar a alguien a un determinado servicio.

ADSL (Del ingl.) *m.* INF Sistema digital de transmisión de datos a gran velocidad por medio de una línea telefónica convencional. • Sigla de *Asymmetric Digital Subscriber Line.*

adsorber *tr.* FÍS Atraer un cuerpo y retener en su superficie moléculas o iones de otro.

adsorción *f.* FÍS Acción y efecto de adsorber.

aduana *f.* Oficina estatal que fiscaliza las mercancías que se importan y exportan y cobra los impuestos que se adeudan por estas.

aduanero, ra 1 *adj.* Relativo a la aduana. 2 *m.* y *f.* Persona empleada en una aduana.

aducir *tr.* Alegar pruebas o razones en favor de algo.

adueñarse *prnl.* Apropiarse de una cosa.

adular *tr.* Alabar por interés a alguien.

adulterar 1 *tr.* y *prnl.* Falsificar algo quitándole su autenticidad. 2 *intr.* Cometer adulterio.

adulterio *m.* Relación sexual de una persona casada con quien no es su cónyuge.

adulto, ta 1 *adj.* y *s.* Que ha llegado a su mayor crecimiento o desarrollo. 2 Que ha llegado al término de su adolescencia. || ~ **mayor** Eufemismo para anciano.

advección 1 *f.* GEO Proceso de transporte de una propiedad atmosférica por el movimiento de masa de la atmósfera. 2 GEO Proceso de transporte de agua por el movimiento de masas de los océanos.

advenedizo, za *adj.* y *s.* Dicho de quien alcanza una condición social o profesional que en realidad no le corresponde.

advenimiento *m.* Llegada de personas o cosas, sobre todo si es esperada o solemne.

adventicio, cia 1 *adj.* Extraño o casual. 2 BOT **raíz ~.**

adventista 1 *adj.* REL Dicho de una secta protestante, que espera un segundo advenimiento de Cristo. Tuvo su origen en Estados Unidos en la década de 1840. 2 *m.* y *f.* Miembro de esta secta.

adverbial 1 *adj.* GRAM Relativo al adverbio. 2 GRAM **locución ~.**

adverbio *m.* GRAM Parte invariable de la oración que expresa alguna cualidad o determinación de la acción verbal: *Escribir bien, mal, claramente,* etc. Se dice que es invariable porque aunque cambie la persona, el género o el número de las palabras que acompaña, el adverbio no cambia. Puede también modificar a un adjetivo o a otro adverbio: *Este paraje es muy bello; el peñasco es demasiado alto.* Hay adverbios **de afirmación**, como *claro, efectivamente* y *sí;* **de cantidad**, como *casi, más* y *mucho;* **de duda**, como *acaso* y *probablemente;* **de lugar**, como *allí, cerca* y *fuera;* **de modo**, como *mal, despacio, gratis,* y *rápidamente;* **de negación**, como *no, nunca* y *tampoco;* **de tiempo**, como *antes, hoy, mientras,* y *también.* Algunos adverbios pertenecen a varias clases. || **~ comparativo** GRAM El que denota comparación, por ejemplo: *Pinta mejor que yo.* **~ demostrativo** GRAM El que identifica lugar, modo o tiempo, por ejemplo: *Aquí; así; ahora.*

adversario, ria 1 *m.* y *f.* Persona que lucha contra otra, de la que es contraria o enemiga. 2 Contrario a una determinada idea.

adversativo, va 1 *adj.* GRAM Que implica o denota oposición o contrariedad de concepto o sentido. 2 GRAM **conjunción ~.**

adversidad *f.* Situación desgraciada en que alguien se encuentra.

advertencia *f.* Nota aclaratoria, aviso.

advertir 1 *tr.* e *intr.* Fijarse en algo, observar. 2 *tr.* Llamar la atención sobre algo. 3 Aconsejar, recomendar.

adviento *m.* REL Tiempo litúrgico que celebran los cristianos desde el primer domingo de los cuatro que preceden a la Navidad hasta la vigilia de esta.

advocación *f.* REL Denominación complementaria de una persona divina o santa: *Virgen de Guadalupe.*

adyacente 1 *adj.* Que está tocando a otra cosa, como los ángulos que tienen un lado común. 2 Situado en las inmediaciones, que está próximo.

aéreo, a 1 *adj.* Relativo al aire o la atmósfera. 2 Relativo a la aerodinámica o a la aeronáutica. 3 En, a través o por medio del aire. 4 Ligero, sin peso. 5 **espacio ~.**

aerífero, ra *adj.* Que lleva aire.

aeróbic *m.* **AERÓBICOS.**

aeróbicos (Tb. aeróbico o aerobic) *m. pl.* Gimnasia rítmica acompañada de música y coordinada con el ritmo respiratorio.

aerobio, bia *adj.* y *s.* BIOL Dicho del ser vivo, y especialmente del microorganismo, que necesita del oxígeno para subsistir.

aerobismo *m.* Práctica deportiva que consiste en correr al aire libre a un ritmo moderado.

aerodinámico, ca 1 *adj.* De forma adecuada para resistir o vencer la resistencia del aire. 2 *f.* FÍS Rama de la física que estudia los fenómenos físicos de los gases y su acción sobre los cuerpos sólidos en movimiento.

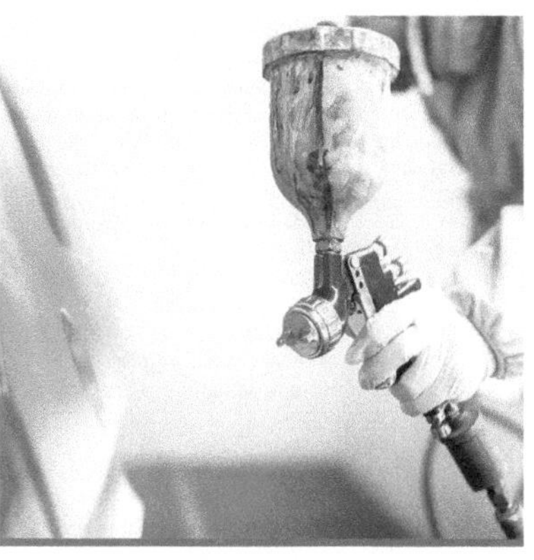

aeródromo *m.* Conjunto de pistas e instalaciones para el despegue y aterrizaje de aviones.

aerófono *adj.* y *s.* MÚS Dicho de un instrumento musical, que suena por la vibración del aire.

aerofotografía *f.* Fotografía que se toma desde un vehículo aéreo.

aerogenerador *m.* Molino que, mediante una turbina, transforma la energía eólica en energía eléctrica.

aerógrafo *m.* Pistola que lanza colorantes en forma de aerosol. Se emplea en el diseño gráfico y publicitario.

aerolínea *f.* Compañía de transporte aéreo.

aerolito *m.* ASTR Meteorito pétreo, compuesto esencialmente de silicatos, que cae sobre la Tierra.

aeromodelismo *m.* Afición que consiste en la construcción y prueba de modelos de aviones a escala reducida.

aeromozo, za *m.* y *f.* Azafato de las líneas aéreas.

aeronaval *adj.* Que se refiere conjuntamente a la aviación y a la marina.

aeronave *f.* Cualquier vehículo capaz de navegar por el aire o el espacio.

aeroplano *m.* **AVIÓN.**

aeropuerto *m.* Aeródromo dotado de instalaciones, edificios y servicios para el tráfico aéreo regular.

aerosol 1 *m.* QUÍM Suspensión de partículas coloidales en el aire o en otro gas. 2 Líquido almacenado a presión que se expulsa en forma de aerosol.

aerostático, ca 1 *adj.* Relativo a la **aerostática.** 2 *f.* FÍS Parte de la física que estudia el comportamiento de los gases y de los sólidos inmersos en ellos.

aeróstato (Tb. aerostato) *m.* Globo capaz de flotar en el aire por estar lleno de un gas más ligero que aquél.

aerovía *f.* Ruta aérea para los aviones comerciales.

afamado, da *adj.* Famoso, renombrado.

afán 1 *m.* Deseo vehemente. 2 Tenacidad en un trabajo o actividad. 3 Trabajo penoso por exceso o intensidad. 4 *pl.* Penalidades.

afanar 1 *tr.* Apurar a alguien. 2 *intr.* y *prnl.* Entregarse al trabajo con solicitud. 3 Perseguir algo con vehemencia.

afear *tr.* y *prnl.* Hacer que alguien o algo parezca feo o más feo.

afección 1 *f.* Alteración de un órgano, enfermedad. 2 Afición o inclinación.

afectación 1 *f.* Acción de afectar. 2 Falta de naturalidad.

afectar 1 *tr.* Actuar de manera artificiosa, sin naturalidad. 2 Fingir, simular. 3 Perjudicar, menoscabar. 4 Producir alteración o cambio en algo. 5 *tr.* y *prnl.* Causar sensación o impresión una cosa en una persona.

afectividad 1 *f.* Calidad de afectivo. 2 Conjunto de los fenómenos afectivos.

afectivo, va 1 *adj.* Relativo al afecto. 2 Sensible, que se afecta fácilmente. 3 Amable, cariñoso.

afecto, ta 1 *adj.* Inclinación hacia alguien o algo. 2 *m.* Sentimiento o pasión en sentido amplio.

afeitar *tr.* y *prnl.* Rasurar la barba o el pelo de cualquier parte del cuerpo.

afeite *m.* Cosmético, maquillaje.

afelio *m.* ASTR Punto más distante del Sol en la órbita de un planeta. Se opone a perihelio.

afeminado, da *adj.* y *s.* Dicho del hombre de aspecto, modales, etc., femeninos.

afeminar *tr.* y *prnl.* Volver afeminado.

aferente *adj.* Que va de la periferia al centro: *Conducto aferente; nervio aferente.*

aféresis *f.* GRAM Supresión del sonido inicial de un vocablo: *Bus* por *autobús*.

aferrar 1 *tr., intr.* y *prnl.* Agarrar con fuerza. 2 *prnl.* Insistir con tenacidad en una opinión.

afianzar 1 *tr.* y *prnl.* Fijar, asegurar algo. 2 Asir, agarrar con fuerza. 3 Hacer más firme una opinión.

afiche *m.* CARTEL.

afición 1 *f.* Inclinación hacia alguien o algo. 2 Conjunto de aficionados a las corridas de toros o a cualquier espectáculo.

aficionado, da 1 *adj.* y *s.* Que tiene afición por algo. 2 Que practica un arte, un deporte, etc., pero no como profesión.

aficionar 1 *tr.* Hacer que alguien tenga afición por alguien o algo. 2 *prnl.* Adquirir una afición o costumbre.

afiebrarse 1 *prnl.* Empezar a tener fiebre. 2 Sentir gusto repentino y pasajero por algo.

afijo *m.* GRAM Nombre con el que se designan genéricamente los prefijos, infijos y sufijos.

afilado, da 1 *adj.* Delgado, fino. 2 *m.* Acción y efecto de afilar.

afilador, ra 1 *m.* y *f.* Persona que afila instrumentos cortantes. 2 Utensilio para afinar el filo.

afilar 1 *tr.* Sacar filo a una cosa o afinar el que ya tiene. 2 Sacar punta.

afiliar *tr.* y *prnl.* Asociar a alguien a un grupo, partido, etc.

afiligranar *tr.* Hacer filigrana o adornar con ella.

afín 1 *adj.* Contiguo, cercano. 2 Que tiene afinidad con otra cosa.

afinar 1 *tr.* y *prnl.* Poner fina o más fina una cosa. 2 Dar el último toque a una cosa, perfeccionar. 3 *tr.* MÚS Poner los instrumentos o la voz en su tono justo.

afincar *tr.* y *prnl.* Establecer la residencia en un lugar.

afinidad 1 *f.* Semejanza de una cosa con otra. 2 Adecuación de caracteres, opiniones o gustos entre dos o más personas. 3 Parentesco que el matrimonio establece con los consanguíneos del otro cónyuge. 4 QUÍM Tendencia de los átomos, moléculas o grupos moleculares a combinarse con otros.

afirmar 1 *tr.* Asegurar, dar por cierto algo. 2 Decir que sí. 3 *tr.* y *prnl.* Dar firmeza a una cosa, asegurarse en algo.

afirmativo, va *adj.* Que denota o implica la acción de afirmar; dar por cierto algo.

aflautar *tr.* y *prnl.* Adelgazar la voz o el sonido.

aflicción *f.* Efecto de afligir o afligirse.

afligir *tr.* y *prnl.* Causar pena o desconsuelo.

aflojar 1 *tr.* y *prnl.* Disminuir la presión o la tirantez de algo. 2 *intr.* y *prnl.* Disminuir la intensidad de algo.

aflorar 1 *intr.* Apuntar o empezar a percibirse ciertos sentimientos o cualidades. 2 Salir a la superficie un filón o depósito de mineral. 3 Brotar el agua subterránea.

afluente 1 *adj.* Que afluye. 2 *m.* GEO Río o arroyo que afluye.

afluir 1 *intr.* Concurrir en abundancia personas o cosas a un sitio determinado. 2 GEO Desembocar un río o arroyo en otro, en un lago o en el mar.

afonía *f.* Falta o pérdida de la voz.

aforar[1] 1 *tr.* Valuar las mercaderías para el pago de derechos. 2 Medir el caudal de una corriente. 3 Calcular la capacidad de un local.

aforar[2] *tr.* Otorgar fuero.

aforismo *m.* Máxima o sentencia breve que plantea una reflexión filosófica y se propone como pauta.

aforo 1 *m.* Acción y efecto de aforar. 2 Capacidad de un local.

afortunado, da 1 *adj.* Que tiene buena suerte o fortuna. 2 Feliz. 3 Acertado.

afrecho *m.* Salvado, cáscara del cereal.

afrenta *f.* Deshonor resultante de un hecho o dicho.

afrentar *tr.* Causar afrenta.

africado, da *adj.* FON Dicho del sonido consonántico cuya articulación consiste en una oclusión y una fricación rápidas y sucesivas entre los mismos órganos, como en *ocho*.

africanía *f.* Conjunto de características que se consideran propias de la cultura africana.

africano, na *adj.* y *s.* De África.

afrikáner *adj.* y *s.* Dicho del antiguo colono holandés establecido a partir de la segunda mitad del s. XVII en El Cabo, África austral, y de sus descendientes.

afro 1 *adj.* De uso, costumbres o prácticas de origen africano. 2 *m.* Estilo de peinado rizado de origen africano.

afroamericano, na 1 *adj.* Dicho de los descendientes de los inmigrantes negros africanos trasladados como esclavos al continente americano a partir del s. XVI. 2 Dicho de los rasgos, costumbres, etc., que, provenientes de las culturas africanas, perviven en las colectividades americanas.

afrodescendiente *adj.* Dicho del descendiente de negros africanos que habita en lugar distinto a África.

afrodisíaco, ca (Tb. afrodisiaco) *adj.* y *s.* Dicho de la sustancia o medicamento que estimula el apetito sexual.

afrontar *tr.* e *intr.* Encarar o encararse a una persona, cosa o situación comprometida.

afuera 1 *adv. l.* Fuera del sitio en que se está, indicando tanto la ubicación como la dirección de un movimiento. 2 *f. pl.* Alrededores de una población.

agachar 1 *tr.* Inclinar o bajar alguna parte del cuerpo, especialmente la cabeza. 2 *prnl.* Encoger el cuerpo doblándolo hacia tierra.

agalla 1 *f.* Zool Cada una de las aberturas branquiales que a ambos lados de la cabeza tienen los peces. 2 Zool Cada una de las aberturas análogas que tienen las larvas de los anuros y muchos moluscos y crustáceos. 3 Excrescencia que aparece en algunas plantas como consecuencia de la invasión de insectos, hongos, etc.

ágape *m.* Banquete para celebrar algún acontecimiento especial.

agar-agar *m.* Gelatina vegetal que se extrae de las paredes celulares de varias especies de algas rojas y es empleada como medio de cultivo de bacterias. Posee propiedades terapéuticas y se utiliza en pastelería para la preparación de jaleas.

agaricáceo, a *adj.* y *s.* Biol Dicho de los hongos basidiomicetos que viven como saprofitos en el suelo y en los troncos de los árboles. Conforman una familia y se conocen vulgarmente como setas.

agarradero, ra *m.* y *f.* Cualquier tipo de asidero para agarrar alguna cosa.

agarrar 1 *tr.* y *prnl.* Asir fuertemente con la mano y, en general, de cualquier modo. 2 *tr.* Sorprender a alguien en un contratiempo o daño. 3 Conseguir lo que se quería. 4 Empezar a experimentar algo, como una enfermedad, la pereza, etc. 5 *intr.* y *prnl.* Arraigar las plantas. 6 *prnl.* Pelear, reñir.

agarrotar 1 *tr.* Ajustar o apretar algo fuertemente. 2 *prnl.* Quedarse rígido o inmóvil un miembro del cuerpo por la acción del frío.

agasajar *tr.* Tratar a alguien con atención o halagarla con regalos.

agasajo *m.* Acción de agasajar.

ágata *f.* Cuarzo duro y traslúcido, con franjas onduladas y concéntricas.

agave *m.* PITA, planta.

agazapar *prnl.* Encoger el cuerpo contra el suelo para ocultarse.

agencia 1 *f.* Oficina en que se gestionan o prestan determinados servicios. 2 Delegación de una empresa.

agenda 1 *f.* Cuaderno en que se anotan las cosas que deben hacerse. 2 Relación de los asuntos que deben tratarse en una junta.

agente 1 *adj.* Que obra o tiene virtud de obrar. 2 Gram **complemento ~; sujeto ~.** 3 *adj.* y *m.* Gram Dicho del elemento gramatical que en una oración pasiva aparece encabezado por la preposición *por* e indica la persona, animal o cosa que realiza la acción: *El acueducto fue construido por los romanos.* 4 *m.* Persona que actúa con los poderes de otro. 5 *m.* y *f.* Persona que tiene a su cargo una agencia de gestión de servicios. 6 Empleado gubernamental encargado del cumplimiento de las normas: *Agente de policía.*

agigantar *tr.* y *prnl.* Dar proporciones gigantescas a algo.

ágil 1 *adj.* Ligero, capaz de moverse con soltura y rapidez. 2 Que piensa con rapidez.

agilidad *f.* Cualidad de ágil.

agilizar *tr.* y *prnl.* Dar agilidad o facilidades para la ejecución de algo.

agiotaje *m.* Especulación abusiva con fondos no propios.

agiotista *adj.* Persona que practica el agiotaje.

agitación *f.* Acción y efecto de agitar.

agitador, ra 1 *m.* Instrumento o aparato que sirve para revolver líquidos. 2 *m.* y *f.* Persona que promueve el descontento y provoca disturbios.

agitar 1 *tr.* y *prnl.* Mover repetidamente y con fuerza. 2 Inquietar, turbar.

aglomeración *f.* Acción y efecto de aglomerar o aglomerarse. || **~ urbana** Conjunto formado por el casco urbano de una ciudad y su área suburbana.

aglomerado 1 *m.* Cualquier producto obtenido por aglomeración. 2 Plancha formada por fragmentos de madera prensados y endurecidos.

aglomerante *m.* Material capaz de dar cohesión a fragmentos de una o más sustancias, como el cemento, las gomas, las resinas, etc.

aglomerar 1 *tr.* y *prnl.* Amontonar, reunir cosas o personas. 2 Unir fragmentos de distintas sustancias mediante un aglomerante.

aglutinación 1 *f.* Acción y efecto de unir y pegar cosas. 2 Biol Reunión masiva de células sanguíneas, suspendidas en un líquido, que impide la circulación normal de la sangre en el organismo.

aglutinante *m.* Material empleado en pintura para adherir los distintos elementos colorantes.

aglutinar 1 *tr.* y *prnl.* Unir, pegar, adherir. 2 Unir trozos o fragmentos mediante sustancias viscosas, de modo que resulte un cuerpo compacto. 3 Agrupar, reunir.

agnosticismo *m.* Fil Doctrina que niega al entendimiento humano la capacidad de conocer lo absoluto.

agobiar 1 *tr.* Causar gran molestia, abatimiento o sensación de impotencia. 2 Abrumar alguna cosa.

agolpar 1 *tr.* y *prnl.* Juntar de golpe muchas personas o animales. 2 Acudir juntas y de golpe muchas cosas o gran cantidad de una.

agonía 1 *f.* Lucha, con la angustia consiguiente, del moribundo. 2 Aflicción extrema. 3 Final de algo, como una sociedad, cultura, movimiento, etc.

agonista *m.* y *f.* Lit Cada uno de los personajes que en la épica, el teatro y otros géneros literarios, se opone a otro dentro del conflicto que los enfrenta.

agonizar 1 *intr.* Estar el enfermo en agonía. 2 Extinguirse o terminarse algo.

ágora 1 *f.* Plaza de las ciudades griegas en que se celebraban las asambleas públicas. 2 Cada una de tales asambleas.

agorafobia *f.* Temor obsesivo que experimenta una persona a permanecer en los espacios abiertos.

agorar *tr.* Predecir el futuro.

agorero, ra 1 *adj.* y *s.* Que adivina por agüeros o que cree en ellos. 2 Que anuncia desdichas.

agosto *m.* Octavo mes del año; consta de 31 días.

agotamiento *m.* Acción y efecto de agotar o agotarse.

agotar 1 *tr.* y *prnl.* Consumir una cosa, gastarla por entero. 2 Cansar extremadamente.

agraciar *tr.* Dar o aumentar gracia y buen parecer a alguien o algo.

agradable 1 *adj.* Que produce complacencia o agrado. 2 Que es afable en el trato.

agradar 1 *intr.* y *prnl.* Gustar, complacer. 2 *prnl.* Sentir gusto o complacencia con alguien o algo.

agradecer 1 *tr.* Sentir gratitud. 2 Mostrar ese sentimiento dando las gracias. 3 Mostrar algo el efecto beneficioso del trabajo empleado en hacerlo o mejorarlo.

agrado *m.* Gusto que produce en el ánimo lo que agrada o complace.

ágrafo, fa *adj.* Que es incapaz de escribir o no lo sabe hacer: *Cultura ágrafa.*

agramatical *adj.* Que no se ajusta a las reglas de la gramática.

agrandar *tr.* y *prnl.* Hacer que algo sea o parezca más grande.

agrario, ria *adj.* Relativo al campo.

agrarismo *m.* POLÍT Doctrina que defiende los intereses de la agricultura.

agravante 1 *adj.* Que agrava. 2 *m.* o *f.* Situación que hace más grave o empeora algo.

agravar *tr.* y *prnl.* Hacer más grave o pesado algo.

agraviar *tr.* Hacer un agravio de obra o de palabra.

agravio 1 *m.* Dicho o hecho con que se ofende a alguien. 2 Ofensa o perjuicio que se deriva de tal afrenta.

agraz 1 *adj.* Desagradable, molesto. 2 *m.* Uva sin madurar. 3 Zumo de la uva no madura. 4 Arbusto de hojas pequeñas, flores amarillas y bayas rojas.

agredir 1 *tr.* Cometer agresión lanzándose contra alguien para hacerle daño. 2 Ofender de palabra.

agregación 1 *f.* Acción y efecto de unir o juntar personas o cosas a otras. 2 QUÍM Unión de moléculas que determinan el estado de los cuerpos, el cual puede ser sólido, líquido o gaseoso.

agregado, da 1 *m.* y *f.* Funcionario que tiene a su cargo alguna especialidad. 2 Empleado no titular. 3 *m.* Conjunto de cosas que forman un todo en el que se distinguen cada una de aquellas. 4 Inquilino rural que paga con dinero o con trabajo.

agregar 1 *tr.* y *prnl.* Añadir y juntar unas personas o cosas a otras. 2 *tr.* Añadir algo a lo ya dicho o escrito.

agremiar *tr.* y *prnl.* Reunir en gremio.

agresión 1 *f.* Acto de agredir para hacer lo contrario al derecho de otro. 2 Ataque rápido y por sorpresa. 3 Ataque armado y contra derecho de una nación a otra.

agresividad *f.* Tendencia a agredir a otros.

agreste 1 *adj.* Escabroso o lleno de maleza. 2 Silvestre o salvaje, referido a la vegetación o a los animales. 3 Tosco, grosero, dicho de personas.

agriar *tr.* y *prnl.* Poner agria una cosa.

agricultor, ra *m.* y *f.* Persona que labra o cultiva la tierra.

agricultura 1 *f.* Acto de labrar la tierra. 2 Técnica e industria que se ocupan de la explotación de plantas y animales para el uso humano. Incluye el cuidado del suelo, el desarrollo de las cosechas, la cría de ganado y la silvicultura. || ~ **biológica** u **orgánica** ECOL Sistema de producción agrícola que excluye el uso de fertilizantes sintéticos, pesticidas, reguladores del crecimiento, aditivos, etc.

agriera *f.* Acidez de estómago.

agrietar *tr.* y *prnl.* Abrir grietas o hendiduras.

agrimensura *f.* Técnica de medir terrenos.

agrio, gria 1 *adj.* Que produce sensación de acidez sobre el gusto o el olfato. 2 Que se ha agriado. 3 Acre, desabrido: *Respuesta agria.*

agro *m.* Campo, tierra de labranza.

agroalimentario, ria *adj.* Relativo al cultivo, comercio y consumo de alimentos de origen agrícola.

agroecología *f.* ECOL Tipo de agricultura que se fundamenta en los principios de la ecología para diseñar y controlar los sistemas agrícolas.

agroindustria *f.* Explotación agraria organizada como una empresa industrial.

agrología *f.* Ciencia que estudia la interrelación entre las plantas y los suelos.

agronomía *f.* Estudio del cultivo y la explotación de la tierra.

agropecuario, ria *adj.* Que concierne a la agricultura y la ganadería.

agroquímico, ca *adj.* y *s.* Dicho de los productos de la industria química con aplicaciones en la agricultura, como los fertilizantes o plaguicidas.

agrupación *f.* Conjunto de personas o instituciones que se juntan o asocian.

agrupar 1 *tr.* y *prnl.* Formar un grupo. 2 Constituir una agrupación.

agua 1 *f.* Sustancia formada por la combinación de dos volúmenes de hidrógeno y uno de oxígeno (H_2O). Es el componente más abundante de la superficie terrestre y forma la lluvia, los manantiales, los ríos y los mares. 2 Cualquier líquido obtenido por infusión o destilación de flores, plantas o frutos. 3 Disolución en agua de ciertos cuerpos químicos; como el agua mineral, el agua amoniacal, etc. 4 ECOL **contaminación** del ~. || ~ **dulce** La potable, de poco o ningún sabor, por contraposición a la del mar o a las minerales. ~ **oxigenada** PERÓXIDO de hidrógeno. ~ **potable** La que se puede beber. ~ **resi-**

dual La que procede de las viviendas, poblaciones o zonas industriales y arrastra suciedad y detritos. ~ **termal** GEO La que brota del manantial con una temperatura superior a la de su entorno.

☐ **Ciclo del agua** ECOL Al producirse vapor de agua por evaporación en la superficie terrestre y en las masas de agua, este circula por la atmósfera y se precipita sobre la tierra en forma de lluvia o nieve. Al llegar a la superficie, una parte se vierte en los riachuelos y arroyos, para pasar luego a los lagos y océanos mientras el resto se infiltra en el suelo y se acumula en depósitos subterráneos.

aguacate 1 *m.* Árbol de hasta 10 m de altura, con hojas coriáceas, flores dioicas y fruto comestible. 2 Fruto de este árbol cuya pulpa tiene la consistencia de la mantequilla.

aguacero *m.* Lluvia intensa y repentina de corta duración.

aguachento, ta *adj.* Se aplica a lo que pierde su sabor por exceso de agua.

aguado, da 1 *adj.* Que tiene agua. 2 *f.* Pigmento diluido en agua. 3 ART Diseño o pintura que se ejecuta con pigmentos preparados de esta manera.

aguafuerte 1 *m.* o *f.* QUÍM Ácido nítrico diluido en agua, que se emplea en el grabado para atacar el metal. 2 ART Lámina obtenida con este mordiente.

aguamanil *m.* Palangana o pila para lavarse las manos.

aguamarina *f.* Variedad verdeazulada y transparente de berilo que se usa en joyería.

aguamiel 1 *f.* Agua mezclada con miel. 2 Mezcla de agua y caña de azúcar. 3 Jugo de maguey que, al fermentar, produce el pulque.

aguanieve *f.* Agua de lluvia mezclada con nieve.

aguantar 1 *tr.* Sostener algo para que no caiga o se doble. 2 Resistir pesos, trabajos o penalidades. 3 Tolerar a disgusto algo desagradable. 4 *intr.* Durar una cosa.

aguante 1 *m.* Paciencia, capacidad de sufrimiento. 2 Fuerza para resistir pesos, trabajos, etc.

aguar 1 *tr.* y *prnl.* Rebajar una bebida echándole agua. 2 Frustrar algo agradable.

aguaraparse *prnl.* Tomar sabor de guarapo la caña de azúcar o la fruta.

aguardar 1 *tr.* e *intr.* Esperar. 2 *tr.* Dar un plazo para algo.

aguardiente *m.* Bebida alcohólica de alta graduación, que se obtiene del vino, cereales, frutos, etc., por fermentación.

aguarrás *m.* Aceite volátil de trementina, que disuelve resinas y grasas.

aguatinta 1 *f.* Dibujo o pintura que se realiza con tinta de un solo color. 2 Aguada.

agudeza 1 *f.* Cualidad de agudo. 2 Perspicacia o viveza de los sentidos o del ingenio. 3 Fuerza penetrante del dolor.

agudizar 1 *tr.* y *prnl.* Hacer agudo algo. 2 Adquirir carácter agudo una enfermedad o una situación.

agudo, da 1 *adj.* Afilado, delgado, referido al corte o la punta de armas u otros instrumentos. 2 Perspicaz, fino. 3 Dicho del olor subido y del sabor penetrante. 4 FON y GRAM Dicho de las palabras que llevan el acento prosódico en la última sílaba: *Crecer; compás.* • Se les marca acento ortográfico o **tilde** si terminan en *n, s* o vocal. 5 ORT **acento ~.** 6 GEOM **ángulo ~.** 7 MÚS Dicho del sonido de tono alto.

agüero *m.* Pronóstico favorable o adverso.

aguerrir *tr.* y *prnl.* Acostumbrar a la guerra.

aguijada *f.* Vara larga y puntiaguda para arrear a los bueyes.

aguijón *m.* ZOOL Púa que el escorpión, las abejas, las avispas y otros himenópteros tienen en el extremo del abdomen y con la que pican e inyectan veneno.

aguijonear *tr.* Picar con el aguijón.

águila *f.* Ave rapaz diurna, de pico ganchudo, cabeza y tarsos emplumados, gran envergadura, vista muy aguda y vuelo raudo. Existen varias especies.

aguileño, ña *adj.* Dicho del rostro largo y delgado, en especial a la nariz curva.

aguilón *m.* Brazo de una grúa.

aguinaldo 1 *m.* Regalo que se hace en las fiestas de Navidad. 2 Villancico de Navidad.

aguja 1 *f.* Barrita de metal, hueso o madera, aguzada por un extremo y con un agujero en el otro, por el que se pasa el hilo para coser. 2 Instrumento similar que se emplea para otras labores de punto. 3 Tubito metálico, con un extremo libre y el otro con un casquillo que se enchufa en la jeringuilla para inyectar. 4 Indicador de diversos instrumentos y aparatos, como las manecillas del reloj. 5 Cada uno de los rieles móviles que facilitan el paso de un tren desde una vía a otra. 6 ARQ Remate fino y alto de una torre. 7 BOT Hoja estrecha de algunas coníferas.

agujerear (Tb. agujerar) *tr.* y *prnl.* Hacer agujeros.

agujero *m.* Abertura más o menos redondeada que atraviesa una cosa. || ~ **de la capa de ozono** ECOL Fenómeno que consiste en la pérdida periódica de ozono en las capas superiores de la atmósfera. Se ha demostrado que ciertos compuestos del flúor usados en los aerosoles, son responsables en buena medida de la ampliación de estos agujeros. ~ **negro** ASTR Hipotético cuerpo celeste con un campo gravitatorio tan fuerte que ni siquiera la radiación electromagnética puede escapar de su proximidad.

agujeta *f.* Cordón que se pasa por una serie de ojales y se usa para ceñir algo.

agusanarse *prnl.* Criar gusanos una cosa.

aguzar 1 *tr.* Sacar punta o filo a una cosa o afinar la que ya tiene. 2 Aplicar con intensidad el entendimiento o los sentidos, para que se hagan más perspicaces.

ah *interj.* Expresa pena, admiración o sorpresa y satisfacción o alegría.

ahí *adv. l.* En ese lugar o ese lugar.

ahijado, da 1 *m.* y *f.* Cualquier persona respecto de sus padrinos. 2 Protegido.

ahínco *m.* Empeño o diligencia grande en hacer o solicitar algo.

ahíto 1 *adj.* Dicho de quien ha comido hasta hartarse. 2 Hastiado, cansado de algo o de alguien.

ahogadero *m.* Correa que ciñe el pescuezo de caballos, asnos y otros animales.

ahogado, da 1 *m.* y *f.* Persona que muere por falta de respiración, especialmente en el agua. 2 *m.* Guiso estofado de diversas formas.

ahogar 1 *tr.* y *prnl.* Matar cortando la respiración. 2 Dañar a las plantas el exceso de agua, el apiñamiento o la acción de otras simientes. 3 *tr.* Dominar el fuego, apagarlo. 4 Sumergir en el agua. 5 En el juego del ajedrez, acosar al rey contrario de modo que no pueda moverse sin quedar en jaque. 6 *prnl.* Sentir sofocación o ahogo. 7 En los motores de explosión, anegarse el carburador por exceso de combustible.

ahogo *m.* Dificultad para respirar.

ahondar 1 *tr.* Hacer más hondo un agujero o cavidad. 2 *tr.* e *intr.* Profundizar en un asunto. 3 *tr., intr.* y *prnl.* Introducir una cosa más dentro de otra.

ahora 1 *adv. t.* Indica el momento presente con mayor o menor precisión: el instante en que se habla, la época actual, la vida presente. 2 Expresa el pasado reciente o el futuro inmediato: *Ahora te lo diré.* 3 *conj. advers.* Pero, sin embargo.

ahorcar *tr.* y *prnl.* Estrangular a alguien colgándole del cuello.

ahorita *adv. t.* Se emplea con el significado de ahora mismo, hace poco tiempo.

ahorrar 1 *tr.* Economizar, reservar una parte del dinero que se gana. 2 Evitar un gasto o consumo mayor. 3 *tr.* y *prnl.* Evitar algún trabajo o disgusto.

ahorro *m.* Acción de ahorrar o no gastar en exceso.

ahuecar 1 *tr.* Poner hueca o cóncava una cosa. 2 *tr.* y *prnl.* Mullir algo haciéndolo menos compacto o apretado. 3 Adquirir la voz un tono afectado y campanudo.

ahuevar 1 *tr.* Dar forma de huevo. 2 *prnl.* Acobardarse, entontecerse.

ahumado, da *adj.* Dicho del alimento curado al humo.

ahumar 1 *tr.* Exponer una cosa al humo, en particular los alimentos. 2 *tr.* y *prnl.* Llenar de humo. 3 *intr.* Echar o despedir humo. 4 *prnl.* Tomar los guisos sabor a humo.

ahuyama 1 *f.* Planta hortense de tallo rastrero, hojas grandes, flores amarillas y fruto comestible de gran tamaño, redondo y con multitud de semillas. 2 Fruto de esta planta.

ahuyentar 1 *tr.* Hacer huir a personas o animales. 2 Desechar ideas, afectos o pasiones que molestan. 3 *prnl.* Salir huyendo.

aimara *adj.* y *s.* De un pueblo amerindio que habita la meseta andina del lago Titicaca entre Perú y Bolivia. En la actualidad se dedica a la agricultura, la pesca y las labores artesanales.

airar *tr.* y *prnl.* Mover a ira, enfurecer.

airbag *m.* Dispositivo colocado en el volante y en otras partes del automóvil consistente en una bolsa de aire que se infla instantáneamente en caso de colisión violenta.

aire 1 *m.* GEO Mezcla de gases que constituye la atmósfera de la Tierra. Está formado por oxígeno (78 %), nitrógeno (21 %) y cantidades variables de argón, vapor de agua y anhídrido carbónico y polvo en suspensión. 2 Viento. 3 Parecido o semejanza. 4 Engreimiento o afectación en el porte o en las palabras. 5 Gracia en el modo de moverse o de actuar. 6 MÚS Canción, tonada de una composición. || ~ **acondicionado** Sistema de ventilación de los locales que regula la temperatura y la humedad. ~ **comprimido** Aire cuyo volumen ha sido reducido para aumentar su presión y aprovecharla como energía al expansionarse.

aireación *f.* Acción y efecto de airear o airearse.

airear 1 *tr.* Ventilar una cosa. 2 *prnl.* Exponerse al aire.

aislacionismo *m.* POLÍT Política por la que un país se repliega sobre sí mismo, desligándose de compromisos o alianzas internacionales.

aislador, ra 1 *adj.* AISLANTE. 2 *m.* Pieza de material aislante que sirve para soportar o sujetar un conductor eléctrico.

aislante 1 *adj.* y *m.* Que aísla. 2 Dicho del cuerpo que intercepta el paso del calor, de la electricidad, etc.

aislar 1 *tr.* Rodear el agua por todas partes un lugar. 2 Colocar aislantes para evitar que se propague la electricidad, el sonido, el calor, etc. 3 QUÍM Separar un elemento químico de un compuesto del cual forma parte. 4 *tr.* y *prnl.* Dejar a una persona o cosa sola y separada de otras.

ajá *interj.* Expresa complacencia o aprobación.

ajar 1 *tr.* y *prnl.* Quitar el lustre a una cosa maltratándola o manoseándola. 2 *prnl.* Aviejarse alguien o algo por la edad, la enfermedad o el uso.

ajedrez 1 *m.* Juego entre dos, en que cada jugador dispone de 16 piezas movibles sobre un tablero. 2 Conjunto de las piezas del juego.

□ Las piezas del ajedrez se dividen en "cuatro cuerpos" de ejército: 8 peones, 2 alfiles, 2 torres y 2 caballos, una reina y un rey. Gana el que da jaque mate al rey del contrario. El tablero consta de 64 escaques o casillas de colores alternos.

ajenjo 1 *m.* Planta muy aromática con cabezuelas florales colgantes de color amarillo. 2 Bebida alcohólica preparada con la esencia de esta planta y otras hierbas.

ajeno, na 1 *adj.* De otra clase o condición. 2 Extraño, distante. 3 Libre de una cosa.

ajetrear *tr.* y *prnl.* Molestar con órdenes o trabajos excesivos que obligan a moverse sin descanso de un lado para otro.

ajetreo *m.* Acción de ajetrearse, trajín.

ají 1 *m.* CHILE. 2 GUINDILLA. 3 Salsa o condimento cuyo ingrediente principal es el fruto de dichas plantas.

ajiaco 1 *m.* Guiso de caldo con carne, papas picadas, cebolla, ají y algunas yerbas. 2 Sopa preparada con distintas clases de papas, pollo, mazorca tierna de maíz y aromatizada con guasca.

ajo 1 *m.* Planta de 30 a 40 cm de altura, de hojas ensiformes y flores pequeñas y blancas, cuyo bulbo, de olor fuerte, se usa como condimento. 2 Cada una de las partes o dientes en que está dividido el bulbo o la cabeza del ajo.

ajolote *m.* Anfibio de agua dulce, nativo de los lagos mexicanos, que respira por tres pares de branquias ubicadas en la parte posterior de la cabeza.

ajonjolí 1 *m.* Planta de semillas oleaginosas y comestibles que se cultiva en muchos países cálidos. 2 Semilla de esta planta.

ajorca *f.* Aro con que se adornan las muñecas o los tobillos.

ajuar 1 *m.* Conjunto de alhajas, muebles y ropa que aporta la mujer al matrimonio. 2 Conjunto de muebles, ropas y menaje de una casa. 3 Canastilla con la dotación para un recién nacido.

ajuiciar *tr.* e *intr.* Hacer juicioso a alguien.

ajustador, ra 1 *m.* Anillo que sujeta la sortija demasiado holgada. 2 Prenda de vestir que ciñe el busto.

ajustar 1 *tr.* y *prnl.* Adaptar una cosa a otra de modo que encajen perfectamente. 2 Acomodar y poner de acuerdo cosas u opiniones distintas. 3 *tr.* Llegar a un acuerdo determinando las condiciones: la paz, un casamiento, un empleo. 4 Asegurar la precisión de un instrumento o una máquina. 5 Saldar, pagar una cuenta. 6 Cumplir años.

ajuste 1 *m.* Acción y efecto de ajustar o ajustarse. 2 Encaje que tienen las partes de que se compone alguna cosa.

ajusticiado, da *m.* y *f.* Reo que ha sido ejecutado.

ajusticiar *tr.* Ejecutar la pena de muerte impuesta a un reo por un tribunal.

al Contracción de la preposición *a* y del artículo *el.*

ala 1 *f.* Zool Expansión plana y ancha del cuerpo de algunos animales (aves, murciélagos e insectos), de la que se sirven para volar. 2 Bot Expansión foliácea o membranosa de ciertos frutos u órganos de las plantas. 3 Cualquier elemento lateral de forma más o menos laminar, como el ala del sombrero, del avión, de un edificio, etc. 4 Tendencia especial dentro de un partido u organización. 5 *pl.* Audacia o aspiraciones de alguien.

□ Zool Las alas de las aves poseen huesos muy ligeros, plumas especiales y una poderosa musculatura; las de los murciélagos están formadas por una membrana que se extiende entre los largos dedos de las extremidades anteriores, y en los insectos consisten en un pliegue laminar de la superficie lateral del cuerpo, con nervaduras llenas de aire que sirven de soporte.

alabanza *f.* Acción de alabar o alabarse.

alabar 1 *tr.* y *prnl.* Elogiar, decir cosas que indican aprobación y aplauso. 2 *prnl.* JACTARSE.

alabarda *f.* Arma ofensiva consistente en un asta larga de madera rematada por una cuchilla transversal de figura de media luna.

alabastro *m.* Variedad de mármol blanco y traslúcido, que se emplea en obras escultóricas y de ornamentación.

álabe 1 *m.* Cada una de las paletas curvas de la turbina que reciben el impulso del fluido. 2 Cualquiera de los dientes de una rueda de engranaje.

alabeado, da *adj.* Con alabeo, combado.

alabear 1 *tr.* Dar forma combada a una cosa. 2 *prnl.* Combarse o torcerse la madera.

alabeo *m.* Curvatura que toma una tabla u otro material al alabearse.

alacena *f.* Armario empotrado, con anaqueles, para guardar alimentos y enseres.

alacrán *m.* Arácnido cuyo abdomen termina en una uña venenosa, que clava en sus presas. También es llamado escorpión.

alado, da 1 *adj.* Que tiene alas. 2 En forma de ala.

alalia *f.* Pérdida del lenguaje por lesiones nerviosas o por afección de los órganos vocales.

alamán, na *adj.* y *s.* Hist De un grupo de pueblos germanos que, tras ser desplazado hacia el s. III por los eslavos y los godos y derrotado varias veces por los romanos, se asentó en ambas orillas del Rin a partir del s. V.

alambicar 1 *tr.* Destilar con alambique. 2 Emplear un lenguaje demasiado exquisito.

alambique *m.* Aparato para destilar consistente en una caldera, que contiene el líquido, y un conducto y serpentín en la parte superior por el que sale y se refrigera el líquido tratado.

alambrada *f.* Cerca hecha de alambres espinosos, para impedir o dificultar el avance de personas o animales.

alambrar *tr.* Cercar con alambre.

alambre *m.* Hilo metálico. || ~ **de espino** o **de púas** El que tiene púas del mismo material y se utiliza para hacer cercas.

alambrera 1 *f.* Tela metálica que se coloca en las ventanas. 2 Red de alambre que se pone sobre los braseros.

alameda *f.* Paseo o camino con árboles de cualquier clase.

álamo *m.* Árbol de hojas anchas con largos pecíolos, que alcanza gran altura. Su madera, ligera y resistente al agua, tiene usos industriales.

alano, na *adj.* y *s.* Hist De un pueblo de origen iranio establecido al N de la cordillera del Cáucaso que invadió la Galia (406) y se estableció en Hispania. Tras ser derrotado por los visigodos (418), huyó al N de África.

alantoides *m.* Anat Membrana que rodea el embrión de reptiles, aves y mamíferos.

alarde *m.* Ostentación que se hace de algo.

alardear *intr.* Hacer alarde.

alargadera *f.* Pieza o varilla que sirve para alargar alguna cosa.

alargar 1 *tr.* y *prnl.* Hacer más largo algo. 2 Prolongarlo en el tiempo, haciendo que dure más. 3 *tr.* Alcanzar algo y dárselo a quien está más distante. 4 Soltar poco a poco una cuerda, cable, etc.

alarido *m.* Grito de dolor, terror o rabia.

alarma 1 *f.* Señal que llama a las armas, al combate. 2 Señal o voz que avisa de un peligro. 3 Inquietud, sobresalto causado por algún riesgo repentino.

4 Dispositivo que advierte de algo mediante luces o sonido.

alarmar 1 *tr.* Dar la voz o señal de alarma. 2 *tr.* y *prnl.* Sobresaltar, preocupar.

alarmismo *m.* Tendencia a propagar peligros imaginarios o a exagerar los reales.

alazán, na *adj.* y *s.* Dicho del color muy parecido al de la canela.

alba 1 *f.* Primera luz del día antes de salir el Sol. 2 Túnica blanca que usan los sacerdotes en los oficios religiosos.

albacea *m.* y *f.* Persona que ejecuta un testamento por voluntad del testador o por designación del juez.

albahaca *f.* Planta anual aromática, de hojas muy verdes y flores blancas.

albañal *m.* Conducto de desagüe de las aguas sucias.

albañil *m.* Maestro u oficial de albañilería.

albañilería *f.* Arte de la construcción en que se emplean piedras, ladrillos, arena, cemento u otros materiales semejantes.

albar *adj.* BLANCO: *Perdiz albar.*

albarán 1 *m.* Nota de entrega de una mercancía que firma el que la recibe. 2 Papel que se pone en las puertas, balcones o ventanas de las casas por alquilar.

albarda *f.* Aparejo de la caballería de carga consistente en dos almohadas de paja unidas por la parte que cae sobre el lomo del animal.

albaricoque *m.* Fruto del albaricoquero que posee una drupa amarillenta y aterciopelada de sabor muy grato y con hueso.

albaricoquero *m.* Árbol originario de Asia central, de hojas acorazonadas y flores blancas, cuyo fruto es el albaricoque.

albatros *m.* Ave palmípeda de los mares meridionales, de alas y cola muy largas y color blanco, que es muy buena voladora.

albayalde *m.* Carbonato básico de plomo blanco, que se emplea en pintura.

albedo *m.* FÍS Porcentaje de flujo luminoso reflejado o difundido por un cuerpo en relación con el flujo luminoso incidente. Los cuerpos negros tienen un albedo nulo.

albedrío *m.* Facultad del hombre para obrar por propia decisión.

alberca 1 *f.* Estanque artificial hecho de mampostería. 2 Piscina recreativa o deportiva.

albergar 1 *tr.* Dar hospedaje. 2 Conservar, en lo más hondo de sí, proyectos, sentimientos, etc. 3 *intr.* y *prnl.* Tomar albergue.

albergue *m.* Casa que proporciona hospedaje o resguardo.

albero *m.* Paño para secar los platos.

albertosaurio *m.* Dinosaurio bípedo carnívoro que vivió en América del Norte durante el periodo cretácico. Tenía unos 9 m de longitud y cerca de 3,5 m de altura.

albigense *adj.* y *s.* HIST Dicho del hereje perteneciente a una secta que, en los ss. XII y XIII, existió en el sur de Francia. Sus doctrinas negaban la existencia del purgatorio y la eficacia de los sacramentos.

albinismo *m.* MED Anomalía congénita del pigmento, que da a ciertas partes del organismo (piel, cabello, ojos, plumaje, etc.) un color más o menos blanco.

albóndiga *m.* Bola pequeña de carne o pescado picado, huevos batidos y especias, mezclado todo ello con ralladuras de pan.

albor 1 *m.* Blancura intensa. 2 *m. pl.* Luz del alba. 3 Comienzo de algo.

alborada 1 *f.* Tiempo en que raya el día. 2 Música de amanecida para festejar a alguien. 3 Composición destinada a cantar la mañana.

alborear *intr.* Amanecer o rayar el día.

albornoz 1 *m.* Bata de tela de toalla que se utiliza después del baño. 2 Especie de capote con capucha.

alboronía *f.* Guiso de berenjenas, tomate, calabacín y pimiento picados.

alborotar 1 *tr.* e *intr.* Armar alboroto, perturbar. 2 *tr.* y *prnl.* Causar excitación o provocar deseos e ilusiones.

alboroto 1 *m.* Vocerío o estrépito. 2 Desorden, tumulto. 3 Asonada, motín. 4 Inquietud, zozobra.

alborozar *tr.* y *prnl.* Causar gran alegría o placer, provocar una risa ruidosa.

alborozo *m.* Regocijo extraordinario.

albriciar *tr.* Dar una noticia agradable.

albricia *f.* Regalo que se hace al portador de una buena noticia.

albufera *f.* GEO Laguna litoral de agua salada o salobre formada en las tierras bajas.

álbum 1 *m.* Libro en blanco para coleccionar fotografías, sellos, autógrafos. 2 Estuche o carpeta con uno o más discos sonoros. • pl.: *álbumes.*

albumen 1 *m.* BOT Tejido de reserva que, en algunas semillas, acompaña al embrión y está destinado a servirle de alimento cuando germina. 2 ZOOL Solución albuminoide que rodea la yema de los huevos.

albúmina *f.* BIOQ Proteína compuesta de nitrógeno, carbono, oxígeno, hidrógeno y azufre. Forma el constituyente más importante del suero de la sangre y de la clara del huevo y se encuentra también en los músculos, la leche y otras partes de los organismos.

albuminoide *m.* BIOQ Nombre que se da al conjunto formado por los aminoácidos coloidales de alto peso molecular que forman parte principal de las células animales y vegetales.

albur *m.* Contingencia o azar a los que se fía el resultado de alguna empresa.

albura *f.* Blancura intensa.

alca *f.* Ave marina de plumaje negro en la cabeza y en el dorso y blanco en el vientre. Se alimenta de peces que captura buceando.

alcachofa 1 *f.* Hortaliza de raíz fusiforme, tallo ramoso y estriado y hojas algo espinosas, con cabezuelas comestibles en forma de piña. 2 Cabezuela de esta planta.

alcahuete, ta *m.* y *f.* Persona que concierta o encubre relaciones amorosas irregulares.

alcaide *m.* Jefe de una cárcel.

alcaldada *f.* Atropello que el alcalde comete abusando de su autoridad.

alcalde, desa 1 *m.* y *f.* Presidente del ayuntamiento y primera autoridad gubernativa de un municipio.

alcaldía *f.* Oficio o cargo de alcalde. 2 Oficina del alcalde o ayuntamiento.

álcali *m.* QUÍM Nombre dado a los óxidos, hidróxidos o carbonatos metálicos alcalinos (litio, sodio, potasio, cesio y rubidio) que reaccionan con los ácidos para dar sales.

alcalino, na 1 *adj.* QUÍM Que tiene álcali o las propiedades de un álcali. 2 QUÍM **metales** ~s.

alcalinotérreo *adj.* QUÍM **metales** ~s.

alcaloide *m.* QUÍM Compuesto orgánico nitrogenado tóxico de origen vegetal, como la nicotina, el tabaco, la morfina y la cocaína.

alcance 1 *m.* Distancia a que llega la acción o influencia de algo. 2 Seguimiento, persecución. 3 Importancia o trascendencia de algo. 4 Capacidad o talento.

alcancía *f.* Vasija cerrada con una hendidura estrecha por donde se meten monedas para guardarlas.

alcanfor *m.* QUÍM Sustancia química sólida, blanca, de olor penetrante y soluble en alcohol y éter. Popularmente se emplea para preservar la ropa de la polilla.

alcanforero *m.* Árbol de 15 a 20 m de altura, de madera muy compacta, hojas coriáceas, flores blancas y frutos en pequeñas bayas negras. De él se extrae el alcanfor.

alcano *adj.* QUÍM Cada uno de los hidrocarburos saturados de cadena abierta. Comprenden gases (metano, etano, propano y butano), algunos líquidos y semisólidos o sólidos. Estos últimos reciben el nombre común de parafinas.

alcantarilla 1 *f.* Paso abierto debajo de un camino o carretera, para que fluyan las aguas de un lado al otro. 2 Sumidero para recoger las aguas llovedizas o sucias y darles paso.

alcantarillado *m.* Conjunto de alcantarillas.

alcanzado, da *adj.* Falto o escaso de una cosa.

alcanzar 1 *tr.* Llegar a juntarse con alguien o algo que va delante. 2 Tocar o coger alguna cosa alargando la mano. 3 Llegar a percibir algo con la vista, el oído o el olfato. 4 Conseguir algo que se desea o solicita. 5 Igualar a alguien y aun superarlo. 6 Llegar una cosa con su fuerza o efecto hasta un punto determinado. 7 Ser suficiente una cosa para cierto fin. 8 Haber alguien vivido en el tiempo del que se habla.

alcaparra 1 *f.* Planta de tallos espinosos, hojas gruesas y flores grandes y blancas cuyo fruto es una baya carnosa. 2 Botón de la flor de esta planta. Se usa como condimento y como entremés. 3 Botón de la flor del agave, que se come encurtido.

alcaparro *m.* Árbol de aprox. 5 m de altura, copa arqueada, flores amarillas agrupadas y frutos en legumbre.

alcatraz *m.* Ave americana pelicaniforme de plumaje blanco, excepto la punta de las alas, que es negra. Es una gran pescadora.

alcázar 1 *m.* Fortaleza, recinto fortificado. 2 Palacio o residencia del soberano.

alce *m.* Mamífero rumiante, de cuello corto, cabeza grande y astas en forma de pala dentada, parecido al ciervo y corpulento como el caballo.

alcista *adj.* ECON Relativo al alza de los valores en la bolsa.

alcoba 1 *f.* Aposento para dormir. 2 Mobiliario de este aposento.

alcohol 1 *m.* QUÍM Compuesto derivado de un hidrocarburo por sustitución de un átomo de hidrógeno por un grupo funcional –OH. 2 Bebida alcohólica. || ~ **etílico** QUÍM El que se obtiene por destilación de productos de fermentación de sustancias azucaradas o feculentas, como uva, melaza, remolacha o papa. ~ **metílico** QUÍM El que se obtiene por destilación de la madera a baja temperatura.

□ QUÍM Los alcoholes se clasifican en primarios, secundarios y terciarios, dependiendo de que tengan uno, dos o tres átomos de carbono enlazados con el átomo de carbono al que se encuentra unido el grupo hidróxido. Son subproductos normales de la digestión y de los procesos químicos en el interior de las células.

alcoholemia *f.* Presencia de alcohol en la sangre.

alcohólico, ca 1 *adj.* Referente al alcohol o producido por él. 2 Persona que padece alcoholismo.

alcoholímetro *m.* Aparato para medir la cantidad de alcohol en un líquido.

alcoholismo 1 *m.* Abuso de bebidas alcohólicas. 2 Enfermedad, aguda o crónica, producida por tal abuso.

alcoholizar 1 *tr.* Mezclar un líquido con alcohol. 2 *tr.* y *prnl.* Contraer alcoholismo.

alcornoque *m.* Árbol perenne, copudo, de madera muy dura, corteza formada por una capa gruesa de corcho y fruto en bellota.

alcurnia *f.* Ascendencia, linaje.

alcuza *f.* Vasija de forma cónica, que contiene el aceite de uso habitual.

aldaba 1 *f.* Pieza metálica que se pone en las puertas como llamador. 2 Barra metálica o travesaño de madera para asegurar postigos y puertas una vez cerrados.

aldea *f.* Pueblo de escaso número de habitantes, que suele carecer de jurisdicción propia.

aldeanismo 1 *m.* Actitud, condición o lenguaje de aldeanos. 2 Estrechez de miras propia de quien vive en ambientes muy localistas.

aldeano, na 1 *adj.* y *s.* Natural de una aldea. 2 Relativo a la aldea.

aldehído *m.* QUÍM Compuesto formado por un radical y el grupo funcional –CHO. Los aldehídos se forman como primer producto de la oxidación de ciertos alcoholes, de los que reciben el nombre. Se usan en la industria y en los laboratorios químicos por sus propiedades reductoras.

aleación *f.* Producto homogéneo, de propiedades metálicas, compuesto de dos o más elementos, uno de los cuales, al menos, debe ser un metal.

alear *tr.* Producir una aleación.

aleatorio, ria *adj.* Que depende del azar o de la suerte.

alebrestarse 1 *prnl.* Alarmarse, alborotarse. 2 Erguirse, encabritarse el caballo.

aleccionar 1 *tr.* y *prnl.* Instruir, enseñar, amaestrar. 2 *tr.* Castigar.

aledaño, ña *adj.* Que confina con otra cosa.

alegar 1 *tr.* Citar algún hecho, dicho o ejemplo en apoyo de lo que se defiende. 2 Altercar, disputar.

alegato 1 *m.* Razonamiento en apoyo de una tesis o pretensión. 2 Discusión, altercado.

alegoría 1 *f.* Representación de una cosa por otra en virtud de alguna relación que media entre ellas. 2 Obra artística o literaria en que las ideas abstractas se representan o describen por medio de figuras concretas.

alegórico, ca *adj.* Relativo a la alegoría.

alegrar 1 *tr.* Causar alegría. 2 Avivar una cosa dándole un esplendor nuevo o nueva fuerza. 3 Ponerse contento, sentir satisfacción por algo.

alegre 1 *adj.* Que tiene alegría. 2 Que causa alegría o que la demuestra. 3 Vivo, si se trata de un color. 4 Dicho de la persona de vida sexual libre.

alegría 1 *f.* Sentimiento de gozo y satisfacción por algún motivo halagüeño. 2 Estado de ánimo de quien se siente bien y a gusto.

alegrón *m.* Alegría grande y repentina.

alejar 1 *tr.* y *prnl.* Poner lejos o más lejos. 2 Apartar, ahuyentar. 3 *prnl.* Marcharse de un lugar.

alelo *m.* BIOL Gen alelomorfo.

alelomorfo, fa *adj.* y *s.* BIOL Dicho de cada uno de los genes del par que ocupa el mismo lugar en los **cromosomas** homólogos.

aleluya *m.* o *f.* Voz que usan los cristianos en demostración de júbilo. 2 *interj.* Expresa júbilo.

alemán, na 1 *adj.* De Alemania. 2 *m.* Lengua oficial de Alemania, Austria y de una región de Suiza.

alentar 1 *intr.* Continuar teniendo vida. 2 *tr.* y *prnl.* Infundir ánimo o valor. 3 *prnl.* Recuperarse de una enfermedad.

alerce *m.* Árbol de tronco recto y delgado que alcanza gran altura, madera aromática y fruto en piña. Su corteza se emplea para los curtidos de pieles.

alérgeno, na *adj.* y *s.* Dicho de la sustancia que sensibiliza al organismo para la aparición de los fenómenos de la alergia.

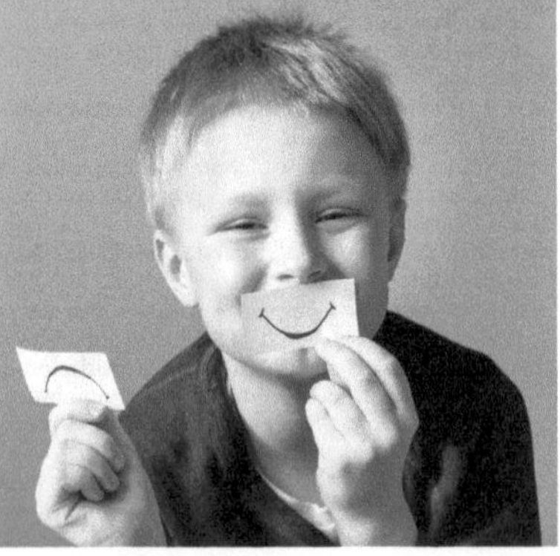

alergia *f.* MED Reacción inmunológica errónea, que conlleva fenómenos de carácter respiratorio, nervioso o eruptivo.

alero *m.* ARQ Parte inferior del tejado, que sale fuera de la pared.

alerón *m.* Aleta giratoria que se monta en la parte posterior de las alas de un avión y que tiene por objeto hacer variar la inclinación del aparato.

alerta 1 *adj.* Atento, vigilante. 2 *adv. m.* Con vigilancia y atención. 3 *interj.* Voz para excitar a la vigilancia.

alertar *tr.* y *prnl.* Poner en guardia, avisar de algún peligro.

aleta 1 *f.* ZOOL Apéndice, de forma laminar, de peces, manatíes y cetáceos, con la cual se ayudan para nadar. 2 Parte lateral plana que sobresale en diferentes objetos. 3 Parte exterior de las ventanas de la nariz. 4 Calzado elástico en forma de pala que se adapta a los pies para nadar con mayor facilidad. 5 Paleta del motor de una turbina.

aletargar *tr.* y *prnl.* Causar o padecer letargo.

aletazo *m.* Golpe de ala o de aleta.

aletear 1 *intr.* Agitar las aves las alas sin levantar el vuelo. 2 Mover los peces repetidas veces las aletas fuera del agua.

aleve *adj.* Alevoso, traidor.

alevín *m.* Cría de ciertos peces de agua dulce.

alevosía *f.* Cautela que toma el que comete un delito para actuar impunemente.

alevoso, sa *adj.* y *s.* Que comete alevosía.

alfabetismo *m.* Conocimiento básico para leer y escribir.

alfabetización 1 *f.* Acción y efecto de alfabetizar. 2 Capacidad técnica para descodificar signos escritos o impresos, símbolos o letras combinados en palabras.

alfabetizado, da *adj.* y *s.* Dicho de la persona que sabe leer y escribir.

alfabetizar 1 *tr.* Ordenar alfabéticamente. 2 Enseñar a leer y escribir.

alfabeto 1 *m.* Serie ordenada de letras con que se representan los sonidos de un idioma. 2 Conjunto de símbolos y signos empleados en un sistema de comunicación. || ~ **manual** Conjunto de signos que en correspondencia con las letras del alfabeto se hacen con la mano y ciertos gestos.

□ El alfabeto español se compone de veintinueve letras, entre las cuales se cuentan los dígrafos *ch* y *ll*, porque en rigor representan cada uno de ellos un solo sonido. Como en el orden internacional no se consideran letras independientes, se alfabetizan en los lugares que les corresponden dentro de la *c* y la *l*.

alfaguara *f.* Manantial caudaloso.

alfajor 1 *m.* Golosina compuesta de dos o más piezas de masa relativamente fina, adheridas una a otra con dulce. 2 Daga grande.

alfalfa *f.* Planta con racimos florales de color púrpura o lila, que se utiliza como forraje.

alfandoque 1 *m.* Pasta hecha con miel, queso y anís o jengibre. 2 Golosina en forma de barrita de azúcar y almendras.

alfanje *m.* Sable corto y curvo, con doble filo en la punta.

alfanumérico, ca 1 *adj.* Relativo a cifras y letras. 2 INF Dicho de las combinaciones de cifras y letras, y otros signos, que se utilizan como claves para operar computadores.

alfaquí *m.* Maestro de la ley entre los musulmanes.

alfarería 1 *f.* Arte de fabricar vasijas de barro. 2 Taller en que se hacen. 3 Tienda en que se venden.

alfarero, ra *m.* y *f.* Persona que fabrica vasijas de barro cocido.

alféizar *m.* ARQ Derrame que hace la pared en el corte de una puerta o ventana, dejando al descubierto el grueso del muro.

alfeñique 1 *m.* Barrita de caramelo alargada y retorcida. 2 Persona de complexión delicada.

alférez 1 *m.* Oficial del ejército español que sigue al teniente en categoría. 2 En algunos países, agente de policía.

alfil *m.* Pieza del **ajedrez** que se mueve en diagonal y puede recorrer de una vez todas las casillas que halla libres.

alfiler 1 *m.* Barrita metálica muy fina, que sirve para sujetar alguna prenda o adorno. 2 Joya parecida al alfiler común y con finalidad similar.

alfiletero 1 *m.* Tubo con tapa que sirve para guardar alfileres y agujas. 2 ACERICO.

alfombra 1 *f.* Tejido grueso de lana u otros materiales y diversos dibujos y colores, que se tiende en el suelo para abrigo y adorno. 2 Todo lo que de alguna manera cubre el suelo: las flores, la nieve, etc.

alfombrar 1 *tr.* Cubrir el suelo con alfombra. 2 Cubrir el suelo con cualquier otra cosa.

alforja *f.* Tira de tela fuerte con dos bolsas en sus extremos, que se lleva al hombro o se carga sobre las caballerías, y que sirve para transportar cosas.

alforza *f.* Pliegue que se hace en algunas prendas como adorno o para acortarlas.

alga *f.* BIOL Cada uno de los organismos unicelulares o pluricelulares, comúnmente acuáticos, que, en general, poseen clorofila y realizan fotosíntesis. Muchos viven en simbiosis con los hongos y forman los **líquenes**. || **~s pardas** BIOL Algas pluricelulares filamentosas marinas, de color pardo. Conforman un filo del reino Protista. **~s pardo-doradas** BIOL Algas unicelulares caracterizadas por tener un pigmento que enmascara de color amarillento la clorofila, como en las diatomeas. Conforman una clase del reino Protista. **~s rojas** BIOL Algas pluricelulares de tamaño pequeño o mediano y de forma muy variada. Algunas acumulan carbonato de calcio y ayudan a fijar los arrecifes de coral. Conforman un filo del reino Protista. **~s verdes** BIOL Algas de color verde que pueden ser unicelulares, presentarse como filamentos pluricelulares o formar colonias. Conforman un filo del reino Protista. **~ verdeazulada** BIOL CIANOBACTERIA.

algarrobo *m.* Árbol de hojas perennes coriáceas, flores purpúreas y muy corpulento, que abunda en las regiones marítimas templadas.

álgebra *f.* MAT Rama de la matemática que se ocupa de los procesos que conducen a la resolución de ecuaciones. Sus operaciones fundamentales son sustracción, multiplicación, división y cálculo de raíces. || **~ lineal** MAT Rama que estudia los sistemas de ecuaciones lineales, transformaciones lineales, vectores y espacios vectoriales y temas afines.

□ MAT Etimológicamente, la palabra álgebra proviene del árabe y significa "reducción" o "cotejo". Su origen se remonta a Babilonia y Egipto donde era usada para resolver ecuaciones de primer y segundo grado. Posteriormente, los griegos la utilizaron para formular ecuaciones y teoremas, como el de Pitágoras. Los matemáticos que le dieron mayor relevancia fueron Arquímedes, Herón y Diofante.

algebraico, ca *adj.* MAT Relativo al álgebra. || **expresión ~** MAT Conjunto de letras y números ligados por los signos de las operaciones algebraicas.

álgido, da 1 *adj.* Muy frío. 2 Dicho del momento crítico o culminante de algunos procesos orgánicos, físicos, políticos, sociales, etc.

algo 1 *pron. indef.* Designa genéricamente una cosa como contrapuesta a nada: *Hay algo que no entiendo.* 2 Cantidad indeterminada, generalmente pequeña. 3 *adv. c.* Un poco, hasta cierto punto, no del todo.

algodón 1 *m.* Planta dicotiledónea de hojas alternas, flores axilares amarillas y fruto en caja con varias semillas envueltas en una borra muy larga. 2 Hilado o tejido hecho de estas fibras.

algodonero, ra 1 *adj.* Relativo al algodón. 2 *m.* y *f.* Persona que cultiva el algodón o comercia con él. 3 *m.* ALGODÓN, planta.

algonquino, na *adj.* y *s.* De un pueblo amerindio de América del Norte conformado por numerosas tribus que se extendieron por la zona centro-este del subcontinente.

algoritmo *m.* MAT Conjunto ordenado y finito de operaciones que permite solucionar un problema matemático.

alguacil, la 1 *m.* y *f.* Oficial que ejecuta las órdenes de un tribunal o de un alcalde. 2 *m.* Antiguo gobernador de una ciudad o comarca, con jurisdicción civil y criminal.

alguien *pron. indef.* Designa de forma imprecisa a una persona.

algún *adj.* Apócope de ALGUNO. Se antepone siempre a nombres masculinos.

alguno, na 1 *adj.* Se aplica indeterminadamente a una persona o cosa con respecto a varias o muchas: *¿Alguno de ustedes conoce el resultado del partido?* 2 Moderado, ni poco ni mucho: *De alguna importancia.*

alhaja *f.* Joya u objeto de adorno de material precioso.

alharaca *f.* Manifestación exagerada de un sentimiento mediante gestos o palabras.

alhelí *m.* Planta ornamental de hojas alternas y flores muy olorosas de varios colores.

aliado, da 1 *adj.* y *s.* Unido con otro u otros. 2 Dicho del país o de la persona que ha contraído una alianza con otro o con otra.

alianza 1 *f.* Acción de aliarse dos o más personas, gobiernos o naciones. 2 Pacto o convención. 3 Unión de cosas que concurren a un mismo fin. 4 Anillo matrimonial.

aliar 1 *tr.* Poner de acuerdo para un fin. 2 *prnl.* Unirse unos con otros mediante pacto o alianza.

alias 1 *m.* APODO. 2 *adv.* Por otro nombre: *Manuel Peñaranda alias Vacaloca.*

alicaído, da 1 *adj.* Caído de alas. 2 Falto de fuerzas, desanimado.

alicatado *m.* Obra de azulejos.

alicatar 1 *tr.* Revestir de azulejos. 2 Cortar o raer los azulejos para darles la forma conveniente.

alicates *m. pl.* Tenacilla de acero con brazos curvos. Se usa para sujetar objetos pequeños, torcer alambres, apretar tuercas, etc.

aliciente *m.* Incentivo para hacer algo.

alícuota 1 *adj.* Proporcional, relativo a la proporción. 2 **parte ~.**

alidada *f.* Instrumento de topografía para dirigir visuales.

alienación 1 *f.* Acción y efecto de alienar. 2 Proceso por el que una persona o una comunidad pierde sus características o se siente ajena a su realidad.

alienado, da *adj.* Loco, demente.

alienar 1 *tr.* y *prnl.* Enajenar, volver loco. 2 *tr.* Producir alienación personal o colectiva.

alienígena *adj.* y *s.* EXTRATERRESTRE, ser de otro planeta.

aliento 1 *m.* Acción de alentar. 2 Respiración o aire que se respira. 3 Vigor del ánimo, capacidad emprendedora.

alifático, ca *adj.* QUÍM Dicho del compuesto orgánico cuya estructura molecular es una extensa serie de moléculas formada esencialmente por cadenas de átomos de carbono, como los alcanos, alquenos, alquinos y todos sus derivados.

aligator *m.* CAIMÁN.

aligerar 1 *tr.* y *prnl.* Hacer ligero o menos pesado. 2 Aliviar, moderar. 3 *tr., intr.* y *prnl.* Abreviar, reducir.

alijar *tr.* LIJAR.

alijo *m.* Conjunto de géneros de contrabando.

alimaña *f.* Animal dañino para la caza menor o el ganado.

alimentación 1 *f.* Acción y efecto de alimentar o alimentarse. 2 Conjunto de lo que se toma o se proporciona como alimento. 3 BIOL Proceso mediante el cual un organismo toma sustancias del entorno para sintetizar la materia orgánica de su propia estructura con el fin de producir otras sustancias necesarias o combustibles.

alimentador, ra *adj.* Que alimenta.

alimentar 1 *tr.* y *prnl.* Dar alimento. 2 *tr.* Suministrar a una máquina, sistema o proceso la energía o los datos que necesitan para su funcionamiento. 3 Fomentar, sostener sentimientos, afectos, etc.

alimentario, ria 1 *adj.* Relativo a la alimentación. 2 BIOL **cadena ~.**

alimenticio, cia 1 *adj.* Que alimenta o tiene la propiedad de alimentar. 2 Referente a los alimentos o a la alimentación. 3 FISIOL **bolo ~.**

alimento 1 *m.* Comida y bebida necesarias para la subsistencia de personas y animales. 2 BIOL Producto del que el ser vivo obtiene la materia y la energía necesarias para el desarrollo adecuado de sus procesos orgánicos. || ~ **energético** FISIOL Aquel rico en carbohidratos que, luego de ser degradado, le aporta energía al organismo.

alinderar *tr.* Señalar o marcar los límites de un terreno.

alineación 1 *f.* Acción y efecto de alinear o alinearse. 2 DEP Relación de los jugadores de un equipo.

alinear 1 *tr.* y *prnl.* Poner en línea recta. 2 *tr.* DEP Incluir a un jugador en un equipo, hacer que juegue.

aliñar 1 *tr.* y *prnl.* Componer, adornar. 2 *tr.* Condimentar un manjar.

aliño 1 *m.* Acción y efecto de aliñar o aliñarse. 2 Condimento con que se sazona la comida. 3 Aseo y buen orden en la limpieza.

alisar 1 *tr.* y *prnl.* Poner liso algo. 2 *tr.* Planchar ligeramente la ropa.

alisios *adj.* y *m. pl.* GEO Dicho de los vientos que soplan desde las altas presiones subtropicales hacia las bajas presiones ecuatoriales. En el hemisferio N soplan de NE a SO, y en el S, de SE a NO.

aliso *m.* Árbol de 15 m de altura, tronco grueso, hojas alternas de envés piloso y flores en corimbo. Su madera es utilizada en ebanistería.

alistar[1] 1 *tr.* y *prnl.* Inscribir en una lista a alguien. 2 *prnl.* Inscribirse en la milicia.

alistar[2] 1 *tr.* Prevenir, disponer, preparar. 2 Espabilarse, ejercitar el ingenio. 3 *tr.* y *prnl.* Arreglar, vestir.

aliteración *f.* Figura retórica que mediante la repetición de determinados fonemas busca efectos expresivos: *"Con el ala aleve del leve abanico" es un verso famoso.*

aliviar 1 *tr.* Aligerar, hacer menos pesado. 2 Hacer que disminuya el dolor o que remita la enfermedad. 3 Dejar que salga el agua por el aliviadero. 4 *tr.* y *prnl.* Disminuir las fatigas del cuerpo o las aflicciones del ánimo.

alivio *m.* Acción y efecto de aliviar o aliviarse.

aljaba *f.* Caja portátil para las flechas, que se lleva colgada del hombro.

aljibe *m.* Depósito, generalmente subterráneo, en el que se recoge o almacena agua.

allá *adv. l.* 1 ALLÍ, señalando un lugar alejado relativamente del que habla y circunscribiéndolo menos, por lo que admite ciertos grados de comparación: *Más allá.* 2 El alejamiento puede referirse al tiempo: *Allá en mi infancia.*

allanamiento *m.* Acción y efecto de allanar o de allanarse.

allanar 1 *tr., intr.* y *prnl.* Poner llana o lisa una cosa. 2 *tr.* Superar alguna dificultad o inconveniente. 3 Registrar un domicilio con mandamiento judicial. 4 Entrar a la fuerza en casa ajena y registrarla sin el consentimiento de su dueño.

allegado, da 1 *adj.* Cercano, próximo. 2 *adj.* y *s.* PARIENTE.

allegar 1 *tr.* y *prnl.* Acercar unas cosas a otras. 2 Recoger, juntar. 3 *prnl.* Adherirse a un parecer o a una idea.

allegretto (Voz it.) 1 *adv. m.* MÚS Con movimiento menos vivo que el *allegro.* 2 *m.* MÚS Composición o parte de ella que se ha de ejecutar con este movimiento.

allegro (Voz it.) 1 *adv. m.* MÚS Con movimiento moderadamente vivo. 2 *m.* MÚS Composición o parte de ella, que se ha de ejecutar con este movimiento.

allende 1 *adv. l.* De la parte de allá. 2 *prep.* Más allá de.

allí 1 *adv. l.* En aquel lugar, a aquel lugar, señalando un punto que se concibe alejado del que habla y del que escucha. 2 En correlación con *aquí* tiene valor distributivo.

alma 1 *f.* FIL y REL Parte espiritual del hombre, por la que toma conciencia de sí mismo y de cuanto le rodea. Para el cristianismo y otras religiones es inmortal. 2 Principio vivificante de animales y plantas. 3 Persona, habitante. 4 Parte principal de cualquier cosa. 5 Hueco o parte vana de algunas cosas.

alma máter (Loc. lat. *madre nutricia*) *f.* Expresión que se usa para designar la universidad.

almacén 1 *m.* Local en que se guardan géneros o mercancías para su ulterior distribución y venta. 2 Establecimiento distribuido por secciones, según los artículos que se venden al público. 3 Tienda de comestibles.

almacenaje *m.* Derecho que se paga por guardar géneros en un almacén o depósito.

almacenar 1 *tr.* Guardar productos en un almacén. 2 Reunir o acumular muchas cosas.

almáciga, go *f.* y *m.* SEMILLERO.

almádana *f.* Mazo de hierro con mango largo para romper piedras.

almagre *m.* Óxido rojo de hierro que se usa en pintura.

almanaque 1 *m.* Registro que incluye todos los días del año, distribuidos por meses, con datos astronómicos y noticias del santoral, fiestas civiles, etc. 2 Publicación anual que recoge datos, noticias o escritos de diverso carácter.

almeja *f.* Molusco bivalvo que se entierra en la arena por medio de un pie musculoso. Muchas especies son comestibles.

almena *f.* Cada uno de los prismas que coronan los muros de las antiguas fortalezas para que se resguarden los defensores.

almenar *m.* Pie de hierro con arandela, donde se clavan teas para alumbrar.

almendra 1 *f.* Fruto del almendro y su semilla que tiene aplicaciones en la industria alimentaria y cosmética. 2 Semilla de cualquier fruto en drupa.

almendro 1 *m.* Árbol de las regiones templadas, de hojas aserradas, flores blancas o rosadas y cuyo fruto es la almendra. 2 Nombre común de diversas especies de árboles tropicales americanos, cuyo fruto es semejante al del anterior.

almiar 1 *m.* Pajar al descubierto, con un palo largo en el centro, alrededor del cual se va apretando la mies, la paja o el heno. 2 Montón de paja o heno formado así para conservarlo todo el año.

almíbar *m.* Azúcar disuelto en agua y cocido al fuego hasta que toma consistencia de jarabe.

almibarar 1 *tr.* Bañar o cubrir con almíbar. 2 Suavizar hábilmente las palabras para ganarse a alguien.

almidón *m.* BIOQ Sacárido de origen vegetal constituido por moléculas de glucosa. Se encuentra en los cloroplastos de las hojas y en los órganos de reserva de las plantas (semillas, tallo, raíz y tubérculos). Tiene usos alimenticios e industriales.

almidonar *tr.* Mojar la ropa blanca con agua en la que se ha desleído almidón.

alminar *m.* Torre alta y estrecha de las mezquitas, desde la que el almuédano convoca a los musulmanes a la oración.

almirantazgo 1 *m.* Alto tribunal o consejo de la Armada. 2 Empleo o grado de almirante.

almirante 1 *m.* Jefe que en la marina tiene un grado equivalente al de teniente general en el ejército de tierra. 2 El que mandaba la flota después del capitán general.

almirez *m.* Utensilio de cocina consistente en un mortero de metal u otro material duro para machacar o moler.

almizcle *m.* Secreción abdominal grasa, de olor intenso que segregan algunos mamíferos desde las glándulas situadas en el prepucio, el periné o cerca del ano. Se usa en ciertos preparados cosméticos y de perfumería.

almizclero, ra 1 *adj.* Que huele a almizcle. 2 *m.* Rumiante sin cuernos de las altas montañas de Asia central y oriental que tiene una glándula que segrega el almizcle.

almocafre *m.* Instrumento para escardar y limpiar la tierra y para transplantar.

almogávar *m.* HIST Guerrero mercenario al servicio de los reyes cristianos durante la Reconquista española.

almohada *f.* Colchoncillo para reclinar sobre él la cabeza en la cama.

almohade *adj.* y s. HIST Dicho del movimiento musulmán fundado por Muhammad ibn Tumart a comienzos del s. XII en el Gran Atlas. Su sucesor Abu Yaqub Yusuf (1163-84) instaló su corte en Sevilla. Los benimerines pusieron fin al imperio con la toma de Marrakech (1269).

almohadilla 1 *f.* Cojín para los asientos. 2 Especie de almohada pequeña, inserta en una cajita y empapada en tinta, que se usa para entintar sellos. 3 Cojincillo para borrar lo escrito en la pizarra. 4 ZOOL Masa de tejido con fibras y grasa, que tienen en las puntas de las falanges o en la planta de la pata, algunos animales, como el perro, el gato y el elefante.

almohadón *m.* Cojín grande que se pone en asientos, divanes, etc.

almohaza *f.* Instrumento de metal con cuatro o cinco serrezuelas de dientes menudos que sirve para limpiar las caballerías.

almojábana 1 *f.* Fruta de sartén o buñuelo, que se hace con huevo, azúcar y manteca. 2 Bizcochuelo de leche fresca cuajada y harina de maíz.

almojarifazgo *m.* HIST Impuesto aduanero aplicado al comercio entre España y América, así como entre las distintas colonias.

almoneda 1 *f.* Venta pública de bienes muebles mediante licitación y puja. 2 Venta de géneros que se anuncian a bajo precio.

almorávide *adj.* y *s.* HIST Dicho del movimiento musulmán bereber surgido a mediados del s. XI para propagar el islam. Yusuf ibn Tasufin (1061-1106), fundador de la ciudad de Marrakech (1062), incorporó Al-Andalus a su imperio. La ocupación de Marrakech por los almohades (1148) supuso el fin del imperio.

almorzar 1 *intr.* Tomar el almuerzo. 2 *tr.* Comer alguna cosa en el almuerzo.

almuecín *m.* **almuédano.**

almuédano *m.* Musulmán que, desde el alminar, convoca en voz alta al pueblo para que acuda a la oración.

almuerzo 1 *m.* Alimento principal del día, que se toma al mediodía o a primeras horas de la tarde. 2 En España, comida que se toma por la mañana. 3 Acción de almorzar.

alocado, da 1 *adj.* Que tiene cosas o aspecto de loco. 2 Se aplica a las acciones y conductas carentes de cordura y sensatez.

alocar *tr.* y *prnl.* Causar perturbación en los sentidos, aturdir.

alóctono, na *adj.* Que no es originario del lugar en que se encuentra: *Especies alóctonas.*

alocución *f.* Discurso dirigido por un superior o jefe a sus subordinados o seguidores.

aloe (Tb. áloe) *m.* Planta perenne de hojas largas y carnosas y flores rojas o blancas en espiga. Su fibra tiene aplicaciones textiles y su pulpa y zumo amargo se usan en medicina.

alófono *m.* FON Cada una de las variantes que se dan en la pronunciación de un mismo fonema; por ejemplo: la *b* oclusiva de *tumbo* y la fricativa de *tubo* son alófonos del fonema /*b*/.

alógeno, na *adj.* y *s.* Dicho de la persona o cosa que procede de un lugar distinto a aquel en el que se encuentra.

alojamiento *m.* Lugar donde alguien se hospeda.

alojar 1 *tr.* y *prnl.* Hospedar o aposentar. 2 Colocar una cosa en determinada cavidad.

alón *adj.* De ala grande. Dicho especialmente del sombrero.

alondra *f.* Pájaro de 15 a 20 cm de largo, de color pardo y blanco, que anida en los sembrados y se alimenta de granos e insectos. Abunda en la mayor parte de Asia y Europa.

alopatía *f.* MED Terapéutica con medicamentos que en las personas sanas producen fenómenos diferentes de los que caracterizan las enfermedades en que se emplean.

alopecia *f.* Caída del pelo transitoria o permanente, parcial o total.

alosaurio *m.* Dinosaurio carnívoro bípedo, del periodo jurásico, con garras parecidas a las de las aves. Medía 12 m de long. y más de 4,5 m de altura.

alotropía *f.* QUÍM Propiedad de un elemento para formar moléculas diferentes por su número de átomos, como el carbono en las formas de grafito y diamante.

alotrópico, ca *adj.* QUÍM Relativo a la alotropía.

alpaca[1] *f.* Mamífero rumiante, propio de la América meridional, muy apreciado por su pelo, que se emplea en la industria textil.

alpaca[2] *f.* Metal blanco formado por una aleación de níquel, cinc y cobre.

alpargata *f.* Calzado rústico en forma de sandalia.

alpinismo *m.* Deporte que consiste en escalar las cumbres de las altas montañas.

alpino, na 1 *adj.* Perteneciente a los Alpes o a otras montañas elevadas. 2 GEO Dicho de la región que por su fauna y flora se asemeja a la de los Alpes.

alpiste 1 *m.* Planta gramínea que sirve para forraje y cuyas semillas menudas se dan a los pájaros como alimento. 2 Semilla de esta planta.

alqueno *m.* QUÍM Grupo de los hidrocarburos formado por compuestos de cadena abierta con doble enlace entre dos átomos de carbono.

alquería 1 *f.* Casa de labranza. 2 Conjunto de casas de campo.

alquilar 1 *tr.* Ceder por algún tiempo el uso u ocupación de una finca o vivienda, mediante el pago convenido. 2 Tomar algo en alquiler por el mismo procedimiento.

alquiler 1 *m.* Acción de alquilar. 2 Precio en que se alquila una cosa.

alquimia *f.* Nombre dado al conjunto de prácticas y teorías, desarrolladas desde la Antigüedad hasta la Edad Moderna, encaminadas a hallar la *piedra filosofal* que purificaría los metales para convertirlos en oro.

alquino *m.* QUÍM Cada uno de los hidrocarburos formados por compuestos de triple enlace entre dos átomos de carbono.

alquitara *f.* ALAMBIQUE.

alquitrán *m.* QUÍM Producto obtenido de la destilación de materias orgánicas, principalmente maderas resinosas y hullas. Es un líquido viscoso que tiene distintas aplicaciones industriales. || ~ **de petróleo** QUÍM El obtenido por destilación del petróleo. Se usa como impermeabilizante y como asfalto artificial.

alquitranar *tr.* Untar de alquitrán alguna cosa.

alrededor 1 *adv. l.* Indica la situación de personas o cosas que rodean a otras, o la dirección en que se mueven para rodearlas. 2 *adv. c.* Aprox., poco más o menos. 3 *m. pl.* Contorno de un lugar, y especialmente de una población. || ~ **de** 1 *loc. adv.* Aprox. poco más o menos. 2 *loc. prepos.* Rodeando, en círculo.

alta[1] 1 *f.* Autorización que da el médico para la reincorporación de un paciente a la vida normal. 2 Ingreso de una persona en un cuerpo, asociación o carrera.

alta[2] *f.* ALTO.

altamar (Tb. alta mar) *f.* GEO Parte del mar que se halla a bastante distancia de la costa.

altanería 1 *f.* Altivez, soberbia. 2 Altura o elevación en el aire. 3 Vuelo alto de algunas aves. 4 Caza que se hace con halcones y otras aves de rapiña de alto vuelo.

altanero, ra *adj.* Arrogante, engreído.

altar 1 *m.* REL Monumento que en casi todas las religiones constituye el centro del culto y en el que se ofrecen los sacrificios. 2 REL En el culto católico, mesa, ara o piedra consagrada sobre la que se celebra la misa. 3 Conjunto constituido por dicha mesa, la base, las gradas, el retablo, el sagrario, etc.

altavoz *m.* Aparato que transforma impulsos eléctricos en movimientos vibratorios para generar ondas sonoras.

alteración 1 *f.* Acción de alterar o alterarse. 2 Sobresalto, inquietud, movimiento de una pasión. 3 Tumulto, desorden.

alterar 1 *tr.* y *prnl.* Cambiar la esencia o forma de una cosa. 2 Perturbar, trastornar, inquietar.

altercar *intr.* Disputar, porfiar.

álter ego *m.* PSIC Persona real o ficticia en quien se identifica otra.

alteridad *f.* Condición de ser otro.

alternador *m.* ELECTR Generador de corriente alterna a partir de corriente continua.

alternancia 1 *f.* Acción y efecto de alternar. 2 Sucesión alternativa de hechos, fenómenos, etc. 3 BIOL Tipo de reproducción de algunos organismos que alternan la generación sexual con la asexual.

alternar 1 *tr.* Realizar cosas diversas por turnos y sucesivamente. 2 Distribuir algo entre personas o cosas que se turnan sucesivamente. 3 *intr.* Sucederse unas cosas a otras recíproca y repetidamente. 4 Tener trato unas personas con otras. 5 *intr.* y *prnl.* TURNARSE.

alternativo, va 1 *adj.* Que se dice, hace o sucede con alternancia. 2 *f.* Opción entre dos cosas. 3 Cada una de las cosas entre las cuales se opta. 4 Efecto de alternar, hacer o decir algo por turno. 5 Efecto de alternar o sucederse unas cosas a otras repetidamente. 6 En tauromaquia, ceremonia por la cual se autoriza a un matador principiante para que pueda matar alternando con los demás.

alterne *m.* Acción de alternar las mujeres con los clientes en establecimientos de bebidas o en salas de fiesta.

alterno, na 1 *adj.* ALTERNATIVO. 2 BOT **hojas ~s.** 3 ELECTR **corriente ~.** 4 MAT **ángulos ~s.**

alteza *f.* Tratamiento que se dio a los reyes en España, hoy reservado a príncipes e infantes.

altibajo 1 *m.* Desigualdad de un terreno. 2 Alternativa de sucesos prósperos y adversos.

altillo 1 *m.* Piso intermedio que se construye aprovechando la altura excesiva de la planta original. 2 DESVÁN.

altimetría *f.* GEO Parte de la topografía que se ocupa de medir las alturas.

altímetro *m.* GEO Instrumento para medir la altitud de un punto de referencia con respecto a otro, generalmente el nivel del mar.

altiplanicie *f.* GEO Meseta extensa y elevada.

altiplano *m.* GEO ALTIPLANICIE.

altitud 1 *f.* ALTURA, distancia respecto a la Tierra. 2 ALTURA, dimensión de un cuerpo perpendicular a su base. 3 ALTURA, región del aire a cierta elevación sobre la tierra. 4 GEO Altura de un punto de la tierra con relación al nivel del mar.

altitudinal *adj.* Relativo a la altitud.

altivez *f.* Sentimiento de superioridad o arrogancia ante los demás.

alto[1], ta 1 *adj.* Que está verticalmente alejado de la Tierra o de cualquier otro término de comparación. 2 Dicho de la persona o cosa de mucha estatura o que se destaca por su dimensión vertical. 3 Dicho del precio, elevado, caro. 4 Dicho de una clase social, opulenta, acomodada. 5 FÍS Dicho del sonido que, comparado con otro, tiene mayor frecuencia de vibraciones. 6 FÍS Dicho de ciertas magnitudes (temperatura, presión, frecuencia, etc.) para indicar que tienen un valor superior al ordinario. 7 GEO Como calificativo geográfico, designa la zona de mayor altitud. 8 GEO Dicho de ríos, el tramo más cercano a su nacimiento o el que lleva mucho caudal. 9 HIST Referido a periodos históricos, remoto o antiguo: *La alta Edad Media.* 10 *m.* ALTURA, dimensión de un cuerpo perpendicular a su base. 11 *adv. l.* En lugar o parte superior. 12 *adv. m.* En voz fuerte o que suene bastante.

alto[2] 1 *m.* Detención o parada en la marcha o cualquier otra actividad. 2 *interj.* Voz con la cual se ordena a alguien que se detenga.

altorrelieve *m.* ART Relieve en que el motivo escultórico sobresale de la superficie del fondo.

altozano *m.* Cerro de escasa altura en terreno llano.

altruismo *m.* Disposición a preocuparse de los demás aun a costa del propio sacrificio.

altura 1 *f.* Elevación de un cuerpo respecto de la superficie de la Tierra. 2 Dimensión perpendicular de un cuerpo respecto de su base. 3 Monte o pico que se destaca sobre su entorno. 4 Región del aire o el cielo con relación a la Tierra. 5 Referido a los sonidos o la voz, su tono o elevación resultante de la frecuencia de vibraciones. 6 GEO Altitud sobre el nivel del mar. 7 GEOM En una figura plana o en un cuerpo, segmento perpendicular trazado desde un vértice al lado o cara opuestos. 8 GEOM Longitud de dicho segmento.

alubia *f.* HABICHUELA.

alucinación 1 *f.* Sensación subjetiva que no va precedida de impresión en los sentidos. 2 Acción y efecto de alucinar.

alucinar 1 *intr.* Padecer alucinaciones. 2 *tr.* Cautivar de forma irresistible.

alucinógeno, na *adj.* y *s.* Que produce alucinación. Dicho en especial de ciertas drogas.

alud 1 *m.* Masa de nieve o hielo que se desprende repentina y violentamente de los montes. 2 Masa grande de una materia que se precipita por una vertiente.

aludir 1 *tr.* Referirse a alguien o algo, sin nombrarlo. 2 Referirse a una persona determinada, nombrándola, o hablando de sus hechos, opiniones o doctrinas.

alumbrado, da 1 *adj.* Iluminado, que recibe luz. 2 *m.* Conjunto o sistema de luces que iluminan un lugar o una población.

alumbramiento 1 *m.* Acción y efecto de alumbrar o iluminar. 2 Parto de la mujer.

alumbrar 1 *tr.* e *intr.* Llenar de luz y claridad. 2 *tr.* Iluminar o proyectar luz sobre un sitio. 3 Acompañar a alguien con luz. 4 *intr.* Dar a luz la mujer, parir.

alumbre *m.* Sulfato doble de alúmina y potasa. Se emplea como mordiente en tintorería.

alúmina *f.* Óxido de aluminio que se halla en la naturaleza, por lo común formando feldespatos y arcillas.

aluminio 1 *m.* QUÍM Elemento metálico maleable y resistente a la oxidación. Al contacto con el aire se cubre rápidamente con una capa de óxido que resiste la posterior acción corrosiva. Punto de fusión: 660 °C. Punto de ebullición: 2467 °C. Núm. atómico: 13. Símbolo: Al. 2 QUÍM **sulfato** de ~.

alumnado *m.* Conjunto de alumnos de un centro docente.

alumno, na *m.* y *f.* Persona que aprende respecto de la persona que le enseña.

alunizar *intr.* Posarse un vehículo astronáutico en la superficie de la Luna.

alusión *f.* Acción de aludir.

aluvial 1 *adj.* GEO Dicho del terreno compuesto por aluviones. 2 GEO **abanico** ~; **llanura** ~.

aluvión 1 *m.* Avenida fuerte de agua. 2 GEO Partícula de granulometría diversa compuesta mayoritariamente por elementos detríticos, que es transportada por un curso fluvial. 3 GEO **terreno** de ~.

alveolar 1 *adj.* Relativo a los alvéolos. 2 FON Dicho del sonido consonántico que se pronuncia apoyando la lengua en los alvéolos superiores. 3 Dicho de la letra que representa ese sonido (*l*, *n*).

alveolo (Tb. alvéolo) 1 *m.* ANAT Cada una de las cavidades en que se engastan los dientes de los vertebrados. 2 ANAT Cada una de las bolsitas semiesféricas en que terminan las ramificaciones del aparato respiratorio. 3 Cada una de las celdillas de un panal de abejas.

alverja 1 *f.* Planta de hojas paripinnadas terminadas en zarcillos, flores blancas o azules y legumbres con muchas semillas globosas comestibles. 2 Cada una de dichas semillas.

alza *f.* Aumento del precio de algo.

alzacuello *m.* Tira de material rígido que ciñe el cuello de los eclesiásticos, como distintivo.

alzado, da 1 *adj.* Rebelde, amotinado. 2 Orgulloso, insolente. 3 *f.* Altura de los cuadrúpedos medida desde el talón de la pata hasta la parte más elevada de la cruz. 4 Diseño geométrico que representa un edificio, una máquina, un aparato, etc.

alzamiento 1 *m.* Acción y efecto de alzar o alzarse. 2 Levantamiento o rebelión.

alzar 1 *tr.* y *prnl.* Levantar, mover hacia arriba. 2 Sublevar, hacer que alguien se rebele. 3 *tr.* Poner vertical lo que estaba caído. 4 Poner en un sitio alto lo que estaba en uno bajo. 5 Construir, edificar. 6 Aumentar el precio, valor o intensidad de algo. 7 Quitar o llevarse una cosa. 8 Recoger, guardar. 9 En la misa católica, levantar el sacerdote la hostia y el cáliz después de consagrarlos. 10 *prnl.* Levantarse, ponerse en pie. 11 Llevarse alguien lo que no es suyo. 12 Sobresalir algo por encima de lo que tiene alrededor.

alzhéimer *m.* MED **enfermedad** de Alzhéimer.

ama 1 *f.* Señora de la casa o familia. 2 Dueña de algo. 3 La que tiene uno o más criados, respecto de ellos. 4 Criada principal de una casa.

amabilidad 1 *f.* Cualidad de amable. 2 Acción amable.

amable 1 *adj.* Digno de ser amado. 2 Afable, complaciente.

amaestrar 1 *tr.* y *prnl.* Enseñar o adiestrar. 2 Domar a los animales, a veces enseñándoles habilidades.

amagar *tr.* e *intr.* Dejar ver la intención de ejecutar próximamente algo.

amago 1 *m.* Acción de amagar. 2 Indicio o síntoma de una cosa. 3 Ataque fingido.

amague *m.* **AMAGO.**

amainar *intr.* Perder fuerza el viento, la lluvia, etc.

amalgama 1 *f.* Aleación de mercurio con otro metal. 2 Unión o mezcla de cosas de naturaleza distinta.

amalgamar *tr.* y *prnl.* Realizar una amalgama.

amamantar *tr.* Dar de mamar.

amancebamiento *m.* Unión estable de hombre y mujer fuera del matrimonio legal.

amancebarse *prnl.* Unirse en amancebamiento.

amanecer[1] 1 *m.* Tiempo en que clarea el alba. 2 Origen, principio.

amanecer[2] 1 *intr.* Nacer el día, clarear. 2 Aparecer algo de una determinada manera o en un determinado punto al romper el alba. 3 Empezar a darse una nueva época, situación, etc.

amanerar 1 *tr.* y *prnl.* Dar afectación al lenguaje, las obras, los ademanes, etc. 2 *prnl.* Adquirir una persona dicho modo de hablar, actuar, etc.

amanita *f.* Hongo basidiomiceto con un pie con anillo y vulva aparentes. Según la especie, puede ser comestible o venenoso.

amansar 1 *tr.* y *prnl.* Hacer manso a un animal, domesticarlo. 2 Apaciguar, sosegar. 3 Domar el carácter violento de una persona.

amante 1 *adj.* y *s.* Que ama. 2 *m.* y *f.* Persona con la que se mantienen relaciones sexuales sin mediar matrimonio.

amanuense 1 *m.* y *f.* Persona que escribe al dictado. 2 Persona que copia a mano el original de un libro.

amañar 1 *tr.* Componer mañosamente alguna cosa, falsearla. 2 *prnl.* Darse maña, tener habilidad para hacer algo. 3 Adaptarse o acomodarse.

amaño 1 *m.* Disposición para hacer algo con maña. 2 Traza o artificio para conseguir algo.

amapola 1 *f.* Planta anual de grandes flores rojas de cuatro pétalos y semilla negruzca. 2 Planta de hojas dentadas y grandes y fruto en cápsulas, de las que, por incisión, se obtiene el opio.

amar 1 *tr.* Sentir amor por las personas, animales o cosas. 2 Tener amor a seres sobrenaturales. 3 Desear, aspirar al goce del ser amado. 4 Tener gran afición por algo.

amaranto *m.* Planta tropical herbácea, de casi 1 m de altura, con hojas simples y flores dispuestas en espigas. Existen diversas especies comestibles.

amarar *intr.* Posarse en el agua un hidroavión o una nave espacial.

amargar 1 *tr.* y *prnl.* Volver amargo. 2 Agriar el carácter. 3 Sentir resentimiento hacia las personas o la vida por los fracasos sufridos. 4 *intr.* Tener alguna cosa sabor o gusto amargo.

amargo, ga 1 *adj.* Del sabor característico de la hiel, la quinina, etc. 2 Que produce aflicción o disgusto. 3 De genio desabrido. 4 Que implica o demuestra amargura o aflicción.

amargura 1 *f.* Aflicción, disgusto. 2 Lo que lo causa.

amarillear 1 *intr.* Tomar una cosa color amarillo o amarillento. 2 Palidecer.

amarillismo *m.* Sensacionalismo o tendencia a presentar los aspectos más llamativos de una noticia o de un suceso para producir gran sensación o emoción.

amarillo, lla *adj.* y *s.* Dicho del tercer color del espectro solar. Es el color de la cáscara del banano maduro, del oro, de la flor de la retama.

amarra *f.* Cuerda o cable con que se asegura una embarcación en el puerto o lugar donde fondea, sea con el ancla o amarrada a tierra.

amarradero 1 *m.* Poste o argolla en que se ata algo. 2 Lugar en que se amarran los barcos.

amarradijo *m.* Nudo mal hecho.

amarrado, da *adj.* Avaro, tacaño.

amarrar 1 *tr.* Sujetar un buque con amarras, anclas, cadenas, etc. 2 Atar algo con cuerdas o sogas.

amartelar 1 *tr.* y *prnl.* Atormentar con celos. 2 *tr.* Enamorar. 3 *prnl.* Enamorarse de una persona o encapricharse de una cosa.

amartillar 1 *tr.* MARTILLAR. 2 Poner en el disparador un arma de fuego, montarla.

amasar 1 *tr.* Formar una masa homogénea mezclando cosas sólidas con algún líquido. 2 Acumular bienes.

amasijo 1 *m.* Porción de masa de harina. 2 Mezcla desordenada de cosas heterogéneas.

amateur (Voz fr.) *adj.* Aficionado, no profesional. • pl.: *amateurs*.

amatista *f.* Cuarzo transparente de color violeta.

amatorio 1 *adj.* Relativo al amor. 2 Relativo a las prácticas sexuales.

amauta *m.* Sabio consejero de los incas.

amazona 1 *f.* Mujer guerrera de la mitología griega. 2 Mujer que monta a caballo.

amazónico, ca *adj.* Relativo al río Amazonas o a la Amazonía.

ambages *m. pl.* Circunloquios para no decir algo claramente.

ámbar 1 *m.* Resina fósil, amarilla, traslúcida, quebradiza y electrostática, que se emplea para collares, boquillas, etc. 2 Perfume delicado.

ambición *f.* Deseo ardiente y tenaz de poder, fama o riquezas.

ambicionar *tr.* Tener ambición, desear ardientemente algo.

ambidiestro, tra *adj.* Que usa igualmente la mano izquierda o la derecha.

ambientación 1 *f.* Acción y efecto de ambientar. 2 Presentación de una obra, artística o literaria, de acuerdo con las circunstancias peculiares de la época en que se desarrolla la acción.

ambiental 1 *adj.* Relativo al ambiente, esto es, a las circunstancias que rodean a las personas, animales o cosas. 2 ECOL **impacto ~.**

ambientalismo *m.* ECOL Oposición a la utilización de la naturaleza como fuente inagotable de recursos.

ambientalista 1 *adj.* BIOL Dicho de un estudio o teoría, que se relaciona con el medio ambiente. 2 *adj.* y *s.* Dicho de un profesional, que se dedica al estudio del medio ambiente. 3 Dicho de una persona, que defiende activamente la calidad y bienestar del medio ambiente.

ambientar 1 *tr.* Proporcionar el ambiente adecuado para algo. 2 *tr.* y *prnl.* Adaptar una persona a un ambiente o medio desconocido o guiarla u orientarla en él.

ambiente 1 *m.* Atmósfera que rodea los cuerpos. 2 Conjunto de condiciones físicas o de circunstancias morales en que se mueven o están personas, animales o cosas. 3 Por antonomasia, el medio propicio o agradable: *Había mucho ambiente en la fiesta.* 4 Habitación o zona específica de una casa. 5 ECOL **medio ~.**

□ ECOL Cada uno de los espacios acuáticos y terrestres que existen en la Tierra, donde se encuentran diversas comunidades y ecosistemas que se caracterizan por presentar determinados factores bióticos y abióticos que condicionan la existencia de todos los seres vivos.

ambigüedad *f.* Cualidad de ambiguo.

ambiguo, gua 1 *adj.* Que admite varias interpretaciones, especialmente el lenguaje, por lo que resulta equívoco. 2 Dicho de quien con sus palabras o comportamiento no define claramente sus actitudes u opiniones. 3 Incierto, dudoso. 4 GRAM **nombre ~.**

ámbito 1 *m.* Contorno de un espacio o lugar. 2 Sector de una actividad. 3 Círculo de personas y lugares que alguien frecuenta.

ambivalencia 1 *f.* Condición de lo que se presta a dos interpretaciones distintas y aun contrarias. 2 Estado anímico en el que coexisten dos emociones o sentimientos opuestos.

amblar *intr.* Andar un animal moviendo a un tiempo las patas de un mismo lado.

ambliopía *f.* MED Debilidad o disminución de la vista.

ambos *adj. pl.* El uno y el otro; los dos. También se usa como pronombre personal plural.

A B C D E F G H I J K L M N Ñ O P Q R S T U V W X Y Z

ambrosía 1 *f.* MIT Según la mitología griega, alimento de los dioses. 2 Cualquier alimento de gusto suave o delicado.

ambrosiano, na *adj.* Perteneciente o relativo a san Ambrosio.

ambulacral *adj.* ZOOL Relativo a los ambulacros.

ambulacro *m.* ZOOL En los equinodermos, área por donde circula el agua y cuyas paredes se proyectan a través de los orificios de una placa caliza, formando pequeñas vesículas locomotrices.

ambulancia *f.* Vehículo destinado al transporte de heridos o enfermos.

ambulante *adj.* Que va de un lugar a otro sin tener puesto fijo.

ambulatorio, ria 1 *adj.* Relativo al andar. 2 MED Dicho de la enfermedad y del tratamiento que no requieren hospitalización.

ameba *f.* BIOL Organismo unicelular sarcodino cuya célula se compone de una capa semirrígida de ectoplasma, un endoplasma granular de aspecto gelatinoso y un núcleo oval.

amebiasis *f.* MED Enfermedad intestinal causada por las amebas, que puede extenderse a veces al hígado, los pulmones y el cerebro.

amedrentador, ra *adj.* y *s.* Que amedrenta.

amedrentar *tr.* y *prnl.* Asustar, infundir miedo.

amelcochar *tr.* y *prnl.* Dar a un dulce el punto de la melcocha.

amén[1] *m.* Voz hebrea que se dice al final de las oraciones y que significa 'así sea'.

amén[2] *adv. c.* Además, a más: *Amén de lo que me encargaron, he traído más cosas.*

amenaza 1 *f.* Acción de amenazar. 2 Dicho o hecho con que se amenaza.

amenazar 1 *tr.* Dar a entender con palabras o gestos la intención de ocasionar algún daño a otro. 2 *intr.* Haber indicios de que va a ocurrir algo de inmediato, y especialmente algo desagradable.

amenizar *tr.* Hacer ameno algo: un sitio, un discurso o una reunión.

ameno *adj.* Grato, agradable, deleitoso.

amenorrea *f.* MED Desaparición o reducción del flujo menstrual.

amento *m.* BOT Espiga articulada por su base y compuesta de flores de un mismo sexo, como la encina y el sauce.

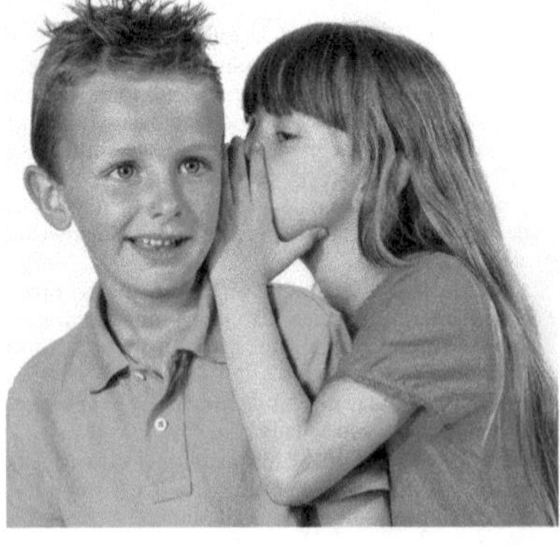

americanidad *f.* Conjunto de características propias del continente americano, en especial, de Hispanoamérica.

americanismo 1 *m.* Calidad o condición de americano. 2 LING Vocablo, giro, rasgo fonético, gramatical o semántico que pertenece a alguna lengua indígena de América o deriva de ella. 3 LING Vocablo, giro, rasgo fonético, gramatical o semántico peculiar o derivado del español hablado en algún país de América.

americanista 1 *adj.* Relativo a las cosas de América. 2 *m.* y *f.* Persona que estudia las lenguas y culturas de América.

americano, na 1 *adj.* y *s.* De América. 2 Perteneciente a esta parte del mundo.

americio *m.* QUÍM Elemento radiactivo artificial. Punto de fusión: aprox. 994 °C. Núm. atómico: 95. Símbolo: Am.

amerindio, dia *adj.* y *s.* Dicho de los indígenas americanos y de lo relativo a ellos.

ameritar *tr.* Merecer, atribuir méritos.

amero 1 *m.* Conjunto de hojas que conforman la envoltura de la mazorca de maíz. 2 Envoltura externa del coco.

ametralladora *f.* Arma de fuego automática que dispara de forma continua y rápida.

ametrallar *tr.* Disparar metralla contra alguien o algo.

ametropía *f.* MED Defecto de refracción en el ojo que impide que las imágenes se formen debidamente en la retina.

amianto *m.* Silicato hidratado de magnesio con calcio o hierro, fibroso y flexible. Se emplea principalmente como aislante térmico y en la industria de los plásticos.

amiba *f.* BIOL **AMEBA.**

amida *f.* QUÍM Cada uno de ciertos compuestos orgánicos derivados del amoniaco o de las aminas.

amígdala *f.* ANAT Órgano en forma de almendra, constituido por la reunión de numerosos nódulos linfáticos cubiertos por una capa epitelial. Forma un anillo que rodea las paredes de la faringe.

amigdalitis *f.* MED Inflamación de las amígdalas.

amigo, ga 1 *adj.* y *s.* Que tiene amistad. 2 Aficionado a algo. 3 Partidario de una idea o conducta. 4 *m.* y *f.* Novio. 5 Amante, querido.

amilanar 1 *tr.* Intimidar a alguien hasta el punto de dejarle sin capacidad de acción. 2 *prnl.* Acobardarse, hundirse en el abatimiento.

amilasa *f.* BIOQ Enzima que transforma el almidón en azúcares, presente en las semillas en germinación y en los jugos digestivos animales.

amina *f.* QUÍM Sustancia derivada del amoníaco por sustitución de uno o dos átomos de hidrógeno por radicales alifáticos o aromáticos.

amino *m.* QUÍM Radical monovalente formado por un átomo de nitrógeno y dos de hidrógeno.

aminoácido *m.* BIOQ Compuesto orgánico en cuya composición entran un grupo amino y otro carboxilo. Se unen entre sí dando lugar a cadenas y cuando estas contienen aprox. 5000 aminoácidos constituyen ya proteínas.

aminorar 1 *intr.* Disminuir o menguar. 2 *tr.* Reducir en cantidad, calidad o intensidad.

amistad 1 *f.* Afecto y relación entre amigos, que se caracteriza por su desinterés y reciprocidad. 2 *pl.* Personas con las que se tiene amistad.

amistar 1 *tr.* y *prnl.* Unir en amistad. 2 Reconciliar a los enemistados.

amito *m.* Lienzo, con una cruz en medio, que el sacerdote católico se pone sobre la espalda y los hombros durante la celebración de ciertos oficios.

amitosis *f.* BIOL Modalidad de división de la célula que consiste en dividirse el núcleo y el citoplasma en dos porciones iguales.

amnesia *f.* MED Pérdida total o parcial de la memoria.

amnios *m.* ANAT Saco cerrado lleno de un líquido acuoso que envuelve y protege el embrión de los reptiles, aves y mamíferos.

amniota *m.* BIOL Vertebrado cuyo embrión desarrolla un amnios.

amniótico, ca 1 *adj.* Relativo al amnios. 2 ANAT **líquido ~.**

amnistía *f.* DER Extinción de la responsabilidad penal por la comisión de un delito y perdón del mismo por parte del Estado. Por regla general se concede por motivos políticos.

amnistiar *tr.* Conceder amnistía a alguien.

amo, ma 1 *m.* y *f.* Cabeza de una casa o familia. 2 Dueño de una cosa. 3 El que tiene criados, respecto de ellos.

amodorrarse *prnl.* Caer en modorra y sopor.

amojonar *tr.* Señalar con mojones los límites de un terreno, un término jurisdiccional, etc.

amolar *tr.* Sacar filo o punta a un instrumento cortante.

amoldar 1 *tr.* y *prnl.* Ajustar una cosa al molde. 2 Ajustar la propia conducta o manera de pensar a determinados criterios.

amonestación *f.* Acción y efecto de amonestar.

amonestar 1 *tr.* Llamar la atención sobre alguna cosa o conducta. 2 Reprender exhortando a corregir el mal hecho. 3 Publicar en la iglesia los nombres de quienes van a contraer matrimonio, para que si alguien conoce algún impedimento, lo exponga a tiempo.

amoniaco (Tb. amoníaco) *m.* QUÍM Gas incoloro de olor penetrante, compuesto de nitrógeno e hidrógeno. Se utiliza en los sistemas de obtención de frío (aire acondicionado, neveras) y para fabricar abonos, plásticos y productos de limpieza.

amonio *m.* QUÍM Radical monovalente formado por un átomo de nitrógeno y cuatro de hidrógeno y que en sus combinaciones tiene grandes semejanzas con los metales alcalinos.

amonita *adj.* HIST Dicho de una antigua tribu semita descendiente de Amón, hijo de Lot. Fue combatida por Saúl y David y exterminada por Joab.

amonites *m.* Nombre común de cualquiera de las especies de cefalópodos fósiles, con la concha en espiral, característicos de los periodos jurásico y cretácico.

amontonar 1 *tr.* y *prnl.* Formar un montón. 2 Juntar y mezclar varias cosas sin orden ni elección. 3 *prnl.* Ocurrir muchos sucesos en un breve espacio de tiempo.

amor 1 *m.* Sentimiento de afecto que una persona experimenta hacia otra (o cosa personificada, como la humanidad, la virtud, la patria, etc.), por el que desea su felicidad y anhela su presencia. 2 Atracción afectiva entre dos personas, que suele conllevar una carga pasional y erótica. 3 Persona amada. 4 Esmero con que se hace algo. 5 *pl.* Relaciones amorosas. || ~ **cortés** Código de comportamiento que definía las relaciones entre enamorados pertenecientes a la nobleza en Europa occidental durante la Edad Media. ~ **platónico** El que idealiza a la persona amada sin establecer con ella una relación física. ~ **propio** El que una persona profesa a sí misma y, especialmente, a su prestigio.

amoral 1 *adj.* Dicho de la persona desprovista de sentido moral. 2 Dicho de las obras humanas en las que de propósito se prescinde del fin moral.

amoralismo 1 *m.* FIL Sistema filosófico que cifra la norma de la conducta humana en algo independiente del bien y del mal moral. 2 Actitud o comportamiento amoral.

amoratarse *prnl.* Ponerse morado.

amorcillo *m.* Niño desnudo y alado que en las artes representa al dios del amor.

amordazar 1 *tr.* Poner mordaza. 2 Impedir mediante coacción la libre expresión de ideas y opiniones.

amorfo, fa *adj.* Sin forma regular y precisa.

amorío *m.* Relación amorosa que se considera superficial y poco seria.

amoroso, sa *adj.* Que denota o manifiesta amor.

amorreo, a *adj.* y *s.* HIST De un pueblo bíblico que predominó en Mesopotamia en el s. XX a.C. y fundó Babilonia hacia 1950 a.C.

amortajar *tr.* Poner la mortaja al difunto.

amortiguador, ra 1 *adj.* Que amortigua. 2 *m.* Dispositivo que sirve para compensar y disminuir el efecto de choques, sacudidas o movimientos bruscos en aparatos mecánicos.

amortiguamiento *m.* Acción y efecto de amortiguar o amortiguarse.

amortiguar *tr.* y *prnl.* Rebajar la fuerza, intensidad o violencia de alguna cosa.

amortizar 1 *tr.* ECON Redimir o extinguir el capital de un préstamo. 2 ECON Recuperar o compensar los fondos invertidos en alguna empresa.

amotinamiento *m.* Acción y efecto de amotinar.

amotinar 1 *tr.* Alzar en motín a un cierto número de personas. 2 *prnl.* Levantarse contra la autoridad constituida mediante protestas o acciones violentas.

amparar 1 *tr.* Favorecer, proteger a los débiles. 2 *prnl.* Acogerse al favor de alguien. 3 Defenderse, cobijarse.

amparo 1 *m.* Acción y efecto de amparar o ampararse. 2 Abrigo o defensa.

amperaje *m.* ELECTR Cantidad de amperios que actúan en un aparato o sistema eléctrico.

amperímetro *m.* ELECTR Aparato para medir las intensidades de corriente eléctrica.

amperio *m.* FÍS Unidad internacional de intensidad de corriente eléctrica. Símbolo: A. Es la intensidad de una corriente en la cual pasa por la sección de un conductor un culombio por segundo.

ampliación *f.* Acción y efecto de ampliar.

ampliar 1 *tr.* Agrandar una cosa agregándole algo en extensión, eficacia o número; dilatar. 2 Reproducir fotos, planos o textos en tamaño mayor que el original.

amplificación 1 *f.* Acción y efecto de amplificar. 2 Desarrollo retórico de una idea, presentándola desde diversas perspectivas y enumerando sus distintas aplicaciones a fin de conmover o persuadir.

amplificador, ra 1 *adj.* y *s.* Que amplifica. 2 *m.* Cualquier dispositivo que permite aumentar la amplitud o intensidad de un fenómeno físico, variando la energía externa que lo alimenta. 3 Aparato que amplifica el sonido de instrumentos musicales electrónicos.

amplificar 1 *tr.* Ampliar, extender. 2 Aumentar la amplitud o intensidad de un fenómeno físico. 3 Emplear la figura retórica de la amplificación. 4 MAT Multiplicar ambos términos de una fracción por un mismo número natural diferente de 0.

amplio, plia 1 *adj.* Grande, dilatado, espacioso. 2 Extenso, que abarca mucho. 3 Abierto, comprensivo: *Es una persona de criterio amplio.*

amplitud 1 *f.* Cualidad de amplio. 2 Capacidad de comprensión intelectual o moral. 3 FÍS En el movimiento oscilatorio, espacio recorrido por el cuerpo entre sus dos posiciones extremas.

ampolla 1 *f.* Vejiga formada por el levantamiento de la piel a causa de quemaduras o roces, y que se llena de un líquido acuoso. 2 Vasija de vidrio o cristal, de cuello largo y estrecho y cuerpo ancho y redondo. 3 Pequeño recipiente de vidrio herméticamente cerrado, que contiene un medicamento inyectable o bebible. 4 Burbuja que se forma en el agua al hervir, o en la superficie de un metal por la presión del gas que contiene.

ampollar 1 *tr.* y *prnl.* Hacer ampollas en la piel. 2 Hacer ampollas en la superficie de un objeto.

ampolleta 1 *f.* Bombilla eléctrica. 2 AMPOLLA, recipiente de vidrio que contiene líquido inyectable.

ampuloso, sa *adj.* Exagerado y redundante, aplicado a un estilo o a un autor.

amputar *tr.* MED Cercenar quirúrgicamente parte o la totalidad de un órgano.

amueblar *tr.* Dotar a una casa, habitación, local, etc., de los muebles adecuados.

amuleto *m.* Objeto portátil, al que se atribuyen poderes sobrenaturales, para protección de quien lo lleva.

amurallar *tr.* Rodear de murallas.

anabaptismo *m.* REL e HIST Doctrina protestante, nacida en Alemania en el s. XVI. Consideraba ineficaz el bautismo administrado antes de llegar al uso de razón. En la actualidad existen seguidores de esta secta en Inglaterra y Estados Unidos.

anabaptista *adj.* REL Dicho del seguidor del anabaptismo.

anabolismo *m.* BIOL Conjunto de las reacciones de síntesis necesarias para el crecimiento de nuevas células y el mantenimiento de todos los tejidos. Se orienta hacia la producción de compuestos finales (hidratos de carbono, proteínas y grasas).

anabolizante *m.* FARM Producto químico utilizado para aumentar la intensidad de los procesos anabólicos del organismo.

anacardo *m.* MARAÑÓN.

anaconda *f.* Reptil de la familia de las boas, que alcanza 10 m de longitud y tiene grandes mandíbulas. Abunda en las cuencas de los ríos Amazonas y Orinoco.

anacoreta *m.* y *f.* Persona que vive en un lugar retirado, dedicada a la oración y a la penitencia.

anacrónico, ca *adj.* Que presenta anacronismo.

anacronismo 1 *m.* Error por el que se atribuyen hechos, costumbres, objetos, etc., a una época o fecha que no les corresponde. 2 Persona o cosas anacrónicas.

ánade *m.* PATO y cualquiera de las aves de características similares.

anaerobio *m.* BIOL Organismo que puede vivir sin oxígeno y que obtiene la energía por medio de la fermentación, como las levaduras y las bacterias.

anaerobiosis 1 *f.* BIOL Vida en un entorno que carece de oxígeno. 2 BIOL Tipo de respiración sin oxígeno libre.

anafase *f.* BIOL Tercera etapa de la mitosis durante la cual los cromosomas se separan formando dos grupos.

anáfora *f.* REPETICIÓN, figura retórica.

anagrama *m.* Transformación de una palabra en otra trasponiendo sus letras: *Amor/Roma; gato/toga.*

anal *adj.* Relativo al ano.

analepsis *f.* LIT Fragmento de una obra literaria en el que se presenta una escena del pasado y se altera el tiempo lineal.

anales *m. pl.* Relaciones de sucesos por años.

analfabetismo 1 *m.* Falta de instrucción elemental en un país, referida especialmente al número de sus ciudadanos que no saben leer ni escribir. 2 Cualidad de analfabeto.

analfabeto, ta 1 *adj.* y *s.* Que no sabe leer ni escribir. 2 Ignorante, sin los conocimientos elementales.

analgesia *f.* MED Falta de sensaciones dolorosas.

analgésico, ca 1 *adj.* Relativo a la analgesia. 2 *m.* FARM Medicamento que produce analgesia.

análisis 1 *m.* Examen de una cosa mediante la separación de sus partes o componentes. 2 Estudio detallado de un asunto. 3 Examen que se hace de una obra, un escrito o cualquier realidad susceptible de estudio intelectual. 4 INF Estudio, mediante técnicas informáticas, de los límites, características y posibles soluciones de un problema. || ~ **clínico** MED Examen cualitativo y cuantitativo de ciertos componentes o sustancias del organismo, según métodos especializados, con un fin diagnóstico.

analista 1 *m.* y *f.* Persona (médico, químico, matemático, etc.) que se dedica a hacer análisis. 2 PSICOANALISTA. || ~ **de sistemas** INF Especialista que, en la fase inicial de la programación, realiza el análisis del objetivo planteado para el correspondiente programa computacional.

analítico, ca 1 *adj.* Relativo al análisis. 2 Que procede descomponiendo, o que pasa del todo a las partes. 3 QUÍM **química ~**.

analizador, ra *adj.* y *s.* Que analiza.

analizar 1 *tr.* Hacer análisis de algo. 2 *prnl.* Estudiarse a fondo una persona para conocerse mejor.

analogía 1 *f.* Relación de semejanza entre seres o cosas diferentes. 2 BIOL Relación de correspondencia que ofrecen entre sí partes que en diversos organismos tienen función y posición relativamente parecidas, pero diferente origen, como las alas en aves e insectos. 3 LING Formación de términos lingüísticos, o modificación de los existentes, a semejanza de otros, por ejemplo: las palabras *discoteca, fototeca* o *videoteca* se formaron por analogía con *biblioteca.*

analógico, ca 1 *adj.* ANÁLOGO. 2 Relativo a la analogía. 3 **Electrón** Dicho del dispositivo que procesa la información en forma de magnitudes físicas de variación continua.

análogo, ga *adj.* Que tiene analogía con otra cosa.

anamniota *adj.* y *s.* ZOOL Dicho del vertebrado en el que no se forma, durante su desarrollo embrionario, el amnios, como ocurre en peces y anfibios.

anamorfosis *f.* Pintura o dibujo que, según se mire, ofrece una imagen deformada o correcta.

ananá (Tb. ananás) 1 *m.* Planta de hojas rígidas y puntiagudas, flores moradas y fruto fragante, amarillento, carnoso y en forma de piña, rematado por un penacho de hojas. También llamada piña. 2 Fruto de esta planta.

anaquel 1 *m.* Cada una de las tablas puestas horizontalmente en un muro o armario, para depositar cosas. 2 ESTANTERÍA.

anaranjado, da *adj.* y *s.* De color semejante al de la naranja, que es el segundo del espectro solar.

anarcosindicalismo *m.* POLÍT Corriente anarquista que confía a los sindicatos el papel esencial en la lucha revolucionaria.

anarquía 1 *f.* Falta de gobierno. 2 Desorden, confusión, por ausencia o flaqueza de la autoridad.

anarquismo *m.* POLÍT Doctrina y movimiento sociales que preconizan la supresión de toda forma y autoridad del Estado, la abolición de la propiedad privada de los medios de producción y la comunidad de los bienes productivos.

anarquista 1 *adj.* Propio del anarquismo o de la anarquía. 2 *m.* y *f.* Persona que propugna el anarquismo, o promueve y practica la anarquía.

anarquizar *intr.* Propagar el anarquismo o introducir la anarquía en cualquier organización.

anatema 1 *m.* o *f.* EXCOMUNIÓN. 2 Maldición, imprecación.

anatematizar 1 *tr.* Lanzar o decretar contra alguien un anatema. 2 Maldecir a alguien.

anatomía *f.* ANAT Ciencia que trata del número, estructura, situación y relaciones de las diferentes partes de los cuerpos orgánicos. || ~ **comparada** ANAT Estudio de la anatomía de distintos animales con el fin de descubrir sus similitudes y diferencias.

anatómico, ca 1 *adj.* Relativo a la anatomía. 2 Dicho de los objetos que se adaptan al cuerpo humano o a alguna de sus partes: *Asiento anatómico.*

anatosaurio *m.* Dinosaurio herbívoro caracterizado por su pico similar al de un pato. Habitó en América del Norte durante el periodo cretácico. Alcanzaban 12 m de longitud y 4 m de altura.

anca *f.* Cada una de las dos mitades laterales de la parte posterior de las caballerías y otros animales.

ancestral *adj.* Perteneciente o relativo a los antepasados remotos.

ancestro *m.* ANTEPASADO.

ancheta 1 *f.* Pequeña porción de mercancía. 2 Cesta o caja engalanada con comestibles y bebidas que suele darse como obsequio en la temporada navideña.

ancho, cha 1 *adj.* Que tiene más o menos anchura. 2 Holgado, amplio. 3 *m.* ANCHURA, la menor de las dimensiones de las figuras planas. || ~ **de banda Electrón** En comunicaciones, indicador de la cantidad de datos que puede transmitirse en determinado periodo de tiempo por un canal de transmisión. Se expresa en hercios o en bits por segundo.

anchoa 1 *f.* Pez semejante a la sardina, pero más pequeño. Es propio del Atlántico. 2 Este mismo pez curado en salmuera.

anchura 1 *f.* En contraposición a la longitud, la dimensión menor de las cosas planas. 2 Dimensión horizontal de una superficie. 3 En objetos de tres dimensiones, la segunda en magnitud. 4 Amplitud, extensión o capacidad grande. 5 HOLGURA, espacio suficiente.

ancianidad *f.* Último periodo de la vida humana normal.

anciano, na *adj.* y *s.* De mucha edad.

ancla 1 *f.* Instrumento de hierro en forma de arpón doble que, aferrándose al fondo del mar, sujeta la embarcación. 2 Cualquier elemento que une o refuerza las partes de una construcción.

anclaje 1 *m.* Acción de anclar la nave. 2 Tributo que se paga por fondear en un puerto. 3 Conjunto de elementos destinados a fijar algo firmemente al suelo.

anclar 1 *tr.* Quedar sujeta la nave mediante el ancla. 2 Sujetar algo firmemente al suelo.

áncora *f.* ANCLA de la nave.

andador, ra 1 *adj.* y *s.* Que anda mucho. 2 *m. pl.* Tirantes para sostener al niño cuando aprende a andar.

andaluz, za *adj.* y *s.* De Andalucía.

andamio *m.* Armazón de tablones horizontales sobre pies verticales o colgado de cuerdas, desde el que se trabaja en la construcción, pintura, reparación, etc., de edificios.

andanada 1 *f.* Orden de cosas puestas en línea. 2 Descarga cerrada de toda una andana o batería de un buque de guerra. 3 Reprensión severa.

andante[1] 1 *adj.* Que anda. 2 HIST **caballería ~.**

andante[2] 1 *adv. m.* MÚS Con movimiento moderadamente lento. 2 *m.* MÚS Composición o parte de ella que se ha de ejecutar con este movimiento.

andanza 1 *f.* Suceso, caso. 2 Suerte buena o mala. 3 *pl.* Vicisitudes que se experimentan en un lugar, viaje o tiempo dados. 4 Peripecias, trances.

andar 1 *intr.* Ir dando pasos de un lugar a otro. 2 Moverse o desplazarse un objeto. 3 Funcionar un mecanismo. 4 En muchas expresiones sustituye a los verbos *estar* (*Juana anda melancólica*) y *haber* (*Andan* *muchos locos sueltos*). 5 Seguido de un gerundio indica que se está realizando la acción expresada por este: *Anda cazando*. 6 *intr.* y *prnl.* Ocuparse en alguna actividad: *Andar de parranda*. 7 Proceder de determinada manera: *Quien mal anda, mal acaba*. 8 *tr.* Recorrer un espacio: *Anduvimos todo el pueblo*.

andariego, ga *adj.* y *s.* Que anda mucho, o que va de una parte a otra sin demorarse en ninguna.

andarivel *m.* Mecanismo usado para pasar ríos y hondonadas que no tienen puente. Consiste en una especie de cajón que corre por una maroma fija por sus dos extremos.

anda *interj.* Indica admiración o asombro.

andas *f. pl.* Tablero que, sostenido por dos varas paralelas y horizontales, sirve para el transporte de imágenes o pasos de procesión, personas o cosas.

andén 1 *m.* Acera a los lados de las vías en las estaciones del ferrocarril o del metro, a lo largo de un muelle, etc. 2 Acera de un puente. 3 Acera de la calle.

andinismo *m.* Alpinismo en los Andes.

andino, na 1 *adj.* Relativo a la cordillera de los Andes. 2 De Andes o de los Andes.

andrajo 1 *m.* Prenda de vestir vieja, rota o sucia. 2 Pedazo o jirón de tela roto, viejo o sucio.

andrajoso, sa 1 *adj.* Cubierto de andrajos. 2 Dicho de la prenda de vestir, hecho andrajos.

androceo *m.* BOT Conjunto de los estambres de la flor que constituyen su órgano sexual masculino.

andrógeno *m.* FISIOL Hormona producida por el testículo y la corteza suprarrenal que provocan la aparición de los caracteres sexuales masculinos.

andrógino, na 1 *adj.* y *s.* HERMAFRODITA. 2 Dicho de la persona cuyos rasgos externos no se corresponden definidamente con los propios de su sexo.

androide *m.* Autómata con figura y modos de hombre.

andropausia *f.* FISIOL Periodo de la vida caracterizado por la involución y cese de la actividad testicular en el varón.

andurrial *m.* Lugar a trasmano y de difícil acceso.

anécdota *f.* Relato breve de algún hecho curioso.

anecdotario *m.* Colección de anécdotas.

anegar *tr.* y *prnl.* Inundar de agua y, por extensión, de otros líquidos.

anejo, ja 1 *adj.* y *s.* Unido o agregado a alguien o algo, con dependencia y proximidad. 2 Propio, inherente, concerniente.

anélido *adj.* y *m.* ZOOL Dicho de los invertebrados de cuerpo casi cilíndrico, flexible, segmentado en anillos, con la boca en un extremo y el ano en el otro, como la sanguijuela y la lombriz de tierra. Viven en ambientes acuáticos o húmedos. Conforman una clase.

anemia *f.* MED Disminución patológica de la cantidad de hemoglobina o número de glóbulos rojos en la sangre.

anémico, ca 1 *adj.* Relativo a la anemia. 2 MED Que la padece.

anemómetro *m.* Instrumento para medir la velocidad o la fuerza del viento.

anémona *f.* Planta herbácea de rizoma tuberoso, pocas hojas en los tallos, flores grandes y vistosas y fruto con semillas con albumen. || **~ de mar** Pólipo solitario de colores brillantes que tiene en su extremo superior la boca rodeada de tentáculos.

anestesia 1 *f.* MED Privación de la sensibilidad, provocada por causas patológicas o de forma artificial. 2 FARM Sustancia que produce esta pérdida de la sensibilidad.

anestesiar *tr.* MED Privar de la sensibilidad por medio de la anestesia.

anestesiología *f.* Ciencia y técnica de la anestesia.

aneurisma *m.* o *f.* MED Dilatación anormal de un sector del sistema vascular, especialmente en una arteria.

anexar *tr.* Unir una cosa a otra haciéndola depender de ella. Se dice sobre todo de los territorios y de su respectiva jurisdicción.

anexionar *tr.* ANEXAR.

anexionismo *m.* POLÍT Doctrina que favorece y defiende la anexión de territorios.

anexo, xa 1 *adj.* y *s.* Agregado a otra persona o cosa. 2 ANEJO, inherente, concerniente.

anfetamina *f.* FARM Fármaco estimulante del sistema nervioso central.

anfiartrosis *f.* ANAT Tipo de articulación con movilidad escasa, como la que se da entre las costillas y el esternón.

anfibio, bia 1 *adj.* y *s.* BOT Se aplica a las plantas que pueden desarrollarse dentro o fuera del agua. 2 ZOOL Dicho de los animales que, como las ranas y los sapos, pueden vivir indistintamente en la tierra o sumergidos en el agua. Conforman una clase. 3 Dicho de los vehículos capaces de circular por tierra y por agua.

☐ ZOOL Los anfibios ponen sus huevos en el agua y de estos salen larvas (renacuajos), que llevan a cabo una metamorfosis durante la cual sus cuerpos pasan al estado adulto. Durante la fase larvaria respiran mediante branquias, las cuales, en el estado adulto, son sustituidas por pulmones rudimentarios, aunque la mayor parte del intercambio respiratorio en esta fase se realiza a través de su piel.

anfibología *f.* LING Doble significado que pueden tener ciertas palabras o expresiones, por ejemplo, *El perro de Enrique* puede significar que el perro pertenece a Enrique o que Enrique es perro ('persona despreciable').

anfiteatro 1 *m.* Edificio oval, circular o semicircular, con gradas alrededor del espacio central. 2 En los hospitales, lugar destinado a la disección de los cadáveres.

anfitrión, na 1 *m.* y *f.* Persona que tiene convidados. 2 Persona o entidad que recibe en su país o sede habitual a invitados o visitantes.

ánfora *f.* Vasija alta, de cuello estrecho y con dos asas.

anfractuosidad 1 *f.* Cualidad de anfractuoso. 2 ANAT Surco que separa las circunvoluciones cerebrales.

anfractuoso, sa *adj.* Quebrado, sinuoso; dicho sobre todo del terreno abrupto.

angarilla 1 *f.* Anda pequeña para llevar a mano materiales de construcción y cosas diversas. 2 Armazón que pende a ambos lados de las cabalgaduras y que sirve para transportar cosas diversas.

ángel 1 *m.* REL En algunas religiones, espíritu celeste y bueno al servicio de Dios. 2 REL Cualquiera de los espíritus celestes que pertenecen al último de los nueve coros. 3 Persona buena e inocente. 4 Gracia, simpatía personal. || ~ **de la guardia** El que, según algunas creencias, Dios tiene señalado a cada persona para su protección y cuidado.

angelical 1 *adj.* Relativo a los ángeles. 2 Que parece de ángel: *Rostro angelical.*

ángelus *m.* REL Oración en honor del misterio de la Encarnación, que se recita al amanecer, al mediodía y por la tarde.

angina *f.* MED Inflamación de las amígdalas o de estas y de la faringe. || ~ **de pecho** MED Afección del corazón, cuyos síntomas son fuertes dolores y sensación de angustia.

angiospermo, ma *adj.* y *f.* BOT Dicho de las plantas fanerógamas cuyos carpelos forman una cavidad cerrada u ovario, dentro de la cual están los óvulos. Constituyen la forma dominante en el paisaje vegetal del planeta. Se dividen en **dicotiledóneas** y **monocotiledóneas** y conforman un filo.

anglicanismo *m.* REL e HIST Iglesia surgida en Inglaterra tras la Reforma protestante. Nació con el rey Enrique VIII (1491-1547), al romper este con la Santa Sede tras serle negada la anulación de su matrimonio con Catalina de Aragón. Difiere de la Iglesia católica en su rechazo del papado y en la autorización de la ordenación femenina.

anglicano, na 1 *adj.* y *s.* Que profesa el anglicanismo. 2 Relativo a él.

anglicismo *m.* LING Vocablo propio de la lengua inglesa utilizado en otra lengua.

anglo, gla 1 *adj.* y *s.* HIST Dicho de una tribu germánica originaria de la actual Alemania, que se asentó en el E de Inglaterra durante el s. V. 2 **INGLÉS**, de Inglaterra.

angloamericano, na 1 *adj.* Perteneciente a los ingleses y americanos. 2 De origen inglés y nacido en América.

anglófilo, la *adj.* Que simpatiza con Inglaterra, los ingleses, el idioma inglés o lo inglés.

anglonormando, da *adj.* y *s.* HIST De un pueblo normando que se estableció en Inglaterra después de la batalla de Hastings (1066).

anglosajón, na 1 *adj.* y *s.* HIST Dicho del miembro de los pueblos germanos que emigraron a Britania en los ss. V y VI. El denominado periodo anglosajón abarca desde la primera mitad del s. V hasta la conquista normanda de 1066. 2 Dicho de las personas y los pueblos de origen y lengua ingleses.

angora 1 *adj.* y *s.* Dicho del gato, cabra o conejo originario de Asia Menor, de pelo largo y sedoso. 2 Lana de pelo abundante y sedoso.

angostar *tr., intr.* y *prnl.* Hacer angosto, estrechar.

angosto, ta *adj.* Estrecho o reducido.

angostura 1 *f.* Cualidad de angosto. 2 Estrechura o paso estrecho.

ángstrom *m.* FÍS Unidad de longitud de onda equivalente a una diezmillonésima de milímetro.

anguila *f.* Pez de cuerpo largo, cilíndrico y cubierto de glándulas mucosas, que posee una larga aleta dorsal. Es comestible.

angular[1] 1 *adj.* Relativo al ángulo. 2 De figura de ángulo. 3 ARQ **piedra ~**. || **gran ~** FOT Objetivo de corta

distancia focal que puede cubrir un ángulo visual de 70° a 180°.

angular[2] *tr.* Dar forma de ángulo.

ángulo 1 *m.* GEOM Cada una de las dos porciones de plano limitadas por dos semirrectas que parten de un mismo punto, llamado vértice. 2 GEOM Figura geométrica formada en el espacio por dos superficies que parten de una misma línea. 3 GEOM Medida de la rotación de un segmento rectilíneo alrededor de un punto fijo. Se expresa en grados o minutos y segundos de grado; una rotación completa son 360°, un grado tiene 60 minutos y un minuto 60 segundos. 4 GEOM **coseno** de un ~; **seno** de un ~; **tangente** de un ~. 5 Punto de vista o aspecto desde el que se puede considerar alguna cosa. || ~ **agudo** GEOM El menor o más cerrado que el recto. ~**s alternos** GEOM Los dos que, a distinto lado, forman una secante con dos rectas. Son alternos internos los que están entre las rectas y alternos externos, los que están fuera. ~ **central** GEOM Aquel cuyo vértice está en el centro de la circunferencia. ~ **complementario** GEOM Ángulo que sumado con otro completa uno recto. ~ **inscrito** GEOM Aquel cuyo vértice está sobre la circunferencia y sus lados contienen cuerdas de la misma. ~ **obtuso** GEOM El mayor o más abierto que el recto. ~ **óptico** ÓPT El formado por las dos visuales que van desde el ojo del observador a los extremos del objeto que se mira. ~ **recto** GEOM El que forman dos líneas, o dos planos, que se cortan perpendicularmente y equivale a 90°. ~ **semirrecto** GEOM El de 45°, mitad del recto. ~ **suplementario** GEOM Ángulo que falta a otro para componer dos rectos.

angustia 1 *f.* Aflicción por la amenaza de un peligro o desgracia. 2 Desazón o agobio por el trabajo excesivo o por el desorden circundante.

angustiar *tr.* y *prnl.* Causar angustia, afligir, acongojar.

anhelar *tr.* e *intr.* Tener ansia, estar ávido de algo.

anhelo *m.* Deseo vehemente.

anhídrido *m.* QUÍM Cuerpo formado por oxígeno y un elemento no metálico que, al combinarse con el agua, da un ácido. || ~ **bórico** QUÍM Cuerpo sólido incoloro, compuesto de boro y oxígeno y que, combinado con el agua, forma el ácido bórico. ~ **carbónico** QUÍM Gas incombustible y asfixiante que se usa en la preparación de bebidas espumosas, extintores de incendios y medicina. Se llama también dióxido de carbono. ~ **nítrico** QUÍM Cuerpo compuesto de nitrógeno y oxígeno que forma el ácido nítrico al combinarse con agua. ~ **sulfúrico** QUÍM Cuerpo compuesto de azufre y oxígeno. Se combina con el agua para formar ácido sulfúrico. ~ **sulfuroso** QUÍM Gas que resulta de la combinación del azufre con el oxígeno al quemarse el primero de estos.

anhidro, dra *adj.* QUÍM Dicho de los cuerpos en cuya formación no entra el agua, o que la han perdido si la tenían.

anidar *intr.* y *prnl.* Hacer nido las aves o vivir en él.

anilina *f.* QUÍM Amina aromática derivada del benceno. Es un líquido aceitoso, incoloro y muy tóxico que se utiliza para fabricar colorantes.

anilla 1 *f.* Anillo para correr o descorrer las cortinas. 2 Anillo al que se ata un cordón para fijar o sujetar algo. 3 *pl.* DEP Par de aros pendientes en que se practican ciertos ejercicios gimnásticos.

anillar 1 *tr.* Dar forma de anillo a una cosa. 2 Sujetar algo con anillos. 3 Marcar a las aves poniéndoles un anillo en la pata.

anillo 1 *m.* Aro pequeño. 2 El que se lleva en los dedos de la mano. 3 ASTR Formación celeste que circunda determinados planetas. 4 BOT Crecimiento anual del tejido leñoso de los troncos y las ramas de los árboles. 5 MAT Conjunto de elementos entre los que se definen dos reglas de composición, una asimilable a la adición y otra al producto. 6 QUÍM Estructura molecular formada por una cadena cerrada de átomos. 7 ZOOL Cada uno de los segmentos del cuerpo de los gusanos y artrópodos. 8 *pl.* ANILLAS.

ánima 1 *f.* Alma del hombre. 2 REL Alma de difunto, y especialmente la que pena en el purgatorio.

animación 1 *f.* Acción y efecto de animar o animarse. 2 Vivacidad en los movimientos, acciones o palabras. 3 Gran afluencia de gente a un lugar. 4 *f.* CIN y TV Técnica empleada en el cine, la televisión o los videojuegos que consiste en generar una falsa impresión de movimiento al proyectar, en una secuencia rápida, figuras dibujadas o modeladas generalmente en computador. 5 INF Creación de la ilusión de movimiento al visualizar una sucesión de imágenes fijas generadas por computador.

animado, da 1 *adj.* Dotado de alma. 2 Alegre, divertido. 3 Dotado de movimiento. 4 CIN **dibujos ~s.**

animador, ra *m.* y *f.* Persona que, de oficio, organiza fiestas y reuniones y mantiene animados a los concurrentes.

animadversión *f.* Enemistad, ojeriza.

animal[1] 1 *m.* BIOL Cualquier miembro del reino animal, el cual comprende todos los organismos pluricelulares que obtienen energía mediante la digestión de nutrientes orgánicos y contienen células que se organizan en tejidos. 2 Animal irracional, por contraposición a ser humano, persona, etc.

☐ BIOL Los animales consiguen su comida de forma activa y la digieren en su medio interno. Los tejidos especializados les permiten desplazarse en busca de alimento o, si permanecen fijos, atraerlo hacia sí. Casi todas las especies tienen un crecimiento limitado y al llegar a la edad adulta alcanzan una forma y tamaño bien definidos. Este reino comprende más de dos millones de especies que se suelen agrupar en los subreinos **mesozoos, parazoos** y **metazoos.**

animal[2] 1 *adj.* Relativo al animal. 2 Producido por los animales: *Tracción animal.* 3 Que tiene como base principal los animales: *Alimentación animal.*

animalidad *f.* Cualidad o condición de animal.

animalista *adj.* y *s.* Dicho de una persona, que defiende activamente el cuidado y la protección de la especie animal.

animar 1 *tr.* Dar ánimo a alguien, incitar a la acción. 2 Dar a las cosas inanimadas una apariencia de vida. 3 Dar movimiento, calor y vida a lo demasiado frío, serio o rígido.

anímico, ca *adj.* Relativo al ánimo y sus estados.

animismo *m.* REL Creencia que atribuye alma al mundo y a cada una de sus partes y fenómenos naturales.

ánimo 1 *m.* Alma o espíritu como principio de la actividad humana, asiento de las impresiones y sede de las actitudes humanas. 2 Valor, brío, entusiasmo. 3 Intención o propósito de algo. 4 *interj.* Se usa para alentar a alguien.

animosidad 1 *f.* Ánimo esforzado. 2 ANIMADVERSIÓN.

aniñado, da *adj.* Que tiene aspecto o actitudes de niño, no siéndolo.

anión *m.* FÍS Ion con carga negativa de una molécula, que en la electrólisis se dirige al ánodo.

aniquilación *f.* Acción y efecto de aniquilar o aniquilarse.

aniquilar 1 *tr.* y *prnl.* Reducir a la nada, destruir o arruinar por completo. 2 *prnl.* Deteriorarse mucho algo, como la salud o la hacienda.

anís 1 *m.* Planta dicotiledónea de hojas alternas, flores en umbela y fruto en aquenio con semillas aromáticas. 2 Semilla de esta planta.

aniversario 1 *m.* Día en que se cumplen años de algún suceso. 2 Celebración en que se conmemora.

anjeo 1 *m.* Malla muy tupida de crin, hilo metálico o nailon. 2 ALAMBRERA para las ventanas.

ano *m.* ANAT Extremo inferior del tubo digestivo consistente en un orificio formado por un esfínter y por el cual se expele el excremento.

anoche *adv. t.* En la noche de ayer.

anochecer[1] 1 *intr.* Hacerse de noche, oscurecer cuando empieza a faltar la luz del día. 2 Estar en un lugar, situación o circunstancia determinados al caer la noche.

anochecer[2] *m.* Tiempo durante el cual anochece.

anodino, na *adj.* Insignificante, sin nada especial.

ánodo *m.* ELECTR Electrodo positivo de un generador de electricidad.

anofeles *m.* Mosquito díptero cuya hembra transmite el parásito causante del paludismo. Sus larvas viven en las aguas estancadas o de escasa corriente.

anomalía *f.* Irregularidad, discrepancia de una regla.

anómalo, la *adj.* Irregular, extraño, que presenta anomalía.

anomia *f.* Carencia de normas sociales.

anón *m.* Árbol tropical de hojas lanceoladas, flores axilares y fruto con escamas convexas que cubren una pulpa blanca, dulce y comestible.

anonadar *tr.* y *prnl.* Impresionar fuertemente privando de iniciativas y energías.

anónimo, ma 1 *adj.* Se aplica a la obra o escrito que no lleva el nombre de su autor. 2 Dicho del autor desconocido. 3 ECON **sociedad** ~. 4 *m.* Carta o papel sin firma en que, por lo general, se dice algo ofensivo o desagradable.

anorexia *f.* MED Enfermedad que se caracteriza por el miedo intenso a ganar peso y por una imagen distorsionada del propio cuerpo.

anormal 1 *adj.* Que está fuera de su estado normal y natural. 2 *m.* y *f.* Persona cuyo desarrollo intelectual o físico no corresponde a su edad.

anotar 1 *tr.* Poner notas en un escrito, cuenta o libro. 2 Tomar nota de algo para ampliarlo o recordarlo después. 3 Lograr un tanto en ciertos deportes.

anovulatorio, ria *adj.* y *s.* Que impide la ovulación femenina.

anquilosar 1 *tr.* Paralizar a alguien o algo en su desarrollo. 2 *prnl.* Detenerse en el desarrollo o evolución. 3 Envejecer, atrofiarse física o mentalmente.

ánsar 1 *m.* **GANSO**, ave. 2 Ave anseriforme de unos 80 cm de longitud y coloración parda oscura.

anseriforme *adj.* y *s.* ZOOL Dicho de ciertas aves acuáticas, robustas, con pico y patas gruesos, dedos fuertes unidos por una membrana y plumaje impermeable, como los patos, gansos y cisnes. Conforman un orden.

ansia 1 *f.* Congoja o fatiga que causa inquietud o agitación violenta. 2 Angustia o aflicción del ánimo. 3 Deseo vehemente. 4 *pl.* Náuseas.

ansiar *tr.* Desear algo con vehemencia.

ansiedad *f.* Estado de agitación o inquietud del ánimo.

ansioso, sa 1 *adj.* Acompañado de ansias o congojas. 2 Codicioso de algo, que nunca se da por satisfecho con lo que tiene. 3 Que tiene náuseas.

antagonismo *m.* Rivalidad, oposición, especialmente en doctrinas y opiniones.

antagonista 1 *adj.* Que se comporta de forma contraria a algo. 2 *m.* y *f.* Persona o cosa opuesta o contraria a otra. 3 En obras literarias, cinematográficas, etc., personaje que se opone al protagonista.

antaño *adv. t.* En tiempos antiguos.

antártico, ca *adj.* Relativo al polo antártico o a la Antártica.

ante[1] 1 *m.* **ALCE**, rumiante. 2 Piel curtida de este animal. 3 Piel de otros animales, adobada y curtida a semejanza de la del ante.

ante[2] 1 *prep.* Delante de, en presencia de. 2 En comparación con, respecto de.

anteanoche *adv. t.* En la noche de anteayer.

anteayer *adv. t.* En el día que precedió inmediatamente al de ayer.

antebrazo *m.* Parte del brazo desde el codo hasta la muñeca.

antecámara 1 *f.* Pieza que precede a la sala principal de una casa. 2 En ciertos motores de explosión, cámara de precombustión situada entre el inyector de combustible y el cilindro.

antecedente 1 *adj.* Que antecede. 2 *m.* Acción, dicho o circunstancia que sirve para juzgar situaciones posteriores. 3 GRAM Elemento de la oración a que se refieren los pronombres y adverbios relativos. 4 LÓG Primera proposición de un argumento de dos proposiciones.

anteceder 1 *tr.* Preceder. 2 Adelantar, anticipar.

antecesor, ra 1 *adj.* Anterior en tiempo. 2 *m.* y *f.* Persona que ha desempeñado un cargo respecto de la que le sigue. 3 Antepasado, ascendiente.

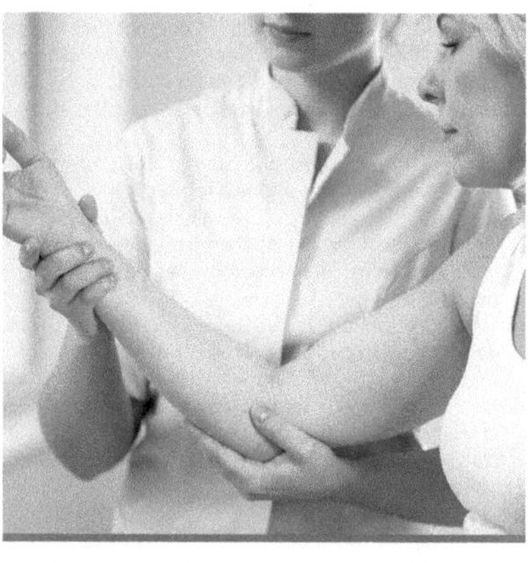

antediluviano, na 1 *adj.* Anterior al diluvio universal. 2 Muy antiguo.

antejardín *m.* Área libre entre la línea de demarcación de una calle y la línea de construcción de un edificio.

antelación *f.* Anticipación en el tiempo de una cosa respecto de otra.

antemano, de *loc. adv.* Con anticipación, anteriormente.

antemeridiano, na *adj.* Anterior al mediodía.

antena 1 *f.* TELEC Dispositivo de formas muy diversas que se utiliza para la emisión o recepción de ondas electromagnéticas. 2 ZOOL Cada uno de los apéndices articulados que tienen en la cabeza los insectos, miriápodos y crustáceos.

anteojera *f.* Cada una de las piezas que se colocan junto a los ojos de algunos animales domésticos para que no vean por los lados.

anteojo 1 *m.* ÓPT Instrumento óptico para ver objetos lejanos, compuesto esencialmente de dos lentes, una colectora de la luz y la otra amplificadora de la imagen formada por la primera. 2 ÓPT *pl.* **PRISMÁTICOS**. 3 ÓPT **GAFAS**.

antepasado, da 1 *m.* y *f.* Ascendiente (persona). 2 *m. pl.* Los que vivieron en épocas lejanas.

antepecho *m.* Barandilla que se coloca en balcones, puentes, etc.

antepenúltimo, ma *adj.* Inmediatamente anterior al penúltimo.

anteponer 1 *tr.* y *prnl.* Poner inmediatamente antes. 2 Preferir, dar más importancia.

anteproyecto *m.* Conjunto de trabajos o estudios preliminares que constituyen el proyecto provisional antes del proyecto definitivo.

antera *f.* BOT Parte de las flores que contiene el polen. Está situada en la parte superior del estambre y se abre al madurar para dejar escapar los granos de polen.

anteridio *m.* BOT Órgano sexual masculino de las criptógamas.

anterior *adj.* Que precede en lugar o tiempo.

anterioridad *f.* Precedencia temporal de una cosa con respecto a otra.

antes 1 *adv. t.* y *l.* Indica prioridad en el tiempo o en el espacio, respecto al momento en que se habla. 2 *conj. advers.* Da idea de contrariedad y preferencia.

antesala 1 *f.* Pieza que precede a la sala principal de una casa. 2 Situación inmediatamente anterior a otra.

antiácido, da 1 *adj.* y *s.* Dicho del material que resiste a la acción de los ácidos. 2 *m.* FARM Sustancia que neutraliza el exceso de acidez gástrica.

antiaéreo, a *adj.* Relativo a la defensa contra ataques aéreos.

antibelicista *adj.* Dicho de una persona o forma de pensamiento, que se opone a la guerra.

antibiótico, ca *adj.* y *s.* FARM Dicho de la sustancia que actúa contra los microorganismos patógenos destruyéndolos o inhibiendo su crecimiento y desarrollo.

anticátodo *m.* FÍS En un tubo electrónico, lámina de metal que recibe los rayos catódicos y emite los rayos X.

anticiclón *m.* GEO Área de alta presión atmosférica que aumenta hacia el centro.

anticipación *f.* Acción y efecto de anticipar o anticiparse.

anticipar 1 *tr.* Adelantar algo a su tiempo regular: los exámenes, la fecha de la boda, el día de la marcha. 2 Predecir algo. 3 *prnl.* Adelantarse una persona a otra en la ejecución de algo. 4 Ocurrir algo antes del tiempo fijado: las lluvias, la llegada del tren.

anticipo 1 *m.* ANTICIPACIÓN. 2 Dinero adelantado.

anticlericalismo *m.* Animosidad contra el clero o su influencia en la sociedad.

anticlímax *m.* Momento en que desciende la tensión después del clímax.

anticlinal *m.* GEO Plegamiento de las capas del terreno en forma convexa, formado por efecto de las compresiones laterales de la corteza terrestre.

anticoagulante *adj.* y *m.* FARM Dicho de los medicamentos que suprimen o evitan la formación de coágulos sanguíneos.

anticolonialismo *m.* Doctrina política opuesta al colonialismo.

anticomunismo *m.* Doctrina o tendencia contraria al comunismo político.

anticoncepción *f.* Conjunto de prácticas encaminadas a impedir la concepción o embarazo.

anticonceptivo, va 1 *adj.* y *s.* Dicho del medio, método o agente que impide la concepción. 2 FARM **píldora ~.**

anticonstitucional *adj.* Contrario a la Constitución o ley fundamental de un Estado.

anticontaminante *adj.* Dicho de algo destinado a evitar o disminuir la contaminación.

anticorrosivo, va *adj.* y *s.* Que impide la oxidación.

anticristo *m.* Personificación de las fuerzas hostiles a Jesucristo.

anticuario, ria 1 *m.* y *f.* Persona entendida en antigüedades. 2 Persona que las colecciona o vende.

anticuerpo *m.* BIOL y FISIOL Sustancia inmunitaria que aparece en el organismo como reacción y defensa contra un antígeno o cuerpo extraño potencialmente dañinos.

antideportivo, va *adj.* Que carece de deportividad.

antidepresivo, va *adj.* y *s.* FARM Dicho del medicamento que sirve para anular los estados depresivos patológicos.

antideslizante *adj.* y *m.* Que impide resbalar.

antidetonante *adj.* y *m.* Dicho del producto que se añade a la gasolina para evitar, en los motores de combustión interna, la explosión prematura de la mezcla.

antídoto 1 *m.* FARM Fármaco que contrarresta los efectos de un veneno. 2 Remedio contra cualquier mal o vicio.

antidumping (Voz ingl.) *m.* ECON Protección contra el **dumping**, en especial contra la competencia desleal de los mercados extranjeros.

antiestético, ca 1 *adj.* Contrario a la estética. 2 Feo, mal compuesto, de mal gusto.

antifaz 1 *m.* Pieza que cubre la parte del rostro que rodea los ojos. 2 Pieza de tela negra con que se cubren los ojos contra la luz.

antifebril *adj.* y *m.* FARM ANTIPIRÉTICO, que combate la fiebre o la disminuye.

antifeminista *adj.* y *s.* Opuesto al feminismo.

antífona *f.* REL Breve pasaje que se canta o reza antes y después de los salmos y de los cánticos en las horas canónicas.

antígeno *m.* BIOL y FISIOL Sustancia que, al entrar en el organismo, induce a la producción de anticuerpos.

antiglobalización *f.* Oposición a la globalización, entendida esta como la tendencia de los mercados a alcanzar una dimensión mundial.

antigualla *f.* Mueble, traje, adorno, etc., que ya no está de moda.

antigubernamental *adj.* POLÍT Contrario al gobierno constituido de una nación.

antigüedad 1 *f.* HIST Amplio periodo histórico que, en Occidente, abarca desde la consolidación de la sedentarización hasta el colapso del Imperio romano. 2 HIST Periodo inicial de la historia de una civilización. 3 Tiempo que una persona lleva en un empleo o desempeñando un cargo. 4 Objeto artístico antiguo.

antiguo, gua 1 *adj.* Que existe desde hace mucho tiempo. 2 Que existió o sucedió en tiempo remoto. 3 Dicho de la persona que lleva mucho tiempo en un empleo. 4 *m. pl.* Los que vivieron en épocas remotas.

antihéroe *m.* LIT Personaje que, aunque desempeña las funciones narrativas propias del héroe tradicional, difiere en su apariencia y valores.

antihistamínico, ca *adj.* y *s.* FARM Dicho de la sustancia de acción calmante, contraria a la histamina.

antiimperialismo *m.* POLÍT Doctrina y movimiento que se oponen a la dependencia de un país respecto de otro.

antiincendios (Tb. antincendios) *adj.* Que se usa para apagar incendios o evitar su propagación.

antílope *m.* Nombre común a diversas especies de mamíferos rumiantes bóvidos, de cornamenta hueca persistente, como el ñu y la gacela.

antimateria *f.* FÍS Materia en que cada partícula ha sido reemplazada por la **antipartícula** correspondiente.

antimicrobiano, na *adj.* BIOL Que destruye los microorganismos o evita su aparición.

antimilitarismo *m.* POLÍT Oposición al militarismo o a los militares.

antimonio *m.* QUÍM Metal de color blanco azulado y brillante. En pequeñas cantidades, se alea con diversos metales para darles dureza. Punto de fusión: aprox. 630 °C. Punto de ebullición: aprox. 1750 °C. Núm. atómico: 51. Símbolo: Sb.

antimotines *adj.* y *s.* Dicho de un cuerpo policial o de uno de sus miembros, que se dedica a combatir motines o revueltas populares.

antinarcóticos *adj.* Que previene o evita el tráfico y consumo de narcóticos.

antiofídico *adj.* FARM **suero ~.**

antioxidante *adj.* y *m.* Que evita la oxidación.

antipapa *m.* El que pretende ser reconocido como papa de la Iglesia católica contra el canónico y legítimo.

antipartícula *f.* FÍS Partícula elemental producida artificialmente, que tiene la misma masa y carga igual y contraria que la de la partícula correspondiente.

antipasto *m.* Plato compuesto de verduras y carnes frías que generalmente se sirve antes del plato principal.

antipatía *f.* Aversión más o menos intensa hacia alguien o algo.

antipatriota *m.* y *f.* Persona que actúa en contra de su patria.

antiperistáltico *adj.* FISIOL Se aplica al movimiento de contracción del estómago y de los intestinos, en virtud del cual las materias contenidas en ellos van en sentido inverso de su curso natural o peristáltico.

antipersona *adj.* **MINA** antipersonal.

antipirético, ca *adj.* y *s.* FARM Dicho del medicamento que actúa contra la fiebre.

antípoda *f.* GEO Cualquier punto del globo terrestre con respecto a otro ubicado en un lugar diametralmente opuesto.

antirracismo *m.* Tendencia o ideología opuesta a la discriminación de individuos y sociedades de culturas y razas distintas a la propia.

antirreflectivo, va *adj.* Que evita los reflejos luminosos.

antisemitismo *m.* POLÍT e HIST Doctrina o tendencia hostil a los judíos. Sus causas han sido esencialmente de tres órdenes: religioso, socioeconómico y étnico. Llegó a sus últimas consecuencias en Alemania, con A. Hitler, y desencadenó un genocidio en el que perecieron más de seis millones de judíos.

antisepsia *f.* MED Conjunto de medidas encaminadas a prevenir o combatir las enfermedades infecciosas.

antisísmico, ca *adj.* Que está construido para evitar o reducir los movimientos producidos por un terremoto.

antisocial *adj.* y *s.* Opuesto a la sociedad o al orden social.

antítesis 1 *f.* Persona o cosa totalmente opuesta a otra manera de pensar u obrar. 2 LÓG Oposición o contrariedad entre dos juicios o afirmaciones.

antitoxina *f.* FISIOL Anticuerpo que se forma en el organismo a consecuencia de la introducción de una toxina determinada.

antivirus 1 *adj.* y *s.* FARM Dicho del fármaco que produce la destrucción viral o detiene su desarrollo. 2 INF Dicho del programa que previene o detecta la presencia de virus informáticos.

antocianina *f.* BOT Pigmento de algunas células vegetales al cual deben su color las flores azules, violadas y la mayoría de las rojas y el epicarpio de muchos frutos.

antojarse *prnl.* Convertirse algo en objeto de un deseo vehemente y caprichoso.

antojo *m.* Deseo vivo, pasajero y caprichoso.

antología *f.* Colección de piezas escogidas de literatura, música, etc.

antonimia *adj.* Cualidad de antónimo.

antónimo, ma *adj.* y *s.* Dicho de las palabras que expresan ideas opuestas o contrarias, como *virtud* y *vicio*, *útil* e *inútil* y *antes* y *después*.

antonomasia *f.* Sinécdoque que consiste en poner el nombre apelativo por el propio, o el propio por el apelativo: *El Salvador* por *Jesucristo*.

antorcha *f.* Utensilio para dar luz que consiste en una estaca alargada que en uno de sus extremos lleva materia combustible.

antozoo *adj.* y *m.* ZOOL Dicho de los celentéreos que, como las anémonas y los corales, en estado adulto viven fijos sobre el fondo del mar y están constituidos por un solo pólipo o por una colonia de muchos pólipos. Conforman una clase.

antracita *f.* GEO Carbón mineral cuyo contenido de carbono es del 92-95 %. Arde con dificultad, pero produce un calor muy intenso.

ántrax *m.* MED Inflamación de los folículos pilosos con abundante formación de pus. || ~ **maligno** MED Enfermedad virulenta producida por una bacteria específica, que padecen los animales y que puede transmitirse al hombre.

antro *m.* Establecimiento de aspecto lóbrego o de reputación dudosa.

antrópico, ca *adj.* Relativo a la acción del ser humano y, especialmente, a su interacción con el medio.

antropocentrismo *m.* FIL Doctrina que hace del hombre el centro de todas las cosas y el fin absoluto de la naturaleza.

antropofagia *f.* Hábito o rito de comer carne humana.

antropófago, ga *adj.* y *s.* Dicho de la persona que come carne humana.

antropogénesis *f.* HIST Estudio sobre el origen y la evolución del ser humano.

antropoide *adj.* y *m.* ZOOL Dicho del animal con caracteres morfológicos externos semejantes a los del hombre, como el orangután, el gorila y el chimpancé.

antropología *f.* Ciencia que trata del hombre como ser animal y social según su evolución cultural.

antropometría *f.* Proporciones y medidas del cuerpo humano.

antropomorfismo *m.* Tendencia a atribuir rasgos y cualidades humanos a las cosas.

antropomorfo, fa *adj.* Que tiene forma o apariencia humana.

antroposfera *f.* Esfera en la que, a semejanza de la biosfera o la atmósfera, ocurren las actividades humanas.

anual 1 *adj.* Que sucede o se repite cada año. 2 Que dura un año. 3 BOT Dicho de la planta que germina, crece, florece, grana y muere en un año.

anuario 1 *m.* Libro que se publica cada año como guía o información sobre una determinada profesión o empresa. 2 Revista de prensa de periodicidad anual.

anudar 1 *tr.* y *prnl.* Hacer nudos. 2 Unir mediante nudos.

anuencia *f.* Conformidad o consentimiento.

anular[1] 1 *adj.* Relativo al anillo o que tiene forma de tal. 2 *adj.* y *m.* **dedo** ~.

anular[2] 1 *tr.* Dejar sin fuerza y efecto una ley, un contrato, etc. 2 *prnl.* Perder la capacidad para desenvolverse.

anunciación *f.* Acción y efecto de anunciar.

anunciar 1 *tr.* Dar aviso de algo. 2 Hacer saber el nombre de un visitante a la persona por quien desea ser recibido. 3 *tr.* y *prnl.* Dar publicidad a un producto.

anuncio 1 *m.* Acción y efecto de anunciar. 2 Conjunto de palabras o signos con que se anuncia algo.

anuro *adj.* y *m.* ZOOL Dicho de los anfibios de tronco corto, piel desnuda, extremidades posteriores más largas que las anteriores y sin cola. Experimentan metamorfosis completa, como las ranas y los sapos. Conforman un orden.

anverso *m.* En las monedas y medallas, cara principal que lleva la figura más representativa.

anzuelo *m.* Garfio pequeño que, puesto en él algún cebo, sirve para pescar.

añadidura *f.* Lo que se añade a algo.

añadir 1 *tr.* Agregar una cosa a otra. 2 Aumentar, acrecentar, ampliar.

añagaza *f.* Señuelo, que suele ser un ejemplar de la misma especie, para cazar aves.

añejar *tr.* y *prnl.* Hacer añeja una cosa.

añejo, ja *adj.* Dicho del vino o de ciertos alimentos que tienen uno o varios años, con la connotación positiva de estar asentados y curados.

añil 1 *adj.* y *m.* Dicho del color del espectro solar entre el azul y el violado. 2 *m.* Arbusto de hojas compuestas y flores en racimos o espigas, y legumbres con granillos muy duros. 3 Colorante azul oscuro obtenido de dicha planta.

año 1 *m.* Periodo de doce meses. 2 Periodo de doce meses, a contar desde el día 1 de enero hasta el 31 de diciembre, ambos inclusive. 3 Etapa educativa que dura aprox. un año o se cursa solamente en un año. 4 *pl.* Edad, tiempo vivido. || ~ **bisiesto** El que excede el año común en un día, que se añade al mes de febrero. Se repite cada cuatro años, a excepción del último de cada siglo cuyo número de centenas no sea múltiplo de cuatro. ~ **fiscal** Periodo de doce meses que comprende un ciclo económico o contable. ~ **lunar** ASTR Periodo de doce revoluciones de la Luna, o sea de 354 días. ~ **luz** ASTR Distancia recorrida por la luz en el vacío durante un año; dado que la velocidad de la luz es de 300 000 km/s, un año luz equivale a 9 461 000 000 000 km. ~ **santo** REL El del jubileo universal que se celebra en Roma en ciertas épocas, y después se concede para todos los pueblos de la cristiandad. ~ **solar** ASTR Tiempo que transcurre durante una revolución de la Tierra alrededor del Sol; equivale a 365 días, 5 horas, 48 minutos y 45,5 segundos.

añoranza *f.* Sentimiento del que añora.

añorar *tr.* e *intr.* Recordar con sentimiento de pena la ausencia de una persona o cosa querida.

aorta 1 *f.* ANAT Arteria que, en los vertebrados, nace del ventrículo izquierdo del corazón y lleva la sangre a todo el organismo, excepto a los pulmones. 2 ANAT **cayado** de la ~.

aovado, da *adj.* De figura de huevo.

apabullar *tr.* Dejar a alguien confuso y sin saber qué decir.

apacentar *tr.* y *prnl.* Dar pasto al ganado, pastorearlo mientras pace.

apache 1 *adj.* y *s.* Dicho de un grupo amerindio del suroeste de Estados Unidos y de la persona perteneciente a él. 2 Se decía de los miembros de los bajos fondos de París.

apacible 1 *adj.* De condición y trato agradables. 2 Tranquilo, manso, aplicado a cosas: *Vida apacible.*

apaciguar *tr.* y *prnl.* Poner en paz, sosegar.

apadrinar 1 *tr.* Asistir como padrino a una persona. 2 Patrocinar, proteger.

apagar 1 *tr.* y *prnl.* Extinguir el fuego o la luz. 2 Aplacar, calmar sensaciones, pasiones, etc. 3 Desconectar un circuito eléctrico.

apagón *m.* Interrupción a gran escala del suministro de energía eléctrica.

apaisado, da *adj.* Dicho de la figura u objeto rectangular cuya base es mayor que su altura.

apalabrar *tr.* Concertar de palabra alguna cosa dos o más personas.

apalancar 1 *tr.* Mover alguna cosa utilizando la palanca. 2 Conseguir algo con astucia.

apalear *tr.* Golpear con un palo o cosa semejante.

apanar *tr.* Rebozar con pan rallado un manjar para freírlo.

apañar 1 *tr.* Tomar o apoderarse de algo para apropiárselo. 2 *prnl.* Darse maña para hacer algo.

aparador 1 *m.* Mueble con tablero horizontal, armarios y cajones, en que se guardan las cosas para el servicio de la mesa. 2 Escaparate de una tienda.

aparar *tr.* Poner las manos o la falda para recoger algo que se echa o da.

aparato 1 *m.* Conjunto de diferentes piezas, combinadas para obtener un fin determinado; así se llama aparato al avión, al receptor telefónico, etc. 2 Conjunto de cosas que acompañan a algo o a alguien y le dan importancia o vistosidad. 3 BIOL Conjunto de órganos que en los animales o en las plantas concurren al desempeño de una misma función. 4 ANAT y FISIOL ~ **circulatorio**; ~ **digestivo**; ~ **reproductor**; ~ **respiratorio**; ~ **urinario**. || ~ **de Golgi** BIOL Parte diferenciada del sistema de membranas en el interior celular, que se encuentra tanto en las células animales como en las vegetales.

aparatoso, sa *adj.* Que tiene mucho aparato u ostentación.

aparcamiento 1 *m.* Acción y efecto de aparcar un vehículo. 2 PARQUEADERO.

aparcar *tr.* Colocar un vehículo en un aparcamiento o estacionarlo en los puntos destinados a ese fin.

aparcería *f.* Contrato entre el dueño de una finca y los que la trabajan.

aparcero, ra *m.* y *f.* Persona que tiene aparcería con otra.

aparear 1 *tr.* y *prnl.* Juntar una cosa con otra formando par. 2 Juntar las hembras con los machos para que críen.

aparecer 1 *intr.* y *prnl.* Manifestarse, dejarse ver, por lo común repentinamente. 2 *intr.* Hallarse lo que estaba perdido u oculto. 3 Darse a conocer por primera vez: *El testamento apareció hasta después de su muerte.* 4 Hacer acto de presencia en un lugar.

aparecido *m.* Espectro de un difunto.

aparejar *tr.* Preparar, disponer, prevenir.

aparejo *m.* Instrumento y material necesarios para cualquier oficio o maniobra.

aparentar 1 *tr.* Fingir una cualidad, situación o sentimiento que no se da realmente. 2 Presentar un determinado aspecto. Se aplica especialmente a la edad que tiene y representa una persona.

aparente 1 *adj.* Que parece y no es. 2 Que se muestra a la vista. 3 Que tiene una apariencia determinada.

aparición 1 *f.* Acción y efecto de aparecer o aparecerse. 2 Visión de un espectro o fantasma.

apariencia *f.* Aspecto exterior de alguien o algo.

apartado, da 1 *adj.* Retirado, remoto, distante. 2 *m.* Lugar de la oficina de correos en que se deposita la correspondencia para que los destinatarios la retiren personalmente. 3 Párrafo de un escrito, una ley o un reglamento, que estudia un aspecto concreto.

apartamento *m.* Vivienda dentro de un edificio donde existen otras análogas.

apartamiento *m.* Acción y efecto de apartar o apartarse.

apartar 1 *tr.* y *prnl.* Separar, desunir, dividir. 2 Quitar a alguien o algo del lugar donde estaba. 3 Alejar, distanciar. 4 Hacer que alguien desista de un propósito. 5 Desviar la vista o la atención de una cosa. 6 *prnl.* Retirarse, recluirse.

aparte 1 *adv. l.* En otro lugar, desde lejos. 2 *adv. m.* Separadamente, con distinción. 3 *m.* TEAT Fragmento que dice un personaje para sí mismo u otro aparentando no ser escuchado por nadie: *Gracias a los apartes se descubrieron las intenciones del antagonista.*

apartheid (Voz afrikáans) *m.* POLÍT Segregación racial practicada en Sudáfrica y vigente hasta las primeras elecciones generales de 1994.

apartidismo *m.* Independencia de cualquier partido político.

apasionado, da 1 *adj.* Persona que se entusiasma por alguien o por algo o que es fácilmente propensa al entusiasmo. 2 Falto de ecuanimidad e imparcialidad.

apasionar 1 *tr.* y *prnl.* Provocar alguna pasión o entusiasmo fuerte. 2 *prnl.* Enamorarse de alguien. 3 Entusiasmarse con una idea u objeto.

apatía 1 *f.* Impasibilidad del ánimo, indiferencia. 2 Falta de decisión, indolencia.

apatosaurio *m.* Dinosaurio herbívoro del Jurásico que alcanzaba 24 m de longitud y 30 toneladas de peso. Tenía el cuello largo y una cola larga y fuerte.

apátrida *adj.* y *s.* Dicho de la persona que, por causas generalmente políticas, no tiene nacionalidad.

apear *tr.* Bajar alguien de una caballería, carruaje o vehículo.

apechugar 1 *intr.* Admitir o hacer algo porque no hay otro remedio. 2 Apoderarse de algo ajeno.

apedrear 1 *tr.* Tirar piedras contra alguien o algo. 2 Matar a pedradas.

apegar *prnl.* Tomar apego a alguien o algo.

apego *m.* Afición o afecto especial a una persona o hacia alguna cosa.

apelación *f.* Acción de apelar.

apelar 1 *intr.* Recurrir a alguien o algo en cuya autoridad se confía para resolver algo. 2 DER Recurrir al juez o tribunal superior para que enmiende o anule la sentencia que se supone injustamente dada por el inferior.

apelativo, va 1 *adj.* y *s.* Dicho del sobrenombre que se da a una persona. 2 Dicho de las expresiones comunicativas que buscan influir en el comportamiento del receptor. 3 *m.* APELLIDO.

apellidar 1 *tr.* Nombrar, llamar. *prnl.* 2 Llevar alguien determinado apellido.

apellido *m.* Nombre de familia con que se identifican y distinguen las personas.

apelmazar *tr.* y *prnl.* Hacer pegajoso y duro algo que es esponjoso o hueco.

apelotonar *tr.* y *prnl.* Hacer grumos los líquidos.

apenar 1 *tr.* y *prnl.* Causar pena a alguien. 2 Sentir vergüenza.

apenas 1 *adv. m.* Casi no. 2 *adv. t.* Luego que, en seguida, al punto que.

apéndice 1 *m.* Parte accesoria de otra cosa, de la que es prolongación o saliente. 2 Persona que imita y sigue a otra. 3 ANAT Parte del cuerpo unida o contigua a otra principal. || ~ **vermicular** ANAT Prolongación delgada y hueca que se halla en la parte interna y terminal del intestino ciego.

apendicitis *f.* MED Inflamación del apéndice vermicular.

aperar *tr.* Abastecer, proveer de lo necesario.

apercibir 1 *tr.* y *prnl.* Disponer lo necesario para algo. 2 *prnl.* Percatarse de algo.

apercollar *tr.* Agarrar por el cuello.

aperitivo *m.* Bebida que se toma antes de la comida principal.

apero 1 *m.* Conjunto de instrumentos de labranza y de los animales necesarios para las faenas agrícolas. 2 *pl.* Conjunto de utensilios necesarios para cualquier oficio.

apersonarse *prnl.* Tomar con interés un asunto, dirigiéndolo en persona.

apertura 1 *f.* Acción de abrir, que se aplica tanto a las cosas físicas como a las actividades humanas. 2 Acto solemne de dar lectura a un testamento. 3 Actitud comprensiva frente a ideas, posturas, etc., distintas de las que uno sostiene.

apesadumbrar *tr.* y *prnl.* Causar pesadumbre.

apestar 1 *tr.* y *prnl.* Transmitir la peste. 2 *intr.* Heder, oler muy mal. 3 *prnl.* Resfriarse.

apetecer 1 *tr.* Desear algo. 2 *intr.* Gustar algo.

apetencia *f.* Apetito en general y, en concreto, el de comer.

apetito 1 *m.* Impulso instintivo que lleva a satisfacer necesidades y deseos. 2 Gana de comer.

apetitoso, sa 1 *adj.* Que estimula el apetito o el deseo. 2 Gustoso, sabroso.

apiadar 1 *tr.* Causar piedad. 2 *prnl.* Sentir piedad o compasión hacia alguien o de alguien.

apical 1 *adj.* Relativo al ápice o punta. 2 *adj.* y *f.* FON Dicho de la consonante que, como la *l* o la *t*, requiere la punta de la lengua para su articulación.

ápice 1 *m.* Punta en que termina una cosa. 2 Extremo en la parte superior o cima. 3 Porción mínima de algo.

apicoalveolar 1 *adj.* FON Dicho del sonido consonántico que se pronuncia apoyando la punta de la lengua en los alvéolos superiores. 2 Dicho de la letra que representa ese sonido (*l*, *r*).

apicultura *f.* Técnica de criar abejas para aprovechar sus productos.

apilar *tr.* Amontonar unas cosas sobre otras formando pila o montón.

apiñar *tr.* y *prnl.* Juntar apretadamente personas o cosas.

apio *m.* Planta de tallo hueco y hojas largas, flores en umbela y fruto en aquenio. Es comestible en sopas y ensaladas.

apisonadora *f.* Máquina montada sobre rodillos muy pesados para apisonar las carreteras.

apisonar 1 *tr.* Pisar una y otra vez un suelo para alisarlo. 2 Allanar un terreno con la apisonadora.

aplacar *tr.* y *prnl.* Apaciguar haciendo disminuir la violencia o el enfado.

aplanadora *f.* APISONADORA.

aplanar *tr.* Allanar o poner algo llano.

aplanchar *tr.* PLANCHAR.

aplastar 1 *tr.* y *prnl.* Deformar una cosa por presión o a golpes para reducir su grosor o altura. 2 Derrotar por completo. 3 Apabullar a alguien.

aplaudir 1 *tr.* Dar palmadas en señal de aprobación o de entusiasmo. 2 Celebrar con palabras o gestos a personas o cosas.

aplauso *m.* Acción y efecto de aplaudir.

aplazar *tr.* Diferir un acto, retrasarlo.

aplicación 1 *f.* Acción y efecto de aplicar o aplicarse. 2 Afición y empeño con que se hace algo. 3 Destino que se da a un objeto. 4 Adorno que se añade a una tela o madera. 5 MAT Operación que establece una correspondencia entre dos conjuntos de elementos de forma que a todo elemento del conjunto de partida se le asocie un elemento único del conjunto de llegada. 6 Solicitud, petición. || ~ **biyectiva** MAT La que se establece entre dos conjuntos, de modo que a cada elemento del primero le corresponde uno y solo uno del segundo. ~ **inyectiva** MAT La que se establece entre dos conjuntos, de modo que a dos elementos distintos del primero correspondan dos elementos distintos del segundo.

aplicado, da 1 *adj.* Que muestra aplicación. 2 Dicho de la parte de la ciencia enfocada en razón de su utilidad y también de las artes manuales o artesanales como la cerámica, la ebanistería, etc.

aplicar 1 *tr.* Poner una cosa sobre otra de forma que queden adheridas. 2 Emplear una cosa para algo a lo que en principio no estaba destinada. 3 Atribuir a una persona lo que se ha dicho de otra. 4 Destinar, adjudicar. 5 Solicitar algo, especialmente un beca de estudios. 6 *prnl.* Poner esmero en la realización de algo.

aplique 1 *m.* Aparato de luz fijo a una pared. 2 Parte o material que se añade a algo.

aplomar 1 *tr.* e *intr.* Poner las cosas verticalmente. 2 *prnl.* Cobrar aplomo o seguridad.

aplomo 1 *m.* Gravedad, serenidad. 2 Verticalidad.

apnea *f.* MED Falta o suspensión de la respiración.

apocado, da *adj.* De poco ánimo, tímido.

apocalipsis *m.* Fin del mundo; catástrofe, desastre.

apocalíptico, ca *adj.* Dicho de lo que amenaza o implica exterminio o devastación.

apocar 1 *tr.* Reducir algo a poco. 2 *tr.* y *prnl.* Abatir, humillar.

apócope 1 *f.* GRAM Supresión de una o varias letras al final de una palabra. 2 GRAM Palabra que resulta de dicha supresión, como *gran* de *grande*.

apócrifo, fa *adj.* Dicho del escrito atribuido a alguien que no es el autor.

apodar 1 *tr.* Poner apodos. 2 *prnl.* Ser llamado por el apodo.

apoderado *adj.* Dicho de la persona que tiene poderes de otra para representarla y actuar en su nombre.

apoderar 1 *tr.* Dar poderes una persona a otra para que la represente. 2 *prnl.* Adueñarse de una cosa poniéndola bajo su poder.

apodo *m.* Sobrenombre que suele darse a alguien por algún rasgo peculiar.

ápodo, da *adj.* ZOOL Sin extremidades.

apófisis *f.* ANAT Parte saliente de un hueso para su articulación en otro o como apoyo para la inserción de un músculo. || ~ **coracoides** ANAT La de la cintura escapular, situada en la parte más prominente del hombro. ~ **lenticular** ANAT La del yunque del oído medio que se articula en el estribo.

apogeo 1 *m.* Cima o punto culminante en un estado o proceso. 2 ASTR y FÍS Punto de una órbita, en el cual es máxima la distancia entre el objeto que la describe y su centro de atracción.

apolillar *tr.* y *prnl.* Agujerear y destruir la polilla las ropas.

apolíneo, a 1 *adj.* Relacionado con Apolo y sus atributos. 2 Dicho de la belleza masculina.

apolítico, ca *adj.* Ajeno a la política.

apologético, ca *adj.* Relativo a la apología.

apología 1 *f.* Defensa oral o escrita de una persona o de una institución. 2 Exaltación y alabanza de alguien o de algo.

apoltronarse 1 *prnl.* Ponerse cómodo en un asiento. 2 Llevar una vida sedentaria y holgazana. 3 Mantenerse a toda costa en un puesto o cargo.

aponeurosis 1 *f.* ANAT Membrana de tejido conjuntivo fibroso que envuelve los músculos. 2 ANAT Tendón en forma laminar o de cinta.

apoplejía *f.* MED Paralización súbita del funcionamiento del cerebro, causada por un derrame sanguíneo en el encéfalo o en las meninges.

aporcar *tr.* Amontonar la tierra en torno a los tallos de cualquier planta.

aporrear 1 *tr.* y *prnl.* Golpear con una porra o de otra forma. 2 Golpear accidentalmente.

aportar 1 *tr.* Contribuir alguien con su parte a una empresa común. 2 Aducir razones o testimonios en favor de alguna causa. 3 Llevar, conducir.

aporte 1 *m.* Acción de aportar. 2 GEO Acción y efecto de depositar materiales un río, un glaciar, el viento, etc.

aposentar *tr.* y *prnl.* Dar habitación u hospedaje.

aposento 1 *m.* Habitación de una casa, y especialmente la ocupada por una persona. 2 Posada, hospedaje.

aposición 1 *f.* GRAM Complementación entre dos palabras, una palabra y una frase o dos frases, de modo que la segunda identifique o comente a la primera; por ejemplo: *Barranquilla, la Arenosa, está a orillas del mar Caribe.* 2 GRAM Construcción de dos elementos nominales unidos, el segundo de los cuales especifica al primero, por ejemplo: *Mi hijo, Manuel.*

apósito *m.* MED Remedio que se aplica exteriormente, sujetándolo con vendas o esparadrapos.

aposta *adv. m.* Adrede, intencionalmente.

apostar 1 *tr.* Convenir entre sí dos o más personas en que la que no acierte pagará una determinada cantidad o realizará algún servicio. 2 Arriesgar cierta cantidad de dinero a un número o resultado. 3 *intr.* Competir, rivalizar.

apostatar *intr.* REL Abandonar unas determinadas creencias religiosas el estado clerical o una doctrina.

apostilla *f.* Nota que aclara o completa un texto.

apóstol 1 *m.* REL Título que se da a cada uno de los doce primeros discípulos de Jesús, y que se aplica también a san Pablo y san Bernabé. 2 REL Predicador, evangelizador. 3 Propagador de cualquier género de doctrina importante.

apostolado 1 *m.* Oficio y actividad de apóstol. 2 REL Conjunto de los apóstoles de Jesús. 3 Propaganda en favor de una doctrina o ideal.

apostólico, ca 1 *adj.* Relativo a los apóstoles. 2 REL Perteneciente al Papa, o que dimana de su autoridad. 3 REL Dicho de la Iglesia católica romana en cuanto su origen y doctrina proceden de los apóstoles.

apóstrofe *m.* o *f.* Insulto vehemente.

apóstrofo *m.* ORT Signo ortográfico (') que indica la supresión de una letra o un sonido: *Pa' que* por *para que.*

apostura *f.* Cualidad de apuesto.

apotema 1 *f.* GEOM Perpendicular trazada desde el centro de un polígono regular a uno cualquiera de sus lados. 2 GEOM Altura de las caras triangulares de una pirámide regular.

apoteosis 1 *f.* Dignificación pública de una persona mediante honores y alabanzas. 2 Punto culminante de un espectáculo o final festivo de este.

apoyabrazos *m.* Pieza de un vehículo, a veces abatible que sirve para apoyar los brazos.

apoyar 1 *tr.* y *prnl.* Hacer que una cosa descanse sobre otra. 2 Basar algo en determinadas razones. 3 Favorecer, patrocinar.

apoyo 1 *m.* Lo que está debajo de una cosa como base, sosteniéndola. 2 Protección, auxilio. || **punto de ~** FÍS Lugar fijo sobre el cual estriba una palanca u otra máquina, para que la potencia pueda vencer a la resistencia.

apreciación 1 *f.* Acción y efecto de apreciar, poner precio a las cosas. 2 Juicio con que se valoran. 3 *f.* ART Conjunto de conocimientos sobre los conceptos y las reglas de diversas manifestaciones artísticas como la pintura, el cine, la escultura, etc. que permiten a un especialista emitir un juicio de valor sobre las mismas.

apreciar 1 *tr.* Poner precio a las cosas vendibles después de sopesar sus calidades. 2 Reconocer el mérito de personas o cosas. 3 Sentir afecto por alguien.

aprecio 1 *m.* APRECIACIÓN. 2 Acción y efecto de apreciar. 3 Estimación afectuosa de alguien por sus cualidades.

aprehender 1 *tr.* Coger, asir. 2 Capturar a una persona o alguna cosa. 3 Percibir con los sentidos o la inteligencia sin formar un juicio.

aprehensión *f.* Acción y efecto de aprehender.

aprehensivo, va *adj.* Perteneciente a la facultad mental de aprehender.

apremiar *tr.* Dar prisa a alguien para que actúe con rapidez.

aprender 1 *tr.* y *prnl.* Adquirir el conocimiento de algo y recordarlo. 2 *intr.* Educarse, instruirse.

aprendiz, za 1 *m.* y *f.* Persona que aprende algún arte u oficio. 2 A efectos laborales, el operario antes de pasar a oficial.

aprendizaje 1 *m.* Acción de aprender un arte u oficio. 2 Conjunto de conocimientos, prácticas, etc., para aprenderlo. 3 ZOOL Tipo de comportamiento de los animales, que puede adquirirse a través de las relaciones temporales que los organismos establecen con el medio ambiente.

aprensión 1 *f.* Recelo o temor infundado de relacionarse con alguien o algo. 2 Miramiento, reparo.

aprensivo, va *adj.* y *s.* Que tiene aprensión.

apresar 1 *tr.* Asir, prender las fieras algo con sus garras y colmillos. 2 Aprisionar a una persona.

aprestar *tr.* y *prnl.* Disponer lo necesario para algo.

apresto 1 *m.* Preparación, prevención. 2 Sustancia para aprestar las telas.

apresurar *tr.* y *prnl.* Dar prisa.

apretado, da 1 *adj.* Ajustado, apelmazado. 2 Difícil de soltar.

apretar 1 *tr.* Estrechar una cosa contra el pecho, o ceñir con la mano o los brazos. 2 Presionar con fuerza alrededor de algo, como los vestidos muy ajustados alrededor del cuerpo. 3 Oprimir, ejercer presión sobre algo. 4 Activar algo; acelerar el paso. 5 Ser una cosa muy fuerte (el frío, el calor). 6 *intr.* Esforzarse más de lo debido.

apretón 1 *m.* Acción de apretar fuerte y rápidamente. 2 Intensificación del esfuerzo en algo.

apretujar *prnl.* Apretarse muchas personas en un sitio muy reducido.

apretura 1 *f.* Opresión causada por la excesiva concurrencia de gente. 2 Sitio estrecho. 3 Aprieto, apuro. 4 Escasez, especialmente de víveres o dinero.

aprieto *m.* Apuro, conflicto.

aprisa *adv. m.* Con celeridad, presteza o prontitud.

aprisionar 1 *tr.* Poner en prisión o poner prisiones. 2 Atar, sujetar.

aprobar 1 *tr.* Dar por bueno. 2 Asentir a una doctrina o resolución. 3 Declarar hábil y competente. 4 Superar un examen con la calificación suficiente.

aprontar 1 *tr.* Disponer algo con prontitud. 2 Entregar sin dilación algo.

apropiado, da *adj.* Acomodado o proporcionado para el fin a que se destina.

apropiar 1 *tr.* Convertir una cosa en propiedad de alguien. 2 Acomodarla a un fin o situación determinados. 3 *prnl.* Adueñarse de algo.

aprovechar 1 *tr.* Emplear algo con provecho. 2 *intr.* Servir alguna cosa de provecho. 3 *intr.* y *prnl.* Avanzar en estudio, virtud, etc. 4 *prnl.* Sacar utilidad de alguna cosa. 5 Propasarse con alguien.

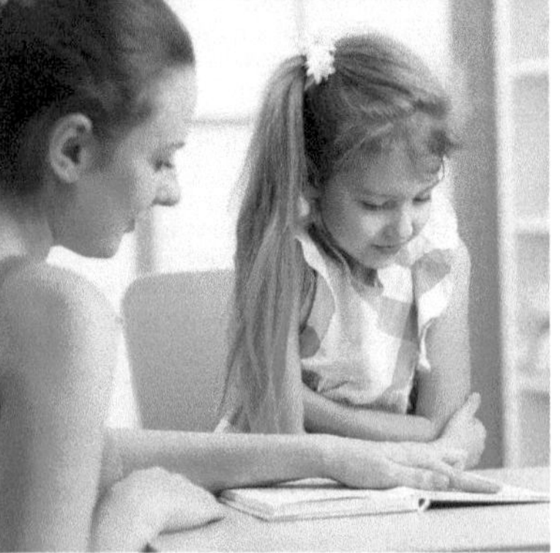

aprovisionar *tr.* ABASTECER.

aproximación 1 *f.* Acción y efecto de aproximar o aproximarse. 2 *f.* MAT Resultado inexacto, pero próximo al exacto, que se obtiene en una medición o un cálculo cuando no se puede precisar absolutamente.

aproximado, da *adj.* Que se acerca más o menos a lo exacto.

aproximadamente *adv. c.* y *adv. m.* Con proximidad, con corta diferencia.

aproximar 1 *tr.* y *prnl.* Poner cerca una cosa de otra. 2 *tr.* Efectuar una aproximación.

áptero, ra *adj.* y *s.* ZOOL Que no tiene alas o que las tiene muy reducidas. Se aplica, sobre todo, a los insectos.

aptitud 1 *f.* Cualidad por la que personas o cosas se acomodan a un fin determinado. 2 Idoneidad para ocupar y desempeñar un cargo.

apto, ta *adj.* Idóneo, hábil, a propósito para hacer algo.

apuesta 1 *f.* Acción y efecto de apostar dinero u otra cosa. 2 Cosa que se apuesta.

apuesto, ta 1 *adj.* De buena presencia. 2 Elegante.

apuntación *f.* Acción de apuntar, nota.

apuntador, ra 1 *adj.* y *s.* Que apunta. 2 *m.* y *f.* TEAT Persona que va apuntando o repitiendo a los actores lo que deben decir.

apuntalar 1 *tr.* Sostener algo con puntales. 2 *tr.* y *prnl.* Reforzar una cosa.

apuntar 1 *tr.* Tomar apuntes o notas de alguna cosa por escrito. 2 Hacer un apunte o dibujo rápido. 3 Señalar con el dedo o de otro modo hacia un punto. 4 Dirigir hacia un punto un arma. 5 Sacar punta a un objeto. 6 Cerrar una prenda de vestir con botones, broches, etc. 7 *tr.* y *prnl.* Empezar a manifestarse algo, como la luz del día. 8 Inscribirse alguien en una lista. 9 *prnl.* Lograr tantos o triunfos en un juego o deporte.

apunte 1 *m.* Acción y efecto de apuntar. 2 Nota escrita de alguna cosa. 3 Dibujo hecho rápidamente. 4 TEAT Escrito que tiene a la vista el apuntador. 5 Opinión espontánea expresada con humor. 6 *pl.* Extracto de las explicaciones de un profesor que toman los alumnos.

apuñalar *tr.* Dar puñaladas.

apurado, da 1 *adj.* Falto de lo necesario, especialmente de dinero. 2 Difícil, peligroso. 3 Apresurado, presuroso.

apurar 1 *tr.* Acabar o agotar algo. 2 *tr.* y *prnl.* Apremiar, dar prisa. 3 Poner en apuros.

apuro 1 *m.* Aprieto, escasez grande. 2 Aflicción, conflicto. 3 Prisa, urgencia.

aquejar *tr.* Afectar a alguien un dolor, una enfermedad, un vicio, etc.

aquel, lla, llo, llos, llas Formas del pronombre demostrativo en los tres géneros (*m.*, *f.* y *neutro*) y en los dos números. Las formas masculina y femenina se emplean también como adjetivo, concordando en género y número con el sustantivo. Solo llevan acento escrito las formas masculinas y femeninas del pronombre cuando hay riesgo de confusión.

aquelarre *m.* Reunión nocturna de brujos y brujas.

aqueménida *adj.* HIST Dicho de la persona perteneciente a una dinastía persa fundada hacia el 670 a.C. A ella perteneció Ciro y terminó con Darío III en 330 a.C.

aquenio *m.* BOT Fruto seco formado por una sola semilla, con pericarpio que no se abre de forma espontánea, como el de la lechuga o el girasol.

aqueo, a *adj.* y *s.* HIST De un pueblo indoeuropeo que hacia el 2000 a.C. llegó a la península griega, fundó Micenas y Tirinto y conquistó Creta (1400 a.C.).

aquí 1 *adv. l.* Indica una situación de proximidad al que habla: en este lugar, a este lugar. 2 Equivale a *en esto/eso,* o a *esto/eso,* precedido de las preposiciones *de* o *por: De aquí la dificultad; por aquí puede conocerse.* 3 En correlación con *allí* indica un sitio indeterminado y tiene valor distributivo. 4 *adv. t.* Ahora, en el tiempo presente.

aquiescencia *f.* Asenso, consentimiento.

aquietar *tr.* y *prnl.* Sosegar, apaciguar.

aquilatar *tr.* Medir los quilates del oro, las perlas y las piedras preciosas.

ara 1 *f.* REL ALTAR, centro del culto en el que se ofrecen los sacrificios. 2 REL ALTAR, piedra consagrada.

árabe 1 *adj.* y *s.* Natural de Arabia. 2 *m.* LING Lengua de esa región asiática. 3 *pl.* Conjunto de pueblos originarios de tal región, que hablan esa lengua.

□ HIST Hasta el s. VII, los pobladores de Arabia tuvieron una organización tribal cohesionada por su lengua. A comienzos de esa centuria fueron unificados por el islam, y a partir de entonces iniciaron una expansión que los llevó a dominar el N de África, la Península Ibérica, Asia central y el valle del Indo.

arabesco *m.* Adorno formado por follajes y figuras geométricas, que se emplea en frisos, zócalos y cenefas.

arábigo, ga *adj.* ÁRABE, de Arabia.

arabismo *m.* Giro o vocablo de la lengua árabe empleado en otra.

arabista *m.* y *f.* Especialista en lengua y literatura árabes.

arabizar 1 *tr.* Difundir la lengua y las costumbres árabes. 2 *intr.* y *prnl.* Imitar lo árabe.

arácnido, da *adj.* y *s.* ZOOL Dicho de los artrópodos de respiración aérea, sin antenas, con cuatro pares de patas, dos pares de apéndices bucales, glándulas venenosas y cuatro pares de ojos simples, como las arañas y los ácaros. Conforman una clase.

arado *m.* Aparato agrícola que sirve para labrar la tierra abriendo surcos en ella.

arador, ra *adj.* y *s.* Que ara. || ~ **de la sarna** Ácaro diminuto y parásito del hombre, que produce la enfermedad llamada sarna.

arahuaco, ca *adj.* ARAWAC.

arameo, a 1 *adj.* y *s.* HIST De un pueblo semita y nómada que, a mediados del segundo milenio, apareció al N de Mesopotamia y se asentó en Siria, Fenicia y Canaán donde formó pequeños estados, que acabaron siendo sojuzgados por Asiria en el s. VIII a.C. 2 *m.* LING Lengua semítica que hablaban esos pueblos. Fue la lengua hablada por Jesús y los apóstoles.

arancel *m.* Tarifa oficial que marca los impuestos que deben cobrarse por determinados servicios.

arandela 1 *f.* Anillo o disco para evitar el roce entre dos piezas de un mecanismo. 2 Adorno de tela plegada o fruncida para prendas de vestir o tapicería.

araña 1 *f.* Nombre común de los **arácnidos** caracterizados por poseer en el abdomen unos apéndices modificados, que sirven para segregar una seda con la que cazan a sus presas y se trasladan de un lugar a otro. 2 Lámpara de brazos de los que penden piezas de cristal.

arañazo *m.* Rasguño hecho en la piel con las uñas o algún objeto punzante.

arar *tr.* Hacer surcos en la tierra con el arado.

aras de, en *loc. prepos.* En interés o en honor de.

araucano, na 1 *adj.* y *s.* HIST De un pueblo indígena americano que habita en la región de La Araucanía en Chile, y en menor número en Argentina. Los araucanos lucharon desde 1536 contra los españoles, que no lograron someterlos. Fueron derrotados por el gobierno chileno en 1881. 2 *m.* LING MAPUCHE.

araucaria *f.* Conífera de hasta 50 m de altura, de ramas horizontales, hojas siempre verdes y fruto de almendra dulce.

arawak *adj.* y *s.* HIST De un grupo de pueblos indígenas americanos que, en la actualidad, se halla diseminado entre las costas venezolanas y la cuenca del Paraguay, aunque originalmente estaba extendido desde el N hasta la península de la Florida y las Antillas.

arbitraje 1 *m.* Acción o facultad de arbitrar. 2 Procedimiento para resolver conflictos internacionales recurriendo al dictamen de una personalidad o de una comisión internacional.

arbitrar 1 *tr.* Proceder libremente, usando el propio arbitrio. 2 DER Juzgar un asunto como árbitro. 3 DEP Hacer que se cumplan las reglas de un deporte o juego.

arbitrariedad 1 *f.* Acto o proceder contrario a la justicia, la razón o las leyes, dictado solo por la voluntad o el capricho. 2 LING Característica del signo lingüístico en el que los nombres de las cosas se designan por convención y no porque se parezcan a estas: *La forma de denominación, en distintos idiomas, del objeto 'mesa' comprueba la arbitrariedad de la lengua.*

arbitrario, ria 1 *adj.* Que procede con arbitrariedad. 2 Que incluye arbitrariedad.

arbitrio 1 *m.* Facultad de decidir, prefiriendo una cosa a otra. 2 Decisión caprichosa y no fundada en razón. 3 Recurso extraordinario para resolver un asunto.

árbitro, tra 1 *m.* y *f.* DER Persona que decide quién lleva la razón en un pleito. 2 DEP Persona que aplica el reglamento en las diferentes competiciones deportivas.

árbol 1 *m.* BOT Planta perenne de tronco leñoso, que en estado adulto alcanza una altura mínima de 5 m. 2 Barra fija o giratoria que hace de eje en una máquina y transmite la fuerza motriz. || ~ **genealógico** Cuadro descriptivo, en figura de árbol, de los parentescos en una familia.

□ BOT Todos los árboles son plantas con semillas, pero entre ellos hay gimnospermas, en su mayor parte con piñas o conos, y angiospermas, que son plantas con flor. Crecen por la incorporación sucesiva de capas de tejido leñoso en el tallo que envuelven la plántula original y, en condiciones apropiadas, desarrollan extensas formaciones vegetales llamadas bosques.

arboladura *f.* Conjunto de mástiles y vergas de un barco.

arboleda *f.* Sitio poblado de árboles.

arborescente *adj.* Dicho de lo que tiene forma o aspecto que recuerda a un árbol.

arborícola *adj.* ECOL Dicho del animal o vegetal que vive en los árboles, donde desarrolla la mayoría de sus funciones vitales.

arboricultura *f.* Cultivo de los árboles y ciencia que lo regula.

arborización *f.* Acción y efecto de arborizar.

arborizar *tr.* Poblar de árboles un terreno.

arbotante *m.* ARQ Contrafuerte exterior en forma de arco que contrarresta el empuje de algún arco o bóveda.

arbusto *m.* BOT Planta perenne de tallos leñosos, que suele ramificarse desde el suelo y alcanza poca altura.

arca 1 *f.* Caja grande, por lo general de madera y con tapa, que se fija con bisagras por un lado y candados o cerraduras por el otro. 2 Caja donde se guarda el dinero.

arcabuz *m.* Fusil antiguo en que se prendía la pólvora mediante una mecha móvil.

arcada[1] *f.* ARQ Serie de arcos en una construcción.

arcada[2] *f.* Movimiento violento del estómago que excita al vómito.

arcaico, ca 1 *adj.* Muy antiguo o anticuado. 2 *adj.* y *m.* GEO Dicho del eón durante el cual se formaron los continentes, los océanos y la atmósfera y apareció la vida. Abarcó desde 3800 hasta hace 2500 millones de años.

arcaísmo 1 *m.* Frase o palabra cuya forma o significado resultan anticuados en la actualidad como *vide* y *vusté*. 2 Empleo de estas voces o frases. 3 Imitación de lo antiguo.

arcángel *m.* REL Espíritu bienaventurado. Se aplica a los espíritus Miguel, Gabriel y Rafael, mencionados en la Biblia.

arcano, na 1 *adj.* Secreto, reservado. 2 *m.* Misterio difícil de conocer.

arcén *m.* En una carretera, el margen a ambos lados de la calzada reservado para peatones y vehículos no automotores.

archiduque, quesa *m.* y *f.* Título nobiliario superior al de duque.

archipiélago *m.* GEO Conjunto de islas agrupadas en una superficie más o menos extensa de mar.

archivador, ra 1 *adj.* y *s.* Que archiva. 2 *m.* Mueble, carpeta, etc., en que se guardan documentos debidamente ordenados.

archivar *tr.* Guardar documentos en un archivo o archivador.

archivo 1 *m.* Lugar o mueble en que se guardan documentos. 2 Conjunto de tales documentos. 3 INF Espacio que se reserva en el dispositivo de memoria de un computador para almacenar la información. 4 INF Conjunto de la información almacenada de esa manera.

arcilla *f.* Sustancia mineral compuesta básicamente de silicato de aluminio, de gran plasticidad al mezclarse con agua y de gran dureza al cocerla a altas temperaturas. Sirve para la fabricación de cerámica.

arcipreste *m.* Sacerdote que, por delegación del obispo, ejerce cierta autoridad sobre los curas e iglesias de una diócesis.

arco 1 *m.* GEOM Porción continua de una curva cualquiera, aunque suele entenderse la de la circunferencia. 2 ARQ Estructura curva que cubre el espacio entre dos puntos de apoyo. 3 Arma consistente en una varilla elástica, sujeta por los extremos con un bordón, de modo que forma una curva y sirve para disparar flechas. 4 MÚS Vara delgada y doblada en sus extremos, en los que se tensan algunas cerdas con cuyo roce se hacen sonar las cuerdas de algunos instrumentos. 5 DEP PORTERÍA. 6 MAT **seno** de un ~; **tangente** de un ~. || ~ **apuntado** u **ojival** ARQ El que consta de dos porciones de curva que forman ángulo en la clave. ~ **complementario** GEOM El que sumado a otro forma un cuadrante. ~ **congruente** GEOM El que respecto a otro tiene la misma medida. ~ **crucero** ARQ El que une en dos ángulos de la bóveda de crucería u ojival. ~ **de medio punto** ARQ El que tiene media circunferencia. ~ **de triunfo** Monumento compuesto de uno o varios arcos, adornado con obras de escultura. ~ **eléctrico** ELECTR Tipo de descarga eléctrica continua formada entre dos electrodos, que genera luz y calor intensos. ~ **iris** ARCOIRIS. ~ **mayor** GEOM Unión de los puntos de la circunferencia contenidos en el interior de un ángulo central con los puntos de intersección del ángulo y la circunferencia. ~ **menor** GEOM Unión de los puntos de la circunferencia contenidos en el exterior de un ángulo central con los puntos de intersección del ángulo y la circunferencia. ~ **superciliar** ANAT Reborde que tiene el hueso frontal en la parte correspondiente a la ceja. ~ **suplementario** GEOM El que sumado a otro forma dos cuadrantes.

arcoíris (Tb. arco iris) *m.* GEO Fenómeno atmosférico luminoso en forma de arco, debido a la refracción y reflexión de la luz solar en las gotas de la lluvia, que presenta los colores del espectro cromático en bandas concéntricas.

arcontado *m.* HIST Forma colegiada de gobierno, que en Atenas sustituyó a la monarquía.

arder 1 *intr.* Estar encendido o quemándose. 2 Experimentar ardor. 3 Estar muy agitado o inquieto a causa de pasiones y sentimientos: *Ardía en deseos de conocerla.* 4 *tr.* y *prnl.* Quemar, abrasar.

ardid *m.* Maña para conseguir algo.

ardiente 1 *adj.* Que arde. 2 Que causa ardor. 3 Apasionado, vehemente.

ardilla *f.* Roedor de unos 20 cm de largo, de color rojizo en el lomo y blanco en el vientre y cola muy peluda y larga que habita en los bosques. Es de una gran viveza y se desplaza con rapidez.

ardor[1] 1 *m.* Sensación de quemazón. 2 Encendido de las pasiones. 3 Brillo, resplandor: *El ardor de la hoguera iluminó la noche.* 4 Intensidad o vehemencia en las cosas: *En el ardor de la disputa perdieron la objetividad.*

ardor[2] *m.* Entusiasmo, intrepidez.

área 1 *f.* Extensión de una superficie que presenta una cierta unidad. 2 Medida de superficie equivalente a 100 m^2. 3 Campo o esfera de acción o de influencia de una persona, cultura, autoridad, etc. 4 Conjunto de materias que forman un sector de la enseñanza. 5 DEP En algunos juegos, zona situada delante de la portería. 6 GEOM Superficie comprendida dentro de un perímetro. 7 GEOM Extensión de dicha superficie. Está dada en función del cuadrado de la unidad de longitud utilizada; por ejemplo a^2 para el cuadrado, siendo a el lado y πr^2 para el círculo, siendo r el radio. || ~ **lingüística** LING Territorio en el que los hablantes se expresan de un modo particular, respecto de otro territorio en el que se habla la misma lengua. ~ **metropolitana** Unidad territorial dominada por una gran ciudad que conforma, con otros núcleos de población, una unidad funcional.

arena 1 *f.* Conjunto de partículas disgregadas en estado granular fino, que consta mayoritariamente de sílice. Es el producto de la desintegración química y mecánica de la rocas. 2 GEO **banco** de ~. 3 Lugar del combate o la lucha. 4 Ruedo de la plaza de toros. || ~ **movediza** 1 La que desplaza el viento. 2 La que, por la humedad, constituye una masa en la que pueden hundirse los cuerpos de cierto peso.

arenal *m.* Extensión de terreno arenoso.

arenga *f.* Discurso vibrante para enardecer a los oyentes.

arenisco, ca 1 *adj.* Que tiene mezcla de arena. 2 *f.* Roca sedimentaria de granillos de cuarzo unidos por un cemento silíceo, arcilloso, calizo o ferruginoso.

areola *f.* ANAT Círculo, algo más oscuro que la piel circundante, que rodea el pezón de la mama.

areómetro *m.* Instrumento para determinar la densidad y el peso de los líquidos o de los sólidos por medio de los líquidos.

areópago *m.* Grupo de personas a quienes se da autoridad para resolver ciertos asuntos.

arepa *f.* Tortilla hecha con harina de maíz, que se cocina sobre una plancha.

arequipe *m.* Dulce que se hace con leche azucarada sometida a cocción lenta y prolongada.

arete *m.* Arillo de metal con que se adornan las orejas.

argamasa *f.* Mortero hecho de cal, arena y agua para las obras de albañilería.

argentar *tr.* Darle brillo plateado a alguna cosa.

argentería *f.* Bordado hecho con hilos de plata u oro.

argentífero, ra *adj.* Que contiene plata.

argentino, na *adj.* De plata o semejante a ella.

argolla 1 *f.* Aro grueso que sirve para amarre y asidero. 2 Anillo de novios o de matrimonio.

argón *m.* QUÍM Gas noble que se encuentra en el aire en un 1 % y es el tercer gas más abundante en la atmósfera. Punto de fusión: −189,3 °C. Punto de ebullición: −185,86 °C. Núm. atómico: 18. Símbolo: Ar.

argonauta *m.* MIT Cada uno de los héroes griegos que en la nave "Argos" partieron a la conquista del vellocino de oro.

argot (Del fr. *argot*) *m.* Lenguaje que usan las personas del mismo oficio.

argucia *f.* Idea falsa expuesta con gran habilidad.

argüir 1 *tr.* Sacar una consecuencia lógica de algo establecido o aceptado. 2 Hacer ver con claridad. 3 Argumentar probando la verdad de una doctrina o lo justo de una causa. 4 *intr.* Disputar una sentencia u opinión.

argumentación *f.* Acción de argumentar.

argumentar *intr.* LÓG Presentar una tesis y demostrar, mediante razonamientos o argumentos, su certeza o falsedad.

argumento 1 *m.* Razonamiento encaminado a probar la verdad o falsedad de una proposición y la conveniencia o inconveniencia de una conducta. 2 Asunto o materia de una obra (novela, drama, película, etc.). 3 CIN y TV Relato preparado especialmente para televisión, radio o cine. 4 LIT Compendio de una obra literaria. 5 LÓG Conjunto de proposiciones o enunciados en el que uno de estos, llamado conclusión, sigue a otros, llamados premisas.

arhuaco *m.* IJCA.

aria *f.* MÚS Composición musical para que la cante una sola voz.

árido, da 1 *adj.* Estéril, sin vegetación. 2 Carente de amenidad. 3 *m. pl.* Granos, legumbres y otros frutos secos para los que pueden emplearse las medidas de capacidad para líquidos.

aries *adj.* y *s.* Dicho de la persona nacida bajo el signo de Aries, entre el 21 de marzo y el 20 de abril.

ariete *m.* Viga reforzada en uno de sus extremos con hierro o bronce, usada antiguamente para batir murallas. || ~ **hidráulico** Máquina para elevar agua utilizando el movimiento oscilatorio producido por una columna del mismo líquido.

arilo[1] *m.* BOT Envoltura carnosa y de colores vivos de algunas semillas.

arilo[2] *m.* QUÍM Radical orgánico que resulta al eliminar de un hidrocarburo aromático un átomo de hidrógeno.

ario, ria 1 *adj.* y *s.* Dicho de la persona o estirpe de un pueblo originario del Asia central, que se escindió en dos grandes grupos y ocupó el N de la India e Irán. 2 Se usa también con el valor de **indoeuropeo**, pueblo o lengua. 3 *adj.* Perteneciente a los arios.

arisco, ca 1 *adj.* Miedoso, escurridizo. 2 Áspero, intratable.

arista *f.* GEOM Línea en que se cortan dos superficies por la parte exterior del ángulo formado por ellas.

aristocracia 1 *f.* POLÍT Ejercicio del poder por una clase privilegiada, generalmente hereditaria. 2 Clase noble de una nación, reino, etc.

aristotelismo *m.* FIL Filosofía de Aristóteles o influida por este. Se manifestó en la teología cristiana del Medioevo con la escolástica y continuó influyendo en pensadores posteriores.

aritmético, ca 1 *adj.* MAT Relativo a la aritmética. 2 MAT **cálculo ~; media ~; progresión ~; razón ~.** 3 *m.* y *f.* Persona que profesa la aritmética o tiene conocimientos especiales en ella. 4 *f.* MAT Parte de las matemáticas que estudia las relaciones entre los números enteros y que se ocupa del cálculo con ellos mediante las operaciones fundamentales (suma, resta, multiplicación y división), así como sus extensiones (potenciación, logaritmos y radicación).

arlequín *m.* Personaje de la antigua comedia italiana que vestía trajes ajustados con rombos de distinto color.

arma 1 *f.* Instrumento que sirve para atacar o defenderse. 2 Todo lo que de algún modo puede utilizarse como ataque o defensa. 3 Cada uno de los cuerpos o secciones combatientes de una fuerza militar. 4 Medios que sirven para conseguir algo. || ~ **blanca** La ofensiva de hoja metálica, como la espada. ~ **de fuego** Aquella en que el disparo se verifica con auxilio de un explosivo.

armadillo, lla *m.* y *f.* Mamífero que tiene el cuerpo protegido por un caparazón de placas óseas y movibles y extremidades con garras semejantes a uñas.

armado, da 1 *adj.* Que lleva armas. 2 Provisto de instrumentos o utensilios. 3 Que se desarrolla con la utilización de las armas: *Conflicto armado*. 4 *f.* Conjunto de fuerzas navales de un Estado.

armador, ra 1 *m.* y *f.* Persona que arma piezas, muebles, etc. 2 *m.* Persona que por su cuenta arma o equipa una embarcación.

armadura 1 *f.* Conjunto de piezas de hierro con que se cubrían los guerreros antiguos para su defensa. 2 Conjunto de piezas en que se sostiene un objeto. 3 ARQ Armazón que sustenta el tejado.

armamentismo *m.* POLÍT Doctrina que defiende el incremento progresivo del número y la calidad de las armas que posee un país.

armamento 1 *m.* Conjunto de armas y municiones. 2 Equipo de combate de un soldado.

armar 1 *tr.* y *prnl.* Vestir o poner a alguien armas ofensivas o defensivas. 2 Proveer de armas. 3 Preparar y equipar para la guerra. 4 *tr.* Juntar las piezas que componen un objeto o artefacto y ajustarlas entre sí. 5 *prnl.* Tomar determinada actitud: *Armarse de valor*.

armario *m.* Mueble vertical provisto en su interior de anaqueles o perchas para guardar ropa y otros enseres.

armatoste *m.* Cualquier objeto tosco o demasiado grande.

armazón 1 *m.* o *f.* Conjunto de piezas sobre la que se monta algo. 2 Estructura sólida de una cosa.

armella *f.* Tornillo con un anillo o un garfio en vez de cabeza.

armenio, nia 1 *adj.* De Armenia. 2 REL Dicho de ciertos cristianos de Oriente, originarios de Armenia, que conservan un antiquísimo rito. 3 *m.* LING Familia de lenguas del tronco indoeuropeo, habladas en Armenia.

armería 1 *f.* Tienda en que se venden armas. 2 Lugar en que se guardan. 3 Arte de fabricarlas.

armero, ra 1 *m.* y *f.* Fabricante de armas. 2 Vendedor de armas. 3 *m.* Mueble para guardar las armas.

armiño *m.* Carnívoro mustélido, de piel muy suave y apreciada, parda en verano y blanquísima en invierno.

armisticio *m.* Suspensión pactada de hostilidades entre naciones o ejércitos contendientes.

armonía 1 *f.* Conjunto de sonidos agradables al oído. 2 Belleza resultante de la adecuada combinación de los elementos de un todo. 3 MÚS Manera en que los acordes se relacionan, se unen o se combinan entre sí. 4 Concordia entre varias personas.

armónico, ca 1 *adj.* Relativo a la armonía. 2 FÍS **movimiento ~** simple. 3 MAT **proporción ~.** 4 *m.* MÚS Sonido agudo, concomitante, producido naturalmente por la resonancia de otro fundamental. 5 *f.* MÚS Pequeño instrumento de viento, de forma prismática, provisto de una serie de orificios con lengüeta. Se toca soplando o aspirando por estos orificios.

armonio *m.* MÚS Órgano pequeño, con aspecto parecido al piano, y al cual se da el aire por medio de un fuelle de pedal.

armonioso, sa 1 *adj.* Que tiene armonía entre sus partes. 2 Sonoro y agradable al oído.

armonizar 1 *tr.* Poner en armonía dos o más cosas. 2 MÚS Poner los acordes correspondientes a una melodía. 3 *intr.* y *prnl.* Estar en armonía con una persona.

ARN *m.* BIOQ Ácido nucleico que se encuentra en el interior del núcleo de las células y cuya función es la de regular la síntesis de las proteínas. Está constituido por ribosa, ácido fosfórico y compuestos nitrogenados. • Sigla de *ácido ribonucleico*. || ~ **mensajero** BIOQ El que lleva, del núcleo celular a los ribosomas, una copia del código genético. ~ **transferente** BIOQ El que lleva aminoácidos a los ribosomas para incorporarlos a las proteínas.

☐ BIOQ El ARN es una molécula que registra la información celular del ADN (ácido desoxirribonucleico) y la transporta por el sistema celular para elaborar las proteínas. Si bien el ARN y el ADN son similares, en realidad se diferencian entre sí por su diseño: el ARN posee una sola hebra y el ADN dos.

arnés 1 *m.* Armazón de correas y hebillas que se acomoda al cuerpo y sirve para sujetar o transportar algo o a alguien. 2 *m. pl.* Aparejos de las caballerías.

árnica *f.* Planta herbácea de tallo velloso y ramas que poseen una flor terminal amarilla. Su rizoma y sus flores tienen aplicaciones medicinales.

aro 1 *m.* Pieza de materia rígida en figura de circunferencia. 2 Juguete que se hace rodar con un palo. 3 **ARETE.**

aroma *m.* Perfume, olor muy agradable.

aromaterapia *f.* Utilización terapéutica de los aceites esenciales.

aromático, ca 1 *adj.* Que tiene aroma u olor agradable. 2 Quím Dicho de cada uno de los compuestos que contienen anillos de átomos de carbono. Casi la mitad de todos los compuestos orgánicos son aromáticos y el resto son compuestos **alifáticos**.

aromatizar 1 *tr.* Dar aroma a alguna cosa. 2 Quím Transformar un compuesto alifático en otro aromático.

arpa *f.* Mús Instrumento con forma de V, que se apoya en el suelo y cuyas cuerdas verticales se pulsan con ambas manos.

arpegio *m.* Mús Sucesión rápida de los sonidos de un acorde o de un intervalo armónico.

arpía 1 *f.* Mit Monstruo cruel con rostro de mujer y cuerpo de ave rapaz. 2 Mujer de mal carácter y lenguaje agresivo.

arpillera *f.* Tejido muy basto que se emplea para hacer sacos o costales y para embalar mercancías voluminosas.

arpista *m.* y *f.* Persona que toca el arpa.

arpón *m.* Astil rematado en uno de sus extremos por una punta ganchuda para herir y ensartar la presa.

arponar *tr.* Herir con arpón.

arponear *tr.* Cazar o pescar con arpón.

arqueada 1 *f.* Mús Golpe o deslizamiento fuerte que se realiza sobre las cuerdas de los instrumentos musicales de arco. 2 *f.* **ARCADA**[2].

arquear *tr.* y *prnl.* Dar figura de arco.

arquegonio *m.* Bot Órgano pluricelular en forma de botella, donde se forman las oosferas de las plantas briofitas y pteridofitas.

arqueo *m.* Verificación de los caudales que hay en caja.

arqueobacteria *f.* Biol Microorganismo anaerobio del reino de las **móneras** evolutivamente más antiguo que las bacterias. Vive en ambientes extremos y algunos producen metano.

arqueología *f.* Estudio de los testimonios materiales de las antiguas culturas y civilizaciones a través de los objetos que estas han producido.

arqueópteris *m.* Ave fósil del periodo mesozoico que tenía alas muy desarrolladas. De cada una de sus vértebras salían cañones de plumas que cubrían su cuerpo.

arquería *f.* Serie de arcos.

arquero 1 *m.* Soldado que peleaba con arco y flechas. 2 Persona que fabrica arcos. 3 Dep **PORTERO**.

arquetipo 1 *m.* Tipo ideal o modelo, que contiene las características esenciales de algo. 2 Biol Prototipo de organismo primitivo del que descienden otros por evolución.

arquidiócesis *f.* Diócesis administrada por un arzobispo.

arquitecto, ta *m.* y *f.* Persona que profesa la arquitectura.

arquitectura 1 *f.* Arq Arte y técnica de proyectar y construir edificios o de organizar espacios interiores y exteriores. 2 Arq Conjunto de diseños, proyectos y edificaciones de un arquitecto, una área geográfica, un momento histórico, o con una misma función.

arquitrabe *m.* Arq Parte inferior del entablamento, que descansa sobre el capitel de la columna.

arquivolta *f.* Arq Conjunto de molduras que decoran un arco en su paramento exterior vertical.

arrabal 1 *m.* Sitio extremo de una ciudad. 2 Población anexa a otra. 3 Afueras de una población.

arrabalero, ra *adj.* y *s.* Dicho de la persona de lenguaje y modales groseros.

arracacha *f.* Planta dicotiledónea de hojas alternas, flores en umbela, fruto en aquenio y raíz tuberosa feculenta y exquisita.

arracada *f.* Arete con adorno colgante.

arracimarse *prnl.* Juntarse formando racimo.

arraigar 1 *intr.* y *prnl.* Echar raíces las plantas. 2 Afianzarse una costumbre. 3 *tr.* Fijar algo, afincar. 4 *prnl.* Establecerse de forma fija las personas en un lugar.

arraigo *m.* Acción y efecto de arraigar o arraigarse.

arrancada 1 *f.* Salida violenta de persona o animal. 2 Comienzo del movimiento de una máquina o vehículo que se pone en marcha.

arrancar 1 *tr.* Sacar de raíz una cosa, como una planta o un pelo. 2 Separar violentamente alguna cosa del lugar en que está fija o del que forma parte: una muela, una rama, un clavo. 3 Obtener de alguien alguna cosa con habilidad o esfuerzo. 4 Hacer salir la flema. 5 *intr.* Partir de carrera, salir de alguna parte. 6 Iniciarse el funcionamiento de una máquina o el movimiento de traslación de un vehículo. 7 Partir o salir de alguna parte.

arranchar[1] 1 *intr.* Juntarse en ranchos. 2 *prnl.* Negarse rotundamente a hacer algo.

arranchar[2] *tr.* Quitar con violencia algo a alguien.

arranque 1 *m.* Acción y efecto de arrancar. 2 Sentimiento impetuoso de afecto, cólera, etc. 3 Punto de partida. 4 Energía emprendedora para hacer algo. 5 Arq Principio de un arco o bóveda. 6 Comienzo de un miembro o de una parte de un animal o vegetal. 7 Dispositivo que pone en marcha el motor de una máquina.

arrapiezo *m.* Persona de corta edad o de condición humilde.

arras 1 *f. pl.* Lo que se da como prenda en un contrato. 2 Las trece monedas que de las manos del novio pasan a las de la novia en el rito del matrimonio.

arrasar 1 *tr.* Allanar una superficie. 2 Destruir violentamente y por entero, no dejar piedra sobre piedra. 3 *tr.* y *prnl.* Llenarse los ojos de lágrimas. 4 *intr.* Triunfar de forma aplastante.

arrastrar 1 *tr.* Transportar algo tirando de ello de modo que vaya rozando el suelo. 2 Llevarse algo consigo al moverse rasando la superficie, como el viento a las hojas o el agua a los troncos. 3 Producir algo consecuencias inevitables. 4 *intr.* Ir una cosa rasando el suelo. 5 *intr.* y *prnl.* Reptar como los gusanos y los reptiles. 6 *prnl.* Humillarse sin ninguna dignidad.

A B C D E F G H I J K L M N Ñ O P Q R S T U V W X Y Z

arrastre 1 *m.* Acción y efecto de arrastrar. 2 Fuerza impulsora de un líquido en movimiento.
arrayán *m.* Árbol de hasta 4 m de altura, de copa aparasolada, hojas enteras, flores blancas y frutos ovoides rojizos.
arre 1 *interj.* Se emplea para estimular a las bestias. 2 Se usa para denotar dolor.
arrear 1 *tr.* Estimular a las bestias para que echen a andar o para que aviven el paso. 2 *tr.* e *intr.* Dar prisa, estimular. 3 *intr.* Acelerar el paso.
arrebatado, da 1 *adj.* Que actúa llevado por un sentimiento repentino. 2 Dicho del color del rostro muy encendido.
arrebatamiento 1 *m.* Acción de arrebatar o arrebatarse. 2 Enajenamiento causado por la fuerza de una pasión. 3 ÉXTASIS.
arrebatar 1 *tr.* Quitar alguna cosa con violencia y fuerza. 2 Atraer poderosamente la atención, el afecto, las miradas, provocando el entusiasmo. 3 *prnl.* Cocerse un manjar demasiado deprisa. 4 Sofocarse, irritarse las personas por la fuerza de las pasiones.
arrebato 1 *m.* ARREBATAMIENTO, enajenamiento. 2 ÉXTASIS.
arrebol 1 *m.* Color rojizo que toman las nubes a la salida y la puesta del Sol. 2 El mismo color en otras cosas.
arrebujar 1 *tr.* Arrugar la ropa u otra cosa flexible al cogerla haciendo un rebujo. 2 *tr.* y *prnl.* Ajustar al cuerpo cualquier prenda holgada, de modo que quede bien tapado. 3 Revolver, enredar.
arrecho, cha 1 *adj.* Tieso, erguido. 2 De mal carácter o de carácter fuerte. 3 Valiente, animoso. 4 Arduo, difícil. 5 Dicho de la persona excitada por el apetito sexual.
arreciar *intr.* y *prnl.* Irse haciendo más fuerte o violento algo: el viento, la fiebre, la ira.
arrecife *m.* GEO Banco o bajo formado en el mar, casi a flor de agua, por puntas de roca madrepóricas. || ~ **de coral** ECOL Parte elevada de una zona poco profunda del suelo marino formada por la acumulación de exoesqueletos calcáreos de corales y moluscos.
arredrar *tr.* y *prnl.* Amedrentar, atemorizar.
arreglar 1 *tr.* y *prnl.* Poner algo en el orden debido o conveniente. 2 Concertar voluntades u opiniones. 3 Volver a poner en servicio o devolver a su estado originario algo que se había estropeado o roto.

arreglo 1 *m.* Acción y efecto de arreglar o arreglarse. 2 Avenencia, conciliación. 3 MÚS Transformación de una obra musical para sus diferentes interpretaciones con instrumentos o voces distintos a los originales.
arrejuntarse *prnl.* Juntarse, amancebarse.
arrellanarse *prnl.* Sentarse de forma cómoda y distendida.
arremeter *intr.* Acometer con ímpetu; abalanzarse sobre algo.
arremetida *f.* Acción de arremeter.
arremolinar 1 *tr.* Formar remolinos en algo. 2 *prnl.* Juntarse desordenadamente gentes, animales o cosas.
arrendajo *m.* Pájaro de color negro en el extremo de las alas y amarillo en el vientre que cuelga su nido en las ramas de los árboles.
arrendamiento 1 *m.* Acción de arrendar. 2 Contrato por el cual se arrienda. 3 Precio en que se arrienda.
arrendar *tr.* Ceder el uso temporal de una cosa mediante el pago de una cantidad.
arrendatario, ria *adj.* Que toma en arrendamiento algo.
arreo 1 *m.* Acción y efecto de arrear las bestias. 2 *m. pl.* Guarniciones de las caballerías.
arrepentimiento *m.* Sentimiento de pesar por haber hecho algo.
arrepentirse 1 *prnl.* Pesarle a alguien el haber hecho o haber dejado de hacer algo, por malo o por inconveniente. 2 Volverse atrás en una acción emprendida. 3 Desdecirse de una promesa o un compromiso.
arrestar 1 *tr.* Detener, apresar. 2 Castigar con prisión corta. 3 *prnl.* Determinarse, resolverse a una acción. 4 Arrojarse a una acción o empresa ardua.
arresto 1 *m.* Acción de arrestar. 2 Detención provisional del presunto reo. 3 Arrojo o determinación para emprender algo arduo.
arrianismo *m.* REL e HIST Doctrina herética de Arrio (256-336) y sus seguidores que negaba la divinidad de Jesucristo. Perduró hasta fines del s. VI.
arriate *m.* Era de tierra junto a las tapias de un jardín, destinada al cultivo de flores.
arriba 1 *adv. l.* Señala un lugar alto o más elevado que aquel en que se encuentra la persona que habla. • La procedencia o dirección se indica con las preposiciones *a, de, desde.* 2 En un escrito señala lo que está antes. 3 Con cantidades o medidas indica un exceso: *Arriba de treinta años.*
arribar 1 *intr.* Llegar la nave a un puerto. 2 Llegar por tierra a cualquier lugar.
arribismo *m.* Comportamiento del arribista.
arribista *m.* y *f.* Persona ambiciosa que busca mejorar de posición.
arriendo *m.* ARRENDAMIENTO.
arriero *m.* Persona que trajina con bestias de carga.
arriesgar 1 *tr.* y *prnl.* Poner a riesgo, aventurar. 2 Apostar una cantidad. 3 Proponer una hipótesis.
arrimado, da *m.* y *f.* Persona que vive en casa ajena y a costa del dueño de esta.
arrimar 1 *tr.* y *prnl.* Acercar una cosa a otra. 2 *tr.* ARRUMBAR. 3 *prnl.* Acercarse a alguna cosa para apoyarse. 4 Sumarse a un grupo de personas. 5 Acogerse a la protección de alguien o de algo buscando refugio.
arrinconar 1 *tr.* Poner alguna cosa en un rincón o lugar retirado. 2 Perseguir a una persona o a un animal hasta acorralarlos para que no puedan seguir retrocediendo.
arriscado, da *adj.* Lleno de riscos, abrupto, escabroso.

arriscar 1 *tr.* y *prnl.* Arriesgar, poner a riesgo. 2 *intr.* Alcanzar, llegar.

arritmia 1 *f.* Falta de ritmo. 2 MED Ritmo o pulso irregular en las contracciones del corazón.

arroba 1 *f.* Medida de peso cuyo valor más extendido es de 12,5 kg. 2 INF Símbolo (@) usado en las direcciones de correo electrónico.

arrobamiento *m.* Acción de arrobar.

arrobar *tr.* Cautivar algo en una persona con tal sentimiento de placer o admiración que se olvida hasta de sí misma.

arrobo *m* ARROBAMIENTO.

arrocero, ra 1 *adj.* Relativo al arroz. 2 *m.* y *f.* Persona que lo cultiva.

arrodillar 1 *tr., intr.* y *prnl.* Hacer que una persona o animal hinque una rodilla o ambas, o ponerse uno mismo de rodillas. 2 *prnl.* Humillarse.

arrogancia 1 *f.* Cualidad de arrogante; actitud de la persona que trata a los demás con altanería. 2 Fuerza de ánimo para enfrentarse a los poderosos y prepotentes.

arrogante 1 *adj.* Altanero, soberbio. 2 Valiente, brioso.

arrogar 1 *tr.* Atribuir, adjudicar. 2 *prnl.* Apropiarse indebidamente de un derecho, facultad, etc.

arrojar 1 *tr.* Lanzar una cosa con fuerza. 2 Dejarla caer intencionadamente. 3 Despedir, alejar de sí. 4 Hacer salir a alguien de un lugar. 5 Dar una cuenta o un inventario con determinados resultados. 6 *prnl.* Precipitarse de alto a bajo.

arrojo *m.* Osadía, intrepidez.

arrollar 1 *tr.* Envolver una cosa dándole forma de rollo. 2 Devanar hilo o alambre en torno a un carrete. 3 Atropellar a una persona, animal o cosa. 4 Llevarse el viento o el agua con violencia cuanto encuentra a su paso. 5 Derrotar por completo al enemigo.

arropar 1 *tr.* y *prnl.* Abrigar y cubrir con ropa. 2 Por extensión, tapar alguna cosa.

arrope *m.* Mosto cocido hasta que se condensa y toma consistencia de jarabe.

arrostrar 1 *tr.* e *intr.* Afrontar peligros sin muestras de cobardía. 2 Acometer empresas difíciles o peligrosas.

arroyada *f.* Crecida de un arroyo con la inundación consiguiente.

arroyo *m.* Caudal corto de agua, riachuelo que puede salvarse de un salto.

arroz *m.* Planta gramínea de hojas largas, agudas y ásperas y fruto oval blanco y harinoso en grano. Se cultiva en las llanuras aluviales tropicales y en las regiones con clima templado y estación cálida larga.

arrozal *m.* Tierra sembrada de arroz.

arruga 1 *f.* Pliegue que se forma en la piel, ordinariamente por efecto de la edad. 2 Rugosidad irregular que se hace en las superficies flexibles.

arrugar *tr.* y *prnl.* Hacer arrugas o dobleces irregulares una cosa.

arruinar 1 *tr.* y *prnl.* Causar la ruina de alguien o algo. 2 Ser causa de que algo se malogre o se deteriore.

arrullar *tr.* y *prnl.* Adormecer al niño con una suave cantinela.

arrullo 1 *m.* Canto monótono con que se atraen las palomas. 2 Canto suave para adormecer a los niños.

arrumaco 1 *m.* Zalamería, demostración de cariño superficial. 2 Adorno o atavío estrafalario.

arrumar 1 *tr.* Distribuir la carga en un buque. 2 Amontonar, poner unas cosas sobre otras.

arrumbar *tr.* Arrinconar una cosa por inútil, dejarla fuera de uso.

arrurruz *m.* Fécula rica en almidón que se obtiene de ciertas plantas tropicales.

arsenal 1 *m.* Depósito de armas y municiones. 2 Conjunto de ideas, noticias, datos o cosas útiles.

arsénico *m.* QUÍM Elemento muy tóxico que es un sólido cristalizado de color gris o amarillo. Se usa para preparar herbicidas y plaguicidas. Núm. atómico: 33. Símbolo: As.

art déco (Loc. fr.) *m.* ART Estilo de diseño que surgió en 1920 como una estética que celebraba el auge de la máquina y cuya expresión se dio en joyería, vestimenta, cerámica y diseño de interiores.

art nouveau (Loc. fr.) *m.* ART Movimiento artístico de finales del s. XIX y comienzos del s. XX que surgió en la arquitectura y las artes decorativas y que se caracterizó por el empleo de líneas onduladas y temas relacionados con la naturaleza.

arte 1 *m.* o *f.* Disposición para hacer alguna cosa. 2 Manera en que se hace. 3 Conjunto de reglas y preceptos para la buena realización de algo. 4 ART La creación humana, por contraposición a la naturaleza, y en especial la creación de obras bellas que tienen su expresión en alguna de las llamadas bellas artes. 5 *pl.* Conjunto de las distintas disciplinas artísticas (música, pintura, escultura, arquitectura, etc.). • Suele usarse como *m.* en singular y como *f.* en plural. || **~ abstracto** ART **abstracto. bellas ~s** ART Aquellas cuyo objeto es expresar la belleza; se dice especialmente de la pintura, la escultura, la arquitectura y la música. **~ cinético** ART **cinético. ~ conceptual** ART **conceptualismo. ~ contemporáneo** ART Término que designa el arte realizado durante el s. XX, y que se caracterizó por su contestación a los cánones predominantes desde el renacimiento. Los movimientos más destacados fueron: **fauvismo, expresionismo, cubismo, futurismo, surrealismo,** arte **abstracto** y **pop art. ~ corporal** ART Arte en el que el cuerpo humano es el soporte de la obra en sí misma o el medio de expresión. **~s escénicas** ART Las que implican la representación de una obra dramática u otro tipo de espectáculo. **~ figurativo** ART El que representa cosas reales, en oposición al abstracto. **~s gráficas** ART Artes del dibujo, la pintura, el grabado, el diseño gráfico y la fotografía. **~s liberales** Las que, a diferencia de las manuales, requieren sobre todo la aplicación de la mente. **~s marciales** DEP Métodos de combate sin armas que tienen su origen en el Lejano Oriente. **~ naif** ART Corriente artística que busca una representación sencilla e idealizada del mundo. **~ objetual** ART Tendencia artística que

A B C D E F G H I J K L M N Ñ O P Q R S T U V W X Y Z

surgió en la década de 1960, caracterizada por el uso de objetos reales en la composición de las obras. **~s plásticas** ART Cada una de las disciplinas artísticas. **~ precolombino** ART Conjunto de manifestaciones artísticas, como la escultura, la pintura, la cerámica, el arte rupestre, etc. que se desarrolló en América antes de la Conquista española.

artefacto *m.* Dispositivo que combina una serie de piezas adaptándolas a un fin determinado.

artejo *m.* ZOOL Cada una de las piezas articuladas entre sí de que se forman los apéndices de los artrópodos.

artemisa *f.* Planta aromática de hojas hendidas y flores amarillentas en panojas.

arteria 1 *f.* ANAT Cada uno de los vasos que llevan la sangre desde el corazón hasta las demás partes del cuerpo. 2 Calle principal de una población en la que desembocan otras.

artería *f.* Astucia, en sentido peyorativo.

arterial 1 *adj.* Relativo a las arterias. 2 FISIOL **tensión ~**.

arteriola *f.* ANAT Arteria pequeña.

arteriosclerosis *f.* MED Enfermedad causada por la acumulación de depósitos de grasa en la superficie interna de la pared arterial.

artesa *f.* Cajón de fondo estrecho que se emplea para amasar o para comedero de los animales.

artesanal *adj.* Relativo a la artesanía.

artesanía *f.* Arte o trabajo realizado por artesanos. Comprende el conjunto de objetos funcionales, decorativos o artísticos realizados total o parcialmente a mano. Entre las técnicas artesanales más antiguas figuran la cestería, el tejido, la talla en madera y la cerámica.

artesano, na 1 *adj.* Relativo a la artesanía. 2 *m.* y *f.* Persona que ejerce un trabajo manual, aunque con una creatividad que no se da en el trabajo del obrero fabril.

artesón 1 *m.* Recipiente que sirve en las cocinas para fregar. 2 ARQ Elemento constructivo poligonal con adornos.

artesonado *m.* ARQ Techo, armadura o bóveda formado con artesones de madera, piedra u otros materiales.

ártico, ca *adj.* Relativo o cercano al polo Norte.

articulación 1 *f.* Acción y efecto de articular o articularse. 2 ANAT y FISIOL Zona de unión entre los huesos o cartílagos del esqueleto. Según su grado de movilidad se clasifican en **anfiartrosis, diartrosis** y **sinartrosis.** 3 FON Posición y movimiento de los órganos que intervienen en la pronunciación. 4 FON Pronunciación clara y distinta de las palabras. 5 Unión de dos piezas en una máquina, que permite su movimiento relativo.

articulado, da 1 *adj.* Que tiene articulaciones o está unido a través de estas. 2 *m.* Serie de artículos de una ley o reglamento. 3 *pl.* ZOOL Animales, como los insectos, arácnidos y crustáceos, cuyo exoesqueleto está formado por piezas que se ensamblan unas con otras.

articular[1] *adj.* Relativo a la articulación o a las articulaciones.

articular[2] 1 *tr.* y *prnl.* Unir dos cosas permitiéndoles algún movimiento. 2 *tr.* Pronunciar las palabras de modo claro y distintivo.

artículo 1 *m.* Cada una de las partes en que suelen dividirse los escritos. 2 Cada una de las divisiones de un diccionario encabezada por una palabra distinta. 3 Cada una de las disposiciones numeradas de una ley, documento, etc. 4 Escrito de cierta extensión y tema específico impreso en ciertas publicaciones periódicas. 5 Mercancía, cosa con que se comercia. 6 GRAM Palabra átona y sin significación propia que acompaña a otras palabras señalando el género, número y extensión en que se emplean. || **~ de primera necesidad** ECON Cualquiera de las cosas más indispensables para el sostenimiento de la vida; como el agua, el pan, etc. **~ definido** o **determinado** GRAM El que indica cosas o entidades conocidas o identificables, son *el, la, lo, los* y *las.* **~ indefinido** o **indeterminado** GRAM El que indica cosas o entidades vagamente conocidas o no identificables, son *un, una, unos* y *unas.*

artífice 1 *m.* y *f.* Autor o creador de algo. 2 Persona que ejecuta una obra mecánica o aplica a ella alguna de las bellas artes.

artificial 1 *adj.* Hecho por mano o arte del hombre. 2 No natural, falso. 3 BIOL **selección ~**. 4 INF **inteligencia ~**.

artificio 1 *m.* Arte con que está hecha una cosa. 2 Dispositivo ingenioso. 3 Falta de naturalidad. 4 Engaño, simulación.

artillería *f.* Conjunto de armas pesadas con que cuenta un ejército, un buque, etc.

artilugio 1 *m.* Mecanismo rudimentario. 2 Ardid para conseguir algo.

artimaña *f.* Astucia para conseguir algo.

artiodáctilo, la *adj.* y *s.* ZOOL Dicho de los mamíferos ungulados con un número par de dedos, de los que apoyan al menos dos, como la vaca, la cabra, la cebra, el cerdo, el hipopótamo, etc. Conforman un orden.

artista 1 *m.* y *f.* Persona que cultiva alguna de las bellas artes. 2 Persona que actúa profesionalmente en algún espectáculo público. 3 Persona que trabaja con gran perfección.

artístico, ca 1 *adj.* Relativo al arte o a las bellas artes. 2 Hecho con arte.

artritis *f.* MED Inflamación de las articulaciones que puede llegar a causar incapacidad funcional.

artrópodo, da *adj.* y *s.* ZOOL Dicho de los animales con el cuerpo dividido en cabeza, tórax y abdomen, exosqueleto de quitina, patas articuladas y ojos compuestos, como las arácnidos, los crustáceos, los insectos, etc.

artroscopia (Tb. artroscopía) *f.* MED Exploración o examen médico que se hace dentro de las articulaciones con un endoscopio especial.

artrosis *f.* MED Afección, por lo general degenerativa, de las articulaciones.

artúrico, ca *adj.* Relativo al legendario rey Arturo.

arúspice *m.* Sacerdote romano que predecía el futuro inspeccionando las entrañas de los animales.

arveja *f.* ALVERJA.
arzobispado 1 *m.* Dignidad de arzobispo. 2 Territorio en que ejerce su jurisdicción. 3 Edificio en que está la curia arzobispal.
arzobispo *m.* Obispo de una iglesia metropolitana.
arzón *m.* Fuste de la silla de montar.
as 1 *m.* El número uno de cada palo de la baraja. 2 Persona que destaca notablemente en un oficio o profesión.
asa *f.* Parte saliente de un objeto, que sirve para asirlo.
asadero 1 *m.* Lugar donde se preparan y se consumen diversas carnes asadas. 2 Lugar en que hace mucho calor.
asado *m.* Preparado de diversas carnes asadas.
asador *m.* Varilla puntiaguda o parrilla en que se clavan o ponen las carnes para asarlas.
asalariado, da *adj.* y *s.* Que trabaja por cuenta ajena y gana un salario.
asaltar 1 *m.* Atacar una fortaleza para tomarla. 2 Acometer por sorpresa a una o varias personas con el propósito de despojarlas de sus bienes. 3 Sobrevenir algo de forma inesperada, como una idea, enfermedad, desgracia.
asalto 1 *m.* Acción y efecto de asaltar. 2 DEP Cada uno de los periodos de tres minutos en que se divide un combate de boxeo.
asamblea 1 *f.* Reunión de personas convocadas para un fin. 2 POLÍT Cuerpo político y legislativo de congresistas, diputados o senadores.
asar 1 *tr.* Preparar un alimento al fuego directo sobre las brasas o en un horno. 2 *prnl.* Sentir mucho calor.
asbesto *m.* Nombre aplicado a varios silicatos de características parecidas a las del amianto e inalterables al fuego.
asca *f.* BIOL Estructura semejante a una vesícula, donde se encuentran los esporidios de los hongos ascomicetos.
ascáride *f.* Lombriz parásita que se aloja en el intestino y a veces se abre camino hasta otras partes del cuerpo.
ascendencia *f.* Serie de antepasados de una persona.
ascendente *adj.* Que asciende.
ascender 1 *intr.* Subir a un sitio más alto. 2 Aumentar algo en intensidad o cantidad. 3 Mejorar de categoría o de posición social. 4 Pasar a ocupar un cargo superior. 5 *tr.* Promover a una categoría superior.
ascendiente 1 *m.* y *f.* Padre, madre o cualquiera de los antepasados. 2 *m.* Autoridad moral de la que goza una persona.
ascensión 1 *f.* Acción y efecto de subir a un lugar alto. 2 Exaltación de una persona a una gran dignidad.
ascenso *m.* Acción de ascender.
ascensor *m.* Aparato para llegar a los pisos altos sin utilizar la escalera.
ascensorista *m.* y *f.* Persona que maneja el ascensor.
ascesis *f.* Conjunto de reglas prácticas y morales para conseguir la virtud.
asceta *m.* y *f.* Persona de vida ascética y retirada.
ascético, ca 1 *adj.* Que se dedica a la práctica y ejercicio de la perfección espiritual. 2 Relativo a este ejercicio y práctica.
ascetismo *m.* Doctrina y práctica de la vida ascética.
asco *m.* Cosa repugnante y la impresión desagradable que produce.
ascomiceto, ta *adj.* y *s.* BIOL Dicho de los hongos que tienen hifas bien desarrolladas y producen sus esporidios en el interior de unas bolsas denominadas **ascas**. Conforman un orden.
ascórbico *adj.* QUÍM Dicho del ácido que constituye la **vitamina** C.

ascua *f.* Cualquier trozo de materia incandescente sin llama.
asear *tr.* y *prnl.* Limpiar con esmero y cuidado.
asechanza *f.* Trampa, artificio para hacer daño.
asediar 1 *tr.* Poner cerco a un lugar impidiendo a sus moradores salir de él o que reciban socorro. 2 Importunar insistentemente a una persona con peticiones, requerimientos, preguntas, etc.
asegurador, ra 1 *adj.* Que asegura. 2 Dicho de la persona o empresa que asegura riesgos ajenos.
asegurar 1 *tr.* Fijar una cosa de manera firme. 2 Garantizar el cumplimiento de una obligación. 3 *tr.* y *prnl.* Infundir confianza. 4 Preservar o resguardar de daño. 5 Concertar un seguro sobre personas o cosas. 6 Prometer. 7 Cerciorarse.
asemejar *intr.* y *prnl.* Parecerse una cosa a otra.
asentamiento *m.* Instalación de colonos, cultivadores o emigrantes en el lugar de su nueva residencia.
asentar 1 *tr.* y *prnl.* Poner una cosa de modo que quede fija. 2 Establecer un campamento, un pueblo, etc. 3 *tr.* Anotar algo en un libro. 4 *prnl.* Posarse el polvo o los líquidos.
asentir *intr.* Mostrarse conforme con lo dicho o propuesto.
aseo 1 *m.* Limpieza, pulcritud con que se hace algo. 2 Apostura y compostura con que se presenta una persona.
asepsia 1 *f.* Ausencia de materia séptica; estado libre de infección. 2 MED Conjunto de procedimientos destinados a preservar de gérmenes infecciosos el organismo.
aséptico, ca *adj.* Relativo a la asepsia.
asequible *adj.* Que puede conseguirse o alcanzarse.
aserción 1 *f.* Acción y efecto de afirmar algo. 2 Frase que contiene la afirmación.
aserradero *m.* Taller en que se asierra la madera.
aserrador, ra 1 *m.* y *f.* Persona que tiene por oficio aserrar. 2 *f.* Máquina de aserrar.
aserradura 1 *f.* Corte de la sierra. 2 Punto en que se ha hecho el corte. 3 *pl.* ASERRÍN.
aserrar *tr.* Cortar la madera con sierra.
aserrín *m.* Conjunto de partículas que se desprenden de la madera cuando se asierra.
aserrío *m.* ASERRADERO.
aserruchar *tr.* Cortar con serrucho.
asertivo, va *adj.* Afirmativo, que contiene una aserción.

aserto *m.* ASERCIÓN.
asesinar *tr.* Matar a una persona con premeditación y alevosía.
asesino, na 1 *adj.* Que asesina. 2 *adj.* y *s.* Dicho de lo que causa un grave daño.
asesorar 1 *tr.* Dar consejo o dictamen. 2 *prnl.* Tomar consejo de alguien.
asestar *tr.* Descargar el proyectil o el golpe de un arma contra algo o alguien.
aseverar *tr.* Afirmar una cosa de modo cierto.
asexuado, da *adj.* Que carece de sexo.
asexual 1 *adj.* Sin sexo; ambiguo. 2 BIOL **reproducción ~**.
asfaltadora *f.* Máquina para asfaltar.
asfaltar *tr.* Pavimentar con asfalto una superficie.
asfalto *m.* Mineral negro derivado del petróleo crudo que se emplea para pavimentar carreteras, calles, terrazas, etc.
asfixia 1 *f.* Muerte por suspensión de la función respiratoria. 2 Respiración dificultosa. 3 Sensación de agobio por el enrarecimiento del aire o el calor excesivo.
asfixiar *tr.* y *prnl.* Producir asfixia.
así 1 *adv. m.* De esta o de esa manera. 2 Como, tal cual, lo mismo. 3 En oraciones interrogativas tiene sentido de ponderación y extrañeza: *¿Así tratas a tu hermano?*
asiático, ca *adj.* y *s.* De Asia.
asidero 1 *m.* Lo que sirve para asir o asirse. 2 Apoyo, influencia.
asiduidad *f.* Frecuencia, aplicación constante.
asiento 1 *m.* Acción y efecto de asentar o asentarse. 2 Emplazamiento, lugar en que se asienta un edificio o una población. 3 Mueble para sentarse. 4 Cosa adecuada para sentarse en ella. 5 Parte más o menos plana en que se apoyan las vasijas y otros objetos para que se mantengan derechos. 6 Plaza o sitio reservado a una persona. 7 Poso de un líquido. 8 Acción de asentarse el material de una obra. 9 Anotación que registra una operación contable.
asignación *f.* Cantidad que se fija a una persona como sueldo o pensión.
asignar 1 *tr.* Señalar lo que corresponde a una persona o cosa. 2 Destinar a una persona para un cargo. 3 Incluir en un grupo o clase.
asignatura *f.* Cada una de las materias que constituyen un plan de estudios o una carrera.
asilado, da 1 *m.* y *f.* Persona acogida en un asilo. 2 Persona que se halla amparada por el asilo político.

asilar 1 *tr.* y *prnl.* Albergar en una institución benéfica. 2 Dar asilo político.
asilo 1 *m.* Establecimiento benéfico al que se acogen personas menesterosas o desvalidas. 2 Amparo, protección. 3 Hospital para enfermos mentales || ~ **político** POLÍT Amparo con protección oficial, que por motivos políticos otorga un país distinto al propio a la persona que lo solicita.
asimetría *f.* Falta de simetría.
asimétrico, ca *adj.* Que no guarda simetría o que carece de ella.
asimilación 1 *f.* Acción y efecto de asimilar o asimilarse. 2 Adaptación o aceptación de algo 3 BIOL ANABOLISMO. 4 Proceso por el cual una persona o grupo minoritario se integra y adopta la cultura del grupo social dominante.
asimilar 1 *tr.* y *prnl.* Asemejar, equiparar personas o cosas. 2 *tr.* Otorgar a las personas de una nacionalidad los derechos de que gozan las personas de otra. 3 FISIOL Incorporar los órganos las sustancias nutritivas. 4 Hacer propio un conocimiento entendiéndolo.
asimismo 1 *adv. m.* De este o del mismo modo. 2 También.
asincronismo 1 *m.* Falta de coincidencia en los hechos. 2 Falta de simultaneidad en el tiempo.
asíncrono, na *adj.* Dicho del proceso o del efecto que no ocurre en completa correspondencia temporal con otro proceso u otra causa.
asíndeton *m.* GRAM Figura retórica en la que se omiten las conjunciones para realzar el concepto.
asíntota *f.* GEOM Línea recta que, prolongada indefinidamente, se acerca de continuo a una curva haciéndose tangente de esta en el infinito.
asir 1 *tr.* Agarrar una cosa con manos o garras. 2 Sujetar fuertemente una cosa, cualquiera que sea el instrumento con que se realiza la operación. 3 *prnl.* Agarrarse de algo para no caer o ser arrastrado.
asirio, ria *adj.* De Asiria.
asistencia 1 *f.* Acción de asistir. 2 Concurrencia a un lugar y las personas que concurren a él. 3 Ayuda prestada. || ~ **social** Organización y conjunto de actividades que procuran el bienestar social.
asistencial *adj.* Relativo a la asistencia, especialmente la médica o la social.
asistente, ta 1 *adj.* y *s.* Que asiste, concurre o ayuda. 2 *m.* y *f.* Persona adscrita al servicio personal de un superior.
asistido, da *adj.* Que se hace con ayuda de medios mecánicos.
asistir 1 *intr.* Acudir con frecuencia a un lugar. 2 Hallarse presente en un lugar. 3 *tr.* Servir de forma interina o circunstancial. 4 Socorrer, ayudar. 5 Cuidar a alguien en una enfermedad. 6 Tener la razón o el derecho de su parte.
asma *f.* MED Enfermedad causada por la contracción espasmódica de los bronquios y caracterizada por accesos de respiración dificultosa. Puede tener como causa una insuficiencia cardiaca o una alergia.
asmoneo *f.* HIST Familia sacerdotal israelita fundada por los macabeos, que en 167 a.C. acaudilló la sublevación contra Siria. Conservó el poder hasta que Roma entronizó a Herodes el Grande (40 a.C.).
asno, na 1 *m.* y *f.* Mamífero équido, de menor tamaño que el caballo, que se emplea como bestia de carga. 2 *m.* Persona tosca y de poco entendimiento.
asociación 1 *f.* Acción y efecto de asociar o asociarse. 2 Conjunto de cosas asociadas y la relación que media entre ellas. 3 Conjunto de personas que se asocian de forma estable y con un fin específico, pudiendo adquirir una personalidad jurídica.

|| ~ **vegetal** BIOL Conjunto de plantas de varias especies que se caracteriza por una o más especies dominantes que le dan nombre e indican su significado biológico.

asocial *adj.* Que no se integra o vincula al cuerpo social.

asociar 1 *tr.* Establecer una relación entre personas o cosas. 2 Relacionar ideas y recuerdos, que es una forma de comprensión. 3 *tr.* y *prnl.* Juntar personas o cosas con miras a un fin común.

asociativo, va 1 *adj.* Que asocia. 2 Que resulta de una asociación o tiende a ella.

asocio *m.* Asociación, colaboración: *Sembrar en asocio.*

asolar *tr.* Destruir por completo arrasándolo todo sin dejar piedra sobre piedra.

asolear 1 *tr.* Exponer una cosa al sol. 2 *prnl.* Exponerse al sol.

asomar 1 *intr.* Empezar a mostrarse una persona o cosa. 2 *tr.* y *prnl.* Sacar o dejar ver algo por una abertura o por detrás de una ventana, rendija, etc.

asombrar *tr.* y *prnl.* Causar asombro.

asombro 1 *m.* Admiración grande, pasmo. 2 Persona o cosa que provoca ese pasmo o admiración.

asombroso, sa *adj.* Que causa asombro.

asomo 1 *m.* Indicio de algo. 2 Sospecha.

asonada *f.* Muchedumbre que suele ir contra las autoridades.

asonancia 1 *f.* Correspondencia o relación de una cosa con otra. 2 Correspondencia entre las vocales de dos palabras después de la sílaba acentuada: *Ya van,/ya vienen/ los pescadores,/ lanzando sus redes.*

asonante *adj.* Dicho de la palabra que tiene asonancia con otra.

aspa 1 *f.* Figura de X formada por dos palos atravesados. 2 Armazón de madera, en esa forma, que en los molinos de viento sustenta las telas. 3 Cada una de las cuatro ramas de tal armazón. 4 Cada una de las paletas que se fijan sobre una rueda o eje de ciertas máquinas.

aspar 1 *tr.* Clavar a una persona o animal en forma de aspa. 2 *prnl.* Mostrar con gritos o contorsiones un dolor o enojo grandes.

aspaviento *m.* Demostración exagerada o afectada de algún sentimiento.

aspecto 1 *m.* Apariencia o manera en que se presentan personas, animales, cosas o asuntos. 2 GRAM Categoría gramatical que considera la acción del verbo según que esté incompleta o terminada. Por ejemplo, en *Lucía cantó* y *Lucía cantaba, cantó* indica que la acción ya acabó, y *cantaba,* que la acción estaba en proceso.

aspereza *f.* Cualidad de áspero.

asperjar *tr.* Rociar un líquido en gotas menudas.

áspero, ra 1 *adj.* Dicho del terreno escabroso. 2 Dicho de los sonidos, sabores y olores que irritan el oído, el gusto o el olfato. 3 Dicho del tiempo desapacible. 4 Dicho de la persona de carácter malhumorado y trato adusto.

aspersión *f.* Acción de asperjar.

aspersor *m.* Dispositivo para esparcir un líquido a presión.

áspid *m.* Nombre que se da a diversas víboras y serpientes venenosas.

aspillera *f.* Abertura larga y estrecha de los muros, que servía para disparar por ella.

aspiración 1 *f.* Acción y efecto de aspirar o inspirar aire en los pulmones. 2 Deseo de conseguir algo. 3 Aquello que es deseado. 4 FON Sonido del lenguaje que resulta del roce del aliento hallándose abierto el canal articulatorio, como el de la *h* en *hámster* y *hawaiano.*

aspirado, da *adj.* FON Dicho del sonido que se pronuncia con aspiración y de la letra que lo representa.

aspirador, ra 1 *adj.* Que aspira el aire. 2 *f.* Electrodoméstico que absorbe el polvo y la suciedad de muebles, alfombras y suelos. 3 Máquina dispuesta para aspirar fluidos.

aspirante 1 *adj.* Que aspira. 2 *m.* y *f.* Persona que persigue un empleo, premio o título.

aspirar 1 *tr.* FISIOL Atraer el aire del exterior a los pulmones. 2 Atraer una máquina polvo, gas, etc., por el vacío producido en su interior. 3 Desear algo. 4 FON Pronunciar con aspiración.

aspirina (De *Aspirina*®, marca reg.) *f.* FARM Nombre comercial de un fármaco que se usa como analgésico y antipirético.

asquear *intr.* y *tr.* Causar asco algo.

asquenazi *adj.* y *s.* Dicho de los judíos originarios de Europa central y oriental.

asqueroso, sa 1 *adj.* Que causa asco. 2 Que tiene asco. 3 Propenso a hacer ascos a todo.

asta 1 *f.* Palo de la lanza. 2 Palo al que se iza la bandera. 3 ZOOL Tronco principal del cuerno de los ciervos.

astático, ca *adj.* FÍS Dicho del equilibrio en que se mantiene un cuerpo sólido cualquiera que sea la posición en que se coloque.

ástato (Tb. astato) *m.* QUÍM Elemento radiactivo artificial, sólido. Es intensamente carcinógeno. Núm. atómico: 85. Símbolo: At.

astenia *f.* MED Debilitamiento general del organismo.

astenosfera *f.* GEO Capa del interior de la Tierra sobre la cual se encuentra la litosfera formada por rocas semifundidas y depósitos de magma.

aster *m.* BIOL Conjunto de finísimas estrías que aparecen radiando el centrosoma de la célula.

asterisco *m.* ORT Signo ortográfico auxiliar (*) que se coloca en la parte superior del renglón. ♦ Se usa como signo de llamada o envío a notas al margen o pie de página dentro de un texto.

asteroide *m.* ASTR Cada uno de los pequeños cuerpos celestes cuyas órbitas alrededor del Sol se hallan comprendidas entre las de Marte y Júpiter.

astigmatismo *m.* MED Defecto de visión debido a la curvatura irregular de las superficies de refracción del ojo.

astil 1 *m.* Mango de las azadas, picos, etc. 2 Palo de la flecha. 3 Barra de la que penden los platillos de la balanza. 4 Zool En las aves, eje córneo que continúa el cañón y del cual salen las barbas de la pluma.

astilla 1 *f.* Fragmento irregular que salta o queda de una madera. 2 El que salta de un pedernal o de otros minerales.

astillar 1 *tr.* Hacer astillas. 2 *tr.* y *prnl.* Rajarse un material.

astillero 1 *m.* Establecimiento en que se construyen y reparan buques. 2 Depósito de maderos.

astracán 1 *m.* Piel fina de cordero nonato o recién nacido. 2 Tejido de lana o pelo de cabra, que forma rizos en la superficie exterior.

astrágalo *m.* Anat Hueso del tarso en el que se articulan la tibia y el peroné.

astral *adj.* Relativo a los astros.

astringente 1 *adj.* y *m.* Dicho de la sustancia que contrae los tejidos orgánicos, por ejemplo, la que deja ásperos la lengua y el paladar. 2 Se aplica al alimento y al fármaco que producen estreñimiento.

astringir *tr.* Contraer una sustancia los tejidos orgánicos.

astro *m.* Astr Cualquiera de los cuerpos celestes.

astrofísica *f.* Astr Parte de la astronomía que estudia las condiciones físicas (luminosidad, masa, temperatura, etc.) de los cuerpos celestes.

astrolabio *m.* Astr Antiguo instrumento de navegación para medir la altura de los astros y señalar la latitud y la hora.

astrología *f.* Disciplina especulativa que pretende conocer y estudiar la influencia de los astros en el destino de las personas, y pronosticar, por su posición, los sucesos terrestres.

astrólogo, ga *m.* y *f.* Persona dedicada a la astrología.

astronauta *m.* y *f.* Persona que tripula una astronave o que está entrenada para este trabajo.

astronáutica *f.* Ciencia o técnica de los viajes espaciales, tripulados o no.

astronave *f.* Vehículo capaz de viajar más allá de la atmósfera terrestre.

astronomía *f.* Astr Ciencia que estudia los cuerpos celestes (planetas, satélites, cometas, meteoritos, estrellas, materia interestelar, galaxias), su posición, movimientos, composición química y condición física, así como el origen y la evolución del Universo.

astronómico, ca 1 *adj.* Relativo a la astronomía. 2 Astr **mapa ~; unidad ~.**

astucia *f.* Recurso engañoso para conseguir algo.

astuto, ta *adj.* Hábil para engañar o evitar el engaño o para lograr artificiosamente cualquier fin.

asueto *m.* Vacación corta.

asumir *tr.* Tomar para sí o sobre sí responsabilidades o trabajos.

asunción 1 *f.* Acción y efecto de asumir. 2 Dicho de las primeras dignidades, como el pontificado, el reinado, etc., acto de ser ascendido a ellas.

asunto 1 *m.* Cuestión o cosa de que se trata. 2 Tema de una obra literaria, un cuadro o una escultura. 3 Cosa en la que alguien ha de ocuparse.

asustar 1 *tr.* y *prnl.* Dar un susto. 2 Atemorizar, intimidar.

atabal *m.* Timbal semiesférico de un parche.

atacama *adj.* y *s.* Hist De un pueblo amerindio que, en la época precolombina, estaba asentado en el desierto y la Puna de Atacama y fue reconocido por sus cerámicas decoradas con dibujos geométricos.

atacante *adj.* y *s.* Que ataca.

atacar 1 *tr.* Embestir, lanzarse contra alguien para hacerle algún daño. 2 Acometer repentinamente, tratándose de enfermedades o del sueño. 3 Llevar la iniciativa en una acción bélica. 4 Dep En algunos juegos y deportes, tener el dominio del balón, la pelota o la bola. 5 Dicho de composiciones musicales, empezar a ejecutarlas. 6 Quím Actuar una sustancia sobre otra combinándose con ella.

atadijo *m.* Lío pequeño y mal hecho.

atado *m.* Conjunto de cosas atadas.

atadura 1 *f.* Acción y efecto de atar. 2 Ligadura o cuerda con que se ata algo. 3 Lo que impide hacer algo. 4 Conexión, vínculo.

atafagar 1 *tr.* y *prnl.* Sofocar, aturdir. 2 Abrumar con tareas u ocupaciones. 3 *prnl.* Estar sobrecargado de trabajo.

atajar 1 *intr.* Ir o tomar por el atajo. 2 *tr.* Cortarles el paso a personas o animales. 3 Interrumpir el proceso de algo.

atajo 1 *m.* Senda por la que se acorta el camino. 2 Procedimiento rápido para lograr algo. 3 Grupo pequeño de cabezas de ganado. 4 Conjunto de personas o cosas abundante y de calidad cuestionable.

atalaya 1 *f.* Torre de vigilancia situada en un lugar alto. 2 Cualquier punto desde el que se domina un espacio amplio.

atalayar *tr.* Registrar el campo o el mar desde una atalaya.

atañer *intr.* Afectar, concernir, pertenecer.

atapasco, ca *adj.* y *s.* De un grupo de pueblos amerindios de América del Norte, cuyos miembros más conocidos son los apaches y navajos.

ataque 1 *m.* Acción de atacar. 2 Acceso, acometida. 3 Accidente, colapso.

atar 1 *tr.* Sujetar una cosa a otra con cuerdas o ligaduras. 2 Anudar una cuerda. 3 Impedir el movimiento, cohibir. 4 *prnl.* Ligarse a una persona o cosa con la consiguiente pérdida de libertad.

atardecer[1] *intr.* Llegar la última hora de la tarde cuando empieza a oscurecer.

atardecer[2] *m.* Último periodo de la tarde.

atarear 1 *tr.* Poner tarea. 2 *prnl.* Entregarse de lleno al trabajo.

atarraya *f.* Red redonda para pescar.

atarugar 1 *tr.* Asegurar con tarugos una ensambladura. 2 *tr.* y *prnl.* Llenar, colmar.

atarván *adj.* Dicho de la persona de modales groseros.

atascadero 1 *m.* Lodazal en que se atascan personas, animales o vehículos. 2 Estorbo que impide la continuación de un proyecto o empresa.

atascar 1 *tr.* y *prnl.* Obstruir un conducto impidiendo el paso de alguna cosa. 2 Quedar detenido en un barrizal.

atasco 1 *m.* Impedimento que no permite el paso de una cosa. 2 Obstrucción de un conducto. 3 Embotellamiento de vehículos.

ataúd *m.* Caja en que se deposita el cadáver de una persona.

ataviar *tr.* y *prnl.* Adornar, vestir con elegancia.

atavío 1 *m.* Adorno, compostura. 2 Conjunto de piezas de vestir.

atavismo 1 *m.* Tendencia a imitar o a mantener formas de vida, costumbres, etc., arcaicas. 2 BIOL Fenómeno de herencia discontinua, por el cual un descendiente presenta caracteres de un antepasado lejano.

ateísmo *m.* Doctrina que niega la existencia de Dios o de los dioses.

atemorizar 1 *tr.* y *prnl.* Causar temor o sentirlo. 2 Intimidar, quitar el ánimo o energía para algo.

atemperar *tr.* y *prnl.* Moderar, calmar.

atenazar 1 *tr.* Sujetar con tenazas o a semejanza de estas. 2 Torturar a alguien el arrepentimiento o la vergüenza.

atención 1 *f.* Facultad y acción de atender. 2 Cortesía o demostración de respeto. 3 *interj.* Voz con la que se pide a alguien que atienda o que tenga especial cuidado en lo que hace.

atender 1 *tr.* e *intr.* Aplicar la mente o los sentidos al conocimiento de algo. 2 Preocuparse por alguien o algo. 3 Mirar por una persona o cuidar de ella, especialmente si está enferma. 4 En las tiendas, despachar a los clientes.

ateneo 1 *m.* Institución científica o literaria, cuyo fin es promover la cultura. 2 Lugar en que se reúnen los miembros de tales instituciones.

atener 1 *intr.* Andar al mismo paso que alguien. 2 *prnl.* Ajustarse a determinadas normas, opiniones o circunstancias.

atentado 1 *m.* Agresión contra la vida o la integridad física de una persona, especialmente si representa de alguna manera el orden instituido. 2 Acción contraria a lo que se considera el orden correcto.

atentar 1 *tr.* Intentar un daño grave contra personas o cosas. 2 *intr.* Cometer un atentado infiriendo ofensa o menoscabo a la dignidad, intereses, etc., de alguien o de algo: los derechos cívicos, la salud, etc.

atento, ta 1 *adj.* Que tiene fija la atención en algo. 2 Cortés, urbano, comedido.

atenuación *m.* Acción y efecto de atenuar.

atenuar 1 *tr.* Hacer tenue o sutil algo. 2 *tr.* y *prnl.* Aminorar la gravedad o intensidad de algo.

ateo, a *adj.* Que niega la existencia de Dios.

aterciopelado, da *adj.* De finura y suavidad comparables a las del terciopelo.

aterir *tr.* y *prnl.* Inmovilizar a alguien el frío excesivo.

aterrar 1 *tr.* Aterrorizar, espantar. 2 Desanimar.

aterrizaje *m.* Acción y efecto de aterrizar.

aterrizar *intr.* Tomar una aeronave contacto con el suelo y posarse en él.

aterrorizar *tr.* y *prnl.* Causar terror.

atesorar 1 *tr.* Guardar cosas de valor. 2 Ocultar una cosa grandes valores. 3 Tener una persona grandes cualidades.

atestar *tr.* Llenar por completo un local.

atestiguar 1 *tr.* Declarar como testigo. 2 Ofrecer indicios o prueba de la certeza de algo.

atiborrar 1 *tr.* Llenar algo con exceso. 2 *tr.* y *prnl.* Atracar de comida.

ático 1 *m.* Uno de los dialectos de la lengua griega. 2 ARQ Último piso de un edificio, más bajo de techo que los inferiores.

atiesar *tr.* y *prnl.* Poner tieso algo.

atila *m.* Hombre bárbaro e insensible. • Por alusión a Atila, el último rey de los hunos.

atildar *tr.* y *prnl.* Asear o acicalar, con cierto exceso o afectación.

atinar 1 *intr.* Encontrar lo que se busca. 2 Dar en el blanco. 3 Hallar la solución de una adivinanza o problema.

atinente *adj.* Tocante o perteneciente.

atingencia *f.* Relación, conexión.

atípico, ca *adj.* Que se aparta de los modelos representativos o de los tipos conocidos.

atiplar *tr.* MÚS Elevar la voz o el sonido de un instrumento musical hasta el tono del tiple.

atirantar *tr.* Poner tirante algo.

atisbar *tr.* Mirar algo con cuidado y disimulo.

atiza *interj.* Indica sorpresa o sobresalto.

atizador *m.* Instrumento que sirve para avivar el fuego.

atizar 1 *tr.* Avivar el fuego removiéndolo o añadiendo combustible. 2 Dar, asestar un golpe: *Le atizó un par de bofetadas.*

atlántico, ca 1 *adj.* Relativo a los montes Atlas. 2 Relativo al océano Atlántico o a los territorios que baña.

atlantismo *m.* POLÍT Actitud de adhesión a los principios de la OTAN favorable a su extensión y afianzamiento en Europa.

atlas 1 *m.* GEO Colección de mapas geográficos, históricos, etc., en un volumen. 2 Colección de láminas, generalmente anexa a una obra. 3 ANAT Primera vértebra de las cervicales que está articulada con el cráneo.

atleta *m.* y *f.* DEP Persona que practica algún deporte que requiere esfuerzo físico.

atlético, ca 1 *adj.* DEP Relativo al atleta o a los ejercicios propios de aquel. 2 Dicho de la constitución física que se caracteriza por un mayor desarrollo del sistema muscular.

atletismo *m.* DEP Conjunto de prácticas deportivas relacionadas con la fuerza o la velocidad. Las principales pruebas son: carreras (marcha, velocidad, media y larga distancia y relevo); lanzamientos (de peso o bala, disco, martillo y jabalina); saltos (alto de altura, con pértiga, de longitud y triple salto), y pruebas combinadas.

atmósfera (Tb. atmosfera) 1 *f.* Capa gaseosa que rodea la Tierra. 2 Capa gaseosa que rodea un cuerpo celeste u otro cuerpo cualquiera. 3 FÍS Unidad de presión equivalente al peso de una columna de mercurio de 760 mm de alto y 1 cm^2 de sección, al nivel del mar y a 0 °C. Su símbolo es: atm.

□ GEO En la envoltura gaseosa de la Tierra se distinguen dos capas principales: la **exosfera** (que abarca desde los 400 hasta más allá de los 1000 km) y la atmósfera propiamente dicha. La atmósfera se divide en **troposfera** (de unos 12 km de espesor), **tropopausa**, que separa la anterior de la **estratosfera** (entre los 12 y 50 km), **estratopausa**, que media entre esta y la **mesosfera** (entre 50 y 85 km) e **ionosfera** (formada por la **termosfera**, parcialmente ionizada y la **exosfera**).

atmosférico, ca 1 *adj.* Relativo a la atmósfera. 2 ECOL **contaminación ~**. 3 GEO **perturbación ~**; **presión ~**.

atoar *tr.* Llevar a remolque una embarcación.

atolladero 1 *m.* Atascadero, lugar del que es difícil salir. 2 Situación incómoda o comprometida.

atollar 1 *intr.* Dar en un atolladero. 2 *prnl.* Atascarse con un obstáculo.

atolón *m.* GEO Isla de coral con forma de anillo o varias islas pequeñas que forman parte de un arrecife de coral y que rodean una laguna central de agua marina.

atolondrar *tr.* y *prnl.* Dejar a alguien sin capacidad de coordinar debido a un golpe, las prisas o la sorpresa.

atómico, ca 1 *adj.* Relativo al átomo. 2 Relativo a los usos de la energía atómica o sus efectos. 3 **bomba ~**. 4 FÍS Dicho de la energía que procede de la desintegración del átomo. 5 FÍS **masa ~**; **núcleo ~**. 6 QUÍM **número ~**.

atomizador *m.* PULVERIZADOR.

atomizar *tr.* y *prnl.* Dividir algo en partes minúsculas.

átomo *m.* FÍS y QUÍM La partícula más pequeña de un elemento que conserva las propiedades químicas de este. || **~ gramo** QUÍM Valor en gramos de la masa atómica de un elemento químico.

□ FÍS y QUÍM Un átomo es tan pequeño que una sola gota de agua contiene más de mil trillones de átomos. Los átomos se combinan para formar grupos llamados moléculas que, a su vez, forman numerosos compuestos. En su centro está el **núcleo**, que mide aprox. una diezmilésima parte del diámetro; los **electrones** que viajan en órbitas a su alrededor y ocupan la región llamada *corteza*, y el núcleo que, a su vez, está constituido por **neutrones** (partículas sin carga) y **protones** (partículas positivas). En las reacciones químicas los átomos prácticamente no cambian, excepto en sus electrones más exteriores.

atonal *adj.* MÚS Dicho de la composición que no está organizada con base en el sistema armónico tradicional.

atonía *f.* MED Falta de tono en los tejidos contráctiles.

atónito, ta *adj.* Pasmado por el asombro o la sorpresa.

átono, na *adj.* FON Dicho de la vocal, sílaba o palabra que se pronuncia sin **acento** prosódico.

atontar *tr.* y *prnl.* Dejar tonto o como tonto a alguien por el aturdimiento o la sorpresa.

atorar 1 *tr.*, *intr.* y *prnl.* Obstruir, atascar. 2 *prnl.* ATRAGANTARSE.

atormentar 1 *tr.* y *prnl.* Dar tormento o dolor, físico o moral. 2 Ocasionar disgustos o molestias.

atornillar 1 *tr.* Fijar un tornillo haciéndolo girar sobre su eje. 2 Sujetar con tornillos alguna cosa. 3 *prnl.* Mantenerse obstinadamente en un cargo u oficio.

atortolar *tr.* y *prnl.* Aturdir, acobardar.

ATP (Del ingl. *adenosine triphosphate*) *m.* BIOL Enzima que actúa en procesos metabólicos celulares en que se transfieren grupos de fosfatos liberando energía. Es esencial en varias actividades vitales de la célula, entre ellas la movilidad y la contracción muscular. • Sigla del *adenosín trifosfato* o *trifosfato de adenosina*.

atracador, ra *m.* y *f.* Persona que roba a mano armada.

atracar 1 *tr.* Acometer a una persona con propósito de robo. 2 *tr.* e *intr.* Arrimar unas embarcaciones a otras o a tierra. 3 *tr.* y *prnl.* Hacer comer o beber con exceso.

atracción 1 *f.* Acción de atraer. 2 *pl.* Espectáculos o diversiones variadas: *Parque de atracciones.*

atracón *m.* Acción y efecto de atracar de comida.

atractivo, va 1 *adj.* Con fuerza para atraer y ganarse la voluntad ajena. 2 *m.* Encanto personal para atraerse el afecto o la simpatía de otros.

atraer 1 *tr.* Traer hacia sí, en sentido físico o moral, a personas o cosas: la propaganda a los compradores, la miel a las moscas, el imán al hierro. 2 *tr.* y *prnl.* Ganar la simpatía de una persona o conseguir su adhesión a ciertas ideas. 3 *prnl.* FÍS Mantener las partículas de los cuerpos su cohesión recíproca en virtud de sus propiedades físicas.

atragantar 1 *tr.* y *prnl.* Sentir ahogos por haberse atorado algo en la garganta. 2 *prnl.* Cortarse en la conversación sin saber qué decir.

atrancar 1 *tr.* Asegurar la puerta con una tranca. 2 *tr.* y *prnl.* ATASCAR, obstruir un conducto.

atrapamoscas *m.* Planta cuyas hojas, provistas de glándulas y pelos sensitivos, aprisionan y devoran al insecto que se posa en ellas.

atrapar 1 *tr.* Coger a quien huye o va deprisa. 2 Coger algo. 3 Conseguir alguna cosa con cierta habilidad.

atrás 1 *adv. l.* Hacia la parte que está detrás o a las espaldas: *Dar un paso atrás.* 2 En la zona posterior a lo que se toma como referencia. 3 En las últimas filas de un grupo o en el fondo de un local. 4 *adv. t.* En el plano temporal: lo que ya ha pasado o lo que se ha dicho con anterioridad.

atrasar 1 *tr.* y *prnl.* Retrasar o retardar: el reloj, el momento de celebrar un acto, etc. 2 *intr.* y *prnl.* No marchar el reloj, un tren, etc., con la velocidad debida. 3 *prnl.* Quedarse atrás. 4 No llegar a su completo desarrollo las personas, los animales o las plantas.

atraso 1 *m.* Efecto de atrasar o atrasarse. 2 Falta de desarrollo en el progreso alcanzado por otros.

atravesado, da *adj.* De mala intención o de mal carácter.

atravesar 1 *tr.* Hacer pasar un objeto de un lado al opuesto. 2 Pasar de un lado a otro. 3 Colocar una cosa sobre otra oblicuamente. 4 Pasar un cuerpo penetrándolo de parte a parte. 5 Poner delante algo que impida el paso. 6 Pasar circunstancialmente por una determinada situación. 7 *prnl.* Intervenir en la conversación o en los asuntos de otros. 8 Intervenir, ocurrir algo que altera el curso de otra cosa. 9 Ponerse algo en medio de otras cosas o en mitad de un conducto o camino para obstaculizar el paso.

atrayente *adj.* Que atrae.

atrever 1 *prnl.* Osar hacer algo por arriesgado que sea. 2 Insolentarse, faltar al respeto.

atrevido, da 1 *adj.* Osado, arriesgado. 2 Insolente, desvergonzado.

atrevimiento *m.* Acción y efecto de atreverse.

atribución 1 *f.* Acción de atribuir. 2 Cada una de las facultades inherentes a un cargo.

atribuir 1 *tr.* y *prnl.* Asignar hechos o cualidades a una persona o cosa, aun sin la base suficiente. 2 Señalar una cosa como competencia de alguien. 3 Achacar, imputar.

atributivo, va 1 *adj.* GRAM Dicho de la función desempeñada por el atributo. 2 GRAM Dicho de los verbos copulativos como *ser* o *estar*, y de otros verbos con que se construye el atributo como *parecer*, *juzgar*, *considerar*, *nombrar*, etc.

atributo 1 *m.* Facultad o cualidad que, por naturaleza o asignación, corresponde a alguien o algo. 2 Símbolo que representa convencionalmente algo, como la palma, atributo de la victoria. 3 GRAM Función que desempeña una palabra o un grupo de palabras que, mediante de un verbo copulativo (como *ser*, *estar* o *parecer*), atribuye una cualidad al sustantivo: *Juan es de Caracas; la noche está fría*. 4 REL Cada una de las perfecciones de la esencia divina: amor, sabiduría, omnipotencia, etc.

atrición *f.* REL Pesar de haber ofendido a Dios.

atril *m.* Mueble en forma de plano inclinado para sostener papeles, partituras o libros abiertos.

atrincherar 1 *tr.* Fortificar con trincheras. 2 *prnl.* Ponerse en ellas a cubierto del enemigo.

atrio 1 *m.* ARQ Espacio descubierto que precede a ciertos templos y palacios. 2 ZOOL Cavidad en el cuerpo de los tunicados y las esponjas, en comunicación con el exterior, que recibe el agua procedente de las branquias o de los poros.

atrocidad 1 *f.* Crueldad grande. 2 Exceso, demasía.

atrofia 1 *f.* Falta de desarrollo de cualquier parte del cuerpo. 2 MED Disminución en el tamaño o número de uno o varios tejidos de los que forman un órgano a causa de escasez o retardo en el proceso nutritivo. || ~ **degenerativa** MED La que va acompañada de un proceso destructor de las células de un tejido.

atrofiar 1 *tr.* Producir atrofia. 2 *prnl.* Padecer atrofia.

atronar 1 *tr.* Ensordecer, aturdir. 2 *intr.* Producir un ruido ensordecedor.

atropellar 1 *tr.* Arrollar o derribar a alguien pasándole por encima. Se dice especialmente de los vehículos que embisten violentamente a personas o animales. 2 Abrirse paso a empujones. 3 Agraviar a alguien con violencia o abuso de fuerza. 4 *prnl.* Obrar o hablar con apresuramiento y agobio.

atropina *f.* FARM Alcaloide venenoso, que se extrae de algunas solanáceas y se emplea como antiespasmódico.

atroz 1 *adj.* Fiero, cruel, inhumano. 2 Muy grande o desmesurado.

atuendo 1 *m.* Atavío, vestido. 2 Adorno, ostentación.

atún *m.* Pez marino de cuerpo redondeado que se estrecha hasta formar una delgada unión con la cola. Puede alcanzar 3 m de longitud y 500 kg de peso. Su carne comestible es muy apreciada.

aturdimiento 1 *m.* Perturbación de los sentidos por efecto de un golpe, mareo o ruido muy fuerte. 2 Desconcierto moral que provoca una desgracia o mala noticia. 3 Torpeza para hacer algo.

aturdir *tr.* y *prnl.* Causar aturdimiento o padecerlo.

atusar *tr.* Igualar el pelo pasando la mano o el peine mojados.

audacia *f.* Atrevimiento, osadía.

audición 1 *f.* Acción de oír. 2 Concierto o lectura en público. 3 Prueba que se hace a un actor, cantante, músico, etc., ante el empresario o director de un espectáculo.

audiencia 1 *f.* Acto de una persona importante en el que recibe a quienes desean exponer o solicitar algo. 2 DER Sesión en que los litigantes exponen ante un tribunal sus causas y alegatos. 3 Conjunto de personas que asisten a un discurso o debate. 4 Conjunto de personas que, desde su domicilio, sigue un programa de radio o televisión. || ~ **americana** HIST Organismo integrado por jueces, denominados oidores, que durante el gobierno colonial en la América hispana, se ocupó de la administración de justicia.

audífono 1 *m.* Aparato que aplicado al oído permite, a las personas con alguna dificultad auditiva, percibir mejor los sonidos. 2 Pieza de un receptor de sonidos que se aplica al oído.

audio *m.* Conjunto de las técnicas y elementos de grabación, tratamiento, transmisión y reproducción de sonidos.

audiofrecuencia *f.* FÍS Banda de frecuencias de onda que se emplea en la transmisión de los sonidos.

audioguía *f.* Aparato electrónico de uso individual que reproduce grabaciones con información útil para la visita a exposiciones o lugares turísticos.

audiometría *f.* MED Prueba de audición del sonido.

audiovisual 1 *adj.* Que se refiere conjuntamente al oído y a la vista. 2 Dicho de los métodos didácticos que se valen de grabaciones acústicas acompañadas de imágenes.

auditar *tr.* Examinar la gestión económica de una entidad a fin de comprobar si se ajusta a lo establecido.

auditivo, va 1 *adj.* Que tiene virtud para oír. 2 Perteneciente al órgano del oído. 3 ANAT **conducto ~.**

auditor, ra 1 *adj.* Que realiza auditorías. 2 *m.* y *f.* Persona encargada de la revisión de las cuentas de una empresa, institución, etc.

auditoría 1 *f.* Cargo de auditor. 2 Despacho del auditor. 3 Supervisión de las cuentas de una empresa.

auditorio 1 *m.* Conjunto de oyentes. 2 Sala destinada a conciertos, recitales, conferencias, lecturas públicas, etc.

auge *m.* Punto culminante en el desarrollo de una cualidad o de un proceso.

augurar *tr.* Presagiar, predecir.

augurio *m.* Presagio o anuncio de algo futuro.

augusto, ta *adj.* Que merece gran respeto y consideración.

aula *f.* Local que, en los centros docentes, se destina a dar clases.

aulaga *f.* Apuro, dificultad.

áulico, ca *adj.* Perteneciente a la corte o al palacio.

aullido *m.* Grito quejumbroso que emiten el lobo, el perro y otros animales.

aumentar *tr., intr.* y *prnl.* Hacerse o hacer mayor algo en extensión, número o cantidad.

aumentativo, va 1 *adj.* y *s.* GRAM Dicho del sufijo que aumenta la magnitud del significado de la palabra a la que se une. Por ejemplo: *-on* en *camisón* y *-azo* en buenazo. Los sufijos aumentativos más usuales son: *-on*, *-ona*; *-azo*, *-aza*; *-acho*, *-acha* y *-ote*, *-ota*. 2 *m.* GRAM Palabra formada con uno o más sufijos aumentativos.

aumento 1 *m.* Acrecentamiento o incremento de algo. 2 Cosa añadida. 3 Avance, progreso.

aun 1 *adv. t.* Hasta un momento determinado. 2 *adv. m.* No obstante, sin embargo. 3 Denota a veces idea de encarecimiento en sentido afirmativo o negativo. • Se escribe con tilde cuando funciona como adverbio y pueda sustituirse por *todavía* sin alterar el sentido de la frase: *Aún estoy enfermo.*

aunar *tr.* y *prnl.* Coordinar criterios y voluntades con miras a un fin común.

aunque *conj. conc.* Indica una objeción real o posible pese a la cual puede ocurrir o hacerse algo.

aupar *tr.* y *prnl.* Levantar en el aire.

aura 1 *f.* Viento suave, brisa. 2 Irradiación luminosa que algunas personas perciben en los seres humanos, animales o plantas.

áureo, a 1 *adj.* De oro o dorado. 2 GEOM **sección ~.** 3 MAT **número ~.**

aureola 1 *f.* Círculo luminoso que rodea la cabeza de las imágenes sagradas. 2 Círculo luminoso que aparece alrededor del Sol y de la Luna, a causa de la refracción de la luz en las nubes. 3 Fama que rodea a alguien.

aurícula 1 *f.* ANAT Cada una de las dos cavidades del corazón de batracios, reptiles, aves y mamíferos, que reciben la sangre de las venas. 2 ZOOL Cavidad del corazón de los moluscos, que recibe sangre arterial. 3 ZOOL Cavidad de la parte anterior del corazón de los peces, que recibe sangre venosa.

auricular 1 *adj.* Relativo al oído o a las aurículas del corazón. 2 *m.* En los aparatos telefónicos, la parte que se acerca al oído.

aurífero, ra *adj.* Que contiene oro.

auriga *m.* Persona que gobierna los caballos de un carruaje.

auriñaciense *adj.* y *m.* HIST Dicho de la cultura del Paleolítico superior extendida en Europa entre el 40 000 y el 20 000 a.C. aprox. y durante la cual surgieron las primeras manifestaciones artísticas.

aurora *f.* Luz que precede a la salida del Sol. || **~ polar** GEO Fenómeno meteorológico que consiste en manchas luminosas y de tonos cambiantes que se produce por encima de los 60° de latitud. En el hemisferio norte se denomina aurora **boreal** y en el sur, **austral.**

auscultar *tr.* MED Explorar los fenómenos acústicos del organismo aplicando el oído directamente o a través del estetoscopio al tórax, espalda o abdomen.

ausencia 1 *f.* Estado de ausente o tiempo en que alguien lo está. 2 Falta de algo. 3 Vacío que produce la no presencia de una persona. 4 MED Pérdida pasajera de la conciencia.

ausentar 1 *tr.* Hacer que alguien se aleje de un lugar. 2 *prnl.* Alejarse de un lugar o de la compañía de una persona.

ausente *adj.* y *s.* Que no está en el lugar de que se trata.

ausentismo 1 *m.* Abstención frecuente o prolongada de acudir al trabajo. 2 Estadística de dicha abstención.

auspiciar 1 *tr.* Adivinar, predecir. 2 Patrocinar, favorecer.

auspicio 1 *m.* Protección, favor. 2 *pl.* Señales que presagian unos resultados prósperos o adversos.

austeridad *f.* Cualidad de austero.

austero, ra 1 *adj.* Sobrio, sencillo, sin ninguna clase de alardes. 2 Severo, muy ajustado a las normas de la moral.

austral *adj.* GEO Relativo al hemisferio y al polo meridionales.

australopiteco *m.* Homínido fósil del Paleolítico inferior que representa uno de los últimos estadios de los primates erectos anteriores al hombre moderno.

austrohúngaro, ra *adj.* HIST Relativo al antiguo imperio de Austria y de Hungría, surgido en 1867 a partir del compromiso entre los dos Estados de poner bajo administración húngara la parte oriental del Imperio austriaco. Se desmembró tras su derrota en la Primera Guerra Mundial.

autarquía 1 *f.* Dominio de sí mismo. 2 **AUTOSUFICIENCIA,** estado de la persona que se basta a sí misma.

autenticar 1 *tr.* Legalizar alguna cosa, como un documento o una firma. 2 Acreditar, dar fe de la verdad de un hecho.

auténtico, ca 1 *adj.* Acreditado de cierto y positivo por los caracteres o circunstancias que en ello concurren. 2 Fiel a sus principios y convicciones. 3 Legalizado, que hace fe pública.

autismo *m.* PSIC Repliegue patológico de la personalidad sobre sí misma, con el consiguiente desinterés por el mundo exterior.

auto[1] 1 *m.* LIT Composición dramática por lo general de carácter alegórico. 2 *m. pl.* DER Conjunto de actuaciones de un procedimiento judicial. || ~ **de fe** HIST Ceremonia pública de ejecución de personas condenadas a morir en la hoguera por la Inquisición. ~ **sacramental** Representación dramática de carácter alegórico que trata sobre un dogma de la Iglesia católica.

auto[2] *m.* **AUTOMÓVIL**, carro destinado al transporte de personas.

autoabastecerse *prnl.* Proveerse una persona por su propia cuenta de lo necesario.

autoayuda *f.* Método que una persona pone en práctica consigo misma para mejorar algún aspecto de su forma de ser o conducta.

autobiografía *f.* Vida de una persona escrita por ella misma.

autobús *m.* Automóvil de servicio público para muchos pasajeros.

autocensura *f.* Censura del propio texto.

autoclave *f.* Aparato que, por medio del vapor a presión, sirve para esterilizar objetos y sustancias.

autocomplacencia *f.* Satisfacción de sí mismo.

autoconsumo *m.* Consumo por parte de los productores de los bienes o servicios de los productos que ellos mismos producen.

autocontrol *m.* Capacidad de control sobre sí mismo.

autocracia *f.* POLÍT Forma de dictadura en que una persona ejerce un gobierno despótico.

autocrítica *f.* Juicio crítico que alguien emite sobre sus obras o su conducta.

autóctono, na *adj.* Dicho de lo que se ha originado en el mismo lugar donde se encuentra.

autodefensa *f.* Acción de defenderse alguien a sí mismo con sus propios recursos.

autodeterminación 1 *f.* Acto por el que una persona toma sus propias decisiones. 2 POLÍT Acto por el que los pobladores de una unidad territorial deciden acerca de su futuro estatuto político.

autodidacto, ta *adj.* Que se instruye por sí mismo, sin auxilio de maestro.

autódromo *m.* DEP Pista para pruebas y carreras de automóviles.

autoevaluación *f.* Valoración que una persona hace de sus conocimientos, aptitudes o rendimiento.

autofecundación *f.* BOT Fecundación que se efectúa por unión de dos elementos de distinto sexo pertenecientes a una misma planta.

autofinanciación *f.* ECON Financiación de una empresa que se hace invirtiendo parte de los beneficios en la misma empresa.

autógeno, na *adj.* Dicho de la soldadura de metales que se hace fundiendo con el soplete las partes por donde ha de hacerse la unión.

autogestión *f.* ECON Gestión de una empresa por los propios trabajadores.

autogiro *m.* Avión provisto de alas en forma de hélice, que giran por efecto de la resistencia del aire al avanzar el aparato.

autogol *m.* DEP Gol marcado en la propia portería.

autogolpe *m.* POLÍT Violación de la legalidad vigente en un país por parte de quien está en el poder para afianzarse en él.

autómata *m.* y *f.* Máquina que imita la figura y los movimientos de un ser animado.

automático, ca 1 *adj.* Relativo al autómata. 2 Dicho de los mecanismos que funcionan en todo o en parte por sí solos. 3 Que sigue a determinadas circunstancias de un modo inmediato. 4 Dicho del acto mecánico y no deliberado.

automatismo 1 *m.* Cualidad de automático. 2 Ejecución de ciertos actos sin intervención de la voluntad.

automatización *f.* Acción y efecto de automatizar.

automatizar *tr.* Aplicar a la industria ciertos procedimientos automáticos que proporciona la electrónica y que facilitan y agilizan, con poca intervención del hombre, las operaciones propias.

automedicarse *prnl.* Tomar medicamentos por iniciativa propia.

automotor, ra *adj.* y *s.* Dicho de los vehículos de tracción mecánica.

automóvil 1 *adj.* Que se mueve por sí mismo. 2 *adj.* y *m.* Dicho del vehículo movido por un motor, generalmente de explosión, que no marcha sobre carriles.

automovilismo 1 *m.* Conjunto de conocimientos teóricos y prácticos sobre la construcción, el funcionamiento y el manejo de los automóviles. 2 DEP Deporte que se practica en automóvil.

autonomía 1 *f.* Condición de la persona que no depende de nadie en ciertos aspectos. 2 POLÍT Estado y condición del pueblo que goza de entera independencia política. 3 POLÍT Poder que dentro del Estado pueden gozar las entidades territoriales, para regir sus intereses, mediante normas y órganos de gobierno propios. 4 Capacidad máxima de un vehículo para efectuar un recorrido ininterrumpido sin repostarse.

autónomo, ma 1 *adj.* Que goza de autonomía. 2 **comunidad ~.**

autopista *f.* Carretera especial con doble pista, varios carriles y sin cruces, que permite andar a los automóviles a mayor velocidad.

autopropulsión *f.* Movimiento de una máquina por su propia fuerza motriz.

autoprotección *f.* Protección de uno mismo.

autopsia 1 *f.* ANAT Examen anatómico de un cadáver. 2 MED Estudio médico de un cadáver con el objeto de determinar la causa de muerte o de estudiar cambios patológicos.

autor, ra 1 *m.* y *f.* Persona que es causa de algo, lo inventa o lo hace. 2 **derecho** de ~. 3 DER Persona que comete un delito (autor material) o induce a otras a ejecutarlo (autor intelectual).

autoridad 1 *f.* Potestad para legislar y gobernar que tiene un poder público y quienes lo representan. 2 Poder que tiene una persona sobre otras que le están subordinadas, como el padre, el tutor, etc. 3 Persona con algún mando. 4 Prestigio de que goza alguien por sus cualidades o por sus conocimientos. 5 En lenguaje popular, el guardia o el agente como representantes de una instancia superior.

autoritario, ria 1 *adj.* Que se apoya en el principio de autoridad. 2 Que tiende a imponer su voluntad.

autoritarismo 1 *m.* Sistema fundado en la sumisión incondicional a la autoridad. 2 Abuso que alguien hace de su autoridad. 3 Carácter autoritario de una persona.

autorización 1 *f.* Permiso para hacer algo. 2 El documento que lo consigna.

autorizar 1 *tr.* Dar, quien tiene autoridad, la facultad de hacer algo a otro u otros. 2 Dar a alguna cualidad o cargo el derecho a actuar de cierto modo.

autorregulación *f.* Acción y efecto de autorregularse.

autorregularse *prnl.* Regularse por sí mismo.

autorretrato *m.* Retrato de una persona pintado o dibujado por ella misma.

autoservicio 1 *m.* Sistema de venta en algunos almacenes, en los que el comprador elige por sí mismo lo que le interesa y paga al salir. 2 Sistema análogo que se emplea en algunos restaurantes y cafeterías.

autosoma *m.* Biol Cromosoma que no condiciona la determinación del sexo: *El ser humano tiene 22 pares de autosomas.*

autostop *m.* Modo de viajar consistente en parar un automóvil en la carretera y solicitar al conductor transporte gratuito.

autosuficiencia 1 *f.* Estado de la persona que se basta a sí misma. 2 Presunción orgullosa.

autosugestión *f.* Influencia psíquica del propio sujeto sobre sus estados de ánimo.

autótrofo, fa *adj.* Biol Dicho del organismo capaz de sintetizar la materia orgánica necesaria para su propia vida, a partir de sustancias inorgánicas, como las plantas.

autovía *f.* Carretera de circulación rápida con cruces en su recorrido.

auxiliar[1] 1 *adj.* y *s.* Que auxilia. 2 *adj.* y *s.* Que colabora con otro en calidad de subordinado. 3 *adj.* Gram **verbo ~.**

auxiliar[2] *tr.* Prestar auxilio, ayudar, socorrer.

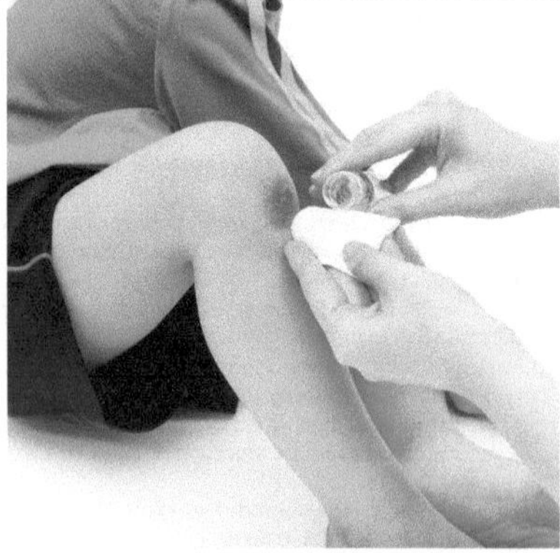

auxilio *m.* Ayuda, socorro prestado a quien está en peligro o necesidad. || **primeros ~s** Medidas terapéuticas urgentes que se aplican a las víctimas de accidentes o enfermedades repentinas hasta poder disponer de tratamiento especializado.

aval 1 *m.* Acción de responder por una persona, especialmente en los aspectos económicos y políticos. 2 Documento y firma por los que consta dicha acción.

avalancha *f.* **ALUD.**

avalar 1 *tr.* Responder de alguien, respaldarlo. 2 Garantizar por medio de un aval.

avaluar *tr.* **VALORAR**, poner precio.

avance 1 *m.* Acción de avanzar o mover hacia adelante. 2 Progreso. 3 Anticipo de dinero. 4 Fragmento de una película que se proyecta antes de su estreno.

avanzado, da 1 *adj.* Dicho de lo que aparece o está más cerca de su objetivo o final: *Era una mujer de edad avanzada.* 2 Que se distingue por su audacia o novedad en las artes, el pensamiento, etc. 3 *f.* Partida militar destacada del cuerpo principal para observar y prevenir sorpresas.

avanzar 1 *intr.* y *prnl.* Ir hacia adelante. 2 Acercarse a su fin. 3 *intr.* Progresar o mejorar de estado o condición. 4 *tr.* Mover hacia delante. 5 Adelantar una opinión o propuesta.

avaricia *f.* Afán excesivo de adquirir riquezas para guardarlas.

avaro, ra 1 *adj.* Que tiene avaricia. 2 Que reserva o escatima algo.

ávaro, ra *adj.* y *s.* Hist De un antiguo pueblo asiático que, a mediados del s. VI, avanzó hasta el Cáucaso y el mar Negro y luego extendió sus dominios hasta el Elba. Fue vencido por Carlomagno (791).

avasallar 1 *tr.* Someter a obediencia. 2 *prnl.* Someterse a alguien por impotencia propia o por prepotencia del poderoso.

avatar 1 *m.* Rel Reencarnación de los dioses del hinduismo. 2 Cambio, vicisitud.

ave *adj.* y *f.* Zool Dicho de los vertebrados cuyas características esenciales son poseer plumas y un pico córneo, que varía en su forma según los hábitos de alimentación. Conforman una clase.

□ El cuerpo de las aves se ha adaptado al vuelo con un esqueleto ligero, compacto y rígido. En las aves no voladoras, como el avestruz y el kiwi, el esternón es proporcionalmente de menor tamaño, ya que no requieren de las inserciones musculares que sí tienen las aves voladoras.

avecinar 1 *tr.* y *prnl.* Acercar, aproximar. 2 *prnl.* Establecerse alguien como vecino de una población.

avejentar *tr.* y *prnl.* Dar a alguien sus males o disgustos un aspecto y estado de viejo sin serlo.

avellana *f.* Fruto del avellano pequeño y casi esférico y cuya corteza, dura y de color canela, contiene una carne blanca y aceitosa.

avellano *m.* Arbusto de madera dura y correosa con muchos tallos y hojas anchas y cuyo fruto es la avellana.

avemaría *f.* Rel Oración cristiana a la madre de Jesús que empieza con las palabras con las que la saludó el arcángel Gabriel.

avena *f.* Planta gramínea de cañas delgadas, hojas estrechas y flores en panoja. Se usa para consumo humano y como forraje.

avenar *tr.* Dar salida a las aguas de los terrenos demasiado húmedos.

avenencia 1 *f.* Convenio, transacción. 2 Conformidad y unión.

avenida 1 *f.* Calle ancha, generalmente ornamentada con árboles. 2 Crecida impetuosa de un río o arroyo.

avenir 1 *tr.* y *prnl.* Ajustar las partes discordes. 2 *prnl.* Amoldarse, resignarse con algo. 3 Estar en buena relación.

aventajar 1 *tr.* y *prnl.* Adelantar, pasar delante de otro, dejarlo atrás. 2 Ser superior. 3 *intr.* Superar o exceder a otro en algo.

aventar 1 *tr.* Dispersar el aire alguna cosa. 2 Echar al aire el grano para separarlo de la paja. 3 *prnl.* Lanzarse sobre alguna persona o cosa.

aventón *m.* Acción de llevar gratuitamente un conductor a un pasajero.

aventura 1 *f.* Suceso o lance extraño. 2 Riesgo o empresa de resultado incierto. 3 Relación amorosa pasajera.

aventurar 1 *tr.* y *prnl.* Arriesgar o poner en peligro. 2 Exponer alguna opinión audaz.

aventurero, ra 1 *adj.* y *s.* Que corre aventuras. 2 Se aplica a la persona que, sin oficio ni profesión, trata de medrar con medios ilegales o raros.

avergonzar *tr.* y *prnl.* Causar vergüenza o sentirla.

avería *f.* Daño que impide o dificulta el funcionamiento de un mecanismo.

averiar *tr.* y *prnl.* Causar averías.

averiguar *tr.* Indagar y encontrar la verdad de una cosa.

averno *m.* INFIERNO.

aversión *f.* Antipatía o rechazo hacia alguien o algo.

avéstico, ca *adj.* REL Relativo a la colección de libros sagrados del mazdeísmo llamada Avesta.

avestruz *m.* La más grande de las aves actuales, que alcanza hasta 2 m de altura. Posee una cabeza y cuello casi desnudos, plumaje negro en el macho y gris en la hembra y patas largas y robustas.

avezado, da *adj.* Experimentado en algo, muy capaz.

aviación 1 *f.* Locomoción aérea con aparatos más pesados que el aire (aviones, planeadores, helicópteros, autogiros, ultraligeros). 2 Conjunto de técnicas y prácticas del vuelo de las aeronaves. 3 Cuerpo militar que utiliza este medio para la guerra.

aviador, ra *adj.* Dicho de la persona que gobierna un aparato de aviación.

aviar *adj.* Relativo a las aves y, especialmente, a sus enfermedades.

avícola *adj.* Relativo a la avicultura.

avicultura *f.* Conjunto de técnicas para criar aves y aprovechar sus recursos.

avidez *f.* Ansia, codicia.

ávido *adj.* Ansioso, codicioso.

avifauna *f.* ECOL Conjunto de aves de una región geográfica.

avinagrar 1 *tr.* y *prnl.* Poner agria una comida o bebida. 2 Volverse una persona de mal carácter.

avío *m.* Provisiones para un viaje.

avión *m.* Vehículo volador con alas que se sustenta en el aire gracias a la fuerza ascensional generada dinámicamente, y que se propulsa mediante hélices, rotores, turbohélices, reactores o cohetes.

avioneta *f.* Avión pequeño y de poca potencia.

avisar 1 *tr.* Dar una noticia. 2 Advertir, llamar la atención. 3 Llamar a alguien para que preste algún servicio.

aviso 1 *m.* Acción de avisar. 2 Lo que se avisa o comunica. 3 Consejo. 4 Amenaza. 5 Anuncio publicitario.

avispa *f.* Insecto himenóptero caracterizado por tener una delgada cintura entre los dos primeros segmentos abdominales y por estar provisto, en su extremidad posterior, de un aguijón. Suele ser social.

avispado, da *adj.* Despierto, listo, que aprende pronto.

avispar *tr.* Hacer más despierto y vivo a alguien.

avispero 1 *m.* Conjunto o enjambre de avispas. 2 Panal que fabrican y sitio en que lo ponen. 3 Asunto que provoca muchos disgustos.

avistar *tr.* Alcanzar con la vista alguna cosa distante.

avitaminosis *f.* MED Carencia o falta de vitaminas y la enfermedad que produce.

avivar 1 *tr.* Dar viveza, excitar. 2 Encender, acalorar. 3 Activar o intensificar el fuego, la luz, los colores. 4 Apresurar la marcha. 5 Estimular los sentidos o la inteligencia.

avizorar 1 *tr.* Mirar atentamente y en todas direcciones. 2 AVISTAR.

axial *adj.* Relativo al eje.

axila 1 *f.* ANAT Hendidura en la unión del brazo con el tórax. 2 BOT Ángulo que forman las ramas al articularse en el tronco.

axiología *f.* FIL Teoría filosófica de los valores. Analiza los principios que permiten considerar que algo es o no valioso.

axioma *m.* LOG Principio evidente que es admitido como verdadero sin recurrir a demostración alguna.

axiomatizar *tr.* Construir la axiomática de una teoría científica.

axiomático, ca 1 *adj.* Incuestionable, evidente. 2 *f.* Conjunto de definiciones, axiomas y postulados en que se basa una teoría científica.

axis *f.* ANAT Segunda vértebra del cuello, sobre la cual rota la cabeza.

axón *m.* ANAT y FISIOL Prolongación filiforme de las neuronas que transmite los impulsos nerviosos a las células nerviosas o que se pone en contacto con ellas.

axonometría *f.* GEOM Sistema de representación de un cuerpo en un plano mediante las proyecciones obtenidas según tres ejes.

¡ay! *interj.* Indica dolor, pena, etc.

ayatolá *m.* Entre los chiítas de Irán, teólogo destacado con autoridad religiosa y civil.

ayer 1 *adv. t.* El día anterior a hoy. 2 *m.* Tiempo pasado o inmediatamente pasado.

ayllu *m.* HIST Unidad básica de la organización social de los incas constituida por un grupo de familias descendientes de un antepasado común.

ayo, ya *m.* y *f.* Persona que custodia y cría a los niños en casas acomodadas.

ayuda 1 *f.* Acción y efecto de ayudar. 2 Persona o cosa que presta la ayuda. 3 *m.* Subalterno en algunos oficios.

ayudante, ta 1 *adj.* Que ayuda. 2 *adj.* y *s.* Dicho de ciertos empleados a las órdenes de un superior.

ayudar 1 *tr.* Prestar colaboración compartiendo el trabajo en función subalterna o socorriendo en caso de necesidad. 2 Apoyar, asistir. 3 *prnl.* Esforzarse por lograr algo.

ayunar *intr.* Abstenerse total o parcialmente de comer.

ayuno *m.* Acción y efecto de ayunar.

ayuntamiento 1 *m.* Corporación municipal formada por el alcalde y los concejales, que administra los intereses de una población. 2 Edificio donde tiene su sede.

azabache *m.* Variedad de lignito, susceptible de pulimento.

azada *f.* Apero de labranza formado por una plancha cuadrangular de hierro fija a un mango.

azadón *m.* Azada de pala larga, estrecha y curva.

azadonar *tr.* Cavar con el azadón.

azafato, ta 1 *m.* y *f.* Empleado de las compañías de aviación que atiende a los viajeros. 2 Encargado de atender al público en congresos y reuniones.

azafrán 1 *m.* Planta de hojas estrechas y enteras y flores con el periantio formado por dos verticilos de aspecto de corola. Se usa como condimento y tinte. 2 Color amarillo anaranjado.

azahar *m.* Flor del naranjo y de otros árboles de la misma familia, de olor muy intenso.

azalea *f.* Planta ornamental de hojas oblongas y flores venenosas de hermoso color.

azar 1 *m.* Acaso, casualidad a la que se atribuye lo que no se debe a una causa adecuada o a una intención determinada. 2 Percance, desgracia inesperada.

azarar *tr.* y *prnl.* Sobresaltar, avergonzar, ruborizar.

azaroso, sa *adj.* Que tiene en sí azar o desgracia.

aziliense *adj.* y *s.* HIST Dicho de una cultura del Mesolítico caracterizada por los pequeños útiles de sílex decorados con motivos geométricos. Se sitúa hacia el 8000 a.C., en el S de Francia.

ázimo *adj.* **pan** ácimo o ~.

azimut *m.* **ACIMUT.**

azogar *tr.* Cubrir con azogue algo, como se hace con los cristales para que sirvan de espejos.

azogue *m.* QUÍM **MERCURIO.**

azoico *adj.* GEO Dicho de los terrenos anteriores al Precámbrico, en los que no se encuentra resto alguno de vida.

azor *m.* Ave rapaz diurna de lomo negro y vientre blanco moteado, cola cenicienta y patas amarillas.

azorada *f.* **AZORAMIENTO.**

azoramiento *m.* Acción y efecto de azorar.

azorar *tr.* y *prnl.* Turbar, aturdir.

azotaína *f.* Zurra de azotes.

azotar 1 *tr.* y *prnl.* Dar azotes, golpear, apalear. 2 *tr.* Batir, golpear de manera insistente y violenta, como el mar o el viento.

azote 1 *m.* Instrumento de suplicio hecho con cuerdas, que a veces termina en puntas o bolitas de plomo. 2 Golpe dado con el azote o con la mano en las nalgas. 3 Embate del agua o del viento. 4 Calamidad, aflicción.

azotea *f.* Cubierta llana de un edificio en la que se puede estar y pasear.

azteca 1 *adj.* y *s.* HIST De un antiguo pueblo que en tiempos de la conquista española dominaba el territorio de México. 2 *m.* LING **NÁHUATL**, lengua hablada por este pueblo.

☐ HIST Los aztecas fundaron (s. XII) uno de los imperios precolombinos más poderosos con asiento en el valle de México. A partir de su foco de expansión, Tenochtitlan (1325), dominaron las ciudades circunvecinas y recogieron parte de la herencia cultural tolteca hasta constituirse en un Estado absolutista. Bajo Moctezuma II (1503-20), el imperio azteca alcanzó su máximo esplendor. La llegada de los españoles trajo consigo su caída y desmembración.

azúcar 1 *m.* o *f.* Sustancia sólida, más o menos cristalina y, por lo general, de sabor muy dulce. 2 QUÍM Nombre genérico de los **hidratos** de carbono. 3 **caña** de ~.

azucarado, da 1 *adj.* De gusto parecido al del azúcar. 2 Que contiene azúcar o mucho azúcar.

azucarar 1 *tr.* Endulzar o bañar con azúcar. 2 *prnl.* Bañar con almíbar. 3 Cristalizarse la miel o el almíbar de las conservas.

azucarero, ra 1 *adj.* Relativo al azúcar. 2 *m.* y *f.* Persona que la produce. 3 Recipiente para servir el azúcar en la mesa.

azucena *f.* Planta de tallo alto, hojas ensiformes, flores terminales grandes y aromáticas y raíz bulbosa.

azuela *f.* Herramienta de carpintero formada por una plancha de hierro acerada y cortante, que se fija a un mango corto en recodo.

azufrar *tr.* Impregnar o sahumar con azufre.

azufre 1 *m.* QUÍM Elemento no metálico muy abundante en la naturaleza. El punto de fusión del azufre ordinario (la más estable de sus formas alotrópicas) es de 115,21 °C y su punto de ebullición de 444,6 °C. Núm. atómico: 16. Símbolo: S. 2 QUÍM **dióxido** de ~.

azul *adj.* y *m.* Dicho del quinto color del espectro solar, semejante al del cielo, sin nubes, y de las cosas que tienen dicho color.

azulado, da *adj.* De color azul o que tira a él.

azular *tr.* Dar o teñir de azul.

azulejo[1] *m.* Pájaro de unos 17 cm de largo y color celeste algo blanquecino en la región central.

azulejo[2] *m.* Baldosín vidriado de varios colores y formatos, que se emplea en interiores, frisos y fachadas.

azuzar 1 *tr.* Incitar a los perros para que ataquen. 2 Incitar a las personas para que se enemisten entre sí.

b *f.* Segunda letra del **alfabeto** español y primera de sus consonantes. Su nombre es *be* o *be larga* y representa el sonido consonántico bilabial sonoro. En la práctica, este mismo sonido lo representa la *v.* • pl.: *bes.*

baba 1 *f.* Saliva espesa y abundante de los humanos y de algunos mamíferos. 2 Líquido viscoso de ciertas glándulas en los invertebrados. 3 Jugo viscoso de algunas plantas.

babaza *f.* Baba de algunos animales y plantas.

babear 1 *intr.* Expeler baba por la boca. 2 Demostrar excesivo interés por alguien o algo.

babero *m.* Prenda que se pone sobre el pecho, para evitar mancharse mientras se come.

babilla *f.* Reptil **cocodriliano** suramericano que puede alcanzar 1,82 m de longitud.

babor *m.* Costado izquierdo de la embarcación mirando de popa a proa.

babosear *tr.* Rociar de babas.

baboso, sa 1 *adj.* y *s.* Que echa muchas babas. 2 *adj.* Tonto, simple. 3 *f.* Pequeño molusco terrestre sin concha que cuando se arrastra deja una huella de baba.

babucha *f.* Calzado ligero y sin tacón.

babuino *m.* Primate de hocico alargado, pelaje pardo, cola corta y callosidades. Habita en África central y occidental.

baca *f.* Armazón que se coloca en el techo de los automóviles para transportar el equipaje.

bacalao *m.* Pez comestible que vive en mares fríos o templados del hemisferio N. Puede llegar a pesar 90 kg y a medir 1,80 m de largo.

bacán *m.* Persona de posición económica holgada.

bacanal 1 *adj.* Perteneciente a Baco, dios del vino, y en especial a las fiestas en su honor. 2 *f.* Orgía tumultuosa.

bacano *adj. coloq.* Muy bueno, estupendo, excelente.

bacante *f.* Sacerdotisa de Baco, dios del vino.

bache 1 *m.* Hoyo que se hace en el pavimento. 2 Vacío, diferencia de densidad atmosférica que ocasiona un descenso momentáneo de la aeronave en vuelo.

bachiller, ra *m.* y *f.* Persona que cursa o ha terminado los estudios de enseñanza media.

bachillerato 1 *m.* Grado de bachiller. 2 Estudios necesarios para obtener este grado.

bacía 1 *f.* Vasija baja. 2 La que usan los barberos para remojar la barba, con escotadura semicircular en el borde.

bacilo *m.* BIOL Nombre que se les da a las bacterias en forma de bastón o filamento. Muchos causan graves enfermedades, como el bacilo de Koch (tuberculosis), el de Eberth (tifus), el de Hansen (lepra), etc.

bacín *m.* Orinal alto y delgado.

bacinica *f.* **BACINILLA.**

bacinilla *f.* Orinal bajo y pequeño.

bacteria *f.* BIOL Microorganismo unicelular procariótico, perteneciente al reino Móneras, cuyo tamaño oscila entre 0,1 micras y 400 micras de longitud.

☐ BIOL Las bacterias están presentes en casi todos los medios del planeta y son las responsables de la descomposición de la materia orgánica. Constan de un citoplasma englobado dentro de una membrana en cuyo exterior hay cilios y flagelos. Presentan tres formas principales: esférica (cocos), de bastoncillo (bacilos) y espiral (espirilos).

bacteriano, na *adj.* Relativo a las bacterias.

bactericida *adj.* Que destruye las bacterias o impide su desarrollo.

bacteriófago *adj.* y *m.* BIOL Se dice del virus que infecta a las bacterias y se reproduce en su interior, y provoca la muerte de estas.

bacteriología *f.* BIOL Parte de la microbiología que se ocupa del estudio de las bacterias y de la prevención de enfermedades de origen bacteriano.

báculo *m.* Bastón o cayado para apoyarse.

badajo *m.* Pieza que pende del interior de las campanas, cencerros y esquilas, para hacerlos sonar.

badana *f.* Piel curtida de oveja o carnero.

badea *f.* Planta tropical dicotiledónea, trepadora, de hojas alternas, flores rosadas, blancas o moradas y fruto en baya, comestible.

badén 1 *m.* Zanja que forma el paso del agua de lluvia. 2 Cauce que se hace en una carretera para darle salida al agua.

badil *m.* Paleta de metal para remover el fuego y recoger la ceniza en chimeneas y braseros.

bádminton *m.* DEP Juego que se practica en un campo por dos o cuatro jugadores, con raquetas ligeras de mango largo y con un volante.

badulaque *adj.* y *s.* Persona de poca razón.

bafle *m.* Caja que contiene un altavoz o juego de altavoces.

bagaje *m.* Conocimientos de que dispone una persona.

bagatela *f.* Cosa de poca sustancia y valor.

bagazo 1 *m.* Residuo de un fruto después de exprimirse. 2 Residuos de malta y de caña de azúcar.

bagre *m.* Pez teleósteo sin escamas que abunda en los ríos tropicales de América. Su carne es sabrosa y con pocas espinas. Puede llegar a medir más de 1 m de longitud.

bah *interj.* Denota incredulidad o desdén.

bahareque *m.* Pared de palos entretejidos con paja y barro.

bahía 1 *f.* GEO Entrada de mar en la costa, menor que el golfo y mayor que la cala. 2 INF Espacio en la carcasa del computador destinado a la conexión de periféricos.

bailador, ra *m. y f.* Que baila.

bailar 1 *intr. y tr.* Mover los pies, el cuerpo y los brazos a compás. 2 *intr.* Moverse una cosa sin salir de un espacio determinado. 3 Girar rápidamente en torno a un eje manteniéndose en equilibrio.

bailarín, na 1 *adj. y s.* Que baila. 2 *m. y f.* Persona que baila profesionalmente. 3 *f.* Pez teleósteo de agua dulce, similar a la carpa pero de menor tamaño y sin barbillones.

baile 1 *m.* Acción de bailar. 2 Festejo en que se juntan varias personas para bailar.

baipás 1 *m.* Circuito de derivación que aísla un aparato, un dispositivo o una instalación. 2 MED Unión de dos canales o vasos mediante un injerto o un tubo de plástico.

baja 1 *f.* Disminución del precio de algo. 2 Acto de declarar el cese de una persona en un cuerpo o carrera. 3 Desaparición, muerte o herida de un combatiente o pérdida de un vehículo de combate durante un enfrentamiento bélico.

bajá *m.* Alto dignatario turco.

bajada 1 *f.* Acción de bajar. 2 Camino por donde se baja.

bajamar *f.* Fin o término del reflujo del agua del mar.

bajante 1 *m.* o *f.* Tubería de desagüe. 2 *f.* Descenso del nivel de las aguas.

bajar 1 *tr.* Poner algo en lugar inferior a aquel en que estaba. 2 Rebajar el nivel de algo: *Bajar el estante.* 3 Inclinar hacia abajo: *Bajar la cabeza.* 4 *tr.* e *intr.* Reducir la intensidad de algo: *Bajar la fiebre, el sonido.* 5 *intr.* Disminuir la estimación, precio o valor de algo. 6 *intr.* y *prnl.* Ir de un lugar a otro más bajo. 7 *tr.* e *intr.* Apearse de un vehículo. • U. t. c. prnl. 8 *prnl.* Inclinarse alguien hacia el suelo.

bajareque *m.* BAHAREQUE.

bajeza *f.* Acción indigna o hecho vil.

bajío *m.* GEO Elevación del fondo, generalmente de arena, en mares, ríos y lagos.

bajista *m. y f.* Músico que toca el bajo.

bajo, ja 1 *adj.* De poca altura. 2 Que está en lugar inferior respecto a otra cosa. 3 GRAVE, tratándose de sonidos. 4 Reducido, tratándose de precios. 5 Se dice de la temporada turística en que hay menos actividad. 6 Vulgar, ordinario. 7 HIST Se dice de la última etapa de un periodo: *La Baja Edad Media.* 8 FÍS Se dice de ciertas magnitudes físicas (temperatura, presión, frecuencia, etc.) para indicar que tienen un valor inferior al ordinario. 9 GEO Se dice de la parte del curso de un río próxima a su desembocadura. 10 *m.* Sitio o lugar hondo. 11 GEO Banco de roca o de arena que se alza desde el fondo hasta casi la superficie de un mar, río o lago. 12 MÚS La más grave de las voces humanas. 13 MÚS Instrumento que produce los sonidos más graves de la escala general. 14 MÚS Persona que tiene aquella voz, o que toca este instrumento. 15 *adv. l.* A poca altura. 16 *adv. m.* En voz apenas audible. 17 *prep.* En lugar inferior a: *Bajo techo.* 18 Durante el gobierno de alguien: *Bajo el mandato de Márquez.* 19 Indica sometimiento a personas o cosas: *Bajo tutela; bajo pena de muerte.* || **~s fondos** Ambientes marginales urbanos propios de delincuentes. **~ resolución** INF Se dice de la pantalla o imagen cuyos textos y gráficos aparecen con un nivel bajo de detalle.

bajón *m.* Disminución súbita en los valores de lo que puede someterse a escala, como la temperatura, la actividad bursátil, etc.

bajonazo *m.* BAJÓN.

bajorrelieve *m.* ART Labor escultórica con figuras que apenas se destacan sobre el fondo.

bala 1 *f.* Proyectil de las armas de fuego, de diferentes tamaños y formas. 2 Fardo prensado de mercancías.

balaca *f.* Cinta elástica para sujetar el cabello.

balacera *f.* Acción y efecto de disparar balas con armas de fuego.

balada *f.* Canción de ritmo lento y popular, cuyo asunto es generalmente amoroso.

baladí *adj.* De escasa importancia.

baladronada *f.* Bravuconería, hecho o dicho propio de fanfarrones.

balalaica *f.* MÚS Instrumento parecido a la guitarra, de forma triangular, con un mástil largo y estrecho y tres cuerdas.

balance 1 *m.* Estudio comparativo de los hechos favorables y desfavorables de una situación. 2 Resumen final de un asunto. 3 Confrontación del activo y del pasivo en un negocio. || **~ energético** FISIOL Relación entre la energía utilizable que entra en el organismo y la que se gasta en trabajo. **~ térmico** GEO Diferencia entre el calor recibido por radiación solar y el perdido por irradiación terrestre.

balancear 1 *tr.* e *intr.* Inclinar alternativamente un cuerpo de un lado a otro. • U. t. c. prnl. 2 *tr.* Igualar, contrapesar o poner en equilibrio.

balanceo *m.* Acción de balancear o balancearse un cuerpo.

balancín 1 *m.* Columpio cubierto de toldo. 2 Larguero sostenido en su centro sobre un soporte que se usa como juego de contrapesos entre dos personas. 3 Palo largo de los acróbatas para mantener el equilibrio. 4 MECEDORA. 5 Barra que puede moverse alrededor de un eje y se emplea para transformar un movimiento alternativo rectilíneo en otro circular continuo. 6 ZOOL Órgano del equilibrio que tienen los dípteros detrás de las alas.

balandra *f.* Embarcación pequeña y de vela, con cubierta y un solo palo.

balanza 1 *f.* Instrumento de formas muy variadas para medir masas y pesos. 2 BALANCÍN, larguero. 3 BÁSCULA. || **~ comercial** ECON Estado comparativo de la exportación e importación de un país. **~ de pagos** ECON Estado comparativo de los cobros y pagos externos de una economía nacional.

balar *intr.* Dar balidos.

balasto *m.* Capa de grava o piedra machacada en que se asientan y fijan las traviesas de los ferrocarriles.

balaustrada *f.* Serie de balaustres dispuestos entre los barandales.

balaustre (Tb. balaústre) *m.* Cada una de las columnitas que forman las barandillas o antepechos.
balay *m.* Cesta de fibra vegetal.
balazo 1 *m.* Impacto de la bala disparada con arma de fuego. 2 Herida causada por una bala.
balbucir *intr.* Pronunciar en forma dificultosa y vacilante. ◆ U. t. c. tr.
balcánico, ca *adj.* Relativo a los Balcanes, región del sur de Europa.
balcón *m.* Hueco abierto desde el suelo de la habitación, cerrado a media altura por una balaustrada y con barandilla saliente.
baldado[1] *m.* Contenido de un cubo o balde.
baldado[2] *adj.* Tullido, impedido.
baldaquín *m.* Pabellón que cubre el altar.
balde *m.* CUBO[1].
baldío, a 1 *adj.* y *m.* Se dice del terreno sin cultivar o del terreno urbano sin edificar. 2 Se dice del terreno que es de dominio del Estado, pero susceptible de apropiación privada.
baldosa *f.* Ladrillo vidriado que sirve para pavimentar.
baldosín *m.* Baldosa pequeña y fina.
balear *tr.* Tirotear, disparar balas.
balero *m.* Juguete formado por una bola con un hueco en su parte inferior y sujeta a un asta por un cordón; la bola se lanza al aire y se ensarta en el hueco con la punta del asta.
balido *m.* Voz del carnero, el cordero, la oveja, la cabra, el gamo y el ciervo.
balín *m.* Bala de calibre menor que la del fusil.
balístico, ca *f.* FÍS Estudio de la trayectoria de los proyectiles, cuando estos se disparan.
baliza 1 *f.* Señal fija o flotante para señalar un punto en el agua. 2 Señal que delimita caminos o pistas de aterrizaje.
ballena 1 *f.* ZOOL Nombre común de unas ochenta especies de cetáceos. 2 ZOOL BARBA.
□ ZOOL Las ballenas tienen sus extremidades anteriores transformadas en aletas, y las posteriores, desaparecidas; la parte posterior del cuerpo termina en una aleta horizontal sin estructura ósea, y de su mandíbula cuelgan unas barbas con las que retienen el plancton del que se alimentan. Pueden alcanzar más de 25 cm de longitud y 150 t de peso, como la ballena azul.
ballenato *m.* Cría de la ballena.
ballenero, ra 1 *adj.* Relativo a la pesca de la ballena. 2 *m.* Barco diseñado para la captura de ballenas. 3 Pescador de ballenas.
ballesta 1 *f.* Arma portátil con la que se disparan flechas. 2 Cada uno de los muelles de la suspensión de algunos automóviles.
ballet 1 *m.* ART Combinación de danza y pantomima, que ejecutan varias personas. 2 Conjunto de bailarines y bailarinas. 3 MÚS Música que acompaña esa danza y que suele desarrollar un tema.
□ El ballet se originó en el s. XV, a partir de los números de danza que se representaban en las cortes principescas italianas, en los que actuaban, con canto y diálogo, damas y caballeros en una pieza teatral.
balneario *m.* Establecimiento donde se administran baños terapéuticos.
balompié *m.* FÚTBOL.
balón 1 *m.* Pelota grande, hinchada de aire, que se emplea en distintos juegos. 2 Recipiente flexible para cuerpos gaseosos. 3 Recipiente esférico de vidrio.
baloncesto *m.* DEP Juego que se practica entre dos equipos de cinco jugadores que, valiéndose de las manos, tratan de introducir un balón en una cesta constituida por una red suspendida de un aro.
balonmano *m.* DEP Juego que se practica entre dos equipos de siete jugadores, los cuales tratan de introducir un balón en la portería contraria, utilizando exclusivamente las manos.

balota *f.* Bolilla numerada o de colores que se usa en los sorteos.
balsa 1 *f.* Hoyo que se llena de agua. 2 Conjunto de maderas que forman una plataforma flotante. 3 Árbol dicotiledóneo de hasta 21 m de altura, de hojas alternas con estípulas, flores axilares amarillas y fruto en caja. 4 Madera de este árbol; es muy ligera.
bálsamo 1 *m.* Resina aromática que se obtiene de algunos árboles. 2 Medicamento aromático contra heridas y llagas. 3 Consuelo, alivio.
balsero, ra 1 *m.* y *f.* Persona que conduce una balsa. 2 Persona que intenta llegar en balsa a otro país.
balso *f.* BALSA, árbol y madera.
báltico, ca *adj.* Relativo al mar Báltico y a los países que limitan con este.
baluarte 1 *m.* Fortificación de doble muralla. 2 Amparo y defensa.
bamba 1 *f.* Ritmo bailable latinoamericano. 2 Fajita de tela elástica para sujetar el cabello.
bambador *m.* Faja que, sujeta en la frente, sirve para llevar pesos a la espalda.
bambalina *f.* TEAT Cada una de las tiras pintadas que forman la decoración superior del teatro.
bambolear *intr.* y *prnl.* Balancearse sin cambiar de sitio.
bambú *m.* Planta tropical de cañas ligeras y flexibles que alcanzan gran altura y se emplean en la construcción y en la fabricación de muebles.
bambuco 1 *m.* Baile popular de Colombia y Ecuador, acompañado de canto y marimba. 2 Aire típico de la zona andina colombiana que se canta y se baila.
banal *adj.* Trivial, insustancial.
banalidad 1 *f.* Cualidad de banal. 2 Dicho banal.
banana 1 *f.* Una variedad de confites. 2 BANANO.
bananero, ra 1 *adj.* Relativo al banano. 2 Persona que cultiva el banano o negocia con este. 3 *m.* BANANO, planta.
banano 1 *m.* Variedad de **plátano**, cultivada, por la suculencia de fruto, en las regiones tropicales de todo el mundo. 2 Fruto de esta planta, largo (de entre 10 cm y 30 cm), de color amarillo cuando madura, cubierto de una piel correosa, blando y de gusto delicado.
banca 1 *f.* Asiento de madera sin respaldo. 2 ECON Conjunto de entidades financieras y crediticias.
bancada 1 *f.* Conjunto de los legisladores de un mismo partido. 2 Sección de una obra de construcción que sustenta a otras.

bancal 1 *m.* Rellano para cultivo en los terrenos pendientes. 2 Pedazo rectangular de tierra para siembras y cultivos.

bancario, ria *adj.* Relativo a la banca.

bancarrota *f.* ECON Quiebra comercial, y comúnmente la completa o casi total y fraudulenta.

banco 1 *m.* Asiento estrecho para varias personas. 2 Madero grueso escuadrado que sirve como mesa para labores artesanales. 3 ECON Establecimiento público de crédito cuyo objetivo primordial es obtener un beneficio pagando un tipo de interés por los depósitos que reciben, inferior al tipo de interés que cobran por las cantidades de dinero que prestan. 4 GEO Estrato o depósito de materia sólida homogénea de gran espesor. 5 MED Establecimiento donde se conservan y almacenan órganos, tejidos o líquidos fisiológicos humanos. 6 ZOOL Grupo de peces que se desplazan juntos. || ~ **de arena** GEO Bajío arenoso en el mar o en los ríos. ~ **de datos** INF BASE de datos. ~ **de hielo** GEO Planicie de agua del mar congelada que, en las regiones polares o procedente de estas, flota en el mar. ~ **de pruebas** Instalación en la que se experimenta y se comprueba el rendimiento de máquinas, motores, etc.

banda[1] 1 *f.* Cinta ancha que se lleva atravesada desde un hombro al costado opuesto, como signo de algún cargo u honor. 2 DEP Zona limitada por las líneas longitudinales de un campo deportivo. 3 Sección alargada de algo. 4 **Electrón ancho** de ~. 5 FÍS Intervalo en el campo de variación de una magnitud física. || ~ **de frecuencia** FÍS En radio y televisión, intervalo del espectro que ocupa una señal determinada. ~ **sonora** CIN Franja longitudinal de la película cinematográfica, donde se registra el sonido.

banda[2] 1 *f.* Grupo de gente armada. 2 Grupo de personas o animales. 3 Lado de algunas cosas. 4 MÚS Conjunto de instrumentos de viento y percusión. 5 MÚS Conjunto de instrumentistas que interpreta música popular.

bandada *f.* Conjunto numeroso de aves que vuelan juntas.

bandear 1 *tr.* Atravesar de parte a parte. 2 *prnl.* Ingeniárselas para subsistir.

bandeja 1 *f.* Fuente plana o algo cóncava en que se depositan o sirven cosas. 2 Pieza interior movible de algunos recipientes o muebles.

bandera 1 *f.* Pieza de tela, cuadrada o rectangular, que se asegura por uno de sus lados a un asta y que se emplea como insignia o señal. 2 Nacionalidad a que pertenecen los buques mercantes que la ostentan.

bandería *f.* Bando o parcialidad.

banderilla *f.* Palo delgado con un arponcillo que se le clava al toro en la cerviz.

banderín *m.* Bandera pequeña, por lo general triangular.

banderola *f.* Bandera pequeña y cuadrada.

bandido, da 1 *adj.* y *s.* Se dice de fugitivo de la justicia reclamado por bando[1]. 2 *m.* Salteador de caminos. 3 *m.* y *f.* Persona que engaña o estafa.

bando[1] *m.* Mandato de la autoridad anunciado solemnemente.

bando[2] *m.* Facción o partido.

bandola *f.* MÚS BANDOLINA.

bandolerismo *m.* Desafueros propios de los bandoleros.

bandolero, ra *m.* y *f.* Ladrón, salteador de caminos.

bandolina *f.* MÚS Instrumento pequeño de cuatro cuerdas y de cuerpo curvado como el del laúd.

bandoneón *m.* MÚS Variedad de acordeón, de forma hexagonal. En lugar de teclado lleva botones.

bandurria *f.* MÚS Instrumento de cuerda parecido a la guitarra, con 12 cuerdas pareadas que se tocan con plectro.

banjo *m.* MÚS Instrumento de cuerda con caja de resonancia circular que consiste en una piel tensada sobre un armazón metálico.

banquero *m.* Propietario o director de un negocio de banca.

banqueta 1 *f.* Asiento bajo y sin respaldo. 2 Banco alargado y sin respaldo. 3 Acera o andén.

banquete 1 *m.* Comida en la que participan muchas personas. 2 Comida espléndida.

bantú 1 *m.* Grupo de etnias negroafricanas que comprende distintos pueblos cuyo parentesco principal es el nexo lingüístico. 2 LING Familia de lenguas de estos pueblos. Existen más de 200, aparte de sus dialectos.

bañador *m.* Prenda o conjunto de prendas para bañarse.

bañar 1 *tr.* y *prnl.* Sumergir el cuerpo, parte de este o una cosa en agua o en otro líquido. 2 *tr.* Tocar algún lugar el mar o un río. 3 Dar la luz o el aire de lleno en algo. 4 *prnl.* Darse una ducha.

bañista *m.* y *f.* Persona que se baña en sitios públicos.

baño 1 *m.* Acción y efecto de bañar o bañarse. 2 Líquido para bañarse. 3 Cuarto de aseo. 4 Sitio en que hay aguas para bañarse. 5 Capa con que queda cubierta la cosa bañada. 6 *pl.* BALNEARIO. || ~ **maría** Procedimiento mediante el cual se calienta el contenido de un recipiente colocándolo dentro de otro que contiene agua hirviendo.

baobab *m.* Árbol tropical africano de grandes dimensiones; sus frutos son alargados y comestibles.

baptismo *m.* REL Confesión protestante que solo acepta el bautismo de los adultos y que admite las Sagradas Escrituras como única regla de fe.

baptista 1 *adj.* REL Relativo al baptismo. 2 *adj.* y *s.* Adepto a esta doctrina.

baptisterio *m.* Lugar, en las iglesias o anexo a estas, en que está la pila bautismal.

baquelita *f.* Plástico que se obtiene calentando formaldehído y fenol en presencia de un catalizador.

baquetas *f. pl.* MÚS Palillos para tocar instrumentos de percusión.

baquiano, na 1 *adj.* y *s.* Práctico en los caminos. 2 *m.* Persona que guía u orienta para transitar por estos.

báquico, ca *adj.* Relativo a Baco, dios del vino, y a la embriaguez.

bar[1] 1 *m.* Local con mostrador en que se sirven bebidas. 2 Mueble en que se guardan las bebidas.

bar[2] *m.* FÍS Unidad de presión equivalente a un millón de dinas por centímetro cuadrado.

barahúnda *f.* Alboroto y confusión grandes.

baraja *f.* Conjunto de naipes o cartas de un juego completo.

barajar 1 *tr.* Mezclar los naipes antes de repartirlos. 2 Sopesar diferentes soluciones. 3 Detener, impedir. 4 *tr.* y *prnl.* Revolver personas o cosas.

barandal *m.* Cada uno de los listones en que se fijan los balaustres.

barandilla *f.* Antepecho de un vano o de una escalera formado por barandales y balaustres.

barato, ta 1 *adj.* Que se vende a bajo precio. 2 *f.* Venta de efectos a bajo precio. 3 *adv. m.* Por poco precio.

barba 1 *f.* Parte de la cara ubicada debajo de la boca. 2 Pelo que nace en esa parte y en las mejillas. 3 En el ganado cabrío, mechón que cuelga de la quijada inferior. 4 ZOOL Cada una de las láminas córneas y elásticas que tiene la ballena en la mandíbula superior.

barbacoa 1 *f.* Parrilla para asar carne o pescado al aire libre. 2 Lo asado de ese modo.

barbado, da 1 *adj.* Que tiene barbas. 2 *f.* Pieza en la parte inferior del violín para apoyar la barba.

barbar *intr.* Echar barba.

barbaridad 1 *f.* Cualidad de bárbaro. 2 Necedad o temeridad. 3 Cantidad excesiva. 4 Acto exagerado o excesivo.

barbarie 1 *f.* Falta de cultura. 2 Fiereza, crueldad.

barbarismo 1 *m.* Incorrección en el empleo, pronunciación o escritura de algún vocablo. 2 Extranjerismo que aún no se ha incorporado totalmente al idioma.

bárbaro, ra 1 *adj.* y *s.* HIST Se dice de la persona de cualquiera de los pueblos (germanos, hunos, ávaros, eslavos), que durante los ss. V y VI abatieron al Imperio romano y se difundieron por la mayor parte de Europa. 2 *adj.* Perteneciente a estos pueblos. 3 Inculto, grosero. 4 Grande, extraordinario.

barbecho *m.* Tierra labrantía que no se siembra en uno o más años.

barbera *f.* Navaja de afeitar.

barbería *f.* Local donde trabaja el barbero.

barbero *m.* El que afeita de oficio.

barbilla 1 *f.* Parte de la cara debajo de la boca. 2 ZOOL Apéndice carnoso de algunos peces en la parte inferior de la cabeza.

barbitúrico *m.* FARM Fármaco que se emplea como hipnótico o sedante.

barbotear *intr.* Mascullar, farfullar.

barbotina *f.* Arcilla líquida para sacar copias de las pieza cerámicas.

barca *f.* Embarcación pequeña para pescar en las costas o ríos y atravesar estos.

barcarola *f.* MÚS Composición musical cadenciosa, que tuvo su origen en los cantos de los gondoleros venecianos.

barcaza *f.* Lanchón de transporte que se emplea en la carga y descarga de buques, así como en el desembarco de tropas y material bélico.

barcino, na *adj.* Se dice del animal de pelo blanco y pardo o rojizo.

barco *m.* Nave de madera, hierro u otra materia, que flota y que, impulsada por diversos procedimientos, sirve de medio de transporte. || ~ **cisterna** El dedicado a transportar líquidos, generalmente petróleo o sus derivados.

barda *f.* Seto, vallado o tapia que circunda un terreno.

bardo *m.* Poeta.

baremo *m.* Lista de tarifas.

bareque *m.* BAHAREQUE.

bargueño *m.* Mueble con muchos cajoncitos y con labores de talla o taracea.

bariátrico, ca *adj.* MED Relativo al peso corporal.

baricentro *m.* GEOM Punto de intersección de las medianas de un triángulo.

bario *m.* QUÍM Elemento metálico dúctil y reactivo. Punto de fusión: 725 °C. Punto de ebullición: 1640 °C. Núm. atómico: 56. Símbolo: Ba.

barisfera (Tb. barísfera) *f.* GEO Núcleo central del globo terrestre.

barítono 1 *m.* MÚS Voz media entre la de tenor y la de bajo. 2 MÚS Cantante que tiene esta voz.

barlovento *m.* Parte de donde proviene el viento respecto a un lugar determinado.

barniz 1 *m.* Disolución de una resina en un líquido volátil, con la que se protegen las superficies delicadas. 2 Baño que se da en crudo a la loza y porcelana y que cristaliza con la cocción.

barómetro *m.* Instrumento para medir la presión atmosférica; puede ser de mercurio, que indica la presión atmosférica por la diferencia de nivel entre dos recipientes llenos de mercurio, comunicados entre sí, o metálico, que modifica su forma cuando la presión de la atmósfera varía.

barón, nesa 1 *m.* y *f.* Título nobiliario, de más o menos preeminencia según los países. 2 *f.* Mujer del barón.

baronesa *f.* BARÓN.

barquero, ra *m.* y *f.* Persona que dirige una barca.

barquilla *f.* Habitáculo en que viajan los tripulantes de un globo aerostático.

barquillo *m.* Pasta de harina y azúcar en forma de canuto.

barra 1 *f.* Pieza, generalmente prismática o cilíndrica, mucho más larga que gruesa. 2 Palanca de hierro. 3 Mostrador de un bar. 4 Público que asiste a un juicio o asamblea. 5 DEP Nombre de diversos aparatos gimnásticos conformados por una o varias piezas como la descrita en la acepción 1, sostenidas horizontalmente. 6 INF Signo sencillo (/) o doble (//) para separar los niveles de jerarquización dentro de una página web: *http://www.dicnor.co/adj/ab.htm*. 7 MAT Línea horizontal (–) o diagonal (/) que en las fracciones separa el numerador del denominador. 8 MAT Línea diagonal (/) que significa "dividido por": *15/3*. 9 MÚS Línea (|) que corta las cinco líneas del pentagrama y que sirve para dar fin a un compás. 10 ORT Signo ortográfico auxiliar (/) con diversos usos, como el de separar, en los textos poéticos, los versos que se escriben seguido o el de sustituir una preposición en expresiones como *80 km/h* (kilómetros por hora). || ~ **brava** Grupo de individuos fanáticos de un equipo de fútbol que suelen actuar apasionadamente.

barrabasada *f.* Travesura grave, acción atropellada.

barraca 1 *f.* Caseta provisional construida con materiales ligeros. 2 Dormitorio múltiple donde se alojan los soldados de una unidad militar.

barracuda *f.* Pez de cuerpo alargado y hocico puntiagudo, que habita en los mares templados.

barranco *m.* Despeñadero, precipicio.

barrena *f.* Instrumento de acero con una rosca en espiral, que sirve para taladrar.

barrenar *tr.* Hacer agujeros con barrena.

barreno 1 *m.* Agujero hecho con la barrena. 2 Agujero que se llena de pólvora para volar una roca o una obra de fábrica.

barreño, ña *m.* y *f.* Recipiente de bastante capacidad, más ancho por la boca que por el asiento.

barrer 1 *tr.* Limpiar el suelo con la escoba. 2 Llevárselo todo por delante. 3 Enfocar de pasada con un haz de luz.

barrera 1 *f.* Valla, compuerta u obstáculo con que se cierra un paso. 2 Antepecho de madera que cierra el redondel de las plazas de toros. 3 Obstáculo entre una cosa y otra. 4 DEP Fila que forman los jugadores delante de su meta, para protegerla de un lanzamiento contrario.

barriada 1 *f.* BARRIO. 2 Parte de barrio. 3 Barrio marginal.

barrial 1 *m.* BARRIZAL. 2 *adj.* Perteneciente o relativo al barrio.

barrica *f.* Tonel de capacidad media.

barricada *f.* Parapeto que se hace con barricas y otros materiales volcados, para impedir el paso del enemigo.

barrido 1 *m.* Acción y efecto de barrer. 2 FÍS Proceso por el que un dispositivo explora sistemáticamente un espacio para transformar su imagen en señales trasmisibles a distancia. Es el fundamento de la televisión, el radar, etc.

barriga 1 *f.* Cavidad abdominal de los vertebrados. 2 Parte central abultada de una vasija o columna.

barril 1 *m.* Tonel para licores y géneros. 2 Unidad de medida del petróleo que equivale a 158,98 litros.

barrilete *m.* Cometa de forma hexagonal y más alta que ancha.

barrilla *f.* Polvo de mineral, concentrado por densidad.

barrio *m.* Cada una de las zonas en que se dividen las ciudades y pueblos grandes.

barrizal *m.* Sitio o terreno lleno de lodo o barro.

barro[1] 1 *m.* Mezcla de tierra y agua. 2 Lodo. 3 ARCILLA.

barro[2] *m.* Granillo rojizo en el rostro.

barroco, ca 1 *adj.* y *m.* Se dice de lo ornamentado en exceso. 2 ART Se dice del estilo artístico, caracterizado por la profusión de adornos, que se desarrolló en Europa y América desde fines del s. XVI hasta mediados del XVIII.

☐ ART En arquitectura se caracterizó por la abundancia de ornamentación y predominio de la línea curva; en escultura mostró un exagerado patetismo; en pintura se destacaron el dramatismo y los efectos del claroscuro. La literatura barroca alcanzó gran complejidad por el excesivo uso de las figuras retóricas. En la música, aparecieron el concierto, la suite, la fuga y la ópera.

barruntar *tr.* Conjeturar por alguna señal o indicio.

bártulos *m. pl.* Enseres de uso.

basa 1 *f.* Base o fundamento en que estriba una cosa. 2 ARQ Asiento de la columna o estatua.

basal 1 *adj.* Situado en la base de una construcción o de una formación orgánica. 2 BIOL **membrana** ~; **metabolismo** ~. || **cuantía** ~ FISIOL Nivel de actividad de una función orgánica durante el reposo y el ayuno. **nivel** ~ FISIOL Nivel mínimo requerido para mantener las actividades vitales de un organismo.

basalto *m.* GEO Roca volcánica constituida principalmente por feldespato y piroxeno.

basamento 1 *m.* ARQ Conjunto de basa y pedestal que sustenta la caña de la columna. 2 ARQ Parte inferior de una edificación.

basar 1 *tr.* Asentar algo sobre una base. 2 *tr.* y *prnl.* Fundar, apoyar.

basca *f.* Desazón del estómago antes de vomitar.

báscula *f.* Aparato para medir pesos, por lo general grandes.

bascular 1 *intr.* Moverse un cuerpo de un lado a otro girando sobre un eje vertical. 2 Inclinarse la caja de un vehículo para que su carga se deslice.

base 1 *f.* Fundamento en que estriba algo. 2 Parte inferior de algo. 3 ARQ BASA. 4 DEP En el béisbol, cada una de las tres esquinas del campo que defienden los jugadores. 5 GEOM Lado o cara horizontal a partir del cual se mide la altura de una figura plana o de un sólido. 6 GEOM En el trapecio, el cilindro, etc., línea o superficie paralela a aquella en que se supone que descansa. 7 MAT En una potencia, cantidad que ha de multiplicarse por sí misma tantas veces como indica el exponente. 8 MAT En un sistema de numeración, número de unidades de un número cualquiera que constituye la unidad colectiva de orden inmediato superior. Puede ser cualquier número superior que 1. Habitualmente se emplea la base 10, excepto en los computadores digitales que se emplea la base 2. 9 QUÍM Sustancia que en disolución aumenta la concentración de iones hidroxilo (OH^-). Colorea el tornasol de azul y al tacto se percibe jabonoso. Cuando reaccionan con los ácidos se obtienen sales. || ~ **de datos** INF Conjunto de datos almacenados en un computador, diseñado para facilitar su mantenimiento y acceso de una forma estándar. ~ **de un logaritmo** MAT Cantidad fija y distinta de la unidad, que tiene que elevarse a un exponente dado para que resulte una potencia determinada. ~ **nitrogenada** BIOL Cada uno de los compuestos químicos nitrogenados que constituyen los ácidos nucleicos, como la **timina**, la **adenina**, la **guanina**, la **citosina** y el **uracilo**.

basicidad 1 *f.* QUÍM Cualidad de una sustancia que la hace básica. 2 QUÍM Sustancia que puede aceptar iones de hidrógeno y neutralizar los ácidos.

básico, ca 1 *adj.* Perteneciente a la base o bases. 2 Fundamental. 3 QUÍM Se dice de la sal en que predomina la base.

basidio *m.* BIOL En los basidiomicetos, expansión de las puntas de las hifas que aloja las células productoras de esporas.

basidiomiceto *adj.* y *s.* BIOL Se dice de los hongos caracterizados por poseer un basidio que produce esporas externas por gemación. Su micelio está muy desarrollado y constituido por hifas en forma de tabique. Conforman una clase.

basílica *f.* Iglesia notable por su magnificencia o antigüedad.

basilisco *m.* Reptil arborícola, parecido a la iguana, con una cresta eréctil en el dorso y otra triangular en la cabeza.

básquet *m.* BALONCESTO.

basta *interj.* Se usa para poner término a una discusión o acción.

bastante 1 *adv. c.* Ni mucho ni poco. 2 No poco.

bastar 1 *intr.* y *prnl.* Ser suficiente. 2 Tener en abundancia.

bastardear *intr.* Degenerar de su naturaleza o pureza originaria.

bastardía *f.* Cualidad de bastardo.

bastardilla *adj.* Se dice de la letra de imprenta ligeramente inclinada hacia la derecha.

bastardo, da *adj.* y *s.* Se dice del hijo ilegítimo.

bastidor 1 *m.* Armazón de listones o barras para fijar lienzos, vidrieras, etc. 2 Armazón que soporta una máquina o un vehículo.

bastimento *m.* Provisión.

bastión *m.* BALUARTE, fortificación.

basto, ta 1 *adj.* Grosero, tosco. 2 De mala calidad, mal terminado.

bastón 1 *m.* Vara con puño y contera, que sirve para apoyarse. 2 Insignia de mando o autoridad. 3 BIOL Prolongación fotosensible de ciertas células de la retina que permiten reconocer los colores.

bastoncillo *m.* BIOL Célula nerviosa fotosensible de la retina.

bastonero, ra *m.* y *f.* Persona que, ayudada de un bastón, impone el compás en los desfiles de banda.

basura 1 *f.* Inmundicia, suciedad. 2 Desecho, residuos de comida, papeles viejos y otros desperdicios. 3 Cosa repugnante o despreciable.

basural *m.* BASURERO, sitio donde se echa la basura.

basurero, ra 1 *m.* y *f.* Persona que, por oficio, recoge o saca la basura. 2 *m.* Sitio en que se amontona la basura.

bata 1 *f.* Ropa holgada para estar en casa. 2 Guardapolvo de quienes trabajan en hospitales, laboratorios, peluquerías, etc.

batalla *f.* Combate entre dos ejércitos.

batallar 1 *intr.* Pelear con armas. 2 Luchar por superar los riesgos y las dificultades.

batallón 1 *m.* Unidad militar formada por varias compañías. 2 Grupo numeroso de personas.

batán 1 *m.* Máquina de gruesos mazos de madera, para golpear y desengrasar paños. 2 Edificio que alberga esta máquina.

batata 1 *f.* Planta vivaz americana similar a la papa. 2 Cada uno de los tubérculos comestibles de esta planta.

bate *m.* DEP Palo más grueso por el extremo libre que por la empuñadura, con el que se golpea la pelota en el béisbol.

batea 1 *f.* Bandeja de madera. 2 Artesa para lavar. 3 Barco pequeño en forma de cajón. 4 Vagón descubierto de bordes bajos.

batear *tr.* Darle a la pelota con el bate.

batería 1 *f.* Conjunto de piezas de artillería dispuestas para hacer fuego. 2 Conjunto de cañones en cada puente o cubierta de los buques mayores de guerra. 3 MÚS Conjunto de instrumentos de percusión en una orquesta o banda. 4 ELECTR ACUMULADOR.

batey *m.* Lugar ocupado por las casas, almacenes, herramientas, etc., en una finca.

batial *adj.* GEO **zona ~**.

batida 1 *f.* Exploración de una zona por varias personas. 2 Allanamiento sorpresivo a locales o viviendas que la policía realiza por sorpresa.

batido *m.* Bebida que resulta de batir varios ingredientes.

batidor, ra *m.* y *f.* Instrumento para batir.

batiente 1 *adj.* Que bate. 2 Parte del marco de puertas y ventanas en que baten y se detienen al cerrarse. 3 Lugar en que el mar bate el pie de una costa o dique.

batik 1 *m.* Método de estampación que consiste en someter la tela a baños colorantes tras haber recubierto con cera los dibujos que se desea preservar del color. 2 Tejido estampado por este procedimiento.

batir 1 *tr.* Echar algo por tierra. 2 Hablando del agua y del viento, dar de lleno en un lugar. 3 Mover con ímpetu una cosa. 4 Remover alguna cosa para que se condense y trabe, o para que se licue o disuelva. 5 Derrotar al enemigo. 6 Atacar con la artillería. 7 *prnl.* Combatir en duelo.

batiscafo *m.* Submarino autónomo para la exploración de los fondos oceánicos.

batisfera *f.* Cámara esférica utilizada para investigaciones submarinas, la cual desciende sujeta a un cable.

batolito *m.* GEO Masa de rocas eruptivas consolidada a gran profundidad.

batracio *adj.* y *s.* ZOOL Se dice de los vertebrados de la clase de los **anfibios**.

batuta *f.* MÚS Varita con que el director de una orquesta o un coro marca el compás.

baúl 1 *m.* Mueble en forma de caja con tapa convexa. 2 Lugar destinado en los vehículos para el equipaje u otras cosas.

bauprés *m.* Palo grueso que en la proa de los barcos sirve para asegurar los cabos del trinquete.

bautismo *m.* REL Rito universal cristiano de iniciación, administrado con agua. Se considera un sacramento o un signo de gracia.

bautista 1 *adj.* y *m.* Que bautiza. 2 BAPTISTA.

bautizar 1 *tr.* Administrar el sacramento del bautismo. 2 Ponerle nombre a algo.

bautizo *m.* Acción de bautizar y fiesta con que se celebra.

bauxita *f.* GEO Roca sedimentaria, blanca y amarillenta, que se emplea en la obtención del aluminio.

baya *f.* BOT Fruto carnoso y jugoso con las semillas rodeadas de pulpa, como la uva y el tomate.

bayeta 1 *f.* Tela de lana poco tupida. 2 Paño para fregar el suelo.

bayo, ya *adj.* y *s.* Se aplica al color blanco amarillento de los caballos.

bayoneta *f.* Arma blanca que se adapta a la boca del fusil.

baza 1 *f.* Grupo de cartas en algunos juegos de naipes.

bazar 1 *m.* Mercado público. 2 Reunión festiva de compraventa.

bazo *m.* ANAT y FISIOL Órgano glandular situado a la izquierda del estómago; contiene nódulos linfáticos y macrófagos que eliminan las sustancias de desecho de la sangre.

bazofia 1 *f.* Desechos de comida. 2 Cosa repugnante.

bazuca *f.* Arma portátil, consistente en un tubo metálico, para disparar proyectiles, principalmente contra los carros armados.

be *f.* Nombre de la letra *b*.

beatería *f.* Virtud o devoción afectada.

beatificar *tr.* REL Declarar beato, el papa, a un cristiano difunto, reconociendo sus virtudes, que está en el cielo y que puede recibir culto.

beatitud 1 *f.* Bienaventuranza eterna. 2 Felicidad, bienestar.

beatnik (Voz ingl.) *adj.* y *s.* Se dice de un movimiento estadounidense (1956-1968) que se caracterizó por el radical rechazo a la moral y a los valores sociales establecidos.

beato, ta 1 *m.* y *f.* Persona beatificada por el papa. 2 Persona que frecuenta mucho los templos y practica toda clase de devociones.

bebe, ba *m.* y *f.* BEBÉ.

bebé *m.* Niño o niña recién nacido o de pocos meses.

bebedero, ra 1 *adj.* Que se puede beber. 2 *m.* Recipiente en que se echa la bebida a las aves domésticas. 3 Lugar al que acuden a beber los animales. 4 *f.* Acción de beber repetida o prolongadamente.

bebedizo 1 *m.* Bebida que se da por medicina. 2 Brebaje que, según algunos, tiene la virtud de enamorar. 3 VENENO, sustancia tóxica.

beber 1 *tr.* e *intr.* Ingerir un líquido. 2 *intr.* Abusar de las bebidas alcohólicas.

bebida *f.* Cualquier líquido que se bebe.

beca 1 *f.* Pensión temporal que se concede para estudios. 2 Plaza gratuita en un colegio.

becar *tr.* Conceder una beca.

becario, ria *m.* y *f.* Persona que goza de una beca.

becerro, rra *m.* y *f.* Cría de la vaca hasta los dos años.

bechamel *f.* Salsa de mantequilla, leche y harina.

bedel, la *m.* y *f.* Persona que en los centros de enseñanza cuida del orden fuera de las aulas.

beduino, na *adj.* y *s.* Se dice de los árabes nómadas que viven de la ganadería y que se trasladan a lomos de camello. Habitan en la península arábiga, Siria y el N de África.

befa *f.* Expresión de desprecio insultante.

begonia *f.* Planta perenne de hojas grandes acorazonadas y flores sin corola, de color rosa, rojo o blanco. Existen varias especies y pueden reproducirse vegetativamente a partir de las hojas.

beicon *m.* Carne entreverada de cerdo, ahumada y embutida.

beis *adj.* y *m.* Se dice del color castaño claro.

béisbol *m.* DEP Juego que se practica entre dos equipos de nueve jugadores, alternativamente, y han de anotar "carreras" avanzando por las tres bases, durante su turno y cuando la pelota se impulsa correctamente con un bate.

bejuco *m.* Nombre de varias plantas tropicales sarmentosas y trepadoras.

beldad *f.* Mujer de singular hermosura.

belén *m.* Representación del nacimiento de Jesús.

beleño *m.* Nombre común de algunas plantas herbáceas narcóticas o venenosas pertenecientes a la familia de las solanáceas.

belfo, fa 1 *adj.* y *s.* Que tienen el labio inferior más grueso. 2 Que tiene la mandíbula inferior sobresaliendo a la superior. 3 *m.* Labio del caballo y de otros animales.

belicismo *m.* POLÍT Tendencia a tomar parte en conflictos armados.

bélico, ca *adj.* Perteneciente a la guerra.

belicoso, sa *adj.* Violento, pendenciero.

beligerancia 1 *f.* Calidad de beligerante. 2 POLÍT Derecho de hacer la guerra con iguales garantías internacionales que el enemigo.

beligerante 1 *adj.* Se dice del país que está en guerra. 2 COMBATIVO.

bellaco, ca 1 *adj.* y *s.* Malo, pícaro. 2 Astuto.

belladona *f.* Planta solanácea muy venenosa, de uso terapéutico, sobre todo por el alcaloide llamado atropina.

bellaquear *intr.* Hacer bellaquerías.

bellaquería 1 *f.* Cualidad de bellaco. 2 Acción propia de los bellacos.

belle époque (Loc. fr.) *f.* Periodo de la historia europea (1870-1914), anterior a la Primera Guerra Mundial, que se destacó por el progreso social y económico, así como por el desarrollo artístico y cultural.

belleza 1 *f.* Propiedad que deriva de la armonía de las personas o cosas e infunde deleite intelectual o espiritual y un sentimiento de admiración. 2 Persona o cosa notable por su hermosura.

bello, lla *adj.* Poseedor de belleza.

bellota *f.* Fruto de la encina y del roble.

beluga *f.* Cetáceo ártico caracterizado por estar su cabeza delimitada por una constricción pequeña en la parte posterior.

bemol 1 *adj.* MÚS Se dice de la nota que está un semitono por debajo de su sonido natural. 2 MÚS Signo, semejante a una *b*, que representa esta alteración.

benceno *m.* QUÍM Hidrocarburo cíclico líquido e incoloro, muy inflamable. Se emplea para la obtención de plásticos, colorantes, explosivos, etc.

bencina 1 *f.* QUÍM GASOLINA. 2 QUÍM Fracción líquida del petróleo que se emplea como disolvente.

bendecir 1 *tr.* Colmar de bien a alguien la Providencia. 2 REL Consagrar alguna cosa al culto divino. 3 REL Invocar la protección divina mediante oraciones.

bendición *f.* Acción y efecto de bendecir.

bendito, ta 1 *adj.* y *s.* Santo, bienaventurado. 2 Que trae dicha.

benedictino, na *adj.* y *s.* Relativo a la orden de san Benito.

benefactor, ra *adj.* BIENHECHOR.

beneficencia 1 *f.* Acción de hacer el bien a otros. 2 Conjunto de instituciones de asistencia social.

beneficiadero *m.* Conjunto de instalaciones en el que se procesa el fruto del café, luego de su recolección hasta la trilla.

beneficiar 1 *tr.* y *prnl.* Hacer bien. 2 *tr.* Mejorar una cosa haciendo que produzca. 3 Extraer de una mina las sustancias útiles y someterlas al tratamiento metalúrgico. 4 Sacar provecho de algo. 5 Descuartizar una res y venderla al por menor. 6 Procesar productos agrícolas. 7 *prnl.* Sacar provecho de algo o de alguien, aprovecharse.

beneficiario, ria *adj.* y *s.* Se dice de quien resulta favorecido por algo.

beneficio 1 *m.* Bien que se hace o se recibe. 2 Provecho. 3 Acción de beneficiar minas o minerales. 4 Acción de descuartizar una res. 5 Acción de procesar productos agrícolas.

benéfico, ca 1 *adj.* Que hace bien. 2 Relativo a la ayuda gratuita que se presta a los necesitados.

benemérito, ta *adj.* Digno de galardón.

beneplácito 1 *m.* Aprobación, permiso. 2 Complacencia.

benevolencia *f.* Buena voluntad hacia las personas.

benévolo, la 1 *adj.* Que tiene buena voluntad o afecto. 2 Que se hace gratuitamente sin que exista obligación alguna.

bengala *f.* Fuego artificial de muchos colores.

bengalí 1 *m.* LING Lengua hablada por más de 100 millones de personas, en Bengala Occidental y Bangladés. 2 Pájaro pequeño de colores vivos, propio de las regiones intertropicales asiáticas.

benigno, na 1 *adj.* Apacible. 2 MED Se dice de los tumores no malignos.

benimerín *adj.* y *s.* HIST De una tribu marroquí que en el s. XIII fundó una dinastía en el norte de África y sustituyó a los **almohades** en la España musulmana.

benjamín, na 1 *adj.* y *s.* Se dice del hijo o la hija menor de una familia. 2 *m.* y *f.* El más joven de un grupo. 3 *m.* Enchufe auxiliar con dos o más tomas.

benjuí *m.* Árbol de cuya corteza se obtiene una resina que se emplea como expectorante y aséptico.

bentónico, ca *adj.* BIOL Se dice del animal o planta que vive en contacto con el fondo del mar, aun cuando pueda separarse de este por algún tiempo.

bentonita *f.* Arcilla de gran poder de absorción.

beodo, da *adj.* y *s.* Embriagado o borracho.

berberisco *adj.* y *s.* BERÉBER.

berbiquí *m.* Instrumento para taladrar, consistente en un manubrio de doble codo, que gira alrededor de un puño ajustado a uno de sus extremos.

beréber (Tb. bereber) 1 *adj.* y *s.* HIST Se dice de la persona perteneciente a uno de los grupos de población autóctonos del N de África. 2 *m.* LING Lengua que comprende numerosos dialectos y cuyo alfabeto ha sido conservado por los tuareg de Sáhara.

berenjena 1 *f.* Planta anual solanácea de hojas y flores grandes y fruto violáceo de 10 cm a 12 cm, comestible. 2 Fruto de esta planta.

bergante *m.* Pícaro, sinvergüenza.

bergantín *m.* Velero de dos palos y vela redonda o cuadrada.

beriberi *m.* MED Forma de avitaminosis que se caracteriza por un debilitamiento general y la rigidez dolorosa de los miembros.

berilio *m.* QUÍM Elemento metálico que por su ligereza se utiliza en piezas de aviones supersónicos. Núm. atómico: 4. Punto de fusión: 1215 °C. Símbolo: Be.

berilo GEO *m.* Silicato de aluminio y berilio; una de sus variedades cristalizadas es la esmeralda.

berkelio *m.* QUÍM Elemento transuránico del subgrupo del actinio. Núm. atómico: 97. Símbolo: Bk.

berlina 1 *f.* Carruaje cerrado de dos asientos. 2 Coche de cuatro puertas.

berma 1 *f.* ARCÉN. 2 Caminillo al pie de una muralla.

bermejo, ja *adj.* De tono rojizo.

bermellón *m.* Color rojo vivo.

bermuda *m.* Pantalón corto que llega a las rodillas. • U. m. en pl.

berquelio *m.* QUÍM BERKELIO.

berrear 1 *intr.* Llorar desaforadamente un niño. 2 Gritar o cantar desafinadamente las personas.

berrendo *m.* Mamífero rumiante de México, semejante al ciervo.

berrido *m.* Grito desaforado.

berrinche *m.* Enojo grande, especialmente de los niños.

berro *m.* Planta de hojas alternas y corola cruciforme; por su sabor picante se emplea en ensaladas.

berza *f.* COL.

besamanos 1 *m.* Acto público de saludo a las autoridades. 2 Saludo acercando la mano derecha a la boca.

besar 1 *tr.* Tocar con los labios en señal de afecto, amistad y reverencia. 2 Iniciar el ademán sin llegar a tocar. 3 Tocar unas cosas con otras.

bestia 1 *f.* Animal cuadrúpedo, y en especial los domésticos de carga. 2 Persona ruda e ignorante.

bestial 1 *adj.* Brutal o irracional. 2 Desmesurado, extraordinario.

bestialidad 1 *f.* Brutalidad o irracionalidad. 2 Cantidad grande o excesiva. 3 Acción exagerada.

bestialismo *m.* PSIC Alteración sexual consistente en el deseo erótico por los animales.

A B C D E F G H I J K L M N Ñ O P Q R S T U V W X Y Z

bestiario *m.* LIT Colección de fábulas sobre animales reales o quiméricos.

best seller (Loc. ingl.) *m.* Obra literaria de gran éxito y de mucha venta.

besugo *m.* Pez teleósteo muy apreciado por su carne.

betabel *m.* REMOLACHA.

betel *m.* Planta trepadora con hojas de sabor a menta. Su semilla contiene un alcaloide que actúa como tónico y estimulante.

betlemita 1 *adj.* y *s.* De Belén. 2 Religioso de la orden fundada en 1653 en Guatemala por Pedro de Bethencourt.

betún 1 *m.* Nombre de varios compuestos naturales que arden con llama y humo espeso. 2 Mezcla para lustrar el calzado.

bezote *m.* Adorno o pendiente que algunos indígenas de América llevan en el labio inferior.

bianual *adj.* Que ocurre dos veces al año.

biaxial *adj.* Que tiene dos ejes.

biberón 1 *m.* Botella con pezón de goma que se emplea para la lactancia artificial. 2 Contenido de aquella.

biblia *f.* Obra que reúne los conocimientos o ideas sobre una materia y que se considera, por sus seguidores, modelo ideal.

bíblico, ca *adj.* Relativo a la Biblia, conjunto de libros considerados sagrados por las iglesias cristianas, que suele dividirse en Antiguo Testamento y Nuevo Testamento.

bibliofilia *f.* Pasión por los libros.

bibliografía 1 *f.* Descripción de libros. 2 Catálogo de fuentes escritas sobre una materia.

biblioteca 1 *f.* Local en que se guarda un número considerable de libros debidamente ordenados. 2 Institución cuyo objetivo es la adquisición, clasificación, conservación, estudio, exposición y préstamo de libros y documentos. 3 Estantería en que se colocan los libros. 4 Conjunto de libros o tratados análogos. 5 Obra que da cuenta de los escritores de una nación o de una especialidad.

bibliotecario, ria *m.* y *f.* Persona que tiene a su cargo el cuidado, ordenación y servicio de una biblioteca.

bibliotecología *f.* Ciencia que estudia las bibliotecas en todos sus aspectos.

bicameral *adj.* POLÍT Se dice del sistema parlamentario en el que el poder recae sobre dos cámaras legislativas, que deben aprobar de manera conjunta un proyecto de ley para que este pueda promulgarse.

bicarbonato *m.* QUÍM Sal ácida del ácido carbónico. El más conocido es el sódico, que se emplea por sus propiedades antiácidas.

bicéfalo, la *adj.* Que tiene dos cabezas.

bíceps *adj.* y *s.* ANAT Se dice de los músculos pares. || ~ **braquial** ANAT El que va desde el omoplato a la parte superior del radio. ~ **femoral** ANAT El que está situado en la parte posterior del muslo.

biche *adj.* Que no ha logrado su plenitud o culminación.

bichero *m.* Palo largo con un gancho en uno de sus extremos, que se usa en las embarcaciones menores para atracar y desatracar.

bicho *m.* Cualquier sabandija o animal pequeño.

bicicleta *f.* Vehículo de dos ruedas alineadas y fijas a un marco, movido por pedales, cuyo movimiento se transmite a la rueda trasera por medio de dos piñones y una cadena.

biciclo *m.* Velocípedo de dos ruedas.

bicoca 1 *f.* Cosa de escaso valor. 2 Cosa valiosa que se obtiene por poco costo o con escaso esfuerzo.

bicolor *adj.* De dos colores.

bicóncavo, va *adj.* Se dice del cuerpo que tiene dos superficies cóncavas opuestas.

biconvexo, xa *adj.* Se dice del cuerpo que tiene dos superficies convexas opuestas.

bicornio *m.* Sombrero de dos picos.

bicromía *f.* Impresión en dos colores.

bicúspide 1 *adj.* Que tiene dos cúspides. 2 ANAT **válvula ~.**

bidé *m.* Lavabo bajo y ovalado para el aseo de los genitales.

bidimensional *adj.* Plano, que tiene solo dos dimensiones, largo y ancho.

bidón *m.* Recipiente de cierre hermético para el transporte de sustancias que requieren aislamiento.

biela *f.* Mecanismo que transforma el movimiento de rotación en otro de vaivén, o viceversa.

bien 1 *m.* Lo perfecto en su género y cuya consecución es el objetivo último de la moral. 2 Utilidad, beneficio. 3 Lo que es agradable. 4 *m. pl.* Hacienda, riqueza. 5 Cosas inmateriales o materiales en cuanto objetos de derecho. 6 *adv. m.* Según es debido, con razón, perfectamente. 7 Con buena salud. 8 Con gusto. 9 Sin dificultad. 10 Mucho, bastante. 11 Aprox. 12 Repetido, tiene valor de conjunción distributiva. || **~es de consumo** ECON Bienes finales producidos por el hombre destinados al consumo de las personas. **~es inmuebles** o **raíces** Los que no pueden trasladarse sin su destrucción. **~es muebles** Los que pueden trasladarse sin menoscabo de la cosa inmueble que los contiene.

bienal 1 *adj.* Que se da cada bienio. 2 *f.* Exposición o manifestación artística que se celebra cada dos años.

bienaventurado, da 1 *adj.* y *s.* Dichoso, feliz. 2 Que está en el cielo.

bienaventuranza 1 *f.* REL La posesión de Dios en el cielo. 2 *pl.* REL Las ocho bendiciones de Jesús a sus discípulos en el *Sermón de la montaña.*

bienestar 1 *m.* Conjunto de cosas necesarias para vivir bien. 2 Vida abastecida de cuanto conduce a pasarlo bien y con tranquilidad.

bienhechor, ra *adj.* y *s.* Que hace bien a otro.

bienintencionado, da *adj.* Que tiene buena intención.

bienio *m.* Tiempo de dos años.

bienvenido, da 1 *adj.* Se dice de alguien o algo cuya venida se acoge con agrado o júbilo. 2 *f.* Parabién que se da a alguien por haber llegado felizmente a un lugar.

bifásico, ca *adj.* ELECTR Se dice del sistema de dos corrientes eléctricas alternas, procedentes del mismo generador.

bífido, da *adj.* Se dice de lo hendido en dos partes o que se bifurca.

bifocal *adj.* ÓPT Relativo a la lente de dos focos, para corregir la visión de corta y de larga distancia.

bifurcación 1 *f.* Acción y efecto de bifurcarse. 2 Lugar en que un camino o río se divide en dos.

bifurcarse *prnl.* Dividirse una cosa en dos brazos, ramales o puntas.

big bang (Loc. ingl.) *m.* ASTR Modelo cosmológico según el cual el universo estaba inicialmente comprimido con una densidad infinita y está expandiéndose desde el instante de la gran explosión inicial.

bigamia *f.* Estado del bígamo.

bígamo, ma 1 *adj.* y *s.* Se dice del hombre o de la mujer casados a la vez con dos personas. 2 Casado por segunda vez.

bigote *m.* Pelo que nace sobre el labio superior.

bija *f.* ACHIOTE.

bijao *m.* Planta herbácea tropical dicotiledónea, de hasta 2 m de altura, de grandes hojas ovales con un nervio central fuerte, flores dispuestas en espigas y fruto en caja.

bikini *m* BIQUINI.

bilabial 1 *adj.* y *s.* FON Se dice del sonido en cuya pronunciación intervienen los dos labios; como la *b*, la *m* y la *p*. 2 FON Se dice de la letra que representa este sonido.

bilateral *adj.* Relativo a los dos lados o aspectos que se consideran.

biliar 1 *adj.* Relativo a la bilis. 2 ANAT y FISIOL **vesícula ~**.

bilingüe 1 *adj.* Que habla dos lenguas. 2 Escrito en dos idiomas.

bilirrubina *f.* BIOQ Pigmento biliar de color amarillo.

bilis *f.* FISIOL Líquido que segrega el hígado en el duodeno y que estimula los movimientos peristálticos y la absorción.

billar 1 *m.* Juego que consiste en impulsar con un taco unas bolas de marfil sobre una mesa rectangular con barandas y eventuales troneras. 2 Lugar en que hay mesas de este juego.

billete 1 *m.* Papel moneda. 2 Tarjeta que da derecho a una localidad en un espectáculo o en un medio de transporte. 3 Cédula que acredita la participación en una lotería o rifa. 4 Carta breve.

billetera *f.* Funda rectangular del tamaño adecuado para llevar billetes, tarjetas, documento, etc.

billón 1 *m.* Un millón de millones. 2 En Estados Unidos, un millar de millones.

bimensual *adj.* Que ocurre dos veces al mes.

bimestral 1 *adj.* Que sucede o se repite cada bimestre. 2 Que dura un bimestre.

bimestre *m.* Tiempo de dos meses.

bimotor *adj.* y *m.* Se dice del avión provisto de dos motores.

binario, ria 1 *adj.* Compuesto de dos elementos o cifras. 2 MAT **numeración ~**.

bingo *m.* Juego de azar, variedad de lotería.

binocular *adj.* Relativo a la visión con ambos ojos.

binóculos *m. pl.* ÓPT PRISMÁTICOS.

binomio 1 *m.* MAT Ecuación de dos términos unidos por los signos más o menos. 2 Unión de dos personajes importantes.

binza *f.* Telilla fina que recubre algo, como la que envuelve la cebolla.

biochip *m.* INF Circuito integrado que funciona mediante biopolímeros, como proteínas y ácidos nucleicos.

bioclimático, ca *adj.* Relacionado con la interacción entre los seres vivos y el clima.

biocombustible 1 *adj.* y *s.* Se dice de cualquier combustible obtenido a partir de materia orgánica recientemente viva, como madera, excrementos, desechos domésticos, etc. 2 Se dice de los ésteres y alcoholes obtenidos a partir de la fermentación industrial de azúcares de caña y otros cereales; suelen mezclarse con los combustibles fósiles para reducir su impacto ambiental.

biodegradable *adj.* ECOL Se dice de la sustancia que puede ser degradada por los seres vivos, principalmente microorganismos, transformándose en compuestos más sencillos y menos o nada contaminantes.

biodiésel *m.* Combustible que se obtiene de los lípidos naturales (grasas vegetales o animales) y se usa para el movimiento de motores **diésel**.

biodiversidad *f.* ECOL Diversidad de especies animales y vegetales en su medio ambiente.

bioelemento *m.* BIOQ Elemento químico (por ejemplo, el oxígeno o el carbono) indispensable para el desarrollo de un ser orgánico.

bioenergético, ca *adj.* BIOL Relativo al estudio de los cambios energéticos que ocurren en los organismos y en los sistemas vivientes.

bioética *f.* Disciplina que estudia los aspectos éticos de la medicina y la biología en general, así como de las relaciones del humano con los demás seres vivos.

biofísica *f.* BIOL Estudio de los fenómenos vitales con la ayuda de la física.

biogás *m.* ECOL Mezcla de metano y dióxido de carbono producido por la acción bacteriana sobre los residuos orgánicos; se emplea como combustible.

biogénesis *f.* BIOL Teoría según la cual un ser vivo solo puede provenir de otro ser vivo. Se opone a la generación espontánea.

biogeografía *f.* GEO Área de la **biología** y la **geografía** que estudia los ecosistemas y la interacción entre plantas, animales y seres humanos.

biografía *f.* Relación de hechos y sucesos notables de una persona desde su nacimiento hasta su muerte.

biografiar *tr.* Escribir la biografía de alguien.

biógrafo, fa *m.* y *f.* Autor de una biografía.

biología *f.* BIOL Ciencia que estudia los seres vivos. Incluye, entre otras disciplinas, la zoología, la botánica, la microbiología, la etología, la ecología y la genética.

biológico, ca 1 *adj.* Perteneciente o relativo a la biología. 2 ECOL **agricultura ~; control ~.** 3 QUÍM **oxidación ~.**

bioluminiscencia *f.* BIOL Producción de luz fría por algunos organismos (bacterias, hongos, luciérnagas, peces abisales, etc.).

bioma *f.* ECOL Conjunto de las comunidades animales, vegetales y de microorganismos características de una región climática. Se define en función de la vegetación: tundra, selva tropical, desierto, etc.

biomasa *f.* BIOL Masa total de los seres vivos en un ecosistema determinado.

biombo *m.* Mampara formada por varios bastidores unidos por goznes, que permiten su cierre o despliegue.

biónica *f.* Ciencia que estudia las funciones y los movimientos de los órganos naturales para su reproducción y aplicación industrial.

biopolímero *m.* BIOQ Sustancia de naturaleza polimérica que participa de los procesos biológicos, como las proteínas y los ácidos nucleicos.

biopsia 1 *f.* MED Examen de un trozo de tejido tomado de un ser vivo. 2 MED Muestra de este tejido para el respectivo examen.

bioquímico, ca *f.* BIOQ Estudio de la estructura molecular de los seres vivos y sus reacciones y transformaciones.

biorritmo *m.* Variación cíclica en un proceso biológico o fisiológico.

biósfera (Tb. biosfera) *f.* ECOL Parte de la Tierra donde se desarrollan los seres vivos. Abarca desde unos 10 km de altitud en la atmósfera hasta el fondo oceánico.

biosíntesis *f.* BIOL Síntesis de sustancias compuestas que realizan los seres vivos, generalmente a partir de otras más simples.

biota *f.* ECOL Conjunto de los seres vivos de un territorio.

biotecnología *f.* Conjunto de técnicas industriales que aprovechan la actividad metabólica de determinados microorganismos. Se aplica a la agricultura, las industrias químicas y alimentarias, la sanidad ambiental y la farmacología.

biótico, ca 1 *adj.* BIOL Característico de los seres vivos o que se refiere a estos. 2 ECOL Relativo a la biota. || **medio** ~ ECOL Entorno viviente de un individuo, una población, o un medio físico.

biotipo *m.* BIOL Forma característica de un animal o planta que puede considerarse representativa de su especie o variedad.

biotopo *m.* ECOL Territorio cuyas condiciones ambientales son las adecuadas para que se desarrollen seres vivos.

bióxido *m.* QUÍM Combinación de un radical con dos átomos de oxígeno.

bipartidismo *m.* POLÍT Sistema con predominio de dos partidos que compiten por el poder o se turnan en este.

bipartito, ta *adj.* Que consta de dos partes.

bipedación *f.* Modo de andar las personas y los animales de dos patas, o con las dos extremidades posteriores los cuadrúpedos.

bípedo, da *adj.* y *m.* De dos pies.

biplano *adj.* y *m.* Se dice del avión de cuatro alas dispuestas en dos planos paralelos.

bipolar 1 *adj.* Que tiene dos polos o extremos. 2 *adj.* y *s.* En psiquiatría, que padece de un trastorno que se caracteriza por cambios repentinos de actitud y personalidad.

biquini *m.* Bañador femenino de dos prendas.

birome *f.* **BOLÍGRAFO.**

birrectángulo *adj.* GEOM **triángulo esférico ~.**

birrete 1 *m.* Solideo rojo del papa y los cardenales. 2 Especie de bonete con una borla.

bis *adv. c.* Indica que una cosa está repetida o ha de repetirse.

bisabuelo, la *m.* y *f.* El padre o la madre del abuelo o de la abuela.

bisagra *f.* Herraje de dos piezas articuladas, con un eje común, que se fijan una a un sostén fijo y otra, a una pieza movible. Permite que ciertos objetos abran y cierren.

bisecar *tr.* GEOM Dividir en dos partes iguales.

bisección *f.* GEOM Acción y efecto de bisecar.

bisector, triz *adj.* y *s.* GEOM Que divide en dos partes iguales un plano, una recta, un ángulo, etc.

bisel *m.* Corte oblicuo en el borde o extremidad de una lámina.

biselar *tr.* Hacer biseles.

bisexual 1 *adj.* y *s.* Se dice de la persona que alterna las prácticas homosexuales con las heterosexuales. 2 **HERMAFRODITA.**

bisiesto *adj.* y *m.* **año ~.**

bisílabo, ba *adj.* y *s.* De dos sílabas.

bismuto *m.* QUÍM Elemento metálico que se expande al solidificarse, lo que lo convierte en un metal idóneo para fundiciones. Núm. atómico: 83. Punto de fusión: 271,3 °C. Punto de ebullición: 1560 °C. Símbolo: Bi.

bisnieto, ta *m.* y *f.* El hijo o hija del nieto o de la nieta.

bisonte *m.* Bóvido salvaje de gran tamaño, con la cabeza voluminosa y cuernos poco desarrollados.

bisoñé *m.* Peluquín que cubre la parte anterior de la cabeza.

bisoño, ña *adj.* y *s.* Inexperto en cualquier arte o asunto.

bisté *m.* **BISTEC.**

bistec *m.* Lonja de carne de vaca asada en parrillas o frita.

bisturí *m.* Instrumento quirúrgico en forma de cuchillo pequeño, para seccionar los tejidos blandos.

bisutería *f.* Joyería de materiales no preciosos.

bit *m.* INF Unidad de medida de información equivalente a la elección entre dos posibilidades igualmente probables. Puede tomar dos valores: 0 o 1.

bitácora 1 *f.* En un barco, caja fija a la cubierta e inmediata al timón, en que se pone la brújula. 2 **cuaderno de** ~.

biunívoca *adj.* MAT **correspondencia** ~.

bivalente *adj.* QUÍM De doble valencia.

bivalvo *adj.* y *m.* ZOOL Se dice de los moluscos caracterizados por poseer una concha dividida en dos mitades articuladas y cabeza reducida.

biyectiva *adj.* MAT **aplicación** ~.

bizantino, na 1 *adj.* HIST Relativo a Bizancio; al Imperio Romano de Oriente desde que se separó del de Occidente en el año 395. 2 Se dice de las discusiones sin fundamento o demasiado fútiles.

☐ HIST El Imperio bizantino logró su conformación como potencia bajo Justiniano I (527-565), que reconstituyó la unidad mediterránea al conquistar Italia y el N de África. La IV cruzada (1202-1204) lo sumió en la ruina y, aunque tuvo periodos de recuperación, se vio cada vez más mermado por el avance de los turcos, que en 1453 tomaron Constantinopla. Esta fecha se acepta como el fin de la Edad Media.

bizarría *f.* Cualidad de bizarro.

bizarro, rra 1 *adj.* Esforzado, valiente. 2 Lucido, espléndido. 3 Extravagante, exagerado.

bizco, ca 1 *adj.* Se dice de la mirada o del ojo que sufre estrabismo. 2 *adj.* y *s.* Se dice de quien lo padece.

bizcocho 1 *m.* Pan sin levadura y recocido. 2 Pastel de crema. 3 Objeto de loza después de la primera cocción y antes de esmaltado.

bizquear 1 *intr.* Padecer estrabismo. 2 Torcer la vista al mirar.

blanco, ca 1 *adj.* Se dice del color de la luz solar no descompuesta en los varios colores del espectro, como el de la nieve o la leche. 2 *adj.* y *s.* Por el tono claro de su piel, se dice de los caucásicos. 3 *m.* Objeto situado lejos para ejercitarse en el tiro y puntería. 4 Objeto sobre el cual se dispara un arma de fuego. 5 Objeto de los deseos o acciones. 6 *f.* MÚS Nota que vale la mitad de una redonda.

blandengue 1 *adj.* Muy blando. 2 *adj.* y *s.* Se dice de la persona de escasa energía.

blandir *tr.* Mover un arma u otra cosa haciéndola vibrar.

blando, da 1 *adj.* Que cede fácilmente al tacto. 2 Suave, benigno.

blandura 1 *f.* Cualidad de blando. 2 Delicadeza en el trato.

blanqueador, ra *adj.* y *s.* Que blanquea.

blanquear 1 *tr.* Poner blanco algo. 2 ECON Convertir en dinero legal el obtenido ilegalmente. 3 *intr.* Ir tomando algo el color blanco.

blanquecino, na *adj.* Que tira a blanco.

blasfemar *intr.* Proferir blasfemias.

blasfemia 1 *f.* Palabra injuriosa contra Dios o los santos. 2 Palabra injuriosa contra alguien.

blasón 1 *m.* Arte que explica los escudos de armas. 2 Cada figura o pieza de un escudo.

blastema 1 *m.* BIOL Conjunto de células embrionarias que dan origen a un órgano. 2 BIOL Parte protoplasmática de un huevo.

blastocito *m.* BIOL Célula embrionaria que todavía no se ha diferenciado.

blastodermo *m.* BIOL Conjunto de células procedentes de la segmentación del óvulo. Consiste en una membrana que se hace doble al formarse la gástrula, y triple, al aparecer en medio una formación de células conjuntivas.

blastómero *m.* BIOL Cada una de las células embrionarias en el proceso de fragmentación.

blástula *f.* BIOL Periodo del desarrollo embrionario que sigue a la mórula o segmentación del huevo. Consiste en una esfera hueca rodeada de una capa de células.

bledo *m.* Cosa de poco o ningún valor: *Me importa un bledo.*

blenorragia *f.* MED Flujo mucoso ocasionado por la inflamación de una membrana urogenital.

blindado, da 1 *adj.* Recubierto con blindaje. 2 Protegido del acceso externo o de cualquier acción no deseada.

blindaje *m.* Acción y efecto de blindar.

blindar *tr.* Proteger, especialmente con planchas metálicas, buques, carros armados, etc.

bloc *m.* Conjunto de hojas de papel superpuestas de modo que se puedan desprender con facilidad.

blog *m.* INF Sitio web donde alguien publica documentos, fotografías o videos sobre sus vivencias o temas de su interés.

bloguero, ra 1 *adj.* Referido a los blogs o a los blogueros. 2 *m.* y *f.* Persona que crea, gestiona u organiza un blog.

blondo, da *adj.* RUBIO.

bloque 1 *m.* Trozo grande de un material compacto. 2 Conjunto más o menos compacto de cosas. 3 BLOC. 4 En los motores de explosión, pieza de fundición en cuyo interior se ha labrado el cuerpo de uno o varios cilindros. 5 POLÍT Agrupación ocasional de varios partidos.

bloquear 1 *tr.* Realizar una operación militar consistente en cortar las comunicaciones de un territorio, de un ejército, etc. 2 Inmovilizar un capital impidiendo que su dueño disponga de aquel. 3 *tr.* y *prnl.* Frenar un movimiento o proceso. 4 *prnl.* Quedarse sin reaccionar.

bloqueo *m.* Acción y efecto de bloquear. || ~ **comercial** o **económico** POLÍT y ECON El que una potencia impone a un país para impedirle las relaciones comerciales internacionales.

blue jean *m.* BLUYÍN.

blues (Voz ingl.) *m.* MÚS Canto popular afroamericano, surgido en el s. XIX, por lo general amoroso y muy sensual.

blusa 1 *f.* Prenda de tela fina que cubre la parte superior del cuerpo. 2 Bata de trabajo.

bluyín *m.* Pantalón de tela de algodón, generalmente de color azul, muy resistente, y con el cosido largo y muy visible.

boa 1 *f.* Serpiente americana no venenosa, que llega a alcanzar 6 m de largo. Mata a sus presas comprimiéndolas y después se las traga enteras. 2 Prenda de piel o pluma para abrigo o adorno del cuello.

boato *m.* Ostentación en el porte exterior.

bobear *intr.* Hacer o decir boberías.

bobería *f.* Dicho o hecho necio o fútil.

bobina 1 *f.* Devanado de hilo, cable o papel sobre un canuto. 2 ELECTR Hilo de cobre enrollado que forma parte del circuito de algunos aparatos eléctricos. || ~ **de encendido** ELECTR La que en los automotores transforma los impulsos de baja tensión, procedentes del acumulador, en impulsos de alta tensión, capaces de producir la chispa en las bujías.

bobinar *tr.* Enrollar o devanar hilo, cable, etc., en forma de bobina.

bobo, ba *adj.* y *s.* De muy escasa capacidad intelectual.

boca *f.* ANAT 1 Orificio situado en la parte anterior del tubo digestivo, a través del cual se ingiere y deglute el alimento y se emiten sonidos. En el ser humano, está formada por la cavidad bucal, los dientes, la lengua y las glándulas salivares. 2 Abertura de entrada o salida: *Boca de cañón.* 3 En ciertas herramientas, la parte afilada o la cara para golpear. 4 Persona a la que se mantiene. || ~ **del estómago** ANAT Parte central de la región epigástrica.

bocabajo *adv. m.* Tendido con la cara hacia el suelo.

bocacalle 1 *f.* Entrada de una calle. 2 Calle secundaria que afluye a otra.

bocadillo 1 *m.* Pan partido en dos mitades entre las cuales se colocan alimentos variados. 2 Conserva de guayaba. 3 Pasta hecha de pulpa de frutas y almíbar y cortada en trocitos rectangulares.

bocado 1 *m.* Porción de comida que cabe de una vez en la boca. 2 Un poco de alimento. 3 Parte del freno que entra en la boca de la caballería.

bocajarro, a 1 *loc. adv.* Dicho de un disparo, hecho a quemarropa, desde muy cerca. 2 De improviso, bruscamente.

bocamanga *f.* Parte de la manga que está más cerca de la muñeca.

bocana 1 *f.* Paso estrecho del mar que sirve de entrada a una bahía o fondeadero. 2 Desembocadura de un río.

bocanada 1 *f.* Cantidad de aire, humo o líquido que de una vez se toma o se expulsa de la boca. 2 Ráfaga de viento.

bocarriba 1 *adv. m.* Tendido de espaldas. 2 Con la cara principal hacia arriba.

bocatoma *f.* Abertura que hay en una presa para que por aquella salga determinada cantidad de agua.

bocel *m.* Moldura lisa y convexa de sección semicircular.

boceto 1 *m.* ART BOSQUEJO. 2 Esquema provisional de un asunto o proyecto.

bochinche *m.* Tumulto, alboroto.

bochorno 1 *m.* Calor sofocante. 2 Desazón producida por algo que ofende, molesta o avergüenza.

bocín *m.* Aro metálico ancho y de entre cinco y diez centímetros de diámetro.

bocina 1 *f.* Pieza cónica con que se amplifica el sonido. 2 Aparato de los vehículos que produce un sonido potente con el que un conductor advierte a otro, a los peatones, etc. 3 En los aparatos telefónicos, parte a la que se acerca la boca al hablar.

bocio *m.* MED Tumoración de la tiroides que produce un abultamiento en la parte anterior del cuello.

boda *f.* Ceremonia del casamiento y fiesta con que se solemniza.

bodega 1 *f.* Lugar en que se cría y guarda el vino. 2 Tienda de vinos. 3 BODEGÓN, tienda de comestibles. 4 Local para almacenar mercancías. 5 BAÚL de los automóviles. 6 Espacio interior de los buques por debajo de la cubierta inferior.

bodegaje *m.* ALMACENAJE.

bodegón 1 *m.* Tienda de comestibles. 2 ART Composición pictórica que representa por lo general cosas comestibles.

bodoque 1 *m.* Relieve redondo de algunos bordados. 2 Embudo muy cerrado hecho con papel.

bodrio *m.* Cosa mal hecha o de mal gusto.

bóer *adj.* y *s.* AFRIKANER.

bofe *m.* Pulmón de las reses sacrificadas.

bofetada *f.* Golpe que se da en el carrillo con la mano abierta.

boga 1 *f.* Acción de remar. 2 Gusto pasajero y generalizado por algo. 3 *m.* y *f.* Remero.

bogar *intr.* Llevar una embarcación a fuerza de remos.

bohemia *f.* BOHEMIO.

bohemio, mia 1 *adj.* y *s.* Se dice de la persona que lleva una vida desordenada y errante. 2 De Bohemia, región de la República Checa.

bohío *m.* Cabaña de madera, ramas y cañas.

bohordo *m.* BOT Tallo herbáceo y sin hojas que sostiene las flores y el fruto de algunas plantas, como la pita y el lirio.

bohrio *m.* QUÍM Elemento metálico radiactivo artificial. Núm. atómico: 107. Símbolo: Bh.

boicot *m.* Acción de rechazo de un grupo a comerciar o asociarse con otro grupo, individuo, organización o país.

boicotear *tr.* Someter a boicot.

boina *f.* Gorra redonda, chata y sin visera.

boj *m.* Arbusto de madera amarilla muy dura y muy apreciada en ebanistería.

bojote *m.* Bulto, paquete.

bol *m.* Taza ancha, semiesférica y sin asas.

bola 1 *f.* Cuerpo esférico. 2 CANICA. 3 Esfera de acero utilizada para la construcción de rodamientos y en otros usos. 4 BETÚN, mezcla para lustrar. 5 Rumor falso. 6 Interés que se presta a algo o a alguien. 7 *pl.* Juego de las canicas. 8 Los testículos.

bolardo 1 *m.* Poste bajo hincado en el suelo y destinado a impedir el paso o estacionamiento de vehículos. 2 NORAY con la extremidad superior encorvada.

bolchevique *adj.* y *s.* Partidario del bolchevismo.

bolchevismo *m.* POLÍT Sistema leninista que propugnaba el colectivismo y la dictadura del proletariado.

boldo *m.* Arbusto de flores blancas en racimos cortos y fruto comestible. Sus hojas, muy aromáticas, tienen uso medicinal.

boleadora *f.* Instrumento arrojadizo de bolas pesadas y forradas de cuero, para atrapar animales. ◆ U. m. en pl.

bolear 1 *intr.* Arrojar la bola o las bolas en varios juegos. 2 *tr.* Lanzar las boleadoras a un animal. 3 Embetunar el calzado.

boleo *m.* Acción de bolear.

bolera *f.* Local donde se juega a los bolos.

bolero 1 *m.* MÚS Ritmo melódico antillano con influencias de la música española, indígena y africana. 2 Aire musical popular español, cantable y bailable. 3 Volante ancho o arandela del vestido femenino.

boleta 1 *f.* Pase o billete que permite el acceso a un lugar. 2 Papeleta con un número o nombre que se usa en las votaciones o sorteos.

boletear *tr.* Obligar a alguien, mediante amenazas, a abandonar el lugar que habita.

boletería 1 *f.* Taquilla donde se despachan boletas. 2 Total de boletas o entradas que se ponen a la venta.

boletín *m.* Publicación que informa acerca de determinados asuntos.

boleto *m.* BOLETA.

boliche 1 *m.* Bola pequeña para jugar. 2 BALERO. 3 BOLERA.

bólido 1 *m.* Vehículo que va a gran velocidad. 2 Meteorito en ignición que suele estallar y provocar la caída de aerolitos.

bolígrafo *m.* Instrumento para escribir, que en su interior lleva tinta grasa y en la punta una bola metálica móvil.

bolillo 1 *m.* Palito torneado al que se arrolla el hilo en las labores de encaje. 2 Baqueta de madera o caucho que usa la policía.

bolívar *m.* Unidad monetaria de Venezuela.

bolivariano, na *adj.* Relativo a Simón Bolívar o a su historia, su política, etc.

boliviano, na 1 *adj.* De Bolivia. 2 *m.* Unidad monetaria de Bolivia.

bollo *m.* Panecillo esponjoso de harina, azúcar, etc., cocido al horno.

bolo 1 *m.* Palo labrado para que se sostenga derecho. 2 *pl.* Juego en que, mediante bolas, cada jugador derriba los bolos que puede. || ~ **alimenticio** FISIOL Alimento masticado e insalivado que se traga de una vez.

bolsa[1] 1 *f.* Talego o saco de material flexible para guardar o llevar cosas. 2 Saquillo de cuero para guardar el dinero o las joyas. 3 Arruga que hace un vestido. 4 Pliegue de la piel bajo los ojos. 5 Caudal o dinero de una persona. 6 BECA, ayuda económica. || ~ **de trabajo** Organismo encargado de recibir ofertas y peticiones de trabajo y de ponerlas en conocimiento de los interesados.

bolsa[2] 1 *f.* ECON Conjunto de operaciones comerciales y financieras en el que los poseedores de títulos valores intercambian estos títulos. 2 Lugar en que se realizan tales operaciones.

bolsillo *m.* Saquito de tela que se fija a los vestidos.

bolsista *m.* y *f.* Persona que se dedica a las operaciones bursátiles.

bolso *m.* Bolsa de mano para llevar pequeños enseres.

bomba 1 *f.* Máquina para elevar agua u otro líquido. 2 GASOLINERA. 3 Receptáculo de materia flexible lleno de aire o de un gas, que sirve como decoración y juguete. 4 POMPA, burbuja. 5 Artefacto explosivo provisto de mecanismos para hacerlo estallar. || ~ **atómica** Artefacto bélico de gran poder explosivo basado en la fisión nuclear. ~ **centrífuga** La que aspira y eleva el agua mediante una rueda de paletas que gira dentro de un cilindro. ~ **de tiempo** La explosiva provista de un dispositivo que la hace estallar en un momento determinado. ~ **de vacío** Máquina que disminuye el volumen de una determinada cantidad de aire y aumenta su presión por procedimientos mecánicos.

bombacho *adj.* Se dice del pantalón corto, ancho y abierto por un lado.

bombarda 1 *f.* Antiguo cañón de gran calibre. 2 MÚS Registro del órgano, compuesto de grandes tubos con sonidos muy fuertes y graves.

bombardear 1 *tr.* Arrojar bombas explosivas desde un avión. 2 Hacer fuego violento y sostenido de artillería. 3 FÍS Someter un cuerpo a ciertas radiaciones o al impacto de partículas atómicas.

bombardeo *m.* Acción de bombardear.

bombardero *m.* Avión para el transporte y lanzamiento de bombas explosivas.

bombear 1 *tr.* Elevar agua u otro líquido mediante bomba. 2 Lanzar una pelota o balón dándole una trayectoria parabólica.

bombeo *m.* Acción y efecto de bombear líquidos.

bombero 1 *m.* Persona encargada de extinguir los incendios y de prestar otras ayudas en casos de siniestro. 2 En las gasolineras, persona que surte de combustible a los vehículos.

bombilla 1 *f.* Globo de cristal con una resistencia, que al paso de la electricidad se pone incandescente y sirve para alumbrar. 2 Caña delgada para tomar el mate.

bombillo *m.* BOMBILLA eléctrica.

bombín *m.* Sombrero hongo.

bombo 1 *m.* MÚS Tambor grande que se toca con maza. 2 Elogio exagerado.

bombón 1 *m.* Dulce de chocolate, relleno de licor o crema. 2 Persona muy guapa.

bombona *f.* Cilindro metálico con cierre hermético para contener gases y líquidos a gran presión.

bómper *m.* Pieza ubicada en las partes delantera y trasera de los automóviles, cuya función es amortiguar los golpes.

bonachón, na *adj.* y *s.* De buen carácter.

bonanza *f.* PROSPERIDAD.

bondad 1 *f.* Cualidad de bueno. 2 Disposición a hacer el bien. 3 Amabilidad de carácter.

bonete *m.* Gorra de cuatro picos.

bongo[1] *m.* Especie de canoa.

A B C D E F G H I J K L M N Ñ O P Q R S T U V W X Y Z

bongo[2] *m.* Mús Instrumento de percusión, consistente en un tubo de madera cubierto en uno de sus extremos por una piel tensada.

boniato *m.* BATATA.

bonificación 1 *f.* Acción y efecto de bonificar. 2 Dep Premio consistente en un descuento en el tiempo empleado en una prueba o en la suma de un número de puntos.

bonificar 1 *tr.* Tomar en cuenta y asentar una partida en el haber. 2 Conceder un aumento proporcional y reducido, en una cantidad que alguien ha de cobrar, o un descuento en la que ha de pagar.

bonito[1] *m.* Pez teleósteo parecido al atún, aunque más pequeño.

bonito[2], ta *adj.* Lindo, agraciado.

bono *m.* Tarjeta canjeable por artículos o dinero.

bonsái *m.* Planta ornamental a la que, mediante el corte de raíces y poda, se le impide su crecimiento.

bonzo *m.* Sacerdote budista.

boñiga *f.* Excremento del ganado vacuno y el semejante de otros animales.

boom (Voz ingl.) *m.* Auge, éxito extraordinario: *El boom de la literatura hispanoamericana.*

boquera *f.* Excoriación en la comisura de los labios.

boquerón 1 *m.* ANCHOA. 2 Punto en el paisaje de montaña que se abre y permite una panorámica extensa.

boquete *m.* Entrada angosta.

boqueto, ta *adj.* Que tiene el labio hendido.

boquilla 1 *f.* Pieza pequeña y hueca que se aplica a los instrumentos de viento para soplar por ella. 2 Tubito en cuya parte más ancha se inserta el cigarro o cigarrillo. 3 Filtro que tienen algunos cigarrillos en un extremo. 4 Parte de la pipa que se introduce en la boca.

bórax *m.* Quím Sal hidratada de ácido bórico y sosa. Tiene aplicaciones en medicina y en la industria.

borbónico, ca *adj.* Relativo a los Borbones, familia nobiliaria francesa y española.

borbotar *intr.* Hervir el agua con ímpetu y ruido.

borbotón *m.* Erupción que hace el agua de abajo arriba, elevándose sobre su superficie.

borda *f.* Borde superior del costado de una embarcación.

bordado 1 *m.* Acción de bordar. 2 Labor de aguja en relieve.

bordar *tr.* Adornar una tela o piel con bordados.

borde 1 *m.* Extremo de una cosa. 2 Orilla de las vasijas alrededor de la boca.

bordear 1 *tr.* Ir por el borde. 2 Acercarse a un estado de cosas, un peligro, una determinada edad.

bordo *m.* Costado exterior de un barco. || **a ~** En el vehículo, especialmente el barco y el avión.

bordón 1 *m.* Bastón de altura superior a la de un hombre y con una punta de hierro. 2 Estribillo en forma de verso quebrado que se repite al fin de cada copla.

boreal *adj.* SEPTENTRIONAL.

bórico 1 *adj.* Quím Se dice del ácido que resulta de la combinación de anhídrido bórico y agua. Tiene usos industriales y antisépticos. 2 Quím **anhídrido ~**.

borla *f.* Adorno formado por un conjunto de hebras sujetas por la mitad.

borne 1 *m.* Electr Cada uno de los botones de metal de ciertas máquinas, a los que se fijan los hilos conductores. 2 Electr Tornillo con las mismas funciones.

boro *m.* Quím Elemento químico presente en el bórax y el ácido bórico. Se usa en la fabricación de vidrios y esmaltes. Núm. atómico: 5. Punto de fusión: 2180 °C. Punto de ebullición: 3650 °C. Símbolo: B.

borona *f.* Migaja de pan.

borra *f.* Retal de la manufactura de la lana y del algodón.

borrachera *f.* Efecto de emborracharse.

borrachero *m.* Arbusto solanáceo de hojas vellosas, flores blancas, amarillas o rosas, según la especie, y fruto en drupa. Tiene propiedades narcóticas.

borracho, cha 1 *adj.* y *s.* Que se embriaga a menudo. 2 EBRIO.

borrador 1 *m.* Primer esquema de un escrito, sujeto a correcciones. 2 GOMA de borrar. 3 Utensilio para borrar las pizarras.

borraja *f.* Planta herbácea dicotiledónea, de tallo grueso, hojas grandes, flores azules y semillas menudas.

borrar 1 *tr.* Tachar lo escrito. 2 Hacerlo desaparecer por cualquier medio. 3 Hacer que algo desaparezca.

borrasca 1 *f.* Tempestad en el mar. 2 Temporal fuerte en tierra.

borrascoso, sa 1 *adj.* Que causa borrascas o está propenso a estas. 2 Desordenado, libertino.

borrego, ga *m.* y *f.* Cría de la oveja hasta los dos años.

borrico, ca *m.* y *f.* ASNO.

borrón *m.* Gota o mancha de tinta en un papel.

borroso, sa *adj.* Que no se distingue con claridad.

boscoso, sa *adj.* Abundante en bosques.

bosque *m.* Ecol Formación vegetal constituida por especies arbóreas como elemento dominante, acompañadas de un sotobosque de matas, arbustos, especies herbáceas y criptógamas. || **~ de sabana tropical** Ecol Cubre regiones comprendidas entre el desierto y el bosque tropical. Conviven herbazales con algunos árboles y arbustos dispersos. **~ mediterráneo** Ecol De las regiones de clima templado, se mantiene siempre verde. Especies dominantes: pinos, robles y algunas coníferas. **~ plantado** Ecol Plantación forestal con fines industriales. **~ primario** Ecol Aquel que no ha sido intervenido por la actividad de las personas. **~ secundario** Ecol Aquel cuya vegetación se ha regenerado después de su degradación total. **~ templado y subtropical** Ecol El que depende de un clima marítimo templado y de humedad constante. Especies dominantes: robles, magnolios, palmeras y bromelias. **~ tropical lluvioso** Ecol Localizado en las regiones ecuatoriales muy lluviosas; siempre verde, con árboles de gran tamaño y diversos pisos de vegetación. Es característico de África Central, de la cuenca del Amazonas y de algunas regiones asiáticas.

bosquejar 1 *tr.* Pintar, dibujar o modelar sin precisar los contornos. 2 Indicar esquemáticamente un plan.

bosquejo *m.* Hecho de bosquejar.

bosquimano, na *adj.* y *s.* De un Pueblo de África, de la región del Kalahari, cuyos miembros viven en grupos nómadas de cazadores y recolectores.

bostezar *intr.* Abrir lenta y prolongadamente la boca, involuntariamente. Es indicio de sueño, cansancio o tedio.

bostezo *m.* Acción de bostezar.

bota[1] *f.* Odre pequeño y portátil para llevar el vino.

bota[2] *f.* Calzado que resguarda el pie y una parte de la pierna.

botadero *m.* Basurero, muladar.

botalón 1 *m.* Palo largo que sobresale de la embarcación. 2 BRAMADERO.

botánico, ca 1 *m.* y *f.* Profesional en botánica. 2 *f.* BOT Rama de la biología que estudia las plantas. Otros organismos pertenecientes a otros reinos, pero tradicionalmente llamados plantas, como las algas y los hongos, siguen formando parte de la botánica.

botar 1 *tr.* Arrojar algo. 2 Echar un buque al agua. 3 Despedir de un cargo o empleo. 4 *intr.* y *tr.* Saltar un objeto elástico contra una superficie dura.

bote[1] 1 *m.* Salto de cualquier cuerpo desde la superficie en que se encuentra. 2 VOLTERETA.

bote[2] 1 *m.* Barco pequeño y sin cubierta, con tablones que sirven de asiento a los que reman. 2 Vasija pequeña y cilíndrica.

botella 1 *f.* Vasija de cuello angosto. 2 El líquido que cabe en ella.

botica *f.* Farmacia, laboratorio y despacho de medicamentos.

boticario, a *m.* y *f.* Farmaceuta que prepara y expende medicinas.

botijo *m.* Vasija con asa superior y pico en la parte opuesta a la boca.

botín[1] *m.* Calzado que cubre parte de la pierna, a la que se ajusta con botones o correas.

botín[2] 1 *m.* Despojo como premio de conquista. 2 Conjunto de armas y provisiones de un ejército vencido que pasa al vencedor.

botiquín 1 *m.* Caja o maletín en que se guardan las medicinas e instrumental para urgencias. 2 Conjunto de estas medicinas.

botón 1 *m.* Pieza pequeña que se cose a los vestidos y que, entrando en el ojal, los asegura. 2 Pieza que, al oprimirla, sirve para accionar diversos aparatos o instrumentos. 3 Flor cerrada y cubierta de hojas hasta que se abre.

botones *m.* Persona que en bancos, hoteles, etc., lleva los recados.

bótox *m.* QUÍM Toxina bacteriana que se utiliza como medicamento en cirugía plástica, para tratamientos faciales.

botulismo *m.* MED Intoxicación grave causada por alimentos en mal estado.

boutique (Voz fr.) *f.* Tienda de ropa de moda y de temporada.

bóveda 1 *f.* ARQ Obra curvada que cubre el espacio entre dos muros o varios pilares. 2 Recinto abovedado. 3 CRIPTA. || ~ **celeste** ASTR Firmamento, esfera aparente que rodea la Tierra. ~ **craneal** ANAT Parte superior e interna del cráneo.

bóvido, da *adj.* y *s.* ZOOL Se dice de los rumiantes de cuernos estables, como el ganado vacuno, las ovejas, las gacelas y otros mamíferos afines. Conforman una familia.

bovino, na 1 *adj.* ZOOL Relativo al ganado vacuno. 2 ZOOL Cualquier rumiante con cuernos lisos, hocico ancho y cola larga rematada en un mechón.

boxeador *m.* DEP El que se dedica al boxeo.

boxeo *m.* DEP Lucha de dos púgiles con las manos enfundadas en guantes especiales y conforme a unas normas que regulan los golpes.

boxer (Voz ingl.) 1 *adj.* y *m.* Se dice de un perro cuya raza fue desarrollada a partir de los buldog y terrier. Se utilizaron originalmente para azuzar toros. 2 *m.* Calzones interiores similares a los pantalones deportivos de los boxeadores.

bóxer *m.* HIST Miembro de una sociedad secreta de China que a fines del s. XIX impulsó revueltas contra las legaciones extranjeras en Pekín.

boya *f.* Cuerpo flotante sobre el agua y fijado al fondo, que sirve de señal.

boyante *adj.* Que prospera cada vez más.

boyardo *m.* HIST Antiguo feudatario de los países eslavos.

boyero *m.* Pastor que conduce los bueyes.

boy scout (Loc. ingl.) *m.* Persona vinculada al **escultismo**, conocido también como movimiento *scout*; niño o joven explorador.

bozal *m.* Aparato que se pone alrededor de la boca de ciertos animales para que no muerdan, no se paren a comer, no mamen, etc.

bozo *m.* Vello que sobre el labio superior les aflora a los muchachos antes de nacerles la barba.

bracear 1 *intr.* Mover los brazos repetidamente. 2 Nadar sacando los brazos del agua y volteándolos hacia adelante.

bracero *m.* Peón, jornalero no especializado.

bráctea *f.* BOT Hoja que nace del pedúnculo de ciertas flores, distinta de la hoja propiamente dicha.

bradicardia *f.* MED Ritmo cardiaco excesivamente lento.

braga *f.* Prenda interior femenina que cubre desde la cadera al arranque de las piernas, con aberturas para estas.

bragueta *f.* Abertura delantera de calzones y pantalones.

brahmán *m.* Miembro de la casta superior de India, con funciones sacerdotales.

brahmanismo *m.* REL Religión de India, derivada del vedismo. Toma su nombre de la divinidad suprema, Brahma, que junto a Visnú y Siva forma la trinidad sagrada.

braille *m.* Sistema de escritura para ciegos que consiste en signos dibujados en relieve para poder leer con los dedos.

bramadero *m.* Poste del corral al que se amarran los animales para su doma, herrado o sacrificio.

bramar 1 *intr.* Dar bramidos. 2 Manifestar mediante gritos el dolor o la ira. 3 Resonar con estrépito el mar o el viento.

bramido 1 *m.* Voz del toro y de los ciervos. 2 Grito estentóreo. 3 Ruido grande del viento o del mar.

brandi *m.* Licor destilado del vino quer se madura en barriles de madera.

brandy *m.* BRANDI.

branquia *f.* ZOOL Órgano respiratorio de muchos animales acuáticos, a través del cual la sangre absorbe el oxígeno disuelto en el agua.

braquial 1 *adj.* ANAT Relativo al brazo. 2 ANAT **bíceps ~; tríceps ~.**

brasa *f.* Ascua de carbón, leña u otra materia combustible.

brasero *m.* Recipiente en que se hace o pone lumbre para calentarse.

brasier *m.* SUJETADOR, prenda interior femenina.

bravata *f.* Amenaza arrogante para intimidar.

bravío, a 1 *adj.* Salvaje, aplicado a los animales sin domesticar y a las plantas silvestres. 2 Dicho del mar, alborotado.

bravo, va 1 *adj.* Fiero y alborotado, según que se aplique a un animal o al mar. 2 De genio áspero y violento. 3 *interj.* Denota aplauso.

braza *f.* Medida de longitud equivalente a 1,6718 m.

brazada *f.* Movimiento de extensión y recogida de los brazos al nadar, remar, etc.

brazalete 1 *m.* Aro metálico de adorno alrededor de la muñeca. 2 Tira de tela que ciñe el brazo por encima del codo y que sirve de distintivo.

brazo 1 *m.* ANAT Miembro del cuerpo humano desde el hombro hasta la extremidad de la mano. 2 ANAT Este miembro desde el hombro hasta el codo. 3 Cada una de las ramificaciones de un cuerpo central en árboles, balanzas, candelabros, cruces, etc. 4 En un sillón, apoyo para los brazos del que se sienta. 5 Pértiga articulada de una grúa. 6 GEO Subdivisión lateral de un curso de agua separada de las otras por islas. 7 GEO Canal ancho y largo del mar, que entra tierra adentro. 8 FÍS En la **palanca**, cada distancia del punto de apoyo a la dirección de la potencia o a la resistencia.

brea 1 *f.* Líquido viscoso que se obtiene por la destilación al fuego de la madera de ciertos árboles, del alquitrán o del petróleo. 2 ALQUITRÁN.

break dance (Loc. ingl.) *m.* Baile urbano originario de Estados Unidos en la década de 1970 que se caracteriza por la rapidez en la ejecución de los movimientos y el uso de puntos de apoyo inusuales, como la cabeza y la espalda.

brebaje *m.* Bebida de sabor o aspecto desagradable.

brecha *f.* Rotura abierta en una pared. || **~ generacional** Distancia conceptual entre las nociones e ideas de dos generaciones.

brécol *m.* BRÓCOLI.

brega *f.* Acción y efecto de bregar.

bregar 1 *intr.* Trabajar afanosamente. 2 Afrontar riesgos y dificultades.

breña *f.* Tierra quebrada y llena de maleza.

brete 1 *m.* Pasadizo de estacadas para el ganado. 2 Situación difícil.

bretón *m.* LING Lengua derivada del celta que se hablaba en la antigua provincia francesa de Bretaña.

breva *f.* Fruto del brevo o higuera.

breve *adj.* De corta extensión o duración.

brevedad *f.* Corta extensión o duración de algo.

breviario 1 *m.* Libro con los rezos eclesiásticos de todo el año. 2 Libro de memoria o de apuntes.

brevo *m.* HIGUERA.

brezo *m.* Arbusto de hasta 2 m de altura, de hojas lampiñas, flores pequeñas de color blanco o rojizo y madera dura.

bribón, na *adj.* y *s.* Pícaro, bellaco.

bricolaje *m.* Conjunto de reparaciones y trabajos caseros.

brida *f.* Freno del caballo con las riendas y correaje.

brigada 1 *f.* Grupo de personas que hacen un trabajo. 2 Unidad militar formada por dos o más regimientos.

brigadier *m.* Oficial de categoría superior a coronel.

brillante 1 *adj.* Que brilla. 2 Sobresaliente en su línea. 3 *m.* Diamante tallado por las dos caras en varias facetas.

brillantina *f.* Preparado que se aplica al pelo para darle brillo.

brillar 1 *intr.* Resplandecer, despedir luz. 2 Sobresalir por alguna cualidad.

brillo 1 *m.* Luz que refleja o emite un cuerpo. 2 Lucimiento, gloria.

brincar 1 *intr.* Dar brincos. 2 Omitir a propósito alguna cosa.

brinco *m.* Acto de levantar con rapidez los pies del suelo.

brindar 1 *intr.* Formular un deseo antes de beber al tiempo que se levanta la copa. 2 Ofrecer algo confortable. 3 *prnl.* Ofrecerse a realizar alguna cosa.

brindis *m.* Acción de brindar al beber.

brío *m.* Empuje, energía en el andar, el trabajo, etc.

briofito, ta (Tb. briófito) *adj.* y *s.* BOT Se dice de ciertas plantas, pequeñas y sin vasos ni raíces, propias de ambientes húmedos, como los musgos y las hepáticas. Presentan alternancia de generaciones. Conforman un filo.

briqueta *f.* Conglomerado de polvo de carbón en forma de prisma.

brisa *f.* Viento suave.

bristol *m.* Cartulina satinada.

brizna 1 *f.* Parte delgada y pequeña de algo. 2 Hebra de una planta.

broca *f.* Barrena que se aplica a las máquinas de taladrar.

brocado 1 *m.* Tela de seda con flores y dibujos en oro y plata. 2 Tejido sólido de seda con dibujos en color distinto del tono del fondo.

brocal *m.* Antepecho que rodea la boca de un pozo.

brocha 1 *f.* Escobilla de cerda que sirve para pintar. 2 Escobilla de cerdas con que se extiende el jabón sobre la barba, para el afeitado.
brochada *f.* Cada una de las idas y venidas de la brocha sobre la superficie que se pinta.
brochazo *m.* BROCHADA.
broche 1 *m.* Conjunto de dos piezas de material duro que encajan entre sí. 2 Joya en forma de alfiler o imperdible de adorno.
brocheta *f.* BROQUETA.
brócoli *m.* Planta hortícola de aprox. 60 cm de altura con capítulos verdes comestibles y tallos gruesos.
bróker *m.* y *f.* ECON Persona que trabaja en el campo de las finanzas como agente intermediario, y recibe pago por comisiones.
broma 1 *f.* Chanza, burla. 2 Persona o cosa molesta. 3 Molusco marino que con sus valvas perfora las maderas sumergidas de las embarcaciones.
bromatología *f.* Ciencia que estudia los alimentos.
bromear *intr.* Gastar bromas o chanzas. • U. t. c. prnl.
bromelia *f.* Nombre de varias plantas monocotiledóneas, casi siempre parásitas, con hojas envainadoras, flores en espiga, racimo o panoja.
bromista *adj.* y *s.* Aficionado a hacer bromas.
bromo *m.* QUÍM Elemento líquido y denso que desprende vapores sofocantes. Se emplea en la fabricación de carburantes. Núm. atómico: 35. Punto de fusión: –7,25 °C. Punto de ebullición: 58,78 °C. Símbolo: Br.
bronca 1 *f.* Riña ruidosa. 2 Reprensión áspera. 3 Manifestación ruidosa de desagrado en un espectáculo. 4 Enojo, odio.
bronce 1 *m.* Aleación metálica de cobre con estaño y otros materiales; es de color amarillento, muy resistente y sonoro. 2 Estatua o escultura de bronce. 3 HIST **edad** del ~.
bronceado, da 1 *adj.* Del color del bronce. 2 Tostado por el sol. 3 *m.* Acción y efecto de broncear.
bronceador *m.* Sustancia cosmética que produce o favorece el bronceado de la piel.
broncearse *prnl.* Tomar color moreno la piel por la acción del sol.
bronco, ca 1 *adj.* De sonido áspero. 2 De trato rudo.
bronconeumonía *f.* MED Inflamación simultánea de bronquios y pulmones.
bronquial *adj.* Relativo a los bronquios.
bronquio *m.* ANAT Cada uno de los dos conductos en que se bifurca la tráquea y que penetran en los pulmones.
bronquiolo (Tb. bronquíolo) *m.* ANAT Cada uno de los minúsculos conductos en que se subdividen los bronquios.
bronquitis *f.* MED Inflamación de la mucosa de los bronquios.
brontosaurio *m.* APATOSAURIO.
broquel 1 *m.* ESCUDO, arma defensiva. 2 Escudo pequeño y de madera, recubierto de cuero.
broqueta *f.* Estaquilla en que se ensartan trozos de carne u otros alimentos, para asarlos.
brotar 1 *intr.* Empezar a manifestarse algo. 2 Nacer la planta de la tierra. 3 Nacer renuevos, hojas y flores en la planta. 4 Manar agua de los manantiales. 5 MED Salir alguna erupción en la piel.
brote 1 *m.* Acción de brotar. 2 Yema de una planta. 3 Principio de algo. 4 Acción de brotar por primera vez algo considerado nocivo: *Brote de viruela, de racismo.*
broza *f.* Maleza que se forma con los despojos de las plantas en montes y campos.

brucelosis *f.* MED Enfermedad bacteriana transmitida a los seres humanos por vacas, cerdos y cabras.
brujería *f.* Conjunto de prácticas mágicas que realizan personas que se autodenominan brujos y brujas, en general para causar un perjuicio.
brujo, ja 1 *adj.* Referente a la brujería. 2 *m.* y *f.* Persona a la que se le atribuyen poderes mágicos obtenidos del diablo. 3 *m.* CURANDERO.
brújula *f.* Caja de materia no magnética, con una aguja imantada en su centro, cuyas extremidades se orientan hacia los polos magnéticos de la Tierra. Sirve para orientarse.
bruma *f.* NIEBLA.
bruñir *tr.* Sacar lustre a una cosa.
brusco, ca 1 *adj.* Áspero, desapacible. 2 Repentino.
brutalidad 1 *f.* Cualidad de bruto. 2 Acción desmesurada por falta de prudencia o por apasionamiento excesivo. 3 Cantidad excesiva.
bruto, ta 1 *adj.* Necio o que obra como tal. 2 Tosco y sin pulimento. 3 Se dice del peso total de algo, calculado sin rebaja ni descuento. 4 Se dice de una cantidad de dinero sin descuentos. 5 *m.* Animal irracional, especialmente el cuadrúpedo.
bruxismo *m.* MED Rozamiento involuntario de los dientes que se produce durante el sueño.
buba 1 *f.* MED PÚSTULA. 2 MED Tumor blando, de origen sifilítico, que aparece en las ingles, las axilas y el cuello.
bubónico, ca 1 *adj.* Que padece bubas. 2 MED **peste** ~.
bucal *adj.* Relativo a la boca.
bucanero *m.* Pirata, y en especial los que saquearon las posesiones españolas de ultramar entre los ss. XVII y XVIII.
búcare *m.* Árbol leguminoso de gran porte, con inflorescencias en racimo y fruto en legumbre; se emplea para proteger de los rigores del sol las plantaciones de café y cacao.
buceador, ra *adj.* y *s.* Que bucea.
bucear 1 *intr.* Nadar manteniéndose debajo del agua. 2 Trabajar como buzo.
buceo *m.* Acción de bucear.
buchaca *f.* Bolsa de la tronera de la mesa de billar.
buche 1 *m.* ZOOL En el aparato digestivo de las aves, bolsa en que se reblandece el alimento y que comunica con el esófago. 2 Líquido que cabe en la boca. 3 *coloq.* Estómago de las personas.
bucle 1 *m.* Rizo helicoidal del cabello. 2 Cualquier cosa de forma similar.

bucólico, ca 1 *adj.* LIT Se dice de la composición poética en que se trata de cosas concernientes a los pastores o a la vida campestre. 2 Que evoca de modo idealizado el campo o la vida en el campo.

buda *m.* Título que se da en el budismo a la persona que ha alcanzado la sabiduría y el conocimiento perfecto.

budare *m.* Plato en que se cuecen arepas.

budín 1 *m.* Plato preparado con bizcocho o pan deshecho en leche, azúcar y frutas secas, cocido al baño maría. 2 Cualquier plato de preparación análoga.

budismo *m.* REL Conjunto de creencias religiosas y actitudes trascendentales derivadas de las enseñanzas de Buda.

☐ Las tesis fundamentales del budismo son: el origen del dolor está en el deseo, que eterniza la sujeción a las necesidades de la materia; para romper esta sujeción, el ser humano debe lograr el nirvana (extinción del dolor y liberación de la ley de causalidad).

budista 1 *adj.* Relativo al budismo. 2 *m.* y *f.* Persona que profesa el budismo.

buen *adj.* BUENO. Se usa delante de sustantivos: *Buen año; buen tiempo.*

buenaventura *f.* Buena suerte, dicha de alguien.

bueno, na 1 *adj.* Que es como debe ser según su naturaleza y función. 2 Se dice de la persona que piensa y obra bien según la moral. 3 Se dice de lo que, conforme a la moral, es como debe ser. 4 Útil y conveniente. 5 Gustoso, agradable. 6 Sano. 7 Referido al clima, apacible, moderado. 8 Bastante, suficiente. 9 Se dice de la persona muy atractiva físicamente. 10 No deteriorado, que puede servir. 11 *m.* Nota superior a la de aprobado. 12 *f.* Denota algo negativo y de importancia: *Se metió en la buena.* 13 *interj.* Denota contento, aprobación, etc. • Equivale a ¡basta!

buey *m.* Toro castrado que suele emplearse como animal de tiro. || ~ **almizclero** ALMIZCLERO, rumiante de Asia central.

búfalo, la 1 *m.* y *f.* Bóvido salvaje y corpulento, de aprox. 1,8 m de altura, de cuernos curvados hacia atrás y hacia afuera. 2 Bisonte de América.

bufanda *f.* Tira de lana o seda para abrigar el cuello.

bufar *intr.* Resoplar con furor el toro y otros animales.

bufé *m.* Mesa en que se disponen las comidas y bebidas para que el comensal las elija y recoja.

bufeo *m.* DELFÍN, cetáceo.

bufete *m.* Despacho de un abogado.

bufido *m.* Acción de bufar, resoplido.

bufo, fa *adj.* Se dice de lo cómico que raya en grotesco y burdo.

bufón, na 1 *m.* y *f.* Persona que con sus bromas y agudezas hace reír a otras. 2 La que por servilismo trata de divertir a otras personas.

bufonada *f.* Dicho o hecho propio de bufón.

bufonesco, ca *adj.* BUFO.

buganvilla *f.* Planta trepadora y ornamental, de flores con brácteas de brillantes colores.

bugle *m.* MÚS Instrumento de viento que consta de un tubo metálico enrollado y provisto de llaves y pistones.

buhardilla 1 *f.* Ventana en el tejado para salir a este o dar luz a los desvanes. 2 Habitación con este tipo de ventana, situada inmediatamente debajo del tejado. 3 DESVÁN.

búho *m.* Ave rapaz nocturna, de ojos grandes y colocados en la parte anterior de la cabeza, la que puede girar hasta 270 grados. Su silencioso vuelo le permite atacar por sorpresa.

buitre *m.* Ave carroñera de gran tamaño, caracterizada por tener la cabeza desnuda y el pico ganchudo.

buitrón *m.* CHIMENEA, conducto de salida del humo.

buje *m.* Cojinete de una sola pieza.

bujía 1 *f.* Vela para alumbrar. 2 Candelero en que se sustenta. 3 En los motores de explosión, pieza que produce la chispa eléctrica que ha de inflamar la mezcla gaseosa.

bula *f.* Documento pontificio de interés general para la Iglesia católica.

bulbo *m.* BOT Yema subterránea compuesta por hojas dispuestas sobre un tallo corto que encierran y protegen. Puede desarrollarse y formar una nueva planta. || ~ **raquídeo** ANAT Porción inicial de la médula, que se encuentra en la base del encéfalo.

buldócer *m.* Vehículo excavador con pala mecánica, para desmontar y nivelar terrenos.

bule *m.* Calabazo, vasija.

bulevar *m.* Avenida con árboles.

bulimia *f.* MED Desarreglo alimentario causado por la excesiva preocupación por la apariencia física. Se caracteriza por episodios repetidos de ingesta excesiva, seguidos de provocación del vómito.

bulímico, ca *adj.* Que padece bulimia.

bulla *f.* Ruido confuso de voces y risas.

bullanguero, ra *adj.* y *s.* Alborotador, amigo de pendencias.

bulldog (Voz ingl.) *adj.* y *s.* Se dice de un tipo de perro de pelea, corpulento, de talla baja, cara aplastada y patas cortas.

bulldozer *m.* BULDÓCER.

bullicio 1 *m.* Ruido que produce la presencia de mucha gente en un lugar. 2 Alboroto o tumulto.

bullicioso, sa *adj.* Se dice de lo que causa bullicio y del sitio en que lo hay.

bullir 1 *intr.* Hervir un líquido. 2 Agitarse con movimientos parecidos al de la ebullición. 3 Agitarse excesivamente, no parar.

bullying (Voz ingl.) *m.* Maltrato físico o psicológico que recibe un integrante de la comunidad escolar por sus compañeros.

bulto 1 *m.* Volumen o tamaño de cualquier cosa. 2 Cuerpo que no se distingue perfectamente. 3 Convexidad producida por un tumor, por el calor o por golpe. 4 Fardo o paquete. 5 Busto o estatua.

búmeran (Tb. bumerán) *m.* Arma arrojadiza de madera, en forma encorvada, que con su movimiento giratorio puede volver al punto de partida.

bungaló *m.* Casa de descanso de una sola planta, ubicada en zonas costeras o en el campo.

búnker *m.* Refugio para protegerse de bombardeos.

buñuelo *m.* Masa de harina y agua que se fríe en aceite, esponjándose.

buque *m.* Barco con cubierta, adecuado para navegaciones o empresas marítimas de importancia.

buqué *m.* Aroma del vino.

burbuja *f.* Globo de aire o de otro gas que se forma en un líquido y sale a la superficie.

burbujear *intr.* Hacer burbujas.

burdel *m.* Casa de prostitución.

burdo, da *adj.* Tosco, basto, grosero.

bureta *f.* Tubo graduado de vidrio para análisis químico.

burgo *m.* Población pequeña que dependía de otra principal.

burgomaestre *m.* ALCALDE.

burgués, sa 1 *adj.* Perteneciente al burgo. 2 Relativo al burgués, ciudadano de la clase media. 3 *m.* y *f.* Ciudadano de la clase media, acomodada u opulenta.

burguesía *f.* Conjunto de ciudadanos de las clases acomodadas o ricas. || **pequeña ~** Clase social intermedia entre la burguesía y el proletariado.

☐ La burguesía surgió en el s. XII, y su surgimiento coincidió con el desarrollo de las ciudades y la revolución comercial. En las sociedades modernas, agrupa a quienes ejercen profesiones liberales, ejecutivos, grandes terratenientes y empresarios propietarios.

burgundio, dia *adj. s.* HIST De un pueblo germánico escandinavo que en el s. V ocupó Borgoña, el Franco Condado y el valle del Ródano. En el s. VI fueron asimilados por los francos.

buril *m.* Punzón de acero para grabar metales.

burka *f.* Traje femenino afgano que cubre desde la cabeza hasta los pies.

burla 1 *f.* Acción, ademán o palabras con que se procura poner en ridículo a personas o cosas. 2 Chanza. 3 Engaño.

burladero *m.* Valla que sirve de refugio al torero.

burlador, ra 1 *adj.* y *s.* Que burla. 2 *m.* Libertino que hace gala de seductor.

burlar 1 *tr.* Engañar, hacer creer lo que no es verdad. 2 Esquivar al que intenta impedir el paso. 3 Desvanecer la esperanza de algo. 4 *prnl.* Hacer burla de alguien o algo.

burlesco, ca *adj.* Que implica burla o chanza.

burlón, na 1 *adj.* Que implica o denota burla. 2 *m.* y *f.* Persona inclinada a decir burlas o a hacerlas.

buró 1 *m.* Escritorio con una parte con cajoncitos más alta que el tablero. Se cierra con una especie de persiana. 2 Órgano dirigente de algunos partidos políticos.

burocracia 1 *f.* Conjunto de los funcionarios públicos. 2 Influencia excesiva de esta clase en los negocios del Estado. 3 El término se utiliza para denotar pérdida de tiempo, ineficacia y papeleo.

burócrata *m.* y *f.* Persona que pertenece a la burocracia.

burra *f.* BURRO.

burrada *f.* Dicho o hecho estúpido o brutal.

burro, rra 1 *m.* y *f.* ASNO. 2 Hembra del burro. 3 Armazón sobre dos patas cruzadas en aspa que sirve de mesa o de banco de trabajo.

bursátil *adj.* ECON Relativo a la bolsa y sus operaciones.

bursitis *f.* MED Inflamación de las bolsas sinoviales de las articulaciones móviles.

burujo *m.* Bulto que se forma de cosas que deberían ir sueltas, originando pelotillas en la lana, el engrudo, etc.

bus *m. coloq.* AUTOBÚS.

busca *f.* BÚSQUEDA.

buscador, ra 1 *adj.* y *s.* Que hurta rateramente o que estafa. 2 *m.* INFORM Programa que permite acceder a información en internet sobre un tema determinado.

buscar 1 *tr.* Hacer algo por encontrar a alguien o algo. 2 *tr.* y *prnl.* Hacer lo necesario para conseguir algo. 3 Ir por alguien o recogerlo. 4 Hacer que una cosa produzca otra.

buscón, na *adj.* y *s.* BUSCADOR, estafador.

buseta *f.* Bus pequeño.

búsqueda *f.* Acción de buscar.

busto 1 *m.* Parte superior del cuerpo humano, y generalmente la anterior. 2 ART Escultura o pintura de medio cuerpo hacia arriba.

butaca 1 *f.* Silla de brazos y respaldo inclinado hacia atrás. 2 La del teatro o cine. 3 Entrada para ocuparla.

butadieno *m.* QUÍM Compuesto sintético, utilizado en la fabricación de caucho sintético, nailon y pinturas de látex.

butano *m.* QUÍM Hidrocarburo gaseoso que, envasado a presión, tiene los mismos usos que el gas del alumbrado.

butifarra *f.* Embutido de carne de cerdo.

buzamiento *m.* GEO Acción y efecto de buzar.

buzar *intr.* GEO Inclinarse hacia abajo las capas del terreno.

buzo 1 *m.* Persona que trabaja bajo el agua con auxilio de aparatos adecuados o conteniendo la respiración. 2 Prenda de vestir cerrada, que cubre desde el cuello hasta la cintura.

buzón *m.* Ranura por la que se introducen las cartas y papeles para el correo y el recipiente en que quedan depositadas. || **~ de voz** En telefonía, archivo electrónico en el que se dejan grabados los mensajes orales. **~ electrónico** INF Archivo en el que se almacenan los mensajes transmitidos por correo electrónico.

byte (Voz ingl.) *m.* INF Unidad de almacenamiento de información compuesta por 8 bits.

c 1 *f.* Tercera letra del **alfabeto** español y segunda de sus consonantes. Su nombre es *ce.* Delante de las vocales *e, i* representa el sonido predorsal fricativo sordo, correspondiente a la *s* (para gran parte de los hablantes españoles representa el sonido interdental fricativo sordo /z/). Delante de *a, o, u,* ante consonante o cuando está al final de la palabra, representa el sonido velar oclusivo sordo /k/. • pl.: *ces.* 2 En la numeración romana (C) tiene el valor de 100.

cabal 1 *adj.* Exacto en su peso, medida o precio. 2 Completo, exacto.

cábala 1 *f.* Sistema de interpretación mística del Antiguo Testamento; surgió en el s. IV, a través de la tradición judía. 2 Cálculo supersticioso para adivinar algo. 3 Conjetura, suposición.

cabalgadura 1 *f.* Animal en que se cabalga o se puede cabalgar. 2 Animal de carga.

cabalgar 1 *intr.* Montar en caballo. 2 Caminar o correr montado en él. 3 Mover el caballo los remos cruzando el uno sobre el otro. 4 Ir una cosa sobre otra.

cabalgata 1 *f.* Conjunto de jinetes. 2 Desfile de jinetes y carrozas. 3 Larga marcha realizada a caballo.

caballa *f.* Pez teleósteo parecido a la sardina, aunque mayor, que se pesca para el consumo humano.

caballeresco, ca 1 *adj.* Relativo a los caballeros. 2 Galante, generoso.

caballería 1 *f.* Équido que se puede cabalgar o usar como bestia de carga. 2 Conjunto de caballeros. 3 Arte y destreza de manejar el caballo y hacer otros ejercicios de caballero. || ~ **andante** HIST Orden que formaban los caballeros aventureros, cuyas hazañas dieron pie a un género literario de moda a finales de la Edad Media y en el Renacimiento. **orden de ~** HIST Orden de caballeros que prometían vivir honestamente y defender con las armas la religión, al rey, la patria y a los agraviados y menesterosos. Se forjó en el s. XII y floreció en los s. XIII y XIV.

caballeriza *f.* Sitio bajo techo para la estancia de caballos y animales de carga.

caballero, ra 1 *adj.* y *m.* Hombre que se comporta de forma cortés 2 *m.* Persona perteneciente a una orden de caballería. 3 Tratamiento de cortesía equivalente a *señor*.

caballete 1 *m.* ARQ Línea horizontal que divide las dos vertientes del tejado. 2 Armazón de madera en que se colocan las telas para pintar, o los cuadros para exponerlos.

caballo 1 *m.* Équido perisodáctilo de cabeza alargada, con cuello arqueado, orejas pequeñas y pelo corto, excepto en el cuello y la cola, donde tiene largas crines. 2 Pieza del ajedrez que salta sobre las demás y se desplaza oblicuamente. || ~ **de fuerza** FÍS Unidad de potencia equivalente al trabajo necesario para levantar 75 kilogramos a 1 m de altura en un segundo. Es frecuente emplear la abreviatura *HP* (del ingl. *horse power*, 'fuerza de caballo').

caballón 1 *m.* Lomo entre surco y surco de la tierra arada. 2 El dispuesto para darle dirección a las aguas de riego.

cabaña 1 *f.* Casa campestre pequeña y rústica. 2 Conjunto de ganado de una especie o de una región determinada.

cabañuelas *f. pl.* Pronóstico popular del clima para los meses del año a partir del que se presenta en los primeros días de enero o de agosto.

cabaré *m.* Lugar público en que se canta, se baila y se expenden bebidas.

cabe *prep.* Cerca de, junto a.

cabecear 1 *intr.* Mover o inclinar la cabeza de un lado a otro, o reiteradamente hacia adelante. 2 Hacer una embarcación un movimiento de proa a popa, bajando y subiendo alternativamente una y otra. 3 *tr.* e *intr.* Golpear un balón o una pelota con la cabeza.

cabecera 1 *f.* Parte principal de un sitio en que se reúnen y sientan varias personas, como una mesa, un tribunal, etc. 2 Parte de la cama en que se ponen las almohadas. 3 Origen de un río. 4 Población principal de un territorio.

cabecilla *m.* y *f.* Jefe de una banda, especialmente de una contraria a la ley.

cabellera 1 *f.* El pelo de la cabeza, especialmente el largo y tendido sobre la espalda. 2 ASTR Cola de un cometa.

cabello 1 *m.* Pelo de la cabeza. 2 Conjunto de ellos.

caber 1 *intr.* Poder entrar o contenerse una cosa en otra. 2 Tener lugar o entrada. 3 Tocarle a alguien o corresponderle algo. 4 Ser posible algo. 5 *tr.* Tener capacidad, admitir.

cabestro *m.* RONZAL.

cabeza 1 *f.* ANAT Parte superior del cuerpo humano o parte superior o anterior de muchos animales, en la que están localizados los órganos de los sentidos. 2 Parte de ella que comprende desde la frente hasta el cuello, excluida la cara. 3 Principio o extremo de algo. 4 Extremidad roma de un clavo, alfiler, etc., por contraposición a la punta aguda. 5 Principio de algo: *La cabeza de la marcha.* || ~ **magnética Electrón** Dispositivo para registrar, borrar o leer señales en un disco o una cinta magnéticos. ~ **rapada** Joven que lleva el pelo muy corto y atuendos con insignias militares, partidario de la violencia y seguidor de corrientes de extrema derecha.

cabezal 1 *m.* Almohada larga que ocupa la cabecera de la cama. 2 Parte de una máquina que sirve de punto fijo a un mecanismo de rotación.

cabezuela *f.* BOT Inflorescencia de flores sentadas o con pedúnculo muy corto, insertas en un receptáculo.

cabida *f.* Espacio o capacidad que tiene una cosa para contener otra.

cabildear *intr.* Gestionar para captar las voluntades de una corporación o de un cuerpo colegiado.

cabildeo *m.* Acción y efecto de cabildear.

cabildo 1 *m.* CONCEJO, corporación que rige un municipio. 2 Sala en que se reúne. || ~ **abierto** Reunión en la que los miembros de un concejo discuten con los miembros de la comunidad asuntos que a esta le atañen. ~ **americano** HIST Sistema de gobierno americano durante el dominio español, ejercido por un conjunto de vecinos elegidos por sus conciudadanos.

cabina 1 *f.* Recinto pequeño en que una o varias personas manejan algún aparato o un conjunto de aparatos: *Cabina de sonido; cabina telefónica.* 2 En los aviones, el destinado al piloto y a la tripulación. 3 En los camiones, autobuses, etc., el del conductor.

cabinero, ra *m.* y *f.* Auxiliar de vuelo.

cabizbajo, ja *adj.* Con la cabeza baja, en actitud reflexiva o preocupada.

cable 1 *m.* Entramado de alambres retorcidos que forman una cuerda. 2 Cordón más o menos grueso formado por uno o varios hilos de cobre, que sirve para la conducción de electricidad, para establecer líneas informáticas, telefónicas, etc. 3 Soga gruesa. 4 Medida de longitud marina equivalente a 185 m. || ~ **coaxial** Aquel cuyo conductor central está cubierto por otro tubular; sirve para la transmisión de frecuencias de video. ~ **portante** En los funiculares o teleféricos, aquel del que van suspendidos los pesos, las vagonetas, etc. ~ **submarino** El que va sobre el lecho marino y se emplea como conductor de comunicaciones de diversa índole.

cableado *m.* Conjunto de los cables que forman parte de un sistema o de un aparato eléctrico.

cablear *tr.* Unir mediante cables las partes de un dispositivo eléctrico.

cabo 1 *m.* Cualquiera de los extremos de las cosas. 2 Extremo o parte pequeña que queda de algo: *Cabo de vela.* 3 MANGO[1]. 4 Término de algo. 5 Cuerda de atar o suspender pesos. 6 GEO Lengua de tierra que penetra en el mar. 7 *m.* y *f.* En la milicia, persona inmediatamente superior al soldado.

cabotaje 1 *m.* Acción de navegar sin perder de vista la costa. 2 Navegación entre puertos de la misma nación.

cabra *f.* Mamífero artiodáctilo doméstico, de hasta 1 m de altura, con cuernos retorcidos. Se cría como animal productor de carne y de leche. Existen muchas variedades.

cabrear *tr.* y *prnl.* Enfadar, molestar a alguien.

cabrestante *m.* Torno de eje vertical que se emplea para mover grandes pesos mediante un cable.

cabria *f.* Máquina para levantar pesos, formada por dos vigas entre las que se coloca un torno y una polea que reciben la cuerda con que se maniobra el peso.

cabrilla *f.* Volante o timón del automóvil.

cabriola 1 *f.* Salto que se da cruzando varias veces los pies en el aire. 2 Voltereta en el aire.

cabriolé *m.* Carruaje ligero de dos o cuatro ruedas, descubierto.

cabritilla *f.* Piel curtida de cualquier animal pequeño.

cabrón *m.* Macho de la cabra.

cabuya *f.* Cuerda, y especialmente la de pita.

caca *f.* Excrementos.

cacahuete *m.* MANÍ.

cacao 1 *m.* Árbol tropical de hasta 12 m de altura, con hojas lustrosas, florecillas amarillas y fruto en baya, de unos 25 cm de longitud, con muchas semillas, que constituye la materia prima para la elaboración del chocolate y de otros productos. 2 CHOCOLATE, bebida hecha de pasta de cacao.

cacaotal *m.* Terreno poblado de cacaos.

cacarear *intr.* Emitir el gallo o la gallina su grito característico.

cacatúa *f.* Ave trepadora, originaria de Oceanía, de pico corto, moño eréctil y plumaje blanco, gris o negro; aprende palabras con facilidad.

cacería 1 *f.* Partida de caza. 2 Conjunto de piezas cobradas.

cacerola *f.* Vasija cilíndrica de metal, con asas o mango y de escasa altura.

cacha *f.* Cada una de las tapas que guarnecen o forman el mango de algunas armas blancas y de fuego.

cachaco, ca *adj.* y *s.* Dicho de una persona, que viste bien, elegante.

cachalote *m.* Cetáceo de 15 a 20 m de largo, con cabeza muy gruesa y larga y numerosos dientes en la mandíbula inferior. Vive en los mares templados y tropicales.

cachama *f.* Pez dulceacuícola tropical utilizado en explotaciones piscícolas. Mide aprox. 35 cm y llega a pesar 1500 g.

cachar 1 *tr.* Agarrar un objeto por el aire. 2 Hacer una broma a alguien.

cacharrería *f.* Tienda de cacharros o loza ordinaria.

cacharro 1 *m.* Vasija tosca de arcilla. 2 Vasija de cualquier material o forma. 3 CACHIVACHE. 4 Aparato viejo o que funciona mal.

cachaza 1 *f.* Actitud de quien actúa sin inmutarse por nada. 2 Aguardiente de melaza de caña. 3 Espuma que se forma en un líquido al cocerlo.

caché[1] *m.* Refinamiento o elegancia, que tiene alguien o algo.

caché[2] *f.* INF MEMORIA CACHÉ.

cachear *tr.* Registrar a personas sospechosas de llevar armas ocultas.

cachemir *m.* Tejido de pelo de cabra mezclado, a veces, con lana.

cachetada *f.* BOFETADA.

cachete 1 *m.* Carrillo de la cara. 2 Golpe dado con la mano en cualquier parte del cuerpo.

cachetear *tr.* Dar cachetes o cachetadas.

cachiporra *f.* Palo abultado en uno de sus extremos.

cachivache *m.* Trasto inútil o arrinconado.

cacho 1 *m.* Cuerno de animal. 2 Cubilete de dados.

cachondo, da *adj.* y *s.* vulg. Que denota apetito sexual.

cachorro, rra 1 *m.* y *f.* Perro pequeño. 2 Cría de cualquier mamífero.

cachumbo *m.* Rizo de cabello, largo y pendiente en espiral.

cacicazgo 1 *m.* Dignidad de cacique. 2 Territorio en que la ejerce. 3 Autoridad o poder del cacique de un pueblo o de una comarca.

cacique, ca 1 *m.* y *f.* Persona que ostenta u ostentaba el poder en algunas comunidades indígenas americanas. 2 Persona que en un pueblo o una comarca ejerce excesiva influencia en asuntos políticos o administrativos. 3 *f.* Mujer del cacique.

caciquismo *m.* Política de los caciques y las consecuencias de ella derivadas.

cacofonía *f.* Encuentro o repetición de sonidos en el lenguaje hablado.

cactus *m.* Nombre común de varias plantas adaptadas a climas áridos, con hojas transformadas en espinas, flores grandes y tallos carnosos que acumulan agua.

cada 1 *adj.* Se usa para establecer valor distributivo: *El pan nuestro de cada día.* 2 Da valor enfático o ponderativo: *Tiene cada ocurrencia.*

cadalso *m.* Tablado construido para la ejecución de la pena de muerte.

cadáver *m.* Cuerpo muerto.

caddie (Voz ingl.) *m.* y *f.* Persona que lleva los palos de los jugadores de golf.

cadena 1 *f.* Serie de eslabones enlazados entre sí. 2 Conjunto de personas que se toman de las manos. 3 Atadura inmaterial. 4 Sucesión de hechos ligados entre sí. 5 ECON Conjunto de establecimientos de la misma especie o función, sometidos a una sola dirección. 6 ECON **producción** en ~. 7 GEO ~ **montañosa.** 8 QUÍM Serie de átomos enlazados entre sí en una molécula. 9 TELEC Grupo de transmisores y receptores conjugados entre sí con el mismo programa. || ~ **alimentaria** BIOL Conjunto de relaciones alimentarias que se establecen entre organismos que pertenecen a distintos niveles tróficos. Constituye la unidad básica de la **red** trófica. ~ **perpetua** DER Pena que condena al reo de por vida a la privación de libertad.

cadencia 1 *f.* Serie de sonidos o movimientos que se suceden de manera regular y armónica. 2 MÚS Ritmo que caracteriza a una composición.

cadeneta *f.* Labor de ganchillo en forma de cadena.

cadera 1 *f.* Cada una de las dos partes salientes formadas a los lados del cuerpo por la pelvis. 2 ANAT Articulación entre la cintura pelviana y la extremidad inferior.

cadete *m.* y *f.* Alumno de una academia militar.

cadí *m.* Juez musulmán.

cadmio *m.* QUÍM Elemento metálico dúctil y maleable que se emplea en aleaciones antifricción, para fabricar colorantes, etc. Núm. atómico: 48. Punto de fusión: 321 °C. Punto de ebullición: 765 °C. Símbolo: Cd.

caducar 1 *intr.* Perder fuerza las leyes, el testamento o los contratos. 2 Prescribir un derecho o una obligación.

caducifolio, lia *adj.* BOT Dicho de las plantas de hoja caduca.

caduco, ca 1 *adj.* Poco durable. 2 Que ya no tiene uso. 3 BOT Dicho de la parte de una planta destinada a caerse, especialmente la hoja.

caedizo, za *adj.* Que cae fácilmente.

caer 1 *intr.* y *prnl.* Moverse una cosa de arriba a abajo por su propio peso. 2 Perder un cuerpo el equilibrio hasta dar en algo que lo detenga. 3 Desprenderse una cosa del sitio en que estaba adherida, con una serie de matices que determinan el empleo de 'caer' o 'caerse': *Cae la lluvia; cae el pelo sobre la frente; las hojas caen* o *se caen.* 4 *intr.* Descender algo a un nivel o valor inferior del que tenía: *Cayó tres puestos; cayó la cotización del dólar.* 5 Corresponderle impensadamente, o por suerte, algo a alguien. 6 Colgar de una determinada forma.

café 1 *m.* CAFETO. Originario de Abisinia, el café se extendió por Arabia en el s. XVI y durante el s. XVII fue introducido en Europa. Los holandeses lo aclimataron en Java (1690) y desde el s. XVIII se empezó a cultivar en Guayana, Colombia y las Antillas; posteriormente llegó a América Central y Brasil. 2 Semilla del cafeto, ovalada, lisa por una cara y con un surco longitudinal por la otra; de color amarillento verdoso, una vez madura, se tuesta y muele. 3 Infusión resultante de cocer la semilla tostada y molida. 4 Establecimiento público en que se bebe y toma esta bebida y otras consumiciones. 5 *adj.* y *m.* MARRÓN.

cafeína *f.* QUÍM Alcaloide del café, el té, el cacao y otras plantas.

cafetal *m.* Sitio poblado de cafetos.

cafetería 1 *f.* Establecimiento en que se sirve café y otras bebidas. 2 Tienda en que se vende al menudeo.

cafetero, ra 1 *adj.* Relativo al café. 2 *m.* y *f.* Persona que negocia en café. 3 *f.* Recipiente en que se hace o se sirve el café.

cafeto *m.* Árbol de hojas perennes y lustrosas, con flores blancas y olorosas y fruto en baya roja cuya semilla es el café.

caficultor, ra *m.* y *f.* Persona que cultiva el café.

cafre *adj.* y *s.* coloq. Bárbaro, grosero, tosco, vulgar y cruel.

cagar 1 *tr.*, *intr.* y *prnl.* Evacuar el vientre. 2 *prnl.* Echar a perder algo.

caída 1 *f.* Acción y efecto de caer. 2 Declinación de un terreno hacia abajo. 3 Forma de colgar y plegarse las colgaduras y los vestidos. 4 Salto de agua. 5 Derrota o fracaso de algo. || ~ **libre** FÍS La de un cuerpo sometido exclusivamente a la acción de la gravedad.

caído, da *adj.* y *s.* Dicho de una persona muerta en una guerra o en defensa de una causa.

caimán *m.* Reptil cocodriliano caracterizado por la forma obtusa de su hocico. Puede alcanzar hasta 4,5 m de longitud, como es el caso del caimán negro, de los ríos Orinoco y Amazonas.

caimito 1 *m.* Árbol de corteza rojiza, madera blanda y fruto redondo, del tamaño de una naranja, de pulpa azucarada. 2 Este fruto.

caipiriña *f.* Bebida alcohólica hecha con aguardiemte de caña, azúcar, hielo y jugo de limón.

caja 1 *f.* Recipiente, generalmente provisto de tapa, que sirve para guardar cosas. 2 Cubierta que resguarda ciertos mecanismos. 3 Espacio destinado a la carga en un vehículo. 4 Receptáculo de seguridad para guardar dinero y cosas valiosas. 5 ATAÚD. 6 Sitio destinado en los bancos y establecimientos comerciales a recibir dinero y para hacer pagos. 7 BOT Fruto seco, con una o más cavidades que contienen varias semillas, como el de la amapola. 8 MÚS TAMBOR. || ~ **de cambios** Mecanismo que permite el cambio de velocidad en un automóvil. ~ **de resonancia** MÚS La de madera que forma parte de algunos instrumentos para amplificar su sonido. ~ **negra** La que contiene aparatos registradores de las principales magnitudes y vicisitudes del vuelo de una aeronave. ~ **registradora** La que se emplea en el comercio para guardar y registrar el importe de las ventas.

cajero, ra *m.* y *f.* Persona que en los bancos y en los establecimientos comerciales está encargada de la caja y de la entrada y salida de caudales. || ~ **automático** Máquina que, accionada por el cliente mediante una tarjeta magnética y una clave, realiza transacciones bancarias.

cajón 1 *m.* Caja grande de madera y sin tapa. 2 Cada uno de los receptáculos de armarios, mesas, etc., que se puede meter y sacar. 3 ATAÚD.

cajuela *f.* Baúl del automóvil.

cal *f.* QUÍM Óxido de calcio, sólido, blanco, cáustico y alcalino. Se utiliza como componente de la argamasa para la construcción, para neutralizar suelos ácidos, fabricar papel y vidrio, curtir y en el proceso de refinar el azúcar.

cala[1] *f.* Parte del barco que se sumerge en el agua.

cala[2] *f.* GEO Ensenada pequeña.

cala[3] *f.* Planta de hojas radicales con pecíolos largos, espádice amarillo y espata grande y, generalmente, blanca.

calabacera *f.* Planta de tallos rastreros, con hojas anchas y lobuladas, flores amarillas y fruto grande y carnoso, con multitud de semillas.

calabacín *m.* Calabaza pequeña de corteza verde y carne blanca.

calabaza 1 *f.* CALABACERA. 2 Fruto de la calabacera.

calabazo 1 *m.* TOTUMO. 2 TOTUMA, vasija.

calabozo *m.* Lugar incomunicado, y a veces subterráneo, para encerrar a ciertos presos.

calado 1 *m.* Labor de encaje que se hace con aguja. 2 Corte que se hace en papel, madera, etc., siguiendo un dibujo. 3 Altura de la parte de un barco que queda sumergida. 4 Profundidad de las aguas navegables.

calafatear *tr.* Tapar las junturas de las maderas de las embarcaciones, para que no penetre el agua.

calamar *m.* Cefalópodo marino con una aleta triangular a cada lado y diez tentáculos provistos de ventosas, dos de ellos más largos que el resto.

calambre *m.* Contracción dolorosa y transitoria de algunos músculos.

calambur *m.* Falsa separación de las unidades léxicas, que produce una ambigüedad: *Plata no es/ plátano es.*

calamidad *f.* Desgracia, desastre, que afecta a una o a muchas personas.

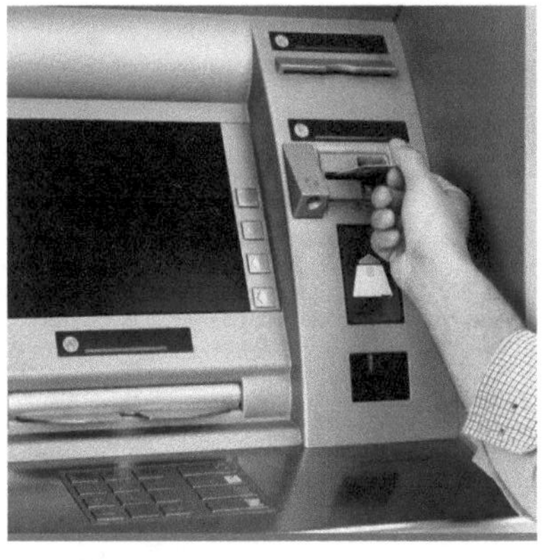

cálamo *m.* ZOOL Parte inferior hueca del eje de las plumas de las aves.

calandria *f.* Pájaro de dorso ocre y vientre blanquecino, que anida en el suelo. Vive en Europa meridional.

calaña *f.* Índole de alguien o calidad de algo.

cálao *m.* Ave trepadora caracterizada por tener un voluminoso apéndice córneo sobre el grueso pico.

calar 1 *tr.* Penetrar un líquido en un cuerpo permeable. 2 Hacer un calado. 3 Dicho de la gorra, el sombrero, etc., ponérselos, haciéndolos entrar mucho en la cabeza. 4 *intr.* Alcanzar un buque en el agua determinada profundidad por la parte más baja de su casco. 5 *prnl.* Mojarse alguien la ropa hasta que el agua llegue al cuerpo.

calavera 1 *f.* Esqueleto de la cabeza. 2 *adj.* y *m.* Hombre de poco juicio o libertino.

calcáneo *m.* ANAT Hueso del tarso; en las personas forma el talón.

calcañar *m.* Parte posterior de la planta del pie.

calcar 1 *tr.* Sacar una copia exacta de un dibujo o escrito mediante papel transparente o de calco. 2 Imitar o plagiar.

calcáreo, a *adj.* Que tiene cal.

calceta *f.* Tejido de punto.

calcetín *m.* Media de punto que cubre el pie y parte de la pierna.

calcificación *f.* Acción o efecto de calcificarse.

calcificar 1 *tr.* BIOL Dar propiedades calcáreas a un tejido mediante la adición de sales de calcio. 2 *prnl.* Modificarse un tejido orgánico por tal proceso.

calcinar 1 *tr.* Someter a calentamiento los minerales para que desprendan los componentes volátiles. 2 Abrasar, quemar.

calcio *m.* QUÍM Elemento metálico. Está presente en los huesos, los dientes, las caparazones y las estructuras vegetales. Punto de fusión: 851 °C. Punto de ebullición: 1482 °C. Núm. atómico: 20. Símbolo: Ca.

calcita *f.* GEO Carbonato de calcio, muy blanco y a veces translúcido.

calcitonina *f.* FISIOL Hormona relacionada con la tiroides que regula la cantidad de calcio en la sangre.

calco 1 *m.* Copia que se obtiene calcando. 2 LING Adopción de un significado extranjero para una palabra ya existente en una lengua; por ejemplo, *ratón*, en su acepción 'aparato manual conectado a una computadora', es calco del inglés *mouse.*

calcomanía *f.* Papel con una imagen impregnada de pegante que puede desprenderse de aquel y estamparse en otra superficie.

calculador, ra 1 *adj.* y *s.* Que calcula. 2 Que valora las cosas en provecho propio. 3 *f.* Máquina electrónica que realiza cálculos y almacena datos mediante instrucciones exteriores.

calcular 1 *tr.* Hacer cálculos. 2 Considerar, reflexionar algo con atención.

cálculo 1 *m.* MAT Cómputo o investigación de algo mediante operaciones matemáticas. 2 MED Concreción que suele producirse en los riñones, el hígado y la vesícula biliar. 3 CONJETURA. || ~ **algebraico** MAT El que se hace con letras que representan las cantidades, aunque también se empleen algunos números. ~ **aritmético** MAT El que se hace con números y algunos signos convencionales. ~ **de probabilidades** MAT El que se ocupa de las regularidades que se observan en la serie de frecuencias correspondientes a los fenómenos aleatorios.

caldear 1 *tr.* y *prnl.* Elevar la temperatura de un local. 2 Excitar el ánimo del que estaba tranquilo.

caldeo, a 1 *adj.* y *s.* HIST De un pueblo semita establecido en Sumer, en la baja Mesopotamia, desde el s. IX a.C. Tras la destrucción de Nínive y la muerte de Assurbanipal, fundó la dinastía neobabilónica (626 a.C.). 2 *adj.* Perteneciente o relativo a los caldeos.

caldera 1 *f.* Vasija semiesférica de metal con dos asas. 2 Recipiente metálico dotado de una fuente de calor, donde se calienta agua para el sistema de calefacción o para otros usos. 3 Depósito metálico que en ciertas máquinas se usa para generar energía en forma de vapor de agua. 4 GEO Depresión de paredes escarpadas, originada por erupciones volcánicas muy intensas.

caldero *m.* Caldera pequeña con una sola asa sujeta a dos argollas.

calderón 1 *m.* ORT Signo ortográfico (¶) que se emplea en un texto para señalar alguna observación especial. 2 MÚS Signo que representa la suspensión del compás. 3 Cetáceo de hasta 5 m de longitud, de cabeza voluminosa y de color blanquecino por debajo y negro por encima.

caldo *m.* Líquido resultante de la cocción en agua de algunos alimentos.

calefacción *f.* Instalación destinada a calentar un edificio o parte de él.

calefactor *m.* CALENTADOR.

caleidoscopio *m.* Tubo con tres espejos interiores y en un extremo dos vidrios que encierran fragmentos de varios colores. Al observar por el extremo opuesto se ven aparecer imágenes simétricas que varían cuando se hace girar el tubo.

calendario 1 *m.* Registro de los días del año distribuidos en meses y con indicaciones de las horas de salida y puesta del Sol, las fases de la Luna, etc. 2 Distribución de determinadas actividades humanas a lo largo de un periodo de tiempo específico. || ~ **gregoriano** El que rige mayoritariamente en Occidente; lo fijó en 1582 el papa Gregorio XIII. ~ **islámico** El musulmán, que se calcula a partir del año 622 y consta de 12 meses lunares. ~ **judío** El que procede del antiguo calendario hebreo; está basado en meses lunares de 29 y 30 días alternativamente.

caléndula *f.* Planta herbácea de las compuestas, de 30 a 40 cm de altura, con hojas abrazadoras y flores circulares de color anaranjado. Se usa como cicatrizante y desinfectante.

calentador, ra 1 *adj.* Que calienta. 2 *m.* Aparato que, dotado de una fuente de calor, sirve para calentar el agua. 3 Utensilio que sirve para calentar la cama, una habitación, un ambiente, etc., mediante lumbre, agua, vapor o electricidad.

calentamiento *m.* Acción de calentar. || ~ **global** ECOL Aumento de la temperatura de la Tierra debido al uso de combustibles fósiles y a otros procesos industriales que llevan a una acumulación de **gases** de efecto invernadero en la atmósfera.

calentano, na *adj.* y *s.* Que ha nacido en una zona de clima cálido.

calentar 1 *tr.* y *prnl.* Comunicar calor a un cuerpo o espacio aumentando su temperatura. 2 *tr.* e *intr.* Desentumecer los músculos antes de un ejercicio o un deporte. 3 *prnl.* Acalorarse, enfadarse.

calentura *f.* MED FIEBRE.

calera 1 *f.* Cantera de piedra caliza. 2 Horno en que se calcina la cal.

calesa *f.* Carruaje abierto por delante y con capota.

caleta *m.* Construcción disimulada dentro de otra, que sirve como escondite o refugio.

caletre *m.* Tino o juicio.

calibrador *m.* Instrumento para calibrar longitudes, espesores y diámetros pequeños.

calibrar 1 *tr.* Medir el calibre de algo. 2 Darle a algo el calibre deseado. 3 Apreciar la importancia de algo.

calibre 1 *m.* Diámetro interior de un objeto cilíndrico hueco. 2 Diámetro de proyectiles, alambres, chapas, etc. 3 Importancia de algo.

calicanto *m.* Obra de mampostería.

calidad 1 *f.* Cualidad de algo que permite compararlo con otras cosas de la misma especie. 2 Bondad superior. 3 Naturaleza o índole de las personas. 4 ECON **control** de ~. || ~ **de vida** Conjunto de condiciones que contribuyen a hacer agradable la vida; incluye las materiales básicas (vivienda, vestido, salud) y las culturales.

cálido, da 1 *adj.* Que tiene calor o que lo provoca. 2 Acogedor, cómodo. 3 Dicho del colorido en que predominan los tonos dorados o rojizos.

calidoscopio *m.* CALEIDOSCOPIO.

caliente 1 *adj.* Que tiene o produce calor. 2 Dicho de las personas, puede indicar un estado de irritación y enfado, o de sexualidad excitada.

califa *m.* Título de los soberanos islámicos que, como sucesores de Mahoma, ejercieron la suprema autoridad civil y religiosa.

califato 1 *m.* Dignidad de califa. 2 Territorio gobernado por él.

calificación *f.* Acción y efecto de calificar.

calificado, da 1 *adj.* En las personas señala su aptitud o dignidad. 2 En las cosas, la presencia de los requisitos necesarios para su finalidad.
calificar 1 *tr.* Determinar las calidades de alguien o de algo. 2 Juzgar el grado de suficiencia de una persona, en un examen o ejercicio, de acuerdo con cierta escala. 3 GRAM Afectar el adjetivo a un sustantivo en calidad o cantidad.
calificativo, va 1 *adj.* Que califica. 2 *m.* GRAM **adjetivo ~.**
californio *m.* QUÍM Elemento radioactivo artificial que se usa en sistemas electrónicos y en investigación médica. Número atómico: 98. Símbolo: Cf.
caligrafía 1 *f.* Arte de escribir a mano. 2 Conjunto de rasgos que caracterizan la escritura de una persona, de un documento, etc.

caligrama *m.* LIT Poesía cuyos versos se disponen formando un dibujo o una imagen.
calima *f.* Niebla muy tenue.
calipso *m.* FOLCL Canción y danza propias de las Antillas Menores.
calistenia *f.* Parte de la gimnasia que se ocupa del desarrollo de los músculos.
cáliz 1 *m.* Vaso sagrado que en la misa cristiana contiene el vino para la consagración. 2 Copa o vaso. 3 BOT Verticilo que constituye la cubierta más externa de las flores; está formado por varios sépalos, generalmente verdes, que rodean la base de la flor.
calizo, za 1 *adj.* Que contiene cal. 2 *f.* GEO Roca sedimentaria formada, en todo o en parte, por carbonato cálcico.
callado, da *adj.* Silencioso, reservado.
callar 1 *intr.* y *prnl.* No hablar, guardar silencio. 2 Dejar de hablar o de hacer una acción ruidosa. 3 Resignarse y no protestar. 4 *tr.* y *prnl.* Omitir o silenciar algo.
calle 1 *f.* Vía pública limitada por dos filas de casas o edificios. 2 Tramo de dicha vía comprendido entre dos esquinas. 3 Camino entre dos hileras de árboles o plantas. 4 Zona urbana al descubierto por donde se puede transitar: *Nos encontramos en la calle.* || ~ **peatonal** La que es de uso exclusivo de los peatones.
callejear *intr.* Vagar por las calles.
callejero, ra 1 *adj.* Relativo a la calle: *Teatro callejero.* 2 Que gusta de callejear.
callejón *m.* Paso estrecho y largo entre paredes.
callo 1 *m.* Dureza que se forma sobre todo en pies y manos por el roce del calzado o de alguna herramienta. 2 *m. pl.* Trozos del estómago y otros despojos de vacuno, que se comen guisados.
calloso, sa *adj.* ANAT Dicho de las estructuras orgánicas endurecidas y de aspecto córneo.
calma 1 *f.* Tranquilidad, ausencia de agitación. 2 Cesación o reducción momentánea de una actividad. 3 Impasibilidad con que se aceptan determinadas situaciones. 4 Lentitud con que se resuelven ciertas tareas. 5 Estado de la atmósfera o del mar cuando no hay viento.
calmante 1 *adj.* Que calma. 2 *m.* FARM Medicamento que disminuye o hace desaparecer un dolor o un síntoma molesto.
calmar 1 *tr.* y *prnl.* Poner en calma o tranquilidad. 2 Aliviar, adormecer el dolor, la violencia, etc. 3 *intr.* Estar en calma o tender a ella.
caló *m.* Lengua o jerga de los gitanos.
calor 1 *m.* Sensación que se experimenta al recibir la acción de un cuerpo caliente. 2 Sensación similar de carácter fisiológico. 3 Afecto que se otorga a alguien. 4 Lo más intenso de una acción: *En el calor de la batalla.* 5 Periodo de celo de los animales domésticos. 6 FÍS Energía que pasa de un cuerpo a otro cuando están en contacto y es causa de que se equilibren sus temperaturas. Se manifiesta dilatando los cuerpos y llega a fundir los sólidos y a evaporar los líquidos.
caloría 1 *f.* FÍS Unidad de energía térmica equivalente al calor necesario para elevar un grado Celsius la temperatura de un gramo de agua a la presión normal. 2 FISIOL **KILOCALORÍA.**
calórico *m.* Sensación de calor.
calorífico, ca *adj.* Que produce o distribuye calor.
calorífugo, ga *adj.* Que dificulta la transmisión del calor.
calostro *m.* Primera leche de la hembra después de parida.
calpulli *m.* HIST Unidad social básica de la sociedad azteca.
calumnia *f.* Imputación falsa y maliciosa de un hecho.
calumniar *tr.* Imputar a alguien de forma falsa y maliciosa hechos o dichos deshonrosos.
caluroso, sa 1 *adj.* Que causa calor o que lo siente. 2 Afectuoso, entusiasta.
calva *f.* Zona de la cabeza que ha perdido el pelo.
calvario 1 *m.* Lugar en despoblado en que hay o ha habido una o varias cruces. 2 Serie de padecimientos; sufrimiento prolongado: *Está pasando por un verdadero calvario.*
calvero *m.* Zona sin árboles de un bosque.
calvicie *f.* Falta de pelo en la cabeza.
calvinismo *m.* REL Doctrina cristiana del reformador J. Calvino (1509-1564). Sus presupuestos son: predestinación, justificación por la fe, racionalismo, y la institución de las Sagradas Escrituras como única fuente de la vida pública y privada.
calza 1 *f.* Cuña con que se calza. 2 Empaste de un diente o de una muela.
calzado, da 1 *adj.* Dicho del ave cuyos tarsos están cubiertos de plumas. 2 *m.* Prenda para resguardar y cubrir el pie y la pierna. 3 *f.* Parte de una calle o una carretera dispuesta para la circulación de vehículos.
calzador *m.* Utensilio de forma acanalada para poner el zapato.
calzar 1 *tr.* y *prnl.* Cubrir el pie o la pierna con el calzado. 2 Ponerse los guantes, espuelas, etc. 3 *tr.* Colocar una cuña entre el suelo y una rueda o un mueble, para inmovilizarlo. 4 Empastar un diente o una muela.
calzón 1 *m.* Prenda de vestir, interior o exterior, con dos perneras que cubre desde la cintura o la cadera hasta una altura variable de los muslos. 2 **PANTALÓN.**

calzoncillo *m.* Prenda interior masculina que cubre desde la cintura hasta parte de los muslos.

cama 1 *f.* Mueble para descansar y dormir, formado por un armazón, colchón, almohadas y ropas. 2 El armazón por sí solo. 3 En los hospitales, sitio destinado para un enfermo. 4 Sitio en que suelen echarse los animales.

camada *f.* Conjunto de las crías de un mamífero nacidas de un solo parto.

camafeo 1 *m.* Figura de relieve en una piedra preciosa. 2 La misma piedra labrada.

camaleón *m.* Reptil saurio de cola prensil y lengua contráctil con la que caza insectos. Cambia de color según el entorno.

camándula *f.* Rosario de uno o de tres dieces.

cámara 1 *f.* Estancia de una casa. 2 Junta de personas con un interés específico: *Cámara de comercio.* 3 Espacio que ocupa la carga en las armas de fuego. 4 Espacio hueco, de reducido tamaño, en un organismo. 5 FOT y CIN Aparato para la captación y fijación de imágenes, una de cuyas partes es un receptáculo cerrado. 6 MÚS **música** de ~. 7 POLÍT Cada uno de los cuerpos colegisladores en los gobiernos representativos. Se conocen como Cámara Alta y Baja o como Senado y Cámara. || ~ **ardiente** CAPILLA ardiente. ~ **de aire** NEUMÁTICO, anillo tubular de caucho. ~ **de gas** Recinto para ejecutar, mediante gases tóxicos, a los condenados a muerte. ~ **de video** Aparato que registra imágenes y sonidos y los transforma en señales electromagnéticas para ser reproducidos en una pantalla. ~ **digital** FOT La que utiliza la tecnología digital para el registro y la proyección o transmisión de las imágenes. ~ **fotográfica** FOT Aparato que consta de un objetivo aplicado a una cámara oscura, en cuyo fondo hay una película sensible en la que queda impresionada la imagen que se toma. ~ **lenta** CIN Rodaje acelerado de una película para producir un efecto de lentitud al proyectarla. ~ **oscura** ÓPT Caja cerrada con un orificio en su parte anterior por donde entra la luz, la cual reproduce dentro de la caja una imagen invertida de la escena situada ante ella.

camarada 1 *m.* y *f.* Persona que mantiene con otra una relación de amistad y confianza. 2 Copartidario político o sindical.

camarero, ra 1 *m.* y *f.* Persona que sirve en restaurantes y otros establecimientos similares. 2 Persona encargada del arreglo de las habitaciones en los hoteles.

camarilla *f.* Grupo de personas que ejercen influencia ilícita en las decisiones de alguna autoridad.

camarín *m.* Capilla pequeña situada detrás de un altar.

camarlengo *m.* Título de dignidad entre los cardenales de la Iglesia católica.

camarógrafo, fa *m.* y *f.* Operador de una cámara de cine o televisión.

camarón *m.* Crustáceo de 4 a 10 cm de largo, de cefalotórax estrecho y antenas muy largas. Es comestible.

camarote 1 *m.* Cada uno de los compartimentos que hay en los barcos para poner las camas o las literas. 2 Litera, mueble integrado por dos camas, una inferior y otra superior.

camastro *m.* Lecho incómodo y pobre.

cambalache *m.* Trueque de objetos de escaso valor.

cambiar 1 *tr., intr.* y *prnl.* Dejar una cosa o una situación para tomar otra. 2 *tr.* y *prnl.* Convertir una cosa en otra. 3 *tr.* Convertir una moneda en otras menores de valor equivalente o en una moneda extranjera. 4 *intr.* En los vehículos de motor, pasar de una marcha o velocidad a otra de distinto grado. 5 *intr.* y *prnl.* Mudar o alterar alguien o algo su condición o apariencia física o moral. 6 *prnl.* Quitarse unas prendas de vestir y ponerse otras.

cambio 1 *m.* Acción y efecto de cambiar o cambiarse. 2 Dinero menudo. 3 ECON Valor relativo de las monedas de otros países. 4 **caja** de ~s. || ~ **climático** ECOL Variación de las condiciones del clima mundial debida a causas naturales (glaciaciones, por ejemplo) o a la actividad humana (contaminación atmosférica, por ejemplo).

cambista *m.* y *f.* Que cambia moneda.

cámbium *m.* BOT Capa de células que en el tallo de las gimnospermas aparece entre el xilema y el floema y cuya división origina su crecimiento en espesor.

cámbrico, ca *adj.* y *m.* GEO Dicho del primer periodo del Paleozoico, que se remonta unos 570 millones de años y que duró aprox. 60 millones. □ GEO Durante el Cámbrico aparecieron las esponjas, los moluscos y los artrópodos primitivos. La vida vegetal se restringió a las algas marinas. Las placas tectónicas colisionaron dando lugar a un supercontinente austral.

camelia 1 *f.* Arbusto de hojas perennes y lustrosas de un verde muy vivo y flores blancas, rojas o rosadas inodoras. 2 Flor de este arbusto.

camélido *adj.* y *m.* ZOOL Dicho de un rumiante del grupo de los artiodáctilos que carecen de cuernos y tienen bajo el pie una excrecencia callosa que comprende los dos dedos; como el camello, la llama y el dromedario. Conforman una familia.

camello, lla 1 *m.* y *f.* Camélido, oriundo de Asia, de hasta 2 m de altura, con cuello largo, cabeza pequeña y dos gibas. 2 DROMEDARIO.

camellón *m.* Especie de andén que divide las calzadas de una avenida.

camerino *m.* Pieza en los teatros en que se visten y maquillan los actores.

camilla 1 *f.* Cama estrecha y portátil para trasladar enfermos y heridos. 2 Cama alta y estrecha utilizada por los médicos para evaluar al paciente.

caminador 1 *m.* Que camina mucho. 2 Bastidor con ruedas que sirve a los niños para aprender a andar. 3 Armazón de tres o cuatro patas que a modo de bastón usan las personas con algún impedimento físico.

caminar 1 *intr.* Ir de un sitio a otro. 2 Seguir su curso natural las cosas. 3 *tr.* Recorrer una cierta distancia. 4 Avanzar hacia un determinado destino.

caminata *f.* Recorrido largo efectuado a pie.

camino 1 *m.* Franja de terreno por la que se transita y que suele resultar más cómoda que el terreno adyacente. 2 Cualquier vía que se construye para transitar por ella. 3 Itinerario de un lugar a otro. 4 Dirección que ha de seguirse para llegar a algún lugar. 5 Procedimiento o medio que se emplea para hacer o conseguir algo.

camión 1 *m.* Vehículo automóvil grande y resistente para el transporte de mercancías, cargas o fardos muy pesados. 2 AUTOBÚS. || ~ **cisterna** El provisto de un tanque para el transporte de agua, petróleo, etc.

camioneta *f.* Vehículo menor que el camión.

camisa *f.* Prenda de tela ligera, con cuello, mangas y abotonada por delante, que cubre el torso. || ~ **de fuerza** MED Camisa fuerte con mangas cerradas en su extremidad, para sujetar los brazos de quien padece un delirio violento.

camiseta *f.* Camisa corta, ajustada y sin cuello.

camisón *m.* Camisa amplia y larga para dormir.

camorra *f.* Riña o pendencia violenta.

camote *m.* BATATA.

campal *adj.* Relativo al campo.

campamento 1 *m.* Acción de acampar. 2 Lugar al aire libre, dispuesto para albergar viajeros, turistas, personas en vacaciones, etc.

campana 1 *f.* Instrumento en forma de copa invertida, que se golpea con un badajo o con un martillo. 2 Cualquier objeto con dicha forma, como el cáliz de ciertas flores o la chimenea del hogar.

campanario *m.* Espadaña o torre pequeña en que se colocan las campanas.

campanero 1 *m.* Persona que hace campanas. 2 Persona que tiene por oficio tocarlas.

campanilla 1 *f.* Campana pequeña y manual de múltiples usos. 2 ANAT ÚVULA. 3 BOT Flor cuya corola es de una pieza y acampanada.

campante 1 *adj.* Tranquilo, cuando la situación no invita a esa actitud. 2 Ufano y satisfecho.

campaña 1 *f.* Conjunto de esfuerzos en favor o en contra de alguna cosa: *Campaña electoral; campaña contra el tabaco.* 2 Periodo ininterrumpido e intenso en que combate un ejército.

campeador *adj.* y *s.* Dicho del guerrero que sobresale en la batalla.

campear *intr.* Sobresalir o destacar algo por encima de otras cosas.

campechano, na *adj.* Franco y de buen humor.

campeón, na 1 *m.* y *f.* Persona que vence en un campeonato. 2 La que sobrepasa a los demás en cualquier dominio.

campeonato 1 *m.* Certamen en que se disputa el premio. 2 Primacía obtenida en las competiciones deportivas.

campero, ra 1 *adj.* Relativo al campo. 2 *m.* Automóvil de todo terreno. 3 *f.* Chaqueta que se cierra con cremallera.

campesinado *m.* Conjunto o clase social de los campesinos.

campesino, na 1 *adj.* y *s.* Persona que vive en una población rural y trabaja en las faenas del campo. 2 *adj.* Perteneciente o relativo al campo.

campestre *adj.* Propio del campo.

camping (Voz ingl.) 1 *m.* CAMPISMO. 2 CAMPAMENTO, lugar al aire libre.

campiña *f.* Espacio grande de tierra llana y de labranza.

campismo *m.* Acción de acampar.

campista *m.* y *f.* Persona que acampa o hace campismo.

campo 1 *m.* Término o terreno contiguo a una población, escasamente ocupado o no ocupado por casas. 2 Conjunto de terrenos dedicados a las labores agrícolas. 3 Terreno en el que se realizan ciertas actividades: *Campo de instrucción, de fútbol, de batalla.* 4 Conjunto de determinadas actividades: *El campo de la medicina.* 5 FÍS Espacio en que se ejerce una acción magnética, eléctrica o gravitatoria. || ~ **de concentración** Recinto cercado en el que por razones políticas o de guerra se obliga a vivir a determinadas personas. ~ **de fuerza** FÍS El definido por la magnitud y la dirección de una fuerza en cada punto del espacio. ~ **eléctrico** FÍS Zona del espacio en la que se manifiestan los fenómenos eléctricos. ~ **magnético** FÍS El de fuerzas producido por corrientes eléctricas.

camposanto *m.* CEMENTERIO.

campus *m.* Terreno con zonas verdes e instalaciones de una universidad.

camuflaje 1 *m.* Acción y efecto de camuflar. 2 BIOL MIMETISMO.

camuflar *tr.* y *prnl.* Disimular la presencia de tropas, armas, etc., para engañar al enemigo.

can *m.* Perro, animal.

cana *f.* Pelo que se ha vuelto blanco.

canal 1 *m.* o *f.* Cauce artificial por donde se conduce agua. 2 Parte de una superficie que presenta una figura larga y abarquillada. 3 Conducto del cuerpo. 4 Especie de teja larga y delgada que recoge el agua lluvia. 5 *m.* GEO Estrecho marítimo relativamente largo que pone en comunicación dos mares. 6 TELEC Cada una de las bandas de frecuencia en que puede emitir una estación de televisión y radio. 7 TELEC Estación de televisión y radio. 8 LING En la comunicación, medio por el cual se transmite el mensaje entre el emisor y el receptor. || ~ **torácico** ANAT Conducto linfático que se extiende desde la tercera vértebra lumbar hasta la zona de la clavícula izquierda.

canalete *m.* Remo de pala muy ancha y ovalada.

canalizar 1 *tr.* Abrir canales. 2 Regular el cauce o el caudal de una corriente mediante canales o acequias. 3 Recoger corrientes de opinión, iniciativas, etc., y orientarlas hacia un objetivo.

canalla *m.* y *f.* Persona vil y despreciable.

canana *f.* Cinto ancho dispuesto para llevar cartuchos.

cananeo, a 1 *adj.* y *s.* De Canaán, antiguo país asiático. 2 *adj.* Perteneciente o relativo a los cananeos.

cananga *f.* Planta trepadora de flores blancas y aromáticas.

A B C D E F G H I J K L M N Ñ O P Q R S T U V W X Y Z

canapé 1 *m.* Diván acolchado para sentarse o acostarse. 2 Trocito de pan sobre el que se extiende otra vianda.

canario, ria *m.* y *f.* Pájaro de unos 15 cm de longitud, de color verdoso o amarillo, notable por su melodioso canto.

canasta 1 *f.* Cesta grande que suele tener dos asas. 2 DEP En el baloncesto, cada uno de los anillos que sirven de meta y cada uno de los puntos que se consigue con la introducción de la pelota en ellos. || ~ **familiar** ECON Precio de los alimentos y de otros artículos de primera necesidad.

canasto *m.* Canasta de boca estrecha.

cáncamo *m.* ARMELLA.

cancán *m.* Danza movida característica de los espectáculos de variedades.

cancel 1 *m.* Estructura cerrada con contrapuertas para evitar las corrientes de aire y los ruidos exteriores. 2 Mampara que divide espacios en una habitación.

cancelar 1 *tr.* Anular un documento público, una obligación, etc. 2 Pagar por entero una deuda. 3 Suspender algo que se tenía previsto.

cáncer 1 *m.* MED Crecimiento patológico de un tejido debido a la proliferación continua de células anormales y destructivas. 2 *adj.* y *s.* Dicho de una persona nacida bajo el signo de Cáncer, entre el 22 de junio y el 22 de julio.

cancerígeno, na *adj.* y *m.* Capaz de provocar la enfermedad cancerosa.

cancha 1 *f.* Explanada o local destinados a ciertos juegos y deportes. 2 Habilidad que se adquiere con la experiencia.

canciller *m.* En algunos Estados, jefe de gobierno; en otros, ministro de Asuntos Exteriores.

cancillería 1 *f.* Oficio de canciller. 2 Lugar donde ejerce sus funciones.

canción *f.* Composición, a veces en verso, para ser cantada.

cancionero *m.* Colección de canciones, por lo general de distintos autores.

candado *m.* Cerradura suelta, formada por una caja de metal y un gancho que junta las dos partes que se pretenden cerrar.

candela 1 *f.* Vela de alumbrar. 2 Cualquier tipo de lumbre o fuego. 3 FÍS Unidad de la intensidad luminosa. Símbolo: cd. Corresponde a la que irradia una superficie de $1/60$ cm^2 de un cuerpo negro, a la temperatura de fusión del platino.

candelabro *m.* Candelero de varios brazos.

candelero *m.* Utensilio formado por un tubo y un pie, para sostener una vela.

candente 1 *adj.* Dicho del metal cuando, por la acción del calor, se enrojece o blanquea. 2 Dicho de la noticia que suscita un vivo interés.

candidato, ta 1 *m.* y *f.* Persona que pretende algún cargo o dignidad. 2 Persona propuesta o que tiene las cualidades para cierta dignidad o puesto. 3 Persona que se presenta a unas elecciones.

candidatura 1 *f.* Pretensión de alguien como candidato. 2 Propuesta de persona para un cargo.

cándido, da *adj.* Sencillo y poco advertido.

candil *m.* Utensilio para alumbrar formado por una cazoleta en que se ponen el aceite y la mecha, con un pico saliente para la mecha.

candilejas *f. pl.* TEAT Fila de luces en el proscenio del teatro.

candombe *m.* Baile de ritmo muy vivo de procedencia africana, muy popular en ciertos carnavales de América del Sur.

candomblé *f.* Culto fetichista negro brasileño derivado del animismo africano.

candongas *f. pl.* Pendiente, arracada.

candor *m.* Sencillez que puede llegar hasta la ingenuidad.

caneca 1 *f.* Envase metálico para transportar líquidos. 2 Recipiente para la basura.

canela *f.* Corteza de las ramas del canelo, con olor aromático y sabor agradable.

canelazo 1 *m.* Bebida caliente de aguardiente, canela y azúcar. 2 Café aderezado con licor.

canelo, la 1 *adj.* Dicho de un color: castaño. 2 *m.* Árbol de hasta 8 m de altura, con tronco liso, flores blancas de olor agradable y por fruto drupas ovales. La segunda corteza de sus ramas es la canela. 3 Árbol parecido al anterior, pero del que solo se utiliza la madera en ebanistería.

canelón *m.* Pasta de harina de trigo, cortada rectangularmente, con la que se envuelve un relleno de carne, pescado, verduras, etc.

canesú *m.* Cuerpo de vestido de mujer corto y sin mangas.

caney *m.* Cobertizo con techo de paja o palma.

cangrejo *m.* Crustáceo acuícola caracterizado por tener un caparazón quitinoso y varios pares de apéndices, de los cuales cinco sirven para la locomoción y dos hacen las veces de antenas sensoriales. Las patas delanteras están equipadas con pinzas. || ~ **ermitaño** Cangrejo caracterizado por tener un abdomen muy blando que introduce en una concha vacía, con la que carga.

canguro *m.* **Marsupial** herbívoro exclusivo de Oceanía. Tiene las extremidades torácicas cortas y las abdominales muy largas y robustas, mediante las cuales se traslada a saltos, y una fuerte y gruesa cola.

caníbal 1 *adj.* Dicho del animal que come carne de otros de su misma especie. 2 *adj.* y *s.* ANTROPÓFAGO.

canibalismo 1 *m.* Costumbre alimentaria de los animales caníbales. 2 ANTROPOFAGIA.

canica 1 *f.* Bolita de barro, vidrio u otra materia dura. 2 *f. pl.* Juego que se hace con estas bolitas.

caniche *m.* Perro de hocico largo y recto, orejas caídas y cola de porte alto.

canícula *f.* Periodo más caluroso del año.

cánido *adj.* y *m.* ZOOL Dicho de los mamíferos carnívoros de cabeza relativamente pequeña, mandíbulas largas, patas con uñas robustas y cola más o menos larga; como los lobos, zorros, chacales y perros. Conforman una familia.

canilla 1 *f.* Parte más delgada de la pierna. 2 Parte anterior de la pierna. 3 Tubito para dar salida al líquido de las cubas o tinajas.

canino, na 1 *adj.* Relativo al perro. 2 *m.* COLMILLO.

canje 1 *m.* Intercambio, trueque. 2 Acción de intercambiar prisioneros de guerra.

canjear *tr.* Hacer un canje.

cano, na *adj.* De pelo o barba blancos en su mayor parte.

canoa 1 *f.* Embarcación estrecha de remo, de una sola pieza. 2 Canal de madera u otra materia para conducir el agua. 3 ARTESA.

canódromo *m.* Lugar preparado para las carreras de galgos.

canon 1 *m.* Regla o norma. 2 Modelo de características ideales. 3 Parte principal de la misa católica. 4 Cantidad periódica que debe pagarse por el usufructo o arrendamiento de algo. 5 Mús Composición en que las voces van entrando sucesivamente con la misma melodía.

canónico, ca 1 *adj.* Que se ajusta a las características de un canon. 2 Dicho del libro de la Sagrada Escritura que la Iglesia católica reconoce como inspirado por Dios. 3 Conforme a las normas eclesiásticas.

canónigo *m.* Eclesiástico que desempeña una función pastoral o administrativa.

canonizar *tr.* Rel Declarar el papa santo a un siervo de Dios ya beatificado.

canoro, ra *adj.* Dicho de las aves de canto melodioso.

canoso, sa *adj.* Que tiene muchas canas.

canotaje 1 *m.* Dep Deporte que consiste en descender con una embarcación ríos o corrientes de aguas turbulentas. 2 Dep Competición olímpica de velocidad en kayak.

cansado, da *adj.* Dicho de las cosas que declinan o decaen: *Tierra cansada.*

cansancio 1 *m.* Falta de fuerzas que resulta de la fatiga. 2 Hastío, tedio, fastidio.

cansar 1 *tr.* y *prnl.* Causar o experimentar cansancio. 2 *tr.* Enfadar, molestar.

cansino, na *adj.* Que por la lentitud y pesadez de los movimientos revela cansancio.

cantábrico, ca *adj.* Del mar Cantábrico o de las tierras próximas a él.

cantador, ra *m.* y *f.* Persona que canta coplas populares.

cantaleta *f.* Estribillo, repetición enfadosa.

cantante 1 *adj.* Que canta. 2 *m.* y *f.* Persona que canta por profesión.

cantar[1] *m.* Mús y Lit Composición poética musicalizada. || ~ **de gesta** Lit Poesía popular medieval de carácter épico.

cantar[2] 1 *intr.* Emitir las personas con la voz sonidos melodiosos, formando palabras o sin formarlas. 2 Producir algunos animales, especialmente las aves, sonidos continuados y generalmente melodiosos. 3 Ejecutar el canto de una pieza musical con el instrumento correspondiente.

cantárida *f.* Coleóptero de color verde oscuro brillante.

cantarín, na *adj.* Dicho de los sonidos suaves y agradables al oído.

cántaro *m.* Vasija grande más ancha por el centro y con una o dos asas.

cantata 1 *f.* Lit Composición poética extensa, escrita para ser cantada. 2 Mús Composición vocal con acompañamiento instrumental.

cantautor, ra *m.* y *f.* Persona que compone las canciones que canta.

cantera *f.* Sitio del que se saca piedra o greda.

cantería *f.* Técnica de labrar las piedras para las construcciones.

cántico *m.* Lit Composición poética con que se exalta a Dios y sus obras.

cantidad 1 *f.* Propiedad de lo que se puede contar y medir. 2 Porción de una magnitud. 3 Cierto número de unidades. 4 Porción grande o número elevado de algo. 5 Número que resulta de una medida o de una operación matemática. || ~ **exponencial** Mat La que está elevada a una potencia cuyo exponente es desconocido. ~ **negativa** Mat La que disminuye el valor de las cantidades positivas a que se contrapone. Lleva antepuesto el signo menos (−). ~ **positiva** Mat La que agregada a otra la aumenta. Lleva antepuesto el signo más (+) o no lleva signo alguno.

cantimplora *f.* Recipiente revestido de un material protector, para llevar la bebida en viajes y excursiones.

cantina 1 *f.* Local público en que se expenden bebidas y algunas cosas de comer. 2 Recipiente para guardar y transportar leche.

cantinela *f.* Repetición molesta de algo.

cantinero, ra *m.* y *f.* Persona que en los bares, tabernas y cantinas, está encargada de preparar y servir las bebidas.

canto[1] 1 *m.* Acción y efecto de cantar. 2 Nombre genérico de la actividad de cantar o emitir sonidos melodiosos con la boca, generalmente, o con otros órganos, como hacen los insectos con los élitros. 3 Lo que se canta. 4 Lit Poema corto de diversos géneros: *Canto fúnebre, guerrero, nupcial.* || ~ **gregoriano** Mús Canto oficial de la liturgia católica. Sus puntos o notas son de igual y uniforme figura y proceden con la misma medida de tiempo.

canto[2] 1 *m.* Borde o extremidad de una cosa. 2 En el cuchillo, sable, etc., el lado opuesto al filo. 3 Parte del libro opuesta al lomo. 4 Regazo, falda. 5 Piedra pequeña, redondeada y alisada.

cantón 1 *m.* División territorial de ciertos Estados. 2 Lugar donde se acantonan las tropas.

cantonera *f.* Pieza que se pone en la esquina de libros, muebles u otros objetos para proteger, adornar o fijar a una base.

cantor, ra 1 *adj.* y *s.* Que canta por afición o por oficio. 2 *adj.* CANORO.

canutillo *m.* Cuenta de vidrio alargada que se usa como adorno.

canuto *m.* Tubo corto y cerrado por uno de sus extremos, para distintos usos.

caña 1 *f.* Tallo de las gramíneas de porte alto. 2 Nombre común de muchas gramíneas de tallo leñoso, flexible y hueco. 3 Parte de la bota, media o calcetín que cubre la pierna. || ~ **de azúcar** Planta gramínea con el tallo tapizado interiormente de un tejido esponjoso y dulce, del que se extrae el azúcar. Alcanza entre 3 y 6 m de altura. ~ **de pescar** Instrumento de pesca compuesto de una vara de caña o fibra de vidrio, larga y flexible, de la que pende un sedal con un anzuelo en uno de sus extremos.

cañabrava *f.* Gramínea andina con cuyos tallos se hacen tabiques y entramados para sostener las tejas.

cañacoro *m.* ACHIRA.

cañada 1 *f.* Terreno entre dos alturas poco distantes entre sí. 2 Terreno entre lomas bajas, húmedo o con algún pequeño arroyo.

cañaduzal *m.* CAÑAVERAL.

cañal 1 *m.* CAÑAVERAL. 2 Cerco de cañas.

cañamazo 1 *m.* Tela tosca de cáñamo. 2 Tela dispuesta para bordar en ella. 3 La misma tela después de bordada.

cáñamo 1 *m.* Planta de 2 m de altura, con tallo hueco fibroso y velloso, hojas lanceoladas y flores de color verdoso, que se cultiva y prepara como el lino. 2 Filamento textil que se obtiene de esta planta y del que se hacen cuerdas y telas. || ~ **índico** Variedad de peor calidad textil, pero con una alta concentración del alcaloide que segregan los pelos de sus hojas; llamado también hachís o marihuana.

cañaveral *m.* Terreno poblado o plantado de cañas.

cañería *f.* Serie de tubos que sirven para la conducción de diversos fluidos.

cañero, ra 1 *adj.* Relativo a la caña de azúcar. 2 *m.* y *f.* Cultivador y cosechador de caña de azúcar.

cañicultura *f.* Cultivo de la caña de azúcar.

caño 1 *m.* Tubo corto. 2 ALBAÑAL. 3 Río o canal angosto.

cañón 1 *m.* Tubo largo que forma parte de diversos objetos, como una escopeta, un órgano, un fuelle, etc. 2 Pieza de artillería de gran longitud para lanzar balas, metralla o ciertos proyectiles. 3 Parte inmediata a la raíz del pelo de la barba. 4 Pluma del ave cuando empieza a nacer. 5 GEO Garganta profunda entre dos montañas, por cuyo fondo suele correr un río.

cañonazo 1 *m.* Disparo hecho con un cañón. 2 Estruendo consiguiente.

caobo *m.* Árbol de tronco grueso y recto que puede alcanzar 20 m de altura, con hojas compuestas, flores blancas y madera rojiza.

caolín *m.* Arcilla blanca que se emplea en la fabricación de porcelanas.

caos 1 *m.* Estado de confusión originario del cosmos, según diversos mitos. 2 Situación en que reina el desorden.

caótico, ca *adj.* Relativo al caos.

capa 1 *f.* Prenda suelta y sin mangas, que se abre por delante. 2 Porción de una materia que se extiende sobre otra para cubrirla de manera uniforme. 3 Cada una de las partes superpuestas de una cosa: *Las capas de la atmósfera.* || ~ **de ozono** GEO OZONOSFERA.

capacete *m.* Pieza de la armadura, que cubría y defendía la cabeza.

capacho, cha 1 *m.* Espuerta de juncos o mimbres que sirve para llevar fruta. 2 *f.* MÚS MARACA.

capacidad 1 *f.* Propiedad de poder contener cierta cantidad de alguna cosa hasta un límite determinado. 2 Aptitud para hacer o comprender algo. 3 INF Cantidad de información que un dispositivo informático es capaz de procesar o de almacenar. || ~ **térmica** FÍS Cantidad de calor necesario para aumentar la temperatura de una sustancia un grado Celsius.

capacitar *tr.* y *prnl.* Hacer a alguien apto para desempeñar un oficio.

capar 1 *tr.* Extirpar o inutilizar los órganos genitales de hombres o animales. 2 Dejar de asistir a alguna parte contra lo debido.

caparazón *f.* Coraza externa, dura, formada por varias piezas, que protege el cuerpo de las tortugas, de muchos crustáceos y de algunos mamíferos.

capataz, za 1 *m.* y *f.* Persona que dirige una cuadrilla de obreros. 2 Persona que administra una finca agrícola.

capaz[1] 1 *adj.* Dicho de la persona que tiene aptitud para comprender o realizar algo. 2 Que se atreve a algo: *Es capaz de lanzarse en paracaídas.* 3 Dicho de una cosa, que puede realizar la acción designada: *Este auto es capaz de subir la cumbre.* 4 Dicho de un local, el que tiene espacio suficiente para contener algo.

capaz[2] *m.* Pez teleósteo, similar al bagre, de los ríos tropicales americanos.

capcioso, sa *adj.* Dicho de las preguntas o argumentaciones que buscan comprometer al interlocutor o favorecer a quien las formula.

capear *tr.* Eludir hábilmente las dificultades.

capela || **a ~** *loc. adj.* Dicho de una composición musical cantada sin acompañamiento de instrumentos.

capellán 1 *m.* Sacerdote titular de una capellanía. 2 El adscrito al servicio religioso de una institución religiosa o seglar.

capellanía *f.* Fundación religiosa que conlleva los servicios y la retribución de un sacerdote.

capelo 1 *m.* Sombrero rojo, insignia de los cardenales. 2 Dignidad de cardenal.

caperuza 1 *f.* Gorro con remate en punta hacia atrás. 2 Cualquier pieza que cubre el extremo de algo. 3 Pieza que en las lámparas de mesa cubre la bombilla.

capibara *f.* Roedor semiacuático de América del Sur, que puede alcanzar una longitud de 1 m y medio y pesar más de 80 kg, lo que lo hace el roedor de mayor tamaño y peso del mundo.

capicúa *adj.* y *m.* Número que, como 3773, es igual leído de izquierda a derecha que de derecha a izquierda.

capilar 1 *adj.* Relativo al cabello o a su forma. 2 FÍS Dicho de los fenómenos producidos por la capilaridad. 3 *adj.* y *m.* Conducto muy delgado. 4 *m.* ANAT

Vaso orgánico muy estrecho, como los que enlazan las arterias con las venas.

capilaridad *f.* Fís Propiedad de atraer un cuerpo sólido y hacer subir por sus paredes, hasta cierto límite, el líquido que las moja.

capilla 1 *f.* Iglesia pequeña. 2 Cada uno de los departamentos de un templo con su altar propio. || ~ **ardiente** Cámara donde se vela un cádaver o se le tributan honras.

capirote *m.* Capucha en forma de cucurucho que llevan los penitentes en las procesiones de Semana Santa.

capital 1 *adj.* Relativo a la cabeza. 2 Principal, muy importante o grave. 3 Der **pena** ~. 4 *adj.* y *f.* Población principal y cabeza de un Estado, provincia o distrito. 5 *m.* Bienes o dinero de una persona o empresa. 6 Econ Factor de la producción constituido por maquinaria o instalaciones de cualquier género. 7 Econ Conjunto de bienes materiales aportados por los socios al constituir una empresa. 8 Econ **mercado** de ~. || ~ **humano** Econ Conjunto de conocimientos que poseen las personas y que puede ser utilizado para mejorar la producción.

capitalismo *m.* Econ Sistema económico fundado en relaciones de producción que conceden primacía a la creación de riqueza, a la propiedad privada y a la economía de mercado.

□ Modelo económico surgido en Europa después del **feudalismo** gracias al desarrollo de la Revolución Industrial. Se basa en la propiedad de la tierra por particulares, la producción a gran escala, la inversión de **capital** y un sistema de trabajo en el que se recibe un **salario** por el tiempo y el conocimiento.

capitalista 1 *adj.* Propio del capital o del capitalismo. 2 *m.* y *f.* Persona que goza de rentas, especialmente en dinero o valores.

capitalizar 1 *tr.* Econ Agregar al capital el importe de los intereses devengados. 2 Utilizar en propio beneficio una acción o situación, aunque sean ajenas.

capitán, na 1 *m.* y *f.* Persona que lidera un grupo humano o un equipo deportivo. 2 Oficial de rango inmediatamente inferior al de comandante y superior al de teniente. 3 Oficial de marina al mando de un buque mercante. || ~ **general** Hist Durante la dominación española, persona que gobernaba en América una capitanía general. Estaba facultada para organizar expediciones de conquista.

capitana *f.* Nave en que va embarcado el jefe de una escuadra.

capitanear 1 *tr.* Mandar una tropa armada. 2 Guiar un grupo de personas.

capitanía *f.* Empleo de capitán. || ~ **general** Hist En América, durante la dominación española, extensa demarcación territorial gobernada con relativa independencia del virreinato al que pertenecía.

capitel *m.* Arq Parte superior de la columna o pilastra, sobre la que descansa el arquitrabe y que suele dividirse en astrágalo, tambor y ábaco.

capitolio 1 *m.* ACRÓPOLIS. 2 Edificio majestuoso que alberga los órganos legislativos del Estado.

capitulación 1 *f.* Tratado en que se establecen las condiciones de una rendición. 2 *f. pl.* Acuerdos que preceden a la celebración de algunos matrimonios.

capitular[1] 1 *adj.* Relativo al capítulo de una orden. 2 *adj.* y *f.* Dicho de la letra con que empieza el capítulo de un libro cuando es resaltada.

capitular[2] 1 *intr.* y *tr.* Llegar a un acuerdo. 2 *intr.* Rendirse un ejército, una nación, una ciudad, etc. 3 Declararse alguien vencido en cualquier asunto.

capítulo 1 *m.* Cada una de las divisiones numeradas de un libro, una obra literaria, una ley, etc. 2 Asamblea de una orden religiosa, en que se tratan asuntos como las reformas o las elecciones de cargos. 3 Bot Inflorescencia densa de flores sin pedúnculo que se insertan en un receptáculo aplanado.

capo *m.* Jefe de una mafia.

capó *m.* Cubierta del motor del automóvil.

capón *adj.* y *s.* Dicho del animal castrado.

caporal 1 *m.* El encargado de los animales de labranza. 2 El encargado de una estancia o hacienda rústica.

capota 1 *f.* Cubierta plegable de coches y carruajes. 2 Techo de un vehículo. 3 Tela del paracaídas.

capote 1 *m.* Abrigo muy holgado. 2 Capa holgada con mangas.

capotear 1 *tr.* Torear con el capote. 2 CAPEAR.

capricho 1 *m.* Determinación que se toma arbitrariamente, causada por un antojo, por humor o por deleite. 2 Lo que es objeto de tal determinación. 3 Art Obra en que se rompen las normas estilísticas. 4 Mús Pieza instrumental de carácter ligero e improvisado.

caprichoso, sa 1 *adj.* y *s.* Que obra por capricho o que es inconstante en sus gustos. 2 *adj.* Dicho de las cosas arbitrarias y fantasiosas.

capricornio *adj.* y *s.* Dicho de la persona nacida bajo el signo de Capricornio, entre el 22 de diciembre y el 19 de enero.

caprino, na *adj.* Relativo a la cabra.

cápsula 1 *f.* Casquillo de los cartuchos. 2 Anat Membrana en forma de saco que contiene ciertos líquidos. 3 Bot CAJA. 4 Farm Envoltura soluble de ciertos medicamentos. || ~ **espacial** Elemento recuperable con que van equipados algunos tipos de naves espaciales. ~ **sinovial** Anat La que reviste las articulaciones movibles y segrega la sinovia.

captación *m.* Acción y efecto de captar.

captar 1 *tr.* Percatarse de algo. 2 Percibir con los sentidos. 3 Percibir o recibir por medio de receptores sensaciones, ondas, sonidos, imágenes, etc. 4 Recoger las aguas de uno o más manantiales. 5 *tr.* y *prnl.* Ganarse la atención o voluntad de alguien.

captor, ra 1 *adj.* y *s.* Que captura. 2 *adj.* Que capta.

capturar 1 *tr.* Apresar a una persona a la que se considera delincuente. 2 Apoderarse de algo que ofrece resistencia.

capucha 1 *f.* Gorro en forma de pico, del hábito, de la capa, etc., que cuando no se pone sobre la cabeza cae sobre la espalda. 2 Objeto que cubre el extremo de algo.

A B C D E F G H I J K L M N Ñ O P Q R S T U V W X Y Z

capuchino, na 1 *adj.* y *m.* Religioso de la orden franciscana reformada por M. Bassi en el s. XVI. 2 *m.* Café con leche espumosa. 3 Mono americano caracterizado por la capa de pelo oscuro que corona su cabeza. Mide entre 30 y 55 cm. 4 *f.* Planta trepadora de hojas alternas y flores en forma de capucha de color rojo anaranjado.

capulí *m.* Árbol dicotiledóneo de hasta 15 m de altura, con hojas alternas y flores en racimo colgante, cuyo fruto es una drupa esférica de sabor y olor agradables.

capulina *f.* Fruto del capulí.

capullo 1 *m.* Envoltura ovalada y blanquecina de las larvas de ciertos insectos y de algunos arácnidos. 2 Flor a punto de abrirse.

caquexia *f.* MED Extrema desnutrición producida por enfermedades como la tuberculosis, el cáncer, etc.

caqui 1 *m.* Tela de color que va del amarillo ocre al verde gris. 2 *adj.* Dicho del color de esa tela.

cara[1] 1 *f.* Parte anterior de la cabeza humana desde el nacimiento del pelo hasta la punta de la barbilla. 2 Por extensión, dicho también de algunos animales. 3 Gesto o expresión de un estado de ánimo. 4 Aspecto o cariz de algo. 5 Cada una de las dos superficies de un objeto laminar. 6 Lado de una cosa. 7 GEOM Cada una de las superficies que forman un poliedro.

cara[2] 1 *adj.* y *s.* HIST De un pueblo prehispánico absorbido por los incas antes de la llegada de los españoles a América. Conformaron un reino que abarcaba gran parte de Ecuador. 2 *adj.* Perteneciente o relativo a los caras.

carabela *f.* Embarcación antigua, larga y estrecha, con una cubierta y tres palos.

carabina *f.* Arma de fuego portátil parecida al fusil, aunque más corta.

carabinero 1 *m.* Soldado que usa carabina. 2 Policía destinado a la persecución del contrabando. 3 Policía que monta un caballo o se acompaña de un perro. 4 *m. pl.* Cuerpo de policía uniformada del Estado.

cárabo *m.* Nombre común de los coleópteros caracterizados por su coloración castaña o negra; varias especies tienen los élitros rayados o de color azul metálico, verde o bronce.

caracha 1 *f.* Erupción cutánea. 2 Costra de las heridas.

caracol 1 *m.* Molusco **gasterópodo** con concha, un pie-músculo con el que se traslada y uno o dos pares de tentáculos en la cabeza. 2 Concha de ese molusco. 3 ANAT y FISIOL Conducto arrollado del laberinto del oído que participa en la transmisión de las vibraciones.

caracola 1 *f.* Concha grande de caracol marino. 2 Caracol terrestre de concha blanca.

caracolear *intr.* Hacer giros en redondo el caballo.

caracolí *m.* Árbol dicotiledóneo, de hasta 35 m de altura, con hojas alternas, flores en racimos y fruto con una semilla. Su madera se usa en la confección de tablas, cajones, canoas, etc.

carácter 1 *m.* Conjunto de cualidades propias de una persona, una cosa o una colectividad, que las distingue, por su forma de ser u obrar, de las demás. 2 Firmeza de ánimo. 3 Condición social de una persona: *En su carácter de juez.* 4 Signo de escritura o de imprenta. || ~ **adquirido** BIOL Cada uno de los rasgos morfológicos o funcionales no heredados, sino adquiridos por el organismo durante su vida. ~ **dominante** BIOL Carácter heredado que se manifiesta en el fenotipo. ~ **heredado** BIOL Cada uno de los rasgos funcionales o morfológicos que se transmiten mediante herencia.

característico, ca 1 *adj.* Relativo al carácter. 2 *adj.* y *f.* Rasgo propio de alguien o de algo.

caracterizar 1 *tr.* Dar carácter. 2 Distinguir a alguien o algo sus atributos y rasgos propios. 3 Representar un actor o una actriz su papel de acuerdo con el personaje representado.

caradura *adj.* y *s.* Descarado, sinvergüenza.

carajo, ja *interj.* Denota enfado, admiración, extrañeza, etc.

caramañola *f.* Vasija con tubo para beber.

caramba 1 *interj.* Denota extrañeza o enfado. 2 *f.* Adorno en forma de lazo que llevaban las mujeres sobre la cofia, a finales del s. XVIII.

carámbano *m.* Hielo colgante que se forma al helarse el agua que gotea.

carambola 1 *f.* Lance del juego del billar con tres bolas, en que una toca a las otras dos, o toca a una y esta a la tercera. 2 Lo que se obtiene por suerte y no por habilidad.

caramelo 1 *m.* Azúcar fundido y endurecido. 2 Golosina hecha con caramelo aromatizado con alguna esencia y a veces relleno de chocolate, licor, etc.

caramillo 1 *m.* MÚS Flauta de caña, madera o hueso, con sonido muy agudo. 2 MÚS **ZAMPOÑA.**

caranday *m.* **CARNAUBA.**

carantoña *f.* **ZALAMERÍA.**

caraota *f.* Especie de fríjol más pequeño que la común.

carapacho *m.* Caparazón de tortugas, cangrejos y otros animales.

carate *m.* MED Lesión pigmentaria de la piel de color blancuzco, rojizo o azul oscuro.

carátula 1 *f.* Careta o máscara. 2 Cubierta o portada de un libro o de una revista.

caravana 1 *f.* Grupo de personas organizadas con el fin de ayudarse durante un viaje en el que se cubren grandes distancias. 2 Conjunto de vehículos o animales que marchan a escasa velocidad o se dirigen juntos al mismo sitio.

carbohidrato *m.* QUÍM **HIDRATO** de carbono.

carbón 1 *m.* Brasa o ascua apagada. 2 Materia sólida combustible negra o negruzca que, según su origen, se denomina vegetal o mineral. || ~ **mineral** GEO Material rocoso formado durante el periodo carbonífero a partir de la transformación de depósitos vegetales bajo la acción de la humedad y de altas presiones y temperaturas, como consecuencia de esto la proporción de carbono es muy alta. Recibe, según sus clases, los nombres de **antracita, hulla, lignito** y turba. ~ **vegetal** El que procede de la destilación o combustión incompleta de restos vegetales.

carbonario, ria 1 *adj.* HIST Perteneciente o relativo a los carbonarios. 2 *m.* Persona perteneciente a ciertas sociedades secretas europeas del s. XIX que luchaban por la libertad política.

carbonato *m.* QUÍM Sal o éster formado por la combinación del ácido carbónico con un radical. || ~ **de sodio** QUÍM Polvo blanco con propiedades alcalinas, que se encuentra en los estratos de sal y disuelto en las aguas de lagos interiores.

carboncillo 1 *m.* Palito vegetal carbonizado que sirve para dibujar. 2 Dibujo hecho de ese modo.

carbonero, ra 1 *adj.* Perteneciente al carbón. 2 *m.* y *f.* Persona que hace o vende carbón. 3 *m.* Pájaro melífero andino de plumaje negro con el pico terminado en gancho. 4 *f.* Lugar en que se guarda el carbón.

carbónico, ca 1 *adj.* QUÍM Dicho de muchas combinaciones o mezclas en que entra el carbono. 2 QUÍM Dicho de cierto ácido que con las bases forma carbonatos. 3 QUÍM **anhídrido** ~.

carbonífero, ra 1 *adj.* Dicho del terreno con carbón mineral. 2 *adj.* y *m.* GEO Dicho del quinto periodo del **Paleozoico** que abarca aprox. desde hace 345 millones de años hasta hace 280 millones.

☐ GEO Durante el Carbonífero el clima cálido y húmedo favoreció el desarrollo de la vegetación y los organismos marinos. Hacia el final se formó un único supercontinente, el clima se tornó más fresco y seco y, a continuación, sobrevino un largo intervalo de glaciaciones.

carbonilo *m.* QUÍM Radical formado por un átomo de carbono y otro de oxígeno.

carbonizar *tr.* y *prnl.* Reducir a carbón una sustancia orgánica.

carbono 1 *m.* QUÍM Elemento químico presente en todos los organismos, en el suelo y en la atmósfera. Posee una extraordinaria capacidad para formar compuestos. Número atómico: 6. Símbolo: C. 2 QUÍM **dióxido** de ~; **monóxido** de ~. 3 BIOQ **hidrato** de ~.

☐ **ciclo del carbono** ECOL El ciclo comienza cuando las plantas absorben el dióxido de carbono del aire y sintetizan materia orgánica (en la fotosíntesis), que más tarde pasa al suelo, al morir la planta, o a los animales herbívoros, que degradan los compuestos de carbono, y de estos a los carnívoros. Al morir el animal, el carbono vuelve al suelo y una parte se incorpora de nuevo, en forma de dióxido de carbono, al aire.

carborundo *m.* QUÍM Carburo de silicio, de gran dureza, se emplea como abrasivo y material refractario.

carboxilo *m.* QUÍM Radical formado por un átomo de carbono, dos de oxígeno y uno de hidrógeno.

carburación 1 *f.* Acto por el que se combinan el carbono y el hierro para producir el acero. 2 Acción y efecto de carburar.

carburador *m.* Dispositivo que en los motores de explosión mezcla el aire y el combustible.

carburante 1 *m.* Mezcla de hidrocarburos que se emplea en los motores de explosión y de combustión interna. 2 Cualquier combustible industrial.

carburar *tr.* Mezclar los gases o el aire con los carburantes gaseosos o los vapores de los líquidos, para hacerlos combustibles o detonantes.

carburo *m.* QUÍM Compuesto de carbono y un radical simple.

carcaj *m.* ALJABA.

carcajada *f.* Risotada, risa espasmódica y sonora.

carcajear *intr.* y *prnl.* Reír a carcajadas.

carcamal *adj.* y *m.* coloq. Despectivamente, persona vieja y achacosa.

cárcamo *m.* Hoyo, zanja.

carcasa *f.* Armazón, estructura de un objeto.

cárcel *f.* Prisión en que se encierra a los detenidos.

carcelero, ra *m.* y *f.* Persona que vigila a los presos en la cárcel.

carcinoma *m.* MED Cáncer del tejido epitelial con tendencia a producir metástasis.

carcomer 1 *tr.* Consumir poco a poco alguna cosa, como la salud, la virtud, etc. 2 *tr.* y *prnl.* Desgastar algo un agente natural, como las termes la madera.

cardamomo *m.* Planta monocotiledónea herbácea de hojas alternas y fruto de semillas aromáticas y algo picantes.

cardán *m.* Mecanismo para transmitir un movimiento de rotación en distintas direcciones.

cardar *tr.* Peinar paños sacándoles el pelo.

cardenal[1] 1 *m.* Cada uno de los miembros de la Iglesia católica, que eligen al papa y son sus consejeros. 2 Nombre de diversos pájaros cantores, de plumaje variopinto y penacho rojo.

cardenal[2] *m.* Mancha de la piel producida por algún golpe.

cardíaco, ca (Tb. cardiaco) 1 *adj.* Relativo al corazón. 2 ANAT y FISIOL **músculo** ~.

cardias *m.* ANAT Orificio que comunica el estómago y el esófago.

cardinal 1 *adj.* Principal, fundamental. 2 GRAM Dicho del adjetivo numeral que expresa cantidad en relación con los números naturales: *He visto cuatro películas en estas vacaciones.* 3 **punto** ~. 4 MAT **número** ~. 5 REL **virtud** ~.

cardiología *f.* MED Especialidad que trata del corazón, sus funciones y enfermedades.

cardiovascular *adj.* ANAT Relativo al corazón y a los vasos sanguíneos.

cardo *m.* Nombre de varias plantas compuestas con hojas y ramas espinosas y brácteas espinosas agudas en torno a flores en cabezuela.

cardumen *m.* BANCO de peces.

carear *tr.* Interrogar a la vez a dos o más personas para averiguar la verdad de algo, comparando sus versiones.

carecer *intr.* No tener algo.

carena *f.* Reparación que, en seco, se hace del casco de una embarcación.

carenar *tr.* Realizar una carena.

carencia *f.* Falta o privación de algo necesario.

A B C D E F G H I J K L M N Ñ O P Q R S T U V W X Y Z

carestía *f.* Precio alto de las cosas de uso corriente.

careta 1 *f.* Máscara que sirve para proteger o tapar la cara, como la que usan los buzos o los esgrimistas. 2 ANTIFAZ.

carey 1 *m.* Tortuga marina de hasta 1 m de longitud, con caparazón color pardo y dividido en segmentos imbricados. 2 Materia córnea que se saca de su caparazón.

carga 1 *f.* Acción y efecto de cargar un vehículo, un arma de fuego o de llenar algo. 2 Peso que lleva algo o alguien, o que es capaz de llevar: *El remolque carga 500 kilos; la capacidad de carga de la viga es de 2000 kilos.* 3 Lo que grava fiscalmente, como deudas, tributos, hipotecas, etc. 4 Trabajos y aflicciones, por lo que conllevan de pesado y penoso. 5 FÍS Cantidad de electricidad acumulada en un cuerpo. 6 Ataque resuelto al enemigo. ||~ **eléctrica** FÍS Cantidad de electricidad que tiene un cuerpo. ~ **eléctrica positiva** FÍS La energía que posee un protón. ~ **eléctrica negativa** FÍS La energía que posee un electrón.

cargado, da 1 *adj.* Dicho de la hembra próxima al parto. 2 Bochornoso, referido al tiempo atmosférico. 3 Saturado y fuerte, dicho del café.

cargador, ra 1 *adj.* y *s.* Que carga. 2 *m.* Pieza que se introduce en la culata de algunas pistolas y que contiene municiones.

cargamento *m.* Conjunto de mercaderías que carga una embarcación, un vehículo o un animal de carga.

cargar 1 *tr.* Echar algún peso sobre personas, animales o cosas, para que lo aguanten o transporten. 2 Proveer a un artefacto de lo que necesita para funcionar. 3 Echarle a alguien la culpa de algo. 4 Molestar a alguien. 5 Imponer un gravamen. 6 ELECTR Acumular energía eléctrica en un cuerpo o en un acumulador. 7 INF Almacenar en la memoria principal de una computadora un programa. 8 *intr.* Mantener sobre sí algo. 9 Llevar asido algo. 10 Descansar una cosa sobre otra. 11 Llevar los árboles fruto en abundancia. 12 Tener sobre sí alguna obligación. 13 Efectuar una carga contra el enemigo. 14 FON Dicho de la acentuación o pronunciación, tener un sonido o una sílaba más valor prosódico que otros de la misma palabra. 15 *intr.* y *prnl.* Inclinarse algo hacia alguna parte. 16 *prnl.* Dicho del tiempo, del cielo, etc., irse aglomerando y condensando las nubes.

cargo 1 *m.* Empleo u oficio. 2 Obligación de hacer algo. 3 Imputación que se le hace a alguien. || ~ **público** Trabajo o labor que se desempeña en el sector oficial, el Estado o las instituciones de carácter público.

carguero, ra 1 *adj.* y *m.* Dicho de un vehículo, especialmente de un buque o de un avión, que lleva carga. 2 *adj.* Perteneciente o relativo al transporte de cargas.

cariado, da *adj.* MED Dicho de un hueso dañado o podrido.

cariar *tr.* y *prnl.* MED Producir caries.

cariátide *f.* ART Estatua femenina que hace oficio de columna o pilastra.

caribe 1 *adj.* y *s.* De un pueblo que dominó una parte de las Antillas y se extendió por el norte de América del Sur. 2 *adj.* Relativo a los caribes. 3 *m.* PIRAÑA.

caribeño, ña 1 *adj.* y *s.* De la región del Caribe o de los territorios que baña el mar Caribe. 2 *adj.* Perteneciente o relativo al mar Caribe, a la región del Caribe o a los caribeños.

caribú *m.* Reno salvaje.

caricato, ta *m.* y *f.* ART Actor cómico que se dedica a imitar personajes conocidos.

caricatura 1 *f.* Retrato de una persona que deforma intencionadamente sus rasgos. 2 Imitación ridícula de algo.

caricaturista *m.* y *f.* Persona que tiene como profesión dibujar caricaturas.

caricia 1 *f.* Roce suave con la mano. 2 Demostración amorosa, como besos, abrazos o algún tipo de aproximación corporal.

caridad 1 *f.* Sentimiento que induce a la ayuda del necesitado. 2 REL En la doctrina cristiana, virtud teologal con la que se ama a Dios sobre todas las cosas y al prójimo como a sí mismo.

caries *f.* MED El daño del diente cariado.

carillón *m.* Grupo de campanas que producen un sonido armónico.

cariño 1 *m.* Sentimiento amoroso o amistoso hacia alguien. 2 Cuidado con que se trata algo. 3 Regalo, obsequio. 4 *m. pl.* Mimos o caricias; saludos.

carioca *adj.* y *s.* De Río de Janeiro.

cariocinesis *f.* BIOL MITOSIS.

cariópside *f.* BOT Fruto seco pequeño en el que la semilla está adherida al pericarpio, como el de los cereales.

cariotipo *m.* BIOL Conjunto de los cromosomas de una célula.

carisma 1 *m.* Cualidad innata para ganarse la simpatía de los demás. 2 REL Don gratuito que Dios concede con miras a una función determinada.

carismático, ca *adj.* Relativo al carisma.

caritativo, va 1 *adj.* Que ejercita la caridad. 2 Perteneciente o relativo a la caridad.

cariz *m.* Aspecto que presenta algo, que puede ser bueno o malo.

carlismo *m.* HIST Movimiento político español antiliberal de finales del s. XIX que reivindicaba los derechos sucesorios de Carlos María Isidro, hermano de Fernando VII, contra los de su sobrina Isabel II.

carmelita 1 *adj.* y *s.* Integrante de la Orden de los Hermanos de Santa María del Monte Carmelo. 2 *adj.* De color castaño claro o acanelado.

carmen *m.* Quinta con huerto o jardín.

carmesí *adj.* y *m.* Dicho del color granate muy vivo.

carmín *adj.* y *m.* Dicho del color rojo intenso.

carnada 1 *f.* Cebo para pescar o cazar. 2 AÑAGAZA.

carnal 1 *adj.* Relativo a la carne. 2 Terrenal, por contraposición a lo que es espiritual. 3 Que es pariente por línea colateral.

carnauba *f.* Palmera suramericana que produce cera. Su tallo se emplea en construcción y con sus hojas, en forma de abanico, se hacen tejidos.

carnaval *m.* Fiesta popular, alegre y ruidosa, que se celebra durante los días que preceden a la Cuaresma.

carnavalito *m.* FOLCL Baile de origen incaico que se ejecuta por parejas, al son de las quenas, charangos y otros instrumentos.

carnaza *f.* Cara de las pieles que ha estado en contacto con la carne.

carne 1 *f.* Parte muscular de las personas y de los animales. 2 Partes comestibles de los cuadrúpedos y de las aves. 3 Parte del ser humano contrapuesta al espíritu. 4 Pulpa o parte blanda de la fruta. || ~ **de cañón** Persona o personas expuestas sin consideración a un riesgo muy grave.

carné *m.* Tarjeta que acredita la personalidad de alguien o su pertenencia a una asociación.

carnero *m.* Macho de la oveja.

carnet *m.* CARNÉ.

carnetizar *tr.* Dar un carné de identificación a alguien.

carnicería 1 *f.* Tienda en que se vende al por menor la carne. 2 Mortandad de gente causada por la guerra. 3 MATADERO.

carnicero, ra 1 *adj.* y *s.* Dicho del animal que mata para alimentarse. 2 *m.* y *f.* Persona que vende carne.

cárnico, ca *adj.* Relativo a la carne comestible y sus preparados.

carnívoro, ra 1 *adj.* Dicho del animal que se alimenta de carne. 2 BOT Dicho de ciertas plantas que se nutren con insectos. 3 *adj.* y *m.* ZOOL Dicho de los mamíferos que se caracterizan por tener una dentadura adecuada para capturar presas y desgarrar su carne: tigres, lobos, nutrias, osos, focas, morsas, etc.

carnosidad *f.* Carne irregular que sale en el cuerpo.

carnoso, sa 1 *adj.* Que tiene muchas carnes. 2 BOT Dicho de los órganos vegetales formados por parénquima blando. 3 BOT **fruto** ~.

caro, ra 1 *adj.* De precio elevado. 2 Amado, querido.

carolingio, gia *adj.* HIST Perteneciente o relativo a Carlomagno, a su dinastía o a su época.

□ HIST Los carolingios sucedieron a los merovingios, siendo Pipino el Breve el primero en ceñir la corona (751-768). Reinaron en Francia hasta el año 987 y en Germania hasta el 991. Las conquistas de Carlomagno conformaron un vasto imperio, que quedó confirmado como continuación del imperio de Occidente cuando el papa lo coronó como emperador en Roma (800).

caroteno *m.* QUÍM Cada uno de los pigmentos de color rojo, naranja, amarillo o púrpura que aparecen en los organismos vivos.

carótida *f.* ANAT Cada una de las dos arterias principales de los vertebrados que por ambos lados del cuello llevan la sangre a la cabeza.

carpa[1] *f.* Pez teleósteo dulciacuícola que en estado salvaje presenta una coloración parda verdusca; las variedades ornamentales pueden ser negras, rojas, blancas o doradas.

carpa[2] 1 *f.* Toldo que cubre un recinto amplio. 2 TIENDA que se usa como alojamiento temporal. 3 Tenderete de playa.

carpelo *m.* BOT Órgano sexual femenino de las plantas, que sostiene y protege los óvulos.

carpeta 1 *f.* Utensilio rectangular doble de cartón o plástico, que se abre por uno de sus lados y sirve para guardar papeles. 2 Paño que recubre la mesa de juego. 3 Mantel pequeño.

carpintería 1 *f.* Taller y oficio del carpintero. 2 Conjunto de elementos de madera en un edificio. || ~ **metálica** La que en vez de madera emplea metales para la construcción de muebles, puertas, ventanas, etc.

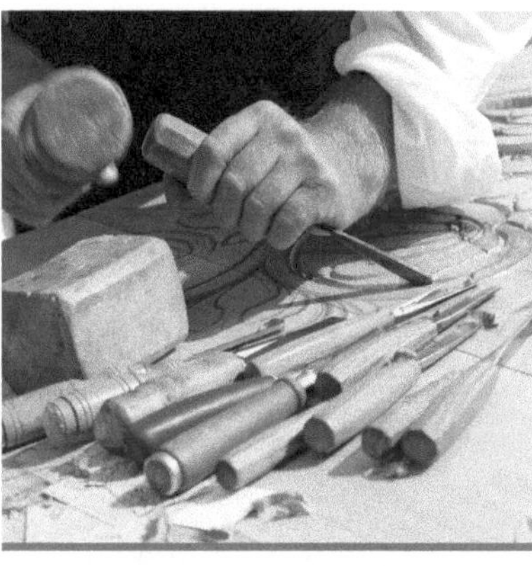

carpintero, ra *m.* y *f.* Persona que trabaja y labra madera, fabricando objetos o muebles.

carpo 1 *m.* ANAT Esqueleto de la muñeca, compuesto de ocho huesos dispuestos en dos filas transversales. 2 ZOOL Esqueleto de las extremidades anteriores de los batracios, reptiles y mamíferos.

carraspear *intr.* Emitir una tos repetidas veces a fin de aclarar la garganta.

carraspera *f.* Irritación leve de la garganta.

carrasposo, sa *adj.* Dicho de lo que es áspero al tacto, que raspa la mano.

carrera 1 *f.* Acción de ir corriendo de un sitio a otro. 2 Recorrido que hace un taxi en cada uno de sus servicios. 3 Raya del pelo. 4 Tramo de vía urbana perpendicular a la calle. 5 Conjunto de estudios que habilitan para ejercer una profesión. 6 La misma profesión. 7 DEP Competición de velocidad entre personas, animales o vehículos.

carreta 1 *f.* Carruaje con lanza o varas para enganchar los animales de tiro y plataforma con caja o varales para contener la carga. 2 CARRETILLA.

carrete *m.* Cilindro con dos láminas circulares en sus extremos, para devanar y mantener enrollados en él hilos, alambres, cintas, etc.

carretera *f.* Camino pavimentado para el tránsito de vehículos.

carretero *m.* Persona que hace, repara o conduce carros y carretas.

carretilla 1 *f.* Utensilio de transporte formado por un cajón que se apoya en una rueda delantera y dos patas traseras, con dos varas entre las que se coloca el que la empuja. 2 Mango que termina en una rodaja dentada y se usa en la cocina para cortar masa.

carretón *m.* TRÉBOL.

carriel 1 *m.* Maletín de cuero con varios compartimientos. 2 GARNIEL.

carril 1 *m.* Cada una de las bandas longitudinales de una calzada para el paso de un vehículo. 2 Cada una de las barras sobre las que rueda un tren o un tranvía. 3 Ranura guía sobre la que se desliza un objeto, como en una puerta de corredera.

carrilera *f.* Vías del ferrocarril.

carrillo *m.* Parte de la cara, desde los pómulos hasta lo bajo de la quijada.

carrizo *m.* Nombre de diversas gramíneas altas, propias de terrenos húmedos, que sirven para fabricar cercados, construir cielos rasos, etc.

carro 1 *m.* AUTOMÓVIL destinado al transporte de personas. 2 Cualquier vehículo que se emplea para transportar objetos diversos. 3 CARRETA.

carrocería *f.* Parte de los automóviles que, asentada sobre el bastidor, reviste el motor y otros elementos, y en cuyo interior se acomodan las personas o la carga.

carromato 1 *m.* Carro o carreta grande de dos ruedas, con dos varas para la caballería, y que suele tener un toldo. 2 Carruaje demasiado grande e incómodo.

carroña *f.* Carne corrompida.

carroñero, ra 1 *adj.* Relativo a la carroña. 2 *adj.* y *s.* Dicho del animal que se alimenta principalmente de carroña.

carroza 1 *f.* Coche adornado con representaciones alegóricas o fantásticas, que desfila en las fiestas populares. 2 Coche lujoso que se usa en ciertas ceremonias. 3 Coche fúnebre.

carruaje *m.* Cualquier vehículo formado por una armazón que descansa sobre ruedas.

carrusel *m.* Plataforma giratoria sobre la que se instalan asientos o figuras (caballitos, coches, etc.) y sirve de diversión.

carta 1 *f.* Escrito privado que una persona dirige a otra. 2 Cada uno de los naipes de la baraja. 3 Lista de platos y bebidas que ofrece un restaurante. 4 Ley fundamental o Constitución de un Estado. 5 Mapa. || ~ **abierta** La dirigida a una persona y destinada a la publicidad. ~ **blanca** Facultad que se da a alguien para que obre con entera libertad.

cartabón *m.* Instrumento para marcar ángulos rectos, formado por dos reglas ortogonales.

cartapacio 1 *m.* Carpeta para contener libros y papeles. 2 Conjunto de papeles contenidos en una carpeta.

cartearse *prnl.* Mantener correspondencia recíproca dos personas.

cartel[1] *m.* Papel con texto y dibujos que se exhibe con fines didácticos o de propaganda.

cartel[2] (Tb. cártel) 1 *m.* Agrupación de personas que persigue fines ilícitos. 2 ECON Asociación entre entidades similares, para evitar la mutua competencia y controlar el mercado de un determinado campo industrial.

cartelera 1 *f.* Superficie adecuada para fijar los carteles o anuncios públicos. 2 CARTEL[1]. 3 Sección de los periódicos donde se anuncian los espectáculos.

cárter *m.* Caja que en los automóviles protege ciertas partes del motor y a veces sirve de depósito del lubricante.

cartera 1 *f.* BILLETERA. 2 Funda que se lleva a mano y en la que se guardan documentos, libros, etc. 3 Cargo de ministro de un gobierno. 4 Conjunto de valores comerciales que forman el activo de una empresa, un comerciante, etc.

carterista *m.* y *f.* Persona que roba billeteras.

cartero, ra *m.* y *f.* Persona que reparte las cartas y demás efectos postales.

cartesiano, na *adj.* GEOM **coordenada** ~.

cartilaginoso, sa 1 *adj.* Relativo a los cartílagos. 2 ANAT y FISIOL **tejido** ~.

cartílago *m.* ANAT Cualquier pieza del esqueleto formada por tejido cartilaginoso. Forma el esqueleto de los mamíferos en el estado embrionario, quedando después reducido a ciertos órganos, como la nariz o la oreja.

cartilla 1 *f.* Libro con los fundamentos para aprender a leer. 2 Tratado breve y elemental de un arte u oficio.

cartismo *m.* HIST Movimiento reivindicativo británico (1837-48) que reclamaba el sufragio universal masculino y la abolición de los requisitos de propiedad para ser miembro del Parlamento.

cartografía *f.* GEO Conjunto de técnicas usadas en la elaboración de mapas; incluye desde hacer los levantamientos topográficos hasta imprimir el mapa.

cartomancia (Tb. cartomancía) *f.* Tipo de adivinación que predice el futuro por medio de la interpretación de los naipes.

cartón *m.* Lámina gruesa hecha con varias hojas de pasta de papel que se adhieren unas a otras.

cartonero, ra *m.* y *f.* Persona que hace, recoge o vende cartones y otros papeles.

cartuchera 1 *f.* Estuche para llevar la dotación de cartuchos de guerra o caza. 2 Bolsa pequeña para llevar lápices, sacapuntas, etc.

cartucho 1 *m.* Cilindro con la pólvora y municiones correspondientes a cada tiro de un arma de fuego. 2 Dispositivo intercambiable provisto de lo necesario para que funcionen ciertos aparatos o instrumentos: *El cartucho de la impresora.* 3 Bolsa hecha de cartulina, para contener dulces, frutas y cosas semejantes. 4 CALA[3].

cartujo, ja *adj.* y *s.* Dicho de los miembros de la Orden de la Cartuja fundada por san Bruno en 1084.

cartulina *f.* Cartón delgado y terso, de mayor calidad y menor grosor que el cartón común, y más grueso que el papel normal.

carúncula 1 *f.* ZOOL Carnosidad eréctil de la cabeza de ciertos animales, como el pavo y el gallo. 2 BOT Excrecencia de algunas semillas contigua al micrópilo.

casa 1 *f.* Local destinado a vivienda. 2 Domicilio de una unidad familiar. 3 Familia, conjunto de personas emparentadas entre sí que viven juntas. 4 Conjunto de personas que llevan el mismo apellido y sus antepasados: *La casa de Aragón.* 5 Institución cultural que agrupa a personas vinculadas por su origen: *La publicación del libro estuvo a cargo de la Casa de México.* 6 Establecimiento o empresa comercial, y cada una sus delegaciones. || ~ **cural** La que ocupa el cura en algunos lugares y que generalmente es propiedad de la iglesia. ~ **de citas** Aquella en que se facilita por precio una habitación para las relaciones sexuales. ~ **de moneda** La destinada para fundir, fabricar y acuñar moneda.

casabe *m.* Torta hecha con harina de la raíz de la mandioca.

casaca *f.* Vestidura masculina ceñida al cuerpo, con mangas que llegan hasta la muñeca, y con faldones hasta las corvas.

casado, da *adj.* y *s.* Dicho de la persona que ha contraído matrimonio.

casamentero, ra *adj.* y *s.* Que por interés o afición acuerda bodas.

casamiento *m.* Ceremonia nupcial.

casanova *m.* Hombre que trata de seducir a un gran número de mujeres.

casar 1 *intr.* y *prnl.* Contraer matrimonio. 2 Cuadrar una cosa con otra. 3 *tr.* Disponer alguien el matrimonio de otra persona. 4 Unir una cosa con otra. 5 Apostar o concertar apuestas.

cascabel 1 *m.* Bolita metálica y hueca que lleva dentro un trocito de metal con el que, al moverlo, produce un tintineo. 2 Serpiente venenosa que tiene en la punta de la cola unos discos córneos, con los que produce un ruido particular. 3 Esos anillos.

cascada 1 *f.* GEO Descenso súbito de una corriente de agua o río sobre un declive empinado. 2 Dispositivo con una serie de elementos eléctricos, informáticos, mecánicos, etc. en que cada uno actúa sobre el siguiente. 3 Serie de cosas que suceden o se amontonan.

cascajo *m.* Conjunto de fragmentos menudos de piedra o de cualquier otra materia dura.

cascanueces *m.* Instrumento, a modo de tenaza, para partir nueces.

cascar 1 *tr.* y *prnl.* Quebrantar o hender la cáscara de los frutos secos. 2 Golpear a alguien.

cáscara *f.* Cubierta exterior dura de los huevos, de varias semillas y frutas.

cascarilla *f.* Revestimiento quitinoso de ciertos granos y semillas.

cascarón *m.* Cáscara de huevo de cualquier ave.

cascarrabias *m.* y *f.* Persona muy gruñona.

casco 1 *m.* Pieza cóncava con que se protege la cabeza. 2 Cuerpo de un barco o de un avión. 3 Gajo o división interior de algunas frutas. 4 Uña grande y dura en que terminan las extremidades de los équidos. || **~s azules** Designación que reciben las tropas de las Naciones Unidas. ~ **urbano** Conjunto de edificaciones de una ciudad, hasta donde termina su agrupación.

caseína *f.* QUÍM Albuminoide que constituye alrededor del 80 % del total de las proteínas presentes en la leche.

caserío *m.* Conjunto de casas que no llegan a formar pueblo.

casero, ra 1 *adj.* Que se hace en casa. 2 Dicho de la persona cuidadosa de las cosas de su casa. 3 *m.* y *f.* Propietario o administrador de una casa respecto del inquilino. 4 Persona que cuida de una casa en ausencia de su dueño.

caseta 1 *f.* Casa pequeña de construcción ligera. 2 Garita que sirve de vestuario. 3 Construcción de solo un área, que se usa principalmente como aula.

casete *m.* o *f.* Cajita plástica con cinta magnética para el registro de sonido o imágenes y su reproducción.

casi *adv.* Cerca de, aprox., por poco.

casilla 1 *f.* Cada una de las divisiones de casilleros, ficheros, estantes y otros muebles. 2 ESCAQUE.

casillero *m.* Armario individual para guardar efectos personales en los colegios, gimnasios, etc.

casino 1 *m.* Local en que se practican juegos de azar. 2 Local anexo a las instituciones laborales para atender las comidas de los trabajadores.

caso 1 *m.* Suceso, acontecimiento. 2 Casualidad, acaso. 3 Asunto para estudio o consulta. 4 GRAM Cada una de las relaciones sintácticas que el sustantivo mantiene en una oración según la función que desempeña en ella.

caspa 1 *f.* Escamillas blancuzcas que se forman en el cuero cabelludo. 2 Las formadas por las afecciones de la piel.

casquete 1 *m.* Cubierta de tela, plástico, etc. que se ajusta a la cabeza. 2 GEOM Parte de una esfera, cortada por un plano que no pasa por su centro. || ~ **glaciar** o **polar** GEO Capa gruesa de hielo que cubre tierras y océanos próximos a los polos de la Tierra.

casquillo 1 *m.* Tapón metálico que refuerza la extremidad de una pieza de madera. 2 Cartucho vacío de las armas de fuego. 3 Parte metálica de la bombilla eléctrica, que permite conectar esta con el circuito.

casta 1 *f.* Ascendencia o linaje. 2 Grupo social que se mantiene apartado en defensa de unos derechos reales o supuestos: *Las castas de los hindúes.*

castaña *f.* Fruto del castaño, de cáscara correosa de color pardo oscuro.

castañetear *intr.* y *tr.* Sonarle a alguien los dientes, dando los de una mandíbula contra los de la otra.

castaño, ña 1 *adj.* y *m.* Del color de la castaña en la gama del pardo oscuro. 2 *m.* Árbol copudo y de gran porte, con hojas lanceoladas y correosas, flores blancas y cuyo fruto es la castaña. || ~ **de Pará** Árbol americano, de gran porte, con semillas comestibles y de las que se extrae aceite.

castañuela *f.* MÚS Instrumento de percusión hecho de dos mitades cóncavas de madera que haciéndolas entrechocar, producen su sonido característico.

castellanizar *tr.* Dar forma castellana a un vocablo de otro idioma.

castellano, na 1 *adj.* y *s.* De Castilla. 2 *adj.* Perteneciente o relativo a Castilla o a los castellanos. 3 *m.* LING Denominación que recibe también el ESPAÑOL. 4 LING Dialecto románico nacido en Castilla la Vieja, del que tuvo su origen la lengua española.

castidad 1 *f.* Cualidad de casto. 2 Virtud que controla el instinto sexual. 3 Abstinencia sexual.

castigar 1 *tr.* Imponer un castigo o aplicarlo. 2 Dañar algo de manera continuada un fenómeno natural: *El país ha sido castigado por la sequía.*

castigo *m.* Pena que se impone por una falta o un delito.

castillo 1 *m.* Vivienda fortificada del rey o de un señor feudal y de los miembros de su corte, habitual durante el Medioevo. 2 Construcción similar de cualquier época y lugar. 3 Parte de la cubierta de un buque entre el trinquete y la proa.

castizo, za *adj.* Dicho del lenguaje depurado de extranjerismos.

casto, ta *adj.* Que practica la castidad.

castor, ra *m.* y *f.* Roedor de 65 cm de largo, con patas cortas, pies palmeados y cola ancha y oval; construye su madriguera a orillas de ríos y lagos de las regiones septentrionales frías.

castrar *tr.* Extirpar o inutilizar los órganos genitales.

castrense *adj.* Relativo al ejército o a la profesión militar.

casual *adj.* Que sucede por casualidad.

casualidad 1 *f.* Acontecimiento imprevisto que resulta de una combinación de circunstancias que no se pueden prever ni evitar. 2 Coincidencia fortuita.

casuario *m.* Ave de Oceanía, corpulenta y no voladora, con una protuberancia córnea en la cabeza.

casuística *f.* Consideración de los diversos casos particulares que pueden explicar un asunto, una materia, una doctrina, etc.

casulla *f.* Vestidura que se pone el sacerdote sobre las demás para celebrar la misa.

catabolismo *m.* BIOL Fase del metabolismo en la que se eliminan del cuerpo los desechos. Consiste en la degradación de las moléculas complejas en sustancias más sencillas que son excretadas a través de los riñones, el intestino, los pulmones y la piel.

cataclismo *m.* Desastre natural de proporciones gigantescas.

catacresis *f.* Tropo por el que se designa con un nombre traslaticio algo que carece de nombre específico; por ejemplo: *La hoja de la espada; una hoja de papel.*

catacumbas *f. pl.* HIST Galerías subterráneas en las que los primeros cristianos sepultaban a sus difuntos y practicaban las ceremonias del culto.

catador, ra *m.* y *f.* Persona que cata alimentos y bebidas.

catadura *f.* Gesto o semblante: *Fea catadura.*

catafalco *m.* Túmulo de madera, revestido de paño negro, que se monta en los templos para la celebración de los funerales y sobre el que se coloca el féretro.

catafase *f.* BIOL Fase de la **mitosis** desde la formación de los cromosomas hasta la división de la célula.

catáfora *f.* LING Deixis que generalmente realizan los pronombres y que consiste en anticipar el significado de la parte del discurso que se va a emitir; por ejemplo: *Eso, aplaudan su travesura.*

catalán *m.* LING Lengua románica hablada en el NE de España (Cataluña, Valencia, Islas Baleares), S de Francia (Rosellón), Andorra y Alguer (Cerdeña).

catalejo *m.* ÓPT Anteojo para larga distancia, consistente en un tubo extensible con varios elementos ópticos.

catalepsia *f.* MED Estado patológico transitorio y repentino en el que las sensaciones se suspenden y se inmoviliza el cuerpo.

catalizador, ra 1 *adj.* y *m.* QUÍM Sustancia que incrementa la velocidad de una reacción química y se recupera sin sufrir cambios esenciales. 2 *m.* Dispositivo que reduce la emisión de contaminantes de los sistemas de escape de los automóviles.

catalogar 1 *tr.* Clasificar libros, documentos, etc., siguiendo un orden determinado. 2 Encasillar a una persona en un determinado grupo o ideología.

catálogo *m.* Inventario o lista de personas o cosas con un cierto orden.

catamarán *m.* Embarcación de vela formada por dos cascos unidos, que funcionan a modo de patín.

cataplasma *f.* MED Masa blanda que se aplica sobre zonas doloridas y que tiene efectos emolientes o supurativos.

catapulta 1 *f.* Máquina de guerra con que se lanzaban piedras o flechas. 2 Mecanismo que en los portaaviones permite el despegue de un avión.

catapultar 1 *tr.* Disparar con la catapulta. 2 Promover a alguien de modo fulgurante y repentino.

catar *tr.* Probar un alimento o una bebida para conocer su sabor y otras características.

catarata 1 *f.* Cascada de gran tamaño. 2 MED Opacidad degenerativa del ojo causada por una especie de telilla que impide el paso de los rayos luminosos y produce ceguera.

cátaro, ra *adj.* y *s.* HIST Seguidor de una de las varias sectas heréticas que se extendieron por Europa durante los ss. XI-XIII. Rechazaban los sacramentos y el culto a las imágenes. 2 *adj.* Perteneciente o relativo a los cátaros o a sus sectas.

catarro *m.* MED Inflamación de la mucosa nasal, acompañada de un aumento de secreción de moco.

catarsis *f.* Sentimiento de purificación o cambio interior, suscitado por una vivencia profunda e intensa.

catastro *m.* Censo estadístico de los bienes raíces de una población.

catástrofe 1 *f.* Suceso desgraciado de graves consecuencias. 2 Desgracia muy dolorosa para alguien, aunque no sea de efectos gigantescos.

catatonía *f.* MED Ausencia total de reacción frente a estímulos exteriores.

catear 1 *tr.* Buscar, observar, acechar. 2 Explorar un terreno.

catecismo *m.* REL Libro con una explicación de la doctrina cristiana, en forma de preguntas y respuestas.

catecúmeno, na *m.* y *f.* REL Persona que se está instruyendo en la doctrina católica con el fin de recibir el bautismo.

cátedra 1 *f.* Cargo y ejercicio del catedrático. 2 Materia que enseña.

catedral *f.* Templo cristiano de grandes dimensiones, que es la cabeza de la diócesis y la sede del obispo titular de ella.

catedrático, ca *m.* y *f.* Profesor que tiene la más alta categoría en la enseñanza media y superior.

categoría 1 *f.* Cada uno de los diferentes grados de una profesión o de un oficio. 2 Elemento unitario de una clasificación. 3 Situación social de una persona respecto a las demás. || ~ **gramatical** GRAM Cada una de las clases de palabras establecidas en función de sus cualidades gramaticales; las principales son: *Adjetivo, adverbio, artículo, conjunción, interjección, preposición, pronombre, sustantivo* y *verbo.*

categórico, ca *adj.* Dicho del juicio en que se afirma o niega sin restricción ni condición.

catenario, ria 1 *adj.* y *f.* Curva que forma una cadena, cuerda o cosa semejante suspendida entre dos puntos que no están en la misma vertical. 2 GEOM Representación de dicha curva en el plano. 3 *adj.* Perteneciente o relativo a la cadena.

cateo *m.* Acción y efecto de catear.

catequizar *tr.* REL Instruir en cosas relativas a la religión.

caterva *f.* Multitud desordenada de personas o cosas de escasa calidad.

catéter *m.* MED Sonda de exploración quirúrgica.

cateterismo *m.* MED Exploración quirúrgica mediante catéter.

cateto *m.* GEOM Cada uno de los dos lados que forman el ángulo recto en el triángulo rectángulo. || ~ **adyacente** GEOM El que, con la hipotenusa, forma el ángulo agudo que se tiene en cuenta. ~ **opuesto** GEOM El que no determina el ángulo agudo que se tiene en cuenta.

catión *m.* FÍS Átomo o grupo de átomos con carga positiva.

catleya *f.* Género de plantas de la familia de las orquídeas, propias de la América tropical y cuyas flores son de gran belleza.

catódico, ca *adj.* ELECTR Perteneciente al cátodo.

cátodo *m.* ELECTR ELECTRODO negativo.

catolicismo *m.* Conjunto de personas y doctrinas de la Iglesia católica.

☐ REL El catolicismo tiene el pilar de sus enseñanzas en la Biblia. Sus fieles veneran a los santos y a la Virgen María, su culto está centrado en la misa y su cabeza es el papa. Sus ritos simbólicos son los sacramentos: bautismo, eucaristía, confirmación, penitencia, órdenes sagradas, matrimonio y extremaunción. Profesan el catolicismo aprox. 750 millones de personas.

católico, ca 1 *adj.* Relativo al catolicismo. 2 *adj.* y *s.* Que profesa el catolicismo.

catorce 1 *adj.* y *pron.* Diez más cuatro. 2 *m.* Signo o representación gráfica de dicho número.

catorceavo, va *adj.* y *m.* Dicho de cada una de las catorce partes iguales en que se divide un todo.

catre *m.* Cama individual y ligera.

caucásico, ca 1 *adj.* y *s.* Del Cáucaso, cordillera o región entre Europa y Asia. 2 *adj.* LING Dicho de las lenguas de la región del Cáucaso. 3 Perteneciente o relativo al Cáucaso o a los caucásicos.

cauce 1 *m.* Lecho de un río o arroyo. 2 Procedimiento o norma.

cauchero, ra 1 *adj.* Relativo al caucho. 2 *m.* y *f.* Persona que trabaja o vende el caucho.

caucho 1 *m.* Sustancia natural o sintética elástica, repelente al agua y resistente a la abrasión y a la corriente eléctrica. El natural es el componente sólido del látex de diversos árboles y el sintético una mezcla de terpenos por polimerización. 2 HEVEA. 3 Neumático de los automóviles, bicicletas, motocicletas, etc. 4 Cubierta exterior del neumático. 5 Cinta o cordón elástico.

caución *f.* Previsión o cautela.

caudal[1] 1 *m.* GEO Volumen de agua corriente que discurre por un cauce en un punto determinado. 2 Hacienda, dinero. 3 Gran cantidad de una cosa.

caudal[2] *adj.* ZOOL Perteneciente o relativo a la cola.

caudillaje *m.* CAUDILLISMO.

caudillismo 1 *m.* Gobierno de un caudillo. 2 CACIQUISMO. 3 HIST Época en que se enfrentan y suceden los caudillos en Suramérica (1820-62).

caudillo 1 *m.* Capitán o jefe de gente de armas. 2 POLÍT Militar que se hace con el gobierno de un país mediante un golpe de Estado.

causa 1 *f.* Lo que contribuye a la producción de algo. 2 Lo que induce a obrar de una determinada manera. 3 Empresa o doctrina que suscita partidarios (y enemigos). 4 DER Proceso judicial. 5 FIL Lo que se considera fundamento o principio de algo.

causal 1 *adj.* Que se refiere a la causa. 2 GRAM **conjunción** ~. 3 *f.* Razón y motivo de algo.

causalidad *f.* Relación de causa a efecto.

causante *adj.* y *s.* Que causa.

causar *tr.* y *prnl.* Ser causa, razón o motivo de algo.

cáustico, ca 1 *adj.* Dicho de la sustancia que destroza los tejidos animales por corrosión o quemadura. 2 Mordaz, agresivo, dicho del humor o del lenguaje.

cautela *f.* Precaución y reserva en el obrar.

cautelar *adj.* DER Dicho de las medidas para prevenir la consecución de un fin o precaver lo que pueda dificultarlo.

cauteloso, sa *adj.* Que obra con cautela.

cauterizar *tr.* MED Quemar una herida o destruir un tejido con una sustancia cáustica, un objeto candente o aplicando corriente eléctrica.

cautín *m.* Aparato para soldar con estaño.

cautivar *tr.* Hacer cautivo, apresar.

cautiverio *m.* CAUTIVIDAD.

cautividad 1 *f.* Privación de libertad en manos de un enemigo. 2 Encarcelamiento, vida en la cárcel. 3 Privación de la libertad a los animales no domésticos.

cautivo, va 1 *adj.* y *s.* Dicho de una persona hecha prisionera en la guerra. 2 *adj.* Dicho del animal privado de libertad.

cauto, ta *adj.* Que obra con cautela y prudencia.

cava 1 *f.* Bóveda subterránea en que se fermenta y cría el vino. 2 *adj.* y *f.* ANAT **vena** ~.

cavar *tr.* Abrir un hoyo en la tierra.

caverna *f.* Cueva profunda.

cavernícola 1 *adj.* y *s.* Que vive en cavernas. 2 Dicho, especialmente, del hombre prehistórico que vivía en cavernas.

cavernoso, sa 1 *adj.* Relativo a la caverna. 2 Dicho del sonido sordo y bronco. 3 Que tiene cavernas.

caviar *m.* Alimento consistente en huevas de pez, frescas y en salmuera.

cavidad 1 *f.* Hueco en el interior de cualquier cuerpo. 2 Cualquier forma cóncava capaz de acoger alguna cosa. || ~ **bucal** ANAT Espacio anterior a los dientes y encías. ~ **paleal** ZOOL Espacio formado por un repliegue del manto de los moluscos, donde se sitúan las branquias.

cavilar *tr.* Reflexionar de manera continuada sobre algún asunto.

cayado *m.* Bastón arqueado por la parte superior. || ~ **de la aorta** ANAT Arco que esta arteria forma desde el corazón hasta la tercera vértebra dorsal.

cayena *m.* Arbusto dicotiledóneo de hojas alternas con estípulas, flores axilares muy vistosas, de color rojo, amarillo o blanco y fruto seco.

cayo *m.* Isla baja y arenosa cubierta de manglares.

cayuco *m.* Canoa pequeña de fondo plano.

caza 1 *f.* Acción de cazar. 2 Conjunto de animales salvajes, antes y después de cazados. 3 Seguimiento, persecución. 4 *m.* Avión muy veloz y pequeño, diseñado para combates aéreos.

cazabe *m.* CASABE.

cazador, ra 1 *adj.* Dicho de los animales que persiguen y cazan otros animales. 2 *adj.* y *s.* Dicho de una persona que caza por oficio o diversión. 3 *m.* Soldado de infantería, y en especial el de montaña. 4 *f.* CAMPERA.

cazar *tr.* Buscar y apresar animales salvajes para comerlos o apresarlos.

cazo 1 *m.* Recipiente más ancho por la boca, con mango y pico para verter. 2 Cucharón con mango vertical para sacar un líquido de algún recipiente.

cazoleta 1 *f.* Receptáculo pequeño que llevan algunos objetos, como el depósito del tabaco en la pipa. 2 Pieza que va debajo del puño de la espada.

cazuela *f.* Utensilio de cocina redondo y más ancho que hondo.

ce *f.* Nombre de la letra *c.*

ceba *f.* Acción y efecto de cebar.

cebada *f.* Planta gramínea de algo más de 60 cm, con espigas prolongadas y semillas puntiagudas. Su grano se usa en la elaboración de bebidas a base de malta (como la cerveza), para cocinarlo como alimento y para producir harinas.

cebar 1 *tr.* Alimentar animales para su engorde. 2 Poner en ciertas armas, máquinas o motores el combustible necesario para su funcionamiento.

3 Preparar y servir la infusión del mate. 4 *prnl.* Ensañarse con alguien.

cebiche (Tb. ceviche) *m.* Plato de pescado o marisco crudo cortado en trozos y preparado en un adobo de jugo de cítricos, cebolla y tomate picados, sal y ají.

cebo *m.* Comida con que se provee el anzuelo, cepo o trampa para capturar a los animales.

cebolla 1 *f.* Hortaliza de distribución templada y subtropical caracterizada por su sabor picante. 2 Bulbo de estas plantas, que se consume en ensalada, cocinado, preparado en diversas salsas y como condimento.

cebra *f.* Mamífero perisodáctilo équido africano, de forma y tamaño intermedios entre el asno y el caballo, de pelo blanco amarillento con listas transversales pardas o negras.

cebú *m.* Bovino caracterizado por la presencia de una joroba a la altura de los hombros. Se utiliza como bestia de carga y por su alto rendimiento cárnico.

cecear *intr.* Pronunciar la *s* con articulación igual o semejante a la correspondiente a la letra *z.*

cecina *f.* Carne salada y seca que se come cruda.

cedazo *m.* Aro de madera al que se sujeta una malla tensa, que sirve para cribar o tamizar.

ceder 1 *tr.* Transferir a otro alguna cosa o algún derecho. 2 Desprenderse de algo propio. 3 *intr.* Disminuir, debilitarse un fenómeno de la naturaleza, una enfermedad, etc. 4 Cesar en la resistencia. 5 Aflojarse algo que estaba tenso. 6 Romperse una cosa por estar sometida a una fuerza o presión grandes.

cedilla *f.* Letra representada por una *c* y una virgulilla colgante (*ç*).

cedro 1 *m.* Árbol que alcanza unos 40 m de altura, con tronco grueso y derecho, ramas horizontales, hojas perennes casi punzantes, flores rojas al principio y después amarillas, y cuyo fruto es la cédride. 2 Madera del cedro.

cédula 1 *f.* Documento en que se reconoce una obligación. 2 Documento oficial de identidad. || ~ **real** HIST Documento real en que se dictaba alguna disposición o se concedía alguna merced.

cedulación *f.* Expedición de cédulas de ciudadanía.

cefalea *f.* MED Dolor violento que afecta a uno de los lados de la cabeza.

cefálico, ca *adj.* Relativo a la cabeza.

cefalocordado *adj.* y *m.* ZOOL Dicho de los animales marinos de simetría bilateral, con un notocordio que se extiende de un extremo a otro del cuerpo y una serie de tentáculos alrededor de la boca. Miden menos de 8 cm y conforman un subfilo.

cefalópodo *adj.* y *m.* ZOOL Dicho de los moluscos marinos con cuerpo en forma de saco, en el que se destaca la cabeza provista de ocho o diez tentáculos con ventosas. Segregan un líquido negruzco como autodefensa; como el calamar y el pulpo. Conforman una clase.

cefalorraquídeo, a 1 *adj.* ANAT Relativo a la cabeza y la columna vertebral. 2 ANAT **líquido ~.**

cefalotórax *m.* ZOOL Parte del cuerpo de los crustáceos y arácnidos que está formada por la unión de la cabeza y el tórax.

cegador, ra *adj.* Que ciega o deslumbra.

cegar 1 *intr.* Perder la visión por completo. 2 *tr.* Quitar la vista a alguien. 3 Taponar lo que estaba abierto o hueco. 4 *tr.* e *intr.* Ofuscar la razón por la violencia de afectos o pasiones. 5 *tr.* y *prnl.* Dejar una luz repentina e intensa momentáneamente ciego a alguien.

cegesimal *adj.* **sistema ~.**

ceguera *f.* MED Privación total del sentido de la vista.

A B C D E F G H I J K L M N Ñ O P Q R S T U V W X Y Z

ceiba *f.* Árbol corpulento, de copa amplia, hojas palmeadas y frutos con semillas envueltas en una sustancia algodonosa.

ceja 1 *f.* Borde superior y prominente de la cuenca del ojo, cubierto de pelo. 2 El pelo que lo cubre, y cada uno de los pelillos. 3 Parte que sobresale un poco en algunas cosas, como en las encuadernaciones de los libros, en algunas obras de carpintería, etc.

cejar *intr.* Aflojar o ceder en un empeño o una discusión.

celacanto *m.* Pez de cabeza acorazada, grandes escamas, cola y aletas lobuladas, con escamas en la base, a diferencia de lo que ocurre en la mayoría de los peces.

celada 1 *f.* Emboscada de gente armada, acechando a la víctima para asaltarla sorpresivamente. 2 Artimaña o fraude dispuesto con artificio o disimulo.

celador, ra *m.* y *f.* Persona encargada de la vigilancia.

celaduría *f.* Oficina o despacho del celador.

celaje *m.* Aspecto del cielo cuando hay nubes tenues y de varios matices. • U. m. en pl.

celar 1 *tr.* Velar por el cumplimiento de las obligaciones. 2 Vigilar a la persona amada por tener celos de ella.

celda 1 *f.* Habitación pequeña e individual de los religiosos y las religiosas. 2 Cada uno de los aposentos donde se encierra a los presos en las cárceles. 3 ZOOL Cada una de las casillas de que se componen los panales de abejas y avispas. 4 BOT Cada uno de los huecos que ocupan las simientes en la caja.

celebérrimo, ma *adj.* Superlativo de célebre.

celebración *f.* Acción de celebrar.

celebrar 1 *tr.* Conmemorar algún acontecimiento. 2 Llevar a cabo una reunión, un acto académico, un concierto, etc. 3 Mostrar o sentir alegría o agrado por algo. 4 REL Conmemorar con cultos solemnes los misterios del cristianismo o la memoria de los santos. 5 *tr.* e *intr.* REL Decir misa el sacerdote.

célebre *adj.* Famoso, renombrado.

celebridad 1 *f.* Fama que adquiere alguien por sus actos gloriosos, su talento, etc. 2 Persona famosa.

celentéreo *adj.* y *m.* ZOOL Dicho de los invertebrados marinos de estructura radial y con una sola abertura corporal rodeada de tentáculos. Conforman un filo que incluye tres clases: **antozoos**, **escifozoos** e **hidrozoos**.

celeridad 1 *f.* Prontitud, rapidez, velocidad. 2 FÍS Magnitud de la velocidad; puede medirse en unidades como kilómetros por hora, metros por segundo, etc.

celeste 1 *adj.* Relativo al cielo. 2 ASTR **bóveda ~**; **esfera ~**. 3 *adj.* y *m.* Dicho del color azul claro.

celestina *f.* Alcahueta, encubridora.

celibato *m.* REL Forma de ascetismo consistente en la abstinencia de la actividad sexual.

célibe *adj.* y *s.* Dicho de la persona que opta por el celibato.

celo 1 *m.* Diligencia que alguien pone al hacer algo. 2 Exacerbación del apetito sexual en los animales. 3 *m. pl.* Sentimiento de frustración y envidia que se experimenta por temor a perder el cariño de la persona amada.

celofán (Del fr. *Cellophane*®, marca reg.) *m.* Papel transparente que se emplea para envolver.

celoma *m.* ZOOL Cavidad corporal limitada por el mesodermo de la mayoría de los animales, revestida por una capa de tejido denominada epitelio y con dos aberturas al exterior.

celosía 1 *f.* Enrejado que se pone en las ventanas para impedir la vista desde fuera, mientras que permite ver desde dentro. 2 Cualquier enrejado de listones entrecruzados en diagonal.

celoso, sa *adj.* Que tiene celo, o celos.

celota *m.* y *f.* REL e HIST Miembro de un grupo judío que se caracterizó por su exaltado nacionalismo, y que combatió al Imperio romano de los ss. I y II.

celta 1 *adj.* y *s.* HIST De un grupo de pueblos que a partir del II milenio y hasta el s. III a.C. se asentaron en grandes áreas del centro y O de Europa. La unidad social de los celtas era la tribu, que estaba estratificada en nobleza, agricultores libres, que también eran guerreros, artesanos y esclavos. También existía una clase instruida que incluía a los druidas, que ejercían como sacerdotes. 2 *adj.* Perteneciente o relativo a los celtas.

celtíbero, ra (Tb. celtibero) 1 *adj.* y *s.* HIST De un pueblo hispánico prerromano que habitó las actuales provincias españolas de Zaragoza, Teruel, Cuenca, Guadalajara y Soria. 2 *adj.* Perteneciente o relativo a los celtíberos.

céltico, ca *adj.* Perteneciente a relativo a los celtas.

célula 1 *f.* Celdilla o pequeña cavidad. 2 BIOL Unidad fundamental de los organismos vivos, generalmente microscópica y formada por un citoplasma y un núcleo rodeados por una membrana semipermeable. 3 Grupo reducido de personas que funciona de modo independiente dentro de una organización. || **~ eucariótica** BIOL Aquella con núcleo con más de un cromosoma y citoplasma con diferentes orgánulos. **~ fotoeléctrica** ELECTR Dispositivo que permite transformar la intensidad luminosa en intensidad eléctrica. Se compone de un ánodo y un cátodo recubierto de un material fotosensible. **~ madre** BIOL La indiferenciada, presente en el embrión al inicio de su formación, que puede transformarse en una diferenciada de cualquier tipo de tejido. **~ procariótica** BIOL Aquella que carece de orgánulos y algunas estructuras especiales; como las bacterias y las cianobacterias.

☐ BIOL El citoplasma contiene numerosas inclusiones: **vacuolas**, **retículo** endoplasmático, **aparato** de Golgi, **ribosomas**, **mitocondrias**, **centríolo** y **núcleo**. El núcleo contiene el material genético agrupado en los cromosomas y está rodeado de una doble membrana. La célula es capaz de dividirse y producir células hijas mediante un proceso conocido como **mitosis**.

celular 1 *adj.* Relativo a las células. 2 BIOL Formado por células. 3 BIOL **división ~**; **gemación ~**; **membrana ~**; **muerte ~**; **núcleo ~**; **respiración ~**. 4 Dicho del coche policial acondicionado para trasladar personas arrestadas. 5 TELEC **teléfono** ~.

celulasa *f.* BIOL Enzima que descompone la celulosa.

celulitis *f.* FISIOL Acumulación de grasa en torno a las caderas y los muslos; tiene una apariencia esponjosa y con hoyuelos.

celuloide *m.* QUÍM Tipo de celulosa flexible y plastificada que se empleaba en la fabricación de película fotográfica, peines, juguetes.

celulosa *f.* BIOQ Polisacárido que se encuentra en las porciones leñosas de las plantas, determinando su estructura.

cementar *tr.* Calentar un metal en contacto con otra materia en polvo o en pasta.

cementerio 1 *m.* Terreno, generalmente cercado, destinado a enterrar cadáveres. 2 Lugar destinado al depósito de residuos de ciertas industrias o de maquinaria fuera de uso.

cemento 1 *m.* Cualquier material que al fraguar sirve para aglutinar cosas. 2 Mezcla de silicatos molidos que, mezclados con agua, sirve como argamasa y que al secarse adquiere gran consistencia. 3 ANAT Tejido óseo que recubre el marfil de la raíz de los dientes. 4 GEO Masa mineral que une los fragmentos o arenas de algunas rocas. || ~ **armado** HORMIGÓN armado.

cena 1 *f.* Comida que suele tomarse por la noche o al atardecer. 2 Lo que en ella se toma.

cenáculo *m.* Reunión poco numerosa de personas que profesan las mismas ideas.

cenador *m.* Espacio del jardín cercado y vestido de plantas trepadoras.

cenagal *m.* Sitio lleno de cieno.

cenagoso, sa *adj.* Cubierto de cieno.

cenar 1 *intr.* Tomar la cena. 2 *tr.* Comer en la cena tal o cual cosa.

cencerro *m.* Campana tosca que suele colgarse del pescuezo del ganado.

cenefa 1 *f.* Franja sobrepuesta o tejida en los bordes de algunas ropas o prendas. 2 Dibujo modular de ornamentación a lo largo de los muros, pavimentos y techos.

cenicero *m.* Recipiente para depositar cenizas.

ceniciento, ta *adj.* Del color de la ceniza.

cenit (Tb. cénit, zenit; zénit) 1 *m.* ASTR Punto del hemisferio celeste superior al horizonte, que corresponde verticalmente a un lugar de la Tierra. 2 Momento culminante de algo.

cenital *adj.* Relativo al cenit.

ceniza 1 *f.* Polvo grisáceo que queda de una combustión. 2 *f. pl.* Restos de un cadáver.

cenobita *m.* y *f.* Persona que profesa la vida monástica y vive en un monasterio.

cenotafio *m.* Monumento funerario sin cadáver.

cenote *m.* Depósito de agua manantial, generalmente a alguna profundidad.

cenozoico, ca *adj.* y *m.* GEO Última y más corta de las cinco grandes eras del tiempo geológico.

☐ GEO El Cenozoico comenzó hace unos 65 millones de años y aún perdura. Es posterior al periodo cretácico del Mesozoico, y se subdivide en Terciario y Cuaternario. En esta era se definió el mundo geológico moderno, con sus rasgos geográficos característicos y sus animales y plantas.

censar 1 *tr.* Registrar en el censo. 2 *intr.* Hacer el censo o empadronamiento de los habitantes de algún lugar.

censo 1 *m.* Padrón o registro de los ciudadanos o de la riqueza de un pueblo o una nación. 2 Lista de personas o cosas de cualquier extensión y con cualquier finalidad. || ~ **electoral** Registro general de ciudadanos con derecho de sufragio activo.

censor, ra 1 *m.* y *f.* Funcionario de ciertos gobiernos encargado de revisar las publicaciones y de proponer, en su caso, que se modifiquen o prohíban. 2 En ciertas corporaciones, el encargado de velar por la observancia de los estatutos. 3 *m.* HIST Magistrado de la república romana, a cuyo cargo estaba formar el censo de la ciudad, velar sobre las costumbres y castigar a los viciosos.

censura 1 *f.* Objeción o reparo a personas o cosas. 2 POLÍT Acción oficial que controla o impide la difusión de determinadas noticias o imágenes. 3 VOTO de ~.

censurar 1 *tr.* Reprobar a alguien que ha obrado mal o algo que está mal hecho. 2 Prohibir, parcial o íntegramente, la representación o publicación de algo. 3 Ejercer su función el censor.

centauro *m.* MIT En la mitología griega, monstruo con forma humana de la cabeza a la cintura, y con el bajo vientre y las piernas de caballo.

centavo *m.* Céntimo del dólar, del peso y de algunas otras monedas.

centella *f.* Chispa que salta al chocar entre sí ciertos cuerpos duros.

centellear *intr.* Despedir rayos de luz de intensidad y coloración variables.

centena *f.* Conjunto de cien unidades.

centenar *m.* CENTENA.

centenario, ria 1 *adj.* y *s.* Dicho de la persona que ha cumplido cien años o los ronda. 2 *m.* Periodo de cien años. 3 Día en que se cumplen una o más centenas del nacimiento o de la muerte de alguien.

centeno 1 *m.* Planta gramínea de espiga larga, estrecha y dura que se emplea para elaborar pan (mezclado con otros cereales), en la destilación de bebidas alcohólicas, como forraje y para confeccionar objetos trenzados. 2 Conjunto de granos de esta planta.

centesimal 1 *adj.* Relativo a la centésima parte. 2 Dicho de la fracción cuyo denominador es cien.

centésimo, ma 1 *adj.* Que ocupa por orden el número cien. 2 *adj.* y *m.* Dicho de cada una de las cien partes iguales en que se divide un todo.

centígrado, da 1 *adj.* **grado** ~. 2 *m.* Unidad de la escala termométrica centígrada o Celsius (°C).

centilitro *m.* Centésima parte de un litro.

centímetro 1 *m.* Medida de longitud equivalente a la centésima parte de un metro. 2 CINTA métrica. || ~ **cuadrado** Unidad de superficie, equivalente a un cuadrado que tiene un centímetro de lado. ~ **cú-**

bico Unidad de volumen, equivalente a un cubo que tiene un centímetro de arista.

céntimo, ma 1 *adj.* Una de las cien partes de un todo. 2 *m.* Centésima parte de la unidad monetaria.

centinela 1 *m.* y *f.* Soldado que monta la guardia. 2 Persona que observa algo.

centolla *f.* Crustáceo decápodo marino de caparazón casi redondo y patas largas y ganchudas.

centrado, da 1 *adj.* Dicho del instrumento o de la pieza de una máquina cuyo centro se halla en la posición que corresponde. 2 Dicho de la cosa cuyo centro coincide con la de otra. 3 Dicho de lo que es objeto de interés o de lo que está especialmente dedicado a él: *Un estudio centrado en el modernismo.* 4 Dicho de la persona que piensa y actúa equilibradamente.

central 1 *adj.* Relativo al centro o que lo ocupa; que media entre dos extremos. 2 Que ejerce su acción sobre todo un sistema o territorio. 3 Esencial, principal. 4 *adj.* y *f.* Casa matriz o primera de una empresa o industria. 5 Instalación donde están unidos o centralizados varios servicios públicos de una misma clase: *Central de correos, de teléfonos.* || ~ **eléctrica** Instalación en que se produce energía eléctrica, constituida principalmente por la fuente de energía, una unidad motriz, un alternador y la estación transformadora. Según la energía que transforma, puede ser hidroeléctrica, térmica, nuclear, solar, etc.

centralismo *m.* POLÍT Sistema que propugna un centro fuerte de poder político, jurídico y administrativo.

centralita *f.* TELEC **CONMUTADOR.**

centralización *f.* Acción y efecto de centralizar o centralizarse.

centralizar 1 *tr.* y *prnl.* Reunir varias cosas en un centro. 2 Hacer que varias cosas dependan de un poder central. 3 *tr.* POLÍT Asumir el poder público facultades atribuidas a organismos locales.

centrar 1 *tr.* Determinar el centro de una superficie. 2 Hacer que coincida el centro de una cosa con el de otra. 3 Poner algo en el sitio adecuado: *El moderador centró el debate para evitar digresiones.* 4 *tr.* y *prnl.* Dirigir las energías o ambiciones personales hacia un objetivo. 5 *tr.* e *intr.* DEP En fútbol, lanzar la pelota desde las bandas hacia el centro del área.

centrifugar *tr.* Usar la fuerza centrífuga para separar los componentes de una masa o mezcla.

centrífugo, ga 1 *adj.* Que se aleja del centro. 2 FÍS **fuerza ~.** 3 *f.* Máquina que separa los diferentes componentes de una mezcla por la acción de la fuerza centrífuga.

centríolo (Tb. centriolo) *m.* BIOL Estructura par de forma cilíndrica que se encuentra en el centro del centrosoma.

centrípeto, ta 1 *adj.* Dicho de lo que en un movimiento circular tiende e impele hacia el centro. 2 FÍS **fuerza ~.**

centro 1 *m.* Punto interior que aprox. equidista de los bordes o límites de un objeto, una superficie, una figura, etc. 2 Zona de una población en que se agrupan los monumentos históricos, los órganos de la administración y la vida pública en general. 3 Lugar en que se desarrolla más intensamente una actividad: *Centro comercial, industrial.* 4 Local en que se reúnen los miembros de una asociación cultural o benéfica. 5 Institución para fomentar determinados estudios. 6 DEP Acción de centrar. 7 GEOM Punto equidistante de todos los de una circunferencia. 8 GEOM En la esfera, punto interior del cual equidistan todos los de la superficie. 9 GEOM En los polígonos y poliedros, punto en que todas las diagonales que pasan por él quedan divididas en dos partes iguales. 10 GEOM En

las líneas y superficies curvas, punto de intersección de todos los diámetros. 11 POLÍT Posición de los partidos cuya ideología es intermedia entre la derecha y la izquierda. || ~ **de gravedad** FÍS Punto de aplicación de la resultante de las fuerzas de la gravedad que actúan sobre cada uno de los elementos de un cuerpo.

centroamericano, na 1 *adj.* y *s.* De América Central. 2 *adj.* Perteneciente o relativo a los centroamericanos.

centrosoma *m.* BIOL Corpúsculo próximo al núcleo celular, fundamental en la mitosis.

céntuplo, pla *adj.* y *m.* MAT Dicho del producto de multiplicar una cosa por cien.

centuria 1 *f.* Periodo de cien años, siglo. 2 HIST Unidad militar romana de cien soldados.

centurión *m.* HIST Jefe de una centuria.

cenzontle *m.* Pájaro parduzco con algo de blanco sobre las alas. Imita las voces de las demás aves y el silbido de las personas.

ceñir 1 *tr.* Rodear, ajustar o apretar la cintura, el cuerpo, el vestido u otra cosa. 2 Rodear una cosa a otra. 3 *prnl.* Concentrarse en un tema u objetivo. 4 Moderar gastos o ahorrar palabras.

ceño *m.* Gesto de arrugar la frente y fruncir el entrecejo.

cepa 1 *f.* Tallo que está bajo tierra y en contacto con las raíces. 2 Tronco de la vid. 3 Tronco u origen de una familia o de un conjunto de individuos con características comunes.

cepillar 1 *tr.* Limpiar con un cepillo. 2 Alisar con cepillo la madera. 3 **ADULAR.**

cepillo 1 *m.* Plancha de madera, pasta, etc., provista de cerdas, para arreglar el cabello, quitar el polvo, lustrar el calzado, etc. 2 Herramienta manual con una cuchilla de acero, para desbastar y alisar la madera. 3 Máquina que consta de un cilindro rotatorio con cuchillas, que se usa para el mismo fin. 4 Adulación, alabanza.

cepo 1 *m.* Trampa para cazar consistente en un dispositivo que se dispara y cierra al tocarlo el animal. 2 Instrumento antiguo de tormento que aprisionaba entre dos maderos el cuello o algún otro miembro del reo, apretándolo. 3 Instrumento que sirve para inmovilizar o sujetar algo.

cera 1 *f.* Sustancia sólida de color amarillo que producen las abejas para hacer los panales. 2 QUÍM Hidrocarburo sólido que se obtiene por la destilación del petróleo y el lignito. 3 **CERUMEN.**

cerámico, ca 1 *adj.* Relativo a la cerámica. 2 *f.* Técnica de fabricar objetos de barro, loza y porcelana, con fines utilitarios o artísticos. 3 Conjunto de objetos de barro cocido.

ceramista *m.* y *f.* Persona que fabrica objetos de cerámica.

cerbatana *f.* Caña para disparar dardos soplando con fuerza por uno de sus extremos.

cerca[1] *f.* Muro, seto o alambrada con que se rodea un terreno.

cerca[2] *adv. l.* y *t.* Indica proximidad tanto en el espacio como en el tiempo: *Cerca de mí; cerca de las diez.*

cercado *m.* CERCA[1].

cercanías *m.* TREN de cercanías.

cercano, na 1 *adj.* Próximo, inmediato. 2 Dicho de la persona o cosa ligada a otra por un fuerte vínculo y, también, de este mismo vínculo.

cercar 1 *tr.* Rodear un terreno con cerca. 2 Rodear a una persona o a un animal, impidiendo que escape.

cercenar *tr.* Cortar las extremidades de algo.

cercha *f.* CIMBRA.

cerciorarse *prnl.* Comprobar la certeza de algo.

cerco 1 *m.* Lo que ciñe o rodea. 2 CERCA[1].

cercopiteco *m.* ZOOL Nombre genérico de varios monos provistos de callosidades en las nalgas y pelaje vistoso; como el mandril.

cerda[1] 1 *f.* Pelo grueso y duro de algunos animales, como el cerdo o el caballo. 2 Pelo de cepillo, de brocha, etc., de materia animal o artificial.

cerda[2] *f.* CERDO.

cerdo, da 1 *m.* y *f.* Mamífero doméstico artiodáctilo de cabeza gruesa, orejas gachas, hocico casi cilíndrica, cuerpo grueso, patas cortas y cola delgada, del que se aprovecha su carne y su grasa. 2 Persona sucia o grosera. || ~ **hormiguero** Mamífero africano de hasta 2,3 m de longitud; con sus garras excava termiteros y hormigueros y con su lengua pegajosa agarra los insectos.

cereal *m.* Planta gramínea que, como el trigo, el centeno, la cebada, la avena, el arroz y el maíz, se cultiva para alimento del ser humano, forraje para los animales y como base para la destilación de licores.

cerebelo *m.* ANAT y FISIOL Órgano del sistema nervioso situado en la parte posterior de la cavidad craneana. Refuerza la motricidad de la contracción muscular.

cerebral 1 *adj.* Relativo al cerebro. 2 ANAT **circunvolución ~; corteza ~.**

cerebro 1 *m.* ANAT Parte superior del encéfalo. 2 ZOOL Centro de control del sistema nervioso de los invertebrados. 3 Persona que concibe o dirige un plan. || ~ **electrónico** ELECTRÓN Dispositivo electrónico que regula automáticamente las secuencias de un proceso mecánico, químico, de cálculo, etc.

☐ ANAT El cerebro humano está formado por la sustancia gris (que forma la corteza) y la sustancia blanca (que constituye el resto del órgano) y se divide en dos grandes hemisferios, separados longitudinalmente por una gran cisura, en los que se localizan las distintas áreas de control de las funciones orgánicas (visión, audición, movimiento, etc.).

ceremonia 1 *f.* Acto solemne con que se celebra un culto religioso o un acontecimiento profano. 2 Reverencia afectada o excesiva.

cereza 1 *f.* Drupa de pulpa jugosa y dulce que contiene una semilla. Es el fruto del cerezo, del capulí, del cafeto y de otros árboles similares. 2 *adj.* y *m.* Dicho del color rojo oscuro.

cerezo 1 *m.* Árbol de unos 5 m de altura, con tronco ramoso, hojas lanceoladas, flores blancas y por fruto una cereza. 2 CAPULÍ.

cerilla *f.* Velilla de madera o papel con cabeza de fósforo, que se enciende por frotación.

cerio *m.* QUÍM Elemento metálico dúctil y maleable. Se emplea en la fabricación de células fotoeléctricas, siderurgia, reactores nucleares, etc. Punto de fusión: 798 °C. Punto de ebullición: 3443 °C. Núm. atómico: 58. Símbolo: Ce.

cerner 1 *tr.* Separar con cedazo los fragmentos más gruesos de una masa del polvo más fino. 2 *prnl.* Mantenerse las aves en el aire moviendo las alas y sin avanzar. 3 Amenazar un peligro inminente.

cernícalo *m.* Ave rapaz de plumaje rojizo manchado de negro.

cernir *tr.* CERNER.

cero 1 *adj.* Nulo, nada, ninguno: *Cero puntos; cero habitantes.* 2 *m.* MAT Número que designa el cardinal del conjunto vacío. Colocado a la izquierda de un número tampoco representa ningún valor, pero a la derecha, en el sistema de base 10, lo decuplica. Su símbolo es *0.* 3 Punto desde el que se cuentan los grados de una escala, termómetro, etc. 4 Signo gráfico con que se representa. || ~ **absoluto** FÍS Temperatura en que se anularía el movimiento de los átomos por enfriamiento y que teóricamente se alcanzaría a los –273,16 °C.

cerrado, da 1 *adj.* Dicho del lugar rodeado por completo o con poca o ninguna comunicación con el exterior. 2 Denso, compacto: *Bosque cerrado.* 3 Referido a personas, puede indicar que alguien es torpe, muy intransigente, o muy callado. 4 FON **vocal ~.** 5 MAT **conjunto ~.**

cerradura *f.* Mecanismo con que se cierran y abren dos partes de una cosa y que se acciona con una llave.

cerrajería *f.* Taller y tienda donde se fabrican o venden cerraduras.

cerramiento 1 *m.* Acción y efecto de cerrar. 2 Cosa que cierra o tapa cualquier abertura, conducto o paso. 3 ARQ Lo que cierra y termina el edificio por la parte superior.

cerrar 1 *tr.* Tapar, incomunicar o aislar un recinto o el interior de algo. 2 Juntar las partes de postigos, puertas, etc., echando la llave, el pestillo, etc. 3 Ajustar los miembros dobles, como labios, párpados, etc., de modo que desaparezca la abertura que dejan al estar separados. 4 Aproximar los extremos de dos miembros o articulaciones, como las piernas. 5 Dicho de los cajones de un mueble, volver a hacerlos entrar en su hueco. 6 Impedir el tránsito por una vía. 7 Cercar, rodear, acordonar. 8 Completar una figura uniendo el final del trazado con el principio. 9 Doblar o plegar lo que estaba extendido. 10 Pegar los paquetes, sobres o cosa semejante. 11 Poner término a ciertas cosas: *Cerrar la sesión.* 12 Ir en último lugar: *Cerrar la marcha.* 13 *tr.* y *prnl.* Obstruir aberturas, conductos, etc. 14 Impedir el paso a un fluido por un conducto moviendo un mecanismo: *Cerrar el grifo.* 15 Cicatrizar las heridas. 16 Declarar finalizado el plazo de certámenes, concursos, etc. 17 Poner fin a las tareas de una institución: *La universidad cerró.* 18 *intr.* Interrumpir temporalmente la atención a los usuarios un establecimiento público. 19 *prnl.* Dicho de las flores, juntarse unos con otros sus pétalos. 20 Dicho del cielo cargarse de nubes. 21 Hablando del vehículo o del conductor que toma una curva, ceñirse al lado de mayor curvatura. 22 Mantenerse firme en un propósito.

cerril *adj.* Dicho del ganado salvaje.

cerro *m.* Elevación de terreno menor que el monte o la montaña.

cerrojo *m.* Barrita que, desplazándola hacia el correspondiente agujero en el marco o la pared, cierra la puerta o ventana a la que va fija.

certamen *m.* Concurso para estimular con premios determinadas actividades.

certero, ra 1 *adj.* Que actúa con acierto. 2 Dicho del disparo que da en el blanco o del tirador diestro.

certeza 1 *f.* Cualidad de cierto. 2 Convicción que excluye cualquier duda.

certidumbre *f.* CERTEZA.

certificación 1 *f.* Acción y efecto de certificar. 2 Documento en que se asegura la verdad de un hecho.

certificado, da 1 *adj.* y *s.* Dicho del correo que se certifica. 2 *m.* Documento en que se certifica algo.

certificar 1 *tr.* y *prnl.* Dar por cierto algo o reafirmarlo, y especialmente la persona autorizada. 2 *tr.* Enviar algo por correo, obteniendo la garantía del envío y firmando el destinatario el recibo pertinente.

cerumen *m.* Sustancia crasa segregada en el conducto auditivo externo.

cerval *adj.* Dicho del miedo grande o excesivo.

cervatillo, lla *m.* y *f.* Ciervo menor de seis meses.

cervato, ta *m.* y *f.* CERVATILLO.

cervecería *f.* Fábrica de cerveza.

cerveza *f.* Bebida alcohólica obtenida de la fermentación de los granos de cebada y de otros cereales y adobada con lúpulo y levadura.

cervical *adj.* ANAT Relativo a la cerviz o al cuello.

cérvix *m.* o *f.* ANAT CUELLO uterino.

cerviz *f.* ANAT Parte dorsal del cuello del ser humano y de muchos mamíferos en que se unen el cráneo y la espina dorsal.

cesante *adj.* y *s.* Dicho de la persona que ha quedado sin empleo.

cesantía 1 *f.* Situación de cesante. 2 Subsidio que algunos cesantes perciben. 3 Subsidio anual que reciben ciertos empleados.

cesar 1 *intr.* Dejar de producirse algún hecho o proceso. 2 Dejar de desempeñar un cargo o un empleo.

césar *m.* Título que, con el de Augusto, se dio a los emperadores romanos.

cesárea *f.* MED Operación quirúrgica con que se extrae el feto por vía abdominal.

cese *m.* Acción y efecto de cesar.

cesio *m.* QUÍM Elemento metálico, el más electropositivo de todos los cuerpos simples. Se utiliza en células fotoeléctricas. Núm. atómico: 55. Punto de fusión: 28 °C. Punto de ebullición: 669 °C. Símbolo: Cs.

cesión *f.* Renuncia de alguna cosa o derecho en favor de otra persona.

césped *m.* Hierba tupida que cubre el suelo.

cesta 1 *f.* Recipiente hecho de mimbres, juncos, cañas o varillas. 2 DEP CANASTA.

cestería 1 *f.* Arte de tratar y tejer las fibras vegetales para la confección de cestas, sombreros, esteras, etc. 2 Sitio donde se hacen o se venden estos productos.

cesto 1 *m.* Cesta grande y más alta que ancha. 2 Recipiente para echar papeles inútiles.

cesura *f.* Pausa o corte que se hace en un verso para regular el ritmo.

cetáceo, a *adj.* y *m.* ZOOL Dicho de los mamíferos pisciformes, algunos de gran tamaño, con las aberturas nasales en lo alto de la cabeza, miembros anteriores transformados en aletas y cuerpo terminado en una sola aleta horizontal. Viven, generalmente, en grupos y conforman un orden.

cetona *f.* QUÍM Compuesto orgánico relativamente reactivo; es un importante producto intermedio en el metabolismo de las células.

cetrería *f.* Caza realizada con aves rapaces.

cetrino, na *adj.* y *m.* Dicho del color amarillo verdoso.

cetro *m.* Vara labrada que hace de insignia de autoridad.

ch 1 *f.* Dígrafo que representa el fonema consonántico africado palatal sordo. En algunas regiones se pronuncia de forma semejante a la *sh* inglesa. 2 Sonido que representa el dígrafo *ch*.

chabacanería *f.* Falta de gusto, vulgaridad.

chabacano, na 1 *adj.* Grosero o de mal gusto. 2 *m.* LING Lengua criolla de base española y con la estructura gramatical de lenguas nativas, que se habla en Mindanao y en otras islas filipinas.

chabola *f.* Casucha de materiales pobres.

chacal *m.* Cánido de tamaño intermedio entre el lobo y el zorro, con cola larga y pelaje amarillento. Habita en Asia y África.

chacarera *f.* FOLCL Baile argentino de parejas sueltas.

chachachá *m.* FOLCL Baile derivado de la rumba y del mambo.

cháchara *f.* Conversación animada y frívola.

chacona *f.* Baile español de salón de los ss. XVI y XVII.

chacota *f.* Bulla, chanzas y risas, con que se celebra algo.

chacra *f.* Parcela de tierra para la labranza.

chador *m.* Velo negro con el que algunas mujeres musulmanas se cubren la cabeza y parte del cuerpo.

chaflán *m.* Cara que resulta en un sólido, de cortar por un plano una esquina o ángulo diedro.

chagra *f.* CHACRA.

chal *m.* Paño más largo que ancho que, puesto en los hombros, sirve como abrigo.

chalán, na *m.* y *f.* Domador de caballos.

chalé *m.* Casa de madera característica de Suiza.

chaleco *m.* Prenda de vestir sin mangas que se lleva encima de la camisa. || ~ **antibalas** El de material resistente que protege de los impactos de bala. ~ **salvavidas** El destinado a mantener a flote en el agua a quien lo lleva, en caso de necesidad.

chalupa *f.* Pequeña embarcación con cubierta y dos palos.

chamán *m.* Hechicero al que se supone dotado de poderes sobrenaturales para sanar a los enfermos, adivinar, invocar a los espíritus, etc.

chamanismo *m.* Conjunto de creencias y prácticas referentes a los chamanes.

chamba *f.* Zanja para limitar los predios.

chambelán *m.* Gentilhombre de cámara.

chambón, na *adj.* y *s.* Poco habilidoso, torpe.

chambrana 1 *f.* Labor de piedra o madera, que se pone alrededor de las puertas, ventanas, etc. 2 Cada uno de los travesaños que unen entre sí las partes de un mueble.

chamizo, za 1 *m.* Árbol o leño medio quemado o chamuscado. 2 *f.* Leña menuda.

champán *m.* Embarcación grande, de fondo plano, para navegar por los ríos.

champaña *m.* Vino blanco y espumoso que se produce en la región francesa de Champaña.

champiñón *m.* Hongo agaricáceo comestible.

champú *m.* Loción para lavar el cabello.

chamuscar *tr.* y *prnl.* Quemar superficialmente una cosa.

chance *m.* o *f.* Oportunidad o posibilidad de conseguir algo.

chancear *intr.* y *prnl.* Hacer chanzas o bromas amables.

chancho, cha *m.* y *f.* CERDO.

chancla *f.* CHANCLETA.

chancleta *f.* Zapatilla sin talón.

chancletear 1 *intr.* Andar en chancletas. 2 Caminar arrastrando los talones.

chanclo *m.* Zapato grande elástico en que entra el pie calzado.

chancro *m.* MED Úlcera contagiosa de origen venéreo o sifilítico.

chantaje *m.* Amenaza para obtener de alguien dinero o cualquier otro provecho, o para obligarlo a obrar en determinado sentido.

chantajear *tr.* Ejercer chantaje.

chantillí *m.* Crema de pastelería hecha de nata batida.

chanza 1 *f.* Dicho festivo y gracioso. 2 Burla o broma ingeniosa.

chao *interj.* Se usa para despedirse.

chapa 1 *f.* Lámina delgada y uniforme de metal, madera o plástico, que se emplea para revestir estructuras. 2 Lámina pequeña de cualquier material y formato que sirve como contraseña. 3 CERRADURA.

chaparro, rra 1 *adj.* y *s.* Dicho de una persona, baja y regordeta. 2 *m.* Mata de encina o roble, de muchas ramas y poca altura.

chaparrón *m.* Lluvia torrencial de escasa duración.

chapetón, na *adj.* y *s.* Dicho de un español, y por extensión de cualquier europeo, recién llegado a América.

chapotear 1 *intr.* Sonar el agua batida por los pies o las manos. 2 *intr.* y *tr.* Producir ruido al pisar el agua o el lodo.

chapucero, ra *adj.* y *s.* Dicho de la persona que trabaja sin ninguna finura.

chapulín *m.* SALTAMONTES.

chapuzón 1 *m.* Acción de sumergir algo de golpe. 2 Breve inmersión de alguien en una piscina o alberca.

chaqueta *f.* Prenda de vestir, con mangas, que se abotona por delante y llega por debajo de la cadera.

chaquetilla *f.* Chaqueta corta y por lo general con adornos.

chaquira 1 *f.* Cuenta, abalorio. 2 Sarta hecha con cuentas y abalorios de diversos colores.

charada *f.* Pasatiempo consistente en adivinar una palabra a partir de alguna pista sobre su significado y sobre el de otras que se forman con sílabas de la palabra buscada.

charanga *f.* MÚS Conjunto musical de instrumentos de viento.

charango *m.* MÚS Instrumento de cinco cuerdas dobles, cuya caja de resonancia se construye, generalmente, con un caparazón de armadillo.

charca *f.* Depósito algo considerable de agua, detenida en el terreno, natural o artificialmente.

charco 1 *m.* Pequeña cavidad llena de agua o de algún otro líquido. 2 Remanso de un río.

charcutería *f.* Tienda de embutidos y fiambres.

charla 1 *f.* Acción de charlar. 2 Disertación oral sin excesivas preocupaciones formales.

charlar *intr.* Conversar sin más finalidad que pasar el tiempo.

charlatán, na 1 *adj.* y *s.* Muy hablador e indiscreto. 2 Embaucador.

charlestón *m.* Baile creado por la comunidad de origen africano de Estados Unidos hacia 1920.

charnela 1 *f.* BISAGRA. 2 ZOOL Articulación de las dos piezas componentes de una concha bivalva.

charol 1 *m.* Barniz lustroso y permanente, que se adhiere perfectamente a la superficie del cuerpo al que se aplica. 2 BANDEJA, pieza para servir, presentar o depositar cosas.

charqui *m.* Tasajo, carne salada.

charretera *f.* Insignia militar que se fija en el hombro de la guerrera.

charro, rra 1 *adj.* Recargado y de mal gusto. 2 Diestro en el manejo del caballo. 3 *adj.* y *m.* y *f.* Caballista mexicano con traje típico. 4 *m.* Sombrero de ala ancha usado por dicho jinete.

charrúa 1 *adj.* y *s.* HIST De un pueblo amerindio nómada que ocupaba el actual Uruguay y zonas del S de

Brasil y del N de Argentina. Desapareció a finales del s. XIX. 2 *adj.* Perteneciente o relativo a los charrúas.

chárter *m.* Avión fletado ex profeso, al margen de los vuelos regulares.

chascarrillo *m.* Frase de sentido equívoco y gracioso.

chasco *m.* Decepción que causa un suceso contrario al que se esperaba.

chasís (Tb. chasis) *m.* Bastidor o armazón que sostiene alguna estructura, como la carrocería de un automóvil.

chasquear 1 *intr.* Dar chasquidos. 2 Hacer ruido al masticar.

chasqui *m.* HIST En el Imperio incaico, mensajero que transmitía órdenes y noticias.

chasquido *m.* Ruido que produce la lengua al separarla bruscamente del paladar, la madera que se abre y el látigo y la honda al agitarlos en el aire.

chat *m.* INF Comunicación interactiva en tiempo real realizada mediante sistemas informáticos conectados a una red.

chatarra 1 *f.* Conjunto de hierros viejos para su recuperación. 2 De baja calidad: *Comida chatarra.*

chatear *intr.* INF Mantener una comunicación por medio del chat.

chato, ta 1 *adj.* y *s.* Que tiene la nariz pequeña y aplanada. 2 *adj.* Dicho de la nariz de dicha forma. 3 *m.* Vaso bajo y ancho de vino.

chauvinismo *m.* CHOVINISMO.

chaval, la *m.* y *f.* Niño o joven.

chavín 1 *adj.* y *s.* HIST De un pueblo preincaico que habitó en el N de Perú, desde el s. IX a.C. Conoció la agricultura, el tejido, la metalurgia, la orfebrería y la cerámica. 2 *adj.* Perteneciente o relativo a los chavines.

chavo *adj.* y *s.* Muchacho, niño que no ha llegado a la adolescencia.

chazo 1 *m.* Pedazo corto y grueso de madera. 2 Pieza que se empotra en la pared como soporte de clavos o tornillos.

che[1] *f.* Nombre del dígrafo *ch.*

che[2] *interj.* Se usa para pedir la atención a alguien.

chéchere *m.* Baratija, cachivache. • U. m. en pl.

chef *m.* y *f.* Jefe de cocina.

chelín 1 *m.* Moneda británica que equivale a la vigésima parte de una libra esterlina, usada hasta 1970. 2 Unidad monetaria de varios países africanos.

chelo *m.* MÚS VIOLONCHELO.

cheque 1 *m.* Mandato escrito de pago, para cobrar una determinada cantidad de los fondos que quien lo expide tiene disponibles en un banco. 2 Válvula que impide el retroceso de un fluido que circula en un conducto.

chequear 1 *tr.* Hacer un chequeo. 2 Verificar, comparar.

chequeo 1 *m.* MED Reconocimiento médico general. 2 Examen que el alumno hace de una parte de la asignatura.

chequera 1 *f.* Talonario de cheques. 2 Cartera para guardar el talonario.

chévere 1 *adj.* Gracioso, bonito, agradable. 2 Benévolo, indulgente: *Un profesor chévere.* 3 *adv. m.* Magníficamente, muy bien.

cheyene 1 *adj.* y *s.* De un pueblo amerindio desplazado progresivamente (ss. XVII-XVIII) de Minnesota a Wyoming y Colorado. Sus descendientes viven en Montana y Oklahoma. 2 *adj.* Perteneciente o relativo a los cheyenes.

chibcha 1 *adj.* Relativo a la familia lingüística chibcha. 2 *adj.* y *s.* MUISCA. 3 *m.* LING Familia lin-

güística extendida desde el sur de Honduras hasta la latitud de Guayaquil aprox., y desde la costa del Pacífico hasta la vertiente oriental de los Andes septentrionales.

chic *adj.* Elegante, distinguido, a la moda.

chicano, na 1 *adj.* y *s.* Dicho del ciudadano estadounidense perteneciente a la minoría de origen mexicano. 2 *adj.* Relativo a dicha comunidad.

chicha *f.* Bebida alcohólica que se obtiene de la fermentación del maíz en agua azucarada. También se prepara con muchos otros productos vegetales.

chicharra *f.* CIGARRA.

chicharrón *m.* Residuo de las pellas del cerdo, después de derretida la manteca.

chichimeca 1 *adj.* y *s.* HIST De un pueblo nómada precolombino mexicano que en el s. XIV estableció su capital en Texcoco. 2 *adj.* Perteneciente o relativo a los chichimecas.

chichón *m.* Bulto en el cuero cabelludo a causa de un golpe.

chicle 1 *m.* Goma de mascar. 2 Gomorresina del zapote; dio origen al producto homónimo.

chico, ca 1 *adj.* Pequeño, de poco tamaño. 2 *m.* y *f.* Niño, muchacho.

chiflado, da *adj.* y *s.* Dicho de la persona que tiene un tanto perturbado el juicio.

chiflar 1 *intr.* SILBAR. 2 *tr.* y *prnl.* Hacer burla en público. 3 *prnl.* Sentir gran atracción por alguien o por algo.

chigüiro *m.* CAPIBARA.

chihuahua *m.* y *f.* Perro menudo originario de México.

chiismo *m.* REL Rama del islamismo que defiende la herencia espiritual de Alí ibn Abi Talib, primo y yerno de Mahoma. Sus seguidores constituyen aprox. el 10 % del mundo islámico, siendo el resto, sobre todo, sunnita.

chiita 1 *adj.* Relativo al chiismo. 2 *adj.* y *s.* Musulmán seguidor del chiismo.

chile 1 *m.* Nombre genérico de diversas plantas solanáceas que han dado lugar a numerosas variedades de interés culinario. 2 Fruto de estas plantas; es una baya que encierra numerosas semillas. Se consume cocinado, incorporado a diversas salsas y encurtido.

chilena *f.* DEP Jugada de fútbol en la que el jugador, saltando hacia atrás, golpea el balón lanzándolo por encima de su cabeza.

chili *m.* Salsa picante que se hace con pimientos.

A B C D E F G H I J K L M N Ñ O P Q R S T U V W X Y Z

chillar *intr.* Emitir chillidos.
chillido *m.* Sonido inarticulado de la voz, agudo y desapacible.
chimbo, ba 1 *adj.* y *s.* De un pueblo amerindio que habitaba en la región central de los Andes ecuatorianos. 2 *adj.* Perteneciente o relativo a los chimbos.
chimenea 1 *f.* Conducto de salida de humos. 2 Hogar para calentarse con conducto para el humo. 3 GEO Conducto de un volcán por el que sube la lava.
chiminango *m.* Corpulento árbol leguminoso cuya corteza se usa para curtir.
chimpancé *m.* Primate antropoide de cabeza grande, con cejas prominentes, brazos largos y cuerpo robusto. Habita en el centro de África. Está considerado el animal más estrechamente emparentado con el ser humano.
chimú 1 *adj.* y *s.* HIST De la civilización precolombina del Perú (ss. XI-XV), continuadora de la cultura moche. Constituyó un reino que fue sometido por los incas hacia 1470. 2 *adj.* Perteneciente o relativo a los chimúes.
china 1 *f.* Piedra pequeña y redondeada. 2 Aventador para avivar el fuego.
chinche 1 *f.* Insecto con piezas bucales chupadoras en forma de pico. Algunas especies son parásitas de los vertebrados, pero la mayoría se alimenta del jugo de las plantas. 2 Clavito metálico de cabeza circular y chata.
chincheta *f.* CHINCHE, clavito.
chinchilla *f.* Roedor andino de pelaje suave y denso, con orejas largas, ojos grandes, patas cortas y cola peluda.
chinchorro 1 *m.* Red que arrastra o se lleva cuanto encuentra. 2 Hamaca ligera tejida con cordeles. 3 Embarcación de remos muy chica.
chinela *f.* Zapato, sin talón y de suela ligera.
chinesco, ca *adj.* Chino o con sus características.
chino, na 1 *adj.* y *s.* Natural de China o relacionado con este país. 2 *m.* LING Idioma de los chinos.
chip *m.* **Electrón** Microcircuito integrado en el que se han interconectado diodos, transistores u otros componentes electrónicos.
chiquero 1 *m.* Pocilga o establo. 2 Compartimiento del sitio donde está un toro encerrado antes de empezar la corrida. 3 Desorden, desaseo.
chiquillo, lla *adj.* y *s.* Niño o niña pequeños.
chircal *m.* Fábrica de tejas, ladrillos y adobes.
chirimía *f.* MÚS Instrumento de viento con diez agujeros y una boquilla con lengüeta de caña.

chirimoya *f.* Fruto del chirimoyo. Es una baya verdosa comestible con pepitas negras y pulpa blanca.
chirimoyo *m.* Árbol tropical de tronco ramoso, con copa poblada, hojas elípticas y flores solitarias. Su fruto es la chirimoya.
chiripa *f.* Suerte favorable.
chirrear *intr.* CHIRRIAR.
chirriar 1 *intr.* Dar chirridos una sustancia al penetrarla un calor intenso. 2 Producir una cosa chirridos al rozar con otra.
chirrido *m.* Sonido agudo, continuado y desagradable.
chisme[1] *m.* Rumor de poca importancia que se difunde en descrédito de alguien.
chisme[2] *m.* Baratija o trasto pequeño.
chismografía *f.* coloq. Divulgación excesiva de chismes.
chispa 1 *f.* Partícula que salta del fuego o de un cuerpo incandescente. 2 Partícula pequeña. 3 Viveza de ingenio. 4 ELECTR Descarga eléctrica entre dos cuerpos con diferente potencial.
chisporrotear *intr.* Despedir un cuerpo encendido chispas reiteradamente.
chistar *intr.* Emitir algún sonido con intención de hablar.
chiste 1 *m.* Dicho agudo que mueve a risa. 2 Cualquier hecho o suceso festivo. 3 Burla o chanza.
chistera *f.* Sombrero de copa alta, cubilete.
chistoso, sa 1 *adj.* Que acostumbra a hacer chistes. 2 Que resulta gracioso y divertido.
chito *interj.* Se usa para imponer silencio.
chivo, va 1 *m.* y *f.* Cría de la cabra desde el destete hasta la edad de procrear. 2 *f.* Barba que se deja crecer solo en el mentón. 3 Noticia importante o exclusiva. || ~ **expiatorio** Persona que paga las faltas de otros o de todos.
choc *m.* MED CHOQUE, estado de depresión.
chocante *adj.* Antipático, fastidioso.
chocar 1 *intr.* Topar dos cosas violentamente. 2 Luchar, combatir dos ejércitos, indisponerse dos personas. 3 Causar extrañeza una cosa. 4 *tr.* Hacer que algo choque: *El niño chocó el triciclo con la pared.* 5 *tr.* e *intr.* Juntar dos cosas, como las manos en señal de saludo o las copas los que brindan.
chochear 1 *intr.* Tener debilitadas las facultades mentales. 2 Mimar en demasía.
chocolate 1 *m.* Pasta hecha con cacao, azúcar y otros ingredientes. 2 Bebida que se hace con esta pasta desleída y cocida en agua o en leche.
chocolatera *f.* Vasija en que se sirve el chocolate.
chocolatería 1 *f.* Casa donde se fabrica y se vende chocolate. 2 Casa donde se sirve al público chocolate.
chocolatín *m.* CHOCOLATINA.
chocolatina *f.* Tableta delgada de chocolate para tomar en crudo.
chócolo *m.* Mazorca tierna de maíz.
chofer (Tb. chófer) *m.* y *f.* Persona que conduce un automóvil.
cholo, la 1 *adj.* Dicho del indio que adopta los usos occidentales. 2 *adj.* y *s.* Mestizo de sangre europea e indígena.
chompa 1 *f.* Yérsey de punto, poco ceñido, con mangas y abotonadura al cuello. 2 Prenda similar, pero impermeable.
chopo *m.* Nombre de varias especies de álamos.
choque 1 *m.* Encuentro violento entre dos cosas. 2 Riña, disputa. 3 MED Estado de profunda depresión nerviosa y circulatoria. 4 Batalla entre pocos combatientes y de corta duración.

chorizo *m.* Embutido de carne picada y adobada, curado al humo.
chorlito *m.* Ave limícola costera de patas largas, con cuello grueso y pico corto.
chorrear 1 *intr.* Salir un líquido a chorro. 2 Caer gota a gota. 3 Estar una cosa empapada e ir segregando algún líquido.
chorrera 1 *f.* Lugar por donde cae una corta porción de un líquido. 2 Trecho corto de río en que el agua corre con mucha velocidad. 3 Encaje que se pone en la parte del pecho de ciertas prendas.
chorro 1 *m.* Masa de líquido o de gas que sale con presión por algún orificio. 2 Salida continua de algunos sólidos menudos, como el trigo. 3 Caudal pequeño de agua. 4 Aluvión de cosas o caudal grande de algo: *Un chorro de palabras.*
chotacabras *m.* o *f.* Ave insectívora crepuscular, de unos 25 cm de largo, con pico corvo con vibrisas y plumaje grisáceo.
chovinismo *m.* Exaltación desmesurada de lo nacional frente a lo extranjero.
chow-chow *m.* y *f.* Perro caracterizado por su espeso pelaje, que puede ser negro o rojo. Mide hasta 50 cm a la cruz y pesa 25 kg.
choza *f.* Cabaña de estacas y ramas.
chozno, na *m.* y *f.* Hijo del tataranieto.
chubasco *m.* Chaparrón o aguacero con mucho viento.
chuchería *f.* Cosa de poco valor e importancia, baratija.
chucho, cha *m.* y *f.* ZARIGÜEYA.
chueco, ca *adj.* Que está torcido.
chuleta *f.* Costilla con carne de ternera, carnero o puerco.
chulo, la 1 *adj.* Lindo, bonito, gracioso. 2 *m.* Rufián que trafica con prostitutas. 3 GALLINAZO, buitre.
chumacera *f.* Pieza con una muesca en la que gira el eje de una maquinaria.
chumbera *f.* Planta de clima árido, con tallos aplastados y carnosos, que acumulan agua, hojas transformadas en espinas, flores grandes y fruto elipsoidal, que es el higo chumbo.
chupador, ra *adj.* y *s.* Que chupa.
chupar 1 *tr.* e *intr.* Extraer con los labios el jugo de algo. 2 Embeber los vegetales el agua. 3 *prnl.* Irse consumiendo.
chupeta *f.* Dulce o caramelo ensartado en un palillo que se consume chupándolo.
chupete 1 *m.* Objeto con una parte de goma en forma de pezón que se da a los niños para que chupen. 2 Pezón de goma que se pone al biberón para que el niño haga la succión.
chupo *m.* CHUPETE.
chupón, na 1 *adj.* Que chupa. 2 *m.* Vástago que brota en las ramas principales, en el tronco y en las raíces de los árboles. 3 CHUPETA.
churrasco *m.* Carne asada a la plancha o a la parrilla.
churriguerismo *m.* ARQ Estilo arquitectónico del barroco tardío español e hispanoamericano. Combina elementos barrocos, platerescos y góticos.
chusma *f.* Conjunto de gente ordinaria.
chuspa *f.* Bolsa, morral.
chutar *intr.* DEP En el fútbol, lanzar fuertemente el balón con el pie.
chuzo *m.* Palo con un extremo terminado en punta aguda.
cian *adj.* y *m.* Dicho de un color azul verdoso complementario del rojo.
cianobacteria *f.* BIOL Organismo unicelular fotosintético que carece de estructuras celulares especializadas. Las cianobacterias abundan en la corteza de los árboles, las rocas y los suelos húmedos y algunas coexisten en simbiosis con hongos para formar líquenes. El conjunto de este tipo de organismos conforma un filo del reino móneras.

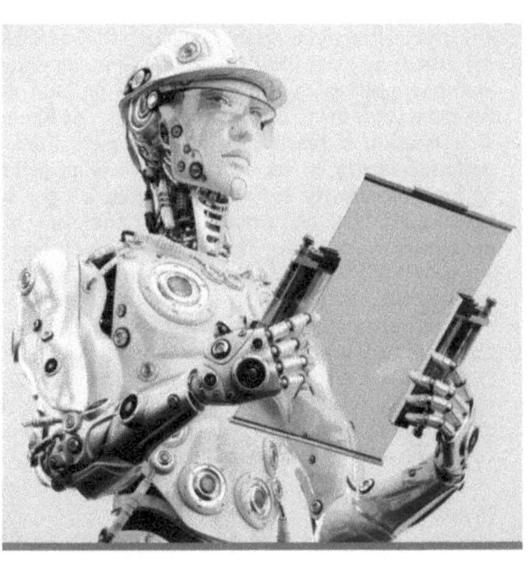

cianosis *f.* MED Coloración azulosa de la piel, causada por la escasa oxigenación de la sangre arterial.
cianuro *m.* QUÍM Compuesto líquido e incoloro, del que unos pocos miligramos puede ser mortal, pues bloquea la capacidad de las células para utilizar el oxígeno.
ciático, ca 1 *adj.* Relativo a la cadera. 2 *f.* MED Neuralgia de la región glútea que se irradia por la extremidad.
ciberespacio *m.* INF Entorno creado por la formación de redes informáticas.
ciberlenguaje *m.* INF Tipo de lenguaje o jerga escrita que usan generalmente los jóvenes para comunicarse por internet, sobre todo en las redes sociales.
cibernético, ca 1 *adj.* Relativo a la cibernética. 2 *f.* Ciencia que estudia el funcionamiento de las conexiones nerviosas en los seres vivos, así como la regulación automática de los seres vivos con los sistemas electrónicos y mecánicos.
cíborg *m.* INF Criatura que tiene apariencia humana pero funciona por medio de dispositivos electrónicos y mecánicos.
cicatero, ra *adj.* y *s.* Mezquino, tanto para sí como para los demás.
cicatriz *f.* Señal que queda en los tejidos orgánicos después de curada una herida.
cicatrizar *tr., intr.* y *prnl.* Completar la curación de las heridas, hasta que queden bien cerradas.
cicerone *m.* y *f.* Persona que enseña y explica las curiosidades de una localidad, un edificio, etc.
cíclico, ca 1 *adj.* Relativo al ciclo. 2 QUÍM Relativo a las estructuras moleculares en anillo, como la del benceno.
ciclismo *m.* DEP Deporte de la bicicleta en sus diversas especialidades.
ciclista 1 *m.* y *f.* Persona que anda o sabe andar en bicicleta. 2 Persona que practica el ciclismo.
ciclo 1 *m.* Cada uno de los periodos de tiempo en que se agrupan unos fenómenos físicos o históricos de parecidas características. 2 Serie de fases por las que pasa un fenómeno físico periódico hasta que vuelve a repetirse una fase anterior. 3 Serie de actos culturales sobre un tema monográfico. 4 Cada uno de los periodos en que se divide un plan de estudios con

una especialización creciente. 5 ECOL ~ del **agua**; ~ del **carbono**; ~ del **nitrógeno**. 6 LIT Serie de obras literarias que versan sobre un mismo periodo de tiempo o sobre los mismos personajes. || ~ **de Krebs** BIOL Sucesión de reacciones químicas mediante las cuales se realiza en las células la descomposición de las moléculas de los alimentos y en las que se producen dióxido de carbono, agua y energía. ~ **hidrológico**. ~ del **agua**. ~ **lunar** ASTR Periodo de 19 años, en que las fases de la Luna vuelven a suceder en los mismos días del año. ~ **menstrual** FISIOL El que está marcado por la ovulación; en la mujer tiene una duración de más o menos 28 días y se inicia cuando las hormonas estimulan la maduración del óvulo para que sea susceptible de ser fecundado. Si no se produce la fecundación el revestimiento uterino es eliminado durante la menstruación.

ciclocrós *m.* DEP Carrera de bicicletas en un terreno accidentado.

ciclogenésis *f.* GEO Proceso de formación de un ciclón.

cicloide *f.* GEOM Curva plana descrita por un punto de la circunferencia cuando esta rueda por una línea recta.

ciclón *m.* GEO Área de presión más baja que las circundantes, que se traslada a gran velocidad, y alrededor de la cual giran fuertes vientos.

cíclope *m.* MIT Gigante de la mitología griega con un solo ojo, situado en medio de la frente.

ciclópeo, a 1 *adj.* Relativo a los cíclopes mitológicos. 2 Gigantesco o de gran solidez.

ciclovía *f.* En una vía pública, carril exclusivo para que transiten las bicicletas.

ciconiforme *adj.* y *s.* ZOOL Dicho de las aves generalmente grandes y buenas voladoras, con patas largas, cuello largo y pico recto y puntiagudo; como la garza y los flamencos. Conforman un orden.

cicuta *f.* Arbusto de tallo ramoso, con hojas muy divididas y flores blancas en umbela. Contiene principios tóxicos muy activos.

cidra *f.* Fruto del cidro, semejante al limón pero de corteza muy gruesa.

cidro *m.* Árbol de tronco liso y ramoso de unos 5 m de altura, con hojas lustrosas por encima, rojizas por el envés, flores olorosas y fruto en hesperidio o baya, que es la cidra.

ciego, ga 1 *adj.* y *s.* Privado de la vista. 2 *adj.* Que no ve lo evidente. 3 Dicho de cualquier conducto taponado. 4 *m.* ANAT **INTESTINO** ~.

cielo 1 *m.* Esfera aparente azul y diáfana que rodea la Tierra. 2 Atmósfera, capa que rodea la Tierra. 3 REL En la religión cristiana, estado y lugar de bienaventuranza con Dios, los ángeles y los santos. 4 Epíteto cariñoso. || ~ **raso** ARQ En el interior de los edificios, techo de superficie plana y lisa. **a** ~ **abierto** Al aire libre, sin techo.

ciempiés *m.* Nombre común de numerosos artrópodos **miriápodos**.

cien 1 *adj.* y *pron.* Diez veces diez. 2 Expresa una cantidad indeterminada equivalente a muchos o muchas: *He pasado cien veces y nunca lo encuentro.*

ciénaga 1 *f.* Terreno cubierto de barro, lodazal. 2 Laguna interior costera.

ciencia 1 *f.* Conocimiento cierto de las cosas por sus principios y causas y con una base experimental. 2 Rama particular del saber humano. 3 Saber de una persona. 4 *f. pl.* Conjunto de las ciencias exactas, fisicoquímicas y naturales. || ~**s exactas** Las que solo admiten principios, consecuencias y hechos demostrables a través de las matemáticas. ~ **ficción** CIN y LIT Género narrativo que describe acontecimientos situados en un futuro imaginado, con un grado de desarrollo técnico y científico muy superior al presente. **gaya** ~ La poesía. ~**s humanas** Las que, como la psicología, antropología, historia, etc., se ocupan de los aspectos del ser humano. ~**s naturales** Las que tienen por objeto el estudio de la naturaleza (geología, botánica, zoología, etc.). ~**s ocultas** Las que, como la magia y la astrología, se apoyan en la elucubración especulativa más que en datos experimentales. ~ **política** Estudio sistemático del gobierno, abarcando sus estructuras, funciones e instituciones. ~ **pura** La que no tiene en cuenta sus aplicaciones prácticas. ~**s sociales** Las que estudian la sociedad, sus instituciones y las relaciones que configuran la vida social.

cienciología *f.* Religión fundada en Estados Unidos (1954) que incorpora dogmas de distintas religiones e incluye la creencia en la vida anterior.

cienmilésimo, ma 1 *adj.* y *m.* Dicho de una parte, que es una de las cien mil iguales en que se divide un todo. 2 *adj.* En una serie, que ocupa el lugar cien mil.

cieno *m.* Lodo que se deposita en el cauce de ríos y lagos.

cientificismo *m.* Tendencia a dar excesivo valor a las nociones científicas.

científico, ca 1 *adj.* Relativo a la ciencia o con sus métodos y criterios. 2 **método** ~. 3 **divulgación** ~. 4 *adj.* y *s.* Que se dedica al estudio de alguna ciencia, especialmente si es exacta o experimental.

ciento 1 *adj.* y *pron.* Diez veces diez. 2 *m.* Signo o conjunto de signos con que se representa dicha cifra. 3 **CENTENA**. || ~ **por** ~ En su totalidad. **por** ~ De cada ciento; se representa con el signo %. **tanto por** ~ Cantidad de rendimiento útil que dan 100 unidades de algo en su estado normal.

ciernes || en ~ Estar algo en el principio y faltarle mucho para su perfección.

cierre 1 *m.* Acción y efecto de cerrar o cerrarse. 2 Lo que sirve para cerrar alguna cosa. 3 Hora en que se cierran tiendas, despachos o establecimientos públicos. 4 Momento en que las publicaciones periódicas no admiten más originales o noticias para la edición en prensa.

cierto, ta 1 *adj.* Que se conoce como seguro y verdadero. 2 Se usa precediendo al sustantivo en sentido indeterminado, equivaliendo a *uno* o *alguno*: *Cierto lugar; cierta noche.*

ciervo, va *m.* y *f.* Animal mamífero rumiante artiodáctilo cuya característica es la presencia de astas ramificadas en los machos (a excepción del reno, cuya hembra también las desarrolla), que muda cada año.

cierzo *m.* Viento frío septentrional.

cifra 1 *f.* Número dígito. 2 Signo con que se representa. 3 Escritura con signos convencionales que es preciso interpretar mediante clave.

cifrar *tr.* Escribir un mensaje en clave mediante un sistema de símbolos para proteger su contenido.

cigarra *f.* Insecto hemíptero de cabeza gruesa, con antenas pequeñas, cuatro alas membranosas y abdomen cónico en cuya base tienen los machos unos órganos con los que producen un sonido estridente y monótono.

cigarrillo *m.* Cigarro pequeño de picadura envuelto en papel de fumar.

cigarro *m.* Hojas de tabaco curadas y enrolladas para fumarlas.

cigomorfo, fa 1 *adj.* BOT Dicho del verticilo floral cuyas partes se disponen en simetría bilateral, como ocurre en la boca de dragón. 2 BOT **flor** ~ o irregular.

cigoto *m.* BIOL Célula resultante de la unión del gameto masculino con el femenino en la reproducción sexual, a partir de la cual puede desarrollarse un individuo.

cigüeña *f.* Ave ciconiforme de aprox. 1 m de altura, con cuello largo, cuerpo blanco y pico y patas rojas.

cigüeñal *m.* Eje doblado en uno o varios codos que convierte el movimiento rectilíneo en circular.

cilantro *m.* Hortaliza de hojas dentadas y filiformes, con flores rojizas en umbela y semilla elipsoidal aromática.

ciliado, da 1 *adj.* BIOL Dicho de la célula o del órgano que tiene cilios. 2 *adj.* y *m.* BIOL Dicho de los protistas acuáticos, que presentan una boca de tipo citostoma y cilios, al menos en alguna fase de su ciclo vital; como los **paramecios**. Conforman una clase.

cilicio *m.* Faja de cerdas o de cadenillas con puntas, ceñida al cuerpo, que para mortificación usan algunas personas.

cilíndrico, ca 1 *adj.* Relativo al cilindro. 2 De forma de cilindro. 3 GEOM **superficie** ~.

cilindro 1 *m.* GEOM Cuerpo con una sección circular idéntica en toda su longitud. 2 Tubo en el que se mueve el émbolo de un motor de explosión y en el que se comprime el carburante. 3 Bombona de gas licuado a presión. 4 Cualquier rodillo para prensar. || ~ **central** BOT Parte del tallo y de la raíz de las plantas fanerógamas, que está rodeada por la corteza. ~ **recto** GEOM El de bases perpendiculares a las generatrices de la superficie cilíndrica. ~ **truncado** GEOM El terminado por dos planos no paralelos.

cilio *m.* BIOL Cada uno de los filamentos que emergen del cuerpo de ciertos microorganismos y que, mediante sus movimientos, permiten su locomoción en un medio líquido.

cima 1 *f.* La parte más alta de una montaña o de un árbol. 2 Remate superior de cualquier cosa. 3 Punto más alto en un proceso o una cualidad. 4 BOT Inflorescencia con una flor en el extremo de su eje.

cimarrón, na 1 *adj.* Dicho del animal doméstico que se hace montaraz. 2 *adj.* y *s.* Dicho del esclavo que se refugiaba en los montes buscando la libertad.

cimarronaje 1 *m.* Forma de resistencia frente a la esclavitud y la discriminación liderada por los **cimarrones**. 2 Cabildo.

címbalo 1 *m.* Campana pequeña. 2 MÚS Instrumento parecido a los platillos.

cimborrio *m.* ARQ Cuerpo cilíndrico que sirve de base a la cúpula.

cimbra *f.* ARQ Armazón que sostiene el peso de una construcción.

cimbrar *tr.* y *prnl.* Hacer vibrar en el aire una vara flexible sacudiéndola.

cimentar 1 *tr.* Echar los cimientos de una construcción. 2 Sentar las bases de una doctrina o de una posición.

cimero, ra *adj.* Dicho de lo que está en la cima o la remata.

cimiento *m.* Parte subterránea de un edificio, que lo sustenta.

cimitarra *f.* Sable curvo usado por turcos y persas.

cinabrio *m.* Mineral de azufre y mercurio, de color rojo oscuro, del que se extrae por calcinación y sublimación el mercurio.

cinc *m.* QUÍM Elemento metálico que se oxida cubriéndose de una película que protege la masa interior. Se lamina fácilmente y se usa para galvanizar, en aleaciones (latón) y en las placas de las pilas eléctricas secas. Punto de fusión: 420 °C. Punto de ebullición: 907 °C. Núm. atómico: 30. Símbolo: Zn.

cincel *m.* Instrumento de acero de 20 a 30 cm de largo, con boca recta y en doble bisel, que se emplea para labrar piedras y metales.

cincelar *tr.* Labrar con cincel piedras o metales.

cincha *f.* Faja con que se asegura la montura a la caballería, ciñéndola por debajo de la barriga.

cinchar 1 *tr.* Asegurar la silla o albarda apretando las cinchas. 2 Asegurar con cinchos.

cincho *m.* Aro de metal con que se aseguran o refuerzan barriles, ruedas, maderos ensamblados, etc.

cinco 1 *adj.* y *pron.* Cuatro más uno. 2 *m.* Signo con que se representa este número. 3 MÚS Guitarrillo de cinco cuerdas.

cincuenta 1 *adj.* y *pron.* Cinco veces diez. 2 *m.* Signo o signos con que se representa este número.

cincuentavo, va *adj.* y *m.* Dicho de cada una de las cincuenta partes iguales en que se divide un todo.

cincuentenario *m.* Día en que se cumplen y recuerdan los cincuenta años de algún hecho.

cine 1 *m.* Local en que se exhiben las películas cinematográficas. 2 CIN Técnica, arte e industria de la **cinematografía**.

cineasta *m.* y *f.* CIN Persona que trabaja en la industria artística del cine.

cineclub *m.* CIN Asociación dedicada a la difusión de la cultura cinematográfica.

cinemateca *f.* CIN Local donde se guardan películas para su estudio o exhibición.

cinematografía *f.* CIN Arte de captar y representar imágenes que dan la sensación de movimiento, por medio del cinematógrafo.

☐ HIST El nacimiento de la cinematografía se sitúa en París en el año 1895, cuando los hermanos Lumière proyectaron una serie de breves cintas mediante un aparato ideado por ellos mismos. En los primeros años del s. XX los aparatos adoptaron su forma definitiva, a partir de entonces la cámara pasó a ser independiente del proyector. Tras la Primera Guerra Mundial, el cine estadounidense se constituyó en el eje de la producción mundial. Fue en esta época cuando surgieron las grandes compañías (*Warner, Fox, Metro, Universal, Paramount*), algunas de las cuales hasta hoy día mantienen su hegemonía. El cine sonoro fue inventado en 1926 y el de color en 1932.

cinematográfico, ca *adj.* Relativo al cinematógrafo o a la cinematografía.

cinematógrafo 1 *m.* CIN y ÓPT Sistema óptico y mecánico que consiste en la descomposición del movimiento en imágenes fijas, obtenidas por medios fotográficos que, al ser proyectadas a una velocidad suficiente, crean la ilusión de movimiento. 2 CINE, local.

cinerario, ria *adj.* Relativo a la ceniza.

cinético, ca 1 *adj.* Relativo al movimiento. 2 ART Dicho de una tendencia de la pintura y escultura, surgida en la segunda mitad del s. XX, que busca la impresión o ilusión de movimiento. 3 FÍS energía ~. 4 *f.* FÍS Parte de la mecánica que estudia y describe los posibles movimientos de los cuerpos.

cíngaro, ra *adj.* y *s.* Gitano, especialmente el de Europa central.

cínico, ca *adj.* y *s.* Que muestra desvergüenza al mentir.

cinismo *m.* Insolencia, desvergüenza frente a los convencionalismos o las conveniencias sociales.

cinta 1 *f.* Tejido largo y angosto que sirve para atar, ceñir o adornar. 2 Tira de materia flexible. || ~ **aislante** La adhesiva que se emplea para recubrir los empalmes de los conductores eléctricos. ~ **magnética** La que recoge sonidos e imágenes, que luego pueden ser reproducidos. ~ **métrica** La que tiene marcada la longitud del metro y sus divisores, y que se emplea para medir. ~ **pegante** La adhesiva que se pega por contacto. ~ **transportadora** Dispositivo formado por una banda que, movida automáticamente, traslada mercancías, equipajes, etc.

cinto 1 *m.* Faja para ceñir y ajustar la cintura. 2 Cinturón del que pende la espada o el sable.

cintura 1 *f.* Parte estrecha del cuerpo encima de las caderas. 2 Parte de los vestidos correspondiente a esa zona del cuerpo humano. || ~ **escapular** ANAT Parte del cuerpo, formada por la clavícula y el omoplato, en donde se articulan las extremidades superiores con el tronco. ~ **pelviana** ANAT La formada por la articulación fibrosa entre el hueso sacro y los huesos ilíacos y la cadera.

cinturón 1 *m.* Cinto que sujeta el pantalón a la cintura o ciñe cualquier vestido ajustándolo al cuerpo por el talle. 2 Serie de cosas que rodean a otra cosa. || ~ **de seguridad** El que sujeta a los viajeros a su asiento del coche, avión, etc.

cipayo *m.* HIST Soldado indio que en los ss. XVIII y XIX estuvo al servicio de Francia, Portugal y Gran Bretaña.

ciprés *m.* Conífera de tronco recto, con ramas erguidas, copa cónica, hojas persistentes pequeñas y frutos en gálbulas; su madera es rojiza y olorosa.

circense *adj.* Relativo al espectáculo del circo, o que es propio de él.

circo 1 *m.* Local cubierto por una gran carpa, en que equilibristas, domadores y payasos exhiben sus habilidades ante un público. 2 HIST Entre los romanos, local en el que se celebraban carreras de carros y caballos. Era un paralelogramo prolongado, redondeado en uno de sus extremos, con gradas alrededor. || ~ **glaciar** GEO Depresión de origen glaciar, de carácter rocoso y paredes escarpadas, que presenta un trazado más o menos circular.

circón *m.* Gema más o menos transparente, de doble refracción.

circonio *m.* QUÍM Elemento metálico dúctil y resistente a la corrosión. Se usa en la fabricación de acero, en instalaciones nucleares, etc. Punto de fusión: 1852 °C. Punto de ebullición: 4377 °C. Núm. atómico: 40. Símbolo: Zr.

circuir *tr.* Rodear, cercar.

circuito 1 *m.* Terreno comprendido dentro de un perímetro. 2 DEP Trayecto cerrado para pruebas y competiciones de automóviles, bicicletas, etc. 3 ELECTR Conjunto de conductores que forman un anillo por el que pasa la corriente y en el cual hay generalmente intercalados aparatos productores o consumidores de esta corriente. || ~ **abierto** ELECTR Circuito interrumpido por el que no pasa corriente. ~ **cerrado** Instalación para la transmisión de imágenes de televisión mediante conductores eléctricos. ~ **integrado Electrón** El de componentes electrónicos obtenidos mediante la difusión de impurezas en cristales muy puros de elementos semiconductores, como el silicio.

circulación 1 *f.* Acción y efecto de **circular**[2]. 2 Tránsito de vehículos por carreteras y vías urbanas. 3 BIOL Movimiento de la sangre en el organismo vivo y de la savia en las plantas. 4 ECON Movimiento de las monedas, los productos comerciales, etc. necesarios para el mantenimiento de la economía. || ~ **de la sangre** o ~ **sanguínea** FISIOL Movimiento de la sangre a través del aparato circulatorio. La sangre sale del corazón por las arterias, se distribuye por todo el cuerpo y vuelve al corazón por las venas.

circular[1] 1 *adj.* Perteneciente al círculo o con su figura. 2 *f.* Cada una de las cartas idénticas que se envían a varias personas para dar conocimiento de un asunto.

circular[2] 1 *intr.* Moverse en derredor. 2 Ir y venir. 3 Pasar alguna cosa o noticia de unas personas a otras. 4 Salir una cosa y volver al mismo punto de partida.

circulatorio, ria *adj.* Relativo a la circulación.

☐ **aparato circulatorio** ANAT y FISIOL Conjunto de órganos que intervienen en la **circulación** sanguínea, la cual tiene su punto de partida y su final en el corazón. Dichos órganos son el **corazón**, las **arterias**, los **capilares** y las **venas**, que abastecen al cuerpo con oxígeno y sustancias que regulan los procesos corporales. También eliminan las sustancias de desecho y el dióxido de carbono.

círculo 1 *m*. GEOM Superficie plana contenida dentro de la circunferencia. 2 Conjunto de personas con las que trata alguien. 3 Sociedad cultural o recreativa y local donde los socios se reúnen. || ~ **cromático** Circunferencia dividida en doce sectores en los que se disponen en orden lógico los colores primarios, secundarios y terciarios. ~ **máximo** GEOM El que divide la esfera en dos partes iguales o hemisferios. ~ **menor** GEOM El formado por cualquier plano que corta la esfera sin pasar por el centro. ~ **polar** 1 ASTR Cada uno de los dos círculos menores que se consideran en la esfera celeste paralelos al ecuador y que pasan por los polos de la eclíptica. 2 GEO Cada uno de los dos círculos del globo terrestre en correspondencia con los de la esfera celeste. El del hemisferio norte se llama ártico y el del sur, antártico. ~ **vicioso** Situación repetitiva que no conduce a buen efecto.

circumpolar *adj*. Que está alrededor del polo.

circuncidar *tr*. Cortar circularmente una sección del prepucio.

circuncisión *f*. Acción y efecto de circuncidar.

circundar *tr*. Cercar, rodear.

circunferencia *f*. GEOM Curva plana y cerrada, cuyos puntos equidistan del situado en el centro.

circunlocución *f*. Figura retórica que consiste en expresar con rodeos lo que se quiere decir.

circunnavegación 1 *f*. Navegación alrededor de algún punto determinado. 2 Navegación alrededor del mundo.

circunscribir 1 *tr*. Reducir a ciertos límites algo. 2 GEOM Trazar una figura que contenga a otra, tocando el mayor número posible de puntos de esta. 3 *prnl*. Ceñirse a un punto o tema.

circunscripción *f*. División administrativa, militar o eclesiástica de un territorio.

circunspección 1 *f*. Conducta prudente y adecuada a las circunstancias. 2 Decoro y gravedad en palabras y acciones.

circunstancia 1 *f*. Aspecto no esencial de tiempo, lugar o modo, que acompaña a una persona, un proceso o una cosa. 2 Conjunto de cuanto rodea a alguien o a algo.

circunstancial 1 *adj*. Que denota alguna circunstancia o depende de ella. 2 GRAM **complemento** ~.

circunvalación 1 *f*. Acción de circunvalar. 2 **CIRCUNVALAR**[2].

circunvalar[1] *tr*. Cercar, ceñir, rodear una ciudad, fortaleza, etc.

circunvalar[2] *f*. Vía de comunicación que rodea y evita un núcleo urbano.

circunvolución *f*. Vuelta o rodeo de alguna cosa. || ~ **cerebral** ANAT Cada uno de los relieves de la superficie del cerebro, separados unos de otros por surcos llamados anfractuosidades.

cirílico, ca *adj*. y *m*. Dicho de un alfabeto o de una escritura creados a partir del griego en el s. IX.

cirio *m*. Vela de cera, larga y gruesa.

cirro *m*. Nube blanca y ligera, en forma de filamentos, que se presenta en las regiones superiores de la atmósfera.

cirrosis *f*. MED Endurecimiento de los tejidos conjuntivos de un órgano interno, y especialmente del hígado.

ciruela *f*. Fruto del ciruelo, consistente en una drupa de pulpa más o menos jugosa y dulce.

ciruelo *m*. Árbol frutal dicotiledóneo de hojas dentadas, con flores blancas y frutos en drupa, que son las ciruelas.

cirugía *f*. MED Parte de la medicina que busca curar mediante incisiones que permiten operar directamente la parte afectada del cuerpo. || ~ **estética** MED Cirugía plástica que busca el embellecimiento del cuerpo. ~ **plástica** MED Especialidad quirúrgica cuyo objetivo es restablecer o mejorar una parte del cuerpo.

cirujano, na *m*. y *f*. MED Persona que practica la cirugía.

cisma 1 *m*. Acto por el que una parte o un grupo de individuos se separan de una comunidad. 2 HIST y REL Cada uno de este tipo de actos que ha experimentado la Iglesia cristiana desde la Antigüedad. Entre los cismas que han amenazado a la cristiandad, dos tuvieron una importancia crucial: el Cisma de Oriente, que llevó a la separación (1054) de la Iglesia ortodoxa griega, y el de Occidente, que dividió a los países católicos de Europa entre la autoridad de los papas de Aviñón (donde se habían instalado en 1309) y los de Roma. El Concilio de Constanza (1415-18) restableció la unidad.

cismático, ca 1 *adj*. y *s*. Que se aparta de la autoridad reconocida, especialmente en materia de religión. 2 Dicho del que introduce discordia en una comunidad.

cisne *m*. Ave anseriforme de cabeza pequeña, con pico anaranjado, cuello muy largo y flexible, patas cortas y alas grandes.

cisterciense 1 *adj*. y *s*. Integrante de la Orden del Cister, fundada por san Roberto en 1098, y que surgió como reforma de la Orden Cluniacense, con el propósito de recuperar el espíritu de austeridad y pobreza. 2 *adj*. Perteneciente o relativo a la orden de los cistercienses o a sus miembros.

cisterna 1 *f*. Depósito subterráneo que recoge agua lluvia o de algún manantial. 2 Depósito de agua del retrete. 3 Usado en aposición tras el nombre de un vehículo (camión, barco, etc.), indica que está acondicionado para el transporte de líquidos o gases.

cístico *adj*. ANAT **conducto** ~.

cistitis *f*. MED Inflamación de la vejiga urinaria.

cisura 1 *f*. Rotura sutil que se hace en cualquier cosa. 2 ANAT **ANFRACTUOSIDAD**.

A B C D E F G H I J K L M N Ñ O P Q R S T U V W X Y Z

cita 1 *f.* Acuerdo entre dos o más personas para encontrarse en un tiempo y un lugar determinados. 2 Este encuentro. 3 Mención o alusión que se hace de algo o de alguien. 4 Texto o frase que apoya una teoría u opinión. || ~ **contextual** LING En un texto, la que menciona información obtenida de otro texto sin utilizar las mismas palabras de este último. ~ **textual** LING En un texto, la que copia literalmente un fragmento que se quiere mencionar de otro texto.

citación *f.* Acción de citar.

citadino, na 1 *adj.* y *s.* Que vive en la ciudad. 2 *adj.* Relativo a la ciudad.

citar 1 *tr.* y *prnl.* Convocar a una entrevista para tratar algún asunto. 2 *tr.* Mencionar, referir o anotar algún texto ajeno para apoyar la propia teoría u opinión. 3 Mencionar a alguien o a algo.

cítara *f.* MÚS Instrumento de 20 o 30 cuerdas, agrupadas de tres en tres, que se puntean con un plectro.

citatorio *m.* DER Documento con que se cita a alguien para que comparezca ante el juez.

citocinesis *f.* BIOL División del citoplasma.

citodiagnóstico *m.* MED Diagnóstico basado en el examen de las células contenidas en un exudado o trasudado.

citófono *m.* Sistema telefónico de circuito cerrado.

citología 1 *f.* BIOL Parte de la biología que estudia la estructura y actividad de las células. 2 MED **CITODIAGNÓSTICO.**

citoplasma *m.* BIOL Parte del protoplasma de la célula entre la membrana y el núcleo.

citoquina *f.* FISIOL Proteína del plasma sanguíneo que regula el sistema inmunológico amplificando o suprimiendo la respuesta inmunológica que está en curso.

citosina *f.* Base nitrogenada fundamental, que forma parte del ADN y del ARN. Símbolo: C.

citostoma *f.* BIOL Abertura a modo de boca que tienen las células provistas de membrana resistente, por donde entran las partículas alimenticias.

cítrico, ca 1 *adj.* Relativo a los cítricos. 2 *m.* QUÍM Dicho de un ácido orgánico muy soluble en agua, de la cual se separa, al evaporarse esta, en gruesos cristales incoloros. Se encuentra en varios frutos. 3 *adj.* y *m.* Dicho de un fruto del grupo de los agrios; como el limón y la naranja.

ciudad 1 *f.* El mayor de los conglomerados urbanos, asentado en un amplio territorio, con una infraestructura conformada básicamente por numerosos edificios y vías. 2 Población más o menos grande, por contraposición a pueblo o villa. 3 Ámbito de lo urbano, por oposición al mundo rural o agrario. || ~ **ciudad-Estado** Dicho de un país, que está formado por una sola ciudad y un pequeño territorio que forma un Estado independiente o autónomo que la rodea. *Singapur es una ciudad-Estado.* ~**satélite** Núcleo urbano dotado de cierta autonomía funcional, pero dependiente de otro mayor y más completo.

☐ HIST Las grandes ciudades antiguas eran muy pequeñas si se las compara con las actuales; la Atenas clásica nunca superó los 200 000 habitantes, mientras que Roma y Alejandría apenas si superaron el millón. Tras la caída del Imperio romano la recuperación de las ciudades abarcó del s. VIII al s. XIV, periodo en el que las ciudades se desarrollaron en recintos amurallados. En el Renacimiento se dio importancia a la planificación y al espacio público. En el periodo industrial se estableció una diferenciación social de los espacios basada en la capacidad económica, esquema que se mantiene y al que hay que sumarle el crecimiento vertical, la presencia masiva de vehículos y una altísima densidad demográfica. Actualmente alrededor del 50 % de la población mundial vive en las ciudades.

ciudadanía 1 *f.* Cualidad y derecho de ciudadano. 2 Conjunto de los ciudadanos de un pueblo o de una nación.

☐ HIST La ciudadanía se relaciona con el Estado al demandar derechos para sus miembros y, a cambio de esto, el Estado le impone el deber de cumplir el derecho vigente. El poder de la ciudadanía se inicia con la inauguración de los derechos fundamentales en el s. XVIII, durante la Revolución francesa, y sigue con el sufragio político en el s. XIX y la posterior extensión de los derechos sociales a las pensiones, la sanidad, la educación, etc.

ciudadano, na 1 *adj.* Relativo a la ciudad o a los ciudadanos. 2 *m.* y *f.* Miembro de una comunidad cívica con derechos y obligaciones civiles inherentes a tal condición.

ciudadela *f.* Recinto fortificado dentro de una ciudad.

civil 1 *adj.* Ciudadano, relativo a la ciudad o a quienes la habitan. 2 Que no es militar ni eclesiástico o religioso. 3 Relativo a las relaciones de los ciudadanos entre sí y a sus derechos básicos como tales. 4 **defensa** ~. 5 **estado** ~. 6 **registro** ~. 7 **sociedad** ~. 8 DER **derechos** ~**es.** 9 POLÍT **desobediencia** ~. 10 POLÍT **guerra** ~.

civilización 1 *f.* Grado de progreso logrado por la humanidad y que incluye, entre otras cosas, las formas urbanas de vida y gobierno. 2 Conjunto de ideas, creencias, costumbres, artes y técnicas que caracterizan a una sociedad humana o a cierta época histórica.

☐ Conjunto formado por las costumbres, las creencias, las políticas y los conocimientos técnicos y científicos que caracterizan a una sociedad y determinan su nivel de desarrollo. Se utiliza para explicar las sociedades o los pueblos que han alcanzado un mayor nivel de desarrollo económico, político y militar que otros; sin embargo, es una clasificación excluyente porque cualquier sociedad estructurada y organizada puede ser considerada una civilización o cultura.

civilizar *tr.* y *prnl.* Dar a pueblos o personas una civilización más avanzada que la propia en los aspectos técnicos y sociales.

civismo 1 *m.* Celo por las instituciones e intereses de la patria. 2 Comportamiento digno de un ciudadano. 3 Urbanidad, cortesía.

cizalla 1 *f.* Tijeras grandes con las que se cortan en frío planchas de metal. • U. m. en pl. 2 Herramienta a modo de guillotina que se emplea para los mismos fines. 3 La de menor tamaño, que se emplea para cortar papel y cartón.

cizaña 1 *f.* Maleza gramínea de hojas largas y estrechas y flores en espigas, que crece espontánea en los sembrados. 2 Disensión, enemistad.

cizañero, ra *adj.* y *s.* Que mete cizaña, disensión o enemistad.

clamar 1 *intr.* Emitir voces lastimeras. 2 Requerir una cosa algo con urgencia: *La tierra clama por agua.* 3 Hablar con vehemencia o de manera solemne. 4 *tr.* Exigir una o más personas algo con fuerza: *Los desplazados claman por sus derechos.*

clamor 1 *m.* Grito o voz que se articula con vigor y esfuerzo. 2 Voz lastimera.

clamoroso, sa 1 *adj.* Que va acompañado de clamor: *Llanto clamoroso.* 2 Muy grande o extraordinario: *Triunfo clamoroso.*

clan 1 *m.* Familia con un tronco común. 2 TRIBU, unidad social. 3 Grupo de personas unidas por un interés común.

clandestino, na *adj.* Secreto, oculto, y especialmente dicho o hecho secretamente por temor a la ley o para eludirla.

claqueta *f.* CIN Utensilio compuesto de dos planchas de madera que se hacen chocar entre sí para sincronizar la toma de la banda de sonido e imagen que se va a grabar.

clara *f.* Materia albuminoidea blanquecina que rodea la yema del huevo de las aves.

claraboya *f.* Ventana abierta en el techo o en la parte alta de las paredes.

clarear 1 *tr.* e *intr.* Dar claridad. 2 *intr.* Empezar a amanecer. 3 Irse abriendo y disipando el nublado.

claretiano, na 1 *adj.* y *s.* Integrante de una de las congregaciones, masculina y femenina, fundadas en España por san Antonio Mª Claret en 1849 y 1855 respectivamente. 2 *adj.* Perteneciente o relativo a san Antonio Mª Claret, a su doctrina, a sus congregaciones o a sus miembros.

claridad 1 *f.* Cualidad de claro. 2 Efecto de la luz que ilumina un espacio. 3 Lucidez con que se perciben las ideas y las sensaciones.

clarificar 1 *tr.* Iluminar, alumbrar. 2 Aclarar algo, explicarlo. 3 Poner claro un líquido que estaba denso, turbio o espeso.

clarín *m.* MÚS Instrumento metálico de viento sin pistones y de sonido agudo.

clarinero, ra 1 *m.* y *f.* Persona que toca el clarín. 2 *m.* Pájaro andino con el plumaje de la parte anterior rojo y el posterior y lateral negro, con azul claro en las coberteras.

clarinete *m.* MÚS Instrumento de viento formado por una boquilla de lengüeta de caña, varias piezas con agujeros y pabellón en forma de campana.

clarisa *adj.* y *f.* Religiosa perteneciente a la segunda orden franciscana fundada por santa Clara y san Francisco de Asís en Italia en 1812.

clarividencia 1 *f.* Facultad de discernir y comprender claramente las cosas. 2 Facultad paranormal de percibir cosas o hechos lejanos o de adivinar hechos futuros.

clarividente *adj.* y *s.* Dicho de una persona que posee clarividencia.

claro, ra 1 *adj.* Que tiene luz. 2 Limpio, transparente. 3 Poco espeso, dicho de las mezclas líquidas. 4 Con más espacios intermedios de lo normal; dicho del bosque o de un tejido. 5 Despejado de nubes, si es el cielo. 6 Que tiende al blanco, si se trata del color.

7 Dicho del sonido neto y puro. 8 Manifiesto, evidente. 9 Fácil de comprender. 10 *m.* Espacio sin árboles en el interior de un bosque. 11 Espacio o intermedio que hay entre algunas cosas; como en las procesiones, los sembrados, etc. 12 *adv. m.* Con claridad: *Hablaba claro.*

claroscuro *m.* ART Distribución de la luz y de las sombras en un cuadro.

clase 1 *f.* Agrupación de individuos con características similares o de cosas con valor parecido. 2 Distinción, categoría personal. 3 Grupo de alumnos de un mismo nivel o grado. 4 Disciplina o materia que imparte un profesor a sus alumnos. 5 BIOL Grupo taxonómico que se encuentra por debajo del filo y por encima del orden. Sus miembros comparten características no presentes en otras especies; por ejemplo: los seres humanos pertenecen a la clase de los mamíferos, que agrupa a todos los vertebrados que presentan mamas. 6 MAT Familia de subconjuntos con una propiedad característica. || ~ **social** Cada uno de los estratos en que se divide la sociedad, según los ingresos económicos. Se distinguen tres grandes clases: alta, baja y media.

clasicismo *m.* ART Tendencia inspirada en la tradición grecorromana conforme con los principios de equilibrio, elegancia y serenidad propios de aquella tradición. Suele contraponerse al **romanticismo.**

clásico, ca 1 *adj.* Dicho del periodo de tiempo de mayor plenitud de una cultura, de una manifestación artística, etc. 2 MÚS **música** ~. 3 Que no pasa de moda. 4 *adj.* y *m.* Dicho de un autor, de una obra, etc. que pertenece a la antigüedad grecorromana. 5 Dicho del autor o de la obra que se tiene por modelo, por su coherencia y belleza serena.

clasificación 1 *f.* Acción y efecto de clasificar. 2 BIOL Agrupamiento de los organismos mediante un sistema en el que el **reino** constituye el más alto y amplio de los niveles y que incluye, en orden descendiente, el **filo**, la **clase**, el **orden**, la **familia**, el **género** y la **especie.**

☐ Un organismo se nombra científicamente mediante la asignación de dos términos, el nombre del género seguido del de la especie; por ejemplo, en el nombre científico del girasol, *Helianthus annuus*, *Helianthus* es el nombre del género y *annuus* el de la especie. En la nomenclatura zoológica, el nombre del género y el de la especie pueden ser idénticos; por ejemplo, el gorila es *Gorilla gorilla.*

clasificado, da 1 *adj.* Secreto, dicho de un documento o de una información. 2 *m.* Anuncio por líneas o palabras en la prensa periódica.

clasificar 1 *tr.* Ordenar por clases. 2 *prnl.* DEP Obtener un puesto en alguna competición o torneo.

clasismo *m.* Actitud o tendencia de quien defiende las diferencias de clase y la discriminación por ese motivo.

clasista *adj.* y *s.* Partidario del clasismo o que lo practica.

claudicar 1 *intr.* Ceder por debilidad moral en la observancia de los propios principios. 2 Rendirse ante una presión externa.

claustro 1 *m.* Galería que rodea el patio principal de una iglesia o de un monasterio. 2 Junta que interviene en el gobierno de una universidad.

claustrofobia *f.* PSIC Angustia por la permanencia en lugares cerrados.

cláusula 1 *f.* Cada una de las disposiciones de un contrato, testamento, etc. 2 GRAM Conjunto de palabras con sentido completo; puede contener una sola oración o varias íntimamente relacionadas entre sí.

clausura 1 *f.* Acción y efecto de clausurar. 2 Acto solemne con que se cierra un congreso o certamen. 3 Zona de monasterios y conventos a la que no pueden pasar las mujeres, y parte de los monasterios femeninos vetada a los no profesantes.

clausurar 1 *tr.* Poner fin a la actividad de organismos políticos, establecimientos docentes, industriales, etc. 2 Inhabilitar un edificio, local, etc.

clavar 1 *tr.* Introducir un objeto puntiagudo en un cuerpo o en una superficie. 2 Asegurar con clavos una cosa en otra. 3 Fijar intensamente la vista en algo.

clave 1 *f.* Cifra o significado de signos o expresiones que solo algunas personas conocen. 2 Combinación de signos para hacer funcionar ciertos aparatos. 3 Se usa en aposición con el significado de básico o decisivo: *Tema clave; jornada clave.* 4 MÚS Signo al principio del pentagrama para determinar el nombre de las notas musicales que figuran en él. 5 *f. pl.* MÚS Instrumento de percusión que se compone de dos bastoncillos de madera y cuyo sonido se produce al golpear uno contra otro.

clavel 1 *m.* Planta ornamental de 30 a 40 cm de altura, con tallos nudosos, hojas alargadas y flores terminales muy vistosas. 2 Flor de esta planta.

clavero *m.* Árbol tropical, de hojas persistentes, con flores blancas y fruto en baya; los capullos de sus flores son los clavos de especia.

clavicémbalo *m.* MÚS Instrumento de cuerdas y teclado, en el que unos picos de pluma pulsan las cuerdas a modo de plectros.

clavicordio *m.* MÚS Instrumento de cuerdas y teclado, cuyo mecanismo se reduce a una palanca, que forma parte de la tecla y que, presionándola, se eleva pulsando la cuerda por debajo.

clavícula *f.* ANAT Cada uno de los dos huesos que en la parte superior del pecho se articulan por dentro con el esternón y por fuera con el omóplato.

clavija 1 *f.* Pieza cilíndrica o cónica que se emplea para ensamblar dos piezas o para sujetar algo. 2 Pieza aislante con dos o más varillas metálicas, las cuales se introducen en las hembrillas del enchufe. 3 Pieza de algunos instrumentos musicales para asegurar y tensar las cuerdas.

clavijero *m.* Pieza en que están hincadas las clavijas de los instrumentos musicales.

clavo 1 *m.* Pieza metálica alargada, con cabeza en un extremo y punta en el otro, que se usa para sujetar o colgar cosas. 2 Capullo seco del clavero, muy aromático, que se usa como especia. 3 MED Callo duro de forma piramidal, que se forma en la planta de los pies.

claxon (Del ingl. *Klaxon*®, marca reg.) *m.* Bocina de los automóviles.

clemencia *f.* Virtud que modera el rigor de la justicia, inclinando al perdón.

clepsidra *f.* Reloj de agua.

cleptomanía *f.* PSIC Propensión patológica al hurto.

clerecía 1 *f.* Conjunto de personas que componen el clero. 2 LIT **mester** de ~.

clericalismo 1 *m.* Influencia excesiva del clero en los asuntos políticos. 2 Intervención excesiva del clero en la vida de la Iglesia. 3 Marcada sumisión al clero y a sus directrices.

clérigo 1 *m.* En el cristianismo, persona que ha recibido las órdenes sagradas. 2 HIST En la Edad Media, hombre letrado, aunque no tuviera las órdenes sagradas.

clero 1 *m.* Conjunto de los clérigos que han recibido las órdenes sagradas. 2 Cuerpo de ministros de otras religiones, como el judaísmo.

clic *m.* Onomatopeya de sonidos como el que se produce al apretar el botón del ratón de la computadora, al pulsar un interruptor, etc.

cliché *m.* Lugar común, idea o expresión demasiado repetida.

cliente, ta *m.* y *f.* Persona que compra en una tienda, o que requiere con asiduidad los servicios de un profesional o de una empresa.

clientelismo *m.* POLÍT Fenómeno que consiste en la captación de voluntades por parte de una autoridad pública mediante la concesión de beneficios.

clima 1 *m.* GEO Conjunto de los valores medios relativos a los principales elementos de la atmósfera: temperatura, presión barométrica, humedad, vientos, precipitación, insolación, etc. 2 Ambiente en que alguien se desenvuelve o que caracteriza una situación.

□ GEO Según la latitud el clima del mundo se divide en cinco grandes zonas: *ecuatorial*, calurosa y con lluvias durante todo el año; *tropical*, calurosa y con una estación lluviosa y otra seca; *desértica*, con grandes oscilaciones de temperatura e insignificante pluviosidad; *templada*, que incluye el templado cálido, con inviernos suaves y veranos calurosos, y el templado frío, con inviernos largos y fríos; y *glaciar*, con temperaturas frías extremas y largas noches.

climaterio *m.* FISIOL Periodo de la vida humana en que cesa la función reproductora.

climático, ca 1 *adj.* Relativo al clima. 2 ECOL **cambio ~.**

climatizar *tr.* Dar a un espacio cerrado las condiciones climáticas deseadas.

climatología *f.* GEO Estudio del clima en relación con las causas que lo determinan y su distribución territorial y temporal.

clímax 1 *m.* Culminación de un proceso. 2 Orgasmo, en el acto sexual.

clínico, ca 1 *adj.* Relativo a la parte práctica de la medicina. 2 MED **análisis ~.** 3 MED **historia ~.** 4 *f.* MED Parte de la medicina que se basa en la observación directa de los pacientes. 5 Establecimiento en que se diagnostica y trata a los enfermos.

clip *m.* Barrita de metal doblada sobre sí misma, que sirve para sujetar papeles.

clítoris *m.* ANAT Órgano genital eréctil de la mujer, localizado debajo de los labios menores.

cloaca 1 *f.* Conducto que recoge las aguas residuales de una población. 2 Lugar inmundo. 3 ZOOL Porción final del intestino en que desembocan los conductos genitales y urinarios de aves, anfibios, reptiles, etc.

cloche *m.* **EMBRAGUE** de un vehículo.

clon *m.* BIOL Conjunto de células u organismos idénticos obtenidos por clonación.

clonación 1 *f.* Acción y efecto de clonar. 2 BIOL Sistema de reproducción asexual que permite obtener familias de individuos con características hereditarias idénticas, llamados clones.

□ BIOL En la naturaleza la clonación es llevada a cabo por bacterias, protozoos, algunas plantas, gusanos planos, etc. Este proceso también puede realizarse en laboratorios, aislando un gen de un organismo e implantándolo en otro, o extrayendo del útero un embrión en una fase de desarrollo precoz, para dividirlo e implantar cada parte en un útero sustituto, obteniendo así muchas copias o gemelos idénticos.

clonar *tr.* Producir clones.

clorhídrico *adj.* QUÍM Dicho de cierto ácido en el que entran el cloro y el hidrógeno; ataca a la mayor parte de los metales y se extrae de la sal común.

cloro *m.* QUÍM Elemento químico gaseoso tóxico. Se usa diluido como desinfectante y en la fabricación de colorantes y plásticos. Punto de fusión: –101 °C. Punto de ebullición: –34,05 °C. Núm. atómico: 17. Símbolo: Cl.

clorofila *f.* BIOL Pigmento presente en ciertas bacterias y en los cloroplastos de algas y plantas, que durante la fotosíntesis transforma la energía luminosa en la energía química necesaria para elaborar productos orgánicos.

cloroformo *m.* QUÍM Líquido incoloro, derivado clorado del metano, que se empleó en medicina como anestésico.

cloroplasto *m.* BIOL Corpúsculo de las células vegetales y de las algas, donde se lleva a cabo la fotosíntesis.

cloruro *m.* QUÍM Sal del ácido clorhídrico. || **~ de sodio** **SAL**, sustancia mineral.

clóset *m.* Armario empotrado.

club 1 *m.* Asociación con fines culturales, deportivos o políticos. 2 Sede de tales asociaciones.

cluniacense 1 *adj.* y *s.* Miembro de la Orden de Cluny, fundada en Borgoña hacia 930 por san Odón. 2 *adj.* Perteneciente o relativo a la orden de los cluniacenses o a sus miembros.

coacción *f.* Violencia física o moral que se hace a una persona, para obligarla a actuar de una manera determinada.

coaccionar *tr.* Ejercer coacción.

coacervación *m.* BIOQ Separación de una disolución coloidal en dos fases, una de elevada concentración en coloide (llamada coacervado) y otra muy diluida, en equilibrio con la primera.

coach (Voz ingl.) 1 *m.* y *f.* Persona que asesora a otra para mejorar su desarrollo profesional y personal. 2 DEP **ENTRENADOR.**

coadyuvar *tr.* Contribuir o ayudar a la consecución de algo.

coagular *tr.* y *prnl.* Cuajar, solidificar un líquido, como la sangre o la leche, formando grumos que se separan de la parte líquida.

coágulo *m.* Grumo de un líquido coagulado.

coalescencia *f.* Propiedad de las cosas de unirse o fundirse.

coalición *f.* Confederación de personas o instituciones.

coartada *f.* DER Circunstancia que se alega en favor del presunto reo, para demostrar su inocencia, al hallarse en un lugar distinto de aquel en que se cometió el crimen.

coartar *tr.* Limitar o restringir la libertad de una persona para hacer algo.

coatí *m.* Pequeño mamífero americano de cuerpo delgado, con cola larga y anillada, hocico largo y orejas cortas.

coautor, ra *m.* y *f.* Autor de alguna cosa junto con otra u otras personas.

coaxial 1 *adj.* Dicho del cuerpo que tiene el mismo eje que otro. 2 ELECTR **cable ~.**

cobalto *m.* QUÍM Elemento metálico usado principalmente para obtener aleaciones muy resistentes y esmaltes y pinturas. Núm. atómico: 27. Punto de fusión: 1495 °C. Punto de ebullición: 2870 °C. Símbolo: Co.

cobarde 1 *adj.* y *s.* Miedoso, pusilánime. 2 Dicho de quien hace daño a otros sin dar la cara.

cobardía *f.* Falta de ánimo y valor.

cobaya *m.* o *f.* Roedor de orejas cortas, con cola casi nula, tres dedos en las patas posteriores y cuatro en las anteriores. Es utilizado en experimentos científicos.

cobertera *f.* ZOOL Cada una de las plumas que cubren la base de las alas o de la cola de las aves.

cobertizo *m.* Construcción con techo ligero sostenido por pilares.

cobertura 1 *f.* Acción y efecto de cubrir. 2 CUBIERTA, lo que tapa algo. 3 Cantidad abarcada por algo. 4 Extensión territorial que abarcan los servicios de telecomunicaciones. || ~ **vegetal** ECOL Porcentaje de la superficie del suelo cubierto por la proyección vertical de la sección aérea de la vegetación.

cobija 1 *f.* Manta para abrigarse. 2 Ropa de cama y especialmente la de abrigo.

cobijar 1 *tr.* Amparar a alguien. 2 *tr.* y *prnl.* Guarecer a alguien de la intemperie. 3 Cubrir, tapar con una o varias cobijas.

cobijo *m.* Refugio contra la intemperie.

cobra *f.* Serpiente venenosa con una especie de caperuza que despliega cuando se siente amenazada, al extender las costillas superiores.

cobrar 1 *tr.* Recibir dinero en pago de una mercancía o de un servicio. 2 Adquirir o conseguir algo no material: *Cobró valor.* 3 *tr.* y *prnl.* Llevarse víctimas: *El terremoto se cobró numerosas vidas.* 4 Compensarse de un favor hecho o de un daño recibido.

cobre 1 *m.* QUÍM Metal maleable, buen conductor del calor y de la electricidad y resistente a la corrosión. Se usa para fabricar cables eléctricos. Se alea con estaño para dar bronce y con el cinc para dar latón. Núm. atómico 29. Punto de fusión: 1083 °C. Punto de ebullición: 2567 °C. Símbolo: Cu. 2 HIST **edad** del ~. 3 MÚS *m. pl.* Conjunto de los instrumentos metálicos de viento de una orquesta.

cobrizo, za *adj.* Dicho de un color semejante al del cobre.

cobro *m.* Acción y efecto de cobrar.

coca[1] *f.* Arbusto de hojas alternas, con flores blanquecinas y fruto en drupa; sus hojas contienen varios alcaloides, como la cocaína.

coca[2] *f.* BALERO, juguete.

cocaína *f.* FARM Alcaloide de la coca, que se usó mucho en medicina como anestésico. Se usa como estupefaciente y produce lesiones en el sistema nervioso.

cocainómano, na *adj.* y *s.* Que es adicto al consumo de la cocaína.

cocalero, ra *adj.* y *s.* Que cultiva o explota la coca.

cocción *f.* Acción y efecto de cocer o cocerse.

cocer 1 *tr.* Hervir en líquido los alimentos crudos. 2 Exponer a la acción del calor en el horno alimentos y otras materias.

coche 1 *m.* Vehículo de cuatro ruedas tirado por animales para el transporte de viajeros. 2 AUTOMÓVIL destinado al transporte de personas. 3 Vagón del ferrocarril para viajeros.

cochero, ra *m.* y *f.* Persona que conduce un coche.

cochinilla 1 *f.* Pequeño crustáceo terrestre de cuerpo aplanado y patas cortas que vive bajo las piedras. 2 Insecto hemíptero que absorbe los jugos del nopal y del que se obtiene un pigmento rojo.

cochino, na 1 *adj.* y *m.* y *f.* coloq. Persona muy sucia y desaseada. 2 coloq. Persona cicatera, tacaña y miserable. 3 *m.* y *f.* CERDO.

cocido, da 1 *m.* Acción y efecto de cocer. 2 Nombre dado a distintas clases de guisos.

cociente *m.* MAT Resultado que se obtiene dividiendo una cantidad por otra, el cual expresa cuántas veces está contenido el divisor en el dividendo. || ~ **intelectual** PSIC El que mide la inteligencia de una persona señalando la relación entre la edad mental y la edad cronológica de un individuo. ~ **notable** MAT Aquel que se resuelve por simple inspección, sin realizar la división. *El cociente de la diferencia de los cuadrados de dos cantidades entre la diferencia de las cantidades es igual a la adición de las cantidades:* $(a^2 - b^2)/(a - b) = a + b$.

cocina 1 *f.* Pieza de la casa en que se preparan las comidas. 2 Aparato con fogones y horno que sirve para cocinar. 3 Manera especial de cocinar de cada país y de cada cocinero.

cocinar *tr.* Guisar y preparar los alimentos.

cocinero, ra 1 *adj.* Que cocina. 2 *m.* y *f.* Persona que tiene por oficio guisar y aderezar los alimentos.

cocineta *f.* Pequeña cocina integrada al área social de la vivienda.

cocker (Voz ingl.) *m.* y *f.* Perro de caza menor que tiene entre 35 y 40 cm de alto, orejas largas y anchas y la cola en línea con el lomo.

coco[1] 1 *m.* Fruto del cocotero, de aspecto semejante al de una gran nuez, cubierto de una primera capa fibrosa y de una segunda muy dura; su pulpa es blanca y contiene en su interior un líquido refrescante. 2 Personaje imaginario con que se asusta a los niños. 3 Gesto mimoso.

coco[2] *m.* BIOL Nombre genérico dado a las **bacterias** esféricas.

cocoa *f.* Cacao en polvo.

cocodriliano, na *adj.* y *m.* ZOOL Dicho de los reptiles de gran tamaño, con membranas interdigitales y una coraza ósea que protege su gruesa piel. Viven en áreas tropicales y subtropicales; como los cocodrilos, caimanes y gaviales. Conforman un orden.

cocodrilo *m.* Reptil cocodriliano de cabeza plana, cola comprimida y con dos crestas laterales en la parte superior. Puede alcanzar 7,5 m de largo.

cocoliche *m.* LING Jerga híbrida americana que mezcla el italiano con el español.

cocombro *m.* COHOMBRO.

cocotero *m.* Palmera de tallo alto y esbelto, que puede alcanzar 25 m de alto, con hojas grandes plegadas hacia atrás y flores en racimo; su fruto es el coco.

coctel (Tb. cóctel) 1 *m.* Bebida compuesta de varios licores o de varios ingredientes no alcohólicos. 2 Reunión o fiesta donde se toman estas bebidas. 3 Mezcla de cosas diversas.

cocuyo 1 *m.* Insecto coleóptero de unos 3 cm de largo, con dos manchas amarillentas a los lados del tórax, por las cuales despide luz. 2 Cada una de las luces menores exteriores del automóvil.

codaste *m.* Madero que estructura la armazón de la popa del buque.

codear 1 *intr.* Mover los codos o golpear con ellos. 2 *prnl.* Tener trato habitual, de igual a igual, una persona con otra o con cierto grupo social.

codeína *f.* Farm Alcaloide contenido en el opio y la morfina, que se emplea como analgésico y calmante.
codera 1 *f.* Pieza de adorno o remiendo que se pone en los codos de las chaquetas. 2 Protección de los codos usada en algunos deportes.
codeudor, ra *m.* y *f.* Persona que con otra u otras participa en una deuda.
códice *m.* Manuscrito en forma de libro, anterior a la invención de la imprenta.
codiciar *tr.* Desear ardientemente algo.
codificación *f.* Acción y efecto de codificar.
codificar 1 *tr.* Hacer o formar un cuerpo de leyes metódico y sistemático. 2 Transformar mediante las reglas de un código la formulación de un mensaje.
código 1 *m.* Conjunto de normas sobre cualquier materia. 2 Der Cuerpo de leyes que regulan una materia determinada: *Código civil, penal, de tránsito.* 3 Combinación de letras, números u otros elementos que adquiere un determinado valor dentro de un sistema establecido. || ~ **de barras** Serie de líneas y números con que se marcan los productos de consumo para la gestión informática de su mercadeo. ~ **genético** Biol Mecanismo mediante el cual la información genética contenida en el ADN de los cromosomas se transcribe al ARN y a continuación a las proteínas.
codo 1 *m.* Parte posterior y prominente de la articulación del brazo con el antebrazo. 2 Coyuntura del brazo de los cuadrúpedos. 3 Trozo de tubo, doblado en ángulo o en arco, que sirve para variar la dirección de una tubería.
codorniz *f.* Galliforme de unos 20 cm de largo, con plumaje pardo y pies sin espolón; es de vuelo corto y su carne es comestible.
coedición *f.* Producción impresa de ejemplares de un texto que ha sido financiada por dos personas o entidades.
coeficiente 1 *m.* Mat Factor que, escrito a la izquierda de un monomio, hace oficio de multiplicador. 2 Fís y Quím Expresión numérica de una propiedad que se presenta como una relación entre dos magnitudes. || ~ **de proporcionalidad** Mat Razón entre los valores de dos magnitudes directamente proporcionales. ~ **intelectual** Psic cociente intelectual.
coenzima *f.* Bioq Sustancia que acompaña a una enzima y que es esencial para su actividad.
coerción 1 *m.* Acción de reprimir el ejercicio de un derecho. 2 Presión ejercida sobre alguien para dominar su voluntad.
coetáneo, a *adj.* De la misma edad.
coexistir *intr.* Existir a la vez dos o más personas o cosas.
cofia 1 *f.* Prenda de cabeza que llevan enfermeras, camareras, etc. 2 Bot Especie de casquete que protege el extremo inferior de la raíz.
cofinanciar *tr.* Financiar algo entre dos o más personas o entidades.
cofradía 1 *f.* Gremio o asociación profesional. 2 Hermandad en honor de alguna advocación de Cristo, de la Virgen María o de algún santo.
cofre *m.* Arcón o baúl con tapa convexa y cerradura.
coger 1 *tr.* y *prnl.* Asir, agarrar algo con las manos o con otra parte del cuerpo. 2 *tr.* Sujetar algo con un instrumento adecuado: *Cogió el pan con las pinzas.* 3 Ocupar determinado espacio: *La finca coge toda la hondonada.* 4 Cosechar los frutos. 5 Hallar, encontrar: *Me cogió descuidado.* 6 Descubrir un engaño, sorprender a alguien en un descuido. 7 Captar una emisión de radio o televisión. 8 Tomar u ocupar un sitio, etc. 9 Sobrevenir, sorprender: *Me cogió la noche.* 10 Alcanzar a quien va delante. 11 Apresar a alguien. 12 Tomar, recibir o adquirir algo: *Coger velocidad, fuerzas, una costumbre.* 13 Entender, comprender: *No he cogido el chiste.* 14 coloq. Empezar a tener o sentir determinados estados físicos a anímicos: *Cogió una fiebre; cogió una tristeza.* 15 Dicho de ciertos animales, herir o enganchar a alguien con los cuernos. 16 Dicho de un vehículo, atropellar a alguien. 17 Montarse en un vehículo: *Ya cogieron el autobús.* 18 *intr.* Encaminarse, tomar una dirección.

cognitivo, va *adj.* Relativo al conocimiento.
cognoscitivo, va *adj.* Dicho de lo que es capaz de conocer.
cogollo 1 *m.* Lo interior y más apretado de algunas hortalizas, como la lechuga. 2 Brote que arrojan las plantas.
cogote *m.* Parte superior y posterior del cuello.
cohabitar 1 *intr.* Compartir la vivienda con otra u otras personas. 2 Hacer vida marital el hombre y la mujer.
cohecho *m.* Hecho de sobornar a un funcionario público, o de aceptar este el soborno.
coherencia 1 *f.* Relación lógica o armónica de unas cosas con otras, de modo que no exista contradicción entre ellas. 2 Actuación consecuente con los propios principios. 3 Gram Propiedad de los textos que consiste en la adecuada selección y organización de las ideas que se quieren comunicar de forma clara y precisa.
coherente *adj.* Que tiene coherencia.
cohesión 1 *f.* Unión, conexión o relación de unas cosas con otras. 2 Fís Unión firme de las moléculas de un cuerpo mediante su atracción recíproca.
cohete 1 *m.* Elemento de propulsión en los aviones de reacción, en los satélites artificiales y en los proyectiles. 2 Vehículo que se emplea en la navegación espacial. 3 Fuego de artificio consistente en un canuto de cartón llano de pólvora y fijo a una varilla, que se eleva rápidamente por ignición y que estalla con estruendo.
□ Un cohete espacial se basa en un elemento propulsor que puede funcionar en ausencia de atmósfera. Sus componentes fundamentales son los depósitos de combustible (propergol), una cámara de combustión y las toberas de salida, a través de las cuales escapan a gran velocidad los gases de la combustión, lo que genera el empuje.
cohibir *tr.* y *prnl.* Refrenar, reprimir, contener.
cohombro *m.* Planta hortense, variedad de pepino alargado y torcido. || ~ **de mar** Equinodermo de

aspecto vermiforme perteneciente a la clase de los **holotúridos**.

cohonestar *tr.* Dar apariencia de justa a una acción que no lo es.

cohorte *f.* Serie numerosa de personas o cosas.

coincidencia *f.* Acción y efecto de coincidir.

coincidir 1 *intr.* Confluir dos o más personas o cosas en un mismo sitio, o suceder al mismo tiempo. 2 Estar de acuerdo dos o más personas. 3 Ajustarse perfectamente una cosa a otra.

coito *m.* Cópula sexual.

coitus interruptus (Loc. lat.) *m.* Método anticonceptivo en el que se interrumpe el coito antes de que culmine.

cojear 1 *intr.* Andar inclinando el cuerpo más de un lado que de otro, por no asentar bien una pierna o una pata. 2 Moverse un mueble, por la desigualdad de las patas o por la irregularidad del suelo.

cojín *m.* Almohadón para apoyar en él alguna parte del cuerpo. || ~ **de aire** Capa de aire inyectado debajo de un vehículo para mantenerlo separado de la superficie.

cojinete *m.* Pieza o conjunto de piezas en que se apoya y gira el eje de un mecanismo.

cojo, ja *adj.* y *s.* Dicho del que cojea.

col *f.* Hortaliza de hojas anchas, que forman entre todas un cogollo, con flores cruciformes y semillas menudas. Son varias las especies, todas comestibles. || ~ **de Bruselas** Variedad que tiene tallos alrededor de los cuales crecen muchos cogollos pequeños.

cola[1] 1 *f.* NALGAS, zona posterior a la articulación de la cadera. 2 ZOOL Extremidad posterior del cuerpo de los animales, que en los mamíferos es un apéndice más o menos largo, algunas veces prensil, en las aves una protuberancia cubierta de plumas y en los peces es la aleta caudal. 3 Apéndice prolongado de algunas cosas. 4 COLETA. 5 Estela luminosa de los cometas. 6 Hilera de personas que esperan turno.

cola[2] *f.* Pasta consistente y gelatinosa que sirve para pegar.

colaboracionismo *m.* POLÍT Colaboración prestada a un régimen ilegítimo.

colaborar *intr.* Contribuir con una acción o con alguna cosa en cualquier empresa o propósito de otra u otras personas.

colación 1 *f.* Golosina de masa recubierta de azúcar. 2 Cotejo de una cosa con otra.

colada 1 *f.* Acción y efecto de colar. 2 Mazamorra, dulce o de sal, hecha con harina y agua o leche. 3 Lavado periódico de ropa sucia. 4 Ropa lavada.

coladero *m.* Manga, cedazo o vasija en que se cuela un líquido.

colador *m.* COLADERO.

colágeno *m.* BIOQ Proteína fibrosa del tejido conjuntivo, de los cartílagos y de los huesos.

colapsar 1 *tr.* Producir colapso. 2 *intr.* y *prnl.* Sufrir colapso o caer en él.

colapso 1 *m.* Deformación violenta de un cuerpo hueco por la presión de fuerzas exteriores. 2 MED Hundimiento de las paredes de un órgano. 3 Paralización por sobrecarga del tráfico, teléfono, etc.

colar 1 *tr.* Pasar un líquido por el coladero. 2 *intr.* Pasar alguna cosa por un lugar estrecho o difícil. 3 *prnl.* Introducirse subrepticiamente en alguna parte.

colateral 1 *adj.* Dicho de las cosas que acompañan a la principal. 2 MED **efecto** ~. 3 *adj.* y *s.* Dicho del pariente que no lo es por línea directa.

colcha *f.* Sobrecama que sirve de adorno y de abrigo.

colchón *m.* Saco aplanado y relleno de materia blanda, para dormir sobre él.

colchoneta 1 *f.* Colchón delgado. 2 Colchón portátil inflable.

colear 1 *tr.* Sujetar una res por la cola. 2 Tirar de la cola de una res para derribarla.

colección *f.* Conjunto de cosas que forman una cierta unidad o que presentan alguna semejanza.

coleccionar *tr.* Formar colección de alguna cosa.

colecta *f.* Recaudación de donativos.

colectividad 1 *f.* Grupo social de personas unidas por un mismo ideal o fin. 2 Sociedad en su sentido más amplio.

colectivismo *m.* POLÍT y ECON Sistema que tiende a suprimir la propiedad privada y transferirla a la colectividad.

colectivizar *tr.* Transformar lo particular en colectivo.

colectivo, va 1 *adj.* Relativo a cualquier agrupación de individuos. 2 GRAM **sustantivo** ~. 3 *m.* Cualquier grupo unido por lazos profesionales, laborales, etc. 4 MICROBÚS.

colectomía *f.* MED Extirpación quirúrgica de una parte o de todo el colon.

colector, ra 1 *adj.* Que recoge. 2 *adj.* y *m.* y *f.* Persona que recauda. 3 *m.* Canal que recoge aguas sobrantes. 4 Conducto subterráneo en el que desembocan las alcantarillas.

colega *m.* y *f.* Persona que desempeña la misma función que otra.

colegiado, da *adj.* Dicho de un cuerpo constituido en colegio.

colegial, la 1 *adj.* Relativo al colegio. 2 *m.* y *f.* Alumno de un colegio.

colegio 1 *m.* Establecimiento de enseñanza primaria o secundaria. 2 Asociación de personas de una misma profesión. 3 Sede de tales asociaciones.

colénquima *f.* BOT Tejido característico de pecíolos y tallos jóvenes.

coleóptero *adj.* y *m.* ZOOL Dicho de los insectos con boca masticadora, caparazón, dos élitros que cubren las alas y seis patas situadas, por pares, en tres segmentos del tórax. Tienen metamorfosis completa y conforman un orden.

cólera[1] *f.* Acceso repentino de ira, muchas veces violento.

cólera[2] *m.* MED Enfermedad infecciosa y epidémica caracterizada por vómitos y diarreas intensas.

colesterol *m.* BIOQ Esterol que producen las células de los vertebrados y del que se derivan todos los esteroides del organismo.

coleta *f.* Mechón de cabello sujeto con un lazo o una goma, que cae sobre la espalda.

coletazo 1 *m.* Golpe dado con la cola. 2 Última manifestación de una actividad próxima a extinguirse.

colgadura *f.* Tapiz o tela con que se adorna una pared, un balcón, etc.

colgante 1 *adj.* Que cuelga. 2 *m.* Joya que cuelga.

colgar 1 *tr.* Suspender una cosa en otra manteniéndola en el aire. 2 AHORCAR. 3 Cortar una comunicación telefónica. 4 Con sustantivos como guantes, hábitos, etc., abandonar la profesión o actividad por ellos representadas. 5 Montar una exposición de pinturas, fotografías o dibujos. 6 INF Introducir información en una página web para su difusión en la red. 7 *intr.* Pender una cosa en el aire.

colibrí *m.* Pequeño pájaro de vistoso plumaje y pico arqueado, que liba el néctar de las flores.

cólico *m.* MED Dolor intenso localizado en la región abdominal a causa del trastorno de órganos distintos al intestino.

coliflor *f.* Variedad de col con una pella central formada por diversas cabezuelas.

coligarse *prnl.* Unirse, confederarse unos con otros para algún fin.

colilla *f.* Parte que queda sin consumir de un cigarro o un cigarrillo.

colimador *m.* ÓPT Anteojo que va montado sobre los telescopios para facilitar su puntería.

colina *f.* Elevación natural del terreno, suave y ondulada.

colindante 1 *adj.* Que colinda. 2 Dicho de los propietarios de los terrenos que colindan.

colindar *intr.* Tener límites comunes dos o más terrenos, casas o municipios.

colineal *adj.* GEOM Dicho de los puntos que se encuentran en la misma recta.

coliseo 1 *m.* Teatro de grandes dimensiones para espectáculos públicos. 2 Recinto cerrado para algunos juegos deportivos.

colisión *f.* Choque violento de dos o más cosas.

colitis *f.* MED Inflamación del colon.

collage (Voz fr.) *m.* ART Obra pictórica que se ejecuta pegando sobre un soporte materiales diversos.

collar 1 *m.* Objeto que se pone alrededor del cuello como adorno. 2 Correa o aro que se pone alrededor del cuello de algunos animales. 3 ZOOL Franja de plumas de color distinto del resto del cuerpo que presentan algunas aves en el cuello.

colmar 1 *tr.* Llenar un recipiente. 2 Dar con abundancia. 3 Satisfacer plenamente los deseos de alguien.

colmatar *tr.* GEO Rellenar una depresión de terreno mediante sedimentación de materiales transportados por el agua.

colmena 1 *f.* Enjambre de abejas. 2 Pequeña construcción, natural o artificial, que les sirve de habitáculo y en la que producen la miel y la cera.

colmillo 1 *m.* ANAT Cada uno de los cuatro dientes, de forma cónica y de raíz simple, situados entre los incisivos laterales y el primer premolar, cuya función es desgarrar. 2 ZOOL Cada uno de los dos grandes incisivos de la mandíbula superior del elefante, que adoptan forma de cuerno.

colmo *m.* Punto culminante de un razonamiento o de un proceso.

colobo *m.* Mono africano de cuerpo delgado y cola muy larga.

colocar 1 *tr.* y *prnl.* Poner a alguien o algo en un determinado sitio o con un cierto orden. 2 Proporcionar empleo. 3 *tr.* Invertir, si se trata de dinero.

colofón *m.* Parte final de algún acto, fiesta, etc.

coloidal *adj.* QUÍM Relativo a los coloides.

coloide *m.* QUÍM Cuerpo que al disgregarse en un líquido aparece como disuelto, pero no se difunde con su disolvente si tiene que atravesar ciertas láminas porosas.

colombicultura *f.* Arte o técnica de criar y fomentar la reproducción de palomas.

colon *m.* ANAT Porción del intestino grueso entre el ciego y el recto.

colonia 1 *f.* Grupo de personas que se establecen en un país extranjero. 2 Lugar en que dicho grupo se establece. 3 Territorio sometido a otro país, del que depende. 4 Conjunto de personas que se asientan en otra región del mismo país distinta a la propia. 5 BARRIO. 6 HIST Periodo histórico en el que una nación estuvo bajo el dominio de una potencia extranjera. 7 ZOOL Grupo de animales de una misma especie que conviven en un territorio limitado. 8 ZOOL Animal que por proliferación vegetativa forma un cuerpo único.

colonial *adj.* Relativo a la Colonia: *Periodo colonial.*

colonialismo 1 *m.* Forma del imperialismo basada en la expansión colonial de un país. 2 Conjunto de teorías que tienden a justificar el régimen colonial.
□ HIST Cabe distinguir varias fases históricas de la expansión colonial: la iniciada en el s. XV por portugueses y españoles, que afectó sobre todo a América; el reparto de Asia, África y Oceanía por las principales potencias europeas en el s. XIX; y la llevada a cabo por Italia, Japón y Estados Unidos entre 1900 y 1939. A partir de mediados del s. XX se inició, con los procesos de descolonización, una nueva fase conocida como **neocolonialismo**.

colonización *f.* Acción y efecto de colonizar.

colonizar 1 *tr.* Establecer colonias. 2 Ocupar un territorio extranjero para convertirlo en colonia. 3 Trasmitir la potencia colonizadora su cultura a la colonia.

colono, na 1 *m.* y *f.* Persona que habita en una colonia. 2 Labrador que cultiva una parcela por arrendamiento.

colonoscopia *f.* MED Exploración interior del colon por medio de un endoscopio especial.

coloquial *adj.* LING Relativo a la forma de comunicación verbal o escrita que es informal o espontánea.

A B C D E F G H I J K L M N Ñ O P Q R S T U V W X Y Z

A B C D E F G H I J K L M N Ñ O P Q R S T U V W X Y Z

coloquio 1 *m.* Conversación entre dos o más personas. 2 Reunión en que se debate un problema determinado.

color 1 *m.* Impresión que los rayos de luz producen en la retina de los vertebrados. El ojo humano percibe una gradación que va desde el rojo hasta el violeta, pasando por naranja, amarillo, verde y azul. La ausencia total de luz corresponde al negro y la suma de todas las luces al blanco. 2 Materia para colorear. || **~es primarios** Aquellos que no se descomponen en otros; son el rojo, el amarillo y el azul. **~es secundarios** Los que están formados por la combinación de dos primarios; son el naranja, el verde y el violeta. **~es terciarios** Los que están formados por la combinación de un primario con un secundario.

coloración 1 *f.* Acción y efecto de colorear. 2 Color o combinación de colores.

colorado, da *adj.* y *m.* Que tiene color más o menos rojo.

colorante 1 *adj.* y *m.* Que colorea. 2 *m.* Producto empleado para colorear.

colorear 1 *tr.* Dar color a algo. 2 *intr.* Mostrar una cosa el color colorado que le es propio.

colorete 1 *m.* Cosmético para adorno del rostro. 2 PINTALABIOS.

colorista *adj.* ART Dicho del pintor que da preferencia al color sobre el dibujo.

colosal *adj.* Enorme, de dimensiones extraordinarias.

coloso *m.* Persona o cosa destacada o muy grande.

coltán 1 *m.* Mineral compuesto por **colombita** y **tantalita**, de color negro o marrón oscuro, que se utiliza en la industria aeroespacial, la microelectrónica y las telecomunicaciones.

columbiforme *adj.* y *f.* ZOOL Dicho de las aves cuyo tipo representativo es la **paloma**. Conforman un orden.

columbita *f.* BIOQ Mineral del grupo de los óxidos, de color oscuro, muy denso y con vetas que al mezclarse con la tantalita produce el coltán.

columbrar 1 *tr.* Divisar, ver desde lejos. 2 Conjeturar a partir de indicios.

columna 1 *f.* ARQ Elemento arquitectónico de soporte, de forma alargada y cilíndrica, que consta de base, fuste y capitel. 2 Pila de cosas más o menos uniformes puestas unas sobre otras. 3 División vertical de una página impresa. 4 Sección fija de opinión de un periódico. 5 Forma más o menos cilíndrica que toman algunos fluidos: *Columna de humo.* 6 Porción de fluido contenido en un cilindro vertical. 7 Conjunto de soldados o unidades que se sitúan unos detrás de otros, cubriendo iguales frentes. || **~ corintia** ARQ Aquella cuya altura es aprox. diez veces su diámetro inferior y su capitel está adornado con hojas de acanto. **~ dórica** ARQ Aquella cuya altura es seis veces el diámetro inferior y su capitel se compone de un ábaco con moldura convexa o de cuarto bocel. **~ jónica** ARQ Aquella cuya altura es de ocho veces su diámetro inferior y su capitel está adornado con volutas. **~ salomónica** ARQ La que tiene el fuste contorneado en espiral. **~ vertebral** ANAT Estructura de hueso o cartílago que rodea y protege la médula espinal en los vertebrados. Es la parte principal del esqueleto y a ella se unen el cráneo, las costillas y la pelvis. En el ser humano está formada por siete vértebras cervicales, doce torácicas (a las que se unen doce pares de costillas), cinco lumbares, cinco sacras fusionadas (que forman el hueso sacro) y varias fusionadas por debajo del sacro que forman el cocix.

columnista *m.* y *f.* Redactor o colaborador de un periódico, al que contribuye regularmente con comentarios insertos en una columna especial.

columpiar 1 *tr.* y *prnl.* Impulsar en el columpio. 2 Mecer, balancear.

columpio *m.* Asiento sostenido por dos cadenas o cuerdas, que sirve para mecerse.

colutorio *m.* Enjuague y lavado bucal con la solución de algún medicamento.

colza *f.* Tipo de col de la que se extrae aceite.

coma[1] 1 *f.* ORT Signo ortográfico (,) que, de manera general, se usa para marcar la pausa que separa los distintos miembros de una oración: *Llegué a tiempo, pero ya te habías ido*; *El caballo relincha, la vaca muge, el perro ladra* y para evitar confusiones con el sentido de ciertas oraciones: *Las vacas, que rumiaban echadas, se levantaron/Las vacas que rumiaban echadas se levantaron.* 2 ORT **punto** y ~. || MAT **~ decimal** Signo (,) que separa la parte entera de la parte decimal de un número.

coma[2] *m.* MED Estado de inconsciencia debido a enfermedades o traumatismo grave.

comadre 1 *f.* Madrina de una persona respecto del padre, o la madre, o el padrino de esta. 2 Madre de una persona respecto del padrino o madrina de esta. 3 Vecina o amiga de la máxima confianza.

comadrear *intr.* Chismear, murmurar.

comadreja *f.* Mustélido de unos 30 cm de largo, con cabeza pequeña, patas cortas y pelaje rojizo, menos el vientre, que es blanco.

comadrona *f.* Mujer experta que atiende a otra en el parto.

comal *m.* Recipiente de barro o piedra en que se cuecen las tortillas de maíz o se tuestan los granos de café o de cacao.

comanche 1 *adj.* y *s.* HIST Tribu amerindia que vivía en las grandes llanuras de Estados Unidos. Opuso resistencia a la penetración de los europeos en su territorio. 2 *adj.* Perteneciente o relativo a los comanches.

comandancia *f.* Empleo, cuartel, u oficinas del comandante.

comandante 1 *m.* y *f.* Jefe militar de categoría comprendida entre las de capitán y teniente coronel. 2 Jefe u oficial que manda un buque. 3 Piloto que tiene el mando de una aeronave.

comandar *tr.* Mandar un ejército, una flota, un destacamento, etc.

comando 1 *m.* Pequeña unidad de tropas entrenadas para acciones por sorpresa. 2 INF Cualquier instrucción que genera varias acciones preestablecidas.

comarca *f.* División territorial de dimensiones variables.

comatoso, sa *adj.* Perteneciente o relativo al estado de coma.

comba *f.* Curvatura que toman algunos cuerpos, como la madera.

combar *tr.* y *prnl.* Torcer, encorvar algo como madera, hierro, etc.

combate 1 *m.* Lucha entre personas o animales. 2 Acción armada en una guerra. 3 Lucha interior del ánimo.

combatiente 1 *adj.* y *s.* Que combate o pelea. 2 *m.* y *f.* Persona que toma parte directa e inmediata en las acciones de un conflicto armado.

combatir 1 *intr.* y *prnl.* PELEAR. 2 *tr.* Atacar, reprimir lo que se considera un mal o daño.

combativo, va *adj.* Dispuesto o inclinado al combate o a la polémica.

combinación 1 *f.* Acción y efecto de combinar o combinarse. 2 Conjunto de signos ordenados de forma determinada que se emplea para abrir o hacer funcionar ciertos mecanismos o aparatos. 3 Prenda interior femenina que va desde los hombros o desde la cintura hasta el borde de la falda. 4 MAT Cada uno de los subconjuntos de un número determinado de elementos, que difieren al menos en un elemento; por ejemplo: *abc; agc; bcd; acd.* 5 QUÍM Unión de dos o más cuerpos para formar un compuesto homogéneo, cuyas propiedades sean distintas de las de los componentes.

combinado *m.* DEP Equipo integrado por jugadores de diferentes equipos.

combinar 1 *tr.* Unir cosas de manera que formen un conjunto o unidad. 2 Concertar proyectos, ideas, etc., de modo que no se estorben ni anulen unos a otros. 3 *intr.* Armonizar.

combinatorio, ria 1 *adj.* Relativo a la combinación. 2 *f.* MAT Parte de las matemáticas que estudia las posibles agrupaciones de objetos tomados de un conjunto dado.

comburente *adj.* y *m.* Dicho de la sustancia que activa la combustión de otra.

combustible 1 *adj.* Que puede arder o que arde con facilidad. 2 *m.* Materia (carbón, leña, petróleo) cuya combustión produce calor o energía.

combustión 1 *f.* Acción o efecto de arder o quemar. 2 QUÍM Reacción entre el oxígeno y un material oxidable (combustible), acompañada de desprendimiento de energía, que habitualmente se manifiesta por incandescencia o llama.

comedia 1 *f.* Cualquier obra teatral. 2 TEAT y LIT Obra de enredo y desenlace feliz, por contraposición a la tragedia o al drama. 3 Farsa o fingimiento. || ~ **musical** Obra musical con partes cantadas y bailadas.

comediante, ta *m.* y *f.* Actor o actriz de teatro.

comediógrafo, fa *m.* y *f.* Persona que escribe comedias.

comedirse 1 *prnl.* Ofrecerse para algo. 2 Comportarse con prudencia.

comedor 1 *m.* Local en que se sirven comidas. 2 Habitación de la casa en que se come. 3 Conjunto de muebles destinados a dicha habitación.

comején *m.* Nombre de diversas especies de **termes** de Suramérica.

comensal *m.* y *f.* Cada una de las personas que comen en una misma mesa.

comensalismo *m.* BIOL Simbiosis que ocurre cuando los organismos comparten el alimento o cuando uno de ellos vive a expensas del otro sin causarle daño, en muchos casos obtienen ventajas mutuas.

comentar *tr.* Hacer comentarios.

comentario 1 *m.* Explicación oral o escrita de alguna obra. 2 Opinión que se da sobre alguien o sobre algo.

comenzar 1 *tr.* Dar principio a algo, emprenderlo. 2 *intr.* Tener algo principio.

comer 1 *tr.* e *intr.* Masticar y deglutir un alimento sólido. 2 Ingerir alimento. 3 *tr.* Corroer, gastar: *El óxido come el hierro.* 4 Producir comezón: *Le comen los piojos.* 5 Ganar una pieza al contrario en el ajedrez, las damas, etc. 6 *prnl.* Omitir alguna frase, sílaba, letra, etc., en algún escrito o discurso.

comercial 1 *adj.* Relativo al comercio y a los comerciantes. 2 Dicho de lo que es fácilmente aceptado en el mercado. 3 *m.* Anuncio visual o auditivo de un mensaje publicitario. 4 POLÍT **bloqueo** ~ o económico. 5 *f.* ECON **balanza** ~.

comercialización *f.* Acción y efecto de comercializar.

comercializar 1 *tr.* Dar a un producto condiciones y vías de distribución para su venta. 2 Poner a la venta un producto.

comerciante 1 *adj.* y *s.* Que comercia. 2 *m.* y *f.* Propietario de un comercio.

comerciar *intr.* Realizar operaciones comerciales de compraventa.

comercio 1 *m.* Acción y efecto de comerciar. 2 Actividad y negocio que consiste en comprar, vender y cambiar buscando el lucro. 3 Conjunto de agentes que intervienen en esa actividad. 4 Tienda o establecimiento comercial.

comestible 1 *adj.* Que se puede comer. 2 *m.* Todo género de alimento. • U. m. en pl.

cometa 1 *m.* ASTR Astro formado por un núcleo de hielo y roca y una atmósfera luminosa y que describe una órbita muy excéntrica respecto del Sol. 2 *f.* Juguete consistente en una armazón de cañas y papel o tela, que se arroja al aire para elevarla, controlándola mediante una cuerda.

cometer *tr.* Incurrir en culpas, errores, faltas, etc.

cometido 1 *m.* Comisión, encargo. 2 Deber, obligación.

comezón *f.* Picazón que se padece en el cuerpo.

cómic *m.* ART y LIT Narración realizada por medio de dibujos, con o sin texto, dispuestos en una sucesión ordenada.

comicidad *f.* Cualidad de cómico, que divierte.

comicios *m. pl.* Actos electorales.

cómico, ca 1 *adj.* Relativo a la comedia. 2 Que divierte y hace reír.

comida 1 *f.* Alimento que el hombre y los animales comen o beben para subsistir. 2 Acción de comer: *La comida duró tres horas.* 3 Alimento que se toma por la noche o al atardecer. 4 En España, **ALMUERZO**, alimento principal del día.

comidilla *f.* Tema preferido en alguna murmuración o conversación: *Los amores de María son la comidilla del vecindario.*

comienzo *m.* Principio, origen y raíz de algo.

comillas *f. pl.* ORT Signo ortográfico doble (« », " " o ' ') que se usa para enmarcar una cita literal de palabras orales o escritas de otra persona, encerrar títulos de obras e indicar que una palabra se toma en un sentido especial. • Su uso es indistinto, pero, por lo general, se acepta el siguiente orden jerárquico: angulares, dobles y simples: *«Desde su automóvil Julián me dijo: "Esta 'joya' no funciona ni a palo"».*

comino 1 *m.* Hierba de hojas filiformes, con flores en umbela y semillas minúsculas de sabor acre, que se emplean como condimento. 2 Cosa insignificante, de poco o ningún valor.

comisaría 1 *f.* Cargo y oficina del comisario. 2 Antigua división territorial de Colombia que no gozaba de autonomía administrativa.

comisario, ria 1 *m.* y *f.* Persona que tiene el poder de otra para entender en algún asunto especial. 2 Agente de policía que tiene a su cargo un distrito.

comisión 1 *f.* Acción de cometer. 2 Encargo que se hace a alguien. 3 Conjunto de personas en que una autoridad delega determinadas competencias. 4 Retribución que alguien percibe por mediar en un negocio, una venta, etc.

comisionado, da 1 *adj.* y *s.* Persona encargada de una comisión.

comisionar *tr.* Encargar a alguien para entender en algún asunto.

comisura *f.* Punto de unión de ciertas partes similares del cuerpo; como los labios y los párpados.

comité *m.* Comisión de personas encargada de ciertas funciones por delegación de una asociación o de una autoridad.

como *adv. m.* Del modo o de la manera que. Sobre el significado básico de comparación o semejanza, adquiere valores de interrogación y extrañeza, con acento prosódico y ortográfico: *¿Cómo está el enfermo?; ¡cómo llueve!* O los matices de conjugación interrogativa (= por qué), final (= a fin de que), condicional (= si) o completiva (= que). Con verbos en subjuntivo equivale a un gerundio: *Como sea = siendo.* Con el artículo *el* se sustantiva: *El cómo = el modo.*

cómoda *f.* Mueble con tabla de mesa y cajones que ocupan el frente.

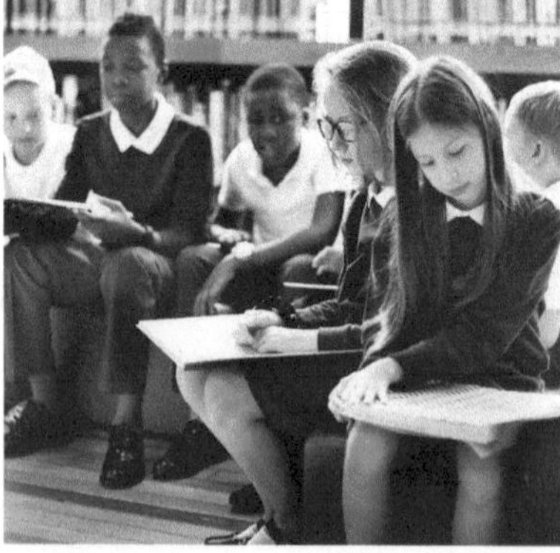

comodato *m.* DER Contrato por el cual se da o recibe una cosa, para servirse de ella, con la obligación de restituirla.

comodidad 1 *f.* Cualidad de cómodo. 2 Cosa que da bienestar: *La casa tiene muchas comodidades.*

comodín, na *m.* Persona o cosa que sirve para fines diversos, según la conveniencia de quien dispone de ella.

cómodo, da 1 *adj.* Que brinda descanso o bienestar. 2 Que no implica molestia. 3 *adj.* y *s.* Persona que está a gusto en un lugar específico o en una situación determinada.

comodoro *m.* Capitán de navío cuando manda más de tres buques.

comoquiera *adv. m.* De cualquier manera.

compactar *tr.* Hacer compacta una cosa.

compacto, ta 1 *adj.* Dicho de los cuerpos de textura apretada y poco porosa. 2 *adj.* y *m.* Conjunto de componentes de un sistema que están unidos, aunque pudieran ser independientes.

compadecer *tr.* y *prnl.* Compartir de sentimiento y de obra la desgracia ajena.

compadrazgo *m.* Conexión o afinidad entre compadres.

compadre 1 *m.* Padrino de una persona respecto del padre o la madre o la madrina de esta. 2 Padre de una persona respecto del padrino o madrina de esta. 3 Forma de llamar a los amigos y conocidos.

compaginar *tr.* y *prnl.* Corresponder una cosa con otra, armonizar.

compañero, ra 1 *m.* y *f.* Persona que se acompaña con otra en su vida, trabajo, juego, etc. 2 Colega del mismo colegio. 3 Miembro del mismo partido o sindicato. 4 Persona o cosa que forma pareja con otra.

compañía 1 *f.* Acción y efecto de acompañar. 2 Persona o conjunto de personas que acompañan a otra u otras. 3 Asociación de personas para un fin común. 4 Sociedad mercantil, industrial, etc. 5 Grupo de actores de teatro que actúan juntos. 6 Unidad de soldados que hacen parte de un batallón.

comparación 1 *f.* Acción y efecto de comparar. 2 Figura retórica que consiste en comparar una cosa con otra para precisar la idea de una de ellas: *Tiene la misma forma de un barril; es negro como el carbón.*

comparado, da *adj.* Dicho de lo que procede por comparación.

comparar *tr.* Establecer las semejanzas y las diferencias entre dos o más personas o cosas.

comparativo, va 1 *adj.* Dicho de lo que compara o sirve para hacer comparación. 2 GRAM Dicho de los **adjetivos, adverbios y conjunciones** que expresan comparación.

comparecencia *f.* Acción y efecto de comparecer.

comparecer *intr.* Presentarse ante alguna autoridad, previa citación.

comparendo *m.* DER Mandato, orden o notificación de comparecencia.

comparsa 1 *f.* TEAT Conjunto de personas que en las representaciones teatrales figuran pero no hablan. 2 Acompañamiento de personas que desfilan uniformadas en una fiesta popular.

compartimentar *tr.* Subdividir internamente un espacio.

compartimiento *m.* Cada una de las partes resultantes de dividir algún espacio.

compartir 1 *tr.* Dividir o distribuir una cosa en partes. 2 Tener entre varios la propiedad o el uso de algo. 3 Participar en lo que es de otro.

compás 1 *m.* Instrumento de dibujo, formado por dos brazos articulados en uno de sus extremos, para trazar circunferencias y arcos, o para medirlos. 2 Mús Cada uno de los periodos en que se divide una pieza.

compasillo *m.* Mús Compás que tiene la duración de cuatro negras distribuidas en cuatro partes.

compasión *f.* Sentimiento de pena por las desgracias ajenas y deseo de aliviarlas.

compatibilidad 1 *f.* Cualidad de compatible. 2 Biol Capacidad de dos genotipos para producir un híbrido.

compatible 1 *adj.* Que puede darse con otra persona o cosa, que puede acomodarse a ella. 2 Dicho de los sistemas de comunicación que pueden interconectarse.

compatriota *m.* y *f.* Persona de la misma patria que otra.

compendio 1 *m.* Resumen de alguna materia, algún estudio, etc. 2 Síntesis de determinadas cualidades de alguien o de algo.

compenetrarse *prnl.* Estar dos personas en perfecta armonía.

compensación 1 *f.* Acción y efecto de compensar. 2 Ajuste, corrección de una desviación.

compensar 1 *tr., intr.* y *prnl.* Contrarrestar una cosa los efectos de otra. 2 *tr.* y *prnl.* Resarcir de algún daño causado.

competencia[1] 1 *f.* Acción de competir. 2 Persona o grupo rival. 3 Competición deportiva. 4 Ling Conjunto de conocimientos y habilidades que tiene un hablante para comprender y producir enunciados en una lengua. || ~ **argumentativa** La que permite exponer las razones que se tienen a favor o en contra de una idea. ~ **ciudadana** Polít Conjunto de conocimientos y habilidades que le permiten a un sujeto convivir y participar activamente dentro de una sociedad. ~ **interpretativa** La que permite describir y comprender las ideas fundamentales de un texto. ~ **propositiva** La que permite generar ideas o hipótesis sobre un tema.

competencia[2] 1 *f.* INCUMBENCIA. 2 Cualidad de competente.

competente 1 *adj.* Que tiene la aptitud para llevar a buen término algo. 2 Dicho de la persona a quien compete o incumbe algo.

competer *intr.* Tocar o incumbir a alguien algo.

competición *f.* Acción y efecto de competir.

competir 1 *intr.* y *prnl.* Contender entre sí dos o más personas, o grupos, aspirando con empeño a una misma cosa. 2 *intr.* Ser una cosa análoga a otra en la perfección o en las propiedades.

competitividad *f.* Capacidad de competir.

competitivo, va *adj.* Inclinado a competir.

compilar *tr.* Reunir en una sola obra materiales de otros libros o documentos de una misma materia o de un mismo autor.

compinche *m.* y *f.* Compañero habitual de diversiones o de tratos irregulares.

complacencia 1 *f.* Placer y contento que resulta de algo. 2 Actitud de permitir que alguien haga lo que quiera sin medir las consecuencias.

complacer 1 *tr.* Causar a otro satisfacción o placer. 2 Acceder a lo que otro desea. 3 *prnl.* Alegrarse de algo.

complejidad *f.* Cualidad de complejo.

complejo, ja 1 *adj.* Dicho de lo formado por varias partes. 2 Intrincado, complicado. 3 *m.* Mat **número** ~. 4 Conjunto de instalaciones industriales o deportivas que constituye una unidad. 5 Psic Sentimiento o tendencia inconsciente que condiciona la conducta de un individuo.

complementar 1 *tr.* y *prnl.* Dar complemento a algo. 2 Servir una cosa de complemento a otra.

complementario, ria 1 *adj.* Que sirve para completar o perfeccionar algo. 2 Geom **ángulo** ~; **arco** ~. || ~ **de un conjunto** Mat Dado un conjunto *A*, el complementario de *A* es el conjunto de todos los elementos del conjunto universal que no pertenecen a *A*.

complemento 1 *m.* Cualidad o cosa que se agrega a otra dándole su totalidad o perfección. 2 Gram Palabra, sintagma o frase que, en una oración, completa el significado de uno o de varios de sus componentes, y hasta de la oración entera. Puede referirse al sustantivo, al adjetivo y al verbo, pudiendo en este último caso ser directo, indirecto y circunstancial. || ~ **agente** Gram AGENTE. ~ **circunstancial** Gram El que expresa circunstancias de lugar, modo, instrumento, medio, tiempo o causa: *Catalina practica el piano todas las mañanas, en su casa.* ~ **directo** Gram El que designa la persona, animal o cosa que recibe directamente la acción del verbo transitivo: *Mi papá dice que hay noticias.* ~ **indirecto** Gram El que designa lo que recibe el beneficio o el daño de la acción: *Claudia lleva flores a su casa*; en esta oración *su casa* recibe indirectamente la acción del verbo. ~ **predicativo** Gram El que modifica a la vez al verbo y al sujeto o al complemento directo: *Antonio llegó exhausto a la oficina; nombraron representante al alumno con mejores calificaciones.*

completar 1 *tr.* Añadir a una magnitud o cantidad las partes que le faltan. 2 *tr.* y *prnl.* Dar término o conclusión a un proceso o a una cosa.

completivo, va 1 *adj.* Que completa. 2 *f.* Gram **conjunción** ~.

completo, ta 1 *adj.* Que tiene todas su partes. 2 Total, que lo comprende todo: *La presentación fue un completo desastre.*

complexión *f.* Constitución física de una persona o de un animal.

complicar 1 *tr.* Hacer difícil o más difícil algo. 2 Comprometer a alguien en un asunto. 3 *prnl.* Enredarse, confundirse.

cómplice *m.* y *f.* Participante en un crimen o delito.

complot *m.* Conspiración de varias personas contra personas o instituciones.

componenda *f.* Arreglo o transacción de carácter inmoral.

componente *adj.* Que entra en la composición de un todo. • Aplicado a personas *s.* y aplicado a cosas *m.*

componer 1 *tr.* Juntar varias cosas para formar una. 2 Constituir, integrar. 3 Engalanar a una persona o adornar una cosa. 4 Arreglar o reparar algo que estaba descompuesto. 5 Aderezar las comidas o las bebidas. 6 Producir, tratándose de obras literarias o musicales.

comportamiento 1 *m.* Conducta, modo de actuar. 2 BIOL Conjunto de actividades observables en un organismo, resultado de sus relaciones con el medio.

comportar 1 *tr.* Implicar, conllevar. 2 *prnl.* Proceder de determinada manera.

composición 1 *f.* Acción y efecto de componer. 2 Texto organizado en función de una intención específica y mediante el cual se exponen temas, situaciones, ideas, etc. 3 GRAM Procedimiento por el cual se forman vocablos agregando a uno simple preposiciones, partículas o vocablos: *Anteponer; hincapié; cejijunto.* 4 MÚS Disciplina que enseña las reglas para la formación del canto y del acompañamiento. 5 ART Distribución de los distintos elementos de una obra artística.

compositivo, va *adj.* Relativo a la composición.

compositor, ra *adj.* y *s.* Dicho de la persona que escribe piezas musicales.

compost *m.* Fertilizante obtenido de la descomposición de residuos orgánicos.

compostaje *m.* Elaboración de compost.

compostura 1 *f.* Arreglo de algo descompuesto. 2 Aseo de alguien o algo.

compota *f.* Dulce de fruta cocida con agua y azúcar.

compra 1 *f.* Acción y efecto de comprar. 2 Cosa que se compra.

comprar *tr.* Adquirir algo con dinero.

compraventa 1 *f.* Operación en que un vendedor se compromete a transferir alguna cosa y un comprador a pagar por ella. 2 Negocio de antigüedades o de cosas usadas.

comprender 1 *tr.* y *prnl.* Contener, incluir. 2 *tr.* Captar, entender algo.

comprensión 1 *f.* Acción de comprender. 2 Actitud comprensiva.

comprensivo, va *adj.* De tendencia o actitud tolerante.

compresa *f.* Gasa, generalmente esterilizada, que se emplea para contener hemorragias, cubrir heridas y aplicar calor, frío o ciertos medicamentos. || ~ **higiénica** Tira desechable de celulosa u otra materia similar que sirve para absorber el flujo menstrual.

compresor 1 *m.* Aparato que se emplea para comprimir gases. 2 Máquina que reduce el volumen de aire y aumenta su presión, generando una fuerza expansiva capaz de proporcionar fuerza motriz.

comprimido *m.* FARM Pastilla que se obtiene por pulverización y compresión de sus ingredientes.

comprimir *tr.* y *prnl.* Apretar o reducir a un volumen menor.

comprobación *m.* Acción y efecto de comprobar.

comprobante *m.* Recibo o documento que confirma un trato o gestión.

comprobar 1 *tr.* Verificar la verdad o exactitud de algo mediante pruebas. 2 Buscar la confirmación de algo.

comprometer 1 *tr.* y *prnl.* Exponer o poner en riesgo a alguien o algo. 2 Hacer a alguien responsable de una obligación. 3 *prnl.* Contraer un compromiso.

comprometido, da 1 *adj.* Que implica riesgo, peligro o dificultad. 2 *m.* y *f.* PROMETIDO.

compromisario, ria *adj.* y *s.* Persona que recibe la delegación de otras para que solucione, concierte o efectúe algo.

compromiso 1 *m.* Obligación contraída. 2 Promesa de matrimonio.

compuerta *f.* Plancha de madera o de hierro que se coloca en canales, diques, etc., para regular el paso del agua.

compuesto, ta 1 *adj.* Formado por dos o más elementos o partes. 2 Arreglado, bien vestido. 3 Reparado. 4 *adj.* y *f.* BOT Dicho de las plantas dicotiledóneas que se distinguen por sus flores reunidas en cabezuelas sobre un receptáculo común; como la alcachofa. Conforman una familia. 5 *adj* y *m.* GRAM Dicho del vocablo formado por composición de dos o más voces simples: *Cortaplumas; vaivén.* 6 *m.* Agregado de varias cosas que componen un todo. 7 QUÍM Sustancia formada por dos o más elementos en proporción fija, como el agua, que está formada por hidrógeno y oxígeno.

compulsar *tr.* Examinar dos o más documentos, cotejándolos entre sí.

compulsión *f.* PSIC Tendencia a realizar actos contrarios a la voluntad propia, derivada de ideas obsesivas, complejos, etc.

compungido, da *adj.* Atribulado, dolorido.

computación 1 *f.* CÓMPUTO. 2 INF INFORMÁTICA.

computador 1 *adj.* y *s.* Que computa o calcula. 2 *m.* INF y **Electrón** Máquina automática que obedece a programas formados por sucesiones de operaciones aritméticas y lógicas y que es usada para ordenar, calcular, seleccionar y representar y editar información. • En la acepción 2, en algunos países, u. c. f. || ~ **personal** INF y **Electrón** El de dimensiones reducidas que se utiliza para trabajos personales y como ayuda en actividades profesionales.

□ INF y **Electrón** El computador personal está conformado por una parte física (*hardware*), constituida por circuitos electrónicos, y una parte no física (*software*). El *hardware* agrupa uno o varios procesadores, una memoria, unidades de entrada-salida y unidades de comunicación. El procesador ejecuta los programas contenidos en la memoria. Entre las unidades de entrada-salida figuran: teclado, ratón, pantalla, memorias externas, impresora, etc. Las unidades de comunicación permiten la conexión con servidores u otros computadores en red. El *software* se escribe en un lenguaje particular que el computador convierte en instrucciones realizables por los circuitos electrónicos.

computar 1 *tr.* Calcular algo en números. 2 Contar o considerar algo en un cómputo: *Las calificaciones de los idiomas computan para el promedio final.*

cómputo *m.* Cuenta o cálculo.

comulgar 1 *tr.* Dar la comunión. 2 Estar de acuerdo con otra persona en ideas o sentimientos. 3 *intr.* y *prnl.* Recibir la sagrada comunión.

común 1 *adj.* Que pertenece a varias personas. 2 Corriente, admitido por todos. 3 Vulgar, ordinario, muy sabido. 4 *m.* La comunidad en general: *Los bienes del común.* 5 GRAM **nombre** ~.

comuna 1 *f.* Organización social básica de libre elección que niega los valores tradicionales de la familia. 2 Ayuntamiento, municipio, conjunto de los habitantes de un mismo término.

comunal *adj.* Relativo a la comuna o al municipio.

comunero, ra 1 *adj.* y *s.* HIST Dicho de los partidarios de los levantamientos populares contra el poder virreinal que tuvieron lugar en distintas regiones de Hispanoamérica hacia finales del s. XVIII. 2 *m.* y *f.* Persona que tiene parte indivisa con otro u otros en un inmueble, un derecho u otra cosa.

comunicación 1 *f.* Acción y efecto de comunicar o comunicarse. 2 Trato entre dos o más personas. 3 Abertura o paso entre mares, inmuebles, etc. 4 Transmisión de un mensaje con un código común. 5 *f. pl.* Sistemas o **medios de** ~.

comunicado, da 1 *adj.* Dicho de los lugares, pueblos, etc., con acceso a los medios de transporte o conectados a los medios de comunicación. 2 *m.* Nota, declaración o parte que se comunica para conocimiento público.

comunicante 1 *adj.* y *s.* Que comunica. 2 **vasos** ~s.

comunicar 1 *tr.* Hacer saber algo a alguien. 2 Transmitir mensajes mediante un código común de señales. 3 Consultar con alguien. 4 Contagiar sentimientos, enfermedades, etc. 5 Transmitir un mecanismo algún movimiento a otros elementos o piezas. 6 *tr.* y *prnl.* Mantener relación oral o escrita dos personas. 7 Estar en relación dos o más cosas, como dos salas contiguas, dos mares, etc. 8 Establecer medios de acceso entre poblaciones o lugares. 9 *prnl.* Dicho de cosas inanimadas, tener correspondencia o paso con otras.

comunicativo, va *adj.* Dado a comunicarse con otras personas.

comunidad 1 *f.* Tipo de organización social cuyos miembros participan en objetivos comunes y en la que el interés del individuo se identifica con los intereses del conjunto. 2 Conjunto de países unidos por acuerdos económicos y políticos. || ~ **autónoma** División administrativa territorial de un Estado dotada de autogobierno. ~ **internacional** Aquella que está conformada por todos los Estados, diferentes organismos internacionales y, en general, todas las personas que habitan la tierra, especialmente cuando se unen para participar en la toma de decisiones de carácter global.

comunión 1 *f.* Participación en lo común. 2 REL Acto y rito de recibir la eucaristía los fieles cristianos. 3 Agrupación de personas que profesan las mismas ideas religiosas.

comunismo *m.* POLÍT Sistema económico, social y político basado en la abolición de la propiedad privada de los medios de producción y en la comunidad de bienes. Se identifica con los regímenes que han intentado concretar las doctrinas marxistas, como el de China o el de la antigua Unión Soviética.

□ Doctrina económica surgida en el s. XIX, en contraposición al capitalismo, que plantea la existencia de una sociedad igualitaria, sin diferencia de clases sociales y sin la existencia de la propiedad privada. Los recursos y medios de producción los controla el Estado y los distribuye de forma equitativa. Se consolidó a escala mundial con el triunfo de la Revolución rusa y la implementación como modelo económico de la Unión Soviética (1920-90).

con 1 *prep.* Señala el modo, medio o instrumento con que se realiza una acción: *Con mucho gusto; escribe con pluma.* 2 Expresa las circunstancias con que se ejecuta o sucede algo: *Come con ansia; trabaja con entusiasmo.* 3 Delante de un infinitivo equivale a un gerundio: *Con hablar, lo puedes arreglar.* 4 Con ciertas exclamaciones adquiere valor de queja: *¡Con lo que yo la quería!* 5 En locuciones completivas con *que*, equivale a una conjunción condicional: *Con que le digas la verdad bastará.* 6 Juntamente y en compañía.

conato *m.* Intento frustrado, acto que no llega a consumarse.

concatenar *tr.* y *prnl.* Relacionar en sucesión lógica unas cosas con otras.

concavidad 1 *f.* Cualidad de cóncavo. 2 Cavidad, hueco.

cóncavo, va *adj.* Referido a una línea o a una superficie, que es curva y, respecto de quien la mira, tiene su parte más hundida en el centro.

concebir 1 *intr.* y *tr.* Dicho de una hembra, quedar embarazada. 2 *tr.* Formar una idea o un proyecto de algo: *Concebir un plan.* 3 Creer posible algo, comprender: *No concibo tu comportamiento.*

conceder 1 *tr.* Otorgar, dar, hacer merced y gracia de algo. 2 Asentir a los argumentos que esgrime el contrincante. 3 Reconocer el mérito o valor de alguien o de algo.

concejal, la *m.* y *f.* Miembro de un concejo municipal.

concejo *m.* Corporación formada por los concejales, encargada de la administración de los intereses del municipio.

concelebrar *tr.* Celebrar conjuntamente la misa varios sacerdotes.

concentración 1 *f.* Acción y efecto de concentrar o concentrarse. 2 QUÍM Cantidad de soluto presente en una disolución.

concentrado, da 1 *adj.* Muy atento o pendiente de un asunto. 2 *adj.* y *m.* Dicho de una sustancia a la que se ha retirado parte del líquido para disminuir su volumen. 3 *m.* Alimento deshidratado y compactado que se da a los animales domésticos.

concentrar 1 *tr.* y *prnl.* Reunir en un punto lo separado y disperso. 2 Congregar un gran número de personas en un lugar para que se manifiesten sobre algún asunto. 3 Internar a los miembros de un grupo deportivo antes de una competición, para realizar las últimas prácticas. 4 *tr.* Reducir o eliminar el líquido de una sustancia. 5 *prnl.* Atender o reflexionar profundamente.

concéntrico, ca *adj.* GEOM Dicho de las figuras y de los sólidos que tienen un mismo centro.

concepción 1 *f.* Acción y efecto de concebir. 2 BIOL Momento en que ocurre la fecundación de un óvulo.

concepto 1 *m.* Representación intelectual de las propiedades o de las impresiones comunes de las cosas. 2 Idea o juicio de algo.

conceptual *adj.* Relativo al concepto o al conceptualismo.

conceptualismo *m.* ART Tendencia artística de mediados del s. XX, que da supremacía a la idea del artista sobre la obra acabada.

conceptuar *tr.* Formar concepto de algo.

concernir *intr.* Atañer, hacer referencia.

concertar 1 *tr.* y *prnl.* Pactar algo, un negocio, una cita, etc. 2 Poner de acuerdo a personas o cosas con miras a un determinado fin. 3 *tr.* Ordenar o arreglar las partes de algo. 4 MÚS Armonizar voces o instrumentos musicales. 5 *intr.* GRAM **CONCORDAR.**

concertina *f.* MÚS Acordeón hexagonal u octogonal con teclados en ambas caras.

concertino *m.* MÚS Violinista que en una orquesta ejecuta los solos.

concertista *m.* y *f.* MÚS Músico que en un concierto actúa como solista.

concesión 1 *f.* Acción y efecto de conceder. 2 Cesión de ciertos servicios públicos otorgada por el gobierno a una persona o a una empresa privada.

concesionario, ria *adj.* y *s.* Dicho de la persona o entidad a la que se hace o transfiere una concesión.

concesivo, va 1 *adj.* Que se concede. 2 GRAM **conjunción ~.**

concha 1 *f.* Cubierta calcificada que protege el cuerpo de los moluscos, y que puede constar de una o varias piezas. 2 Lo que tiene la figura de la concha de los animales.

conchudo, da *adj.* Sinvergüenza, que actúa con desfachatez.

conciencia 1 *f.* Conocimiento inmediato de la realidad mediante la percepción. 2 Noción que el ser humano tiene de sí y del mundo exterior. 3 DER **objeción de ~.**

concienciar *tr.* y *prnl.* **CONCIENTIZAR.**

concientizar 1 *tr.* Hacer que alguien tome conciencia de algo. 2 *prnl.* Adquirir conciencia de algo.

concierto 1 *m.* Buena disposición de las cosas. 2 MÚS Ejecución en público de obras musicales. 3 MÚS Composición musical, generalmente en tres movimientos: rápido-lento-rápido, para uno o más instrumentos solistas acompañados por una orquesta.

conciliábulo *m.* Reunión subrepticia para tratar un asunto.

conciliación *f.* Acción y efecto de **conciliar**[2].

conciliar[1] *adj.* Relativo a los concilios.

conciliar[2] 1 *tr.* Poner de acuerdo a los desavenidos. 2 Armonizar o hacer compatibles ideas o actitudes.

concilio 1 *m.* Reunión más o menos solemne para tratar algún asunto. 2 REL Asamblea convocada para tratar de asuntos de fe o de organización de la Iglesia católica. || **~ ecuménico** El presidido por el papa y en el que debe estar presente la mayoría de los obispos.

concisión *f.* Brevedad y precisión en la expresión.

concitar *tr.* Provocar o causar algo, como un sentimiento o una reacción.

conciudadano, na *m.* y *f.* Cada uno de los ciudadanos de una misma ciudad o nación, respecto de los demás.

cónclave 1 *m.* Reunión de los cardenales para elegir papa. 2 Reunión de personas para tratar algún asunto.

concluir 1 *tr.* e *intr.* Finalizar algo. 2 *tr.* Deducir razonando desde ciertas premisas. 3 Llegar a un acuerdo sobre lo tratado.

conclusión *f.* Acción y efecto de concluir o concluirse.

concoide *f.* GEOM Curva que en su prolongación se aproxima constantemente a una recta sin tocarla nunca.

concomitar *tr.* Obrar juntamente una cosa con otra.

concordancia 1 *f.* Correspondencia o conformidad de una cosa con otra. 2 GRAM Correspondencia de accidentes gramaticales (género, número y persona) que debe existir en una oración entre dos o más palabras variables. 3 MÚS Armonía entre las voces que suenan juntas.

concordar 1 *tr.* Poner de acuerdo lo que no lo está. 2 *intr.* Ajustar una cosa con otra. 3 GRAM Formar concordancia.

concordato *m.* Convenio jurídico que regula las relaciones entre la Santa Sede y un gobierno.

concordia *f.* Conformidad o acuerdo entre personas que discrepaban.

concreción 1 *f.* Acción y efecto de concretar. 2 Masa formada por la acumulación de partículas unidas.

concretar 1 *tr.* Hacer concreto algo. 2 Reducir a uno o pocos elementos. 3 *prnl.* Ceñirse a lo esencial en un escrito o discurso.

concreto, ta 1 *adj.* Dicho de lo que existe en una forma singular y real, en contraposición a lo abstracto y general. 2 Considerado en sí mismo y no en sus aspectos accesorios. 3 Preciso, determinado. 4 GRAM **sustantivo ~.** 5 *m.* **HORMIGÓN.**

concubino, na *m.* y *f.* Persona que vive en concubinato.

concubinato *m.* Relación marital de un hombre con una mujer sin estar casados.

conculcar *tr.* Quebrantar una ley, una obligación o un principio.

concuñado, da 1 *m.* y *f.* Cónyuge del cuñado de una persona. 2 Hermano del cuñado de una persona.

concupiscencia *f.* Apetito de placeres sensibles, especialmente los sexuales.

concurrencia 1 *f.* Acción y efecto de concurrir. 2 Conjunto de personas que asisten a un acto o reunión.

concurrir *intr.* Coincidir en el mismo lugar o tiempo personas o sucesos diferentes.

concursar *tr.* Participar en un concurso.

concurso 1 *m.* Ayuda que se presta a un proyecto o empresa. 2 Certamen para la consecución de un premio o la asignación de un servicio. 3 Convocatoria para proveer un cargo, cubrir una plaza, etc.

condado *m.* Cierta circunscripción administrativa en los países anglosajones.

conde, desa 1 *m.* y *f.* Persona con título superior al de vizconde e inferior al de marqués. 2 Consorte del conde o de la condesa.

condecoración 1 *f.* Acción de condecorar. 2 Insignia que se da en reconocimiento de algún mérito.

condecorar *tr.* Dar un honor o imponer una condecoración a alguien.

condenar 1 *tr.* DER Pronunciar el juez una sentencia imponiendo algún tipo de pena. 2 Reprobar como mala a una persona o a una acción. 3 Forzar a alguien a realizar algo penoso. 4 Incomunicar una habitación de manera definitiva. 5 *tr.* y *prnl.* Llevar inevitablemente algo a una situación indeseable.

condensación 1 *f.* Acción y efecto de condensar o condensarse. 2 FÍS Proceso en el que la materia pasa a una forma más densa, como ocurre en la licuefacción del vapor.

condensador, ra 1 *adj.* Que condensa. 2 *m.* Aparato para reducir el volumen de los gases. || ~ **eléctrico** ELECTR Sistema de dos conductores que sirve para almacenar cargas eléctricas.

condensar 1 *tr.* y *prnl.* Convertir un vapor en líquido o en sólido. 2 Reducir el volumen de alguna cosa y, si es líquida, darle mayor consistencia. 3 *tr.* Resumir o compendiar algo.

condescender *intr.* Acomodarse a los deseos o gustos de otro.

condestable *m.* HIST Antiguo primer dignatario de la milicia.

condición 1 *f.* Naturaleza o índole de los seres y las cosas. 2 Manera de ser o de estar en el mundo, en la sociedad, etc. 3 Requisito para que algo pueda realizarse: *Para curar enfermos es condición ser médico.* 4 *f. pl.* Aptitud o disposición. 5 Circunstancias que afectan a un proceso o al estado de alguien o de algo: *En estas condiciones mejor no salgo.* || **condiciones normales** FÍS y QUÍM Circunstancias bajo las que se define la situación estándar de un cuerpo o de un compuesto, que son: cero grados centígrados de temperatura y una atmósfera de presión.

condicionado, da *adj.* ACONDICIONADO.

condicional 1 *adj.* Que incluye y lleva en sí una condición o un requisito. 2 DER **libertad** ~. 3 GRAM **conjunción** ~. 4 *m.* GRAM Tiempo verbal que expresa una acción futura relacionada con el pasado: *Dijo que vendría.* || ~ **compuesto** GRAM El que se forma con el verbo auxiliar *haber*: *Habría amado.* ~ **simple** GRAM El que se forma sin verbo auxiliar.

condicionamiento 1 *m.* Acción y efecto de condicionar. 2 PSIC Forma de aprendizaje basada en la asociación de respuestas emocionales a situaciones nuevas. 3 *m. pl.* Limitación, restricción.

condicionar *tr.* Hacer depender una cosa de alguna condición.

cóndilo *m.* ANAT Prominencia redondeada en la extremidad de un hueso, que se articula en el cotilo de otro hueso.

condimentar *tr.* Sazonar la comida.

condimento *m.* Lo que sirve para sazonar los alimentos.

condiscípulo, la *m.* y *f.* Persona que ha estudiado con otra u otras.

condolencia *f.* Participación en el dolor ajeno.

condolerse *prnl.* Compadecerse de lo que otro padece.

condominio *m.* DER Dominio de una cosa que pertenece en común a dos o más personas.

condón *m.* Preservativo masculino.

condonar *tr.* Perdonar una deuda.

cóndor *m.* Nombre dado a dos grandes buitres carroñeros americanos, el de los Andes y el de California. El primero tiene la cabeza desnuda con una cresta prominente (los machos) y en el cuello una gola de plumas blancas. Alcanza 3,5 m de envergadura. El de California es de menor envergadura y sin cresta.

condotiero *m.* HIST Jefe de soldados mercenarios italianos y, por extensión, de otros países.

conducción 1 *f.* Acción y efecto de conducir, llevar o guiar algo. 2 Conjunto de tubos, cables, etc., dispuestos para el paso de algún fluido. 3 FÍS Forma de transmisión del calor sin que se produzca desplazamiento de materia. || ~ **de calor** FÍS Propagación del calor entre dos cuerpos o partes de un mismo cuerpo producto del choque entre sus partículas. ~ **eléctrica** ELECTR Paso de corriente por un elemento conductor como consecuencia del desplazamiento de los electrones.

conducir 1 *tr.* Llevar, transportar de una parte a otra. 2 Llevar a una persona o a un grupo a un lugar determinado. 3 Dirigir una actividad. 4 *tr.* e *intr.* Guiar o dirigir a alguien o algo a un objetivo o a una situación. 5 Guiar un automóvil. 6 *prnl.* Portarse de una determinada manera.

conducta 1 *f.* Modo de comportarse una persona o un animal.

conductividad 1 *f.* Cualidad de conductivo. 2 FÍS Propiedad natural de los cuerpos, que consiste en transmitir el calor o la electricidad.

conducto 1 *m.* Canal o tubo que permite el paso de líquidos o de gases. 2 Trámites que sigue una orden, una instancia, etc. 3 BIOL Cada uno de los tubos o canales del cuerpo que sirven para sus funciones orgánicas. || ~ **auditivo externo** ANAT Canal óseo que va desde el pabellón de la oreja hasta la membrana del tímpano. ~ **auditivo interno** ANAT Canal por el que circula el nervio auditivo. ~ **cístico** ANAT El que da salida a los productos de la vesícula biliar. ~ **deferente** ANAT El que transporta los espermatozoides desde el epidídimo hasta el conducto eyaculador.

conductor, ra 1 *adj.* y *s.* Que conduce. 2 FÍS Dicho de los cuerpos según conduzcan bien o mal el calor y la electricidad. 3 *m.* y *f.* Persona que guía un vehículo. || ~ **eléctrico** ELECTR Cualquier material que ofrezca poca resistencia al flujo de electricidad, como los metales.

conectar 1 *tr., intr.* y *prnl.* Unir o poner en comunicación dos cosas o dos personas, o una con otra. 2 Establecer comunicación entre dos lugares. 3 Enlazar entre sí aparatos o sistemas, de forma que entre ellos pueda fluir algo material o inmaterial, como agua, energía, señales, etc. 4 *intr.* Lograr una buena comunicación con alguien.

conectividad *f.* En algunas actividades o ámbitos, capacidad para conectarse o hacer conexiones.

conectivo, va *adj.* y *s.* Que une partes de un mismo aparato o sistema.

conector, ra 1 *adj.* y *m.* Que conecta. 2 *m.* LING Palabra o grupo de palabras que establecen un enlace lógico entre los enunciados de una oración o entre dos o más oraciones. Suelen ser del tipo *porque, en efecto, naturalmente, el objetivo es, anteriormente,* etc.

conejillo de Indias 1 *m.* COBAYA. 2 Cualquier otro animal o persona sometido a observación o experimentación.

conejo, ja *m.* y *f.* Mamífero lagomorfo de unos 40 cm de largo, con orejas y patas posteriores largas y cola corta. Se domestica fácilmente.

conexión 1 *f.* Acción y efecto de conectar. 2 Enlace entre personas, ideas o cosas. 3 Punto donde se realiza el enlace entre aparatos o sistemas. 4 *f. pl.* Amistades, relaciones sociales.

conexo, xa *adj.* Que está enlazado o relacionado con algo.

confabularse *prnl.* Ponerse de acuerdo en algún asunto que va en perjuicio de terceros.

confeccionar *tr.* Fabricar vestidos, licores, medicamentos, etc.

confederación 1 *f.* Acción y efecto de confederar o confederarse. 2 Alianza de grupos o Estados que, conservando su autonomía, actúan de común acuerdo, especialmente en política internacional.

confederar *tr.* y *prnl.* Hacer alianza, unión o pacto entre varios.

conferencia 1 *f.* Reunión entre varios para tratar algún asunto. 2 Disertación pública sobre algún tema. 3 Reunión de jefes de Estado o de ministros para deliberar sobre asuntos internacionales. 4 Comunicación telefónica.

conferir 1 *tr.* Otorgar a alguien una dignidad, un empleo o un cargo. 2 Infundir ciertas cualidades.

confesar 1 *tr.* y *prnl.* Manifestar ideas, sentimientos o hechos ocultos. 2 REL Declarar el penitente sus pecados al confesor en el sacramento católico de la penitencia. 3 *tr.* REL Escuchar el confesor al penitente. 4 Reconocer una verdad.

confesión 1 *f.* Acción y efecto de confesar. 2 Credo religioso y conjunto de personas que lo profesan.

confesional *adj.* y *s.* Perteneciente a una confesión religiosa.

confesionalismo *m.* POLÍT Vinculación de un Estado, partido político o grupo social a una doctrina religiosa.

confesionario *m.* Especie de garita en las iglesias católicas, en que el sacerdote escucha las confesiones.

confeso, sa *adj.* Persona que ha confesado su delito o culpa.

confesor, ra *m.* y *f.* Cristiano que profesa públicamente la fe de Jesucristo, y por ello está dispuesto a dar la vida.

confeti *m.* Conjunto de pedacitos de papel de colores para arrojar en las fiestas.

confianza 1 *f.* Esperanza firme que se tiene de alguien o de algo. 2 Seguridad que alguien tiene en sí mismo. 3 Familiaridad en el trato.

confiar 1 *intr.* y *prnl.* Esperar que algo ocurra como se desea. 2 *tr.* Encargar a alguien el cuidado de algo. 3 *tr.* y *prnl.* Comunicarle a alguien algún secreto o intimidad.

confidencia 1 *f.* Comunicación reservada que se hace a alguien. 2 El hecho así transmitido.

confidencial *adj.* Que se hace o dice en confianza.

confidente *m.* y *f.* Persona a quien otro fía sus secretos.

configuración 1 *f.* Forma especial que resulta de la disposición de las partes de un todo. 2 Modo de presentarse las cosas. 3 INF Conjunto de componentes internos y externos de un sistema informático. || ~ **electrónica** FÍS y QUÍM Organización de los electrones en un átomo, que determina las propiedades químicas del mismo.

configurar *tr.* y *prnl.* Dar o presentar una determinada forma en sentido objetivo o figurado.

confín *m.* El punto más alejado de un lugar.

confinar 1 *tr.* Desterrar a alguien imponiéndole una residencia obligatoria. 2 *intr.* Lindar un territorio con otro territorio. 3 *prnl.* Aislarse, recluirse.

confirmación 1 *f.* Acción y efecto de confirmar. 2 Nueva prueba de la certeza de algo. 3 REL Sacramento cristiano que confirma la fe.

confirmar 1 *tr.* Corroborar la verdad de algo. 2 Dar validez a lo ya aprobado. 3 REL Administrar el sacramento de la confirmación.

confiscar *tr.* Embargar o incautar las autoridades del Estado los bienes de alguien.

confitar *tr.* Cubrir con baño de azúcar las frutas o semillas.

conflagración 1 *f.* INCENDIO. 2 Conflicto violento entre pueblos o naciones.

conflicto 1 *m.* Oposición o desacuerdo entre personas o cosas. 2 Situación de difícil salida. || ~ **armado** Enfrentamiento continuo entre dos o más partes, bajo la dirección de un mando, que recurren a las armas para solucionar un problema y establecer el control sobre un territorio. ~ **étnico** POL Enfrentamiento violento, armado o bélico entre dos o más grupos étnicos.

confluencia 1 *f.* Acción de confluir. 2 Paraje donde confluyen los caminos, los ríos y otras corrientes de agua.

confluir *intr.* Juntarse dos o más ríos, caminos, grupos de gente, etc.

conformación *f.* Distribución de las partes de un todo.

conformar 1 *tr.* Dar forma a algo. 2 *tr., intr.* y *prnl.* Acomodar una cosa a otra. 3 *tr.* y *prnl.* Contentarse con algo, no exigir más.

conformidad 1 *f.* Relación de semejanza entre varios. 2 Correspondencia entre las partes de un todo. 3 Adhesión al criterio de otra persona. 4 Resignación en las adversidades.

conformismo *m.* Práctica de adaptarse fácilmente a las circunstancias.

confort *m.* Comodidad, bienestar.

confortable *adj.* Que produce comodidad.

confortar *tr.* y *prnl.* Animar, especialmente en las adversidades.

confraternidad *f.* Hermandad de parentesco o de amistad.

confraternizar 1 *intr.* Tratarse con amistad y camaradería. 2 Establecer amistad personas antes separadas por alguna diferencia.

confrontación *f.* Acción y efecto de confrontar.

confrontar 1 *tr.* Carear una persona con otra. 2 Cotejar una cosa con otra. 3 *intr.* y *prnl.* Afrontar, hacer frente a una situación comprometida.

confucianismo *m.* FIL Sistema filosófico y moral basado en las enseñanzas del filósofo chino Confucio (h. 551-479 a.C.). Da gran importancia a los valores éticos tradicionales.

confundir 1 *tr.* y *prnl.* Mezclar varias cosas de modo que no se distingan entre sí. 2 Borrar los límites o perfiles. 3 Equivocar, errar. 4 Desconcertar a alguien.

confusión 1 *f.* Acción y efecto de confundir. 2 Perplejidad, zozobra.

confuso, sa 1 *adj.* Mezclado, revuelto. 2 Difícil de distinguir. 3 Turbado, perplejo.

congelación 1 *f.* Acción y efecto de congelar o congelarse. 2 Parálisis de una actividad. || **punto de** ~ FÍS Temperatura a la cual se congela un líquido.

congelador *m.* Parte de los frigoríficos reservada a la congelación de los alimentos.

congelar 1 *tr.* y *prnl.* Pasar un cuerpo del estado líquido al sólido por la acción del frío. 2 *tr.* Someter los alimentos a temperaturas muy frías, para su conservación. 3 ECON Declarar un gobierno inmodificables los salarios o precios.

congénere *adj.* y *s.* Del mismo origen o género.

congeniar *intr.* Comprenderse dos o más personas por tener inclinaciones coincidentes.

congénito, ta 1 *adj.* Que se engendra juntamente con otra cosa. 2 Innato, connatural. 3 MED Dicho de la enfermedad que tiene la persona desde su nacimiento.

congestión *f.* Aglomeración excesiva de personas o cosas, que impide la circulación o el movimiento de algo.

congestionar *tr.* y *prnl.* Producir alguna congestión.

conglomerado 1 *m.* Acumulación de cosas materiales o inmateriales. 2 ECON Corporación formada por varias empresas interrelacionadas por vínculos de propiedad.

conglomerar 1 *tr.* y *prnl.* AGLOMERAR. 2 Compactar fragmentos de una o de varias sustancias.

congoja *f.* Aflicción de ánimo.

congraciar *tr.* y *prnl.* Atraer la simpatía de alguien.

congratular *tr.* Felicitar a alguien.

congregación 1 *f.* Acción de congregar o congregarse. 2 Comunidad de religiosos o seglares. 3 Conjunto de monasterios de una misma orden.

congregar *tr.* y *prnl.* Juntar o reunir personas.

congresista *m.* y *f.* Miembro de un congreso.

congreso 1 *m.* Reunión de personas para deliberar o discutir algún asunto o negocio. 2 POLÍT Conjunto de las dos cámaras legislativas.

congruencia *f.* Coherencia, relación lógica.

congruente *adj.* Coherente o conforme con otra cosa.

cónico, ca 1 *adj.* Relativo al cono o en forma de tal. 2 *adj.* y *f.* GEOM **superficie** ~; **sección** ~.

conífero, a *adj.* y *f.* BOT Dicho de las gimnospermas de hojas persistentes, aciculares o en forma de escamas y fruto en cono; como el pino y la araucaria. Conforman una clase.

conjetura *f.* Juicio basado en indicios y suposiciones.

conjeturar *tr.* Formar juicios de algo por suposiciones o indicios.

conjugación 1 *f.* Acción y efecto de conjugar. 2 BIOL Fusión en uno de los núcleos de las células reproductoras de los seres vivos. 3 GRAM Conjunto de las distintas formas de un mismo verbo que denotan sus diferentes modos, tiempos, números y personas. 4 GRAM Cada uno de los tres grupos en que se dividen los verbos según la terminación del infinitivo: primera conjugación, los terminados en *-ar;* segunda, los terminados en *-er;* tercera, los terminados en *-ir.* • En los verbos regulares el radical es el mismo en todos los tiempos y las personas mientras que las terminaciones varían: *Cant-aba, cant-aremos, cant-ó.* Cuando se alteran el radical o la terminación, el verbo es llamado irregular, por ejemplo, en el verbo *poner,* el radical *pon-* se convierte en *pus-* en *puse, pusiste, puso, pusimos, etc.*

conjugado, da *adj.* MAT y GEOM Dicho de las líneas o cantidades que están enlazadas por alguna ley o relación determinada.

conjugador *m.* INF Programa informático que genera el modelo de conjugación de un verbo desde su infinitivo.

conjugar 1 *tr.* Combinar cosas entre sí. 2 GRAM Enunciar la conjugación de un verbo en sus distintas formas.

conjunción 1 *f.* Unión de dos o más cosas. 2 ASTR Alineación de dos o más astros respecto al punto de observación. 3 GRAM Palabra invariable o locución que encabeza algunas oraciones subordinadas o que une dos o más proposiciones, o partes de una proposición, sintácticamente equivalentes: *Quisiera correr pero no puedo; Carmen y Martín viajan mucho; vencer o morir.* || ~ **adversativa** GRAM La que indica oposición o diferencia, como *aunque, mas, pero, sino.* ~ **causal** GRAM La que indica causa, como *porque, pues, puesto que.* ~ **comparativa** GRAM La que indica comparación, como *así, como, que.* ~ **completiva** GRAM La que une una oración subordinada a la principal, son *que, como* y *si.* ~ **concesiva** GRAM La que encabeza una oración subordinada que expresa una objeción para lo que se dice en la principal, como *aunque.* ~ **condicional** GRAM La que indica condición, como *si, como, con tal que, ya que.* ~ **consecutiva** GRAM La que une enunciados entre los que existe una relación de causa-consecuencia o de causa-deducción, como *conque* y *luego.* ~ **continuativa** GRAM La que denota idea de continuación, como *ahora bien, así que.* ~ **copulativa** GRAM La que une una oración con otra, o elementos análogos, estableciendo relaciones de adición, son *y, e* y *ni.* ~ **distributiva** GRAM La que se reitera aplicada a términos diversos que se dan como opciones, como *ya* y *bien*: *Bien en la mañana, bien en la tarde.* ~ **disyuntiva** GRAM La que indica separación o alternativa, como *o* y *ahora.* ~ **final** GRAM La que denota el objetivo de lo expresado, como *a fin de que, para que, porque.* ~ **ilativa** GRAM La que enuncia una consecuencia, como *luego, pues, así que.* ~ **temporal** GRAM La que denota idea de tiempo, como *cuando.*

conjuntivitis *f.* MED Inflamación de la conjuntiva.

conjuntivo, va 1 *adj.* Que une una cosa con otra. 2 ANAT y FISIOL **tejido** ~. 3 GRAM Relativo a la conjunción. 4 *f.* ANAT Membrana mucosa muy fina que tapiza interiormente los párpados.

conjunto, ta 1 *adj.* Ligado a algo, simultáneo. 2 *m.* Agregado de varias personas o cosas, que constituyen una unidad. 3 MAT Agrupación de elementos poseedores de una característica común que los diferencia de otros similares: *El conjunto de los perros de caza; el conjunto de los números primos.* Cada objeto del conjunto se representa por una letra minúscula y el conjunto se representa por una letra mayúscula; por ejemplo: $A = \{a, b, c\}$. || ~ **abierto** MAT El que no incluye o contiene su frontera. ~ **cerrado** MAT El que contiene todos sus puntos de acumulación. ~ **vacío** MAT El que no tiene ningún elemento.

□ MAT La teoría de conjuntos permite construir proposiciones claras y precisas y explicar conceptos abstractos. Sus conceptos fundamentales son el **conjunto**, el **elemento** y la **clase**, de los que se derivan la **pertenencia**, el **subconjunto**, la **unión**, la **intersección**, el **complementario** y la colección de las partes de un conjunto.

conjura *f.* Acuerdo hecho contra el Estado o una autoridad de este.

conjurar 1 *intr.* y *prnl.* Urdir una conjura. 2 *intr.* Ahuyentar un mal.

conjuro 1 *m.* Acción y efecto de conjurar. 2 Fórmula mágica para conseguir lo que se desea.

conllevar *tr.* Contener, incluir algo: *El estudio conlleva esfuerzo.*

conmemorar *tr.* Recordar solemnemente a alguien o algo, en especial con un acto o un monumento.

conmigo *pron. person. m.* y *f.* Con la persona que habla o escribe: *Puedes ir conmigo.*

conminar *tr.* Obligar, bajo amenaza de sanción, a alguien a hacer algo.

conmiseración *f.* Compasión que se tiene del mal de otro.

conmoción 1 *f.* Perturbación violenta del ánimo. 2 Levantamiento, alteración de un Estado, provincia o pueblo. || ~ **cerebral** MED Pérdida del conocimiento producida por un traumatismo violento. ~ **interior** POLÍT Estado de excepción que un gobierno decreta cuando hay perturbación del orden público.

conmocionar *tr.* y *prnl.* Producir conmoción.

conmover *tr.* y *prnl.* Perturbar, inquietar, alterar a alguien o algo.

conmutación *f.* Acción y efecto de conmutar.

conmutador, ra 1 *adj.* Que conmuta. 2 *m.* TELEC Aparato que conecta una o varias líneas telefónicas con diversos teléfonos de una misma entidad.

conmutar 1 *tr.* Cambiar una cosa por otra. 2 Dicho de penas o castigos, sustituirlos por otros más leves.

conmutativo, va 1 *adj.* Que conmuta o puede conmutar. 2 MAT Dicho de la propiedad de ciertas operaciones cuyo resultado no varía cambiando el orden de sus términos. 3 MAT Dicho de las operaciones que la tienen.

connatural *adj.* Propio de la naturaleza del ser viviente.

connivencia 1 *f.* Acuerdo para un negocio ilícito. 2 Tolerancia de un superior ante las transgresiones de sus subordinados.

connotación 1 *f.* Acción y efecto de connotar. 2 LING Significado que por asociación adquiere una palabra al margen de su significación propia.

connotado, da *adj.* Distinguido, notable.

connotar 1 *tr.* Suponer, implicar. 2 Conllevar connotación una palabra o una expresión.

cono 1 *m.* GEOM Cuerpo formado por una superficie generada por una línea que tiene fijo uno de sus puntos, mientras que con los otros describe curvas cerradas. 2 ANAT Cada una de las células de la retina que reciben las impresiones del color. 3 BOT **PIÑA**, infrutescencia. 4 GEO Montaña o montón de lava, ceniza, etc., que adopta esa forma geométrica. || ~ **de fertilización** BIOL Lugar de contacto del espermatozoide con el óvulo. ~ **de luz** FÍS Haz de rayos luminosos limitado por una superficie cónica. ~ **de sombra** FÍS Espacio ocupado por la sombra que proyecta un cuerpo, generalmente esférico. ~ **truncado** GEOM Parte de cono comprendida entre la base y otro plano que corta todas sus generatrices.

conocedor, ra 1 *adj.* y *s.* Que conoce. 2 Experto en alguna materia.

conocer 1 *tr.* Captar la mente la realidad de las cosas y sus relaciones. 2 Entender, saber: *Conoce la manera de lograr sus objetivos.* 3 Percibir algo como distinto de todo lo que no es él: *Conoce todas las variaciones de Lizt.* 4 Experimentar, sentir: *Alejandro Magno no conoció la derrota.* 5 *tr.* y *prnl.* Tener trato y comunicación con alguien. 6 *prnl.* Juzgarse a sí mismo de una manera certera.

conocido, da *m. y f.* Persona con quien se tiene trato, pero no amistad.

conocimiento 1 *m.* Acción y efecto de conocer. 2 Noción, noticia elemental de algo. 3 Facultad de conocer: *El ser humano está dotado de conocimiento.* 4 Facultad de relacionarse con la realidad; equivale a conciencia: *Perdió el conocimiento.* 5 *m. pl.* Conjunto de saberes sobre un tema o sobre una ciencia.

conque *conj.* Conjunción ilativa con la cual se enuncia una consecuencia de lo que acaba de decirse.

conquista 1 *f.* Acción y efecto de conquistar. 2 Lo conquistado. 3 Hist Periodo comprendido entre el descubrimiento de América (1492) y mediados del s. XVI. En él tuvo lugar el sometimiento de los pobladores indígenas al poder de la Corona española.

conquistador, ra 1 *adj.* y *s.* Que conquista. 2 Dicho de los españoles y portugueses que llevaron a cabo el descubrimiento y la conquista de América.

conquistar 1 *tr.* Adueñarse de un territorio por las armas. 2 Conseguir algo con esfuerzo o habilidad. 3 Ganarse la voluntad de alguien. 4 Lograr el amor de una persona, enamorar.

consagración 1 *f.* Acción y efecto de consagrar o consagrarse. 2 Rel Parte de la misa en la que se produce la transformación eucarística.

consagrar 1 *tr.* Conferir carácter sagrado a alguien o a algo. 2 *tr.* e *intr.* Rel En la misa católica, pronunciar el sacerdote las palabras de la consagración sobre el pan y el vino. 3 *tr.* y *prnl.* Conferir a alguien reconocimiento en un determinado campo. 4 Entregarse con empeño a una actividad: *Consagrarse al estudio.*

consanguinidad *f.* Parentesco de varias personas que descienden de un mismo tronco.

consciencia *f.* CONCIENCIA.

consciente 1 *adj.* Dicho de la persona en su estado normal de percepción y conocimiento. 2 Dicho de la persona responsable de sus actos.

conscripto *m.* Soldado que recibe la instrucción militar obligatoria.

consecuencia *f.* Hecho o acontecimiento que se sigue o resulta de otro.

consecuente 1 *adj.* Que sigue en orden a otra cosa o que es resultado de ella. 2 Dicho de la persona coherente con sus principios. 3 *m.* Lóg Proposición que se desprende o deduce de otra que se llama antecedente. 4 Gram Sustantivo u elemento oracional que ha sido anticipado por un pronombre: *Aunque ella baila mal, María se cree una danzarina.* Se opone a antecedente. 5 Mat Segundo término de una razón algebraica.

consecutivo, va 1 *adj.* Que sigue inmediatamente a otra cosa o es consecuencia de ella. 2 Gram **conjunción ~**.

conseguir *tr.* Obtener lo que se pretende o desea.

consejería 1 *f.* Corporación consultiva. 2 Cargo de consejero.

consejero, ra 1 *m.* y *f.* Persona que aconseja. 2 Miembro de un consejo.

consejo 1 *m.* Parecer o dictamen que se da o se pide sobre la manera de actuar. 2 Organismo consultivo o administrativo del Estado o de una empresa privada. || **~ de Estado** Cuerpo consultivo del Estado que atiende los asuntos más importantes en materia política y administrativa. **~ de guerra** Der Tribunal de oficiales que, con asistencia jurídica, entiende en las causas de la jurisdicción militar. **~ de ministros** Reunión de los ministros para tratar los asuntos de Estado, presidida por el jefe del poder ejecutivo.

consenso *m.* Acuerdo entre varias personas.

consentido, da *adj.* y *s.* Dicho de la persona muy mimada.

consentimiento *m.* Acción y efecto de consentir.

consentir 1 *tr.* e *intr.* Permitir que se haga u omita algo. 2 *tr.* Creer, tener algo por cierto. 3 Mimar.

conserje *m.* y *f.* Persona encargada de la vigilancia y limpieza de un edificio.

conserva *f.* Alimento preparado y envasado para su consumo posterior.

conservación 1 *f.* Acción y efecto de conservar o conservarse. 2 Proceso que consiste en detener el deterioro de los objetos con valor histórico o artístico y en restaurarlos. 3 Ecol Mantenimiento y uso sostenible de los recursos naturales.

conservador, ra 1 *adj.* y *s.* Que conserva. 2 Dicho de la opinión, la persona o el partido que aboga por el mantenimiento de la tradición, aceptando las innovaciones y las reformas con cautela. 3 *m.* y *f.* Persona encargada del mantenimiento de un museo, archivo, etc.

conservante *m.* Sustancia para conservar los alimentos sin alterarlos.

conservar 1 *tr.* y *prnl.* Mantener algo en buen estado. 2 Tener guardado algo. 3 Continuar una práctica, costumbre, etc.

conservatorio, ria 1 *m.* Establecimiento donde se enseña música y danza. 2 *adj.* Que contiene y preserva alguna o algunas cosas.

considerable *adj.* Suficientemente grande, cuantioso o importante.

considerar 1 *tr.* Examinar con atención algo. 2 Tener en cuenta algo. 3 Tratar con respeto a alguien.

consigna 1 *f.* Orden dada a un centinela, guarda, etc. 2 Dicho de agrupaciones políticas, sindicales, etc., orden dada a los subordinados o afiliados.

consignación 1 *f.* Acción y efecto de consignar. 2 Cantidad consignada para atender determinados gastos.

consignar 1 *tr.* Confiar algo en depósito. 2 Hacer constar por escrito una declaración, opinión, etc.

consignatario, ria *m.* y *f.* Persona que recibe algo en consignación.

consigo *pron. person. m., f.* y *n.* Con alguien o algo mencionado en el discurso, distinto de quien lo enuncia y del destinatario: *Siempre llevaba consigo su libreta de apuntes.*

consiguiente *adj.* Que depende y se deduce de otra cosa.

consistencia 1 *f.* Estabilidad y solidez de algo. 2 Coherencia de una teoría, propuesta, etc.

consistente 1 *adj.* Que consiste en aquello que se expresa. 2 Que tiene consistencia.

consistir 1 *intr.* Estar fundado algo en otra cosa: *Su trabajo consiste en corregir pruebas.* 2 Ser lo mismo, equivaler. 3 Constar, componerse de algo.

consistorio *m.* Junta que celebra el papa con asistencia de los cardenales.

consola 1 *f.* Mesa de adorno adosada a la pared. 2 Tablero de mandos eléctricos o electrónicos.

consolación 1 *f.* Acción y efecto de consolar o consolarse. 2 Premio que se disputa entre los semifinalistas de una competición.

consolador, ra *adj.* y *s.* Que consuela.

consolar *tr.* y *prnl.* Mitigar la pena ajena o propia mediante pruebas de afecto, razonamientos, etc.

consolidar *tr.* Dar firmeza a algo, afianzarlo.

consomé *m.* Caldo de carne.

consonancia 1 *f.* Identidad de sonido en la terminación de dos palabras, desde la vocal que lleva el acento: *Anoche, cuando dormía, / soñé, ¡bendita ilusión!, / que una colmena tenía / dentro de mi corazón.* 2 Relación de igualdad o conformidad que tienen algunas cosas entre sí.

consonante 1 *adj.* y *s.* Que forma consonancia. 2 *adj.* y *m.* Dicho de una palabra con respecto a otra de la misma consonancia. 3 FON Dicho del sonido en cuya pronunciación se interrumpe en algún punto del canal vocal (dientes, labios, etc.) el paso del aire espirado. 4 *f.* GRAM Letra que representa un sonido y una articulación consonánticos, como *p, t, f* y *s.*

consonántico, ca *adj.* Relativo a las consonantes o a la consonancia.

consonar *intr.* Formar o estar en consonancia.

consorcio *m.* ECON Agrupación de empresas que sin renunciar a su autonomía persiguen un fin común.

consorte *m.* y *f.* Persona que está casada con otra.

conspicuo, cua *adj.* Sobresaliente, ilustre, visible.

conspirar *intr.* Unirse personas en secreto contra alguien o algo.

constancia[1] *f.* Firmeza en los propósitos y las resoluciones.

constancia[2] 1 *f.* Acción y efecto de hacer constar algo. 2 Certeza de algún hecho o dicho.

constante 1 *adj.* Que consta. 2 Que tiene constancia. 3 Dicho de ciertas actitudes cuando son duraderas: *Su buen genio es constante.* 4 Dicho de algo cuando permanece invariable: *La temperatura permanece constante.* 5 *adj.* y *f.* Continuamente reiterado: *La burla es una constante en sus escritos.* 6 *f.* MAT Variable con un valor fijo en un determinado proceso o cálculo.

constar 1 *intr.* Ser una cosa cierta y manifiesta. 2 Estar registrada en algún documento. 3 Componerse un todo de determinadas partes.

constatar *tr.* Comprobar un hecho.

constelación *f.* ASTR Cada uno de los conjuntos de estrellas que, mediante trazos imaginarios, forman un dibujo que evoca una figura.

constelado, da *adj.* Estrellado, lleno de estrellas.

consternar *tr.* y *prnl.* Causar o sentir una gran pena.

constiparse *prnl.* Acatarrarse, resfriarse.

constitución 1 *f.* Acción y efecto de constituir. 2 Estructura y disposición de algo. 3 Complexión de un individuo. 4 DER Ley fundamental de un Estado que establece los derechos y las obligaciones de los ciudadanos y de sus gobernantes. • En esta última acepción se escribe con may. inic.

constitucional 1 *adj.* Perteneciente a la constitución o a la Constitución de un Estado. 2 Relativo a la constitución de un individuo. 3 DER **Corte ~.**

constitucionalismo *m.* POLÍT Doctrina que preconiza la supremacía jurídica de la Constitución.

constituir 1 *tr.* Formar las partes un todo. 2 Poner a alguien en determinada condición o circunstancia. 3 *prnl.* Seguido de *en* o *por,* atribuirse la cualidad o cargo que se expresa: *Se constituyó en defensor del pueblo.*

constitutivo, va *adj.* y *m.* Dicho de lo que forma parte esencial o fundamental de algo.

constituyente 1 *adj.* y *s.* Que constituye o establece. 2 POLÍT Dicho de las asambleas convocadas para elaborar o reformar la Constitución del Estado. 3 *m.* y *f.* Miembro de una asamblea constituyente.

constreñir 1 *tr.* Obligar a hacer algo. 2 Limitar, reducir, oprimir.

constrictor, ra *adj.* Que constriñe.

construcción 1 *f.* Acción y efecto de construir. 2 Conjunto de técnicas necesarias para construir obras civiles y edificios. 3 Obra construida. 4 GRAM Ordenamiento gramatical de las palabras, que ya están relacionadas por la concordancia y el régimen. 5 **figura de ~.**

constructivismo 1 *m.* ART Movimiento artístico surgido en Rusia que se caracterizó por la expresión del volumen y la utilización de materiales de la época industrial. 2 Método de enseñanza basado especialmente en la experiencia.

constructivo, va *adj.* Que construye.

constructo *m.* PSIC Categoría mental en la que un individuo organiza información y experiencias que tienen un sentido opuesto.

construir 1 *tr.* Edificar, hacer una obra de arquitectura o ingeniería, un monumento. 2 Hacer algo importante: *Construir una universidad.* 3 GRAM Ordenar las palabras de acuerdo con las normas de la construcción gramatical.

consuegro, gra *m.* y *f.* Padre o madre de una de dos personas unidas en matrimonio, respecto del padre o madre de la otra.

consuelo *m.* Descanso y alivio de una pena.

consueta *m.* TEAT Apuntador del teatro.

consuetudinario, ria *adj.* Que es de costumbre, habitual.

cónsul, lesa 1 *m.* HIST Cargo anual de cada uno de los dos magistrados que tenían la autoridad suprema en la Roma republicana. 2 *m.* y *f.* Persona autorizada en una población de un Estado extranjero para proteger las personas y los intereses de los individuos de la nación que la nombra.

consulado 1 *m.* Cargo de cónsul. 2 Oficina en que despacha.

consulta 1 *f.* Acción y efecto de consultar. 2 MED Acción de atender el médico a sus pacientes.

consultar 1 *tr.* Tratar algún asunto con una o varias personas. 2 Pedir consejo. 3 Averiguar algún dato mirando un fichero, diccionario, etc.

consultorio 1 *m.* Lugar donde se informa sobre asuntos específicos: *Consultorio jurídico.* 2 Local en que el médico atiende a sus pacientes.

consumar 1 *tr.* Realizar por completo algo. 2 Dicho especialmente del acto de realizar la unión sexual por vez primera en el matrimonio.

consumidor, ra 1 *adj.* Que consume. 2 *m.* y *f.* ECON Persona que adquiere productos de consumo o utiliza ciertos servicios. 3 *m.* ECON **índice** de precios al ~.

consumir 1 *tr.* y *prnl.* Extinguir, destruir algo por completo. 2 Afligir cualquier pasión o irritación a las personas 3 *tr.* Gastar personas o cosas lo necesario para su mantenimiento. 4 Tomar algo en un bar. 5 Hacer uso de lo que ofrece el mercado.

consumismo *m.* Tendencia a adquirir bienes de consumo repetida e indiscriminadamente, y en general no absolutamente necesarios.

consumo 1 *m.* Acción y efecto de consumir. 2 ECON **bienes** de ~. 3 **sociedad** de ~.

contabilidad *f.* Técnica para medir y registrar la información económica de una organización o empresa.

contabilizar 1 *tr.* Apuntar la contabilidad. 2 Llevar la cuenta de algo.

contactar *intr.* y *tr.* Establecer contacto o comunicación.

contacto 1 *m.* Acción y efecto de tocarse las personas o cosas. 2 Punto en que se tocan. 3 Relación o trato entre personas o entidades. 4 Persona que las pone en relación.

contado, da 1 *adj.* Raro, escaso.

contador, ra 1 *m.* y *f.* Persona que lleva la cuenta y razón de la entrada y salida de dineros. 2 *m.* Aparato que sirve para llevar la cuenta del número de movimientos de una pieza o una máquina. 3 Aparato que mide el consumo de electricidad, agua o gas de una instalación.

contagiar 1 *tr.* Transmitir una enfermedad a alguien. 2 *prnl.* Adquirir por contagio una enfermedad.

contagio *m.* MED Acción de contagiar una enfermedad.

contaminación 1 *f.* Acción y efecto de contaminar. 2 ECOL Acumulación de desechos en el aire, el suelo o el agua, que alteran el equilibrio de la biosfera. || ~ **acústica** ECOL La que produce el ruido cuando se considera que puede dañar la salud. ~ **atmosférica** ECOL Impregnación de la atmósfera de residuos que pueden dañar la biomasa, reducir la visibilidad, producir malos olores, etc. ~ **del agua** ECOL Incorporación al agua de materias ajenas a ella, como microorganismos, productos químicos o aguas residuales. ~ **radiactiva** ECOL Acumulación en los seres vivos y en el medio de sustancias radiactivas.

contaminante *adj.* y *s.* Que contamina.

contaminar 1 *tr.* y *prnl.* Dañar alguna sustancia o sus efectos la pureza o el estado de algo. 2 Contagiar, transmitir una enfermedad.

contar 1 *tr.* Numerar o computar cosas como unidades homogéneas. 2 Incluir en una cuenta. 3 Referir un suceso, narrar. 4 Considerar, tener presente. 5 *tr.* y *prnl.* Poner a alguien en la clase o en la opinión que le corresponde: *Siempre lo hemos contado entre los mejores.* 6 *intr.* Calcular, hacer cuentas. 7 Con la

preposición *con*, tener en cuenta, disponer de una persona: *Cuenta con ella.* 8 Ser algo importante o no: *Es una pequeña equivocación, no cuenta.*

contemplación 1 *f.* Acción de contemplar. 2 Consideración, atención que se guarda a alguien.

contemplar 1 *tr.* Mirar algo con atención. 2 Considerar un asunto con reflexión. 3 Ser muy condescendiente con alguien. 4 REL Ocuparse el alma tranquilamente en Dios y sus atributos.

contemplativo, va 1 *adj.* Relativo a la contemplación. 2 Que contempla.

contemporáneo, a 1 *adj.* y *s.* COETÁNEO. 2 *adj.* Relativo al tiempo o a la época actual. 3 ART **arte** ~. 4 HIST **edad** ~.

contemporizar *intr.* Acomodarse al gusto ajeno.

contención *f.* Acción y efecto de contener o contenerse.

contencioso, sa 1 *adj.* Dicho de una persona que por costumbre disputa o contradice todo lo que otras afirman. 2 *adj.* y *m.* DER Dicho de los asuntos, procesos o recursos sometidos al fallo de los tribunales en forma de litigio.

contender 1 *intr.* Pelear, luchar. 2 Contraponer opiniones. 3 Rivalizar, competir.

contendiente *adj.* y *s.* CONTENDOR.

contendor, ra *adj.* y *s.* Que batalla o pelea ante alguien para conseguir un objetivo.

contenedor *m.* Recipiente recuperable para transportar mercancías o para depositar desechos.

contener 1 *tr.* y *prnl.* Encerrar dentro de sí una cosa a otra. 2 Frenar el movimiento, caída o salida de un cuerpo o de una sustancia. 3 Dominar un impulso, refrenarlo.

contenido 1 *m.* Lo que se contiene dentro de algo. 2 Tabla de materias, a modo de índice.

contentar 1 *tr.* Satisfacer el gusto o las aspiraciones de alguien o darle alegría. 2 *prnl.* Reconciliarse. 3 Darse por contento, quedar contento.

contento, ta 1 *adj.* Alegre, satisfecho. 2 *m.* Alegría, satisfacción.

conteo *m.* Acción y efecto de contar.

contestador *m.* Dispositivo telefónico que graba las llamadas recibidas y las emite.

contestar 1 *tr.* e *intr.* Responder a lo que se pregunta, se habla o se escribe. 2 Adoptar una actitud de oposición contra lo establecido.

contestatario, ria *adj.* y *s.* Que se opone o protesta contra algo establecido.

A B C D E F G H I J K L M N Ñ O P Q R S T U V W X Y Z

contexto 1 *m.* Entorno físico o de situación en el cual se considera un hecho. 2 LING Entorno lingüístico del cual depende, a veces, el sentido de una palabra, una frase o un fragmento.

contextualizar *tr.* Situar en determinado contexto.

contextura *f.* Configuración corporal de las personas.

contienda 1 *f.* Pelea, batalla. 2 Disputa, discusión, debate.

contigo *pron. person. m.* y *f.* Con la persona a la que se dirige quien habla o escribe: *¿Puedo contar contigo?*

contiguo, gua *adj.* Inmediato a otra cosa.

continencia 1 *f.* Acción de contener. 2 Moderación en la satisfacción de los placeres sexuales o abstinencia de ellos.

continental 1 *adj.* Relativo a los continentes. 2 GEO **corteza ~**; **deriva ~**; **escudo ~**; **plataforma ~**; **talud ~**.

continente 1 *adj.* Que contiene. 2 *m.* Aspecto y porte de una persona. 3 GEO Gran extensión de masa terrestre separada de otra por los océanos o por determinados accidentes geográficos. Convencionalmente se consideran seis: Asia, América, África, Antártida, Oceanía y Europa.

contingente 1 *adj.* Dicho de lo que puede suceder o no suceder y cuya existencia depende de otro. 2 *m.* Tropas de que dispone un mando.

continuación *f.* Acción y efecto de continuar.

continuamente *adv. m.* Sin intermisión.

continuar 1 *tr.* Proseguir lo ya empezado. 2 *intr.* Subsistir, seguir siendo, durar. 3 *prnl.* Extenderse o reanudarse.

continuidad *f.* Unión que tienen entre sí las partes del continuo.

continuismo *m.* POLÍT Situación en la que el poder de un político, un sistema, etc., se prolonga indefinidamente, sin indicios de cambio.

continuo, nua 1 *adj.* Que dura, obra, se hace o se extiende sin interrupción. 2 Dicho de las cosas que tienen unión entre sí. 3 ELECTR **corriente ~**. 4 FÍS **movimiento ~**. 5 *m.* Todo compuesto de partes unidas entre sí.

contonear *tr.* y *prnl.* Mover con afectación los hombros y las caderas al andar.

contornear *tr.* Seguir los contornos de un territorio o de una figura.

contorno 1 *m.* Territorio o conjunto de parajes de que está rodeado un lugar. 2 Conjunto de las líneas que limitan una figura.

contorsión 1 *f.* Movimiento forzado del cuerpo. 2 Gesto forzado y a veces grotesco.

contorsionista *m.* y *f.* Acróbata que realiza contorsiones difíciles.

contra 1 *prep.* Indica oposición o contrariedad en cualquier orden de cosas. 2 Indica el hecho de apoyarse en una cosa vertical: *Se apoyó contra la pared.* 3 Enfrente: *Se puso contra el sol.* 4 En sentido opuesto a: *Nadaba contra la corriente.* 5 A cambio de: *Se enviará la encomienda contra entrega.* 6 Introduce un complemento que expresa la cosa sobre la que se produce un golpe: *Chocó el auto contra la pared.*

contraatacar *tr.* Reaccionar ofensivamente contra el avance del enemigo, del rival, o del equipo contrario.

contraataque *m.* Acción de contraatacar.

contrabajo 1 *m.* MÚS Instrumento de cuatro cuerdas, mayor que el violonchelo y de tonalidad una octava más baja. 2 MÚS Voz humana más grave que la del bajo ordinario.

contrabando 1 *m.* Actividad ilegal consistente en introducir mercancías sin pagar derechos de aduana. 2 Estas mercancías.

contracción 1 *f.* Acción y efecto de contraer o contraerse. 2 GRAM Fusión de dos palabras en una sola, suprimiendo alguna vocal: *al* por *a el; del* por *de el.* 3 GRAM **SINÉRESIS.**

contraceptivo, va *adj.* y *m.* **ANTICONCEPTIVO.**

contracorriente || a ~ En contra de la opinión o tendencia general.

contráctil *adj.* Capaz de contraerse con facilidad.

contracultura *f.* Movimiento social que propugna una sociedad reducida frente a la global, el retorno a la naturaleza, etc.

contradanza *f.* Baile que ejecutan muchas parejas a un tiempo.

contradecir 1 *tr.* y *prnl.* Decir alguien lo contrario de lo que otro afirma, o negar lo que da por cierto. 2 *tr.* Probar una cosa que algo no es cierto o no es correcto.

contradicción 1 *f.* Acción y efecto de contradecir o contradecirse. 2 Relación entre cosas que se oponen.

contradictorio, ria *adj.* Que está en contradicción con otra cosa, otra persona o consigo mismo.

contraejemplo *m.* Ejemplo que contradice lo que se ha pretendido demostrar con otro.

contraer 1 *tr.* Estrechar, juntar una cosa con otra. 2 Hablando de enfermedades, compromisos o deudas, adquirirlos, asumirlos. 3 *tr.* y *prnl.* Reducir a menor tamaño.

contrafuego *m.* Cualquier procedimiento para apagar un incendio.

contrafuerte *m.* ARQ Machón saliente en un muro, para fortalecerlo.

contragolpe 1 *m.* Golpe dado en respuesta a otro. 2 **CONTRAATAQUE.**

contrahecho, cha *adj.* y *s.* Que tiene torcido el cuerpo o uno de sus miembros.

contraindicado, da *adj.* Dicho del medicamento que resulta perjudicial en determinados casos.

contraindicar *tr.* Señalar como perjudicial en ciertos casos, un medicamento, un alimento o una acción.

contrainsurgente 1 *adj.* y *s.* Que lucha contra fuerzas insurgentes. 2 *adj.* POL Dicho de una política estatal, que utiliza prácticas legales o ilegales para combatir a grupos insurgentes o al margen de la ley.

contralisio *adj.* y *s.* Viento contrario a los **alisios** que corre de la zona del ecuador a las latitudes medias. Se forma por las masas de calor que ascienden y lleva nubes a las zonas de estaciones, puede llegar a los 30° latitud norte o sur.

contralor, ra *m.* y *f.* Funcionario público que tiene como obligación examinar la legalidad de las cuentas y los gastos oficiales.

contraloría *f.* Cuerpo de intervención del Estado para el examen de los gastos públicos.

contralto *m.* MÚS Voz media entre la de tiple y la de tenor.

contraluz 1 *m.* o *f.* Vista de una cosa por el lado opuesto al que recibe la luz. 2 ART Pintura o fotografía con figuras intensamente sombreadas sobre un fondo claro y luminoso.

contramaestre *m.* y *f.* Oficial encargado de la marinería.

contramarca *f.* Señal que en las mercancías indica la marca comercial.

contraorden *f.* Orden con que se revoca una anterior.

contraparte *f.* Persona o grupo de personas que se opone a otra en relación con una situación determinada o un punto de vista.

contrapartida *f.* Compensación que se deriva de una cosa que produce efectos contrarios a otra.

contrapeso 1 *m.* Peso que se pone a la parte contraria de otro para que queden en equilibrio. 2 Lo que se considera suficiente para equilibrar algo que prepondera y excede.

contraponer 1 *tr.* Cotejar una cosa con otra para notar sus diferencias. 2 *tr.* y *prnl.* Oponer una cosa a otra para anular sus efectos.

contraprestación *f.* Prestación que debe una parte contratante por razón de la que ha recibido o debe recibir de la otra.

contraproducente *adj.* Que produce efectos opuestos a los buscados.

contrapuntear *tr.* Cantar o tocar de contrapunto.

contrapunto 1 *m.* Contraste entre dos cosas simultáneas. 2 FOLCL Desafío o reto entre cantantes populares que improvisan sus cantos. 3 MÚS Técnica de composición en que se combinan dos o más melodías.

contrariar 1 *tr.* Procurar que no se cumplan las intenciones y los propósitos de otros. 2 Disgustar a una persona por no cumplirse lo que con ella se había acordado.

contrariedad 1 *f.* Accidente que impide o retarda el logro de algo. 2 Disgusto, desazón.

contrario, ria 1 *adj.* y *s.* Dicho de personas o cosas cuya oposición es tal que se excluyen mutuamente. 2 *adj.* Que daña o perjudica. 3 *adj.* y *f.* LÓG Dicho de cada una de las dos proposiciones, de las cuales una afirma lo que la otra niega. 4 *m.* y *f.* Persona hostil a otra; que compite o lucha con ella.

contrarreforma 1 *f.* Reforma contraria a otra reforma. 2 HIST Movimiento religioso, intelectual y político del s. XVI destinado a combatir, desde el ámbito católico, los efectos de la Reforma protestante.

contrarreloj *adj.* y *f.* DEP Dicho de la carrera en que los participantes se clasifican según el tiempo invertido por cada uno.

contrarrestar *tr.* Neutralizar el efecto de una cosa.

contrarrevolución *f.* POLÍT Movimiento que intenta restablecer las condiciones sociopolíticas anteriores a una revolución precedente.

contrasentido 1 *m.* Interpretación contraria al sentido natural de las palabras o expresiones. 2 Despropósito, disparate.

contraseña 1 *f.* Seña o palabra con que se reconocen las personas de un determinado grupo. 2 Palabra o expresión con que el centinela reconoce a alguien.

3 Tarjeta que permite salir durante una función y volver a entrar.

contrastar *intr.* Destacar las cualidades propias de una cosa que se compara con otra.

contraste 1 *m.* Acción y efecto de contrastar. 2 Oposición o diferencia notable entre personas o cosas. 3 Intensificación de las diferencias tonales entre dos o más colores, cuando están en contacto directo.

contrata *f.* Contrato que se hace para ejecutar una obra material o prestar un servicio por un precio determinado.

contratación *f.* Acción y efecto de contratar.

contratar *tr.* Pactar, comerciar, hacer contratos o contratas.

contratiempo *m.* Suceso imprevisto que impide el curso normal de algo.

contratista *m.* y *f.* Persona que por contrata está encargada de una obra material o de un servicio.

contrato 1 *m.* Acuerdo o pacto entre dos o más personas, por el que contraen ciertos derechos y obligaciones. 2 Documento que lo avala.

contravenir *tr.* Obrar en contra de lo que está acordado.

contraventor, ra *adj.* y *s.* Que contraviene.

contrayente *adj.* y *s.* Dicho de la persona que contrae matrimonio.

contribución *f.* Acción y efecto de contribuir.

contribuir 1 *tr.* e *intr.* Aportar una persona su cuota o parte a un fin. 2 Concurrir al logro de algo junto con otras personas.

contrición *f.* Arrepentimiento de una culpa cometida.

contrincante *m.* y *f.* Persona que pretende algo en competencia con otro u otros.

control 1 *m.* Dominio que se ejerce sobre alguien o algo. 2 Autodominio que una persona tiene de sí. 3 Vigilancia que se ejerce sobre personas o cosas. 4 Comprobación del funcionamiento, productividad, etc., de algún mecanismo. || **~ biológico** ECOL Control de plagas y enfermedades en los cultivos, mediante el uso de depredadores de los agentes productores de dichas plagas y enfermedades. **~ de calidad** Comprobación de que los productos o servicios de una empresa cumplen con los requisitos mínimos de calidad. **~ de cambio** ECON Control estatal sobre las transacciones en moneda extranjera. **~ de natalidad** Regulación del número de nacimientos

A B C D E F G H I J K L M N Ñ O P Q R S T U V W X Y Z

en una comunidad. ~ **remoto** Dispositivo que regula a distancia el funcionamiento de un aparato.

controlador, ra *adj.* y *s.* Que controla. || ~ **aéreo, a** *m.* y *f.* Técnico que orienta, ordena, vigila, etc. el despegue, vuelo y aterrizaje de los aviones.

controlar *tr.* Ejercer el control.

controversia *f.* Discusión entre personas con opiniones opuestas.

controvertir *intr.* y *tr.* Discutir detenidamente sobre un asunto.

contundente 1 *adj.* Que produce contusión. 2 Convincente, terminante.

contusión *f.* Daño en una parte del cuerpo por un golpe que no causa herida exterior.

conurbación *f.* Conjunto de núcleos urbanos inicialmente independientes que, al desarrollarse, acaban formando una unidad funcional.

convalecencia 1 *f.* Estado de una persona después de pasar una enfermedad y mientras se está recuperando. 2 Tiempo que dura.

convalecer *intr.* Recuperar las fuerzas perdidas por una enfermedad.

convalidar 1 *tr.* Confirmar o revalidar. 2 Dar validez académica en un país, una institución, etc. a estudios aprobados en otro país, otra institución, etc.

convección 1 *f.* Fís Propagación del calor en un fluido por las diferencias de densidad que se producen al calentarlo. 2 Geo Ascenso vertical de una masa de aire o de agua.

convencer *tr.* y *prnl.* Lograr, con razones, que alguien haga algo o que cambie de idea o de comportamiento.

convencimiento *m.* Acción y efecto de convencer.

convención 1 *f.* Norma admitida tácitamente por costumbre. 2 Reunión general de los representantes de una empresa, un partido político, etc., para rendir informes, elegir candidatos, etc. 3 *f. pl.* Geo Conjunto de símbolos que explican un mapa.

convencional 1 *adj.* Relativo a la convención. 2 Sin espontaneidad, que actúa de acuerdo con lo establecido. 3 Que resulta o se establece en virtud de la costumbre.

convencionalismo *m.* Modo de proceder basado en la conveniencia social.

conveniencia 1 *f.* Provecho, utilidad. 2 Conformidad entre dos cosas.

convenio *m.* Ajuste, acuerdo.

convenir 1 *intr.* Ser del mismo parecer dos o más personas. 2 Importar, ser a propósito, ser conveniente.

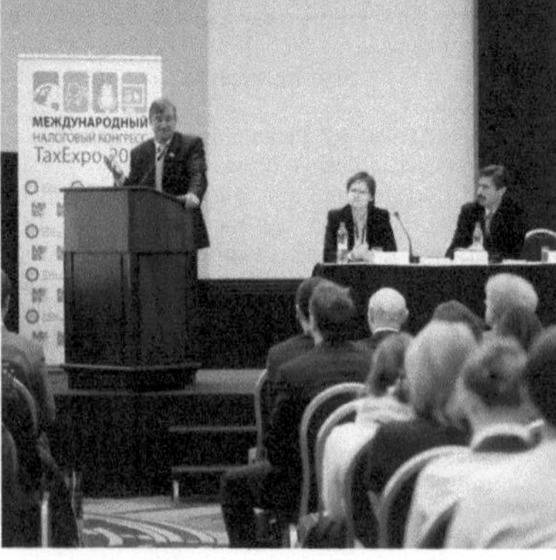

convento *m.* Casa en que viven los miembros de una orden religiosa.

convergencia *f.* Acción y efecto de converger.

convergente *adj.* Que converge.

converger 1 *intr.* Dirigirse dos o más líneas al mismo punto. 2 Confluir ideas o dictámenes en un mismo objetivo.

conversación *f.* Acción y efecto de conversar.

conversar *intr.* Hablar entre sí dos o más personas.

conversatorio *m.* Dinámica de exposición en grupo en la cual sus participantes, generalmente especialistas en un ámbito del conocimiento, intercambian sus opiniones sobre un tema determinado.

conversión *f.* Acción y efecto de convertir o convertirse.

converso, sa *adj.* y *s.* Persona que se ha convertido a una religión.

convertible 1 *adj.* Que puede convertirse. 2 *m.* Automóvil cuya capota puede ser plegada.

convertidor, ra *adj.* y *m.* Que convierte o sirve para convertir.

convertir 1 *tr.* y *prnl.* Transformar una cosa en otra. 2 Rel Ganar a alguien para que practique una religión.

convexo, xa *adj.* Referido a una línea o a una superficie, que es curva y, respecto de quien la mira, tiene su parte más prominente en el centro.

convicción 1 *f.* CONVENCIMIENTO. 2 Idea a la que alguien se adhiere fuertemente.

convicto, ta *adj.* Der Dicho del reo al que se le ha probado su delito.

convidado, da *m.* y *f.* Persona que ha recibido una invitación.

convidar 1 *tr.* Invitar a alguien a un banquete, a una reunión, etc. 2 Animar a alguien a hacer algo.

convincente *adj.* Que convence.

convite *m.* Comida o banquete a que es alguien convidado.

convivencia *f.* Acción de convivir.

convivir *intr.* Habitar en compañía de otra u otras personas.

convocar 1 *tr.* Citar a varias personas para que concurran a un lugar determinado a cierta hora. 2 Anunciar un concurso, una competición, etc.

convocatoria *f.* Anuncio o escrito con que se convoca.

convoy *m.* Conjunto de vehículos o buques que son objeto de protección en su marcha.

convulsión 1 *f.* Contracción brusca y repetida de uno o de varios músculos. 2 Conmoción social o política.

conyugal 1 *adj.* Perteneciente a los cónyuges. 2 Der **sociedad** ~.

cónyuge *m.* y *f.* Marido y mujer respectivamente.

coñac *m.* Bebida alcohólica obtenida por la destilación de distintas clases de vinos.

cooperación *f.* Acción y efecto de cooperar.

cooperante 1 *adj.* Que coopera. 2 *m.* y *f.* Persona que ayuda al desarrollo social y económico de un país o un territorio necesitado de ello.

cooperar *intr.* Trabajar con otro u otros por un objetivo común.

cooperativismo *m.* Doctrina favorable a la cooperación económica y social, con el fin de mejorar las condiciones materiales mediante el desarrollo de cooperativas.

cooperativo, va 1 *adj.* Que coopera. 2 *f.* Econ Organización en la cual la administración y gestión se llevan a cabo de la forma que acuerden los socios y cuyos beneficios se distribuyen equitativamente.

cooptar *tr.* Llenar las vacantes de una corporación mediante el voto de los integrantes de la misma.

coordenado, da 1 *adj.* y *f.* GEOM Dicho de la línea o del eje que sirve para determinar la posición de un punto en el espacio. 2 GEOM **eje** de ~s; **plano** ~. || ~ **cartesiana** GEOM Cada una de las rectas que se cruzan perpendicularmente y que sirven para ubicar un punto en un plano o en el espacio. ~ **geográfica** GEO La que se emplea para fijar la posición de un lugar de la superficie de la Tierra: longitud y latitud. ~ **polar** GEOM Cada una de las coordenadas que determinan la posición de un punto cualquiera en el espacio, en función de longitudes y ángulos. **Sistema de ~s** GEOM Conjunto de dos rectas perpendiculares (**eje** de abscisas y **eje** de ordenadas) que sirven para representar valores y localizarlos en un plano.

coordinación *f.* Acción y efecto de coordinar.

coordinado, da 1 *adj.* Dispuesto con método. 2 *f.* GRAM **oración** ~.

coordinar 1 *tr.* y *prnl.* Disponer cosas diversas de modo que formen un todo ordenado. 2 *tr.* Dirigir y concertar varios elementos.

copa 1 *f.* Vaso para beber, formado por un cuenco acampanado o redondo y un pie. 2 Líquido que cabe en él. 3 Pieza de forma similar, que hace parte de diversas herramientas o partes mecánicas. 4 Trofeo con que se premia al ganador de una competición. 5 La misma competición. 6 Parte hueca del sombrero, en que entra la cabeza. 7 Cada una de las partes huecas del sujetador de las mujeres. 8 Conjunto de las ramas y hojas de un árbol que forma la parte superior de un árbol.

copal *m.* Nombre de varios árboles de los que se obtiene una resina muy dura que se emplea en barnices de buena calidad.

copar *tr.* Completar, llenar.

copartícipe *m.* y *f.* Persona que participa con otra en algo.

copartidario, ria *adj.* y *s.* Que pertenece al mismo partido político.

copatrocinio *m.* Apoyo financiero a alguien o algo entre dos o más personas o entidades.

copete 1 *m.* Pelo que se lleva levantado sobre la frente. 2 Moño o penacho de plumas que tienen algunas aves. 3 Adorno en la parte superior de algunos muebles.

copia 1 *f.* Abundancia de algo. 2 Reproducción textual de un escrito, un impreso, una composición musical, etc. 3 Reproducción exacta de una obra artística. 4 Reproducción exacta de una película, una fotografía, un disco, un archivo informático, etc.

copiador, ra 1 *adj.* y *s.* Que copia. 2 *f.* Aparato para sacar copias.

copiar 1 *tr.* Hacer una copia de algo. 2 Escribir al dictado. 3 Imitar a alguien o algo.

copla 1 *f.* Combinación métrica o estrofa. 2 FOLCL Composición poética que sirve de letra en las canciones populares.

coplanario, ria *adj.* GEOM Dicho de las líneas o figuras que están en un mismo plano.

coplero, ra *m.* y *f.* Persona que compone o canta coplas.

copo 1 *m.* Porción de lana, algodón u otra materia que va a hilarse. 2 Cada una de las porciones de nieve que caen cuando nieva. 3 Grumo o coágulo.

copón *m.* Copa grande en la que se guardan las hostias consagradas.

coproducción *f.* Película en cuya producción intervienen productoras de varios países.

coprología *f.* MED Estudio de los excrementos sólidos para examinarlos y dar un diagnóstico.

copropietario, ria *adj.* y *s.* Que tiene dominio en algo juntamente con otro.

copto, ta 1 *adj.* y *s.* Dicho de los cristianos egipcios seguidores del credo monofisita y de los cristianos ortodoxos de Etiopía. 2 *m.* LING Idioma antiguo de los egipcios, que se conserva en la liturgia copta. 3 *adj.* Relativo a los coptos. 4 REL **iglesia** ~.

cópula *f.* Acción de copular.

copular *intr.* y *prnl.* Unirse sexualmente el macho y la hembra.

copulativo, va 1 *adj.* Que liga y junta una cosa con otra. 2 GRAM **conjunción** ~, **oración** ~, **verbo** ~.

copyright (Voz ingl.) *m.* DERECHO de autor.

coque *m.* Combustible sólido, ligero y poroso que resulta de calcinar ciertas clases de carbón mineral.

coquetear *intr.* Tratar de atraer al sexo contrario por vanidad.

coracoides *f.* ANAT **apófisis** ~.

coraje 1 *m.* Ánimo decidido con que se acomete una empresa. 2 Irritación, rabia.

coral[1] 1 *m.* ZOOL Celentéreo antozoo en forma de pólipo con un esqueleto protector. Posee un orificio superior, bordeado de tentáculos, que hace las veces de boca y ano. Por lo general vive en colonias. 2 Polipero del coral que, después de pulimentado, se emplea en joyería. 3 *f.* Serpiente venenosa que exhibe un patrón de anillos de color negro, amarillo y rojo brillante.

coral[2] 1 *adj.* Relativo al coro. 2 *m.* MÚS Composición vocal armonizada a cuatro voces, ajustada a un texto religioso.

coránico, ca *adj.* Relativo al Corán, texto sagrado del islam.

coraza *f.* Armadura que cubría el tronco. 2 LLANTA, pieza anular de caucho.

corazón 1 *m.* ANAT y FISIOL Órgano muscular de los vertebrados, de forma cónica, situado en el tórax entre los dos pulmones, que actúa como motor de la circulación sanguínea. Una pared intermedia lo divide en dos mitades, divididas a su vez en una aurícula y un ventrículo. 2 ZOOL Órgano análogo de los invertebrados que realiza una función similar. Consiste en un engrosamiento del vaso principal capaz de contraerse de manera rítmica. 3 Interior de algo. 4 Figura de corazón representada en cualquier superficie o material. 5 Expresión que denota cariño.

corazonada *f.* PRESENTIMIENTO.

corbata *f.* Prenda consistente en una banda de tela que se pone alrededor del cuello con las puntas colgando sobre el pecho.

corbatín *m.* Corbata corta que se ajusta con un lazo sin caídas.

corbeta *f.* Embarcación con tres palos y vela cuadrada.

corcel *m.* Caballo de mucha alzada y buen paso.

corchea *f.* Mús Nota musical cuyo valor es la mitad de una negra.

corchete 1 *m.* Broche metálico compuesto de macho y hembra. 2 Ort Signo gráfico doble ([ ]) que encierra información aclaratoria o suplementaria en un texto; con tres puntos supensivos en su interior indica la omisión de parte del texto citado y en fonética encierra las trancripciones.

corcho 1 *m.* Tejido vegetal de revestimiento que recubre el tronco y las ramas del alcornoque. Se utiliza para fabricar tapones, suelas, aislantes, etc. 2 Tapón de corcho.

corcova *f.* Curvatura anómala de la columna vertebral o del pecho, o de ambos a la vez.

corcovear *intr.* Dar saltos algunos animales encorvando el lomo.

cordado, da *adj.* y *m.* Zool Dicho de los animales caracterizados por la presencia de notocordio o eje esquelético, sistema nervioso central en el dorso y faringe para respirar. Conforman un filo que comprende a los **tunicados**, los **cefalocordados** y los **vertebrados**.

cordal *f.* Anat **muela** cordal.

cordel *m.* Cuerda delgada.

cordelería *f.* Industria de fabricación de hilos, cuerdas y sogas o cables no metálicos.

cordero, ra 1 *m.* y *f.* Cría de la oveja que no pasa del año. 2 *m.* Carne de este animal. || ~ **pascual** Rel El que con determinado ritual comen los hebreos para celebrar su Pascua.

cordial *adj.* Afectuoso, amable.

cordialidad *f.* Cualidad de cordial.

cordillera *f.* Geo Extensa cadena montañosa que incluye sierras, macizos, valles, mesetas y otros elementos pertenecientes a una sola unidad orogénica.

cordón 1 *m.* Cuerda fina hecha con cualquier material filiforme (seda, lana, lino). 2 Cable de los utensilios eléctricos. 3 Cuerda con que se ciñen el hábito algunos religiosos. || ~ **espermático** Anat Conjunto de órganos que van desde el conducto inguinal hasta el testículo. ~ **umbilical** Anat Conjunto de vasos que unen la placenta de la madre con el vientre del feto, para que este se nutra.

cordura *f.* Cualidad de cuerdo.

corear *tr.* Repetir a coro lo que alguien dice o canta.

coreografía 1 *f.* Arte de la danza. 2 Arte de su composición y representación.

coriáceo, a *adj.* Parecido al cuero.

corifeo *m.* Persona que es seguida por otras en una opinión, una secta o un partido.

corimbo *m.* Bot Inflorescencia en racimo en la que los pedúnculos tienen diferente desarrollo y alcanzan un mismo nivel, como en el peral.

corindón *m.* Piedra preciosa, la más dura después del diamante. Hay variedades de diversos colores y formas.

corintio, tia 1 *adj.* y *s.* De Corinto, ciudad de Grecia. 2 *adj.* Relativo a los corintios. 3 Arq **columna** ~; **orden** ~.

corista *m.* y *f.* Persona que en las funciones musicales canta formando parte del coro.

cormorán *m.* Ave de pico largo, con cuello largo, cola rígida y plumaje negro lustroso. Bucea buscando peces para alimentarse.

cornada 1 *f.* Golpe dado por un animal con la punta del cuerno. 2 Herida penetrante así causada.

cornalina *f.* Ágata rojiza.

cornamenta *f.* Conjunto de los cuernos de los cuadrúpedos.

cornamusa *f.* Mús **gaita**, instrumento de viento formado por una especie de fuelle.

córnea *f.* Anat Membrana transparente del globo ocular situada sobre el iris y la pupila.

cornear *tr.* Golpear con los cuernos un animal.

corneja *f.* Pájaro similar al cuervo, pero de menor tamaño.

cornejo *m.* Arbusto de hojas opuestas, con flores blancas, fruto en drupa y madera muy dura.

corneta *f.* Mús Instrumento de viento, mayor que el clarín y de sonido más grave.

cornete *m.* Anat Cada una de las láminas óseas situadas en el interior de las fosas nasales.

cornezuelo *m.* Hongo ascomiceto parásito del centeno.

cornisa 1 *f.* Faja estrecha que corre al borde de un acantilado. 2 Arq Moldura o voladizo con que remata un muro.

corno *m.* Mús Instrumento de viento formado por un tubo de metal, cónico y curvado. || ~ **inglés** Mús Instrumento similar al oboe, pero más grande y de sonido grave.

cornucopia *f.* Vaso en forma de cuerno que, rebosante de frutos, representa la abundancia.

cornudo, da 1 *adj.* Que tiene cuernos. 2 *adj.* y *s.* coloq. Cónyuge que es objeto de infidelidad por parte de su pareja.

coro 1 *m.* Mús Conjunto de personas, agrupadas por voces, que cantan a la vez. 2 Mús Composición musical para varias voces. 3 Recinto del templo donde se cantan los oficios. 4 Rel Cada uno de los nueve grupos en que se dividen los ángeles.

corografía *f.* Geo Descripción geográfica de un territorio.

coroides *f.* Anat Membrana situada entre la esclerótica y la retina.

corola *f.* Bot Segundo verticilo de las flores completas, situado entre el cáliz y los órganos sexuales y formado por pétalos de colores.

corolario *m.* Proposición que es una consecuencia inmediata de otra, y cuya demostración requiere poco o ningún razonamiento.

corona 1 *f.* Aro de ramas, flores o metal precioso, con que se ciñe la cabeza, en señal de dignidad u honor. 2 Cosa de forma circular, especialmente en una parte alta. 3 Atributo real que simboliza la monarquía. 4 Reino o monarquía. 5 Adorno en forma de corona: *Corona fúnebre.* 6 ANAT Parte de los dientes que sobresale de la encía. || ~ **solar** ASTR Aureola que rodea al Sol y que se puede observar durante los eclipses totales.

coronación 1 *f.* Acto de coronar o coronarse un soberano. 2 Fin y remate de una obra.

coronar 1 *tr.* y *prnl.* Ceñir la cabeza de reyes, héroes o galardonados, con una corona. 2 *tr.* Rematar una obra. 3 Alcanzar la parte más alta de una cima.

coronario, ria *adj.* ANAT Dicho de los vasos sanguíneos que irrigan el corazón.

coronel *m.* Jefe militar cuya graduación se encuentra entre la de teniente coronel y la de general.

coronilla *f.* Parte más alta y posterior de la cabeza.

corozo 1 *m.* Palmera que produce en grandes racimos un fruto de pulpa amarillenta y cuesco duro y negro. 2 Este mismo fruto.

corpiño *m.* Prenda interior femenina ajustada y sin mangas, que cubre el pecho y la espalda.

corporación *f.* Reunión de personas con intereses comunes y con personalidad jurídica.

corporal 1 *adj.* Relativo al cuerpo. 2 *m. pl.* Lienzo blanco sobre el que, en la misa católica, se colocan la hostia y el cáliz.

corporativismo *m.* Doctrina que propugna la creación de corporaciones que agrupen a trabajadores y empresarios.

corporativo, va *adj.* Relativo a una corporación.

corporeizar *tr.* y *prnl.* Dar cuerpo o hacer real una idea u otra cosa no material.

corpóreo, a *adj.* Que tiene cuerpo o consistencia.

corpulencia *f.* Magnitud de un cuerpo.

corpulento, ta *adj.* De gran corpulencia.

corpuscular *adj.* Que tiene corpúsculos.

corpúsculo 1 *m.* Unidad material muy pequeña, generalmente microscópica; como la célula, la molécula, etc. 2 ANAT Nombre dado, por su tamaño microscópico, a diversas estructuras anatómicas.

corral 1 *m.* Sitio cercado y descubierto destinado a los animales domésticos. 2 Patio descubierto en que se representaban comedias. 3 Pequeño recinto para niños que aún no caminan.

correa 1 *f.* Tira larga y angosta. 2 La que sirve para sujetar los pantalones.

correcaminos *m.* Ave de 60 cm de longitud muy hábil para las carreras.

corrección 1 *f.* Acción y efecto de corregir. 2 Cualidad de correcto.

correccional *m.* Centro penitenciario para la corrección de delincuentes menores de edad.

correctivo, va 1 *adj.* Que corrige. 2 *adj.* y *m.* Que atenúa o subsana. 2 *m.* Sanción leve.

correcto, ta 1 *adj.* Libre de errores o defectos. 2 Dicho de la persona de conducta irreprochable.

corrector, ra 1 *adj.* y *s.* Que corrige. 2 *m.* y *f.* Persona que corrige textos impresos. 3 *m.* Líquido blanco y de secado rápido para cubrir errores de escritura.

corredero, ra 1 *adj.* Que corre o se desliza. 2 *f.* Guía o carril por el que se desliza una pieza.

corredizo, za *adj.* Dicho del nudo que se desata o se corre con facilidad.

corredor, ra 1 *adj.* y *s.* Que corre mucho. 2 *adj.* y *f.* ZOOL Dicho de las aves no voladoras de gran tamaño y con patas largas y vigorosas. 3 *m.* Pasillo de un edificio. 4 Cada una de las galerías alrededor de un patio. 5 *m.* y *f.* DEP Persona que corre en competiciones deportivas. 6 Persona que interviene en las operaciones mercantiles de una firma.

correferente *adj.* y *m.* LING Dicho de un término lingüístico, que tiene el mismo referente de otro término. En la oración 'Vieron el taxi y lo tomaron', el término 'lo' es correferente de taxi.

corregidor, ra 1 *adj.* Que corrige. 2 *m.* Administrador de un corregimiento. 3 HIST Alcalde que nombraba el rey en algunas poblaciones para presidir el ayuntamiento y ejercer funciones gubernativas.

corregimiento *m.* Unidad mínima municipal sin funciones político-administrativas.

corregir 1 *tr.* Enmendar un error. 2 Advertir, amonestar. 3 Revisar el profesor los ejercicios de sus alumnos. 4 Revisar un escrito para eliminar los errores.

correhuela *f.* Planta dicotiledónea de hojas alternas, con tallo rastrero, hojas acorazonadas, corola en forma de campana y semillas con albumen.

correlación *f.* Correspondencia o relación recíproca entre dos o más cosas.

correlativo, va 1 *adj.* Que tiene o expresa relación. 2 Dicho de lo que tiene correlación con otra cosa.

correligionario, ria *adj.* y *s.* De la misma religión que otro.

correo 1 *m.* Medio de comunicación mediante el cual las personas intercambian información, objetos, etc. 2 Servicio público encargado de distribuir la correspondencia. 3 Conjunto de efectos que se despachan o reciben. 4 CORRESPONDENCIA, conjunto de cartas y documentos. || ~ **electrónico** INF Sistema de mensajería informática que permite el intercambio instantáneo de mensajes.

correr 1 *intr.* Andar rápidamente, una persona o un animal, de manera que, entre paso y paso, los pies o las patas quedan simultáneamente y por un instante en el aire. 2 Hacer algo con rapidez. 3 Avanzar algunas cosas, como el agua, el viento, en una dirección. 4 Extenderse de una parte a otra: *La cordillera corre de norte a sur.* 5 Transcurrir o pasar el tiempo. 6 Estar al cuidado de algo: *Eso corre de mi cuenta.* 7 *tr.* y *prnl.* Mover o cambiar algo de sitio: *Corramos la silla hacia la pared.* 8 *tr.* Hacer que algo se cierre o se abra: *Correr las cortinas.* 9 Experimentar algo como un riesgo: *Aquí corremos peligro.* 10 *prnl.* Moverse alguien del lugar en que está: *Por favor córrase hacia adelante.* 11 Extenderse un color, una mancha, etc., fuera de su lugar.

correría 1 *f.* Viaje a distintos sitios sin alejarse demasiado del lugar de residencia. 2 Incursión hostil en campo enemigo.

correspondencia 1 *f.* Acción y efecto de corresponder o corresponderse. 2 Relación epistolar entre dos personas. 3 Conjunto de cartas y documentos que se reciben o expiden. 4 MAT Relación entre los elementos de distintos conjuntos. || ~ **biunívoca** MAT La que se da entre los elementos de dos conjuntos cuando, además de ser unívoca, es recíproca. ~ **unívoca** MAT Aquella en que a cada elemento del primer conjunto corresponde un elemento del segundo.

corresponder 1 *intr.* y *tr.* Pagar con igualdad, relativa o proporcionalmente, afectos, beneficios o agasajos. 2 *intr.* y *prnl.* Tener una cosa proporción con otra. 3 *intr.* Pertenecer o tocar. 4 *prnl.* Atenderse y amarse recíprocamente.

correspondiente 1 *adj.* Que corresponde o se corresponde con algo: *Cada niño con su correspondiente regalo.* 2 Dicho del miembro de una corporación que colabora con ella por correspondencia. 3 *adj.* y *s.* Que tiene correspondencia con una persona o con una corporación.

corresponsal 1 *m.* y *f.* Periodista que informa desde el extranjero. 2 Encargado de las relaciones comerciales con el exterior.

corretear *intr.* Correr de un lado para otro por diversión.

corrido, da 1 *m.* FOLCL Balada de origen mexicano cuya temática fundamental son los sucesos galantes o heroicos de la Revolución mexicana. 2 *f.* Espectáculo en el que se lidian toros en una plaza cerrada.

corriente 1 *adj.* Que corre. 2 Dicho de lo que fluye de modo físico o figurado: los líquidos, el tiempo, la moneda, etc. 3 Habitual, que ocurre con frecuencia. 4 Dicho de la persona o cosa normal. 5 *f.* Movimiento de un fluido, como el aire o el agua, en una dirección determinada. 6 ELECTR **CORRIENTE** eléctrica. 7 Curso que adoptan las ideas o los sentimientos: *Corrientes de opinión.* || ~ **alterna** ELECTR Aquella cuya intensidad es variable. ~ **continua** ELECTR La que fluye siempre en la misma dirección con intensidad generalmente variable. ~ **del Niño** GEO La que con un periodo de recurrencia de entre siete a catorce años se presenta en el océano Pacífico, generando perturbaciones climáticas en casi todo el hemisferio sur y en extensas regiones costeras de América del Norte. ~ **eléctrica** ELECTR Movimiento de la electricidad a lo largo de un conductor; puede ser alterna o continua. ~ **marina** GEO Movimiento de traslación de las aguas marinas, tanto en la superficie (debido al rozamiento con el aire), como en el interior (a causa de las diferencias de densidad provocadas por cambios de temperatura).

corrillo *m.* Corro donde se juntan personas a hablar, separadas del resto de la gente.

corrimiento 1 *m.* Acción y efecto de correr o correrse. 2 GEO Descenso de una masa de tierra y roca por la ladera de una montaña.

corro *m.* Grupo de personas formadas en círculo.

corroborar *tr.* y *prnl.* Confirmar la certeza de algo con nuevos razonamientos o datos.

corroer *tr.* y *prnl.* Desgastar una cosa como royéndola cualquier agente físico.

corromper 1 *tr.* y *prnl.* Echar a perder algo. 2 *tr.* Sobornar a un funcionario. 3 Pervertir a alguien.

corrosión 1 *f.* Acción y efecto de corroer. 2 QUÍM Proceso en el que va cambiando la composición química de un metal por acción de un agente externo, hasta su destrucción.

corrosivo, va *adj.* Que corroe o puede corroer.

corrugar *tr.* Hacer en una superficie lisa resaltos de forma regular.

corrupción 1 *f.* Acción y efecto de corromper o corromperse. 2 Degeneración de las costumbres.

corsario, ria 1 *adj.* Dicho de la embarcación dedicada al saqueo de naves como acción de guerra. 2 *adj.* y *m.* Dicho del capitán o de un miembro de la tripulación de un buque corsario.

corsé *m.* Prenda interior para ceñir el cuerpo.

corso *m.* HIST Campaña que hacían los buques mercantes, con autorización de su gobierno, para perseguir embarcaciones enemigas.

cortado, da 1 *adj.* y *s.* Aturdido, avergonzado. 2 *f.* Herida hecha con un instrumento cortante.

cortador *m.* Herramienta que aloja en su interior una cuchilla corredera.

cortafrío *m.* Tenaza para cortar hilos metálicos.

cortafuego (Tb. cortafuegos) *m.* Franja ancha que se deja en montes y sembrados para que no se propague el fuego.

cortapisa *f.* Restricción que se pone al disfrute de algo.

cortaplumas *m.* Navaja pequeña.

cortar 1 *tr.* Dividir una cosa o separar sus partes mediante un instrumento afilado. 2 Dar la forma conveniente a las piezas de una prenda de vestir. 3 Hender un fluido o un líquido. 4 Interrumpir una conversación o un discurso. 5 Suprimir parte de un texto, una película, etc. 6 Impedir el curso o paso a las cosas. 7 Tomar el camino más corto. 8 *tr.* y *prnl.* GEOM Dicho de una línea, de una superficie o de un sólido, que atraviesa otro elemento geométrico. 9 *intr.* Tener buen o mal filo un instrumento cortante. 10 *prnl.* Herirse o hacerse un corte. 11 Faltarle a alguien palabras por causa de la turbación. 12 Dicho de ciertos alimentos homogéneos, separarse sus ingredientes.

cortaúñas *m.* Tenacillas o pinzas afiladas para cortarse las uñas.

corte[1] 1 *m.* Acción y efecto de cortar. 2 Filo de un instrumento cortante. 3 Arte y acción de cortar las piezas para la hechura de un vestido, de un calzado u otras cosas. 4 Cantidad de tela o cuero necesaria para su confección. 5 ARQ Sección de un edificio.

corte[2] 1 *f.* Lugar de residencia del soberano. 2 Conjunto de personas que lo atienden y rodean. 3 DER Tribunal de justicia. || ~ **Constitucional** DER Órgano que procura que las leyes se ajusten al espíritu de la Constitución. ~ **Suprema** DER Órgano cuya misión fundamental es revisar la corrección técnico-jurídica de las sentencias de los tribunales. ~ **Penal Internacional** DER Tribunal supranacional cuya misión fundamental es enjuiciar y condenar delitos de relevancia internacional, como los de lesa humanidad y los genocidios.

cortejar *tr.* GALANTEAR.

cortejo 1 *m.* Acción de cortejar. 2 Conjunto de personas que forma el acompañamiento en una ceremonia.

cortés *adj.* Afable, urbano, comedido.

cortesano, na 1 *adj.* Perteneciente a la corte. 2 *m.* y *f.* Persona que sirve al rey en la corte.

cortesía 1 *f.* Cualidad de cortés. 2 Conjunto de normas que regulan el trato social.

córtex *m.* ANAT **corteza** cerebral.

corteza 1 *f.* Parte exterior y dura de algunos frutos y de otros alimentos. 2 ANAT Porción externa de los órganos. 3 BOT Parte exterior del tallo, las raíces y el tronco de plantas y árboles. || ~ **cerebral** ANAT Capa más superficial del cerebro constituida por la sustancia gris. ~ **continental** GEO Capa más rígida y fría del planeta formada por rocas (corteza continental superior) y por granito de origen plutónico (corteza continental inferior). ~ **oceánica** GEO Capa que está bajo los océanos, es más delgada y está formada principalmente por diferentes tipos de rocas. ~ **terrestre** GEO Capa superficial de la litosfera que está en contacto con la atmósfera, y que limita con el manto. Se divide en continental y oceánica.

corticoide *m.* BIOQ Esteroide producido por las glándulas suprarrenales.

cortina *f.* Tela colgante que cubre y adorna puertas, doseles y ventanas. || ~ **de humo** Acción con la que se procura ocultar otra.

cortisona *f.* BIOQ Corticoide regulador del metabolismo de los hidratos de carbono.

corto, ta 1 *adj.* Dicho de las cosas de escasa longitud o dimensión en el espacio o en el tiempo. 2 *m.* CIN CORTOMETRAJE. 3 ELECTR CORTOCIRCUITO.

cortocircuito *m.* ELECTR Circuito que se produce accidentalmente por contacto entre los conductores y suele determinar una descarga.

cortometraje *m.* CIN Película de duración inferior a treinta y cinco minutos.

corva *f.* Parte de la pierna opuesta a la rodilla.

corzo, za *m.* y *f.* Mamífero rumiante de la familia de los cérvidos, algo mayor que la cabra, de color gris rojizo y cuernos pequeños. Habita en los bosques de Europa y Asia.

cosa 1 *f.* Cualquier ente o ser, real o abstracto. 2 Objeto inanimado, por oposición a ser viviente. 3 Asunto, negocio o tema.

cosaco 1 *adj.* y *s.* De un pueblo guerrero que se estableció en las estepas rusas en el s. XV. Fue incorporado al Imperio ruso en el s. XVIII. 2 *adj.* Relativo a los cosacos.

cosecante *f.* MAT Razón trigonométrica inversa del seno de un ángulo o de un arco.

cosecha 1 *f.* Conjunto de frutos de un cultivo que se recogen al llegar a la madurez. 2 Producto que se obtiene de dichos frutos mediante el tratamiento adecuado: *Cosecha de aceite, de vino.* 3 Conjunto de lo que alguien obtiene como resultado de sus cualidades o de sus actos.

cosechar 1 *intr.* y *tr.* Recoger los frutos de la tierra. 2 *tr.* Ganarse o concitarse simpatías, odios, fracasos, éxitos, etc.

cosedora *f.* GRAPADORA.

coseno *m.* MAT Seno del complemento de un ángulo o de un arco. || ~ **de un ángulo** MAT Cociente entre la longitud del cateto adyacente al ángulo y la longitud de la hipotenusa.

coser 1 *tr.* Unir con puntadas dos o más piezas de tela o de otra materia similar. 2 Engrapar papeles. 3 *tr.* e *intr.* Hacer labores de aguja.

cosificar *tr.* Reducir algo a pura cosa objetiva y cuantificable.

cosmético, ca 1 *adj.* y *m.* Dicho de los elementos de uso externo que limpian, colorean, suavizan o protegen la piel, el pelo, las uñas, los labios o los ojos. 2 *f.* COSMETOLOGÍA.

cosmetología *f.* Arte de aplicar los productos cosméticos.

cósmico, ca 1 *adj.* Relativo al cosmos. 2 ASTR **rayos** ~s.

cosmogonía *f.* ASTR Ciencia que estudia el origen y evolución del universo.

cosmología *f.* ASTR Especialidad que estudia el universo en su conjunto; incluye teorías sobre su origen, evolución y estructura.

cosmonauta *m.* y *f.* ASTRONAUTA.

cosmonave *f.* NAVE espacial.

cosmopolita 1 *adj.* y *s.* Dicho de una persona que ha viajado por muchos países. 2 *adj.* Dicho de las ciudades, los lugares, etc., en que viven personas de varias lenguas y culturas. 3 Dicho cuando su distribución geográfica se extiende a varios continentes.

cosmos 1 *m.* Universo concebido como un todo ordenado, por oposición al caos. 2 Espacio exterior a la Tierra. 3 Mundo, cosas creadas.

cosmovisión *f.* Manera de ver e interpretar el mundo.

cosquillas *f. pl.* Hormigueo nervioso, acompañado a veces de risa involuntaria, que produce un toque repetido en algunas partes del cuerpo.

costa[1] *f.* Orilla del mar, de un río, de un lago, etc., y tierra que está cerca de ella.

costa[2] *f.* COSTO, precio de algo.

costado 1 *m.* Cada una de las dos partes del cuerpo humano situadas debajo de los brazos, entre el pecho y la espalda. 2 LADO. 3 Cada uno de los lados del casco de un buque.

costal 1 *adj.* Relativo a las costillas. 2 *m.* Saco o talego de tejido fuerte que se usa, comúnmente, para transportar grano.

costanero, ra *adj.* Relativo a la costa: *Pueblo costanero; navegación costanera.*

costar 1 *intr.* Valer algo un determinado precio. 2 Ocasionar una cosa ciertos trabajos o perjuicios.

coste *m.* COSTO.

costear 1 *tr.* Pagar los gastos de algo. 2 *prnl.* Producir algo lo suficiente para cubrir los gastos que ocasiona.

costeño, ña 1 *adj.* y *s.* Natural de la costa de un país. 2 *adj.* Perteneciente o relativo a la costa o a los costeños.

costero, ra 1 *adj.* Relativo a la costa, próximo a ella. 2 GEO **llanura ~; modelado ~.**

costilla 1 *f.* ANAT Cada uno de los doce pares de huesos largos y arqueados que arrancan de la columna vertebral hacia el pecho. 2 Cosa de forma de costilla. || **~s falsas** ANAT Las correspondientes a los tres pares siguientes a las verdaderas y que se sueldan las de cada lado a la última verdadera. **~s verdaderas** ANAT Los siete primeros pares, que se sueldan con el esternón.

costo 1 *m.* Precio de algo, valor que se paga por ello. 2 ECON Medida y valoración del gasto para la obtención de un producto, trabajo o servicio. || **~ de producción** ECON Conjunto de gastos del proceso productivo de algo.

costoso, sa *adj.* Que cuesta mucho.

costra 1 *f.* Corteza dura y seca de una cosa húmeda o blanda. 2 Escara de las heridas secas.

costumbre 1 *f.* Manera habitual de proceder. 2 *f. pl.* Conjunto de cualidades y usos de una persona o de una sociedad.

costumbrismo *m.* En las obras literarias y pictóricas, atención especial que se presta a las costumbres típicas de una región.

costura 1 *f.* Acción y efecto de coser. 2 Labor que está cosiéndose. 3 Oficio de coser. 4 Serie de puntadas que une dos piezas cosidas.

cota[1] *f.* Arma defensiva del cuerpo que se hacía de cuero o de mallas de hierro entrelazadas.

cota[2] 1 *f.* Número que en los planos topográficos indica la altura de un punto sobre un plano de nivel. 2 Esta misma altura.

cotangente *f.* MAT Razón trigonométrica inversa de la tangente.

cotejar *tr.* Confrontar una cosa con otra u otras, apreciando sus semejanzas o diferencias.

coterráneo, a *adj.* y *s.* De la misma región que otro.

cotidianidad *f.* Cualidad de cotidiano.

cotidiano, na *adj.* Diario, de cada día, corriente.

cotiledón *m.* BOT Forma con que aparece la primera hoja en el embrión de las plantas fanerógamas. En algunos casos acumula sustancias de reserva.

cotilo *m.* ANAT Cavidad de un hueso en que entra el cóndilo de otro.

cotizar 1 *tr.* Fijar el precio de un producto o de un servicio. 2 Pagar una cuota. 3 Estimar a alguien o algo, particularmente de forma pública, en relación con un fin determinado. 4 Imponer una cuota.

coto[1] *m.* Terreno acotado, especialmente el de caza o pesca.

coto[2] *m.* BOCIO.

cotorra *f.* Ave psitaciforme de cola larga y puntiaguda y plumaje en que predominan los tonos verdes.

country (Voz ingl.) *m.* Género musical popular surgido en el sur y el oeste de los Estados Unidos que se interpreta con instrumentos como la guitarra y el violín.

covacha *f.* Habitación incómoda, oscura y pequeña.

covalente *adj.* QUÍM **enlace ~.**

coxal *adj.* ANAT Relativo a la cadera.

coxis *m.* ANAT Hueso en que termina la columna vertebral por su extremo inferior; se articula en el hueso sacro.

coyote, ta 1 *m.* Cánido depredador de color gris amarillento. 2 *m.* y *f.* Persona que se encarga de hacer trámites de otros mediante una remuneración.

coyuntura 1 *f.* ANAT Articulación movible de un hueso con otro. 2 Oportunidad favorable para algo. 3 Combinación de circunstancias que se presentan en un momento determinado.

coz 1 *f.* Sacudida violenta y hacia atrás que hacen los cuadrúpedos con alguna de las patas. 2 Golpe que dan con este movimiento.

crac *m.* ECON Quiebra de un grupo financiero o industrial.

crack (Voz ingl.) 1 *m.* Deportista sumamente brillante. 2 Droga derivada de la cocaína.

craneal 1 *adj.* Relativo al cráneo. 2 ANAT **bóveda ~.**

cráneo *m.* ANAT Esqueleto de la cabeza que encierra y protege el encéfalo y está formado por dos huesos parietales (en la parte superior), un hueso occipital (en la parte posterior) y dos temporales (que forman las sienes).

crápula *m.* Hombre de vida licenciosa.

craquelado *m.* Conjunto de grietas superficiales de una porcelana, pintura, etc.

craso, sa 1 *adj.* Que no tiene disculpa. 2 Gordo, grasoso.

cráter 1 *m.* GEO Boca de los volcanes en forma de embudo por la cual sale humo, ceniza, lava y otras materias, cuando el volcán está en actividad. 2 Ahondamiento circular de bordes elevados de una superficie. || **~ meteorítico** El producido en la superficie de un planeta por la caída de un meteorito.

creación 1 *f.* Acción y efecto de crear. 2 Conjunto de todas las cosas existentes. 3 Producción de una cosa cuando supone novedad o ingenio.

creacionismo *m.* REL Doctrina cristiana que proclama la acción creadora de Dios como causa de cuanto existe.

creador, ra 1 *adj.* y *s.* Que crea, establece o funda algo. 2 *adj.* y *m.* Dicho propiamente de Dios. • En esta última acepción se escribe con may. inic.

crear 1 *tr.* Producir algo de la nada. 2 Idear algo y darle forma. 3 Establecer o fundar algo. 4 Producir una obra artística o intelectual. 5 *prnl.* Imaginarse algo: *Crearse un mundo de ilusiones.*

creatinina *f.* BIOL Compuesto orgánico que depende de la masa muscular y se elimina por la orina.

creatividad 1 *f.* Facultad de crear. 2 Capacidad de creación.

creativo, va 1 *adj.* Que posee capacidad de creación, invención, etc. 2 *m.* y *f.* Profesional encargado de la concepción de una campaña publicitaria.

crecer 1 *intr.* Aumentar en tamaño o estatura los seres orgánicos. 2 Aumentar cualquier cosa en volumen o en importancia, intensidad, etc. 3 Dicho de la Luna, aumentar la parte iluminada.

creces *f. pl.* Aumento, ventaja, exceso en algunas cosas.

crecido, da 1 *adj.* Grande o numeroso. 2 *f.* Aumento del cauce de los ríos y arroyos.

creciente 1 *adj.* Que crece. 2 ASTR **luna ~**. 3 *f.* CRECIDA.

crecimiento *m.* Acción y efecto de crecer.

credencial 1 *adj.* Que acredita. 2 *f.* Documento en que consta la idoneidad de alguien para asumir un cargo.

credibilidad *f.* Cualidad de creíble.

crediticio, cia *adj.* Relativo al crédito económico.

crédito 1 *m.* Prestigio de una persona. 2 Aprobación o confirmación de algo: *La noticia no me merece crédito.* 3 Plazo concedido para el pago de una deuda. 4 Solvencia económica. 5 ECON Préstamo que se hace en virtud de tal solvencia a cambio de pagar un precio por disfrutarlo.

credo 1 *m.* Ideario de una colectividad o de un partido. 2 REL Oración cristiana que recoge los artículos principales de la fe.

crédulo, la *adj.* Que cree fácilmente cuanto se le dice.

creencia 1 *f.* Acción de creer. 2 Crédito que se presta a un hecho como seguro o cierto. 3 *f. pl.* Convicciones de una persona o de una colectividad, que pueden referirse a la religión, la política, la economía, etc.

creer 1 *tr.* y *prnl.* Tener por cierto algo que no está comprobado. 2 *intr.* REL Aceptar las verdades de una fe religiosa. 3 *tr.* Estimar, opinar. 4 Tener una cosa por verosímil o probable.

creíble *adj.* Que puede o merece creerse.

crema[1] 1 *f.* Sustancia grasa contenida en la leche. 2 Nata de la leche. 3 Sopa espesa. 4 Licor dulce y espeso. 5 Lo más distinguido de un grupo social cualquiera. 6 *adj.* y *m.* BEIS.

crema[2] 1 *f.* Cosmético para suavizar el cutis. 2 Pasta dentífrica.

crema[3] *f.* DIÉRESIS.

cremación *f.* Incineración de un cadáver.

cremallera 1 *f.* Cierre que consiste en dos tiras de tela dentadas que se traban o destraban al movimiento de apertura o cierre por medio de un cursor. 2 Barra metálica dentada en uno de sus cantos, para engranar con un piñón y convertir un movimiento circular en rectilíneo o viceversa.

creole (Voz ingl.) *m.* CRIOLLO.

creolina *f.* Desinfectante líquido a base de creosota y jabones.

creosota *f.* Sustancia oleaginosa que se extrae del alquitrán.

crepé 1 *m.* Tejido de lana, seda o algodón de superficie rugosa. 2 Papel que lo imita.

crepitar *intr.* Dar chasquidos repetidos, como hacen algunos cuerpos al arder.

crepúsculo 1 *m.* Claridad que precede inmediatamente a la salida o puesta del Sol. 2 Tiempo que dura.

crespo, pa 1 *adj.* Dicho del cabello que forma rizos o sortijillas. 2 *m.* Bucle, rizo.

cresta 1 *f.* Carnosidad eréctil que algunas aves y reptiles tienen en la cabeza. 2 Mechón o moño de pelo o plumas que algunos animales tienen en la cabeza. 3 Remate espumoso de las olas.

creta *f.* Caliza blanquecina compuesta por restos de pequeños organismos marinos.

cretácico, ca *adj.* y *m.* GEO Dicho del tercer y último periodo del Mesozoico.

□ GEO El periodo Cretácico siguió al Jurásico, comenzando hace unos 136 millones de años y finalizando hace unos 65. La gran actividad tectónica y volcánica condujo a la formación de las grandes cadenas montañosas: los Alpes, el Himalaya, las Rocosas y los Andes. Proliferaron los reptiles, surgieron las plantas con flores y se extinguieron los dinosaurios.

cretinismo *m.* Estupidez, idiotez, falta de talento.

cretino, na *adj.* y *s.* Que padece cretinismo.

creyente *adj.* y *s.* Que tiene determinada fe religiosa.

cría 1 *f.* Niño o animal mientras se está criando. 2 Conjunto de hijos que tienen de un parto, o en un nido, los animales.

criadero *m.* Lugar en que se crían plantas o animales.

criado, da 1 *adj.* Dicho de la persona que ha recibido una determinada educación. 2 *m.* y *f.* Persona que se emplea en el servicio doméstico.

criador, ra *m.* y *f.* Persona que tiene por oficio criar animales; como caballos, perros, gallinas, etc.

crianza *f.* Acción y efecto de criar.

criar 1 *tr.* Nutrir y alimentar la madre al hijo durante el periodo de lactancia. 2 Instruir, educar: *Lo criaron sus abuelos.* 3 Tener crías un animal. 4 Hacer que se reproduzcan plantas y animales. 5 *tr.* e *intr.* Cuidar y alimentar un animal a sus hijos.

criatura 1 *f.* Cualquier cosa creada o criada. 2 Niño recién nacido o pequeño.

criba *f.* Instrumento para cribar consistente en un marco al que está asegurada una tela metálica.

cribar *tr.* Pasar una materia por la criba, para separar sus partes menudas de las gruesas.

criboso *adj.* BOT **vaso ~**.

crimen *m.* Delito grave. || **~ contra la humanidad** GENOCIDIO. **~ de guerra** El de lesa humanidad que en el marco de un conflicto armado hace parte de un plan o de una política. **~ de lesa humanidad** El generalizado o sistemático cometido contra la población civil y con conocimiento previo. **~ de lesa majestad** El que atenta contra la vida de un soberano.

criminal 1 *adj.* Relativo al crimen. 2 *adj.* y *s.* Que ha cometido un crimen.

criminalidad *f.* Número proporcional de crímenes.

criminalista *adj.* y *m.* y *f.* Especialista en el estudio del crimen.

criminología *f.* Ciencia que estudia el crimen, sus características y su repercusiones.

crin *f.* Conjunto de cerdas que algunos animales tienen en el pescuezo y en la cola.

crío, a *m.* y *f.* Niño, especialmente el de corta edad.

criogenia *f.* FÍS Estudio de los procesos que se producen a temperaturas extremadamente bajas.

criollismo 1 *m.* Carácter, rasgo o peculiaridad criollos. 2 LIT Tendencia literaria hispanoamericana de finales del s. XIX, que exaltaba lo criollo.

criollo, lla 1 *adj.* y *s.* Dicho del descendiente de padres europeos nacido en Iberoamérica. 2 *adj.* Dicho de lo autóctono de los países iberoamericanos. 3 *m.* Dicho de una lengua, que está conformada por elementos provenientes de diferentes lenguas, surge a partir de la convivencia prolongada entre distintas comunidades y se constituye en la lengua de una comunidad gracias a que se transmite de padres a hijos.

cripta *f.* Capilla subterránea dentro de una iglesia.

críptico, ca *adj.* Oscuro, enigmático.

criptógamo, ma *adj.* y *s.* BOT Dicho de la planta que carece de flores.

criptografía *f.* Escritura cifrada en clave, que es necesario conocer para interpretarla.

criptograma *m.* LING Texto cuyo mensaje se encuentra en clave y hay que descifrarlo.

criptología *f.* Estudio de las claves o los lenguajes ocultos.

críquet *m.* DEP Juego semejante al béisbol, que se practica entre dos equipos de once jugadores cada uno en un campo de césped, y cuyo objetivo es conseguir todas las carreras posibles tras batear la pelota.

crisálida *f.* ZOOL Ninfa de los lepidópteros, que constituye un estado intermedio entre la larva y la mariposa. Durante esta fase se desarrollan las estructuras externas del individuo adulto.

crisantemo 1 *m.* Planta compuesta de 60 a 80 cm de alto, con hojas con hendiduras y flores abundantes, solitarias y terminales. 2 Flor de esta planta.

crisis 1 *f.* Situación difícil y momentánea de una persona, una empresa o un negocio. 2 POLÍT Situación política que se produce al cambiar o dimitir un gobierno total o parcialmente.

crisma *m.* o *f.* Bálsamo aceitoso que se unge a los que se bautizan o confirman, y a los obispos y sacerdotes cuando se consagran o se ordenan.

crisol *m.* Recipiente refractario para fundir alguna materia a temperatura muy elevada.

crispar 1 *tr.* y *prnl.* Tensar los músculos y nervios con contracciones violentas. 2 Irritar, exasperar.

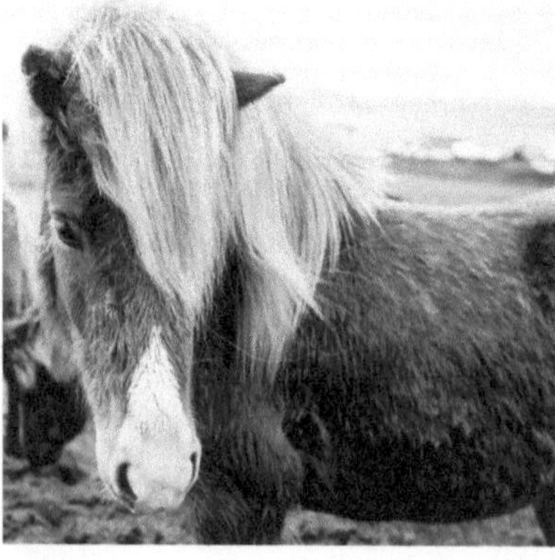

cristal 1 *m.* Cuerpo sólido cuyos átomos o moléculas están dispuestos en planos repetidos. 2 Vidrio incoloro muy transparente. 3 Pieza de vidrio con que se cubren huecos de vitrinas, ventanas, etc. || **~ líquido** Sustancia líquida que tiene estructura cristalina y se emplea para fabricar pantallas de aparatos electrónicos, indicadores numéricos, etc. **~ de roca** Cuarzo cristalizado, incoloro y transparente.

cristalería 1 *f.* Establecimiento donde se fabrican o venden objetos de cristal. 2 Parte de la vajilla que consiste en vasos, copas y jarras de cristal.

cristalino, na 1 *adj.* De cristal. 2 Parecido al cristal. 3 *m.* ANAT Cuerpo transparente, situado detrás de la pupila, que hace converger los rayos luminosos de manera que formen imágenes sobre la retina.

cristalizar 1 *tr.* Hacer que una sustancia adquiera la forma y la estructura del cristal. 2 *intr.* Tomar forma clara y precisa las ideas, los sentimientos o los deseos. 3 *intr.* y *prnl.* Dicho de una sustancia, adquirir la forma y la estructura el cristal.

cristiandad 1 *f.* Conjunto de fieles que profesan la religión cristiana. 2 Conjunto de países de religión cristiana.

cristianismo 1 *m.* REL Religión de los seguidores de Cristo. 2 Conjunto de los cristianos.

□ REL El cristianismo se basa en la existencia de un único Dios, creador de todo lo existente, el cual redimió al hombre del pecado a través del propio Jesucristo, su Hijo, y acogerá a los justos en un reino celestial. Su libro sagrado es la Biblia.

cristianizar *tr.* y *prnl.* REL Convertir al cristianismo.

cristiano, na 1 *adj.* REL Perteneciente a la religión cristiana. 2 REL *adj.* y *s.* Que profesa la fe de Cristo, que recibió en el bautismo.

criterio 1 *m.* Capacidad para juzgar y conocer algo, en especial su verdad o falsedad. 2 Manera personal de ver las cosas.

criticar 1 *tr.* e *intr.* Juzgar a alguien o algo. 2 Censurar, vituperar.

crítico, ca 1 *adj.* Relativo a la crítica. 2 Relativo a la crisis. 3 Dicho del tiempo, punto, ocasión, etc., el que debe aprovecharse o atenderse. 4 *m.* y *f.* Persona que ejerce la crítica. 5 *f.* Juicio sobre personas o cosas. 6 Censura de las ideas o la conducta de alguien. 7 Juicio sobre una obra artística o literaria. 8 Conjunto de críticos o de sus opiniones.

croar *intr.* Cantar la rana.

crol *m.* DEP Estilo de natación que consiste en batir constantemente las piernas y en mover los brazos hacia delante sacándolos del agua.

cromañón, na *adj.* y *s.* HIST Dicho de un individuo, perteneciente al primer grupo de humanos modernos, que apareció en Europa en el Paleolítico superior.

cromático, ca 1 *adj.* Relativo al color. 2 **círculo ~**. 3 MÚS Dicho del género musical que procede por semitonos.

cromátida *f.* BIOL Cada uno de los dos filamentos formados por la división longitudinal de un cromosoma; después de la metafase se originan dos nuevos cromosomas.

cromatina *f.* BIOL Sustancia albuminoidea que se encuentra en el interior del núcleo celular y de la que están formados los cromosomas.

cromatóforo *m.* BIOL Célula que lleva pigmento.

cromatografía *f.* QUÍM Separación de gases o líquidos de una mezcla por adsorción selectiva, produciendo manchas diferentemente coloreadas en el medio adsorbente.

crómlech (Tb. crónlech) *m.* HIST Monumento prehistórico compuesto por un conjunto de piedras que rodean en forma circular un terreno llano.

cromo *m.* QUÍM Elemento químico metálico, resistente a la acción de los agentes químicos habituales. Se emplea en aleaciones inoxidables, en la fabricación de pigmentos, etc. Núm. atómico: 24. Punto de fusión: 1875 °C. Punto de ebullición: 2672 °C. Símbolo: Cr.

cromosfera (Tb. cromósfera) *f.* ASTR Zona superior de la envoltura gaseosa del Sol.

cromosoma *m.* BIOL Estructura que se encuentra en el núcleo de las células formando parejas (salvo en las células sexuales). Contiene el ADN que se divide en pequeñas unidades llamadas genes, que son los que determinan las características hereditarias de la célula u organismo. || **~s homólogos** BIOL Los dos que forman un par durante la división celular. **~ x** BIOL Cromosoma sexual, doble en la hembra y sencillo en el macho. **~ y** BIOL Cromosoma sexual, solo presente en el macho en dotación sencilla.

crónico, ca 1 *adj.* Dicho de las enfermedades largas o habituales y de los vicios arraigados. 2 Que viene de tiempo atrás. 3 *f.* LIT Narración de los acontecimientos según su orden cronológico. 4 Redacción periodística relativa a los sucesos de actualidad.

cronista *m.* y *f.* Autor de una crónica. || **~s de indias** HIST y LIT Autores de la historia del descubrimiento y la conquista de América y del desarrollo histórico de los virreinatos.

cronograma *f.* Calendario detallado de un plan de trabajo.

cronología 1 *f.* Estudio y clasificación de los acontecimientos según el orden en que ocurrieron. 2 Serie o lista de personas o sucesos históricos por orden de fechas.

cronometrar *tr.* Medir la duración en el tiempo de un suceso más o menos corto.

cronómetro *m.* Reloj que se emplea en la medición de fracciones de tiempo muy pequeñas.

croquet *m.* Juego que consiste en hacer pasar bajo unos aros unas bolas de madera impulsándolas con un mazo.

croqueta *f.* Masa hecha con un picadillo de diversas carnes, huevo, etc., que se apana y se fríe.

croquis *m.* Bosquejo rápido que se hace de alguna cosa.

cross (Voz fr., y esta del ingl. *cross-country*) *m.* DEP Carrera de larga distancia a campo traviesa.

crótalo *m.* Nombre genérico de las serpientes de cascabel.

cruce 1 *m.* Acción y efecto de cruzar o de cruzarse. 2 Punto de intersección de dos líneas o caminos. 3 Paso de peatones en una calle.

crucero 1 *m.* ARQ Espacio en que se cruzan la nave mayor de una iglesia y la que la atraviesa. 2 ARQ **arco ~**. 3 Viaje de recreo en barco, con distintas escalas.

cruceta *f.* Herramienta que sirve para enroscar y desenroscar los pernos de las ruedas del automóvil.

crucial *adj.* Dicho del momento crítico en que se decide algo que podría tener resultados opuestos.

crucificar *tr.* Clavar a una persona en una cruz.

crucifijo *m.* Efigie o imagen de Cristo crucificado.

crucifixión 1 *f.* Acción y efecto de crucificar. 2 Imagen que representa la crucifixión de Jesucristo.

cruciforme *adj.* De forma de cruz.

crucigrama *m.* Pasatiempo que consiste en llenar con letras los espacios vacíos de una cuadrícula, de manera que, leídas estas en sentido horizontal y vertical, formen determinadas palabras.

crudeza *f.* Rigor o inclemencia.

crudo, da 1 *adj.* Dicho del alimento no preparado o insuficientemente preparado. 2 Dicho de ciertos productos que no están curados, como la seda y el cuero. 3 Muy frío, referido al tiempo. 4 Descrito sin atenuantes, especialmente referido a escenas de crueldad o de erotismo. 5 *adj.* y *m.* Dicho del petróleo sin refinar.

cruel 1 *adj.* Que gusta hacer sufrir o se complace en los padecimientos ajenos. 2 Atroz, insufrible.

crueldad 1 *f.* Cualidad de cruel. 2 Acción cruel e inhumana.

crujía 1 *f.* Espacio de popa a proa en medio de la cubierta. 2 ARQ Espacio comprendido entre dos muros de carga.

crujir *intr.* Ruido producido por algunos cuerpos cuando rozan unos con otros o se rompen; como las telas, las maderas, etc.

crustáceo, a *adj.* y *m.* ZOOL Dicho de los artrópodos con el cuerpo recubierto de un caparazón rígido, un número variable de apéndices, dos pares de antenas y respiración branquial; como las langostas y los cangrejos.

cruz 1 *f.* Figura formada por dos líneas perpendiculares. 2 Insignia o signo que tiene esa figura. 3 Patíbulo formado por un madero vertical y otro transversal, en los cuales se sujetaban las manos y los pies de ciertos condenados. 4 REL Símbolo del cristianismo, por haber padecido en ella Jesucristo. 5 La parte más alta del lomo de un animal. || **~ gamada** La que tiene cuatro brazos acodados como la letra gamma mayúscula del alfabeto griego. **~ griega** Aquella cuyos componentes se cortan en los puntos medios. **~ latina** Aquella cuya componente menor divide al mayor en partes desiguales.

cruzada 1 *f.* HIST Cada una de las ocho expediciones que en la Edad Media dirigieron los cristianos europeos contra los musulmanes para reconquistar los lugares que habían sido escenario de la vida de Cristo. 2 Campaña que se hace por algún fin noble.

□ HIST La única cruzada que tuvo pleno éxito fue la I Cruzada (1096-99), su resultado fue la creación del reino de Jerusalén, que subsistió hasta su conquista por los musulmanes, en 1187. La IV Cruzada (1201-04) fue desviada por los intereses venecianos y concluyó con el saqueo de Constantinopla. En la VI Cruzada (1228-29), el emperador alemán Federico II logró por vía diplomática una restitución temporal de Jerusalén. El protagonista de la VII Cruzada (1248-54) y de la VIII Cruzada fue el rey francés Luis IX, en aquella cayó prisionero en Egipto y en esta perdió la vida en Túnez (1270).

cruzado, da 1 *adj.* Dicho del animal nacido de un cruzamiento. 2 *adj.* y *s.* HIST Que participaba en una cruzada. 3 HIST Dicho del caballero que llevaba la cruz de una orden militar.

cruzamiento *m.* Acción de cruzar animales o plantas.

cruzar 1 *tr.* Poner una cosa sobre otra en forma de cruz o en sentido transversal. 2 Pasar de un lado a otro, en una calle, plaza, etc. 3 Recorrer un lugar de uno de sus extremos al otro. 4 Hablando de los miembros del cuerpo, montar una pierna sobre la otra o apoyar un brazo sobre el otro delante del pecho. 5 Juntar para que procreen una hembra y un macho de distinta raza. 6 Mezclar variedades de plantas para obtener nuevas. 7 *prnl.* Dicho de dos personas o cosas, pasar por un punto o camino en direcciones opuestas. 8 GRAM Dicho de dos palabras afines, originar otra que ofrece caracteres de cada una de aquellas: *papa* y *batata* se han cruzado en *patata*. 9 Ponerse una cosa delante de otra, atravesarse.

cu *f.* Nombre de la letra *q*.

cuaderna 1 *f.* Cada una de las piezas curvas que forman las costillas del casco de un buque. 2 Conjunto de estas piezas.

cuaderno *m.* Libreta en que se toman notas o se apuntan cuentas, etc. || ~ **de bitácora** Libro en el que se apuntan el rumbo, la velocidad y demás incidencias de la navegación.

cuadra 1 *f.* Medida de longitud variable entre los 80 y 150 m. 2 Calle comprendida entre dos esquinas de una manzana. 3 Sala o pieza espaciosa. 4 CABALLERIZA.

cuadrado, da 1 *adj.* De forma semejante a la del cuadrado. 2 Dicho de una unidad de superficie, que equivale a la supeficie de un cuadrado cuyo lado tenga la longitud expresada: *Un metro cuadrado.* 3 MAT **raíz** ~. 4 *adj.* y *m.* GEOM Figura plana, cerrada por cuatro rectas iguales que forman otros tantos ángulos rectos. 5 GEOM CUADRILÁTERO. 6 *m.* MAT Potencia de exponente 2 o resultado de multiplicar una cantidad por sí misma.

cuadragésimo, ma 1 *adj.* Que ocupa por orden el número cuarenta. 2 *adj.* y *m.* Dicho de cada una de las cuarenta partes iguales en que se divide un todo.

cuadrangular *adj.* Que tiene o forma cuatro ángulos.

cuadrante 1 *m.* Reloj solar trazado en un plano. 2 Parte de un instrumento en la que van una escala y un indicador. 3 GEOM Cuarta parte de la circunferencia o del círculo, comprendida entre dos radios perpendiculares. 4 ASTR Instrumento antiguo compuesto de un cuarto de círculo graduado, con pínulas o anteojos, para medir ángulos.

cuadrar 1 *tr.* Dar a una cosa figura de cuadro o cuadrado. 2 GEOM Determinar o encontrar un cuadrado equivalente en superficie a una figura dada. 3 MAT Elevar un número a la segunda potencia, o sea, multiplicarlo por sí mismo. 4 *intr.* Conformarse o ajustarse una cosa con otra.

cuádriceps *m.* ANAT Músculo situado en la parte anterior del muslo que se divide en cuatro partes y participa en la extensión de la pierna.

cuadrícula *f.* Conjunto de los cuadrados que resultan de cortarse perpendicularmente dos series de rectas paralelas.

cuadriga *f.* Tiro de cuatro caballos de frente.

cuadrilátero 1 *m.* GEOM Polígono de cuatro lados. 2 DEP Espacio limitado por cuerdas con suelo de lona donde combaten los púgiles.

cuadrilla *f.* Grupo de personas que realizan una actividad.

cuadrivio *m.* En la Edad Media, conjunto de las cuatro artes matemáticas: aritmética, música, geometría y astrología o astronomía.

cuadro 1 *m.* GEOM CUADRADO. 2 ART Lienzo o tabla pintada. 3 Conjunto de nombres, cifras u otros datos presentados gráficamente, de manera que se advierta la relación existente entre ellos. 4 Armazón de una bicicleta. 5 TEAT Cada parte de un acto teatral en que cambia la decoración. || ~ **de costumbres** LIT Texto en que se describen, viva y detalladamente, las costumbres y tradiciones de un grupo social. ~ **sinóptico** Exposición de una materia en una plana, en forma de epígrafes comprendidos dentro de llaves u otros signos gráficos, de modo que el conjunto se puede abarcar de una vez con la vista.

cuadrúmano, na (Tb. cuadrumano) *adj.* y *m.* ZOOL Dicho de los mamíferos en cuyas extremidades el dedo pulgar es oponible a los otros dedos, como los primates.

cuadrúpedo, da *adj.* y *m.* ZOOL Dicho del animal de cuatro patas.

cuádruple 1 *adj.* y *m.* Dicho de lo que es cuatro veces superior a otra cosa. 2 *adj.* Dicho de la serie de cuatro cosas iguales o similares.

cuajada *f.* Masa que se hace cuajando la leche en moldes y escurriendo el suero sobrante.

cuajar[1] *m.* Cuarta cavidad del estómago de los rumiantes.

cuajar[2] 1 *tr.* Transformar una sustancia líquida en una masa sólida y pastosa. 2 Llenar un espacio con muchas cosas. 3 *intr.* y *prnl.* Lograr lo que se pretendía: *Finalmente el plan cuajó.* 4 *intr.* coloq. Gustar, agradar, cuadrar.

cual 1 *pron. relat. m.* y *f.* Como, de la misma manera que. Ejerce funciones de adjetivo en correlación con *tal, tales.* 2 *adv. m.* Así como, denotando comparación o equivalencia.

cualidad *f.* Modo de ser característico de los seres vivos y las cosas, y cualquier nota distintiva por la que se diferencian de los demás.

cualificado, da *adj.* Dicho del trabajador que está especialmente preparado para una tarea determinada.

cualificar *tr.* y *prnl.* Dar determinadas cualidades a alguien o algo.

cualitativo, va *adj.* Que denota cualidad.

cualquier *adj.* y *pron.* Apócope de *cualquiera*; se antepone siempre al sustantivo.

cualquiera 1 *adj. indef.* Algún, un. 2 *pron. indef. m.* y *f.* Una persona o cosa indeterminada o indiferente.

cuan *adv. c.* Apócope de *cuanto*. No se acentúa cuando es comparativo o correlativo, pero sí cuando es ponderativo o interrogativo: *¡Cuán presto se va el placer!*

cuando 1 *adv.* En sentido interrogativo y exclamativo (con acento ortográfico), equivale a *en qué tiempo*. Como adverbio relativo (sin acento), *en el momento en que*. 2 *conj.* Deriva del adverbio relativo, precisando el tiempo de las acciones indicadas por los dos verbos que relaciona con el significado de *en el tiempo; en el punto en que; en el caso de que; aunque; si.*

cuantía 1 *f.* CANTIDAD, medida de una magnitud. 2 FISIOL ~ **basal**.

cuántico, ca *adj.* FÍS Relativo a los cuantos de energía.

cuantificador 1 *m.* Elemento o palabra que cuantifica. 2 MAT Símbolo que indica que una propiedad se aplica a todos los elementos de un conjunto (símbolo universal), o solamente a algunos de ellos (símbolo existencial).

cuantificar 1 *tr.* Expresar numéricamente una magnitud. 2 Indicar cantidad o grado de forma precisa (*uno, dos, tres,* etc.) o imprecisa (*algunos, mucho, poco,* etc.).

cuantioso, sa *adj.* Grande en cantidad o número.

cuantitativo, va *adj.* Relativo a la cantidad o que la expresa.

cuanto[1] *m.* FÍS Cada una de las cantidades elementales con que varían determinadas magnitudes físicas (como la energía, el momento angular, etc.).

cuanto[2], ta 1 *pron. relat. m., f.* y *n.* Se usa sin antecedente expreso y referido a un sintagma nominal mencionado o sobrentendido: *Siempre consigue cuanto quiere.* 2 *adv. relat.* Expresa una cantidad cuyo valor es idéntico a otra con la que se compara. Se utiliza en correlación con un antecedente expreso encabezado por *tan* o *tanto*.

cuaquerismo *m.* REL Doctrina protestante fundada en Inglaterra (s. XVII) que se caracteriza por el rigor moral. Su fundamento espiritual es la "iluminación interior" emanada del Espíritu Santo.

cuáquero, ra *m.* y *f.* Individuo afiliado al cuaquerismo.

cuarcita *f.* Roca formada por cuarzo, de estructura granulosa o compacta.

cuarenta 1 *adj.* y *pron.* Cuatro veces diez. 2 *adj.* CUADRAGÉSIMO. 3 *m.* Conjunto de signos con que se representa este número.

cuarentena *f.* Aislamiento preventivo de personas o animales sospechosos de algún contagio.

cuaresma *f.* REL Tiempo desde el Miércoles de Ceniza hasta el Domingo de Resurrección.

cuark *m.* FÍS Cada una de las partículas elementales que componen otras partículas, como el protón y el neutrón, y que no existen de manera aislada.

cuarta 1 *f.* Cada una de las cuatro partes iguales en que se divide un todo. 2 Distancia desde el extremo del pulgar hasta el del meñique extendidos.

cuartearse *prnl.* Agrietarse una pared, un techo, etc.

cuartel 1 *m.* Edificio en que se aloja la tropa. 2 Sitios en que se acuartela el ejército cuando está en campaña.

cuarteto 1 *m.* Estrofa de cuatro versos. 2 Conjunto de cuatro voces o de cuatro instrumentos musicales. 3 MÚS Composición musical para cuatro voces o cuatro instrumentos.

cuartil *m.* MAT Cada uno de los valores que divide la distribución de una variable en cuatro grupos que tienen la misma frecuencia.

cuartilla *f.* Hoja de papel, que es la cuarta parte de un pliego.

cuarto, ta 1 *adj.* y *s.* Que ocupa el último lugar en una serie de cuatro. 2 *adj.* y *m.* Dicho de cada una de las cuatro partes iguales en que se divide un todo.

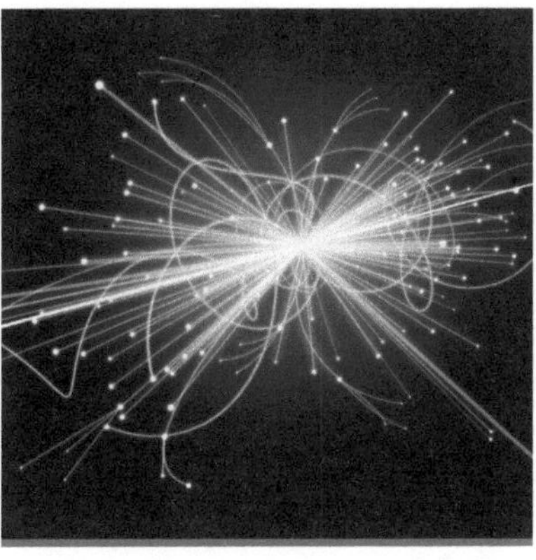

3 *m.* Habitación de una vivienda. 4 Cada una de las cuatro partes en que se divide la hora. || **~s de final** DEP Cada una de las cuatro antepenúltimas competiciones de un campeonato.

cuarzo *m.* Mineral vítreo e incoloro en estado puro.

cuásar *m.* ASTR Objeto de apariencia estelar que emite enormes cantidades de radiación en todas las frecuencias.

cuaternario *adj.* y *m.* GEO Dicho del periodo geológico más reciente del **cenozoico**. Se divide en **pleistoceno** y **holoceno**.

cuatrero, ra *m.* y *f.* Ladrón de reses o ganado.

cuatrienio *m.* Periodo de cuatro años.

cuatro 1 *adj.* y *pron.* Tres más uno. 2 *m.* Signo con que se representa este número. 3 MÚS Instrumento de cuatro cuerdas de la familia de la guitarra.

cuatrocientos, tas 1 *adj.* y *pron.* Cuatro veces cien. 2 *adj.* Que sigue al trescientos noventa y nueve. 3 *m.* Signo o signos con que se representa esa cantidad.

cuba *f.* Tonel pequeño.

cubeta *f.* Recipiente rectangular, ancho y poco hondo.

cubicar 1 *tr.* MAT Elevar una expresión a la tercera potencia, o sea multiplicarla dos veces por sí misma. 2 GEOM Medir el volumen o la capacidad de un cuerpo para apreciarlo en unidades cúbicas.

cúbico, ca 1 *adj.* GEOM Relativo al cubo o en forma de tal. 2 MAT **raíz** ~. 3 **centímetro** ~; **metro** ~.

cubierta 1 *f.* Lo que tapa o resguarda algo. 2 CORAZA de las ruedas. 3 ARQ Parte exterior de la techumbre de un edificio. 4 Cada uno de los pisos de un navío. 5 Tapa de un libro o de una revista.

cubierto *m.* Juego de mesa compuesto por tenedor, cuchillo y cuchara.

cubil *m.* Sitio donde los animales se recogen para dormir.

cubilete 1 *m.* Sombrero de copa alta. 2 Vaso para mover y arrojar los dados.

cubismo *m.* ART Movimiento pictórico que surgió en París a principios del s. XX, cuya finalidad era representar sobre un plano la variedad dimensional de los objetos, evitando la perspectiva y la imitación realista. Fue iniciado por Braque y Picasso.

cúbito *m.* ANAT El hueso más largo de los dos del antebrazo.

cubo[1] *m.* Recipiente en forma de cono truncado, más ancho por arriba.

A B C D E F G H I J K L M N Ñ O P Q R S T U V W X Y Z

cubo² 1 *m.* MAT Tercera potencia de un número, monomio o polinomio. 2 GEOM Sólido regular limitado por seis cuadrados iguales.

cubreobjetos (Tb. cubreobjeto) *m.* Lámina delgada de cristal con que se cubren las preparaciones microscópicas para su conservación y examen.

cubrir 1 *tr.* y *prnl.* Tapar u ocultar una cosa con otra. 2 Depositar o extender algo sobre una superficie. 3 Echarse algo encima. 4 *tr.* Ocultar o disimular algo. 5 Tapar algo. 6 Pagar una deuda, un gasto o un servicio. 7 Dicho de una distancia, recorrerla. 8 Seguir de cerca un informador las incidencias de un acontecimiento para dar noticia de ellas. 9 Vestir, cubrir o adornar con ropa. 10 *prnl.* Ponerse el sombrero, la gorra, etc. 11 Prevenirse de un riesgo o perjuicio. 12 Nublarse el cielo.

cucaracha *f.* Insecto de cuerpo aplanado, con alas y élitros rudimentarios, nocturno y corredor.

cuchara 1 *f.* Utensilio para comer o beber consistente en una pieza ovalada y cóncava con mango. 2 Lo que cabe en él.

cucharón *m.* Cuchara grande.

cuchichear *intr.* Hablar en voz baja al oído de alguien.

cuchilla 1 *f.* Hoja de arma blanca. 2 Hoja de afeitar. 3 Loma, cumbre o meseta muy prolongadas.

cuchillo *m.* Instrumento cortante formado por una hoja de un solo filo sujeta a un mango.

cuchitril *m.* Habitación estrecha y sucia.

cuclillo *m.* Ave poco menor que una tórtola, de plumaje cenizo. La hembra pone sus huevos en nidos ajenos y no atiende sus crías.

cuco *m.* CUCLILLO.

cucurucho 1 *m.* Papel enrollado en forma cónica. 2 Parte superior y cónica de cualquier cosa.

cueca *f.* FOLCL Baile popular chileno que termina con un zapateado vivo.

cuello 1 *m.* Parte del cuerpo que une la cabeza con el tronco. 2 Parte superior y estrecha de un vaso o de una vasija. 3 BOT Zona que separa la raíz del tallo en las plantas. 4 Parte de los vestidos que se ajusta al cuello. || ~ **uterino** ANAT Extremo estrecho exterior del útero.

cuenca 1 *f.* ANAT ÓRBITA ocular. 2 GEO Territorio cuyas aguas afluyen todas a un mismo río, lago o mar.

cuenco *m.* Vaso de barro, hondo y ancho.

cuenta 1 *f.* Acción y efecto de contar. 2 Cálculo aritmético. 3 Relación de gastos. 4 Recibo que justifica un cobro. 5 Cada una de las bolitas con que se ensartan rosarios o abalorios. || ~ **corriente** La que, para ir asentando las partidas de debe y haber, se lleva a las personas o entidades a cuyo nombre está abierta en un banco. ~ **regresiva** Lectura en sentido inverso de las unidades de tiempo que preceden a un acontecimiento previsto.

cuentagotas *m.* Utensilio para verter un líquido gota a gota.

cuento 1 *m.* LIT Narración breve de ficción. 2 Chisme, embuste.

cuerda 1 *f.* Conjunto de hilos o fibras retorcidos, que se emplea para atar o suspender algo. 2 Muelle que pone en funcionamiento un mecanismo. 3 GEOM Segmento entre dos puntos de una curva. 4 MÚS Hilo de diversos materiales que en muchos instrumentos produce los sonidos gracias a su vibración. 5 *f. pl.* MÚS **instrumentos de** ~. || ~ **floja** Alambre sobre el cual hacen sus ejercicios los funámbulos. ~**s vocales** ANAT Ligamentos que van de delante a atrás en la laringe, capaces de producir vibraciones.

cuerdo, da 1 *adj.* y *s.* Que está en su juicio. 2 Sensato, reflexivo.

cuerno 1 *m.* ZOOL Prolongación ósea cubierta por una capa epidérmica o por una vaina dura, que tienen algunos animales en la región frontal. 2 ZOOL Protuberancia dura y puntiaguda que el rinoceronte tiene sobre la mandíbula superior. || ~ **de la abundancia** CORNUCOPIA.

cuero 1 *m.* Piel de los animales. 2 Piel curtida de los animales. || ~ **cabelludo** ANAT Piel de la cabeza en que nace el pelo.

cuerpo 1 *m.* Lo que tiene extensión limitada y es percibido por los sentidos. 2 BIOL Conjunto de materia orgánica que conforma un ser vivo. 3 Constitución física de una persona. 4 Tamaño de una cosa. 5 Grueso de los tejidos, el papel, etc. 6 Consistencia de un líquido. 7 Asociación de personas que pertenecen a la misma profesión. 8 Cada una de las partes de otra principal: *Armario de dos cuerpos*. 9 Conjunto de lo que se dice en la obra escrita, con excepción de índices y preliminares. 10 GEOM Objeto material en que pueden apreciarse las tres dimensiones principales: longitud, latitud y profundidad. 11 Cierto número de soldados con sus respectivos oficiales. || ~ **calloso** ANAT Conglomerado de fibras nerviosas que conectan los hemisferios cerebrales. ~ **ciliar** ANAT Ensanchamiento musculoso ocular que permite el cambio de curvatura del cristalino. ~ **lúteo** o **amarillo** BIOL Remanente del folículo cuando el óvulo es liberado. Produce la progesterona. ~ **negro** FÍS Objeto ideal que absorbe completamente las radiaciones que inciden sobre él.

cuervo *m.* Pájaro de pico cónico y grueso, con tarsos fuertes, alas de 1 m de envergadura y plumaje negro.

cuesta *f.* Terreno en pendiente.

cuestión 1 *f.* Asunto difícil y controvertido. 2 Asunto en general.

cuestionar 1 *tr.* Controvertir un punto dudoso. 2 Poner en duda lo afirmado por alguien.

cuestionario *m.* Lista de preguntas.

cueva 1 *f.* Cavidad subterránea de desarrollo horizontal. 2 MADRIGUERA.

cui *m.* COBAYA.

cuidado 1 *m.* Esmero que se pone en la realización de algo. 2 Incumbencia u obligación: *Está a su cuidado*. 3 MED **unidad de ~s intensivos**. 4 *interj.* Llamada de atención que señala la amenaza de algo o la cautela con que hay que actuar.

cuidar 1 *tr.* Poner diligencia en la ejecución de algo. 2 *tr.* e *intr.* Estar pendiente de alguien o de algo, vigilarlo para que se mantenga bien, no se estropee o no se pierda. 3 *prnl.* Mirar por la propia salud. 4 Vivir con advertencia respecto de algo: *No se cuida del frío.*

cuita *f.* Aflicción, desventura.

culantrillo *m.* Helecho de hojuelas redondeadas y pecíolos largos y negros, que crece en lugares húmedos.

culantro *m.* CILANTRO.

culata *f.* Parte posterior de ciertas armas de fuego.

culebra *f.* Serpiente de cuerpo aprox. cilíndrico y muy largo respecto de su grueso.

culebrilla *f.* MED Erupción viral en la que las vesículas se disponen a lo largo de los nervios.

culebrina *f.* Pieza de artillería larga y de poco calibre.

culinario, ria 1 *adj.* Perteneciente o relativo a la cocina. 2 *f.* Arte de cocinar.

culminación *f.* Acción y efecto de culminar.

culminar 1 *tr.* Dar fin a una tarea. 2 *intr.* Llegar algo al grado más elevado.

culo 1 *m.* NALGAS. 2 ANO. 3 Zona carnosa que, en los animales, rodea el ano. 4 Extremidad inferior o posterior de algo.

culombio *m.* FÍS Unidad de carga eléctrica, equivalente a la cantidad de electricidad que pasa por la sección de un conductor en un segundo con una corriente de un amperio de intensidad. Símbolo: C.

culpa 1 *f.* Falta voluntaria más o menos grave. 2 Responsabilidad, causa involuntaria de un suceso o acción imputable a una persona.

culteranismo *m.* LIT Estilo español (s. XVII) que se caracterizó por la latinización del lenguaje y su extremada artificiosidad.

cultismo *m.* Palabra culta o erudita.

cultivar 1 *tr.* Dar a la tierra y a las plantas las labores necesarias para que fructifiquen. 2 Hacer que se desarrollen, en las condiciones propicias, determinados organismos. 3 Desarrollar el talento. 4 Mantener o aumentar ciertas ideas o cualidades.

cultivo 1 *m.* Acción y efecto de cultivar. 2 Conjunto de plantas que se cultivan en un terreno. 3 BIOL Técnica mediante la cual se mantienen vivos fragmentos de tejidos, o sus células correspondientes, una vez separados del organismo. 4 BIOL Estos tejidos o células así tratados.

culto, ta 1 *adj.* Dicho de las tierras y plantas cultivadas. 2 Ilustrado o instruido, dicho de personas. 3 Refinado, dicho del estilo, la palabra, etc. 4 *m.* REL Conjunto de ritos o ceremonias religiosas. 5 Estimación grande de algo.

cultura 1 *f.* Conjunto de conocimientos que posee una persona. 2 Conjunto de creencias, tradiciones y valores de una sociedad. 3 Conjunto de conocimientos logrados por la humanidad.

□ Es considerada una especie de tejido social en el que se reflejan las tradiciones, **cosmogonías**, formas de ver el mundo y actividades económicas, políticas y sociales que identifican a un pueblo. También se reconoce como el cultivo de la parte intelectual y espiritual del ser humano y ha sido un factor para medir el desarrollo o el progreso de una sociedad. Se interpreta desde los procesos de conservación de la memoria y las tradiciones que deben preservarse con el paso del tiempo.

cultural *adj.* Relativo a la cultura.

culturismo *m.* DEP Práctica de ejercicios encaminada al desarrollo de los músculos.

cumbia *f.* FOLCL Ritmo musical y baile folclórico tradicional de Colombia. Posee contenidos de tres vertientes culturales: indígena, negra africana y blanca.

cumbre 1 *f.* Cima de un monte. 2 Máxima elevación. 3 Reunión de alto nivel.

cumpleaños *m.* Aniversario del nacimiento de una persona.

cumplido, da 1 *adj.* Educado, obsequioso. 2 Puntual, que llega a un lugar o parte de él a la hora convenida. 3 *m.* Acción obsequiosa o muestra de urbanidad.

cumplimiento *m.* Acción y efecto de cumplir o cumplirse.

cumplir 1 *tr.* Ejecutar, llevar a efecto. 2 Llegar a una determinada edad. 3 *intr.* Hacer lo que se debe. 4 *intr.* y *prnl.* Finalizar un plazo. 5 *prnl.* Verificarse o realizarse algo.

cúmulo 1 *m.* Reunión de cosas de cualquier naturaleza: *Un cúmulo de dificultades.* 2 GEO Conjunto de nubes que tiene apariencia de montañas nevadas con bordes brillantes.

cumulonimbo *m.* GEO Nube baja y oscura con prolongaciones verticales extensas, causante de tormentas intensas.

cuna[1] 1 *f.* Cama con bordes altos o barrotes para niños pequeños. 2 Lugar de origen de una persona. 3 Familia o linaje: *De humilde cuna.*

cuna[2] 1 *adj.* y *s.* De un pueblo indígena que habita en algunas regiones de Panamá y Colombia. 2 *adj.* Relativo a los cunas.

cuncho *m.* Residuos, sedimentos; poso de un líquido.

cundir *intr.* Extenderse o multiplicarse algo.

cuneiforme 1 *adj.* En forma de cuña. 2 **escritura ~.**

cunicultura *f.* Cría de conejos.

cuña *f.* Pieza que sirve para hender, ajustar o calzar cuerpos sólidos, o para llenar un hueco.

cuñado, da *m.* y *f.* Hermano o hermana de uno de los cónyuges respecto del otro.

cuño 1 *m.* Troquel con que se sellan las monedas y cosas análogas. 2 Impresión o señal que deja este sello.

cuórum *m.* QUORUM.

cuota *f.* Cantidad que aporta cada contribuyente o socio.

cupo 1 *m.* CABIDA. 2 Parte proporcional que corresponde a alguien en una obligación, un servicio, etc. 3 PUESTO, espacio.

cupón *m.* Parte de un anuncio, una invitación, etc., que se corta y que da derecho a participar en concursos o sorteos, o a obtener una rebaja en las compras.

cúprico *adj.* QUÍM Dicho del óxido de cobre que tiene doble proporción de oxígeno respecto del cuproso.

cuproso *adj.* QUÍM Dicho del óxido de cobre que tiene menos oxígeno.

cúpula 1 *f.* ARQ Bóveda semiesférica que cubre un edificio o parte de él. 2 Dirección de un organismo o partido político.

cura 1 *m.* Sacerdote católico 2 *f.* CURACIÓN.

curaca *m.* Cacique, potentado o gobernador.

curación *f.* Acción y efecto de curar o curarse.

curador, ra 1 *adj.* y *s.* Que cura. 2 *m.* y *f.* ART Persona encargada de organizar el guión de una exposición en un museo.

curandero, ra *m.* y *f.* Persona que ejerce una medicina empírica.

curar 1 *tr.* Hacer que recupere la salud una persona o un animal enfermo o herido. 2 Aplicar los remedios necesarios a enfermos o heridos para que sanen. 3 Limpiar y desinfectar una herida. 4 Secar y conservar productos como carnes, pescados, maderas, tabaco, etc. 5 *intr.* y *prnl.* Recobrar la salud un enfermo o herido.

curare *m.* Veneno paralizante que se extrae de diversas plantas tropicales.

curato 1 *m.* Cargo de cura párroco. 2 Territorio que comprende una parroquia.

cureña *f.* Armazón en la cual se monta un cañón.

curí *m.* COBAYA.

curia *f.* Conjunto de oficinas eclesiásticas.

curio *m.* QUÍM Elemento radiactivo artificial. Se usa como fuente de energía termoeléctrica en satélites. Punto de fusión: 1340 °C. Número atómico: 96. Símbolo: Cm.

curiosear 1 *intr.* Indagar cosas ajenas. 2 *intr.* y *tr.* Husmear, fisgonear.

curiosidad 1 *f.* Deseo de saber alguien lo que no le concierne. 2 Cosa hecha con esmero.

currículo 1 *m.* Plan de estudios. 2 CURRÍCULUM.

currículum *m.* Relación de datos académicos y profesionales de una persona.

curry (Voz ingl., y esta del tamil *kari*) *m.* Condimento en polvo originario de la India preparado con distintas especies como el clavo y el azafrán.

cursi *adj.* Dicho de las cosas que, con apariencia de elegancia, resultan ridículas.

curso 1 *m.* Año escolar. 2 Conjunto de alumnos de un mismo nivel. 3 Materias que se enseñan en un año escolar. 4 Dirección o rumbo del movimiento de una cosa. 5 Difusión de algo entre la gente. 6 Serie o continuación. 7 Evolución de un fenómeno, como la del movimiento de un astro o la de una enfermedad.

cursor 1 *m.* En algunos mecanismos, pieza pequeña que se desliza a lo largo de una varilla o ranura, estableciendo contactos de intensidad variable. 2 Marca movible que sirve como indicador en la pantalla de diversos aparatos.

curtir 1 *tr.* Preparar las pieles para su conservación y aprovechamiento. 2 *tr.* y *prnl.* Tostar el sol la piel de las personas que permanecen mucho tiempo a la intemperie.

curuba *f.* Fruto del curubo.

curubo *m.* Enredadera de hojas lobuladas, con flores solitarias color rosa y fruto oval, comestible, con semillas envueltas, cada una, por una cutícula semitransparente.

curul *f.* Cargo de los miembros del Parlamento y lugar que ocupan en el recinto.

curva *f.* **curvo.**

curvar *tr.* y *prnl.* Doblar y torcer algo poniéndolo corvo.

curvatura 1 *f.* Cualidad de curvo. 2 GEOM **línea** de doble ~.

curvo, va 1 *adj.* Que constantemente se va apartando de la dirección recta sin formar ángulos. 2 *f.* Línea no recta del plano o del espacio. 3 Tramo curvo de una carretera, una vía férrea, etc. 4 Representación gráfica de algunos fenómenos o procesos. 5 GEOM Línea formada por las sucesivas posiciones de un punto que respecto a un eje de coordenadas se mueve siguiendo una determinada ecuación. || ~ **de nivel** Línea que en un mapa une puntos de la misma altitud.

cúspide 1 *f.* Remate superior de cualquier cosa. 2 GEOM Confluencia de los vértices de los triángulos que forman una pirámide.

custodia 1 *f.* Acción y efecto de custodiar. 2 Pieza de metal precioso en que se expone la hostia consagrada.

custodiar *tr.* Vigilar y guardar algo.

cutáneo, a 1 *adj.* Perteneciente a la piel. 2 BIOL **respiración ~.**

cutícula 1 *f.* PELÍCULA, telilla que se forma sobre una cosa. 2 BIOL Membrana protectora en muchos protozoos, moluscos y plantas.

cutis *m.* Piel del rostro de las personas.

cuyo, ya *adj. relat. poses.* Con carácter posesivo concuerda no con su antecedente, sino con el nombre de la persona o cosa poseída: *Una obra cuyas fuentes son muy conocidas.*

d 1 *f.* Cuarta letra del **alfabeto** español y tercera de sus consonantes. Su nombre es *de,* y su articulación es dental, sonora y oclusiva en posición inicial o después de *n* o *l;* en los demás casos es fricativa. • pl.: *des.* 2 En la numeración romana, y en may., D equivale a 500.

dación *f.* Acción y efecto de dar.

dacrón *m.* Fibra sintética de poliéster que se usa para fabricar tejidos resistentes.

dactilar 1 *adj.* DIGITAL, relativo a los dedos. 2 **impresión** ~ o digital.

dactilología *f.* Sistema alfabético no oral de signos hechos con las manos.

dactiloscopia *f.* Estudio de las huellas digitales para la identificación de las personas.

dadaísmo *m.* ART Movimiento artístico occidental que se desarrolló entre 1916 y 1922. Rechazaba la significación racional y fue deliberadamente antiestético.

dádiva *f.* Cosa que se da con generosidad.

dado[1] *m.* Pieza cúbica, usada en juegos de azar, en cuyas caras hay señalados puntos o figuras.

dado[2], da 1 *adj.* Que tiene tendencia a algo: *El vecino es muy dado al juego.* 2 Determinado, establecido: *Llegar a una hora dada.*

dador, ra *adj.* y *s.* Que da.

daga *f.* Espada de hoja corta.

daguerrotipo 1 *m.* FOT Procedimiento que consiste en fijar en una placa metálica las imágenes recogidas con la cámara oscura. 2 FOT Imagen así obtenida.

dalái lama *m.* Título del jefe teocrático del Tíbet.

dalia *f.* Planta compuesta de tallo herbáceo, hojas opuestas, raíz tuberculosa y flores terminales de coloración variada.

dálmata 1 *adj.* y *s.* De Dalmacia, región histórica del SO de Europa. 2 Se dice de una raza de perro de unos 60 cm de alto, cuerpo esbelto y pelo corto blanco con manchas negras o pardas.

dalton *m.* FÍS Unidad de masa atómica que equivale a 1/12 de la masa de carbono 12, empleada en bioquímica y en biología molecular. Símbolo: Da.

daltonismo *m.* MED No percepción o confusión de los colores, principalmente el rojo y el verde.

dama 1 *f.* Mujer noble o distinguida. 2 En el juego de damas, pieza que ha avanzado hasta la última línea. 3 *pl.* Juego entre dos personas que se ejecuta en un tablero, con piezas que se desplazan en diagonal.

damasco *m.* Tela de seda con dibujos formados con el mismo tejido.

damasquinar *tr.* Incrustar metales finos sobre hierro o acero.

damisela *f.* Joven alegre y presumida.

damnificado, da *adj.* y *s.* Que ha sufrido graves daños, producto de una tragedia natural o un siniestro.

dandi *m.* Hombre que viste elegantemente.

danés, sa 1 *adj.* y *s.* Perteneciente o relativo a Dinamarca, país de Europa. 2 Se dice de una raza canina de pelo corto, de unos 75 cm a 85 cm de alto.

danta *f.* Mamífero ungulado de hocico prolongado en forma de pequeña trompa. Mide unos 2 m de longitud y 1,40 m de alto; vive en las selvas americanas.

dantesco, ca 1 *adj.* Parecido a las cualidades que distinguen a Dante. 2 Se dice de las situaciones que causan espanto.

danza 1 *f.* Sucesión de movimientos rítmicos corporales que siguen determinadas pautas, generalmente musicales. 2 Espectáculo representado por bailarines.

dañar 1 *tr.* y *prnl.* Echar a perder algo. 2 Causar perjuicio o molestia.

daño 1 *m.* Efecto de dañar o dañarse. 2 *pl.* Estragos causados por una inundación, accidente, etc.

dar 1 *tr.* Entregar algo a alguien. 2 Donar, hacer que algo pase gratuitamente a poder de otro. 3 Conceder algo inmaterial: *Dar autorización.* 4 Causar, ocasionar: *Da tristeza esta situación.* 5 Exhibir un función de cine, teatro, etc. 6 Pronunciar una conferencia, impartir una lección. 7 Untar algo: *Dar una mano de pintura.* 8 Comunicar una enhorabuena, pésame, etc. 9 Junto a algunos sustantivos, ejecutar o recibir la acción que estos significan: *Dar un abrazo; le dio instrucciones.* 10 Accionar un mecanismo para hacer fluir la electricidad, el gas, etc. 11 *tr.* y *prnl.* Producir: *Aquí se dan bien las manzanas.* 12 Con la preposición *por,* suponer: *Lo dieron por perdido.* 13 *intr.* Empezar a sentirse algo: *Dar frío, miedo,* etc. 14 Con la preposición *con,* encontrar a alguien o algo: *Dio con Margarita; dio con lo buscaba.* 15 Atinar, acertar: *Dio en el punto.* 16 Estar situada una cosa hacia una parte determinada: *La ventana da a la calle.* 17 Ser suficiente: *Ya no da más.* 18 Incidir la luz, el aire, etc., sobre alguna cosa. 19 *intr.* y *prnl.* Chocar, golpear contra algo: *Se dio contra el árbol.* 20 *prnl.* Suceder algo: *Darse las circunstancias.* 21 Dedicarse con empeño a algo: *Darse a la bebida.* 22 Resultarle a alguien fácil o no, hacer algo: *Se le da mal la música.*

dardo *m.* Arma arrojadiza parecida a una lanza pequeña.

dársena *f.* Parte de un puerto resguardada artificialmente para reparar buques o para cargar y descargar.

darwinismo *m.* BIOL Teoría de Ch. Darwin, según la cual la evolución de las especies se produce en virtud de una selección natural de individuos, debida a la lucha por la existencia y perpetuada por la herencia.

data 1 *f.* Indicación del tiempo y lugar en que se realiza un documento. 2 Tiempo en que ocurre o se hace algo.

datación 1 *f.* Acción y efecto de datar. 2 Parte de un documento en que consta la data. 3 Fís Método para determinar la edad de un resto arqueológico, un estrato geológico, etc., mediante el isótopo radiactivo del carbono (C^{14}).

datáfono *m.* En establecimientos comerciales y entidades bancarias, aparato que transmite datos a través de una línea telefónica o inalámbrica para efectuar un pago o retiro, con una tarjeta bancaria.

datar 1 *tr.* Poner la data o determinarla. 2 *intr.* Haber tenido principio algo en el tiempo que se determina.

dátil *m.* Fruto de la palma datilera, de forma elipsoidal prolongada, carne blanquecina y hueso duro.

dativo *m.* Gram Pronombre que designa lo que se afecta por la acción: *Se le casa la niña.*

dato 1 *m.* Antecedente, testimonio o documento que permite llegar a conocer algo o deducir las consecuencias de un hecho. 2 Mat Magnitud de un enunciado que permite hallar el valor de las incógnitas.

de 1 *prep.* Denota posesión o pertenencia. 2 Indica la materia de que está hecho algo. 3 Indica el contenido de algo o el asunto o materia que trata. 4 Expresa la naturaleza, condición o cualidad de alguien o algo. 5 Manifiesta el origen o la procedencia. 6 Desde, del punto que procede. 7 Explica el modo en que se hace o sucede algo. 8 Determina el tiempo en que sucede algo. 9 Determina o fija con más viveza la aplicación de un apelativo. 10 Rige infinitivos. 11 Se usa para enfatizar un calificativo.

deambular *intr.* Caminar sin dirección determinada.

debacle *f.* DESASTRE, catástrofe.

debajo *adv. l.* En lugar o puesto inferior, respecto a otro superior.

debate *m.* Controversia sobre una cosa entre varias personas.

debatir 1 *tr.* y *prnl.* Discutir sobre algo. 2 *prnl.* Luchar resistiéndose, esforzarse, agitarse.

debe *m.* Parte de una cuenta contable en que se registran las cantidades que se cargan en esta.

deber 1 *tr.* y *prnl.* Estar obligado a algo por una ley o norma. 2 Estar obligado a mostrar agradecimiento, respeto. 3 Tener una deuda material. 4 Con la preposición *de,* denota que quizás ha sucedido, sucede o sucederá una cosa. 5 *prnl.* Ser causa o consecuencia de algo.

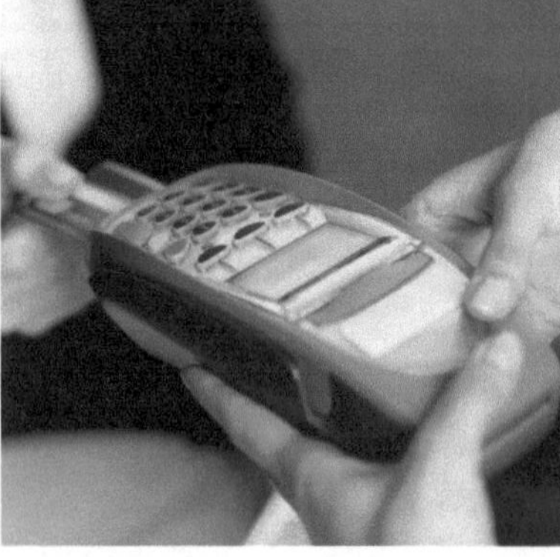

débil 1 *adj.* y *s.* De poca fuerza o resistencia. 2 Que cede fácilmente ante la insistencia o el afecto. 3 *adj.* Escaso o deficiente, en lo físico o en lo moral. 4 Poco poderoso: *País débil.*

débito *m.* Registro en el debe de una cuenta.

debut *m.* Primera actuación en público de un actor, cantante, etc.

década *f.* Serie de diez años.

decadencia 1 *f.* Acción de decaer. 2 Periodo de declive de una sociedad.

decadentismo *m.* Lit Movimiento europeo de finales del s. XIX que se caracterizó por el uso de temas artificiales y el exagerado refinamiento narrativo.

decaedro *m.* Geom Sólido de diez caras.

decaer *intr.* Ir perdiendo alguien o algo sus condiciones o cualidades.

decágono *m.* Geom Polígono de diez lados.

decaimiento 1 *m.* DECADENCIA. 2 Abatimiento, desaliento.

decálogo 1 *m.* Los diez mandamientos de la ley de Moisés. 2 Por extensión, cualquier conjunto de preceptos.

decámetro *m.* Medida de diez metros.

decano, na *m.* y *f.* Persona que preside una corporación o una facultad universitaria.

decantar 1 *tr.* Inclinar una vasija sobre otra para que caiga el líquido que contiene, sin que pase el sedimento. 2 Dejar que los asuntos graves o de importancia tomen, con el paso del tiempo, otro cariz.

decapitar *tr.* Cortar la cabeza.

decápodo *adj.* y *s.* Zool Se dice de los crustáceos que poseen cinco pares de patas y el caparazón fusionado a los segmentos torácicos. Conforman un orden.

decatlón *m.* Dep Conjunto de diez pruebas de atletismo.

deceleración *f.* Fís ACELERACIÓN negativa.

decena *f.* Conjunto de diez unidades.

decenio *m.* Periodo de diez años.

decente 1 *adj.* Que obra de acuerdo con las buenas costumbres. 2 Arreglado, limpio.

decepción *f.* Pesar causado por un desengaño.

decepcionar *tr.* y *prnl.* Causar decepción.

deceso *m.* Muerte de una persona.

dechado 1 *m.* Labor de costura para aprender, imitando las diferentes muestras. 2 Ejemplo y modelo de aciertos y virtudes o de vicios y errores.

decibelio *m.* Fís Unidad que expresa la relación entre dos potencias eléctricas o acústicas. Símbolo: dB.

decidido, da *adj.* Resuelto, audaz, que actúa con decisión.

decidir 1 *tr.* Formar juicio definitivo sobre algo. 2 Instar a alguien para que tome cierta determinación. 3 *tr.* y *prnl.* Animarse finalmente a hacer algo.

decimal 1 *adj.* Mat Se aplica al sistema de numeración cuya base es diez. 2 Sistema **métrico** ~. 3 Mat **logaritmo** ~; **numeración** ~; **fracción** ~. 4 *adj.* y *s.* Mat Se dice del número fraccionario que se expresa mediante una parte entera, que puede ser cero, y una fracción decimal, separadas por una coma: *4,7; −5,42; 3,141592.* Las unidades fraccionarias situadas a la derecha de la coma se llaman *décimas, centésimas, milésimas, diezmilésimas,* etc. 5 Se dice de cada uno de los dígitos que aparecen a la derecha de la coma en este tipo de notación. || ~ **exacto** Mat Número decimal que tiene un número finito de cifras decimales. ~ **periódico** Mat El que tiene un número infinito y que se repiten periódicamente: *0,646464...* El número que se repite se llama periodo. ~ **periódico mixto** MAT El que tiene otras cifras entre la coma y el periodo: *8,5133333...* ~ **periódico puro** MAT Aquel en el que el periodo comienza inmediatamente después de la coma: *0,646464...*

decímetro *m.* La décima parte de un metro.

décimo, ma 1 *adj.* y *s.* Que sigue inmediatamente en orden al 9 a lo noveno. 2 Se dice de cada una de las diez partes iguales en que se divide un todo. 3 *f.* Combinación de diez versos. 4 Primera cifra decimal de un número.

decimonónico, ca *adj.* Relativo al s. XIX.

decir 1 *tr.* y *prnl.* Manifestar el pensamiento con palabras. 2 *tr.* Nombrar o llamar. 3 Dar muestras de algo, manifestarlo: *Su expresión lo dice todo.* 4 Contener los textos determinados temas, conceptos, etc. 5 *prnl.* Reflexionar, hablar para sí.

decisión *f.* Acción de decidir o decidirse.

decisivo, va *adj.* Que tiene efectos determinantes.

declamación *f.* Acción de declamar.

declamar *intr.* y *tr.* Recitar la prosa o el verso con la entonación, los ademanes y gestos convenientes.

declaración 1 *f.* Acción y efecto de declarar o declararse. 2 Documento en el que alguien declara algo.

declarar 1 *tr.* Dar la opinión. 2 Referir un hecho. 3 Manifestar a la autoridad los bienes, las ganancias, etc., sometidos al pago de impuestos. 4 *prnl.* Manifestar el ánimo, la intención o el afecto.

declinación 1 *f.* Acción y efecto de declinar. 2 GEO Ángulo que forma un plano vertical, o una alineación, con el meridiano del lugar que se considere.

declinar 1 *intr.* Acercarse algo a su fin. 2 Menguar, debilitar. 3 *tr.* Rehusar, renunciar. 4 GRAM Enunciar las formas que presenta una palabra según los casos o funciones que puede desempeñar en la oración.

declive 1 *m.* Pendiente o inclinación de una superficie. 2 DECADENCIA.

decodificar *tr.* DESCODIFICAR.

decolar *intr.* Despegar una aeronave.

decolorar *tr.* y *prnl.* Quitar o amortiguar el color.

decomisar *tr.* Confiscar, la autoridad, mercancías, drogas, objeto de contrabando, etc.

decomiso 1 *m.* Acción y efecto de decomisar. 2 Objeto decomisado.

decoración 1 *f.* Acción y efecto de decorar. 2 Conjunto de elementos que decoran. 3 Estudio de la combinación de los elementos ornamentales.

decorado *m.* TEAT Conjunto de elementos (telones, bambalinas, trastos, etc.) que adornan una representación teatral.

decorar 1 *tr.* Adornar algo. 2 Dotar una habitación, una casa, etc., de muebles y accesorios para crear determinado ambiente.

decorativo, va *adj.* Relativo a la decoración.

decoro *m.* Circunspección, gravedad.

decrecer *intr.* Menguar, disminuir.

decrépito, ta 1 *adj.* Se dice de la persona con sus facultades muy disminuidas. 2 Que ha llegado a su máxima decadencia.

decretar *intr.* Mandar algo por decreto.

decreto *m.* Resolución de una autoridad política o gubernativa, hecha pública de acuerdo con las formas prescritas.

decúbito *m.* Posición del cuerpo tendido sobre un plano horizontal.

decuplicar *tr.* Multiplicar por diez.

decurrente *adj.* BOT Se dice de las hojas que se extienden a lo largo del tallo.

decurso *m.* Transcurso del tiempo.

dedal *m.* Utensilio cónico y hueco que puesto en la punta de un dedo sirve para empujar la aguja al coser.

dedicación *f.* Acción de dedicarse intensamente a un trabajo.

dedicar 1 *tr.* y *prnl.* Destinar una cosa a un determinado uso o fin. 2 *tr.* Obsequiar a una persona con un libro, una fotografía, haciéndolo constar.

dedo 1 *m.* Cada una de las cinco partes prolongadas en que terminan la mano y el pie del humano y, en el mismo o menor número, en muchos animales. 2 Porción de algo del ancho de un dedo. || ~ **anular** ANAT El cuarto de la mano, menor que el de en medio y mayor que los otros tres. ~ **del corazón** ANAT El tercero de la mano y el más largo de los cinco. ~ **índice** ANAT El segundo de la mano, que regularmente sirve para señalar. ~ **meñique** ANAT El quinto y más pequeño de la mano. ~ **pulgar** ANAT El primero y más gordo de la mano y también el primero del pie.

deducción *f.* Acción y efecto de deducir.

deducir 1 *tr.* y *prnl.* Sacar consecuencias de un principio, proposición o supuesto. 2 Restar un importe de una cantidad.

deductivo, va *adj.* Que procede por deducción.

defecar *tr.* e *intr.* Expeler los excrementos.

defección *f.* Acción de separarse de la causa o agrupación a que se pertenecía.

defectivo, va 1 *adj.* DEFECTUOSO. 2 GRAM **verbo** ~.

defecto 1 *m.* Carencia de alguna o algunas propiedades de algo. 2 Imperfección natural o moral. 3 Imperfección en una pieza, a causa de un fallo de fabricación.

defectuoso, sa *adj.* Imperfecto o falto de algo.

defender 1 *tr.* y *prnl.* Proteger a alguien o algo contra la inminencia de un daño o un perjuicio. 2 Hacer frente a alguien o algo que ataca. 3 Sostener una teoría, idea, etc., contra el dictamen ajeno. 4 Alegar en favor de alguien.

defenestrar 1 *tr.* Arrojar a alguien por la ventana. 2 Destituir o expulsar a alguien.

defensa 1 *f.* Acción y efecto de defender. 2 Arma, instrumento, etc., para defender o defenderse. 3 Amparo, protección, socorro. 4 Conjunto de mecanismos de un organismo que le sirven para defenderse. 5 PARACHOQUES. 6 DER Razones que se alegan en un juicio para desvirtuar las del demandante o del fiscal. 7 *m.* DEP Jugador que protege su propia meta. || ~ **civil** Conjunto de voluntarios adiestrados para la acción durante las emergencias.

A B C D E F G H I J K L M N Ñ O P Q R S T U V W X Y Z

defensor, ra 1 *adj.* y *s.* Que defiende o protege. 2 Der **abogado ~**. || **~ del pueblo** Persona cuya función institucional es la defensa de los derechos de los ciudadanos frente a los poderes públicos.

deferencia *f.* Muestra de respeto o de cortesía.

deferente 1 *adj.* Que muestra deferencia. 2 Anat **conducto ~**.

deficiencia *f.* Defecto o imperfección.

déficit 1 *m.* Falta o escasez de algo necesario. 2 Econ Diferencia que resulta comparando el haber de una empresa con el capital puesto en esta. || **~ fiscal** Econ El que resulta cuando el gasto estatal es superior a los ingresos generados por impuestos.

definición 1 *f.* Acción y efecto de definir. 2 Serie de palabras con que se exponen clara y exactamente las características genéricas y diferenciales de algo. 3 Nitidez con que se perciben los detalles de una imagen.

definido, da 1 *adj.* Que tiene límites concretos. 2 Gram **artículo ~** o determinado.

definir 1 *tr.* y *prnl.* Fijar el significado de una palabra o la naturaleza de una persona o cosa. 2 Resolver una duda, pleito, etc. 3 Dar los últimos retoques a algo.

definitivo, va *adj.* Se dice de lo que decide, resuelve o concluye.

deflación *f.* Econ Reducción de la circulación de dinero por efecto de una inflación.

deflector, ra *m.* y *f.* Dispositivo en forma de ala, usado en algunos automóviles, para reducir la resistencia del aire.

defoliación *f.* Caída prematura de las hojas de las plantas.

deforestación *f.* Acción y efecto de deforestar.

deforestar *tr.* Ecol Desaparecer la vegetación de un territorio a causa de la actividad humana, de un incendio, etc.

deformación *f.* Acción y efecto de deformar o deformarse.

deformar 1 *tr.* y *prnl.* Alterar la forma de alguien o algo. 2 *tr.* TERGIVERSAR.

deforme *adj.* y *s.* De forma desproporcionada o irregular.

deformidad *f.* Cualidad de deforme. 2 Cosa deforme.

defraudar 1 *tr.* No corresponder algo o alguien a lo esperado. 2 Privar a alguien, engañándole, de lo que es suyo de derecho. 3 Eludir el pago de los impuestos.

defunción *f.* Muerte de alguien.

degeneración *f.* Acción y efecto de degenerar.

degenerar 1 *intr.* Perder alguien o algo sus buenas cualidades. 2 Dicho de un tejido o un órgano, perder o deteriorarse sus caracteres funcionales o morfológicos.

degenerativo, va *adj.* Que causa o produce degeneración.

deglutir *tr.* e *intr.* Tragar los alimentos.

degollar *tr.* Cortarle el cuello a una persona o a un animal.

degradación *f.* Acción y efecto de degradar o degradarse. || **~ del suelo** Ecol Pérdida de calidad y cantidad de suelo a causa de la erosión, contaminación, drenaje, etc.

degradable *adj.* Quím Dicho de una sustancia o materia, que se puede transformar en otra más sencilla o en la que se reduzcan sus propiedades contaminantes.

degradar 1 *tr.* Privar a una persona de sus dignidades, honores y privilegios. 2 Art Reducir el tamaño y la viveza del color para crear un efecto de perspectiva. 3 Quím Transformar una sustancia compleja en otra más sencilla. 4 *tr.* y *prnl.* Humillar, rebajar, envilecer.

degustar *tr.* Probar alimentos y bebidas.

dehiscente *adj.* Bot **fruto ~**.

deidad *f.* Dios o diosa.

deificar *tr.* Hacer o suponer divino a alguien o algo.

deixis *f.* Ling Indicación que se realiza mediante ciertos elementos cuya función es mostrar (*este, esa*), señalar una persona (*yo, ustedes*), un lugar (*ahí, atrás*) o un tiempo (*hoy, después*).

dejadez *f.* Abandono de sí mismo o de las cosas propias.

dejar 1 *tr.* Poner algo en un lugar al soltarlo. 2 Abandonar algo o a alguien. 3 Consentir, permitir: *Dejó que le pegaran*. 4 Producir ganancia: *Esta venta dejó mucha plata*. 5 Dar en propiedad una cosa a otro el que se ausenta o hace testamento. 6 Ceder algo durante un tiempo. 7 Hacer que algo o alguien sigan en una situación determinada: *Deje a fuego lento durante quince minutos*. 8 Hacer que algo o alguien pase de una a otra situación: *Con su respuesta lo dejó loco*. 9 Faltar, ausentarse: *Dejó el pueblo hace dos meses*. 10 Retirarse o apartarse: *Nos dejó al final de la tarde*. 11 Como verbo auxiliar, unido a un participio pasivo, explica una prevención acerca de lo que el participio significa: *Dejó dicho*. 12 *intr.* No seguir ejecutándose una acción: *El perro dejó de ladrar*. 13 *prnl.* Abandonarse por abatimiento o pereza. 14 Entregarse, tener una actitud pasiva: *Dejarse golpear*.

dejo 1 *m.* Modo particular del habla de una región o de ciertas personas. 2 Sabor que queda de la comida o la bebida. 3 Placer o disgusto que queda después de una acción.

del Contracción de la preposición *de* y el artículo *el*.

delación *f.* Acusación, denuncia.

delantal 1 *m.* Prenda que, atada a la cintura, sirve para proteger el traje o el vestido. 2 MANDIL, delantal de cuero. 3 Bata que usan los niños.

delante 1 *adv. l.* Con prioridad de lugar, en la parte anterior o en sitio preferente. 2 Enfrente. 3 *adv. m.* A la vista, en presencia.

delantero, ra 1 *adj.* Que está o va delante. 2 *m.* Dep Jugador de la primera línea de un equipo. 3 *f.* Parte anterior de algo. 4 Distancia con que alguien se adelanta o anticipa a otro en el camino.

delatar 1 *tr.* Hacer una delación. 2 *prnl.* Dar a conocer, involuntariamente, la propia intención.

delegación 1 *f.* Acción y efecto de delegar. 2 Cargo y oficina del delegado. 3 Conjunto de delegados.

delegado, da *m.* y *f.* Persona en quien se delega.

delegar *tr.* e *intr.* Darle una persona a otra la autoridad para que lo represente y sustituya.

deleitar *tr.* y *prnl.* Producir deleite.
deleite 1 *m.* Placer del ánimo. 2 Placer sensual.
deletéreo, a *adj.* Mortífero, venenoso.
deletrear *intr.* y *tr.* Pronunciar separadamente las letras de una palabra.
deleznable *adj.* Que se rompe, disgrega o deshace fácilmente.
delfín[1] *m.* Nombre genérico de varias especies de cetáceos de 2 m a 3 m de longitud, con el hocico prolongado, y caracterizadas por su gran inteligencia. Se distribuyen por casi todos los mares del mundo y en algunos ríos.
delfín[2] 1 *m.* HIST Título que se daba al primogénito del rey de Francia. 2 Por extensión, hijo del mandatario de un Estado.
delgado, da 1 *adj.* Flaco, de pocas carnes. 2 De poco espesor.
deliberado, da *adj.* Intencionado, hecho a propósito.
deliberante *adj.* Que delibera.
deliberar *intr.* Considerar el pro y el contra de una cuestión antes de tomar una decisión.
delicado, da 1 *adj.* Suave, tierno. 2 Débil, enfermizo. 3 Quebradizo. 4 Susceptible, fácil de enojarse. 5 Fino, exquisito. 6 Escrupuloso.
delicia 1 *f.* Placer intenso. 2 Aquello que lo causa.
delictivo, va *adj.* Relativo al delito.
delimitar *tr.* Determinar los límites de algo.
delincuencia 1 *f.* Cualidad de delincuente. 2 Conjunto de delitos.
delincuente *adj.* y *s.* Que delinque.
delinear 1 *tr.* Trazar las líneas de una figura. 2 *prnl.* Distinguirse el perfil de una cosa.
delinquir *intr.* Cometer un delito.
delirar *adj.* Padecer delirio.
delirio 1 *m.* MED Perturbación transitoria caracterizada por excitación nerviosa y confusión mental. 2 Despropósito, disparate.
delito *m.* Crimen, quebrantamiento de la ley. || ~ **político** DER El que va contra la seguridad o el orden del Estado o los poderes y autoridades de este.
delta *m.* GEO Depósito de sedimentos, de figura triangular, limitado por los brazos de un río en su desembocadura.
deltoides *m.* ANAT Músculo que va de la clavícula al omoplato.
demacrar *tr.* y *prnl.* Enflaquecer por causa física o moral.
demagogia *f.* Manipulación política del pueblo para hacerlo instrumento de la propia ambición.
demanda 1 *f.* Petición, solicitud. 2 DER Petición de un litigante en un juicio. 3 DER Acción que se interpone en justicia para hacer reconocer un derecho. 4 ECON **oferta** y ~.
demandar *tr.* Hacer o entablar una demanda.
demarcar *tr.* Señalar los límites de un territorio o una superficie.
demás *adj.* y *pron.* Lo otro, la otra, los otros o lo restante.
demasiado, da 1 *adj.* Referido a número, cantidad o intensidad, que sobrepasa los límites de lo normal o esperado: *Demasiados amigos.* 2 *adv. m.* Indica que una acción se produce en una intensidad, frecuencia y tiempo mayor de lo esperado o conveniente: *Grita demasiado; llueve demasiado.*
demencia *f.* MED Debilidad progresiva de las facultades mentales.
demiurgo *m.* Dios, creador del mundo o su principio activo.
democracia 1 *f.* POLÍT Doctrina favorable a la intervención del pueblo en el gobierno y en la elección de los gobernantes. 2 Sistema de gobierno basado en esa doctrina.

☐ POLÍT El origen de la democracia se relaciona con los sistemas de gobierno de algunas ciudades de la antigua Grecia, cuyo ejemplo más famoso fue Atenas, donde casi todos los ciudadanos tenían derecho de participación en la asamblea y al acceso a cargos y magistraturas. La democracia moderna tiene su origen directo en la independencia y Constitución de Estados Unidos y en la Revolución Francesa, a finales del s. XVIII. El equilibrio entre los tres poderes (Legislativo, Ejecutivo y Judicial), el sufragio universal, la igualdad ante la ley, el derecho a la libre asociación y expresión y demás Derechos Humanos se consideran sus rasgos esenciales.
demodular *tr.* ELECTR Extraer la información que contiene una señal producida por ondas eléctricas.
demografía *f.* Estudio del tamaño, composición y distribución de la población.
demoler *tr.* Deshacer, derribar.
demoniaco, ca (Tb. demoníaco) *adj.* Relativo al demonio.
demonio *m.* REL Ser intermedio entre los dioses y el humano, que aparece en diversas religiones.
demora *f.* Tardanza, dilación.
demorar *tr.* y *prnl.* Retardar, retrasar.
demostración 1 *f.* Acción y efecto de demostrar. 2 Comprobación de un principio, una teoría, un resultado, etc. 3 Fin y término de un proceso deductivo.
demostrar 1 *tr.* Manifestar, mostrar: *Demuestra valor.* 2 Probar una verdad, sirviéndose de cualquier género de demostración. 3 Hacer ver que una verdad específica está comprendida en otra más amplia, de la que se tiene entera certeza.
demostrativo, va 1 *adj.* Que demuestra. 2 GRAM **adjetivo** ~; **pronombre** ~; **adverbio** ~.
demudar *tr.* y *prnl.* Cambiar repentinamente la expresión del semblante.
denario *m.* Antigua moneda romana de plata.
dendrita *f.* ANAT Serie de pequeñas ramificaciones derivadas del axón, que se conectan con otras para transmitir información a la neurona.
denegar *tr.* No conceder lo que se pide o solicita.
dengue *m.* MED Virosis transmitida por la picadura de un mosquito tropical. Produce fiebre, dolores musculares y erupción cutánea.
denigrar *tr.* Destruir la buena opinión de alguien o algo.
denodado, da *adj.* Intrépido, esforzado, atrevido.

denominación *f.* Nombre o título de alguien o algo.

denominador, ra 1 *adj.* y *s.* Que denomina. 2 *m.* MAT Parte de una fracción que expresa las partes iguales en que se divide la unidad.

denominar *tr.* Distinguir con un nombre o título a alguien o algo.

denominativo, va *adj.* GRAM Se dice de la palabra derivada de un nombre o sustantivo, como *torear* de *toro*, y *martillar* de *martillo*.

denotación 1 *f.* Acción y efecto de denotar. 2 LING Significado más general y estricto de una palabra. Se opone a connotación.

denotar *tr.* Indicar, anunciar, significar.

densidad 1 *f.* Cualidad de denso. 2 FÍS y QUÍM Relación entre la masa y el volumen de una sustancia. || ~ **de población** Número de habitantes por km^2.

densificar *tr.* y *prnl.* Hacer denso algo.

denso, sa 1 *adj.* Compacto, apretado. 2 Oscuro, confuso.

dentadura *f.* ANAT Conjunto de dientes, incluidos muelas y colmillos.

dental 1 *adj.* Relativo a los dientes. 2 *adj.* y *s.* FON Se dice del sonido consonántico en cuya articulación la lengua se acerca a la cara interior de los dientes superiores, como en la *t* y la *d*. 3 *f.* FON Letra que representa este sonido.

dentario, ria *adj.* Relativo a los dientes.

dentellada *f.* Acción de herir con los dientes.

dentición 1 *f.* Formación y crecimiento de los dientes y tiempo durante el que aparecen. 2 Disposición de las diferentes clases de dientes en las mandíbulas.

dentífrico *m.* Sustancia para limpiar los dientes.

dentina *f.* ANAT Materia dura que conforma los dientes de los vertebrados.

dentista *m.* MED Médico especializado en odontología.

dentistería *f.* Consultorio del dentista.

dentro *adv. l.* y *t.* En la parte interior de un espacio o término real o imaginario: *Dentro de una ciudad; dentro de un año; dentro del alma.*

denuedo *m.* Brío, esfuerzo, intrepidez.

denuesto *m.* Injuria grave.

denuncia *f.* Acción y efecto de denunciar.

denunciar *tr.* Declarar ante la autoridad el estado ilegal o inconveniente de algo.

denuncio *m.* DENUNCIA.

deontología *f.* Estudio o tratado de los deberes.

deparar *tr.* Suministrar, proporcionar.

departamento 1 *m.* Cada una de las divisiones administrativas de un territorio. 2 Cada una de las subdivisiones de una universidad, institución, etc. 3 Cada una de las partes en que se divide un edificio, un vehículo, una caja, etc. 4 APARTAMENTO.

departir *intr.* Hablar, conversar.

dependencia 1 *f.* Subordinación a una autoridad. 2 Sección de una institución, empresa, etc. 3 Cada habitación o espacio de una casa. 4 MED Necesidad compulsiva de una sustancia psicoactiva.

depender 1 *intr.* Estar subordinado alguien a una autoridad. 2 Estar una cosa subordinada a otra. 3 Producirse o ser condicionado por alguien o algo. 4 Vivir de la protección de alguien, o estar atenido a un solo recurso.

dependiente, ta 1 *m.* y *f.* Empleado que atiende a los clientes en las tiendas. 2 *adj.* Que depende.

depilar *tr.* y *prnl.* Quitar el pelo o producir su caída.

deplorar *tr.* Sentir vivamente un suceso.

deponer 1 *tr.* Remover a una persona de un empleo. 2 *intr.* Evacuar el vientre.

deportar *tr.* Desterrar a alguien por razones políticas o legales.

deporte *m.* DEP Ejercicio físico, individual o por equipos, practicado para superar una marca, vencer a un adversario, o por simple esparcimiento, siempre con sujeción a reglas.

deportividad *f.* Corrección y generosidad en la práctica del deporte.

deposición *f.* Evacuación de vientre.

depositar 1 *tr.* Colocar algo en un sitio determinado. 2 *prnl.* Caer, al fondo de un líquido, una materia que está en suspensión.

depósito 1 *m.* Acción y efecto de depositar. 2 Cosa depositada. 3 Lugar donde se deposita. 4 GEO Acumulación natural de mineral o de material rocoso.

depravado, da *adj.* Que tiene costumbres viciosas o inmorales.

depreciar *tr.* y *prnl.* Disminuir el valor o precio de algo.

depredación *f.* Acción y efecto de depredar.

depredador, ra *adj.* y *s.* Que depreda.

depredar 1 *tr.* Robar con violencia y destrozo. 2 Cazar, para su subsistencia, unos animales a otros de distinta especie.

depresión 1 *f.* Acción y efecto de deprimir o deprimirse. 2 Concavidad de una superficie. 3 ECON Periodo caracterizado por desempleo masivo, deflación y bajo nivel de inversiones. 4 GEO Concavidad, de extensión considerable, en un terreno. 5 GEO Zona de baja presión que provoca un tiempo inestable y húmedo. 6 PSIC Tristeza profunda e inmotivada.

deprimido, da 1 *adj.* Que sufre depresión. 2 ZOOL Aplastado en sentido dorsoventral, como ocurre con el cuerpo de la raya.

deprimir 1 *tr.* Disminuir el volumen de un cuerpo. 2 Producir una depresión. 3 *tr.* y *prnl.* Padecer depresión. 4 *prnl.* Disminuir el volumen de un cuerpo.

deprisa *adv. m.* Con celeridad o presteza.

depurar *tr.* y *prnl.* PURIFICAR.

dequeísmo *m.* GRAM Empleo indebido de *de que* cuando el régimen verbal no lo admite.

derecha 1 *f.* MANO derecha. 2 POLÍT Conjunto de personas que profesan ideas políticas conservadoras.

derechista *adj.* y *s.* POLÍT Que pertenece a un partido de derecha, o que es de derecha.

derecho, cha 1 *adj.* Recto, sin torcerse. 2 Que cae o mira hacia la mano derecha. 3 Directo, que va sin detenerse en puntos intermedios. 4 Que cae hacia la parte derecha de un objeto. 5 *m.* Facultad para hacer lo que conduce a los fines de la propia vida. 6 Facultad de hacer o exigir lo que la ley o la autoridad establece. 7 Acción que se tiene sobre alguien o algo. 8 Justicia, razón. 9 Exención, privilegio. 10 DER Conjunto de reglas que regulan las relaciones entre los miembros de la sociedad humana, y a cuya observancia pueden ser obligados. 11 DER Ciencia que trata estos principios y preceptos. 12 Lado de una tela, papel, tabla, etc., en el cual, por ser el que ha de verse, aparece mejor acabado. 13 *pl.* Cantidades que se cobran en ciertas profesiones. 14 Suma que se paga, con arreglo a arancel, por la introducción de una mercancía o por otro hecho consignado por la ley. || **~s civiles** DER Los inherentes a la dignidad humana (como la libertad de pensamiento) y que por ello poseen un valor jurídico superior. **~ de autor** DER El que reconoce al autor la participación en los beneficios que produzca su obra. **~ de petición** DER Derecho de dirigir una petición a las asambleas, al gobierno, o al jefe de Estado. **~s del hombre** DER Los consignados en la "Declaración de los Derechos del Hombre y del Ciudadano", texto votado por la Asamblea Nacional Constituyente francesa en 1789. **~s fundamentales** DER DERECHOS civiles. **~s humanos** DER Los consignados en la "Declaración Universal de los Derechos Humanos", documento aprobado por la asamblea de la ONU en 1948. **~ Internacional Humanitario** DER Conjunto de normas convencionales que, con el fin de solucionar problemas humanitarios, se aplican a los conflictos armados.

deriva *f.* Desviación de una embarcación de su rumbo, a causa del viento o la corriente. || **~ continental** GEO Movimiento de traslación de las masas continentales por el cual los continentes mantienen un desplazamiento lento y continuo.

derivación 1 *f.* Acción de derivar. 2 LING Formación de palabras alterando la estructura o el significado de otras, llamadas primitivas, como *cuchillada,* de *cuchillo; marina,* de *mar; razonable* de *razón.* 3 ELECTR Conexión de dos o más circuitos mediante la unión de los extremos iniciales, por un lado, y los finales, por otro.

derivado, da 1 *adj.* y *m.* LING Se dice del vocablo formado por derivación. 2 QUÍM Se dice del producto que se obtiene de otro.

derivar *intr.* y *prnl.* Tener origen una cosa en otra.

dermatoesqueleto *m.* ZOOL Tegumento endurecido que recubre el cuerpo de los artrópodos y otros invertebrados.

dermatología *f.* MED Rama médica que trata de las enfermedades de la piel.

dérmico, ca *adj.* Relativo a la dermis.

dermis *f.* ANAT Capa de la **piel** situada bajo la epidermis.

derogar *tr.* Anular una norma.

derramar 1 *tr.* y *prnl.* Verter cosas líquidas o menudas. 2 *prnl.* Salirse un líquido o una porción de cosas menudas de un recipiente.

derrame 1 *m.* Acción y efecto de derramar o derramarse. 2 MED Acumulación anormal de un líquido en una cavidad o salida de este, fuera del cuerpo.

derrengar *tr.* y *prnl.* Lastimar la espalda o los lomos de una persona o de un animal.

derretir *tr.* y *prnl.* Disolver por medio del calor una cosa sólida.

derribar 1 *tr.* Demoler casas, muros, etc. 2 Tirar al suelo o hacer caer a una persona, animal o cosa. 3 Destruir un avión en vuelo. 4 Hacer perder a alguien el cargo o poder adquiridos.

derribo *m.* Materiales procedentes de una demolición.

derrocar *tr.* Destituir a alguien de un cargo; derribar un gobierno.

derrochar 1 *tr.* Malgastar el dinero o los bienes. 2 Emplear alguien generosamente las energías, el humor, etc.

derrotar *tr.* Vencer a un enemigo o contrincante.

derrotero 1 *m.* Rumbo determinado para un viaje marino. 2 Camino, medio utilizado para alcanzar un fin.

derrotismo *m.* Tendencia a propagar el desaliento sobre cualquier misión o tarea.

derruir *tr.* y *prnl.* DERRUMBAR una construcción.

derrumbar 1 *tr.* y *prnl.* Derribar una construcción. 2 Malograr un propósito.

derviche *m.* REL Monje musulmán mendicante o penitente.

desabastecer *tr.* y *prnl.* Privar de abastecimiento.

desabotonar *tr.* y *prnl.* Sacar los botones de los ojales.

desabrido, da 1 *adj.* Que apenas tiene sabor. 2 De trato áspero y desapacible.

desabrigar *tr.* y *prnl.* Quitar lo que abriga.

desabrochar *tr.* y *prnl.* Desasir los broches, botones, etc.

desacato *m.* Falta de respeto.

desacelerar *tr.* e *intr.* Dejar de acelerar.

desacierto *m.* Acción o afirmación equivocada.

desacomodar *tr.* y *prnl.* Privar de la comodidad.

desacostumbrado, da *adj.* Que no es corriente o común.

desacralizar *tr.* y *prnl.* Quitar el carácter sacro a algo que lo tenía.

desacreditar *tr.* Quitar la reputación de alguien, o el valor de algo.

desactivar *tr.* Hacer que una sustancia, bomba, etc., se vuelva inactiva.

desacuerdo *m.* Disconformidad en un dictamen o en una acción.

desafecto *m.* Falta de afecto.

desafiar 1 *tr.* Retar a alguien a combatir o competir. 2 Enfrentarse con las ideas o mandatos de alguien. 3 Afrontar con valor una finalidad.

desafinar *intr.* y *prnl.* MÚS Desviarse la voz o el sonido de un instrumento de una nota musical.

desafortunado, da 1 *adj.* Sin fortuna. 2 Inoportuno.

desafuero *m.* Acto violento contra la ley o las costumbres.

A B C D E F G H I J K L M N Ñ O P Q R S T U V W X Y Z

desagradar *intr. y prnl.* Disgustar, causar desagrado.

desagradecer *tr.* No agradecer un favor o beneficio recibido.

desagradecido, da 1 *adj.* y *s.* Que desagradece. 2 Dicho de las cosas, que no compensan el esfuerzo que se les dedica.

desagrado 1 *m.* Disgusto, descontento. 2 Expresión de disgusto.

desagraviar *tr.* y *prnl.* Reparar un agravio o perjuicio causado.

desaguar 1 *tr.* Extraer el agua de un lugar. 2 *intr.* Desembocar un río. 3 Dar salida un recipiente a las aguas que contiene.

desagüe 1 *m.* Acción y efecto de desaguar. 2 Conducto por donde sale el agua.

desahogar 1 *tr.* y *prnl.* Exteriorizar una pasión, un sentimiento, etc. 2 *prnl.* Recobrarse del calor y la fatiga.

desahogo 1 *m.* Acción de desahogar o desahogarse. 2 Bienestar, comodidad.

desahuciar 1 *tr.* Admitir los médicos que un enfermo no tiene posibilidad de curación. 2 Despedir a un inquilino.

desairar *tr.* Despreciar, desatender a alguien.

desaire *m.* Acción y efecto de desairar.

desajustar 1 *tr.* y *prnl.* Desencajar una cosa de otra. 2 Alterar el buen funcionamiento de algo.

desalentar *tr.* y *prnl.* Quitar el ánimo.

desaliento *m.* Falta de vigor o de aliento.

desalinizador, ra 1 *adj.* Se dice del método usado para eliminar la sal del agua de mar. 2 *f.* Instalación industrial donde se lleva a cabo ese proceso.

desaliño *m.* Desaseo, falta de arreglo.

desalmado, da 1 *adj.* Sin conciencia. 2 Cruel, inhumano.

desalojar 1 *tr.* Sacar de un lugar a alguien o algo. 2 Abandonar un lugar. 3 Desplazar. 4 *intr.* Dejar un sitio voluntariamente.

desamarrar *tr.* y *prnl.* Quitar las amarras.

desamor *m.* Falta de amor o amistad.

desamortizar *tr.* ECON Liberar los bienes amortizados.

desamparar *tr.* Abandonar, dejar sin amparo.

desandar *tr.* Retroceder, volver atrás en el camino ya andado.

desangrar *tr.* y *prnl.* Sacar o perder mucha sangre.

desanimar *tr.* y *prnl.* Quitar o perder los ánimos, la ilusión, etc.

desánimo *m.* Desaliento, falta de ánimo.

desanudar *tr.* Desatar un nudo.

desapacible *adj.* Que causa disgusto o que desagrada.

desaparecer 1 *tr.* y *prnl.* Ocultar, quitar de delante una cosa. 2 *intr.* Ocultarse, quitarse de la vista alguien o algo.

desaparecido, da *adj.* y *s.* Se dice de la persona cuyo paradero se desconoce, sin que se sepa si vive.

desaparición *f.* Acción y efecto de desaparecer o desaparecerse. || ~ **forzada** DER Crimen de lesa humanidad que consiste en la aprehensión, detención o secuestro de personas, sin informar su situación o paradero.

desapasionado, da *adj.* Falto de pasión, imparcial.

desapego *m.* Falta de afición o interés.

desaplicar *tr.* y *prnl.* Quitar o hacer perder la aplicación.

desaprobar *tr.* Reprobar, no asentir a una cosa.

desaprovechar 1 *tr.* Desperdiciar o usar mal algo. 2 *intr.* Perder lo que se había adelantado.

desapuntar 1 *tr.* Quitar de una lista. 2 DESABOTONAR.

desarmar 1 *tr.* y *prnl.* Quitar o hacer entregar las armas a alguien. 2 POLÍT Reducir las naciones su armamento y fuerzas militares, en virtud de un pacto internacional. 3 *tr.* Separar las piezas que componen algo.

desarme *m.* Acción y efecto de desarmar.

desarraigar 1 *tr.* y *prnl.* Arrancar de raíz una planta. 2 Echar, desterrar a alguien de su país o de su ambiente.

desarreglado, da *adj.* Desordenado, descuidado.

desarreglar *tr.* y *prnl.* Trastornar, desordenar, sacar de regla.

desarrollado, da 1 *adj.* Que ha alcanzado un alto nivel de desarrollo. 2 ECON **país** ~.

desarrollar 1 *tr.* Hacer que algo crezca en tamaño o importancia. 2 Explicar o llevar a cabo una teoría, idea, etc. 3 MAT Efectuar las operaciones necesarias para cambiar la forma de una expresión. 4 *intr.* y *prnl.* Crecer un organismo hasta convertirse en adulto. 5 Ocurrir las cosas de un cierto modo. 6 Progresar, crecer económica, social, cultural o políticamente las comunidades humanas.

desarrollismo *m.* ECON Doctrina que propugna el desarrollo meramente económico como objetivo prioritario.

desarrollo 1 *m.* Acción y efecto de desarrollar o desarrollarse. 2 Evolución de un organismo hasta su madurez. 3 ECON Crecimiento económico de un área geográfica o de un país. 4 ECON **país en** ~; **indicador de** ~ **humano**. || ~ **social** Estado de bienestar de una sociedad determinado por el acceso al trabajo, a la educación, a la salud, a la recreación, etc. ~ **sostenible** El económico y social que permite enfrentar las necesidades del presente, sin poner en peligro la satisfacción de las necesidades de las futuras generaciones.

desarropar *tr.* y *prnl.* Quitar o apartar la ropa.

desarticular 1 *tr.* y *prnl.* Separar dos o más huesos articulados entre sí. 2 Separar las piezas de un artefacto. 3 Disolver, la autoridad, una conspiración, una organización, etc. 4 Desorganizar, descomponer.

desasear *tr.* Quitar el aseo, ensuciar.

desasosegar *tr.* y *prnl.* Privar de sosiego.

desasosiego *m.* Falta de sosiego.

desastre 1 *m.* Desgracia, catástrofe, suceso infeliz. 2 Se dice de las cosas de mala calidad, mal resultado, etc., o de personas muy torpes. || ~ **natural** El ocasionado por fenómenos climáticos o geológicos que ponen en peligro el bienestar del ser humano.

desatar 1 *tr.* y *prnl.* Quitar ataduras. 2 Desleír, derretir. 3 *prnl.* Proceder desordenadamente. 4 Desencadenarse una fuerza.

desatascar 1 *tr.* y *prnl.* Sacar del atascadero. 2 *tr.* Desembarazar un conducto obstruido.
desatento, ta 1 *adj.* Que no presta atención a alguien o algo. 2 Que no atiende a alguien como se debe.
desatino *m.* Despropósito, error.
desatorar 1 *tr.* Quitar lo que atora u obstruye un conducto. 2 Cesar el atragantamiento.
desatornillar *tr.* DESTORNILLAR.
desatrancar *tr.* Quitarle a una puerta o ventana lo que impide abrirla.
desautorizar *tr.* y *prnl.* Quitar a alguien o algo autoridad.
desavenir *tr.* y *prnl.* Indisponer, enemistar.
desayunar *tr.* y *prnl.* Tomar el desayuno.
desayuno 1 *m.* Alimento ligero que se toma por la mañana. 2 Acción de desayunar.
desazón *m.* Inquietud, congoja.
desbalancear *tr.* Hacer perder el equilibrio sobre dos cosas o fuerzas que estaban en este.
desbancar *tr.* Usurpar a alguien su posición y ocuparla.
desbandada *f.* Acción de huir en desorden.
desbarajustar *tr.* DESORDENAR, alterar el orden de algo.
desbarajuste *m.* Desorden, confusión.
desbaratar 1 *tr.* Deshacer o arruinar algo. 2 Poner en confusión a los contrarios.
desbastar 1 *tr.* Quitar las partes más bastas de una cosa. 2 Gastar, disminuir.
desbloquear 1 *tr.* Levantar un bloqueo. 2 *tr.* y *prnl.* Dejar libre o empezar a moverse lo que estaba inmóvil, interrumpido y colapsado.
desbocarse *prnl.* Dispararse una caballería a pesar del freno.
desbordar 1 *tr.* Superar, exceder. 2 *intr.* y *prnl.* Salir de los bordes, derramarse.
descabellado, da *adj.* Que está fuera de orden o razón.
descabezar 1 *tr.* Quitar o cortar la cabeza. 2 Cortar la parte superior o las puntas a algunas cosas. 3 Destituir a alguien de su cargo.
descafeinado, da *adj.* Sin cafeína.
descafeinar *tr.* Extraer o reducir, mediante disolventes orgánicos, el contenido de cafeína en el café o en otra sustancia que la contenga.
descalabrar 1 *tr.* y *prnl.* Herir en la cabeza. 2 *tr.* Causar perjuicio.
descalabro *m.* Contratiempo, infortunio, daño.
descalcificación *f.* Acción y efecto de descalcificar.
descalcificar *tr.* y *prnl.* MED Perder el calcio contenido en los huesos o en otros tejidos orgánicos.
descalibrar *tr.* y *prnl.* Desajustar el diámetro interior de un objeto cilíndrico: *Descalibrar un arma de fuego.*
descalificar 1 *tr.* Desacreditar, desautorizar. 2 DEP Eliminar a un jugador de una prueba o a un equipo de una competición, por infracción del reglamento.
descalzar *tr.* y *prnl.* Quitar el calzado.
descalzo, za *adj.* Que tiene los pies desnudos.
descamar 1 *tr.* Quitar las escamas a los peces. 2 *prnl.* Caerse la piel en forma de escamas.
descamisado, da 1 *adj.* Sin camisa. 2 *adj.* y *s.* Muy pobre, desharrapado.
descampado, da *adj.* y *s.* Se dice de un terreno o paraje descubierto y limpio de vegetación.
descansar 1 *intr.* Cesar en el trabajo, reposar, reparar fuerzas. 2 Estar una cosa asentada o apoyada sobre otra. 3 Desahogarse comunicando a alguien sus preocupaciones o sus males.
descansillo *m.* Meseta en que terminan los tramos de una escalera.

descanso 1 *m.* Reposo, pausa en el trabajo. 2 Causa de alivio en la fatiga o en una preocupación. 3 DESCANSILLO.
descapitalización *f.* Acción y efecto de descapitalizar o descapitalizarse.
descapitalizar *tr.* y *prnl.* ECON Dejar a una entidad, empresa, banco, etc., total o parcialmente sin los recursos que poseía.
descarado, da *adj.* Desvergonzado, irrespetuoso.
descararse *prnl.* Hablar u obrar con desvergüenza, sin cortesía.
descarga 1 *f.* Acción y efecto de descargar. 2 ELECTR Pérdida de carga eléctrica. 3 ELECTR La que ocurre de forma brusca y que se manifiesta en un chispazo. 4 INF Proceso de transferir un archivo mediante un módem o una red. 5 Serie de explosiones y disparos de varias armas de fuego.
descargar 1 *tr.* Quitar a alguien o algo la carga que lleva. 2 Disparar un arma de fuego. 3 Eximir a alguien de una obligación. 4 *tr.* e *intr.* Golpear violentamente. 5 *intr.* Deshacerse una nube en forma de lluvia, granizo, etc. 6 *prnl.* Traspasar a otro una obligación, un trabajo, etc. 7 Dar satisfacción de los cargos que se hacen a alguien.
descargo 1 *m.* Acción de descargar. 2 Salida que en las cuentas se contrapone a la entrada. 3 Satisfacción, respuesta o excusa del cargo que se hace a alguien.
descargue *m.* Descarga de un peso o carga.
descarnado, da 1 *adj.* Sin carne. 2 Se dice de los asuntos desagradables expuestos sin paliativos. 3 Se dice de las expresiones de condición semejante.
descarnar 1 *tr.* y *prnl.* Quitar la carne del hueso. 2 Quitar la parte blanda de algo.
descaro *m.* Desvergüenza, falta de respeto.
descarriar 1 *tr.* y *prnl.* Apartar a alguien del buen camino o de la conducta correcta. 2 Apartar de un rebaño cierto número de reses.
descarrilar *tr.* y *prnl.* Salir del carril.
descartar 1 *tr.* Desechar, no considerar una posibilidad, una idea, etc. 2 *prnl.* En los juegos de naipes, deshacerse de las cartas inútiles.
descascarar 1 *tr.* Quitar la cáscara. 2 *prnl.* Levantarse o caerse la superficie o cáscara de algunas cosas.
descendencia *f.* Conjunto de hijos, nietos y demás generaciones sucesivas que provienen del mismo tronco.
descendente *adj.* Que desciende.

A B C D E F G H I J K L M N Ñ O P Q R S T U V W X Y Z

descender 1 *intr.* Pasar de un lugar alto a otro más bajo. 2 Caer, fluir, correr un líquido. 3 Disminuir el nivel de algo. 4 Proceder de un mismo tronco, país, linaje, etc. 5 Derivarse una cosa de otra. 6 Declinar, decaer.

descendiente 1 *adj.* Que desciende. 2 *m.* y *f.* Persona que desciende de otra.

descendimiento *m.* Acción de descender alguien, o de bajarlo.

descenso 1 *m.* Acción y efecto de descender. 2 Bajada. 3 Caída de una dignidad o estado a otro inferior.

descentrado, da 1 *adj.* Se dice del instrumento, herramienta, etc., cuyo centro está fuera de la posición que debe ocupar. 2 Desorientado, disperso.

descentralización *f.* Acción y efecto de descentralizar.

descentralizar *tr.* Hacer que algo sea más independiente de un Estado, una administración, etc.

descentrar *tr.* y *prnl.* Sacar una cosa de su centro.

descerebrar *tr.* MED Producir la inactividad funcional del cerebro.

descerrajar 1 *tr.* Arrancar o violentar una cerradura. 2 Disparar con un arma de fuego.

descifrar 1 *tr.* Leer un escrito cifrado. 2 Poner en claro un misterio, un enigma, etc.

desclasificar *tr.* Hacer público lo que está clasificado como secreto o reservado.

desclavar 1 *tr.* y *prnl.* Quitar un clavo. 2 Desprender una cosa de los clavos con que está asegurada.

descodificador, ra 1 *adj.* Que descodifica. 2 *m.* Dispositivo para interpretar señales codificadas.

descodificar 1 *tr.* Aplicar inversamente las reglas de su código a un mensaje codificado para obtener la forma primitiva de este. 2 Interpretar un mensaje codificado.

descolgar 1 *tr.* Bajar o quitar lo que está colgado. 2 Levantar el auricular del teléfono. 3 *tr.* y *prnl.* Bajar o dejar caer poco a poco una cosa pendiente de una cuerda, una cadena, etc. 4 *prnl.* Descender por una pendiente o de un lugar alto.

descollar *intr.* SOBRESALIR, aventajar a otros.

descolonización *f.* Proceso por el que un país colonizado deja de depender del Estado colonizador y obtiene la independencia.

descolorido, da *adj.* De color pálido o bajo en su línea.

descomedido, da 1 *adj.* Desproporcionado, fuera de lo regular. 2 *adj.* y *s.* DESCORTÉS.

descompasar 1 *intr.* Hacer que algo pierda el compás. 2 *prnl.* MÚS Perder el compás.

descompensación *f.* MED Estado de incapacidad de un órgano para compensar un defecto funcional o anatómico.

descompensar 1 *tr.* y *prnl.* Hacer perder o perder la compensación. 2 *prnl.* MED Llegar un órgano a un estado de descompensación.

descomponedor, ra 1 *adj* y *s.* ECOL Referido a un ser vivo, principalmente a bacterias y hongos, que se nutre de los restos orgánicos y los transforma en materia inorgánica útil para otros seres vivos. 2 Ser vivo que libera enzimas digestivas para descomponer organismos muertos que se encuentran en el medio.

descomponer 1 *tr.* y *prnl.* Desordenar y desbaratar. 2 Estropear un dispositivo o mecanismo. 3 QUÍM Dividir un compuesto en sus componentes más simples por medio de una reacción química. 4 *prnl.* Perder la serenidad. 5 Enfermar, sentir malestar. 6 Entrar algo en estado de putrefacción.

descomposición *f.* Acción y efecto de descomponer o descomponerse.

descompostura 1 *f.* Desaseo. 2 Falta de respeto, de cortesía.

descompresión *f.* Reducción de la presión a la que se ha sometido un gas o un líquido.

descompuesto, ta *adj.* Que ha sufrido descomposición.

descomunal *adj.* Muy grande, enorme.

desconcentrar *tr.* y *prnl.* Perder la atención o concentración puesta en algo.

desconcertar 1 *tr.* Sorprender, suspender el ánimo. 2 *tr.* y *prnl.* Deshacer el orden y composición de algo. 3 Dicho de huesos, dislocar.

desconchar *tr.* y *prnl.* Quitar una parte del revestimiento de algo.

desconcierto 1 *m.* Estado de desorientación y perplejidad. 2 Desorden, desavenencia.

desconectar 1 *tr.* Interrumpir o suprimir la conexión entre dos cosas. 2 Interrumpir la comunicación o enlace entre aparatos o sistemas para que cese el flujo entre ellos. 3 *intr.* Dejar de tener relación, comunicación, enlace, etc.

desconfiar *intr.* No confiar, tener poca seguridad.

descongelar *tr.* y *prnl.* Hacer que cese la congelación de algo.

descongestionar *tr.* y *prnl.* Disminuir o quitar la congestión.

desconocer 1 *tr.* Ignorar algo. 2 No conocer. 3 Darse por desentendido de algo. 4 *tr.* y *prnl.* No reconocer algo o a alguien por haber cambiado mucho.

desconocido, da 1 *adj.* y *s.* Ignorado, no conocido de antes. 2 *adj.* Irreconocible.

desconsiderar *tr.* No guardar la debida consideración.

desconsolado, da 1 *adj.* Que carece de consuelo. 2 Melancólico, triste y afligido.

desconsolar *tr.* y *prnl.* Privar de consuelo, afligir.

desconsuelo *m.* Angustia y aflicción profunda.

descontaminar *tr.* Someter a tratamiento lo que está contaminado, a fin de que pierda sus propiedades nocivas.

descontar 1 *tr.* Rebajar algo de una medida, una cantidad, un peso, etc. 2 Dar por cierto o acaecido.

descontextualizar *tr.* Sacar algo de su entorno comunicativo, físico o situacional, sin el cual no se puede comprender correctamente.

descontrolar 1 *tr.* y *prnl.* Perder alguien el control. 2 *prnl.* Perder su ritmo normal un aparato.

descorchador *m.* SACACORCHOS.

descorchar 1 *tr.* Quitar el corcho al alcornoque. 2 Sacar el tapón de una botella.

descornar *tr. y prnl.* Quitar los cuernos a un animal.
descorrer *tr.* Plegar o reunir lo que estaba antes estirado; por ejemplo, las cortinas.
descortés *adj. y s.* Falto de cortesía.
descortezar *tr. y prnl.* Quitar la corteza de un árbol, del pan, etc.
descoser *tr. y prnl.* Cortar o desprender las puntadas de lo que estaba cosido.
descosido *m.* Parte descosida de una prenda.
descrédito *m.* Pérdida de la reputación de alguien, o del valor de algo.
descreído, da *adj.* Sin creencia, porque ha dejado de tenerla.
descremar *tr.* Quitar la crema a la leche.
describir 1 *tr.* Explicar el aspecto, las cualidades, las características, etc., de alguien o algo. 2 Moverse a lo largo de una línea; trazar una línea.
descripción *f.* Acción y efecto de describir.
descriptivo, va 1 *adj.* Que describe. 2 GEOM **geometría ~**.
descristianizar *tr. y prnl.* Apartar de la fe cristiana.
descuadernar 1 *tr. y prnl.* DESENCUADERNAR. 2 Desbaratar, descomponer.
descuajar *tr.* Arrancar de cuajo una planta.
descuartizar *tr.* Dividir un cuerpo en varios trozos.
descubierto, ta 1 *adj.* Que lleva la cabeza destapada. 2 Destapado. 3 Se dice del lugar despejado o espacioso. 4 *m.* DÉFICIT.
descubridor, ra 1 *adj. y s.* Que halla algo oculto o no conocido. 2 Que ha descubierto territorios antes ignorados o desconocidos.
descubrimiento 1 *m.* Manifestación de lo que estaba oculto o secreto o era desconocido. 2 Encuentro, hallazgo de algo no descubierto o ignorado. 3 Cosa descubierta.
descubrir 1 *tr.* Hacer patente. 2 Destapar lo que está tapado. 3 Hallar lo que estaba ignorado. 4 Conocer algo que se ignoraba. 5 Registrar o alcanzar a ver. 6 *prnl.* Quitarse de la cabeza el sombrero, la gorra, etc. 7 Manifestar admiración ante algo o alguien.
descuento *m.* Rebaja del importe de una deuda o de una obligación.
descuidar 1 *tr. y prnl.* No cuidar de alguien o algo, o no atenderlos debidamente. 2 *intr.* Usado en imperativo para tranquilizar a alguien o para librarlo de una tarea: *Descuida, yo lo resuelvo.*
descuido *m.* Omisión, negligencia, falta de cuidado.
desde 1 *prep.* Indica el tiempo o el lugar en que se inicia una acción. 2 Después de.
desdecir 1 *intr.* No ser propio de la clase, origen, etc., de una persona o cosa. 2 No convenir una cosa con otra. 3 *prnl.* Retractarse de lo dicho.
desdén *m.* Indiferencia, menosprecio.
desdentado, da 1 *adj.* Que ha perdido los dientes. 2 *adj. y m.* ZOOL Se dice de los mamíferos que carecen de dientes incisivos, como el perezoso y el oso hormiguero.
desdeñar *tr.* Tratar con desdén a alguien o algo.
desdibujar 1 *tr.* Olvidar paulatinamente los detalles de un suceso. 2 *prnl.* Perder algo la precisión de sus contornos, tanto en el plano real como en el del pensamiento.
desdicha *f.* Desgracia, adversidad.
desdoblar *tr. y prnl.* Extender una cosa que estaba doblada.
desdoro *m.* Deslustre, mancilla en la reputación o fama.
desear 1 *tr.* Anhelar vehementemente el conocimiento, la posesión o el disfrute de algo. 2 Ansiar que acontezca o no un suceso.
desecar *tr. y prnl.* Eliminar o extraer la humedad.

desechable 1 *adj.* Que puede o debe desecharse. 2 Que ya no es aprovechable y puede tirarse.
desechar 1 *tr.* Excluir, reprobar. 2 Menospreciar, desestimar. 3 No admitir algo. 4 Expeler, arrojar. 5 Apartar de sí un temor, una sospecha, etc. 6 Dejar un objeto para no volver a usarlo.
desecho 1 *m.* Lo que queda después de haber escogido lo mejor y más útil de algo. 2 Cosa que ya no sirve. 3 Residuo, basura. 4 ATAJO, senda por la que se acorta el camino.
desembarazar *tr. y prnl.* Quitar un impedimento.
desembarazo *m.* Desenfado, desenvoltura.
desembarcadero *m.* Lugar donde se desembarca.
desembarcar 1 *tr.* Poner en tierra lo embarcado. 2 *intr. y prnl.* Salir de una embarcación. 3 Salir de un vehículo.
desembarco 1 *m.* Acción y efecto de desembarcar. 2 Operación militar consistente en bajar a tierra la dotación de un buque o de una escuadra, o las tropas que llevan.
desembargar *tr.* Quitar un embargo o impedimento.
desembocadura *f.* GEO Lugar donde un río, canal, etc., desemboca en otro, en el mar o en un lago.
desembocar *intr.* Tener salida un río, canal, calle, etc., a un lugar.
desembolsar *tr.* Pagar una cantidad de dinero.
desembragar *tr.* Desconectar del eje motor un mecanismo.
desempacar 1 *tr.* Sacar de los empaques o envoltorios lo que en ellos está. 2 Deshacer el equipaje; sacar las cosas de las maletas.
desempañar *tr.* Limpiar algo que está empañado.
desempapelar *tr.* Quitar el papel que envuelve o reviste una cosa.
desempaquetar *tr.* Desenvolver un paquete.
desempatar *tr.* Deshacer un empate.
desempeñar 1 *tr.* Sacar lo que estaba empeñado. 2 Cumplir las obligaciones inherentes a una profesión, cargo u oficio; ejercerlos. 3 *tr. y prnl.* Realizar un oficio, un cargo, una misión, etc.
desempleo *m.* ECON Situación de los asalariados que pueden y quieren trabajar pero no encuentran un puesto de trabajo.
desempolvar 1 *tr. y prnl.* Quitar el polvo. 2 *tr.* Recordar, usar o reemprender algo olvidado.
desencadenar 1 *tr. y prnl.* Quitar las cadenas. 2 Originarse movimientos impetuosos de fuerzas naturales. 3 Dar salida a movimientos del ánimo, generalmente apasionados o violentos.

A B C D E F G H I J K L M N Ñ O P Q R S T U V W X Y Z

desencantar 1 *tr.* y *prnl.* Deshacer un encantamiento. 2 Desilusionar.
desenchufar *tr.* y *prnl.* Separar un enchufe de una toma.
desencuadernar *tr.* y *prnl.* Deshacer lo encuadernado.
desencuentro 1 *m.* Encuentro fallido. 2 Desacuerdo.
desenfado *m.* Desenvoltura, desembarazo.
desenfocar *tr.* y *prnl.* Hacer perder el enfoque.
desenfrenar 1 *tr.* Quitar el freno. 2 *prnl.* Entregarse a una vida desordenada. 3 Desencadenarse una fuerza.
desenfundar 1 *tr.* Quitar la funda a algo. 2 Sacar algo de su funda.
desenganchar 1 *tr.* y *prnl.* Soltar lo que está enganchado. 2 Quitar de un carruaje las caballerías de tiro.
desengañar 1 *tr.* y *prnl.* Hacer reconocer el engaño. 2 Desesperanzar, desilusionar.
desengaño 1 *m.* Acción y efecto de desengañar o desengañarse. 2 Lección recibida por una amarga experiencia.
desenglobar *tr.* Dividir un terreno en varios.
desengranar *tr.* Quitar el engranaje de alguna cosa con otra.
desengrasar *tr.* Quitar la grasa.
desenhebrar *tr.* Sacar la hebra de la aguja.
desenlace 1 *m.* Acción y efecto de desenlazar o desenlazarse. 2 Final de un asunto o un suceso.
desenlazar 1 *tr.* Dar solución a un asunto o a una dificultad. 2 *tr.* y *prnl.* Desasir y soltar lo que está atado con lazos. 3 Resolver la trama de una obra dramática, narrativa o cinematográfica, hasta llegar a su final.
desenmarañar 1 *tr.* Deshacer el enredo o maraña. 2 Poner en claro algo oscuro y enredado.
desenmascarar 1 *tr.* y *prnl.* Quitar la máscara. 2 Descubrir los propósitos, sentimientos, etc., ocultos de alguien.
desenredar 1 *tr.* y *prnl.* Deshacer un enredo. 2 *prnl.* Salir de una dificultad.
desenrollar *tr.* y *prnl.* Extender lo que está enrollado.
desenroscar 1 *tr.* Extender lo que está enroscado. 2 Sacar de su asiento lo que está introducido a vuelta de rosca.
desensillar *tr.* Quitar la silla a una cabalgadura.
desentenderse 1 *prnl.* Fingir o afectar ignorancia. 2 Prescindir de un asunto, no tomar parte en este.
desenterrar 1 *tr.* y *prnl.* Sacar lo que está bajo tierra. 2 Recordar algo olvidado.

desentonar *intr.* Variar inoportunamente el tono de la voz o de un instrumento.
desentrañar *tr.* Averiguar algo difícil y oculto.
desentrenar *tr.* y *prnl.* Perder destreza por falta de entrenamiento.
desentumecer *tr.* y *prnl.* Hacer que el cuerpo, o un miembro de este, recobre su agilidad y soltura.
desentumir *tr.* y *prnl.* DESENTUMECER.
desenvainar *tr.* Sacar de la vaina la espada u otra arma blanca.
desenvoltura 1 *f.* Desembarazo, desenfado. 2 Facilidad de palabra.
desenvolver 1 *tr.* y *prnl.* Desenrollar lo envuelto. 2 Desarrollar, acrecentar una cosa. 3 *prnl.* Obrar con maña y habilidad.
deseo 1 *m.* Acción y efecto de desear. 2 Tendencia hacia el conocimiento, posesión o disfrute de algo. 3 Cosa deseada.
desequilibrado, da *adj.* y *s.* Falto de sensatez y cordura.
desequilibrar *tr.* y *prnl.* Hacer perder el equilibrio.
desequilibrio 1 *m.* Falta de equilibrio. 2 Alteración en la conducta de una persona.
deserción 1 *f.* Acción de desertar. 2 Acción de abandonar un oficio, un lugar, unas ideas, un amigo, etc.
desertar *intr.* Abandonar el soldado su puesto o unidad.
desértico, ca 1 *adj.* Despoblado, solo, inhabitado. 2 Que es propio, perteneciente o relativo al desierto. 3 GEO **modelado** ~.
desertización *f.* ECOL Proceso por el cual una región se convierte en una zona árida. En él destacan la desaparición de la vegetación, la degradación de los recursos hídricos y el aumento de la erosión.
desertor, ra *adj.* y *s.* Que deserta.
desesperación 1 *f.* DESESPERANZA. 2 Alteración extrema del ánimo causada por cólera, despecho o enojo.
desesperanza 1 *f.* Falta de esperanza. 2 Estado del ánimo en que se ha desvanecido la esperanza.
desesperanzar *tr.* y *prnl.* Quitar la esperanza.
desesperar *tr.* y *prnl.* Impacientar, exasperar.
desestabilizar 1 *tr.* Perturbar la estabilidad. 2 *tr.* e *intr.* Debilitar la estabilidad de un régimen político.
desestimar 1 *tr.* Tener en poco. 2 Denegar, desechar.
desfachatez *f.* Descaro, desvergüenza.
desfalcar *tr.* Tomar para sí una cantidad que se tenía bajo custodia.
desfalco *m.* Acción y efecto de desfalcar.
desfallecer 1 *tr.* Disminuir el ánimo y la energía. 2 *intr.* Perder el aliento, el vigor y las fuerzas.
desfallecimiento *m.* Acción y efecto de desfallecer.
desfase *m.* Falta de correspondencia o ajuste respecto a las circunstancias del momento.
desfavorecer *tr.* Dejar de favorecer algo a alguien.
desfigurar 1 *tr.* y *prnl.* Impedir que se perciban las formas de las cosas. 2 Afear el semblante. 3 Referir algo alterando sus verdaderas circunstancias. 4 *prnl.* Alterarse el rostro.
desfiladero *m.* Paso estrecho entre montañas, de paredes abruptas.
desfilar 1 *intr.* Marchar gente en fila. 2 Salir varios, uno tras otro, de alguna parte.
desfile *m.* Acción de desfilar.
desflorar *tr.* DESVIRGAR.
desfogar 1 *tr.* Dar salida al fuego. 2 *tr.* y *prnl.* Manifestar con vehemencia una pasión.
desfondar *tr.* y *prnl.* Quitar o romper el fondo de algo.
desforestar *tr.* DEFORESTAR.
desgajar *tr.* y *prnl.* Separar con violencia una rama del tronco.

desgana 1 *f.* Inapetencia, falta de apetito. 2 Tedio, indolencia.

desgarbado, da *adj.* Falto de garbo o gracia.

desgarrador, ra *adj.* Que produce horror y sufrimiento.

desgarradura 1 *f.* Rotura grande de la tela, el vestido, etc. 2 DESGARRE.

desgarrar 1 *tr.* y *prnl.* Rasgar, romper. 2 Inspirar mucha pena o dolor. 3 *prnl.* Sufrir alguien accidente muscular, a causa de un esfuerzo intenso.

desgarre 1 *m.* Acción de desgarrar. 2 Tirantez muscular.

desgastar 1 *tr.* y *prnl.* Quitar poco a poco, por el uso o el roce, una parte de una cosa. 2 Perder fuerza, vigor o poder.

desglosar *tr.* Separar algo de un todo, para estudiarlo o considerarlo por separado.

desgobernar *tr.* Perturbar el buen orden del gobierno.

desgobierno *m.* Desorden, desconcierto, falta de gobierno.

desgracia 1 *f.* Suerte adversa. 2 Suceso adverso o funesto.

desgraciado, da 1 *adj.* y *s.* Que padece desgracia. 2 Desafortunado. 3 *m.* y *f.* Persona que inspira compasión o menosprecio.

desgraciar 1 *tr.* y *prnl.* Echar a perder a alguien o algo. 2 *prnl.* Perder la gracia o el favor de alguien.

desgranar 1 *tr.* Sacar el grano de algo. 2 Pasar las cuentas del rosario.

desgrasante *m.* Aditivo para hacer más maleable la arcilla.

desgravar *tr.* ECON Rebajar un impuesto o un derecho arancelario.

desgreño 1 *m.* Acción y efecto de desgreñar. 2 Desorden, desidia.

desguarnecer *tr.* Quitar lo que servía de protección a algo.

desguazar *tr.* Desarmar un buque, un automóvil, etc.

deshabitar *tr.* y *prnl.* Dejar sin habitantes una población, un territorio, etc.

deshabituar *tr.* y *prnl.* Hacer perder un hábito o una costumbre.

deshacer 1 *tr.* y *prnl.* Destruir algo ya hecho. 2 Desarmar o descomponer algo. 3 Desgastar, atenuar. 4 Derretir, licuar. 5 Dividir, partir, despedazar. 6 Alterar, descomponer un tratado o negocio. 7 *prnl.* Desbaratarse o destruirse algo. 8 Afligirse mucho, impacientarse. 9 Desaparecer de la vista. 10 Trabajar con mucho ahínco. 11 Evitar el trato con una persona o prescindir de sus servicios. 12 Con la preposición *en* y sustantivos que indiquen aprecio, afecto, cortesía, etc., extremarlos, prodigarlos.

desharrapado, da (Tb. desarrapado) 1 *adj.* y *s.* Andrajoso. 2 Muy pobre.

deshelar *tr.* y *prnl.* Licuar lo que está helado.

desherbar (Tb. desyerbar) *tr.* Arrancar las malas hierbas.

desheredado, da *adj.* y *s.* Pobre, sin medios de vida.

desheredar *tr.* Excluir a alguien de una herencia.

deshidratación 1 *f.* Acción y efecto de deshidratar o deshidratarse. 2 Eliminación del agua de un producto alimenticio, industrial, etc.

deshidratar *tr.* y *prnl.* Privar a un cuerpo o a un organismo del agua que contiene.

deshielo 1 *m.* Fusión de las nieves y heleros, a consecuencia de la elevación de la temperatura. 2 Época o temporada en que se produce esa acción.

deshierbar (Tb. desyerbar) *tr.* DESHERBAR.

deshilachar 1 *tr.* y *prnl.* Sacar hilachas de una tela. 2 DESHILAR.

deshilar 1 *tr.* Sacar hilos de un tejido. 2 Reducir a hilos una cosa.

deshinchar *tr.* y *prnl.* Quitar la hinchazón.

deshipotecar *tr.* Librar de hipoteca.

deshojar *tr.* y *prnl.* Quitar o caerse las hojas de una planta.

deshollinar *tr.* Limpiar las chimeneas, quitándoles el hollín.

deshonestidad *f.* Cualidad de deshonesto.

deshonesto, ta 1 *adj.* Falto de honestidad. 2 No conforme a razón ni a las ideas recibidas por buenas.

deshonor 1 *m.* Pérdida del honor. 2 Afrenta, deshonra.

deshonrar 1 *tr.* y *prnl.* Quitar la honra. 2 Injuriar.

deshora *f.* Tiempo inoportuno, no conveniente.

deshuesar *tr.* Quitar los huesos a un animal o a la fruta.

deshumanizar *tr.* y *prnl.* Privar a alguien o algo de caracteres humanos.

desiderativo, va *adj.* Que expresa o indica deseo.

desidia *f.* Negligencia, inercia.

desierto, ta 1 *adj.* Despoblado, solo, deshabitado. 2 Se dice de la subasta, concurso, en que nadie toma parte o en que ningún participante obtiene la adjudicación. 3 *m.* ECOL Región extensa con muy escasas vegetación y fauna, y donde la evaporación excede a la precipitación.

designación *f.* Acción y efecto de designar a alguien o algo para cierto fin.

designar 1 *tr.* Señalar o destinar una persona o cosa para un fin determinado. 2 Denominar, indicar.

designio *m.* Propósito del entendimiento, aceptado por la voluntad.

desigual 1 *adj.* Que no es igual. 2 Se dice del terreno o la superficie que tiene distintos niveles.

desigualar *tr.* Hacer a una persona o cosa desigual a otra.

desigualdad 1 *f.* Cualidad de desigual. 2 MAT Negación de la igualdad; se indica con el signo $\neq$. 3 MAT Expresión que indica relaciones de *mayor que* o *menor que* entre elementos de un conjunto ordenado. Se enuncia así: $a > b$ (a es mayor que b) o $b < a$ (b es menor que a). || ~ **triangular** MAT Principio que indica que cualquier lado de un triángulo siempre es menor en longitud que la suma de los dos restantes.

desilusión *f.* Acción y efecto de desilusionar o desilusionarse.

A B C D E F G H I J K L M N Ñ O P Q R S T U V W X Y Z

desilusionar 1 *tr.* Hacer perder las ilusiones. 2 *prnl.* Perder las ilusiones. 3 DESENGAÑARSE.

desinencia *f.* GRAM Morfema o terminación que añadido a la raíz de adjetivos, sustantivos, pronombres y verbos indica su valor sintáctico y morfológico, como género, número, persona o tiempo.

desinfección *f.* Acción y efecto de desinfectar.

desinfectante *adj.* y *s.* Que desinfecta o sirve para desinfectar.

desinfectar *tr.* y *prnl.* Destruir, mediante métodos físicos o químicos, los microorganismos nocivos o patógenos de un ser vivo o de un objeto.

desinflamar *tr.* y *prnl.* Bajar la inflamación.

desinflar 1 *tr.* y *prnl.* Sacar el aire contenido en un cuerpo flexible. 2 Desanimar rápidamente.

desinformar 1 *intr.* Dar noticias manipuladas. 2 Dar información insuficiente u omitirla.

desinhibir 1 *tr.* y *prnl.* Prescindir de inhibiciones, comportarse con espontaneidad. 2 *prnl.* Expresar alguien lo que normalmente no daría a conocer por temor o timidez.

desinstalar *tr.* INF Eliminar del computador u otro dispositivo electrónico un programa informático, para que deje de funcionar en aquellos.

desintegración *f.* Acción y efecto de desintegrar o desintegrarse. || ~ **nuclear** FÍS Partición de un núcleo atómico con absorción o producción de energía.

desintegrar *tr.* y *prnl.* Separar los diversos elementos que forman un todo.

desinterés *m.* Carencia de interés.

desinteresarse *prnl.* Perder el interés por algo.

desintoxicación *f.* Acción y efecto de desintoxicar o desintoxicarse.

desintoxicar 1 *tr.* y *prnl.* Combatir la intoxicación o sus efectos. 2 MED Realizar un tratamiento para eliminar las sustancias tóxicas del organismo o para la curación de una toxicomanía.

desistir 1 *intr.* Abandonar la ejecución de algo. 2 Abandonar un derecho.

desjuntar *tr.* y *prnl.* Separar, apartar.

deslavar 1 *tr.* Quitar fuerza, color y vigor. 2 GEO Quitar lentamente una corriente de agua la tierra de las riberas.

deslave *m.* GEO Tierra que pierden las riberas al deslavarse.

deslealtad *f.* Falta de lealtad.

desleír *tr.* y *prnl.* Disolver y desunir las partes de un cuerpo mediante un líquido.

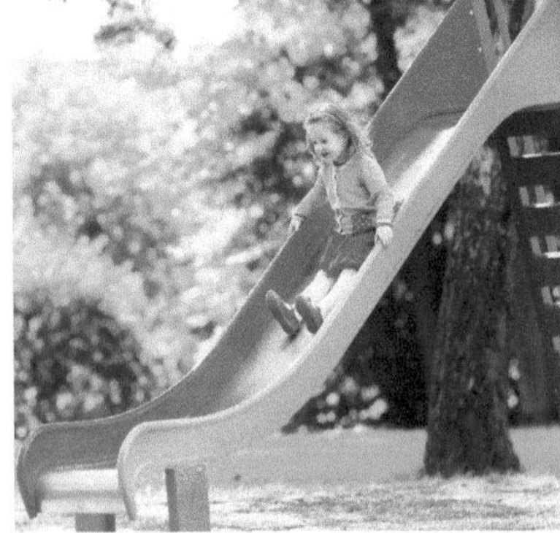

desligar 1 *tr.* y *prnl.* Desatar, soltar las ligaduras. 2 *tr.* Dispensar de una obligación contraída.

deslindar *tr.* Señalar los límites de un lugar.

desliz 1 *m.* Desacierto, indiscreción involuntaria. 2 Flaqueza moral.

deslizamiento 1 *m.* Acción y efecto de deslizar o deslizarse. 2 GEO Proceso gravitacional caracterizado por la existencia de un plano sobre el que se produce el movimiento.

deslizante *adj.* Que desliza o que se desliza.

deslizar 1 *tr.* Pasar o mover suavemente una cosa sobre otra o entre otra. 2 *intr.* y *prnl.* Resbalar una cosa sobre otra que está lisa o mojada.

deslucir *tr.* y *prnl.* Quitar el atractivo o el lustre a una cosa.

deslumbrar 1 *tr.* Ofuscar la vista. 2 Dejar a alguien confuso o admirado. 3 Impresionar, fascinar.

deslustrar 1 *tr.* Quitar el lustre. 2 DESACREDITAR.

desmadejar 1 *tr.* Deshacer una madeja. 2 *tr.* y *prnl.* Causar flojedad en el cuerpo.

desmalezar *tr.* Quitar la maleza.

desmán[1] *m.* Exceso, desorden, atropello.

desmán[2] *m.* Mamífero insectívoro cola larga, hocico prolongado y ojos pequeños.

desmanchar *tr.* Quitar manchas.

desmantelar 1 *tr.* Retirar los muebles de una casa, una habitación, etc. 2 Desarmar y desaparejar una embarcación.

desmañado, da *adj.* y *s.* Falto de destreza, maña y habilidad.

desmayado, da *adj.* Que ha perdido el sentido.

desmayar 1 *tr.* Causar desmayo. 2 *intr.* Abandonar una pretensión. 3 *prnl.* Perder el sentido y el conocimiento.

desmayo 1 *m.* Desaliento, desánimo. 2 Desfallecimiento de las fuerzas, privación de sentido.

desmedido, da *adj.* Desproporcionado, falto de medida.

desmejorar 1 *tr.* Hacer perder el lustre y la perfección. 2 *intr.* y *prnl.* Perder la salud.

desmembrar *tr.* Dividir y apartar los miembros del cuerpo.

desmemoriado, da *adj.* y *s.* Torpe de memoria.

desmentido 1 *m.* Acción y efecto de desmentir o negar la veracidad de algo. 2 Comunicado en que se desmiente algo públicamente.

desmentir 1 *tr.* Decir que no es cierto algo que otro ha dicho. 2 Demostrar la falsedad de algo.

desmenuzar 1 *tr.* Dividir una cosa en partes menudas. 2 Examinar algo muy atentamente.

desmesurado, da *adj.* Excesivo, mayor de lo común.

desmigajar *tr.* y *prnl.* Hacer migajas una cosa.

desmilitarizar 1 *tr.* Suprimir el carácter militar de algo. 2 Desguarnecer un territorio de tropas e instalaciones militares.

desminar *tr.* Retirar minas explosivas de un lugar.

desmineralización *f.* MED Disminución o pérdida de una cantidad anormal de principios minerales.

desmitificar *tr.* y *prnl.* Privar de atributos míticos a algo o a alguien.

desmochar *tr.* Quitar la parte superior de algo, dejándolo mocho.

desmontar 1 *tr.* Desunir o separar las piezas de una cosa. 2 Cortar los árboles o matas de un monte. 3 *tr.* e *intr.* Bajar a alguien de una caballería. • U. t. c. prnl.

desmoralizar 1 *tr.* y *prnl.* Corromper las costumbres con malos ejemplos o doctrinas insanas. 2 Desanimar.

desmoronar 1 *tr.* y *prnl.* Deshacer las aglomeraciones de sustancias más o menos en cohesión. 2 *prnl.* Sufrir alguien una grave depresión, los efectos de un disgusto, etc. 3 Irse destruyendo los imperios, los caudales, el crédito, etc.

desmovilizar *tr.* Licenciar a las personas o a las tropas movilizadas.

desnatar *tr.* Quitar la nata a la leche o a otros líquidos.

desnaturalizar 1 *tr.* y *prnl.* Privar a alguien del derecho de naturaleza y patria. 2 *tr.* Variar las características de algo; pervertirlo.

desnivel *m.* Diferencia de alturas entre dos o más puntos.

desnivelar *tr.* y *prnl.* Alterar el nivel existente entre dos o más cosas.

desnucar *tr.* y *prnl.* Matar dando un golpe en la nuca.

desnudar 1 *tr.* y *prnl.* Quitar todo el vestido o una parte de este. 2 *tr.* Despojar algo de lo que lo cubre o adorna.

desnudo, da 1 *adj.* Sin vestido. 2 Falto de lo que cubre o adorna. 3 Patente, claro. 4 *m.* En arte, figura humana desnuda.

desnutrición *f.* MED Depauperación del organismo causada por una insuficiente aportación de vitaminas, sales minerales, calorías, etc.

desobedecer *tr.* No obedecer.

desobediencia *f.* Acción y efecto de desobedecer. || ~ **civil** POLÍT Incumplimiento deliberado y pacífico, por los ciudadanos, de una ley o mandato emanado del poder establecido y considerados injustos.

desocupación 1 *f.* Falta de ocupación; ociosidad. 2 DESEMPLEO.

desocupar 1 *tr.* Dejar libre un lugar. 2 *prnl.* Desembarazarse de una ocupación.

desodorante 1 *adj.* y *s.* Que destruye los olores molestos. 2 *m.* Sustancia usada para eliminar o disimular los olores molestos.

desodorizante *m.* Sustancia para desodorizar, usada en las industrias químicas, cosméticas y alimentarias.

desodorizar *tr.* Eliminar ciertos olores.

desoír *tr.* No atender consejos.

desolar 1 *tr.* Asolar, destruir, arrasar. 2 *prnl.* Afligirse en extremo.

desoldar *tr.* y *prnl.* Quitar o romper la soldadura.

desollar *tr.* y *prnl.* Quitar la piel del cuerpo o de alguno de sus miembros.

desorbitar 1 *tr.* y *prnl.* Sacar o salir alguna cosa de su órbita. 2 Conceder demasiada importancia a algo.

desorden 1 *m.* Ausencia de orden, confusión. 2 Perturbación moral, social o funcional.

desordenar 1 *tr.* y *prnl.* Confundir y alterar el buen orden de las cosas. 2 *prnl.* Excederse, no guardar las reglas.

desorganizar *tr.* y *prnl.* Destruir la organización de algo.

desorientar 1 *tr.* y *prnl.* Hacer que alguien pierda la orientación. 2 Confundir, ofuscar.

desovar *intr.* Soltar, las hembras de los peces y de los anfibios, sus huevos o huevas.

desoxidar 1 *tr.* Limpiar un metal de óxido. 2 *tr.* y *prnl.* QUÍM Eliminar o reducir el oxígeno de un producto que lo contiene.

desoxigenar *tr.* y *prnl.* QUÍM DESOXIDAR.

desoxirribonucleico *adj.* BIOQ **ácido ~**.

desoxirribosa *f.* QUÍM Azúcar derivado de la ribosa por pérdida de un átomo de oxígeno. Forma parte de los nucleótidos que constituyen las cadenas del ADN.

despabilar 1 *tr.* Quitar la parte ya quemada del pabilo a las velas y candiles. 2 *tr.* y *prnl.* Avivar el entendimiento y el ingenio. 3 Quitar el sueño.

despachar 1 *tr.* Concluir o resolver un asunto. 2 Enviar un mensaje, encargo, etc. 3 Despedir, apartar de sí a alguien. 4 Vender al público en una tienda. 5 *prnl.* Decir alguien cuanto se le viene en gana.

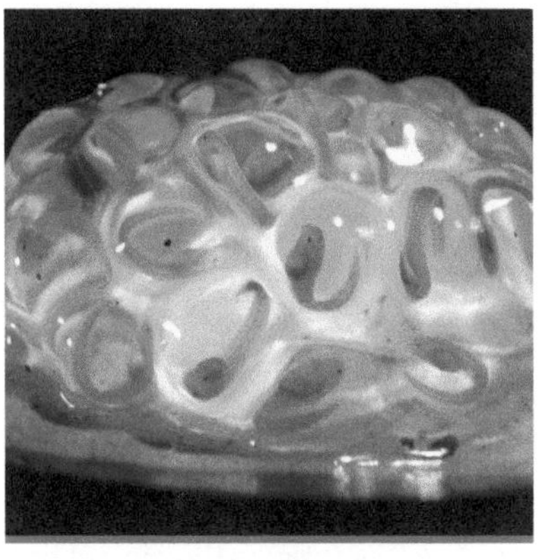

despacho 1 *m.* Acción y efecto de despachar. 2 Habitación para despachar negocios o para estudiar.

despachurrar *tr.* y *prnl.* Aplastar una cosa apretándola con fuerza.

despacio 1 *adv. m.* Poco a poco, lentamente. 2 *adv. t.* Por tiempo dilatado. 3 *interj.* Se usa para pedir moderación y calma.

despampanante *adj.* Que impresiona o deja atónito.

desparasitar *tr.* y *prnl.* Eliminar los parásitos que habitan en una persona o en un animal.

desparejar *tr.* y *prnl.* Deshacer una pareja.

desparpajo *m.* Facilidad para hablar u obrar.

desparramar *tr.* y *prnl.* Esparcir, extender.

despavorido, da *adj.* Lleno de pavor.

despecho *m.* Pesar o irritación causada por un desengaño.

despechugar 1 *tr.* Quitar la pechuga a un ave. 2 *prnl.* Mostrar el pecho.

despectivo, va *adj.* DESPRECIATIVO.

despedazar *tr.* y *prnl.* Dividir una cosa en pedazos irregulares.

despedida *f.* Acción y efecto de despedir.

despedir 1 *tr.* Soltar, desprender, arrojar una cosa. 2 Prescindir de los servicios de alguien. 3 Acompañar por cortesía al que sale de una casa u otro lugar. 4 *prnl.* Separarse de alguien con una expresión de afecto o cortesía.

despegar 1 *tr.* y *prnl.* Desprender una cosa de otra a la que estaba pegada o junta. 2 *intr.* Separarse del suelo o del agua una aeronave al iniciar el vuelo. 3 Comenzar un proceso de desarrollo: *La economía del país finalmente despegó.*

despegue 1 *m.* Acción y efecto de despegar un avión, helicóptero, cohete, etc. 2 Acción y efecto de comenzar un proceso de desarrollo.

despeinar *tr.* y *prnl.* Deshacer el peinado.

despejar 1 *tr.* Desembarazar o desocupar un lugar. 2 Poner en claro. 3 DEP En algunos deportes, alejar la pelota de la meta propia. 4 MAT Separar por medio de un cálculo una incógnita de una ecuación. 5 *prnl.* Aclararse, serenarse el tiempo, el cielo, etc.

despellejar *tr.* Quitar la piel o el pellejo.

despelotarse *prnl.* Alborotarse, perder la formalidad, desordenarse.

despelucar *tr.* Enmarañar el pelo.

despenalizar *tr.* DER Dejar de tipificar como delito una conducta anteriormente tenida como tal.

A B C D E F G H I J K L M N Ñ O P Q R S T U V W X Y Z

despensa *f.* Lugar donde se guardan los alimentos.

despeñadero *m.* Sitio alto y escarpado.

despeñar *tr.* y *prnl.* Arrojar algo o a alguien desde un lugar alto.

despercudir *tr.* Limpiar o lavar lo que está percudido.

desperdiciar 1 *tr.* y *prnl.* Malgastar o no aprovechar algo. 2 Desaprovechar: *Desperdiciar la ocasión.*

desperdigar *tr.* y *prnl.* Separar, desunir, esparcir.

desperezarse *prnl.* Extender y estirar los miembros para librarse de la pereza o del entumecimiento.

desperfecto 1 *m.* Leve deterioro. 2 Fallo menor en un mecanismo.

despersonalizar *tr.* Quitar el carácter personal a algo.

despertador *m.* Reloj provisto de un timbre o alarma.

despertar[1] *m.* Momento en que se interrumpe el sueño.

despertar[2] 1 *tr.* y *prnl.* Interrumpir el sueño al que está durmiendo. 2 *tr.* Mover, excitar: *Despertar el apetito.* 3 *intr.* Dejar de dormir. 4 Hacerse más advertido y entendido.

despiadado, da *adj.* Inhumano, cruel, sin piedad.

despicar 1 *tr.* Quitarles a los gallos y gallinas el pico. 2 *tr.* y *prnl.* Romper el pico o cogote de una botella.

despido *m.* Extinción de un contrato laboral por la voluntad unilateral de un empresario.

despiezar *tr.* Desarmar por piezas una máquina.

despilfarrar *tr.* Malgastar el dinero.

despintar *tr.* y *prnl.* Borrar o raspar lo pintado.

despiojar *tr.* y *prnl.* Quitar los piojos.

despistar 1 *tr.* y *prnl.* Hacer perder la pista. 2 *prnl.* Andar desorientado en algún asunto.

desplante *m.* Dicho o acto lleno de arrogancia o descaro.

desplatar *tr.* Dejar sin dinero.

desplazado, da *adj.* y *s.* Se dice de la persona que a causa de guerras, revoluciones, etc., abandona el lugar donde vive habitualmente, sin traspasar las fronteras de su país.

desplazamiento 1 *m.* Acción y efecto de desplazar o desplazarse. 2 GEOM Toda aplicación en el plano en la que la distancia entre dos puntos sea la misma entre sus correspondientes, como ocurre en las simetrías respecto a un eje. 3 QUÍM Sustitución de un elemento de un compuesto por otro elemento. || ~ **hacia el rojo** ASTR Desplazamiento hacia longitudes de onda más largas observado en las líneas de espectros de objetos celestes.

desplazar 1 *tr.* Mover una persona o cosa del lugar en que está. 2 Sacar a alguien de su entorno. 3 Desalojar un cuerpo sumergido un volumen de líquido. 4 *prnl.* Irse hacia otro lugar, moverse.

desplegar 1 *tr.* y *prnl.* Extender lo que está plegado. 2 *tr.* Manifestar una cualidad: *Desplegó tino e imparcialidad.*

despliegue *m.* Acción y efecto de desplegar.

desplomarse 1 *prnl.* Caer a plomo una cosa de mucho peso. 2 Caerse sin vida o conocimiento una persona.

desplumar 1 *tr.* y *prnl.* Quitar las plumas a un ave. 2 *tr.* Quitar a alguien los bienes, el dinero.

despoblado, da *adj.* y *m.* Se dice del sitio no habitado.

despoblar *tr.* y *prnl.* Reducir considerablemente la población de un lugar.

despojar 1 *tr.* Privar a alguien de lo que tiene de manera violenta. 2 *prnl.* Desposeerse de algo voluntariamente.

despojo 1 *m.* Acción y efecto de despojar o despojarse. 2 *pl.* Parte que sobra o queda de algo destruido o gastado. 3 CADÁVER.

despolitizar *tr.* y *prnl.* Quitar el carácter político a algo.

desportillar *tr.* y *prnl.* Deteriorar una vasija quitándole parte del canto o boca o haciéndole abertura o grieta.

desposar 1 *tr.* Celebrar un matrimonio. 2 *prnl.* Casarse.

desposeer 1 *tr.* Privar a alguien de lo que posee. 2 *prnl.* Renunciar alguien a lo que posee.

desposeído, da *adj.* y *s.* Sin lo más indispensable para vivir.

déspota 1 *m.* y *f.* Soberano o soberana que gobierna sin sujeción a ley alguna. 2 Persona que abusa de su poder.

despotismo 1 *m.* Autoridad absoluta no limitada por las leyes. 2 Abuso de superioridad o de poder. || ~ **ilustrado** HIST Gobierno absoluto basado en la ideología de la Ilustración; buscaba fomentar la cultura y prosperidad de los súbditos. Se desarrolló en Europa durante el s. XVIII.

despreciar *tr.* y *prnl.* Considerar a alguien o algo indigno de aprecio.

despreciativo, va *adj.* Que indica desprecio: *Tono despreciativo.*

desprecio 1 *m.* Falta de aprecio. 2 Desaire, desdén.

desprender 1 *tr.* y *prnl.* Desunir lo que estaba fijo o unido. 2 Echar de sí algo. 3 *prnl.* Dejar alguien, por voluntad propia, algo que le pertenece. 4 Deducirse, inferirse.

desprendimiento 1 *m.* Acción de desprender o desprenderse. 2 ALUD.

despreocupación 1 *f.* Acción y efecto de despreocuparse. 2 Falta de atención, descuido.

despreocuparse 1 *prnl.* Salir o librarse de una preocupación. 2 Desentenderse de alguien o algo.

desprestigiar *tr.* y *prnl.* Quitar el prestigio.

despresurizar *tr.* y *prnl.* En aeronaves, anular los efectos de la presurización.

desprogramarse 1 *prnl.* Frustrarse un plan. 2 INF Perder accidentalmente uno o varios programas de instrucciones operacionales.

desproporción *f.* Falta de la proporción debida.

despropósito *m.* Dicho o hecho fuera de razón o conveniencia.

desprovisto, ta *adj.* Falto de lo necesario.

después 1 *adj.* Siguiente, posterior. 2 *adv. t.* y *l.* Detrás de. 3 Posteriormente.

despulpar *tr.* Extraer la pulpa de algunos frutos.

despuntar 1 *tr.* y *prnl.* Quitar o gastar la punta. 2 *intr.* Empezar a brotar las plantas. 3 Hablando de la aurora, del alba o del día, empezar a amanecer.

desquiciar 1 *tr.* y *prnl.* Desencajar o sacar de quicio una cosa. 2 Hacer enojar en extremo a alguien.

desquitar *tr.* y *prnl.* Vengar una ofensa, daño o derrota.

destacado, da *adj.* Notorio, relevante, notable.

destacamento *m.* Grupo de tropa destacada.

destacar 1 *tr.* y *prnl.* Separar del cuerpo principal una porción de tropa. 2 *tr.* e *intr.* Hacer resaltar los méritos o cualidades de alguien o algo. • U. t. c. prnl.

destajo *m.* Trabajo que se ajusta por una suma determinada, a diferencia del que se hace a jornal.

destapar 1 *tr.* y *prnl.* Quitar la tapa o cubierta. 2 *prnl.* Manifestar algo sin tapujos.

destape *m.* Acción y efecto de destapar o destaparse.

destartalado, da *adj.* y *s.* Descompuesto, sin orden.

destazar *tr.* Trocear los animales.

destejar *tr.* Quitar las tejas a los tejados o tapias.

destellar *tr.* Despedir algo destellos intensos.

destello 1 *m.* Resplandor vivo y efímero. 2 Aparición breve y súbita de una cualidad.

destemplanza 1 *f.* Desigualdad del tiempo. 2 Sensación general de malestar físico.

destemplar 1 *tr.* y *prnl.* Perder el temple un metal. 2 Mús Destruir la armonía con que está templado un instrumento. 3 *prnl.* Sentir malestar físico. 4 Sentir aspereza al comer sustancias agrias, oír ciertos ruidos o tocar determinados cuerpos.

desteñir *tr.* y *prnl.* Quitar el tinte; borrar o apagar los colores.

desternillarse 1 *prnl.* Romperse las ternillas. 2 Reírse mucho.

desterrar 1 *tr.* Echar a alguien de un territorio o un país por mandato judicial o decisión gubernamental. 2 *prnl.* Expatriarse.

destetar *tr.* y *prnl.* Hacer que deje de mamar el niño o la cría de un animal.

destierro 1 *m.* Acción y efecto de desterrar. 2 Lugar muy distante.

destilar *tr.* e *intr.* Quím Evaporar la parte volátil de una sustancia y reducirla a líquido por medio del frío.

destilería *f.* Lugar donde se fabrican productos destilados.

destinar *tr.* Designar algo o a alguien para algún fin.

destinatario, ria *m.* y *f.* Persona a quien va destinado algo.

destino 1 *m.* Encadenamiento de los hechos considerado como necesario e inevitable. 2 Hado, fuerza desconocida que se cree obra sobre los humanos y los sucesos. 3 Señalamiento o aplicación de una cosa para un determinado fin. 4 Meta, punto de llegada.

destituir *tr.* Separar a alguien de un cargo.

destorcer *tr.* y *prnl.* Enderezar lo que estaba torcido.

destornillador *m.* Instrumento para destornillar y atornillar.

destornillar 1 *tr.* Sacar un tornillo dándole vueltas. 2 *prnl.* DESTERNILLAR.

destrabar *tr.* y *prnl.* Desprender o apartar una cosa de otra.

destreza *f.* Habilidad, arte, propiedad con que se hace algo.

destronar *tr.* Deponer a un rey.

destrozar 1 *tr.* Despedazar, hacer trozos. 2 *tr.* Estropear, deteriorar. 3 Aniquilar, vencer.

destrucción 1 *f.* Acción y efecto de destruir. 2 Ruina, devastación.

destructor, ra *adj.* Que destruye.

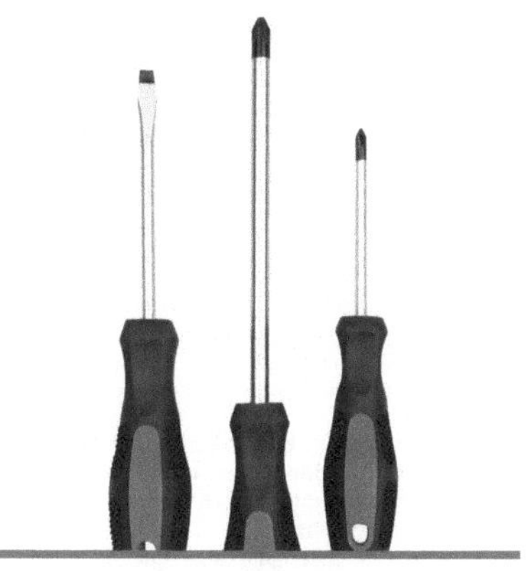

destruir 1 *tr.* y *prnl.* Deshacer, inutilizar. 2 Deshacer algo no material, como un argumento, un proyecto.

desubicar 1 *tr.* y *prnl.* Situar a alguien o algo fuera de lugar. 2 *prnl.* Perder la orientación o no saber donde se encuentra una persona.

desunir 1 *tr.* y *prnl.* Apartar una cosa de otra. 2 Introducir discordia entre personas.

desusar *tr.* y *prnl.* Desacostumbrar, perder o dejar el uso.

desuso *m.* Falta de uso de algo.

desvaído, da 1 *adj.* Se dice del color que ha perdido intensidad. 2 Indefinido, impreciso.

desvalido, da *adj.* y *s.* Desamparado, sin ayuda ni socorro.

desvalijar 1 *tr.* Quitar o robar el contenido de una maleta, casa, habitación, etc. 2 Despojar a alguien de su dinero o sus bienes mediante robo, engaño, juego, etc.

desvalorización *f.* Econ DEVALUACIÓN.

desván *m.* Parte más alta de una casa e inmediata bajo el tejado.

desvanecer 1 *tr.* y *prnl.* Disgregar las partículas de un cuerpo en otro. 2 Quitar de la mente una idea, un recuerdo, etc. 3 *prnl.* Evaporarse la parte volátil de una sustancia. 4 Perder el sentido.

desvariar *intr.* Delirar, decir incoherencias.

desvarío *m.* Dicho o hecho sin sentido.

desvelar[1] 1 *tr.* y *prnl.* Impedir el sueño, no dejar dormir. 2 *prnl.* Poner gran cuidado y atención en algo o en alguien.

desvelar[2] *tr.* Revelar lo oculto o secreto.

desvencijar *tr.* y *prnl.* Aflojar, desunir las partes de una cosa.

desventaja *f.* Insuficiencia que se nota por comparación de dos cosas, personas o situaciones.

desventurado, da 1 *adj.* Desafortunado. 2 *adj.* y *s.* Pobre de espíritu.

desvergonzado, da *adj.* y *s.* Que habla u obra con desvergüenza.

desvergüenza 1 *f.* Falta de vergüenza. 2 Dicho o hecho impúdico o insolente.

desvestir *tr.* y *prnl.* Desnudar o quitar las prendas de vestir.

desviación 1 *f.* Acción y efecto de desviar o desviarse. 2 Separación lateral de un cuerpo de su posición media. 3 Tramo de una carretera que se aparta de la general. 4 Mat Diferencia numérica entre una medida individual o número y la media aritmética de una serie completa de tales medidas o números.

|| ~ **estándar** MAT Medida de dispersión de un grupo de valores, que equivale a la raíz cuadrada positiva del promedio de los cuadrados de las desviaciones respecto a la media aritmética.

desviar *tr.* y *prnl.* Apartar algo de su lugar, camino o rumbo.

desvinculación *f.* Acción y efecto de desvincular.

desvincular *tr.* y *prnl.* Anular un vínculo o una relación.

desvío *m.* DESVIACIÓN, acción y efecto de desviar.

desvirgar *tr.* Quitar la virginidad a alguien.

desvirtuar *tr.* y *prnl.* Quitar la virtud, valor o características de alguien o algo.

desvivirse *prnl.* Mostrar vivo interés por algo o alguien.

detallar *tr.* Referir o tratar algo con detalle.

detalle 1 *m.* Relación, cuenta o lista pormenorizada. 2 Delicadeza, finura. 3 Comercio al por menor.

detallista *m.* y *f.* Persona que cuida mucho los detalles.

detectar 1 *tr.* Averiguar algo que no puede observarse directamente, por medio de un aparato o mediante procesos físicos o químicos. 2 Darse cuenta de un hecho.

detective *m.* y *f.* Persona que tiene por oficio llevar a cabo investigaciones privadas.

detector *m.* Aparato que sirve para detectar. || ~ **de mentiras** Aparato empleado para registrar los cambios involuntarios que sufre la persona que está sometida a un interrogatorio. ~ **de metales** El empleado para indicar la presencia de metales a poca profundidad, mediante la emisión de un campo electromagnético.

detención *f.* Acción y efecto de detener.

detener 1 *tr.* y *prnl.* Suspender algo, impedir que siga adelante. 2 *tr.* Arrestar, poner en prisión. 3 *prnl.* Dejar de avanzar.

detergente *m.* Producto humectante y emulsionante, de alto poder de limpieza.

deteriorar *tr.* y *prnl.* Estropear, poner en inferior condición algo.

determinación 1 *f.* Acción y efecto de determinar. 2 Osadía, valor.

determinado, da 1 *adj.* Osado, valeroso. 2 Concreto, preciso. 3 GRAM **artículo** ~.

determinante *adj.* Que determina.

determinar 1 *tr.* y *prnl.* Tomar una resolución. 2 Fijar los términos de algo.

determinativo, va 1 *adj.* Que determina o resuelve. 2 GRAM **adjetivo** ~.

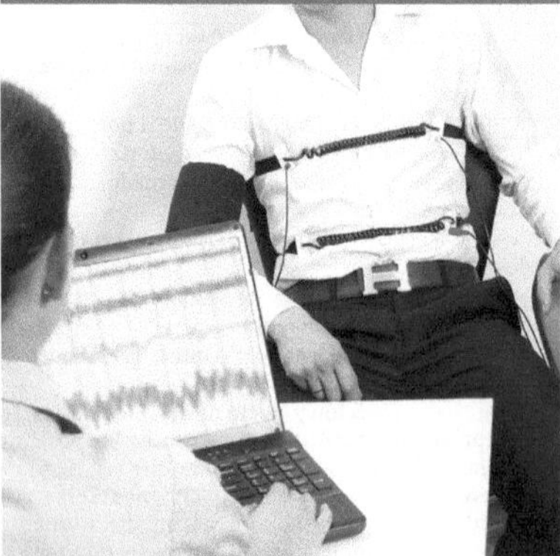

detersorio, ria *adj.* Se dice de la sustancia que tiene la propiedad de limpiar o purificar.

detestar *tr.* Aborrecer, tener aversión a alguien o a algo.

detonación *f.* Acción y efecto de detonar.

detonador *m.* Dispositivo que sirve para hacer estallar una carga explosiva.

detonante 1 *adj.* y *m.* Se dice del agente capaz de producir detonación. 2 Se dice de lo que llama la atención por el violento contraste que suscita. 3 Dicho de un hecho o situación, que es la causa u origen de otro. *La caída del dólar fue el detonante de la crisis económica.*

detonar 1 *tr.* Iniciar una explosión o un estallido. 2 *intr.* Estallar o hacer explosión algo.

detractor, ra *adj.* y *s.* Maldiciente o infamador.

detrás 1 *adv. l.* En la parte posterior. 2 Cuando la posterioridad se indica en relación con una persona o cosa, se emplea con *de: Detrás de ti; detrás del sillón.* 3 Precedido de la preposición *por,* en ausencia de, o en inferioridad de jerarquía.

detrimento *m.* Daño o perjuicio moral.

detrito (Tb. detritus) *m.* Resultado de la descomposición de una masa sólida en partículas.

deuda 1 *f.* Obligación que alguien tiene de dar algo o pagar una cantidad a otra persona. 2 Lo que se debe. || ~ **externa** ECON La pública que se paga en el extranjero y con moneda extranjera. ~ **interna** ECON La pública que se paga en el propio país con moneda nacional. ~ **pública** ECON La que el Estado tiene reconocida por medio de títulos que devengan interés y a veces se amortizan.

deudo *m.* PARIENTE.

deudor, ra *adj.* y *s.* Que debe.

devaluación 1 *f.* Acción y efecto de devaluar. 2 ECON Modificación del tipo de cambio oficial, que reduce el valor de la moneda nacional en relación con las monedas extranjeras.

devaluar *tr.* Rebajar el valor de una moneda o de otra cosa.

devanar *tr.* Enrollar un hilo, alambre, etc., alrededor de un eje, carrete, etc.

devaneo 1 *m.* Distracción vana. 2 Amorío pasajero.

devastar *tr.* Destruir, arrasar un territorio.

develar 1 *tr.* Quitar o correr el velo que cubre algo. 2 DESVELAR[2].

devengar *tr.* Adquirir derecho a alguna retribución por razón de un trabajo o servicio.

devenir *tr.* Sobrevenir, suceder, acaecer.

deverbal *adj.* y *s.* GRAM Se dice de la palabra derivada de un verbo: *Empuje,* de *empujar; Salvamento,* de *salvar.*

devoción 1 *f.* Veneración y fervor religiosos. 2 Inclinación, afición especial.

devolver 1 *tr.* Restituir una cosa a alguien que la poseía. 2 Volver una cosa al estado en que estaba. 3 Corresponder a un favor o a un agravio. 4 Vomitar lo contenido en el estómago. 5 *prnl.* Volverse, dar la vuelta.

devónico *adj.* y *m.* GEO Se dice del cuarto periodo del Paleozoico. Comenzó hace unos 395 millones de años y finalizó hace 345 millones de años; en este periodo colisionaron las masas continentales antecesoras de Norteamérica y Eurasia.

devorar 1 *tr.* Comer un animal su presa. 2 Tragar con ansia y apresuradamente. 3 Consumir, destruir.

devoto, ta *adj.* y *s.* Que tiene devoción.

deyección 1 *f.* Defecación de los excrementos. 2 Los excrementos mismos. 3 GEO Conjunto de materias arrojadas por un volcán.

día 1 *m.* Tiempo que la Tierra emplea en dar la vuelta alrededor de su eje; equivale a 24 horas. 2 Tiempo que dura la claridad del Sol sobre el horizonte. 3 Tiempo que hace durante el día o gran parte de este: *Día lluvioso, despejado.* 4 Momento, ocasión: *El día que regrese, se lo diré todo.* 5 Fecha en que se conmemora algún acontecimiento: *Día del árbol.* 6 *pl.* VIDA: *Al fin de sus días.* || ~ **hábil** En el que funcionan los organismos de la administración pública.

diabetes *f.* MED Enfermedad que se caracteriza por un aumento de la glucemia, con presencia de azúcar en la orina.

diabla *f. coloq.* Diablo hembra.

diablo 1 *m.* REL En la tradición judeocristiana, ángel arrojado por Dios al abismo. 2 Persona traviesa. 3 Persona maligna. || ~ **de tasmania** Marsupial cuyo aspecto se parece al de un osezno, con el pelaje negro y un collar blanco.

diablura *f.* Travesura de poca importancia.

diaconado *m.* En el catolicismo, segunda de las órdenes mayores, inmediatamente inferior al sacerdocio.

diácono *m.* Ministro eclesiástico con atribuciones para servir al sacerdote, predicar, dar la eucaristía y bautizar en caso de necesidad.

diacrítico, ca *adj.* ORT Se dice de los signos que sirven para darle a una letra algún valor especial; como la diéresis de la *u* en *vergüenza* y la tilde que permite distinguir entre *él* (pronombre) y *el* (artículo).

diacronía *f.* Cualidad de diacrónico.

diacrónico, ca *adj.* Se dice de los hechos o procesos que ocurren a lo largo del tiempo. Se opone a sincrónico.

diadema *f.* Adorno de cabeza en forma de media corona.

diáfano, na *adj.* Transparente, claro, limpio.

diáfisis *f.* ANAT Parte media de los huesos largos.

diafragma 1 *m.* ANAT Membrana fibrosa muscular que separa la cavidad torácica de la abdominal. 2 FOT Abertura por donde entra la luz en una cámara fotográfica. 3 Dispositivo anticonceptivo que consiste en un disco flexible que se coloca en la vagina, delante del cuello del útero.

diagnosticar *tr.* Analizar datos para evaluar un problema y emitir un diagnóstico.

diagnóstico 1 *m.* Conclusión de la evaluación de un asunto. 2 MED Calificación que da el médico a una enfermedad según sus síntomas.

diagonal 1 *adj.* y *f.* Se dice de la línea recta que en un polígono va de un vértice a otro no inmediato y en un poliedro une dos vértices no situados en la misma cara. 2 Se dice de las calles o avenidas que cortan oblicuamente a otras paralelas entre sí.

diagrama *m.* Esquema en que se muestran las relaciones entre las diferentes partes de un conjunto o sistema o que permite demostrar una proposición, ley de variación de un fenómeno, etc. || ~ **de Venn** MAT Representación gráfica de operaciones entre conjuntos, como la unión, la intersección, la diferencia.

diagramar *tr.* Realizar el proyecto gráfico de una revista, libro, etc.

dial *m.* Superficie graduada sobre la cual se mueve un cursor que mide o señala una magnitud, como peso, longitud de onda, etc.

dialéctico, ca 1 *adj.* Relativo a la dialéctica. 2 *f.* FIL Sistema que trata de comprender la realidad resolviendo sus contradicciones.

dialecto *m.* LING Sistema lingüístico que deriva de otro.

dialefa *f.* FON **HIATO.**

diálisis 1 *f.* FÍS y QUÍM Proceso de difusión selectiva a través de una membrana. 2 MED Método que elimina sustancias nocivas de la sangre.

dialogar 1 *intr.* Mantener un diálogo. 2 *tr.* Escribir algo en forma de diálogo.

diálogo 1 *m.* Conversación entre dos o más personas para llegar a un entendimiento. 2 LIT En las obras dramáticas, secuencia discursiva en la que se representa una conversación entre varios personajes.

diamante *m.* Mineral de carbono puro, muy brillante, diáfano y generalmente incoloro. Es el más duro de los minerales.

diámetro *m.* GEOM Segmento de recta que une dos puntos de una circunferencia, una curva cerrada o una esfera, pasando por su centro.

diana 1 *f.* Toque militar para que la tropa se levante. 2 Punto central de un blanco de tiro.

diantre *interj.* Denota extrañeza, admiración o disgusto.

diapasón 1 *m.* MÚS Serie de notas que comprenden la extensión total de una voz o instrumento. 2 MÚS Parte de ciertos instrumentos sobre la cual se pisan las cuerdas con los dedos.

diapositiva *f.* FOT Fotografía positiva transparente, apta para proyectarse.

diario, ria 1 *adj.* Correspondiente a todos los días. 2 *m.* Relación escrita día por día de lo que ha ido sucediendo. 3 Periódico que se publica todos los días. 4 Gasto y consumo de una casa correspondientes a un día.

diarrea *f.* MED Enfermedad o síntoma morboso que consiste en evacuaciones del vientre líquidas y frecuentes.

diartrosis *f.* ANAT Tipo de articulación móvil, como la que une los huesos de las extremidades con el tronco o los huesos entre sí (codo, dedos).

diáspora *f.* Dispersión de un grupo humano fuera de su lugar de origen. || ~ **judía** HIST La que se inició con la denominada cautividad de Babilonia (586 a.C.), cuando los judíos fueron deportados desde Palestina a esa ciudad.

diástole *f.* FISIOL Movimiento de dilatación del corazón y de las arterias, cuando la sangre penetra en su cavidad.

diastrofismo *m.* GEO Proceso por el que las rocas han modificado su disposición primitiva en la corteza.

diatomea *f.* BIOL Alga unicelular con un caparazón de dos valvas que presentan un pigmento de dorado además de clorofila. Puede unirse en colonias.

diatónico, ca *adj.* MÚS Se dice del sistema musical que procede por dos tonos y un semitono.

diatriba *f.* Discurso o escrito violento e injurioso.

dibujar 1 *tr.* y *prnl.* Representar figuras en una superficie. 2 DESCRIBIR. 3 *prnl.* Indicarse o revelarse algo callado u oculto.

dibujo 1 *m.* ART Arte que enseña a dibujar. 2 Figura ejecutada en claro y oscuro y más o menos delineada. 3 Figura o trazo que se destaca sobre una superficie, como el rayo contra las nubes o las huellas en la arena. || **~s animados** CIN Los que se fotografían en una película sucesivamente, o se editan de manera similar mediante computador, y que al ir recorriendo los cambios de posición dan la sensación de movimiento. **~ técnico** Procedimiento para representar en un dibujo la forma y las dimensiones de un objeto.

dicción 1 *f.* Manera de pronunciar. 2 Manera de hablar o escribir. 3 **figura** de ~.

diccionario *m.* Libro en que se contienen y explican, generalmente por orden alfabético, las palabras y locuciones de uno o más idiomas, o las de una ciencia, facultad o materia determinada.

dicha *f.* Felicidad, fortuna.

dicho, cha 1 *adj.* y *s.* Que está dicho o expresado. 2 *m.* Máxima de carácter popular.

dichoso, sa 1 *adj.* Que tiene dicha. 2 Enfadoso, molesto.

diciembre *m.* Duodécimo mes del año. Tiene treinta y un días.

diciente *adj.* Que dice.

dicotiledóneo, a *adj.* y *f.* BOT Se dice de las plantas angiospermas con dos cotiledones en su embrión y cuyas piezas florales se presentan en múltiplos de cuatro o cinco y el tejido vascular de los tallos está dispuesto en anillos. Conforman una clase.

dicotomía *f.* División en dos partes de una cosa o asunto.

dictado *m.* Acción y efecto de dictar.

dictador, ra 1 *m.* y *f.* POLÍT Persona que ejerce una dictadura. 2 Persona autoritaria, mandona.

dictadura *f.* POLÍT Gobierno que se ejerce fuera de las leyes constitucionales y se caracteriza por la concentración de todos los poderes en una persona o en un grupo.

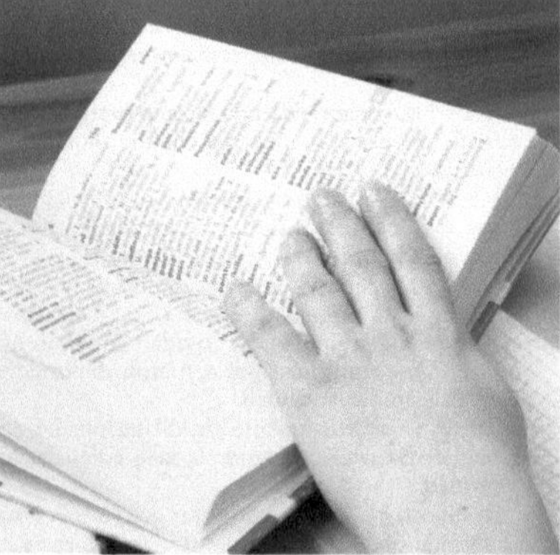

dictamen *m.* Opinión y juicio que se forma o emite sobre algo.

dictar 1 *tr.* Decir alguien algo pausadamente para que otro lo escriba. 2 Promulgar leyes, preceptos, etc. 3 Inspirar, sugerir. 4 Imponer una condición, una norma, etc.

dictatorial *adj.* Relativo al dictador o a la dictadura.

dicterio *m.* Dicho denigrativo que insulta y provoca.

didáctico, ca 1 *adj.* Adecuado para enseñar o instruir. 2 *f.* Especialidad que se ocupa del proceso de aprendizaje.

diecinueve 1 *adj.* Diez y nueve. 2 *m.* Signos con que se representa este número.

diecinueveavo, va *adj.* y *m.* Se dice de cada una de las diecinueve partes iguales en que se divide un todo.

dieciocho 1 *adj.* Diez y ocho. 2 *m.* Signos con que se representa este número.

dieciochoavo, va *adj.* y *m.* Se dice de cada una de las dieciocho partes iguales en que se divide un todo.

dieciséis 1 *adj.* Diez y seis. 2 *m.* Signos con que se representa este número.

dieciseisavo, va *adj.* y *m.* Se dice de cada una de las dieciséis partes iguales en que se divide un todo.

diecisiete 1 *adj.* Diez y siete. 2 *m.* Signos con que se representa este número.

diecisieteavo, va *adj.* y *m.* Se dice de cada una de las diecisiete partes iguales en que se divide un todo.

diente 1 *m.* ANAT Cada uno de los cuerpos duros engastados en las mandíbulas, que sirven para masticar el alimento o para defenderse. 2 Cada una de las puntas de ciertos instrumentos o herramientas.
□ ANAT Los dientes están formados por la pulpa y la dentina, recubierta esta de esmalte en su parte superior y de cemento, en la inferior. En un diente se distinguen: la *corona*, porción visible en la boca, el *cuello*, porción de transición, y la *raíz*, situada dentro de la encía.

diéresis *f.* ORT Signo diacrítico (¨) que se pone sobre la *u* de las sílabas *gue* y *gui* para indicar que esta letra debe pronunciarse: *Pingüino*; *vergüenza*.

diésel *m.* QUÍM GASÓLEO.

diestro, tra 1 *adj.* Lo que cae a mano derecha. 2 Se dice de la persona que usa preferentemente la mano derecha. 3 Experto en un oficio. 4 *m.* y *f.* Matador de toros. 5 *f.* Mano derecha.

dieta[1] *f.* Régimen alimenticio que consiste en el control de la comida y la bebida ingerida, con finalidades terapéuticas o higiénicas.

dieta[2] 1 *f.* HIST Asamblea política de ciertos Estados europeos, que subsistió hasta el s. XIX. 2 Retribución fijada para los representantes en las cámaras legislativas.

dietético, ca 1 *adj.* Perteneciente a la dieta[1]. 2 *f.* Ciencia que trata de la alimentación necesaria para una correcta nutrición.

diez 1 *adj.* Nueve más uno. 2 *m.* Signo o signos con que se representa este número.

diezmar *tr.* Causar gran mortandad una calamidad.

diezmilésimo, ma *adj.* y *s.* Se dice de cada una de las diez mil partes iguales en que se divide un todo.

diezmo 1 *m.* HIST Derecho de diez por ciento que se pagaba al rey, del valor de ciertas mercaderías. 2 HIST Impuesto del diez por ciento de la cosecha que se pagaba a la Iglesia.

difamar *tr.* Desacreditar la buena fama de alguien.

diferencia 1 *f.* Cualidad o accidente por el cual una cosa se distingue de otra. 2 Disensión u oposición de dos o más personas entre sí. 3 MAT Residuo, resultado de efectuar una sustracción. 4 MAT Dados dos conjuntos unidos, el formado por los elementos del primer conjunto que no pertenecen al segundo.

|| ~ **de potencial** ELECTR La existente entre los estados eléctricos de dos puntos, que da lugar a la creación de un flujo magnético entre estos.

diferenciación *f.* Acción y efecto de diferenciar o diferenciarse.

diferencial 1 *adj.* Relativo a la diferencia. 2 MAT Se dice de la cantidad infinitamente pequeña. 3 MAT **media** ~. 4 *m.* Mecanismo que enlaza tres móviles cuyas velocidades simultáneas de rotación son distintas. 5 Engranaje basado en este mecanismo.

diferenciar 1 *tr.* Distinguir la diversidad de las cosas; dar a cada una su correspondiente valor. 2 Variar el uso que se hace de las cosas. 3 *intr.* Discrepar, no convenir en una misma opinión. 4 *prnl.* Distinguirse una cosa de otra. 5 BIOL Especializarse en una función específica un tejido, un órgano o una célula, mediante el cambio de su estructura o su forma.

diferendo *m.* Diferencia o desacuerdo entre instituciones o Estados.

diferente *adj.* Diverso, distinto.

diferido, da 1 *adj.* Aplazado, retardado. 2 Se dice del programa de radio o televisión emitido después de su realización.

diferir 1 *tr.* Retardar o suspender la ejecución de algo. 2 *intr.* Ser diferente una cosa de otra.

difícil 1 *adj.* Que requiere mucho esfuerzo. 2 Se dice de la persona poco tratable.

dificultad *f.* Inconveniente, oposición o contrariedad.

dificultar *tr.* Hacer difícil algo.

difracción *f.* FÍS Desviación que se produce en la propagación rectilínea de las ondas cuando pasan por el borde de un objeto opaco.

difractar *tr.* y *prnl.* Producir difracción.

difteria *f.* MED Formación por infección de falsas membranas en las vías respiratorias y digestivas altas.

difuminar 1 *tr.* Desvanecer o esfumar las líneas o colores con el difumino. 2 *tr.* y *prnl.* Desvanecer los contornos de alguna cosa.

difumino *m.* Cilindro aguzado de papel para difuminar.

difundir 1 *tr.* y *prnl.* Extender, esparcir. 2 Propagar, divulgar.

difunto, ta *adj.* y *s.* Se dice de la persona muerta.

difusión 1 *f.* Acción y efecto de difundir o difundirse. 2 FÍS Flujo de energía o materia desde una zona de mayor concentración a otra de menor concentración, tendente a producir una distribución homogénea.

difuso, sa *adj.* Vago, impreciso.

difusor, ra *adj.* Que difunde.

digerir 1 *tr.* Llevar a cabo la digestión. 2 Llevar con paciencia una desgracia o una ofensa.

digestión *f.* FISIOL Proceso de transformación y absorción de los alimentos para que puedan ser asimilados por el organismo.

digestivo, va *adj.* Relativo a la digestión. 2 *adj.* y *m.* Se dice de lo que ayuda a hacer la digestión.

☐ ANAT y FISIOL El **aparato digestivo** se compone de un conjunto de órganos que participan en el proceso de digestión de los alimentos. En el ser humano, está formado por un tubo que comienza en la **boca**, donde los dientes trituran el alimento; a través del **esófago**, el alimento pasa al **estómago**, y de este al **intestino**, en el que se distinguen el delgado y el grueso. En el primero, los alimentos se transforman, y a través de la sangre pasan a nutrir las células. En el segundo, el intestino grueso, los residuos se convierten en heces.

digitación *f.* Acción y efecto de digitar.

digitado, da 1 *adj.* Recortado en forma de dedos. 2 ZOOL Se aplica a los mamíferos que tienen sueltos los dedos de las cuatro patas.

digital 1 *adj.* Relativo a los dedos. 2 **impresión** ~ o dactilar. 3 Relativo a los dígitos. 4 INF Se dice del computador, y máquinas análogas, en que todas las magnitudes se traducen en números, con los cuales opera para realizar los cálculos. 5 *f.* Planta dicotiledónea de flores en racimo con corona púrpura en forma de campana.

digitalizar *tr.* INF Convertir cualquier señal de entrada continua en una serie de magnitudes digitales.

digitar 1 *tr.* Introducir datos en un computador usando el teclado. 2 MÚS Adiestrar los dedos en la ejecución de ciertos instrumentos.

digitígrado, da *adj.* ZOOL Se dice del animal que al andar apoya solo los dedos; por ejemplo, el gato.

dígito *m.* Número que puede expresarse con una sola cifra.

digitopuntura *f.* Terapia de origen oriental que consiste en presionar algunas partes del cuerpo con los dedos, para curar algunas enfermedades.

dignarse *prnl.* Servirse, condescender o tener a bien hacer algo.

dignatario, ria *m.* y *f.* Persona investida de una dignidad o autoridad.

dignidad 1 *f.* Cualidad de digno. 2 Comportamiento grave y decoroso. 3 Cargo o empleo honorífico y de autoridad.

dignificar *tr.* y *prnl.* Hacer digno o presentar como tal a alguien o algo.

digno, na 1 *adj.* Que merece algo. 2 Correspondiente, proporcionado al mérito y condición de alguien o algo.

dígrafo *m.* LING Signo compuesto de dos letras que representa un solo fonema, como *ch* o *ll*.

digresión *f.* Efecto de romper el hilo del discurso y de hablar en este de cosas que no tengan conexión con aquello que trata.

dije *m.* Alhaja que se lleva pendiente de un collar, pulsera, etc.

dilación *f.* Tardanza o detención de algo por algún tiempo.

dilapidar *tr.* Malgastar los bienes propios o los que se tienen a cargo.

dilatación 1 *f.* Acción y efecto de dilatar o dilatarse. 2 FÍS Aumento del volumen y de las dimensiones de un cuerpo por efecto del calor.

A B C D E F G H I J K L M N Ñ O P Q R S T U V W X Y Z

dilatar 1 *tr.* y *prnl.* Extender, alargar y hacer mayor una cosa, o que ocupe más lugar o tiempo. 2 Diferir, retardar.

dilema *m.* Situación en la que hay que elegir entre dos cosas.

diletante *adj.* y *s.* Que se interesa por algún campo del saber como aficionado. Se usa a veces en sentido peyorativo.

diligencia 1 *f.* Cualidad de diligente. 2 Trámite, recado, solicitud. 3 Coche arrastrado por caballerías.

diligenciar 1 *tr.* Poner los medios necesarios para el logro de una solicitud. 2 Realizar un trámite.

diligente *adj.* Cuidadoso, exacto y activo. 2 Ligero en el obrar.

dilucidar *tr.* Declarar y explicar un asunto.

diluir 1 *tr.* DESLEÍR. 2 QUÍM Añadir líquido en una disolución.

diluviar *intr.* Llover copiosamente.

diluvio *m.* Acción de diluviar.

diluyente *adj.* y *s.* Que diluye.

dimensión 1 *f.* Aspecto o faceta de algo. 2 Importancia de algo. 3 Longitud, extensión o volumen de una línea, una superficie o un cuerpo, respectivamente.

dimensional *adj.* Relativo a la dimensión o a las dimensiones.

dimensionar 1 *tr.* Establecer el tamaño o extensión de alguien o algo. 2 Estimar la magnitud o importancia de una situación o acontecimiento.

dimetrodon *m.* Reptil primitivo cuyo rasgo característico era una gran aleta dorsal.

diminutivo, va 1 *adj.* Que disminuye o reduce. 2 *adj.* y *m.* GRAM Se dice del sufijo que disminuye la magnitud del significado primitivo: *illa*, en *tenacilla*, de *tenaza*; o que, sin aminorarlo, presenta el objeto con intenciones emotivas: *Tiene ya dos añitos*; *una limosnita*. 3 *m.* GRAM Palabra formada con este tipo de sufijo.

diminuto, ta *adj.* Excesivamente pequeño.

dimitir *tr.* Renunciar, hacer dejación de un empleo, un cargo, etc.

dimorfismo 1 *m.* Cualidad de dimorfo. 2 BIOL Formas distintas que adopta una determinada especie. Puede ser sexual, cuando corresponde a los dos sexos, o de temporada, cuando corresponde a una época del año.

dimorfo, fa *adj.* BIOL Se dice de la especie animal o vegetal que presenta dimorfismo.

dina *f.* FÍS Unidad de fuerza que equivale a la necesaria para mover la masa de un gramo a razón de un centímetro por segundo cada segundo. Símbolo: dyn.

dinámico, ca 1 *adj.* Activo, diligente, rápido. 2 FÍS Relativo a la fuerza cuando produce movimiento. 3 *f.* FÍS Parte de la física que se ocupa del estudio del movimiento. Su base teórica son las tres leyes del **movimiento** de Newton.

dinamismo 1 *m.* Energía activa y propulsora. 2 Actividad, presteza y diligencia grandes.

dinamita *f.* QUÍM Mezcla explosiva de nitroglicerina con un cuerpo poroso, que la absorbe, para evitar los riesgos de su manejo.

dínamo (Tb. dinamo) *f.* ELECTR Máquina para generar corriente continua por inducción electromagnética.

dinastía *f.* Familia en la cual se perpetúa el poder político, económico, cultural, etc.

dineral *m.* Cantidad grande de dinero.

dinero 1 *m.* ECON Cualquier medio de cambio generalmente aceptado para el pago de bienes y servicios. 2 Moneda corriente. 3 Caudal, fortuna.

dingo *m.* Cánido australiano parecido al lobo, de color amarillo rojizo.

dinosaurio *m.* Nombre genérico dado a los reptiles de la era secundaria. Aparecieron durante el Triásico y se extinguieron a finales del Cretáceo.

dintel *m.* ARQ Parte superior de las puertas y ventanas que carga sobre las jambas.

diócesis *f.* Distrito en que tiene y ejerce jurisdicción un arzobispo, obispo, etc.

diodo *m.* ELECTR Válvula electrónica que consta de dos electrodos (ánodo y cátodo) y que produce un flujo de electrones entre ellos.

dioico, ca *adj.* BOT Se dice de las plantas en que las flores masculinas y femeninas aparecen en pies diferentes, como en los sauces.

dionisiaco, ca (Tb. dionisíaco) 1 *adj.* Relativo a Dioniso, dios griego que simbolizó la fecundidad de la naturaleza. 2 Se dice de lo impulsivo, instintivo, etc.

dioptría *f.* ÓPT Unidad de potencia de una lente, equivalente a la distancia de un metro a su correspondiente foco.

dios, sa 1 *m.* REL Ser supremo, creador del universo, en las religiones monoteístas. 2 REL Cualquiera de los seres sobrehumanos que tienen un ámbito concreto de poder, según las religiones politeístas.

diostedé *m.* TUCÁN.

dióxido *m.* QUÍM Compuesto químico que contiene dos átomos de oxígeno. || ~ **de azufre** QUÍM Gas incoloro, irritante y reductor, que por reacción con el agua da ácido **sulfuroso**. ~ **de carbono** QUÍM ANHÍDRIDO carbónico.

diploide *adj.* y *m.* BIOL Se dice de las células y fases del ciclo de un organismo que presentan una dotación doble de cromosomas.

diploma *m.* Título o credencial que expide una universidad, facultad, escuela, etc., para acreditar un grado, título, premio, etc.

diplomacia 1 *f.* Ciencia o conocimiento de los intereses y relaciones de unos Estados con otros. 2 Servicio de los Estados en sus relaciones internacionales. 3 Habilidad, tacto.

diplomar 1 *tr.* Conceder a alguien un diploma. 2 *prnl.* Obtenerlo, graduarse.

diplomático, ca 1 *adj.* Relativo a la diplomacia. 2 Circunspecto, sagaz, disimulado. 3 *adj.* y *s.* Se dice del funcionario que interviene en las relaciones entre Estados.

dipnoo *adj.* y *s.* ZOOL Se dice de los peces de agua dulce dotados de respiración branquial y pulmonar; se les conoce también como peces pulmonados.

dipsomanía *f.* Tendencia al abuso de la bebida.

díptero, ra *adj.* y *m.* ZOOL Se dice de los insectos con dos alas membranosas, **balancines** y un aparato bucal chupador, como el mosquito y la mosca. Conforman un orden.

díptico *m.* ART Cuadro o bajorrelieve formado por dos tableros articulados.

diptongar 1 *tr.* y *prnl.* FON Pronunciar dos vocales en una sola sílaba. 2 *intr.* y *prnl.* Convertirse en diptongo una vocal, como la *o* de *poder* en *puedo*.

diptongo *m.* FON Conjunto de dos vocales que se pronuncian en una sola sílaba, y en especial la combinación monosilábica formada dentro de la misma palabra por alguna de las vocales abiertas *a, e, o,* con una de las cerradas *i, u (aire, aula, prohibir, puerta),* o la formada por la secuencia de las dos cerradas *(ciudad, descuido, triunfo).* Cuando la letra *y* representa un fonema equivalente al representado por la *i,* funciona como esta vocal para efectos del diptongo: *Rey; batey.* Por regla general, a los monosílabos que incluyen diptongo no se les marca tilde.

diputado, da 1 *m.* y *f.* Persona elegida por un organismo o grupo para representarlo. 2 Miembro de una Cámara o un Parlamento.

dique *m.* Muro artificial para contener el agua.

dirección 1 *f.* Acción y efecto de dirigir o dirigirse. 2 Rumbo que alguien o algo sigue en su movimiento. 3 Señas o signos convencionales que indican el domicilio de una persona, una empresa, etc. 4 Conjunto de personas encargadas de dirigir una sociedad, una empresa, etc. 5 Cargo de director y oficina de este. 6 Mecanismo que sirve para guiar los vehículos automóviles. 7 CIN y TEAT Técnica de realizar un filme o de coordinar una representación teatral. 8 MÚS Arte de dirigir a instrumentistas y cantantes en la interpretación de una obra musical.

directivo, va 1 *m.* y *f.* Persona que dirige con otras una institución, empresa, etc. 2 *f.* Directriz, instrucción.

directo, ta 1 *adj.* Derecho o en línea recta. 2 Se dice de lo que va de una parte a otra sin detenerse en los puntos intermedios. 3 Se dice de lo que se encamina directamente a un objetivo. 4 Sin intermediarios. 5 Se dice del grado de parentesco entre personas que descienden del mismo tronco.

director, ra 1 *adj.* y *s.* Que dirige. 2 *m.* y *f.* Persona que tiene a cargo la dirección de una empresa, una institución, un filme, una obra de teatro, etc.

directorio 1 *m.* Guía, lista ordenada de datos o indicaciones. 2 INF Organización jerárquica de nombres de archivos almacenados en un computador.

directriz 1 *f.* GEOM Línea, figura o superficie que determina las condiciones de generación de otra línea, figura o superficie. 2 Instrucción o norma general para la ejecución de algo.

dirigente 1 *adj.* y *s.* Que dirige. 2 *m.* y *f.* Persona que dirige una asociación o un partido.

dirigible *m.* Aeróstato autopropulsado y dotado de un sistema de dirección, sustentado principalmente por un gas más ligero que el aire.

dirigir 1 *tr.* y *prnl.* Llevar algo hacia un lugar. 2 Interpelar de palabra o por escrito. 3 *tr.* Guiar, mostrando las señas de un camino. 4 Encaminar a un fin determinado. 5 Gobernar, regir. 6 Disponer, mandar.

dirimir *tr.* Resolver una controversia.

disacárido *m.* QUÍM Carbohidrato que resulta de la unión de dos monosacáridos, como la lactosa y la pentosa.

discal *adj.* ANAT Relativo al disco intervertebral.

discapacidad *f.* Cualidad de discapacitado.

discapacitado, da *adj.* PSIC y MED Se dice de la persona que tiene impedida alguna de las actividades cotidianas normales, por alteración de sus funciones intelectuales o físicas.

discernir *tr.* Distinguir una cosa de otra, señalando la diferencia que hay entre ellas.

disciplina 1 *f.* Conjunto de normas para mantener el orden entre los miembros de un grupo. 2 Observación de estas normas. 3 Arte, facultad o ciencia. 4 DEP Cada una de las modalidades de un deporte.

disciplinar *tr.* y *prnl.* Imponer o promover la disciplina.

discípulo, la 1 *m.* y *f.* Persona que aprende bajo la dirección de un maestro. 2 Seguidor de una escuela.

disco 1 *m.* Cuerpo cilíndrico de base mucho más grande que su altura. 2 Cualquier objeto con esa forma. 3 Figura con que aparecen el Sol, la Luna, etc. 4 Cualquier figura circular. 5 DEP Lámina circular de 22 cm de diámetro y de 1 kg o 2 kg de peso, usada en el lanzamiento de disco. || ~ **compacto** Disco óptico que se graba en forma digital; puede acumular gran cantidad de información. ~ **de video digital** El óptico que puede contener quince veces o más información que el compacto. ~ **duro** INF Conjunto de láminas recubiertas de un material que posibilita la grabación magnética de programas y datos. ~ **intervertebral** ANAT Formación fibrosa con figura de disco, entre dos vértebras, en cuyo interior hay una masa pulposa. ~ **óptico** En el que la información se graba y se lee mediante un rayo láser y un fotodiodo.

discografía *f.* Conjunto de discos de una materia, autor, etc.

díscolo, la *adj.* y *s.* Desobediente, indócil, perturbador.

disconforme *adj.* y *s.* No conforme.

disconformidad 1 *f.* Diferencia de unas cosas con otras en cuanto a su esencia, forma o fin. 2 Desacuerdo en las ideas o en las voluntades.

discontinuidad *f.* Cualidad de discontinuo.

discontinuo, nua *adj.* Interrumpido, intermitente o no continuo.

discordancia 1 *f.* Contrariedad, discrepancia. 2 GRAM Falta gramatical que consiste en romper la **concordancia**: *La mayoría de alumnos han aceptado jugar* (un sustantivo singular con una conjugación plural).

discordar 1 *intr.* Ser opuestas o diferentes entre sí dos o más cosas. 2 MÚS No estar acordes voces o instrumentos.

A B C D E F G H I J K L M N Ñ O P Q R S T U V W X Y Z

discordia *f.* Oposición, desavenencia.

discoteca 1 *f.* Local público para escuchar y bailar música. 2 Colección de discos. 3 Local o mueble donde se guardan.

discreción *f.* Tacto para hacer o decir algo.

discrecional 1 *adj.* Que se hace libre y prudencialmente. 2 Se dice de la potestad gubernativa en las funciones de su competencia que no están reglamentadas.

discrepar 1 *intr.* Disentir una persona del parecer de otra. 2 Diferenciarse una cosa de otra.

discreto, ta 1 *adj.* y *s.* Dotado de discreción. 2 *adj.* Que incluye o denota discreción. 3 Moderado, sin exceso.

discriminación *f.* Acción y efecto de discriminar.

discriminante 1 *adj.* Que discrimina. 2 *f.* MAT Dada una ecuación algebraica de segundo grado $ax^2 + bx + c = 0$, se llama discriminante a la expresión $\Delta = b^2 - 4ac$. Símbolo: Δ.

discriminar 1 *tr.* Separar, distinguir, diferenciar. 2 Dar trato de inferioridad a una persona o colectividad por motivos raciales, religiosos, políticos, etc.

disculpa 1 *f.* Acción de disculpar o disculparse. 2 Lo que se alega para excusarse.

disculpar 1 *tr.* y *prnl.* Dar razones o pruebas que descarguen de una culpa. 2 *tr.* Excusar, perdonar las faltas de otro.

discurrir 1 *intr.* Reflexionar acerca de algo. 2 *tr.* Inventar o idear algo.

discurso 1 *m.* Palabra o palabras que expresan un concepto. 2 Escrito en que se discurre sobre algo. 3 Alocución más o menos extensa pronunciada en público.

discutir *tr.* e *intr.* Alegar razones contra el parecer de otro.

disecar *tr.* Preparar un animal muerto o una planta para que conserven la apariencia de vivos.

disección *f.* Acción y efecto de disecar.

diseminar *tr.* y *prnl.* ESPARCIR, extender, difundir.

disentería *f.* MED Enfermedad que se caracteriza por diarreas dolorosas con pujos y sangre, acompañadas de fiebres altas.

disentir *intr.* Opinar de modo distinto a otro.

diseño 1 *m.* Proyecto, plan: *Diseño urbanístico.* 2 Delineación de un edificio, figura, etc. 3 Concepción, descripción y proyección de objetos de uso cotidiano, teniendo básicamente en cuenta su función. 4 Forma de cada uno de estos objetos. 5 BIOL Disposición de manchas o dibujos que caracterizan exteriormente a diversos animales y plantas. || ~ **gráfico** ART Arte y técnica de traducir ideas en imágenes y formas visuales. ~ **industrial** ART Arte y técnica de crear objetos que luego se fabricarán en serie por la industria.

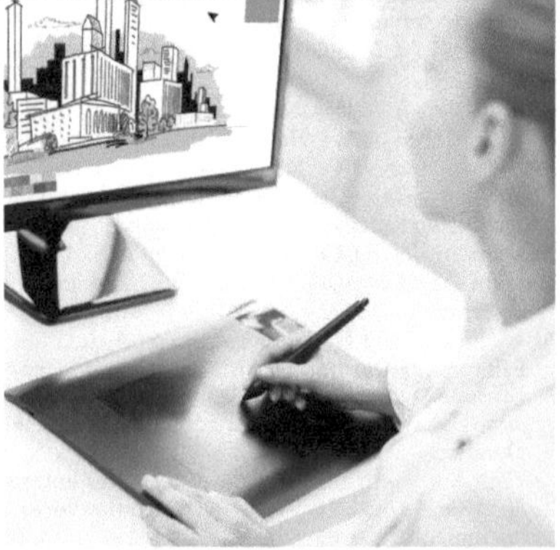

disertación 1 *f.* Acción y efecto de disertar. 2 Escrito, lección o conferencia en que se diserta.

disertar *intr.* Razonar, discurrir detenida y metódicamente sobre una materia.

disfraz 1 *m.* Artificio para encubrir algo. 2 Vestido alegórico, generalmente con máscara, que sirve para las fiestas y carnavales.

disfrazar 1 *tr.* Cambiar la apariencia externa de alguien con una prenda alegórica: *Se disfrazó de bruja.* 2 Disimular lo que realmente se siente. 3 *prnl.* Vestirse con el disfraz.

disfrutar 1 *intr.* y *tr.* Sentir gusto o placer por algo. 2 Tener algo bueno: *Disfruta de buena salud.*

disfunción 1 *f.* Desarreglo en el funcionamiento de algo. 2 BIOL y MED Alteración cuantitativa o cualitativa de una función orgánica.

disgregar *tr.* y *prnl.* Separar, desunir.

disgustar 1 *tr.* y *prnl.* Causar enfado, pesadumbre o desazón. 2 *prnl.* Enemistarse con alguien.

disgusto 1 *m.* Pesadumbre, inquietud. 2 Fastidio, enfado. 3 Altercado, enfrentamiento.

disidencia *f.* Acción y efecto de disidir.

disidente *adj.* y *s.* Que se separa de la común creencia, doctrina, opinión, conducta, etc.

disidir *intr.* Distanciarse de la creencia y del pensamiento común.

disímil *adj.* No semejante, diferente.

disimulado, da *adj.* Que suele disimular lo que siente.

disimular 1 *tr.* Encubrir la intención. 2 Encubrir algo lo que se siente o padece. 3 Tolerar un desorden, afectando ignorarlo. 4 Ocultar algo.

disimulo *m.* 1 Acción de disimular. 2 Indulgencia, tolerancia.

disipar 1 *tr.* y *prnl.* Esparcir y desvanecer las partes que forman por aglomeración un cuerpo. 2 Desvanecer un sueño, una sospecha, etc. 3 Malgastar los bienes.

dislalia *f.* MED Dificultad de articular las palabras.

dislexia *f.* MED Dificultad en el aprendizaje asociada a trastornos de la coordinación motora y la atención, pero no de la inteligencia.

dislocación 1 *f.* Acción y efecto de dislocar o dislocarse. 2 GEO Cambio de dirección, en sentido horizontal, de un estrato o una capa.

dislocar *tr.* y *prnl.* Sacar una cosa de su lugar, especialmente un hueso.

disminución *f.* Acción y efecto de disminuir.

disminuido, da *adj.* y *s.* MINUSVÁLIDO.

disminuir *tr.* e *intr.* Hacer menor la extensión, intensidad o número de algo. • U. t. c. prnl.

disociar 1 *tr.* y *prnl.* Separar una cosa de otra. 2 Separar los componentes de algo.

disolución 1 *f.* Acción y efecto de disolver o disolverse. 2 Mezcla que resulta de disolver cualquier sustancia en un líquido. 3 QUÍM Mezcla homogénea de dos o más sustancias. La sustancia presente en mayor cantidad recibe el nombre de disolvente, y a la de menor cantidad el de soluto, que es la sustancia disuelta.

disoluto, ta *adj.* y *s.* Licencioso, entregado a los vicios.

disolvente *adj.* y *m.* Se dice de la sustancia líquida que disuelve a otra.

disolver 1 *tr.* y *prnl.* Separar algo que estaba unido. 2 Deshacer, destruir. 3 QUÍM Desunir las partículas de un cuerpo por medio de un disolvente con el cual se incorporan.

disonancia 1 *f.* Sonido desagradable. 2 Falta de conformidad o de proporción.

disonar 1 *intr.* Sonar desapaciblemente. 2 Discrepar, carecer de conformidad.

dispar *adj.* Desigual, diferente.

disparador *m.* Pieza que activa las funciones de una máquina.

disparar 1 *tr.* Hacer que un arma despida un proyectil. 2 Hacer funcionar un disparador. 3 *tr.* y *prnl.* Lanzar algo violentamente. 4 *prnl.* Correr sin dirección y precipitadamente. 5 Dirigirse precipitadamente hacia algo.

disparatado, da *adj.* Contrario a la razón.

disparate *m.* Hecho o dicho fuera de razón y regla.

dispendio *m.* Recursos utilizados en un gasto.

dispendioso, sa *adj.* Se dice de las tareas u oficios que requieren detenida labor y especial cuidado.

dispensa 1 *f.* Privilegio, excepción concedida a alguien. 2 Escrito que contiene la dispensa.

dispensador *m.* Aparato que por medio de un mecanismo entrega automáticamente un objeto.

dispensar 1 *tr.* Dar, distribuir. 2 Absolver de una falta. 3 *tr.* Eximir de una obligación.

dispensario *m.* Establecimiento donde se presta asistencia sanitaria.

dispersante 1 *adj.* Que dispersa. 2 Biol **medio** ~.

dispersar 1 *tr.* y *prnl.* Separar y diseminar lo que estaba unido. 2 Dividir el esfuerzo, la atención, la actividad, etc.

dispersión 1 *f.* Acción y efecto de dispersar o dispersarse. 2 Ópt Separación de los colores espectrales de un rayo de luz. 3 Mat Medida de la separación de un grupo de valores alrededor de su valor medio. 4 Quím Fluido que contiene uniformemente repartido un cuerpo en suspensión o en estado coloidal.

displicencia *f.* Indiferencia en el trato.

displicente *adj.* Desdeñoso, desabrido.

disponer 1 *tr.* y *prnl.* Poner las cosas en orden y situación conveniente. 2 Determinar lo que ha de hacerse. 3 Preparar, prevenir. 4 *intr.* Ejercer en las cosas facultades de dominio. 5 Valerse de alguien o algo. 6 *prnl.* Prepararse para hacer algo.

disponibilidad *f.* Cualidad de disponible.

disponible 1 *adj.* Se dice de lo que se puede disponer libremente o de lo que está listo para usarse. 2 Se dice de quien no tiene impedimento para prestar servicios.

disposición 1 *f.* Acción y efecto de disponer. 2 Aptitud para hacer algo. 3 Mandato de un superior. 4 Distribución de las partes de un todo.

dispositivo *m.* Mecanismo dispuesto para producir una acción prevista. || ~ **intrauterino** Pequeño aparato que se inserta en el útero de la mujer para evitar su embarazo.

disprosio *m.* Quím Elemento de los lantánidos con propiedades magnéticas que se utiliza en tecnología nuclear. Punto de fusión: 1412 °C. Punto de ebullición: 2567 °C. Núm. atómico: 66. Símbolo: Dy.

dispuesto, ta 1 *adj.* Preparado, listo. 2 Comedido, oficioso.

disputa *f.* Acción y efecto de disputar.

disputar 1 *tr.* DEBATIR. 2 *tr.* e *intr.* Contender para alcanzar o defender algo.

disquete *m.* Inf Disco magnético portátil que se introduce en un computador para su grabación o lectura.

disquisición *f.* Divagación, digresión.

distancia 1 *f.* Espacio o intervalo de lugar o de tiempo que media entre dos cosas. 2 Falta de semejanza entre las cosas. 3 Alejamiento, desafecto entre personas. 4 Geom Longitud del segmento de recta comprendido entre dos puntos del espacio. 5 Geom Longitud del segmento de recta comprendido entre un punto y el pie de la perpendicular trazada desde aquel a una recta o a un plano.

distanciamiento 1 *m.* Acción y efecto de distanciar o distanciarse. 2 Enfriamiento en el trato entre personas. 3 Alejamiento de una persona respecto a una ideología, institución, etc.

distanciar 1 *tr.* y *prnl.* Separar, apartar, poner a distancia. 2 Desunir o separar sentimentalmente a las personas.

distar *intr.* Estar apartada una cosa de otra cierto espacio de lugar o tiempo.

distender *tr.* Relajar, disminuir la tensión.

distendido, da *adj.* Relajado que no produce tensión.

distensión *f.* Acción y efecto de distender.

dístico *m.* Lit Composición poética de dos versos.

distinción 1 *f.* Acción y efecto de distinguir o distinguirse. 2 Prerrogativa, honor concedido a alguien. 3 Buen orden en las cosas. 4 Consideración hacia una persona.

distinguir 1 *tr.* Conocer la diferencia que hay entre las cosas o las personas. 2 Declarar esta diferencia. 3 Ver un objeto, diferenciándolo de los demás, a pesar de la lejanía, la oscuridad, etc. 4 Otorgar a alguien una dignidad, prerrogativa, etc. 5 *tr.* y *prnl.* Hacer que una cosa se diferencie de otra por alguna particularidad. 6 *prnl.* Descollar, sobresalir.

distintivo, va 1 *adj.* Que distingue. 2 *adj.* y *s.* Se dice de la cualidad que distingue o caracteriza una cosa. 3 *m.* Insignia, señal.

distinto, ta 1 *adj.* Que no es lo mismo. 2 Que no se parece.

distorsión *f.* Deformación de un suceso o de una imagen.

distracción *f.* Acción y efecto de distraer o distraerse.

distraer 1 *tr.* y *prnl.* Apartar la atención de una persona del objeto a que la aplicaba. 2 Divertir, entretener.

distribución 1 *f.* Acción y efecto de distribuir o distribuirse. 2 Disposición de las diferentes partes de un aparato, edificio, etc.

distribuidor, ra 1 *adj.* y *s.* Que distribuye. 2 *m.* y *f.* Persona o empresa que distribuye un producto. 3 *m.* En un motor de explosión, mecanismo que deja pasar la corriente a las bujías.

distribuir 1 *tr.* y *prnl.* Dividir algo entre varios. 2 Darle a cada cosa un destino.

distributivo, va 1 *adj.* Relativo a la distribución. 2 GRAM **conjunción ~**. 3 MAT Se dice de la propiedad de una operación respecto a otra, como en la multiplicación y la adición, según la cual al multiplicar un elemento por la suma de otros se obtiene el mismo resultado que multiplicándolo por cada sumando y sumar estos productos.

distrito *m.* Cada una de las demarcaciones administrativas en que se subdivide un territorio, una población o un Estado.

disturbio *m.* Turbación de la paz del orden público.

disuadir *tr.* Inducir a alguien a que cambie de opinión o a desistir de un propósito.

disuasión 1 *f.* Acción y efecto de disuadir. 2 POLÍT Política armamentista de un Estado dirigida a disuadir al enemigo de llevar a cabo una agresión armada.

disyunción 1 *f.* Acción y efecto de separar y desunir. 2 MAT En teoría de conjuntos, dados los conjunto A y B, la disyunción A / B (A diferencia B) viene dada por los puntos que pertenecen a A o B, pero no simultáneamente a ambos. 3 LÓG Proposición compuesta que es verdadera, si una de las proposiciones simples lo es.

disyuntivo, va 1 *adj.* Que desune o separa. 2 GRAM **conjunción ~**. 3 *f.* Alternativa entre dos cosas por una de las cuales hay que optar.

ditirambo *m.* Alabanza exagerada, encomio excesivo.

diurético, ca *adj.* y *m.* Se dice de lo que estimula la excreción de la orina.

diurno, na 1 *adj.* Relativo al día o que se hace durante este. 2 BOT Se dice de la planta que solo tiene abiertas sus flores en el día.

divagar *intr.* Hablar, pensar o escribir sin propósito fijo.

diván *m.* Especie de sofá sin respaldo y con almohadones.

divergencia 1 *f.* Acción y efecto de divergir. 2 Diversidad de opiniones o pareceres.

divergente *adj.* Que diverge.

divergir 1 *intr.* Apartarse progresivamente dos o más líneas o superficies. 2 Discrepar, diferenciarse.

diversidad *f.* Variedad, diferencia. || ~ **biológica** ECOL Medida de la riqueza natural de un territorio, dada por el número de especies por kilómetro cuadrado. ~ **cultural** Variedad de manifestaciones culturales de una región, exteriorizada en el folclor, la lengua, la gastronomía, etc.

diversificación *f.* Acción y efecto de diversificar.

diversificar 1 *tr.* y *prnl.* Hacer diversa una cosa de otra. 2 ECON Llevar a cabo una empresa la ampliación de la gama de sus productos.

diversión 1 *f.* Acción y efecto de divertir o divertirse. 2 Recreo, pasatiempo.

diverso, sa *adj.* De distinta naturaleza, número, figura, etc.

divertículo *m.* ANAT Apéndice que aparece en el trayecto del esófago o del intestino.

divertimento 1 *m.* MÚS Composición más o menos libre para pocos instrumentos. 2 Obra artística o literaria de carácter ligero o espontáneo.

divertir *tr.* y *prnl.* Entretener, recrear.

dividendo 1 *m.* ECON Parte de los beneficios que una sociedad distribuye entre sus accionistas. 2 MAT Cantidad que ha de dividirse por otra.

dividir 1 *tr.* y *prnl.* Partir, separar en partes. 2 Repartir entre varios. 3 Enemistar introduciendo discordia. 4 *tr.* Fraccionar, delimitar. 5 MAT Efectuar una división.

dividivi *m.* Árbol leguminoso cuyo fruto, en legumbre, contiene mucho tanino y se usa para curtir pieles.

divinidad 1 *f.* REL Naturaleza divina y esencia del ser divino. 2 REL Cada uno de los seres considerados divinos por las diversas religiones. 3 Persona o cosa dotada de gran hermosura.

divino, na 1 *adj.* REL Perteneciente a Dios o a los dioses. 2 Excelente, extraordinariamente primoroso.

divisa *f.* ECON Moneda extranjera.

divisar *tr.* Ver, percibir algo.

divisible 1 *adj.* Que puede dividirse. 2 MAT Se dice del número que contiene a otro número una determinada cantidad de veces.

división 1 *f.* Acción y efecto de dividir. 2 Discordia, desunión. 3 MAT Operación que consiste en averiguar cuántas veces una cantidad (divisor) está contenida en otra (dividendo). El resultado es el cociente. 4 Unidad militar formada por varias brigadas o regimientos. || ~ **celular** BIOL Proceso de reproducción de las células mediante el que se originan dos o más células hijas. Es, fundamentalmente, de dos tipos: meiosis y mitosis. ~ **del trabajo** ECON Especialización y separación del trabajo aplicado a la producción y al intercambio de bienes.

divisor, ra 1 *adj.* Que divide. 2 *m.* Cantidad por la cual ha de dividirse otra. || **común** ~ MAT Aquel por el cual dos o más cantidades son exactamente divisibles; por ejemplo, el número 3 es común divisor de 9, de 15 y de 18. **máximo común** ~ MAT El mayor de los comunes divisores de dos o más cantidades.

divisoria *f.* GEO Línea de un terreno desde la cual las aguas fluyen en direcciones opuestas.

divo, va *m.* y *f.* Cantante de mucha fama.

divorciar *tr.* y *prnl.* Efectuar un divorcio.

divorcio *m.* Disolución de un matrimonio, por voluntad de uno o de ambos cónyuges, llevada a cabo por la autoridad competente.

divulgación *m.* Acción y efecto de divulgar. || ~ **científica** Hecho de divulgar los avances de la ciencia mediante un lenguaje sencillo y ameno.

divulgar *tr.* Publicar, poner al alcance del público algo.

do *m.* MÚS Primera nota de la escala musical.

dóberman *adj.* y *s.* Se dice de una raza de perros caracterizados por su cuerpo ligero y musculoso, pelo corto y cabeza larga y estrecha.

dobladillo *m.* Pliegue que remata el borde de la ropa.

doblaje *m.* Sustitución de los diálogos originales de una película por otros en distinto idioma.

doblar 1 *tr.* Duplicar algo. 2 PLEGAR. 3 Pasar al otro lado de una esquina, cerro, etc. 4 Efectuar un doblaje. 5 *tr.* y *prnl.* Torcer una cosa encorvándola. 6 *tr.* e *intr.* Volver una cosa sobre otra. • U. t. c. prnl.

doble 1 *adj.* Que contiene exactamente dos veces una cantidad. 2 Que está compuesto por dos cosas similares o que tiene dos veces sus componentes. 3 Simulado, taimado. 4 *m.* Persona muy parecida a otra. 5 *m.* y *f.* Actor que sustituye a otro en algunas escenas. 6 *f.* En los automóviles, sistema que transmite el movimiento del motor a las ruedas que de ordinario están libres de tracción. 7 *adv. m.* DOBLEMENTE. || ~ **clic** INF Pulsar y soltar dos veces el botón de un ratón en rápida sucesión, para seleccionar y activar un programa o un elemento.

doblegar 1 *tr.* Hacer que alguien desista de un propósito. 2 *prnl.* Ceder a la persuasión, a la fuerza o al interés de otro.

doblemente *adv. m.* Dos veces, o por dos conceptos.

doblez *m.* Parte que se dobla en una cosa y señal que queda.

doblón *m.* Antigua moneda de oro.

doce 1 *adj.* Diez y dos. 2 *m.* Conjunto de signos con que se representa el número doce.

doceavo, va *adj.* y *s.* Cada una de las doce partes de un todo.

docena *f.* Conjunto de doce cosas.

docencia *f.* Práctica y ejercicio del docente.

docente 1 *adj.* Relativo a la enseñanza. 2 *m.* y *f.* Persona que se dedica a la enseñanza, profesor.

dócil 1 *adj.* Suave, apacible. 2 OBEDIENTE.

docto, ta *adj.* y *s.* Que tiene grandes conocimientos sobre una materia.

doctor, ra 1 *m.* y *f.* Persona que ha recibido el máximo grado académico. 2 MÉDICO.

doctorado 1 *m.* Grado de doctor. 2 Estudios necesarios para obtener este grado.

doctorar *tr.* y *prnl.* Graduar de doctor.

doctrina 1 *f.* Enseñanza que se da para instruir a alguien. 2 Conjunto de principios, teorías, etc., especialmente los religiosos o políticos, sostenidos por una persona o una colectividad. 3 HIST En América, durante la época colonial, pueblo de amerindios recién convertidos al cristianismo.

doctrinario, ria *adj.* Relativo a una doctrina determinada.

documentación 1 *f.* Acción y efecto de documentar. 2 Conjunto de documentos recopilados.

documentado, da 1 *adj.* Provisto de los documentos necesarios. 2 *adj.* y *s.* Se dice de quien conoce muy bien un asunto.

documental 1 *adj.* Que se funda en documentos, o se refiere a ellos. 2 *adj.* y *m.* CIN y TV Se dice de la película o programa que presenta la realidad con propósito informativo.

documento *m.* Escrito que proporciona datos sobre algo y que lo avala o acredita.

dodecaedro *m.* GEOM Poliedro de doce caras. Se llama regular cuando sus caras son pentágonos regulares.

dodecafonía *f.* MÚS Sistema atonal en el que se emplean indistintamente los doce intervalos cromáticos de la escala.

dodecágono *adj.* y *m.* GEOM Se aplica al polígono de doce ángulos.

dogma 1 *m.* Proposición que se asienta por firme y cierta y como principio de una ciencia. 2 REL Verdad declarada como revelada por Dios.

dogmático, ca 1 *adj.* Perteneciente al dogma. 2 Inflexible, que mantiene sus opiniones como verdades incuestionables.

dogmatismo 1 *m.* Cualidad de dogmático. 2 Presunción de los que quieren que su doctrina o sus afirmaciones sean tenidas por verdades indiscutibles.

dogmatizar *tr.* e *intr.* Afirmar algo como innegable.

dólar *m.* ECON Unidad monetaria de varios países, como Australia, Canadá, Estados Unidos, etc.

doler 1 *intr.* Padecer dolor una parte del cuerpo. 2 Causar pesar el hacer una cosa o pasar por ella. 3 *prnl.* Compadecerse del mal de otro. 4 Arrepentirse de algo.

doliente *m.* y *f.* En un funeral, pariente del difunto.

dolmen *m.* Monumento megalítico compuesto de una gran laja horizontal colocada sobre dos o más piedras verticales.

dolo *m.* Engaño, fraude, simulación.

dolor 1 *m.* Sensación molesta de una parte del cuerpo. 2 Sentimiento, congoja. 3 Pesar y arrepentimiento de algo.

domar *tr.* Hacer dócil a un animal.

domeñar *tr.* Someter, sujetar y rendir.

domesticar *tr.* Hacer doméstico un animal.

doméstico, ca 1 *adj.* Relativo a la casa u hogar. 2 Se dice del animal que sirve a las personas de compañía, ayuda en el trabajo o alimento. 3 **servicio** ~.

domiciliarse *prnl.* Fijar el domicilio en un lugar.

domicilio 1 *m.* Morada permanente. 2 Lugar oficial de residencia de una persona o entidad.

dominación 1 *f.* Acción y efecto de dominar. 2 Señorío, soberanía.

dominancia *f.* Condición de dominante.

dominante 1 *adj.* Que no admite contradicciones. 2 Que sobresale, prevalece o es superior. 3 BIOL **carácter** ~.

dominar 1 *tr.* Tener dominio sobre algo o alguien. 2 Sujetar, contener. 3 Conocer a fondo un oficio, una ciencia, un arte. 4 *intr.* y *tr.* Sobresalir un monte, edificio, etc., entre otros. 5 *prnl.* Reprimirse.

domingo *m.* Séptimo día de la semana.

dominguero, ra *adj.* Que suele hacerse o usarse en domingo.

dominical *adj.* Relativo al domingo.

dominico, ca 1 *adj.* y *s.* Se dice del religioso perteneciente a la orden fundada por Santo Domingo en Italia en 1216. 2 Relativo a esta orden.

dominio 1 *m.* Poder que alguien tiene de usar y disponer de lo suyo. 2 Poder que se ejerce sobre alguien. 3 Conocimiento amplio sobre una materia. 4 Ámbito de una actividad. 5 Territorio que un soberano o Estado tiene bajo su autoridad. 6 Biol Nivel superior de clasificación de los seres vivos que incluye los reinos de la naturaleza. 7 Der **extinción** de ~.

dominó 1 *m.* Juego de fichas rectangulares, divididas en dos partes que llevan marcadas de uno a seis puntos, o bien ninguno. 2 Disfraz con capucha.

domo 1 *m.* Arq **cúpula**. 2 Geo Relieve de forma semiesférica.

don[1] 1 *m.* Cualidad natural. 2 Gracia, habilidad.

don[2], **ña** *m.* y *f.* Tratamiento que se antepone a los nombres propios masculinos y femeninos.

donación *f.* Acción y efecto de donar.

donaire 1 *m.* Discreción y gracia en lo que se dice. 2 Soltura y agilidad del cuerpo para andar, danzar, etc.

donante 1 *adj.* y *s.* Que dona. 2 *m.* y *f.* Persona que cede sangre para una transfusión, o alguno de sus órganos para un trasplante.

donar 1 *tr.* Traspasar una persona gratuitamente a otra alguna cosa o el derecho que sobre ella tiene. 2 Dar bienes a una fundación, institución, etc.

doncel, lla 1 *m.* y *f.* Muchacho o muchacha virgen. 2 *f.* Criada que no trabaja en la cocina.

donde 1 *pron. relativo* En el sitio en que, en un sitio, o en el que; en qué sitio o a qué sitio. (Se acentúa cuando es interrogativo.) 2 En que, en el cual, en la cual, lo que, lo cual, los cuales, las cuales, cuales. 3 **adonde**. 4 En la casa de o en casa de: *Está donde su abuela.*

dondequiera (Tb. donde quiera) *adv. l.* En cualquier parte.

doña *f.* **don**[2].

dopaje *m.* Acción y efecto de dopar.

dopar *tr.* y *prnl.* Administrar estimulantes para potenciar artificialmente el rendimiento físico.

dorado, da *adj.* De color de oro o semejante a este.

dorar 1 *tr.* Cubrir con oro una superficie. 2 Dar el color del oro a una cosa. 3 *tr.* y *prnl.* Tostar ligeramente algo. 4 *prnl.* Tomar color dorado.

dórico, ca 1 *adj.* De los dorios. 2 Arq **orden** ~; **columna** ~.

dorio *adj.* y *s.* De un pueblo indoeuropeo que penetró en Grecia a partir del s. XII a. C. Destruyeron la cultura micénica al arrasar Micenas y Tirinto.

dormir 1 *intr.* y *prnl.* Estar en un estado de reposo en el que cesan los movimientos voluntarios y el estado de conciencia. 2 Sosegarse lo que estaba inquieto. 3 *intr.* Pasar la noche en determinado lugar. 4 *tr.* Hacer que alguien concilie el sueño. 5 Hacer que alguien pierda el sentido usando medios artificiales. 6 *prnl.* Descuidar un asunto. 7 Perder momentáneamente su sensibilidad un miembro del cuerpo.

dormitorio *m.* Pieza destinada para dormir en ella.

dorsal 1 *adj.* Relativo al dorso o a la espalda. 2 Fon Se dice del fonema en cuya articulación interviene principalmente el dorso de la lengua, y de la letra que representa este sonido, como la *ch* y la *ñ*. 3 *f.* Geo Parte más elevada de una cordillera. || ~ **oceánica** Geo Cadena montañosa continua en el fondo oceánico.

dorso *m.* Revés o espalda de una cosa.

dos 1 *adj.* Uno y uno. 2 *adj.* y *s.* Segundo, que sigue en orden al primero. 3 *m.* Signo con que se representa el número dos.

doscientos, tas 1 *adj.* Dos veces ciento. 2 *m.* Conjunto de signos con que se representa este número. 3 *adj.* y *s.* Que sigue en orden al ciento noventa y nueve.

dosel *m.* Cortinaje que rodea y adorna un mueble, un altar, un pabellón, etc.

dosier *m.* Informe o expediente sobre un asunto.

dosificar 1 *tr.* Graduar las dosis de un medicamento. 2 Graduar la porción de algo.

dosis 1 *f.* Toma del medicamento que se susministra al paciente cada vez. 2 Cantidad o porción de algo.

dotación *f.* Acción y efecto de dotar.

dotar 1 *tr.* Asignar a una oficina, barco, etc., los empleados y enseres necesarios. 2 Darle a una cosa alguna propiedad ventajosa. 3 Conceder la naturaleza a alguien algún don.

dote 1 *f.* Capacidad apreciable de alguien: *Dotes de mando.* 2 Patrimonio que aporta la novia al matrimonio. 3 Patrimonio que entrega al convento o a la orden la que va a tomar estado religioso.

dovela *f.* Pieza en forma de cuña para formar arcos o bóvedas.

draconiano, na *adj.* Dicho de una ley o medida, excesivamente severa.

draga *f.* Máquina para extraer fango, piedras, arena, etc., de los puertos de mar, los ríos, etc.

dragar *tr.* Ahondar y limpiar con draga los puertos, los ríos, etc.

dragón, na *m.* y *f.* Animal fabuloso con figura de serpiente con patas y alas.

dragona *f.* **dragón**.

drama 1 *m.* Lit Obra en que prevalecen situaciones tensas y conflictivas. 2 Lit y Teat Obra de género dramático. 3 Suceso real, que interesa y conmueve vivamente.

dramático, ca 1 *adj.* Relativo a la dramática o al teatro. 2 Que interesa y conmueve vivamente. 3 Teatral, afectado. 4 *adj.* y *f.* Lit y Teat Se dice del género en que la acción se representa mediante el diálogo y sin que haya un narrador.

dramatizar 1 *tr.* Dar forma y condiciones dramáticas. 2 Exagerar con apariencias dramáticas o afectadas.

dramaturgia *f.* Lit **dramática**, género.

drástico, ca *adj.* Riguroso, enérgico.

drávida *adj.* Relativo a un grupo de pueblos no arios que fue uno de los primeros en asentarse en India y lograr una cultura urbana.

drenaje 1 *m.* Eliminación del exceso de agua de un terreno. 2 Conjunto de obras para mejorar las condiciones de desagüe de terrenos susceptibles de inundación. 3 Med Extracción de líquidos de una herida, absceso o cavidad.

dril *m.* Tela fuerte de hilo de algodón.

droga 1 *f.* FARM Sustancia natural o sintética, empleada para el tratamiento, cura o prevención de una enfermedad. 2 Sustancia alucinógena, estimulante, tranquilizante, etc., que puede crear dependencia.

drogar *tr.* y *prnl.* Administrar una droga.

droguería *f.* Farmacia, tienda en que se venden medicamentos.

dromedario *m.* Camélido con una giba adiposa en el dorso. Vive en Arabia y en el N de África.

druida *m.* HIST Sacerdote celta de la antigua Galia, administrador de justicia y transmisor de las tradiciones religiosas y culturales.

drupa *f.* BOT Fruto carnoso de una sola semilla, encerrada por un endocarpio leñoso y cuya porción carnosa corresponde al mesocarpio, como el del ciruelo.

druso, sa *adj.* y *s.* Se dice de las personas pertenecientes a una secta musulmana asentada en Líbano, Siria e Israel.

dualidad 1 *f.* Reunión de dos caracteres distintos en una misma persona o cosa. 2 Existencia simultánea de dos cosas de la misma clase.

dualismo *m.* Concepción que considera el universo formado por dos principios necesarios y eternos, independientes entre sí.

dubitativo, va *adj.* Que implica o denota duda.

dubnio *m.* QUÍM Elemento metálico radiactivo artificial. Núm. atómico: 105. Símbolo: Db.

ducado *m.* Territorio sobre el que ejerce jurisdicción un duque.

duce *m.* HIST Título adoptado por Mussolini, jefe de la Italia fascista de 1922 a 1945.

ducha 1 *f.* Agua que, en forma de lluvia o chorro, se hace caer sobre el cuerpo. 2 Conducto por donde cae ese chorro.

ducharse *prnl.* Darse una ducha.

ducho, cha *adj.* Experimentado, diestro.

dúctil *adj.* Se dice de los metales que admiten deformaciones mecánicas en frío sin romperse.

ducto *m.* Conducto, canal, tubería.

duda 1 *f.* Indeterminación entre dos juicios o dos decisiones. 2 Falta de convicción respecto a las creencias religiosas. 3 Cuestión que se propone para resolverla.

dudar 1 *intr.* No decidirse por algo. 2 *tr.* Dar poco crédito a algo.

duela 1 *f.* Tablas para formar las paredes curvas de algunos recipientes, como los barriles. 2 Gusano platelminto dotado de ventosas que vive como parásito interno en varios mamíferos.

duelo[1] *m.* Combate o pelea entre dos personas, a consecuencia de un reto o desafío.

duelo[2] 1 *m.* Dolor o aflicción o sentimiento de tristeza por la muerte de alguien. 2 Personas que asisten a un funeral.

duende *m.* Espíritu que, según la mitología popular, causa gran trastorno y estruendo.

dueño, ña 1 *m.* y *f.* Propietario de algo. 2 Persona que tiene dominio sobre algo.

dulce 1 *adj.* Que causa sensación suave y agradable al paladar, como la miel, el azúcar, etc. 2 Falto de sal. 3 Grato, gustoso. 4 Afable, dócil. 5 *m.* Tipo de comida en la que domina el azúcar, la miel, etc.

dulciacuícola *adj.* BIOL Se dice de los organismos que viven en las aguas dulces.

dulcificar 1 *tr.* y *prnl.* Volver dulce una cosa. 2 Mitigar la aspereza de algo o alguien.

dulzaina *f.* MÚS ARMÓNICA.

dumping (Voz ingl.) *m.* ECON Práctica comercial que consiste en vender un producto por debajo de su precio normal, con el fin de eliminar las empresas competidoras y adueñarse de todo el mercado.

duna *f.* GEO Colina de arena que en los desiertos y las playas forma y empuja el viento.

dúo 1 *m.* MÚS Composición musical para dos voces o instrumentos. 2 MÚS Conjunto que la ejecuta.

duodécimo, ma 1 *adj.* Que sigue inmediatamente en orden a lo undécimo. 2 *adj.* y *s.* DOCEAVO.

duodeno *m.* ANAT Primera porción del intestino delgado. Comunica directamente con el estómago y remata en el yeyuno.

dúplex *adj.* DOBLE, que tiene dos veces sus componentes.

duplicado 1 *m.* Segundo documento que se expide del mismo tenor que el primero. 2 Ejemplar doble o repetido de una obra.

duplicar 1 *tr.* y *prnl.* Multiplicar por dos una cantidad. 2 Hacer un duplicado.

duque, quesa *m.* y *f.* Persona que posee el título nobiliario de duque, que es superior al de marqués e inferior al de príncipe, excepto en Alemania y en Italia.

duquesa *f.* DUQUE.

duración *f.* Tiempo que transcurre entre el comienzo y el fin de un proceso.

duramadre *f.* ANAT Meninge externa de las tres que tienen los batracios, reptiles, aves y mamíferos.

duramen *m.* BOT Parte más seca y compacta del tronco y ramas gruesas de un árbol.

durante *prep.* Denota simultaneidad de un acontecimiento con otro: *Todos trabajaron durante los meses de verano.*

durar 1 *intr.* Continuar siendo, obrando, sirviendo, etc. 2 Subsistir, permanecer.

durazno 1 *m.* Árbol dicotiledóneo, de hojas alternas con estípulas, flores actinomorfas y fruto con semillas sin albumen. 2 Fruto de este árbol, que es una drupa.

dureza *f.* Calidad de duro.

durmiente 1 *adj.* y *s.* Que duerme. 2 *m.* Madero colocado horizontalmente y sobre el cual se apoyan otros. 3 Traviesa de la vía férrea.

duro, ra 1 *adj.* Se dice del cuerpo que se resiste a labrarse, rayarse, comprimirse o desfigurarse. 2 Excesivamente severo. 3 Fuerte, que resiste bien la fatiga. 4 Terco y obstinado. 5 Que le cuesta comprender las cosas. 6 *adv. m.* Con fuerza, con violencia.

DVD *m.* DISCO de video digital.

e[1] 1 *f.* Quinta letra del alfabeto **español** y segunda de sus vocales. Representa un sonido vocálico palatal abierto. • pl.: *es* o *ees.* 2 En may., abreviatura de este, punto cardinal (E).

e[2] *conj. copulat.* Sustituye a la *y,* para evitar el hiato, antes de palabras que empiezan por *i* o *hi. Juan e Ignacio, padre e hijo.* No reemplaza a la *y* en principio de interrogación o admiración, ni cuando la palabra siguiente empieza por *y* o por la sílaba *hie. ¿Y Ignacio? ¡Y Isidoro también comprometido! Honda y Yarumal. Mugre y hierba.*

ebanista 1 *m.* y *f.* Persona que trabaja maderas finas. 2 Fabricante de muebles.

ébano 1 *m.* Árbol corpulento de hojas alternas, flores de cáliz persistente, fruto en baya, madera dura de muy buena calidad y más o menos oscura. 2 Madera de este árbol.

ebonita *f.* Caucho vulcanizado, negro y de gran resistencia, usado sobre todo como aislante eléctrico.

ebrio, bria 1 *adj.* y *s.* Bebido, embriagado. 2 Trastornado por una pasión.

ebullición 1 *f.* Fís Vaporización que afecta a toda la masa de un líquido cuando la presión de vapor de este iguala a la presión externa que soporta. 2 Agitación, conmoción. || **punto de** ~ Fís Temperatura a la cual se produce la transición de la fase líquida a la gaseosa en una sustancia.

eccema *m.* Med Inflamación rojiza de la piel acompañada de picor.

echado, da 1 *adj.* Acostado. 2 *f.* Acción y efecto de echar o echarse.

echar 1 *tr.* Lanzar o arrojar una cosa hacia algún lugar o en un sitio determinado. 2 Hacer salir a alguien de su empleo. 3 Producir el organismo un complemento natural: *Echar los dientes.* 4 Poner, aplicar: *Echar perfume en el cuello.* 5 Dicho de llaves, cerrojos, etc., darles el movimiento necesario para cerrar. 6 Gastar en cierta cosa el tiempo que se expresa: *Echó dos horas en ir a Villeta.* 7 Decir, proferir: *Echar un discurso.* 8 Aumentar las partes del cuerpo expresadas: *Echar barriga.* 9 Derribar: *Echar por tierra.* 10 *tr.* e *intr.* Brotar y arrojar las plantas sus raíces, hojas, flores y frutos. 11 *tr.* y *prnl.* Comer o beber algo: *Echar un trago.* 12 Ser causa o motivo de una acción: *Echar a perder.* 13 *intr.* Dar principio a una acción: *Echar a correr.* 14 *prnl.* Arrojarse, tirarse: *Echarse al mar.* 15 Tenderse a lo largo del cuerpo en un lecho o en otra parte. 16 Ponerse las aves sobre los huevos.

eclecticismo *m.* Tendencia a evitar las posiciones extremas dándole un valor relativo a todas.

ecléctico, ca 1 *adj.* Relativo al eclecticismo. 2 *adj.* y *s.* Que adopta una postura ecléctica.

eclesial *adj.* Relativo a la Iglesia.

eclesiástico, ca 1 *adj.* Relativo a la Iglesia, y en particular a los clérigos. 2 *m.* **clérigo**, persona que ha recibido las órdenes sagradas.

eclipsar 1 *tr.* Astr Causar un astro el eclipse de otro. 2 *tr.* y *prnl.* Oscurecer, deslucir.

eclipse *m.* Astr Ocultación transitoria de un astro debida a la interposición de un objeto celeste entre el astro observado y el observador. || ~ **lunar** o **de Luna** Astr El que tiene lugar cuando la Luna pasa por el centro de la sombra terrestre (eclipse total) o por la parte exterior (eclipse parcial). ~ **solar** o **de Sol** Astr El que ocurre a causa de la interposición de la Luna entre el Sol y la Tierra. Es **total** cuando el observador se encuentra situado en el interior del cono de sombra; **parcial**, cuando se encuentra en las zonas de penumbra, y **anular**, cuando el disco lunar no cubre totalmente el solar.

eclíptica *f.* Astr Círculo de la esfera celeste que señala el curso aparente del Sol.

eclosión 1 *f.* Biol Acción de abrirse un capullo de flor, una crisálida o un huevo. 2 Biol Acción de abrirse el ovario para dar salida al óvulo.

eco 1 *m.* Repetición de un sonido por reflexión de las ondas sonoras en una superficie. 2 Sonido débil y confuso. 3 Fís Onda electromagnética reflejada o devuelta de modo tal que se percibe como distinta de la originalmente emitida.

ecografía *f.* Med Técnica de exploración de los órganos internos basada en el empleo de los ultrasonidos.

ecolocación *f.* Fís Medida de la distancia de un objeto por el tiempo que pasa entre la emisión de una onda acústica y la recepción de la onda reflejada en dicho objeto.

ecología *f.* Ecol Ciencia interdisciplinaria que estudia las relaciones de los seres vivos entre sí y con su entorno físico y biológico. Sus conceptos fundamentales son: **ecosistema, biotopo, hábitat** y **nicho.**

ecologismo *m.* Movimiento que se opone a la utilización de la naturaleza como fuente inagotable de recursos.

economía 1 *f.* Correcta administración de los bienes. 2 Riqueza pública. 3 Econ Ciencia que estudia la producción y la distribución de bienes. 4 Econ Conjunto de actividades relativas a la producción y el consumo. 5 Acción y efecto de economizar. 6 Reducción de gastos en un presupuesto. || ~ **de enclave** Econ Explotación económica de carácter mundial localizada en un país en desarrollo, sin estar integrada a su economía. ~ **de escala** Econ En la que va reduciéndose el costo de la producción en serie, a medida que esta aumenta. ~ **de libre mercado** ECON **librecambismo**. ~ **del conocimiento** ECON Conjunto de elementos de la ciencia y la tecnología orientados a la producción. ~ **global** ECON Conjunto de actividades económicas que, bajo una misma directriz, funcionan de manera más o menos sincrónica a nivel mundial. ~ **informal** ECON Sector de la economía conformado por trabajadores independientes cuyas actividades no se ajustan del todo a la regulación laboral. ~ **mixta** ECON Sistema que concierta los elementos básicos del capitalismo (propiedad privada, ley de la oferta y la demanda) y de la economía planificada. ~ **planificada** ECON Sistema en que el Estado es propietario de las empresas estratégicas y controla los medios de producción y los precios de los bienes y servicios. ~ **regional** ECON La que se da en una región cuando en ella ocurren la producción, distribución y consumo de los bienes y servicios.

económico, ca 1 *adj.* Relativo a la economía. 2 Moderado en gastar. 3 Poco costoso, que exige poco gasto.

economismo *m.* ECON Doctrina que da primacía a los factores económicos en la explicación de los acontecimientos históricos, sociales o políticos.

economizar *tr.* Evitar o reducir un gasto, trabajo, esfuerzo o riesgo.

ecorregión *f.* GEO Región geográfica que posee ciertas características en cuanto a su clima, geología, flora y fauna.

ecosistema *m.* ECOL Conjunto de seres vivos de distintas especies, que viven en un medio ambiente determinado con el cual interactúan. En general tiene un componente biótico (seres vivos) y un componente abiótico (sustancias inorgánicas, suelo, agua, clima). || ~ **estratégico** ECOL Aquel cuya existencia es esencial para el mantenimiento de la vida en el planeta, como los bosques tropicales.

ecoturismo *m.* Turismo que busca la compatibilidad entre el disfrute de la naturaleza y el respeto al medio ambiente.

ectodermo *m.* ZOOL Capa externa de las tres en que se disponen las células del blastodermo luego de la segmentación.

ectoparásito *m.* BIOL Parásito que vive en la superficie de otro organismo.

ectoplasma *m.* BIOL Parte exterior del citoplasma de una célula.

ecuación *f.* MAT Igualdad con una o más incógnitas o cantidades desconocidas. Su notación se hace mediante letras y símbolos, por ejemplo: $x^2 + x - 4 = 8$. || ~ **algebraica** MAT Cualquier afirmación matemática que establece la igualdad entre dos expresiones algebraicas. Cada expresión se llama miembro de la ecuación. ~ **lineal** MAT La que tiene la forma $ax + by = c$, su modelo gráfico es una línea recta. ~ **lineal de una variable** MAT La que tiene la forma $ax + b = 0$, donde a y b son números reales, x representa la incógnita y $a \neq 0$. **sistema de ecuaciones** MAT El formado por dos o más ecuaciones con dos o más incógnitas, cuyas soluciones o raíces satisfacen a ambas ecuaciones simultáneamente.

ecuador 1 *m.* ASTR Círculo máximo imaginario de la esfera celeste, perpendicular al eje de la Tierra. 2 GEO Círculo máximo ideal de la Tierra, perpendicular a su eje y equidistante de los polos. Marca la división de la Tierra en un hemisferio N y un hemisferio S. 3 GEOM Paralelo de radio máximo en una superficie de revolución.

ecualizador *m.* ELECTRÓN Aparato que sirve para amplificar las bajas frecuencias y atenuar las altas, a fin de lograr una mejor relación entre señal y ruido.

ecuanimidad 1 *f.* Igualdad y constancia de ánimo. 2 Imparcialidad en los juicios.

ecuatorial 1 *adj.* Relativo al Ecuador. 2 GEO **clima** ~.

ecuestre *adj.* Relativo al caballero, al caballo o a la equitación.

ecuménico, ca 1 *adj.* Universal, que se extiende a todo el orbe. 2 REL **concilio** ~.

ecumenismo *m.* REL Movimiento de las iglesias cristianas que tiende a la unidad de todos los cristianos. Cobró fuerza en la Iglesia católica a partir del papa Juan XXIII.

edad 1 *f.* Tiempo que ha vivido una persona o un animal desde su nacimiento. 2 Cada uno de los periodos en que se divide la vida. 3 DER **mayor** de ~. 4 Duración de las cosas materiales. 5 HIST Cada uno de los periodos en que suele dividirse la historia. || ~ **antigua** HIST ANTIGÜEDAD. ~ **contemporánea** HIST Periodo histórico más reciente, cuyos inicios se sitúan en el inicio de la Revolución francesa (1789). ~ **de los metales** HIST La que siguió a la Edad de Piedra y durante la cual empezaron a usarse útiles y armas de metal. ~ **de Piedra** HIST Periodo prehistórico anterior al uso de los metales, se divide en **Paleolítico**, **Mesolítico** y **Neolítico**. ~ **del Bronce** HIST Periodo prehistórico (3000-800 a.C.), en el que se inicia el uso de armas y útiles de este metal. ~ **del Cobre** HIST Primer periodo de la Edad de los Metales (4000-2500 a.C.), caracterizado por el uso de este metal. ~ **del Hierro** HIST Último periodo de la de los metales, en Europa abarcó desde el final de la Edad del Bronce hasta la expansión del Imperio romano (27 a.C.-68), en China se inició hacia el año 600 a.C., en África subsahariana hacia el 500 a.C. y en el sur de África hacia el año 200. ~ **Media** HIST MEDIOEVO. ~ **moderna** HIST Periodo marcado en sus inicios por la caída de Constantinopla (1453), el descubrimiento de América (1492), la invención de la imprenta y la aparición del Renacimiento. Su final lo marca el principio de la edad contemporánea con la Revolución francesa de 1789.

edáfico, ca *adj.* Relativo al suelo. || **permeabilidad** ~ GEO Capacidad de un suelo para dejar fluir un líquido o transmitir aire a través de su espesor.

edafogénesis *f.* GEO Proceso de formación del suelo tras la descomposición de la roca madre y mediante la transformación y desplazamiento de diversas sustancias.

edecán *m.* Auxiliar, acompañante.

edema *m.* MED Hinchazón blanda causada por la retención patológica de líquido.

A B C D E F G H I J K L M N Ñ O P Q R S T U V W X Y Z

edén 1 *m.* Paraíso terrenal, según el Antiguo Testamento. 2 Lugar ameno y deleitoso.

edición 1 *f.* Acción de editar. 2 Conjunto o tirada de ejemplares impresos de una obra. 3 Celebración periódica de un congreso, festival, etc.

edicto *m.* Escrito oficial que se exhibe en los tribunales o juzgados, o se publica en los periódicos.

edificación 1 *f.* Acción y efecto de edificar o de hacer un edificio. 2 El mismo edificio o cualquier otra obra de construcción para vivienda o usos análogos.

edificante *adj.* Que da buen ejemplo, o sirve para ello, y anima a obrar bien.

edificar *tr.* Construir u ordenar la construcción de un edificio.

edificio *m.* Construcción de albañilería, de forma y materiales heterogéneos, destinada a diversos fines.

edil, la *m.* y *f.* Concejal de un ayuntamiento.

editar 1 *tr.* Imprimir, por cualquier medio de reproducción, libros, folletos, periódicos, revistas, etc. 2 Administrar una publicación. 3 Adaptar un texto a las normas de estilo de una editorial. 4 Organizar las grabaciones originales para la emisión de un programa de radio o televisión, o de un filme.

editor, ra 1 *adj.* Que edita. 2 *m.* y *f.* Empresa que publica una obra ajena. 3 Persona que edita o adapta un texto.

editorial 1 *adj.* Relativo a editores o ediciones. 2 *m.* Artículo periodístico de fondo no firmado. 3 *f.* Casa editora.

edredón *m.* Cobertor acolchado y relleno de plumón de ganso o de fibras artificiales.

educación 1 *f.* Acción y efecto de educar. 2 Cortesía, buenas maneras. || ~ **especial** La dirigida a las personas que por causas mentales, físicas o emocionales no se adaptan a una enseñanza normal. ~ **física** Conjunto de disciplinas y ejercicios que buscan el desarrollo corporal. ~ **sexual** Instrucción dada a niños y adolescentes sobre el proceso y las consecuencias de la actividad sexual.

educar 1 *tr.* Dirigir y coordinar el proceso de aprendizaje de las personas, especialmente niños y jóvenes, en las diversas áreas del conocimiento. 2 Dirigir el desarrollo o perfeccionamiento de las facultades y aptitudes mentales, morales o físicas de otras personas, especialmente niños y jóvenes. 3 Perfeccionar o afinar la sensibilidad.

edulcorar *tr.* Endulzar con sustancias naturales o sintéticas.

efe *f.* Nombre de la letra *f*.

efectismo *m.* Recurso empleado para impresionar vivamente o para llamar la atención.

efectividad 1 *f.* Capacidad de lograr el efecto que se desea. 2 Realidad, validez.

efectivo, va 1 *adj.* Real y verdadero, en oposición a dudoso o nominal. 2 EFICAZ. 3 Dicho del dinero en monedas o billetes.

efecto 1 *m.* Lo que se sigue de una causa. 2 Impresión producida en el ánimo. 3 Fin para el que se hace algo. 4 Movimiento giratorio que se le da a una bola o pelota haciéndola desviarse de su trayectoria normal. 5 *pl.* Bienes, muebles, enseres. || ~ **colateral** MED EFECTO secundario. ~ **Doppler** FÍS Dada una fuente emisora de una onda, diferencia entre la longitud de onda emitida y la percibida por un observador, causada por el movimiento relativo entre el observador y la fuente emisora. ~**s especiales** CIN Cualquier elemento de una película que se aparte de la grabación directa de una acción en vivo y que busque la ilusión de realidad. ~ **invernadero** ECOL Elevación de la temperatura de la atmósfera próxima a la corteza terrestre, por la dificultad de disipación de la radiación calorífica, como consecuencia de fenómenos naturales (erupciones, incendios, etc.) y del uso de combustibles fósiles. ~ **secundario** MED Consecuencia indirecta, generalmente adversa, del uso de un medicamento o una terapia.

efectuar 1 *tr.* Poner por obra, llevar a cabo. 2 *prnl.* Suceder algo, realizarse.

efeméride (Tb. efemérides) 1 *f.* Conmemoración de un acontecimiento notable. 2 *pl.* Hechos conmemorados. 3 Libro o comentario en que se refieren los hechos de cada día.

eferente *adj.* Que lleva.

efervescencia 1 *f.* Desprendimiento de burbujas de un líquido sin llegar a la ebullición. 2 Acaloramiento del ánimo, agitación.

eficaz 1 *adj.* Eficiente, operativo. 2 Dicho de la persona que lleva a cabo un proyecto, y de la cosa que contribuye a su realización.

eficiencia *f.* Virtud y facultad para lograr un efecto determinado.

eficiente *adj.* Que tiene eficiencia.

efigie 1 *f.* Imagen, representación de alguien real y verdadero. 2 Representación viva de algo ideal: *La efigie del valor.*

efímero, ra *adj.* Pasajero, breve, de corta duración.

efluvio 1 *m.* Emisión de partículas sutiles de una sustancia volátil. 2 Irradiación de algo inmaterial.

efusión 1 *f.* Derramamiento de un líquido: *Tenía una herida abierta con gran efusión de sangre.* 2 Expresión viva de sentimientos alegres. 3 FÍS Paso de un gas a través de una pequeña abertura, debido a la presión del mismo.

efusivo, va *adj.* Que se manifiesta con efusión y franqueza.

egipcio, cia 1 *adj.* y *s.* De Egipto. 2 HIST Relativo al antiguo Egipto. 3 *m.* LING Lengua hablada en el antiguo Egipto hasta la época helenística.

□ HIST La historia del antiguo Egipto se divide en tres grandes periodos, el Imperio antiguo, el Imperio medio y el Imperio nuevo. Durante el Imperio antiguo (2850-2190 a.C.) se constituye el modelo teocrático que bajo la IV dinastía alcanzó su máximo esplendor, expresado en la construcción de las grades pirámides de Gizeh. Durante el Imperio medio (2052-1778 a.C.) se establece la capital en Tebas; esta época es considerada la edad de oro de la literatura egipcia y la arquitectura, el arte y la joyería revelan una extraordinaria delicadeza en el diseño. El Imperio nuevo (1570-715 a.C.) se inicia con la expulsión de los hicsos, que habían invadido en 1778 a.C. el bajo Egipto, y la reunificación del país por Amosis I. Después de la XIX dinastía, Egipto entra en declive y entre el 715 a.C. y el 332 a.C. el país sufre invasiones sucesivas, que culminan con la de los griegos acaudillados por Alejandro Magno. Tras el dominio griego se instala la dinastía de los Lágidas, cuya última representante, Cleopatra VII, no pudo evitar la caída del país bajo el poder del Imperio romano hacia el año 30 a.C.

égloga *f.* LIT Poema de asunto campestre y de tono sereno y delicado.

ego *m.* PSIC En psicoanálisis, parte consciente del ser humano.

egocentrismo *m.* Exaltación de la propia personalidad, hasta pensarla como centro de la atención y actividad generales.

egoísmo *m.* Amor e interés desmesurado por uno mismo y por las propias cosas, con postergación o desprecio de las de los demás.

egregio, gia *adj.* Insigne, ilustre.

egresar 1 *intr.* Salir de alguna parte. 2 Dejar un centro docente.

einstenio *m.* QUÍM Elemento artificial, químicamente similar al holmio. Núm. atómico: 99. Peso atómico: 254. Símbolo: Es.

eje 1 *m.* Barra cilíndrica que atraviesa y sostiene un cuerpo giratorio para servirle de sostén en el movimiento y de transmisor del mismo. 2 Persona o circunstancia a cuyo alrededor gira lo demás. 3 GEOM Recta alrededor de la cual gira una línea para engendrar una superficie, o una superficie para engendrar un sólido. 4 GEOM Diámetro principal de una curva. || ~ **de abscisas** GEOM Eje de coordenadas horizontal. ~ **de coordenadas** GEOM Cada una de las rectas que se cortan en un mismo punto, y que se utilizan para determinar la posición de los demás puntos del plano o del espacio por medio de líneas paralelas a ellas. ~ **de la Tierra** GEO El imaginario alrededor del cual gira la Tierra y que determina en sus extremos la posición de los polos. ~ **de ordenadas** GEOM Eje de coordenadas vertical. ~ **de simetría** GEOM Recta, que al ser tomada como eje de giro de una figura o cuerpo, hace que se superpongan todos los puntos análogos.

ejecución 1 *f.* Acción y efecto de ejecutar. 2 Manera de interpretar una pieza de música. 3 Cumplimiento efectivo de una sentencia judicial o de un acuerdo administrativo.

ejecutar 1 *tr.* Poner por obra algo. 2 Dar muerte a alguien, especialmente al reo condenado a ella. 3 Tocar una pieza musical. 4 DER Reclamar una deuda por vía ejecutiva.

ejecutivo, va 1 *adj.* Que no permite que se difiera la ejecución: *Orden ejecutiva.* 2 Que ejecuta o hace algo. 3 *m.* y *f.* Persona que desempeña un cargo directivo en una empresa. 4 POLÍT **poder ~**.

ejecutor, ra *adj.* Que ejecuta.

ejemplar 1 *adj.* Que da buen ejemplo, que puede tomarse como modelo. 2 *m.* Original, prototipo, norma representativa. 3 Cada uno de los impresos sacados de un mismo original. 4 Cada uno de los objetos que forman una serie. 5 BIOL Cada uno de los individuos de una especie o un género.

ejemplificar *tr.* Ilustrar o demostrar con ejemplos algo que se afirma.

ejemplo 1 *m.* Modelo que se propone para que se imite, si es bueno, o para que se evite si es malo. 2 Caso concreto que ilustra una doctrina u opinión. || **por ~** *expr.* Se usa cuando se va a poner un ejemplo para comprobar, ilustrar o autorizar lo que antes se ha dicho.

ejercer 1 *tr.* e *intr.* Practicar un oficio o profesión. 2 Usar un derecho.

ejercicio 1 *m.* Acción y efecto de ejercer un oficio o de ocuparse en algo. 2 Movimiento corporal repetido y destinado a conservar la salud o recobrarla. 3 Cada una de las pruebas que realizan los estudiantes en los diversos exámenes. 4 Trabajo práctico que, en el aprendizaje de ciertas disciplinas, sirve de complemento a la enseñanza teórica. 5 Cada una de las pruebas que practica un deportista en el entrenamiento de su disciplina. || **~s espirituales** Los que se practican por algunos días, dedicándose a la oración y penitencia.

ejercitar 1 *tr.* Usar cierta facultad o poder que se tiene. 2 Practicar un arte u oficio. 3 Hacer que alguien aprenda algo mediante determinadas prácticas. 4 *prnl.* Adiestrarse en un oficio o profesión mediante la repetición de ciertas prácticas.

ejército 1 *m.* Conjunto de fuerzas armadas de un Estado. 2 Gran unidad militar integrada por varios cuerpos. 3 Grupo armado al mando de un general o caudillo militar.

ejido *m.* Porción de tierra sin cultivar de uso público.

el, la *art.* Se utiliza antes de un sustantivo que hace referencia a algo conocido por el hablante. • pl.: *los* y *las.*

él, ella *pron. pers.* Designa a la tercera persona del singular, masculino y femenino; es decir, a la persona de la que se habla o escribe. En la oración puede hacer las veces de sujeto y de complemento. • pl.: *ellos* y *ellas.*

elaboración *f.* Acción y efecto de elaborar.

elaborar 1 *tr.* Preparar algo por medio de un trabajo adecuado. 2 Transformar algo mediante operaciones sucesivas: *Elaborar una tesis; elaborar una sustancia sintética.*

elasticidad *f.* Cualidad de elástico.

elástico, ca 1 *adj.* Dicho del cuerpo que puede recobrar más o menos su figura y extensión al cesar la acción que las alteraba. 2 Que puede ajustarse a muy distintas circunstancias. 3 *m.* Tejido, cordón o cinta que tiene elasticidad por su estructura o por las materias que entran en su formación.

ele *f.* Nombre de la letra *l.*

elección 1 *f.* Acción y efecto de elegir. 2 Votación en que se elige a alguien para un cargo. 3 Deliberación, libertad para obrar. || ~ **indirecta** La que realizan los representantes elegidos por voto popular en la elección de candidatos para los altos cargos. **elecciones**

primarias Las que llevan a cabo los miembros de una colectividad para designar a un candidato en unas futuras elecciones.

electo, ta *adj.* y *s.* Dicho de la persona elegida para un cargo del que aún no ha tomado posesión.

elector, ra *adj.* y *s.* Que elige o tiene derecho de elegir.

electorado *m.* Conjunto de electores o votantes de un país.

electoral 1 *adj.* Relativo a la cualidad de elector. 2 Relativo a electores o elecciones.

electricidad 1 *f.* Electr Conjunto de fenómenos energéticos (mecánicos, caloríficos, químicos, luminosos) derivados del efecto producido por las cargas eléctricas. 2 Electr **corriente** eléctrica. 3 Electr Disciplina que estudia las cargas eléctricas y los fenómenos asociados a ellas. || ~ **estática** Electr La que aparece en un cuerpo cuando existen en él cargas eléctricas en reposo. ~ **negativa** Electr La que se produce cuando los átomos ganan electrones. ~ **positiva** Electr La que se produce cuando los átomos pierden electrones.

electricista *adj.* y *s.* Dicho de la persona que hace instalaciones eléctricas o las repara.

eléctrico, ca 1 *adj.* Relativo a la electricidad. 2 Electr Que tiene o comunica electricidad, o que funciona mediante ella. 3 Electr **arco** ~; **campo** ~; **condensador** ~; **conducción** ~; **conductor** ~; **corriente** ~; **inducción** ~; **línea** ~; **motor** ~. 4 Mús **guitarra** ~. 5 **silla** ~.

electrificar *tr.* Electr Proveer de corriente eléctrica un país, una región, una instalación o un mecanismo.

electrizar *tr.* Producir la electricidad en un cuerpo o comunicársela.

electro *m.* Aleación de cuatro partes de oro y una de plata.

electrocardiograma *m.* Med Representación gráfica de la actividad eléctrica del corazón, obtenida mediante un juego de electrodos situados en la superficie corporal.

electrochoque *m.* Med Tratamiento de una perturbación mental mediante descargas eléctricas.

electrocutar *tr.* y *prnl.* Producir la muerte mediante electrocución o paso de la corriente eléctrica.

electrodo *m.* Electr Cada uno de los dos polos (ánodo y cátodo) de una corriente eléctrica, que se hacen pasar por un cuerpo y que pueden actuar de emisor o receptor. || ~ **positivo** Electr El que conecta con el generador. ~ **negativo** Electr El que está en contacto con la tierra.

electrodoméstico *adj.* y *s.* Aparato eléctrico que se emplea en el hogar: nevera, lavadora, etc.

electroencefalograma *m.* Med Gráfico que registra la actividad eléctrica de la corteza cerebral mediante electrodos puestos sobre el cráneo.

electroimán *m.* Electr Barra de hierro que, dentro de una bobina, se imanta al pasar una corriente eléctrica por la bobina y se desimanta al cesar la corriente.

electrólisis (Tb. electrolisis) *f.* Quím Proceso mediante el cual un electrolito se descompone por el paso de una corriente eléctrica continua a través de él. Se emplea para la obtención de metales con un alto grado de pureza y para obtener hidrógeno.

electrolítico, ca 1 *adj.* Quím Relativo a la electrólisis. 2 Quím **solución** ~.

electrolito (Tb. electrólito) *m.* Quím Cuerpo que, disuelto en una sustancia, se somete a la descomposición por electricidad.

electromagnético, ca 1 *adj.* Fís Dicho de los fenómenos producidos por electromagnetismo. 2 Fís **onda** ~; **radiación** ~.

electromagnetismo *m.* Fís Fenómeno producido por la acción y reacción de las corrientes eléctricas y los campos magnéticos. Se basa en que una carga eléctrica móvil produce un campo magnético y que una carga moviéndose en un campo magnético experimenta una fuerza.

electromecánico, ca *adj.* Electr Dicho del dispositivo o aparato mecánico accionado y controlado por medio de corrientes eléctricas.

electromotriz *adj.* Electr **fuerza** ~.

electrón *m.* Fís y Quím Partícula elemental estable de carga negativa, que, junto con los protones y los neutrones, forma los átomos y las moléculas. Los electrones giran alrededor del núcleo e intervienen en las reacciones químicas y en los procesos de conducción eléctrica.

electronegativo, va *adj.* Quím Dicho de la sustancia, radical o ión, que, en la electrolisis, se dirige al polo positivo.

electrónico, ca 1 *adj.* Fís Relativo al electrón. 2 **Electrón** Relativo a la electrónica. 3 **Electrón** **cerebro** ~. 4 Fís **configuración** ~; **número** ~. 5 Inf **buzón** ~; **correo** ~. 6 Mús **música** ~. 7 Quím **configuración** ~. 8 *f.* **Electrón** Disciplina que estudia los fenómenos derivados del movimiento de las partículas cargadas de fuerzas eléctricas o magnéticas. 9 **Electrón** Tecnología que aplica esos conocimientos a la industria.

elefante, ta *m.* y *f.* Mamífero herbívoro con extremidades robustas, largos colmillos, trompa prensil, cabeza pequeña, orejas grandes y cinco dedos en las extremidades recubiertos de una masa carnosa. Puede alcanzar 3 m de alto y 5 de largo. Existen dos especies, una nativa de África y la otra de Asia. || ~ **marino** Mamífero pinnípedo con probóscide pequeña en los machos y pelo hirsuto.

elefantiasis *f.* Med Desarrollo patológico enorme de algún órgano, por causa de la obstrucción de las vías linfáticas.

elegancia 1 *f.* Calidad de elegante. 2 Forma bella de presentarse o de presentar alguna cosa.

elegante 1 *adj.* Dotado de gracia, nobleza y sencillez. 2 Que tiene gusto y discreción para elegir y llevar el atuendo.

elegía *f.* Lit Composición lírica que lamenta la muerte de alguien o cualquier acontecimiento desgraciado.

elegir 1 *tr.* Escoger, preferir a una persona o cosa a otras. 2 Designar por votación para un cargo.

elemental 1 *adj.* Referente a los primeros elementos o principios de algo. 2 Fundamental, básico. 3 Obvio, evidente.

elemento 1 *m.* Parte integrante de algo. 2 Miembro de una agrupación humana. 3 Ecol Medio en que se desarrolla y habita un ser vivo. 4 Fil En la filosofía presocrática, cada uno de los cuatro principios fundamentales de los cuerpos: tierra, agua, aire y fuego. 5 Mat Cada uno de los componentes de un conjunto. 6 Quím Sustancia constituida por átomos cuyos núcleos tienen el mismo número de protones, cualquiera sea el número de neutrones, y que no puede descomponerse por medios químicos en otra. 7 Quím **tabla** periódica de los ~s. 8 *pl.* Fuerzas naturales capaces de alterar las condiciones atmosféricas o climáticas. || ~ **inverso** Mat El que, operado con su elemento correspondiente, da como resultado el elemento neutro. ~ **neutro** Mat El que, operado con otro elemento del mismo conjunto, da como resultado este último. Como ocurre en la multiplicación con el *1*, y en la adición con el *0*.

elenco *m.* Cin, Teat y Tv Conjunto de actores que aparecen en el reparto de una obra.

elevación 1 *f.* Acción y efecto de elevar o elevarse. 2 Altura, eminencia. 3 Rel Momento de la misa en que el sacerdote eleva la hostia y el cáliz después de la consagración.

elevador 1 *m.* Máquina para levantar cargas. 2 Electr Aparato para aumentar o disminuir la tensión de una corriente.

elevar 1 *tr.* y *prnl.* Alzar o levantar algo. 2 *tr.* Conferir a alguien mayor dignidad o categoría. 3 Dirigir un escrito, petición, etc., a una autoridad. 4 Mat Multiplicar una cantidad o expresión por sí misma un determinado número de veces indicado por el exponente. 5 *prnl.* Extasiarse momentáneamente.

elfo *m.* Mit En la mitología escandinava, geniecillo benéfico del aire o de los bosques.

elidir 1 *tr.* Frustrar, debilitar algo. 2 *tr.* y *prnl.* Fon Suprimir en una palabra una vocal al juntarse con otra: *del* por *de el; al* por *a el.* 3 Gram Suprimir en un enunciado algún elemento lingüístico cuyo significado se sobrentiende, por ejemplo: *Martín cría ovejas y Manuel (cría) gansos.*

eliminar 1 *tr.* Excluir, prescindir de alguien o algo. 2 Matar. 3 Expeler el organismo alguna sustancia.

elipse *f.* Geom Curva cerrada, simétrica respecto de dos ejes perpendiculares entre sí, con dos focos, y que resulta de cortar un cono circular por un plano que encuentra a todas las generatrices del mismo lado del vértice.

elipsis 1 *f.* Gram Omisión de una o más palabras sin que la frase pierda su sentido: *¿Qué tal?* por *¿Qué tal te va?* 2 Gram Supresión de algún elemento del discurso sin contradecir las normas gramaticales: *María ha viajado a la misma ciudad que Paula (ha viajado).* • pl.: *elipsis.*

elipsoide *m.* Geom Cuerpo de superficie cerrada y simétrica respecto de tres ejes perpendiculares entre sí, y cuyas secciones planas son todas elipses o círculos.

elíptico, ca 1 *adj.* Relativo a la elipse. 2 De forma de elipse o parecido a ella. 3 Gram Perteneciente a la elipsis.

elisión *f.* Gram Acción y efecto de elidir.

élite (Tb. elite) *f.* Minoría selecta o dirigente en cualquier campo social o económico.

elitista 1 *adj.* y *s.* Perteneciente a la élite. 2 Que se comporta como miembro de una élite, que manifiesta gustos y preferencias frente a los del común.

élitro *m.* Zool Cada una de las alas rígidas de los coleópteros, que en reposo protegen su cuerpo.

elixir (Tb. elíxir) 1 *m.* Medicamento compuesto de sustancias aromáticas disueltas en alcohol. 2 Remedio maravilloso.

ella *pron. pers.* **él.**

elle *f.* Nombre del dígrafo *ll.*

ello 1 *pron. pers.* Designa a la tercera persona en género neutro. Sustituye a algo, por lo general abstracto, expresado anteriormente. Con preposición, se emplea también en los casos oblicuos. 2 *m.* Psic En psicoanálisis, conjunto de pulsiones y tendencias mantenidas en el inconsciente.

ellos, ellas *pron. pers.* Designa a la tercera persona del plural, masculino y femenino; es decir, a las personas de las que se habla o escribe. • sing.: *él* y *ella.*

elocución 1 *f.* Uso adecuado de las palabras para expresar correctamente los conceptos. 2 Modo de distribuir los distintos elementos de un discurso.

elocuencia 1 *f.* Facultad de hablar o escribir de modo eficaz. 2 Eficacia para persuadir que tienen las palabras, los gestos y cualquier otra cosa capaz de dar a entender algo.

elogiar *tr.* Hacer elogios de alguien o algo.

elogio *m.* Alabanza de las buenas cualidades de una persona o de las calidades de una cosa.

elongación 1 *f.* Acción y efecto de elongar. 2 Fís Distancia máxima de un cuerpo oscilante respecto de su eje en equilibrio.

elongar *tr.* Hacer más larga una cosa mediante tracción mecánica, estirarla.

elucidar *tr.* Dilucidar, poner algo en claro.

elucubración *f.* Acción y efecto de elucubrar.

elucubrar 1 *tr.* Divagar con apariencia de profundidad. 2 *tr.* e *intr.* Imaginar sin mucho fundamento, divagar.

eludir *tr.* Esquivar una dificultad o rehuir de un trabajo con maneras hábiles.

e-mail (Voz ingl.) *m.* Inf **correo** electrónico.

emanar 1 *intr.* Traer origen de algo, de cuya sustancia se participa. 2 *intr.* y *tr.* Desprenderse sustancias volátiles o efluvios de los cuerpos.

emancipar 1 *tr.* y *prnl.* Liberar a alguien de la patria potestad declarándole mayor de edad. 2 *prnl.* Liberarse de cualquier servidumbre o sujeción.

emascular *tr.* Castrar al macho con ablación total de los órganos sexuales externos.

embadurnar *tr.* y *prnl.* Untar una cosa con algo pegajoso.

embajada 1 *f.* Cargo de embajador. 2 Residencia o sede del embajador en un país extranjero.

embajador, ra *m.* y *f.* Representante diplomático, con rango máximo, de un Estado en otro.

embalaje 1 *m.* Acción y efecto de embalar. 2 Caja o envoltorio con que se resguardan las cosas para su transporte.

embalar *tr.* Hacer balas o paquetes, envolver o meter en cajas cualquier cosa para su transporte.

embalsamar 1 *tr.* Preservar los cadáveres de la descomposición inyectándoles diversas sustancias balsámicas. 2 *tr.* y *prnl.* Perfumar un ambiente con alguna sustancia de grato olor.

embalsar *tr.* y *prnl.* Recoger en balsa o embalse.

embalse 1 *m.* Acción y efecto de embalsar o embalsarse. 2 Gran depósito artificial construido en la boca de un valle mediante un dique o presa, y en el que se almacenan las aguas de un río o arroyo, para usarlas en el riego, el abastecimiento de poblaciones, la producción de energía eléctrica, etc.

embarazada *adj.* Dicho de la mujer que ha sido fecundada y va a tener un hijo.

embarazar 1 *tr.* Fecundar a una mujer. 2 Impedir, estorbar, retardar algo.

embarazo 1 *m.* Estado de la mujer embarazada. 2 Tiempo que dura este estado. 3 Impedimento, dificultad, obstáculo. 4 Falta de soltura en la acción.
□ FISIOL El embarazo es el periodo que transcurre entre la penetración del espermatozoide en el óvulo para fecundarlo y el parto. Su duración es de 280 días aprox. Cuando el óvulo fecundado se implanta en la matriz se producen cambios fisiológicos en la madre: cambio de ritmo cardíaco, dilatación de la base de la pelvis, agrandamiento de los pechos, etc. A partir del tercer mes se forman la **placenta** y la cavidad amniótica en la que se alojará el feto.

embarazoso, sa *adj.* Que incomoda.

embarcación *f.* Barco o barca.

embarcadero *m.* Muelle o sitio acomodado para embarcar y desembarcar.

embarcar 1 *tr.* y *prnl.* Dar entrada a personas o mercancías en un barco, avión o tren. 2 Participar en una empresa, especialmente si es arriesgada.

embargar 1 *tr.* Llenar la emoción, la tristeza, etc., a una persona 2 DER Retener la autoridad los bienes de alguien para pago de deudas.

embargo 1 *m.* DER Acción de embargar. 2 Prohibición del comercio de armas u otros efectos útiles para la guerra, decretada por un gobierno. || ~ **comercial** POLÍT y ECON **BLOQUEO** comercial. || **sin** ~ *loc. conjunt. advers.* No obstante, sin que sirva de impedimento.

embarrar *tr.* y *prnl.* Untar o cubrir de barro.

embate 1 *m.* Golpe de mar o de viento. 2 Acometida impetuosa, embestida.

embaucar *tr.* Engañar aprovechando la ingenuidad o inexperiencia del engañado.

embeber 1 *tr.* Absorber un sólido cualquier líquido. 2 Empapar, llenar de un líquido una cosa porosa o esponjosa. 3 *prnl.* Quedarse absorto con algo o haciendo algo.

embelesar *tr.* y *prnl.* Arrebatar, cautivar los sentidos de gusto y complacencia.

embellecer 1 *tr.* y *prnl.* Dar belleza a alguien o algo. 2 Idealizar algo prestándole cualidades que no posee de hecho.

embera *adj.* y *s.* De un pueblo amerindio asentado en el departamento de Chocó (Colombia) y en el istmo del Darién (Panamá) que se dedica a la agricultura itinerante.

embestir *tr.* Lanzarse con violencia personas, animales o vehículos sobre una persona o cosa.

embetunar *tr.* Cubrir con betún alguna cosa.

emblanquecer *tr.* y *prnl.* **BLANQUEAR**, poner blanco algo.

emblema 1 *m.* Figura con lema o divisa. 2 Símbolo de algo.

embobar 1 *tr.* Tener pasmado a alguien con algo que vale realmente la pena o solo en apariencia. 2 *prnl.* Quedarse suspenso y absorto.

embocadura 1 *f.* Acción y efecto de embocar. 2 Gusto de los vinos. 3 MÚS Boquilla de un instrumento de viento.

embocar 1 *tr.* Dirigir algo hacia una entrada que conduce a un lugar estrecho en el que se ha de meter. 2 Acertar en el objetivo al lanzar un objeto que ha de quedar dentro de aquel. 3 Aplicar los labios a la boquilla de un instrumento de viento.

embodegar *tr.* Almacenar alguna cosa, como vino o aceite, en una bodega.

embolar *tr.* Dar betún al calzado.

embolatar 1 *tr.* Dar largas con mentiras o falsas promesas. 2 Enredar o embrollar. 3 *prnl.* Perderse, extraviarse.

embolia *f.* MED Obstrucción vascular producida por un émbolo.

émbolo 1 *m.* Pieza que dentro de una bomba o cilindro produce la compresión de un fluido. 2 MED Coágulo o burbuja de aire que, arrastrado por la circulación, puede causar una embolia.

embolsar 1 *tr.* Guardar algo en una bolsa. 2 *tr.* y *prnl.* Obtener dinero por algún trabajo o negocio.

emboquillar *tr.* Rellenar con mezcla los huecos entre las tejas de un tejado, las juntas de unión en baldosas, los ladrillos de una fábrica, etc.

emborrachar 1 *tr.* Producir embriaguez. 2 Empapar en vino o licor algún bizcocho o pastel. 3 *tr.* y *prnl.* Beber con exceso bebidas alcohólicas hasta perder el dominio de sí mismo. 4 Atontar, adormecer.

emborrascar *tr.* Ponerse borrascoso el tiempo.

emboscada *f.* Acción y efecto de emboscar.

emboscar *tr.* y *prnl.* Ocultarse una o varias personas para atacar por sorpresa a otra u otras.

embotar *tr.* y *prnl.* Atontarse o perder capacidad de razonamiento.

embotellamiento 1 *m.* Acción y efecto de embotellar. 2 Atasco producido por la aglomeración de vehículos.

embotellar *tr.* Poner alguna cosa en botellas.

embozar 1 *tr.* y *prnl.* Cubrir la parte inferior del rostro hasta los ojos. 2 *tr.* Disimular hábilmente algo. 3 Poner el bozal a los animales.

embrague 1 *m.* Acción de embragar. 2 Mecanismo de transmisión de movimiento entre dos ejes o árboles giratorios, por el cual estos se acoplan o desacoplan. Puede ser manual o automático. 3 Pedal con que se acciona.

embriagar *tr.* y *prnl.* EMBORRACHAR, beber con exceso bebidas alcohólicas.

embriaguez *f.* BORRACHERA.

embrión *m.* BIOL 1 Estado de los seres orgánicos de reproducción sexual desde la fecundación hasta que adquieren las características morfológicas de su especie. 2 Principio impreciso de algo.

embrollo 1 *m.* Enredo, lío. 2 Situación confusa, asunto turbio.

embromar 1 *tr.* Gastar bromas. 2 Hacer perder el tiempo. 3 *tr.* y *prnl.* Perjudicar, causar daño.

embrujar 1 *tr.* Trastornar a alguien el juicio o la salud con prácticas de hechicería o magia. 2 Hechizar a alguien ejerciendo sobre él un fuerte atractivo.

embrutecer *tr.* y *prnl.* Entorpecer a alguien.

embuchado *m.* Enojo que no se expresa con palabras.

embuchar 1 *tr.* Embutir carne picada en una tripa. 2 Meter comida en el buche de las aves para cebarlas. 3 Comer mucho y sin apenas masticar.

embudo *m.* Canuto con boca ancha para trasvasar líquidos a vasijas de boca estrecha.

embuste *m.* Mentira, falsedad.

embutido 1 *adj.* Metido a presión en algo. 2 Acción y efecto de embutir. 3 Tripa rellena con carne picada, principalmente de cerdo. 4 Obra de taracea.

embutir 1 *tr.* Hacer embutidos. 2 Meter una cosa dentro de otra dejándola ajustada. 3 Dar a una chapa metálica la forma de una matriz. 4 Engastar piedras preciosas o materias nobles. 5 *tr.* y *prnl.* Atrancar de comida o bebida.

eme *f.* Nombre de la letra *m.*

emergencia 1 *f.* Caso imprevisto o que requiere especial cuidado. 2 Situación de peligro o desastre que requiere una acción inmediata.

emergente 1 *adj.* Que emerge. 2 Que sale y tiene principio de otra cosa. 3 ÓPT Dicho del rayo luminoso que después de atravesar un medio sale de él.

emerger 1 *intr.* Salir de un líquido. 2 Salir de en medio de algo, como la noche o la niebla.

emérito, ta *adj.* Se aplica a la persona que, habiéndose retirado de un cargo o empleo, sigue disfrutando de algún beneficio o recompensa.

emersión 1 *f.* Acción de emerger de un líquido. 2 GEO Aumento relativo de la altura de un continente respecto al nivel del mar.

emético, ca *adj.* Dicho de la sustancia o acción que provoca el vómito.

emigración *f.* Acción y efecto de emigrar.

emigrante *adj.* y *s.* Dicho de la persona que emigra.

emigrar 1 *intr.* Marcharse por más o menos tiempo del lugar de residencia habitual para trabajar en otro en el exterior o interior del propio país. 2 ECOL Trasladarse periódicamente algunas especies animales de un sitio a otro por exigencias del clima, la alimentación o la reproducción.

eminencia 1 *f.* Altura o elevación del terreno. 2 Persona que se destaca en alguna especialidad. 3 Tratamiento que se da a los cardenales de la Iglesia católica.

eminente 1 *adj.* Sobresaliente, que descuella entre los demás. 2 Distinguido, ilustre.

emir *m.* Príncipe o caudillo árabe.

emirato *m.* Dignidad de emir, territorio que gobierna y tiempo que dura su mandato.

emisario, ria 1 *m.* y *f.* Persona a la que se envía con un mensaje o una misión donde otra persona, grupo o país. 2 *m.* GEO Río que procede de un lago y que vierte sus aguas en otro lago, río o el mar.

emisión 1 *f.* Acción y efecto de emitir. 2 FÍS Paso de electrones desde una superficie conductora por efecto del calor, incidencia de luz o bombardeo.

emisor, ra 1 *adj.* y *s.* Que emite. 2 *m.* Aparato productor de las ondas electromagnéticas en la estación de origen. 3 *f.* TELEC Empresa dedicada a la radiodifusión o televisión.

emitir 1 *tr.* Arrojar, expulsar una cosa, como hace el Sol con el calor o el volcán con la lava. 2 Poner en circulación billetes o valores públicos. 3 Expresar ideas o juicios. 4 *tr.* e *intr.* Transmitir por radio o televisión algún programa.

emoción 1 *f.* Alteración intensa del ánimo. 2 Interés expectante con que se participa en algo que está ocurriendo.

emoliente *adj.* y *s.* FARM Dicho del medicamento que ablanda una dureza.

emolumento *m.* Remuneración adicional que corresponde a un empleo.

emoticono *m.* INF Símbolo gráfico que emplea el remitente durante una comunicación virtual para representar su estado de ánimo u otro tipo de información.

emotividad *f.* Cualidad de emotivo.

emotivo, va 1 *adj.* Relativo a la emoción, o que la produce. 2 Sensible a las emociones.

empacar 1 *tr.* Juntar cosas en pacas o fardos apretados. 2 *tr.* e *intr.* Hacer el equipaje.

empadronar *tr.* y *prnl.* Inscribir a alguien en un censo o padrón con fines demográficos o tributarios.

empajar 1 *tr.* Tapar o rellenar con paja. 2 Techar con paja.

empalagar 1 *tr.*, *intr.* y *prnl.* Cansar un alimento por ser demasiado dulce. 2 Molestar una persona con la amabilidad excesiva o cursilería.

empalar *tr.* Atravesar a una persona como se hace con las aves en el asador.

empalidecer *intr.* PALIDECER.

empalizada *f.* Cerca hecha con palos o estacas.

empalmar 1 *tr.* Juntar los extremos de dos cosas para alargarlas y formar una sola pieza. 2 Techar con hojas de palma. 3 *intr.* Unirse o combinarse una cosa con otra, como un tren con otro, un camino con otro, etc. 4 Sucederse las cosas sin interrupción, como una conversación tras otra.

empalme 1 *m.* Acción y efecto de empalmar. 2 Punto en que se empalma. 3 Conexión eléctrica, especialmente de dos cables conductores.

empanada *f.* Pastel que se hace doblando la masa sobre sí misma para cubrir con ella el relleno de queso, carne picada u otro ingrediente.

empantanar 1 *tr.* y *prnl.* Llenar de agua un terreno, dejándolo hecho un pantano. 2 Detener el curso de un negocio.

empañado, da *adj.* Dicho del cristal y de cualquier superficie pulimentada que se impregna de vapor.

empañar 1 *tr.* y *prnl.* Quitar el brillo o diafanidad a una superficie tersa. 2 Oscurecer la fama o los méritos de alguien.

empañetar *tr.* Estucar una pared, enlucirla, cubrirla con pañete.

empapar 1 *tr.* y *prnl.* Mojar totalmente una cosa. 2 Absorber los poros de un cuerpo algún líquido en gran cantidad.

empapelar 1 *tr.* Envolver en papel. 2 Cubrir de papel las paredes de una habitación, un baúl, etc.

empaque 1 *m.* Acción y efecto de empacar. 2 Envoltura y armazón de los paquetes, como papeles, telas, cuerdas, cintas, etc. 3 EMPAQUETADURA.

empaquetadura 1 *f.* Acción y efecto de empaquetar. 2 Pieza que impide que escape el fluido de un mecanismo al mantener herméticamente sellada la unión de dos de sus partes.

empaquetar 1 *tr.* Hacer paquetes. 2 Guardar los paquetes en cajas mayores.

emparamar 1 *tr.* y *prnl.* Aterir, helar. 2 Mojar la lluvia, la humedad o el relente.

emparedado *m.* Preparado de porciones pequeñas de jamón, queso, embutido, vegetales y otras comidas, que se pone entre dos tajadas de pan.

emparedar 1 *tr.* y *prnl.* Encerrar a alguien entre paredes. 2 *tr.* Ocultar algo tapiándolo.

emparejar 1 *tr.* y *prnl.* Formar parejas con personas, animales o cosas. 2 *tr.* Poner una cosa a nivel con otra. 3 *intr.* y *prnl.* Colocarse dos personas o cosas a la misma altura.

emparentar 1 *intr.* Entrar en una familia por casamiento. 2 *tr.* Señalar o descubrir relaciones de parentesco, origen común o afinidad.

emparrado 1 *m.* Armazón para sostener los vástagos de plantas trepadoras. 2 Cubierta vegetal que forma el entramado de esas plantas.

empastar 1 *tr.* Cubrir una superficie con pasta. 2 Encuadernar en pasta los libros. 3 MED Hacer un empaste dental llenando de pasta el hueco dejado por la caries.

empatar 1 *tr.* y *prnl* Igualar a tantos o votos dos contrincantes o dos opciones. 2 *tr.* Juntar, empalmar una cosa con otra.

empatía *f.* Compenetración afectiva de dos personas.

empatizar *intr.* Experimentar un sentimiento de identificación y afecto hacia alguien.

empecinar *tr.* Obstinarse, aferrarse, encapricharse.

empedernido, da *adj.* Incorregible, obstinado: *Un jugador empedernido.*

empedrar *tr.* Pavimentar un suelo con piedras.

empeine 1 *m.* Parte del pie desde su unión con la pierna hasta los dedos. 2 Parte correspondiente del calzado.

empellón *m.* Empujón recio que se da con el cuerpo para sacar de su lugar a otro.

empelotarse *prnl.* DESNUDARSE, quitarse el vestido.

empeñar 1 *tr.* Dejar una cosa en prenda de un préstamo. 2 *tr.* y *prnl.* Comprometer, implicar en un asunto o empresa. 3 *prnl.* Insistir con tesón en algo, obstinarse.

empeño 1 *m.* Acción y efecto de empeñar o empeñarse. 2 Esfuerzo intenso por conseguir algo. 3 Objeto a que se dirige. 4 Tenacidad, firmeza.

empeorar *tr., intr.* y *prnl.* Hacer que algo que ya era malo, se ponga peor.

empequeñecer *tr., intr.* y *prnl.* Hacer más pequeño algo.

emperador, triz *m.* y *f.* Soberano de un imperio o que tiene por vasallos a reyes o grandes príncipes.

emperezar *intr.* y *prnl.* Dejarse dominar por la pereza.

emperifollar *tr.* y *prnl.* Acicalar mucho a una persona, adornarla con exceso.

empero *conj. advers.* PERO².

emperrarse *prnl.* Obstinarse en algo, no ceder.

empezar 1 *tr.* Dar principio a algo, iniciarlo. 2 *intr.* Tener principio algo.

empinado, da 1 *adj.* Muy alto. 2 De gran pendiente. 3 Estirado, orgulloso.

empinar 1 *tr.* Enderezar y levantar en alto. 2 Inclinar mucho el vaso, el jarro, la bota, etc., para beber. 3 *prnl.* Ponerse alguien sobre las puntas de los pies y erguirse. 4 Ponerse un cuadrúpedo sobre las patas traseras levantando las manos.

empíreo, a *adj.* Celestial, divino.

empírico, ca *adj.* Relativo al empirismo.

empirismo *m.* Sistema o procedimiento fundado solo en la experiencia.

emplasto *m.* FARM Preparado de uso externo a base de materias grasas y resinas.

emplazamiento 1 *m.* Acción de emplazar¹. 2 Lugar donde está emplazada una cosa.

emplazar¹ 1 *tr.* Citar a alguien en determinado tiempo y lugar. 2 Dar a alguien un tiempo determinado para la ejecución de algo.

emplazar² *tr.* Colocar una cosa en un sitio determinado.

empleado, da *m.* y *f.* Persona que trabaja para otra, una institución o una empresa a cambio de un salario.

emplear 1 *tr.* Usar, hacer servir para algo a personas o cosas. 2 Ocupar, gastar, invertir. 3 ECON Ocupar las personas o instituciones a un individuo a cambio de un salario. 4 *tr.* y *prnl.* Ocupar a alguien en un trabajo.

empleo 1 *m.* Acción y efecto de emplear. 2 ECON Conjunto de las actividades económicas de una nación o un sector productivo en relación con las personas en condiciones de trabajar.

emplumar *intr.* Echar plumas las aves.

empobrecer 1 *tr.* Hacer pobre o más pobre a alguien. 2 Hacer que algo pierda calidad. 3 *intr.* y *prnl.* Venir una persona al estado de pobreza y privaciones. 4 Venir a menos algo.

empoderar *tr.* y *prnl.* Hacer fuerte o dar poder a un individuo o grupo social para que mejore sus condiciones de vida.

empollar *tr.* y *prnl.* Incubar las aves sus huevos para que nazcan los pollos.

empolvar 1 *tr.* Echar polvo. 2 *tr.* y *prnl.* Echar polvos cosméticos en el rostro, la piel, etc. 3 *prnl.* Cubrirse de polvo.

emponzoñar *tr.* y *prnl.* Poner ponzoña, envenenar.

emporcar *tr.* y *prnl.* Ensuciar, llenar de porquería.

emporio *m.* Empresa o conjunto de empresas florecientes.

empotrar *tr.* Asegurar una cosa a la pared o al suelo dejándola fija.

empozar *intr.* Estancarse el agua formando pozos.

emprender *tr.* Acometer una obra o empresa.

emprendimiento *m.* Inicio de una actividad que exige trabajo y esfuerzo para llevarla a cabo.

empresa 1 *f.* Acción de emprender y cosa que se emprende. 2 Obra en la que participan varias personas. 3 ECON Sociedad industrial o mercantil, integrada por el capital y el trabajo como factores de producción. 4 Lugar en que está. || ~ **pública** o **estatal** ECON La creada y sostenida por un poder público. ~ **financiera** ECON La que corresponde, de manera general, a los **bancos** y a la **banca**.

empresario, ria *m.* y *f.* Persona dueña de una empresa o negocio.

empréstito 1 *m.* ECON Préstamo que el Estado, una institución o una empresa obtiene saliendo al mercado de valores. 2 ECON Cantidad así prestada.

empuercar *tr.* y *prnl.* EMPORCAR.

empujar 1 *tr.* Hacer fuerza para mover algún cuerpo. 2 Incitar a alguien a una determinada acción.

empuje 1 *m.* Resolución con que se acomete algo. 2 Presión que ejerce el peso de una estructura sobre las paredes en que se sustenta. 3 FÍS Fuerza de sentido opuesto al peso a que están sometidos todos los cuerpos sumergidos o flotantes en un fluido. Corresponde al principio de Arquímedes.

empujón 1 *m.* Impulso fuerte con que se mueve o aparta a una persona o cosa. 2 Avance rápido que se hace en una obra trabajando con ahínco en ella.

empuñadura 1 *f.* Puño de la espada. 2 Mango de cualquier arma o utensilio.

empuñar 1 *tr.* Asir por el puño una cosa. 2 Asir una cosa abarcándola estrechamente con la mano. 3 Cerrar la mano para formar o presentar el puño.

emú *m.* Ave corredora y de plumaje grisáceo a pardo amarillento, que alcanza casi los 2 m de altura. Vive en Australia.

emular *tr.* Imitar a una persona, generalmente en lo bueno, intentando superarla.

emulsión 1 *f.* FARM Líquido en el que se mantienen en suspensión partículas no solubles en agua, como resinas, bálsamos, etc. 2 FOT Suspensión coloidal que forma la capa sensible a la luz del material fotográfico.

en *prep.* Señala las determinaciones de lugar, tiempo y modo de una acción o estado: *Manuel está en Guayaquil; en Navidad la gente es más amable; estaban en ayunas.*

enagua *f.* Prenda interior femenina que se lleva debajo del vestido exterior. • U. m. en pl.

enajenar 1 *tr.* Ceder a otro la propiedad o uso de algo. 2 *tr.* y *prnl.* Sacar a alguien de sí mismo, privarle de la razón.

enaltecer *tr.* y *prnl.* Alabar, ensalzar.

enamorar 1 *tr.* y *prnl.* Despertar la pasión amorosa en una persona. 2 Cortejar, decir requiebros. 3 *prnl.* Prendarse de una persona. 4 Aficionarse con entusiasmo a algo.

enanismo *m.* MED Trastorno del crecimiento por el que alguien no alcanza la talla media de las personas de su misma edad.

enano, na 1 *adj.* Diminuto en su especie. 2 *m.* y *f.* Persona que padece enanismo. 3 *m.* Personaje fantástico de muy baja estatura, que aparece en cuentos infantiles o en leyendas de tradición popular.

enarbolar 1 *tr.* Levantar en alto una bandera o estandarte. 2 Mantener en alto algún palo o arma en gesto de amenaza.

enarcar *tr.* y *prnl.* Arquear, dar forma de arco.

enardecer *tr.* y *prnl.* Avivar una pasión o una disputa.

enartrosis *f.* ANAT Articulación de la parte redonda de un hueso que se mueve en la cavidad de otro.

encabezamiento *m.* Conjunto de palabras o fórmula con que se empieza una carta o un documento.

encabezar 1 *tr.* Poner el encabezamiento de un escrito o libro. 2 Figurar el primero en una lista. 3 Dirigir a otros, acaudillar.

encabritar *tr.* Levantar el caballo las manos sosteniéndose en las patas traseras.

encadenado, da *adj.* Dicho del verso que empieza con la última palabra del anterior, o de la estrofa que repite el último verso de la precedente.

encadenamiento 1 *m.* Acción y efecto de encadenar. 2 Conexión y trabazón de unas cosas con otras. 3 Serie de palabras derivadas consecutivamente, como: *Nación, nacional, nacionalizar, nacionalización.*

encadenar 1 *tr.* Atar con cadenas. 2 Dejar a alguien sin movimiento y sin acción. 3 *tr.* y *prnl.* Unir cosas o trenzar razonamientos.

encajar *tr.* Meter una cosa en otra ajustándola.

encaje 1 *m.* Acción de encajar. 2 Acoplamiento de dos piezas y punto o hueco en que se juntan. 3 Tejido calado con labores de adorno. 4 ECON Dinero que los bancos tienen en caja.

encajonar 1 *tr.* Guardar en cajón o cajones. 2 *tr.* y *prnl.* Meterse en un lugar estrecho. 3 *prnl.* Correr el río o arroyo por una angostura.

A B C D E F G H I J K L M N Ñ O P Q R S T U V W X Y Z

encalambrarse *prnl.* Entumirse, aterirse.

encalar 1 *tr.* Blanquear con cal las paredes. 2 Espolvorear algo con cal.

encallar *intr.* Dar el fondo de una embarcación en arena o piedra, quedando inmóvil.

encallecer *tr.* y *prnl.* Endurecer una parte del cuerpo formando en ella callos.

encamar *tr.* y *prnl.* Meterse en la cama, generalmente por enfermedad.

encaminar 1 *tr.* y *prnl.* Enseñar el camino o poner en él. 2 Guiar la educación de alguien. 3 Orientar intenciones o energías hacia un fin determinado.

encandilar *tr.* y *prnl.* Deslumbrar por exceso de luz.

encanecer 1 *intr.* Ponerse cano. 2 *tr.* Hacer encanecer.

encantar 1 *tr.* Ejercer poderes mágicos y obrar maravillas con ellos. 2 Cautivar, seducir. 3 *prnl.* Estar ausente o embobado.

encanto 1 *m.* Acción y efecto de encantar o encantarse. 2 Persona o cosa que gusta y embelesa. 3 *pl.* Atractivos físicos o morales de una persona.

encañar *intr.* y *prnl.* Echar caña las mieses y otras plantas reforzando sus tallos.

encañonar *tr.* Apuntar con un arma de fuego.

encapotar *tr.* Cubrirse el cielo de nubarrones de tempestad.

encapricharse 1 *prnl.* Empeñarse alguien en sostener o conseguir su capricho. 2 Tener capricho por alguien o algo.

encapuchado, da *adj.* Dicho de la persona que cubre su cabeza con una capucha.

encaramar *tr.* y *prnl.* Levantar o subir a un lugar dificultoso.

encarar 1 *intr.* y *prnl.* Colocar frente a frente dos personas o cosas. 2 Enfrentarse en una entrevista dos personas con ideas discrepantes u opuestas. 3 Hacer frente a un problema, acometer un negocio, mantenerse firme.

encarcelar *tr.* Apresar, meter en la cárcel.

encarecer 1 *tr.*, *intr.* y *prnl.* Aumentar el precio de algo. 2 *tr.* Recomendar con empeño.

encargar 1 *tr.* y *prnl.* Poner algo al cuidado de alguien. 2 *tr.* Mandar o recomendar alguna gestión. 3 Solicitar alguna cosa de otro lugar. 4 Dicho de una mujer, quedar embarazada.

encargo 1 *m.* Recado, mensaje. 2 Acción y efecto de encargar o encargarse.

encariñar *tr.* y *prnl.* Despertar afecto por alguna persona o cosa.

encarnación 1 *f.* Acción de encarnar. 2 Rel Misterio cristiano de la segunda persona de la Trinidad, que "tomó carne" o se hizo hombre. 3 Personificación, representación o símbolo de una idea, doctrina, etc.

encarnar 1 *intr.* y *prnl.* Tomar forma corporal un espíritu, una idea, etc. 2 Rel En el cristianismo, hacerse hombre verdadero la segunda persona de la Trinidad.

encarnizar 1 *tr.* y *prnl.* Cebarse los animales en la carne de su presa. 2 Batirse con furor dos tropas enemigas.

encarrilar 1 *tr.* Poner un vehículo sobre los carriles. 2 Dirigir a alguien o algo por el camino adecuado para lograr algo. 3 Dar el rumbo atinado a cualquier empresa.

encartar 1 *tr.* Incomodar a alguien haciéndole recibir algo que no desea. 2 *prnl.* Quedarse con alguien o con algo no favorable o estar en una situación no deseada.

encarte *m.* Acción y efecto de encartar.

encasillar 1 *m.* Poner en casillas. 2 Clasificar personas o cosas por categorías o ideologías.

encasquillar *tr.* Atascarse un arma de fuego.

encauchado, da 1 *adj.* Dicho de la prenda impermeabilizada con caucho. 2 *m.* Poncho impermeable.

encauzar 1 *tr.* Hacer cauce a una corriente de agua o dirigirla por él. 2 Dirigir por buen camino un asunto o una discusión.

encefalitis *f.* Med Enfermedad infecciosa caracterizada por la inflamación del cerebro.

encéfalo *m.* Anat Conjunto de órganos del sistema nervioso central que se encuentran en la bóveda del cráneo.

enceguecer 1 *tr.* Cegar, dejar ciego. 2 *tr.* y *prnl.* Quedar ciego. 3 Ofuscar el entendimiento.

encelar *tr.* Dar celos.

encenagarse *prnl.* Meterse en el cieno.

encendedor, ra 1 *adj.* y *s.* Que enciende. 2 *m.* Aparato que mediante chispa o llama inicia una combustión.

encender 1 *tr.* Iniciar la combustión de algo. 2 Conectar un circuito eléctrico. 3 Causar ardor o acaloramiento. 4 *tr.* y *prnl.* Producir una disputa o guerra. 5 Avivar una pasión.

encendido, da 1 *adj.* De color rojo vivo. 2 *m.* Acto de encender. 3 Electr **bobina de ~**. 4 En los motores de explosión, conjunto de dispositivos para producir la chispa. 5 Inflamación del carburante mediante la chispa.

encerar *tr.* Aplicar cera a una cosa.

encerrar 1 *tr.* Meter a personas o cosas en un lugar cerrado. 2 Incluir, contener.

encestar 1 *tr.* Poner algo en un cesto o cesta. 2 Dep En baloncesto, anotar.

enchapado 1 *m.* Trabajo hecho con chapas. 2 Chapa fina de madera. 3 Superficie cubierta con baldosas, azulejos, etc.

enchapar 1 *tr.* Cubrir con chapas. 2 Colocar o pegar baldosas, azulejos, etc.

encharcar *tr.* y *prnl.* Cubrir de charcos un terreno.

enchilada *f.* Tortilla de maíz enrollada o doblada, aderezada con salsa de chile y otros ingredientes.

enchilar *tr.* Aderezar con chile un alimento.

enchufar 1 *tr.* e *intr.* Introducir el enchufe o clavija macho de un aparato eléctrico en la clavija hembra. 2 Empalmar dos tubos o piezas similares para formar uno solo.

enchufe *m.* Dispositivo por el que se conecta un aparato a la red eléctrica.

encía *f.* ANAT Parte de la mucosa bucal que rodea el cuello de los dientes y muelas.

encíclica 1 *f.* Misiva del papa a los obispos católicos. 2 Carta pastoral escrita por un obispo o grupo de obispos como exposición de la creencia y práctica de la doctrina cristiana.

enciclopedia 1 *f.* Conjunto de todos los conocimientos. 2 Obra en que se compendia información relativa a todas las materias o bien la relativa a una determinada ciencia, actividad, etc. en artículos dispuestos en orden alfabético.

enciclopedismo *m.* HIST Conjunto de doctrinas profesadas por los autores de *La Enciclopedia* publicada en Francia a mediados del s. XVIII que proclamaba la independencia y superioridad de la razón frente a la autoridad, la tradición y la fe.

encierro 1 *m.* Acción y efecto de encerrar o encerrarse. 2 Lugar donde se encierra. 3 Grupo de toros que se reservan para una corrida.

encima 1 *adv. l.* En lugar o puesto superior respecto de otro inferior. 2 Sobre la propia persona: *Echarse encima una responsabilidad.* 3 Seguido de *de* se convierte en preposición con los mismos significados que el adverbio: *Está por encima de todos en rendimiento académico.* 4 *adv. c.* Además.

encimar 1 *tr.* e *intr.* Dar encima de lo estipulado, añadir. 2 *prnl.* Elevarse o levantarse una cosa a mayor altura que otra.

encina *f.* Árbol alto y copudo de madera dura, ramas abundantes, hojas elípticas y fruto en bellota que, en algunas variedades, es comestible.

encinta *adj.* Dicho de la mujer embarazada.

encintar *tr.* Adornar, engalanar con cintas.

enclaustrar 1 *tr.* y *prnl.* Encerrar en un claustro o convento. 2 Meter, esconder en un lugar oculto.

enclavado, da 1 *adj.* Encajado, fijado. 2 *adj.* y *s.* Dicho del sitio encerrado dentro del área de otro.

enclavar *tr.* Colocar, situar.

enclave 1 *m.* Territorio incluido en otro con diferentes características políticas, administrativas, geográficas, etc. 2 Grupo social que convive o se encuentra inserto dentro de otro. 3 ECON **economía** de ~.

enclenque *adj.* y *s.* Débil, enfermizo.

enclítico, ca 1 *adj.* GRAM Dicho del pronombre o los pronombres átonos que se escriben unidos a un verbo precedente para formar una sola palabra: *Díselo; tráemela; sosiégate.* 2 GRAM Dicho de este tipo de formación de las palabras.

encofrado *m.* Armazón de tablas o chapas en que se vacía el hormigón hasta que fragua.

encoger 1 *tr.* y *prnl.* Contraer una cosa o un miembro haciendo que ocupe menos espacio. 2 *intr.* Disminuir el tamaño de algunas cosas al secarse, como el cuero, la madera, etc. 3 Reducirse de tamaño una tela después de mojarla.

encolar 1 *tr.* Pegar una cosa con cola. 2 Preparar con una capa de cola la superficie que se va a pintar al temple.

encolerizar *tr.* y *prnl.* Poner colérico.

encomendar 1 *tr.* Encargar una persona o cosa a alguien para que la cuide o vigile. 2 *prnl.* Ponerse en manos de alguien.

encomendero, ra 1 *m.* y *f.* Persona que lleva encargos o recados. 2 HIST Persona que, por concesión real, tenía indígenas encomendados.

encomiar *tr.* Alabar con encarecimiento a alguien o algo.

encomienda 1 *f.* Acción y efecto de encomendar. 2 Cosa encomendada. 3 Paquete postal. 4 HIST Institución jurídica implantada por España en América para reglamentar las relaciones entre españoles e indígenas. □ HIST Los indígenas encomendados debían entregar al encomendero parte de sus cosechas a cambio, teóricamente, de un salario, alimento y adoctrinamiento cristiano. Dio lugar a múltiples abusos y se mantuvo a lo largo de dos siglos, siendo abolida en el s. XVIII.

enconamiento *m.* Acción y efecto de enconar o enconarse.

enconar 1 *tr.* y *prnl.* Inflamarse o infectarse una herida. 2 Irritar, exasperar.

enconcharse *prnl.* Meterse en su concha, retraerse.

encono *m.* Animadversión, rencor arraigado en el ánimo.

encontrar 1 *tr.* y *prnl.* Dar con alguien o algo. 2 *intr.* Chocar dos o más personas o cosas. 3 *prnl.* Acudir varias personas al mismo sitio. 4 Hallarse en determinado lugar. 5 Discordar, opinar diferente.

encopetado, da *adj.* De alto copete, linajudo.

encopetar 1 *tr.* y *prnl.* Formar copete con algo. 2 Envanecerse, engreírse.

encordar 1 *tr.* Ceñir con una cuerda. 2 MÚS Poner cuerdas a un instrumento. 3 *prnl.* Atarse un escalador a la cuerda de seguridad.

encortinar *tr.* Poner cortinas.

encorvar 1 *tr.* y *prnl.* Doblar una cosa dándole forma curva. 2 *prnl.* Doblarse alguien por la edad o por enfermedad.

encrespar 1 *tr.* y *prnl.* Ensortijar el cabello. 2 Erizar el pelo, plumaje, etc. 3 Alborotar las ondas del mar.

encriptar *tr.* CIFRAR.

encrucijada 1 *f.* Punto en que se cruzan dos o más calles o caminos. 2 Situación difícil e incierta.

encuadernación 1 *f.* Acción y efecto de encuadernar. 2 Manera en que un libro está encuadernado. 3 Tapas de un libro.

encuadernar *tr.* Unir varios pliegos o cuadernillos poniéndoles tapas o cubiertas.

encuadrar 1 *tr.* Poner en un marco o cuadro. 2 Ajustar una cosa dentro de otra. 3 Contener, incluir. 4 Definir los límites de una imagen que se quiere dibujar, fotografiar, etc.

encuadre *m.* CIN y FOT Espacio que engloba una fotografía o una toma.

encubridor, ra 1 *adj.* y *s.* Que encubre. 2 *m.* y *f.* Alcahuete o alcahueta.

encubrir 1 *tr.* y *prnl.* Ocultar una cosa o no manifestarla. 2 Impedir que llegue a saberse algo.

A B C D E F G H I J K L M N Ñ O P Q R S T U V W X Y Z

encuentro 1 *m.* Choque entre dos o más cosas. 2 Acto de reunirse dos o más personas. 3 Oposición, contradicción. 4 DEP Competición.

encuesta *f.* Recolección de datos obtenidos mediante consulta a un cierto número de personas.

encuestar 1 *tr.* Someter a encuesta. 2 Interrogar para una encuesta. 3 *intr.* Hacer una encuesta.

encumbrado, da *adj.* Elevado, alto.

encumbrar 1 *tr.* Subir la cumbre, pasarla. 2 *tr.* y *prnl.* Levantar en alto. 3 Ensalzar a alguien. 4 *prnl.* Hablando de cosas inanimadas, ser muy elevadas: *Las olas se encumbraban por la tormenta.* 5 Envanecerse, ensoberbecerse.

encurtir *tr.* Conservar alimentos en vinagre.

ende *adv.* De esto. || **por ~** *loc. adv.* Por tanto, por lo que, en atención a lo cual.

endeble *adj.* Débil, de escasas fuerzas, o de poca resistencia aplicado a cosas.

endecasílabo, ba *adj.* y *s.* Dicho del verso de once sílabas.

endecha *f.* Canción triste o de lamento.

endemia *f.* MED Enfermedad habitual en una zona geográfica.

endémico, ca 1 *adj.* Relativo a la endemia. 2 Dicho de los sucesos que se repiten frecuentemente en una región. 3 BIOL Dicho de las especies que son exclusivas de una región.

endemoniado, da 1 *adj.* y *s.* Poseído por el demonio. 2 *adj.* Dicho de la persona perversa y de malos sentimientos, o del niño muy travieso.

endemoniar 1 *tr.* Introducir los demonios en el cuerpo de alguien. 2 *tr.* y *prnl.* Exasperar, encolerizar, sacar de sus casillas.

enderezar 1 *tr.* y *prnl.* Poner derecho lo torcido o vertical, lo inclinado. 2 *intr.* y *prnl.* Dirigirse a una persona o encaminarse hacia un objetivo.

endeudamiento 1 *m.* Acción y efecto de endeudarse. 2 Conjunto de deudas.

endeudarse 1 *prnl.* Contraer deudas. 2 Reconocerse obligado.

endiablado, da *adj.* ENDEMONIADO.

endiosar 1 *tr.* Divinizar a alguien. 2 *prnl.* Engreírse, envanecerse.

endocardio *m.* ANAT Endotelio que recubre las cavidades del corazón.

endocarpio *m.* BOT Capa más interna de las tres que forman el pericarpio.

endocrino, na *adj.* FISIOL Relativo a las hormonas o a las secreciones internas.

☐ **sistema endocrino** ANAT y FISIOL Conjunto de **glándulas** que regulan el desarrollo y las funciones de muchos tejidos y coordinan los procesos metabólicos. Las glándulas endocrinas son: **hipófisis** o pituitaria, **ovarios, páncreas, paratiroides, glándulas** suprarrenales, **testículos, timo** y **tiroides.**

endocrinología *f.* MED Ciencia que estudia el sistema endocrino y los trastornos debidos a alteraciones de su función.

endodermo *m.* ZOOL Capa interna del blastodermo que da origen al aparato digestivo y al epitelio de las vías respiratorias y urinarias.

endodoncia *f.* MED Tratamiento de los conductos radicales de una pieza dentaria.

endogamia 1 *f.* Costumbre social por la cual un miembro de una unidad social contrae matrimonio con otra persona de la misma unidad. 2 BIOL Apareamiento entre personas, de la misma comunidad, que habitan un área que restringe los procesos de migración.

endógeno, na *adj.* Que se origina o tiene lugar en el interior o en virtud de causas internas.

endolinfa *f.* ANAT Líquido acuoso que llena el laberinto del oído interno.

endometrio *m.* ANAT y FISIOL Mucosa que recubre el útero y que se elimina cíclicamente durante la madurez sexual.

endoparásito *m.* BIOL Parásito que vive en el interior de animales o plantas.

endoplasma *m.* BIOL Parte interior del citoplasma.

endoplasmático, ca 1 *adj.* BIOL Relativo al endoplasma. 2 BIOL **retículo ~.**

endorfina *f.* BIOQ Sustancia elaborada por la hipófisis que actúa reduciendo el dolor y generando respuestas emocionales placenteras.

endorreísmo *m.* GEO Afluencia de las aguas de un territorio hacia su interior, sin desagüe al mar.

endosar 1 *tr.* Transferir a otro un cheque, letra, etc. 2 Trasladar a otro alguna obligación.

endoscopia *f.* MED Exploración visual de las cavidades internas del organismo mediante un instrumento especialmente diseñado para ello.

endoso 1 *m.* Acción y efecto de endosar. 2 Fórmula que se escribe al dorso del documento que se endosa.

endospermo *m.* BOT Tejido del embrión de las plantas monocotiledóneas, que les sirve de alimento.

endotelio *m.* ANAT Tejido formado por una capa de células que reviste las paredes de algunas cavidades orgánicas, como la pleura.

endotérmico, ca *adj.* FÍS Dicho de los procesos en los que hay absorción de calor. || **reacción ~** QUÍM La que absorbe energía.

endulzar 1 *tr.* y *prnl.* Hacer dulce algo: *Endulza el café con miel.* 2 Suavizar un dolor o trabajo, hacer más llevadera la vida.

endurecer 1 *tr.* y *prnl.* Poner dura una cosa. 2 Hacer resistente al trabajo y la fatiga. 3 Hacer a alguien insensible y exigente.

ene 1 *f.* Nombre de la letra *n.* 2 MAT Nombre del signo potencial indeterminado en álgebra. 3 *adj.* Denota cantidad indeterminada: *Eso costará ene pesos.*

enebro *m.* Arbusto de tronco ramoso, hojas dispuestas de tres en tres, flores rojizas y frutos en bayas elipsoidales o esféricas.

eneldo *m.* Planta herbácea de hojas filiformes, flores amarillas y semillas planas, que tienen propiedades medicinales.

enema *m.* MED Líquido que se inyecta en el recto con fines alimenticios o para ayudar a evacuar.

enemigo, ga 1 *adj.* Contrario, opuesto. 2 *m.* y *f.* Persona que quiere mal a otra, le es contraria o procura su mal. 3 El contendiente en una guerra o lucha.

enemistad *f.* Aversión entre dos o más personas.

enemistar *tr.* y *prnl.* Indisponer a una persona con otra, o romper la amistad con alguien.

eneolítico, ca *adj.* y *s.* HIST Dicho del periodo entre el de la piedra pulimentada del Neolítico y la Edad del Bronce.

energético, ca 1 *adj.* Relativo a la energía. 2 Que produce o tiene energía. 3 FISIOL **balance** ~.

energía 1 *f.* Fuerza, eficacia de una cosa. 2 Carácter o vigor espiritual de una persona. 3 Ánimo para emprender algo o para llevarlo a término. 4 FÍS Magnitud que indica la capacidad de un sistema para realizar un trabajo sobre otro sistema. Su símbolo es E y se mide en julios. || ~ **cinética** FÍS La que un cuerpo posee debido a su movimiento. ~ **eléctrica** ELECTR **ELECTRICIDAD.** ~ **eólica** ELECTR La obtenida con el viento que puede convertirse en trabajo mecánico o utilizarse en generación de electricidad. ~ **geotérmica** ELECTR Aprovechamiento de las fuentes terrestres de calor interno para la generación de electricidad. ~ **hidráulica** ELECTR La que se obtiene de la caída del agua desde cierta altura a un nivel inferior, lo que provoca el movimiento de ruedas hidráulicas o turbinas, que genera energía eléctrica. ~ **limpia** ECOL La que desde el proceso de conversión hasta el de consumo no produce residuos contaminantes, como la solar, la geotérmica, la eólica, etc. ~ **lumínica** FÍS La que se manifiesta en forma de luz. ~ **mecánica** FÍS La resultante de la suma de las energías cinética y potencial. ~ **nuclear** 1 FÍS La obtenida por la fusión o fisión de núcleos atómicos. 2 ELECTR La eléctrica que se obtiene en las centrales nucleares. ~ **potencial** FÍS La que posee un cuerpo por el hecho de hallarse en un campo de fuerzas, por ejemplo, el de la gravedad. ~ **renovable** ECOL La obtenida de fuentes naturales inagotables como el Sol, el viento, etc. ~ **solar** 1 FÍS La trasmitida por el Sol en forma de radiación electromagnética. 2 ELECTR Esta misma, convertida en un flujo constante de electricidad. ~ **térmica** FÍS **CALOR.**

enérgico, ca *adj.* Que tiene energía, fuerza, ánimo: *Sus instrucciones fueron enérgicas.*

energizar *tr.* Estimular, dar energía.

energúmeno, na *m.* y *f.* Persona encolerizada, que se expresa con violencia.

enero *m.* Primer mes del año que tiene treinta y un días.

enervar 1 *tr.* Hacer irritar a alguien. 2 Quitarle la energía a alguien, hacerlo débil.

enésimo, ma *adj.* Dicho del lugar indeterminado de una serie y de lo que se repite un número indeterminado de veces: *Te lo digo por enésima vez.*

enfadar *tr.* y *prnl.* Causar enfado, molestar.

enfado 1 *m.* Impresión desagradable y molesta. 2 Enojo contra una persona.

enfangar 1 *tr.* y *prnl.* Manchar o llenar de fango. 2 *prnl.* Meterse en negocios sucios.

énfasis 1 *m.* Fuerza de expresión con que se quiere realzar la importancia de lo que se dice. 2 Intensidad con que se lleva a cabo algo o importancia que se le da.

enfatizar 1 *intr.* Expresarse con énfasis. 2 *tr.* Poner énfasis en algo.

enfermar 1 *intr.* Caer enfermo, contraer una enfermedad. 2 *tr.* y *prnl.* Causar enfermedad.

enfermedad *f.* MED Alteración de la salud o estado anormal del organismo o de una parte de él. || ~ **de Alzheimer** MED Enfermedad degenerativa del cerebro caracterizada por la desorientación y la pérdida de memoria. ~ **de las vacas locas** MED Enfermedad degenerativa del sistema nervioso que afecta al ganado vacuno y que puede transmitirse a los seres humanos. ~ **de Parkinson** MED Enfermedad del sistema nervioso caracterizada por temblores y rigidez muscular. ~ **del sueño** MED La producida por ciertos protozoos y cuya sintomatología característica es un somnolencia extrema. ~ **venérea** MED La transmitida por contagio sexual.

enfermería 1 *f.* MED Profesión de la persona que se dedica al cuidado de enfermos y heridos, así como a otras tareas sanitarias, siguiendo pautas clínicas. 2 Local destinado al cuidado de enfermos o heridos.

enfermizo, za 1 *adj.* De poca salud o que se enferma con frecuencia. 2 Que no es normal: *Una pasión enfermiza.*

enfermo, ma *adj.* y *s.* Que padece una enfermedad.

enfilar 1 *tr.* Poner en fila varias cosas. 2 Apuntar, enfocar hacia un sitio determinado (un telescopio, un arma, etc.). 3 *intr.* Dirigirse a un lugar o en una dirección determinados: *Enfilaron hacia la plaza.*

enfisema *m.* MED Tumefacción gaseosa del tejido subcutáneo o pulmonar.

enflaquecer 1 *tr.* Poner flaco o más flaco a alguien, debilitar sus fuerzas. 2 *intr.* y *prnl.* Adelgazar, ponerse flaco.

enflautar *tr.* Endilgar algo molesto.

enfocar 1 *tr.* Dirigir un foco de luz hacia un objeto. 2 Dirigir la atención hacia un asunto para su estudio. 3 ÓPT Centrar un sistema óptico en el objetivo que se desea.

enfrascar 1 *tr.* Meter en frascos. 2 *prnl.* Dedicarse con todo interés a algo.

enfrentar 1 *tr., intr.* y *prnl.* Poner frente a frente dos personas o cosas. 2 *tr.* y *prnl.* Afrontar, acometer alguna empresa. 3 Oponerse y resistir.

enfrente (Tb. en frente) *adv. l.* Que está delante de otro u otra cosa.

enfriamiento *m.* Acción y efecto de enfriar o enfriarse.

enfriar 1 *tr., intr.* y *prnl.* Poner algo frío o más frío. 2 Entibiar afectos, disminuir el entusiasmo. 3 *prnl.* Coger frío.

enfundar *tr.* Poner algo dentro de su funda.

enfurecer *tr.* y *prnl.* Irritar, poner furioso.

enfurruñarse *prnl.* Enfadarse ligeramente.

engalanar *tr.* y *prnl.* Adornar una cosa.

enganchar 1 *tr., intr.* y *prnl.* Sujetar alguna cosa con un gancho o colgarla de él. 2 *tr.* Unir los caballos a

A B C D E F G H I J K L M N Ñ O P Q R S T U V W X Y Z

un carruaje. 3 Ganar la voluntad de alguien. 4 Dar empleo a alguien. 5 *tr.* y *prnl.* Conseguir un empleo o cargo.

enganche 1 *m.* Acción y efecto de enganchar. 2 Pieza o aparato para enganchar una cosa.

engañar 1 *tr.* Hacer creer lo que no es verdad. 2 Inducir a error una falsa apariencia. 3 Embaucar, timar. 4 Distraer, entretener: *Engañar el hambre.* 5 Ser infiel a la pareja. 6 *prnl.* Negarse a aceptar la verdad. 7 Equivocarse.

engaño 1 *m.* Acción y efecto de engañar o engañarse. 2 Falsedad, falta de verdad.

engarce 1 *m.* Acción y efecto de engarzar. 2 ENGASTE.

engarrotar *tr.* y *prnl.* Entumecer los miembros el frío.

engarzar 1 *tr.* Trabar una cosa con otra u otras formando cadena por medio de hilo, alambre, etc. 2 ENGASTAR.

engastar *tr.* Encajar y embutir una cosa en otra, como una piedra preciosa en un metal.

engaste 1 *m.* Acción y efecto de engastar. 2 Cerco de metal que abraza y asegura lo que se engasta.

engatillar 1 *tr.* Doblar, enlazar y machacar los bordes de dos chapas de metal para unirlos. 2 *prnl.* Fallar el mecanismo de disparar en las armas de fuego.

engatusar *tr.* Ganarse con halagos la voluntad de alguien para conseguir algo.

engendrar 1 *tr.* Procrear, dicho tanto de la hembra como del macho. 2 *tr.* y *prnl.* Originar, ser causa de algo.

engendro 1 *m.* Criatura que nace sin la proporción debida. 2 Obra artística o literaria carente de cualquier mérito.

englobar *tr.* Incluir o considerar varias cosas en una sola.

engobe *m.* Capa de arcilla fina y óxidos metálicos con que se bañan los objetos de barro antes de la cocción.

engolosinar 1 *tr.* Excitar el deseo de alguien ponderando las buenas cualidades de algo. 2 *prnl.* Aficionarse, enviciarse con algo.

engomar *tr.* Untar una cosa con goma.

engordar 1 *tr.* Poner gordo. 2 *intr.* y *prnl.* Ponerse gordo, aumentar de peso.

engorro *m.* Estorbo, molestia.

engranaje *m.* Rueda o cilindro dentado, o conjunto de ellos, empleado para transmitir un movimiento giratorio o alternativo desde una parte de una máquina a otra.

engranar *intr.* Encajar los dientes de una rueda de engranaje con los de otra.

engrandecer 1 *tr.* y *prnl.* Hacer grande o mayor algo, agrandarlo. 2 Alabar, exaltar.

engrasar 1 *tr.* Untar con grasa alguna cosa. 2 Manchar con grasa. 3 Poner lubricante a un mecanismo para suavizar el roce.

engreír *tr.* y *prnl.* ENVANECER.

engrosar 1 *tr.* y *prnl.* Aumentar el grosor de algo. 2 *intr.* Engordar, echar carnes.

engrudar *tr.* Untar con engrudo para pegar.

engrudo *m.* Masa de harina o almidón desleída en agua, que sirve para pegar papeles y cosas ligeras.

enguantar *tr.* y *prnl.* Cubrir la mano con el guante.

engullir *tr.* e *intr.* Comer atropelladamente y sin masticar.

enhebrar *tr.* Pasar la hebra por el ojo de la aguja o por el agujero de las cuentas, perlas, etc.

enhiesto, ta *adj.* Levantado, derecho.

enhorabuena 1 *f.* Felicitación, parabién. 2 *adv. m.* Con bien, con felicidad.

enhoramala *adv. m.* Denota enfado, disgusto o desaprobación.

enigma *m.* Lo que no se alcanza a comprender, o que difícilmente puede entenderse o interpretarse.

enjabonar *tr.* JABONAR.

enjaezar *tr.* Poner los jaeces a los caballos.

enjalbegar *tr.* Blanquear las paredes con cal o yeso.

enjalma *f.* ALBARDA.

enjambrar 1 *tr.* Encerrar un enjambre de abejas en una colmena. 2 Sacarlo de ella cuando está muy poblada. 3 *intr.* Formar un enjambre las abejas.

enjambre 1 *m.* Conjunto de abejas que con su reina abandona una colmena superpoblada para constituir una nueva colonia. 2 Muchedumbre de personas o animales que se amontonan en un lugar.

enjardinar *tr.* Dar forma de jardín a un terreno.

enjaular *tr.* Meter en una jaula.

enjoyar 1 *tr.* y *prnl.* Adornar con joyas. 2 Engastar piedras preciosas.

enjuagar 1 *tr.* y *prnl.* Limpiar la boca con agua o algún otro líquido. 2 *tr.* Aclarar con agua la ropa o la vajilla previamente enjabonada.

enjuague 1 *m.* Acción de enjuagar. 2 Líquido que sirve para ello.

enjugar *tr.* y *prnl.* Limpiarse las lágrimas, el sudor o la sangre.

enjuiciar 1 *tr.* Juzgar, formarse una opinión sobre alguien o algo. 2 DER Someter a juicio.

enjundia *f.* Fuerza, vigor, arrestos.

enjuta *f.* ARQ Espacio que deja en un cuadrado el círculo inscrito en él.

enjuto, ta *adj.* Delgado de pocas carnes.

enlace 1 *m.* Acción y efecto de enlazar o enlazarse. 2 Unión o conexión entre personas o cosas. 3 Persona que mantiene la comunicación entre otras. 4 Boda, matrimonio. 5 Empalme de los medios de locomoción. 6 QUÍM Propiedad que tienen los átomos para combinarse y formar moléculas. Tiene como causa las atracciones y repulsiones mutuas entre sus cargas eléctricas. 7 INFORM HIPERVÍNCULO. || ~ **covalente** QUÍM En el que cada átomo de una pareja enlazada contribuye con un electrón para formar una pareja de electrones. ~ **iónico** QUÍM En el que uno o más electrones se transfieren casi por completo de un átomo a otro.

enlatado, da *adj.* Dicho de los alimentos empacados herméticamente en recipientes metálicos, para conservarlos durante mucho tiempo.

enlazar 1 *tr.* Atar algo con lazos. 2 Atrapar un animal con un lazo. 3 Unir o relacionar una cosa con otra: *Enlazaba sus ideas con lógica; esta vía enlazará el pueblo con la capital.*

enlodar 1 *tr.* y *prnl.* Manchar con lodo. 2 Mancillar, difamar.

enloquecer 1 *tr.* Trastornar el juicio a alguien. 2 *tr.* e *intr.* Volver loco a alguien. 3 *intr.* Gustar algo mucho.

enlucir *tr.* Dar una capa de yeso, cal o pintura a las paredes.

enlutar 1 *tr.* y *prnl.* Vestir ropas de luto. 2 Causar dolor o tristeza, afligir.

enmarañar 1 *tr.* y *prnl.* Enredar una cosa, como el pelo o una madeja, formando una maraña. 2 Complicar el desarrollo y solución de un asunto.

enmarcar *tr.* Encuadrar, encerrar en un marco o cuadro.

enmascarado, da *m.* y *f.* Persona que lleva una máscara.

enmascarar 1 *tr.* y *prnl.* Cubrir el rostro con máscara. 2 *tr.* Encubrir las emociones, las intenciones, etc. 3 *tr.* e *intr.* Hablando de una superficie que se quiere pintar, cubrir con cinta adhesiva, cartulina, etc., la parte que debe quedar libre de pintura.

enmasillar 1 *tr.* Cubrir o rellenar con masilla. 2 Sujetar con masilla, especialmente los vidrios de las ventanas.

enmendar 1 *tr.* y *prnl.* Corregir defectos o errores. 2 Reparar daños.

enmienda *f.* Acción y efecto de enmendar o enmendarse. 2 En los escritos, rectificación de errores.

enmontar *prnl.* Llenarse un campo de maleza.

enmudecer 1 *tr.* Hacer callar. 2 *intr.* Perder el habla. 3 Quedar alguien callado, sobre todo cuando podría o debería hablar.

enmugrar *tr.* y *prnl.* Cubrir de mugre.

ennegrecer 1 *tr.* y *prnl.* Teñir de negro, poner negro. 2 *intr.* y *prnl.* Ponerse negro o negruzco.

ennoblecer 1 *tr.* y *prnl.* Otorgar a alguien un título de nobleza. 2 *tr.* Realzar, dar lustre y esplendor.

enojar *tr.* y *prnl.* Causar enojo.

enojo 1 *m.* Enfado, irritación contra alguien. 2 Molestia, pesar.

enología *f.* Conjunto de conocimientos relativos a la elaboración de los vinos.

enorgullecer *tr.* y *prnl.* Llenar de orgullo o sentirlo.

enorme *adj.* Desmedido, muy grande.

enormidad *f.* Exceso, desmesura.

enquiciar *tr.* y *prnl.* Encajar en el quicio la hoja de la puerta o ventana.

enquistarse *prnl.* Formarse un quiste.

enramada 1 *f.* Conjunto de ramas de árboles entrelazadas naturalmente. 2 Cobertizo, especialmente el de ramas de árboles.

enramar 1 *tr.* Entretejer ramas. 2 *intr.* Echar ramas un árbol.

enrarecer 1 *tr.* y *prnl.* Fís Dilatar un cuerpo gaseoso haciéndolo menos denso. 2 *prnl.* Enfriarse las relaciones de amistad, cordialidad, entendimiento, etc.

enrazar *tr.* Cruzar animales para mejora de la raza.

enredadera *adj.* y *f.* Bot Dicho de las plantas de tallo voluble o trepador, que se enredan en objetos salientes.

enredado, da *adj.* ENREVESADO.

enredar 1 *tr.* Meter a alguien en asuntos comprometidos o peligrosos. 2 *tr.* y *prnl.* Enmarañar una cosa con otra. 3 *prnl.* Complicarse alguien o algo.

enredo 1 *m.* Maraña que resulta de trabarse desordenadamente hilos u otras cosas flexibles. 2 Asunto o negocio difícil o turbio. 3 Lío amoroso.

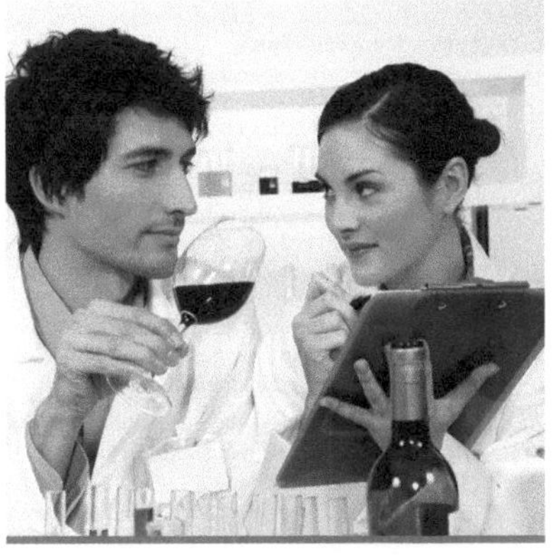

enrejar 1 *tr.* Cercar con rejas, cañas o varas los huertos, jardines, etc. 2 Poner rejas en los huecos de un edificio.

enrevesado, da 1 *adj.* Intrincado, con muchas vueltas y revueltas. 2 Difícil, complicado.

enriquecer 1 *tr.* y *prnl.* Hacer rico a alguien o algo. 2 *tr.* Adornar, engrandecer. 3 Mejorar una sustancia. 4 *intr.* y *prnl.* Prosperar un país, una persona, una empresa, etc.

enriquecido *adj.* Quím Dicho del cuerpo en el que uno de sus componentes está en proporción más elevada que la normal.

enriquecimiento *m.* Acción y efecto de enriquecer o enriquecerse. || ~ **ilícito** Der El obtenido con injusticia y en daño de otro.

enristrar *tr.* Poner la lanza en ristre o afianzarla bajo el brazo para atacar.

enrocar *tr.* e *intr.* Mover a la vez el rey y la torre o roque del ajedrez, corriendo aquel dos casillas en dirección a la torre y pasando esta al otro lado.

enrojecer 1 *tr.* Dar color rojo. 2 *tr.* y *prnl.* Poner rojo o rojizo. 3 *intr.* RUBORIZARSE.

enrolar *tr.* Alistarse en el ejército, en un partido político, etc.

enrollar *tr.* Envolver una cosa dándole forma de rollo.

enroscar *tr.* y *prnl.* Encajar una pieza en otra a vuelta de rosca.

enrumbar *intr.* Tomar un rumbo.

ensalada 1 *f.* Hortaliza, o mezcla de hortalizas, crudas, troceadas y aderezadas. 2 Abundancia confusa de cosas.

ensaladera *f.* Fuente en que se sirve la ensalada.

ensalmo *m.* Modo supersticioso de curar con oraciones y prácticas mágicas.

ensalzar 1 *tr.* Exaltar, engrandecer. 2 *tr.* y *prnl.* Alabar, elogiar.

ensamblador, ra 1 *adj.* Que ensambla. 2 *f.* Planta industrial en que se ensamblan vehículos.

ensambladura *f.* ENSAMBLAJE.

ensamblaje *m.* Acción y efecto de ensamblar.

ensamblar *tr.* Unir o ajustar dos o más piezas entre sí.

ensamble *f.* ENSAMBLAJE.

ensanchar *tr.* y *prnl.* Aumentar la anchura de una cosa, dilatarla.

ensanche *m.* Acción y efecto de ensanchar.

ensangrentar 1 *tr.* y *prnl.* Manchar o teñir de sangre. 2 Producir derramamiento de sangre.

A B C D E F G H I J K L M N Ñ O P Q R S T U V W X Y Z

ensañar *tr.* Regodearse en causar el mayor daño posible en la víctima indefensa.

ensartar 1 *tr.* Pasar por un hilo o alambre piezas menudas y agujereadas, como perlas y cuentas. 2 ENHEBRAR. 3 Atravesar un cuerpo con un instrumento puntiagudo.

ensayar 1 *tr.* Probar las cualidades de algo sometiéndolo a determinadas condiciones. 2 Hacer algo a modo de prueba antes de realizarlo definitivamente.

ensayo 1 *m.* Acción y efecto de ensayar. 2 LIT Texto que, de forma breve y sin pretensiones eruditas, trata temas filosóficos, históricos, artísticos, etc. 3 LIT Género al que pertenece este tipo de texto.

enseguida *adv. m.* Inmediatamente después.

ensenada *f.* GEO Parte del mar que penetra en tierra sin la profundidad ni las dimensiones de un golfo.

enseña *f.* Insignia, estandarte.

enseñanza 1 *f.* Acción y efecto de enseñar. 2 Conjunto de medios que sirven para la transmisión de conocimientos. 3 Conjunto de conocimientos que son objeto de la transmisión del saber y que abarca las diferentes especialidades técnicas y las variadas experiencias de la vida. 4 Ejemplo o suceso que sirve de experiencia o escarmiento.

enseñar 1 *tr.* Transmitir algún conocimiento, regla o experiencia, educar. 2 Mostrar alguna cosa para que se vea. 3 Dejar ver algo involuntariamente. 4 Señalar, indicar. 5 Advertir, escarmentar.

enseñorear *tr.* Adueñarse de una cosa, dominarla.

enseres *m. pl.* Utensilios de una profesión o muebles e instrumentos de una casa.

ensilado *m.* Producto alimenticio para el ganado que se obtiene de los forrajes húmedos, conservados en silos y transformados por fermentación láctica.

ensilar *tr.* Meter los granos, semillas y forraje en el silo.

ensimismarse 1 *prnl.* Recogerse en la propia intimidad con abstracción de todo lo demás. 2 Engreírse, envanecerse.

ensoberbecer *tr.* y *prnl.* Excitar soberbia en alguien o sentirla.

ensombrecer *tr.* y *prnl.* Oscurecer, cubrir de sombras.

ensoñar *tr.* Soñar despierto, forjar ensoñaciones.

ensordecer 1 *tr.* Ocasionar sordera. 2 Aturdir con un ruido muy intenso. 3 Aminorar la intensidad o volumen de un sonido. 4 *intr.* Quedarse sordo.

ensortijar *tr.* y *prnl.* Rizar el cabello, un hilo, etc., formando sortijas o anillos.

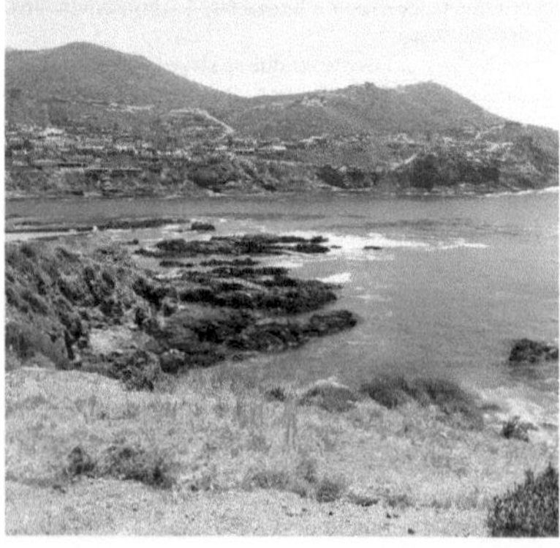

ensuciar 1 *tr.* y *prnl.* Manchar alguna cosa. 2 *intr.* y *prnl.* Hacerse encima las necesidades corporales.

ensueño 1 *m.* Sueño o fantasía de la persona que duerme. 2 Ilusión que acaricia la persona que vela.

entablamento *m.* ARQ Molduras, que coronan un edificio, compuestas generalmente de arquitrabe, friso y cornisa.

entablar 1 *tr.* Cubrir o asegurar algo con tablas. 2 Iniciar una conversación, una batalla, etc.

entablillar *tr.* Inmovilizar con tablillas y vendaje un hueso roto.

entalegar *tr.* Meter en talegos.

entallar 1 *tr.*, *intr.* y *prnl.* Hacer o formar el talle. 2 *intr.* Venir bien o mal el vestido al talle.

entallecer *intr.* y *prnl.* Echar tallos las plantas.

entapetar *tr.* ALFOMBRAR.

entarimado *m.* Pavimento cubierto con tablas ensambladas.

entarimar *tr.* Cubrir el suelo con tablas o tarima.

ente 1 *m.* Lo que es, existe o puede existir. 2 Designación peyorativa de una persona.

enteco, ca *adj.* Débil, enfermizo.

entejar *tr.* Cubrir un techo con tejas.

entelequia *f.* Perfección que solo se da en la mente o en el deseo, pero no en la realidad.

entelerido, da 1 *adj.* Sobrecogido de frío o de pavor. 2 Enclenque, flaco.

entender[1] 1 *tr.* Tener idea clara de algo, captar el sentido de un concepto. 2 Saber algo con perfección. 3 Percibir las causas de un hecho o una actitud. 4 Discurrir, inferir, deducir. 5 Creer, opinar: *Entiendo que no nos conviene.* 6 *intr.* Tener autoridad o competencia sobre algún asunto: *Entiende de mecánica.* 7 *prnl.* Conocerse, comprenderse a sí mismo. 8 Existir entre dos o más personas, confianza, amistad, etc.

entender[2] *m.* Opinión, parecer.

entendimiento 1 *m.* Inteligencia, razón o facultad para captar las cosas y las ideas tras penetrar y comparar su contenido. 2 Buen acuerdo, relación amistosa.

enterar 1 *tr.* y *prnl.* Informar a alguien de algo que ignora o instruirle en un asunto. 2 *prnl.* Darse cuenta.

entereza 1 *f.* Integridad, perfección. 2 Fortaleza de ánimo, serenidad.

enternecer *tr.* y *prnl.* Mover a la ternura a una persona.

entero, ra 1 *adj.* Completo, que no le falta nada. 2 Robusto, sano. 3 Constante, firme. 4 Dicho del animal no castrado. 5 *adj.* y *m.* MAT Dicho de los números naturales y sus opuestos o correspondientes negativos. Su conjunto se representa por Z. Es cerrado con respecto de las operaciones de adición, sustracción y multiplicación, y no lo es respecto de la división. || ~ **negativo** MAT El opuesto de un número natural. ~**s opuestos** MAT Par de números que están a la misma distancia de *0*, como *–6* respecto a *6*, *–47* respecto de *47*, etc., y, por tanto, su adición da como resultado *0*. ~ **positivo** MAT Cada uno de los números naturales a excepción del *0*.

enterramiento 1 *m.* Acción y efecto de enterrar los cadáveres. 2 Lugar donde se lleva a cabo. 3 Sepulcro o sepultura en que alguien está enterrado.

enterrar 1 *tr.* Poner debajo de tierra o cubrir con ella. 2 Dar sepultura a un cadáver. 3 Abandonar un asunto, olvidarlo. 4 Clavar un elemento punzante.

entibar *tr.* Apuntalar las excavaciones que ofrecen riesgo de hundimiento.

entibiar 1 *tr.* y *prnl.* Poner tibio un líquido. 2 *tr.* Calmar afectos y pasiones.

entidad 1 *f.* Colectividad, corporación, institución. 2 Lo que constituye la esencia o la forma de algo. 3 Importancia o alcance de algo.

entierro 1 *m.* Acción y efecto de enterrar los cadáveres. 2 Comitiva que acompaña el cadáver hasta el lugar de enterramiento. 3 Tesoro enterrado.

entiesar *tr.* Poner tieso.

entintar *tr.* Manchar, empapar o teñir con tinta.

entoldado *m.* Toldo o conjunto de toldos que cubren un espacio.

entoldar 1 *tr.* Cubrir con toldos patios o calles. 2 *prnl.* Encapotarse el cielo.

entomófago, ga *adj.* ZOOL Dicho de los animales que se alimentan de insectos.

entomología *f.* ZOOL Especialidad que estudia los insectos.

entonación 1 *f.* Acción y efecto de entonar. 2 Inflexión de la voz que refleja el origen de la persona que habla, sus sentimientos y el sentido de su mensaje, etc. 3 Arrogancia, presunción. 4 MÚS Cualidad del canto afinado.

entonar 1 *tr.* e *intr.* Cantar ajustado al tono. 2 Afinar la voz para cantar de esa manera. 3 Iniciar un canto para que sigan otros. 4 Dar determinado tono a la voz. 5 Armonizar los tonos en una pintura. 6 *tr.* y *prnl.* TONIFICAR.

entonces 1 *adv. t.* En aquel tiempo u ocasión. 2 *adv. m.* En tal caso, siendo así.

entorchar *tr.* Dar vueltas una cosa sobre sí misma de modo que tome forma helicoidal.

entornar 1 *tr.* Volver la puerta o la ventana sin cerrarla del todo. 2 Dicho de los ojos cuando no se cierran por completo.

entorno 1 *m.* Ambiente, lo que rodea. 2 Ambiente social que rodea a una persona.

entorpecer 1 *tr.* y *prnl.* Volver torpe, atontar. 2 Turbar el entendimiento. 3 Obstruir, dificultar un proceso.

entrada 1 *f.* Acción de entrar en alguna parte. 2 Lugar por donde se entra. 3 En los espectáculos públicos, museos, etc., billete o boleta que facilita el acceso. 4 Plato que se sirve antes del principal. 5 Cada una de las palabras o términos que se definen en un diccionario o enciclopedia. 6 MÚS Acción de comenzar cada voz o instrumento su parte en la ejecución de una obra. 7 *pl.* Cada uno de los ángulos entrantes desprovistos de pelo en la parte superior de la frente. 8 Ingreso económico.

entrado, da *adj.* Dicho de una estación, época, etc., que no está en su comienzo pero que no ha llegado aún a su mitad.

entrador, ra *adj.* Altivo, emprendedor.

entramado 1 *m.* Conjunto de láminas o tiras de material flexible que se cruzan entre sí. 2 Armazón que sirve de soporte a techos, paredes y suelos.

entrampar *tr.* y *prnl.* Hacer caer en una trampa.

entrante 1 *adj.* y *s.* Que entra. 2 *adj.* Hablando de una semana, un mes, un año, etc., inmediatamente próximo en el futuro.

entraña 1 *f.* Cada una de las vísceras de un animal. 2 Lo más íntimo de algo.

entrañable *adj.* Íntimo, muy afectuoso.

entrañar *tr.* Contener, llevar dentro de sí.

entrapar *tr.* Llenarse de polvo, mugre o humedad una tela.

entrar 1 *intr.* Ir de fuera adentro, pasar al interior. 2 Encajar una cosa en otra. 3 Penetrar o introducirse: *El clavo entró en la pared.* 4 Tener una prenda la amplitud suficiente. 5 Ser admitido, tener acceso. 6 Empezar o tener principio algo. 7 Ser contado con otros en una categoría: *Entrar en la lista de los nominados al Oscar.* 8 Caber cierta cantidad de cosas en algo: *Entraron todos los ladrillos.* 9 Formar parte de la composición de algo: *Los ingredientes que entran en la mezcla.* 10 Ejercer influencia en alguien: *Hay que entrarle a Juan.* 11 Empezar a tener conocimiento o práctica en algo: *No le entra la gramática.* 12 Empezar a sentir lo que el sustantivo signifique: *Entrar en calor.* 13 MÚS Empezar a cantar o tocar en el momento indicado. 14 *tr.* Introducir, meter. 15 *prnl.* Meterse o introducirse en alguna parte.

entre 1 *prep.* Señala la posición de una persona, animal o cosa que tiene otras a cada lado, o que está en contacto o proximidad con ellas. 2 Dentro de: *Nadé entre las olas.* 3 En cooperación: *Entre cuatro lo sujetaron.* 4 Designa una colectividad, un grupo de gente: *Entre los orientales.*

entreabrir *tr.* y *prnl.* Abrir un poco o a medias una puerta, ventana, postigo, etc.

entreacto *m.* Intermedio o descanso entre dos partes de un espectáculo.

entrecejo 1 *m.* Espacio entre las cejas. 2 Su funcimiento o ceño.

entrecerrar *tr.* y *prnl.* Entornar una puerta, ventana, etc., sin cerrarla del todo.

entrechocar *tr.* y *prnl.* Chocar una cosa con otra de forma repetida y rápida.

entrecomillar *tr.* Poner entre comillas una o varias palabras.

entrecortado, da *adj.* Dicho de la voz o el sonido que se emite con intermitencias.

entrecortar *tr.* Cortar una cosa sin acabar de dividirla.

entrecruzar *tr.* y *prnl.* Cruzar dos o más cosas entre sí.

entredicho *m.* Duda sobre la fiabilidad de alguien o algo.

entrefino, na *adj.* De calidad media entre lo fino y lo basto.

entrega 1 *f.* Acción y efecto de entregar. 2 Cantidad de cosas que se dan. 3 Cada una de las partes en que se publica una obra extensa y que se distribuyen periódicamente. 4 Esfuerzo generoso, atención, apoyo a personas o cosas.

entregar 1 *tr.* Poner en manos o en poder de otro. 2 *prnl.* Ponerse a disposición de otro u otros. 3 Dedicarse por entero a algo. 4 Rendirse ante un empeño o trabajo.

entreguerras, de *loc. adj.* Señala el periodo entre dos guerras consecutivas.

entrelazar *tr.* Enlazar una cosa con otra.

entrelínea *f.* Lo escrito entre dos líneas.

entremés 1 *m.* Pieza breve y jocosa que se intercalaba entre dos actos de una comedia. 2 Cada uno de los alimentos, como encurtidos, rodajas de embutido, etc., que se ponen para picar mientras se sirve la comida principal.

entremeter 1 *tr.* Meter alguna cosa entre otras. 2 *prnl.* ENTROMETERSE.

entremezclar *tr.* Juntar y revolver varias cosas.

entrenador *m.* Persona que entrena.

entrenar *tr.* y *prnl.* Preparar y dirigir a personas o animales para la práctica de una actividad determinada.

entrenudo *m.* Parte entre dos nudos del tallo de una planta.

entreoír *tr.* Escuchar a medias alguna cosa.

entrepaño 1 *m.* Anaquel de un estante. 2 Parte de la pared comprendida entre dos pilastras, dos columnas o dos huecos.

entrepierna 1 *f.* Parte interior de los muslos. 2 Parte correspondiente de una prenda de vestir.

entrepiso *m.* Piso que se construye aprovechando la mucha altura de uno y que queda entre este y el superior.

entresacar 1 *tr.* Sacar unas cosas de entre otras. 2 Espaciar las plantas que han nacido muy juntas en un sembrado. 3 Cortar parte del cabello cuando es demasiado abundante.

entresemana *adv. t.* De lunes a viernes.

entresijo *m.* Cosa oculta, interior, escondida.

entresueño *m.* Estado intermedio entre el sueño profundo y la vigilia.

entretanto 1 *adv. t.* Mientras, durante algún tiempo intermedio. 2 *m.* Intervalo, distancia que hay de un tiempo a otro.

entretejer 1 *tr.* Mezclar, en una labor o tejido, hilos de diferente color, formando dibujos. 2 Trabar una cosa con otra.

entretela *f.* Tela fuerte que se introduce entre la tela y el forro de algunas prendas.

entretener 1 *tr.* Divertir, recrear a una o varias personas. 2 *tr.* y *prnl.* Distraer a alguien impidiéndole hacer algo. 3 *prnl.* Ocuparse en algo para pasar el tiempo.

entretenido, da *adj.* Divertido, de genio y humor festivo.

entretenimiento 1 *m.* Acción y efecto de entretener o entretenerse. 2 Lo que sirve para entretener o divertir.

entrever 1 *tr.* Vislumbrar algo sin demasiada claridad. 2 Sospechar, conjeturar.

entreverar *tr.* Mezclar, introducir una cosa entre otras.

entrevista 1 *f.* Acción y efecto de entrevistarse. 2 Conversación en la que se hacen preguntas a una persona con el propósito de obtener información sobre ella o sobre sus opiniones.

entrevistar 1 *tr.* Reunirse dos o más personas para tratar algún asunto. 2 Conversar con una persona haciéndole preguntas para obtener información sobre ella o sobre sus opiniones.

entristecer 1 *tr.* Causar tristeza. 2 Poner de aspecto triste. 3 *prnl.* Ponerse triste y melancólico.

entrometerse *prnl.* Inmiscuirse alguien en lo que no le toca.

entroncar 1 *intr.* Empalmar dos cosas entre sí, y en especial las líneas de comunicaciones. 2 Contraer parentesco con alguien.

entronizar *tr.* y *prnl.* Colocar en el trono.

entropía *f.* FÍS Tendencia de un sistema a pasar de un estado ordenado a un estado desordenado o caótico.

entubar 1 *tr.* Poner tubos en una cosa o en alguna parte. 2 MED INTUBAR.

entuerto *m.* Agravio, injusticia.

entumecer *tr.* y *prnl.* Quedar rígido un miembro o nervio.

entumirse *prnl.* ENTUMECERSE.

enturbiar 1 *tr.* y *prnl.* Poner turbio algo. 2 Quitar la alegría, el entusiasmo.

entusiasmar 1 *tr.* y *prnl.* Infundir entusiasmo. 2 Causar admiración. 3 Gustar mucho algo o alguien.

entusiasmo 1 *m.* Sentimiento muy intenso hacia alguien o algo que incita a su admiración. 2 Vivo interés que se pone en favorecer una causa o empeño.

enumeración 1 *f.* Relación sucesiva de las partes de un todo, de las especies de un género, de las ideas de un sistema o de los aspectos de un problema. 2 Cómputo o cuenta numeral de las cosas. 3 Recapitulación breve de las razones expuestas en un discurso.

enumerar *tr.* Hacer una enumeración.

enunciado 1 *m.* Acción y efecto de enunciar. 2 GRAM Palabra o secuencia de palabras que constituye una unidad comunicativa de sentido completo.

enunciar 1 *tr.* Expresar una idea de forma breve y sencilla. 2 Exponer los datos de un problema o de una teoría científica.

enunciativo, va 1 *adj.* Que enuncia. 2 LING Dicho de las oraciones que afirman o niegan.

envainar 1 *tr.* Meter una cosa en su vaina, y especialmente la espada y demás armas blancas. 2 *prnl.* Meterse en problemas, contrariarse.

envalentonar 1 *tr.* Infundir valentía o arrogancia. 2 *prnl.* Alardear de valor cuando no se tiene.

envanecer *tr.* y *prnl.* Infundir soberbia o vanidad.

envasar 1 *tr.* Verter líquidos en vasos o vasijas. 2 Meter los granos en costales.

envase 1 *m.* Acción y efecto de envasar. 2 Recipiente en que se conservan y transportan ciertos productos.

envejecer 1 *tr.* Hacer viejo a alguien o algo. 2 *intr.* y *prnl.* Hacerse viejo alguien o algo, o tomar aspecto de tal.

envejecimiento 1 *m.* Acción y efecto de envejecer. 2 BIOL Conjunto de modificaciones irreversibles que se producen en un organismo con el paso del tiempo, y que finalmente conducen a la muerte.

envenenar 1 *tr.* y *prnl.* Contaminar con veneno. 2 *tr.* Corromper con ciertas ideas.

envergadura 1 *f.* Distancia entre los extremos de los brazos humanos. 2 Distancia entre los extremos de las alas de un avión. 3 Distancia entre las puntas de las alas de las aves cuando están completamente extendidas. 4 Importancia, repercusión, trascendencia.

envés 1 *m.* Revés, lo opuesto al haz. 2 BOT Cara inferior de la hoja, opuesta al haz.

enviado, da *m.* y *f.* Persona que va por mandato de otra con un mensaje, encargo, misión, etc.

enviar *tr.* Hacer que alguien o algo vaya a un sitio determinado.

enviciar 1 *tr.* Hacer que alguien contraiga algún vicio. 2 *intr.* Echar las plantas muchas hojas y poco fruto.

envidia *f.* Sentimiento de tristeza o pesar por el bien ajeno.

envidiar 1 *tr.* Tener envidia de alguien. 2 Desear para sí lo que tienen otros.

envilecer *tr.* y *prnl.* Degradar, degenerar.

envío 1 *m.* Acción y efecto de enviar. 2 **REMESA**.

enviudar *intr.* Quedar viudo o viuda.

envoltorio 1 *m.* Material con que se envuelve algo. 2 Lío, bulto.

envoltura 1 *f.* Capa exterior que envuelve algo. 2 Acción de envolver.

envolver 1 *tr.* Cubrir en todo o en parte una cosa. 2 Fajar con pañales a una criatura. 3 Ocultar algo, como la niebla que oculta el monte. 4 Acorralar con argumentos al contrincante. 5 Cercar al enemigo atacándole por todas partes. 6 *tr.* y *prnl.* Devanar un hilo, cinta, etc. 7 Implicar a alguien en un asunto.

envuelto 1 *m.* Tortilla de maíz rellena. 2 Bollo de maíz, plátano, etc., servido en envoltura de hojas.

enyesar 1 *tr.* Revestir de yeso una superficie. 2 MED Inmovilizar un hueso roto o dislocado endureciendo el vendaje con yeso.

enzarzar 1 *tr.* Meterse en negocios complicados. 2 Reñir, pelearse.

enzima *m.* o *f.* BIOQ Sustancia proteínica que producen las células y que actúa como catalizador de los procesos metabólicos.

enzunchar *tr.* Asegurar algo con zunchos o flejes.

eñe *f.* Nombre de la letra *ñ*.

eoceno *adj.* y *m.* GEO Dicho de la época del periodo terciario que siguió al **Paleoceno** y duró aprox. 20 millones de años. Durante el mismo aparecieron los peces con huesos, las aves modernas y las plantas tropicales y los mamíferos se diversificaron.

eólico, ca 1 *adj.* Relativo a los vientos. 2 ELECTR **energía ~**.

eón 1 *m.* Duración indefinida del tiempo. 2 GEO Unidad mayor de medida del tiempo geológico. Se divide en eras, estas en periodos y los periodos en épocas. Los eones son: **arcaico**, **proterozoico** y **fanerozoico**.

épica *f.* LIT Género literario caracterizado por la majestuosidad de su estilo. Relata sucesos centrados en un personaje heroico.

epicarpio *m.* BOT Capa externa de las tres que forman el pericarpio.

epicentro *m.* GEO Punto de la superficie terrestre que corresponde al foco de un movimiento sísmico llamado hipocentro.

epicicloide *f.* GEOM Línea curva descrita por un punto de una circunferencia que rueda sobre otra tangente y fija.

épico, ca 1 *adj.* Grandioso, solemne. 2 LIT Relativo a la epopeya o la épica.

epicontinental *adj.* GEO Dicho de un mar con gran extensión y poca profundidad que se sitúa sobre una **plataforma continental**: *El mar Argentino es un tipo de mar epicontinental.*

epicureísmo *m.* FIL Doctrina según la cual el placer constituye el bien supremo, prefiriendo los placeres intelectuales a los sensuales.

epicúreo, a 1 *adj.* Relativo al epicureísmo. 2 Entregado a los placeres.

epidemia *f.* MED Enfermedad infecciosa que afecta simultáneamente a un gran número de personas de una región.

epidemiología *f.* MED Estudio de las enfermedades epidémicas.

epidermis 1 *f.* ANAT Membrana epitelial que cubre el cuerpo de los animales por encima de la dermis. 2 BOT Tejido de una sola capa de células que recubre las plantas.

epidídimo *m.* ANAT Estructura adosada al testículo que desemboca en la porción inicial del conducto deferente.

epifanía *f.* Manifestación, aparición.

epífisis 1 *f.* ANAT **GLÁNDULA** pineal. 2 ANAT Cada una de las partes terminales de los huesos largos.

epifito, ta (Tb. epífito) *adj.* BIOL Dicho del vegetal que, sin ser parásito, vive sobre otra planta, como los musgos y líquenes.

epigastrio *m.* ANAT Región abdominal situada entre el esternón y el ombligo.

epiglotis *f.* ANAT En los mamíferos, lámina cartilaginosa que cierra la laringe durante la deglución.

epígono *m.* Persona que sigue las huellas de otra, especialmente en ideas o estilo.

epígrafe 1 *m.* En algunas obras escritas, resumen que figura al comienzo de cada capítulo. 2 Cita que se pone a la cabeza de una obra escrita o de cada una de sus divisiones.

epigrama 1 *m.* Inscripción en piedra, metal, etc. 2 Pensamiento expresado con brevedad y agudeza.

epilepsia *f.* MED Enfermedad crónica nerviosa caracterizada por la pérdida del conocimiento y las convulsiones.

epílogo 1 *m.* Resumen o compendio. 2 Parte final de una obra literaria o dramática en que llega el desenlace de la trama.

episcopado 1 *m.* Dignidad de obispo. 2 Conjunto de los obispos.

episodio 1 *m.* Cada uno de los sucesos que constituyen una acción general. 2 **DIGRESIÓN**.

episperma *m.* BOT Capa dura que cubre la semilla.

epistemología *f.* FIL Estudio de los fundamentos y naturaleza del conocimiento.

epístola 1 *f.* Carta enviada a un ausente. 2 Tratado doctrinal en forma de misiva.

epistolario 1 *m.* Libro que recoge las epístolas que se leen en la misa. 2 Conjunto de cartas de un autor.

epitafio *m.* Inscripción sepulcral y lo que ella dice.

epitelial *adj.* Relativo al epitelio o tejido epitelial.

epitelio *m.* ANAT TEJIDO epitelial.

epíteto *m.* GRAM Adjetivo o participio cuyo fin principal es caracterizar el sustantivo.

epítome *m.* Compendio que resume lo esencial de una obra.

época 1 *f.* Periodo que se caracteriza y determina por algún personaje o suceso extraordinario. 2 Parte del año con características particulares. 3 GEO Cada uno de los espacios de tiempo en que se subdividen los periodos geológicos.

epónimo, ma *adj.* Dicho de la persona que da nombre a un pueblo, tribu, ciudad, periodo o época.

epopeya *f.* LIT Poema que narra las aventuras de un héroe o un pueblo, mezclando historia y leyenda.

epoxi *m.* QUÍM Resina sintética empleada en la fabricación de plásticos, pegamentos, etc.

equiángulo, la *adj.* GEOM Dicho de los cuerpos y figuras cuyos ángulos son todos iguales.

equidad 1 *f.* Sentimiento de justicia y ponderación en juicios y actuaciones. 2 Moderación en el precio de las cosas o en las condiciones de un contrato sobre una base objetiva.

equidistar *intr.* Hallarse un punto o cuerpo a la misma distancia respecto de otros dos, o estar varios objetos a la misma distancia unos de otros.

equidna *m.* Mamífero insectívoro monotrema de hocico afilado, cabeza pequeña, patas con dedos excavadores y pelo con púas. Es propio de Australia y Tasmania.

équido, da *adj.* ZOOL Dicho de los mamíferos perisodáctilos caracterizados por tener cada extremidad terminada en un dedo, como el caballo y la cebra. Conforman una familia.

equilátero, ra 1 *adj.* GEOM Dicho de la figura cuyos lados son iguales entre sí. 2 GEOM **triángulo** ~.

equilibrar 1 *tr.* y *prnl.* Poner o mantener una cosa en equilibrio. 2 Mantener proporcionalmente iguales dos o más cosas.

equilibrio 1 *m.* Relación armoniosa de cosas diversas que se contrapesan. 2 Ecuanimidad y ponderación en actos y juicios. 3 Situación de un cuerpo que, a pesar de tener poca base de sustentación, se mantiene sin caerse. 4 ANAT y FISIOL Sentido que permite percibir la posición del cuerpo en el espacio y al que están asociados los conductos semicirculares y el vestíbulo del oído, que detectan los cambios de posición de la cabeza. 5 FÍS Estado de un cuerpo en que las fuerzas opuestas se compensan por ser de la misma intensidad. || ~ **ácido-base** QUÍM Estado de una disolución en que los iones ácidos básicos se neutralizan, es decir, su pH es 7. ~ **biológico** ECOL El que supone que las poblaciones no se multiplican nunca por encima de un límite superior que conduciría a la superpoblación, ni por debajo de otro inferior que conllevaría peligro de extinción. ~ **estable** FÍS El que se da si las fuerzas son tales que un cuerpo vuelve a su posición original al ser desplazado. ~ **indiferente** FÍS El que se da si las fuerzas que actúan sobre el cuerpo hacen que este permanezca en su nueva posición. ~ **inestable** FÍS El que se da si las fuerzas hacen que el cuerpo continúe moviéndose hasta una posición distinta. ~ **químico** QUÍM Condición en la cual una reacción procede a velocidades iguales en sus dos direcciones opuestas, de tal modo que las concentraciones de las sustancias no cambian con el tiempo.

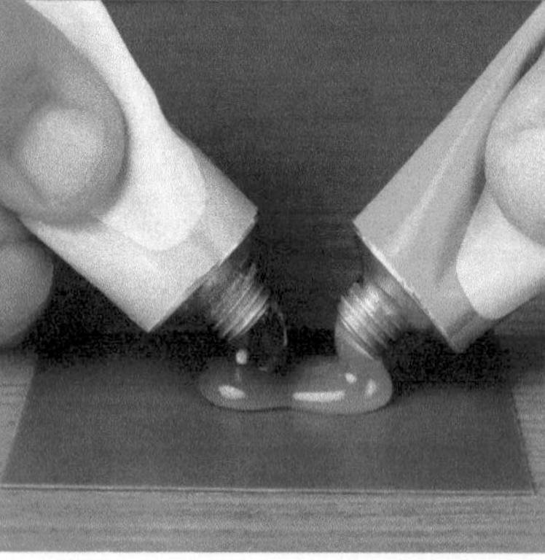

equilibrista *adj.* y *s.* Dicho del artista de circo que ejecuta ejercicios de equilibrio en la cuerda o la barra.

equimosis *f.* MED Cardenal que se forma bajo la piel por algún golpe.

equino, na 1 *adj.* Relativo al caballo. 2 *m.* CABALLO.

equinoccial *adj.* Relativo a los equinoccios.

equinoccio *m.* ASTR Intersección de la trayectoria aparente del Sol con el Ecuador, momento en que los días y las noches tienen igual duración. Ocurre el 20/21 de marzo y el 22/23 de septiembre.

equinodermo *adj.* y *m.* ZOOL Dicho de los invertebrados marinos que en su fase adulta presentan simetría radial (erizo) o adoptan una configuración cilíndrica (cohombro de mar) o estrellada (estrella de mar). Muchos tienen un esqueleto externo, a veces con espinas. Conforman un filo.

equipaje *m.* Conjunto de cosas que se llevan en los viajes.

equipamiento 1 *m.* Acción y efecto de equipar. 2 Conjunto de instalaciones que hacen posible el desarrollo de una actividad industrial o social.

equipar *tr.* y *prnl.* Proveer de las cosas necesarias para un uso determinado.

equiparar *tr.* Comparar dos o más cosas, considerándolas equivalentes o similares.

equipo 1 *m.* Efecto de equipar. 2 Conjunto de enseres necesarios para realizar un trabajo o practicar un deporte. 3 Grupo de personas que lleva a cabo un trabajo. 4 Conjunto de aparatos y dispositivos que conforman una máquina, una herramienta, etc. 5 DEP Grupo de deportistas que compite con otro similar.

equis 1 *f.* Nombre de la letra *x*. 2 MAT Signo de la incógnita en los cálculos. 3 *adj.* Denota un número desconocido o indiferente.

equiseto *m.* BOT Cada una de las plantas pteridofitas en forma de caña con entrenudos, de los que radian hojas en forma de aguja y que terminan en un ramo productor de esporas.

equitación 1 *f.* Arte de montar y de manejar bien al caballo. 2 Acción de montar a caballo.

equitativo, va *adj.* Que tiene equidad.

equivalencia *f.* Cualidad de equivalente.

equivalente 1 *adj.* y *s.* Que equivale a otra cosa. 2 GEOM Dicho de las figuras o sólidos que tienen igual área o volumen y distinta forma. 3 *m.* QUÍM Mínimo peso necesario para que dos cuerpos, al unirse, formen verdadera combinación.

equivaler 1 *intr.* Ser una cosa igual a otra en valor, potencia o eficacia. 2 Significar, venir a ser lo mismo una cosa que otra.

equivocación 1 *f.* Acción y efecto de equivocar o equivocarse. 2 Cosa hecha con desacierto.

equivocar *tr.* y *prnl.* Errar, tomar una cosa por otra (por ser equivalentes o parecidas).

equívoco, ca 1 *adj.* Que puede entenderse en varios sentidos. 2 *m.* EQUIVOCACIÓN.

era[1] 1 *f.* Punto de arranque para el cómputo de los años. 2 Periodo histórico caracterizado por un personaje o por determinados sucesos: *La era atómica.* 3 GEO Cada uno de los grandes periodos de la historia geológica de la Tierra: **precámbrico, paleozoico, mesozoico** y **cenozoico.** || ~ **cristiana** La que se inicia con el nacimiento de Jesucristo.

era[2] *f.* Parcela para el cultivo de flores u hortalizas.

erario *m.* Tesoro público de una nación.

erbio *m.* QUÍM Elemento de los lantánidos. Se emplea para amplificar las señales de luz enviadas por fibra óptica. Punto de fusión: 1529 °C. Punto de ebullición: 2868 °C. Núm. atómico: 68. Símbolo: Er.

ere *f.* Nombre de la letra *r* en su sonido suave.

erección 1 *f.* Acción de erigir. 2 FISIOL Fenómeno vascular por el que el pene y el clítoris aumentan su tamaño y rigidez.

eréctil *adj.* Que tiene la facultad o propiedad de levantarse o ponerse rígido.

eremita *m.* y *f.* ERMITAÑO.

ergonomía *f.* Conjunto de técnicas que estudian la mejor adaptación de las personas a su trabajo.

erguir 1 *tr.* Poner derecho algo o mantenerlo alzado, como la cabeza o el cuello. 2 *prnl.* Levantarse, ponerse derecho.

erial *adj.* y *m.* Dicho del terreno sin cultivar ni labrar.

erigir 1 *tr.* Construir, fundar. 2 Conferir a personas o cosas cierta cualidad o dignidad. 3 *prnl.* Alzarse a determinada función: *Se erigió en juez.*

erisipela *f.* MED Inflamación contagiosa y febril de la piel.

eritema *m.* MED Inflamación superficial de la piel con aparición de manchas rojas.

eritrocito *m.* BIOL Célula esferoidal que da el color rojo a la sangre y que contiene la hemoglobina.

erizar 1 *tr.* y *prnl.* Poner rígido algo, como las púas del erizo. Se dice especialmente del vello. 2 *prnl.* Inquietarse, azorarse.

erizo, za 1 *m.* y *f.* Mamífero insectívoro, de unos 25 cm de largo, patas cortas y hocico largo, cubierto de púas. 2 Pez cubierto de espinas eréctiles, que vive en los mares tropicales. || ~ **de mar** Equinodermo de cuerpo globoso protegido por un caparazón formado por placas óseas, cuya superficie está cubierta de púas.

ermita *f.* Capilla pequeña, en despoblado y sin culto permanente.

ermitaño, ña 1 *m.* y *f.* Persona que vive en una ermita y cuida de ella. 2 Persona que vive en soledad o que apenas trata con la gente.

erogar *tr.* Distribuir bienes o caudales.

erógeno, na 1 *adj.* Que produce excitación sexual. 2 Dicho de ciertas zonas del cuerpo muy sensibles a la excitación sexual.

eros *m.* Conjunto de tendencias e impulsos sexuales de la persona.

erosión *f.* GEO Desgaste de la corteza terrestre y modificación del relieve, ocasionados por agentes externos, como el viento, la lluvia, el hielo, el oleaje y las variaciones térmicas.

erótico, ca 1 *adj.* Relativo al amor sensual. 2 Que excita el apetito sexual.

erotismo 1 *m.* Culto de la pasión amorosa en lo que conlleva de sensual. 2 Carácter de lo que excita el amor sensual. 3 Exaltación de lo sensual en el arte.

erotomanía *f.* PSIC Obsesión morbosa por lo sexual.

errabundo, da *adj.* ERRANTE.

erradicar *tr.* Arrancar de raíz una cosa, eliminarla completamente.

errante *adj.* Que anda de una parte a otra sin tener asiento fijo.

errar 1 *tr.* e *intr.* No acertar, fallar: el camino, el tiro, etc. 2 *intr.* Andar vagando de un lado para otro.

errata *f.* Equivocación material en la escritura de un manuscrito o en la impresión de un texto.

errático, ca 1 *adj.* ERRANTE. 2 Dicho de la masa arrastrada por un glaciar, del hielo arrastrado por el agua, del astro con rumbo incierto, etc.

erre *f.* Nombre de la letra *r* con sonido fuerte y vibrante.

error 1 *m.* Juicio falso. 2 Creencia u opinión equivocada. 3 Acción desacertada. 4 MAT Desviación respecto a un valor, originada en los cálculos o medidas realizados para su estimación. || ~ **absoluto** MAT Diferencia entre el resultado de una medición y el valor exacto. ~ **relativo** MAT Cociente entre el error absoluto y el valor exacto.

eructar *intr.* Expeler por la boca y con ruido los gases del estómago.

erudición *f.* Cultura vasta en varias disciplinas.

erudito, ta *adj.* y *s.* Que posee erudición.

erupción 1 *f.* GEO Emisión, más o menos violenta, de sólidos, líquidos o gases por aberturas o grietas de la corteza terrestre. 2 MED Presencia en la piel, o las mucosas, de granos o manchas.

esbelto, ta *adj.* Alto respecto a las cosas de su especie, delgado y airoso.

esbirro *m.* Persona que por encargo comete actos violentos o prepotentes.

esbozar 1 *tr.* BOSQUEJAR. 2 Insinuar algún gesto: *Esbozó una sonrisa.*

esbozo 1 *m.* Acción y efecto de esbozar. 2 Lo que no está terminado, y por ello admite un mayor y mejor desarrollo. 3 ART BOSQUEJO.

escabechar *tr.* Echar una cosa en escabeche.

escabeche 1 *m.* Salsa hecha con aceite frito, vinagre, hojas de laurel y otras especias para dar sazón y conservar los alimentos. 2 El alimento así conservado.

escabel 1 *m.* Tarima pequeña para que descansen los pies de la persona que está sentada. 2 Asiento pequeño sin respaldo.

A B C D E F G H I J K L M N Ñ O P Q R S T U V W X Y Z

escabiosis *f.* MED SARNA.

escabroso, sa 1 *adj.* Dicho del terreno desigual y lleno de tropiezos. 2 Que está al borde de lo inconveniente o de lo inmoral.

escabullir 1 *prnl.* Escaparse una cosa de entre las manos. 2 Evadirse de la compañía de alguien sin que se advierta.

escafandra *f.* Traje protector que usan los buzos debajo del agua y los astronautas en el espacio.

escafoides 1 *m.* ANAT Hueso del carpo, que en el hombre es más externo y el mayor de la primera fila. 2 ANAT Hueso del tarso, situado delante del astrágalo.

escala 1 *f.* Escalera de mano. 2 Sucesión ordenada de cosas distintas, pero de la misma especie, como los colores. 3 Proporción entre las dimensiones de un mapa, plano, etc., y las del objeto o terreno que representa. 4 Punto de un viaje en que habitualmente para un barco o un avión. 5 MÚS Sucesión de sonidos ordenados en función de un principio acústico o de una fórmula determinada y que puede ser utilizada en una composición. || ~ **Celsius** o **centígrada** FÍS Escala termométrica cuya unidad es el grado Celsius (°C). ~ **cromática** MÚS La de doce sonidos, separados por semitonos. ~ **de Fahrenheit** FÍS Escala termométrica cuya unidad es el grado Fahrenheit (°F). ~ **de Richter** GEO La que mide la energía de los terremotos y sigue una serie de valores entre 1 y 9 que aumenta exponencialmente: un temblor de magnitud 7 es diez veces más fuerte que uno de 6 y cien veces más que otro de magnitud 5.

escalador, ra 1 *adj.* Que escala. 2 *m.* y *f.* Persona que escala por deporte.

escalafón *m.* Lista de personas pertenecientes a un cuerpo, clasificadas por antigüedad, grado, méritos, etc.

escalar[1] 1 *tr.* Entrar en algún sitio alto y cerrado sirviéndose de escalas. 2 Trepar por una montaña hasta coronarla.

escalar[2] *adj.* y *m.* FÍS Se aplica a la magnitud sin dirección que solo posee valor numérico, como la temperatura.

escaldar 1 *tr.* Bañar con agua hirviendo. 2 Abrasar con fuego una cosa poniéndola muy roja.

escaleno 1 *adj.* y *s.* GEOM **triángulo** ~. 2 GEOM Dicho del cono cuyo eje no es perpendicular a la base.

escalera *f.* Serie de escalones paralelos, hechos de mampostería, metal o madera, que permite subir y bajar entre los pisos de un edificio o los distintos niveles de un terreno. || ~ **mecánica** La que funciona como una cadena sin fin y cuyos peldaños se deslizan en marcha ascendente o descendente.

escalfar *tr.* Hervir en agua o caldo los huevos sin cáscara.

escalinata *f.* Escalera exterior, que suele ser de un solo tramo.

escalofrío 1 *m.* MED Sensación brusca de frío que suele preceder a los accesos de fiebre. 2 Sensación similar producida por un sentimiento intenso de terror o asombro.

escalón 1 *m.* Peldaño de una escalera. 2 Desnivel del terreno hecho a corte.

escalonar 1 *tr.* Distribuir en tiempos sucesivos las partes de una serie. 2 *tr.* y *prnl.* Ordenar de trecho en trecho.

escalope *m.* Filete de carne delgado y rebozado.

escalpar *intr.* Arrancar el cuero cabelludo junto con la cabellera.

escalpelo *m.* Bisturí pequeño de hoja fina y puntiaguda.

escama 1 *f.* Cada una de las laminillas córneas que cubren la piel de peces y reptiles. 2 Lo que tiene forma parecida a esas laminillas. 3 Cada una de las laminillas microscópicas que cubren las alas de las mariposas. 4 Laminilla formada por células epidérmicas unidas y muertas que se desprenden espontáneamente de la piel.

escamar *tr.* DESCAMAR el pescado.

escampar 1 *intr.* Dejar de llover. 2 Resguardarse de la lluvia.

escanciar 1 *tr.* Servir el vino. 2 *intr.* Beber vino.

escandalizar 1 *tr.* Causar escándalo. 2 *intr.* Armar alboroto. 3 *prnl.* Mostrarse indignado por una inconveniencia.

escándalo 1 *m.* Alboroto, tumulto. 2 Hecho, palabra, etc. que induce a alguien a obrar mal o a pensar mal de otro. 3 Desenfreno, desvergüenza, mal ejemplo. 4 Asombro, pasmo, admiración.

escandio *m.* QUÍM Elemento metálico que se encuentra en la naturaleza asociado al estaño y al volframio. Punto de fusión: 1541 °C. Punto de ebullición: 2836 °C. Núm. atómico: 21. Símbolo: Sc.

escáner 1 *m.* Aparato de exploración radiológica que proporciona sucesivas secciones transversales de la zona explorada. 2 INF Periférico que almacena en un archivo textos o imágenes impresos para su posterior manipulación.

escaño 1 *m.* Banco con respaldo para varias personas. 2 Asiento y puesto de cada uno de los parlamentarios de cualquier cámara legislativa.

escapada 1 *f.* Acción de escapar. 2 Abandono temporal de las actividades o viaje rápido que se hace como descanso. 3 DEP Despegue del pelotón de uno o varios corredores en una carrera.

escapar 1 *intr.* y *prnl.* Eludir un peligro, librarse de un daño. 2 Salir de un encierro. 3 Quedar fuera del dominio de alguien o algo. 4 *tr.* Librar de una obligación, mal o peligro. 5 *prnl.* Salirse un líquido o un gas de su recipiente. 6 No entender algo. 7 Soltarse algo.

escaparate 1 *m.* Hueco en una fachada, protegido con cristal, en que se exponen al público productos o mercancías. 2 Especie de alacena o armario con vidrieras.

escape 1 *m.* Acción de escapar. 2 En los motores de explosión, tubo que conduce al exterior los gases quemados.

escapismo 1 *m.* Actitud de quien se evade mentalmente de la realidad. 2 Arte de liberarse de cualquier tipo de ataduras.

escapo *m.* Bot Tallo que sale del tronco de la planta y remata en la flor.

escápula *f.* Anat **omóplato.**

escapular 1 *adj.* Anat Referente a la escápula. 2 Anat **cintura ~.**

escapulario 1 *m.* Tira de tela que cuelga por delante y por detrás del hábito de algunas órdenes religiosas. 2 Objeto devoto consistente en dos trocitos de tela unidos por dos cintas, que cuelgan sobre el pecho y la espalda y que llevan una imagen religiosa.

escaque *m.* Cada uno de los recuadros en que se divide un tablero de ajedrez, de damas o de otros juegos de mesa.

escarabajo *m.* Nombre de varios insectos **coleópteros.**

escaramuza 1 *f.* Riña de poca importancia. 2 Refriega de tanteo entre dos ejércitos enemigos.

escarapela 1 *f.* Divisa formada por cintas de varios colores, dispuestas a modo de roseta. 2 Tarjeta de identificación que se lleva prendida en la ropa.

escarapelar 1 *tr.* Descascarar, desconchar. 2 *prnl.* **descascararse.**

escarbar 1 *tr.* Remover repetidamente la tierra. 2 Indagar lo encubierto y oculto. 3 Limpiar los dientes o los oídos con el dedo o con un palillo.

escarceo 1 *m.* Aventura amorosa superficial. 2 *pl.* Tanteos, incursiones en un quehacer no habitual, o sin demasiada profundidad.

escarcha *f.* Rocío congelado de la noche.

escarchar 1 *intr.* Congelarse el rocío. 2 *tr.* Preparar licores, confituras, etc. con algo que imite la escarcha.

escardar *tr.* Arrancar cardos y hierbas con azada.

escariar *tr.* Ensanchar los agujeros hechos en el metal.

escarlata 1 *adj.* y *s.* Dicho del color carmesí menos subido que el de la grana. 2 *f.* Tela de este color.

escarlatina *f.* Med Enfermedad infecciosa bacteriana caracterizada por un exantema rojo y difuso.

escarmentar 1 *tr.* Corregir con rigor al que se ha equivocado, para que se enmiende. 2 *intr.* Tomar enseñanza de lo experimentado para evitar caer en los mismos errores.

escarmiento 1 *m.* Experiencia que enseña a evitar errores y daños. 2 Castigo ejemplar.

escarola *f.* Variedad de lechuga, de hojas rizadas.

escarpa 1 *f.* Pendiente muy pronunciada de un terreno. 2 Plano inclinado del muro que sostiene las tierras del camino cubierto.

escarpado, da 1 *adj.* Que tiene gran pendiente. 2 Dicho de las alturas que no tienen acceso transitable o lo tienen muy difícil.

escarpar *tr.* Cortar un terreno en forma de plano inclinado.

escarpín *m.* Calzado ligero y flexible.

escasear *intr.* Faltar, ir a menos algo.

escasez *f.* Carencia casi absoluta de lo necesario.

escatimar *tr.* Dar lo menos posible.

escatología[1] *f.* Rel Creencias y doctrinas relativas a la vida después de la muerte.

escatología[2] 1 *f.* Estudio de los excrementos y de sus propiedades. 2 Superstición o comentarios jocosos sobre los excrementos.

escayola 1 *f.* Geo **yeso.** 2 **estuco,** masa de yeso blanco. 3 Vendaje enyesado.

escayolar *tr.* **enyesar.**

escena 1 *f.* Cada parte que constituye, en una obra dramática o cinematográfica, una unidad en sí misma caracterizada por la presencia de los mismos personajes. 2 Hecho real visto como un espectáculo o con matices aparatosos: *Nos hizo una escena.*

escenario 1 *m.* Lugar debidamente montado y decorado para la representación de cualquier espectáculo. 2 Conjunto de circunstancias que rodean a alguien o enmarcan un suceso.

escénico, ca 1 *adj.* Relativo a la escena o al escenario. 2 Art **artes ~s.**

escenificar *tr.* Teat Poner en escena una obra o espectáculo teatrales.

escenografía 1 *f.* Teat Arte de montar una representación dramática. 2 Cin, Tv y Teat Conjunto de elementos (decoración, iluminación, música, etc.), necesarios para un montaje escénico. 3 **escenario,** conjunto de circunstancias.

escepticismo *m.* Desconfianza o duda de la verdad o eficacia de algo.

escéptico, ca 1 *adj.* Que profesa el escepticismo. 2 *adj.* y *s.* Que duda de la verdad o eficacia de algo.

escifozoo *adj.* y *m.* Zool Dicho de los celentéreos con cavidad gastrovascular comunicada con el exterior mediante una faringe. Pueden presentar forma de pólipo o de medusa.

escindir *tr.* y *prnl.* Dividir, separar.

escisión 1 *f.* Acción de escindir. 2 Biol Tipo de reproducción asexual de algunos animales que consiste en la propia división en varias partes que pueden constituir un nuevo ser, como en los platelmintos. || ~ **nuclear** Fís **fisión** nuclear.

escita *adj.* y *s.* Hist De un pueblo procedente de Asia central que se asentó progresivamente en el Cáucaso y Asia Menor (ss. VIII-VI a.C.) y cuyos miembros se destacaron como hábiles jinetes y arqueros.

esclarecer 1 *tr.* Ennoblecer, dar fama. 2 Dilucidar un asunto.

esclarecido, da *adj.* Ilustre, famoso, acreditado.

esclavismo *m.* Sistema económico-político basado en la esclavitud.

esclavitud 1 *f.* Forma involuntaria de servidumbre caracterizada por el trabajo que realizan las personas sometidas por la fuerza y que son consideradas bienes de mercado. 2 Sujeción excesiva de una persona a otra. 3 Entrega a una pasión que reduce la libertad personal.

esclavo, va 1 *adj.* y *s.* Dicho de la persona que carece de libertad por estar sometida a otra. 2 Sometido a una pasión, un vicio o un trabajo duro.

esclerénquima *m.* Bot Tejido vegetal formado por células muertas de membranas engrosadas y lignificadas.

esclerosis *f.* MED Endurecimiento patológico de los tejidos.

esclerótica *f.* ANAT Membrana dura que cubre casi por completo el ojo.

esclusa *f.* Tramo de un canal acotado con puertas de entrada y salida, que, con el adecuado aumento o disminución del nivel del agua, permite el paso de los barcos.

escoba 1 *f.* Utensilio hecho con ramas de plantas o con filamentos plásticos, que sirve para barrer. 2 Planta leguminosa muy ramosa, de unos 2 m de altura, con inflorescencia en espiga.

escocer 1 *intr.* Sentir una sensación desagradable parecida a la de una quemadura. 2 *prnl.* Irritarse la piel poniéndose roja por el sudor, el roce, etc.

escoger *tr.* Elegir a alguien o algo entre otros varios.

escolapio, pia 1 *adj.* y *s.* Perteneciente a la orden católica fundada (1597) por el religioso español José de Calasanz. 2 Dicho de sus miembros.

escolar 1 *adj.* Relativo a la escuela, al colegio o al estudiante. 2 Relativo a la enseñanza que se imparte en escuelas y colegios. 3 *m.* y *f.* Alumno de escuela o colegio: *El escolar usa uniforme.*

escolaridad 1 *f.* Conjunto de cursos que un estudiante sigue en un establecimiento docente. 2 Conjunto de escolares en una región o país: *En el último lustro aumentó la escolaridad.*

escolasticismo *m.* FIL e HIST Filosofía medieval, cristiana, arábiga y judaica, en la que dominó la enseñanza de las doctrinas de Aristóteles, concertada con las respectivas doctrinas religiosas.

escolástico, ca 1 *adj.* Relativo al escolasticismo. 2 *f.* FIL **ESCOLASTICISMO.**

escólex *m.* ZOOL Primero de los segmentos del cuerpo de ciertos platelmintos, provisto de ventosas o ganchos, con los que se fija a su huésped.

escolio *m.* Nota explicativa de un texto.

escoliosis *f.* MED Desviación lateral de la columna vertebral.

escollar *intr.* Tropezar una nave en un escollo.

escollera *f.* Conjunto de bloques de piedra y de mampostería echados al fondo de las aguas para defensa contra el oleaje o como cimentación de un dique.

escollo 1 *m.* Peñasco que representa un peligro para la navegación. 2 Dificultad.

escolopendra *f.* **Miriápodo** de veinticinco egmentos.

escolta *f.* Acompañamiento de una persona para su protección u honor.

escoltar 1 *tr.* Acompañar a una persona para su defensa o en señal de homenaje. 2 Acompañar la marcha de algo para su defensa.

escombro *m.* Conjunto de materiales de desecho de una obra de albañilería, un edificio derribado, etc.

esconder 1 *tr.* y *prnl.* Poner una cosa en lugar secreto para que no sea encontrada. 2 Esconder a alguien en lugar secreto para que no sea visto. 3 Incluir una cosa a otra. 4 Ocultar una cosa a otra.

escondite *m.* Sitio adecuado para esconderse alguien o esconder algo.

escopeta *f.* Arma de fuego de 70 a 80 cm de largo, con uno o dos cañones.

escoplo *m.* Herramienta de carpintería consistente en una lámina de acero terminada en bisel y fija a un mango.

escopolamina *f.* QUÍM Alcaloide que se extrae de algunas plantas solanáceas y se usa en medicina para bloquear la transmisión de los impulsos nerviosos.

escora *f.* Acción de escorarse una embarcación.

escorar *intr.* y *prnl.* Inclinarse lateralmente una embarcación.

escorbuto *m.* MED Enfermedad producida por la deficiencia de vitamina C y caracterizada por deformación de las encías y debilitamiento general.

escoria 1 *f.* Sustancia vítrea residual de la fundición de metales. 2 GEO Lava esponjosa de los volcanes. 3 Persona o cosa vil.

escorpión 1 *m.* Arácnido de cuerpo plano y estrecho, con dos pinzas y una cola que termina en un aguijón con glándulas venenosas. 2 *adj.* y *s.* Dicho de las personas nacidas bajo el signo Escorpión, entre el 23 de octubre y el 22 de noviembre.

escorrentía *f.* Agua de lluvia que discurre por la superficie de un terreno.

escorzar *tr.* ART Dibujar o pintar un escorzo.

escorzo *m.* Perspectiva en la que las líneas que deberían ser perpendiculares al plano aparecen en sentido oblicuo.

escotadura *f.* Entrante en el borde de una cosa.

escotar 1 *tr.* Hacer un escote en una prenda de vestir. 2 *prnl.* Abrirse o pronunciarse mucho el escote o cuello de un vestido.

escote 1 *m.* Parte del pecho y de la espalda que el entrante de una prenda de vestir deja al descubierto. 2 El entrante correspondiente en la prenda de vestir.

escotilla *f.* Cada una de las aberturas que comunican la cubierta del barco con el interior, o un piso con otro.

escoto, ta *adj.* y *s.* HIST De un pueblo que se estableció en el NO de Escocia en la alta Edad Media y dio nombre al país.

escozor *m.* Sensación dolorosa parecida a la quemadura.

escriba 1 *m.* Antiguo maestro judío versado en la Sagrada Escritura. 2 **AMANUENSE.**

escribano, na 1 *m.* y *f.* Persona que copia o escribe a mano. 2 **NOTARIO.**

escribir 1 *tr.* Representar los sonidos o palabras mediante signos gráficos o letras. 2 Representar los sonidos con las notas musicales. 3 *tr.* e *intr.* Componer libros, discursos, poemas, obras musicales, etc. 4 Comunicar algo por escrito a alguien.

escrito, ta 1 *adj.* Que se hace mediante la escritura: *Prensa escrita.* 2 *m.* Cosa escrita en cualquier material. 3 Papel manuscrito, mecanografiado o impreso. 4 Composición científica o literaria.

escritor, ra 1 *m.* y *f.* Persona que escribe. 2 Autor de alguna obra escrita o impresa.

escritorio 1 *m.* Mueble con tabla para escribir y cajones o divisiones para contener papeles. 2 Despacho, oficina. 3 INF Área de trabajo en pantalla que utiliza iconos que representan programas, archivos y documentos y desde los cuales se puede acceder a sus contenidos.

escritura 1 *f.* Acción y efecto de escribir. 2 LING Sistema de signos gráficos para representar el lenguaje oral. 3 Cosa escrita. 4 DER Documento en el que consta una obligación o acuerdo entre dos o más personas, firmado por estas y de todo lo cual da fe el notario. || ~ **alfabética** LING La fonética que representa los sonidos mediante fonemas aislados, uno para cada sonido. ~ **cuneiforme** HIST La compuesta de caracteres de forma de cuña. Se dice sobre todo de la antigua escritura asiria y babilónica. ~ **fonética** LING Representación de los sonidos hablados por sílabas o por letras. ~ **jeroglífica** HIST La que representa las palabras con figuras o símbolos de los objetos significados. Corresponde a los antiguos sistemas de escritura de los egipcios, hititas, cretenses y mayas.

escriturar *tr.* DER Formalizar una escritura.

escrófula *f.* MED Tumefacción de los ganglios linfáticos.

escroto *m.* ANAT Saco formado por la piel que cubre los testículos y por las membranas que los envuelven.

escrúpulo 1 *m.* Duda de conciencia sobre la calidad moral de alguna acción. 2 Aprensión o asco hacia algo.

escrupuloso, sa 1 *adj.* Que tiene o muestra escrúpulos. 2 Esmerado en el cumplimiento de sus compromisos.

escrutar 1 *tr.* Mirar con atención o examinar con cuidado. 2 Hacer el recuento de votos en una elección.

escrutinio *m.* Acción e efecto de escrutar.

escuadra 1 *f.* Utensilio en forma de triángulo rectángulo que sirve para dibujar. 2 Pieza en ángulo recto que asegura dos maderas ensambladas. 3 Las dos dimensiones de la sección transversal de madero labrado a escuadra. 4 Conjunto de buques de guerra. 5 Unidad menor de tropa.

escuadrar *tr.* Disponer la superficie de un objeto de modo que sus caras formen ángulos rectos.

escuadrón 1 *m.* Unidad importante del ejército. 2 Unidad importante de la fuerza áerea.

escuálido, da *adj.* Flaco, macilento, sin lozanía.

escualo *m.* Nombre común de los peces **selacios**.

escuchar 1 *tr.* Prestar atención a lo que se oye. 2 Atender y seguir un consejo.

escudar 1 *tr.* y *prnl.* Proteger con el escudo. 2 Defender, amparar. 3 *prnl.* Servirse de alguien o algo como protección o pretexto.

escudería *f.* DEP Equipo de competición que forman los autos o las motos de una misma marca.

escudero *m.* Paje que llevaba el escudo del caballero cuando este no lo usaba.

escudilla *f.* Vasija ancha con forma de media esfera.

escudo 1 *m.* Arma defensiva para cubrirse y resguardarse de las ofensivas. 2 ZOOL Parte central de la superficie dorsal de los insectos. || ~ **continental** GEO Parte de los continentes constituida por plataformas muy antiguas y rígidas, que presentan un relieve plano. ~ **de armas** En heráldica, representación de los blasones en una superficie. ~ **volcánico** GEO Cono volcánico rebajado y de pendiente suave.

escudriñar *tr.* Examinar cuidadosamente un asunto.

escuela 1 *f.* Establecimiento público o privado en que se da cualquier género de instrucción. 2 Enseñanza que se da o que se adquiere. 3 Conjunto de doctrinas filosóficas, literarias o técnicas. 4 Conjunto de seguidores de alguna de tales doctrinas. 5 Todo lo que aporta algún tipo de conocimiento

o experiencia: *La escuela de la vida.* || ~ **normal** Aquella en que se forman los maestros de la enseñanza básica.

escueto, ta *adj.* Preciso, neto, sin adornos.

esculcar *tr.* Registrar para buscar algo oculto.

esculpir *tr.* ART Labrar una obra de escultura.

escultismo *m.* Movimiento juvenil que busca la formación de sus miembros mediante actividades al aire libre para fomentar la solidaridad.

escultor, ra *m.* y *f.* Persona que practica la escultura.

escultura 1 *f.* ART Arte de modelar, ensamblar, tallar y esculpir figuras de tres dimensiones en materiales duros (madera, mármol, piedra, etc.) o maleables (barro, cera, metales, etc.). También se consideran esculturas los relieves, los móviles y ciertas instalaciones monumentales. 2 ESTATUA.

escultural 1 *adj.* Relativo a la escultura. 2 Que posee alguno de los caracteres bellos de la estatua: *Cuerpo escultural.*

escupidera *f.* Recipiente para escupir en él.

escupir 1 *intr.* Arrojar saliva por la boca. 2 *tr.* Arrojar por la boca cualquier otra cosa.

escupitajo *m.* Saliva, flema o sangre que se escupe de una vez.

escurrido, da *adj.* Dicho de la persona delgada y, referido a la mujer, sin curvas.

escurrimiento 1 *m.* Acción y efecto de escurrir o escurrirse. 2 GEO Fracción de las precipitaciones que llega al suelo del bosque escurriendo por ramas y troncos.

escurrir 1 *tr.* Apurar los últimos restos de un líquido. 2 *tr.* y *prnl.* Hacer que una cosa empapada o mojada desprenda el líquido. 3 *intr.* y *prnl.* Deslizarse una cosa por encima de otra. 4 *prnl.* Salir desapercibidamente.

escusado *m.* RETRETE.

esdrújulo, la *adj.* y *s.* FON Dicho de la palabra cuyo acento prosódico recae en la antepenúltima sílaba: *discípulo; máxima; pájaro.*

ese[1] 1 *f.* Nombre de la letra *s*. 2 Figura en forma de *s*.

ese[2], **esa** Formas masculina y femenina del adjetivo y pronombre demostrativo. Llevan acento cuando actúan como pronombres y existe riesgo de anfibología. Designan lo que se acaba de mencionar o lo que está más cerca de la persona que escucha.

esencia 1 *f.* Naturaleza permanente e invariable de un ser. 2 Lo más importante y característico de algo. 3 FARM Extracto líquido obtenido de plantas, muy volátil y de olor penetrante.

A B C D E F G H I J K L M N Ñ O P Q R S T U V W X Y Z

esencial 1 *adj.* Perteneciente a la esencia. 2 Sustancial, principal.

esenio *m.* REL Miembro de una secta judía coetánea de Cristo, que vivía en el desierto dedicado a la meditación.

esfenoides *m.* ANAT Hueso de la base del cráneo que forma las cavidades nasales y las órbitas.

esfera 1 *f.* GEOM Sólido limitado por una superficie curva cuyos puntos equidistan de otro interior llamado centro. 2 GEOM Superficie de este sólido. 3 Cualquier cuerpo de dichas características. 4 **BOLA** utilizada para la construcción de rodamientos. 5 Ámbito en que se realiza una determinada actividad. || ~ **celeste** ASTR Esfera ideal, concéntrica con la terráquea, en la cual se mueven aparentemente los astros.

esférico, ca 1 *adj.* GEOM Perteneciente a la esfera o que tiene su figura. 2 GEOM **segmento ~**; **triángulo ~**.

esferográfico, ca *m.* y *f.* **BOLÍGRAFO.**

esferoide *m.* Cuerpo de forma parecida a la esfera.

esfinge *f.* Monstruo fabuloso con figura híbrida mezcla de humano y animal.

esfínter *m.* ANAT Músculo anular que abre o cierra alguna cavidad del cuerpo, como el que controla el ano.

esforzar 1 *intr.* Tomar ánimo. 2 *prnl.* Hacer esfuerzos por conseguir algo.

esfuerzo 1 *m.* Empleo de la fuerza física contra algún impulso o resistencia. 2 Vigor o ánimo para conseguir algo.

esfumado *m.* ART En una pintura, transición suave de una zona a otra obtenida por medio de tonos vagos y juegos de sombra.

esfumar 1 *tr.* ART Difuminar los contornos o tonos de una composición pictórica o parte de ella. 2 ART Sombrear con el difumino. 3 *prnl.* Desaparecer, desvanecerse.

esgrafiar *tr.* Trabajar una superficie con dos colores levantando en parte el de encima para dejar ver el de debajo.

esgrima *f.* DEP Arte de manejar la espada, el sable o el florete.

esgrimir 1 *tr.* Manejar la espada acometiendo o parando los golpes del contrario. 2 Servirse de razones para conseguir algo.

esguince 1 *m.* Torcedura o distensión de una articulación. 2 Quiebre del cuerpo para evitar un golpe o choque.

eslabón *m.* Anillo, que enlazado con otros, forma una cadena.

eslabonar *tr.* Unir los eslabones o piezas para formar una cadena.

eslalon *m.* DEP En esquí, carrera de habilidad a lo largo de un trazado determinado.

eslavo, va 1 *adj.* y *s.* Relativo a los eslavos, persona de este grupo. 2 HIST De un pueblo indoeuropeo que, unos siglos después de las migraciones germanas, emigró también hacia el E y S de Europa. Se considera como sus descendientes a los polacos, checos, eslovacos, serbios, croatas, eslovenos, etc.

eslogan *m.* Frase breve y concisa que se usa en publicidad para anunciar productos de consumo y en las campañas de propaganda política.

eslora *f.* Longitud total de un barco.

esmaltado, da 1 *adj.* Cubierto de esmalte. 2 *m.* Acción y efecto de esmaltar.

esmaltar *tr.* Aplicar esmalte a algún objeto.

esmalte 1 *m.* Sustancia rica en sílice, combinada con fundentes que, fundida al horno, toma la transparencia y lustre del vidrio. 2 Objeto cubierto o adornado con esmalte. 3 ANAT Materia dura y blanca que protege el marfil de la corona de los dientes de los vertebrados. || ~ **de uñas** Laca de secado rápido para colorear las uñas.

esmerado, da 1 *adj.* Que se esmera. 2 Dicho de lo que se hace con esmero o implica esmero.

esmeralda[1] *f.* Piedra preciosa de color verde.

esmeralda[2] *adj.* y *s.* De un pueblo amerindio que en la época precolombina habitaba en la costa del actual Ecuador, entre el río Esmeraldas y la bahía de Manta.

esmerar *tr.* Poner gran cuidado en la propia conducta o en la ejecución de algo.

esmeril 1 *m.* Piedra dura que se emplea como abrasivo. 2 La que montada en un eje se usa para afilar herramientas.

esmerilar *tr.* Alisar y pulir con esmeril.

esmero *m.* Cuidado y diligencia por hacer las cosas bien.

esmog *m.* Niebla baja con hollín, humo y polvo que permanece suspendida sobre las grandes ciudades.

esmoquin *m.* Traje masculino de etiqueta con chaqueta y solapa larga.

esnob *adj.* y *s.* Que simula distinción estando a la última moda o exhibiendo costumbres no asimiladas.

esnobismo *m.* Cualidad de esnob.

esos Pronombre demostrativo plural de ese[2].

esófago *m.* ANAT Tubo del aparato digestivo, situado entre la tráquea y la columna vertebral, que va de la faringe al estómago.

esotérico, ca *adj.* Reservado, oculto.

espaciado *m.* Acción y efecto de espaciar.

espaciador *m.* Tecla que, en los teclados de los computadores, marca los espacios en blanco.

espacial 1 *adj.* Relativo al espacio. 2 **nave ~**; **sonda ~**.

espaciar 1 *tr.* Separar las cosas o distanciarlas más en el espacio o en el tiempo. 2 *tr.* y *prnl.* Ampliarse, separarse.

espacio 1 *m.* Extensión indefinida que contiene todos los seres físicos. 2 Parte de esa extensión que ocupa cada cuerpo. 3 Extensión de un terreno o capacidad de un local. 4 Distancia entre dos o más cosas. 5 Transcurso del tiempo entre dos sucesos. 6 Programa de radio o televisión. 7 FÍS Distancia recorrida por un móvil en cierto tiempo. 8 GEOM **geometría del ~**. || ~ **aéreo** Zona de la atmósfera de la jurisdicción de un país. ~ **exterior** El que se encuentra más allá de la atmósfera terrestre. ~ **interestelar** ASTR El situado más allá del sistema solar. ~ **planetario** ASTR El que abarcan los planetas en su movimiento alrededor del Sol. ~ **público** Conjunto de lugares destinados al uso público, como calles, parques, etc., o a un servicio público, como los edificios oficiales, los puertos, etc. ~ **vital** Ámbito territorial necesario para el desarrollo de una persona o una comunidad.

espacio-tiempo *m.* Fís Espacio de cuatro dimensiones, basado en la teoría de la relatividad restringida de Einstein, en el que a las tres dimensiones de la física tradicional (altura, anchura y longitud) se añade el tiempo.

espada *f.* Arma blanca, larga, recta y aguda, con empuñadura.

espadachín, na *m.* y *f.* Persona hábil en el manejo de la espada.

espadaña 1 *f.* Campanario consistente en un muro con huecos para situar las campanas. 2 Planta de 1,5 a 2 m de altura, con hojas y tallos alargados y con una mazorca cilíndrica en el extremo de los tallos.

espádice *m.* Bot Inflorescencia en forma de espiga con un eje carnoso y envuelta en una espata, como la cala.

espagueti *m.* Pasta de harina de trigo con forma de cilindro largo y delgado.

espalda 1 *f.* Parte posterior del cuerpo humano desde los hombros hasta la cintura. 2 Parte correspondiente del cuerpo de los animales. 3 Parte posterior del vestido, de un edificio, etc. 4 Dep Estilo de natación en que se nada boca arriba.

espaldar *m.* Respaldo de una silla o banco.

espaldarazo 1 *m.* Reconocimiento de la competencia a alguien por sus logros en una actividad. 2 Ayuda que alguien recibe para lograr una posición social o profesional.

espaldera *f.* Armazón de listones para que crezcan las plantas trepadoras.

espanglish *m.* Variedad de habla de algunos grupos hispanos que habitan en los Estados Unidos en la cual se mezclan elementos lingüísticos del español y del inglés. ♦ Fusión del término 'español' y la voz inglesa *english*.

espantapájaros *m.* Monigote que se pone en los cultivos para protección de los frutos contra los pájaros.

espantar 1 *tr.* y *prnl.* Causar espanto. 2 Echar de un lugar a una persona o a un animal. 3 *prnl.* Sentir espanto. 4 Admirarse.

espanto 1 *m.* Miedo intenso, horror. 2 Admiración, consternación. 3 APARECIDO.

español, la 1 *adj.* y *s.* De España. 2 *m.* Lengua común de Hispanoamérica y España, hablada también como propia en otras partes del mundo.

□ Hist El español procede de un dialecto derivado del latín que se formó en el s. X en Castilla. Se considera el *Cantar de Mío Cid* el primer texto escrito íntegramente en español, cuya versión original data de 1140, aprox. Hacia el s. XV llegó a ocupar una amplia zona de norte a sur del centro de la Península Ibérica y, a partir de 1492, se extendió como lengua franca en América hasta consolidarse como oficial en todas las naciones de Hispanoamérica.

españolizar 1 *tr.* Dar carácter español. 2 Dar a las palabras de otros idiomas forma española.

esparadrapo *m.* Tira de tela con sustancia adhesiva por una cara, que se emplea para fijar vendajes.

esparavel 1 *m.* Red redonda para pescar en parajes de poco fondo. 2 Tabla para sostener la mezcla que se aplica con la llana.

esparcimiento *m.* Acción y efecto de esparcir.

esparcir 1 *tr.* y *prnl.* Extender lo que está junto. 2 Difundir una noticia. 3 Distraer, recrear.

espárrago 1 *m.* Vástago tierno y comestible de la esparraguera. 2 Vástago metálico roscado al que se puede acoplar una tuerca, para fijar piezas.

esparraguera *f.* Planta de tallo herbáceo y ramoso y hojas aciculares que produce vástagos comestibles.

espartano, na 1 *adj.* y *s.* Relativo a Esparta, ciudad de Grecia antigua. 2 *adj.* Rígido, austero.

esparto 1 *m.* Planta gramínea de hojas radicales arrolladas sobre sí, flores en panoja y semillas muy menudas. 2 Hojas de esta planta, empleadas para hacer sogas, esteras, etc.

espasmo *m.* Rigidez y convulsión de los músculos.

espata *f.* Bot Bráctea grande o conjunto de brácteas que envuelve ciertas inflorescencias, como la de la cala y el ajo.

espato *m.* Geo Cualquier mineral de estructura laminosa.

espátula 1 *f.* Paleta de bordes afilados y mango largo que se emplea para hacer mezclas o para remover. 2 Barrita de madera para modelar el barro. 3 Ave ciconiforme de plumaje blanco y pico en forma de espátula.

especia *f.* Sustancia aromática para sazonar o hacer picantes los alimentos.

especial 1 *adj.* Singular, no común. 2 Adecuado, muy específico.

especialidad 1 *f.* Rama de una ciencia, arte u oficio en que cabe una especialización precisa. 2 Cosa que alguien sabe, hace o posee de manera singular. 3 Confección o producto en cuya hechura sobresalen una persona, un establecimiento, una región, etc.

especialista *adj.* Que se dedica a una determinada especialidad.

especialización 1 *f.* Acción y efecto de especializar o especializarse. 2 Estudios y prácticas que se siguen para especializarse.

especializar 1 *tr.* y *prnl.* Cultivar especialmente una determinada rama de la ciencia o del arte. 2 Limitar algo a un uso o fin determinado.

especiación *f.* Biol Proceso de formación de especies inducido por la presencia de barreras (biológicas o geográficas) que impiden el intercambio génico entre poblaciones divergentes.

especie 1 *f.* Grupo de personas, animales o cosas que presentan unas características comunes. 2 Imagen, figuración. 3 Biol Categoría taxonómica entre el individuo y el género que agrupa a individuos de morfología y fisiología similares y capaces de aparearse entre sí, producir una descendencia viable y

A B C D E F G H I J K L M N Ñ O P Q R S T U V W X Y Z

evolucionar de forma autónoma. || **~s en vía de extinción** ECOL Especies de plantas y animales en peligro de desaparición en un futuro inmediato. || **en ~** *loc. adv.* En frutos o géneros y no en dinero.

especificar *tr.* Precisar algo mediante pormenores y notas características.

específico, ca 1 *adj.* Que es propio de algo y lo caracteriza y distingue. 2 Concreto, preciso. 3 *m.* FARM Medicamento para tratar una enfermedad determinada. 4 FARM Medicamento industrial que lleva el nombre científico de sus compuestos.

espécimen *m.* Ejemplar con las características de su especie muy bien definidas.

espectacular *adj.* Que tiene caracteres de espectáculo.

espectáculo 1 *m.* Función o exhibición pública con fines de diversión o entretenimiento. 2 Hecho capaz de llamar la atención o suscitar el asombro para deleite u horror de quien lo contempla.

espectador, ra 1 *adj.* Que observa algo. 2 *adj.* y *s.* Que asiste a un espectáculo.

espectral *adj.* Relativo al espectro.

espectro 1 *m.* Fantasma que se representa a los ojos o en la fantasía. 2 FÍS Distribución de la intensidad de un fenómeno ondulatorio en función de su longitud, energía, frecuencia, etc. 3 Representación gráfica de cualquiera de estas distribuciones. || **~ electromagnético** FÍS Clasificación de las ondas electromagnéticas por su longitud de onda. **~ luminoso** ÓPT Banda matizada de los colores del iris, que resulta de la descomposición de la luz blanca a través de un prisma o de otro cuerpo refractor.

espectroscopio *m.* FÍS Instrumento que sirve para obtener y observar un espectro.

especulación *f.* Acción y efecto de especular[1].

especular[1] 1 *intr.* Perderse en sutilezas o hipótesis sin base real. 2 Sacar provecho de algo. 3 *tr.* y *prnl.* Formar conjeturas.

especular[2] 1 *adj.* Relativo a los espejos. 2 Dicho de la imagen reflejada en un espejo.

espejear 1 *intr.* Brillar como un espejo. 2 Reflejar la luz de manera intermitente.

espejismo 1 *m.* Ilusión óptica debida a la reflexión total de la luz por la diferente densidad de las masas horizontales de aire. 2 Ilusión, apariencia falaz.

espejo 1 *m.* Lámina de vidrio azogado o de metal bruñido que refleja los objetos. 2 Imagen de algo: *La familia es un espejo de la sociedad.*

espejuelo 1 *m.* Yeso cristalizado en placas brillantes. 2 *pl.* Cristales de los anteojos.

espeleología 1 *f.* GEO Estudio de la naturaleza, origen y formación de las cavernas. 2 Práctica científica y deportiva de explorar las cavidades terrestres.

espelucar *tr.* DESPELUCAR.

espelunca *f.* Cueva, gruta.

espeluznante *adj.* Que espeluzna.

espeluznar 1 *tr.* y *prnl.* Erizar el pelo o las plumas. 2 Espantar, aterrorizar.

espera 1 *f.* Acción y efecto de esperar. 2 Plazo o prórroga para hacer algo.

esperanto *m.* LING Idioma artificial creado con el propósito de servir como lengua universal.

esperanza 1 *f.* Confianza de que ocurra lo que se desea. 2 REL Virtud teologal cristiana que confía en la bondad de Dios y aguarda el cumplimiento de sus promesas. || **~ de vida** ECON Promedio de años que puede vivir una persona. Constituye un indicador del nivel de vida y desarrollo de un país.

esperar 1 *tr.* Confiar en conseguir lo que se desea o en que sucederá algo bueno. 2 Aguardar en un sitio a que llegue alguien o a que ocurra algo. 3 Estar algo en el futuro, ser inminente su aparición segura: *Nos espera una mala noche.* 4 *tr.* e *intr.* Estar una mujer embarazada.

esperma 1 *m.* o *f.* FISIOL Secreción de los testículos, semen. 2 *m.* Aceite que se extraía de algunos cetáceos y se usaba, principalmente, en la fabricación de velas. 3 *f.* Vela, cilindro o prisma de cera para dar luz.

espermático, ca 1 *adj.* Relativo al esperma. 2 ANAT **cordón ~.**

espermátida *adj.* y *f.* BIOL Dicho de la célula haploide que se diferencia y se convierte un espermatozoide.

espermatocito *m.* BIOL Célula germinal masculina que procede de la esparmatogonia y da lugar a la espermátida. || **~ primario** BIOL Célula diploide que se forma por mitosis de una espermatogonia. **~ secundario** BIOL Célula haploide que se forma por meiosis de un espermatocito primario.

espermatofito, ta *adj.* y *s.* BOT FANERÓGAMO.

espermatogénesis *f.* BIOL Proceso de formación de espermatozoides a partir de las espermatagonias.

espermatogonia *m.* BIOL Célula sexual masculina indiferenciada, diploide, que se produce en los testículos y da origen a los espermatocitos.

espermatorrea *f.* MED Derrame involuntario y frecuente del semen.

espermatozoide *m.* BIOL y FISIOL Gameto masculino de los animales destinado a la fecundación del óvulo femenino. Está formado por una cabeza que contiene la dotación cromosómica del macho y un flagelo que le ayuda a avanzar hacia el óvulo. Aporta al embrión el centrosoma activo y el estímulo inicial para la mitosis.

espermicida *m.* Anticonceptivo que destruye los espermatozoides.

esperpento 1 *m.* Persona o cosa grotesca. 2 Desatino, despropósito.

espesar *tr.* y *prnl.* Dar consistencia a un líquido.

espeso, sa 1 *adj.* Dicho de la sustancia que tiene mucha densidad. 2 Dicho de las cosas que están muy juntas y apretadas.

espesor 1 *m.* Grosor de un cuerpo sólido. 2 Densidad de un cuerpo líquido o gaseoso.

espesura 1 *f.* Cualidad de espeso. 2 Lugar muy poblado de árboles y matorrales.

espetar *tr.* Decir de improviso algo desagradable o molesto.

espía *m.* y *f.* Persona que acecha con disimulo al servicio de una persona o de una institución.

espiar 1 *tr.* Observar con disimulo hechos y dichos. 2 Intentar conseguir informaciones secretas.

espichar 1 *tr.* Punzar con una cosa aguda. 2 *intr.* Apretar o comprimir algo.
espícula *f.* Cuerpo u órgano pequeño de forma de aguja.
espiga 1 *f.* Bot Inflorescencia de flores hermafroditas asentadas a lo largo de un eje. 2 **espigo.**
espigar 1 *intr.* Comenzar los cereales a formar espiga. 2 *prnl.* Crecer mucho una persona.
espigo 1 *m.* Parte afinada de una herramienta que se introduce en el mango. 2 Clavo de madera con que se aseguran las tablas o maderos. 3 Clavo sin cabeza.
espigón 1 *m.* Punta de un instrumento puntiagudo. 2 Columna que forma el eje de una escalera de caracol.
espina 1 *f.* Astilla puntiaguda. 2 Bot Púa leñosa de algunas plantas, como el rosal. 3 Zool Cada una de las piezas óseas, largas y puntiagudas, del esqueleto de muchos peces. || ~ **dorsal** Anat **columna** vertebral.
espinaca *f.* Hortaliza de hojas radicales grandes y flores dioicas y verdosas. Contiene hierro y vitaminas A y B2.
espinal 1 *adj.* Relativo a la columna vertebral. 2 Anat y Fisiol **médula ~; tríceps ~.**
espinar *tr., intr.* y *prnl.* Punzar, herir con espina.
espinazo *m.* En lenguaje común, columna vertebral.
espineta *f.* Mús Clavicordio pequeño y de una sola cuerda en cada orden.
espinilla 1 *f.* Parte delantera de la canilla de la pierna. 2 Grano sebáceo que se forma en la piel.
espinillera *f.* Almohadilla que preserva la espinilla de golpes.
espino *m.* Nombre de muchos arbustos de ramas espinosas.
espinoso, sa 1 *adj.* Que tiene espinas. 2 Dificultoso.
espionaje 1 *m.* Acción de espiar. 2 Conjunto de personas y medios con los que un Estado observa y recoge información de otros en secreto.
espira 1 *f.* Vuelta de una espiral o de una hélice. 2 Zool Espiral que forman, arrollándose alrededor de un eje, la concha de muchos gasterópodos y de algunos cefalópodos.
espiración *m.* Acción y efecto de espirar.
espiráculo 1 *m.* Zool Orificio por donde respiran los peces selacios. 2 Zool Orificio respiratorio de algunos artrópodos.
espiral 1 *adj.* Con espiras o de forma helicoidal. 2 *f.* Encadenamiento progresivo de acontecimientos de un mismo carácter. 3 Geom Curva plana que se desarrolla alrededor de un eje del que se aleja gradualmente sin cerrarse nunca. 4 Geom **hélice.**
espirar *tr.* e *intr.* Fisiol Expulsar el aire aspirado.
espiritismo *m.* Creencia en los espíritus de los difuntos y en la posibilidad de comunicarse con ellos.
espiritista 1 *adj.* Perteneciente al espiritismo. 2 *adj.* y *s.* Que sigue esta creencia.
espiritrompa 1 *f.* Zool Aparato bucal de los lepidópteros, con las maxilas en forma de tubo, que permanece arrollado en forma de espiral durante el reposo.
espíritu 1 *m.* Ser inmaterial dotado de razón. 2 Alma racional, contrapuesta a la sensitiva y a la materia en general. 3 Ánimo, valor. 4 Vivacidad, ingenio. 5 Esencia o sustancia de algo.
espiritual 1 *adj.* Relativo al espíritu. 2 Mús Canto religioso propio de la comunidad negra del sur de Estados Unidos.
espiritualismo 1 *m.* Inclinación a la vida espiritual. 2 Fil Doctrina opuesta al materialismo, según la cual el espíritu es la única realidad.
espirituoso, sa *adj.* Animoso, eficaz.

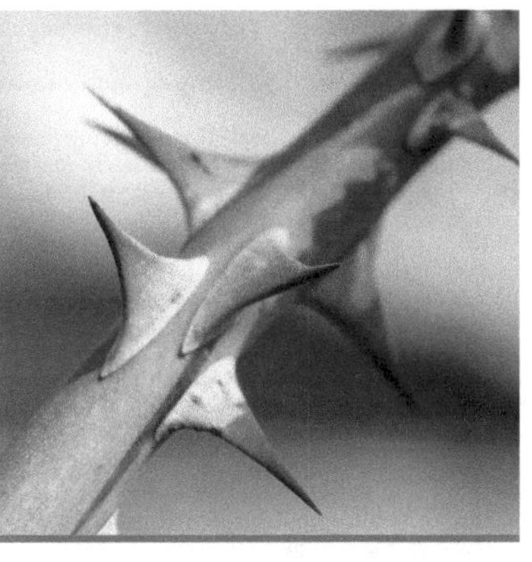

espirometría *f.* Med Estudio de la capacidad respiratoria que mide el volumen de aire que se inspira y se expele.
espiroquetas *f.* Biol Grupo de bacterias caracterizadas por tener el cuerpo arrollado en hélice. Algunas son patógenas y entre estas está la causante de la sífilis.
espléndido, da 1 *adj.* Magnífico, excelente. 2 Muy generoso y desprendido.
esplendor 1 *m.* **resplandor.** 2 Lustre, magnificencia. 3 Periodo de apogeo y gloria.
esplenio *m.* Anat Músculo que une las vértebras cervicales a la cabeza.
espliego *m.* Planta herbácea aromática, de hojas elípticas y vellosas y florecillas azules en espiga.
espolear *tr.* Picar con la espuela.
espoleta *f.* Dispositivo con el que se prende fuego a la carga en los explosivos.
espolón 1 *m.* Tajamar de un puente. 2 Malecón de contención. 3 Punta en que remata la proa de un barco. 4 Bot Prolongación tubulosa situada en la base de algunas flores, como en la capuchina. 5 Zool Apófisis ósea que tienen en el tarso algunas galliformes.
espolvorear *tr.* Esparcir polvo o cosa similar sobre una cosa.
esponja 1 *f.* Masa porosa y elástica que absorbe fácilmente los líquidos. 2 Biol **porífero.**
esponjado *m.* Pasta esponjosa de almíbar, clara de huevo y zumo de frutas.
esponjar *tr.* Ahuecar una cosa, hacerla más porosa.
esponjoso, sa *adj.* Dicho del cuerpo muy poroso y ligero, como la esponja.
esponsales *m. pl.* Compromiso matrimonial público.
espontaneidad 1 *f.* Cualidad de espontáneo. 2 Naturalidad, falta de artificio.
espontáneo, a 1 *adj.* Que se produce sin intervención externa. 2 Que se hace de modo natural, sin afectación. 3 Libre, franco, sincero. 4 *m.* y *f.* Persona que por propia iniciativa interviene en un espectáculo público.
espora 1 *f.* Biol Cada una de las células de las criptógamas y de los hongos que se reproducen sin necesidad de fecundación, dividiéndose reiteradamente hasta constituir un nuevo individuo. 2 Biol Forma de resistencia que adoptan las bacterias ante condiciones ambientales desfavorables. 3 Zool Cada una de las células de algunos protozoos que se forman

por división de estos y dan origen a individuos plenamente desarrollados.

esporádico, ca *adj.* Que ocurre de forma aislada o aleatoria, que es ocasional.

esporangio *m.* BOT Cavidad donde se originan y están contenidas las esporas en muchas criptógamas.

esporofito (Tb. esporófito) 1 *m.* BOT Individuo de la generación productora de esporas en las plantas que presentan reproducción alternante. 2 BOT Fase de esta generación.

esporozoo *adj.* y *m.* BIOL Dicho de los protozoos parásitos intracelulares que, en un determinado momento de su vida, se reproducen por esporas, como el plasmodio productor del paludismo. Conforman una clase.

esporulación *f.* BIOL Formación de esporas.

esposar *tr.* Sujetar con esposas.

esposo, sa 1 *m.* y *f.* Persona casada respecto de su pareja. 2 *f.* Manilla con la que se sujeta a alguien por las muñecas. • U. f. en pl.

espray *m.* AEROSOL, líquido almacenado a presión.

esprint *m.* DEP Aceleración rápida del corredor o deportista en la carrera.

espuela 1 *f.* Pieza metálica que se ajusta al talón y termina en una estrella o ruedecilla dentada con que se pica al caballo. 2 ESPOLÓN de las aves.

espuerta *f.* Recipiente de fibra entretejida y con asas que sirve para transportar tierra y escombros.

espulgar 1 *tr.* y *prnl.* Limpiar de pulgas. 2 Examinar cuidadosamente algo.

espuma 1 *f.* Burbujas que flotan en una superficie líquida. 2 GOMAESPUMA.

espumar 1 *tr.* Quitar la espuma de un líquido. 2 *intr.* Hacer un líquido espuma.

espumarajo *m.* Saliva abundante y espumosa que se arroja por la boca.

espurio, ria *adj.* Adulterado o falso.

esputo *m.* Flema que se arroja por la boca en cada expectoración.

esqueje *m.* Tallo o rama que se planta en la tierra para que eche raíces.

esquela *f.* Papel impreso en el que se da una noticia, se participa un acontecimiento, una invitación, una cita, etc.

esqueleto 1 *m.* ANAT Conjunto de piezas duras articuladas entre sí, que sirve de soporte y protección a los tejidos blandos del cuerpo. 2 ZOOL DERMATOESQUELETO. 3 Armazón que sostiene algo.

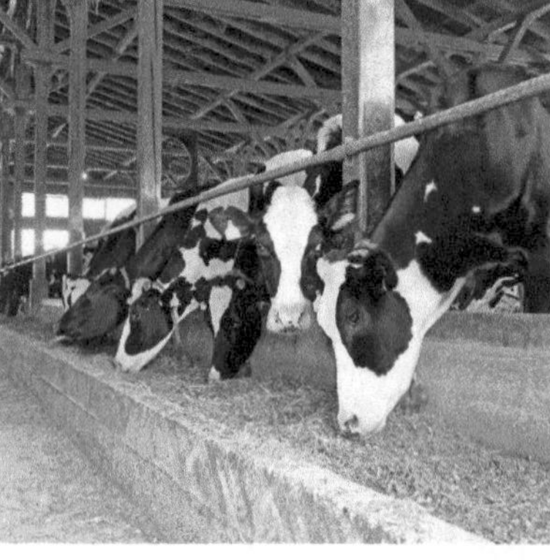

□ ANAT En los vertebrados está formado por cartílagos o huesos, y los más desarrollados poseen cráneo, columna vertebral, costillas, cinturas pelviana y escapular y extremidades. Permite la locomoción al servirse de las articulaciones e interactuar con el sistema muscular esquelético. En el ser humano agrupa más de 200 huesos.

esquema 1 *m.* Representación de una cosa atendiendo a sus rasgos esenciales. 2 Resumen de los puntos esenciales de un escrito, discurso o proyecto. || ~ **corporal** ART Dibujo que representa la idea que se tiene de un cuerpo en cuanto a sus partes y a sus posibilidades de movimiento.

esquematizar *tr.* Representar algo mediante un esquema.

esquí 1 *m.* Patín largo de madera o de otro material ligero, que se ajusta a cada pie para patinar sobre la nieve. 2 DEP Deporte practicado al deslizarse con dichos patines. || ~ **acuático** DEP Deporte que consiste en deslizarse rápidamente sobre el agua mediante esquís, aprovechando la tracción de una lancha.

esquiar *intr.* Practicar el esquí.

esquife *m.* Embarcación auxiliar que se lleva en una embarcación más grande.

esquila *f.* Acción y efecto de esquilar

esquilar *tr.* Cortar el pelo, vellón o lana de un animal.

esquilmar *tr.* Agotar una fuente de riqueza sacándole mayor provecho que el debido.

esquimal *adj.* y *s.* **inuita.**

esquina *f.* Convergencia de cualesquiera dos segmentos perpendiculares o casi perpendiculares.

esquinar 1 *tr.* Colocar algo en esquina. 2 *tr.* e *intr.* Hacer esquina una cosa.

esquinear *tr.* ESQUINAR.

esquirla *f.* Astilla desprendida de una piedra, un cristal o cualquier otro material quebradizo.

esquivar *tr.* Evitar, rehuir.

esquizofrenia *f.* MED y PSIC Conjunto de enfermedades psíquicas que se caracterizan por la disociación de la personalidad.

estabilidad *f.* Cualidad de estable.

estabilizador, ra 1 *adj.* y *s.* Que estabiliza. 2 *m.* Superficie aerodinámica que proporciona estabilidad y balance a una aeronave durante el vuelo. 3 ELECTR Aparato para paliar las fluctuaciones de tensión de la red.

estabilizar *tr.* y *prnl.* Dar estabilidad y equilibrio a alguien o algo.

estable 1 *adj.* Permanente, constante, firme. 2 FÍS **equilibrio ~.**

establecer 1 *tr.* Fundar, instituir. 2 Ordenar, mandar. 3 *prnl.* Afincarse en un lugar.

establecimiento 1 *m.* Acción y efecto de establecer o establecerse. 2 Lugar donde se ejerce una industria o profesión.

establishment (Voz ingl.) *m.* Grupo de personas que tiene autoridad y poder en un país, una organización u otro ámbito.

establo *m.* Lugar cubierto en que se encierra el ganado.

estabular *tr.* Encerrar el ganado en establos.

estaca 1 *f.* Palo con uno de sus extremos aguzado, para fijarlo en tierra, en una pared, etc. 2 ESQUEJE.

estacada *f.* Obra de deslindamiento o protección hecha con estacas clavadas en el suelo.

estacar 1 *tr.* Clavar una estaca para atar a un animal. 2 Delimitar un terreno con estacas. 3 Sujetar algo con estacas.

estación 1 *f.* Temporada, tiempo. 2 Lugar en que habitualmente se hace una parada durante un viaje o un recorrido. 3 Centro en que se recogen estudios y observaciones sobre fenómenos naturales. 4 Emisora de radio o televisión. 5 GEO Cada una de las cuatro divisiones del año: **primavera, verano, otoño** e **invierno**, que existen debido a que el eje que une los polos terrestres está ligeramente inclinado respecto a la órbita de la Tierra. 6 REL Cada una de las catorce paradas que se hacen en la devoción católica del viacrucis.

estacionar 1 *tr.* y *prnl.* Colocar un vehículo en algún sitio durante algún tiempo. 2 *prnl.* Pararse, estancarse sin ir adelante.

estacionario, ria 1 *adj.* Que permanece en la misma situación. 2 ASTR Dicho del planeta que está aparentemente detenido en su órbita.

estadía *f.* Permanencia y alojamiento en un lugar.

estadidad *f.* Condición de Estado federal.

estadio 1 *m.* Recinto deportivo con graderías para los espectadores. 2 Etapa o fase de un proceso.

estadista *m.* y *f.* Persona versada en la dirección de asuntos de carácter estatal, o instruida en materias de política.

estadística *f.* Disciplina que se centra en la recogida, estudio, análisis y clasificación de los datos correspondientes a un fenómeno colectivo y cuyo objeto es la asignación de una cierta confianza mensurable a las conclusiones que llega.

estadístico, ca 1 *adj.* Perteneciente a la estadística. 2 *m.* y *f.* Persona que profesa la estadística.

estado 1 *m.* Situación o manera de estar de una persona, animal o cosa. 2 POLÍT Territorio independiente y soberano, así reconocido internacionalmente, con fronteras y dotado de órganos de gobierno propios y de una legislación particular, que lo diferencian de los otros Estados. 3 Conjunto de los órganos de gobierno. 4 En los Estados federales, cada uno de los territorios autónomos. • Se escribe con may. inic.: *razón de Estado; Consejo de Estado.* || ~ **civil** 1 Condición de cada persona en relación con los derechos y obligaciones civiles. 2 Condición de soltería, matrimonio, viudez, etc. ~ **de bienestar** POLÍT ESTADO social de derecho. ~ **de excepción** POLÍT Situación de orden público declarada grave, que implica la suspensión de las garantías constitucionales. ~ **de gracia** REL Situación de la persona que está limpia de pecado. ~ **de la materia** FÍS Cada uno de los grados o modos de agregación de las moléculas de un cuerpo: sólido, líquido y gaseoso. El **plasma** se considera a veces un cuarto estado de la materia. ~ **de sitio** POLÍT Cuando, a causa de una situación de guerra o de aguda alteración del orden público, la autoridad civil resigna sus funciones a la militar. ~ **del tiempo** GEO El de la atmósfera determinado por la presencia simultánea de varios fenómenos meteorológicos, de un sitio geográfico dado. ~ **federal** POLÍT El compuesto por estados particulares, cuyos poderes regionales gozan de autonomía. ~ **físico** Situación en que se encuentra alguien respecto a su organismo. ~ **social de derecho** POLÍT Organización del Estado en que este procura la redistribución equitativa de la renta y mayores prestaciones sociales para quienes menos tienen.

estado-nación *m.* Organización política y administrativa que, al interior de un Estado, comprende un territorio con fronteras delimitadas, identificado como espacio cultural propio por sus habitantes y amparado por una Constitución.

estafar *tr.* Pedir o sacar dinero o cosas de valor con engaño y ánimo de no devolverlos.

estafeta 1 *f.* Oficina de correos. 2 Correo para el servicio diplomático.

estafilococo *m.* BIOL Aglomeración en forma de racimo de bacterias esféricas (cocos) productoras de toxinas.

estalactita *f.* GEO Concreción calcárea en forma de cono que pende del techo de algunas cavernas.

estalagmita *f.* GEO Estalactita invertida que se forma en el suelo.

estalagnato *m.* GEO Columna resultante de la unión de una estalactita y una estalagmita.

estalinismo *m.* POLÍT Sistema político basado en las doctrinas de Stalin y sus seguidores.

estallar 1 *intr.* Reventar una cosa de golpe y con estruendo. 2 Sobrevenir alguna cosa con violencia, como un incendio, una revolución, etc. 3 Manifestarse repentinamente algún sentimiento.

estambre *m.* BOT Órgano sexual masculino de las plantas fanerógamas formado por un filamento y una o dos anteras que contienen en su interior los granos de polen.

estamento 1 *m.* Sector de una sociedad con un común estilo de vida. 2 HIST Cada uno de los grupos sociales de la Europa feudal y del periodo absolutista: nobleza, clero y pueblo llano.

estampa 1 *f.* Reproducción impresa de un dibujo, pintura, fotografía, etc. 2 Papel con la figura representada. 3 Presencia y porte de una persona o de un animal: *Caballero de fina estampa.*

estampar 1 *tr.* e *intr.* Imprimir en estampas letras, imágenes, etc. contenidas en un molde. 2 *tr.* Dejar huella una cosa en otra. 3 *tr.* y *prnl.* Arrojar algo con violencia: *Le estampó un huevo en la frente.*

estampida *f.* Carrera brusca y precipitada de personas o animales.

estampido *m.* Ruido fuerte y seco.

estampilla 1 *f.* Pequeño papel con timbre oficial emitido por una administración postal, que se pega en las cartas que se envían por correo, o en determinados documentos oficiales. 2 SELLO de metal o caucho.

estampillar *tr.* Pegar estampillas en algún sobre o documento.

estancar 1 *tr.* y *prnl.* Detener la corriente de un líquido. 2 Suspender la marcha de un asunto. 3 *tr.* Reservar al Estado la venta de una mercancía: *Se estancó el proceso penal.*

estancia 1 *f.* ESTADÍA. 2 Habitación o sala de cierta amplitud. 3 Hacienda ganadera. 4 LIT Estrofa simétrica que consta de versos de siete y once sílabas.

A B C D E F G H I J K L M N Ñ O P Q R S T U V W X Y Z

estanco *m.* Tienda en que se venden mercancías estancadas.

estand *m.* Puesto desarmable y provisional en el que se vende o expone un producto en un mercado o establecimiento comercial.

estándar 1 *adj.* Que sirve como tipo, modelo, norma o referencia. 2 *m.* Modelo, patrón, nivel: *Estándar de vida.*

estandarizar 1 *tr.* Ajustar a un tipo o modelo. 2 Ajustar un producto industrial a determinadas normas y formas, abaratando sus costos.

estandarte *m.* Insignia, pendón o bandera corporativa o institucional.

estanque 1 *m.* Balsa artificial de agua. 2 Depósito para cualquier líquido.

estante 1 *m.* ANAQUEL. 2 Cada uno de los maderos que, hincados en el suelo, sirven de sostén al armazón de algunas casas.

estantería *f.* Mueble con anaqueles o entrepaños, generalmente sin puertas, que suele fijarse o adosarse a la pared.

estaño *m.* QUÍM Elemento metálico dúctil que se usa en la fabricación de hojalata, en aleaciones de bronce (estaño y cobre), en soldadura, etc. Punto de fusión: 232 °C. Punto de ebullición: 2260 °C. Núm. atómico: 50. Símbolo: Sn.

estar 1 *intr.* y *prnl.* Existir, hallarse en un lugar, situación, condición o modo de ser actual. 2 *intr.* Con ciertos verbos denota aproximación a lo que estos significan: *Estar muriéndose.* 3 Con algunos adjetivos, sentir o tener lo que estos significan: *Estar alegre; estar sordo.* 4 Toma diferentes valores según la preposición que lo acompañe: con *a* y el número de un día del mes, indica que corre ese día: *Estamos a 5 de enero;* con *a* y una indicación de precio, tener ese precio la cosa de que se trata; con *de* y algunos sustantivos que denotan acción, ejecutar lo que ellos significan: *Estar de paseo;* con *de* y algunos sustantivos que significan oficio, desempeñarlo: *Estar de jardinero;* con *en* y hablando del costo de algo, haber alcanzado el precio señalado: *Este libro está en veinte mil pesos;* con *para* y algunos infinitivos, o seguido de algunos sustantivos, denota la disposición de hacer lo que ellos significan: *no está para bromas;* con *por* y algunos infinitivos, no haberse ejecutado aún, o haberse dejado de ejecutar algo: *La leche está por hervir;* con *por* y algunos infinitivos, hallarse alguien casi determinado a hacer algo: *Estoy por estallar;* con *por,* estar a favor de alguien: *Estoy por Ignacio;* con *tras* seguir algo o a alguien: *Estoy tras la compra de la casa.* 5 Seguido de *que* y un verbo, hallarse algo o alguien en determinada situación: *Está que llueve; está que llora.* 6 Se usa con el gerundio para expresar una acción continuada: *Estamos estudiando.* 7 *prnl.* Detenerse en alguna cosa o en alguna parte.

estarcido *m.* Dibujo que resulta de estarcir.

estarcir *tr.* Estampar haciendo pasar el color a través de recortes efectuados en una lámina.

estárter *m.* Dispositivo de arranque del carburador del automóvil.

estatal 1 *adj.* Relativo al Estado. 2 Relativo a los territorios autónomos que reciben el nombre de estado.

estático, ca 1 *adj.* Relativo a la estática. 2 Dicho de lo que está en equilibrio y sin cambios ni mudanzas. 3 Que se queda parado de asombro o de emoción. 4 FÍS y ELECTR **electricidad ~.** 5 *f.* FÍS Estudio de las fuerzas que actúan sobre los cuerpos en reposo. 6 Ruido de crepitación que interfiere con la recepción de señales de comunicación.

estatificar *tr.* ECON Poner una empresa privada bajo propiedad del Estado.

estatua *f.* ART Escultura que representa una figura completa.

estatuir 1 *tr.* Establecer, ordenar. 2 Asentar la verdad de una idea o de un hecho.

estatura *f.* Altura total de una persona.

estatus *m.* Posición o situación relativa de alguien o algo dentro de un determinado marco de referencia.

estatuto *m.* Conjunto de normas que regulan una sociedad o corporación.

este[1] 1 *m.* Punto cardinal del horizonte por donde sale el Sol en los equinoccios. Símbolo: E. 2 Lugar situado en dirección a este punto cardinal. • Es sinónimo de *oriente.*

este[2], **esta** *adj. dem.* Señala una persona o cosa próxima a quien habla, o algo que se acaba de mencionar.

estearina *f.* QUÍM Componente esencial de las grasas, sin apenas olor y soluble en alcohol. Se emplea en la fabricación de velas.

estela[1] 1 *f.* Rastro que deja en un fluido un cuerpo en movimiento. 2 Huella que deja cualquier cosa a su paso: *La guerra dejó una estela de horrores.*

estela[2] *f.* Monumento conmemorativo a modo de prisma o columna.

estelar 1 *adj.* Relativo a las estrellas. 2 Extraordinario, de gran categoría.

estentóreo, a *adj.* Dicho del sonido fuerte y retumbante.

estepa *f.* ECOL Llano extenso de gran fertilidad sin vegetación arbórea y en el que dominan las gramíneas.

éster *m.* QUÍM Compuesto que resulta de sustituir un átomo de hidrógeno de un ácido por un radical alcohólico.

estera *f.* Tejido de fibras vegetales crudas para cubrir el suelo.

estéreo *m.* Aparato estereofónico.

estereofonía *f.* Técnica de grabación del sonido por medio de dos canales que se reparten los tonos agudos y graves para dar una sensación de relieve acústico.

estereofónico, ca *adj.* Relativo a la estereofonía.

estereoscopia (Tb. *estereoscopía*) *f.* ÓPT Sensación visual de relieve al mirar con ambos ojos dos imágenes de un mismo objeto mediante un **estereoscopio.**

estereoscopio *m.* ÓPT MICROSCOPIO estereoscópico.

estereotipado, da *adj.* Dicho del gesto, fórmula, expresión, etc. que se repite de forma invariable.

estereotipo *m.* Imagen mental, simplificada y repetitiva, que se tiene de algo.

estéril 1 *adj.* Que no da fruto, o no produce nada. 2 Libre de gérmenes patógenos. 3 BIOL Dicho del organismo que, estando en su etapa reproductiva, no es capaz de reproducirse.

esterilidad *f.* Cualidad de estéril.

esterilizar 1 *tr.* Quitar la capacidad de reproducción. 2 Destruir los gérmenes patógenos. 3 *prnl.* Volverse estéril.

esternocleidomastoideo *adj.* ANAT Dicho del músculo del cuello que permite la rotación y la flexión lateral de la cabeza.

esternón *m.* ANAT Hueso plano en la parte anterior del pecho, en el que se articulan las costillas.

estero 1 *m.* Terreno pantanoso abundante en plantas acuáticas. 2 Arroyo, charca.

esteroide *adj.* y *m.* BIOQ Dicho de un grupo de sustancias de naturaleza lípida que comprende las hormonas sexuales y adrenales, la vitamina D, el colesterol, etc.

esterol *m.* QUÍM Alcohol no saturado presente en las células animales y vegetales y en algunas bacterias. En los vertebrados el colesterol es el principal esterol.

esteta 1 *m.* y *f.* Persona versada en estética. 2 Persona de exquisito gusto artístico.

estética *f.* ART y FIL Disciplina que estudia lo bello en el arte y en la naturaleza y que tiene por objetivo determinar la idea de belleza y los fines del arte.

esteticismo 1 *m.* Actitud de quien, en las obras literarias o artísticas, valora la belleza formal sobre los aspectos éticos, sociales y religiosos. 2 ART y LIT Movimiento británico de principios del s. XIX, que buscaba la pureza formal en la imitación servil de la naturaleza.

esteticista 1 *adj.* Relativo al esteticismo. 2 *m.* y *f.* Persona que profesionalmente presta cuidados de embellecimiento.

estético, ca 1 *adj.* Relativo a la estética. 2 Artístico, de aspecto bello y elegante. 3 *f.* Conjunto de elementos estilísticos característico de un autor o movimiento artístico. 4 Apariencia agradable que tiene alguien desde el punto de vista de la belleza. 5 Conjunto de técnicas y tratamientos utilizados para el embellecimiento del cuerpo.

estetoscopio *m.* Instrumento médico acústico usado para auscultar y ampliar los sonidos del pecho y otras partes del cuerpo con la menor deformación posible.

estiaje 1 *m.* Nivel mínimo de las aguas en ríos, lagunas, etc. 2 Periodo que dura este nivel.

estiba 1 *f.* Acción y efecto de estibar. 2 Armazón de madera para cargar y descargar varios objetos de una sola vez.

estibar *tr.* Efectuar la carga y descarga en los puertos.

estiércol 1 *m.* Excremento animal. 2 El que se usa como abono orgánico.

estigma 1 *m.* Marca o señal en el cuerpo. 2 Afrenta, deshonor. 3 BOT En las flores, parte superior del pistilo que recibe el polen en la fecundación. 4 ZOOL Cada uno de los orificios del tegumento de los insectos que permite su respiración traqueal.

estigmatizar *tr.* Afrentar, infamar.

estilar *tr., intr.* y *prnl.* Usar, acostumbrar.

estilete 1 *m.* Puñal de hoja estrecha y aguda. 2 Punzón que se utilizaba para escribir.

estilismo *m.* LIT Tendencia a cuidar exageradamente el estilo.

estilista 1 *m.* y *f.* Escritor que cultiva el estilismo. 2 Persona que cuida el estilo de las colecciones de moda o de sus accesorios. 3 Peluquero que diseña peinados y cortes.

estilístico, ca 1 *adj.* Relativo al estilo de quien habla o escribe. 2 *f.* LING Estudio del estilo o de la expresión lingüística.

estilizar *tr.* ART Reducir la representación artística de una cosa a sus rasgos esenciales.

estilo 1 *m.* Punzón que se utilizaba para escribir sobre tablas enceradas. 2 Forma de hacer o presentarse algo: *Estilo mariposa.* 3 Uso, costumbre, moda. 4 Elegancia o distinción de alguien o algo. 5 Conjunto de características de un artista, época, escuela o zona geográfica, que permiten identificar las obras como hechas por o en ellos: *Estilo clásico.* 6 Preceptiva aplicada al correcto uso del lenguaje. 7 BOT Columnita hueca o esponjosa que, en la mayoría de las flores, arranca del ovario y sostiene el estigma.

estilógrafo *m.* Pluma de escribir con un depósito incorporado para la tinta, que puede ser recargable.

estima *f.* Consideración y aprecio en que se tiene a una persona o cosa.

estimar 1 *tr.* Juzgar, creer. 2 Calcular algo por aproximación. 3 *tr.* y *prnl.* Considerar valiosa a una persona o cosa.

estimular *tr.* Incitar, animar con viveza a la ejecución de algo.

estímulo 1 *m.* Lo que excita y mueve a un órgano a la acción. 2 Lo que incita a una persona a determinada actividad o a un mayor ritmo en ella.

estipe 1 *m.* BOT **ESTÍPITE**. 2 BIOL Pie o sustentáculo de un órgano.

estipendio *m.* Paga, retribución.

estípite 1 *m.* BOT Tallo no ramificado de algunos árboles, como la palmera. 2 BOT Pecíolo de un helecho. 3 BOT Tallo que sostiene el sombrero del hongo.

estípula *f.* BOT Apéndice foliáceo a los lados del pecíolo o en el ángulo este con el tallo.

estipular *tr.* Convenir, concertar algo.

estiramiento *m.* Acción y efecto de estirar o estirarse.

estirado, da 1 *adj.* Orgulloso, vanidoso. 2 *m.* Acción y efecto de estirar. 3 *f.* DEP Acción y efecto de lanzarse el portero para atajar o desviar el balón.

estirar 1 *tr.* y *prnl.* Alargar una cosa tirando de sus extremos. 2 Extender un miembro del cuerpo. 3 Ejercitar los músculos del cuerpo extendiendo sus miembros y manteniéndolos en tensión un momento. 4 *tr.* Hacer que el dinero dé de sí lo más posible. 5 *intr.* y *prnl.* Crecer una persona.

estireno *m.* QUÍM Hidrocarburo líquido e inflamable que se utiliza para fabricar resinas y caucho sintético.

estirón *m.* Crecimiento en altura rápido: *Dar un estirón.*

A B C D E F G H I J K L M N Ñ O P Q R S T U V W X Y Z

estirpe 1 *f.* Abolengo, linaje noble de alguien. 2 En una sucesión hereditaria, conjunto formado por la descendencia de un sujeto a quien ella representa.

esto *pron. dem.* Forma neutra de este[2].

estocada 1 *f.* Golpe de punta con la espada o estoque. 2 Herida que produce.

estocástico, ca 1 *adj.* Relativo al azar o que depende de él. 2 *f.* MAT Teoría estadística de los procesos cuya evolución en el tiempo es aleatoria, como la secuencia de las tiradas de un dado.

estofa *f.* Clase en sentido peyorativo de calaña.

estofado *m.* Guiso de carne o pescado con aceite, vino, cebolla y especias, que se cocina a fuego lento.

estofar[1] *tr.* Hacer un estofado.

estofar[2] 1 *tr.* Pintar sobre el oro bruñido relieves al temple. 2 Acolchar prendas. 3 Dar de blanco a las esculturas en madera para dorarlas y bruñirlas.

estoicismo *m.* Actitud de entereza frente al destino y el dolor.

estoico, ca 1 *adj.* Perteneciente al estoicismo. 2 Fuerte, ecuánime ante la desgracia.

estola 1 *f.* Chal de piel que se lleva al cuello. 2 Ornamento de los sacerdotes católicos consistente en una banda larga que cae sobre los hombros.

estolón 1 *m.* BOT Vástago que brota del tallo principal a ras del suelo, echando nuevas raíces. 2 ZOOL Órgano de algunos invertebrados coloniales que une entre sí a los individuos de la colonia.

estoma *m.* BOT Cada una de las aberturas microscópicas que en la epidermis de las plantas permite el intercambio de gases con el exterior.

estómago 1 *m.* ANAT y FISIOL Dilatación del aparato digestivo de los vertebrados, donde se produce la transformación de los alimentos. 2 ZOOL Porción análoga en los invertebrados que realiza funciones. 3 ANAT **boca del ~**.

estopa *f.* Parte basta de cáñamo, algodón, etc., que queda después de limpiarlos y con la que se tejen cuerdas y telas toscas.

estoque 1 *m.* Espada estrecha que solo hiere con la punta. 2 Espada angosta insertada en un bastón.

estoraque 1 *m.* Árbol de hasta 6 m de altura, de hojas alternas, flores axilares en panícula y frutos con semillas de albumen carnoso. De él se extrae una gomorresina con aplicaciones cosméticas. 2 GEO Relieve en forma de torre, labrada a lo largo del tiempo por la lluvia, el viento y el sol.

estorbar 1 *tr.* Dificultar o impedir alguna acción. 2 Molestar, incomodar.

estornino *m.* Pájaro de cabeza pequeña, plumaje negro con pintas blancas. Mide unos 22 cm desde el pico a la extremidad de la cola.

estornudar *intr.* Inspirar y, seguidamente, expulsar violentamente y con ruido el aire de los pulmones en un movimiento involuntario.

estrabismo *m.* MED Desviación del paralelismo de los ejes oculares.

estrado 1 *m.* Sitio de honor y algo elevado en un salón de actos. 2 *pl.* Salas de los tribunales de justicia.

estrafalario, ria 1 *adj.* y *s.* Extravagante en el vestido o en el porte. 2 Extravagante en el modo de pensar o en las acciones.

estragar 1 *tr.* Causar estrago. 2 *tr.* y *prnl.* Asquear el exceso de comida.

estrago *m.* Ruina, daño, matanza.

estragón *m.* Planta herbácea compuesta de hojas estrechas, lanceoladas y lampiñas y flores en cabezuelas pequeñas, que se emplea como condimento.

estrambótico, ca *adj.* Extravagante, excéntrico.

estramonio *m.* Planta solanácea, olorosa y tóxica, de hojas anchas y dentadas, flores grandes y blancas en embudo y fruto a modo de nuez espinosa.

estrangulación *f.* Acción y efecto de estrangular o estrangularse.

estrangular 1 *tr.* y *prnl.* Ahogar a una persona o a un animal impidiéndole la respiración. 2 Estrechar un conducto.

estratagema 1 *f.* Ardid o astucia en una guerra. 2 Treta, fingimiento.

estrategia *f.* Plan para llevar a cabo con éxito un proyecto o negocio.

estratégico, ca 1 *adj.* Relativo a la estrategia. 2 Dicho de un lugar, actitud, etc., muy importante para el desarrollo de algo.

estratificación 1 *f.* Acción y efecto de estratificar o estratificarse. 2 GEO Superposición de los estratos o capas geológicas de un terreno.

estratificar 1 *tr.* Superponer cosas. 2 *tr.* y *prnl.* Disponer en estratos.

estratigrafía 1 *f.* Estudio de los estratos de un yacimiento arqueológico. 2 GEO Parte de la geología que estudia la disposición y características de las rocas sedimentarias.

estrato 1 *m.* Conjunto de elementos que, con caracteres comunes, se ha integrado con otros conjuntos previos o posteriores para la formación de una entidad histórica, una lengua, etc. 2 Capa o nivel de una sociedad. 3 Cada una de las capas superpuestas de un yacimiento arqueológico. 4 BIOL Cada una de las capas de un tejido orgánico que se sobreponen a otras o se extienden por debajo de ellas. 5 GEO Cada una de las capas que constituyen los terrenos sedimentarios. 6 GEO Nube que se presenta en forma de faja en el horizonte.

estratocúmulo *m.* GEO Nube baja intermedia entre los estratos y los cúmulos que suele descargar lluvia.

estratopausa *f.* GEO Zona de separación entre la estratosfera y la mesosfera.

estratosfera (Tb. estratósfera) *f.* GEO Parte de la atmósfera entre los doce mil y los cuarenta mil metros que carece casi por completo de nubes.

estrechar 1 *tr.* Reducir a menos ancho una cosa. 2 Apretar con las manos o los brazos. 3 *prnl.* Ceñirse, apretarse. 4 Reducir los gastos. 5 *tr.* y *prnl.* Intensificar el afecto o la amistad.

estrechez 1 *f.* Escasa anchura de algo. 2 Limitación apremiante de tiempo. 3 Efecto de estrechar o estrecharse. 4 Unión estrecha de una cosa con otra. 5 Situación apurada, aprieto, dificultad. 6 Amistad íntima. 7 Falta de amplitud con referencia expresa o de alguna condición intelectual o moral. 8 Disminución anormal del calibre de un conducto orgánico.

estrecho, cha 1 *adj.* Que tiene poca anchura. 2 Ajustado, apretado. 3 Dicho de las relaciones interpersonales muy cercanas. 4 *m.* GEO Paso angosto comprendido entre dos tierras y por el cual se comunica un mar con otro, como el estrecho de Gibraltar.

estregar *tr.* y *prnl.* Frotar, restregar.

estrella 1 *f.* En lenguaje corriente, cada uno de los cuerpos celestes que brillan en la noche, excepto la Luna. 2 Figura en forma de estrella, por lo común un centro rodeado de puntas. 3 Signo en forma de estrella que indica graduación, categoría, calidad, etc. 4 Persona que sobresale extraordinariamente en su profesión. 5 ASTR Cuerpo celeste compuesto por una gran masa de gas caliente que radia energía luminosa, calorífica, etc., producida por reacciones termonucleares. Una estrella típica es el Sol. || ~ **de mar** Equinodermo marino con el cuerpo deprimido y con brazos triangulares, soldados por la base y dispuestos en forma de estrella. ~ **enana** ASTR Aquella cuya masa está comprendida entre media y veinte veces la masa solar. ~ **fugaz** Fenómeno luminoso e incandescente provocado por el desplazamiento rápido de un corpúsculo sólido en las capas atmosféricas superiores. ~ **nova** ASTR La que aumenta enorme y súbitamente su brillo y después entra en un periodo de transición, durante el cual palidece hasta cobrar brillo de nuevo. ~ **supernova** ASTR Etapa final explosiva de la vida de una estrella, en la que se libera gran cantidad de energía.

estrellar 1 *tr.* y *prnl.* Sembrar de estrellas el cielo o una superficie. 2 Arrojar con violencia una cosa contra otra. 3 *tr.* Freír huevos. 4 *prnl.* Chocar violentamente contra algo duro.

estremecer 1 *tr.* y *prnl.* Hacer temblar, sacudir. 2 Sobresaltar el ánimo un hecho inesperado. 3 *prnl.* Temblar de manera repentina.

estrenar 1 *tr.* Usar por primera vez algo. 2 Dar la primera representación pública de una obra artística. 3 *prnl.* Empezar a ejercer un trabajo o profesión.

estreno *m.* Acción y efecto de estrenar.

estreñimiento *m.* MED Retención de las materias fecales.

estreñir *tr.* y *prnl.* Provocar o padecer estreñimiento.

estrépito *m.* Estruendo, ruido grande.

estreptococo *m.* BIOL Aglomeración en forma de cadena de bacterias esféricas (cocos); algunas provocan infecciones y algunas no patógenas se emplean en la fermentación de productos lácteos.

estrés *m.* Estado de sobrecarga y tensión física o psíquica con la sensación consiguiente de cansancio.

estría 1 *f.* Acanaladura estrecha. 2 *pl.* Marcas alargadas que deja en la piel la distensión de los tejidos por obesidad o embarazo.

estriado, da *adj.* Que tiene estrías.

estribación *f.* GEO Ramal de montañas que se desprende de una cordillera.

estribar 1 *intr.* Descansar el peso de una cosa sobre otra. 2 Apoyarse, fundarse.

estribillo 1 *m.* Frase, verso o versos con que empiezan o terminan las estrofas de algunas composiciones líricas. 2 Expresión o palabra que se repite con frecuencia al hablar.

estribo 1 *m.* Pieza en que el jinete apoya el pie al montar y cabalgar. 2 Escalón para subir o bajar de un auto. 3 Pieza de la motocicleta sobre la que descansan los pies. 4 ARQ Sostén de una bóveda o contrafuerte de un muro. 5 ANAT Uno de los tres huesecillos del oído medio que se articula en la apófisis del yunque.

estribor *m.* Banda derecha de una embarcación mirando de popa a proa.

estricnina *f.* QUÍM Alcaloide muy venenoso que se extrae de algunos vegetales.

estricto, ta 1 *adj.* Exacto, ajustado a la necesidad o a la ley. 2 Riguroso, sin concesiones.

estridencia 1 *f.* Sonido agudo y desagradable. 2 Violencia, brusquedad en acciones o palabras.

estrigiforme *adj.* y *f.* ZOOL Dicho de las aves rapaces de hábitos nocturnos, de cabeza grande, ojos frontales, pico ganchudo y garras fuertes, como las lechuzas. Conforman un orden.

estriptis *m.* Espectáculo durante el cual una persona va desnudándose lentamente.

estro 1 *m.* FISIOL Modificación del endometrio para la nidificación del huevo fecundado. 2 ZOOL Periodo de celo de los mamíferos.

estróbilo *m.* BOT PIÑA, infrutescencia.

estroboscopio *m.* ÓPT Instrumento para la observación de objetos en movimiento, mediante su iluminación con cortos destellos de frecuencia regulable.

estrofa *f.* LIT Conjunto de un determinado número de versos, con unidad de sentido, que se repite en una composición.

estrógeno *m.* BIOQ Hormona que provoca el desarrollo de los caracteres sexuales secundarios de las hembras de los mamíferos.

estroma 1 *m.* ANAT Trama del tejido conjuntivo que sirve de sostén de los elementos celulares. 2 BOT Sustancia interna del cloroplasto que está atravesada por una red.

estroncio *m.* QUÍM Elemento metálico cuyos derivados se emplean en pirotecnia, cerámica y la industria del vidrio para dar color rojo. Punto de fusión: 769 °C. Punto de ebullición: 1384 °C. Núm. atómico: 38. Símbolo: Sr.

estropajo 1 *m.* Planta de tallo sarmentoso, hojas alternas, flores pentámeras y frutos de entre 30 y 40 cm de largo que, al desecarse, dan una trama de fibras de diversos usos. 2 Porción de cualquier materia como esparto, plástico, alambre, nailon, etc., que sirve para fregar.

estropear 1 *tr.* y *prnl.* Maltratar, dañar. 2 Malograr cualquier asunto o negocio.

estropicio *m.* Destrozo, rotura estrepitosa.

estructura 1 *f.* Distribución, orden y enlace de las partes de un todo. 2 Armadura que sustenta alguna cosa. 3 Disposición ordenada de los elementos de sustentación y anclaje de un puente, edificio, presa, etc. 4 GEO Disposición de los materiales geológicos según han estado sometidos a determinados esfuerzos tectónicos. 5 LING Modo en que se organizan las funciones de los elementos lingüísticos dentro de un sistema.

estructural *adj.* Relativo a la estructura.

estructuralismo *m.* Método de investigación que busca la aprehensión de la realidad a través del estudio de la estructura de las cosas.

estruendo 1 *m.* Ruido grande, estrépito. 2 Confusión, bullicio.

estrujar *tr.* Comprimir hasta lastimar.

estrujón 1 *m.* Acción y efecto de estrujar. 2 Presión sobre algo ya comprimido.

estuario *m.* GEO Desembocadura de un río caudaloso en forma de embudo, con la parte más ancha hacia el mar o lago.

estucar 1 *tr.* Dar una capa de estuco. 2 Colocar sobre el muro o columna las piezas previamente moldeadas en estuco.

estuche *m.* Caja para guardar uno o varios objetos.

estuco 1 *m.* Masa de yeso blanco que se emplea como material de objetos ornamentales que después se doran o pintan. 2 Pasta a base de cal que se emplea para igualar superficies.

estudiantado *m.* Conjunto de los estudiantes como grupo social o alumnado de una institución docente.

estudiante *adj.* y *s.* Que estudia.

estudiantina *f.* Conjunto de estudiantes que tocan varios instrumentos y cantan.

estudiar 1 *tr.* Aplicar el entendimiento a la comprensión o memorización de algún tema o asunto. 2 Observar, examinar atentamente. 3 *tr.* e *intr.* Cursar estudios.

estudio 1 *m.* Acción de estudiar. 2 Obra escrita en que se analiza o desarrolla algún tema. 3 Lugar de trabajo de artistas, escritores y profesionales. 4 Habitación de la casa que se usa para estudiar. 5 Apartamento compuesto de sala, cocina y baño. 6 Local para filmar películas o para emitir programas de radio y televisión. 7 ART Dibujo, esquema o modelado preparatorio de una pintura, talla, grabado, etc. 8 MÚS Composición de finalidad didáctica. 9 *pl.* Conjunto de conocimientos de una materia.

estufa 1 *f.* Cocina, aparato con hornillos y, a veces, horno para cocer la comida. 2 Aparato para caldear locales por medio de materiales combustibles o con electricidad.

estulticia *f.* Necedad, tontería.

estupefacción *f.* Asombro, pasmo.

estupefaciente *adj.* y *m.* FARM Dicho del medicamento narcótico que embota la sensibilidad y crea hábito.

estupefacto, ta *adj.* Pasmado, atónito.

estupendo, da 1 *adj.* Asombroso, admirable. 2 Magnífico, perfecto.

estupidez 1 *f.* Torpeza para comprender. 2 Dicho o hecho propio de un estúpido.

estúpido, da *adj.* y *s.* Tonto, falto de inteligencia.

estupor *m.* Asombro, pasmo.

esturión *m.* Pez marino de cuerpo escamoso, que puede alcanzar 5 m de largo y desova en los ríos.

esvástica *f.* Cruz gamada.

etano *m.* QUÍM Hidrocarburo que se encuentra en el gas natural y en el crudo de petróleo. Se usa como combustible.

etanol *m.* QUÍM ALCOHOL etílico.

etapa 1 *f.* Fase de un proceso o una obra. 2 Cada trayecto en una marcha o un recorrido.

etcétera *m.* Voz utilizada al final de cualquier enumeración incompleta para indicar que se silencian otros elementos. Se representa con la abreviatura *etc.*

éter 1 *m.* Fluido que, según cierta hipótesis obsoleta, llenaba el espacio. 2 QUÍM Nombre genérico de diversos compuestos orgánicos cuya molécula consta de un átomo de oxígeno unido a dos radicales hidrocarburos. 3 Esfera aparente que rodea la tierra.

etéreo, a *adj.* Vago, sutil, vaporoso.

eternidad 1 *f.* Perpetuidad sin principio, sucesión ni fin. 2 REL La que la teología cristiana atribuye solo a Dios. 3 REL Vida después de la muerte que se le atribuye al alma humana. 4 Tiempo muy largo.

eternizar 1 *tr.* y *prnl.* Hacer durar demasiado una cosa. 2 Perpetuar su duración.

ethos (Voz gr.) *m.* Conjunto de hábitos y conductas que conforman la identidad de una persona o comunidad.

ético, ca 1 *adj.* Relativo a la ética o moral o que está de acuerdo con sus principios y exigencias. 2 *f.* FIL Parte de la filosofía que estudia los fundamentos y normas de la conducta humana. Dos son sus corrientes principales: la que relaciona la ética con la naturaleza humana, confiriéndole una base metafísica, y la que ve las normas de conducta como convenios sociales reguladores de lo que se considera bueno o malo.

etileno *m.* QUÍM Gas incoloro, que arde con llama luminosa.

etílico *adj.* QUÍM **alcohol** ~.

etilo *m.* QUÍM Radical del etano que hace parte de compuestos como el acetato y el acrilato.

étimo *m.* LING Palabra de la que otra procede.

etimología 1 *f.* LING Origen de las palabras. 2 LING Ciencia que estudia el origen de las palabras, su significación y su evolución.

etiología 1 *f.* FIL Estudio de las causas de las cosas. 2 MED Estudio de la génesis de las enfermedades.

etiqueta 1 *f.* Rótulo que se pone sobre un objeto indicando lo que es. 2 Calificación subjetiva de personas o cosas. 3 Ceremonial que se observa en determinados actos solemnes. 4 INF Conjunto de caracteres que sirven para identificar instrucciones o datos.

etiquetar *tr.* e *intr.* Poner etiquetas o rótulos.

etmoides *m.* ANAT Hueso de la base del cráneo que se articula con el frontal y el esfenoides.

etnia *f.* Conjunto de personas con características homogéneas, que van desde ciertos rasgos físicos comunes hasta la lengua, las costumbres y las tradiciones culturales.

étnico, ca *adj.* Relativo a un grupo poblacional que se caracteriza por su identidad racial, cultural o nacional.

etnocentrismo *m.* Tendencia a creer que la propia colectividad, cultura, etc., es superior a las otras.

etnocidio *m.* Destrucción de la cultura de una etnia.

etnografía *f.* Ciencia que estudia las etnias o pueblos, sus orígenes, características y evolución histórica.

etnología *f.* Ciencia que busca establecer las leyes que rigen la conducta, realizaciones y evolución de un pueblo y de su cultura.

etología *m.* BIOL Estudio del comportamiento de los animales en su hábitat natural y de los mecanismos que determinan este comportamiento.

etopeya *f.* LIT Descripción literaria del carácter, hábitos, etc. de una persona.

etrusco, ca *adj.* y *s.* HIST De un pueblo de la Península itálica que se constituyó como potencia entre los ss. VII y VI a.C. Asimiló numerosas influencias griegas y modeló las primeras instituciones de Roma.

eucalipto *m.* Árbol originario de Australia, de hasta 100 m de altura, hojas coriáceas y olorosas y fruto capsular.

eucariota *adj.* y *f.* BIOL Dicho de los organismos formados por **células** eucarióticas. Pueden ser unicelulares (protozoos) y pluricelulares (hongos, plantas y metazoos).

eucariótico, ca *adj.* BIOL Relativo a las **células** eucarióticas.

eucaristía 1 *f.* REL Sacramento instituido por Jesucristo en la última cena al transformar el pan y el vino en su carne y su sangre. 2 REL **MISA**.

eufemismo *m.* LING Palabra o expresión que suaviza algo que en su manifestación franca resultaría malsonante o desagradable, por ejemplo: *Trasero* por *culo*.

eufonía *f.* Sonoridad grata de las palabras.

euforia *f.* Sensación de bienestar, derivada de la buena salud física, la satisfacción espiritual o como efecto de algún estupefaciente.

eugenesia *f.* BIOL Aplicación de la genética al mejoramiento de las especies animales y vegetales.

euglenofito *adj.* y *m.* BIOL Dicho de los protistas acuáticos, con un par de flagelos y numerosos cloroplastos que les dan un color verdoso. Conforman un filo.

eunuco 1 *m.* Varón castrado. 2 HIST Varón castrado que en la Antigüedad cuidaba de las mujeres del soberano. 3 HIST En el Imperio bizantino, ministro o empleado favorito de un rey.

eureka *interj.* Exclamación que denota sorpresa o alegría por haber encontrado algo buscado con insistencia.

euro *m.* ECON Unidad monetaria de la Unión Europea que reemplazó las monedas locales de varios de los Estados miembros.

eurocentrismo *m.* Tendencia a considerar los valores culturales, sociales y políticos de tradición europea como modelos universales.

europarlamentario, ria *m.* y *f.* Persona que ha sido elegida para representar a su país en el Parlamento europeo.

europeísmo 1 *m.* Predilección por las cosas de Europa. 2 Carácter europeo. 3 Conjunto de ideologías o movimientos que promueven la unificación y la concordia entre los Estados de Europa.

europeización 1 *m.* Acción y efecto de europeizar. 2 HIST Transformación mundial que, a partir del s. XVI, se dio con la expansión política, mercantil y cultural de Europa en otros continentes.

europeizar 1 *tr.* Dar carácter europeo. 2 *prnl.* Tomar carácter europeo.

europeo, a *adj.* y *s.* De Europa o relacionado con este continente.

europio *m.* QUÍM Elemento metálico de los lantánidos que se utiliza en la electrónica y la industria nuclear. Punto de fusión: 822 °C. Punto de ebullición: aprox. 1527 °C. Núm. atómico: 63. Símbolo: Eu.

euskera (Tb. eusquera) *m.* LING **VASCO**.

eutanasia *f.* Muerte sin sufrimiento físico y, en especial, la provocada con ese fin.

eutrofia *f.* FISIOL Buen estado de nutrición.

eutrofización *f.* ECOL Incremento de sustancias nutritivas en las aguas lacustres que, a largo plazo, genera un nuevo suelo.

evacuar 1 *tr.* Vaciar o desocupar alguna cosa. 2 Expeler los excrementos. 3 Dar por cumplido un encargo. 4 Abandonar o desalojar un lugar.

evadir 1 *tr.* y *prnl.* Evitar un daño o una situación difícil. 2 *prnl.* **FUGARSE**.

evaluación *f.* Acción y efecto de evaluar.

evaluar 1 *tr.* Señalar el valor de algo. 2 Calcular el valor que puede tener. 3 Valorar o examinar las aptitudes y méritos de una persona o los conocimientos de un alumno.

evanescer *tr.* y *prnl.* Desvanecer, esfumar.

evangeliario *m.* REL Libro que contiene los fragmentos de los evangelios correspondientes al año litúrgico.

evangélico, ca 1 *adj.* REL Relativo al Evangelio. 2 REL Perteneciente al protestantismo. 3 REL Dicho de las Iglesias luteranas, en contraposición a las calvinistas.

evangelio 1 *m.* REL Historia de la vida de Jesucristo que aparece relatada en los cuatro textos que se conocen por los nombres de los cuatro evangelistas (Mateo, Marcos, Lucas y Juan). 2 REL Libro que contiene dichos textos y que conforma el primer libro canónico del Nuevo Testamento. • Se escribe con may. inic. 3 REL Parte de la misa en que se lee un pasaje de ellos.

evangelismo *m.* REL Movimiento protestante moderno que hace hincapié en la relación personal con Cristo y la autoridad de la Biblia.

evangelista *m.* REL Cada uno de los cuatro autores de los evangelios admitidos por la Iglesia como auténticos: Mateo, Marcos, Lucas y Juan.

evangelizar *tr.* REL Propagar el Evangelio.

evaporación 1 *f.* Acción y efecto de evaporar o evaporarse. 2 Fís Paso gradual de un líquido al estado gaseoso, a una temperatura inferior a la de ebullición.

evaporar 1 *tr.* y *prnl.* Convertir un líquido en vapor. 2 Disipar, desvanecer.

evapotranspiración *m.* Ecol Fase del ciclo del agua en que esta pasa a la atmósfera por evaporación y por transpiración de la vegetación.

evasión *f.* Acción y efecto de evadirse o fugarse.

evasivo, va 1 *adj.* Que incluye una evasiva o la favorece. 2 *f.* Pretexto, escapatoria.

evento 1 *m.* Acontecimiento imprevisto. 2 Suceso importante y programado, de índole académica, social, artística o deportiva. 3 Mat suceso.

eventual *adj.* Sujeto a cualquier contingencia, que es posible que ocurra: *Un accidente eventual.*

evidencia *f.* Verdad o hecho que se impone como algo manifiesto e irrefutable.

evidenciar *tr.* Hacer patente y manifiesta la certeza de algo.

evidente *adj.* Patente y manifiesto sin necesidad de más razonamientos.

evitar 1 *tr.* Impedir que suceda algún peligro o molestia. 2 Rehuir el trato con alguien.

evo *m.* Duración indefinida o muy larga.

evocar 1 *tr.* Traer algo a la memoria o a la imaginación. 2 Recordar una cosa a otra por similitud o por algún punto de contacto. 3 Conjurar a los espíritus de los difuntos para comunicarse con ellos.

evolución 1 *f.* Acción y efecto de evolucionar. 2 Modificación que una persona experimenta en su manera de pensar y sentir. 3 Desarrollo gradual de los organismos y de las cosas por el que pasan de un estado a otro. 4 Movimiento de algo al dar vueltas. 5 Biol Proceso natural cuyo resultado es la modificación de los individuos de una generación a otra y la aparición de nuevas especies.

□ Biol La evolución se produce gracias a la diversidad de individuos de una misma especie, la capacidad de transmitir sus caracteres a la descendencia y la acción del medio externo. Cuando cambian las condiciones del entorno, el medio se convierte en un factor selectivo, que hace que sobrevivan aquellos individuos mejor adaptados a las nuevas condiciones. Los individuos supervivientes se reproducen, transmitiendo así sus caracteres a la descendencia.

evolucionar 1 *intr.* Experimentar personas, organismos y cosas un cambio gradual. 2 Mudar de conducta, de propósito o de actitud. 3 Hacer evoluciones.

evolucionismo *m.* Biol Teoría que defiende la evolución biológica.

evolutivo, va *adj.* Relativo a la evolución.

ex 1 *adj.* Que fue y ha dejado de serlo: *Exministro.* 2 *m.* y *f.* Persona que ha dejado de ser cónyuge o pareja de otra.

ex profeso (Tb. exprofeso) *loc. adv.* De propósito, con intención.

exabrupto *m.* Salida de tono, inconveniencia.

exacción *f.* Cobro injusto y violento.

exacerbar 1 *tr.* y *prnl.* Irritar. 2 Agravar una enfermedad o la violencia de una pasión.

exactitud *f.* Cualidad de exacto.

exacto, ta *adj.* Puntual, preciso, riguroso.

exageración 1 *f.* Acción y efecto de exagerar. 2 Concepto, hecho o cosa que excede de lo normal o justo.

exagerar *tr.* Aumentar una cosa dándole importancia excesiva o haciendo que sobrepase los límites de lo normal.

exaltación 1 *f.* Acción y efecto de exaltar o exaltarse. 2 Alabanza entusiasta.

exaltar 1 *tr.* Elevar a una dignidad. 2 Ensalzar los méritos de alguien o las cualidades de algo. 3 *prnl.* Entusiasmarse hasta perder la serenidad.

examen 1 *m.* Estudio y análisis que se hace de personas, hechos o cosas. 2 Prueba de idoneidad en alguna ciencia o arte.

examinar 1 *tr.* Investigar con diligencia algún hecho o situación. 2 Comprobar la calidad de algo. 3 *tr.* y *prnl.* Poner a prueba la aptitud y conocimientos de alguien para avanzar en los cursos de estudios o para obtener algún puesto de trabajo.

exánime 1 *adj.* Sin vida o sin señales de ella. 2 Muy debilitado o sin aliento.

exantema *m.* Med Erupción cutánea.

exarca 1 *m.* En la iglesia griega, dignidad inferior a la de patriarca. 2 Hist Funcionario bizantino, encargado de la administración civil y militar.

exasperar *tr.* y *prnl.* Dar motivo de gran enojo a alguien.

excarcelar *tr.* Soltar a un preso de la cárcel.

excavación 1 *f.* Acción y efecto de excavar. 2 Prospección arqueológica.

excavadora *f.* Máquina consistente en una pala mecánica montada sobre un vehículo usada para realizar obras de desmonte y perforación del suelo.

excavar 1 *tr.* Realizar una cavidad o galería en el suelo. 2 Remover la tierra alrededor de las plantas.

excedente 1 *adj.* Que excede. 2 Que sale de la regla. 3 *m.* Diferencia positiva entre ganancias y pérdidas o costos.

exceder 1 *tr.* Aventajar o superar una persona o cosa a otra. 2 *intr.* y *prnl.* Propasarse, extralimitarse.

excelencia 1 *f.* Superior calidad de una cosa en su género. 2 Tratamiento honorífico de algunos cargos civiles y militares.

excelente *adj.* Que destaca en bondad y cualidades.

excentricidad 1 *f.* Cualidad de excéntrico. 2 Dicho o hecho extravagante. 3 Estado de lo que se halla fuera de su centro. 4 Geom Distancia que media entre el centro de la elipse y uno de sus focos. 5 Mat Número real positivo que representa la razón entre la distancia de un punto de la curva al foco y la distancia de ese mismo punto a la directriz.

excéntrico, ca 1 *adj.* y *s.* Raro, extravagante. 2 *adj.* Geom Que está fuera de su centro. 3 *f.* Pieza mecánica que gira alrededor de un punto que no es su centro.

Transforma el movimiento circular continuo en rectilíneo alternativo.

excepción 1 *f.* Acción y efecto de exceptuar. 2 Cosa que se aparta de la regla o condición general de las demás de su especie.

excepcional 1 *adj.* Que constituye excepción de la regla común. 2 Que se aparta de lo ordinario o que ocurre rara vez.

excepto *adv. m.* A excepción de, fuera de.

exceptuar *tr.* y *prnl.* Hacer excepción, excluir de la regla común.

exceso 1 *m.* Lo que sobrepasa la medida o los límites de lo ordinario o de lo lícito. 2 Aquello en que una cosa excede a otra. 3 Abuso, demasía en el comportamiento.

excipiente *m.* FARM Sustancia inerte que se mezcla con los medicamentos y ciertos cosméticos para darles consistencia, forma, sabor, etc.

excitación 1 *f.* Acción y efecto de excitar o excitarse. 2 Estado de tensión psíquica. 3 FISIOL Acción y efecto de un excitante sobre una célula o un órgano. 4 FÍS Fuerza magnetomotriz que desarrolla el flujo de un electroimán o de una máquina eléctrica.

excitante 1 *adj.* y *s.* Que excita. 2 FISIOL Dicho del agente que estimula la actividad de un sistema orgánico.

excitar 1 *tr.* y *prnl.* Estimular a la acción o avivar una actividad. 2 Potenciar un sentimiento o pasión. 3 Despertar el deseo sexual. 4 *prnl.* Dejarse llevar de un sentimiento perdiendo la calma, exaltarse.

exclamación 1 *f.* Voz o frase que refleja una emoción del ánimo. 2 ORT Signo ortográfico doble (¡!) que encierra y demarca los enunciados u oraciones de tipo exclamativo: *¡Feliz Navidad!; ¡qué gusto verte!; ¡ay!; ¡eh!* • Después del signo de cierre (!) puede escribirse cualquier otro signo de puntuación, excepto el punto, pues ya está expresado en el propio signo.

exclamar *intr.* y *tr.* Emitir con fuerza o vehemencia las palabras para dar fuerza y eficacia a lo que se dice.

exclamativo, va 1 *adj.* Relativo a la exclamación o que sirve para exclamar. 2 GRAM Dicho de las oraciones y de los adjetivos, pronombres o adverbios que expresan la emoción de quien habla o escribe.

excluir 1 *tr.* Dejar por fuera a una persona o cosa fuera del lugar que ocupaba o de la actividad que realizaba. 2 *prnl.* Ser dos personas o cosas incompatibles.

exclusión *m.* Acción y efecto de excluir.

exclusiva 1 *f.* Noticia conseguida y publicada por un solo medio informativo. 2 EXCLUSIVIDAD.

exclusividad *f.* Privilegio o derecho por el cual una persona o corporación puede hacer algo prohibido a las demás.

exclusivismo *m.* Adhesión obstinada a algo, sin prestar atención a las demás.

exclusivo, va 1 *adj.* Que excluye. 2 Único, excluyendo a cualquier otro.

excombatiente *adj.* y *s.* Dicho de la persona que ha luchado en una guerra.

excomulgar *tr.* Castigar con la excomunión.

excomunión *f.* REL Pena con que la Iglesia aparta a los fieles del trato con los demás fieles y de la recepción de los sacramentos.

excoriar *tr.* y *prnl.* Arrancar o corroer la piel, quedando la carne al descubierto.

excrecencia *f.* Carnosidad o superfluidad que se produce en animales y plantas, alterando su superficie.

excreción *f.* Acción y efecto de excretar.

excremento *m.* FISIOL Restos de alimentos que el organismo expele por el ano.

excretar 1 *intr.* Deponer los excrementos. 2 BIOL Eliminar los productos metabólicos de desecho.

excretor, ra 1 *adj.* Que excreta. 2 Dicho del órgano que efectúa la excreción.

exculpar *tr.* y *prnl.* Descargar a alguien de culpa.

excursión 1 *f.* Paseo por el campo. 2 Viaje por motivos de recreo o estudio.

excursionismo *m.* Práctica sistemática de las excursiones como deporte o con fin científico o artístico.

excusa 1 *f.* Acción y efecto de excusar o excusarse. 2 Pretexto para eludir una obligación.

excusado, da 1 *adj.* Lo que no hay necesidad de hacer o decir. 2 *m.* RETRETE.

excusar 1 *tr.* y *prnl.* Disculpar o justificar a alguien de lo que se le achaca. 2 Rehusar hacer una cosa. 3 *tr.* Evitar algo perjudicial. 4 Eximir de una obligación. 5 *prnl.* Alegar razones para justificarse.

execrar 1 *tr.* Reprobar severamente. 2 Aborrecer, tener aversión.

exégesis (Tb. exegesis) *f.* Interpretación o explicación en general, y de la Biblia en particular.

exención 1 *f.* Efecto de eximir o eximirse. 2 Privilegio o prerrogativa que libra de alguna obligación o tributo.

exento, ta 1 *adj.* Libre, desembarazado de algo. 2 Dicho del sitio o edificio que está descubierto por todas partes.

exequias *f. pl.* Honras fúnebres.

exequible 1 *adj.* Que se puede llevar a cabo. 2 Dicho de una ley expedida, que es aplicable y concuerda con la Constitución de un país.

exfoliación 1 *f.* Acción y efecto de exfoliar. 2 MED Caída de la epidermis en forma de escamas. 3 GEO Propiedad de algunos minerales de romperse en láminas.

exfoliador *m.* Cuaderno con las hojas ligeramente pegadas, que pueden desprenderse fácilmente.

exfoliar 1 *tr.* Eliminar de la piel las células muertas. 2 *tr.* y *prnl.* Dividir algo en láminas o escamas.

exhalación 1 *f.* Acción y efecto de exhalar o exhalarse. 2 Vaho, vapor.

exhalar 1 *tr.* y *prnl.* Despedir olores o gases. 2 Lanzar suspiros o quejas.

exhaustivo, va *adj.* Que agota o termina por completo.

exhausto, ta *adj.* Enteramente agotado.

exhibición *f.* Acción y efecto de exhibir o exhibirse.

exhibicionismo 1 *m.* Prurito de exhibirse. 2 PSIC Tendencia a exhibir en público los propios genitales.

exhibir 1 *tr.* y *prnl.* Mostrar o exponer en público. 2 Proyectar una película cinematográfica.

exhortación 1 *f.* Acción de exhortar. 2 Advertencia con que se intenta persuadir. 3 Sermón breve.

exhortar *tr.* Inducir e incitar a alguien a obrar de una manera determinada.

exhortativo 1 *adj.* Relativo a la exhortación. 2 GRAM Se aplica a los enunciados que sirven para exhortar.

exhumar *tr.* Desenterrar restos humanos.

exigencia *f.* Acción y efecto de exigir.

exigir 1 *tr.* Demandar imperiosamente. 2 Ser condición o requisito para conseguir, hacer o acabar algo.

exiguo, gua *adj.* Pequeño, reducido, escaso.

exiliar 1 *tr.* Expulsar a alguien de un territorio. 2 *prnl.* Abandonar el propio país, generalmente por razones políticas.

exilio 1 *m.* Pena de expulsión del propio país. 2 Expatriación por motivos políticos. 3 Lugar en que se vive el destierro y la situación psíquica y social que produce.

eximio, mia *adj.* Excelso, ilustre.

eximir *tr.* y *prnl.* Librar de obligaciones, culpas, responsabilidades, preocupaciones, etc.

existencia 1 *f.* Hecho de existir. 2 Vida, periodo de tiempo que se vive. 3 *pl.* Mercancías a disposición en una fábrica o en una tienda.

existencialismo *m.* FIL Corriente filosófica que se interesa por el hombre en la totalidad concreta de su subjetividad y de su estar en el mundo.

existir 1 *intr.* Tener existencia real. 2 Tener vida. 3 Estar de determinada manera.

éxito 1 *m.* Resultado feliz de una empresa, actuación, etc. 2 Aceptación o triunfo entre la gente.

exocrino, na 1 *adj.* FISIOL Dicho de la secreción que se vierte al tubo digestivo o al exterior del organismo. 2 FISIOL **glándula ~.**

éxodo *m.* Emigración de un pueblo o de una muchedumbre.

exoesqueleto *m.* ZOOL DERMATOESQUELETO.

exogamia 1 *f.* Práctica social de contraer matrimonio con persona de distinta tribu, grupo o comarca. 2 BIOL Mezcla entre personas de distinta raza, comunidad o población, que conduce a una descendencia cada vez más heterogénea.

exógeno, na 1 *adj.* BIOL Dicho de lo que procede de fuera del organismo o de la propia comunidad (por contraposición a endógeno). 2 GEO Dicho de las fuerzas o fenómenos geológicos que se producen en la superficie terrestre.

exonerar *tr.* y *prnl.* Aliviar, descargar de una responsabilidad u obligación.

exorbitante *adj.* Excesivo, enorme, exagerado.

exorcismo *m.* REL Conjuro contra el demonio hecho con la autoridad de la Iglesia y según sus fórmulas.

exorcista *m.* y *f.* Persona que exorciza.

exorcizar *tr.* REL Hacer exorcismos.

exordio 1 *m.* Preámbulo de un discurso o una obra literaria. 2 Preliminar de una conversación o razonamiento familiar.

exorreico, ca *adj.* GEO Dicho de las zonas con abundante agua superficial y con desagüe a un mar u océano.

exosfera (Tb. exósfera) *f.* GEO Capa más externa de la atmósfera. Se sitúa aprox. entre los 400 y los 2000 km.

exotérmico, ca *adj.* FÍS Dicho del proceso que va acompañado de elevación de temperatura. || **reacción ~** QUÍM La que desprende energía a medida que se forman los productos.

exótico, ca 1 *adj.* Que es originario de un país extranjero, especialmente lejano. 2 Extraño, extravagante.

expandir *tr.* y *prnl.* Extender, ensanchar, dilatar, difundir.

expansión 1 *f.* Acción y efecto de expandir o expandirse. 2 FÍS Aumento del volumen que experimentan los gases, líquidos o sólidos, por disminución de la presión, o por aumento de la temperatura.

expansionismo 1 *m.* Tendencia que propugna la expansión consciente y voluntaria de una actividad. 2 POLÍT Tendencia de un país a extender sobre otros su dominio económico y político.

expatriarse *tr.* y *prnl.* Abandonar la propia patria de forma voluntaria o forzosa.

expectativa *f.* Posibilidad, más o menos cercana, de conseguir algo al hacerse efectiva determinada eventualidad.

expectorar *tr.* Arrancar, mediante la tos o el carraspeo, las flemas de las vías respiratorias y arrojarlas por la boca.

expedición 1 *f.* Acción y efecto de expedir. 2 Prontitud en el decir y en el obrar. 3 Excursión hacia un punto distante para llevar a cabo alguna empresa. 4 Conjunto de personas que la realiza.

expediente 1 *m.* Conjunto de actuaciones administrativas o judiciales para aclarar la conducta de alguien. 2 Documento en que se anota el desempeño de una persona o el curso de un asunto.

expedir 1 *tr.* Despachar asuntos. 2 Extender un certificado o documento.

expeditar *tr.* Dejar concluido un asunto.

expedito, ta 1 *adj.* Desembarazado, libre de estorbo. 2 Pronto a obrar.

expeler *tr.* Expulsar personas o cosas, algo de dentro a fuera.

expendedor, ra *adj.* y *s.* Que expende.

expender 1 *tr.* Despachar o vender mercancías al por menor. 2 Despachar billetes o boletos de viajes o de espectáculos.

expendio 1 *m.* Venta al menudeo. 2 Tienda en que se despachan o venden mercancías al por menor.

experiencia *f.* Conocimiento directo que se adquiere con la misma vida o la práctica.

experimentación 1 *f.* Acción y efecto de experimentar. 2 Método científico basado en el estudio de unos fenómenos seleccionados y aun provocados por el propio estudioso.

experimental 1 *adj.* Fundado en la experiencia, o que se sabe y alcanza por ella. 2 Que se hace y sirve de experimento, con vistas a posibles perfeccionamientos, aplicaciones y difusión. 3 ART Se aplica a las corrientes artísticas que incorporan innovaciones temáticas, formales, etc.

experimentar 1 *tr.* Vivir sentimientos e impresiones. 2 Someter a estudio determinados fenómenos según un método científico. 3 Recibir las cosas algún cambio.

experimento *m.* En las ciencias, método de validación de una hipótesis, que consiste en provocar un fenómeno, observar su desarrollo y comprobar su resultado. Debe estar planteado y descrito de forma que pueda repetirse.

expiar 1 *tr.* Purificar las culpas. 2 Cumplir la pena impuesta.

expirar 1 *intr.* Acabar la vida. 2 Terminar un plazo.

explanada *f.* Terreno allanado o llano.

explanar *tr.* Allanar, nivelar un terreno.

explayar 1 *tr.* y *prnl.* Ensanchar, extender. 2 Extenderse en un discurso o escrito. 3 *prnl.* Divertirse con alguna forma de esparcimiento. 4 Confiarse a una persona descubriéndole algún secreto o intimidad.

expletivo, va *adj.* GRAM Dicho de las palabras y expresiones que, sin ser necesarias, redondean la frase: *Por así decirlo, valga la expresión.*

explicación 1 *f.* Acción y efecto de explicar. 2 Declaración de algún texto, tema o hecho. 3 Satisfacción que se da por algún gesto o palabra ofensivos para alguien.

explicar 1 *tr.* Exponer una materia, tema, etc., de modo comprensible. 2 Dar a conocer la causa o motivo de algo. 3 *tr.* y *prnl.* Dar a conocer lo que alguien piensa. 4 Justificar o exculpar por dichos o hechos. 5 *prnl.* Comprender alguna cosa, darse cuenta de ella.

explicitar *tr.* Hacer explícito.

explícito, ta *adj.* Que expresa clara y determinadamente algo.

exploración *f.* Acción y efecto de explorar.

explorador, ra 1 *adj.* y *s.* Que explora. 2 *m.* y *f.* Muchacho o muchacha que practica el escultismo.

explorar 1 *tr.* Reconocer un lugar o averiguar un asunto. 2 Tantear o tratar de enterarse de algo. 3 Realizar la prospección de un yacimiento. 4 INF Examinar el material contenido en un archivo, un documento o un programa.

explosión 1 *f.* Estallido de alguna cosa liberando luz, calor y gases, con estruendo y rotura violenta del recipiente en que está contenida. 2 Dilatación repentina del gas contenido o producido por un mecanismo, como en el motor de un automóvil. 3 Manifestación súbita y violenta de ciertos sentimientos: *Explosión de cólera.* 4 FON Parte final del sonido de consonantes oclusivas (*p, t*) cuando no van seguidas de otra consonante. || ~ **demográfica** Crecimiento acelerado de la población en una ciudad, región o país durante un corto periodo de tiempo.

explosivo, va 1 *adj.* Que hace o puede hacer explosión. 2 *adj.* y *s.* Que se incendia con explosión. 3 *adj.* y *f.* FON Que se pronuncia con explosión y oclusión.

explotación 1 *f.* Acción y efecto de explotar. 2 Conjunto de elementos de una empresa industrial o agraria. || ~ **infantil** Utilización abusiva de los niños en empleos y oficios propios de los adultos, negándoles sus derechos (salud, educación, etc.) y una compensación justa. ~ **sexual** Utilización por la fuerza de personas en la prostitución para beneficio económico de otra persona o de una red de prostitución.

explotar[1] 1 *tr.* Extraer el mineral de una mina. 2 Sacar provecho de un negocio o industria. 3 Sacar provecho inmoderado de circunstancias que se presentan favorables al propio beneficio. 4 Utilizar abusivamente en propio provecho el trabajo o las cualidades de otras personas.

explotar[2] *intr.* Estallar, hacer explosión.

expoliar (Tb. espoliar) *tr.* Despojar con violencia o de forma injusta.

exponencial 1 *adj.* Dicho del crecimiento cuyo ritmo aumenta cada vez más rápidamente. 2 MAT **función** ~.

exponente 1 *adj.* y *s.* Que expone. 2 *m.* PROTOTIPO, persona o cosa representativa de lo más característico en un género. 3 MAT Número o expresión algebraica que denota la potencia a la que se ha de elevar otro número u otra expresión, y se coloca en su parte superior derecha.

exponer 1 *tr.* Presentar algo para que pueda ser visto. 2 Explicarlo para que pueda ser entendido. 3 Colocar algo para que pueda recibir la influencia de un agente: *Exponer a la luz.* 4 *tr.* y *prnl.* Arriesgar, aventurar.

exportación 1 *f.* Acción y efecto de exportar. 2 ECON Conjunto de bienes exportados.

exportar *tr.* ECON Enviar o vender a un país extranjero los productos nacionales.

exposición 1 *f.* Acción y efecto de exponer o exponerse. 2 FOT Tiempo durante el cual la luz incide en la emulsión de una película fotográfica.

exposímetro *m.* FOT Aparato para calcular la exposición de una película fotográfica.

expósito, ta *adj.* y *s.* Dicho del recién nacido abandonado en un lugar público o confiado a una institución benéfica.

expositor, ra 1 *adj.* y *s.* Que expone, declara o interpreta. 2 *m.* y *f.* Que concurre a una exposición pública. 3 *m.* Mueble para exponer algo.

expresar 1 *tr.* Manifestar de alguna manera lo que alguien piensa, siente o quiere. 2 *prnl.* Darse a entender por medio de la palabra.

expresión 1 *f.* Modo de expresarse. 2 Palabra, locución o frase. 3 Declaración de algo para darlo a entender. 4 Efecto de expresar algo sin palabras. 5 Viveza con que la literatura o las artes plásticas presentan los afectos. 6 **libertad** de ~. 7 MAT Conjunto de términos algebraicos que representa una cantidad. || ~ **algebraica** MAT Expresión analítica que no contiene más funciones que aquellas que pueden calcularse con las operaciones del álgebra: suma, multiplicación y sus inversas.

expresionismo *m.* ART Movimiento artístico de comienzos del s. XX que se centró en la expresión de la realidad captada por la subjetividad del artista, más que en la representación de la realidad objetiva. Abarcó la pintura, la música, la literatura y el cine.

expresivo, va *adj.* Que se manifiesta con viveza y fuerza.

expreso, sa 1 *adj.* Claro, patente. 2 Deliberado. 3 *adj.* y *m.* Dicho del medio de transporte contratado para exclusividad de un grupo de personas. 4 Dicho del correo extraordinario que lleva una noticia especial. 5 Dicho del café preparado a presión. 6 *adv. m.* Ex profeso, intencionadamente.

exprimidor, ra *m.* y *f.* Utensilio para exprimir frutas cítricas.

exprimir 1 *tr.* Extraer el zumo o líquido de alguna cosa. 2 Estrujar, agotar una cosa. 3 Explotar a una persona.

expropiar *tr.* Desposeer de algo a su propietario, por motivos de utilidad pública, compensándolo con una indemnización.

expuesto, ta *adj.* Arriesgado, peligroso.

expulsar 1 *tr.* Echar de un sitio a alguien. 2 Hacer salir algo de algún lugar. 3 EXPELER.

expulsión 1 *f.* Acción y efecto de expulsar. 2 Acción y efecto de expeler.

expurgar *tr.* Limpiar una cosa quitándole lo malo o inútil.

exquisito, ta *adj.* De singular calidad, primor o gusto.

extasiar *tr.* y *prnl.* Embelesar, arrobar el ánimo.

éxtasis 1 *m.* Estado de ánimo en que se está embargado enteramente por un sentimiento de admiración, alegría, etc. 2 Rel Estado de unión mística con Dios.

extemporáneo, a *adj.* Fuera de tiempo, inoportuno.

extender 1 *tr.* Esparcir lo que estaba apretado o amontonado. 2 Redactar un documento, recibo, etc., en la forma acostumbrada. 3 Hacer llegar una noticia, hecho, etc., a muchos sitios. 4 *tr.* y *prnl.* Dilatar una cosa. 5 Desplegar lo doblado o enrollado. 6 Hablando de derechos, autoridad, conocimientos, etc., darles mayor amplitud y comprensión. 7 *prnl.* Tenderse alguien en un sitio. 8 Durar cierta cantidad de tiempo. 9 Referido a pueblos, campos, etc., ocupar cierta porción de terreno. 10 Narrar algo copiosa y dilatadamente. 11 Propagarse una especie, una costumbre, etc., donde antes no la había.

extendido, da *adj.* Amplio, dilatado.

extensión 1 *f.* Acción y efecto de extender o extenderse. 2 Cada una de las líneas de un conmutador telefónico. 3 Geom Capacidad para ocupar el espacio. 4 Geom Medida del espacio ocupado por un cuerpo.

extenso, sa 1 *adj.* Que tiene extensión. 2 Que tiene mucha extensión, vasto.

extenuar *tr.* y *prnl.* Debilitar, cansar en sumo grado.

exterior 1 *adj.* y *s.* Que está por la parte de fuera. 2 *adj.* Relativo a otros países, por contraposición a nacional e interior. 3 *m.* Superficie externa de los cuerpos. 4 *pl.* Cin y Tv Espacios al aire libre donde se rueda una película o serie.

exteriorizar *tr.* y *prnl.* Manifestar lo que se siente o piensa.

exterminar *tr.* Destruir, aniquilar.

externalidad *f.* Econ Efecto no intencional que se genera en la producción de un bien.

externalizar 1 *tr.* Econ En una empresa o institución pública, asignar la realización de los servicios o compromisos de negocios propios a otra empresa. 2 Psic Atribuir a factores externos la generación de sentimientos, pensamientos o percepciones de una persona.

externo, na *adj.* Dicho de lo que obra o se manifiesta al exterior, y en comparación o contraposición con lo interno.

extinción 1 *f.* Acción y efecto de extinguir o extinguirse. 2 Biol y Ecol Desaparición de determinadas especies como consecuencia de la pérdida de hábitat, depredación e incapacidad para adaptarse a entornos cambiantes. 3 Fís Absorción o debilitamiento de una radiación al atravesar un medio. || ~ **de dominio** Der Pena a los propietarios de bienes adquiridos mediante enriquecimiento ilícito en perjuicio del tesoro público o con grave deterioro de la moral social.

extinguidor *m.* EXTINTOR.

extinguir 1 *tr.* y *prnl.* Apagar el fuego o la luz. 2 Hacer que cesen o se acaben del todo ciertas cosas que desaparecen gradualmente, como un sonido, un afecto, una vida. 3 *prnl.* Prescribir un derecho.

extinto, ta *m.* y *f.* Difunto, fallecido.

extintor, ra 1 *adj.* Que extingue. 2 *m.* Aparato para apagar el fuego.

extirpar 1 *tr.* Acabar algo por entero, como los vicios, abusos, etc. 2 Med Quitar, en una operación quirúrgica, un órgano o una formación patológica.

extorsión *f.* Acción y efecto de extorsionar.

extorsionar *tr.* Presionar, mediante amenazas, a alguien para que obre, en contra de su voluntad, de determinada manera.

extra 1 *adj.* Extraordinario, añadido a lo ordinario. 2 *m.* y *f.* Comparsa en una película. 3 Persona que presta un servicio temporal. 4 *m.* Sobresueldo. 5 Gastos extraordinarios. • U. m. en pl.

extracción 1 *f.* Acción y efecto de extraer. 2 Mat Operación con que se obtiene la raíz de un número. 3 Origen, linaje.

extractar *tr.* Hacer un extracto.

extractivo, va *adj.* Econ Dicho del modelo de producción que se basa en la extracción intensiva de recursos naturales.

extracto 1 *m.* Resumen de un escrito, libro, etc., expresando en términos precisos lo más sustancial. 2 Esencia o concentrado de una disolución acuosa.

extractor *m.* Aparato o dispositivo de un mecanismo que sirve para extraer.

extradición *f.* Der Procedimiento judicial por el que los tribunales de un Estado entregan a un delincuente reclamado por los tribunales de otro.

extraditar *tr.* Der Conceder un gobierno la extradición de un reclamado por la justicia de otro Estado.

extradós *m.* Arq Superficie convexa o exterior de un arco o de una bóveda.

extraer 1 *tr.* Sacar algo de donde estaba. 2 Mat Averiguar la raíz de un número. 3 Hacer un extracto.

extrajudicial *adj.* Fuera de la vía judicial.

extralimitarse 1 *prnl.* Excederse en el uso de las facultades concedidas. 2 Abusar de la benevolencia ajena.

extramuros *adv. l.* Fuera del recinto de una ciudad, en las afueras.

extranjería *f.* Condición de extranjero en un país, y las normas que la regulan.

extranjerismo 1 *m.* Afición a las costumbres extranjeras. 2 Voz, frase o giro tomado de una lengua que no es la propia y que conserva su grafía y pronunciación originales.

extranjerizar *tr.* y *prnl.* Introducir hábitos o usos ajenos al país en que se vive.

extranjero, ra 1 *adj.* y *s.* Dicho de la persona o cosa que es natural de otro país. 2 Ciudadano de un Estado que reside temporalmente en otro. 3 *m.* Cualquier país que no sea el propio.

extrañar 1 *tr.* y *prnl.* Asombrarse de algo que no es lo habitual. 2 Echar de menos o añorar a alguna persona o cosa.

extrañeza 1 *f.* Sorpresa que produce lo extraño o raro. 2 Rareza, cosa extraordinaria.

extraño, ña 1 *adj.* y *s.* De nación, familia, grupo, etc., distintos del propio. 2 Raro, singular. 3 Ajeno a la naturaleza o condición de una cosa de la cual forma parte. 4 *m.* Movimiento repentino de asombro.

extraoficial *adj.* No oficial.

extraordinario, ria 1 *adj.* Fuera de lo común, insólito. 2 Añadido a lo ordinario: *Gastos extraordinarios.* 3 Maravilloso, magnífico.

extraplano, na *adj.* Que es muy plano o delgado en relación con otras cosas de su especie.

extrapolar *tr.* Deducir una conclusión partiendo de datos parciales.

extrasensorial *adj.* Que se percibe o acontece sin la intervención de los órganos sensoriales.

extrasolar *adj.* Geo Referido a un cuerpo celeste, que no pertenece al sistema solar.

extraterrestre 1 *adj.* Que está fuera de la Tierra. 2 *m.* y *f.* Habitante de otro planeta.

extraterritorial *adj.* Dicho de lo que está o se considera fuera del territorio de la propia jurisdicción.

extravagancia 1 *f.* Cualidad de extravagante. 2 Dicho o hecho extravagante.

extravagante 1 *adj.* y *s.* Dicho de la persona que se sale de lo normal o dice cosas raras. 2 Excesivamente peculiar u original.

extravertido, da *adj.* EXTROVERTIDO.

extraviar 1 *tr.* Poner algo en otro lugar distinto al que debía ocupar. 2 Hablando de la vista o de la mirada, no fijarla en un objeto determinado. 3 *tr.* y *prnl.* Hacer perder el camino. 4 Desorientarse. 5 No encontrarse algo en su sitio e ignorarse su paradero. 6 Apartarse de la buena conducta.

extremado, da 1 *adj.* Muy bueno o muy malo. 2 Exagerado.

extremar 1 *tr.* Llevar una cosa al extremo. 2 *prnl.* Esmerarse en hacer algo.

extremaunción *f.* Rel Sacramento católico consistente en ungir con óleo a los enfermos graves.

extremidad 1 *f.* Punta o límite de una cosa. 2 Último grado de algo. 3 *pl.* Los brazos y piernas, por oposición al tronco. 4 Cabeza, pies, manos y cola de los animales. || **~es inferiores** Piernas, con sus porciones terminales o pies. **~es superiores** Los brazos, con sus porciones terminales o manos.

extremismo 1 *m.* Tendencia a posiciones extremas. 2 Tendencia a adoptar ideas políticas extremas, radicales o exageradas.

extremo, ma 1 *adj.* Dicho de lo más intenso, elevado o activo de cualquier cosa. 2 Distante, alejado, en último o casi en último lugar. 3 Excesivo, exagerado. 4 *m.* Principio o remate de algo. 5 Punto último a que puede llegar algo. 6 Mat Cada uno de los términos primero y último de una proporción.

extrínseco, ca *adj.* Externo, accesorio.

extroversión *f.* Comportamiento de la persona cuyo interés se vuelca hacia el mundo externo, al que se adapta con facilidad.

extrovertido, da *adj.* Dicho de la persona sociable, abierta al exterior y propensa a manifestar sus sentimientos.

extrudir *tr.* Dar forma a una masa haciéndola salir a presión por una matriz.

extrusión 1 *f.* Acción y efecto de extrudir. 2 Geo Acción y efecto de aflorar el magma a la superficie terrestre.

extrusor, ra *m.* y *f.* Máquina para extrudir.

exuberancia *f.* Gran abundancia.

exudar 1 *tr.* e *intr.* Salir un líquido por los poros del recipiente que lo contiene. 2 Med Salir un líquido fuera de sus vasos.

exultar *tr.* Mostrar alegría, gozo o satisfacción.

exvoto *m.* Objeto depositado en una iglesia como agradecimiento por un beneficio.

eyaculación *f.* Acción y efecto de eyacular.

eyacular *tr.* Fisiol Lanzar con fuerza y rapidez el semen.

eyección *f.* Acción y efecto de eyectar.

eyectar 1 *tr.* Hacer salir algo del organismo. 2 *tr.* y *prnl.* Expulsar mediante un mecanismo automático los asientos de los ocupantes de ciertos aviones.

eyector 1 *m.* Bomba para evacuar un fluido mediante la corriente rápida de otro fluido. 2 Sistema propulsor de un cohete, conformado por la cámara de combustión, su cabezal inyector de propergol y su tobera.

f *f.* Sexta letra del **alfabeto** español y cuarta de sus consonantes. Representa el sonido consonántico labiodental, fricativo y sordo. Su nombre es *efe.* • pl.: *efes.*

fa *m.* MÚS Cuarta nota de la escala musical.

fábrica 1 *f.* Establecimiento dotado de la maquinaria y de las instalaciones necesarias para fabricar ciertos objetos o productos. 2 EDIFICIO. 3 Construcción o parte de ella hecha con piedras, ladrillos y argamasa.

fabricación *f.* Acción y efecto de fabricar.

fabricante 1 *adj.* y *s.* Dicho de una persona o una industria que fabrica un producto. 2 *m.* y *f.* Dueño de una fábrica.

fabricar 1 *tr.* Construir un edificio, dique, muro, etc. 2 Producir objetos en serie por procedimientos mecánicos. 3 Hacer o disponer algo no material.

fabril *adj.* Perteneciente a las fábricas o a sus operarios.

fábula 1 *f.* Relato falso, sin ningún fundamento. 2 LIT Composición, generalmente en verso, en que se da una enseñanza moral, por medio de una ficción alegórica en que intervienen animales.

fabular *tr.* Inventar una historia fabulosa con visos de verosimilitud.

fabulario *m.* LIT Repertorio de fábulas.

fabulista *m.* y *f.* Persona que compone o escribe fábulas literarias.

fabuloso, sa 1 *adj.* Falso, de pura invención. 2 Extraordinario, excesivo, increíble.

facción 1 *f.* Grupo de gente amotinada o rebelada. 2 Bando o pandilla violentos. 3 Grupo político que mantiene una línea propia dentro de un partido. 4 *f. pl.* Rasgos del rostro humano.

faceta 1 *f.* Cada cara de una piedra preciosa tallada. 2 Cada uno de los aspectos que presenta una cuestión, un carácter, etc.

facha *f.* Traza, figura, aspecto.

fachada 1 *f.* Cara exterior de un edificio. 2 Aspecto engañoso de algo.

facial *adj.* Perteneciente al rostro.

fácil 1 *adj.* Que se puede hacer sin mucho esfuerzo o habilidad. 2 Probable, que puede suceder. 3 Dócil, obediente.

facilidad 1 *f.* Cualidad de fácil. 2 Disposición para hacer algo sin gran trabajo. 3 *f. pl.* Circunstancias que permiten lograr algo.

facilitar 1 *tr.* Hacer fácil o posible algo. 2 Proporcionar o entregar.

facineroso, sa *adj.* y *s.* Dicho de un delincuente habitual.

facsímil 1 *m.* Perfecta reproducción de un escrito, impreso, etc. 2 FAX.

factible *adj.* Que se puede hacer o realizar.

fáctico, ca 1 *adj.* Relativo a hechos. 2 Basado en hechos o limitado a ellos.

factor 1 *m.* Cada uno de los elementos, circunstancias, etc., que determinan algo, lo inducen o lo modifican. 2 MAT Cada una de las cantidades que se multiplican para formar un producto. || ~ **ambiental** BIOL Cada uno de los elementos que determinan la subsistencia de los seres vivos, como la temperatura, el agua, el suelo y el alimento, entre otros. ~ **común** MAT Número de una suma o resta que es múltiplo de todos los demás. **~es de producción** ECON Agentes y medios que permiten la producción: recursos naturales, capital y trabajo. ~ **Rhesus** o ~ **Rh** MED Antígeno de los glóbulos rojos que permite la clasificación de los tipos de sangre. Está presente en la sangre del 85 % de la población humana (Rh positivo).

factoría *f.* Fábrica o complejo industrial.

factorial 1 *adj.* Relativo a un factor. 2 *m.* MAT Producto que resulta de multiplicar un entero positivo dado por todos los enteros inferiores a él hasta el uno.

factorizar 1 *tr.* MAT Descomponer un número o una expresión algebraica en un producto de factores. 2 MAT Expresar un entero como producto de sus divisiones.

factura 1 *f.* Manera de estar hecho algo. 2 Nota de las mercancías entregadas por un fabricante, con los precios detallados. 3 Recibo que da cuenta de la compra realizada y del pago efectuado.

facturar *tr.* Extender una factura.

facultad 1 *f.* Aptitud, poder o derecho para hacer algo. 2 Conjunto de secciones y departamentos de una universidad o escuela superior, que engloban estudios de una misma rama. 3 Edificio donde se alojan estas secciones.

facultar *tr.* Conceder facultades a alguien para hacer lo que sin tal no podría.

facultativo, va 1 *adj.* Relativo a la facultad. 2 Potestativo, que se puede hacer u omitir libremente. 3 *m.* y *f.* Persona titulada en medicina.

faena 1 *f.* Trabajo o quehacer. 2 Cada una de las operaciones que efectúa un torero durante la lidia.

fagocitar *tr.* BIOL Digerir o destruir un fagocito un elemento nocivo para el organismo.

fagocito *m.* BIOL Cualquiera de las células de la sangre y los tejidos animales, capaces de digerir o destruir partículas nocivas para el organismo.

fagocitosis *f.* BIOL Función que desempeñan los fagocitos en el organismo.

fagot *m.* Mús Instrumento de viento formado por un tubo de madera con agujeros y llaves, y que se toca con una boquilla de caña.

faisán, na *m.* y *f.* Ave galliforme de plumaje de colores brillantes y larga cola en los machos. Su carne es muy apreciada.

faja 1 *f.* Tira de tela con que se ciñe el cuerpo por la cintura, dándole varias vueltas. 2 Pieza de tejido elástico que sirve para ceñir el cuerpo y sostener el abdomen. 3 Cualquier cosa que se extiende sobre un espacio largo y estrecho.

fajar *tr.* y *prnl.* Rodear, ceñir con una faja.

fajín *m.* Ceñidor de seda usado como distintivo por diversos funcionarios.

fajo *m.* Haz o atado.

falacia *f.* Fraude o mentira con que se intenta dañar a alguien.

falange 1 *f.* Conjunto de personas unidas en un cierto orden y para un mismo fin. 2 Anat Cada uno de los huesos de los dedos. 3 Anat Falange primera de los dedos contando desde el metacarpo. 4 Hist Cuerpo de infantería que constituyó la principal fuerza de los ejércitos de Grecia.

falangeta *f.* Anat Falange tercera de los dedos.

falangina *f.* Anat Falange segunda de los dedos.

falangismo *m.* Hist Movimiento español fundado en 1933, cuyas directrices ideológicas eran: España como unidad de destino; desaparición de los partidos políticos y protección oficial de la tradición religiosa.

falansterio 1 *m.* Sociedad cooperativa campesina de producción y consumo creada por Fourier en el s. XIX. 2 Edificio en que habitaban sus miembros.

falaz 1 *adj.* Falso, engañoso. 2 Dicho de lo que halaga y atrae con falsas apariencias.

falconiforme *adj.* y *f.* Zool Dicho de las aves de rapiña diurnas, con pico corto y encorvado y dedos armados de uñas fuertes, como las águilas y los halcones. Conforman un orden.

falda 1 *f.* Prenda de vestir o parte del vestido femenino que con más o menos vuelo cae desde la cintura hacia abajo. 2 Parte baja y de suave pendiente de un monte.

faldero, ra 1 *adj.* Relativo a la falda. 2 *m.* y *f.* Perro de tamaño muy pequeño.

falencia 1 *f.* Carencia, defecto. 2 Quiebra comercial.

fálico, ca *adj.* Relativo o perteneciente al falo.

falla[1] 1 *f.* Defecto material de una cosa que merma su resistencia. 2 Defecto, falta. 3 Incumplimiento de una obligación.

falla[2] *f.* Geo Línea de fractura a lo largo de la cual una sección de la corteza se ha desplazado con respecto a otra.

fallar[1] *tr.* Der Decidir un litigio o proceso.

fallar[2] 1 *tr.* e *intr.* No acertar algo, equivocarse. 2 *intr.* Dejar de funcionar algo.

falleba *f.* Varilla de hierro que, pudiendo girar sujeta a unos anillos, sirve para cerrar las puertas o ventanas.

fallecer *intr.* MORIR, acabar la vida.

fallido, da *adj.* Frustrado, sin efecto.

fallo[1] *m.* Der Sentencia definitiva del juez.

fallo[2] 1 *m.* Acción y efecto de fallar. 2 Falta, deficiencia o error.

falo *m.* Anat PENE. Miembro viril.

falsario, ria *adj.* y *s.* Que acostumbra mentir.

falsear *tr.* Adulterar, corromper.

falsedad 1 *f.* Falta de verdad o autenticidad. 2 Falta de conformidad entre las palabras, las ideas y las cosas.

falsete *m.* Mús Voz aguda que se logra al hacer vibrar las cuerdas superiores de la laringe.

falsificación *f.* Acción y efecto de falsificar.

falsificar 1 *tr.* Falsear o adulterar algo. 2 Reproducir o imitar un documento, una obra de arte, monedas, marcas, etc., con la intención de hacerlo pasar por el original o legal.

falso, sa 1 *adj.* Engañoso, fingido, falto de veracidad. 2 Contrario a la verdad. 3 Dicho del documento, obra de arte, monedas, marcas, etc., que se hace imitando los originales. 4 *adj.* y *s.* Dicho de una persona que falsea o miente.

falta 1 *f.* Ausencia o privación de algo útil o necesario. 2 Incumplimiento de un deber o una obligación. 3 Ausencia de una persona. 4 Error en una manifestación oral o escrita. 5 Defecto, imperfección.

faltar 1 *intr.* No estar algo donde debería estar. 2 Carecer de algo. 3 No acudir alguien a una cita o no estar en el lugar en que suele estar. 4 No cumplir con un deber. 5 Consumirse, acabar, fallecer.

falto, ta *adj.* Que carece de algo que necesita para completarse.

faltriquera *f.* Bolsito que se ata a la cintura.

fama 1 *f.* Opinión que la gente tiene de alguien. 2 Notoriedad de alguien o de algo.

famélico, ca 1 *adj.* Que tiene o pasa mucha hambre. 2 Muy flaco, con aspecto de pasar hambre.

familia 1 *f.* Grupo de personas vinculadas entre sí por relaciones de matrimonio, parentesco o afinidad. Es el grupo social básico de todas las sociedades. 2 Conjunto de ascendientes, descendientes, colaterales y afines de un linaje. 3 Hijos o descendencia. 4 Conjunto de elementos con alguna característica común. 5 Biol Categoría taxonómica que reúne a varios géneros con caracteres comunes. || ~ **lingüística** Ling Grupo de lenguas que derivan de una común: *La familia lingüística chibcha.* ~ **monoparental** En la que los hijos viven solo con el padre o con la madre. ~ **nuclear** La conformada por dos adultos con sus hijos.

familiar 1 *adj.* Perteneciente a la familia. 2 Dicho de aquello que alguien conoce mucho. 3 Dicho del trato sencillo. 4 Dicho de una palabra, del lenguaje, etc., corriente y natural. 5 *m.* y *f.* Miembro de una familia.

familiaridad *f.* Confianza en el trato o en el uso.

familiarizar 1 *tr.* Hacer algo familiar o común. 2 *prnl.* Adquirir familiaridad.

famoso, sa *adj.* y *s.* Ampliamente conocido.

fan *m.* y *f.* Admirador de un cantante, artista, etc.

fanal 1 *m.* Campana de cristal para resguardar del aire la luz puesta dentro de ella o para atenuar el resplandor. 2 Campana de cristal para resguardar del polvo lo que se cubre con ella.

fanático, ca 1 *adj.* y *s.* Que defiende con apasionamiento desmedido sus creencias. 2 Entusiasmado ciegamente por algo.

fanatismo *m.* Apasionamiento desmedido a favor de una creencia u opinión.

fanatizar *tr.* Provocar el fanatismo.

fandango *m.* FOLCL Baile cantado español con acompañamiento de guitarra, pandero, castañuelas, etc.

fanegada *f.* Medida agraria que equivale a 6400 m^2.

fanerógamo, ma *adj.* y *f.* BIOL Dicho de las plantas en las que los órganos reproductivos se presentan en forma de flor, siendo esta observable a simple vista.

fanerozoico *adj.* y *m.* GEO Dicho del eón más reciente de la historia geológica de la Tierra.

fanfarria 1 *f.* MÚS Banda de instrumentos de metal. 2 MÚS Música interpretada por esos instrumentos.

fanfarrón, na *adj.* y *s.* Que alardea de valentía o de virtudes que no posee.

fangal *m.* Sitio lleno de fango.

fango *m.* Lodo que se forma con la mezcla de limo, arcilla y agua.

fantasear 1 *intr.* Dejar correr la fantasía o la imaginación. 2 *tr.* Imaginar algo fantástico.

fantasía 1 *f.* Facultad de reproducir cosas mentalmente. 2 Imagen ilusoria, creación ficticia. 3 Adorno que imita una joya. 4 ART y LIT Obra inspirada en la imaginación. 5 MÚS Pieza instrumental de estructura libre.

fantasioso, sa *adj.* y *s.* Que tiene mucha imaginación.

fantasma 1 *m.* Aparición de un muerto. 2 Persona imaginaria que aparece en forma de ser real.

fantasmagoría *f.* Imagen mental que parece real.

fantástico, ca 1 *adj.* Producto de la fantasía. 2 Extraordinario, magnífico. 3 Dicho de la novela, película, etc., en que intervienen elementos y personajes imaginarios o se utilizan técnicas que crean un ambiente irreal.

fantoche 1 *m.* Persona neciamente presumida. 2 Persona vestida de manera estrafalaria.

fanzine *m.* Revista de edición y distribución limitadas, hecha con bajo presupuesto y sobre temas como el cine, la música, la ciencia ficción y el cómic.

faquir 1 *m.* Asceta que a través de prácticas místicas alcanza una gran capacidad de control del cuerpo y la mente. 2 Asceta que vive de la mendicidad y practica actos de gran austeridad.

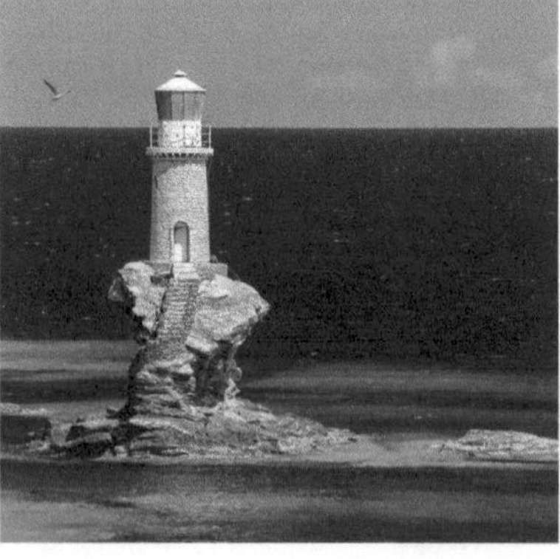

farallón *m.* Roca alta y cortada que sobresale en el mar o en tierra firme.

farándula *f.* Profesión y ambiente de los personajes del espectáculo, especialmente del cine, la televisión y la música popular.

faraón *m.* HIST Cada uno de los reyes del antiguo Egipto. Era considerado un dios que actuaba como intermediario entre los dioses y los hombres; ejercía el poder ayudado por sacerdotes y numerosos funcionarios.

faraónico, ca 1 *adj.* Relativo a los faraones. 2 Grandioso, fastuoso, desmesurado.

fardo *m.* Lío grande de ropa, papel, etc., muy apretado y protegido con una cubierta.

farfullar *tr.* Hablar u obrar atropelladamente.

faringe *f.* ANAT Porción del tubo digestivo, común a las vías respiratorias, que comunica la boca y las fosas nasales con el esófago y la laringe.

faringitis *f.* MED Inflamación de la faringe.

fariña *f.* Harina gruesa de mandioca.

fariseo, a 1 *adj.* y *s.* HIST Miembro de una secta judía que aparentaba rigor y austeridad, pero eludía los preceptos de la ley. 2 Hipócrita. 3 *adj.* Perteneciente o relativo a los fariseos.

farmaceuta *m.* y *f.* FARM Persona titulada en farmacia.

farmacéutico, ca 1 *adj.* Perteneciente a la farmacia. 2 *m.* y *f.* FARM **FARMACEUTA.**

farmacia 1 *f.* FARM Ciencia que enseña a preparar remedios para las enfermedades o para conservar la salud. 2 FARM Profesión de esta ciencia. 3 Tienda o laboratorio farmacéutico.

fármaco *m.* FARM Sustancia que produce en un organismo modificaciones funcionales.

farmacodependencia *f.* Adicción a los medicamentos o a las drogas.

farmacología *f.* MED Rama que trata de los medicamentos, su acción y sus propiedades.

faro 1 *m.* Torre con una luz, situada en las costas, que sirve de señal a los navegantes. 2 Dispositivo en la parte delantera de un automóvil para alumbrar el camino.

farol *m.* Caja transparente que contiene una luz para alumbrar.

farola 1 *f.* Farol grande para iluminar una vía pública. 2 Faro de un automóvil.

farra *f.* Juerga, parranda.

fárrago *m.* Conjunto de cosas mal ordenadas.

farsa 1 *f.* TEAT Composición teatral breve, de contenido cómico. 2 Cosa fingida que se quiere hacer pasar por cierta.

farsante, ta *adj.* y *s.* Que finge cosas que pretende hacer pasar por ciertas.

farsi *m.* Lengua del occidente de Irán, de origen persa, que se habla en Afganistán e Irán.

fascia *f.* ANAT Tejido resistente de apariencia membranosa que recubre los músculos del cuerpo humano.

fasciculado, da 1 *adj.* BIOL Dicho de lo que aparece agrupado o dispuesto en fascículos. 2 BOT **raíz ~.**

fascículo 1 *m.* Parte o capítulo de un libro que se pone a la venta a medida que se imprime. 2 BIOL Formación orgánica en forma de **haz**[1].

fascinación *f.* Acción de fascinar.

fascinante *adj.* Que fascina.

fascinar *tr.* Cautivar, seducir, atraer irresistiblemente.

fascismo 1 *m.* POLÍT e HIST Movimiento político fundado por B. Mussolini, quien de 1922 a 1943 gobernó dictatorialmente en Italia. Se caracterizó por su nacionalismo, militarismo y anticomunismo exacerbados. 2 POLÍT Cualquier movimiento o sistema parecido al fascismo.

fascista 1 *adj.* Relativo al fascismo. 2 *adj.* y *s.* Seguidor del fascismo.

fase 1 *f.* Cada uno de los estados sucesivos de un fenómeno, una política, un negocio, etc. 2 ASTR ~s de la **Luna.** 3 ELECTR Valor de la fuerza electromotriz o intensidad de una corriente alterna en un momento determinado. 4 FÍS Tipo de estado de un sistema como sólido, líquido o gaseoso. 5 MAT Desplazamiento horizontal de un función sobre el eje *x*.

fastidiar 1 *tr.* y *prnl.* Causar fastidio. 2 *prnl.* Sufrir un perjuicio.

fastidio *m.* Disgusto, enfado, cansancio, hastío.

fastuoso, sa *adj.* Ostentoso, pomposo.

fatal 1 *adj.* Fijado por el destino, que ocurrirá inevitablemente. 2 Desgraciado, infeliz: *Un accidente fatal.* 3 *adv. m.* Muy malo.

fatalidad 1 *f.* Cualidad de fatal. 2 Desgracia, desdicha. 3 Destino, hado.

fatalismo *m.* FIL Doctrina según la cual todo está predeterminado por el destino.

fatídico, ca 1 *adj.* **FUNESTO**, aciago. 2 Que anuncia o pronostica una desgracia.

fatiga 1 *f.* Estado de gran cansancio producido por una actividad muy intensa o prolongada. 2 Disminución o pérdida de la resistencia de un material a lo largo del tiempo. 3 *f. pl.* Molestia, penalidad, sufrimiento.

fatigar 1 *tr.* y *prnl.* Causar fatiga. 2 Fastidiar, molestar.

fatimí *m.* HIST Dinastía chiíta que hacia 970 gobernaba desde el Mediterráneo occidental hasta más allá de Palestina y Siria, y se mantuvo en Egipto, de Trípoli a La Meca, hasta 1171.

fatuo, tua 1 *adj.* y *s.* Falto de razón o de entendimiento. 2 Presuntuoso, vanidoso.

fauces 1 *m. pl.* ZOOL Parte posterior de la boca de los mamíferos desde el velo del paladar hasta el principio del esófago. 2 ANAT **istmo** de las ~.

faul *m.* En una competencia, infracción deportiva consistente en un contacto no reglamentario entre dos jugadores de equipos oponentes.

fauna *f.* Conjunto de animales que viven en estado salvaje en un territorio o que han vivido en una época geológica.

fauno *m.* MIT Divinidad menor de los romanos, personificación de la fertilidad, equivalente al **sátiro** griego.

fausto *m.* Gran pompa y lujo exterior.

fauvismo *m.* ART Movimiento pictórico francés (1904-08) caracterizado por el empleo de colores puros y la acentuación del trazo en el dibujo.

favela 1 *f.* Vivienda de escasas proporciones y construida con materiales pobres. 2 Conjunto de este tipo de viviendas en las zonas suburbanas.

favor 1 *m.* Ayuda, asistencia o servicio que se presta a alguien. 2 Preferencia, predilección.

favorable 1 *adj.* Que favorece. 2 Propicio, conveniente.

favorecer 1 *tr.* Ayudar, amparar. 2 Hacer un favor. 3 Mejorar el aspecto de alguien o de algo.

favoritismo *m.* Predilección habitual por alguien o algo sin importar sus méritos o cualidades.

favorito, ta 1 *adj.* Que es objeto de la predilección de alguien. 2 *adj.* y *s.* Que tiene, según la opinión general, la mayor probabilidad de ganar en una competencia.

fax 1 *m.* TELEC Procedimiento para la transmisión a distancia de copias de un documento, por medio de señales telefónicas, desde un aparato que realiza el reconocimiento óptico del original. 2 Documento así recibido. 3 Aparato que lo realiza.

faxear *tr.* Enviar por fax.

faz 1 *f.* Rostro, cara. 2 Superficie de una cosa.

fe 1 *f.* Conjunto de creencias, en un dios, una religión, un ideal, etc., de alguien o de un grupo de personas. 2 REL Para el cristianismo, virtud teologal basada en la confianza en la veracidad de Dios. 3 Confianza, buen concepto que se tiene de alguien o de algo.

fealdad *f.* Cualidad de feo.

febrero *m.* Segundo mes del año. Tiene 28 días los años comunes y 29 los bisiestos.

febrífugo, ga *adj.* y *m.* MED Que cura la fiebre.

febril *adj.* Perteneciente a la fiebre.

fecal *adj.* Relativo a los excrementos.

fecha 1 *f.* Datación del tiempo o lugar en que se hace o sucede algo. 2 Día en que ocurre o se hace algo. 3 Tiempo o momento actual.

fechar 1 *tr.* Poner fecha a un escrito. 2 Determinar la fecha de un documento, suceso, etc.

fechoría 1 *f.* Mala acción. 2 Travesura.

fécula *f.* Almidón que se halla en las semillas, tubérculos y raíces de muchas plantas. Es la base de muchos alimentos.

fecundación *f.* BIOL Unión de los materiales de los núcleos de dos gametos distintos, uno masculino y otro femenino, que da lugar a la formación de un cigoto.

fecundar *tr.* Producir una fecundación.

fecundidad 1 *f.* Virtud y facultad de producir. 2 Cualidad de fecundo. 3 Abundancia, fertilidad. 4 Reproducción numerosa y dilatada.

fecundizar *tr.* **FECUNDAR.**

fecundo, da 1 *adj.* Que produce o se reproduce por medios naturales. 2 Fértil, abundante.

fedayín *m.* Miliciano integrante de las guerrillas árabes que luchan contra Israel.

federación 1 *f.* Agrupación de entidades culturales, sindicales, deportivas, etc. 2 Unión de regiones, países, Estados, etc., bajo una misma constitución política, en un Estado federal. 3 Agrupación de equipos de una misma modalidad deportiva.

federal 1 *adj.* y *s.* Relativo a una federación. 2 **FEDERALISTA.** 3 **estado** ~. 4 *m.* HIST Soldado de la Unión Federal en la guerra de Secesión de Estados Unidos.

federalismo *m.* Sistema de organización estatal en el que coexisten una autoridad central y otras entidades que tienen también rango estatal.

federalista *adj.* y *s.* Relativo al federalismo o partidario de él.

feérico, ca *adj.* Relativo a las hadas.

fehaciente *adj.* Que da fe de que algo es cierto.

feijoa 1 *f.* Árbol frondoso de hasta 5 m de altura, de copa redondeada, hojas **coriáceas** y flores **hermafroditas**. 2 Fruto de este árbol de color verde oscuro y pulpa blanca.

feísmo *m.* ART Tendencia artística que valora positivamente lo feo.

feldespato *m.* GEO Nombre de diversos minerales de brillo nacarado y gran dureza, que forman parte de rocas ígneas, como el granito.

felicidad 1 *f.* Estado de completa satisfacción del ánimo. 2 Lo que ocasiona dicho estado. 3 Satisfacción, gusto, contento.

felicitación 1 *f.* Acción de felicitar. 2 Palabras o tarjeta con que se felicita.

felicitar *tr.* y *prnl.* Manifestar a alguien satisfacción por algún hecho feliz para él.

félido, da *adj.* y *m.* ZOOL Dicho de los mamíferos carnívoros de cabeza redondeada, hocico corto, patas anteriores con cinco dedos y posteriores con cuatro y uñas agudas y, generalmente, retráctiles; como el león y el gato. Conforman una familia.

feligrés, sa *m.* y *f.* Persona que pertenece a una parroquia.

feligresía *f.* Conjunto de feligreses de una parroquia.

felino, na 1 *adj.* Relativo al gato o que parece de gato. 2 *adj.* y *m.* Dicho de los animales de la familia de los félidos.

feliz 1 *adj.* Que tiene felicidad. 2 Que produce felicidad. 3 Dicho de frases o expresiones, oportuno, acertado: *Ocurrencia feliz.*

felonía *f.* Deslealtad, traición, infamia.

felpa *f.* Tejido que tiene pelo en una de sus caras.

felpudo, da 1 *adj.* Tejido parecido a la felpa. 2 *m.* Estera gruesa y afelpada que se pone en la entrada de las casas.

femenil *adj.* Relativo a la mujer.

femenino, na 1 *adj.* Perteneciente o relativo a las mujeres. 2 BIOL Dicho del ser con órganos fecundables. 3 BOT **flor** unisexual ~. 4 *adj.* y *m.* GRAM **GÉNERO** femenino.

fémina *f.* **MUJER.**

feminicidio *m.* Asesinato de una mujer por su condición de género.

feminidad *f.* Cualidad de femenino.

feminismo *m.* Movimiento social que propugna la igualdad de derechos entre hombres y mujeres, y doctrina en que se basa este movimiento.

feminización *f.* MED Aparición de caracteres sexuales femeninos en algunos hombres, como la anchura excesiva de la pelvis.

feminizar *tr.* y *prnl.* Proporcionar apariencia o características femeninas a alguien o a algo.

femoral 1 *adj.* Relativo al fémur. 2 *m.* ANAT **bíceps** ~; **tríceps** ~.

fémur 1 *m.* ANAT Hueso del muslo articulado con el ilíaco y la tibia. 2 ZOOL Pieza de las patas de los insectos articulada con el trocánter y la tibia.

fenecer 1 *tr.* e *intr.* Acabar una cosa. 2 *intr.* Morir, fallecer.

fenicio, cia 1 *adj.* y *s.* HIST De Fenicia. 2 *adj.* Perteneciente o relativo a los fenicios. 3 *m.* LING Lengua hablada por los fenicios.

☐ HIST Los fenicios se establecieron en Fenicia hacia el s. XXVIII a.C. Fundaron grandes ciudades (Tiro, Sidón, Biblos) y se dedicaron principalmente a la actividad manufacturera y a la distribución de sus productos. Su máximo aporte cultural fue el alfabeto, que heredarían todos los pueblos de Europa.

fénix *m.* MIT Ave fabulosa, símbolo de la vida eterna, que, según se creía, renacía de sus cenizas.

fenol *m.* QUÍM Alcohol derivado del benceno, obtenido por destilación de los aceites de alquitrán. Se emplea como desinfectante, para fabricar resinas, fibras sintéticas, colorantes y plaguicidas y en la industria farmacéutica.

fenomenal 1 *adj.* Relativo al fenómeno. 2 Extraordinario, sorprendente.

fenómeno 1 *m.* Cosa extraordinaria y sorprendente. 2 Lo que se manifiesta a los sentidos o a la consciencia. 3 Persona sobresaliente. 4 Ser de conformación anormal.

fenotipo *m.* BIOL Apariencia o conjunto de caracteres externos de un individuo, a diferencia del **genotipo**.

feo, a 1 *adj.* Sin belleza. 2 Desagradable, de mal aspecto.

feofíceas *f. pl.* BIOL **ALGAS** pardas.

feracidad *f.* Fertilidad, fecundidad de los campos.

féretro *m.* **ATAÚD.**

feria 1 *f.* Mercado anual, con carácter local, nacional, etc., donde se exhibe y vende maquinaria, ganado, etc. 2 Lugar donde se realiza este mercado. 3 Concurrencia de feriantes.

feriar 1 *tr.* Comprar algo en una feria. 2 Vender, comprar o cambiar algo. 3 Vender a menor precio.

fermentación *f.* QUÍM Transformación de una sustancia orgánica en otra por la acción de una enzima, con liberación de gas y energía. Se usa en transformaciones alimentarias, como en la obtención de yogur.

fermentar 1 *intr.* Experimentar una sustancia la fermentación. 2 *tr.* Producir o hacer la fermentación.

fermento *m.* QUÍM Enzima que interviene en la fermentación como catalizador.

fermio *m.* QUÍM Elemento radiactivo artificial. Núm. atómico: 100. Símbolo: Fm.

ferocidad *f.* Fiereza, crueldad.

feromona *f.* BIOL Sustancia química olorosa segregada por algunos animales que afecta la conducta de otros animales de la misma especie.

feroz 1 *adj.* Que obra con ferocidad. 2 Que causa miedo.

ferrar *tr.* Cubrir algo con hierro.

férreo, a 1 *adj.* De hierro o con sus propiedades. 2 Duro, tenaz. 3 Relativo al ferrocarril.

ferrería *f.* Taller en donde se reduce a metal el mineral de hierro.

ferretería *f.* Tienda donde se venden diversos objetos de metal o de otros materiales, como cerraduras, clavos, herramientas, cementos, etc.

ferri *m.* Embarcación grande y plana que transporta viajeros, mercancías o automóviles entre las dos orillas de un río o de un canal.

férrico, ca *adj.* Quím Dicho de los compuestos que contienen hierro.

ferrita *f.* Nombre genérico de diversas aleaciones ferromagnéticas semiconductoras.

ferrocarril 1 *m.* Camino con dos carriles de hierro paralelos, sobre los cuales ruedan los trenes. 2 TREN, serie de vagones remolcados por una locomotora. 3 Sistema de transporte basado en el tren.

ferromagnetismo *m.* Fís Propiedad de algunos metales (hierro, níquel, cobalto) de conservar la imantación al ser sometidos a un campo magnético.

ferroso, sa *adj.* De hierro.

ferroviario, ria *adj.* Relativo a las vías de ferrocarril.

ferruginoso, sa 1 *adj.* Dicho del mineral que contiene visiblemente hierro. 2 Dicho de las aguas minerales en cuya composición entra alguna sal de hierro.

fértil 1 *adj.* Dicho de lo que es muy productivo o prolífico. 2 Biol Dicho del individuo capaz de reproducirse. 3 Dicho del suelo en que los nutrientes se encuentran en cantidad y proporción adecuadas para el crecimiento de las plantas.

fertilidad *f.* Cualidad de fértil.

fertilizante 1 *adj.* Que fertiliza. 2 *m.* ABONO, sustancia que se añade a la tierra.

fertilizar *tr.* Abonar la tierra.

férula 1 *f.* Tablilla de castigo que se usaba en la escuela. 2 Med Vendaje flexible y resistente para el tratamiento de las fracturas.

fervor 1 *m.* Celo ardiente hacia algo o alguien. 2 Intensidad con que se hace una cosa.

festejar 1 *intr.* Celebrar algo con fiestas. 2 Hacer fiestas u otros actos en atención u honor a alguien o a algo.

festejo *m.* Acción y efecto de festejar.

festival *m.* Conjunto de manifestaciones cinematográficas, musicales, deportivas, etc., que se celebran periódicamente y en las que se suelen otorgar premios.

festividad 1 *f.* Fiesta o solemnidad con que se celebra algo. 2 Día festivo en que la Iglesia celebra algún misterio o a un santo.

festivo, va 1 *adj.* Relativo a la fiesta. 2 Chistoso, agudo.

festón *m.* Bordado o recorte que adorna el borde de algo.

fetal *adj.* Relativo al feto.

fetiche *m.* Objeto al que se le atribuye un poder mágico o especial.

fetichismo 1 *m.* Creencia por la cual se le dan atributos sobrenaturales o mágicos a ciertos objetos. 2 Psic Fijación sexual en un objeto como medio de placer.

fétido, da *adj.* Que despide mal olor.

feto *m.* Biol Embrión de los mamíferos vivíparos desde el momento en que se forman los rasgos propios de su especie hasta el parto.

feudal *adj.* Perteneciente al feudo o al feudalismo.

feudalismo *m.* Hist Sistema de organización social y económica de la Edad Media europea.

□ Hist El feudalismo surgió tras el derrumbamiento del Imperio romano. Se ajustó esencialmente a las relaciones personales de dependencia entre unos señores, que aportaban amparo, protección y concesiones de tierras para el sustento, y unos vasallos que, a cambio, les aseguraban rentas, un gran número de servicios y juramento de fidelidad.

feudatario, ria *adj.* y *s.* Hist Sujeto y obligado a pagar vasallaje.

feudo 1 *m.* Hist Contrato por el que un soberano o señor concedía tierras a cambio de fidelidad y vasallaje. 2 Hist Territorio así otorgado.

fez *m.* Gorro de fieltro rojo en forma de cono truncado.

fiable *adj.* Seguro, digno de confianza.

fiador, ra 1 *m.* y *f.* Persona que fía una mercancía al venderla. 2 Persona que responde por otra de una obligación de pago.

fiambre 1 *adj.* y *m.* Dicho de la carne o del pescado curados y cocinados de modo que se conservan largo tiempo. 2 *m.* Plato frío de este tipo de carnes. 3 Comida que se lleva a una merienda campestre o durante un viaje.

fiambrera *f.* Cesta o caja para guardar o llevar fiambres.

fianza 1 *f.* Obligación que contrae alguien de responder por otro en el caso de que este incumpla lo estipulado. 2 Objeto de valor o dinero que se da como garantía.

fiar 1 *tr.* Asegurar alguien que otro cumplirá lo que promete, obligándose él mismo en caso de incumplimiento. 2 Vender sin tomar el precio de contado, para recibirlo más adelante. 3 *tr.* y *prnl.* Confiar en alguien. 4 *intr.* Esperar con seguridad algo grato.

fiasco *m.* Resultado malo, fracaso.

fibra 1 *f.* Elemento natural o artificial que se presta a hilatura. 2 Parte de la madera que tiene consistencia y flexibilidad para ser torcida sin que se quiebre. 3 Biol Cada uno de los filamentos que componen un tejido orgánico. 4 Geo Cada uno de los filamentos que presentan en su textura algunos minerales. || ~ **de vidrio** La formada por dióxido de silicio y otros materiales fundidos, que presenta gran resistencia mecánica, química y térmica. ~ **muscular** Anat Cada una de las células filiformes contráctiles de los músculos. ~ **nerviosa** Anat Cuerpo filiforme formado por una neurita y la envoltura que la rodea. ~ **óptica** Filamento transparente de cristal o plástico que se usa para transmitir información mediante señales luminosas. ~ **sintética** Quím Aquella cuya fuente es exclusivamente química.

fibrina *f.* Bioq Proteína insoluble que forma el coágulo sanguíneo.

A B C D E F G H I J K L M N Ñ O P Q R S T U V W X Y Z

fibrocemento *m.* Mezcla de cemento y fibra de amianto, que se emplea para la fabricación de planchas, tuberías, depósitos, etc.
fibroma *m.* MED Tumor formado por tejido fibroso.
fibroso, sa 1 *adj.* Que tiene muchas fibras. 2 ANAT **tejido ~.**
ficción 1 *f.* Acción y efecto de fingir. 2 LIT **ciencia ~.**
ficha 1 *f.* Pieza pequeña de metal, plástico, etc., para diversos fines. 2 Cada una de las piezas que se usan en diversos juegos de mesa. 3 Cartulina pequeña en la que se anotan datos, generalmente bibliográficos, para luego archivarlos con otros anotados de la misma foma. 4 Cartulina donde se registra la entrada y salida del trabajo.
fichaje 1 *m.* Acción y efecto de fichar. 2 DEP Obtención de un nuevo miembro por un equipo deportivo, y dinero pagado por ello.
fichar 1 *tr.* Rellenar una ficha con datos. 2 Registrar en la ficha el horario laboral. 3 DEP Contratar a un jugador.
fichero 1 *m.* Caja o mueble donde se guardan ordenadamente las fichas. 2 Conjunto de fichas. 3 INF Conjunto organizado de informaciones almacenadas en un soporte común.
ficticio, cia *adj.* Fingido, aparente, inventado.
fidedigno, na *adj.* Digno de credibilidad.
fideicomiso 1 *m.* DER Disposición por la que alguien deja el manejo de sus bienes encomendado a otro. 2 POLÍT Territorio que no tiene gobierno propio y que está bajo la tutela de las Naciones Unidas.
fidelidad 1 *f.* Cualidad de fiel. 2 Exactitud en la ejecución o reproducción de algo.
fideo *m.* Pasta de harina de trigo en forma de cuerda delgada.
fiduciario, ria 1 *adj.* Que depende del crédito y confianza que merece. 2 *m.* y *f.* Persona que recibe un fideicomiso.
fiebre 1 *f.* MED Aumento de la temperatura del cuerpo. 2 Gran excitación, actividad extraordinaria. || **~ aftosa** MED Enfermedad de los animales, y rara vez del hombre, caracterizada por una fiebre repentina y una erupción de ampollas en la boca o el hocico. **~ amarilla** MED Enfermedad viral transmitida por la picadura de mosquitos. Produce ictericia y hemorragias. **~ del heno** MED Estado alérgico producido por la inhalación del polen o de otros alergenos. **~ tifoidea** MED Infección intestinal microbiana que determina lesiones en las placas linfáticas del intestino delgado.

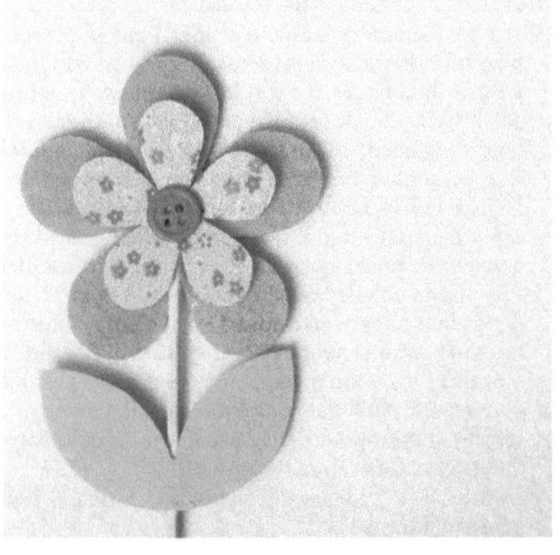

fiel[1] 1 *adj.* Dicho de la persona leal y constante en una relación de amistad, amor o servicio. 2 Exacto, conforme a la verdad: *Memoria fiel.* 3 *adj.* y *s.* Dicho del que practica una determinada religión.
fiel[2] *m.* Aguja de las balanzas.
fieltro *m.* Paño no tejido, hecho de borra, lana o pelo prensados.
fiero, ra 1 *adj.* Cruel, de trato inhumano. 2 *f.* Mamífero carnívoro. 3 Persona de carácter colérico y violento. 4 Persona de gran habilidad en su oficio.
fierro *m.* HIERRO.
fiesta 1 *f.* Reunión de gente para divertirse o festejar algo. 2 Alegría, regocijo, diversión. 3 Día en que no se trabaja, por celebrarse alguna solemnidad religiosa o civil. 4 Agasajo, demostración de cariño. || **~ de guardar** REL Día de misa obligatoria para los católicos.
figura 1 *f.* Forma exterior de un cuerpo por la que se diferencia de otro. 2 Cosa que se dibuja en representación de otra. 3 Persona que destaca en una actividad determinada. 4 Recurso retórico empleado para dar mayor expresividad al lenguaje. 5 GEOM Espacio cerrado por líneas o superficies. 6 GEOM Forma geométrica en el plano o en el espacio que sirve para representar un concepto abstracto de las matemáticas. || **~ de construcción** En retórica, construcción gramatical que se aparta de las normas, buscando un efecto estético. **~ de dicción** En retórica, alteración de los vocablos en su estructura sintáctica o fonética, como en la aliteración o la repetición.
figurado, da *adj.* LING Dicho del sentido que tienen las palabras y expresiones cuando denotan una idea distinta a la que literalmente significan.
figurar 1 *tr.* Formar la figura de algo. 2 Aparentar, fingir. 3 *intr.* Estar incluido en un grupo. 4 Destacar, sobresalir. 5 *prnl.* Suponer algo que no se conoce.
figurativo, va 1 *adj.* Que representa o figura algo. 2 ART **arte ~.**
figurín *m.* Dibujo o modelo pequeño para hacer trajes.
fijación 1 *f.* Acción y efecto de fijar. 2 PSIC Apego anormal que impide el desarrollo afectivo.
fijador, ra 1 *adj.* y *s.* Que fija. 2 *m.* Preparado cosmético para asentar el cabello. 3 Sustancia que se usa para fijar.
fijar 1 *tr.* Clavar, pegar, asegurar un cuerpo en otro. 2 Pegar algo en una superficie. 3 Determinar, precisar. 4 Poner o aplicar intensamente: *Fijar la atención, la mirada.* 5 Aplicar un fijador a un dibujo o a una pintura. 6 Hacer que un dibujo, pintura, etc., quede inalterable a la acción de la luz. 7 *tr.* y *prnl.* Hacer fijo o estable algo. 8 *prnl.* Atender, reparar, notar.
fijeza *f.* Persistencia, continuidad.
fijo, ja 1 *adj.* Firme, asegurado. 2 Permanente, no expuesto a cambios.
fila 1 *f.* Orden que guardan varias personas o cosas colocadas en línea. 2 Agrupación política.
filamento *m.* Cuerpo en forma de hilo, flexible o rígido.
filantropía *f.* Amor al género humano.
filántropo, pa *m.* y *f.* Persona que se distingue por sus obras en bien de los demás.
filaria *f.* BIOL Género de nematodos, parásitos del organismo humano y de los animales. Una de sus especies da origen a la elefantiasis.
filarmónico, ca 1 *adj.* Relativo a la música. 2 *adj.* y *s.* Aficionado a la música. 3 *f.* Dicho de una orquesta sinfónica.

filatelia *f.* Conocimiento de los sellos o de las estampillas de correos y afición a coleccionarlos.

filete 1 *m.* Pedazo de carne magra o de pescado limpio de espinas. 2 Remate de hilo enlazado en el borde de las telas.

filetear 1 *tr.* Cortar un alimento en filetes. 2 Adornar con filetes. 3 Dar puntadas sobre el borde de una tela para que no se deshilache.

filiación 1 *f.* Acción de filiar. 2 Datos personales de alguien. 3 Procedencia familiar. 4 Pertenencia a un partido o grupo.

filial 1 *adj.* Relativo al hijo. 2 *adj.* y *s.* Dicho de las entidades o empresas que dependen de otra.

filiar *tr.* Tomar los datos personales de alguien.

filibustero *m.* HIST Pirata del s. XVII, que en el mar de las Antillas saqueaba colonias y navíos españoles.

filiforme *adj.* Que tiene forma o apariencia de hilo.

filigrana *f.* Obra delicada hecha con hilos de oro o de plata.

filisteo, a 1 *adj.* y *s.* HIST De un antiguo pueblo que ocupaba Palestina y estaba en lucha contra los israelitas. 2 *adj.* Perteneciente o relativo a los filisteos.

filmadora *f.* Máquina de filmar.

filmar *tr.* CIN Registrar en una película imágenes de escenas, paisajes, personas o cosas.

filme *m.* Película, obra cinematográfica.

filmina *f.* FOT **DIAPOSITIVA.**

filmografía *f.* CIN Serie de filmes realizados por un director, actor, país, etc.

filmoteca *f.* CIN **CINEMATECA.**

filo[1] 1 *m.* Arista o borde cortante de un instrumento. 2 Punto o línea que divide algo en dos partes.

filo[2] *m.* BIOL Categoría de la clasificación biológica, que agrupa a los organismos de ascendencia común y que responden a un mismo modelo de organización, como los moluscos o los anélidos, en zoología, y las angiospermas y los helechos, en botánica. La reunión de filos conforma un **reino**.

filogenia *f.* BIOL Estudio del desarrollo de una especie.

filología 1 *f.* LING Estudio de una cultura a través de la evolución de su lengua y de los textos escritos en ella. 2 LING Técnica usada para fijar, interpretar o reconstruir un texto.

filón *m.* GEO Masa mineral o pétrea que rellena una grieta de las rocas de un terreno.

filoso, sa *adj.* Afilado, que tiene filo.

filosofal *adj.* **piedra ~.**

filosofar 1 *intr.* Discurrir acerca de algo con razones filosóficas. 2 Meditar sobre algo, así sea de modo intrascendente.

filosofía 1 *f.* FIL Ciencia que trata de la esencia, las propiedades, las causas y los efectos de las cosas. 2 Estudios que se realizan para aprender esta ciencia y facultad de las universidades en la que se imparte. 3 Cuerpo sistemático de los principios y conceptos generales de una ciencia: *Filosofía del derecho, de la historia.*

filósofo, fa *m.* y *f.* Persona que se dedica a la filosofía.

filoxera *f.* Insecto hemíptero de aprox. 0,5 mm de largo. Ataca las hojas y las raíces de ciertas plantas y se multiplica con gran rapidez.

filtración *f.* Acción y efecto de filtrar o filtrarse.

filtrar 1 *tr.* Hacer pasar un líquido por un filtro. 2 Seleccionar datos o aspectos para configurar una información. 3 *intr.* y *prnl.* Penetrar un líquido a través de un cuerpo sólido. 4 Introducir una idea, opinión o noticia disimuladamente.

filtro[1] 1 *m.* Materia porosa a través de la que se pasa un líquido para clarificarlo. Por extensión, dicho de los aparatos similares dispuestos para depurar lo que

los atraviesa. 2 ÓPT En un sistema óptico, elemento que se interpone al paso de la luz para excluir determinadas radiaciones.

filtro[2] *m.* Bebida de efecto mágico, especialmente con fines amorosos.

filudo, da *adj.* De filo muy agudo.

fin 1 *m.* Término, final de algo. 2 Motivo o finalidad.

finado, da *m.* y *f.* Persona muerta.

final 1 *adj.* Que acaba, cierra, o perfecciona algo. 2 GRAM **conjunción ~.** 3 ORT **punto ~.** 4 *m.* Fin y remate de algo. 5 *f.* Parte última y decisiva en una competición. 6 DEP **cuartos** de **~; octavos** de **~.**

finalidad *f.* Motivo, razón de ser.

finalista *adj.* y *s.* En un concurso, certamen, etc., dicho de los participantes que llegan a la prueba final.

finalizar 1 *tr.* Concluir algo, darle fin. 2 *intr.* Extinguirse, acabarse algo.

financiar *tr.* Aportar el dinero necesario para una empresa o actividad.

financiero, ra 1 *adj.* Relativo a las finanzas. 2 ECON **empresa ~.** 3 *m.* y *f.* Persona experta en finanzas o que se ocupa de ellas. 4 *f.* ECON Entidad que se dedica a financiar. || **sistema ~** ECON Conjunto de instituciones encargadas de las transacciones que implican el intercambio de dinero.

finanzas 1 *f. pl.* Dinero, bienes. 2 ECON Actividades relacionadas con asuntos de dinero, bancos, bolsa, etc.

finar *intr.* Fallecer, morir.

finca 1 *f.* Propiedad inmueble, rústica o urbana. 2 Propiedad rural.

fincar *intr.* y *prnl.* Estribar, consistir.

fineza 1 *f.* Cualidad de fino. 2 Muestra de amabilidad y cariño.

fingir *tr.* y *prnl.* Decir o hacer algo que no es cierto o no está de acuerdo con la realidad.

finiquitar 1 *tr.* Saldar una cuenta. 2 Concluir, terminar.

finisecular *adj.* Del fin de un siglo determinado.

finito, ta *adj.* Que tiene fin o límite.

fino, na 1 *adj.* Delicado, de buena calidad: *Porcelana fina.* 2 Delgado, de poco grosor. 3 De facciones delicadas. 4 De exquisita educación. 5 Astuto, sagaz. 6 Suave, sin asperezas.

finura 1 *f.* Delicadeza, buena calidad. 2 Urbanidad, cortesía.

fiordo *m.* GEO Golfo estrecho y profundo, entre montañas de laderas abruptas.

fique *m.* **PITA.**

A B C D E F G H I J K L M N Ñ O P Q R S T U V W X Y Z

firma 1 *f.* Nombre y apellido, generalmente con rúbrica, que pone una persona al pie de un escrito o documento para garantizar su autenticidad o aprobar su contenido. 2 Razón social. 3 Propio de alguien, característico.

firmamento *m.* Bóveda celeste en la que se ven los astros.

firmar *tr.* Poner la firma.

firme 1 *adj.* Estable, que no se mueve. 2 Entero, que no se deja dominar, ni abatir: *Firme en sus convicciones.* 3 Dicho de las resoluciones o sentencias que deciden definitivamente un litigio, una polémica, etc. 4 *m.* Terreno sólido sobre el que se puede cimentar.

firmeza 1 *f.* Cualidad de firme. 2 Entereza, constancia.

fiscal 1 *adj.* Relativo al fisco, o al fiscal. 2 ECON **zona** ~. 3 *m.* y *f.* DER Persona que representa y ejerce el ministerio público en los tribunales. 4 Persona encargada de defender los intereses del fisco.

fiscalía 1 *f.* DER Órgano judicial que tiene como misión promover la acción de la justicia en defensa del derecho, el orden jurídico y la legalidad vigentes. 2 Oficio y empleo de fiscal. 3 Oficina o despacho del fiscal.

fiscalizar 1 *tr.* Ejercer el oficio de fiscal. 2 Vigilar y criticar las acciones ajenas.

fisco *m.* Erario, tesoro público.

fisgar *tr.* **FISGONEAR.**

fisgonear *tr.* e *intr.* Indagar con indiscreción en los asuntos ajenos.

físico, ca 1 *adj.* Relativo a la física. 2 Relativo al cuerpo humano. 3 GEO **geografía** ~. 4 **educación** ~. 5 *m.* y *f.* Persona que se dedica a la física. 6 *f.* FÍS Ciencia que estudia las propiedades de la materia, los agentes naturales que influyen en ella sin alterar su composición, los fenómenos derivados de esta influencia y las leyes por las que se rigen. 7 *m.* Constitución y naturaleza de alguien.

☐ FÍS Suele distinguirse entre física clásica y física moderna. La primera abarca disciplinas como la **mecánica**, la **acústica**, la **termodinámica**, la **electricidad** y la **óptica**. La física moderna incluye las teorías de los **cuantos** y de la **relatividad** y ramas como la física nuclear (estudia los núcleos atómicos radiactivos) y la **electrónica**.

fisicoculturista *m.* y *f.* Persona que desarrolla y cuida su cuerpo mediante la práctica continua del ejercicio.

fisicoquímica *f.* FÍS y QUÍM Ciencia que estudia los fenómenos comunes a la física y a la química.

fisiográfico, ca *adj.* GEO Relativo a los rasgos físicos (relieve, cursos de agua, etc.) de la Tierra.

fisiología *f.* FISIOL Ciencia que estudia los procesos físicos y químicos que tienen lugar en los organismos durante la realización de sus funciones vitales.

fisiológico, ca *adj.* Relativo a la fisiología.

fisión 1 *f.* Escisión, rotura. 2 BIOL División celular por estrangulamiento y separación de porciones de protoplasma. 3 BIOL Reproducción asexual mediante la división de un cuerpo en dos o más partes, cada una de las cuales forma un individuo. || ~ **nuclear** FÍS Escisión del núcleo de un átomo en dos o tres núcleos de menor peso, emitiendo neutrones y liberando gran cantidad de energía.

fisioterapia *f.* MED Tratamiento curativo basado en agentes naturales (agua, calor, frío, etc.) o mecánicos (masaje, gimnasia, etc.).

fisonomía 1 *f.* Aspecto peculiar de un rostro. 2 Aspecto exterior de algo: *Fisonomía de un país.*

fístula *f.* MED Conducto ulcerado que se abre en la piel o en las mucosas.

fisura 1 *f.* Grieta o hendidura que se forma en un objeto. 2 MED Hendidura longitudinal de un hueso.

fitófago, ga *adj.* y *s.* ZOOL Dicho de los animales que se alimentan de materias vegetales.

fitohormona *f.* BOT **HORMONA** vegetal.

fitónimo *m.* Nombre propio de un planta.

fitoplancton *m.* ECOL Plancton formado por organismos fotosintéticos microscópicos, que se constituyen en los productores primarios en el conjunto de organismos planctónicos.

fitosanitario, ria *adj.* Relativo a la prevención y curación de las enfermedades de las plantas.

flácido, da *adj.* Flojo, sin consistencia.

flaco, ca *adj.* Delgado, que tiene pocas carnes.

flagelado, da 1 *adj.* y *m.* BIOL Dicho de la célula o del microorganismo provisto de flagelos. 2 BIOL Dicho de los **protistas** protozoos caracterizados por la posesión de flagelos que les sirven para desplazarse. Pueden vivir aislados, en colonias o como parásitos y abundan en los ambientes acuáticos. Conforman una clase.

flagelar *tr.* y *prnl.* Azotar, golpear el cuerpo con un flagelo.

flagelo 1 *m.* Látigo para azotar. 2 Calamidad. 3 BIOL Filamento locomotor, largo y delgado, que emerge del protoplasma de los flagelados, de algunas bacterias y algas unicelulares y de ciertos espermatozoides y esporas.

flagrancia *f.* Cualidad de flagrante.

flagrante 1 *adj.* Que se está ejecutando actualmente. 2 De tal evidencia que no necesita pruebas.

flama *f.* La llama y su reverberación.

flamante *adj.* Resplandeciente, vistoso.

flamear 1 *intr.* Despedir llamas. 2 Someter algo a la acción del fuego, como ciertas medicinas, para esterilizarlas, o algunas comidas, para darles un punto determinado. 3 Ondear una bandera.

flamenco 1 *m.* Ave de cerca de 1 m de altura, con pico, cuello y patas muy largas y plumaje blanco, rosa o rojo. 2 FOLCL Cante y baile popular andaluz, interpretado en su origen por los gitanos.

flamígero, ra *adj.* Que despide llamas.

flan *m.* Postre hecho de yemas de huevos, leche y azúcar, cuajado al baño maría, en un molde caramelizado.

flanco 1 *m.* Cada parte lateral de un cuerpo considerado de frente. 2 En un baluarte, muro entrante en ángulo. 3 Lado o costado de un buque. 4 Lado de una fuerza militar.

flanquear 1 *tr.* Estar colocado en el lado o flanco de algo. 2 Proteger los propios flancos o amenazar los contrarios una fuerza militar.

flaquear 1 *intr.* Debilitarse, ir perdiendo fuerza. 2 Amenazar ruina o caída. 3 Disminuir las facultades: *Flaquear la memoria.*

flaqueza 1 *f.* Falta de carnes. 2 Poco vigor o fuerza moral para resistir las tentaciones, pasiones.

flash (Voz ingl.) 1 *m.* FOT Destello de luz brillante, y aparato que lo produce. 2 Primeras y breves noticias que se dan en un avance informativo. 3 CIN Toma de escasa duración.

flato *m.* Acumulación molesta de gases en el tubo digestivo.

flatulencia *f.* Indisposición o molestia provocada por flatos.

flauta *f.* MÚS Instrumento de viento, de madera o de metal, en forma de tubo con agujeros que se tapan con los dedos o con llaves. || ~ **dulce** MÚS La que tiene la embocadura en el extremo del primer tubo y en forma de boquilla. ~ **travesera** MÚS La que se coloca de través para tocarla. Hacia la mitad del primer tubo está la embocadura.

flautín *m.* MÚS Flauta pequeña de sonido agudo.

flautista *m.* y *f.* MÚS Persona que toca la flauta.

flebitis *f.* MED Inflamación de las venas que puede formar un coágulo.

flecha 1 *f.* Arma arrojadiza que consiste en una varilla ligera con una punta triangular afilada y plumas en la opuesta, que se dispara con un arco. 2 Signo visual u objeto de forma similar a la de su punta.

flechar 1 *tr.* Herir o matar con flechas. 2 Cautivar, enamorar.

fleco 1 *m.* Adorno compuesto de una serie de hilos o cordoncillos, que cuelgan de una tira de tela. 2 Cabello que cae sobre la frente. 3 Borde deshilachado en una tela vieja.

fleje *m.* Refuerzo perpendicular de las barras longitudinales de los elementos de hormigón armado.

flema 1 *f.* Mucosidad procedente de las vías respiratorias, que se arroja por la boca. 2 Calma, imperturbabilidad.

fletar 1 *tr.* Alquilar un barco, coche, o avión para viajar o transportar mercancías. 2 Embarcar personas o mercancías, para su transporte. 3 Alquilar una bestia de carga o un vehículo para transporte.

flete 1 *m.* Precio pagado por el alquiler de una nave o de una parte de ella. 2 Carga de un buque. 3 Carga que se transporta por mar o por tierra.

flexibilidad *f.* Cualidad de flexible.

flexible 1 *adj.* Que se deja doblar fácilmente y no se rompe. 2 Dicho del que cede o se acomoda con facilidad a una decisión u opinión de otro.

flexión 1 *f.* Acción y efecto de doblar el cuerpo o algún miembro. 2 Deformación elástica que experimenta un objeto al curvarse como consecuencia de la aplicación de una fuerza perpendicular a su eje. 3 GRAM Alteración morfológica de las palabras mediante **desinencias**, para indicar los **accidentes** gramaticales. 4 GEO Doblamiento suave de los estratos terrestres.

flexivo, va *adj.* GRAM Relativo a la flexión.

flexor, ra *adj.* Que dobla o ejerce la función de doblar algo: *Músculo flexor.*

flirteo *m.* Juego amoroso intrascendente y superficial.

floculación *f.* QUÍM Agrupación de partículas sólidas en una dispersión coloidal.

floema *m.* BOT Tejido vascular del tallo encargado de transportar los nutrientes, en sentido descendente, desde las hojas hasta los órganos que los consumen y almacenan.

flojear 1 *intr.* Aflojar en el trabajo, rendir menos. 2 FLAQUEAR.

flojera 1 *f.* Debilidad, decaimiento físico. 2 Pereza, negligencia.

flojo, ja 1 *adj.* Mal atado, poco apretado o poco tirante. 2 Sin fuerza o vigor, poco activo. 3 Apocado, cobarde. 4 *adj.* y *s.* Perezoso, negligente.

flor 1 *f.* BOT Órgano reproductor de las plantas fanerógamas, compuesto de **androceo**, **gineceo**, **cáliz** y **corola**. 2 Piropo, requiebro. || ~ **actinomorfa** BOT En la que los sépalos, pétalos o tépalos, se disponen en dos o más planos de simetría. ~ **completa** BOT La que consta de cáliz, corola, estambres y pistilos. ~ **compuesta** BOT Inflorescencia formada de muchas florecillas en un receptáculo común. ~ **hermafrodita** BOT La que tiene androceo y gineceo. ~ **incompleta** BOT La que carece de alguno de los **verticilos** que aparecen en la completa. ~ **radiada** BOT Aquella en la que sus partes se disponen en torno al eje del pedúnculo floral, como en la rosa. ~ **unisexual femenina** BOT La que posee solo pistilos. ~ **unisexual masculina** BOT La que posee solo estambres. ~ **zigomorfa** o **irregular** BOT La que sus partes se disponen en simetría bilateral, como en la de la boca de dragón.

flora 1 *f.* BOT Conjunto de las plantas de un país o de una región. 2 BIOL Conjunto de microorganismos saprofitos adaptados a un medio orgánico específico, indispensables, a veces, en determinadas funciones vitales: *Flora intestinal.*

floración *f.* Acción de florecer.

floral *adj.* Relativo a la flor.

florear 1 *tr.* Adornar con flores. 2 Sacar la harina más fina. 3 *intr.* FLORECER, echar flores.

florecer 1 *tr.* e *intr.* Echar flores las plantas. 2 *intr.* Prosperar la justicia, las ciencias, etc. 3 Existir alguien o algo insigne en un tiempo determinado.

florería *f.* FLORISTERÍA.

florero *m.* Recipiente para flores.

florescencia *f.* FLORACIÓN.

floresta *f.* Terreno frondoso poblado de árboles.

florete *m.* Arma blanca de estoque, sin filo cortante.

floricultura 1 *f.* Cultivo de plantas con flores ornamentales. 2 Técnica que lo enseña.

florido, da 1 *adj.* Que abunda en flores. 2 Dicho de lo más escogido de algo. 3 Dicho del lenguaje o estilo retórico.

florilegio *m.* Colección de trozos selectos de materias literarias.

florín *m.* HIST Moneda de oro medieval.

florista *m.* y *f.* Persona que prepara adornos florales o que vende flores.

floristería 1 *f.* Tienda donde se venden flores y plantas de adorno. 2 Explotación agraria destinada al cultivo de plantas con flores ornamentales.

floritura 1 *f.* MÚS Adorno en el canto. 2 Adorno en otras cosas diversas.

flota 1 *f.* Conjunto de barcos de guerra o mercantes de un país o una compañía marítima. 2 Conjunto de barcos con un destino común: *Flota pesquera.* 3 Conjunto de aviones de un país, una compañía, etc. 4 Conjunto de vehículos de una empresa. 5 En algunas partes, autobús.

flotación 1 *f.* Acción y efecto de flotar. 2 ECON FLUCTUACIÓN. || **línea de** ~ La que marca la parte sumergida del casco de un buque de la que no lo está.

flotador, ra 1 *adj.* y *s.* Que flota. 2 *m.* Cuerpo destinado a flotar en un líquido. 3 Pieza de material flotante u objeto inflable usados para no hundirse en el agua. 4 Aparato para determinar el nivel de un líquido en un depósito o regular su flujo.

flotante *adj.* Que flota o puede flotar.

flotar 1 *intr.* Sostenerse un cuerpo en la superficie de un líquido, o en suspensión en un medio gaseoso. 2 Percibirse algo extraño en el ambiente.

flote *m.* FLOTACIÓN.

flotilla *f.* Flota de barcos pequeños.

fluctuación *f.* Acción y efecto de fluctuar.

fluctuar 1 *intr.* Vacilar, dudar. 2 ECON Oscilar la cotización de la moneda según los movimientos del mercado.

fluidez *f.* Cualidad de fluido.

fluido, da 1 *adj.* y *m.* FÍS Dicho de los cuerpos cuyas moléculas tienen poca coherencia entre sí, tomando la forma del recipiente que los contiene, como los gases o los líquidos. 2 *adj.* Dicho del lenguaje o estilo natural. 3 *m.* Corriente eléctrica.

fluir 1 *intr.* Correr un líquido o un gas. 2 Surgir las palabras, ideas, con facilidad.

flujo 1 *m.* Acción y efecto de fluir. 2 ECON Movimiento de recursos de un sector a otro. 3 FISIOL Líquido que segrega un organismo. 4 GEO Movimiento ascendente de la marea.

flujograma *m.* Representación esquemática y gráfica de una entidad o de un proceso.

flúor *m.* QUÍM Elemento gaseoso muy tóxico y corrosivo. Se usa en la obtención del teflón, de aditivos del agua potable, de dentífricos, etc. Punto de fusión: –219,61 °C. Punto de ebullición: –188,13 °C. Núm. atómico: 9. Símbolo: F.

fluorescencia *f.* FÍS Propiedad de algunas sustancias de emitir luz visible.

fluorescente 1 *adj.* Dotado de fluorescencia. 2 **tubo** ~.

fluorhídrico *adj.* QUÍM Dicho del ácido de fluoruro de hidrógeno; es un líquido que en contacto con el aire desprende vapores irritantes. Se emplea para grabar el vidrio, en siderurgia y como antiséptico.

fluoruro *m.* QUÍM Compuesto binario de flúor y otro elemento.

fluvial 1 *adj.* Perteneciente o relativo al río. 2 GEO **llanura** ~; **modelado** ~.

fobia *f.* Aversión intensa o temor irracional a una persona, cosa o situación determinada.

foca *f.* Mamífero pinnípedo marino de cuerpo cubierto por un pelaje corto y espeso y extremidades en forma de aleta.

focalizar 1 *tr.* y *prnl.* Centrar, concentrar, dirigir. 2 *tr.* Hacer converger un haz de luz o de partículas.

foco 1 *m.* Punto real o figurado desde donde se propaga algo: *El foco del incendio; foco revolucionario.* 2 Aparato o reflector del que sale luz o calor. 3 FÍS Punto donde convergen rayos de luz o de calor reflejados por un espejo convexo o refractados por una lente cóncava. 4 GEOM Punto fijo desde el que se genera una curva cónica. || ~ **acústico** FÍS Punto donde se concentran las ondas sonoras emitidas dentro de una superficie cóncava al ser reflejadas por esta.

fofo, fa *adj.* Blando, de poca consistencia.

fogata 1 *f.* Fuego que levanta llama. 2 Fuego de leña que se hace a la intemperie.

fogón *m.* Sitio adecuado en las cocinas para hacer fuego y guisar.

fogonazo *m.* Llamarada instantánea que acompaña a una explosión o a un disparo.

fogosidad *f.* Entusiasmo muy vivo.

foguear 1 *tr.* Acostumbrar a los soldados o a los caballos al fuego del combate. 2 Habituar a un trabajo o esfuerzo.

fogueo *m.* Acción y efecto de foguear.

folclor (Tb. folclore) 1 *m.* FOLCL Conjunto de costumbres, canciones, tradiciones, etc., de un pueblo, transmitidos oralmente, por observación o imitación, de generación en generación. 2 FOLCL Estudio de estas materias.

☐ FOLCL El término folclor fue creado por el escritor británico William John Thoms el 22 de agosto de 1846. Su etimología deriva del inglés *folk* ('pueblo, gente, raza') y *lore* ('saber o ciencia') y hace referencia al saber popular de un pueblo. Existen diferentes tipos de folclor tales como el literario y el musical.

folclórico, ca 1 *adj.* Relativo al folclor. 2 Pintoresco, típico.

fólder *m.* CARPETA para guardar papeles.

foliación 1 *f.* Acción de foliar. 2 Serie de folios numerados.

foliar[1] *tr.* Numerar folios.

foliar[2] *adj.* BOT Relativo a la hoja.

fólico *adj.* Dicho de un ácido, clasificado en el grupo de las vitaminas del complejo B, cuya deficiencia está asociada con afectaciones del sistema nervioso y de la columna vertebral.

folículo *m.* ANAT Glándula en forma de saquito, situada en la piel o en las mucosas. || ~ **piloso** ANAT Estructura dérmica de la que se forma el pelo y rodea a su raíz.

folio *m.* Hoja de un libro o cuaderno.

foliolo *m.* BOT Cada una de las hojuelas de una hoja compuesta.

follaje 1 *m.* Conjunto de hojas de árboles y plantas. 2 Adorno de hojas.

follar *tr.* e *intr.* Practicar el coito.

folletín *m.* LIT Tipo de relato, que se publicaba por entregas, caracterizado por una intriga emocionante.

folleto 1 *m.* Obra impresa de pocas hojas. 2 Impreso, prospecto.

fomentar *tr.* Promover o impulsar el desarrollo de algo.

fomento *m.* Acción y efecto de fomentar.

fonación *f.* FISIOL Emisión de los sonidos, la voz o la palabra por la acción de ciertos órganos (glotis, cuerdas vocales, laringe, fosas nasales, boca) sobre la columna de aire espirado por los pulmones.

fonador, ra *adj.* FISIOL Dicho de los órganos que intervienen en la fonación.

fonda 1 *f.* Establecimiento público donde se duerme y se sirven comidas, de categoría inferior a la del hotel. 2 Puesto o cantina en que se despachan comidas y bebidas.

fondear *intr.* Asegurar una embarcación por medio de anclas o de otros pesos.

fondillos *m. pl.* Parte trasera de los pantalones.

fondismo *m.* En atletismo e hípica, carrera de media y larga distancia.

fondo 1 *m.* Parte inferior de una cosa hueca. 2 Parte opuesta a la entrada. 3 Hondura, profundidad. 4 Superficie sólida sobre la que está el agua del mar, del río o del estanque. 5 Extensión interior de una edificación. 6 Superficie de una pintura, un tejido, etc., sobre la cual resaltan dibujos, colores, etc. 7 Sonoridad apagada de la que sobresalen ruidos o sonidos. 8 Índole de alguien. 9 Lo esencial de algo. Se contrapone a la forma. 10 Conjunto de documentos o libros de una biblioteca, un archivo, etc. 11 Falda interior. 12 DEP Resistencia física en pruebas deportivas de larga distancia. 13 Dinero, caudal.

fonema *m.* FON Unidad fonológica que no puede descomponerse en unidades sucesivas menores y que es capaz de distinguir significados. La palabra *paz* está constituida por tres fonemas.

fonendoscopio *m.* MED Instrumento para auscultar, consistente en un estetoscopio con dos auriculares.

fonético, ca 1 *adj.* Relativo a los fonemas o al sonido en general. 2 FON Dicho del alfabeto que representa los sonidos de manera más fidedigna que la escritura usual. 3 *f.* Conjunto de los sonidos de un idioma. 4 LING Rama de la lingüística que estudia los elementos fónicos que constituyen el lenguaje articulado.

foniatría *f.* MED Ciencia que estudia los problemas de la fonación y de sus órganos.

fónico, ca *adj.* Relativo a la voz o al sonido.

fonógrafo *m.* Instrumento que graba ondas sonoras sobre un cilindro, y las reproduce.

fonología *f.* LING Estudio de las combinaciones de los sonidos del lenguaje articulado, en la conformación de las palabras y los discursos.

fonoteca *f.* Archivo o lugar donde se guardan documentos sonoros.

fontana *f.* Fuente, manantial.

fontanela *f.* ANAT Conjunto de espacios membranosos en el cráneo, que se notan en el recién nacido antes de que se osifiquen.

fontanería 1 *f.* Oficio del fontanero. 2 Conjunto de tuberías que canalizan y distribuyen el agua.

fontanero, ra *m.* y *f.* Persona que instala y repara conducciones de agua.

foque *m.* Vela triangular de una embarcación.

forajido, da *adj.* y *s.* Que está huyendo de la justicia.

foraminífero, ra *adj.* y *m.* BIOL Dicho de los protozoos **rizópodos** de caparazón calcáreo, casi todos marinos, con **seudópodos** que se ramifican y forman extensas redes. Conforman un orden.

foráneo, a *adj.* Forastero, extranjero.

forastero, ra 1 *adj.* De fuera. 2 *adj.* y *s.* Dicho de la persona que vive o está en un lugar del que no es vecino o donde no ha nacido.

forcejear *intr.* Hacer fuerza para vencer una resistencia.

fórceps *m.* MED Instrumento en forma de tenaza para extraer la criatura en los partos difíciles.

forense *adj.* y *s.* Dicho del médico que actúa como perito ante los tribunales de justicia.

forestal *adj.* Relativo a los bosques y a su aprovechamiento.

forestar *tr.* Poblar un terreno con árboles y plantas útiles.

forja 1 *f.* Lugar donde se trabaja el hierro. 2 Acción y efecto de forjar el hierro.

forjar 1 *tr.* Dar forma a un metal caliente por medio de golpes. 2 Fabricar y formar. 3 *tr.* y *prnl.* Inventar, idear algo.

forma 1 *f.* Disposición particular de la materia de un cuerpo. 2 Apariencia externa de las cosas. 3 Conjunto de líneas y superficies que determinan el contorno de un objeto. 4 Modo de expresarse o de proceder. 5 Disposición para hacer algo: *Estar en forma.* 6 FIL Principio activo que da a algo su entidad concreta. 7 *f. pl.* Modo exterior de proceder según ciertas reglas: *Guardar las formas.* || ~ **no personal** GRAM Cada una de las formas verbales que no expresan persona gramatical. Son el infinitivo, el gerundio y el participio: *Comer; escribiendo; venido.* ~ **personal** GRAM Forma verbal que expresa modo, tiempo, número y persona gramaticales a través de la flexión: *Comemos; escribió; vendrá.*

formación 1 *f.* Acción y efecto de formar o formarse. 2 Educación, conjunto de conocimientos adquiridos. 3 GEO Conjunto de rocas o minerales que tienen caracteres geológicos comunes. || ~ **vegetal** ECOL Conjunto de vegetales en los que domina una determinada especie.

formal 1 *adj.* Relativo a la forma. 2 Que es consecuente, responsable de sus compromisos. 3 Preciso, determinado.

formaldehído *m.* QUÍM Aldehído gaseoso a temperatura ambiente; en solución es un líquido incoloro, inflamable y tóxico. Se usa en la industria textil, de colorantes y plásticos.

formalidad 1 *f.* Modo de ejecutar con exactitud y seriedad un acto. 2 Requisito para ejecutar algo.

formalismo *m.* Rigurosa observancia de las formas.

formalizar *tr.* Legalizar o dar carácter definitivo a algo.

formar 1 *tr.* Dar forma a algo. 2 Crear, constituir. 3 Poner en orden una unidad militar. 4 *tr.* e *intr.* Criar, educar. 5 *intr.* Colocarse en una formación, un desfile, etc. 6 *prnl.* Adquirir una formación física o moral.

formatear *tr.* INF Dar formato a un texto, un archivo, un disco, etc.

formato 1 *m.* Tamaño de un impreso, una fotografía, etc. 2 CIN Ancho de la película. 3 INF Estructura, en archivos, que establece la disposición de los datos en un texto, un archivo, un disco, un puerto, etc.

fórmica *f.* Revestimiento más o menos rígido de resina artificial, que se adhiere a ciertas maderas para protegerlas o darles cierto acabado.

fórmico *adj.* QUÍM Dicho de un ácido derivado de la oxidación de ciertas sustancias orgánicas. Se encuentra en las hormigas, en las ortigas, en el sudor y en otros líquidos biológicos.

formidable 1 *adj.* Muy grande. 2 Estupendo, extraordinario.

formol *m.* QUÍM Solución acuosa de formaldehído al 40 %. Es un poderoso antiséptico.

formón 1 *m.* Instrumento de carpintero, parecido al escoplo, pero más ancho y menos grueso. 2 Sacabocados para cortar formas circulares.

fórmula 1 *f.* Forma establecida para resolver un asunto o ejecutar algo. 2 Receta médica. 3 MAT Resultado de un cálculo, cuya expresión sirve de regla para casos análogos. 4 QUÍM Representación simbólica, por medio de letras o números, de la composición de una sustancia. 5 DEP Características de peso, motor, cilindrada, etc., que han de reunir los automóviles de carreras para poder participar en ellas.

formular 1 *tr.* Reducir a términos claros y precisos una proposición, solución, etc. 2 Expresar, manifestar. 3 RECETAR.

formulario *m.* Impreso con espacios en blanco para rellenar con datos relacionados con un asunto determinado.

formulismo 1 *m.* Excesivo apego a las fórmulas. 2 Requisito de trámite, formalidad.

fornicar *intr.* y *tr.* Tener relaciones carnales fuera del matrimonio.

fornido, da *adj.* Robusto, recio.

foro 1 *m.* Reunión para discutir asuntos de interés ante un auditorio. 2 HIST Plaza que constituía el centro político, económico, religioso y judicial de las ciudades romanas.

forraje *m.* Hierba que se da al ganado como alimento.

forrajero, ra *adj.* Dicho de las plantas que sirven para el forraje.

forrar *tr.* Poner forro a alguna cosa.

forro *m.* Tela, papel, etc., con que se reviste una cosa interior o exteriormente.

fortalecer *tr.* y *prnl.* Aumentar la fuerza o el vigor.

fortaleza 1 *f.* Fuerza y vigor. 2 Resignación, estoicismo. 3 Recinto militar fortificado. 4 REL Virtud cardinal que consiste en vencer el temor y huir de la temeridad.

fortificación *f.* Construcción fortificada.

fortificar 1 *tr.* Dar vigor y fuerza. 2 *tr.* y *prnl.* Hacer fuerte un sitio con obras de defensa para que pueda resistir los ataques del enemigo.

fortín *m.* Fuerte pequeño.

fortuito, ta *adj.* Que sucede de forma casual.

fortuna 1 *f.* Suerte favorable. 2 Destino, acontecimientos o circunstancias inevitables o incontrolables. 3 Riqueza. 4 Éxito, aceptación.

forúnculo *m.* MED Inflamación purulenta producida por la infección bacteriana de un folículo piloso.

forzado, da 1 *adj.* Ocupado o retenido por fuerza. 2 No espontáneo.

forzar 1 *tr.* Hacer fuerza o violencia para conseguir algo. 2 Tomar, ocupar por la fuerza. 3 Exagerar un hecho, una explicación, etc. 4 *tr.* y *prnl.* Obligar a alguien a realizar algo en contra de su voluntad.

forzoso, sa *adj.* Inevitable, que no se puede eludir.

fosa 1 *f.* Sepultura, hoyo en la tierra para enterrar uno o más cadáveres. 2 Excavación profunda. 3 ANAT Cada una de las cavidades de las estructuras óseas. || ~ **abisal** u **oceánica** GEO Depresión oceánica de más de 5000 m de profundidad. ~ **común** En la que se entierran varios cuerpos juntos. ~ **iliaca** ANAT Cada una de las dos regiones laterales e inferiores de la cavidad abdominal. ~ **nasal** ANAT Cada una de las separadas por el tabique nasal. ~ **séptica** La destinada a la desintegración de excrementos de las aguas residuales. ~ **tectónica** GEO Depresión de la corteza terrestre rodeada de fallas.

fosfatar 1 *tr.* Combinar fosfatos con otras sustancias. 2 Aplicar dichas sustancias.

fosfato 1 *m.* QUÍM Sal formada por la sustitución del hidrógeno del ácido fosfórico por metales. Forma compuestos esenciales para el metabolismo. 2 Nombre genérico de las sustancias que contienen fósforo.

fosforecer *intr.* Emitir fosforescencia una cosa.

fosforescencia 1 *f.* FÍS Propiedad de algunas sustancias de absorber energía luminosa y emitirla después de haber cesado la exposición a la fuente. 2 QUÍM Luminiscencia verdosa que se observa durante la oxidación lenta del fósforo. 3 ZOOL Luminiscencia natural de origen químico, como la de las luciérnagas.

fosfórico, ca *adj.* Del fósforo.

fósforo 1 *m.* QUÍM Elemento no metálico, fundamental en los organismos vivos y con aplicaciones industriales, como en la fabricación de cerillas, ácido fosfórico, fertilizantes y productos incendiarios. Núm. atómico: 15. Símbolo: P. 2 CERILLA.

fósil *adj.* y *m.* Dicho de los restos petrificados de los seres orgánicos que se encuentran en los antiguos depósitos sedimentarios de la corteza terrestre. || ~ **combustible** ECOL Recurso no renovable que se ha formado en la naturaleza durante millones de años a partir de restos de organismos, como el petróleo, el gas natural y el carbón. ~ **viviente** BIOL Especie que es descendiente directa de otras ya extinguidas.

fosilización *f.* Lenta sustitución de la materia orgánica por elementos minerales, en el seno de rocas sedimentarias, preservando la forma del organismo correspondiente.

fosilizarse 1 *prnl.* Convertirse en fósil. 2 Dicho de una persona, detenerse o encasillarse sin evolucionar.

foso 1 *m.* Excavación profunda que rodea un castillo o una fortaleza. 2 TEAT Piso inferior del escenario, donde se coloca la orquesta.

foto *f.* Apócope de **FOTOGRAFÍA**.

fotocatálisis *f.* QUÍM Reacción química que aumenta su velocidad por causa de la luz.

fotocomposición *f.* Composición de textos para impresión mediante un proceso fotográfico.

fotocopia *f.* Reproducción de un documento mediante una fotocopiadora.

fotocopiadora *f.* Máquina para copiar documentos que consta de un dispositivo que crea imágenes por medio de cargas eléctricas y partículas de tinta en polvo o tóner.

fotocopiar *tr.* Reproducir imágenes mediante la fotocopiadora.

fotoeléctrico, ca *adj.* ELECTR Dicho de los aparatos en que la acción de la luz induce fenómenos eléctricos.

fotofobia *f.* Aversión a la luz.

fotogénesis *f.* BIOL Generación de luz en los organismos vivos.

fotograbado 1 *m.* Técnica de grabado de un cliché fotográfico sobre una placa de cinc, cobre u otro material, para que sirva de plancha impresora. 2 Lámina así grabada.

fotografía 1 *f.* FOT Reproducción por medio de reacciones químicas, en superficies convenientemente preparadas, de las imágenes recogidas en el fondo de una cámara oscura. 2 FOT Imagen así obtenida. || ~ **digital** FOT Aquella que utiliza la tecnología digital, que consiste básicamente en la codificación de la información analógica de una imagen que se almacena en soportes de memorización.

fotografiar *tr., intr.* y *prnl.* Hacer fotografías.

fotográfico, ca 1 *adj.* Relativo a la fotografía. 2 FOT **cámara ~**.

fotógrafo, fa *m.* y *f.* Persona que hace fotografías.

fotólisis *f.* QUÍM Descomposición química por efecto de la luz.

fotómetro 1 *m.* ÓPT Instrumento para medir la intensidad de la luz. 2 FOT **EXPOSÍMETRO**.

fotomontaje *m.* FOT Fotografía que se obtiene combinando otras distintas para formar una nueva imagen.

fotón *m.* FÍS Partícula constitutiva de la luz u otra radiación electromagnética cuando manifiesta su naturaleza corpuscular.

fotonovela *f.* Relato de carácter amoroso a base de fotografías de los protagonistas, con textos dialogados en cada una de ellas.

fotorreceptor, ra *adj.* y *m.* ZOOL Referido a un órgano o a una célula, que absorbe la luz y la convierte en impulso nervioso.

fotosfera *f.* ASTR Zona visible y luminosa del Sol, formada por una envoltura gaseosa de 6000 °C.

fotosíntesis *f.* BIOL Proceso por el cual, mediante la acción de la luz sobre la **clorofila**, los organismos autótrofos sintetizan sustancias orgánicas a partir de otras inorgánicas.

☐ BIOL La fotosíntesis la pueden realizar algunas bacterias, las cianobacterias, las algas y las plantas,

que poseen las moléculas de clorofila necesarias para la absorción de la luz solar y las enzimas indispensables para realizar las reacciones fotosintéticas. A partir del agua y del dióxido de carbono, se sintetiza la glucosa, que a su vez puede ser empleada para la producción de almidón, sacarosa y polisacáridos.

fototeca *f.* Archivo fotográfico, y la colección de fotografías que guarda.

fototropismo *m.* BIOL Tropismo que obedece a la influencia de la luz.

fotovoltaico, ca *adj.* ELECTR Dicho del cuerpo o de la sustancia que por la acción de la luz genera una fuerza electromotriz.

fox terrier *m.* y *f.* Perro de caza y compañía, de talla pequeña (30-40 cm) y pelo duro o liso.

frac *m.* Chaqueta masculina de ceremonia con dos faldones en la parte posterior.

fracasar 1 *intr.* Frustrarse una pretensión o un proyecto. 2 Resultar mal un negocio o proyecto.

fracción 1 *f.* Cada una de las partes de un todo con relación a él. 2 MAT Expresión que indica una división de dos números enteros, de los que el segundo debe ser distinto de cero. Dada la fracción a/b, a recibe el nombre de numerador e indica las partes que se están considerando, y b recibe el nombre de denominador e indica las partes iguales en que se divide el todo o la unidad. 3 FÍS y QUÍM Cada una de las partes en que se separa una mezcla sometida a ciertos procesos, como la destilación, la depuración, etc. || ~ **decimal** MAT En la que el denominador es una potencia de diez: *9/10, 17/100, 351/1000*. ~ **equivalente** MAT Aquella que, respecto a otra, representa la misma parte del todo, como *1/2* respecto a *16/32*.

fraccionar *tr.* Dividir en partes o fracciones.

fraccionario, ria 1 *adj.* Relativo a la fracción de un todo. 2 *m.* MAT **número ~**.

fractal *adj.* y *m.* GEOM Figura cuyo aspecto y distribución estadística no cambian cualquiera que sea la escala con que se observe.

fractura 1 *f.* Acción y efecto de fracturar o fracturarse. 2 Sitio por donde algo se rompe y señal que deja. 3 MED Rotura traumática de un hueso o cartílago. 4 GEO Rotura de un mineral o una roca y aspecto que presenta la superficie después del rompimiento.

fracturar *tr.* y *prnl.* Romper o quebrantar con esfuerzo.

fragancia *f.* Olor suave y delicioso.

fragata 1 *f.* Buque de guerra para escoltar otros barcos. 2 Ave pelecaniforme tropical de cola ahorquillada, alas grandes y pico largo. Durante el celo el macho desarrolla en la garganta un característico globo rojo.

frágil 1 *adj.* Que se rompe en pedazos con facilidad. 2 Delicado, fácil de estropear. 3 Sin voluntad para resistir las tentaciones.

fragmentación *f.* Acción y efecto de fragmentar o fragmentarse.

fragmentar *tr.* y *prnl.* Reducir a fragmentos.

fragmento 1 *m.* Parte o trozo de algo roto o partido. 2 Resto conservado de una obra de arte, literaria o musical. 3 Trozo de una obra literaria o musical que se interpreta, publica o cita.

fragor *m.* Ruido estruendoso.

fragoso, sa 1 *adj.* Áspero, lleno de malezas. 2 Ruidoso, estrepitoso.

fragrante *adj.* Que tiene o emite fragancia o aroma.

fragua 1 *f.* Horno abierto y con fuelle, u otro aparato análogo, en que se calientan los materiales para forjarlos. 2 Taller donde está instalado este horno.

fraguar 1 *tr.* Forjar metales. 2 *tr.* y *prnl.* Idear o discurrir un plan, proyecto, etc., generalmente con malas intenciones. 3 *intr.* Trabar y endurecer la cal, el hormigón, el yeso y otras masas.

fraile *m.* Religioso, en especial de órdenes mendicantes.

frailejón *m.* Planta compuesta que crece en los altos páramos andinos, con tallo simple y recto cubierto de gruesas hojas persistentes, revestidas por una pelusa densa.

frambuesa *f.* Fruto del frambueso, semejante a la zarzamora, algo velloso, de color carmín, olor fragante y sabor agridulce.

frambueso *m.* Arbusto con tallos delgados, espinosos en la punta, hojas verdes por el haz y blancas por el envés, flores blancas y fruto comestible, que es la frambuesa.

francachela *f.* Reunión para divertirse y comer en forma abundante y desordenada.

francés, sa 1 *adj.* y *s.* De Francia. 2 *adj.* Perteneciente o relativo a Francia o a los franceses. 3 *m.* LING Lengua romance procedente de un dialecto hablado en Île-de-France (París) y cuyos primeros textos literarios se remontan al s. IX. Es el idioma del pueblo francés y también es el idioma oficial de Bélgica, Suiza y de los países que fueron colonias francesas.

francio *m.* QUÍM Elemento metálico alcalino y radiactivo. Núm. atómico: 87. Símbolo: Fr.

franciscano, na 1 *adj.* Perteneciente a la orden fundada (1209) por san Francisco de Asís (h.1182-1226). 2 Que tiene las virtudes propias de la orden. 3 *adj.* y *s.* Dicho del religioso de esta orden.

francmasonería *f.* Sociedad secreta cuyos miembros, agrupados en logias, profesan la fraternidad, la ayuda mutua, se reconocen mediante signos y emblemas y practican un ritual esotérico.

franco, ca 1 *adj.* Sincero, accesible. 2 ECON **zona** ~. 3 LING **lengua** ~. 4 Perteneciente o relativo a los francos. 5 *adj.* y *s.* HIST De un antiguo pueblo germánico que ocupó el N de la Galia dándole su nombre. Federados de los romanos desde el s. III, fueron ocupando sus provincias al debilitarse el Imperio.

francotirador, ra *m.* y *f.* Persona aislada que, desde un lugar oculto, ataca con armas de fuego.

franela 1 *f.* Tejido de lana o algodón, con pelusa en una de sus caras. 2 Camiseta de manga sisa.

franja *f.* Faja, lista o tira.

franquear 1 *tr.* Desembarazar, apartar los impedimentos, abrir camino. 2 Pagar previamente en estampillas o sellos lo que se envía por correo. 3 *prnl.* Descubrir su intimidad una persona a otra.

franqueza 1 *f.* Sinceridad. 2 Familiaridad en el trato.

franquicia 1 *f.* ECON Exención oficial de pago de determinados derechos, tasas o aranceles. 2 ECON Concesión de derechos de explotación de un producto, actividad o nombre comercial, que otorga una empresa a una o varias personas en una zona determinada.

franquismo *m.* HIST y POLÍT Régimen político (1939-75), dictatorial y militarista, instaurado en España por el general Francisco Franco después de la guerra civil de 1936-39.

frasco 1 *m.* Recipiente pequeño y estrecho de cuello recogido, para contener líquidos, comprimidos, etc. 2 Su contenido.

frase 1 *f.* Conjunto de palabras que tienen sentido, constituyan o no una oración. 2 GRAM SINTAGMA. || ~ **musical** MÚS Periodo de una composición delimitado por una cadencia y que tiene sentido propio.

fraseología 1 *f.* Modo de expresión peculiar de una lengua, un grupo, etc. 2 Conjunto de locuciones figuradas, metáforas y comparaciones, modismos y refranes.

fraternal *adj.* Propio de hermanos.

fraternidad *f.* Amistad o afecto entre hermanos o entre los que se tratan como tales.

fraternizar 1 *intr.* Unirse y tratarse como hermanos. 2 Relacionarse.

fratricida *adj.* y *m.* y *f.* Persona que mata a su hermano.

fraude *m.* Acción ilegal en perjuicio del Estado o de terceros, con el fin de procurarse un beneficio.

fraudulento, ta *adj.* Que supone o conlleva fraude.

fray *m.* FRAILE; se usa precediendo al nombre propio.

frazada *f.* Manta, para abrigarse.

freático, ca 1 *adj.* GEO Dicho de las aguas próximas a la superficie acumuladas sobre una capa impermeable. 2 GEO **nivel** ~.

frecuencia 1 *f.* Cualidad de frecuente. 2 FÍS Número de ciclos por unidad de tiempo que se da en un proceso periódico. 3 MAT Número de elementos comprendidos dentro de un intervalo en una distribución determinada. || **alta** ~ FÍS Cualquier frecuencia superior a la audible. ~ **modulada** FÍS Sistema de transmisión de radio en el que la señal de audio transmitida es apenas afectada por interferencias y descargas estáticas.

frecuentar 1 *tr.* Concurrir con asiduidad a un lugar. 2 Tratarse con alguien con frecuencia. 3 Repetir un acto a menudo.

frecuente 1 *adj.* Repetido a menudo, con cortos intervalos de tiempo. 2 Usual, común.

fregadero *m.* Pila de fregar.

fregado, da 1 *adj.* Importuno, pesado. 2 *m.* Acción y efecto de fregar.

fregar 1 *tr.* Restregar con fuerza una cosa con otra. 2 Limpiar algo con un útil apropiado. 3 Fastidiar, molestar.

fregón, na 1 *adj.* Que produce molestias, que fastidia.

freír *tr.* y *prnl.* Poner en aceite o grasa hirviendo un alimento hasta que deje de estar crudo.

frenar 1 *tr.* Moderar o detener con el freno el movimiento de un vehículo o una máquina. 2 Moderar el ímpetu, la actividad.

frenesí 1 *m.* Delirio, locura. 2 Exaltación violenta del ánimo.

frenillo 1 *m.* ANAT Membrana replegada que limita el movimiento de algún órgano, como la de la lengua y la del prepucio. 2 MED Aparato que se coloca en la dentadura para corregir imperfecciones. 3 **BOZAL.**

freno 1 *m.* Mecanismo de las máquinas y los automóviles para reducir o detener un movimiento. 2 Palanca o pedal que lo acciona. 3 Instrumento de hierro que se introduce en la boca de las caballerías para dirigirlas. 4 Sujeción que contiene o limita las acciones o los sentimientos.

frente 1 *f.* Parte superior de la cara entre una y otra sien y desde las cejas hasta la raíz de los cabellos. 2 *m.* Parte primera de una cosa que se presenta a la vista. 3 Fachada de un edificio. 4 Coalición de fuerzas políticas, organizaciones, etc. 5 Zona de combate. 6 GEO Zona de contacto de dos masas de aire de distinta temperatura y humedad. 7 *adv. l.* Enfrente. || ~ **intertropical** GEO El que separa los vientos alisios procedentes de ambos hemisferios. ~ **polar** GEO El situado en latitudes medias y que separa el aire polar de otro tropical.

freón *m.* Nombre que se da a gases o líquidos no inflamables que contienen flúor y se emplean como refrigerantes.

fresa[1] 1 *f.* Planta herbácea de hojas divididas, con flores blancas y fruto complejo, redondo, con numerosos aquenios, rojo, fragante y muy suculento. 2 Fruto de esta planta.

fresa[2] 1 *f.* Herramienta de movimiento circular continuo con aristas cortantes dispuestas alrededor de un eje, utilizada para el mecanizado de piezas metálicas. 2 Instrumento empleado en odontología para agrandar orificios en dientes, prótesis, etc.

fresar *tr.* Mecanizar una pieza mediante la fresa.

fresco, ca 1 *adj.* Moderadamente frío. 2 Reciente, acabado de hacer, coger, suceder, etc. 3 De aspecto sano, con buen color. 4 Sereno, que no se inmuta. 5 Descansado, sin muestras de fatiga. 6 *m.* Bebida fría o atemperante. 7 ART **PINTURA** al fresco.

frescura 1 *f.* Cualidad de fresco. 2 Desenfado, descaro.

fresno *m.* Árbol de hasta 30 m de altura, con hojas compuestas, flores pequeñas, blanquecinas, en panojas cortas y fruto seco.

freza 1 *f.* Desove de los peces. 2 Tiempo en que tiene lugar.

frialdad *f.* Indiferencia, poco interés o afecto.

fricación 1 *f.* Acción y efecto de fricar. 2 Fricción, roce de dos cuerpos en contacto.

fricar *tr.* Frotar, restregar.

fricativo, va *adj.* y *f.* FON Dicho de la consonante que se articula mediante una salida continua del aire, y hace que este produzca cierta fricción o roce en los órganos bucales; como la *f, s, z, j*, etc.

fricción 1 *f.* Acción y efecto de friccionar. 2 Roce de dos cuerpos en contacto. 3 FÍS **ROZAMIENTO.**

friccionar *tr.* y *prnl.* Dar friegas, restregar.

friega 1 *f.* Fricción que se hace en alguna parte del cuerpo. 2 Fastidio, molestia.

frigidez *f.* MED Ausencia de apetito sexual.

frigorífico, ca 1 *adj.* Que produce frío artificial. 2 *m.* Aparato electrodoméstico, cámara o mueble que produce frío para conservar alimentos u otras sustancias.

fríjol (Tb. frijol) 1 *m.* Planta hortense leguminosa de tallos volubles, hojas trifoliadas, flores blancas y legumbres largas y aplastadas con varias semillas comestibles. 2 Fruto y semilla de esta planta.

frío, a 1 *adj.* Dicho de lo que se halla a temperatura inferior a la conveniente o deseada. 2 Dicho de lo que produce frío o no conserva el calor. 3 Dicho de los colores, como el azul, el verde, etc., que apaciguan el ánimo. 4 Poco afectuoso, distante. 5 Poco acogedor. 6 Sereno, que no pierde la calma. 7 Sin gracia, ni ingenio. 8 *m.* Ausencia de calor, descenso de la temperatura. 9 Sensación que experimenta un cuerpo con la pérdida de temperatura.

friolera 1 *f.* Cosa de poca importancia. 2 Gran cantidad de algo, especialmente de dinero.

frisar *intr.* y *tr.* Rondar, aproximarse.

friso 1 *m.* ARQ Parte de la columna entre el arquitrabe y la cornisa. 2 Franja decorativa en la parte inferior de las paredes.

frísol *m.* **FRÍJOL.**

frita *f.* QUÍM Composición de arena y sosa para fabricar vidrio o esmaltes.

fritada *f.* **FRITURA.**

fritanga *f.* Fritura, especialmente la de cerdo.

fritar *tr.* **FREÍR.**

frito 1 *m.* **FRITURA.** 2 Cualquier comida frita.

fritura *f.* Conjunto de comidas fritas.

frívolo, la 1 *adj.* y *s.* Insustancial, veleidoso. 2 Ligero.

fronda 1 *f.* BOT Hoja de los helechos y las palmeras. 2 *f. pl.* Conjunto de hojas o ramas que forman espesura.

frondío, a *adj.* Sucio, desaseado, tosco.

frondoso, sa *adj.* Dicho de la vegetación abundante en hojas, ramas o árboles.

frontal 1 *adj.* Relativo a la frente. 2 Dicho de lo que está al frente, o de la parte delantera de algo. 3 *m.* ANAT Hueso del cráneo que forma la frente.

frontera 1 *f.* Límite de un Estado. 2 Lo que separa o limita. 3 Límite o término de algo.

fronterizo, za 1 *adj.* Que está en la frontera. 2 Hablando de un Estado, que tiene frontera con otro.

frontispicio *m.* ARQ **FRONTÓN.**

frontón 1 *m.* Arq Remate triangular de una fachada, un pórtico o una ventana. 2 Pared contra la que se lanza la pelota en algunos juegos o deportes.

frotar *tr.* y *prnl.* Pasar una cosa sobre otra con fuerza y repetidamente.

frotis *m.* Med Líquido orgánico preparado y dispuesto entre dos laminillas para su examen microscópico.

fructificar 1 *intr.* Dar fruto. 2 Ser útil o provechoso.

fructosa *f.* Quím Azúcar monosacárido, presente en las frutas y la miel. Es metabolizado en el hígado para formar glucógeno.

frufrú *m.* Onomatopeya del ruido que produce el roce de la seda o de otra tela semejante.

frugal *adj.* Parco en comer y beber.

frugívoro, ra *adj.* Zool Dicho del animal que se alimenta de frutos.

fruición *f.* Placer o complacencia.

fruncir 1 *tr.* Arrugar con un gesto la frente, las cejas, los labios, etc. 2 Hacer en una tela una serie de pequeños pliegues paralelos.

fruslería 1 *f.* Cosa de poco valor o entidad. 2 Dicho o hecho de poca sustancia.

frustración *f.* Acción y efecto de frustrar o frustrarse.

frustrar 1 *tr.* Privar a alguien de lo que esperaba. 2 *tr.* y *prnl.* Dejar sin efecto, malograr un intento.

fruta *f.* Fruto comestible de ciertas plantas, como la pera, el melón, la fresa, etc.

frutal *adj.* y *s.* Dicho del árbol que lleva fruta.

frutería *f.* Tienda o puesto donde se vende fruta.

frutero, ra 1 *adj.* Que sirve para llevar o contener fruta. 2 *m.* y *f.* Persona que vende fruta. 3 *m.* Plato para servir la fruta.

fruticultura 1 *f.* Cultivo de los frutales. 2 Conjunto de técnicas y conocimientos relativos al cultivo de los frutales.

fruto 1 *m.* Bot Órgano de las plantas que es el resultado del proceso de maduración del ovario de la flor después de la fecundación. 2 Producto o resultado de algo. 3 Producto del ingenio o del trabajo humano. 4 Producto de la tierra o del mar que se sirve como alimento. 5 Hijo o hija: *La niña es fruto de su primer matrimonio.* || ~ **carnoso** Bot El que durante el proceso de maduración aumenta de tamaño, va reteniendo agua y las partes pulposas quedan unidas a las semillas durante la dispersión. ~ **dehiscente** Bot El seco que se abre o parte al madurar, como la vaina de la arveja. La vaina propiamente dicha es el pericarpio, y el contenido son las semillas. ~ **indehiscente** Bot El seco que no se abre al madurar.

~ **seco** Bot El que pierde casi toda su humedad durante la maduración.

fuco *m.* Alga parda de ramificación dicótoma, se utiliza industrialmente para la obtención de agar-agar y yodo.

fucsia 1 *f.* Planta tropical, algunas especies son trepadoras y otras arbustivas, con flores de cáliz coloreado y una corola de cuatro pétalos. El fruto es una baya pequeña. 2 *adj.* y *m.* Color de la flor de esta planta.

fuego 1 *m.* Desprendimiento de luz y calor producido por la combustión. 2 Materia encendida en brasa o llama. 3 Incendio. 4 Efecto de disparar un arma. 5 Med Erupción en los labios formada por pequeñas vesículas agrupadas. || ~**s artificiales** Artificios que contienen sustancias o mecanismos que, al encenderlos o activarlos, producen luces, sonido, humo y movimiento. ~ **fatuo** Inflamación que se eleva de las sustancias orgánicas en putrefacción en forma de pequeñas llamas.

fuel *m.* Combustible viscoso obtenido por refinación del petróleo. Se usa en calefacción y como combustible industrial.

fuelle 1 *m.* Instrumento para soplar que recoge aire y lo lanza en una dirección determinada. 2 Pieza de piel u otro material plegable, que se pone en los lados de bolsos, carteras, etc., para aumentar o disminuir su capacidad.

fuente 1 *f.* Manantial de agua que brota de la tierra. 2 Construcción decorativa que suministra o bota agua por caños o grifos. 3 Plato grande y hondo para servir los alimentos. 4 Fundamento u origen de algo. 5 Aquello de que fluye con abundancia un líquido. 6 Lo que sirve de información a un investigador o de inspiración a un autor. 7 Conjunto de caracteres de impresión que tienen el mismo diseño. 8 Electr Par de terminales eléctricos capaces de alimentar una carga. || ~ **de energía** Fenómeno o elemento natural que se aprovecha para la producción de energía, como los hidrocarburos, el viento, la radiación solar, etc. ~ **termal** Geo Manantial en el que las aguas, con alto contenido de sales, afloran a una temperatura muy elevada.

fuera *adv. l.* y *t.* A o en la parte exterior de cualquier espacio.

fuero 1 *m.* Jurisdicción, poder. 2 Derecho moral que se reconoce a ciertas actividades o profesiones por su propia naturaleza. 3 Hist En la Edad Media, derechos o privilegios que se otorgaban a un territorio, a una ciudad o a una persona.

fuerte 1 *adj.* Que tiene fuerza y resistencia. 2 Resistente, difícil de romper. 3 Dicho de colores, sabores u olores, intenso. 4 Dicho del sonido, muy perceptible. 5 *m.* Recinto fortificado. 6 Actividad en la que se sobresale: *La cocina es mi fuerte.*

fuerza 1 *f.* Capacidad para desplazar a alguien o algo que tenga peso y haga resistencia. 2 Capacidad de soportar un peso o una presión, o de oponerse a un empuje. 3 Disposición para hacer, enfrentar o tolerar algo. 4 Poder y eficacia de algo: *La fuerza del color se pierde con el tiempo.* 5 Tenacidad, vitalidad. 6 Violencia empleada para conseguir un fin: *Los callaron a la fuerza.* 7 Fís Causa capaz de modificar el estado de reposo o de movimiento de un cuerpo. Corresponde a la segunda ley del **movimiento** de Newton. 8 Fís **caballo** de ~; **campo** de ~. || ~ **aérea** Cuerpo militar basado en la aviación. ~**s armadas** Conjunto de ejércitos de un país. ~ **centrífuga** Fís Fuerza de inercia que se manifiesta en todo cuerpo, alejándolo del centro, cuando se le obliga a describir una trayectoria circular. Es la opuesta a la centrípeta. ~ **centrípeta** Fís La que es preciso aplicar a un cuerpo para que, venciendo la inercia, se mantenga moviéndose en una trayectoria circular. ~ **electromotriz** ELECTR La que se manifiesta por la diferencia de potencial que se origina entre los extremos de un circuito abierto o por la corriente que produce en un circuito cerrado. ~ **magnetomotriz** FÍS Causa productora de los campos magnéticos creados por las corrientes eléctricas.

fuete 1 *m.* Rejo, tira de cuero. 2 FUSTA. 3 LÁTIGO.

fuga 1 *f.* Huida, escapada. 2 Salida accidental de un líquido o fluido por un orificio o una grieta. 3 GEOM **punto** de ~. 4 MÚS Composición que gira sobre un tema y su contrapunto, repetidos en diferentes tonos.

fugarse *prnl.* Escaparse, huir.

fugaz 1 *adj.* Que desaparece rápidamente. 2 De corta duración, breve. 3 Que pasa muy aprisa.

fugitivo, va *adj.* y *s.* Que anda huyendo y escondiéndose.

fulano, na *m.* y *f.* Voz con que se suple el nombre de alguien o se alude a una persona imaginaria.

fulcro *m.* FÍS Punto de apoyo de la palanca.

fulgor *m.* Acción y efecto de fulgurar.

fulgurar 1 *intr.* Brillar, resplandecer, despedir rayos de luz. 2 Destacar durante poco tiempo alguien en una actividad.

fullería 1 *f.* Engaño en el juego. 2 Astucia, trampa.

fulminante 1 *adj.* Que fulmina. 2 Rápido, de efecto inmediato. 3 *adj.* y *m.* Dicho de las sustancias que estallan con explosión al golpearlas.

fulminar 1 *tr.* Matar con un rayo eléctrico. 2 Ser derribado o dañado algo por un rayo. 3 Causar una enfermedad la muerte repentina.

fumante *adj.* Que humea o arroja vapor visible.

fumar 1 *intr.* Echar o despedir humo. 2 *intr.* y *tr.* Aspirar y despedir el humo del tabaco u otra sustancia que se hace arder en pipa, cigarrillo, etc.

fumarola 1 *f.* GEO Emisión de gases y vapores procedentes de un conducto volcánico o de un flujo de lava. 2 GEO Grieta próxima al cráter de un volcán por donde salen gases.

fumigante *m.* Producto químico utilizado para la fumigación.

fumigar 1 *tr.* Desinfectar mediante humo, gas o vapores adecuados. 2 Combatir por estos medios plagas de insectos u otros organismos nocivos.

funámbulo, la *m.* y *f.* Saltimbanqui que hace ejercicios en la cuerda o en el alambre.

función 1 *f.* Capacidad de actuar propia de los seres vivos y de sus órganos, y de las máquinas o instrumentos. 2 Actividad propia de un cargo u oficio. 3 Acto público, representación o espectáculo al que concurre mucha gente. 4 LING Papel relacional que en la oración desempeña un elemento fónico, morfológico, léxico o sintáctico. 5 MAT Relación entre dos magnitudes, de modo que a cada valor de una de ellas corresponde un determinado valor de la otra. Tiene la forma $y = f(x)$, donde x es la variable independiente e y la variable dependiente. 6 MAT APLICACIÓN. 7 QUÍM Carácter químico de un cuerpo, determinado por la clase de reacciones de que es capaz. || ~ **creciente** MAT Aquella que cuando aumenta el valor de x también aumenta el valor de y. ~ **decreciente** MAT Aquella que cuando disminuye el valor de x también disminuye el valor de y. ~ **exponencial** MAT La representada por $f(x) = a^x$, en la que la x, variable independiente, es un exponente. ~ **polinómica** MAT La determinada por una ecuación de la forma $y = a_n x^n + a_{n-1} + ... + a_1 x + a_0$, donde cada a_k es un número real y $a_n \neq 0$. ~ **racional** MAT La construida como el cociente de dos funciones polinómicas. ~ **vital** FISIOL Cada uno de los procesos fisiológicos indispensables; son: reproducción, crecimiento, metabolismo, respiración y excitación.

funcional 1 *adj.* Relativo a las funciones. 2 Dicho de la construcción u objeto de concepción práctica y utilitaria. 3 Dicho de lo que está eficazmente adecuado a sus fines. 4 LING Dicho de las unidades gramaticales de relación, a diferencia de las de contenido léxico. 5 QUÍM **grupo** ~.

funcionalismo *m.* ART Tendencia de la arquitectura y del diseño que busca el equilibrio entre lo estético y lo formal y práctico.

funcionar 1 *intr.* Realizar algo o alguien las funciones que le son propias. 2 Sentirse o encontrarse bien.

funcionario, ria *m.* y *f.* Persona que desempeña profesionalmente un empleo público.

funda *f.* Cubierta o bolsa de forma adecuada con que se envuelve algo para protegerlo.

fundación 1 *f.* Acción y efecto de fundar. 2 Principio y origen de algo. 3 Institución altruista, con patrimonio y estatuto jurídico propios, cuyos fines han sido establecidos por su fundador.

fundamental *adj.* Que sirve de fundamento o es lo principal en algo.

fundamentalismo 1 *m.* Movimiento religioso, social y político, basado en la interpretación literal de los textos sagrados o primigenios y en la negación del conocimiento científico y de la reflexión filosófica. 2 Exigencia intransigente de sometimiento a una doctrina o práctica establecida.

fundamentar 1 *tr.* Establecer, asegurar y hacer firme algo. 2 CIMENTAR, echar los cimientos de una construcción.

fundamento 1 *m.* Principio o base de algo. 2 Razón principal o motivo con que se pretende afianzar algo. 3 *m. pl.* Principios o conocimientos básicos de una ciencia o un arte. 4 CIMIENTO.

fundar 1 *tr.* Establecer, crear una ciudad, un edificio, un negocio, una institución, etc. 2 *tr.* y *prnl.* Apoyar, poner una cosa material sobre otra. 3 Basar, apoyar con motivos y razones eficaces.

fundente 1 *adj.* Que facilita la fusión. 2 *m.* QUÍM Sustancia que se mezcla con otra para rebajar su punto de fusión.

fundición 1 *f.* Acción y efecto de fundir metales. 2 Lugar donde se funden metales. 3 Hierro fundido que sale de los hornos altos y se solidifica en un molde.

fundido, da 1 *adj.* Muy cansado, abatido. 2 Dicho de lo que se ha sometido a fundición. 3 **hierro** ~. 4 *m.* Acción y efecto de fundir.

fundir 1 *tr., intr.* y *prnl.* Transformar un sólido en líquido por la acción del calor. 2 *tr.* Dar forma en moldes al metal en fusión. 3 ART En una composición pictórica, mezclar, aun frescos, los colores en las áreas de transición. 4 CIN Mezclar gradualmente los últimos momentos de una secuencia con los primeros de otra. 5 *tr.* y *prnl.* Quedar inservible un motor.

fundo *m.* Heredad o finca rústica.

fúnebre 1 *adj.* Relativo a los difuntos. 2 Triste, sombrío.

funeral 1 *adj.* Relativo al entierro o a las exequias. 2 *m.* Oficio religioso en memoria del difunto. 3 Ceremonia del entierro.

funerario, ria 1 *adj.* Relativo al entierro o a las exequias. 2 *f.* Empresa encargada de organizar entierros y funerales.

funesto, ta 1 *adj.* Aciago, que causa pesar o ruina. 2 Triste y desgraciado.

fungible *adj.* Que se consume con el uso.

fungicida *adj.* y *m.* Dicho de la sustancia apta para combatir hongos.

fungir *intr.* Desempeñar un empleo o cargo.

funicular *adj.* y *m.* Dicho del vehículo destinado a recorrer una pendiente fuerte, cuya tracción se efectúa por medio de un cable o de una cadena.

furfurol *m.* QUÍM Aceite aromático que se forma por la acción del ácido sulfúrico sobre las pentosas.

furgón *m.* Vehículo o vagón largo y cubierto para el transporte de mercancías, equipajes, etc.

furgoneta *f.* Vehículo de cuatro ruedas, cubierto, de menor tamaño que el furgón, con una puerta trasera para la carga y descarga de mercancías.

furia 1 *f.* Ira exaltada, cólera. 2 Actividad, agitación violenta: *Furia del mar.*

furibundo, da 1 *adj.* Que denota furia. 2 Apasionado: *Hincha furibundo.*

furioso, sa 1 *adj.* Lleno de furia. 2 Muy grande, excesivo.

furor 1 *m.* Cólera, furia. 2 Agitación violenta propia de la demencia o del delirio pasajero. 3 Entusiasmo creativo. 4 Momento de mayor intensidad de una moda o costumbre.

furtivo, va *adj.* Que se hace a escondidas.

fusa *f.* MÚS Nota cuyo valor es la mitad de la semicorchea.

fuselaje *m.* Cuerpo central del avión donde se alojan los pasajeros y la carga.

fusible 1 *adj.* Que puede fundirse. 2 *m.* ELECTR Dispositivo que interrumpe la corriente de un circuito, fundiéndose cuando aquella es excesiva.

fusiforme *adj.* Que tiene forma de huso.

fusil *m.* Arma de fuego, portátil, de tiro individual y cañón largo.

fusilamiento *m.* Acción y efecto de fusilar.

fusilar 1 *tr.* Ejecutar mediante una descarga de fusilería. 2 Plagiar o copiar en lo sustancial obras ajenas.

fusión 1 *f.* Efecto de fundir o fundirse. 2 ECON Integración de varias empresas en una sola entidad. 3 ECON **monopolio** por ~. 4 FÍS y QUÍM Paso del estado sólido al líquido. || ~ **nuclear** FÍS Reacción nuclear en la que se producen núcleos pesados a partir de la unión de otros más ligeros, con gran liberación de energía. Es el origen de la energía del Sol. **punto de** ~ FÍS y QUÍM Temperatura a la cual una determinada sustancia pura se transforma en líquida.

fusionar *tr.* y *prnl.* Producir una fusión.

fusta *f.* Vara fina y flexible para estimular a las caballerías.

fuste 1 *m.* ARQ Parte de la columna que media entre el capitel y la base. 2 BOT Conjunto del tallo y las hojas de una planta.

fustigar 1 *tr.* Golpear con la fusta. 2 Censurar con dureza.

fútbol (Tb. futbol) *m.* DEP Juego entre dos equipos con once jugadores cada uno, cuya finalidad es hacer entrar un balón en una portería o meta que defiende cada uno de los bandos, guardada por un portero o guardameta. Los jugadores pueden impulsar el balón con todo el cuerpo, excepto con las manos; solo el portero puede hacerlo. || ~ **americano** DEP Deporte derivado del rugby, cuyos jugadores llevan aparatosas protecciones para la cabeza y el cuerpo dada su violencia.

futbolín (De *Futbolín®*, marca reg.) *m.* Cierto juego en que figurillas accionadas mecánicamente remedan un partido de fútbol.

futbolista *m.* y *f.* DEP Jugador de fútbol.

futilidad *f.* Poca o ninguna importancia de algo.

futurismo *m.* ART Movimiento ideológico formulado por F. T. Marinetti en 1909 que pretendía renovar el arte rompiendo con el pasado.

futuro, ra 1 *adj.* y *m.* Que está por venir o suceder. 2 *m.* GRAM Tiempo verbal que expresa una acción, un proceso o un estado de cosas que tienen que suceder o que pueden suceder: *Daré; habré dado; diere.* 3 Porvenir, tiempo que ha de llegar. || ~ **compuesto** o **perfecto** GRAM El que expresa acción, proceso o estado futuros respecto al momento en que se habla, pero pasados con relación a una acción, un proceso o un estado posteriores a dicho momento. Se forma con el participio y un verbo auxiliar: *Habrá llegado; habrá caminado.* Expresa también la probabilidad de una acción o un estado de cosas anteriores al momento en que se habla: *Habrán estado jugando.* ~ **simple** o **imperfecto** GRAM El que expresa de un modo absoluto que algo existirá o tendrá lugar en un momento posterior al que se habla: *Llegará; caminará; jugará.* Expresa también una acción o un estado que, según suposición o probabilidad, se produce o existe en el momento presente: *¿Dónde están los niños? Estarán en el jardín.*

futurología *f.* Conjunto de los estudios que se proponen predecir científicamente el futuro de la humanidad.

g *f.* Sexta letra del **alfabeto** español y quinta de sus consonantes. Su nombre es *ge.* Seguida inmediatamente de *e* o *i*, representa un sonido de articulación velar fricativa sorda: *Genio; giro.* Delante de las vocales *a, o, u* o de consonante, representa un sonido consonántico velar y sonoro: *Gato; gorra; regular/ Dogma; grosero*; cuando este sonido precede a una *e* o *i*, se interpone una *u* muda: *Higuera/Miguel*; si la *u* debe pronunciarse, se marca con diéresis: *Antigüedad; desagüe; argüir.* • pl.: *ges.*

gabán 1 *m.* Abrigo, prenda. 2 Capote con mangas.

gabardina *f.* Prenda impermeable semejante al abrigo.

gabela *f.* Beneficio, ventaja.

gabinete 1 *m.* Habitación de carácter más o menos íntimo destinada al estudio o a recibir visitas. 2 Consultorio médico. 3 Conjunto de ministros de Estado. 4 Balcón cubierto.

gacela *f.* Rumiante artiodáctilo de cuerpo esbelto, ojos vivos, patas largas y finas y astas en forma de lira. Vive en Asia y África. Hay varias especies.

gaceta *f.* Periódico de noticias políticas, literarias y artísticas.

gacho, cha *adj.* Inclinado hacia abajo: *La vaca de cuernos gachos.*

gadolinio *m.* QUÍM Elemento metálico de los lantánidos. Se usa en los reactores nucleares, en mecanismos electrónicos, en refrigeración, etc. Punto de fusión: 1313 °C. Punto de ebullición: 3273 °C. Núm. atómico: 64. Símbolo: Gd.

gafas *f. pl.* Conjunto de dos lentes que, debidamente montadas sobre una armadura con patas para sostenerla en las orejas, facilitan una visión adecuada.

gagá *adj.* Que chochea, achacoso.

gaita 1 *f.* MÚS Instrumento de viento formado por un fuelle unido a tres tubos, uno para hinchar el fuelle, otro con agujeros donde pulsan los dedos y el tercero destinado a bajo. 2 MÚS Instrumento de viento de caña con embocadura labrada en cera, a la que se le inserta la boquilla.

gaje *m.* Molestias o perjuicios con motivo del empleo o de la ocupación: *Gajes del oficio.*

gajo 1 *m.* Rama de árbol desprendida del tronco. 2 Racimo de frutas. 3 **ESQUEJE.**

gala 1 *f.* Vestido lujoso. 2 Fiesta o ceremonia extraordinarias, que requieren este tipo de vestido. 3 *pl.* Trajes, joyas, adornos que se ostentan.

galáctico, ca *adj.* ASTR Relativo a las galaxias.

gálago *m.* Lemúrido con la cola más larga que el cuerpo y extremidades posteriores más largas y robustas que las anteriores.

galán 1 *m.* Hombre guapo y apuesto. 2 Persona que galantea a una mujer. 3 Actor joven y atractivo que hace el papel de seductor.

galante 1 *adj.* Atento, obsequioso. 2 Dicho de la mujer que gusta de galanteos. 3 LIT Dicho de la narración en que el tema amoroso se trata con picardía.

galantear *tr.* Cortejar a una mujer, obsequiándola o piropeándola.

galápago 1 *m.* Tortuga carnívora acuática de caparazón algo blando y con membranas interdigitales. 2 Silla de montar. 3 Asiento de la bicicleta.

galardón *m.* Premio o recompensa de tipo honorífico.

gálata 1 *adj.* y *s.* De un pueblo celta emigrado de Galia y establecido en Asia Menor. 2 *adj.* Perteneciente o relativo a los gálatas.

galaxia *f.* ASTR Cada uno de los sistemas de estrellas situados fuera de la Vía Láctea.

□ ASTR Las galaxias se clasifican por su morfología en elípticas; normales, con dos o tres brazos; barradas, con una barra que pasa por su centro, de la que parten los brazos; e irregulares, que no presentan simetría.

gálbula *f.* BOT Fruto en forma de cono corto, y de base redondeada, que producen el ciprés y algunas plantas análogas.

galena *f.* GEO Mineral de sulfuro de plomo, de color gris a negro y brillo intenso, que detecta señales radioeléctricas. Es una mena importante de plomo y de plata.

galeno *m.* **MÉDICO.**

galeón 1 *m.* Navío grande de vela con tres o cuatro palos. 2 HIST Cada una de las naves de gran porte usadas entre los ss. XV y XVII para el comercio entre el Nuevo Mundo y el puerto de Cádiz.

galeote *m.* Persona que remaba forzada en las galeras.

galera 1 *f.* Embarcación de vela y remo, de escaso calado, que se utilizó en el Mediterráneo desde la Antigüedad hasta el s. XVII. 2 **COBERTIZO.** 3 **GALERADA.** 4 *pl.* HIST Pena que consitía en remar en las galeras reales.

galerada *f.* En imprenta, prueba de la composición, sin ajustar, que se saca para corregirla.

galería 1 *f.* Pieza larga y espaciosa con muchas ventanas. 2 Corredor descubierto o con vidrieras. 3 Sala de exposición o venta de obras de arte. 4 Camino subterráneo excavado, largo y estrecho. 5 Parte alta y más económica de un teatro. 6 Bastidor para colgar las cortinas. 7 Pasaje interior con varios establecimientos comerciales.

galerna *f.* Viento súbito y borrascoso.

galerón 1 *m.* Folcl Romance popular que se recita. 2 Folcl Danza zapateada de la región de los Llanos, en Colombia y Venezuela, acompañada de coplas.

galgo, ga 1 *m.* y *f.* Perro de caza, de patas largas y musculatura potente. 2 *adj.* **goloso.**

galicismo *m.* Ling Palabra o giro de la lengua francesa usado en otro idioma.

gálico, ca *adj.* Relativo a las Galias.

galileo, a 1 *adj.* y *s.* De Galilea. 2 *adj.* Perteneciente o relativo a Galilea o a los galileos.

galimatías *m.* Lenguaje incomprensible, confuso.

galio *m.* Quím Elemento metálico que suele encontrarse en los minerales de cinc. Se emplea en termómetros de alta temperatura y sus compuestos se usan en transistores, diodos de láser, etc. Punto de fusión: 30 °C. Punto de ebullición: 2403 °C. Núm. atómico: 3. Símbolo: Ga.

gallardete 1 *m.* Bandera pequeña, larga y rematada en punta. 2 Ramito o flor que usa el novio en la solapa del traje.

gallardía 1 *f.* Bizarría y buen aire, especialmente en el movimiento del cuerpo. 2 Esfuerzo y arrojo en acometer las empresas.

gallego, ga 1 *adj.* y *s.* De Galicia. 2 *adj.* Perteneciente o relativo a los gallegos. 3 *m.* Ling Lengua románica hablada en Galicia y en algunas zonas de Asturias, León y Zamora.

gallero, ra 1 *m.* y *f.* Persona que se dedica a la cría de gallos de pelea. 2 *f.* Edificio o lugar destinado a la cría o pelea de gallos.

galleta *f.* Pasta de harina, azúcar y otros ingredientes que se cuece al horno en trozos pequeños.

galliforme *adj.* y *f.* Zool Dicho de las aves con poca capacidad para el vuelo, de aspecto compacto y con patas robustas y uñas fuertes, que usan para escarbar en el suelo; como la gallina, el pavo y la perdiz. Conforman un orden.

gallina[1] *m.* y *f.* Persona cobarde.

gallina[2] *f.* **gallo.**

gallinaza *f.* Estiércol de gallina.

gallinazo *m.* Ave carroñera de olfato muy desarrollado, cabeza desplumada y plumaje muy oscuro.

gallinero 1 *m.* Lugar donde las aves de corral se crían o recogen a dormir. 2 Galería del teatro.

gallito *m.* Volante del juego del bádminton. || ~ **de roca** Pájaro de América del Sur que se caracteriza por presentar una cresta, de diversos colores, en forma de peine sobre la cabeza.

gallo, llina 1 *m.* y *f.* Ave galliforme doméstica. Su cresta y carúnculas son prominentes y tiene plumaje vistoso. 2 *m.* Dep Categoría según el peso en diversos deportes; varía entre 54 kg y 57 kg. 3 coloq. Nota falsa y chillona que emite una persona al cantar o hablar.

galo, la 1 *adj.* y *s.* De la Galia. 2 *adj.* Perteneciente o relativo a los galos.

galón[1] 1 *m.* Cinta tejida para guarnecer vestidos u otras cosas. 2 Distintivo que llevan en el brazo o en la bocamanga las diferentes clases del ejército.

galón[2] *m.* Medida de capacidad para líquidos que puede equivaler a 4,5 litros o a 3,8 litros.

galopante 1 *adj.* Que galopa. 2 Dicho de los procesos de desarrollo y desenlace muy rápidos y especialmente de ciertas enfermedades.

galopar 1 *intr.* Ir el caballo a galope. 2 Cabalgar en un caballo que va a galope.

galope *m.* Marcha más veloz del caballo.

galpón *m.* Cobertizo grande.

galvanismo 1 *m.* Biol Inducción de fenómenos fisiológicos mediante electricidad. 2 Electr Electricidad desarrollada por el contacto de dos metales diferentes, generalmente cobre y cinc, con un líquido interpuesto.

galvanizar *tr.* Dar un baño de cinc fundido a un alambre, una plancha de hierro, etc., para que no se oxide.

gama *f.* Escala o serie de cosas comparables pertenecientes a una misma categoría, clasificadas según su talla, valor, tono, color, etc.

gamada *adj.* **cruz ~.**

gamba *f.* Crustáceo decápodo de cuerpo aplastado lateralmente, patas torácicas largas y delgadas. Es comestible.

gambeta 1 *f.* Ademán hecho con el cuerpo, torciéndolo para evitar un golpe o una caída. 2 En el fútbol, movimiento hábil y adornado de un jugador.

gameto *m.* Biol Cada una de las células masculina y femenina que, unidas en la fecundación, forman el huevo o cigoto.

gametofito (Tb. gametófito) *m.* Bot Orgánulo propio de plantas con alternancia de generaciones. Se forma a partir de una espora, y produce gametos.

gammaglobulina *f.* Fisiol Mezcla de proteínas del plasma sanguíneo que contiene anticuerpos producidos en el hígado, el bazo, la médula ósea y los ganglios linfáticos.

gamo, ma *m.* y *f.* Ciervo de pelaje rojizo oscuro con pequeñas manchas blancas. Los cuernos del macho tienen forma de pala con ramificaciones terminales.

gamonal 1 *m.* **cacique.** 2 Persona que en una comarca ejerce excesiva influencia.

gamopétalo, la *adj.* Bot Dicho de las corolas cuyos pétalos están soldados entre sí y de las flores que tienen esta clase de corolas.

gamuza 1 *f.* Rumiante del tamaño de una cabra grande y de cuernos cortos curvados hacia atrás. 2 Piel tratada de este animal. 3 Tela o papel con las características de esta piel.

gana *f.* Deseo de hacer algo.

ganadería 1 *f.* Conjunto de los ganados de un país, de una región o de una explotación particular. 2 Tipo o raza especial de ganado. 3 Conjunto de actividades relacionadas con la cría de ganado. || ~ **extensiva** La que basa su sistema de explotación en la trashumancia por grandes extensiones. ~ **intensiva** La que lo basa en una explotación altamente tecnificada que permite concentrar los animales en terrenos de poca extensión.

ganado *m.* Conjunto de animales cuadrúpedos domésticos que se apacientan y andan juntos, como vacas, mulas, llamas, ovejas, cabras, etc.

ganancia 1 *f.* Acción y efecto de ganar. 2 Beneficio, que consiste especialmente en dinero, como resultado de una venta o de un negocio.

ganar 1 *tr.* Adquirir algo, en especial dinero, como resultado de un trabajo, comercio, negocio o esfuerzo. 2 Recibir un sueldo. 3 Obtener el triunfo en un juego, batalla o pleito. 4 Lograr algo de lo que no se disponía: *Ganaron terreno al mar.* 5 Llegar al lugar que se pretende: *Ganar la orilla.* 6 Captar la voluntad de alguien. 7 Aventajar, exceder. 8 *tr.* y *prnl.* Adquirir algo: *Se ganó un resfrío.* 9 Obtener algo o hacerse merecedor a ello: *Se ganó una beca.*

ganchillo *m.* Labor o acción de trabajar con aguja de gancho.

gancho *m.* Instrumento de metal, madera, etc., con un extremo curvado y puntiagudo para enganchar, agarrar o colgar algo.

ganga 1 *f.* Cosa apreciable que se adquiere por poco precio o con poco esfuerzo.

ganglio *m.* ANAT Cada uno de los órganos con aspecto de nudo, intercalados a lo largo de los vasos linfáticos y en cuyo interior se forman los linfocitos. || **~ nervioso** ANAT Aglomeración de neuronas intercalada en el trayecto de los nervios.

gangoso, sa *adj.* y *s.* Que habla gangueando.

gangrena *f.* MED Necrosis de un tejido o de una parte de un órgano originada por la falta de riego sanguíneo o por una infección.

gángster *m.* Bandido, malhechor que actúa asociado con otros.

ganguear *intr.* Hablar con resonancia nasal.

ganso, sa *m.* y *f.* Ave anseriforme robusta, de cuello y patas relativamente altos. Existen variedades domésticas que se crían para aprovechar su carne y su hígado, así como sus plumas.

ganzúa *f.* Alambre fuerte rematado en un garfio, que se usa para abrir cerraduras a falta de las llaves.

gañán *m.* Hombre fuerte y rudo.

gañir 1 *intr.* Aullar el perro cuando lo maltratan. 2 Quejarse algunos animales con voz semejante. 3 Graznar las aves.

garabato 1 *m.* Vara que termina en forma de gancho y se usa para agarrar, colgar o extraer algo. 2 Rasgo irregular hecho al escribir.

garaje 1 *m.* Local donde se guardan automóviles. 2 Taller en el que se reparan.

garantía 1 *f.* Acción y efecto de afianzar lo estipulado. 2 Fianza, prenda. 3 Seguridad de que algo se realizará o sucederá. 4 Documento que responde por la calidad de un producto. 5 POLÍT **suspensión** de ~s. || **~s constitucionales** DER Derechos que la constitución de un Estado reconoce a todos los ciudadanos. **~ judicial** DER Derecho que tiene un procesado a ser escuchado en juicio y a contar con un defensor de oficio.

garantizar *tr.* Dar garantía.

garañón *m.* Caballo, asno o camello destinado a la reproducción.

garapiña *f.* Bebida refrescante hecha de la corteza de la piña y agua con azúcar.

garbanzo 1 *m.* Herbácea leguminosa de tallo duro y ramoso, con hojas compuestas y aserradas, flores blancas y fruto en vaina inflada. 2 Semilla de esta planta, comestible.

garbo *m.* Forma airosa de hacer algo.

garceta *f.* Ave ciconiforme de plumaje blanco y cabeza con penacho corto del que cuelgan dos plumas finas.

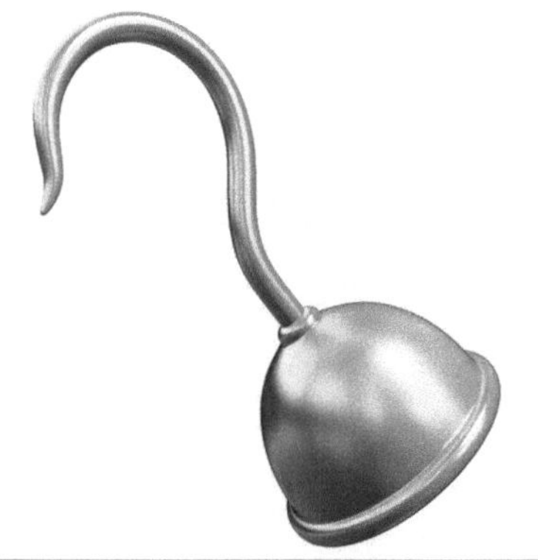

gardenia *f.* Planta ornamental arbustiva, de hojas lisas grandes y brillantes y flores olorosas de pétalos gruesos.

garduño, ña *f.* Mamífero mustélido, algo mayor que la comadreja.

garfio *m.* Gancho de hierro curvo y puntiagudo para aferrar algún objeto.

gargajo *m.* Flema que se expele de la garganta.

garganta 1 *f.* Parte anterior del cuello. 2 ANAT Espacio interno entre el velo del paladar y la entrada del esófago y de la laringe. 3 Parte más delgada y estrecha de algo. 4 Estrechura de montes, ríos u otros parajes.

gargantilla *f.* Adorno que rodea el cuello.

gargarizar *intr.* Mantener un líquido en la garganta sin tragarlo y agitándolo.

gárgola *f.* ARQ Parte final, por lo común adornada, del caño o canal por donde se vierte el agua en tejados y fuentes.

garita *f.* Caseta para el abrigo y comodidad de vigilantes y porteros.

garito *m.* Casa clandestina de juego.

garlar *intr.* Hablar mucho, sin intermisión ni discreción.

garlopa *f.* Cepillo largo de carpintería.

garniel 1 *m.* Bolsa de cuero pendiente de un cinto y con varias divisiones. 2 Estuche de cuero.

garoso, sa *adj.* Glotón, insaciable.

garra 1 *f.* Pata del animal con uñas curvas, fuertes y afiladas, aptas para destrozar la presa. 2 Fuerza, ímpetu.

garrafa 1 *f.* Vasija esférica de cuello largo y estrecho, con revestimiento de corcho, plástico o paja. 2 Bombona de gas.

garrafal *adj.* Dicho de los descuidos, las faltas o los errores graves: *Mentira garrafal.*

garrapata *f.* Ácaro hematófago, parásito de los mamíferos, de forma ovalada con cuatro pares de patas terminadas en garra y un par de mandíbulas afiladas.

garrapatear *intr.* y *tr.* Escribir mal y rápido.

garrapatero *m.* Ave de pico corvo, pecho blanco o negro y alas negras, que se alimenta de garrapatas que le quita al ganado.

garrido, da 1 *adj.* Bien parecido. 2 Refinado, elegante.

garrir *intr.* Gritar el loro.

garrocha 1 *f.* Vara con punta de acero. 2 DEP Pértiga para practicar una variedad del salto de altura.

garrote 1 *m.* Palo grueso y fuerte. 2 Instrumento usado antiguamente para ejecutar la pena de muerte, consistente en un palo que retuerce una soga que a su vez va comprimiendo la garganta del reo.

garúa 1 *f.* LLOVIZNA. 2 Niebla espesa.

garza *f.* Nombre genérico de las aves ciconiformes caracterizadas por poseer patas y cuello largos. De tamaño mediano a grande, habitan en las zonas templadas y tropicales y construyen sus nidos en los árboles de zonas pantanosas.

garzo, za *adj.* Dicho de los ojos de color azulado.

gas 1 *m.* Todo fluido aeriforme a la presión y temperatura ordinarias. 2 FÍS Estado de la materia que se caracteriza por una densidad relativamente baja, elevada fluidez y falta de rigidez. 3 *pl.* Residuos gaseosos que se producen en el aparato digestivo. || ~ **natural** GEO Mezcla de hidrocarburos ligeros en la que predomina el metano, que se encuentra en yacimientos subterráneos porosos. Puede distribuirse por tuberías desde el punto de origen hasta el lugar de consumo. ~ **noble** QUÍM Cada uno de los elementos químicos de un grupo formado por helio, argón, neón, criptón, xenón y radón, que por su estructura atómica son químicamente inactivos.

□ FÍS Las moléculas que constituyen los gases son tan energéticas que se mueven con entera libertad mutua, por ello carecen de forma y adoptan la del recipiente que las contiene. Por lo general, un pequeño cambio en la presión o en la temperatura produce un gran cambio en el volumen.

gasa 1 *f.* Tela muy fina y ligera. 2 Tejido de algodón, de malla muy clara, que se usa para curas y vendajes.

gasear *tr.* Someter a la acción de gases asfixiantes, tóxicos, lacrimógenos, etc.

gaseoso, sa 1 *adj.* FÍS Que se halla en estado de gas. 2 Dicho del líquido del que se desprenden gases. 3 *f.* Bebida refrescante, efervescente y sin alcohol.

gasificación *f.* QUÍM Acción de pasar un líquido al estado de gas.

gasificar *tr.* QUÍM Producir la gasificación de los cuerpos químicamente tratados.

gasoducto *m.* Tubería de grueso calibre para trasladar gas combustible del lugar de producción al de consumo.

gasóleo *m.* QUÍM Mezcla de hidrocarburos líquidos obtenida por la destilación fraccionada del petróleo crudo. Se usa como combustible.

gasolina 1 *f.* QUÍM Mezcla de hidrocarburos líquidos volátiles e inflamables obtenidos del petróleo crudo. Se usa en los motores de explosión. 2 **motor** de ~.

gasolinera (Tb. gasolinería) *f.* Establecimiento donde se vende gasolina y otros combustibles.

gastar 1 *tr.* Emplear el dinero en algo. 2 Estropear, deteriorar. 3 Usar, poseer. 4 *tr.* y *prnl.* Consumir, acabar.

gasterópodo *adj.* y *m.* ZOOL Dicho de los moluscos con la masa visceral arrollada en forma de hélice, por lo general en el interior de una concha, poseen un pie-músculo con el que se trasladan; como las babosas y los caracoles. Conforman una clase.

gasto 1 *m.* Acción de gastar. 2 Lo que se ha gastado o se gasta. 3 Cantidad de líquido o gas que pasa por un orificio o por una tubería cada unidad de tiempo.

gástrico, ca 1 *adj.* ANAT Relativo al estómago. 2 FISIOL **jugo** ~.

gastritis *f.* MED Inflamación de la mucosa del estómago.

gastrointestinal *adj.* ANAT Relativo al estómago y a los intestinos.

gastronomía *f.* Conjunto de actividades y conocimientos relacionados con el arte de preparar buenas comidas.

gastrovascular *adj.* ZOOL Dicho de la única cavidad del cuerpo de los **celentéreos**, en la cual se efectúa la digestión.

gástrula *f.* BIOL Fase del desarrollo embrionario posterior a la blástula, que finaliza en la formación de las tres capas de células.

gatas || a ~ Significa el modo de ponerse o andar alguien con pies y manos en el suelo.

gatear 1 *intr.* Andar a gatas. 2 Elevar un peso con el gato.

gatillo 1 *m.* Dispositivo de un arma de fuego que se acciona para disparar. 2 Dispositivo análogo en aparatos o herramientas.

gato, ta 1 *m.* y *f.* Félido doméstico de unos 50 cm de largo desde la cabeza hasta el arranque de la cola. Tiene cola larga, patas cortas, garras fuertes y agudas y pelaje espeso y suave. 2 *m.* Máquina que sirve para elevar grandes pesos a poca altura. 3 ZOOL Animal félido en general.

gatuperio 1 *m.* Mezcla de diversas sustancias incoherentes. 2 Embrollo, intriga, tapujo.

gaucho, cha 1 *adj.* y *s.* Dicho de los vaqueros de las pampas de Argentina, Uruguay y S de Brasil. Se caracterizan por su indumentaria, en la que se destacan los pantalones holgados y un amplio cinturón de plata. 2 *adj.* Relativo a los gauchos.

gaveta *f.* Cajón corredizo del escritorio.

gavia *f.* Vela de los masteleros de las naves.

gavial *m.* Reptil cocodriliano, de unos 8 m de largo, con el hocico muy prolongado y puntiagudo. Vive en ríos de India y Malasia.

gaviero *m.* Marinero a cuyo cuidado está la gavia y registrar cuanto se pueda ver desde ella.

gavilán *m.* Ave falconiforme de unos 30 cm de largo, plumaje gris azulado y pardo rojizo y cola parda con rayas negras.

gavilla 1 *f.* Conjunto de cañas, ramas, hierba, etc., mayor que el manojo y menor que el haz. 2 En sentido despectivo, grupo de muchas personas.

gavión *m.* Canasta metálica rellena de piedra usada en obras hidráulicas.

gaviota *f.* Ave palmípeda costera, de alas fuertes y largas, pico curvo y plumaje blanco.

gay 1 *adj.* Relativo a la homosexualidad. 2 *adj.* y *s.* HOMOSEXUAL. • pl.: *gais*.

gayo, ya 1 *adj.* Alegre, vistoso. 2 ~ **ciencia**.

gazapera 1 *f.* Madriguera de los conejos. 2 Riña, alboroto.

gazapo[1] *m.* Cría del conejo.

gazapo[2] 1 *m.* Mentira, embuste. 2 Error oral o escrito.
gazmoñería *f.* Afectación exagerada de modestia o devoción.
gaznate *m.* Parte superior de la tráquea.
ge *f.* Nombre de la letra *g*.
geco *m.* Pequeño lagarto escamoso de cuerpo deprimido y patas con dedos terminados en ventosas.
géiser *m.* GEO Fuente termal intermitente en forma de surtidor.
geisha (Voz ingl., y esta del jap. *geisha*, de *gei* y *sha*) *f.* Joven japonesa educada en la música, la danza y el arte de servir el té, que se contrata para animar ciertas reuniones masculinas.
gel 1 *m.* QUÍM Disolución coloidal caracterizada por el predominio del soluto sobre el disolvente y por un aspecto viscoso. 2 Producto cosmético con esta característica.
gelatina *f.* Sustancia proteica, incolora y transparente, derivada del colágeno. Se disuelve en agua caliente y presenta una textura de gel al enfriarse.
gélido, da *adj.* Helado, muy frío.
gema 1 *f.* Nombre genérico de las piedras preciosas. 2 BOT **YEMA** de las plantas.
gemación 1 *f.* BIOL Modo de reproducción asexual, propio de plantas y animales invertebrados, en que se separa del organismo una porción llamada yema, y se desarrolla hasta formar un nuevo individuo. 2 BOT Desarrollo de la yema o botón para la producción de una rama, hoja o flor. || ~ **celular** BIOL Mitosis en la que el citoplasma se divide en dos partes muy desiguales, la menor de las cuales se conoce con el nombre de yema; como en algunos protozoos.
gemelo, la 1 *adj.* y *s.* Dicho de un par de elementos iguales. 2 BIOL Dicho de cada uno de los nacidos en un mismo parto. 3 *m.* ANAT Músculo de la parte posterior de la pierna, que eleva el talón. 4 *m. pl.* **PRISMÁTICOS**. || ~ **bivitelino** BIOL Cada uno de los que proceden de huevos diferentes. ~ **univitelino** BIOL Cada uno de los que proceden de un solo huevo, son del mismo sexo y muy parecidos.
gemido *m.* Acción y efecto de gemir.
géminis *adj.* y *s.* Dicho de las personas nacidas bajo el signo de Géminis, entre el 20 de mayo y el 21 de junio.
gemir 1 *intr.* Expresar la pena o el dolor, con sonido y voz lastimera. 2 Aullar algunos animales, o producir cosas inanimadas sonidos semejantes al gemido del hombre.
gen *m.* BIOL Secuencia lineal de ADN localizada a lo largo de cada uno de los cromosomas en el núcleo celular. Es la unidad biológica que determina los caracteres hereditarios.
gena 1 *f.* Arbusto de flores fragantes, de cuyas hojas se extrae un tinte que se emplea para dar un tono rojizo. 2 Este tinte.
genciana *f.* Planta herbácea de hojas grandes elípticas, flores amarillas y raíz gruesa de sabor amargo, que se emplea como medicamento.
gendarme *m.* y *f.* Agente de policía destinado a mantener el orden y la seguridad pública.
genealogía *f.* Serie de los ascendientes de una persona.
genealógico, ca 1 *adj.* Relativo a la genealogía. 2 **árbol ~**.
generación 1 *f.* Acción y efecto de engendrar. 2 Sucesión de descendientes en línea recta. 3 Conjunto de todos los vivientes coetáneos. || ~ **espontánea** BIOL Antigua teoría desechada científicamente que afirmaba que la aparición de nuevas especies provendría de materia no viva.

generador, ra 1 *adj.* y *s.* Que engendra o genera algo. 2 *adj.* GEOM Dicho de la línea o figura cuyo movimiento engendra una superficie o un sólido geométrico. 3 *m.* Máquina, o parte de ella, que produce la fuerza o energía para su funcionamiento o para el de otras máquinas, como la dínamo en las eléctricas o la caldera en las de vapor.
general 1 *adj.* Que es común y esencial a una totalidad o un conjunto. 2 Frecuente, usual. 3 Vago, indeterminado. 4 *m.* Autoridad superior de una orden religiosa. 5 Jefe militar perteneciente a la jerarquía superior.
generalato 1 *m.* Empleo o grado de general. 2 Ministerio del general de las órdenes religiosas, y duración de este. 3 Conjunto de generales de un ejército.
generalidad 1 *f.* Mayoría, la casi totalidad de individuos o miembros de un grupo. 2 Vaguedad o falta de precisión en lo que se dice o escribe.
generalísimo *m.* Jefe que manda el estamento militar con autoridad sobre todos los generales.
generalización 1 *f.* Acción mediante la cual se propaga algo que inicialmente no era común. 2 Consideración de algo individual desde un punto de vista más general o amplio.
generalizar 1 *tr.* y *prnl.* Hacer general o común algo. 2 *tr.* Abstraer lo que es común a muchas cosas, para formar un concepto general.
generalmente *adv. m.* Con generalidad.
generar 1 *tr.* Engendrar, procrear. 2 Producir, causar algo.
generativo, va *adj.* Dicho de lo que tiene capacidad de engendrar.
generatriz *adj.* y *f.* GEOM Dicho de la línea o figura que al moverse genera una superficie o un cuerpo geométrico.
genérico, ca 1 *adj.* Común a varias especies. 2 GRAM Perteneciente al género. 3 *adj.* y *m.* FARM Dicho del medicamento que se comercializa bajo la denominación de su principio activo.
género 1 *m.* Conjunto de seres con caracteres comunes. 2 Clase o tipo a que pertenecen personas o cosas, según determinadas condiciones o cualidades. 3 Cualquier mercancía. 4 Tela o tejido. 5 Identidad generada por el rol sexual de las personas o, más específicamente, por las conductas de identificación sexual. 6 ART y LIT Cada una de las distintas categorías o clases en que se pueden ordenar las obras según rasgos comunes de forma y de contenido. 7 BIOL Categoría de clasificación que comprende un

grupo de especies estrechamente emparentadas en estructura y origen evolutivo. Está situada entre la familia y la especie. 8 Gram Categoría gramatical a la que pertenece un sustantivo o un pronombre por el hecho de concordar con él una forma de la flexión del adjetivo y del pronombre. 9 Gram **nombre** común en cuanto al ~. || ~ **femenino** 1 Gram El de los sustantivos y pronombres que designan personas del sexo femenino, algunos animales hembra y, convencionalmente, seres inanimados. 2 Gram El de adjetivos, determinantes y otras clases de palabras en concordancia con los sustantivos de género femenino. ~ **masculino** 1 Gram El de los sustantivos y pronombres que designan personas del sexo masculino, algunos animales macho y, convencionalmente, seres inanimados. 2 Gram El de adjetivos, determinantes y otras clases de palabras en concordancia con los sustantivos de género masculino. ~ **neutro** Gram El del artículo *lo,* el de los pronombres demostrativos (*esto, eso, aquello*) y el del pronombre personal de tercera persona (*ello*).

generosidad *f.* Cualidad de generoso.

generoso, sa *adj.* y *s.* Inclinado a dar cosas a los demás o a esforzarse por ellos.

génesis 1 *f.* Origen o principio de una cosa. 2 Conjunto de hechos y causas que conducen a un resultado.

genético, ca 1 *adj.* Relativo a la genética. 2 Relativo a la génesis u origen de las cosas. 3 Biol **código** ~; **información** ~; **mapa** ~. 4 *f.* Biol Parte de la biología que estudia la herencia de los caracteres. Algunos de sus conceptos fundamentales son los de **gen**, **genoma**, **herencia** y **mutación**.

genial 1 *adj.* Característico del genio creador. 2 Ocurrente, ingenioso. 3 Que causa deleite o alegría.

génico, ca *adj.* Relativo a los genes.

genio 1 *m.* Índole o inclinación natural de una persona. 2 Carácter enérgico o difícil. 3 Gran capacidad y fuerza intelectual creadora. 4 Persona con estas facultades. 5 Duende, ser mágico. 6 Mit Espíritu protector o guardián de cada individuo, familia y ciudad en la mitología romana.

genital 1 *adj.* Biol Relativo a los órganos reproductores. 2 *m. pl.* Anat Órganos sexuales externos.

genitivo, va 1 *adj.* Que puede engendrar o producir una cosa. 2 *m.* Gram Caso de la declinación que denota propiedad, posesión, o pertenencia; se expresa mediante la preposición *de.*

genocidio *m.* Exterminio premeditado y sistemático de un grupo social por motivos étnicos, religiosos o políticos.

genoma *m.* Biol Dotación completa de genes de un individuo o de una especie, contenida en un juego haploide de cromosomas.

□ La dotación genética del ser humano, o genoma humano, consta de unos 30 000 genes distribuidos en los 23 pares de cromosomas de cada célula. Un cromosoma humano puede contener más de 250 millones de pares de bases de ADN, y se estima que el genoma humano está compuesto por unos 3000 millones de pares de bases.

genotipo *m.* Biol Conjunto de los genes y alelos existentes en cada núcleo celular de un individuo y que el organismo es capaz de transmitir a la siguiente generación, a diferencia del **fenotipo**.

gente *f.* Conjunto de personas.

gentil 1 *adj.* Amable, educado. 2 Apuesto, de aspecto hermoso. 3 *adj.* y *s.* Entre los judíos, dicho de una persona o comunidad que profesa otra religión. 4 Idólatra o pagano.

gentileza *f.* Cualidad de gentil.

gentilhombre *m.* Noble que servía en la casa de los reyes.

gentilicio, cia 1 *adj.* Relativo a las gentes o naciones. 2 Relativo al linaje o la familia. 3 *adj.* y *m.* Gram Dicho del adjetivo que denota el lugar de nacimiento: *Boliviano; hondureño; rioplatense.*

gentío *m.* Gran concurrencia o afluencia de gente en un lugar.

genuflexión *f.* Acción y efecto de doblar una rodilla hacia el suelo, generalmente como señal de reverencia.

genuino, na *adj.* Puro, propio, natural, legítimo.

geocéntrico, ca 1 *adj.* Relativo al geocentrismo. 2 Relativo al centro de la Tierra.

geocentrismo *m.* Astr Sistema planetario según el cual la Tierra sería centro del universo.

geoda *f.* Geo Hueco de una roca tapizado de cristales.

geodesia *f.* Geo Ciencia cuyo objetivo es determinar la figura y magnitud del globo terrestre o de gran parte de él.

geodinámica 1 *f.* Geo Conjunto de procesos que modifican la estructura de la corteza terrestre, como la tectónica de placas, la deriva continental, el vulcanismo, los cambios climáticos, etc. 2 Geo Rama de la geología dedicada al estudio de estos procesos.

geoestacionario, ria 1 *adj.* Dicho del satélite artificial cuya posición se mantiene fija porque permanece siempre sobre el ecuador, avanzando a la misma velocidad de la rotación de la Tierra. 2 Dicho de la órbita que recorre este tipo de satélite.

geofísica *f.* Fís y Geo Ciencia que estudia los fenómenos físicos relacionados con la Tierra y su atmósfera, como las variaciones del campo magnético, la energía de origen geotérmico, la radiactividad natural, la electricidad terrestre, etc.

geografía *f.* Geo Ciencia que estudia los fenómenos que se producen en la superficie terrestre, plano de contacto donde confluyen y se relacionan la estructura geológica, el flujo de las aguas, los procesos atmosféricos y la acción de los seres vivos.

□ La geografía se divide en dos grandes ramas: geografía física y geografía humana. La primera estudia el origen, el funcionamiento, la combinación y la distribución de los factores físicos y se subdivide en geomorfología, hidrografía y climatología; la segunda estudia la demografía, la explotación de

A B C D E F G H I J K L M N Ñ O P Q R S T U V W X Y Z

los recursos naturales (geografía económica) y la organización política del espacio (geografía política).

geográfico, ca 1 *adj.* Relativo a la geografía. 2 GEO **coordenadas ~s.**

geoide *m.* GEO Forma determinada por la geodesia para definir la Tierra, caracterizada por ser achatada en las zonas polares lo que hace que no sea redonda.

geología *f.* GEO Ciencia que estudia la composición de la Tierra y su evolución y transformación a través del tiempo. Comprende disciplinas como mineralogía, geofísica, vulcanología, geomorfología, paleontología, etc.

geológico, ca 1 *adj.* Relativo a la geología. 2 GEO **tiempo ~.**

geomagnetismo *m.* GEO Conjunto de fenómenos relativos a las propiedades magnéticas de la Tierra.

geomancia (Tb. geomancía) *f.* Magia o adivinación que se pretende hacer valiéndose de los cuerpos y de los fenómenos terrestres.

geomática *f.* GEOM Campo que se encarga de la recolección, el almacenamiento, la explotación y el análisis de la información geográfica.

geometría *f.* GEOM Parte de las matemáticas que trata de las propiedades, medidas y relaciones entre elementos lineales, planos y espaciales. || ~ **del espacio** GEOM Rama que considera las figuras cuyos puntos no están todos en un mismo plano. ~ **descriptiva** GEOM Procedimiento gráfico matemático para la visualización de estructuras y su exacta representación en dibujos. ~ **plana** GEOM Rama que considera las figuras cuyos puntos están todos en un plano.
☐ Los orígenes de la geometría se remontan al antiguo Egipto. Gracias a los trabajos de importantes figuras como Heródoto o Euclides, se sabe que desde tiempos remotos esta rama de las matemáticas era fundamental para el estudio de áreas, volúmenes y longitudes. Una de las figuras históricas que más contribuyó a su desarrollo fue el matemático, filósofo y físico francés René Descartes (1596-1650) quien la planteó desde una óptica según la cual las características de las figuras podían ser interpretadas a través de ecuaciones.

geométrico, ca 1 *adj.* Relativo a la geometría. 2 Dicho del estilo o la decoración con líneas, triángulos, círculos y rombos. 3 MAT **media** ~ o **proporcional; progresión ~; razón ~.**

geomorfología *f.* GEO Estudio del relieve terrestre y su evolución.

geopolítica *f.* POLÍT Estudio de los factores geográficos como determinantes de la política de un país o de la relación política entre dos o más países.

geoquímica *f.* QUÍM y GEO Disciplina cuyo objeto es determinar la presencia de elementos químicos en la corteza, manto y núcleo terrestres, así como su distribución.

geósfera (Tb. geosfera) *f.* GEO Parte de la Tierra que sirve de soporte al conjunto de los seres vivos; comprende la atmósfera, la hidrosfera y la parte externa de la litosfera.

geosinclinal *m.* GEO Zona de la corteza terrestre que se hunde paulatinamente y en la que se acumulan sedimentos.

geotermia *f.* GEO Estudio de los fenómenos térmicos de la corteza terrestre y de su aprovechamiento energético.

geotérmico, ca *adj.* Relativo a los fenómenos térmicos de la corteza terrestre.

geotropismo *m.* BIOL Tropismo cuyo factor predominante es la fuerza de gravedad.

geranio *m.* Planta herbácea de tallos ramosos, hojas opuestas pecioladas de borde ondulado, flores en umbela y frutos capsulares.

gerencia 1 *f.* Cargo, gestión y oficina del gerente. 2 Tiempo que dura este cargo.

gerenciar *tr.* Organizar, administrar o gestionar un negocio o una actividad pública o privada.

gerente, ta *m.* y *f.* Persona que dirige los negocios y lleva la firma en una sociedad o empresa mercantil.

geriatría *f.* MED Especialidad que estudia la patología de la vejez.

gerifalte *m.* Ave rapaz parecida al halcón, pero de mayor tamaño.

germánico, ca 1 *adj.* Relativo a Germania o a los germanos. 2 Relativo a Alemania. 3 *m.* LING Grupo de lenguas indoeuropeas derivadas del germánico, entre las que destacan el alemán y el inglés, entre otras.

germanio *m.* QUÍM Elemento metálico de color gris que se usa como semiconductor y para fabricar transistores. Punto de fusión: 937 °C. Punto de ebullición: 2830 °C. Núm. atómico: 32. Símbolo: Ge.

germano, na 1 *adj.* y *s.* De Germania. 2 **ALEMÁN**, de Alemania. 3 *adj.* Perteneciente o relativo a los germanos. 4 *m.* HIST Grupo de pueblos indoeuropeos (francos, alamanes, vándalos, visigodos, ostrogodos, anglos, sajones, escandinavos) asentados antiguamente en las regiones al occidente del Imperio romano. A causa de la invasión de Europa oriental por pueblos asiáticos, ejercieron desde el s. II a.C. una presión continua sobre los romanos, que derivó en las llamadas **invasiones**. A partir del s. IV pudieron, como federados, regular sus propios asentamientos en distintas provincias. En el s. V acabaron finalmente con el Imperio y se repartieron sus territorios.

germen 1 *m.* BIOL Principio o estado primordial de un ser orgánico. 2 BIOL **MICROORGANISMO.** 3 BOT Primer tallo que brota de una semilla. 4 Principio u origen de algo. || ~ **patógeno** MED Microorganismo que puede causar o propagar enfermedades, como las bacterias, los protozoos, los hongos y los virus.

germinación *f.* BOT Conjunto de fenómenos que se originan en una semilla desde que el embrión se desarrolla hasta que se transforma en plántula.

germinal *adj.* Relativo al germen y a la germinación.

germinar *intr.* BOT Producirse la germinación.

gerontocracia *f.* Gobierno de los ancianos.

gerontología *f.* MED Estudio de la vejez.

gerundio *m.* GRAM Forma no personal del verbo que expresa una acción con carácter durativo y que puede referirse a cualquier tiempo, género y número. Su terminación regular es *-ando* en los verbos de la primera conjugación y *-iendo* en los de la segunda y tercera; por ejemplo: *Amando; temiendo; partiendo.* || ~ **compuesto** GRAM El que se forma con el gerundio del verbo *haber* y el participio del verbo que se conjuga; por ejemplo: *Habiendo comido.*

gesta 1 *f.* Conjunto de hechos memorables. 2 LIT **cantar** de ~.

gestación 1 *f.* Acción y efecto de gestar o gestarse. 2 Embarazo, periodo de desarrollo del feto.

gestante 1 *adj.* Que gesta. 2 Dicho de la mujer embarazada.

gestar 1 *tr.* BIOL Llevar y sustentar la madre el embrión o feto en el útero hasta el momento del parto. 2 *prnl.* Prepararse, desarrollarse o crecer sentimientos, ideas, etc.

gesticular *intr.* Hacer gestos.

gestión 1 *f.* Acción y efecto de gestionar. 2 Acción y efecto de administrar.

gestionar *tr.* Hacer los trámites necesarios para el logro o buen fin de algo.

gesto 1 *m.* Movimiento del rostro con que se expresa algo. 2 Expresión habitual de la cara, semblante.

gestor, ra *adj.* y *s.* Que gestiona.

gestual 1 *adj.* Referente o relativo a los gestos. 2 Que se hace con gestos. 3 **lenguaje** ~.

ghetto (Voz it.) *m.* GUETO.

giba *f.* MED Curvatura anómala y muy pronunciada de la columna vertebral.

gibelino, na *adj.* y *s.* HIST En la Edad Media, partidario de los emperadores de Alemania contra los güelfos, defensor del papado.

gibón *m.* Primate arborícola, de brazos muy largos y sin cola, propio del sur de Asia. Está muy bien adaptado a la vida arbórea y realiza rápidos desplazamientos mediante el sistema de braquiación.

giga *m.* INF GIGABYTE.

gigabyte (Voz ingl., de *giga* y *byte*) *m.* INF Medida de capacidad de memoria de mil millones de bytes.

gigante, ta 1 *adj.* Dicho de las personas o cosas de mayor tamaño que el normal. 2 *m.* y *f.* Personaje de las fábulas o los cuentos, de gran estatura y corpulencia.

gigantesco, ca 1 *adj.* Relativo a los gigantes. 2 Excesivo en su línea: *Tortuga gigantesca.*

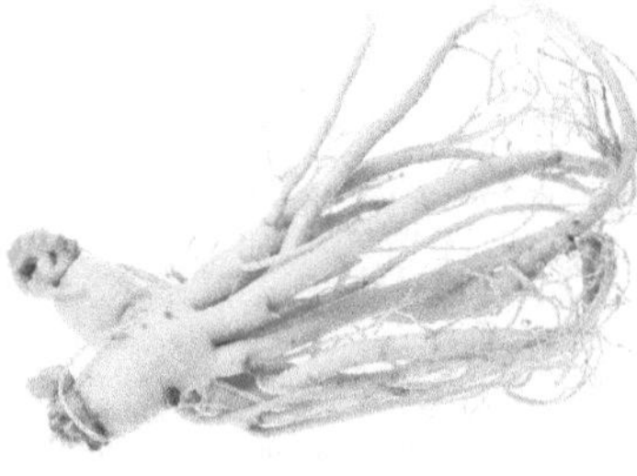

gigantismo *m.* MED Trastorno del crecimiento que se caracteriza por un desarrollo desmesurado del organismo.

gigoló *m.* Amante joven de una mujer de más edad que lo mantiene.

gimnasia *f.* DEP Conjunto de ejercicios físicos que desarrollan, fortalecen y dan flexibilidad al cuerpo. || ~ **rítmica** DEP Conjunto de ejercicios que, acompañados de música y pasos de danza, realizan las gimnastas.

gimnasio 1 *m.* Local provisto de lo necesario para realizar ejercicios gimnásticos. 2 Lugar destinado a la enseñanza.

gimnasta *m.* y *f.* Persona que practica ejercicios gimnásticos.

gimnospermo, ma *adj.* y *f.* BOT Dicho de las plantas vasculares, de porte arbustivo y arbóreo, que forman semillas pero carecen de flores. Sus semillas quedan al descubierto, dispuestas sobre escamas organizadas en conos; como el pino y el ciprés. Conforman un filo.

gimotear 1 *intr.* Gemir o quejarse ridículamente, sin causa justificada. 2 Hacer los gestos y suspiros del llanto sin llegar a él.

ginebra *f.* Bebida alcohólica aromatizada con bayas de enebro.

gineceo 1 *m.* Departamento retirado que en sus casas destinaban los griegos para habitación de las mujeres. 2 BOT Verticilo floral femenino constituido por uno o más carpelos, que constituyen el pistilo; este contiene en su base al ovario y su parte superior se estrecha y acaba en el estigma.

ginecología *f.* MED Parte de la medicina que se ocupa de la fisiología y patología del aparato reproductor femenino.

gingival *adj.* Relativo a las encías: *Infección gingival.*

gingivitis *f.* MED Inflamación de las encías.

ginseng (Voz ingl., y esta del chino *jēn shēn*) *m.* Planta herbácea de flores blancas y fruto en baya roja. De su raíz se extrae una sustancia estimulante.

gira 1 *f.* Excursión o viaje por diversos lugares volviendo al punto de partida. 2 Serie de actuaciones que realiza una compañía teatral, o un artista, en distintas ciudades.

girador, ra 1 *adj.* y *s.* Que gira. 2 *m.* y *f.* Persona o entidad que expide una orden de pago.

giralda *f.* Veleta de torre, cuando tiene figura humana o de animal.

girándula 1 *f.* Rueda que lanza cohetes al girar. 2 Artificio que dispersa el agua.

girar 1 *intr.* Dar vueltas algo sobre un eje o en torno a un punto. 2 Tratar una conversación o asunto sobre un tema dado. 3 Desviarse o cambiar la dirección inicial. 4 *intr.* y *tr.* Transferir dinero mediante un giro.

girasol 1 *m.* Planta herbácea compuesta de tallo recto, grueso y alto, hojas alternas pecioladas, flores terminales amarillas, de gran tamaño, y fruto de semillas comestibles, de las que se extrae aceite. 2 Flor de esta planta.

giratorio, ria *adj.* Que gira o se mueve alrededor.

giro 1 *m.* Movimiento circular. 2 Acción y efecto de girar. 3 Dirección o aspecto que se da a un asunto, una conversación, etc. 4 Estructura de una frase o forma de ordenar las palabras para expresar un concepto. 5 Transferencia de dinero por medio de letras de cambio, cheques u otra forma de pago.

girola *f.* ARQ Nave que rodea el ábside.

girondino, na *adj.* y *s.* HIST Dicho de una persona que perteneció a un grupo político que durante la Revolución francesa representó a la burguesía liberal.

Acusados sus miembros de traición por los jacobinos, fueron expulsados de la Convención (1793) y algunos de sus dirigentes guillotinados.

giroscopio *m.* Fís Aparato constituido por un volante pesado que gira rápidamente y tiende a conservar el plano de rotación reaccionando contra cualquier fuerza que lo aparte de dicho plano.

gitano, na 1 *adj.* y *s.* De un pueblo nómada que, procedente del N de India, se extendió por Europa y el N de África durante la Edad Media. En la actualidad está en todo el mundo. 2 ROMANÍ. 3 *adj.* Propio de este pueblo.

glaciación *f.* Geo Periodo geológico caracterizado por el descenso general de la temperatura y el avance de los hielos en la Tierra.

☐ Las glaciaciones tuvieron lugar durante el Pleistoceno, desde hace unos 2 500 000 años hasta hace unos 8000. Entre ellas se produjeron periodos con un relativo calentamiento, acompañado de un retroceso de los hielos, pero, en su conjunto, el Pleistoceno presentó una temperatura inferior a la de anteriores épocas geológicas.

glacial 1 *adj.* Helado, muy frío. 2 Poco acogedor. 3 Geo Dicho de las tierras y de los mares que están en las zonas de glaciación.

glaciar 1 *m.* Geo Masa de hielo más o menos permanente sobre la tierra firme, cuyo peso determina que se deslice en el sentido de la gravedad y cuyo movimiento provoca una erosión muy intensa del terreno. 2 Geo **circo** ~.

gladiador *m.* Hist Combatiente de los enfrentamientos armados realizados como espectáculo en los circos de la antigua Roma.

gladiolo (Tb. gladíolo) *m.* Planta bulbosa, de hojas lanceoladas, con flores de diversos colores, dispuestas en espigas unilaterales.

glamur *m.* Encanto, atractivo de alguien.

glande *m.* Anat Extremo del pene, cubierto por el prepucio, donde se halla el orificio externo de la uretra.

glándula 1 *f.* Anat y Fisiol Órgano de tejido epitelial que elabora las sustancias necesarias para su funcionamiento o segrega las inútiles o nocivas. 2 Bot Órgano cuya función es producir secreciones, como los aromas de las flores. || **~s de Bartholin** Anat y Fisiol Las que desembocan en la entrada de la vagina; producen una secreción lubricante. **~s de Cowper** Fisiol Las situadas antes de la próstata y que producen un líquido que le permite a los espermatozoides adherirse a las paredes de la vagina. ~ **endocrina** Anat y Fisiol La que segrega hormonas, vertiéndolas directamente en la sangre circulante por ella. ~ **exocrina** Fisiol La que segrega sustancias que no tienen carácter hormonal y las vierte al tubo digestivo o al exterior del organismo. ~ **mamaria** Anat y Fisiol La característica de los mamíferos y cuya función es secretar la leche para la alimentación de las crías. ~ **pineal** Anat y Fisiol La situada en la parte superior del cerebro y que sintetiza y segrega la **melatonina**. ~ **pituitaria** Anat y Fisiol HIPÓFISIS. ~ **salivar** Cada una de las que desembocan en la cavidad bucal y segregan la saliva. ~ **sebácea** Anat y Fisiol Cada una de las que se abren en los folículos pilosos y segregan grasa, restos celulares y queratina. ~ **sudorípara** Anat y Fisiol La que segrega el sudor y consiste en una aglomeración de túbulos con un conducto que se extiende a través de la dermis. ~ **suprarrenal** Anat y Fisiol Cada una de las situadas en contacto con el riñón y producen hormonas corticales y adrenalina.

glasear 1 *tr.* En pastelería y repostería, recubrir un postre con una capa de almíbar o de azúcar glas. 2 Dar brillo a la superficie de algo: *Glasear papel, tela.*

glauco, ca *adj.* y *m.* Verde claro.

glaucoma *m.* Med Aumento de la presión intraocular y atrofia de la retina y del nervio óptico.

gleba *f.* Hist Campo de labranza al que estaban sujetos los siervos.

glicemia *f.* Med GLUCEMIA.

glicérido *m.* Quím Éster formado por la combinación de la glicerina con ácidos grasos.

glicerina *f.* Quím Alcohol trivalente, espeso, que constituye el componente principal de los aceites y las grasas naturales. Se usa para preparar la nitroglicerina, en cosmética y farmacia.

glifo 1 *m.* Cada uno de los signos utilizados por los mayas para representar los días y los años. 2 Arq Ornamentación acanalada y vertical.

glifosato *m.* Herbicida químico que, según su grado de concentración, puede ser más o menos tóxico.

global 1 *adj.* Tomado en conjunto. 2 Referente al planeta o globo terráqueo. 3 Ecol **calentamiento** ~. 4 Inf **red** ~. 5 **sociedad** ~. 6 **sistema** de posicionamiento ~.

globalización 1 *f.* Acción y efecto de globalizar. 2 Econ Tendencia de los mercados y las empresas a alcanzar una dimensión mundial.

☐ Apunta a la integración de carácter mundial, producto de los avances tecnológicos, las comunicaciones y los transportes, bajo la lógica del capitalismo y el libre mercado. Adquiere relevancia desde finales del s. XX y se asocia con la homogeneización de la cultura y el consumo. Teóricos consideran que existe desde la Antigüedad con procesos como la expansión del cristianismo o del islam, o desde la imposición global de idiomas y prácticas culturales.

globalizar 1 *tr.* Integrar una serie de datos, hechos, referencias, etc. en un planteamiento global. 2 *tr.* e *intr.* Considerar o juzgar un problema en su conjunto.

globo 1 *m.* Esfera, cuerpo redondo. 2 Tierra, planeta. 3 Aeróstato que se llena de un gas ligero y está provisto de una barquilla para tripulantes. 4 Esfera de cristal que cubre una luz. 5 Juguete que consiste en una bolsa de látex llena de aire o gas ligero. || ~ **ocular** Anat El ojo separado de los tejidos que lo rodean. ~ **terráqueo** o ~**terrestre** Esfera cuya superficie representa la Tierra.

globular 1 *adj.* De figura de glóbulo. 2 Compuesto de glóbulos.

globulina *f.* Bioq Nombre genérico de un grupo de proteínas insolubles en agua y solubles en disoluciones salinas, como las del plasma sanguíneo.

glóbulo 1 *m.* Pequeño cuerpo esférico. 2 BIOL Cada una de las células de diverso tipo contenidas en la sangre. El ser humano tiene los glóbulos blancos o **leucocitos** y los glóbulos rojos o **eritrocitos**. 3 FARM Gragea de azúcar y goma que contiene una dosis pequeña de medicamento.

glomérulo 1 *m.* ANAT Conjunto denso de vasos, glándulas o nervios: *Glomérulo vascular, renal.* 2 BOT Inflorescencia consistente en un agrupamiento denso de flores sentadas.

gloria 1 *f.* Fama y honor extraordinarios. 2 Alabanza, elogio. 3 Gusto, placer vehemente. 4 Majestad, esplendor. 5 REL Cielo, lugar donde se goza de la presencia de Dios. 6 *m.* Oración cristiana que comienza con las palabras: Gloria al Padre.

gloriarse *prnl.* Preciarse de algo.

glorieta 1 *f.* Cenador de un jardín. 2 Plaza, generalmente circular, donde desembocan calles, vías, etc.

glorificación 1 *f.* Alabanza que se tributa a algo digno de honor. 2 Acción y efecto de glorificar o glorificarse.

glorificar 1 *tr.* Hacer glorioso algo o a alguien. 2 Reconocer y ensalzar al que es glorioso, en especial a Dios. 3 *prnl.* **GLORIARSE.**

glorioso, sa 1 *adj.* Digno de honor y alabanza. 2 Relativo a la gloria celestial. 3 *f.* Por antonomasia la Virgen María, la Gloriosa. • En la acepción 3 se escribe con may. inic.

glosa *f.* Explicación o comentario de un texto de difícil comprensión.

glosar *tr.* Hacer, poner o escribir glosas.

glosario *m.* Catálogo o vocabulario de palabras difíciles o desusadas con su explicación.

glotis *f.* ANAT Abertura anterior de la laringe.

glotón, na 1 *adj.* y *s.* Que come con exceso y ansia. 2 *m.* Mamífero mustélido del tamaño de un zorro grande, con extremidades cortas y robustas que terminan en garras largas y curvadas. Habita en el hemisferio norte, en áreas de bosque y tundra.

glucagón *m.* BIOQ Hormona producida por el páncreas que ayuda a mantener un nivel normal de azúcar en la sangre.

glucemia 1 *f.* FISIOL Presencia de glucosa en la sangre. 2 FISIOL Medida de la cantidad de glucosa presente en la sangre.

glúcido *m.* QUÍM **HIDRATO** de carbono.

glucógeno *m.* QUÍM Polisacárido que actúa como sustancia de reserva y que se transforma en glucosa cuando un organismo necesita utilizar esta última sustancia.

glucólisis (Tb. glucolisis) *f.* BIOQ Conjunto de reacciones químicas que ocurren en el interior de la célula para degradar los azúcares y obtener **ácido pirúvico** y ATP.

glucosa QUÍM *f.* Monosacárido de color blanco, cristalizable, de sabor muy dulce, que se encuentra en frutos maduros, en la miel y en el plasma sanguíneo. Tiene un papel decisivo en el metabolismo.

gluglú *m.* Voz onomatopéyica con que se representa el ruido de un líquido al sumirse o dejar escapar el aire.

gluten *m.* Sustancia albuminoidea, de gran poder nutritivo, de las semillas de las gramíneas.

glúteo, a 1 *adj.* y *s.* Relativo a las nalgas. 2 ANAT Dicho de cada uno de los tres músculos que forman la nalga.

glutinoso, sa *adj.* Pegajoso, y que sirve para pegar y trabar una cosa con otra.

gnomo *m.* Ser fantástico, duende de las montañas o de los bosques nórdicos, de figura minúscula.

gnomon *m.* Indicador, en forma de punzón, de las horas en los relojes de Sol.

gnosticismo *m.* FIL y REL Doctrina que postula que en los seres humanos están presentes elementos de la divinidad, que son los que permiten el conocimiento y el retorno al mundo espiritual.

gobelino 1 *m.* Tapicero de la fábrica de tejidos fundada por J. Gobelin, con el auspicio de Luis XIV. 2 Tapiz hecho por los gobelinos o a imitación suya.

gobernación 1 *f.* Acción y efecto de gobernar o gobernarse. 2 Ejercicio del gobierno. 3 División territorial y administrativa que depende del gobernador. 4 Oficina del gobernador y sus dependencias.

gobernador, ra 1 *adj.* y *s.* Que gobierna. 2 *m.* y *f.* Persona que desempeña el mando de una provincia, de una ciudad o de un territorio.

gobernante, ta *adj.* y *s.* Que gobierna o está en el gobierno.

gobernanza *f.* Conjunto de prácticas cuyo propósito es lograr la eficacia o la calidad de un gobierno en ejercicio.

gobernar 1 *tr.* e *intr.* Mandar con autoridad o regir algo: *Gobernar un colegio.* 2 Dirigir políticamente un país o una región administrativa. 3 *tr.* y *prnl.* Guiar y dirigir: *Gobernar un barco.*

gobierno 1 *m.* Acción y efecto de gobernar. 2 Manera de gobernar. 3 Poder ejecutivo de un Estado o de una comunidad política. • Con este significado se escribe con may. inic. 4 Tiempo que dura el mandato de un gobernante. || ~ **monárquico** **MONARQUÍA.** ~ **parlamentario** POLÍT En el que los ministros necesitan la confianza de las Cámaras. ~ **presidencialista** POLÍT En el que el poder legislativo no puede interferir el ejecutivo. ~ **republicano** POLÍT **REPÚBLICA.**

gobio *m.* Pez teleósteo dulceacuícola con las aletas abdominales bajo las torácicas y vientre plateado. Vive en Europa y Asia, y es comestible.

goce *m.* Acción y efecto de gozar o disfrutar.

godo 1 *adj.* y *s.* HIST De un pueblo germano procedente de Escandinavia que, en la medida en que el Imperio romano se desintegraba, se extendió por el resto de Europa y Asia Menor. En el s. IV se escindió en **ostrogodo** y **visigodo**. 2 *adj.* Perteneciente o relativo a los godos.

gol *m.* DEP Entrar el balón en la portería y valer un tanto.

gola 1 *f.* Adorno del cuello, almidonado, de tela plisada o de encajes. 2 Moldura de perfil en S.

goleta *f.* Velero de dos o tres palos.

golf *m.* DEP Deporte que consiste en introducir una pelota pequeña, lanzándola con diferentes palos, en una serie de hoyos abiertos en un terreno extenso.

golfo[1] *m.* GEO Gran porción de mar que se adentra en el continente entre dos cabos.

golfo[2]**, fa** *adj.* y *m.* y *f.* Pillo, vagabundo.

goliardo *m.* Clérigo o estudiante de la Edad Media, de vida irregular; eran características sus poesías picarescas y burlonas.

golondrina *f.* Pájaro de alas puntiagudas y largas, cola ahorquillada, patas cortas, pico corto y boca grande. Se alimenta de insectos que captura en vuelo.

golosa *f.* RAYUELA.

golosina *f.* Dulce, de poco alimento, que se come por placer.

goloso, sa *adj.* y *s.* Aficionado a comer golosinas.

golpe 1 *m.* Encuentro repentino y violento de un cuerpo contra otro. 2 Efecto de este encuentro. 3 Desgracia repentina. 4 Asalto, atraco. 5 Irrupción de algo en gran cantidad: *Golpe de agua.* || ~ **bajo** 1 DEP El que un boxeador da a otro por debajo de la cintura. 2 Acción malintencionada. ~ **de Estado** POLÍT Sustitución anticonstitucional de un gobierno, generalmente por fuerzas militares.

golpear *tr.* e *intr.* Dar un golpe o golpes repetidos.

golpismo *m.* POLÍT Actitud favorable al golpe de Estado.

golpiza *f.* PALIZA.

goma 1 *f.* Cualquier adhesivo líquido. 2 CAUCHO, sustancia natural o sintética. 3 LLANTA, pieza anular de caucho. 4 Tira o banda elástica. || ~ **arábiga** La que segregan ciertas acacias; es amarillenta, de fractura vítrea casi transparente. ~ **de borrar** La elástica preparada para borrar en el papel el lápiz o la tinta. ~ **laca** Laca de origen vegetal.

gomaespuma *f.* Producto industrial, de látex o sintético, blando y esponjoso, que se emplea principalmente en la fabricación de colchones y en tapicería.

gomero *m.* Cualquier árbol que produce goma o caucho.

gomina *f.* Fijador del cabello.

gomorresina *f.* Jugo lechoso que fluye, naturalmente o por incisión, de varias plantas, y se solidifica al aire.

gónada *f.* BIOL Glándula sexual masculina (testículo) o femenina (ovario).

góndola 1 *f.* Embarcación propia de Venecia, sin palos ni cubierta, con las puntas de popa y proa muy estilizadas. 2 Expositor de mercancías que se venden en un mercado.

gong *m.* Disco de bronce suspendido de un marco que, al golpearlo con una maza, vibra.

gonococo *m.* MED Microorganismo bacteriano causante de la blenorragia.

gonorrea *f.* MED Infección bacteriana transmitida por contacto sexual que afecta a las mucosas del tracto urogenital y produce un exudado purulento.

gordo, da 1 *adj.* Muy abultado y corpulento. 2 Que excede del volumen o grosor normal. 3 *m.* Manteca de la carne comestible.

gordura *f.* Grasa excesiva que se acumula en el cuerpo.

gorgojo *m.* Insecto coleóptero con piezas bucales mordedoras que vive en diversas semillas de cereales y legumbres, causando grandes destrozos.

gorgoteo *m.* Ruido que produce un líquido o gas al moverse en el interior de una cavidad.

gorguera *f.* GOLA, adorno del cuello.

gorila *m.* Mono antropomorfo que puede alcanzar 2 m de alto, de pelaje denso, brazos musculosos, cara desprovista de pelo y nariz con amplias ventanas nasales y el arco superciliar prominente. Vive en África ecuatorial.

gorjear *intr.* Hacer quiebros con la voz en la garganta, especialmente los pájaros.

gorra *f.* Prenda para cubrir la cabeza, sin alas y con visera.

gorrión *m.* Pájaro de cuerpo redondeado, pico corto y fuerte y plumaje de tonos oscuros. Se alimenta de insectos y granos.

gorro *m.* Prenda redonda para abrigar la cabeza. || ~ **frigio** El similar al del liberto de la Roma antigua, tomado como emblema por los revolucionarios franceses de 1793 y por muchos otros movimientos republicanos e independentistas.

góspel *m.* Expresión musical de carácter religioso propia de las comunidades afroamericanas.

gota 1 *f.* Partícula muy pequeña de líquido que adopta en su caída una forma esferoidal. 2 Mínima cantidad de algo. 3 Enfermedad de ciertas plantas, como la papa, causada por un hongo. 4 MED Inflamación grave y dolorosa de las articulaciones causada por exceso de ácido úrico.

gotear 1 *intr.* Caer un líquido gota a gota. 2 Comenzar a llover gotas intermitentes. 3 Dar o recibir de modo lento y espaciado.

gotera 1 *f.* Caída de agua en el interior de un edificio. 2 Grieta o lugar por donde cae y señal que deja.

gotero *m.* CUENTAGOTAS.

gótico, ca *adj.* y *m.* ART Dicho del arte europeo desarrollado del s. XII al Renacimiento. Tuvo su expresión más relevante en las catedrales, caracterizadas por su verticalidad y la presencia de grandes ventanales con vidrieras. La escultura y la pintura, naturalista y realista, fueron de carácter religioso y se centraron en la representación de la Virgen, los santos y los motivos bíblicos.

goulash (Voz fr., var. de *goulasch*, y este del húngaro *gulyás*) *m.* Carne guisada.

gourmet (Voz fr.) *m.* y *f.* Especialista en gastronomía.

gozar 1 *tr.* e *intr.* Tener o poseer algo. 2 Seguido de *de*, disfrutar de lo que se expresa: *Gozar de buena salud.* 3 *tr.* y *prnl.* Recibir placer de algo. 4 *intr.* Sentir placer, experimentar gusto.

gozne *m.* Bisagra para puertas o ventanas.

gozo 1 *m.* Complacencia y alegría del ánimo al ver, poseer o esperar algo. 2 *pl.* Composición poética religiosa en coplas acabadas con un estribillo.

GPS *m.* TECNOL Sistema de tecnología satelital que permite ubicar la posición de una persona, objeto o lugar en cualquier parte de la Tierra. • Sigla de *Global Positioning System*.

grabado 1 *m.* Procedimiento para grabar. 2 ART Acción de grabar mediante incisiones u otras técnicas una figura en una plancha de metal, madera o piedra pulimentada. 3 ART Estampa producida de este modo. || ~ **al aguafuerte** ART El que emplea la acción del ácido nítrico sobre una lámina previamente cubierta con una capa de cera, sobre la que se hacen las incisiones que el ácido ha de morder. ~ **al aguatinta** ART El que se hace cubriendo la lámina con goma arábiga para obtener un determinado grano que queda grabado mediante la acción del ácido nítrico.

grabador, ra 1 *adj.* Que graba. 2 *m.* y *f.* Persona dedicada al arte del grabado. 3 *f.* Aparato para el registro y la reproducción de sonidos mediante una cinta magnética.

grabar 1 *tr.* Señalar con una incisión sobre una superficie de piedra, metal, madera etc., un dibujo, un letrero o una figura. 2 Registrar los sonidos o las imágenes por medio de un disco, una cinta magnética, etc., de modo que se puedan reproducir. 3 *tr.* y *prnl.* Fijar profundamente en el ánimo un concepto, un sentimiento o un recuerdo.

gracejo *m.* Gracia, chiste.

gracia 1 *f.* Don natural que tienen algunas personas y que las hace agradables. 2 Atractivo especial de la fisonomía de algunas personas, sin ser perfectos sus rasgos. 3 Beneficio, favor gratuito. 4 Perdón o indulto que la autoridad competente concede a un condenado. 5 Donaire en la ejecución de algo. 6 Facultad de divertir, hacer reír o sorprender. 7 REL En el cristianismo, don gratuito de Dios, para ayud ar al hombre a alcanzar la salvación eterna. 8 *pl.* Expresión que indica agradecimiento. || ~ **sacramental** REL Aquella que es propia y especial de cada sacramento.

grácil *adj.* Sutil, fino o menudo.

gracioso, sa 1 *adj.* Dicho de la persona o cosa cuyo aspecto deleita a los que la miran. 2 Ocurrente, chistoso. 3 Que se da como gracia o favor.

grada 1 *f.* PELDAÑO. 2 Cada uno de los asientos escalonados en los teatros, estadios o lugares públicos.

gradación *f.* Serie de cosas ordenadas o realizadas gradualmente.

gradería *f.* Conjunto o serie de gradas.

gradiente 1 *m.* FÍS Razón entre la variación de una magnitud física (temperatura, presión, etc.) en dos puntos próximos y la distancia que los separa. 2 *f.* Pendiente, declive.

gradilla 1 *f.* Marco para fabricar ladrillos. 2 Soporte para tubos de ensayo en los laboratorios.

grado[1] 1 *m.* Cada uno de los diversos estados, valores o calidades de algo, que pueden ordenarse de menor a mayor o viceversa. 2 Valor o medida de algo que puede variar de intensidad: *En mayor o menor grado.* 3 Categoría o puesto jerárquico dentro de una institución. 4 Cada una de las generaciones que marcan el parentesco. 5 Acto académico en el que se otorga un título. 6 Cada una de las secciones en que se agrupan los alumnos, según su edad y conocimientos. 7 FÍS Unidad de medida de ciertos valores, como la temperatura, la presión o la densidad. 8 GEOM Unidad de medida de los arcos de los ángulos y de cada una de las 360 partes iguales en que se divide una circunferencia. 9 GRAM Cada uno de los modos de significar la intensidad relativa de los adjetivos calificativos y de algunos adverbios, son: positivo, comparativo y superlativo. 10 MAT En una ecuación o en un polinomio reducidos a forma racional y entera, el del término en que la variable tiene exponente mayor. || ~ **Celsius** FÍS Unidad de temperatura, su símbolo es °C. Equivale a la centésima parte de la diferencia entre los puntos de fusión del hielo (0 °C) y de ebullición del agua (100 °C), a la presión normal. ~ **centesimal** o **gradián** GEOM Unidad de medida de ángulos cuyo valor corresponde a la abertura de un ángulo central subtendido por un arco cuya longitud es igual a 1/400 de la circunferencia. ~ **centígrado** FÍS GRADO Celsius. ~ **de temperatura** FÍS Cualquiera de las unidades adoptadas convencionalmente para medir la temperatura. ~ **Fahrenheit** FÍS Unidad de temperatura, su símbolo es °F. Asigna el valor 32 al punto de fusión del hielo y el valor 212 al de ebullición del agua, por lo que: 0 °C = 32 °F; 100 °C = 212 °F. ~ **Kelvin** FÍS Unidad de temperatura absoluta (símbolo: K), proporcional al grado Celsius, pero en la que el 0 está fijado en –273 °C; para pasar de grados Celsius a Kelvin, basta sumar esa cantidad.

grado[2] *m.* Voluntad, gusto: *De buen grado; de mal grado.*

graduación 1 *f.* Acción y efecto de graduar. 2 Proporción de alcohol que contienen las bebidas alcohólicas. 3 Categoría de un militar en su carrera.

graduado, da *m.* y *f.* Persona que ha cursado con éxito los estudios correspondientes a una etapa de la educación escolar o universitaria.

gradual *adj.* Que está por grados, o va de grado en grado.

graduar 1 *tr.* Dar a algo el grado o calidad que le corresponde. 2 Reconocer y medir el grado o la calidad de algo. 3 Señalar los grados en que se divide algo. 4 Conceder un grado militar. 5 *tr.* y *prnl.* Dar un grado o un título en una facultad, según los estudios realizados.

grafía *f.* Modo de representar los sonidos mediante letras o signos gráficos.

gráfico, ca 1 *adj.* Relativo a la escritura y a la imprenta. 2 Dicho del modo de hablar muy detallado. 3 ART **artes ~s**; **diseño ~**. 4 ORT **acento ~**. 5 *adj.* y *s.* Dicho de lo que se representa por medio de figuras o signos. 6 *m.* y *f.* Representación de datos numéricos por medio de una o varias líneas que hacen visible la relación que esos datos guardan entre sí.

grafitero, ra *m.* y *f.* Persona que crea y pinta grafitis.

grafiti *m.* Inscripciones o dibujos anónimos realizados sobre paredes, puertas, etc.

grafito *m.* GEO Mineral de carbono de brillo metálico, buen conductor del calor y la electricidad. Se usa para hacer lápices, lubricantes, crisoles, etc.

grafología *f.* Estudio de la letra de una persona para intentar averiguar su carácter.

gragea *f.* FARM Porción de materia medicamentosa recubierta de una sustancia agradable.

grajo, ja *m.* y *f.* Pájaro parecido al cuervo, de cuerpo negruzco, pico y pies rojos, y uñas grandes y negras.

grama 1 *f.* Planta gramínea, perenne y rastrera, de hojas lanceoladas y flores en espiga con abundantes rizomas. 2 CÉSPED.

gramaje 1 *m.* Peso en gramos. 2 El del papel por metro cuadrado.

gramática 1 *f.* GRAM Ciencia que estudia la lengua y marca sus normas morfológicas y sintácticas. 2 GRAM Texto en que se exponen dichas normas, y que es materia de estudio.

☐ La gramática señala cuál es el funcionamiento de las diversas partes de la oración, dictamina qué palabras son compatibles entre sí y qué oraciones están bien formadas, de manera que cualquier hablante a través de dichas normas perciba si emplea bien o mal su propia lengua.

gramilla 1 *f.* Gramínea de hojas anchas que se utiliza para césped. 2 En algunos campos deportivos, espacio destinado al entrenamiento de los jugadores.

gramínea *adj.* y *f.* BOT Dicho de las plantas monocotiledóneas de tallos cilíndricos, huecos y nudosos, hojas que nacen de los nudos, flores en espigas o panojas y grano seco. Conforman una familia que incluye los pastos, los cereales, la caña de azúcar y el bambú, entre otras plantas.

gramo 1 *m.* FÍS Unidad de masa que equivale a la milésima parte del kg. Símbolo: g. 2 FÍS **átomo** ~. 3 QUÍM **molécula** ~.

gramófono *m.* Aparato que reproduce las vibraciones sonoras registradas en un disco.

gran *adj.* GRANDE, solo se usa antepuesto al sustantivo singular: *Gran sermón.*

grana 1 *f.* Excrecencia que el quermés produce en las plantas que parasita y que, exprimida, produce el color rojo. 2 Color rojo, y tela de este color.

granada 1 *f.* Fruto del granado, de forma esférica, corteza amarillenta rojiza y el interior con muchas semillas rojas y carnosas. 2 Proyectil hueco que contiene un explosivo con un detonador, que se arroja con la mano o se dispara.

granadilla 1 *f.* Planta de tallos trepadores, hojas partidas en varios lóbulos, flores grandes, con corola filamentosa y fruto amarillo de forma esférica. 2 Fruto de esta planta.

granadillo *m.* Árbol leguminoso de hasta 8 m de altura, flores blanquecinas y fruto en legumbre vellosa. Su madera es muy apreciada en ebanistería.

granado[1] *m.* Árbol de hojas opuestas, enteras y lustrosas, y flores rojas de pétalos algo doblados; su fruto es la granada.

granado[2]**, da** *adj.* Notable, ilustre.

granar *intr.* Formarse y crecer el grano de ciertos frutos.

granate 1 *adj.* y *m.* Color rojo oscuro. 2 *m.* Piedra fina cuyo color puede ser rojo, negro, verde, amarillo, violáceo o anaranjado.

grancolombiano, na *adj.* HIST Relativo a la Gran Colombia, Estado constituido por Bolívar con los territorios que hoy conforman Colombia, Venezuela y Ecuador.

grande *adj.* Que excede en tamaño, importancia etc., a lo común y regular.

grandeza 1 *f.* Cualidad de grande. 2 Excelencia de espíritu.

grandilocuencia 1 *f.* Elocuencia abundante y elevada. 2 Estilo recargado.

grandioso, sa *adj.* Que causa admiración por su tamaño o importancia.

granel || **a** ~ 1 Sin orden, número ni medida. 2 En abundancia.

granero 1 *m.* Lugar donde se almacena el grano. 2 Territorio abundante en grano que provee a otras regiones.

granito *m.* GEO Roca eruptiva, compacta y dura, compuesta de feldespato, cuarzo y mica. Es la más abundante de la corteza terrestre.

granívoro, ra *adj.* ZOOL Dicho de los animales que se alimentan de granos.

granizada *f.* Precipitación abundante de granizo.

granizado, da *adj* y *m.* Dicho de una bebida refrescante, que se prepara con hielo machacado y café o zumo de fruta.

granizar *intr. impers.* Caer granizo.

granizo *m.* Agua congelada que desciende con violencia de las nubes, en granos más o menos duros y gruesos.

granja *f.* Casa de campo con huerto grande y ganado estabulado.

granjear 1 *tr.* Obtener, conseguir en general. 2 *tr.* y *prnl.* Captar, atraer.

grano 1 *m.* Porción o parte menuda de algo: *Grano de arena.* 2 Cada una de las partículas que se perciben en algunas superficies: *Una lija de grano fino.* 3 Semilla y fruto de los cereales y de otras plantas. 4 Pequeño bulto que se forma en la piel.

granola *f.* Mezcla de cereales y frutos secos.

granuja *m.* y *f.* Bribón, persona que engaña habitualmente.

granulación 1 *f.* Acción y efecto de granular. 2 BIOL GRÁNULO. 3 MED Pequeñas masas de materias patológicas que se forman en las superficies cutáneas o mucosas.

granular *adj.* Que se compone de pequeños granos.

gránulo 1 *m.* BIOL Pequeño cuerpo que se halla en algunas células o tejidos. 2 FARM GLÓBULO.

granulocito *m.* BIOL Leucocito que presenta un núcleo lobulado.

granulometría 1 *f.* Tamaño de las piedras, los granos, la arena, etc., que constituyen un árido o un polvo. 2 GEO Medida del tamaño de las partículas, los granos y las rocas de los suelos.

grapa *f.* Pieza de metal cuyos dos extremos doblados se clavan para unir o sujetar maderas, papeles u otras cosas.

grapadora *f.* Utensilio para grapar.

grapar *tr.* Sujetar con una o varias grapas.

graso, sa 1 *adj.* Que tiene grasa o la naturaleza de la grasa. 2 **GRASOSO.** 3 QUÍM **ácido ~**. 4 *f.* Lubricante grasoso. 5 BIOQ Nombre genérico de las sustancias orgánicas formadas por ácidos grasos y glicerina. Actúan como reserva de energía y se encuentran en los tejidos de plantas y animales.

grasoso, sa *adj.* Que está impregnado de grasa.

gratificación *f.* Recompensa por un servicio eventual.

gratificar 1 *tr.* Recompensar con una gratificación. 2 Dar gusto, complacer.

gratinar *tr.* Dorar un alimento cubierto con una capa de queso rallado.

gratis *adj.* Sin pagar nada a cambio.

gratitud *f.* Agradecimiento en correspondencia ante un beneficio o favor recibido.

grato, ta *adj.* Gustoso, agradable.

gratuito, ta 1 *adj.* Que no cuesta dinero. 2 Sin fundamento.

grava 1 *f.* Conjunto de guijarros. 2 Piedra machacada que se emplea para allanar y cubrir el piso de las carreteras y como componente del hormigón.

gravamen *m.* Carga, obligación, tributo.

gravar *tr.* Imponer una carga tributaria.

grave 1 *adj.* Dicho de lo que pesa. 2 De mucha importancia. 3 Que está enfermo de cuidado. 4 Serio, que causa respeto. 5 Peligroso, difícil. 6 Dicho del sonido bajo, por oposición al agudo. 7 FON y ORT Dicho de las palabras que llevan el acento prosódico en la penúltima sílaba: *Azúcar; cromo; dulce.* • Se les marca **tilde** cuando no terminan en *n, s* o vocal: *Álbum; lápiz.* Si terminan en *s* precedida de otra consonante, también llevan tilde: *Bíceps.*

gravedad 1 *f.* Cualidad y estado de grave. 2 FÍS Resultante de la fuerza de la gravitación y de la fuerza centrífuga causada por el movimiento de rotación de un cuerpo dado. 3 FÍS Fuerza con que se atraen los cuerpos mutuamente en razón de su masa. 4 FÍS **centro** de ~.

□ FÍS La gravedad en la Tierra constituye un fenómeno según el cual los cuerpos experimentan una fuerza que los atrae hacia el centro del planeta, y que determina su trayectoria y su aceleración en caída libre. El valor de la aceleración debida a la fuerza de la gravedad terrestre es de 9,8068 m/s^2. Símbolo: g.

gravidez *f.* Embarazo de la mujer.

gravitación 1 *f.* Acción y efecto de gravitar. 2 FÍS Propiedad de atracción mutua que poseen todos los objetos compuestos de materia y cuya intensidad varía proporcionalmente al producto de sus masas y en proporción inversa al cuadrado de la distancia entre ellas.

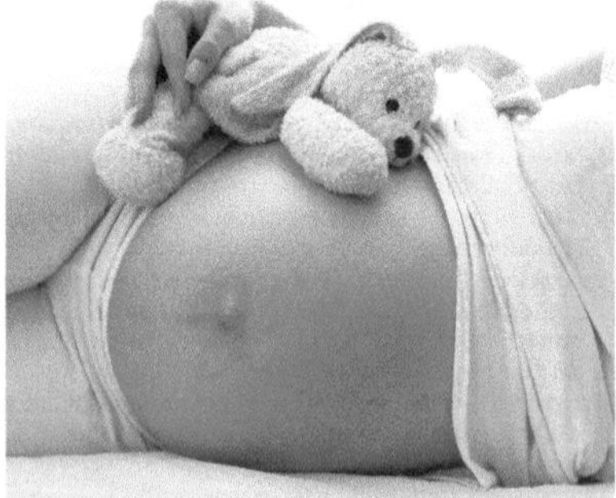

gravitacional 1 *adj.* Relativo a la gravitación. 2 GEO Dicho del desplazamiento que experimentan las rocas o formaciones superficiales a causa de la gravedad.

gravitar 1 *intr.* FÍS Moverse un cuerpo por la acción de la gravitación. 2 Influir sobre alguien o sobre algo.

gravitatorio, ria *adj.* Relativo a la gravitación.

gravoso, sa 1 *adj.* Molesto, pesado. 2 Que ocasiona gasto o menoscabo.

graznar *intr.* Dar graznidos algunas aves.

graznido *m.* Sonido que emiten algunas aves, como el cuervo y el ganso.

greca 1 *f.* Aparato para preparar la infusión del café. 2 Franja más o menos ancha en que se repite una combinación de elementos decorativos.

grecolatino, na *adj.* Relativo a griegos y latinos.

grecorromano, na *adj.* Relativo a griegos y romanos, o a lo griego y lo romano.

greda *f.* GEO Arcilla arenosa usada en cerámica y como desgrasante.

gregario, ria 1 *adj.* Dicho de los animales que viven en rebaños o manadas. 2 Dicho de una persona que forma parte de un grupo sin distinguirse de los demás.

gregoriano 1 *adj.* **calendario ~**. 2 MÚS **canto ~**.

greguería *f.* LIT Imagen literaria sorprendente y a veces humorística, de algún aspecto de la realidad.

gremial *adj.* Relativo a los gremios.

gremio 1 *m.* Conjunto de personas que tienen una misma profesión o estado social. 2 **SINDICATO.**

greña *f.* Mechón de pelo enredado o revuelto.

gres *m.* Cerámica resistente, mezcla de arcilla fina y arena, que cocida a temperatura muy elevada se vitrifica.

gresca 1 *f.* Bulla, alboroto. 2 Riña, disputa.

grey 1 *f.* Rebaño de ganado menor. 2 Conjunto de fieles de una religión.

grial *m.* Vaso sagrado identificado por la literatura de la Edad Media con el cáliz de la Santa Cena.

griego, ga 1 *adj.* y *s.* De Grecia. 2 *adj.* Perteneciente o relativo a los griegos. 3 *m.* LING Lengua indoeuropea con numerosos dialectos. En el s. IV, uno de estos, el ático, se convirtió en lengua común, y más tarde originó el griego moderno.

□ HIST El surgimiento de la cultura griega tiene su origen directo en las olas migratorias de los pueblos dorios, que hacia 1200 a.C. se asentaron en la región del Egeo. Tras un lento proceso establecieron la democracia en distintas ciudades-Estado (Atenas, Corinto, etc.) en los ss. VII y VI a.C. La expansión del Imperio persa impulsó la confederación de los Estados griegos para enfrentar al enemigo común. Rechazada la amenaza (479 a.C.), la hegemonía fue asumida por Esparta, tras derrotar a Atenas en la guerra del Peloponeso (431-404 a.C). Posteriormente Esparta declinó ante Tebas. Hacia el 340 a.C. Grecia fue unificada por la monarquía macedónica, bajo la dirección de Filipo II y su hijo Alejandro Magno. Este extendió los dominios griegos hasta India y Egipto, pero a su muerte (323 a.C.) el Imperio se disgregó entre sus generales. Macedonia y Atenas cayeron bajo el dominio de Roma en el s. II a.C.

grieta *f.* Abertura longitudinal que se hace espontáneamente en la tierra o en cualquier cuerpo sólido.

grifería *f.* Conjunto de grifos y llaves que sirven para regular el paso del agua.

grifo 1 *m.* Llave que regula el paso de un líquido. 2 Mit Animal fabuloso con cuerpo de león y cabeza y alas de águila.

grifón *adj.* y *m.* Dicho del perro de pelo áspero.

grillete *m.* Pieza de hierro semicircular con los extremos unidos por un perno, para fijar una cadena.

grillo, lla *m.* y *f.* Insecto de boca masticadora y patas posteriores adecuadas al salto. El macho produce un sonido monótono y agudo, al frotar con fuerza los élitros.

grima *f.* Desazón, malestar.

gringo, ga 1 *adj.* y *s.* Extranjero. 2 Más específicamente, estadounidense. 3 *m.* y *f.* Persona rubia y de tez blanca.

gripa (Tb. gripe) *f.* Med Infección viral que se presenta con fiebre, síntomas catarrales y malestar general. Es contagiosa, epidémica y endémica.

gris 1 *adj.* y *s.* Dicho del color que resulta de la mezcla de blanco y negro. 2 *adj.* Borroso, sin perfiles definidos. 3 Anat y Fisiol **sustancia** ~.

grisalla *f.* Art Técnica pictórica que emplea solo tonos grises o neutros.

grisú *m.* Metano desprendido de las minas de hulla que al mezclarse con el aire se hace inflamable y produce violentas explosiones.

gritar 1 *intr.* y *tr.* Levantar la voz más de lo acostumbrado. 2 *intr.* Dar un grito o varios.

gritería *f.* Confusión de voces altas y desentonadas.

grito 1 *m.* Sonido fuerte y alto emitido repentinamente. 2 Expresión proferida de este modo.

grosella *f.* Fruto del grosellero, baya pequeña jugosa y de sabor agridulce.

grosellero *m.* Planta arbustiva de tronco ramoso, con flores en racimos y cuyo fruto es la grosella.

grosería 1 *f.* Descortesía, falta de respeto. 2 Expresión soez con que se ofende.

grosor *m.* Grueso de un cuerpo.

grosso modo (Loc. lat.) Aproximadamente, más o menos.

grotesco, ca 1 *adj.* Ridículo y extravagante. 2 De mal gusto.

grúa 1 *f.* Máquina para levantar y llevar pesos de un sitio a otro, provista de un eje vertical giratorio, poleas y cables. 2 Vehículo provisto de esta máquina, para remolcar automóviles. 3 Aparato que sirve para desplazar por el aire la cámara cinematográfica.

grueso, sa 1 *adj.* Corpulento, abultado. 2 Que excede de lo regular: *Trazo grueso.* 3 *m.* Corpulencia o volumen de una cosa. 4 Parte principal o mayor de un todo: *El grueso de las inversiones se perdió.*

grulla *f.* Ave de cuello y patas largos, pico prolongado, plumaje gris y cabeza cubierta en parte con algunos pelos pardos y rojos.

grumete *m.* Joven que aprende el oficio de marinero ayudando a la tripulación.

grumo *m.* Parte más espesa, casi sólida, de un líquido, como la que se forma cuando una sustancia en polvo no se deslíe bien en el líquido.

gruñido 1 *m.* Sonido propio del cerdo. 2 Voz ronca del perro u otros animales cuando amenazan. 3 Sonido semejante que emite una persona en señal de malhumor o desagrado.

gruñir 1 *intr.* Dar gruñidos. 2 Mostrar disgusto, murmurando entre dientes.

grupa *f.* Ancas de una caballería.

grupal *adj.* Perteneciente o relativo al grupo.

grupo 1 *m.* Pluralidad de seres o cosas que forman un conjunto. 2 Entidad reconocida por sus propios miembros y por los demás, basada en el tipo específico de conducta colectiva que representa. 3 Gram SINTAGMA. 4 Mat Conjunto de elementos entre los que existe una operación tal que el resultado de efectuar dicha operación con dos elementos cualesquiera del grupo es siempre otro elemento del grupo. La operación es asociativa, tiene un elemento neutro y un elemento simétrico. 5 Quím Conjunto de elementos químicos de propiedades semejantes, que en el sistema periódico quedan dispuestos en la misma columna. || ~ **funcional** Quím Átomo o conjunto de átomos que confieren a una molécula orgánica propiedades químicas características. ~ **sanguíneo** Fisiol y Med Cada uno de los conjuntos de factores que caracterizan los diferentes grupos de aglutinación sanguínea, y que deben tenerse en cuenta antes de proceder a las transfusiones de sangre. Se nombran *A, B, AB* y *O.*

grupúsculo *m.* Grupo poco numeroso de personas que intervienen activamente en un asunto.

gruta 1 *f.* Cavidad natural abierta en una roca. 2 Estancia subterránea artificial semejante.

grutesco, ca 1 *adj.* Relativo a la gruta artificial. 2 *adj.* y *m.* Art Dicho del adorno caprichoso de bichos, follajes, etc.

gruyer *m.* Queso maduro de leche de vaca con agujeros en su superficie.

guabina 1 *f.* Pez dulceacuícola de cuerpo mucilaginoso y cilíndrico; de carne suave y gustosa. 2 Folcl Aire musical popular de la región andina colombiana.

guaca 1 *f.* Tesoro enterrado. 2 Sepultura indígena prehispánica. 3 Vasija de barro, donde están depositados los objetos artísticos y las joyas, en dichas sepulturas.

guacal *m.* Cesta de varillas de madera para fruta o loza.

guacamayo *m.* Nombre de varias aves psitaciformes de gran tamaño, con plumaje de vistosos colores y cola muy larga. Viven en las selvas tropicales de América.

guacamol *m.* Ensalada que se prepara con aguacate molido o picado, al que se agrega cebolla, tomate y chile verde.

guacharaca 1 *f.* Ave vocinglera de las galliformes. 2 Mús Instrumento de fricción fabricado con una caña hueca de superficie rugosa.

guácharo *m.* Pájaro nocturno de color castaño rojizo y pico fuerte, largo y ganchudo.

guache 1 *m.* Persona vulgar, patán. 2 COATÍ.

guachimán *m.* Vigilante, guardián.

A B C D E F G H I J K L M N Ñ O P Q R S T U V W X Y Z

guácimo *m.* Árbol de hasta 8 m de altura con tronco muy grueso ramoso, hojas alternas, flores en racimo y fruto ovoide, dulce, que sirve de alimento.

guaco *m.* Objeto de cerámica que se encuentra en las guacas.

guadamecí *m.* Cuero curtido y adornado con dibujos de pintura o relieve.

guadaña *f.* Instrumento para segar formado por una cuchilla puntiaguda enastada en un mango largo en ángulo con la hoja.

guadañador, ra 1 *adj.* Que guadaña. 2 *f.* Máquina de motor dotada de aspas o un hilo especial, que sirve para guadañar.

guadañar *tr.* Segar con la guadaña o con la guadañadora.

guadua *f.* Caña gramínea que alcanza 20 m de altura, muy gruesa, con un ligero follaje verde claro. Se utiliza en construcción, artesanías y producción de pulpa de papel.

guagua[1] *m.* y *f.* Niño de pecho.

guagua[2] 1 *f.* Cosa sin importancia. 2 Autobús de servicio público.

guahibo 1 *adj.* y *s.* De un pueblo indígena asentado en los departamentos de Meta y Vichada (Colombia) y en los Estados de Apure y Amazonas (Venezuela). Se llama a sí mismo *híwi.* 2 *adj.* Perteneciente o relativo a los guahibos.

guajiro, ra 1 *adj.* y *s.* De La Guajira. 2 WAYÚU. 3 *adj.* Perteneciente o relativo a los guajiros. 4 *f.* FOLCL Canto popular cubano, inspirado en los temas del campo.

guajolote *m.* PAVO, ave.

gualanday *m.* Árbol andino tropical, de hasta 15 m de altura, con hojas compuestas y alternas y con flores agrupadas de color purpúreo.

gualdrapa *f.* Cobertura que adorna las ancas de caballos y mulas.

guama 1 *f.* Fruto del guamo, en forma de legumbre larga con una sustancia blanca, comestible y dulce. 2 Contratiempo, calamidad menor.

guambiano 1 *adj.* y *s.* De un pueblo indígena asentado en territorio del departamento del Cauca, en Colombia. 2 *adj.* Perteneciente o relativo a los guambianos.

guamo *m.* Árbol de tronco delgado y liso, hojuelas elípticas y flores en espigas axilares. Su fruto es la guama.

guanábana *f.* Fruto del guanábano. De corteza verdosa, con púas débiles, pulpa blanca, de sabor dulce, y semillas negras.

guanábano *m.* Árbol pequeño, con tronco de corteza lisa, hojas lustrosas y flores grandes. Su fruto es la guanábana.

guanaco *m.* Mamífero artiodáctilo camélido, con abundante pelo largo y sedoso. Tiene el cuello y las patas largas. Vive en los Andes.

guanina *f.* BIOL Base nitrogenada fundamental, que forma parte del ADN y el ARN. Símbolo: G.

guano *m.* Materia resultante de los excrementos de aves marinas, acumulada en gran cantidad. Se utiliza como abono.

guante *m.* Prenda que cubre la mano, adaptándose a los dedos.

guantelete *m.* Pieza de la armadura que protege la mano.

guantera *f.* Caja de los automóviles en la que se guardan guantes y otros objetos.

guapear *intr.* Ostentar valentía.

guapo, pa 1 *adj.* Bien parecido. 2 Lucido en el modo de vestir y presentarse. 3 *adj.* y *s.* Valeroso, templado.

guaquear *tr.* Registrar las guacas en busca de objetos de valor.

guaracha *f.* FOLCL Baile antillano similar al zapateado.

guarango *m.* DIVIDIVI.

guaraní 1 *adj.* y *s.* De un pueblo amerindio que en la actualidad vive, en núcleos aislados, en Brasil, Paraguay, Uruguay y Argentina. 2 *adj.* Perteneciente o relativo a los guaraníes. 3 *m.* LING Lengua de este pueblo que, junto con el español, es el idioma oficial de Paraguay.

guarapo 1 *m.* Jugo de la caña de azúcar. 2 Bebida fermentada hecha con este jugo. 3 Jugo de fruta, especialmente piña, fermentado.

guarda 1 *m.* y *f.* Persona encargada de vigilar y conservar algo. 2 *f.* Acción de guardar, defender. 3 Hoja de papel blanco del principio y fin de los libros. 4 Rodete de la cerradura que solo deja pasar la llave correspondiente.

guardabarrera *m.* y *f.* Persona que en los ferrocarriles custodia un paso a nivel y se encarga de cerrar o abrir las barreras.

guardabarros *m.* Cada una de las chapas que van sobre las ruedas de los automóviles y sirven para evitar las salpicaduras.

guardabosques (Tb. guardabosque) *m.* Persona encargada de vigilar los bosques para evitar incendios, impedir la caza furtiva, los daños a la naturaleza, etc.

guardacostas 1 *m.* Embarcación destinada a la persecución del contrabando o a la defensa del litoral. 2 *m.* y *f.* Persona encargada de vigilar una zona de un litoral para impedir la pesca ilegal, evitar la inmigración ilegal, coordinar tareas de rescate, etc.

guardaespaldas *m.* y *f.* Persona que acompaña asiduamente a otra con la misión de protegerla.

guardafangos (Tb. guardafango) *m.* GUARDABARROS.

guardagujas *m.* y *f.* En los ferrocarriles, persona encargada del manejo de las agujas, para que cada tren marche por la vía que le corresponde.

guardameta (Tb. guardapalos) *m.* y *f.* DEP PORTERO.

guardapolvo (Tb. guardapolvos) 1 *m.* Sobretodo de tela ligera para preservar el traje de polvo y manchas. 2 Pieza de caucho que guarece los ejes de los automóviles.

guardar 1 *tr.* Custodiar algo o a alguien. 2 Poner algo en lugar seguro o apropiado. 3 Cumplir: *Guardar la ley.* 4 Conservar o retener algo. 5 Mantener hacia alguien o algo cierto sentimiento o actitud: *Guardo un mal recuerdo de ella.* 6 Reservar algo para después:

Estoy guardando dinero para comprar el carro. 7 INF Registrar dentro de la memoria del sistema el objeto que se está trabajando en ese momento. 8 INF Registrar un conjunto de informaciones contenidas en la memoria del computador en un disco, un periférico, etc. 9 *prnl.* Ponerse alguien en un sitio seguro o cerrado. 10 Precaverse de un riesgo.

guardarropa 1 *m.* En lugares públicos, habitación donde las personas guardan sus abrigos y otros objetos personales. 2 Armario, ropero. 3 Conjunto de vestidos de una persona.

guardavalla *m.* DEP PORTERO.

guardería *f.* Establecimiento donde se atiende y cuida a niños de corta edad, durante el horario de trabajo de sus padres.

guardia 1 *f.* Acción de guardar o vigilar. 2 Conjunto de gente armada que custodia a alguien o algo. 3 Defensa, protección. 4 En algunas profesiones, servicio que se presta fuera del horario habitual: *Médico de guardia.* 5 Nombre que reciben ciertos cuerpos armados: *Guardia presidencial.* 6 *m.* y *f.* Miembro de una guardia.

guardián, na *m.* y *f.* Persona que guarda algo y cuida de ello.

guarecer 1 *tr.* Acoger, preservar de algún mal. 2 *prnl.* Resguardarse en alguna parte para librarse de un daño o peligro, o de las inclemencias del tiempo.

guargüero *m.* Parte superior de la tráquea.

guarida 1 *f.* Cueva o paraje abrigado donde se refugian los animales. 2 Refugio de gente, especialmente de delincuentes o maleantes.

guarismo 1 *m.* Cada uno de los signos o cifras arábigas que expresan una cantidad. 2 Cualquier expresión de cantidad compuesta de dos o más cifras.

guarnecer *tr.* Poner guarnición a algo.

guarnición 1 *f.* Adorno que se pone en vestidos, ropas, etc. 2 Engaste de oro, plata o metal en que se colocan las piedras preciosas. 3 Pieza que se pone en el puño de las armas blancas para proteger la mano. 4 Añadido, generalmente de verduras o legumbres, que acompaña un plato de carne o pescado. 5 Tropa militar que defiende una posición.

guarro, rra *m.* y *f.* CERDO.

guarumo *m.* YARUMO.

guasa *f.* Chanza, burla.

guasca 1 *f.* Pedazo de cuero o cuerda. 2 Planta compuesta herbácea, comestible. Se usa para aromatizar el ajiaco.

guasipongo *m.* HUASIPUNGO.

guaso, sa *adj.* Grosero, mal educado, rudo.

guata *f.* Lámina gruesa de algodón engomada por ambas caras, que sirve para acolchados o como material de relleno.

guayaba *f.* Fruto del guayabo; de forma aovada, color amarillo o blanco y semillas dispersas dentro de la pulpa. Puede consumirse directamente o en forma de dulce, jugo o licor.

guayabera *f.* Camisa con mangas cortas o largas, adornada con alforzas verticales y bordados y con bolsillos en la pechera y los faldones.

guayabo[1] *m.* Árbol de tronco liso, con hojas opuestas, flores blancas hermafroditas y fruto en drupa, que es la guayaba.

guayabo[2] 1 *m.* Muchacha joven y agraciada. 2 Tristeza, pesadumbre. 3 Malestar que se padece después de la embriaguez u otro exceso.

guayacán (Tb. guayaco) 1 *m.* Árbol de hasta 18 m de altura, con hojas persistentes, flores de color blanco azulado en hacecillos terminales y fruto capsular. 2 Madera de este árbol; se emplea en ebanistería y en construcción.

guayo *m.* DEP Calzado deportivo que se utiliza en el fútbol.

guayuco *m.* TAPARRABO.

guazubirá *m.* Ciervo de color canela oscuro, cuyo hábitat se extiende desde México hasta Argentina.

gubernamental 1 *adj.* Relativo al gobierno del Estado. 2 POLÍT **organización** no ~.

gubernativo, va *adj.* Perteneciente al gobierno.

gubia *f.* Formón de media caña para labrar superficies.

guedeja *f.* Cabellera abundante o mechón de cabello.

güelfo, fa *adj.* y *s.* HIST Miembro de una facción política italiana medieval, defensora del papado y de las libertades comunales, enfrentada a los **gibelinos**.

guepardo *m.* Félido africano de cabeza pequeña con una característica línea negra desde el ojo hasta la boca, patas muy largas sin uñas rectráctiles. Atrapa a sus presas mediante una persecución en la que puede alcanzar los 110 km/h.

güero, ra *adj.* HUERO.

guerra 1 *f.* Lucha armada entre dos o más países o entre bandos de un mismo país. 2 Cualquier tipo de lucha, combate u oposición, incluso en sentido moral. 3 **prisionero** de ~. 4 **consejo** de ~. || ~ **asimétrica** La que enfrenta a dos bandos con considerable diferencia en su poderío militar. ~ **civil** POLÍT La que hacen entre sí los habitantes de un mismo país. ~ **de guerrillas** Modalidad bélica que se basa en acciones dispersas orientadas a desarticular a un enemigo más poderoso. ~ **fría** POLÍT e HIST Situación surgida tras la Segunda Guerra Mundial entre Estados Unidos y la antigua Unión Soviética en la que las dos potencias, sin llegar nunca al empleo declarado de las armas, intentaron minar mutuamente el régimen y la fuerza adversaria, mediante propaganda, espionaje, escaladas armamentistas, etc. ~ **preventiva** POLÍT La que, contra las normas del derecho público, emprende una nación contra otra presuponiendo que esta se prepara a atacarla. ~ **santa** La que se hace por motivos religiosos. ~ **sucia** Conjunto de agresiones encubiertas que, al margen de la legalidad, buscan la eliminación de determinado grupo social o político.

guerrear 1 *intr.* y *tr.* Hacer la guerra. 2 Resistir, contradecir.

guerrero, ra 1 *adj.* Relativo a la guerra. 2 *adj.* y *s.* Que guerrea.

guerrilla 1 *f.* Partida de tropa ligera que hace las primeras escaramuzas o acosa al enemigo. 2 Facción política y militar subversiva. 3 **guerra** de ~s.

guerrillero, ra 1 *adj.* Relativo a la guerrilla. 2 *m.* y *f.* Miembro que sirve en una guerrilla.

gueto 1 *m.* Barrio en que vivían o eran obligados a vivir los judíos en algunas ciudades europeas. 2 Barrio en que viven personas de un mismo origen.

guía 1 *m.* y *f.* Persona que conduce y enseña a otra el camino. 2 Profesional que enseña a los turistas una ciudad o un museo, dándoles las explicaciones precisas. 3 *f.* Lo que dirige o sirve de orientación. 4 Libro o folleto con datos, explicaciones o normas de una determinada materia.

guiar 1 *tr.* Ir delante mostrando el camino. 2 Hacer que un objeto siga en su movimiento determinado rumbo. 3 Conducir un vehículo. 4 Dirigir a alguien en algún asunto. 5 *prnl.* Dejarse dirigir o llevar por otro, o por indicios, señales, etc.

guijarro *m.* Piedra pequeña y redondeada.

guillotina 1 *f.* Máquina para decapitar a los reos que consiste en una cuchilla guiada por dos montantes verticales. 2 Máquina para cortar papel.

guillotinar 1 *tr.* Decapitar a los reos con la guillotina. 2 Cortar algo de manera parecida a como lo hace la guillotina.

guinda *f.* Fruto del guindo, redondo y rojo. Se usa en confitería y en cócteles.

guindar 1 *tr.* y *prnl.* Subir algo que ha de colocarse en alto. 2 *prnl.* Descolgarse de una altura con una cuerda.

guindilla *f.* Pimiento pequeño y puntiagudo, muy picante.

guindo *m.* Árbol parecido al cerezo, pero de hojas más pequeñas y fruto, la guinda, más redondo y agridulce.

guiñapo 1 *m.* Andrajo, trapo roto, viejo o deslucido. 2 Persona consumida física o moralmente.

guiñar 1 *tr.* Abrir y cerrar un ojo, un instante, dejando el otro abierto. Se hace como insinuación o advertencia. 2 *prnl.* Hacerse guiños o señas con los ojos.

guiño 1 *m.* Acción de guiñar. 2 Acción o actitud con la que se pretende ganar la voluntad de alguien para la consecución de algo.

guiñol *m.* Representación teatral de títeres, movidos con los dedos de una persona oculta.

guion 1 *m.* Escrito esquemático que sirve de guía para una charla, conferencia, etc. 2 Texto en que se expone el argumento y los detalles necesarios para la realización de un filme, un programa de radio o uno de televisión. 3 ORT Signo ortográfico (-) que se usa para marcar la división de una palabra al final del renglón (*telé-/fono*; *des-/hidratar*), para indicar que dos palabras guardan una estrecha relación (*espacio-temporal*; *colombo-japonés*), para indicar el espacio comprendido entre dos números (*páginas 12-19*) y para unir palabras o siglas con cifras (*Barcelona-92*; *F-1*). || ~ **largo** ORT RAYA, signo ortográfico.

guionista *m.* y *f.* Persona que elabora el guion de un programa de radio o televisión o de un filme.

guirnalda 1 *f.* Corona tejida de flores, hierbas o ramas. 2 Tira tejida de flores y ramas.

guisa *f.* Modo, manera.

guisado *m.* Guiso de pedazos de carne o pescado, rehogados primero y cocidos luego con cebolla, papas y salsa.

guisante 1 *m.* ALVERJA. 2 Semilla comestible de esta planta.

guisar *tr.* Cocinar, someter los alimentos a la acción del fuego, en especial haciéndolos cocer lentamente, en salsa y con condimentos.

guiso *m.* Comida guisada.

guitarra *f.* MÚS Instrumento de cuerda compuesto de una caja de madera con un redondel en el centro de la tapa, un mástil con trastes, seis clavijas para templar otras tantas cuerdas, que se pulsan con los dedos de una mano mientras los de la otra las pisan donde conviene al tono. || ~ **eléctrica** MÚS Instrumento derivado del anterior, en que la vibración de las cuerdas se amplifica por medio de un equipo electrónico.

guitarrón *m.* MÚS Guitarra grande de sonido grave.

gula *f.* Exceso en la comida o bebida.

gulag *m.* HIST Sistema penitenciario de la antigua Unión Soviética.

gupi *m.* Pececillo dulceacuícola tropical muy apreciado como especie de acuario por la brillante coloración del macho, que mide aprox. 3 cm de largo.

gurbia *f.* GUBIA.

gurú 1 *m.* Dirigente espiritual de grupos religiosos de inspiración oriental. 2 *m.* y *adj.* Especialista reconocido en una materia, un arte o un saber.

gusano 1 *m.* ZOOL Denominación general que se da a las larvas vermiformes de muchos insectos y a las orugas de los lepidópteros. 2 LOMBRIZ. || ~ **de seda** Larva de un insecto lepidóptero que se alimenta de hojas de morera y hace un capullo de seda que se utiliza en la confección de telas. ~ **plano** ZOOL PLATELMINTO.

gustar 1 *tr.* Sentir y percibir en el paladar el sabor de las cosas. 2 Experimentar, probar. 3 *intr.* Agradar algo, parecer bien. 4 Desear, querer o sentir satisfacción al hacer algo.

gustativo, va 1 *adj.* Relativo al sentido del gusto. 2 ANAT **papilas ~s.**

gusto 1 *m.* Sabor que tienen las cosas. 2 Complacencia que se siente con algún motivo, o se recibe de cualquier cosa. 3 Voluntad, determinación o arbitrio. 4 Facultad de sentir o apreciar estéticamente algo. 5 ANAT y FISIOL Sentido con el que se perciben los sabores.

□ ANAT y FISIOL El ser humano percibe cuatro sabores básicos: dulce, salado, ácido y amargo. Las papilas sensibles a los sabores dulce y salado se concentran en la punta de la lengua, las sensibles al ácido en los lados y al amargo en la parte posterior. También intervienen en la percepción de los sabores los receptores olfativos de la nariz.

gutapercha *f.* Especie de látex obtenido, por incisión en el tronco, de algunos árboles.

gutural 1 *adj.* Relativo a la garganta. 2 FON Dicho del sonido que se articula tocando el dorso de la lengua con la parte posterior del velo del paladar.

h *f.* Octava letra del **alfabeto** español y sexta de sus consonantes. Su nombre es *hache,* y actualmente no representa ningún sonido. • pl.: *haches.* En algunas palabras derivadas del alemán y del inglés, así como en algunos nombres propios extranjeros, la *h* se pronuncia con un sonido cercano al de la *j,* como *Hámster; hachís; Hawai* y *hawaiano; Hegel* y *hegeliano,* etc.

haba *f.* Herbácea leguminosa de tallo erguido, de 1 m aprox., con hojas compuestas, flores blancas o rosáceas y fruto en vaina con semillas comestibles.

habanera *f.* FOLCL Danza, música y canción de ritmo pausado y originaria de La Habana.

habano 1 *m.* Cigarro puro elaborado en la isla de Cuba con hojas de tabaco de aquel país. 2 **BANANO,** fruto.

habeas corpus *m.* DER Derecho del detenido a ser llevado ante un juez en un plazo límite tras su arresto.

haber[1] 1 *m.* Conjunto de bienes y derechos de alguien. 2 En una cuenta, parte en que se anotan las partidas abonadas.

haber[2] 1 Verbo auxiliar que sirve para conjugar otros verbos en los tiempos compuestos: *Ellos habrán llegado.* 2 Seguido de la preposición *de* o de la conjunción *que,* y de un infinitivo, indica obligación o necesidad: *He de salir; hay que ver.* 3 *impers.* Ocurrir, sobrevenir, verificarse, efectuarse (siempre se usa en singular): *Hubo una hecatombe.* 4 Ser necesario o conveniente aquello que expresa el verbo o cláusula que sigue: *Habrá que estudiar.* 5 Estar en algún lugar o acontecimiento: *Hubo veinte personas en la reunión.* 6 Hallarse o existir algo: *Hay hombres crueles.* 7 Denota transcurso de tiempo: *Tres años ha que murió.*

habichuela 1 *f.* Herbácea leguminosa de hojas grandes acorazonadas, flores blancas axilares y fruto en vainas aplastadas con semillas en forma de riñón. 2 Fruto y semillas de esta planta comestible.

hábil *adj.* Capaz y dispuesto para cualquier ejercicio u oficio.

habilidad *f.* Cualidad de hábil.

habilitación 1 *f.* Acción y efecto de habilitar o habilitarse. 2 Examen de recuperación de una materia que el alumno no ha aprobado.

habilitar 1 *tr.* Hacer hábil, apto o capaz para algo a alguien o algo. 2 Autorizar a alguien para ejecutar ciertos actos jurídicos. 3 Presentar el estudiante una habilitación. 4 *tr.* y *prnl.* Proveer a alguien de lo que necesita.

habitación 1 *f.* Acción y efecto de habitar. 2 Cualquiera de los aposentos de una casa, excepto el comedor, la cocina y el cuarto de baño. 3 **DORMITORIO.**

habitáculo 1 *m.* Habitación rudimentaria. 2 Parte interior de un vehículo, donde se ubican los pasajeros.

habitante 1 *adj.* Que habita. 2 *m.* y *f.* Cada una de las personas que constituyen la población de un barrio, ciudad, provincia, etc.

habitar *tr.* e *intr.* Vivir o morar en un lugar o en una casa.

hábitat 1 *m.* ECOL Conjunto de condiciones geofísicas y biológicas en que se desarrolla la vida de una especie. 2 ECOL Lugar donde se desarrolla esta especie. 3 Características físicas y ambientales presentes en el lugar de residencia del ser humano y su entorno. • pl.: *hábitats.*

hábito 1 *m.* Traje que indica una profesión, un estado, etc., y especialmente el que usan algunos religiosos y religiosas. 2 Modo de proceder adquirido por la repetición de los actos. 3 PSIC Dependencia creada por el consumo frecuente de una droga.

habitual 1 *adj.* Que se hace por hábito. 2 Ordinario, usual, frecuente.

habituar *tr.* y *prnl.* Acostumbrar o hacer que alguien se acostumbre a algo.

habla 1 *f.* Facultad de hablar: *Quedar sin habla.* 2 Acción de hablar. 3 Manera especial de hablar: *El habla de los niños.* 4 LING Modo particular de utilizar una lengua respecto a un sistema lingüístico más extenso.

hablado, da 1 *adj.* Con los adverbios *bien* o *mal,* comedido o descomedido en el hablar. 2 *m.* **HABLA,** modo de utilizar una lengua.

hablador, ra *adj.* y *s.* Que habla mucho.

habladuría 1 *f.* Rumor muy difundido y sin fundamento. 2 Dicho desagradable o impertinente que desagrada o injuria.

hablar 1 *intr.* Articular palabras. 2 Proferir palabras ciertas aves. 3 Comunicarse las personas por medio de palabras. 4 Pronunciar un discurso u oración. 5 Comunicarse por medio distinto que el de la palabra. 6 Con los adverbios *bien* o *mal,* expresarse de uno u otro modo, emitir opiniones favorables o adversas. 7 Con *de,* tratar de algo en particular. 8 Dirigir la palabra a una persona o a un grupo de personas. 9 Murmurar o criticar. 10 Interceder por alguien. 11 *intr.* y *prnl.* Convenir, concertar. 12 Tratar a alguien de la manera expresada. 13 *tr.* Emplear un idioma. 14 Decir cosas. 15 *prnl.* Comunicarse una persona con otra.

hacendado, da 1 *adj.* y *s.* Dicho de la persona que posee bienes raíces. 2 Dicho del propietario de una finca rural de considerable extensión.

hacendoso, sa *adj.* Solícito y diligente en las faenas domésticas.

hacer 1 *tr.* Producir algo, concebirlo. 2 Fabricar, dar forma a algo material. 3 Causar, ocasionar: *El árbol* *le hace sombra.* 4 Ejecutar una acción, tarea o trabajo: *Ya hizo la tesis.* 5 Caber, contener: *Esta garrafa hace dos litros.* 6 Preparar, disponer: *Hacer la comida.* 7 Reducir algo a lo que significan las palabras a las que va unido: *Lo hice pedazos.* 8 Representar un papel: *Hacer de Otelo.* 9 Totalizar un número o cantidad: *Nueve y cuatro hacen trece.* 10 Con un infinitivo obliga a que se ejecute la acción: *Lo hizo bailar.* 11 Usar o emplear lo que los sustantivos significan: *Hacer señas.* 12 Suponer, imaginar: *Te hacía estudiando.* 13 Cursar un grado académico: *Hace décimo grado.* 14 Llegar a tener: *Hizo una fortuna.* 15 *tr.* e *intr.* Expulsar los excrementos. 16 *tr.* y *prnl.* Habituar, acostumbrar: *Hacerse al frío.* 17 FINGIR: *Hacerse el loco.* 18 *intr.* Actuar, proceder: *Creo que hice bien.* 19 Importar, convenir: *No hace al caso.* 20 Referirse a: *Por lo que hace al dinero, no te preocupes.* 21 Desempeñar una función: *La piedra hacía de mesa.* 22 Demostrar lo contrario a lo que realmente se siente: *Hizo como si no quisiera estar con nosotros.* 23 *prnl.* Proveerse: *Hacerse con dinero.* 24 Volverse, transformarse: *Hacerse vinagre el vino.* 25 Moverse a un determinado punto: *Hacerse a un lado.* 26 Obtener, apoderarse de algo: *Se hizo con un buen botín.* 27 Parecerle algo a alguien una cosa distinta: *Los molinos que a don Quijote se le hicieron caballeros.* 28 Llegar un determinado momento: *Hacerse de noche.* 29 *impers.* Expresa la cualidad o estado del tiempo atmosférico: *Hace buen día.* 30 Haber transcurrido cierto tiempo: *Mañana hará dos años.*

hacha *f.* Herramienta cortante, compuesta de una pala acerada, con filo algo curvo y ojo para enastarla.

hache *f.* Nombre de la letra *h.*

hachemita *adj.* y *s.* HIST Dicho de la dinastía a la que perteneció Mahoma. Hace parte de ella la familia reinante de Jordania.

hachís *m.* Droga extraída del cáñamo índico.

hachón *m.* ANTORCHA.

hacia 1 *prep.* Determina dirección, tendencia o inclinación. 2 Indica tiempo o lugar de forma aprox.

hacienda 1 *f.* Finca rural, predio. 2 Conjunto de bienes y riquezas de alguien. || ~ **pública** ECON Conjunto de bienes, rentas, impuestos, etc., de un Estado.

hacinamiento *m.* Hecho de vivir juntas muchas personas en espacios reducidos de deficiente calidad.

hacinar 1 *tr.* Poner los haces ordenadamente unos sobre otros, apretándolos. 2 *tr.* y *prnl.* Amontonar o acumular sin orden.

hacker (Voz ingl.) *adj.* y *s.* Dicho de la persona que manipula sistemas informáticos ajenos y altera sus programas o datos almacenados.

hada *f.* MIT Ser fantástico femenino con poderes mágicos.

hado 1 *m.* MIT Según la mitología romana, fuerza que obraba sobre las divinidades, los hombres y los acontecimientos. 2 Serie de causas encadenadas que inevitablemente producen determinado efecto.

hafnio *m.* QUÍM Elemento metálico que se emplea como material estructural en las plantas nucleares y para fabricar herramientas cortantes. Punto de fusión: 2227 °C. Punto de ebullición: 4602 °C. Núm. atómico: 72. Símbolo: Hf.

hagiografía *f.* HIST Estudio del culto, leyendas y obras de los santos.

hahnio *m.* QUÍM Elemento artificial. Núm. atómico: 108 y peso atómico igual al del vanadio, niobio y tántalo. Símbolo: Hn.

haikú (Tb. haiku) *m.* LIT Forma poética japonesa que consta de tres versos: pentasílabos el primero y tercero, y heptasílabo el segundo.

halagar 1 *tr.* Dar motivo de satisfacción o envanecimiento. 2 Adular, decir a alguien interesadamente cosas que le agraden.

halagüeño, ña 1 *adj.* Que halaga. 2 Prometedor de satisfacciones: *Noticia halagüeña.*

halar *tr.* Tirar hacia sí de una cosa.

halcón *m.* Nombre de varias aves falconiformes, de pico fuerte, curvo y dentado, y cola y alas puntiagudas.

hálito 1 *m.* Aliento, aire expulsado o respiración. 2 Vapor que una cosa arroja.

halitosis *f.* MED Fetidez del aliento.

hallar 1 *tr.* Encontrar a alguien o algo al buscarlos o casualmente. 2 Llegar a una conclusión sobre algo: *El jurado los halló culpables.* 3 *intr.* y *prnl.* Encontrarse de una determinada manera: *Hallarse perdido.* 4 Estar presente en un lugar: *Uno de nuestros vendedores se halla en la zona.*

halo *m.* AUREOLA, círculo luminoso.

halófilo, la *adj.* ECOL Dicho de los organismos que viven en medios salinos.

halógeno, na 1 *adj.* y *m.* QUÍM Dicho de los elementos químicos de la familia del cloro: flúor, cloro, bromo, yodo y astato. Algunas de sus sales son muy comunes, como el cloruro sódico o la sal común. 2 *adj.* y *s.* Dicho de la bombilla o lámpara que contiene alguno de estos elementos y produce una luz blanca y brillante.

halterofilia *f.* DEP Deporte consistente en el levantamiento de pesos.

haluro *m.* QUÍM Sal formada por la combinación de un halógeno con otro elemento.

hamaca 1 *f.* Red, tela o lona asegurada por los extremos en dos árboles, estacas, etc., que queda pendiente en el aire y sirve de cama, columpio, etc. 2 Asiento plegable de lona con respaldo.

hamacar 1 *tr.* y *prnl.* Mecer o columpiar, especialmente en una hamaca. 2 *prnl.* Dar al cuerpo un movimiento de vaivén.

hambre 1 *f.* Deseo y necesidad de comer. 2 Escasez extrema de alimentos en una zona o en una colectividad. 3 Deseo ardiente de algo.

hambruna *f.* Efecto de la escasez extrema de alimentos en una zona geográfica, como consecuencia de la guerra, sequía, etc.

hamburguesa *f.* Carne picada con huevo, ajo, cebolla, especias, etc., que se fríe o asa a la plancha.

hampa 1 *f.* Conjunto de personas que se dedican a actividades o negocios delictivos. 2 Forma de vida de maleantes, bandidos, etc.

hampón, na *adj.* y *s.* Maleante, haragán.

hámster *m.* Pequeño roedor de cuerpo redondeado y orejas, patas y cola cortas.

hándicap *m.* DEP Calificación dada a los participantes en algunos deportes (bolos, golf) que compensa con puntos o golpes de ventaja a los peor clasificados.

hangar *m.* Cobertizo destinado a albergar aviones.

hansa *f.* HIST Comunidad mercantil que a partir del s. XII aglutinó a diversas ligas del norte de Europa (Inglaterra, Flandes, Alemania). Comenzó a declinar a finales del s. XV, y desapareció en el s. XVII.

happening (Voz ingl.) *m.* ART Manifestación artística, generalmente teatral, que busca concientizar al espectador sobre algún tema social o político y que requiere su participación espontánea.

haploide *adj.* y *m.* BIOL Dicho de las células y fases del ciclo de un organismo que presentan una sola dotación cromosómica.

haraganear *intr.* Rehuir el trabajo.

harakiri *m.* En Japón, suicidio ritual que consiste en abrirse el vientre de un tajo.

harapo *m.* Andrajo, jirón.

hardware *m.* INF Conjunto de componentes físicos de una computadora.

harén (Tb. harem) 1 *m.* En los países islámicos, zona de las casas en que viven las mujeres. 2 Entre los musulmanes, conjunto de todas las mujeres que viven bajo la dependencia de un jefe de familia.

harina 1 *f.* Polvo que resulta de la molienda del trigo o de otras semillas. 2 Polvo procedente de algunos tubérculos y legumbres. 3 Polvo menudo a que se reducen algunas materias sólidas.

harmatán *m.* Viento cálido propio del oeste del continente africano.

hartar 1 *tr., intr.* y *prnl.* Saciar, incluso con exceso, el apetito de comer y beber. 2 *tr.* y *prnl.* Fastidiar, cansar. 3 Junto a la preposición *de,* dar, causar, etc., mucha cantidad de algo.

hartazgo *m.* Acción y efecto de hartar o hartarse.

harto, ta 1 *adj.* y *s.* Saciado. 2 *adj.* Cansado, aburrido. 3 *adv. m.* Bastante o sobrado.

hartón 1 *m.* Especie de plátano cuyo fruto es de mayor tamaño que el banano. Suele consumirse frito y en tajadas. 2 HARTAZGO.

hassio *m.* QUÍM Elemento metálico radiactivo artificial. Núm. atómico: 108. Símbolo: Hs.

hasta 1 *prep.* Sirve para expresar un término de tiempo, lugares, acciones o cantidades. 2 Se usa como conjunción copulativa, para exagerar o ponderar algo, y equivale a *también* o *aun.* 3 No antes de: *Cierran hasta las nueve.*

hastial 1 *m.* ARQ Parte superior triangular de la fachada de un edificio en la que descansan las cubiertas. 2 ARQ En las iglesias, cada una de las tres fachadas correspondientes al crucero.

hastiar *tr.* y *prnl.* Causar hastío.

hastío *m.* Aburrimiento, fastidio, repugnancia.

hatajo *m.* Grupo de personas o cosas.

hatillo *m.* Pequeño envoltorio con ropa y utensilios personales.

hato 1 *m.* Paquete donde alguien lleva lo que tiene para el uso preciso y ordinario. 2 Grupo de ganado. 3 Hacienda de campo destinada principalmente a la cría de ganado vacuno.

haya 1 *f.* Árbol de hasta 30 m de alto, tronco grueso, hojas pecioladas y caducas, y flores masculinas y femeninas separadas. 2 Madera de este árbol.

hayaca *f.* Pastel de harina de maíz, relleno de carne, tocino, pasas, aceitunas, etc., envuelto en hojas de plátano.

haz[1] 1 *m.* Porción atada de mieses, lino, hierbas, etc. 2 Conjunto de cosas largas y estrechas, dispuestas longitudinalmente y unidas por el centro. 3 ANAT Conjunto de fibras de un nervio o músculo. 4 BOT Conjunto de elementos conductores de la planta. 5 FÍS Conjunto de rayos luminosos o partículas de un mismo origen. || **~ de electrones** FÍS En un tubo de rayos catódicos, chorro de electrones creado por el cátodo.

haz[2] 1 *m.* Cara de una tela o de otras cosas, que se caracteriza por su mejor acabado, regularidad u otras cualidades. 2 BOT Cara superior de una hoja, normalmente más brillante y lisa que la cara inferior o envés.

hazaña *f.* Hecho ilustre o heroico.

hazmerreír *m.* Persona ridícula y extravagante que sirve de diversión a los demás.

he[1] *adv. dem.* Unido a *aquí* y *allí* o con los pronombres *me, te, la le, lo, las, los* señala o muestra una persona o cosa.

he[2] *interj.* Voz con que se llama a alguien.

heavy metal (Loc. ingl.) *m.* Variedad de **rock** caracterizada por la fuerza, las distorsiones y los énfasis de los instrumentos con que se ejecuta.

hebilla *f.* Pieza que sujeta una correa, cinta, etc.

hebra 1 *f.* Porción de hilo que se introduce por el ojo de una aguja de coser. 2 Fibra de la carne. 3 Filamento de cualquier tejido parecido al hilo. 4 Partícula de tabaco picado en filamentos.

hebreo, a 1 *adj.* y *s.* De un pueblo semítico que hacia mediados del s. II a.C. conquistó y habitó Palestina. También se le llama israelita o judío. 2 *m.* LING Lengua semítica, idioma oficial de Israel. Es hablada en otras comunidades judías del mundo.

hecatombe *f.* Catástrofe o desastre que deja muchas víctimas.

heces *f. pl.* Excrementos.

hechicería *f.* Conjunto de ritos y prácticas relacionadas con la magia, cuyo objetivo es el dominio y control de las fuerzas de la naturaleza.

hechicero, ra 1 *adj.* y *s.* Que realiza hechicerías. 2 *adj.* Que atrae y cautiva la voluntad y el cariño.

hechizar 1 *tr.* Ejercer un maleficio sobre alguien por medio de prácticas supersticiosas. 2 Despertar una persona o cosa admiración, afecto o deseo.

hechizo, za 1 *adj.* Artificioso o fingido. 2 Postizo, sobrepuesto y agregado. 3 *m.* Cualquier práctica que usan los hechiceros. 4 Cosa que se emplea en tales prácticas. 5 Atractivo, fascinación.

hecho, cha 1 *adj.* Perfecto, maduro. 2 Con los adverbios *bien* o *mal,* significa que algo es o no proporcionado. 3 Que ya está confeccionado o que ya se usa: *Ropa hecha a mano.* 4 Se usa en masculino para reforzar una afirmación. 5 Con un sustantivo más *un,* indica que algo es semejante a lo que significa dicho sustantivo: *Hecho un león.* 6 *m.* Acción u obra. 7 Cosa que sucede. 8 Asunto o materia de que se trata.

hechura 1 *f.* Acción y efecto de hacer. 2 Cualquier cosa respecto de la persona que la ha hecho. 3 Forma que se da a las cosas.

hectárea *f.* Medida de superficie equivalente a 10 000 m^2. Símbolo: ha.

heder *intr.* Arrojar de sí un olor muy malo y penetrante.

hediondo, da 1 *adj.* Que despide hedor. 2 Sucio, repugnante.

hedonismo *m.* FIL Doctrina que proclama el placer como fin supremo de la vida.

hedor *m.* Olor desagradable, penetrante y profundo.

hegemonía *f.* Supremacía que un Estado o una colectividad ejerce sobre otros.

hégira *f.* Era de los musulmanes, que se cuenta desde el año 622, cuando Mahoma huyó de La Meca a Yatrib (hoy Medina).

helada 1 *f.* Descenso rápido de la temperatura ambiente hasta el punto de congelación o menos. 2 Congelación del agua de los ríos, de la contenida en la superficie del suelo, etc., producida por el descenso de la temperatura por debajo de los 0 °C. 3 Desprendimiento de la corteza, las hojas y las partes tiernas de las plantas ocasionado por cambios grandes y repentinos de temperatura.

heladería *f.* Establecimiento donde se hacen y venden helados.

heladero, ra 1 *m.* y *f.* Persona que fabrica o vende helados. 2 *f.* Utensilio para hacer helados. 3 Nevera, frigorífico.

helado, da 1 *adj.* Muy frío. 2 ATÓNITO. 3 *m.* Postre de zumos de frutas, chocolate, etc., en cierto grado de congelación.

helar 1 *tr., intr.* y *prnl.* Congelar la acción del frío un líquido. 2 *prnl.* Ponerse una persona o cosa sumamente fría. 3 Secarse las plantas a causa de la helada. 4 *impers.* Hacer una temperatura inferior a 0 °C.

helecho *m.* BOT Planta criptógama productora de esporas, cuyos frondes están divididos en segmentos unidos entre sí por la base, con cápsulas seminales situadas en el envés. Existen más de 15 000 especies.

helénico, ca 1 *adj.* Relativo a Grecia. 2 Relativo a la Hélade o a los antiguos helenos.

helenismo 1 *m.* Influencia ejercida por la cultura de la antigua Grecia en la civilización y cultura modernas. 2 HIST Periodo de la cultura griega, que se inició tras el reinado de Alejandro Magno.

helenista *m.* y *f.* Persona versada en la lengua, cultura y literatura griegas.

helenístico, ca 1 *adj.* Relativo al helenismo o a los helenistas. 2 HIST Dicho del periodo que se extiende desde la conquista del Imperio persa por Alejandro Magno hasta el establecimiento de la supremacía romana (ss. IV-I a.C.).

helenizar *tr.* Referido a la antigua Roma, a su literatura y arte, adoptar las costumbres o la cultura griegas.

heleno, na 1 *adj.* y *s.* Relativo a Grecia. 2 Natural de Grecia. 3 *m.* y *f.* HIST Persona perteneciente a cada uno de los pueblos (aqueos, dorios, jonios y eolios) que originaron la civilización de la Grecia antigua.

helero 1 *m.* GEO GLACIAR. 2 Superficie cubierta de nieve permanentemente.

hélice 1 *f.* Mecanismo formado por varias paletas que giran alrededor de un eje produciendo una fuerza de reacción contra el fluido ambiente. Se usa como mecanismo de propulsión. 2 GEOM Curva de longitud indefinida que da vueltas sobre un cilindro, formando ángulos iguales con todas las generatrices.

helicoidal *adj.* En forma de hélice.

helicoide *m.* GEOM Superficie cuya generatriz se mueve apoyándose en una hélice fija.

helicón *m.* MÚS Tuba grave de forma circular, que se apoya sobre el hombro y rodea el cuerpo del instrumentista.

helicóptero *m.* Aeronave que se sostiene en el aire mediante uno o dos rotores, puede despegar y aterrizar verticalmente, así como avanzar, retroceder y mantenerse en una posición fija en el aire.

helio *m.* QUÍM Elemento gaseoso, incoloro e inodoro. Es un gas noble y el segundo elemento más abundante en el universo, después del hidrógeno. Posee un alto poder ascensional, por lo que es muy adecuado para el llenado de globos aerostáticos. Punto de ebullición: –268,9 °C. Núm. atómico: 2. Símbolo: He.

heliocéntrico, ca 1 *adj.* ASTR Dicho de las medidas y lugares astronómicos que han sido referidos al centro del Sol. 2 ASTR Dicho del sistema que suponía al Sol centro del Universo.

heliógrafo *m.* Aparato para medir la duración diaria de la insolación.

heliotropo *m.* Planta herbácea cuyas flores, en forma de pequeña copa, tienen la corola azulada y despiden un aroma a vainilla.

helipuerto *m.* Pista destinada al aterrizaje y despegue de helicópteros.

helvecio, cia *adj.* y *s.* HIST De un pueblo galo que se estableció en Helvecia a mediados del s. I a.C.

hematíe *m.* BIOL ERITROCITO.

hematina *f.* BIOL Pigmento rojo de la sangre.

hematites *m.* GEO Mineral de hierro oxidado, rojo o pardo, de brillo metálico y gran dureza.

hematófago, ga *adj.* y *s.* ZOOL Dicho de los animales que se alimentan de sangre.

hematología *f.* MED Especialidad centrada en el estudio de la sangre.

hematoma *m.* MED Concentración de sangre en el interior de un tejido.

hematopoyesis *f.* FISIOL Formación de los elementos normales de la sangre, llevada a cabo principalmente por la médula ósea y el sistema linfático.

hematosis *f.* MED Conversión de la sangre venosa en arterial.

hembra 1 *f.* Animal del sexo femenino. 2 MUJER, persona del sexo femenino. 3 Pieza que tiene un hueco por donde otra se introduce o encaja. 4 Este hueco. 5 BOT En las plantas que tienen sexos distintos en tallos diversos, individuo que da fruto.

hemeroteca *f.* Lugar donde se guardan y coleccionan periódicos y revistas.

hemiciclo 1 *m.* Conjunto de cosas dispuestas en semicírculo. 2 Salón semicircular con gradas.

hemiplejia (Tb. hemiplejía) *f.* MED Parálisis de una mitad del cuerpo.

hemíptero *adj.* ZOOL Dicho de los insectos de metamorfosis incompleta, con piezas bucales adaptadas para picar o chupar, antenas segmentadas, ojos compuestos y, casi siempre, dos pares de alas. Algunos como los chinches transmiten enfermedades con su picadura. Conforman un orden.

hemisferio 1 *m.* GEO Cada una de las mitades del globo terrestre separadas por el Ecuador. En ellos la latitud es de 0° para el Ecuador y de 90° en los polos Norte y Sur. Cuando un meridiano es el que divide las dos mitades, estas se denominan hemisferio occidental y oriental. 2 GEOM Cada una de las dos mitades de una esfera dividida por un plano que pase por su centro. || ~ **occidental** GEO El opuesto al oriental, por donde el Sol y los demás astros se ocultan. ~ **oriental** GEO El opuesto al occidental, por donde salen el Sol y los demás astros.

hemodinámico, ca *adj.* y *s.* MED Relativo o perteneciente al estudio del flujo y la presión sanguíneos.

hemofilia *f.* MED Enfermedad hereditaria caracterizada por la difícil coagulación de la sangre.

hemoglobina *f.* BIOQ y FISIOL Proteína que se encuentra en los eritrocitos y cuya función es transportar el oxígeno desde los pulmones a las células del organismo, donde capta el dióxido de carbono que conduce a los pulmones para ser expulsado hacia el exterior.

hemorragia *f.* MED Salida abundante de sangre de los vasos sanguíneos.

hemorroide *f.* MED Dilatación de una vena del ano o del recto. Produce escozor o dolor y, eventualmente, sangrado.

henchir *tr.* Ocupar totalmente con algo un espacio.

hender 1 *tr.* y *prnl.* Abrir una hendidura. 2 *tr.* Atravesar o cortar un líquido o fluido.

hendido, da *adj.* Rajado, abierto, sin dividirse del todo.

hendidura *f.* Abertura o rotura en un cuerpo o en su superficie.

hendir *tr.* HENDER.

henequén *m.* PITA, planta.

henil *m.* Lugar donde se guarda el heno.

heno 1 *m.* Hierba segada y seca, que sirve para alimento del ganado. 2 Planta herbácea gramínea de hojas estrechas y agudas y flores en panoja abierta.

heparina *f.* BIOQ Sustancia anticoagulante que existe normalmente en todos los tejidos.

hepático, ca 1 *adj.* Relativo al hígado. 2 *adj.* y *f.* BOT Dicho de las plantas briofitas con tallo provisto de filamentos rizoides y hojas muy poco desarrolladas, que viven en sitios húmedos y sombríos o parásitas en los troncos de los árboles. Conforman una clase. || **sistema** ~ FISIOL Sistema conformado por el hígado y la vesícula biliar. Sus funciones principales son aportar a la sangre albúmina y enzimas, eliminar y degradar toxinas y aportar sustancias para facilitar la digestión de las grasas.

hepatitis *f.* MED Inflamación del hígado acompañada de ictericia y trastornos digestivos y de la función hepática. || ~ **A** MED La trasmitida por vía digestiva. ~ **B** MED La que se transmite por contacto sexual y por vía placentaria, por transfusión de sangre contaminada, etc.

heptaedro *m.* GEOM Poliedro de siete caras.

heptágono, na *adj.* y *s.* GEOM Dicho del polígono de siete lados.

heptasílabo, ba *adj.* y *s.* Que consta de siete sílabas.

heráldico, ca 1 *adj.* Relativo a los escudos de armas o a la heráldica. 2 *f.* Ciencia que estudia los escudos de armas.

heraldo 1 *m.* HIST Persona que organizaba torneos, llevaba el registro de los nobles y actuaba como mensajero en asuntos importantes. 2 Persona que anuncia algo por medio de un clarín, trompeta, etc.

herbáceo, a 1 *adj.* BOT Que tiene la naturaleza o las cualidades de la hierba. 2 BOT **tallo** ~.

herbario *m.* BOT Colección de plantas desecadas y clasificadas para su estudio.

herbicida *adj.* y *m.* Dicho del producto químico usado para eliminar las malas hierbas de los campos de cultivo.

herbívoro, ra *adj.* y *s.* ZOOL Dicho de los animales que se alimentan de vegetales.

herbolario, ria 1 *m.* y *f.* Persona que se dedica a recoger y vender plantas medicinales. 2 *m.* Tienda donde se venden plantas medicinales.

hercio *m.* FÍS Unidad de frecuencia que equivale a una vibración por segundo. Símbolo: Hz.

heredad 1 *f.* Porción de terreno cultivado perteneciente a un mismo dueño. 2 Hacienda de campo, bienes raíces o posesiones.

heredar 1 *tr.* Recibir una herencia. 2 BIOL Recibir un ser vivo los caracteres genéticos de sus progenitores.

heredero, ra 1 *adj.* y *s.* Que por testamento o por ley sucede en una herencia. 2 Que saca o tiene las inclinaciones o propiedades de sus padres.

hereje *m.* y *f.* REL Persona que niega alguno de los dogmas establecidos por una religión.

herejía 1 *f.* REL Error en materia de fe, sostenido con terquedad. 2 REL Interpretación religiosa contraria al dogma católico, como el arrianismo, maniqueísmo, etc. 3 Opinión o acción desacertada.

A B C D E F G H I J K L M N Ñ O P Q R S T U V W X Y Z

herencia 1 *f.* Derecho de heredar. 2 Conjunto de bienes, derechos y obligaciones que posee alguien, y que al morir son transmisibles a sus herederos. 3 Lo que alguien ha heredado. 4 Circunstancias culturales que influyen en un momento histórico, procedentes de otro anterior. 5 BIOL Transmisión **genética** de los caracteres de los seres vivos a sus descendientes que condiciona el parecido de las personas pertenecientes a una misma familia.

heresiarca *m.* y *f.* Creador o dirigente de una herejía.

herido, da 1 *adj.* y *s.* Maltratado por una herida o un golpe. 2 Ofendido, agraviado. 3 *f.* MED Perforación o desgarramiento en los tejidos corporales. 4 Ofensa, agravio.

herir 1 *tr.* Romper o abrir los tejidos corporales. 2 Dar contra una cosa, chocar con ella. 3 Impresionar los sentidos: *El estruendo hirió sus oídos.* 4 Ofender, agraviar.

hermafrodita 1 *adj.* Que tiene los dos sexos. 2 BOT **flor ~**. 3 ZOOL Dicho del animal que tiene órganos sexuales masculinos y femeninos. Es normal en algunos invertebrados. 4 *adj.* y *s.* MED Dicho de la persona con tejido testicular y ovárico en sus gónadas.

hermafroditismo *m.* Cualidad de hermafrodita.

hermanar *tr.* y *prnl.* Hacer a alguien hermano de otra persona en sentido místico o espiritual.

hermanastro, tra *m.* y *f.* Hijo de uno de los dos cónyuges con respecto al hijo del otro.

hermandad 1 *f.* Relación de parentesco entre hermanos. 2 Amistad íntima. 3 Cofradía o congregación religiosa. 4 Asociación de personas para un determinado fin.

hermano, na 1 *m.* y *f.* Persona que con respecto a otra tiene los mismos padres, o solamente el mismo padre o la misma madre. 2 Persona que con respecto a otra tiene el mismo padre que ella en sentido moral; como un religioso respecto de otros de su misma orden, o un cristiano respecto de los demás fieles. 3 Religioso o religiosa que no ha sido consagrado sacerdote o que no ha hecho votos.

hermenéutica *f.* FIL Método cuya función es la interpretación del sentido de los textos.

hermético, ca 1 *adj.* Dicho de escritos, teorías, etc., impenetrable, cerrado. 2 Que se cierra de tal modo que no deja pasar el aire u otros fluidos.

hermetismo *m.* Cualidad de hermético, impenetrable, cerrado.

hermosear *tr.* y *prnl.* Hacer o poner hermoso a alguien o algo.

hermoso, sa *adj.* Dotado de hermosura.

hermosura 1 *f.* Belleza de las cosas. 2 Conjunto de cualidades que hacen a algo excelente en su línea. 3 Persona hermosa.

hernia *f.* MED Salida total o parcial de una víscera fuera de su cavidad natural. || **~ discal** MED La provocada por el desplazamiento de un disco intervertebral.

héroe, ína 1 *m.* y *f.* Persona que lleva a cabo una hazaña. 2 MIT En las mitologías griega y romana, los nacidos de la unión de un dios o diosa y un ser humano.

heroico, ca 1 *adj.* Relativo al héroe, la heroína o a sus acciones. 2 Dicho de la decisión que alguien adopta en una circunstancia extrema. 3 LIT Dicho del poema en que se cantan hazañas o hechos memorables.

heroína *f.* QUÍM Derivado de la morfina, de grandes propiedades analgésicas y narcóticas. Su consumo crea dependencia.

heroísmo 1 *m.* Esfuerzo muy grande de la voluntad hecho con abnegación, que lleva a realizar actos extraordinarios en servicio de los demás. 2 Acción heroica.

herpes *m.* o *f.* MED Erupción viral consistente en la formación de vesículas, a veces muy dolorosas, que al secarse forman costras.

herradura *f.* Hierro semicircular que se clava en los cascos de las caballerías.

herraje *m.* Conjunto de piezas de metal con que se guarnece o asegura una puerta, un coche, etc.

herramienta 1 *f.* Instrumento usado para realizar operaciones mecánicas. Suele ser manual. 2 Conjunto de dichos instrumentos. 3 **máquina ~**.

herrar 1 *tr.* Poner herraduras a las caballerías. 2 Guarnecer de hierro.

herrería 1 *f.* Taller de herrero. 2 Oficio de herrero. 3 Fábrica donde se funde o forja hierro.

herrero, ra *m.* y *f.* Persona que labra el hierro.

herrete *m.* Cabo rígido que se pone a las agujetas, cordones, cintas, etc., para que puedan entrar fácilmente por los ojetes.

herrumbre *f.* Óxido del hierro.

hertzio *m.* FÍS **HERCIO**.

hervidero *m.* Muchedumbre, multitud.

hervir 1 *intr.* Producir burbujas un líquido por un aumento de temperatura o por fermentación. 2 *tr.* Hacer que un líquido llegue a la ebullición, o tener algo en agua hirviendo.

hervor *m.* Acción y efecto de hervir.

hesperidio *m.* BOT Baya de epicarpio esponjoso, dividida en secciones envueltas en telillas membranosas, como en los cítricos.

hetero *adj.* y *s.* **HETEROSEXUAL**.

heterocerca *adj.* ZOOL Dicho de la aleta caudal de los peces que está formada por dos lóbulos desiguales.

heterocigótico, ca *adj.* BIOL Dicho del organismo o célula que contiene dos alelos distintos en cromosomas homólogos.

heterodoxia *f.* Cualidad de heterodoxo.

heterodoxo, xa 1 *adj.* Disconforme con el dogma de una religión. 2 Disconforme con doctrinas o prácticas generalmente admitidas.

heterogamia *f.* BIOL Tipo de reproducción sexual en que los gametos están claramente diferenciados.

heterogéneo, a *adj.* Compuesto de partes diferentes.

heteronimia *f.* LING Fenómeno por el cual dos palabras de diferente raíz designan a los miembros de distinto sexo de una pareja: *Hombre-mujer; toro-vaca.*

heterónimo, na 1 *adj.* y *s.* LING Dicho de un vocablo, que constituye una heteronimia. 2 *m.* Nombre, distinto del verdadero, con que un autor firma una parte de su obra.

heterosexual 1 *adj.* Dicho de la relación sexual entre personas de diferente sexo. 2 *adj.* y *s.* Dicho de la persona que mantiene este tipo de relación.

heterótrofo, fa *adj.* BIOL Dicho del organismo incapaz de elaborar su propia materia orgánica a partir de sustancias inorgánicas, por lo que debe nutrirse de otros seres vivos.

hevea *f.* Árbol tropical dicotiledóneo, de hasta 30 m de altura, flores unisexuales y fruto en cápsula con semillas oleaginosas del cual se obtiene el látex para producir caucho.

hexaedro *m.* GEOM Poliedro de seis caras. || ~ **regular** GEOM **CUBO**[2].

hexágono, na *adj.* y *s.* Dicho del polígono de seis lados.

hexagrama *m.* Figura de seis puntas conformada por dos triángulos equiláteros superpuestos.

hexámetro *m.* Verso griego y latino que consta de seis pies.

hez 1 *f.* Sedimento que en algunos líquidos se deposita en el fondo de las vasijas. 2 Lo más vil y despreciable. 3 *pl.* **EXCREMENTOS.**

hiato *m.* GRAM Encuentro de dos vocales, dentro de una palabra, que se pronuncian en sílabas distintas: *Aorta; leer; baúl; melodía; azahar; prohíbe.*

hibernación *f.* ZOOL Descenso de la actividad metabólica en ciertas especies animales durante el invierno.

hibernar *intr.* Estar en hibernación.

hibisco *m.* **CAYENA.**

hibridación 1 *f.* Producción de seres híbridos. 2 BIOL Fusión de dos células de distinta estirpe para dar lugar a otra de características mixtas.

híbrido, da 1 *adj.* y *s.* BIOL Dicho del animal o vegetal que proviene de dos individuos genéticamente distintos. 2 Dicho de lo que es producto de elementos de distinta naturaleza.

hicaco *m.* Arbusto de hojas ovaladas y coriáceas, flores de cinco pétalos y fruto comestible en drupa.

hicotea *f.* Tortuga de caparazón ovalado con franjas pardas y amarillas, y una línea rojiza trás cada ojo.

hicso, sa *adj.* y *s.* HIST De un pueblo semita que invadió y conquistó Egipto en el s. XVIII a.C. y fundó las dinastías XV y XVI.

hidalgo, ga 1 *m.* y *f.* Persona de linaje noble. 2 *adj.* Dicho de la persona generosa y noble.

hidalguía *f.* Cualidad o condición de hidalgo.

hidra *f.* Celentéreos hidrozoo, de 20-30 mm, con un disco basal en un extremo y una abertura bucal con una corona de tentáculos en el otro.

hidracina *f.* QUÍM Compuesto nitrogenado cuyos derivados son utilizados como combustible para cohetes, inhibidores de la corrosión, síntesis de medicamentos, plásticos industriales, etc.

hidrante *m.* Tubo de descarga de agua derivado de un conducto principal, al que puede enchufarse una manguera.

hidratación *f.* Acción y efecto de hidratar.

hidratante 1 *adj.* Que hidrata. 2 Dicho de los cosméticos que sirven para restablecer el grado de humedad normal de la piel.

hidratar 1 *tr.* y *prnl.* Combinar una sustancia con agua. 2 Restablecer el grado de humedad normal.

hidrato *m.* QUÍM Sustancia que contiene moléculas de agua. || ~ **de carbono** QUÍM Sustancia orgánica formada por carbono, oxígeno e hidrógeno. Permite a los organismos vivos almacenar energía: en las plantas a través del almidón y en los animales del glucógeno.

hidráulico, ca 1 *adj.* Relativo a la hidráulica. 2 Que se mueve por medio del agua. 3 Dicho de los materiales que, como el cemento, se endurece en contacto con el agua. 4 **ariete** ~; **energía** ~; **máquina** ~. 5 *f.* FÍS Estudio del comportamiento y los efectos de los líquidos cuando están en reposo.

hídrico, ca *adj.* Relativo al agua.

hidroavión *m.* Avión que puede despegar y posarse en el agua y que generalmente está provisto de flotadores en lugar de ruedas.

hidrocarburo *m.* QUÍM Compuesto químico formado por carbono e hidrógeno. En la naturaleza los hidrocarburos se originan por la descomposición de restos orgánicos contenidos en rocas sedimentarias. Los principales son petróleo, gas natural y asfalto.

hidrocefalia *f.* MED Acumulación anormal de líquido cefalorraquídeo en la cavidad craneal.

hidrocortisona *f.* BIOQ Hormona de la glándula suprarrenal que interviene en el metabolismo de los hidratos de carbono, proteínas y grasas, en la actividad del sistema nervioso, etc.

hidroeléctrico *f.* ELECTR Central eléctrica que aprovecha la fuerza de la caída del agua para generar energía eléctrica en un alternador mediante el movimiento de ruedas o turbinas inducido por dicha fuerza.

hidrófilo, la 1 *adj.* Dicho de la materia que absorbe el agua con gran facilidad. 2 BIOL Dicho del organismo que necesita agua para completar su ciclo vital.

hidrofobia 1 *f.* Propiedad de las sustancias que repelen el agua. 2 Horror al agua. 3 MED Infección viral muy grave que ataca a algunos animales, como el perro, el gato, etc., y que se transmite al morder a otros animales o al hombre.

hidrogenación *f.* QUÍM Reacción entre el hidrógeno molecular y un compuesto orgánico. Es empleada en la industria para producir grasas comestibles y jabones y en la producción de combustibles.

hidrógeno 1 *m.* QUÍM Elemento gaseoso inflamable y reactivo, con un solo protón en el núcleo y un solo electrón. Es el elemento más abundante del universo, pero únicamente se encuentra en estado libre en muy pequeñas cantidades; forma un 11,19 % del agua, y está presente en los ácidos, tejidos orgánicos y combustibles naturales. Núm. atómico: 1. Punto de fusión: –259,2 °C. Punto de ebullición: –252,77 °C. Símbolo: H. 2 QUÍM Gas de este elemento en su forma molecular. Símbolo: H_2. 3 QUÍM **peróxido de** ~.

hidrografía 1 *f.* GEO Estudio de las aguas continentales o marinas. 2 GEO Conjunto de mares y aguas corrientes, de un país o región.

hidrográfico, ca 1 *adj.* GEO Relativo a la hidrografía. 2 GEO **red** ~.

hidrólisis (Tb. hidrolisis) *f.* QUÍM Descomposición de una molécula de un compuesto orgánico por la acción del agua.

hidrología *f.* GEO Disciplina que estudia las propiedades, el origen, etc., de las aguas.

hidrológico, ca 1 *adj.* Relativo a la hidrología. 2 ECOL **ciclo** ~.

hidropesía *f.* MED Acumulación anormal de líquido en cualquier cavidad o tejido del cuerpo.

hidroplano *m.* HIDROAVIÓN.

hidroponía *f.* Cultivo de plantas en soluciones acuosas, con algún soporte de arena, grava, etc.

hidrosfera (Tb. hidrósfera) *f.* GEO Conjunto de las aguas líquidas, sólidas y gaseosas de las capas superficiales de la corteza y la atmósfera. Ocupa aprox. el 70 % de la superficie de la Tierra.

hidrosoluble *adj.* Que puede disolverse en agua.

hidrostático, ca 1 *adj.* Relativo a la hidrostática. 2 *f.* FÍS Estudio del equilibrio de los líquidos y de muchos gases, y de los cuerpos que están sumergidos en ellos.

hidroterapia *f.* MED Uso del agua con fines terapéuticos.

hidrotermal *m.* GEO Depósito de minerales cristalizados a partir de una solución de origen magmático.

hidróxido *m.* QUÍM Compuesto formado por la unión de un elemento o radical con el anión hidroxilo.

hidroxilo *m.* QUÍM Radical monovalente formado por un átomo de hidrógeno y otro de oxígeno.

hidrozoo *adj.* y *m.* ZOOL Dicho de los celentéreos caracterizados por la alternancia de generaciones. Una es colonial, y está constituida por los pólipos; la otra, llamada medusa, está formada por individuos sexuados de natación libre. Conforman un filo.

hidruro *m.* QUÍM Compuesto de hidrógeno y otro elemento.

hiedra *f.* Enredadera leñosa con raíces adventicias que se agarran a la superficie de los árboles o muros.

hiel 1 *f.* BILIS. 2 Amargura, desabrimiento.

hielera 1 *f.* Nevera portátil. 2 Recipiente para servir cubitos de hielo. 3 Aparato para conservar la comida en hielo.

hielo 1 *m.* Agua convertida en cuerpo sólido y cristalino por un descenso de la temperatura. 2 Acción de helar o helarse. 3 Frialdad en los afectos. 4 GEO **banco** de ~. || ~ **seco** QUÍM Anhídrido carbónico congelado que se utiliza en refrigeración.

hiena *f.* Mamífero carnívoro de aspecto parecido al de un perro, con cabeza y cuello robustos, mandíbulas y dientes muy desarrollados y patas traseras más cortas que las delanteras.

hierático, ca *adj.* Dicho de lo que tiene o aparenta solemnidad extrema.

hierba 1 *f.* Planta de pequeño tamaño, desprovista de tejidos leñosos y que solo subsiste hasta dar flores y frutos. 2 Conjunto de este tipo de plantas que crece en un terreno. 3 MALEZA.

hierbabuena *f.* Planta herbácea dicotiledónea, aromática, con hojas opuestas, cáliz persistente, corola dividida en dos partes y frutos secos. Sus hojas se usan para hacer infusiones.

hierro 1 *m.* QUÍM Elemento metálico dúctil y maleable, magnético, muy escaso en estado libre, pero que en forma de compuestos constituye aprox. el 4,7 % de la corteza terrestre. En contacto con el aire húmedo se forman sobre su superficie óxidos de hierro y aleado con el carbono forma aceros. Punto de fusión: 1535 °C. Punto de ebullición: 2750 °C. Núm. atómico: 26. Peso atómico: 5,84. Símbolo: Fe. 2 Marca que con hierro candente se pone a los ganados. 3 HIST **edad** del ~. || ~ **fundido** o **colado** Nombres genéricos que designan las aleaciones de hierro que contienen entre 1,8 y 4,5 % de carbono.

hifa *f.* BIOL Elemento filiforme del micelio de los hongos.

hígado *m.* ANAT y FISIOL Órgano interno de los vertebrados. Es una glándula exocrina que actúa como reserva de hidratos de carbono y como depósito de sangre y vitaminas. En los seres humanos está situado en la parte superior derecha del abdomen.

higiene 1 *f.* MED Parte de la medicina que estudia la conservación de la salud física y mental de una persona o de una colectividad. Se ocupa de la nutrición, de la práctica deportiva, de evitar la difusión de enfermedades, etc. 2 Limpieza, aseo.

higienizar *tr.* Disponer o preparar una cosa conforme a la higiene.

higo *m.* Infrutescencia de la higuera, de piel verdosa, negra o morada, y pulpa carnosa y dulce. || ~ **chumbo** Fruto de la chumbera o nopal; es elipsoidal, de corteza verde amarillenta y pulpa comestible llena de semillas blancas y menudas.

higroscopicidad *f.* FÍS Propiedad de ciertos cuerpos de absorber y exhalar la humedad ambiental.

higuera *f.* Árbol de hojas alternas lobuladas con estípulas, pequeñas flores encerradas en un receptáculo carnoso que, al madurar, da una infrutescencia llamada **higo** o breva. || ~ **chumba** CHUMBERA.

higuerilla *f.* RICINO.

higuerón *m.* Árbol tropical parecido a la higuera, pero que al inicio de su desarrollo vive como epifito.

hijastro, tra *m.* y *f.* Hijo o hija de uno de los cónyuges, respecto del otro.

hijo, ja 1 *m.* y *f.* Persona o animal respecto de su padre o de su madre. 2 Cualquier persona respecto de su lugar de origen. 3 *m.* Lo que procede o sale de otra cosa, como los renuevos de un árbol. || ~ **adoptivo, va** Persona que resulta de una adopción. ~ **ilegítimo** Hijo de padres no unidos entre sí por matrimonio. ~ **natural** HIJO ilegítimo. ~ **político** Nombre que se suele dar al yerno o a la nuera, respecto de los suegros. ~ **reconocido** El natural al que padre o madre, o ambos a la vez, reconocen en forma legal. ~ **único** Persona que no tiene hermanos.

hijuela *f.* Cosa anexa o subordinada a otra principal.

hilacha 1 *f.* Pedazo de hilo desprendido de la tela. 2 Porción insignificante de algo.

hilandería *f.* Fábrica de hilados.

hilar 1 *tr.* Reducir a hilo las materias textiles. 2 Sacar de sí el gusano de seda la hebra para formar el capullo. 3 Discurrir, deducir.

hilarante *adj.* Que mueve a risa.

hilatura 1 *f.* Arte de hilar. 2 Transformación de una fibra natural o artificial en hilo.

hilaza *f.* Materia textil transformada en hilos.

hilera 1 *f.* Formación en línea de una serie de personas o cosas. 2 *pl.* ZOOL Apéndices del abdomen de los arácnidos que sostienen las glándulas productoras de los hilos.

hilo 1 *m.* Hebra larga y delgada formada por fibras de algodón, lana, cáñamo, etc. 2 Hebra de cualquier material flexible. 3 ZOOL Hebra que forman algunas arañas, gusanos, etc.

hilván 1 *m.* Costura de puntadas largas con que se prepara lo que se ha de coser. 2 Hilo usado para hilvanar.

hilvanar 1 *tr.* Unir con hilvanes lo que se ha de coser. 2 Enlazar o coordinar ideas, palabras, etc.

himen *m.* ANAT Membrana que, en las mujeres vírgenes, cierra el orificio externo de la vagina.

himenóptero *adj.* y *m.* ZOOL Dicho de los insectos de metamorfosis completa, como las hormigas, abejas y las avispas, con dos pares de alas membranosas (atrofiadas en algunos casos) y piezas bucales mordedoras o chupadoras. Conforman un orden.

himno *m.* Composición poética cantada en honor de una divinidad, persona, colectividad, etc.

hincapié *m.* Afirmar el pie para sostenerse o hacer fuerza. || **hacer** ~ *loc. verb.* Insistir en algo que se afirma, se propone o se encarga.

hincar 1 *tr.* Introducir o clavar una cosa en otra. 2 Apoyar una cosa en otra con fuerza. 3 *prnl.* Arrodillarse.

hincha 1 *m.* y *f.* Partidario entusiasta de un equipo deportivo. 2 Por extensión, partidario de una persona.

hinchado, da 1 *adj.* Vano, presumido. 2 *f.* Multitud de hinchas.

hinchar 1 *tr.* y *prnl.* Hacer que aumente de volumen un cuerpo, llenándolo de un fluido. 2 *prnl.* Aumentar de volumen una parte del cuerpo, por un traumatismo o por otra causa patológica. 3 Envanecerse, engreírse.

hindi *m.* LING Lengua indoeuropea de la India septentrional.

hindú 1 *adj.* y *s.* Del Indostán. 2 *adj.* Relativo al hinduismo.

hinduismo *m.* REL Doctrina derivada del **brahmanismo** basada en la trinidad formada por Brahma (dios del que todo emana), Visnú (dios redentor) y Siva (dios destructor), que es la religión nacional de la India practicada por más del 80 % de su población.

hinojo *m.* Planta aromática, de hojas en lacinias, flores amarillas en umbelas y fruto oblongo. Se usa como condimento y expectorante.

hioides *m.* ANAT Hueso flotante situado en el cuello, sobre la laringe.

hipar 1 *intr.* Sufrir hipo. 2 Llorar con sollozos semejantes al hipo.

hiperactividad 1 *f.* Exceso de actividad. 2 PSIC Conducta caracterizada por el exceso de actividad, dificultad de concentración y control de impulsos.

hiperbárico, ca *adj.* FÍS Que tiene una presión superior a la atmosférica.

hipérbaton *m.* Figura retórica que consiste en cambiar el orden que, según la sintaxis regular, deben tener las palabras en un discurso. • pl.: *hipérbatos.*

hipérbola *f.* GEOM Lugar geométrico de los puntos de un plano cuya diferencia de distancias a dos focos es constante. Tiene dos ejes de simetría; el *focal,* que pasa por los focos, y la *mediatriz* del segmento que tiene a dichos focos por extremos.

hipérbole *f.* Figura retórica que consiste en aumentar o disminuir exageradamente las cualidades de aquello de que se habla.

hiperbólico, ca 1 *adj.* Relativo a la hipérbole. 2 GEOM De figura de hipérbola.

hipercalórico, ca *adj.* MED Abundante en calorías.

hiperestesia *f.* MED Sensibilidad excesiva y dolorosa.

hipermercado *m.* Supermercado que reúne gran cantidad de artículos a precios relativamente bajos.

hipermetropía *f.* MED Trastorno de la visión en que la imagen se forma más allá de la retina.

hiperónimo *m.* LING Palabra cuyo significado engloba al de otra u otras, como *animal* a *caballo.*

hiperrealismo *m.* ART Tendencia artística cuyo propósito es reproducir minuciosamente escenas y objetos.

hipersensibilidad 1 *f.* MED HIPERESTESIA. 2 Sensibilidad aguda a los estímulos afectivos o emocionales.

hipertensión *f.* FÍS Aumento de la tensión del líquido de un recipiente. || ~ **arterial** MED Aumento de la presión de la sangre en las arterias.

hipertexto *m.* INF Conjunto de fragmentos textuales (escritos, imágenes, sonidos) y acciones que el consultor o autor recorre a su antojo para establecer los enlaces en función de lo que quiere conseguir.

hipertiroidismo *m.* MED Síndrome (taquicardia, temblor, adelgazamiento, excitabilidad, etc.) originado por una secreción excesiva de la tiroides.

hipertrofia *f.* MED Aumento anormal del volumen de un órgano o tejido.

hipervínculo *m.* INF En un sistema de hipertexto, palabra destacada que, cuando se pulsa, conecta con otra parte del documento o con otro documento que se vincula temáticamente a ella.

hípico, ca 1 *adj.* Relativo al caballo o a la hípica. 2 *f.* DEP Serie de deportes que se realizan sobre caballos: polo, carreras, saltos.

hipnosis *f.* Estado de sueño producido por hipnotismo.

hipnotismo *m.* Método para producir el sueño artificial mediante sugestión o aparatos adecuados.

hipnotizar 1 *tr.* Producir hipnosis. 2 Provocar fascinación, impresionar.

hipo *m.* MED Contracción convulsiva del diafragma, que produce una respiración interrumpida que causa un ruido característico.

hipoacusia *f.* MED Reducción considerable de la capacidad y la agudeza auditivas.

hipocampo 1 *m.* ANAT Eminencia que ocupa la parte externa de los ventrículos laterales del cerebro. 2 Pequeño pez teleósteo de cuerpo comprimido lateralmente, que se mantiene en posición vertical y cuya cabeza recuerda a la del caballo.

hipocentro *m.* GEO Zona interior de la corteza terrestre donde tienen origen los movimientos sísmicos.

hipocondría *f.* PSIC Tendencia a preocuparse exageradamente por la salud propia.

hipocondrio *m.* ANAT Cada una de las dos partes laterales de la región epigástrica, situadas entre las costillas falsas y los huesos de las caderas.

hipocorístico, ca *adj.* GRAM Dicho de los nombres que, deformados o abreviados, se usan con intención afectiva, como *Tuto* por *Arturo* o *Mechas* por *Mercedes*.

hipocresía *f.* Fingimiento y apariencia de cualidades, sentimientos o ideas distintos de los que se sienten en realidad.

hipócrita *adj.* y *s.* Que actúa con hipocresía.

hipodérmico, ca *adj.* Que está o se pone debajo de la piel.

hipódromo *m.* Lugar donde se hacen carreras de caballos.

hipófisis *f.* ANAT y FISIOL Glándula endocrina situada en la cavidad craneal y unida a la base del cerebro por un tallo. Regula la mayor parte de las funciones orgánicas y produce numerosas hormonas.

hipogastrio *m.* ANAT Zona inferior del vientre.

hipogeo *m.* Construcción subterránea destinada a servir de sepulcro, lugar de culto o habitación.

hipoglucemia *f.* MED Disminución anormal de la glucosa de la sangre.

hipónimo *f.* LING Palabra cuyo significado está incluido en el de otra, como *cedro* respecto a *árbol*.

hipopótamo, ma *m.* y *f.* Mamífero artiodáctilo semiacuático, de hasta 4 m de largo y 4 t de peso, de piel gruesa y oscura y cabeza grande. Vive en África.

hipotálamo *m.* ANAT y FISIOL Región del encéfalo, entre la hipófisis y el tálamo. Contiene centros vegetativos que controlan el metabolismo, la presión arterial y otras funciones.

hipoteca *f.* Gravamen que recae sobre bienes inmuebles o muebles para responder por el pago de un préstamo.

hipotecar *tr.* Gravar con una hipoteca un bien.

hipotecario, ria *adj.* Relativo a la hipoteca.

hipotensión *f.* MED Disminución de la tensión sanguínea de las arterias.

hipotenusa *f.* GEOM Lado opuesto al ángulo recto de un triángulo rectángulo.

hipotermia *f.* Descenso anormal de la temperatura corporal.

hipótesis *f.* Suposición no confirmada que se admite provisionalmente. || ~ **de trabajo** Teoría provisional cuya certeza debe verificarse mediante investigación experimental o descubrimientos sugeridos por la misma hipótesis.

hipotético, ca *adj.* Relativo a la hipótesis.

hipotiroidismo *m.* MED Síndrome (estados de letargo y ritmos metabólicos más bajos) originado por una secreción insuficiente de la tiroides.

hipotónico, ca 1 *adj.* QUÍM Dicho de una solución que, comparada con otra, tiene menor presión osmótica, siendo igual la temperatura de ambas. 2 MED Dicho de la persona cuyo tono muscular es inferior al normal.

hippie (Voz ingl.) *adj.* y *s.* JIPI.

hipsómetro *m.* FÍS Aparato para medir la altitud, basado en el punto de ebullición del agua.

hiriente 1 *adj.* Que hiere o hace daño. 2 Que ofende: *Palabras hirientes*. 3 Que aflige: *Amor hiriente*.

hirsuto, ta *adj.* Dicho del pelo rígido y duro.

hisopo 1 *m.* Palo con un manojo de cerdas en la punta o con una bola con agujeros usado para esparcir agua bendita. 2 Brocha para pintar paredes.

hispánico, ca 1 *adj.* Relativo a España. 2 Relativo a la antigua Hispania.

hispanidad 1 *f.* Calidad de genuinamente español. 2 Conjunto de pueblos de lengua y cultura hispánica.

hispanismo 1 *m.* Vocablo o giro propio de la lengua española usado en otra. 2 Estudio de la lengua, literatura y cultura hispánicas.

hispano, na 1 *adj.* y *s.* Relativo a España o a Hispanoamérica. 2 Dicho de los hispanoamericanos residentes en Estados Unidos.

hispanoamericano, na 1 *adj.* Relativo a los españoles y americanos, o a lo español y americano. 2 Relativo a los países de Hispanoamérica. 3 *adj.* y *s.* Dicho de los países y de las personas americanas de habla española.

hispanoárabe 1 *adj.* Relativo a la España árabe. 2 Dicho de las manifestaciones culturales y artísticas de los árabes en España.

hispanohablante *adj.* y *s.* Que tiene como lengua materna el español.

histamina *f.* BIOQ y FISIOL Amina que provoca la secreción gástrica y la contracción de los músculos lisos.

histerectomía *f.* MED Extirpación del útero.

histeria *f.* PSIC Neurosis que causa trastornos sensoriales, motores, vasomotores, etc. Puede ser provocada por sugestión o autosugestión.

histerismo 1 *m.* PSIC HISTERIA. 2 Estado pasajero de excitación nerviosa.

histograma *m.* MAT Representación de datos estadísticos en forma de barras, en la que la altura de cada una de estas es proporcional a la frecuencia de los valores representados.

histología *f.* ANAT Estudio de la estructura de los tejidos.

historia 1 *f.* HIST Ciencia que estudia el conjunto de sucesos, hechos o manifestaciones de las comunidades, culturas, pueblos, naciones, etc., en el pasado. 2 HIST Conjunto y desarrollo de estos sucesos, hechos o manifestaciones. 3 HIST Narración verificada que se hace de ellos ordenada cronológicamente. 4 Conjunto de hechos ocurridos a una persona. 5 Fábula o narración ficticia. 6 Narración de un hecho, una experiencia, etc. 7 *pl.* Cuento, chisme, enredo. || ~ **clínica** MED Relación de los datos con significación médica referentes a un enfermo. ~ **natural** Descripción científica de la naturaleza. ~ **sagrada** REL Conjunto de narraciones históricas contenidas en el Viejo y el Nuevo Testamento.

historial *m.* Reseña detallada de los antecedentes de algo o de alguien.

historiar 1 *tr.* Narrar historias. 2 Narrar un hecho o suceso de forma ordenada y detallada. 3 ART Pintar o representar un suceso en cuadros, estampas o tapices.

historicismo *m.* HIST Nombre dado a varias teorías que tienden a reducir la actividad humana a su condición histórica.

histórico, ca 1 *adj.* Relativo a la historia. 2 Cierto, por contraposición a lo legendario. 3 Digno de figurar en la historia. 4 Que ha tenido existencia real o que verdaderamente ha sucedido. 5 LIT Dicho de la novela que somete a recreación los sucesos y personajes recordados por la historia.

historieta *f.* ART Serie de dibujos que constituye una narración coherente, con texto o sin él.

historiografía 1 *f.* HIST Estudio bibliográfico y crítico de los escritos sobre historia y sus fuentes. 2 HIST Conjunto de obras históricas.

historiología *f.* HIST Disciplina que estudia la estructura, leyes o condiciones de la realidad histórica.

histrión, nisa 1 *m.* y *f.* Actor teatral. 2 Persona que se expresa con afectación o exageración.

histrionismo *m.* Afectación o exageración expresiva.

hit (Voz ingl.) *m.* Término utilizado para designar un éxito del mundo del espectáculo.

hitita *adj.* y *s.* HIST De un pueblo indoeuropeo que se estableció en Anatolia, fundó una confederación que dominó Asia Menor hasta 1200 a.C. y se destacó en el arte de la escultura y la cerámica.

hito 1 *m.* Poste que indica una dirección o los límites de un terreno. 2 Punto de referencia en la vida de alguien o en el desarrollo de algo.

hiyab *m.* Pañoleta empleada por las mujeres musulmanas para cubrir su cabeza y cabello.

hobby (Voz ingl.) *m.* Actividad que alguien realiza como entretenimiento y por afición.

hocicar 1 *tr.* Levantar la tierra con el hocico. 2 *intr.* Dar de hocicos contra algo.

hocico *m.* Parte prolongada de la cabeza de algunos animales, en que están la boca y la nariz.

hockey (Voz ingl.) *m.* DEP Juego entre dos equipos consistente en introducir en la portería contraria una pelota o un disco impulsado con un bastón.

hogar 1 *m.* Casa o domicilio. 2 Vida de familia. 3 Sitio donde se quema combustible para producir calor destinado a la calefacción.

hogareño, ña 1 *adj.* Amante del hogar y de la vida en familia. 2 Relativo al hogar.

hogaza *f.* Pan grande, que pesa más de un kilo.

hoguera *f.* Fuego al aire libre que levanta mucha llama.

hoja 1 *f.* BOT Estructura, generalmente delgada y laminar, que nace en los tallos y ramas de las plantas. Sus células contienen los cloroplastos en que se produce la **fotosíntesis**. 2 Lámina delgada de metal, madera, papel, etc. 3 En los libros y cuadernos, cada una de las partes iguales que resultan al doblar el

papel para formar el pliego. 4 Cuchilla de las armas blancas y herramientas. 5 Capa delgada de una masa, como sucede en el hojaldre. 6 Parte movible de una puerta o ventana. || ~**s alternas** BOT Cuando están dispuestas alrededor del tallo en espiral. ~ **compuesta** BOT Cuando las escotaduras alcanzan los nervios y el limbo queda dividido en varios foliolos, aunque parecen grupos de varias hojas, brotan de una sola yema, como en el trébol. ~ **lanceolada** BOT La de forma similar a la punta de la lanza. ~**s opuestas** BOT Cuando se unen al tallo por parejas a la misma altura. ~ **paralela** BOT Como en la mayoría de las monocotiledóneas, en la que las hojas tienen nervios paralelos, que parten de la base del limbo y terminan en el ápice. ~ **peciolada** BOT La que tiene pecíolo. ~ **sentada** BOT La que carece de pecíolo. ~ **simple** BOT Cuando el limbo no está dividido, junto con las compuestas constituye una de las dos formas básicas de hoja.

hojalata *f.* Lámina de metal cubierta de estaño por las dos caras.

hojaldre *m.* o *f.* Masa mantecosa que forma hojas al cocerse en el horno.

hojarasca *f.* Conjunto de hojas que han caído de los árboles.

hojear *tr.* Leer o consultar superficialmente un libro.

hojuela 1 *f.* Dulce frito muy delgado. 2 Lámina de oro, plata, etc., usada en galones, bordados, etc. 3 Grano de cereal precocido industrialmente presentado en forma aplanada y delgada.

hola 1 *interj.* Saludo coloquial. 2 Se usa para expresar extrañeza.

holding (Voz ingl.) *m.* ECON Sociedad mercantil con una cartera de acciones que le permite controlar diversas empresas.

holgado, da 1 *adj.* Ancho, sobrado. 2 Que no tiene problemas económicos.

holgazanear *intr.* Estar voluntariamente ocioso.

holgura 1 *f.* Espacio suficiente para que quepa, se mueva o pase algo. 2 Hueco que queda entre dos piezas que han de encajar. 3 Bienestar económico.

holístico, ca *m.* FIL Que entiende o trata cada realidad como una totalidad distinta de la suma de sus partes.

hollar *tr.* Pisar alguna cosa.

hollejo *m.* Piel delgada que cubre algunas frutas y legumbres.

hollín *m.* Sustancia grasa y negra que el humo deposita en una superficie.

holmio *m.* Quím Elemento químico metálico de los lantánidos. Es utilizado como catalizador en reacciones químicas industriales. Punto de fusión: 1474 °C. Punto de ebullición: 2700 °C. Núm. atómico: 87. Símbolo: Ho.

holocausto 1 *m.* Hist Entre los israelitas, sacrificio en que se quemaba un animal. 2 **genocidio**. 3 Hist Nombre dado a la política de exterminio de los judíos llevada a cabo por la Alemania nazi.

holoceno, na *adj.* y *s.* Geo Dicho de la época del periodo cuaternario que abarca desde hace 10 000 años, tras la última glaciación, hasta nuestros días. Durante ella se han asentado las distribuciones geográficas de la fauna y flora actuales.

holografía *f.* Fot Técnica fotográfica que permite reproducir una imagen en tres dimensiones. Se basa en la luz emitida por un láser.

holograma *m.* Fot Fotografía obtenida mediante holografía.

holónimo *m.* Ling Palabra relacionada directamente con otras del mismo campo semántico en proporción del todo a las partes: *La palabra casa es holónimo de alcoba, comedor, baño o cocina.*

holotúrido *adj.* y *m.* Zool Dicho de los equinodermos de forma cilíndrica, sin caparazón y con una corona de tentáculos alrededor de la boca, como los cohombros de mar. Conforman una clase.

hombre 1 *m.* Individuo de la especie humana, ser humano. 2 Persona del sexo masculino. 3 Varón que ha llegado a la edad adulta. 4 El que posee valor, fuerza, virilidad, etc. 5 Junto con algunos sustantivos y la preposición *de,* indica que posee las cualidades o cosas que se señalan: *Hombre de honor.* 6 Grupo determinado de personas: *El hombre americano.*

hombrera 1 *f.* Adorno de los vestidos en la parte correspondiente a los hombros. 2 Almohadilla que se pone en algunas prendas, en la zona de los hombros, para que estos parezcan más anchos.

hombría 1 *f.* Cualidad de hombre, persona del sexo masculino. 2 Entereza o valor que supuestamente le son inherentes.

hombro 1 *m.* Parte superior y lateral del tronco, donde nace el brazo. 2 Parte de un vestido, chaqueta, etc., que cubre dicha parte.

hombruno, na 1 *adj.* Dicho de la mujer que por alguna cualidad o circunstancia se parece al hombre. 2 Dicho de las cosas que dan esa semejanza: *Andar hombruno.*

homenaje *m.* Acto o actos en honor de una persona.

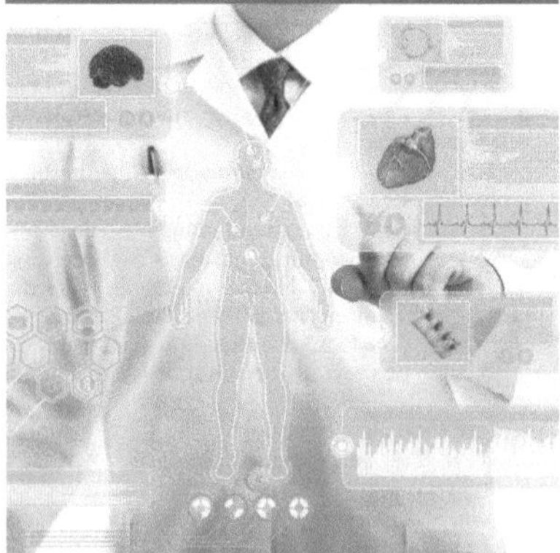

homenajear *tr.* Rendir homenaje.

homeopatía *f.* Med Método terapéutico que aplica, en dosis mínimas, sustancias que en mayor cantidad producirían síntomas parecidos a los de la enfermedad que se combate.

homeostasis *f.* Biol Autorregulación y mantenimiento de la composición y propiedades del medio interno de un organismo.

homeotermia *f.* Zool Estado de ciertos animales (como aves y mamíferos), que mantienen constante su temperatura interna pese a los cambios ambientales.

homeotermo, ma 1 *adj.* Relativo a la homeotermia. 2 *adj.* y *s.* Dicho de los animales que tienen homeotermia.

homicida *adj.* y *s.* Causante de la muerte de alguien.

homicidio *m.* Muerte causada a una persona por otra, generalmente con violencia.

homilía *f.* Rel Parte de la misa en que se comentan las lecturas bíblicas.

homínido, da *adj.* Zool Dicho de un primate, de cuya familia procede la especie humana.

□ Zool Los homínidos se distinguen de los restantes primates por tener pies y manos bien diferenciados, posición vertical y cráneo voluminoso. Los dos géneros claramente humanos son *Australopithecus* (**australopiteco**) y *Homo.* Dentro del segundo se distinguen: *Homo habilis* (que vivió hace 1,9-1,4 millones de años), *Homo erectus* (surgido hace unos tres millones de años y que vivió hasta hace 35 000 años) y *Homo sapiens* (aparecido hace 250 000 años), que incluye los hombres de *Cro-Magnon* y *Neanderthal,* así como la especie humana actual u *Homo sapiens.*

homocerca *adj.* Zool Dicho de la aleta caudal de los peces que está formada por dos lóbulos iguales y simétricos, como la de la sardina.

homocigótico, ca *adj.* Biol Dicho de las células u organismos que poseen alelos idénticos de un gen en relación con un determinado carácter.

homo erectus *m.* Homínido extinto que habitó la Tierra entre hace 19 millones y 70 000 años. Su presencia fue mayor en Asia Oriental y, según la teoría de la evolución biológica, fue uno de los primates que precedió al ser humano.

homofobia *f.* Rechazo obsesivo hacia las personas homosexuales.

homofóbico, ca *adj.* Relativo a la homofobia.

homófobo, ba 1 *adj.* Dicho de la persona que siente homofobia. 2 Relativo a ella.

homofonía *f.* Condición de homófono.

homófono, na 1 *adj.* Ling Dicho de las palabras que suenan igual, se escriben diferente y tienen distinto significado: *Ojear* (mirar) y *Hojear* (pasar las hojas de un libro). 2 Mús Dicho de la música o el canto en que todas las voces tienen el mismo sonido.

homogeneización 1 *m.* Acción y efecto de homogeneizar. 2 Tratamiento al que son sometidos algunos líquidos, especialmente la leche, para evitar la separación de sus componentes.

homogeneidad *f.* Cualidad de homogéneo.

homogeneizar 1 *tr.* Transformar en homogéneo, por medios físicos o químicos, un compuesto o mezcla de elementos diversos. 2 Conferir homogeneidad o unidad a los elementos de un conjunto o de un ámbito.

homogéneo, a 1 *adj.* Dicho de lo que es de un mismo género o de la misma naturaleza. 2 Dicho de una sustancia o de una mezcla de varias cuando su composición y estructura son uniformes. 3 Dicho del conjunto formado por elementos iguales.

homografía *f.* Condición de homógrafo.

homógrafo, fa *adj.* LING Dicho de las palabras que se escriben y pronuncian igual, pero tienen distinto significado: *Haya* (árbol) y *Haya* (forma del verbo haber).

homologar 1 *tr.* Reconocer un organismo autorizado el cumplimiento de determinadas normas de calidad de un producto. 2 CONVALIDAR, dar validez académica a los estudios aprobados en otro país, institución, etc. 3 DEP Confirmar un organismo oficial el resultado de una prueba deportiva.

homología *f.* Cualidad de lo que es homólogo.

homólogo, ga 1 *adj.* Dicho de la relación de correspondencia que tienen entre sí cosas con el mismo origen, pero cuya función puede ser diferente, o de la que tienen entre sí las de distinto origen, pero cuya función puede ser similar. 2 BIOL **cromosomas** ~s. 3 GEOM Dicho de la relación de los lados que en cada una de dos o más figuras geométricas semejantes están colocados en el mismo orden.

homonimia *f.* LING Significado distinto que pueden tener palabras con igual forma gráfica o fonética, como ocurre con las homógrafas y homófonas.

homónimo, ma 1 *adj.* LING Dicho de la palabra que presenta homonimia. 2 *m.* y *f.* TOCAYO.

homoparental *adj.* Dicho de una familia constituida por dos personas del mismo sexo y sus hijos.

homo sapiens *m.* Homínido moderno posterior al *homo erectus*. Es considerado el eslabón final de la evolución biológica.

homosexual *adj.* y *s.* Dicho de la persona que se siente atraída sexualmente hacia individuos de su mismo sexo.

homosexualidad *f.* Atracción sexual hacia personas del mismo sexo.

homotecia *f.* GEOM Transformación en el plano o el espacio que produce ampliaciones o reducciones de una figura conservando su forma.

honda *f.* Tira de piel o cuerda usada para lanzar piedras con violencia.

hondo, da 1 *adj.* Que tiene profundidad. 2 Dicho del terreno que está más bajo que todo lo circundante. 3 Profundo, recóndito. 4 Tratándose de un sentimiento: intenso, apasionado.

hondonada *f.* Espacio de terreno hondo.

hondura *f.* Profundidad de una cosa.

honesto, ta 1 *adj.* Probo, recto, honrado. 2 Decente, decoroso. 3 Recatado, pudoroso. 4 Razonable, justo.

hongo 1 *m.* BIOL Reino que incluye a organismos unicelulares o pluricelulares heterótrofos. Muchos son parásitos, otros viven sobre la materia en descomposición, y algunos más son simbióticos con algas unicelulares para formar líquenes. 2 Sombrero de copa baja, rígida y semiesférica, con poca ala.

☐ BIOL Los hongos se fijan al sustrato o al huésped mediante las hifas, cuyo conjunto constituye el **micelio**, que primero se desarrolla por debajo del sustrato y después por encima. Suelen dividirse en hongos con micelio continuo y hongos con el micelio tabicado, estos últimos comprenden a los **ascomicetos** y **basidiomicetos**.

honor 1 *m.* Cualidad moral que lleva al cumplimiento de los deberes hacia los otros o hacia uno mismo. 2 Buena reputación. 3 Obsequio, aplauso o agasajo de algo. 4 Cosa que enorgullece a alguien. 5 *pl.* Manifestaciones de cortesía, agasajos.

honorable 1 *adj.* Digno de ser honrado y respetado. 2 Tratamiento honorífico.

honorario 1 *adj.* Que tiene los honores y no la propiedad de una dignidad o empleo. 2 *m.* Retribución dada a alguien por su trabajo en algún oficio liberal. • U. m. en pl.

honra 1 *f.* Estima y respeto de la propia dignidad. 2 Buena reputación y fama. 3 Demostración de aprecio a alguien por su virtud y mérito. 4 Pudor, honestidad y recato en las mujeres. 5 *pl.* Oficios hechos por un difunto.

honrado, da *adj.* Que procede con lealtad, incapaz de robar o engañar.

honrar 1 *tr.* Respetar a una persona. 2 Enaltecer o premiar su mérito. 3 Dar honor o celebridad. 4 Tener alguien como honor la asistencia, adhesión, etc., de otras personas. 5 *prnl.* Sentirse orgulloso por algo.

hora 1 *f.* Cada una de las veinticuatro partes en que se divide el día solar, equivalentes a una unidad de tiempo de 60 minutos. 2 Tiempo oportuno y determinado para algo. 3 Momento del día en que ha ocurrido o va a ocurrir algo. || **~s canónicas** REL Las diferentes partes del oficio divino que la Iglesia católica suele rezar en distintas horas del día. **~ oficial** La establecida en un territorio por decisión de la autoridad competente con adelanto o retraso con respecto a la solar. **~ pico** o **punta** 1 Aquella en que se produce mayor aglomeración en los transportes urbanos. 2 Parte del día en que el consumo de algo, como la electricidad, el agua, etc. es mayor.

horadar *tr.* Agujerear una cosa, atravesándola.

horario, ria 1 *adj.* Relativo a las horas. 2 **huso** ~. 3 *m.* Aguja pequeña del reloj, que señala las horas. 4 Gráfico que indica las horas en que se realizan ciertas actividades. 5 Distribución de las horas de trabajo.

horca 1 *f.* Armazón formado por una barra horizontal sostenida por otras verticales, de la que cuelga una cuerda para ahorcar a los condenados. 2 Palo que remata en dos o más puntas para hacinar las mieses, levantar la paja, etc.

horcajadas *loc. adv.* **a** ~Dicho de la postura del que se monta en un caballo, persona o cosa echando cada pierna para un lado.

horcajadura *f.* Ángulo que forman los dos muslos en su nacimiento.

horchata *f.* Bebida hecha con frutas machacadas, agua y azúcar.

horda 1 *f.* Comunidad nómada con vínculos sociales rudimentarios entre los grupos que la integran. 2 Grupo de gente indisciplinada y violenta.

horizontal 1 *adj.* Relativo al horizonte 2 Que está en el horizonte o paralelo a él. 3 GEOM **plano** ~.

horizonte 1 *m.* Línea que limita la superficie terrestre a la que alcanza la vista, y en la cual parece que se junta el cielo con la tierra. 2 Espacio circular de la superficie del globo encerrado en dicha línea. 3 Conjunto de posibilidades de un asunto. 4 Campo que abarca el pensamiento. 5 GEO Cada uno de los niveles estratificados en que puede dividirse el perfil de un suelo.

horma *f.* Molde para fabricar o dar forma a algo, y especialmente los que se usan en la fabricación de zapatos y sombreros.

hormar *tr. y prnl.* Ajustar algo a su horma o molde.

hormiga *f.* Insecto himenóptero con antenas acodadas, patas largas y abdomen articulado al tórax. Forma colonias que están constituidas por las hembras estériles u obreras, que recogen alimentos, cuidan de los jóvenes y defienden la colonia; la reina, encargada de poner los huevos, y los machos, que viven solo el tiempo necesario para la reproducción.

hormigón *m.* Mezcla de piedras menudas y mortero de cemento y arena usada en construcción. || ~ **armado** El reforzado por un armazón interno de barras de hierro o acero para que, una vez fraguado, pueda absorber la tracción a la que es sometido.

hormiguear 1 *intr.* Experimentar hormigueo. 2 Ponerse en movimiento una multitud de personas o animales.

hormigueo *m.* Sensación molesta, como si corrieran hormigas por el cuerpo.

hormiguero 1 *m.* Lugar, que habitan las hormigas, formado por galerías excavadas. 2 **oso** ~. 3 Lugar en que hay mucho movimiento de gente.

hormona *f.* FISIOL y BIOQ Sustancia orgánica fundamental en el desarrollo del organismo, producida por las **glándulas** endocrinas. || ~ **vegetal** BOT Compuesto orgánico sintetizado en una parte de la planta y trasladado a otra, donde influye en un proceso específico.

☐ FISIOL y BIOQ Las hormonas más importantes son las de crecimiento y lactancia; la tiroxina, imprescindible para el crecimiento; las que controlan el metabolismo del calcio; la adrenalina, que estimula la actividad del organismo; la insulina, reguladora de los azúcares, y las hormonas sexuales (testosterona, estrógeno, progesterona).

hornacina *f.* Hueco en forma de arco en una pared, para colocar en él una estatua, un jarrón, etc.

hornada *f.* Cantidad de pan, pasteles, etc., cocidos de una vez.

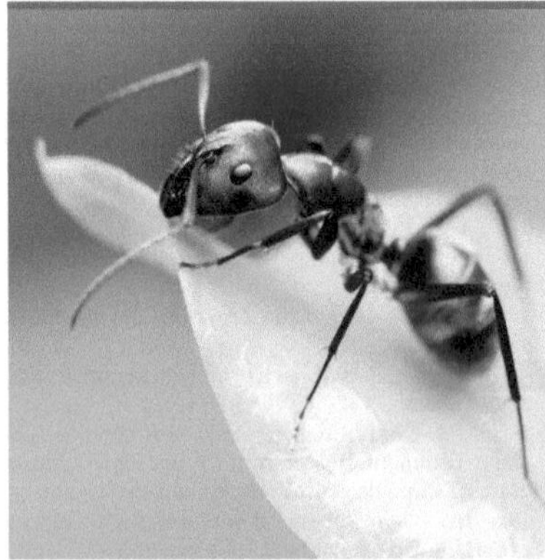

hornear *intr.* Cocer algo en el horno.

hornilla 1 *f.* Dispositivo en la parte superior de la estufa o cocina que difunde el calor para cocinar. 2 Hueco de los hogares con una rejilla horizontal para sostener la lumbre y un respiradero inferior para dar entrada al aire.

hornillo *m.* Utensilio donde se hace fuego.

horno 1 *m.* Espacio cerrado donde se produce calor al quemar un combustible o por medio de la electricidad. 2 Aparato electrodoméstico para asar alimentos. 3 Lugar donde hace mucho calor.

horóscopo 1 *m.* Gráfico que representa la posición relativa de los astros del sistema solar y de los signos del Zodíaco. 2 Predicción del futuro según la posición de los astros.

horqueta 1 *f.* Horca para sostener las ramas de los árboles. 2 Parte del árbol donde se juntan en ángulo el tronco y una rama, o dos ramas.

horquilla 1 *f.* Palo largo, con dos puntas en un extremo, para colgar y descolgar cosas. 2 Enfermedad que abre las puntas del pelo. 3 Pieza doblada de alambre o de otro material usada para sujetar el pelo.

horrible 1 *adj.* Que causa horror. 2 Muy feo.

horripilar 1 *tr. y prnl.* Causar horror y espanto. 2 Hacer que se ericen los pelos.

horror 1 *m.* Sensación de espanto muy intenso, acompañada de estremecimiento. 2 Atrocidad, monstruosidad, enormidad. 3 Temor a algo indeseado. 4 Aversión, repulsión.

horroroso, sa 1 *adj.* Que causa horror. 2 Muy feo, desagradable. 3 Muy malo.

hortaliza *f.* Nombre dado a las plantas herbáceas comestibles que se cultivan en huerta.

hortelano, na 1 *adj.* Relativo a la huerta. 2 *m. y f.* Persona que cultiva huertas.

hortensia *f.* Plantas arbustivas, de 80-150 cm de alto, hojas opuestas dentadas y flores rosadas o azuladas en corimbo.

horticultura 1 *f.* Cultivo de las huertas. 2 Parte de la agricultura que trata de este cultivo.

hosanna 1 *f.* Exclamación de júbilo usada en la liturgia católica. 2 Himno que se canta el Domingo de Ramos.

hosco, ca *adj.* Ceñudo, áspero, intratable.

hospedaje 1 *m.* Acción de hospedar. 2 Alojamiento y asistencia que se dan a alguien. 3 Precio que se paga por estar de huésped.

hospedar 1 *tr.* Recibir alguien huéspedes en su casa; darles alojamiento. 2 *prnl.* Alojarse como huésped.

hospedería *f.* Casa dedicada al alojamiento de viajeros o visitantes.

hospicio 1 *m.* Casa en que se albergaban peregrinos y pobres. 2 Asilo para niños pobres o huérfanos.

hospital 1 *m.* Establecimiento donde se proporciona a la población asistencia médica y sanitaria completa. Suele ser también un centro de formación e investigación. 2 Casa donde se recogían pobres y peregrinos.

hospitalario, ria 1 *adj.* Relativo al hospital. 2 Dicho de las órdenes religiosas dedicadas a hospedar peregrinos o enfermos. 3 Que socorre y alberga a extranjeros y necesitados. 4 Que agasaja a quienes recibe en su casa.

hospitalidad 1 *f.* Asistencia y albergue que alguien da a una persona. 2 Estancia de un enfermo en un hospital.

hospitalizar *tr.* Ingresar a un enfermo en un hospital.

hostelería *f.* Industria que se ocupa de brindar alojamiento, comida y otros servicios por un pago.

hostería *f.* Casa donde se da comida y alojamiento a cambio de dinero.

hostia *f.* REL En el culto católico, pan ázimo, regularmente circular, que sirve para la comunión de los fieles.

hostigar *tr.* Perseguir, molestar a alguien burlándose, contradiciéndole, etc.

hostil *adj.* Contrario, enemigo.

hostilidad 1 *f.* Cualidad de hostil. 2 Acción hostil. 3 Agresión armada de un ejército, tropa, Estado, etc., que constituye de hecho un estado de guerra.

hotel *m.* Establecimiento de hostelería para alojar con comodidad o con lujo a un gran número de personas.

hotelería *f.* HOSTELERÍA.

hoy 1 *adv. t.* En este día, en el día presente. 2 Actualmente, en el tiempo presente.

hoya 1 *f.* HOYO, concavidad 2 GEO Llano extenso rodeado de montañas. 3 GEO Tierra por donde pasa un río, y el mismo río.

hoyador *m.* Instrumento que se usa para hoyar.

hoyar *tr.* Abrir hoyos en un terreno para plantar árboles, clavar postes, etc.

hoyo 1 *m.* Concavidad o hueco en la tierra o en alguna otra superficie. 2 SEPULTURA.

hoyuelo 1 *m.* Hoyo en la parte inferior de la garganta. 2 Hoyo en el centro de la barbilla, y también el que se forma en las mejillas al reír.

hoz[1] *f.* Instrumento para segar formado por una hoja curva y afilada insertada en un mango de madera.

hoz[2] *f.* GEO Angostura de un valle profundo, o la que forma un río que corre entre dos montañas.

hozar *tr.* e *intr.* HOCICAR.

huaca 1 *f.* GUACA. 2 GUACO.

huaico *m.* GEO Desprendimiento de lodo y rocas ocasionado por lluvias torrenciales.

huaquear *tr.* GUAQUEAR.

huasipungo *m.* Terreno que, además del salario, reciben los jornaleros.

huanaco, ca *m.* y *f.* Mamífero rumiante originario de la región andina americana.

huasteco, ca *adj.* y *s.* De un pueblo indígena mexicano de origen maya cuya cultura se caracterizó por una arquitectura de basamentos redondeados y materiales simples.

huayno *m.* FOLCL Danza y música propias de Bolivia, Perú y Ecuador, que se acompañan con guitarras, tambor, maracas y arpa.

huchear 1 *tr.* e *intr.* Llamar, gritar. 2 *intr.* Lanzar los perros a la caza, voceando.

hueco, ca 1 *adj.* Que está vacío. 2 Dicho del sonido retumbante y cavernoso. 3 Mullido, esponjoso. 4 *m.* Espacio vacío. 5 Sitio no ocupado. 6 Intervalo de tiempo o lugar. 7 HOYO, concavidad en la tierra. || ~ **supraclavicular** ANAT Depresión encima de cada clavícula, a ambos lados del cuello.

huelga 1 *f.* Cese del trabajo, hecho voluntariamente y de común acuerdo por los trabajadores, a fin de manifestar una protesta o defender una reivindicación. 2 Tiempo que no se trabaja. || ~ **de hambre** Abstinencia voluntaria y total de alimentos para mostrar alguien la decisión de morirse si no consigue lo que pretende.

huelguear *intr.* Estar en huelga.

huella 1 *f.* Señal que deja en el suelo el pie del hombre, la pezuña de un animal, la rueda de un automóvil, etc. 2 Acción de hollar. 3 Plano de un escalón. 4 Rastro, vestigio. 5 Señal que deja algo en una superficie. 6 Impresión profunda y duradera. 7 Camino hecho por el paso frecuente de personas, animales o vehículos. || ~ **dactilar** o **digital** IMPRESIÓN dactilar.

huemul (Tb. güemul) *m.* Mamífero artiodáctilo rumiante semejante a un ciervo, que vive en los Andes.

huérfano, na 1 *adj.* y *s.* Dicho de la persona a quien faltan su padre o su madre, o ambos. 2 Falto de algo, especialmente de amparo.

huero, ra 1 *adj.* Vano, vacío, sin sustancia. 2 Dicho del huevo que por no estar fecundado no produce cría.

huerta *f.* Terreno de mayor extensión que el huerto, donde se cultivan hortalizas y árboles frutales.

huerto *m.* Terreno poco extenso y generalmente cercado en que se plantan verduras y árboles frutales.

hueso 1 *m.* ANAT y FISIOL Cada una de las piezas duras que forman el esqueleto de los vertebrados. 2 BOT Parte dura del interior de ciertos frutos.

☐ ANAT y FISIOL Los huesos están formados por células generadoras, fibras de colágeno y una sustancia calcificada. En el interior de los huesos largos, principalmente, está la médula, que es el lugar de formación de la sangre. La principal función de los huesos, además de la producción de sangre, es la de dar sostén y protección de los órganos internos.

huésped, da 1 *m.* y *f.* Persona alojada en una casa ajena, un hotel, etc. 2 *m.* BIOL Organismo en el que vive un parásito.

hueste 1 *f.* Partidarios o seguidores de una persona, causa, etc. 2 *pl.* Tropa o gente armada.

hueva *f.* Masa de huevecillos de los peces.

huevera 1 *f.* Utensilio para servir huevos pasados por agua. 2 Utensilio para transportar huevos.

huevo 1 *m.* BIOL **cigoto**. 2 ZOOL Estructura orgánica más o menos redondeada, que resulta de la fecundación del óvulo de las hembras de los animales **ovíparos** y que contiene el embrión y las sustancias destinadas a su nutrición. 3 El de las aves domésticas, no siempre fecundado, destinado al consumo humano o a la producción avícola.

hugonote, ta *m.* y *f.* HIST Calvinistas franceses que tuvieron un papel destacado entre la nobleza y los intelectuales antes de sufrir una gran persecución bajo el mandato de Francisco I, cuyo punto culminante fue la matanza de la noche de san Bartolomé (24 de agosto de 1572).

huichole *adj.* y *s.* De un pueblo amerindio mexicano poco influido por occidente. Entre sus ritos ancestrales se destaca la ceremonia de búsqueda de peyote.

huida *f.* Acción de huir.

huidizo, za *adj.* Que huye o tiene inclinación a huir.

huipil *m.* Camisa o túnica con vistosos bordados de colores.

huir 1 *intr.* y *prnl.* Apartarse deprisa de algo o alguien, para evitar un daño, disgusto o molestia. 2 Alejarse velozmente de una cosa. 3 *intr.* y *tr.* Evitar algo.

huitoto, ta *adj.* y *s.* De un pueblo indígena asentado en las regiones ubicadas entre los ríos Yapurá, Putumayo y Ambiyacú, en Colombia, Ecuador y Perú.

hula-hula (Tb. hulahula) *m.* Juego que consiste en hacer girar un aro con el movimiento de la cintura.

hule 1 *m.* CAUCHO, sustancia natural o sintética. 2 Tela recubierta de una capa impermeable. 3 HEVEA.

hulla *f.* GEO Clase de **carbón** mineral que contiene entre el 75 y 90 % de carbono. Se usa en la industria metalúrgica y para la producción de gas, alquitrán y coque.

humanidad 1 *f.* Conjunto de todas las personas. 2 Género humano. 3 Sensibilidad, compasión ante las desgracias de los demás. 4 Cualidad de humano. 5 *pl.* Conjunto de materias (artes, letras, etc.) que exaltan los valores humanos.

humanismo 1 *m.* Cultivo y conocimiento de las humanidades. 2 FIL Doctrina filosófica que considera al hombre como una instancia superior al margen de visiones espirituales.

humanista 1 *m.* y *f.* Partidario del humanismo. 2 Persona instruida en humanidades.

humanitario, ria 1 *adj.* Que mira por el bien de la humanidad. 2 Bondadoso, compasivo.

humanitarismo *m.* HUMANIDAD, compasión de las desgracias ajenas.

humanizar 1 *tr.* Hacer a alguien o a algo humano, familiar y afable. 2 *prnl.* Compadecerse.

humano, na 1 *adj.* Relativo a las personas. 2 Compasivo, caritativo. 3 **ciencias ~s**. 4 **derechos ~s**. 5 BIOL **genoma ~**. 6 ECON **recursos ~s**. 7 *m.* SER humano.

humanoide *adj.* y *s.* Que tiene forma o características del ser humano.

humareda *f.* Abundancia de humo.

humear 1 *intr.* y *prnl.* Echar de sí humo. 2 *intr.* Arrojar una cosa vaho o vapor.

humectante *adj.* Que humedece: *Crema humectante.* 2 Sustancia que estabiliza el contenido de agua de un material.

humectar 1 *tr.* HUMEDECER. 2 Aplicar o introducir un humectante.

humedad 1 *f.* Cualidad de húmedo. 2 Agua con la que está impregnado un cuerpo. 3 GEO Vapor de agua contenido en la atmósfera. || **~ absoluta** GEO Cantidad de humedad en peso contenida en un volumen de aire. **~ relativa** GEO Relación porcentual entre la cantidad de vapor de agua presente en el aire y la máxima que sería posible.

humedal *m.* ECOL Ecosistema siempre o habitualmente inundado, de relativa poca extensión y profundidad, caracterizado por la gran diversidad de especies vegetales y animales que en él habitan.

humedecer 1 *tr.* y *prnl.* Producir humedad una cosa. 2 *intr.* Con las preposiciones *con* y *en*, mojar ligeramente.

húmedo, da 1 *adj.* Que tiene humedad. 2 Ligeramente mojado. 3 GEO Dicho del clima, región, país, etc., predominantemente lluvioso.

humeral 1 *adj.* Relativo al húmero. 2 *m.* Paño blanco con que el sacerdote se envuelve las manos para coger la hostia o el copón.

humero 1 *m.* Cañón de chimenea por donde sale el humo. 2 HUMAREDA.

húmero *m.* ANAT Hueso del brazo que se articula con la escápula y con el cúbito y el radio.

humildad *f.* Virtud de reconocer los fallos y los defectos propios.

humilde 1 *adj.* Que tiene humildad. 2 De pocos medios económicos.

humillar 1 *intr.* Herir el amor propio o la dignidad de alguien. 2 *tr.* Abatir el orgullo. 3 *tr.* y *prnl.* Postrar, bajar, inclinar una parte del cuerpo, como la cabeza o la rodilla, en señal de sumisión o respeto. 4 *prnl.* Hacer actos de humildad.

humo 1 *m.* Producto que, en forma gaseosa, se desprende de una combustión incompleta, y se compone de vapor de agua, ácido carbónico y carbón en polvo. 2 Vapor que exhala cualquier cosa que fermenta. 3 *pl.* Vanidad, presunción, altivez.

humor 1 *m.* Disposición del ánimo. 2 Genio, índole, condición, especialmente cuando se demuestra exteriormente. 3 Jovialidad, agudeza. 4 Disposición para hacer algo. 5 Facultad del humorista. 6 Cualquier líquido del cuerpo de un organismo vivo.

humorismo 1 *m.* Facultad del humorista. 2 Estilo literario, gráfico o artístico de carácter cómico.

humorista 1 *adj.* y *s.* Que se expresa con humor. 2 Dicho de quien utiliza el humorismo en sus obras (literarias, plásticas, etc.).

humus *m.* ECOL Materia orgánica del suelo descompuesta por acciones químicas y bacterianas.

hundir 1 *tr.* y *prnl.* Sumir, meter en lo hondo. 2 Destruir, consumir, arruinar. 3 *tr.* Abrumar, oprimir, abatir.

huno, na *adj.* y *s.* HIST De un pueblo asiático que, tras derrotar a los germanos, llegó hasta la frontera romana del Danubio (h. 405) y se dividió en varias hordas que fueron reunificadas por Atila (434), quien acaudilló el saqueo del Imperio romano de Oriente, la Galia y la Península itálica.

huracán *m.* GEO Ciclón tropical que consiste en una masa de aire que gira alrededor de un centro de muy baja presión con una velocidad mínima de 110 km/h. Se origina entre 8° y los 15° de latitud N y su dirección es generalmente E-O.

huraño, ña *adj.* Que rehúye el trato con la gente.

hurgar 1 *tr.* y *prnl.* Revolver cosas en el interior de algo. 2 *tr.* Meterse alguien donde no le llaman.

hurí *f.* Cada una de las bellas mujeres creadas, según los musulmanes, como compañeras de los bienaventurados en el paraíso.

hurón, na *m.* y *f.* Mamífero mustélido de unos 30 cm de largo con cuerpo muy flexible y alargado, cabeza pequeña, patas cortas y pelaje gris con tono rojizo.

hurtadillas **a ~** *loc. adv.* Furtivamente, sin que nadie lo note.

hurtar 1 *tr.* Tomar o retener bienes ajenos contra la voluntad de su dueño, sin intimidación ni violencia. 2 Desviar, apartar.

hurto *m.* Acción de hurtar.

hurra *interj.* Voz que expresa alegría, satisfacción, entusiasmo.

húsar *m.* Militar de un cuerpo de caballería ligera creado en Francia en el s. XVII.

husita 1 *adj.* HIST Dicho del movimiento inspirado en las doctrinas de J. Hus (1371-1415), que propugnaba la hegemonía del poder civil y la pobreza eclesiástica. 2 *adj.* y *s.* Dicho del seguidor de dicho movimiento.

husmear 1 *tr.* Rastrear algo con el olfato. 2 Andar indagando alguna cosa con arte y disimulo.

huso 1 *m.* Instrumento manual, redondeado y alargado, que sirve para devanar hilo, seda, etc. 2 Cualquier objeto de forma similar. 3 Cilindro de un torno. || ~ **horario** GEO Cada una de las partes en que queda dividida la superficie terrestre por 24 meridianos y en que suele regir convencionalmente el mismo horario. Numerados de 0 a 23, de E a O.

hutu *adj.* y *s.* De un pueblo africano que constituye la mayoría de la población de Ruanda y Burundi.

i 1 *f.* Novena letra del **alfabeto** español y tercera de sus vocales. Representa un sonido vocálico cerrado y palatal. El mismo sonido puede ser representado por la letra *y*: *Comer y beber; muy; Uruguay*. • pl.: *íes*. 2 En la numeración romana, y en may. (I), equivale a uno. || ~ **griega** Nombre de la letra *y*.

ibérico, ca 1 *adj.* y *s.* De Iberia o de la península ibérica. 2 *adj.* Perteneciente o relativo a Iberia, a la península ibérica o a los ibéricos.

ibero, ra (Tb. íbero) 1 *adj.* y *s.* De la Iberia europea, hoy España y Portugal, o de la antigua Iberia caucásica. 2 *adj.* Perteneciente o relativo a Iberia o a los iberos.

iberoamericano, na 1 *adj.* y *s.* Natural de Iberoamérica, conjunto de los países americanos que formaron parte de los reinos de España y Portugal. 2 *adj.* Relativo a Iberoamérica o a los iberoamericanos.

íbice *m.* Mamífero artiodáctilo de grandes cuernos arqueados hacia atrás. Vive en terrenos escarpados de los Alpes.

ibis *m.* y *f.* Ave ciconiforme de pico curvo y plumaje blanco y negro, que en algunas especies es rojo.

iceberg *m.* Gran masa de hielo flotante (separada de los glaciares o de las plataformas de hielo de los mares polares), sumergida en su mayor parte.

ícono (Tb. icono) 1 *m.* ART Pintura religiosa sobre tabla realizada sobre un fondo dorado, adornado con incrustaciones y dibujos geométricos. 2 Signo en que hay una relación de semejanza con lo representado, como las señales de cruce o curva en las carreteras. 3 INF Símbolo gráfico que aparece en las pantallas de los aparatos informáticos y que representa un documento, un archivo, un programa, etc.

iconoclasta 1 *adj.* y *s.* REL e HIST Dicho del movimiento religioso que destruía las imágenes sagradas, como indignas del culto cristiano. Alcanzó su máxima virulencia en Constantinopla en el s. VIII. 2 Dicho de quien no acepta la autoridad ni las tradiciones y normas socialmente admitidas.

iconografía *f.* Colección de imágenes o retratos.

iconostasio *m.* ART Bastidor con imágenes sagradas pintadas, que lleva tres puertas y aísla el presbiterio y su altar del resto de la iglesia.

icosaedro *m.* GEOM Sólido limitado por veinte caras.

ictericia *f.* MED Deficiencia biliar que se manifiesta en la pigmentación amarillenta de la piel.

ictiología *f.* ZOOL Parte de la zoología que trata de los peces.

ictiosaurio *m.* Reptil fósil marino de gran tamaño y forma de pez, con hocico largo y dientes separados. Abundó en el Jurásico.

idea 1 *f.* Representación mental de algo realizada a partir de nociones ya adquiridas o por abstracción de las sensaciones que proporcionan los sentidos. 2 Conocimiento aprox.: *Sobre cría de aves tengo alguna idea*. 3 Opinión o concepto que se tiene de alguien o de algo: *Tengo idea que Juan es muy emprendedor; su idea sobre el amor es muy anticuada*. 4 Intención: *Mi idea es regresar al país*. 5 Cosa ingeniosa que sin premeditación se le ocurre a alguien. 6 Creencia, opinión: *Persona de ideas avanzadas*. || ~ **principal** LING En un texto, el tema o concepto más importante alrededor del cual se organiza su contenido. ~ **secundaria** LING En un texto, información que se deriva del tema principal: *Las ideas secundarias desarrollan o amplían el contenido principal de un texto*.

ideal 1 *adj.* Relativo a las ideas. 2 Imaginario, no realmente existente. 3 Perfecto, muy bueno, magnífico. 4 *m.* Arquetipo, modelo de perfección. 5 Objetivo al que se tiende.

idealismo *m.* Tendencia a idealizar, a dejarse influir más por ideales que por consideraciones prácticas.

idealista *adj.* y *s.* Que tiende a representarse las cosas de una manera ideal.

idealizar *tr.* Ver las cosas o presentarlas de conformidad con las ideas o la fantasía personal, más que de acuerdo con la realidad.

idear 1 *tr.* Formar la idea de algo. 2 Crear, inventar.

ideario *m.* Conjunto de ideas de una ideología, una colectividad, un partido político, etc.

ídem (Voz lat.) *pron.* El mismo, lo mismo. Se emplea para no repetir lo ya dicho o escrito.

idéntico, ca *adj.* Dicho de lo totalmente igual a otro, o de personas o cosas muy parecidas.

identidad 1 *f.* Cualidad de idéntico. 2 Conjunto de rasgos propios de un individuo o una colectividad. 3 Hecho de ser alguien o algo lo mismo que se supone o se busca. 4 MAT Igualdad en la que los dos miembros toman valores numéricos iguales para todo el sistema de valores atribuido a las variables.

identificar 1 *tr.* y *prnl.* Reconocer o probar la identidad de alguien o de algo. 2 *prnl.* Llegar a tener las mismas creencias, propósitos, etc., que otra persona. 3 Dar los datos personales necesarios para ser reconocido.

ideograma *m.* LING Signo de la escritura ideográfica que representa una idea o una palabra, no un fonema.

ideología *f.* Conjunto de ideas o conceptos fundamentales de una persona, colectividad o movimiento político o religioso.

ideólogo, ga *m.* y *f.* Persona forjadora de una ideología.

idilio *m.* Relaciones entre enamorados.

idioma 1 *m.* Lengua de un país o un pueblo, o común a varios. 2 Lenguaje particular de algún grupo: *El idioma del deporte.*
□ LING Algunos estudios lingüísticos establecen diferencias entre los conceptos idioma y lengua. Un idioma es la lengua oficial de un territorio, por ejemplo el castellano, mientras que la lengua es el sistema lingüístico o código que emplea una comunidad para comunicarse y no necesariamente es reconocida por el Estado.

idiomático, ca *adj.* Relativo al idioma.

idiosincrasia *f.* Carácter propio y distintivo de una colectividad.

idiota 1 *adj.* y *s.* Persona engreída. 2 Tonto, corto de entendimiento.

idiotizar *tr.* y *prnl.* Volver idiota.

ido, da 1 *adj.* Dicho de la persona falta de juicio o distraída. 2 *f.* Acción de ir de un lugar a otro.

idólatra *adj.* y *s.* Que adora ídolos.

idolatrar 1 *tr.* Adorar ídolos. 2 Amar con exceso a alguien o a algo.

ídolo 1 *m.* Imagen de una deidad, adorada como si fuera la divinidad misma. 2 Persona admirada en exceso.

idóneo, a *adj.* Adecuado o conveniente.

iglesia 1 *f.* REL Congregación de cuantos han recibido el bautismo cristiano. 2 REL Conjunto del clero y de los fieles cristianos de un determinado lugar. 3 Gobierno eclesiástico del papa y demás obispos y conjunto de personas dependientes de ese gobierno, como las de las congregaciones, órdenes o fraternidades. 4 REL Seguida de su denominación particular, cada una de las comunidades cristianas que se definen como iglesia: *Iglesia luterana, anglicana, presbiteriana,* etc. • Se escribe con may. inic. en las acepciones 2, 3 y 4. 5 ARQ Templo proyectado como lugar de culto para los cristianos. Su tamaño y forma varían, de ermitas hasta catedrales inmensas. Suelen tener espacios separados para las distintas formas litúrgicas, como baptisterios, sacristías, despachos etc. || ~ **anglicana** HIST y REL ANGLICANISMO. ~ **armenia** HIST y REL Rama más antigua de la fe cristiana. Tiene su sede en un monasterio cerca de Ereván (Armenia) desde el s. IV. ~ **católica** HIST y REL CATOLICISMO. ~ **copta** HIST y REL Iglesia cristiana de Egipto. Está encabezada por el papa y el patriarca de Alejandría, que es nombrado por un colegio electoral, con una elección final mediante sorteo. ~ **maronita** HIST y REL Comunidad cristiana árabe que tiene su sede central en Líbano. Está gobernada de forma autónoma por un patriarca. ~ **oriental** REL La católica de los países de Europa oriental (como Grecia) y Oriente Medio, especialmente. ~ **ortodoxa** HIST y REL Comunidad de iglesias independientes que comparten una continuidad histórica, los principios de organización eclesiástica y la tradición litúrgica con la Iglesia oriental. Desde el s. XI, prestaron obediencia al patriarca de Constantinopla, rompiendo con el papa de Roma. ~**s pentecostales** REL Congregación de comunidades evangélicas caracterizadas por la creencia en la experiencia de lo sagrado, que culmina con la llegada del Espíritu Santo. ~**s reformadas** REL Grupo de iglesias protestantes que se guían por las doctrinas y políticas de los reformadores U. Zwinglio y J. Calvino.

iglú *m.* Vivienda semiesférica construida con bloques de hielo.

ígneo, a 1 *adj.* Relativo al fuego o sus propiedades. 2 GEO **rocas ~s.**

ignición *f.* Encendido de una sustancia por elevarse su temperatura hasta el punto en que sus moléculas reaccionan espontáneamente con el oxígeno.

ignífugo, ga *adj.* QUÍM Dicho de la sustancia que no se inflama ni propaga la llama o el fuego.

ignominia *f.* Afrenta pública.

ignorancia *f.* Falta de conocimiento de algo.

ignorante 1 *adj.* Que ignora o desconoce algo. 2 *adj.* y *s.* Que carece de conocimientos.

ignorar *tr.* No tener noticia o conocimiento de algo.

igual 1 *adj.* De la misma entidad, cualidad, figura o valor que otro. 2 Liso, sin desniveles. 3 Constante, no variable. 4 *m.* MAT Signo de la igualdad (=). 5 *adv. m.* De la misma manera.

igualación 1 *f.* Acción y efecto de igualar o igualarse. 2 MAT Proceso para solucionar sistemas de dos o más ecuaciones despejando la misma incógnita en todas las ecuaciones e igualando los valores obtenidos hasta conseguir una sola ecuación con una incógnita de la que se puede obtener el valor a partir del cual se calculan los valores de las demás incógnitas.

igualar 1 *tr.* y *prnl.* Eliminar diferencias entre personas o cosas. 2 Nivelar un terreno o una superficie.

igualdad 1 *f.* Cualidad de igual. 2 Correspondencia y proporción entre las partes de un todo. 3 MAT Expresión de la equivalencia matemática de dos cantidades.

iguana *f.* Reptil arborícola, con papada grande y cresta escamosa, de color verde. Alguna de las especies alcanza hasta 1 m de longitud.

iguanodonte *m.* Reptil fósil herbívoro y de tamaño gigantesco, perteneciente al Cretácico inferior.

ijada *f.* HIPOCONDRIO.

ijca 1 *adj.* y *s.* De un pueblo indígena colombiano asentado en la sierra nevada de Santa Marta, organizado en parcialidades bajo la autoridad tradicional del mamo y del cabildo. 2 *adj.* Perteneciente o relativo a los ijcas.

ilación *f.* Conexión razonada entre varias ideas de un discurso.

ilativo, va 1 *adj.* Relativo a la ilación. 2 GRAM **conjunción ~.**

ilegal *adj.* No conforme a la ley o en contra de ella.

ilegalidad 1 *f.* Cualidad de ilegal. 2 Acción o situación ilegal.

ilegible *adj.* Que no puede leerse.

ilegítimo, ma 1 *adj.* No legítimo. 2 **hijo ~.**

ileocecal *adj.* ANAT **válvula ~.**

íleon *m.* ANAT Sección del intestino delgado entre el yeyuno y el ciego.

ileso, sa *adj.* Sin lesión.

iletrado, da 1 *adj.* De escasos conocimientos. 2 **ANALFABETO.**

iliaco[1], ca (Tb. ilíaco) 1 *adj.* ANAT Perteneciente o relativo al ilion. 2 ANAT **fosa** ~.

iliaco[2], ca (Tb. ilíaco) *adj.* Perteneciente o relativo a Ilión o Troya.

ilícito, ta 1 *adj.* No permitido por la moral o por la ley. 2 DER **enriquecimiento** ~.

ilimitado, da *adj.* Que no tiene límites.

ilion *m.* ANAT Hueso de la cadera que hace parte, con el isquion y el pubis, del innominado.

ilocutivo, va *adj.* LING Dicho de un acto de habla, que contiene expresamente la intención del hablante. Felicitar o agradecer son actos ilocutivos.

ilógico, ca *adj.* Que carece de lógica, absurdo.

ilota *m.* y *f.* HIST Esclavo propiedad del Estado en la antigua Esparta.

iluminación 1 *f.* Acción y efecto de iluminar. 2 Conjunto de luces artificiales. 3 Luz natural de un local. 4 ART Conjunto de luces y sombras en un cuadro. 5 REL Esclarecimiento interior místico experimental o racional.

iluminancia *f.* FÍS Magnitud que expresa el flujo luminoso que incide sobre la unidad de superficie. Su unidad es el lux.

iluminar 1 *tr.* Alumbrar, dar luz. 2 Adornar algún lugar con luces. 3 Dar color a figuras o letras.

ilusión 1 *f.* Representación imaginaria que no corresponde a la realidad. 2 Esperanza muy acariciada.

ilusionar *tr.* y *prnl.* Hacer que alguien se forje ilusiones.

ilusionismo *m.* Magia o prestidigitación con que se realizan acciones sorprendentes o trucos.

iluso, sa 1 *adj.* y *s.* Propenso a ilusionarse con demasiada facilidad. 2 Candoroso, soñador.

ilustración 1 *f.* Acción y efecto de ilustrar o ilustrarse. 2 HIST Movimiento intelectual europeo y americano del s. XVIII, caracterizado por una gran confianza en la razón.

□ HIST La Ilustración postulaba que mediante el uso de la razón el progreso ilimitado sería posible. En Francia tuvo un desarrollo sobresaliente representado por ilustrados como Montesquieu, Diderot, Voltaire, Rousseau y contó también con valiosos representantes en otros países, como Kant en Alemania, Hume en Escocia y B. Franklin y T. Jefferson en las colonias británicas. Concluyó con la Revolución francesa (1789) y sirvió de modelo para la reforma humanista del mundo occidental del s. XIX.

ilustrado, da 1 *adj.* Culto, instruido. 2 Relativo a la Ilustración. 3 HIST **despotismo** ~.

ilustrar 1 *tr.* y *prnl.* Instruir, enseñar. 2 Adornar un texto con láminas o dibujos.

ilustre *adj.* Célebre, insigne.

imagen 1 *f.* Representación plástica de personas, ideas o cosas. 2 Representación mental de alguien o de algo. 3 Representación de algo por medio del lenguaje. 4 ÓPT Reproducción de la figura de un objeto por la combinación de los rayos de luz.

imaginación 1 *f.* Facultad que forja las imágenes. 2 Facilidad para formar nuevas ideas, nuevos proyectos, etc.

imaginar 1 *tr.* Forjar imágenes mentales, representarse algo en la fantasía. 2 Inventar, crear.

imaginario, ria 1 *adj.* No real, que solo existe en la imaginación. 2 MAT **número** ~. 3 *m.* Concepción colectiva que se tiene de la realidad cultural de una comunidad.

imaginativo, va *adj.* Que continuamente imagina.

imaginería *f.* ART Arte de pintar o tallar imágenes de carácter religioso.

imago *m.* ZOOL Estado de los insectos tras el ciclo de la metamorfosis.

imán[1] 1 *m.* Mineral férrico que tiene la propiedad de atraer los metales. Es combinación de dos óxidos de hierro. 2 Hierro acerado imantado.

imán[2] 1 *m.* REL Jefe de una comunidad o grupo islámico. 2 Título honorario dado a destacados investigadores religiosos del islam.

imantar *tr.* y *prnl.* Darle a un cuerpo las propiedades magnéticas.

imbatible *adj.* Que no puede ser batido o derrotado.

imbécil *adj.* y *s.* Alelado, tonto.

imbecilidad 1 *f.* Alelamiento, escasez de razón. 2 Acción o dicho improcedente o sin sentido.

imberbe *adj.* Que todavía no tiene barba o que tiene muy poca.

imborrable 1 *adj.* Que no se puede borrar. 2 Que no se puede olvidar.

imbricar *tr.* Disponer una serie de cosas iguales de manera que queden superpuestas parcialmente, como las escamas de los peces.

imbuir *tr.* Infundir, persuadir.

imitación 1 *f.* Acción y efecto de imitar. 2 Objeto que imita a otro más valioso.

imitar 1 *tr.* Hacer una cosa a semejanza de otra. 2 Asemejarse una cosa a otra.

imoscapo *m.* ARQ Parte inferior del fuste de una columna.

impaciencia *f.* Intranquilidad causada por algo que molesta o que no acaba de llegar.

impacientar 1 *tr.* Causar impaciencia. 2 *prnl.* Perder la paciencia, desesperarse.

impactar 1 *tr.* Producir un impacto. 2 Impresionar o desconcertar con algún hecho o con una noticia.

impacto 1 *m.* Choque de un cuerpo con otro o entre dos cuerpos. 2 Huella que deja. 3 Golpe emocional producido por una noticia desconcertante. 4 FÍS Fuerza que actúa solo durante un breve intervalo, pero capaz de causar un cambio apreciable en la cantidad de movimiento del sistema sobre el cual actúa. || ~ **ambiental** ECOL Efecto positivo o negativo de la actividad humana en la naturaleza.

impagable 1 *adj.* Que no se puede pagar. 2 De valor incalculable.

impala *m.* Antílope africano de manto castaño rojizo, y en el vientre blanco; los machos poseen cuernos anillados y en forma de lira.

impalpable 1 *adj.* Que no se puede palpar. 2 Etéreo, difuso.
impar 1 *adj.* Que no tiene par o igual. 2 MAT **número ~.**
imparcial *adj.* y *s.* Que juzga o actúa con imparcialidad.
imparcialidad *f.* Falta de juicio anticipado o de prevención en favor o en contra de personas o cosas.
impartir *tr.* Comunicar, dar, repartir.
impasibilidad *f.* Cualidad de impasible.
impasible *adj.* Indiferente, imperturbable.
impávido, da *adj.* Libre de pavor, sereno ante el peligro.
impecable *adj.* Perfecto, sin tacha ni defecto.
impedancia *f.* ELECTR Relación entre la tensión alterna aplicada a un circuito y la intensidad de la corriente producida.
impedido, da *adj.* y *s.* Que no puede servirse de sus miembros para moverse.
impedimenta *f.* Equipo que suele llevar la tropa.
impedimento *m.* Obstáculo, estorbo.
impedir *tr.* Estorbar o imposibilitar la realización de algo.
impelente *adj.* Que impele o impulsa.
impeler 1 *tr.* Empujar, producir movimiento. 2 Incitar, estimular.
impenetrable *adj.* Que no se puede penetrar en sentido físico o intelectual.
impensable *adj.* Inimaginable, absurdo.
imperar *intr.* Mandar, dominar.
imperativo, va 1 *adj.* Que impera o manda. 2 GRAM *m.* Modo verbal que denota mandato, exhortación o disuasión. • Solo se utiliza en segunda persona y en presente: *¡Salga cuanto antes!* 3 Deber o exigencia inexcusables.
imperceptible *adj.* Que no se puede percibir o apenas observable.
imperdible *m.* Alfiler que se abrocha encajando su punta en un gancho.
imperdonable 1 *adj.* Que no se puede perdonar o que no habría que perdonar. 2 Incalificable, gravísimo.
imperecedero, ra *adj.* Que no muere, eterno.
imperfección *f.* Defecto, deficiencia, falta.
imperfecto, ta *adj.* No concluido o perfeccionado.
imperial *adj.* Relativo al imperio o al emperador.
imperialismo *m.* POLÍT Teoría y práctica que defiende el dominio militar o económico de un Estado o país sobre otros.
imperialista 1 *adj.* Relativo al imperialismo. 2 *adj.* y *s.* Dicho de la persona o del Estado que lo propugna o practica.
imperio 1 *m.* Acción de mandar con autoridad. 2 Dignidad de emperador, su gobierno y los territorios sujetos a él. 3 POLÍT Potencia de alguna importancia, aunque su jefe no se titule emperador.
imperioso, sa *adj.* Que conlleva fuerza o exigencia.
impermeable *adj.* Que no deja pasar los líquidos.
impersonal 1 *adj.* Que no tiene en cuenta los aspectos personales: *Un tratamiento impersonal.* 2 GRAM **oración ~, verbo ~.**
impertérrito, ta *adj.* Que nada lo intimida.
impertinente *adj.* y *s.* Irrespetuoso, pesado, molesto.
imperturbable *adj.* Que no se altera ni perturba.
impetrar *tr.* Pedir insistentemente algo.
ímpetu *m.* Brío con que se realiza una acción.
impío, a 1 *adj.* y *s.* Falto de piedad. 2 Irreverente con lo sagrado.
implacable *adj.* Dicho de los fenómenos que no se calman, y de las personas que no se ablandan o suavizan.

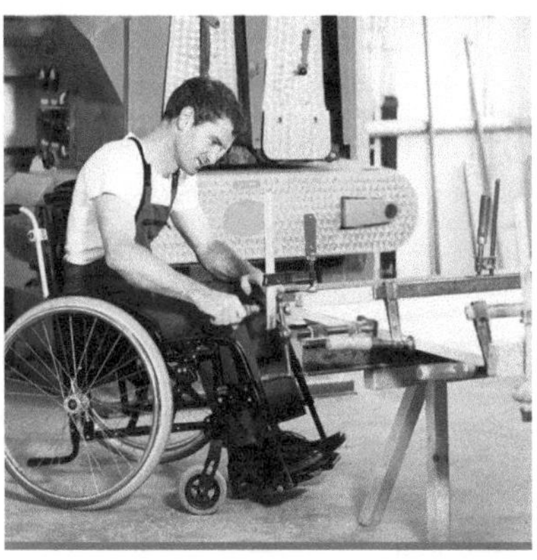

implantar 1 *tr.* Plantar, encajar, injertar. 2 MED Fijar un embrión o huevo fecundado en el endometrio. 3 MED Colocar en el cuerpo algún aparato que ayude a su funcionamiento. 4 *tr.* y *prnl.* Establecer normas, usos, tributos, etc.
implante *m.* MED Acción y efecto de implantar.
implemento *m.* **UTENSILIO.**
implicación 1 *f.* Cosa implicada. 2 Resultado, repercusión.
implicar 1 *tr.* y *prnl.* Mezclar a alguien en un asunto. 2 Llevar en sí, significar.
implícito, ta *adj.* Que no se dice de forma expresa y directa.
implorar *tr.* Rogar con ahínco.
implosión 1 *f.* Acción de romperse hacia dentro las paredes de una cavidad cuya presión interior es inferior a la externa. 2 FON Modo de articulación propio de las consonantes implosivas.
implosivo, va *adj.* y *f.* FON Dicho del sonido oclusivo consonántico que, por ser final de sílaba, no termina con la abertura propia de la consonante, como la *p* de *apto* o la *c* de *néctar*.
imponderable 1 *adj.* Que no se puede pesar ni medir. 2 *m.* Factor o situación imprevisible.
imponente 1 *adj.* y *s.* Que impone o se impone. 2 Formidable, grandioso.
imponer 1 *tr.* Poner una obligación u otra cosa. 2 En ciertas ceremonias, poner a alguien algo encima: *Le impusieron la ceniza.* 3 *tr.* e *intr.* Infundir respeto o admiración. 4 *prnl.* Hacer alguien valer su autoridad. 5 Hacerse necesario algo: *Se impone salir pronto.* 6 Predominar, aventajar.
impopular *adj.* Que no goza de la aceptación de la mayoría.
importación 1 *f.* Acción de importar mercancías, costumbres, etc., de otro país. 2 ECON Conjunto de productos importados.
importancia 1 *f.* Cualidad de lo que es muy conveniente, interesante o de consecuencias notables. 2 Representación de alguien por su dignidad o sus cualidades.
importante *adj.* Que tiene importancia.
importar 1 *intr.* Convenir, interesar. 2 *tr.* Valer o costar cierta cantidad una cosa. 3 ECON Introducir costumbres, mercancías o géneros del extranjero.
importe *m.* Costo o valor en dinero de algo.
importunar *tr.* Incomodar con una exigencia o solicitud.
imposibilidad *f.* Falta de posibilidad para existir o para hacer algo.

imposibilitar 1 *tr.* Hacer imposible algo. 2 *prnl.* Estar lisiado.
imposible 1 *adj.* y *m.* Muy difícil de hacer o lograr. 2 *adj.* Inaguantable, intratable.
imposición *f.* Acción y efecto de imponer o imponerse.
imposta 1 *f.* ARQ Hilada de sillares sobre la cual va sentado un arco. 2 ARQ Faja horizontal en la fachada de los edificios a la altura de los diversos pisos.
impostado, da *adj.* Que no es natural.
impostor, ra *adj.* y *s.* Que se hace pasar por quien no es.
impostura *f.* Fingimiento, engaño, verdad aparente.
impotable *adj.* Que no se puede beber.
impotencia 1 *f.* Falta de poder o capacidad para hacer algo. 2 MED Incapacidad del varón para realizar el coito.
impracticable 1 *adj.* Que no se puede practicar. 2 Dicho del camino por el que es imposible o muy difícil pasar.
imprecar *tr.* Proferir improperios contra alguien.
imprecisión *f.* Falta de precisión.
impregnar *tr.* y *prnl.* Fijar las partículas de un cuerpo en las de otro.
imprenta 1 *f.* Arte o técnica de imprimir. 2 Taller o lugar donde se imprime. 3 **letra** de ~.
□ HIST Los orígenes de la imprenta se sitúan en China varios siglos antes de la era cristiana. Sin embargo, la imprenta de caracteres movibles nació en Europa hacia 1440, en Maguncia, por obra de Gutemberg, y en el siglo siguiente su uso ya estaba extendido por todo el mundo occidental. Las limitaciones técnicas empezaron a ser superadas en el s. XIX (máquina rotativa, linotipia, 1884); en la primera mitad del s. XX aparecieron los procedimientos electromecánicos y fotográficos y a partir de 1960 comenzó la aplicación de la informática.
imprescindible *adj.* Dicho de lo que no se puede prescindir, de lo muy necesario.
impresión 1 *f.* Acción y efecto de imprimir. 2 Marca o señal que deja una cosa al apretarla contra otra. 3 Efecto o sensación que algo o alguien causa en el ánimo. 4 Opinión producida por dicha sensación. || ~ **dactilar** o **digital** La que deja la yema del dedo en un objeto al tocarlo, o la que se obtiene impregnándola previamente en una materia colorante.
impresionar 1 *tr.* y *prnl.* Conmover profundamente el ánimo. 2 *tr.* Fijar en una superficie especialmente sensible imágenes o sonidos.

impresionismo *m.* ART Movimiento pictórico de finales del s. XIX que tuvo su origen en Francia y cuyo objetivo era fijar la impresión fugaz producida por el modelo (paisaje o figura) a través del estudio de la luz.
impreso *m.* Cualquier obra impresa (un libro, un folleto, etc.).
impresor, ra 1 *m.* y *f.* Persona que imprime textos. 2 *f.* INF Máquina que reproduce sobre papel los resultados de las distintas operaciones.
imprevisto, ta *adj.* y *s.* Dicho de lo que no ha sido previsto. 2 *m.* Gasto eventual para el que no hay un presupuesto fijo.
imprimar *tr.* Preparar con los ingredientes necesarios las cosas que se han de pintar o teñir.
imprimir 1 *tr.* Fijar alguna marca o figura en una superficie mediante presión. 2 Fijar sobre papel o materiales similares textos, dibujos, etc. 3 Dar una determinada característica, estilo, etc., a algo.
improbable *adj.* Que carece de probabilidad.
improcedente *adj.* Que no es conveniente.
improductivo, va *adj.* Que no produce.
impronta 1 *f.* Huella que deja un cuerpo en un material blando. 2 Huella que, en el orden moral, deja una cosa en otra.
impronunciable 1 *adj.* Muy difícil de pronunciar. 2 Que no debe o no conviene decirse.
improperio *m.* Ofensa de palabra, insulto.
impropio, pia *adj.* Dicho de lo inadecuado por cualquier motivo.
improrrogable *adj.* Que no se puede prorrogar.
improvisación *f.* Acción y efecto de improvisar.
improvisar *tr.* Hacer o crear algo sin preparación previa.
imprudencia 1 *f.* Falta de prudencia. 2 Acción o dicho imprudente.
impúber *adj.* y *s.* Que no ha alcanzado la pubertad.
impúdico, ca *adj.* Indecente, obsceno.
impuesto *m.* ECON Tributo exigido a quienes tienen capacidad económica para soportarlo. || ~ **al valor añadido** ECON El que grava el valor añadido de un producto en las distintas fases de su producción. ~ **sobre la renta** ECON El que grava la renta de las personas naturales y jurídicas.
impugnar *tr.* Refutar con razones alguna opinión o teoría.
impulsar 1 *tr.* Empujar dando movimiento a un cuerpo. 2 Estimular una acción o intensificar una actividad.
impulso 1 *m.* Acción y efecto de impulsar o de impeler. 2 Fuerza de lo que se mueve, crece, etc. 3 Inclinación a realizar determinados actos de forma irreflexiva. 4 FÍS Producto de una fuerza por el tiempo durante el que actúa. || ~ **nervioso** FISIOL Fenómeno de naturaleza eléctrica por el cual la excitación de una fibra nerviosa se propaga por el nervio.
impune *adj.* Que queda sin castigo.
impunidad *f.* Hecho de quedar impune.
impureza 1 *f.* Condición de lo que no es puro. 2 Cualquier materia que se mezcla con otra haciéndola perder parte de sus cualidades.
imputar *tr.* Atribuir un hecho reprobable a alguien.
inacabable *adj.* Que no se le ve el fin.
inaccesible 1 *adj.* Imposible de alcanzar o conseguir. 2 Sin acceso.
inacentuado, da *adj.* Que no tiene acento.
inaceptable *adj.* Que no se puede aceptar o no es digno de crédito.
inactivo, va *adj.* Sin actividad, quieto, ocioso, inerte.

inadaptado, da *adj.* y *s.* Que no se acomoda a ciertas formas de vida.

inadecuado, da *adj.* Que no concuerda con una situación.

inadmisible 1 *adj.* Que no se puede admitir. 2 Que no es creíble.

inadvertencia *f.* Falta de advertencia o atención.

inagotable *adj.* Que no se agota, que da mucho de sí.

inaguantable *adj.* Que no se puede aguantar por abusivo o molesto.

inalámbrico, ca *adj.* Dicho de las comunicaciones eléctricas que se realizan sin cables transmisores.

inalcanzable *adj.* Que no se puede alcanzar.

inalienable *adj.* Dicho de aquello cuyo dominio no puede transferirse a otro ni puede ser anulado.

inalterable 1 *adj.* Que no pierde fácilmente la serenidad. 2 Que no cambia.

inane *adj.* Vano, fútil, inútil.

inanición *f.* Debilitamiento grave por falta de alimento.

inanimado, da *adj.* Dicho de lo que carece de vida.

inapelable 1 *adj.* Que no se puede apelar. 2 Irremediable, inevitable.

inapetencia *f.* Falta de apetito.

inaplazable *adj.* Que no se puede aplazar, improrrogable.

inarticulado, da *adj.* Dicho de un sonido de la voz que no forma palabras.

inasequible *adj.* Que no se puede alcanzar o comprender.

inasistencia *f.* Falta de asistencia.

inaudible *adj.* Que no se puede oír.

inaudito, ta *adj.* Jamás oído, inusitado.

inaugurar 1 *tr.* Celebrar el estreno de una obra, de un edificio, etc. 2 Iniciar algo nuevo.

inca 1 *adj.* y *s.* Hist De un pueblo amerindio que en la época precolombina desarrolló una importante cultura en el ámbito andino. 2 *adj.* Perteneciente o relativo a los incas. 3 *m.* Soberano que gobernaba el Imperio incaico.

□ Hist El origen de los incas se sitúa en el altiplano boliviano y está ligado a las tribus aimaras que en el s. XIII emigraron al valle de Cuzco. A mediados del s. XV habían extendido sus dominios hasta el N de Ecuador, las zonas andinas de Colombia, Bolivia, una parte de Chile y el NO argentino. Luchas internas por la sucesión al trono coincidieron con el desembarco del conquistador español Francisco Pizarro y sus fuerzas (1532), quien, apoyado por indígenas inconformes con la dominación inca, apresó al soberano Atahualpa y un año después hizo que lo ejecutaran. Con su muerte se inició el proceso de desintegración del Imperio, que culminó en 1572 con la decapitación del último soberano, Túpac Amaru.

incaico, ca *adj.* Perteneciente o relativo a los incas.

incalculable *adj.* Que no se puede calcular.

incalificable *adj.* Muy vituperable o reprochable.

incandescente *adj.* Dicho del metal que por la acción del calor se pone rojo o blanco.

incansable 1 *adj.* Que no se cansa. 2 Tenaz, persistente.

incapacidad 1 *f.* Falta de capacidad para hacer, recibir o aprender algo. 2 Falta de medios para realizar una acción.

incapacitar *tr.* Privar de la capacidad o aptitud necesaria para algo.

incapaz *adj.* Falto de aptitud, de talento o de capacidad para cualquier cosa.

incautarse *prnl.* Privar una autoridad de ciertos bienes a alguien por estar relacionados con un delito o una infracción.

incauto, ta 1 *adj.* Que obra sin la cautela debida. 2 *adj.* y *s.* Ingenuo, falto de malicia.

incendiar *tr.* y *prnl.* Dar fuego a cosas que no están destinadas a arder.

incendiario, ria 1 *adj.* y *s.* Que incendia con premeditación, por afán de lucro o por maldad. 2 *adj.* Destinado a incendiar: *Bomba incendiaria.* 3 Escandaloso, alborotador: *Discurso incendiario.*

incendio *m.* Fuego grande que destruye lo que no debería arder.

incensario *m.* Braserillo que pende de unas cadenas y que se emplea para arrojar el humo del incienso.

incentivo *adj.* y *m.* Estímulo con que se incita a realizar algún trabajo o empresa difícil.

incertidumbre *f.* Duda, falta de seguridad.

incesante *adj.* Constante, continuo, que se repite frecuentemente.

incesto *m.* Relación sexual entre parientes cercanos cuyo matrimonio no se permite.

incidencia 1 *f.* Acción de incidir. 2 Suceso que ocurre en el curso de una acción. 3 Repercusión de uno o varios casos en algo. 4 Geom Intersección de dos cuerpos, líneas o planos geométricos.

incidental *adj.* Accesorio, de menor importancia.

incidente 1 *adj.* Que incide. 2 *m.* Cosa que se interpone en el desarrollo de otro asunto. 3 Disputa entre dos o más personas.

incidir 1 *intr.* Causar efecto una cosa en otra. 2 Sobrevenir, ocurrir.

incienso *m.* Gomorresina que al arder despide un olor agradable.

incierto, ta *adj.* Que no es seguro.

incinerar *tr.* Reducir una cosa a cenizas.

incipiente *adj.* Que empieza.

incisión *f.* Corte no profundo que se hace con un instrumento cortante o puntiagudo.

incisivo, va 1 *adj.* Apto para cortar. 2 Mordaz, satírico. 3 *m.* Anat Diente especializado en cortar, situado entre los caninos.

inciso *m.* Oración que se intercala en otra para explicar algo relacionado con esta.

incitar *tr.* Alentar, estimular a la acción.

incivilizado, da *adj.* Que no ha sido civilizado.

inclasificable *adj.* Que no se puede clasificar.

inclemencia 1 *f.* Falta de clemencia. 2 Rigor climatológico.
inclinación 1 *f.* Acción y efecto de inclinar o inclinarse. 2 Propensión o afecto a algo. 3 Astr Ángulo formado entre el plano de la órbita y la eclíptica. 4 Geom Dirección que una línea o una superficie tiene con relación a otra línea u otra superficie.
inclinado, da 1 *adj.* Oblicuo, torcido. 2 **plano ~**.
inclinar 1 *tr.* y *prnl.* Desviar una cosa de su posición perpendicular a otra o al horizonte. 2 *prnl.* Propender a hacer, pensar o sentir algo.
ínclito, ta *adj.* Ilustre, esclarecido, afamado.
incluir 1 *tr.* Poner una cosa dentro de otra. 2 Abarcar, comprender el todo a la parte o un número a otro menor.
inclusión 1 *f.* Acción y efecto de incluir. 2 Geo Cuerpo extraño encerrado en un mineral. 3 Mat Propiedad de un conjunto *A* por la que todos sus elementos forman parte de otro conjunto *B*.
inclusive *adv. m.* Incluyendo el último objeto nombrado.
incluso *adv. m.* Con inclusión, inclusivamente.
incluyente *adj.* Que acepta y acoge la diferencia.
incoativo, va 1 *adj.* Que se refiere al comienzo de algo o que lo introduce. 2 Gram **verbo ~**.
incógnito, ta 1 *adj.* Desconocido, ignorado. 2 *f.* Cosa que se ignora y que suscita su indagación. 3 Mat En una ecuación, cantidad desconocida de la que es preciso determinar su valor.
incoherente 1 *adj.* Que carece de coherencia o lógica. 2 Que no tiene la relación esperada con las circunstancias. 3 Que no mantiene proporción entre sus partes.
incoloro, ra *adj.* Dicho del cuerpo sin color, como el agua.
incólume *adj.* Sano, sin lesión ni menoscabo.
incombustible *adj.* Que no se puede quemar.
incomible *adj.* Que no se puede comer, por la mala calidad o preparación.
incomodar *tr.* y *prnl.* Causar incomodidad, molestar.
incomparable *adj.* Que por su grado de excelencia no admite comparación.
incompatibilidad 1 *f.* Calidad de lo que no es compatible con otra cosa. 2 Impedimento legal para ejercer un cargo. 3 Farm Oposición entre algunos medicamentos cuando se administran juntos.
incompatible *adj.* No compatible con otra persona o cosa.
incompetencia *f.* Falta de competencia o habilidad.

incompleto, ta *adj.* Inacabado, que le falta algo para ser lo que debería.
incomprensible *adj.* Que no se puede comprender.
incomunicar 1 *tr.* Dejar sin comunicación a personas o cosas. 2 *prnl.* Aislarse, negarse al trato con otras personas.
inconcebible *adj.* Absurdo, que no se puede entender o justificar.
inconcluso, sa *adj.* No terminado, a medio hacer.
incondicional 1 *adj.* Sin restricción ni requisito. 2 *m.* y *f.* Adepto a una persona o a una idea sin limitación o condición ninguna.
inconexo, xa *adj.* Falto de conexión.
inconfesable *adj.* Que subraya lo vergonzoso de una conducta.
inconforme 1 *adj.* y *s.* Que no está conforme con los valores establecidos. 2 Que no está de acuerdo con las decisiones tomadas.
inconformidad *f.* Cualidad o condición de inconforme.
inconformismo *m.* Actitud del inconforme.
inconformista *adj.* y *s.* Partidario del inconformismo.
inconfundible *adj.* Que se distingue claramente de lo demás.
incongruencia *f.* Falto de congruencia.
inconmensurable *adj.* Enorme, que por su magnitud no puede medirse.
inconmovible *adj.* Que no se puede conmover.
inconsciencia 1 *f.* Falta de reflexión y atención. 2 Med Estado de quien ha perdido el conocimiento.
inconsciente 1 *adj.* y *s.* Que no tiene conocimiento de algo concreto, o de sus propios actos y sus consecuencias. 2 *adj.* Psic Que ha perdido la consciencia o la facultad de reconocer la realidad. 3 *m.* Psic Conjunto de caracteres y procesos psíquicos que, aunque condicionan la conducta, no afloran en la conciencia.
inconsecuente 1 *adj.* Que no se sigue o deduce de algo. 2 *adj.* y *s.* Que procede de modo irreflexivo.
inconsistente 1 *adj.* Falto de consistencia lógica. 2 Frágil, endeble.
inconsolable *adj.* Que no puede ser consolado o consolarse, o que es muy difícil hacerlo.
inconstante 1 *adj.* Que carece de constancia. 2 Que no es firme en sus convicciones o sentimientos.
inconstitucional *adj.* Que no es conforme a la Constitución de un Estado o que es opuesto a ella.
incontable 1 *adj.* Que no puede contarse. 2 Muy difícil de contar, numerosísimo.
incontestable *adj.* Que no se puede impugnar ni dudar.
incontinencia *f.* Med Falta de retención de las heces o de la orina.
incontrolable *adj.* Que escapa a todo control.
incontrovertible *adj.* Tan evidente que no se puede negar.
inconveniencia 1 *f.* Incomodidad, dificultad. 2 Dicho o hecho fuera de razón o sentido.
inconveniente 1 *adj.* No conveniente. 2 *m.* Impedimento u obstáculo.
incordiar *tr.* Molestar, importunar.
incorporar 1 *tr.* Agregar una cosa a otra de modo que formen un todo. 2 *tr.* y *prnl.* Enderezar el tronco quien está echado o doblado. 3 *prnl.* Sumarse una o más personas a otras para formar un cuerpo.
incorpóreo, a *adj.* Sin materia.
incorrección *f.* Cualidad de lo que no es correcto.
incorregible *adj.* y *s.* Terco, que no quiere enmendarse en algo que está mal.

incorrupto, ta *adj.* Que está sin corromperse.
incrédulo, la 1 *adj.* y *s.* Descreído, sin fe. 2 Que no cree con facilidad, desconfiado.
increíble 1 *adj.* Imposible o muy difícil de creer. 2 Inaudito.
incrementar *tr.* y *prnl.* Aumentar, acrecentar.
incremento 1 *m.* **AUMENTO.** 2 MAT Pequeño aumento en el valor de una variable. Símbolo: Δ.
increpar 1 *tr.* Reprender con dureza. 2 Lanzar insultos graves.
incriminar 1 *tr.* Acusar de algún crimen o delito. 2 Imputárselo a alguien.
incrustar 1 *tr.* Introducir algo en una superficie dura de modo que ajuste perfectamente. 2 *tr.* y *prnl.* Hacer que un cuerpo penetre violentamente en otro.
incubación 1 *f.* Acción y efecto de incubar. 2 MED Tiempo que media entre la infección y la aparición de los síntomas. || ~ **artificial** Empollado de huevos mediante el uso de métodos artificiales.
incubadora 1 *f.* Aparato para la incubación artificial de los huevos de las aves de corral. 2 Cámara aséptica y debidamente preparada para los niños prematuros.
incubar 1 *tr.* y *prnl.* Desarrollarse algo de manera latente pero de forma progresiva. 2 *tr.* ZOOL Cubrir el ave los huevos para empollarlos.
íncubo *adj.* y *s.* Dicho de un diablo que bajo apariencia de varón se une sexualmente a una mujer.
inculcar *tr.* Fijar algo en la memoria o en la voluntad.
inculpar *tr.* Acusar de alguna cosa, culpar.
inculto, ta 1 *adj.* y *s.* Sin cultura ni educación. 2 *adj.* Dicho de un terreno que no tiene cultivo ni labor.
incultura *f.* Falta de cultura.
incumbencia *f.* Obligación y cargo de hacer algo.
incumbir *intr.* Concernir, estar una cosa a cargo y bajo la responsabilidad de alguien.
incumplido, da *adj.* Que no cumple.
incumplir *tr.* Dejar de cumplir lo pactado, no llevarlo a efecto.
incunable *adj.* y *s.* Dicho de una edición hecha entre la invención de la imprenta y los comienzos del s. XVI.
incurable *adj.* y *s.* Que no tiene curación.
incurrir *intr.* Caer en una falta o en un error.
incursión *f.* Acción y efecto de incursionar.
incursionar 1 *intr.* Realizar una actividad distinta a la habitual. 2 Penetrar por corto tiempo y con intención hostil una fuerza armada en territorio enemigo.
indagar *tr.* Averiguar algo discurriendo con razón o fundamento, o por conjeturas o señales.
indagatoria *f.* DER Declaración sin juramento que se le toma al presunto reo.
indebido, da *adj.* Que no debe hacerse por ser ilícito o injusto.
indecencia *f.* Acto deshonesto o vergonzoso.
indecible *adj.* Que no se puede decir o explicar.
indecisión *f.* Falta de resolución.
indeclinable *adj.* Dicho de lo que necesariamente ha de cumplirse.
indecoroso, sa *adj.* Que carece de decoro, o lo ofende.
indefectible *adj.* Que no puede faltar o dejar de ser.
indefensión *f.* Situación de las personas o cosas que están indefensas.
indefinible 1 *adj.* Imposible de definir. 2 Vago, impreciso.
indefinido, da 1 *adj.* No definido. 2 Que no tiene término, ilimitado. 3 *m.* GRAM **adjetivo** ~; **artículo** ~ o indeterminado; **pronombre** ~ o indeterminado.
indehiscente *adj.* BOT **fruto** ~.

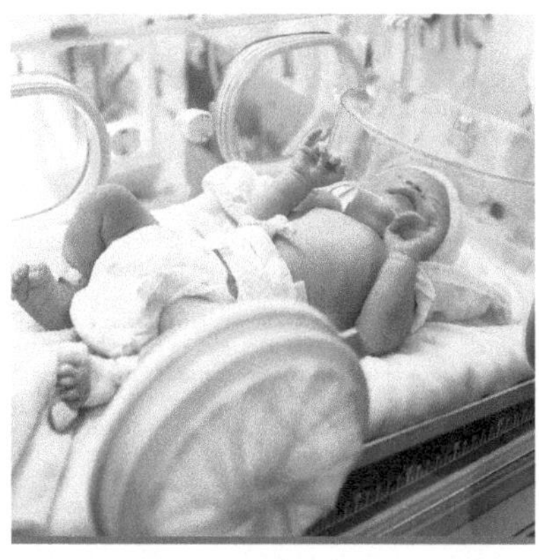

indeleble *adj.* Dicho de lo que no se puede borrar, en sentido recto o figurado, físico o moral.
indelicadeza *f.* Falta de delicadeza, de atención o de cortesía.
indemne *adj.* Que no ha sufrido daño.
indemnizar *tr.* y *prnl.* Pagar o compensar el daño o perjuicio ocasionado.
independencia 1 *f.* Entereza de carácter. 2 POLÍT Autonomía de un Estado que no depende ni está sometido a otro.
independentismo *m.* POLÍT Movimiento que propugna o reclama la independencia de un país.
independiente 1 *adj.* Autónomo en el aspecto político o económico. 2 Dicho de la persona con criterios propios y que no se deja doblegar por nada ni por nadie.
independizar *tr.* y *prnl.* Conceder la independencia a un país o a una persona.
indescifrable *adj.* Que no se puede descifrar o entender.
indescriptible *adj.* Que no se deja describir por ser excesivamente grande o impresionante.
indeseable *adj.* y *s.* Dicho de la persona que por sus malas cualidades morales no merece confianza ni amistad.
indestructible *adj.* Que no se puede destruir, que dura mucho tiempo.
indeterminación *f.* Falta de determinación en las cosas, o de resolución en las personas.
indeterminado, da 1 *adj.* Que no implica determinación. 2 Impreciso, vago. 3 *m.* GRAM **artículo** indefinido o ~; **pronombre** indefinido o ~.
indeterminismo *m.* FIL Doctrina que otorga a la voluntad independencia absoluta respecto de causas anteriores.
indexar 1 *tr.* Hacer índices. 2 Registrar ordenadamente datos e informaciones, para elaborar su índice.
indianista *adj.* y *s.* LIT Dicho del autor o de la literatura del Romanticismo que idealiza el tema del indígena americano.
indiano, na 1 *adj.* y *s.* Nativo, pero no originario de América, o sea de las Indias Occidentales. 2 *adj.* Perteneciente o relativo a las Indias Occidentales.
indicación 1 *f.* Acción y efecto de indicar. 2 Lo que sirve para señalar algo.
indicador, ra 1 *adj.* y *m.* Que indica o sirve para indicar. 2 *m.* QUÍM Sustancia que cambia de color como respuesta a la naturaleza de su medio químico. || ~ **económico** ECON Valor de una variable

A B C D E F G H I J K L M N Ñ O P Q R S T U V W X Y Z

económica usada para determinar los cambios en una situación dada. ~ **de desarrollo humano** ECON El que indica el grado de desarrollo de una sociedad teniendo en cuenta la esperanza de vida, alfabetización, escolarización y el producto interno bruto por habitante. Maneja una escala de 0 a 1 donde la cifra más cercana a la unidad indica un mayor nivel de desarrollo.

indicar 1 *tr.* Dar a entender algo mediante indicios y señales. 2 Señalar a alguien el camino que ha de seguir, las pautas de conducta, etc.

indicativo, va 1 *adj.* Que sirve para indicar. 2 *m.* GRAM Modo verbal en el que el hablante expresa, a través del verbo, objetivamente la realidad: *Hace frío; mañana iré al colegio.*

índice 1 *m.* **dedo** ~. 2 Lista ordenada de capítulos o partes de una publicación. 3 Expresión numérica de la relación entre dos cantidades. 4 MAT Número o letra que se coloca en la abertura del signo radical; indica el grado de la raíz. Cuando no aparece ningún índice, se entiende que es 2. 5 QUÍM Número que indica la proporción de una sustancia. || ~ **de precios al consumidor** ECON El que indica una media de los precios de ciertos bienes y servicios y refleja la importancia relativa de cada bien para un consumidor medio.

indicio 1 *m.* Señal que induce al conocimiento de algo. 2 Mínima o muy poca cantidad de algo: *Se hallaron indicios de arsénico.*

índico, ca *adj.* Perteneciente o relativo al océano Índico o a los territorios que baña.

indiferente 1 *adj.* No determinado ni inclinado a una persona o a una cosa más que a otra. 2 Que no experimenta afecto o interés por algo o por alguien.

indígena 1 *adj.* y *s.* Natural u originario del país en cuestión. 2 **reserva** ~. || ~**s americanos** HIST Conjunto de los pueblos asentados en el continente americano con anterioridad a la conquista europea (ss. XV-XVI). También agrupa a sus descendientes directos que en la actualidad ocupan dicho territorio.

indigencia *f.* Falta de medios; pobreza grave.

indigenismo 1 *m.* Exaltación del tema indígena americano en la literatura y el arte. 2 POLÍT Ideología que se propone la integración de los indígenas de América en las estructuras de sus respectivos países, conservando su propia cultura.

indigenista 1 *adj.* Relativo al indigenismo. 2 *m.* y *f.* Partidario del indigenismo. 3 LIT **literatura** ~.

indigestarse *prnl.* No sentar bien una comida.

indigestión *f.* Trastorno digestivo por exceso de alimentos o por mal estado de estos.

indignación *f.* Enfado violento contra alguien o contra sus actos reprobables.

indigno, na 1 *adj.* Sin méritos para alguna cosa, algún cargo, etc. 2 Que no está a la altura de las circunstancias.

índigo *adj.* y *m.* AÑIL.

indio[1], dia 1 *adj.* y *s.* De India. 2 Dicho de los **indígenas** americanos. 3 HIST **repartimiento** de ~s.

indio[2] *m.* QUÍM Elemento metálico, blando y maleable, que se encuentra en menas de volframio, estaño y hierro. Punto de fusión: 157 °C. Punto de ebullición: 2080 °C. Núm. atómico: 49. Símbolo: In.

indirecto, ta 1 *adj.* Que no conduce directamente a un fin, aunque se dirija a él. 2 GRAM **complemento** ~. 3 *f.* Dicho con que se da a entender algo sin expresarlo explícitamente.

indisciplina *f.* Falta de disciplina.

indiscreción *f.* Falta de discreción o prudencia.

indiscreto, ta *adj.* y *s.* Que obra sin discreción.

indiscriminado, da *adj.* Que no hace discriminación, que no diferencia: *Insultos indiscriminados.*

indiscutible *adj.* Que no está sujeto a discusión.

indisoluble *adj.* Que no se puede disolver o desunir.

indispensable 1 *adj.* Que no se puede dispensar ni excusar. 2 Que es necesario.

indisponer 1 *tr.* y *prnl.* Querer mal, enemistar. 2 *tr.* MED Causar indisposición. 3 *prnl.* MED Experimentar esa indisposición.

indisposición 1 *f.* Falta de disposición y preparación para algo. 2 MED Quebranto leve de la salud.

indistinto, ta 1 *adj.* Que no se distingue de otra cosa. 2 Que no se percibe claramente. 3 Que vale para cualquier alternativa.

individualismo *m.* Tendencia a obrar de acuerdo con los propios criterios e intereses sin tener en cuenta a la colectividad.

individualizar *tr.* Especificar algo; tratar de ello con particularidad y pormenor.

individuo, dua 1 *m.* y *f.* Persona cuyo nombre y condición se ignoran o no se quieren decir. 2 *m.* Cada ser completo y separado de una especie o de un género. 3 Persona que pertenece a un grupo, una corporación, una clase, una comunidad, etc.

indivisible *adj.* Que no puede dividirse.

indiviso, sa *adj.* y *s.* No separado o dividido en partes.

indizar *tr.* INDEXAR.

indo, da 1 *adj.* y *s.* INDIO[1], de India. 2 *adj.* Relativo a este país.

indochino, na 1 *adj.* y *s.* De Indochina. 2 *adj.* Perteneciente o relativo a Indochina o a los indochinos.

indocumentado, da *adj.* y *s.* Sin documento que lo identifique.

indoeuropeo, a 1 *adj.* y *s.* Dicho de los individuos con un tronco común ario que se sitúan en las estepas de Asia central, y que en varias oleadas llegaron hasta el O de Europa. 2 *adj.* Perteneciente o relativo a los indoeuropeos o al indoeuropeo (grupo de lenguas). 3 *m.* Grupo de lenguas extendidas desde la India hasta el occidente de Europa y, desde aquí, a otros lugares del mundo.

índole 1 *f.* Condición natural, manera de ser propia de cada persona. 2 Naturaleza, calidad y condición de las cosas.

indolente 1 *adj.* Que no se afecta o conmueve. 2 Descuidado en sus tareas.

indoloro, ra *adj.* Que no causa dolor.

indomable *adj.* Que no se deja domar o someter.

indómito, ta 1 *adj.* No domado. 2 Que no se puede o no se deja domar. 3 Difícil de sujetar o reprimir.

inducción 1 *f.* Acción y efecto de inducir. 2 LóG Razonamiento que va de los efectos a la causa y de lo particular a lo general. 3 QUÍM Cambio en la configuración electrónica de una molécula y, por tanto, en su reactividad. || ~ **eléctrica** FÍS Acción que un campo eléctrico o magnético ejerce sobre un conductor u otro campo situado dentro de su esfera de influencia. ~ **magnética** FÍS Vector que mide la densidad del flujo magnético en una sustancia. Su unidad es el tesla.

inducido *m.* ELECTR Circuito que gira en el campo magnético de una dinamo, y en el que se forma una corriente a causa de su rotación.

inducir 1 *tr.* Instigar a alguien a que realice una acción mediante consejos o amenazas. 2 LóG Ascender en el razonamiento de lo particular a lo general. 3 ELECTR Producir un cuerpo electrizado fenómenos eléctricos en otro situado a cierta distancia.

inductancia *f.* ELECTR Cociente entre el flujo magnético total de un circuito cerrado y la corriente que circula por un circuito.

inductivo, va 1 *adj.* Que se hace por inducción. 2 Perteneciente a ella.

inductor, ra 1 *adj.* y *s.* Que induce a otro a hacer algo. 2 *m.* ELECTR Parte de un aparato eléctrico que origina un campo magnético.

indudable *adj.* Que no puede ponerse en duda; cierto y seguro.

indulgencia 1 *f.* Disposición a perdonar.

indultar 1 *tr.* DER Perdonar una pena o conmutarla por otra menos grave. 2 DER Exceptuar o eximir de una ley u obligación.

indulto *m.* DER Gracia por la que se remite o conmuta una pena.

indumentaria *f.* Prenda o conjunto de prendas para adorno, abrigo o protección del cuerpo o de una parte de él.

industria 1 *f.* Destreza o habilidad para hacer algo. 2 ECON Conjunto de operaciones mecánicas necesarias para la transformación de materias primas en productos más o menos acabados. 3 ECON Instalación en que se realizan esas operaciones. 4 ECON Conjunto de las industrias de un mismo o de varios ramos de una región. || ~ **básica** ECON Aquella que centra su actividad en la primera fase de transformación de una materia prima, como la siderúrgica. ~ **de bienes de consumo** ECON La que procesa y fabrica bienes que son adquiridos por la población en general (calzado, papel, electrodomésticos, etc.). ~ **de bienes de equipo** o **pesada** ECON La que se dedica a la construcción de maquinaria y equipos que se utilizan para la fabricación o el procesamiento de otros productos. ~ **de bienes intermedios** ECON La que produce artículos semielaborados que luego son utilizados para ensamblar otros productos, como en el caso de las fábricas de partes de automóviles.

industrial 1 *adj.* Relativo a la industria. 2 ART **diseño** ~. 3 ECON **sociedad** ~. 4 **zona** ~. 5 *m.* y *f.* Persona que vive del ejercicio de una industria o es su propietaria.

industrialización 1 *f.* Acción y efecto de industrializar. 2 ECON e HIST Proceso de instalación de industrias y aumento de la producción que se inició a mediados del s. XVIII y que caracteriza a las sociedades modernas.

□ ECON Proceso económico en el cual la industria se expande y moderniza en una sociedad o un Estado. Se consolidó en el s. XX con el avance científico que permitió la producción en masa, la tecnificación y el crecimiento económico. Tomada como factor para

medir el desarrollo de los Estados: a los países ricos o con mayores avances económicos se les conoce como países industrializados.

industrializar 1 *tr.* Hacer que algo sea objeto de industria o elaboración. 2 ECON Dar predominio al campo industrial en la economía de un país.

inecuación *m.* MAT Expresión algebraica que identifica una desigualdad con una o más incógnitas.

inédito, ta 1 *adj.* y *m.* Dicho del escrito no impreso o no editado. 2 *adj.* Desconocido o ignorado por muchos.

inefable *adj.* Que no se puede explicar con palabras.

ineficacia *f.* Falta de eficacia.

ineficaz *adj.* No eficaz.

ineluctable *adj.* Dicho de aquello contra lo cual no se puede luchar.

ineludible *adj.* Que no se puede eludir o evitar.

inepto, ta 1 *adj.* Que carece de aptitud o habilidad para algo. 2 *adj.* y *s.* Necio o incapaz.

inequidad *f.* Desigualdad en la distribución de las cosas, en el trato o en el reconocimiento de los derechos de las personas.

inequívoco, ca *adj.* Que no admite equivocación o duda alguna.

inercia 1 *f.* Flojedad, desidia, inacción. 2 FÍS Propiedad de los cuerpos por la que tienden a no cambiar de estado sin intervención de una fuerza externa. Corresponde a la primera ley del **movimiento** de Newton.

inerme 1 *adj.* Que no tiene armas, desarmado. 2 Que no tiene modo de defenderse.

inerte 1 *adj.* Falto de vida porque no le corresponde. 2 Falto de vida porque la ha perdido: *El cuerpo inerte del guerrero.*

inescrupuloso, sa *adj.* Que carece de escrúpulos.

inescrutable *adj.* Que no se puede averiguar ni penetrar para su comprensión.

inesperado, da *adj.* No esperado, imprevisto.

inestabilidad *f.* Falta de estabilidad. || ~ **atmosférica** GEO Situación que se da cuando cualquier movimiento vertical que se produce en la atmósfera tiende a amplificarse.

inestable 1 *adj.* Que carece de estabilidad. 2 Dicho de quien cambia fácilmente de ideas, propósitos, etc. 3 FÍS **equilibrio** ~. 4 FÍS Dicho del núcleo atómico que se descompone con facilidad. 5 QUÍM Dicho del compuesto que se disgrega fácilmente.

inestimable *adj.* Inapreciable por su gran valor moral o económico.

inevitable *adj.* Fatal, que no se puede evitar.

inexacto, ta *adj.* Que carece de exactitud.

inexcusable 1 *adj.* Que no puede dejar de hacerse. 2 Que no tiene disculpa.

inexequible *adj.* No exequible; que no se puede hacer o conseguir.

inexistente *adj.* Que carece de existencia y realidad.

inexorable *adj.* Que no se puede evitar: *El paso inexorable del tiempo.*

inexperto, ta *adj.* y *s.* Que carece de experiencia.

inexplicable *adj.* Que no tiene o no admite explicación.

inexplorado, da *adj.* No explorado.

inexpresivo, va 1 *adj.* Falto de expresión. 2 Frío, poco afectuoso.

inexpugnable 1 *adj.* Que no se puede tomar por las armas. 2 Infranqueable, de acceso muy difícil.

infalibilidad *f.* Cualidad de infalible.

infalible 1 *adj.* Que no puede errar o equivocarse. 2 Seguro, cierto, indefectible.

infame *adj.* Muy malo y vil.

infamia 1 *f.* Mala fama, deshonra. 2 Maldad, vileza.

infancia 1 *f.* Periodo de la vida humana desde el nacimiento hasta la pubertad. 2 Conjunto de los niños como grupo de la especie humana.

infante, ta 1 *m.* y *f.* Niño de corta edad. 2 Hijo del rey. 3 Soldado de infantería.

infantería *f.* Tropa que sirve a pie en la milicia y con armas ligeras; en los ejércitos modernos dispone de vehículos ligeros y blindados.

infanticidio *m.* Muerte dada violentamente a un niño.

infantil 1 *adj.* Relativo a la infancia. 2 Dicho especialmente del comportamiento propio de un niño.

infantilismo *m.* Falta de madurez, ingenuidad o puerilidad excesivas.

infarto *m.* MED Inflamación patológica de un órgano, provocada generalmente por una embolia. Puede afectar al cerebro, pulmón, riñón y sobre todo al corazón.

infatigable 1 *adj.* Que difícilmente se cansa. 2 Que no se rinde en sus pretensiones.

infausto, ta *adj.* Desgraciado, infeliz.

infección *f.* MED Acción y efecto de infectar.

infectar *tr.* y *prnl.* MED Contagiar transmitiendo microorganismos patógenos.

infelicidad *f.* Desgracia, suerte adversa.

infeliz *adj.* y *s.* Desgraciado, desventurado.

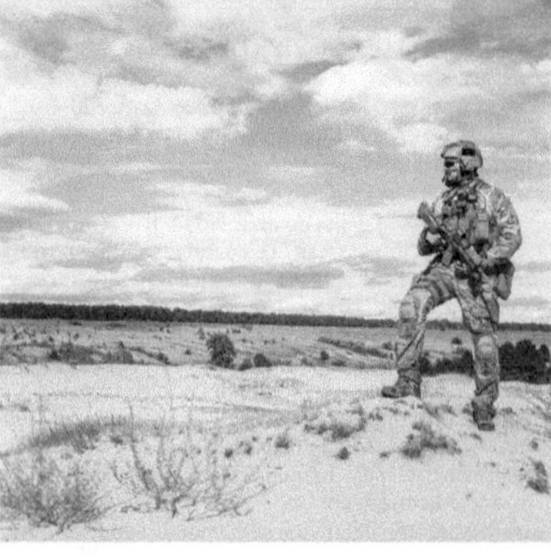

inferior 1 *adj.* Lo que está debajo o más bajo que otra cosa. 2 GEO Dicho de algunos lugares que respecto de otros están a nivel más bajo: *Curso inferior del Amazonas.* 3 Que es de menor calidad o cantidad. 4 *adj.* y *s.* Subalterno, subordinado.

inferioridad *f.* Cualidad de inferior.

inferir *tr.* Sacar una consecuencia o deducir una cosa de otra.

infernal 1 *adj.* Del infierno. 2 Perverso, diabólico.

ínfero, ra *adj.* BOT **ovario ~.**

infertilidad *f.* BIOL **ESTERILIDAD.**

infestar *tr.* y *prnl.* Apestar, contagiar.

infidelidad *f.* Falta de fidelidad, especialmente en el matrimonio.

infidencia *f.* Violación de la confianza debida a otra persona.

infiel 1 *adj.* Desleal, dicho de persona. 2 *adj.* y *s.* REL Que no profesa la fe considerada como verdadera.

infierno 1 *m.* REL En la concepción cristiana, lugar destinado al castigo eterno de los que mueren en pecado mortal. 2 REL Castigo de los condenados. 3 MIT y REL En diversas mitologías y religiones no cristianas, lugar que habitan los espíritus de los muertos.

infijo, ja *adj.* y *m.* GRAM Dicho de un afijo que se intercala en el interior de la raíz de una palabra: *-it-* en *azuquítar.*

infiltración *f.* Acción y efecto de infiltrar o infiltrarse.

infiltrado, da *m.* y *f.* Persona introducida subrepticiamente en un grupo adversario, en territorio enemigo, etc.

infiltrar 1 *tr.* Pasar suavemente un líquido por los intersticios o poros de un cuerpo. 2 *prnl.* Introducirse en un partido, corporación, medio social etc., con propósito de espionaje, propaganda o sabotaje.

ínfimo, ma 1 *adj.* Que en su situación está muy bajo. 2 Lo último y menos que lo demás.

infinidad 1 *f.* Cualidad de infinito. 2 Gran número y muchedumbre de cosas o personas.

infinitesimal *adj.* MAT Dicho de una cantidad infinitamente pequeña.

infinitivo *m.* GRAM Forma no personal del verbo, al que le da nombre, y que puede terminar en *-ar, -er, -ir,* con desinencias que corresponden a las conjugaciones primera, segunda y tercera, respectivamente. || **~ compuesto** GRAM Modo verbal que se forma con el infinitivo del verbo *haber* y el participio del verbo que se conjuga, por ejemplo: *Haber comido.*

infinito, ta 1 *adj.* Que no tiene fin en cantidad o en espacio. 2 *m.* MAT Signo matemático (∞) de un valor mayor que cualquier cantidad asignable.

inflación 1 *f.* Acción y efecto de inflar. 2 ECON Situación económica de un país en el que la demanda de bienes y servicios es superior a la oferta, originando una elevación de los precios y una depreciación de la moneda.

inflamable *adj.* Dicho del material que arde fácilmente.

inflamación 1 *f.* Acción y efecto de inflamar o inflamarse. 2 MED Alteración patológica del tejido conjuntivo caracterizada por trastornos circulatorios, enrojecimiento y dolor.

inflamar 1 *tr.* y *prnl.* Hacer arder con llama. 2 *prnl.* MED Producirse inflamación.

inflar *tr.* y *prnl.* Llenar o hinchar con aire o gas un recipiente flexible abultándolo.

inflexión 1 *f.* Elevación o atenuación de la voz. 2 GEOM Punto en que cambia el sentido de una curvatura. 3 GRAM **FLEXIÓN.**

infligir *tr.* Imponer, aplicar un castigo, una pena, etc.

inflorescencia *f.* BOT Disposición y orden en que aparecen las flores de una planta.

influencia 1 *f.* Prestigio y poder de una persona sobre otras. 2 Rasgo, estilo, etc., que en un escrito u obra de arte revela la acción de algún modelo o de un maestro.

influenciar *tr.* **INFLUIR** una persona sobre otra u otras.

influenza *f.* MED **GRIPA**.

influir *tr.* e *intr.* Ejercer personas o cosas cierto predominio o acción sobre otras.

infografía (De *Infographie*®, marca reg.) 1 *f.* ART Técnica de elaboración de imágenes o diagramas que se realiza por medio de algunos programas informáticos para resumir o explicar un contenido. 2 ART Imagen o diagrama que se obtiene por medio de esta técnica.

información 1 *f.* Acción y efecto de informar o informarse. 2 Oficina que proporciona datos sobre algo. 3 Conjunto de noticias y datos sobre cualquier asunto. || ~ **genética** BIOL Conjunto de mensajes codificados en los ácidos nucleicos que origina la expresión de los caracteres hereditarios.

informal 1 *adj.* Que no guarda las formas y convenciones sociales. 2 ECON **economía ~; sector ~**.

informalidad 1 *f.* Cualidad de informal. 2 Acción o cosa informal.

informalismo *m.* ART Corriente moderna que se centra en el valor expresivo de la materia.

informante *adj.* y *s.* Que informa.

informar *tr.* y *prnl.* Enterar, dar noticia de algo.

informático, ca 1 *adj.* Relativo a la informática. 2 INF **red** ~ o de datos. 3 *f.* INF Conjunto de los conocimientos y técnicas en que se basan los procesos de tratamiento automático de la información mediante computadoras.

informativo, va 1 *adj.* Que informa o sirve para dar noticia de algo. 2 *m.* **NOTICIARIO**.

informatizar *tr.* INF Aplicar las técnicas de la informática en un negocio, proyecto, etc.

informe[1] 1 *m.* Datos sobre una persona, un suceso o un asunto. 2 Exposición de un tema por una persona experta.

informe[2] *adj.* Que no tiene la forma y figura que le corresponde.

infortunio 1 *m.* Suerte o fortuna adversa. 2 Desgracia.

infracción *f.* Trasgresión de una ley o norma.

infraestructura *f.* Conjunto de bienes y servicios que hacen posible el funcionamiento de una industria o sociedad.

in fraganti (Tb. infraganti) En el mismo momento en que se está cometiendo el delito o realizando una acción censurable.

infrahumano, na *adj.* Inferior o por debajo de lo humano o específico de las personas.

infranqueable *adj.* Imposible o difícil de franquear.

infrarrojo, ja *adj.* FÍS **radiación ~; rayos ~s**.

infrasonido *m.* FÍS Sonido cuya frecuencia es inferior al límite perceptible por el oído humano.

infringir *tr.* Quebrantar una ley o un orden.

infructuoso, sa *adj.* Ineficaz, inútil.

infrutescencia *f.* BOT Fruto formado por la agrupación de varios frutillos procedentes de una inflorescencia y con apariencia de unidad, como la mora o el higo.

ínfula 1 *adj.* Cada una de las dos cintas anchas que penden por la parte posterior de la mitra episcopal. 2 *pl.* Vanidad pretenciosa.

infundado, da *adj.* Dicho de lo que carece de fundamento o de motivo.

infundir 1 *tr.* Dar determinada cualidad a algo. 2 Causar cierto sentimiento en el ánimo: *La oscuridad infundía temor.*

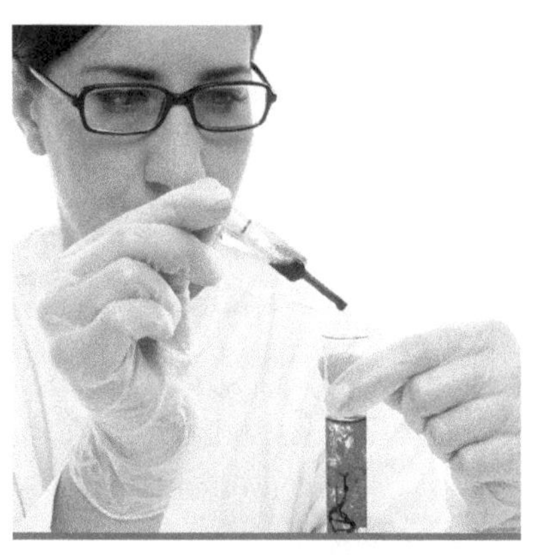

infusión *f.* Bebida que se obtiene de diversos frutos o hierbas aromáticas, como té, manzanilla, etc., introduciéndolos en agua hirviendo.

ingeniar *tr.* Inventar algo curioso.

ingeniería *f.* Conjunto de conocimientos y técnicas para el mejor aprovechamiento de los recursos naturales mediante la aplicación de los descubrimientos, las teorías científicas y las diversas ramas de la tecnología. || ~ **genética** Tecnología de la manipulación y transferencia de ADN de un organismo o de una célula a otra que permite la clonación de individuos, la corrección de defectos genéticos, la fabricación de compuestos, etc.

ingeniero, ra *m.* y *f.* Persona que ejerce la ingeniería.

ingenio 1 *m.* Facultad para crear e inventar. 2 Habilidad para conseguir algo. 3 Talento para ver y mostrar rápidamente el aspecto gracioso de las cosas. 4 Artefacto mecánico. 5 Fábrica de azúcar de caña.

ingenioso, sa *adj.* Que tiene ingenio.

ingente *adj.* Muy grande.

ingenuidad *f.* Cualidad de ingenuo.

ingenuo, nua *adj.* y *s.* Sincero, candoroso, sin doblez.

ingerir *tr.* Introducir por la boca comida, bebida, etc.

ingle *f.* ANAT Parte donde se juntan el vientre y los muslos.

inglés, sa 1 *adj.* y *s.* Natural de Inglaterra. 2 *adj.* Relativo a esta nación europea o a los ingleses. 3 *m.* LING Lengua indoeuropea del grupo germánico occidental. Es oficial en el Reino Unido, los Estados Unidos, Canadá, Australia, Nueva Zelanda, Suráfrica y en otros países de influencia británica.

ingobernable *adj.* Muy difícil de gobernar o dirigir.

ingratitud *f.* Olvido o desprecio de los beneficios recibidos.

ingrato, ta *adj.* Desagradecido, que olvida o desconoce los beneficios recibidos.

ingrávido, da 1 *adj.* Dicho de los cuerpos no sometidos a la gravedad. 2 Ligero, suelto y tenue como la gasa o la niebla.

ingrediente *m.* Elemento que entra en la composición de algo, como platos o medicamentos.

ingresar 1 *intr.* Ir adentro. 2 Entrar a formar parte de alguna sociedad. 3 Entrar en un centro de salud para recibir tratamiento. 4 *tr.* Meter dinero en un banco, etc. 5 Recluir a un enfermo en un centro de salud. 6 Recibir dinero regularmente.

ingreso 1 *m.* Acción de ingresar. 2 Espacio por donde se entra. 3 Capital o dinero que entra en poder de alguien.

íngrimo, ma *adj.* Solitario, sin compañía.
inguinal *adj.* De las ingles.
inhabilidad 1 *f.* Falta de habilidad o talento. 2 Impedimento para obtener o ejercer un empleo u oficio.
inhabilitar *tr.* y *prnl.* Imposibilitar para algo.
inhalación *m.* Acción y efecto de inhalar.
inhalador *m.* Aparato para efectuar inhalaciones.
inhalar *tr.* Aspirar ciertas sustancias, como gases, vapores, partículas, etc.
inherente *adj.* Que por su naturaleza está tan unido a algo que no se puede separar de ello: *La blancura es inherente a la nieve.*
inhibición *f.* Acción y efecto de inhibir o inhibirse.
inhibir 1 *tr.* Impedir el ejercicio de algo. 2 *prnl.* Abstenerse, dejar de actuar.
inhóspito, ta *adj.* Dicho del lugar incómodo, poco grato.
inhumano, na 1 *adj.* Cruel, desalmado. 2 Dicho del dolor o de la pena muy intensos.
inhumar *tr.* Enterrar un cadáver.
iniciación *f.* Acción y efecto de iniciar o iniciarse.
iniciado, da 1 *adj.* y *s.* Que comparte el conocimiento de algo secreto. 2 *m.* y *f.* Miembro de una sociedad secreta.
inicial 1 *adj.* Relativo al principio de las cosas. 2 *adj.* y *f.* **letra ~.**
iniciar 1 *tr.* Comenzar algo. 2 Admitir a alguien en los secretos de una sociedad o un culto. 3 En algunas culturas, introducir, mediante una acción ritual, al joven en la sociedad. 4 INF Establecer los valores iniciales para la ejecución de un programa. 5 *prnl.* Dar comienzo.
iniciativa *f.* Acción de adelantarse a los demás en hablar u obrar.
inicio *m.* COMIENZO.
inicuo, cua *adj.* Contrario a la equidad y la justicia.
inigualable *adj.* Sin igual, extraordinario.
inimitable *adj.* Que no se puede imitar, por su singularidad.
ininteligible *adj.* No inteligible.
ininterrumpido, da *adj.* Continuado sin interrupción.
iniquidad *f.* Maldad, injusticia grande.
injerencia *f.* Acción y efecto de injerirse.
injerir 1 *tr.* Meter una cosa en otra. 2 *prnl.* Entrometerse.
injertar 1 *tr.* Injerir una rama con yemas en la rama o el tronco de otra planta, para que brote. 2 MED Implantar en el cuerpo parte de un tejido vivo para reparar una lesión o con fines estéticos.

injerto 1 *m.* Acción de injertar. 2 Planta injertada. 3 MED Parte de tejido vivo implantada.
injuria *f.* Acción de injuriar.
injuriar 1 *tr.* Ofender, insultar. 2 Dañar el buen nombre de alguien.
injusticia 1 *f.* Acción contraria a la justicia. 2 Falta de justicia.
injusto, ta *adj.* y *s.* Que no obra con equidad o justicia.
inmaculado, da *adj.* Que no tiene mancha física o moral.
inmaduro, ra *adj.* Sin madurez ni experiencia.
inmanente *adj.* Que va unido a la esencia de algo.
inmarcesible *adj.* Que no se marchita.
inmediación *f.* Proximidad en torno a un lugar.
inmediatismo *m.* Manera irreflexiva y precipitada de actuar o de pensar.
inmediato, ta 1 *adj.* Muy cercano a alguien o algo. 2 Sin tardanza en el tiempo.
inmejorable *adj.* Que no se puede mejorar.
inmemorial *adj.* Tan antiguo, que no hay memoria de cuándo empezó.
inmensidad *f.* Cualidad de inmenso.
inmenso, sa *adj.* Muy grande, difícil de medir.
inmersión *f.* Acción de introducir o introducirse algo en un fluido.
inmigración *f.* Acción y efecto de inmigrar. || ~ **externa** Cuando las personas provienen de otro país. ~ **interna** Cuando las personas llegan a un territorio de su propio país.
inmigrante *adj.* y *s.* Que inmigra.
inmigrar 1 *intr.* Llegar una persona o un grupo de personas a una región distinta a la propia para establecerse de manera definitiva. 2 ECOL Instalarse en un territorio los animales procedentes de otro.
inminente *adj.* Que está por ocurrir de inmediato.
inmiscuirse *prnl.* Entrometerse en un asunto, negocio, etc., cuando no hay razón para ello.
inmobiliario, ria 1 *adj.* Relativo a los bienes inmuebles. 2 *f.* Empresa constructora de edificios.
inmolarse *prnl.* Ofrecer la vida en aras de un ideal.
inmoral *adj.* Contrario a la moral o a las buenas costumbres.
inmoralidad *f.* Acción inmoral.
inmortal *adj.* Que no puede morir, eterno.
inmortalizar *tr.* y *prnl.* Perpetuar el recuerdo de alguien.
inmóvil *adj.* Que no se mueve.
inmovilizar 1 *tr.* Privar de movimiento o de libertad. 2 *prnl.* Quedarse inmóvil.
inmueble 1 *adj.* y *m.* **bienes ~s.** 2 *m.* Edificio, casa.
inmundicia *f.* Suciedad, basura.
inmune *adj.* BIOL y MED Relativo a la inmunidad.
inmunidad 1 *f.* BIOL y MED Estado congénito o provocado de un organismo que lo hace inatacable por alguna enfermedad. 2 DER Privilegio concedido a ciertas personas de no ser perseguidas por la justicia.
inmunizar *tr.* Hacer inmune contra determinadas enfermedades o ciertos daños.
inmunodeficiencia *f.* MED Capacidad inadecuada o insuficiente del organismo para eliminar agentes infecciosos.
inmunoglobulina *f.* BIOQ Componente de la gammaglobulina, cuya síntesis se inicia cuando un antígeno entra en el organismo.
inmunología *f.* MED Estudio de la inmunidad y de los modos de obtenerla.
inmunológico *adj.* Relativo a la inmunología.

□ **sistema inmunológico** ANA y FISIOL Conjunto de funciones celulares y proteicas que defiende al organismo de los ataques de los antígenos que lo penetran. Dichas funciones son llevadas a cabo por leucocitos y proteínas que se encuentran disueltos en la sangre; los primeros son: **granulocitos, monocitos** y **linfocitos**, y las proteínas son: **inmunoglobulina, citoquina** y **proteínas** del complemento.

inmutable 1 *adj.* Que no cambia o no puede cambiarse. 2 Que no siente o no manifiesta alteración del ánimo.

inmutarse *prnl.* Sentir una impresión fuerte y repentina.

innato, ta *adj.* Connatural y como nacido con el mismo sujeto.

innegable *adj.* Que no se puede negar.

innominado *m.* ANAT Hueso par de la cadera, que junto con el sacro y el coxis forman la pelvis.

innovar *tr.* Introducir una novedad en un estado de cosas.

innumerable *adj.* Muy abundante.

inocencia 1 *f.* Candor, ingenuidad. 2 Exención de culpa o de responsabilidad en una mala acción o en un delito. 3 REL En el cristianismo, estado de gracia.

inocente 1 *adj.* y *s.* Candoroso, sin malicia. 2 Libre de culpa o responsabilidad.

inocular *tr.* y *prnl.* MED Introducir en el organismo microorganismos de alguna enfermedad contagiosa.

inocuo, cua *adj.* Inofensivo, que no hace daño.

inodoro, ra 1 *adj.* Que no tiene olor. 2 *m.* Retrete con sifón.

inofensivo, va *adj.* Que no causa daño.

inoficioso, sa *adj.* Inútil, innecesario.

inolvidable *adj.* Que no se puede olvidar.

inoperante *adj.* Que no produce el efecto deseado.

inopia *f.* **INDIGENCIA.**

inoportuno, na *adj.* Fuera de tiempo o de lugar.

inorgánico, ca 1 *adj.* Dicho de lo que carece de órganos o de vida. 2 QUÍM **química** ~.

inoxidable *adj.* Que no se puede oxidar.

inquebrantable *adj.* Que no puede quebrantarse.

inquietar *tr.* y *prnl.* Quitar la tranquilidad de ánimo.

inquieto, ta 1 *adj.* Que no puede estarse tranquilo. 2 Que siempre está abierto a nuevas iniciativas.

inquietud 1 *f.* Desazón, falta de sosiego. 2 Inclinación del ánimo hacia algo.

inquilinato *m.* Casa que contiene muchas viviendas reducidas.

inquilino, na *m.* y *f.* Persona que ha tomado una casa o parte de ella en alquiler.

inquina *f.* Aversión o antipatía hacia alguien.

inquirir *tr.* Examinar con detalle.

inquisición 1 *f.* Acción y efecto de inquirir. 2 HIST Tribunal eclesiástico encargado de combatir y castigar los delitos contra le fe católica. ♦ Se escribe con may. inic.

□ HIST La Inquisición fue constituida formalmente en 1231. En 1252 el papa Inocencio IV autorizó la práctica de la tortura. En el s. XIV sus tribunales estaban instalados en la mayor parte de los reinos europeos. El establecimiento de la Inquisición en España, y luego en América, fue iniciativa de los Reyes Católicos y se organizó con independencia de la Santa Sede. Su actuación se centró en la represión del judaísmo, la blasfemia y la brujería. Quedó definitivamente abolida en 1834.

inquisidor, ra 1 *adj.* y *s.* Que inquiere. 2 *m.* Juez de la Inquisición.

insaciable *adj.* Que no se puede saciar.

insalivar *tr.* Mezclar los alimentos con saliva al masticarlos.

insalubre *adj.* Dañoso a la salud.

insalvable *adj.* Que no se puede salvar.

insano, na *adj.* Perjudicial para la salud.

insatisfecho, cha *adj.* No satisfecho.

inscribir 1 *tr.* Trazar una figura dentro de otra. 2 *tr.* y *prnl.* Apuntar el nombre alguien o algo en un registro, una lista, etc.

inscripción 1 *f.* Acción y efecto de inscribir o inscribirse. 2 Escrito grabado en material duro.

insectario 1 *m.* Criadero de insectos. 2 BIOL Colección de insectos para su observación y estudio.

insecticida *adj.* y *m.* Dicho del medio químico que se emplea para matar insectos y animales afines.

insectívoro, ra 1 *adj.* y *s.* ZOOL Dicho de los animales que principalmente se alimentan de insectos. 2 *adj.* BOT Dicho de algunas plantas que aprisionan insectos y los digieren. 3 *adj.* y *m.* ZOOL Dicho de los mamíferos de pequeño tamaño con molares protuberantes y agudos, con los que mastican los insectos que consumen, como el topo y el erizo. Conforman un orden.

insecto 1 *m.* ZOOL Artrópodo de respiración traqueal, con el cuerpo dividido en tres regiones diferenciadas: cabeza, tórax y abdomen.

□ ZOOL Los insectos tienen tres pares de extremidades articuladas dispuestas en el tórax, una cabeza con un par de antenas, piezas bucales con un par de mandíbulas y dos pares de maxilas o un tubo chupador y ojos compuestos, conformados por **ocelos**.

inseguro, ra *adj.* Falto de seguridad o estabilidad.

inseminación *f.* FISIOL Penetración del semen del macho en el útero de la hembra, para fecundarla.

inseminar *tr.* Producir la inseminación.

insensatez *f.* Necedad, falta de sentido.

insensible 1 *adj.* Que carece de sensibilidad. 2 *adj.* y *s.* Que no siente las cosas que causan dolor o producen lástima.

inseparable 1 *adj.* Que no se puede separar o que es difícil hacerlo. 2 Dicho de las personas con una amistad estrecha.

inserción 1 *f.* Acción y efecto de insertar. 2 Punto en que una cosa se inserta en otra.

insertar 1 *tr.* Incluir una cosa en otra. 2 Intercalar un texto en otro.

insidia *f.* Palabras o acciones que envuelven una mala intención.

insidioso, sa 1 *adj.* y *s.* Que arma asechanzas. 2 *adj.* Malicioso o dañino con apariencias inofensivas.

insigne *adj.* Célebre, famoso.

insignia *f.* Distintivo, emblema.

insignificante *adj.* Baladí, despreciable.

insinuar 1 *tr.* Dar a entender algo sugiriéndolo. 2 *prnl.* Introducirse con habilidad en el ánimo de una persona, para ganar su voluntad.

insípido, da 1 *adj.* Falto de sabor o que no lo tiene en el grado que debiera. 2 Falto de viveza o gracia.

insistencia *f.* Acción de insistir.

insistir 1 *intr.* Persistir en un intento. 2 Repetir una cosa para llamar la atención sobre ella.

insociable *adj.* Huraño o intratable, o que no tiene condiciones para el trato social.

insolación 1 *f.* Acción y efecto de insolar. 2 MED Trastorno producido por una prolongada exposición a los rayos solares. 3 GEO Cantidad de radiación solar que recibe un área unitaria horizontal de superficie.

insolarse *prnl.* MED Sufrir una insolación.

insolencia 1 *f.* Atrevimiento, descaro. 2 Dicho o hecho insultante.

insolente *adj.* y *s.* Que conlleva insolencia o que la comete.

insólito, ta *adj.* Inaudito, raro, desacostumbrado.

insoluble 1 *adj.* Que no puede disolverse ni diluirse. 2 Que no se puede resolver.

insolvencia *f.* Falta de solvencia, incapacidad de pagar.

insomnio *m.* Dificultad para conciliar el sueño.

insondable *adj.* Dicho de lo muy profundo o misterioso.

insonoro, ra *adj.* Que no produce o no transmite sonido.

insoportable 1 *adj.* Que no se puede soportar, intolerable. 2 Muy incómodo, molesto.

insospechado, da *adj.* No sospechado, inesperado.

insostenible *adj.* Dicho de la situación que no puede sostenerse o defenderse.

inspección 1 *f.* Acción y efecto de inspeccionar. 2 Oficina del inspector.

inspeccionar *tr.* Examinar atentamente algo.

inspector, ra *m.* y *f.* Funcionario que tiene a su cargo la vigilancia de algo.

inspiración 1 *f.* Acción y efecto de inspirar o inspirarse. 2 Estado de exaltación creadora. 3 REL Iluminación que Dios comunica a los seres.

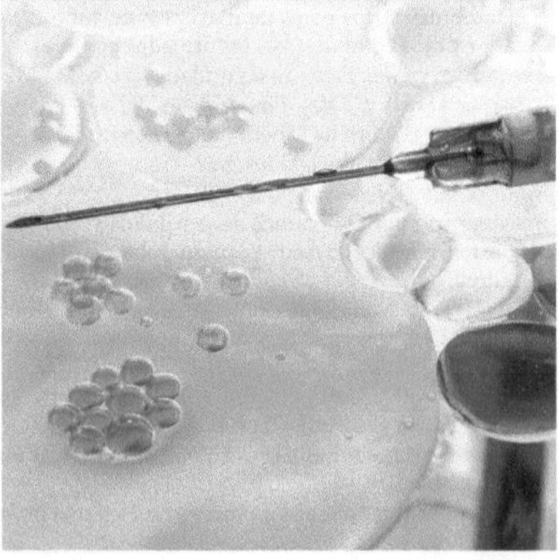

inspirar 1 *tr.* FISIOL ASPIRAR. 2 Infundir en el ánimo ideas, afectos, etc. 3 Hacer surgir en alguien ideas creadoras.

instalación 1 *f.* Cosa instalada, y en especial el acondicionamiento de un local para habitarlo. 2 ART Obra que consiste en la conjunción de distintos objetos subordinados a un criterio unificador.

instalar 1 *tr.* y *prnl.* Poner a alguien en un lugar para que pueda vivir o trabajar en él. 2 Colocar algo debidamente para que cumpla su función. 3 *prnl.* Establecerse, fijar alguien su residencia.

instancia *f.* Acción y efecto de instar.

instantáneo, a *adj.* Que dura un instante.

instante *m.* Segmento brevísimo de tiempo.

instar *tr.* Rogar insistentemente.

instaurar *tr.* Fundar, establecer.

instigar *tr.* Inducir a alguien a que realice algo.

instilar *tr.* Verter un líquido gota a gota.

instintivo, va *adj.* Que es obra, efecto o resultado del instinto.

instinto *m.* Conjunto de tendencias y pulsiones genéticas que inducen a satisfacer las necesidades de conservación y reproducción.

institución 1 *f.* Cosa establecida o fundada. 2 Cada una de las organizaciones básicas que constituyen la estructura de un Estado o de una nación.

institucional *adj.* Relativo a una institución o a las instituciones.

institucionalizar *tr.* y *prnl.* Dar carácter institucional.

instituir *tr.* Fundar, crear, establecer.

instituto 1 *m.* Organismo benéfico, cultural, religioso, etc. 2 Centro docente de enseñanza media.

institutriz *f.* Maestra que se encarga de la instrucción y educación de los niños en el hogar.

instrucción 1 *f.* Acción de instruir o instruirse. 2 Conjunto de conocimientos que alguien posee. 3 *f. pl.* Órdenes o advertencias que se dan para la consecución de un fin.

instructivo, va *adj.* Que instruye o sirve para instruir.

instructor, ra *adj.* y *s.* Que instruye.

instruido, da *adj.* Que tiene buen caudal de conocimientos adquiridos.

instruir *tr.* Enseñar con conocimientos teóricos o prácticos.

instrumental 1 *adj.* Relativo al instrumento. 2 Que sirve de instrumento o tiene función de tal. 3 *m.* Conjunto de instrumentos u objetos de una profesión destinados a determinado fin.

instrumentar 1 *tr.* MED Preparar el instrumental médico. 2 MÚS Arreglar una composición para varios instrumentos.

instrumentista 1 *m.* y *f.* MED Persona que cuida y prepara el instrumental médico. 2 MÚS Persona que toca un instrumento musical.

instrumento 1 *m.* Cualquier utensilio que sirve para hacer alguna cosa. 2 MÚS INSTRUMENTO musical. || **~s de cuerda** MÚS En los que el sonido se produce por la vibración de una cuerda, como el violín (cuerda frotada), el piano (cuerda golpeada) y la guitarra (cuerda pulsada). **~s de percusión** MÚS En los que el sonido se obtiene por el choque de distintas partes entre sí, o golpeando con baquetas, mazos, etc., o con las manos. **~s de viento** MÚS Los que se hacen sonar impeliendo aire dentro de ellos, como el clarinete, la trompeta, el órgano y el acordeón. **~ musical** MÚS Objeto con que se producen sonidos musicales; el conjunto de ellos constituye una banda o una orquesta, y se dividen en tres grandes grupos: cuerda, viento y percusión.

insubordinar *tr.* y *prnl.* Rebelarse contra la autoridad.
insuficiencia 1 *f.* Falta de suficiencia. 2 Escasez de algo. 3 MED Incapacidad de un órgano para realizar adecuadamente sus funciones.
insuficiente *adj.* No suficiente.
insuflar *tr.* Introducir en algo un gas, un líquido o una sustancia pulverizada.
insufrible *adj.* Muy difícil de soportar.
ínsula *f.* Territorio pequeño o poco importante.
insular 1 *adj.* y *s.* Natural de una isla. 2 *adj.* Relativo a una isla.
insulina 1 *f.* BIOQ Hormona del páncreas que regula el nivel de glucosa y el metabolismo de los hidratos de carbono; su deficiencia causa diabetes. 2 FARM Medicamento hecho con esta sustancia y usado contra la diabetes.
insulso, sa *adj.* INSÍPIDO.
insultar *tr.* Dirigir palabras ofensivas contra personas o instituciones.
insulto *m.* Acción y efecto de insultar.
insumo *m.* ECON Cada uno de los elementos que participan en la producción de bienes y servicios.
insuperable *adj.* Imposible o muy difícil de superar.
insurgente *adj.* y *s.* Levantado o sublevado.
insurrección *f.* Sublevación de un pueblo, de una unidad militar, etc.
insurreccionar *tr.* Instigar a la gente para que se amotine contra la autoridad.
insurrecto, ta *adj.* y *s.* Rebelde contra el gobierno constituido.
insustituible *adj.* Que no puede sustituirse.
intacto, ta *adj.* Que no ha padecido alteración o deterioro.
intangible 1 *adj.* Que no puede tocarse. 2 ECON Dicho de las actividades, las inversiones, los valores, etc., que carecen de existencia física, pero que pueden poseerse legalmente.
integración 1 *f.* Acción y efecto de integrar. 2 Incorporación de elementos étnicos o religiosos dispares de un grupo social a una sociedad uniforme y abierta.
integracionismo *m.* POLÍT Forma de organización política y racial, basada en la inclusión.
integrado, da *adj.* ELECTR **circuito** ~.
integral 1 *adj.* Que abarca todos los aspectos o partes de algo. 2 Dicho de las partes de un todo que contribuyen a su formación.
integrar 1 *tr.* Formar las partes un todo. 2 Contener, incluir en sí algo. 3 *tr.* y *prnl.* Juntarse para formar una sociedad, un club, etc.
integridad *f.* Cualidad de íntegro.
integrismo *m.* Actitud rígidamente conservadora de las posiciones tradicionales, y de manera especial de las religiosas.
íntegro, gra 1 *adj.* Que no carece de ninguna de sus partes. 2 Dicho de la persona recta, intachable.
intelecto *m.* Entendimiento, razón, facultad con que el ser humano piensa y comprende.
intelectual 1 *adj.* Relativo al intelecto. 2 *adj.* y *s.* Dedicado al cultivo de las ciencias y las letras.
intelectualidad *f.* Conjunto de los intelectuales.
inteligencia 1 *f.* Capacidad mental que permite entender, comprender y emitir respuestas útiles. 2 POLÍT **servicio** de ~. || ~ **artificial** INF Disciplina científica que se encarga de crear programas informáticos que ejecutan operaciones comparables a las que realiza la mente humana.
inteligente 1 *adj.* Que tiene inteligencia. 2 *adj.* y *s.* Persona de inteligencia destacada.
inteligible *adj.* Que se puede entender.

intemperancia *f.* Falta de templanza o moderación.
intemperie || a la ~ Al aire libre.
intempestivo, va *adj.* Fuera de tiempo.
intemporal *adj.* No sujeto al tiempo.
intención *f.* Determinación de la voluntad hacia un fin concreto.
intencionado, da 1 *adj.* Que tiene alguna intención. 2 A propósito.
intencional 1 *adj.* Relativo a la intención. 2 Deliberado, hecho a propósito.
intendencia 1 *f.* Cuerpo del ejército encargado del abastecimiento de víveres, vestuario y material a las tropas. 2 Antigua división territorial de Colombia que no gozaba de autonomía administrativa.
intendente *m.* y *f.* Persona que desempeña el cargo de jefe superior económico.
intensidad 1 *f.* Grado de energía de un agente natural o mecánico, de una cualidad, de una expresión, etc. 2 Vehemencia de los sentimientos.
intensificar *tr.* y *prnl.* Aumentar la intensidad de una actividad.
intensivo, va *adj.* Dicho de lo que aumenta una intensidad ya existente: *Cuidados intensivos.*
intenso, sa *adj.* Que tiene o conlleva intensidad.
intentar *tr.* Iniciar la ejecución de algo poniendo los medios adecuados para conseguir lo que se pretende.
intento *m.* Intención, propósito.
interacción *f.* Acción o influencia recíproca entre dos o más personas o cosas.
interaccionar *intr.* Ejercer o realizar una interacción.
interactividad *f.* Cualidad de interactivo.
interactivo, va 1 *adj.* Que procede por interacción. 2 *adj* y *m.* INF Dicho de los programas que permiten una interacción, a modo de diálogo, entre el computador y el usuario.
interactuar *intr.* INTERACCIONAR.
interamericano, na *adj.* Relativo a las relaciones multilaterales entre países americanos.
interandino, na 1 *adj.* Relativo a las relaciones entre los países del área andina. 2 GEO Dicho de los valles situados entre dos sistemas montañosos andinos.
intercalar *tr.* Poner una cosa entre otras dos, como un nombre en una lista o una ficha entre otras dos.
intercambiable *adj.* Dicho de cada una de las piezas de similar figura y función y que se pueden intercambiar entre sí sin necesidad de modificación.

A B C D E F G H I J K L M N Ñ O P Q R S T U V W X Y Z

intercambiar *tr.* Cambiar recíprocamente, realizar un intercambio de cosas, ideas, etc.

intercambio *m.* Acción y efecto de intercambiar. || ~ **económico** ECON Venta y compra de trabajo, recursos, productos y servicios dentro de una sociedad. ~ **iónico** QUÍM Método para extraer productos químicos de una disolución haciendo que esta atraviese un material poroso para sustituir los iones de la disolución por otros con la misma carga.

interceder *intr.* Mediar en favor de alguien.

intercelular *adj.* BIOL Situado entre las células.

interceptar 1 *tr.* Apoderarse de una cosa antes de que llegue a su destino. 2 Detener una cosa en su camino.

intercomunicación *f.* Comunicación recíproca.

interconexión 1 *f.* Acción y efecto de conectar entre sí dos o más asuntos, elementos, mecanismos, etc. 2 ELECTR Conexión entre dos o más sistemas de producción y distribución de corriente.

intercontinental *adj.* Que llega de uno a otro continente.

interdental *adj.* y *f.* FON Dicho de una consonante que se articula colocando la punta de la lengua entre los incisivos, como la consonante de *zoo*.

interdicción 1 *f.* Privación legal de ciertos derechos civiles 2 PROHIBICIÓN.

interdigital *adj.* ANAT Dicho de la membrana o del músculo situado entre los dedos.

interdisciplinario, ria *adj.* Dicho de la investigación o enseñanza que se realiza mediante la cooperación de varias disciplinas.

interés 1 *m.* Inclinación del ánimo hacia algo o alguien. 2 Conveniencia o necesidad de carácter colectivo. 3 ECON Ganancia porcentual que, por su utilización a lo largo de un tiempo determinado, produce el dinero prestado. || ~ **compuesto** ECON En el que no solo se produce sobre la totalidad del dinero prestado sino también sobre el total acumulado y los intereses pendientes de pago. ~ **simple** ECON El que se produce solo sobre la totalidad del dinero prestado.

interesado, da 1 *adj.* y *s.* Que tiene interés en algo. 2 Que se mueve solo por el provecho personal.

interesante *adj.* Que suscita interés o curiosidad.

interesar 1 *tr.* Hacer tomar parte a alguien en asuntos ajenos como si fuesen propios. 2 Inspirar interés o afecto a una persona. 3 Cautivar la atención con lo que se dice o escribe. 4 *intr.* Ser motivo de interés. 5 *prnl.* Adquirir o mostrar interés por alguien o algo.

interestelar *adj.* ASTR **espacio** ~.

interfase *f.* BIOL Fase preliminar a la división celular, en la cual tiene lugar la síntesis de proteínas y la replicación del material genético.

interfaz 1 *f.* Zona de comunicación entre dos sistemas independientes. 2 INF Conexión física y lógica entre una computadora y el usuario.

interferencia 1 *f.* Acción y efecto de interferir. 2 Perturbación que afecta el desarrollo normal de una cosa mediante la interposición de otra.

interferir 1 *tr.* y *prnl.* Cruzar, interponer algo en el camino de otra cosa, o en una acción. 2 *tr.* e *intr.* Provocar interferencias. 3 *intr.* TELEC Introducirse en la recepción de una señal y perturbarla.

intergaláctico, ca *adj.* ASTR Relativo a los espacios entre las galaxias.

intergeneracional *adj.* Dicho de un fenómeno, que tiene lugar o se desarrolla entre dos generaciones o más.

interglaciar *adj.* GEO Dicho de los periodos situados entre dos glaciaciones consecutivas; se han caracterizado por la elevación del nivel de las aguas y la aparición de fauna y flora propias de climas templados.

ínterin *adv. t.* y *m.* ENTRETANTO.

interinidad *f.* Cualidad de interino.

interino, na *adj.* y *s.* Dicho de quien, temporalmente, ejerce un cargo o empleo.

interior 1 *adj.* Que está adentro. 2 Perteneciente a la nación de que se habla, en contraposición a lo extranjero: *Política interior*. 3 *adj.* y *s.* Dicho de las prendas que se llevan directamente sobre el cuerpo. 4 *m.* La parte que está dentro de algo. 5 INTIMIDAD, zona espiritual íntima. 6 Parte central de un país. 7 *pl.* CIN y TV Espacios cerrados en los que se ruedan ciertas secuencias de una película.

interioridad *f.* Cualidad de interior.

interiorismo *m.* ARQ Arte de acondicionar y decorar los espacios interiores de la arquitectura.

interiorizar 1 *tr.* Retener para sí mismo. 2 *prnl.* Entrar en uno mismo.

interjección *f.* GRAM Palabra invariable con la que se expresan estados de ánimo o sensaciones, o se realizan actos de habla apelativos. Suele escribirse entre signos de exclamación: *¡Ay!; ¡oh!; ¡bravo!*

interlineado *m.* Espacio que queda entre las líneas de un escrito.

interlocutor, ra *m.* y *f.* Cada una de las personas que intervienen en un diálogo o una conversación.

interludio *m.* MÚS Fragmento sinfónico ejecutado entre dos actos de una ópera, un ballet, etc.

interlunio *m.* ASTR Tiempo en que no se ve la Luna durante su conjunción con la Tierra y el Sol.

intermediario, ria 1 *adj.* y *s.* Que media entre dos o más personas. 2 ECON Dicho de los agentes comerciales que median entre el productor y el vendedor.

intermedio, dia 1 *adj.* Que está entre los extremos de lugar, tamaño, tiempo, calidad, etc. 2 *m.* Espacio que hay de un tiempo a otro o de una acción a otra.

interminable 1 *adj.* Que no tiene término o fin. 2 Muy extenso.

intermitente 1 *adj.* Dicho de lo que cesa y luego prosigue o se repite a intervalos. 2 *m.* En un vehículo, luz que mediante destellos indica los cambios de dirección.

internacional *adj.* Relativo a dos o más naciones.

internacionalismo *m.* POLÍT Doctrina que antepone la coexistencia pacífica entre las naciones a los intereses exclusivamente nacionales.

internacionalizar 1 *tr.* POLÍT Someter un asunto al arbitrio de varias naciones. 2 POLÍT Intervenir en un conflicto armado bilateral países ajenos a él.

internado *m.* Establecimiento en que viven internos los estudiantes.

internar 1 *tr.* Trasladar tierra adentro a personas o cosas. 2 Ingresar en un internado, hospital, etc., a una persona.

internauta *m. y f.* Persona que navega por internet y utiliza con frecuencia esta red mundial de información y comunicación.

internet *m.* o *f.* INF Interconexión de redes informáticas que permite a las computadoras conectarse entre sí en un ámbito mundial, para enviar y recibir información.

internista *adj.* y *s.* MED Dicho del médico que se especializa en enfermedades que afectan los órganos internos.

interno, na 1 *adj.* INTERIOR. 2 *adj.* y *s.* Dicho del alumno que vive dentro de un establecimiento de enseñanza. 3 Dicho del alumno de medicina que presta servicios auxiliares en alguna cátedra o clínica.

interoceánico, ca *adj.* Que pone en comunicación dos océanos.

interpelar *tr.* Preguntar a alguien para que dé explicaciones sobre un asunto que conoce o en el que ha intervenido.

interplanetario, ria *adj.* ASTR Dicho del espacio entre dos o más planetas.

interpolar 1 *tr.* Poner palabras o frases en un texto ajeno. 2 MAT Averiguar el valor de una magnitud en un intervalo cuando se conocen algunos de los valores que toma a uno y otro lado de dicho intervalo.

interponer 1 *tr.* Colocar una cosa entre otras. 2 Poner a alguien por intercesor. 3 *prnl.* Cruzarse, atravesarse.

interpretación 1 *f.* Acción y efecto de interpretar. 2 Estudio minucioso de un hecho, texto, etc., para su esclarecimiento.

interpretar 1 *tr.* Concebir o expresar de un modo personal un asunto en particular o la realidad en general. 2 Explicar el sentido de algo. 3 Sacar deducciones de un hecho. 4 Ejecutar una pieza musical, teatral, etc.

intérprete 1 *m. y f.* Persona que interpreta. 2 Persona que traduce de una lengua a otra de manera simultánea.

interracial *adj.* Dicho de lo que está formado por individuos de distintas razas.

interregno *m.* Espacio de tiempo en que un Estado no tiene soberano.

interrelacionar *tr.* Relacionar a varias personas o cosas entre sí.

interrogación 1 *f.* PREGUNTA. 2 ORT Signo ortográfico doble (¿?) que enmarca enunciados interrogativos directos. 3 Incógnita, falta de respuesta adecuada. || ~ **directa** GRAM La que se caracteriza por una entonación especial y que en la escritura se representa con los signos de interrogación. ~ **indirecta** GRAM La que no implica entonación especial. En la escritura no aparecen signos de interrogación: *Quería saber cuánto debía.*

interrogante 1 *adj.* Que interroga. 2 *m.* o *f.* PREGUNTA. 3 Cuestión dudosa, problema no resuelto.

interrogar 1 *tr.* PREGUNTAR. 2 Someter a interrogatorio.

interrogativo, va 1 *adj.* GRAM Que implica o denota interrogación. 2 *m.* GRAM Dicho de los adjetivos, pronombres y adverbios usados en este tipo de oraciones.

interrogatorio 1 *m.* Serie de preguntas para esclarecer algo. 2 Acto de dirigirlas a quien las ha de contestar.

interrumpir 1 *tr.* Cortar la continuidad o continuación de algo. 2 Paralizar una acción.

interruptor, ra 1 *adj.* Que interrumpe. 2 *m.* ELECTR Mecanismo que interrumpe un circuito.

intersecarse *prnl.* GEOM Cortarse o cruzarse dos líneas o superficies entre sí.

intersección 1 *f.* GEOM Encuentro de dos líneas, dos superficies o dos sólidos que recíprocamente se cortan. La intersección de dos líneas es un punto, la de dos superficies, una línea, y la de dos sólidos, una superficie. 2 MAT Elementos comunes a dos o más conjuntos. Su símbolo es $\cap$; por ejemplo: dados dos conjuntos A y B su intersección se representa por $A \cap B$, que es igual al conjunto que contiene los elementos comunes a ambos.

intersexualidad *f.* BIOL Estado de diferenciación sexual imperfecta, con mezcla de caracteres masculinos y femeninos.

intersticial *adj.* Que ocupa los intersticios.

intersticio *m.* Espacio pequeño que media entre dos cuerpos o entre dos partes de un mismo cuerpo.

intertexto *m.* LIT Texto que se relaciona con otro porque pertenecen a un mismo autor, tiempo, género literario o desarrollan contenidos similares: El Quijote de la Mancha *es un intertexto de las novelas de caballería.*

intertextualidad *f.* LIT Conjunto de relaciones que presentan los textos entre sí, bien sea porque pertenecen a un mismo autor, tiempo, género literario o porque desarrollan contenidos similares.

intertropical 1 *adj.* GEO Dicho de la región situada entre los dos trópicos. 2 GEO **frente ~; zona** tórrida o ~.

interurbano, na *adj.* Dicho de los servicios de comunicación entre distintas poblaciones.

intervalo 1 *m.* Distancia entre dos puntos del espacio o del tiempo. 2 FÍS Conjunto de los valores que toma una magnitud entre dos límites dados: *Intervalo de temperaturas, de frecuencias,* etc. 3 MAT Conjunto de números reales con la propiedad de que, si dos números están en el conjunto, cualquier otro número entre ellos también está. 4 MÚS Diferencia de tono entre los sonidos de dos notas musicales. || ~ **de clase** MAT Rango utilizado para dividir el conjunto de posibles valores numéricos al trabajar con grandes cantidades de datos.

intervención *f.* Acción y efecto de intervenir.

intervencionismo *m.* POLÍT Concepción política que defiende una acción amplia del Estado en los asuntos de otros países.

intervenir 1 *intr.* Tomar parte en algo. 2 Mediar por alguien. 3 *tr.* Inspeccionar legalmente las cuentas de una persona o empresa. 4 Vigilar una autoridad la comunicación privada: *La policía intervino los teléfonos.* 5 Dirigir, limitar o suspender una autoridad el libre ejercicio de actividades o funciones de una empresa. 6 MED Hacer una operación quirúrgica. 7 POLÍT Dirigir temporalmente una o varias potencias algunos asuntos interiores de otra.

interventor, ra *m.* y *f.* Persona que controla el desarrollo de un proceso.

intervertebral *adj.* ANAT **disco** ~.

intervocálico, ca *adj.* y *f.* Dicho de la consonante que se halla entre dos vocales.

intestinal 1 *adj.* Perteneciente a los intestinos. 2 ANAT **vellosidad** ~.

intestino, na 1 *adj.* Dicho de guerras, enfrentamientos, etc., interiores, internos: *Lucha intestina.* 2 *m.* ANAT y FISIOL Conducto membranoso del aparato digestivo, entre el píloro y el ano, plegado en muchas vueltas y provisto de numerosas glándulas secretoras del jugo intestinal. || ~ **ciego** ANAT Parte del intestino grueso entre el intestino delgado y el colon. A su vez está constituido por el **apéndice** vermicular y la **válvula** ileocecal. ~ **delgado** ANAT y FISIOL Parte en que finaliza el proceso digestivo y se inicia la absorción de sustancias nutritivas. Está formado por el **duodeno**, el **yeyuno** y el **íleon**. ~ **grueso** ANAT y FISIOL Parte donde se absorbe el agua y determinados iones; desde él se excretan los materiales sólidos de desecho.

intimar *intr.* y *prnl.* Iniciar dos o más personas una relación de afecto o amistad.

intimidad 1 *f.* Amistad muy cercana, íntima. 2 Zona espiritual íntima y reservada de una persona o de un grupo, especialmente de una familia.

intimidar *tr.* y *prnl.* Infundir o causar miedo.

intimismo *m.* ART y LIT Tendencia artística o literaria que prefiere los temas de la vida familiar o íntima.

intimista 1 *adj.* Relativo al intimismo. 2 *adj.* y *s.* Dicho de los artistas o escritores que cultivan el intimismo.

íntimo, ma 1 *adj.* Relativo a la intimidad. 2 Lo más interior o interno.

intocable 1 *adj.* y *s.* Que no se puede tocar. 2 *m.* y *f.* **PARIA** del sistema de castas hindú.

intolerable *adj.* Que no se puede tolerar.

intolerancia 1 *f.* Falta de tolerancia. 2 MED Dificultad del organismo para asimilar ciertas sustancias.

intoxicación *f.* Acción y efecto de intoxicar o intoxicarse.

intoxicar *tr.* y *prnl.* Envenenar o infectar con tóxico.

intradós 1 *m.* ARQ Superficie inferior visible de un arco o de una bóveda. 2 ARQ Cara de una dovela que corresponde a esta superficie.

intraducible *adj.* Que no puede traducirse.

intramuscular *adj.* ANAT Que está dentro de un músculo.

intranet *f.* INF Red tecnológica para la información y la comunicación interna en empresas o instituciones.

intranquilo, la *adj.* Falto de tranquilidad.

intransigente *adj.* Que no transige o no se presta a transigir.

intransitable *adj.* Dicho del lugar por donde no se puede transitar.

intransitivo, va 1 *adj.* GRAM Dicho de una construcción sintáctica que se forma con un verbo intransitivo. 2 GRAM **verbo** ~.

intrascendente *adj.* Que no trasciende; frívolo, sin importancia.

intratable *adj.* Insociable o de genio áspero.

intrauterino, na *adj.* ANAT Que está situado dentro del útero.

intravenoso, sa *adj.* ANAT Que está dentro de una vena.

intrépido, da *adj.* Que no teme en los peligros.

intriga *f.* Maquinación cautelosa para lograr un fin.

intrigar 1 *tr.* Inspirar viva curiosidad algo. 2 *intr.* Emplear intrigas.

intrincado, da *adj.* Complicado, vago e impreciso.

intrincar 1 *tr.* y *prnl.* Enredar o enmarañar algo. 2 *tr.* Confundir los pensamientos o conceptos.

intrínseco, ca *adj.* Íntimo, esencial.

introducción 1 *f.* Acción y efecto de introducir o introducirse. 2 Preliminares de algo. 3 Preámbulo de una obra literaria o científica. 4 MÚS Parte breve que da inicio a una obra musical.

introducir 1 *tr.* Meter una cosa en otra. 2 Conducir a alguien al interior de un lugar. 3 Hacer que alguien sea admitido en un lugar o en un ambiente social. 4 Entrar en un lugar. 5 LIT Hacer figurar o hablar a un personaje. 6 Establecer, poner en uso: *Introducir una moda.* 7 *tr.* y *prnl.* Atraer, ocasionar: *Introducir el desorden.*

introito *m.* Principio o prólogo de un escrito o de un discurso.

intromisión *f.* Acción de entrometerse.

introspección *f.* Observación de los propios actos o estados de ánimo o de conciencia.

introversión *f.* Acción de penetrar dentro de uno mismo, abstrayéndose del exterior.

introvertido, da 1 *adj.* y *s.* Dado a la introversión. 2 Que exterioriza poco sus sentimientos.

intrusión 1 *f.* Acción de introducirse sin derecho. 2 GEO Penetración del magma en las rocas de la corteza terrestre superior.

intubar *tr.* MED Colocar alguna sonda o tubo en un conducto del organismo con fines terapéuticos.

intuición *f.* Percepción íntima, clara e instantánea de una idea, un objeto o un hecho.

intuir *tr.* Percibir de forma clara e instantánea una idea o verdad.

intuitivo, va 1 *adj.* Relativo a la intuición. 2 Dicho de la persona que tiene facilidad para intuir.

inuit 1 *adj.* y *s.* De los pueblos árticos que habitan las tundras del norte de Alaska, Canadá y Groenlandia. 2 *adj.* Perteneciente o relativo a los inuit.

inundación *f.* Acción y efecto de inundar o inundarse.

inundar *tr.* y *prnl.* Cubrir el agua o algún otro líquido un lugar.

inusitado, da *adj.* Muy raro, desacostumbrado.

inusual *adj.* Poco usual.

inútil 1 *adj.* y *s.* No útil. 2 Que no puede trabajar o moverse por tener un impedimento físico.

inutilizar *tr.* y *prnl.* Hacer inútil algo, estropearlo.

invadir 1 *tr.* Entrar por la fuerza en un lugar. 2 Entrar en funciones ajenas. 3 Ocupar anormalmente un lugar: *Las aguas invadieron la carretera.* 4 Apoderarse de alguien un sentimiento, un estado de ánimo, etc. 5 Biol y Med Penetrar y multiplicarse los agentes patógenos en un organismo.

invalidar *tr.* Anular algo, declararlo sin valor.

inválido, da 1 *adj.* Nulo y de ningún valor. 2 *adj.* y *s.* Med Dicho de una persona que adolece de un defecto físico o mental que le impide o dificulta alguna de sus actividades.

invaluable *adj.* Que no se puede valorar como corresponde.

invariable 1 *adj.* Que no cambia o varía. 2 Ling Dicho de una palabra, que no presenta diferentes formas para indicar las categorías gramaticales: *La palabra azul es invariable en género.*

invasión 1 *f.* Acción y efecto de invadir. 2 Estado de un país tras haber sido ocupado por el enemigo. 3 *f. pl.* Hist Las llevadas a cabo sobre el Imperio romano por los **germanos**, en particular, y los **bárbaros**, en general, entre los ss. II a.C. y V d.C.

invasor, ra *adj.* y *s.* Que invade.

invectiva *f.* Discurso o escrito acre y violento.

invencible *adj.* Que no puede ser vencido.

invención 1 *f.* **invento.** 2 Engaño, ficción.

inventar 1 *tr.* Descubrir algo desconocido o una nueva manera de hacerlo. 2 Idear, imaginar. 3 Fingir hechos falsos.

inventariar *tr.* Hacer inventario.

inventario 1 *m.* Lista ordenada de cosas. 2 Cantidad de mercancías de que dispone una empresa en depósito en un momento determinado.

inventiva *f.* Disposición para inventar.

invento 1 *m.* Acción y efecto de inventar. 2 Cosa inventada.

inventor, ra *adj.* y *s.* Que inventa.

invernadero 1 *m.* Espacio interior, con cubiertas translúcidas, acondicionado para el cultivo y conservación de plantas. 2 Ecol **efecto** ~; **gas** ~.

invernal *adj.* Relativo al invierno.

invernar 1 *intr.* Pasar el invierno en un lugar. 2 Ser tiempo de invierno.

inverosímil *adj.* Sin apariencia de verdad, improbable.

inversión 1 *f.* Acción y efecto de invertir. 2 Biol Mutación en la que una porción de cromosoma se rompe, gira y se une de nuevo al cromosoma. 3 Cambio de sentido de la corriente. || ~ **térmica** Geo Incremento de la temperatura con la altura, inverso al decrecimiento normal de la temperatura con la altura.

inversionista *adj.* y *s.* Dicho de la persona que hace una inversión de capital.

inverso, sa 1 *adj.* Contrario, disímil. 2 Mat **elemento** ~; **número** ~. 3 *adj.* y *s.* Mat Dicho de la cantidad o la expresión que es simétrica de otra respecto a la multiplicación y cuyo producto es la unidad.

inversor, ra 1 *adj.* Que invierte. 2 *adj.* y *s.* **inversionista.**

invertebrado *adj.* y *m.* Zool Dicho de los animales que carecen de columna vertebral y, por tanto, de esqueleto cartilaginoso u óseo. Constituyen más del 95 % del total de la fauna (insectos, crustáceos, moluscos, arácnidos, gusanos, esponjas, etc.).

invertido, da *adj.* Que ha experimentado inversión.

invertir 1 *tr.* y *prnl.* Cambiar la posición o el orden de las cosas por su posición u orden contrarios. 2 Hablando del tiempo, emplearlo u ocuparlo. 3 *tr.* Econ Aportar capital para el fomento de algún negocio o para que produzca intereses.

investidura *f.* Acción y efecto de investir.

investigación *f.* Acción y efecto de investigar.

investigar 1 *tr.* Hacer diligencias para descubrir algo. 2 Realizar sistemáticamente actividades intelectuales y experimentales para aumentar los conocimientos sobre una determinada materia.

investir *tr.* Conferir alguna dignidad o algún cargo importante.

inviable 1 *adj.* Que no tiene posibilidades de llevarse a cabo. 2 Que no tiene aptitud para desarrollarse.

invicto, ta *adj.* y *s.* Nunca vencido.

invidente *adj.* y *s.* Que no ve, ciego.

invierno 1 *m.* Geo Estación más fría del año, que en el hemisferio norte va del 22 de diciembre al 21 de marzo, y en el sur del 22 de junio al 23 de septiembre. Sucede al otoño y precede a la primavera y se caracteriza por la brevedad de los días y la larga duración de las noches. 2 Geo En la zona ecuatorial, donde las estaciones no son sensibles, temporada de lluvias que aprox. dura seis meses, con algunas intermitencias y alteraciones.

inviolabilidad *f.* Calidad de inviolable.

inviolable *adj.* Que no se debe o no se puede violar o profanar.

invisible *adj.* Que no puede ser visto.

invitación 1 *f.* Acción y efecto de invitar. 2 Tarjeta con que se invita.

invitar 1 *tr.* Llamar a alguien para que asista a un acto público o solemne. 2 Estimular a la realización de algo.

in vitro (Loc. lat.) *loc. adj.* Que ocurre en el laboratorio y no de manera natural.

invocar *tr.* Llamar o recurrir a alguien pidiendo ayuda.

involución *f.* Acción y efecto de involucionar.

involucionar *intr.* Retroceder, volver atrás un proceso biológico, político, cultural, económico, etc.

involucrar 1 *tr.* Comprometer a alguien en un asunto. 2 Abarcar, incluir, comprender.

involucro *m.* Bot Verticilo o conjunto de brácteas en la base de una flor o inflorescencia.

involuntario, ria *adj.* No voluntario.

invulnerable *adj.* Que no puede ser herido.

inyección 1 *f.* Acción y efecto de inyectar. 2 Líquido inyectado. 3 Introducción de cemento a presión en un terreno a fin de consolidarlo. 4 Introducción de combustible fluido en un motor de explosión. 5 Acción de moldear las materias plásticas mediante su fusión previa y su posterior introducción en un molde. 6 Mat **aplicación** inyectiva.

inyectable *adj.* y *m.* Med Dicho del medicamento que se aplica por inyección.

inyectar 1 *tr.* Introducir un gas o un líquido a presión. 2 *intr.* y *prnl.* Med Administrar algún medicamento mediante inyección.

inyectiva *adj.* Mat **aplicación ~.**

inyector, ra 1 *adj.* Que inyecta. 2 *m.* Dispositivo para introducir fluidos en motores, calderas, etc.

ion *m.* Fís y Quím Átomo o grupo de átomos que han perdido o ganado uno o más electrones. En el primer caso, se trata de un *catión* o ion positivo; en el segundo, de un *anión* o ion negativo.

iónico, ca 1 *adj.* Relativo al ion. 2 Quím **enlace ~; intercambio ~.**

ionización *m.* Acción y efecto de ionizar.

ionizar *tr.* y *prnl.* Fís y Quím Disociar una molécula en iones, o convertir un átomo o una molécula en ion.

ionosfera (Tb. ionósfera) *f.* Geo Capa superior de la atmósfera, por encima de la estratosfera, a partir de los 70 km aprox. de la corteza terrestre. Presenta fuerte ionización causada por la radiación solar.

ipecacuana 1 *f.* Planta de tallos sarmentosos, con hojas elípticas, flores pequeñas, fruto en baya y raíz cilíndrica. 2 Raíz de esta planta; tiene usos terapéuticos.

ipso facto (Loc. lat.) De inmediato, en el acto.

ir 1 *intr.* y *prnl.* Moverse de un lugar a otro. 2 *intr.* Andar de acá para allá. 3 Armonizar dos cosas. 4 Llevar o conducir a un lugar apartado de quien habla: *Esta calle va al centro.* 5 Extenderse una cosa, en el tiempo o en el espacio, desde un punto a otro. 6 Jugar, apostar en la partida de cartas o echar el naipe sobre la mesa. 7 Con el gerundio de algunos verbos, indica que la acción se realiza en el mismo momento: *Vamos caminando.* 8 Tiene valor exhortativo en expresiones tales como: *Vamos a estudiar.* 9 Con la preposición *a* y un infinitivo, significa disponerse para la acción del verbo: *Voy a salir.* 10 Con la preposición *con*, tener o llevar lo que el nombre significa: *Ir con cuidado.* 11 Con *contra*, sentir o pensar lo contrario: *Ir contra Pedro; ir contra la corriente.* 12 Con *por*, estar trayendo lo que se indica: *Fue por leña.* 13 Con la misma preposición avanzar en la realización de una acción: *Voy por la página cuarenta.* 14 *prnl.* Deslizarse, perder el equilibrio. 15 Desgarrarse o romperse una tela. 16 Consumirse, gastarse, etc., una cosa. 17 Borrarse algo del pensamiento o de la memoria.

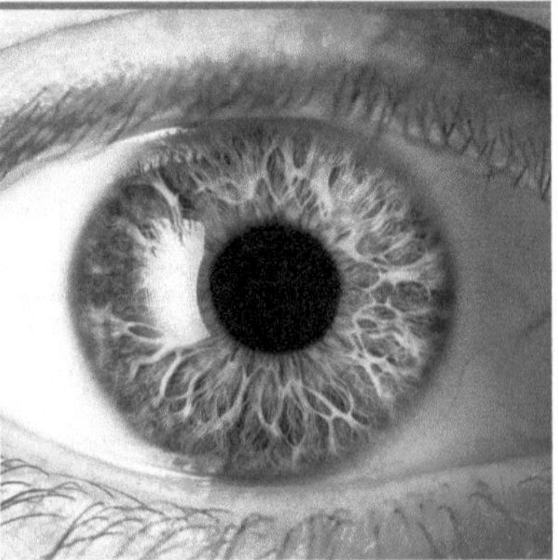

ira *f.* Movimiento anímico de enojo o venganza.

iraca *f.* Planta monocotiledónea de tallo sarmentoso, con flores en espádice, hojas alternas largas y estrechas, que sirven para fabricar objetos de jipijapa.

iracundo, da *adj.* Propenso a la ira.

irascible *adj.* Propenso a la ira, fácilmente irritable.

iridio *m.* Quím Elemento metálico quebradizo, muy difícilmente fusible y más pesado que el oro. Núm. atómico: 77. Punto de fusión: 2410 °C. Punto de ebullición: 4130 °C. Símbolo: Ir.

iridiscente 1 *adj.* Que muestra o refleja los colores del iris. 2 Que brilla o produce destellos.

iris 1 *m.* Anat Capa vascular del ojo en cuyo centro está la pupila. 2 Geo **arco ~.**

irisar *intr.* Presentar un cuerpo fajas variadas de colores o reflejos de luz.

ironía *f.* Burla fina y disimulada.

ironizar 1 *tr.* Usar ironías. 2 Dar a entender lo contrario de lo que se dice.

iroqués, sa 1 *adj.* y *s.* De un pueblo amerindio originariamente establecido en la región de los Grandes Lagos. Sus descendientes viven en reservas del norte de los Estados Unidos. 2 *adj.* Perteneciente o relativo a los iroqueses.

irracional 1 *adj.* y *s.* Carente de razón o contrario a ella.

irracionalismo *m.* Actitud en la que priman la intuición, los instintos y los sentimientos sobre la razón.

irradiación 1 *f.* Acción y efecto de irradiar. 2 Geo **insolación.**

irradiar 1 *tr.* Emitir un cuerpo rayos de luz, calor, etc. 2 Someter un cuerpo a la acción de radiaciones. 3 Transmitir, propagar, difundir.

irreal *adj.* Carente de realidad.

irredentismo 1 *m.* Polít Doctrina que defiende la incorporación a un país de territorios extranjeros que se consideran propios. 2 Polít Actitud de los habitantes que propugnan la incorporación de su territorio a otra nación a la cual se sienten pertenecer.

irredento, ta 1 *adj.* Que permanece sin redimir. 2 Dicho del territorio que una nación pretende anexarse.

irreducible *adj.* **irreductible.**

irreductible 1 *adj.* Que no se puede reducir o descomponer 2 Mat Dicho de la fracción cuyo numerador y denominador son números primos entre sí.

irreflexivo, va 1 *adj.* Que se dice o hace sin reflexionar. 2 *adj.* y *s.* Que no reflexiona.

irregular 1 *adj.* Fuera de regla; contrario a ella. 2 Que no sucede ordinariamente. 3 Que no observa siempre el mismo comportamiento. 4 Biol Dicho de la estructura no simétrica. 5 Geom Dicho del polígono y del poliedro que no son regulares. 6 Gram **verbo ~.**

irregularidad 1 *f.* Cualidad de irregular. 2 Acción o conducta que constituye un delito o una falta.

irrelevante *adj.* Que no es de relevancia o importancia.

irremediable *adj.* Que no se puede remediar.

irremplazable *adj.* No reemplazable.

irresistible 1 *adj.* Que no se puede resistir. 2 Dicho de la persona de gran atractivo y simpatía.

irrespetuoso, sa *adj.* No respetuoso.

irrespirable 1 *adj.* Que no puede respirarse o que difícilmente puede respirarse: *Atmósfera irrespirable.* 2 Dicho del ambiente social que es muy difícil tolerar.

irresponsable *adj.* y *s.* Que obra sin responsabilidad y reflexión.

irreversible *adj.* Que no puede volver atrás.

irrevocable *adj.* Que no se puede revocar o anular.

irrigar 1 *tr.* Aplicar el riego a un terreno. 2 FISIOL Aportar los vasos sanguíneos sangre a los tejidos.

irrisorio, ria 1 *adj.* Que provoca burla. 2 Insignificante.

irritable *adj.* Que se irrita con facilidad.

irritar 1 *tr.* y *prnl.* Mover a enojo. 2 *tr.* Causar picor o quemazón en un órgano o en una parte del cuerpo.

irrumpir *intr.* Entrar violentamente en un lugar.

irrupción *f.* Acción y efecto de irrumpir.

isabelino, na 1 *adj.* Relativo a las reinas que llevaron el nombre de Isabel en España o en Inglaterra. 2 ART Dicho de ciertas manifestaciones en las artes decorativas en los reinados de Isabel I (1451-1504), Isabel II de España (1833-1868) e Isabel I de Inglaterra (1558-1603). 3 *adj.* y *s.* HIST Miembro de las tropas que defendieron la corona de Isabel II de España contra el pretendiente don Carlos.

isba *f.* Vivienda rural de madera, propia de Rusia.

ISBN 1 *m.* Sistema internacional que registra libros publicados asignándoles un número para su identificación y clasificación. 2 Número de identificación de cada libro publicado según este sistema. • Sigla de *International Standard Book Number.*

isla 1 *f.* GEO Porción de tierra rodeada de agua. 2 Zona que por sus características aparece aislada: *La monótona llanura era alegrada por islas de matorrales.* 3 Zona claramente delimitada en un local comercial o una vía pública. || ~ **continental** GEO La situada en la plataforma continental muy cerca del continente. ~ **fluvial** GEO Terreno medianamente estabilizado y con vegetación entre los brazos de un río. ~ **oceánica** GEO La que se alza desde el piso oceánico profundo.

islam 1 *m.* REL ISLAMISMO. 2 Conjunto de personas y de pueblos que profesan esta religión. 3 HIST Civilización surgida de la expansión del islamismo tras la conquista de La Meca (630).

islámico, ca 1 *adj.* Relativo al islam. 2 Dicho de sus manifestaciones artísticas, culturales, etc. 3 **calendario ~.**

islamismo *m.* REL Religión predicada por Mahoma, su profeta, en Arabia (s. VII).

☐ El libro sagrado del islamismo es el Corán, que recoge las revelaciones transmitidas a Mahoma por el ángel Gabriel. Monoteísmo, resurrección, juicio final y paraíso o infierno son sus dogmas fundamentales. Carece de culto y de ministros, admite la poligamia y prohíbe la carne de cerdo y las bebidas alcohólicas.

islamizar *tr.* y *prnl.* Propagar la religión y cultura islámicas.

isleño, ña 1 *adj.* y *s.* Natural de una isla. 2 *adj.* Perteneciente o relativo a una isla.

islote 1 *m.* Isla pequeña y despoblada. 2 Peñasco muy grande, rodeado de mar.

ismaelita 1 *adj.* y *s.* Descendiente de Ismael, personaje bíblico. Se usa para referirse a los árabes. 2 REL Seguidor de una rama del chiismo, que proclamó a Ismael como séptimo imán.

isogamia *f.* BIOL Tipo de fecundación en la que las células sexuales poseen caracteres morfológicos idénticos. Se da principalmente en hongos, algas y protozoos.

isomería *f.* QUÍM Fenómeno por el cual dos o más compuestos químicos de igual fórmula molecular presentan distintas disposiciones de los átomos en las moléculas, lo que implica que sus propiedades físicas y químicas sean distintas.

isometría *f.* GEOM Aplicación geométrica que conserva las distancias existentes entre rectas, longitudes y ángulos.

isomorfismo *m.* MAT Correspondencia biunívoca que conserva las operaciones entre dos estructuras algebraicas.

isopreno *m.* QUÍM Hidrocarburo no saturado que se usa en la fabricación del caucho sintético.

isósceles *adj.* GEOM **triángulo ~.**

isótopo (Tb. isotopo) *m.* FÍS y QUÍM Cada uno de los núcleos atómicos de un mismo elemento químico que tienen igual número de protones pero difieren en el número de neutrones. Las propiedades químicas de los isótopos de un elemento son, por tanto, idénticas; en cambio, difieren sus propiedades físicas. || ~ **radiactivo** FÍS y QUÍM Átomo de un elemento químico que emite radiaciones radiactivas.

isquemia *f.* MED Disminución del riego sanguíneo de una parte del cuerpo.

isquion *m.* ANAT Hueso que con el ilion y el pubis forma el innominado en los mamíferos adultos.

israelí *adj.* y *s.* Natural de Israel, país de Asia.

israelita 1 *adj.* y *s.* HEBREO. 2 REL Que profesa la ley de Moisés. 3 *adj.* Perteneciente o relativo al antiguo reino de Israel o a los israelitas.

ISSN 1 *m.* Sistema internacional que registra publicaciones periódicas asignándoles un número para su identificación y clasificación. 2 Número de identificación de cada publicación periódica según este sistema. • Sigla de *International Standard Serial Number.*

istmo 1 *m.* ANAT Paso estrecho que comunica dos partes de un órgano. 2 GEO Lengua de tierra que une dos continentes o una península con un continente: *Istmo de Panamá.* || ~ **de las fauces** ANAT Abertura entre la parte posterior de la boca y la faringe.

itálico, ca *adj.* Perteneciente o relativo a Italia, y en particular a la Italia antigua.

ítem *m.* Cada uno de los artículos, capítulos, unidades o párrafos temáticos de un documento.

iterativo, va 1 *adj.* Que se repite. 2 Dicho de la palabra que indica repetición o reiteración, como *goteo.* 3 GRAM **verbo ~.**

iterbio *m.* QUÍM Elemento metálico de los lantánidos, maleable y dúctil, con aplicaciones potenciales en

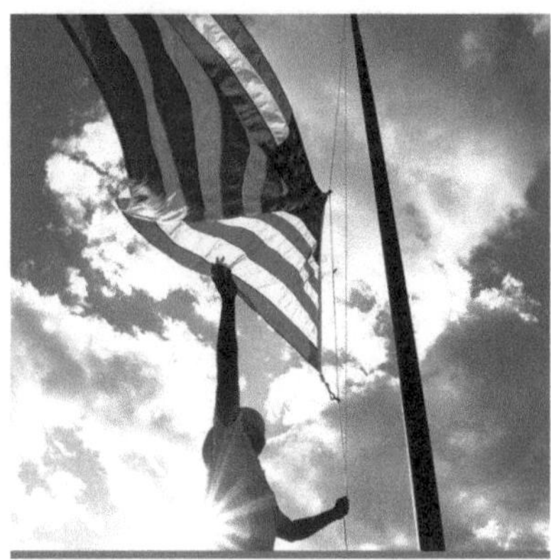

electrónica. Punto de fusión: 819 °C. Punto de ebullición: 1196 °C. Núm. atómico: 70. Símbolo: Yb.

itinerante *adj.* Ambulante, que va de un lugar a otro.

itinerario 1 *m.* Ruta que se sigue para llegar a un lugar. 2 Descripción que se hace de un camino o de una ruta.

itrio *m.* QUÍM Elemento metálico que se encuentra como un óxido en la mayoría de los minerales de los lantánidos. Punto de fusión: 1522 °C. Punto de ebullición: 3338 °C. Núm. atómico: 39. Símbolo: Y.

izar *tr.* Hacer subir una cosa tirando de la cuerda a la que está atada, la cual pasa por un punto más elevado.

izquierda *f.* POLÍT Conjunto de personas que profesan ideas reformistas o, en general, no conservadoras.

izquierdista *adj.* y *s.* POLÍT Dicho de la persona o del partido que comparte las ideas de la izquierda.

izquierdo, da 1 *adj.* Dicho del lado del cuerpo humano en que está el corazón, y de cada uno de los miembros de ese lado. 2 Que está situado en el mismo lado que el corazón del observador. 3 En las cosas que se mueven, dicho de lo que está en su parte izquierda o de cuanto cae hacia ella, considerado en el sentido de su marcha o avance. 4 ZURDO. 5 *f.* Mano del lado del corazón.

j *f.* Décima letra del **alfabeto** español y séptima de sus consonantes. Su nombre es *jota*, y representa un sonido velar, sordo y fricativo. • pl.: *jotas.* En posición final de palabra, su sonido se relaja: *Reloj.*

jabalí, na *m.* y *f.* Mamífero artiodáctilo de cabeza aguda, hocico alargado, pelaje gris de cerdas muy fuertes y colmillos largos y afilados.

jabalina 1 *f.* Arma arrojadiza, menor que la lanza. 2 DEP Especie de lanza, de fibra de vidrio o metálica, con que se efectúa cierta prueba de lanzamiento.

jabón 1 *m.* QUÍM Compuesto que resulta de la saponificación de los ésteres de ciertos ácidos grasos con glicerina; es soluble en agua y, por sus propiedades detersorias, sirve para lavar. 2 Cualquiera de estos compuestos presentado comercialmente. 3 Toda materia que tenga uso semejante.

jabonar 1 *tr.* Limpiar con agua y jabón. 2 *tr.* y *prnl.* Frotar el cuerpo, o parte de este, con agua y jabón.

jaboncillo *m.* Árbol de flores amarillas en racimos y fruto carnoso como una cereza que se utiliza como jabón.

jabonero, ra 1 *m.* y *f.* Persona que fabrica o vende jabones. 2 *f.* Útil para colocar el jabón. 3 Planta de hojas lanceoladas y flores grandes y olorosas en panoja. El zumo de esta planta y su raíz se utilizan como jabón.

jabonoso, sa 1 *adj.* De la naturaleza del jabón o que está mezclado con jabón. 2 RESBALADIZO.

jaca *f.* Caballo de poca alzada.

jácara 1 *f.* LIT Romance escrito en la jerga de rufianes, muy cultivado en el s. XVII. 2 TEAT Mezcla de danza y diálogo burlesco que se ejecutaba en los entreactos.

jacinto 1 *m.* Planta de hojas radicales largas, flores en racimo cilíndrico y fruto capsular con varias semillas. 2 Flor de esta planta. 3 Piedra semipreciosa transparente de color rojo amarillento. || ~ **de agua** Hierba acuática tropical de flores azules situadas unos 30 cm por encima de las hojas.

jacobino, na *adj.* y *s.* HIST Se dice del miembro del partido, y de este mismo partido, que durante el proceso de la Revolución francesa se distinguió por la defensa ultrarradical de los ideales republicanos.

jacobita *adj.* y *s.* HIST Partidario de la restauración en el trono de Inglaterra de Jacobo II Estuardo.

jactancia *f.* Acción de jactarse.

jactarse *prnl.* y *tr.* Pavonearse alardeando de cualidades reales o falsas.

jaculatoria *f.* REL Oración breve y fervorosa.

jade *m.* Piedra semipreciosa traslúcida, blanquecina o verdosa con manchas rojizas.

jadear *intr.* Respirar anhelosamente por efecto de un ejercicio muy fuerte.

jaez *m.* Cualidad o propiedad de algo.

jaguar *m.* Félido americano de casi 2 m de largo y 80 cm de alzada, pelaje amarillento rojizo con manchas negras. Es un trepador y nadador excelente.

jagüey *m.* Pozo o zanja en que se almacena agua.

jaiba *f.* Crustáceo decápodo marino con el abdomen de color amarillo moteado con manchas rojas.

jainismo *m.* REL y FIL Sistema religioso y filosófico hindú fundado hacia el s. VI a. C. que tiene su origen en la reacción contra el sistema de castas hindú y la práctica de sacrificar animales.

jaique *m.* Vestidura árabe femenina que cubre todo el cuerpo.

jalar *tr.* Halar.

jalbegue *m.* Pintura de cal dispuesta para blanquear.

jalea 1 *f.* Conserva gelatinosa elaborada con ciertas frutas. 2 FARM Medicamento de esa consistencia y muy azucarado. || ~ **real** Sustancia secretada por las abejas que sirve de alimento para las larvas y la reina.

jaleo *m.* Diversión bulliciosa.

jalón *m.* Tirón, acción y efecto de tirar con fuerza y bruscamente de algo.

jalonar 1 *tr.* HALAR. 2 Establecer jalones.

jalonear *tr.* HALAR.

jamás *adv. t.* NUNCA.

jamba *f.* ARQ Cada una de las dos piezas que, puestas verticalmente en los lados de puertas o ventanas, sostienen el dintel.

jamelgo *m.* Caballo flaco y desgarbado.

jamón 1 *m.* Pierna curada del cerdo. 2 Carne de esta pierna.

jansenismo *m.* REL e HIST Doctrina de C. Jansen, obispo flamenco del s. XVII, que exageraba las ideas de san Agustín respecto a la influencia de la gracia para obrar el bien, con mengua de la libertad humana.

jaque 1 *m.* En el ajedrez, lance con que una pieza amenaza directamente al rey o a la reina. 2 Palabra con que se avisa ese lance. 3 Ataque, amenaza, acción que perturba o inquieta a alguien. || ~ **mate** MATE[1].

jaqueca *f.* MED Dolor intenso de una zona de la cabeza.

jaquetón *m.* Tiburón de gran tamaño capaz de cazar y devorar a casi cualquier otro animal marino; se le conoce también como tiburón blanco.

jáquima *f.* Cabezada de cordel, que suple el cabestro.

A B C D E F G H I J K L M N Ñ O P Q R S T U V W X Y Z

jarabe 1 *m.* Bebida que se elabora cociendo azúcar en agua hasta que se espese, añadiéndole zumos o sustancias medicinales. 2 FARM Medicamento en forma de solución muy azucarada. 3 FOLCL Música y baile popular mexicanos con estilo ZAPATEADO.

jarana 1 *f.* JOLGORIO. 2 Chanza, burla.

jarcha *f.* LIT Antigua canción lírica escrita en dialecto mozárabe como estribillo de algunas composiciones hebreas o árabes.

jarcia 1 *f.* Conjunto de instrumentos y redes para pescar. 2 *pl.* Aparejos y cabos de un buque.

jardín 1 *m.* Terreno en que se cultivan flores y plantas decorativas. 2 Defecto de las esmeraldas. 3 DEP En el béisbol, zona periférica del terreno de juego. || ~ **botánico** BOT Terreno destinado al cultivo de plantas que tienen por objeto el estudio de la botánica. ~ **de infantes** o **infantil** Establecimiento de educación para niños en edad preescolar.

jardinear *intr.* Trabajar en el jardín por afición.

jardinería *f.* Arte y oficio del jardinero.

jardinero, ra 1 *m.* y *f.* Persona que cuida jardines. 2 Mueble para colocar plantas. 3 DEP En el béisbol, jugador que se encarga del jardín. 4 *f.* Vestidura femenina holgada que no se ajusta al cuerpo.

jareta *f.* Dobladillo en el borde de una tela por el que puede introducirse una cinta o un cordón y que permite fruncir la tela.

jarra *f.* Vasija con cuello, asa y boca en pico.

jarrete 1 *m.* Corva de la pierna humana y los cuadrúpedos. 2 Parte alta y carnosa de la pantorrilla.

jarretera *f.* Liga con su hebilla, con que se ata la media o el calzón por el jarrete.

jarro *m.* Vasija a manera de jarra y con una sola asa.

jarrón *m.* Vaso grande que sirve como adorno o para contener flores.

jaspe 1 *m.* Piedra silícea dura y opaca, de grano fino y homogéneo y de colores variados. 2 Mármol veteado.

jaspeado, da 1 *adj.* Veteado o salpicado de pintas como el jaspe. 2 *m.* Acción y efecto de jaspear.

jaspear *tr.* Pintar imitando las vetas y salpicaduras del jaspe.

jauja *f.* Nombre con que se denota todo lo que quiere presentarse como tipo de prosperidad y abundancia.

jaula 1 *f.* Caja de alambres, barrotes o listones para encerrar animales. 2 Cualquier embalaje que adopta esa forma.

jauría *f.* Conjunto de perros que cazan al mando de una misma persona.

jayán, na *m.* y *f.* Persona de gran estatura y de mucha fuerza.

jazmín *m.* Planta de tallos trepadores, hojas alternas y compuestas, flores blancas y olorosas en forma de embudo y fruto en baya negra.

jazz (Voz ingl.) *m.* MÚS Forma de expresión musical surgida a finales del s. XIX derivada de los cantos y melodías de los negros estadounidenses.

jean *m.* BLUYÍN.

jeep *m.* CAMPERO, automóvil.

jefatura 1 *f.* Cargo y dignidad de jefe. 2 Sede de algunas instituciones.

jefe, fa *m.* y *f.* Persona que dirige un trabajo, una institución, un partido, una cuadrilla de trabajo, una facción, un cuerpo militar, etc. || ~ **de Estado** Autoridad superior de un país.

jején *m.* Insecto díptero menor que el mosquito y de picadura más irritante.

jemer *adj.* y *s.* De un pueblo mongol que en la actualidad constituye la mayor parte de la población de Camboya. • U. t. c. s. pl. || ~ **rojo** HIST Movimiento político armado camboyano que tomó el poder en 1975 y lo detentó hasta 1979. Llevó a cabo una política de genocidio, y causó la muerte de entre 2 y 4 millones de personas.

jengibre 1 *m.* Planta de hojas radicales, lanceoladas, flores purpúreas con escapo central y fruto en cápsula. 2 Rizoma de esta planta que se usa como especia.

jenízaro *m.* HIST Infante de la guardia imperial turca; generalmente era reclutado entre hijos de cristianos.

jeque *m.* Jefe o gobernador musulmán que manda en una provincia.

jerarca *m.* y *f.* Persona de categoría elevada en una corporación o iglesia.

jerarquía 1 *f.* Orden o graduación entre personas y cosas. 2 Conjunto de los jefes de un estamento, organización, etc. 3 ZOOL Relación de dominio y subordinación entre los individuos de una misma especie al formar grupo.

jerarquizar *tr.* Organizar algo por jerarquías.

jerbo *m.* Roedor africano de unos 10 cm de largo, más la cola que mide 20 cm; las patas posteriores son extraordinariamente largas.

jerga *f.* Lenguaje específico de ciertos oficios y profesiones.

jergón *m.* Colchón de paja, esparto o hierba y sin bastas.

jerife 1 *m.* Descendiente de Mahoma por línea de su hija Fátima. 2 En Marruecos, miembro de la casa reinante. 3 Antiguo jefe superior de la ciudad de La Meca.

jerigonza 1 *f.* Lenguaje de argot o jerga. 2 Lenguaje complicado y difícil de entender.

jeringa *f.* Tubito con émbolo en su interior y en el que se enchufa una aguja hueca de punta aguda cortada a bisel, y que se emplea para inyectar medicamentos o extraer líquidos.

jeringar (Tb. jeringuear) *tr.* y *prnl.* Molestar, fastidiar.

jeringonza *f.* JERIGONZA.

jeroglífico, ca 1 *adj.* **escritura** ~. 2 *m.* Cada signo de esta escritura. 3 Conjunto de signos y figuras con que se expresa una frase, ordinariamente por pasatiempo. 4 Cosa difícil de comprender.

jerónimos *m. pl.* Congregación de ermitaños fundada por san Jerónimo, que más tarde pasaron a vivir en monasterios.

jesuita 1 *adj.* y *m.* Se dice del miembro de la orden religiosa de la Compañía de Jesús. 2 Relativo a la Compañía de Jesús, orden religiosa fundada por Ignacio de Loyola en 1533.

jet (Voz ingl.) *m.* Avión que usa motor de reacción.

jet set (Loc. ingl.) *m.* o *f.* Clase social internacional, rica y ostentosa.

jeta 1 *f.* Hocico de ciertos animales, especialmente los domésticos. 2 *desp.* Boca: *Le dieron en la jeta.*

jíbaro[1], ra 1 *adj.* y *s.* Relativo a los jíbaros. 2 **CAMPESINO**, que trabaja en las faenas del campo. 3 Que trafica o negocia con drogas ilegales al por menor.

jíbaro[2] *adj.* y *s.* De un pueblo amerindio sin organización política formal, asentado en la región amazónica de Ecuador y Perú. Sus miembros viven de la agricultura y la caza. • U. t. c. s. pl.

jibia *f.* Cefalópodo decápodo, de cuerpo oval, con una aleta a cada lado; el dorso está cubierto por una concha calcárea, blanda y ligera. Alcanza unos 30 cm de largo y es comestible.

jícara 1 *f.* Taza pequeña sin asas para tomar chocolate. 2 **TOTUMA**, vasija.

jilguero *m.* Pájaro europeo de 12 cm de longitud, de plumaje pardo en el lomo y blanco con una mancha roja en la cara.

jineta[1] *f.* Mamífero carnívoro de cuerpo esbelto, hocico pronunciado, patas cortas y cola larga, de aprox. 45 cm de largo, sin contar la cola, de pelaje gris con manchas.

jineta[2] *f.* **JINETE.**

jinete, ta *m.* y *f.* Persona que monta a caballo.

jinetear 1 *intr.* Alardear montando a caballo. 2 Domar caballos.

jipi *adj.* y *s.* Dicho de un movimiento de protesta contra la sociedad de consumo surgido en la década de 1960 y que se caracterizó por el uso de vestimenta informal y una tendencia a la vida en comunidad.

jipijapa 1 *f.* Tira de hojas de iraca para hacer sombreros y otros objetos. 2 *m.* Sombrero flexible que baja sobre los ojos y que se hace con estas tiras.

jipismo *m.* Corriente cultural de la década de 1960 cuyas características eran la vida comunitaria, el amor libre, las tendencias pacifistas y el inconformismo.

jirafa *f.* Rumiante artiodáctilo africano de 5 m de altura, cuello muy largo, extremidades posteriores más cortas que las anteriores, cabeza con dos cuernos poco desarrollados y pelaje de color gris claro con manchas leonadas. Es el animal más alto de cuantos existen.

jirón 1 *m.* Pedazo desgarrado de una tela. 2 Una parte o porción pequeña de un todo.

jitomate *m.* **TOMATE**, fruto de la tomatera.

jiu-jitsu (Voz jap.) *m.* Deporte originario de Japón que consiste en confrontarse con el contendor, cuerpo a cuerpo, sin usar armas.

jockey *m.* **YÓQUEY.**

jocoso, sa *adj.* Chistoso, festivo.

jocundo, da *adj.* Plácido, alegre, agradable.

joda *f.* Molestia, contrariedad.

joder 1 *tr.* y *prnl.* Fastidiar, molestar. 2 Echar a perder, destrozar.

jodido, da 1 *adj.* Difícil, complicado. 2 Sagaz, taimado.

jofaina *f.* Vasija ancha y poco profunda, para el aseo personal.

jolgorio *m.* Diversión bulliciosa.

jónico, ca 1 *adj.* Relativo a Jonia. 2 Arq **columna ~; orden ~.**

jonio, nia *adj.* **JÓNICO**, relativo a Jonia.

jonrón *m.* En el béisbol, jugada en la que un bateador golpea la pelota, corre cuatro bases y anota una carrera.

jornada 1 *f.* Duración del trabajo diario. 2 Camino que se recorre en un día de viaje. 3 Actividad en la que varias personas realizan una acción determinada: *Jornada de aseo.*

jornal 1 *m.* Sueldo de un día de trabajo. 2 Este mismo trabajo.

jornalero, ra *m.* y *f.* Persona que trabaja por un salario diario.

joroba 1 *f.* Med **GIBA.** 2 Abultamiento dorsal característico de algunos animales, como en el dromedario.

jorobarse *prnl.* Doblarse una persona por la edad, por enfermedad o por malos hábitos en la posición del cuerpo.

joropo *m.* Folcl Baile popular de Colombia y Venezuela, de movimiento rápido y zapateado.

jota[1] *f.* Nombre de la letra *j.*

jota[2] *f.* Folcl Baile popular español de movimiento vivo, y música que lo acompaña.

joven 1 *adj.* y *s.* De poca edad o que está en la juventud. 2 Zool Se dice del animal que aún no ha llegado a la madurez sexual.

jovial *adj.* Alegre, optimista.

joya 1 *f.* Adorno de oro, plata o platino en el que a veces se montan perlas y piedras preciosas o semipreciosas. 2 Persona de mucha valía. 3 Cosa de mucho valor, por ser única o difícil de encontrar.

joyería 1 *f.* Taller o tienda de joyas. 2 Art Arte de fabricar joyas.

joyero, ra 1 *m.* y *f.* Persona que hace, monta o vende joyas. 2 *m.* Estuche para guardar joyas.

juanete *m.* Med Prominencia anormal del hueso que conforma el nacimiento del dedo gordo del pie.

jubilar *tr.* y *prnl.* Retirar de su trabajo a un trabajador o funcionario dándole el retiro o pensión correspondiente.

jubileo 1 *m.* Rel Fiesta que celebraban los israelitas cada cincuenta años. 2 Rel Indulgencia plena que el papa les concede a los católicos, que coincide con el año santo.

júbilo *m.* Gozo que se expresa con signos externos.

jubón *m.* Vestidura que cubría desde los hombros hasta la cintura, ceñida y ajustada al cuerpo.

judaico, ca *adj.* Relativo a los judíos.

judaísmo *m.* REL Religión de los judíos, que se basa en la ley de Moisés.

□ REL e HIST La tradición religiosa judía se declara heredera de Abrahán, considerado su fundador, y de Moisés, a quien se le atribuye haber recibido directamente de Yahvé la ley. La *Torá* (cinco primeros libros del Antiguo Testamento) contiene la ley escrita, cuya parte fundamental se expresa en los **mandamientos**. El *Talmud* contiene la ley oral, complemento de la ley escrita. Los judíos esperan la venida del Mesías, el cual traerá la salvación y el triunfo del pueblo hebreo.

judería *f.* HIST Barrio antiguamente destinado a los judíos en muchas ciudades europeas.

judeocristianismo *m.* REL e HIST Doctrina de los primeros tiempos del cristianismo, que prescribía la iniciación al judaísmo para pertenecer a la Iglesia de Cristo.

judía 1 *f.* HABICHUELA. 2 Fruto de esta planta.

judicatura 1 *f.* Oficio de juez. 2 DER Conjunto de jueces de un país.

judicial 1 *adj.* DER Relativo al juicio, la justicia administrativa o la judicatura. 2 POLÍT **poder** ~.

judío, a 1 *adj.* y *s.* HEBREO. 2 Relativo a Judea, país de Asia antigua. 3 Se dice del que profesa el judaísmo. 4 Según la legislación israelí, se dice del nacido de madre judía o convertida al judaísmo. 5 **calendario** ~. 6 *m. pl.* Comunidad cultural y étnica (aunque no exclusivamente) presente en muchas naciones y cuya identidad está ligada al judaísmo.

judo *m.* DEP YUDO.

judoka *m.* y *f.* YUDOCA.

juego 1 *m.* Acción y efecto de jugar. 2 Todo ejercicio recreativo en el que se gana o pierde de acuerdo con ciertas reglas. 3 Conjunto de objetos necesarios para jugar. 4 Disposición con que están unidas dos cosas, de modo que sin separarse puedan tener movimiento, como las articulaciones, los goznes, etc. 5 Ese mismo movimiento. 6 Conjunto de cosas similares que forman un todo: *Un juego de café.* 7 Visos derivados del movimiento de alguna cosa: *Juegos de luces.* || ~ **de azar** Cada uno de aquellos cuyo resultado depende de la suerte, como el de los dados. ~ **de palabras** Modo de usar las palabras en sentido equívoco o de emplear dos o más que solo se diferencian en alguna o algunas de sus letras. ~**s electrónicos** Juegos que aplican la electrónica y la informática y cuyo soporte suele ser una pantalla. ~**s florales** Concurso poético. **Teoría del** ~ MAT Conjunto de métodos matemáticos que permiten la resolución de problemas en los que intervienen reglas de decisión y nociones abstractas de táctica y estrategia.

juerga *f.* Diversión bulliciosa de varias personas, acompañada de canto, baile y bebidas.

jueves *m.* Cuarto día de la semana, entre el miércoles y el viernes.

juez 1 *m.* y *f.* Persona nombrada para resolver o dirimir un asunto controvertido. 2 DER Persona con autoridad para juzgar y emitir sentencia. 3 DEP ÁRBITRO. || ~ **de línea** DEP Árbitro auxiliar que, en el fútbol y otros deportes, vigila el juego por los extremos del campo, sin entrar en este. ~ **de paz** DER El que atiende a las partes antes de que litiguen, procurando reconciliarlas.

jugada *f.* Acción que ejecuta un jugador en el juego.

jugador, ra 1 *adj.* y *s.* Que juega. 2 Que hace del juego una profesión.

jugar 1 *intr.* Realizar alguna actividad con el entretenimiento como fin único. 2 Tomar parte en juegos o competiciones sujetos a reglas. 3 Tomar parte en sorteos o juegos de azar. 4 Llevar a cabo el jugador un acto propio del juego. 5 Tratar a algo o a alguien sin la seriedad que se debe: *Estás jugando con tu salud.* 6 *tr.* Llevar a cabo un juego o competición. 7 *tr.* y *prnl.* Hacer uso de las cartas, fichas o piezas que se emplean en ciertos juegos.

jugarreta 1 *f.* Jugada mal hecha. 2 Mala pasada.

juglar 1 *m.* HIST El que divertía al pueblo con juegos y habilidades. 2 HIST El que recitaba o cantaba poesías de los trovadores para recreo de los nobles.

juglaría 1 *f.* Arte de los juglares. 2 LIT **mester** de ~.

jugo 1 *m.* Zumo que se extrae de ciertas frutas. 2 Salsa de ciertos guisos. 3 Lo provechoso y sustancial de cualquier cosa. || ~ **gástrico** FISIOL Líquido ácido secretado por la membrana mucosa del estómago que contiene un fermento que actúa sobre las materias albuminoideas de los alimentos. ~ **pancreático** FISIOL Líquido alcalino que segrega el páncreas y llega al intestino; actúa sobre algunos carbohidratos, grasas y proteínas de los alimentos.

jugoso, sa 1 *adj.* Que tiene mucho jugo. 2 Valioso, estimable.

juguete *m.* Objeto con que se juega.

juguetear *intr.* Mover algo sin propósito determinado.

juguetería *f.* Tienda donde se venden juguetes.

juguetón, na *adj.* Aficionado a jugar o retozar.

juicio 1 *m.* Facultad del ser humano por la que discierne la verdad del error y el bien del mal. 2 Cordura, sensatez: *Es persona de juicio.* 3 Parecer, opinión: *Según mi juicio.* 4 DER Acción y efecto de juzgar. 5 REL Según la doctrina cristiana, el que Dios hace del alma en el instante en que se separa del cuerpo. || ~ **final** REL El que, según la doctrina cristiana, ha de hacer Jesucristo de todos los humanos al fin del mundo.

juicioso, sa 1 *adj.* Que obra con reflexión y prudencia. 2 Que cumple su deber.

julio[1] *m.* Séptimo mes del año, con 31 días.

julio² *m.* Fís Unidad equivalente al trabajo producido por una fuerza de un newton cuyo punto de aplicación se desplaza 1 m en la dirección de la fuerza. Símbolo: J.

jumbo (Voz ingl.) *m.* Avión de enormes dimensiones y gran capacidad de pasajeros.

jumento, ta *m.* y *f.* **asno.**

junco *m.* Nombre común de muchas plantas herbáceas, monocotiledóneas, propias de terrenos húmedos, con tallos largos y hojas envainadoras.

jungla *f.* Ecol Formación que corresponde al **bosque** tropical lluvioso.

junio *m.* Sexto mes del año, con 30 días.

júnior 1 *adj.* Referido a una persona, que es más joven que otra emparentada con ella, generalmente su padre, y con el mismo nombre. 2 *adj.* y *s.* De menor categoría o menos experiencia. 3 En deportes, liga menor.

junta 1 *f.* Reunión de personas para tratar algún asunto. 2 Conjunto de personas que dirige una empresa o sociedad. 3 Unión de dos o más cosas. 4 Espacio que queda entre las superficies de las piedras o ladrillos contiguos de una pared o un pavimento. || ~ **militar** Polít Grupo de militares que, comúnmente, acceden de manera violenta al gobierno de un país.

juntar 1 *tr.* Unir, acoplar unas cosas con otras. 2 Acumular, reunir en cantidad. 3 *tr.* y *prnl.* Poner en el mismo lugar. 4 *prnl.* Acercarse mucho a alguien.

junto, ta 1 *adj.* Unido, cercano. 2 En compañía. 3 *adv. m.* A la vez, a un tiempo. || ~ **a** Cerca de.

juntura *f.* Lugar en que se unen dos o más cosas.

jura *f.* Acción de jurar fidelidad y obediencia.

jurado 1 *m.* Der Tribunal no profesional que debe determinar y declarar la culpabilidad o no del acusado. 2 Der Cada uno de los individuos que lo componen. 3 Conjunto de expertos que otorgan los premios en certámenes literarios, deportivos, etc.

juramentar 1 *tr.* Tomar juramento a alguien. 2 *prnl.* Obligarse con juramento a algo.

juramento *m.* Declaración solemne, poniendo a Dios por testigo, de la veracidad de algo.

jurar 1 *tr.* Hacer un juramento. 2 Aceptar, con juramento de fidelidad y obediencia, una constitución, una bandera, los estatutos de una orden religiosa, etc.

jurásico *adj.* y *m.* Geo Se dice del segundo periodo del Mesozoico, que abarca desde hace aprox. 208 millones de años hasta hace aprox. 144 millones de años.

□ Geo El periodo jurásico se caracterizó por un clima cálido y húmedo, la aparición de diversos grupos de mamíferos y aves, por el predominio de los dinosaurios, por la abundancia de gimnospermas y helechos y la aparición de las plantas con flor. Se inició la delimitación de las masas continentales.

jurel *m.* Pez marino de 50 cm de largo, de color azul rojizo, con dos aletas de grandes espinas en el lomo.

jurídico, ca 1 *adj.* Relativo al derecho. 2 Der **persona~.**

jurisconsulto, ta *m.* y *f.* Der Persona que profesa el derecho.

jurisdicción 1 *f.* Poder y autoridad para gobernar y para aplicar las leyes. 2 Término o límite de un lugar. 3 Der Territorio en que un juez ejerce sus facultades.

jurisprudencia *f.* Der Ciencia del derecho.

jurista *m.* y *f.* Der Experto en derecho.

justa *f.* Competición o certamen en un ramo del saber o en una especialidad deportiva.

justicia 1 *f.* Lo que debe hacerse según derecho o en cumplimiento de la ley. 2 Razón, equidad. 3 Conjunto de virtudes por el que es bueno quien las tiene. 4 Der Conjunto de instituciones jurídicas. 5 Rel Virtud cardinal que inclina a dar a cada uno lo que le corresponde o pertenece.

justicialismo *m.* Polít Doctrina del **peronismo.**

justiciero, ra *adj.* Que se atiene estrictamente a los dictados de la justicia.

justificación 1 *f.* Acción y efecto de justificar o justificarse. 2 Razón que justifica.

justificar *tr.* y *prnl.* Probar una cosa con razones convincentes, testigos y documentos.

justo, ta 1 *adj.* y *s.* Que obra con justicia, equitativo. 2 *adj.* De conformidad con la justicia o la ley. 3 Se dice de las cosas que son exactas en su peso o medida, y de las que encajan bien.

juvenil 1 *adj.* Relativo a la juventud. 2 Biol Relativo al estado del desarrollo de los seres vivos inmediatamente anterior al adulto.

juventud 1 *f.* Edad de la vida entre la pubertad y la madurez. 2 Estado de la persona joven.

juzgado 1 *m.* Der Tribunal de un solo juez. 2 Local en que está instalado el tribunal.

juzgar 1 *tr.* Formar juicio sobre algo. 2 Estimar, creer. 3 Decidir como juez con autoridad en una causa.

k *f.* Undécima letra del **alfabeto** español y octava de sus consonantes; su nombre es *ka*, y representa un sonido de articulación velar, oclusiva y sorda. • pl.: *kas.*

ka *f.* Nombre de la letra *k.*

kabuki *m.* TEAT Género teatral japonés en el que intervienen solo actores masculinos y los diálogos se alternan con el canto y la danza.

kafkiano, na *adj.* Que tiene el carácter trágicamente absurdo de las situaciones descritas por el escritor checo Franz Kafka.

káiser *m.* HIST Título de algunos emperadores de Alemania y Austria.

kamikaze *m.* HIST 1 Avión japonés cargado de explosivos y pilotado por voluntarios suicidas que, durante la Segunda Guerra Mundial, se abatía contra los navíos estadounidenses. 2 Extremista fanático que cumple una misión suicida.

kan 1 *m.* HIST Título mongol desde 1206, cuando Gengis Kan asumió como "gran kan de los mongoles". 2 HIST Título utilizado por los dirigentes de los pueblos turcos en Asia central.

kanato 1 *m.* Territorio bajo el dominio de un kan. 2 Periodo en que hubo kanes.

kantiano, na *adj.* Relativo al filósofo alemán I. Kant o al kantismo.

kantismo *m.* Sistema filosófico de I. Kant, fundado en la crítica del entendimiento, la razón y la sensibilidad.

karaoke *m.* Grabación de la pista musical de canciones populares para que estas sean interpretadas por aficionados.

karate (Tb. kárate) *m.* DEP Arte marcial basado en posiciones de equilibrio y en golpes con las manos, pies y codos sobre puntos vulnerables. Hace hincapié en la autodisciplina y en propósitos de elevada moral.

karateca *m.* y *f.* DEP Persona que practica el karate.

karma *m.* FIL y REL En el hinduismo, designa los actos del individuo en su vida presente y sus efectos sobre las sucesivas y futuras existencias de la persona.

karst *m.* GEO Tipo de relieve (cuevas, simas, dolinas) formado a causa de la solubilidad de las rocas calcáreas ante la acción de las corrientes de agua.

kayak 1 *m.* Especie de canoa individual formada por un armazón de madera recubierto de pieles de foca. 2 Canoa semejante, hecha de materiales sintéticos, impulsada con pala doble sin apoyo. 3 DEP CANOTAJE.

kazako *adj.* y *s.* De un pueblo mongol asentado en Kazajistán, Uzbekistán, Turkmenistán, Rusia, China y Mongolia e integrado por más de siete millones de personas. • U. t. c. s. pl.

kéfir *m.* Leche fermentada artificialmente y que contiene ácido láctico, alcohol y ácido carbónico.

kelvin *m.* FÍS GRADO Kelvin.

kendo *m.* DEP Arte marcial que se practica con sables de bambú.

kermés (Tb. quermés) *f.* Fiesta popular al aire libre, con bailes, rifas, concursos, etc.

kibutz *m.* ECON Explotación agrícola comunitaria de Israel, dependiente del Estado y situada, ordinariamente, en regiones de frontera.

kikuyu *adj.* y *s.* De un pueblo negroafricano de lengua bantú que constituye el grupo étnico más importante de Kenia.

kilo *m.* Forma abreviada de KILOGRAMO.

kilobyte (Voz ingl.) *m.* Unidad de almacenamiento de información equivalente a 1000 bytes. Símbolo: kB.

kilocaloría *f.* FISIOL Unidad de medida del poder nutritivo de los alimentos que equivale a 1000 calorías gramo; se emplea para indicar el valor energético de los alimentos.

kilográmetro *m.* FÍS Unidad de trabajo mecánico o esfuerzo capaz de levantar un kilogramo a un metro de altura.

kilogramo 1 *m.* Unidad de masa y peso equivalente a la masa o peso de 1000 cm^3 de agua a 4 °C, que representa su densidad máxima. Símbolo: kg. 2 Cantidad de alguna materia que pesa un kilogramo.

kilohercio *m.* ELECTR Unidad de frecuencia equivalente a 1000 hercios. Símbolo: kHz.

kilometraje *m.* Distancia medida en kilómetros.

kilométrico, ca 1 *adj.* Relativo al kilómetro. 2 De muy larga extensión o duración.

kilómetro (Tb. quilómetro) *m.* Medida de longitud que tiene 1000 m. Símbolo: km.

kilotón *m.* Unidad de potencia destructiva de un explosivo, equivalente a la de 1000 toneladas de trinitrotolueno.

kilovatio *m.* ELECTR Unidad de potencia eléctrica equivalente a 1000 vatios. Símbolo: W.

kilovoltio *m.* ELECTR Medida de tensión eléctrica que equivale a 1000 voltios. Símbolo: kV.

kilt (Voz ingl.) *m.* Falda de los escoceses confeccionada con tartán.

kimono *m.* Túnica larga de mangas anchas, cruzada por delante y ceñida con una faja.

kínder *m.* Establecimiento educativo para niños de cuatro a seis años.

kinescopio *m.* **Electrón** Tubo de rayos catódicos usado en televisión como tubo de imagen.

kinesiología *f.* QUINESIOLOGÍA.

kinetoscopio *m.* CIN Proyector continuo de imágenes y sonido, formado por un proyector fotográfico y un fonógrafo acoplados.

kiosco *m.* QUIOSCO.

kipá *f.* Casquete redondo, semejante al solideo, usado por los judíos practicantes.

kirguís *adj.* y *s.* De un pueblo mongol, nómada y ganadero, asentado en Kirguistán y China (Xinjiang). • U. t. c. s. pl.

kitsch (Voz al.) *adj.* y *m.* De mal gusto. Se dice especialmente de cierto tipo de estética burguesa y de los objetos en esta inspirados.

kiwi 1 *m.* Ave de plumaje pardo, lacio, alas atrofiadas y pico largo y curvado hacia el suelo. Se alimenta de gusanos, insectos y yemas vegetales. Habita en Nueva Zelanda. 2 QUIWI.

koala *m.* Pequeño mamífero marsupial australiano semejante a un oso pequeño. Su pelaje es muy tupido, suave y de color ceniciento. Se alimenta de las partes verdes de los eucaliptos.

kogui *adj.* y *s.* De un grupo indígena colombiano asentado en la Sierra Nevada de Santa Marta, en poblados ubicados en terrazas aluviales. Consideran a la tierra como "madre" y su autoridad suprema es el mamo. • U. t. c. s. pl.

koiné *f.* LING Lengua griega común, hablada y escrita en Grecia y en los pueblos de cultura helenística en el periodo grecorromano.

koljós *m.* ECON Cooperativa agrícola del antiguo sistema soviético.

kremlin *m.* Recinto amurallado de las ciudades medievales rusas.

kril *m.* ZOOL Conjunto de varias especies de crustáceos marinos de pequeño tamaño que conforman la porción animal del **plancton** marino. Sirve de alimento, especialmente, a las ballenas.

kriptón *m.* QUÍM Elemento gaseoso noble. Existe en muy pequeña cantidad en la atmósfera. Se emplea en la fabricación de lámparas fluorescentes. Punto de fusión: –157,21 °C. Punto de ebullición: –153,35 °C. Núm. atómico: 36. Símbolo: Kr.

kumis *m.* Bebida a base de leche fermentada.

kung-fu *m.* DEP Arte marcial de origen chino, semejante al karate.

kurdo, da 1 *adj.* y *s.* Relativo al Kurdistán y a los kurdos. 2 De un pueblo indoeuropeo islámico (sunnita) del grupo iranio, asentado en el Kurdistán, región repartida entre Siria, Turquía, Iraq e Irán. • U. t. c. s. pl.

l 1 *f*. Duodécima letra del **alfabeto** español y novena de sus consonantes. Su nombre es *ele*, y representa un sonido consonántico alveolar y lateral. • pl.: *eles*. 2 En la numeración romana, y en mayúscula, L equivale a 50.

la[1] EL, LO.

la[2] *m*. MÚS Sexta nota de la escala musical.

lábaro 1 *m*. Estandarte con la cruz y el monograma de Cristo. 2 Signo formado por la cruz y el monograma.

laberíntico, ca *adj*. Confuso, semejante a un laberinto.

laberinto 1 *m*. Lugar con profusión de vías y encrucijadas en que es difícil hallar la salida. 2 ANAT Parte del oído interno formada por cavidades óseas, comunicadas entre sí, y otras membranosas dentro de las óseas, en cuyo interior circula un líquido.

labia *f*. Verbosidad persuasiva.

labial 1 *adj*. Relativo a los labios. 2 *adj*. y *f*. FON Se aplica a la consonante en cuya articulación intervienen los labios.

lábil 1 *adj*. Que se desliza fácilmente. 2 Frágil, débil.

labio 1 *m*. ANAT Cada una de las dos partes, superior e inferior, que componen la abertura bucal. 2 ZOOL Cada una de las pinzas que rodean la boca de los insectos. 3 Borde de ciertas cosas: *Los labios de una herida*. || **~ leporino** MED El superior de las personas, cuando está hendido. **~s mayores** ANAT Cada uno de los dos pliegues cutáneos longitudinales de la vulva, unidos por delante al monte de Venus, y por detrás fusionados entre sí. **~s menores** ANAT Cada uno de los dos pliegues cutáneos de la vulva, paralelos e internos a los labios mayores.

labiodental *adj*. FON Se dice del sonido consonántico que se pronuncia aproximando el labio inferior a los dientes superiores, como el de la *f*.

labor 1 *f*. Acción y efecto de trabajar. 2 Adorno tejido o hecho a mano en una tela u otra materia. 3 Operación mecánica para mejorar la condición física del suelo destinado a plantas de cultivo. 4 *pl*. Trabajo doméstico.

laborable *adj*. Se dice del día no festivo.

laboral *adj*. Relativo al trabajo.

laborar *intr*. TRABAJAR, desempeñar un empleo o realizar una actividad.

laboratorio 1 *m*. Local dotado de los instrumentos e instalaciones precisos para realizar experimentos y análisis científicos. 2 Realidad en la cual se experimenta o se elabora algo.

laborear 1 *tr*. LABORAR. 2 Hacer labores agrícolas.

laboreo 1 *m*. Cultivo de la tierra o del campo. 2 Técnica de explotar las minas.

laboriosidad *f*. Aplicación o inclinación al trabajo.

laborismo *m*. POLÍT Ideología inglesa reformista y moderada cuya base social es la clase trabajadora.

labrador, ra 1 *adj*. y *s*. Que labra y cultiva la tierra. 2 *adj*. y *m*. Se dice de una raza de perros de caza, de cabeza ancha, orejas que caen pegadas a los lados y una cola ancha.

labrantío, a *adj*. y *s*. Se dice del campo o tierra de labor.

labranza *f*. Cultivo de los campos.

labrar 1 *tr*. Trabajar un material para darle una forma precisa: *Labrar la madera*. 2 Causar gradualmente: *Labrar la ruina de alguien*. 3 Hacer operaciones de labor al suelo.

labriego, ga *m*. y *f*. LABRADOR, que labra la tierra.

labro *m*. ZOOL Labio superior de la boca de los insectos.

laburo *m*. Trabajo, ocupación retribuida.

laca 1 *f*. Barniz pigmentado que les da a las superficies un acabado traslúcido. 2 Sustancia utilizada para fijar el cabello.

lacandón *adj*. y *s*. De una tribu maya asentada en el NE del estado mexicano de Chiapas y en Guatemala. • U. t. c. s. pl.

lacar *tr*. Barnizar o cubrir con laca.

lacayo *m*. Criado cuya principal ocupación era acompañar a su amo.

lacear 1 *tr*. Adornar o atar con lazos. 2 Cazar con lazo.

lacerar *tr*. y *prnl*. Herir, maltratar.

lacinia *f*. BOT Tirilla larga y angosta que forma parte de las hojas, pétalos o sépalos de algunas plantas.

lacio, cia *adj*. Se dice del cabello liso.

lacónico, ca *adj*. Parco, breve, conciso.

lacra *f*. Defecto o vicio físico o moral.

lacre 1 *m*. Pasta sólida usada para sellar cartas y documentos. 2 *adj*. De color rojo como el lacre.

lacrimal *adj*. Relativo a las lágrimas.

lacrimógeno, na *adj*. Que mueve a llanto.

lactancia 1 *f*. Acción de lactar o amamantar. 2 Periodo vital en que el niño se alimenta fundamentalmente de leche. 3 FISIOL Función de la glándula mamaria por la que se genera leche para nutrir al recién nacido.

lactar *tr*. Dar de mamar, amamantar.

lactasa *f*. BIOQ Enzima del jugo intestinal que transforma la lactosa en glucosa y galactosa.

lácteo, a *adj*. Relativo o semejante a la leche.

láctico, ca *adj*. QUÍM Relativo a la leche.

lactífero, ra *adj*. FISIOL Se dice de los conductos que llevan la leche desde las mamas hasta los pezones.

lactosa *f.* QUÍM Azúcar de la leche que contiene galactosa y glucosa y que se obtiene mediante la evaporación del suero residual.

lacustre 1 *adj.* Relativo a los lagos. 2 Que está o se realiza en un lago o en sus orillas.

ladear 1 *tr.* e *intr.* Torcer hacia un lado. • U. t. c. prnl. 2 *intr.* Alejarse del camino recto.

ladera *f.* Pendiente, vertiente de un monte.

ladilla *f.* Diminuto insecto con mandíbulas adaptadas para la succión; parásito humano.

ladino, na 1 *adj.* Astuto, sagaz. 2 *m.* LING Lengua religiosa de los sefardíes. 3 LING Dialecto judeoespañol de Oriente.

lado 1 *m.* Costado de una persona o de un animal. 2 Cada mitad del cuerpo humano, desde los pies hasta la cabeza. 3 Cada una de las dos caras de una superficie plana. 4 Una parte de algo situado cerca de sus extremos. 5 Cada una de las partes que limitan un todo. 6 De un asunto, cada aspecto que puede considerarse. 7 GEOM Cada una de las líneas que forman o limitan un ángulo o un polígono. 8 GEOM Arista de los poliedros regulares.

ladrar *intr.* Dar ladridos el perro.

ladrido *m.* Voz del perro, más o menos parecida a la onomatopeya **guau**.

ladrillero, ra 1 *m.* y *f.* Persona que tiene por oficio hacer o vender ladrillos. 2 *f.* Sitio o lugar donde se fabrican ladrillos.

ladrillo 1 *m.* Paralelepípedo rectangular de arcilla cocida, usado en construcción. 2 Cosa pesada y aburrida.

ladrón, na *adj.* y *s.* Que roba.

ladrona. *f.* **LADRÓN.**

lagaña *f.* **LEGAÑA.**

lagar *m.* Recipiente o lugar donde se pisa la uva, se prensa la aceituna o se estruja la manzana para obtener mosto, aceite o sidra.

lagartear *intr.* Conducirse taimadamente para beneficio propio.

lagartija 1 *f.* Nombre de varios reptiles **saurios** de cuerpo esbelto y larga cola y de menor tamaño que los lagartos. 2 Ejercicio que consiste en subir y bajar varias veces el cuerpo en posición bocabajo, apoyándose en el suelo con las manos y las puntas de los pies.

lagarto 1 *m.* Nombre de varios reptiles **saurios**, de 40 cm a 80 cm de longitud, con cabeza ovalada y cuerpo casi cilíndrico y patas cortas, como las iguanas y los camaleones. Algunas especies, como el lución, carecen de patas. 2 *s.* Se dice de la persona taimada y aduladora que busca solo su propio beneficio.

lago *m.* GEO Cuerpo extenso natural de agua embalsada en tierra firme, alimentado, generalmente, por uno o varios ríos.

lagomorfo *adj.* y *m.* ZOOL Se dice de los mamíferos con las patas posteriores adaptadas al salto, de aspecto similar al de los roedores, pero de los que se diferencian por presentar dos pares de incisivos dispuestos uno delante del otro, como el conejo y la liebre. Conforman un orden.

lágrima 1 *f.* FISIOL Cada una de las gotas segregadas por el lagrimal para lubricar y proteger la córnea y la conjuntiva. 2 Objeto en forma de gota.

lagrimal 1 *adj.* ANAT **saco ~**. 2 *m.* ANAT Conjunto de estructuras del ojo que segregan las lágrimas en la superficie ocular. 3 Extremidad del ojo próxima a la nariz.

lagrimear *intr.* Secretar lágrimas.

lagrimoso, sa *adj.* Se dice de los ojos que tienen lágrimas.

laguna *f.* GEO Depósito natural de agua, generalmente dulce y de menores dimensiones que el lago.

laicado *m.* En la Iglesia, condición y conjunto de los fieles no clérigos.

laicismo *m.* Doctrina que sostiene la independencia de la sociedad civil, y en especial del Estado, respecto a toda influencia eclesiástica.

laico, ca 1 *adj.* Se dice de la escuela, enseñanza o Estado no confesional o que prescinde de la instrucción religiosa. 2 *adj.* y *s.* Que no tiene órdenes clericales, lego.

laja *f.* Piedra lisa, plana y delgada.

lama[1] 1 *f.* BOT **MUSGO.** 2 BIOL **MOHO.**

lama[2] *m.* Monje budista del Tíbet.

lamaísmo *m.* REL Doctrina budista tibetana de carácter sacerdotal cuya máxima autoridad es el Dalái lama. Su ritual más visible es la entonación de himnos y oraciones sagrados al compás de trompetas y tambores.

lamasería *f.* Convento de lamas.

lamber *tr.* **LAMER.**

lambón, na *adj.* Se dice de la persona delatora o de la halagadora en exceso.

lamelibranquio *adj.* y *m.* ZOOL **BIVALVO.**

lamentar *tr.* e *intr.* Sentir una cosa con llanto o dolor. • U. t. c. prnl.

lamento *m.* Queja, plañido; expresión de dolor.

lamer *tr.* y *prnl.* Pasar repetidas veces la lengua por una cosa.

lámina 1 *f.* Plancha o porción delgada y plana de un metal. 2 Porción de cualquier materia extendida y de poco grosor. 3 BOT Parte ensanchada de las hojas, pétalos y sépalos.

laminar[1] 1 *adj.* De forma de lámina. 2 Se dice de la estructura en láminas sobrepuestas y paralelas.

laminar[2] 1 *tr.* Recubrir o guarnecer con láminas. 2 **PLASTIFICAR**, recubrir con plástico.

laminaria *f.* Nombre común de varias algas pardas de gran tamaño y de hojas en laminaria frondes muy largos.

lámpara 1 *f.* Dispositivo para producir luz artificial. 2 Bombilla eléctrica. 3 Aparato sustentador de una o varias luces o bombillas eléctricas.

lampiño, ña 1 *adj.* Se dice del hombre que no tiene barba. 2 Que tiene poco pelo o vello. 3 BOT Falto de vellos: *Fruto lampiño*.

lamprea *f.* Pez sin mandíbulas, de cuerpo largo y cilíndrico, esqueleto cartilaginoso, piel sin escamas, boca circular y aletas impares.

lana *f.* Pelo de las ovejas, carneros y otros animales que naturalmente les sirve de aislamiento térmico y que las personas hilan para hacer paños y otros tejidos.

lanar *adj.* Se dice del ganado o la res que tiene lana.

lance 1 *m.* Acción y efecto de lanzar. 2 Momento crítico. 3 En los juegos de mesa, cada una de las jugadas.

lanceolado, da 1 *adj.* De forma similar a la punta de la lanza. 2 Bot **hoja ~**.

lancero *m.* Persona que hace o usa lanzas.

lanceta *f.* Med Instrumento cortante para practicar incisiones.

lancha *f.* Bote grande, de remo o motor, para servicios auxiliares o transporte de carga o viajeros entre lugares próximos.

lancinante *adj.* Se dice del dolor muy agudo.

landó *m.* Coche tirado por caballos y con capota.

langosta 1 *f.* Insecto de coloración amarillenta, entre 4 cm y 5 cm de largo, cabeza gruesa, ojos prominentes, alas membranosas y con el tercer par de patas especialmente adaptado para saltar. 2 Crustáceo decápodo marino, de hasta 50 cm de longitud, con las patas terminadas en pinzas, cuerpo casi cilíndrico y cola larga y gruesa con forma de abanico.

langostino *m.* Crustáceo decápodo acuático de 12 cm a 14 cm de largo, cuerpo comprimido y cola muy prolongada.

languidecer *intr.* Adolecer de languidez.

languidez 1 *f.* Flaqueza, debilidad. 2 Falta de ánimo, valor o energía.

lánguido, da *adj.* Que padece languidez.

lanilla *f.* Tejido de lana fina poco consistente.

lanolina *f.* Quím Grasa de la lana de los ovinos, empleada en perfumería y farmacia.

lansquenete *m.* Hist Soldado mercenario alemán que en el s. XVI servía en los ejércitos de diversos países de Europa.

lantánido *m.* Quím Cualquiera de los elementos químicos comprendidos entre los números atómicos 57 y 71 de la tabla periódica. Los lantánidos se hallan en la naturaleza en forma de óxidos y sales.

lantano *m.* Quím Elemento metálico de los lantánidos, raro en la naturaleza. Arde fácilmente y se usa en la manufactura del vidrio. Punto de fusión: 918 °C. Punto de ebullición: 3464 °C. Núm. atómico: 57. Símbolo: La.

lanza 1 *f.* Arma ofensiva compuesta de un asta en cuyo extremo se fija una pieza metálica puntiaguda y cortante. 2 Vara a la que se enganchan las caballerías que han de hacer el tiro en un carruaje. 3 Tubo con que rematan las mangas o mangueras para dirigir el chorro de agua.

lanzacohetes *m.* Instalación o artefacto destinados a disparar cohetes.

lanzadera *f.* Instrumento en forma de pequeña canoa, con una canilla en su interior, usado por los tejedores para tramar.

lanzado, da *adj.* Impetuoso, decidido.

lanzador, ra 1 *adj.* Que lanza o arroja algo. 2 *m.* y *f.* Dep En béisbol, el que lanza la pelota al bateador.

lanzallamas *m.* Aparato para lanzar a corta distancia un chorro de líquido inflamado.

lanzamiento 1 *m.* Acción y efecto de lanzar algo. 2 Der Desalojo de una posesión por fuerza judicial. 3 Dep Prueba que consiste en lanzar el peso o bala, el disco, el martillo o la jabalina a la mayor distancia posible.

lanzar 1 *tr.* y *prnl.* Arrojar algo con fuerza. 2 *tr.* Difundir una moda.

lapa *f.* Molusco gasterópodo de concha cónica; vive adherido a las rocas costeras.

laparoscopia *f.* Med Exploración visual de la cavidad abdominal mediante un instrumento especialmente diseñado para ello.

lapicero 1 *m.* Instrumento en que se pone el lápiz para servirse de aquel. 2 BOLÍGRAFO. 3 LÁPIZ, barra de grafito.

lápida *f.* Piedra plana con alguna inscripción.

lapidar 1 *tr.* Matar a pedradas. 2 Labrar piedras preciosas.

lapidario, ria 1 *adj.* Perteneciente a las piedras preciosas. 2 Se dice del enunciado caracterizado por su concisión y solemnidad. 3 *m.* y *f.* Persona que labra piedras preciosas. 4 Persona que hace o graba lápidas.

lapislázuli *m.* Piedra preciosa de color azul intenso.

lápiz 1 *m.* Nombre de varias sustancias minerales grasas usadas para dibujar. 2 Barrita de grafito encerrada en un cilindro o prisma de madera o papel y que sirve para escribir o dibujar. 3 Conjunto de dicha barrita y cilindro o prisma que la encierra. 4 Barra formada por diversas sustancias, destinada al maquillaje: *Lápiz de labios, de ojos.* || ~ **óptico** Inf Dispositivo periférico que consiste en una barrita que permite seleccionar elementos en la pantalla de un computador u otro aparato similar.

lapo *m.* Golpe dado con una vara o bastón.

lapón *adj.* y *s.* De un pueblo que habita en el extremo septentrional de Europa (Laponia). Sus miembros se dedican a la pesca y a la cría de renos. • U. t. c. s. pl.

lapso *m.* Transcurso de tiempo.

lapsus *m.* Equivocación en la escritura o en el habla, cometida por descuido.

lar 1 *m.* Mit Cada uno de los dioses romanos del hogar. 2 Hogar, casa propia.

largar 1 *tr.* Soltar, dejar libre. 2 Ir soltando poco a poco. 3 DAR: *Largar una bofetada.* 4 ENTREGAR, poner en manos de otro. 5 Tirar, deshacerse de algo. 6 *prnl.* Irse o ausentarse con presteza o disimulo.

largo, ga 1 *adj.* Que tiene mayor o menor extensión. 2 Que se excede en su longitud. 3 Aplicado a medidas de tiempo, prolongado. 4 Copioso, abundante. 5 Dilatado, continuado: *Un médico de larga experiencia.* 6 *m.* LONGITUD, mayor dimensión lineal de una superficie plana. 7 *f. pl.* Dilación, retardación.

largometraje *m.* Cin Película de más de una hora de duración.

larguero *m.* Travesaño longitudinal en una cama, pared, etc., o que une los dos postes de una portería en ciertos deportes.

largueza *f.* Liberalidad, generosidad.

laringe *f.* ANAT Órgano cartilaginoso que forma parte de los aparatos de la fonación y respiratorio, situado entre la faringe y la tráquea.

laríngeo, a 1 *adj.* Relativo a la laringe. 2 FON Se dice del sonido que se produce por la vibración de las cuerdas vocales.

laringitis *f.* MED Inflamación de la laringe.

larva *f.* ZOOL Forma juvenil de todo animal que sale del huevo una vez finalizada la fase embrionaria y que tiene que experimentar algún tipo de metamorfosis.

larval *adj.* LARVARIO.

larvario, ria *adj.* ZOOL Relativo a las larvas y a las fases de su desarrollo.

lasaña *f.* Pasta alimenticia rectangular y plato que se prepara con esta.

lasca *f.* Fragmento pequeño y delgado de una piedra.

lascivia *f.* Propensión exagerada a los deleites sexuales.

láser *m.* FÍS Amplificador y oscilador que utiliza la energía interna de los átomos para originar haces luminosos coherentes y con una mínima dispersión.

lasitud *f.* Cansancio, falta de fuerzas.

lástima *f.* Compasión que excitan los males ajenos.

lastimar *tr.* y *prnl.* Herir, dañar físicamente.

lastre 1 *m.* Peso que se pone en el fondo de la embarcación para que esta entre en el agua hasta donde convenga. 2 El que se pone en la barquilla de los globos para que asciendan o desciendan más rápido. 3 Lo que impide o retrasa algo.

lata 1 *f.* HOJALATA. 2 Envase de este material, con su contenido o sin este.

latencia 1 *f.* Cualidad de latente. 2 BIOL Estado de desarrollo suspendido pero capaz de volverse activo en condiciones favorables.

latente 1 *adj.* Oculto, escondido. 2 Aparentemente inactivo.

lateral 1 *adj.* Relativo al lado u orilla de alguna cosa. 2 Se dice de la genealogía o sucesión que no es por línea recta. 3 FON Se dice del sonido en que la lengua deja paso al aire por los lados, como en la *l*. 4 *m.* DEP Futbolista, o jugador de otros deportes, que actúa junto a las bandas del terreno de juego con funciones generalmente defensivas.

látex *m.* BOT Jugo de consistencia lechosa que fluye de algunas plantas. Tiene propiedades químicas muy variadas, y da origen a gomas, resinas, azúcares, etc.

latido 1 *m.* Ladrido entrecortado que da el perro. 2 FISIOL Acción de latir el corazón o las arterias.

latifundio *m.* Finca agraria de notable extensión, perteneciente a un solo dueño y caracterizada por el ineficaz uso de sus recursos y el bajo nivel tecnológico.

látigo *m.* Azote largo, delgado y flexible con que se arrea a las caballerías.

latín *m.* LING Lengua de la antigua Roma de la que derivan las lenguas romances o neolatinas, como el castellano, el catalán y el gallego.

latinismo *m.* LING Palabra latina usada en otra lengua, como *quórum* y *superávit*.

latino, na 1 *adj.* y *s.* HIST Del Lacio y de las regiones que fueron incorporándose al Imperio romano. 2 HIST Perteneciente al Imperio romano. 3 *adj.* y *s.* De los pueblos de Europa y América que hablan lenguas derivadas del latín. • U. t. c. s. pl. 4 *adj.* LING Relativo al latín y a las lenguas de este derivadas. 5 Se dice de la Iglesia católica, por contraposición a la griega o bizantina.

latinoamericano, na 1 *adj.* Se dice del conjunto de los países de América colonizados por naciones latinas: España, Portugal o Francia. 2 *adj.* y *s.* De Latinoamérica o América Latina.

latir 1 *intr.* FISIOL Producir el corazón y las arterias sus movimientos de contracción y dilatación o de sístole y diástole. 2 Dar latidos el perro.

latitud 1 *f.* La menor de las dos dimensiones principales que tienen las cosas o figuras planas, en contraposición a la mayor o longitud. 2 GEO Distancia angular en grados que hay desde un punto al N o S del ecuador, medida sobre el meridiano que pasa sobre el punto y por los dos polos de la Tierra. En cualquier punto del ecuador, la latitud es 0°; en el polo Norte es +90° y en el Sur es −90°.

latitudinal *adj.* Relativo a la latitud.

latón *m.* Aleación de cobre y cinc, susceptible de gran brillo y maleabilidad.

latrocinio *m.* Hurto o costumbre de hurtar o defraudar.

laúd *m.* MÚS Instrumento de cuerpo convexo con seis órdenes de cuerdas que se puntean.

laudable *adj.* Digno de alabanza.

láudano *m.* FARM Extracto de opio.

laudes *m. pl.* REL Parte del oficio religioso que se dice después de maitines.

laudo *m.* DER Fallo que dictan los árbitros.

laurear *tr.* Premiar, honrar.

laurel 1 *m.* Árbol de tronco liso, hojas coriáceas aromáticas, flores axilares blancuzcas y baya negruzca y ovoide; sus hojas se emplean como condimento. 2 Corona, triunfo, premio.

laurencio *m.* QUÍM Elemento metálico radiactivo artificial. Peso atómico: 257. Núm. atómico: 103. Símbolo: Lw.

lava *f.* GEO Materiales fundidos o incandescentes que arrojan, en forma de arroyos encendidos, los volcanes en erupción.

lavabo 1 *m.* LAVAMANOS. 2 Cuarto dispuesto para el aseo personal, dotado de instalaciones para orinar y evacuar el vientre.

lavadero *m.* Pila o sitio para lavar la ropa.

lavado, da 1 *m.* Acción y efecto de lavar o lavarse. 2 LAVATIVA. 3 *f.* Acción o efecto de lavar. || ~ **de cerebro** PSIC Acción que se ejerce sobre alguien para modificar sus convicciones.

lavadora *f.* Máquina para lavar la ropa.

lavamanos *m.* Pila con grifo o llave para lavarse las manos.

lavanda *f.* ESPLIEGO y perfume que se obtiene de esta planta.

lavandería *f.* Establecimiento industrial para el lavado de ropa.

lavandero, ra *m.* y *f.* Persona que tiene por oficio lavar ropa.

lavaplatos 1 *m.* Pila dispuesta en la cocina para lavar la vajilla, las ollas, etc. 2 Máquina para lavar la vajilla, cubertería, batería de cocina, etc. 3 *m.* y *f.* Persona que por oficio lava platos.

lavar 1 *tr.* y *prnl.* Limpiar con agua u otro líquido. 2 *tr.* Referido al dinero ilícito, invertirlo en negocios o valores legales.

lavativa *f.* MED Enema para ayudar a evacuar.

lavatorio 1 *m.* Acción de lavar o lavarse. 2 REL Ceremonia de lavar los pies a doce personas el Jueves Santo. 3 REL Ceremonia que hace el sacerdote en la misa lavándose los dedos después de haber preparado el cáliz. 4 LAVABO, cuarto dispuesto para el aseo.

laxante 1 *adj.* Que laxa. 2 *m.* FARM Medicamento que facilita la evacuación intestinal.

laxar *tr.* y *prnl.* Aflojar, disminuir la tensión de alguna cosa.

laxo, xa 1 *adj.* Flojo, sin tensión. 2 Se dice de la conducta relajada.

laya *f.* Clase o condición, en sentido despectivo: *Se junta con gentes de su laya.*

lazada *f.* Lazo o nudo que puede desatarse con facilidad.

lazar *tr.* Coger o sujetar con lazo.

lazareto *m.* Hospital de leprosos.

lazarillo *m.* El que guía a un ciego.

lazo 1 *m.* Nudo de adorno que se hace con una cinta o cordón. 2 LAZADA. 3 CUERDA, conjunto de hilos. 4 Unión, vínculo, obligación.

le Dativo del pronombre personal de tercera persona singular, masculino o femenino.

leal 1 *adj.* y *s.* Se dice de la persona que se mantiene fiel a otra o a una causa. 2 Por extensión, se dice del animal dócil y aficionado a su amo.

lealtad *f.* Cualidad de leal.

lebrel *m.* Perro cazador de hocico fuerte, orejas caídas y patas retiradas hacia atrás.

lección 1 *f.* Exposición de un tema para su enseñanza. 2 Cada una de las explicaciones que da el profesor. 3 Cada uno de los capítulos en que se dividen los libros de texto. 4 Experiencia o consejo que enseña.

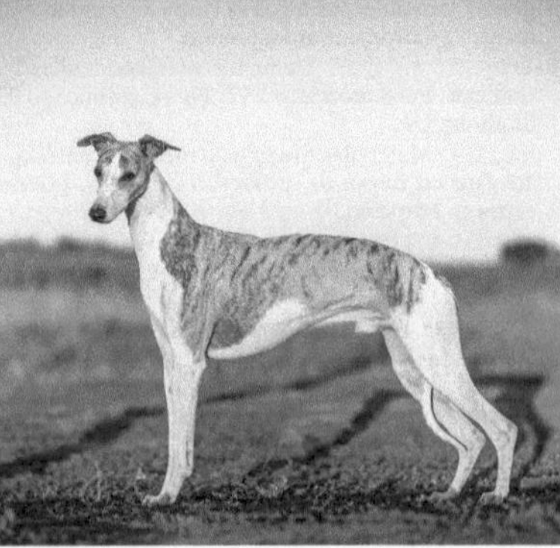

lechada *f.* Masa ligera de yeso, cemento, cal o arena que se emplea para pintar una pared o para hacer más compacta una superficie.

leche 1 *f.* Líquido blanco o amarillento que segregan las glándulas mamarias de las hembras de los mamíferos después del parto, para alimento de sus crías. Contiene alrededor del 85 % de agua y un porcentaje variable de proteínas, grasas, azúcares, minerales y vitaminas. 2 Jugo blanquecino de algunos vegetales. 3 Bebida que se obtiene macerando y machacando ciertas semillas: *Leche de coco.*

lechería 1 *f.* Centro de acopio de leche. 2 Agroindustria dedicada a la explotación de ganado vacuno lechero.

lechero, ra 1 *adj.* Relativo a la leche. 2 Se dice del ganado vacuno destinado a la producción de leche. 3 *m.* y *f.* Persona que vende leche. 4 *f.* Vasija en que se transporta la leche. 5 Vasija en que se sirve.

lecho 1 *m.* Cama completa y arreglada. 2 Fondo de un río, un mar, un lago, etc.

lechón, na 1 *m.* y *f.* Cría de marrano que todavía mama. 2 Marrano macho y hembra del lechón o puerco.

lechona[1] *f.* LECHÓN.

lechona[2] *f.* Plato de relleno a base de lechón castrado o lechona virgen.

lechoso, sa 1 *adj.* Con aspecto de leche. 2 *m.* PAPAYO, árbol. 3 *f.* PAPAYA, fruto del papayo.

lechuga *f.* Planta herbácea compuesta cuyas hojas, anchas y tiernas, se consumen en ensalada.

lechuguino, na *adj.* y *s.* Joven presumido que va siempre a la moda.

lechuza *f.* Ave **estrigiforme** de buen tamaño que se alimenta, fundamentalmente, de pequeños roedores. Hay muchas especies.

lectivo, va *adj.* Se dice del periodo en que imparten clases en las instituciones docentes.

lector, ra 1 *adj.* y *s.* Se dice de la persona que lee. 2 Que lee en voz alta para otras personas. 3 *m.* y *f.* En las editoriales, persona que examina los originales recibidos y asesora sobre estos. 4 *m.* Dispositivo para leer microfilmes. 5 INF Dispositivo que convierte información de un soporte determinado en otro tipo de señal para procesarla o reproducirla por otros medios.

lectura 1 *f.* Acción de leer. 2 Cosa leída. 3 Interpretación de un texto. || ~ **inferencial** LING La que reconoce información implícita del texto, como la intención del autor, u otro tipo de datos no expresados.

led *m.* ELECTR Diodo que emite luz cuando se le aplica tensión.

leer 1 *tr.* Pasar la vista por un escrito enterándose de su contenido; puede hacerse solo mentalmente o pronunciando en alto. 2 Comprender el sentido de otro tipo de representación gráfica: *Leer la partitura, el reloj, etc.* 3 Interpretar un texto de determinado modo. 4 Percibir un sentimiento o intención de alguien: *Leer en el rostro que lo engañan.* 5 Adivinar algo mediante prácticas esotéricas: *Leer la mano.*

legación 1 *f.* Cargo del embajador de un gobierno. 2 Edificio en que se encuentran las oficinas de la representación de un país.

legado *m.* Lo que se les deja a los sucesores, sea cosa material o inmaterial.

legajo *m.* Atado de papeles, o conjunto de los que están reunidos por tratar de una misma materia.

legal 1 *adj.* Se dice de lo que prescribe la ley o de lo que es conforme a esta. 2 Relacionado con la justicia: *Medicina legal.* 3 Se aplica a la persona honrada y que es de fiar.

legalidad *f.* Cualidad de legal.

legalista *adj.* Se dice de quien antepone a toda otra consideración la aplicación literal de las leyes.

legalización *f.* Acción y efecto de legalizar.

legalizar *tr.* Dar estado legal a algo.

légamo *m.* Barro pegajoso, cieno.

legaña *f.* FISIOL Secreción pastosa de las glándulas sebáceas de los párpados que se fija en los ángulos de la apertura ocular.

legar 1 *tr.* Dejar algo en testamento. 2 Transmitir ideas, artes, etc.

legendario, ria 1 *adj.* Que forma parte de una leyenda. 2 Por extensión, fantástico, fabuloso.

legible *adj.* Que se puede leer.

legión 1 *f.* Ciertas asociaciones de combatientes o misioneros. 2 Cantidad indeterminada y abundante de personas, de espíritus y, aun, de ciertos animales: *Una legión de niños, de ángeles, de hormigas.* 3 HIST Cuerpo de tropa romana, formado por treinta compañías de infantes y jinetes, de entre cuatro y seis mil hombres.

legionario, ria 1 *adj.* y *s.* Perteneciente a la legión. 2 *m.* HIST Soldado que servía en una legión romana.

legislación *f.* Conjunto de leyes por las que se rige un país o se regula un asunto o una institución.

legislar *intr.* Dar, hacer o establecer leyes.

legislativo, va 1 *adj.* Se dice del derecho o poder de hacer leyes. 2 POLÍT **poder ~**.

legislatura *f.* Periodo de sesiones de un cuerpo legislativo.

legista *m.* y *f.* Persona versada en leyes.

legitimar 1 *tr.* Darle a algo carácter de legítimo. 2 Poner a alguien o algo en situación legal.

legitimidad *f.* Cualidad de legítimo.

legítimo, ma 1 *adj.* Se dice de lo establecido según las leyes. 2 LÍCITO. 3 Cierto y verdadero en cualquier ámbito.

lego, ga 1 *adj.* y *s.* Que no tiene órdenes clericales. 2 Falto de noticias o de instrucción. 3 *m.* Religioso de una orden que no es sacerdote.

legrado *m.* MED Raspado de una cavidad, especialmente la uterina, o de una superficie ósea.

legua *f.* Medida de longitud que oscila, según los países, entre 4190 m y 5555 m. || ~ **marina** La que equivale a 5555,55 m.

leguleyo, ya *m.* y *f.* Persona que maneja las leyes sin conocerlas a fondo.

legumbre 1 *f.* Fruto o semilla que se cría en vainas, como garbanzos, lentejas, etc. 2 Planta que se cultiva en las huertas. 3 BOT Fruto en vaina con varias semillas sin albumen, propio de las leguminosas.

leguminoso, a *adj.* y *f.* BOT Se dice de las plantas dicotiledóneas, con hojas alternas con estípulas, corola amariposada y fruto en legumbre. Conforman un orden que incluye muchas especies de importancia económica (fríjol, maní, soya, trébol, etc.).

leído, da *adj.* Se dice de la persona que ha leído mucho y posee gran erudición.

leishmaniasis *f.* Enfermedad tropical infectocontagiosa, transmitida por un parásito que afecta principalmente el hígado, el bazo y la piel.

leitmotiv (Voz al.) *m.* Motivo o idea central que, por su importancia, es recurrente en una película o en una obra literaria.

lejanía *f.* Parte remota o distante de un lugar, paisaje o panorama.

lejano, na *adj.* Distante, apartado.

lejía *f.* Solución en agua de sales alcalinas que se emplea para blanquear la ropa o para desinfectar cosas.

lejos *adv. l.* y *t.* A gran distancia de cualquier punto en el espacio o en el tiempo; remoto.

lelo, la *adj.* y *s.* Atontado, pasmado.

lema 1 *m.* Frase o título que explica un emblema o blasón. 2 Consigna normativa: *Mi lema es la honestidad.* 3 Entrada de un diccionario o enciclopedia.

leming *m.* Pequeño mamífero roedor nativo de Escandinavia que se caracteriza por las migraciones masivas que efectúa.

lémur *m.* Nombre común dado a los lemúridos.

lemúrido *adj.* y *m.* ZOOL Se dice de los primates con grandes ojos y orejas desarrolladas, cola muy larga y pies y manos con el primer dedo oponible. Son endémicos de Madagascar, Comores y algunas islas de Indonesia. Conforman una familia.

lenca *adj.* y *s.* De un pueblo amerindio establecido en el O de Honduras y el N de El Salvador. Conserva una lengua independiente y mantiene sus tradiciones. ♦ U. t. c. s. pl.

lencería 1 *f.* Conjunto de prendas interiores de mujer. 2 Ropa blanca de cama y mesa. 3 Confección de esta ropa.

lengua 1 *f.* ANAT Órgano muscular alargado situado en la cavidad bucal de los vertebrados y que sirve para degustar, masticar y deglutir los alimentos, y para articular los sonidos de la voz. Está cubierta por una membrana mucosa y contiene receptores gustativos. 2 LING Manifestación concreta del lenguaje en una determinada comunidad de personas mediante la utilización de un sistema específico de signos lingüísticos orales o escritos. 3 LING Vocabulario y gramática peculiares de una época o de un grupo social. || ~ **de agua** GEO Parte del agua del mar, de un río, etc., que bordea la costa o la ribera. ~ **de tierra** GEO Segmento largo y estrecho de tierra que entra en el mar, en un río, etc. ~ **franca** LING Aquella con la cual se entienden los miembros de comunidades distintas. ~ **muerta** LING La que antiguamente se habló y no se habla ya como propia y natural de un país o nación. ~ **viva** LING La que actualmente se habla en un país o nación. ~ **vulgar** La que se habla cotidianamente en un tiempo y lugar determinados.

lenguado *m.* Pez de cuerpo alargado y casi plano y de carne muy apreciada.

lenguaje 1 *m.* LING Capacidad del ser humano para expresarse mediante sonidos producidos por los órganos de la **fonación**. 2 Conjunto de señales para expresar algo: *El lenguaje de las flores.* 3 Manera específica de expresarse de determinados grupos de personas: *El lenguaje de los niños.* 4 Sistema de señales que los animales utilizan para comunicarse entre ellos. 5 Estilo y manera de expresarse de cada persona en particular. 6 INF Conjunto de caracteres y signos para expresar la información aportada por los computadores. || ~ **gestual** Sistema organizado de gestos o signos empleado por personas que no tienen una lengua común o están discapacitados para usar el lenguaje oral.

☐ El lenguaje es una facultad innata en el ser humano. Algunas teorías lingüísticas afirman que desde el momento del nacimiento, el ser humano ya posee una sensibilidad para diferenciar los sonidos de la voz humana de otro tipo de sonidos. Asimismo, se han identificado algunas zonas cerebrales específicas en las que se lleva a cabo la producción y la comprensión del lenguaje.

lengüeta 1 *f.* Tira que llevan los zapatos debajo de los cordones. 2 Espiga que se labra a lo largo del canto de una tabla, con objeto de encajarla en una ranura de otra pieza. 3 Laminilla que tienen algunas máquinas hidráulicas o de aire para regular el paso del fluido. 4 MÚS Laminilla movible que regula el paso del aire en algunos instrumentos de viento. 5 MÚS Laminilla de madera cortada en bisel que se encaja en la embocadura de algunas flautas para que estas suenen.

leninismo *m.* POLÍT Doctrina de Lenin, quien, basándose en el marxismo, promovió y condujo la Revolución rusa.

lenitivo, va 1 *adj.* Que tiene virtud de ablandar y suavizar. 2 *m.* Medio para mitigar los sufrimientos del ánimo.

lenocinio 1 *m.* Acción de alcahuetear. 2 Oficio de alcahuete.

lente 1 *m.* o *f.* ÓPT Sistema óptico hecho de vidrio, cuarzo o plástico, formado por dos superficies con curvaturas diferentes. Cuando la luz atraviesa la lente, su trayectoria se modifica a causa de la refracción de los rayos en sus superficies. 2 *m. pl.* ÓPT GAFAS. || ~ **convergente** ÓPT Aquel cuyo espesor va disminuyendo de los bordes hacia el centro. ~ **de contacto** ÓPT Disco pequeño cóncavo-convexo, de plástico o vidrio, que se aplica directamente sobre la córnea para corregir los defectos de refracción del ojo. ~ **divergente** ÓPT Aquel que es más grueso en el centro que en el borde y concentra en un punto los rayos de luz que lo atraviesan.

lenteja 1 *f.* Herbácea leguminosa de tallos endebles, flores blancas y fruto en vaina con dos o tres semillas pardas como disquillos biconvexos. 2 Semilla de esta planta. || ~ **de agua** Planta monocotiledónea que flota en las aguas estancadas y cuyas hojas tienen la forma de la semilla de la lenteja.

lentejuela *f.* Disco brillante de metal o plástico que se emplea como adorno de los vestidos.

lenticular 1 *adj.* De forma biconvexa. 2 ANAT **apófisis~**.

lentificar *tr.* Imprimir lentitud a un proceso.

lentitud *f.* Cualidad de lento.

lento, ta 1 *adj.* Calmoso, pausado en el movimiento. 2 Poco vigoroso y eficaz. 3 *m.* MÚS Movimiento que se ejecuta lenta y pausadamente.

leña *f.* Matas o troncos que se destinan para hacer fuego.

leñador, ra *m.* y *f.* Persona que se emplea en cortar leña.

leño *m.* Tronco de un árbol separado de las ramas.

leñoso, sa 1 *adj.* Se dice de los arbustos, plantas, frutos, etc., que tienen dureza y consistencia como la de la madera. 2 BOT **tallo ~**; **vaso ~**.

leo *adj.* y *s.* Se dice de las personas nacidas bajo el signo Leo, entre el 23 de julio y el 22 de agosto.

león, na 1 *m.* y *f.* Félido de un metro de alzada y dos de largo, cabeza grande, zarpas y uñas poderosas; el macho posee una larga melena. Vive en África y en el NO de India. 2 PUMA.

leona *f.* LEÓN.

leonado, da *adj.* De color rubio oscuro.

leonino, na *adj.* Se dice de pactos o condiciones de carácter despótico.

leontina *f.* Cadena colgante del reloj de bolsillo.

leopardo *m.* Félido, menor que el león, de pelaje blanco y rojizo con manchas negras y redondas. Vive en las selvas y sabanas de Asia y África.

leotardo *m.* Prenda, generalmente de lana, que cubre y ciñe desde la cintura hasta los pies.

lepidóptero, ra *adj.* y *m.* ZOOL Se dice de los insectos que comúnmente se conocen como mariposas y polillas. Conforman un orden. Los lepidópteros tienen cuatro alas membranosas, dos ojos compuestos, antenas segmentadas y un aparato bucal chupador en forma de trompa. Las hembras ponen un número variable de huevos, de los que surgen las **orugas**. Luego de un periodo de actividad, la oruga se encierra en un capullo, convirtiéndose en **crisálida**, la cual, tras experimentar una metamorfosis completa, da lugar al adulto o **imago**.

leporino *adj.* MED **labio ~**.

lepra *f.* MED Enfermedad, producida por un bacilo, que se caracteriza por ulceraciones e insensibilidad que afectan la piel y los nervios.

lerdo, da 1 *adj.* y *s.* Torpe en el andar. 2 Torpe de inteligencia o de manos.

les Dativo plural, masculino y femenino, del pronombre de tercera persona: *Les di pan* (a ellos o a ellas); *dales comprensión* (a ellas y ellos).

lesbianismo *m.* Homosexualidad femenina.

lesión 1 *f.* MED Alteración patógena o traumática de un órgano o de un tejido. 2 Todo daño o perjuicio que sufre una persona.

lesivo, va *adj.* Que causa o puede causar daño o perjuicio.

leso, sa *adj.* Agraviado, ofendido: *Lesa humanidad*.

letal *adj.* Capaz de causar la muerte.

letanía 1 *f.* Serie de invocaciones religiosas. 2 Retahíla, enumeración seguida de muchos nombres, locuciones o frases.

letargo 1 *m.* Somnolencia profunda. 2 ZOOL Periodo en que algunos animales permanecen en inactividad y reposo.

letra 1 *f.* Signo que representa cualquier sonido articulado de un idioma. 2 Modo especial de escribir

A B C D E F G H I J K L M N Ñ O P Q R S T U V W X Y Z

ese signo a mano o de imprimirlo: *Letra redonda; letra versalita.* 3 Texto que se canta con música: *La letra de una canción.* 4 Documento mercantil que comprende el giro de una cantidad en efectivo que hace el librador a la orden del tomador, en determinado plazo y a cargo del pagador. 5 *pl.* Conjunto de las ciencias humanísticas por oposición a las ciencias exactas, físicas y naturales. || ~ **de imprenta** 1 La impresa. 2 La escrita a mano imitando la letra impresa. ~ **inicial** Aquella con que empieza una palabra, un verso, un capítulo, etc. ~ **redonda** La que es vertical y circular. ~ **versalita** La mayúscula igual en tamaño a la minúscula.

letrado, da *adj.* Culto, instruido.

letrero *m.* Palabra o palabras escritas que indican algo, como el nombre de una calle.

letrina 1 *f.* Lugar o depósito para recoger las inmundicias y los excrementos. 2 Retrete colectivo con varios compartimentos que vierten en un único colector.

leucemia *f.* MED Enfermedad grave de la sangre caracterizada por la proliferación de leucocitos y la hipertrofia de tejidos linfoides.

leucocito *m.* BIOL y FISIOL Cada una de las células de forma esferoidal e incoloras que se encuentran en la sangre y la linfa. Fagocitan y destruyen bacterias, se activan en presencia de ciertas infecciones y alergias y estimulan el proceso de la inflamación.

leucorrea *f.* MED Flujo seroso y blanquecino a causa del aumento de secreción de las mucosas del útero y de la vagina.

leva 1 *f.* Acción y efecto de levar. 2 Pieza de una máquina empleada para imprimir un movimiento repetitivo lineal o alternativo a una segunda pieza. 3 GEO **mar** de fondo o de ~.

levadizo, za *adj.* Que se levanta o puede levantarse mediante algún mecanismo, como cierto tipo de puentes.

levadura 1 *f.* BIOL Hongo unicelular que se reproduce por gemación y que produce enzimas de fermentación. 2 Masa constituida principalmente por este tipo de hongo capaz de hacer fermentar el cuerpo con que se la mezcla.

levantamiento 1 *m.* Acción y efecto de levantar o levantarse. 2 GEO Elevación de la corteza terrestre en una determinada zona.

levantar 1 *tr.* y *prnl.* Mover de abajo arriba una cosa. 2 Poner una cosa en lugar más alto que el que antes tenía. 3 Enderezar lo inclinado o tendido. 4 Separar una cosa de otra sobre la cual descansa o a la que está adherida. 5 Rebelar, sublevar. 6 *tr.* Dirigir la mirada arriba, o apuntar algo en esa dirección. 7 Recoger algo y llevárselo de donde estaba: *Levantar las tiendas de campaña.* 8 Construir, edificar. 9 Producir algo que forma bulto sobre otra cosa: *Levantar una ampolla.* 10 Hacer que cesen ciertas penas o prohibiciones: *Levantar el embargo.* 11 Esforzar, vigorizar: *Levantar el ánimo.* 12 *prnl.* Dejar la cama o el asiento. 13 Sobresalir, elevarse sobre una superficie o plano.

levante *m.* ESTE, punto por donde sale el Sol.

levar *tr.* Recoger el ancla que está fondeada.

leve *adj.* Ligero, de poco peso o de escasa importancia.

levedad *f.* Cualidad de leve.

leviatán *m.* Monstruo marino mitológico del que hay una descripción en el libro bíblico de Job.

levita[1] *m.* HIST Miembro de la antigua tribu israelita de Leví, que se dedicaba al servicio del culto.

levita[2] *f.* Prenda masculina de etiqueta con los faldones delanteros cruzados.

levitación *f.* Acción y efecto de levitar.

levitar *intr.* Elevarse en el espacio sin intervención de agentes físicos conocidos.

lexema *m.* LING Parte de una palabra que constituye la unidad mínima con significado léxico: Pan en *panadería*, pan*ecillo*, *em*pan*ada*.

léxico, ca 1 *adj.* Relativo a los lexemas o al vocabulario. 2 *m.* Diccionario de cualquier lengua. 3 LING Vocabulario y conjunto de giros de un idioma, de una región, de una disciplina determinada, etc.

lexicografía 1 *f.* LING Técnica que se ocupa de la confección de diccionarios. 2 LING Disciplina que estudia sus principios teóricos.

lexicográfico, ca *adj.* Relativo a la lexicografía.

lexicógrafo, fa *m.* y *f.* Persona experta o versada en lexicografía.

lexicología *f.* LING Estudio de las unidades léxicas de una lengua y de las relaciones sistemáticas que se establecen entre ellas.

lexicón *m.* DICCIONARIO.

ley 1 *f.* Norma constante que se deriva de la naturaleza o cualidades de las cosas: *Ley de la gravitación universal.* 2 Precepto obligatorio dictado por la autoridad competente. 3 Derecho, legislación: *Los funcionarios deben actuar conforme a la ley.* 4 Religión o creencia: *Ley de Moisés.* 5 Cantidad de oro o plata finos en las ligas de barras, joyas o monedas. 6 Norma establecida para un acto particular: *Las leyes del juego.* 7 FÍS **~es** del **movimiento** de Newton. || ~ **de Dios** REL Todo aquello que es arreglado a la voluntad divina y recta razón. **~es de Kepler** ASTR Las enunciadas por J. Kepler (1571-1630) sobre el movimiento de los planetas. Son tres: los planetas describen órbitas elípticas, en uno de cuyos focos está el Sol; el movimiento de traslación de los planetas es más rápido o más lento según se encuentran más lejos o más cerca al Sol; los cuadrados de los tiempos de la revolución de los planetas son proporcionales a los cubos de su distancia media del Sol. ~ **de la ventaja** DEP Aquella que consiste en que si el árbitro estima que a un jugador se le ha hecho falta pero continúa en posesión de la pelota, no sanciona la falta para que aquel pueda proseguir su iniciativa. ~ **natural** Conjunto de principios basados en lo que se supone son las características permanentes de la naturaleza humana. Sirve como modelo para valorar la conducta y la ley civil. ~ **seca** La que prohíbe el tráfico y consumo de bebidas alcohólicas.

leyenda 1 *f.* Relato de sucesos más maravillosos o tradicionales que históricos. 2 Inscripción que figura en

A B C D E F G H I J K L M N Ñ O P Q R S T U V W X Y Z

monedas o medallas. 3 Texto breve que explica un cuadro, un mapa, etc.

lezna *f.* Instrumento de punta metálica muy fina para agujerear y coser el cuero.

liana 1 *f.* Planta trepadora que toma como soporte a los árboles, a los que a veces llega a ahogar. 2 Cualquier enredadera.

liar 1 *tr.* Envolver una cosa, sujetándola con papeles, cuerda, cinta, etc. 2 Enrollar un hilo, alambre, etc. 3 *tr.* y *prnl.* Arropar, envolver. 4 Engañar, ilusionar.

libación 1 *f.* Acción de libar. 2 Ofrenda religiosa que consiste en probar algún líquido para después derramarlo en tierra como sacrificio a la divinidad.

libar 1 *tr.* e *intr.* Chupar los insectos el néctar de las flores. 2 *intr.* Hacer la libación para el sacrificio. 3 Probar o degustar un licor.

libelo *m.* Escrito en que se denigra o infama a alguien o algo.

libélula *f.* Insecto de cabeza grande, ojos compuestos, boca adaptada para morder, abdomen largo y dos pares de alas membranosas alargadas. Pasa la primera parte de su vida en forma de ninfa acuática.

líber *m.* Bot Conjunto de **vasos** liberianos de una planta.

liberación 1 *f.* Acción de poner en libertad. 2 Rel **teología** de la ~.

liberado, da *adj.* Que no atiende a las trabas impuestas por la sociedad o por la moral.

liberal 1 *adj.* Que obra con liberalidad. 2 Tolerante, abierto. 3 Se dice de la profesión que se ejerce en libre competencia. 4 Art **artes** ~es. 5 Partidario del liberalismo. 6 *adj.* y *s.* Que pertenece a un partido político de este nombre.

liberalidad *f.* Virtud que consiste en distribuir generosamente los bienes sin esperar recompensa.

liberalismo 1 *m.* Corriente intelectual que propugna la libertad del hombre en cualquier situación histórica. 2 Econ Doctrina que defiende el máximo de iniciativa individual, la propiedad privada y la mínima intervención del Estado en la producción y el mercado. 3 Polít Doctrina que defiende las libertades individual y de opinión, que aboga por un Estado constructivo en el campo social y que se opone a la intervención del Estado en la vida social y cultural y a la interferencia de intereses militares y religiosos en los asuntos públicos. 4 Partido inspirado en la doctrina liberal.

liberalización *f.* Acción y efecto de liberalizar.

liberalizar *tr.* y *prnl.* Hacer más abierto y flexible un sistema político, social o económico.

liberar 1 *tr.* y *prnl.* Dejar en libertad. 2 Eximir de una obligación. 3 Hacer más abierto y flexible a alguien o algo.

liberiano 1 *adj.* Bot Relativo al líber. 2 Bot **vaso** ~.

libertad 1 *f.* Facultad de las personas para elegir entre varias opciones sin violencia externa ni presión interna, siendo, en consecuencia, responsable de su conducta. 2 Derecho a actuar sin restricciones siempre que los propios actos no interfieran con los derechos de los otros. 3 Condición del que ni es esclavo ni está cautivo. 4 Desembarazo, franqueza. 5 Der y Polít Situación jurídica de un país en que los ciudadanos disfrutan de los derechos fundamentales del ser humano. 6 *pl.* Conjunto de derechos cívicos, como los de reunión, expresión, asociación política y sindical, libertad religiosa, etc. || ~ **condicional** Der Beneficio de abandonar la prisión un penado, condicionado a la ulterior observancia de buena conducta. ~ **de cultos** Derecho a practicar públicamente los actos de la religión que cada uno profesa. ~ **de expresión** Derecho a exponer cada quien sus pensamientos y opiniones sin autorización ni censura previas de la autoridad. ~ **de pensamiento** La que permite manifestar las propias ideas, especialmente las políticas y religiosas, defenderlas y propagarlas, y criticar las contrarias. ~ **de prensa** Inmunidad de los medios de comunicación respecto al control o la censura del gobierno. ~ **provisional** Der Situación o beneficio de que pueden gozar los procesados, sin someterlos a prisión preventiva.

libertador, ra *adj.* y *s.* Que liberta.

libertar *tr.* y *prnl.* Poner en libertad.

libertario, ria *adj.* Que defiende la libertad absoluta y, por tanto, la supresión de todo gobierno y de toda ley.

libertinaje *m.* Desenfreno en la conducta.

libertino, na *adj.* y *s.* Que vive en libertinaje.

liberto, ta *m.* y *f.* Esclavo a quien se ha dado la libertad, respecto a su amo.

libidinoso, sa *adj.* Que muestra o produce un deseo sexual exagerado.

libido *f.* Psic Conjunto de los impulsos sexuales.

libra 1 *adj.* y *s.* Se dice de las personas nacidas bajo el signo zodiacal Libra, entre el 23 de septiembre y el 22 de octubre. 2 *f.* Medida de peso que varía según las regiones y países, oscilando en torno al medio kilogramo.

libración *f.* Fís Movimiento oscilatorio que un cuerpo ligeramente perturbado en su equilibrio efectúa hasta recuperarlo poco a poco.

libranza *f.* Orden de pago que no necesita aceptación para ser eficaz.

librar 1 *tr.* y *prnl.* Sacar o preservar a alguien de un trabajo, mal o peligro. 2 *tr.* Poner o fundar la confianza en alguien o algo. 3 Construido con ciertos sustantivos, dar o expedir lo que estos significan: *Librar sentencia, carta de pago, decretos,* etc.

libre 1 *adj.* Que disfruta de libertad. 2 No sujeto. 3 Exento, privilegiado. 4 Independiente. 5 Inocente, sin culpa. 6 Vacante, no ocupado. 7 Se dice del camino, vía, etc., no interceptados. 8 Se dice del tiempo de descanso.

librea 1 *f.* Traje de uniforme que usan conserjes, botones, etc. 2 Zool Pelaje, plumaje, piel, conjunto de escamas, etc., de los animales con su colorido específico.

librecambismo *m.* Econ Doctrina según la cual la actividad económica debe desarrollarse sin la intervención estatal, basarse en el interés individual y en el principio de la oferta y la demanda.

librepensador, ra *adj.* y *s.* Se dice de la persona que en sus opiniones se rige por su razón y no por criterios, norma o dogma preestablecidos.

librepensamiento *m.* Doctrina que reclama para la razón individual independencia absoluta de todo criterio sobrenatural.

librería 1 *f.* Conjunto de libros. 2 Mueble en que se colocan. 3 Tienda donde se venden libros.

librero, ra 1 *m.* y *f.* Persona que tiene por oficio vender libros. 2 *m.* Mueble en que se colocan los libros.

libresco, ca 1 *adj.* Relativo al libro. 2 Se dice del escritor o autor que se inspira sobre todo en la lectura de libros.

libreta *f.* Cuaderno para apuntes o anotaciones. || ~ **militar** Documento que se da al soldado cuando se licencia, en el que constan su servicio, datos personales, etc.

libreto *m.* GUIÓN, texto en que se expone el contenido de un filme o de un programa de radio o televisión.

libro 1 *m.* Conjunto de hojas impresas, unidas por uno de los lados y generalmente cubiertas con tapas, que versan sobre algún tema unitario. 2 Cada uno de los textos con título propio de la Biblia: *El libro del Génesis; el libro de los Hechos de los Apóstoles,* etc. 3 Cada una de las partes principales en que suele dividirse una obra escrita extensa. 4 Tercera de las cuatro cavidades del estómago de los rumiantes. || ~ **digital** o **electrónico** INF Texto digitalizado de una obra impresa que puede leerse desde un computador u otro tipo de dispositivo electrónico.

licantropía *f.* PSIC Manía en que la persona se imagina transformada en lobo.

licaón *m.* Cánido africano de 1 m de longitud y 75 cm de altura. Se caracteriza por sus largas patas, grandes orejas y su pelaje manchado.

licencia 1 *f.* Permiso para hacer algo y documento en que consta. 2 Autorización para ausentarse de un empleo. 3 Contrato por el que una empresa cede a otra alguna patente. 4 Abusiva libertad en decir u obrar. || ~ **poética** LIT Infracción de las leyes del lenguaje o del estilo que puede cometerse lícitamente en la poesía.

licenciado, da 1 *m.* y *f.* Persona que ha obtenido una licenciatura en alguna universidad o escuela superior. 2 *m.* Soldado que ha recibido la licencia absoluta.

licenciar 1 *tr.* Dar permiso o licencia. 2 Conferir el grado de licenciado. 3 *prnl.* Recibir el grado de licenciado.

licenciatura 1 *f.* Grado superior universitario. 2 Estudios necesarios para obtener este grado.

licencioso, sa *adj.* Libertino, disoluto, especialmente en la conducta sexual.

liceo 1 *m.* Instituto de enseñanza media. 2 Nombre de algunas instituciones recreativas o culturales.

lichi 1 *m.* Árbol frutal procedente del sur de China. 2 Fruto del mismo árbol de corteza roja y rugosa y pulpa blanca.

licitación *f.* Acción y efecto de licitar. || ~ **pública** Convocatoria pública que hace el Estado para que el mejor postor adquiera los derechos y deberes para llevar a término determinada obra pública.

licitar *tr.* Ofrecer precio en una subasta.

lícito, ta *adj.* Permitido por la ley o conforme a razón y justicia.

licor 1 *m.* Sustancia líquida. 2 Se dice especialmente de la que contiene alcohol y que se mezcla con sustancias aromáticas.

licorera 1 *f.* Botella o frasco para licores. 2 Utensilio de mesa o mueble que contiene la botella de licor y, a veces, los vasitos o copas en que se sirve.

licorería 1 *f.* Fábrica de licores. 2 Establecimiento donde se venden.

licuadora *f.* Aparato eléctrico para licuar frutas u otros alimentos.

licuar *tr.* y *prnl.* Hacer líquida una sustancia sólida o gaseosa.

licuefacción *f.* Acción y efecto de licuar.

lid *f.* Combate, lucha.

líder 1 *m.* y *f.* Jefe de una colectividad o de un partido político. 2 El que va primero en una competición deportiva.

liderar *tr.* Dirigir o estar a la cabeza de un grupo, partido político, competición, etc.

liderazgo 1 *m.* Condición de líder o ejercicio de sus actividades. 2 Supremacía en que está una empresa, un producto o un sector económico dentro de su ámbito.

lidiar 1 *tr.* Luchar, combatir. 2 Oponerse a alguien, hacerle frente. 3 Torear y dar muerte a un toro. 4 *tr.* e *intr.* Tratar con una o más personas que causan molestia y ejercitan la paciencia.

liebre *f.* Mamífero lagomorfo de unos 70 cm de largo y entre 20 cm y 25 cm de alto, con la cabeza pequeña y alargada, orejas largas y patas posteriores más largas que las anteriores, lo que le permite ser muy veloz en la carrera.

lied (Voz al.) *m.* Melodía breve compuesta generalmente para solistas de voz y piano, típica del Romanticismo alemán.

liendre *f.* Huevo de piojo que se fija en el pelo.

lienzo 1 *m.* Tela de algodón, cáñamo o lino. 2 Pañuelo de esta tela. 3 Tela para pintar. 4 Pintura sobre esta tela.

liga 1 *f.* Anillo de cinta elástica para asegurar algo. 2 Unión o mezcla. 3 ALEACIÓN. 4 Acuerdo entre individuos, comunidades o Estados con miras a un objetivo común. 5 DEP Competición en que todos los equipos han de enfrentarse entre sí.

ligado 1 *m.* Unión de las letras en la escritura. 2 MÚS Unión de dos notas musicales que prolonga el sonido de la primera sin una nueva emisión.

ligadura 1 *f.* Todo lo que en sentido físico sirve para atar algo: una cinta, una correa, un alambre. 2 MED Operación quirúrgica por la que se cierra un conducto.

A B C D E F G H I J K L M N Ñ O P Q R S T U V W X Y Z

ligamento 1 *m.* ANAT Cordón fibroso y resistente que fija los huesos a las articulaciones. 2 ANAT Pliegue membranoso que mantiene en la debida posición cualquier órgano.

ligar 1 *tr.* Atar con ligaduras. 2 ALEAR. 3 Unir o enlazar. 4 Conseguir que ciertas sustancias, como la mayonesa, las natillas, etc., no se corten. 5 Relacionar mentalmente una cosa con otra. 6 *prnl.* Confederarse, unirse para algún fin.

ligero, ra 1 *adj.* Que pesa poco. 2 Que tiene poca importancia. 3 Ágil, veloz. 4 Se dice del sueño que se interrumpe fácilmente. 5 Se dice del alimento fácil de digerir. 6 QUÍM Se dice de la fracción primera que se produce en una destilación.

lignificación *m.* BOT En el proceso de desarrollo de muchas plantas, paso de la consistencia herbácea a la leñosa.

lignito *m.* GEO Carbón fósil formado por la acción microbiana sobre la turba.

liguero *m.* Cinturón o faja para sujetar las medias.

lígula 1 *f.* BOT Estípula situada entre el limbo y el pecíolo de las hojas de las gramíneas. 2 BOT Pétalo desarrollado en el borde del capítulo de ciertas compuestas, como en las margaritas.

lija *f.* Hoja de papel con polvos o arenillas de vidrio o esmeril adheridos, para pulir maderas o metales.

lijar *tr.* Pulir o limpiar algo con la lija.

lila 1 *f.* Arbusto ornamental de flores pequeñas y olorosas de varios colores en grandes racimos. 2 Flor de esta planta. 3 *adj.* y *s.* Color morado claro.

lima[1] 1 *f.* Fruto del limero, de pulpa verdosa en gajos, jugosa y dulce. 2 LIMERO.

lima[2] *f.* Instrumento de acero con superficie estriada, para alisar metales.

limadura 1 *f.* Acción y efecto de limar. 2 *pl.* Partes muy menudas que se arrancan de la pieza que se lima.

limar 1 *tr.* Alisar los metales con la lima. 2 Pulir una obra.

límbico *adj.* ANAT y FISIOL Se dice de la región del cerebro implicada en las emociones, el hambre y la sexualidad.

limbo 1 *m.* Borde de algo. 2 ASTR Contorno aparente de un astro. 3 BOT Lámina o parte ensanchada de las hojas, sépalos, pétalos y tépalos. 4 REL Lugar en que, según la antigua doctrina cristiana, se encuentran las almas de los niños muertos sin bautismo.

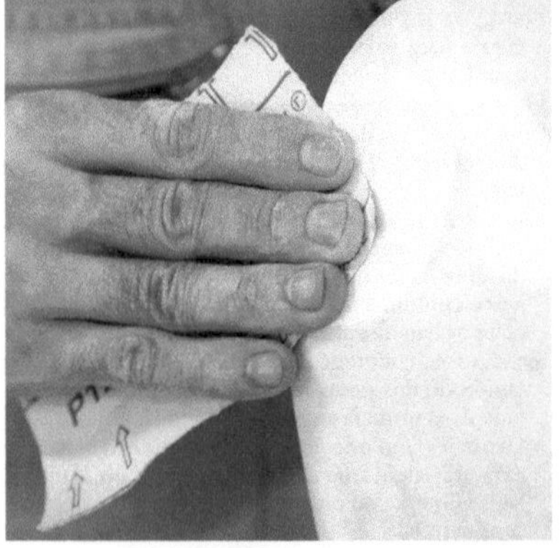

limero, ra *m.* Árbol de tronco ramoso y copudo, hojas alternas y lustrosas, y flores blancas y olorosas. Su fruto es la lima.

limícola 1 *adj.* y *s.* BIOL Se dice de los organismos que viven en el limo, barro o lodo. 2 ZOOL Se dice de las aves costeras o ribereñas que buscan su alimento en el limo.

limitado, da 1 *adj.* Que tiene límite. 2 Poco, escaso. 3 Corto de entendimiento.

limitar 1 *tr.* Poner límites. 2 *tr.* y *prnl.* Reducir gastos, la afluencia de personas a un lugar, etc. 3 *intr.* Lindar, estar contiguos dos países, territorios, terrenos, etc.

límite 1 *m.* Término, confín de regiones, posesiones, etc. 2 Línea real o imaginaria que separa dos terrenos, dos países, etc. 3 Fin, extremo.

limítrofe *adj.* Se dice del territorio que limita con otro.

limnología 1 *f.* BIOL Estudio científico de los lagos y lagunas. 2 BIOL Conjunto de factores no bióticos de las aguas dulces.

limo *m.* Lodo, barro, especialmente cuando contiene materias orgánicas.

limón *m.* Fruto del limonero, ovoide, de corteza amarilla o verde y pulpa ácida.

limonada *f.* Bebida refrescante hecha con zumo de limón, agua y azúcar.

limonero *m.* Árbol de tronco ramoso y liso, copa abierta, hojas dentadas, lustrosas y siempre verdes, y flores rosas y blancas de cáliz acampanado.

limosna *f.* Lo que se da para socorrer una necesidad.

limpiabotas *m.* El que tiene por oficio limpiar y lustrar botas y zapatos.

limpiaparabrisas *m.* Mecanismo que se fija en la parte externa del parabrisas para eliminar la lluvia, nieve, etc.

limpiar 1 *tr.* y *prnl.* Quitar la suciedad. 2 *tr.* Desechar lo perjudicial o menos provechoso.

limpieza 1 *f.* Cualidad de limpio. 2 Acción y efecto de limpiar o limpiarse.

limpio, pia 1 *adj.* Que no está sucio ni manchado. 2 Sin impurezas ni mezclas extrañas. 3 Que tiene el hábito del aseo y la pulcritud. 4 Neto, no confuso: *Imagen limpia.* 5 ECOL **energía ~.**

limpión 1 *m.* Limpiadura ligera. 2 Paño para limpiar.

limusina *f.* Automóvil lujoso de gran tamaño.

linaje *m.* Ascendencia o descendencia de una familia.

linaza *f.* Semilla del lino, de granitos duros y grises, que molida proporciona una harina que se emplea para cataplasmas y en la industria de pinturas y barnices.

lince *m.* Félido parecido a un gato grande, con patas largas y orejas puntiagudas rematadas en dos como pinceles de pelos negros.

linchar *tr.* Ajusticiar de forma tumultuaria y sin juicio a un presunto reo.

lindar 1 *intr.* Tener límites comunes dos o más superficies o cosas. 2 Estar algo muy próximo a lo que se expresa: *Su actitud linda con la arrogancia.*

linde *m.* o *f.* Línea que divide unas heredades o fincas de otras.

lindero *m.* Linde o lindes de dos terrenos.

lindo, da 1 *adj.* Bonito, grato a la vista. 2 Primoroso, exquisito.

línea 1 *f.* GEOM Extensión considerada en una de sus tres dimensiones: la longitud. 2 Raya imaginaria o visible que separa dos cosas continuas: *Línea del horizonte.* 3 TRAZO, raya. 4 RENGLÓN, serie de palabras o caracteres. 5 Figura esbelta de una persona: *Guardar la línea.* 6 Dirección, tendencia o estilo en el arte y el pensamiento. 7 Serie de personas o cosas situadas una detrás de otra o una al lado de otra.

8 Itinerario determinado de un servicio de transporte. 9 Categoría de cualquier orden. 10 Serie de personas enlazadas por parentesco. 11 Comunicación telefónica. 12 ART El dibujo, por oposición al color. || ~ **abierta** GEOM La que posee extremos, por lo que es preciso retroceder para volver al punto de partida. ~ **cerrada** GEOM La que carece de extremos, por lo que, sin retroceder, se puede llegar al punto de partida. ~ **curva** GEOM **CURVA**. ~ **de doble curvatura** GEOM La que no se puede trazar en un solo plano; como la hélice. ~ **de proyección** En perspectiva, cada una de las que convergen en el punto de fuga. ~ **del horizonte** En perspectiva, la imaginaria que se sitúa a la altura de los ojos del observador. ~ **eléctrica** ELECTR Sistema de cables, hilos, etc., que conduce un flujo de corriente. ~ **horizontal** GEOM La contenida en un plano horizontal. ~ **recta** GEOM **RECTA**. ~ **telefónica** TELEC Conjunto de los aparatos e hilos conductores del teléfono. ~ **transversal** GEOM La que atraviesa o cruza a otras. ~ **trigonométrica** GEOM Cada una de las rectas que se consideran en el círculo y sirven para resolver triángulos por el cálculo. ~ **vertical** GEOM La perpendicular a un plano horizontal.

lineal 1 *adj.* Relativo a la línea. 2 Se dice del dibujo que solo se representa mediante líneas. 3 Se aplica a las cosas y a los fenómenos cuyos resultados se consideran en una única dimensión o dirección.

lineamiento *m.* Líneas generales de una política, orientación, directriz.

linfa *f.* FISIOL Líquido transparente que circula por los vasos linfáticos, compuesto de agua, albúmina, linfocitos, macrófagos, sales, fibrina, y, en ocasiones, leucocitos propiamente dichos.

linfático, ca *adj.* y *s.* Relativo a la linfa. || **sistema** ~ FISIOL Conjunto de ganglios, vasos y capilares que intervienen en la circulación de la linfa y de los órganos que la producen, como los mismos ganglios y el **bazo**. Contribuye a la renovación constante de proteínas y líquidos de las células de los tejidos y a eliminar los productos de desecho de su metabolismo.

linfocito *m.* BIOL y FISIOL Variedad de leucocito producido por el tejido linfático o la médula ósea; sus funciones son, sobre todo, inmunológicas; producen **inmunoglobulinas** o anticuerpos, y atacan y destruyen directamente a los antígenos.

linfoma *m.* MED Tumor de los ganglios linfáticos.

lingote *m.* Trozo o barra de metal en bruto.

lingual 1 *adj.* Relativo a la lengua. 2 FON Se dice de los sonidos que, como la *l*, se pronuncian con el ápice o punta de la lengua.

lingüístico, ca 1 *adj.* Relativo a la lingüística o al lenguaje. 2 LING **familia** ~; **signo** ~. 3 *f.* LING Estudio detallado y sistemático de la lengua, sus componentes, formas y funciones y de sus correspondientes significados. También se ocupa de su aspecto evolutivo y de su descripción.

linimento *m.* FARM Crema con aceites o bálsamos que se aplica externamente.

lino 1 *m.* Planta herbácea que alcanza un metro de altura, de tallo hueco y fibroso, hojas lanceoladas, flores azules y fruto en cápsula. 2 Fibra textil que se saca del tallo.

linografía *f.* ART Técnica de grabado que se hace sobre un material sólido hecho a base de aceite de lino y corcho, en la que se utilizan instrumentos cortantes como el cincel o la gubia.

linóleo *m.* Tejido de yute con una capa de polvo de corcho y aceite de linaza; se emplea en pavimentación.

linotipia 1 *f.* Máquina de imprenta para componer, provista de matrices. 2 Técnica de componer con esta máquina.

linterna 1 *f.* Farol portátil con una cara de vidrio. 2 Utensilio para proyectar luz formado por una bombilla y unas pilas eléctricas.

lío 1 *m.* Fardo de ropas u otras cosas envueltas juntas. 2 Embrollo o situación difícil. 3 Intriga, chisme.

liofilización *f.* Proceso por el que se separa el agua de una sustancia o disolución congelándola y sometiéndola después al vacío; se emplea en la deshidratación de alimentos y materiales biológicos.

lipasa *f.* BIOQ Enzima que desdobla las grasas.

lípido *m.* BIOQ Cada una de las sustancias orgánicas de carácter graso constituidas por largas cadenas de hidrocarburos alifáticos, como los **triglicéridos** y los **esteroides**. Son parte esencial de las células vivas.

lipoma *m.* MED Tumor del tejido adiposo.

lipoproteína *f.* BIOQ Molécula orgánica formada por la unión de un lípido y una proteína.

liposoluble *adj.* QUÍM Se dice de la sustancia soluble en las grasas.

liposucción *f.* MED Técnica quirúrgica para succionar la grasa subcutánea.

lipotimia *f.* MED Pérdida del conocimiento con debilitamiento de la respiración y circulación.

liquen *m.* BIOL Organismo que resulta de la asociación simbiótica de hongos con algas unicelulares. El hongo protege al alga de la deshidratación, mientras que el alga sintetiza y excreta un hidrato de carbono específico que el hongo toma y utiliza como alimento.

liquidación 1 *adj.* Acción y efecto de liquidar. 2 *f.* Venta de productos a precio rebajado por causas ajenas a su costo real.

liquidámbar *m.* BOT Género de árboles con hojas lobuladas de vistosa coloración y flores reunidas en cabezuelas globosas.

liquidar 1 *tr.* y *prnl.* Licuar una sustancia. 2 *tr.* Hacer el ajuste final de una cuenta. 3 Pagar por entero una deuda. 4 Poner término a un estado de cosas. 5 Eliminar a una persona. 6 Hacer una liquidación de mercancías.

liquidez 1 *f.* Cualidad de líquido. 2 ECON Cualidad del capital financiero por la que fácilmente puede convertirse en efectivo. 3 ECON Relación entre el dinero en caja y los bienes de una empresa convertibles en dinero y el total de su activo.

líquido, da 1 *adj.* y *s.* FÍS Se dice del cuerpo no sólido ni gaseoso cuyas moléculas, por su escasa cohesión, permiten que adopte la forma del recipiente que lo contiene. 2 Bebida. || ~ **amniótico** ANAT El encerrado en el amnios. ~ **cefalorraquídeo** ANAT Líquido en el que están incluidos los centros nerviosos de los vertebrados, que llena también los ventrículos del encéfalo. ~ **sinovial** ANAT Fluido espeso que lubrica los cartílagos de las articulaciones tipo diartrosis.

liquilique *m.* Chaqueta de algodón con bolsillos que se abrocha desde el cuello.

lira 1 *f.* Combinación métrica de cinco versos con siete y once sílabas. 2 MÚS Instrumento de cuerda con caja de resonancia en forma de dos cuernos.

lírico, ca 1 *adj.* LIT Se dice de la obra literaria perteneciente a la lírica o de su autor. 2 MÚS y LIT Se dice de las obras de teatro total o parcialmente cantadas. 3 *f.* LIT Género de la poesía en el cual el autor expresa sus propios afectos e ideas, buscando suscitar sentimientos análogos.

lirio *m.* Planta con rizoma, tallos gruesos, hojas ensiformes, flores terminales grandes, blancas o moradas, y fruto en cápsula. || ~ **de mar** Equinodermo tropical en forma de disco cubierto de placas óseas y brazos plumosos.

lirismo *m.* Inspiración poética, especialmente la de matiz sentimental.

lirón *m.* Roedor parecido al ratón, de pelo gris y blanco, largo y espeso. Vive en los bosques europeos, e hiberna.

lis *f.* LIRIO.

lisiado, da *adj.* Que carece de algún órgano o de su uso adecuado.

lisiar *tr.* y *prnl.* Producir lesión en alguna parte del cuerpo.

liso, sa 1 *adj.* Sin asperezas ni desniveles. 2 Sin realces, que no tiene desigualdades. 3 ANAT **músculo** ~.

lisonja *f.* Alabanza afectada e interesada.

lisonjear *tr.* ADULAR.

lisosoma *m.* BIOL Orgánulo celular cargado de enzimas digestivas que degradan moléculas complejas.

lista 1 *f.* Tira de tela, papel, etc. 2 Franja o línea de color en una superficie. 3 Enumeración correlativa de palabras, personas o cosas.

listado, da *adj.* Que forma o tiene listas.

listo, ta 1 *adj.* Expedito, pronto. 2 Preparado, dispuesto para hacer algo. 3 Sagaz, avisado.

listón 1 *m.* Tabla estrecha y larga. 2 Cinta angosta.

lisura 1 *f.* Tersura y homogeneidad de una superficie. 2 Desvergüenza, insolencia.

litera 1 *f.* Cama estrecha y sencilla que suele ponerse encima de otra para economizar espacio. 2 Vehículo antiguo para una o dos personas, con dos varas laterales para ser transportado por personas o por caballerías.

literal 1 *adj.* Conforme con el sentido explícito de un texto, sin comentarios o ampliaciones. 2 Se dice de la traducción que se ciñe por completo al original. 3 MAT Letra o símbolo que se emplea en expresiones matemáticas para representar un número: *En la expresión* $A = b \times h$, *el literal A representa el área de un rectángulo, el literal b la medida de su base y el literal h, la longitud de su altura.*

literario, ria *adj.* Relativo a la literatura.

literato, ta *adj.* y *s.* Se dice de la persona que cultiva la literatura.

literatura 1 *f.* LIT Texto verbal que cumple una función estética. 2 LIT Conjunto de obras literarias de un autor, una época o un país: *La literatura española del s. XVI.* 3 Conjunto de obras que versan sobre un tema específicos: *Literatura médica.* || ~ **erótica** LIT La que tiene como argumento las relaciones amorosas desde una perspectiva sensual. ~ **fantástica** LIT La que desarrolla temas de lo inexplicable y de realidades paralelas que se contraponen a la reglas de la realidad dominante. ~ **indigenista** Corriente que aborda los problemas de los indígenas americanos. *Raza de bronce* (1919), del boliviano Alcides Arguedas (1879-1946), es su primer hito. Otras obras destacadas: *Huasipungo* (1934), de Jorge Icaza (1906-1978) y *El mundo es ancho y ajeno,* de Ciro Alegría (1909-1967). ~ **precolombina** LIT La que se desarrolla en América antes de la Conquista española y en la que se narran temas indígenas sobre la historia y la religión.

litigar *tr.* DER Disputar en juicio sobre algo.

litigio *m.* DER Acción de litigar.

litio *m.* QUÍM Elemento metálico alcalino de muy poca densidad. Sus compuestos se utilizan para eliminar el dióxido de carbono en la fabricación de vidrios y esmaltes, etc. Punto de fusión: 181 °C. Punto de ebullición: 1342 °C. Núm. atómico: 3. Símbolo: Li.

litografía 1 *f.* ART Técnica de grabar escritos o dibujos en una piedra especial para su reproducción posterior mediante impresión. 2 ART Ejemplar así obtenido.

litográfico, ca 1 *adj.* Relativo a la litografía. 2 **piedra**~.

litoral 1 *adj.* Relativo a la orilla o costa del mar. 2 GEO **plataforma** de abrasión o ~. 3 *m.* Costa o franja de terreno que toca el mar.

litosfera (Tb. litósfera) *f.* GEO Parte sólida de la corteza terrestre constituida por la parte más externa del manto. Su espesor oscila entre 70 km y 150 km.

litro *m.* Unidad de capacidad equivalente a un decímetro cúbico.

liturgia *f.* REL Conjunto de ritos que forman un determinado culto religioso.

litúrgico, ca *adj.* Relativo a la liturgia.

liviano, na 1 *adj.* De poco peso. 2 De escasa importancia.

lívido, da 1 *adj.* Muy pálido. 2 Que tira a morado.

lixiviado *m.* ECOL Líquido residual que se filtra en un proceso de percolación de un fluido a través de un sólido.

lixiviar *tr.* QUÍM Separar, con un disolvente, las partes solubles e insolubles de una sustancia compleja (un mineral, por ejemplo).

liza *f.* Campo dispuesto para que luchen dos o más personas.

ll *f.* Dígrafo que convencionalmente representa un solo sonido consonántico de articulación lateral y palatal, aunque mayoritariamente se pronuncia como *y*, con salida central del aire. • En sentido estricto, la *elle* se considera una letra, la decimotercera del **alfabeto** español y la décima de sus consonantes.

llaga *f.* Úlcera o herida abierta.

llagar *tr.* Hacer o causar llagas.

llama[1] *f.* Masa gaseosa que desprende un cuerpo en combustión, y produce luz y calor.

llama[2] *f.* Camélido artiodáctilo doméstico, de aprox. un metro de alto. Vive en los Andes por encima de los 3000 m de altitud. Se utiliza como animal de carga y se aprovechan su carne, cuero, leche y pelo.

llamada 1 *f.* Gesto o voz para llamar la atención de alguien. 2 Acción y efecto de llamar por teléfono. 3 En un impreso o manuscrito, signo que remite a otro lugar o pasaje.

llamamiento *m.* Pedir algo con solemnidad.

llamar 1 *tr.* Requerir la atención de alguien con voces o gestos. 2 Dar nombre a personas o cosas. 3 Convocar a un sitio. 4 Atraer, seducir. 5 Telefonear. 6 *intr.* Hacer sonar la aldaba, el timbre, etc. 7 *prnl.* Llevar tal o cual nombre, apellido, apodo, etc.

llamarada *f.* Llama súbita y pasajera.

llamativo, va *adj.* Se dice de lo que llama la atención.

llana *f.* Herramienta compuesta de una plancha de metal y una manija, usada para extender y allanar el yeso o la argamasa.

llanero, ra *adj.* y *s.* Habitante de las llanuras.

llaneza *f.* Sencillez y familiaridad en el trato.

llano, na 1 *adj.* Plano, sin desniveles. 2 Sencillo, sin presunción. 3 FON y ORT **GRAVE**. 4 *m.* GEO **LLANURA**.

llanta 1 *f.* Pieza anular de caucho, con neumático o sin este, que llevan las ruedas de automóviles, motocicletas, bicicletas, etc. 2 **RIN**. 3 **NEUMÁTICO**, anillo tubular de caucho. 4 Aro metálico exterior que rodea y refuerza las ruedas de los coches de tracción animal. 5 Pliegue de gordura que se forma en algunas partes del cuerpo.

llantén *m.* Planta vivaz de hojas radicales, flores en espiga larga y fruto en caja.

llanto *m.* Efusión de lágrimas acompañada de sollozos y lamentos.

llanura *f.* GEO Terreno de cierta extensión que no presenta marcados desniveles. || ~ **abisal** GEO La del fondo oceánico que se extiende entre los 4000 m y 5500 m de profundidad, a partir del talud continental. ~ **aluvial** GEO Parte del valle fluvial situada fuera del cauce y que se inunda al desbordarse el río. ~ **costera** GEO La que bordea un mar u océano y que, normalmente, continúa mar adentro y constituye la plataforma continental. ~ **fluvial** GEO Terreno de escasa pendiente que se extiende por el fondo de un valle fluvial.

llave 1 *f.* Instrumento que, aplicado a la cerradura, sirve para abrirla o cerrarla. 2 Herramienta para ajustar tuercas, tornillos, etc. 3 Instrumento que sirve para facilitar o impedir el paso de un fluido por un conducto. 4 ORT Signo gráfico ({}) que se utiliza principalmente en cuadros sinópticos o esquemas para establecer clasificaciones, relacionar y jerarquizar conceptos y sintetizar información. • Aunque es un signo doble, en su aplicación principal se usa únicamente uno de ellos. 5 DEP En ciertas clases de lucha, lance que consiste en hacer presa en el cuerpo del adversario para inmovilizarlo o derribarlo. 6 MÚS Dispositivo metálico que en los instrumentos de viento regula la salida del aire y la altura de los sonidos.

llavero *m.* Anilla, cadenita o cartera para portar las llaves de uso.

llegada 1 *f.* Acción y efecto de llegar a un sitio. 2 Término o meta de un recorrido.

llegar 1 *intr.* Venir, arribar de un sitio a otro. 2 Durar hasta época o tiempo determinados. 3 Venir por su orden una cosa o acción. 4 Conseguir un objetivo: *Llegó a ministro*. 5 Alcanzar, tocar algo: *Le llega a la rodilla*. 6 Alcanzar o producir determinada acción: *Llegó a reunir una gran biblioteca*. 7 Venir, verificarse, empezar a correr un cierto y determinado tiempo. 8 Unido a otros verbos, indica que se cumple el significado de estos: *Llegó a entender*. 9 *prnl.* Acercarse una persona o una cosa a otra. 10 Ir a un sitio determinado que esté cercano.

llenar 1 *tr.* y *prnl.* Ocupar con alguna cosa un espacio vacío. 2 Ocupar enteramente las personas un recinto. 3 Colmar abundantemente: *Lo llenó de favores, de enojo*. 4 *intr.* Dicho de la Luna, llegar al plenilunio. 5 *prnl.* Hartarse de comer o beber.

lleno, na 1 *adj.* Ocupado o henchido de otra cosa. 2 Saciado de comida. 3 Se dice de la Luna cuando muestra iluminada toda la cara que mira a la Tierra. 4 *m.* Concurrencia que ocupa todo un local.

llevadero, ra *adj.* Tolerable, sufrible.

llevar 1 *tr.* Trasladar una cosa de un lugar a otro. 2 Ser causa de algo: *Le llevó a la ruina*. 3 Conducir a un lugar: *El camino lleva a la ciudad*. 4 Inducir a alguien a determinada acción. 5 Traer puesto el vestido, la ropa, etc., o en los bolsillos dinero, papeles u otra cosa. 6 Dirigir o administrar un negocio. 7 Haber permanecido cierto tiempo en una actividad, empleo o lugar. 8 Haber realizado o haber experimentado una determinada acción que continúa o puede continuar: *Llevo leídas veinte páginas*. 9 Dicho de una persona o de una cosa, exceder a otra en una determinada cantidad. 10 MAT Reservar las decenas de una suma o multiplicación parcial para agregarlas a la suma o producto del orden superior inmediato. 11 MÚS Seguir o marcar el paso, el ritmo, el compás, etc. 12 *prnl.* Quitar algo a alguien furtivamente. 13 Estar de moda.

llorar 1 *intr.* y *tr.* Derramar lágrimas. 2 *tr.* Sentir vivamente algo: *Llorar la muerte de un amigo*.

lloriquear *intr.* Gimotear, llorar sin ganas ni convicción.

llorón, na 1 *adj.* Que llora mucho y fácilmente. 2 Que se lamenta frecuentemente.

lloroso, sa 1 *adj.* Con señales de haber llorado. 2 Que está a punto de llorar.

llover 1 *intr.* Caer agua de las nubes. 2 *intr.* y *tr.* Caer sobre alguien con abundancia algo, como trabajos, desgracias, etc. 3 *prnl.* Calarse con las lluvias las bóvedas o los techos o cubiertas.

llovizna *f.* Lluvia menuda y suave.

A B C D E F G H I J K L M N Ñ O P Q R S T U V W X Y Z

lloviznar *intr.* Chispear, caer gotas menudas.

lluvia 1 *f.* Acción de llover. 2 GEO Tipo de precipitación en que las gotas tienen un diámetro de entre 0 mm, 5 mm y 3 mm, y caen a una velocidad de entre 3 m/s y 7 m/s. 3 Abundancia de algo: *Una lluvia de premios.* || ~ **ácida** ECOL La que cae acompañada de un alto índice de ácido sulfúrico, a causa de las emisiones de combustibles fósiles. ~ **de estrellas** ASTR Aparición simultánea de muchas estrellas fugaces. ~ **radiactiva** ECOL La que llega a las capas bajas de la atmósfera y a la superficie con partículas radiactivas, liberadas en la atmósfera por explosiones o escapes nucleares.

lluvioso, sa 1 *adj.* Se dice del tiempo o de la región en que llueve mucho. 2 ECOL **bosque** tropical ~.

lo 1 Artículo determinado neutro que se antepone a los adjetivos sustantivándolos. 2 Complemento directo masculino y neutro del pronombre personal de tercera persona: *Lo dijo; lo mató.*

loa *f.* Acción y efecto de loar.

loar *tr.* Alabar, decir cosas que indican aprobación y aplauso.

lobanillo *m.* MED Tumor superficial.

lobato *m.* Cachorro de lobo.

lobo *m.* Cánido algo mayor que el perro mastín, de cabeza aguzada, orejas erguidas, cola larga y peluda y coloración grisácea o parda. Es uno de los antepasados del perro doméstico. || ~ **de tasmania** Marsupial de la isla de Tasmania. Del tamaño de un lobo pequeño, al que se parece bastante, excepto en la cola, que es rígida y terminada en punta.

lóbrego, ga 1 *adj.* Oscuro, tenebroso. 2 Triste, melancólico.

lobulado, da 1 *adj.* En figura de lóbulo. 2 Que tiene lóbulos.

lóbulo 1 *m.* Saliente de un borde en forma de onda. 2 ANAT Cada una de las zonas de un órgano delimitada por surcos. 3 ANAT Perilla de la oreja. 4 BIOL Porción redondeada y saliente de un órgano.

locación *f.* Sitio donde se monta y desarrolla una escena televisiva o cinematográfica, con su correspondiente escenografía.

local 1 *adj.* Relativo a un lugar, territorio o país. 2 Que solo afecta a una parte del cuerpo: *Anestesia local.* 3 DEP Se dice del campo o cancha de que es propietario el equipo visitado, o de este mismo equipo. 4 *m.* Espacio cerrado y cubierto en que se puede trabajar o vivir.

localidad 1 *f.* Pueblo o población. 2 Cada una de las plazas o asientos en los locales públicos.

localismo 1 *m.* Cualidad de local, relativo a un lugar o territorio. 2 LING Vocablo o locución que solo tiene uso en una área restringida.

localizador 1 *m.* Dispositivo que se utiliza para ubicar personas o cosas. 2 Número cifrado para acceder a una página de **internet** o a una información específica en la red.

localizar 1 *tr.* Averiguar el punto en que se encuentra alguien o algo. 2 Determinar o señalar el emplazamiento que debe tener alguien o algo. 3 *tr.* y *prnl.* Fijar, encerrar en límites determinados.

loción *f.* Producto líquido para la limpieza del cabello o para el aseo corporal.

locker *m.* CASILLERO.

loco, ca 1 *adj.* y *s.* Que tiene perturbadas las facultades mentales. 2 De poco juicio, disparatado e imprudente.

locomoción 1 *f.* Acción de desplazar o desplazarse de un lugar a otro. 2 Facultad de los seres vivos de ejercer esta acción.

locomotor, ra 1 *adj.* Relativo a la locomoción. 2 *f.* Máquina que arrastra los vagones del tren sobre los raíles. || **sistema** ~ ANAT y FISIOL Conjunto funcional orgánico, formado por el sistema **muscular** esquelético, el sistema **óseo**, las **articulaciones** y los receptores sensoriales, que les permiten a los vertebrados mantenerse firmes y moverse, y al humano, en particular, mantenerse erguido. Los movimientos se efectúan gracias a la contracción y relajación de diversos grupos de músculos.

locomotriz *adj.* Apropiada para la locomoción.

locuaz *adj.* Que habla mucho.

locución 1 *f.* Acción de hablar o expresarse oralmente. 2 GRAM Combinación fija de varios vocablos que funciona como una unidad y cuyo significado no es el resultado de la suma de los significados de sus miembros; por ejemplo, en *La competencia estuvo de infarto,* la locución *de infarto* significa 'muy emocionante'. || ~ **adjetiva** GRAM La que sirve de complemento a un sustantivo a manera de adjetivo: *Una cena de rechupete.* ~ **adverbial** GRAM La que cumple la función de adverbio: *Llegó de repente.* ~ **pronominal** GRAM La que funciona como pronombre: *Alguno que otro; cada uno.* ~ **sustantiva** GRAM 1 La que funciona como un sustantivo: *El más allá; el qué dirán.* 2 La que equivale a un sustantivo: *Ojo de buey* ('ventana circular'). ~ **verbal** GRAM La que hace el oficio de verbo: *Caer en la cuenta; hacer caso.*

locura 1 *f.* Acción insensata o imprudente. 2 Cualquier alteración de las facultades mentales.

locus *m.* BIOL Lugar específico que ocupan en el cromosoma un gen y sus correspondientes alelos. • pl.: *loci.*

locutor, ra *m.* y *f.* Persona que en emisoras de radio o televisión da noticias o presenta los programas.

locutorio 1 *m.* Cabina telefónica. 2 En los conventos y cárceles, local destinado a las visitas externas, con rejas entre estas y los internos.

lodazal *m.* Sitio lleno de lodo.

lodo *m.* Mezcla de tierra y agua, especialmente la que se forma al llover.

loess *m.* GEO Limo muy fino que se origina en regiones áridas y es transportado por el viento.

lofóforo *m.* ZOOL Órgano formado por un conjunto de tentáculos ciliados con funciones alimenticias, que poseen algunos invertebrados marinos.

logaritmo *m.* MAT Número (X) exponente al que hay que elevar otro número determinado (a), llamado base, para obtener x como resultado. El símbolo es *log,* y se escribe $log_a X$. Es la función inversa de la exponencial; es decir: $log_a X = b$ significa que $a^b = X$. || ~ **decimal** MAT El que tiene como base el número 10.

logia 1 *f.* Asamblea de masones. 2 Lugar en el que se celebra.

lógico, ca 1 *adj.* Relativo a la lógica. 2 Conforme a las reglas de la lógica. 3 Se dice de una consecuencia natural y legítima. 4 Se dice del suceso cuyos antecedentes justifican lo sucedido, etc. 5 *f.* LÓG Ciencia que estudia las leyes, modos y formas del pensamiento racional. Sus problemas principales son las doctrinas del concepto, del juicio, del silogismo y del método.

logística *f.* Conjunto de medios y métodos necesarios para llevar a cabo la organización de una empresa o de un servicio.

logo *m.* LOGOTIPO.

logotipo *m.* Conjunto de letras o abreviaturas que forman el distintivo o símbolo de una empresa.

lograr 1 *tr.* Conseguir lo que se desea. 2 *prnl.* Llegar a su término o perfección algo.

logro *m.* Acción y efecto de lograr.

loma *f.* Altura pequeña o colina alargada.

lombardo, da *adj.* y *s.* De un pueblo de origen germánico (y de sus individuos) que se estableció en Lombardía a finales del s. VI. • U. t. c. s. pl.

lombriz 1 *f.* Anélido de cuerpo cilíndrico y anillado, aguzado en el extremo donde está la boca y redondeado en el opuesto. Su acción excavadora contribuye a airear y mezclar la tierra, de la que se alimenta. 2 Nombre genérico de diversos gusanos nematodos, parásitos intestinales de los vertebrados.

lomento *m.* BOT Tipo de fruto seco indehiscente, que en la madurez se parte transversalmente.

lomo 1 *m.* En las personas, parte inferior de la espalda. 2 En los cuadrúpedos, el espinazo desde la cruz a las ancas. 3 Carne de esa zona. 4 En un libro, la parte opuesta al corte de las hojas. 5 Tierra que levanta el arado entre surco y surco. 6 Parte saliente y más o menos roma de cualquier cosa.

lona 1 *f.* Tela resistente para toldos, tiendas de campaña, etc. 2 DEP Suelo del cuadrilátero en el que se disputan combates de boxeo y lucha.

loncha *f.* Cosa plana y delgada.

lonchera 1 *f.* FIAMBRERA. 2 Refrigerio llevado en ella.

longaniza *f.* Embutido estrecho y largo.

longevidad *f.* Cualidad de alcanzar una larga vida.

longitud 1 *f.* Magnitud que expresa la distancia entre dos puntos. Su unidad es el **metro**. 2 GEOM Mayor dimensión lineal de una superficie plana. 3 GEO Distancia angular en grados, minutos y segundos desde un punto de la superficie terrestre al meridiano 0. Se mide desde este meridiano hacia el E (~ negativa) y hacia el O (~ positiva); su valor oscila entre 0° y 180°. || ~ **de onda** FÍS Distancia entre dos puntos consecutivos de una onda que tienen el mismo estado de vibración.

longitudinal *adj.* Relativo a la longitud.

longobardo, da *adj.* y *m.* LOMBARDO.

lonja[1] *f.* Trozo delgado y uniforme de alguna cosa de comer.

lonja[2] *f.* Edificio público para transacciones comerciales.

lontananza, en *loc. adv.* A lo lejos.

lora *f.* LORO.

loriga *f.* Armadura hecha de láminas de acero pequeñas e imbricadas.

loro, ra 1 *m.* y *f.* Nombre común que reciben más de 300 especies de aves tropicales del orden de las **psitaciformes**. Se caracterizan por su colorido plumaje, su pico fuerte y ganchudo. 2 *m.* Pez teleósteo

que alcanza el medio metro de longitud, con librea de vivos colores.

los 1 Forma masculina plural del artículo determinado. 2 Acusativo masculino plural del pronombre personal de tercera persona.

losa 1 *f.* Piedra lisa, grande y de escaso grosor. 2 BALDOSA. 3 Lápida sepulcral.

lote 1 *m.* Cada una de las partes que se hacen en la distribución de alguna cosa entre varias personas. 2 Conjunto de objetos similares que se presentan en una subasta, sorteo, venta, etc. 3 Cada una de las parcelas en que se divide un terreno.

lotear *tr.* Dividir en lotes un terreno.

lotería *f.* Sorteo o rifa pública en que se premian los números sacados al azar.

loto *m.* Planta acuática de hojas grandes, flores solitarias blancas y olorosas y fruto globoso. 2 Flor de esta planta.

loza 1 *f.* Objeto de barro fino cocido y esmaltado. 2 Conjunto de estos objetos.

lozanía 1 *f.* Frondosidad y buen estado de las plantas. 2 Vigor en personas y animales.

lubricante *adj.* y *m.* Se dice de las grasas y sustancias que disminuyen el rozamiento de las piezas de un mecanismo.

lubricar *tr.* Poner lubricante.

lúbrico, ca *adj.* Libidinoso, lascivo.

lucerna *f.* Abertura alta de una habitación que da ventilación y luz.

lucero *m.* Cualquier astro brillante, y en especial el planeta Venus.

lucha 1 *f.* Pelea entre dos en que se busca agarrar al contrario para dar con él en tierra. 2 Lid, combate.

luchar 1 *intr.* Contender dos personas. 2 Pelear, combatir.

lucidez *f.* Cualidad de lúcido.

lúcido, da *adj.* Se dice de la persona con mente hábil, ideas claras y lenguaje preciso.

luciérnaga *f.* Coleóptero capaz de emitir señales luminosas intermitentes para atraer a la pareja. Tienen élitros oscuros, que cubren las alas voladoras en posición de reposo.

lucio *m.* Pez dulceacuícola de aprox. 1,5 m de largo, de cuerpo comprimido, aletas fuertes y cola triangular. Su carne es blanca y muy estimada.

lución *m.* Lagarto ápodo de piel brillante y cola tan larga como el cuerpo.

lucir 1 *intr.* Brillar, resplandecer. 2 Tener algo o alguien un aspecto muy agradable. 3 Verse los resultados positivos de un esfuerzo: *El trabajo le luce.* 4 *prnl.* Vestirse y adornarse con esmero. 5 Quedar alguien muy bien en un empeño.

lucrarse *prnl.* Beneficiarse de alguna cosa, sacar provecho de ella.

lucrativo, va *adj.* Que proporciona lucro.

lucro *m.* Ganancia o provecho que se obtiene de alguna cosa o negocio.

luctuoso, sa *adj.* Penoso, que causa tristeza.

lúdico, ca *adj.* Relativo al juego.

ludir *tr.* Frotar, rozar una cosa con otra.

luego 1 *adv. t.* Después, más tarde. 2 *conj. ilativa* Denota la deducción o consecuencia inferida de un antecedente: *Pienso, luego existo.*

lugar 1 *m.* Sitio, paraje, región. 2 Espacio que está o puede estar ocupado por un cuerpo. 3 Causa, motivo: *Dio lugar a que lo apresaran.* 4 Tiempo, ocasión, oportunidad. 5 Sitio que en una serie ordenada de nombres ocupa cada uno de ellos. || ~ **común** Tema de conversación muy utilizado o al que se recurre habitualmente al hablar o escribir. ~ **geométrico** GEOM Línea o superficie cuyos puntos tienen alguna propiedad común, como la circunferencia, cuyos puntos equidistan de otro llamado centro.

lugareño, ña 1 *adj.* y *s.* Natural de un lugar o de una población pequeña, o que habita en ellos. 2 Propio y característico de los lugares o poblaciones pequeñas.

lugarteniente *m.* y *f.* Persona que sustituye a otra en un cargo o en sus atribuciones.

lúgubre *adj.* Triste, funesto, melancólico.

lujo 1 *m.* Ostentación, opulencia. 2 Derroche de riquezas.

lujoso, sa *adj.* Que muestra y denota lujo.

lujuria 1 *f.* Apetito sexual exacerbado. 2 Exceso o demasía en algunas cosas.

lulo 1 *m.* Arbusto solanáceo velloso de grandes hojas con espinas y cuyos frutos son unas bayas redondas amarillas, carnosas y con múltiples semillas. 2 Fruto de esta planta.

lumbago *m.* Dolor y rigidez en la parte baja de la espalda.

lumbar *adj.* Perteneciente a los lomos y caderas.

lumbre 1 *f.* Cualquier materia combustible encendida. 2 Luz que irradia un cuerpo en combustión. 3 Lo que sirve para hacer fuego.

lumbrera 1 *f.* Cuerpo que despide luz. 2 Persona insigne y esclarecida.

luminancia *f.* FÍS Relación entre la intensidad luminosa de una superficie en una dirección determinada y el área de la proyección de esta superficie sobre un plano perpendicular a la dirección.

luminaria 1 *f.* Fuego que se hace al aire libre en víspera de algunas festividades. 2 Luz que arde continuamente en las iglesias delante del Santísimo.

luminiscencia *f.* Propiedad de despedir luz sin elevación de temperatura y visible casi solo en la oscuridad, como la que se observa en las luciérnagas o en las maderas y pescados putrefactos.

luminosidad *f.* Cualidad de luminoso.

luminoso, sa 1 *adj.* Que despide luz. 2 FÍS **espectro** ~; **onda** ~.

luminotecnia *f.* Técnica que aprovecha la luz artificial en la industria o en los espectáculos.

lumpen *m.* Grupo social urbano integrado por personas marginadas.

luna 1 *f.* Único satélite natural de la Tierra y el astro más cercano a esta. • Con este significado suele escribirse con may. inic. 2 Luz nocturna que refleja la Luna. 3 ASTR Satélite, cuerpo celeste que se mueve en un órbita elíptica alrededor de un planeta. || ~ **creciente** ASTR La Luna desde su conjunción hasta el plenilunio, o luna llena; fase en que su disco resulta visible solo en parte. **fases de la** ~ ASTR Las distintas apariencias que presenta la Luna observada desde la Tierra a lo largo del mes lunar, son: *luna nueva, creciente, llena* y *menguante* y dependen de las posiciones relativas del Sol, de la Tierra y de la Luna. ~ **llena** ASTR La Luna en el tiempo de su oposición con el Sol, en que presenta su disco totalmente iluminado. ~ **menguante** ASTR La Luna desde el plenilunio, o luna llena, hasta su conjunción; fase en que su disco resulta visible solo en parte. ~ **nueva** ASTR La Luna en el tiempo de su conjunción con el Sol, en que su disco resulta invisible.

□ ASTR La Luna describe una órbita alrededor de la Tierra cada 27,3 días; su distancia media a esta es de 384 400 km y tarda el mismo tiempo en girar sobre su eje que en rotar alrededor de la Tierra; por esta razón, presenta siempre la misma cara a esta. Su diámetro es de 3476 km. Su gravedad es un 16,5 % de la terrestre y la temperatura sobre la superficie es de 120 °C en el día y de −150 °C en la noche. En su superficie existen numerosos accidentes (planicies, montañas, fisuras, cordilleras, etc.). El primer alunizaje del ser humano fue el de la misión Apollo 11 de Estados Unidos, que tuvo lugar el 20 de julio de 1969.

lunación *f.* ASTR Tiempo que media entre dos conjunciones de la Luna con el Sol. Es de 29 días, 12 horas, 44 minutos y 2,8 segundos.

lunar[1] 1 *adj.* Relativo a la Luna. 2 ASTR **año** ~; **ciclo** ~; **eclipse** ~; **mes** ~; **mes sinódico** ~.

lunar[2] 1 *m.* Mancha pequeña y redondeada de la piel. 2 Dibujo similar en las telas. 3 Defecto de poca entidad en comparación con la bondad de la cosa en que se nota.

lunático, ca *adj.* y *s.* Se dice de la persona un poco desequilibrada.

lunes *m.* Día primero de la semana, que sigue al domingo.

luneta 1 *f.* Parte principal de los anteojos. 2 En los teatros, filas de asientos frente al escenario en la planta inferior.

lunfardo *adj.* y *m.* LING Jerga de Buenos Aires, con aportaciones léxicas de otras lenguas.

lupa *f.* ÓPT Lente convergente para aumentar el ángulo de visión de los objetos situados dentro de la distancia focal.

lupanar *m.* Casa de prostitución.

lúpulo *m.* Planta trepadora de tallos sarmentosos, flores dioicas en panícula y en cabezuela y fruto en aquenio, con que se da sabor a la cerveza.

lupus *m.* MED Enfermedad de la piel o de las mucosas, producida por tubérculos que ulceran y destruyen las partes atacadas.

lusista *m.* y *f.* Persona que conoce en profundidad a Portugal y todas sus características y manifestaciones culturales.

lusitano, na 1 *adj.* y s. De un pueblo prerromano que habitaba en el actual territorio portugués situado al sur del Duero y en parte de Extremadura española. 2 *adj.* De Portugal.

lustrabotas *m.* LIMPIABOTAS.

lustrar *tr.* Dar lustre o brillo a metales, calzado, etc.

lustro *m.* Periodo de cinco años.

lutecio *m.* QUÍM Elemento metálico de los lantánidos. Uno de sus isótopos se usa para determinar la edad de los meteoritos. Punto de fusión: 1663 °C. Punto de ebullición: 3402 °C. Núm. atómico: 71. Símbolo: Lu.

luteranismo *m.* HIST y REL Conjunto de las doctrinas teológicas de Martín Lutero (1483-1546) y sus seguidores.

□ REL Como única fuente de la verdad divina, el luteranismo reconoce la Biblia. Exalta la responsabilidad moral, que se justifica por la sola fe en Cristo, y solo admite los sacramentos del bautismo y la eucaristía; la penitencia (confesión) se acepta sin valor sacramental. El luteranismo posee unos 80 millones de fieles.

lutier *m.* y *f.* Persona especializada en la fabricación, reparación y mantenimiento de instrumentos de cuerda.

luto 1 *m.* Situación y estado anímico que sigue a la muerte de un ser querido. 2 Conjunto de signos externos que lo reflejan, como el color de los vestidos.

luxación *f.* MED Dislocación de un hueso.

luz 1 *f.* Agente físico que hace visible los objetos: *A la luz de las estrellas pude distinguir su temible rostro.*

2 Claridad irradiada por el Sol: *A las seis casi no hay luz.* 3 Claridad que irradian otros cuerpos en combustión, ignición o incandescencia. 4 CORRIENTE eléctrica: *Cortaron la luz.* 5 Objeto que sirve para iluminar, como la lámpara, la linterna, etc.: *Por favor encienda la luz.* 6 Claridad irradiada por estos objetos: *Dirija la luz a ese rincón.* 7 ASTR **año ~**. 8 FÍS Radiación electromagnética que hace posible la visión de los objetos. 9 ÓPT **rayo** de ~.

□ FÍS La luz se compone de radiaciones electromagnéticas de longitudes de onda de entre 400 y 780 nanómetros; corresponde a oscilaciones extremadamente rápidas de un campo electromagnético, en un rango determinado de frecuencias que pueden ser detectadas por el ojo humano; las diferentes sensaciones de color corresponden a luz que vibra con distintas frecuencias. La velocidad de propagación de la luz en el vacío es una constante (c) igual a 299 792,6 km/s.

m 1 *f.* Decimotercera letra del **alfabeto** español y undécima de sus consonantes. Su nombre es *eme,* y su articulación bilabial, nasal, oclusiva y sonora. Siempre se escribe *m* delante de *-b* y de *-p* (nunca *n*): *Embalsamar; empate.* • pl.: *emes.* 2 En la numeración romana, y en mayúscula, M equivale a 1000.

macabro, bra *adj.* Que participa de la fealdad de la muerte y de la repulsión que esta suele causar.

macaco *m.* Primate de 40-80 cm de longitud, cabeza grande de hocico saliente, un abazón en cada mejilla, cola corta y cuerpo robusto. Vive en África y Asia. || ~ **rhesus** ZOOL Especie en la que se descubrió el **factor** Rh, presente en el ser humano.

macana *f.* Arma ofensiva, a manera de porra, de madera dura.

macarrón *m.* Pasta de harina en forma de tubos alargados.

macarrónico, ca *adj.* Relativo a la macarronea y al latín muy defectuoso.

macartismo 1 *m.* POLÍT e HIST Conjunto de medidas anticomunistas impulsadas por el senador estadounidense J. McCarthy durante la Guerra Fría (1950-1954). 2 Persecución por razones ideológicas.

macedonio, nia *adj.* Relativo a Macedonia, reino de la Grecia antigua.

macegual *m.* HIST Miembro de clase inferior en la sociedad azteca, cuya condición se heredaba, con escasas posibilidades de ascenso.

macerar *tr.* Ablandar algo estrujándolo, golpeándolo o remojándolo.

maceta[1] *f.* Martillo pesado para golpear el cincel o puntero.

maceta[2] 1 *f.* Vasija de barro para criar plantas. 2 BOT **CORIMBO.**

machacar *tr.* Golpear una cosa para romperla o deformarla.

machete *m.* Cuchillo grande para cortar cañas, desmontar y otros usos.

machihembrado *m.* Acción y efecto de machihembrar.

machihembrar *tr.* Ensamblar dos piezas de madera encajando por los cantos una en otra.

machismo *m.* Discriminación sexual, de carácter dominante, que consiste en considerar al hombre superior a la mujer.

macho, cha 1 *adj.* Valiente, animoso, fuerte. 2 *m.* **MULO.** 3 ARQ **PILAR.** 4 BOT Planta que fecunda a otra de su especie con el polen de sus estambres. 5 ZOOL Animal de sexo masculino.

machón *m.* ARQ **PILAR.**

machote *m.* Modelo hecho de papel blanco para apreciar de antemano el volumen, formato y encuadernación de un libro.

machucar 1 *tr.* Herir, golpear, magullar. 2 Moler, partir.

macilento, ta *adj.* Flaco, descolorido, triste.

macillo *m.* MÚS Pieza del piano, a modo de pequeño martillo, que hace vibrar la cuerda correspondiente.

macizo, za 1 *adj.* y *m.* Sólido, firme. 2 *adj.* De carnes duras, musculoso. 3 *m.* Agrupación de plantas de adorno en los jardines. 4 GEO Prominencia del terreno, por lo común rocosa. 5 GEO Bloque compacto de montañas de vertientes suaves y cumbres redondeadas.

macondo 1 *m.* Árbol corpulento de hojas alternas, flores en panoja y semilla pulposa, semejante a la ceiba. 2 Juego de suerte y azar, especie de lotería de figuras.

macramé *m.* Tejido de cuerdas o hilos anudados o entrelazados.

macrobiota *f.* ECOL Conjunto de vertebrados que viven en el suelo en madrigueras o túneles, como los topos y conejos.

macrobiótico, ca 1 *adj.* y *s.* Que sirve para alargar la vida siguiendo determinadas normas dietéticas e higiénicas. 2 *f.* Método para alargar la vida.

macrocéfalo, la *adj.* y *s.* Que tiene la cabeza desproporcionadamente grande.

macrocosmos *m.* El universo, considerado como un gran organismo, respecto al humano o microcosmos.

macroeconomía *f.* ECON Estudio de las relaciones entre las grandes magnitudes económicas (renta nacional, ahorro, inversión, etc.).

macroestructura *f.* LING Tema o contenido general de un texto, el cual se comprende al relacionar cada una de las ideas que lo componen.

macrófago *m.* BIOL Célula móvil inmunológica que transporta antígenos a los tejidos linfáticos y capaz de fagocitar cuerpos extraños.

macromolécula *f.* QUÍM Molécula orgánica de gran tamaño formada por un monómero que se repite, dando lugar a polímeros encadenados, como la celulosa y las proteínas.

macronutriente *m.* QUÍM Nutriente presente en mayor proporción en la materia, como el nitrógeno, el potasio, el calcio, el azufre, el fósforo y el magnesio.

macsura *f.* Recinto reservado en una mezquita para el califa o el imán.

mácula *f.* **MANCHA.**

macuto 1 *m.* Especie de mochila. 2 Cesto de cañas, cilíndrico y con asa en la boca.

madeja *f.* Hilo enrollado sobre sí mismo para poder devanarse fácilmente.

madera 1 *f.* BOT Parte fibrosa y dura de una planta, cubierta por la corteza y por donde circula la savia. Tiene una alta resistencia a la compresión, baja a la tracción y moderada a la cizalladura. 2 *pl.* MÚS Conjunto de instrumentos de viento de la orquesta que se soplan directamente o por medio de lengüetas.

maderable *adj.* Se dice del árbol, bosque, etc., que da madera útil para las obras de carpintería.

maderamen *m.* Conjunto de maderas que entran en una obra.

maderería *f.* Establecimiento donde se vende madera.

maderero, ra 1 *adj.* Relativo a la industria de la madera. 2 *m.* El que trata en madera.

madero *m.* Pieza larga de madera escuadrada.

madrasa *f.* REL Escuela islámica de enseñanza religiosa, generalmente adscrita a una mezquita.

madrastra *f.* Mujer del padre respecto a los hijos que este tiene de un matrimonio anterior.

madraza *f.* REL MADRASA.

madre 1 *f.* Hembra que ha parido. 2 Mujer que ha tenido uno o varios hijos. 3 Título que se les da a algunas religiosas. 4 Causa u origen de algo. 5 Aquello en que figuradamente concurren circunstancias propias de la maternidad: *La madre patria.* 6 Cauce por donde corren las aguas de un río o arroyo. 7 GEO roca ~. || ~ **política** Madre del casado para la mujer y madre de la casada para el marido. ~ **sustituta** Mujer que gesta y pare un hijo por cuenta de otra mujer. El hijo puede ser concebido por inseminación artificial o por trasplante de embrión.

madreperla *m.* Molusco bivalvo de concha de nácar que suele contener una perla.

madrépora *f.* Nombre de diversos celentéreos antozoos, generalmente coloniales, con aspecto de flor y la cavidad gástrica dividida por tabiques calizos.

madreporario *m.* ECOL Conjunto de esqueletos de madréporas coloniales que puede dar lugar a formaciones de relieve en aguas someras de los mares cálidos y templados.

madreselva *f.* Nombre de varias plantas arbustivas de tallos trepadores, hojas opuestas, flores en cabezuelas y fruto en baya.

madrigal 1 *m.* LIT Composición poética en endecasílabos y heptasílabos, comúnmente de contenido amoroso. 2 MÚS Composición musical polifónica, sin acompañamiento, sobre un texto profano.

madriguera *f.* Guarida subterránea de algunos animales, como la de los conejos.

madrina 1 *f.* Mujer que presenta a alguien que recibe un sacramento. 2 La que acompaña a alguien que recibe un premio, grado, etc.

madroño *m.* Arbusto de 3-5 m de alto, hojas persistentes y elípticas, flores blanquecinas en racimos y bayas rojas comestibles.

madrugada 1 *f.* El alba, el amanecer. 2 Acción de madrugar.

madrugar 1 *intr.* Levantarse al amanecer o muy temprano. 2 Anticiparse a la acción de otro.

madurar 1 *tr.* Dar sazón a los frutos. 2 Meditar atentamente un proyecto. 3 *intr.* Ir sazonándose los frutos. 4 Adquirir pleno desarrollo físico e intelectual. 5 Crecer en juicio y prudencia.

madurez 1 *f.* Sazón de los frutos. 2 Buen juicio, prudencia. 3 Estado de la persona adulta que ha alcanzado su plenitud vital.

maduro, ra 1 *adj.* Que está en sazón. 2 Prudente, juicioso. 3 Se dice de personas entradas en años.

maestre *m.* HIST Superior de cada una de las antiguas órdenes militares.

maestría 1 *f.* Arte y destreza en enseñar o hacer algo. 2 Título y oficio de maestro. 3 Curso de posgrado en una determinada especialidad. 4 Titulación así obtenida.

maestro, tra 1 *adj.* Se dice de la persona u obra de mérito relevante entre las de su clase. 2 *m.* y *f.* Persona que enseña una ciencia, arte u oficio. 3 La que tiene título para enseñar. 4 La que conoce a fondo una materia. 5 La que ejerce con habilidad un arte u oficio. 6 Compositor de música. 7 *m.* Titulación correspondiente a la maestría. || ~ **de obra** Persona que coordina la construcción material de un edificio, según los planos de un arquitecto.

mafia *f.* Organización secreta de sociedades criminales, basada en la ley del silencio y en el castigo a la traición.

magacín (Tb. magazín) 1 *m.* Publicación periódica con artículos de diversos autores. 2 Espacio de radio o televisión en que se tratan diversos temas.

magdaleniense *adj.* y *m.* HIST Se dice de la última cultura prehistórica del Paleolítico superior (15 000-9000 a.C. aprox.). Se caracteriza por la industria del hueso y del asta y por un arte rupestre muy evolucionado.

magenta *adj.* y *m.* Color rojo oscuro de tono encendido.

magia 1 *f.* Ciencia oculta que pretende producir determinados efectos con la ayuda de fuerzas sobrenaturales. 2 Habilidad de entretener mediante trucos que aparentan una trasgresión de las leyes de la naturaleza. || ~ **blanca** La que se emplea para eliminar o paliar los efectos de la magia negra. ~ **negra** La que se invoca para hacer daño o satisfacer el propio egoísmo.

magiar 1 *adj.* y *s.* De un pueblo que habita en Hungría y Transilvania. 2 Se dice de sus individuos.

mágico, ca 1 *adj.* Relativo a la magia. 2 Maravilloso, estupendo. 3 LIT **realismo** ~.

magíster *m.* Titulación correspondiente a la maestría.

magisterio 1 *m.* Conjunto de maestros. 2 Enseñanza que el maestro ejerce con sus discípulos. 3 REL En el catolicismo, autoridad que en materia de dogma y moral ejercen el papa y las dignidades eclesiásticas.

magistrado *m.* DER Alto funcionario de la administración de justicia.

magistral 1 *adj.* Relativo al magisterio. 2 Se dice de lo que se hace con maestría.

magistratura 1 *f.* Dignidad y cargo de magistrado. 2 Tiempo que dura. 3 Conjunto de los magistrados.

magma *m.* GEO Masa en fusión ígnea que subyace a las regiones de volcanismo activo. Está compuesta por silicatos fundidos con agua y otras sustancias, principalmente gases en solución. Da origen a las rocas magmáticas o ígneas.

magnanimidad *f.* Cualidad de magnánimo.

magnánimo, ma *adj.* Generoso y benévolo.

magnate *m.* y *f.* Persona de gran poder empresarial o financiero.

magnesia *f.* FARM Óxido de magnesio usado como laxante y antiácido.

magnesio *m.* QUÍM Elemento metálico muy maleable, abundante en la naturaleza, que se emplea en señales luminosas y, en aleaciones, en síntesis orgánicas. Punto de fusión: aprox. 649 °C. Punto de ebullición: aprox. 1107 °C. Núm. atómico: 12. Símbolo: Mg.

magnético, ca 1 *adj.* Relativo al magnetismo o con sus propiedades. 2 **Electrón cabeza ~; cinta ~.** 3 FÍS **inducción ~; campo ~.** 4 GEO **norte ~; polo ~.**

magnetismo 1 *m.* FÍS Conjunto de fenómenos atractivos y repulsivos producidos por los imanes y las corrientes eléctricas. 2 FÍS Parte de la física que estudia esos fenómenos. || **~ terrestre** GEO Campo magnético creado por la Tierra y conjunto de fenómenos relacionados con este. La Tierra se comporta como un imán, cuyos polos se sitúan cerca de los polos geográficos.

magnetita *f.* GEO Óxido de hierro de color negro brillante, duro y magnético.

magnetizar *tr.* Comunicarle a un cuerpo propiedades magnéticas.

magneto *m.* ELECTR Generador eléctrico de alto potencial, usado en los motores de explosión.

magnetófono *m.* Aparato que registra los sonidos en un medio magnético y los reproduce por medio de altavoces.

magnetomotriz *adj.* FÍS **fuerza ~.**

magnetopausa *f.* GEO Zona comprendida entre la magnetosfera y la región donde se extiende el viento solar.

magnetoscopio *m.* Aparato que se utiliza para registrar y reproducir imágenes en cinta magnética.

magnetosfera (Tb. magnetósfera) *f.* GEO Zona exterior de la Tierra en que actúa el campo magnético terrestre.

magnicidio *m.* Homicidio de una persona relevante por su cargo o poder.

magnificar *tr.* y *prnl.* Engrandecer, alabar, ensalzar.

magnificencia *f.* Generosidad, esplendidez.

magnífico, ca 1 *adj.* Espléndido, suntuoso. 2 Excelente, admirable.

magnitud 1 *f.* Tamaño de un cuerpo. 2 Grandeza, importancia de algo. 3 ASTR Medida de la intensidad relativa del brillo de los objetos celestes, que es mayor cuanto menor es su luminosidad. 4 FÍS y QUÍM Propiedad de un objeto o de un fenómeno susceptible de ser medido. 5 MAT Resultado de una medición. 6 MAT Conjunto en el que se ha definido una relación de igualdad, formando así el conjunto cociente, sobre el que se definen una operación + y una relación de orden compatible con la operación anterior. || **~ dependiente** FÍS, QUÍM y MAT La que varía según varía otra magnitud con la que se relaciona.

magnolia *f.* Flor del magnolio.

magnolio *f.* Árbol de 15-25 m de alto, hojas coriáceas y persistentes, flores blancas y olorosas y fruto en infrutescencia.

mago, ga 1 *adj.* y *s.* Que ejerce la magia. 2 *m.* REL Sacerdote de la religión zoroástrica.

magrear *tr.* Sobar, palpar, manosear a una persona.

magro, gra *adj.* Flaco, enjuto, sin grosura.

maguey *m.* PITA, planta.

magullar 1 *tr.* Dañar la fruta golpeándola contra algo. 2 *tr.* y *prnl.* Causar contusiones en el cuerpo.

maharajá *m.* Título de los emperadores, reyes y príncipes de India.

maharaní *f.* Esposa del **maharajá**, un emperador, príncipe o rey de India.

mahatma *m.* Título que reciben en India los dirigentes espirituales o religiosos más importantes.

mahometano, na *adj.* Relativo a Mahoma o a la religión por este fundada.

maicena *f.* Harina fina de maíz.

maitines *m. pl.* REL Primera de las horas canónicas; se reza antes de amanecer.

maíz 1 *m.* Planta de las gramíneas, de tallo erecto de entre 1 m y 3 m, hojas alternas lanceoladas y flores unisexuales; las masculinas en panículas terminales y las femeninas o mazorcas en espigas, con el eje central muy desarrollado y granos gruesos amarillos. Cada grano de maíz es un ovario fertilizado. Por ser una excelente fuente de carbohidratos, el maíz es un alimento básico para el humano y una importante planta forrajera para los animales. De la planta se obtienen, además, diversos plásticos, lubricantes, pinturas, jabones, etc. Su aceite se consume como alimento y a partir de este se obtiene un alcohol que se mezcla con petróleo para formar un combustible alternativo a la gasolina. 2 Grano de esta planta.

maizal *m.* Tierra sembrada de maíz.

majada *f.* Hato de ganado lanar.

majadero, ra 1 *adj.* Necio, imprudente. 2 *m.* Maza para majar.

majar *tr.* Quebrantar algo a golpes.

majestad 1 *f.* Superioridad y autoridad de algo o de alguien. 2 Tratamiento dado a emperadores y reyes.

majestuoso, sa *adj.* Que tiene majestad.

majo, a 1 *adj.* Compuesto, lujoso. 2 Lindo, hermoso, vistoso.

mal[1] 1 *adj.* Apócope de malo. Solo se usa antepuesto al sustantivo masculino. 2 *m.* Lo contrario al bien y a la virtud. 3 Daño u ofensa moral o física. 4 Enfermedad, dolencia. || **~ de altura** MED Estado morboso que se manifiesta en las grandes alturas y se caracteriza por trastornos circulatorios, vértigo y vómitos.

A B C D E F G H I J K L M N Ñ O P Q R S T U V W X Y Z

~ de ojo Influjo maléfico que, según se cree, puede alguien ejercer sobre otro mirándolo de cierta manera.

mal² *adv. m.* Contrariamente a lo justo o correcto.

malabarismo *m.* Juego de habilidad consistente en lanzar y recoger objetos con rapidez y sin que caigan al suelo, o sostenerlos en equilibrio.

malacate *m.* Torno consistente en un cilindro que se hace girar sobre su eje, con una cuerda que va arrollando a este.

malacostumbrar *tr.* Hacer que alguien adquiera malos hábitos.

malambo *m.* FOLCL Baile suramericano de zapateo, ejecutado solo por hombres.

malandrín, na *m. y f.* Maligno, perverso, bellaco.

malaria *f.* MED **PALUDISMO.**

malasangre *adj. y s.* Que tiene malas intenciones o que tiene mal carácter.

malayo *m.* LING Lengua hablada en Indonesia y Malasia.

malcomer *tr. e intr.* Comer poco y mal.

malcriar *tr.* Educar a los hijos con demasiada condescendencia y mimo.

maldad 1 *f.* Cualidad de malo. 2 Acción mala.

maldecir *tr.* Echar maldiciones.

maldición *f.* Expresión de enojo, aversión o condena contra alguien.

maldito, ta *adj.* Perverso, de mala intención.

maleable 1 *adj.* Se dice de los metales que pueden extenderse en láminas muy finas. 2 Se dice del material que se puede modelar. 3 Fácil de convencer o persuadir.

maleante *adj. y s.* Delincuente, malhechor.

malecón *m.* Muro o terraplén para la defensa contra las aguas.

maledicencia *f.* Acción de hablar mal de alguien.

maleducado, da *adj. y s.* Sin educación, falto de respeto.

maleficio 1 *m.* Daño causado por hechicería. 2 Hechizo empleado para causarlo.

malentender *tr.* Entender o interpretar algo de manera equívoca.

malestar *m.* Desazón, incomodidad indefinible.

maleta *f.* Caja de cuero, lona, etc., con asas y cerradura, para llevar el equipaje.

maletero 1 *m.* Persona que hace o vende maletas. 2 Persona que transporta equipaje. 3 Lugar destinado a guardar maletas o equipajes.

maletín *m.* Maleta pequeña de diversas formas y usos.

malévolo, la *adj.* Malintencionado, inclinado a hacer mal.

maleza *f.* Hierbas que perjudican los sembrados.

malgastar *tr.* Gastar el dinero, el esfuerzo, la paciencia, etc., en cosas inútiles.

malgeniado, da *adj.* Iracundo, de mal genio.

malhablado, da *adj. y s.* Desvergonzado o atrevido en el hablar.

malherir *tr.* Herir gravemente.

malhumorado, da *adj.* De mal humor; desabrido o displicente.

malicia 1 *f.* Inclinación a lo malo. 2 Intención solapada con que se dice o se hace algo. 3 Propensión a pensar mal. 4 Penetración, sagacidad. 5 Sospecha o recelo.

malicioso, sa 1 *adj. y s.* Referido a una persona, que atribuye mala intención al comportamiento y las palabras de los otros. 2 *adj.* Con malicia. 3 INF Dicho de un programa informático, cuyo contenido puede destruir total o parcialmente los datos almacenados en el computador.

maligno, na 1 *adj.* Propenso a obrar o pensar mal. 2 MED Se dice de las enfermedades que evolucionan de modo desfavorable.

malla 1 *f.* Cada una de las aberturas cuadradas o redondas que se enlazan y constituyen el tejido de la red o la cota. 2 Tejido semejante al de la malla de la red. 3 Vestido de tejido de punto muy fino que se ajusta al cuerpo.

malo, la 1 *adj.* Que carece de las cualidades o características propias de su naturaleza o función. 2 Nocivo para la salud. 3 Que se opone a la razón o a la ley. 4 Difícil, desagradable, molesto. 5 Que padece enfermedad. 6 *adj. y s.* De mala vida y costumbres.

maloca¹ *f.* Invasión en tierra de indígenas, con pillaje y exterminio.

maloca² *f.* ARQ Construcción habitacional elaborada con troncos de árboles y hojas de palma sobre un área de aprox. 400 m^2, constituye un único espacio en el que se alojan varias familias.

malograrse 1 *prnl.* Frustrarse lo que esperaba conseguirse. 2 No llegar un ser a su total desarrollo.

maloliente *adj.* Que exhala mal olor.

malón *m.* Irrupción o ataque inesperado de indígenas.

malparir *intr.* Abortar la hembra.

malsonante *adj.* Se dice de las palabras o comentarios que ofenden.

malta *f.* Cebada germinada artificialmente y tostada. Se usa para fabricar cerveza y aumentar el valor nutritivo de otras bebidas.

maltasa *f.* BIOQ Enzima que cataliza la hidrólisis de la maltosa en dos moléculas de glucosa.

malteada *f.* Leche dulce batida con diferentes ingredientes como frutas, chocolate, etc.

maltosa *f.* QUÍM Azúcar que se obtiene del almidón con malta. Es el producto intermedio del proceso de degradación del glucógeno y el almidón.

maltratar *tr. y prnl.* Tratar mal a alguien de palabra u obra.

maltusianismo *m.* Teoría de T. R. Malthus que propugna la reducción de la natalidad para compensar el supuesto desequilibrio entre la población y los recursos disponibles.

malva 1 *f.* Planta herbácea, de hojas lobuladas, flores en racimo, de color morado pálido, y fruto en cápsula. 2 *adj.* Del color de la flor de la malva.

malvado, da *adj. y s.* Muy malo, perverso.

malvavisco 1 *m.* Mata de 1 m de altura, hojas ovaladas y dentadas, flores rosadas, fruto en cápsula y raíz gruesa. 2 Dulce esponjoso hecho de la raíz de esta planta.

malversar *tr.* Invertir ilícitamente recurso públicos en usos distintos a los destinados.

mama 1 *f.* Voz infantil para designar a la madre. 2 ANAT Cada uno de los órganos que contienen las glándulas mamarias en las hembras de los mamíferos. Están constituidos por la piel, en la que sobresale el pezón, y tejido adiposo subcutáneo que rodea la glándula.

mamá *f.* Mama, madre.

mamacona *f.* HIST Entre los incas, anciana virgen dedicada al servicio de los templos y al cuidado de las vírgenes del Sol.

mamadera 1 *f.* Instrumento para aliviar las mamas en el periodo de lactancia. 2 BIBERÓN, botella para la lactancia artificial.

mamar 1 *tr.* Chupar leche de las mamas. 2 *prnl.* Abandonar un propósito. 3 Fatigarse.

mamario, ria 1 *adj.* Perteneciente a las mamas. 2 ANAT **glándula ~**.

mamarracho *m.* Figura defectuosa o ridícula, o dibujo mal hecho.

mamba *f.* Serpiente originaria de África, venenosa y de considerable tamaño.

mambo *m.* MÚS Música de origen cubano de ritmo sincopado que presenta un tiempo de silencio en cada compás.

mameluco, ca 1 *adj.* y *m.* HIST Se dice del cuerpo formado inicialmente por esclavos turcos que constituía la guardia personal de los sultanes de Egipto. Llegaron a ocupar altos cargos militares y lograron el gobierno del país entre 1250 y 1517. 2 *m.* Traje de una sola pieza, que consta de cuerpo y pantalón.

mamella *f.* ZOOL Cada uno de los apéndices largos y ovalados que tienen en la parte inferior del cuello algunos animales, como la cabra.

mamey 1 *m.* Árbol tropical de unos 15 m de alto, hojas elípticas, flores olorosas y fruto casi redondo, con pulpa amarilla comestible. 2 Árbol tropical, de hasta 30 m de altura, hojas lanceoladas, flores de color blanco rojizo y fruto ovoide, con una pulpa roja, dulce, y una semilla elipsoidal.

mamífero, ra *adj.* y *s.* ZOOL Se dice de los vertebrados cuyas características más diferenciadoras son la existencia, en las hembras, de glándulas mamarias, pelo y de un cerebro desarrollado. Conforman una clase.

☐ ZOOL Los mamíferos respiran mediante pulmones y la mayoría son terrestres, aunque algunos se han readaptado a la vida marina (como las focas y cachalotes) y otros han transformado sus extremidades en alas aptas para el vuelo (murciélagos). Pueden ser carnívoros, herbívoros u omnívoros. El mamífero más grande es la ballena azul, que llega a medir más de 30 m, y el más pequeño, una de las especies de musaraña, no llega a los 5 cm de largo. Se dividen en tres subclases: **monotremas, marsupiales** y **placentarios.**

mamo *m.* Autoridad religiosa y civil de los koguis.

mamografía *f.* MED Exploración radiológica de las glándulas mamarias.

mamola *interj.* Se usa con sentido de burla o de negación.

mamón, na 1 *adj.* y *s.* Que todavía está mamando. 2 Árbol tropical corpulento, de copa tupida, hojas alternas, flores en racimo y fruto en drupa, cuya pulpa es comestible. 3 Fruto de este árbol.

mamoncillo *m.* MAMÓN, árbol y fruto.

mamotreto 1 *m.* Libro muy grande. 2 Objeto grande y embarazoso.

mampara *f.* Tabique o cancel movible que sirve para aislar un espacio interior.

mampostería *f.* Construcción hecha con piedras sin labrar.

mamut *m.* Mamífero extinto de la familia de los elefantes, el cual alcanzaba 3,5 m de alto, de colmillos muy largos y cuerpo cubierto de largo pelo.

maná *m.* Alimento que, según la Biblia, alimentó a los hebreos en el desierto.

manada 1 *f.* Rebaño de ganado al cuidado de un pastor. 2 Grupo de animales de una misma especie.

mánager *m.* y *f.* APODERADO de un deportista o un artista profesional.

manantial *m.* Afloramiento natural de agua que surge del interior de la Tierra y ocurre cuando un nivel freático se corta con la superficie.

manar *intr.* y *tr.* Brotar o salir un líquido de alguna parte.

manatí *m.* Mamífero tropical, herbívoro y acuático, de cabeza y ojos pequeños, cuerpo redondeado, terminado en una aleta caudal horizontal, con las extremidades torácicas en forma de aletas. Puede llegar a medir 4,5 m de largo.

mancebo, ba *m.* y *f.* Persona joven.

mancha 1 *f.* Señal que una cosa deja en un cuerpo, ensuciándolo. 2 Parte de alguna cosa de distinto color del dominante. 3 Deshonra, desdoro. 4 ASTR Cada una de las partes oscuras del Sol o de la Luna.

manchar 1 *tr.* y *prnl.* Ensuciar algo alterando el color que tenía. 2 Deshonrar, difamar.

manchú *m.* LING Lengua hablada en Manchuria y en algunas regiones de Afganistán, Irán y Xinjiang.

mancillar *tr.* Manchar la fama o buen nombre.

manco, ca *adj.* Que ha perdido un brazo o una mano, o el uso de cualquiera de estos miembros.

mancomunar *tr.* y *prnl.* Unir personas, fuerzas, intereses, para un fin.

mancornas *f.* MANCUERNAS.

mancuernas *f.* Gemelos de los puños de la camisa.

mandadero, ra *m.* y *f.* Persona que lleva encargos o recados de un sitio a otro.

mandado, da 1 *m.* y *f.* Persona que ejecuta una comisión o un encargo. 2 *m.* RECADO, mensaje o encargo.

mandala (Tb. mándala) *m.* Diagrama cosmológico que constituye una representación del universo y se utiliza como foco y guía de la meditación.

mandamás *m.* y *f.* En sentido irónico, persona que desempeña una función de mando.

mandamiento 1 *m.* Precepto, orden que hay que cumplir. 2 Rel Cada uno de los preceptos de *El Decálogo*, que, según el *Antiguo Testamento*, fueron entregados por Dios a Moisés en el monte Sinaí.

□ Rel Los mandamientos suelen enumerarse de la siguiente manera: (1) Prohibición de adorar a cualquier divinidad que no sea Dios y de usar su nombre en vano. (2) Prohibición de la iodolatría. (3) Observancia del sábado. (4) Honrar a los padres. (5) Prohibición de matar. (6) Prohibición de adulterio. (7) No robar. (8) No dar falso testimonio. (9) Prohibición de codiciar los bienes ajenos. (10) Prohibición de desear la mujer del prójimo.

mandar 1 *tr.* Ordenar, imponer algo. 2 Enviar a alguien para hacer un encargo. 3 Remitir algo.

mandarín 1 *m.* Ling Lengua de mayor difusión en China y la oficial en todo el país. 2 Nombre que se daba en Occidente a los altos funcionarios de la China imperial.

mandarina *f.* Fruto del mandarino.

mandarino *m.* Árbol de hojas alternas y coriáceas, flores blancas y fruto globoso, parecido a la naranja, de piel fácil de separar. Se cultiva en zonas templadas.

mandato 1 *m.* Orden o precepto. 2 Representación que por la elección se confiere a los diputados, concejales, etc. 3 Ejercicio de un cargo y su duración.

mandíbula 1 *f.* Anat Cada una de las dos piezas óseas que limitan la boca de los vertebrados y en las cuales se implantan los dientes. 2 Zool Cada una de las dos piezas duras, quitinosas, que tienen en la boca los insectos masticadores.

mandil 1 *m.* DELANTAL. 2 El de cuero o tela fuerte usado por los artesanos.

mandioca *f.* YUCA.

mando 1 *m.* Poder del superior sobre sus súbditos. 2 Ejercicio de este poder. 3 Persona que posee autoridad. 4 Botón, llave o palanca que actúa sobre un mecanismo para iniciar, suspender o regular su funcionamiento. || ~ **a distancia** CONTROL remoto.

mandoble 1 *m.* Cuchillada o golpe grande que se da usando el arma con ambas manos. 2 Espada grande.

mandolina *f.* Mús Instrumento de cuerdas metálicas, que se pulsan con plectro, y caja abombada.

mandril[1] *m.* Primate de hasta 1 m de longitud, muy robusto, de hocico rojo con unos surcos azules en ambos lados (los machos). Vive en grupos en las selvas de Camerún y Gabón.

mandril[2] 1 *m.* Elemento cilíndrico o cónico que se introduce en el agujero de una pieza para sujetarla. 2 Pieza de sujeción de los taladros o taladradoras donde se fija la broca. 3 Herramienta para agrandar los agujeros en las piezas de metal.

manecilla 1 *f.* Pieza que en los instrumentos de medición señala horas, minutos, segundos, grados, etc. 2 Figura de una mano con el índice extendido que se usa en los impresos para llamar la atención.

manejar 1 *tr.* Usar algo con las manos. 2 Administrar un negocio. 3 Tener dominio sobre alguien. 4 Conducir un vehículo.

manera 1 *f.* Modo y forma en que se hace u ocurre algo. 2 *pl.* Porte y modales de alguien. 3 Costumbres o cualidades morales.

manga 1 *f.* Parte del vestido en que se mete el brazo. 2 Tubo largo y flexible usado para conducir un líquido. 3 Red de forma cónica que se mantiene abierta con un aro que le sirve de boca. 4 Tela dispuesta en forma cónica que sirve para colar líquidos. 5 Utensilio de tela, de forma cónica y con un pico duro, usado para añadir crema a los pasteles, decorar tortas, etc. 6 Grupo de personas: *Una manga de haraganes.* 7 Terreno libre de árboles, generalmente destinado a pastos. 8 Anchura mayor de un buque. 9 Geo Columna de agua que se eleva desde el mar con movimiento giratorio por efecto de un torbellino atmosférico.

manganeso *m.* Quím Elemento metálico muy refractario y oxidable, de importancia en la fabricación del acero. Punto de fusión: 1245 °C. Punto de ebullición: 962 °C. Núm. atómico: 25. Símbolo: Mn.

manglar *m.* Ecol Formación vegetal característica de las costas tropicales, cenagosa o inundada periódicamente por el agua del mar y formada por árboles adaptados al medio.

mangle *m.* Nombre con el que se conocen varios tipos de árboles o arbustos tropicales cuyo conjunto conforma un manglar. Suelen producir masas enmarañadas de raíces arqueadas que quedan expuestas durante la bajamar.

mango[1] *m.* Parte por donde se agarra un instrumento o útil.

mango[2] 1 *m.* Árbol de 15-30 m de alto, hojas lanceoladas, copa grande y espesa, flores amarillentas y fruto en drupa oval, amarillo, de corteza delgada, aromático y de sabor agradable. 2 Fruto de este árbol.

mangonear *intr.* Mandar con arbitrariedad.

mangosta *f.* Mamífero carnívoro de cuerpo esbelto, patas cortas y cola larga, de aprox. 40 cm de largo, sin contar la cola. Se alimenta de roedores y serpientes y habita en las zonas cálidas de Asia y África.

mangostán *m.* Arbusto de hojas opuestas agudas, flores con cuatro pétalos rojos y fruto carnoso, comestible y muy estimado.

mangostino *m.* Fruto del mangostán.

manguala *f.* Confabulación con fines ilícitos.

manguera *f.* Tubo de goma o de otro material flexible que toma líquido por un extremo y por otro lo expulsa.

manguito 1 *m.* Manga postiza para preservar la ropa. 2 Bolsa de piel con aberturas en ambos lados para abrigar las manos.

maní 1 *m.* Planta leguminosa de tallo rastrero, hojas alternas y flores amarillas sostenidas por un pedúnculo que, después de fecundada la flor, se introduce con el fruto en tierra hasta su maduración. 2 Fruto de esta planta, de cáscara coriácea y semillas oleaginosas.

A B C D E F G H I J K L M N Ñ O P Q R S T U V W X Y Z

manía 1 *f.* PSIC Psicosis caracterizada por delirio general, euforia, agitación, etc. 2 Obsesión por una cosa determinada. 3 Mala voluntad contra otro.

manicomio *m.* Hospital para enfermos mentales.

manicure *f.* MANICURO.

manicurista *m.* y *f.* Persona que tiene por oficio cuidar las manos y, especialmente, las uñas.

manicuro, ra 1 *m.* y *f.* MANICURISTA. 2 *f.* Cuidado de las manos y de las uñas.

manido, da *adj.* Se dice de los asuntos o temas muy trillados.

manierismo *m.* ART Estilo artístico de transición entre el Renacimiento y el Barroco que supuso una búsqueda de lo expresivo y artificioso como reacción contra el equilibrio del Renacimiento.

manierista 1 *adj.* Relativo al manierismo. 2 *adj.* y *s.* Que cultiva el manierismo.

manifestación 1 *f.* Acción y efecto de manifestar o manifestarse. 2 Acto público colectivo, al aire libre, para expresar una protesta o reivindicación.

manifestar 1 *tr.* y *prnl.* Declarar, dar a conocer. 2 Descubrir, poner a la vista. 3 *prnl.* Tomar parte en una manifestación pública.

manifiesto, ta 1 *adj.* Descubierto, patente, claro. 2 *m.* Escrito en que una persona, un grupo, etc., declara su opinión sobre algún tema. 3 Documento que presenta en la aduana del punto de llegada el capitán de todo buque procedente del extranjero.

manigua *f.* Selva, bosque tropical pantanoso e impenetrable.

manija 1 *f.* Mango de ciertos utensilios o herramientas. 2 Palanca para accionar el pestillo de puertas y ventanas.

manilla *f.* Pulsera, brazalete.

manillar *m.* Pieza encorvada de doble mango para llevar la dirección de una bicicleta, motocicleta, etc.

maniobra 1 *f.* Toda operación ejecutada con las manos. 2 Conjunto de acciones, medidas, etc., llevadas a cabo para conseguir algo. 3 *pl.* Ejercicios realizados por una tropa.

manipulación *f.* Acción y efecto de manipular. || ~ **genética** Cambio artificial hecho al contenido genético de una persona o una célula.

manipular 1 *tr.* Hacer algo con las manos. 2 Utilizar un instrumento o un aparato. 3 Influir en los demás con medios hábiles y engañosos para servir intereses propios.

maniqueísmo 1 *m.* REL y FIL Doctrina gnóstica cristiana de Maní (s. III), basada en la concepción dualista del principio del bien y del mal y según la cual el ámbito de la luz es regido por Dios y el de la oscuridad, por Satán. 2 Tendencia a interpretar la realidad sobre la base de una valoración dicotómica.

maniquí 1 *m.* Armazón en figura de cuerpo humano que se usa para probar, arreglar o exhibir prendas de ropa. 2 Figura tridimensional esquemática movible que puede colocarse en diversas actitudes.

manivela *f.* Codo que tienen los tornos y otras máquinas en la prolongación del eje por cuyo medio se les da con la mano movimiento rotatorio.

manjar 1 *m.* Todo lo comestible. 2 Comida exquisita.

mano 1 *f.* ANAT Cada una de las partes del cuerpo de los seres humanos (y otros primates) unidas a la extremidad de cada antebrazo por la muñeca y que comprende el carpo y metacarpo y los dedos. En los seres humanos, el pulgar está articulado de manera que puede utilizarse para aprehender objetos pequeños. 2 Nombre dado en otros animales a los apéndices análogos. 3 Cada uno de los dos lados en que cae o en que sucede una cosa respecto a otra cuya derecha e izquierda están convenidas: *La catedral queda a mano derecha del río.* 4 Instrumento que sirve para machacar. 5 Capa de cal, barniz, etc., que se da a una pared, un mueble, un lienzo, etc. 6 Lance entero de varios juegos. 7 Ayuda que se da. 8 Reprensión, castigo. 9 DEP Falta que se comete en el fútbol al tocar intencionadamente el balón con el brazo o la mano. || ~ **de obra** 1 ECON Trabajo manual de los obreros. 2 ECON Precio que se paga por este trabajo. ~ **derecha** ANAT 1 La que corresponde al lado del cuerpo opuesto a aquel en que el hombre siente latir el corazón. 2 Dirección o situación correspondiente a esta mano. 3 En pinturas, impresos, etc., el lado correspondiente a la mano derecha del observador. 4 Persona muy colaboradora de otra. ~ **dura** Severidad en el mando o en el trato personal. ~ **izquierda** 1 La que corresponde al lado opuesto al de la derecha. 2 Dirección o situación correspondiente a la mano izquierda. 3 En pinturas, impresos, etc., el lado correspondiente a la mano izquierda del observador.

manojo *m.* Haz de cosas que se puede coger con la mano.

manómetro *m.* FÍS Instrumento para medir la presión de los fluidos.

manopla *f.* Pieza de la armadura antigua con que se guarnecía la mano.

manosear *tr.* Tocar con la mano repetidamente algo, a veces ajándolo o desluciéndolo.

manotear 1 *intr.* Mover las manos para dar mayor fuerza a lo que se habla, o para mostrar un afecto del ánimo. 2 *tr.* Dar golpes con las manos.

mansalva, a *loc. adv.* Sin ningún peligro, sobre seguro.

mansarda 1 *f.* Ventana que sobresale del tejado de una buhardilla. 2 BUHARDILLA.

mansedumbre 1 *f.* Calidad de manso. 2 Suavidad; apacibilidad.

mansión *f.* Casa grande y lujosa.

manso, sa 1 *adj.* Benigno, apacible. 2 Se dice de los animales que no son bravos.

manta[1] 1 *f.* Prenda de lana, algodón, etc., usada para abrigarse como ropa de cama, para cubrir las caballerías, etc. 2 Especie de mantón.

manta[2] *f.* Pez ráyido de grandes dimensiones, con aletas pectorales triangulares y puntiagudas, enormemente desarrolladas, que pueden llegar a tener una envergadura de hasta 7 m.

mantear *tr.* Lanzar al aire entre varias personas, con una manta cogida por las orillas, a otra que, al caer sobre la manta, vuelve a ser lanzada.

manteca 1 *f.* Grasa de los animales, especialmente la del cerdo. 2 MANTEQUILLA. 3 Grasa obtenida de algunos vegetales, como la del cacao.

mantecada 1 *m.* Pastel de harina, huevos, azúcar y manteca de cerdo. 2 Helado de leche, huevos y azúcar.

mantel *m.* Tela que se pone en la mesa para preservarla o de adorno.

mantener 1 *tr.* Sostener algo para que no se caiga o tuerza. 2 Conservar algo en su ser. 3 Proseguir en lo que se está haciendo. 4 Costear las necesidades económicas de alguien. 5 *tr.* y *prnl.* Proveer a alguien del alimento necesario. 6 *prnl.* Estar un cuerpo sin caer. 7 Perseverar en un estado o resolución. 8 Fomentarse, alimentarse.

mantenimiento 1 *m.* Efecto de mantener o mantenerse. 2 Sustento, alimento. 3 Serie de operaciones para mantener una maquinaria, un vehículo, etc., en buen estado.

mantequilla *f.* Producto obtenido por el batido de la crema de la leche del ganado.

mantequillera *f.* Vasija en que se tiene o se sirve la mantequilla.

mantilla *f.* Prenda para cubrir la cabeza y los hombros.

mantillo *m.* Capa superior del suelo, formada en gran parte por la descomposición de materias orgánicas.

mantis *f.* Insecto de forma delgada y alargada, patas delanteras equipadas con púas afiladas que le posibilitan atrapar y sujetar sus presas. Puede girar su cabeza de lado a lado, siendo el único insecto capaz de hacer esto.

mantisa *f.* MAT Parte decimal de un logaritmo.

manto 1 *m.* Prenda que cubre desde la cabeza o los hombros hasta los pies. 2 Capa de material que se extiende sobre una superficie. 3 ZOOL Repliegue cutáneo que envuelve el cuerpo de los gusanos, algunos bivalvos y moluscos. || ~ **terrestre** GEO Capa de rocas de elevada densidad situada entre la corteza y el núcleo. Constituye más del 80 % del volumen total terrestre. ~ **vegetal** ECOL Conjunto de formaciones vegetales extensas que cubren un territorio, como el bosque o la pradera.

mantra *m.* REL Oración que acompaña cada ritual hindú, pidiéndole a Dios la bendición deseada.

mantuanos *m. pl.* HIST Nombre que designaba a los grandes propietarios y nobles del periodo colonial venezolano; se caracterizaron por su intransigencia ante cualquier intento de atenuar el régimen de discriminación racial y social.

manual 1 *adj.* Que se ejecuta con las manos. 2 *m.* Libro que contiene las instrucciones para manejar, usar o ensamblar algo. 3 Libro en que se compendia lo más esencial de una materia. 4 Cuaderno para hacer anotaciones.

manubrio 1 *m.* Empuñadura o manivela de un instrumento, un mecanismo, etc. 2 MANILLAR. 3 MÚS ORGANILLO.

manufactura 1 *f.* Acción de manufacturar. 2 ECON Producción o montaje de materias primas o intermedias en productos terminados a gran escala, listos para la venta.

manufacturar *tr.* Fabricar manualmente o con medios mecánicos.

manumitir *tr.* Conceder la libertad a un esclavo.

manuscrito, ta 1 *adj.* Escrito a mano. 2 *m.* Texto o libro escrito a mano. 3 Por extensión, texto escrito a máquina.

manutención 1 *f.* Acción y efecto de mantener o mantenerse. 2 Alimento necesario para la subsistencia.

manzana 1 *f.* Fruto del manzano, de forma globosa algo hundida por los extremos del eje, de color verde, amarillo o encarnado. 2 Espacio urbano, generalmente cuadrangular, delimitado por calles por todos sus lados. || ~ **de Adán** ANAT NUEZ.

manzanilla 1 *f.* Vino blanco aromático. 2 Planta herbácea compuesta, de hojas divididas en segmentos lineales y flores en capítulo con el botón amarillo y la corona blanca. 3 Infusión de esta flor, que se usa como reguladora estomacal, antiespasmódica y febrífuga.

manzano *m.* Árbol de hojas ovales y dentadas, flores blancas en corimbo y cáliz persistente. Su fruto es la manzana, y se cultiva como frutal.

maña 1 *f.* Destreza, habilidad. 2 *pl.* Artificio o astucia. 3 Mala costumbre; resabio.

mañana 1 *f.* Tiempo que transcurre desde que amanece hasta el mediodía. 2 Espacio de tiempo desde la medianoche hasta el mediodía. 3 *m.* Tiempo futuro próximo. 4 *adv. t.* En el día que seguirá inmediatamente al de hoy. 5 En tiempo venidero.

mañoso, sa *adj.* Que tiene mañas o resabios.

maoísmo *m.* POLÍT Teoría de Mao Tse-Tung que, partiendo del marxismo y del leninismo, se basa en el reconocimiento del pueblo como la fuerza de la revolución y en la necesidad de una revolución cultural permanente.

maorí 1 *adj.* y *s.* Indígena de Nueva Zelanda. 2 *m.* LING Lengua hablada en ciertas zonas de Nueva Zelanda.

mapa *m.* GEO Representación convencional gráfica de la superficie terrestre o de una parte de esta, sobre una superficie plana, basada en el uso de escalas proporcionales y símbolos reconocibles a nivel general. || ~ **astronómico** o **celeste** ASTR Representación gráfica de la distribución de las estrellas o de la superficie de un cuerpo celeste. ~ **físico-político** GEO El que representa el paisaje y las obras humanas (ciudades, carreteras, ferrocarriles, embalses, fronteras, etc.). ~ **genético** BIOL Representación gráfica del material genético de un organismo en una secuencia lineal de sus elementos. En orden de tamaño descendente, estos elementos son el cromosoma, los genes, los codones y los nucleótidos del ADN y, en ciertos virus, del ARN. ~ **topográfico** GEO El que tiene situados todos los datos de la superficie mediante los cálculos obtenidos directamente en el terreno o mediante fotografía aérea o satelital. ~ **temático** GEO El que representa un aspecto determinado (geológico, fluvial, industrial, agrícola, histórico, etc.).

mapache *m.* Mamífero de unos 60 cm de largo, pelaje gris, cola larga y anillada, y una especie de máscara negra en las mejillas.

mapamundi *m.* GEO Mapa que representa la superficie de la Tierra dividida en dos hemisferios.

mapaná *f.* Serpiente venenosa de color pardo con bandas transversales oscuras y una cola que termina en una punta dura.

mapear *tr.* BIOL En genética, localizar un gen en el interior del cromosoma.

mapeo *m.* Acción y efecto de mapear.

mapoteca *f.* Archivo de mapas organizados para consulta pública.

mapuche 1 *adj.* y *s.* De un pueblo araucano chileno y argentino de costumbres nómadas. Desde la segunda mitad del s. XIX viven en reservas. 2 LING Lengua de los mapuches.

maqueta 1 *f.* Modelo a escala reducida de un edificio, máquina, etc. 2 Modelo de un libro o revista que va a editarse.

maquiavélico, ca *adj.* Relativo al maquiavelismo.

maquiavelismo 1 *m.* POLÍT Teoría de Maquiavelo que aconseja el uso de cualquier medio para defender los intereses del Estado. 2 Modo de proceder con astucia y perfidia.

maquila *f.* ECON Producción realizada mediante maquiladoras.

maquiladora *f.* ECON Industria filial de una empresa extranjera que opera con materias primas importadas y exporta su producción al país de origen.

maquillaje 1 *m.* Acción y efecto de maquillar o maquillarse. 2 Sustancia cosmética para maquillar.

maquillar 1 *tr.* y *prnl.* Componer la cara con maquillaje para embellecerla o caracterizarla. 2 Alterar algo para darle una apariencia mejor.

máquina 1 *f.* Aparato mecánico para transformar la magnitud y dirección de aplicación de una fuerza. 2 Conjunto de aparatos combinados dispuestos para recibir cierta forma de energía y transformarla en otra más adecuada, o para producir un efecto determinado. 3 LOCOMOTORA. || ~ **de coser** La diseñada para unir piezas de tela o piel mediante puntadas. ~ **de escribir** La que sirve para imprimir tipos de letra sobre el papel. ~ **de vapor** La que convierte la energía del vapor de agua en energía mecánica, haciendo que el vapor se expanda y se enfríe en un cilindro equipado con un pistón móvil. ~ **herramienta** La que por procedimientos mecánicos hace funcionar una herramienta, sustituyendo la mano del operario. ~ **hidráulica** 1 La que transmite la energía a través de un fluido. 2 La que se mueve por la acción del agua. ~ **inteligente** La capaz de monitorear el medio que la rodea para realizar tareas específicas, como los robots industriales y los computadores equipados con programas de reconocimiento de palabras. ~ **simple** Cualquiera de las cuatro máquinas básicas, de las que se emplea una o más, en la casi totalidad de las máquinas. Son: la **palanca**, la **polea**, el **torno** y el **plano inclinado**. Combinando máquinas simples, se construye todo tipo de máquinas complejas.

maquinación *f.* Proyecto o asechanza dirigida a un mal fin.

maquinal *adj.* Se dice de los actos ejecutados sin deliberación.

maquinar *tr.* Tramar algo oculta y artificiosamente.

maquinaria 1 *f.* Conjunto de máquinas para un fin determinado. 2 Mecanismo que da movimiento a un artefacto.

maquinista *m.* y *f.* Persona que dirige o gobierna una máquina, especialmente el conductor de una locomotora.

maquinizar *tr.* Emplear en la producción industrial, agrícola, etc., máquinas que sustituyen o mejoran el trabajo manual.

mar 1 *m.* y *f.* GEO Masa natural de agua salada más o menos aislada, limitada por tierra firme o islas, que, generalmente, se comunica con los océanos por vías estrechas. 2 Conjunto formado por la totalidad de estas masas de agua y los océanos. 3 Abundancia de cosas. || **alta** ~ Parte del mar a bastante distancia de la costa. ~ **continental** GEO El que penetra profundamente en los continentes y comunica con los océanos mediante pasos estrechos, como el Mediterráneo en Europa, que comunica con el Atlántico. ~ **de fondo** o ~ **de leva** GEO Agitación de las aguas del mar propagada desde el interior y que en forma atenuada alcanza las costas. ~ **interior** GEO El rodeado de tierra y aislado en el interior de un continente, como el mar Caspio. ~ **litoral** GEO El situado en el borde de un océano y penetra muy poco en el continente, como el mar Caribe. **nivel del** ~ GEO Situación de la superficie del mar intermedia entre las mareas alta y baja. Se usa como valor patrón para medir diferencias relativas de altitud, sobre el mar, o de profundidad, bajo el mar, de los accidentes geográficos.

marabú *m.* Ave ciconiforme africana, puede alcanzar 1,5 m de largo, de cabeza y cuello desnudos y plumaje gris y blanco en el vientre.

maraca *f.* MÚS Instrumento consistente en una calabaza vacía llena de semillas.

maracure *m.* Nombre de varias plantas dicotiledóneas, en forma de bejuco, con hojas opuestas y fruto en caja, de las que se extrae el curare.

maracuyá 1 *m.* Planta tropical de tallos trepadores, hojas lobuladas, flores grandes y solitarias y fruto amarillo de forma ovoide. 2 Fruto de esta planta.

marajá *m.* MAHARAJÁ.

maraña 1 *f.* Lugar cubierto de maleza. 2 Enredo de los hilos o del cabello.

marañón *m.* Árbol cuyo fruto, en forma de riñón y con pedicelo carnoso, es comestible.

marasmo *m.* Gran confusión.

maratón 1 *m.* DEP Carrera pedestre de 42,195 km. • U. t. c. f. 2 Actividad o conjunto de actividades que se desarrollan apresuradamente.

maratonista *m.* y *f.* Persona que compite en el maratón.

maravedí *m.* Antigua moneda española.

maravilla 1 *f.* Suceso o cosa extraordinarios, asombrosos. 2 CALÉNDULA.

maravilloso, sa *adj.* Extraordinario, excelente, admirable.

marbete *m.* Etiqueta adherida a un objeto, en la que se imprime la marca, el uso, el precio, etc.

marca 1 *f.* Señal hecha en alguna cosa para distinguirla de otra o para señalar calidad, pertenencia u origen. 2 Acción de marcar. 3 HIST Circunscripción territorial político-militar del Imperio carolingio. 4 En lexicografía, abreviación que informa sobre particularidades del vocablo definido. 5 DEP El mejor resultado técnico homologado en el desempeño de un deporte. || **~ de clase** MAT Valor intermedio de un intervalo que se usa para el cálculo de algunos parámetros estadísticos, como la media aritmética o la desviación típica: *La marca de clase del intervalo [10, 20] es 15.* **~ registrada** Marca de fábrica o de comercio que goza de protección legal.

marcación *f.* Acción y efecto de marcar o marcarse.

marcado, da *adj.* Muy perceptible: *Su marcada agresividad.*

marcador, ra 1 *adj.* y *s.* Que marca. 2 *m.* DEP Resultado, tantos o puntos que obtienen o van obteniendo los equipos o participantes que compiten. 3 ROTULADOR, instrumento semejante a un bolígrafo.

marcapasos *m.* MED Aparato generador de estímulos eléctricos que se conecta al corazón para mantener la contracción y el ritmo.

marcar 1 *tr.* Señalar con una marca. 2 Herir dejando señal. 3 Indicar un aparato cantidades o magnitudes. 4 Señalar en un escrito algunos párrafos. 5 Dejar una huella moral: *Aquella desgracia marcó su vida.* 6 Hacer resaltar algo, acentuarlo: *Marcar el vestido una parte del cuerpo; marcar una sílaba.* 7 Pulsar un número en un aparato telefónico. 8 Dar pauta o señalar un orden: *Marcar el paso, el compás.* 9 DEP Conseguir tantos en un deporte. 10 DEP En el fútbol y algunos otros deportes, situarse un jugador cerca de un contrario para dificultar su actuación.

marcha 1 *f.* Acción de marchar. 2 Grado de celeridad en el andar de un vehículo. 3 Actividad o funcionamiento de un mecanismo, órgano o entidad. 4 DEP Modalidad atlética que consiste en marchar a paso rápido, teniendo siempre apoyado un pie en el suelo. 5 En el cambio de velocidades, cada una de las posiciones motrices. 6 MÚS Pieza musical destinada a indicar el paso. || **~ atrás** 1 Acción de retroceder un vehículo automóvil. 2 Mecanismo para el retroceso de esta clase de automóviles.

marchante[1] *m.* y *f.* Persona que comercia obras de arte.

marchante[2]**, ta** *m.* y *f.* Vendedor al que se acude habitualmente en las plazas de mercado.

marchar 1 *intr.* y *prnl.* Caminar, ir de un lugar a otro. 2 *intr.* Funcionar un mecanismo. 3 Caminar, funcionar o desenvolverse una cosa. 4 Caminar con cierto orden y compás.

marchitar *tr.* y *prnl.* Quitar la frescura a las plantas y otras cosas, haciéndoles perder su vigor y lozanía.

marchito, ta *adj.* Ajado, falto de vigor y lozanía.

marcial 1 *adj.* Bizarro, varonil, franco. 2 DEP **artes ~es**. 3 Perteneciente a la guerra, a la milicia o a los militares.

marciano, na 1 *adj.* Relativo al planeta Marte. 2 *m.* y *f.* Supuesto habitante del planeta Marte.

marco 1 *m.* Pieza que rodea, ciñe o guarnece algunas cosas, y aquella en donde se encaja una puerta, ventana, pintura, etc. 2 Ambiente que rodea algo. 3 Límites en que se encuadra un problema, cuestión, etapa histórica, etc. 4 DEP PORTERÍA.

marea 1 *f.* GEO Movimiento periódico y alternativo de ascenso y descenso de las aguas del mar, producido por la atracción del Sol y de la Luna. 2 Parte de la costa que invaden las aguas en el flujo o pleamar. ☐ GEO Se trata de un fenómeno periódico, a lo largo del día, determinado por la rotación de la Tierra, que se repite cada 12 horas y 25 minutos. La fase de ascenso se llama *flujo* o *marea entrante*; el momento en que se alcanza el nivel máximo, *pleamar* o *marea alta*; el movimiento de descenso, *reflujo* o *marea saliente*, y su valor mínimo, *bajamar* o *marea baja*. La *marea viva* se produce cuando la fuerza de atracción del Sol se suma a la de la Luna (en luna llena y luna nueva).

marear 1 *tr.* Dirigir una embarcación en el mar. 2 *prnl.* Dicho de una persona, turbársele la cabeza y revolvérsele el estómago. 3 Embriagarse ligeramente. 4 Perder una tela su colorido.

marejada *f.* Movimiento turbulento de grandes olas.

maremoto *m.* GEO Ola de gran longitud, provocada por terremotos submarinos y que avanza en todas direcciones a gran velocidad, convirtiéndose en un muro de agua de hasta 15 m de altura al llegar a las costas.

mareo *m.* Sensación de vómito.

marfil 1 *m.* ANAT DENTINA. 2 ZOOL Dentina modificada de la que se componen los colmillos (incisivos superiores) en algunos animales, como el elefante y el narval. 3 Color que va del blanco al amarillo. || **~ vegetal** Materia que conforma el endospermo de la semilla de la tagua, de consistencia parecida a la del marfil de algunos animales.

marga *f.* GEO Roca sedimentaria de textura fina, que contiene arcilla y carbonato de calcio. Se usa para fabricar cemento y para abonar las tierras.

margarina *f.* Sustancia grasa vegetal o animal con los mismos usos que la mantequilla.

margarita 1 *f.* Nombre de diversas plantas herbáceas compuestas, con flores terminales de centro amarillo y corola de diversos colores. 2 Flor de esta planta. 3 **perla** de las ostras.

margen 1 *m.* o *f.* Extremidad y orilla de una cosa. 2 Espacio que queda en blanco a los lados de un papel escrito, impreso, grabado, etc. 3 Ocasión, oportunidad para un acto o suceso. 4 Cuantía del beneficio que se puede obtener en un negocio.

A B C D E F G H I J K L M N Ñ O P Q R S T U V W X Y Z

marginación *f.* Acción y efecto de marginar a una persona o a un grupo social.

marginado, da *adj.* y *s.* Que no está integrado en la sociedad.

marginal 1 *adj.* Que está al margen. 2 De importancia secundaria. 3 Que está fuera de las normas sociales comúnmente admitidas. 4 Que no se ajusta a las normas establecidas.

marginalidad *f.* Situación de marginación o aislamiento de una persona o un grupo social.

marginar 1 *tr.* Dejar márgenes al escribir. 2 Dejar a alguien al margen de una actividad. 3 Dejar al margen un asunto. 4 Aislar y excluir a una persona o a un grupo de un sistema social sin permitirles gozar, total o parcialmente, de los privilegios que tienen los grupos y demás personas.

mariachi 1 *m.* FOLCL Música y baile populares mexicanos. 2 FOLCL Orquesta popular mexicana que interpreta esta música. 3 Cada uno de los músicos de esta orquesta.

mariano, na *adj.* REL Perteneciente a la Virgen María y a su culto.

marica 1 *m.* Hombre afeminado. 2 Hombre homosexual. 3 Insulto empleado con los significados anteriores o sin estos.

maridaje *m.* Enlace, unión y conformidad de los casados.

marido *m.* Hombre casado, respecto a su mujer.

marihuana 1 *f.* BOT CÁÑAMO índico. 2 Mezcla de hojas, tallos y flores del cáñamo índico que se fuma o se mastica y que tiene efectos estimulantes o de sedación. Sus efectos negativos incluyen ataques de ansiedad, sensación de desamparo y pérdida de autocontrol.

marimba *f.* MÚS Instrumento formado por láminas de madera que se golpean con baquetas.

marina 1 *f.* Profesión que enseña a navegar o a gobernar las embarcaciones. 2 Conjunto de sus actividades y elementos. 3 Conjunto inmobiliario y turístico hecho junto a un puerto deportivo. 4 ART Pintura que representa un paisaje marino. || ~ **mercante** Flota naviera comercial de un país.

marinería *f.* Conjunto de marineros.

marinero, ra 1 *adj.* Relativo a la marina o a los marineros. 2 *m.* y *f.* Persona que presta servicio en una embarcación, al mando de un capitán.

marino, na 1 *adj.* Relativo al mar. 2 BIOL Se dice de los organismos que viven y se desarrollan en el mar. 3 GEO Se dice de las rocas formadas a partir de sedimentos depositados en el fondo del mar. 4 *m.* y *f.* MARINERO. 5 Persona con grado de la marina.

mariología *f.* REL Tratado de lo referente a la Virgen María.

marioneta 1 *f.* TEAT Títere articulado que se mueve por medio de hilos. 2 *pl.* TEAT Obra representada con marionetas.

mariposa 1 *f.* Nombre común de los insectos **lepidópteros** en su fase adulta. Desempeñan un papel esencial en la polinización de numerosas plantas. 2 Tuerca o válvula con dos alas en que se apoyan los dedos para darle vuelta. 3 DEP Estilo de natación en que los brazos ejecutan simultáneamente una especie de rotación, mientras las piernas se mueven simultáneamente arriba y abajo. || ~ **nocturna** Mariposa de hábitos crepusculares o nocturnos, de cuerpo grueso y antenas plumosas.

mariposear 1 *intr.* Andar continuamente de un lado para otro. 2 Vagar insistentemente en torno a alguien.

mariquita *f.* Insecto coleóptero de cuerpo semiesférico de unos 7 mm de largo, de alas membranosas muy desarrolladas, de color rojo, amarillo o negro con puntos negros, blancos o amarillos.

mariscal *m.* En algunos países, grado máximo del ejército.

marisco *m.* Cualquier animal marino invertebrado, especialmente los crustáceos y moluscos comestibles.

marisma *f.* GEO Terreno bajo, pantanoso y anegable, situado junto al mar, a un lago salado o a un manantial salino.

marista 1 *adj.* y *s.* Se dice de los miembros del instituto fundado (1817) por M. Campagnat, para la educación cristiana de la juventud. 2 Se dice del religioso de la congregación Sociedad de María, fundada en Francia en 1823. 3 *adj.* Relativo a estas congregaciones.

marital *adj.* Perteneciente al marido o a la vida conyugal.

marítimo, ma *adj.* Relativo al mar.

marjal *m.* ECOL Humedal bajo y pantanoso con vegetación de pradera, cuyo origen puede ser subterráneo, de marea, aporte fluvial, etc.

marketing (Voz ingl.) *m.* MERCADOTECNIA.

marmaja *f.* GEO Variedad de pirita, de color broncíneo.

marmita *f.* Olla de metal, con tapadera ajustada y una o dos asas.

mármol 1 *m.* GEO Roca caliza metamórfica formada por granos de calcita, de color blanco cuando es pura, a veces contiene cuarzo, silicatos, hierro o grafito, que le dan varias tonalidades. 2 ART Obra esculpida en mármol.

marmota 1 *f.* Roedor de cuerpo redondo y aplastado, cola corta, orejas pequeñas y pelaje espeso. Vive en el hemisferio norte y pasa el invierno en madrigueras. 2 Persona que duerme mucho.

maroma 1 *f.* Cuerda gruesa. 2 Voltereta o pirueta de un acróbata.

maromero, ra *m.* y *f.* Acróbata, volatinero.

maronita *adj.* REL Se dice de los fieles que conforman la iglesia maronita.

marqués *m.* Título de categoría inferior al de duque y superior al de conde.

marquesa *f.* Mujer del marqués, o la que por sí goza este título.

marquesado *m.* HIST Territorio sobre el que recaía este título o en que ejercía jurisdicción un marqués.

marquesina *f.* Techumbre o alero de cristales sobre un patio, galería, etc.

marquetería 1 *f.* Oficio de enmarcar cuadros, mapas, etc. 2 Taller donde se realiza esta labor.

marrana *f.* **MARRANO.**

marrano, na 1 *m.* y *f.* **CERDO.** 2 *adj.* y *s.* Se decía del judío o musulmán converso que continuaba practicando su religión. 3 Sucio, cochino.

marras *adv. t.* Antaño, en tiempo antiguo.

marrón *adj.* y *m.* De color castaño.

marroquinería 1 *f.* Técnica de curtir y repujar el cuero. 2 Conjunto de artículos de cuero trabajados con esta técnica.

marrullería *f.* Astucia con que, halagando a alguien, se pretende conseguir su favor.

marsopa *f.* Cetáceo de cerca de 1,5 m de largo, cabeza redondeada, hocico obtuso, de color negro azulado por encima y blanco por debajo. Es el cetáceo más pequeño.

marsupial *adj.* y *s.* ZOOL Se dice de los mamíferos caracterizados porque las hembras poseen un **marsupio** en el que transportan a sus crías. Conforman un orden. A diferencia del resto de mamíferos, los marsupiales presentan una placenta formada solo por el saco vitelino. A excepción de las zarigüeyas y las falsas musarañas, nativas de América, los marsupiales son nativos de Oceanía. Algunas especies características son los canguros, el koala, el wombat, el diablo de Tasmania y el numbat.

marsupio *m.* ZOOL Bolsa de las hembras de los marsupiales en la que se encuentran las glándulas mamarias y donde las crías completan el periodo de gestación.

marta *f.* Mamífero mustélido de unos 50 cm de largo, cabeza pequeña y pelaje suave, muy valorado en peletería.

martes *m.* Segundo día de la semana, entre el lunes y el miércoles.

martillar *tr.* Dar golpes con el martillo.

martillo 1 *m.* Herramienta de percusión, compuesto de una cabeza metálica y un mango. 2 ANAT Uno de los tres huesos de la parte media del oído, situado entre el tímpano y el yunque. 3 Establecimiento donde se venden objetos en pública subasta. 4 DEP Bola metálica sujeta a un cable en cuyo extremo hay una empuñadura y que se lanza en una prueba atlética.

martín || ~ pescador *m.* Pájaro de cabeza gruesa, pico largo y recto y patas cortas. Vive a orillas de los ríos y lagunas y se alimenta de pececillos, que captura con gran destreza.

mártir *m.* y *f.* Persona que sufre martirio.

martirio 1 *m.* Muerte o tormentos padecidos por causa de la religión, los ideales, etc. 2 Dolor o sufrimiento, físico o moral, de gran intensidad.

martirizar 1 *tr.* Atormentar a alguien o quitarle la vida por motivos religiosos. 2 *tr.* y *prnl.* Afligir, atormentar, maltratar.

martirologio *m.* REL Libro o catálogo de los mártires cristianos.

marxismo *m.* ECON y POLÍT Sistema de ideas elaboradas por K. Marx (1818-1883) y F. Engels (1820-1895) y las corrientes de pensamiento por ellos inspiradas. Su punto de partida fundamental fue el **materialismo.**

marzo *m.* Tercer mes del año; tiene 31 días.

mas *conj. advers.* Equivale a **PERO**[2]; expresa oposición o contradicción de un concepto a otro enunciado anteriormente; también lo limita o lo amplía: *Luché para ganar, mas fue imposible; No podía dejar de reír, mas no era de alegría.* • Nunca lleva tilde porque es una palabra átona, a diferencia del adverbio, el sustantivo y la conjunción copulativa **más.**

más 1 *adv. comp.* Denota exceso, aumento o superioridad: *No grites más; debes ser más generoso.* Cuando la

comparación es expresa, va acompañado de la conjunción que: *Es más lento que una tortuga.* Cuando denota grado o cantidad en relación con la magnitud que se compara, va introducido por de: *Talaron más de cien árboles.* También se construye con el artículo determinado en todos sus géneros y números: *Estas flores son las más hermosas.* 2 Equivale a *muy* o a *tan* en exclamaciones de ponderación: *¡Qué casa más bonita!* 3 Indica idea de preferencia: *Más quiero vivir que perder.* 4 *m.* MAT Signo de la suma o adición, que se representa por una crucecita (+). 5 FÍS Signo (+) que indica el carácter positivo de una cantidad, como la carga eléctrica. 6 *conj. cop.* Funciona como conjunción copulativa cuando se coloca entre dos elementos o cantidades para indicar adición: *Cuatro más tres son siete.* Lleva siempre tilde en todas sus acepciones, porque es una palabra tónica, a diferencia de la conjunción adversativa **mas.**

masa 1 *f.* Pasta consistente y homogénea que resulta de incorporar un líquido a una materia pulverizada, o de ablandar un materia sólida con un líquido. 2 Mezcla de harina, agua y levadura, para hacer el pan. 3 Agregación de partículas o cosas que forman un cuerpo, especialmente de gran tamaño: *Masa de agua.* 4 Conjunto numeroso de personas. 5 ELECTR Conjunto de las piezas metálicas que se hallan en comunicación con el suelo. 6 FÍS Magnitud física que expresa la cantidad de materia que contiene un cuerpo. Se expresa con la ecuación: $m = V \cdot d$, donde m es la masa del cuerpo por medir, V su volumen y d su densidad. || **~ atómica** FÍS Valor absoluto de la masa media de un átomo expresado en unidades de masa atómica.

masacrar *tr.* Cometer una matanza o asesinato colectivos.

masacre *f.* Matanza de personas indefensas.

masái *adj.* y *s.* De un pueblo negroafricano seminómada, asentado en Kenia y Tanzania, organizado en clanes patriarcales. • U. t. c. s. pl.

masaje *m.* Técnica terapéutica que consiste en friccionar, golpear, etc., una parte del cuerpo, manual o instrumentalmente.

masajear *tr.* Dar masajes.

masato 1 *m.* Especie de mazamorra de maíz, plátano y yuca. 2 Bebida fermentada que puede prepararse con maíz, arroz, plátano o yuca. 3 Golosina hecha con coco rallado, harina de maíz y azúcar.

mascar *tr.* Partir y triturar algo con la dentadura.

máscara 1 *f.* Figura de cartón, tela, etc., que representa un rostro humano, animal o imaginario, con la que una persona se cubre la cara. 2 Careta protectora. 3 **DISFRAZ**, vestido alegórico.

mascarada *f.* Baile, fiesta, etc., de personas enmascaradas.

mascarilla 1 *f.* Máscara que cubre la parte superior del rostro. 2 Tela con que el personal sanitario se protege la cara. 3 Preparado cosmético para el cuidado del rostro.

mascarón *m.* ARQ **GÁRGOLA.** || ~ **de proa** Figura colocada como adorno en lo alto del tajamar de los barcos.

mascota 1 *f.* Persona, animal o cosa que se considera que trae buena suerte. 2 Animal de compañía.

masculinidad *f.* Cualidad de masculino.

masculinización *f.* BIOL Aparición de caracteres sexuales secundarios masculinos en la hembra, como el crecimiento de la cresta y el desarrollo del plumaje de gallo en una gallina.

masculino, na 1 *adj.* Se dice del ser dotado de órganos para fecundar. 2 Relativo a este ser. 3 BOT **flor** unisexual ~. 4 GRAM **género** ~.

mascullar *tr.* Hablar entre dientes o pronunciar mal.

masetero *adj.* y *m.* ANAT Músculo elevador de la mandíbula inferior.

másico, ca 1 *adj.* FÍS Relativo a la masa. 2 FÍS **número** ~.

masificación *f.* Acción y efecto de masificar o masificarse.

masificar *tr.* y *prnl.* Extender entre gran número de personas el uso cotidiano de algo: *El disco compacto se ha masificado.*

masilla *f.* Pasta hecha de tiza y aceite de linaza para sujetar vidrios o tapar agujeros.

masivo, va 1 *adj.* Que se aplica en gran cantidad. 2 Que se usa o se hace en gran cantidad.

masmelo *m.* Dulce esponjoso y suave, de variadas formas y colores, fabricado a base de clara de huevo batida, azúcar y leche.

masonería *f.* HIST **FRANCMASONERÍA.**

masoquismo 1 *m.* PSIC Tendencia a disfrutar con las humillaciones de que se es objeto. 2 PSIC Comportamiento sexual en el que el placer se provoca por el sufrimiento físico.

mass media (Loc. ingl.) *m. pl.* **MEDIOS** de comunicación.

mastectomía *f.* MED Extirpación de la glándula mamaria.

mastelero *m.* Palo menor que se pone en algunas embarcaciones de vela sobre cada uno de los palos mayores.

máster *m.* **MAESTRÍA**, curso de posgrado.

masticación *f.* Proceso por el cual los alimentos sólidos introducidos en la boca son triturados por los dientes e insalivados.

masticador, ra 1 *adj.* y *s.* Que mastica. 2 ZOOL Se dice del aparato bucal apto para la masticación. 3 ZOOL Se dice del animal que tiene este aparato.

mástil 1 *m.* Palo hincado en el suelo para sostener algo. 2 Palo mayor de una nave. 3 MÚS Pieza de los instrumentos de cuerda donde están los trastes.

mastín *m.* Perro grande y robusto, utilizado para guardia y defensa.

mastitis *f.* MED Inflamación de la mama.

mastodonte *m.* Especie extinta de mamífero, de unos 3,5 m de alto, parecido al elefante, que vivió hasta el Plioceno.

mastoides *f.* ANAT Apófisis cónica del hueso temporal.

masturbación *f.* Manipulación de los órganos genitales para provocar el orgasmo.

masturbar *tr.* y *prnl.* Practicar la masturbación.

mata 1 *f.* Cualquier planta de poca altura o tamaño. 2 Porción de terreno poblado de árboles de una misma especie.

matachín *m.* Persona disfrazada con máscara y vestido de varios colores ajustado al cuerpo desde la cabeza a los pies.

mataco *adj.* y *s.* De un pueblo amerindio nómada de la región del Gran Chaco, en el N de Argentina. • U. t. c. s. pl.

matadero *m.* Sitio donde se sacrifican los animales destinados al consumo.

matador, ra 1 *adj.* y *s.* Que mata. 2 *adj.* Muy pesado, molesto o trabajoso.

matamoscas 1 *m.* Instrumento para matar moscas compuesto de un enrejado con mango. 2 Tira de papel o lienzo pegajoso para el mismo uso.

matanza 1 *f.* Acción y efecto de matar. 2 Mortandad de personas ejecutada en una batalla, asalto, etc. 3 Operación de matar los cerdos, adobar la carne y elaborar los embutidos.

matar 1 *tr.* y *prnl.* Quitar la vida. 2 *prnl.* Trabajar con afán y sin descanso.

matarife *m.* El que mata las reses en un matadero.

matasellos *m.* Sello que inutiliza las estampillas de las cartas.

mate[1] *m.* Lance que pone término al juego de ajedrez, al dejar al rey contrario sin poder defenderse.

mate[2] 1 *m.* Árbol de hojas dentadas, flores pequeñas, blancas, y fruto en drupa. Con sus hojas se prepara una infusión. 2 Esa infusión. 3 Recipiente que se emplea para tomarla. 4 Calabaza seca y vaciada.

matear *intr.* Tomar mate.

matemático, ca 1 *adj.* Relativo a las matemáticas. 2 *m.* y *f.* Persona que profesa las matemáticas. 3 *f. pl.* MAT Ciencia que estudia las relaciones entre cantidades, magnitudes y propiedades, y las operaciones utilizadas para deducir cantidades, magnitudes y propiedades desconocidas.

☐ MAT Según el objeto concreto de su estudio, las matemáticas comprenden, entre otras, las siguientes ramas: el *álgebra* (estudio de la combinación de elementos de estructuras abstractas de acuerdo con ciertas reglas), la *geometría* (estudia las propiedades de las figuras en el plano o en el espacio), la *teoría de conjuntos* (establece una estructura lógica básica), la *aritmética* (trata de los números y las operaciones básicas entre estos) y *el cálculo* (se centra en la resolución de problemas prácticos y en el estudio del azar).

materia 1 *f.* Sustancia de que están hechas las cosas. 2 Realidad espacial y perceptible por los sentidos. 3 Lo opuesto al espíritu. 4 Asignatura o disciplina científica. 5 Cualquier asunto que se trata. 6 PUS. 7 FÍS Según la física clásica, aquello que ocupa espacio y posee los atributos de gravedad e inercia. 8 FÍS **estado** de la ~. || ~ **orgánica** BIOL La compuesta por moléculas orgánicas y constituyente o procedente de los seres vivos. ~ **prima** ECON La que una industria necesita para sus labores, aunque provenga, como sucede frecuentemente, de otras operaciones industriales.

☐ FÍS A pesar de que la física clásica considere que la materia llena de forma continua el espacio, las investigaciones de la física moderna han demostrando que aquella no es compacta y que existe una estrecha relación de equivalencia entre ella y la energía. También se ha demostrado experimentalmente la existencia de la antimateria (materia formada por átomos compuestos exclusivamente por antipartículas elementales).

material 1 *adj.* Relativo a la materia. 2 Relativo a los aspectos físicos o corporales. 3 *m.* Cualquiera de los componentes necesarios para hacer o construir algo. 4 Conjunto de objetos necesarios para el desempeño de un servicio o el ejercicio de una profesión. 5 Cuero curtido.

materialismo 1 *m.* Tendencia a dar importancia primordial a los intereses materiales. 2 FIL Doctrina que considera a la materia como único constitutivo básico de la realidad y al pensamiento humano como un reflejo de esta.

materializar *tr.* y *prnl.* Dar efectividad y concreción a un proyecto o a una obra.

maternal *adj.* MATERNO.

maternidad *f.* Estado o cualidad de madre.

materno, na *adj.* Relativo a la madre.

matinal *adj.* De la mañana o relativo a esta.

matiné *f.* Sesión de un espectáculo durante las primeras horas de la tarde.

matiz 1 *m.* Cada una de las gradaciones de un mismo color. 2 Grado o variedad que no altera la esencia de algo. 3 Rasgo poco perceptible que le da a algo un carácter determinado.

matizar 1 *tr.* Unir en proporción armónica los colores. 2 Darle a un color determinado matiz. 3 Graduar con sutileza expresiones conceptuales.

matorral *m.* Formación vegetal formada por matas y arbustos.

matraca *f.* Instrumento de madera compuesto de un tablero y una o más aldabas o mazos que, al sacudirlo, produce un ruido estridente.

matraz *m.* Vasija redonda de cristal, terminada en un cuello estrecho y largo, usada en los laboratorios químicos.

matrero, ra *adj.* Astuto, suspicaz.

matriarca *f.* Mujer que ejerce el matriarcado.

matriarcado *m.* Organización social en que el poder, el derecho y la riqueza residen en las mujeres.

matricaria *f.* Planta herbácea compuesta de hojas partidas y flores de centro amarillo y pétalos blancos. Se usa como reguladora estomacal y calmante.

matricidio *m.* Muerte de la madre causada por su hijo.

matrícula 1 *f.* Lista de los nombres de las personas que se inscriben para un fin determinado. 2 Documento que acredita esta inscripción. 3 Placa que llevan los vehículos con su número de registro. 4 Formalidad que debe cumplir un estudiante para seguir estudios en un centro de enseñanza. || ~ **de honor** Matrícula gratuita que se concede a un estudiante sobresaliente para el curso siguiente.

matricular *tr.* y *prnl.* Inscribir o inscribirse en una matrícula.

matrilineal *adj.* Se dice del sistema de organización social en el que la descendencia se organiza siguiendo la línea femenina.

matrimonio 1 *m.* Unión de un hombre y una mujer, legitimada mediante ciertas formalidades sociales y legales. 2 REL En el catolicismo, sacramento por el cual el hombre y la mujer se ligan perpetuamente con arreglo a las prescripciones de la Iglesia. 3 Marido y mujer. || ~ **civil** El que se contrae exclusivamente según la ley civil.

matriz 1 *f.* ANAT ÚTERO. 2 Cosa de la que procede otra: *Lengua matriz; casa matriz.* 3 Molde en que se funde o graba un objeto. 4 GEO Parte principal de una roca en la que están incluidos determinados minerales o fósiles. 5 MAT Ordenación en filas y columnas de elementos de un anillo dispuestas en forma de rectángulo. Una de sus principales aplicaciones es la representación de sistemas de ecuaciones de primer grado con varias incógnitas.

matrona 1 *f.* Madre de familia, noble y virtuosa. 2 COMADRONA.

matute 1 *m.* Introducción de mercancías de contrabando. 2 Mercancía así introducida.

maula *m.* y *f.* Persona tramposa o estafadora.

maullar *intr.* Dar maullidos el gato.

maullido *m.* Voz del gato, parecida a la onomatopeya *miau.*

mausoleo *m.* Sepulcro monumental y suntuoso.

maxila *m.* ZOOL Pieza par del aparato bucal de los artrópodos.

maxilar 1 *adj.* Relativo a la mandíbula. 2 *m.* ANAT Cada uno de los tres huesos que forman las mandíbulas: dos de estos, *la superior,* el otro, *la inferior.* || ~ **inferior** ANAT Hueso grueso y compacto, el único movible de la cara y en cuyo borde superior se implantan los dientes inferiores. ~ **superior** ANAT El compuesto por dos huesos y en cuyo borde inferior se implantan los dientes superiores.

maximizar *tr.* Intentar obtener el máximo provecho de algo.

máxima 1 *f.* Sentencia que se toma como norma de conducta. 2 GEO Temperatura más alta en un sitio y tiempo determinados.

máximo 1 *m.* Límite, extremo o mayor valor que puede alcanzar algo. 2 MAT ~ **común divisor.**

maya 1 *adj.* y *s.* HIST De un pueblo indígena amerindio, históricamente asentado en la parte occidental del istmo centroamericano. ♦ U. t. c. s. pl. 2 *m.*

LING Lengua hablada por los mayas, aún viva en el S de México y en América Central.
□ HIST La organización social maya incluía dos estratos: los sacerdotes, que ostentaban funciones políticas; los guerreros y comerciantes formaban el estamento aristocrático; el pueblo se componía de agricultores y artesanos. En la etapa *preclásica* (h. 1500-300 a.C.), y bajo la influencia olmeca, desarrollaron la alfarería y la escultura e iniciaron la construcción de ciudades. En la etapa *clásica* (h. 300 a.C.-900 d.C.) surgieron las federaciones de ciudades-estado, se dio el apogeo de la arquitectura (templos, palacios), la escultura (estelas, relieves) y la pintura mural, y se desarrollaron la escritura, la astronomía y las matemáticas. En la etapa *posclásica* (h. 900-1725) los mayas emigraron hacia el N de la península de Yucatán; la ciudad dominante fue Mazapán, destruida en 1450, aprox. Subsistieron reductos independientes después de la conquista española de Guatemala (1525) y Yucatán (1536).

mayestático, ca *adj.* Propio o relativo a la majestad. || **plural** ~ GRAM Uso del plural en el pronombre personal en lugar del singular por personas de alta jerarquía: *Nos el rey.*

mayéutica *f.* FIL Método socrático que consiste en ayudar a una persona a descubrir por sí misma la verdad mediante el empleo de preguntas.

mayo *m.* Quinto mes del año; tiene 31 días.

mayólica *f.* Loza común con esmalte metálico.

mayonesa *f.* Salsa que se hace batiendo yema de huevo con aceite, sal y limón o vinagre.

mayor 1 *adv. comp.* Que excede a algo en calidad o cantidad. 2 De mucha importancia: *Palabras mayores.* 3 Se dice de la persona que excede en edad a otra. 4 *adj.* Que ha llegado a la mayoría de edad. 5 De edad avanzada. 6 *m.* Grado militar cuyo rango varía según los ejércitos de los diversos países. 7 *pl.* Antepasados, sean o no progenitores. || ~ **de edad** DER Persona que, según la ley, tiene la edad para disponer de sí, administrar sus bienes, etc. ~ **que** MAT Signo matemático (>) que, colocado entre dos cantidades, indica ser mayor la primera que la segunda. || **al por** ~ En cantidad grande: *Vender al por mayor.*

mayoral 1 *m.* Capataz de una ganadería. 2 Jefe en ciertas comunidades.

mayorazgo *m.* HIST Institución medieval por la que a través del primogénito se perpetuaba en la familia la propiedad de ciertos bienes.

mayordomo, ma *m.* y *f.* Criado principal a cuyo cargo está la administración de una casa.

mayoreo *m.* Venta al por mayor.

mayoría 1 *f.* La mayor parte de un número o de una serie de cosas que se expresa. 2 Parte mayor de los individuos que componen una comunidad. 3 Mayor número de votos conformes en una votación. || ~ **absoluta** Cuando está formada por más de la mitad de los votos. ~ **relativa** La formada por el mayor número de votos con relación al número que obtiene cada una de las personas o cuestiones que se votan a la vez.

mayorista *m.* y *f.* Comerciante o empresa que vende, compra o contrata al por mayor.

mayoritario, ria 1 *adj.* Relativo a la mayoría. 2 Que constituye mayoría.

mayúsculo, la 1 *adj.* Algo mayor que lo ordinario en su especie. 2 Grandísimo, enorme: *Fue un error mayúsculo.* 3 *adj.* y *f.* ORT Letra de mayor tamaño que la minúscula, que se emplea, principalmente, como inicial de todo nombre propio, en la primera palabra de cualquier escrito y después de punto. Debe ponerse la tilde sobre la mayúscula cuando así lo exijan las normas de acentuación (*África, Ángela*), excepto cuando se trata de siglas (*CIA*).

maza 1 *f.* Arma que se compone de un palo recubierto de hierro, con la cabeza gruesa. 2 Instrumento de madera, con mango y de forma cilíndrica, para machacar o golpear. 3 MÚS Pelota gruesa forrada de cuero y con mango que sirve para tocar instrumentos de percusión.

mazacote *m.* Cosa que está apretujada, apelotonada.

mazamorra *f.* Plato a base de harina de maíz, aderezada con azúcar o miel o sal y otros ingredientes.

mazapán *m.* Pasta de almendras y azúcar con la cual suelen hacerse figurillas.

mazdeísmo *m.* REL ZOROASTRISMO.

mazmorra *f.* Prisión subterránea.

mazo *m.* Martillo grande de madera.

mazorca 1 *f.* Espiga densa o apretada de ciertos vegetales, como la del maíz. 2 Baya del cacao.

mazurca *f.* FOLCL Danza popular polaca, de movimiento moderado, y música que la acompaña.

me Dativo o acusativo del pronombre personal de primera persona, en género masculino o femenino y número singular.

meandro *m.* GEO Tramo de un río en el que este serpentea y forma curvas más o menos regulares.

mear *intr.* e *tr.* ORINAR. • U. t. c. prnl.

meato 1 *m.* ANAT Orificio o conducto de un cuerpo. 2 BOT Pequeño intersticio en el tejido celular de las plantas.

mecánico, ca 1 *adj.* Relativo a la mecánica, estudio del movimiento de los cuerpos. 2 Relativo a la máquina. 3 Ejecutado por una máquina o un mecanismo. 4 Que exige más habilidad manual que intelectual. 5 Se dice del agente físico material que puede producir efectos como choques, rozaduras, erosiones, etc. 6 MAQUINAL, hecho sin deliberación 7 *m.* y *f.* Persona que por profesión se dedica a la mecánica. 8 Persona dedicada al manejo y arreglo de las máquinas. 9 *f.* Manera de producirse una actividad, función o fenómeno. 10 FÍS Parte de la física que estudia el movimiento de los cuerpos y las causas o fuerzas que lo producen. Suele dividirse en tres disciplinas: **cinética**, **dinámica** y **estática**. 11 Estudio de las máquinas, de su construcción y de su funcionamiento.

mecanismo 1 *m.* Conjunto de piezas acopladas entre sí que tienen una función determinada. 2 Forma de desarrollarse una función o actividad.

mecanización *f.* Acción y efecto de mecanizar.

mecanizar 1 *tr.* y *prnl.* Implantar el uso de las máquinas en una actividad. 2 Someter a elaboración mecánica.
mecanografía *f.* Técnica de escribir con máquina.
mecedor, ra 1 *adj.* Que mece. 2 *m.* **COLUMPIO.** 3 *f.* Silla de brazos y de base curva, usada para mecerse.
mecenas *m.* y *f.* Persona rica que patrocina a un artista, una empresa cultural, etc.
mecer *tr.* y *prnl.* Mover algo compasadamente de un lado a otro.
mecha 1 *f.* Cuerda retorcida colocada dentro de una vela, bujía, etc., donde arde. 2 **PETARDO.** 3 MED Porción de gasa larga y delgada utilizada para efectuar drenajes.
mechero 1 *m.* Instrumento para dar lumbre, provisto de una mecha y piedra de pedernal. 2 Encendedor de bolsillo.
mechón *m.* Porción de pelos o hebras separada del conjunto.
medalla 1 *f.* Pieza metálica con grabados simbólicos o conmemorativos. 2 Recompensa honorífica que suele concederse en exposiciones o certámenes.
medallón 1 *m.* ART Cajita plana enjoyada que se usa para llevar un retrato u otro objeto. 2 ART Bajorrelieve de figura redonda o elíptica.
médano 1 *m.* GEO Duna costera movible y de forma semicircular. 2 GEO Acumulación de arena, casi a flor de agua, en lugares en que el mar es poco profundo.
media[1] *f.* Prenda que cubre el pie y la pierna hasta la rodilla o más arriba.
media[2] *f.* **MEDIO.**
mediacaña *f.* Moldura cóncava cuyo perfil es un semicírculo.
mediación *f.* Acción y efecto de mediar.
mediador, ra 1 *adj.* y *s.* Que media. 2 *m.* y *f.* Persona encargada de hacer respetar los derechos de dos partes.
mediagua *f.* ARQ Tejado con declive en una sola dirección.
medialuna *f.* Toda cosa o instrumento en forma de media luna.
mediana *f.* **MEDIANO.**
medianera *f.* Pared, muro, cerca, vallado o seto vivo común a dos construcciones o propiedades contiguas.
mediano, na 1 *adj.* De calidad o tamaño intermedio. 2 Ni muy grande ni muy pequeño. 3 *f.* GEOM En un triángulo, recta trazada desde un vértice al punto medio del lado opuesto. 4 Término que ocupa el lugar central de una serie de sentido creciente o decreciente.
medianoche 1 *f.* Hora en que el Sol está en el punto opuesto al mediodía. 2 Momento que marca el inicio de un día.
mediante 1 *adj.* Que media. 2 *prep.* Por medio de.
mediar 1 *intr.* Llegar a la mitad de algo. 2 Interceder por alguien. 3 Intentar reconciliar a dos o más personas. 4 Existir o estar algo en medio de otras cosas.
mediateca *f.* Archivo de medios y grabaciones visuales, audiovisuales y sonoros, organizados para consulta pública.
mediático *adj.* Relativo a los medios de comunicación.
mediatinta *f.* ART En una pintura, tono medio entre la luz y la sombra.
mediatizar *tr.* Intervenir, dificultando, en el poder, autoridad o asunto que otro ejerce: *El ejército mediatizaba la autoridad del Gobierno.*
mediato, ta *adj.* Que en tiempo, lugar o grado, está próximo a otra cosa, mediando otra entre las dos.

mediatriz *f.* GEOM Perpendicular levantada en el punto medio de un segmento de recta.
medicación *f.* MED Conjunto de medios curativos para el tratamiento de una enfermedad.
medicalizar *tr.* Dotar un espacio o un medio de transporte aéreo, marítimo o terrestre con los elementos necesarios para prestar atención médica.
medicamento *m.* FARM **DROGA,** sustancia que previene o cura enfermedades.
medicina 1 *f.* MED Disciplina que estudia y aplica conocimientos científicos y técnicos para la prevención, diagnóstico y curación de las enfermedades del cuerpo humano, y para el mantenimiento de la salud. 2 FARM **MEDICAMENTO.**
medicinal 1 *adj.* Relativo a la medicina. 2 Que tiene cualidades terapéuticas.
medición *f.* Acción y efecto de medir.
médico, ca 1 *adj.* Relativo a la medicina. 2 *m.* y *f.* Persona legalmente autorizada para ejercer la medicina.
medida 1 *f.* Acción y efecto de medir. 2 Cualquiera de las unidades usadas para medir longitudes, áreas, volúmenes, etc. 3 Expresión del resultado de una medición. 4 Proporción, equivalencia. 5 Disposición, prevención, decisión, medio para algún fin. 6 FÍS **unidad** de ~.
□ MAT El término medida proviene del latín (del verbo *metiri,* "medir"). Se puede medir, por ejemplo, el largo de un objeto o la distancia entre dos ciudades. Eso supone un uso de unidades de medida estandarizadas. Entre las unidades de longitud propias del Sistema Internacional de Unidades (SI) están: el kilómetro (km), el metro (m), el centímetro (cm) y el milímetro (mm). De manera análoga, existen otras unidades para medir magnitudes como el área, el volumen, la masa, la temperatura y el tiempo.
medieval *adj.* HIST Relativo al Medioevo o Edad Media.
medievo *m.* HIST **MEDIOEVO.**
medio, dia 1 *adj.* Se dice de la mitad de algo. 2 Se dice de lo que está entre dos extremos o en el centro. 3 Que está intermedio en lugar o tiempo. 4 Que corresponde a los caracteres o condiciones más generales de algo. 5 *m.* Centro o punto que en algo equidista de sus extremos. 6 Cosa que sirve para determinado fin: *Medios de comunicación.* 7 Conjunto de circunstancias culturales, económicas, etc., que rodean a las personas. 8 Espacio o elemento en que se desarrolla un fenómeno: *La velocidad del sonido depende de la densidad del medio.* 9 Moderación

entre los extremos. 10 BIOL Conjunto de condiciones exteriores a un ser vivo que influyen en sus actividades. 11 BIOL ~ **biótico.** 12 MAT Quebrado que tiene por denominador el número 2; supone la unidad dividida en dos partes iguales. 13 *pl.* Bienes o rentas que alguien posee. 14 *f.* Mitad de algunas cosas, en especial de unidades de medida. 15 MAT **MEDIA** aritmética. 16 MAT Número que resulta al efectuar una serie de operaciones con un conjunto de números y que puede representar por sí solo a todo el conjunto. 17 *adv. m.* No del todo, de manera incompleta. || ~ **ambiente** ECOL Conjunto de elementos abióticos (energía solar, suelo, agua y aire) y bióticos (organismos vivos) que integran la biosfera. ~ **aritmética** MAT Resultado de dividir la suma de varias cantidades por el número de estas. ~**s de comunicación** 1 Sistemas de transmisión de información a un público numeroso, mediante la prensa, televisión, radio, cine, etc. 2 Instituciones que los organizan. ~ **diferencial** MAT Cantidad que forma proporción aritmética con otras dos y equivale a la mitad de su suma. ~ **dispersante** QUÍM Sustancia en que otra ha formado una dispersión coloidal. ~ **geométrica** o **proporcional** MAT Cantidad que forma proporción geométrica entre otras dos y equivale a la raíz cuadrada de su producto.

medioambiental *adj.* Relativo al medio ambiente.

medioambiente *m.* **MEDIO AMBIENTE.**

mediocre *adj.* De calidad media o mala.

mediodía 1 *f.* Momento en que el Sol está en el punto más alto sobre el horizonte, que corresponde a las doce de la mañana. 2 Periodo de imprecisa extensión alrededor de las doce de la mañana.

medioeval *adj.* HIST **MEDIEVAL.**

medioevo *m.* HIST Periodo de la historia europea que va desde la desintegración del Imperio romano de Occidente, en el s. V, hasta el s. XV.

☐ HIST La culminación a finales del s. V de una serie de procesos, entre ellos la ruptura económica y las invasiones de los pueblos germanos, dieron inicio a este periodo de la historia europea, también llamado Edad Media. Se caracterizó por la fragmentación del poder político y de la unidad territorial, por un desarrollo económico fundamentalmente local y por la presencia de la Iglesia como única institución con carácter universal. Tradicionalmente se señala la toma de Constantinopla por lo turcos (1453) como el punto final de este periodo.

mediometraje *m.* CIN Filme que no sobrepasa los cincuenta y cinco minutos de duración.

medir 1 *tr.* Averiguar las veces que una cantidad contiene otra segunda. 2 Comparar algo no material con otra cosa. 3 *tr.* y *prnl.* Moderar las palabras o las acciones.

meditación 1 *f.* Acción y efecto de meditar. 2 Escrito sobre un tema religioso o filosófico. 3 Reflexión sobre un asunto espiritual.

meditar 1 *tr.* Aplicar atentamente la mente en la consideración de algo. 2 *intr.* Entregarse a la meditación: *Meditaremos durante una hora.*

mediterráneo, a 1 *adj.* Perteneciente al mar Mediterráneo, o a los territorios que este baña. 2 ECOL **bosque ~.**

médium *m.* y *f.* Persona a la que se considera capaz de comunicarse con los espíritus.

medo, a *adj.* y *s.* De un antiguo pueblo indoeuropeo que en el s. IX a.C. se había establecido en Media. Formó parte del grupo de pueblos que en el milenio I a.C. se establecieron en Persia. • U. t. c. s. pl.

medrar 1 *intr.* Crecer los animales y plantas. 2 Mejorar alguien en su posición social.

medroso, sa 1 *adj.* y *s.* Temeroso, miedoso. 2 Que causa miedo.

médula (Tb. medula) 1 *f.* ANAT Sustancia blanquecina, blanda y grasa que se halla dentro de ciertos huesos. 2 BOT Parte interior de las raíces y tallos de las plantas. || ~ **espinal** ANAT Parte del sistema **nervioso** que consiste en un largo cordón comprimido que se halla dentro del canal vertebral. Está recorrida por un conducto lleno de **líquido** cefalorraquídeo.

medular 1 *adj.* Relativo a la médula. 2 Lo más importante de algo.

medusa *f.* Nombre común dado a los **hidrozoos** y **escifozoos** en su fase sexual, generación que alterna la fase pólipo. Son organismos gelatinosos de simetría radial que nadan contrayendo los músculos del velo.

mefistofélico, ca *adj.* Diabólico, perverso.

mefítico, ca *adj.* Que contiene gases tóxicos y muy fétidos.

megabyte (Voz ingl.) *m.* INF Unidad de medida equivalente a 220 bits. Símbolo: MB.

megaciclo *m.* ELECTR Unidad de la corriente formada por un millón de ciclos o periodos.

megáfono *m.* Aparato para amplificar la voz.

megahercio *m.* FÍS Unidad de frecuencia equivalente a un millón de hercios. Símbolo: MHz.

megalito *m.* Monumento funerario o conmemorativo construido con grandes piedras.

megalomanía *f.* PSIC Manía o delirio de grandezas.

megalópolis *f.* Ciudad de grandes proporciones.

megatón *m.* FÍS Unidad de potencia de un explosivo que equivale a la de un millón de toneladas de trinitrotolueno. Símbolo: Mt.

megavatio *m.* ELECTR Unidad de potencia eléctrica que equivale a un millón de vatios. Símbolo: Mw.

meiosis *f.* BIOL Tipo de división celular que tiene lugar en las células germinales y que produce el doble de células con un número de cromosomas en cada una de ellas reducido a la mitad de los que poseían las células originales.

meitnerio *m.* QUÍM Elemento metálico radiactivo artificial. Núm. atómico: 109. Símbolo: Mt.

mejilla *f.* Cada una de las dos prominencias que hay en el rostro humano, debajo de los ojos.

mejillón *m.* Molusco bivalvo comestible, de valvas casi triangulares.

mejor 1 *adj.* Comparativo de *bueno.* Superior a algo en calidad o virtud. 2 *adv. m.* Comparativo de bien. Más conforme a lo conveniente.

mejora *f.* Acción y efecto de mejorar.

mejorana *f.* Planta herbácea de 40-50 cm de alto, hojas aovadas aromáticas, flores pequeñas y blancas y fruto en aquenio.

mejorar 1 *tr.* Hacer pasar algo de un estado bueno a otro mejor. 2 Hacer recobrar la salud perdida. 3 *intr.* y *prnl.* Ir recobrando la salud perdida. 4 Ponerse el tiempo más benigno. 5 Progresar, adelantar.

mejoría *f.* Alivio en una dolencia.

mejunje *m. desp.* Cosmético o medicamento compuesto de varios ingredientes.

melado 1 *m.* Jarabe obtenido por evaporación del jugo de la caña de azúcar. 2 Almíbar espeso que se obtiene por cocción del azúcar o la panela.

melancolía *f.* Estado anímico caracterizado por una tristeza vaga, profunda y duradera.

melanesio, a *adj.* y *s.* Grupo étnico distribuido por Melanesia y Micronesia. • U. t. c. s. pl.

melanina *f.* Biol Pigmento negro o pardo de las células de los vertebrados que produce la coloración de la piel, del pelo, etc.

melatonina *f.* Bioq Hormona de la glándula pineal que ayuda al organismo a adaptarse a los cambios del medio.

melaza *f.* Jarabe de color pardo que queda como residuo de la fabricación del azúcar.

melcocha *f.* Miel o melado muy concentrados y calientes que se echan en agua fría y luego de sobarlos un tiempo adquieren consistencia de pasta.

melena 1 *f.* Cabellera que cuelga sobre los hombros. 2 Crin del león.

melífero, ra 1 *adj.* Que lleva o tiene miel. 2 Zool Se dice de los animales que se alimentan del néctar de las flores, como las mariposas, los colibríes y algunas especies de murciélagos.

melifluo, flua 1 *adj.* Que tiene miel o se parece a esta. 2 Delicado en el trato o en la manera de hablar.

melindre *m.* Afectación de finura y delicadeza.

mella 1 *f.* Rotura o hendidura en el filo de un cuchillo o herramienta, o en el contorno de un objeto. 2 Daño o disminución que sufre algo.

mellizo, za *adj.* y *s.* Nacido del mismo parto, especialmente de uno doble.

melocotón *m.* Fruto comestible del melocotonero. Es una drupa de piel delgada y amarillenta y pulpa comestible adherida a un hueso duro y rugoso que encierra una almendra.

melocotonero *m.* Árbol de 4-5 m de alto, hojas lanceoladas, flores rosadas y fruto en drupa, que es el melocotón.

melodía 1 *f.* Dulzura y suavidad del canto o del sonido de un instrumento musical al tocarlo. 2 Mús Composición en que se desarrolla una idea musical, con independencia de su acompañamiento. 3 Conjunto de varias frases que forman un concepto musical completo.

melódico, ca *adj.* Relativo a la melodía.

melodioso, sa *adj.* Dulce y agradable al oído.

melodrama *m.* Cin y Teat Obra en que la acción se desencadena por emociones patéticas y sentimentales.

melomanía *f.* Afición apasionada hacia la música.

melón *m.* Planta herbácea de tallos tendidos, hojas lobuladas, flores amarillas y fruto en pepónide, comestible.

melopea 1 *f.* Entonación rítmica con que puede recitarse algo. 2 Canto monótono.

membrana 1 *f.* Placa o lámina flexible de pequeño tamaño y de diverso material. 2 Biol Tejido blando, delgado y laminar que rodea una parte de un organismo y separa o comunica cavidades adyacentes. || ~ **basal** Biol La de tejido conjuntivo que se sitúa bajo el epitelio de muchos órganos. ~ **celular** o **plasmática** Biol La que separa el interior de la célula del medio externo y a través de la cual se regula la entrada y la salida de los materiales que se transforman durante el metabolismo. ~ **interdigital** Zool Expansión situada entre los dedos de muchas aves y mamíferos. ~ **nuclear** Biol La que separa el núcleo del citoplasma. ~ **pituitaria** Anat Mucosa que reviste la cavidad de las fosas nasales; contiene los receptores del sentido del olfato.

membresía (Tb. membrecía) 1 *f.* Condición de miembro de una colectividad 2 Conjunto de los miembros de una colectividad.

membrete *m.* Nombre, dirección, etc., de una persona, empresa o entidad, impreso en el papel de correspondencia.

membrillero *m.* Árbol de hojas pecioladas, flores solitarias y fruto en pomo, que es el membrillo.

membrillo *m.* Fruto del membrillero, de 10-12 cm de diámetro y pulpa ácida y áspera.

membrudo, da *adj.* Fornido, robusto.

memez *m.* Simpleza, tontería.

memorable *adj.* Digno de memoria.

memorando 1 *m.* Documento en que se recapitulan hechos y razones para que se tengan presentes en un asunto grave. 2 Agenda, cuaderno en que se apunta lo que conviene recordar.

memoria 1 *f.* Facultad de recordar lo pasado o lo que se ha aprendido. 2 Recuerdo que se tiene de alguien o algo. 3 Disertación escrita sobre un tema específico. 4 **Electrón** Dispositivo de una máquina o aparato en el que se almacenan datos para su posterior análisis o aplicación. 5 Inf Circuito que permite almacenar y recuperar la información. Determina la cantidad de datos que pueden procesarse simultáneamente. 6 Inf Periférico portátil de pequeño tamaño en el que se graban datos (programas, documentos, etc.) de un computador y permite su traslado a otra. 7 *pl.* Obra autobiográfica.

memorial *m.* Escrito en que se hace una petición, alegando los motivos o méritos para ello.

memorización *f.* Acción y efecto de memorizar.

memorizar *tr.* Retener en la memoria un discurso, una poesía, una lista, etc., de manera fiel o casi fiel.

mena *f.* Geo Mineral usado como materia prima para la extracción de algún metal.

menaje *m.* Muebles y accesorios de una casa.

menarquia *f.* Fisiol Época de la vida de la mujer en que ocurre el primer periodo menstrual.

menchevique *adj.* y *s.* De una fracción minoritaria del Partido Socialdemócrata Ruso que defendía la evolución hacia un régimen parlamentario. Fue ilegalizada definitivamente en 1922. • U. t. c. s. pl.

mención *f.* Referencia, cita. || ~ **honorífica** Distinción, en un certamen, al que sigue en méritos a los premiados.

mencionar *tr.* Hacer mención de alguien o algo.

mendelevio *m.* QUÍM Elemento químico radiactivo del grupo del actinio. Núm. atómico: 101. Peso atómico: 256. Símbolo: Mv o Md.

mendicante *adj.* y *s.* Que mendiga.

mendigar 1 *tr.* Pedir limosna. 2 Pedir algo con excesiva humildad.

mendigo, ga *m.* y *f.* Persona que pide limosna.

mendrugo *m.* Pedazo de pan duro.

menear *tr.* y *prnl.* Mover algo de una parte a otra.

menester 1 *m.* Necesidad de algo. 2 Ejercicio, empleo, tarea.

menesteroso, sa *adj.* y *s.* Necesitado, indigente.

menestra *f.* Guisado de hortalizas y trozos pequeños de carne.

mengano, na *m.* y *f.* Persona existente o imaginaria de nombre desconocido.

mengua *f.* Lo que le falta a una cosa para ser completa.

menguante 1 *adj.* Que mengua. 2 ASTR **luna ~**.

menguar 1 *intr.* Disminuir algo: *Ha menguado su salud; han menguado las aguas.* 2 Disminuir la parte iluminada de la Luna.

menhir *m.* Monumento megalítico que consta de una gran piedra larga hincada verticalmente en el suelo.

menina *f.* Señora que desde niña entraba en el servicio de la reina o de las infantas.

meninge *f.* ANAT Cada una de las membranas (duramadre, aracnoides y piamadre) que envuelven el encéfalo y la médula espinal.

meningitis *f.* MED Inflamación de las meninges.

menisco 1 *m.* ANAT Cartílago de la articulación de la rodilla. 2 FÍS Superficie libre, cóncava o convexa, del líquido contenido en un tubo estrecho. 3 ÓPT Lente cóncava por una cara y convexa por la otra.

menonita *adj.* y *s.* REL Se dice de los anabaptistas seguidores de la reforma del holandés Menno (1496-1561), que organizó comunidades caracterizadas por su pacifismo.

menopausia *f.* FISIOL Cesación natural de la menstruación en la mujer; suele ocurrir entre los 45 y los 50 años de edad.

menor 1 *adj. comp.* Que tiene menos cantidad o volumen. 2 Que es inferior a otra cosa en intensidad o calidad. 3 De menos importancia. || ~ **de edad** Se dice de la persona que no ha llegado a la mayoría de edad. ~ **que** MAT Signo matemático que tiene esta figura (<) y que, colocado entre dos cantidades, indica ser menor la primera que la segunda. || **al por ~** En poca cantidad: *Vender al por menor.*

menorragia *f.* MED Menstruación anormalmente abundante.

menorrea *f.* FISIOL MENSTRUACIÓN.

menos 1 *adv. comp.* Indica disminución, restricción o inferioridad: *Grita menos; debes ser menos interesado.* Cuando la comparación es expresa, va acompañado de *que*: *Hoy ha llovido menos que ayer.* Cuando denota grado o cantidad en relación con la magnitud que se compara, va introducido por *de*: *Talaron menos de cien árboles.* También se construye con el artículo determinado en todos sus géneros y números: *Estas flores son las menos hermosas.* 2 Indica idea opuesta a la de preferencia: *Menos quiero vivir que perder.* 3 *prep.* EXCEPTO: *Todo menos eso.* 4 *m.* MAT Signo de la resta que se representa con una rayita horizontal (–). 5 FÍS Signo (–) que indica el carácter negativo de una cantidad, como la carga eléctrica.

menoscabar 1 *tr.* y *prnl.* Deteriorar algo. 2 Causar daño o descrédito.

menospreciar *tr.* Tener a alguien o a algo en menos de lo que merece.

mensaje 1 *m.* Recado oral o escrito que se envía a un destinatario. 2 Aportación intelectual, moral, religiosa o estética de una persona, doctrina u obra: *El mensaje de la Iglesia.* 3 BIOL Señal que induce en las células o los organismos una respuesta determinada. 4 LING Conjunto de señales, signos o símbolos que son objeto de una comunicación. 5 LING Contenido de esta comunicación.

mensajería *f.* Agencia transportista.

mensajero, ra 1 *adj.* Que contiene un mensaje o que lo lleva. 2 BIOQ **ARN ~**. 3 *m.* y *f.* Persona que lleva un mensaje, un paquete, etc., de una parte a otra.

menstruación *f.* FISIOL Fenómeno fisiológico femenino que se caracteriza por un flujo sanguíneo procedente de la matriz y que aparece cada 27-30 días. Se inicia en la pubertad y cesa en la menopausia.

menstrual 1 *adj.* Relativo a la menstruación. 2 FISIOL **ciclo ~**.

menstruar *intr.* Presentarse la menstruación.

mensual 1 *adj.* Que sucede o se repite cada mes. 2 Que dura un mes.

mensualidad 1 *f.* Salario que corresponde a un mes de trabajo. 2 Cantidad que se paga cada mes por los servicios de una escuela, un club deportivo, etc.

ménsula *f.* ARQ Saliente de una construcción para sostener algo.

mensurable *adj.* Que puede medirse.

menta 1 *f.* Nombre de varias herbáceas de hojas sésiles muy aromáticas. De muchas se obtiene una esencia empleada en farmacia y en la preparación de caramelos, licores, dentífricos, etc. 2 Licor elaborado con estas plantas.

mentado, da 1 *adj.* Famoso, célebre. 2 Que se ha mencionado.

mentalidad 1 *f.* Forma de pensar que caracteriza a una persona o a una colectividad. 2 *f.* Conjunto de creencias y prácticas que definen la forma de pensar de una persona.

mentalizar *tr.* y *prnl.* Hacer que una persona, grupo, etc., tome conciencia de un problema o situación y que actúe en consecuencia.

mentar *tr.* Nombrar o mencionar algo.

mente 1 *f.* Potencia intelectual. 2 Propósito, voluntad. 3 Psic Conjunto de actividades y procesos psíquicos conscientes, especialmente de carácter cognitivo.

mentir 1 *intr.* Decir mentiras. 2 Fingir, aparentar.

mentira *f.* Manifestación contraria a lo que se sabe, cree o piensa.

mentol *m.* Quím Alcohol obtenido de la menta.

mentón *m.* Barbilla o prominencia de la mandíbula inferior.

mentor, ra *m.* y *f.* Persona que guía a otra.

menú 1 *m.* Conjunto de platos que constituyen una comida. 2 Carta donde se relacionan comidas, postres y bebidas. 3 Inf Elemento gráfico que presenta una lista de opciones para iniciar una acción.

menudear 1 *tr.* Vender al por menor. 2 *intr.* Suceder algo con frecuencia.

menudencia 1 *f.* Cosa muy pequeña. 2 *pl.* Hígado, molleja, corazón, etc., de ave, después de abierta.

menudo, da 1 *adj.* Pequeño o delgado. 2 De poca importancia. || **a ~** Muchas veces, frecuentemente.

meñique 1 *adj.* Muy pequeño. 2 *adj.* y *m.* Anat **dedo** meñique.

meollo *m.* Lo esencial de algo.

mequetrefe *m.* y *f.* Poco formal e insensato.

mercadeo 1 *m.* Econ Proceso que abarca desde la producción de la mercancía hasta su adquisición por el consumidor. 2 Investigación de mercados.

mercader *m.* El que trata con mercancías.

mercado 1 *m.* Econ Conjunto de actividades de compraventa en un lugar y tiempo determinados. 2 Econ Sitio público destinado a estas actividades. 3 Conjunto de operaciones comerciales que afectan a un sector: *Mercado de la construcción.* 4 Conjunto de consumidores que compran o son capaces de comprar un determinado producto o servicio. 5 Econ Todo conjunto de transacciones o acuerdos de negocios entre compradores y vendedores. 6 Econ **economía de libre ~**. || **~ común** Econ Forma de integración económica de dos o más países mediante un arancel aduanero común. **~ de capital** El de títulos financieros. **~ negro** Tráfico clandestino de divisas o mercancías escasas o no autorizadas.
☐ Econ Institución social y económica que establece las condiciones de producción y consumo, así como el intercambio de bienes y servicios. El mercado se materializa cuando se definen las relaciones de compra y venta, de intercambio y el aumento o disminución de los precios en relación con la oferta y la demanda. Es característico de las economías capitalistas, y está relacionado, en los últimos años, con la globalización y el sistema financiero.

mercadotecnia *f.* Econ Conjunto de técnicas dirigidas a obtener más eficacia en la distribución y la venta de un producto.

mercancía *f.* Econ Toda cosa que se hace objeto de trato o venta.

mercantil *adj.* Relativo a la mercancía o al comercio.

mercantilismo *m.* Econ Teoría económica implementada en Europa durante los ss. XV-XVIII; promovía la agricultura, la manufactura y el comercio con el propósito de que las exportaciones superaran las importaciones. En gran parte, dependió de la explotación colonialista.

mercar 1 *tr.* y *prnl.* Comprar, adquirir algo por dinero.

merced 1 *f.* Dádiva, gracia, favor. 2 Tratamiento de cortesía equivalente a *usted.* 3 Orden religiosa española, fundada en 1218 por Pedro Nolasco, cuyo fin era el rescate de cautivos.

mercenario, ria *adj.* y *s.* Se dice del que sirve en un ejército por dinero de un país distinto al propio.

mercería *f.* Comercio de cosas menudas y de poco valor, como botones, cintas, etc.

mercurio *m.* Quím Elemento metálico, líquido a temperatura ambiente. Se usa para el llenado de aparatos de medida (termómetros, barómetros, etc.) y para la obtención de oro. Sus vapores y sales producen envenenamiento progresivo. Punto de ebullición: 357 °C. Punto de fusión: –38,87 °C. Núm. atómico: 80. Símbolo: Hg.

merecer 1 *tr.* Ser digno de premio o castigo. 2 *intr.* Hacer méritos.

merecido *m.* Castigo del que se juzga digno a alguien.

merecumbé *m.* Aire musical colombiano que fusiona merengue y cumbia.

merendar *intr.* Tomar la merienda.

merengue 1 *m.* Dulce de clara de huevo y azúcar, cocido al horno. 2 Folcl Ritmo musical y danza dominicanos cuya melodía se acompaña con la tambora, el güiro y el acordeón.

meridiano, na 1 *adj.* Relativo a la hora del mediodía. 2 Muy claro y luminoso. 3 Geom **plano ~**. 4 *m.* Geo Cualquiera de los círculos máximos de la Tierra que pasan por los polos. 5 Geom Línea de intersección de una superficie de revolución con un plano que pasa por su eje. || **~ cero** Geo Meridiano que pasa por el antiguo Real Observatorio de Greenwich, al E de Londres, adoptado internacionalmente como origen para medir la longitud y como línea base de los husos horarios.

meridional 1 *adj.* Relativo al sur. 2 Geo **zona** templada ~.

merienda 1 *f.* Comida ligera que se toma por la tarde. 2 En algunas partes, almuerzo.

merino, na *adj.* y *s.* Se dice de una raza ovina de cuerpo robusto, piel con muchos pliegues y lana muy apreciada.

meristemo *f.* Bot Tejido formado por células embrionarias que se dividen rápidamente y originan los tejidos de los órganos vegetales.

mérito 1 *m.* Acción que hace a alguien digno de premio o castigo. 2 Resultado de una buena acción.

meritocracia *f.* Sistema de selección de los cargos de gobierno, responsabilidad y dirección estatal o privada, con base en las capacidades, cualidades y formación profesional de los aspirantes.

merluza *f.* Pez marino teleósteo, que puede alcanzar 80 cm de largo, de boca amplia y dos aletas dorsales.

mermar *intr.* y *prnl.* Disminuir algo o consumirse una parte de lo que antes tenía.

mermelada *f.* Conserva hecha de fruta cocida con miel o azúcar.

mero[1] *m.* Pez marino teleósteo de carne muy fina y delicada. Llega a medir 1,5 m de largo.

mero[2], ra *adj.* PURO, sin mezcla.

merodear 1 *intr.* Dar rodeos en torno a un lugar para espiar o hurtar. 2 Vagar viviendo de lo robado.

merovingio, a *adj.* y *s.* HIST De una dinastía de reyes que gobernaron a los francos entre 481 y 751. Su primer monarca fue Clodoveo I, que extendió su reino hasta abarcar casi toda la actual Francia y parte de Alemania. Le siguió la dinastía de los **carolingios**. • U. t. c. s. pl.

mes 1 *m.* Cada una de las doce partes en que se divide el número total de días del año. 2 Número de días consecutivos desde uno señalado hasta otro de igual fecha en el mes siguiente. || ~ **lunar** ASTR Tiempo que invierte la Luna en dar una vuelta completa alrededor de la Tierra. ~ **sinódico lunar** ASTR LUNACIÓN.

mesa 1 *f.* Mueble compuesto de un tablero asentado sobre una o varias patas. 2 Este mueble con todo lo necesario para comer. 3 En las asambleas y otras corporaciones, conjunto de las personas que las dirigen. 4 GEO Superficie elevada y llana de gran extensión. Generalmente se sitúa a altitudes superiores a los 1000 m y, por esto, tiene riscos empinados por laderas. || ~ **redonda** Técnica de discusión y exposición grupal en la que participan personas especialistas en un tema determinado.

mesada *f.* Sueldo o pensión que se paga todos los meses.

mesana *f.* Mástil que está más a popa en el buque de tres palos.

mesar *tr.* y *prnl.* Arrancar los cabellos o barbas con las manos.

mesenterio *m.* ANAT Repliegue del peritoneo que une el estómago y el intestino con las paredes abdominales.

mesero, ra *m.* y *f.* Camarero de un bar o restaurante.

meseta 1 *f.* Porción horizontal en que termina un tramo de escalera. 2 GEO Forma de relieve extendida asociada a la parte más alta y plana de un sistema montañoso.

mesianismo 1 *m.* Esperanza infundada en la solución de problemas sociales por la intervención de una sola persona. 2 REL Creencia en la futura llegada de un ser que impondrá un orden de justicia y felicidad.

mesías 1 *m.* REL Redentor y liberador futuro de Israel. • Se escribe con may. inicial. 2 REL Según el cristianismo, el enviado de Dios a la Tierra, Jesús. • Se escribe con may. inicial. 3 Sujeto real o imaginario en cuyo advenimiento hay puesta confianza inmotivada o desmedida.

mesobiota *f.* ECOL Conjunto de pequeños animales, observables a simple vista, que viven en el interior del suelo, como lombrices, hormigas, etc.

mesocarpio *m.* BOT Parte intermedia del pericarpio, entre el epicarpio y el endocarpio; en los frutos carnosos corresponde a la pulpa.

mesodermo *m.* BIOL Hoja embrionaria intermedia, entre el ectodermo y el endodermo, de la que derivan la piel, la musculatura, el tejido conjuntivo, los huesos, el aparato urogenital y el circulatorio y las paredes del celoma.

mesofilo *m.* BOT Conjunto del parénquima y las nervaduras de las hojas, encerrado por la epidermis.

mesolítico, ca *adj.* y *m.* HIST Se dice del periodo prehistórico comprendido entre el Paleolítico y el Neolítico.

☐ HIST El Mesolítico se inició entre el 10 000 a.C. y el 7000 a.C. y concluyó hacia el 4000 a.C. Los grupos sociales siguieron siendo cazadores-recolectores, pero su utillaje lítico incluía ya instrumentos complejos, como hoces y hachas. Dieron los primeros pasos hacia la producción de alimentos, la domesticación de animales y la adopción de la vida sedentaria.

mesón 1 *m.* Lugar donde se alberga a viajeros. 2 Restaurante típico. 3 Mesa alta cuya parte horizontal es de un material resistente a la abrasión (granito, mármol, argamasa, etc.).

mesopausa *f.* GEO Línea imaginaria que separa la mesosfera de la ionosfera.

mesopotámico, ca 1 *adj.* HIST De Mesopotamia, antigua región histórica del SO de Asia comprendida entre los ríos Tigris y Éufrates, donde florecieron las civilizaciones de Babilonia y Asiria, entre los años 3000 y 625 a.C. 2 Relativo a esa región histórica.

mesosfera (Tb. mesósfera) *f.* GEO Capa atmosférica que se extiende por encima de la estratosfera y por debajo de la ionosfera, a una altitud de entre 50 km y 80 km por encima de la superficie.

mesosoprano 1 *m.* MÚS Voz media entre la de soprano y la de contralto. 2 Persona que la tiene.

mesozoico, ca *adj.* y *m.* GEO Se dice de la era comprendida entre el Paleozoico y el Cenozoico, con una duración de 165 millones de años. Se divide en: **Triásico, Jurásico** y **Cretácico.**

☐ GEO En la era Mesozoica tuvo lugar el auge y extinción de los dinosaurios, aparecieron los mamíferos y las aves, los reptiles menores se generalizaron; aparecieron las plantas gimnospermas y, en los inicios del Cretácico, las angiospermas. Se disgregó el supercontinente Pangea en distintas masas continentales.

mesozoo *adj.* y *m.* ZOOL Se dice de los animales que se caracterizan por tener un cuerpo que no posee ningún órgano real y que está rodeado por una capa de células ciliadas que rodea a las reproductoras. Viven como endoparásitos de invertebrados marinos. Conforman un subreino.

mester *m.* Voz histórica con el significado de arte u oficio. || ~ **de clerecía** LIT Género poético del Medioevo centrado en temas devotos, históricos o clásicos. ~ **de juglaría** LIT Género poético juglaresco de irregular versificación y temática de carácter popular, ligado a la tradición oral, como el *Cantar de Mio Cid*.

mestizaje 1 *m*. Cruzamiento de razas. 2 Conjunto de mestizos. 3 Mezcla de culturas distintas que da origen a una nueva.

mestizo, za 1 *adj*. y *s*. Nacido de padre y madre de grupos raciales diferentes. 2 Se dice del animal que resulta de haberse cruzado dos razas distintas. 3 *adj*. Se dice de la cultura, hechos espirituales, etc., provenientes de la mezcla de distintas culturas.

mesura *f*. Seriedad o moderación en la actitud.

meta 1 *f*. Finalidad a la que se dirigen las acciones o deseos de alguien. 2 DEP Final de una carrera. 3 DEP PORTERÍA. || ~ **volante** DEP Meta parcial de una etapa ciclística en la que se conceden puntos.

metabolismo *m*. BIOQ y FISIOL Conjunto de reacciones bioquímicas que constantemente se producen en el interior de los seres vivos. || ~ **basal** BIOQ y FISIOL Mínima cantidad de energía necesaria para mantener las actividades o funciones corporales básicas (respiración, circulación sanguínea, nerviosa, de los órganos internos, etc.).

☐ Mediante el consumo de energía, los seres vivos producen sustancias propias del cuerpo a partir de la materia obtenida del exterior (**anabolismo**), o bien, ceden energía para degradar las sustancias del organismo y transformarlas en compuestos más sencillos (**catabolismo**). Simultáneamente se producen sustancias lastres, o incluso tóxicas, que el organismo expulsa al exterior (**excreción**).

metacarpo *m*. ANAT Esqueleto de la parte de la mano comprendida entre el carpo y las falanges, formado por cinco huesos.

metafase *f*. BIOL Segunda fase de la **mitosis**; la membrana nuclear desaparece y los cromosomas se sitúan en el plano ecuatorial del centrosoma.

metafísico, ca 1 *adj*. Relativo a la metafísica. 2 *m*. y *f*. Persona que estudia la metafísica. 3 *f*. FIL Estudio e indagación de las primeras causas y principios de las cosas y del destino de los seres.

metáfora *f*. Figura retórica que consiste en trasladar el sentido propio de las palabras a otro figurado, en virtud de una comparación tácita: *Las perlas del rocío; la oscura noche de sus ojos*.

metal 1 *m*. QUÍM Elemento químico sólido (a excepción del mercurio, que se encuentra en estado líquido) con altos puntos de fusión y ebullición, brillante, maleable y buen conductor eléctrico y térmico. Una mezcla de dos o más metales o de un metal y ciertos no metales, como el carbono, se denomina aleación. 2 HIST **edad** de los ~es. 3 *pl*. MÚS Conjunto de instrumentos que incluye a los que se fabricaban con bronce, aunque hoy se empleen otras aleaciones; son: trompa, trompeta, trombón y tuba. || ~**es alcalinos** QUÍM Los relativamente blandos y con puntos de fusión bajos; son: litio, sodio, potasio, rubidio, cesio y francio. ~**es alcalinotérreos** QUÍM Los muy frágiles, pero que alcanzan a ser maleables y dúctiles; cuando se calientan arden fácilmente en el aire. Son: berilio, magnesio, calcio, estroncio, bario y radio. ~ **noble** o **precioso** QUÍM El que no entra fácilmente en combinación química con los no metales y posee una gran resistencia a los agentes corrosivos y a la oxidación atmosférica, como el oro, la plata y el platino.

metaldehído *m*. QUÍM Polímero que se usa como combustible sólido y en agricultura.

metalenguaje *m*. LING Lenguaje que se emplea para hablar de la lengua como si se tratara de otro objeto, como la gramática y la lexicografía.

metálico, ca 1 *adj*. De metal o perteneciente a este. 2 *m*. Dinero en monedas de metal, a diferencia del papel moneda.

metalistería *f*. Arte de trabajar en metales.

metalizar 1 *tr*. Recubrir de metal. 2 Hacer que un cuerpo adquiera propiedades metálicas. 3 *prnl*. Convertirse una cosa en metal, o adquirir sus propiedades. 4 Llegar alguien a no tener otro interés que el dinero.

metaloide 1 *m*. QUÍM SEMIMETAL. 2 QUÍM Cuerpo simple no metal. Los metaloides o no metales son malos conductores del calor y la electricidad, carecen de brillo metálico y dan ácidos derivados de sus óxidos. Pueden ser sólidos difíciles de fundir (diamante) o gaseosos (hidrógeno, nitrógeno, etc.).

metalurgia 1 *f*. Estudio de las relaciones entre las estructuras y propiedades de los metales y su utilidad industrial. 2 Conjunto de industrias dedicadas a la extracción y elaboración de los metales.

metámero *m*. ZOOL Cada uno de los segmentos constitutivos del cuerpo de los anélidos y los artrópodos.

metamórfico, ca 1 *adj*. GEO Se dice de la roca o del mineral en el que ha habido metamorfismo. 2 GEO **rocas** ~s.

metamorfismo *m*. GEO Transformación de las rocas por la acción de agentes externos, como la presión y la temperatura. || ~ **de contacto** o **térmico** GEO El que se produce cuando las rocas entran en contacto con el magma ascendente. ~ **por presión** GEO El que se produce por la presión que se genera en un plano de falla; incluye elevadas tensiones que tienden a romper las rocas.

metamorfosis 1 *f*. Transformación de una cosa en otra. 2 ZOOL Cambio que experimentan ciertos animales durante su desarrollo luego del proceso embrionario hasta adquirir las características de un ejemplar adulto.

☐ Existen dos tipos de metamorfosis: *completa* e *incompleta*. En la primera se diferencian claramente las fases de desarrollo: el embrión se forma dentro de un huevo; cuando este eclosiona, el estado resultante es la **larva**, que en la siguiente fase se convierte en **pupa** y de la que finalmente sale el ejemplar adulto; ocurre en la mayoría de los insectos y en muchos peces, moluscos y anfibios. En la incompleta, los ejemplares jóvenes se parecen a los adultos y van transformándose gradualmente mediante **mudas**;

A B C D E F G H I J K L M N Ñ O P Q R S T U V W X Y Z

como ocurre en los saltamontes, que pasan por tres estados sin tener un periodo de pupa.

metano *m.* QUÍM Hidrocarburo saturado, gaseoso a temperatura ambiente, que es uno de los componentes del gas natural.

metanol *m.* QUÍM ALCOHOL metílico.

metaplasma *f.* BIOL Contenido de la célula que no es materia viva.

metástasis *f.* MED Propagación de un foco canceroso en un órgano distinto del inicial.

metatarso *m.* ANAT Esqueleto de la planta del pie, formado por cinco huesos.

metate *m.* Piedra para moler el maíz, el cacao, etc., mediante un cilindro que rueda sobre ella.

metazoo *adj.* y *m.* ZOOL Se dice de los animales cuyo cuerpo está constituido por un gran número de células especializadas y agrupadas en forma de tejidos, órganos y aparatos. Constituyen la mayoría de los animales. Conforman un subreino.

metempsicosis *f.* REL Creencia según la cual el alma del humano, después de la muerte, transmigra a otros cuerpos.

meteorito 1 *m.* ASTR Partícula sólida que se encuentra en el espacio desplazándose en una órbita elíptica alrededor del Sol. 2 ASTR Esta misma partícula que, al entrar en contacto con la atmósfera terrestre, la penetra, dando lugar a un meteoro.

meteorización *f.* GEO Alteración de las rocas de la superficie de la Tierra por la acción mecánica o química de los agentes erosivos (agua, viento, cambios de temperatura, etc.).

meteoro 1 *m.* Fenómeno luminoso que se produce por la entrada en la atmósfera planetaria de un cuerpo sólido. 2 GEO Fenómeno atmosférico como el viento, la lluvia, la nieve, el arco iris, el rayo, etc.

meteorología *f.* GEO Estudio de los fenómenos físicos que se producen en la baja atmósfera y de los elementos del clima (presión, humedad, temperatura, vientos, nubes y las precipitaciones).

meter 1 *tr.* y *prnl.* Encerrar, introducir o incluir a alguien o algo en alguna parte. 2 *tr.* Inducir a alguien a que participe en algo. 3 Encoger en las costuras de una prenda la tela que sobra. 4 Estrechar o apretar las cosas en poco espacio. 5 *prnl.* Introducirse en una parte o en un asunto sin ser llamado. 6 Introducirse en el trato y amistad de alguien. 7 Entrar en un oficio.

meticuloso, sa *adj.* Que hace las cosas con cuidado.

metido, da 1 *adj.* Concentrado, comprometido. 2 Fisgón, entrometido.

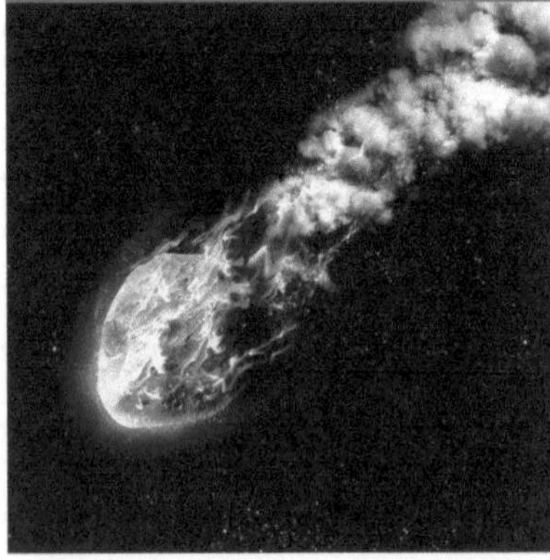

metileno *m.* Nombre comercial del **alcohol** metílico.

metílico, ca *adj.* QUÍM Se dice de los compuestos que contienen metilo.

metilo *m.* QUÍM Radical monovalente derivado del metano por pérdida de un átomo de hidrógeno.

metódico, ca 1 *adj.* Hecho con método. 2 Que usa de método.

metodismo *m.* REL Doctrina protestante que ve en la oración, la lectura en común de la Biblia y la vigilancia recíproca un método de salvación.

metodizar *tr.* Poner orden y método en algo.

método 1 *m.* Modo de realizar algo con orden. 2 Conjunto de normas, ejercicios, etc., para enseñar, aprender o realizar algo. || ~ **científico** Estudio sistemático de la naturaleza que incluye técnicas de observación, reglas para el razonamiento y la predicción, ideas sobre la experimentación planificada y modos de comunicar los resultados.

metodología *f.* Conjunto de métodos que se siguen en una investigación, un conocimiento o una interpretación.

metonimia *f.* Figura retórica que consiste en designar una cosa con el nombre de otra, como las *canas* por la *vejez*.

metopa *f.* ARQ Espacio que media entre triglifo y triglifo en el friso dórico.

metralla *f.* Munición menuda con que se cargan las piezas de artillería y otros explosivos.

metralleta *f.* Arma ligera de repetición, de cañón corto.

métrico, ca 1 *adj.* Relativo al metro o a la medida. 2 *f.* Arte que trata de la medida o estructura de los versos. || **sistema ~ decimal** Sistema de pesos y medidas que tiene por base el metro y en el cual las unidades de una misma naturaleza son 10, 100, 1000 veces mayores o menores que la principal.

metro[1] 1 *m.* Unidad básica dimensional que equivale a la longitud recorrida por un rayo de luz en el vacío durante una fracción de segundo expresada por el coeficiente 1/299 792 458. Símbolo: m. 2 Medida de un verso. 3 CINTA métrica. || ~ **cuadrado** Unidad de superficie que equivale a un cuadrado que tiene un metro de lado. ~ **cúbico** Unidad de volumen que equivale a un cubo que tiene un metro de arista.

metro[2] *m.* Tren que pone en comunicación distintas zonas de las grandes ciudades.

metrónomo *m.* MÚS Aparato que hace oscilar un péndulo y sirve para marcar el compás de una composición musical.

metrópoli *f.* Ciudad más importante de un territorio o Estado.

metropolitano, na 1 *adj.* Relativo a la metrópoli. 2 Relativo al conjunto urbano formado por una ciudad y sus suburbios.

metrosexual *adj.* y *s.* Dicho de un hombre, que se preocupa en extremo por su apariencia física.

mexica 1 *adj.* y *s.* De un pueblo amerindio que habitó el sur de México. Los mexicas que migraron al sur del país, al valle de Atzan, se consideran el pueblo azteca. • U. t. c. s. pl. 2 Originario de México o relacionado con los antiguos aztecas.

mezanine *m.* Entrepiso situado entre la primera y la segunda planta de un edificio.

mezcal 1 *m.* PITA, planta. 2 Aguardiente elaborado con una variedad de esta planta.

mezcalina *f.* QUÍM Alcaloide alucinógeno y adictivo que se obtiene de una variedad de mezcal o del peyote.

mezcla 1 *f.* Acción y efecto de mezclar. 2 Sustancia obtenida de la mezcla de otras. 3 ARGAMASA. 4 CIN Técnica de acoplar diálogos, efectos sonoros y música en la banda sonora de una película. 5 FÍS Agregación o incorporación de varias sustancias que no tienen entre sí acción química.

mezclador, ra 1 *m.* y *f.* Persona que mezcla. 2 Máquina o herramienta que sirve para mezclar.

mezclar 1 *tr.* y *prnl.* Juntar o incorporar una cosa con otra. 2 Juntar o unir varias cosas. 3 *prnl.* Introducirse en un ambiente social ajeno.

mezquita *f.* ARQ y REL Edificio islámico destinado a la oración. En general, en este se distinguen los siguientes elementos: el patio de abluciones (*sahn*), un muro y patio que miran en dirección a La Meca (*quibla*) y el espacio cubierto para la oración, en cuyo centro suele estar situado el *mihrab,* un nicho cuya finalidad es orientar hacia La Meca.

mi[1] *m.* MÚS Tercera nota de la escala musical.

mi[2]**, mis** *adj. pos.* Apócope de *mío, mía, míos, mías.* • Solo se emplea antepuesto al sustantivo.

mí Forma del pronombre personal de primera persona en género masculino o femenino y número singular. • Se usa siempre con preposición.

miasmas *m. pl.* Efluvio que se desprende de materias corruptas o aguas estancadas.

mica *f.* GEO Silicato que forma láminas finas y flexibles, de diversa coloración. Tiene aplicaciones industriales por su elasticidad, sus propiedades aislantes y su baja conductividad térmica.

micción *f.* Acción de orinar.

micelio *m.* BIOL Talo de los hongos, formado por hifas entrelazadas; puede ser laxo o constituir un agregado denso.

micénico, ca *adj.* HIST y ART Relativo a la antigua ciudad de Micenas y su cultura.

☐ HIST y ART La civilización micénica se desarrolló en la Grecia continental en torno a la ciudad de Micenas, entre los ss. XV a.C. y XII a.C. Su arquitectura se caracterizó por la distribución cuadrilonga de los palacios en torno a una sala principal, la fortificación de las ciudades y los enterramientos circulares. Se desarrolló la pintura al fresco, con escenas de batallas y cacerías. La cerámica era estilizada y su decoración se basaba en motivos de la naturaleza.

mico, ca *m.* y *f.* Mono de cola larga.

micología *f.* BIOL Especialidad que estudia los hongos.

micoplasma *m.* BIOL Género de microorganismos del reino Móneras que se caracteriza por carecer de pared celular. Estos microorganismos son parásitos de las mucosas y producen enfermedades respiratoria.

micorriza *f.* BIOL Asociación simbiótica entre un conjunto de hifas de un hongo y las raíces de ciertas plantas. Las hifas ayudan a las plantas a conseguir nutrientes del suelo, como fósforo o nitrógeno, y el hongo recibe carbohidratos.

micosis *f.* MED Infección causada por hongos.

micra *f.* Medida que equivale a la milésima parte del milímetro.

microbio *m.* BIOL MICROORGANISMO.

microbiología *f.* BIOL Especialidad que estudia los microorganismos.

microbiota *f.* ECOL Conjunto de organismos microscópicos (algas, protozoos, bacterias) que viven en el suelo y contribuyen a la transformación química de la materia orgánica.

microbús *m.* Autobús pequeño.

microcefalia *f.* MED Tamaño reducido del cráneo, coincidente con una atrofia del cerebro.

microcircuito *m.* **Electrón** Circuito integrado muy pequeño dispuesto sobre un sustrato aislante.

microclima *m.* GEO Conjunto de condiciones climáticas particulares de un espacio de extensión reducida, determinado por el relieve, la altitud, el suelo y la vegetación locales.

microcosmos *m.* El ser humano considerado reflejo y resumen del universo.

microeconomía *f.* ECON Estudio de la interrelación de las acciones individuales de un comprador o una empresa.

microempresa *f.* Empresa pequeña cuya clasificación depende de cada país, que suele ser de máximo diez empleados, baja facturación y su propietario suele trabajar como empleado.

microestructura *f.* LING Conjunto de relaciones coherentes que se da entre las oraciones y los términos que conforman un texto.

microfilme *m.* Película donde se reproducen documentos fotográficamente, a tamaño muy reducido, para facilitar su archivo.

micrófono *m.* Aparato que transforma en corrientes eléctricas las vibraciones sonoras para su amplificación.

microgravedad *f.* FÍS Manifestación mínima del peso de los cuerpos ante la ausencia de gravedad.

micronutriente *m.* QUÍM Nutriente requerido en menor proporción para el crecimiento de los vegetales, como el hierro, el cobre, el manganeso, el molibdeno, el níquel y el boro, entre otros.

microonda *f.* FÍS Onda electromagnética situada entre los rayos infrarrojos y las ondas de radio convencionales, cuya longitud va desde aprox. 1 mm hasta 30 cm. Tiene aplicaciones en telecomunicaciones, en el cocinado de alimentos, etc.

microorganismo *m.* BIOL Organismo que solo puede observarse con el microscopio, como bacterias, protozoos, algas unicelulares, algunos hongos y levaduras, virus, etc.

micrópilo *m.* BIOL Pequeña abertura del óvulo por donde penetran el semen o el polen.

microprocesador *m.* **Electrón** Unidad central de tratamiento de la información constituida por microcircuitos integrados.

microrrelato *m.* Género narrativo caracterizado por su extrema brevedad.

microscópico, ca *adj.* Tan pequeño que solo puede verse con el microscopio.

microscopio *m.* ÓPT Instrumento óptico formado por un sistema de lentes que permite obtener una imagen ampliada (hasta dos mil veces) de objetos extremadamente diminutos. Consta de tres elementos fundamentales: el sistema de iluminación, el objetivo y el ocular. || ~ **electrónico** ÓPT Aquel en el que las lentes están sustituidas por campos electromagnéticos y la luz por un haz de protones. Alcanza más de 200 000 aumentos. ~ **estereoscópico** ÓPT El conformado por un par de microscopios ensamblados con el propósito de lograr una sensación de relieve.

miedo 1 *m.* Perturbación angustiosa del ánimo por un riesgo o mal real o imaginario. 2 *pl.* Aprensiones, ansiedades, recelos.

miel 1 *f.* Sustancia viscosa, amarillenta y dulce que producen las abejas a partir del néctar de las flores. 2 Néctar de las flores. 3 MELAZA.

mielina *f.* ANAT Sustancia lipoidea que envuelve el cilindro eje de algunas fibras nerviosas.

mielitis *f.* MED Inflamación de la médula espinal.

mielografía *f.* MED Radiografía del canal medular tomada después de inyectar en este una sustancia para opacar los rayos X.

miembro 1 *m.* y *f.* Persona que forma parte de una comunidad. 2 *m.* Parte de un todo. 3 ANAT Cualquiera de las extremidades articuladas con el tronco. 4 MAT Cualquiera de las dos cantidades de una ecuación separadas por el signo de igualdad (=), o de una desigualdad separadas por los signos (<) o (>). 5 Órgano sexual del hombre y algunos animales.

mientras *adv. t.* Durante el tiempo en que, en el intervalo entre.

miércoles *m.* Tercer día de la semana, entre el martes y el jueves. || ~ **de ceniza** REL Primer día de la cuaresma.

mierda 1 *f.* Excremento humano o animal. 2 Suciedad, basura.

mies *f.* Planta madura de la cual se hace el pan.

miga 1 *f.* MIGAJA. 2 Parte interior y blanda del pan, cubierta por la corteza.

migaja 1 *f.* Porción muy pequeña de algo. 2 Partícula de pan.

migración 1 *f.* Desplazamiento de un grupo humano de una zona a otra. Se compone de una **emigración** y una **inmigración**. 2 ECOL Desplazamiento periódico de ciertos animales, que coincide con el proceso reproductivo. 3 GEO Traslado de sustancias de una parte a otra del suelo.

migrante *adj.* y *s.* Se dice de una persona, que se desplaza de su lugar de origen a otro diferente.

migraña *f.* MED Cefalea con síntomas como hipersensibilidad a la luz, vómitos o vértigo.

migratorio, ria *adj.* Relativo a la migración.

mijo 1 *m.* Planta gramínea de hojas largas y flores en panoja terminal. Se usa para la alimentación humana y como forraje. 2 Grano de esta planta.

mil *adj.* Diez veces ciento. 2 *m.* Signo con que se representa este número.

milagro 1 *m.* Suceso extraordinario y maravilloso. 2 Éxito espectacular e inesperado. 3 REL Suceso sobrenatural que se presenta como el reflejo de una intervención divina. 4 TEAT Pieza breve basada en la vida de un santo.

milanesa *f.* Filete de carne empanado.

milano *m.* Ave diurna rapaz, de pico corto y alas muy largas que se alimenta de roedores pequeños, insectos y carroñas.

milenario, ria 1 *adj.* y *s.* Se dice de los que creían que el fin del mundo acaecería en el año 1000 de la era cristiana. 2 *m.* Espacio de mil años. 3 Milésimo aniversario.

milenio *m.* Periodo de mil años.

milenrama *f.* Planta herbácea compuesta de hojas con lacinias y flores en corimbos blancos.

milésimo, ma *adj.* y *s.* Se dice de cada una de las mil partes en que se divide un todo.

milhoja *f.* Pastel compuestos de varias capas de hojaldre con merengue, u otro dulce, entre una y otra capa.

miliamperio *m.* ELECTR Milésima parte del amperio. Símbolo: mA.

milibar *m.* FÍS Unidad de presión atmosférica que equivale a una milésima de bar. Símbolo: mb.

milicia 1 *f.* Servicio o profesión militar. 2 Arte de la guerra y de disciplinar a los soldados para ella.

miliciano, na *m.* y *f.* Persona de una milicia.

miligramo *m.* Milésima parte del gramo. Símbolo: mg.

mililitro *m.* Milésima parte del litro. Símbolo: ml.

milímetro *m.* Milésima parte del metro. Símbolo: mm.

militancia 1 *f.* Acción y efecto de militar 2 Conjunto de militantes.

militante *adj.* y *s.* Que milita en un sindicato o partido político.

militar[1] 1 *adj.* Relativo a la milicia. 2 POLÍT **junta** ~. 3 *m.* y *f.* Miembro del ejército.

militar[2] 1 *intr.* Servir en la milicia. 2 Ser miembro activo de un sindicato o un partido.

militarismo 1 *m.* POLÍT Predominio de lo militar en el gobierno del Estado. 2 POLÍT Doctrina que lo defiende.

militarizar *tr.* Ocupar las fuerzas militares un territorio.

milla *f.* Medida de longitud anglosajona que equivale a 1609,3 m. || ~ **náutica** Medida de longitud marina que equivale a 1852 m.

millar 1 *m.* Conjunto de mil unidades. 2 Número grande indeterminado.

millo *m.* MIJO.

millón 1 *m.* Mil millares. 2 Número muy grande indeterminado.

millonario, ria *adj.* y *s.* Muy rico, acaudalado.

millonésimo, ma *adj.* y *s.* Se dice de cada una del millón de partes iguales en que se divide un todo.

milonga *f.* FOLCL Canción popular bailable suramericana, lenta y acompañada de guitarra, parecida a la habanera.

milpiés *m.* Nombre común a numerosos artrópodos **miriápodos**.

mimar 1 *tr.* Hacer caricias y halagos. 2 Tratar con mucha condescendencia.

mimbrera *f.* Arbusto de hojas lanceoladas, flores en amentos y fruto en cápsula. Sus ramas, muy flexibles, se usan en cestería.

mimeógrafo *m.* Aparato que reproduce material impreso o escrito por medio de un estarcido de papel con una capa de parafina.

mimesis 1 *f.* Imitación de los gestos y palabras de una persona. 2 FIL En estética, imitación de la naturaleza que como finalidad esencial tiene el arte.

mimetismo 1 *m.* Acción y efecto de mimetizar o mimetizarse. 2 BIOL Propiedad de ciertos animales y plantas de adoptar el color y la forma de lo que los rodea.

mimetizarse *prnl.* Adoptar la apariencia de los seres u objetos del entorno.

mímico, ca 1 *adj.* Relativo al **mimo**[1] y sus representaciones. 2 Relativo a la mímica. 3 *f.* TEAT Arte de expresarse solo por medio de gestos y ademanes.

mimo[1] *m.* TEAT Actor que se expresa mediante mímica.

mimo[2] *m.* Caricia, demostración de ternura.

mimosa *f.* Nombre de varios árboles leguminosos de hojas compuestas, flores pequeñas y actinomorfas y fruto en legumbre.

mina 1 *f.* Yacimiento de minerales de útil explotación. 2 Excavación subterránea o a cielo abierto para extraer un mineral. 3 Aquello que abunda en cosas valiosas o de lo que puede sacarse provecho. 4 Barrita de grafito del interior del lápiz. 5 Tubito plástico que contiene la tinta en los esferográficos. || ~ **antipersonal** Bomba explosiva que, enterrada, produce su explosión al ser rozada por una persona, vehículo, etc. ~ **submarina** Torpedo fijo para la defensa contra los buques de la armada enemiga.

minar 1 *tr.* Abrir galerías bajo tierra. 2 Destruir poco a poco. 3 Colocar minas explosivas.

mineral 1 *adj.* Relativo a los minerales. 2 Obtenido de estos: *Aceite mineral.* 3 FISIOL **nutrientes** ~es. 4 *m.* GEO Sustancia natural sólida que forma parte de la corteza terrestre, de composición química específica y con características físicas particulares de color, brillo, dureza, índice de refracción, etc. Puede tener origen ígneo, sedimentario o metamórfico.

mineralización *f.* GEO Proceso edáfico de transformación de restos animales y vegetales en sustancias minerales sencillas y solubles.

mineralizar 1 *tr.* Aumentar el contenido en sales del agua. 2 *tr.* y *prnl.* Transformar una sustancia en mineral. 3 *prnl.* Cargarse las aguas subterráneas de sustancias minerales.

mineralogía *f.* GEO Parte de la geología que estudia los minerales.

minería *f.* Técnica de prospección, extracción y beneficio de las minas.

minga *f.* Reunión de amigos y vecinos para hacer algún trabajo en común, sin más remuneración que la comida y el licor que les ofrece el dueño cuando terminan.

mingitorio *m.* Orinal en forma de columna.

miniar *tr.* ART Pintar miniaturas.

miniatura 1 *adj.* Se dice de lo que, respecto a otros de su especie, es de muy reducidas dimensiones. 2 *f.* ART Pintura de tamaño pequeño. 3 Todo objeto de pequeñas dimensiones. 4 Modelo a escala muy reducida.

minicuento *m.* Cuento breve.

minifalda *f.* Falda muy corta.

minifundio *m.* ECON Finca rústica de pequeña extensión y baja productividad, de carácter familiar y orientada al autoconsumo y con una economía complementada con otros trabajos.

minimalismo *m.* ART Estilo que simplifica al mínimo sus medios de expresión; la obra se reduce a estructuras geométricas sencillas y a modalidades elementales de materia y color.

minimizar 1 *tr.* Quitar importancia a algo. 2 INF Reducir, con un clic en el ratón, una ventana para convertirla en un ícono.

mínimo, ma 1 *adj.* Se dice de lo que es tan pequeño en su especie que no lo hay menor ni igual. 2 ECON **salario** ~. 3 *m.* y *f.* Límite o extremo a que se puede reducir algo.

minio *m.* QUÍM Óxido de plomo, de color rojo anaranjado, usado como base de pigmentos y en anticorrosivos.

miniserie *f.* TV Serie de televisión de pocos capítulos.

ministerio 1 *m.* Cada uno de los departamentos del poder ejecutivo de un Estado. 2 Edificio en que se hallan sus oficinas 3 Cargo de un ministro. 4 REL Servicio eclesial derivado del sacramento del orden. || ~ **público** Órgano público de la administración de justicia, encargado de velar por el interés del Estado, de la sociedad y de los particulares.

ministro, tra 1 *m.* y *f.* Responsable de cada uno de los ministerios de un Estado. 2 Responsable de ciertas funciones en las comunidades religiosas. 3 **consejo** de ~s.

minoico, ca 1 *adj.* Relativo a la antigua Creta. 2 HIST y ARQ Referente a la civilización prehelénica de esta isla.

□ HIST y ART La civilización minoica se desarrolló en la isla de Creta entre el III milenio a.C. y el s. XI a.C. Sobresale el palacio de Cnosos, que tenía una altura de tres o cuatro pisos. Entre sus pinturas llaman la atención las escenas del salto del toro. La caída de esta civilización coincidió con el periodo más próspero de la civilización micénica.

minoría 1 *f.* Parte de una colectividad que difiere de la mayoría por etnia, lengua, religión, etc. 2 Grupo de personas de ideas divergentes en una colectividad.

minorista *m.* Comerciante que vende al por menor.

minoritario, ria *adj.* y *s.* Que pertenece a la minoría.

minucia *f.* Cosa pequeña o sin importancia.

minucioso, sa *adj.* Que pone gran cuidado y esfuerzo en las cosas más pequeñas.

minuendo *m.* MAT Cantidad de la que ha de restarse otra.

minueto 1 *m.* Antigua danza de origen francés, muy difundida en el s. XVIII. 2 MÚS Música de esta danza.

A B C D E F G H I J K L M N Ñ O P Q R S T U V W X Y Z

minúsculo, la 1 *adj.* De muy pequeñas dimensiones, o de muy poca entidad. 2 *adj.* y *f.* Se dice de la letra que es menor que la mayúscula y que se emplea en la escritura constantemente, sin más excepción que la de los casos en que se debe emplear **mayúscula**.

minusválido, da *adj.* y *s.* Se dice de la persona que tiene una incapacidad física.

minusvalorar *tr.* SUBESTIMAR.

minuta 1 *f.* Borrador o copia de un documento. 2 Menú de una comida.

minutero *f.* Manecilla que señala los minutos en el reloj.

minuto 1 *m.* Unidad de tiempo, sexagésima parte de una hora, que equivale a 60 segundos. Símbolo: min. 2 GEOM Medida de ángulo igual a la sexagésima parte de un grado cuando el círculo se divide en 360 grados. Los símbolos que representan las diferentes unidades son 1° (un grado) y 1' (un minuto).

mío, a, míos, as 1 Pronombre posesivo de primera persona en género masculino y femenino y número singular y plural. 2 Con *lo*, lo característico o indicado de una persona.

miocardio *m.* ANAT Parte muscular del corazón, entre el pericardio y el endocardio.

mioceno *adj.* y *m.* GEO Se dice de la época del periodo terciario que siguió al **paleoceno** y abarcó entre 26 y 12 millones de años. Se terminaron de formar los grandes sistemas montañosos y la fauna incluyó mastodontes, rinocerontes, felinos, el caballo y algunos grandes simios.

miología *f.* ANAT Disciplina que estudia el sistema muscular.

mioma *m.* MED Tumor formado de tejido muscular.

miopía *f.* MED Defecto de la visión que consiste en que los rayos luminosos paralelos convergen en un punto anterior a la retina.

miosina *f.* BIOL Proteína fibrosa y abundante que interviene en la contracción muscular al mezclarse con la actina.

miosotis *f.* NOMEOLVIDES.

mira 1 *f.* Pieza de un instrumento donde se fija la mirada para asegurar la puntería, medir u observar. 2 Intención, finalidad.

mirada 1 *f.* Acción de mirar. 2 Modo de mirar.

mirador, ra 1 *adj.* Que mira. 2 *m.* Lugar desde donde se mira.

miraguano *m.* Palmera de poca altura cuyos frutos tienen una materia semejante al algodón.

miramiento 1 *m.* Atención en la ejecución de algo. 2 Respeto en el trato.

mirar 1 *tr.* y *prnl.* Fijar la vista en alguien o algo. 2 *tr.* Observar. 3 Tener una finalidad. 4 Estar situada una cosa o una parte de esta enfrente de otra. 5 Cuidar, atender. 6 Averiguar, buscar algo.

miríada *f.* Cantidad grande e indefinida.

miriápodo *adj.* y *m.* ZOOL Se dice de los artrópodos terrestres mandibulados, con respiración traqueal, dos antenas y cuerpo largo con numerosos segmentos, la mayoría de los cuales lleva apéndices locomotores.

mirilla 1 *f.* Abertura en una pared o en una puerta para observar quién llama. 2 MIRA de algunos instrumentos.

miriñaque *m.* Prenda rígida, a veces con un armazón metálico, que se llevaba bajo las faldas para darles vuelo.

mirlo *m.* Pájaro de unos 25 cm de largo, plumaje oscuro y pico amarillo. Muy apreciado por su canto.

mirón, na *adj.* y *s.* Que mira demasiado y con curiosidad.

mirra *f.* Gomorresina roja, aromática, frágil, obtenida de varios árboles. Se usa en perfumería.

mirto *m.* Arbusto dicotiledóneo de hojas opuestas, flores hermafroditas, blancas y axilares, y fruto en baya.

misa 1 *f.* REL Ceremonia ritual católica y anglicana, en memoria de la muerte y resurrección de Jesucristo. 2 MÚS Composición monódica o polifónica con textos propios de la ceremonia religiosa, para interpretarse durante su celebración. || **~ negra** Parodia de la misa católica que rinde culto a Satán o al demonio.

misal *m.* Libro que contiene los textos de la misa.

misandria *f.* Aversión a los varones.

misántropo, pa *m.* y *f.* Persona que aborrece el trato con los demás.

miscelánea *f.* Mezcla de cosas diversas.

miserable 1 *adj.* Desdichado, infeliz. 2 Pobre, indigente.

miseria 1 *f.* Falta de lo imprescindible, pobreza extremada. 2 Avaricia, mezquindad.

misericordia *f.* Virtud que inclina el ánimo a compadecerse de las penas ajenas.

misiá (Tb. misia) *f.* Tratamiento que equivale al de señora.

misil *m.* Proyectil provisto de una cabeza explosiva, propulsado por un cohete o reactor, o guiado por un sistema de orientación.

misión 1 *f.* Acción de enviar. 2 Facultad que se da a alguien de ir a desempeñar un cometido. 3 Comisión dada por un Gobierno a un diplomático. 4 Cosa realizada por alguien por creer que es su deber. 5 Expedición por tierras poco exploradas. 6 REL Propagación de la doctrina evangélica que hace la Iglesia en un territorio de mayoría no cristiana o de adoctrinamiento de los fieles en países cristianos. 7 Conjunto de sacerdotes y religiosos enviados con esta finalidad. 8 Lugar en donde residen.

misionero, ra 1 *adj.* Relativo a las misiones. 2 *m.* y *f.* Persona de una orden religiosa que hace misiones.

misiva *f.* Escrito que contiene un mensaje.

mismo, ma 1 *adj.* y *pron. dem.* Indica igualdad respecto a lo mencionado. 2 Se añade a los pronombres personales y adverbios para darles énfasis.

misoginia *f.* PSIC Aversión a las mujeres.

misquito, a *adj.* y *s.* De un pueblo amerindio de Nicaragua y Honduras. Antiguamente ocupó una zona del interior, pero se desplazaron a la costa de los Mosquitos, donde se mezclaron con esclavos de origen africano. • U. t. c. s. pl.

misterio 1 *m.* Cosa incomprensible o inexplicable. 2 REL En el catolicismo, verdad que debe ser objeto de fe. 3 REL Cada uno de los pasos de la vida, pasión y muerte de Jesucristo.

misterioso, sa *adj.* Que implica o incluye misterio.

mística *f.* REL Parte de la teología que trata de la unión del humano con la divinidad.

misticismo 1 *m.* REL Conocimiento personal inmediato, directo e intuitivo de Dios o de una realidad esencial. 2 REL Estado de la persona que se dedica mucho a Dios o a las cosas espirituales. 3 REL **MÍSTICA**.

místico, ca 1 *adj.* Perteneciente a la mística. 2 *adj.* y *s.* Que se dedica a la vida espiritual. 3 Que escribe o trata de mística.

mistificar *tr.* Engañar, embaucar.

mita *f.* HIST Sistema de trabajo que movilizaba gran cantidad de obreros y ejecutaba grandes obras públicas en beneficio del Imperio incaico. Continuó durante el virreinato de Perú.

mitad *f.* Cada una de las dos partes iguales en que se divide un todo.

mitayo *m.* Indígena que trabajaba para una mita.

mítico, ca *adj.* Relativo al mito.

mitificar *tr.* y *prnl.* Convertir en mito.

mitigar *tr.* y *prnl.* Moderar, aplacar, calmar.

mitin *m.* Reunión pública donde se discuten públicamente asuntos políticos o sociales.

mito 1 *m.* MIT Narración de origen oral y de contenido simbólico que transmite valores y creencias de una cultura. 2 Idealización de un hecho o de un personaje histórico. 3 Creencia reputada como irrealizable. 4 Quimera, producto de la imaginación.

mitocondria *f.* BIOL Cada uno de los gránulos o filamentos que en la célula realizan la síntesis de las proteínas. Convierte los nutrientes en **ATP**.

mitología 1 *f.* MIT Conjunto de mitos de un pueblo o de una cultura. 2 Ciencia que estudia los mitos.

mitomanía *f.* PSIC Tendencia a inventar hechos falsos.

mitón *m.* Guante sin dedos para abrigar o proteger la mano.

mitosis *f.* BIOL Proceso de división de los cromosomas y el citoplasma de la célula que da lugar a la formación de dos células hijas. Se distinguen cuatro fases: **profase, metafase, anafase** y **telofase**.

mitra *f.* Especie de gorro puntiagudo usado por arzobispos, obispos, etc.

mitral 1 *adj.* En forma de mitra. 2 ANAT **válvula** tricúspide o ~.

mixteca *adj.* y *s.* De un pueblo amerindio que actualmente habita en diversos estados mexicanos y cuya cultura floreció entre los ss. IX y XVI. Sobresalió en el arte del mosaico, en orfebrería y cerámica y en la elaboración de códices. • U. t. c. s. pl.

mixto, ta 1 *adj.* y *m.* Compuesto o formado de elementos de varias clases. 2 MAT **número** ~. 3 *adj.* Que comprende personas de distinto sexo o de distinta procedencia y formación.

mixtura *f.* **MEZCLA**, sustancia obtenida de la mezcla de otras.

mnemotécnico, ca 1 *adj.* Que sirve para auxiliar a la memoria. 2 *f.* Método por medio del cual se forma una memoria artificial. En general, consiste en estructurar de forma inteligible elementos complejos no estructurados.

moabita *adj.* y *s.* De un pueblo semita que se estableció al E del mar Muerto (h. 1300 a.C.). Según la Biblia, descendía de Moab, hijo de Lot. • U. t. c. s. pl.

mobiliario, ria *m.* Conjunto de muebles de una casa.

moca 1 *m.* Café de muy buena calidad, procedente de la ciudad de Moka, en Yemen. 2 Crema de café, mantequilla, vainilla y azúcar.

mocasín[1] *m.* Calzado plano, ligero y sin cordones que cubre el pie.

mocasín[2] *m.* Ofidio americano de hasta 1,5 m de largo.

mocedad *f.* Época de la vida desde la pubertad hasta la madurez.

mochar 1 *tr.* Cortar, arrancar o desgajar la parte superior de algo. 2 Eliminar una parte de una obra artística o literaria. 3 Amputar.

mochica *adj.* y *s.* De un pueblo amerindio cuya cultura se desarrolló en la costa N del Perú, entre los ss. I y VII aprox. Se caracterizaron por el alto nivel de desarrollo agrícola, por el dominio de técnicas artesanales (metalurgia, cerámica, tejido) y por su arquitectura monumental. • U. t. c. s. pl.

mochila 1 *f.* Especie de saco con correas que se lleva a la espalda, colgado de los hombros, usado para llevar provisiones y enseres por excursionistas, soldados, etc. 2 Saco que se lleva terciado o suspendido desde el hombro.

mocho, cha *adj.* Que carece de punta o de la debida terminación.

mochuelo *m.* Ave estrigiforme de 20 cm a 21 cm de largo, cabeza y ojos grandes, pico ganchudo y plumaje pardo.

moción 1 *f.* Propuesta hecha en una reunión, asamblea, etc. 2 GRAM Expresión del género mediante un cambio en la terminación: *Perro, perra.*

moco *m.* FISIOL Líquido espeso que segregan las mucosas, formado por agua, sales inorgánicas, células epiteliales y leucocitos.

moda 1 *f.* Uso social, durante un breve periodo, de una forma de vestir, una tendencia ideológica o artística, etc. 2 En estadística, valor de la característica de mayor frecuencia en un espacio muestral.

modal 1 *adj.* GRAM Relativo a los modos gramaticales. 2 *m. pl.* Acciones externas de una persona.

modalidad *f.* Modo de ser o de manifestar algo.

modelado 1 *m.* Acción y efecto de modelar. 2 ART En pintura, relieve, grabado, etc., recurso usado para dar sensación de volumen. 3 ART Acción de realizar el modelo en barro o cera de una escultura. 4 GEO Morfología de un terreno en función de la acción de los agentes erosivos. || ~ **costero** GEO El que resulta de la erosión de las fuerzas marinas sobre las líneas costeras. ~ **desértico** Geo El creado como consecuencia de la acción del aire y de las corrientes de agua en regiones áridas. ~ **fluvial** Geo El originado por la acción de las aguas de los cauces de una cuenca fluvial, que erosionan, transportan y depositan sedimentos.

modelaje 1 *m.* Acción de modelar. 2 Actividad profesional de los modelos que exhiben prendas de vestir.

modelar 1 *tr.* Formar una figura con una materia blanda. 2 Art Representar un relieve. 3 *tr.* y *prnl.* Ajustarse a un modelo.

modelismo *m.* Construcción a escala reducida de aviones, barcos, trenes, etc.

modelo 1 *m.* Persona o cosa que se sigue o imita. 2 Cosa diseñada para ser imitada, copiada o reproducida. 3 Representación en pequeño de alguna cosa. 4 PROTOTIPO. 5 Cosa cuya imagen se representa. 6 Esquema teórico de un sistema o realidad compleja que se elabora para facilitar su comprensión y estudio. 7 *m.* y *f.* Persona que exhibe prendas de vestir. 8 Persona que dibuja, pinta, fotografía, etc., un artista.

módem *m.* Inf Equipo de comunicación entre computadores que convierte las señales digitales del emisor en otras analógicas susceptibles de enviarse por teléfono.

moderación *m.* Cordura, sensatez, sobriedad.

moderado, da 1 *adj.* Que tiene moderación. 2 Que guarda el medio entre los extremos.

moderador, ra 1 *adj.* y *s.* Que modera. 2 *m.* y *f.* Persona que dirige una discusión, una asamblea, etc. 3 *m.* Fís Sustancia usada en los reactores nucleares para frenar los neutrones.

moderar *tr.* y *prnl.* Templar, equilibrar, atemperar.

moderato 1 *adv. m.* Mús Con movimiento de velocidad intermedia entre el del andante y el del alegro. 2 *m.* Composición que se ha de ejecutar con ese movimiento.

modernidad *f.* Cualidad de moderno.

modernismo 1 *m.* Afición a lo moderno. 2 Art Estilo de las dos últimas décadas del s. XIX y la primera del s. XX que favoreció el desarrollo de la decoración de interiores y de las artes aplicadas. 3 Lit Movimiento hispanoamericano de renovación literaria cuyo origen está marcado por la publicación de *Azul*, del nicaragüense Rubén Darío, en 1888.

□ Lit El modernismo se concretó en la renovación del léxico y en las innovaciones lingüísticas, especialmente rítmicas. El preciosismo, el exotismo y la alusión a tiempos idos (caballería, cortes francesas, incas y aztecas, las monarquías china y japonesa) crearon el paisaje modernista. En narrativa, optó por la novela histórica o las crónicas de alucinación y locura. Además del ya nombrado R. Darío, se destacaron L. Lugones, R. Jaimes Freyre, J. Herrera y Reissig, J. E. Rodó, E. Larreta y E. Gómez Carrillo, entre otros.

modernizar *tr.* y *prnl.* Dar aspecto moderno.

moderno, na 1 *adj.* Reciente, que existe o vive desde hace poco tiempo. 2 Hist **edad ~**.

modestia *f.* Virtud que modera el juicio de una persona sobre sus cualidades o capacidades.

modesto, ta 1 *adj.* y *s.* Que tiene modestia. 2 *adj.* Sencillo, común. 3 De escasos recursos económicos.

módico, ca *adj.* Moderado, escaso, limitado.

modificación 1 *f.* Acción y efecto de modificar o modificarse. 2 Biol Cambio que por influencia del medio se produce en la morfología y fisiología de un ser vivo y que no se transmite por herencia.

modificar 1 *tr.* y *prnl.* Alterar alguna característica de alguien o algo. 2 Transformar una cosa cambiando alguno de sus accidentes.

modismo *m.* Ling Expresión cuyo significado no se deduce directamente de las palabras que la forman; ejemplos: *De armas tomar* por *que muestra resolución; sin ton ni son* por *fuera de orden*.

modista *m.* y *f.* Persona que hace o diseña vestidos de mujer.

modo 1 *m.* Aspecto que presenta una acción o un ser. 2 Manera de hacerse algo. 3 MODALES. 4 Gram Categoría gramatical de la conjugación que presenta la actitud o el punto de vista del hablante ante la acción verbal; son: **condicional**, **imperativo**, **indicativo**, **infinitivo** y **subjuntivo**. 5 Inf Cada uno de los métodos mediante los cuales se pueden emplear un computador y sus periféricos.

modulación 1 *f.* Acción y efecto de modular. 2 Entonación en el habla. 3 Fís Modificación de las características de una onda para transmitir una señal. 4 Mús Paso de un tono musical a otro.

modulada *adj.* Fís **frecuencia ~**.

modulador, ra *adj.* y *s.* Que modula.

modular[1] 1 *tr.* Dar con buena entonación inflexiones variadas a la voz. 2 *intr.* Cambiar de tono al hablar o al cantar. 3 Mús Pasar de una tonalidad a otra. 4 Fís Efectuar la modulación.

modular[2] *adj.* Relativo al módulo.

módulo 1 *m.* Medida tomada como unidad para las proporciones de algo. 2 Elemento prefabricado para ser agrupado con otros semejantes: *Un mueble por módulos.* 3 Unidad de un vehículo espacial capaz de funcionar independientemente: *Módulo lunar.* 4 Arq Diseño que se repite en una construcción, para hacerla más fácil, regular y económica. 5 Geom Longitud del segmento que define un vector. 6 Mat Valor absoluto de una cantidad.

mofa *f.* Burla, escarnio.

mofarse *prnl.* Hacer mofa.

mofeta *f.* Mamífero mustélido de cuerpo robusto y pelaje blanco y negro; despide un olor fétido como defensa.

moharra *f.* Punta de la lanza.

mohicano, a *adj.* y *s.* De una tribu amerindia que habitaba en el valle central del Hudson. Este pueblo guerrero practicaba la caza y la pesca para su subsistencia. • U. t. c. s. pl.

mohín *m.* Mueca o gesto.

mohíno, na *adj.* Triste, melancólico, disgustado.

moho 1 *m.* Biol Nombre de varios hongos formados por micelios filamentosos, los cuales producen una especie de rizoides que penetran en la materia orgánica secretando enzimas y absorbiendo agua, azúcares digeridos y almidones. 2 Biol Crecimiento velloso producido por estos hongos sobre la superficie de los cuerpos orgánicos, a los que descompone.

moisés *m.* Cuna portátil de mimbre y lona.

mojar 1 *tr.* y *prnl.* Humedecer, empapar. 2 *tr.* Apuñalar.

mojarra *f.* Pez dulciacuícola tropical de gran importancia alimentaria y económica en África, Asia y América, donde se cultiva. Mide alrededor de 30 cm de largo.

mojicón *m.* Pan bañado en azúcar.

mojiganga 1 *f.* Espectáculo de danza, canto y pantomima. 2 Bullicio, diversión.

mojigato, ta 1 *adj.* y *s.* Que aparenta humildad o sumisión. 2 Santurrón, beato.

mojón 1 *m.* Señal que marca un camino, o los límites de un territorio. 2 Señal en un despoblado para que sirva de guía.

mol *m.* Quím Unidad definida como la cantidad de cualquier sustancia cuya masa expresada en gramos es numéricamente igual al peso atómico de esa sustancia.

mola *f.* Blusa confeccionada con telas de distintos colores superpuestas.

molar 1 *adj.* y *m.* Anat Se dice del diente adaptado para triturar. 2 Anat Cada uno de los tres pares de dientes situados detrás de los premolares a cada lado de las mandíbulas. 3 *adj.* Quím Relativo a la molécula gramo o mol. 4 Apto para moler.

molaridad *f.* Quím Concentración de una solución expresada en el número de moles disueltos por litro de disolución.

molde 1 *m.* Pieza que permite reproducir una figura mediante materia derretida o blanda que en ella se vacía. 2 Todo instrumento que sirve para estampar o para dar forma o cuerpo a algo.

moldear 1 *tr.* Vaciar una materia para conseguir un molde. 2 Echar material derretido o blando en un molde para formar una figura.

moldura *f.* Parte saliente de perfil uniforme que decora un edificio, un mueble, etc.

mole *f.* Guisado de carne cuya base es una salsa de chile y ajonjolí.

molécula *f.* Quím Estructura formada por un número determinado de átomos, dispuestos de una forma siempre igual, y que constituye la menor unidad que puede existir de un cuerpo en estado libre. Durante las reacciones químicas, las moléculas se unen y dividen, dando lugar a nuevas moléculas. || ~ **gramo** Quím **mol**.

molecular *adj.* Quím. Relativo a las moléculas.

moler 1 *tr.* Reducir a polvo. 2 Exprimir la caña de azúcar en el trapiche. 3 Cansar, fatigar. 4 Destruir, maltratar.

molestar 1 *tr.* y *prnl.* Causar molestia. 2 *tr.* Fastidiar, enojar.

molestia 1 *f.* Circunstancia o acción que perturba el estado físico o anímico. 2 Enfado, fastidio, desagrado.

molibdeno *m.* Quím Elemento metálico que se emplea en la fabricación de filamentos resistentes a altas temperaturas. Punto de fusión: 2610 °C. Punto de ebullición: 5560 °C. Núm. atómico: 42. Símbolo: Mo.

molicie *f.* Afición al regalo y la comodidad.

molienda 1 *f.* Acción de moler. 2 Temporada que dura la operación de moler la aceituna, la caña de azúcar, etc.

molinero, ra 1 *adj.* Perteneciente al molino. 2 *m.* y *f.* Persona que trabaja en un molino.

molinete 1 *m.* Juguete que se compone de un palo en cuya punta hay una cruz o una estrella de papel que gira al impulso del aire. 2 **torniquete**, aparato para acceder a un espacio público.

molinillo *m.* Utensilio que consiste en un palo con una rueda gruesa y dentada en su extremo inferior, usado para batir bebidas.

molino 1 *m.* Máquina para moler, quebrantar, machacar, elevar agua, laminar o estrujar. 2 Lugar donde hay un molino.

mollar *adj.* Blando, fácil de partir.

molleja *f.* Zool Segundo estómago de las aves, donde los alimentos se trituran.

mollera *f.* Parte más elevada de la cabeza.

molusco *adj.* y *m.* Zool Se dice de los animales de simetría bilateral y cuerpo dividido en cabeza (con tentáculos táctiles), pie musculoso, masa visceral y **manto**. Viven en las aguas marinas y dulces, y algunas especies en tierra firme, aunque necesitan un cierto grado de humedad. Muchos poseen concha. Conforman un filo que incluye **gasterópodos**, **bivalvos** y **cefalópodos**, entre otras clases.

momentáneo, a *adj.* Que dura muy poco.

momento 1 *m.* Porción muy breve de tiempo. 2 Fracción de tiempo que se singulariza por una circunstancia concreta. 3 Ocasión propicia. 4 Tiempo actual o presente. 5 Fís Producto de la intensidad de una fuerza por su distancia a un punto o a una línea o por la distancia de su punto de aplicación a un plano.

momia *f.* Cadáver desecado que no entra en putrefacción y puede conservarse mucho tiempo.

momificar *tr.* y *prnl.* Convertir en momia un cadáver.

mona *f.* **mono**.

monacal *adj.* Relativo a los monjes.

monacato *m.* Rel Modo de vida practicado por monjes que, apartados del mundo, dedican sus vidas, tanto solos como integrados en una comunidad, a la perfección espiritual.

monadelfo, fa 1 *adj.* Bot Se dice de la flor de estambres soldados por los filamentos en un solo cuerpo. 2 Bot Se dice de estos estambres.

monaguillo *m.* Niño que ayuda en la misa.

monarca¹ *m.* Soberano de un Estado monárquico, que gobierna, generalmente, de manera vitalicia y hereditaria.

monarca² *f.* Mariposa de alas color castaño rojizo con bordes y venas negras y dos hileras de puntos blancos, con una envergadura de unos 10 cm. Emigra en grandes grupos desde el norte de Norteamérica hasta México y el N de América del Sur.

A B C D E F G H I J K L M N Ñ O P Q R S T U V W X Y Z

monarquía 1 *f.* POLÍT Forma de gobierno vitalicio en que el poder es ejercido por un monarca designado, generalmente, según orden hereditario. 2 POLÍT Etapa que dura ese régimen y Estado que lo tiene. || ~ **absoluta** HIST Consecuencia de la autoritaria, aquella en la que el poder soberano estaba legitimado por un sistema jurídico y lo justificaba en su origen divino. ~ **autoritaria** HIST La que surgió en Europa a la declinación del feudalismo, cuando se inició la recuperación del poder por el monarca. Tomó forma definitiva (s. XVI) con la creación de ejércitos permanentes y la centralización administrativa. ~ **constitucional** o **parlamentaria** HIST La que estipula el sometimiento del poder del monarca a la Constitución y al parlamento, a través del cual el pueblo es el que ejerce la soberanía. Surgió como consecuencia de las revoluciones europeas de los ss. XVII y XVIII, que encaminaron sus pretensiones a limitar o suprimir la monarquía absoluta. ~ **feudal** HIST Aquella en la que el poder estaba repartido entre varios señores feudales, aunque teóricamente estaba detentado por el monarca. Predominó en Europa durante el Medioevo hasta el s. XIV. Periodos similares tuvieron lugar en China e India. ~ **teocrática** HIST La propia de algunas civilizaciones antiguas, como la egipcia, en la que el faraón era la encarnación de la divinidad.

monárquico, ca 1 *adj.* Relativo al monarca o a la monarquía. 2 *adj.* y *s.* Partidario de la monarquía.

monasterio *m.* Lugar donde vive una comunidad de monjes o monjas.

monástico, ca *adj.* Perteneciente al estado de los monjes o al monasterio.

mondadientes *m.* Palillo para limpiar los dientes.

mondar *tr.* Quitar la cáscara, la corteza, la piel o la vaina de los frutos.

mondongo 1 *m.* Intestinos y panza de las reses. 2 Sopa compuesta principalmente de trozos de mondongo, acompañada de diversos tipos de tubérculos y verduras y, eventualmente, arroz.

moneda 1 *f.* Dinero, caudal. 2 ECON Pieza metálica acuñada, usada para realizar transacciones y, por extensión, billete o papel de curso legal. Desempeña cuatro funciones principales: unidad de cuenta, medio de cambio, medida de valor e instrumento para el ahorro.

monedero *m.* Saquito o cartera para llevar dinero en metálico.

mónera *adj.* y *s.* BIOL Se dice de los organismos unicelulares caracterizados por poseer organización procariota, principalmente las **bacterias** y las **cianobacterias**. Conforman un reino.

☐ BIOL Los organismos del reino Móneras se distinguen de otros porque sus células carecen de cloroplastos, mitocondrias y flagelos complejos y por no presentar reproducción sexual. Aparecieron en la Tierra antes de que la atmósfera tuviera oxígeno disponible. Ciertas bacterias actuales, de hecho, son capaces de vivir sin oxígeno y, en determinados casos, no pueden sobrevivir en su presencia.

monería *f.* Acción graciosa de un niño.

monetario, ria 1 *adj.* Relativo a la moneda y al dinero. 2 ECON **unidad** ~.

monetarismo *m.* ECON Doctrina que propone la desregulación de la actividad económica, la libre circulación de capitales, la reducción de la presión fiscal y la supresión del salario mínimo.

monetizar *tr.* ECON Dar curso legal como moneda a billetes de banco u otros instrumentos de pago.

mongol, la 1 *adj.* y *s.* De un pueblo cuyos individuos actuales habitan en la República de Mongolia, Rusia y China. • U. t. c. s. pl. 2 *m.* LING Lengua de los mongoles.

☐ El pueblo mongol fue unificado a comienzos del s. XIII por Gengis Kan, quien acaudilló la conquista de China septentrional, Manchuria, Asia central, el S de Rusia y la mayor parte de los actuales Irán y Afganistán. Sus sucesores invadieron Europa oriental y completaron la conquista de China, adonde Kublai Kan trasladó su capital (Pekín) desde 1264. Allí fundó la dinastía Yuan y organizó sus dominios en una serie de **kanatos** vinculados por lazos étnicos y económicos.

mongolismo *m.* MED **SÍNDROME** de Down.

mongoloide *adj.* y *s.* Se dice de la persona que por sus rasgos recuerda la fisonomía de los mongoles, especialmente en la oblicuidad de los ojos.

monigote 1 *m.* Persona influenciable. 2 Muñeco, títere. 3 Pintura o dibujo mal hecho.

monitor[1], ra 1 *m.* y *f.* Persona que guía el aprendizaje deportivo, cultural, científico, etc. 2 *m.* INF Pantalla de un computador.

monitor, ra[2] *m.* **VARANO**.

monitorear *tr.* Observar atentamente el curso de un proceso para detectar posibles fallos o garantizar su buena marcha.

monje, ja *m.* y *f.* Individuo de una orden religiosa que vive en un monasterio.

mono, na 1 *adj.* Pulido, fino, bonito. 2 *adj.* y *s.* Se dice del pelo rubio y también del que lo tiene. 3 *m.* Nombre genérico con que se designa a los primates. 4 Figura humana o de animal, hecha de cualquier materia, pintada o dibujada, especialmente humorística. 5 Traje de faena que consta de cuerpo y pantalones en una pieza.

monocito *m.* FISIOL Leucocito no granuloso que ingiere sustancias extrañas no bacterianas durante las infecciones crónicas.

monoclamídeo, a *adj.* y *s.* BOT Se dice de la flor que posee una sola clase de envoltura floral, cáliz o corola.

monoclinal *adj.* GEO Se dice del pliegue geológico que se produce solo en una dirección.

monocorde *adj.* MÚS Se dice de la sucesión de sonidos que repiten una misma nota.

monocordio *m.* MÚS Instrumento de caja armónica y una sola cuerda tendida sobre varios puentecillos.

monocotiledóneo, a *adj.* y *f.* BOT Se dice de las plantas angiospermas caracterizadas por crecer exclusivamente por el centro y por tener su embrión un solo cotiledón. Suelen ser de consistencia herbácea, como lirios, orquídeas, gramíneas y palmeras. Conforman una clase.

monocromático, ca *adj.* MONOCROMO.

monocromo, ma *adj.* De un solo color.

monóculo *m.* Lente para un solo ojo.

monocultivo *m.* Cultivo único de una especie vegetal en una región determinada.

monodia *f.* Mús Canto de una sola voz con acompañamiento musical.

monofásico, ca *adj.* Electr Se dice de la corriente eléctrica que cambia de sentido dos veces en cada periodo.

monofisismo *m.* Rel Doctrina que sostiene que después de la encarnación solo existe en Cristo la naturaleza divina, en oposición a la que proclamaba las dos, divina y humana.

monofonía *f.* Mús Música con una sola línea melódica.

monogamia 1 *f.* Cualidad de monógamo. 2 Régimen familiar que hace del matrimonio la unión de un solo hombre con una sola mujer.

monógamo, ma 1 *adj.* y *s.* Que tiene solo un cónyuge. 2 Que se ha casado una sola vez. 3 Zool Se dice de los animales que se aparean únicamente con un individuo del otro sexo.

monografía *f.* Descripción y tratado especial de una ciencia o de un asunto particular de ella.

monograma *m.* Dibujo formado con el nombre o las iniciales de una persona, entidad, etc.

monoico, ca *adj.* Bot Se dice de las plantas en las que los órganos reproductores masculinos y femeninos están situados en partes diferentes.

monolingüe *adj.* Que habla una lengua.

monolítico, ca 1 *adj.* Relativo al monolito. 2 Formado por una sola piedra. 3 De una cohesión perfecta.

monolito *m.* Monumento de piedra de una sola pieza.

monólogo 1 *m.* SOLILOQUIO. 2 Lit Obra dramática en que habla un solo personaje. || ~ **interior** Lit Técnica empleada para expresar la realidad, con la cual se revelan los pensamientos, sentimientos y actos del personaje.

monómero *m.* Quím Molécula simple capaz de combinarse con ella misma o con otras afines para formar polímeros. Es fundamental en la industria de los plásticos.

monomio *m.* Mat Expresión algebraica que consta de un solo término.

monomotor *adj.* y *s.* Que tiene un solo motor. Se dice especialmente de los aviones.

monoparental *adj.* Dícese de una familia, constituida solo por el padre o la madre y sus hijos.

monopatín *m.* Artículo deportivo que consta de una tabla de entre 50 cm y 84 cm de largo, dos ejes y cuatro ruedas.

monoplano *m.* Aeroplano cuyas alas forman un mismo plano.

monoplaza *m.* Automóvil con un solo asiento.

monopolio 1 *m.* Posesión exclusiva de un bien o un derecho. 2 Econ Forma de mercado en que la oferta de un producto o servicio se concentra en un solo vendedor, que controla su precio. || ~ **de cártel** o **cartel** Econ CARTEL[2]. ~ **holding** Econ HOLDING. ~ **natural** Econ El que se da cuando existe una única empresa para una industria. ~ **por fusión** Econ El que se da cuando de asocian distintas empresas que controlan distintas etapas del proceso productivo de un mismo producto, como la empresa petrolífera que posee campos de petróleo, refinerías, compañías de transporte y gasolineras. ~ **trust** Econ TRUST.

monopolizar 1 *tr.* Acaparar algo de manera exclusiva. 2 Econ Tener la exclusiva explotación de un negocio.

monopsonio *m.* Econ Situación en que hay un solo comprador para determinado producto o servicio.

monorriel *m.* Tren o sistema de transporte que se desliza sobre un solo carril.

monosacárido *adj.* y *m.* Quím Se dice del azúcar cristalizable que tiene de tres a siete átomos de carbono, como la glucosa.

monosílabo, ba *adj.* y *s.* Gram Se dice de la palabra de una sola sílaba.

monospermo, ma *adj.* Bot Se dice del fruto que solo contiene una semilla.

monoteísmo *m.* Rel Creencia en la unidad de la divinidad, o en un solo dios. Es un firme principio en el cristianismo, el islam y el judaísmo.

monoteísta 1 *adj.* Relativo al monoteísmo. 2 *adj.* y *s.* Rel Que profesa el monoteísmo.

monotelismo *m.* Rel Herejía del s. VII que admitía en Cristo las dos naturalezas, divina y humana, pero solo una voluntad divina.

monotipia *f.* Art Técnica de grabado en la que se hace un dibujo al óleo sobre una lámina de vidrio o de metal, sobre la que se pone un papel que, al separarse, resulta en una estampa única e irrepetible.

monotipo *m.* Art Estampa obtenida por el proceso de monotipia.

monotonía 1 *f.* Igualdad de tono en la voz o en la música. 2 Falta de variedad, rutina.

monotrema *adj.* y *m.* Zool Se dice de los mamíferos caracterizados por poner huevos en vez de parir crías, como el ornitorrinco y el equidna. Conforman un orden.

monovalente *adj.* Quím Que posee una sola valencia.

monóxido *m.* Quím Cada uno de los óxidos cuya molécula contiene un átomo de oxígeno. || ~ **de carbono** Quím y Ecol Compuesto químico de carbono y oxígeno; es un gas venenoso, incoloro e inodoro que al inhalarse se combina con la hemoglobina, e impide la absorción de oxígeno y produce asfixia. Es el principal componente del aire contaminado en las áreas urbanas.

monseñor *m.* Tratamiento dado a ciertos cargos o dignidades eclesiásticas o nobiliarias.

monserga 1 *f.* Lenguaje confuso. 2 Discurso enfadoso y molesto.

monstruo 1 *m.* Ser vivo de conformación anormal en su especie. 2 Cosa grande y extraordinaria. 3 Ser fabuloso de cuentos y leyendas. || ~ **de Gila** Lagarto venenoso de las áreas desérticas de Norteamérica. Su cuerpo exhibe una coloración negra con tubérculos de color rosa, anaranjado, amarillo o negro.

monstruoso, sa 1 *adj.* Excesivamente grande o extraordinario. 2 Muy feo. 3 Muy censurable.

monta 1 *f.* Acción y efecto de montar. 2 Hablando de los cuadrúpedos domésticos, lugar o tiempo en que el macho cubre a la hembra.

montacargas *m.* Ascensor para elevar pesos.

montaje 1 *m.* Acción y efecto de montar o combinar las piezas de una máquina. 2 Combinación de las diversas partes de un todo. 3 Lo que no responde a la realidad. 4 Grabación sonora hecha combinando dos o más grabaciones. 5 CIN y TV Selección y unión de las secuencias de una película. 6 FOT Fotografía conseguida con trozos de otras fotografías. 7 TEAT Ajuste o coordinación de los elementos de la representación teatral.

montanismo *m.* REL Doctrina cristiana del s. II que proclamaba un riguroso ascetismo y negaba el reingreso en la Iglesia a los que pecaban mortalmente.

montante 1 *m.* Pieza vertical donde se asienta algo. 2 Listón que divide el vano de una ventana.

montaña *f.* GEO Zona de la superficie elevada respecto al terreno que la rodea, delimitada por pendientes más o menos empinadas. Normalmente forma parte de agrupaciones que reciben el nombre de sierras.

montañismo *m.* DEP Deporte que consiste en escalar altas montañas.

montañoso, sa 1 *adj.* Relativo a las montañas. 2 Abundante en ellas. || **cadena** ~ GEO Sucesión alineada de sistemas montañosos. **sistema** ~ GEO Conjunto de varias sierras, tanto si están estrechamente relacionadas en alineaciones paralelas como si se agrupan en forma de cadena.

montar 1 *intr.* y *prnl.* Subir encima de una cosa. 2 *tr.* e *intr.* Subir en un caballo o vehículo. • U. t. c. prnl. 3 *tr.* e *intr.* Ir sobre un vehículo. 4 CABALGAR, ir montado en un caballo. 5 *tr.* Armar debidamente las piezas de un aparato o una máquina. 6 Poner en una casa todo lo necesario para habitarla, o en un negocio, para que empiece a funcionar. 7 Engastar piedras preciosas. 8 Poner las armas de fuego en condiciones de disparar. 9 Cubrir el macho a la hembra. 10 CIN, TEAT y TV Realizar el montaje. 11 *intr.* Ponerse o estar una parte de una cosa cubriendo parte de otra.

montaraz *adj.* Que anda por los montes o se ha criado en estos.

monte 1 *m.* Tierra inculta cubierta de arbustos y matas. 2 GEO MONTAÑA. || ~ **bajo** ECOL Ecosistema en el que domina una vegetación leñosa, relativamente baja y enmarañada, de matas y arbustos. ~ **de Venus** 1 ANAT Pubis de la mujer. 2 ANAT Eminencia de la palma de la mano en la raíz del dedo pulgar.

montera 1 *f.* Prenda para abrigo de la cabeza. 2 MARQUESINA.

montería *f.* Arte de cazar.

montículo *m.* Monte pequeño y aislado.

monto *m.* En contabilidad comercial, suma de varias partidas.

montón *m.* Conjunto desordenado de cosas puestas unas encima de otras.

montonera *f.* Montón, gran cantidad.

montura 1 *f.* Bestia en que se puede cabalgar. 2 Conjunto de arreos de una caballería. 3 Soporte de los instrumentos ópticos.

monumental *adj.* Excelente, grande o excesivo.

monumentalismo *m.* Tendencia a lo monumental.

monumento 1 *m.* Obra escultórica o arquitectónica, conmemorativa de una persona o un hecho. 2 Cualquier obra arquitectónica notable. 3 Obra científica o literaria de gran valor. 4 REL Lugar donde se expone la eucaristía en Jueves Santo.

monzón *m.* GEO Sistema de vientos originado por la oscilación de la temperatura, que rige en el SE de Asia y E de África, donde constituye el suceso climático dominante, aportando lluvias que dan gran fertilidad al suelo.

monzónico *adj.* Relativo al monzón.

moño 1 *m.* Ovillo que se hace con el cabello para tenerlo recogido o como adorno. 2 Lazo de cintas.

moqueo *m.* Secreción nasal constante.

moqueta *f.* Tejido fuerte para cubrir muebles, suelos o paredes.

moquillo *m.* Enfermedad catarral de perros y gatos, de origen bacteriano.

mora[1] *f.* Tardanza en cumplir una obligación.

mora[2] 1 *f.* Fruto del moral, de unos 2,5 cm de largo, formado por la agregación de globulillos blandos, agridulces, de color morado casi negro. 2 Fruto de la morera, muy parecido al anterior, pero blancuzco.

morabita 1 *adj.* y *m.* REL Se dice de los miembros de una orden ascética musulmana surgida del sufismo. 2 *m.* Sepulcro en el que está enterrado un santo ermitaño.

morabito *m.* Ermita en que vive un morabita.

morada 1 *f.* Casa o habitación. 2 Residencia continuada en un lugar.

morado, da 1 *adj.* y *m.* De color entre carmín y azul. 2 *m.* Mancha morada y oscura de la piel por un golpe o presión.

moral[1] 1 *adj.* Relativo a la forma y a los modos de la vida de las personas en relación con el bien y el mal. 2 Relativo al mundo de la conciencia. 3 *f.* Doctrina de la conducta y de las acciones humanas en orden a su bondad o maldad. 4 Conjunto de normas morales. 5 Estado de ánimo, individual o colectivo. 6 Enseñanza que se puede sacar de un discurso, un cuento, una fábula, etc.

moral[2] *m.* Arbusto de tallos sarmentosos provistos de aguijones; hojas de cinco folíolos, flores blancas o róseas y fruto en drupa.

moraleja *f.* Enseñanza que se deduce de una narración.

moralidad 1 *f.* Conformidad con los preceptos de la moral. 2 Cualidad de las acciones humanas que las hace buenas.

moralismo *m.* Predominio de la moral en una doctrina.

moralista 1 *m.* y *f.* Estudioso de temas de moral. 2 Persona que acostumbra dar consejos morales.
moralizar 1 *tr.* y *prnl.* Reformar las costumbres, haciéndolas morales. 2 *intr.* Dar consejos morales.
morar *intr.* Habitar habitualmente en un lugar.
moratoria *f.* DER Suspensión legal del pago de una deuda durante un periodo determinado.
morbidez *f.* Cualidad de mórbido, blando, suave.
mórbido, da 1 *adj.* Que padece enfermedad o la ocasiona. 2 Blando, suave: *Labios mórbidos.*
morbilidad *f.* Número proporcional de personas enfermas en población y tiempo determinados.
morbo *m.* Sentimiento de atracción hacia lo cruel, lo desagradable o lo prohibido.
morboso, sa 1 *adj.* Que tiene inclinación al morbo. 2 Se dice de lo que lo suscita. 3 Que causa enfermedad o concierne a ella.
morcilla *f.* Embutido de sangre cocida, con arroz, cebolla, etc.
mordaz *adj.* Que critica con acritud e ingenio.
mordaza *f.* Instrumento que se pone en la boca para impedir el hablar.
morder 1 *tr.* y *prnl.* Asir y apretar algo con los dientes. 2 *tr.* Gastar poco a poco o quitar partes pequeñas de algo.
mordido, da 1 *adj.* Menoscabado, escaso, incompleto. 2 *f.* Dinero obtenido de un particular por un funcionario, con abuso de las atribuciones de su cargo.
mordiente 1 *m.* Sustancia que se utiliza para fijar el color con que se tiñe algo. 2 QUÍM AGUAFUERTE.
mordisco 1 *m.* Acción de morder. 2 Pedazo que se saca de una cosa mordiéndola.
mordisquear *tr.* Morder con frecuencia algo sin hacer presa o sacando porciones muy pequeñas.
morena *f.* Pez de 1 m de largo, cuerpo cilíndrico alargado, sin aletas pectorales y con la dorsal y la anal unidas con la cola, y boca con fuertes dientes.
moreno, na 1 *adj.* De color oscuro. 2 *adj.* y *s.* Se dice de la piel menos clara en la raza blanca.
morera *f.* Árbol entre 10 m y 15 m de alto, hojas dentadas, flores unisexuales en espigas e infrutescencias comestibles. Sus hojas sirven de alimento a los gusanos de seda.
morfema *m.* LING Parte de una palabra que constituye la unidad mínima con significado gramatical, como *-a*, que indica el género, y *-s*, que indica el plural, en la palabra *niñas* o *-ba*, que indica modo y tiempo, y *-n*, que indica número y persona, en la palabra *jugaban*.
morfina *f.* QUÍM Alcaloide del opio que se usa como analgésico y crea fácilmente dependencia.
morfología 1 *f.* BIOL Estudio de la estructura y forma de los seres vivos y de las modificaciones que experimentan. 2 GEO Estudio de las formas externas del relieve y de su origen y formación. 3 GRAM Estudio de la estructura interna, la forma y los procesos de formación y variación de las palabras.
morfológico, ca *adj.* Relativo a la morfología.
morfosintáctico, ca *adj.* Relativo a la morfosintaxis.
morfosintaxis *f.* LING Parte de la gramática que integra la morfología y la sintaxis.
morgue *f.* Depósito de cadáveres.
moribundo, da *adj.* y *s.* Que está muriendo o a punto de morir.
moriche *m.* Palmera intertropical americana de cuyo tronco se saca una fécula alimenticia y de cuya corteza se hacen cuerdas muy fuertes.

morir 1 *intr.* y *prnl.* Acabar la vida. 2 Acabar del todo algo. 3 Sentir intensamente algo: *Morir de hambre, de risa.* 4 *intr.* Cesar algo en su curso, detenerse.
morisco, ca *adj.* y *s.* HIST Se dice de los musulmanes que después de la reconquista de España (1492), y habiéndose convertido al cristianismo, se quedaron en esta, y de sus descendientes.
mormón, na *adj.* y *s.* REL Se dice de los miembros de la Iglesia de Jesucristo y de los Santos del Último Día, fundada en Nueva York en 1830 por J. Smith. Sus fieles consideran que solo su religión cuenta con autoridad verdadera y con un total consentimiento divino.
mormonismo *m.* REL Doctrina de los mormones.
moro, ra 1 *adj.* y *s.* Natural de la parte del África septentrional, frontera de España. 2 Que profesa la religión islámica. 3 Se dice de los musulmanes que estuvieron asentados en España desde el s. VIII hasta el XV. 4 *adj.* Relativo a la España musulmana.
morocho, cha *m.* y *f.* Persona morena o de pelo negro.
morosidad *f.* Falta de actividad o puntualidad.
moroso, sa 1 *adj.* Que incurre en morosidad. 2 Que la denota.
morral *m.* MOCHILA que se lleva a la espalda.
morralla *f.* Conjunto de cosas menudas y de poco valor.
morrena *f.* GEO Acumulación de fragmentos de roca y arcilla transportados y depositados por un glaciar.
morrión 1 *m.* Casco antiguo de la armadura, de bordes levantados. 2 Antiguo gorro militar alto y con visera.
morro 1 *m.* Hocico de un animal. 2 Montículo o peñasco redondeado.
morrocota *f.* Moneda antigua de oro o de plata y tamaño grande.
morrocoy *m.* Tortuga de caparazón oscuro, cabeza de tamaño mediano y hocico no sobresaliente, con un pequeño garfio en la mandíbula superior.
morsa *f.* Mamífero pinnípedo de grandes colmillos que vive en manadas en la zona limítrofe con los hielos boreales. Su peso oscila entre 800 kg y 1700 kg.
morse *m.* Sistema de telegrafía que utiliza un código de rayas y puntos.
mortadela *f.* Embutido grueso que se hace con carne de cerdo y vaca.
mortaja *f.* Vestidura en que se envuelve un cadáver.

mortal 1 *adj.* y *s.* Que ha de morir o sujeto a la muerte. 2 Por antonomasia, se dice del ser humano. 3 *adj.* Que puede causar la muerte. 4 Fatigoso, abrumador. 5 REL **pecado ~**.

mortalidad 1 *f.* Cualidad de mortal. 2 En demografía, número proporcional de defunciones en población o tiempo determinados. || **~ infantil** En demografía, número proporcional de defunciones de niños desde su nacimiento hasta los nueve años de edad dentro de un periodo determinado.

mortandad *f.* Multitud de muertes causadas por una epidemia, un cataclismo o una guerra.

mortecino, na 1 *adj.* Se dice del animal muerto naturalmente. 2 Bajo, apagado, sin vigor.

mortero 1 *m.* Utensilio a manera de vaso, para machacar sustancias. 2 Mezcla de cal o cemento con arena y agua para unir ladrillos o piedras y para revocar paredes. 3 Pieza de artillería de gran calibre y corto alcance.

mortífero, ra *adj.* Que puede causar la muerte.

mortificar 1 *tr.* y *prnl.* Someter las pasiones castigando el cuerpo. 2 Zaherir o causar pesadumbre o molestia.

mortuorio, ria *adj.* Relativo al muerto o a las honras fúnebres.

morueco *m.* Carnero padre.

mórula *f.* BIOL Masa esférica de células que resulta de la primera segmentación del huevo fecundado al iniciarse el desarrollo embrionario.

mosaico[1], ca *adj.* Perteneciente a Moisés.

mosaico[2], ca 1 *adj.* y *m.* Se dice del suelo de baldosas en el piso de los edificios. 2 Lámina en que se agrupan retratos. 3 Nombre de varias enfermedades que manchan las hojas de las plantas. 4 ART Se dice de la decoración de una superficie mediante la incrustación de trozos de piedra, mármol, vidrio, etc. 5 BIOL Organismo formado por dos o más clases de tejidos genéticamente distintos. 6 INF Aparición simultánea de distintos documentos en la pantalla de un computador.

mosca 1 *f.* Nombre común de varias especies de insectos **dípteros**, con las alas posteriores transformadas en balancines, patas finalizadas en uñas o ventosas y aparato bucal chupador. Muchas especies ponen los huevos en la carne u otros residuos domésticos, o bien parasitan al ganado. 2 Cebo para pescar. 3 *adj.* y *s.* DEP Se dice de la categoría del boxeo que incluye a los deportistas que pesan hasta 51 kg.

moscardón *m.* Nombre común de varios insectos dípteros, del tipo de la mosca, de cuerpo oscuro y velloso.

moscatel 1 *adj.* y *s.* Variedad de uva de granos aovados y muy dulces. 2 *adj.* Se dice del vino que se hace de ella.

mosco 1 *m.* MOSQUITO. 2 MOSCA.

mosquero *m.* Multitud de moscas.

mosquete *m.* Arma de fuego antigua, especie de fusil, que se disparaba apoyándola sobre una horquilla.

mosquetón *m.* Anilla que se abre y cierra mediante un muelle.

mosquitero 1 *m.* Colgadura de cama, hecha de gasa, para evitar picaduras de mosquitos. 2 Tela de metal o plástico colocada en puertas y ventanas para evitar la entrada de insectos.

mosquito *m.* Insecto **díptero** de cuerpo estrecho, largas antenas, abdomen delgado, alas y patas largas. La hembra posee un aparato bucal perforador para succionar la sangre; el del macho, que se alimenta de néctar, es rudimentario. Algunas especies inyectan microorganismos infecciosos y transmiten enfermedades como la malaria, la fiebre amarilla y el dengue.

mostacho *m.* Bigote grande y espeso.

mostaza 1 *f.* Planta de 1 m de altura aprox., de hojas alternas, flores amarillas en espiga y fruto en silicua con varias semillas negras y muy pequeñas. 2 Salsa que se hace con la semilla de estas plantas.

mosto *m.* Zumo de uva sin fermentar.

mostrador *m.* Mesa o tabla que hay en las tiendas para presentar o despachar los géneros.

mostrar 1 *tr.* Exponer a la vista. 2 Explicar, dar a conocer algo. 3 Manifestar una pasión o un sentimiento. 4 *prnl.* Darse a conocer.

mostrenco, ca *adj.* Se dice de los bienes sin dueño conocido que se atribuyen al Estado.

mota 1 *f.* Nudillo que se forma en el paño. 2 Partícula de hilo que se pega a los vestidos.

mote[1] *m.* SOBRENOMBRE.

mote[2] *m.* Maíz cocido con sal.

motear *tr.* Salpicar de motas o pintas un tejido.

motejar *tr.* Censurar las acciones de alguien con motes o apodos.

motel *m.* Establecimiento de hostelería que facilita alojamiento en apartamentos con garaje y entrada independiente para estancias de corta duración.

motete *m.* MÚS Composición vocal religiosa para coro y orquesta y, no siempre, voces solistas.

motilidad *f.* BIOL Capacidad de un organismo para realizar movimientos complejos y coordinados.

motilón, na *adj.* y *s.* De un pueblo amerindio colombo-venezolano que habita desde la cordillera de Perijá (NE de Colombia) hasta la orilla O del lago Maracaibo. • U. t. c. s. pl.

motín *m.* Levantamiento popular contra una autoridad.

motivación *f.* Acción y efecto de motivar.

motivar *tr.* Dar causa o motivo para algo.

motivo 1 *m.* Causa o razón que impulsa a realizar algo. 2 Dibujo que se repite en una decoración. 3 MÚS Breve fragmento que puede transformarse y desarrollarse a lo largo de una obra.

moto *f.* MOTOCICLETA.

motobomba *f.* Bomba impulsada por un motor que sirve para elevar, transportar o comprimir fluidos.

motocicleta *f.* Vehículo automóvil de dos ruedas con uno o dos sillines.

motociclismo *m.* DEP Deporte de los aficionados a la motocicleta en el que dependiendo de la cilindrada del motor se establecen distintas categorías.

motocross (Voz fr.) *m.* DEP Carrera de motocicletas en terrenos muy accidentados.

motocultivador *m.* Arado con motor de arrastre.

motonáutica *f.* DEP Deporte de carreras con lanchas de motor.

motonieve *f.* Vehículo motorizado con tracción de oruga diseñado para desplazarse por la nieve.

motor, ra 1 *adj.* Que produce movimiento. 2 ANAT y FISIOL Se dice de las estructuras anatómicas relacionadas con el sistema **locomotor** o directamente con el movimiento. 3 ANAT y FISIOL **nervio ~**. 4 *m.* Lo que comunica movimiento o es causa de acción. 5 Máquina que transforma energía en trabajo mecánico. || ~ **de búsqueda** INF Página electrónica especializada en hacer índices de contenido, a medida que el usuario demanda información sobre un tema específico. ~ **de explosión** En el que se logra calor mediante la explosión del combustible dentro del cilindro. ~ **de gasolina** El de explosión en el que la carga de aire se carbura mediante gasolina pulverizada por un carburador o por inyección. ~ **de reacción** Aquel en que la acción mecánica es producida por reacción al proyectarse al exterior uno o varios chorros gaseosos a gran velocidad. ~ **diésel** El de explosión en el que la mezcla de aire y combustible entra en ignición por el calor producido con la presión en el cilindro. ~ **eléctrico** El que transforma la energía eléctrica en trabajo mecánico. ~ **fuera de borda** Pequeño motor provisto de una hélice que se coloca en la parte exterior de la popa de pequeñas embarcaciones.

motorismo *m.* DEP Serie de deportes en que se utiliza un vehículo de motor.

motorista *m.* y *f.* Persona que guía un vehículo automóvil y cuida del motor.

motorizar *tr.* y *prnl.* Dotar de medios mecánicos de tracción.

motricidad *f.* FISIOL Conjunto de funciones de los órganos de los sistemas **locomotor** y **nervioso** que permiten la movilidad y coordinación de los miembros y la locomoción.

motriz *adj.* Que mueve.

movedizo, za *adj.* Inseguro inestable.

mover 1 *tr.* y *prnl.* Hacer que un cuerpo cambie de posición. 2 *tr.* Menear, agitar. 3 Dar motivo para algo; persuadir, inducir e incitar a ello. 4 Hacer que algo marche o funcione. 5 Alterar, cambiar. 6 Provocar, desencadenar. 7 *prnl.* Ocuparse en hacer lo necesario para conseguir algo. 8 Desenvolverse en un determinado ambiente, actividad, ocupación, etc.

movible 1 *adj.* Que puede moverse o ser movido. 2 Se dice de la fiesta que la Iglesia celebra en un día diferente cada año.

movido, da 1 *adj.* Intranquilo, agitado, ajetreado. 2 FOT Borroso, que no se distingue claramente. 3 *f.* Movimiento, actividad.

móvil 1 *adj.* MOVIBLE, que puede moverse. 2 TELÉFONO celular. 3 Sin estabilidad. 4 *m.* Motivo, causa. 5 ART Escultura caracterizada por la aparente inestabilidad de sus elementos, que entran en movimiento por la acción del aire, del tacto o de un motor pequeño. 6 FÍS Cuerpo en movimiento.

movilidad *f.* Cualidad de movible.

movilizar *tr.* y *prnl.* Poner en actividad o movimiento algo: *Movilizar las tropas.*

movimiento 1 *m.* Acción de moverse o ser movido. 2 Tráfico, circulación, animación: *Movimiento de una calle.* 3 Corriente de opinión o tendencia artística de

un época determinada. 4 Variación numérica en las estadísticas, cuentas, precios, etc. 5 FÍS Variación de la posición de un cuerpo con el tiempo, relativa a otras posiciones. 6 MÚS Cada una de las secciones de una composición extensa. || ~ **acelerado** FÍS En el que la velocidad aumenta con el tiempo. ~ **armónico simple** FÍS El rectilíneo con aceleración variable producido por las fuerzas que se originan cuando un cuerpo se separa de su posición de equilibrio. ~ **compuesto** FÍS El que resulta de la concurrencia de dos o más fuerzas en diverso sentido. ~ **continuo** FÍS El que se pretende hacer durar por tiempo indefinido sin gasto de energía. ~ **de rotación** ROTACIÓN. ~ **de traslación** TRASLACIÓN. ~ **ondulatorio** FÍS En el que hay transporte de energía pero no de materia, como el que efectúa la superficie del agua, o las partículas de un medio elástico, al paso de las ondas. ~ **retardado** FÍS En el que la velocidad disminuye con el tiempo. ~ **simple** FÍS El que resulta del impulso de una sola fuerza. ~ **turbulento** FÍS El de un fluido en el que la presión y velocidad en cada punto fluctúan irregularmente. ~ **uniforme** FÍS En el que la velocidad de traslación o de rotación permanece constante. ~ **variado** FÍS En el que la velocidad no es constante.

□ FÍS Las leyes del movimiento de Newton son: **1a. ley:** *Todo cuerpo continúa en su estado de reposo o de movimiento uniforme y rectilíneo si sobre este no actúa ninguna fuerza.* **2a. ley:** *La aceleración de un objeto es directamente proporcional a la fuerza externa que actúa sobre este e inversamente proporcional a la masa del objeto.* Su expresión es $F = m \cdot a$. Donde a corresponde a la aceleración, F, a la fuerza y m, a la masa. **3a. ley:** *Cuando un cuerpo ejerce una fuerza sobre otro, este último reracciona con igual fuerza sobre aquel.*

moviola *f.* CIN y TV Máquina para examinar y montar películas.

moya *f.* Vasija de barro.

mozárabe 1 *adj.* y *s.* HIST Se dice de los cristianos que vivieron bajo la dominación musulmana desde la invasión árabe (711) hasta finales del s. XI. 2 *adj.* Relativo a los mozárabes.

mozo, za 1 *adj.* y *s.* JOVEN, de poca edad. 2 *m.* y *f.* JOVEN, que está en la juventud. 3 Persona que sirve en oficios modestos. 4 Camarero.

mucamo, ma 1 *m.* y *f.* Sirviente de una casa. 2 En hospitales y hoteles, persona encargada de la limpieza.

A B C D E F G H I J K L M N Ñ O P Q R S T U V W X Y Z

muchacho, cha 1 *m.* y *f.* Persona que se halla en la mocedad. 2 Empleada o empleado del servicio doméstico.

muchedumbre *f.* Abundancia de personas o cosas.

mucho, cha 1 *adj.* Abundante, numeroso, que excede a lo normal o necesario. 2 *adv. c.* Con abundancia, en gran cantidad; de gran valor. 3 Antepuesto a otros adverbios, indica comparación: *Mucho antes; mucho después; mucho más; mucho menos.* 4 *adv. t.* Empleado con verbos expresivos de tiempo, denota larga duración.

mucílago *m.* Sustancia viscosa que segregan algunas plantas.

mucosa *f.* Anat y Fisiol Membrana que tapiza las cavidades interiores del cuerpo, provista de glándulas que segregan moco.

mucosidad 1 *f.* moco. 2 Sustancia viscosa parecida al moco.

muda 1 *f.* Acción de mudar. 2 Ropa que se muda de una vez. 3 Tiempo o acto de cambiar la pluma o la piel ciertos animales.

mudanza 1 *f.* Acción y efecto de mudar o mudarse. 2 Traslado de los muebles de una casa o habitación a otra.

mudar 1 *tr.* Caer las hojas de los árboles. 2 Efectuar un ave la muda de la pluma. 3 Cambiar periódicamente la piel las culebras y otros animales. 4 *intr.* Variar de conducta o parecer. 5 *prnl.* Ponerse otra ropa o vestido. 6 Dejar la casa que se habita y pasar a vivir en otra.

mudéjar 1 *adj.* y *s.* Hist Se dice de los musulmanes que seguían viviendo en los territorios que pasaban a poder cristiano durante la Reconquista española. 2 *adj.* Arq Se dice del estilo que floreció en España desde el s. XIII al XVI, caracterizado por la fusión de elementos románicos y góticos con el arte árabe.

mudez 1 *f.* Imposibilidad de hablar. 2 Silencio deliberado y persistente.

mudo, da 1 *adj.* y *s.* Privado de la facultad de hablar. 2 *adj.* Muy silencioso o callado.

mueble 1 *m.* Cada uno de los enseres que sirven para la comodidad o adorno en las casas. 2 Der **bienes ~s**.

mueca *f.* Gesto del rostro con que se expresa un sentimiento o sensación.

muela 1 *f.* Disco de piedra que gira sobre una base para moler lo que se echa en medio. 2 Anat Cada uno de los dientes posteriores a los caninos, que sirven para moler y triturar los alimentos. || **~ cordal** Anat La que ocupa el último lugar de cada mandíbula y suele nacer en la edad adulta.

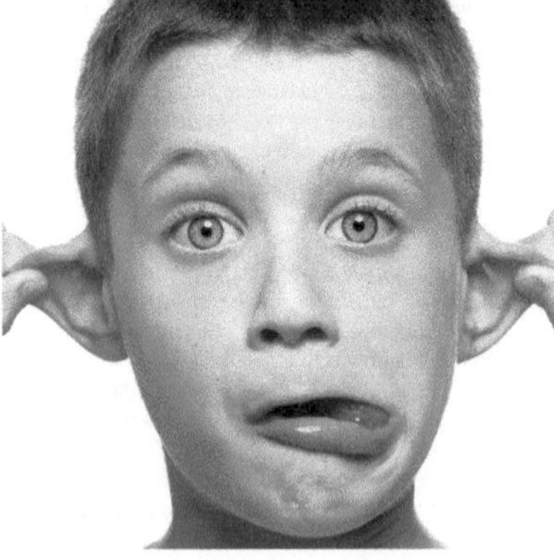

muelle[1] 1 *adj.* Blando, elástico, suave. 2 *m.* Pieza elástica en espiral, generalmente metálica, que recobra su posición inicial después de comprimirse.

muelle[2] 1 *m.* Construcción en la orilla del mar, río o lago, para el amarre y refugio de las embarcaciones. 2 Andén de las estaciones de ferrocarril, para carga y descarga. || **~ aéreo** El que en los aeropuertos se destina para la carga y descarga de mercancía o para el embarque y desembarque de pasajeros.

muérdago *m.* Planta que vive parásita sobre los troncos y ramas de los árboles, y cuyo fruto es una baya pequeña llena de un jugo pegajoso.

muerte 1 *f.* Cesación o término de la vida. 2 Hecho de matar violentamente: *Le dio muerte a su vecino.* 3 Figura del esqueleto humano como símbolo de la muerte; suele llevar una guadaña. || **~ celular** Biol Proceso constante de autoeliminación de las células como respuesta a lesiones físicas o genéticas o a una infección viral. La célula se disgrega en fragmentos que son devorados por las células vecinas mediante fagocitosis.

muerto, ta 1 *adj.* y *s.* Que está sin vida. 2 *adj.* Apagado, sin actividad. 3 Especificativo de ciertas locuciones que se definen en sus sustantivos: *Letra muerta; punto muerto.* 4 Ling **lengua ~**. 5 Art **naturaleza ~**.

muesca *f.* Concavidad o hueco en una cosa para encajar otra.

muestra 1 *f.* Porción de algo para su examen o para conocer su calidad. 2 Modelo que se ha de copiar o imitar. 3 Señal, demostración, prueba. 4 En estadística, conjunto de individuos extraídos de una población, con el fin de inferir características de toda la población.

muestral *adj.* Relativo a una muestra estadística.

muestrario *m.* Colección de muestras de mercancías.

muestreo 1 *m.* Selección de muestras representativas de un conjunto para inferir el valor de una o varias cualidades de aquel. 2 Técnica empleada para esta selección.

mufla *f.* Horno pequeño para realizar pruebas preliminares a la cocción o fundición definitivas.

muflón *m.* Mamífero artiodáctilo de pelaje pardo y, en el macho, grandes cuernos arqueados hacia atrás.

muftí *m.* Intérprete de los textos jurídicos islámicos.

mugido *m.* Voz del toro y de la vaca.

mugir *intr.* Dar mugidos.

mugre 1 *f.* Grasa o suciedad. 2 Basura. 3 Cosa sin valor.

muisca *adj.* y *s.* De un pueblo amerindio que en la época precolombina desarrolló una notable cultura en el altiplano andino de los departamentos de Cundinamarca y Boyacá, en la actual Colombia. • U. t. c. s. pl.

□ Hist Los muiscas se organizaron en reinos fuertemente jerarquizados, al frente de los cuales estaba un **zaque** o un **zipa**, y de los que dependían, a su vez, una serie de cacicazgos. Practicaban la minería de sal, la agricultura, tejían telas de algodón y eran grandes orfebres. Desarrollaron una cerámica con motivos zoomorfos y antropomorfos. La llegada de los conquistadores españoles en 1536 derrumbó sus estructuras políticas y sociales.

mujer 1 *f.* Persona del sexo femenino. 2 La que ha llegado a la pubertad o a la edad adulta. 3 La casada, con relación al marido.

mujerzuela *f.* prostituta.

mujik *m.* Campesino ruso.

mula 1 *f.* MULO. 2 Contrabandista de droga en pequeñas cantidades.

muladar *m.* Lugar donde se echa estiércol o basura.

muladí *adj.* y *s.* Se dice de los musulmanes de origen cristiano que vivieron en la península Ibérica después de la conquista musulmana.

mulato, ta *adj.* y *s.* Se dice del mestizo nacido de negra y blanco, o al contrario.

muleta 1 *f.* Palo con un travesaño extremo en que apoya la axila o el codo el que tiene dificultad para andar. 2 Palo que sostiene la tela roja que usa el torero.

muletilla *f.* Palabra o expresión que se repite innecesariamente en la conversación.

mullido, da *adj.* Blando, suave.

mullir *tr.* Ahuecar y esponjar una cosa para que se ablande.

mulo, la *m.* y *f.* Animal que resulta del cruzamiento entre asno y caballo.

multa *f.* Pena pecuniaria por una infracción.

multar *tr.* Imponer una multa.

multicultural *adj.* Caracterizado por la convivencia de varias culturas.

multidisciplinario, ria *adj.* Que implica o abarca varios saberes o disciplinas.

multiétnico, ca *adj.* Dícese de una manifestación social, artística o cultural, en la que confluyen varias etnias.

multifamiliar *adj.* y *m.* ARQ Se dice del edificio de varios apartamentos, cada uno destinado para habitación de una familia.

multilingüe 1 *adj.* Dícese de la expresión oral o escrita, que se hace en varias lenguas. 2 Presencia simultánea de varias lenguas en un contexto social, cultural o académico.

multimedia 1 *adj.* Que integra varios medios de comunicación (prensa, radio, televisión). 2 INF Se dice del equipo informático que presenta la información empleando texto, sonido, imágenes, animación y video.

multinacional 1 *adj.* Relativo a varias naciones. 2 *adj.* y *f.* ECON Se dice de la empresa cuyas actividades y capitales están repartidos en varios países.

multipartidismo *m.* POLÍT Sistema basado en la existencia de varios partidos que compiten por el gobierno del país.

multiplataforma *adj.* INF Dicho de un elemento informático o de una aplicación, que puede funcionar en distintos entornos o sistemas virtuales.

múltiple *adj.* Que comprende dos o más cosas.

multiplicación 1 *f.* Acción y efecto de multiplicar. 2 MAT Operación que consiste en hallar el producto de dos o más factores, tomando uno de ellos (multiplicando) tantas veces por sumando como unidades contiene el otro (multiplicador). Se indica con el signo 'por' (×), con un asterisco (*) o mediante un punto (·).

multiplicador, ra 1 *adj.* y *s.* Que multiplica. 2 *m.* MAT Factor de la multiplicación que indica las veces que el multiplicando se ha de tomar como sumando.

multiplicando *m.* MAT Factor que ha de multiplicarse.

multiplicar 1 *tr.* e *intr.* Aumentar considerablemente el número o la cantidad de algo. • U. t. c. prnl. 2 *tr.* y *prnl.* Reproducir por generación. 3 *tr.* MAT Realizar una multiplicación.

multiplicidad *f.* Cualidad de múltiple.

múltiplo *m.* MAT Número que contiene a otro varias veces exactamente. || **mínimo común** ~ MAT El menor de los múltiplos comunes a varios números.

multirracial *adj.* Dícese de una población, que en su composición confluyen muchas razas.

multitarea *f.* INF Modo de funcionamiento mediante el cual un computador procesa varias tareas simultáneamente.

multitud *f.* Número grande de personas o cosas.

mundano, na 1 *adj.* Relativo al mundo. 2 Que atiende excesivamente a los lujos, diversiones y placeres.

mundial *adj.* Relativo a todo el mundo, universal.

mundialización 1 *f.* Efecto por el cual un hecho, práctica o comportamiento tiene un alcance global. 2 *f.* ECON Expansión de empresas, mercados o tendencias de diversa índole, con el fin de lograr cobertura e influencia mundial.

mundillo *m.* Conjunto limitado de personas que tienen una misma posición social, profesión o quehacer.

mundo 1 *m.* Conjunto de todas las cosas. 2 La Tierra, y la esfera que la representa. 3 Parte de la sociedad humana caracterizada por alguna circunstancia común a sus individuos. 4 Sociedad humana. 5 Experiencia de la vida y del trato social: *Tener mucho mundo.* 6 Vida seglar en contraposición a la monástica. 7 REL Según la doctrina cristiana, uno de los enemigos del alma, que son las delicias, pompas y vanidades terrenas. || ~ **antiguo** Parte de la Tierra que comprende la mayor parte de Europa, Asia y África.

munición *f.* Carga que se pone en las armas de fuego.

municipal *adj.* Relativo al municipio.

municipio *m.* División administrativa que comprende un territorio y un núcleo urbano regidos por un ayuntamiento.

muñeca *f.* MUÑECO.

muñeco, ca 1 *m.* y *f.* Figurilla de niña, mujer, hombre o niño que sirve de juguete. 2 *f.* Muchacha o niña hermosa y delicada. 3 ANAT Parte donde se articula la mano con el antebrazo y cuyo esqueleto está formado por los extremos inferiores del cúbito y del radio y por el carpo.

muñequería *f.* Actividad dedicada a la confección de muñecos y muñecas.

muñón *m.* Parte de un miembro que queda después de su amputación.

mural 1 *adj.* Relativo al muro o pared. 2 *m.* ART Pintura o decoración aplicada a un muro.

muralismo *m.* ART Arte y técnica de la pintura mural.

muralla *f.* Obra defensiva que rodea una población, fuerte o territorio.

murciélago *m.* Mamífero dotado de capacidad de vuelo, con los dedos de las extremidades anteriores muy largos y cubiertos por una membrana que se une con las patas posteriores. Puede orientarse mediante ecolocación y suele ser de vida crepuscular o nocturna. Hay varias especies, la mayoría melíferas u omnívoras; a las hematófagas se las conoce como **vampiros**.

murga *f.* Compañía de músicos que tocan por las calles.

murmullo 1 *m.* Ruido que se hace hablando en voz baja. 2 Ruido continuado y confuso.

murmurar 1 *intr.* y *tr.* Hablar entre dientes, manifestando disgusto. 2 *intr.* Hacer un ruido blando y apacible el agua o el viento.

muro *m.* Pared o tapia.

musa *f.* MIT Según la mitología griega, cada una de las hijas de Zeus y Mnemosine que cantaban en el monte Helicón.

musaraña *f.* Mamífero insectívoro muy pequeño, de hocico largo, ojos pequeños, patas cortas y cola larga.

muscular 1 *adj.* Relativo a los músculos. 2 ANAT y FISIOL **fibra** ~; **tejido** ~. || **sistema** ~ ANAT Conjunto de todos los músculos del cuerpo, definido como unidad morfológica y anatómica. **sistema** ~ **esquelético** ANAT y FISIOL Conjunto de los músculos estriados unidos al esqueleto mediante inserciones de tejido conjuntivo llamadas tendones; está asociado a los sistemas **locomotor** y **óseo**.

musculatura *f.* Conjunto y disposición de los músculos.

músculo *m.* ANAT Cada uno de los órganos formados por fibras contráctiles, que producen o contrarrestan los movimientos del cuerpo. Pueden ser de contracción voluntaria o involuntaria. || ~ **cardiaco** ANAT El formado por fibras de ramificación irregular que forman una red; constituye el corazón. ~**estriado** ANAT y FISIOL El que tiene sus fibras reunidas en fascículos y va rodeado de tejido conjuntivo; es de accionamiento voluntario y el responsable del movimiento coordinado. ~ **liso** ANAT y FISIOL El que está formado por células ahusadas y fibrillas homogéneas y muy delgadas. Se encuentra en los vasos, las vías respiratorias, el tubo digestivo, los ojos, los conductos excretores y la piel. ~**s oculares** ANAT y FISIOL Cada uno de los seis músculos unidos directamente al globo ocular y que permiten el movimiento del ojo.

muselina *f.* Tela fina y poco tupida.

museo *m.* Lugar donde se guardan y exhiben objetos artísticos, científicos o técnicos.

museografía *f.* Conjunto de técnicas y prácticas relativas al funcionamiento de los museos.

musgo *m.* BOT Pequeña planta briofita de protonema desarrollado y filiforme, de tallo y hojas pequeños y delgados, sin tejidos vasculares y que se fija al sustrato mediante rizoides. Los musgos conforman una clase y crecen en zonas húmedas de todo el mundo.

música 1 *f.* MÚS Combinación de los sonidos de la voz humana o de los instrumentos, o de unos y otros, siguiendo las normas de la armonía, melodía y ritmo. 2 MÚS Arte de combinar dichos sonidos. 3 Sonido grato: *La música del agua, de los pájaros.* || ~ **clásica** MÚS La correspondiente al periodo situado entre el barroco y el romanticismo, cuyos máximos exponentes son Haydn y Mozart. ~ **de cámara** MÚS La compuesta para ser interpretada por un pequeño grupo de instrumentos. ~ **electrónica** MÚS La que se obtiene de las oscilaciones de un generador electrónico. ~ **pop** MÚS POP. ~ **vocal** MÚS La compuesta para voces, solas o acompañadas de instrumentos.

□ El objetivo formal de la música es combinar notas de forma sucesiva o simultánea o en ambas formas. Sus elementos básicos son: **escala**, **ritmo**, **compás**, **contrapunto**, **acorde**, **armonía** y **timbre**. Con estos elementos se pueden componer desde melodías simples hasta óperas o sinfonías.

musical 1 *adj.* Relativo a la música. 2 MÚS **comedia** ~; **instrumento** ~. 3 *adj.* y *m.* CIN y TEAT Género que incluye la música, la canción y el baile dentro de la acción en una obra dramática.

musicalidad *f.* Cualidad o carácter musical.

músico, ca 1 *m.* y *f.* Persona que ejerce el arte de la música. 2 Persona que toca algún instrumento musical.

musicología *f.* MÚS Estudio de la teoría y la historia de la música.

musitar *intr.* Susurrar, hablar entre dientes.

muslo *m.* Parte de la pierna que va desde la cadera hasta la rodilla.

mustélido, da *adj.* y *m.* ZOOL Se dice de los carnívoros de patas cortas, cuerpo y cola alargados y con glándulas que expelen sustancias fétidas, como la comadreja y el tejón. Conforman una familia.

musteriense *adj.* y *m.* HIST Se dice de la cultura del Paleolítico medio, caracterizada por el uso del hueso y del sílex, y a la que corresponden los vestigios del hombre de Neandertal.

mustio, tia 1 *adj.* Lánguido, marchito. 2 Melancólico, triste.

musulmán, na 1 *adj.* y *s.* Que profesa el islam. 2 Relativo al islam o a lo islámico.

mutación 1 *f.* Acción y efecto de mudar. 2 BIOL Alteración del genotipo de una especie debido a un cambio en el ADN de los cromosomas, que se transmite por herencia. Constituye la variación sobre la que actúa la selección natural. 3 TEAT Cada una de las variaciones escenográficas de una obra teatral. || ~ **específica** BIOL La que tiene lugar en un punto específico de la secuencia en el ADN.

mutante 1 *m.* BIOL Nuevo gen, cromosoma o genoma surgido por mutación. 2 BIOL Organismo biológico producido por mutación.

mutar *tr.* y *prnl.* Mudar, transformar.

mute 1 *m.* Sopa cuyo ingrediente principal es el maíz pelado; se acompaña de hortalizas y tubérculos. 2 Carnero cocido con maíz.

mutilar *tr.* y *prnl.* Cercenar un miembro.

mutis *m.* TEAT Voz para indicar que un actor debe retirarse de la escena.

mutual *adj.* **MUTUO.**

mutualidad 1 *f.* Cualidad de mutuo. 2 Régimen de prestaciones mutuas que sirve de base a determinadas asociaciones.

mutualismo 1 *m.* Sistema de asociaciones basadas en la mutualidad. 2 BIOL Simbiosis en la que los organismos se benefician mutuamente, como la que existe entre alga y hongo en los **líquenes**.

mutualista 1 *adj.* Perteneciente al mutualismo. 2 *m.* y *f.* Miembro de una mutualidad.

mutuo, tua *adj.* y *s.* Se dice de lo que recíprocamente se hace entre dos o más seres.

muy *adv.* Se antepone a adjetivos y adverbios para indicar superlativo.

muyahidín *s.* Guerrillero islámico fundamentalista.

n 1 *f.* Decimocuarta letra del **alfabeto** español y onceava de sus consonantes. Su nombre es *ene,* y representa el sonido consonántico nasal alveolar. No debe escribirse *n* delante de *b* o *p.* 2 En mayúscula, abreviatura de norte, punto cardinal (N). • pl.: *enes.*

nabateo 1 *adj.* y *s.* HIST De un antiguo pueblo árabe del NO de la península de Arabia, entre el mar Rojo y el río Éufrates. 2 *adj.* Perteneciente o relativo a los nabateos.

nabo *m.* Planta de raíz carnosa amarillenta, con hojas oblongas y lanceoladas, flores en espiga y fruto seco; se emplea como alimento y como forraje.

naboría *f.* HIST **REPARTIMIENTO** de indios.

nácar *m.* Parte interna de la concha de los moluscos, iridiscente y dispuesta en láminas paralelas entre sí, con la que se fabrican objetos de adorno.

nacarado, da 1 *adj.* Con la apariencia del nácar. 2 Adornado con nácar.

nacedero *m.* Lugar de donde nace algo: *El nacedero de un río.*

nacer 1 *intr.* Venir al mundo saliendo del seno materno o de un huevo en las especies ovíparas. 2 Brotar el vegetal de su semilla. 3 Salir los vellos, pelos o plumas en el cuerpo del animal, o aparecer las hojas, flores, frutos o brotes en la planta. 4 Empezar a dejarse ver un astro en el horizonte. 5 Prorrumpir, aflorar, brotar. 6 Tomar principio una cosa de otra. 7 Comenzar a existir, surgir: *El Romanticismo nació a mediados del s. XVIII.* 8 Junto con la preposición *para,* y a veces con *a,* tener algo o alguien propensión natural o estar destinado para un fin.

nacimiento 1 *m.* Acción y efecto de nacer. 2 Sitio en que algo tiene su origen. 3 Manantial, fuente. 4 **BELÉN.**

nación 1 *f.* Comunidad de personas con historia, cultura y territorio propios, y con una mayor o menor autonomía; la condición de Estado agrega la autonomía absoluta. 2 Conjunto de habitantes de un país regido por el mismo gobierno. 3 Territorio de ese mismo país. || ~ **multiétnica** Estado-Nación donde conviven diversas etnias con características propias de lengua, credo o prácticas sociales. Esto sucede en países como Rusia, Turquía, India o Indonesia.

nacional 1 *adj.* Perteneciente o relativo a una nación 2 *adj.* y *s.* Natural de una nación.

nacionalidad 1 *f.* Condición y carácter peculiar de los pueblos e individuos que pertenecen a una nación. 2 Estado propio del nacido o nacionalizado en una nación.

nacionalismo 1 *m.* Apego de los naturales de una nación a ella y a cuanto le pertenece. 2 POLÍT Sistema que acentúa las características nacionales (lengua, historia, cultura específica) de una nación.

nacionalizar 1 *tr.* y *prnl.* Dar un Estado la nacionalidad a un extranjero. 2 *tr.* ECON Hacer que pasen al dominio nacional las empresas particulares extranjeras. 3 ECON Hacer que pasen a depender del Estado las empresas particulares.

nacionalsocialismo *m.* HIST Sistema sociopolítico establecido por A. Hitler sobre los principios de la superioridad de la raza aria, el antisemitismo, el anticomunismo y el totalitarismo. Desapareció con la derrota alemana en la Segunda Guerra Mundial.

nada 1 *f.* Ausencia de ser o negación de la existencia. 2 Cosa mínima. 3 *pron. indef. n.* Ninguna cosa. 4 Poco o muy poco. 5 *adv. neg.* De ninguna manera, de ningún modo.

nadador, ra 1 *adj.* y *s.* Que nada. 2 *m.* y *f.* Persona diestra en nadar o que practica el deporte de la natación.

nadaísmo *m.* Movimiento contestatario colombiano fundado a finales de la década de 1950.

nadar 1 *intr.* Sostenerse y avanzar, usando los brazos y las piernas, sobre o bajo el agua. 2 Flotar en un líquido. 3 Abundar en algo. 4 Estar una cosa muy holgada dentro de otra.

nadie 1 *pron. indef. m.* Ninguna persona. 2 Ninguna persona con autoridad para algo.

nadir *m.* ASTR Punto diametralmente opuesto al cenit.

nafta 1 *f.* QUÍM Fracción del petróleo obtenida en la destilación de la gasolina. 2 **GASOLINA.**

naftaleno *m.* QUÍM Hidrocarburo sólido que se obtiene del alquitrán de hulla. Se usa en la fabricación de resinas sintéticas y de insecticidas.

naftalina *f.* QUÍM Naftaleno impuro que se usa contra la polilla.

nahua 1 *adj.* y *s.* De un grupo étnico mexicano asentado desde el s. X en la altiplanicie mexicana y en parte de El Salvador y Nicaragua. 2 *adj.* Perteneciente o relativo a los nahuas.

náhuatl *m.* LING Dialecto del nahua que predominó en el Imperio azteca. Se conserva hoy en día en varias zonas de México.

naíf (Tb. naif) 1 *adj.* y *s.* Dicho del arte o de una obra artística, que se caracteriza por su sencillez, ingenuidad, espontaneidad y fluidez. 2 Relativo a este movimiento artístico o que participa de sus peculiaridades. 3 Persona ingenua.

nailon (De *Nylon®*, marca reg.) *m.* QUÍM Resina sintética dura y elástica. Se procesa en hilos y productos moldeados.

naipe *m.* Cada una de las cartulinas rectangulares que forman una baraja.

naja *f.* COBRA.

nalga *f.* Cada una de las dos zonas carnosas y redondeadas posteriores a la articulación de la cadera.

nana 1 *f.* Canto con que se arrulla a los niños. 2 NIÑERA. 3 ABUELA.

nanoestructura *f.* TECNOL Estructura que se mide en **nanómetros**.

nanómetro *m.* Medida de longitud equivalente a la milmillonésima parte del metro y aprox. equivalente a diez diámetros atómicos. Símbolo: nm.

nanotecnología *f.* Tecnología que se ocupa de desarrollar productos en cuyo funcionamiento es decisiva una dimensión menor a 100 nanómetros. Se emplea fundamentalmente en electrónica.

napalm *m.* Materia inflamable a base de gasolina gelatinizada destinada a cargar bombas incendiarias.

naranja 1 *f.* Fruto del naranjo, esférico, de 8 a 10 cm de diámetro, de corteza rugosa más o menos gruesa, de color entre rojo y amarillo y pulpa dividida en gajos, jugosa y de sabor agridulce. 2 *adj.* y *m.* Dicho del color semejante al de la naranja.

naranjo *m.* Árbol de 4 a 6 m de altura, con tronco ramoso, copa abierta y hojas lustrosas y pecioladas. Su flor es el azahar y su fruto, en hesperidio, la naranja. Existen muchas variedades.

narcisismo 1 *m.* Vanidad ingenua. 2 PSICOL Complacencia excesiva en uno mismo o en las propias obras.

narciso 1 *m.* Planta herbácea, bulbosa, con hojas radicales estrechas y puntiagudas, flores blancas o amarillas en bohordo acampanado y fruto en cápsula. 2 Hombre que cuida demasiado de su arreglo personal, o se precia de hermoso.

narcoguerrilla *f.* Guerrilla financiada con recursos provenientes del tráfico de drogas ilícitas.

narcolepsia *f.* MED Acceso patológico de sueño.

narcopolítica *f.* Actividad política relacionada con recursos y personas vinculados al tráfico de estupefacientes.

narcoterrorismo *m.* Terrorismo practicado por grupos armados que son patrocinados por mafias del tráfico de narcóticos.

narcótico, ca *adj.* y *m.* FARM Dicho del fármaco que produce letargo, embotamiento de la sensibilidad y relajación muscular.

narcotráfico *m.* Comercio ilegal de drogas narcóticas.

nardo *m.* Planta ornamental de tallo recto, con hojas lineales, flores blancas y olorosas en espiga y fruto en caja.

narguile *m.* Pipa para fumar compuesta de un tubo largo y flexible, de un recipiente en que se quema el tabaco y de un vaso con agua perfumada, a través de la cual se aspira el humo.

nariguera 1 *f.* Pendiente que se lleva en la nariz. 2 Argolla de sujeción que se pone en el hocico de algunos animales.

nariz 1 *f.* ANAT Órgano prominente del rostro humano, entre la frente y la boca, con dos orificios, que forma parte del aparato respiratorio. 2 ZOOL Parte de la cabeza de muchos animales vertebrados que tiene la misma posición y función que la nariz del hombre.

narración 1 *f.* Acción y efecto de narrar. 2 Relato de un suceso. 3 LIT Relato literario en el que un narrador comunica a un destinatario una sucesión de hechos realizados en el tiempo por uno o más personajes y entre los que existe un ordenamiento lógico.

narrador, ra 1 *adj.* y *s.* Que narra. 2 LIT Papel que desempeña un personaje, quien, mediante un discurso, hace una relación de sucesos.

narrar *tr.* Contar, referir lo sucedido, o un hecho o una historia ficticios.

narrativo, va 1 *adj.* Relativo a la narración. 2 *f.* LIT Género constituido por la novela, la novela corta y el cuento.

narratología *f.* LIT Estudio teórico e historiográfico de las manifestaciones narrativas literarias.

narval *m.* Cetáceo de unos 6 m de largo, con cabeza grande, hocico obtuso, sin más dientes que dos incisivos superiores, uno corto y otro que, en los machos, se prolonga horizontalmente hasta cerca de 3 m.

nasa 1 *f.* Cesta con una base en forma de embudo hacia dentro que se usa para pescar. 2 Utensilio parecido al anterior, formado por una manga de red y ahuecado por aros de madera.

nasal 1 *adj.* Relativo a la nariz. 2 ANAT **fosa ~; tabique ~**. 3 FON Dicho del sonido consonántico que se emite, todo o en parte, por la nariz, como el de la *m* y *ñ*.

násico *m.* Primate de Borneo que se caracteriza por el marcado desarrollo de su nariz.

nata 1 *f.* Película cremosa que se forma sobre la superficie de la leche en reposo, a partir de la cual se obtiene la mantequilla. 2 Sustancia espesa que sobrenada en algunos líquidos. 3 Lo principal y más estimado en cualquier línea.

natación 1 *f.* Acción y efecto de nadar. 2 Actividad física consistente en nadar. 3 DEP Deporte basado en esta actividad.

natal 1 *adj.* Relativo al nacimiento. 2 Relativo al lugar donde alguien ha nacido.

natalicio *m.* Fiestas y regocijos con que se celebra el día del nacimiento de alguien.

natalidad 1 *f.* Estadística de nacimientos de un determinado país y en cierto periodo de tiempo. 2 **control** de la ~.

natatorio, ria 1 *adj.* Relativo a la natación. 2 Que sirve para nadar.

natilla *f.* Dulce que se hace con yemas de huevo, leche y azúcar.

nativo, va 1 *adj.* Relativo al país o lugar natal. 2 GEO Dicho de los minerales que se encuentran en sus menas libres de toda combinación. 3 *adj.* y *s.* Natural, nacido en un lugar determinado.

nato, ta *adj.* Dicho de las cualidades inherentes a algo.

natural 1 *adj.* Relativo a la naturaleza. 2 Conforme a la cualidad o propiedad de las cosas. 3 Puro, sin mezcla ni manipulación. 4 Espontáneo, sencillo en el proceder. 5 Que comúnmente sucede. 6 Que es causado por las fuerzas de la naturaleza: *Desastre natural.* 7 Que es producido por la naturaleza: *Lana natural.* 8 **ley ~**. 9 **ciencias ~es**. 10 BIOL **selección ~**. 11 ECOL **reserva ~; recursos ~es**. 12 MAT **número ~**. 13 *adj.* y *s.* Nativo de un pueblo o país. 14 *m.* Genio, índole, temperamento de una persona.

naturaleza 1 *f.* Esencia y propiedad característica de cada ser. 2 Mundo físico. 3 Ámbito en el que se desarrolla la vida y en cuya creación no ha intervenido el hombre. 4 Cualidad o propiedad de las cosas. 5 Temperamento de una persona: *Es de naturaleza seca, fría.* 6 Lugar de origen, o ciudadanía concedida. || ~ **muerta** ART Representación pictórica de un conjunto de objetos inanimados, como frutas, libros o instrumentos musicales.

naturalidad 1 *f.* Cualidad de natural. 2 Espontaneidad y sencillez en la conducta o el lenguaje. 3 Derecho inherente a los naturales de un país.

naturalismo 1 *m.* ART Tendencia a representar lo más fielmente posible la naturaleza. 2 FIL Sistema que afirma que la naturaleza es el único referente de la realidad. 3 LIT Teoría del s. XIX según la cual la composición literaria debe basarse en una representación objetiva del ser humano. El francés E. Zola fue su exponente más renombrado.

naturalista 1 *adj.* Relativo al naturalismo. 2 *m.* y *f.* Persona que estudia las ciencias naturales.

naturalización *f.* Acción y efecto de naturalizar o naturalizarse.

naturalizar 1 *tr.* Nacionalizar, conceder la ciudadanía a un extranjero. 2 *tr.* y *prnl.* Introducir y emplear en un país cosas de otros países: *Naturalizar costumbres, vocablos.* 3 ECOL Adaptar fauna o flora a un medio que les es extraño. 4 *prnl.* Adquirir los extranjeros los mismos derechos que los nativos de una nación.

naturismo *m.* MED Método de conservación de la salud y tratamiento de las enfermedades mediante el empleo de agentes naturales.

naturista *adj.* Relativo al naturismo.

naturopatía *f.* Método natural para el tratamiento de las enfermedades.

naufragar *intr.* Irse a pique o perderse una embarcación. Se usa también para referirse a las personas que van en ella.

naufragio 1 *m.* Acción y efecto de naufragar embarcaciones o las personas que van en ellas. 2 Pérdida considerable, desastre.

náufrago, ga *adj.* y *s.* Que ha padecido un naufragio.

nauseabundo, da *adj.* Que causa o produce náuseas.

náusea *f. pl.* Malestar físico con gana de vomitar.

náutico, ca 1 *adj.* Relativo a la navegación. 2 *f.* Ciencia y arte de navegar.

nautilo *m.* Molusco cefalópodo de concha grande dividida en cámaras, de las que el animal solo ocupa la última.

navaja *f.* Cuchillo de bolsillo con hoja que se inserta en las cachas del mango.

navajo 1 *adj.* y *s.* HIST De un pueblo amerindio que entre 1849 y 1863 se enfrentó a las tropas estadounidenses hasta que fue desplazado por las fuerzas del gobierno. Tras un tratado de paz (1868) retornó a su antiguo territorio. 2 *adj.* Perteneciente o relativo a los navajos. 3 *m.* Lengua del grupo apache que hablan los navajos en Arizona, Colorado, Nuevo México y Utah.

naval *adj.* Relativo a las naves y a la navegación.

nave 1 *f.* Barco o buque. 2 ARQ Cada uno de los espacios de una iglesia, divididos longitudinalmente por pilastras o columnas. 3 ARQ Crujía seguida de un edificio, como almacén, fábrica, etc. || ~ **espacial** Máquina provista de medios de propulsión y dirección que le permiten surcar el espacio exterior.

navegable *adj.* Dicho del río, canal o lago que se puede navegar.

navegación 1 *f.* Acción de navegar. 2 NÁUTICA, ciencia y arte de navegar. 3 Técnica que determina la posición y el objetivo de una nave (barco, avión o misil teledirigido) y traza su dirección.

navegar 1 *intr.* y *tr.* Viajar o ir por el agua en una embarcación o nave. 2 *intr.* Hacer un viaje o ir por el aire en un avión u otro vehículo. 3 Avanzar una embarcación: *El bergantín navega a cinco nudos.* 4 Pilotar una nave. 5 INF Desplazarse por la red global o informática mediante distintos programas que permiten interactuar con ella.

navicular *adj.* Que tiene forma de barquilla.

navidad 1 *f.* Fiesta religiosa cristiana que conmemora el nacimiento de Jesús; se celebra el 25 de diciembre. 2 Periodo inmediato, anterior y posterior, a esa fecha. • En los dos sentidos se escribe con may. inic.

navideño, ña *adj.* Relativo al tiempo de Navidad.

naviero, ra 1 *adj.* Relativo a las naves o a la navegación. 2 *m.* y *f.* Propietario de un navío. 3 Persona que provee de víveres a un buque mercante. 4 *f.* Sociedad propietaria y responsable de un barco y de la mercancía transportada.

navío *m.* Barco grande que dispone de más de una cubierta.

náyade *f.* MIT Ninfa de los ríos o de las fuentes, según la mitología griega.

nazareno, na 1 *adj.* y *s.* De Nazaret. 2 Que profesa la fe de Cristo. 3 *adj.* y *m.* Imagen de Jesucristo vestido con un ropón morado. 4 *adj.* Perteneciente o relativo a Nazaret o a los nazarenos.

nazarí 1 *adj.* y *s.* HIST Integrante de la dinastía musulmana fundada por Yúsuf ben Názar, que reinó en Granada desde el s. XIII hasta el s. XV. 2 *adj.* Perteneciente o relativo a los nazaríes o a su dinastía.

nazi 1 *adj.* Relativo al nazismo. 2 *adj.* y *s.* Partidario de él.

nazismo *m.* NACIONALSOCIALISMO.

neandertal *adj.* y *s.* Dicho de la especie *Homo sapiens neanderthalensis*, que vivió hace 120 000 y 30 000 años aprox. Poseía un cráneo achatado y alargado, con marcados arcos superciliares, un tronco largo y piernas cortas.

neblina *f.* Niebla baja y densa.

nebulizar *tr.* Convertir un líquido en partículas finísimas.

nebuloso, sa 1 *adj.* Con nubes o niebla. 2 Difícil de comprender. 3 *f.* ASTR Masa de materia cósmica, difusa y luminosa, en forma de nube.

necedad 1 *f.* Cualidad de necio. 2 Dicho o hecho necio.

necesario, ria *adj.* Dicho de lo que es condición indispensable para algún fin.

neceser 1 *m.* Estuche con objetos de tocador o de costura. 2 Maletín de aseo para viajes.

necesidad 1 *f.* Cualidad de necesario. 2 Impulso irresistible que hace que las causas obren en cierto sentido. 3 Situación difícil. 4 Falta de las cosas que son menester para la conservación de la vida.

necesitado, da *adj.* y *s.* Que carece de lo necesario.

necesitar *intr.* y *tr.* Tener necesidad de alguien o de algo.

necio, cia *adj.* y *s.* Imprudente, terco o porfiado.

necrófago, ga *adj.* Que se alimenta de cadáveres o de carroña.

necrofilia *f.* Afición por la muerte o por alguno de sus aspectos.

necrología *f.* Noticia comentada acerca de una persona recientemente fallecida.

necrópolis *f.* Cementerio de gran extensión en que abundan los monumentos fúnebres.

necrosis *f.* BIOL y MED Muerte de varias células de un tejido orgánico.

néctar 1 *m.* Licor suave y exquisito. 2 BOT Jugo azucarado que segregan los nectarios. Hace posible la fecundación al servir de alimento a insectos y pájaros que, al recogerlo, dispersan el polen.

nectario *m.* BOT Glándula vegetal situada en la base de los pétalos y en los pecíolos que segrega el néctar.

neerlandés, sa 1 *adj.* y *s.* Natural de los Países Bajos. 2 *adj.* Perteneciente o relativo a los Países Bajos o a los neerlandeses. 3 *m.* Lengua que se habla en los Países Bajos, en Bélgica y en Surinam, entre otros.

nefando, da *adj.* Indigno, infame.

nefasto, ta *adj.* Funesto, aciago.

nefridio *m.* ZOOL Órgano excretor rudimentario característico de muchos invertebrados.

nefrítico, ca *adj.* Renal, relativo a los riñones.

nefrona *f.* ANAT Unidad anatómica funcional del riñón, constituida por el glomérulo renal con su cápsula y un túbulo urinífero.

negación 1 *f.* Acción y efecto de negar. 2 Carencia de algo. 3 GRAM Categoría a la que pertenecen ciertas voces que sirven para negar. 4 GRAM Estas mismas voces.

negado, da *adj.* y *s.* Incapacitado, inepto.

negar 1 *tr.* Decir que algo no es verdad o no existe, o no es como otro cree o afirma. 2 No admitir la existencia de algo. 3 Decir que no a una petición o solicitud. 4 Prohibir algo. 5 Desdeñar algo, no reconocerlo como propio. 6 *prnl.* Excusarse de hacer alguna cosa.

negativo, va 1 *adj.* Que implica o contiene algún tipo de negación. 2 Relativo a la negación. 3 Pesimista. 4 ELECTR **polo ~**; **electricidad ~**. 5 FÍS Opuesto a positivo: *Carga negativa.* 6 FÍS Que tiene el mismo tipo de carga que el electrón. 7 MAT **cantidad ~**; **número ~**; **término ~**. 8 MED Dicho de un examen clínico que no presenta ninguna anomalía. 9 *adj.* y *m.* FOT Dicho de la imagen fotográfica en que los tonos aparecen invertidos respecto de la realidad.

negligencia 1 *f.* Descuido, omisión. 2 Falta de aplicación.

negociación 1 *f.* Acción y efecto de negociar. 2 Discusión de las cláusulas de un eventual contrato.

negociado *m.* Negocio ilícito y escandaloso.

negociador, ra 1 *adj.* y *s.* Que negocia. 2 Dicho de una persona que interviene en la negociación de un asunto importante.

negociante, ta 1 *adj.* y *s.* Que negocia. 2 *m.* y *f.* **COMERCIANTE.**

negociar 1 *intr.* Dedicarse a negocios lucrativos. 2 Ajustar el traspaso, cesión o endoso de un vale, de un efecto o de una letra. 3 *tr.* e *intr.* Realizar cualquier operación bancaria o bursátil. 4 Tratar algún asunto, procurando su mejor logro.

negocio 1 *m.* Cualquier ocupación o trabajo. 2 Acción y efecto de negociar. 3 Cosa o acción de la que se obtiene un provecho. 4 Local en que se negocia o comercia.

negrear *intr.* Estar, ponerse o tender a negro.

negrero, ra 1 *adj.* y *s.* Dedicado a la trata de negros. 2 *m.* y *f.* Persona dura y despiadada con sus subordinados.

negritud *f.* Corriente de reivindicación de los valores culturales e históricos de las etnias negras.

negro, gra 1 *adj.* y *m.* Dicho del color totalmente oscuro y de las cosas que tienen dicho color. 2 *adj.* y *s.* Dicho del individuo perteneciente a la raza caracterizada por la fuerte pigmentación de la piel. 3 *f.* MÚS Nota musical que vale la mitad de una blanca y la cuarta parte de una redonda.

negroide *adj.* y *s.* Que presenta alguno de los caracteres de la raza negra o de su cultura.

negrura *f.* Cualidad de negro.

nematelminto *adj.* y *m.* ZOOL Dicho, en clasificaciones en desuso, de los gusanos nemátodos y de otros de aspecto similar.

nematodo *adj.* y *m.* ZOOL Dicho de los gusanos de cuerpo muy largo, segmentado, circular y de extremo afilado. En su mayoría son parásitos de otros animales. Conforman un filo.

nemotécnica *f.* **MNEMOTÉCNICA.**

nene, na 1 *m.* y *f.* Niño pequeñito. 2 coloq. Persona joven o adulta.

nenúfar *m.* Planta dicotiledónea acuática de hojas flotantes, con rizoma rastrero, flores blancas terminales y fruto globoso en cápsula.

neobarroco *m.* ART Movimiento de recuperación de los modelos barrocos desarrollado en Europa a mediados del s. XIX. Se expresó fundamentalmente en la orfebrería, la porcelana y los tapices.

Neoclasicismo *m.* ART Corriente que se desarrolló en Europa y América del Norte durante el s. XVIII, que buscó sus modelos en la antigüedad clásica.

neoclásico, ca 1 *adj.* Relativo al Neoclasicismo. 2 *m.* MÚS Movimiento musical del periodo de entreguerras que se caracterizó por el empleo de la disonancia como herramienta expresiva.

neocolonialismo *m.* POLÍT Sistema de colonialismo encubierto que permite a los países industrializados someter económicamente a los países en vía de desarrollo.

neodarwinismo *m.* BIOL Teoría evolutiva que rechaza la herencia de los caracteres adquiridos y subraya el papel primordial de la selección natural y la mutación.

neodimio *m.* QUÍM Elemento metálico de los lantánidos. Punto de fusión: 1021 °C. Punto de ebullición: 3074 °C. Núm. atómico: 60. Símbolo: Nd.

neoexpresionismo *m.* ART Movimiento pictórico figurativo de la década de 1980 que surgió como reacción contra el formalismo del arte abstracto. Empleaba pinceladas toscas y colores fuertes.

neófito, ta *m.* y *f.* Principiante en cualquier actividad.

neogongorismo *m.* LIT Tendencia literaria de la Generación del 27, que buscó la revalorización del estilo del poeta Luis de Góngora (1561-1627).

neogótico *m.* ART Movimiento de los ss. XVIII y XIX que llevó a cabo la recuperación formal del estilo gótico. Dio origen al **modernismo**.

neogranadino, na 1 *adj.* y *s.* Natural de Nueva Granada, antiguo virreinato de la América colonial, hoy Colombia. 2 *adj.* HIST Perteneciente o relativo a Nueva Granada o a los neogranadinos.

neoimpresionismo *m.* ART **PUNTILLISMO**.

neoliberalismo *m.* ECON Corriente económica que limita la intervención estatal al mantenimiento de los mecanismos del libre mercado.

neolítico, ca 1 *adj.* y *s.* HIST Dicho del periodo prehistórico comprendido entre el **Mesolítico** y la **Edad** de los Metales (7000-2500 a.C.). • Se escribe con may. inic. 2 Perteneciente o relativo al Neolítico.

☐ HIST El Neolítico se caracterizó por un mayor pulimento de la piedra que en el Paleolítico y la aparición de la agricultura y la ganadería. Se descubrió la rueda, aparecieron la cerámica, el tejido, la fusión del cobre, el navío a vela, el calendario, los primeros poblados y los cultos religiosos. Las expresiones artísticas fueron las esculturas de diosas madres, los monumentos megalíticos y la pintura de carácter simbólico.

neologismo *m.* LING Palabra, giro o acepción de introducción reciente en una lengua.

neón *m.* QUÍM Elemento gaseoso presente en la atmósfera terrestre. Se emplea en tubos luminosos y en criogenia. Punto de fusión: −248,6 °C. Punto de ebullición: −246,08 °C. Núm. atómico: 10. Símbolo: Ne.

nepotismo *m.* Abuso de quien, ostentando un cargo público, lo utiliza para favorecer a parientes y amigos.

neptunio *m.* QUÍM Elemento metálico radiactivo artificial que se forma en los reactores nucleares. Se asemeja al uranio en sus propiedades. Punto de fusión: 630 °C. Punto de ebullición: 3902 °C. Núm. atómico: 93. Símbolo: Np.

nereida *f.* MIT Ninfa marina de la mitología griega, se representa cabalgando un caballo marino o como una sirena.

nerítico, ca *adj.* BIOL Dicho del organismo que vive en la zona superficial del mar y de los lagos, en la proximidad del litoral.

nervadura 1 *f.* ARQ Conjunto de nervios de la estructura de una bóveda. 2 BOT Nervios secundarios de una hoja. 3 ZOOL Engrosamiento cuticular ramificado que proporciona soporte a las alas de los insectos.

nervio 1 *m.* ANAT y FISIOL Cada uno de los cordones fibrosos que comunican los centros nerviosos con los órganos periféricos, encargados de conducir la excitación. 2 ARQ Arco que, cruzándose con otro, sirve para formar una bóveda. 3 BOT Haz fibroso y saliente por el que circula la savia de las hojas. || ~ **acústico** ANAT y FISIOL El que transmite estímulos nerviosos al laberinto del oído y que, dividiéndose en dos ramas, forma el nervio coclear o de la audición y el nervio vestibular o del equilibrio. ~ **motor** ANAT y FISIOL El que transmite los impulsos desde el sistema nervioso central hacia los músculos, glándulas y vasos. ~ **óptico** ANAT y FISIOL Haz nervioso que se extiende en la retina y que lleva los impulsos al cerebro. ~ **vago** ANAT El que desciende desde la médula espinal por las partes laterales del cuello, penetra en el pecho y el vientre y termina en el estómago y el plexo solar.

nerviosismo *m.* Estado pasajero de excitación nerviosa.

nervioso, sa 1 *adj.* Relativo a los nervios. 2 ANAT **fibra ~**; **ganglio ~**. 3 FISIOL **impulso ~**. 4 Dicho de una persona de nervios fácilmente excitables.

☐ **sistema nervioso** ANAT y FISIOL Unidad formada por las estructuras nerviosas y una serie de subsistemas que ponen en contacto el organismo con el exterior. La conducción de los estímulos externos es la función de las **neuronas**. Los subsistemas nerviosos son el **sistema nervioso central**, formado por la **médula** espinal, que se desempeña como centro de reflejos sencillos y el **cerebro**, que desempeña funciones generales de coordinación, y el **sistema nervioso autónomo**, encargado de la regulación motora involuntaria de los órganos internos e integrado, a su vez, por los sistemas **simpático** (cuyas fibras se distribuyen por todo el cuerpo) y **parasimpático** (que tiende a favorecer el restablecimiento y la economía de las energías).

neto, ta 1 *adj.* Limpio, claro, preciso. 2 **peso ~**. 3 Dicho del precio de algo sin los incrementos debidos a otros conceptos, como transporte, etc. 4 ECON **renta ~**.

neumático, ca 1 *adj.* Dicho de los aparatos destinados a operar con el aire. 2 *m.* Anillo tubular de caucho provisto de una válvula para inyectar aire a presión y que se pone en la parte interna de las llantas. 3 **LLANTA**, pieza anular de caucho.

neumatóforo *m.* BOT Vesícula aérea de las plantas acuáticas.

neumococo *m.* BIOL Microorganismo de forma lanceolada; es el agente patógeno de ciertas pulmonías.

neumología *f.* MED Especialización médica que trata las vías respiratorias.

neumonía *f.* MED Proceso inflamatorio del pulmón, de origen bacteriano.

neura 1 *adj.* y *s.* Dicho de una persona, que se altera con facilidad. 2 *f.* Estado de alteración nerviosa.

neuralgia *f.* MED Sensación dolorosa a lo largo de un nervio.

neurastenia *f.* MED Estado nervioso que conlleva cansancio habitual, astenia y depresión.

neurita *f.* ANAT **AXÓN**.

neurocirugía *f.* MED Cirugía del sistema nervioso.

neuroesqueleto *m.* ANAT Esqueleto interno (óseo o cartilaginoso) que protege el sistema nervioso central de los vertebrados.

neurología *f.* MED Rama médica que estudia el sistema nervioso.

neurona *f.* ANAT Célula nerviosa con numerosas prolongaciones, una muy larga (axón), y pequeñas ramificaciones (dendritas). Transfiere información mediante procesos eléctricos y químicos.

neurosis *f.* PSIC Designación genérica de los trastornos mentales sin lesión orgánica aparente. Sus manifestaciones características son: ansiedad, fobias y trastornos obsesivos-compulsivos.

neurótico, ca 1 *adj.* y *s.* Que padece neurosis. 2 Perteneciente o relativo a la neurosis.

neurotoxina *f.* BIOL Sustancia venenosa que altera el funcionamiento del sistema nervioso.

neurotransmisor *m.* FISIOL Sustancia o compuesto que transmite los impulsos nerviosos en la sinapsis.

neurovegetativo *adj.* FISIOL Dicho del sistema **nervioso** autónomo.

neutral 1 *adj.* y *s.* Que no se inclina por ninguna de las partes que contienden. 2 POLÍT Dicho de la nación que en una guerra entre dos o más potencias se abstiene de cualquier acto que las pueda favorecer directa o indirectamente.

neutralización 1 *f.* Acción y efecto de neutralizar o neutralizarse. 2 DEP Interrupción temporal de la disputa de una prueba. 3 QUÍM Reacción de un ácido y una base para formar sal y agua.

neutralizar 1 *tr.* y *prnl.* Hacer neutral o neutro debilitando el efecto de una causa o influencia con otra de signo diferente, o contrarrestando los efectos de un agente físico o moral. 2 *tr.* Anular, controlar o disminuir la efectividad de algo. 3 QUÍM Hacer neutra una sustancia o una disolución de ella.

neutrino *m.* FÍS Partícula nuclear elemental eléctricamente neutra y de masa inapreciable.

neutro, tra 1 *adj.* Dicho de lo que no participa de ninguno de dos caracteres opuestos. 2 No determinado, indefinido. 3 ELECTR Dicho del cuerpo físico que posee por igual electricidad positiva y negativa. 4 QUÍM Dicho del compuesto que no tiene carácter ácido ni básico, y del líquido en que está disuelto. 5 *m.* GRAM **género ~**. 6 MAT **elemento ~**. || **reacción ~**; **zona ~** FÍS Espacio que separa los polos de un imán.

neutrón *m.* FÍS Partícula elemental sin carga eléctrica que, junto con el protón, constituye el núcleo de los átomos (excepto el de hidrógeno).

nevado, da 1 *adj.* Blanco como la nieve. 2 *m.* GEO Montaña cubierta de nieves perpetuas.

nevar 1 *impers.* e *intr.* Caer nieve. 2 *tr.* Poner blanco como la nieve.

nevera *f.* Electrodoméstico para conservar fríos los alimentos.

nevisca *f.* Borrasca breve de nieve con copos menudos.

newton (Voz ingl., y esta de I. *Newton*) *m.* FÍS Unidad de fuerza en el Sistema Internacional. Es la fuerza que comunica a un cuerpo de masa 1 kg una aceleración constante de 1 m/s. Símbolo: N.

nexo *m.* Vínculo, lazo o conexión de cualquier orden y tipo.

ni *conj. cop.* Enlaza palabras y oraciones con valor negativo: *Ni hizo ni dejó hacer.*

nibelungo, ga 1 *adj.* y *s.* MIT En la mitología germánica, perteneciente a un pueblo de enanos que vivía bajo la tierra y custodiaba un inmenso tesoro. 2 *adj.* Perteneciente o relativo a la estirpe real de los nibelungos.

nicho *m.* ARQ **HORNACINA**. || **~ ecológico** ECOL Papel funcional que desarrolla un organismo en su ecosistema y que resulta de su adaptación estructural y comportamiento específico.

nicotina *f.* QUÍM Alcaloide venenoso del tabaco.

nidación *f.* FISIOL Implantación del huevo fecundado en el útero.

nidada 1 *f.* Conjunto de los huevos puestos en el nido. 2 Conjunto de los polluelos de una misma puesta mientras están en el nido.

nidificar *intr.* Hacer nidos las aves.

nido 1 *m.* Sitio abrigado en que las aves ponen sus huevos y crían los polluelos. 2 Cavidad, agujero o conjunto de celdillas donde procrean diversos animales.

niebla *f.* Nube formada por gotitas de agua y en contacto con la superficie terrestre.

nieto, ta *m.* y *f.* Respecto de una persona, que es el abuelo, un hijo o una hija de su hijo o hija.

nieve *f.* GEO Precipitación atmosférica en cristalitos de hielo que se forman alrededor de partículas diminutas de la atmósfera.

nigromancia (Tb. nigromancía) 1 *f.* Adivinación supersticiosa mediante la evocación de los muertos. 2 Magia, encanto o conjuro.

nigua *f.* Insecto díptero minúsculo cuyas hembras parasitan debajo de la piel de personas y animales causando picazón y ulceraciones.

A B C D E F G H I J K L M N Ñ O P Q R S T U V W X Y Z

nihilismo 1 *m.* Negación de los valores y las jerarquías tradicionales de la sociedad. 2 FIL Sistema que niega la realidad o la posibilidad de conocerla.

nimbo 1 *m.* Halo o aureola luminosa. 2 GEO Capa de nubes de aspecto uniforme formada por cúmulos.

nimiedad *f.* Cualidad de nimio.

nimio, mia *adj.* Insignificante, sin importancia.

ninfa 1 *f.* MIT En la mitología griega y romana, deidad benéfica vinculada a las aguas, los bosques, las selvas, etc. 2 ZOOL Fase joven de los insectos con metamorfosis incompleta, en la que se diferencian del adulto solo en el estado rudimentario de sus alas y órganos genitales.

ninfomanía *f.* PSIC Deseo sexual insaciable en la mujer.

ningún *adj.* Apócope de ninguno. • Solo se emplea antepuesto a sustantivos masculinos singulares.

ninguno, na 1 *adj.* Ni uno solo. 2 *pron. indef. m.* y *f.* Nulo y sin valor. 3 Nadie, ninguna persona.

ninja (Voz jap.) *m.* Combatiente especializado en artes marciales.

niña *f.* **niño.**

niñería 1 *f.* Acción de niños o propia de ellos. 2 Hecho o dicho impropio de la edad adulta, que no tiene advertencia ni reflexión.

niñero, ra *m.* y *f.* Persona que cuida niños ajenos.

niñez 1 *f.* Periodo de la vida humana entre el nacimiento y la pubertad. 2 **INFANCIA**, conjunto de los niños.

niño, ña 1 *adj.* y *s.* Que está en la niñez. 2 *f.* ANAT Pupila del ojo.

niobio *m.* QUÍM Elemento metálico de color gris brillante. Proporciona al acero inoxidable mayor resistencia a la corrosión. Punto de fusión: 2468 °C. Punto de ebullición: 4742 °C. Núm. atómico: 41. Símbolo: Nb.

nipón, na 1 *adj.* y *s.* Natural del Japón. 2 *adj.* Perteneciente o relativo al Japón o a los niponeses.

níquel *m.* QUÍM Elemento metálico muy duro, inoxidable, dúctil y maleable. Tiene aplicaciones en aleaciones y como catalizador. Punto de fusión: 1455 °C. Punto de ebullición: 2730 °C. Núm. atómico: 28. Símbolo: Ni.

nirvana *m.* REL En el budismo, estado de paz suprema cuando cesan las transmigraciones por haberse incorporado el individuo al todo cósmico.

nisán *m.* Séptimo mes del calendario judío.

níspero 1 *m.* Árbol de ramas algo espinosas, con hojas grandes y pecioladas, flores blancas axilares y fruto en pomo. 2 Fruto de este árbol, de sabor dulce y comestible.

nitidez *f.* Cualidad de nítido.

nítido, da 1 *adj.* Limpio, terso. 2 Claro, bien definido y preciso.

nitrato *m.* QUÍM Sal o éter que se obtiene por reacción del ácido nítrico con una base, con óxidos metálicos o con carbonatos. || ~ **de sodio** QUÍM Compuesto sólido blanco, muy higroscópico, que tiene uso en la industria del vidrio, en pirotecnia y como fertilizante.

nítrico 1 *adj.* QUÍM Dicho de cierto ácido, líquido y muy corrosivo, compuesto de nitrógeno, oxígeno e hidrógeno. Se emplea en la fabricación de abonos, colorantes, plásticos, etc. 2 QUÍM **anhídrido ~.**

nitro *m.* QUÍM Grupo funcional formado por un átomo de nitrógeno y dos de oxígeno.

nitrobenceno *m.* QUÍM Derivado del benceno, oleoso y tóxico, que se emplea en la fabricación de colorantes y explosivos y en perfumería.

nitrocelulosa *f.* QUÍM Compuesto orgánico que se obtiene sometiendo la celulosa a la acción de los ácidos sulfúrico y nítrico. Produce, en cada caso, diversos productos, como explosivos, lacas, plásticos, etc.

nitrocompuesto *m.* QUÍM Compuesto orgánico en el que está presente el grupo funcional nitro.

nitrógeno *m.* QUÍM Elemento químico gaseoso que constituye el 75,58 % de la atmósfera. Actúa como agente diluyente del oxígeno en los procesos de respiración y combustión. Tiene aplicaciones en la preparación de fertilizantes, del ácido nítrico, de anestésicos, etc. En estado líquido tiene aplicación en la criogénica. Punto de ebullición: −195,8 °C. Punto de fusión: 210,5 °C. Núm. atómico: 7. Símbolo: N.

□ **ciclo del nitrógeno** ECOL El nitrógeno atmosférico cae a la superficie terrestre en forma de nitratos por las precipitaciones. Es absorbido por las plantas e incorporado a sus tejidos en forma de proteínas, después recorre la cadena alimentaria (plantas-herbívoros-carnívoros) y, cuando las plantas y los animales mueren, una parte de sus compuestos se descompone en amoníaco, otra parte es recuperada por las plantas y el resto se disuelve en el agua, permanece en el suelo, o se convierte en nitrógeno mediante la desnitrificación y vuelve a la atmósfera.

nitroglicerina *f.* QUÍM Nitrato de glicerina inodoro y oleoso. Es un explosivo potente que, mezclado con un cuerpo absorbente, se emplea en la fabricación de la dinamita.

nitroso, sa 1 *adj.* QUÍM Que tiene nitro. 2 QUÍM Dicho de los compuestos oxidados del nitrógeno en grado inferior al ácido nítrico.

nitrotolueno *m.* QUÍM Compuesto nitrado del tolueno. Se utiliza en la fabricación de explosivos.

nivel 1 *m.* Instrumento para medir la horizontalidad de una superficie o su diferencia de altura con respecto a otras. 2 Altura que alcanza la superficie de un líquido. 3 Piso o planta de una construcción. 4 Altura que algo alcanza, o a la que está colocado. 5 **paso a ~.** 6 FISIOL **~ basal.** 7 GEO **curva de ~; ~ del mar.** || ~ **de vida** ECON Grado de bienestar, principalmente material, alcanzado por un individuo, un grupo social, etc. ~ **freático** GEO Nivel superior de la zona de saturación en las rocas permeables; varía en función de la precipitación.

nivelar 1 *tr.* Comprobar con un instrumento la horizontalidad de una superficie. 2 Allanar un terreno. 3 Poner a la misma altura dos o más cosas.

níveo, a *adj.* De nieve, o semejante a ella.

no *adv. neg.* Sirve para negar hechos o afirmaciones y para rehusar peticiones o demandas.

nō *m.* TEAT Género dramático japonés que combina la mímica con la recitación, el canto, la música y la danza.

nobelio *m.* QUÍM Elemento radiactivo artificial cuyas propiedades son semejantes a las del calcio y del estroncio. Núm. atómico: 102. Símbolo: No.

nobiliario, ria *adj.* Relativo a la nobleza.

noble 1 *adj.* y *s.* Dicho de quien pertenece a la clase alta o aristocracia. 2 *adj.* Ilustre, preclaro. 3 Honroso, por contraposición a vil. 4 QUÍM Dicho de los cuerpos químicamente inactivos. Tales son metales como el platino y el oro, o gases como el helio y el argón. 5 QUÍM **gas ~; metal ~.**

nobleza 1 *f.* Cualidad de noble. 2 Grupo social que ha gozado a lo largo de la historia de diversos privilegios. Perdió importancia militar con la creación de los Estados modernos (ss. XV-XVI) e importancia económica con el afianzamiento de la burguesía (s. XIX).

nocaut *m.* DEP Acción y efecto de noquear.

noche 1 *f.* Tiempo comprendido entre la puesta y la salida del sol. 2 Tiempo en que falta la luz solar. 3 Oscuridad, tristeza, confusión.

nochebuena *f.* Noche de la vigilia de Navidad. • Se escribe con may. inic.

nochevieja *f.* Última noche del año. • Se escribe con may. inic.

noción 1 *f.* Idea o conocimiento abstracto que se tiene de algo. 2 *f. pl.* Conocimiento elemental.

nocivo, va *adj.* Dañoso, perjudicial, pernicioso.

noctámbulo, la *adj.* y *s.* Dicho de la persona que hace una vida nocturna.

nocturno, na 1 *adj.* Relativo a la noche, o que se hace durante ella. 2 *m.* MÚS Pieza de música o serenata de carácter sentimental y delicado.

nodo 1 *m.* ASTR Cada uno de los dos puntos opuestos en que la órbita de un astro corta la eclíptica. 2 FÍS En un movimiento vibratorio, cada uno de los puntos de intersección de dos ondas.

nodriza *f.* Mujer que amamanta a una criatura ajena.

nódulo *m.* Concreción de cualquier materia, redondeada y de poco volumen.

nogal *m.* Árbol de hasta 30 m de altura, de madera muy valiosa, con hojas verdes y caducas y flores en amentos colgantes o en grupos axiales. Su fruto es la nuez.

nogalina *f.* Colorante obtenido de la cáscara de la nuez del nogal.

nómada 1 *adj.* y *s.* De un pueblo que fija su residencia según las necesidades del momento, trasladándose, de manera más o menos continua, de un lugar a otro. 2 *adj.* Perteneciente o relativo a los nómadas.

nomadismo *m.* Forma de vida de los nómadas.

nombramiento 1 *m.* Acción y efecto de nombrar. 2 Documento con que se designa a alguien para un cargo.

nombrar 1 *tr.* Dar nombre a personas o cosas. 2 Mencionar, citar. 3 Designar para algún cargo.

nombre 1 *m.* Palabra que designa personas, ideas, acciones, sentimientos, animales y cosas. 2 Designación personalizada de alguien con su nombre de pila y sus apellidos. 3 Título de una obra. 4 Fama, reputación. 5 GRAM **SUSTANTIVO.** || **~ ambiguo** GRAM Nombre común de una cosa que se emplea como masculino o como femenino, por ejemplo: *El margen* o *la margen*; *el mar* o *la mar*. **~ común** GRAM El que designa algo cuyo significado señala las propiedades que comparte con los demás elementos de su categoría, por ejemplo, *zapato* se aplica a todos los objetos que tienen las propiedades de forma, uso, etc. que distinguen a un zapato de cualquier otra cosa. **~ común en cuanto al género** GRAM El que no posee género gramatical fijo, por ejemplo: *El bachiller* y *la bachiller*; *el pediatra* y *la pediatra*. **~ de pila** El que se da a las personas en el momento de su bautizo. **~ propio** GRAM El que carece de significado y se aplica a seres animados o inanimados para designarlos individualmente: *Federico*; *Guayaquil*.

nomenclatura 1 *f.* Lista de nombres de personas o cosas. 2 Relación de términos de una ciencia o de un arte.

nomeolvides *m.* o *f.* Flor azul de la raspilla: planta herbácea con tallos delgados, casi tendidos, con espinitas revueltas hacia abajo y hojas ásperas.

nómina 1 *f.* Lista de nombres, y en especial la de empleados de una empresa. 2 Sueldo de cada uno, y documento en que consta.

nominado, da *m.* y *f.* Persona que ha sido postulada para un premio u otro reconocimiento.

nominal 1 *adj.* Que es o existe solo de nombre, pero no en realidad. 2 GRAM Relativo al nombre o sustantivo. 3 GRAM **sintagma ~.** 4 LING **predicado ~.**

nominalmente 1 *adv. m.* Por su nombre o por sus nombres. 2 Solo de nombre, y no real o efectivamente.

nominar 1 *tr.* Dar nombre a alguien o a algo. 2 Nombrar para un cargo o un premio. 3 Presentar formalmente a un candidato.

nominativo *m.* GRAM Caso de la declinación que designa el sujeto del verbo y no lleva preposición.

nomotético, ca *adj.* Dicho de una ciencia, que formula principios generales o leyes de carácter universal.

noni 1 *m.* Árbol pequeño originario de Polinesia de tronco angosto, corteza lisa y flores blancas. 2 Fruto verde de pulpa blanca al que se le atribuyen muchas propiedades medicinales.

nono, na 1 *adj.* Que sigue al octavo, noveno.

noosfera (Tb. noósfera) *f.* BIOL Agrupación de los seres inteligentes con el medioambiente en que viven.

nopal *m.* **CHUMBERA.**

noquear *tr.* e *intr.* DEP En boxeo, dejar fuera de combate al adversario.

noray 1 *m.* Poste que se utiliza para afirmar las amarras de los barcos. 2 Amarra que se da en tierra para asegurar la embarcación.

nordeste *m.* **NORESTE.**

nórdico, ca 1 *adj.* y *s.* Natural del norte de Europa. 2 *adj.* Perteneciente o relativo al norte de Europa o a los nórdicos.

noreste 1 *m.* Punto del horizonte entre el norte y el este, a igual distancia de ambos. Símbolo: NE. 2 Lugar situado en dirección a este punto.

noria 1 *f.* Mecanismo para sacar agua de un pozo, movido por una caballería. 2 Pozo en que se instala dicho mecanismo. 3 En los parques de atracciones, gran rueda vertical con cabinas en las que viajan dos o cuatro personas.

norma 1 *f.* Pauta o regla a la que han de ajustarse las conductas, tareas, ceremonias, actividades, etc. 2 LING Conjunto de criterios que coinciden con el empleo correcto de la lengua.

normal 1 *adj.* Que se halla en su estado natural. 2 Ordinario, corriente. 3 Que se ajusta a la norma o regla. 4 *adj.* y *f.* ESCUELA normal.

normalista 1 *adj.* Relativo a la escuela normal. 2 *m.* y *f.* Alumno o alumna de una escuela normal.

normalizar 1 *tr.* Regularizar o poner en orden lo que no lo estaba. 2 Hacer que algo sea normal.

normando, da 1 *adj.* y *s.* De Normandía. 2 HIST Dicho de los pueblos escandinavos, también llamados **vikingos**, que desde el s. VIII se extendieron por Europa. 3 *adj.* Perteneciente o relativo a Normandía o a los normandos.

normar *tr.* Ajustar a un tipo, un modelo o una norma.

normatividad *f.* Compendio de normas que sirven como punto de referencia para actuar y tomar decisiones en un contexto determinado.

normativo, va *adj.* Que sirve de norma, o que fija o determina normas.

nornoreste 1 *m.* Lugar situado entre el norte y el nordeste. 2 Viento que procede de este punto cardinal.

noroccidente *m.* NOROESTE.

noroeste 1 *m.* Punto del horizonte entre el norte y el oeste, a igual distancia de ambos. Símbolo: NO. 2 Lugar situado en dirección a este punto.

nororiente *m.* NORESTE.

norte 1 *m.* Punto cardinal que tiene ante sí el observador a cuya derecha esté el este u oriente. Es la dirección de referencia principal sobre la Tierra, según la que están orientados casi todos los mapas. Símbolo: N. 2 Lugar situado en dirección a este punto cardinal. || ~ **magnético** GEO Dirección que marca el polo magnético terrestre del mismo nombre.

norteamericano, na 1 *adj.* y *s.* Natural de América del Norte. 2 *adj.* Perteneciente o relativo a América del Norte o a los norteamericanos.

norteño, ña 1 *adj.* y *s.* Natural del norte de un país. 2 *adj.* Perteneciente o relativo al norte o a los norteños.

nos *pron. person. m.* y *f.* Forma que, en dativo o acusativo, designa a las personas que hablan o escriben: *Nos llamó; nos trajo unas flores; míranos.*

nosotros, tras *pron. person. m.* y *f.* Forma que, en nominativo o precedida de preposición, designa a las personas que hablan o escriben.

nostalgia *f.* Añoranza que provoca el alejamiento de lugares entrañables o la ausencia de seres queridos.

nota 1 *f.* Marca o señal que se pone en algo. 2 Comentario que en impresos o manuscritos va fuera del texto. 3 Apunte para recordar algo. 4 Mensaje breve escrito. 5 Calificación que se concede a un examen. 6 Aspecto que se expresa: *El ritmo es su nota característica.* 7 MÚS Cada uno de los símbolos o palabras que representan sonidos de la escala, son: *do, re, mi, fa, sol, la* y *si.* Según su duración les corresponde una nomenclatura: *blanca, negra, corchea, semicorchea, fusa* y *semifusa.* 8 MÚS Cada uno de estos sonidos.

notable 1 *adj.* Digno de atención o cuidado. 2 Que se hace notar. 3 *m.* Calificación inferior al sobresaliente y superior al aprobado. 4 *m.* y *f.* Persona principal en una colectividad. • Se usa en pl.: *Reunión de notables.*

notación 1 *f.* Acción y efecto de notar o señalar. 2 Conjunto de signos que se emplean en alguna ciencia o arte.

notar 1 *tr.* Señalar, indicar. 2 Reparar, advertir. 3 ANOTAR, tomar nota de algo. 4 *prnl.* Hacerse manifiesto o perceptible.

notaría 1 *f.* Profesión de notario. 2 Oficina donde despacha.

notario, ria *m.* y *f.* Funcionario público autorizado para dar fe de los contratos, testamentos y otros actos extrajudiciales conforme a la ley.

noticia 1 *f.* Conocimiento elemental de algo. 2 Suceso reciente y su divulgación en los medios de comunicación.

noticiario *m.* Programa de radio o de televisión en que se transmiten noticias.

noticiero, ra 1 *adj.* Que da noticias. 2 *m.* NOTICIARIO de radio o de televisión.

noticioso, sa 1 *adj.* Que tiene noticia de algo. 2 *m.* NOTICIARIO.

notificación 1 *f.* Acción y efecto de notificar. 2 Documento legal mediante el cual se notifica.

notificar 1 *tr.* Hacer saber una resolución del juez o de la autoridad. 2 Por extensión, comunicar alguna noticia.

notocordio *m.* ANAT Cordón celular que constituye el eje del neuroesqueleto de los cordados; a su alrededor se forma la columna vertebral en los vertebrados.

notorio, ria 1 *adj.* Conocido de todos, público. 2 Fácil de observar.

nova *f.* ASTR ESTRELLA nova.

novatada *f.* Torpeza o contratiempo por inexperiencia en algún asunto.

novecientos, tas 1 *adj.* y *pron.* Nueve veces ciento. 2 *m.* Conjunto de signos con que se representa el número novecientos.

novedad 1 *f.* Calidad de nuevo. 2 Suceso o cosa muy reciente. 3 Cambio introducido o surgido en algo.

novel *adj.* Nuevo, inexperto.

novela 1 *f.* LIT Obra literaria en prosa que refiere un hecho de ficción, o un hecho histórico reelaborado. 2 LIT Género constituido por esta clase de narraciones: *Novela histórica, fantástica, de aventuras, etc.*

novelar 1 *tr.* Referir un suceso con forma de novela. 2 *intr.* Componer o escribir novelas.

novelesco, ca *adj.* Asombroso, disparatado, singular, interesante, soñador.

novelístico, ca *adj.* Relativo a la novela.

novelón 1 *m.* Novela extensa, generalmente dramática y mal escrita. 2 Novela de gran calidad.

novenario *m.* Periodo de nueve días, dedicado a lutos, pésames, el culto de un santo, etc.

noveno, na 1 *adj.* Que sigue inmediatamente en orden al o a lo octavo. 2 *adj.* y *m.* Dicho de cada una de las nueve partes iguales en que se divide un todo. 3 *f.* REL Ejercicio piadoso que se practica durante nueve días.

noviazgo 1 *m.* Estado de novio o novia. 2 Tiempo que dura dicho estado.

noviciado 1 *m.* REL Tiempo de prueba que precede a la ordenación religiosa. 2 Casa destinada a los novicios y conjunto de ellos.

novicio, cia 1 *adj.* y *m.* y *f.* Principiante inexperto en cualquier actividad u oficio. 2 *m.* y *f.* Persona que hace parte de una congregación religiosa y no se ha ordenado todavía.

noviembre *m.* Undécimo mes del año. Tiene treinta días.

novillo, lla *m.* y *f.* Res vacuna de dos o tres años.

novilunio *m.* ASTR Conjunción de la Luna con el Sol.

novio, via *m.* y *f.* Persona que mantiene relaciones amorosas con otra generalmente con fines matrimoniales.

novísimo, ma *adj.* Último en una serie, recién llegado.

nubarrón *m.* Nube grande, negruzca y aislada.

nube 1 *f.* Agrupación o cantidad muy grande de algo que va por el aire, como polvo, humo, pájaros o insectos. 2 MED Manchita blanquecina que se forma en el exterior de la córnea. 3 GEO Condensación visible formada por pequeñas gotas de agua o por partículas microscópicas de hielo condensadas alrededor de partículas de polvo atmosférico y que se mantienen en suspensión en la atmósfera.

núbil *adj.* Dicho de la persona que está en edad de contraer matrimonio.

nublado, da *adj.* Cubierto de nubes.

nublar 1 *tr.* y *prnl.* Ocultar las nubes el cielo o la luz del sol o de la luna. 2 Enturbiar la vista. 3 Ofuscarse la razón.

nubosidad *f.* Estado del cielo cubierto de nubes.

nuca *f.* Parte en que se une la columna vertebral con la cabeza.

nuche *m.* Larva de cierta mosca tropical que penetra la piel de los animales domésticos y del hombre.

nuclear[1] 1 *adj.* Relativo al núcleo. 2 FÍS Que usa energía nuclear. 3 FÍS **acelerador** ~; **combustión** ~; **desintegración** ~; **energía** ~; **fisión** ~; **fusión** ~; **reacción** ~; **reactor** ~. 4 **familia** ~.

nuclear[2] *tr.* y *prnl.* Agrupar, reunir.

nucleico *adj.* QUÍM **ácido** ~.

núcleo 1 *m.* Elemento central y básico de algo. 2 Elemento al que se agregan otros para formar un todo. 3 LING Unidad que desempeña una relación de predominio sobre otras, con las que forma un sintagma. || ~ **atómico** FÍS Parte central del átomo constituida por protones y neutrones. Posee una carga eléctrica positiva que se corresponde con su número atómico. ~ **celular** BIOL Orgánulo fundamental de la célula. De forma esférica, está rodeado por una membrana dentro de la cual están los cromosomas. Su interacción con el citoplasma se establece me-

diante los orificios nucleares. ~ **terrestre** GEO Parte más interna de la Tierra. Está rodeada por el manto y se compone, fundamentalmente, de hierro, de un pequeño porcentaje de níquel y de otros elementos. Su temperatura puede llegar a 6650 °C.

nucléolo (Tb. nucleolo) *m.* BIOL Corpúsculo del núcleo celular en el que se sintetizan partículas con ARN y proteína que migran al citoplasma para transformarse en ribosomas.

nucleón *m.* FÍS Cada una de las partículas elementales, neutrones o protones, del núcleo atómico.

nucleoproteína *f.* QUÍM Compuesto orgánico formado por la unión de una proteína y un ácido nucleico.

nucleótido *m.* QUÍM Compuesto orgánico formado por una base nitrogenada, un azúcar y ácido fosfórico. Constituye la unidad elemental de los ácidos nucleicos.

nudillo *m.* ANAT Cada una de las coyunturas de los dedos de la mano.

nudismo *m.* Práctica de quienes sostienen que la desnudez completa es conveniente para el equilibrio físico y emocional.

nudista *adj.* y *s.* Que practica el nudismo.

nudo 1 *m.* Lazo muy apretado que se hace en un hilo, una cinta, etc. 2 Parte dura o sobresaliente de una superficie. 3 Dificultad principal de un asunto. 4 Punto de intersección de caminos o carreteras. 5 BOT Punto del tronco o del tallo del que salen las ramas y ramificaciones. 6 BOT Parte sobresaliente de las cañas donde parece que se unen las secciones que las componen. 7 GEO Lugar en donde se unen o cruzan dos o más sistemas de montañas. 8 LIT Enlace de los sucesos que preceden al desenlace de una narración. 9 Unidad marítima de velocidad equivalente a 1853, 25 m/h.

nuera *f.* La mujer del hijo respecto de los padres de este.

nuestro, tra 1 *adj. pos.* De nosotros o de nosotras. 2 Expresa la posesión o pertenencia atribuida a dos o más personas, incluida la persona que habla o escribe.

nueve 1 *adj.* y *pron.* Ocho más uno. 2 *m.* Signo o cifra con que se representa este número.

nuevo, va 1 *adj.* Que acaba de aparecer, recién hecho. 2 Que se ve o se oye por primera vez. 3 Distinto de lo que se tenía aprendido. 4 Que se añade a lo que ya había antes, o que lo sustituye. 5 Poco o nada deteriorado por el uso. 6 Recién llegado a un lugar. 7 *f.* Noticia novedosa.

nuez 1 *f.* ANAT Prominencia cartilaginosa que en la parte anterior del cuello forma la laringe del varón adulto. 2 BOT Tipo de fruto indehiscente con un pericarpio muy duro. 3 Drupa comestible del nogal. 4 Fruto de otras plantas que tiene semejanza con la drupa del nogal.

nukak-makú 1 *adj.* y *s.* De un pueblo indígena seminómada que habita en el interior de la Amazonia colombiana. Son recolectores, cazadores y pescadores, aunque carecen de cultura fluvial. 2 *adj.* Perteneciente o relativo a los nukak-makú.

nulidad 1 *f.* Cualidad de nulo. 2 Incapacidad o ineptitud.

nulo, la 1 *adj.* Falto de valor y fuerza para obligar o tener efecto, por ser contrario a las leyes, o por carecer de las solemnidades que se requieren. 2 Incapaz, física o moralmente, para algo. 3 Ni uno solo, ninguno.

numbat *m.* Marsupial de unos 40 cm con pelaje castaño con bandas blancas y el vientre blanco amarillento.

numeración 1 *f.* Acción y efecto de numerar. 2 Sistema para expresar oral o gráficamente todos los números. || ~ **binaria** MAT Sistema en base 2 que utiliza como cifras exclusivamente el *0* y el *1*. ~ **decimal** MAT Sistema que con el valor absoluto y la posición relativa de los signos *0, 1, 2, 3, 4, 5, 6, 7, 8* y *9* puede expresar cualquier cantidad. ~ **romana** La que usaban los romanos, que expresa los números por medio de siete letras: *I* (uno), *V* (cinco), *X* (diez), *L* (cincuenta), *C* (cien), *D* (quinientos) y *M* (mil).

numerador, ra 1 *adj.* y *m.* Que sirve para numerar o marcar la numeración correlativa. 2 *m.* MAT Guarismo que señala el número de partes iguales de la unidad contenidas en un quebrado. Se escribe separado del denominador por una raya horizontal o inclinada.

numeral 1 *adj.* Relativo al número. 2 *adj.* y *s.* GRAM Dicho de las palabras que señalan una cantidad numérica. 3 GRAM **adjetivo** ~; **sustantivo** ~.

numerar 1 *tr.* Marcar con números. 2 Contar por el orden de los números. 3 Expresar numéricamente una cantidad.

numerario, ria *adj.* y *s.* Dicho de una persona empleada con carácter fijo en un lugar determinado.

numérico, ca 1 *adj.* Perteneciente o relativo a los números. 2 Compuesto o ejecutado con ellos.

número 1 *m.* MAT Expresión de una cantidad respecto a una unidad determinada. 2 Signo o conjunto de signos con que se representa. 3 Categoría o clase. 4 Cada una de las partes de un espectáculo. 5 Cada una de las publicaciones periódicas aparecidas en distinta fecha. 6 Cifra con que se designa el tamaño de ciertas cosas que forman una serie correlativa: *Calza cuarenta*. 7 GRAM Variación que experimentan los sustantivos y las palabras que concuerdan con ellos para indicar, mediante ciertas terminaciones, unidad o pluralidad: *Niño, niños.* || ~ **atómico** FÍS y QUÍM El que indica la cantidad de cargas positivas que hay en el núcleo de un elemento. ~ **áureo** MAT El perfectamente armónico entre dos dimensiones, que resulta de la operación $(1+\sqrt{5})/2$ ~ **cardinal** MAT El natural que indica el número de elementos de un conjunto. ~ **complejo** MAT El que se compone de la suma de un número real y otro imaginario, como $2+3i$, donde i es la unidad imaginaria. $(\sqrt{-1})$ ~ **compuesto** MAT El natural no primo. ~ **decimal** MAT **DECIMAL**. ~ **electrónico** FÍS El de electrones en un ion o átomo. ~ **entero** MAT **ENTERO**. ~ **fraccionario** MAT El que expresa una **fracción**. ~ **imaginario** MAT El que se produce al extraer la raíz cuadrada de un número negativo. La unidad imaginaria $(\sqrt{-1})$ se representa por la letra *i*. ~ **impar** MAT El que no es exactamente divisible por dos. ~ **inverso** MAT El que, al relacionarlo con otro mediante las operaciones de adición y multiplicación, da el elemento neutro de esa operación. ~ **másico** FÍS y QUÍM Suma de los números de protones y neutrones del núcleo de un átomo. ~ **mixto** MAT El compuesto de entero y de fraccionario. ~ **natural** MAT Cada uno de los pertenecientes a la sucesión *0, 1, 2, 3, 4...* ~ **negativo** MAT El menor que 0. ~ **par** MAT El entero que es exactamente divisible por 2. ~ **perfecto** MAT El entero y positivo igual a la suma de sus divisores posibles, excluido él mismo. ~ **plural** GRAM **PLURAL**. ~ **positivo** MAT El mayor que 0. ~ **primo** MAT El natural mayor que *1* que solo es exactamente divisible por sí mismo y por *1*; como *5* y *7*. ~ **quebrado** MAT **NÚMERO** fraccionario. ~ **racional** MAT El que se puede expresar como cociente de dos números enteros, es decir, en forma de fracción. Su conjunto se designa con la letra *Q*. ~ **real** MAT Cualquier número racional o irracional. ~ **redondo** El que con unidades completas expresa una cantidad con aproximación y no exactamente. ~ **relativo** El que indica cantidad respecto a un punto de referencia, suele ir acompañado de un símbolo: *18 °C; 125 m²*. ~ **romano** Cada uno de los utilizados en la **numeración** romana. ~ **signado** Aquel que en las operaciones contables indica aumento o disminución según vaya acompañado de los signos + o – respectivamente. ~ **singular** GRAM **SINGULAR**.

numerología *f.* Adivinación por medio de los números.

numeroso, sa *adj.* Que contiene muchas cosas, abundante.

numismática *f.* Estudio de las monedas y medallas, principalmente las antiguas.

nunca *adv. t.* En ningún tiempo, ninguna vez.

nunciatura 1 *f.* Dignidad y cargo de nuncio. 2 Edificio en que el nuncio reside.

nuncio *m.* Representante diplomático de la Santa Sede.

nupcias *f. pl.* Boda, casamiento.

nutación *f.* FÍS Oscilación periódica de un eje en movimiento.

nutria *f.* Mamífero mustélido que puede alcanzar 1 m de longitud. Vive a orillas de los ríos y mares y se alimenta de peces.

nutrición *f.* FISIOL Conjunto de procesos fisiológicos que aseguran el intercambio material y energético entre el organismo y el medio exterior. Se manifiesta en el **metabolismo**.

☐ FISIOL La nutrición requiere estructuras y procesos que les permiten a los seres vivos incorporar el alimento, descomponerlo, absorberlo y transportar sus nutrientes. En los organismos unicelulares, estos procesos se realizan en las células. Los organismos multicelulares poseen tejidos, órganos y sistemas, como el digestivo, el circulatorio, el respiratorio y el excretor, que se encargan de realizarlos.

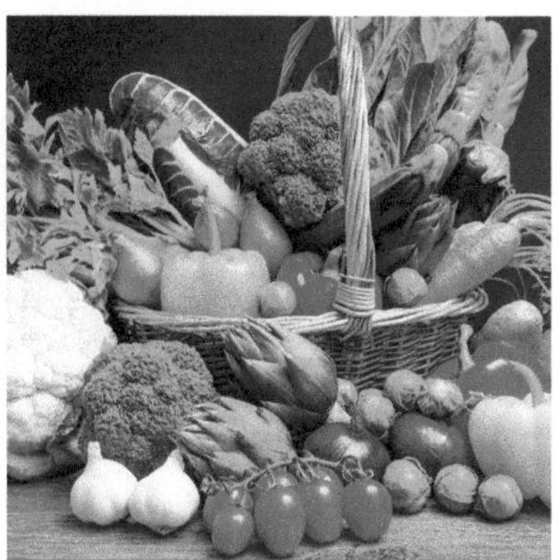

nutriente 1 *adj.* Que nutre. 2 *m.* FISIOL Sustancia nutritiva específica presente en los alimentos. || **~s esenciales** FISIOL Los imprescindibles para el crecimiento y funcionamiento del organismo: proteínas, hidratos de carbono y grasas o lípidos. **~s minerales** FISIOL Sustancias inorgánicas (calcio, cinc, cobre, cobalto, flúor, fósforo, hierro, magnesio, manganeso, potasio, sodio, yodo) que estimulan la reconstrucción de los tejidos y las reacciones nerviosas.

nutrir 1 *tr.* y *prnl.* FISIOL Llevar a efecto un organismo el proceso de nutrición. 2 Fortalecer, especialmente en lo moral.

nutritivo, va *adj.* Capaz de nutrir.

ñ *f.* Decimoquinta letra del **alfabeto** español y decimosegunda de sus consonantes. Su nombre es *eñe* y representa un sonido consonántico de articulación nasal y palatal. • pl.: *eñes.*

ña, o *f.* y *m.*Tratamiento coloquial por doña, don o señora, señor.

ñame 1 *m.* Planta herbácea de rizoma tuberoso, tallos largos y flores en espiga. Se cultiva por sus grandes tubérculos comestibles. 2 Raíz de esta planta.

ñandú *m.* Ave suramericana similar al avestruz, pero más pequeña. Tiene la cabeza y el cuello totalmente cubiertos de plumas y largas plumas que cuelgan y le cubren la parte posterior del cuerpo.

ñandutí *m.* Encaje hecho a mano y que imita la tela de araña.

ñangado, da *adj.* Se dice de las piernas delgadas o deformes.

ñaña 1 *f.* Hermana mayor. 2 Niñera.

ñañería *f.* Intimidad, confianza.

ñapa *f.* YAPA.

ñapango, ga *adj.* Mestizo, mulato.

ñato, ta 1 *adj.* Chato. 2 *f. pl.* Narices.

ñeque 1 *adj.* Fuerte, vigoroso. 2 *m.* Bofetada, golpe. 3 *m. pl.* Puños.

ñequear *tr.* Demostrar energía.

ñero, ra *adj.* y *s.* Compinche.

ñisca *f.* Excremento.

ñocha *f.* Tipo de **bromelia** de cuyas hojas se saca una fibra para hacer sombreros, esteras, sillas, etc.

ñoclo *m.* Pastel hecho de harina, huevos, azúcar, manteca de vaca, vino y anís, que se cuece en el horno.

ñoco, ca *adj.* y *s.* Se dice de la persona a quien le falta un dedo o una mano.

ñola *f.* Excremento.

ñongarse 1 *prnl.* Agacharse. 2 Torcerse.

ñongo, ga *adj.* Lisiado, contrahecho.

ñoña[1] *f.* Estiércol.

ñoña[2] *f.* ÑOÑO.

ñoñería *f.* Acción o dicho propio de persona ñoña.

ñoñez 1 *f.* Cualidad de ñoño. 2 Ñoñería.

ñoño, ña 1 *adj.* y *s.* Melindroso, quejumbroso. 2 *m.* y *f.* coloq. Persona de poco ingenio. 3 *adj.* Dicho de una cosa, sin gracia, insulsa.

ñoqui *m.* Pasta de harina, puré de patatas, leche, huevos y queso rallado, que se acompaña con salsa de carne y tomate.

ñora *f.* Pimiento muy picante que se utiliza seco para condimentar.

ñu *m.* Mamífero artiodáctilo de unos 2 m de largo con una crin a lo largo del dorso del cuello y en los hombros. De costumbres gregarias, vive en las sabanas del O y S de África.

ñulñul *m.* Mamífero mustélido de unos 50 cm de largo y larga cola. Vive en la costa occidental de Suramérica.

ñusta *f.* HIST Título que se le daba, entre los incas, a las princesas.

ñuto, ta 1 *adj.* Se dice de la carne blanda o ablandada a golpes. 2 Molido o convertido en polvo.

o[1] *f.* Decimosexta letra del **alfabeto** español y cuarta de sus vocales. Representa un sonido vocálico, medio y posterior.

o[2] Conjunción disyuntiva que relaciona posibilidades o expresa equivalencias: *Blanco o negro; esto o lo otro.* • Toma la forma de *u* cuando precede palabras que empiezan por *o* o por *ho*: *Serían las siete u ocho; no sé si era belga u holandés.*

oasis *m.* Ecol Ecosistema aislado en un desierto con suficiente humedad para mantener un núcleo de vegetación más o menos extenso.

obcecación *f.* Ofuscación tenaz y persistente.

obcecar *tr.* y *prnl.* Cegar, deslumbrar, ofuscar.

obedecer 1 *tr.* Cumplir la voluntad de quien manda o hacer lo que las leyes ordenan. 2 *intr.* Tener origen algo, proceder: *Tu cansancio obedece a la falta de sueño.*

obediencia 1 *f.* Acción de obedecer. 2 Actitud o cualidad de obediente. 3 Rel En las órdenes religiosas, voto de cumplir las disposiciones de los superiores. || ~ **debida** Der La que se rinde al superior jerárquico y que exime de responsabilidad en los delitos.

obediente *adj.* Que obedece o tiende a obedecer.

obelisco *m.* Monumento conmemorativo de base cuadrada y remate piramidal.

obenque *m.* Cabo grueso que sujeta la cabeza de un palo a los costados del buque.

obertura *f.* Mús Pieza orquestal que introduce una ópera, suite, etc.

obesidad *f.* Med Almacenamiento excesivo de grasa en el tejido adiposo y en el interior de ciertos órganos.

óbice *m.* Obstáculo, impedimento.

obispado 1 *m.* Dignidad de obispo. 2 Territorio de su jurisdicción.

obispo *m.* Prelado cristiano que tiene poderes ministeriales y administrativos especiales y ejerce el gobierno de una diócesis.

óbito *m.* Muerte de una persona.

obituario *m.* Registro de defunciones y entierros.

objeción *f.* Argumento con que alguien se opone a algo. || ~ **de conciencia** Der Prevención constitucional por la que una persona puede negarse a cumplir un mandato legal apelando a motivos religiosos, razones éticas, intelectuales, humanitarias, etc.

objetar 1 *tr.* Poner objeciones. 2 *intr.* Acogerse a la objeción de conciencia.

objetivar *tr.* Dar carácter objetivo y concreto a una idea o sentimiento.

objetividad *f.* Carácter de lo que es objetivo.

objetivo, va 1 *adj.* Relativo al objeto en sí y no al modo de pensar o de sentir del sujeto. 2 Desinteresado, desapasionado. 3 *m.* Fin o meta al que se dirige una acción o intención. 4 Ópt Lente o conjunto de lentes colocadas en el extremo de un instrumento óptico, en la parte dirigida hacia los objetos.

objeto 1 *m.* Cosa material. 2 **objetivo**, fin o meta. 3 Materia o asunto del que se ocupa la actividad intelectual. 4 Fil Todo lo que puede ser pensado o percibido por el sujeto en cualquier orden de cosas. 5 Gram El **complemento** indirecto o directo, por oposición al sujeto.

objetor, ra *adj.* y *s.* Que objeta. || ~ **de conciencia** Persona que hace objeción de conciencia.

oblación *f.* Ofrenda religiosa.

oblato, ta *adj.* y *s.* Relativo a la congregación religiosa católica fundada en el s. XVI, en Italia, por san Carlos Borromeo y en el s. XIX, en Francia y España, por Eugenio de Mazenod.

oblea 1 *f.* Hoja delgada y circular de masa de harina y agua, cocida en molde. 2 Lámina circular y delgada de material semiconductor sobre el que se montan los circuitos integrados microelectrónicos.

oblicuidad *f.* Cualidad de oblicuo.

oblicuo, cua 1 *adj.* Sesgado, desviado de la horizontal, con inclinación. 2 Geom **plano** ~.

obligación 1 *f.* Acción y efecto de obligar. 2 Correspondencia a un beneficio recibido. 3 Prestación derivada de una deuda y documento en que se reconoce. 4 *pl.* Deberes familiares.

obligar 1 *tr.* Mover o impulsar a otro por fuerza, ley, compromiso o autoridad a obrar de un modo determinado o a realizar algo. 2 *prnl.* Comprometerse a algo.

obligatorio, ria *adj.* Que crea una obligación, que ha de cumplirse.

oblongo, ga *adj.* Más largo que ancho.

obnubilación *f.* Oscurecimiento mental, ofuscación.

oboe *m.* Mús Instrumento de viento, de 50 a 60 cm de largo, con llaves y seis agujeros, y formado por una sección cónica y una embocadura de doble lengüeta.

óbolo *m.* Donativo modesto.

obra 1 *f.* Cosa hecha o producida por un agente. 2 Cualquier producción del intelecto en letras, ciencias o artes. 3 Libro o conjunto de libros y escritos de un autor. 4 Medio, virtud o poder: *Por obra del Espíritu Santo.* 5 Edificio en construcción. 6 Trabajo de remodelación que se hace en un edificio. 7 **mano** de ~.

obraje 1 *m.* Hist Prestación de trabajo que se exigía a los judíos de América. 2 *pl.* Hist Talleres establecidos en América para satisfacer las necesidades de ropa y telas de los habitantes de las colonias y de la metrópoli.

obrar 1 *tr.* Hacer algo, llevar a cabo una acción de cualquier tipo. 2 Ejecutar o practicar algo no material. 3 *tr.* e *intr.* Hacer efecto algo.

obrerismo *m.* ECON y POLÍT Movimiento en pro del mejoramiento de la condición social de los obreros y de la elevación de su nivel de vida.

obrero, ra 1 *adj.* y *s.* Que trabaja. 2 *adj.* Del trabajador. 3 *m.* y *f.* ECON Trabajador manual que se emplea por cuenta ajena.

obsceno, na *adj.* Impúdico, ofensivo al pudor.

obsequiar *tr.* Agasajar a alguien con atenciones o regalos.

obsequio 1 *m.* Acción de obsequiar. 2 Regalo que se hace.

obsequioso, sa *adj.* Amable y cortés en su trato.

observación *f.* Acción y efecto de observar.

observador, ra 1 *adj.* y *s.* Que observa. 2 *m.* y *f.* Persona que asiste, sin ser miembro de pleno derecho, a conferencias, congresos, etc.

observancia 1 *f.* Cumplimiento exacto de las órdenes u obligaciones. 2 Respeto y sumisión a un superior.

observar 1 *tr.* Examinar con atención, analizar. 2 Advertir, reparar. 3 Mirar con atención. 4 Cumplir lo que se ordena.

observatorio 1 *m.* Lugar o posición que sirve para hacer observaciones. 2 Edificio destinado a hacer observaciones, especialmente astronómicas y meteorológicas.

obsesión *f.* Idea fija o deseo que embarga el ánimo.

obsesionar *tr.* y *prnl.* Producir obsesión.

obsidiana *f.* Mineral que se forma con el enfriamiento rápido de la lava. Es negro y vítreo.

obsoleto, ta *adj.* Anticuado, fuera de uso.

obstaculizar *tr.* Poner obstáculos o impedimentos al logro de algo o al curso de algún proceso.

obstáculo 1 *m.* Estorbo, impedimento. 2 DEP Cada una de las dificultades que presenta una pista.

obstar *intr.* Impedir, estorbar.

obstetricia *f.* MED Rama de la ginecología que trata de la gestación, el parto y el puerperio.

obstinación *f.* Acción y efecto de obstinarse.

obstinarse *tr.* Mantenerse terco en una idea o actitud pese a razones, amonestaciones y ruegos.

obstrucción *f.* Acción y efecto de obstruir u obstruirse.

obstruir 1 *tr.* Estorbar el paso, cerrar un conducto o camino. 2 Impedir la realización de algo. 3 *prnl.* Cegarse un conducto, canal, etc.

obtener 1 *tr.* Conseguir lo que se pretende. 2 Fabricar una sustancia o producto de cierta manera o actuando sobre otras sustancias.

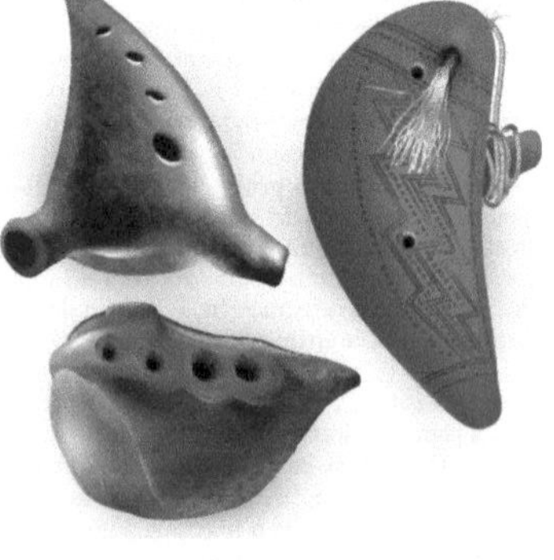

obturador, ra 1 *adj.* Que sirve para obturar. 2 *m.* FOT Aparato que cierra el objetivo y que se abre a voluntad para dar paso a la luz.

obturar 1 *tr.* y *prnl.* Taponar un agujero o conducto. 2 Accionar el obturador.

obtuso, sa 1 *adj.* Romo, sin punta. 2 Sin agudeza mental. 3 GEOM **ángulo ~**.

obús 1 *m.* Pieza de artillería mayor que el mortero y menor que el cañón. 2 Cada uno de los proyectiles que dispara.

obviar 1 *tr.* Evitar obstáculos o inconvenientes. 2 *intr.* Obstar, oponerse.

obvio, via *adj.* Claro, evidente.

oca *f.* Ave palmípeda parecida al ganso pero más corpulenta y con el plumaje blanco.

ocarina *f.* MÚS Flauta ovoide más o menos alargada y con ocho agujeros.

ocasión 1 *f.* Oportunidad de tiempo o lugar favorable para la realización de algo. 2 Causa o motivo de algo.

ocasional 1 *adj.* Que ocasiona. 2 Que sobreviene por una ocasión o accidentalmente.

ocasionar *tr.* Ser ocasión o causa de algo, producirlo, provocarlo.

ocaso 1 *m.* Puesta del sol. 2 Decadencia, declinación.

occidental 1 *adj.* Relativo al Occidente. 2 GEO **hemisferio ~**.

occidentalizar *tr.* Dotar de características inherentes a la forma de vida o cultura occidentales.

occidente *m.* Punto cardinal del horizonte por donde se pone el Sol en los días equinocciales. • Es sinónimo de *oeste*.

occipital *adj.* y *s.* ANAT Dicho del hueso impar y medio que forma la parte inferior y posterior del cráneo.

occipucio *m.* ANAT Parte de la cabeza por donde se une con las vértebras del cuello.

occiso, sa *adj.* Muerto violentamente.

oceánico, ca 1 *adj.* Relativo al océano. 2 GEO **dorsal ~**; **fosa abisal** u **~**; **corteza ~**.

oceánida *f.* MIT En la mitología griega, ninfa del mar.

océano 1 *m.* GEO Extensión de agua salada que cubre aprox. el 71 % de la superficie de la Tierra y circunda todos los continentes; contiene aprox. el 97 % del agua del planeta. 2 GEO Cada una de sus grandes subdivisiones: Atlántico, Pacífico, Índico, Boreal y Austral.

oceanografía *f.* GEO Ciencia que estudia los océanos y mares.

ocelo *m.* ZOOL Cada uno de los ojos simples que forman el ojo compuesto de los artrópodos.

ocelote *m.* Félino americano de aprox. 1 m de longitud, cuerpo esbelto y pelaje amarillento con manchas oscuras.

ochenta 1 *adj.* Ocho veces diez. 2 *m.* Cifras con que se representa este número.

ocho 1 *adj.* Siete y uno. 2 *m.* Representación gráfica de dicho número.

ochocientos, tas 1 *adj.* Ocho veces ciento. 2 *m.* Conjunto de signos con que se representa este número.

ocio 1 *m.* Falta de trabajo o actividad. 2 Tiempo libre en el que una persona no realiza su trabajo habitual.

ocioso, sa 1 *adj.* y *s.* Que está sin trabajo o sin hacer algo. 2 Que no tiene uso ni ejercicio de aquello a lo que está destinado.

ocluir *tr.* y *prnl.* MED Cerrar o taponar un conducto o una abertura del organismo, como el intestino o el lagrimal.

oclusión 1 *f.* MED Acción y efecto de ocluir u ocluirse. 2 FON Cierre completo del canal vocal de una articulación.

oclusivo, va *adj.* FON Dicho del sonido consonántico en cuya articulación se interrumpe momentáneamente la salida del aire, como el de las letras *p, t* y *k.*

ocre 1 *m.* GEO Mineral terroso amarillento. Es un óxido de hierro hidratado. 2 Color de este mineral.

octaedro *m.* GEOM Poliedro formado por ocho caras.

octágono, na *adj.* y *s.* GEOM Dicho del polígono de ocho ángulos y ocho lados.

octal *adj.* MAT Dicho de un sistema numérico, que tiene como base el número ocho.

octano *m.* QUÍM Hidrocarburo saturado líquido del petróleo.

octavo, va 1 *adj.* y *s.* Que sigue en orden al séptimo. 2 Dicho de cada una de las ocho partes en que se divide un todo. 3 *f.* MÚS Intervalo entre una nota musical y la octava superior o inferior de la escala. 4 MÚS Nota musical respecto de otra de la que está separada por este intervalo. El número de vibraciones de ambas está en la relación de dos a uno. || **~s de final** DEP Conjunto de ocho competiciones cuyos ganadores pasan a los cuartos de final.

octeto 1 *m.* MÚS Composición musical para ocho instrumentos o voces. 2 MÚS Conjunto de estos ocho instrumentos o voces.

octogenario, ria *adj.* y *s.* Que ha cumplido ochenta años y no ha alcanzado aún los noventa.

octópodo, da *adj.* ZOOL Dicho de los moluscos cefalópodos con ocho tentáculos provistos de ventosas, como el pulpo. Conforman un orden.

octubre *m.* Décimo mes del año, con 31 días.

ocular 1 *adj.* Perteneciente a los ojos o que se hace por medio de ellos. 2 ANAT **globo ~; órbita ~; músculos ~es.** 3 *m.* ÓPT Lente o sistema de lentes a que se aplica el ojo del observador en los aparatos ópticos.

oculista *m.* y *f.* MED Especialista en las enfermedades de los ojos.

ocultación *f.* Acción y efecto de ocultar u ocultarse.

ocultar 1 *tr.* y *prnl.* Esconder, encubrir. 2 Callar a propósito alguna cosa. 3 *prnl.* Ponerse el Sol o la Luna.

ocultismo 1 *m.* Conjunto de creencias sobre los fenómenos que escapan a la razón humana, como el espiritismo, la astrología, la alquimia, la adivinación y la magia. 2 Dedicación a este tipo de prácticas.

oculto, ta 1 *adj.* Escondido, tapado. 2 Ignorado, secreto. 3 **ciencias ~s.**

ocupación 1 *f.* Acción y efecto de ocupar. 2 Trabajo o quehacer en que se emplea el tiempo. 3 Oficio, cargo, profesión.

ocupar 1 *tr.* Estar en un lugar o utilizar alguna cosa, de modo que nadie más pueda hacer uso de ellos. 2 Habitar una casa o la habitación de un hotel, hostería, etc. 3 Dar trabajo a alguien. 4 Llenar un tiempo con una actividad. 5 Tomar posesión de un lugar. 6 *prnl.* Encargarse de alguien, prestarle atención. 7 Asumir la responsabilidad de un asunto.

ocurrencia *f.* Salida ingeniosa, dicho agudo.

ocurrir 1 *intr.* Acontecer, suceder algo. 2 *intr.* y *prnl.* Venir una idea a la mente.

oda *f.* LIT Poema lírico de tono elevado dividido en estrofas.

odalisca *f.* Esclava al servicio de las mujeres del harén.

odiar 1 *tr.* Sentir odio. 2 No gustar algo.

odio *m.* Antipatía y aversión muy vivas hacia alguien o algo.

odontología *f.* MED Especialidad que se ocupa de los dientes.

odorífero, ra *adj.* Aromático, que tiene buen olor o fragancia.

odre *m.* Piel de cabra cosida y empegada para guardar líquidos.

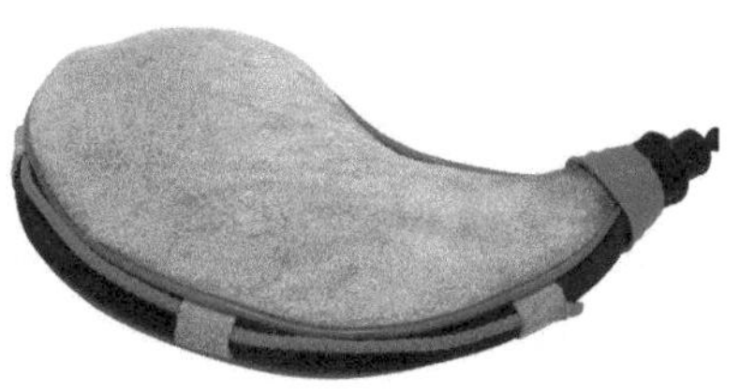

oeste 1 *m.* Punto cardinal del horizonte por donde se pone el Sol en los días equinocciales. Símbolo: O. 2 Lugar situado en dirección a este punto cardinal. • Es sinónimo de *occidente.*

ofender 1 *tr.* Injuriar de palabra o de obra. 2 Causar una impresión desagradable.

ofensa 1 *f.* Acción y efecto de ofender. 2 Cosa que ofende.

ofensivo, va 1 *adj.* Que ofende o puede ofender. 2 *f.* Situación o estado en que se trata de ofender o atacar. 3 Acción de atacar, especialmente en la guerra.

oferente *adj.* Que ofrece.

oferta 1 *f.* Promesa de dar, cumplir o ejecutar algo. 2 Propuesta para contratar. 3 Producto que se vende a precio rebajado. 4 ECON Conjunto de bienes o mercancías que se presentan en el mercado con un precio dado y en un momento determinado. || **~ y demanda** ECON Teoría según la cual cuando la oferta supera a la demanda, los productores deben reducir los precios para estimular las ventas, y cuando la demanda es superior a la oferta, los compradores presionan el alza del precio de los bienes.

ofertar 1 *tr.* Poner a la venta un producto. 2 Pujar en una subasta.

ofertorio *m.* REL En la misa católica, ofrecimiento del pan y del vino.

oficial, la 1 *adj.* Que tiene autenticidad y emana de la autoridad derivada del Estado, y no particular o privado: *Documento oficial.* 2 Dicho de las instalaciones e instituciones que están bajo dependencia gubernamental o estatal. 3 Dicho del medio de difusión al que se atribuye representación de órganos de gobierno, partidos, sindicatos u otras entidades. 4 *m.* Título y función de un militar que ha recibido misión y responsabilidad de mando. 5 *m.* y *f.* Persona con el grado intermedio entre aprendiz y maestro. • La forma *oficiala* solo se usa en esta acepción.

oficialidad *f.* Conjunto de oficiales del ejército.

oficialismo *m.* POLÍT Conjunto de fuerzas políticas que apoyan a un gobierno.

oficializar *tr.* Dar validez oficial a lo que antes no lo tenía.

oficiar 1 *tr.* Celebrar un oficio religioso. 2 Comunicar algo oficialmente y por escrito. 3 *intr.* Obrar o actuar con un determinado carácter: *Oficiar de mediador.*

oficina *f.* Lugar donde se trabaja, especialmente en el que se llevan a cabo trabajos de tipo administrativo.

oficinista *m.* y *f.* Persona que está empleada en una oficina.

oficio 1 *m.* Ocupación habitual. 2 Profesión mecánica o manual. 3 Destreza en la práctica de cualquier profesión. 4 Comunicación escrita de tipo institucional. 5 REL Rito o función religiosa.

oficioso, sa *adj.* Solícito en hacer lo que debe.

ofidio *adj.* y *m.* ZOOL Dicho de los reptiles conocidos como serpientes, de cuerpo alargado y cilíndrico, sin extremidades y con mandíbulas móviles, lengua bífida y dientes afilados de los que algunas especies poseen un par provisto de canales por los que circula un líquido venenoso. Conforman un orden.

ofimática *f.* Conjunto de material informático para oficinas.

ofrecer 1 *tr.* Regalar, donar. 2 Celebrar una fiesta o banquete en honor de alguien. 3 Decir lo que se está dispuesto a pagar por algo. 4 Dar facilidades para algo. 5 REL Dedicar a Dios o a un santo una buena obra o un sufrimiento. 6 REL Consagrar el sacerdote la hostia y el cáliz. 7 *tr.* y *prnl.* Obligarse alguien a dar, hacer o decir algo.

ofrenda *f.* Dádiva o servicio en muestra de gratitud o amor.

oftalmía (Tb. oftalmia) *f.* MED Afección inflamatoria de los ojos.

oftalmología *f.* MED Especialización que trata las enfermedades de los ojos.

ofuscar *tr.* y *prnl.* Trastornar o confundir las ideas.

oh *interj.* Denota asombro, sorpresa y alegría.

ohmio *m.* ELECTR Unidad de resistencia eléctrica equivalente al paso de un amperio cuando existe una diferencia de potencial de un voltio. Símbolo: Ω.

oída *f.* Acción de oír.

oídio *m.* BIOL Espora asexual resultante de la desintegración celular de una hifa.

oído 1 *m.* FISIOL Sentido que permite percibir los sonidos. 2 ANAT y FISIOL Órgano perceptor de la audición que también regula el equilibrio. En el hombre, y en muchos animales, es par y se halla situado a uno y otro lado de la cabeza. 3 MÚS Aptitud para percibir y reproducir la altura de los sonidos musicales.
□ ANAT y FISIOL El órgano auditivo consta de oído interno, medio y externo. El **interno** está al interior del hueso temporal y consta de vestíbulo, que comunica con el oído medio, y canales semicirculares y caracol, que transmiten las vibraciones sonoras al nervio acústico. El oído **medio** posee una cavidad membranosa comunicada con el oído interno y otra, el tímpano, que comunica con el externo; entre ellas hay una serie de huesecillos (martillo, yunque y estribo) sensibles a las vibraciones. El oído **externo** se encuentra en posición lateral al tímpano y consta de un conducto que finaliza en la oreja.

oidor, ra 1 *adj.* Que oye. 2 *m.* HIST Juez de las antiguas audiencias de España e Hispanoamérica. En las colonias se encargaba de fallar los pleitos, inspeccionar la marcha de la justicia, atender la defensa del territorio y cuidar del adecuado mantenimiento de las comunidades de indios.

oír 1 *tr.* Percibir los sonidos con el oído. 2 Enterarse de lo que se dice. 3 Atender ruegos o advertencias.

ojal *m.* Hendidura reforzada en la tela para abrochar un botón.

ojalá *interj.* Expresa deseo intenso.

ojeada *f.* Vistazo, mirada rápida.

ojear *tr.* Echar una ojeada.

ojera *f.* Mancha lívida en la base del párpado inferior.

ojeriza *f.* Antipatía o inquina contra alguien.

ojete 1 *m.* Abertura reforzada en sus bordes para meter algún cordón. 2 Agujero con que se adornan algunos bordados.

ojiva 1 *f.* GEOM Figura resultante del cruce, en uno de sus extremos, de dos arcos enfrentados de una misma circunferencia. 2 ARQ Arco con esa figura. 3 Parte delantera de un proyectil, especialmente de los misiles.

ojival *adj.* ARQ Dicho de la arquitectura gótica, en la que la ojiva es elemento básico.

ojo 1 *m.* ANAT Órgano y aparato sensorial de la visión. 2 Parte visible de él en la cara. 3 Agujero que atraviesa de una parte a otra ciertas cosas, como el de la aguja. 4 Atención que se pone en algo.
□ ANAT y FISIOL En el ser humano y los demás vertebrados es un órgano más o menos esférico cuyas paredes constan de tres capas: **esclerótica** (con la **córnea** transparente en la parte anterior), **túnica** úvea (con el **coroides**, el **cuerpo** ciliar y el **iris**) y **retina**. Detrás de la córnea se encuentran el **cristalino** y el cuerpo vítreo. La retina se comunica en su zona posterior con el nervio óptico encargado de transmitir los estímulos visuales al cerebro.

okapi *m.* Mamífero artiodáctilo africano de hasta 1,5 m de altura. Tiene pelaje castaño con bandas blanquinegras en las extremidades.

okupa 1 *adj.* Dicho de un grupo beligerante, que defiende la ocupación de facto de los espacios baldíos para usarlos como vivienda. 2 Perteneciente al movimiento okupa. 3 *m.* y *f.* Persona integrante del movimiento okupa.

ola 1 *f.* Onda de gran amplitud en la superficie de las aguas. 2 GEO Fenómeno atmosférico que produce una variación climática repentina.

ole (Tb. *olé*) *interj.* Expresa aplauso, ánimo, admiración.

oleada 1 *f.* Afluencia tumultuosa de personas o cosas. 2 Aparición repentina y frecuente de hechos: *Oleada de robos.*

oleaginoso, sa *adj.* Aceitoso o que contiene aceite.

oleaje *m.* Sucesión continuada de olas.

óleo 1 *m.* Aceite que usa la Iglesia católica en los sacramentos y otras ceremonias. 2 ART **pintura** al ~.

oleoducto *m.* Sistema de tuberías para el transporte del petróleo a grandes distancias.

oler 1 *tr.* Percibir los olores por el olfato. 2 *tr.* y *prnl.* Sospechar, adivinar algo oculto. 3 *intr.* Producir o despedir algún olor.

olfatear 1 *tr.* Oler algo de forma insistente. 2 Indagar con curiosidad y empeño.

olfativo, va *adj.* Relativo al sentido del olfato.

olfato 1 *m.* ANAT Sentido con que se perciben los olores. 2 Astucia y sagacidad para averiguar o entender lo encubierto y simulado.
□ ANAT y FISIOL En el ser humano, y muchos otros vertebrados, el sentido del olfato está constituido por células especiales situadas en la membrana pituitaria de la nariz, que tiene tres clases de células: *receptoras, de sostén* y *basales.* Las receptoras se encargan de la percepción de los estímulos, las de sostén rodean a las anteriores y las basales protegen a las neuritas de las receptoras que transmiten el impulso olfativo al cerebro a través del nervio olfatorio.

olfatorio, ria *adj.* Relativo al olfato.

oligarca *m.* Persona de la oligarquía.

oligarquía *f.* POLÍT Gobierno tiránico en que el poder lo ejercen las familias poderosas.

oligoceno, na *adj.* y *s.* GEO Dicho de la época del periodo terciario que siguió al **eoceno** y durante la cual tuvieron lugar los plegamientos andino e himalayo. Se formaron extensos bosques y alcanzaron un gran desarrollo los mamíferos.

oligoelemento *m.* BIOQ Elemento químico indispensable, en cantidades mínimas, para el desarrollo de plantas y animales.

oligofrenia *f.* MED Deficiencia mental.

oligopolio *m.* ECON Aprovechamiento de alguna industria o comercio por un reducido número de empresas.

olimpiada (Tb. olimpíada) *f.* DEP Competición deportiva mundial que se celebra cada cuatro años.

olímpico, ca 1 *adj.* Relativo a las olimpiadas. 2 Relativo al Olimpo.

olimpo 1 *m.* Lugar donde moraban los dioses mitológicos griegos. 2 Sitio privilegiado destinado a un grupo reducido de personas selectas.

oliscar *tr.* Olfatear con persistencia.

oliva *f.* **ACEITUNA.**

olivo *m.* Árbol de tronco nudoso, hojas persistentes, lustrosas por el haz y blanquecinas por el envés, flores blancas en ramitos axilares y fruto en drupa, conocido como aceituna, de cuyo hueso se extrae el aceite de oliva.

olla 1 *f.* Vasija redonda con asas que sirve para guisar, calentar agua, etc. 2 Guiso de carne, legumbres y hortalizas. || ~ **a presión** La que tiene cierre hermético para que el vapor producido en el interior cueza los alimentos con gran rapidez.

ollar *m.* Cada uno de los dos orificios de la nariz de los équidos.

olleta *f.* **CHOCOLATERA.**

olmeca *adj.* y *s.* HIST De un pueblo amerindio prehispánico establecido junto al golfo de México, en los actuales estados de Veracruz y Tabasco. Ejercieron una gran influencia sobre los aztecas. Los vestigios de su cultura se remontan a 1500 a.C. y su decadencia se inició hacia el año 200.

olmo *m.* Árbol alto de tronco robusto y copa ancha, hojas lampiñas por la haz y vellosas por el envés, flores blancas y fruto con semilla oval y aplastada.

olor 1 *m.* Emanación que despiden los cuerpos y que es percibida por el sentido del olfato. 2 Sensación agradable o desagradable según el carácter de dicha emanación.

olvidadizo, za *adj.* Que con facilidad se olvida de las cosas.

olvidar 1 *tr.* y *prnl.* No conservar en la memoria algo o a alguien. 2 Dejar algo o a alguien, por descuido, en un lugar. 3 Dejar de tener afecto a una persona. 4 No tener en cuenta algo. 5 *intr.* y *prnl.* Desaparecer de la memoria algo que se debía tener presente: *Se me olvidó la cita.*

olvido *m.* Acción y efecto de olvidar.

omaso *m.* Tercera cavidad de las cuatro que conforman el estómago de los rumiantes.

ombligo *m.* ANAT Cicatriz circular que queda en el centro del abdomen luego de cortado el cordón umbilical.

omeya *adj.* y *s.* HIST Dicho del miembro de una dinastía que desde el califato de Damasco, entre los años 660 y 750, dirigió la expansión árabe. Llegó a ocupar el N de África, Asia central, el valle del Indo, el Turkestán occidental y España.

ominoso, sa 1 *adj.* De mal agüero. 2 Abominable, execrable.

omisión 1 *f.* Acción y efecto de omitir. 2 Falta o delito que deriva de no haber hecho algo. 3 Lo que se omite.

omitir 1 *tr.* No hacer algo. 2 *tr.* y *prnl.* No decir algo, silenciarlo.

ómnibus *m.* Vehículo de gran capacidad para transportar personas.

omnímodo, da *adj.* Que lo abarca todo: *Poder omnímodo.*

omnipotente *adj.* Que todo lo puede.

omnipresente *adj.* Que está presente en todas partes.

omnisciente *adj.* Que todo lo sabe.

omnívoro, ra *adj.* ZOOL Dicho del animal que se alimenta de todo tipo de sustancias orgánicas.

omoplato (Tb. omóplato) *m.* ANAT Cada uno de los dos huesos, casi planos y triangulares, situados en la parte posteroanterior del tórax.

onagro *m.* Asno salvaje de Asia central, de 1 m de alzada.

onanismo 1 *m.* Masturbación solitaria. 2 Coito interrumpido antes de la eyaculación.

ona *adj.* y *s.* HIST De un pueblo amerindio, hoy prácticamente extinguido, asentado en el extremo SE de Tierra del Fuego desde el 5000 a.C.

once 1 *adj.* Diez más uno. 2 *m.* Conjunto de signos con que se representa este número. 3 *f. pl.* Refrigerio que se toma entre once y doce de la mañana o a diferentes horas de la tarde, según los países.

onceavo, va *adj.* y *s.* Dicho de cada una de las once partes iguales en que se divide un todo.

onceno *m.* Parte que, junto a otras diez iguales, constituye un todo.

A B C D E F G H I J K L M N Ñ O P Q R S T U V W X Y Z

oncología *f.* MED Especialización que estudia los tumores.

onda 1 *f.* Elevación y depresión que, alternativamente, se forma en la superficie de un líquido por efecto del viento u otra causa. 2 Cada curva que se forma en algunas cosas flexibles, como el pelo, la tela, etc. 3 FÍS Movimiento periódico que se propaga en el espacio en forma de oscilaciones periódicas y con transferencia de energía pero no de materia. 4 FÍS **longitud de ~.** || **~ de radio** FÍS y TELEC La electromagnética que tiene las cualidades de atravesar objetos sólidos y ser reflejada por las capas superiores de la atmósfera, por lo que es aprovechada en la transmisión de señales de radio y televisión. **~ electromagnética** FÍS Forma de propagarse a través del espacio los campos eléctricos y magnéticos producidos por cargas eléctricas en movimiento. **~ herciana** FÍS ONDA electromagnética. **~ luminosa** FÍS Aquella que propaga la luz emitida por un cuerpo luminoso. **~ sonora** FÍS La que se origina en un cuerpo elástico y transmite el sonido.

☐ FÍS Las ondas pueden producirse por la vibración de la materia (sólida, líquida o gaseosa), en el caso de las *ondas materiales*, o por la modificación de las características de los campos (sin necesidad de ningún soporte material), como en las *ondas electromagnéticas*. Las ondas sonoras son del primer tipo y los rayos luminosos del segundo.

ondear 1 *intr.* Hacer ondas el agua por la acción del viento. 2 Mecerse alguna cosa en el aire formando ondas. 3 Formar ondas los dobleces de alguna cosa, como el pelo o la tela.

ondina *f.* MIT Ninfa de las aguas.

ondulación *f.* Acción y efecto de ondular.

ondular 1 *tr.* Hacer ondas en alguna superficie o cosa. 2 *intr.* Moverse algo formando pequeñas curvas.

ondulatorio, ria 1 *adj.* Que ondula. 2 FÍS **movimiento ~.**

oneroso, sa *adj.* Pesado, molesto, caro.

ONG *f.* Organismo sin ánimo de lucro constituido para apoyar causas sociales o personas en situación de vulnerabilidad. • Sigla de Organización no gubernamental.

ónice *m.* Variedad de ágata con bandas claras y oscuras.

onírico, ca 1 *adj.* Relativo a los sueños. 2 Dicho de lo que se parece a los sueños o da la sensación de ser un sueño.

ónix *f.* ÓNICE.

onomástico, ca 1 *f.* Catalogación y estudio de los nombres propios. 2 *m.* Día en que alguien celebra su santo.

onomatopeya *f.* Imitación de un sonido natural con la palabra que lo designa, como *crac*, *guau* y *tictac*.

ontología *f.* FIL Parte de la filosofía que estudia el ser en cuanto tal.

onza[1] *f.* Peso equivalente a unos 30 g.

onza[2] *f.* GUEPARDO.

oocito *m.* BIOL Célula sexual femenina que aún no ha experimentado la meiosis.

oogénesis *f.* BIOL Proceso de formación del óvulo que se produce en las gónadas femeninas. Comienza cuando las células germinales se multiplican y producen las oogonias que, tras la **meiosis** y una serie de divisiones, forman las células haploides, que se transforman en el óvulo.

oogonia *f.* BIOL Célula germinal de la gónada femenina que origina los primeros oocitos.

oogonio *m.* BIOL Órgano sexual femenino de algunas algas y hongos.

oosfera (Tb. oósfera) *f.* BOT Célula sexual femenina de las fanerógamas.

opacar 1 *tr.* Hacer opaco algo. 2 Superar a otra persona en alguna cualidad. 3 *tr.* y *prnl.* Oscurecer, nublar.

opacidad 1 *f.* Cualidad de opaco. 2 FÍS Capacidad de absorción de un medio óptico, según la relación entre el rayo incidente y el saliente.

opaco, ca 1 *adj.* Que no permite el paso a la luz. 2 Oscuro, sombrío.

opalescente *adj.* Que parece de ópalo o irisado como él.

opalino, na *adj.* De color entre blanco y azulado con reflejos irisados.

ópalo *m.* Mineral duro y quebradizo, con irisaciones que van del rojo al amarillo y al azul.

op-art (Voz ingl.) *m.* ART Expresión pictórica de finales de la década de 1950, basada en los efectos ópticos y cromáticos, que buscaba producir la ilusión de vibración o relieve.

opción 1 *f.* Libertad de elegir. 2 La elección misma. 3 Derecho a un cargo o puesto.

ópera *f.* MÚS y TEAT Pieza dramática cantada y con acompañamiento de orquesta, en la que, a veces, hay también escenas de ballet.

operación 1 *f.* Acción y efecto de operar. 2 Proceso mercantil de compra o venta. 3 MAT Conjunto de reglas que permiten, partiendo de unas cantidades o expresiones, obtener otras cantidades o expresiones llamadas resultados.

operador, ra 1 *m.* y *f.* Persona que establece las comunicaciones no automáticas de una central telefónica. 2 Especialista en el manejo de determinadas técnicas: *Operador de sonido*. 3 *m.* Empresa que presta un servicio: *Operador turístico*. 4 MAT Símbolo matemático que denota un conjunto de operaciones que han de realizarse.

operar 1 *tr.* y *prnl.* Realizar, llevar a cabo algo. 2 *tr.* MED Realizar una intervención quirúrgica. 3 *intr.* Producir las causas el efecto que les es propio. 4 Obrar, trabajar. 5 *prnl.* MED Someterse a una intervención quirúrgica.

operario, ria *m.* y *f.* Obrero de fábrica o taller.

operativo, va 1 *adj.* Que obra y hace su efecto. 2 INF **sistema ~.** 3 *m.* Acción militar o policial.

opérculo 1 *m.* BOT Pieza que cierra las cápsulas de algunos frutos. 2 ZOOL Repliegue epidérmico que proporciona protección externa a las branquias de la mayoría de los peces.

opereta *f.* Mús y Teat Género teatral en el que se intercalan canciones y bailes con fragmentos hablados.

opiáceo, a *adj.* Relativo al opio.

opinar *intr.* Formar opinión de algún asunto y expresarla.

opinión *f.* Idea, juicio o concepto que se tiene o se forma de personas o cosas. || ~ **pública** Manera de pensar de la mayoría de los ciudadanos acerca de asuntos determinados.

opio *m.* Farm Sustancia narcótica que se extrae de las adormideras.

opíparo, ra *adj.* Copioso, espléndido, tratándose de comidas.

oponente 1 *adj.* Que opone o se opone. 2 *adj.* y *s.* Dicho de la persona o grupo de personas que se opone a otra u otras.

oponer 1 *tr.* y *prnl.* Colocar una cosa frente a otra para impedir o estorbar su acción. 2 Proponer una razón o discurso contra lo que otro dice o siente. 3 *prnl.* Ser una cosa contraria a otra, contradecirla. 4 Estar una cosa situada enfrente de otra.

oportunidad 1 *f.* Cualidad de oportuno. 2 Coyuntura favorable.

oportunismo *m.* Forma de proceder aprovechando al máximo las circunstancias para obtener el mayor beneficio posible.

oportunista *adj.* Que practica el oportunismo.

oportuno, na 1 *adj.* Que se hace o sucede en tiempo a propósito y cuando conviene. 2 Dicho de la persona que es acertada y ocurrente en la conversación.

oposición 1 *f.* Acción y efecto de oponer u oponerse. 2 Disposición de una cosa frente a otra. 3 Enfrentamiento físico o moral entre personas. 4 Polít Sector político que en los regímenes democráticos critica las actuaciones del poder gobernante y propone otras alternativas.

opresión 1 *f.* Acción y efecto de oprimir. 2 Molestia ocasionada por algo que oprime.

oprimir 1 *tr.* Ejercer presión sobre alguna cosa, apretar, estrujar. 2 Gobernar de forma arbitraria o tiránica.

oprobio *m.* Afrenta, deshonra.

optar *tr.* e *intr.* Escoger una cosa entre varias.

optativo, va *adj.* Que está pendiente de una opción o la admite.

óptico, ca 1 *adj.* Relativo a la visión o a la óptica. 2 **fibra** ~. 3 Anat **nervio** ~. 4 Inf **lápiz** ~; **reconocimiento** ~ de caracteres. 5 Ópt **ángulo** ~. 6 *f.* Establecimiento donde se venden aparatos ópticos. 7 Modo de considerar un asunto. 8 Fís y Ópt Rama de la física que estudia los fenómenos luminosos y las leyes que los rigen. 9 Ópt Técnica de construir espejos, lentes e instrumentos de óptica.

optimismo *m.* Actitud que tiende a ver el lado positivo de las cosas.

optimizar *tr.* Buscar la mejor manera de realizar una actividad.

óptimo, ma *adj.* Que no puede ser mejor.

optometría *f.* Ópt Parte de la óptica que se ocupa de la graduación científica de la vista.

opuesto, ta 1 *adj.* Contrario, completamente diferente. 2 Bot **hojas** ~s. 3 Mat Dicho de las cantidades cuya suma es igual a cero.

opugnar *tr.* Contradecir, refutar.

opulencia *f.* Abundancia o riqueza desmedida.

opus *m.* Mús Numeración con que se designan las obras de un compositor.

opúsculo *m.* Ensayo de poca extensión.

oquedad *f.* Espacio vacío en un cuerpo sólido.

oquedal *m.* Monte cubierto de árboles, sin matorrales ni maleza.

ora *conj. distr.* Aféresis de *ahora: Ora esto; ora lo otro.*

oración 1 *f.* Discurso, alocución. 2 Rel Acto de poner la mente en Dios o las cosas sagradas, que puede ser meramente mental o ir acompañado de palabras. 3 Gram Conjunto de palabras con sentido completo, que no depende sintácticamente de otras unidades al interior de un texto y que está formado por dos partes principales: el **sujeto** y el **predicado**. || ~ **activa** Gram La predicativa en que el sujeto realiza la acción que denota el verbo: *Carmen hace esculturas.* ~ **atributiva** Gram La que contiene un predicado nominal cuyo núcleo es un verbo copulativo (*ser, estar*) u otro que desempeñe la función copulativa (*parecer, quedarse, mantenerse,* etc.): *Juan es de Caracas; la noche está fría; las vacas parecen sedientas.* ~ **compuesta** Gram La que contiene dos o más predicados con sus respectivos verbos: *Si hace buen tiempo, iremos al campo; el padre lloraba y el hijo reía.* Según el tipo de relación que las vincule, las oraciones compuestas pueden ser de dos clases: coordinadas o subordinadas. ~ **coordinada** Gram La que se une a otra mediante una conjunción, sin que exista subordinación o dependencia de una respecto a la otra: *Se ha descompuesto el auto y no puedo ir a la ciudad; nos vamos ya o llegaremos tarde.* ~ **copulativa** Gram **oración** atributiva. ~ **desiderativa** Gram La que expresa un deseo. ~ **dubitativa** Gram La que expresa duda. ~ **enunciativa** Gram La que comunica que algo sucede, ha sucedido o sucederá. ~ **exclamativa** Gram La que expresa alguna emoción del hablante. ~ **imperativa** Gram La que expresa mandato, ruego, consejo, etc. ~ **impersonal** Gram La activa que carece de sujeto o que lo tiene tácito: *Llovía intensamente.* ~ **interrogativa** Gram La que expresa una pregunta. ~ **pasiva** Gram La predicativa en que el sujeto no realiza la acción del verbo, sino que la recibe: *Un perfume compró Alicia.* ~ **predicativa** Gram La que posee un predicado verbal y expresa la acción o el comportamiento del sujeto: *Los niños juegan en el jardín.* ~ **principal** Gram Aquella de la que dependen o incluye una o varias oraciones subordinadas. ~ **recíproca** Gram La activa en que el sujeto denota varias entidades que realizan y reciben la acción mutuamente: *Jairo y su hijo se admiran.* ~ **reflexiva** Gram La activa en que el sujeto realiza la acción y también la recibe: *El perro se rasca.* ~ **simple** Gram La que contiene un solo predicado: *María trajo las manzanas.* ~ **subordinada** Gram La que en las oraciones compuestas depende de la principal: *Si no he regresado a las diez, puedes irte.* ~ **yuxtapuesta** Gram La que, dentro de un enunciado, se une a otra sin palabra de enlace, no existiendo entre ellas relación de subordinación o dependencia; en la escritura se separan con coma: *El mar acaricia la playa, la arena se humedece.*

oráculo 1 *m.* Respuesta de la divinidad a determinadas consultas o súplicas. 2 Persona a quien todos escuchan con respeto por su sabiduría.

orador, ra *m. y f.* Persona que habla en público.

oral 1 *adj.* Perteneciente o relativo a la boca. 2 De palabra, por contraposición a lo escrito: *Tradición oral.*

oralidad *f.* Conjunto de características propias de la expresión oral.

orangután *m.* Primate antropomorfo que puede alcanzar 2 m de altura. Tiene frente estrecha, nariz chata y extremidades anteriores muy desarrolladas. Vive en Sumatra y Borneo.

orar 1 *intr.* Elevar la mente a Dios, hacer oración. 2 Practicar la oratoria.

orate *m. y f.* Persona que ha perdido el juicio.

oratoria *f.* Arte de hablar en público con elocuencia.

oratorio 1 *m.* Lugar retirado para hacer oración a Dios. 2 Capilla privada. 3 Mús Composición dramática y musical para coro, solo y orquesta.

orbe 1 *m.* Mundo, conjunto de las cosas existentes. 2 Esfera celeste o terrestre.

órbita 1 *f.* Ámbito, área de influencia. 2 Astr Trayectoria que, en el espacio, recorre un cuerpo sometido a la acción gravitatoria de otro. 3 Fís Trayectoria que recorre un electrón alrededor del núcleo del átomo. || ~ **geoestacionaria** La de un satélite artificial cuyo periodo de rotación coincide con el de la Tierra. ~ **ocular** Anat Cada una de las cuencas del cráneo en las que se asientan los ojos.

orbital 1 *adj.* Relativo a la órbita. 2 *adj.* y *m.* Anat Dicho de cada uno de los huesos que forman la órbita del ojo.

orca *f.* Cetáceo depredador de hasta 10 m de largo, cabeza redondeada, trompa grande y aleta dorsal muy desarrollada.

orco *m.* Mit Según la mitología romana, lugar contrapuesto a la Tierra, adonde llegaban los muertos.

orden 1 *m.* Colocación o distribución de personas y cosas en el lugar que les corresponde. 2 Organización y buen funcionamiento de algo. 3 Regularidad de la forma de vida. 4 Arq Disposición y proporción de los cuerpos arquitectónicos. 5 Biol Unidad de clasificación biológica inferior a la clase y superior a la familia. Los miembros del mismo orden comparten características que indican un origen evolutivo común, por ejemplo: el pulgar oponible y ojos frontales en los primates (lemures, monos, simios y humanos). 6 Rel Sexto de los sacramentos de la Iglesia, que reciben los obispos, los presbíteros y los diáconos, y cuya gracia conferida es el poder espiritual y la autoridad propia de las comunidades religiosas. 7 *f.* Mandato o disposición. 8 Relación de lo que se va a consumir en una cafetería o restaurante. 9 Cada uno de los institutos civiles o militares para premiar ciertos méritos: *Le fue otorgada la Orden de la Legión de Honor.* 10 Sociedad religiosa de la Iglesia católica cuyos miembros viven bajo las reglas establecidas por su fundador o por sus reformadores aceptando la disciplina establecida. || ~ **corintio** Arq El que tiene el capitel adornado con hojas de acanto. Hist. ~ **de caballería**. ~ **dórico** Arq El que tiene el capitel sencillo y el friso adornado con metopas y triglifos. ~ **jónico** Arq El de capitel adornado con grandes volutas. ~ **público** Polít Situación de legalidad normal en que las autoridades ejercen sus atribuciones y los ciudadanos las respetan y obedecen.

ordenación 1 *f.* Acción y efecto de ordenar u ordenarse. 2 Disposición adecuada de un determinado espacio o de los elementos que en él se incluyen. 3 Rel Ceremonia en que se confiere el sacramento del orden. || ~ **del suelo** Conjunto de normas legales que regulan la edificabilidad, la instalación de los servicios públicos y la calificación final del suelo urbanizable.

ordenado, da 1 *adj.* Que guarda orden y método en sus acciones. 2 *f.* Geom Coordenada vertical en el sistema cartesiano. 3 Geom **eje** de ~s.

ordenador, ra 1 *adj.* y *s.* Que ordena. 2 *m.* Inf **computador**.

ordenamiento *m.* Acción y efecto de ordenar. || ~ **territorial** Organización administrativa de una nación mediante la proyección espacial de sus políticas sociales, económicas, ambientales y culturales.

ordenanza *m.* Soldado a las órdenes de un oficial.

ordenar 1 *tr.* Poner en orden algo. 2 Mandar o imponer algo. 3 Disponer las cosas o medios para conseguir un fin. 4 Rel Conferir el sacramento del orden. 5 *prnl.* Recibir alguno de los grados del sacramento católico del orden sacerdotal.

ordeñar *tr.* Extraer la leche de las hembras exprimiendo las ubres o mamas manual o mecánicamente.

ordinal 1 *adj.* Relativo al orden. 2 *adj.* y *m.* Gram Dicho del **adjetivo** numeral que expresa la idea de orden o sucesión: *Primero; quinto.*

ordinario, ria 1 *adj.* Común, regular, que suele acontecer. 2 Vulgar, basto, de poca estimación.

ordovícico, ca *adj.* y *s.* Geo Dicho del segundo periodo del Paleozoico, ocurrido hace unos 500 o 430 millones de años. El clima era cálido y húmedo en el N y frío en el S. Los invertebrados marinos constituían la forma de vida predominante y en la tierra surgieron plantas primitivas y otros invertebrados.

orear *tr.* y *prnl.* Poner una cosa al viento para secarla o quitarle el olor que ha contraído.

orégano *m.* Planta herbácea aromática de tallos vellosos, hojas ovaladas, flores en espigas terminales y fruto globoso. Se emplea como especia.

oreja 1 *f.* Anat Parte externa del órgano del oído. 2 Cualquier apéndice de un objeto, especialmente si hay uno en cada lado.

orejera *f.* Cada una de las dos piezas de la gorra o montera para proteger las orejas.

orfanato *m.* Asilo para huérfanos.

orfandad 1 *f.* Condición de huérfano. 2 Situación de desamparo.

orfebrería 1 *f.* Conjunto de técnicas para el trabajo artístico de los metales preciosos. 2 Conjunto de objetos resultantes de dicho trabajo.
orfeón *m.* Mús Agrupación de personas que cantan en un coro.
orgánico, ca 1 *adj.* Relativo a los órganos y al organismo. 2 Dicho especialmente de los seres vivientes. 3 Que atañe a la constitución de las entidades colectivas o a sus funciones. 4 **agricultura** biológica u ~. 5 Biol **materia** ~. 6 Geo Dicho del material o roca formados por materia orgánica transformada químicamente, como los hidrocarburos naturales. 7 Quím Dicho de la sustancia cuyo componente constante es el carbono en combinación con otros elementos. 8 Quím **química** ~.
organigrama *m.* Representación gráfica de los elementos que constituyen una organización o de los puntos esenciales de un programa.
organillo *m.* Mús Órgano portátil que se acciona manualmente mediante un manubrio.
organismo 1 *m.* Biol Ser vivo formado por órganos con sus respectivas funciones y capacitado para formar réplicas de sí mismo. 2 Asociación de personas que ejercen funciones de interés general. 3 Conjunto de dependencias o empleos que forman una institución. || ~ **transgénico** Animal o vegetal cuya dotación genética ha sido modificada mediante la inyección de un gen adicional que se integra a todas las células del organismo resultante y de sus descendientes.
organización 1 *f.* Acción y efecto de organizar u organizarse. 2 Conjunto de los componentes de una asociación. 3 Asociación o partido político. 4 Orden, método. 5 Biol Disposición interna de los seres vivos. || ~ **no gubernamental** Entidad que busca influir en las decisiones políticas de los gobiernos o que impulsa programas de desarrollo, protección de los derechos humanos, educación, protección del medioambiente, etc.
organizar 1 *tr.* y *prnl.* Preparar la realización de algo. 2 Acabar con el desorden.
órgano 1 *m.* Cualquier instrumento, o parte de una asociación, con una función determinada dentro de un conjunto. 2 Biol Parte de un organismo multicelular diferenciada del entorno orgánico inmediato y que constituye una unidad funcional y estructural. 3 Mús Instrumento de viento formado por uno o varios teclados, pedales y tubos en los que se produce el sonido mediante el aire impelido por un fuelle.
orgánulo *m.* Biol Unidad estructural y funcional de una célula, como las mitocondrias o el núcleo.
orgasmo *m.* Fisiol Punto culminante de la excitación sexual.
orgía 1 *f.* Banquete en que se cometen toda clase de excesos. 2 Desenfreno de cualquier pasión: *Una orgía de crueldad.*
orgullo *m.* Excesiva estima de uno mismo, que a veces se justifica por nacer de causas nobles y virtuosas.
orientación 1 *f.* Acción y efecto de orientar u orientarse. 2 Posición o dirección de algo respecto a un punto cardinal. 3 **sentido** de ~.
orientador, ra 1 *adj.* Que orienta. 2 *m.* y *f.* Consejero de orientación pedagógica o profesional.
oriental 1 *adj.* y *s.* Relativo a Oriente. 2 *adj.* Geo **hemisferio** ~. 3 Hist y Rel **iglesia** ~.
orientalizar *tr.* Dotar de características inherentes a la forma de vida o cultura orientales.
orientar 1 *tr.* Colocar algo en determinada posición respecto a los puntos cardinales. 2 Determinar esta posición. 3 Señalar en un mapa o un plano, por medio de un signo convencional, un punto cardinal para dar a conocer la situación de los objetos que comprende. 4 Poner algo en determinada posición respecto a cualquier punto de referencia: *Apoyé la silla contra la pared.* 5 *tr.* y *prnl.* Informar a alguien sobre un asunto para que pueda desenvolverse en él. 6 Encauzar algo hacia un fin preciso.

oriente *m.* Punto cardinal del horizonte por donde sale el sol en los equinoccios. • Es sinónimo de *este*.
orificio 1 *m.* Agujero pequeño hecho a propósito para una función determinada. 2 Anat Cada una de las aberturas que comunican los órganos internos con el exterior.
origami *m.* Art Técnica artística que crea figuras u objetos doblando trozos de papel en varias partes.
origen 1 *m.* Principio, nacimiento, raíz y causa de algo. 2 País de donde proviene algo o tuvo principio una familia. 3 Geom Punto de intersección de los ejes coordenados.
original 1 *adj.* Relativo al origen. 2 Singular, contrario a lo común. 3 Dicho de la lengua en que primeramente se escribe una obra o se filma una película. 4 *adj.* y *s.* Que no es copia, imitación o traducción. 5 *m.* Manuscrito que se da a la imprenta para su impresión. 6 Cualquier documento que sirve de modelo para sacar copias.
originar 1 *tr.* Ser origen o causa de algo. 2 *prnl.* Traer una cosa su principio u origen de otra.
originario, ria *adj.* Que trae su origen de algún lugar, persona o cosa.
orilla 1 *f.* Franja de tierra inmediata al agua de un río, lago, mar, etc. 2 Extremo de una superficie.
orillar 1 *intr.* y *prnl.* Acercarse a las orillas. 2 *intr.* Guarnecer la orilla de una tela.
orillo 1 *f.* Orilla de la tela. 2 **orilla**, término o extremo.
orín[1] *m.* Herrumbre que se forma en la superficie del hierro.
orín[2] *m.* **orina**.
orina *f.* Fisiol Líquido amarillento secretado por los riñones, que pasa por la vejiga y es expulsado por la uretra.
orinal *m.* Recipiente para recoger la orina.
orinar 1 *intr.* Fisiol Expulsar la orina mediante la micción. 2 *tr.* Med Expulsar por la uretra algún otro líquido: *Orinó sangre.*
oriundo, da *adj.* Que tiene su origen en algún lugar.
órix *m.* Mamífero artiodáctilo de unos 2 m de longitud y largos cuernos arqueados. Habita en África y Arabia.
orla *f.* Orillo ornamentado de una tela o un vestido.
ornamentar *tr.* Engalanar, adornar.

A B C D E F G H I J K L M N Ñ O P Q R S T U V W X Y Z

ornamento 1 *m.* Elemento decorativo. 2 *pl.* Vestiduras sagradas de los sacerdotes y los utensilios del culto.

ornar *tr.* y *prnl.* Adornar, engalanar.

ornato *m.* Adorno.

ornitología *f.* ZOOL Rama de la zoología que estudia las aves.

ornitorrinco *m.* Mamífero monotrema del tamaño de un conejo, con cabeza casi redonda, trompa semejante al pico de un pato, patas palmeadas y pelaje gris cuya hembra pone huevos. Vive en aguas dulces de Australia y Tasmania.

oro 1 *m.* QUÍM Elemento metálico amarillo, el más dúctil y maleable de todos y uno de los más pesados. La mayor parte de su producción, en aleación con otros metales, se emplea en joyería. Punto de fusión: 1064 °C. Punto de ebullición: 2970 °C. Núm. atómico: 79. Símbolo: Au. 2 Color amarillo propio de dicho metal. 3 ECON **patrón ~.**

orogénesis *f.* GEO Conjunto de fenómenos tectónicos que dan lugar a un orógeno.

orógeno *m.* GEO Cadena montañosa o cordillera en formación situada entre una placa continental y otra oceánica, o entre dos placas continentales.

orografía *f.* GEO Conjunto de montes de una región.

orondo, da *adj.* Ufano, vanidoso.

oropel 1 *m.* Oro de imitación o material de su apariencia. 2 Lo de mucha apariencia y escaso valor.

oropéndola *f.* Pájaro de plumaje amarillo y alas y cola negras. Cuelga su nido de las ramas horizontales de los árboles.

orquesta 1 *f.* MÚS Agrupación musical en cuyo núcleo aparecen los instrumentos de cuerda con arco de la familia del violín, a los que se añaden las maderas, los metales y los instrumentos de percusión. 2 MÚS Agrupación musical especializada según sus instrumentos (orquesta de balalaicas) o su estilo (orquesta de jazz, orquesta barroca).

☐ MÚS La orquesta tradicional se compone de familias de instrumentos. La de cuerdas se divide en: primeros violines (20), segundos violines (18 a 20), violas (14), violonchelos (12) y contrabajos (8). La de maderas en: flautas (3), oboes (3), clarinetes (3) y fagotes (3). La de metales en: trompas (4), trompetas (3), trombones (3) y tubas (1). La de percusión cuenta con un redoblante, un bombo, unos platillos y un triángulo. Además las orquestas pueden contar con un arpa y un piano.

orquestar 1 *tr.* MÚS Componer para orquesta. 2 Organizar una manifestación, una rebelión, etc.

orquídea *f.* Planta monocotiledónea herbácea de hojas radicales, flores cigomorfas, con el eje floral invertido, fruto en cápsula y raíz con tubérculos. Existen muchas especies.

ortiga *f.* Planta herbácea de hojas elípticas y serradas y flores en espiga. Las hojas segregan un líquido urticante.

ortodoncia *f.* MED Rama de la odontología que corrige las deformidades dentarias.

ortodoxia 1 *f.* Concordancia con el dogma de una religión. 2 Conformidad con la doctrina fundamental de un sistema.

ortodoxo, xa 1 *adj.* y *s.* Conforme con el dogma o los principios de una religión o un sistema. 2 REL **iglesia ~.**

ortogonal *adj.* GEOM En ángulo recto.

ortografía *f.* ORT Conjunto de reglas que regulan la escritura e indican cómo representar los sonidos y las palabras y cómo emplear los signos de puntuación.

☐ LING La ortografía de una lengua está compuesta por una serie de reglas establecidas por su comunidad de hablantes para mantener la unidad de la lengua escrita. En algunos países, las academias de la lengua establecen y regulan el cumplimiento de las normas ortográficas.

ortográfico, ca 1 *adj.* Relativo a la ortografía. 2 ORT **acento ~.**

ortopedia *f.* MED Rama médica que mediante prótesis corrige las anomalías anatómicas o funcionales del cuerpo.

oruga 1 *f.* ZOOL Larva de los lepidópteros que sigue al huevo en la metamorfosis. Posee ojos simples, piezas masticadoras y ocho pares de patas. 2 Rueda o llanta articulada con una banda sin fin que permite a ciertos vehículos avanzar fácilmente por terrenos blandos o accidentados.

orujo *m.* Hollejo de la uva o de la aceituna que queda después de que son exprimidas.

orzar *intr.* Inclinar la proa hacia la parte de donde viene el viento.

orzuelo *m.* MED Forúnculo en el borde del párpado.

os Pronombre personal de segunda persona, en masculino o femenino, y número plural; ejerce funciones de complemento directo e indirecto. No lleva preposición, y puede ser enclítico (*amaos*).

osadía 1 *f.* Audacia, atrevimiento. 2 Desfachatez, insolencia.

osamenta 1 *f.* Esqueleto de un hombre o un animal. 2 Huesos sueltos de un esqueleto.

osar *intr.* y *tr.* Atreverse, emprender alguna cosa con audacia.

osario *m.* Depósito de huesos.

oscilación 1 *f.* Acción y efecto de oscilar. 2 Cada uno de los vaivenes de un movimiento oscilatorio.

oscilar 1 *intr.* Efectuar movimientos de vaivén a la manera de un péndulo. 2 Variar levemente determinadas magnitudes o manifestaciones físicas. 3 Vacilar una persona en sus ideas o sentimientos.

ósculo 1 *m.* Beso. 2 ZOOL Orificio principal de los poríferos a través del cual expulsan el agua que circula por el cuerpo.

oscurantismo *m.* Actitud opuesta a la difusión de la cultura.

oscurecer[1] 1 *tr.* Privar de luz o claridad. 2 *prnl.* Nublarse el cielo.

oscurecer[2] *intr.* Ir anocheciendo.

oscuridad 1 *f.* Cualidad de oscuro. 2 Sitio o situación oscuros.

oscuro, ra 1 *adj.* Que carece de luz o claridad. 2 Confuso, falto de claridad. 3 *adj.* y *s.* Dicho del color que se contrapone a otro más claro de su misma clase.

óseo, a 1 *adj.* De hueso 2 De la naturaleza del hueso. || **sistema** ~ ANAT Conjunto funcional del cuerpo de los vertebrados, conformado por el **esqueleto**.

osezno, na *m.* y *f.* Cachorro del oso.

osificarse *prnl.* Convertirse en hueso o adquirir su consistencia una materia orgánica.

osmio *m.* QUÍM Elemento metálico que es el más pesado de todos los cuerpos conocidos. Aleado con el platino se usa para patrones de pesos y medidas. Punto de fusión: 3030 °C. Núm. atómico: 76. Símbolo: Os.

ósmosis *f.* FÍS Paso recíproco de dos líquidos con concentraciones diferentes a través de una membrana semipermeable.

osmótico, ca 1 *adj.* Relativo a la ósmosis. 2 FÍS **presión ~**.

oso, sa 1 *m.* y *f.* Mamífero carnívoro y plantígrado adaptado al régimen vegetariano. Tiene tamaño medio o grande, cabeza grande, cola corta, uñas fuertes y pelaje de color variable. Hay varias especies. 2 Nombre que se da a otros animales que poseen alguna cualidad que recuerda a los osos propiamente dichos. || ~ **de anteojos** Oso suramericano de cabeza no muy grande y hocico poco prominente, pelaje oscuro, manchado de blanco alrededor del cuello y los ojos. ~ **hormiguero** Mamífero desdentado americano que se alimenta de hormigas recogiéndolas con su lengua larga y casi cilíndrica. Es de color gris con listas negras. ~ **panda** PANDA. ~ **polar** Oso carnívoro de gran tamaño, hocico puntiagudo y pelaje liso y blanco, que vive en las regiones más septentrionales.

ostensible *adj.* Que puede ser notado fácilmente.

ostentar 1 *tr.* Mostrar o hacer patente algo. 2 Hacer gala de grandeza, boato, etc.

osteología *f.* ANAT Rama de la anatomía que estudia los huesos.

osteomielitis *f.* MED Proceso inflamatorio de la médula ósea.

osteoporosis *f.* MED Enfermedad caracterizada por la disminución de la densidad del tejido óseo.

ostíolo *m.* BOT Orificio delimitado por las células oclusivas del estoma.

ostra 1 *f.* Molusco lamelibranquio de concha de valvas desiguales y variables. 2 Concha de la madreperla.

ostracismo *m.* Exclusión voluntaria o forzosa de la actividad política.

ostrero 1 *m.* Lugar donde se cultivan las perlas. 2 Ave de unos 40 cm de longitud, pico largo y rojo y plumaje blanquinegro.

ostrogodo, da *adj.* y *s.* HIST De un antiguo pueblo germano que conquistó Italia (493) y estableció un reino con capital en Ravena, ciudad que, en 540, tuvo que rendirse ante las tropas de Justiniano.

otavaleño, ña 1 *adj.* y *s.* Natural de la ciudad de Otavalo, en Ecuador. 2 Perteneciente o relativo a Otavalo.

otear 1 *tr.* Mirar desde lo alto. 2 Escudriñar o mirar con cuidado.

otero *m.* Cerro aislado que domina una superficie llana.

ótico, ca *adj.* MED Perteneciente o relacionado con el oído.

otitis *f.* MED Proceso inflamatorio del oído.

otolito *m.* ANAT y FISIOL Cada una de las concreciones de carbonato situadas en el vestíbulo del oído que permiten mantener el equilibrio.

otomano, na 1 *adj.* y *s.* De Turquía. 2 *f.* Diván o sofá para estar tendido o sentado.

otoño *m.* GEO Una de las cuatro estaciones del año. En el hemisferio norte va del 23 de septiembre al 23 de diciembre, y en el sur, del 21 de marzo al 21 de julio.

otorgar *tr.* Conceder algo que se pide o pregunta.

otorrinolaringología *f.* MED Especialidad que estudia las afecciones de oído, nariz y garganta.

otro, tra 1 *adj.* y *s.* Dicho de la persona o cosa distinta de la que se habla. 2 Con artículo y un nombre de tiempo indica un pasado cercano: *El otro día.*

otrora *adv. t.* En otro tiempo.

ovación *f.* Aplauso ruidoso.

oval *adj.* De figura de óvalo.

ovalar *tr.* Dar forma de óvalo.

óvalo *m.* GEOM Curva cerrada parecida a la elipse, convexa y simétrica respecto de uno o dos ejes.

ovárico, ca *adj.* Relativo al ovario.

ovario 1 *m.* ANAT y FISIOL Glándula sexual femenina par situada a cada lado del útero, encargada de la producción de los óvulos. Segrega hormonas que contribuyen al desarrollo de los caracteres secundarios del sexo femenino. 2 BOT Parte inferior del pistilo, que contiene los oocitos que, tras la fecundación, se convierten en el fruto. || ~ **ínfero** BOT El que se halla debajo de los verticilos florales. ~ **súpero** BOT El que se halla encima de los verticilos.

oveja *f.* Mamífero artiodáctilo, hembra del carnero, de cuerpo robusto, recubierto de vellón y cola corta. Se consume su carne, leche y lana.

oviducto *m.* ZOOL Conducto por el que los óvulos descienden desde el ovario para ser fecundados o expelidos al exterior. En los mamíferos se llama trompas de Falopio.

ovillar 1 *intr.* Hacer ovillos. 2 *prnl.* Encogerse, enroscarse.

ovillo *m.* Pelota que se forma devanando hilo, lana, alambre, etc.

ovino, na *adj.* Dicho del ganado formado por ovejas, moruecos y sus crías.

ovíparo, ra *adj.* y *s.* ZOOL Dicho de los animales cuyas hembras ponen huevos en los que la segmentación no ha comenzado o no está todavía muy adelantada, como aves, peces, insectos y mamíferos monotremas.

oviscapto *m.* ZOOL Órgano perforador de las hembras de muchos insectos, con el que abren huecos en la tierra o en los tejidos vegetales y animales para depositar sus huevos.

ovni *m.* Nave espacial de origen desconocido.
ovocito *m.* BIOL **OOCITO.**
ovogénesis *f.* BIOL **OOGÉNESIS.**
ovogonia *f.* BIOL **OOGONIA.**
ovoide *adj.* y *m.* De figura de huevo.
ovovivíparo, ra *adj.* y *s.* ZOOL Dicho del animal ovíparo cuyos huevos se mantienen en las vías genitales de la madre hasta muy adelantado su desarrollo embrionario.
ovulación *f.* FISIOL Proceso que consiste en el desprendimiento de un óvulo de la pared del ovario al estar plenamente maduro.
ovular *intr.* FISIOL Efectuar la ovulación.
óvulo 1 *m.* BIOL Cada una de las células sexuales femeninas que se forman en el ovario de los animales y que casi siempre necesitan unirse a gametos masculinos para generar nuevos individuos. 2 BOT Cada uno de los cuerpos esferoidales, en el ovario de la flor, en que se produce la oosfera.
oxidación 1 *f.* Acción y efecto de oxidar u oxidarse. 2 QUÍM Reacción química que implica la pérdida de electrones de los átomos y que se produce cuando hay liberación de grandes cantidades de energía. || ~ **biológica** BIOQ Serie de reacciones productoras de energía en las células vivas que implican transferencia de átomos de hidrógeno o electrones de una molécula a otra.
oxidación-reducción *f.* QUÍM **OXIDORREDUCCIÓN.**
oxidante *adj.* y *s.* QUÍM Dicho de cualquier sustancia que contiene oxígeno capaz de reaccionar químicamente oxidando otras.
oxidar *tr.* y *prnl.* QUÍM Experimentar transformaciones un cuerpo por la acción del oxígeno o de un oxidante.
óxido *m.* QUÍM Compuesto formado por el oxígeno con otro elemento, generalmente un metal.
oxidorreducción *f.* QUÍM Reacción química en la que la oxidación representa el proceso en el que hay una pérdida de electrones por una molécula, y la reducción aquel en el que hay ganancia de electrones por otra molécula.
oxigenado, da 1 *adj.* Que contiene oxígeno. 2 **agua** ~.
oxigenar 1 *tr.* y *prnl.* QUÍM Combinar el oxígeno con un cuerpo, formando óxidos. 2 *prnl.* Respirar aire puro.
oxígeno 1 *m.* QUÍM Elemento químico gaseoso inodoro, incoloro e insípido que en estado líquido tiene color azul pálido. Forma el 20 % del aire y está presente, en forma combinada, tanto en el agua como en numerosos minerales (constituye el 49,5 % en peso de la corteza terrestre). Se combina con la mayoría de los elementos químicos, dando óxidos (oxidación) y anhídridos. Se emplea en la soldadura de metales, en medicina y en procesos de síntesis química. Tiene un punto de ebullición de –182,96 °C y un punto de fusión de –218,4 °C. Peso atómico: 15,999. Núm. atómico: 8. Símbolo: O. 2 QUÍM Gas de este elemento en su forma molecular. Fórmula: O_2.
oxitocina *f.* BIOQ Hormona producida por el hipotálamo que estimula las contracciones de la musculatura lisa.
oxiuro *m.* Gusano nematodo de pequeño tamaño. Es un parásito intestinal de diversos animales, especialmente del hombre.
oyente *adj.* y *s.* Que oye.
ozono 1 *m.* QUÍM Forma alotrópica del oxígeno que tiene tres átomos en cada molécula. Es un gas inestable que se encuentra en la región de la atmósfera conocida como capa de ozono u **ozonosfera,** la cual impide que una parte significativa de la radiación ultravioleta llegue a la superficie terrestre. Punto de ebullición: –111,9 °C. Punto de fusión: –192,5 °C. 2 ECOL **agujero** de la capa de ~.
ozonósfera (Tb. ozonosfera) *f.* GEO Capa atmosférica situada entre los 19 y los 50 km de altitud, donde se forma el ozono por la acción de los rayos ultravioleta. Impide que una parte significativa de la radiación ultravioleta llegue a la superficie terrestre, contribuyendo con ello a hacer posible la vida en el planeta.

p *f.* Decimoséptima letra del **alfabeto** español y decimotercera de sus consonantes. Su nombre es *pe* y representa un sonido consonántico de articulación bilabial oclusivo y sordo. Es muda cuando va en posición inicial en el grupo *ps,* como en *psicología.* • pl.: *pes.*

pabellón 1 *m.* Tienda de campaña en forma de cono. 2 Bandera nacional. 3 Colgadura que resguarda una cama, altar, etc. 4 Arq Edificio anexo a otro mayor. 5 Arq Cada uno de los edificios independientes de un hospital, cuartel, etc. 6 Mús Ensanche cónico del extremo de algunos instrumentos de viento. || ~ **de la oreja** Anat **oreja.**

pabilo *m.* Mecha de una vela.

pábulo *m.* Lo que fomenta o sustenta una acción.

paca[1] *f.* Mamífero roedor herbívoro de pelo espeso y pardo, con manchas blancas.

paca[2] *f.* Fardo de lana o algodón en rama.

pacato, ta *adj.* Que se escandaliza por poco.

pacer 1 *intr.* y *tr.* Comer el ganado la hierba en el campo. 2 *tr.* Dar pasto a los ganados.

pachá 1 *m.* **bajá.** 2 Persona que se da buena vida.

pachanga *f.* Juerga, fiesta bulliciosa.

pachorra *f.* Indolencia, lentitud.

pachulí 1 *m.* Arbusto dicotiledóneo de hojas opuestas, cáliz persistente, corola dividida en dos partes y frutos secos. 2 Perfume que se obtiene de esta planta.

paciencia 1 *f.* Capacidad de resistir sufrimientos o desgracias sin desesperarse. 2 Buena aptitud para trabajos difíciles o minuciosos. 3 Calma en la espera de algo. 4 Rel Virtud cristiana, opuesta a la ira.

paciente 1 *adj.* Que tiene paciencia. 2 Gram **sujeto** ~. 3 *m.* y *f.* Med Persona enferma en tratamiento médico.

pacificación *f.* Acción y efecto de pacificar.

pacificar *tr.* Establecer la paz donde había guerra o discordia.

pacífico, ca 1 *adj.* Tranquilo y sosegado, amigo de la paz. 2 Relativo al océano Pacífico o a los territorios que baña.

pacifismo *m.* Polít Movimiento encaminado a mantener la paz, en contra de la guerra. Se apoya, sobre todo, en campañas contra el armamentismo y en pro de los Derechos Humanos.

pactar *tr.* Acordar o convenir algo, obligándose las partes a cumplirlo.

pactismo *m.* Tendencia a resolver los problemas de orden político y social mediante pactos.

pacto 1 *m.* Acuerdo aceptado entre personas o entidades con el compromiso de cumplirlo. 2 Lo establecido en ese acuerdo.

padecer 1 *tr.* Sentir física o moralmente un daño, dolor, pena, etc. 2 Soportar, tolerar.

padrastro 1 *m.* Marido de una mujer, respecto a los hijos habidos por esta en otra unión anterior. 2 Pellejo que se levanta en la carne cercana a las uñas de las manos.

padre 1 *m.* Hombre o animal macho que ha engendrado, respecto a sus hijos. 2 Cabeza de una descendencia. 3 Tratamiento respetuoso dado a religiosos y sacerdotes. 4 Rel Primera persona de la Santísima Trinidad. • Se escribe con may. inic. 5 *pl.* El padre y la madre. 6 Los antepasados.

padrinazgo *m.* Cualidad de padrino.

padrino 1 *m.* El que presenta o acompaña a otra persona que recibe un sacramento, grado, honor, etc., asumiendo respecto a estos una cierta responsabilidad. 2 El que protege o asiste a otro en una competición o desafío. 3 Jefe mafioso. 4 *pl.* El padrino y la madrina.

padrón 1 *m.* Lista de los habitantes de un pueblo. 2 Semental equino o vacuno.

paella *f.* Plato de arroz con carne, pescado, verduras, etc.

páez *adj.* y *s.* De un grupo indígena colombiano asentado en la vertiente E de la cordillera Central. Está organizado en resguardos a cuya cabeza está un gobernador. U. t. c. s. pl.

paga 1 *f.* Acción de pagar. 2 Dinero que se recibe por un trabajo realizado.

pagadero, ra *adj.* Que se ha de pagar y satisfacer a cierto tiempo señalado.

pagado, da *adj.* Ufano, satisfecho de algo.

paganismo *m.* Nombre dado por los cristianos al conjunto de creencias que están fuera del cristianismo, excepto las de judíos e islámicos por su carácter monoteísta.

pagano, na 1 *adj.* y *s.* Que pertenece al paganismo. 2 *adj.* Relativo al paganismo.

pagar 1 *tr.* Darle a alguien lo que se le debe. 2 Cubrir un gasto entregándole al que vende el dinero correspondiente. 3 Sufragar, costear. 4 Satisfacer un delito o falta, al cumplir la pena correspondiente.

pagaré *m.* Documento de obligación por una cantidad que ha de pagarse a un tiempo determinado.

pagel *m.* Pez teleósteo de aprox. 20 cm de largo, rojizo por el lomo y plateado por el vientre. Su carne es blanca y comestible.

A B C D E F G H I J K L M N Ñ O P Q R S T U V W X Y Z

página 1 *f.* Cada una de las dos planas de la hoja de un libro o cuaderno. 2 Lo escrito o impreso en esta. || ~ **web** o **electrónica** INF Documento de multimedia que contiene vínculos con otros documentos, situado en una red informática.

paginar *tr.* Numerar las páginas.

pago[1] 1 *adj.* Se dice de lo que está pagado. 2 *m.* Acción de pagar, cubrir un gasto, o de darle a alguien lo que se le debe. 3 Premio o recompensa. 4 ECON **balanza** de ~s.

pago[2] *m.* Lugar en el que ha nacido o está arraigado alguien.

pagoda *f.* ARQ Torre poligonal de la arquitectura budista, que forma parte del conjunto de un templo. Cada piso está marcado por una cubierta en voladizo.

paila 1 *f.* Vasija grande de metal, redonda y poco profunda. 2 Sartén, vasija.

pairo *m.* Estado de permanencia de una embarcación quieta y con las velas extendidas.

país 1 *m.* Territorio que constituye una unidad geográfica o política, con fronteras naturales o artificiales. Puede estar unificado en torno a una sola autoridad política y legal, y, en este caso, corresponder a un Estado, o constituir una región administrativa de rango inmediatamente inferior al Estado. 2 Conjunto de habitantes de ese territorio. || ~ **desarrollado** El que ha logrado un alto nivel de desarrollo económico y tecnológico y en el que la mayoría de sus habitantes gozan de un aceptable nivel de calidad de vida. ~ **en desarrollo** El que no ha logrado este nivel y, aunque encamina sus políticas en esa dirección, presenta escaso desarrollo, mantiene formas productivas atrasadas y la mayoría de sus habitantes son pobres. ~ **transcontinental** Estado que ocupa tierras en dos o más continentes, como Chile, Estados Unidos, Rusia o Turquía.

paisaje 1 *m.* Terreno que se ve desde un lugar determinado, considerado en su aspecto estético. 2 ART Pintura o dibujo que lo representa.

paisajismo 1 *m.* ARQ Arte y técnica de modelar el paisaje de los espacios habitados. 2 ART Pintura de paisajes.

paisano, na 1 *adj.* y *s.* Que ha nacido en el mismo pueblo que otro. 2 *m.* y *f.* Civil, que no es militar.

paja 1 *f.* Caña de las gramíneas, seca y separada del grano. 2 Conjunto de estas cañas. 3 Brizna de hierba seca. 4 PAJILLA. 5 Lo superfluo o de poca importancia de una conversación o un texto.

pajar *m.* Lugar donde se guarda la paja.

pájara 1 *f.* PÁJARO. 2 Cometa, juguete.

pajarita 1 *f.* Figura como de pájaro, obtenida doblando varias veces un papel cuadrado. 2 Tipo de corbata que se anuda por delante en forma de lazo sin caídas.

pájaro, ra *m.* y *f.* Ave de pequeño tamaño, con alas bien desarrolladas y las patas provistas de cuatro dedos dispuestos para asirse. Hay especies granívoras, insectívoras y omnívoras || ~ **carpintero** Pájaro de pico largo y potente que anida en agujeros que hace en los árboles. Se alimenta de insectos que caza entre las cortezas de los árboles, picándolas con fuerza y celeridad.

paje *m.* Joven que acompañaba y servía a un caballero.

pajilla *f.* Caña fina natural, o tubo artificial, que sirve para sorber líquidos.

pajonal *m.* Terreno cubierto de gramíneas silvestres de caña alta.

pala 1 *f.* Utensilio compuesto de una plancha de metal, de forma más o menos rectangular, y un mango más o menos largo; se usa para remover tierra o para trasladar algo de un montón a otro. 2 Utensilio similar, pero de menor tamaño, que tiene diversos usos. 3 Parte ancha de diversos objetos, como la azada, remo, hélice, diente, etc. 4 Parte superior del calzado, que cubre el empeine. || ~ **mecánica** Máquina excavadora de gran potencia para realizar movimiento de tierra.

palabra 1 *f.* GRAM Unidad autónoma del discurso con significado pleno y provista de función gramatical; se refleja gráficamente en la escritura al representarse aislada entre dos espacios en blanco, o entre un espacio en blanco y un signo de puntuación. 2 Facultad de hablar. 3 Promesa que una persona hace para cumplir algo. 4 Turno para hablar en una reunión o asamblea. || ~ **primitiva** GRAM La que no contiene morfemas derivativos y puede dar origen a otras palabras derivadas de esta, como *pan*. ~ **derivada** GRAM La que contiene morfemas derivativos y se forma a partir de una palabra primitiva: *Panadero, panadería, empanada*. ~ **simple** GRAM La formada por un solo lexema, como *pan, mano, con, la*. ~ **compuesta** GRAM La formada por dos o más lexemas, como *malestar, sacacorchos, pasodoble*.

palabrear 1 *intr.* Charlar, conversar. 2 Tratar de palabra o acordar un asunto sin formalización. 3 Hablar con el fin de convencer o de lograr un favor.

palabrería *f.* Abundancia de palabras inútiles.

palacete *m.* Palacio pequeño.

palaciego, ga *adj.* Relativo al palacio o a las costumbres cortesanas.

palacio 1 *m.* Casa grande y suntuosa en la que viven grandes personajes o reyes. 2 Edificio de grandes dimensiones con funciones públicas.

palada 1 *f.* Cantidad de material que puede trasladarse o recogerse de una vez con la pala. 2 Cada movimiento que se hace al palear.

paladar 1 *m.* ANAT Parte superior e interior de la cavidad bucal que consta de dos partes: el paladar duro, en posición más anterior, y el blando, que corresponde al hueso palatino. 2 ANAT **velo** del ~. 3 Gusto para apreciar el sabor de los alimentos.

paladear 1 *tr.* y *prnl.* Gustar lentamente una cosa, saborearla. 2 *tr.* Deleitarse en algo que gusta o agrada. 3 *intr.* Hacer movimientos con la boca el recién nacido, como si quisiera mamar.

paladín 1 *m.* Caballero que se distinguía en la guerra por su valor. 2 Defensor denodado de alguien o algo.

paladio *m.* QUÍM Elemento metálico dúctil y maleable e inalterable al aire. Se usa aleado con plata, platino y oro en la construcción de instrumentos astronómicos, en joyería y en odontología. Punto de fusión: 1554 °C. Punto de ebullición: 2970 °C. Núm. atómico: 46. Símbolo: Pd.

palafito *m.* Vivienda lacustre construida sobre estacas.

palafrenero 1 *m.* El que tiene por oficio cuidar los caballos. 2 Criado que llevaba del freno el caballo de su amo.

palanca 1 *f.* Fís Barra rígida que se apoya y puede girar sobre un punto; sirve para transmitir fuerza. Puede ser de tres grados, según la posición del *apoyo* respecto al punto de aplicación, variando la fuerza que ejercen, *potencia,* y la que deben vencer, *resistencia.* 2 Manecilla para el accionamiento manual de ciertos aparatos. 3 Influencia empleada para lograr algún fin. || ~ **de primer grado** Fís Aquella en que el punto de apoyo se halla entre la potencia y la resistencia. ~ **de segundo grado** Fís Aquella en que la resistencia se halla entre el punto de apoyo y la potencia. ~ **de tercer grado** Fís Aquella en que la potencia se halla entre el punto de apoyo y la resistencia.

palangana *f.* JOFAINA.

palangre *m.* Cordel largo y grueso del cual penden unos ramales con anzuelos.

palanquear 1 *tr.* Mover algo con palanca. 2 Emplear alguien su influencia para que otro consiga un fin determinado.

palanquín *m.* Especie de andas para llevar en ellas a las personas importantes.

palatal 1 *adj.* Relativo al paladar. 2 Fon Se dice del sonido consonántico que se pronuncia acercando el dorso de la lengua al paladar duro, como el de la *ch* y la *ñ.*

palatinado *m.* Hist Territorio de los príncipes palatinos.

palatino[1], na 1 *adj.* y *s.* De palacio, o propio de los palacios. 2 Hist Se aplicaba a las dignidades o cargos importantes en Alemania, Francia y Polonia. 3 Hist Se decía del noble con poderes judiciales del Sacro Imperio Romano Germánico.

palatino[2], na 1 *adj.* Relativo al paladar. 2 *adj.* y *s.* Anat Se dice del hueso que contribuye a formar la bóveda del paladar.

palco *m.* En los teatros, departamento independiente, en forma de balcón, con asientos para varias personas.

paleal *adj.* Zool **cavidad** ~.

palear *tr.* Trabajar con la pala.

palenque 1 *m.* Valla de madera para cerrar un terreno. 2 Terreno así vallado. 3 Poste clavado en tierra para atar animales. 4 Vivienda para varias familias. 5 Lugar alejado y de difícil acceso en el que se refugiaban los esclavos negros fugitivos.

paleoantropología *f.* Hist Rama de la **antropología** que se ocupa del estudio de la evolución del ser humano a partir de sus restos fósiles.

paleoceno *adj.* y *m.* Geo Época del periodo terciario que abarca desde hace 65 hasta hace 54 millones de años y durante la cual se separaron la Antártida de Australia y Norteamérica, de Groenlandia. Desaparecieron los dinosaurios y aparecieron los marsupiales, los lémures, los carnívoros y los ungulados.

paleocristiano, na *adj.* y *s.* Hist Relativo a las primeras comunidades cristianas.

paleografía *f.* Hist Ciencia que estudia la escritura de los textos antiguos.

paleolítico, ca *adj.* y *m.* Hist Se dice del periodo prehistórico más antiguo y de mayor duración. Abarca desde el inicio de la era cuaternaria hasta hace unos 10 000 años; con el **Neolítico** y el **Mesolítico** conforman la Edad de Piedra.

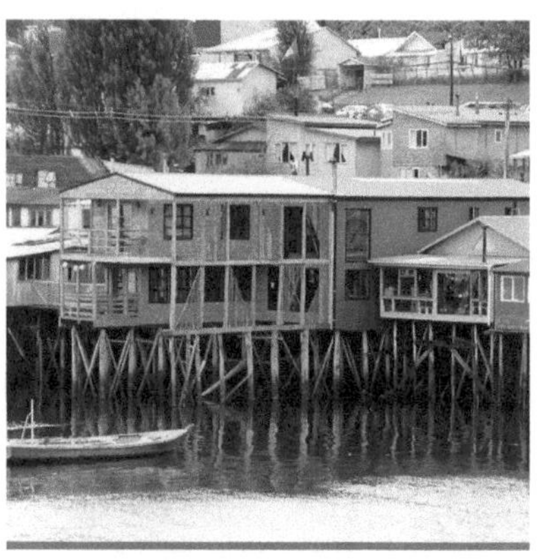

☐ Hist El Paleolítico se divide en: **inferior**, que corresponde a las primeras glaciaciones y al uso de útiles de piedra sin pulimentar; **medio**, que ocurrió entre hace unos 1,8 millones y unos pocos centenares de miles de años, correspondiente al tallado de instrumentos con filo y percutores, y al inicio de las prácticas funerarias; **superior**, que correspondió a la aparición del *Homo sapiens* y al fin de la última glaciación, y asociado a útiles de piedra, hueso, cornamenta y marfil, como arpones y agujas, y a la aparición del arte figurativo. Al Paleolítico también corresponde el inicio del empleo del fuego, hace aprox. 1,5 millones de años.

paleontología *f.* Ciencia que estudia los seres orgánicos cuyos restos se encuentran fosilizados.

paleozoico, ca *adj.* y *m.* Geo Se dice de la era geológica precedida por el Precámbrico y anterior al Mesozoico.

☐ El Paleozoico se extendió a lo largo de unos 350 millones de años. Se divide en: **Cámbrico**, **Ordovícico** y **Silúrico** (Paleozoico inferior), y **Devónico**, **Carbonífero** y **Pérmico** (Paleozoico superior). En esta era los reinos animal y vegetal alcanzaron un notable desarrollo y tuvo lugar la formación del supercontinente Pangea.

palestra 1 *f.* Lugar en que se celebraban antiguamente luchas o torneos. 2 Sitio en que se discute o controvierte sobre cualquier asunto.

paleta 1 *f.* PALA de pequeño tamaño. 2 Dulce o helado en forma de pala que se chupa; se coge por un palito que sirve de mango. 3 Art Tabla con un agujero en un extremo por donde se sostiene con el dedo pulgar y en la que se combinan y mezclan los colores. 4 Por extensión, colorido. 5 Cada una de las tablas o planchas que se fijan sobre una rueda o eje para que muevan algo o para ser movidas por el agua, el viento u otra fuerza.

paletilla *f.* Anat Ternilla en que termina el esternón.

paliar 1 *tr.* Suavizar una pena, disgusto, etc. 2 Med Mitigar el dolor y sufrimiento de ciertas enfermedades.

paliativo, va 1 *adj.* Que suaviza o atenúa. 2 *adj.* y *s.* Med Se dice del tratamiento que se aplica a las enfermedades muy graves para mitigar su dolor y sufrimiento.

palidecer 1 *intr.* Ponerse pálido. 2 Disminuir la importancia o esplendor de algo.

palidez *f.* Cualidad de pálido.

pálido, da 1 *adj.* Que ha perdido el color natural. 2 De color poco intenso o muy claro.

A B C D E F G H I J K L M N Ñ O P Q R S T U V W X Y Z

palillo 1 *m.* Mondadientes de madera. 2 Cada una de las dos varitas que sirven para tocar el tambor. 3 *pl.* Par de palitos usados para tomar los alimentos.

palíndromo, ma *adj.* y *s.* Se dice de la palabra o frase que se lee igual de izquierda a derecha que de derecha a izquierda: *Anilina; dábale arroz a la zorra el abad.*

palinodia *f.* Retractación pública de lo dicho.

palio *m.* Cualquier cosa que forma una manera de dosel o cubre como este.

palisandro *m.* Madera obtenida de varios árboles tropicales, compacta y de color rojo oscuro con vetas negras.

paliza 1 *f.* Zurra de golpes, azotes o palos. 2 Derrota notable en una competición o disputa.

pallador *m.* PAYADOR.

palma 1 *f.* ANAT Parte interna de la mano, desde la muñeca hasta los dedos. 2 PALMERA. 3 Hoja de palmera. 4 Parte inferior del casco de las caballerías. 5 *pl.* Palmadas de aplausos. || ~ **datilera** Palmera de hasta 30 m de altura, caracterizada por sus frutos, los dátiles, que penden en grandes racimos debajo de las hojas. ~ **de cera** Palmera de hasta 50 m de altura, con un tronco de corteza blancuzca, con nudos pronunciados, cubiertos por una sustancia cerosa. ~ **real** Palmera de hasta 15 m de altura, con tronco grueso y hojas de 4 m a 5 m de largo.

palmada 1 *f.* Golpe dado con la palma de la mano. 2 Ruido producido al golpear una contra otra las palmas de las manos.

palmar 1 *adj.* Relativo a la palma de la mano y a la del casco de los animales. 2 *m.* Lugar poblado de palmas.

palmarés 1 *m.* Lista de vencedores en una competición. 2 Relación de méritos de los deportistas.

palmario, ria *adj.* Claro, patente, manifiesto.

palmatoria *f.* Candelero bajo, con mango y pie, de forma de platillo.

palmeado, da 1 *adj.* De figura de palma. 2 ZOOL Se dice de los dedos de los animales ligados entre sí por una membrana.

palmera *f.* Planta monocotiledónea de tallo recto, sin ramas, duro en la parte exterior y filamentoso en la interior, coronado por un penacho de grandes hojas; flores muy numerosas y fruto en drupa o baya con una semilla. Existen muchas especies. || ~ **datilera** PALMA datilera.

palmípedo, da *adj.* ZOOL Se dice de las aves con dedos palmeados, aptos para nadar, como el ganso, la gaviota y el pingüino.

palmito 1 *m.* Tipo de palmera de tronco apenas saliente, con hojas de 30 cm, flores en panoja ramosa y fruto rojizo, comestible. 2 Cogollo de esta planta que se consume como alimento.

palmo *m.* Medida de longitud equivalente a unos 21 cm.

palmotear 1 *intr.* Golpear una con otra las palmas de las manos. 2 *tr.* Darle a una persona o animal palmadas en señal de afecto.

palo 1 *m.* Trozo de madera más o menos cilíndrico y más largo que grueso. 2 Golpe dado con él. 3 MADERA: *Cuchara de* palo. 4 Cada una de las cuatro series de naipes en que se divide la baraja. 5 DEP En algunos juegos, como el golf, instrumento con el que se golpea la pelota. 6 Cada uno de los maderos fijos que en una embarcación sostienen las velas. || ~ **brasil** Madera dura, compacta, de tonos rojizos, que procede del árbol del mismo nombre. ~ **mayor** El más alto del buque y que sostiene la vela principal.

paloma *f.* PALOMO.

palomar *m.* Construcción donde se recogen y crían las palomas.

palomilla 1 *f.* Toda mariposa muy pequeña. 2 MARIPOSA, tuerca.

palomita *f.* Grano de maíz que, al tostarse, estalla en forma de flor.

palomo, ma 1 *m.* y *f.* Ave de cabeza pequeña, cuello corto, cuerpo robusto con patas cortas, de color apagado, alas redondeadas y pico abultado en la base. Hay varias especies, y habitan en todo el mundo, excepto en las zonas polares. 2 Caballo muy blanco. || ~ **mensajera** La doméstica que sabe volver al palomar desde largas distancias; se utiliza para llevar mensajes.

palosanto *m.* GUAYACÁN.

palote *m.* Trazo recto que se hace como ejercicio en el aprendizaje de la escritura.

palpable 1 *adj.* Que puede tocarse con las manos. 2 Patente, claro, evidente.

palpación 1 *f.* Acción y efecto de palpar. 2 MED Exploración médica hecha con las manos, sobre el cuerpo, para detectar anomalías.

palpar *tr.* Tocar con las manos algo para reconocerlo por el tacto.

palpitación *f.* Acción y efecto de palpitar.

palpitar 1 *intr.* Contraerse y dilatarse alternativamente el corazón. 2 Manifestarse vehementemente algún afecto o pasión: *En sus palabras palpita el rencor.*

pálpito *m.* Presentimiento, corazonada.

palpo *m.* ZOOL Cada uno de los apéndices articulados que tienen los artrópodos alrededor de la boca para palpar y sujetar lo que comen.

palta *m.* AGUACATE, fruto.

paludismo *m.* MED Enfermedad infecciosa producida por ciertos protozoos y transmitida por la picadura de la hembra del mosquito anofeles. Presenta fiebre intermitente y anemia.

palurdo, da *adj.* y *s.* Se dice de la persona tosca, sin trato social ni cultura.

palustre *m.* Pala pequeña triangular y con mango que se usa en albañilería para remover o extender la mezcla o mortero.

pampa *f.* ECOL Llanura extensa de América del Sur, con vegetación predominantemente herbácea.

pampeano, na *adj.* y *s.* De las pampas o de la Pampa.

pampear *intr.* Recorrer la pampa.

pamplinas *f. pl.* Dicho o hecho insignificante, adulador o interesado.

pan 1 *m.* Masa de harina, generalmente de trigo, y agua, cocida en horno después de fermentada.

Constituye el principal alimento humano, y sus formas y tamaños son muy diversos. 2 Pieza de esta masa ya cocida. 3 En general, alimento, sustento. 4 Hoja muy fina de oro o plata que sirve para dorar o platear. || ~ **ácimo** o **ázimo** El que se ha hecho sin poner levadura en la masa. ~ **de azúcar** Masa compacta y cónica de azúcar refinado. ~ **integral** El que conserva todos los componentes del grano de trigo.

pana *f.* Tela gruesa, semejante al terciopelo pero menos suave.

panacea *f.* Remedio al que se atribuye eficacia para curar todos los males físicos o morales.

panadería 1 *f.* Oficio de panadero. 2 Casa o lugar donde se hace o vende el pan.

panadero, ra *m.* y *f.* Persona que tiene por oficio hacer o vender pan.

panafricanismo *m.* POLÍT Movimiento social que fomenta la unidad de todos los pueblos africanos para mejorar su desarrollo.

panal 1 *m.* Conjunto de celdillas prismáticas hexagonales de cera que las abejas forman dentro de la colmena para depositar la miel. 2 Construcción similar que fabrican las avispas.

panamá *m.* JIPIJAPA, sombrero.

panamericanismo *m.* POLÍT Movimiento que tiende a fomentar las relaciones entre los Estados y pueblos americanos.

panarabismo *m.* POLÍT Tendencia a fomentar las relaciones entre los pueblos de origen árabe.

panasiático, ca *adj.* POLÍT Relativo al conjunto de los países de Asia.

pancarta *f.* Cartel con consignas reivindicativas que se exhibe en manifestaciones o actos públicos.

páncreas *m.* ANAT y FISIOL Glándula situada junto al intestino delgado. Su secreción exocrina contribuye a la digestión y la endocrina produce la **insulina** y el **glucagón**.

panda *m.* Mamífero plantígrado con aspecto de oso, pelaje blanco con las extremidades, orejas, cola y zona alrededor de los ojos de color negro. Se alimenta de bambú y vive en China y Tíbet. || ~ **rojo** Mamífero de aspecto felino, con pelaje color castaño, blanco en la cara y cola anillada. Se alimenta de bambú y otros vegetales. Vive en los bosques del Himalaya.

pandear *intr.* y *prnl.* Deformarse una pared, viga, etc., al ceder en el medio.

pandemia *f.* MED Epidemia que afecta a muchos países.

pandereta *f.* MÚS Pandero pequeño.

pandero 1 *m.* MÚS Instrumento de percusión formado por un aro provisto de sonajas y cubierto en uno de sus lados por una piel tensada. 2 COMETA, juguete.

pandilla 1 *f.* Grupo de amigos que suelen reunirse para distintos fines. 2 El que forman algunos con fines no lícitos.

pandillero, ra *adj.* y *s.* Que forma pandillas.

pando, da *adj.* Poco profundo.

panegírico *m.* Discurso oratorio o escrito en alabanza de alguien.

panel[1] 1 *m.* Cada una de las partes en que se divide una pared, una hoja de puerta, etc. 2 Elemento prefabricado para dividir un espacio. 3 Tablero donde se colocan los mandos de algún aparato.

panel[2] *m.* Grupo de personas que discuten un asunto en público.

panela 1 *f.* Azúcar sin refinar que se presenta en panes prismáticos, semiesféricos o de conos truncados. 2 Bizcochuelo de figura prismática.

paneo *m.* CIN Mirada rápida y panorámica que se hace con una cámara sobre algo, antes de focalizar el objetivo.

panera *f.* Canasta donde se pone el pan.

paneslavismo *m.* POLÍT Movimiento cultural del s. XIX cuyo objetivo era proteger, organizar y apoyar la cultura eslava, y del que se derivó una doctrina que promovía la unidad de las naciones eslavas.

paneuropeísta *adj.* POLÍT Relativo al conjunto de los países de Europa.

pánfilo, la 1 *adj.* y *s.* Lento en actuar. 2 Demasiado ingenuo.

panfleto *m.* Escrito difamatorio u hoja propagandística de carácter político.

pangolín *m.* Mamífero con el cuerpo cubierto de placas, cola larga, lengua larga y pegajosa y extremidades anteriores con garras muy desarrolladas. Se alimenta de termes y hormigas y su tamaño oscila entre 65 cm y 1,76 m, dependiendo de la especie.

pánico, ca *adj.* y *m.* Se dice del miedo o terror grande, generalmente colectivo.

panícula *f.* BOT Inflorescencia en forma de racimo.

panificadora *f.* Fábrica industrial de pan.

panislamismo *m.* POLÍT Doctrina cuyo objetivo es lograr la independencia política, religiosa y cultural de las naciones islámicas respecto a las no islámicas.

panizo 1 *m.* Planta gramínea cuyo grano sirve de alimento a los animales. 2 Grano de esta planta.

panocha *f.* Torta grande hecha con granos de mazorca tierna de maíz.

panoja *f.* BOT Inflorescencia formada por un conjunto de espigas que nacen de un eje o pedúnculo común, como en la avena.

panorama 1 *m.* Vista muy amplia que se contempla desde un punto. 2 Aspecto global de un tema o asunto.

panorámico, ca 1 *adj.* Relativo al panorama. 2 Que permite contemplar, estudiar o exponer el conjunto de lo que se quiere abarcar. 3 *f.* PANORAMA, vista. 4 CIN y FOT Imagen hecha con la cámara girando alrededor de su eje.

panqueque *m.* Torta blanda de harina, leche, huevos y mantequilla.

pantagruélico, ca *adj.* Por alusión a *Pantagruel*, personaje de una obra de Rabelais, se dice de las cantidades excesivas de comidas.

pantaleta *f.* Pantalón interior femenino. • U. m. en pl.

pantalla 1 *f.* Lámina de diversas formas y tamaños que se pone delante o alrededor de un foco de luz o de otras radiaciones u ondas, para dirigirlas en la dirección conveniente. 2 Superficie sobre la que se proyectan las imágenes fotográficas o cinematográficas. 3 Superficie en la que se forma la imagen de televisión, de un computador, etc. || ~ **de plasma** **Electrón** La que utiliza una matriz de células que está rellena de gas neón. ~ **plana Electrón** La que utiliza cristal líquido. ~ **táctil Electrón** La diseñada para reconocer la situación de una presión en su superficie.

pantallazo *m.* INF Imagen que captura el contenido visible en la pantalla de un computador.

pantalón 1 *m.* Prenda de vestir que se ciñe a la cintura y baja cubriendo cada pierna por separado. 2 Prenda interior femenina con perneras.

pantaloneta *f.* Pantalón corto para practicar deportes.

pantano *m.* ECOL Área en la que la capa freática está al mismo nivel que el suelo, o justo por encima o por debajo de este; la vegetación que predomina incluye gramíneas, cañas, juncos y carrizos.

panteísmo *m.* FIL y REL Doctrina que identifica a Dios con la totalidad del universo.

panteón 1 *m.* Monumento funerario dedicado al enterramiento de varias personas. 2 En la antigua Roma, templo dedicado al culto de todos los dioses.

pantera *f.* LEOPARDO.

panti *m.* Prenda interior femenina que se ajusta desde la parte inferior del tronco hasta las ingles. • U. m. en pl.

pantocrátor *m.* ART Representación de Cristo sentado y en actitud de bendecir, propia del arte bizantino y románico.

pantógrafo *m.* Instrumento que consiste en un paralelogramo articulado, y que sirve para copiar, ampliar o reducir un plano o dibujo.

pantómetro, tra *f.* Compás de proporción cuyos brazos están divididos en partes proporcionales; se emplea en la resolución de algunos problemas matemáticos.

pantomima 1 *f.* TEAT Representación teatral sin palabras. 2 Lo que se hace para simular o fingir algo.

pantorrilla *f.* Parte carnosa y abultada de la pierna, por debajo de la corva.

pantufla *m.* Zapatilla sin talón.

panty *m.* PANTI.

panza 1 *f.* Barriga o vientre muy abultado. 2 Parte convexa y más saliente de ciertas vasijas o de otras

cosas. 3 Primera de las cuatro cavidades del estómago de los rumiantes.

pañal 1 *m.* Tela cuadrada en que se envuelve a los niños muy pequeños. 2 Tira de tela o celulosa absorbente que se pone a los niños pequeños o a las personas que sufren incontinencia de orina.

pañetar *tr.* EMPAÑETAR.

pañete 1 *m.* Paño de inferior calidad y poco cuerpo. 2 Capa o enlucido de yeso, estuco, etc., de una pared.

paño 1 *m.* Tela de lana muy tupida y de pelo corto. 2 Toda tela o pedazo de tela para limpiar, secar o cualquier otro uso práctico.

pañol *m.* Cada uno de los compartimientos de un buque para guardar víveres, municiones, pertrechos, herramientas, etc.

pañoleta *f.* Prenda doblada en triángulo que se usa sobre los hombros o sobre la cabeza.

pañuelo *m.* Tela pequeña y cuadrada para sonarse las narices, limpiarse el sudor, las lágrimas, etc.

papa[1] *m.* REL Autoridad suprema de la Iglesia católica, a la cual dirige y gobierna como sucesor de san Pedro; es elegido por cardenales, y su mandato es vitalicio.

papa[2] 1 *f.* Planta herbácea solanácea de raíces fibrosas con gruesos tubérculos redondeados que sirven de alimento, flores blancas o moradas y fruto en baya. 2 Tubérculo de esta planta, que constituye uno de los alimentos de mayor consumo a nivel mundial.

papá 1 *m.* PADRE de familia. 2 *pl.* El padre y la madre.

papada *f.* Abultamiento adiposo entre la barba y el cuello.

papado 1 *m.* Dignidad de papa. 2 Tiempo que dura.

papagayo *m.* Nombre común que también reciben los loros.

papaína *f.* QUÍM Fermento obtenido del látex del papayo, el cual coagula la leche y digiere los albuminoides.

papalote *m.* Cometa de papel.

papanatas *m.* y *f.* Persona simple y crédula.

paparazzi (Voz it.) *m.* Fotógrafo que toma fotos indiscretas de personas célebres.

papaverina *f.* QUÍM Alcaloide cristalino contenido en el opio.

papaya *f.* Fruto del papayo.

papayo *m.* Árbol de tronco poco o nada ramificado, fibroso, coronado por grandes hojas palmeadas y con abundante látex, de flores asentadas en el tallo y cuyo fruto es una baya grande de color verde amarillento de pulpa muy jugosa y con numerosas semillas en su interior.

papayuela *f.* Fruto del papayuelo.

papayuelo *m.* Árbol similar al papayo, del que se diferencia por su menor talla, por poseer un tronco muy ramificado y por ser su fruto de menor tamaño.

papel 1 *m.* Hoja delgada hecha con fibras de celulosa. 2 Conjunto de resmas, cuadernos o pliegos de este material. 3 Hoja de papel escrita o impresa. 4 Documento de cualquier clase. 5 Función con que se interviene en un asunto o que se ejerce en un lugar o en la vida. 6 TEAT, CIN y TV Parte de una obra que representa cada actor. 7 TEAT, CIN y TV Personaje representado. 8 *pl.* Documentos que acreditan el estado civil, profesión y características de alguien. || ~ **aluminio** Lámina muy fina de aluminio o estaño aleado, utilizada para envolver alimentos. ~ **calcante** El translúcido a través del cual pueden verse los dibujos originales para calcarse. ~ **higiénico** El destinado al uso en el retrete. ~ **maché** Pasta de papel, engrudo o yeso y aceite secante que se puede modelar. ~ **moneda** ECON El que de manera oficial sustituye al dinero en metálico. ~ **tornasol** QUÍM El impregnado en la tintura de tornasol, sirve como reactivo para reconocer los ácidos.

papeleo *m.* Exceso de trámites administrativos.

papelero, ra 1 *adj.* y *s.* Que fabrica o vende papel. 2 *f.* Fábrica de papel. 3 Cesto o cubo donde se tiran los papeles inservibles.

papeleta *f.* Tarjeta en que se acredita un derecho, o en la que figuran datos de interés, como los de exámenes, votaciones, rifas, etc.

papelón 1 *m.* Actuación desairada o ridícula. 2 Pan de azúcar sin refinar.

papera 1 *f.* MED **BOCIO.** 2 *pl.* MED **PAROTIDITIS.**

papila *f.* ANAT Prominencia cónica de la piel y en las membranas mucosas formada por las ramificaciones de los nervios y de los vasos. || ~ **gustativa** ANAT Cada una de las localizadas en la lengua, responsables del sentido del gusto.

papilla *f.* Comida consistente en cereales o féculas disueltos en agua o leche, más o menos espesa.

papión *m.* Primate de hocico prominente y alimentación omnívora, adaptado a la vida en el suelo, de hasta 1 m de largo y 40 kg de peso. Vive en África meridional.

papiro 1 *m.* Planta herbácea de hojas radicales, largas y estrechas, flores en umbela y cañas de 2 m a 3 m de altura, cilíndricas, lisas y terminadas por un penacho. 2 Lámina obtenida del tallo de esta planta. 3 Manuscrito en esta lámina.

papiroflexia *f.* Arte de darle a un trozo de papel, doblándolo convenientemente, la figura de determinados seres u objetos.

papisa *f.* Mujer papa (se usa solo para designar al personaje imaginario de la papisa Juana).

papismo *m.* Nombre que los protestantes dan a la Iglesia católica y su doctrina.

papista *adj.* y *s.* Partidario de la rigurosa observación de las disposiciones papales.

páprika *f.* Variedad de pimentón, muy fuerte y aromática.

paquete 1 *m.* Envoltorio de uno o varios objetos, bien dispuestos y atados. 2 Conjunto de servicios que se ofrecen o de requisitos que se exigen.

paquidermo, ma *adj.* y *m.* ZOOL Se dice del animal de piel gruesa y dura.

par 1 *adj.* Igual o semejante. 2 ANAT Se dice del órgano que corresponde simétricamente a otro igual. 3 MAT **número** ~. 4 *m.* Conjunto de dos unidades de la misma especie. || ~ **de fuerzas** FÍS Sistema de dos fuerzas iguales paralelas, de sentidos contrarios y aplicadas en dos puntos distintos, que crean un movimiento de rotación. ~ **lineal** GEOM Conjunto de dos ángulos adyacentes cuyos lados no comunes son colineales. ~ **ordenado** MAT Conjunto formado por dos elementos y un criterio de ordenación que establece cuál es primero y el segundo elemento: *El par ordenado de un punto en un plano cartesiano se escribe como (x, y).*

para 1 *prep.* Denota el fin o término a que se encamina una acción; introduce el complemento indirecto. 2 Hacia, indica dirección o movimiento. 3 Lugar o tiempo que se determina para hacer o finalizar algo. 4 Denota la relación de una cosa con otra, o la desproporción, respecto a otra. 5 Aptitud, capacidad, utilidad de algo o alguien. 6 Motivo o causa de algo. 7 Por, a fin de. 8 Con verbo significa la resolución de hacer lo que el verbo indica.

parábola 1 *f.* Narración de un hecho irreal que sirve de enseñanza moral. 2 GEOM Curva abierta, lugar geométrico de los puntos de un plano cuyas distancias a un punto fijo, llamado foco, y a una recta fija, llamada directriz, son iguales.

parabólico, ca 1 *adj.* Relativo a la parábola, o que encierra ficción doctrinal. 2 GEOM Relativo a la parábola. 3 *f.* TELEC Antena que permite captar emisoras de televisión situadas a gran distancia.

paraboloide 1 *m.* GEOM Superficie cuya sección es una parábola en varios de sus puntos. 2 GEOM Sólido limitado por un paraboloide elíptico y un plano perpendicular a su eje.

parabrisas *m.* Cristal de la parte anterior del automóvil que sirve para resguardar del aire.

paracaídas *m.* Dispositivo hecho de tela resistente que, al abrirse en el aire en forma de sombrilla, modera la caída de un cuerpo.

parachoques *m.* Pieza de los automóviles, ubicada en su parte delantera y trasera, que amortigua los choques.

paráclito *m.* REL Nombre que se da al Espíritu Santo, enviado para consolar a los fieles.

parada 1 *f.* Acción de parar o detenerse. 2 Lugar o sitio donde se paran o estacionan los vehículos públicos. 3 Fin del movimiento de algo. 4 Formación de tropas para pasarles revista o hacer alarde de estas en una solemnidad.

paradero 1 *m.* Lugar donde se para o se va a parar. 2 Fin o término de algo. 3 Parada de los vehículos públicos.

paradigma 1 *m.* Ejemplo o modelo. 2 Conjunto de principios aceptados como fundamentales en una determinada área del conocimiento (como las leyes del movimiento de Newton para la física clásica).

paradisiaco, ca (Tb. paradisíaco) *adj.* Relativo al paraíso.

parado, da 1 *adj.* Que no se mueve. 2 Derecho o en pie. 3 *adj.* y *s.* Desocupado, sin empleo.

paradoja 1 *f.* Conclusión contradictoria solo en apariencia que se deriva de un planteamiento lógico. 2 Figura retórica que emplea expresiones contradictorias: *Yo, Sancho, nací para vivir muriendo.*

paradójico, ca *adj.* Que incluye paradoja.

paraestatal *adj.* Se dice de los organismos o instituciones que cooperan con el Estado, sin ser parte de este.

parafernalia *f.* Conjunto de cosas aparatosas que rodean a una persona.

parafina *f.* QUÍM Sustancia sólida, inodora, menos densa que el agua, compuesta de una mezcla de hidrocarburos de cadena abierta y saturados obtenidos del petróleo. Tiene múltiples aplicaciones industriales y farmacéuticas.

parafinar *tr.* Impregnar de parafina.

parafiscal *adj.* POLÍT Se dice de un dinero o tasa, que se paga al Estado, que no pertenece a los impuestos fiscales.

parafrasear *tr.* Hacer la paráfrasis de un texto.

paráfrasis 1 *f.* Interpretación amplificativa de un texto. 2 LIT Reproducción libre en verso de un texto en prosa.

paragoge *f.* GRAM Adición de un sonido al final de palabra: *Fraque* por *frac.*

paragolpes *m.* **PARACHOQUES.**

parágrafo *m.* GRAM **PÁRRAFO.**

paraguas *m.* Utensilio portátil, para resguardarse de la lluvia, compuesto de un mango y un varillaje cubierto de tela.

paraíso 1 *m.* REL Lugar en donde, según la Biblia, Dios puso a Adán y Eva después de crearlos. 2 REL El cielo, lugar de los justos y los ángeles. 3 TEAT Conjunto de asientos del piso más alto de algunos teatros. 4 Lugar placentero o tranquilo.

paraje *m.* Lugar, sitio.

paral *m.* Madero que sale de un hueco de una construcción y sirve para sostener un tablón de andamio.

paralaje *f.* ASTR Ángulo formado por las visuales dirigidas hacia un objeto celeste desde dos puntos distintos.

paralelepípedo *m.* GEOM Prisma cuyas bases son paralelogramos.

paralelo, la 1 *adj.* Correspondiente o semejante. 2 GEOM Se dice de las líneas o planos equidistantes entre sí y que por más que se prolonguen no pueden encontrarse. 3 *m.* Comparación de una cosa con otra. 4 GEO Cada uno de los círculos del globo terráqueo cuyo plano equidista en todos sus puntos del que forma el ecuador. 5 GEOM Cada uno de los círculos que en una superficie de revolución resultan de cortarla por planos perpendiculares a su eje.

paralelogramo *m.* GEOM Cuadrilátero cuyos lados opuestos son paralelos entre sí, como el cuadrado, el rombo y el rectángulo.

parálisis 1 *f.* MED Pérdida o disminución del movimiento de una o varias partes del cuerpo. 2 Detención de cualquier actividad o proceso. || ~ **infantil** MED Enfermedad infecciosa que ataca de modo preferente, no exclusivo, a los niños, y que se manifiesta con la parálisis fláccida e indolora de los músculos.

paralizar 1 *tr.* y *prnl.* Causar parálisis. 2 Impedir o detener una acción o un movimiento.

paramecio *m.* BIOL Protozoario de cuerpo ovoide, cubierto de cilios que le sirven para la locomoción y para la captura de alimento. Abundan en aguas quietas y dulces.

paramédico, ca *adj.* MED Que trabaja en el campo de la salud pero no es médico.

paramento 1 *m.* Adorno o atavío con que se cubre algo. 2 ARQ Cada una de las dos caras de una pared.

parámetro 1 *m.* Dato o elemento importante cuyo conocimiento es necesario para comprender algo. 2 MAT Variable auxiliar que permite hallar todos los datos de una familia de elementos mediante su valor numérico.

paramilitar 1 *adj.* Se dice de organizaciones civiles con estructura o disciplina militar. 2 Se aplica especialmente a grupos de extrema derecha que abogan por la violencia como elemento represivo extrajudicial.

páramo 1 *m.* Terreno yermo, raso y desabrigado. 2 Lugar frío y poco acogedor. 3 **LLOVIZNA.** 4 ECOL Piso térmico por encima del límite superior del bosque, a más de 3500 m de altitud, de la zona andina, entre Costa Rica y el N de Perú. Son característicos los extensos pajonales, las plantas de porte almohadillado y los musgos y líquenes.

parangón *m.* Comparación o semejanza.

paraninfo *m.* Salón de actos en algunas universidades.

paranoia *f.* PSIC Perturbación que se manifiesta mediante delirios, de los cuales los más comunes son los de persecución y de grandeza.

paranormal *adj.* Se dice de los fenómenos que escapan a lo normal y son estudiados por la parapsicología.

parapente *m.* DEP Deporte o actividad recreativa consistente en remontar el aire con la ayuda de un paracaídas ligero de forma rectangular.

parapetar *tr.* y *prnl.* Resguardar con parapetos.

parapeto 1 *m.* Baranda de los puentes, escaleras, etc., para evitar caídas. 2 Terraplén de poca altura que protege en una lucha o combate.

paraplejia (Tb. paraplejía) *f.* MED Parálisis de la mitad inferior del cuerpo.

parapolítica *f.* Manera de ejercer la política a partir de alianzas con organizaciones paramilitares.

parapsicología *f.* Estudio de fenómenos, como la telepatía, levitación, etc., cuyos efectos y naturaleza no explica la ciencia.

parar 1 *intr.* y *prnl.* Cesar en el movimiento o en la acción. 2 *intr.* Estar en propiedad de algo que ha sido de otros. 3 Convertirse una cosa en otra distinta de la que se esperaba. 4 Alojarse, hospedarse. 5 *tr.* Detener un movimiento o acción. 6 *tr.* y *prnl.* Estar o ponerse de pie. 7 *prnl.* Con *a* y un infinitivo, como *pensar, mirar,* etc., realizar esa acción con calma y atención.

pararrayos *m.* Dispositivo que protege de los rayos. Se compone de una o más varillas de hierro unidas entre sí y con la tierra profunda, o con el agua, por medio de conductores metálicos.

parasimpático *adj.* y *m.* ANAT y FISIOL Sistema **nervioso ~.**

parasíntesis *f.* GRAM Formación de vocablos en que intervienen la composición y la derivación, como en *desalmado,* formado por *alma,* el prefijo *des-* y el sufijo *-ado.*

parasintético, ca *adj.* Relativo a la parasíntesis.

parasitar 1 *tr.* Vivir un parásito a expensas de un organismo. 2 Vivir a costa ajena.

parasitismo *m.* BIOL Asociación biológica entre dos especies en que una (parásito) se aprovecha de la otra (huésped) alimentándose a sus expensas y, muchas veces, causándole daño. Entre los parásitos perjudiciales para el ser humano caben citarse: tenias, duelas y equinococos.

parásito, ta 1 *adj.* y *m.* BIOL Se dice del organismo que se alimenta a costa de las sustancias de otro, en contacto con el cual vive temporal o permanentemente. Puede ser externo (ectoparásito), como la pulga, o interno (endoparásito), como la tenia. 2 Se dice de la persona que vive a costa ajena.

parasitología *f.* BIOL Estudio de los parásitos.

parasol 1 *m.* Sombrilla, quitasol. 2 **VISERA** del automóvil.

paratiroides *f.* ANAT y FISIOL Cada una de las cuatro glándulas endocrinas situadas a los lados del tiroides, que segregan la hormona que regula el metabolismo del calcio y del fósforo.

parazoo *adj.* y *m.* ZOOL Se dice de los animales pluricelulares que carecen de tejidos, órganos y simetría, como los **poríferos**. Conforman un subreino.

parca *f.* MIT En la mitología griega, cada una de las tres deidades que hilaban, devanaban y cortaban el hilo de la vida.

parcela 1 *f.* Porción de terreno segregada de otra mayor. 2 Parte pequeña de algunas cosas.

parcelación *f.* Acción y efecto de parcelar.

parcelar *tr.* Dividir un terreno grande para venderlo en porciones más pequeñas.

parche 1 *m.* Pedazo de tela, papel, etc., que se pega sobre algo, generalmente para tapar un agujero. 2 Trozo de tela o de otro material con ungüento, que se pone en una parte del cuerpo. 3 Toda cosa sobrepuesta a otra y como pegada, que desdice de la principal. 4 Piel del tambor.

parcial 1 *adj.* Relativo a una parte del todo. 2 No completo. 3 Que procede con parcialidad. 4 *m.* Examen que el alumno presenta de una parte de la asignatura.

parcialidad 1 *f.* Unión de algunos que se separan del grupo común para formar una facción aparte. 2 Modo de juzgar o proceder falto de neutralidad o ecuanimidad. 3 ASTR **zona** de ~.

parco, ca *adj.* Moderado, sobrio.

pardillo *m.* Pájaro de plumaje pardo rojizo, encarnado en la cabeza y el pecho y blanco en el vientre, canta bien y se domestica con facilidad.

pardo, da 1 *adj.* Se dice del color de tono negro con mezcla de rojo amarillento. 2 De color pardo.

pare 1 *m.* Señal de tráfico que indica la obligación de detener el vehículo. 2 Obligación de detenerse un vehículo en una intersección.

pareado *m.* Estrofa de dos versos que riman entre sí.

parear 1 *tr.* Juntar dos cosas comparándolas. 2 Formar pares.

parecer[1] *m.* Opinión, juicio.

parecer[2] 1 *intr.* Tener determinada apariencia o aspecto. 2 *prnl.* Tener semejanza, asemejarse.

parecido, da 1 *adj.* Con *bien* o *mal*, que tiene facciones o aspectos agradables o desagradables. 2 *m.* Semejanza.

pared 1 *f.* Obra vertical de albañilería para cerrar un espacio o sostener la techumbre. 2 Cara o superficie lateral de un cuerpo. 3 Cara vertical de una montaña rocosa. || ~ **celular** BIOL Estructura de las células vegetales compuesta de celulosa u otro polisacárido, que se sitúa en su parte más externa.

paredón *m.* Muro contra el que se fusila a los condenados a muerte.

parejo, ja 1 *adj.* Liso o en el mismo nivel. 2 *f.* Conjunto de dos personas, animales o cosas que tienen alguna correlación o semejanza, en especial la formada por macho y hembra de la misma especie. 3 Cada una de ellas, en relación con la otra.

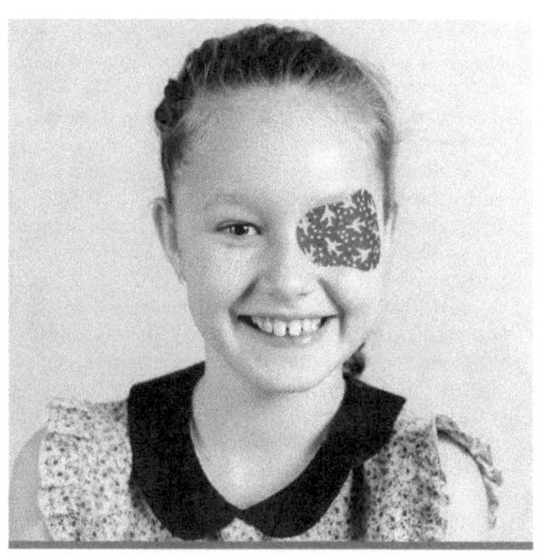

parénquima 1 *m.* ANAT Tejido fundamental de los órganos glandulares. 2 BOT Tejido vegetal constituido por células de membranas no lignificadas. || ~ **en empalizada** BOT Tejido fotosintético localizado en las hojas, rico en cloroplastos, donde ocurren casi todas las reacciones bioquímicas. ~ **esponjoso** BOT Tejido fotosintético localizado en las hojas, con un número reducido de cloroplastos.

parental *adj.* Relativo a los progenitores.

parentela *f.* Conjunto de toda clase de parientes.

parentesco *m.* Vínculo entre personas por consanguinidad o afinidad.

paréntesis 1 *m.* Suspensión o interrupción. 2 GRAM Oración incidental que interrumpe un enunciado sin alterar su sentido. 3 ORT Signo ortográfico doble ( ) que sirve para encerrar esta oración y para otros usos, como ofrecer una segunda posibilidad de realización de un término: *Estimado (a) vecino (a)* o intercalar datos que precisan la información: *Mozart (1756-1791) compuso su primera obra a los seis años de edad.* 4 MAT Signo igual al ortográfico que, aislando una expresión algebraica, indica que una operación se efectúa sobre toda esta expresión.

pareo *m.* Pañuelo grande que, anudado a la cintura o bajo los brazos, usan las mujeres, generalmente sobre el traje de baño.

pargo *m.* Pez teleósteo, comestible, con el dorso y los flancos rosados y el vientre plateado.

paria 1 *m.* y *f.* En el sistema de castas hindú, persona perteneciente a la más baja y que se halla privada de derechos religiosos y sociales. 2 Persona a quien se excluye de las ventajas que gozan los demás, o del trato con estos.

paridad 1 *f.* Igualdad de las cosas entre sí. 2 ECON Valor comparativo de una moneda con otra.

pariente, ta *adj.* y *s.* Respecto a una persona, se dice de otra de su misma familia, por consanguinidad o afinidad.

parietal 1 *adj.* De la pared. 2 *adj.* y *m.* ANAT Se dice de cada uno de los dos huesos situados en las partes medias y laterales de la cabeza.

parihuela 1 *f.* Utensilio compuesto de dos varas con unas tablas atravesadas en medio que sirve para llevar la carga entre dos. 2 **CAMILLA**, cama portátil.

parir *intr.* y *tr.* De una hembra, expulsar el feto del útero, a través de la vagina, al término del embarazo.

paritario, ria *adj.* Se dice de las corporaciones en las que cada parte interesada cuenta con igual número de representantes.

parkinsoniano, na *adj.* MED Relativo a la **enfermedad de Parkinson.**

parlamentar 1 *intr.* Hablar unos con otros. 2 Entrar en conversaciones o negociaciones.

parlamentario, ria 1 *adj.* Del parlamento. 2 **gobierno ~; república ~.** 3 *m.* y *f.* Miembro de un parlamento.

parlamentarismo *m.* POLÍT Sistema basado en la supremacía del Poder Legislativo sobre el Ejecutivo.

parlamento 1 *m.* Acción de parlamentar. 2 POLÍT Institución formada por una o varias asambleas compuestas de miembros elegidos por sufragio universal, que controla el Poder Legislativo. 3 TEAT, CIN y TV Parte del libreto que le corresponde a cada actor.

parlanchín, na *adj.* y *s.* Que habla mucho y sin discreción.

parlante *m.* Caja que contiene un altavoz o juego de altavoces.

parmesano *adj.* y *m.* Se dice de un tipo de queso de pasta dura y sabor fuerte.

parnasianismo *m.* LIT Movimiento poético francés del s. XIX que, como reacción al romanticismo, instauró una poesía de formas puras y perfectas.

parnaso 1 *m.* Conjunto de poetas de una nación o época. 2 Antología poética.

paro 1 *m.* **HUELGA,** cesación del trabajo. 2 ECON **DESEMPLEO.**

parodia *f.* Imitación burlesca de algo serio.

parodiar *tr.* Hacer una parodia.

parónimo, ma *adj.* GRAM Se dice de los vocablos que tienen entre sí semejanza por su forma o sonido: *Borda /borde; abeja/oveja; actitud/aptitud.*

parótida *f.* ANAT y FISIOL Cada una de las dos glándulas salivales situadas detrás de la mandíbula inferior; vierten en la boca la saliva que segregan.

parotiditis *f.* MED Enfermedad infecciosa que afecta sobre todo al tejido glandular y nervioso, y que se caracteriza por tumefacción de las glándulas salivares.

paroxismo *m.* Exaltación extrema de los afectos y las pasiones.

parpadear 1 *intr.* Abrir y cerrar repetidamente los párpados. 2 Oscilar la luz.

párpado *m.* ANAT Cada uno de los dos repliegues cutáneos móviles que cubren el globo ocular.

parque 1 *m.* Terreno destinado a recreo. 2 Conjunto de instrumentos, aparatos o materiales destinados a un servicio público. 3 **PARQUEADERO.** 4 Sitio donde se colocan las municiones de guerra en los campamentos. || ~ **nacional** Área acotada por el Estado para la conservación de su medio ambiente. ~ **zoológico** Lugar en que se conservan, cuidan y a veces se crían fieras y otros animales no comunes.

parqué *m.* Entarimado hecho con maderas de varios tonos ensambladas geométricamente.

parqueadero *m.* Lugar destinado a estacionar transitoriamente los vehículos.

parquear *tr.* **APARCAR.**

parquedad *f.* Moderación prudente en el uso de las cosas.

parqués *m.* Juego que se practica en un tablero con cuatro o seis salidas en el que cada jugador, provisto de fichas del mismo color, trata de hacerlas llegar a la casilla central.

parquímetro *m.* Dispositivo que señala el tiempo de estacionamiento en un lugar de aparcamiento y que cobra al usuario la cantidad debida.

parra *f.* Vid levantada artificialmente que extiende mucho sus vástagos.

parrafada *f.* Trozo largo y pesado de charla o conversación.

párrafo 1 *m.* GRAM Conjunto de oraciones que dentro de un texto mayor desarrolla un aspecto específico de un tema. Se reconoce porque aparece separado del resto del texto por un punto y aparte. 2 ORT Signo (§) con que se señala. Se emplea también para señalar, en lo impreso, alguna observación especial.

parranda *f.* Juerga, fiesta.

parrandear *intr.* Ir de parranda.

parricidio *m.* DER Delito que comete el que mata a su padre, madre, cónyuge o hijo.

parrilla 1 *f.* Utensilio de hierro en forma de rejilla, que se pone sobre el fuego para asar o tostar alimentos. 2 Baca de un automóvil. 3 DEP Espacio señalado al principio de un circuito de carrera, en que se sitúan los vehículos para comenzar la competición.

párroco *adj.* y *m.* Se dice del sacerdote encargado de una parroquia.

parroquia 1 *f.* Territorio de un párroco. 2 Demarcación administrativa local, dentro del municipio. 3 Conjunto de feligreses.

parroquial *adj.* Relativo a la parroquia.

parsi 1 *adj.* y *s.* Se dice de la persona de la comunidad persa seguidora de la religión de Zoroastro, que habita actualmente en India. 2 Relativo a esta comunidad.

parsimonia 1 *f.* Moderación. 2 Lentitud, calma.

parte 1 *f.* Porción determinada o indeterminada de un todo. 2 Cantidad que se da en un reparto o corresponde en una distribución. 3 Sitio o lugar. 4 Cada división principal en una obra científica o literaria. 5 Cada uno de los ejércitos, facciones, etc., que se oponen o luchan. 6 Cada uno de los que contratan o negocian algo. 7 Cada uno de los que contienden, discuten o dialogan. 8 Lado a que alguien se inclina o se opone en cuestión, riña o pendencia. 9 Cada aspecto por el que se puede considerar algo. 10 Precedido de *a* y *esta*, significa el tiempo presente o la época que se trata: *De poco tiempo a esta parte, muchos se quejan del clima.* 11 DER El que litiga en un pleito, ya sea como demandado o demandante. 12 *m.* Escrito breve para dar un aviso o noticia urgente u oficial. 13 Con las preposiciones *de* o *por* indica procedencia u origen. || ~ **alícuanta** La parte que no mide exactamente a su todo: *3 es parte alícuanta de 11.* ~ **alícuota** La que divide exactamente a un todo; *2 es parte alícuota de 4.*

partenocarpia *f.* BOT Desarrollo del fruto sin que se haya dado la fecundación.

partenogénesis *f.* BIOL Tipo de reproducción asexual en que el óvulo se desarrolla sin fecundación.

partero, ra *m.* y *f.* Persona que asiste en los partos.

partición 1 *f.* División o reparto de una herencia, hacienda o cosa semejante. 2 MAT División matemática.

participación 1 *f.* Acción y efecto de participar. 2 Comunicado o noticia que se da a alguien. 3 Parte que corresponde a cada uno de los que participan en algo. 4 ECON Cada una de las partes en que se divide el capital social de una empresa de sociedad limitada.

participar 1 *intr.* Tener o tomar parte en algo. 2 Recibir una parte de algo. 3 Con *de*, compartir, tener en común. 4 *tr.* Dar parte, comunicar.

partícipe *adj.* y *s.* Que tiene o toma parte en algo.

participio *m.* GRAM Forma no personal del verbo que participa de la índole del adjetivo en su funcionamiento gramatical. || ~ **activo** GRAM El que con terminación en *ante*, en los verbos de primera conjugación, y en *iente*, en los de segunda y tercera, se ha integrado en la clase de los adjetivos (*amante, obediente, oyente*) o en la de los sustantivos (*estudiante, presidente*). ~ **pasivo** GRAM El que se emplea para la formación de los tiempos compuestos, de la voz pasiva y de otras perífrasis verbales: *He cantado; habré salido; fue construido*. Es regular si termina en *ado* o en *ido*, según pertenezcan a la primera conjugación (*amado*) o a la segunda (*temido*) y la tercera (*partido*). Son irregulares los que tienen cualquier otra terminación, como *escrito, impreso*.

partícula 1 *f.* Parte pequeña de materia. 2 FÍS **acelerador** de ~s. 3 GRAM Parte invariable de la oración que hace de elemento de relación o componente de otros vocablos, como los prefijos, sufijos, preposiciones, conjunciones, etc. || ~ **elemental** FÍS Ente físico que se supone más sencillo que el núcleo atómico y que se considera el último constituyente de la materia.

particular 1 *adj.* Propio y exclusivo. 2 Especial, extraordinario en su línea. 3 Singular, individual, contrapuesto a universal o general. 4 Privado, no público. 5 *adj.* y *s.* Se dice de la persona sin título, cargo o representación oficial.

particularidad *f.* Singularidad, lo que distingue a alguien o algo de otros del mismo género.

particularizar 1 *tr.* Llevar a lo particular algo general, singularizar. 2 Diferenciar del resto con algún matiz concreto.

partida 1 *f.* Acción de partir o salir de un punto. 2 Este mismo punto. 3 Documento que certifica un registro de bautismo, confirmación, casamiento o defunción. 4 Conjunto de personas reunidas con un mismo fin. 5 Cada una de las manos de un juego. 6 Cada artículo o cantidad parcial de una cuenta.

partidario, ria 1 *adj.* y *s.* Simpatizante de una persona o idea. 2 Que sigue un partido o entra a formar parte de este.

partidismo *m.* POLÍT Proceder en el que prevalece el interés del partido sobre el general.

partidista *adj.* y *s.* Relativo al partidismo.

partido, da 1 *adj.* Dividido, cortado. 2 *m.* Provecho, ventaja: *Sacar partido*. 3 Distrito o territorio que tiene por cabeza un pueblo principal. 4 DEP Competición entre dos equipos. 5 POLÍT Organización estable que, apoyada en una ideología afín entre sus afiliados, aspira a ejercer el poder para desarrollar su programa.

partir 1 *tr.* Dividir algo en dos o más partes. 2 Hender, rajar o romper. 3 Repartir, distribuir. 4 *intr.* Ponerse en camino. 5 Tomar un hecho, fecha, o antecedente como base de un razonamiento o determinación.

partisano, na *m.* y *f.* Miembro de un grupo armado de gente civil.

partita 1 *f.* MÚS Conjunto de variaciones de la parte instrumental de una obra. 2 Sonata para clave, órgano o violín.

partitivo, va 1 *adj.* Que puede partirse o dividirse. 2 GRAM Se dice los **numerales** que expresan el número de partes iguales que se toman de aquellas en las que se ha dividido un todo: *La cuarta parte del lote; dos tercios de los habitantes*.

partitura *f.* MÚS Texto para voces o instrumentos.

parto[1] *m.* Acción de parir.

parto[2]**, ta** *adj.* y *s.* HIST De un pueblo que hacia el 250 a.C. conquistó los territorios al SE del Caspio, y llegó posteriormente (ss. II-I a.C.) a dominar Irán y Mesopotamia. • U. t. c. s. pl.

parturienta *adj.* y *f.* Se dice de la mujer que está de parto, o que acaba de parir.

parusía *f.* REL Segunda venida de Cristo, al final de los tiempos.

parva *f.* Mies dispuesta en la era para trillarla.

parvovirus *m.* BIOL Tipo de virus con una cadena simple de ADN, productor de varias enfermedades en los mamíferos.

parvulario *m.* Centro de enseñanza preescolar.

párvulo, la *adj.* y *s.* Niño pequeño en edad preescolar.

pasa *f.* Uva secada natural o artificialmente en la vid.

pasable *adj.* Aceptable, medianamente bien.

pasacalle *m.* Banda de tela, de uso publicitario, que cruza una calle por lo alto.

pasada 1 *f.* Acción de pasar. 2 Cada aplicación, repaso o retoque de un trabajo cualquiera. 3 Sitio por donde se pasa. 4 Acción mal o bien intencionada: *Mala pasada*.

pasadero, ra 1 *adj.* PASABLE. 2 Que se puede pasar con facilidad. 3 *f.* Acción y efecto de pasar repetidamente por un sitio.

pasadizo *m.* Paso estrecho para pasar de una parte a otra, atajando camino.

pasado, da 1 *adj.* Se dice del periodo anterior al presente y de lo relativo a este. 2 Estropeado, ajado. 3 *m.* Tiempo anterior al presente.

pasador 1 *m.* Barrita de hierro para asegurar puertas y ventanas. 2 Imperdible para sujetar medallas o condecoraciones.

A B C D E F G H I J K L M N Ñ O P Q R S T U V W X Y Z

pasaje 1 *m.* Lugar por donde se pasa. 2 Paso público entre dos calles. 3 Boleto o billete para un viaje. 4 Fragmento de un texto literario o musical.

pasajero, ra 1 *adj.* Que pasa rápido o dura poco. 2 *adj.* y *s.* Se dice del que viaja en un vehículo sin tripularlo.

pasamano[1] 1 *m.* Correa o varilla que en los vehículos de transporte público sirve para que se sujeten los viajeros. 2 Listón que se pone sobre las barandillas. • U. m. en pl.

pasamano[2] *m.* Cordones, borlas, flecos, etc., que sirven de adorno en trajes o telas.

pasamontañas *m.* Prenda que cubre toda la cabeza salvo los ojos y la nariz.

pasante *m.* y *f.* Ayudante de un profesional, con el que aprende el oficio.

pasantía 1 *f.* Ejercicio del pasante. 2 Tiempo que dura este ejercicio.

pasaporte *m.* Documento concedido por la autoridad competente para pasar de un país a otro, en el que se acredita la identificación y nacionalidad.

pasar 1 *tr.* Llevar, conducir de un lugar a otro. 2 Enviar, transmitir. 3 Penetrar o traspasar. 4 Sufrir, tolerar. 5 Llevar una cosa por encima de otra: *Pasar el peine.* 6 Introducir una cosa por el hueco de otra. 7 Colar, tamizar. 8 Tragar, deglutir. 9 No poner reparo o censura a algo. 10 Callar u omitir algo de lo que se debía decir o tratar. 11 Desecar una cosa al sol o al aire. 12 Trasladarse de un lugar a otro. 13 *tr.* e *intr.* Trasladar algo de un lugar a otro. • U. t. c. prnl. 14 *tr.* e *intr.* Atravesar, cruzar de una parte a otra. 15 Ir más allá del punto que se indica o que se determina. 16 Transferir algo de un sujeto a otro. 17 *tr.* y *prnl.* Exceder, aventajar. 18 *intr.* Extenderse o comunicarse algo de unos a otros, como las infecciones. 19 Convertirse una cosa en otra. 20 Tener lo necesario para vivir. 21 Hablando de cosas inmateriales, tener movimiento o ir de una parte a otra. 22 Con *a* y los infinitivos de algunos verbos y con algunos sustantivos, proceder a la acción o lugar de lo que significan tales verbos o nombres: *Pasar a almorzar.* 23 Con referencia al tiempo, ocuparlo. 24 Ofrecerse ligeramente algo a la imaginación. 25 Seguido de *por* más adjetivo, ser tenido en concepto de: *Pasar por tonto.* 26 *intr.* y *prnl* Cesar, acabarse algo: *Pasar el enojo.* 27 Con *sin* y algunos nombres, no necesitar la cosa significada por ellos. 28 *impers.* Ocurrir, acontecer, suceder. 29 *prnl.* Tomar un partido contrario al que antes se tenía, o ponerse de la parte opuesta. 30 Olvidarse de algo. 31 Acabarse o dejar de ser. 32 Empezarse a pudrir las frutas, carnes, etc. 33 Perderse en algunas cosas el tiempo de que logren su efecto. 34 Excederse en algo, o usar de ello con demasía: *Pasarse de bueno; pasarse de cortés.*

pasarela 1 *f.* Puente pequeño o provisional. 2 Tarima por donde pasan los modelos en los desfiles de modas.

pasatiempo *m.* Entretenimiento del ocio.

pascal *m.* Fís Unidad de presión equivalente a la presión uniforme que ejerce la fuerza de un newton sobre la superficie plana de un metro cuadrado. Símbolo: Pa.

pascua 1 *f.* Tiempo desde la Navidad hasta el Día de Reyes inclusive. 2 *f.* Rel Conmemoración judía de la salida de Egipto. 3 Fiesta solemne católica en memoria de la resurrección de Cristo. • U. m. en pl. En todas las acepciones suele escribirse con may. inic.

pascual 1 *adj.* Perteneciente o relativo a la Pascua. 2 Rel **tiempo** ~.

pase 1 *m.* Acción de pasar de un lugar o estado a otro. 2 Permiso o licencia para usar de un privilegio o favor. 3 Cada movimiento que hace con las manos un prestidigitador. 4 En un juego o deporte, acción y efecto de pasar un balón, carta, etc., a un compañero de equipo.

pasear 1 *tr.* e *intr.* Andar por distracción. • U. t. c. prnl. 2 *intr.* Ir con los mismos fines a caballo, en auto, barco, etc. 3 *tr.* Llevar a alguien o algo de una parte a otra.

paseo 1 *m.* Acción y efecto de pasear. 2 Lugar público apropiado para pasear.

pasillo 1 *m.* Pieza de paso larga y estrecha de un edificio o vivienda. 2 Folcl Aire musical de la región andina septentrional.

pasión 1 *f.* Acción de padecer. 2 Sentimiento intenso que perturba el ánimo. 3 Inclinación o preferencia muy vivas por alguien o algo.

pasionaria *f.* Nombre común a varias plantas de una misma familia (pasifloráceas), como la granadilla, el maracuyá y el curubo.

pasitrote *m.* Paso rápido y corto de ciertas caballerías.

pasivo, va 1 *adj.* Se dice del sujeto que recibe la acción, por oposición al agente que la realiza. 2 Se dice del que deja obrar a otros y permanece inactivo. 3 Econ Se aplica a la remuneración y al derecho de una persona a su obtención originados por los trabajos o servicios prestados anteriormente. 4 Gram **oración** ~; **participio** ~; **voz** ~. 5 *m.* Econ Importe total de deudas y obligaciones que tiene una persona o entidad.

pasmado, da *adj.* Se dice de la persona alelada, absorta o distraída.

pasmar 1 *tr.* y *prnl.* Ocasionar suspensión de los sentidos y del movimiento. 2 *tr.* e *intr.* Asombrar con extremo. • U. t. c. prnl. 3 *prnl.* No desarrollarse una persona, un fruto o una acción como debería.

pasmo 1 *m.* Admiración y asombro tan grandes que dejan como parada la razón y el habla. 2 **espasmo**.

paso 1 *m.* Movimiento de cada uno de los pies al andar. 2 Distancia recorrida en cada movimiento al andar. 3 Escalón o peldaño. 4 Acción de pasar de un lugar o estado a otro. 5 Sitio por donde se pasa de una parte a otra. 6 Diligencia, trámite. 7 Mudanza o postura de un baile. || ~ **a nivel** Sitio en que un ferrocarril se cruza con otro camino del mismo nivel. ~ **de cebra** Lugar por el que se puede cruzar una calle y en el que el peatón o viandante tiene preferencia; se señala mediante unas franjas blancas.

pasodoble *m.* Folcl Baile español con ritmo de marcha. A veces se canta.

paspartú *m.* Banda de cartón que se pone entre un dibujo, pintura o fotografía, etc., y su marco.

pasquín *m.* Escrito satírico anónimo que se fija en un sitio público.

pasta 1 *f.* Masa hecha de una o diversas sustancias machacadas. 2 Masa trabajada con manteca, aceite, azúcar, huevo, etc., para hacer pasteles, empanadas, fideos, etc. 3 Cubierta de los libros. 4 Pastilla medicinal.

pastaje *m.* PASTURA.

pastar 1 *tr.* Llevar el ganado al pasto. 2 *intr.* Pacer el ganado el pasto.

pastel 1 *m.* Masa de harina y manteca rellena de crema o dulce, y a veces de carne, fruta o pescado, que se cuece al horno. 2 Lápiz de materia colorante aglutinada con goma. 3 ART **pintura** al ~.

pastelería 1 *f.* Tienda donde se hacen o venden pasteles, pastas y otros dulces. 2 Arte de elaborarlos.

pastelero, ra *m.* y *f.* Persona que hace o vende pasteles.

pasteurización *f.* QUÍM Procedimiento al que se someten algunas bebidas, como la leche, el vino, etc., esterilizando las bacterias patógenas por medio de altas temperaturas, sin alterar su estructura o composición.

pastiche *m.* Imitación o plagio que consiste en tomar distintos elementos de una obra ajena y combinarlos, de forma que den la impresión de ser una creación original.

pastilla 1 *f.* Porción de diversas sustancias, de forma y tamaño variables: *Pastilla de jabón, de chocolate.* 2 Pequeño soporte electrónico. 3 Porción pequeña y compacta de una sustancia medicinal. 4 Zapata del freno de un automóvil.

pastillaje *m.* Arte de decorar productos de repostería como pasteles y masas horneadas.

pastinaca *f.* Pez ráyido de color amarillento y cola larga con aguijón venenoso.

pastizal *m.* Terreno de pastos abundantes.

pasto 1 *m.* Hierba que come el ganado en el terreno donde crece. 2 Cualquier alimento que sirve de sustento al ganado. 3 Sitio en que pasta el ganado. 4 césped. 5 *adj.* y *s.* HIST De un pueblo precolombino que habitó la cordillera andina, repartido entre Colombia y Ecuador. Destacaron sus cerámicas decoradas con incisiones y relieves. • U. t. c. s. pl.

pastor, ra 1 *m.* y *f.* Persona que apacienta el ganado. 2 Persona que tiene fieles encomendados, en especial en la Iglesia protestante.

pastoral 1 *adj.* PASTORIL, de los pastores. 2 De los prelados. 3 LIT y MÚS Relativo a la poesía o música que describe la vida del campo. 4 *f.* LIT Drama bucólico que protagonizan pastores y pastoras. 5 *m.* o *f.* Comunicación escrita que un obispo dirige a sus diocesanos. 6 REL Actividad que desarrolla la Iglesia para trasmitir el mensaje de salvación.

pastorear *tr.* Llevar el ganado al campo y cuidarlo mientras pace.

pastorela 1 *f.* Canto sencillo y alegre. 2 LIT Composición poética provenzal que refiere el encuentro de un caballero y una pastora.

pastoril 1 *adj.* Propio de los pastores. 2 LIT Se dice del género novelístico, desarrollado en la Italia renacentista, que centró su temática en el sentimiento de la naturaleza y el amor no correspondido o platónico.

pastoso, sa *adj.* Se dice de lo que está espeso y pegajoso.

pastura 1 *f.* Pasto o hierba del que se alimentan los animales. 2 Sitio con pasto o hierba. 3 Derechos que se pagan por pastar el ganado.

pata 1 *f.* Pie y pierna de los animales. 2 Pieza de un mueble u objeto que le sirve de apoyo. 3 Hembra del pato. || ~ **de cabra** Palanca de uña hendida y encorvada que se usa para arrancar clavos.

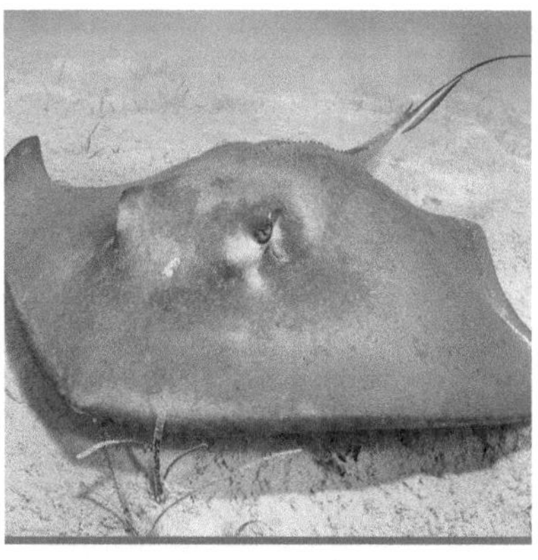

patacón 1 *m.* Rebanada de plátano verde cortada de través, despachurrada y frita. 2 PATADA.

patada *f.* Golpe dado con el pie o con la pata.

patagio *m.* ZOOL Repliegue de la piel que forma las alas de los murciélagos.

patagón, na *adj.* y *s.* De unos pueblos amerindios asentados en la Patagonia (**tehuelches**) y Tierra del Fuego (**onas**). • U. t. c. s. pl.

patalear 1 *intr.* Agitar las piernas. 2 Dar patadas en el suelo con rabia o enfado.

pataleta *f.* Manifestación desproporcionada de rabia o de nervios ante una contrariedad.

patán *adj.* y *m.* Grosero, ignorante.

patata *f.* PAPA².

paté *m.* Pasta de carne o hígado picado, de ave o cerdo.

patear *tr.* Dar golpes con los pies.

patena *f.* Platillo en el que se pone la hostia durante la misa.

patentar *tr.* Conceder u obtener una patente.

patente 1 *adj.* Manifiesto, visible, evidente. 2 *f.* Identificación de un vehículo automotor. 3 Documento oficial donde se hace constar el reconocimiento de los derechos del titular de una invención y por el cual tiene el poder exclusivo de fabricar, ejecutar, producir, utilizar o vender el objeto de su invención. || ~ **de corso** 1 Autorización que da un Estado a alguien para hacer el **corso**. 2 Supuesta autorización para realizar actos prohibidos a los demás.

patera *f.* Embarcación pequeña en la que se transportan inmigrantes ilegales.

paternal *adj.* Propio del afecto o actitud de padre.

paternalismo *m.* Tendencia a aplicar las formas de autoridad y protección propias del padre a relaciones sociales de otro tipo.

paternidad *f.* Estado o circunstancia de ser padre.

patético, ca *adj.* Se dice de lo que, infundiendo dolor o angustia, impresiona profundamente.

patibulario, ria 1 *adj.* Relativo al patíbulo. 2 Que por su aspecto o condición produce horror y espanto.

patíbulo *m.* Lugar donde se ejecuta la pena de muerte.

patilla 1 *f.* Porción de barba que se deja crecer por delante de cada oreja. 2 SANDÍA.

patín 1 *m.* Calzado para patinar que tiene adosada a su suela una especie de cuchilla o dos pares de ruedas, según sirva para ir sobre el hielo o sobre un pavi-

A B C D E F G H I J K L M N Ñ O P Q R S T U V W X Y Z

mento duro y liso. 2 Calzado tejido que se pone a los bebés a modo de zapato o que usan los mayores para abrigarse los pies.

pátina 1 *f.* Tono apagado que con el tiempo adquieren los óleos y objetos antiguos. 2 Este mismo tono obtenido artificialmente.

patinador, ra *adj.* Que patina.

patinaje 1 *m.* Acción y efecto de patinar. 2 DEP Práctica de este ejercicio como deporte.

patinar 1 *intr.* Desplazarse con patines. 2 Deslizarse o resbalar las ruedas de un vehículo sin rodar y sin poder frenarlas. 3 Resbalar un elemento de un aparato mecánico, obstaculizando su funcionamiento.

patineta *m.* Juguete compuesto de una plancha con dos o tres ruedas en cuyo extremo más estrecho se inserta una barra con manillar. Adquiere impulso apoyando a intervalos un pie en el suelo.

patio 1 *m.* Espacio cerrado que queda al descubierto en el interior de las casas o edificios. 2 PLATEA.

pato 1 *m.* Nombre de diversas aves anseriformes de pico ancho y plano, cuello y patas cortas, y cuerpo rechoncho. 2 Recipiente para recoger la orina de la persona encamada.

patógeno, na 1 *adj.* MED Que origina enfermedades. 2 MED **germen** ~.

patología *f.* MED Parte de la medicina que estudia las enfermedades.

patraña *f.* Mentira complicada.

patria *f.* Estado o nación en cuanto unidad histórica, a la que se sienten vinculados los nacidos en ella. || ~ **potestad** DER Concepto que tiene por núcleo el deber de los padres de criar y educar a sus hijos.

patriarca 1 *m.* Cada uno de los jefes de las antiguas tribus de Israel. 2 Título de los obispos de algunas iglesias ortodoxas. 3 Persona que por su edad y sabiduría ejerce autoridad en una familia o en una colectividad.

patriarcado 1 *m.* Dignidad de patriarca, tiempo que dura, territorio en que gobierna y ejercicio de esta autoridad. 2 Organización social en que ejerce la autoridad un varón, jefe de cada familia y de todo el linaje.

patricio, cia *adj.* y *s.* HIST Se dice de los descendientes de los primeros senadores romanos, que formaban la clase social privilegiada, opuesta a los plebeyos.

patrilineal *adj.* Se dice del tipo de organización social en el que la descendencia sigue solo la línea masculina.

patrimonial *adj.* Relativo al patrimonio.

patrimonio 1 *m.* Bienes propios. 2 Lo que constituye herencia común de una colectividad.

patrio, tria *adj.* De la patria.

patriota *m.* y *f.* Persona que ama a su patria y procura su bien.

patriotero, ra *adj.* y *s.* Que alardea excesivamente de patriotismo.

patriotismo 1 *m.* Amor a la patria. 2 Conducta propia del patriota.

patrística *f.* REL Estudio de la doctrina, obras y vidas de los Santos Padres.

patrocinar 1 *tr.* Amparar, favorecer. 2 Sufragar con fines publicitarios un programa o espectáculo.

patrón, na 1 *m.* y *f.* Defensor, protector. 2 Dueño o dueña de la casa donde alguien se aloja. 3 Persona que emplea y tiene a su cargo obreros en trabajos y oficios. 4 Santo o santa bajo cuya protección está una iglesia, ciudad, etc. 5 *m.* Modelo que se toma como referencia para medir o comparar otros de la misma especie. 6 Modelo físico exacto de una unidad de medida. 7 Planta en que se hace un injerto. || ~ **oro** ECON Sistema monetario basado en la equivalencia establecida por ley entre una moneda y una cantidad de oro de determinada calidad.

patronal 1 *adj.* Del patrono o del patronato. 2 *f.* Sindicato de empresarios.

patronato *m.* Fundación de una obra pía.

patronímico, ca *adj.* y *m.* Se dice del apellido formado del nombre del padre: *Fernández*, de *Fernando*.

patrono, na *m.* y *f.* PATRÓN.

patrulla 1 *f.* Grupo reducido de gente armada que realiza labores de vigilancia y mantenimiento del orden. 2 Automóvil que utiliza la policía en su labor de vigilancia.

patrullar *intr.* y *tr.* Rondar una patrulla.

patrullero, ra *m.* y *f.* Persona que patrulla.

pauji 1 *m.* Ave galliforme de plumaje negro con manchas blancas y pico grueso con un tubérculo encima. 2 Árbol leguminoso que se cultiva por las propiedades medicinales de sus frutos y del bálsamo extraído de su tronco.

paulatino, na *adj.* Que obra o se produce lentamente.

pauperizar *tr.* Empobrecer una población o país.

paupérrimo, ma *adj.* Muy pobre.

pausa 1 *f.* Breve interrupción de una actividad. 2 FON Silencio que delimita un grupo fónico o una oración. 3 MÚS Breve intervalo en que se deja de cantar o tocar.

pausado, da 1 *adj.* Tranquilo, lento. 2 Que se hace o produce con calma.

pauta 1 *f.* Lo que sirve de guía, modelo o norma. 2 Raya o conjunto de estas hechas en el papel que sirven como guía para escribir. 3 En los medios de comunicación, disponibilidad comercial de espacio o de tiempo para publicidad y propaganda.

pautar 1 *tr.* Rayar el papel con pautas. 2 Dar reglas o determinar el modo de ejecutar una acción. 3 Anunciar, mediante publicidad, en un medio de comunicación.

pava 1 *f.* PAVO. 2 Recipiente para calentar agua y cebar el mate. 3 Sombrero de ala ancha.

pavada *f.* Sosería, insulsez.

pavesa *f.* Partícula que se desprende de una materia incandescente.

pávido, da *adj.* Lleno de pavor.

pavimento *m.* Suelo, piso artificial.

pavo, va *m.* y *f.* Ave galliforme de aprox. 1 m de alto, con la cabeza y cuello cubiertos de carúnculas rojas, así como la membrana eréctil que lleva encima del pico; lleva en el pecho un mechón de cerdas. || ~ **real** Ave galliforme caracterizada por el penacho y gran cola del macho y por el plumaje azul y verde con irisaciones. Las hembras son más pequeñas, de color ceniciento y cola reducida.

pavonear *intr.* y *prnl.* Presumir de algo.

pavor *m.* Temor intenso, terror.

pavoroso, sa *adj.* Que causa pavor.

payador *m.* FOLCL Cantor popular errante que improvisa sus melodías con la guitarra.

payaso, sa 1 *m.* y *f.* Artista que hace reír con su traje estrafalario, ademanes y dichos extravagantes. 2 Persona propensa a hacer reír a los demás.

paz 1 *f.* Tranquilidad y sosiego de espíritu. 2 Buena convivencia de unos con otros. 3 DER **juez** de ~. 4 Pública tranquilidad de los Estados. 5 Tratado o convenio que pone fin a una guerra. 6 *pl.* Reconciliación, vuelta a la amistad o a la concordia.

pe *f.* Nombre de la letra *p*.

peaje 1 *m.* Pago efectuado por derecho de tránsito. 2 Lugar donde se recauda ese derecho.

peal *m.* Cuerda o soga con que se amarran o traban las patas de un animal.

peatón, na *m.* y *f.* Persona que circula a pie.

pebete *m.* Pasta hecha con polvos aromáticos, regularmente en figura de varilla, que encendida exhala un humo muy fragante.

pebetero *m.* Vaso con cubierta agujereada para quemar perfumes o pebetes.

pebre 1 *m.* o *f.* Salsa de pimienta, ajo, perejil y vinagre. 2 *m.* Puré de papa.

peca *f.* Pequeña mancha cutánea de color oscuro.

pecado 1 *m.* REL Lo que quebranta la ley divina. 2 Lo que se aparta de lo recto y justo, o falta a lo debido. || ~ **capital** REL El que es causa de otros pecados. ~ **de comisión** REL Según la doctrina cristiana, acción contraria a la ley de Dios. ~ **de omisión** REL En el que se incurre dejando de hacer aquello a que alguien está obligado por ley moral. ~ **mortal** REL Según la doctrina católica, culpa que priva al hombre de la vida espiritual de la gracia, y le hace enemigo de Dios. ~ **original** REL Según la doctrina cristiana, aquel en que se concibe el ser humano por descender de Adán y Eva. ~ **venial** REL Según la doctrina católica, el que levemente se opone a la ley de Dios.

pecador, ra *adj.* y *s.* Que peca o puede cometer pecado.

pecaminoso, sa *adj.* Se dice de las cosas que están o parecen contaminadas de pecado.

pecar 1 *intr.* REL Quebrantar la ley de Dios. 2 Dejarse llevar por una afición, ceder a una tentación. 3 Apartarse de una regla por exceso o por defecto.

pecarí *m.* Mamífero suramericano artiodáctilo de hasta 1 m de longitud, con las puntas de los caninos hacia abajo.

pecera *f.* Recipiente de vidrio que, lleno de agua, sirve para mantener peces vivos.

pechera 1 *f.* Parte delantera y central de la camisa. 2 Apero que se coloca en el pecho a las caballerías para engancharlas al tiro.

pechero 1 *m.* BABERO. 2 PECHERA.

pechiche *m.* Mala crianza, mimo.

pechina *f.* Concha semicircular con dos orejuelas laterales.

pechirrojo *m.* Nombre de muchos pájaros en los que el plumaje del pecho es rojo.

pecho 1 *m.* ANAT TÓRAX, parte del cuerpo, desde el cuello hasta el vientre. 2 Lo exterior y anterior de esta parte. 3 Cada una de las mamas de la mujer, o ambas. 4 En los cuadrúpedos, parte del tronco entre el cuello y las patas anteriores.

pechuga *f.* Pecho de las aves.

peciolado, da 1 *adj.* BOT Relativo al pecíolo. 2 BOT **hoja** ~.

pecíolo (Tb. peciolo) *m.* BOT Apéndice delgado que en las dicotiledóneas une la hoja al tallo o a las ramas. A través de aquel penetran los haces vasculares del tallo en la hoja.

pécora *f.* Persona mala y astuta.

pecoso, sa *adj.* Con pecas.

pectina *f.* QUÍM Polisacárido complejo presente en las paredes celulares de los vegetales. Se utiliza como espesante en las industrias alimentaria, farmacéutica y cosmética.

pectoral 1 *adj.* Relativo al pecho. 2 *adj.* y *m.* ANAT Se dice de dos músculos situados en la parte anterior del tórax. 3 MED Se dice de lo que es beneficioso para el pecho: *Jarabe pectoral.*

pecuario, ria *adj.* Relativo al ganado.

peculado *m.* DER Hurto de caudales públicos por quien los administra.

peculiar *adj.* Propio o característico.

pecuniario, ria *adj.* Del dinero efectivo.

pedagogía *f.* Ciencia de la educación y la enseñanza.

pedagógico, ca 1 *adj.* Relativo a la pedagogía. 2 Se dice de lo expuesto con claridad suficiente para educar o enseñar.

pedagogo, ga *m.* y *f.* Persona que se dedica a la educación y enseñanza, o experto en pedagogía.

pedal 1 *m.* Palanca que pone en movimiento un mecanismo, accionándola con el pie. 2 MÚS El que en algunos instrumentos, como el piano, el arpa o el órgano sirve para modificar el sonido.

pedalear *intr.* Mover los pedales.

pedante *adj.* y *s.* Engreído y que se complace en alardear de conocimientos.

pedantería 1 *f.* Actitud del pedante. 2 Dicho o hecho pedante.

pedazo *m.* Porción de algo separada del todo.

pederasta *m.* El que comete pederastia.

pederastia *f.* Abuso sexual cometido contra niños.

pedernal *m.* GEO Variedad de sílex, compacto, lustroso y por lo general de color gris amarillento. Da chispas por frotamiento.

pedestal *m.* Cuerpo macizo que sostiene una columna, estatua, etc.

pedestre *adj.* Que se hace a pie: *Carrera pedestre.*

pediatría MED Especialidad que trata del desarrollo del niño y de sus enfermedades.

pedicelo *m.* BIOL Columna esponjosa que sostiene el sombrerillo de las setas.

pedículo 1 *m.* BIOL Soporte o pie de un órgano. 2 *m.* ZOOL PIOJO.

pedicuro, ra *m.* y *f.* Especialista en las afecciones cutáneas córneas de los pies.

pedido, da 1 *m.* y *f.* Petición. 2 *m.* Encargo hecho a un fabricante o vendedor.

pedigrí 1 *m.* Genealogía de un animal de raza. 2 Documento en que consta.

pedigüeño, ña *adj.* y *s.* Que pide con frecuencia.

pedir 1 *tr.* Decir a alguien que dé o haga algo. 2 Requerir, exigir algo como conveniente. 3 Poner precio a lo que se vende. 4 Querer, desear, apetecer.

pedo *m.* VENTOSIDAD.

pedofilia *f.* Atracción erótica o sexual que una persona adulta siente hacia los niños o adolescentes.

pedogénesis *f.* GEO EDAFOGÉNESIS.

pedón *m.* GEO Cuerpo más pequeño del suelo que se emplea como criterio básico para la descripción de un horizonte.

pedrada 1 *f.* Acción de arrojar con impulso una piedra. 2 Golpe dado con la piedra así arrojada.

pedrea 1 *f.* Acción de apedrear. 2 Lucha a pedradas.

pedregal *m.* Terreno cubierto de piedras.

pedregoso, sa *adj.* Se dice del terreno con piedras.

pedrería *f.* Conjunto de piedras preciosas.

pedrisco 1 *m.* Granizo grueso y abundante. 2 Multitud de piedras sueltas.

pedrusco *m.* Pedazo de piedra sin labrar.

pedúnculo 1 *m.* BOT Tallito que sostiene la flor o el fruto de las plantas. 2 ZOOL Prolongación del cuerpo con la que se fijan al suelo algunos animales sedentarios, como los percebes.

pega 1 *f.* Acción de pegar una cosa contra otra. 2 Sustancia que sirve para ello.

pegado, da 1 *adj.* Vinculado por afecto o interés a alguien o algo. 2 Se dice de una prenda de vestir, que luce muy ajustada al cuerpo.

pegajoso, sa 1 *adj.* Que se pega espontáneamente con lo que se pone en contacto. 2 Que se contagia o transmite con facilidad. 3 Que se pega con facilidad en la memoria.

pegamento *m.* PEGANTE.

pegamoscas *f.* Planta herbácea dicotiledónea, de tallos nudosos, hojas opuestas, flores hermafroditas de cáliz cubierto de pelos pegajosos y fruto en caja.

pegante 1 *m.* Sustancia para pegar o adherir dos o más superficies. 2 cinta ~.

pegar 1 *tr.* y *prnl.* Adherir una cosa con otra con goma, pega, etc. 2 CONTAGIAR. 3 Dar golpes. 4 *tr.* Unir una cosa con otra, atándola o cosiéndola. 5 Arrimar una cosa a otra sin dejar espacio entre ambas. 6 Con algunos nombres, hacer lo que significan: *Pegar saltos.* 7 Maltratar con golpes. 8 *intr.* Asir o prender. 9 Armonizar una cosa con otra. 10 Estar una cosa próxima o contigua a otra. 11 Dar o tropezar en algo con fuerte impulso. 12 Incidir intensamente la luz o el sol en una superficie. 13 *tr.* e *intr.* Arraigar una planta. 14 *prnl.* Quemarse un guiso por haberse adherido a la cazuela.

pegote 1 *m.* Cualquier cosa que está espesa y se pega. 2 Persona pesada por su asiduidad.

peinado 1 *m.* Forma de peinarse. 2 Acción de peinar las fibras.

peinador, ra 1 *adj.* y *s.* Que peina. 2 TOCADOR, mueble con espejo. 3 *f.* Máquina que realiza la operación de peinado de las fibras.

peinar 1 *tr.* y *prnl.* Desenredar o arreglar el cabello. 2 *tr.* Desenredar o limpiar el pelo o la lana de los animales o de las fibras vegetales. 3 Rastrear minuciosamente varias personas un territorio.

peine *m.* Utensilio con muchas púas o dientes espesos, con el que se desenreda, alisa y arregla el pelo.

peineta *f.* Peine alto y convexo para adornar o sujetar el peinado o la mantilla.

peinilla 1 *f.* Peine con dos hileras opuestas de dientes. 2 Peine alargado y angosto de una sola hilera. 3 Especie de machete.

peladero *m.* Terreno sin vegetación.

pelado, da 1 *adj.* Sin pelo. 2 Que no tiene piel. 3 Que carece de lo que lo adornaba, cubría o rodeaba. 4 Sin dinero, pobre. 5 *m.* y *f.* Acción y efecto de pelar o cortar el cabello.

peladura 1 *f.* Acción y efecto de pelar o descortezar algo. 2 Monda, cáscara.

pelágico, ca 1 *adj.* ECOL Se dice del conjunto de ambientes propios de los mares y lagos, y del conjunto de organismos que viven en ellos. 2 ECOL Se dice de los organismos marinos que viven en zonas alejadas de la costa, a diferencia de los neríticos.

pelaje *m.* Naturaleza y calidad del pelo o de la lana de un animal.

pelambre *m.* Conjunto de pelo en todo el cuerpo, o en parte de este.

pelar 1 *tr.* y *prnl.* Cortar, arrancar, quitar o raer el pelo. 2 *tr.* Despellejar un animal, quitar las plumas a un ave o la piel, corteza, vaina, etc., a una fruta o vegetal. 3 Quitar los bienes a alguien. 4 *prnl.* Perder el pelo. 5 Desprenderse la piel por exceso de sol o por rozadura.

peldaño *m.* Parte de un tramo de escalera que sirve para apoyar el pie.

pelea 1 *f.* Combate, batalla. 2 Riña particular, sin armas. 3 Riña de animales.

pelear 1 *intr.* y *prnl.* Combatir con armas. 2 Reñir sin armas o solo de palabra. 3 Luchar los animales entre sí. 4 Estar en oposición una cosa con otra. 5 *prnl.* Enemistarse una persona con otra.

pelecaniforme *adj.* y *f.* ZOOL Se dice de las aves acuáticas buceadoras, de gran tamaño, pico grande y fuerte, alas anchas y con un pliegue cutáneo en las mandíbulas, como los pelícanos y los cormoranes. Conforman un orden.

pelele 1 *m.* Muñeco de figura humana hecho de paja o trapos. 2 Persona fácil de dominar por los demás.

peletería *f.* Oficio de curtir pieles finas o de hacer con ellas prendas, forros, adornos, etc.

pelícano *m.* Ave pelecaniforme con plumaje blanco y pico muy largo y ancho que en la mandíbula inferior lleva una membrana grande.

película 1 *f.* Telilla o capa delgada que se forma sobre una cosa. 2 CIN Obra cinematográfica. 3 CIN y FOT Cinta con una emulsión fotosensible en la que se impresionan imágenes.

peligrar *intr.* Estar en peligro.

peligro 1 *m.* Riesgo o contingencia inminente de que suceda algún mal. 2 Obstáculo u ocasión en que aumenta la inminencia del daño.

peligroso, sa 1 *adj.* Que implica peligro. 2 Se dice de quien puede dañar o cometer actos violentos.

pella *f.* Masa de cualquier materia de forma redondeada y muy apretada.

pellejo 1 *m.* Piel de un animal, generalmente separada del cuerpo. 2 Cuero curtido con la lana o el pelo. 3 Piel de algunas frutas.

pelliza *f.* Prenda de abrigo forrada de pieles finas.

pellizcar 1 *tr.* y *prnl.* Coger entre el pulgar y otro dedo un poco de piel y apretar de forma que cause dolor. 2 *tr.* Asir levemente una cosa. 3 Tomar o quitar una pequeña cantidad de una cosa.

pellizco 1 *m.* Acción y efecto de pellizcar. 2 Señal que deja.

pelmazo, za *m.* y *f.* Persona lenta y fastidiosa.

pelo 1 *m.* CABELLO. 2 ZOOL Filamento de naturaleza córnea que nace y crece entre los poros de la piel de casi todos los mamíferos y de algunos otros animales. 3 ZOOL Conjunto de estos filamentos. 4 BOT VELLO. 5 Cualquier hebra delgada de lana, seda u otra cosa semejante.

pelón, na *adj.* y *s.* Que no tiene pelo o tiene muy poco.

pelota 1 *f.* Bola u objeto de forma esférica con el que se practican diversos juegos y deportes. 2 Bola de materia blanda que se amasa fácilmente. 3 *pl.* Testículos.

pelotear *intr.* Arrojar algo de una parte a otra.

pelotero, ra 1 *m.* y *f.* DEP Jugador de béisbol. 2 *f.* Riña, pelea.

pelotón *m.* Pequeña unidad de infantería.

peltre *m.* Aleación de cinc, plomo y estaño.

peluca *f.* Cabellera postiza.

peluche 1 *m.* Felpa, tela aterciopelada. 2 Juguete hecho de este tejido.

peluquear *tr.* y *prnl.* Cortar el pelo.

peluquería 1 *f.* Establecimiento donde trabaja el peluquero. 2 Oficio de peluquero.

peluquero, ra *m.* y *f.* Persona que tiene por oficio el cuidado y arreglo del cabello, o hacer o vender pelucas y postizos.

peluquín *m.* Peluca pequeña.

pelusa 1 *f.* Vello tenue de la cara o de algunas frutas. 2 Pelo menudo que se desprende de las telas. 3 Aglomeración de polvo y otras materias.

pelviano, na 1 *adj.* ANAT Relativo a la pelvis. 2 ANAT **cintura ~.**

pelvis *f.* ANAT Cavidad del cuerpo de los mamíferos situada en la parte posterior del tronco, inferior en el hombre.

pena[1] 1 *f.* Castigo por un delito o falta impuesto por autoridad legítima. 2 Sentimiento de tristeza, o aflicción. 3 LÁSTIMA. 4 VERGÜENZA, timidez. || **~ capital** DER Homicidio legal que se impone a los autores de determinados delitos.

pena[2] *f.* Cada una de las plumas grandes del ave situadas en las extremidades de las alas o en el arranque de la cola.

penacho 1 *m.* Grupo de plumas en la parte superior de la cabeza de algunas aves. 2 Adorno de plumas en los cascos, tocados, etc. 3 Lo que tiene esta forma o figura.

penal 1 *adj.* DER Relativo a las leyes, instituciones o acciones destinadas a combatir el crimen. 2 *m.* Lugar en donde los penados cumplen condenas superiores a las de arresto.

penalidad *f.* Trabajo molesto, aflicción.

penalizar *tr.* Imponer alguna sanción o castigo.

penalti *m.* DEP En fútbol, balonmano, etc., falta cometida dentro del área de gol que se castiga con un tiro directo a la portería, con la única defensa del portero.

penar 1 *tr.* Imponer pena. 2 Señalar la ley el castigo para un acto u omisión. 3 *intr.* Sufrir, padecer un dolor o pena.

penca *f.* BOT Hoja carnosa, o tallo en forma de hoja, de algunas plantas, como la de la pita.

pendejo *m.* Tonto, estúpido.

pendencia *f.* Contienda, riña.

pender *intr.* Estar colgada o suspendida una cosa.

pendiente 1 *adj.* Que pende. 2 Inclinado, en declive: *Terreno pendiente.* 3 Que está por resolverse. 4 Preocupado por algo que se espera o sucede. 5 *m.* Adorno que se cuelga en el lóbulo de la oreja o en la nariz. 6 *f.* Cuesta o declive de un terreno. 7 Inclinación de las armaduras de los techos. 8 GEOM Cociente que relaciona la variación vertical con la variación horizontal entre dos puntos de una recta. || **~ de una recta** GEOM Tangente del ángulo que forma esta recta con el plano horizontal.

pendón *m.* Bandera o estandarte.

pendular *adj.* Relativo al péndulo o propio de este: *Movimiento pendular.*

péndulo 1 *m.* Varilla con un contrapeso inferior y que con sus oscilaciones regula algunos mecanismos, como ciertos relojes de pared. 2 FÍS Cuerpo suspendido de un eje situado por encima de su centro de gravedad y que puede oscilar.

pene *m.* ANAT Órgano masculino de la copulación y de las funciones urinarias.

penetración 1 *f.* Acción y efecto de penetrar. 2 Perspicacia, agudeza.

penetrante 1 *adj.* Que penetra. 2 Se dice de la voz, sonido, etc., elevado y agudo.

penetrar 1 *tr.* Introducir un cuerpo en otro por sus huecos o poros. 2 Introducirse en lo interior de un espacio. 3 Hacerse sentir con violencia el frío, los gritos, etc.

peniano, na *adj.* Relativo al pene.

penicilina *f.* FARM Antibiótico que se emplea para combatir ciertas enfermedades de origen bacteriano.

penillanura *f.* GEO Meseta originada por la erosión de una región montañosa.

península *f.* GEO Tierra cercada de agua unida con otra tierra de extensión mayor por una parte relativamente estrecha.

peninsular *adj.* y *s.* De una península.

penitencia 1 *f.* Acto de mortificación interior o exterior. 2 REL Sacramento por el cual el sacerdote perdona los pecados en nombre de Cristo. 3 REL Virtud que consiste en el dolor de haber pecado y el propósito de no pecar más. 4 Castigo simbólico que en ciertos juegos debe cumplir quien ha perdido.

penitenciaría *f.* Establecimiento donde cumplen condena los penados.

penitenciario, ria *adj.* Relativo a la cárcel y a su régimen o servicios.

penitente *m.* y *f.* Persona que hace penitencia.

penoso, sa 1 *adj.* Que causa pena, trabajoso. 2 *m.* y *f.* **TÍMIDO.**

pensador, ra 1 *adj.* y *s.* Que piensa. 2 *m.* y *f.* Persona dedicada a estudios muy elevados y profundos.

pensamiento 1 *m.* Facultad de pensar. 2 Acción y efecto de pensar. 3 Cosa pensada. 4 Conjunto de ideas propias de alguien o de una colectividad. 5 **libertad** de ~. 6 Proyecto, intención. 7 Planta con flores de corola irregular de cinco pétalos, cuatro superiores, imbricados y dirigidos hacia arriba, y el interior dirigido hacia abajo.

pensar 1 *tr.* Formar y relacionar ideas y conceptos. 2 Meditar, reflexionar. 3 Discurrir, tramar, inventar. 4 *tr.* e *intr.* Tener intención de hacer algo.

pensativo, va *adj.* Que está absorto en sus pensamientos.

pensión 1 *f.* Suma de dinero que periódicamente se paga por razón de jubilación, incapacidad, orfandad o viudez. 2 Auxilio monetario para estudios. 3 Casa donde se reciben huéspedes.

pensionado, da 1 *adj.* y *s.* Que tiene o cobra una pensión. 2 *m.* **INTERNADO.**

pensionar *tr.* Conceder una pensión.

pénsum *m.* **PLAN** de estudios.

pentaedro *m.* GEOM Poliedro de cinco caras.

pentágono, na *adj.* y *m.* GEOM Se dice del polígono de cinco lados.

pentagrama *m.* MÚS Conjunto de cinco líneas paralelas y equidistantes sobre las que se escriben las notas musicales. Cada línea y espacio entre estas representan un tono diferente. Al principio se coloca la clave, que indica el tono asignado a una de las líneas, a partir del cual se leen las otras notas. El compás se indica en el pentagrama inicial junto a la clave. Las líneas verticales separan las distintas unidades métricas o compases.

pentámero, ra 1 *adj.* BOT Se dice de los órganos vegetales que constan de cinco piezas. 2 ZOOL Se dice de los coleópteros que tienen cinco artejos en cada tarso.

pentatlón *m.* DEP Actividad deportiva compuesta de cinco pruebas.

pentecostal 1 *adj.* Relativo a Pentecostés. 2 REL **iglesias** ~es.

pentecostés 1 *m.* REL Fiesta cristiana que conmemora la venida del Espíritu Santo sobre los apóstoles. 2 REL Fiesta judía que conmemora la promulgación de la Ley en el Sinaí.

pentosa *f.* QUÍM Azúcar que posee en su molécula cinco átomos de carbono, muy abundante en la naturaleza (ribosa y desoxirribosa).

penúltimo, ma *adj.* y *s.* Inmediatamente anterior al último.

penumbra 1 *f.* Sombra débil entre la luz y la oscuridad. 2 ASTR En los eclipses, sombra parcial entre los espacios enteramente oscuros y los enteramente iluminados.

penuria *f.* Falta de las cosas más precisas o de alguna de estas.

peña 1 *f.* Piedra grande. 2 Cerro peñascoso. 3 Grupo de amigos o camaradas.

peñasco *m.* Peña grande y elevada.

peñol *m.* **PEÑÓN.**

peñón *m.* Monte peñascoso.

peón 1 *m.* Obrero no especializado que realiza trabajos materiales. 2 Cada una de las ocho piezas, blancas o negras, de importancia menor del ajedrez. 3 **TROMPO.**

peor 1 *adj.* Que es más malo que aquello con lo que se le compara. 2 *adv. m.* Más mal, o de manera más mala o inadecuada: *Baila peor que tú.*

pepa 1 *f.* Semilla de algunas frutas, como la del melón. 2 Canica para jugar.

pepinillo *m.* Variedad de pepino de pequeño tamaño.

pepino 1 *m.* Planta herbácea de tallos rastreros, hojas pecioladas, flores amarillas y fruto pulposo en pepónide. 2 Fruto de esta planta.

pepónide *m.* BOT Tipo de fruto carnoso de epicarpio coriáceo con una cavidad central tapizada de numerosas semillas, como en la sandía.

péptido *m.* BIOQ Polímero de aminoácidos que se encuentra en la mayoría de los tejidos vivos; procede de la descomposición incompleta de los albuminoides.

pequeñez 1 *f.* Cualidad de pequeño. 2 Nimiedad, cosa sin importancia.

pequeño, ña 1 *adj.* De poco tamaño, edad, extensión o altura. 2 *m.* y *f.* Niño.

pequeñoburgués, sa *adj.* y *s.* De la pequeña **burguesía.**

pequinés *m.* Raza de perros de cabeza ancha, hocico corto y escasa altura.

per cápita 1 *loc. adj.* Por cabeza, individualmente. 2 ECON **renta** ~.

pera *f.* Fruto del peral, de forma cónica, abultado en el extremo opuesto al pedúnculo.

peral *m.* Árbol de hojas pecioladas alternas, flores actinomorfas blancas y fruto en pomo con semillas sin albumen, que es la pera.

peralte *m.* En las carreteras, vías férreas, etc., mayor elevación de la parte exterior de una curva, en relación con la interior.

percal *m.* Tela de algodón de mediana calidad.

percance *m.* Contratiempo, perjuicio imprevisto.

percatar *intr.* y *prnl.* Advertir, darse cuenta.

percebe *m.* Crustáceo con un pedúnculo carnoso con el que se adhiere a los peñascos de las costas.

percentil *m.* Valor ponderado que resulta de dividir un conjunto de datos estadísticos en cien partes de igual frecuencia.

percepción 1 *f.* Acción y efecto de percibir. 2 Sensación interior que resulta de una impresión material hecha en los sentidos. || ~ **extrasensorial** Adquisición de información por medios no sensoriales, como la telepatía, la adivinación, etc.

perceptible 1 *adj.* Que se puede percibir. 2 Que se puede recibir o cobrar.

percha 1 *f.* Estaca larga y delgada, que sirve para sostener algo. 2 Gancho o soporte para colgar vestidos, sombreros, etc.

perchero *m.* Mueble con colgaderos, ganchos o soportes para colgar vestidos, sombreros, carteras, etc.

percherón, na *adj.* y *s.* Se dice de una raza caballar muy fuerte y corpulenta.

percibir 1 *tr.* Recibir impresiones por los sentidos. 2 Comprender o conocer algo. 3 Recibir algo y encargarse de ello.

percolar *intr.* Moverse los líquidos a través de un medio poroso.

percudir *tr.* Penetrar la suciedad en alguna cosa, deslustrar.

percusión 1 *f.* Acción y efecto de percutir. 2 Mús **instrumentos** de ~.

percutir *tr.* Golpear, dar repetidos golpes.

percutor *m.* Pieza que golpea en una máquina y que mediante esta acción inicia un trabajo mecánico.

perdedor, ra *adj.* y *s.* Que pierde.

perder 1 *tr.* Dejar de tener, o no hallar, algo que se poseía. 2 Desperdiciar o malgastar algo. 3 Verse privado de alguien querido a causa de su muerte. 4 No conseguir lo que se pretende. 5 Ocasionar un daño a las cosas, desmejorándolas. 6 Ocasionar a alguien ruina o daño. 7 Padecer esa ruina o daño. 8 Salirse poco a poco el contenido de un recipiente. 9 Junto con algunos nombres, como *respeto* o *cortesía*, faltar a la obligación de lo que significan o hacer algo en contrario. 10 *tr.* e *intr.* Quedar vencido en una batalla, juego, pleito, etc. 11 *tr.* y *prnl.* No aprovecharse algo que podía y debía ser útil. 12 *prnl.* Errar alguien el camino o rumbo que llevaba. 13 No hallar modo de salir de una dificultad. 14 Entregarse a los vicios. 15 Borrarse la ilación en un discurso.

perdición 1 *f.* Grave daño material o espiritual. 2 Inmoralidad, vicio.

pérdida 1 *f.* Privación de lo que se poseía. 2 Cantidad o cosa perdida.

perdido, da 1 *adj.* Que no tiene o no lleva destino determinado. 2 *m.* y *f.* Persona viciosa y de costumbres libertinas.

perdigón *m.* Cada uno de los granos de plomo que forman la munición de caza.

perdiguero, ra *adj.* y *s.* Se dice del perro de color blanco con manchas negras, y orejas grandes y caídas, muy apreciado para la caza.

perdiz *f.* Ave galliforme de unos 38 cm de longitud, plumaje ceniciento y cuello con manchas negras. Su carne es muy apreciada.

perdón 1 *m.* Acción y efecto de perdonar. 2 Remisión de los pecados.

perdonar 1 *tr.* Renunciar a obtener satisfacción o venganza de una ofensa recibida. 2 Excusar de una obligación.

perdurar *intr.* Durar mucho, continuar, persistir.

perecedero, ra *adj.* Poco durable.

perecer *intr.* Dejar de existir, morir.

peregrinación *m.* Acción y efecto de peregrinar.

peregrinar 1 *intr.* Recorrer tierras extrañas. 2 Ir de romería a un santuario.

peregrino, na 1 *adj.* y *s.* Se dice del que, por devoción o por voto, viaja a algún santuario. 2 *adj.* Que anda por tierras extrañas. 3 Extraño, raro o pocas veces visto.

perejil *m.* Planta herbácea de hasta 70 cm de altura, con tallos ramificados y hojas pecioladas que se usan como condimento.

perendengue *m.* Cualquier adorno de poco valor.

perengano, na *m.* y *f.* Voz para aludir a una persona cuyo nombre se ignora.

perenne 1 *adj.* Perpetuo, incesante. 2 Bot Se dice de las plantas que viven más de dos años.

perennidad *f.* Cualidad de perenne.

perentorio, ria 1 *adj.* Urgente, apremiante. 2 Se dice del último plazo que se concede, o de la final resolución que se toma en cualquier asunto.

pereque *m.* Molestia, impertinencia.

perestroika *f.* Polít Proceso de reforma de la antigua Unión Soviética, adelantado entre 1985 y 1991. Implicó una apertura hacia la democratización de la sociedad y la descentralización de la gestión de la economía.

pereza 1 *f.* Falta de ganas de hacer algo que supone algún esfuerzo. 2 Lentitud o descuido en las acciones o movimientos.

perezoso, sa 1 *adj.* y *s.* Que tiene o siente pereza. 2 *m.* Mamífero desdentado arborícola de cabeza pequeña y patas con garras. Es de andar muy lento. 3 *f.* TUMBONA.

perfección 1 *f.* Acción y efecto de perfeccionar o perfeccionarse. 2 Cualidad de perfecto.

perfeccionar *tr.* y *prnl.* Darle a algo el mayor grado de excelencia.

perfeccionismo *m.* Tendencia a mejorar indefinidamente un trabajo sin decidirse a considerarlo acabado.

perfecto, ta 1 *adj.* Que tiene todas las cualidades de su naturaleza y condición. 2 Completo, acabado.

3 GRAM Se dice de los tiempos verbales que indican acción acabada.

perfidia *f.* Deslealtad, traición.

pérfido, da *adj.* y *s.* Desleal, infiel, traidor.

perfil 1 *m.* Contorno, línea que limita cualquier cuerpo. 2 Postura en que solo se ve una de las dos mitades laterales del cuerpo. 3 GEO Corte vertical de los distintos horizontes que componen un suelo. 4 GEO Representación gráfica de ese corte en la que se señalan las características físicas de los horizontes. 5 GEOM Figura que representa un cuerpo cortado real o imaginariamente por un plano vertical. 6 Barra metálica cuya sección transversal puede tener forma de te, doble te, cuadrada, redonda, etc.

perfilar 1 *tr.* Dar el perfil. 2 Sacar los perfiles a una cosa. 3 *prnl.* Colocarse de perfil. 4 Empezar a verse algo con aspecto definido.

perforación 1 *f.* Acción y efecto de perforar. 2 Agujero hecho con máquinas o instrumentos perforadores. 3 MED Rotura de las paredes del intestino, estómago, etc.

perforador, ra *adj.* y *s.* Que perfora.

perforar *tr.* Agujerear, horadar.

performance (Voz ingl.) *m.* TEAT Espectáculo en el que se combinan artes como la danza, la música y el teatro, y en el que se improvisa y busca el contacto directo con el espectador.

perfumar 1 *tr.* y *prnl.* Aromatizar quemando materias fragantes. 2 Esparcir perfume. 3 *intr.* Exhalar perfume.

perfume 1 *m.* Sustancia volátil que desprende olor agradable. 2 Olor que exhalan las sustancias aromáticas. 3 Sustancia aromática.

perfumería 1 *f.* Arte de fabricar perfumes. 2 Tienda donde se venden perfumes.

pergamino 1 *m.* Piel de la res, debidamente tratada, que sirve para escribir en ella y para otros usos. 2 Documento escrito en pergamino.

pérgola *f.* Armazón para sostener plantas emparradas, formando una galería.

perianto *m.* BOT Envoltura de la flor formada por el cáliz y la corola.

pericardio *m.* ANAT Envoltura membranosa que rodea el corazón.

pericarpio *m.* BOT Parte externa del fruto que cubre las semillas. Está constituido por tres capas: epicarpio, mesocarpio y endocarpio.

pericia *f.* Habilidad, experiencia, destreza en una ciencia o arte.

perico *m.* Nombre que se da a diferentes aves psitaciformes arbóreas, similares a los loros pero de menor tamaño.

periferia 1 *f.* Contorno de una figura curvilínea. 2 Espacio que rodea un núcleo cualquiera. 3 Conjunto de los barrios exteriores de las ciudades, por oposición al centro.

periférico, ca 1 *adj.* Relativo a la periferia. 2 *m.* INF Tipo de dispositivo, como impresora, módem, etc., que está conectado a un computador y es controlado por su microprocesador.

perífrasis *f.* CIRCUNLOCUCIÓN. || ~ **verbal** GRAM Unidad verbal que funciona como núcleo del predicado: *Tenemos que viajar a Portugal; nunca volví a temer a las alturas; en Hamburgo sigue nevando.*

perigeo *m.* ASTR Punto de la órbita de un astro que se halla a la distancia más corta de la Tierra.

perigonio *m.* BOT Envoltura de la flor formada por un verticilo simple o doble de hojas florales, como en los lirios.

perihelio *m.* ASTR Punto en que un planeta se halla más cerca del Sol.

perilla 1 *f.* Porción de pelo que se deja crecer en la punta de la barba. 2 PICAPORTE para cerrar las puertas y las ventanas.

perímetro 1 *m.* Contorno de una superficie. 2 GEOM Contorno de una figura.

perineo *m.* ANAT Zona anatómica entre el ano y las partes sexuales.

perinola *f.* Peonza pequeña que baila cuando se hace girar rápidamente con dos dedos un manguillo que tiene en la parte superior.

periodicidad *f.* Cualidad de periódico.

periódico, ca 1 *adj.* Que sucede o se hace con regularidad y frecuencia. 2 FÍS Se dice de los fenómenos en los que todas sus fases se repiten continuamente según determinados intervalos. 3 MAT **decimal** ~. 4 QUÍM **tabla** ~ de los elementos; **sistema** ~. 5 *adj.* y *m.* Se dice de la publicación impresa de periodicidad regular, especialmente diaria.

periodismo 1 *m.* Selección, clasificación y elaboración de la información que ha de transmitirse por los medios de comunicación de masas. 2 Profesión que se ocupa de esta actividad.

periodista *m.* y *f.* Profesional que ejerce el periodismo.

periodístico, ca *adj.* Relativo a los periódicos y los periodistas.

periodo (Tb. período) 1 *m.* Tiempo que algo tarda en volver al estado o posición que tenía al principio. 2 Espacio de tiempo que incluye toda la duración de algo. 3 Serie de años durante la cual tiene lugar una determinada manifestación de la actividad humana. 4 ASTR Tiempo que tarda un fenómeno periódico planetario o estelar en recorrer todas sus fases, como el que emplea la Tierra en su movimiento alrededor del Sol. 5 FISIOL MENSTRUACIÓN. 6 GRAM Conjunto de oraciones que, enlazadas unas con otras gramaticalmente, adquieren sentido completo. 7 MAT Cifra o grupo de cifras que se repiten indefinidamente, después del cociente entero, en las divisiones inexactas.

periodoncia *f.* MED Parte de la odontología que se ocupa de las enfermedades del tejido que rodea la raíz de los dientes.

peripatético, ca 1 *adj.* Relativo al peripatetismo. 2 Ridículo, extravagante.

peripatetismo *m.* FIL Doctrina filosófica de Aristóteles.

peripecia *f.* Suceso imprevisto o cambio repentino que varía el rumbo de los acontecimientos.

periplo 1 *m.* Viaje con regreso al punto de partida. 2 CIRCUNNAVEGACIÓN.

periscopio *m.* ÓPT Instrumento compuesto de un sistema de espejos, lentes y prismas, instalado en un tubo, que permite ver objetos situados por encima del campo visual.

perisodáctilo *adj.* y *m.* ZOOL Se dice de los mamíferos caracterizados por tener dedos en número impar y terminados en pezuñas, como el rinoceronte y el caballo. Conforman un orden.

peristáltico, ca *adj.* FISIOL Se dice del movimiento que causa la contracción normal de los conductos digestivos por el cual se impulsan de arriba abajo las materias contenidas en estos.

peristilo *m.* ARQ Lugar rodeado de columnas.

peritaje *m.* Informe que resulta del estudio hecho por un perito.

perito, ta 1 *adj.* y *s.* Experto o hábil en una ciencia o arte. 2 *m.* y *f.* Persona que informa, bajo juramento, al juzgador sobre puntos litigiosos relacionados con su saber o experiencia.

peritoneo *m.* ANAT Membrana que reviste la cavidad abdominal y sus órganos.

peritonitis *f.* MED Inflamación del peritoneo.

perjudicar *tr.* y *prnl.* Ocasionar daño material o moral.

perjudicial *adj.* Que perjudica o puede perjudicar.

perjuicio *m.* Efecto de perjudicar o perjudicarse.

perjurio 1 *m.* Juramento en falso. 2 Quebrantamiento del juramento hecho.

perla 1 *f.* Concreción brillante, dura y esférica que se forma en las ostras y que es muy apreciada en joyería. 2 FARM Píldora esférica con alguna sustancia medicinal o alimenticia. 3 Cosa muy especial en su clase.

perlocutivo, va *adj.* LING Dicho de un acto de habla, que se define en función del efecto que produce en el receptor: *Callarse cuando alguien pide silencio* es un acto de habla perlocutivo.

permafrost *m.* GEO Capa del suelo que siempre está congelada en las zonas polares.

permanecer *intr.* Mantenerse sin cambio en un mismo lugar, estado o cualidad.

permanencia 1 *f.* Perseverancia, estabilidad. 2 Estancia en un lugar o sitio.

permanganato *m.* QUÍM Sal formada por la combinación del ácido derivado del manganeso con una base. El de potasio se usa como desinfectante. Otros se utilizan como oxidantes, conservadores para madera y agentes blanqueadores.

permeabilidad 1 *f.* Cualidad de permeable. 2 GEO ~ **edáfica.**

permeable 1 *adj.* Que puede ser penetrado por el agua u otro fluido. 2 Que se deja influir por la opinión de los demás.

pérmico, ca *adj.* y *m.* GEO Se dice del último periodo del Paleozoico, posterior al Carbonífero, entre hace 280 y 225 millones de años, durante el cual todas las masas continentales se unieron en una sola (Pangea). Los invertebrados marinos prosperaron en los cálidos mares interiores y en tierra aparecieron los antecesores de los dinosaurios.

permisivo, va *adj.* Que manifiesta excesiva tolerancia.

permiso 1 *m.* Licencia o consentimiento para hacer o decir algo. 2 Autorización para cesar temporalmente en un trabajo, servicio u obligación.

permitir 1 *tr.* y *prnl.* Autorizar a alguien para que pueda hacer o decir algo. 2 No impedir algo, teniendo la posibilidad de hacerlo. 3 *tr.* Hacer posible alguna cosa. 4 *prnl.* Tener los medios o tomarse la libertad de hacer algo.

permuta *f.* Acción y efecto de permutar.

permutación 1 *f.* Acción y efecto de permutar. 2 MAT Cada una de las ordenaciones posibles de los elementos de un conjunto finito.

permutar 1 *tr.* Cambiar una cosa por otra sin que en ello entre dinero, a no ser el necesario para igualar el valor de las cosas cambiadas. 2 Variar la disposición de las cosas.

pernera *f.* Parte del pantalón que cubre cada pierna.

pernicioso, sa *adj.* Gravemente dañoso y perjudicial.

pernil *m.* Anca y muslo del animal, especialmente del cerdo.

perno *m.* Varilla metálica que sirve para afianzar, mediante tuerca, remache o pasador, piezas de gran volumen.

pernoctar *intr.* Pasar la noche fuera del propio domicilio.

pero[1] *m.* PERAL.

pero[2] 1 *conj. advers.* Expresa oposición o contradicción de un concepto a otro enunciado anteriormente; también lo limita o lo amplía: *No es muy ágil, pero se esfuerza mucho.* 2 Se emplea a principio de cláusula para dar énfasis a lo que se expresa: *Pero ¿vas a comerte todo eso?* 3 *m.* Defecto o dificultad: *Siempre pone algún pero a todo lo que se le pide.*

perogrullada *f.* Verdad que por sabida es tontería y simpleza decirla.

perol *m.* Vasija semiesférica de metal, que sirve para guisar.

peroné *m.* ANAT Hueso largo de la pierna, detrás de la tibia, con la cual se articula.

peronismo *m.* POLÍT Movimiento político argentino surgido en 1945 tras la subida al poder de Juan Domingo Perón.

perorata *f.* Discurso o razonamiento molesto e inoportuno.

peróxido *m.* QUÍM Compuesto químico de la serie de los óxidos, que es el que tiene la mayor cantidad posible de oxígeno. || ~ **de hidrógeno** QUÍM Líquido incoloro e inestable, soluble en el agua y en el alcohol, de múltiples aplicaciones, especialmente en medicina, y que se conoce también con el nombre de agua oxigenada.

perpendicular *adj.* GEOM Se dice de la línea o plano que forma ángulo recto con otra línea o con otro plano.

perpetrar *tr.* Cometer o consumar un delito o culpa grave.

perpetuar *tr.* y *prnl.* Hacer perpetuo algo.

perpetuidad *f.* Duración sin fin.

A B C D E F G H I J K L M N Ñ O P Q R S T U V W X Y Z

perpetuo, tua *adj.* Que dura siempre o un tiempo ilimitado.
perplejidad *f.* Irresolución, confusión, duda.
perra *f.* PERRO.
perrero, ra 1 *adj.* y *s.* Se dice del que es aficionado a tener o criar perros. 2 *m.* Empleado encargado de recoger los perros abandonados o sin licencia. 3 El que cuida perros. 4 *f.* Lugar o sitio donde se guardan o encierran los perros.
perro, rra *m.* y *f.* Cánido de tamaño, forma y pelaje muy diversos, según la raza. Es el animal doméstico más antiguo que se conoce, muy inteligente y con un marcado carácter social.
perruno, na *adj.* Relativo al perro.
persa *adj.* y *s.* De Persia, hoy Irán.
persecución 1 *f.* Acción de perseguir. 2 DEP Carrera ciclista en la que los corredores intentan eliminar la distancia que los separa partiendo de puntos opuestos.
perseguir 1 *tr.* Seguir al que huye con ánimo de alcanzarle. 2 Seguir a alguien por todas partes, importunándole. 3 Tratar de alcanzar algo con insistencia.
perseverar *intr.* Mantenerse constante en una actitud, opinión, propósito, etc.
persiana *f.* Especie de celosía formada de tablillas que permite graduar el paso de luz a las habitaciones.
persignar *tr.* y *prnl.* Hacer la señal de la cruz.
persistir 1 *intr.* Mantenerse firme o constante en algo. 2 Durar por largo tiempo.
persona 1 *f.* Individuo de la especie humana. 2 GRAM Accidente gramatical por el cual el verbo y el pronombre pueden variar para referirse a la persona que habla, a aquella a quien se habla o a la persona o cosa de la que se habla. || ~ **jurídica** DER Entidad que sin tener existencia individual física es, no obstante, capaz de derechos y obligaciones, como las corporaciones, asociaciones y fundaciones. ~ **natural** DER La persona como individuo, por contraposición a la jurídica. **primera** ~ GRAM La que habla de sí misma en el discurso: *Yo entiendo; nosotros entendemos.* **segunda** ~ GRAM Aquella a quien se dirige el discurso: *Tú entiendes/vos entendés; vosotros entendéis/ustedes entienden.* **tercera** ~ GRAM La que designa, en el discurso, lo que no es ni primera ni segunda persona: *Él entiende; ellos entienden/ustedes entienden.*
personaje 1 *m.* Persona importante o afamada. 2 Cada uno de los entes humanos, sobrenaturales o simbólicos, que toman parte en la acción de una obra literaria, película, etc.

personal 1 *adj.* Perteneciente o relativo a la persona. 2 De una o para una sola persona. 3 GRAM **forma no** ~; **forma** ~; **pronombre** ~. 4 INF **computador** ~. 5 *m.* Conjunto de personas que pertenecen a una institución o trabajan en una misma empresa.
personalidad 1 *f.* Conjunto de cualidades que constituyen a la persona. 2 Persona que se destaca en una actividad.
personalismo *m.* Tendencia a subordinar el interés común a propósitos personales.
personalizar 1 *tr.* Referirse a alguien determinado. 2 Incurrir en personalismo, favoritismo o egoísmo. 3 GRAM Usar como personales algunos verbos que generalmente son impersonales: *Anochecimos en Caracas.*
personería 1 *f.* Cargo o ministerio de personero. 2 Aptitud legal para intervenir en un negocio.
personero *m.* Procurador para entender o solicitar negocios ajenos.
personificar 1 *tr.* Atribuir cualidades propias de las personas a los animales o cosas. 2 Representar una persona un suceso, sistema, opinión, papel, etc.
perspectiva 1 *f.* Conjunto de objetos, especialmente los lejanos, que se presentan a la vista. 2 GEOM Representación en una superficie de los objetos, en la forma y disposición con que aparecen a la vista desde un punto determinado. 3 Forma favorable o desfavorable con que se enfocan las cosas que se prevén.
perspicacia *f.* Cualidad de perspicaz.
perspicaz *adj.* Se dice del ingenio agudo y sagaz y de quien lo tiene.
persuadir *tr.* y *prnl.* Convencer a alguien con razones para que haga o crea algo.
persuasión *f.* Acción y efecto de persuadir o persuadirse.
persuasivo, va *adj.* Que tiene capacidad de persuadir.
pertenecer 1 *intr.* Ser algo propiedad de alguien. 2 Ser una cosa parte integrante de otra. 3 Formar parte una persona de alguna sociedad o corporación.
pertenencia 1 *f.* Acción o derecho que alguien tiene a la propiedad de algo. 2 Espacio o término que toca a alguien por jurisdicción o propiedad. 3 MAT Propiedad del elemento que está contenido en un conjunto. Su símbolo es $\in$; si el elemento a pertenece al conjunto A, se escribe $a \in A$; y si el elemento a no pertenece al conjunto A, se escribe $a \notin A$. 4 *pl.* Efectos personales que son propiedad de alguien.
pértiga *f.* Vara larga.
pertinaz 1 *adj.* Obstinado, terco. 2 Duradero o persistente.
pertinente 1 *adj.* Perteneciente a algo. 2 Oportuno, adecuado.
pertrechar *tr.* Abastecer de pertrechos.
pertrecho *m.* Munición, arma, máquina, etc., necesarios para un ejército. • U. m. en pl.
perturbación 1 *f.* Acción y efecto de perturbar o perturbarse. 2 TELEC INTERFERENCIA. || ~ **atmosférica** GEO Alteración del estado de la atmósfera al paso de una depresión.
perturbado, da *adj.* y *s.* Que tiene trastornadas las facultades mentales.
perturbar 1 *tr.* y *prnl.* Trastornar el orden de las cosas. 2 Producir inquietud o intranquilidad a alguien. 3 *prnl.* Perder el juicio.
perversidad *f.* Suma maldad.
perversión *f.* Acción y efecto de pervertir o pervertirse.

perverso, sa *adj.* y *s.* Que intencionalmente causa daño.

pervertir 1 *tr.* y *prnl.* Dañar con malas doctrinas o ejemplos las costumbres, la fe, el gusto, etc. 2 *tr.* Perturbar el orden de las cosas.

pervivir *intr.* Seguir viviendo, durar.

pesa 1 *f.* Pieza de determinado peso que sirve para comprobar y medir el que tienen otras. 2 *pl.* DEP Pieza muy pesada que se emplea en halterofilia o para hacer gimnasia.

pesadez 1 *f.* Cualidad de pesado. 2 Terquedad, impertinencia. 3 Molestia, fatiga.

pesadilla *f.* Sueño angustioso y tenaz.

pesado, da 1 *adj.* Que pesa mucho. 2 Se dice del sueño profundo. 3 Molesto, impertinente. 4 Aburrido, que no despierta interés. 5 Que es difícil de soportar.

pesadumbre *f.* Congoja, pesar, desazón.

pésame *m.* Manifestación de condolencia hacia alguien por el fallecimiento de algún pariente.

pesar[1] 1 *m.* Sentimiento o dolor que aflige el ánimo. 2 Arrepentimiento por algo dicho o por alguna cosa mal hecha.

pesar[2] 1 *intr.* Tener peso o un peso determinado. 2 Tener mucho peso. 3 Tener importancia. 4 *tr.* Determinar el peso de alguien o algo.

pesca 1 *f.* Acción y efecto de pescar. 2 Oficio de pescar. 3 Lo que se pesca o se ha pescado.

pescadería *f.* Puesto o tienda donde se vende pescado.

pescado *m.* Pez comestible sacado del agua.

pescador, ra 1 *adj.* y *s.* Que pesca. 2 *m.* y *f.* Persona que pesca por oficio o por afición.

pescante *m.* En los carruajes, asiento exterior desde donde el cochero gobierna el vehículo.

pescar 1 *tr.* Sacar del agua peces u otros animales acuáticos mediante cualquier procedimiento. 2 **caña** de ~. 3 Sacar algo del fondo del mar, de un río, o de un líquido. 4 Sorprender a alguien en una falta o error. 5 Coger, agarrar o tomar algo.

pescuezo *m.* Parte del cuerpo que va desde la nuca hasta el tronco.

pesebre 1 *m.* Especie de cajón donde comen los animales. 2 Sitio destinado para este fin. 3 BELÉN.

pesebrera *f.* En las caballerizas, conjunto de pesebres.

pesimismo *m.* Propensión a ver las cosas en su aspecto más desfavorable.

pésimo, ma *adj.* Sumamente malo.

pesista *m.* y *f.* Deportista que practica el levantamiento de pesas.

peso 1 *m.* Fuerza con que un cuerpo es atraído por la Tierra. 2 El de la pesa o conjunto de pesas que se necesitan para equilibrar en la balanza un cuerpo determinado. 3 Entidad e importancia de algo. 4 FÍS Resultante de todas las acciones de la gravedad sobre las moléculas de un cuerpo, en virtud de la cual ejerce mayor o menor presión sobre la superficie en que se apoya. || ~ **bruto** El de un recipiente y su contenido. ~ **neto** El de un cuerpo o una sustancia sin el del envase que lo contiene.

pespunte *m.* Costura con puntadas que se hacen volviendo la aguja hacia atrás para meter la hebra en el mismo sitio por donde pasó antes.

pesquería 1 *f.* Acción de pescar. 2 PESCADERÍA.

pesquero, ra 1 *adj.* Relativo a la pesca. 2 *m.* Barco de pesca.

pesquisa *f.* Indagación que se hace de algo para averiguarlo.

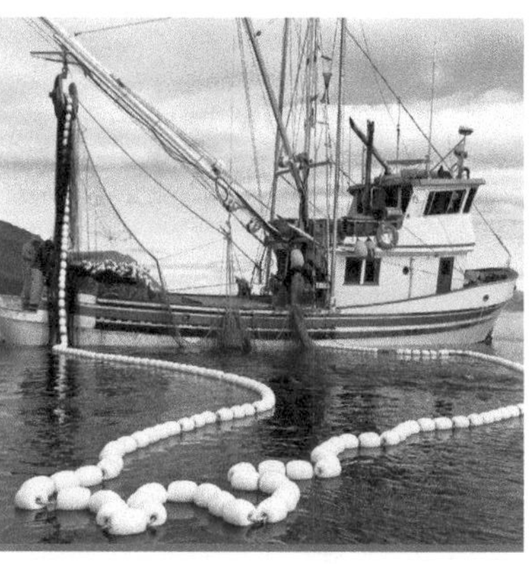

pestaña 1 *f.* Cada uno de los pelos del borde de los párpados. 2 Parte saliente y angosta en el borde de una cosa.

pestañear *intr.* PARPADEAR, abrir y cerrar repetidamente los párpados.

peste 1 *f.* MED Enfermedad contagiosa y grave que causa gran mortandad en los hombres o en los animales. 2 MED Por extensión, cualquier enfermedad que causa gran mortandad. 3 Mal olor. 4 *coloq.* Toda persona o cosa nociva o que puede ocasionar daño grave. || ~ **bubónica** o **negra** HIST y MED Epidemia trasmitida por la rata negra y su pulga parásita que devastó Europa a mediados del s. XIV. Desapareció hacia 1670. En conjunto (Asia y Europa), sus víctimas se han estimado en 50-60 millones de personas.

pesticida *adj.* y *m.* PLAGUICIDA.

pestilencia *f.* Mal olor.

pestillo 1 *m.* Pasador con que se asegura una puerta o ventana. 2 Pieza de la cerradura que por la acción de la llave entra en el hueco del marco.

pesuño *m.* ZOOL Formación córnea que recubre las extremidades de los dedos en los perisodáctilos y artiodáctilos.

petaca *f.* Arca de cuero, madera o mimbres, generalmente con cubierta de piel.

pétalo *m.* BOT Cada una de las piezas que forman la corola de la flor. Atraen a los polinizadores, tanto por el color como por el olor segregado.

petardo 1 *m.* Tubo que, lleno de pólvora, provoca detonaciones. 2 En el juego del tejo, bolsita de papel con pólvora para que explote al caer el tejo encima.

petate 1 *m.* Esterilla de palma o juncos. 2 Lío de ropa de cama y de uso personal de un soldado, marino, etc.

petición 1 *f.* Acción de pedir. 2 Palabras con que se pide. 3 DER **derecho** de ~.

petimetre, tra *m.* y *f.* Presumido, afectado, lechuguino.

petirrojo *m.* pechirrojo.

petitorio, ria *adj.* Relativo a la petición.

peto 1 *m.* Parte de una prenda que cubre el pecho. 2 MANDIL.

petrel *m.* Ave palmípeda, muy voladora, que anida en grandes grupos entre las rocas.

pétreo, a *adj.* De piedra o semejante a esta.

petrificar 1 *tr.* y *prnl.* Endurecer una cosa de tal manera que parezca de piedra. 2 *tr.* Dejar a alguien inmóvil de asombro.

A B C D E F G H I J K L M N Ñ O P Q R S T U V W X Y Z

petrodólar *m.* ECON Unidad monetaria para cuantificar las reservas de divisas de países productores de petróleo.
petroglifo *m.* Grabado rupestre, propio de pueblos prehistóricos.
petrografía *f.* GEO Descripción y clasificación de las rocas.
petróleo *m.* GEO Aceite mineral natural de color generalmente pardo o negro, inflamable, constituido por una mezcla de hidrocarburos.
☐ GEO El petróleo se origina por la descomposición de sustancias orgánicas en una degradación provocada por bacterias aerobias, primero, y anaerobias, posteriormente. Se encuentra en el subsuelo, en zonas de origen sedimentario donde la materia orgánica fue cubriéndose de sedimentos. Generalmente, el yacimiento se sitúa entre una capa superior de hidrocarburos gaseosos y una inferior de agua salada. El proceso de obtención del petróleo consta de la prospección, la perforación, el proceso industrial, o refino, y el transporte y la comercialización.
petrolero, ra 1 *adj.* Relativo al petróleo. 2 *m.* Buque destinado al transporte de petróleo.
petrolífero, ra *adj.* GEO Que produce o contiene petróleo.
petroquímico, ca 1 *adj.* Relativo a los productos sintéticos obtenidos del petróleo. 2 *f.* QUÍM Disciplina que estudia la obtención de productos sintéticos a partir del petróleo.
petulancia *f.* Presunción, descaro.
petunia *f.* Planta solanácea herbácea de hojas aovadas y flores grandes de diversos colores.
peyorativo, va *adj.* Que expresa una idea desfavorable o censurable.
peyote *m.* Tipo de cactus del que se extrae la mezcalina, una droga que actúa como alucinógeno.
pez[1] *m.* ZOOL Animal vertebrado acuático de respiración branquial cuyas extremidades, cuando existen, toman la forma de aleta.
☐ ZOOL Los peces engloban a los vertebrados carentes de mandíbulas, como la lamprea; a los vertebrados acuáticos cartilaginosos, como el tiburón y la raya; a los pulmonados y a los peces óseos. La piel está comúnmente protegida por escamas y en general el cuerpo es moderadamente aplanado en los lados y afilado en las zonas de la cola y la cabeza. Tienen una serie de aletas que actúan como medio de propulsión. Su forma de reproducción es ovípara, en la mayoría de las especies.

pez[2] *f.* Sustancia resinosa de color pardo, residual de la trementina.
pezón *m.* Parte central y más prominente de las mamas.
pezonera *f.* Aparato para succionar la leche de los pechos de las madres lactantes.
pezuña *f.* ZOOL Extremo de la pata de los perisodáctilos y artiodáctilos, formado por el conjunto de los pesuños.
pH *m.* QUÍM Sigla de potencial hidrógeno. Indica el carácter ácido (pH < 7), neutro (pH = 7) o básico (pH > 7) de una disolución.
pi 1 *f.* Decimosexta letra del alfabeto griego (Π, π). 2 MAT Número trascendente, de símbolo π, cuyo valor se aproxima a 3,1416. Equivale a la relación entre la circunferencia y su diámetro correspondiente.
piadoso, sa 1 *adj.* Religioso, devoto. 2 Inclinado a la piedad y a la conmiseración. 3 Que mueve a compasión o piedad.
piafar *intr.* Dar patadas el caballo, rascando el suelo.
piamadre *f.* ANAT Membrana muy rica en vasos que envuelve el cerebro y la médula.
piano 1 *m.* MÚS Instrumento de cuerdas percutidas mediante macillos accionados por teclas que permiten modificar el volumen según se pulsen fuerte o débilmente. 2 *adv. m.* MÚS Con sonido suave y poco intenso.
pianola 1 *f.* MÚS Piano que puede tocarse mediante pedales o por medio de una corriente eléctrica. 2 MÚS Aparato que se integra al piano y sirve para ejecutar las piezas mecánicamente.
piar *intr.* Emitir algunas aves su sonido característico, representado por la onomatopeya *pío, pío*.
piara *f.* Manada de cerdos, llamas, asnos, etc.
pibe, ba *m.* y *f.* Niño, chiquillo.
pica 1 *f.* Lanza larga, formada por un asta que termina en un hierro pequeño y agudo. 2 PICO, barra de hierro. 3 PIQUETA.
picacho *m.* Punta aguda de algunos montes y riscos.
picada 1 *f.* Acción y efecto de picar un ave, un reptil, un insecto, etc. 2 Punzada, dolor pasajero. 3 PICADILLO. 4 PICADO, descenso rápido de un avión.
picadero *m.* Lugar donde se adiestran los caballos y se aprende a montar.
picadillo *m.* Plato compuesto por diversos ingredientes muy troceados.
picado, da 1 *adj.* Se dice de lo que tiene en su superficie pequeños agujeros. 2 Se dice del vino que comienza a avinagrarse. 3 Resentido, ofendido. 4 *m.* Acción y efecto de picar. 5 Descenso rápido y casi vertical de un avión. 6 PICADILLO.
picador, ra 1 *m.* y *f.* Persona que doma y adiestra caballos. 2 Torero de a caballo. 3 *f.* Máquina provista de cuchillas que se usa para picar o trocear.
picadura 1 *f.* PICADA, acción y efecto de picar. 2 Señal que deja. 3 Tabaco picado para fumar. 4 Principio de caries en la dentadura.
picaflor *m.* COLIBRÍ.
picante 1 *adj.* Que pica. 2 De carácter obsceno, pero que resulta gracioso. 3 *m.* Salsa o guiso con chile. 4 Sabor que pica al paladar. 5 Mordacidad en el hablar.
picaporte *m.* Manija para cerrar puertas y ventanas.
picar 1 *tr.* Dividir algo en trozos muy pequeños. 2 Tomar las aves la comida con el pico. 3 Morder el pez el cebo puesto en el anzuelo. 4 Agujerear papel o tela haciendo dibujos. 5 Punzar o morder las aves, los insectos y ciertos reptiles. 6 Experimentar escozor alguna parte del cuerpo. 7 *tr.* e *intr.* Enardecer el paladar la pimienta, el chile, etc. 8 Excitar, estimular. 9 *tr.* y *prnl.* Herir leve y superficialmente

con un instrumento punzante. 10 PINCHAR, punzar. 11 Corroer un metal por efecto de la oxidación. 12 *intr.* Tomar una ligera porción de un comestible. 13 Calentar mucho el sol. 14 Comer de diversas cosas y en pequeñas porciones. 15 *prnl.* Dañarse una comida o bebida. 16 Agitarse la superficie del mar formando olas pequeñas a impulso del viento. 17 Preciarse de alguna cualidad o habilidad. 18 Cariarse un diente, una muela, etc.

picardía 1 *f.* Cualidad de pícaro. 2 Travesura, burla inocente.

picaresco, ca 1 *adj.* Perteneciente o relativo a los pícaros. 2 *adj.* y *f.* LIT Se dice del género narrativo del Siglo de Oro español en que se relata la vida de un pícaro como asunto central, como el *Lazarillo de Tormes* (anónimo, 1553).

pícaro, ra 1 *adj.* y *s.* Astuto, taimado, pillo. 2 *m.* y *f.* Persona descarada y traviesa.

picazón *f.* Molestia que causa una cosa que pica en alguna parte del cuerpo.

picea *f.* Árbol parecido al abeto pero de hojas puntiagudas y piñas más delgadas.

pícher *m.* DEP LANZADOR.

pichón *m.* Pollo de cualquier ave, excepto de la gallina.

pícnic *m.* PIQUETE, merienda campestre.

pico 1 *m.* Barra de hierro terminada en punta por ambos extremos, con un ojo en el centro para enastarla en un mango. Se usa para cavar, remover tierras duras y desbastar la piedra. 2 Parte puntiaguda que sobresale en la superficie o en el borde de alguna cosa. 3 Punta acanalada de algunas vasijas para verter el líquido que contienen. 4 Parte pequeña en que una cantidad excede a un número redondo. 5 Intensidad máxima en desarrollo de una actividad o de un fenómeno. 6 Cúspide aguda de una montaña. 7 ZOOL Parte de la cabeza de las aves que comprende las mandíbulas y su recubrimiento córneo, que les sirve para tomar el alimento y como arma de ataque y defensa. 8 Cualquier prolongación semejante en la cabeza de otros animales.

picor 1 *m.* Escozor en el paladar por haber comido algo picante. 2 PICAZÓN.

picota *f.* Columna donde se exponían las cabezas de los ajusticiados y a los reos a la vergüenza pública.

picotear *tr.* Golpear o herir las aves con el pico.

picozapato *m.* Ave africana parecida a la cigüeña, de color gris y un peculiar pico abultado que utiliza para pescar en el lodo.

pictografía *f.* Escritura ideográfica que consiste en representar los objetos mediante dibujos.

pictograma *m.* Signo de la escritura de figuras o símbolos, ideograma.

pictórico, ca *adj.* Relativo a la pintura.

picto *adj.* y *s.* HIST De un pueblo que habitó el centro-norte de Escocia, a partir del año 1000 a.C., y el norte de Irlanda, a partir del año 200. • U. t. c. s. pl.

pidgin (Voz ingl.) *m.* LING Dicho de una lengua, que se forma a partir de elementos provenientes de diferentes lenguas y que surge especialmente para posibilitar la comunicación en enclaves comerciales donde hay multilingüismo.

pie 1 *m.* ANAT Extremidad del miembro inferior que sirve para sostener el cuerpo y andar. 2 ZOOL Parte análoga en muchos animales. 3 ZOOL En los moluscos, porción del tronco con función locomotora. 4 Parte de los zapatos, medias, etc., que cubre esa extremidad. 5 BOT Tallo o tronco de las plantas. 6 Causa de algo. 7 Comentario breve que se pone debajo de un grabado, fotografía, etc. 8 Medida de longitud equivalente a aprox. 30 cm. 9 Conjunto

de dos, tres o más sílabas, de las que se compone y con que se mide un verso. 10 GEOM En una línea trazada desde un punto hacia una recta o un plano, punto en que la línea corta a la recta o al plano. || ~ **ambulacral** ZOOL AMBULACRO. ~ **de fuerza** Tropas de un país.

piedad 1 *f.* Compasión ante una persona que sufre. 2 Devoción dedicada a las cosas sagradas. 3 ART Representación de la Virgen con el cuerpo muerto de Cristo recostado en su regazo.

piedemonte *m.* GEO Llanura formada al pie de un sistema montañoso por acumulación de materiales de erosión.

piedra 1 *f.* GEO Sustancia mineral dura y compacta que constituye las rocas. 2 Porción de esta materia desprendida o extraída de una roca. 3 Aleación de hierro y cerio que se emplea para producir chispa. 4 HIST **edad de ~**. || ~ **angular** 1 ARQ La que en los edificios hace esquina juntando y sosteniendo dos paredes. 2 Fundamento de algo no material. ~ **filosofal** La materia con que los alquimistas pretendían hacer oro artificialmente. ~ **litográfica** Mármol arcilloso en cuya superficie se dibuja o graba lo que se quiere estampar. ~ **pómez** GEO La volcánica, esponjosa y textura fibrosa; se usa para limpiar, desgastar y bruñir. ~ **preciosa** La que es fina, dura, por lo común translúcida, y que tallada se emplea en joyería.

piel 1 *f.* ANAT Tegumento externo que protege y cubre la superficie del cuerpo y se une con las membranas mucosas de los canales corporales. 2 Cuero curtido. 3 BOT Epicarpio de ciertos frutos.

□ ANAT La piel forma una barrera protectora contra la acción de agentes externos y contiene los órganos del sentido del **tacto**. Está formada por la epidermis, capa externa de varias células de grosor, que constantemente son eliminadas y sustituidas; y la dermis, capa interna formada por una red de colágeno y de fibras elásticas, capilares sanguíneos, nervios, lóbulos grasos y la base de los folículos pilosos y de las glándulas sudoríparas.

piélago *m.* GEO Parte del mar que dista mucho de tierra.

pienso *m.* Porción de alimento seco que se da al ganado.

pierna 1 *f.* ANAT En las personas, parte de las extremidades inferiores conformada por el muslo y la pierna propiamente dicha (entre la rodilla y el pie). 2 ZOOL En los cuadrúpedos y aves, muslo.

pietismo *m.* REL Movimiento religioso protestante que opone al rigor intelectual y formal del luteranismo y del calvinismo un sentimiento más sincero y emocional.

pieza 1 *f.* Cada parte o cada elemento de un todo. 2 Alhaja, utensilio o mueble trabajados con arte. 3 Cada unidad de una serie de elementos del mismo género. 4 Habitación de una vivienda. 5 Animal capturado o pescado. 6 MÚS Composición suelta vocal o instrumental.

pífano 1 *m.* MÚS Flautín de tono muy agudo. 2 *m.* y *f.* Persona que toca este instrumento.

pifia *f.* Dicho o hecho desacertado.

pifiar *intr.* y *prnl.* Cometer una pifia.

pigargo *m.* Ave falconiforme corpulenta de color pardo.

pigmentar 1 *tr.* Dar color a algo. 2 *tr.* y *prnl.* MED Producir coloración anormal en la piel y otros tejidos.

pigmento 1 *m.* Sustancia extraída de algunas plantas o piedras que se usa como colorante. 2 BIOL Materia colorante que se encuentra en el protoplasma de muchas células vegetales y animales. 3 QUÍM Compuesto insoluble en agua y en aceite, generalmente coloreado, que se usa en la fabricación de pinturas.

pigmeo, a *adj.* y *s.* Se dice de ciertos grupos humanos distribuidos por África central y SE de Asia que se caracterizan por la baja estatura de sus miembros (1,30-1,50 m) y por su economía cazadora y recolectora.

pignorar *tr.* Dejar en prenda, empeñar.

pijama *m.* PIYAMA.

pijao *adj.* y *s.* HIST De un pueblo amerindio que habitaba en el centro de la actual Colombia a la llegada de los españoles, a los que enfrentaron. Se dispersaron y extinguieron a la muerte del cacique Calarcá (h. 1605). • U. t. c. s. pl.

pila[1] 1 *f.* Conjunto de cosas superpuestas. 2 Montón, gran cantidad.

pila[2] 1 *f.* Recipiente hondo donde cae o se acumula agua. 2 ELECTR ACUMULADOR.

pilar[1] *m.* ARQ Elemento vertical de soporte o que se injiere en una pared para fortalecerla.

pilar[2] *tr.* Descascarar los granos en el pilón.

pilastra *f.* ARQ Pilar adosado a un muro.

pilates *m.* Tipo de gimnasia que se basa en el estiramiento de los músculos, para fortalecerlos, y técnicas de respiración y relajación.

píldora *f.* FARM Pastilla que contiene uno o varios medicamentos con un excipiente y que se administra por vía oral. || ~ **anticonceptiva** FARM Medicamento que evita el embarazo.

pileta 1 *f.* Pila pequeña. 2 Pila de cocina o de lavar. 3 Pila[2] de piedra.

pilífero, ra 1 *adj.* BIOL Que tiene pelos. 2 BOT **zona ~**.

pillaje 1 *m.* Hurto, latrocinio. 2 Saqueo hecho por los soldados en país enemigo.

pillar 1 *tr.* Hurtar, robar. 2 Coger, agarrar. 3 Sorprender a alguien en determinada situación.

pillería *f.* Acción propia de un pillo.

pillo, lla 1 *adj.* y *s.* Pícaro, travieso. 2 Sagaz, astuto. 3 RATERO.

pilón *m.* Mortero para majar granos u otras cosas.

píloro *m.* ANAT Orificio de comunicación entre el estómago y el duodeno.

piloso, sa 1 *adj.* Relativo al pelo. 2 ANAT **folículos ~s.**

pilotaje 1 *m.* Acción de pilotar. 2 Técnica y oficio del piloto.

pilotar *tr.* Dirigir o maniobrar cualquier vehículo, como un automóvil, avión, buque, etc.

pilote *m.* Pieza rígida y larga que se hinca en tierra para consolidar los cimientos.

pilotear *tr.* PILOTAR.

piloto *m.* y *f.* Persona que pilota un vehículo. || ~ **automático** Equipo electrónico que, en una aeronave, suministra señales para mantenerla automáticamente en una determinada ruta.

piltrafa 1 *f.* Desechos de algunas cosas. 2 Persona de poca consistencia física o moral.

pimentero 1 *m.* Planta arbustiva de hojas pecioladas, flores en espiga y fruto en baya (pimienta). 2 Vasija en que se pone la pimienta molida.

pimentón 1 *m.* Planta solanácea de hojas lanceoladas, flores blancas y fruto en baya hueca. 2 Fruto de esta planta, muy usado como alimento. 3 Condimento que se obtiene moliendo pimentones encarnados secos.

pimienta *f.* Fruto del pimentero. Es una baya redonda, rojiza, picante y aromática; cuando está seca, toma color pardo o negruzco. Se usa como condimento.

pimiento *m.* PIMENTÓN, planta solanácea y también su fruto.

pimpinela *f.* Planta herbácea de casi 1 m de alto, hojas pinnadas alternas, flores terminales en espigas apretadas y fruto con semillas sin albumen.

pimpollo 1 *m.* Niño o niña que se distingue por su belleza. 2 Capullo de rosa.

pimpón *m.* DEP TENIS de mesa.

pin 1 *m.* VÁSTAGO de reducidas dimensiones. 2 Terminal de un cable eléctrico que se introduce en el enchufe para establecer una conexión.

pinacoteca *f.* Galería o museo de pinturas.

pináculo 1 *m.* Remate superior de un edificio o un templo. 2 Momento más destacado de una ciencia, arte, u otra cosa inmaterial.

pinar *m.* Bosque de pinos.

pincel *m.* Instrumento para pintar que consiste en un mango con pelos sujetos en un extremo.

pincelada 1 *f.* Trazo dado con el pincel. 2 Expresión breve de una idea.

pinchar 1 *tr.* y *prnl.* Punzar, herir con algo agudo. 2 *intr.* Referido a los ocupantes de un vehículo, sufrir un pinchazo una rueda.

pinchazo 1 *m.* Acción y efecto de pinchar o pincharse. 2 Avería en un neumático, que le produce pérdida de aire.

pincho 1 *m.* Palito terminado en punta aguda. 2 Conjunto de pedazos de carne, aceitunas, etc., que se sirven ensartados en aquel.

pineal 1 *adj.* Que tiene forma de piña. 2 ANAT **glándula ~.**

pingüe *adj.* Abundante, copioso.

pingüino *m.* Ave de más 40 cm de largo, de lomo negro y pecho y vientre blancos. Vive en las costas circumpolares del hemisferio S. Es incapaz de volar, pero sus alas están muy bien adaptadas para el nado y el buceo.

pinnado, da *adj.* De forma de pluma.

pinnípedo *adj.* y *m.* ZOOL Se dice de los mamíferos marinos de cuerpo grueso, patas anteriores con membranas interdigitales y posteriores ensanchadas en forma de aletas, como las morsas y las focas. Conforman un orden.

pino *m.* Nombre de varias coníferas de hojas aciculares, inflorescencias masculinas productoras de polen y femeninas que lignifican al madurar.

pinta 1 *f.* Mancha pequeña en el plumaje, pelo o piel de los animales y en la masa de los minerales. 2 Adorno en forma de lunar o mota. 3 Aspecto o facha por donde se conoce la calidad de alguien o algo.

pintado, da 1 *adj.* Con pintas. 2 Con pintura. 3 Matizado de muchos colores.

pintalabio *m.* Barrita cosmética para colorear labios. • U. m. en pl.

pintar 1 *tr.* Cubrir con pintura una superficie. 2 ART Representar un objeto, una persona, un paisaje, etc., con las líneas y los colores convenientes. 3 Describir vivamente algo. 4 *intr.* Empezar a mostrarse la calidad de algo. 5 *intr.* y *prnl.* Empezar a tomar color y madurar ciertos frutos. 6 *prnl.* Darse colores y afeites en el rostro.

pintarrajar *tr.* y *prnl.* Pintar o dibujar sin arte una cosa.

pintón, na *adj.* Se dice de los frutos que van tomando color al madurar.

pintor, ra 1 *m.* y *f.* Persona que tiene por oficio pintar puertas, ventanas, paredes, etc. 2 Persona que se dedica al arte de la pintura.

pintoresco, ca *adj.* Se dice de los paisajes, personas, etc., peculiares y con cualidades pictóricas.

pintura 1 *f.* ART Arte y técnica de pintar. 2 ART Tabla, lámina o lienzo en que está pintado algo. 3 ART La misma obra pintada. 4 Mezcla de un pigmento y aglutinante que se usa para pintar. 5 Descripción viva y animada de personas o cosas. || ~ **a la aguada** ART AGUADA. ~ **al fresco** ART La que se hace en paredes y techos con colores disueltos en agua de cal y extendidos sobre una capa de estuco fresco. ~ **al óleo** ART La hecha con colores desleídos en aceite secante. ~ **al pastel** ART La hecha sobre papel áspero con lápices pastosos, en la que el color se difumina en distintas tonalidades. ~ **al temple** ART La hecha con colores preparados con líquidos glutinosos y calientes, como agua de cola, etc. ~ **rupestre** ART La prehistórica, que se encuentra en rocas o cavernas.

pínula *f.* Tablilla de ciertos instrumentos ópticos, provista de una pequeña abertura que sirve para dirigir visuales.

pinza 1 *f.* Cualquier instrumento, a modo de tenacilla, que sirve para agarrar cosas menudas. • U. m. en pl. 2 *f.* Pliegue de una tela terminado en punta. 3 ZOOL Último artejo de algunas patas de ciertos artrópodos, como el cangrejo, formado por dos piezas que pueden aproximarse entre sí y sirven como órganos prensores.

pinzón *m.* Pájaro de 15-20 cm de largo, nativo de Europa, cuyo canto es muy armonioso.

piña 1 *f.* ANANÁ. 2 BOT Infrutescencia de las coníferas compuesta de varias piezas leñosas, triangulares y delgadas, colocadas en forma de escama a lo largo de un eje común, y cada una con dos piñones.

piñata 1 *f.* Recipiente lleno de dulces que se cuelga en alto para jugar a romperlo con los ojos vendados y la ayuda de un palo. 2 Fiesta infantil.

piñón[1] 1 *m.* Semilla del pino contenida en la piña. 2 Su parte comestible.

piñón[2] *m.* Rueda del engranaje de una máquina.

pío[1] *m.* Voz que imita la del pollo de ciertas aves.

pío[2], a *adj.* Devoto, inclinado a la piedad y al culto de la religión.

piojo *m.* Insecto hematófago parásito de los mamíferos, de cuerpo aplanado, antenas cortas y boca chupadora con un potente aparato perforador.

piojoso, sa 1 *adj.* y *s.* Que tiene piojos. 2 Andrajoso, sucio.

piola 1 *f.* Cordel o hilo corto y delgado. 2 SOGA.

pionero, ra *m.* y *f.* Persona que abre camino en la exploración de nuevas tierras, en la investigación de una ciencia, etc.

piorrea *f.* MED Inflamación purulenta de las encías.

pipa[1] 1 *f.* Pepita de frutas. 2 Pepita del girasol.

pipa[2] 1 *f.* Utensilio para fumar tabaco, que consiste en un tubo terminado en una **cazoleta**. 2 Tonel para guardar o transportar líquidos.

pipeta *f.* Tubo de vidrio abierto por ambos extremos y ensanchado en su parte media; se utiliza para trasladar pequeñas porciones de líquido de un vaso a otro.

pipí *m.* ORINA.

pipil *adj.* y *s.* De un pueblo amerindio nahua asentado en Guatemala, El Salvador y Honduras, cerca de la costa pacífica o relacionado con este. • U. t. c. s. pl.

pique 1 *m.* Animadversión, antipatía. 2 Empeño en el logro de algo por amor propio o por rivalidad.

piqueta *f.* Herramienta de albañilería con mango y dos bocas opuestas, una plana y otra aguzada.

piquete 1 *m.* Merienda campestre. 2 Señal que deja una picadura. 3 Grupo pequeño de soldados.

pira *f.* Hoguera para quemar los cuerpos de los difuntos y las víctimas de los sacrificios.

piragua *f.* Embarcación larga y estrecha de remo o vela.

piragüismo *m.* DEP Deporte que consiste en navegar con canoas, kayaks o piraguas.

piramidal *adj.* De figura de pirámide.

pirámide 1 *f.* GEOM Poliedro cuya base es un polígono y cuyas caras son triángulos que se juntan en el vértice. 2 ARQ Monumento con esta forma, propio del antiguo Egipto y de la América precolombina. 3 Diagrama en forma de triángulo dividido en secciones paralelas horizontales o convergentes en el centro. || ~ **de población** Representación gráfica para explicar la distribución por sexo y edad de la población de un lugar, ciudad o Estado. Debe su nombre a que la distribución de la población más joven está en la base y a medida que aumenta la edad, disminuye la población, lo cual sugiere la forma de una pirámide. ~ **regular** GEOM La que tiene por base un polígono regular, siendo las demás caras triángulos isósceles iguales. ~ **trófica** ECOL Diagrama en cuya base o primer nivel están los datos correspondientes a los productores (bacterias, algas, plantas); en el segundo nivel, el de los consumidores primarios (herbívoros); en el tercer nivel, el de los consumidores secundarios o depredadores (carnívoros); y en el cuarto, el de los consumidores terciarios o predadores de depredadores. ~ **truncada** GEOM Porción de la pirámide, entre la base y un plano paralelo a ella, que corta la superficie piramidal.

piraña *f.* Pez tropical carnívoro, dulciacuícola, de cabeza roma y mandíbulas poderosas armadas de dientes triangulares afilados.

pirata 1 *adj.* Relativo a la piratería. 2 *m.* y *f.* Ladrón que recorre los mares para robar. 3 Persona que usurpa las ideas o el derecho ajeno. 4 *adj.* y *s.* Se dice de la edición ilegal de un libro, o de la copia no autorizada de una película, de una grabación musical, etc. || ~ **aéreo** Persona que, mediante amenazas, obliga a la tripulación de un avión a modificar su ruta.

piratear 1 *intr.* Ejercer la piratería. 2 Cometer acciones delictivas o contra la propiedad, como hacer ediciones sin permiso del autor o propietario, contrabando, etc.

piratería *f.* Oficio de pirata.

pirenaico, ca *adj.* y *s.* De los Pirineos.

pirita *f.* GEO Mineral de brillo metálico en cuya composición entra el azufre y el hierro. Se usa en la producción de ácido sulfúrico.

piroclasto *m.* GEO Material sólido fragmentado que arroja un volcán.

pirograbado *m.* Grabado en madera por medio de una punta de metal incandescente.

piromanía *f.* PSIC Tendencia patológica a la provocación de incendios.

pirómetro *m.* Instrumento para medir temperaturas muy elevadas.

piropo *m.* Halago, requiebro.

pirotecnia *f.* Arte de preparar explosivos y fuegos artificiales a base de pólvora.

pírrico, ca *adj.* Se dice del triunfo que cuesta grandes daños.

pirrol *m.* QUÍM Compuesto de carácter aromático que se extrae del alquitrán de hulla y se utiliza en la fabricación de productos farmacéuticos.

pirueta *f.* Cabriola, brinco.

pirulí *m.* Caramelo de forma cónica con un mango.

pisada 1 *f.* Acción de pisar. 2 Huella que deja el pie en el suelo.

pisapapeles *m.* Utensilio que se pone sobre los papeles para que no se muevan.

pisar 1 *tr.* Poner el pie sobre algo. 2 Apretar una cosa con los pies o con el pisón o la maza. 3 Cubrir en parte una cosa a otra. 4 Apretar con los dedos las cuerdas o las teclas de un instrumento musical. 5 En las aves, cubrir el macho a la hembra.

piscicultura *f.* Cría de peces para su comercialización o destinados a la repoblación.

pisciforme *adj.* De forma de pez.

piscina 1 *f.* Estanque destinado al baño, a la natación o a otros deportes acuáticos. 2 Estanque de jardín donde se tienen peces.

piscis *adj.* y *s.* Se dice de la persona nacida bajo el signo zodiacal Piscis, entre el 19 de febrero y el 20 de marzo.

pisco 1 *m.* Aguardiente de uva. 2 Individuo de poca importancia. 3 PAVO.

pisiforme *adj.* Que tiene figura de guisante.

piso 1 *m.* Pavimento, suelo. 2 Superficie inferior de una cosa; como la de las vasijas. 3 Cada uno de los niveles de un edificio. 4 APARTAMENTO. 5 Estrato, capa. || ~ **de vegetación** ECOL Estrato vegetal uniforme que recubre una sección altitudinal de un relieve. ~ **térmico** ECOL Estrato más o menos homogéneo, correspondiente a la estratificación altitudinal de la temperatura en determinada zona geográfica.

pisón *m.* Instrumento pesado y grueso, con mango, para apisonar tierra, piedras, etc.

pisotear *tr.* Pisar repetidamente y con fuerza algo.

pista 1 *f.* Huella o rastro que deja algo a su paso. 2 Indicio que conduce a la averiguación de algo. 3 Sitio destinado al baile, a la práctica de ciertos deportes o a un espectáculo. 4 Lugar destinado al despegue y aterrizaje de aviones.

pistacho 1 *m.* Árbol de hojas pinnadas, flores en espiga y fruto en drupa comestible. 2 Fruto de este árbol.

pistilo *m.* BOT Órganos femenino de la flor, ordinariamente dispuesto en su centro, que consta de ovario, estilo y estigma.

pistola 1 *f.* Arma de fuego corta que se puede usar con una sola mano. 2 Utensilio que proyecta pintura pulverizada.

pistolero, ra *m.* y *f.* Persona que, armada de pistola, realiza actos delictivos.

pistón 1 *m.* ÉMBOLO, pieza que comprime un fluido. 2 MÚS Émbolo de ciertos instrumentos de viento.

pita 1 *f.* Planta de pencas espinosas y de 1 m de largo, flores en ramilletes sobre un bohordo central, el cual se desarrolla cuando la planta tiene entre veinte y treinta años. 2 Fibra extraída de esta planta, de la que se hacen cuerdas, sacos o costales y otros objetos.

pitagórico, ca 1 *adj.* y *s.* Que sigue la escuela o filosofía de Pitágoras. 2 *adj.* Relativo a estas. || **propiedad** ~ GEOM TEOREMA de Pitágoras.

pitagorismo *m.* FIL Doctrina de Pitágoras que propugnaba la contemplación de la esencia de las cosas (los números) y el rechazo de sus apariencias perceptibles.

pitahaya *f.* Tipo de cactus trepador y de flores rojas o blancas. Su fruto es comestible.

pitanza *f.* Ración de comida que se distribuía a los pobres.

pitar 1 *intr.* Hacer sonar un pito o silbato. 2 *tr.* e *intr.* En los deportes, indicar el árbitro una falta.

pitecántropo *m.* Homínido de posición erguida y poca capacidad craneal que vivió hace 1,8 millones de años y perduró hasta hace unos 130 000 años. Algunos científicos no lo consideran antecesor directo del hombre moderno sino una rama lateral no continuada.

pitido *m.* Silbido muy agudo.

pitillo 1 *m.* CIGARRILLO. 2 PAJILLA para sorber líquidos.

pito 1 *m.* Instrumento que, soplándolo, produce un sonido agudo. 2 Cualquier cosa que produzca el mismo efecto por acción del aire. 3 BOCINA de los vehículos. 4 Cosa insignificante. 5 Garrapata muy común en las sabanas tropicales de América. Ataca al humano y produce una comezón insoportable.

pitón[1] *m.* Nombre común a diversos ofidios constrictores, no venenosos, de gran tamaño, que se caracterizan por tener rudimentos de miembros posteriores cerca del ano. Viven en las zonas tropicales de Asia y África.

pitón[2] 1 *m.* Cuerno que empieza a salir a ciertos animales. 2 Punta del cuerno del toro.

pitonisa *f.* Mujer que adivina el porvenir.

pituitario, ria 1 *adj.* ANAT Relativo a la hipófisis. 2 ANAT y FISIOL **membrana ~**.

pivotante 1 *adj.* Que funciona como pivote. 2 BOT **raíz ~**.

pivotar *intr.* Girar sobre un pivote.

pivote *m.* Extremo de una pieza donde se apoya o inserta otra, que puede quedar fija o de manera que una de ellas pueda girar u oscilar con facilidad respecto a la otra.

pixel (Tb. píxel) *m.* INF Cada uno de los puntos que forman la imagen en la pantalla o en la impresora de un computador.

piyama *f.* Conjunto de chaqueta y pantalón de tela fina, que se usa para dormir.

pizarra 1 *f.* GEO Roca metamórfica que se divide en láminas delgadas. 2 Trozo pulimentado de esta roca, en que se escribe con tiza o con el que se cubren tejados. 3 Cualquier tablero sobre el cual se puede escribir.

pizarrón *m.* PIZARRA, tablero.

pizca *f.* Porción minúscula de una cosa.

pizza (Voz it.) *f.* Especie de torta de harina de trigo, cocida al horno, aderezada con queso, anchoas, tomate, etc., y que se sirve caliente.

placa 1 *f.* Plancha rígida y poco gruesa. 2 La que, colocada en algún lugar público, sirve de guía o como recuerdo de una efeméride. 3 Insignia de policía. 4 MATRÍCULA de los vehículos. 5 RADIOGRAFÍA, imagen. 6 GEO Cada una de las grandes partes parcialmente rígidas de la litosfera que flotan sobre el manto y cuyas zonas de choque forman los cinturones de actividad volcánica, sísmica o tectónica. 7 GEO **tectónica** de ~s. 8 MED Manchas en la garganta, boca, etc., producidas por una dolencia. || ~ **bacteriana** MED Película, compuesta fundamentalmente de bacterias, que a causa de mala higiene se forma en la superficie de los dientes.

placebo *m.* MED Sustancia que, al carecer por sí misma de acción terapéutica, algún efecto benéfico produce en el enfermo.

placenta 1 *f.* ANAT y FISIOL Órgano a través del cual se realiza el intercambio de oxígeno y de sustancias nutritivas entre la madre y el feto durante la gestación. 2 BOT Parte vascular del fruto a la que están unidas las semillas.

placentario, ria 1 *adj.* De la placenta. 2 *adj.* y *m.* ZOOL Se dice de los mamíferos que se desarrollan en el útero de la madre con formación de una placenta; son la totalidad de ellos, excepto los monotremas y marsupiales.

placentero, ra *adj.* Agradable, apacible.

placer[1] 1 *m.* Banco de arena o piedra en el fondo del mar, llano y extenso. 2 Arenal donde se hallan partículas de oro.

placer[2] 1 *m.* Satisfacción del ánimo por la idea o la posesión de algo. 2 Sensación agradable. 3 Voluntad, consentimiento.

placer[3] *intr.* Agradar, contentar.

plácido, da 1 *adj.* Quieto, sosegado. 2 Grato, apacible.

plafón 1 *m.* Adorno central del techo de una habitación. 2 Lámina translúcida pegada al techo para disimular las bombillas. 3 ARQ Plano inferior del saliente de una cornisa.

plaga 1 *f.* Abundancia de algo nocivo o molesto. 2 Nombre genérico de varias enfermedades de las plantas. 3 Animal que causa daños en los cultivos.

plagar *tr.* y *prnl.* Llenar a alguien o algo de algo nocivo o no conveniente.

plagiar 1 *tr.* Copiar en lo sustancial obras ajenas, dándolas como propias. 2 Secuestrar a una persona para obtener un rescate.

plagio *m.* Acción y efecto de plagiar.

plaguicida *adj.* y *m.* Sustancia que combate las plagas de las plantas.

plan 1 *m.* Serie de cosas que alguien quiere hacer. 2 Método u orden con que se proyecta su realización. 3 Serie de materias, trabajos, etc., en que se divide una actividad. || ~ **de estudios** Conjunto de enseñanzas y prácticas que han de cursarse para cumplir un ciclo de estudios u obtener un título.

plana 1 *f.* Cada una de las dos caras de una hoja de papel. 2 PÁGINA. 3 Ejercicio para aprender a escribir. 4 LLANA.

planada *f.* LLANURA.

plancha 1 *f.* Lámina plana y delgada respecto a su tamaño. 2 Electrodoméstico con una lámina metálica en su parte inferior y un mango en la superior que, calentado, se usa para planchar la ropa.

planchar *tr.* Pasar la plancha caliente sobre la ropa para desarrugarla.

plancton *m.* ECOL Conjunto de diminutos organismos que flotan y son desplazados pasivamente en aguas saladas o dulces.

planeación *f.* Acción y efecto de planear o planificar.

planeador *m.* Aeroplano sin motor que vuela aprovechando las corrientes.

planear 1 *tr.* Trazar el plan o proyecto para realizar algo. 2 *intr.* Descender un avión en planeo. 3 Volar las aves con las alas extendidas sin moverlas.

planeta 1 *m.* ASTR Cuerpo celeste que gira alrededor de una estrella. 2 ASTR Cada uno de los ocho cuerpos celestes más importantes que orbitan alrededor del Sol; son: Mercurio, Venus, Tierra, Marte, Júpiter, Saturno, Neptuno y Urano. || ~ **enano** ASTR Aquel cuya masa no alcanza a ser suficientemente grande para mantenerse en una órbita estable, como Plutón y Ceres. ~ **inferior** o **interior** ASTR El que tiene una órbita menor que la de la Tierra y, por tanto, está más cerca del Sol. ~ **superior** o **exterior** ASTR El que tiene una órbita mayor que la de la Tierra y, por tanto, está más alejado del Sol.

planetario, ria 1 *adj.* ASTR Relativo a los planetas. 2 ASTR **espacio** ~. 3 *m.* ASTR Edificio que alberga instrumentos de proyección y pantallas en las que se exhiben imágenes celestes. || **sistema** ~ ASTR Conjunto formado por una estrella central y sus planetas, satélites, asteroides, cometas, etc.

planetoide *m.* ASTEROIDE.

planicie *f.* GEO Terreno llano y extenso.

planificación *f.* Acción y efecto de planificar.

planificar *f.* Trazar un plan o proyecto muy precisos de una acción, una obra, etc.

planilla 1 *f.* FORMULARIO. 2 NÓMINA, lista de nombres.

planimetría *f.* GEO Parte de la topografía que estudia la representación de la superficie terrestre sobre un plano.

planisferio *m.* GEO Plano en que se representa la esfera celeste o la terrestre.

plano, na 1 *adj.* Liso, sin relieve. 2 GEOM **geometría** ~. 3 *m.* Representación gráfica en una superficie plana de un terreno, un edificio, etc. 4 GEOM Superficie que puede contener una recta imaginaria en cualquier dirección. 5 CIN y TV Fragmento de una película tomado de una sola vez. || ~ **coordenado** GEOM Cada uno de los tres planos que se cortan en un punto y sirven para determinar la posición de los demás puntos del espacio por medio de las líneas coordenadas paralelas a sus intersecciones mutuas. ~ **de simetría** GEOM El que divide en dos mitades una figura o un cuerpo, de manera que cada mitad es la imagen especular de la otra. ~ **horizontal** GEOM Superficie plana que, a la vista, es paralela al horizonte. ~ **inclinado** GEOM 1 El que corta a otro plano horizontal. 2 Máquina simple constituida por una superficie plana, resistente, que forma ángulo agudo con el horizonte y por medio de la cual se facilita la elevación o el descenso de pesos y otras cosas. ~ **meridiano** GEOM El que pasa por el eje de revolución de un sólido o de una superficie. ~ **oblicuo** GEOM El que se encuentra con otro y hace con él ángulo que no es recto. **primer** ~ CIN y TV El que en una escena enfoca objetos y personas y los aísla del resto de elementos: Un primer plano centra la atención en el rostro y los hombros de un personaje. ~ **vertical** GEOM Superficie plana que, a la vista, es perpendicular a la vez al plano horizontal y al óptico.

planta 1 *f.* Parte del pie con que se pisa. 2 Parte del calzado correspondiente a esa parte. 3 BOT Organismo pluricelular, inmóvil, exclusivamente fotosintético. 4 Cada uno de los pisos o niveles de un edificio. 5 Instalación industrial o central energética. 6 ARQ Figura que forma sobre el terreno la sección horizontal de las paredes de un edificio. 7 Diseño de esta figura.

☐ Las células de las plantas contienen un protoplasma eucariótico encerrado en el interior de una pared celular compuesta en su mayoría por celulosa. Una planta típica está organizada en cinco tipos básicos de órganos: *raíces, tallos, hojas, flores y frutos con semillas.* El conjunto de todos los tipos de plantas conforma el reino Vegetal.

plantación 1 *f.* Acción de plantar. 2 Conjunto de lo plantado. 3 Cultivo extensivo de fines industriales.

plantar 1 *tr.* Meter en tierra una planta, un esqueje, una semilla, etc., para que arraigue. 2 Poblar de plantas un terreno. 3 *prnl.* Ponerse de pie firmemente en un lugar. 4 Mantenerse en una idea o actitud.

plantear *tr.* Exponer un tema, un problema, una duda, etc.

plantel *m.* Establecimiento en que se forman personas en una técnica, oficio, etc.

plantígrado, da *adj.* y *s.* ZOOL Se dice de los cuadrúpedos que al andar apoyan en el suelo toda la planta de los pies y las manos, como el oso.

plantilla 1 *f.* Pieza que interiormente cubre la planta del calzado. 2 Patrón sobre el que se cortan, dibujan o labran ciertas cosas. 3 NÓMINA.

plantío *m.* Terreno recientemente plantado.

plántula *f.* BOT Planta al poco tiempo de brotar de la semilla.

plañir *intr.* y *prnl.* Gemir y llorar, sollozando o clamando.

plaqueta *f.* BIOL Elemento de la sangre, que interviene en su coagulación.

plasma 1 *m.* BIOL Parte líquida de la sangre constituida por agua (90 %), nutrientes (glucosa, lípidos, proteínas, vitaminas, minerales) y los aminoácidos necesarios para la síntesis de proteínas. 2 BIOL Parte líquida de la linfa. 3 **pantalla** de ~. 4 FÍS Materia gaseosa fuertemente ionizada, similar a la que existe en el interior del Sol. Se considera el cuarto estado de la materia.

plasmar 1 *tr.* Dar forma concreta a algo inmaterial. 2 *tr.* y *prnl.* Manifestarse algo en la forma indicada.

plasmático, ca 1 *adj.* Relativo al plasma. 2 BIOL **membrana** celular o ~.

plasmodio *m.* BIOL Masa de citoplasma que contiene varios núcleos no separados por membranas.

plasmólisis *f.* BIOL Pérdida de volumen o agua de una célula sumergida en una solución de presión osmótica superior.

plasta *f.* Cualquier cosa blanda y aplastada.

plástica *f.* ART Disciplina artística que se expresa mediante la forma, como la pintura, la escultura y la arquitectura.

plasticidad *f.* Cualidad de algunos sólidos de cambiar de forma por presión, modelado, por la acción del calor, de una sustancia química, etc., y de conservar la nueva forma una vez suprimida la acción exterior.

plástico, ca 1 *adj.* Moldeable. 2 Relativo a la plástica. 3 *adj.* y *m.* Se dice de la materia que se caracteriza por ser fácilmente moldeable y por su plasticidad. Los plásticos sintéticos se aplican con ventaja como sustitutos de los materiales naturales en numerosos campos (construcción, transportes, electrónica, fibras textiles, etc.).

plastificar *tr.* Recubrir algo con una lámina de plástico.

plastilina *f.* Masa coloreada, compuesta básicamente de arcilla y glicerina, que se usa para modelar.

plasto *m.* BIOL Orgánulo de las células vegetales en el que se forma el almidón y se almacenan moléculas de grasa.

plata 1 *f.* QUÍM Elemento metálico, blanco, brillante, dúctil y maleable. Es el metal con mejor conducción eléctrica y térmica. Se utiliza en joyería, para la acuñación de monedas, el plateado de objetos, etc. Punto de fusión: 962 °C. Punto de ebullición: 2212 °C. Núm. atómico: 47. Símbolo: Ag. 2 Dinero, riqueza.

plataforma 1 *f.* Tablero horizontal elevado sobre el suelo donde se colocan personas o cosas. 2 Programa de un sindicato, un partido político, etc. 3 GEO Estructura terrestre en la que las capas sedimentarias tienen una pendiente muy ligera. || ~ **continental** GEO Zona marina de hasta 200 m que bordea los continentes y se extiende desde el límite de la bajamar hasta la plataforma submarina. ~ **de abrasión,** litoral o costera GEO Superficie rocosa y apenas sin pendiente, modelada por las olas y otros agentes abrasivos marinos, que pueden cubrirla ocasionalmente. ~ **submarina** GEO Conjunto de los fondos oceánicos de superficie casi horizontal.

plátano 1 *m.* Planta herbácea tropical, dicotiledónea, de hasta 4 m de altura, tallo rematado por grandes hojas ovales, flores dispuestas en grandes espigas y frutos largos (de entre 10 cm y 30 cm), blandos y de color amarillo cuando maduran, cáscara correosa y dispuestos en grandes racimos. 2 Fruto de esta planta, de la que hay muchas variedades. 3 Árbol de hasta 20 m de altura, tronco recto, hojas lobuladas, flores en cabezuela y frutos agrupados.

platea *f.* Espacio que ocupan las butacas de un teatro o cine.

plateado, da *adj.* De color parecido al de la plata.

platelminto *adj.* y *m.* ZOOL Se dice de los gusanos de cuerpo aplanado, aparato digestivo ciego y sin aparato circulatorio. Muchos de ellos son parásitos, como la tenia. Conforman un filo.

plateresco, ca 1 *adj.* y *m.* ARQ Se dice de un estilo del renacimiento español (s. XVI), caracterizado por la exuberancia ornamental. 2 ART Se dice del estilo empleado por los plateros españoles del s. XVI.

platería *f.* Arte de labrar la plata.

plática 1 *f.* CONVERSACIÓN. 2 Sermón breve y poco solemne.

platicar *tr.* e *intr.* Conversar unos con otros.

platillo 1 *m.* Pieza pequeña parecida a un plato. 2 Cada una de las dos piezas, generalmente en forma de plato, de una balanza. 3 PLATO, comida. 4 *pl.* MÚS Instrumento de percusión formado por dos discos metálicos que se golpean uno contra otro.

|| ~ **volador** Objeto volante al que se atribuye procedencia extraterrestre.

platina 1 *f.* Parte del microscopio en que se coloca el objeto que se observa. 2 Arandela de unión para tubos metálicos.

platino 1 *m.* QUÍM Elemento metálico, de color parecido al de la plata, muy pesado y maleable. Sus aleaciones tienen empleo en joyería y en la fabricación de instrumentos científicos. Punto de fusión: 1772 °C. Punto de ebullición: 3827 °C. Núm. atómico: 78. Símbolo: Pt. 2 *m.* Conjunto de piezas que establecen contacto en el ruptor del sistema de encendido de un motor de explosión. • U. m. en pl.

plato 1 *m.* Vasija panda y, generalmente, redonda, usada para servir los alimentos y comer en ella. 2 Comida que se sirve en ella. 3 Rueda dentada de la bicicleta que, unida a los pedales, se comunica mediante la cadena con los piñones de la rueda trasera.

plató *m.* CIN y TV Escenario acondicionado para filmar una película o realizar un programa.

platón *m.* Recipiente de gran tamaño y de diversos usos.

platónico, ca 1 *adj.* De Platón. 2 Idealista, romántico.

platonismo *m.* FIL Doctrina de Platón. Se basaba en la preponderancia de las ideas sobre los sentidos.

plausible 1 *adj.* Digno de aplauso. 2 Admisible, recomendable.

playa *f.* Ribera del mar, de un río o de un lago, formada de arenales de superficie casi plana.

playboy (Voz ingl.) *m.* Hombre generalmente atractivo que seduce a las mujeres con audacia. • pl.: *playboys.*

plaza 1 *f.* Lugar espacioso en una población donde suelen confluir varias calles. 2 Lugar donde se celebran ferias y mercados. 3 Espacio, sitio, lugar. 4 cupo, sitio determinado para persona o cosa. 5 puesto, espacio. 6 Población en que se hacen operaciones considerables de comercio al por mayor, y principalmente de giro. 7 Cualquier lugar fortificado. || ~ **de toros** En la que se lidian toros. ~ **mayor** La que constituye o constituyó el núcleo principal de la vida urbana en numerosos pueblos y ciudades.

plazo 1 *m.* Término o tiempo señalado para algo. 2 Cada parte de una cantidad pagadera en varias veces.

plazoleta *f.* Plaza pequeña situada en un jardín o una alameda.

pleamar 1 *f.* Estado más alto de la marea. 2 Tiempo que dura.

plebe 1 *f.* Clase social más baja. 2 HIST En la antigua Roma, parte de la población que no gozaba de todos los derechos ciudadanos.

plebeyo, ya *adj.* y *s.* De la plebe.

plebiscito *m.* POLÍT Resolución tomada por todo un pueblo mediante votación.

pleca *f.* En imprenta, filete pequeño y de una sola raya.

plectro *m.* MÚS Púa para puntear las cuerdas de ciertos instrumentos.

plegamiento *m.* GEO Deformación de la corteza terrestre por el que se levantan y pliegan los estratos sedimentarios dando lugar a relieves.

plegar 1 *tr.* y *prnl.* Hacer pliegues en una cosa. 2 *prnl.* Ceder, someterse.

plegaria *f.* Súplica humilde y ferviente.

pleistoceno *adj.* y *m.* GEO Se dice de la época del periodo cuaternario que abarcó desde hace 1,64 millones de años hasta hace unos 10 000 años y durante la cual tuvieron lugar varias fases glaciares y de la que datan los primeros restos fósiles humanos.

pleitear *tr.* DER **LITIGAR.**

pleitesía *f.* Rendimiento de cortesía.

pleito 1 *m.* Contienda, disputa, litigio. 2 Riña privada o doméstica.

plenaria *f.* Reunión o junta general de una corporación.

plenilunio *m.* Fase de luna llena.

plenipotenciario, ria *adj.* y *s.* Que tiene plenos poderes para tratar asuntos de Estado.

plenitud 1 *f.* Estado o calidad de pleno. 2 Apogeo.

pleno, na 1 *adj.* Completo, lleno. 2 *m.* **PLENARIA.**

pleonasmo *m.* GRAM Figura de construcción que busca mayor expresividad usando más palabras de las necesarias para la comprensión de la frase: *Lo escuché con estos oídos.*

plesiosaurio *m.* HIST Reptil prehistórico gigantesco similar al lagarto, con las extremidades en forma de aletas, del cual hoy solamente se hallan sus restos fósiles.

plétora *f.* Abundancia excesiva de algo.

pleura *f.* ANAT Cada una de las membranas que cubren las paredes de la cavidad torácica y los pulmones.

plexo *m.* ANAT Red formada por filamentos nerviosos y vasculares entrelazados. || ~ **solar** ANAT El que rodea la arteria aorta y procede del simpático y del nervio vago.

pléyade *f.* Grupo de personas destacadas en alguna actividad en una misma época.

pliego 1 *m.* Hoja grande de papel que se usa o vende sin doblar. 2 Documento que contiene las condiciones que se proponen o se aceptan en una negociación, una concesión gubernativa, etc.

pliegue 1 *m.* Doblez en una cosa flexible. 2 GEO **PLEGAMIENTO.**

plinto *m.* ARQ Base cuadrangular de una columna.

plioceno *adj.* y *m.* GEO Se dice de la época del periodo terciario que siguió al **mioceno**, que concluyó hace 1,64 millones de años; los continentes adquirieron su forma actual y el clima se hizo más frío y seco. Precedió al **pleistoceno.**

plisar *tr.* Hacer que una tela forme pliegues.

plomada 1 *f.* Pesa metálica que, colgada de una cuerda, sirve para señalar la vertical. 2 Conjunto de plomos de la red de pescar.

plomería *f.* **FONTANERÍA.**

plomero, ra *m.* y *f.* **FONTANERO.**

plomo 1 *m.* QUÍM Elemento metálico dúctil, muy tóxico y mal conductor del calor y la electricidad. Se usa en la fabricación de acumuladores; en soldadura, como blindaje de materiales radiactivos, etc. Punto de fusión: 328 °C. Punto de ebullición: 1740 °C. Núm. atómico: 82. Símbolo: Pb. 2 Bala de un arma de fuego.

plóter *m.* INF Periférico de impresión para trazar mapas, planos, etc.

pluma 1 *f.* ZOOL Cada una de las formaciones epidérmicas que recubren el cuerpo de las aves, compuesta por el eje, o estructura central, y las barbas, o ramificaciones laterales. 2 Pluma de ave usada como adorno o para escribir. 3 Instrumento de metal que, colocado en un mango, sirve para escribir. 4 Mástil de una grúa. || ~ **fuente** **ESTILÓGRAFO.**

plumaje *m.* Conjunto de plumas de un ave.

plumazo *m.* Trazo rápido y fuerte para tachar lo escrito.

plumero *m.* Mazo de plumas atadas a un mango, usado para quitar el polvo.

plumilla *f.* Pequeña pluma metálica para escribir.

plumón 1 *m.* Pluma muy delgada y suave que tienen las aves debajo del plumaje exterior. 2 Colchón relleno de esta pluma.

plural 1 *adj.* Múltiple, que se presenta en más de un aspecto. 2 *adj.* y *m.* GRAM Se dice del accidente gramatical llamado número cuando hace referencia a varias personas, animales o cosas, frente al singular, que se refiere solo a una. • En general, el plural se forma añadiendo los morfemas *s* y *es*: *Cuna/cunas; tótem/tótems; inglés/ingleses; sociedad/sociedades.* Cuando la palabra termina en *z* sin otra consonante que la preceda, se forma cambiando la *z* por *c* y añadiendo es: *Raíz/raíces.* Cuando termina en *s* o *x* y la palabra no es aguda, esta permanece invariable: *Páncreas; martes; tórax.*

pluralidad 1 *f.* Cualidad de ser más de uno. 2 Número grande de algunas cosas.

pluralismo *m.* Sistema que reconoce la pluralidad de doctrinas en materia política, social, cultural, etc.

pluralizar 1 *tr.* GRAM Dar número plural a palabras. 2 Atribuir algo que es peculiar de uno a dos o más sujetos.

pluricelular *adj.* BIOL Se dice del organismo formado por muchas células.

pluricultural *adj.* **MULTICULTURAL.**

pluriétnico, ca *adj.* **MULTIÉTNICO.**

pluripartidismo *m.* POLÍT Sistema parlamentario en que coexisten varios partidos.

pluscuamperfecto *adj.* y *m.* GRAM **pretérito ~.**

plusmarca *f.* DEP Mejor resultado o puntuación en una competencia deportiva, especialmente en el atletismo.

plusvalía *f.* ECON Diferencia entre el valor de la producción del trabajo y el salario del trabajador.

plutonio *m.* QUÍM Elemento radiactivo artificial que se usa como combustible nuclear y en la fabricación de armas nucleares. Punto de fusión: 641 °C. Punto de ebullición: 3232 °C. Núm. atómico: 94. Símbolo: Pu.

pluvial *adj.* Relativo a la lluvia.

pluviometría *f.* GEO Estudio meteorológico de la distribución de las lluvias según la geografía y las épocas del año.

pluviómetro *m.* Aparato para medir la lluvia que cae en lugar y tiempo determinados.

población 1 *f.* Acción y efecto de poblar. 2 Conjunto de personas que habitan la Tierra o un área geográfica. 3 Ciudad, pueblo, villa. 4 En estadística, conjunto de elementos u objetos, con características comunes, sometidos a un muestreo. 5 ECOL Conjunto de individuos de una misma especie que viven en un medio determinado. || ~ **activa** ECON La de un país ocupada en el proceso productivo y por cuyo trabajo recibe retribución. ~ **de riesgo** MED Conjunto de personas que son más propensas que otras a contraer una enfermedad determinada. ~ **flotante** La que no vive de manera permanente en un lugar.

poblado *m.* Población, ciudad, villa o lugar.

poblamiento *m.* Acción y efecto de poblar.

poblar 1 *tr.* e *intr.* Fundar uno o más pueblos. 2 *tr.* Ocupar con gente un sitio para que viva en este. 3 Ocupar con animales o árboles un determinado lugar.

pobre 1 *adj.* y *s.* Falto de lo necesario para vivir. 2 *adj.* Escaso, incompleto. 3 De poco valor. 4 Desdichado, triste.

pobreza 1 *f.* Falta, escasez. 2 Estado del que se carece de lo necesario para vivir. 3 ECON Situación de subdesarrollo de un país o territorio.

pocilga 1 *f.* Establo para cerdos. 2 Lugar sucio y hediondo.

pocillo *m.* Pequeña vasija con una sola asa.

pócima *f.* Bebida medicinal obtenida de materias vegetales.

poción *f.* Líquido que se bebe, especialmente el medicinal.

poco, ca 1 *adj.* Limitado en cantidad o calidad. 2 *adv. c.* En reducido número o cantidad, menos de lo necesario. 3 Denota corta duración: *Al poco llegaron.*

podadera *f.* Herramienta para podar.

podar *tr.* Cortar las ramas de las plantas.

podenco *m.* Perro de caza de tamaño mediano y pelo no muy largo.

poder[1] 1 *tr.* Tener la facultad o capacidad de hacer algo. 2 Tener facilidad, tiempo o lugar de hacer algo. 3 *intr.* Ser más fuerte que otro, ser capaz de vencerle. 4 *impers.* Ser posible que suceda algo: *Puede que llueva mañana.* 5 Ser lícito o estar permitido algo: *Se puede girar a la derecha.*

poder[2] 1 *m.* Facultad y jurisdicción que alguien tiene para mandar o ejecutar algo. 2 Fuerza, vigor, poderío. 3 Capacidad, posibilidad. 4 DER Documento en que consta la facultad que alguien da a otro para ejecutar algo en su representación. 5 Posesión actual o tenencia de algo. 6 Suprema potestad rectora y coactiva del Estado. || ~ **absoluto** POLÍT DESPOTISMO. ~ **adquisitivo** ECON Capacidad de un individuo o grupo social para adquirir bienes y servicios. ~ **ejecutivo** El que tiene a su cargo gobernar el Estado y hacer observar las leyes. ~ **judicial** El que ejerce la administración de justicia. ~ **legislativo** Aquel en el que reside la potestad de hacer y reformar las leyes.

poderío 1 *m.* Facultad de hacer o impedir algo. 2 Conjunto de bienes y riquezas. 3 Poder, dominio. 4 Potestad, jurisdicción.

poderoso, sa 1 *adj.* y *s.* Que tiene poder. 2 Muy rico.

podio 1 *m.* Tribuna de orador. 2 DEP Pedestal al que sube el triunfador o los triunfadores de una prueba deportiva.

podredumbre 1 *f.* Putrefacción de las cosas. 2 Cosa, o parte de esta, podrida. 3 Corrupción moral.

podrir *tr.* y *prnl.* PUDRIR.

poema *m.* LIT Obra en verso. || ~ **en prosa** LIT Subgénero al que pertenecen obras en prosa que expresan un contenido análogo al de un poema. ~ **sinfónico** MÚS Composición para orquesta desarrollada según una idea poética u obra literaria.

poemario *m.* LIT Conjunto o colección de poemas.

poesía 1 *f.* POEMA. 2 LIT Género literario cuyo fin es la expresión de la belleza o del sentimiento. 3 LIT Cada una de sus variedades: *Poesía lírica, épica, dramática, bucólica, religiosa, heroica, profana.* 4 LIT Arte de componer obras poéticas.

poeta *m.* y *f.* Persona que compone poesía y posee la técnica para hacerlo. En femenino se usa también poetisa.

poético, ca 1 *adj.* De la poesía o propio de esta. 2 Que participa de las cualidades de la idealidad, espiritualidad y belleza propias de la poesía. 3 *f.* LIT Conjunto de principios y reglas de la poesía.

poetisa *f.* Mujer que escribe poesías.

poetizar 1 *intr.* Componer obras poéticas. 2 *tr.* Darle a algo el encanto de la poesía.

pogromo *m.* Matanza y robo de gente indefensa por una multitud enfurecida.

pointer *adj.* y *s.* Se dice de una raza de perros de caza especializados en indicar la localización de la presa.

poiquilotermia *f.* ZOOL Incapacidad de regulación de la temperatura del cuerpo, por lo que esta varía de acuerdo con la temperatura ambiental.

poiquilotermo, ma *adj.* Se dice de los animales que tienen poiquilotermia.

polaina *f.* Prenda de paño o cuero que cubre desde el tobillo hasta la rodilla.

polar 1 *adj.* Relativo a los polos. 2 ASTR **círculo** ~. 3 GEO **aurora** ~; **casquete** ~; **círculo** ~; **frente** ~; **zona** ~ antártica; **zona** ~ ártica.

polaridad 1 *f.* FÍS Propiedad de los agentes físicos de acumularse en los polos de un cuerpo y de polarizarse.

2 Fís y Quím Tendencia de una molécula a ser atraída o repelida por cargas eléctricas.

polarizar 1 *tr.* y *prnl.* Orientar en dos direcciones opuestas. 2 Ópt Modificar los rayos luminosos por medio de refracción o reflexión, de manera que no puedan refractarse o reflejarse de nuevo en ciertas direcciones.

polca *f.* Folcl Danza y música bohemia de movimiento rápido.

pólder *m.* Terreno pantanoso ganado al mar, dedicado al cultivo.

polea *f.* Fís Rueda acanalada y móvil alrededor de un eje, que tiene una cuerda para transmitir movimiento; sirve para levantar y mover pesos.

polémico, ca 1 *adj.* Relativo a la polémica. 2 *f.* Controversia sobre cualquier materia.

polen *m.* Bot Conjunto de granos diminutos contenidos en las anteras de los estambres. Cada uno de ellos está constituido por dos células, una de las cuales, en el momento de la fecundación, da origen a dos células hijas, que son gametos masculinos.

poleo *m.* Planta dicotiledónea de hojas opuestas, corola dividida en dos partes y frutos secos.

poliamida *f.* Quím Polímero termoplástico que se usa en la fabricación de fibras sintéticas.

policarbonato *m.* Quím Resina plástica de gran resistencia y dureza mecánica.

polichinela *m.* Teat Personaje burlesco de las farsas.

policía 1 *f.* Organización y normas internas para mantener el orden en una colectividad. 2 Cuerpo o fuerza que vela por el cumplimiento de estas normas. 3 *m.* y *f.* Persona perteneciente a este cuerpo.

policiaco, ca (Tb. policíaco) 1 *adj.* Relativo a la policía. 2 Cin y Lit Se dice del cine y la literatura basados en la investigación de crímenes.

policial *adj.* Relativo a la policía.

policlínico, ca *m.* y *f.* Med Clínica con distintas especialidades médicas y quirúrgicas.

policromo, ma (Tb. polícromo) *adj.* De varios colores.

polideportivo, va *adj.* y *m.* Dep Se dice del lugar donde se practican varios deportes.

poliedro *m.* Geom Sólido limitado por polígonos planos llamados caras. || ~ **regular** Geom Aquel cuyas caras son polígonos regulares.

poliéster *m.* Quím Polímero sintético que se usa en la fabricación de fibras textiles, plásticos, pinturas, etc.

polietileno *m.* Quím Plástico obtenido por polimerización del etileno. Se usa para fabricar envases, tuberías, etc.

polifacético, ca 1 *adj.* Que ofrece varias facetas. 2 Que tiene múltiples aptitudes.

polifonía *f.* Mús Obra en que se combinan varias voces simultáneas e independientes.

poligamia 1 *f.* Forma de matrimonio en la que una persona tiene más de un compañero. 2 Estado o cualidad de polígamo.

polígamo, ma 1 *adj.* y *s.* Se dice de la persona que está casada a la vez con varias personas del otro sexo. 2 Zool Se dice del animal que se junta con varias hembras y de la especie a que pertenece.

políglota *m.* y *f.* **políglota**.

polígloto, ta (Tb. poligloto) 1 *adj.* Escrito en varias lenguas. 2 *adj.* y *s.* Se dice de la persona versada en varias lenguas.

poligonal *adj.* Geom Relativo al polígono o con forma de polígono.

polígono *m.* Geom Figura geométrica plana limitada por una línea cerrada formada por segmentos consecutivos no alineados. || ~ **de frecuencias** Mat Gráfico lineal obtenido al unir los puntos medios de las bases superiores de un diagrama de barras o de un histograma. ~ **regular** Geom Aquel cuyos lados y ángulos son iguales entre sí.

polígrafo 1 *m.* Autor que ha escrito sobre materias diferentes. 2 Aparato que registra gráficamente y de manera simultánea constantes fisiológicas como el pulso, la presión sanguínea, el ritmo cardiaco, etc.

polilla *f.* **mariposa** nocturna.

polimería *f.* Quím Propiedad de muchos cuerpos químicos de presentar diferente peso molecular.

polimerización *f.* Quím Proceso por el cual, mediante calor, luz o un catalizador, se unen varias moléculas de un compuesto, generalmente un monómero, para formar una cadena molecular de propiedades distintas.

polímero *m.* Quím Compuesto químico formado por polimerización.

polimorfismo 1 *m.* Cualidad de lo que puede presentarse bajo distintas formas. 2 Quím Propiedad de ciertos cuerpos de cambiar de forma sin variar su naturaleza.

polinesio, sia 1 *adj.* y *s.* De un grupo étnico que habita en Polinesia y parte de Micronesia. • U. t. c. s. pl. 2 *adj.* De Polinesia.

polinización *f.* Bot Transporte del polen desde la antera hasta el estigma, en las angiospermas, o directamente al óvulo, en las gimnospermas.

polinizar *tr.* Bot Efectuar la polinización.

polinomio *m.* Mat Expresión de varios términos algebraicos unidos por los signos más (+) o menos (−). || ~ **de una variable** Mat Aquel en el que aparece una sola variable o indeterminada. Se representa por $P(x)$. ~ **de varias variables** Mat Suma algebraica de monomios de la forma *axp yq zr...*, siendo *a* un coeficiente y *x*, *y*, *z* factores de variables repetidas, cada una un determinado número de veces.

poliomielitis *f.* Med Enfermedad vírica infecciosa que afecta a la médula espinal, causando parálisis. Se previene mediante la vacunación.

polipéptido *m.* Quím Molécula que constituye las proteínas, formada por largas cadenas de aminoácidos que se unen por medio de enlaces peptídicos.

polípero *m.* Zool Formación calcárea producida por colonias de pólipos.

pólipo 1 *m.* Zool Una de las dos formas de organización de los celentéreos (la otra es la **medusa**), que consiste en un individuo de forma cilíndrica que por un extremo se fija al sustrato y por el otro posee una boca rodeada de tentáculos; muchos viven formando colonias. 2 MED Tumor benigno en una mucosa.

polis *f.* HIST Ciudad estado de la antigua Grecia.

polisacáridos *m. pl.* QUÍM Azúcares que al desdoblarse por hidrólisis dan varios monosacáridos por cada molécula, como el glucógeno, el almidón y la celulosa.

polisemia *f.* LING Pluralidad de significados de una palabra o expresión.

polisílabo, ba *adj.* y *s.* GRAM Se dice de la palabra que consta de varias sílabas.

politburó *m.* HIST Órgano de dirección del Partido Comunista de la Unión Soviética y de otros antiguos países comunistas.

politécnico, ca *adj.* y *m.* Se dice de los centros de enseñanza que abarcan varias ciencias o artes.

politeísmo *m.* REL Doctrina que reconoce la existencia de varias divinidades.

político, ca 1 *adj.* y *s.* De la política. 2 Se dice de la persona que se dedica profesionalmente a la política. 3 Denota parentesco por afinidad: *Madre política* (suegra); *hijo político* (yerno). 4 *adj.* POLÍT **asilo ~; ciencias ~s; prisionero ~.** 5 *f.* POLÍT Ciencia, actividad, arte, doctrina, etc., referente al gobierno de los Estados. 6 Actividad del ciudadano cuando participa en los asuntos públicos con su oposición, voto, etc. 7 Arte con que se conduce un asunto.

politiquear 1 *intr.* POLÍT Intervenir en política. 2 POLÍT Hacer política de intrigas.

politiquería *f.* Acción y efecto de politiquear.

politizar *tr.* y *prnl.* POLÍT Dar orientación o contenido político.

politología *f.* POLÍT Ciencia de la política.

politonal *adj.* MÚS Dicho de una composición, que emplea simultáneamente varias tonalidades.

poliuretano *m.* QUÍM Producto plástico muy utilizado en la industria (espumas, recubrimientos, etc.).

polivalente *adj.* QUÍM Que tienen varias valencias.

póliza 1 *f.* Documento que acredita un contrato de seguro. 2 Libranza que da orden para cobrar dinero.

polizón *m.* y *f.* Persona que se embarca clandestinamente.

polla 1 *f.* Gallina joven. 2 *coloq.* Jovencita.

pollada *f.* Conjunto de pollos que cría un ave de una vez.

pollera 1 *f.* Cesto para criar o guardar pollos. 2 Falda de un vestido.

pollino, na *m.* y *f.* Asno joven.

pollo 1 *m.* Cría que nace de un huevo de ave. 2 Ave que no ha mudado aún la pluma. 3 *coloq.* Joven.

polo[1] 1 *m.* GEO Cada uno de los dos extremos del eje de rotación de la Tierra, equidistantes al ecuador. 2 GEO Región contigua a cada uno de ellos. 3 GEOM Cualquiera de los dos extremos del eje de rotación de una esfera o cuerpo redondeado. 4 ELECTR Extremidad de un circuito. 5 FÍS Punto opuesto a otro en un cuerpo, en los cuales se acumula en mayor cantidad la energía de un agente físico, como el magnetismo en los extremos de un imán o la electricidad en los de una pila. || ~ **magnético** GEO Punto situado en la región polar, adonde se dirige la aguja imantada. ~ **negativo** ELECTR Extremidad de menor potencial de un circuito; se indica con el signo (–). ~ **norte** GEO El situado a 90° de latitud N. ~ **positivo** ELECTR Extremidad de mayor potencial de un circuito; se indica con el signo (+). ~ **sur** GEO El situado a 90° de latitud S.

polo[2] *m.* DEP Juego de a caballo, que consiste en introducir en una portería una pelota de madera golpeándola con un mazo.

polonesa *f.* FOLCL Danza eslava de movimiento moderado y ritmo muy acentuado.

polonio *m.* QUÍM Elemento radiactivo que se usa para obtener rayos X, producir neutrones, etc. Punto de fusión: 254 °C. Punto de ebullición: 962 °C. Núm. atómico: 84. Símbolo: Po.

poltrona *f.* Silla confortable.

polución 1 *f.* Efusión de semen que se produce durante el sueño. 2 **CONTAMINACIÓN.**

polvareda *f.* Cantidad de polvo que se levanta de la tierra.

polvera *f.* Estuche para guardar polvos cosméticos y la borla con que se aplican.

polvo 1 *m.* Parte más menuda y deshecha de tierra seca que se levanta en el aire. 2 Lo que queda de las cosas sólidas al molerlas. 3 *pl.* Los cosméticos que se aplican sobre el cutis. || ~ **atmosférico** ECOL Partículas finas en suspensión en la atmósfera. Incluye fibras animales y vegetales, polen, sílice, bacterias, etc.

pólvora *f.* QUÍM Mezcla explosiva de varias sustancias (nitrato potásico, carbón y azufre) que se usa para impulsar proyectiles en las armas de fuego, para fabricar fuegos artificiales, etc.

polvoriento, ta *adj.* Que tiene mucho polvo.

polvorín *m.* Lugar dispuesto para guardar explosivos.

póker *m.* **PÓQUER.**

pomada *f.* FARM Mixtura de una sustancia grasa y otros ingredientes, usada como cosmético o medicamento.

pomelo 1 *m.* Árbol de tronco ramoso, hojas ovadas, flores blancas y fruto en hesperidio. 2 Fruto de este árbol, de piel amarillenta y pulpa rosada, amarga y comestible.

pómez *f.* GEO **piedra ~.**

pomo 1 *m.* Agarrador de una puerta, cajón, etc., de forma más o menos esférica. 2 Frasco pequeño para perfumes. 3 BOT Fruto carnoso en el que el endocarpio forma varias cámaras donde se alojan las semillas, como la manzana.

pompa 1 *f.* Acompañamiento suntuoso de ciertas ceremonias. 2 Burbuja que forma el agua por el aire que se le introduce.

pomposo, sa 1 *adj.* Exageradamente vistoso. 2 Se dice del estilo, lenguaje, etc., altisonante.

pómulo 1 *m.* Hueso de la mejilla. 2 Parte del rostro que lo cubre.

A B C D E F G H I J K L M N Ñ O P Q R S T U V W X Y Z

ponche *m.* Mezcla caliente de un licor con agua, limón y azúcar.

ponchera 1 *f.* Vasija para el ponche. 2 Palangana, jofaina.

poncho *m.* Prenda de abrigo consistente en una manta con una abertura en el centro para pasar la cabeza.

ponderación 1 *f.* Acción de ponderar. 2 Acción de pesar algo.

ponderado, da 1 *adj.* Que actúa con prudencia. 2 MAT **media ~**.

ponderar 1 *tr.* Alabar o destacar algo. 2 Examinar con atención un asunto. 3 Determinar el peso de algo.

ponderativo *adj.* Que alaba o encarece.

ponencia *f.* Propuesta que se somete a una asamblea.

ponente *m.* y *f.* Persona que presenta un proyecto a una asamblea para someterlo a debate.

poner 1 *tr.* y *prnl.* Colocar a alguien o algo en determinado lugar. 2 Disponer algo de un modo específico. 3 Con la preposición *a* y un infinitivo, empezar la acción que indica el verbo. 4 Con ciertos calificativos, adquirir la condición o estado que indican: *Se pusieron nerviosos.* 5 *tr.* e *intr.* Soltar el huevo las aves. 6 *tr.* Disponer algo para algún fin. 7 Hacer lo necesario para que algo funcione: *Poner la luz, la radio, el gas.* 8 Inducir a alguien a ejecutar algo contra su voluntad. 9 Darle a alguien o a algo un nombre, apodo, etc. 10 Usar ciertos medios de comunicación: *Poner un fax, un correo electrónico.* 11 Representarse una obra de teatro o proyectarse una película. 12 Aplicar una cualidad o una facultad. 13 Exponer a alguien a cierta acción o efecto. 14 Exponer algo a la acción de un agente natural. 15 Trabajar para un fin determinado. 16 APLICAR, poner una cosa sobre otra. 17 Dar apoyo: *Se puso de mi parte.* 18 Colaborar con algo en una actividad: *Yo pongo las bebidas para la fiesta.* 19 Con la preposición *en* y algunos sustantivos, ejercer la acción del verbo correspondiente: *Poner en duda,* dudar. 20 Equipar a alguien con determinada vestimenta. 21 Montar, establecer. 22 Con ciertos sustantivos precedidos de *por, de, cual,* como *tratar, causar, establecer,* etc., lo que ellos indican. 23 *prnl.* Vestirse, ataviarse. 24 Ocultarse un astro bajo el horizonte. 25 Atender una llamada telefónica.

póney *m.* PONI.

poni *m.* Caballo de poca alzada.

poniente 1 *m.* Punto del horizonte por donde se oculta el Sol en los días equinocciales. • De esta manera se denomina también al occidente.

ponqué *m.* Torta hecha con harina, manteca, huevos y azúcar.

pontificado 1 *m.* Dignidad de pontífice. 2 Tiempo que dura su cargo.

pontificar *intr.* Presentar como dogmas principios discutibles.

pontífice 1 *m.* Prelado supremo de la Iglesia católica. 2 HIST Magistrado que presidía las ceremonias religiosas en la antigua Roma.

ponzoña *f.* Sustancia nociva o destructiva.

pop *adj.* y *m.* MÚS Se dice del movimiento musical surgido en la década de 1950 bajo la influencia del **folk** británico y de la música negra. || **arte~** ART Corriente artística de finales la década de 1950, basada en la manipulación de elementos e imágenes característicos de la sociedad tecnológica.

popa *f.* Parte posterior de una embarcación.

pope *m.* Sacerdote de la Iglesia ortodoxa.

popular 1 *adj.* Relativo al pueblo. 2 Que es aceptado y valorado por la gente. 3 DER **acción ~**.

popularidad *f.* Aceptación y aplauso que uno tiene en el pueblo.

popularizar *tr.* y *prnl.* Dar carácter popular a algo.

populismo *m. desp.* POLÍT Doctrina o tendencia que se dice defensora de los intereses populares.

populista *adj.* Relativo al populismo.

populoso, sa *adj.* Poblado, lleno de gente.

popurrí 1 *m.* Mezcolanza de cosas diversas. 2 MÚS Composición musical formada de fragmentos de obras diversas.

póquer *m.* Juego de naipes en el que gana quien reúne la combinación superior de las varias establecidas.

por 1 *prep.* Indica el agente en las oraciones pasivas: *El río ha sido degradado por la contaminación.* 2 Indica el tránsito por determinado lugar: *Voy por la avenida.* 3 Indica tiempo aprox.: *Iré por Navidades.* 4 Indica lugar aprox.: *Mi casa queda por el puerto.* 5 En calidad de: *Lo tomó por un rufián.* 6 Indica la causa de algo: *Cancelaron el vuelo por mal tiempo.* 7 Indica el medio o modo de ejecutar algo: *Por correo, por escrito.* 8 Indica el precio. 9 En compensación o sustitución de algo: *Juega por mí.* 10 Denota proporcionalidad: *Tres porciones por niño.* 11 Indica finalidad: *Por su bien.* 12 En juicio u opinión de: *Tenerlo por santo; dar por bueno.* 13 Equivale a a traer: *Ir por pan; ir por leña.* 14 Tras estar y el infinitivo de ciertos verbos, denota una acción que ha de realizarse: *Está por llover.* 15 Equivale a *a través de*: *Por la ventana.* 16 MAT Indica multiplicación de factores. || **~que** PORQUE. **~ qué** Por cuál razón, causa o motivo: *¿Por qué no llegó temprano?; no entiendo por qué llora.*

porcelana 1 *f.* Pasta cerámica que, cocida en horno, vitrifica formando un material blanco, resonante y translúcido. 2 Vasija o figura de este material.

porcentaje *m.* Cantidad que, tomando como referencia el número cien, indica la proporción de una parte en un todo.

porcentual *adj.* Se dice de la distribución calculada o expresada en porcentaje o tanto por ciento.

porche *m.* Parte adosada a una construcción, enlosada y parcialmente cubierta.

porcicultura *f.* Arte de criar cerdos.

porcino, na *adj.* Relativo al cerdo.

porción *f.* Parte de una cosa.

pordiosero, ra *adj.* y *s.* MENDIGO.

porfiar 1 *intr.* Disputar obstinadamente. 2 Trabajar con tenacidad para el logro de algo.

porífero *adj.* y *m.* ZOOL Se dice de los parazoos que forman colonias fijas al sustrato y tienen forma de saco o tubo con una sola abertura. Son comúnmente llamados esponjas y conforman un filo.

pormenor *m.* Circunstancia particular de algo.

pormenorizar *tr.* Describir o enumerar minuciosamente.

pornografía *f.* Presentación explícita de actividades y relaciones sexuales para provocar la excitación sexual.

poro 1 *m.* Intersticio que hay entre las partículas de los sólidos. 2 Biol Orificio, invisible a simple vista, que hay en la superficie del cuerpo de animales y vegetales.

porosidad *f.* Cualidad de poroso.

poroso, sa *adj.* Que tiene poros.

poroto *m.* **FRÍJOL.**

porque *conj. causal.* Introduce la causa o razón de algo: *No vino porque estaba enfermo.*

porqué *m.* Causa, motivo: *No explicó el porqué de su disgusto.*

porquería 1 *f.* Suciedad, inmundicia, basura. 2 Acción sucia o indecente.

porquerizo, za 1 *m.* y *f.* Persona que guarda los puercos. 2 *f.* **POCILGA.**

porra *f.* Cilindro de caucho que se usa como arma.

porrazo 1 *m.* Golpe dado con la porra. 2 Por extensión, cualquier golpe.

porro *m.* Folcl Música y danza de la costa caribe colombiana.

portaaviones *m.* Buque de guerra con instalaciones para el transporte, despegue y aterrizaje de aviones.

portada 1 *f.* Primera plana de los libros impresos, donde consta el título. 2 Entrada o cierre de fincas. 3 Fachada principal de ciertos edificios.

portador, ra 1 *adj.* y *s.* Que lleva o trae algo de una parte a otra. 2 *m.* y *f.* Tenedor de efectos o valores no nominativos. 3 Persona o animal que propaga el germen de una enfermedad. 4 *f.* Fís Onda que sirve de soporte para transmitir una información.

portaequipaje *m.* Lugar en un vehículo para llevar el equipaje.

portafolios *m.* Cartera para llevar documentos.

portal 1 *m.* Puerta principal de una casa. 2 Sitio de internet que ofrece acceso a servicios.

portaminas *m.* Utensilio, para escribir o dibujar, que contiene minas de lápiz.

portaplumas *m.* Mango en que se coloca una plumilla metálica.

portar 1 *tr.* Llevar o traer. 2 *prnl.* Proceder de determinada manera: *Me porté con frialdad.*

portarretrato *m.* Marco para poner una fotografía.

portátil *adj.* Que se puede y es fácil transportar.

portavoz *m.* y *f.* Persona que habla en representación de otra u otras.

porte *m.* Apariencia, aspecto de una persona.

porteador, ra 1 *adj.* y *s.* Que portea. 2 Cantidad que se paga por llevar algo de un lugar a otro.

portear *tr.* Trasladar algo por un porte estipulado.

portento *m.* Cosa o suceso singular que causa admiración.

porteño, ña 1 *adj.* y *s.* Se dice de los naturales de las ciudades en las que hay puerto. 2 Relativo a estas ciudades.

portería 1 *f.* Oficio de portero. 2 Lugar destinado al portero. 3 Dep En ciertos juegos, marco rectangular por el cual ha de entrar el balón para marcar tantos.

portero, ra 1 *m.* y *f.* Persona que vigila un edificio o un conjunto de casas y tiene a su cargo diversos servicios. 2 Dep Jugador que en algunos deportes defiende la portería de su bando.

pórtico *m.* Arq Galería con columnas a lo largo de una fachada o un patio.

portón *m.* Puerta grande que da a la calle.

portuario, ria *adj.* Relativo al puerto.

portugués *m.* Ling Lengua romance hablada en Portugal, Brasil y las antiguas colonias portuguesas.

porvenir *m.* Situación futura en la vida de una persona, empresa, etc.

posada *f.* Casa donde se hospedan o albergan personas.

posadero, ra *m.* y *f.* Persona que tiene una posada.

posar 1 *tr.* Poner suavemente. 2 Con la mirada, los ojos, la vista, mirar, observar. 3 *intr.* Servir de modelo a un artista. 4 *intr.* y *prnl.* Asentarse un ave, avión, etc., tras el vuelo. 5 *prnl.* Depositarse en el fondo las partículas sólidas que están en suspensión en un líquido, o caer el polvo sobre las cosas.

posavasos *m.* Soporte para que los vasos no dejen huella en la mesa.

posdata *f.* Lo que se añade a una carta ya concluida y firmada.

pose *f.* Manera poco natural de hablar y comportarse.

poseer *tr.* Tener alguien algo en su poder.

poseído, da *adj.* y *s.* **POSESO.**

posesión 1 *f.* Acción de poseer. 2 Tenencia o disfrute de un bien. 3 Cosa poseída. 4 Forma de delirio en que el individuo se cree poseído por una fuerza oculta. 5 *pl.* Bienes de que dispone una persona.

posesionar 1 *tr.* Poner a alguien en posesión de algo. 2 *prnl.* Tomar posesión de algo.

posesivo, va 1 *adj.* Relativo a la posesión. 2 Dominante y absorbente en la relación con otra u otras personas. 3 Gram **adjetivo ~; pronombre ~.**

poseso, sa *adj.* y *s.* Que padece posesión, delirio.

posgrado *m.* Ciclo de estudios de especialización posterior a la graduación o a la licenciatura.

posguerra *f.* Tiempo inmediato a la terminación de una guerra.

posibilidad 1 *f.* Aptitud o facultad para hacer o no hacer algo. 2 *pl.* Conjunto de medios para conseguir un fin.

posibilitar *tr.* Hacer posible algo.

posible 1 *adj.* Que puede ser o suceder. 2 Que se puede ejecutar.

posición 1 *f.* Actitud, manera de pensar, obrar o conducirse. 2 Manera en que está puesto alguien o algo. 3 Lugar que ocupa algo o alguien. 4 Categoría o condición social. ||~ **astronómica** Geo Localización de los astros y cuerpos celestes en relación con la Tierra.

posicionamiento 1 *m.* Acción y efecto de posicionar. 2 **sistema** de ~ global.

posicionar *tr.* Poner algo en la posición o situación adecuada.

posimpresionismo (Tb. postimpresionismo) *m.* ART Corriente artística que surgió a finales del siglo XIX como rechazo al impresionismo.

positivismo 1 *m.* Cualidad de atenerse a lo positivo. 2 Realismo, actitud práctica.

positivo, va 1 *adj.* Cierto, efectivo. 2 Por oposición a negativo, se aplica a lo consistente en la existencia y no en su falta. 3 ELECTR Se dice del polo, electrodo, etc., de un generador eléctrico que se encuentra a mayor potencial. 4 MAT **número** ~; **término** ~.

positrón *m.* FÍS Partícula elemental con carga eléctrica igual a la del electrón, pero positiva. Es la antipartícula del electrón.

posmodernidad *f.* Conjunto de tendencias y movimientos culturales de fines del s. XX que coinciden en su actitud crítica hacia el racionalismo y en la visión individualistas de la realidad.

posmodernismo 1 *m.* Tendencia de ciertos movimientos culturales desarrollada a partir de una corriente arquitectónica surgida en la década de 1960, caracterizada por el rechazo al racionalismo. 2 LIT Movimiento literario que constituyó una reacción frente al modernismo. Se caracterizó por una mayor sencillez expresiva.

posmoderno, na *adj.* Relativo al posmodernismo.

posnatal (Tb. postnatal) *adj.* Que tiene lugar después del parto o nacimiento.

poso *m.* Sedimento del líquido contenido en una vasija.

posología *f.* FARM Cálculo de las dosis en que deben administrarse los medicamentos.

pospago *m.* Servicio de telefonía móvil que se paga a fin de mes.

posponer *tr.* Retrasar, postergar.

pospretérito *m.* GRAM condicional simple.

posromanticismo (Tb. postromanticismo) *m.* ART Corriente artística y literaria que surgió después del romanticismo y que conservó algunas de sus características.

posta 1 *f.* Tajada o pedazo de carne, pescado u otra cosa. 2 Conjunto de caballerías apostadas en el recorrido de una diligencia, para servir de reemplazo.

postal 1 *adj.* Relativo a correos. 2 *f.* Tarjeta que se emplea como carta, con ilustración por una cara.

poste *m.* Madero, piedra o columna vertical para servir de apoyo o señal.

póster *m.* Cartel decorativo.

postergar 1 *tr.* Hacer sufrir atraso, dejar atrasado algo. 2 Apreciar a una persona o cosa menos que a otra.

posteridad 1 *f.* Descendencia o generación venidera. 2 El futuro.

posterior *adj.* Que fue o viene después, o está o queda detrás.

postigo *m.* Puerta pequeña abierta en otra mayor.

postimpresionismo *m.* ART Tendencia pictórica de finales del s. XIX e inicios del XX que volvió a valorar la forma, la línea y el dibujo, como reacción contra el impresionismo.

postindustrial *adj.* ECON **sociedad** ~.

postizo, za 1 *adj.* Que no es natural ni propio. 2 Imitado, fingido.

postoperatorio *adj.* y *m.* MED Se dice del periodo que sigue a una intervención quirúrgica.

postor *m.* El que ofrece precio en una subasta.

postrar 1 *tr.* Rendir, humillar, derribar. 2 *tr.* y *prnl.* Enflaquecer, debilitar. 3 *prnl.* Hincarse de rodillas en señal de veneración o ruego.

postre *m.* Fruta, dulce, etc., que se sirve al final de una comida.

postrero, ra *adj.* y *s.* Último o siguiente en una serie.

postrimería *f.* Periodo último de la duración de algo.

postulado *m.* Proposición cuya verdad se admite sin pruebas, y que se toma como base de ulteriores razonamientos.

postulante, ta 1 *adj.* y *s.* Que postula. 2 Se dice de la persona que pide la admisión en una orden religiosa.

postular *tr.* Proponer a alguien o algo como candidato para un cargo, una dignidad, un concurso, etc.

póstumo, ma *adj.* Que nace o sale a la luz después de la muerte del padre o del autor.

postura 1 *f.* Modo de estar puesto. 2 Actitud ante un asunto, problema, ideología, etc.

posventa *f.* Plazo durante el cual el vendedor o fabricante garantiza al comprador asistencia, mantenimiento o reparación de lo comprado.

potable *adj.* Que se puede beber sin daño para la salud.

potaje *m.* Guisado de legumbres con arroz, verduras, etc.

potasa *f.* QUÍM Carbonato potásico obtenido de las cenizas vegetales.

potasio *m.* QUÍM Elemento metálico que se encuentra en la corteza terrestre, principalmente en forma de silicato. Se emplea en metalurgia, en abonos e insecticidas. Punto de fusión: 63 °C. Punto de ebullición: 760 °C. Núm. atómico: 19. Símbolo: K.

pote *m.* Vaso de diversas formas para beber, guardar licores, etc.

potencia 1 *f.* Capacidad para hacer algo o producir un efecto. 2 Persona o entidad poderosa. 3 País o Estado soberano. 4 Capacidad de ser o hacer. 5 Fuerza motora de una máquina; especialmente fuerza que se aplica a una palanca, polea, torno, etc., para vencer la resistencia. 6 ELECTR Energía que suministra un generador en cada unidad de tiempo. 7 FIL Cada una de las tres facultades del alma: entendimiento, voluntad y memoria. 8 *f.* POTENCIACIÓN.

potenciación *f.* MAT Operación matemática que consiste en repetir como factor un número, llamado base, tantas veces como unidades tiene otro, llamado exponente. El resultado se llama potencia: 54 = 625.

potencial 1 *adj.* Relativo a la potencia. 2 Que puede suceder o existir. 3 *m.* Fuerza o poder disponibles: Potencial militar, económico, industrial. 4 ELECTR Energía eléctrica acumulada en un cuerpo conductor. 5 ELECTR **diferencia** de ~. 6 FÍS **energía** ~. 7 GRAM **CONDICIONAL.**

potencializar *tr.* **POTENCIAR.**

potenciar *tr.* Dar potencia a algo o incrementar la que ya tiene.

potentado, da *m. y f.* Persona poderosa y opulenta.

potente 1 *adj.* Que tiene poder, eficacia o virtud. 2 Capaz de engendrar.

potestad 1 *f.* Dominio o poder que se tiene sobre algo. 2 DER **patria** ~.

potestativo, va *adj.* Que está bajo la potestad de alguien.

potra *f.* **POTRO.**

potranco, ca *m. y f.* Caballo o yegua de menos de tres años.

potrero 1 *m.* Sitio destinado a la cría y pasto del ganado. 2 Terreno sin edificar.

potro, tra 1 *m. y f.* Caballo o yegua de unos cuatro años y medio. 2 *m.* Aparato en el que se sentaba a los procesados para obligarles a declarar por medio del tormento. 3 DEP Aparato gimnástico formado por un cilindro forrado de cuero, sostenido por cuatro patas.

poyo *m.* Banco adosado a una pared.

pozo 1 *m.* Hoyo que se excava verticalmente en la tierra, hasta encontrar agua. 2 Hoyo profundo, aunque esté seco. 3 Hoyo profundo para bajar a las minas. 4 Lugar de un río apropiado para bañarse. || ~ **artesiano** El perforado en un acuífero para hacer salir el agua a la superficie. ~ **séptico** **FOSA** séptica.

práctica 1 *f.* Ejercicio de todo arte o facultad, conforme a unas reglas. 2 Destreza adquirida con este ejercicio. 3 Uso continuado, costumbre. 4 Modo de obrar. 5 Ejercicio en que las personas aplican los conocimientos adquiridos, para ejercer públicamente su profesión.

practicante 1 *adj. y s.* Que practica. 2 REL Se dice de quien practica y profesa su religión.

practicar 1 *tr.* Poner en práctica lo que se ha aprendido. 2 Usar o realizar continuadamente algo.

práctico, ca 1 *adj.* Relativo a la práctica. 2 Útil, que da buenos resultados. 3 Se dice de los conocimientos que enseñan cómo hacer algo. 4 *adj. y s.* Experimentado, diestro en algo. 5 *m.* Técnico que por el conocimiento del lugar dirige el rumbo de las embarcaciones.

pradera *f.* ECOL Ecosistema en el que los pastizales y las herbáceas constituyen la vegetación dominante.

prado 1 *m.* Terreno con césped. 2 Terreno en que crece hierba para pasto. 3 Sitio agradable que sirve de paseo.

pragmático, ca *adj. y s.* Relativo al pragmatismo o seguidor de este.

pragmatismo *m.* Propensión a adaptarse a las condiciones reales.

prana *m.* En el hinduismo, energía vital que conecta todo lo que existe en el universo.

praseodimio *m.* QUÍM Elemento metálico de las tierras raras. Se usa en los tubos de vacío. Punto de fusión: 931 °C. Punto de ebullición: 3520 °C. Núm. atómico: 59. Símbolo: Pr.

praxis *f.* Práctica, en oposición a teoría.

preacuerdo *m.* Acuerdo entre las partes aún no definido ni ratificado.

preámbulo *m.* Lo que se dice antes de dar principio a una narración, una orden, etc.

preaviso *m.* DER Obligación de cada una de las partes de un contrato de avisar a la otra de la rescisión de este.

prebenda *f.* Oficio o empleo lucrativo y poco trabajoso.

precámbrico, ca *adj. y m.* GEO Se dice de la era que comprende desde la formación de la corteza terrestre hasta el inicio del Cámbrico, entre hace más de 4000 millones de años y 570 millones de años, durante la cual la actividad volcánica fue intensa y se formaron los continentes primitivos y los primeros océanos.

precario, ria 1 *adj.* De poca estabilidad o duración. 2 Sin los medios o recursos suficientes.

precaución *f.* Cautela para prevenir un daño, riesgo o peligro.

precaver *tr. y prnl.* Prevenir un riesgo, daño o peligro, para protegerse de este y evitarlo.

precavido, da *adj.* Cauto, prudente.

precedente 1 *adj.* Que precede. 2 *m.* Situación que sirve para valorar un hecho posterior.

preceder *tr. e intr.* Ir delante en tiempo, orden, preferencia o lugar.

preceptivo, va *adj.* Que incluye o encierra en sí preceptos.

precepto *m.* Norma establecida para el conocimiento o manejo de algo.

preceptor, ra *m. y f.* Persona que educa o enseña.

preces *f. pl.* Ruegos, súplicas, oraciones.

preciado, da *adj.* De gran estima.

preciarse *prnl.* Jactarse, presumir.

precinta *f.* Tira que se pega en algunas cosas para garantizar su inviolabilidad.

precintar *tr.* Poner precinta.

precio 1 *m.* Valor monetario en que se estima algo. 2 Estimación, importancia, crédito. 3 ECON **índice** de ~s al consumidor.

preciosismo *m.* LIT Estilo literario que busca la originalidad y el refinamiento de las expresiones en lo más selecto del lenguaje.

precioso, sa 1 *adj.* Digno de mucha estima. 2 **HERMOSO.** 3 **piedra** ~.

precipicio *m.* Pendiente vertical y muy alta de un terreno.

precipitación 1 *f.* Acción y efecto de precipitar o precipitarse. 2 GEO Agua procedente de la atmósfera, y que en forma sólida o líquida cae sobre la superficie de la tierra. 3 QUÍM Formación de un precipitado.

precipitado, da 1 *adj.* Alocado, irreflexivo. 2 *m.* QUÍM Materia que por resultado de reacciones químicas se separa del líquido en que estaba disuelta y se posa más o menos rápidamente.

precipitar 1 *tr.* y *prnl.* Arrojar desde lo alto. 2 *tr.* Apresurar, acelerar. 3 QUÍM Producir un precipitado. 4 *prnl.* Hacer o decir algo sin reflexionar.

precisar 1 *tr.* Determinar de modo preciso. 2 Necesitar.

precisión *f.* Cualidad de preciso.

preciso, sa 1 *adj.* Exacto, cierto, determinado. 2 Conciso. 3 Necesario, indispensable.

preclaro, ra *adj.* Ilustre, famoso, insigne.

preclásico, ca *adj.* Se dice de lo que antecede a lo clásico.

precluir *tr.* DER Dicho de una acción o un derecho, que no se puede ejercer durante el plazo legal establecido.

precolombino, na *adj.* HIST Se dice de lo relativo a América anterior a los viajes de Cristóbal Colón.

preconcebir *tr.* Pensar o proyectar con anticipación.

preconcepto *m.* Idea previa que se tiene acerca de algo.

preconizar *tr.* Elogiar públicamente.

precoz *adj.* Que madura o se desarrolla prematuramente.

precursor, ra 1 *adj.* y *s.* Que precede o va delante. 2 Que profesa doctrinas o acomete empresas muy avanzadas para su época.

predador, ra *adj.* y *s.* DEPREDADOR.

predecesor, ra 1 *m.* y *f.* Persona que precedió a otra en dignidad, situación o edad. 2 Ascendiente de una persona.

predecir *tr.* Anunciar el futuro.

predestinación 1 *f.* Acción de predestinar. 2 REL y FIL Doctrina que afirma la predeterminación del destino humano.

predestinado, da 1 *adj.* Que sucede inevitablemente. 2 *adj.* y *s.* REL Elegido por Dios para lograr la gloria.

predestinar *tr.* Destinar anticipadamente una cosa para un fin.

predeterminar *tr.* Determinar o resolver algo con anticipación.

prédica 1 *f.* Sermón o plática. 2 Discurso vehemente.

predicación 1 *f.* Acción de predicar. 2 Doctrina que se predica o enseñanza que se da con ella.

predicado 1 *m.* FIL Lo que se afirma o niega del sujeto en una preposición. 2 GRAM Parte de la oración que desempeña la función de enunciar algo relativo al sujeto, y cuyo núcleo es generalmente un verbo. || ~ **no verbal** GRAM El que no contiene verbo, como el de algunas oraciones exclamativas: *¡Muy cruel esa mujer!* ~ **nominal** GRAM El que se construye con los verbos copulativos ser o estar y con un complemento: *El tabaco es dañoso para la salud; Pedro está orgulloso.* ~ **verbal** GRAM El que se construye con cualquier verbo distinto a ser o estar: *Los caballos galopan; Simón Bolívar nació en Caracas.*

predicar 1 *tr.* Pronunciar un sermón. 2 Hacer observaciones.

predicativo, va 1 *adj.* GRAM Relativo al predicado. 2 GRAM **complemento ~**.

predicción 1 *f.* Acción y efecto de predecir. 2 Palabras con las que se predice.

predilección *f.* Afecto especial hacia alguien o algo.

predio *m.* Bien inmueble.

predisponer *tr.* y *prnl.* Disponer el ánimo de las personas para un fin.

predisposición 1 *f.* Acción y efecto de predisponer o predisponerse. 2 Inclinación o habilidad naturales hacia, o para desempeñar, un arte, oficio, deporte, etc.

predominar *tr.* e *intr.* Prevalecer, preponderar.

predominio *m.* Poder o influjo que se tiene sobre alguien o algo.

predorsal *adj.* FON Se dice del sonido consonántico que se pronuncia con la parte anterior del dorso de la lengua, como en la *ch.*

preeminencia *f.* Privilegio, ventaja, preferencia.

preeminente *adj.* Sublime, superior, más elevado.

preescolar *adj.* y *m.* Se dice de la educación de los niños que precede a la obligatoria.

preestablecido, da *adj.* Se dice de lo establecido con anterioridad a un momento determinado.

preestreno *m.* Exhibición de una película u otro espectáculo anterior a su estreno comercial.

preexistencia *f.* Existencia real de algo antes del acto o momento en que haya de tratarse.

preexistir *intr.* Existir antes del momento que se trata.

prefabricado, da *adj.* Hecho con elementos fabricados de antemano.

prefacio *m.* Prólogo, introducción.

prefecto *m.* Persona que vela por el normal desarrollo de ciertas actividades en una comunidad o institución.

prefectura 1 *f.* Empleo o cargo de prefecto. 2 Su oficina.

preferencia 1 *f.* Primacía o ventaja que alguien tiene sobre otros. 2 PREDILECCIÓN.

preferente *adj.* Que prefiere o se prefiere.

preferir 1 *tr.* y *prnl.* Dar la preferencia. 2 Anteponer.

prefigurar *tr.* y *prnl.* Representar anticipadamente algo.

prefijación *f.* GRAM Modo de formar nuevas palabras por medio de prefijos.

prefijar 1 *tr.* Señalar o fijar anticipadamente algo. 2 GRAM Anteponer un afijo a una palabra.

prefijo 1 *m.* GRAM Morfema que se antepone a una palabra o una raíz para modificar su significado: *Anticuerpo; desatar; pronombre; submarino.* 2 Cifras o letras que indican zona, ciudad o país, y que en una comunicación telefónica se marcan antes del número a que se llama.

pregón *m.* Anuncio público en voz alta de algo de interés colectivo.

pregonar *tr.* Publicar en voz alta.

pregrado *m.* Nivel de estudios posterior a la enseñanza secundaria y anterior a la obtención de un título profesional.

pregunta 1 *f.* Demanda o interrogación para hallar una respuesta. 2 *pl.* Cuestionario.

preguntar *tr.* y *prnl.* Interrogar, hacer preguntas.

prehispánico, ca *adj.* HIST **PRECOLOMBINO.**

prehistoria *f.* HIST Periodo de la historia que abarca desde los orígenes del humano hasta la aparición de documentos escritos. Coincide con la Edad de Piedra.

prehistórico, ca *adj.* Relativo a la prehistoria.

prejuicio 1 *m.* Opinión sobre algo sin tener verdadero conocimiento de ello. 2 Idea preconcebida o discriminatoria sobre las personas o sus acciones.

prejuzgar *tr.* Juzgar sin conocimiento de causa.

prekínder *m.* Etapa escolar anterior a la del kínder.

prelación *f.* Preferencia con que una cosa debe ser atendida respecto a otra.

prelado, da *m.* y *f.* Superior de una comunidad religiosa.

preliminar *adj.* y *s.* Que antecede o se antepone a algo.

preludiar *tr.* Iniciar algo.

preludio 1 *m.* Lo que precede y sirve de entrada o preparación a algo. 2 MÚS Composición que introduce una ópera, una fuga, etc.

prematrimonial *adj.* Que se realiza inmediatamente antes del matrimonio o como preparación a este.

prematuro, ra 1 *adj.* Que ocurre antes de tiempo. 2 MED Se dice del niño que nace antes de tiempo.

premeditar *tr.* Pensar reflexivamente algo antes de ejecutarlo.

premiar *tr.* Conceder un premio.

premio 1 *m.* Galardón por un mérito o servicio. 2 Cantidad de dinero o cosa sorteada en una rifa, lotería o tómbola.

premisa 1 *f.* Señal o indicio por donde se infiere algo. 2 LÓG Cada una de las proposiciones del silogismo de las que se saca la conclusión.

premolar *adj.* y *m.* ANAT Se dice de la pieza dentaria situada entre los molares y los caninos.

premonición *f.* Presentimiento, presagio.

premura *f.* Aprieto, apuro, prisa.

prenatal *adj.* Anterior al nacimiento.

prenda 1 *f.* Cada una de las piezas que sirven para vestirse o calzarse. 2 Cosa mueble que sirve de garantía del cumplimiento de una obligación.

prendarse *prnl.* Aficionarse a algo o enamorarse de alguien.

prendedor *m.* Broche pequeño que se sujeta sobre una prenda y se usa como adorno.

prender 1 *tr.* Asir, agarrar, sujetar. 2 Privar de la libertad a alguien, apresar. 3 *tr.* e *intr.* Encender o incendiar. 4 *intr.* Arraigar la planta en la tierra.

prendería *f.* Tienda en que se compran y venden objetos usados.

prensa 1 *f.* Máquina que, mediante un mecanismo que permite aproximar una superficie móvil a otra fija, sirve para comprimir o apretar algo. 2 Herramienta de sujeción que permite agarrar la pieza que se está trabajando por medio de dos topes, uno móvil, montado en un tornillo, y otro fijo. 3 Conjunto de publicaciones periódicas. 4 Conjunto de periodistas y actividad que desarrollan. 5 **libertad** de ~.

prensar 1 *tr.* Comprimir en la prensa. 2 Apretujar.

prensil *adj.* Que sirve para asir o sujetar.

prenupcial *adj.* Que es anterior al matrimonio.

preñada *adj.* Se dice de la hembra que va a tener un hijo.

preñar *tr.* Fecundar a una hembra.

preñez 1 *f.* Embarazo de la hembra. 2 Tiempo que dura.

preocupación *f.* Acción y efecto de preocupar o preocuparse.

preocupar 1 *tr.* y *prnl.* Mantener el ánimo fijo en una ansiedad o un temor. 2 *prnl.* Desvelarse por alguien, cuidarle.

preparación *f.* Acción y efecto de preparar o prepararse.

preparado, da *adj.* y *m.* Experto, instruido.

preparador, ra *adj.* y *s.* Que prepara.

preparar 1 *tr.* Disponer algo para un fin. 2 Estudiar una materia. 3 Instruir, entrenar. 4 Predisponer a alguien para algo.

preparativo *m.* Cosa dispuesta y preparada.

preparatorio, ria 1 *adj.* Que prepara o dispone. 2 *adj.* y *m.* Se dice del curso preliminar de ciertos estudios.

preponderar *intr.* Prevalecer una opinión sobre otra.

preposición *f.* GRAM Palabra invariable que en una oración relaciona un elemento sintáctico con su complemento: *Viajé a Madrid; hoy es día de fiesta.* • Las preposiciones son: *a, ante, bajo, cabe, con, contra, de, desde, en, entre, hacia, hasta, para, por, pro, según, sin, so, sobre, tras.* Palabras como *durante, salvo, excepto, incluso* o *mediante* pueden cumplir la misma función.

preposicional *adj.* GRAM Se dice de la voz que tiene cualidades propias de las preposiciones o que puede usarse como tales.

prepotencia *f.* Poder superior al de otros.

prepucio *m.* ANAT Pliegue cutáneo que recubre el glande.

prerrafaelismo 1 *m.* ART Arte y estilo pictórico anteriores a Rafael de Urbino (1483-1520). 2 ART Movimiento plástico y literario inspirado en lo medieval, surgido en Inglaterra en el s. XIX como respuesta al academicismo.

prerrogativa *f.* Privilegio o exención por razón de edad, cargo, etc.

prerrománico, ca *adj.* y *m.* ART Se dice del arte desarrollado en Europa en los ss. V-XI, especialmente en arquitectura, que inicialmente tomó como modelo a la romana. Aportó motivos como la esvástica, semicírculos secantes, trenzados y sogueados, etc.

presa 1 *f.* Acción y efecto de prender o agarrar. 2 Cosa apresada. 3 Porción pequeña de algo comestible. 4 Animal que es o puede ser cazado o pescado. 5 Animal que el depredador persigue y mata para obtener alimento. 6 Persona, animal o cosa que sufre o padece aquello que se expresa. 7 EMBALSE, depósito artificial para almacenar o regular las aguas.

presagiar *tr.* Anunciar o prever algo, conjeturándolo o mediante presagios.

presagio *m.* Adivinación, augurio.

presbicia *f.* MED Dificultad para ver de cerca.

presbiterianismo *m.* REL Doctrina calvinista caracterizada por su confianza en la Biblia y en su interpretación mediante la ayuda del Espíritu Santo.

presbiterio 1 *m.* Parte de un templo donde se halla el altar mayor. 2 Consejo de pastores y laicos de la Iglesia presbiteriana.

presbítero *m.* Clérigo que administra sacramentos.

prescindir 1 *intr.* Dejar a un lado, omitir. 2 Abstenerse de algo.

prescribir 1 *tr.* Ordenar, determinar, fijar. 2 Recetar remedios un médico. 3 *intr.* Extinguirse un derecho o una responsabilidad.

presea *f.* Medalla que se obtiene como premio.

presencia 1 *f.* Asistencia personal en el lugar donde ocurre algo. 2 Aspecto externo.

presenciar *tr.* Hallarse presente en un suceso.

presentación 1 *f.* Acción y efecto de presentar o presentarse. 2 Obra de teatro o baile representados ante el público.

presentador, ra *m.* y *f.* Persona que presenta y comenta un espectáculo, o un programa televisivo o radiofónico.

presentar 1 *tr.* y *prnl.* Hacer presente, mostrar. 2 *tr.* Tener algo las características que se especifican. 3 Proponer para un oficio o cargo. 4 Introducir a alguien en el trato de otras personas. 5 Conducir un espectáculo público o un programa de radio o televisión. 6 Ofrecer respetos o excusas. 7 *prnl.* Llegar a un lugar. 8 Comparecer en algún lugar o acto. 9 Mostrarse, aparecer. 10 Darse a conocer una persona a otra u otras.

presente 1 *adj.* Que está delante o en presencia de alguien, o concurre con él en el mismo sitio. 2 *adj.* y *m.* Se dice del tiempo y de lo que tiene lugar en el momento en que se habla. 3 GRAM Se dice del tiempo verbal que indica la acción simultánea al acto del

habla, por ejemplo: *Canto; agradece; mueven.* 4 *m.* Don, regalo. || ~ **habitual** GRAM El que coincide con el presente, pero indica que una acción se ha producido antes y se producirá después: *Me levanto a las cinco; viajo en tranvía.* ~ **indicativo** GRAM El que coincide con el presente, pero expresa un mandato que ha de cumplirse en el futuro: *Sales y compras el pan,* en lugar de los imperativos *sal* y *compra.* ~ **histórico** GRAM El que coincide con el presente pero se refiere a hechos pasados: *Bolívar viaja a Roma en 1805,* en vez de *viajó.*

presentimiento *m.* Acción y efecto de presentir.

presentir *tr.* Tener la impresión de que algo va a ocurrir.

preservante *m.* CONSERVANTE.

preservar *tr.* y *prnl.* Poner a cubierto a alguien o algo de un daño o peligro.

preservativo, va 1 *adj.* y *m.* Que tiene virtud de preservar. 2 *m.* Anticonceptivo masculino consistente en un capuchón de caucho que recubre el pene durante el coito.

presidencia 1 *f.* Dignidad o cargo de presidente. 2 Acción de presidir. 3 Lugar que ocupa el presidente, o su oficina o morada. 4 Tiempo que dura su cargo.

presidenciable *adj.* Que tiene posibilidades de ser presidente o candidato a la presidencia.

presidencialismo *m.* POLÍT Sistema en que el presidente de la República, además de ocupar el cargo de jefe del Estado, asume el poder ejecutivo.

presidencialista 1 *adj.* Relativo al presidencialismo. 2 Partidario de este sistema. 3 POLÍT **gobierno** ~; **república** ~.

presidente, ta 1 *m.* y *f.* Persona que preside. 2 En los regímenes republicanos, jefe del Estado.

presidio *m.* PENITENCIARÍA.

presidir 1 *tr.* Tener el primer lugar en una asamblea, entidad, etc. 2 Dirigir, gobernar.

presilla 1 *f.* Tira en el borde de una prenda para pasar por ella un botón, un broche, etc. 2 Costurilla para que una tela no se deshilache.

presión 1 *f.* Acción y efecto de presionar o comprimir. 2 Fuerza o coacción que se hace sobre una persona o colectividad. 3 FÍS Fuerza ejercida sobre una superficie por la unidad de área de esta. Su unidad en el Sistema Internacional es el pascal (Pa). 4 GEO **metamorfismo** por ~. || ~ **arterial** FISIOL La que ejerce la sangre sobre la pared de las arterias. ~ **atmosférica** La que ejerce la atmósfera sobre todos los puntos inmersos en ella. ~ **osmótica** FÍS La que ejercen las partículas de un cuerpo disuelto en un líquido sobre las paredes del recipiente que lo contiene. ~ **sanguínea** FISIOL La ejercida por la sangre circulante sobre las paredes de los vasos.

presionar 1 *tr.* Ejercer presión sobre alguien o algo. 2 OBLIGAR.

preso, sa *adj.* y *s.* Que sufre prisión.

presocrático, ca *adj.* y *s.* FIL Se dice de los filósofos griegos anteriores a Sócrates.

prestación 1 *f.* Acción y efecto de prestar. 2 Servicio convenido por contrato. 3 Servicio que proporciona una máquina o un instrumento. || ~ **social** Conjunto de servicios (salud, recreación, auxilios pecuniarios, etc.) con los que las entidades de seguridad social atienden situaciones de necesidad de sus beneficiarios.

prestamista *m.* y *f.* Persona que presta dinero a interés.

préstamo 1 *m.* Acción y efecto de prestar. 2 Contrato por el que una persona o institución deja a otra algo que se compromete a devolver. 3 LING Elemento que una lengua toma de otra.

prestancia *f.* Excelencia, distinción.

prestar 1 *tr.* Dejar algo a alguien con el compromiso de devolverlo. 2 Ayudar, asistir, colaborar. 3 *prnl.* Ofrecerse, avenirse.

presteza *f.* Prontitud, diligencia, brevedad.

prestidigitador, ra *m.* y *f.* Persona que hace juegos de manos.

prestigio 1 *m.* Influencia, autoridad. 2 Renombre, buena fama.

presto, ta *adj.* Preparado, dispuesto.

presumido, da *adj.* y *s.* Que tiene alto concepto de sí mismo.

presumir 1 *tr.* Tener indicios para conjeturar algo. 2 *intr.* Vanagloriarse, tener alto concepto de sí mismo.

presunción 1 *f.* Acción y efecto de presumir. 2 || ~ **de inocencia** DER La que se aplica a toda persona, aun acusada en un proceso penal, mientras no sea condenada.

presuntuoso, sa *adj.* y *s.* Orgulloso, vanidoso.

presuponer *tr.* Dar por sentado algo para pasar a tratar de otra cosa.

presupuestar *tr.* Calcular un presupuesto.

presupuesto 1 *m.* Supuesto o suposición. 2 Cálculo anticipado de los gastos e ingresos previstos para un tiempo determinado.

presurizar *tr.* Mantener a presión constante el interior de un avión, de una nave espacial, etc.

presuroso, sa *adj.* Pronto, ligero, veloz.

pretencioso, sa *adj.* Que pretende ser más de lo que es.

pretender 1 *tr.* Querer conseguir algo. 2 Hacer lo necesario para conseguirlo. 3 Cortejar una persona a otra.

pretendiente, ta 1 *adj.* Que pretende o solicita algo. 2 *adj.* y *s.* Que aspira al noviazgo o al matrimonio con alguien.

pretensión 1 *f.* Acción y efecto de pretender. 2 Aspiración, empeño. 3 Derecho que alguien considera tener sobre algo. 4 Presunción, petulancia.

preterir *tr.* Hacer caso omiso de alguien o algo.

pretérito, ta 1 *adj.* Se dice de lo que ya ha pasado o sucedido. 2 *m.* GRAM Tiempo verbal que denota una acción anterior al momento en que se habla: *Salí; he salido; salió; había salido.* || ~ **anterior** GRAM Tiempo verbal que indica una acción acabada antes de otra también pasada, denotando, además, inmediatez entre una y otra: *Cuando hubo terminado se levantó.* ~ **imperfecto** GRAM El que indica una acción anterior al momento en que se habla sin tener en cuenta su término: *Llovía sin parar.* ~ **perfecto** GRAM El que denota ser ya pasada la significación del verbo. Se divide en *simple* y *compuesto*, y ambos denotan una acción anterior al momento en que se habla, sin vinculación directa con el presente. ~ **perfecto compuesto** GRAM El que denota una acción pasada cuya conclusión tiene proximidad con el presente: *Este año ha habido una buena cosecha.* ~ **perfecto simple** GRAM El que expresa una acción pasada e independiente, sin conexión con el presente: *Durmió; jugaron; saliste; vimos.* ~ **pluscuamperfecto** GRAM El que expresa anterioridad mediata en relación con una acción pasada, es decir, que entre una y otra acción ha pasado un tiempo considerable: *Incumplió lo que había acordado.*

pretexto *m.* Causa simulada que se alega para hacer o dejar de hacer algo.

pretil 1 *m.* Antepecho de fabrica en un puente y otros lugares, para preservar de caídas. 2 Calzada a lo largo de él.

pretina 1 *f.* Correa o cinta para sujetar en la cintura ciertas prendas. 2 Parte de los pantalones y otras ropas, que se ciñe y ajusta a la cintura.

pretor *m.* HIST Magistrado romano que administraba justicia y, en ocasiones, ejercía el gobierno de una provincia.

prevalecer 1 *intr.* Sobresalir alguien o algo sobre otros. 2 Continuar existiendo.

prevaricar *intr.* DER Delinquir un funcionario público dictando una resolución de manifiesta injusticia.

prevención 1 *f.* Acción y efecto de prevenir o prevenirse. 2 Concepto desfavorable que se tiene de alguien o algo.

prevenir 1 *tr.* PREVER, disponer medios. 2 Advertir, aconsejar, avisar. 3 *prnl.* Prepararse de antemano. 4 Mostrarse a la defensiva.

preventivo, va 1 *adj.* Que previene. 2 POLÍT **guerra~**.

prever 1 *tr.* Disponer medios contra futuras contingencias. 2 Disponer lo necesario para lograr un fin. 3 Conjeturar, pronosticar.

previo, via 1 *adj.* Anticipado, que va delante o sucede primero. 2 *m.* y *f.* parcial, examen que el alumno hace de una parte de la asignatura.

previsión *f.* Acción y efecto de prever, prevenir o precaver.

priapismo *m.* MED Erección continua y dolorosa del miembro viril, sin deseo sexual.

prima 1 *f.* Cantidad suplementaria que se paga por algo. 2 Precio que el asegurado paga al asegurador. 3 Hora canónica que se canta a primera hora de la mañana.

primacía *f.* Ventaja de una persona o cosa sobre otras.

primado *m.* Primero de los obispos y arzobispos de un lugar.

primario, ria 1 *adj.* Principal o primero en orden o grado. 2 Fundamental, básico. 3 *adj.* y *s.* Inculto, tosco. 4 *adj.* y *f.* Se dice de la primera enseñanza. 5 GEO Se dice de la era que sigue al Precámbrico y que también se llama **paleozoico**.

primate *adj.* y *m.* ZOOL Se dice de los mamíferos con cinco dedos en cada extremidad, con el pulgar casi siempre oponible, cerebro muy desarrollado, vista frontal y mamas en posición pectoral. Conforman un orden.

primavera 1 *f.* GEO Estación del año, característicamente templada, que en el hemisferio norte corresponde a los meses de marzo, abril y mayo, y en el sur a los de septiembre, octubre y noviembre. 2 Tiempo en que algo está en su mayor vigor o hermosura.

primaveral *adj.* Relativo a la primavera.

primer *adj.* Apócope de *primero* ante un sustantivo masculino singular.

primerizo, za 1 *adj.* y *s.* Que hace algo por vez primera. 2 *adj.* y *f.* Que pare por primera vez.

primero, ra 1 *adj.* y *s.* Se dice de la persona o cosa que precede a las demás de su especie. 2 *adj.* Que sobresale y excede a otros. 3 Prioritario. 4 *f.* Marcha o velocidad más corta del motor de un vehículo. 5 *adv. t.* Antes, más bien, con más o mayor gusto.

primicia *f.* Noticia, hecho que se da a conocer por primera vez.

primigenio, nia *adj.* Primitivo, originario.

primitivismo 1 *m.* Cualidad de primitivo, poco evolucionado. 2 ART Corriente artística que busca una representación sencilla del mundo y cuyo estilo se caracteriza por la simplificación de las formas y por el uso de colores planos.

primitivo, va 1 *adj.* Primero en su línea, originario. 2 Rudimentario, elemental. 3 GRAM Se dice de la palabra que no se deriva de otra de la misma lengua. 4 *adj.* y *s.* Se dice de los pueblos aborígenes que han mantenido un modo de vida seminómada basado en la caza, la pesca y la recolección.

primo, ma 1 *adj.* PRIMERO, que precede. 2 MAT **número** ~. 3 *m.* y *f.* Respecto de una persona, hija o hijo de su tía o tío.

primogénito, ta *adj.* y *s.* Se dice del hijo que nace primero.

primor 1 *m.* Esmero en hacer o decir algo. 2 Perfección de lo así realizado.

primordial *adj.* Primero, fundamental, esencial.

primordio *m.* BIOL Conjunto de células embrionarias de las que parte el desarrollo de un futuro órgano. || ~ **seminal** BOT Órgano de las plantas que contiene el gametofito femenino.

primoroso, sa *adj.* Excelente, delicado, perfecto.

princesa *f.* PRÍNCIPE.

principado 1 *m.* Título de príncipe o princesa. 2 Territorio sujeto a la potestad de estos.

principal 1 *adj.* Que tiene el primer lugar en importancia. 2 Ilustre, noble. 3 Esencial, fundamental. 4 GRAM **oración** ~.

príncipe, cesa 1 *m.* y *f.* Hijo o hija primogénito del rey, heredero o heredera de la corona. 2 Miembro de la familia real. 3 En algunos Estados, soberano o soberana de un principado. 4 *f.* Mujer del príncipe. || ~ **azul** Hombre ideal soñado por una mujer.

principiante, ta 1 *adj.* Que principia o comienza. 2 *adj.* y *s.* Que empieza a estudiar, a ejercer un oficio, etc.

principiar *tr.* y *prnl.* Comenzar, dar principio a algo.

principio 1 *m.* Primer momento en la existencia de algo. 2 Fundamento teórico de algo. 3 Punto que se considera como primero en una extensión o cosa. 4 Causa primera de algo. 5 Plato que se sirve en una comida entre el primer plato y los postres. 6 *pl.* Normas o fundamentos que rigen el pensamiento o la conducta. || ~ **activo** FARM y QUÍM Componente responsable de las propiedades farmacológica o tóxicas de una sustancia. ~ **de Arquímedes** FÍS "Cuando un objeto se sumerge total o parcialmente en un líquido, este experimenta un **empuje** hacia arriba igual al peso del líquido desalojado".

pringar 1 *tr.* Manchar algo con una sustancia pringosa. 2 *tr.* e *intr.* Causar algo, como ciertas plantas urticantes, una sensación de ardor.

pringue *m.* o *f.* Suciedad o grasa que se pega.

prior, ra *m.* y *f.* Superior o superiora de un convento.

prioridad *f.* Preferencia que se da por su importancia a alguien o algo.

prioritario, ria *adj.* Que tiene prioridad.

prisa 1 *f.* Prontitud y rapidez con que se hace algo. 2 Urgencia para hacer algo.

prisión 1 *f.* Cárcel o sitio donde se encierra a los presos. 2 Toda cosa que ata o detiene.

prisionero, ra 1 *m.* y *f.* Persona que está presa. || ~ **de guerra** Miembro de las fuerzas armadas de una nación enemiga que es capturado en tiempo de guerra. 2 No combatiente de una nación enemiga que se rinde tras su captura en una contienda. ~ **político** Persona privada de libertad por un Estado por acciones que se consideran peligrosas para el régimen gobernante.

prisma 1 *f.* GEOM Poliedro formado por dos caras planas, paralelas e iguales, que se llaman bases. Si estas son triángulos, el prisma se llama triangular; si pentágonos, pentagonal, etc. 2 ÓPT Cuerpo transparente de caras planas no paralelas, usado para producir la reflexión, refracción y descomposición de la luz. || ~ **recto** GEOM Aquel cuyos planos de las bases son perpendiculares a las aristas.

prismático, ca 1 *adj.* De figura de prisma. 2 *m. pl.* ÓPT Instrumento óptico para ver objetos lejanos, compuesto de anteojos para ambos ojos.

prístino, na *adj.* Que permanece inalterable, como en su estado original.

privacidad *f.* Ámbito de la vida privada.

privación 1 *f.* Acción y efecto de privar. 2 Carencia de algo en un sujeto capaz de tenerlo. 3 Ausencia de algo deseado. 4 Renuncia voluntaria a algo. 5 *pl.* Penalidades, fatigas.

privado, da 1 *adj.* Que se realiza en la intimidad. 2 Particular y personal de cada cual.

privanza *f.* Confianza y favor de un gobernante o alto personaje.

privar 1 *tr.* Despojar a alguien de algo que poseía. 2 Prohibir, vedar. 3 Complacer o gustar extraordinariamente. 4 *prnl.* Dejar voluntariamente algo de gusto o conveniencia. 5 Quedarse profundamente dormido.

privativo, va 1 *adj.* Que causa privación o la conlleva. 2 Propio y peculiar de alguien o algo.

privatizar *tr.* Confiar al sector privado una empresa o actividad del sector público.

privilegio *m.* Ventaja especial de la que disfruta alguien o algo.

pro *prep.* En favor de.

proa *f.* Parte delantera de una embarcación.
proactividad *f.* Capacidad para tomar rápidamente el control de las situaciones, dar ideas nuevas y anticiparse a los hechos.
probabilidad 1 *f.* Cualidad de probable. 2 MAT Medida de la frecuencia relativa con que ocurre un suceso.
probabilismo *m.* FIL Doctrina que considera que ninguna opinión es totalmente falsa ni totalmente cierta.
probable 1 *adj.* Verosímil, creíble. 2 Que se puede probar. 3 Que puede suceder.
probador *m.* Lugar para probarse ropa en un establecimiento comercial.
probar 1 *tr.* Examinar y experimentar las cualidades de alguien o algo. 2 Examinar si algo guarda las debidas proporciones. 3 Saborear una pequeña porción de una comida o bebida. 4 Demostrar la certeza de algo.
probatorio, ria *adj.* Que sirve para probar la verdad de algo.
probeta *f.* Tubo de cristal graduado para medir volúmenes.
probidad *f.* Bondad, honradez.
probiótico *adj.* y *s.* BIOL Dicho de un alimento, que contiene bacterias vivas que ayudan a mantener en equilibrio la flora intestinal y el sistema inmunológico de los organismos.
problema 1 *m.* Duda o dificultad que se quiere resolver. 2 Cualquier causa que dificulta el logro de un fin. 3 Conflicto, pena. 4 Planteamiento de una situación que debe resolverse mediante metodología. 5 MAT Proposición en que ha de hallarse un resultado partiendo de unos datos.
problemático, ca *adj.* Que presenta dificultades o que causa problemas.
probo, ba *adj.* Que tiene probidad.
probóscide 1 *f.* ZOOL Aparato bucal en forma de trompa o pico, dispuesto para la succión, propio de los insectos dípteros. 2 ZOOL **TROMPA**, prolongación muscular de la nariz.
procacidad *f.* Desvergüenza, insolencia.
procariota *adj.* y *m.* BIOL Se dice de cada uno de los organismos cuya unidad estructural es una célula procariótica (bacterias y cianobacterias) y cuyo conjunto conforma el reino **móneras**.
procaz *adj.* Desvergonzado, atrevido.
procedencia *f.* Origen, principio de donde nace, viene o se deriva alguien o algo.
procedente 1 *adj.* Que procede de alguien o algo. 2 Conforme a la razón o el fin que se persigue.
proceder[1] *m.* Forma de comportarse alguien.
proceder[2] 1 *intr.* Tener alguien o algo su origen en otra persona o cosa. 2 Venir de un lugar o desprenderse de un punto de origen. 3 Portarse una persona de determinado modo.
procedimiento 1 *m.* Acción de proceder. 2 Modo de ejecutar algo.
prócer *m.* Persona famosa y de alto prestigio.
procesado, da *adj.* y *s.* Se dice del presunto reo en un proceso criminal.
procesador *m.* INF Dispositivo de un computador que ejecuta instrucciones o programas. || ~ **de textos** INF Aplicación utilizada para la manipulación de documentos basados en texto.
procesamiento *m.* Acto de procesar.
procesar 1 *tr.* Someter algo a un proceso de transformación. 2 DER Declarar y tratar a una persona como presunto reo de delito.

procesión *f.* Desfile ordenado y solemne de carácter religioso.
proceso 1 *m.* Conjunto de fases sucesivas de un fenómeno o una operación. 2 Método o sistema que debe seguirse. 3 DER Causa criminal o civil.
proclama 1 *f.* Notificación pública y oficial de algo. 2 Llamada pública de carácter militar o político.
proclamación *f.* Acción y efecto de proclamar o proclamarse.
proclamar 1 *tr.* Declarar solemnemente el inicio de un periodo legislativo o la inauguración de un nuevo reinado. 2 Conferir por unanimidad un cargo o una dignidad. 3 *prnl.* Declararse alguien investido de una autoridad.
proclisis *f.* GRAM Unión de una palabra proclítica con la palabra siguiente. *El pronombre se delante de un verbo va en proclisis con este.*
proclítico, ca *adj.* GRAM Se dice de la voz que, sin acentuación prosódica, se liga en la cláusula con el vocablo subsiguiente; como los artículos, los pronombres posesivos *mi, tu, su* y las preposiciones de una sílaba. *"Lo" en "Lo conocí" es un pronombre proclítico.*
proclive *adj.* Inclinado o propenso a algo.
procónsul *m.* HIST Gobernador de una provincia romana con jurisdicción consular.
procrear *tr.* Engendrar, multiplicar una especie.
procurador, ra *m.* y *f.* Persona que tiene a su cargo el ministerio público.
procuraduría 1 *f.* **MINISTERIO** público. 2 Oficina del procurador o procuradora.
procurar 1 *tr.* Esforzarse para conseguir algo. 2 *tr.* y *prnl.* Proporcionar o facilitar una cosa a alguien.
prodigar *tr.* Dar con profusión y abundancia.
prodigio 1 *m.* Suceso sobrenatural. 2 Cosa especial o primorosa. 3 Persona con alguna cualidad extraordinaria.
pródigo, ga 1 *adj.* y *s.* Dadivoso, generoso. 2 Muy fértil.
producción 1 *f.* Acción y efecto de producir. 2 Conjunto de cosas producidas. 3 Modo de producirlas. 4 ECON **costo** de ~; **factores** de ~. || ~ **en cadena** ECON Organización del trabajo en que a cada obrero se le asigna, según un orden impuesto, una tarea muy especializada en el proceso de fabricación de un bien de consumo.
producir 1 *tr.* Engendrar, procrear. 2 Dar beneficio o fruto los terrenos, árboles, etc. 3 Originar, ocasionar. 4 Fabricar o elaborar cosas útiles. 5 ECON

Transformar un producto en un bien útil con valor económico. 6 ECON Rendir utilidad o beneficio algo. 7 *prnl.* Ocurrir, tener lugar.

productividad 1 *f.* Cualidad de productivo. 2 ECON Aumento o disminución de los rendimientos según la variación de los factores de producción (trabajo, capital, técnica, etc.).

productivo, va 1 *adj.* Que produce. 2 Que es útil. 3 ECON Que arroja resultado favorable de valor entre precio y costo.

producto 1 *m.* Cosa producida. 2 Ganancia, beneficio. 3 MAT Resultado de la multiplicación. || ~ **interior bruto** ECON Valor al precio de mercado de los bienes y servicios producidos en un Estado durante un tiempo determinado.

productor, ra 1 *adj.* y *s.* Que produce. 2 BIOL Se dice de los organismos autótrofos en cuanto constituyen la base de la pirámide trófica.

proeza *f.* Hazaña, acción valerosa.

profanar *tr.* Tratar una cosa sagrada como profana.

profano, na 1 *adj.* No sagrado. 2 *adj.* y *s.* Que carece de conocimientos en una materia.

profase *f.* BIOL Primera fase de la mitosis durante la cual los cromosomas se condensan a partir del material nuclear y se escinden para formar parejas.

profecía 1 *f.* Predicción del futuro. 2 Don sobrenatural que permite hacerla.

proferir *tr.* Pronunciar palabras de queja o enojo.

profesar 1 *tr.* Ejercer un arte, oficio, ciencia, etc. 2 Seguir una idea o doctrina. 3 Sentir afecto o inclinación hacia alguien. 4 *intr.* En una orden religiosa, obligarse a cumplir los votos.

profesión 1 *f.* Acción y efecto de profesar. 2 Empleo, facultad u oficio que alguien ejerce. || ~ **liberal** Aquella en cuyo desempeño se requiere ante todo el ejercicio del intelecto.

profesional 1 *adj.* Relativo a la profesión o al oficio. 2 *adj.* y *s.* Se dice del que ejerce una actividad como profesión.

profesionalizar *tr.* y *prnl.* Convertir en profesión una actividad que se ejercía como mera afición.

profesor, ra *m.* y *f.* Persona que enseña una ciencia, arte u oficio.

profeta, tisa 1 *m.* y *f.* Persona que posee el don de profecía. 2 La que conjetura y predice acontecimientos futuros.

profetizar *tr.* Anunciar o predecir el futuro.

profiláctico, ca 1 *adj.* MED Se dice de lo que puede preservar de la enfermedad. 2 *m.* PRESERVATIVO. 3 *f.* Higiene.

profilaxis *f.* MED Tratamiento preventivo de enfermedades infecciosas.

prófugo, ga *adj.* y *s.* Que anda huyendo, fugitivo.

profundidad 1 *f.* Cualidad de profundo. 2 Parte honda de una cosa. 3 Penetración y viveza del pensamiento y de las ideas. 4 GEOM Dimensión de los cuerpos perpendicular a una superficie dada.

profundizar 1 *tr.* Hacer más hondo o profundo. 2 *tr.* e *intr.* Examinar con mucha atención algo para llegar a su mayor conocimiento.

profundo, da 1 *adj.* Que tiene el fondo muy distante del borde. 2 Que penetra mucho o va hasta muy adentro. 3 Que llega hasta el fondo de los sentimientos. 4 Difícil de comprender.

profusión *f.* Abundancia en lo que se da, difunde o derrama.

progenie *f.* Familia de la cual desciende una persona.

progenitor, ra *m.* y *f.* Ascendiente en línea recta, especialmente el padre y madre.

progesterona *f.* BIOQ Hormona sexual femenina cuya función es preparar el útero para la implantación del óvulo y colaborar en el desarrollo de las mamas para la lactancia.

programa 1 *m.* Proyecto ordenado de actividades. 2 Serie de operaciones necesarias para llevar a cabo algo. 3 Relación de materias de un curso o asignatura. 4 INF Serie de instrucciones codificadas para la resolución de un problema. 5 TELEC Unidad temática de una emisión de radio o de televisión.

programación *f.* Acción de programar.

programador, ra 1 *adj.* y *s.* Que programa. 2 *m.* y *f.* Persona que elabora programas de computador.

programar 1 *tr.* Hacer un programa. 2 Preparar ciertas máquinas por anticipado para que empiecen a funcionar en el momento previsto. 3 *tr.* y *prnl.* Idear y ordenar las acciones necesarias para realizar un proyecto. 4 *tr.* e *intr.* INF Diseñar programas para su empleo en computadores.

progresar *intr.* Hacer progresos, avanzar.

progresión 1 *f.* Acción de avanzar o de proseguir algo. 2 Serie no interrumpida. 3 MAT Serie de números o de términos algebraicos en la cual cada tres consecutivos forman proporción continua. || ~ **aritmética** MAT Secuencia de números tales que cada uno de ellos es igual al anterior más una cantidad fija. ~ **geométrica** MAT Aquella en que cada término es igual al anterior multiplicado por una cantidad fija.

progresista *adj.* y *s.* Se dice de la persona de ideas avanzadas.

progresivo, va 1 *adj.* Que progresa. 2 Que avanza o permite avanzar.

progreso *m.* Acción y efecto de avanzar, crecer o mejorar.

prohibición *f.* Acción y efecto de prohibir.

prohibicionismo *m.* HIST Periodo (1919-33) durante el cual estuvo vigente en Estados Unidos la llamada ley seca, que prohibía la venta y producción de bebidas alcohólicas.

prohibir *tr.* Vedar o impedir el uso o la ejecución de algo.

prohibitivo, va 1 *adj.* Que prohíbe. 2 Muy caro.

prójimo 1 *m.* Cualquier persona respecto a otra. 2 Los demás.

prolactina *f.* BIOQ Hormona que estimula la secreción láctea de la glándula mamaria.

prole *f.* Hijos o descendencia.

proletariado *m.* Clase social formada por aquellos que, al no disponer de medios propios de producción, venden su fuerza de trabajo a cambio de un salario.

proletario, ria *adj.* y *s.* Del proletariado.

proliferación *f.* Multiplicación de elementos similares.

proliferar *intr.* Multiplicarse abundantemente.

prolijo, ja 1 *adj.* Esmerado en exceso. 2 Largo, dilatado. 3 PULCRO.

prólogo *m.* Texto antepuesto al cuerpo de una obra, para presentarla o comentarla.

prolongación 1 *f.* Acción y efecto de prolongar o prolongarse. 2 Parte prolongada de algo.

prolongar 1 *tr.* y *prnl.* Alargar, dilatar o extender. 2 Hacer que algo dure más.

promecio *m.* Quím Elemento metálico radiactivo de los lantánidos. Se utiliza en baterías atómicas. Punto de fusión: 1080 °C. Punto de ebullición: 2460 °C. Núm. atómico: 61. Símbolo: Pm.

promediar 1 *tr.* Repartir una cosa en dos partes iguales o casi iguales. 2 Hallar el promedio. 3 *intr.* Llegar a su mitad un espacio de tiempo determinado.

promedio 1 *m.* Punto en que algo se divide por la mitad o casi por la mitad. 2 Mat TÉRMINO medio. || ~ **ponderado** Mat Medida aritmética en la que se considera cada valor del grupo de acuerdo con su importancia en este.

promesa 1 *f.* Acción y efecto de prometer o prometerse. 2 Ofrecimiento solemne de desempeñar correctamente un cargo. 3 Rel Ofrecimiento a Dios, a la Virgen o a un santo de ejecutar una obra piadosa.

promesante *m.* y *f.* PROMESERO.

promesero, ra *m.* y *f.* Persona que cumple una promesa piadosa.

prometedor, ra *adj.* Que da muestras de ser algo bueno en el futuro.

prometer 1 *tr.* Obligarse a cumplir algo. 2 Asegurar la certeza de algo. 3 *prnl.* Darse mutuamente palabra de casamiento.

prometido, da *m.* y *f.* Persona que ha dado palabra de casamiento.

prominencia *f.* Cualidad de prominente.

prominente 1 *adj.* Que se levanta sobre lo que está a sus alrededores. 2 Se dice de la persona destacada, importante.

promiscuidad *f.* Cualidad de promiscuo.

promiscuo, cua *adj.* Se dice de la persona que mantiene relaciones sexuales con muchas personas.

promisor, ra *adj.* PROMETEDOR.

promoción 1 *f.* Acción de promover o promocionar. 2 Conjunto de estudiantes titulados el mismo año.

promocionar 1 *tr.* y *prnl.* Mejorar las condiciones económicas, laborales, sociales, etc. 2 *tr.* Impulsar las ventas de un producto o la marcha de un negocio. 3 Vender un producto a menor precio, rebajarlo.

promontorio *m.* Elevación de poca altura en un terreno.

promotor, ra *adj.* y *s.* Que promueve a alguien o algo.

promover 1 *tr.* Apoyar la ejecución de una actividad. 2 Elevar a alguien a una dignidad o empleo superior.

promulgar *tr.* Hacer que algo se divulgue y propague mucho en el público.

pronombre *m.* Gram Palabra que en la oración funciona sintácticamente como un sustantivo o que lo determina. || ~ **demostrativo** El que designa una situación en el espacio o en el tiempo, a partir de las tres personas del discurso. Sus formas son *este/esta/esto, ese/esa/eso, y aquel/aquella/aquello.* ~ **indefinido** o **indeterminado** El que de manera indeterminada alude a personas o cosas o expresa alguna noción cuantitativa, como alguien, algo, cualquiera, nadie, nada, uno, varios, etc. ~ **personal** El que designa personas, otros seres vivos o cosas mediante cualquiera de las tres personas gramaticales, como *yo, tú, vos, él, me, te, os, ellas,* etc. ~ **posesivo** El que denota posesión o pertenencia. Los pronombres posesivos son *mío/mi, tuyo/tu, suyo /su, nuestro, vuestro, suyo/su,* con sus variantes de género y número. ~ **reflexivo** El personal cuyo antecedente es generalmente el sujeto: *Laura se reía; Vino hacia mí con ímpetu; Tu padre solo piensa en sí mismo.* ~ **relativo** El que desempeña una función en la oración a la que pertenece, inserta esta en una unidad superior y tiene un antecedente, expreso o implícito. Los pronombres relativos son *que, quien* y *cual: La bicicleta que me prestaste se averió; quien mucho habla mucho yerra; vimos una casa, la cual parecía embrujada.*

pronominal 1 *adj.* Gram Relativo al pronombre. 2 Gram **locución** ~; **verbo** ~.

pronosticar *tr.* Realizar pronósticos.

pronóstico *m.* Predicción del futuro basándose en datos y observaciones de ciertos fenómenos.

prontitud *f.* Celeridad o presteza en ejecutar algo.

pronto, ta 1 *adj.* Veloz, ligero. 2 Dispuesto, preparado. 3 *adv. t.* Presto, rápidamente.

prontuario *m.* Der Relación judicial de un detenido.

pronunciación *f.* Acción y efecto de pronunciar.

pronunciado, da *adj.* Visible, evidente.

pronunciamiento *m.* Alzamiento militar contra el gobierno constituido.

pronunciar 1 *tr.* Emitir y articular sonidos para hablar. 2 *prnl.* Expresar una opinión.

propagación *m.* Acción y efecto de propagar.

propaganda *f.* Serie de medios para propagar un ideario político, un producto, un espectáculo, etc., entre los cuales el más importante es la publicidad.

propagar 1 *tr.* y *prnl.* Multiplicar por reproducción. 2 Difundir. 3 Esparcir.

propalar *tr.* Divulgar una cosa oculta.

propano *m.* Quím Hidrocarburo gaseoso presente en el gas natural y que se usa como combustible.

propasar 1 *tr.* y *prnl.* Llegar más lejos de lo previsto. 2 *prnl.* Faltar al respeto a alguien.

propender *intr.* Tener tendencia hacia alguien o algo.

propensión *f.* Acción y efecto de propender.

propergol *m.* Quím Mezcla de un combustible con un comburente, cuya reacción da lugar a energía

A B C D E F G H I J K L M N Ñ O P Q R S T U V W X Y Z

autopropulsora, utilizada para el impulso de las astronaves.

propiciar *tr.* Favorecer, patrocinar.

propicio, cia *adj.* Se dice de lo que es favorable o apropiado para un fin.

propiedad 1 *f.* Derecho o facultad de disponer de un bien. 2 Cosa que se posee. 3 Cualidad esencial de alguien o algo. || ~ **intelectual** DER derecho de autor.

propietario, ria *adj.* y *s.* Que tiene derecho de propiedad sobre algo.

propina *f.* Gratificación pequeña en recompensa de un servicio.

propinar *tr.* Dar un golpe o un mordisco: *El burro le propinó una coz.*

propio, pia 1 *adj.* Perteneciente a alguien en exclusiva. 2 Característico, peculiar. 3 Conveniente, adecuado. 4 Referente a la persona que habla o de que se habla. 5 No postizo ni accidental. 6 Se dice, por oposición a figurado, del uso o significado original de las palabras. 7 GRAM **nombre** ~.

propiocepción *f.* PSIC Percepción inconsciente de la postura y los movimientos corporales.

proponer 1 *tr.* Manifestar algo a alguien para que lo conozca o lo adopte. 2 Presentar a alguien para un empleo. 3 Hacer una propuesta. 4 *prnl.* Hacer propósito de ejecutar o no algo.

proporción 1 *f.* Armonía o correspondencia entre las partes de una cosa o entre varias cosas. 2 Dimensión, intensidad, importancia. 3 MAT Igualdad de dos razones. || ~ **armónica** MAT Conjunto de tres números en los que el mayor forma con el menor la misma razón que la existente entre la diferencia del mayor y el medio y el medio y el menor; como 6, 4, 3. ~ **áurea sección áurea**. ~ **continua** MAT La que forman tres términos consecutivos de una progresión. ~ **directa** MAT Aquella en la que al aumentar una magnitud, la otra también aumenta: *El volumen de un cuerpo y su peso son magnitudes directas.*

proporcionado, da *adj.* Que guarda proporción.

proporcional 1 *adj.* Relativo a la proporción. 2 Se dice de la cantidad o magnitud que mantiene una proporción o razón constante con otra. 3 MAT **media** geométrica o ~.

proporcionalidad *f.* Conformidad o proporción de una parte con el todo o de cosas relacionadas entre sí. || ~ **directa** MAT La que se establece entre dos magnitudes cuando el cociente entre pares de valores es constante. ~ **inversa** MAT La que se establece entre dos magnitudes cuando al aumentar una de ellas *n* veces, a la otra le corresponde la enésima parte.

proporcionar 1 *tr.* y *prnl.* Poner a disposición de alguien lo que necesita. 2 *tr.* Equilibrar, armonizar.

proposición 1 *f.* Acción y efecto de proponer. 2 GRAM **oración**. 3 LÓG Expresión de un juicio entre dos términos, sujeto y predicado, que afirma o niega este de aquel, o incluye o excluye el primero respecto al segundo. 4 MAT Enunciado de una verdad demostrada o que se quiere demostrar.

propósito 1 *m.* Intención de hacer o de no hacer algo. 2 Asunto, materia de que se trata.

propuesta 1 *f.* Proposición, acción y efecto de proponer. 2 Consulta de un asunto para buscar su resolución.

propugnar *tr.* Apoyar algo por creerlo conveniente.

propulsar *tr.* Impulsar hacia delante.

propulsión *f.* Acción de propulsar.

prórroga *f.* Acción y efecto de prorrogar.

prorrogar 1 *tr.* Extender algo por un tiempo determinado. 2 Suspender, aplazar.

prorrumpir *intr.* Salir con ímpetu una cosa.

prosa 1 *f.* Estructura del lenguaje que no está sujeta, como el verso, a medida y cadencia determinadas. 2 LIT **poema en** ~.

prosaico, ca *adj.* Falto de ideales, insulso, vulgar.

prosapia *f.* Linaje de alguien.

proscenio *m.* TEAT Parte del escenario más inmediata al público.

proscribir *tr.* Excluir, prohibir.

proscrito, ta *adj.* y *s.* Desterrado.

proseguir *tr.* e *intr.* Continuar lo que se tenía empezado.

proselitismo *m.* Celo desmesurado en ganar prosélitos.

prosélito *m.* Persona que se gana para una causa o un ideal.

prosodia *f.* FON Correcta pronunciación y acentuación de las palabras.

prosódico, ca 1 *adj.* Relativo a la prosodia. 2 FON **acento** ~.

prosopopeya *f.* Afectación de gravedad y pompa.

prospección 1 *f.* Exploración del suelo encaminada a descubrir yacimientos arqueológicos. 2 GEO Exploración del subsuelo para la localización de yacimientos minerales, petrolíferos, etc.

prospecto *m.* Folleto informativo sobre un producto, un espectáculo, etc.

prosperar 1 *tr.* Ocasionar prosperidad. 2 *intr.* Gozar de prosperidad. 3 Imponerse una idea o teoría.

prosperidad *f.* Bienestar, buen nivel de vida.

próstata *f.* ANAT y FISIOL Glándula de secreción externa unida al cuello de la vejiga y a la uretra. Segrega un líquido que ayuda a formar el semen.

prosternarse *prnl.* Arrodillarse, postrarse por respeto.

prostíbulo *m.* **burdel**.

prostitución *f.* Acto por el cual alguien mantiene habitualmente relaciones sexuales con un número indeterminado de personas a cambio de remuneración.

prostituir *tr.* y *prnl.* Inducir o entregarse a la prostitución.

prostituto, ta *m.* y *f.* Persona que ejerce la prostitución.

protactinio *m.* QUÍM Metal radiactivo del grupo de los actínidos. Punto de fusión: 1552 °C. Punto de ebullición: 4227 °C. Núm. atómico: 91. Símbolo: Pa.

protagonista 1 *m.* y *f.* Personaje principal de una obra literaria, cinematográfica, etc. 2 Persona que tiene la parte principal en un asunto o suceso.

A B C D E F G H I J K L M N Ñ O P Q R S T U V W X Y Z

protagonizar 1 *tr.* Representar un papel de protagonista. 2 Ser personaje principal en un asunto.

prótalo *m.* BOT Gametofito donde se originan los órganos sexuales de los helechos.

protección 1 *f.* Acción y efecto de proteger. 2 Cosa que protege.

proteccionismo *m.* ECON Doctrina encaminada a proteger la economía de un Estado frente a la competencia extranjera, mediante el control de las importaciones, el uso de aranceles, etc.

protectorado *m.* Parte de soberanía que un Estado ejerce en territorio no incorporado plenamente al de su nación.

proteger 1 *tr.* y *prnl.* Amparar, favorecer, defender. 2 *tr.* Cubrir algo para resguardarlo de un posible daño.

proteico, ca *adj.* BIOQ **PROTEÍNICO.**

proteína *f.* BIOQ y FISIOL Compuesto orgánico esencial de la materia viva, formado por una o varias cadenas de aminoácidos, como las enzimas y las hormonas. || **~s del complemento** BIOQ y FISIOL Familia de compuestos que, junto a las inmunoglobulinas, les facilitan a las células inmunológicas llevar a cabo la fagocitosis.

☐ BIOQ y FISIOL Los elementos fundamentales de las proteínas son carbono (50 %), oxígeno (20 %), nitrógeno (16 %), hidrógeno (7 %) y azufre (2 %), además de otros elementos en cantidades menores. Se encuentran en todos los seres vivos y son esenciales para los procesos bioquímicos de los organismos.

proteínico, ca *adj.* Relativo a las proteínas.

proterozoico, ca *adj.* y *m.* GEO Se dice del segundo eón de la historia geológica terrestre, que se extendió desde hace 2500 hasta hace 570 millones de años, cuando se inició el **fanerozoico.**

prótesis *f.* MED Pieza artificial que sustituye a un órgano.

protesta 1 *f.* Acción y efecto de protestar. 2 **MANIFESTACIÓN,** acto público.

protestante 1 *adj.* Que protesta. 2 Relativo a alguna de las iglesias cristianas formadas como consecuencia de la Reforma.

protestantismo *m.* REL Conjunto de doctrinas e iglesias nacidas de la **Reforma** (s. XVI), cuyo objetivo declarado era el de restaurar la fe cristiana como había sido en sus orígenes. Sus cuatro principales credos son: **luteranismo, calvinismo, anabaptismo** y **anglicanismo.**

protestar *intr.* Expresar, generalmente con vehemencia, queja o disconformidad.

protista *adj.* y *m.* BIOL Se dice de los organismos unicelulares de organización eucariótica, como ciertas algas y los protozoos. Conforman un reino.

☐ Algunos protistas comparten características con las plantas (fotosíntesis) y otros con los animales (ingieren el alimento) y los hongos (absorben nutrientes). Las **diatomeas,** los **euglenofitos** y ciertas algas se encuentran entre los semejantes a las plantas; los semejantes a animales son los **protozoos.**

protocolizar *tr.* DER Incorporar al protocolo un documento.

protocolo 1 *m.* Acta sobre un acuerdo, conferencia o congreso diplomático. 2 Norma ceremonial establecida por costumbre. 3 DER Conjunto de documentos que un notario custodia y autoriza con ciertas formalidades.

protón *m.* FÍS Partícula subatómica con carga positiva. Es, junto a los neutrones, el componente fundamental del núcleo atómico.

protonema *m.* BOT Órgano de las briofitas sobre el que se desarrollan los gametofitos.

protoplasma *m.* BIOL Sustancia constitutiva de las células que contiene numerosos cuerpos orgánicos y algunas sales inorgánicas.

prototipo 1 *m.* Ejemplar original o primer molde en que se fabrica algo. 2 Persona o cosa representativa de lo más característico en un género.

protozoarios *m. pl.* BIOL **PROTOZOO.**

protozoo *adj.* y *m.* BIOL Se dice de los organismos **protistas** que ingieren alimento. No poseen órganos, o están muy poco diferenciados, y son, generalmente, acuáticos. Se mueven mediante flagelos, cilios o seudópodos. Conforman un subreino que agrupa a **flagelados, sarcodinos, ciliados** y **esporozoos.**

protráctil *adj.* ZOOL Se dice de la lengua de algunos reptiles que puede proyectarse mucho fuera de la boca.

protuberancia *f.* Prominencia redondeada.

provecho 1 *m.* Beneficio o utilidad. 2 Efecto positivo de la comida o bebida.

proveedor, ra *m.* y *f.* Persona, empresa, etc., que provee o abastece.

proveer *tr.* y *prnl.* Facilitar lo necesario para un fin.

provenir *intr.* Proceder, originarse una cosa de otra.

proverbial 1 *adj.* Relativo al proverbio. 2 Muy notorio, consabido.

proverbio *m.* Sentencia, adagio, refrán.

providencia *f.* REL Dios considerado como cuidando de la creación y de sus criaturas. • Se escribe con may. inic.

providencial 1 *adj.* Relativo a la Providencia. 2 Se dice del hecho casual que libra de un peligro inminente.

provincia *f.* División administrativa de algunos Estados, sujeta generalmente a un poder central.

provincial *adj.* Relativo a una provincia.

provincialismo *m.* Predilección hacia los usos, costumbres, etc., de la provincia en que se ha nacido.

provincianismo *m.* Apego excesivo a las costumbres particulares de una provincia o sociedad.

provinciano, na *adj.* y *s.* De la provincia, en contraposición a la capital.

provisión 1 *f.* Acción y efecto de proveer. 2 *pl.* Víveres y cosas imprescindibles que se llevan en un viaje o se almacenan por precaución.

provisional 1 *adj.* Dispuesto interinamente. 2 DER **libertad ~.**

provocación *f.* Acción y efecto de provocar.

provocar 1 *tr.* Inducir a alguien a que haga algo. 2 Incitar, mover a un estado anímico y a la manifestación de este.

provocativo, va *adj.* Que provoca, excita o estimula.

proxeneta *m.* y *f.* Persona que se beneficia económicamente de la prostitución de otros.

próximo, ma *adj.* Cercano en el espacio o en el tiempo.

proyección 1 *f.* Acción y efecto de proyectar. 2 Cosa proyectada. 3 GEOM Figura que resulta en una superficie, de proyectar en ella todos los puntos de otra figura. || ~ **cónica** GEOM La que resulta de dirigir todas las líneas proyectantes a un punto concurrente. ~ **ortogonal** GEOM La que resulta de trazar todas las líneas proyectantes perpendiculares a un plano.

proyectar 1 *tr.* Lanzar, arrojar con fuerza y hacia delante. 2 Trazar un plan. 3 Reflejar sobre una pantalla una diapositiva, una película, etc. 4 GEOM Trazar líneas rectas desde todos los puntos de una figura, según determinadas reglas, hasta que encuentren una superficie por lo común plana. 5 *tr.* y *prnl.* Hacer visible sobre una superficie la sombra o figura de algo.

proyectil *m.* Cualquier objeto arrojadizo, como la lanza o la bala.

proyectivo, va *adj.* Relativo al proyecto o a la proyección.

proyecto 1 *m.* Acción y efecto de proyectar un plan. 2 Redacción provisional de una ley, un reglamento, etc. 3 Conjunto de diseños, cálculos, etc., que determinan lo necesario para la construcción de una obra de arquitectura o ingeniería.

proyector, ra 1 *adj.* Que sirve para proyectar. 2 *m.* Aparato para proyectar imágenes sobre una pantalla.

prudencia 1 *f.* Discernimiento, buen juicio. 2 Cautela, precaución. 3 Templaza, moderación.

prudente *adj.* y *s.* Que obra con prudencia.

prueba 1 *f.* Acción y efecto de probar. 2 Argumento o hecho que muestra la verdad o falsedad de algo. 3 Ensayo o experimento que se hace de algo. 4 Cantidad pequeña de algo que sirve para demostrar su calidad. 5 Examen que se hace para demostrar o comprobar los conocimientos o aptitudes de alguien. 6 DEP Competición deportiva. 7 **banco** de ~s.

prurito 1 *m.* Comezón, picor. 2 Afán de perfeccionismo.

psicoactivo, va (Tb. sicoactivo) *adj.* Se dice de las sustancias que alteran las funciones psíquicas, como la cafeína.

psicoanálisis (Tb. sicoanálisis) *m.* MED y PSIC Tratamiento de los trastornos mentales basado en el análisis del inconsciente.

psicoanalista (Tb. sicoanalista) *adj.* y *s.* Se dice de quien profesionalmente se dedica al psicoanálisis.

psicodélico, ca (Tb. sicodélico) *adj.* Se dice del agente causante de la estimulación de elementos psíquicos que normalmente están ocultos, como los alucinógenos.

psicodrama (Tb. sicodrama) *m.* PSIC Terapia que consiste en la representación por los pacientes de situaciones dramáticas relacionadas con sus conflictos.

psicolingüístico, ca (Tb. sicolingüístico) 1 *adj.* Relativo a la psicolingüística. 2 *f.* LING Disciplina que estudia el comportamiento verbal a partir de los procesos psicológicos en los que se fundamenta.

psicología (Tb. sicología) 1 *f.* PSIC Ciencia que estudia el comportamiento de las personas y los estados de conciencia y trata sus problemas sociales, emocionales y de aprendizaje. 2 Manera de ser de un individuo o una colectividad.

psicometría (Tb. sicometría) *f.* PSIC Parte de la psicología experimental que mide las funciones mentales de un individuo.

psicopedagogía (Tb. sicopedagogía) *f.* PSIC Rama de la psicología que busca una formulación adecuada de los métodos pedagógicos.

psicosis (Tb. sicosis) *f.* MED y PSIC Grupo de enfermedades caracterizadas por una alteración de la personalidad.

psicoterapia (Tb. sicoterapia) *f.* PSIC Tratamiento de las enfermedades mentales mediante psicoanálisis, sugestión, terapia de grupo, etc.

psique *f.* Alma humana, inteligencia.

psiquiatría (Tb. siquiatría) *f.* MED Ciencia que trata del diagnóstico y tratamiento de las enfermedades mentales.

psitaciforme *adj.* y *f.* ZOOL Se dice de las aves de plumaje vistoso, cabeza grande, pico fuerte y ganchudo y con los dedos dispuestos para trepar, como los loros. Conforman un orden.

pteridofito, ta *adj.* y *f.* BOT Se dice de las plantas criptógamas de generación alternante en las que la generación asexual (esporofito) domina sobre la sexual (gametofito), como en los helechos. Conforman un filo.

pterosaurio *m.* Reptil volador del Mesozoico cuyas alas eran unas membranas similares a las de los murciélagos. Su alas alcanzaban hasta 12 m de envergadura.

púa 1 *f.* Cuerpo delgado, rígido y puntiagudo. 2 Espina o aguijón de ciertos animales. 3 MÚS **PLECTRO**.

púber, ra *adj.* y *s.* Que ha llegado a la pubertad.

pubertad *f.* FISIOL Época de la vida en que en las mujeres comienza la menstruación y en los hombres la producción de semen y que en ambos aumentan de tamaño los genitales externos y aparecen los caracteres sexuales secundarios.

pubis 1 *m.* ANAT Hueso que en los mamíferos adultos se une al ilion y al isquion para formar el innominado. 2 ANAT Parte inferior del abdomen, que se cubre de vello en la pubertad.

publicación 1 *f.* Acción y efecto de publicar. 2 Obra publicada.

publicano *m.* HIST Entre los romanos, arrendador de las rentas públicas del Estado.

publicar 1 *tr.* Hacer manifiesto al público algo. 2 Editar un artículo, un anuncio, etc., en un medio de difusión escrita.

publicidad *f.* Divulgación de las cualidades de un producto, de la imagen de un candidato, etc., para lograr su aceptación por el público.

publicitar 1 *tr.* Dar a la publicidad. 2 *intr.* Hacer publicidad.

publicitario, ria *adj.* Relativo a la publicidad.

público, ca 1 *adj.* Sabido por todos. 2 **orden** ~. 3 **espacio** ~. 4 ECON **deuda** ~; **hacienda** ~. 5 *m.* Personas que forman una colectividad. 6 Conjunto de asistentes a un espectáculo, una competición, etc.

puchero 1 *m.* Vasija abultada de cuello ancho y con una sola asa junto a la boca. 2 Especie de cocido. 3 Gesto que precede al llanto.

púdico, ca *adj.* y *s.* Casto, pudoroso.

pudiente *adj.* y *s.* Rico, potentado.

pudín 1 *m.* Dulce que se prepara con bizcocho deshecho en leche y con azúcar y frutas secas. 2 Plato semejante por su consistencia, dulce o no. 3 TARTA.

pudor *m.* Recato, timidez.

pudrir *tr.* y *prnl.* Hacer que una materia orgánica muerta se descomponga.

pueblo[1] 1 *m.* Villa o población, especialmente la que no tiene consideración de ciudad. 2 Conjunto de habitantes de un territorio. 3 Gente común. 4 DER **defensor** del ~.

pueblo[2] *adj.* y *s.* HIST De un grupo amerindio matriarcal asentado, a la llegada de los españoles, en el SO de Estados Unidos. Destacaron sus agrupaciones de casas en piedra. • U. t. c. s. pl.

puelche *adj.* y *s.* De un pueblo amerindio del sur de Argentina que, tras ser diezmado por los colonizadores, emigró al sur del río Negro, donde habitan sus descendientes. • U. t. c. s. pl.

puente 1 *m.* Construcción sobre un río, una vía férrea, etc., para el paso de vehículos o personas. 2 Lo que sirve de conexión entre cosas incomunicadas. 3 Día laborable entre dos festivos y al que se hace extensible la fiesta. 4 Pieza central de la montura de las gafas. 5 Plataforma que va de banda a banda de una embarcación. 6 MED Pieza metálica con que se sujetan las prótesis dentales. 7 MÚS Tablilla que en la tapa de los instrumentos de cuerdas, las mantiene levantadas.

puenting (Voz ingl.) *m.* Deporte de alto riesgo que consiste en lanzarse al vacío desde un puente u otro lugar al que se está sujeto con cuerdas especiales.

puerca *f.* PUERCO.

puerco, ca 1 *m.* y *f.* CERDO. 2 *adj.* y *s.* Desaliñado, sucio, grosero. 3 ERIZO, mamífero. || ~ **espín** PUERCOESPÍN.

puercoespín (Tb. puerco espín) *m.* Mamífero roedor con el cuerpo cubierto de cerdas, hocico corto y fuertes uñas.

pueril 1 *adj.* Propio del niño. 2 Fútil, trivial.

puerro *m.* Planta comestible de bulbo alargado, hojas largas y carnosas y flores en umbela.

puerta 1 *f.* Abertura regular en una pared, verja, vehículo, etc., para entrar y salir fácilmente. 2 Armazón que, engoznada o puesta en dicha abertura, sirve para impedir la entrada o salida.

puerto 1 *m.* Lugar costero donde fondean las embarcaciones y se realiza el embarque y desembarque de pasajeros y carga. 2 Ciudad edificada en torno a él. 3 Depresión que da paso entre montañas. 4 INF En un computador, lugar donde se intercambian datos con otros dispositivos, como impresoras, módems, etc.

pues *conj.* Indica causa, motivo o razón.

puesto, ta 1 *adj.* Modo de estar bien o mal arreglado. 2 *m.* Espacio que ocupa una persona o cosa, o que le corresponde. 3 Lugar señalado para la realización de algo. 4 Tiendecilla o armazón en una calle o mercado, para vender cosas. 5 Empleo u oficio. 6 *f.* Acción de ponerse un astro. 7 Acción de poner sus huevos las aves. ||~ **en escena** TEAT Representación en escena de un guion de teatro o cinematográfico: La puesta en escena también se refiere, en el teatro, a la composición del escenario y, en el cine, al plano.

púgil *m.* BOXEADOR.

pugna *f.* Oposición de ideas, intereses, humores, etc.

pugnar 1 *intr.* Contender, pelear. 2 Empeñarse en el logro de algo.

pujar[1] *tr.* Hacer fuerza para proseguir una acción, procurando vencer el obstáculo que se encuentra.

pujar[2] *tr.* Aumentar alguien en una subasta el precio ofrecido.

pulcro, cra *adj.* Aseado, limpio.

pulga *f.* Insecto hematófago muy pequeño, de cuerpo comprimido con piezas bucales perforadoras y chupadoras. Es un parásito de la superficie de la piel.

pulgada *f.* Medida de longitud que equivale a 25,4 mm.

pulgar *adj.* y *m.* ANAT **DEDO** pulgar.

pulgón *m.* Insecto hemíptero muy pequeño, de color verdoso. Las hembras y sus larvas viven parásitas sobre las hojas y las partes tiernas de ciertas plantas.

pulido, da 1 *adj.* Hecho con esmero, bien acabado. 2 *m.* Acción y efecto de pulir.

pulir 1 *tr.* Alisar, dar lustre a una superficie. 2 Dar el acabado final a algo. 3 *tr.* y *prnl.* Adornar, embellecer.

pulla *f.* Indirecta con que se humilla a alguien.

pulmón 1 *m.* ANAT Órgano par del aparato respiratorio de hombre y de los vertebrados terrestres, situado en la cavidad torácica. Es esponjoso y blando y está dividido en lóbulos y cubierto por la pleura. 2 ZOOL Órgano respiratorio de los moluscos terrestres cuyas paredes están provistas de vasos sanguíneos.

pulmonar 1 *adj.* Relativo a los pulmones. 2 ANAT Se dice de la arteria que lleva la sangre a los pulmones desde el ventrículo derecho. 3 ZOOL **respiración** ~.

pulmonía *f.* MED Inflamación del pulmón producida por un neumococo.

pulpa 1 *f.* Carne sin grasa ni huesos. 2 Carne de la fruta. 3 Médula de las plantas leñosas. 4 Fruta fresca deshuesada y triturada.

púlpito *m.* Plataforma elevada en una iglesia, desde donde predica el sacerdote.

pulpo *m.* Molusco cefalópodo de boca con fuertes mandíbulas, ojos aparentes y ocho largos tentáculos prensores y locomotores.

pulque *m.* Bebida alcohólica obtenida por fermentación del aguamiel de maguey.

pulsación 1 *f.* Acción de pulsar. 2 Cada uno de los golpes o toques que se dan en un teclado. 3 Fís Forma de una onda. 4 Fisiol Cada uno de los latidos que produce la sangre en las arterias.

pulsar[1] 1 *tr.* Tocar o golpear las teclas o cuerdas de un instrumento. 2 Tantear el estado de un asunto o la opinión de alguien.

pulsar[2] *m.* Astr Estrella de neutrones, caracterizada por la emisión intermitente de energía radiante muy intensa.

pulsear *intr.* Probar dos personas, asidas por la misma mano y con los codos en firme, quién de ellas tiene más fuerza.

pulsera *f.* Aro, cadena, etc., que se lleva en la muñeca.

pulso 1 *m.* Fisiol Latido rítmico arterial producido por la contracción sistólica, que se siente en varias partes del cuerpo. 2 Seguridad o firmeza en la mano para ejecutar algo. 3 Acción de pulsear.

pulular *intr.* Abundar, proliferar seres o cosas.

pulverizador, ra *m.* y *f.* Aparato para pulverizar un líquido.

pulverizar 1 *tr.* y *prnl.* Reducir a polvo una cosa. 2 Esparcir un líquido en partículas tenues. 3 Destruir, asolar.

pum Onomatopeya que expresa ruido, explosión o golpe.

puma *m.* Félido americano, de 1,50 m de longitud y pelaje amarillento.

puna 1 *f.* Ecol Extensión grande de terreno raso y yermo. 2 Ecol Altiplano característico de los Andes meridionales, situado entre 3000 y 5000 m de altitud, de vegetación escasa y adaptada a la amplia oscilación térmica.

punción *f.* Med Operación consistente en abrir los tejidos con un instrumento punzante y cortante a la vez.

pundonor *m.* Amor propio, autoestima.

punible *adj.* Que merece castigo.

púnico, ca *adj.* y *s.* De Cartago, antigua ciudad y reino del norte de África.

punk *adj.* Se dice de un movimiento juvenil surgido en Gran Bretaña en la década de 1970, que se expresó a través de un estilo propio de música *rock* y mediante conductas e indumentarias agresivas y contestatarias.

punta 1 *f.* Extremo de una cosa. 2 Extremo agudo de un arma o instrumento. 3 Pequeña cantidad de algo.

puntada 1 *f.* Cada uno de los agujeros hechos al coser. 2 Espacio que media entre dos de ellos.

puntaje *m.* Conjunto de puntos obtenidos en algún tipo de prueba.

puntal *m.* Madero hincado en tierra, que sostiene alguna cosa.

puntapié *m.* Golpe que se da con la punta del pie.

puntear 1 *tr.* Marcar, dibujar, pintar o grabar con puntos. 2 Mús Tocar un instrumento musical hiriendo cada cuerda independientemente. 3 *tr.* e *intr.* Marchar a la cabeza de un grupo de personas o animales.

puntería *f.* Destreza para dar en el blanco.

puntero, ra 1 *adj.* y *s.* Que descuella en alguna actividad. 2 *m.* Palo o vara que se usa para señalar. 3 Inf Símbolo en la pantalla que se controla mediante un ratón u otro dispositivo de entrada y que sirve para indicar y seleccionar lugares u opciones. 4 *f.* Refuerzo en la punta de un zapato, media, calcetín, etc.

puntiagudo, da *adj.* Que tiene aguda la punta.

puntilla *f.* Clavo delgado con cabeza y punta.

puntillismo *m.* Art Procedimiento pictórico que consiste en la aplicación de pequeñas pinceladas yuxtapuestas de color puro, que a cierta distancia se funden en uno solo.

punto 1 *m.* Señal pequeña y redondeada, perceptible en una superficie. 2 Cada una de las puntadas de una labor de costura. 3 Cada uno de los agujeros que tienen ciertas piezas para sujetarlas y ajustarlas con hebillas, clavijas, etc. 4 Estado perfecto que llega a tomar un alimento al prepararlo. 5 Sitio, lugar. 6 Unidad de calificación o tanteo en ciertos juegos, exámenes, etc. 7 Cada uno de los asuntos o materias de un programa, un libro, un artículo, etc. 8 Grado de temperatura necesario para que se produzcan determinados fenómenos físicos. 9 Fís ~ de **apoyo**; ~ de **congelación**; ~ de **ebullición**; ~ de **fusión**. 10 Geom Límite mínimo de la extensión, que se considera sin longitud, latitud ni profundidad. 11 Med Puntada que da el cirujano pasando la aguja por los labios de la herida. 12 Ort Señal ortográfica que se pone sobre la i y la j. 13 Ort Signo de puntuación (.) con que se indica el fin del sentido gramatical y lógico de un periodo o de una sola oración. • La palabra que sigue al punto se escribe siempre en mayúscula y no debe escribirse punto después de los signos de cierre de exclamación o de interrogación. || ~ **cardinal** Geo El que con otros tres divide el horizonte en cuatro partes iguales; su posición está determinada por la del polo septentrional (Norte), por la del Sol al mediodía (Sur), y por su salida y puesta en los equinoccios (Este y Oeste). ~ **de fuga** Geom Lugar del horizonte en el que se encuentran todas las líneas paralelas. ~ **de vista** 1 Aspecto con que puede considerarse un asunto. 2 Geom En perspectiva, aquel en el que parecen concurrir todas las líneas perpendiculares al mismo plano. **dos ~s** Ort Signo de puntuación (:) con que se indica haber terminado completamente el sentido gramatical, pero no el lógico. ~ **final** Ort El que se pone cuando concluye un escrito o una división importante del texto. **~s suspensivos** Ort Signo de puntuación formado por tres puntos consecutivos (...) con que se denota quedar incompleto o en suspenso el sentido de una oración o cláusula. ~ **y aparte** o ~ **aparte** Ort El que se pone cuando termina el párrafo y el texto continúa en otro. ~ **y coma** Ort Signo de puntuación

(;) con que se indica pausa mayor que con la coma y menor que el punto. ~ **y seguido** o ~ **seguido** ORT El que se pone cuando termina un periodo y el texto continúa inmediatamente después del punto.

puntuación 1 *f.* ORT Acción y efecto de puntuar. 2 ORT Conjunto de signos y reglas que sirven para puntuar. Estos signos son: **coma, comillas, corchete, dos puntos, exclamación** e **interrogación, paréntesis, punto, punto y coma, puntos suspensivos** y **raya**. Existen, además, los llamados signos auxiliares, que son: **asterisco, barra, diéresis, guion, llave** y **tilde**.

puntual *adj.* Que llega o se cumple en el momento convenido.

puntualizar 1 *tr.* Describir algo con todas sus circunstancias. 2 Precisar algo, aclararlo o corregirlo.

puntuar 1 *tr.* ORT Poner en la escritura los signos de puntuación para la correcta lectura del texto. 2 Calificar con puntos. 3 *intr.* Entrar en el cómputo de los puntos una prueba o competición.

punzada *f.* Dolor agudo, repentino y pasajero.

punzar 1 *tr.* Herir con una punta. 2 *intr.* Avivarse un dolor.

punzón *m.* Instrumento terminado en punta para abrir agujeros o grabar superficies.

puñado 1 *m.* Lo que se puede contener en un puño. 2 Cantidad pequeña de lo que suele haber mucho.

puñal *m.* Arma corta de acero que solo hiere de punta.

puñalada 1 *f.* Golpe que se da con el puñal u otra arma semejante. 2 Herida que resulta.

puñetazo *m.* Golpe que se da con el puño.

puño 1 *m.* Mano cerrada. 2 **PUÑADO**, lo que cabe en esta. 3 Parte de la manga de una prenda que rodea la muñeca. 4 Parte por la que se agarra un arma, una herramienta u otro utensilio.

pupa 1 *f.* MED Lesión cutánea que queda al secarse un grano, una herida, etc. 2 ZOOL **CRISÁLIDA**.

pupilo, la 1 *m.* y *f.* Menor que está bajo la responsabilidad de un tutor. 2 *f.* ANAT Abertura circular del centro del iris que da paso a la luz.

pupitre *m.* Mueble con cajón fijo y una tapa, el cual sirve para escribir.

puré *m.* Pasta de legumbres o tubérculos cocidos.

pureza 1 *f.* Calidad de puro. 2 **VIRGINIDAD**.

purga *f.* Acción y efecto de purgar.

purgante *m.* FARM Medicamento que purga.

purgar 1 *tr.* Compensar con una pena una culpa o un delito. 2 POLÍT Expulsar a miembros de una organización, institución, etc. 3 *tr.* y *prnl.* MED Administrar un medicamento para defecar.

purgatorio *m.* REL Lugar donde, según el catolicismo, las almas de los justos purgan sus culpas antes de ser admitidos en el cielo.

purificación *f.* Acción y efecto de purificar.

purificador, ra *adj.* y *s.* Que purifica.

purificar 1 *tr.* y *prnl.* Quitar de una cosa sus impurezas o lo que le es extraño. 2 Limpiar de imperfecciones una cosa no material.

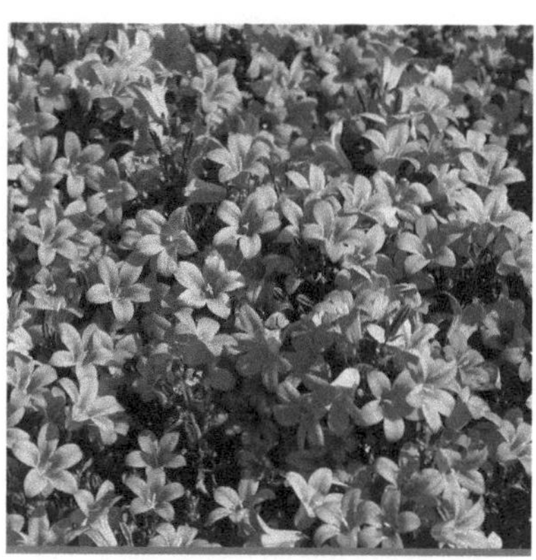

purina *f.* QUÍM Compuesto orgánico aromático que abunda en los núcleos de las células. Algunos de sus derivados conforman los ácidos nucleicos.

purismo *m.* Cualidad de purista.

purista 1 *adj.* y *s.* Que evita el uso de extranjerismos. 2 Que sigue estrictamente un estilo artístico.

puritanismo *m.* HIST y REL Movimiento calvinista anglicano (ss. XVI-XVII) cuyo único código religioso, social, moral, litúrgico y político era la Biblia. Muchos de sus adeptos, perseguidos por Isabel I, emigraron a Holanda y América del Norte.

puritano, na 1 *adj.* y *s.* Seguidor del puritanismo. 2 Que alardea de profesar con rigor las virtudes.

puro, ra 1 *adj.* Exento de mezcla o cosas extrañas. 2 Casto o ajeno a la sensualidad. 3 Libre de imperfecciones morales. 4 *adj.* y *m.* Cigarro, rollo de hojas de tabaco.

púrpura *m.* y *adj.* Color rojo oscuro, casi violeta.

purulento *adj.* Que tiene pus.

pus *m.* MED Líquido amarillento que se forma en los tejidos infectados.

pusilánime *adj.* y *s.* Falto de ánimo y valor.

pústula *f.* MED Ampolla de la piel que contiene pus.

putativo, va *adj.* Tenido por padre, hermano, etc., sin serlo.

puto, ta 1 *m.* y *f.* **PROSTITUTO**.

putrefacción *f.* Acción y efecto de pudrir o pudrirse.

putrefacto, ta *adj.* Podrido, descompuesto.

puya *f.* Todo objeto de punta afilada.

PVC *m.* Material plástico y resistente que se usa generalmente para la fabricación de tuberías. • Sigla de *Polyvinyl Chloride*.

pyme *f.* ECON Empresa que emplea a un reducido número de trabajadores, con un moderado volumen de facturación. Se consideran pequeñas, si tienen menos de 20 trabajadores, y medianas, si tienen entre 20 y 50 trabajadores.

q *f.* Decimoctava letra del **alfabeto** español y catorceava de sus consonantes. Su nombre es *cu* y representa gráficamente el mismo sonido consonántico, oclusivo, velar y sordo de la *c* ante *a, o* y *u,* y de la *k* ante cualquier vocal. Se usa solo ante *e* o *i,* mediante interposición de una *u* muda: *Aquí; quinta; quechua; quedar.* • pl.: *cus* o *cúes.*

quark (Voz ingl.) *m.* FÍS **CUARK.**

quasar (Voz ingl.) *m.* ASTR **CUÁSAR.**

que 1 *pron. relat. m., f.* y *n.* Introduce una oración relativa y refiere a un antecedente expreso, generalmente nominal: *Preparará la comida que tú quieras.* 2 Introduce una oración relativa sin antecedente expreso. Se usa precedido del artículo determinado: *Les gustó el que estaba en la vitrina.* 3 *pron. relat. n.* Algo que o nada que. Se usa sin antecedente expreso, generalmente con los verbos tener y haber: *No tiene qué leer.* 4 *conj.* Introduce una oración subordinada sustantiva: *Quiero que estudies; ojalá que todo acabe bien.* 5 Introduce el segundo término en las comparativas de desigualdad, normalmente en correlación con más o menos: *Más quiero perder la vida que perder la honra.* 6 Hace oficio de conjunción disyuntiva y equivale a *o*: *Que quiera, que no quiera.* 7 Toma carácter de conjunción ilativa, enunciando la consecuencia de lo anteriormente expuesto: *Hablaba de modo que nadie le entendía.*

quebrada 1 *f.* Arroyo que corre por una hendidura. 2 Abertura estrecha y abrupta entre montañas.

quebradizo, za *adj.* Fácil de quebrarse, frágil.

quebrado, da 1 *adj.* y *s.* Que ha hecho quiebra o suspensión de pagos. 2 *adj.* Dicho del terreno, camino, etc., desigual y tortuoso. 3 *m.* MAT **NÚMERO** quebrado. || ~ **de quebrado** MAT Número compuesto de una o más de las partes iguales en que se considera dividido un quebrado.

quebrantahuesos *m.* Ave falconiforme que puede alcanzar 1,50 m de largo, de plumaje pardo oscuro en el dorso y rosado en el pecho.

quebrantar 1 *tr.* Romper, separar violentamente las partes de un todo. 2 Reducir algo sólido a fragmentos. 3 Violar una ley, un compromiso, etc. 4 Forzar un cierre, una entrada, etc. 5 *tr.* y *prnl.* Disminuir la fuerza, la salud, etc. a causa de un dolor, la edad, etc.

quebranto *m.* Acción y efecto de quebrantar o quebrantarse.

quebrar 1 *tr.* Quebrantar, romper. 2 Interrumpir la continuidad de algo no material. 3 *intr.* ECON Cerrar una empresa por no poder pagar las obligaciones contraídas o ser el activo inferior al pasivo. 4 *prnl.* Interrumpirse la continuidad en el relieve.

quechua 1 *adj.* y *s.* De un grupo de pueblos de los Andes que, tras ser dominados por los incas, desarrollaron y extendieron la cultura incaica. Sus descendientes conservan muchas tradiciones y prácticas artesanales. 2 *m.* LING Lengua de los quechuas, adoptada por los incas como lengua imperial y oficial. En la actualidad tiene unos trece millones de hablantes y es la lengua oficial en Bolivia y Perú, junto con el español. 3 *adj.* Perteneciente o relativo a los quechuas.

queda *f.* **toque** de ~.

quedar 1 *intr.* y *prnl.* Detenerse en un lugar. 2 *intr.* Permanecer en un estado o pasar a otro más o menos estable. 3 Ponerse de acuerdo, convenir en algo: *Quedamos en comprar la finca.* 4 Estar situado: *La finca queda cerca al río.* 5 Restar parte de algo: *Me quedan dos cigarros.* 6 Cesar, terminar, acabar. 7 Convenir en algo: *Así quedó lo pactado.* 8 *prnl.* Pasar a la posesión de algo.

quedo *adv. m.* En voz baja, susurrando.

quehacer *m.* Ocupación, faena, trabajo.

queja *f.* Acción de quejarse.

quejarse 1 *prnl.* Expresar con la voz un dolor o una pena. 2 Manifestar resentimiento contra alguien o algo.

quejido *m.* Voz lastimosa que expresa dolor o pena.

quejumbrar *intr.* Quejarse con frecuencia y con poco motivo.

quelícero *m.* ZOOL Órgano que en los arácnidos y algunos artrópodos sustituye a las antenas y tiene generalmente forma de uña.

quelonio *adj.* y *m.* ZOOL Dicho de los reptiles comúnmente conocidos como **tortugas**. Conforman un orden.

quema 1 *f.* Acción y efecto de quemar o quemarse. 2 Incendio, fuego, combustión.

quemador, ra 1 *adj.* y *s.* Que quema. 2 *m.* Aparato que facilita la combustión del carbón o de los carburantes líquidos.

quemadura 1 *f.* Lesión en un tejido orgánico, a causa de la acción del fuego, de una sustancia muy caliente o cáustica, por la acción directa de una llama, por electricidad, o por radiaciones electromagnéticas. 2 Señal, llaga o ampolla que deja. || ~ **de primer grado** La que produce enrojecimiento y dolor, como las quemaduras del sol. ~ **de segundo grado** La que presenta ampollas, como las escaldaduras por líquido hirviendo. ~ **de tercer grado** En la que la piel se destruye por completo y resultan también dañados los tejidos subyacentes (subcutáneo, muscular e, incluso, óseo).

quemar 1 *tr.* Consumir con fuego. 2 Calentar con mucha virulencia. 3 Causar sensación de ardor algo caliente, picante o urticante. 4 Secar una planta el excesivo calor o frío. 5 *tr.* y *prnl.* Producir la radiación solar heridas en la piel. 6 Irritar la piel otro agente. 7 *intr.* Estar algo demasiado caliente. 8 *intr.* y *prnl.* Quedar alguien en condiciones poco adecuadas para seguir ejerciendo una actividad o desempeñando un cargo.

quemarropa || a ~ 1 Tratándose de un disparo, desde muy cerca. 2 Sin previo aviso.

quena *f.* MÚS Flauta de caña de entre 25 y 50 cm y con de 5 o 6 agujeros frontales y uno en la parte posterior para el dedo pulgar.

quepis *m.* Gorra cilíndrica, con visera horizontal.

queratina *f.* BIOQ Proteína que se halla en la piel, los pelos, las pezuñas, etc., de los vertebrados.

querella *f.* Riña, disputa.

querencia 1 *f.* Sitio en que se han criado las personas y animales o al que tienen la costumbre de acudir. 2 Inclinación o tendencia de alguien hacia algo.

querer[1] *m.* Cariño, amor.

querer[2] 1 *tr.* Desear, apetecer. 2 Amar, tener cariño o inclinación a alguien o algo. 3 Tener voluntad de hacer algo. 4 Resolver, determinar. 5 Pretender, intentar o procurar. 6 Conformarse o avenirse alguien al intento o deseo de otra persona. 7 Estar próximo a ser o a verificarse algo: *Quiere llover.*

quermes (Tb. kermes) *m.* Insecto hemíptero parecido a la cochinilla. Produce la grana, de la que se obtiene un colorante rojo.

queroseno *m.* QUÍM Mezcla de hidrocarburos que se obtiene del petróleo por destilación fraccionada y se emplea como carburante.

querubín *m.* REL Cada uno de los ángeles del segundo coro, caracterizados por la plenitud con que contemplan la belleza divina.

queso *m.* Alimento obtenido por fermentación de la cuajada de la leche, con nombres y características propias para cada uno de los tipos, según su origen o método de fabricación.

queta *f.* ZOOL Pelo rígido o cerda, de naturaleza quitinosa, segregado por una glándula ectodérmica de los invertebrados.

quetzal *m.* Ave tropical americana con la cabeza, el dorso y las alas de color verde esmeralda, el pecho y el abdomen rojos y una cola que alcanza más de 60 cm de longitud.

quevedos *m. pl.* Lentes circulares que se sujetan en la nariz.

quibla *f.* Punto del horizonte o muro de la mezquita orientados hacia La Meca, al que dirigen las oraciones los musulmanes.

quiche *m.* Tipo de **bromelia**, epífita, de hojas acanaladas y espigas de flores con brácteas rojas.

quiché 1 *adj.* y *s.* HIST De un grupo maya del centro de Guatemala cuya historia se recoge en el *Popol-Vuh.* Este grupo fue sometido por los españoles en 1524. 2 *adj.* Perteneciente o relativo a los quichés.

quichua *adj.* y *s.* QUECHUA.

quicial *m.* Madero que asegura puertas y ventanas con pernos y bisagras.

quicio *m.* Parte de las puertas o ventanas en que se afirma el quicial.

quid *m.* Esencia, razón, porqué de una cosa.

quiebra *f.* ECON Acción y efecto de quebrar.

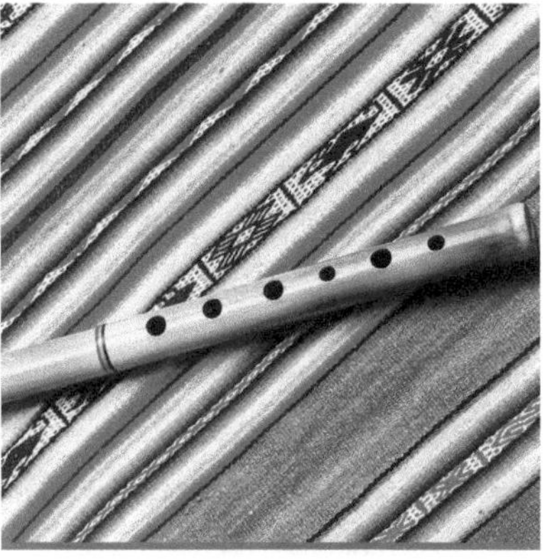

quiebro *m.* Ademán que se hace con el cuerpo, doblándolo por la cintura lateralmente.

quien 1 *pron. relat. m.* y *f.* El que, el cual o que. Usado con un antecedente se refiere a personas: *Mi madre, a quien quiero.* Usado sin preposición solo encabeza oraciones explicativas: *El artista invitado, quien canta boleros, es cubano.* 2 El que o aquel que. Usado sin antecedente expreso se refiere a personas: *Quien mal anda, mal acaba.* 3 Alguien que o nadie que. Usado sin antecedente expreso generalmente con los verbos tener y haber: *¿Hay quien dé más?; no hay quien pueda con él.* • Se puede escribir con acento.

quienquiera *pron. indef. m.* y *f.* Cualquier persona o cualquiera.

quietismo 1 *m.* Inacción, quietud, inercia. 2 REL Actitud mística que busca la perfección del alma en el anonadamiento de la voluntad para unirse con Dios.

quieto, ta 1 *adj.* Que no tiene o no hace movimiento. 2 Pacífico, sosegado.

quietud 1 *f.* Carencia de movimiento. 2 Sosiego, reposo, descanso.

quijada *f.* Mandíbula inferior de los vertebrados.

quijote *m.* Persona soñadora e idealista en exceso.

quijotesco, ca 1 *adj.* Que procede como don Quijote. 2 Propio o característico de don Quijote de la Mancha.

quilate *m.* Unidad de peso para las perlas y piedras preciosas, que equivale a 205 mg.

quilla *f.* Pieza curva que va de popa a proa por la parte inferior de un barco y en donde se asienta toda su armazón.

quilo *m.* FISIOL Líquido graso que el intestino elabora con el quimo y que es llevado a la sangre por los vasos linfáticos.

quimbaya 1 *adj.* y *s.* HIST De un grupo de tribus precolombinas (ss. III-IX) de la actual Colombia. Su economía se basaba en la agricultura, los tejidos y la minería. Desarrollaron una extraordinaria orfebrería. 2 *adj.* Perteneciente o relativo a los quimbayas.

quimera 1 *f.* MIT Monstruo de la mitología griega, de cuerpo de cabra, cabeza de león y cola de dragón. 2 Lo que se propone posible o verdadero, no siéndolo.

quimérico, ca *adj.* Fabuloso, fingido o imaginado sin fundamento.

químico, ca 1 *adj.* Relativo a la química. 2 Por contraposición a físico, concerniente a la composición de los cuerpos. 3 QUÍM **equilibrio ~; resonancia ~**. 4 *m.* y *f.* Persona que profesa la química. 5 *f.* QUÍM Ciencia que estudia la naturaleza, composición y propiedades de las sustancias materiales, así como las reacciones que se producen entre ellas. || ~ **analítica** QUÍM La dedicada a la identificación de las sustancias y sus mezclas. ~ **biológica** QUÍM BIOQUÍMICA. ~ **inorgánica** QUÍM La que estudia los compuestos en los que no interviene el carbono. ~ **orgánica** QUÍM La que estudia aquellos compuestos en cuya composición interviene el carbono.

quimiosíntesis *f.* ECOL Producción de materia orgánica en el ecosistema basada en procesos químicos llevados a cabo principalmente por bacterias.

quimioterapia *f.* MED Tratamiento de las enfermedades mediante sustancias químicas.

quimo *m.* FISIOL Pasta homogénea en que los alimentos se transforman en el estómago por la digestión.

quina *f.* Corteza del quino, que contiene quinina.

quincalla *f.* Conjunto de objetos de metal de escaso valor.

quince 1 *adj.* y *pron.* Diez más cinco. 2 *m.* Conjunto de signos con que se representa este número.

quinceañero, ra *adj.* y *s.* Dicho de la persona que tiene alrededor de quince años.

quinceavo, va *adj.* y *m.* Dicho de cada una de las quince partes iguales en que se divide un todo.

quincena 1 *f.* Espacio de quince días. 2 Paga que se recibe cada quince días.

quincenal *adj.* Que sucede o se repite cada quince días.

quincuagésimo, ma *adj.* y *m.* Dicho de cada una de las cincuenta partes iguales en que se divide un todo.

quinesiología (Tb. kinesiología) *f.* MED Terapia que trata de restablecer los movimientos del cuerpo.

quiniela *f.* Apuesta por los resultados de una competición deportiva.

quinientos, tas 1 *adj.* y *pron.* Cinco veces cien. 2 *m.* Signo, signos o cifras con que se representa el número quinientos.

quinina *f.* FARM Alcaloide derivado del quino. Se usa como antipirético.

quino *m.* Árbol dicotiledóneo de hojas coriáceas simples con estípulas, flor en espiga y fruto en caja. De su corteza se obtiene la quinina.

quinqué *m.* Lámpara alimentada con petróleo y provista de un tubo de cristal que resguarda la llama.

quinquenio *m.* Periodo de cinco años.

quinta *f.* Casa de recreo en el campo.

quintaesencia *f.* Lo más puro, fino y acendrado de algo.

quintal *m.* Peso de aprox. cien libras.

quinteto 1 *m.* Conjunto de cinco personas, animales o cosas. 2 Estrofa de cinco versos. 3 MÚS Composición musical para cinco voces o instrumentos. 4 MÚS Conjunto de estas voces o instrumentos.

quintillizo, za *adj.* y *s.* Dicho de cada una de las personas nacidas en un parto quíntuple.

quintillón *m.* MAT Cifra que indica un millón de cuatrillones. Se escribe la unidad y a continuación treinta ceros.

quinto, ta 1 *adj.* Que sigue inmediatamente en orden al o a lo cuarto. 2 *adj.* y *m.* Dicho de cada una de las cinco partes iguales en que se divide un todo. 3 *f.* Casa de campo, cuyos colonos solían pagar como renta la quinta parte de los frutos.

quíntuple 1 *adj.* y *m.* Cinco veces mayor o que contiene una cantidad cinco veces exactamente. 2 *adj.* Dicho de cinco elementos iguales o semejantes, o de algo que se repite cinco veces.

quintuplicar *tr.* y *prnl.* Multiplicar por cinco una cantidad.

quinua *f.* Planta herbácea de tallo recto, hojas lanceoladas, flores en pedúnculos y por semilla un grano pequeño discoidal del que se obtiene una fécula muy nutritiva.

quiosco 1 *m.* Pabellón abierto por todos los lados que se construye en los jardines. 2 Caseta en una calle, plaza, etc., donde se venden revistas, flores, etc.

quipu *m.* Objeto para realizar cálculos consistente en una serie de hilos de colores anudados y unidos a uno más grueso.

quiquiriquí *m.* Voz onomatopéyica del canto del gallo.

quirófano *m.* MED Local acondicionado para realizar operaciones quirúrgicas.

quiromancia (Tb. quiromancía) *f.* Adivinación de por las rayas de las manos.

quiróptero *adj.* y *m.* ZOOL Dicho de los mamíferos que vuelan gracias a una membrana en forma de ala. De vida nocturna o crepuscular y tamaño muy diverso, tienen el cuerpo cubierto de pelo y emiten ultrasonidos. Son comúnmente conocidos como **murciélagos** y conforman un orden.

quirúrgico, ca *adj.* Relativo a la cirugía.

quisquilla *f.* CAMARÓN.

quisquilloso, sa 1 *adj.* y *s.* Demasiado delicado en el trato, susceptible. 2 Que tiende a fijarse en los detalles.

quiste 1 *m.* BIOL Membrana que envuelve a un organismo de pequeño tamaño, a veces microscópico, manteniéndolo aislado del medio. 2 MED Tumoración formada por una vejiga membranosa que contiene sustancias líquidas o semilíquidas.

quitamanchas *m.* Producto que sirve para quitar manchas.

quitanieves *f.* Máquina para limpiar de nieve los caminos.

quitar 1 *tr.* Tomar una cosa para separarla o apartarla del lugar en que estaba. 2 Hacer que algo ya no esté o no cumpla su función: *Quitaron los autobuses de esta ruta.* 3 Prohibir: *Le quitó las salidas con los amigos.* 4 Privar de algo. 5 *prnl.* Apartarse de un lugar.

quitasol *m.* Especie de paraguas para resguardarse del sol.

quite 1 *m.* Acción de quitar. 2 Movimiento defensivo con que se detiene o evita el ofensivo.

quitina *f.* Bioq Hidrato de carbono que proporciona mayor o menor dureza al dermatoesqueleto de los artrópodos, la piel de los nematelmintos y las membranas celulares de muchos hongos y bacterias.

quitu 1 *adj.* y *s.* Hist De un pueblo amerindio de Ecuador que vivía en la región del actual Quito. Fue absorbido por los **caras.** 2 *adj.* Perteneciente o relativo a los quitus.

quiwi 1 *m.* Arbusto trepador de hojas alternas y flores blanquecinas con cinco pétalos. El fruto, de piel vellosa y pulpa de color verde, es comestible. 2 Fruto de esta planta.

quizá *adv.* Indica la posibilidad de aquello a lo que se refiere.

quorum (Del lat. *quorum*) 1 *m.* Número de individuos necesario para que una organización deliberante llegue a ciertos acuerdos. 2 Proporción de votos favorables, generalmente la mitad más uno, para que haya una decisión o un acuerdo.

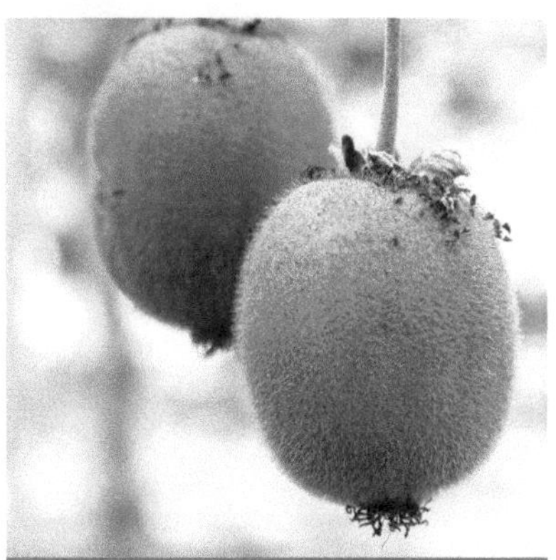

r *f.* Decimonovena letra del **alfabeto** español y decimoquinta de sus consonantes. Representa dos sonidos consonánticos vibrantes: uno simple, o suave, de una sola vibración apicoalveolar sonora (*caro, pero*), y otro múltiple, o fuerte, con dos o más vibraciones (*carro, perro*). Su nombre es *erre* o, si se quiere especificar su valor como sonido vibrante suave, *ere*. • Aunque represente el sonido vibrante fuerte, se escribe una sola *r* en los siguientes casos: a principio de palabra (*ratón*; *ruido*); al final de palabra o sílaba (*comer*; *árbol*); cuando dicho sonido va precedido de *l, n, s* o de los prefijos *post-* y *sub-* (*alrededor*; *enrevesado*; *israelita*; *postmodernidad*; *subrayar*).

rabadilla *f.* En las aves, parte donde nacen las plumas de la cola.

rábano *m.* Planta herbácea de tallo ramoso, hojas ásperas y grandes y flores en racimos terminales. Su raíz, de forma redondeada, es comestible.

rabí *m.* RABINO.

rabia 1 *f.* MED HIDROFOBIA. 2 Ira, enojo grande.

rabiar *intr.* Enojarse con muestras de cólera y enfado.

rábida *f.* HIST Fortaleza militar y religiosa musulmana edificada en la frontera con los reinos cristianos.

rabieta *f.* Enojo grande y pasajero por motivo leve.

rabillo *m.* Pedúnculo que sostiene la hoja o el fruto. || ~ **del ojo** Ángulo que forma el ojo en el extremo donde se unen ambos párpados.

rabino 1 *m.* REL Maestro hebreo que interpreta la Sagrada Escritura. 2 REL Jefe espiritual de una comunidad judía.

rabo 1 *m.* NALGAS. 2 ZOOL COLA.

rabón, na 1 *adj.* Dicho del animal con el rabo más corto que lo ordinario o sin él. 2 *f.* Golpe del balón de futbol con una pierna cruzada por detrás de la otra.

racha 1 *f.* Periodo breve de fortuna o desgracia. 2 Periodo breve en cualquier actividad.

racial *adj.* Relativo a la raza.

racimo 1 *m.* Conjunto de flores o frutos que penden del mismo tallo. 2 Conjunto de cosas dispuestas de este modo.

racimoso, sa 1 *adj.* Que echa o tiene racimos. 2 BOT Dicho de la inflorescencia en la que el extremo de la rama floral principal no lleva flores pero sí las ramas que parten de ella.

raciocinar *intr.* Usar de la razón para conocer y juzgar.

raciocinio 1 *m.* Facultad de raciocinar. 2 Acción y efecto de raciocinar. 3 Argumento o discurso.

ración 1 *f.* Cantidad de alimento que se da o se asigna a una persona o animal. 2 Porción de comida que se vende a un determinado precio. 3 Cantidad precisa de una o varias cosas que se distribuye por unidades.

racional 1 *adj.* Relativo a la razón. 2 *adj.* y *s.* Dotado de razón. 3 MAT Dicho de la expresión algebraica que no contiene ningún exponente fraccionario. 4 MAT **número** ~.

racionalidad *f.* Cualidad de racional.

racionalismo 1 *m.* FIL Teoría según la cual los fundamentos de la razón son irreductibles a la experiencia. 2 ARQ Corriente que conjuga lo funcional con lo estético.

racionalización *m.* Acción y efecto de racionalizar.

racionalizar 1 *tr.* Reducir a conceptos racionales. 2 MAT Transformar las expresiones que contienen denominadores con radical, en otras equivalentes sin ellos en el denominador. 3 MAT Suprimir en las ecuaciones las raíces en las que figura alguna incógnita de la ecuación.

racionar 1 *tr.* y *prnl.* Distribuir raciones o proveer de ellas. 2 En caso de escasez, someter los artículos de primera necesidad a una distribución limitada y fijada por las autoridades.

racismo *m.* Sentimiento de superioridad de un grupo étnico o racial sobre otros.

racista 1 *adj.* Relativo al racismo. 2 *m.* y *f.* Partidario del racismo.

rada *f.* Ensenada al abrigo de algunos vientos.

radar 1 *m.* Sistema que, por medio de la emisión de ondas de altísima frecuencia, percibe la presencia y determina la posición de objetos no visibles. 2 Aparato que aplica este sistema.

radiación 1 *f.* Acción y efecto de radiar, despedir rayos. 2 FÍS Emisión de ondas electromagnéticas o de partículas por un cuerpo. || ~ **electromagnética** FÍS Aquella cuya energía se debe a la existencia de un campo eléctrico y otro magnético perpendiculares entre sí. Comprende desde ondas de frecuencias muy elevadas (longitudes de onda pequeñas) hasta de frecuencias muy bajas (longitudes de onda altas). ~ **infrarroja** FÍS La electromagnética más allá del rojo visible. ~ **solar** ASTR Energía radiante producida en el Sol como resultado de reacciones nucleares. ~ **ultravioleta** FÍS La electromagnética de muy baja longitud de onda. ~ **visible** FÍS La electromagnética que puede ser percibida por el ojo humano.

radiactividad *f.* FÍS Propiedad que poseen determinados núcleos atómicos de desintegrarse espontáneamente con emisión de partículas o radiaciones electromagnéticas.

radiactivo, va 1 *adj.* FÍS Relativo a la radiactividad. 2 FÍS Dicho del cuerpo cuyos átomos se desintegran espontáneamente. 3 FÍS y QUÍM **isótopo** ~. 4 ECOL **lluvia** ~.

radiado, da 1 *adj.* Dicho de lo que está dispuesto de manera similar a los radios de una rueda. 2 BOT **flor** ~.

3 *adj.* y *m.* ZOOL Dicho de los invertebrados con simetría radial, como los **celentéreos**.

radiador 1 *m.* Aparato de calefacción que transmite o genera calor por radiación. 2 Serie de tubos por los cuales circula el agua destinada a refrigerar un motor.

radial[1] 1 *adj.* ANAT Relativo al radio. 2 BIOL **simetría ~**. 3 GEOM Relativo al radio.

radial[2] *adj.* Relativo a la radiodifusión.

radián *m.* GEOM Ángulo en el que los arcos trazados desde el vértice tienen igual longitud que los respectivos radios.

radiante 1 *adj.* Que radia. 2 Brillante, resplandeciente. 3 Que siente y manifiesta gozo y alegría grandes.

radiar 1 *tr.* Difundir por medio de ondas electromagnéticas sonidos e imágenes. 2 MED Tratar una lesión con rayos X. 3 *tr.* e *intr.* Despedir rayos de luz o calor.

radicación 1 *f.* Acción y efecto de radicar o radicarse. 2 MAT Operación inversa a la potenciación, que permite hallar la base, conocidos la potencia y el índice.

radical 1 *adj.* Relativo a la raíz. 2 Intransigente, tajante. 3 Dicho del partidario del radicalismo. 4 *m.* GRAM **RAÍZ** de una palabra. 5 MAT Signo ($\sqrt{}$) que indica la operación de extraer raíz. 6 QUÍM Grupo de átomos que interviene como una unidad en un compuesto y pasa inalterado de unas combinaciones a otras.

radicalismo 1 *m.* Modo extremado de tratar los asuntos. 2 Pretensión ideológica de reformar profundamente el orden social.

radicalizar 1 *tr.* Hacer más radical una postura o tesis. 2 *tr.* y *prnl.* Hacer que alguien adopte una actitud radical.

radicando *m.* MAT Número del que se ha de extraer la raíz.

radicar 1 *intr.* Consistir, basarse una cosa en otra. 2 Estar algo en determinado lugar. 3 *prnl.* Establecerse alguien en un lugar.

radícula *f.* BOT Parte del embrión que formará la raíz de la planta.

radiestesia *f.* Supuesta sensibilidad para captar radiaciones usada para descubrir manantiales, yacimientos, etc.

radio[1] 1 *m.* Cada una de las piezas que a modo de radios de una circunferencia unen el eje con la rueda. 2 ANAT Hueso largo contiguo al cúbito. 3 GEOM En la circunferencia, línea recta que une cualquiera de sus puntos y el centro. 4 Espacio definido por su radio: *En un radio de 100 m.* 5 Espacio al que se extiende la influencia de algo: *Radio de acción.* 6 ZOOL Cada una de las piezas largas y rígidas que sostienen las aletas de los peces. || **~ de un vector** GEOM En ciertas curvas, segmento rectilíneo comprendido entre un foco y un punto de la curva.

radio[2] *m.* QUÍM Elemento metálico radiactivo de color blanco brillante que se oxida rápidamente en el aire. Se emplea en el tratamiento de tumores, metalurgia, como fuente de neutrones, etc. Punto de fusión: 700 °C. Núm. atómico: 88. Símbolo: Ra.

radio[3] 1 *m.* o *f.* Aparato radiorreceptor. 2 *f.* Apócope de **radiodifusión.** 3 FÍS y TELEC **ondas** de ~.

radioastronomía *f.* ASTR Rama de la astronomía que estudia los objetos celestes y los fenómenos astrofísicos midiendo su radiación electromagnética.

radiocomunicación *f.* TELEC Telecomunicación realizada mediante ondas electromagnéticas.

radiodifusión *f.* TELEC Emisión radiofónica destinada a un elevado número de receptores.

radioelectricidad *f.* FÍS Producción, propagación y recepción de las ondas electromagnéticas.

radioemisora *f.* TELEC Estación de radiodifusión.

radioescucha *m.* y *f.* Persona que oye las emisiones radiofónicas.

radiofaro *m.* TELEC Aparato productor de ondas electromagnéticas que sirve para orientar a los aviones.

radiofonía *f.* TELEC Sistema de comunicación por medio de ondas de radio.

radiofónico, ca 1 *adj.* Relativo a la radiofonía. 2 TELEC Que se difunde por radiofonía.

radiofrecuencia *f.* FÍS Cada una de las frecuencias de las ondas de radio empleadas en la radiocomunicación.

radiografía 1 *f.* FÍS Obtención de la imagen de un órgano interior o de un objeto oculto a la vista mediante la impresión de una superficie sensible empleando rayos X. 2 Fotografía así obtenida.

radioisótopo *m.* FÍS Isótopo radiactivo de un elemento químico.

radiolario *adj.* y *m.* BIOL Dicho de los protistas marinos parecidos a las amebas pero rodeados por un exoesqueleto de sílice con espinas y perforaciones.

radiología *f.* MED Parte de la medicina que estudia las radiaciones y sus aplicaciones al diagnóstico y tratamiento de las enfermedades.

radionavegación *f.* TELEC Sistema de navegación aérea o marítima que se guía por las ondas electromagnéticas emitidas por los radiofaros.

radionovela *f.* Drama radiofónico que se emite en capítulos.

radioperador, ra *m.* y *f.* Persona especializada en las tecnologías de la radio que se encarga del soporte de las emisiones de este medio de comunicación.

radiopatrulla *m.* Carro de policía dotado de un sistema de telecomunicación y destinado a la vigilancia de las calles y la prevención del delito.

radiorreceptor *m.* TELEC Aparato que transforma las ondas emitidas por el radiotransmisor en señales o sonidos.

radiotelefonía *f.* Sistema de comunicación telefónica por medio de ondas electromagnéticas.

radiotelescopio *m.* ASTR Instrumento que detecta ondas radioeléctricas emitidas por los objetos celestes.

radioterapia *f.* MED Tratamiento de las enfermedades mediante radiaciones, especialmente de los rayos X y del radio.

radiotransmisor *m.* TELEC Aparato que produce y envía ondas de radio portadoras de señales o sonidos.

radioyente *m.* y *f.* **RADIOESCUCHA.**

radón *m.* QUÍM Elemento radiactivo de los gases nobles, presente en la atmósfera en pequeñísima cantidad. Punto de fusión: –71 °C. Punto de ebullición –62 °C. Núm. atómico: 86. Símbolo: Rn.

rádula *f.* ZOOL Placa lingual de numerosos moluscos con muchos dientecillos.

raer *tr.* Raspar una superficie con un instrumento cortante.

ráfaga 1 *f.* Corriente violenta de viento. 2 Golpe de luz instantáneo. 3 Serie de disparos de un arma.

rafting (Voz ingl.) *m.* Deporte extremo que se practica en ríos de aguas turbulentas y que consiste en sortear las corrientes más fuertes y veloces en balsas o canoas.

raicilla *f.* BOT Filamento que nace del cuerpo principal de la raíz.

raído, da *adj.* Dicho del vestido o tela muy gastados por el uso.

raigambre *f.* Conjunto de hábitos o afectos que ligan a alguien a un sitio.

raíl (Tb. rail) *m.* RIEL.

rais 1 *m.* Primer magistrado egipcio. 2 Dirigente palestino.

raíz 1 *f.* BOT Órgano de las plantas que crece en dirección inversa a la del tallo y unida a este mediante el cuello. Sirve para fijar las plantas al sustrato y absorber los nutrientes. 2 Origen o principio de algo. 3 ANAT Parte de los dientes que está engastada en los alvéolos. 4 GRAM Morfema mínimo que en la palabra lleva lo fundamental de su significado léxico y que es común a las palabras de su familia, por ejemplo: *am-* en *amado, amable, amigo, amor,* etc. 5 MAT Cantidad que se ha de multiplicar por sí misma una o más veces para obtener un número determinado. 6 MAT Cada uno de los valores que puede tener la incógnita de una ecuación. || ~ **adventicia** BOT La que brota de los tallos, como la que aparece en la base del tallo del maíz. ~ **aérea** BOT La adventicia cuando brota de puntos más altos, como en el mangle. ~ **cuadrada** MAT Cantidad que se ha de multiplicar por sí misma una vez para obtener un número determinado. ~ **cúbica** MAT Cantidad que se ha de multiplicar por sí misma dos veces para obtener un número determinado. ~ **fasciculada** BOT La que consiste en un manojo de raíces secundarias, como la del trigo. ~ **pivotante** BOT Raíz principal mucho mayor que las secundarias, como la zanahoria.

raizal *adj.* y *s.* Nacido en el lugar de que se trata.

raja 1 *f.* Hendidura o abertura de cualquier cosa. 2 TAJADA. 3 Una de las partes de un leño que resulta tras abrirlo longitudinalmente.

rajá *m.* Soberano de la India.

rajar 1 *tr.* Dividir en rajas. 2 *tr.* y *prnl.* Partir, hender.

ralea *f.* Especie, género, clase.

ralentizar *tr.* LENTIFICAR.

rallador *m.* Chapa de metal con agujeros para rallar.

rallar *tr.* Desmenuzar con el rallador.

rallo *m.* RALLADOR.

ralo, la *adj.* Dicho de lo que tiene sus partes más separadas de lo normal.

rama 1 *f.* BOT Cada una de las partes que nacen del tronco o tallo principal de una planta. 2 Conjunto de personas que tienen su origen en un tronco familiar común. 3 Cada parte en que se subdivide una disciplina, actividad, etc.

ramadán *m.* REL Noveno mes del año lunar musulmán consagrado al ayuno.

ramal *m.* Parte que arranca de la línea principal de un camino, canal, río, cordillera, sierra, etc.

rambla 1 *f.* Calle ancha con árboles. 2 Cauce que forma la lluvia cuando cae copiosamente.

ramera *f.* PROSTITUTA.

ramificación *f.* Acción y efecto de ramificarse.

ramificar 1 *intr.* Echar ramas un árbol, arbusto, etc. 2 *prnl.* Esparcirse y dividirse algo como en ramas, dividiéndose en sucesión continua. 3 Extenderse las consecuencias de un hecho o suceso.

ramillete 1 *f.* Ramo pequeño de flores o hierbas. 2 Conjunto de cosas selectas.

ramo 1 *m.* Conjunto de flores, ramas o hierbas natural o artificial. 2 RAMA, cada parte en que se subdivide una disciplina.

ramonear *intr.* Pacer los animales las hojas y ramas de los árboles.

rampa *f.* Plano inclinado dispuesto para subir y bajar por él.

rana *f.* Nombre común dado a los anfibios **anuros** de piel lisa.

ranchería *f.* Conjunto de ranchos que forman un caserío.

ranchero, ra 1 *adj.* Perteneciente al rancho. 2 *m.* y *f.* Persona que guisa el rancho. 3 Persona que gobierna un rancho. 4 *f.* FOLCL Canción mexicana que se interpreta, generalmente, con una banda de mariachis.

rancho 1 *m.* Comida hecha para muchos en común y que se reduce a un solo guisado. 2 Casa con techumbre de ramas o paja. 3 Granja donde se cría ganado caballar y bovino.

rancio, cia 1 *adj.* Dicho de los comestibles que, con el tiempo, toman sabor y olor más fuertes mejorándose o echándose a perder. 2 Añejo, anticuado.

randa *f.* Guarnición de encaje.

rango 1 *m.* Índole, clase, categoría. 2 En estadística, amplitud de la variación de un fenómeno entre un límite menor y uno mayor. || ~ **de una función** MAT Conjunto de valores de la variable dependiente que resultan de la sustitución en la variable independiente.

ranura *f.* Hendidura pequeña abierta en un cuerpo sólido.

rap *adj.* y *s.* MÚS Dicho de un estilo musical que expresa en sus letras el sentimiento de la marginación urbana.

rapar *tr.* y *prnl.* Cortar mucho el pelo y a ras.

rapaz[1] *adj.* ZOOL Dicho de las aves **falconiformes** y **estrigiformes**.

rapaz[2]**, za** *m.* y *f.* Joven de corta edad.

rapé *m.* Tabaco en polvo que se aspira por la nariz.

rapel (Tb. rápel) *m.* DEP En alpinismo, sistema de descenso que consiste en deslizarse rápidamente por una cuerda doble sujeta a la roca con anclajes.

rapero, ra *adj.* y *s.* Dicho de una persona, que interpreta o baila rap.

rapidez *f.* Cualidad de rápido.

rápido, da 1 *adj.* Que actúa o avanza en poco tiempo. 2 *m.* Sector de un río donde el agua toma gran fuerza y velocidad.

rapiña *f.* Saqueo o robo con violencia.

raposo, sa *m.* y *f.* Zorro, animal.

rapsoda *m.* HIST Persona que, en la antigua Grecia, iba de pueblo en pueblo recitando y cantando poesías.

rapsodia *f.* MÚS Pieza formada con fragmentos de aires populares o de otras obras.

raptar 1 *tr.* Llevarse a alguien utilizando la violencia o el engaño. 2 Secuestrar o retener a alguien en contra de su voluntad con el fin de conseguir un rescate.

rapto 1 *m.* Impulso, arrebato. 2 Acción y efecto de raptar.

raqueta 1 *f.* Bastidor con red y mango o tabla con mango, que se emplea para impulsar la pelota en diversos juegos. 2 Calzado para andar por la nieve.

raquídeo, a *adj.* Relativo al raquis. 2 ANAT **bulbo ~.**

raquis 1 *m.* ANAT COLUMNA vertebral. 2 BOT y ZOOL Eje de una inflorescencia, hoja compuesta o pluma.

raquitismo *m.* MED Enfermedad debida a la carencia de la vitamina D en la alimentación y caracterizada por deformaciones óseas.

rareza 1 *f.* Cualidad de raro. 2 Acción rara o extravagante.

raro, ra 1 *adj.* Poco común o frecuente. 2 Escaso en su especie.

ras *m.* Igualdad en la superficie o la altura de las cosas.

rasante *adj.* Que pasa rasando.

rasar *tr.* Pasar rozando.

rascacielos *m.* Edificio de gran altura y muchos pisos.

rascar *tr.* y *prnl.* Refregar la piel con las uñas o un objeto afilado.

rasgado, da *adj.* Dicho de los ojos y la boca alargados horizontalmente.

rasgar[1] *tr.* y *prnl.* Hacer pedazos cosas de poca consistencia.

rasgar[2] *tr.* Tocar un instrumento de cuerda rozando a la vez varias cuerdas.

rasgo 1 *m.* Peculiaridad, nota distintiva. 2 *pl.* Facción del rostro. 3 Carácter de letra.

rasguño *m.* Corte superficial en la piel.

raso, sa 1 *adj.* Plano, liso, sin estorbos. 2 Dicho de la persona que no tiene un título o categoría que la distinga. 3 Lleno sin exceder los bordes. 4 *m.* Tela de seda lustrosa, de menos cuerpo que el terciopelo.

raspa 1 *f.* Espina del pescado. 2 RASPADURA.

raspadura 1 *f.* Acción y efecto de raspar. 2 Lo que raspando se quita de la superficie.

raspar 1 *tr.* Raer ligeramente una cosa para quitar la capa superficial. 2 Pasar rozando.

raspón *m.* Lesión superficial causada por un roce violento.

rasposo, sa *adj.* Áspero al tacto o al paladar.

rasqueta 1 *f.* Herramienta con mango y filo que se usa para raer. 2 ALMOHAZA.

rasta 1 *adj.* y *s.* RASTAFARI. 2 *m.* y *f.* Trenza enredada con agujas de tejer, propia del peinado típico de los rastafaris.

rastafari 1 *adj.* y *s.* Dicho del seguidor de un movimiento político y religioso jamaiquino basado en la resistencia negra a la opresión blanca. Los rastafari

rechazan algunos cuidados médicos, son favorables al consumo de marihuana y consideran el reggae su música espiritual. 2 Relativo a este movimiento.

rastra *f.* Sarta de cualquier fruta seca.

rastrear 1 *tr.* Seguir el rastro de alguien o algo. 2 Indagar, averiguar.

rastrero, ra 1 *adj.* Que va arrastrando. 2 Dicho de las cosas que van por el aire, pero casi tocando el suelo. 3 Bajo, vil y despreciable.

rastrillar *tr.* Trabajar con el rastrillo.

rastrillo 1 *m.* Instrumento para recoger hierba, paja, etc., compuesto de un mango largo y delgado cruzado en un extremo por un travesaño con púas a manera de dientes o dedos. 2 Especie de azada que tiene dientes fuertes y gruesos y sirve para extender piedra, hender la tierra, etc.

rastro 1 *m.* Vestigio, señal. 2 Señal que queda de algo.

rastrojo 1 *m.* Residuo que queda después de segar o cosechar. 2 Conjunto de pastos y plantas herbáceas y arbustivas que crece en zonas relativamente secas.

rasurar *tr.* y *prnl.* AFEITAR.

rata[1] *f.* Roedor de unos 35 cm de largo, con cabeza pequeña, hocico puntiagudo, patas cortas y cola delgada y desnuda. Transmite la rabia y otras enfermedades.

rata[2] *f.* Tanto por ciento.

ratero, ra *adj.* y *s.* Dicho de la persona que hurta cosas de poco valor.

raticida *m.* Veneno que se emplea contra las ratas y los ratones.

ratificar *tr.* y *prnl.* Confirmar un hecho o la certeza de algo.

rato *m.* Espacio de tiempo de poca duración.

ratón, na 1 *m.* y *f.* Roedor similar a la rata, pero mucho más pequeño. Causa daño por lo que come, roe y destruye, y actúa como vector de algunas enfermedades. 2 *m.* INF Periférico del teclado que permite mover el cursor en la pantalla.

ratonero, ra 1 *adj.* De los ratones. 2 *m.* Nombre de diversas aves falconiformes. 3 *f.* Trampa para ratones. 4 Madriguera de ratones.

raudal 1 *m.* Caudal de agua que corre violentamente. 2 RÁPIDO de un río.

raudo, da *adj.* Rápido, veloz.

ravioli *m.* Pequeño emparedado de pasta relleno de carne picada o verdura.

raya[1] 1 *f.* Señal larga y estrecha que se hace en una superficie. 2 Término o límite de algo. 3 Línea que queda en el peinado al separar los cabellos. 4 Pliegue del pantalón. 5 ORT Signo de puntuación que consiste en un trazo horizontal (—) mayor que el guión (-). Se usa, en general, para delimitar oraciones incidentales o indicar el diálogo en los escritos: *Al acercarme a la plaza —siempre iba allí en las mañanas—, vi como atacaban al alcalde; —¿Adónde va usted? —Voy a la iglesia.*

raya² *f.* Nombre común de los peces ráyidos.

rayano, na 1 *adj.* Que confina o linda con algo. 2 Cercano, con semejanza.

rayar 1 *tr.* Hacer rayas. 2 Tachar lo escrito o impreso con rayas. 3 Estropear una superficie lisa con rayas o incisiones. 4 *intr.* Limitar o lindar con algo. 5 Ser algo semejante a otra cosa: *Su actitud raya en la grosería.* 6 Con las voces *alba, día, luz, sol,* amanecer.

ráyido *adj.* y *m.* ZOOL Dicho de los peces selacios caracterizados por su forma discoidal y cola larga y delgada.

rayo 1 *m.* Línea de luz que procede de un cuerpo luminoso y, especialmente, las que vienen del Sol. 2 GEO Descarga eléctrica que se produce entre nubes de lluvia o entre una de estas nubes y la tierra. Es visible con trayectorias sinuosas y audible mediante el trueno que produce. 3 RADIO, pieza que une el eje con la rueda. 4 FÍS Cada una de las líneas que parten del punto en que se produce una determinada forma de energía y señalan la dirección en que esta se propaga. || **~s cósmicos** ASTR Partículas subatómicas de alta energía y gran velocidad procedentes del espacio exterior. **~ de luz** ÓPT Cada una de las líneas que componen un haz luminoso. **~ incidente** ÓPT Parte del rayo que va desde el punto de origen a la superficie de un cuerpo que lo refleja o refracta. **~s infrarrojos** FÍS Los producidos por la radiación infrarroja. Se utilizan para obtener imágenes de objetos en la oscuridad u ocultos por la bruma atmosférica. **~ láser** FÍS Haz luminoso constituido por la radiación coherente emitida por un láser. **~ reflejo** o **refracto** ÓPT Parte del rayo que, después de ser reflejado o refractado, sigue una dirección distinta a la del rayo incidente. **~s ultravioletas** FÍS El producido por la radiación ultravioleta. **~s X** FÍS Ondas electromagnéticas de corta longitud que tienen la propiedad de atravesar los cuerpos opacos.

rayón *m.* Raya muy visible o profunda que se hace sobre una superficie para marcarla o dañarla.

rayuela *f.* Juego que consiste en recorrer unas divisiones hechas en el suelo empujando un tejo con el pie.

raza¹ *f.* Cada uno de los grupos en que se subdividen algunas especies y cuyos caracteres diferenciales se perpetúan por la herencia.

raza² 1 *f.* Grieta, hendidura. 2 Raya de luz que entra por una abertura.

razón 1 *f.* Facultad de razonar. 2 Argumento con que se justifica o prueba algo. 3 Causa o motivo. 4 Acierto en lo que se dice, se piensa o se hace. 5 Mensaje, aviso. 6 uso de ~. 7 MAT Cociente de dos números o de dos cantidades comparables. || **~ aritmética** MAT Diferencia constante entre dos términos consecutivos de una progresión aritmética. **~ de Estado** Consideración de interés superior que se invoca en un Estado para hacer algo contrario a la ley o al derecho. **~ geométrica** MAT Cociente constante entre dos términos consecutivos de una progresión geométrica.

razonable 1 *adj.* Conforme a razón. 2 Suficiente en calidad o en cantidad.

razonamiento *m.* Acción y efecto de razonar.

razonar 1 *intr.* Ordenar y relacionar ideas para llegar a una conclusión. 2 *tr.* Exponer razones para sustentar o justificar una opinión, un dictamen, etc.

RDSI *f.* INF Tecnología para la intercomunicación con redes realizada con líneas telefónicas. • Sigla de Red digital de servicios integrados.

re *m.* MÚS Segunda nota de la escala musical.

reabsorber *tr.* Volver a absorber.

reacción 1 *f.* Acción que resiste o se opone a otra acción. 2 Respuesta a un estímulo. 3 MED Efecto secundario de manifestación inmediata. 4 FISIOL Acción del organismo que trata de contrarrestar la acción de un agente patógeno. 5 FÍS Fuerza igual y opuesta con la que un cuerpo responde a la acción de otro sobre él. Corresponde a la tercera ley del movimiento de Newton. 6 motor de ~. 7 POLÍT Tendencia tradicionalista opuesta a las innovaciones. 8 QUÍM Acción recíproca entre dos o más sustancias que dan origen a otras nuevas. 9 QUÍM ~ endotérmica; ~ exotérmica; ~ neutra. || **~ en cadena** 1 Sucesión de acontecimientos provocados, cada uno de ellos, por el anterior. 2 FÍS Serie de reacciones nucleares en que las partículas emitidas en cada fisión originan nuevas reacciones. **~ nuclear** FÍS Proceso por el que un núcleo atómico se transforma en otro de características distintas. **~ termonuclear** FÍS La de fusión nuclear, que libera gran cantidad de calor y otras formas de energía.

reaccionar *intr.* Actuar alguien o algo por reacción a la actuación de otra persona u otro agente.

reaccionario, ria *adj.* y *s.* Opuesto a las innovaciones ideológicas o políticas.

reacio, cia *adj.* Que muestra resistencia a hacer algo.

reactante *m.* QUÍM Átomo o molécula que se consume en una reacción química y produce sustancias diferentes a las que le dieron origen.

reactivo *m.* QUÍM Sustancia empleada para descubrir la presencia de otra.

reactor 1 *m.* Motor de reacción. 2 Avión que usa motor de reacción. 3 QUÍM Aparato en el que se produce una reacción química. || **~ nuclear** Conjunto de instalaciones que permiten iniciar, mantener y controlar el desarrollo de una reacción de fisión nuclear en cadena para su utilización como fuente de energía.

reafirmar *tr.* y *prnl.* Volver a afirmar.

reagrupar *tr.* Agrupar de nuevo o de modo diferente lo que ya estuvo agrupado.

reajustar *tr.* ECON Aumentar o disminuir coyunturalmente las tarifas, los gastos, la plantilla de empleados, etc.

real[1] 1 *adj.* Que tiene existencia verdadera y efectiva. 2 MAT **número ~**.
real[2] *adj.* Perteneciente al rey o a la realeza.
realce *m.* Lo que sobresale en la superficie de una cosa.
realeza 1 *f.* Dignidad o soberanía real. 2 El rey y su familia o los aristócratas emparentados con él.
realidad *f.* Cualidad de lo que posee una existencia real y efectiva. || ~ **virtual** INF Sistema que permite ver, tocar, manipular, moverse y reaccionar en un mundo simulado por computadora.
realimentación *f.* ELECTR Retorno de una fracción de la salida de un circuito o dispositivo a su propia entrada.
realismo[1] 1 *m.* ART Sistema estético que da primacía a la expresión artística que imita fielmente la naturaleza. 2 LIT Estética narrativa del s. XIX europeo y que buscaba describir el comportamiento humano y su entorno tal y como se dan en la vida cotidiana. || ~ **mágico** LIT Movimiento hispanoamericano de mediados del s. XX, caracterizado por la introducción de elementos fantásticos en una narrativa realista. Principales autores: J. Donoso y G. García Márquez.
realismo[2] *m.* Doctrina favorable a la monarquía.
realista[1] 1 *adj.* y *s.* Seguidor del realismo artístico o literario. 2 Que obra con sentido práctico.
realista[2] *adj.* Relativo al realismo[2].
reality (Voz ingl.) *m.* Programa televisivo en el que se transmite la vida diaria de una persona o de un grupo sometido a situaciones específicas previamente definidas.
realizar 1 *tr.* y *prnl.* Hacer real y efectivo algo. 2 Vender a bajo precio. 3 *prnl.* Hacer realidad las propias aspiraciones, posibilidades, etc.
realzar *tr.* y *prnl.* Elevar o levantar una cosa más de lo que estaba.
reanimar 1 *tr.* y *prnl.* Restablecer el ánimo o las energías. 2 MED Hacer que una persona recobre la actividad respiratoria o cardiaca normales.
reanudar *tr.* y *prnl.* Continuar algo que se había interrumpido.
reaparecer *intr.* Volver a aparecer.
rearmar *tr.* y *prnl.* Reforzar el armamento de un ejército, nación, etc.
reata *f.* Cuerda o tira para sujetar cosas.
rebaba *f.* Porción de materia sobrante que sobresale en los bordes o en la superficie de un objeto.
rebaja *f.* Descuento de algo, especialmente de precios.
rebajar 1 *tr.* Hacer más bajo el nivel o la altura de algo. 2 Disminuir o reducir el precio de algo. 3 Disminuir la intensidad de los colores.
rebalsa *m.* Agua detenida en una depresión de terreno o en un sector de su curso.
rebalsar *tr., intr.* y *prnl.* Detener el agua para formar rebalsa.
rebanada *f.* TAJADA.
rebanar *tr.* Cortar o dividir algo de una parte a otra.
rebaño *m.* Hato de ganado lanar.
rebasar 1 *tr.* Pasar o exceder de cierto límite. 2 Dejar algo atrás en una marcha, un camino, etc.
rebatir *tr.* Refutar ideas, conceptos, etc.
rebato *m.* Convocatoria de vecinos hecha por medio de campana, tambor, etc., en caso de peligro.
rebelar 1 *tr.* y *prnl.* Sublevarse contra una autoridad. 2 Oponerse con energía a algo.
rebelde *adj.* y *s.* Que se rebela.
rebeldía *f.* Cualidad de rebelde.
rebelión *f.* Acción y efecto de rebelarse o sublevarse.

rebenque 1 *m.* Látigo de cuero o fibras vegetales. 2 Cuerda corta.
reblandecer *tr.* y *prnl.* Ablandar una cosa, ponerla tierna.
rebobinar 1 *tr.* Hacer que un hilo o cinta se desenrolle de un carrete para enrollarse en otro. 2 ELECTR Sustituir el hilo de una bobina.
reborde *m.* Faja estrecha y saliente a lo largo del borde de algo.
rebosar 1 *intr.* y *prnl.* Derramarse un líquido por encima de los bordes de un recipiente. 2 *intr.* y *tr.* Abundar algo en exceso.
rebotar 1 *intr.* Saltar repetidamente un cuerpo elástico. 2 Retroceder o cambiar de dirección un cuerpo en movimiento por haber chocado con un obstáculo.
rebote *m.* Acción y efecto de rebotar.
rebozar 1 *tr.* y *prnl.* Cubrir casi todo el rostro con una prenda. 2 *tr.* Bañar un alimento en huevo, harina, pan rallado, etc.
rebozo *m.* Manto para rebozarse.
rebullir 1 *intr.* y *prnl.* Empezar a moverse lo que estaba quieto. 2 *tr.* REVOLVER, mover.
rebuscado, da *adj.* Dicho del lenguaje que muestra rebuscamiento.
rebusque *m.* Solución ocasional con que se sortean dificultades cotidianas.
rebuzno *m.* Voz del asno.
recabar *tr.* Recoger, recaudar, guardar.
recado 1 *m.* Mensaje o respuesta que de palabra se envía a otro. 2 Encargo o trámite que alguien ha de hacer. 3 Aderezo líquido y espeso para condimentar. 4 Ingredientes sólidos de un cocido o una sopa.
recaer 1 *intr.* Caer o parar en alguien, un beneficio, una responsabilidad, etc. 2 Reincidir en los vicios, errores, etc. 3 MED Caer nuevamente enferma la persona que convalecía o había recobrado la salud.
recalar *intr.* Llegar el buque a la vista de un punto de la costa.
recalcar *tr.* Decir algo con mucho énfasis.
recalcitrante *adj.* Terco, obstinado, incorregible.
recalentar 1 *tr.* Volver a calentar. 2 Calentar demasiado. 3 *prnl.* Tomar algo más calor del que conviene para su uso.
recámara 1 *f.* Dormitorio, habitación. 2 En las armas de fuego, lugar en el que se coloca el cartucho.
recambio *m.* Pieza destinada a sustituir otra igual.
recapacitar *tr.* e *intr.* Pensar detenidamente acerca de algo.

A B C D E F G H I J K L M N Ñ O P Q R S T U V W X Y Z

recapitular *tr.* Resumir algo dicho o escrito inmediatamente antes.

recarga *f.* Acción y efecto de recargar. || **zona de ~** GEO Zona en que tiene lugar la reposición de aguas en las formaciones subterráneas.

recargar 1 *tr.* Volver a cargar. 2 *tr.* y *prnl.* Adornar con exceso.

recargo *m.* Porcentaje que se aumenta por el retraso en un pago.

recato *m.* Decencia, pudor.

recaudación 1 *f.* Acción de recaudar. 2 Cantidad recaudada.

recaudar *tr.* Cobrar o percibir dinero o efectos.

recaudo *m.* RECAUDACIÓN.

recebo *m.* Arena o piedra menuda.

recelar *tr.* y *prnl.* Desconfiar, sospechar.

recepción 1 *f.* Acción y efecto de recibir. 2 Reunión de carácter festivo. 3 Lugar en un establecimiento o edificio para atender a los visitantes. 4 Escucha o visualización de cualquier forma de emisión.

recepcionista *m.* y *f.* Persona encargada de recibir y atender a los clientes.

receptáculo 1 *m.* Cavidad en que se contiene o puede contenerse una cosa. 2 BOT Extremo de la flor donde descansan los verticilos. 3 BOT Parte engrosada del pedúnculo en que se asienta una inflorescencia.

receptividad *f.* Capacidad de recibir.

receptivo, va 1 *adj.* Que recibe o es capaz de recibir. 2 Abierto, que acepta sin dificultad nuevas situaciones, ideas, etc.

receptor, ra 1 *adj.* y *s.* Que recibe. 2 *adj.* y *m.* Dicho del aparato que capta las señales eléctricas, telefónicas, etc. 3 *m.* y *f.* Persona que recibe el mensaje en un acto de comunicación. 4 MED Persona a la que se le ha transplantado un órgano. || **~ universal** Persona del grupo sanguíneo AB, que puede recibir transfusiones de todos los tipos (AB, O, A y B).

recesión *f.* ECON Periodo posterior a una fase de prosperidad económica en el que hay una disminución de la producción y de la actividad.

recesivo, va 1 *adj.* BIOL Dicho de los caracteres hereditarios que no se manifiestan en el fenotipo, pero que pueden aparecer en la descendencia. 2 ECON Que tiende a la recesión o la provoca.

receso 1 *m.* Suspensión temporal de actividades y tiempo que dura. 2 Descanso momentáneo.

receta 1 *f.* Prescripción médica escrita. 2 Fórmula que indica los ingredientes que componen un plato y su forma de preparación.

recetar *tr.* MED Prescribir un medicamento y sus dosis.

recetario *m.* Conjunto de recetas o fórmulas de una misma clase.

rechazar 1 *tr.* Resistir un cuerpo a otro, forzándolo a retroceder. 2 Separar alguien de sí a otro que se le acerca. 3 No aceptar algo. 4 Denegar algo que se pide. 5 Mostrar oposición a una persona, grupo, comunidad, etc. 6 MED No admitir el organismo sustancias, tejidos u órganos extraños.

rechazo *m.* Acción y efecto de rechazar.

rechinar *tr.* Hacer una cosa un sonido desapacible, por frotar con otra.

recibidor *m.* Espacio o habitación situados a la entrada de una vivienda.

recibimiento *m.* Acogida que se hace al que viene de fuera.

recibir 1 *tr.* Tomar, aceptar alguien lo que le dan o envían. 2 Admitir dentro de sí una cosa a otra. 3 Admitir alguien a otro en su compañía. 4 Salir al encuentro de la persona que viene de fuera.

recibo 1 *m.* Acción y efecto de recibir. 2 Escrito o resguardo en que se declara haber recibido dinero u otra cosa.

reciclado *m.* Acción y efecto de reciclar.

reciclador, ra *m.* y *f.* Persona que selecciona, entre la basura, los elementos que son reciclables o reutilizables con el fin de venderlos.

reciclar 1 *tr.* Transformar o aprovechar algo para nuevo uso o destino. 2 Recuperar los desechos industriales o domésticos con el propósito de darles un nuevo uso.

reciedumbre *f.* Fuerza, fortaleza.

recién *adv. t.* RECIENTEMENTE.

reciente *adj.* Nuevo, fresco.

recientemente *adv. t.* Poco tiempo antes.

recinto *m.* Espacio dentro de ciertos límites.

recio, cia 1 *adj.* Fuerte, robusto. 2 Dicho del tiempo riguroso.

recipiente *m.* Cavidad o vasija en que puede contenerse algo.

reciprocidad *f.* Cualidad de recíproco.

recíproco, ca 1 *adj.* Dicho de la relación de una persona o cosa con otra, en la que cada parte aporta y recibe en igual correspondencia. 2 GRAM Dicho del elemento oracional que permite expresar sentido de reciprocidad: *Pedro y María se besaron.*

recital 1 *m.* Lectura de composiciones de un poeta. 2 Concierto a cargo de un solo artista o de un grupo musical.

recitar *tr.* Decir de memoria y en voz alta un fragmento literario, versos, etc.

reclamación *f.* Acción y efecto de reclamar.

reclamar 1 *tr.* Pedir o exigir con derecho o con instancia algo. 2 *intr.* Oponerse a algo que se considera injusto, mostrando no consentir en ello.

reclamo 1 *m.* RECLAMACIÓN. 2 Voz con la que un ave llama a otra de su especie.

reclinar 1 *tr.* y *prnl.* Inclinar el cuerpo, o parte de él, apoyándose sobre algo. 2 Inclinar una cosa apoyándola sobre otra.

reclinatorio *m.* Mueble dispuesto para arrodillarse.

recluir *tr.* y *prnl.* Encerrar o poner en reclusión.

reclusión 1 *f.* Prisión voluntaria o forzada. 2 Lugar en el que alguien está recluido.

recluso, sa *adj.* y *s.* Dicho de la persona encarcelada.

recluta 1 *m.* y *f.* Persona que se alista voluntariamente en el ejército. 2 Soldado novato.

reclutar 1 *tr.* Alistar reclutas. 2 Buscar adeptos.

recobrar 1 *tr.* Volver a tener o adquirir lo que antes se tenía o poseía. 2 *prnl.* Restablecerse después de un daño, pesar, accidente o enfermedad.

recodo *m.* Ángulo o revuelta que forman los caminos, ríos, etc.

recogedor *m.* Instrumento con que se recoge la basura amontonada al barrer.

recoger 1 *tr.* Volver a coger lo que se ha caído. 2 Coger algo y guardarlo. 3 Ir juntando poco a poco algo. 4 Dar asilo, acoger a alguien. 5 Enrollar o plegar algo. 6 Guardar, almacenar. 7 Ir a buscar a alguien o algo donde se sabe que se encuentran para llevarlos consigo. 8 *prnl.* Retirarse a algún sitio, apartándose del trato con la gente. 9 Retirarse a descansar.

recogida *f.* Acción y efecto de recoger algo, como la correspondencia, basura, etc.

recolección *f.* Acción y efecto de recolectar.

recolectar 1 *tr.* Recoger la cosecha. 2 Juntar cosas dispersas.

recombinación *f.* BIOL Aparición de combinaciones de genes en la descendencia que no estaban presentes en los progenitores.

recomendable *adj.* Digno de recomendación y aprecio.

recomendación *f.* Acción y efecto de recomendar.

recomendar 1 *tr.* Aconsejar a alguien cierta cosa por su bien. 2 Pedir a alguien que tome a su cuidado una persona o cosa. 3 Interceder alguien por otra persona.

recomenzar *tr.* Volver a comenzar.

recompensar *tr.* Premiar, gratificar.

reconciliar *tr.* y *prnl.* Hacer que vuelvan a ser amigos los que estaban desunidos.

recóndito, ta *adj.* Escondido o muy apartado.

reconducir 1 *tr.* Cambiar en un sentido determinado una acción o un proceso. 2 Dirigir de nuevo una cosa al lugar donde se hallaba.

reconfortar *tr.* Confortar con energía y eficacia.

reconocer 1 *tr.* Identificar, caer en la cuenta de que alguien o algo ya era conocido. 2 Examinar con cuidado a alguien o algo para establecer su identidad, naturaleza y circunstancias. 3 Registrar el contenido de un baúl, maleta, etc. 4 Aceptar, admitir. 5 Agradecer. 6 Aceptar una relación de parentesco. 7 Acatar la autoridad de alguien. 8 Aceptar la existencia de un nuevo estado de cosas en las relaciones internacionales. 9 *prnl.* Hablando de mérito, fuerzas, etc., tenerse una persona a sí misma por lo que es en realidad.

reconocimiento *m.* Acción y efecto de reconocer o reconocerse. || ~ **aéreo** Estudio de la superficie terrestre mediante imágenes tomadas desde aeronaves o satélites. ~ **de voz** INF Capacidad de un computador para recibir comandos y datos de quien habla. ~ **óptico de caracteres** INF Análisis de los caracteres impresos mediante un escáner.

reconquista 1 *f.* Acción y efecto de reconquistar. 2 HIST Recuperación, por parte de los reinos cristianos, de los territorios españoles invadidos por los musulmanes, que culminó con la toma de Granada en 1492. 3 HIST Periodo histórico (1816-19) en el cual la corona española pretendió recuperar la Nueva Granada y Venezuela. El extremismo con el que los españoles adelantaron su empresa estimuló la reacción que facilitó el triunfo del ejército libertador y la unión de neogranadinos y venezolanos.

reconquistar *tr.* Volver a conquistar una plaza, provincia o reino.

reconsiderar *tr.* Considerar nuevamente y con mayor atención un asunto.

reconstituir 1 *tr.* y *prnl.* Volver a constituir. 2 MED Devolver al organismo sus condiciones normales.

reconstituyente *adj.* y *m.* FARM Dicho del medicamento que reconstituye.

reconstruir 1 *tr.* Volver a construir. 2 Volver a evocar el desarrollo de un hecho, suceso, etc.

reconvenir *tr.* Reprender a alguien por sus actos o palabras.

reconversión *f.* ECON Transformación de una actividad económica específica determinada por la pérdida de competitividad.

reconvertir *tr.* REESTRUCTURAR.

recopilación *f.* Compendio, resumen de una obra o discurso.

recopilar *tr.* Juntar, recoger o reunir escritos literarios.

récord *m.* DEP Marca que, en idénticas condiciones, supera las anteriores.

recordar 1 *tr.* e *intr.* Traer algo a la memoria. 2 Mover a alguien para que tenga presente aquello de lo que se hizo cargo.

recordatorio 1 *m.* Aviso para hacer recordar algo. 2 Tarjeta que se imprime para conmemorar algún acontecimiento.

recorrer 1 *tr.* Atravesar un lugar en toda su extensión. 2 Registrar algo con la mirada. 3 Efectuar un trayecto.

recorrido 1 *m.* Acción y efecto de recorrer. 2 Espacio que ha recorrido, recorre o ha de recorrer alguien o algo.

recortado, da 1 *adj.* Dicho del borde con entrantes y salientes muy señalados. 2 *m.* Figura recortada de papel.

recortar 1 *tr.* Cortar lo que sobra de una cosa. 2 Cortar el papel u otra cosa, formando figuras diversas. 3 Señalar los perfiles de una figura.

recorte 1 *m.* Acción y efecto de recortar. 2 Noticia breve de un periódico o revista que se recorta por su interés. 3 Papel con dibujos para ser recortados.

recostar 1 *tr.* y *prnl.* Reclinar la parte superior del cuerpo o la cabeza. 2 Inclinar una cosa sobre otra.

recoveco *m.* Vuelta y revuelta de un callejón, arroyo, etc.

recreación *f.* Acción y efecto de recrear.

recrear 1 *tr.* Crear o producir de nuevo algo: *La novela recrea la situación de los inmigrantes.* 2 *tr.* y *prnl.* Divertir, alegrar, deleitar.

A B C D E F G H I J K L M N Ñ O P Q **R** S T U V W X Y Z

recriminar *tr.* Censurar a alguien por sus acciones o sentimientos.

recrudecer *intr.* y *prnl.* Incrementarse un mal físico o moral que ya había empezado a remitir.

recta 1 *f.* Línea que describe de forma idealizada un hilo tenso o un rayo de luz. 2 Tramo de una carretera, camino, etc., que no presenta curvas. 3 GEOM Línea que tiene todos sus puntos en la misma dirección. Cumple tres propiedades: es ilimitada, por un punto pueden pasar infinitas rectas y por dos puntos pasa una sola recta. 4 GEOM La línea más corta que une dos puntos. || ~ **numérica** MAT La que representa los números enteros. ~**s paralelas** GEOM Las que están en el mismo plano y no tienen puntos en común. ~**s perpendiculares** GEOM Las que al cruzarse forman ángulos adyacentes iguales y rectos. ~ **real** MAT La que representa los números reales. ~**s secantes** GEOM Las que tienen un punto en común.

rectangular *adj.* GEOM Relativo al ángulo recto o al rectángulo.

rectángulo 1 *adj.* GEOM Que tiene ángulos rectos. 2 GEOM **triángulo** ~. 3 *m.* GEOM Paralelogramo que tiene cuatro ángulos rectos y los lados contiguos desiguales.

rectificación 1 *f.* Acción y efecto de rectificar. 2 Corrección de algo ya dicho, hecho o publicado.

rectificador, ra 1 *adj.* Que rectifica. 2 *f.* Máquina que rectifica piezas metálicas.

rectificar 1 *tr.* Corregir lo inexacto o equívoco. 2 Aclarar alguien los dichos o hechos que se le atribuyen. 3 Contradecir a otro en lo que ha dicho por considerarlo erróneo. 4 Darle a una pieza mecánica sus medidas exactas. 5 *prnl.* Enmendar alguien sus actos o su proceder.

rectilíneo, a *adj.* Que tiene forma de línea recta.

rectitud *f.* Cualidad de recto.

recto, ta 1 *adj.* Que no se inclina ni se desvía. 2 Justo y severo en sus resoluciones. 3 GEOM **ángulo** ~. 4 *m.* ANAT Segmento terminal del tubo digestivo que se extiende hasta el ano.

rector, ra 1 *m.* y *f.* Persona que gobierna un colegio, universidad, etc. 2 *m.* Cura párroco.

rectoría *f.* Cargo y oficina del rector.

recua *f.* Conjunto de animales de carga.

recuadro 1 *m.* Compartimiento o división en forma de cuadro. 2 En los impresos, espacio encerrado por líneas para hacer resaltar un texto.

recubrir *tr.* Cubrir la superficie de una cosa con otra.

recuento *m.* Acción y efecto de volver a contar algo.

recuerdo 1 *m.* Memoria que se hace en la mente de algo dicho u ocurrido con anterioridad. 2 Regalo que se hace para conmemorar algo. 3 *pl.* Saludo afectuoso a un ausente por escrito o por medio de otra persona.

recular *tr.* Andar hacia atrás.

recuperación *f.* Acción y efecto de recuperar o recuperarse.

recuperar 1 *tr.* y *prnl.* Volver a adquirir lo que antes se tenía. 2 Trabajar más tiempo para compensar lo que no se había hecho por algún motivo. 3 *prnl.* Volver alguien o algo a un estado de normalidad después de haber pasado por una situación adversa.

recurrencia 1 *f.* Cualidad de recurrente. 2 MAT Propiedad de una secuencia en las que cualquier término puede calcularse conociendo los precedentes.

recurrente *adj.* Dicho de lo que vuelve a ocurrir después de un intervalo.

recurrir *tr.* Buscar la ayuda de alguien o de algo en una necesidad.

recurso 1 *m.* Acción y efecto de recurrir. 2 Medio que sirve para conseguir lo que se pretende. 3 *pl.* Bienes, medio de subsistencia. 4 Elementos disponibles para resolver una necesidad o llevar a cabo una empresa: *Recursos naturales.* || ~**s energéticos** Conjunto de medios con los que un país intenta cubrir sus necesidades de energía (petróleo, gas natural, carbón, energía solar, etc.). ~**s humanos** ECON Factores de producción generados por el trabajo de las personas. ~**s naturales** ECOL Los que pueden utilizarse en los procesos económicos en general: minerales, energéticos y organismos animales y vegetales. Los hay **renovables** (peces, ganado bovino, bosques, etc.) y **no renovables** (minerales metálicos, carbón, petróleo, etc.).

recusar *tr.* No querer admitir o aceptar algo.

red 1 *f.* Aparejo en forma de malla que se usa para pescar, cazar, etc. 2 Labor o tejido de mallas. 3 Conjunto de calles, carreteras o caminos afluentes a un mismo punto. 4 Conjunto de elementos organizados para determinado fin: *Red telefónica.* 5 Grupo de personas que buscan conjuntamente un fin determinado. 6 INF INTERNET. 7 DEP Malla que cierra por detrás la portería en ciertos juegos, como en el fútbol. 8 DEP Malla que separa el terreno en dos partes iguales en ciertos juegos, como en el tenis. || ~ **global** INF INTERNET. ~ **hidrográfica** GEO Sistema natural de drenaje jerarquizado que transfiere las aguas hacia un colector principal. ~ **informática** o **de datos** INF Conjunto de conexiones y programas empleados para conectar dos o más computadores. ~ **trófica** ECOL Serie de cadenas alimentarias dividida en dos grandes categorías: la de pastoreo, en la que los materiales pasan desde las plantas a los herbívoros y de estos a los carnívoros, y la de detritos, en la que los materiales pasan desde las plantas y sustancias animales a las bacterias y a los hongos, y de estos a los que se alimentan de detritos y de ellos a sus depredadores.

redacción 1 *f.* Acción y efecto de redactar. 2 Oficina donde se redacta. 3 Conjunto de redactores de una publicación.

redactar *tr.* Poner por escrito algo sucedido o pensado con anterioridad.

redada *f.* Operación policial para apresar a un conjunto de delincuentes.

redecilla *f.* Malla fina para mantener el peinado.

rededor *m.* Contorno.

redención *f.* Acción y efecto de redimir o redimirse.

redil *m.* Lugar cercado en el que se recoge el ganado.

redimir 1 *tr.* y *prnl.* Librar de una obligación. 2 Poner término a un dolor, penuria o adversidad. 3 *tr.* Dejar libre algo hipotecado o empeñado.

redistribución *f.* Acción y efecto de distribuir.

redistribuir *tr.* Repartir de forma distinta lo que ya se había distribuido.

rédito *m.* Renta, utilidad o beneficio que rinde un capital.

redoblante *m.* Mús Tambor de caja de resonancia prolongada, usado en las bandas militares.

redoblar 1 *tr.* Aumentar la atención, el interés, etc., de algo. 2 *intr.* Tocar redobles.

redoble 1 *m.* Acción y efecto de redoblar. 2 Mús Toque vivo que se produce tocando rápidamente el tambor con los palillos.

redoma *f.* Vasija de vidrio ancha en el fondo y estrecha hacia la boca.

redomado, da *adj.* Que posee en alto grado la cualidad negativa que se le atribuye.

redondear 1 *tr.* y *prnl.* Poner redonda una cosa. 2 *tr.* Completar algo de modo satisfactorio. 3 Hablando de cantidades, prescindir de fracciones para completar unidades enteras.

redondel *m.* Circunferencia y superficie contenida dentro de ella.

redondeo *m.* Acción y efecto de redondear.

redondo, da 1 *adj.* De figura circular o esférica, o semejante a ella. 2 Completo, bien logrado: *Un negocio redondo.* 3 **número** ~. 4 *f.* LETRA redonda. 5 Mús Nota cuya duración llena un compasillo.

reducción 1 *f.* Acción y efecto de reducir o reducirse. 2 Quím Proceso que se produce en una reacción química y que se caracteriza por la aceptación de electrones por parte de una de las sustancias. 3 Hist Cada uno de los poblados indígenas que las autoridades españolas crearon en América (1531) y pusieron bajo el gobierno del clero. || ~ **de una figura** Geom Operación que consiste en remplazar una figura por otra semejante más pequeña.

reducir 1 *tr.* Disminuir, menguar. 2 Resumir, sintetizar. 3 Dividir un cuerpo en partes menudas. 4 Comerciar con objetos robados. 5 Sujetar a obediencia al que se había apartado de ella. 6 Disminuir la fuerza o potencia de una máquina. 7 Mat Simplificar una expresión. 8 Quím Descomponer un cuerpo en sus elementos. 9 Quím Separar parcial o totalmente de un compuesto oxidado el oxígeno que contiene. 10 *prnl.* Ceñirse a ciertas circunstancias. 11 No tener algo mayor importancia que la que se expresa.

reducto *m.* Lugar de refugio.

reductor, ra 1 *adj.* y *s.* Que reduce o sirve para reducir. 2 *m.* Dispositivo situado entre un eje transmisor para disminuir el número de revoluciones.

redundancia *f.* Repetición innecesaria de la información contenida en un mensaje.

redundar *intr.* Resultar algo en beneficio o daño de alguien o algo.

reedificar *tr.* Volver a edificar de nuevo lo arruinado.

reeducar *tr.* Med Volver a enseñar el uso de los miembros u otros órganos perdidos o dañados por ciertas enfermedades.

reelección *f.* Acción y efecto de reelegir.

reelegir *tr.* Volver a elegir.

reembolsar *tr.* y *prnl.* Devolver una cantidad al que la había desembolsado.

reembolso *m.* Acción y efecto de reembolsar o reembolsarse.

reemplazar 1 *tr.* Sustituir una cosa por otra. 2 Suceder a alguien en un empleo.

reemplazo *m.* Acción y efecto de reemplazar.

reencauchar *tr.* Volver a cubrir de caucho una llanta o cubierta desgastada.

reencontrar *tr.* y *prnl.* Volver a encontrar.

reencuentro *m.* Acción y efecto de reencontrar o reencontrarse.

reenganchar *tr.* y *prnl.* Incorporar de nuevo a alguien a un trabajo o empleo.

reenviar *tr.* Enviar alguna cosa que se ha recibido.

reestrenar *tr.* Volver a estrenar, especialmente películas u obras teatrales, pasado algún tiempo después de su estreno.

reestructurar *tr.* Modificar la estructura de una obra, empresa, proyecto, organización, etc.

refaccionar *tr.* Restaurar o reparar.

referencia 1 *f.* Acción de referirse o aludir a algo. 2 Base de una comparación: *Ángulo de referencia.* 3 En un escrito, nota o convención con que se remite a otro lugar del texto. 4 Informe sobre las aptitudes o cualidades de alguien o de algo. 5 Cifra o signo convencional que permite identificar y clasificar un objeto. 6 En una biblioteca, editorial, etc., conjunto o sección correspondiente a los libros de consulta.

referencial *adj.* Que sirve como referencia de una comparación: *Marco referencial.*

referendo *m.* REFERÉNDUM.

referéndum *m.* Polít Procedimiento jurídico por el que se somete al voto popular una medida constitucional o legislativa.

referente 1 *adj.* Que refiere o que expresa relación a algo. 2 *m.* Modelo o ejemplo de referencia en una comparación.

referir 1 *tr.* Narrar un suceso. 2 *tr.* y *prnl.* Atribuir algo a un motivo, origen o época. 3 *prnl.* Remitirse a lo dicho o hecho. 4 Aludir, mencionar.

refinado, da 1 *adj.* Exquisito. 2 *m.* Acción y efecto de refinar.

refinamiento 1 *m.* Buen gusto. 2 Esmero, cuidado.

refinar 1 *tr.* Hacer más pura o fina una cosa. 2 Perfeccionar algo adecuándolo a un fin determinado. 3 *prnl.* Suprimir la vulgaridad en los modales, hacerse fino.

refinería *f.* Instalación industrial donde se refinan productos como petróleo, azúcar, etc.

reflectar *tr.* Fís Reflejar la luz, el calor, el sonido, etc.

reflector, ra 1 *adj.* y *s.* Dicho del cuerpo que refleja. 2 *m.* Aparato que envía la luz de un foco en una dirección determinada. 3 Aparato de superficie bruñida para reflejar los rayos luminosos.

reflejar 1 *intr.* y *prnl.* Fís Cambiar la dirección de la luz, el calor, el sonido o algún cuerpo elástico oponiéndoles una superficie lisa. 2 *tr.* Manifestar, hacer patente algo. 3 *prnl.* Dejarse ver una cosa en otra.

reflejo, ja 1 *adj.* Que ha sido reflejado. 2 *m.* Luz reflejada. 3 Imagen reflejada en una superficie. 4 Representación, imagen, muestra. 5 Fisiol Respuesta automática de un órgano motriz o secretor, frente a un estímulo. 6 Ópt **rayo** ~ o refracto.

reflexión 1 *f.* Acción y efecto de reflexionar. 2 Fís Acción y efecto de reflejar o reflejarse. || ~ **de una figura** Geom Movimiento que refleja una figura en el plano con respecto a una recta denominada **eje de reflexión** que actúa como un espejo.

reflexionar *tr.* y *prnl.* Considerar nueva o detenidamente algo.

reflexivo, va 1 *adj.* Que refleja o reflecta. 2 Que habla y actúa con reflexión. 3 Gram **oración** ~, **pronombre** ~.

reflujo 1 *m.* Movimiento de retorno de un líquido que fluye. 2 Movimiento de descenso de la marea.

refocilar *tr.* Complacerse maliciosamente.

reforestar *tr.* Repoblar un terreno con plantas forestales.

reforma 1 *f.* Acción y efecto de reformar o reformarse. 2 Lo que se propone, proyecta o ejecuta como innovación o mejora de algo. || ~ **protestante** Hist Movimiento religioso surgido en el s. XVI que supuso la instauración de distintas iglesias ligadas al **protestantismo**. Se inició cuando el monje alemán Martín Lutero (1483-1546) desafió la autoridad papal atacando el dogma sacramental y recomendando que la religión se centrara en la fe individual basada en las normas contenidas en la Biblia.

reformado, da 1 *adj.* Partidario de la religión reformada. 2 Hist y Rel **iglesias** ~**s**.

reformar 1 *tr.* Modificar algo con la intención de mejorarlo. 2 *tr.* y *prnl.* Enmendar, corregir la mala conducta de alguien.

reformatorio *m.* CORRECCIONAL.

reformismo *m.* Tendencia o doctrina que procura el cambio y las mejoras graduables de una situación política, social, religiosa, etc.

reforzar 1 *tr.* Añadir nuevas fuerzas a algo, ponerle un refuerzo. 2 Fortalecer o reparar lo que padece ruina o detrimento.

refracción *f.* Fís Cambio de dirección de un rayo o una onda que pasa oblicuamente de un medio a otro de diferente densidad.

refractar *tr.* y *prnl.* Producir una refracción.

refractario, ria 1 *adj.* Rebelde a aceptar una idea nueva o un nuevo estado de cosas. 2 Fís Dicho del material que resiste la acción del calor sin cambiar de estado ni descomponerse.

refracto *adj.* Ópt **rayo** reflejo o ~.

refrán *m.* Dicho de uso común.

refregar *tr.* y *prnl.* Frotar una cosa con otra.

refrenar *tr.* y *prnl.* Contener, reprimir.

refrendar 1 *tr.* Legalizar un documento por medio de la firma de la persona autorizada. 2 Revisar un documento y anotar su presentación.

refrescar 1 *tr.* y *prnl.* Disminuir el calor de algo o alguien. 2 *intr.* Tomar fuerzas, vigor o aliento. 3 *intr.* y *prnl.* Moderarse el calor del aire. 4 Tomar el fresco. 5 Tomar una bebida para reducir el calor.

refresco *m.* Bebida fría y, por lo general, dulce.

refriega 1 *f.* Combate de menor importancia. 2 Riña o discusión violenta.

refrigerador *m.* y *f.* FRIGORÍFICO, nevera.

refrigerante *m.* Sustancia fluida que absorbe el calor y sirve para evitar que se caliente en exceso un motor o una máquina en funcionamiento.

refrigerar *tr.* Disminuir la temperatura de algo.

refrigerio *m.* Pequeño alimento que se toma para recuperar las fuerzas.

refrito *m.* Comida o condimento que vuelve a freírse en la sartén.

refuerzo 1 *m.* Mayor grosor o volumen que se da a una cosa para hacerla más resistente. 2 Apuntalamiento o reparación que se hace para fortalecer una cosa que amenaza ruina. 3 Ayuda que se presta en una ocasión o necesidad.

refugiado, da *m.* y *f.* Persona que busca refugio fuera de su país.

refugiar *tr.* y *prnl.* Acoger o amparar a alguien, sirviéndole de resguardo y asilo.

refugio 1 *m.* Asilo, acogida o amparo. 2 Lugar para refugiarse o protegerse. 3 Albergue situado en la alta montaña.

refulgir *intr.* Resplandecer, emitir fulgor.

refundir *tr.* y *prnl.* Perder, extraviar.

refunfuñar *intr.* Emitir voces confusas en señal de enojo o desagrado.

refutación *f.* Acción y efecto de refutar.

refutar *tr.* Rebatir con argumentos lo que otros dicen.

regadera 1 *f.* Recipiente portátil que sirve para regar las plantas. 2 DUCHA.

regadío *m.* Terreno dedicado a cultivos que se fertilizan con riego.

regalar 1 *tr.* Dar a alguien algo sin pedir nada a cambio. 2 Manifestar expresiones de afecto. 3 *tr.* y *prnl.* Recrear, deleitar.

regalía 1 *f.* Participación en los ingresos o cantidad fija que se paga al propietario de un derecho a cambio del permiso para ejercerlo. 2 Participación del autor en los ingresos del editor por la venta de su obra.

regalismo *m.* Hist Derecho privativo que defendía ciertas prerrogativas de los soberanos europeos en los asuntos eclesiásticos (inmunidades, patronato sobre las iglesias, etc.).

regaliz *m.* Planta herbácea leguminosa de rizoma grueso, flores azuladas y fruto en legumbre. Del rizoma se extrae un jugo dulce con el que se hacen golosinas.

regalo 1 *m.* Cosa que se da gratuitamente. 2 Gusto o complacencia que se recibe. 3 Comodidad que alguien se procura.

regañar *intr.* Dar muestras de enfado con palabras y gestos.

regaño *m.* Acción de regañar a alguien.

regar 1 *tr.* Esparcir agua sobre una superficie, una planta, la tierra, etc., para limpiarla o refrescarla. 2 Atravesar un territorio un río o canal. 3 Esparcir, desparramar algo.

regata *f.* DEP Competición entre embarcaciones para llegar antes a un punto dado.

regate *m.* DEP Movimiento que se hace con el cuerpo para eludir la acción del contrario.

regatear *tr.* Debatir el comprador con el vendedor el precio de una cosa para que lo rebaje.

regazo 1 *m.* Cavidad que hace la falda desde la cintura hacia la rodilla, cuando la mujer está sentada. 2 Parte del cuerpo donde se forma esa cavidad.

regencia 1 *f.* Acción de regir o gobernar. 2 En las monarquías, gobierno del Estado durante la minoría de edad, ausencia o incapacidad del legítimo heredero. 3 Tiempo que dura.

regeneración 1 *f.* Acción y efecto de regenerar o regenerarse. 2 BIOL Capacidad de algunos organismos para reconstruir una parte de su cuerpo.

regeneracionismo *m.* Tendencia a regenerar o reinstaurar en una sociedad los valores morales que se consideran perdidos o aminorados.

regenerar *tr.* y *prnl.* Enmendar los vicios o las malas costumbres.

regentar *tr.* Dirigir un negocio.

regente, ta 1 *adj.* Que rige o gobierna. 2 *f.* Persona encargada de un negocio.

reggae (Voz ingl.) *m.* MÚS Aire musical originario de Jamaica de influencia africana y del *jazz*, *gospel* y *calipso* que tuvo amplia acogida y difusión en la década del setenta del s. XX. Se caracteriza por su cadencia repetitiva y por sus letras de contenido contestatario.

regidor, ra 1 *adj.* Que rige o gobierna. 2 *m.* y *f.* CONCEJAL.

régimen 1 *m.* Modo como se rige o gobierna algo: *Régimen monárquico*. 2 Modo habitual de producirse o suceder algo: *Régimen de lluvias*. 3 Modo de referirse a un gobierno actuante. 4 Estado de una máquina cuando funciona de un modo regular. 5 Conjunto de normas dietéticas que debe observar alguien por motivos de salud. 6 GRAM Dependencia que entre sí tienen las partes de la oración. 7 GRAM Hecho de regir un verbo, sustantivo, etc., un determinado complemento.

regimiento *m.* Cuerpo militar al mando de un coronel.

regio, gia 1 *adj.* Del rey. 2 *adv. m.* Muy bien, excelentemente.

región 1 *f.* Porción de territorio determinada por características étnicas, climáticas, administrativas, históricas, productivas, etc. 2 División territorial de un país definida por características geográficas e histórico-sociales. 3 ANAT Cada una de las partes en que se considera dividido al exterior el cuerpo: *Región epigástrica*.

regional *adj.* Relativo a una región.

regionalismo 1 *m.* Apego a determinada región de un país y a lo perteneciente a ella. 2 Vocablo o giro de una región determinada.

regir 1 *tr.* y *prnl.* Dirigir, gobernar, mandar. 2 *tr.* GRAM Pedir o exigir una palabra otra u otras para su correcta construcción dentro de la oración. 3 *intr.* Estar vigente.

registrado, da *adj.* Dicho de la marca o modelo que ha sido inscrito en el registro como propiedad del autor.

registrador, ra 1 *adj.* Que registra. 2 *adj.* y *s.* Dicho del aparato que deja anotadas automáticamente las indicaciones variables de su función propia. 3 *m.* y *f.* Funcionario que tiene a su cargo algún registro público, especialmente el de la propiedad. 4 *f.* TORNIQUETE, aparato para acceder a un espacio público.

registrar 1 *tr.* Examinar con cuidado y minuciosidad algo. 2 Anotar, señalar. 3 Fijar sonidos o imágenes en un disco, película, etc. 4 Contabilizar, enumerar o marcar los casos o datos reiterados de algo. 5 Inscribir en una oficina de registro determinados documentos. 6 *prnl.* Inscribirse, matricularse. 7 Producirse un suceso, fenómeno, etc. con alguna reiteración.

registro 1 *m.* Acción de registrar o registrarse. 2 Libro donde se registran noticias o datos. 3 Padrón y matrícula de los habitantes de un lugar. 4 Pieza de una máquina, aparato o instrumento que sirve para regular su funcionamiento. 5 MÚS Parte de la escala musical que se corresponde con la voz humana. || ~ **civil** Aquel en que la autoridad hace constar los hechos relativos al estado civil de una persona (nacimiento, matrimonio, defunción, etc.).

regla 1 *f.* Instrumento de figura rectangular que sirve para trazar líneas rectas, o para medir la distancia entre dos puntos. 2 Lo que ha de cumplirse por estar así convenido por una colectividad. 3 Conjunto de instrucciones que indican cómo hacer algo. 4 Razón a la que se han de ajustar las acciones humanas para que resulten moralmente rectas. 5 Orden invariable que guardan las cosas naturales. 6 FISIOL MENSTRUACIÓN. || ~ **de tres** MAT La que permite determinar una cantidad desconocida a partir de otras tres conocidas, dos de las cuales varían en proporción directa o en proporción inversa. ~ **de tres compuesta** MAT Aquella en que los dos términos conocidos y entre sí homogéneos, resultan de la combinación de varios elementos.

reglamentario, ria *adj.* Relativo al reglamento o exigido por alguna disposición obligatoria.

reglamento *m.* Conjunto de reglas o preceptos que se dan para la ejecución de algo.

reglar *tr.* Sujetar a reglas algo.

regleta 1 *f.* ELECTR Soporte aislante sobre el que se disponen los componentes de un circuito. 2 MAT Prisma cuadrado con una medida y un color determinados según un valor asignado entre uno y diez, que se usa para instruir en las operaciones básicas.

regocijar *tr.* y *prnl.* Recrear, deleitar.

regocijo *m.* Alegría, júbilo.

regodearse *prnl.* Complacerse en lo que gusta o se goza.

regoldar *intr.* Eructar los gases del estómago.

regresar *intr.* y *prnl.* Volver al lugar de donde se partió.

regresión 1 *f.* RETROCESO. 2 GRAM Derivación inversa, con acortamiento de palabra, para formar un supuesto primitivo: *Legislar* de *legislador.* 3 PSIC Terapia hipnótica en la que el individuo sometido a ella regresa, según afirman algunos, a encarnaciones anteriores.

regüeldo *m.* Acción y efecto de regoldar.

regué *m.* REGGAE.

reguero 1 *m.* Conjunto de objetos esparcidos desordenadamente. 2 Chorro delgado de un líquido que se desliza sobre una superficie. 3 Línea o señal que queda de una cosa que se va vertiendo.

reguetón 1 *m.* Aire musical popular del Caribe surgido en la década de los años ochenta del s. XX, caracterizado por sus letras repetitivas y los efectos electrónicos que marcan sus ritmos. 2 Baile que se realiza al ritmo de este aire musical.

regulador, ra 1 *adj.* Que regula. 2 *m.* ELECTR ESTABILIZADOR.

regular[1] 1 *adj.* Ajustado y conforme a regla. 2 Sin cambios grandes o bruscos. 3 De calidad intermedia. 4 GEOM **poliedro ~**; **polígono ~**. 5 GRAM **verbo ~**. 6 *adv. m.* Medianamente, no demasiado bien.

regular[2] 1 *tr.* Medir o ajustar algo por comparación o deducción. 2 Ajustar, poner en regla u orden algo.

regularizar *tr.* y *prnl.* Regular, poner en orden.

regurgitar *intr.* Expeler por la boca, sin esfuerzo, sustancias sólidas o líquidas contenidas en el esófago o en el estómago.

regusto *m.* Gusto o sabor que queda de la comida o bebida.

rehabilitar 1 *tr.* y *prnl.* Habilitar de nuevo. 2 Devolver el honor y el crédito a la persona que ha sido privada de ellos.

rehacer *tr.* Volver a hacer lo que se había deshecho o hecho mal.

rehén *m.* y *f.* Persona retenida en poder de alguien, como garantía o fianza, mientras se cumplan determinadas exigencias.

rehilete 1 *m.* Flechilla con plumas o papel en el extremo que no se clava. 2 Volante que se lanza al aire con raqueta.

rehogar *tr.* Sazonar una comida con aceite y otros condimentos en una olla tapada y a fuego lento.

rehuir *tr., intr.* y *prnl.* Evitar, esquivar algo por algún temor, sospecha o recelo.

rehusar *tr.* No querer o no aceptar algo.

reina *f.* REY.

reinado *m.* Espacio de tiempo en que gobierna un rey o una reina.

reinar *intr.* Regir, gobernar un rey o una reina un Estado.

reincidencia *f.* Acción de reincidir.

reincidir *intr.* Volver a incurrir en un error, falta o delito.

reincorporar *tr.* y *prnl.* Volver a incorporar a una persona a su puesto, cargo o empleo.

reingeniería *f.* Reorganización de los componentes de una institución, una empresa o un proyecto, mediante una gestión integral dirigida a optimizar los procesos y resultados.

reino 1 *m.* Territorio o Estado sujeto al gobierno de un rey o una reina. 2 BIOL Cada una de las divisiones primarias en la clasificación de los organismos vivientes. La taxonomía actual admite una clasificación en seis reinos: **arqueobacteria, eurobacteria, protistas, hongos, vegetal** y **animal.** || **~ de Dios** REL Nuevo estado de justicia, paz y felicidad espiritual anunciado por los profetas de Israel y predicado por Jesucristo en el Evangelio.

reinsertar *tr.* y *prnl.* Dar a alguien los medios necesarios para adaptarse a la vida social.

reintegrar 1 *tr.* Restituir íntegramente una cosa. 2 Devolver a alguien lo que este había prestado anteriormente. 3 REINCORPORAR.

reintegro *m.* Acción y efecto de reintegrar.

reinversión *f.* ECON Empleo de los beneficios en el aumento del capital de la misma.

reír 1 *intr.* y *prnl.* Manifestar regocijo mediante determinados movimientos del rostro, acompañados frecuentemente por sacudidas del cuerpo y emisión de peculiares sonidos inarticulados. 2 *tr., intr.* y *prnl.* Hacer burla o mofa. 3 *tr.* Celebrar algo con risa.

reiterar *tr.* y *prnl.* Volver a decir algo.

reivindicar 1 *tr.* Reclamar, exigir a alguien aquello a lo que tiene derecho. 2 Rehabilitar el buen nombre o la buena reputación de alguien o de algo.

reja *f.* Conjunto de barrotes que se ponen en las ventanas y otras aberturas para seguridad o adorno.

rejilla *f.* Celosía fija o movible, red de alambre, tela metálica, etc.

rejo 1 *m.* Azote, látigo. 2 Soga o pedazo de cuero que sirve para atar el becerro a la vaca o para maniatar las reses. 3 Punta de hierro o de otra especie.

rejonear *tr.* Torear de a caballo.

rejuntar *tr.* AMANCEBARSE.

rejuvenecer *tr., intr.* y *prnl.* Dar a alguien la fortaleza, el vigor, ideales, etc., de la juventud.

relación 1 *f.* Conexión, correspondencia entre dos o más cosas. 2 Trato habitual de una persona con otra u otras. 3 Comunicación regular entre instituciones, empresas, etc. 4 Vínculo que mantienen entre sí los animales. 5 Narración o relato de un hecho. 6 Lista de personas o cosas. 7 MAT Correspondencia en que los conjuntos de partida y de llegada son iguales. 8 MAT Resultado de comparar dos cantidades numéricas. 9 *pl.* Las amorosas o sexuales que mantienen dos personas.

relacionar 1 *tr.* Hacer relación de un hecho. 2 *tr.* y *prnl.* Poner en relación personas o cosas. 3 *prnl.* Establecer relaciones de amistad, amorosas, sociales, negocios, etc.

relajación 1 *f.* Acción y efecto de relajar o relajarse. 2 FÍS Pérdida de tensiones que sufre un material sometido a una deformación constante.

relajar 1 *tr.* Hacer menos severa o rigurosa una ley, regla, etc. 2 *tr.* y *prnl.* Distraer el ánimo con algún descanso. 3 *prnl.* Distender los músculos. 4 Liberar la mente de preocupaciones. 5 Caer en malas costumbres.

relajo *m.* Desorden, barullo.

relamer 1 *tr.* Volver a lamer. 2 *prnl.* Lamerse los labios muchas veces. 3 Encontrar mucho gusto o satisfacción en algo.

relamido, da *adj.* Afectado, demasiado pulcro.

relámpago 1 *m.* Resplandor vivísimo e instantáneo producido en las nubes por una descarga eléctrica. 2 Cosa que pasa fugaz o velozmente.

relampaguear 1 *intr. impers.* Haber relámpagos. 2 *intr.* Brillar mucho, con algunas intermisiones.

relanzar *tr.* Dar nuevos impulsos a una actividad.

relatar *tr.* Referir o narrar un hecho.

relatividad 1 *f.* Cualidad de relativo. 2 Fís Conjunto de las teorías formuladas por A. Einstein entre 1905 y 1917 sobre la estructura del tiempo y el espacio. La teoría de la relatividad **restringida** (1905) relaciona el espacio y el tiempo con el movimiento de los observadores. La de la relatividad **general** (1912-17) concluye en la equivalencia entre la materia y la energía, según la ecuación $E = mc^2$ (donde E es la energía, m la masa y c la velocidad de la luz).

relativismo *m.* Fil Doctrina según la cual la verdad es relativa y varía según los individuos o grupos.

relativista *adj.* Relativo a la relatividad o al relativismo.

relativizar *tr.* Conceder a algo un valor o importancia menor.

relativo, va 1 *adj.* Que hace relación a alguien o algo. 2 Que no es absoluto, que depende de su relación con otra cosa. 3 Que se puede cuestionar. 4 **mayoría** ~. 5 Gram Dicho del adjetivo, el adverbio o el **pronombre** que funciona como enlace con la oración principal. 6 Gram **tiempo** ~. 7 Mat **valor** ~.

relato 1 *m.* Acción y efecto de relatar. 2 Narración, cuento.

releer *tr.* Leer de nuevo o volver a leer algo.

relegar *tr.* Apartar, posponer.

relevante 1 *adj.* Sobresaliente, excelente. 2 Importante, significativo.

relevar 1 *tr.* Sustituir a alguien con otra persona en cualquier empleo o actividad. 2 *tr.* y *prnl.* Exonerar a alguien de una obligación.

relevo 1 *m.* Acción de relevar o sustituir. 2 Persona que releva.

relicario 1 *m.* Lugar donde están guardadas las reliquias. 2 **MEDALLÓN** para llevar un objeto de recuerdo.

relieve 1 *m.* Figura que resalta sobre un plano. 2 Mérito, renombre. 3 Geo Conjunto de formas y accidentes que constituyen la parte exterior de la corteza terrestre. || ~ **medio** Art Talla artística de una superficie en la que las figuras esculpidas sobresalen de ella la mitad de su grosor.

religión *f.* Rel Conjunto de creencias o dogmas acerca de la divinidad, de los sentimientos de veneración hacia ella, de las normas morales para la conducta a seguir y de las prácticas rituales para rendirle culto.

religiosidad *f.* Práctica de las obligaciones religiosas.

religioso, sa 1 *adj.* Rel Relativo a la religión o a los que la profesan. 2 Rel Que tiene religión y que la profesa con celo. 3 *adj.* y *s.* Rel Que ha tomado los hábitos en una orden religiosa regular.

relinchar *intr.* Emitir su voz el caballo.

relincho *m.* Voz del caballo.

reliquia 1 *f.* Rel Parte del cuerpo de un santo o de cosas que han estado en contacto con él. 2 Vestigio de cosas pasadas.

rellano *m.* Porción horizontal en que termina cada tramo de escalera.

rellenar 1 *tr.* y *prnl.* Volver a llenar o llenar enteramente. 2 *tr.* Introducir rellenos. 3 Escribir en un impreso determinados datos en los espacios destinados a tal fin.

relleno, na 1 *adj.* Muy lleno. 2 *m.* Cualquier material con que se llena algo. 3 Picadillo con que se rellenan aves, hortalizas, etc. || ~ **sanitario** Terreno en el que se depositan técnicamente las basuras de una ciudad.

reloj *m.* Instrumento dotado de movimiento uniforme que sirve para medir el tiempo o dividir el día en horas, minutos y segundos. || ~ **de sol** El que señala las horas del día por medio de la sombra que un gnomon arroja sobre una superficie marcada.

relucir 1 *intr.* Lucir mucho, resplandecer. 2 Destacar en algo o en alguien una cualidad.

relumbrar *intr.* Dar viva luz o alumbrar con exceso.

relumbrón *m.* Rayo de luz vivo y pasajero.

remachar 1 *tr.* Machacar la punta o cabeza de un clavo ya clavado. 2 Percutir el extremo del remache hasta formarle una cabeza que le sujete y afirme. 3 Sujetar con remaches.

remache 1 *m.* Acción y efecto de remachar. 2 Clavo cuya punta se remacha.

remanente *m.* Lo que queda de algo.

remangar *tr.* y *prnl.* Recoger hacia arriba las mangas o la ropa.

remansar *tr.* Detenerse el curso o la corriente de un líquido.

remanso 1 *m.* Detención o suspensión de la corriente del agua o de otro líquido. 2 Paraje tranquilo.

remar *intr.* Mover los remos para impulsar la embarcación en el agua.

remarcar 1 *tr.* Volver a marcar. 2 Insistir, hacer notar.

remasterizar *tr.* Grabar nuevamente un registro sonoro o audiovisual, con el fin de mejorar su calidad mediante el uso de tecnologías digitales.

rematar 1 *tr.* Dar fin a algo. 2 Poner fin a la vida de una persona o animal agonizante. 3 Hacer remate en la venta o arrendamiento de una cosa.

remate 1 *m.* Acción y efecto de rematar. 2 Fin o extremidad de una cosa. 3 Adjudicación en una subasta. 4 Adorno que corona una construcción.

remedar *tr.* Hacer las mismas acciones, gestos y ademanes que otro por broma o burla.

remediar 1 *tr.* Apartar o separar de un riesgo. 2 *tr.* y *prnl.* Poner remedio a algo.

remedio 1 *m.* Lo que ayuda a reparar un daño o inconveniente. 2 MED Lo que sirve para producir un cambio favorable en las enfermedades. 3 FARM **MEDICAMENTO.**

remedo 1 *m.* Acción de remedar. 2 Imitación ordinaria de algo.

remembranza *f.* Recuerdo, memoria de algo pasado.

rememorar *tr.* Recordar, traer algo a la memoria.

remendar 1 *tr.* Reforzar con remiendo lo que está viejo o roto. 2 Acomodar una cosa a otra para suplir lo que le falta.

remero, ra 1 *m.* y *f.* Persona que rema o que trabaja al remo. 2 *f.* Cada una de las plumas grandes con que terminan las alas de las aves.

remesa *f.* Remisión de una cosa de una parte a otra.

remezón *m.* Terremoto ligero.

remiendo 1 *m.* Pedazo de tela que se cose a lo que está viejo o roto. 2 Acción y efecto de remendar.

remilgo *m.* Delicadeza exagerada o afectada mostrada con gestos.

reminiscencia 1 *f.* Recuerdo impreciso de algo. 2 Acción de representarse a la memoria un recuerdo mediante algo que lo evoca: *Este olor me trae reminiscencias de mi infancia.*

remisión 1 *f.* Acción y efecto de remitir o remitirse. 2 Indicación en un texto que remite al lector a otro punto del mismo texto o a uno distinto, en donde hay información relativa al asunto que trata.

remiso, sa *adj.* Reacio a hacer algo.

remite *m.* Nota escrita en un envío con el nombre y dirección de la persona que lo hace.

remitente 1 *adj.* Que remite. 2 *m.* y *f.* Persona que envía una carta, un paquete, un documento, etc.

remitir 1 *tr.* Enviar una cosa a determinada persona de otro lugar. 2 Hacer una remisión en un texto. 3 Perdonar una pena o liberar de una obligación. 4 *tr., intr.* y *prnl.* Ceder o perder algo su intensidad: *La fiebre ha remitido.* 5 *tr.* y *prnl.* Dejar la resolución de algo al juicio o dictamen de otro. 6 Apoyarse en algo para hacer mayor precisión en lo que se expresa: *Me remito a la normatividad vigente para dar mi opinión.*

remo 1 *m.* Pala larga y estrecha que sirve para mover las embarcaciones haciendo fuerza en el agua. 2 Brazo o pata de los cuadrúpedos.

remoción *f.* Acción y efecto de remover o removerse.

remodelar *tr.* Modificar o transformar algo para mejorarlo.

remojar *tr.* Empapar en agua u otro líquido una cosa.

remolacha *f.* Planta herbácea anual de tallo derecho y ramoso, hojas ovales grandes, flores en espiga y raíz carnosa comestible, de la que también se extrae azúcar.

remolcar 1 *tr.* Arrastrar una embarcación u otra cosa sobre el agua, tirando de ella. 2 Arrastrar por tierra un vehículo.

remolinar 1 *intr.* y *prnl.* Hacer o formar remolinos algo. 2 *prnl.* **ARREMOLINARSE.**

remolino 1 *m.* Movimiento giratorio y rápido del aire, el agua, el polvo, etc. 2 Retorcimiento del pelo en redondo.

remolonear *intr.* y *prnl.* Rehuir el trabajo por flojedad y pereza.

remolque 1 *m.* Acción de remolcar. 2 Vehículo remolcado.

remonta *f.* Acción y efecto de remontar el calzado.

remontada *f.* Adelanto o ascenso de posición del participante en una competencia deportiva.

remontar 1 *tr.* Poner nuevas suelas al calzado. 2 Subir una pendiente, sobrepasarla. 3 Subir o volar muy alto las aves o los aviones. 4 Elevar en el aire una cometa. 5 Navegar aguas arriba en una corriente. 6 Subir hasta el origen de una cosa. 7 *prnl.* Subir, ir hacia arriba. 8 Ascender por el aire. 9 Retroceder hasta una época pasada. 10 Ascender una cantidad a la cifra que se indica.

remoquete *m.* Apodo o sobrenombre.

rémora *f.* Pez teleósteo marino de aprox. 40 cm caracterizado por llevar encima de la cabeza un disco cartilaginoso con el que hace el vacío para adherirse a los objetos flotantes.

remorder *tr.* Inquietar interiormente los escrúpulos por un proceder propio que se considera perjudicial para otro.

remordimiento *m.* Inquietud que queda después de ejecutada una mala acción.

remoto, ta 1 *adj.* Distante o apartado. 2 Que está muy distante de suceder.

remover 1 *tr.* y *prnl.* Pasar una cosa de un lugar a otro. 2 Revolver un asunto que estaba olvidado. 3 *tr.* Apartar un inconveniente.

removible *adj.* Que puede ser extraído o intercambiado de su ubicación original.

remozar *tr.* y *prnl.* Dar aspecto más nuevo a algo.

remunerar *tr.* Pagar con dinero un trabajo, favor o servicio.

renacentista *adj.* Del Renacimiento.

renacer 1 *intr.* Volver a nacer. 2 Tomar nuevas energías y fuerzas.

renacimiento 1 *m.* Acción de renacer. 2 Renovación, retorno. 3 ART, HIST Movimiento que se desarrolló en Europa en los ss. XV y XVI y cuyo objetivo fue la renovación científica y artística inspirada en la Antigüedad clásica.

☐ En arte el estudio de la perspectiva permitió a los artistas dar sensación de profundidad a sus obras para lograr una mayor ilusión de realidad (Leonardo Da Vinci). En escultura se aplicó un alto grado de realismo al tratamiento del cuerpo humano (Miguel Ángel). En literatura, resurgieron géneros antiguos, como la épica (Petrarca) y se satisfizo el nuevo interés por la experiencia humana (Boccaccio). La renovación de la música se extendió desde comienzos del s. XV hasta principios del s. XVII, periodo conocido como la época dorada de la polifonía (Palestrina, O. di Lasso o T. L. de Victoria).

renacuajo *m.* Larva de los anfibios **anuros**.

renal *adj.* Relativo a los riñones.

rencilla *f.* Encono que queda tras una riña u otro enfrentamiento.

renco, ca *adj.* **cojo**, dicho de las personas.

rencor *m.* Resentimiento arraigado.

rendición 1 *f.* Acción y efecto de rendir o rendirse. 2 Pacto militar que pone fin a la resistencia de un ejército o tropa.

rendija *f.* Abertura larga y angosta que queda entre dos cosas muy cercanas o que puede producirse en un cuerpo sólido.

rendimiento 1 *m.* Fatiga, cansancio. 2 Utilidad que rinde o da alguien o algo. 3 Econ Proporción entre el producto obtenido y los medios utilizados.

rendir 1 *m.* Vencer, obligar a las tropas enemigas a que se entreguen. 2 Dar algo fruto o utilidad. 3 Junto con algunos sustantivos, toma su significado: *Rendir culto al dinero.*

renegar 1 *tr.* Negar con insistencia algo. 2 *intr.* Pasarse de una creencia a otra.

renglón 1 *m.* Serie de palabras o caracteres escritos en línea recta. 2 Cada una de las líneas horizontales que tienen algunos papeles y que sirven para escribir sin torcerse.

renio *m.* Quím Elemento metálico difícilmente fusible que se utiliza en filamentos eléctricos, varillas de soldadura, etc. Punto de fusión: 3180 °C. Núm. atómico: 75. Símbolo: Re.

reno, na *m.* y *f.* Mamífero artiodáctilo que se diferencia de los demás ciervos en que la hembra también posee astas, se puede domesticar y sirve como animal de tiro. Se aprovechan su carne, piel y huesos. Habita en la región subártica de Europa y Asia.

renombre *m.* Fama o celebridad.

renovable 1 *adj.* Que puede renovarse. 2 Ecol **energía ~**.

renovar 1 *tr.* Sustituir una cosa vieja o que ya ha servido por otra nueva de la misma clase. 2 Dar nueva energía a algo. 3 *tr.* y *prnl.* Volver algo a su primer estado. 4 Reanudar una relación o actividad interrumpida.

renquear *intr.* Cojear las personas.

renta 1 *f.* Lo que paga en dinero un arrendatario. 2 Utilidad que rinde anualmente algo o lo que de ella se cobra. 3 Econ **impuesto** sobre la ~. || **~ nacional** Econ Conjunto de los ingresos derivados de la participación en el proceso productivo durante un año y referido a una entidad nacional. **~ neta** Econ La que queda después de aplicar las deducciones fiscales. **~ per cápita** Econ Renta nacional dividida por el número de habitantes de un país.

rentabilidad 1 *f.* Cualidad de rentable. 2 Econ Relación entre el monto de una inversión y los beneficios obtenidos de ella.

rentable *adj.* Que produce renta buena o suficiente.

rentar 1 *tr.* Producir renta algo. 2 **alquilar**.

rentista *m.* y *f.* Persona que percibe una renta.

renuente *adj.* Que se resiste a hacer o admitir algo.

renuevo *m.* Vástago que echa el árbol después de podado o cortado.

renuncia 1 *f.* Acción de renunciar. 2 Documento que la contiene.

renunciar 1 *tr.* Dejar voluntariamente algo que se tiene o el derecho que se puede tener. 2 Dejar de hacer algo por voluntad, obligación, sacrificio, etc.

reñir 1 *intr.* Contender, disputar. 2 Desavenirse, enemistarse. 3 *tr.* Reprender, regañar.

reo, a *adj. m.* y *f.* Der Persona demandada en un juicio civil o criminal.

reojo, mirar de *loc. verb.* Mirar disimuladamente hacia un lado y sin volver la cabeza.

reorganizar *tr.* y *prnl.* Volver a organizar algo.

reóstato 1 *m.* Electr Instrumento que sirve para variar la resistencia en un circuito eléctrico. 2 Electr Instrumento para medir la resistencia eléctrica de los conductores.

reparación 1 *f.* Acción y efecto de reparar algo mal hecho o estropeado. 2 Desagravio, satisfacción de una ofensa, daño o injuria. || **~ de guerra** Pagos que pretende obtener una potencia victoriosa del enemigo derrotado para compensar el coste y los daños ocasionados por la guerra.

reparar 1 *tr.* Componer o enmendar algo roto o averiado. 2 Desagraviar, satisfacer al ofendido. 3 *intr.* Mirar con cuidado, advertir. 4 Atender, reflexionar.

reparo 1 *m.* Advertencia, observación sobre algo. 2 Dificultad que se encuentra para hacer algo.

repartición *f.* Acción y efecto de repartir.

repartidor, ra *adj.* y *s.* Que reparte o distribuye.

repartimiento *m.* **repartición**. || **~ de indios** Hist Institución colonial española encargada de dotar de mano de obra a las explotaciones agrícolas y mineras mediante la **encomienda**. **~ proporcional** Mat El de cantidades en partes que sean directa o inversamente proporcionales a determinados conceptos.

repartir 1 *tr.* Distribuir algo dividiéndolo en partes. 2 Entregar lo que alguien ha encargado o debe recibir. 3 Asumir una obligación por partes. 4 Adjudicar los papeles de una obra dramática a los actores que han de representarla.

reparto *m.* Acción y efecto de repartir. || **~ proporcional** Mat Procedimiento de cálculo que permite distribuir una cierta cantidad en partes proporcionales a otras.

repasar 1 *tr.* Volver a mirar o examinar algo. 2 Volver a explicar la lección. 3 Volver a estudiar un texto para acabar de aprenderlo o para recordarlo.

repaso *m.* Acción y efecto de repasar.

repatriar *tr., intr.* y *prnl.* Hacer que alguien regrese a su patria.

repecho 1 *m.* Cuesta bastante pendiente y no larga. 2 **antepecho**.

repelente 1 *adj.* Que repele. 2 Repulsivo, repugnante. 3 *m.* Sustancia empleada para alejar a ciertos animales.

repeler 1 *tr.* Rechazar algo de sí con impulso. 2 Rechazar una cosa a otra dentro de sí.

repensar *tr.* Volver a pensar algo con reflexión.

A B C D E F G H I J K L M N Ñ O P Q R S T U V W X Y Z

repente *m.* Impulso inesperado que conduce a hacer o decir ciertas cosas. || **de ~** *loc. adv.* De forma repentina.

repentino, na *adj.* Rápido e imprevisto.

repercusión *f.* Acción y efecto de repercutir.

repercutir 1 *intr.* Producir eco el sonido. 2 Producir trascendencia o resonancia un hecho.

repertorio *m.* Conjunto de obras de teatro o musicales que una compañía, actor, músico, etc. tiene preparadas para representarlas o ejecutarlas.

repetición 1 *f.* Acción y efecto de repetir o repetirse. 2 Figura retórica que consiste en repetir deliberadamente palabras o conceptos.

repetidor, ra *m.* y *f.* TELEC Aparato que recibe una señal electromagnética y la retransmite amplificada.

repetir 1 *tr.* y *prnl.* Volver a hacer o decir lo que ya se había hecho o dicho. 2 *tr.* e *intr.* Volver a servirse de una misma comida o bebida. 3 *intr.* y *prnl.* Suceder varias veces una misma cosa.

repicar 1 *intr.* Sonar repetidamente y con cierto compás las campanas, la lluvia, etc. 2 *tr.* Hacer sonar repetidamente y con cierto compás las campanas.

repiquetear *tr.* Hacer ruido golpeando repetidamente sobre algo.

repisa *f.* Placa colocada horizontalmente contra la pared para servir de soporte a cualquier cosa.

repisar 1 *tr.* Volver a pisar. 2 Apisonar, comprimir, aplanar.

repitente *adj.* y *s.* Que repite.

replantear *tr.* y *prnl.* Volver a plantear un problema o asunto de diferente manera.

replegar 1 *tr.* Retirarse en orden las tropas avanzadas de un ejército. 2 Tomar alguien una actitud de aislamiento.

repleto, ta 1 *adj.* Relleno, colmado. 2 Ahíto, harto.

réplica 1 *f.* Acción de replicar. 2 Argumento o discurso con que se replica. 3 Copia de una obra artística que reproduce con fidelidad la original.

replicación *m.* BIOL Conjunto de reacciones por medio de las cuales el ADN se copia a sí mismo y transmite a la descendencia la información de síntesis de proteínas que contiene.

replicar 1 *intr.* Rebatir contra la respuesta o argumento. 2 *tr.* e *intr.* Responder como rechazando lo que se dice o manda. 3 *tr.* Copiar o duplicar un proceso, un experimento, etc. 4 *prnl.* BIOL Producir el ADN su replicación.

repliegue *m.* Acción y efecto de replegarse las tropas.

repoblación *f.* Acción y efecto de repoblar o repoblarse.

repoblar *tr.* y *prnl.* Volver a poblar un lugar con plantas, animales, habitantes, etc.

repollo *m.* COL.

reponer 1 *tr.* Reemplazar lo que falta o lo que se había sacado de alguna parte. 2 REESTRENAR.

reportaje *m.* Trabajo periodístico informativo sobre un personaje, suceso, etc., que se difunde por los medios de comunicación.

reportar[1] *tr.* Conseguir, lograr, obtener algún beneficio.

reportar[2] 1 *tr.* Informar, notificar. 2 *prnl.* Presentarse alguien en un determinado lugar por mandato de un superior.

reportero, ra *adj.* y *s.* Dicho del periodista que recoge y redacta noticias o cubre determinada información.

reposado, da *adj.* Sosegado, quieto.

reposar 1 *intr.* Descansar de la fatiga o el trabajo. 2 *intr.* y *prnl.* Descansar durmiendo brevemente.

reposición *f.* Acción y efecto de reponer, reemplazar o reestrenar.

reposo 1 *m.* Acción y efecto de reposar o reposarse. 2 FÍS Inmovilidad de un cuerpo respecto de un sistema de referencia. 3 BOT Estado de inactividad de una semilla hasta que se dan las condiciones climáticas adecuadas para su desarrollo.

repostar *tr.* y *prnl.* Reponer provisiones, combustibles, etc.

repostería 1 *f.* Arte y oficio del repostero. 2 Productos de este arte. 3 Establecimiento donde se hacen y venden.

repostero, ra *m.* y *f.* Persona que por oficio hace galletas, tartas, dulces y algunas bebidas.

reprender *tr.* Amonestar a alguien por lo que ha dicho o hecho.

reprensión 1 *f.* Acción de reprender. 2 Expresión con que se reprende.

represa 1 *f.* Acción de represar. 2 EMBALSE, depósito artificial para almacenar o regular las aguas.

represalia 1 *f.* Mal que se causa a otro, en venganza o satisfacción de un agravio. 2 *pl.* Medida que, sin llegar a una ruptura violenta, adopta un Estado contra otro para responder a los actos o determinaciones adversos de este.

represar 1 *tr.* y *prnl.* Detener o estancar el agua corriente. 2 Detener, contener.

representación 1 *f.* Acción y efecto de representar o representarse. 2 Obra dramática. 3 Imagen o idea que sustituye a la realidad.

representante 1 *adj.* Que representa. 2 *m.* y *f.* Persona que representa a un ausente, empresa, comunidad, etc. 3 Agente que representa a una casa comercial y vende sus productos.

representar 1 *tr.* y *prnl.* Hacer presente una cosa con palabras o figuras que la imaginación retiene. 2 *tr.* Ejecutar en público una obra dramática. 3 Sustituir a alguien o hacer sus veces. 4 Ser algo el modelo, la imagen o el símbolo de una cosa. 5 Aparentar determinada edad. 6 Significar, implicar.

representativo, va 1 *adj.* Que representa o sirve para representar. 2 POLÍT Dicho del sistema en el que los encargados de llevar a cabo las funciones ejecutivas, legislativas y judiciales son elegidos mediante voto popular.

represión *f.* Acción y efecto de reprimir o reprimirse.

reprimir 1 *tr.* y *prnl.* Contener, refrenar un deseo, impulso, acción. etc. 2 *tr.* Detener o contener, generalmente con el uso de la fuerza, a los participantes en una sublevación, golpe, etc.

reprobar 1 *tr.* No aprobar algo, censurarlo. 2 Calificar un examen o una asignatura como no aprobados.

réprobo, ba *adj.* y *s.* REL Condenado por apartarse del dogma de la religión cristiana.

reprochar *tr.* y *prnl.* Echar en cara a alguien su mala conducta o actitud.

reproducción 1 *f.* Acción de reproducir o reproducirse. 2 Cosa reproducida. 3 BIOL Fenómeno propio de los seres vivos y cuya finalidad es generar un nuevo individuo y perpetuar la especie. || ~ **asexual** BIOL En la que el nuevo individuo se forma a partir de células progenitoras sin que exista meiosis, formación de gametos o fecundación. Se distinguen dos tipos: **partenogénesis** y **escisión**. En las plantas se da mediante esquejes, bulbos o tubérculos. ~ **sexual** BIOL En la que es necesario el intercambio de material genético entre los progenitores, que se lleva a cabo mediante la fusión de sus respectivos gametos para generar un cigoto a partir del cual se desarrollará el nuevo individuo.

reproducir 1 *tr.* y *prnl.* Volver a producir o producir de nuevo. 2 *tr.* Repetir lo que antes se dijo y alegó. 3 Obtener una copia por medios mecánicos. 4 *prnl.* BIOL Llevar a cabo los organismos el proceso de la reproducción.

reproductor, ra 1 *adj.* y *s.* Que reproduce. 2 BIOL Dicho del órgano o aparato que interviene de forma más o menos directa en la concepción y creación de nuevos individuos de la especie. 3 *m.* y *f.* Animal destinado a la procreación, para mejorar su raza. || **aparato** ~ ANAT y FISIOL Conjunto de órganos que intervienen de forma más o menos directa en la concepción y creación de nuevos seres. En los vertebrados incluye los testículos y los ovarios, órganos donde, respectivamente, maduran y se almacenan los espermatozoides y los óvulos.

☐ **aparato reproductor** ANAT y FISIOL En la mujer y la mayoría de los mamíferos hembras, está constituido internamente por las **trompas** de Falopio, el **útero** y la **vagina** y externamente por la vulva, que está formada por el monte de Venus, los **labios** mayores y menores y el **clítoris**. En el hombre y la mayoría de los mamíferos machos, está formado externamente por el **escroto**, que alberga los testículos, y el pene, donde se halla la **uretra**, y en cuyo extremo está el **glande**, e internamente por el **conducto** deferente, el **epidídimo** y una serie de glándulas accesorias que segregan diversos líquidos.

reprografía *f.* Conjunto de técnicas para reproducir documentos.

reptar *intr.* Desplazarse arrastrando el cuerpo sobre la superficie, como las serpientes.

reptil (Tb. réptil) *adj.* y *m.* Dicho de los vertebrados poiquilotermos de respiración pulmonar, con patas cortas o sin ellas y piel cubierta de escamas. Conforman una clase que incluye los **quelonios**, **cocodrilianos**, **saurios** y **ofidios**.

república 1 *f.* POLÍT Forma de gobierno representativa en la que el poder reside en el pueblo, personificado por un jefe de Estado que es elegido por votación popular. 2 Nación o Estado que posee esta forma de gobierno. || ~ **parlamentaria** POLÍT Aquella en la que el presidente, elegido por el Parlamento, es jefe de Estado, pero no de gobierno. ~ **presidencialista** POLÍT Aquella en la que el presidente, elegido directamente por los votantes, aúna las jefaturas del Estado y del gobierno.

republicano, na 1 *adj.* Relativo a la república. 2 *adj.* y *s.* Partidario de esta forma de gobierno.

repudiar 1 *tr.* Rechazar algo por considerarlo repugnante o condenable. 2 Rechazar a la mujer propia.

repuesto *m.* RECAMBIO.

repugnancia *f.* Aversión a las personas o a las cosas.

repugnar 1 *tr.* y *prnl.* Ser opuesta una cosa a otra. 2 *tr.* Causar asco o aversión.

repujar *tr.* Trabajar el cuero o el metal de modo que una de sus caras resulten en relieve.

repulsa *f.* Rechazo enérgico de algo.

repulsión 1 *f.* Acción y efecto de repeler. 2 REPULSA. 3 REPUGNANCIA.

repuntar 1 *intr.* Volver a subir algo a su anterior nivel. 2 Volver a estar algo en su mejor nivel o estado.

repunte *m.* Acción y efecto de repuntar.

reputación *f.* Opinión que los demás tienen de una persona.

requebrar *tr.* Lisonjear, principalmente a una mujer.

requemar 1 *tr.* y *prnl.* Volver a quemar. 2 Tostar en exceso.

requerimiento *m.* Acción y efecto de requerir. || ~ **americano** HIST Exhortación que hacían los conquistadores españoles a los indígenas americanos mediante la lectura de un documento por el que se los instaba al sometimiento pacífico. La oposición al mismo autorizaba la conquista violenta.

requerir *tr.* Solicitar o pretender a alguien o algo que se considera imprescindible.

requesón *m.* Residuo sólido de la leche después de hecho el queso.

requiebro 1 *m.* Acción y efecto de requebrar. 2 Dicho o expresión con que se requiebra.

réquiem *m.* MÚS Composición que se canta con el texto de la misa de difuntos.

requintar *tr.* Tensar una cuerda.

requinto 1 *m.* MÚS Clarinete pequeño de tono agudo. 2 MÚS Instrumento de cuatro cuerdas, similar a una guitarra pequeña.

requisa 1 *f.* Embargo de cosas con fines militares o de seguridad nacional. 2 Registro para buscar algo.

requisar *tr.* Hacer una requisa.

requisición *f.* Expropiación que se hace de ciertos bienes, considerados de interés público.

requisito *m.* Circunstancia o condición necesaria para algo.

res 1 *f.* Ejemplar de ganado vacuno. 2 Cuadrúpedo doméstico, como la oveja, la vaca, etc., o salvaje, como el venado, el pecarí, etc.

resabiar *tr.* Volverse mañosa y desconfiada una persona o un animal.

resabio *m.* Maña o mala costumbre.

resaca 1 *f.* Movimiento en retroceso de las olas después de llegar a la orilla. 2 Malestar que padece al día siguiente la persona que ha bebido en exceso.

resaltador *m.* Rotulador de tinta semitransparente y color vivo usado para destacar una parte de un escrito o impreso, subrayándola.

resaltar 1 *intr.* Sobresalir algo en una superficie. 2 *tr.* Destacar algo, ponerlo de relieve.

resalto *m.* Parte que sobresale en una superficie.

resanar *tr.* Reparar los desperfectos de una superficie.

resarcir *tr.* y *prnl.* Compensar un daño, perjuicio o agravio.

resbaladizo, za 1 *adj.* Dicho de lo que resbala o se escurre fácilmente. 2 Dicho del paraje en que se puede resbalar.

resbalar 1 *intr.* y *prnl.* Escurrirse, deslizarse sobre una superficie. 2 No interesar o no importar algo a alguien.

resbaloso, sa *adj.* RESBALADIZO.

rescatar 1 *tr.* Recobrar alguien lo suyo que estaba en poder ajeno. 2 Liberar a alguien de la cautividad. 3 Salvar a alguien que está en riesgo grave o peligro. 4 Recuperar para su uso algún objeto que se tenía olvidado, estropeado o perdido.

rescate *m.* Acción y efecto de rescatar.

rescindir *tr.* Dejar sin efecto un contrato, obligación, etc.

rescoldo *m.* Brasa menuda resguardada por la ceniza.

resembrar *tr.* Volver a sembrar un terreno por malograrse la primera siembra.

resentimiento *m.* Disgusto de la persona que se cree perjudicada por algo o alguien.

resentirse 1 *prnl.* Sentir molestia o dolor por una herida o enfermedad ya curadas. 2 Tener resentimiento.

reseña 1 *f.* Nota que se toma de los rasgos distintivos de una persona, animal o cosa para su identificación. 2 Descripción sucinta de una cosa por escrito. 3 Artículo de crítica literaria, artística o científica en un periódico o revista.

reseñar *tr.* Hacer una reseña.

reserva 1 *f.* Cosa reservada en el futuro. 2 Prevención para no manifestar algo que se sabe o se piensa. 3 Acción de destinar algo de modo exclusivo para una o más personas. 4 Excepción o condición que se hace en un contrato, promesa, etc. 5 Conjunto de personas que terminaron su servicio militar, pero que pueden ser movilizadas. 6 ECON Valores guardados en previsión o por razones legales por un agente económico. || ~ **indígena** Territorio estatal en el que las comunidades indígenas pueden ejercer funciones jurisdiccionales propias. ~ **natural** Área silvestre protegida contra la degradación medioambiental.

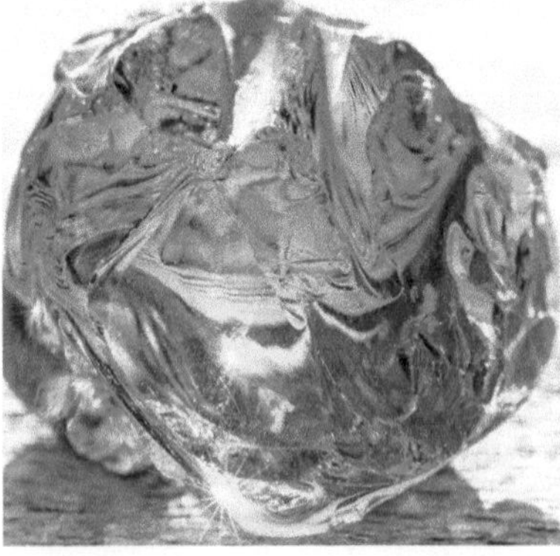

reservación 1 *f.* Acción y efecto de reservar. 2 RESERVA indígena.

reservado, da 1 *adj.* Cauteloso, reacio a manifestar su interior. 2 *m.* Parte de un lugar público que se destina a determinados usos.

reservar 1 *tr.* Guardar algo para el futuro. 2 Apartar, con antelación, sitio o lugar en un hotel, avión, espectáculo, etc. 3 Destinar algo, de un modo exclusivo, para determinado uso o persona.

reservista *adj.* y *s.* Dicho del militar que pasa a la reserva.

reservorio *m.* Depósito, estanque.

resfriado *m.* MED Inflamación de las mucosas de las vías respiratorias superiores.

resfriar *tr.* Contraer resfriado.

resguardar 1 *tr.* Defender o proteger algo. 2 *prnl.* Precaverse contra un daño.

resguardo *m.* Acción de resguardar. || ~ **indígena** RESERVA indígena.

residencia 1 *f.* Acción y efecto de residir. 2 Lugar en que se vive habitualmente. 3 Casa donde, sujetándose a determinada reglamentación, residen personas de la misma ocupación, sexo, edad, etc. 4 Establecimiento público donde se alojan viajeros o huéspedes.

residencial *adj.* Dicho de la parte de una ciudad destinada a vivienda.

residenciar *tr.* Establecerse en un lugar para residir en él.

residente 1 *adj.* y *s.* Que reside. 2 Dicho del médico, funcionario, etc., que debe residir en el mismo lugar en que tiene su empleo o cargo.

residir 1 *intr.* Vivir habitualmente en determinado lugar. 2 Encontrarse en alguien cualquier cosa inmaterial, como derechos, facultades, etc.

residual 1 *adj.* Relativo al residuo. 2 Que sobra o queda como residuo.

residuo 1 *m.* Parte o porción que queda de un todo. 2 MAT Resto de la sustracción y de la división. 3 *pl.* Basuras. || **~s sólidos** ECOL Materiales de desecho que no se presentan en estado líquido o gaseoso. ~ **tóxico** ECOL Material de desecho que, por su composición, representa un riesgo para la salud y el medioambiente.

resignar *tr.* Conformarse, condescender.

resiliencia 1 *f.* FÍS Resistencia de los materiales a las condiciones externas, lo que implica que conservan o recuperan su forma y características originales. 2 Capacidad que desarrolla el ser humano para encarar problemas y situaciones negativas y sacar de ellas provecho y fortalezas personales.

resina *f.* Sustancia orgánica sólida o pastosa, transparente e insoluble en el agua, con poca tendencia a cristalizarse.

resistencia 1 *f.* Acción y efecto de resistir o resistirse. 2 Capacidad de los materiales para soportar la tracción, compresión, flexión, etc. 3 ELECTR Elemento que se intercala en un circuito para dificultar el paso de la corriente o para hacer que esta se transforme en calor. 4 ELECTR Propiedad de un objeto o sustancia que hace que se resista u oponga al paso de una corriente eléctrica. 5 FÍS Fuerza que se opone al movimiento de una máquina y que ha de ser vencida por la potencia. 6 POLÍT Conjunto de las personas que se oponen con violencia a los invasores de un territorio o a una dictadura. || ~ **pacífica** Uno de los fundamentos de la no violencia que consiste en expresar la renuencia a hacer algo mediante actos que no impliquen agresión y que conlleven respeto y tolerancia hacia quien busca imponer su voluntad. ~ **pasiva** Fís La que en una máquina dificulta su movimiento y disminuye su efecto útil, como el rozamiento, los choques, etc.

resistente 1 *adj.* Que resiste o se resiste: *Bacteria resistente a los antibióticos.* 2 Dicho del material o cosa que no se rompe con facilidad.

resistir 1 *intr.* Rechazar, repeler. 2 *intr.* y *prnl.* Oponerse un cuerpo o una fuerza a la acción o violencia de otra. 3 *tr.* Tolerar, aguantar. 4 *tr.* y *prnl.* Combatir las pasiones, deseos, etc. 5 *prnl.* Oponerse con fuerza alguien a lo que se expresa. 6 Oponer algo dificultades para su comprensión, manejo, realización, etc.

resma *f.* Conjunto de quinientas hojas de papel.

resollar *intr.* Respirar haciendo ruido.

resolución 1 *f.* Acción y efecto de resolver o resolverse. 2 Plan o proyecto que se decide. 3 Ánimo, decisión, prontitud. 4 Nivel de detalle de una pantalla al producir una imagen.

resolver 1 *tr.* Tomar una determinación. 2 Culminar un asunto. 3 Solucionar un problema o una duda. 4 *prnl.* Decidirse a hacer o decir algo.

resonancia 1 *f.* Prolongación del sonido que va disminuyendo gradualmente. 2 Sonido producido por repercusión de otro. 3 Gran divulgación que adquiere un hecho. 4 Fís Fenómeno que se produce al coincidir la frecuencia propia de un sistema mecánico, eléctrico, etc., con la frecuencia de una excitación externa. 5 Mús Cada uno de los sonidos elementales que acompañan al principal en una nota y comunican timbre particular a cada voz o instrumento. 6 Mús **caja** de ~. || ~ **química** Quím Sistema de enlace entre los átomos de una molécula que obtiene una mayor estabilidad que con un enlace simple.

resonar 1 *intr.* y *tr.* Repercutir un sonido. 2 Sonar mucho.

resort *m.* Establecimiento hotelero que ofrece a sus usuarios servicios de atención integral de hospedaje, alimentación, entretenimiento y cuidado personal.

resorte *m.* MUELLE, pieza elástica en espiral.

respaldar 1 *tr.* y *prnl.* Proteger, amparar. 2 *prnl.* Inclinarse de espaldas o arrimarse al respaldo de un asiento. 3 *m.* RESPALDO de un asiento.

respaldo 1 *m.* Parte de la silla, banco, etc., en que descansa la espalda. 2 Revés de un papel.

respectar *intr.* Atañer una cosa a otra o a una persona. • Solo se usa en las frases *en lo que respecta a* o *por lo que respecta a.*

respectivamente 1 *adv. m.* Con relación, proporción o consideración a algo. 2 Según la relación o conveniencia necesaria a cada caso.

respectivo, va 1 *adj.* Que se refiere a alguien o algo determinados. 2 Dicho de los elementos de una serie, que tienen correspondencia con los de otra serie.

respecto *m.* Relación o proporción de una cosa a otra. || **al** ~ *loc. adv.* En relación con aquello de que se trata. **con** ~, o ~ **a**, o ~ **de** *locs. preps.* RESPECTIVAMENTE.

respetable 1 *adj.* Digno de respeto. 2 Dicho de ciertas cosas con carácter ponderativo: *Hallarse a respetable distancia.* 3 *adj.* y *m.* Dicho del público que acude a un espectáculo.

respetar *tr.* Tener respeto.

respeto 1 *m.* Acatamiento que se hace a alguien en razón de su autoridad, mérito, edad, etc. 2 Miramiento que se tiene en el trato.

respetuoso, sa *adj.* Que observa cortesía y respeto.

respingar *intr.* Elevarse o levantarse el borde de algo.

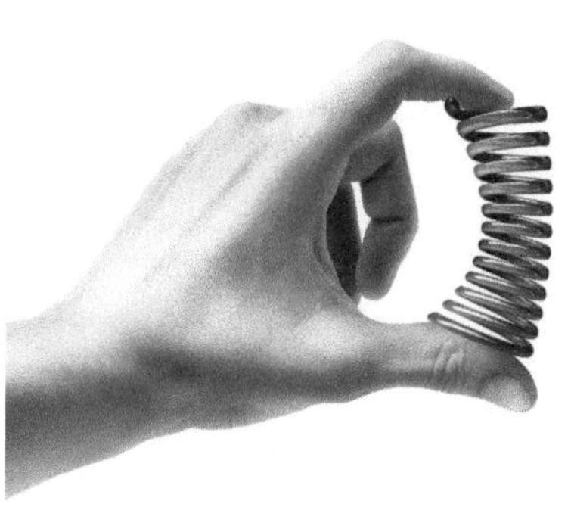

respingo 1 *m.* Acción y efecto de respingar. 2 Sacudida violenta del cuerpo.

respiración *f.* Acción y efecto de respirar. || ~ **artificial** Med Terapias de reanimación que se practican para restablecer el ritmo respiratorio. ~ **branquial** Zool La que llevan a cabo los animales acuáticos mediante sus branquias. ~ **celular** Biol Proceso de liberación de energía por parte de las células como resultado de la combustión de moléculas como los hidratos de carbono y las grasas. ~ **cutánea** Zool La que se realiza a través de los capilares de la piel, llevando directamente el oxígeno a los tejidos. Es propia de los anfibios y de muchos invertebrados acuáticos. ~ **pulmonar** Zool La que se realiza a través de los pulmones. Es propia de vertebrados aéreos y anfibios adultos (que, sin embargo, conservan la cutánea). ~ **traqueal** Zool La que se realiza mediante tráqueas que transportan el aire a los órganos internos. Es propia de los artrópodos terrestres.

respiradero *m.* Abertura o conducto por donde entra y sale el aire.

respirar *intr.* y *tr.* Biol Llevar a cabo los seres vivos el intercambio gaseoso con su medio, mediante el cual incorporan oxígeno a sus tejidos para mantener sus funciones vitales.

respiratorio, ria *adj.* Que sirve para la respiración o la facilita.

☐ **aparato respiratorio** Anat y Fisiol En el ser humano, y en general en los mamíferos, comprende las vías respiratorias (fosas nasales, laringe y tráquea), dos bronquios que penetran en los pulmones, los pulmones, los alvéolos pulmonares, la caja torácica (costillas, esternón y columna vertebral) y los músculos respiratorios (especialmente el diafragma).

respiro 1 *m.* Acción y efecto de respirar. 2 Descanso, alivio del trabajo o de una dificultad.

resplandecer 1 *intr.* Despedir rayos de luz una cosa. 2 Reflejarse la alegría o satisfacción en el rostro.

resplandor *m.* Luz muy clara que arroja un cuerpo luminoso.

responder 1 *tr.* e *intr.* Contestar a lo que se pregunta o propone. 2 Contestar un mensaje recibido. 3 Contestar con su voz un animal al reclamo de otro o al que la imita. 4 Responsabilizarse una persona de algo o de alguien. 5 *intr.* Replicar, contradecir. 6 Reaccionar a lo que se pretende: *El enfermo ha respondido al tratamiento.* 7 Reaccionar de determinada manera: *Le respondieron con insultos.*

A B C D E F G H I J K L M N Ñ O P Q **R** S T U V W X Y Z

responsabilizar 1 *tr.* y *prnl.* Hacer a alguien responsable de algo. 2 *prnl.* Asumir la responsabilidad de algo.

responsable 1 *adj. m.* y *f.* Obligado a responder o a rendir cuenta de algo o por una persona. 2 Que es consciente de sus palabras, decisiones o actos. 3 Culpable de algo. 4 Que tiene autoridad para dirigir un trabajo, actividad, etc.

responso *m.* REL Oración que se reza por los difuntos.

respuesta *f.* Satisfacción a una pregunta, duda o dificultad.

resquebrajar *tr.* y *prnl.* Hender, hacer grietas en un cuerpo duro.

resquemor *m.* Sentimiento causado en el ánimo por algo penoso.

resquicio 1 *m.* Abertura que hay entre el quicio y la puerta. 2 Cualquier hendidura pequeña.

resta 1 *f.* MAT Operación consistente en, dados dos números, hallar otro número que, sumado al menor (sustraendo), dé como resultado el mayor (minuendo). 2 MAT Dicho resultado.

restablecer 1 *tr.* Poner a alguien o algo en el estado que tenía antes. 2 *prnl.* Recuperarse de una dolencia, enfermedad o daño.

restallar *intr.* Producir un sonido seco y agudo en el aire, como el látigo.

restañar *tr., intr.* y *prnl.* Detener la efusión de sangre.

restar 1 *tr.* Quitar una parte de un todo. 2 MAT Realizar una resta. 3 *intr.* Faltar algo por suceder, hacer, etc.

restauración *f.* Acción y efecto de restaurar.

restaurante *m.* Establecimiento donde se sirven comidas en mesas atendidas por camareros.

restaurar 1 *tr.* Reparar una obra de arte, edificio, etc. 2 Reponer, en un país, el régimen político que existía y que había sido sustituido por otro.

restituir *tr.* Devolver una cosa a quien antes la tenía.

resto 1 *m.* Parte que queda de un todo. 2 MAT En una división, diferencia que queda cuando no se obtiene un cociente exacto del dividendo.

restregar *tr.* y *prnl.* Frotar con ahínco.

restricción *f.* Acción y efecto de restringir.

restringir *tr.* Ceñir, reducir a menores límites.

resucitación *f.* MED Acción de volver a la vida a los seres vivos en estado de muerte aparente.

resucitar 1 *tr.* Volver a la vida a un muerto. 2 *intr.* Volver alguien a la vida.

resuello *m.* Aliento o respiración violenta.

resuelto, ta 1 *adj.* Audaz, arrojado. 2 Pronto, diligente.

resultado 1 *m.* Efecto y consecuencia de un hecho. 2 Puntuación final de un juego o una competición. 3 Utilidad, rendimiento. 4 MAT Solución final de una operación.

resultante *adj.* Que resulta.

resultar 1 *intr.* Originarse o venir una cosa de otra. 2 Comprobarse algo. 3 Llegar a ser. 4 Tener buen o mal resultado.

resumen 1 *m.* Acción y efecto de resumir o resumirse. 2 Exposición resumida de un asunto o materia.

resumir 1 *tr.* y *prnl.* Reducir a lo esencial un asunto o materia. 2 *prnl.* Resolverse una cosa en otra.

resurgir *intr.* Surgir de nuevo.

resurrección *f.* Acción de resucitar.

retablo 1 *m.* ART Conjunto de figuras pintadas o talladas, que representan un suceso. 2 ART El que compone la decoración de un altar. 3 TEAT Pequeño escenario de títeres.

retaguardia *f.* Tropa de soldados que se mantiene y avanza en último lugar.

retahíla *f.* Serie de muchas cosas que se suceden de forma monótona y arbitraria.

retal *m.* Pedazo sobrante de una tela, piel, etc.

retama *f.* Planta arbustiva de hasta 3 m de alto, de ramas flexibles, hojas escasas, flores amarillas y fruto en legumbre.

retar *tr.* Desafiar a duelo o pelea o a competir en cualquier terreno.

retardado, da *adj.* RETRASADO.

retardador, ra 1 *adj.* y *s.* Que retarda. 2 QUÍM Catalizador negativo, usado para evitar una reacción violenta.

retardar *tr.* y *prnl.* Diferir o detener una acción.

retardatriz *adj.* Que retarda.

retazo 1 *m.* Retal o pedazo de una tela. 2 Fragmento de un discurso.

retén *m.* Puesto fijo o móvil que sirve para controlar o vigilar.

retención 1 *f.* Acción y efecto de retener. 2 MED Detención o depósito de un líquido que debiera expelerse.

retener 1 *tr.* Guardar en sí. 2 Conservar algo en la memoria. 3 No dar lo que debiera darse. 4 Imponer prisión preventiva, arrestar.

retentiva *f.* Facultad de acordarse.

reticencia 1 *f.* Efecto de decir algo de manera indirecta y con malicia. 2 Reserva, desconfianza.

retícula *f.* Conjunto de los espacios que en un plano resultan de cortarse entre sí dos o más series de rectas con distinta orientación.

reticular *adj.* De figura de red.

retículo *m.* RETÍCULA. || ~ **endoplasmático** BIOL Red de túbulos y sacos aplanados que se extienden por el citoplasma y se conectan con la membrana nuclear. Fabrican y transportan proteínas y lípidos.

retina *f.* ANAT y FISIOL Membrana interior del ojo de la cual parten las fibras componentes del nervio óptico y en la que se representan las imágenes de los objetos.

retirado, da 1 *adj.* Distante, apartado. 2 *adj.* y *s.* Dicho del militar, empleado, etc., que deja el servicio y conserva algunos derechos. 3 *f.* En un enfrentamiento bélico, acción de retroceder en orden para apartarse del enemigo.

retirar 1 *tr.* y *prnl.* Apartar o separar a una persona o cosa de otra o de un sitio. 2 *tr.* Apartar algo de la vista. 3 Obligar a alguien a que se aparte. 4 Sacar dinero de una cuenta bancaria. 5 *prnl.* Apartarse o separarse del trato, comunicación, amistad, etc.

retiro 1 *m.* Acción y efecto de retirarse. 2 Pensión que se cobra. 3 Lugar apartado y solitario. 4 Recogimiento.

reto 1 *m.* Acción y efecto de retar. 2 Objetivo difícil de lograr y que constituye por ello un desafío para quien lo afronta.

retocar 1 *tr.* Quitarle imperfecciones a un dibujo, cuadro o fotografía. 2 Dar la última mano a una cosa para quitar sus desperfectos.

retoñar *intr.* Echar retoños una planta.

retoño *m.* Vástago o tallo que echa de nuevo la planta.

retoque *m.* Acción y efecto de retocar.

retorcer 1 *tr.* y *prnl.* Dar vueltas a una cosa sobre sí misma, de modo que tome forma helicoidal. 2 *prnl.* Hacer movimientos, contorsiones, etc., por un dolor muy agudo, risa violenta, etc.

retorcido, da 1 *adj.* Dicho de la persona de intención sinuosa y maligna. 2 Dicho del estilo o lenguaje complicado y poco comprensible.

retórico, ca 1 *adj.* Perteneciente o relativo a la retórica. 2 *f.* Teoría y práctica de la elocuencia. Define las reglas que rigen todo discurso que se propone influir en la opinión o en los sentimientos. 3 *desp.* Artificio excesivo, rebuscamiento en el lenguaje.

retornar 1 *tr.* Devolver, restituir. 2 *intr.* y *prnl.* Volver al lugar o a la situación en que se estuvo.

retorno *f.* Acción y efecto de retornar.

retorta *f.* Vasija de laboratorio que tiene el cuello largo y encorvado.

retortijón *m.* Dolor intestinal muy fuerte.

retozar 1 *intr.* Saltar y brincar alegremente. 2 Travesear unos con otros. 3 *tr.* e *intr.* Entregarse a juegos amorosos.

retractar *tr.* y *prnl.* Desdecirse expresamente de lo que se ha dicho.

retráctil *adj.* Que puede avanzar o adelantarse y, después, retraerse.

retraer 1 *tr.* y *prnl.* Recoger un miembro u órgano, encogiéndolo hacia el cuerpo. 2 Hacer vida retirada.

retraído, da 1 *adj.* y *s.* Que gusta de la soledad. 2 Poco comunicativo.

retransmitir *tr.* Volver a transmitir.

retrasado, da *adj.* y *s.* Que no ha alcanzado el normal desarrollo que debiera.

retrasar 1 *tr.* y *prnl.* Diferir o suspender la ejecución de algo. 2 *intr.* Ir atrás o a menos en algo. 3 *intr.* y *prnl.* Progresar algo muy lentamente. 4 *prnl.* Llegar tarde a alguna parte.

retraso *m.* Acción y efecto de retrasar o retrasarse.

retratar *tr.* y *prnl.* Hacer un retrato.

retrato 1 *m.* Fotografía, pintura o efigie que generalmente representa a una persona. 2 Descripción detallada del físico o carácter de alguien.

retreta 1 *f.* Función de música de banda al aire libre. 2 Toque militar nocturno para avisar a la tropa que se recoja en el cuartel.

retrete 1 *m.* Habitación con las instalaciones necesarias para orinar y defecar. 2 Estas instalaciones.

retribuir *tr.* Recompensar o corresponder un servicio, favor, etc.

retroactivo, va *adj.* Que obra o tiene fuerza sobre un tiempo pasado.

retroalimentación *f.* Acción y efecto de retroalimentar.

retroalimentar *tr.* Controlar los elementos que intervienen en un determinado proceso, así como los resultados obtenidos, para introducir las modificaciones necesarias.

retroceder 1 *intr.* Volver hacia atrás. 2 Volver a una situación o posición anterior. 3 Decaer la calidad de algo o de sus atributos.

retroceso *m.* Acción y efecto de retroceder.

retrógrado, da *adj.* y *s.* Partidario de instituciones políticas o sociales anticuadas.

retrospectivo, va 1 *adj.* Que se refiere a tiempo pasado. 2 *f.* Exposición que muestra las obras antiguas de un artista, escuela o época.

retrotraer *tr.* y *prnl.* Retroceder a un tiempo o época pasados, como punto de arranque de un relato, suceso, etc.

retrovirus *m.* BIOL y MED Virus que se multiplica en el interior de las células como genomas de ADN. El VIH que causa el sida es un virus de este tipo.

retrovisor *m.* Pequeño espejo colocado en la parte anterior de los vehículos.

retruécano 1 *m.* Inversión de los términos de una proposición o frase. 2 Juego de palabras: *No hay camino para la paz, la paz es el camino.*

retumbar *tr.* Resonar mucho o hacer gran ruido una cosa.

reubicar 1 *tr.* Volver a ubicar. 2 Trasladar algo a otro lugar.

reumatismo *m.* MED Nombre de diversas enfermedades que afectan al tejido conectivo, como la gota, la bursitis y la artritis reumatoide.

reunificar *tr.* y *prnl.* Volver a unir personas o cosas.

reunión 1 *f.* Acción y efecto de reunir o reunirse. 2 Conjunto de personas reunidas.

reunir 1 *tr.* y *prnl.* Juntar, congregar, amontonar. 2 *tr.* Poseer determinadas cualidades o requisitos.

revalidar *tr.* Ratificar, confirmar.

revaluar 1 *tr.* Volver a evaluar. 2 ECON Elevar el valor de la moneda de un país respecto a la de otros.

revancha *f.* Desquite, venganza.

revelar 1 *tr.* y *prnl.* Descubrir o manifestar lo ignorado o secreto. 2 *tr.* REL Manifestar Dios a los hombres lo oculto. 3 FOT y CIN Hacer visible la imagen impresa en la película fotográfica.

revenir *intr.* Avinagrarse las conservas o licores.

reventar 1 *tr.* Desbaratar una cosa aplastándola con violencia. 2 *intr.* Deshacerse las olas del mar contra la playa. 3 *intr.* y *prnl.* Abrirse una cosa por impulso interior.

reverberar 1 *intr.* Reflejarse, con apariencia de ebullición, la luz en una superficie. 2 Persistir un sonido en un recinto o local cerrado.

reverbero *m.* Pequeña cocina o estufa con un solo fogón.

reverdecer *intr.* y *tr.* Cobrar nuevo verdor los campos o plantíos que estaban mustios o secos.

reverencia *f.* Inclinación del cuerpo en señal de respeto.

reverenciar *tr.* Respetar o venerar.

reverendo, da 1 *adj.* Digno de reverencia. 2 Enorme, muy grande. 3 *adj.* y *s.* Se aplica a las dignidades eclesiásticas y a los prelados de las religiones.

reversa *f.* MARCHA atrás.

reversible 1 *adj.* Que puede volver a su anterior estado o condición. 2 Dicho de la prenda de vestir que puede usarse por el derecho o por el revés.

reverso 1 *m.* Revés, parte opuesta. 2 MARCHA atrás.

revertir 1 *intr.* Volver algo al estado o condición que tenía. 2 Venir a parar una cosa en otra.

revés 1 *m.* Parte opuesta de una cosa. 2 Desgracia o contratiempo.

revestimiento *m.* Capa o cubierta con que se resguarda o adorna una superficie.

revestir 1 *tr.* Cubrir con un revestimiento. 2 Presentar algo distinto de lo que en realidad es. 3 *tr.* y *prnl.* Vestir un sacerdote una ropa sobre otra para decir misa o celebrar algún sacramento.

revindicar *tr.* REIVINDICAR.

revisar *tr.* Examinar detenidamente algo para corregirlo o repararlo.

revisión *f.* Acción de revisar.

revisionismo *m.* Actitud de los que cuestionan contenidos de una doctrina o de un sistema económico, político, etc.

revisor, ra *adj.* y *s.* Que revisa o examina algo.

revista 1 *f.* Inspección que alguien hace de las personas o cosas sometidas a su cuidado. 2 Publicación periódica sobre una o varias materias. || ~ **musical** TEAT Espectáculo teatral en el que alternan números dialogados y musicales.

revistero *m.* Mueble para guardar revistas y periódicos.

revitalizar *tr.* Dar más fuerza y vitalidad a algo.

revivir 1 *intr.* Resucitar, volver a la vida. 2 Volver en sí el que parecía muerto.

revocar 1 *tr.* Dejar sin efecto una concesión, mandato o resolución. 2 Pintar de nuevo la fachada de un edificio o cualquier paramento.

revocatorio, ria *adj.* Que revoca o invalida.

revolcar 1 *tr.* Derribar a alguien y maltratarlo. 2 *prnl.* Echarse sobre una cosa restregándose en ella.

revolcón *m.* Acción y efecto de revolcar.

revolotear *intr.* Ir una cosa por el aire dando vueltas.

revoltijo *m.* Conjunto de muchas cosas desordenadas.

revolución 1 *f.* Cambio rápido y profundo en cualquier cosa. 2 ASTR Movimiento de un astro en todo el curso de su órbita. 3 FÍS Giro o vuelta que da una pieza sobre su eje. 4 POLÍT Cambio violento en las instituciones políticas de una nación.

revolucionar 1 *tr.* Perturbar el orden o normalidad de un país, entidad, persona, etc. 2 Acelerar, imprimir más o menos revoluciones a un motor.

revolucionario, ria 1 *adj.* Relativo a la revolución. 2 *adj.* y *s.* Partidario de una revolución política. 3 Innovador en un campo o faceta.

revolver 1 *tr.* Mover una cosa de un lado a otro o alrededor de un centro. 2 Registrar algo moviendo algunas cosas. 3 Alterar el buen orden y disposición de las cosas.

revólver *m.* Arma de fuego, de corto alcance, provista de un tambor en el que se colocan las balas.

revoque 1 *m.* Acción y efecto de revocar las paredes. 2 Capa o mezcla de un material con que se revoca.

revuelo *m.* Turbación y movimiento confuso de algunas cosas o agitación entre personas.

revuelto, ta 1 *adj.* Difícil, intrincado. 2 Dicho del líquido turbio. 3 *f.* Segunda vuelta o repetición de la vuelta. 4 Alboroto, disturbio.

rey, reina 1 *m.* y *f.* Monarca o príncipe soberano de un reino. 2 *m.* Pieza principal del ajedrez que puede caminar en todas las direcciones pero solo de una casa a otra contigua. 3 *f.* Pieza de ajedrez que puede caminar como cualquiera de las demás piezas, exceptuando el caballo. 4 Mujer que, por su excelencia, sobresale entre las demás: *Reina de belleza.* || **abeja** ~ ZOOL En los insectos sociales, hembra fértil y madura cuya función es poner huevos.

reyerta *f.* Contienda, disputa, riña.

rezagar *tr.* y *prnl.* Dejar o quedarse atrás.

rezar 1 *tr.* Decir o decirse algo en un escrito. 2 REL Dirigir a Dios o a los santos, de palabra o mentalmente, alabanzas o súplicas.

rezo *m.* Acción de rezar.

rezongar *intr.* Gruñir, refunfuñar.

rezumar 1 *tr.* y *prnl.* Dejar pasar un cuerpo, a través de sus poros, gotitas de algún líquido. 2 *tr.* Tener un defecto o cualidad en sumo grado. 3 *intr.* y *prnl.* Salir al exterior un líquido a través de los poros de un cuerpo.

Rh MED y FISIOL Abreviatura de FACTOR Rhesus.

ría 1 *f.* Parte del río próxima a su entrada en el mar. 2 Entrante marítimo en la costa. 3 Ensenada amplia.

riachuelo *m.* Río pequeño y de poco caudal.

riada *f.* Crecida impetuosa de un río o arroyo.

ribera 1 *f.* Margen y orilla del mar o río. 2 Tierra cercana a los ríos, aunque no esté en su margen.

ribete *m.* Cinta o cosa análoga con que se guarnece y refuerza la orilla del vestido, calzado, etc.

riboflavina *f.* BIOQ VITAMINA B2.

ribonucleico *adj.* BIOQ **ácido ~.**

ribonucleótido *m.* BIOQ Nucleótido cuyo azúcar constituyente es la ribosa.

ribosa *f.* BIOQ Azúcar presente en algunos tipos de ácidos nucleicos.

ribosoma *m.* BIOL Estructura del citoplasma que interviene en la síntesis de las proteínas al interpretar el ARN mensajero y formar cadenas proteínicas con los aminoácidos.

ricino *m.* Planta de follaje rojizo, frutos con cápsula de filamentos rígidos y semillas oleosas usadas para muchos fines: purgante, lubricante, etc.

rico, ca 1 *adj.* y *s.* Adinerado, acaudalado. 2 *adj.* Abundante, opulento. 3 Gustoso, sabroso.

ricota *f.* REQUESÓN.

rictus *m.* MED Contracción de los músculos faciales.

ridiculez 1 *f.* Dicho o hecho extravagante. 2 Cosa muy pequeña en tamaño o valor.

ridiculizar *tr.* y *prnl.* Burlarse de alguien o algo por sus extravagancias o defectos.

ridículo, la 1 *adj.* Que por su rareza o extravagancia mueve a risa. 2 Insignificante, insuficiente. 3 De poco aprecio y consideración.

riego 1 *m.* Acción y efecto de regar. 2 Agua disponible para regar. || ~ **sanguíneo** FISIOL Cantidad de sangre que nutre los órganos o la superficie del cuerpo.

riel *m.* Carril de vía férrea.

rienda *f.* Cada una de las dos correas que, unidas por uno de sus extremos a uno y otro lado del freno, sirven para conducir la caballería.

riesgo 1 *m.* Proximidad de un daño. 2 Contingencia que cubre un seguro. 3 MED **población de ~**.

rifa *f.* Juego que consiste en sortear algo entre varias personas.

rifar *tr.* Efectuar una rifa.

rifle *m.* Fusil de repetición.

rigidez *f.* Cualidad de rígido.

rígido, da *adj.* Que no se puede doblar o torcer.

rigor 1 *m.* Severidad estricta. 2 Precisión, exactitud. 3 Grado de mayor intensidad de las temperaturas.

riguroso, sa *adj.* Que contiene rigor.

rima[1] 1 *f.* Consonancia o asonancia de los sonidos finales de los versos de un poema. 2 Composición poética de tono lírico.

rima[2] *f.* Montón de cosas.

rimar 1 *intr.* Ser una palabra asonante o consonante de otra. 2 Componer en verso. 3 *tr.* Hacer una palabra asonante o consonante de otra.

rimbombante *adj.* Ostentoso, llamativo.

rimero *m.* Conjunto de cosas puestas unas sobre otras.

rin *m.* Pieza metálica central y circular de una rueda sobre la que se monta la llanta.

rincón *m.* Ángulo entrante que se forma en el encuentro de dos paredes o de dos superficies.

ringlete 1 *m.* MOLINETE, juguete. 2 Persona muy activa.

rinitis *f.* MED Inflamación de la mucosa de las fosas nasales.

rinoceronte, ta *m.* y *f.* Mamífero vegetariano perisodáctilo de cuerpo grueso, piel recia y pardusca y uno o dos cuernos ubicados en la línea media de la nariz. Puede alcanzar 3 m de largo y casi 2 m de altura.

riña *f.* Acción de reñir.

riñón *m.* ANAT Cada uno de los dos órganos situados en la parte posterior de la cavidad abdominal y encargados de eliminar de la sangre las sustancias nocivas a través de la orina. Son voluminosos, con un borde externo convexo y un borde interno cóncavo.

río 1 *m.* GEO Corriente natural de agua de cierto caudal que fluye por un lecho y que va a desembocar en otra corriente, en un lago o en el mar. 2 Gran abundancia de algo.

ripio 1 *m.* Residuo de una cosa. 2 CASCAJO.

riqueza 1 *f.* Abundancia de bienes y cosas preciosas. 2 Cualidad de rico. 3 Conjunto de cualidades o atributos excelentes. 4 Lujo, boato.

risa 1 *f.* Acción de reír. 2 Voz o sonido que acompaña dicha acción.

risco *m.* Peñasco alto y escarpado.

risorio *adj.* y *m.* ANAT Dicho del músculo facial cuya contracción contribuye a la expresión de la risa.

ristra *f.* Trenza hecha de los tallos de los ajos o las cebollas.

risueño, ña 1 *adj.* Que muestra risa en el semblante. 2 Que se ríe con facilidad.

rítmico, ca 1 *adj.* Relativo o sujeto al ritmo. 2 DEP **gimnasia ~**.

ritmo 1 *m.* Orden acompasado en la sucesión o acaecimiento de las cosas. 2 Repetición periódica de una serie de elementos que poseen mutua armonía. 3 Metro, rasgo básico que determina la estructura de un poema. 4 MÚS Longitud o duración de las notas y énfasis que hay que poner en ellas y en el compás para dar estructura temporal a una composición.

rito *m.* Acto ceremonial de un culto religioso.

ritual *m.* Conjunto de ritos.

ritualismo *m.* Exagerado predominio de las formalidades.

rival *m.* y *f.* Persona que compite con otra por obtener una misma cosa o por superarla.

rivalizar *intr.* Competir.

rivera 1 *f.* Arroyo, riachuelo. 2 Cauce por donde corre.

rizar 1 *tr.* Formar artificialmente rizos, bucles, etc., en el pelo. 2 Hacer en las telas, papel, etc., dobleces menudos. 3 *tr.* y *prnl.* Mover el viento la mar, formando olas pequeñas. 4 *prnl.* Ensortijarse naturalmente el pelo.

rizo, za 1 *adj.* Dicho de algo ensortijado naturalmente. 2 *m.* Mechón de pelo en forma de sortija, bucle o tirabuzón. 3 Giro acrobático vertical completo realizado por el avión.

rizoide *m.* BOT Estructura filamentosa que hace de raíz en las plantas que, como los musgos, carecen de ella.

rizoma *m.* BOT Tallo horizontal y subterráneo que acumula nutrientes y emite raíces por la cara inferior y tallos por la superior, como en el lirio común.

rizópodo *adj.* y *m.* BIOL Dicho de los protozoos sarcodinos que emiten seudópodos que les sirven para moverse y apoderarse de las partículas de que se alimentan, como las amebas y los foraminíferos. Conforman una clase.

ro *interj.* Voz, que se usa repetida, para arrullar a los niños.

róbalo (Tb. robalo) *m.* Pez marino de 70 a 80 cm de largo, de dorso azul negruzco, vientre blanco, dos aletas en el lomo y cola recta. Es comestible.

robar 1 *tr.* Tomar para sí lo ajeno con violencia o engaño. 2 Raptar a una persona. 3 Arrastrar los ríos la tierra por donde pasan. 4 Quitar cualquier cosa no material.

roble 1 *m.* Nombre común a varios árboles de hojas perennes y lobuladas, flores en amentos axilares y fruto en bellota. 2 Madera de este árbol.

robo 1 *m.* Acción y efecto de robar. 2 Cosa robada.

robot *m.* Máquina controlada electrónicamente y programada para moverse, manipular objetos y ejecutar automáticamente operaciones a la vez que interacciona con su entorno.

robótica *m.* Ciencia que aplica la ingeniería y la informática al diseño y fabricación de robots.

robustecer *tr.* y *prnl.* Dar robustez.

robustez *f.* Cualidad de robusto.

robusto, ta 1 *adj.* Fuerte, vigoroso, firme. 2 Dicho de la persona de buena salud y fuertes miembros.

roca 1 *f.* GEO Agregado natural de minerales que se encuentra en la corteza terrestre. Según su origen se clasifican en ígneas, metamórficas y sedimentarias. 2 GEO PIEDRA. 3 Peñasco que se levanta en la tierra o en el mar. || **~s ígneas** GEO Las formadas por el enfriamiento y la solidificación del magma, como el granito. **~ madre** GEO Material originario a partir del cual ha evolucionado el suelo. **~s metamórficas** GEO Las que han experimentado procesos de cambio debidos al calor y la presión de las profundidades de la corteza, como el mármol. **~s sedimentarias** GEO Las formadas por la acumulación y consolidación de materia mineral pulverizada.

rocanrol 1 *m.* Género musical popular surgido en los Estados Unidos en los años cincuenta del s. XX. Se caracteriza por la espectacularidad de su fuerza interpretativa y la generación de sonido a partir de instrumentos eléctricos. 2 Baile que se realiza al ritmo de este género musical.

roce *m.* Acción y efecto de rozar o rozarse.

rociar 1 *intr.* Caer sobre la tierra el rocío o la lluvia menuda. 2 Esparcir en gotas menudas el agua u otro líquido. 3 REGAR las plantas.

rocín *m.* Caballo de mal aspecto y de poca alzada.

rocío 1 *m.* Vapor que, con el frío de la noche, se condensa en la atmósfera en gotas menudas que aparecen sobre la superficie de la tierra. 2 Las mismas gotas perceptibles a la vista.

rock (Voz ingl.) *adj.* y *m.* MÚS Dicho de cada uno de los diversos estilos musicales derivados del *rock and roll*.

rococó *adj.* y *m.* ART Dicho del estilo que surgió en Francia en el s. XVIII antes del neoclasicismo. Se caracterizó por la exuberancia decorativa y tuvo su máxima proyección en las artes suntuarias.

rodaballo *m.* Pez teleósteo de cuerpo aplanado, asimétrico y sin escamas.

rodadero *m.* TOBOGÁN.

rodado, da 1 *adj.* Dicho del tránsito de vehículos de ruedas y del transporte realizado por medio de ellos. 2 Dicho de las piedras lisas y redondeadas por el desgaste del agua.

rodaja 1 *f.* Pieza circular y plana de cualquier material. 2 Tajada circular de algunos alimentos.

rodaje *m.* Acción de rodar.

rodamiento *m.* Pieza formada por dos cilindros concéntricos entre los que se intercala una corona de bolas o rodillos que pueden girar libremente. Permite o facilita que un determinado dispositivo gire.

rodar 1 *intr.* Dar vueltas un cuerpo alrededor de su eje. 2 Moverse una cosa por medio de ruedas. 3 Caer dando vueltas o resbalando por una pendiente. 4 *tr.* Hacer que algo se desplace girando. 5 CIN Filmar una película cinematográfica.

rodear 1 *intr.* Andar alrededor. 2 Dar un rodeo para ir a alguna parte. 3 Usar de circunloquios al hablar. 4 *tr.* Poner una o varias cosas alrededor de otra. 5 Cercar a alguien o algo cogiéndolo en medio.

rodeo 1 *m.* Acción de rodear. 2 Camino más largo o desvío del camino derecho. 3 Acción de reunir el ganado para reconocerlo, contar las cabezas o para cualquier otro fin. 4 Deporte que consiste en montar a pelo potros salvajes o reses bravas y hacer ejercicios como arrojar el lazo.

rodete 1 *m.* Rosca que se hace con las trenzas del pelo. 2 Rosca de tela que se pone en la cabeza para cargar y llevar un peso.

rodilla 1 *f.* Zona situada en la extremidad inferior y que comprende la articulación del fémur y la tibia. 2 En los cuadrúpedos, unión del antebrazo con la caña.

rodillera 1 *f.* Cualquier cosa que se pone para comodidad, defensa o adorno de la rodilla. 2 Pieza o remiendo que cubre las rodillas de los pantalones.

rodillo 1 *m.* Pieza cilíndrica y giratoria, que forma parte de ciertos mecanismos. 2 Cilindro que se emplea para aplicar tinta en las imprentas, litografías, etc. 3 Cilindro de madera que se usa en cocina para alisar la masa.

rodio *m.* QUÍM Elemento metálico muy difícil de fundir que se usa en aleaciones con platino para pilas termoeléctricas. Punto de fusión: 1966 °C. Punto de ebullición: 3727 °C. Núm. atómico: 45. Símbolo: Rh.

rodofitas *f. pl.* BIOL ALGAS rojas.

roedor, ra 1 *adj.* Que roe. 2 *adj.* y *s.* ZOOL Dicho de los mamíferos, generalmente pequeños y dotados con un par de incisivos de crecimiento continuo. Son muy prolíficos, gregarios y voraces. Conforman un orden que comprende ardillas, marmotas, lirones, ratas, etc.

roer 1 *tr.* Cortar o desmenuzar con los dientes parte de una cosa dura. 2 Quitar con los dientes la carne que se le quedó pegada a un hueso. 3 Gastar algo superficialmente y por partes menudas.

rogar 1 *tr.* Pedir por gracia una cosa. 2 Instar con súplicas.

rogativa *f.* Oración pública para implorar de Dios el remedio de una grave necesidad.

rojo, ja 1 *adj.* y *s.* Dicho del color parecido al de la sangre arterial. 2 *adj.* Dicho del pelo rubio casi colorado. 3 *adj.* y *s.* De ideas políticas izquierdistas.

rol *m.* Papel que representa un actor.

rollo 1 *m.* Cualquier materia que toma forma cilíndrica por rodar o dar vueltas. 2 CILINDRO de madera. 3 Madero redondo descortezado. 4 Porción de tela, papel, película fotográfica, etc., enrollada en forma cilíndrica. 5 Discurso o lectura larga y fastidiosa.

rom (Voz rom.) *adj.* Dicho de una persona perteneciente a un pueblo originario del N de la India que emigró desde el año 1000 a Europa y después, en diferentes oleadas, al resto del mundo.

romana *f.* Balanza para pesar compuesta de una palanca de brazos muy desiguales y con el fiel sobre el punto de apoyo.

romance 1 *adj.* y *m.* LING Dicho de las lenguas derivadas del latín. 2 *m.* LIT Composición poética formada por un número indeterminado de versos octosílabos. 3 Aventura amorosa.

romancero *m.* LIT Colección de romances.

romaní 1 *adj.* y *s.* De un pueblo nómada que, procedente del N de India, se extendió por Europa y N de África durante la Edad Media. En la actualidad está extendido por todo el mundo. 2 Perteneciente o relativo a los romanís o a su lengua. 3 Lengua indoeuropea hablada por el pueblo *rom*.

románico, ca *adj.* ART Dicho del estilo que dominó en Europa durante los ss. XI, XII y parte del s. XIII y que se manifestó especialmente en la arquitectura religiosa. Las iglesias románicas constaron de una o tres naves atravesadas por otra transversal que daba a la planta forma de cruz. Eran de escasa altura, con pequeñas aberturas como ventanas y torres que flanqueaban la fachada.

romanización *f.* HIST Proceso de aculturación que experimentaron los pueblos conquistados por Roma.

romano, na 1 *adj.* y *s.* HIST De la antigua Roma o de cada uno de los países que constituyeron el Imperio romano y de sus habitantes. 2 De la Roma actual. 3 *adj.* Dicho de lo que tiene su origen en la antigua Roma: *Derecho romano*. 4 Dicho de la religión católica y de lo perteneciente a ella.

☐ HIST Heredera directa de la cultura griega, la civilización romana logró un alto desarrollo en campos como el derecho, la arquitectura y la política. Los etruscos fundaron Roma en 750 a.C., que aglutinó a distintos pueblos de la Península Itálica. En el 509 a.C. se instauró la República y Roma inició su política expansionista y que culminó con el dominio de toda la península h. 260 a.C. Posteriormente logró el control del N de África, gran parte de la Península Ibérica y el S de las Galias, además del dominio de diversos reinos helenísticos y Asia Menor. En el 44 a.C. Julio César abolió la República y se convirtió en dictador. Realizó una amplia reforma política e impulsó la romanización de las provincias. Con su sucesor, Octavio (que más tarde tomó el título de Augusto), se inició el periodo del Imperio romano, que durante el reinado de Trajano (98-117) alcanzó su máxima extensión: limitaba al N con el Rin y el Danubio, extendiéndose además por Britania y Dacia, Asia Menor, la costa mediterránea africana y Egipto. Constantino (324-337) trasladó la capital a Bizancio y a la muerte de Teodosio (379-395) el Imperio se dividió en Imperio romano de Occidente, con capital en Roma, e Imperio romano de Oriente, con capital en Bizancio. En el 476 tuvieron las grandes invasiones germánicas y Rómulo Augústulo, último emperador de Occidente, fue depuesto por el germano Odoacro. Con ello llegó a su fin el Imperio romano de Occidente.

El Imperio romano de Oriente, también llamado Imperio **bizantino**, subsistió hasta 1453.

romanticismo *m.* Conjunto de movimientos culturales (arte, música, literatura) que se desarrolló en Europa durante el final del s. XVIII y buena parte del s. XIX. En Hispanoamérica surgió a mediados del s. XIX. Concedió particular importancia a todo aquello que permitiera expresar, con una mayor libertad, los impulsos constreñidos por el racionalismo del s. XVIII. Revaloró la Edad Media, rescató las tradiciones nacionales y exaltó la subjetividad.

romántico, ca 1 *adj.* y *s.* Relativo al romanticismo o que participa en sus peculiaridades. 2 Dicho del escritor que da a sus obras el carácter del romanticismo. 3 *adj.* Sentimental, generoso y soñador.

romanza *f.* MÚS Aria o composición instrumental de carácter sencillo y tierno.

rombo *m.* GEOM Paralelogramo que tiene los lados iguales y paralelos y dos de sus ángulos mayores que los otros dos.

romboide *m.* GEOM Paralelogramo cuyos lados contiguos son desiguales y dos de sus ángulos mayores que los otros dos.

romería *f.* Peregrinación devota a un santuario.

romero *m.* Planta de hojas coriáceas, flores azuladas en racimo y fruto seco de semillas menudas. Se utiliza en perfumería y como condimento.

rompecabezas *m.* Juego consistente en componer determinada figura combinando cierto número de pedacitos, en cada uno de los cuales hay una parte de la figura.

rompehielos *m.* Buque para abrir camino en los mares helados.

rompeolas *f.* Dique avanzado en el mar usado para proteger un puerto o rada.

romper 1 *tr.* y *prnl.* Separar con más o menos violencia las partes de un todo. 2 Quebrar o hacer pedazos algo. 3 Causar una abertura en un cuerpo. 4 Deshacer una formación de gente armada. 5 *tr.* Dividir o separar, por breve tiempo, la unión o continuidad de un cuerpo fluido al atravesarlo. 6 Interrumpir la continuidad de algo no material: *Romper el alma*. 7 *intr.* Deshacerse en espuma las olas. 8 Tener principio, empezar, comenzar: *Romper la monotonía*.

rompiente *m.* Bajo, escollo o costa donde rompen las olas.

rompimiento 1 *m.* Acción y efecto de romper. 2 Desavenencia o riña.

A B C D E F G H I J K L M N Ñ O P Q **R** S T U V W X Y Z

ron *m.* Aguardiente obtenido por destilación de la melaza o del jugo de la caña de azúcar.

roncar *intr.* Producir un sonido ronco al respirar, mientras se duerme.

roncha *f.* Lesión cutánea sobreelevada provocada por las picaduras de insectos.

ronco, ca *adj.* Dicho de la voz o sonido áspero y bronco.

ronda 1 *f.* Acción de rondar. 2 Grupo de personas que rondan. 3 Serie de conversaciones o negociaciones mantenidas entre altos dirigentes políticos o sociales. 4 RIBERA. 5 Distribución ordenada de bebida o comida entre personas reunidas en corro. 6 DEP Serie de enfrentamientos de carácter eliminatorio.

rondador, ra 1 *adj.* Que ronda. 2 *m.* MÚS Instrumento de la familia de las flautas formado por una serie de pequeñas cañas.

rondalla *f.* MÚS Conjunto musical de instrumentos de cuerda pulsados.

rondar 1 *intr.* y *tr.* Recorrer de noche una población, campamento, etc., para vigilar. 2 *tr.* Dar vueltas alrededor de algo. 3 Andar tras de alguien para conseguir algo. 4 Tener una idea poco definida.

rondó *m.* MÚS Composición cuyo tema se repite varias veces.

ronquera *f.* Afección de la garganta que vuelve ronca la voz.

ronronear *intr.* Emitir el gato cierto sonido ronco en señal de satisfacción.

ronzal *m.* Cuerda que se ata a la cabeza o pescuezo de una caballería para sujetarla o para conducirla caminando.

ronzar *tr.* Comer una cosa quebradiza partiéndola con los dientes.

roña 1 *f.* Suciedad que se pega fuertemente. 2 Ficción de un impedimento para no hacer algo.

ropa *f.* Cualquier prenda de vestir.

ropaje 1 *m.* Vestido suntuoso usado en ceremonias solemnes. 2 Conjunto de ropas.

ropero *m.* Armario o cuarto donde se guarda la ropa.

ropón *m.* Prenda de vestir larga y amplia que se pone sobre los demás vestidos.

roque *m.* Torre del ajedrez.

roquero, ra[1] *adj.* Perteneciente o relativo a las rocas.

roquero, ra[2] 1 *m.* y *f.* Persona que toca o canta en un grupo de *rock.* 2 Aficionado al *rock.*

rosa 1 *f.* Flor del rosal. 2 Cosa que semeja una rosa. || **~ de los vientos** Círculo de coordenadas con 32 rumbos cardinales que sintetiza la frecuencia, dirección y velocidad de los vientos en un sitio dado.

rosáceo, a *adj.* De color parecido al de la rosa.

rosado, da *adj.* Del color de la rosa.

rosal *m.* Nombre común a varias plantas arbustivas de hojas pecioladas, flores con numerosos estambres y que tienen por fruto una baya carnosa con muchas semillas menudas, elipsoidales y vellosas.

rosario 1 *m.* REL Rezo católico en que se conmemoran los quince misterios principales de la vida de Jesús y de la Virgen. 2 REL Sarta de cuentas que sirve para hacer el rezo del mismo nombre.

rosca 1 *f.* Conjunto de las vueltas en espiral que tienen las tuercas y los tornillos. 2 Cualquier cosa circular u ovalada con un agujero en el centro.

roscar *tr.* Atornillar, enroscar.

roscón *m.* Bizcocho en forma de rosca grande.

roséola *f.* MED Erupción cutánea.

roseta 1 *f.* Rosetón pequeño. 2 *pl.* Granos de maíz que se abren en forma de flor al tostarse.

rosetón 1 *m.* Ventana circular, cerrada por vidrieras, con adornos. 2 Adorno circular que se coloca en paredes y techos.

rosquilla *f.* Dulce en forma de rosca pequeña.

rostro *m.* Cara de una persona.

rotación 1 *f.* Acción y efecto de rodar o rotar. 2 ASTR Movimiento de la Tierra alrededor de su eje que da lugar a los días y las noches. 3 FÍS Movimiento de cualquier cuerpo alrededor de su propio eje. 4 GEOM Movimiento que obliga a todos los puntos de un sólido a describir arcos de igual amplitud.

rotativo, va 1 *adj.* Que da vueltas. 2 *f.* Máquina de imprimir que, con un movimiento seguido y a gran velocidad, imprime los ejemplares de un periódico o revista.

roto, ta 1 *adj.* y *s.* Andrajoso, harapiento. 2 Rasgadura.

rottweiler (Voz al.) *adj.* y *s.* Dicho de una raza de perro de pelaje negro y castaño corto y áspero. Los machos alcanzan 69 cm a la cruz y las hembras 62,5 cm.

rótula *f.* ANAT Hueso en la parte anterior de la articulación de la tibia con el fémur.

rotulador, ra 1 *adj.* Que rotula o sirve para rotular. 2 *m.* Instrumento semejante a un bolígrafo y que escribe o dibuja con un trazo grueso. 3 *f.* Máquina para rotular.

rotular *tr.* Poner un rótulo a algo o en alguna parte.

rótulo 1 *m.* Título de un escrito o de una parte de este. 2 Letrero o cartel que anuncia o indica algo.

rotundo, da *adj.* Completo, preciso y terminante.

rotura *f.* ROMPIMIENTO, acción y efecto de romper.

roturar *tr.* Arar por primera vez una tierra de cultivo.

roya *f.* Denominación genérica de diversas enfermedades que ciertos hongos causan en las hojas y los tallos de algunos cereales y en otras plantas, como el café.

roza 1 *f.* Acción y efecto de rozar. 2 Hierbas o matas que se obtienen de rozar un campo.

rozadura 1 *f.* Acción y efecto de rozar una cosa con otra. 2 Herida superficial de la piel con desprendimiento de epidermis.

rozamiento 1 *m.* Acción y efecto de rozar o rozarse. 2 FÍS Resistencia que se opone a la rotación o al deslizamiento de un cuerpo sobre otro.

rozar 1 *tr.* Cortar los animales con los dientes la hierba para comerla. 2 Raer la superficie de una cosa. 3 Limpiar las tierras de las matas y hierbas inútiles antes de labrarlas. 4 *tr.* e *intr.* Tocar una cosa ligeramente con otra al pasar, moverse o acercarse a ella.

ruana *f.* Capote o poncho de lana.

rubéola (Tb. rubeola) *f.* MED Enfermedad infecciosa caracterizada por una erupción de la piel.
rubí *m.* Corindón de color rojo y brillo intenso.
rubicundo, da 1 *adj.* Que tira a rojo. 2 Dicho de la persona de buen color y aspecto saludable.
rubidio *m.* QUÍM Elemento metálico que se encuentra en pequeñísimas proporciones en las aguas, las cenizas de las plantas y los minerales de potasio. Se utiliza en las células fotoeléctricas. Punto de fusión: 39 °C. Punto de ebullición: 686 °C. Núm. atómico 37. Símbolo: Rb.
rubio, bia 1 *adj.* y *s.* De color oro o del trigo maduro. 2 Dicho del cabello de este color y de quien lo tiene.
rubor 1 *m.* Color rojo muy encendido. 2 Color que, por una afluencia de la sangre, sube al rostro a causa de algún sentimiento de vergüenza.
ruborizar 1 *tr.* Causar rubor o vergüenza. 2 *prnl.* Teñirse de rubor el rostro.
rúbrica *f.* Rasgo distintivo que, como parte de la firma, se suele añadir al nombre.
rubricar 1 *tr.* Poner alguien su rúbrica. 2 Firmar y sellar un documento.
rubro *m.* Conjunto de artículos de consumo de un mismo tipo o relacionados con cierta actividad.
rucio, cia *adj.* y *s.* De color pardo claro, blanquecino o canoso.
rúcula *f.* Hortaliza mediterránea que se utiliza en la preparación de ensaladas.
ruda *f.* Planta herbácea de hojas alternas, flores pequeñas y amarillas y fruto capsular. Tiene olor fuerte y uso terapéutico.
rudimentario, ria *adj.* Relativo al rudimento o a los rudimentos.
rudimento 1 *m.* BIOL Estado primordial informe de un ser orgánico. 2 *pl.* Primeros conocimientos de una ciencia o profesión.
rudo, da 1 *adj.* Tosco, sin pulimento. 2 Descortés, sin educación.
rueca *f.* Instrumento para hilar compuesto de una vara delgada con un rocadero en la parte superior.
rueda 1 *f.* Pieza de forma circular y de poco grosor que puede girar sobre su eje. Su invención (que data del Neolítico) fue un importante punto de inflexión en el avance de la civilización. 2 Corro, círculo de personas o cosas. 3 Despliegue en abanico que hace el pavo con las plumas de la cola.
ruedo 1 *m.* Borde de algo redondo. 2 Corro de personas.
ruego *m.* Súplica, petición.
rufián, na 1 *m.* y *f.* Perverso, despreciable. 2 Persona que trafica con prostitutas.
rugby (Voz ingl.) *m.* DEP Juego entre dos equipos que consiste en tratar de introducir un balón, valiéndose de los pies y las manos, en la portería contraria.
rugido *m.* Voz del león y otros felinos salvajes.
rugir 1 *intr.* Bramar un felino salvaje. 2 Emitir grandes gritos una persona enojada. 3 Hacer un ruido fuerte el mar, viento, etc.
ruibarbo *m.* Planta herbácea de hojas pecioladas, flores pequeñas en espiga y fruto seco. Se usa para preparar conservas.
ruido *m.* Sonido confuso más o menos fuerte.
ruin *adj.* Vil, despreciable.
ruina 1 *f.* Acción de caer o destruirse algo. 2 Causa de esta decadencia en lo físico o moral.
ruinoso, sa *adj.* Que amenaza ruina o está derruido en parte.
ruiseñor *m.* Pájaro cantor de plumaje pardorrojizo y gris claro. Habita en las arboledas y lugares frescos y sombríos de Europa y Asia.

ruleta *f.* Juego de azar que consiste en hacer girar una bola en un plato giratorio hasta que se detiene en un compartimiento numerado que determina la suerte del jugador.
rulo *m.* Pequeño cilindro para ondular el cabello.
rumba 1 *f.* Francachela, parranda. 2 FOLCL Cierto baile popular cubano. 3 Ritmo flamenco.
rumbear 1 *intr.* Andar de juerga o de parranda. 2 Bailar la rumba.
rumbo *m.* Dirección, camino, derrotero, especialmente el que se sigue al navegar.
rumiante *adj.* y *m.* ZOOL Dicho de los mamíferos artiodáctilos que se alimentan de vegetales, carecen de incisivos en la mandíbula superior y tienen el estómago compuesto de tres o cuatro cavidades, en las que se completa la digestión del alimento engullido sin masticar. Conforman un suborden que comprende a camellos, ovejas, jirafas, ganado vacuno, etc.
rumiar *tr.* Volver a la boca y masticar otra vez los alimentos los rumiantes.
rumor 1 *m.* Ruido confuso de voces. 2 Información no veraz, o sin confirmar, que circula entre la gente.
rumorar *tr.* e *intr.* Difundir un rumor entre la gente.
rumorear 1 *tr.* y *prnl.* RUMORAR. 2 Sonar algo vaga y continuamente.
runa *f.* Carácter de escritura que empleaban los antiguos escandinavos.
rupestre 1 *adj.* Relativo a las rocas. 2 ART **pintura** ~.
ruptura 1 *f.* Acción y efecto de romper o romperse. 2 Rompimiento de relaciones.
rural *adj.* Propio del campo o de las labores que se hacen en él.
rústico, ca 1 *adj.* Relativo al campo. 2 *m.* y *f.* Persona del campo.
ruta 1 *f.* Rumbo de un viaje. 2 Itinerario para él. || ~ **de acceso** INF Enlace entre dos estaciones de una red.
rutenio *m.* QUÍM Elemento metálico que se encuentra en los minerales de platino. Se usa como endurecedor en joyería y odontología. Punto de fusión: 2310 °C. Punto de ebullición: 3900 °C. Núm. atómico: 44. Símbolo: Ru.
rutherfordio *m.* QUÍM Elemento metálico radiactivo artificial. Núm. atómico: 104. Símbolo: Rf.
rutilar *intr.* Brillar mucho.
rutina *f.* Costumbre o manera de hacer algo de forma mecánica y usual.
rutinario, ria *adj.* Que obra por rutina.

s *f.* Vigésima letra del **alfabeto** español y decimosexta de sus consonantes. Su nombre es *ese.* Representa el sonido fricativo sordo /s/, cuya pronunciación puede ser apicoalveolar o predorsal.

sábado *m.* Día de la semana que sigue al viernes.

sábalo *m.* Pez marino de cabeza pequeña, cuerpo estrecho, escamas grandes y lomo de color amarillento. Es comestible.

sabana 1 *f.* ECOL Formación vegetal de plantas herbáceas, en general gramíneas, característica de la llanura de las regiones tropicales con estación seca prolongada. 2 ALTIPLANICIE. 3 ECOL **bosque** de ~ tropical.

sábana *f.* Cada una de las dos piezas de tela que se usan como ropa de cama para colocar el cuerpo entre ambas.

sabandija 1 *f.* Cualquier animal pequeño y repugnante. 2 Persona despreciable.

sabanear *intr.* Recorrer la sabana.

sabanero, ra 1 *adj.* y *s.* Habitante de una sabana. 2 Relativo a la sabana.

sabañón *m.* MED Micosis cutánea del pie, que aparece especialmente entre los dedos.

sabatino, na *adj.* Perteneciente al sábado.

sabbat (Voz hebr.) *m.* REL Festividad judía en la que está prohibido cualquier trabajo. Comienza los viernes a la caída del sol y dura hasta la caída de la noche del sábado.

saber[1] 1 *m.* Sabiduría, conocimiento. 2 Ciencia o facultad.

saber[2] 1 *tr.* Tener conocimiento de algo, estar enterado de ello: *Ayer supe que había regresado; ¿sabías que llegó el circo?* 2 Conocer a fondo o ser experto en algo: *Sabe historia.* 3 Tener habilidad o destreza para hacer algo: *Sabe jugar fútbol.* 4 *tr.* e *intr.* Tener noticias de alguien o de algo. 5 *intr.* Ser astuto, sagaz. 6 Seguido de la preposición *a*, tener algo determinado sabor. 7 Ser capaz de adaptarse a algo o de comportarse de determinada manera: *Saber ahorrar; saber callar.* 8 Seguido de verbos como *ir* y *venir*, conocer por dónde se debe ir. 9 *prnl.* Con adverbios como *bien, mal*, etc., gustar o no algo: *Le saben mal las bromas pesadas.*

sabiduría 1 *f.* Posesión de grandes conocimientos sobre determinadas materias. 2 Prudencia y sensatez para actuar en la vida.

sábila *f.* ÁLOE.

sabio, bia *adj.* y *s.* Que posee sabiduría.

sable *m.* Arma blanca de hoja larga y ligeramente curva.

sabor 1 *m.* Sensación que se produce en el sentido del gusto. 2 Cualidad de producirla que tienen las cosas.

saborear 1 *tr.* y *prnl.* Apreciar o sentir con detenimiento el sabor de lo que se come o se bebe. 2 Apreciar detenidamente algo grato.

saborizante *m.* Producto sintético para dar sabor a ciertos alimentos.

sabotaje 1 *m.* Daño que se hace en instalaciones, productos o servicios que pertenecen o representan instituciones contra las que se protesta. 2 Oposición u obstrucción disimulada contra algo.

sabotear *tr.* Realizar actos de sabotaje.

sabueso, sa 1 *adj.* y *s.* Dicho del perro que se caracteriza por su olfato y oído muy desarrollados. 2 Persona que sabe indagar y descubrir los hechos.

sacabocados (Tb. sacabocado) *m.* Tenaza de boca hueca y contorno cortante, que sirve para taladrar.

sacacorchos *m.* Instrumento con una espiral metálica para descorchar botellas.

sacapuntas *m.* Instrumento para afilar la punta de los lápices.

sacar 1 *tr.* Poner algo o a alguien fuera del lugar donde estaba. 2 Apartar a alguien de la situación o condición en que está. 3 Quitar una cosa de otra o extraerla: *Sacar una espina; el vino se saca de la uva.* 4 Separar una parte de un todo: *Sacar el regalo del empaque.* 5 Lograr: *Sacó un diez en geografía.* 6 Obtener algo de un documento: *Saqué una fotocopia.* 7 Exteriorizar: *Sacar el mal genio.* 8 Descubrir por datos o señales, deducir. 9 Difundir un producto, una moda, etc. 10 Fabricar, producir. 11 Ganar algo por suerte. 12 Alargar o hacer sobresalir una parte del cuerpo. 13 Resolver una cuenta o un problema. 14 Extraer notas de un texto. 15 Producir una cierta cantidad de trabajo. 16 Tomar una fotografía. 17 Hacer que aparezca alguien o algo en un medio de comunicación. 18 Invitar una persona a otra a ser su pareja de baile. 19 Aventajar a otro en lo que se expresa. 20 Excluir: *Lo sacaron del equipo.* 21 Empezar la jugada al comenzar o reanudar ciertos juegos. 22 *tr.* y *prnl.* Quitar una prenda de vestir.

sacárido *m.* QUÍM Nombre genérico de los azúcares y sus derivados.

sacarina *f.* QUÍM Sustancia blanca harinosa edulcorante obtenida por transformación de ciertos derivados de la brea mineral. No tiene valor alimenticio alguno.

sacarosa *f.* QUÍM AZÚCAR.

sacerdocio 1 *m.* Dignidad, estado y función del sacerdote. 2 Conjunto de sacerdotes.

sacerdote, tisa *m.* y *f.* REL Persona dedicada al servicio de una comunidad religiosa, que celebra y ofrece sacrificios.

saciar *tr.* y *prnl.* Satisfacer plenamente el hambre o la sed.

saciedad *f.* Estado de saciado o de satisfecho.

saco 1 *m.* Receptáculo de materia flexible y rectangular o cilíndrico abierto por arriba. 2 Lo que contiene. 3 Prenda de abrigo holgada. 4 CHAQUETA. 5 SAQUEO. 6 BIOL Órgano en forma de bolsa que funciona como reservorio. || ~ **de dormir** El que forrado o almohadillado se usa para dormir dentro de él. ~ **lagrimal** ANAT El que sirve de depósito a las secreciones que son recogidas por los conductos lagrimales. ~ **polínico** BOT El que en las angiospermas contiene los granos de polen. ~ **vitelino** ZOOL Bolsa llena de vitelo, del que se alimentan ciertos embriones.

sacralizar *tr.* Atribuir carácter sagrado a algo que era profano.

sacramental *adj.* Relativo a los sacramentos.

sacramentar *tr.* REL En el sacramento de la eucaristía, convertir el pan en el cuerpo de Cristo.

sacramento 1 *m.* REL Cada uno de los signos sagrados que en el cristianismo conceden o aumentan la gracia. Son siete: bautismo, confirmación, penitencia, eucaristía, extremaunción, orden y matrimonio. 2 REL Cristo sacramentado en la hostia.

sacrificar 1 *tr.* Hacer sacrificios u ofrendas a la divinidad. 2 Matar reses para el consumo. 3 Poner a alguien o algo en algún riesgo, en provecho de un fin o interés que se estima de mayor importancia. 4 Renunciar a algo para conseguir otra cosa. 5 *prnl.* Someterse a algo violento o repugnante.

sacrificio *m.* Acción y efecto de sacrificar o sacrificarse.

sacrilegio *m.* Profanación de algo sagrado.

sacristán, na *m.* y *f.* Persona que ayuda al sacerdote y se encarga del cuidado de los ornamentos y la iglesia.

sacristía *f.* Lugar de la iglesia donde se guardan los ornamentos y se visten los sacerdotes.

sacro, cra 1 *adj.* SAGRADO. 2 ANAT Hueso situado en la parte inferior de la columna vertebral, antes del coxis. Está formado por cinco vértebras soldadas entre sí.

sacudir 1 *tr.* y *prnl.* Agitar violentamente algo de una parte a otra. 2 Arrojar bruscamente algo de sí, o quitárselo de encima.

sadismo *m.* PSIC Perversión sexual de la persona que provoca su propio placer mediante actos de crueldad.

sadomasoquismo *m.* PSIC Asociación o alternancia de tendencias sádicas y masoquistas.

saduceo, a *adj.* y *s.* HIST Dicho de un miembro de una secta judía (ss. II a.C.-I d.C.) que negaba la inmortalidad del alma y la resurrección y estaba enemistada con los fariseos.

saeta *f.* FLECHA, arma arrojadiza.

safari 1 *m.* Expedición de caza. 2 Excursión por un paraje natural en el que habitan libremente animales salvajes.

saga 1 *f.* LIT Narración épica de carácter legendario de la antigua literatura nórdica. 2 LIT Novela que abarca los hechos de dos o más generaciones de una familia.

sagaz *adj.* Astuto, perspicaz, sutil.

sagitario *adj.* y *s.* Dicho de las personas nacidas bajo el signo zodiacal Sagitario, entre el 22 de noviembre y el 21 de diciembre.

sagrado, da 1 *adj.* REL Que está dedicado a Dios y al culto divino. 2 Que es digno de respeto y veneración.

sagrario 1 *m.* Parte del templo en que se guardan las cosas sagradas. 2 Lugar donde se guarda el copón con las hostias consagradas.

sagú 1 *m.* Planta tropical cuya fécula y palmito son comestibles. 2 Féculas obtenidas de los tubérculos farináceos de diversas plantas.

sahariano, na *adj.* y *s.* Relativo al Sáhara.

sahumerio 1 *m.* Humo que produce una materia aromática puesta al fuego. 2 Esta misma materia.

sainete *m.* TEAT Pieza jocosa en un acto.

saino *m.* PECARÍ.

sajón, na *adj.* y *s.* HIST De un antiguo pueblo germano que habitaba en la desembocadura del río Elba. Parte de él se estableció en Inglaterra en el s. V.

sake *m.* Bebida alcohólica que se obtiene por fermentación del arroz.

sal 1 *f.* Sustancia mineral que se extrae del agua del mar o de los lagos salados (sal marina), o de yacimientos (sal gema), y que se emplea para sazonar los alimentos. Químicamente es cloruro de sodio. 2 QUÍM Compuesto que resulta de la acción de un ácido sobre un metal o compuesto metálico o que se obtiene mediante la neutralización de una base con un ácido. 3 Gracia, ingenio. 4 Desgracia, infortunio. 5 *pl.* Sustancia perfumada que se mezcla con el agua del baño.

sala 1 *f.* Habitación de la casa donde se reciben las visitas. 2 Mobiliario de dicha habitación. 3 Pieza donde un tribunal de justicia celebra sus audiencias.

saladero *m.* Lugar donde se da sal al ganado.

salado, da 1 *adj.* Que contiene sal o mucha sal. 2 Desgraciado, infortunado.

salamandra 1 *f.* Reptil urodelo de cola larga y piel negra con manchas amarillas. 2 SALAMANQUESA.

salamanquesa *f.* Pequeño lagarto de cuerpo estrecho y coloración cenicienta. Posee cabeza grande y dedos terminados en una especie de ventosas.

salami *m.* Embutido de carne curada vacuna y de cerdo que se come crudo.

salar[1] 1 *tr.* Sazonar con sal la comida. 2 Echar más sal de la necesaria. 3 Poner en sal carnes o pescados para su conservación. 4 *tr.* y *prnl.* Causar mala suerte.

salar[2] *m.* GEO Cuenca endorreica caracterizada por afloramientos salinos.

salario *m.* ECON Remuneración en dinero, por un trabajo o servicio, que se da a los asalariados. || ~ **base** ECON El salario sin tener en cuenta primas, la antigüedad, etc. ~ **mínimo** ECON Retribución mínima legal que debe pagarse a todo trabajador activo.

salazón *f.* Acción y efecto de salar carnes y pescados.

salchicha *f.* Embutido de carne de cerdo o pollo semejante a una tripa delgada.

salchichón *m.* Embutido de jamón, tocino o pollo y pimienta en grano semejante a una tripa gruesa.

saldar 1 *tr.* Pagar una cuenta o una deuda. 2 Vender a bajo precio una mercancía.

saldo 1 *m.* Cantidad que de una cuenta resulta a favor o en contra de alguien. 2 Restos de mercancías que se venden a bajo precio.

salero 1 *m.* Recipiente donde se guarda la sal de uso doméstico. 2 SALADERO. 3 Gracia, donaire.

salesiano, na *adj.* y *s.* Dicho del religioso de las congregaciones fundadas por san Juan Bosco bajo el patrocinio de san Francisco de Sales.

salicílico *adj.* QUÍM Dicho de cierto ácido que se usa para preparar conservas y como antiséptico, desinfectante y antirreumático.

salida 1 *f.* Acción y efecto de salir o salirse. 2 Excursión o paseo. 3 Sitio por donde se sale de un lugar. 4 Propuesta de solución a un conflicto o problema. 5 Mayor o menor posibilidad de venta de los productos. 6 DEP Lugar desde donde empieza una carrera.

salido, da *adj.* Dicho de una cosa, que sobresale de un cuerpo más de lo normal.

saliente 1 *adj.* Que sale. 2 *m.* y *f.* Parte que sobresale en algo.

salina 1 *f.* Mina de sal. 2 Explotación para obtener sal mediante la evaporación del agua del mar o de los lagos salinos.

salinidad 1 *f.* Cualidad de salino. 2 Cantidad porcentual de sales disueltas en el agua del mar.

salinización *m.* ECOL Degradación del suelo por acumulación de nitratos a causa de inadecuadas prácticas agrícolas.

salino, na 1 *adj.* Que participa de los caracteres de la sal o que la contiene. 2 *f.* Mina de sal.

salir 1 *intr.* y *prnl.* Pasar de la parte de adentro a la de afuera. 2 Con la preposición *con* y ciertos nombres, conseguir o lograr algún asunto o propósito: *Se salió con la suya.* 3 Con la preposición *de* y determinados nombres, apartarse o ponerse fuera de lo que estos significan. 4 *intr.* Irse, desplazarse de un lugar a otro. 5 Librarse de algo que ocupa o molesta: *Salió de la duda.* 6 Aparecer, manifestarse: *Va a salir el sol.* 7 Brotar: *Empezó a salir la flor.* 8 Quitarse, desaparecer las manchas. 9 Traer su origen una cosa de otra. 10 Deshacerse de algo: *Ya he salido de todos mis trastos.* 11 Con la preposición *con,* decir o hacer algo inesperado. 12 Ocurrir, ofrecerse de nuevo algo: *Salió una ganga.* 13 Tener un precio lo que se compra. 14 Dicho de cuentas, estar bien hechas o ajustadas. 15 Con la preposición *a,* trasladarse para realizar una actividad: *Salió a pronunciar su discurso.* 16 Venir a ser, quedar: *Salió vencedor.* 17 Parecerse, asemejarse un hijo a sus padres, un alumno a su maestro, etc. 18 Ser elegido por suerte o votación. 19 Ir a parar, tener salida a un punto determinado: *Esta calle sale a la plaza.* 20 Armonizar una cosa con otra. 21 *prnl.* Escaparse el contenido de un recipiente.

salitral *m.* Sitio donde hay salitre.

salitre *m.* Nitrato que, en forma de agujas o polvo, se encuentra en la superficie de los terrenos húmedos y salados.

saliva *f.* FISIOL Líquido alcalino y algo viscoso segregado por las glándulas salivares. Facilita la masticación y el paso del bolo alimenticio hacia el esófago.

salivar *intr.* Segregar saliva.

salmo *m.* REL Composición poética o cántico que alaba a Dios.

salmón *m.* Pez de piel gruesa y oscura y hocico largo, que alcanza los 1,5 m de longitud y es comestible. Remonta los ríos para desovar.

salmonela *f.* BIOL y MED Bacteria patógena anaerobia, que contamina los alimentos y causa infecciones digestivas.

salmuera *f.* Agua cargada de sal.

salobre *adj.* Que contiene sal o tiene su sabor.

salón 1 *m.* SALA, habitación de la casa. 2 En edificios públicos, pieza de grandes dimensiones utilizada para fiestas, recepciones y otros actos. 3 Exposición periódica de productos de distintas industrias o de obras de arte.

salpicar 1 *tr.* e *intr.* Lanzar o saltar una sustancia en gotas pequeñas. 2 *tr.* y *prnl.* Mojar o ensuciar con las gotas que se desprenden de una sustancia.

salpicón 1 *m.* Picadillo guisado de carne, pescado o marisco. 2 Mezcla de trozos de diferentes frutas con su propio jugo. 3 Acción de salpicar.

salpimentar *tr.* Adobar con sal y pimienta.

salpullido *m.* MED Erupción cutánea.

salsa 1 *f.* Mezcla de varios ingredientes, de consistencia fluida, que se usa como base o acompañamiento de algunos platos. 2 MÚS Género compuesto de varios ritmos caribeños.

salsamentaria *f.* Tienda donde se venden embutidos, carnes curadas, etc.

saltamontes *m.* Insecto de color verde o amarillento, cabeza triangular con antenas largas, y patas posteriores muy largas con las que puede dar grandes saltos.

saltar 1 *intr.* Levantarse alguien o algo del suelo o donde está con impulso, para dejarse caer en el mismo lugar o para pasar a otro. 2 Ascender a un cargo superior sin haber pasado por los intermedios. 3 Arrojarse desde una altura. 4 Funcionar repentinamente un mecanismo. 5 Pasar de una cosa a otra sin el orden con que debían presentarse. 6 *intr.* y *prnl.* Desprenderse una cosa de otra. 7 *tr.* Pasar por encima de algo dando un salto. 8 Cubrir el macho a la hembra, en ciertas especies de cuadrúpedos. 9 Alcanzar cierta altura o una distancia dando un salto. 10 *tr.* y *prnl.* Omitir parte de un escrito al leerlo o copiarlo.

saltarín, na *adj.* y *s.* Que salta mucho.

salteador, ra *m.* y *f.* Ladrón que asalta en un terreno despoblado.

saltear 1 *tr.* Asaltar a alguien en un terreno despoblado. 2 Sofreír a fuego vivo algún alimento.

salterio 1 *m.* Rel Libro del Antiguo Testamento que contiene los salmos atribuidos a David. 2 Rel Parte del breviario que contiene las horas canónicas de toda la semana, menos las lecciones y oraciones. 3 Mús **virginal.**

saltimbanqui *m.* y *f.* Acróbata o artista circense.

salto 1 *m.* Acción y efecto de saltar. 2 Distancia que se salta. 3 Caída de un caudal importante de agua. 4 Palpitación violenta del corazón. 5 Dep Prueba que consiste en saltar una determinada altura o una longitud. 6 Fís Transición de un electrón o de un núcleo a un nivel diferente de energía.

salubre *adj.* Saludable, sano.

salud 1 *f.* Estado en que el ser orgánico ejerce con normalidad todas sus funciones. 2 Condiciones físicas de un organismo en un determinado momento. 3 *interj.* Expresión usada para saludar o para brindar. || ~ **mental** Psic Estado de equilibrio psíquico. ~ **pública** 1 Estado de salud de una comunidad o una población. 2 Rama de la medicina y de la administración pública que se ocupa de la salud de los ciudadanos.

saludable *adj.* Que conserva, aumenta o restablece la salud.

saludar *tr.* Dirigir una persona a otra palabras o gestos de cortesía al encontrarla.

saludo *m.* Acción y efecto de saludar.

salva *f.* Saludo ceremonial que se hace disparando armas de fuego sin munición.

salvación 1 *f.* Acción y efecto de salvar o salvarse. 2 Rel Obtención de la gloria eterna.

salvado *m.* Cáscara del grano de los cereales.

salvaguardar *tr.* Defender, amparar.

salvaguardia 1 *f.* Amparo, protección. 2 Protección brindada a ciertos establecimientos que deben estar al abrigo de la guerra, como hospitales, iglesias, bibliotecas, museos, etc.

salvajada *f.* Atrocidad, barbaridad.

salvaje 1 *adj.* Se aplica al animal que no es doméstico. 2 *adj.* y *s.* Se decía de los pueblos que no se habían incorporado a la civilización y mantenían formas primitivas de vida. 3 Se decía también de sus miembros.

salvamento *m.* Acción y efecto de salvar o salvarse.

salvapantallas *m.* Inf Imagen o gráfico que se activa automáticamente en la pantalla de una computadora encendida cuando esta ha dejado de usarse durante un determinado tiempo.

salvar 1 *tr.* y *prnl.* Librar de algún peligro o riesgo. 2 *tr.* Rel Librar Dios a alguien de la condena eterna. 3 *prnl.* Alcanzar la salvación eterna.

salvavidas *m.* Objeto que sirve para mantener a alguien a flote, como medio de salvamento o para aprender a nadar.

salvedad *f.* Razonamiento que se emplea como condición o excusa de lo que se va a decir o hacer.

salvia *f.* Planta de hojas aromáticas y flores en espiga de color azulado. Se utiliza en farmacia.

salvo, va 1 *adj.* Ileso, que no ha sufrido daño. 2 *adv. m.* Con excepción de, excepto, fuera de.

salvoconducto *m.* Documento oficial que autoriza a transitar libremente por una zona determinada.

samán *m.* Árbol muy corpulento, de hasta 30 m de altura, copa amplia, follaje no muy denso y flores blanquirrojas parecidas a escobillas.

sámara *f.* Bot Fruto seco indehiscente, con pocas semillas y pericarpio extendido a manera de ala, como el del olmo.

samario *m.* Quím Elemento metálico de los lantánidos. Punto de fusión: 1074 °C. Punto de ebullición: 1794 °C. Núm. atómico: 62. Símbolo: Sa.

samaritano, na 1 *adj.* y *s.* De Samaria. 2 Dicho del adepto a una secta religiosa judía que existió en Samaria y de la que aún perviven pequeñas comunidades.

samba *f.* Folcl Danza popular brasileña que se baila acompañada por instrumentos de percusión y cantos.

sambenito *m.* Difamación, descrédito.

samoyedo, da *adj.* y *s.* De un pueblo que habita las costas del mar Blanco y el N de Siberia en Rusia.

samurái (Tb. samuray) *m.* Hist En el antiguo Japón, individuo perteneciente a una clase constituida por militares, que servía como guerrero a un señor feudal.

san *adj.* Apócope de santo.

san bernardo *adj.* y *m.* Dicho de una raza de perros de gran tamaño y corpulencia, de pelaje espeso manchado de color marrón sobre fondo blanco.

sanar 1 *tr.* Hacer que alguien recobre la salud. 2 *intr.* Recuperar la salud.

sanatorio *m.* Establecimiento destinado a la cura o convalecencia de enfermos que, generalmente, padecen del mismo tipo de enfermedad.

sanchopancesco, ca 1 *adj.* Propio de Sancho Panza, personaje del *Quijote.* 2 Falto de idealismo, conformista.

sanción 1 *f.* Confirmación solemne de una ley por el jefe del Estado. 2 Multa o castigo.

sancionar 1 *tr.* Dar fuerza de ley a una disposición. 2 Aplicar un castigo.

sancochar *tr.* Cocer los alimentos dejándolos medio crudos y sin sazonar.

sancocho *m.* Cocido de carne, yuca, plátano y otros ingredientes.

sandalia *f.* Calzado consistente en una suela que se sujeta al pie con tiras o cintas.

sándalo 1 *m.* Árbol de gran tamaño, de hojas elípticas y muy verdes, flores pequeñas y fruto parecido a la cereza. 2 Madera de este árbol.

sandez *f.* Tontería, simpleza, necedad.

sandía 1 *f.* Planta herbácea de tallo rastrero, que se cultiva por su fruto comestible, refrescante y de gran tamaño. 2 Fruto de esta planta, de corteza verde y pulpa roja.

sandinismo *m.* Hist y Polít Movimiento nacionalista nicaragüense inspirado en los ideales de A. C. Sandino. Combatió al régimen del dictador A. Somoza y le venció en 1978. Reinstauró el sistema electoral y desde entonces se ha alternado en el poder con otras fuerzas políticas.

sándwich *m.* EMPAREDADO.
saneamiento 1 *m.* Acción y efecto de sanear. 2 Conjunto de técnicas destinadas a sanear un lugar, un ambiente, etc.
sanear 1 *tr.* Dar condiciones de higiene y sanidad a un terreno, un edificio, etc. 2 Cuidar de que la economía, bienes y rentas den beneficios.
sanedrín 1 *m.* HIST Consejo supremo de los judíos, en el que se trataban asuntos de Estado y de religión. 2 Junta para tratar de algo que se quiere dejar oculto.
sangrar 1 *intr.* Salir sangre. 2 *tr.* Extraerle sangre a alguien. 3 En un escrito, empezar una línea más adentro o afuera que las otras.
sangre 1 *f.* ANAT y FISIOL Líquido rojo que se encuentra en el interior del aparato circulatorio de los vertebrados y es impulsado por la actividad del corazón. Está constituido por **eritrocitos, leucocitos, plaquetas** y **plasma.** 2 FISIOL **circulación** de la ~. 3 ZOOL Líquido análogo que, en muchos invertebrados, es de color blanquecino y no contiene hematíes. || **de ~ caliente** ZOOL HOMEOTERMO. **de ~ fría** ZOOL POIQUILOTERMO.
sangría 1 *f.* Bebida compuesta, principalmente, de agua, vino, azúcar y limón. 2 Espacio que queda en blanco al sangrar una línea. 3 Parte del brazo opuesta al codo.
sanguijuela *f.* Anélido con una ventosa en cada extremo del cuerpo; la anterior es una trompa con la que chupa la sangre de los animales a los que se aferra.
sanguina 1 *f.* Lápiz rojo oscuro fabricado con hematites. 2 Dibujo hecho con este lápiz.
sanguinario, ria *adj.* Cruel, feroz, que tiende a matar o a herir.
sanguíneo, a 1 *adj.* De sangre o que la contiene. 2 **grupo** ~. 3 **presión** ~; **riego** ~.
sanidad 1 *f.* Cualidad de sano o de saludable. 2 Conjunto de servicios encargados de la salud pública.
sanitario, ria 1 *adj.* Relativo a la sanidad. 2 *m.* Inodoro, retrete.
sano, na 1 *adj.* y *s.* Que goza de buena salud. 2 Bueno para la salud. 3 Entero, que no está roto ni estropeado.
sánscrito *m.* LING Antigua lengua en la que se compusieron los textos sagrados del brahmanismo indio.
santería *f.* REL Conjunto de creencias populares en los poderes de los santos.
santero, ra 1 *adj.* Dicho de la persona que rinde culto exagerado o supersticioso a las imágenes. 2 Relativo a la santería. 3 *m.* y *f.* Persona con poderes especiales que ejerce a través de santos o de otros personajes. 4 Persona que pinta, esculpe o vende santos.

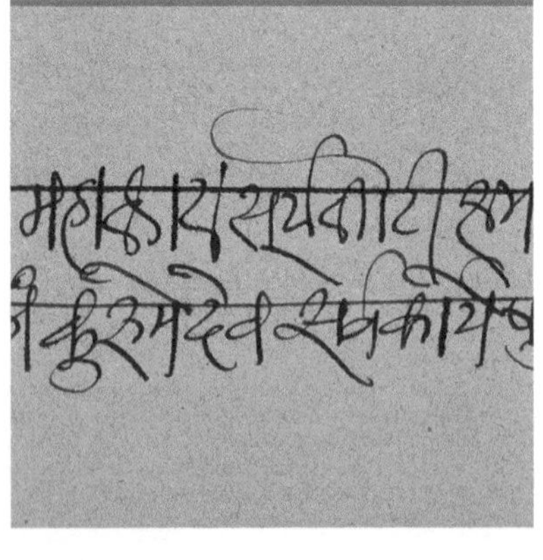

santidad 1 *f.* Cualidad de santo. 2 Tratamiento honorífico que se da a los papas.
santificar 1 *tr.* REL Hacer santo a alguien por medio de la gracia. 2 Observar las fiestas religiosas.
santiguar *tr.* y *prnl.* Hacer la señal de la cruz.
santo, ta 1 *adj.* Perfecto y libre de toda culpa. 2 Dicho de los días de la Semana Santa. 3 Dicho de la persona virtuosa o muy resignada. 4 *m.* y *f.* Imagen de un santo.
santón *m.* Anacoreta, especialmente el musulmán o el hinduista.
santoral *m.* Lista de los santos cuya festividad se conmemora en cada uno de los días del año.
santuario 1 *m.* Templo en que se venera la imagen o la reliquia de algún santo. 2 Lugar destacado por alguna circunstancia que hace que merezca especial consideración.
santurrón, na *adj.* y *s.* Exagerado en los actos de devoción.
saña *f.* Furor o rabia con que se ataca a alguien o algo.
sapiencia *f.* SABIDURÍA.
sapo, pa *m.* y *f.* Nombre de numerosas especies de anfibios **anuros**, generalmente nocturnos, que se diferencian de las ranas por su piel de aspecto verrugoso.
saponificar *tr.* QUÍM Transformar en jabón materias grasas mediante el desdoblamiento de los ésteres en ácido y alcohol por la acción de un álcali.
saponina *f.* BOT Sustancia de propiedades jabonosas que contienen algunas plantas, como las acacias.
saprofito, ta *adj.* BIOL Dicho de los organismos y microorganismos que se nutren de restos de materia orgánica en putrefacción, como algunos hongos, mohos y ciertos tipos de bacterias.
saque *m.* DEP Acción de sacar. || **~ de esquina** DEP En el fútbol, el que hace un jugador del bando atacante desde una esquina del campo defensor.
saquear 1 *tr.* Apoderarse los soldados de lo que hallan en el campo enemigo, causando devastación. 2 Robar todo o la mayor parte de lo que hay en algún lugar.
saqueo *m.* Acción y efecto de saquear.
sarampión *m.* MED Enfermedad infecciosa y contagiosa caracterizada por una gran erupción de manchas rojizas en la piel acompañada de fiebre.
sarape *m.* Poncho de colores vivos.
sarcasmo *m.* Burla mordaz con que se ofende.
sarcástico, ca *adj.* Que denota o implica sarcasmo.
sarcodino *adj.* y *m.* BIOL Dicho de los protozoos cuyo movimiento se produce gracias a un flujo protoplasmático con el que forman un seudópodo y que también les sirve para atrapar las partículas de las que se alimentan. Conforman un filo que incluye **amebas, foraminíferos, radiolarios** y **rizópodos.**
sarcófago *m.* Féretro que permanece a la vista sobre el nivel del suelo.
sarcolema *m.* ANAT Membrana que envuelve cada una de las fibras musculares.
sarcoma *m.* MED Tumor maligno constituido por tejido conjuntivo embrionario, que crece y se reproduce rápidamente.
sardina 1 *f.* Pez teleósteo marino, de 12 a 15 cm de largo, de cuerpo alargado, con el dorso azulado y los flancos plateados. Es comestible. 2 Nombre de otros peces de morfología similar.
sardinel *m.* Escalón que forma el borde exterior de la acera.
sardónico, ca *adj.* Dicho de la risa cruel o irónica.
sarga *f.* Tela cuyo tejido forma líneas diagonales.

A B C D E F G H I J K L M N Ñ O P Q R S T U V W X Y Z

sargazo *m.* Alga marina flotante en la que el talo está diferenciado en una parte que tiene aspecto de raíz y en otra de tallo.

sargento *m.* Suboficial encargado del orden y la administración de una compañía o parte de ella.

sari *m.* Pieza entera de tela que se ajusta al cuerpo sin costuras ni alfileres.

sármata *adj.* y *s.* HIST De un pueblo que en el s. V a.C. habitó entre los ríos Vístula y Volga. Hacia el s. III a.C. sometió a los escitas y su territorio se extendió desde el Báltico hasta el mar Negro. Fue sometido por los hunos (s. IV) y los godos (s. III).

sarmiento *m.* Tallo o vástago de la vid y de otras plantas similares.

sarna *f.* MED Enfermedad contagiosa de la piel producida por el ácaro llamado **arador** de la sarna. Se manifiesta mediante pústulas que causan picazón intensa.

sarpullido *m.* SALPULLIDO, erupción cutánea.

sarraceno, na *adj.* y *s.* MUSULMÁN.

sarro *m.* MED Materia amarillenta y calcárea que se adhiere al esmalte dental.

sarta *f.* Serie de cosas sujetas o unidas una tras otra con un hilo, cuerda, etc.

sartén *f.* Utensilio de cocina redondo, pando y con mango largo, que sirve para freír.

sartorio *m.* ANAT Uno de los músculos que forman el muslo en su parte anterior e interna.

sasánida *f.* HIST Dinastía persa (224-651) que fue destronada tras la invasión musulmana. Desarrolló un arte majestuoso y refinado que tuvo su máxima expresión en los palacios y bajorrelieves rupestres.

sastre, tra *m.* y *f.* Persona que confecciona trajes, especialmente masculinos.

satánico, ca 1 *adj.* Relativo a Satanás. 2 Extremadamente perverso.

satanismo 1 *m.* Perversidad, maldad satánica. 2 Culto que considera a Satanás más poderoso que las fuerzas del bien. Su principal rito es la misa negra.

satélite 1 *m.* ASTR Cuerpo celeste que gira alrededor de un planeta, presentándole siempre la misma cara, como la Luna. 2 *adj.* Dicho del Estado dominado política y económicamente por otro Estado vecino más poderoso. 3 Dicho de la población situada a las afueras de una ciudad importante, pero vinculada a esta de algún modo. || ~ **artificial** ASTR Nave que se coloca en órbita alrededor de la Tierra o de otro astro, y que lleva aparatos apropiados para recoger información y retransmitirla.

satín *m.* Tejido de seda o algodón, parecido al raso.

satinar *tr.* Dar brillo a una superficie mediante fricción.

sátira 1 *f.* LIT Género que emplea la ironía y la burla para mostrar la necedad y la maldad humanas. 2 Cualquier escrito o dicho mordaz en que se censura o se ridiculiza a alguien o algo.

satírico, ca 1 *adj.* Relativo a la sátira. 2 *adj.* y *s.* Que es propenso a decir sátiras.

satirizar 1 *tr.* e *intr.* Escribir o decir sátiras. 2 *tr.* Ridiculizar, zaherir.

sátiro 1 *m.* MIT En la mitología griega, semidiós que personificaba la fecundidad de la naturaleza. Se le representaba con cuernos, patas y rabo de macho cabrío. 2 Hombre lascivo.

satisfacción 1 *f.* Acción y efecto de satisfacer o satisfacerse. 2 Desagravio o reparación de algún daño, injusticia u ofensa.

satisfacer 1 *tr.* Complacer plenamente un deseo, gusto, apetito o pasión. 2 Dar solución a una duda o a una dificultad. 3 Pagar lo que se debe. 4 MAT Ser alguna cantidad, magnitud, etc., la que hace que se cumplan las condiciones expresadas en un problema, y ser, por tanto, su solución. 5 *intr.* y *prnl.* Estar conforme con alguien o algo.

satisfactorio, ria *adj.* Que satisface.

satisfecho, cha 1 *adj.* Conforme, complacido. 2 Orgulloso de sí mismo.

sátrapa 1 *m.* HIST En la antigua Persia, gobernador de una provincia. 2 *adj.* y *m.* Dicho de la persona que se maneja con astucia e inteligencia. 3 Dicho de quien gobierna despóticamente.

saturación *f.* Acción y efecto de saturar o saturarse.

saturado, da 1 *adj.* Colmado, lleno. 2 FÍS **vapor** ~. 3 FÍS y QUÍM Dicho de la solución que no puede disolver una cantidad complementaria de sólido.

saturar 1 *tr.* Llenar completamente, colmar. 2 QUÍM Combinar dos o más cuerpos en la proporción atómica máxima en que pueden unirse. 3 *tr.* y *prnl.* FÍS Impregnar de otro cuerpo un fluido hasta el punto de no poder este admitir mayor cantidad de aquel cuerpo.

saturnal 1 *adj.* Relativo al dios Saturno. 2 *f.* HIST Fiesta que se celebraba en Roma en honor del dios Saturno. 3 Orgía desenfrenada.

sauce *m.* Árbol de hasta 20 m de altura, tronco grueso, hojas caducas, estrechas y alargadas, flores pequeñas y sin corola, y fruto en cápsula.

saúco *m.* Planta arbórea de hojas aserradas, numerosas flores blanquecinas o amarillentas, y fruto en bayas negruzcas.

saudade *f.* Nostalgia, añoranza.

saudí *adj.* Nacido en Arabia Saudí o Saudita, o relacionado con este país de Asia.

saudita *adj.* SAUDÍ.

sauna 1 *f.* Baño de vapor que produce abundante sudoración. 2 Local donde se toma.

saurio *adj.* y *m.* ZOOL Dicho de los reptiles de cuerpo largo, cuatro extremidades cortas, mandíbulas dentadas, lengua bífida y cola desechable. Comúnmente se conocen como lagartos y lagartijas, y conforman un orden.

savia *f.* BOT Líquido que circula por los conductos de las plantas y del que toman las sustancias necesarias para su nutrición. Contiene azúcares, aminoácidos y hormonas vegetales.

saxofón *m.* MÚS Instrumento de viento compuesto de un tubo cónico de metal con forma de U, palos desiguales, boquilla y sistema de llaves.

saya *f.* Falda, enagua o refajo.

sayal *m.* Tela de lana muy basta.

sayo *m.* Prenda holgada y sin botones que cubre de los hombros a la rodilla.

sazón 1 *f.* Punto de madurez o perfección de algo. 2 Tiempo oportuno para hacer algo. 3 Gusto y sabor que se percibe en los alimentos. 4 Buen gusto en el cocinar.

sazonar 1 *tr.* Dar sazón a los alimentos. 2 *tr.* y *prnl.* Poner algo en el punto de madurez que debe tener.

se[1] Forma reflexiva del pronombre personal de tercera persona. Se usa en dativo y acusativo en ambos géneros y números, no admite preposición y puede usarse antes o después del verbo: *Se llora, llorase.* También se usa para formar oraciones impersonales y pasivas reflejas.

se[2] Dativo en ambos géneros y números del pronombre personal de tercera persona en combinación con el acusativo *lo, la,* etc.: *Díselo; se lo dijo.*

seaborgio QUÍM Elemento radiactivo artificial obtenido a partir de californio y oxígeno. Núm. atómico: 106. Símbolo: Sg.

sebáceo, a 1 *adj.* Relativo al sebo 2 FISIOL **glándula ~.**

sebo *m.* Grasa sólida que se obtiene de los animales herbívoros y se usa en la fabricación de jabones, velas, etc.

seborrea *f.* MED Secreción excesiva de las glándulas sebáceas de la piel.

secadero *m.* Lugar dispuesto para secar ciertos productos.

secador, ra 1 *adj.* Que seca. 2 *m.* y *f.* Aparato o máquina para secar. 3 *m.* Paño para secar la vajilla.

secano *m.* Tierra de labor que no tiene riego.

secante[1] *adj.* Que seca.

secante[2] 1 *adj.* y *f.* GEOM Dicho de la recta que corta a una figura dada. 2 *f.* MAT Razón trigonométrica inversa del coseno: $sec\ a = 1/\cos a$.

secar 1 *tr.* Quitar la humedad de algún cuerpo, dejarlo seco. 2 *prnl.* Evaporarse la humedad de algún cuerpo. 3 Quedarse sin agua un río, una fuente, etc. 4 Marchitarse una planta. 5 *prnl.* e *intr.* Tener mucha sed. 6 Cicatrizar una herida.

sección 1 *f.* Cada una de las partes en que se divide un todo continuo o un conjunto de cosas. 2 Cada uno de los grupos en que se divide un conjunto de personas. 3 Dibujo que resultaría si se cortara un terreno, un edificio, una máquina, etc., por un plano. 4 GEOM Figura que resulta de la intersección de una superficie o de un sólido con otra superficie. || ~ **áurea** GEOM Proporción que se obtiene al dividir un segmento en dos partes de manera que el cociente entre la longitud del segmento mayor y la longitud del segmento inicial es igual al cociente entre la longitud del segmento menor y la del segmento mayor. ~ **cónica** GEOM La que se origina al cortar con un plano un cono circular recto. Puede ser un círculo, una elipse, una hipérbola o una parábola.

seccionar *tr.* Dividir en secciones.

secesión *f.* POLÍT Acto de separarse de alguna nación parte de su población o territorio para formar un Estado independiente.

secesionismo *m.* POLÍT Tendencia u opinión favorable a la secesión.

seco, ca 1 *adj.* Que carece de humedad. 2 Dicho de lo que ha perdido el líquido o la humedad que normalmente debe tener: *Piel seca.* 3 Dicho del golpe que no resuena. 4 GEO Dicho de la región, tiempo o clima faltos de lluvia o humedad.

secreción 1 *f.* FISIOL Proceso mediante el cual salen de las glándulas las sustancias elaboradas por ellas. 2 Estas mismas sustancias. || ~ **externa** FISIOL La que se vierte por medio de un conducto en la superficie externa del cuerpo, o en una cavidad del mismo. ~ **interna** FISIOL La que pasa directamente a la sangre o a la linfa.

secretar *tr.* FISIOL Producir su secreción las glándulas o las células.

secretaría 1 *f.* Cargo o empleo de secretario. 2 Sección administrativa de un organismo, una empresa, etc. 3 MINISTERIO, departamento del poder ejecutivo.

secretario, ria 1 *m.* y *f.* Persona encargada de escribir la correspondencia, extender las actas, custodiar los documentos, etc., en una oficina, asamblea o corporación. 2 MINISTRO, responsable de un departamento del poder Ejecutivo.

secretear *intr.* Hablar en secreto dos o más personas.

secretina *f.* BIOQ Hormona que estimula la secreción de los jugos digestivos, y es producida por el duodeno.

secreto, ta 1 *adj.* Escondido, ignorado por los demás. 2 *m.* Lo que se mantiene oculto y no se quiere revelar a los demás.

secta *f.* Conjunto de seguidores de un grupo religioso o ideológico.

sectario, ria *adj.* y *s.* Fanático, intransigente.

sector 1 *m.* Parte delimitada de un todo. 2 Parte de una colectividad con caracteres peculiares. 3 ECON Conjunto de empresas o negocios englobados en un área económica y productiva diferenciada. 4 GEOM Superficie plana, limitada por dos segmentos y por un arco de curva. || ~ **circular** GEOM SECTOR. ~ **cuaternario** ECON El derivado del terciario, compuesto por actividades relacionadas con la gestión y distribución de la información. ~ **esférico** GEOM Porción de la esfera comprendida entre un casquete y la superficie cónica formada por los radios que terminan en su borde. ~ **informal** ECON El que no se ajusta a las normas legales. Engloba una amplia variedad de actividades con inmensas diferencias, como la reventa ambulante de mercancías y el narcotráfico. ~ **primario** ECON El centrado en la extracción y la obtención de materias primas (agricultura, ganadería, minería, silvicultura y pesca) ~ **secundario** ECON El dedicado a la transformación industrial de las materias primas (siderurgia, construcción, agroalimentario, etc.). ~ **terciario** o **servicios** ECON El de suministro de bienes inmateriales, como el comercio, las reparaciones, el alquiler de viviendas, las telecomunicaciones, los seguros, la sanidad, etc.

secuaz *adj.* y *s.* Que sigue la doctrina u opinión de otro.

secuela *f.* Consecuencia o resultado de algo.

secuencia 1 *f.* Sucesión ordenada y continua de cosas. 2 CIN Sucesión ininterrumpida de planos o escenas. 3 LING Unidad conformada por un conjunto de oraciones vinculadas por una característica común. 4 MAT Conjunto de cantidades o de operaciones ordenadas de modo que cada una determina la siguiente.

secuenciar *tr.* Establecer una serie o sucesión de cosas relacionadas entre sí.

secuestrar 1 *tr.* Aprehender a alguien por la fuerza y contra su voluntad para exigir algo por su rescate. 2 Apoderarse con violencia de algún vehículo (avión, barco, etc.), para exigir algo por su rescate. 3 DER Embargar judicialmente algo.

secuestro *m.* Acción y efecto de secuestrar.

secular 1 *adj.* SEGLAR. 2 Que dura un siglo, o desde hace siglos.

secundar *tr.* Apoyar o ayudar a alguien, colaborar con alguien.

secundario, ria 1 *adj.* Segundo en orden, que no es principal. 2 Dicho del periodo de escolarización comprendido entre la primaria y la educación superior o universitaria: *Es profesora de educación secundaria.* 3 **colores ~s.** 4 GEO MESOZOICO. 5 GEO Dicho de los terrenos correspondientes a los periodos triásico, jurásico y cretácico. 6 MED **efecto ~.**

secuoya *f.* Conífera que llega a sobrepasar los 100 m de altura.

sed 1 *f.* Gana y necesidad de beber. 2 Necesidad de agua o de humedad que tienen las plantas o la tierra.

seda 1 *f.* Sustancia viscosa que segregan algunos animales, como las arañas y las orugas de los lepidópteros, y que se solidifica formando hebras muy finas. 2 Hilo formado con varias de estas hebras, que sirve para confeccionar telas suaves y lustrosas.

sedal *m.* Hilo muy resistente de la caña de pescar.

sedán *m.* Automóvil de carrocería cerrada.

sedante *adj.* y *m.* FARM Dicho del medicamento que calma el dolor o atenúa la excitación nerviosa.

sedar *tr.* Apaciguar, calmar, sosegar.

sede *f.* Lugar donde tiene su residencia una entidad política, deportiva, etc.

sedentario, ria 1 *adj.* Dicho de la actividad o tipo de vida de poco movimiento. 2 Dicho del grupo humano, asentado en algún lugar, que se dedica a la agricultura. 3 Dicho de los animales que, como los pólipos coloniales, permanecen siempre en el mismo lugar.

sedentarismo *m.* Actitud sedentaria.

sedentarización *f.* Acción y efecto de sedentarizar.

sedentarizar *tr.* y *prnl.* Hacer o volver sedentario.

sedición *f.* Alzamiento colectivo contra la autoridad, el orden público o la disciplina militar.

sediento, ta *adj.* y *s.* Que tiene sed.

sedimentación 1 *f.* Acción y efecto de sedimentar o sedimentarse. 2 GEO Proceso final de la deposición de materiales erosionados y de su arrastre en medios fluidos como el agua o el viento.

sedimentar *tr.* Formar sedimento las materias suspendidas en un líquido.

sedimentario, ria 1 *adj.* Relativo al sedimento. 2 GEO **rocas ~s; terreno ~.**

sedimento *m.* Materia o sustancia que, habiendo estado en suspensión en un líquido, se posa en el fondo por su mayor peso.

seducir 1 *tr.* Persuadir a alguien de que haga algo. 2 Atraer a una persona con la intención de tener relaciones sexuales con ella. 3 Cautivar el ánimo.

sefardí *adj.* y *s.* HIST Dicho de los judíos oriundos de España. Se caracterizan por tener una lengua vernácula judeo-castellana, entre otras cosas.

segador, ra 1 *m.* y *f.* Persona que siega. 2 *adj.* y *f.* Dicho de la máquina para segar.

segar *tr.* Cortar la mies o la hierba con hoz, guadaña o máquina segadora.

seglar *adj.* y *s.* Que no es eclesiástico ni religioso, laico.

segmentación 1 *f.* División en segmentos. 2 BIOL División reiterada del óvulo en la que se forman las células madre. 3 INF División de un programa con el fin de no abrirlo en su totalidad.

segmentado, da *adj.* ZOOL Dicho del animal cuyo cuerpo está formado por segmentos.

segmentar *tr.* Partir o dividir en segmentos.

segmento 1 *m.* Parte o porción separada de algo. 2 GEOM Parte de una recta comprendida entre dos puntos. 3 GEOM Parte del círculo comprendida entre un arco y su cuerda. 4 ZOOL Cada parte de las dispuestas en línea de que está formado el cuerpo de gusanos y artrópodos. || ~ **abierto** GEOM Dicho del segmento $]a, b[$, que no incluye sus extremos *a* y *b*. ~ **esférico** GEOM Parte de la esfera cortada por un plano que no pasa por el centro.

segregación 1 *f.* Acción y efecto de segregar un grupo social a otro. 2 BIOL Separación de los alelos y cromosomas homólogos durante la meiosis. || ~ **racial** Discriminación que se le impone a algunos grupos sociales, a causa de su origen étnico, con respecto a otros que viven en el mismo territorio: *El* apartheid *en Sudáfrica y el racismo en EE. UU. son ejemplos de segregación racial.*

segregacionismo *m.* Doctrina que propugna algún tipo de segregación social.

segregador, ra *adj.* Dicho de una persona, que discrimina a otras debido a su origen social, raza, género, filiación religiosa o política.

segregar 1 *tr.* y *prnl.* Separar una cosa de otra de la que forma parte. 2 *tr.* Secretar, expeler. 3 Marginar discriminatoriamente un grupo social dominante a otro que considera inferior o diferente.

segueta *f.* Sierra de marquetería.

seguetear *intr.* Trabajar con la segueta.

seguido, da *adj.* Continuo, sucesivo, sin interrupción.

seguimiento *m.* Acción y efecto de seguir.

seguir 1 *tr.* e *intr.* Ir después o detrás de alguien o de algo. 2 *tr.* Mantener la vista en un objeto que se mueve. 3 Ir en busca de alguien o algo. 4 Continuar en lo que se ha empezado. 5 Estar al tanto del desarrollo de algo: *Está siguiendo el campeonato.* 6 Proceder de acuerdo con lo establecido: *Mejor siga las reglas.* 7 Avanzar según una orientación: *Siga por la derecha.* 8 Coincidir con las ideas o el parecer de alguien. 9 Hacer algo según el ejemplo o el modo de obrar de otro. 10 *intr.* Continuar en determinado estado: *Sigo sin entender.* 11 Continuar produciéndose un hecho: *Sigo viviendo en el mismo sitio.* 12 No dejar de suceder algo: *Seguirá lloviendo hasta abril.* 13 *prnl.* Ser una cosa consecuencia de otra. 14 Suceder una cosa a otra por orden, turno o número.

según 1 *prep.* Conforme o con arreglo a. 2 Con valor de adverbio, denota relaciones de conformidad, correspondencia, simultaneidad, modo, semejanza, etc. 3 Cuando precede a nombres o pronombres personales, significa conforme o con arreglo a la opinión o al parecer de la persona de que se trate. 4 Con carácter adverbial y en frases elípticas indica eventualidad o contingencia.

segundero *m.* Manecilla del reloj que señala los segundos.

segundo, da 1 *adj.* Que sigue inmediatamente en orden al o a lo primero. 2 *m.* y *f.* Persona que, en una institución, empleo, etc., sigue en importancia a la principal. 3 *m.* Fís Unidad fundamental de tiempo que corresponde a cada una de las sesenta partes iguales en que se divide el minuto de tiempo. Símbolo: s. 4 Geom Cada una de las sesenta partes iguales en que se divide el minuto de una circunferencia. Símbolo: ". 5 *f.* Marcha del motor de un vehículo que tiene mayor velocidad que la primera y menor potencia que la tercera. 6 Mús Intervalo de una nota a su inmediata inferior o superior.

segundón 1 *m.* Hijo segundo en la familia en que hay mayorazgo. 2 En sentido despectivo, segundo, persona que sigue en importancia a la principal.

seguridad 1 *f.* Cualidad de seguro. 2 Fianza o garantía que se da a alguien en la realización de algún acuerdo. || ~ **ciudadana** Concepto jurídico que, al mismo tiempo que responsabiliza a los gobiernos de brindar las condiciones básicas para el ejercicio de los derechos ciudadanos, exige a los ciudadanos la responsabilidad de actuar como agentes activos respecto a los mismos derechos. ~ **social** Organización estatal que se ocupa de atender o de coordinar la atención de determinadas necesidades económicas y sanitarias de los ciudadanos.

seguro, ra 1 *adj.* Exento de daño, peligro o riesgo. 2 Cierto, infalible. 3 Firme, estable, que no está en riesgo de faltar o caerse. 4 *m.* Mecanismo que impide el funcionamiento indeseado de un aparato o que aumenta la firmeza de un cierre. 5 Contrato por el que el asegurador contrae el compromiso, mediante el cobro de una prima, de resarcir el daño producido al asegurado.

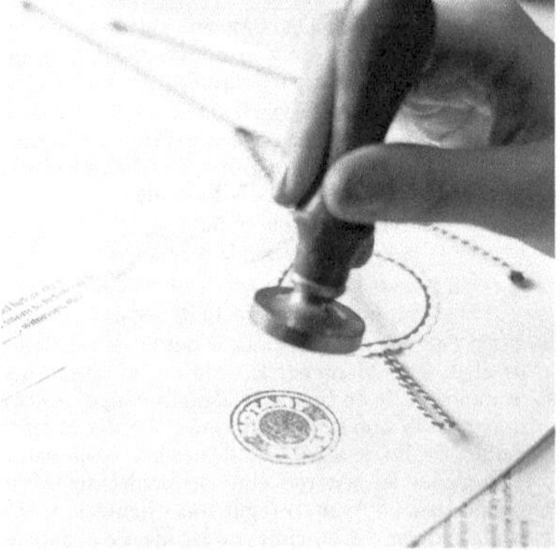

seis 1 *adj.* Cinco y uno. 2 *m.* Signo o conjunto de signos con que se representa este número.

seiscientos, tas 1 *adj.* Seis veces cien. 2 *m.* Conjunto de signos con que se representa este número.

seísmo *m.* Geo TERREMOTO.

selacio, cia *adj.* Zool Dicho de los peces marinos con aletas pectorales estrechas en la base, aleta caudal heterocerca y piel cubierta de pequeñas escamas afiladas y puntiagudas, como los tiburones, que conforman un orden.

selección 1 *f.* Acción y efecto de seleccionar. 2 Conjunto de personas o cosas seleccionadas. || ~ **artificial** Biol Modificación genética de organismos mediante su cruce controlado. ~ **natural** Biol Proceso por el cual los efectos ambientales y el paso del tiempo llevan al éxito reproductivo de ciertos organismos, con rasgos diferentes y heredables, dentro de una población determinada.

seleccionar *tr.* Elegir entre varias personas o cosas aquella o aquellas que se consideran más adecuadas o mejores para determinado fin.

selectivo, va *adj.* Que implica selección.

selecto, ta *adj.* Que es o se considera mejor que otras cosas de su especie o personas de su condición.

selector, ra *adj.* y *s.* Que selecciona.

selenio *m.* Quím Elemento que se presenta en varias formas alotrópicas (polvo, cristales, etc.). Buen conductor de electricidad. Punto de fusión: 217 °C. Punto de ebullición: 685 °C. Núm. atómico: 34. Símbolo: Se.

selenita *m.* y *f.* Supuesto habitante de la Luna.

seléucida *f.* Hist Dinastía de reyes macedonios (herederos del imperio de Alejandro Magno) que reinó en Oriente Medio entre los ss. IV y I a.C. Se extinguió tras ser Siria convertida en una provincia romana (64-63 a.C.).

sellar 1 *tr.* Imprimir el sello a algo. 2 Cerrar herméticamente algo.

sello 1 *m.* Utensilio, de metal o caucho, para estampar el dibujo, las letras o las cifras en él grabados. 2 ESTAMPILLA de correos.

selva *f.* Cualquier tipo de bosque tropical.

selvático, ca *adj.* Relativo a la selva.

selyúcida *f.* Hist Dinastía turca que reinó en Oriente Medio y Asia Menor a partir de 1040. En el s. XIII, su Imperio se dividió y por ello declinó gradualmente.

semáforo *m.* Aparato de señales luminosas para regular la circulación de los automóviles, motos, bicicletas y peatones.

semana 1 *f.* Serie de siete días consecutivos, que empieza el lunes y acaba el domingo. 2 Periodo de siete días consecutivos. || **entre** ~ *loc. adv.* En cualquier día de lunes a viernes. || ~ **Santa** Rel La última de la cuaresma, que va desde el Domingo de Ramos hasta el de Resurrección.

semanal 1 *adj.* Que sucede o se repite cada semana. 2 Que dura una semana o a ella corresponde.

semanario *m.* Publicación periódica semanal.

semántico, ca 1 *adj.* Relativo al significado de las palabras. 2 *f.* Ling Estudio del significado de los signos lingüísticos, de sus combinaciones y evolución, a partir de sus relaciones con los fenómenos de la realidad representados por ellos.

semblante 1 *m.* Rostro humano. 2 Manifestación del estado de ánimo en el rostro.

semblanza *f.* Descripción general de alguien o algo.

sembradío 1 *m.* Terreno adecuado para sembrar. 2 SEMBRADO.

sembrado *m.* Terreno que se ha sembrado.

sembrador, ra 1 *adj.* y *s.* Que siembra. 2 *f.* Máquina sembradora.
sembrar 1 *tr.* Esparcir semillas en la tierra preparada para que germinen. 2 Introducir la semilla o la planta en un hoyo para que se desarrolle. 3 Esparcir algo en gran cantidad: *Las calles amanecieron sembradas de basura.* 4 Dar motivo a algo: *Aquella lectura sembró en él el interés por la filosofía.* 5 Hacer algo con el propósito de obtener beneficio.
semejante 1 *adj.* y *s.* Que semeja o se parece a alguien o algo. 2 *adj.* Denota comparación o ponderación. 3 GEOM Dicho de dos figuras distintas solo por el tamaño y cuyas partes correspondientes guardan entre sí la misma proporción.
semejanza *f.* Cualidad de semejante.
semejar *intr.* y *prnl.* Parecerse una persona o cosa a otra.
semen *m.* FISIOL Fluido que contiene los espermatozoides y las secreciones acompañantes y que es eyaculado por el pene.
semental *adj.* y *m.* Dicho del animal macho destinado a la reproducción.
sementera 1 *f.* Tierra sembrada. 2 **SEMILLERO.** 3 **HUERTO.**
semestre *adj. m.* Periodo de seis meses.
semicírculo *m.* GEOM Cada una de las dos mitades del círculo separadas por un diámetro.
semiconductor *adj.* y *m.* ELECTR Dicho de los elementos aislantes, como el selenio y el silicio, que pueden transformarse en conductores. Han hecho posible el alto grado de miniaturización de la electrónica.
semiconsonante *adj.* FON Dicho de las vocales *i, u,* cuando forman diptongo con otra vocal que les sigue (*piano, diente, cuatro, huerto*) y se pronuncian con sonido de duración momentánea e improlongable.
semicorchea *f.* MÚS Nota musical que vale la mitad de una corchea.
semidiós, sa *m.* y *f.* MIT **HÉROE.**
semifinal *f.* DEP Cada una de las dos penúltimas competiciones de un campeonato.
semifusa *f.* MÚS Nota musical cuyo valor es la mitad de una fusa.
semilla 1 *f.* BOT Parte del fruto que contiene el embrión de una futura planta. 2 De forma general: granos que producen las plantas y que al caer al suelo o ser sembrados producen nuevas plantas. 3 Causa u origen de algo.
semillero *m.* Lugar donde se siembran y se crían las plantas que después deben trasplantarse.
seminal 1 *adj.* BOT Relativo a la semilla. 2 BOT **primordio ~.** 3 FISIOL Relativo al semen. 4 ANAT **vesícula ~.**
seminario 1 *m.* Casa destinada a la formación de los que aspiran al sacerdocio. 2 Reunión de especialistas consagrada al estudio de un problema concreto.
seminífero, ra *adj* BIOL Que produce o contiene semillas o semen.
semiología *f.* LING Estudio de la función de los signos en la vida social.
semiótico, ca 1 *adj.* Relativo a la semiótica. 2 *f.* LING Teoría general de los signos basada en la distinción entre significante y significado. 3 MED Especialidad que trata de los signos de las enfermedades.
semipermeable *adj.* FÍS Dicho de la superficie de separación entre dos fases líquidas o gaseosas que deja pasar las moléculas de algunos de los componentes de estas fases, pero no de otros.
semipesado *adj.* y *m.* DEP En ciertos deportes, categoría de 75 kg.
semiplano *m.* GEOM Cada una de las dos porciones de un plano limitadas por alguna de sus rectas. A la recta se le llama arista del semiplano y este será **cerrado** o **abierto** según contenga o no la arista.

semirrecta *f.* GEOM Cada una de las dos partes en que queda dividida una recta por cualquiera de sus puntos.
semirrecto *adj.* GEOM **ángulo ~.**
semita 1 *adj.* y *s.* De una familia etnolingüística que comprende los pueblos que hablan o hablaron lenguas como el arameo, caldeo, asirio, hebreo o árabe. 2 Relativo a estos pueblos, históricamente asentados en el SO de Asia y el N de África.
semítico, ca *adj.* Relativo a los semitas.
semitono *m.* MÚS Cada una de las dos partes desiguales en que se divide el intervalo de un tono musical.
semivocal 1 *adj.* FON Dicho de las vocales *i* o *u* cuando forman diptongo con una vocal precedente: *Paisaje; aceite; deuda.* 2 FON Dicho de la consonante que puede pronunciarse sin que se perciba directamente el sonido de una vocal, como la *f.*
sémola *f.* Pasta de harina reducida a granos muy pequeños.
semoviente *m.* Animal de granja.
senado 1 *m.* HIST En la antigua Roma, asamblea de patricios. 2 Cuerpo legislativo de un Estado formado por personas elegidas por sufragio universal. 3 Lugar donde los senadores celebran sus sesiones.
senador, ra *m.* y *f.* Persona que es miembro del Senado.
sencillo, lla 1 *adj.* Simple, sin composición. 2 Que carece de adornos y ostentación. 3 Que no ofrece dificultad. 4 Dicho de la persona espontánea. 5 *m.* Dinero suelto.
senda *f.* Camino estrecho, formado por el paso de personas y animales.
senderismo *m.* Práctica de seguir rutas o senderos pedestres.
sendero *m.* **SENDA.**
sendos, das *adj. pl.* Uno o una para cada cual de dos o más personas o cosas.
senectud *f.* Periodo de la vida del ser humano que sigue a la madurez.
senescal *m.* HIST Jefe o cabeza principal de la nobleza a la que gobernaba especialmente durante la guerra.
senil *adj.* Dicho de la persona de mucha edad en la que se nota decadencia física.
senilidad *f.* Condición de senil.
sénior *adj.* Se aplica a la persona de más edad entre dos que llevan el mismo nombre.

A B C D E F G H I J K L M N Ñ O P Q R S T U V W X Y Z

seno 1 *m.* Concavidad o hueco. 2 Concavidad que forma una cosa curva. 3 Mama de la mujer. 4 Parte interna de algo. 5 Matriz, útero. 6 MAT y GEOM Dado un triángulo rectángulo, el seno de un ángulo agudo es igual a la longitud del cateto opuesto al ángulo dividida por la longitud de la hipotenusa. Su valor numérico está entre *–1* y *1*; el de un ángulo de *0º* es *0* y el de uno de *90º* es *1*. || ~ **de un ángulo** GEOM El del arco que sirve de medida al ángulo. ~ **de un arco** GEOM Parte de la perpendicular tirada al radio que pasa por un extremo del arco, desde el otro extremo del mismo arco, comprendida entre este punto y dicho radio. ~ **frontal** ANAT Cada una de las dos cavidades del hueso frontal que comunican con la cavidad nasal.

sensación 1 *f.* Impresión que producen las cosas por medio de los sentidos. 2 Emoción producida por un suceso de importancia. 3 Corazonada, presentimiento.

sensacional *adj.* Magnífico, estupendo.

sensacionalismo *m.* Tendencia a difundir noticias de manera impactante.

sensato, ta *adj.* Prudente, de buen juicio.

sensibilidad 1 *f.* Facultad de sentir. 2 Propensión a dejarse llevar de los afectos de compasión, humanidad y ternura. 3 Cualidad de lo que es sensible. 4 Grado o medida de la eficacia de ciertos aparatos o utensilios. 5 FISIOL Función del sistema nervioso que permite detectar mediante los órganos sensoriales los cambios físicos o químicos que provienen del interior del individuo o de su medio externo.

sensibilizar *tr.* Hacer sensible o aumentar la sensibilidad de alguien o de algo.

sensible 1 *adj.* Perceptible por medio de los sentidos. 2 Que causa o mueve sentimientos de pena o de dolor. 3 Que se deja llevar fácilmente de los sentimientos. 4 Dicho de lo que cede fácilmente a la acción de ciertos agentes naturales.

sensiblería *f.* Sentimentalismo exagerado o fingido.

sensitivo, va 1 *adj.* Relativo a los sentidos corporales. 2 Capaz de sensibilidad.

sensomotriz *adj.* FISIOL Dicho de las funciones del cuerpo humano, que comprometen los sentidos y el aparato motor.

sensor *m.* **Electrón** Dispositivo que por medio del tacto gobierna la acción de un circuito, como la selección de canales en un receptor de televisión.

sensorial *adj.* Dicho de las percepciones corporales o relacionado con ellas.

sensual 1 *adj.* Relativo a la percepción sensorial. 2 Dicho de lo que proporciona placer o satisfacción a los sentidos, de la persona inclinada a estos placeres y de estos mismos placeres.

sensualidad 1 *f.* Cualidad de sensual. 2 SENSUALISMO.

sensualismo *m.* Inclinación excesiva a los placeres sensuales.

sentado, da 1 *adj.* Juicioso. 2 Quieto. 3 *f.* Tiempo en que se está sentado sin interrupción.

sentar 1 *tr.* y *prnl.* Colocar o colocarse en algún sitio o sobre algo descansando sobre las nalgas. 2 *tr.* Colocar firmemente una cosa, asentarla. 3 *intr.* Dicho del alimento, digerirlo bien o mal. 4 Ir bien o mal algo a alguien. 5 *prnl.* Posarse un líquido.

sentencia 1 *f.* Frase corta que contiene un principio moral. 2 DER Resolución del juez.

sentenciar 1 *tr.* Dar o pronunciar sentencia. 2 Intimidar a alguien anunciándole venganza. 3 DER Condenar por sentencia.

sentencioso, sa *adj.* Dicho de la expresión o escrito que encierra una gravedad afectada.

sentido, da 1 *adj.* Que incluye o expresa sentimiento. 2 Que se resiente u ofende con facilidad. 3 *m.* Razón de ser, finalidad. 4 Facultad que se tiene para determinadas cosas: *Tiene sentido del ritmo.* 5 Manera como se ha de entender algo: *Tiene un particular sentido del deber.* 6 Cada uno de los significados de una palabra o de un grupo de palabras. 7 FISIOL Proceso de recepción y reconocimiento de sensaciones y estímulos mediante los órganos del **oído**, la **vista**, el **olfato**, el **gusto** y el **tacto** o la situación del cuerpo en el espacio (sentido del **equilibrio**). || ~ **común** Facultad de juzgar y proceder razonablemente. ~ **de orientación** Aptitud para situarse correctamente respecto de un determinado punto de referencia. ~ **del humor** Capacidad para expresar o admitir lo humorístico. **sexto** ~ Capacidad de comprender de manera intuitiva lo que a otros les pasa inadvertido.

sentimental 1 *adj.* Relativo al sentimiento. 2 Que expresa o provoca sentimientos de ternura y afecto.

sentimiento 1 *m.* Acción y efecto de sentir o sentirse. 2 Estado afectivo del ánimo provocado por alguna impresión externa.

sentina *f.* Cavidad inferior de una embarcación en la que se juntan las aguas que se filtran en ella y de donde son expulsadas mediante bombeo.

sentir[1] 1 *m.* Sentimiento del ánimo. 2 Parecer u opinión de alguien.

sentir[2] 1 *tr.* Experimentar una sensación material o inmaterial: *Sentir sed; sentir tristeza.* 2 Percibir las sensaciones con los sentidos. 3 Especialmente, percibir con el sentido del oído, oír: *Siento un ruido extraño.* 4 Lamentar algún suceso triste. 5 Tener determinada opinión: *Digo lo que siento.* 6 Presentir algo que ha de suceder. 7 *prnl.* Quejarse de alguien o de algo. 8 Tener algún dolor o molestia en alguna parte del cuerpo. 9 Seguido de algunos adjetivos, hallarse o estar como estos expresan: *Me siento fuerte.* 10 Seguido de ciertos adjetivos, considerarse: *Sentirse obligado.*

seña 1 *f.* Detalle particular por el que se reconoce o diferencia alguien o algo. 2 Lo que se acuerda entre dos o más personas para entenderse. 3 Vestigio o impresión que queda de alguna cosa y la recuerda. 4 Gesto o ademán con sentido comunicativo: *Me hacía señas para que lo siguiera.*

señal 1 *f.* Marca que se pone en algo para distinguirlo de otras cosas. 2 Rasgo físico especial de una persona o de un animal y que permite distinguirlo de los demás. 3 Signo, cosa que evoca la idea de otra:

La bandera blanca es señal de paz. 4 SEÑA, vestigio que queda de algo. 5 Cosa de la que se infiere otra: *Este calor es señal de que lloverá.* 6 Emisión de luces o sonidos con los que un mecanismo indica o advierte algo. 7 FÍS Variación de una corriente eléctrica u otra magnitud que se utiliza para transmitir información. || ~ **analógica** FÍS La que reproduce el valor de la magnitud que se desea transmitir. ~ **de la cruz** REL Cruz formada con dos dedos de la mano o con el movimiento de esta que representa aquella en que murió Jesucristo.

señalado, da *adj.* Famoso, insigne.

señalar 1 *tr.* Hacer o poner alguna señal en algo. 2 Llamar la atención hacia alguien o algo haciendo una señal hacia ellos. 3 Determinar el día, el lugar, el precio, etc., para algún fin. 4 Indicar un dispositivo una señal o marca: *El reloj señala las once.* 5 Ser algo indicio de otra cosa: *Los vientos señalan la llegada de las lluvias.* 6 Indicar cómo se hace algo. 7 *prnl.* Distinguirse alguien por su reputación, crédito u honra.

señalizar *tr.* Colocar señales de circulación en las vías de comunicación.

señor, ra 1 *m.* y *f.* Dueño de algo o que tiene dominio sobre alguien o algo. 2 Tratamiento de cortesía que se da a los mayores. 3 HIST En el régimen feudal, título de nobleza. 4 *m.* Hombre, en contraposición a mujer. 5 REL Por antonomasia, Dios. • Se escribe con may. inic. 6 *f.* Mujer casada, en oposición a mujer soltera.

señorear *tr.* Dominar o mandar en algo como dueño de ello.

señoría *f.* Tratamiento de dignidad dado a ciertas personas.

señorial 1 *adj.* Relativo al señorío. 2 Majestuoso, noble.

señorío 1 *m.* Territorio del señor. 2 Dignidad de señor. 3 HIST Régimen medieval que regulaba las relaciones, en el ámbito social y económico, entre los propietarios, o señores, y sus súbditos.

señorito, ta 1 *m.* y *f.* Hijo o hija de persona distinguida. 2 *m.* Joven acomodado y ocioso. 3 *f.* Tratamiento que se da a la mujer soltera.

señuelo *m.* Objeto usado para atraer a los animales.

sépalo *m.* BOT Cada una de las hojas que forman el cáliz de la flor.

separación *f.* Acción y efecto de separar o separarse.

separar 1 *tr.* y *prnl.* Poner distancia, o aumentarla, entre personas o cosas o entre estas y aquellas. 2 *tr.* Formar grupos homogéneos de cosas que estaban mezcladas con otras. 3 Reservar algo. 4 Apartar a quienes se pelean o riñen. 5 *prnl.* Tomar caminos distintos las personas, los animales o los vehículos que iban juntos. 6 Interrumpir los cónyuges su vida en común sin romper el vínculo matrimonial. 7 Romper profesional o ideológicamente con alguna persona, grupo o entidad.

separata *f.* Publicación independiente que circula con una revista, un periódico o un libro.

separatismo *m.* POLÍT Doctrina que defiende la separación de un territorio para alcanzar su independencia o anexarse a otro país.

sepelio *m.* Entierro con la ceremonia correspondiente.

sepia 1 *f.* JIBIA. 2 *adj.* Dicho del color ocre.

septentrional 1 *adj.* Relativo al norte. 2 Que está al norte. 3 GEO **zona** templada ~.

septicemia *f.* MED Infección grave y general del organismo, causada por el paso a la sangre de microorganismos patógenos.

séptico, ca *adj.* Que produce putrefacción o es causado por ella. || **pozo** ~ FOSA séptica.

septiembre *m.* Noveno mes del año, que consta de treinta días.

séptimo, ma 1 *adj.* Que sigue inmediatamente en orden al sexto. 2 *adj.* y *s.* Dicho de cada una de las siete partes iguales en que se divide un todo. 3 *f.* MÚS Intervalo que comprende siete sonidos de la escala musical.

septo *m.* BIOL Tabique que separa dos cavidades o dos masas de tejido.

septuagenario, ria *adj.* y *s.* Que ha cumplido setenta años o más y no llega a los ochenta.

sepulcro *m.* Obra levantada del suelo para enterrar en ella los restos de una o varias personas.

sepultar 1 *tr.* Enterrar a un difunto. 2 *tr.* y *prnl.* Ocultar algo enterrándolo.

sepultura *f.* Hoyo en el que se entierra un cadáver.

sequedad *f.* Cualidad de seco.

sequía *f.* GEO Situación climatológica anormalmente seca y prolongada, en la que la escasez de lluvia produce un desequilibrio hidrológico grave.

séquito *m.* Grupo de gente que acompaña a alguna persona ilustre.

ser[1] 1 *m.* Esencia de las cosas, lo permanente e invariable de ellas. 2 Cualquier cosa creada, especialmente las dotadas de vida. 3 Modo de existir. 4 FIL Identidad, conciencia de sí mismo. || ~ **humano** Perteneciente a la especie humana.

ser[2] 1 Verbo copulativo que afirma del sujeto lo que significa el atributo. 2 Verbo auxiliar que sirve para formar la voz pasiva de los verbos. 3 *intr.* Haber o existir. 4 Servir, valer, ser de utilidad: *Estas herramientas son para pulir.* 5 Suceder, acontecer: *La función será mañana.* 6 Indica relación de posesión: *¿De quién es esta cartera?* 7 Corresponder, concernir: *Tu actitud no es la apropiada.* 8 Indica relación de vinculación: *Juan es del Consejo.* 9 Tener origen en algún lugar, como país, región, etc. 10 Sirve para afirmar o negar en lo que se dice o pretende: *Así es.* 11 Indica tiempo: *Son las nueve.* 12 Tener un precio: *Las naranjas son a cien.* 13 Indica el material con que está hecho algo: *El piso es de madera.* 14 Junto con sustantivos, adjetivos o participios, tener el empleo, cargo, profesión, condición etc., que tales palabras significan.

serafín *m.* REL Espíritu angélico asociado a la luz, el ardor y la pureza.

serbio, bia (Tb. servio) 1 *adj.* y *s.* De Serbia. 2 *m.* LING SERBOCROATA.

A B C D E F G H I J K L M N Ñ O P Q R S T U V W X Y Z

serbocroata *m.* LING Lengua eslava hablada en Serbia, Croacia, Eslovaquia, Bosnia-Herzegovina, Montenegro y Macedonia.

serenar 1 *tr., intr. y prnl.* Calmar, sosegar algo. 2 Exponer algo al sereno.

serenata *f.* Interpretación musical realizada al aire libre y durante la noche para festejar a alguien.

serenidad *f.* Cualidad de sereno.

sereno, na 1 *adj.* Apacible, sosegado, sin turbación física o moral. 2 *m.* Humedad de la atmósfera en la noche.

serial 1 *adj.* Relativo a una serie. 2 *m.* TV Obra que se emite en capítulos sucesivos.

seriar *tr.* Poner en serie.

sericicultura *f.* Industria que tiene por objeto la producción de la seda.

serie 1 *f.* Conjunto de cosas relacionadas entre sí y que se suceden unas a otras. 2 Gran número de ciertas cosas. 3 En la lotería, cada una de las emisiones de los números correspondientes a un mismo sorteo. 4 MAT Sucesión de cantidades que se derivan unas de otras según una ley determinada. 5 MAT Expresión de la suma de los infinitos términos de una sucesión. 6 TV SERIAL. || ~ **aritmética** MAT Serie asociada a una progresión aritmética. ~ **convergente** MAT Aquella en la que la suma de sus términos se va aproximando a una determinada cantidad; por ejemplo: 1/2 + 1/4 + 1/8..., se acerca progresivamente a 1, sin llegar nunca a él. ~ **divergente** MAT Aquella en la que la suma de sus términos tiende al infinito. ~ **geométrica** MAT La asociada a una progresión geométrica.

serigrafía *f.* Procedimiento de impresión que se realiza mediante estarcido de tintas a través de una malla fina.

serio, ria 1 *adj.* Responsable en el obrar y proceder. 2 Severo en el semblante, en la mirada o en el hablar. 3 Digno de consideración.

sermón *m.* Discurso religioso que pronuncian en público los sacerdotes.

sermonear 1 *intr.* Pronunciar sermones. 2 *tr.* Reprender insistentemente.

serología *f.* BIOQ Estudio de las propiedades de los sueros sanguíneos y sus reacciones inmunológicas.

seropositivo, va *adj.* MED Dicho de la persona o animal cuya sangre, infectada por algún virus, contiene anticuerpos específicos.

serosidad 1 *f.* FISIOL Líquido que segregan ciertas membranas. 2 Líquido que se acumula en las ampollas de la piel.

serpentario *m.* Lugar donde se exhiben o estudian las serpientes cautivas.

serpentear *intr.* Moverse o deslizarse como una serpiente.

serpentín *m.* Tubo en espiral o acodado varias veces que se usa en los alambiques.

serpentina *f.* Tira larga de papel enrollada en forma de disco y que se desenrolla cuando alguien la lanza reteniéndola por uno de sus extremos.

serpiente *f.* ZOOL Nombre genérico de los reptiles **ofidios.**

serrado, da *adj.* Que tiene dientes como la sierra.

serranía 1 *f.* GEO Conjunto de montañas y sierras de una zona geográfica determinada. 2 GEO Sierra de poca extensión.

serrar *tr.* ASERRAR.

serrín *m.* ASERRÍN.

serruchar *tr.* ASERRUCHAR.

serrucho *m.* Sierra de hoja ancha con una sola manija.

servicial 1 *adj.* Que sirve con cuidado y diligencia. 2 Dispuesto a prestar ayuda.

servicio 1 *m.* Acción y efecto de servir. 2 Favor que se hace a alguien. 3 Utilidad que gana alguien de lo que otro realiza en atención suya. 4 Culto religioso. 5 Conjunto de cubierto y vajilla para cada comensal. 6 Organización y personal destinados a satisfacer necesidades del público o de alguna entidad: *Servicio de correos.* 7 ECON **sector** terciario o ~s. || ~ **de inteligencia** Organización secreta estatal para dirigir y organizar el espionaje. ~ **doméstico** El que prestan las personas en un hogar distinto al propio, atendiendo su funcionamiento, cuidado y aseo. ~ **militar** El que se presta siendo soldado. ~ **público** o **social** El que presta el Estado por intermedio de alguna institución, pública o privada, para satisfacer necesidades de sanitarias, educativas, etc. Incluye, además, los denominados servicios básicos: acueducto y alcantarillado, energía, telefonía y transporte, entre otros.

servidor, ra 1 *m. y f.* Persona que sirve a otra. 2 INF Computadora conectada a una red que pone sus recursos a disposición de los clientes de la red.

servidumbre 1 *f.* Trabajo propio del siervo. 2 Estado de siervo. 3 Conjunto de criados que sirven en una casa. 4 DER Obligación que grava una propiedad en favor de alguien distinto a su titular. 5 HIST Tipo de organización social y económica del Medioevo en la que los siervos constituían una propiedad inmueble vinculada legalmente a un lugar de trabajo perteneciente a un señor.

servil *adj.* Que obra con servilismo.

servilismo *m.* Sumisión excesiva a la autoridad o voluntad de alguien.

servilleta *f.* Pieza de tela o papel, que cada comensal utiliza en la mesa para limpiarse.

servilletero *m.* Utensilio en que se pone la servilleta.

servir 1 *intr.* y *tr.* Estar al servicio de alguien. 2 *intr.* Prestar ayuda o hacer algún favor a alguien. 3 Ser útil para algo. 4 En algunos deportes, sacar. 5 Poner en la mesa o repartir a cada uno lo que se ha de comer o beber. 6 *tr.* Hacer algo en beneficio de alguien. 7 *tr.* y *prnl.* Poner comida o bebida en el plato o vaso de alguien. 8 *prnl.* Utilizar a alguien o algo para algún fin.

servomecanismo *m.* Sistema electromecánico que se regula por sí mismo al detectar el error o la diferencia entre su propia actuación real y la deseada.

sésamo 1 *m.* AJONJOLÍ. 2 Semilla de esta planta.

sesenta 1 *adj.* Seis veces diez. 2 *m.* Conjunto de signos con que se representa este número.

sesgado, da 1 *adj.* OBLICUO, desviado de la horizontal. 2 Parcial, tendencioso.

sesgar *tr.* Cortar o partir en sesgo.

sesgo *adj.* Cualidad de sesgado.
sésil 1 *adj.* Bot Dicho de la parte de la planta que carece de pedúnculo. 2 Zool Dicho de los animales que casi toda su vida permanecen fijos en el sustrato.
sesión 1 *f.* Reunión de una asamblea. 2 Acto, presentación o proyección en que se exhibe algún espectáculo íntegro.
seso 1 *m.* Prudencia, sensatez. 2 *pl.* Anat Masa de tejido nervioso contenida en el cráneo.
sesquicentenario 1 *m.* Periodo de ciento cincuenta años. 2 Día o año en que se celebra este periodo.
sestear *intr.* Hacer la siesta.
sestercio *m.* Moneda de plata de los romanos.
sesudo, da *adj.* Sensato, inteligente, sabio.
set 1 *m.* **plató.** 2 Dep En tenis, pimpón y voleibol, cada una de las fases de las que se compone un partido.
seta *f.* Cualquier hongo en forma de sombrero sostenido por un pedicelo.
setecientos, tas 1 *adj.* Siete veces ciento. 2 *m.* Conjunto de signos con que se representa este número.
setenta 1 *adj.* Siete veces diez. 2 *m.* Conjunto de signos con que se representa este número.
seto *m.* Cercado de palos o varas entretejidas. || ~ **vivo** Cercado de matas o arbustos vivos.
seudónimo *m.* Nombre empleado por un autor en vez del suyo propio.
seudópodo *m.* Biol Prolongación protoplasmática de algunas células y muchos seres unicelulares que sirve para la locomoción o la captura de alimento.
severo, ra 1 *adj.* Riguroso, duro en el trato. 2 Exacto en la observancia de las normas.
sevicia *f.* Crueldad excesiva.
sexagenario, ria *adj.* y *s.* Que ha cumplido sesenta años o más y no llega a los setenta.
sexi 1 *adj.* Que tiene atractivo físico y sexual. 2 Dicho de lo que hace resaltar dicho atractivo.
sexismo *m.* Prejuicio discriminatorio basado en el sexo.
sexo 1 *m.* Biol Conjunto de caracteres orgánicos que distinguen al macho de la hembra, tanto en el reino animal como en el vegetal. 2 Conjunto de seres pertenecientes a un mismo sexo: *Sexo masculino; sexo femenino.* 3 Órganos sexuales. 4 **sexualidad.**
□ Biol Permite aumentar la diversidad genética y, con ello, la capacidad de la especie para adaptarse a los cambios ambientales. En la mayoría de las especies, la hembra tiene un tipo de célula capaz de ser fecundada y el macho tiene un tipo de célula que puede fecundar.
sexología *f.* Estudio del sexo y de lo relacionado con él.
sextante *m.* Instrumento para calcular la elevación angular de los astros y determinar la latitud y la longitud en un punto determinado.
sexto, ta 1 *adj.* y *s.* Que sigue en orden al quinto. 2 Dicho de cada una de las seis partes en que se divide un todo. 3 *f.* Mús Intervalo de una nota a la sexta ascendente o descendente en la escala.
séxtuple 1 *adj.* y *s.* Referido a una cantidad, seis veces mayor o que contiene seis veces exactamente. 2 Referido a seis elementos iguales o semejantes, o que se repite seis veces.
sexuado, da *adj.* Biol Dicho del organismo que tiene órganos sexuales funcionales.
sexual 1 *adj.* Relativo al sexo. 2 **acoso ~.** 3 Biol **dimorfismo ~; reproducción ~.** 4 **educación ~.**
sexualidad 1 *f.* Conjunto de condiciones anatómicas y fisiológicas de cada sexo. 2 Psic Conjunto de fenómenos emocionales y de conducta relacionados con el sexo.

shakesperiano, na *adj.* Lit Que se relaciona con la obra literaria del dramaturgo inglés William Shakespeare.
sharia (Voz ár.) *f.* Rel Para los musulmanes, la ley de Dios tal y como fue revelada por Mahoma. Suele relacionarse con las normas que rigen la conducta de los personas pertenecientes a la comunidad islámica.
sheriff (Voz ingl.) 1 *m.* Hist Funcionario de la corona inglesa que ejercía funciones administrativas y judiciales en los condados y distritos. 2 En Estados Unidos, representante de la justicia en un condado.
sherpa 1 *adj.* y *s.* Pueblo mongol que habita en Nepal, en las laderas del Himalaya. 2 *adj.* Dicho de la persona de dicho pueblo.
shock (Voz ingl.) *m.* Med **choque**[2].
shogún *m.* Hist Título que ostentaban los dictadores militares que gobernaron Japón entre 1192 y 1867.
show (Voz ingl.) 1 *m.* Espectáculo de variedades. 2 Situación en la que se llama mucho la atención.
si[1] 1 *conj.* Denota condición o suposición por la cual un concepto depende de otro u otros: *Aliméntate bien si quieres crecer.* 2 Denota aseveración terminante: *Pero si ayer lo aseguraste, ¿cómo lo niegas hoy?* 3 Introduce oraciones interrogativas indirectas: *Pregúntale si desea emplearse en el museo.* 4 Al principio de una frase refuerza las expresiones de duda: *¿Si será cierto lo del testamento?* 5 Introduce oraciones desiderativas: *¡Si mi padre lo permitiera!*
si[2] Mús Séptima nota de la escala musical.
sí[1] Forma reflexiva del pronombre personal de tercera persona. Se emplea en ambos géneros y números, y lleva siempre preposición.
sí[2] 1 *adv.* Se emplea para responder afirmativamente a preguntas. 2 Se usa para denotar aseveración en lo que se dice, o para ponderar algo. 3 *m.* Consentimiento, permiso.
siamés, sa 1 *adj.* y *s.* Dicho de cada uno de los hermanos gemelos que nacen unidos por alguna parte del cuerpo. 2 *m.* Ling Lengua hablada en Tailandia.
sibilante *adj.* Dicho del sonido semejante a un silbido.
siboney *adj.* y *s.* Hist De un pueblo amerindio asentado en las Antillas en la época precolombina.
sic *adv.* Indica que lo que está escrito es textual por extraño o incorrecto que parezca. • Se usa entre paréntesis siguiendo a la palabra o texto en cuestión.
sicario, ria *m.* y *f.* Asesino asalariado.
sicoactivo *adj.* **psicoactivo.**
sicoanálisis *m.* **psicoanálisis.**
sicoanalista *adj* y *s.* **psicoanalista.**

sicodélico *adj.* PSICODÉLICO.
sicodrama *m.* PSICODRAMA.
sicolingüístico, ca *adj.* PSICOLINGÜÍSTICO.
sicología *f.* PSICOLOGÍA.
sicometría *f.* PSIC PSICOMETRÍA.
sicono *m.* BOT Fruto resultante de una inflorescencia que se desarrolla dentro de un receptáculo carnoso, como el higo.
sicopedagogía *f.* PSICOPEDAGOGÍA.
sicosis *f.* PSICOSIS.
sicoterapia *f.* PSICOTERAPIA.
sida *m.* MED Infección producida por el retrovirus **VIH**, caracterizada por una alteración extrema del sistema inmunitario. Se transmite por la sangre, por contacto sexual y a través de la placenta al feto. Tiene un periodo de latencia indeterminado y una fase terminal de deterioro físico agudo.
sideral *adj.* ASTR Relativo a las estrellas o a los astros.
siderurgia *f.* Tecnología relacionada con la producción del hierro y sus aleaciones.
siderúrgico, ca *adj.* Relativo a la siderurgia: *Industria siderúrgica.*
sidra *f.* Bebida alcohólica obtenida por la fermentación del zumo de las manzanas.
siega *f.* Acción y efecto de segar.
siembra *f.* Acción y efecto de sembrar.
siemens *m.* FÍS Unidad de medida de la conductancia eléctrica que equivale a la de un conductor que tiene una resistencia eléctrica de un ohmio. Símbolo: S.
siempre 1 *adv. t.* En todo o en cualquier tiempo. 2 En todo caso, cuando menos.
siempreviva 1 *f.* Planta de flores en cabezuelas globosas con escamas doradas, rojizas o blancas. 2 Planta herbácea, de hojas vellosas y cabezuelas pequeñas moradas o jaspeadas agrupadas en corimbo.
sien *f.* Parte lateral de la cabeza comprendida entre la frente, la oreja y la mejilla.
sierpe *f.* Culebra de gran tamaño.
sierra 1 *f.* Herramienta que consiste en una hoja de acero con el borde dentado, sujeta a un mango o un armazón, y que sirve para cortar madera u otros cuerpos duros. 2 GEO Unidad básica de un sistema montañoso integrado por una o varias alineaciones de montañas de similar origen y forma.
siervo, va 1 *m.* y *f.* Esclavo de un señor. 2 Miembro de algunas órdenes religiosas. || ~ **de la gleba** HIST En el Medioevo, esclavo afecto a una heredad que no se desligaba de ella al cambiar esta de dueño.

siesta *f.* Tiempo en que se duerme o descansa después de comer.
siete 1 *adj.* Seis y uno. 2 *m.* Signo o signos con que se representa este número.
sietemesino, na *adj.* y *s.* Que ha nacido a los siete meses de engendrado.
sífilis *f.* MED Enfermedad infecciosa crónica, causada por un microorganismo y transmitida por vía sexual, contacto con elementos contaminados o herencia.
sifón 1 *m.* Tubo curvo para sacar líquidos del recipiente que los contiene, haciéndolos pasar por un punto superior a su nivel. 2 Tubo doblemente acodado en que el agua detenida dentro de él impide la salida de los gases de las cañerías al exterior. 3 SUMIDERO. 4 ZOOL Cada uno de los dos tubos que tienen algunos bivalvos y que sirven para regular la entrada y salida del agua.
sigilo *m.* Silencio o disimulo para hacer algo de manera inadvertida.
sigla *f.* Abreviación formada por el conjunto de cada una de las letras iniciales de una expresión compleja, por ejemplo: *Organización de Naciones Unidas/ONU*; *Producto Interno Bruto/PIB.*
siglo 1 *m.* Periodo de cien años. 2 Época caracterizada por algún fenómeno histórico o cultural: *El Siglo de las Luces.* 3 La vida del mundo, por oposición a la vida religiosa.
signatario, ria *adj.* y *s.* Dicho de la persona que firma.
significación 1 *f.* Acción y efecto de significar. 2 Importancia, trascendencia.
significado 1 *m.* Lo que se significa de algún modo. 2 Sentido de las palabras y frases. 3 LING Concepto que se une al significante para formar un signo lingüístico.
significador, ra *adj.* Que significa.
significante 1 *adj.* Que significa. 2 *m.* LING Fonema o serie de fonemas o letras que, unidos a un significado, forman un signo lingüístico.
significar 1 *tr.* Ser alguna cosa signo o representación de otra. 2 Ser una palabra o frase expresión o signo de una idea o de algo material. 3 Hacer saber algo. 4 *intr.* Representar o tener importancia.
significativo, va 1 *adj.* Que da a entender o conocer con precisión algo. 2 Que tiene importancia por representar o significar algo.
signo 1 *m.* Cualquiera de los caracteres que se emplean en la escritura. 2 Señal convencional de algo: *El signo de la cruz.* 3 Indicio, señal de algo. 4 *m.* Lo que sustituye un objeto, un fenómeno o una acción: *Las letras son signos gráficos de los sonidos.* 5 Cada una de las doce partes en que se divide el Zodiaco. 6 MAT Señal o figura que se usa en los cálculos para indicar la naturaleza de las cantidades o las operaciones que se han de ejecutar con ellas. 7 MÚS Cada uno de los caracteres con que se escribe la música. || ~ **lingüístico** LING Unidad mínima de la oración en la que se une el concepto que se tiene de un objeto con una serie de sonidos. Está formada por dos planos: el de expresión, o **significante**, y el de contenido, o **significado**.
siguiente 1 *adj.* Que sigue. 2 Posterior.
sijismo *m.* REL Secta religiosa que reúne elementos del brahmanismo y del islamismo. Proclama la igualdad de los creyentes y tiene un acusado carácter militar.
sílaba *f.* GRAM Sonido o conjunto de sonidos que se pronuncian de una vez entre dos depresiones sucesivas de la emisión de voz; así, por ejemplo, la palabra *violeta* tiene tres sílabas: *vio-le-ta.* || ~ **abierta** FON La que termina en vocal, como las de *paso.* ~ **átona** FON La que no lleva acento prosódico.

~ **cerrada** Fon La que termina en consonante, como la de *pastor*. ~ **protónica** Fon La átona o inacentuada que en el vocablo precede a la tónica. ~ **tónica** Fon La que tiene el acento prosódico.

silabear *intr.* y *tr.* Pronunciar separando las sílabas de las palabras.

silbar *intr.* Dar o producir silbidos.

silbato *m.* Instrumento pequeño y hueco que produce un silbido al soplar en él.

silbido 1 *m.* Sonido agudo que se produce al hacer pasar con fuerza el aire por la boca. 2 Voz aguda y penetrante de algunos animales.

silenciador *m.* Dispositivo que se aplica a algunas máquinas, aparatos o armas para disminuir o amortiguar el ruido que les es propio.

silenciar *tr.* Imponer silencio, hacer callar.

silencio 1 *m.* Hecho de abstenerse de hablar. 2 Falta de ruido. 3 Mús Pausa musical.

silencioso, sa 1 *adj.* Que tiene hábito de callar. 2 Dicho del lugar o tiempo en que hay o se guarda silencio. 3 Que no hace ruido.

silepsis *f.* Gram Variación de la concordancia gramatical en el género y el número de las palabras.

sílex *m.* Geo Roca sedimentaria compuesta de cuarzo y calcedonia.

sílfide *f.* Ninfa, espíritu elemental del aire.

silicato 1 *m.* Quím Sal o éster del ácido silícico. 2 *pl.* Geo Clase de minerales constituidos básicamente por silicio y oxígeno, asociados al aluminio, hierro, magnesio, potasio, calcio, etc.

sílice *f.* Quím Macromolécula de dióxido de silicio.

silícico 1 *adj.* Quím Relativo a la sílice. 2 Quím Dicho de un ácido sólido, de aspecto harinoso, ligeramente soluble en agua y compuesto de silicio, oxígeno y agua.

silicio *m.* Quím Elemento que se extrae principalmente de la sílice y es el más abundante en la naturaleza después del oxígeno. Se usa en aleaciones, cerámica, fabricación de transistores, circuitos integrados, pilas solares, etc. Punto de fusión: 1410 °C. Punto de ebullición: 2355 °C. Núm. atómico: 14. Símbolo: Si.

silicona *f.* Quím Polímero sintético de silicio y oxígeno. Tiene alta resistencia térmica, baja adhesividad y carácter hidrófobo.

silicua *f.* Bot Fruto seco con dos compartimientos que se abre a lo largo y deja las semillas expuestas, como el alhelí.

silla 1 *f.* Asiento individual con respaldo y patas. 2 Aparejo para montar a caballo. || ~ **de ruedas** La que, con ruedas laterales grandes, permite el desplazamiento a una persona imposibilitada. ~ **eléctrica** Silla para electrocutar a los condenados a muerte. ~ **turca** Anat Escotadura en forma de silla que presenta el esfenoides.

sillería *f.* Conjunto de sillas unidas unas a otras, como las de las salas de cine.

sillín *m.* Asiento de las bicicletas y otros vehículos análogos.

sillón *m.* Asiento de brazos, mullido y amplio.

silo *m.* Depósito en que se guardan semillas o forrajes.

silogismo *m.* Lóg Argumento que consta de tres proposiciones, la última de las cuales se deduce necesariamente de las otras dos.

silueta 1 *f.* Dibujo del contorno de algo o de la figura de alguien. 2 Contorno de una figura.

siluetear *tr.* y *prnl.* Dibujar o recorrer algo siguiendo su silueta.

silúrico, ca *adj.* y *s.* Geo Dicho del tercer periodo del **Paleozoico**, situado entre el Ordovícico y el Devónico, que cubrió un intervalo de 35 millones de años

hace unos 430 millones de años. Durante el mismo aparecieron los primeros insectos, peces y plantas terrestres vasculares.

silvestre *adj.* Que nace y crece sin cultivar.

silvicultura *f.* Técnica y estudio del cultivo de los bosques.

sima *f.* Geo Cavidad natural, grande y profunda en la tierra.

simbiosis *f.* Biol Asociación de dos organismos de distinta especie, en la que ambos sacan provecho de la vida en común. Existen dos tipos principales: **mutualismo** y **comensalismo**.

simbólico, ca *adj.* Relativo al símbolo o expresado por medio de él.

simbolismo 1 *m.* Sistema de símbolos con que se representan conceptos, creencias o sucesos. 2 Art Cualquier forma de arte que se expresa mediante símbolos. 3 Art Movimiento pictórico de fines del s. XIX caracterizado por representar visiones oníricas. 4 Lit Movimiento literario que coincidió con el anterior y que buscaba una expresión despojada de rigor lógico y gramatical.

simbolizar 1 *tr.* Servir alguna cosa como símbolo de otra. 2 Representar algo mediante algún símbolo.

símbolo 1 *m.* Imagen o figura que se toma como signo figurativo de algo por analogía. 2 Gram Tipo de abreviación constituida por letras o por signos no alfabetizables, como Mg (magnesio) o %, (porcentaje). • Se escribe siempre sin punto y no varía en plural.

simbología 1 *f.* Estudio de los símbolos. 2 Conjunto o sistema de símbolos.

simetría 1 *f.* Proporción exacta entre las partes de un todo. 2 Biol Disposición del cuerpo respecto a un centro, eje o plano, de acuerdo con los cuales se disponen ordenadamente órganos o partes equivalentes. 3 Geom Regularidad en la disposición de las partes o puntos de una figura, de modo que posea un centro, un eje o un plano de simetría. 4 Geom Operación consistente en la transformación de un plano o un sólido mediante una proyección que genera una figura idéntica o especular. Se define con respecto a un centro, un eje o un plano de simetría. 5 Geom **eje de ~**; **plano de ~**. || ~ **bilateral** Biol Distribución de las distintas partes del cuerpo de un animal en dos lados opuestos de un plano de simetría. ~ **esférica** Biol La de los organismos que tienen una forma redondeada alrededor de un núcleo, como los radiolarios. ~ **radial** Biol Organización de partes semejantes de un cuerpo alrededor de un eje de simetría, como en el caso de las estrellas de mar.

simiente 1 *f.* SEMILLA. 2 SEMEN.

símil 1 *m.* Semejanza entre dos cosas. 2 COMPARACIÓN, figura retórica.

similitud *f.* Semejanza, parecido.

simio, mia *m.* y *f.* Nombre genérico de varias especies de primates estrechamente emparentadas: gibones, orangutanes, chimpancés y gorilas.

simonía *f.* Compra o venta deliberada de cosas espirituales o relacionadas con estas, como los sacramentos y los beneficios eclesiásticos.

simpatía 1 *f.* Inclinación afectiva entre personas. 2 Inclinación análoga hacia animales o cosas. 3 Carácter de alguien que lo hace atractivo o agradable a los demás.

simpático, ca 1 *adj.* Que inspira simpatía. 2 ANAT Sistema **nervioso** ~.

simpatizante 1 *adj.* Que simpatiza. 2 POLÍT Que se siente atraído por un partido o un movimiento sin pertenecer a él.

simpatizar *intr.* Sentir simpatía.

simpétalo, la *adj.* BOT Dicho de la flor cuya corola está formada por pétalos soldados, como la de la petunia.

simple 1 *adj.* Sencillo, poco complicado. 2 Hablando de cosas que pueden ser múltiples, se dice de las sencillas. 3 Falto de sazón y de sabor. 4 GRAM Dicho de la palabra que no se compone de otras de la lengua a la que pertenece.

simpleza *f.* Cosa insignificante o de poco valor.

simplicidad *f.* Cualidad de ser simple, poco complicado o sin composición.

simplificación *m.* Acción y efecto de simplificar.

simplificar 1 *tr.* Hacer más sencillo o más fácil algo. 2 MAT Reducir una expresión o cantidad a su forma más breve y sencilla.

simposio *m.* Reunión en que se examina y discute un tema determinado.

simulación *f.* Acción de simular.

simulacro 1 *m.* Imitación, falsificación. 2 Acción de simular.

simulador, ra 1 *adj.* y *s.* Que simula. 2 *m.* Aparato que reproduce el comportamiento de un sistema en determinadas condiciones, usado, generalmente, para el entrenamiento de quienes deben manejar dicho sistema.

simular *tr.* Hacer aparecer como real o verdadero algo que no lo es.

simultáneo, a *adj.* Que se hace o sucede al mismo tiempo.

sin 1 *prep.* Denota privación o carencia. 2 Fuera de o además de. 3 Seguida de un infinitivo, equivale a *no.*

sinagoga *f.* REL Templo en que se juntan los judíos a orar y a oír la doctrina de Moisés.

sinalefa *f.* FON Fusión en una sola sílaba de la vocal final de una palabra y la inicial de la siguiente, precedida o no de *h* muda: *Salió hacia Andalucía.*

sinapsis *f.* FISIOL Contacto, químico o eléctrico, entre las terminaciones de las neuronas.

sinartrosis *f.* ANAT Articulación no movible, como la de los huesos del cráneo.

sincerar *tr.* y *prnl.* Justificar alguien algo de lo que se cree culpable o supone que otros lo creen así.

sincero, ra *adj.* Veraz, sin falsedad ni hipocresía.

sinclinal *adj.* y *m.* GEO Dicho de la parte cóncava de un plegamiento geológico.

síncopa 1 *f.* GRAM Supresión de uno o más fonemas en el interior de una palabra, como ocurre en *Navidad* por *Natividad.* 2 MÚS Enlace de dos sonidos musicales iguales, estando uno en la parte débil del compás y el otro en la fuerte.

sincopado, da *adj.* MÚS Dicho de la nota que forma síncopa y del ritmo o canto que la tiene.

sincopar *tr.* Hacer síncopa.

síncope 1 *m.* GRAM SÍNCOPA. 2 MED Pérdida repentina del conocimiento, desmayo.

sincretismo *m.* FIL Sistema que trata de armonizar doctrinas diferentes.

sincronía *f.* SINCRONISMO.

sincrónico, ca *adj.* Que ocurre al mismo tiempo que otra cosa.

sincronismo *m.* Coincidencia en el tiempo de hechos o fenómenos.

sincronización *f.* Acción y efecto de sincronizar.

sincronizar 1 *tr.* Hacer sincrónicas dos o más cosas, movimientos, hechos o fenómenos. 2 Regular dos aparatos o máquinas para que funcionen en sincronía.

sindicalismo *m.* Sistema de organización obrera por medio de sindicatos. Tuvo su origen en Gran Bretaña durante la Revolución industrial.

sindicalizar 1 *tr.* Formar un sindicato. 2 *tr.* y *prnl.* Organizar en sindicatos.

sindicar 1 *tr.* Acusar, delatar. 2 SINDICALIZAR.

sindicato *m.* Asociación obrera, profesional o patronal formada para la defensa de los intereses comunes de todos los asociados.

síndico *m.* y *f.* Persona que representa y defiende los intereses de una asociación.

síndrome *m.* MED Conjunto de síntomas característicos de una enfermedad. || ~ **de abstinencia** MED El que presenta alguien adicto a las drogas cuando deja bruscamente de tomarlas. ~ **de Down** MED El que se caracteriza por el retraso mental y unos rasgos físicos comunes a todos los afectados. ~ **de inmunodeficiencia adquirida** MED SIDA.

sinécdoque *f.* Figura retórica que consiste en designar una totalidad por alguna de sus partes, o viceversa: *Quince abriles* por *Quince años* o *Todo el mundo lo dice* por *La mayoría lo dice.*

sinecura *f.* Empleo o cargo retribuido que ocasiona poco o ningún trabajo.

sinéresis *f.* GRAM Reducción a una sola sílaba de vocales que normalmente se pronuncian en sílabas distintas: *Poe-ta* en vez de *po-e-ta.*

sinergia *f.* Acción de dos o más causas cuyo efecto es superior a la suma de los efectos individuales.

sinfín *m.* Infinidad, sinnúmero.

sinfonía *f.* MÚS Composición musical para orquesta, de tres o cuatro movimientos de gran extensión, en la que el primero es rápido, el segundo lento y expresivo, el tercero animado y el cuarto vivo.

sinfónico, ca 1 *adj.* Relativo a la sinfonía. 2 MÚS **poema ~.**

singular 1 *adj.* Solo, único. 2 Extraordinario, raro. 3 *adj.* GRAM Dicho del accidente llamado **número** cuando hace referencia a un solo elemento, o bien a varios considerados como un conjunto.

singularizar 1 *tr.* Distinguir una cosa entre otras. 2 GRAM Dar número singular a palabras que normalmente no lo tienen. 3 *prnl.* Distinguirse de lo común.

siniestro, tra 1 *adj.* Malévolo o malintencionado. 2 Aciago, funesto. 3 *m.* Desgracia accidental o producida por una fuerza natural. 4 *f.* Mano izquierda.

sinnúmero *m.* Número incalculable de personas o cosas.

sino[1] *m.* Destino, hado.

sino[2] 1 *conj. advers.* Contrapone a un concepto negativo otro afirmativo. 2 Precedida de negación, equivale a *solamente* o *tan solo.*

sínodo *m.* Junta eclesiástica.

sinología *f.* Estudio de la lengua, la literatura y las instituciones de China.

sinonimia *f.* LING Circunstancia de ser sinónimas dos o más palabras.

sinónimo, ma *adj.* y *s.* LING Dicho de las palabras y expresiones de igual o parecida significación, como *perfume* y *fragancia, audaz* e *intrépido* o *hacer un alto* y *detenerse.*

sinopsis *f.* Compendio de una materia o asunto expuesto en sus líneas esenciales.

sinóptico *adj.* **cuadro ~.**

sinovia *f.* ANAT Líquido viscoso que lubrica las articulaciones.

sinovial *adj.* ANAT **cápsula ~.**

sinrazón *f.* Injusticia, acción abusiva.

sinsabor 1 *m.* Aspereza del paladar. 2 Pesar, desazón moral, pesadumbre.

sintáctico, ca *adj.* GRAM Relativo a la sintaxis.

sintagma *m.* GRAM Entidad gramatical, inferior a la oración, constituida por un conjunto de palabras relacionadas en torno a un núcleo. || ~ **adjetivo** GRAM El construido en torno a un adjetivo: *Difícil de realizar.* ~ **adverbial** GRAM El construido en torno a un adverbio: *Cerca del mar.* ~ **nominal** GRAM El construido en torno a un nombre o sustantivo: *Pisos de mármol.* ~ **preposicional** GRAM El encabezado por una preposición: *Ante la muerte.* ~ **verbal** GRAM El construido en torno a un verbo: *Devolver el golpe.*

sintaxis *f.* GRAM Parte de la gramática que enseña a coordinar y enlazar las palabras, de acuerdo con su función, para formar de manera correcta las oraciones y expresar los conceptos.

síntesis 1 *f.* Composición de un todo por la reunión de sus partes. 2 Resumen o compendio de algún asunto. 3 Operación mental que consiste en la acumulación de datos diversos que llevan a un resultado de tipo intelectual. 4 BIOL Proceso en el que, a partir de moléculas simples, se producen materias complejas. 5 QUÍM Proceso que permite obtener sustancias partiendo de sus componentes.

sintético, ca 1 *adj.* Relativo a la síntesis. 2 Dicho de los productos obtenidos por síntesis química y que reproducen la composición de algunos naturales. 3 QUÍM **fibra ~.**

sintetizador, ra 1 *adj.* y *s.* Que sintetiza. 2 *m.* INF Periférico o chip que genera sonido a partir de instrucciones digitales. 3 MÚS Instrumento electrónico que produce y combina armónicamente sonidos de cualquier frecuencia e intensidad.

sintetizar *tr.* Hacer síntesis.

sintoísmo *m.* REL Religión nacional de Japón. Es politeísta y venera a un gran panteón de dioses o espíritus.

síntoma 1 *m.* MED Fenómeno que revela una enfermedad. 2 Indicio de algo que está sucediendo o va a suceder.

sintomatología *f.* MED Conjunto de síntomas.

sintonía 1 *f.* Armonía, entendimiento. 2 Circunstancia de estar un aparato receptor ajustado a la longitud de onda de una estación emisora. 3 FÍS Igualdad de frecuencia o tono entre dos sistemas de vibraciones.

sintonizar 1 *tr.* Regular un radiorreceptor para que esté en sintonía con una determinada emisora. 2 *intr.* Coincidir en pensamiento o en sentimientos dos o más personas.

sinuoso, sa 1 *adj.* Que tiene ondulaciones o recodos. 2 Que tratan de ocultar el propósito o fin que se propone.

sinusitis *f.* MED Inflamación de la mucosa de los senos nasales.

sinusoide *f.* MAT Curva que representa la función trigonométrica seno.

sinvergüenza 1 *adj.* y *s.* Que comete acciones reprochables. 2 Desvergonzado.

sionismo *m.* POLÍT Movimiento internacional judío que surgió a finales del s. XIX y cuyo objetivo era recobrar Palestina como patria.

siquiatría *f.* PSIQUIATRÍA.

siquiera 1 *conj.* Equivale a *aunque* o a *tal vez.* 2 *adv. c.* y *m.* Equivale a *por lo menos* o *tan solo.*

sirena 1 *f.* Aparato generador de sonidos de gran intensidad, usado como señal. 2 MIT En la mitología griega, cada una de las ninfas marinas, con busto de mujer y cuerpo de pez o ave, que extraviaban a los navegantes atrayéndolos con su dulce canto.

siringe *f.* ZOOL Órgano de fonación de las aves situado en la tráquea.

sirviente, ta *m.* y *f.* Persona que se dedica al servicio doméstico.

sisa *f.* Corte curvo de la tela de las prendas que corresponde a la parte del sobaco.

sismicidad 1 *f.* GEO Condición de una región de hallarse más o menos sometida a terremotos. 2 GEO Grado de frecuencia e intensidad con que se presenta ese fenómeno.

sismo *m.* GEO TERREMOTO.

sismógrafo *m.* GEO Aparato que registra la intensidad y duración de los sismos o terremotos.

sismología *f.* GEO Especialidad de la geología que estudia los terremotos.

sismorresistente *adj.* Relativo a las construcciones diseñadas con materiales y formas que les permiten resistir los movimientos sísmicos o terremotos.

sistema 1 *m.* Conjunto ordenado de normas y reglas acerca de determinada materia. 2 Conjunto de elementos relacionados entre sí con cierta cohesión y con unidad de propósito. 3 Modo de gobierno, administración u organización social. 4 Conjunto de teorías estructurado como un todo coherente: *Sistema filosófico*. 5 ~ **métrico** decimal; ~ internacional de **unidades**. 6 ASTR ~ **solar**; ~ **planetario**. 7 BIOL Conjunto de órganos de un ser vivo que interviene en una determinada función. 8 ANAT y FISIOL ~ **endocrino**; ~ **hepático**; ~ **inmunológico**; ~ **linfático**; ~ **locomotor**; ~ **muscular**; ~ **nervioso**; ~ **óseo**; ~ **tisular**. 9 DER ~ **acusatorio**. 10 ECON ~ **financiero**. 11 GEO ~ **montañoso**. 12 MAT ~ de **ecuaciones**. || ~ **cegesimal** El de pesas y medidas que tiene por unidades fundamentales el centímetro, el gramo y el segundo. ~ **de posicionamiento global** TELEC Sistema de navegación satelital que proporciona posiciones en tres dimensiones, velocidad y tiempo. ~ **operativo** INF Programa o conjunto de programas que efectúan la gestión informática básica y permite la ejecución del resto de operaciones. ~ **periódico** QUÍM El que ordena los elementos, según sus características afines, por número atómico, grupos y periodos. Se representa gráficamente en la tabla periódica de los **elementos**.

sistematicidad 1 *f.* Habilidad para adecuarse a un sistema. 2 Organización detallada y armónica de los elementos que componen un todo.

sistemático, ca *adj.* Que sigue o se ajusta a un sistema.

sistematizar *tr.* Reducir a sistema u organizar o estructurar en sistema.

sistémico, ca *adj.* Relativo a la totalidad de un sistema o a un organismo en su conjunto.

sístole *f.* FISIOL Movimiento de contracción del corazón y de las arterias para impulsar la sangre que contienen.

sitiar *tr.* Cercar un lugar enemigo para atacarlo o apoderarse de él.

sitio[1] *m.* Acción y efecto de sitiar.

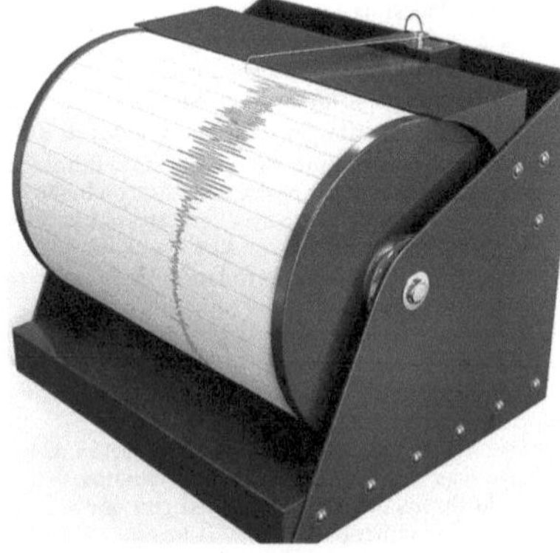

sitio[2] 1 *m.* Espacio que es o puede ser ocupado. 2 Lugar a propósito para algo.

situación 1 *f.* Acción y efecto de situar. 2 Disposición de algo respecto del lugar que ocupa. 3 Estado o condición de alguien en relación a su categoría, bienes e intereses.

situar *tr.* y *prnl.* Poner a alguien o algo en determinado lugar o situación.

siux *adj.* y *s.* De un grupo de pueblos indígenas norteamericanos formado por varias tribus (dakota, omaha, iowas, kansas, etc.). Sus descendientes viven actualmente en reservas y conservan su lengua y dialectos.

sketch (Voz ingl.) *m.* TEAT Escena breve y, generalmente, humorística, que se integra en una obra teatral, televisiva o cinematográfica.

SMS (Del ingl.) 1 *m.* TEC Mensaje de texto. 2 Servicio de mensajería telefónica que permite escribir y recibir mensajes en la pantalla del teléfono celular. • Sigla de *Short Message Services*.

so[1] *adv.* Se usa para reforzar las cualidades del adjetivo o del nombre al que antecede.

so[2] *prep.* Bajo, debajo de: *So pena de*.

soasar *tr.* Asar ligeramente.

sobaco *m.* ANAT AXILA.

sobandero *m.* Curandero que ajusta los huesos dislocados.

sobar 1 *tr.* Tocar y oprimir algo repetidamente para que se ablande o suavice. 2 Molestar o fastidiar de manera impertinente.

soberanía 1 *f.* Cualidad de soberano. 2 Autoridad suprema del poder público.

soberano, na *adj.* y *s.* Que ejerce o posee la autoridad suprema e independiente.

soberbio, bia 1 *adj.* Que tiene soberbia o se deja llevar de ella. 2 Grandioso, magnífico. 3 *f.* Estimación excesiva de sí mismo con menosprecio de los demás.

sobornar *tr.* Corromper a alguien con dinero u otro medio para obtener algo de él.

soborno *m.* Acción y efecto de sobornar.

sobras *f. pl.* Parte que queda de algo tras haber utilizado lo necesario.

sobrado, da 1 *adj.* Que sobra, demasiado. 2 Atrevido, audaz.

sobrar 1 *intr.* Haber más de lo que se necesita para algo. 2 Estar de más. 3 Quedar, restar.

sobre[1] 1 *prep.* Encima de. 2 Además de. 3 Acerca de. 4 Cerca de otra cosa, con más altura que ella y dominándola. 5 Con superioridad o dominio. 6 A o hacia. 7 Precedida y seguida de un mismo sustantivo indica reiteración.

sobre[2] *m.* Cubierta de papel para contener documentos.

sobreactuar *intr.* Actuar fingimiento vehemente.

sobrealimentar *tr.* y *prnl.* Dar a una persona o un animal más alimento del que requiere para su manutención y buena salud.

sobrecarga *f.* Exceso de carga.

sobrecargo *m.* Tripulante de avión que supervisa las funciones auxiliares.

sobrecoger *tr.* y *prnl.* Asustar, causar mucho miedo.

sobrecubierta *f.* Cubierta que se pone sobre otra para protegerla.

sobrecupo 1 *m.* SOBREVENTA. 2 Lleno excesivo de un espacio o lugar.

sobredimensionar *tr.* Hacer que algo parezca tener un tamaño o importancia superior a los que debería.

sobredosis *f.* MED Dosis excesiva de algún medicamento o de alguna droga.

sobregiro *m.* Giro que excede los créditos o fondos disponibles.

sobrehumano, na *adj.* Que excede las posibilidades humanas.

sobrellevar *tr.* Soportar un dolor, enfermedad, desgracia, etc.

sobremesa 1 *f.* Tiempo en que los comensales siguen reunidos después de haber comido. 2 Postre de una comida.

sobrenatural *adj.* Que excede lo natural.

sobrenombre *m.* Nombre que se añade o sustituye al apellido o nombre de alguien y que, en general, alude a uno de sus rasgos característicos.

sobrentender *tr.* y *prnl.* Entender algo que no está expreso, pero que se deduce.

sobrepasar 1 *tr.* y *prnl.* Rebasar un límite, exceder de él. 2 *tr.* Superar.

sobrepeso *m.* MED Peso que, en una persona, excede al normal que debe tener.

sobreponer *tr.* No dejarse abatir por las adversidades.

sobresaliente *adj.* Que sobresale.

sobresalir 1 *intr.* Exceder en figura, tamaño, etc. 2 Aventajar a otros.

sobresaltar *tr.* y *prnl.* Asustar, causar sobresalto.

sobresalto *m.* Alteración del ánimo por algún suceso repentino.

sobresdrújulo, la (Tb. sobreesdrújulo) *adj.* y *s.* FON Dicho de la palabra que lleva el acento prosódico en la sílaba anterior a la antepenúltima: *Arráncamelo; explíqueselo.* • Se les marca siempre acento ortográfico o **tilde**.

sobrestimar *tr.* Estimar a alguien o algo por encima del valor que tiene.

sobretodo *m.* Prenda ancha, larga y con mangas que se lleva sobre el traje ordinario.

sobrevenir 1 *intr.* Suceder algo repentinamente. 2 Suceder una cosa después de otra.

sobreventa *f.* Venta excesiva de cupos o plazas en un hotel, avión, etc.

sobrevivir 1 *intr.* Seguir viviendo después de la muerte de otro o después de cierto suceso o plazo. 2 Vivir con escasos medios o en condiciones adversas.

sobrevolar *tr.* Volar sobre algún lugar, ciudad, territorio, etc.

sobrino, na *m.* y *f.* Respecto de una persona, hijo de un hermano.

sobrio, bria 1 *adj.* Moderado en el comer y beber. 2 Sin adornos superfluos.

socaire *m.* Resguardo que ofrece algo en su lado opuesto a aquel de donde sopla el viento.

socarronería *f.* Astucia con que alguien procura su interés o disimula su intento.

socavar *tr.* Excavar por debajo de algo dejándolo sin apoyo.

socavón *m.* Cueva excavada en la ladera de un monte que forma una galería subterránea.

sociable *adj.* Inclinado al trato y relación con las personas o que gusta de ello.

social 1 *adj.* Relativo a la sociedad humana o a las relaciones entre las distintas clases de la sociedad. 2 Relativo a una compañía o sociedad, o a los socios o compañeros y aliados o confederados. 3 **clase** ~; **servicio** ~; **trabajo** ~. 4 ZOOL Dicho de los animales que habitan en colonias.

socialdemocracia *f.* POLÍT Tendencia ideológica que propugna una evolución gradual del sistema capitalista para llegar a la implantación del socialismo.

socialismo *m.* POLÍT Doctrina que propugna la propiedad, regulación y administración colectiva o estatal de los medios de producción y la distribución de bienes. || ~ **utópico** POLÍT Teoría que concibe una sociedad ideal sin conflictos. Fue preconizada por T. Moro con su libro *Utopía* (1516), en el que afirma que la propiedad privada es la fuente de la injusticia social.

socialista 1 *adj.* Relativo al socialismo. 2 *adj.* y *s.* Que profesa el socialismo.

socialización *f.* Acción y efecto de socializar.

socializar 1 *tr.* Promover las condiciones sociales que favorecen, en los seres humanos, el desarrollo integral de su persona. 2 POLÍT y ECON Transferir a un órgano colectivo las propiedades particulares para que sus beneficios reviertan a la sociedad.

sociedad 1 *f.* Reunión permanente de personas, pueblos o naciones que conviven y se relacionan bajo leyes comunes. 2 Agrupación de personas que cumplen con las finalidades de la vida mediante la cooperación mutua. 3 Entidad social formada con fines privados y lucrativos. || ~ **anónima** ECON La mercantil en la que el capital se halla distribuido en acciones. ~ **civil** Ámbito de los ciudadanos y sus relaciones y actividades privadas. ~ **conyugal** La constituida por el marido y la mujer durante el matrimonio. ~ **de consumo** Concepto que define la actitud social masiva de adquirir y consumir bienes en forma desmedida cuando no existe todavía la necesidad de sustituir otros en uso. ~ **de la información** ECON Aquella en que el número de trabajadores de los sectores terciario y cuaternario conforman más del 50 % del total de los ocupados en todos los sectores. ~ **global** Concepto que define a los grupos sociales como individualidades y considera que el objeto culminante de la humanidad debe ser la implantación de la industrialización. ~ **industrial** ECON La definida por el predominio del modo de producción capitalista. ~ **limitada** ECON En la que la responsabilidad de cada socio está limitada al capital aportado. ~ **mercantil** ECON La formada por diversas personas que se asocian con objeto de explotar un negocio. ~ **postindustrial** ECON La industrial en pleno desarrollo caracterizada por la ampliación del sector de servicios y la aplicación de las tecnologías de la información.

socio, cia 1 *m.* y *f.* Persona asociada con otra u otras para algún fin. 2 Persona que es miembro de alguna asociación.

sociocultural *adj.* Relativo al estado cultural de un grupo social.

socioeconómico, ca *adj.* Relativo a lo económico y social a la vez.

sociología *f.* Ciencia que trata de las condiciones de existencia, desenvolvimiento y relaciones de las sociedades humanas.

socorrer *tr.* Ayudar en una necesidad o peligro apremiante.

socorrido, da *adj.* Que sirve para resolver fácil y frecuentemente una dificultad.

socorrismo *m.* Organización y adiestramiento para prestar socorro.

socorro 1 *m.* Acción y efecto de socorrer. 2 Lo que sirve para socorrer, como víveres, dinero u otras cosas.

socrático, ca *adj.* Relativo a la doctrina de Sócrates.

soda *f.* Agua gaseosa con ácido carbónico que se usa como bebida.

sodio 1 *m.* Quím Elemento metálico blando muy ligero, abundante en estado de sales (bicarbonatos, acetatos, etc.). Punto de fusión: 98 °C. Punto de ebullición: 0883 °C. Núm. atómico: 11. Símbolo: Na. 2 Quím **carbonato** de ~; **nitrato** de ~.

sodomía *f.* Coito anal.

sodomizar *tr.* Someter a sodomía.

soez *adj.* Grosero, indigno, vil.

sofá *m.* Asiento mullido con respaldo para dos o más personas.

sofisma *m.* Argumento aparente con que se quiere defender o persuadir lo que es falso.

sofista *adj.* y *s.* Que utiliza sofismas.

sofisticado, da 1 *adj.* Falto de naturalidad, muy refinado o excesivamente afectado. 2 Complejo, avanzado, referido a aparatos, técnicas o mecanismos.

sofisticar 1 *tr.* Quitar naturalidad a algo. 2 Falsificar o modificar algo en general.

soflamar *tr.* y *prnl.* Tostar o requemar algo en la llama.

sofocar 1 *tr.* y *prnl.* Ahogar, impedir la respiración. 2 Impedir que algo continúe. 3 Extinguir, apagar el fuego.

sofoco 1 *m.* Sensación de ahogo. 2 Sensación de calor acompañada de sudor y enrojecimiento de la piel.

sofreír *tr.* Freír ligeramente algo.

software (Voz ingl.) *m.* Inf Conjunto de programas de una computadora, que le permiten realizar las funciones asignadas por el usuario.

soga *f.* Cuerda gruesa de esparto.

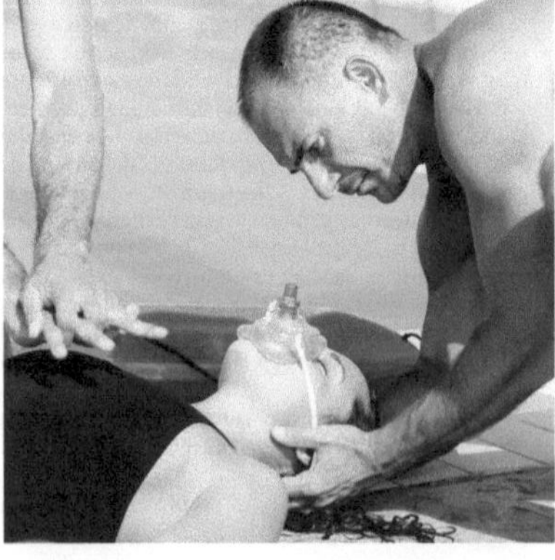

soja *f.* Leguminosa de 0,5 a 1,5 m de altura, de hojas foliadas, flores pequeñas y vainas cortas que encierran las semillas.

sojuzgar *tr.* Dominar con violencia.

sol[1] 1 *m.* Estrella que se encuentra en el centro del sistema planetario al que pertenece la Tierra. • Con este significado se escribe con may. inic. 2 Luz y calor que emanan este astro y que es perceptible en la Tierra: *Sentarse al sol; Hace mucho sol.*

□ Astr El Sol se encuentra a una distancia media de 149,6 millones de km de la Tierra, tiene un diámetro de 1,4 millones de km y está compuesto esencialmente por hidrógeno (90 %) y helio (8 %). Está formado por el *núcleo*, con una temperatura de unos 20 millones de °K, la *fotosfera*, capa gaseosa incandescente que alcanza unos 6000 °K, la *cromosfera*, en la que la temperatura varía entre 4500 y 1 000 000 °K, y la *corona*, que se va enrareciendo hasta el medio interplanetario.

sol[2] *m.* Mús Quinta nota musical.

solamente *adv. m.* De un solo modo, en una sola cosa, o sin otra cosa.

solanáceo, a *adj.* Bot Dicho de las plantas dicotiledóneas de hojas simples y alternas, flores con corola acampanada y semillas con albumen carnoso, como la tomatera, la papa, la berenjena, el pimiento y el tabaco. Conforman una familia.

solapa 1 *f.* Parte del borde de la abertura delantera de una prenda de vestir, que se dobla hacia afuera. 2 Prolongación lateral de la cubierta de los libros que se dobla hacia adentro. 3 Parte del sobre de las cartas que sirve para cerrarlo.

solapado, da *adj.* Que oculta con malicia sus pensamientos.

solapar *tr.* y *prnl.* Cubrir del todo o en parte una cosa a otra.

solar[1] 1 *adj.* Relativo al Sol. 2 Anat **plexo** ~. 3 Astr **corona** ~; **eclipse** ~; **radiación** ~; **tormenta** ~; **viento** ~. 4 Electr **energía** ~.

□ **sistema solar** Astr Sistema planetario conformado por el Sol, los ocho planetas que giran a su alrededor, un planeta menor (Plutón) y los satélites o lunas, cometas y meteoritos. Los planetas se dividen en interiores: Mercurio, Venus, Tierra y Marte; y exteriores: Júpiter, Saturno, Urano y Neptuno.

solar[2] 1 *m.* Descendencia, linaje noble, familia. 2 Terreno edificado o destinado a edificar en él.

solar[3] *tr.* Revestir el suelo con ladrillos, losas u otro material.

solariego, ga *adj.* De solar o linaje noble: *Casa solariega.*

solaz *m.* Descanso, esparcimiento y alivio de los trabajos.

soldado 1 *m.* y *f.* Persona que sirve en la milicia. 2 Militar sin graduación.

soldadura 1 *f.* Acción y efecto de soldar. 2 Material que sirve y está preparado para soldar.

soldar *tr.* y *prnl.* Unir dos o más piezas de metal mediante la aplicación de calor, presión, o una combinación de ambos, con el aporte de otro metal.

solear *tr.* y *prnl.* ASOLEAR.

solecismo *m.* Gram Error en la construcción gramatical que consiste en emplear incorrectamente una expresión o alterar las normas de la sintaxis de un idioma.

soledad 1 *f.* Carencia de compañía. 2 Lugar solitario o tierra no habitada. 3 Pesar que se siente por la ausencia o falta de alguien o algo.

solemne 1 *adj.* Que se celebra con mucho ceremonial y esplendor. 2 Acompañado de circunstancias importantes. 3 Aplicado a ciertos nombres, intensifica su significado: *Solemne tontería.*

solemnidad 1 *f.* Cualidad de solemne. 2 Acto o ceremonia solemne.

soler *intr.* Tener costumbre.

solera *f.* Viga asentada de plano para que en ella se apoyen otras en ella.

solfatara *f.* GEO Abertura en un terreno volcánico por la que salen vapores sulfurosos.

solfear *tr.* MÚS Cantar pronunciando los nombres de las notas y marcando el compás.

solfeo 1 *m.* MÚS Arte que enseña a leer y entonar los signos de la música. 2 MÚS Acción y efecto de solfear.

solicitar 1 *tr.* Pedir algo. 2 Gestionar algo haciendo las diligencias necesarias.

solícito, ta *adj.* Diligente, cuidadoso.

solicitud *f.* Acción de pedir algo con diligencia y cuidado.

solidaridad *f.* Inclinación a sentirse unido a los demás y a la cooperación con ellos.

solidarizar *tr.* y *prnl.* Hacer solidario.

solidez *f.* Cualidad de sólido.

solidificar *tr.* y *prnl.* Hacer sólido un fluido.

sólido, da 1 *adj.* Firme, macizo. 2 Establecido con razones fundamentales y verdaderas. 3 ECOL **residuo** ~. 4 *adj.* y *m.* FÍS Dicho del cuerpo cuyas moléculas tienen una gran cohesión y adoptan formas bien definidas y estructuras estables. 5 *m.* GEOM Objeto material en que pueden apreciarse la longitud, la anchura y la altura.

soliloquio *m.* Reflexión que alguien hace a solas y en voz alta.

solio *m.* Trono con dosel.

solípedo *adj.* y *s.* Dicho de los cuadrúpedos provistos de cascos.

solista *m.* y *f.* MÚS Dicho de quien ejecuta un solo de una pieza vocal o instrumental.

solitario, ria 1 *adj.* Desierto, desamparado. 2 BOT Dicho de la inflorescencia en la que las flores están aisladas en el extremo de un tallo, como en el tulipán. 3 *adj.* y *s.* Que ama la soledad o vive solo. 4 *f.* **TENIA**.

soliviantar *tr.* y *prnl.* Inducir a adoptar alguna actitud rebelde u hostil.

sollozar *intr.* Llorar produciendo inspiraciones bruscas y entrecortadas.

solo[1], la 1 *adj.* Único en su especie. 2 Sin compañía. 3 Sin añadir otra cosa. 4 *m.* MÚS Composición musical o parte de ella que ejecuta un solista.

solo[2] *adv. m.* Únicamente, solamente.

solsticio *m.* ASTR Momento del año en que el Sol se halla en uno de los dos trópicos, lo cual sucede del 21 al 22 de junio para el de Cáncer, y del 21 al 22 de diciembre para el de Capricornio.

soltar 1 *tr.* y *prnl.* Desasir lo que estaba sujeto. 2 Dar salida a lo que estaba encerrado o detenido. 3 Liberar a un preso. 4 Salir de sí alguna manifestación fisiológica. 5 Evacuar con frecuencia el vientre. 6 Salir de sí la demostración de un estado de ánimo. 7 *tr.* Decir de repente algo que se tenía callado. 8 *prnl.* Adquirir habilidad y desenvoltura. 9 Desprenderse de algo.

soltero, ra *adj.* y *s.* Que no está casado.

soltura *f.* Agilidad, facilidad o desenvoltura con que se hace algo.

solubilidad *f.* QUÍM Cantidad máxima de un soluto que puede ser disuelta en un disolvente.

soluble 1 *adj.* Que se puede disolver. 2 Que se puede resolver.

solución 1 *f.* Acción y efecto de disolver. 2 Acción y efecto de resolver algún asunto o una duda. 3 MAT Cantidad que satisface las condiciones de un problema o una ecuación. 4 MAT Valor numérico de una variable que, sustituido en una ecuación, hace que se cumpla la igualdad. 5 QUÍM Mezcla resultante de disolver un sólido, un líquido o un gas en un líquido. 6 QUÍM **título** de una ~. 7 QUÍM **DISOLUCIÓN**. || ~ **electrolítica** QUÍM La compuesta por un disolvente y un soluto disociado iónicamente.

solucionar *tr.* Resolver algún asunto o proceso.

soluto *m.* QUÍM Sustancia disuelta en un determinado disolvente, cuya proporción en él forma la concentración.

solutrense *adj.* y *m.* HIST Dicho del periodo del **Paleolítico**, comprendido entre el Auriñaciense y el Magdaleniense (h. 20 000-15 000 a.C.), que se circunscribe a España y Francia.

solventar 1 *tr.* Pagar las deudas. 2 Dar solución a algún asunto difícil.

solvente 1 *adj.* Capaz de cumplir debidamente una obligación. 2 *adj.* y *m.* QUÍM Dicho de la sustancia que puede disolverse y producir una mezcla homogénea con otra.

somático, ca 1 *adj.* Relativo al cuerpo. 2 MED Dicho del síntoma eminentemente físico para diferenciarlo del psíquico. 3 BIOL Dicho de la célula que se diferencia y forma los tejidos y órganos, a diferencia de la destinada a dar origen a un nuevo ser.

somatizar *intr.* MED y PSIC Convertir los estados mentales en síntomas orgánicos.

sombra 1 *f.* Oscuridad o falta de luz más o menos completa. 2 ASTR Proyección oscura que un cuerpo lanza en dirección opuesta a los rayos del Sol o de otro foco luminoso. 3 Imagen oscura que proyecta un cuerpo opaco en una superficie. 4 ART Tonalidad oscura que representa la falta de luz en la pintura y el dibujo. 5 Cosmético que se aplica en los párpados.

sombreado *m.* Acción y efecto de sombrear.

sombrear 1 *tr.* Dar sombra. 2 ART Poner sombra en una pintura o dibujo.

sombrero 1 *m.* Prenda para cubrir la cabeza que consta de copa y ala. 2 BIOL Disco sostenido por un pedicelo que constituye el aparato esporífero de las setas.

sombrilla *f.* **QUITASOL**.

sombrío, a 1 *adj.* Dicho del lugar oscuro o en el que hay sombra. 2 Triste, melancólico.

somero, ra 1 *adj.* Muy inmediato a la superficie. 2 Poco detallado.

someter 1 *tr.* y *prnl.* Poner a alguien bajo la autoridad o dominio de otro u otros, generalmente por la fuerza o la violencia. 2 Subordinar el juicio, decisión o afecto propios a los de otra u otras personas. 3 Hacer que una cosa reciba la acción de otra.

somnífero, ra *adj.* y *s.* Que da o causa sueño. Se dice especialmente de ciertos medicamentos.

somnolencia *f.* Pesadez física causada por el sueño.

son 1 *m.* Sonido agradable, especialmente el musical. 2 Folcl Danza y canción cubanos que es una mezcla de ritmos africanos, españoles e indígenas.

sonajero *m.* Juguete a base de cascabeles.

sonámbulo, la *adj.* y *s.* Que durante el sueño realiza actos de un modo automático y no los recuerda al despertar.

sonante *adj.* Que suena.

sonar[1] 1 *intr.* Hacer o causar ruido algo. 2 Recordar algo vagamente como oído con anterioridad. 3 *tr.* Hacer que suene algo con armonía. 4 *tr.* y *prnl.* Limpiar la nariz de mocos.

sonar[2] *m.* Aparato de detección submarina que usa la ecolocación.

sonata *f.* Mús Composición musical ejecutada por uno o dos instrumentos en tres o cuatro movimientos.

sonda 1 *f.* Acción y efecto de sondear. 2 Med Instrumento quirúrgico usado para explorar cavidades o conductos, evacuar su contenido o introducir sustancias en su interior. 3 Cuerda con un peso para medir la profundidad de las aguas. 4 Barrena para perforar y explorar terrenos muy profundos. || ~ **espacial** Vehículo espacial diseñado para viajes de exploración no tripulados.

sondar *tr.* Med Introducir una sonda en el cuerpo por una abertura natural.

sondear 1 *tr.* Intentar averiguar con cautela las intenciones de alguien o el estado de algo. 2 Averiguar la profundidad del fondo de las aguas. 3 Geo Extraer muestras de un terreno, mediante la sonda, para su posterior examen. 4 Geo Estudiar la atmósfera por medio de globos, aviones o cohetes.

sondeo 1 *m.* Acción y efecto de sondear. 2 Método estadístico de encuesta.

soneto *m.* Lit Composición poética de catorce versos endecasílabos.

sónico, ca *adj.* Fís Relativo a la velocidad del sonido.

sonidista *m.* y *f.* Persona especializada en las tecnologías para la producción y emisión del sonido en diferentes medios.

sonido 1 *m.* Fís Sensación producida en el oído por el movimiento vibratorio de los cuerpos transmitido en el seno de un medio elástico o campo acústico, por ejemplo, el aire. 2 Fon Valor y pronunciación de las letras. || ~ **consonántico** Fon El que se produce cuando se pronuncia una consonante y se caracteriza por el cierre momentáneo del canal de la voz. ~ **vocálico** Fon El que se produce cuando se pronuncia una **vocal** y se caracteriza por la vibración de las **cuerdas vocales** y la salida continua del aire.

sonoridad *f.* Cualidad de sonoro.

sonorizar *tr.* Incorporar sonido a una banda de imágenes.

sonoro, ra 1 *adj.* Que suena mucho o con ruido agradable. 2 Que emite o refleja bien el sonido. 3 Fís **onda** ~.

sonreír *intr.* y *prnl.* Reírse levemente sin emitir sonido.

sonrisa *f.* Acción y efecto de sonreír.

sonrojar *tr.* y *prnl.* Hacer salir los colores al rostro por rubor o vergüenza.

sonsacar 1 *tr.* Lograr de alguien algo con habilidad. 2 Intentar conseguir que alguien deje su trabajo y pase a prestarlo en otra parte.

sonsonete *m.* Sonido repetido y monótono.

soñador, ra 1 *adj.* y *s.* Que sueña mucho. 2 Idealista, romántico.

soñar 1 *tr.* e *intr.* Representar en la imaginación sucesos o escenas durante el sueño. 2 *intr.* Desear mucho algo.

soñoliento, ta 1 *adj.* Que tiene sueño. 2 Que está dormitando.

sopa 1 *f.* Plato que se elabora cociendo en caldo arroz, fideos, verduras, etc. 2 Pedazo de pan empapado en algún líquido.

sopero, ra 1 *adj.* Dicho del plato hondo o de la cuchara grande usados para tomar la sopa. 2 *f.* Recipiente hondo en que se pasa la sopa a la mesa.

sopesar *tr.* Levantar algo para tantear el peso que tiene.

soplador, ra 1 *adj.* Que sopla. 2 Abertura de cavidades subterráneas por donde sale el aire con fuerza.

soplar 1 *intr.* y *tr.* Despedir aire con fuerza por la boca. 2 *intr.* Hacer que los fuelles u otros instrumentos arrojen el aire que han recibido. 3 Moverse el viento con intensidad. 4 *tr.* Apartar con un soplo el polvo, un objeto, etc. 5 Insuflar aire en la pasta de vidrio a fin de obtener las formas previstas. 6 Decir a alguien con disimulo algo que no sabe.

soplete *m.* Aparato que produce y proyecta una llama y es utilizado para obtener temperaturas elevadas o para fundir metales.

soplo 1 *m.* Acción y efecto de soplar. 2 Tiempo muy breve.

soplón, na *adj.* y *s.* Que denuncia en secreto y con cautela.

sopor *m.* Adormecimiento, somnolencia.

soporífero, ra *adj.* Que produce sueño.

soportar 1 *tr.* Sostener o llevar alguna carga o peso. 2 Sufrir, aguantar.

soporte 1 *m.* Apoyo o sostén. 2 Pieza que sirve para sostener o afirmar a otra. 3 Material sobre el que se dibuja o pinta. 4 Material en que se registra información, como el papel, el disco compacto, etc.

soprano 1 *m.* Mús Voz más aguda de las voces humanas. 2 *m.* y *f.* Mús Persona que tiene esta voz. 3 Mús Registro superior de algunas familias instrumentales.

sor *f.* Tratamiento dado a algunas religiosas.

sorber 1 *tr.* Beber aspirando. 2 Atraer hacia dentro los mocos.

sorbete *m.* Refresco espeso hecho a base de zumo de frutas, agua o leche, o yemas de huevo azucaradas y aromatizadas.

sorbo 1 *m.* Acción de sorber. 2 Cantidad de líquido que se sorbe de una vez.

sordera *f.* MED Privación o disminución de la facultad de oír.

sórdido, da 1 *adj.* Miserable, sucio. 2 Mezquino, avariento.

sordina *f.* MÚS Pieza adicional que disminuye y modifica la sonoridad de un instrumento.

sordo, da 1 *adj.* y *s.* Que no oye o no oye bien. 2 *adj.* Que no hace ruido, silencioso. 3 Que suena poco. 4 FON Dicho del sonido que se pronuncia sin vibración de las cuerdas vocales, como el de las consonantes *c, ch, f, j, k, p, t, z.*

sordomudo, da *adj.* y *s.* MED Privado de la facultad de hablar por ser sordo de nacimiento.

sorgo *m.* Gramínea de hasta 2 o 3 m de altura, con hojas lampiñas y flores y semillas dispuestas en panículas apicales.

soriasis *f.* MED Enfermedad de la piel que se manifiesta con manchas y descamación.

sorna *f.* Tono burlón con que se dice algo.

sorprender 1 *tr.* Coger desprevenido. 2 Descubrir lo que otro ocultaba o disimulaba. 3 *tr.* y *prnl.* Causar impresión.

sorpresa 1 *f.* Acción y efecto de sorprender o sorprenderse. 2 Lo que da motivo para que alguien se sorprenda.

sortear 1 *tr.* Someter a la decisión de la suerte la adjudicación de algo. 2 Evitar con habilidad algún obstáculo, riesgo o conflicto.

sostenibilidad *f.* ECOL Desarrollo que se logra en un territorio, durante un tiempo prolongado, preservando los recursos existentes y con un mínimo impacto sobre el ecosistema.

sortija *f.* Anillo de adorno para los dedos de la mano.

sortilegio 1 *m.* Adivinación supersticiosa. 2 Acción realizada por arte de magia.

SOS Señal de socorro internacional, y por extensión, cualquier petición de ayuda.

sosa *f.* QUÍM **CARBONATO** de sodio.

sosegado, da *adj.* Quieto, tranquilo.

sosegar 1 *tr.* y *prnl.* Apaciguar, tranquilizar. 2 *intr.* y *prnl.* Cesar la turbación o el movimiento.

sosiego *m.* Quietud, tranquilidad.

soslayar *tr.* Eludir alguna dificultad, compromiso u obstáculo.

soso, sa 1 *adj.* Que no tiene sal o tiene poca. 2 *adj.* y *s.* Que carece de viveza.

sospecha *f.* Acción y efecto de sospechar.

sospechar 1 *tr.* Creer que existe o ha sucedido algo por alguna apariencia o indicio. 2 *intr.* Desconfiar de alguien.

sospechoso, sa *adj.* Que da motivos para sospechar.

sostén 1 *m.* Acción de sostener. 2 Persona o cosa que sostiene. 3 **SUJETADOR.**

sostener 1 *tr.* y *prnl.* Mantener firme alguna cosa. 2 *tr.* Mantener una idea, opinión, promesa, etc. 3 Prestar apoyo físico a alguien. 4 Dar a alguien lo necesario para su manutención.

sostenible 1 *adj.* Dicho del proceso que puede mantenerse mediante su propia dinámica. 2 ECON **desarrollo ~.**

sostenido, da 1 *adj.* MÚS Dicho de la nota musical cuya entonación excede en un semitono a la de su sonido natural. 2 *m.* MÚS Signo (#) que representa la alteración del sonido natural de la nota o notas a que se refiere.

sotana *f.* Vestidura talar que usan los eclesiásticos.

sótano *m.* Pieza subterránea o situada bajo la rasante de la calle.

sotobosque *m.* ECOL Conjunto de arbustos que crecen debajo de la bóveda formada por las copas de los árboles del bosque.

soul *m.* Expresión musical afroamericana, nostálgica e intimista, surgida en la década de los años sesenta del s. XX que mezcla elementos de góspel, *blues*, pop y *rock*.

soviet *m.* HIST Consejo que surgió como asamblea de coordinación durante las revoluciones rusas de 1905 y 1917 y que se convirtió en la institución política fundamental de la Unión Soviética.

soviético, ca *adj.* y *s.* De la antigua Unión Soviética.

spa (Voz ingl.) *m.* Lugar en el que se ofrecen tratamientos y terapias, basados en el uso del agua, para la relajación corporal. • Por alusión a Spa, ciudad belga famosa por sus aguas curativas.

spam (Voz ingl.) *m.* Correo electrónico de distribución masiva, con contenido publicitario o malintencionado, que se recibe sin haberlo solicitado.

spanglish (Voz ingl.) *m.* **ESPANGLISH.**

squash (Voz ingl.) *m.* DEP Deporte en el que los jugadores golpean, con una raqueta, una pelota de goma contra la pared frontal de una cancha cerrada.

stand (Voz ingl.) *m.* **ESTAND.**

stop (Voz ingl.) *m.* Cada una de las luces traseras de un automóvil que se encienden al accionar el freno.

su, sus Pronombre posesivo de tercera persona, en ambos géneros y números, que se utiliza antepuesto al nombre.

suave 1 *adj.* Liso y blando al tacto. 2 Grato a los sentidos. 3 Tranquilo, manso. 4 Lento, moderado.

suavizar *tr.* y *prnl.* Hacer suave.

subacuático, ca *adj.* Que se hace o existe bajo el agua.

subalterno, na *adj.* y *s.* Que está subordinado a otra persona.

subarrendar *tr.* Dar o tomar en arriendo algo de otro arrendatario.

subarrendatario, ria *m.* y *f.* Persona que toma en subarriendo algo.

subarriendo *m.* Acción y efecto de subarrendar.

subasta *f.* Venta pública en que se ofrece algo que se adjudica a quien hace la oferta más alta.

A B C D E F G H I J K L M N Ñ O P Q R S T U V W X Y Z

subastar *tr.* Vender efectos o contratar servicios en subasta.
subatómico, ca *adj.* FÍS De dimensión inferior a las del átomo.
subcampeón, na *m.* y *f.* DEP Deportista o equipo que ocupa el segundo lugar de una competición.
subclavio, via *adj.* ANAT Que está debajo de la clavícula.
subconjunto *m.* MAT Conjunto de elementos integrados en otro más amplio.
subconsciente *m.* PSIC Estrato de la personalidad cuya actividad se mantiene por debajo de los niveles conscientes.
subcontinente *m.* GEO Parte amplia, delimitada y con características propias de un continente.
subcontrato *m.* Contrato por el que una empresa se compromete a realizar un trabajo por cuenta de otra.
subcultura *f.* Manifestaciones culturales de un grupo social que presenta características (creencias, actitudes, costumbres, etc.) que lo diferencian de la cultura mayoritaria.
subcutáneo, a *adj.* Que está o se introduce por debajo de la piel.
subdesarrollo 1 *m.* Desarrollo deficiente respecto a las propias posibilidades o al alcanzado por otros. 2 ECON Situación de los **países** en desarrollo.
subdirector, ra *m.* y *f.* Persona que ayuda o sustituye al director.
súbdito, ta *m.* y *f.* Ciudadano de un país en cuanto sujeto a las autoridades políticas de este.
subdividir *tr.* y *prnl.* Dividir algo que ya estaba dividido.
subducción *f.* GEO Deslizamiento del borde de una placa de la corteza terrestre por debajo del borde de otra.
subempleo *m.* ECON Situación en la que no se utiliza plenamente la capacidad de los puestos de trabajo.
súber *m.* BOT Tejido protector del tallo de las plantas adultas formado por células que se van impregnando de suberina.
suberina *f.* BOT Sustancia procedente de la transformación de la celulosa.
subestimar *tr.* Dar a alguien o algo menos importancia o valor del que tiene.
subido, da 1 *adj.* Dicho del color o del olor muy intensos. 2 Muy elevado. 3 *f.* Acción y efecto de subir o subirse. 4 Camino o pendiente por donde se sube.
subienda 1 *f.* Época en que los peces remontan los ríos para desovar. 2 Gran afluencia de peces.

subíndice *m.* Letra o número que se añade a un símbolo para diferenciarlo de otros semejantes. Se coloca a la derecha de aquél y algo más abajo.
subir 1 *tr.* Recorrer hacia arriba algo que está en pendiente. 2 Hacer más alto algo: *Subir una pared.* 3 Enderezar algo que estaba inclinado hacia abajo. 4 INF **colgar.** 5 *tr.* e *intr.* Aumentar el precio de algo. 6 MÚS Hacer la voz o el tono de un instrumento más alto. 7 *tr.* y *prnl.* Trasladar a alguien o algo a un lugar más alto que el que ocupaba. 8 *intr.* Aumentar el nivel o altura de algo. 9 Llegar una cuenta, deuda, etc., a determinada cantidad. 10 Ascender en dignidad o empleo. 11 Aumentar en cantidad o intensidad el grado o el efecto de algo. 12 *intr.* y *prnl* Pasar de un sitio a otro más alto. 13 Entrar en un vehículo.
súbito, ta *adj.* Inesperado, repentino.
subjetivo, va 1 *adj.* Relativo al sujeto, en oposición al mundo externo. 2 Relativo al modo de pensar o de sentir de alguien y no al objeto en sí mismo.
subjuntivo *adj.* y *m.* GRAM Modo verbal que manifiesta lo expresado por el verbo con significación de subjetividad (duda, deseo, temor, etc.): *Quizás vaya al cine; ojalá caiga nieve; es posible que viaje.*
sublevar *tr.* y *prnl.* Alzar en motín o rebeldía.
sublimación *f.* Acción y efecto de sublimar.
sublimado *m.* QUÍM Sustancia obtenida por sublimación.
sublimar 1 *tr.* y *prnl.* Exaltar, enaltecer, ensalzar. 2 FÍS y QUÍM Pasar directamente un cuerpo del estado sólido al vapor, y viceversa. 3 PSIC Canalizar los deseos no aceptados socialmente o difíciles de satisfacer hacia una actividad moral o intelectual más generosa o superior.
sublime *adj.* De gran valor moral o intelectual, excelente.
subliminal *adj.* PSIC Carácter de las percepciones sensoriales o actividades psíquicas de las que el sujeto no tiene conciencia.
sublingual *adj.* ANAT De la región inferior de la lengua.
submarinismo *m.* Conjunto de las actividades científicas, deportivas, militares, etc., que se realizan bajo la superficie del mar.
submarino, na 1 *adj.* Que está o se efectúa bajo la superficie del mar. 2 GEO **plataforma** ~. 3 *m.* Embarcación que soporta grandes presiones y puede cerrarse herméticamente, sumergirse a voluntad con su tripulación y navegar bajo el agua. Suele tener forma cilíndrica con los extremos convexos.
submúltiplo, pla *adj.* y *s.* MAT Dicho del número o cantidad contenidos un número de veces en otro u otra.
submundo *m.* Grupo social que se dedica a actividades ilícitas o marginales.
subnormal *adj.* Inferior a lo normal.
suboficial *m.* Categoría militar comprendida entre las de oficial y sargento.
subordinación 1 *f.* Sujeción a la orden, mando o dominio de otro. 2 GRAM Relación de dependencia entre dos o más oraciones al interior de una oración compuesta.
subordinado, da 1 *adj.* y *s.* Que está sujeto a otro o bajo su dependencia. 2 GRAM Dicho del elemento gramatical que depende sintácticamente de otro respecto del cual funciona como complemento. 3 GRAM **oración** ~.
subordinante 1 *adj.* Que subordina. 2 *adj.* y *s.* GRAM Dicho del elemento gramatical que rige a otro de categoría diferente.
subordinar 1 *tr.* Clasificar algo como inferior o accesorio respecto a otras cosas. 2 *tr.* y *prnl.* Poner a

alguien o algo bajo la dependencia de otro u otros. 3 GRAM Regir un elemento gramatical a otro de categoría diferente, como la preposición al sustantivo, el sustantivo al adjetivo, etc.

subproducto *m.* ECON Producto derivado de los procesos de fabricación o extracción de un producto principal.

subradical *m.* MAT Expresión abarcada por el signo radical, como 9 en $\sqrt[3]{9}$.

subrayar *tr.* Señalar por debajo con una raya una letra, palabra o frase escrita.

subregión *f.* GEO Región geográfica con características particulares situada en el interior de otra más amplia.

subrepticio, cia *adj.* Que se hace u obtiene de forma oculta y con disimulo.

subrogar *tr.* y *prnl.* DER Sustituir a alguien o algo en una relación jurídica.

subsahariano, na *adj.* Del sur del Sahara.

subsanar *tr.* Remediar un defecto o resarcir un daño.

subsidencia *f.* GEO Proceso de hundimiento vertical de una cuenca sedimentaria a causa del peso de los sedimentos.

subsidiar *tr.* Conceder subsidios.

subsidiario, ria *adj.* Que se da o se manda en socorro o subsidio de alguien.

subsidio *m.* Ayuda económica, de carácter oficial o institucional, que se concede a una persona o una entidad.

subsiguiente *adj.* Que viene inmediatamente después del siguiente.

subsistencia 1 *f.* Acción de vivir, vida. 2 Permanencia de algo. 3 Conjunto de lo necesario para el sustento de la vida humana.

subsistir 1 *intr.* Permanecer, perdurar o conservarse algo. 2 Mantener la vida, seguir viviendo.

subsuelo *m.* GEO Terreno que está debajo de la capa laborable o, en general, debajo de una capa de tierra.

subteniente *m.* Empleo superior del cuerpo de suboficiales.

subterfugio *m.* Escapatoria, evasiva, pretexto.

subterráneo, a 1 *adj.* Que está debajo de tierra. 2 *m.* Lugar o espacio que está debajo de tierra.

subtítulo 1 *m.* Título de un texto secundario. 2 En las películas proyectadas en versión original, rótulo que aparece con la traducción del diálogo de los actores.

subtotal *m.* Sumatoria parcial de una cantidad que se adiciona a otras para, posteriormente, determinar el total.

subtropical 1 *adj.* GEO Que está cerca a los trópicos, pero en una latitud más alta. 2 ECOL **bosque** templado y ~.

suburbano, na 1 *adj.* y *s.* Próximo a la ciudad. 2 *adj.* Perteneciente al suburbio.

suburbio *m.* Barrio en la periferia de la ciudad.

subvalorar *tr.* y *prnl.* **SUBESTIMAR.**

subvencionar *tr.* Conceder una ayuda económica para fomentar una actividad industrial, científica, institucional, etc.

subversión 1 *f.* Acción y efecto de subvertir. 2 POLÍT Pretensión deliberada de alterar, de forma radical y al margen de la legalidad, el orden político, social o institucional vigente en un Estado.

subversivo, va *adj.* Que subvierte o pretende subvertir.

subvertir *tr.* Trastornar o alterar el orden establecido.

subyacer *intr.* Yacer algo debajo de otra cosa.

subyugar 1 *tr.* y *prnl.* Dominar, someter. 2 Gustar en extremo.

succión *f.* Acción de succionar.

succionar 1 *tr.* Chupar, sorber. 2 Absorber un fluido, un órgano, una máquina, etc.

sucedáneo, a *adj.* y *s.* Que puede sustituir algo por tener propiedades similares.

suceder 1 *tr.* Ocupar el lugar de alguien o algo, o sustituir a alguien en algún empleo o dignidad. 2 Ir a continuación una cosa de otra. 3 Heredar a alguien. 4 *intr.* Producirse algún hecho o suceso.

sucesión 1 *f.* Acción y efecto de suceder. 2 Descendencia o procedencia de un progenitor. 3 MAT Conjunto de números, términos u operaciones que siguen unos a otros de acuerdo a un determinado orden. || ~ **creciente** MAT Aquella en la que cada término es mayor que el anterior. ~ **decreciente** MAT En la que cada término es menor que el anterior. ~ **ecológica** ECOL Secuencia de organismos o comunidades que se van sustituyendo unos a otros en un área determinada.

sucesivo, va *adj.* Que sigue a algo.

suceso 1 *m.* Lo que sucede. 2 Transcurso del tiempo. 3 Éxito, resultado bueno de algún asunto. 4 MAT Cada uno de los resultados posibles de un experimento aleatorio.

sucesor, ra *adj.* y *s.* Que sucede a alguien en un empleo, dignidad o herencia.

suciedad *f.* Porquería, inmundicia.

sucinto, ta *adj.* Breve, conciso.

sucio, cia 1 *adj.* Que tiene suciedad o que la produce. 2 Dicho del color confuso y turbio. 3 Deshonesto u obsceno. 4 *adv. m.* Hablando de algunos juegos, sin la debida observancia de sus reglas.

súcubo *m.* Demonio que, según la superstición, tiene relaciones sexuales con un hombre bajo la apariencia de mujer.

suculento, ta 1 *adj.* Sabroso, nutritivo. 2 BOT **tallo** ~.

sucumbir 1 *intr.* Ceder, rendirse, someterse. 2 Morir.

sucursal *f.* Establecimiento mercantil o industrial que depende de otro principal.

sudadera *f.* Conjunto de chaqueta y pantalón deportivos.

sudar 1 *intr.* y *tr.* Salir el sudor por los poros de la piel. 2 *tr.* Empapar en sudor.

sudario *m.* Tela en que se envuelve un cadáver.

sudeste *m.* **SURESTE.**

sudista 1 *m.* y *f.* HIST En la Guerra de Secesión estadounidense, partidario de los Estados Confederados del Sur. 2 *adj.* Relativo a esta confederación.

sudoeste *m.* **SUROESTE.**

sudoku Juego de lógica consistente en completar con números del 1 al 9 una cuadrícula de 81 casillas y 9 subcuadrículas, sin que se repita ningún número en la misma fila, columna o subcuadrícula.

sudor 1 *m.* FISIOL Líquido de sabor salado y olor particular, que segregan las glándulas sudoríparas. 2 **SUDORACIÓN.**

sudoración *f.* FISIOL Secreción del sudor.

sudorípara *adj.* ANAT y FISIOL **glándula** ~.

suegro, gra *m.* y *f.* Con respecto a una persona, padre o madre del cónyuge.

suela *f.* Parte del calzado que toca el suelo.

sueldo *m.* ECON Remuneración asignada a las personas por un trabajo realizado.

suelo 1 *m.* Superficie por la que se anda. 2 ECOL **degradación** del ~. 3 GEO Porción superficial de la superficie terrestre alterada por la acción de agentes naturales, en la cual están enraizadas las plantas. 4 **ordenación** del ~.

suelto, ta 1 *adj.* Poco compacto, disgregado. 2 Hábil en la ejecución de algo. 3 Que no forma con otras cosas la unión debida. 4 Dicho de las monedas fraccionarias. 5 Que queda holgado. 6 Que no está envasado o empaquetado.

sueño 1 *m.* Acción de imaginar escenas o sucesos mientras se duerme. 2 Estos mismos sucesos o imágenes que se representan. 3 Ganas de dormir. 4 FISIOL Acto de dormir, estado de reposo que se caracteriza por los bajos niveles de actividad fisiológica y por la escasa o nula reacción a los estímulos externos. 5 Lo que carece de fundamento o no tiene posibilidad de realizarse. 6 MED **enfermedad** del ~.

suero 1 *m.* FISIOL Parte de la sangre o de la linfa que queda líquida después de su coagulación. 2 FARM Solución destilada de agua salina para balancear la hidratación. || ~ **antiofídico** FARM El preparado para contrarrestar los efectos del veneno de serpiente.

suerte *f.* Serie de sucesos encadenados y considerados como fortuitos o casuales.

suéter *m.* Prenda de punto, cerrada y con mangas, que cubre desde el cuello hasta la cintura.

suevo, va *adj.* y *s.* HIST De un antiguo pueblo germano que, empujado por los hunos, atravesó la Galia y se asentó en el NO de la Península Ibérica (409). En el 585 su reino fue conquistado por los visigodos.

suficiencia 1 *f.* Capacidad, aptitud. 2 Presunción pedantería.

suficiente 1 *adj.* Bastante para lo que se necesita. 2 *m.* Calificación que indica la suficiencia del alumno.

sufijación *f.* GRAM Acción de formar nuevas palabras mediante sufijos.

sufijo *m.* GRAM Morfema que se pospone a la raíz de una palabra para formar derivados o dar alguna apreciación (aumentativa, diminutiva, despectiva, etc.): *Bigotazo; casita; abogaducho.*

sufismo *m.* REL Doctrina mística musulmana según la cual sus practicantes pueden alcanzar la unión espiritual con Dios y el conocimiento directo de la verdad divina.

suflé *m.* Alimento de consistencia esponjosa, preparado al horno con claras de huevo batidas a punto de nieve.

sufragar 1 *tr.* Ayudar, favorecer. 2 *intr.* Votar a un candidato.

sufragio 1 *m.* Ayuda, favor. 2 POLÍT Voto, acción y efecto de votar. || ~ **universal** POLÍT Al que, en principio, tienen derecho todos los ciudadanos.

sufragismo *m.* POLÍT e HIST Movimiento femenino inglés, surgido a principios del s. XX, que promovió la concesión del sufragio femenino (que les fue finalmente otorgado en 1920). Este derecho ya había sido conquistado por las estadounidenses en el s. XIX.

sufrir 1 *tr.* Padecer alguna enfermedad o trastorno físico. 2 Soportar condiciones no favorables. 3 *intr.* Padecer o tener algún daño o dolor físico o moral.

sufusión *f.* GEO Tipo de erosión que da lugar a conductos subterráneos.

sugerencia *f.* Idea o cosa que se sugiere.

sugerir *tr.* Provocar en alguien alguna idea, insinuársela.

sugestionar 1 *tr.* Influir sobre alguien en el modo de entender algo. 2 *prnl.* Dejarse llevar por alguna idea, generalmente obsesiva, sin evaluación crítica adecuada.

suicida 1 *adj.* y *s.* Dicho de la persona que se suicida. 2 Que arriesga la vida conscientemente.

suicidarse *prnl.* Quitarse voluntariamente la vida.

suite 1 *f.* Habitación de un hotel con dos o más unidades comunicadas entre sí. 2 MÚS Composición que consiste en una serie de piezas, generalmente de danza, escritas en una única tonalidad.

sujeción 1 *f.* Acción de sujetar o sujetarse. 2 Unión o cosa con que algo está sujeto.

sujetador, ra 1 *adj.* y *s.* Que sujeta. 2 *m.* Prenda interior femenina que sirve para sujetar el pecho.

sujetar 1 *tr.* y *prnl.* Asir fuertemente a alguien o algo para que no se mueva. 2 Aplicar a algo un objeto para que no se caiga o se mueva. 3 Dominar o someter a alguien.

sujeto, ta 1 *adj.* Expuesto o propenso a algo. 2 *m.* Persona de la que no se dice el nombre. 3 FIL El espíritu humano considerado en oposición al mundo externo. 4 GRAM Función sintáctica desempeñada por una palabra o un grupo de palabras de cuyo referente se predica o dice algo. 5 GRAM Elemento o conjunto de elementos que, en una oración, desempeñan dicha función: *Manuel estudia mucho; el perdonar es de valientes.* || ~ **agente** GRAM El que designa la entidad que realiza la acción denotada por el verbo: *La inundación arrasó los cultivos.* ~ **paciente** GRAM El que designa la entidad que recibe o experimenta la acción: *Se construyó un nuevo puente sobre el río.* ~ **tácito** GRAM El que no aparece en la oración, pero se sobreentiende, como *ellos* en *Llegaron temprano.*

sulfato *m.* QUÍM Cuerpo resultante de la combinación del ácido sulfúrico con un radical. || ~ **de aluminio**

QUÍM Sustancia sólida, cristalina y blanca, que se emplea para eliminar impurezas solubles del agua, en la fabricación de papel y en tintorería.

sulfhídrico *adj.* QUÍM Relativo a las combinaciones del azufre con el hidrógeno.

sulfurar *tr.* y *prnl.* Irritar.

sulfúrico *adj.* QUÍM Dicho de cierto ácido compuesto de azufre, hidrógeno y oxígeno. Es líquido, incoloro e inodoro y desprende gran cantidad de calor al contacto con el agua.

sulfuro *m.* QUÍM Sal de ácido sulfúrico.

sulfuroso, sa 1 *adj.* QUÍM Que participa de las propiedades del azufre. 2 QUÍM Dicho de un ácido gaseoso, incoloro e irritante, que es el principal constituyente de las emanaciones volcánicas.

sultán, na 1 *m.* Príncipe o gobernador en algunos países musulmanes. 2 *f.* Mujer del sultán.

suma 1 *f.* Acción y efecto de sumar. 2 Conjunto o reunión de varias cosas. 3 Recopilación de todas las partes de alguna ciencia o saber. 4 MAT Resultado de la operación de sumar.

sumando *m.* MAT Cada una de las cantidades que se añaden unas a otras para formar la suma.

sumar 1 *tr.* AÑADIR, agregar. 2 MAT Reunir en una sola varias cantidades homogéneas. 3 MAT Componer varias cantidades una total. 4 *prnl.* Agregarse a un grupo.

sumario, ria 1 *adj.* Reducido, breve. 2 *m.* Resumen, compendio.

sumergible 1 *adj.* Que se puede sumergir. 2 *m.* SUBMARINO.

sumergir *tr.* y *prnl.* Introducir algo dentro de algún líquido de forma que quede cubierto por él.

sumerio, ria *adj.* y *s.* HIST De Sumeria, antigua región de Mesopotamia donde se desarrolló una importante civilización.

sumidero *m.* Conducto por donde se evacuan las aguas residuales o de lluvia.

suministrar *tr.* Proveer a alguien de algo que necesita.

suministro 1 *m.* Acción y efecto de suministrar. 2 Cosas o efectos suministrados.

sumir 1 *tr.* y *prnl.* Hundir o meter algo bajo el agua o la tierra. 2 *prnl.* Hundirse o formar una concavidad anormal en un cuerpo.

sumisión *f.* Sometimiento de unas personas a otras.

sumiso, sa *adj.* Obediente, dócil.

sumo, ma *adj.* Superior a todos.

suna *f.* REL y DER Recopilación de los hechos y enseñanzas de Mahoma que es la fuente del derecho islámico.

sunami *m.* TSUNAMI.

sunismo *m.* REL Rama mayoritaria del islamismo que surgió durante el conflicto con los chiítas (que no reconocen a los cuatro primeros califas) respecto a la sucesión de Mahoma.

sunita *adj.* y *s.* REL Seguidor del sunismo.

suntuario, ria *adj.* Relativo al lujo.

suntuoso, sa *adj.* Magnífico, grande y costoso.

supeditar 1 *tr.* Condicionar una cosa a otra. 2 *prnl.* Someterse a algo.

súper *adj.* Magnífico, muy bueno.

superar 1 *tr.* Ser superior a alguien o algo. 2 Vencer obstáculos o dificultades. 3 Exceder un límite. 4 *prnl.* Hacer algo mejor que otras veces.

superávit 1 *m.* Abundancia de algo que se considera necesario. 2 ECON Exceso del haber sobre el deber. 3 ECON En la Administración pública, exceso de los ingresos sobre los gastos.

superchería *f.* Engaño realizado con algún fin.

superciliar *adj.* ANAT Dicho del reborde arqueado del hueso frontal en la parte correspondiente a la ceja.

superconductividad *f.* FÍS Propiedad de ciertos metales, aleaciones y combinaciones químicas por la cual su resistencia eléctrica se anula casi completamente al ser sometidos a muy bajas temperaturas.

superconductor, ra *adj.* y *s.* FÍS Dicho del material que posee o puede tener superconductividad.

superdotado, da *adj.* y *s.* Que posee cualidades que exceden de lo normal.

superestructura 1 *f.* Parte de una construcción que está por encima del nivel del suelo. 2 Estructura social, ideológica o cultural fundamentada en otras.

superficial 1 *adj.* Relativo a la superficie. 2 Poco profundo.

superficie 1 *f.* Contorno o límite de los cuerpos que delimita el espacio que ocupan y los separa del espacio circundante. 2 Extensión de tierra. 3 Aspecto exterior de algo. 4 GEOM Extensión en que solo se consideran dos dimensiones. || ~ **cilíndrica** GEOM La generada por una recta que se mueve paralelamente a sí misma y recorre una curva dada. ~ **cónica** GEOM La definida por las rectas o las semirrectas que pasan por un punto fijo y por los puntos de una curva. ~ **plana** GEOM PLANO.

superfluo, flua *adj.* Que no es necesario, que sobra.

superhombre *m.* FIL Ser superior (como categoría, no como individuo) a cuyo tipo debe tender la humanidad, según ciertos filósofos.

superíndice *m.* Letra o número que se añade a la derecha, y algo más arriba, de un símbolo o una palabra para diferenciarlos de otros semejantes.

superintendente, ta *m.* y *f.* Persona a cuyo cargo está la dirección y cuidado de algo, con superioridad a las demás que sirven en ello.

superior, ra 1 *adj.* Que está en lugar más alto con respecto a algo. 2 Dicho de lo más excelente, respecto de otras cosas de su misma clase. 3 *adj.* y *s.* Dicho de quien tiene otras personas bajo su dirección o mando. 4 *m.* y *f.* Persona que dirige una comunidad religiosa.

superioridad *f.* Excelencia o ventaja de una persona o cosa respecto de otra.

superlativo, va 1 *adj.* Muy grande o excelente en su categoría. 2 GRAM Grado de comparación de los **adjetivos** que expresa la máxima intensidad, modalidad o estado.

A B C D E F G H I J K L M N Ñ O P Q R S T U V W X Y Z

supermercado *m.* Establecimiento comercial de venta al por menor en el que el cliente se atiende a sí mismo y paga a la salida.
supernova *adj.* y *s.* ASTR **estrella ~.**
supernumerario, ria *adj.* y *s.* Dicho del empleado que trabaja en una empresa sin figurar en la plantilla.
súpero, ra *adj.* BOT **ovario ~.**
superponer *tr.* y *prnl.* Poner una cosa sobre otra.
superpotencia *f.* POLÍT Denominación que recibe un Estado dotado de un poder y unos intereses de dimensiones mundiales.
superproducción 1 *f.* ECON Exceso de producción. 2 CIN Película de presupuesto elevado y gran espectacularidad.
supersónico, ca 1 *adj.* FÍS Dicho de la velocidad superior a la del sonido. 2 FÍS Dicho del móvil que se desplaza a esta velocidad.
superstición *f.* Creencia ajena a la fe religiosa y contraria a la razón.
supersticioso, sa *adj.* y *s.* Que cree en supersticiones.
supervalorar *tr.* Dar a alguien o algo más valor o importancia de la que tiene.
supervisar *tr.* Ejercer la inspección general o superior de algo.
supervivencia *f.* Acción y efecto de sobrevivir.
supino, na 1 *adj.* Tendido sobre el dorso. 2 Dicho de la acción, estado o cualidad de necios o estúpidos.
suplantar *tr.* Sustituir ilegalmente a otro; usurpar su personalidad o sus derechos.
suplementario, ria 1 *adj.* Que sirve para suplir algo. 2 GEOM **ángulo ~; arco ~.**
suplemento 1 *m.* Lo que se añade a algo para complementarlo o perfeccionarlo. 2 SEPARATA.
suplencia 1 *f.* Acción de suplir a una persona. 2 Duración de esta actividad.
súplica 1 *f.* Acción y efecto de suplicar. 2 Palabras con que se suplica.
suplicar *tr.* Pedir algo con humildad, sumisión o insistencia.
suplicio *m.* Daño corporal muy doloroso aplicado como castigo.
suplir 1 *tr.* Remediar la carencia de algo. 2 Sustituir provisionalmente a alguien o algo.
suponer 1 *tr.* Dar por cierto o existente algo. 2 Dar existencia ideal a lo que realmente no la tiene. 3 Traer consigo, implicar: *Este trabajo supone una dedicación total.* 4 Calcular algo a través de los indicios que se tienen.

suposición *f.* Lo que se supone o da por cierto.
supositorio *m.* FARM Preparación en pasta, cónica u ovoide, que se administra por vía rectal o vaginal.
supraclavicular *adj.* ANAT **hueco ~.**
suprarrenal *adj.* ANAT y FISIOL **glándula ~.**
supremacía *f.* Grado supremo en cualquier línea.
supremo, ma 1 *adj.* Que está por encima de todo. 2 Que no tiene superior en su línea.
suprimir 1 *tr.* y *prnl.* Hacer desaparecer, anular. 2 Omitir, callar.
supuesto, ta 1 *adj.* Que se considera real y verdadero sin tener prueba de ello. 2 *m.* Suposición, hipótesis.
supurar *intr.* MED Formar o expulsar pus.
sur 1 *m.* Punto cardinal del horizonte, opuesto al norte. Símbolo: S. 2 Lugar situado en dirección a este punto cardinal.
surafricano *adj.* y *s.* Del sur de África.
suramericano, na *adj.* y *s.* De América del Sur.
surcar *tr.* Hacer surcos.
surco 1 *m.* Hendidura que se hace en la tierra al ararla. 2 Señal o hendidura que deja alguna cosa al pasar sobre otra. 3 Arruga del cuerpo.
sureño, ña *adj.* De la parte o en la parte sur de un país.
sureste 1 *m.* Punto del horizonte entre el sur y el este, a igual distancia de ambos. Símbolo: SE. 2 Lugar situado en dirección a este punto.
surf *m.* DEP Deporte que consiste en balancearse, estando de pie y encima de una tabla, sobre la cresta de las olas.
surgir *intr.* Aparecer, brotar o manifestarse algo.
suroccidente *m.* SUROESTE.
suroeste 1 *m.* Punto del horizonte entre el sur y el oeste, a igual distancia de ambos. Símbolo: SO. 2 Lugar situado en dirección a este punto.
suroriente *m.* SURESTE.
surrealismo *m.* ART y LIT Movimiento artístico y literario surgido en Francia en la década de 1920 que planteó una inversión de la visión realista para sobrepasarla mediante lo imaginario y lo irracional.
surtido, da 1 *adj.* y *s.* Dicho del artículo que se ofrece variado dentro de su misma especie. 2 *m.* Lo que sirve para surtir.
surtidor 1 *m.* Aparato que esparce agua. 2 Chorro de agua. 3 Bomba que extrae de un depósito subterráneo el combustible para los automóviles.
surtir *tr.* y *prnl.* Proveer de algo.
susceptible 1 *adj.* Capaz de recibir modificación. 2 Propenso a ofenderse con facilidad.
suscitar *tr.* Provocar, causar.
suscribir 1 *tr.* Firmar al pie o final de un escrito. 2 Adherirse al dictamen de alguien. 3 *adj.* y *prnl.* Abonar a alguna publicación periódica o a alguna asociación.
sushi (Voz jap.) *m.* Plato típico del Japón preparado con arroz hervido y pescado crudo que se sirve en porciones pequeñas, acompañado de salsa de soya.
susodicho, cha *adj.* Mencionado anteriormente.
suspender 1 *tr.* Sostener algo en alto. 2 Privar transitoriamente a alguien del empleo o salario que tiene. 3 *tr.* y *prnl.* Detener o aplazar temporalmente alguna acción u obra.
suspensión 1 *f.* Acción y efecto de suspender o suspenderse. 2 En los automóviles, conjunto de elementos que hacen elástico el apoyo de la carrocería sobre los ejes. 3 QUÍM Estado de un cuerpo sólido dividido en partículas muy finas y mezclado en un fluido, sin disolverse en él y sin depositarse en el fondo. || ~ **de garantías** POLÍT y DER Situación anormal en que, por motivos de orden público,

quedan sin vigencia algunas de las garantías constitucionales.

suspenso 1 *adj.* Perplejo, asombrado. 2 Expectación por el desarrollo de una acción o un suceso.

suspensorio *m.* Prenda a manera de vendaje para sostener y proteger el escroto y el pene.

suspicacia 1 *f.* Cualidad de suspicaz. 2 Idea sugerida por la desconfianza.

suspicaz *adj.* Propenso a desconfiar.

suspirar *intr.* Dar suspiros.

suspiro *m.* Aspiración fuerte y prolongada seguida de una espiración que suele denotar pena, fatiga, anhelo o alivio.

sustancia (Tb. substancia) 1 *f.* La parte más importante de algo. 2 Materia en general: *El agua es una sustancia líquida.* 3 Elemento nutritivo de los alimentos. || ~ **blanca** ANAT Parte interna de la corteza cerebral y del cerebelo recubierta por la sustancia gris y formada por fibras de mielina. ~ **gris** ANAT Capa superficial de la corteza cerebral y del cerebelo formada por capas de células sin mielina.

sustancial (Tb. substancial) *adj.* Dicho de lo más importante de algo.

sustancioso, sa 1 *adj.* Que por su importancia tiene valor o estimación. 2 Que tiene valor nutritivo.

sustantivar *tr.* y *prnl.* GRAM Dar valor y significado de sustantivo a una palabra o a una parte de la oración, mediante algún procedimiento morfológico o sintáctico: *Goteo* (de *gotear*); *el qué dirán.*

sustantivo, va 1 *adj.* Que tiene existencia real, independiente, individual. 2 Importante, fundamental. 3 *m.* GRAM Palabra con género inherente que designa personas, animales o cosas y que puede funcionar, sola o con algún determinante, como núcleo del sujeto. 4 GRAM **locución** ~. || ~ **abstracto** GRAM El que designa una realidad no material: *Actitud; caridad; inteligencia; maldad.* ~ **colectivo** GRAM El que en singular expresa número determinado de cosas de una misma especie, o conjunto: *Docena; flotilla; rebaño.* ~ **común** GRAM **NOMBRE** común. ~ **concreto** GRAM El que designa seres u objetos que poseen realidad material o que nos podemos representar como tales: *Libro; casa; perro.* ~ **numeral** El que significa número como: *Par; decena; millar.* ~ **propio** GRAM **NOMBRE** propio.

sustentar 1 *tr.* y *prnl.* Sostener una cosa. 2 Defender o sostener determinada opinión.

sustento 1 *m.* Mantenimiento, alimento. 2 Lo que sirve para dar permanencia a algo. 3 Sostén, apoyo.

sustitución *f.* Acción y efecto de sustituir.

sustituir 1 *tr.* Poner a alguien o algo en lugar de otro. 2 MAT Dado un conjunto de *n* elementos, cambiar el orden de colocación de los mismos.

sustituto, ta *m.* y *f.* Persona que sustituye a otra.

susto *m.* Impresión repentina causada por la sorpresa, el miedo o el espanto.

sustracción 1 *f.* Acción y efecto de sustraer o sustraerse. 2 MAT Operación de restar.

sustraendo *m.* MAT Cantidad que ha de restarse de otra.

sustraer 1 *tr.* Apartar, sacar, extraer. 2 Robar con fraude. 3 MAT **RESTAR.** 4 *prnl.* Eludir una obligación o evitar algo que molesta.

sustrato 1 *m.* Estrato que subyace a otro. 2 BIOL Lugar que sirve de asiento a las plantas o a los animales sésiles. 3 BIOQ Sustancia sobre la que actúa una enzima. 4 GEO Terreno situado debajo del que se considera.

susurrar 1 *intr.* y *tr.* Hablar en voz baja, produciendo un rumor continuo y sordo. 2 Producir un ruido suave el aire, el arroyo, etc.

susurro *m.* Ruido suave.

sutil 1 *adj.* Delgado, delicado, tenue. 2 Agudo, perspicaz, ingenioso.

sutileza *f.* Cualidad de sutil.

sutra *m.* Tratado budista que expone los puntos básicos de la doctrina, el ritual, la moral y las reglas de la vida cotidiana.

sutura 1 *f.* Juntura de las cáscaras de ciertos frutos. 2 MED Costura quirúrgica con que se unen los extremos de los labios de una herida.

suyo, suya, suyos, suyas Pronombre posesivo de tercera persona en masculino y femenino, y en singular y plural. Puede usarse en forma absoluta o precedido del artículo definido: *Esta casa es suya; esta casa es la suya.*

swing (Voz ingl.) 1 *m.* Variante musical del jazz, de influencia afroamericana, que tuvo gran auge en los años treinta del s. XX. 2 Movimiento de balanceo característico de quienes practican el boxeo, golf y béisbol, entre otros deportes.

t *f.* Vigesimoprimera letra del **alfabeto** español y decimoséptima de sus consonantes. Su nombre es *te*, y representa un sonido de articulación dental, oclusiva y sorda.

tabacalero, ra 1 *adj.* Relativo al cultivo, fabricación o venta del tabaco. 2 *adj.* y *s.* Que cultiva el tabaco.

tabaco 1 *m.* Planta solanácea de raíz fibrosa, tallo de hasta 2 m de alto, hojas alternas grandes y lanceoladas, flores rojas o amarillas en racimo y fruto en caja. De sus hojas se obtiene el tabaco para fumar. 2 Producto obtenido de las hojas de esta planta. 3 **CIGARRO**.

tábano *m.* Insecto díptero cuyas hembras hematófagas transmiten enfermedades a los mamíferos, incluido el hombre.

tabaquismo *m.* MED Intoxicación crónica producida por el consumo del tabaco.

taberna *f.* Local donde se venden bebidas alcohólicas y también se suelen servir comidas.

tabernáculo 1 *m.* Sagrario donde se guarda la eucaristía. 2 Tienda en que habitaban los antiguos hebreos.

tabique 1 *m.* Pared delgada que separa una habitación de otra. 2 División plana y delgada que separa dos cavidades. || ~ **nasal** ANAT El que separa las fosas nasales.

tabla 1 *f.* Pieza de madera plana de caras paralelas entre sí y poco gruesa con relación a su anchura. 2 Pieza plana y de poco espesor de alguna otra materia rígida. 3 Lista o catálogo de cosas puestas en orden sucesivo o relacionadas entre sí. 4 Gráfica de columnas y filas para ordenar datos sistemáticamente. 5 Pieza ovalada y con un hueco central, que se coloca sobre la taza del retrete para sentarse sobre ella. 6 *pl.* Estado, en el juego de damas o de ajedrez, en el cual ningún jugador puede ganar la partida. 7 Escenario del teatro. 8 MAT Serie ordenada de valores numéricos con los números comprendidos desde el cero hasta el diez para las operaciones aritméticas. || ~ **periódica de los elementos** QUÍM Cuadro esquemático en el que están los elementos dispuestos en un orden que refleja su estructura y de tal modo que resultan agrupados los que poseen propiedades análogas.

tablado 1 *m.* Suelo plano de tablas unidas por los cantos. 2 **TARIMA**.

tablero 1 *m.* Tabla o conjunto de tablas unidas por los cantos, con una superficie plana y lisa. 2 Tabla barnizada o recubierta con una chapa acrílica, usada para escribir en ella con tiza o marcador.

tableta 1 *f.* FARM **COMPRIMIDO**. 2 Placa de chocolate dividida en porciones.

tabloide *m.* Periódico de dimensiones menores que las ordinarias.

tabú 1 *m.* Prohibición basada en ciertos prejuicios, conveniencias o actitudes sociales. 2 Lo que es objeto de esta prohibición.

tabulador, ra *m.* INF Tecla que en los computadores permite hacer cuadros y listas conservando los espacios.

tabular[1] *adj.* Que tiene forma de tabla.

tabular[2] *tr.* Accionar el tabulador.

taburete 1 *m.* Asiento individual, sin brazos ni respaldo. 2 Silla con el respaldo muy estrecho.

tacaño, ña *adj.* y *s.* Mezquino, nada generoso.

tacar *tr.* Apretar o ejercer gran presión sobre algo.

tacha *f.* Falta, defecto o culpa.

tachar 1 *tr.* Atribuir tacha a alguien o algo. 2 Borrar lo escrito haciendo trazos encima.

tache *m.* Cada una de las piezas cónicas de la suela de algunos zapatos deportivos que sirven para dar firmeza.

tachón *m.* Raya con que se tacha lo escrito.

tachonar *tr.* Cubrir una superficie casi por completo.

tachuela *f.* Clavo corto de cabeza grande.

tácito, ta 1 *adj.* Que no se expresa formalmente porque se sobreentiende o supone. 2 GRAM **sujeto** ~.

taciturno, na *adj.* Triste, melancólico.

taco 1 *m.* Pedazo de madera o de otra materia, que se encaja en algún hueco para sostener, equilibrar o apretar algo. 2 Palo del juego de billar. 3 Conjunto de hojas de papel que forman un bloc.

tacómetro *m.* Dispositivo que mide el número de vueltas o revoluciones de un eje.

tacón *m.* Pieza unida exteriormente a la suela del calzado en la parte que corresponde al talón.

taconear 1 *intr.* Hacer ruido con los tacones al andar. 2 *intr.* y *tr.* Mover rítmicamente los pies haciendo ruido con los tacones en el suelo.

táctico, ca 1 *adj.* Relativo a la táctica. 2 *f.* Sistema pensado y empleado para lograr algún fin. 3 Habilidad para poner en práctica dicho sistema.

táctil 1 *adj.* Referente al tacto. 2 Que posee cualidades perceptibles por el tacto. 3 **pantalla** ~.

tacto 1 *m.* Acción de tocar o palpar. 2 Cualidad de las cosas que se percibe con el sentido del tacto: *Tela de tacto suave.* 3 Habilidad, destreza, acierto, tino. 4 FISIOL Sentido corporal con el que se perciben las sensaciones de contacto, presión, calor y frío. Sus órganos están situados en la capa más externa de la piel, donde aparecen receptores nerviosos que se estimulan ante una deformación mecánica de la piel y transportan las sensaciones hacia el cerebro a través de fibras nerviosas. 5 Med Método de exploración digital de alguna superficie orgánica.

taekwondo *m.* Dep Forma de karate defensivo cuyo principio es nunca atacar primero.

tagalo, la 1 *adj.* y *s.* De un pueblo indígena de Filipinas. 2 *m.* Ling Lengua de este pueblo.

tagua 1 *f.* Palma de hojas pinnadas, inflorescencia en espiga y frutos en cabezuela, de superficie áspera. 2 Semilla de este árbol, que proporciona una pasta dura, de consistencia parecida a la del marfil.

tahúr, ra *adj.* y *s.* Muy aficionado al juego o hábil en él.

taichí *m.* Gimnasia china de movimientos lentos y coordinados.

taifa *f.* Hist Cada uno de los reinos en que se dividió la España árabe al disolverse el califato de Córdoba (1031), y que se sucedieron hasta la toma de Granada por los cristianos en 1492.

taiga *f.* Ecol Bosque de subsuelo helado, propio de las regiones boreales, conformado mayoritariamente por coníferas.

taimado, da *adj.* y *s.* Astuto, malicioso, maligno.

taíno, na *adj.* y *s.* De un pueblo amerindio, actualmente extinto, que habitaba en La Española, Cuba y Puerto Rico a la llegada de los españoles.

tairona *adj.* y *s.* Hist De un pueblo amerindio precolombino del NE de Colombia, que alcanzó su plenitud en el s. XI., y del cual se han localizado más de doscientos yacimientos arqueológicos, distribuidos desde la llanura costera hasta los 2000 m de altitud.

taita *m.* Tratamiento que se da al padre o jefe de la familia y a personas de respeto.

tajada *f.* Porción larga, ancha y delgada de una cosa, especialmente de un alimento sólido.

tajalápiz (Tb. Tajalápices) *m.* SACAPUNTAS.

tajamar 1 *m.* Cara apuntada de los pilares de los puentes, que rompe la fuerza de la corriente. 2 MALECÓN.

tajante *adj.* Definitivo, irrevocable.

tajar *tr.* Dividir algo en tajadas.

tajo *m.* Corte hecho con un instrumento cortante.

tal 1 *adj.* Igual, semejante o de la misma forma. 2 Especifica lo no especificado: *Hagan tales y tales cosas.* 3 Aplicado a un nombre propio equivale a poco conocido: *Un tal Cárdenas.* 4 *adv. m.* Así, de esta manera: *Tal como te dije.* 5 En correlación con *cual, como* o *así como,* se usa en sentido comparativo y significado *de igual modo* o *asimismo.*

tala *f.* Acción y efecto de talar².

talabartero, ra *m.* y *f.* Persona que trabaja o hace objetos de cuero.

taladrar 1 *tr.* Agujerear algo con un taladro u otra herramienta. 2 Herir los oídos con un sonido fuerte y agudo.

taladro 1 *m.* Instrumento agudo o cortante para agujerear. 2 Aparato para hacer agujeros en materiales duros mediante una broca. 3 Acción y efecto de taladrar.

tálamo 1 *m.* Cama conyugal. 2 Anat y Fisiol Conjunto de dos masas esféricas de tejido nervioso, situados en los hemisferios cerebrales por encima del hipotálamo, que intervienen en la regulación de la actividad sensorial.

talanquera *f.* Valla o pared que sirve de defensa o resguardo.

talante 1 *m.* Modo de realizar algo. 2 Disposición de ánimo en que se encuentra alguien.

talar¹ *adj.* Dicho del traje o vestidura que llega hasta los talones.

talar² *tr.* Cortar por la base los árboles.

talco 1 *m.* Geo Silicato hidratado de magnesio de textura suave al tacto. 2 Polvo extraído de este mineral y usado en higiene personal.

taled *m.* Prenda de lana con que se cubren la cabeza los judíos en sus ceremonias religiosas.

talega *f.* Saco o bolsa ancha y corta.

talego *m.* Bolsa larga y estrecha.

talento *m.* Aptitud natural y sobresaliente para realizar algo.

talibán, na 1 *adj.* Perteneciente o relativo a un movimiento fundamentalista islámico surgido en Afganistán en el marco de la guerra afgano-soviética (1979-1988) y que controló la mayor parte del país entre 1996 y 2001. Se reagrupó desde 2004 como grupo insurgente. 2 *s.* Miembro de este grupo.

talio *m.* Quím Elemento metálico, parecido al plomo, útil en la fabricación de vidrios ópticos. Punto de fusión: 304 °C. Punto de ebullición: 1457 °C. Núm. atómico: 81. Símbolo: Tl.

talión *m.* Pena que consiste en hacer sufrir al delincuente un daño igual al que causó.

talismán *m.* Objeto con supuesto poder sobrenatural.

talla 1 *f.* Estatura o altura de las personas. 2 Medida convencional de las prendas de vestir. 3 Art Obra de escultura en madera o piedra.

tallar 1 *tr.* Art Labrar esculturas desbastando el material que se trabaja. 2 Labrar piedras preciosas. 3 Grabar en hueco.

tallarín *m.* Pasta de harina de trigo en forma de tira estrecha.

talle 1 *m.* Cintura del cuerpo humano. 2 Parte del vestido que le corresponde. 3 Medida tomada desde los hombros hasta la cintura.

taller 1 *m.* Lugar donde se realiza algún trabajo manual o mecánico. 2 Estudio del pintor o escultor. 3 Conjunto de colaboradores de un maestro pintor o escultor. 4 Escuela o seminario de ciencias o de artes.

tallo 1 *m.* Bot Órgano de las plantas que sirve de sustentáculo a las hojas, flores y frutos, y a través del cual circula la savia. Presenta tres tejidos básicos: vascular, organizado en **xilema** y **floema**, fundamental, que rodea al anterior, y dérmico. 2 RETOÑO. 3 Brote de una semilla, bulbo o tubérculo. || **~ aerífero** Bot El que tiene la parte leñosa reducida y abundantes tejidos que acumulan aire, propio de las plantas que viven sumergidas en el agua. **~ herbáceo** Bot El que no presenta proceso de **lignificación**. **~ leñoso** Bot El que presenta proceso de lignificación.

~ **rastrero** Bot El que crece tendido por el sustrato y echa raíces adventicias. ~ **subterráneo** Bot RIZOMA. ~ **suculento** Bot El que almacena agua y presenta forma engrosada.

talo *m.* Biol Estructura de algunos hongos y algas equivalente al conjunto de raíz, tallo y hojas en las plantas.

talófito, ta (Tb. talofito) *adj.* Biol En clasificaciones en desuso, se dice de los organismos que tienen talo.

talón 1 *m.* Parte posterior del pie humano. 2 Parte correspondiente a las prendas de calzado.

talonario *m.* Bloque de recibos, boletos u otros documentos de los cuales queda una parte encuadernada, como comprobante, cuando se cortan.

talud *m.* Inclinación de un terreno o del paramento de un muro. || ~ **continental** Geo Vertiente submarina que desciende desde el borde de la plataforma continental hasta profundidades de 2000 m o más.

talvez *adv. d.* QUIZÁ.

tamal *m.* Plato elaborado con masa de harina de maíz, arroz, carnes, granos y verduras que, envuelto en hojas de plátano, se cocina al vapor.

tamaño, ña 1 *adj.* Tan grande o tan pequeño. 2 Cualidad de más o menos grande. 3 *m.* Magnitud o volumen de algo. || ~ **natural** El de una imagen cuando se representa con las mismas dimensiones del modelo.

tamarindo 1 *m.* Árbol tropical leguminoso de tronco grueso, hojas pecioladas, flores en espiga y fruto en legumbre; con este se elaboran bebidas y confituras. 2 Fruto de este árbol.

tambalear 1 *intr.* y *prnl.* Moverse algo o alguien de un lado a otro por falta de equilibrio. 2 Perder firmeza: *Tambaleó el negocio por la crisis.*

también *adv. m.* Se usa para afirmar la igualdad, conformidad, semejanza o relación de una cosa con otra ya nombrada.

tambo 1 *m.* Posada, parador, venta. 2 VAQUERÍA.

tambor 1 *m.* Bastidor compuesto de dos aros concéntricos que se encajan y entre los que se coloca la tela para bordarla. 2 Recipiente grande y cilíndrico que se emplea como envase. 3 Cilindro giratorio donde van las cápsulas de un revólver. 4 Disco de acero sobre el que actúan las zapatas del freno de un automóvil. 5 Componente fotosensible de ciertas impresoras y fotocopiadoras. 6 Arq Cada una de las piezas del fuste de una columna cuando no es monolítica. 7 Mús Instrumento de percusión formado por un cilindro hueco cerrado en sus extremos por membranas tensas. Se toca con palillos, mazos, baquetas o las manos. 8 *m.* y *f.* Mús Persona que toca el tambor.

tambora *f.* Mús Tambor muy grande.

tamborilear 1 *intr.* Tocar el tambor. 2 Dar golpes acompasados sobre algo imitando el ruido del tambor.

tamiz *m.* Cedazo muy tupido.

tamizar *tr.* Pasar algo por el tamiz.

tamo *m.* Polvo o paja menuda de semillas trilladas.

tampoco *adv. neg.* Se usa para negar algo después de haber negado otra cosa.

tampón 1 *m.* Rollo de celulosa que se introduce en la vagina para que absorba el flujo menstrual. 2 ALMOHADILLA para entintar sellos.

tan 1 *adv. c.* Modifica, encareciéndola, la significación del adjetivo, el adverbio y el participio. 2 Denota idea de equivalencia o igualdad: *Tan duro como el hierro.*

tanatólogo, ga *adj.* y s. Persona especializada en el trabajo con enfermos terminales y sus familias, cuyo fin es facilitar condiciones de vida digna para todos.

tanda *f.* Número indeterminado de ciertas cosas del mismo género que se dan o hacen sin interrupción.

tándem *m.* Bicicleta provista de pedales para dos personas, que se sientan una detrás de la otra.

tanga *m.* Bañador de dimensiones muy reducidas.

tangencial 1 *adj.* Geom Relativo a la tangente o a lo tangente. 2 Dicho de una idea, problema, etc., se refiere a algo solo parcialmente.

tangente 1 *adj.* Que toca. 2 Geom Dicho de las líneas y superficies que se tocan o tienen puntos comunes sin cortarse. 3 *f.* Geom Recta que toca a una curva o a una superficie. 4 Mat Razón trigonométrica cuyo valor es igual al seno del ángulo dividido por el coseno del mismo. || ~ **de un ángulo** Geom Razón entre la longitud del cateto opuesto al ángulo y la longitud del cateto adyacente del triángulo rectángulo. ~ **de un arco** Geom Parte de la recta tangente al extremo de un arco, comprendida entre este punto y la prolongación del radio que pasa por el otro extremo, que equivale al cociente entre el seno y el coseno.

tangible 1 *adj.* Que se puede tocar. 2 Que se puede captar de manera precisa: *Resultados tangibles.*

tango 1 *m.* Baile argentino de ritmo lento difundido internacionalmente. 2 Música y letra de este baile.

tanino *m.* Quím Sustancia, contenida en algunos vegetales, capaz de transformar las proteínas en productos resistentes a la descomposición. Se usa para curtir pieles y en farmacología.

tanque 1 *m.* Carro de combate. 2 Vehículo cisterna. 3 Depósito de agua, gasolina o petróleo.

tantalio *m.* Quím Elemento metálico dúctil y muy resistente a los ácidos. Se utiliza para hacer instrumentos quirúrgicos y en circuitos electrónicos. Punto de fusión: 2996 °C. Punto de ebullición: 5425 °C. Núm. atómico: 73. Símbolo: Ta.

tantalita *f.* Bioq Mineral del grupo de los óxidos, de color pardo y parecido a la columbita pero de mayor densidad que al mezclarse con esta produce el coltán.

tantear 1 *tr.* Calcular de forma aproximada. 2 Ensayar algo con lo que debe efectuarse una operación antes de realizarla de modo definitivo. 3 Examinar algo con el sentido del tacto.

tanto, ta 1 *adj.* Se aplica a una cantidad indeterminada o indefinida de algo. 2 *m.* Unidad de cuenta en muchos juegos. 3 *adv. c.* Hasta tal punto: *No debes trabajar tanto.* 4 Tan largo tiempo: *Él no puede tardarse tanto.* 5 En sentido comparativo se corresponde con *cuanto* o *como*, y denota idea de equivalencia.

tañer 1 *tr.* Tocar algún instrumento de percusión o de cuerda. 2 Tocar las campanas.

taoísmo *m.* FIL Sistema filosófico que postula la existencia de un Uno absoluto en la cual se reabsorben todas las contradicciones de la realidad aparente.

tapa 1 *f.* Pieza que cierra por la parte superior algún recipiente. 2 Cada una de las dos partes de la cubierta de los libros. 3 Cada una de las capas de suela del tacón del calzado. 4 Pequeña porción de algunos alimentos que se sirve como acompañamiento de una bebida.

tapabocas *m.* Pieza de tela o papel que cubre la boca y la nariz.

tapar 1 *tr.* Cubrir o cerrar lo que está descubierto o abierto. 2 Estar una cosa delante o encima de algo ocultándolo. 3 Poner algo de modo que oculte a alguien o algo.

taparrabos (Tb. taparrabo) *m.* Prenda para cubrir los genitales.

tapete 1 *m.* Alfombra pequeña. 2 Mantel o carpeta para cubrir la superficie de las mesas u otros muebles.

tapia 1 *f.* Pared hecha de tierra amasada y apisonada. 2 Pared que sirve como cerca.

tapicería 1 *f.* Tejido que se emplea para decoración, como tela para cortinas, tapizado de muebles, etc. 2 Arte y técnica de hacer tapices. 3 Establecimiento del tapicero.

tapir *m.* Mamífero ungulado perisodáctilo, de aprox. 2 m de largo y pelaje negro que tiene la parte posterior blanco grisácea y el hocico prolongado en forma de pequeña trompa. || ~ **americano** DANTA.

tapiz *m.* Tejido grueso ornamental que suele colgarse en las paredes.

tapizar 1 *tr.* Forrar con telas las paredes o los muebles. 2 *tr.* y *prnl.* Cubrir una superficie con algo como un tapiz.

tapón 1 *m.* Pieza que tapa la boca de una vasija u otros orificios: *Tapón del lavabo.* 2 Lo que obstruye un conducto o lugar de paso.

taponar 1 *tr.* Cerrar algún orificio con un tapón u otra cosa. 2 Obstruir un conducto o lugar de paso.

tapujo *m.* Disimulo para disfrazar u ocultar la verdad.

taquicardia *f.* MED Aumento de la frecuencia del ritmo cardíaco.

taquigrafía *f.* Escritura basada en signos especiales que sirve para transcribir lo que se dice.

taquilla 1 *f.* Despacho en que se expenden boletos, entradas, etc. 2 Dinero que en dicho despacho se recauda. 3 CASILLERO.

tara *f.* Defecto físico o psíquico de carácter hereditario.

tarabita *f.* ANDARIVEL.

taracea *f.* Incrustación hecha con pedazos menudos de madera, concha, nácar y otras materias.

tarado, da *adj.* Que padece tara física o psíquica.

tarahumara *adj.* y *s.* De un pueblo amerindio mexicano, asentado en los estados de Chihuahua y Durango, cuyos miembros conservan gran parte de las creencias y costumbres de su cultura original de origen azteca.

tarántula *f.* Araña de tórax velloso, patas fuertes y abdomen casi redondo cuya picadura es venenosa.

tararear *tr.* Cantar en voz baja y sin articular palabras.

tarascada *f.* Mordedura violenta.

tarasco, ca *adj.* y *s.* HIST De un pueblo amerindio asentado antiguamente en México que desarrolló una floreciente cultura entre 1450-1530. Su último monarca fue ejecutado por el español N. de Guzmán (1532).

tardar 1 *intr.* y *prnl.* Ocupar más tiempo del acostumbrado o previsto en realizar algo o llegar a algún

lugar. 2 *intr.* Emplear un tiempo determinado en hacer algo.

tarde 1 *f.* Tiempo que hay desde el mediodía hasta el anochecer. 2 Últimas horas del día. 3 *adv. t.* A hora avanzada. 4 Después del momento acostumbrado, conveniente, necesario o previsto.

tardío, a *adj.* Que sucede tarde.

tarea *f.* Deber o trabajo que debe realizarse en un tiempo limitado.

tarifa *f.* Precio unitario fijado para ciertos servicios y productos.

tarima *f.* Suelo de tablas construido sobre un armazón, que se usa como estrado, tablado, etc.

tarjeta 1 *f.* Pieza pequeña, generalmente rectangular, plana y delgada. 2 La de cartulina que lleva impresos datos personales referidos a la actividad que alguien realiza. 3 La que lleva impresa una invitación, felicitación o participación. 4 FICHA para registrar las entradas y salidas del trabajo. 5 La que, mediante una banda magnética, se usa para establecer comunicación telefónica, poner en funcionamiento determinadas máquinas, etc. 6 INF Soporte de circuitos empleado para contener chips e interconexiones impresas entre los componentes. 7 DEP La de plástico que utiliza el árbitro como señal de amonestación. || ~ **de crédito** La emitida por bancos, grandes almacenes y otras entidades, que permite el pago a crédito. ~ **de identidad** La que acredita la personalidad del titular y va provista de su retrato y firma.

tarjetón 1 *m.* Tarjeta más grande que la corriente. 2 Cartulina electoral que lleva impresos el nombre y la fotografía de los candidatos.

tarot *m.* Juego de naipes de setenta y ocho cartas usado para adivinar el porvenir.

tarraja *f.* Barra de acero con un agujero en medio, donde se ajustan las piezas que labran las roscas de los tornillos.

tarro *m.* Recipiente más alto que ancho.

tarsero *m.* Lemúrido de pequeño tamaño, caracterizado por su cabeza redonda y grandes ojos saltones.

tarso 1 *m.* ANAT Conjunto de huesos cortos, situados entre los huesos de la pierna y el metatarso, que forman parte de las extremidades posteriores. 2 ZOOL Parte más delgada de las patas de las aves, que une los dedos con la tibia. 3 ZOOL La última de las cinco piezas de que se componen las patas de los insectos.

tarta *f.* TORTA.

tartamudear *intr.* Hablar con pronunciación entrecortada y repitiendo sílabas.

tartán *m.* Tela de lana con cuadros y listas cruzadas de diferentes colores.

tártaro, ra *adj.* y *s.* HIST De un grupo de pueblos de origen turco o mongol que, durante los s. XII y XIII, invadió Europa oriental. Formó el kanato de la Horda de Oro (s. XIII), que gobernó Rusia hasta el s. XV.

tarugo *m.* Trozo de madera corto y grueso.

tas *m.* Yunque pequeño usado en joyería.

tasa 1 *f.* Acción y efecto de tasar. 2 TARIFA. 3 Relación entre dos magnitudes. || **~ de interés** ECON Cálculo porcentual para determinar el precio que ha de pagarse, durante una unidad de tiempo, generalmente un año, por el dinero prestado. **~ de mortalidad** Número de fallecimientos por cada 1000 personas en un año. **~ de natalidad** Número de nacidos vivos por cada 1000 habitantes en un año.

tasajo *m.* Trozo de carne seco y salado o acecinado.

tasar 1 *tr.* Graduar el precio de las cosas. 2 Poner límite a algo para evitar excesos.

tasca *f.* TABERNA.

tascar 1 *tr.* Morder el caballo el bocado o moverlo entre sus dientes. 2 Quebrar ruidosamente la hierba las bestias cuando pacen.

tatarabuelo, la *m.* y *f.* Padre o madre del bisabuelo o de la bisabuela.

tataranieto, ta *m.* y *f.* Hijo o hija del biznieto o de la biznieta.

tatuaje *m.* Grabado de dibujos en el cuerpo humano hecho mediante punzadas en la epidermis.

tatuar *tr.* y *prnl.* Hacer tatuajes.

taumaturgo, ga *m.* y *f.* Persona que realiza prodigios o milagros.

taurino, na *adj.* Relativo al toro o a las corridas de toros.

tauro *adj.* y *s.* Dicho de las personas, las nacidas bajo el signo Tauro, entre el 20 de abril y el 20 de mayo.

tauromaquia *f.* Arte y técnica de lidiar toros.

tautología *f.* LÓG Expresión formalmente verdadera, cualquiera que sea el valor de verdad de los enunciados.

taxativo, va *adj.* Reducido al sentido estricto de la palabra o a circunstancias precisas.

taxi *m.* Automóvil de alquiler con chofer.

taxidermia *f.* Arte de disecar los animales.

taxímetro *m.* Aparato que en los taxis indica el precio en función de la distancia y el tiempo.

taxón *m.* BIOL Grupo taxonómico de cualquier categoría.

taxonomía *f.* BIOL Ciencia que trata de los principios, métodos y aplicaciones de la clasificación de los seres vivos.

taza 1 *f.* Vasija pequeña con asa en que se toman líquidos. 2 Lo que cabe en ella. 3 Receptáculo del retrete.

tazón *m.* Recipiente mayor que una taza y, generalmente, sin asa.

te[1] 1 *f.* Nombre de la letra *t*. 2 Regla que se emplea para dibujar y que tiene la forma de esta letra. 3 Elemento de tubería para instalar una derivación.

te[2] *f.* Dativo o acusativo del pronombre personal de segunda persona en género masculino o femenino y número singular.

té 1 *m.* Arbusto de hojas coriáceas, flores blancas, axilares y fruto en caja. 2 Infusión, que se prepara en agua hirviendo, con las hojas de este arbusto. 3 Reunión vespertina durante la cual se sirve un refrigerio del que forma parte el té. 4 Infusión de diversos frutos o hierbas aromáticas.

tea *f.* Raja de madera impregnada en resina, que se enciende para alumbrar.

teatralizar *tr.* Dar forma teatral a algún tema o asunto.

teatro 1 *m.* Edificio o local destinado a la representación de obras dramáticas o musicales y a otros espectáculos de variedades. 2 TEAT y LIT Género literario pensado para ser representado.

□ TEAT La acción que se representa suele ser una obra literaria dialogada. Los actores suelen llevar maquillaje y ropas alegóricas y recibir indicaciones sobre el movimiento de los personajes en la escena, que se reviste de elementos que identifican los lugares donde transcurre la acción.

tebeo *m.* HISTORIETA.

teca[1] *f.* BOT Célula en cuyo interior se forman las esporas de algunos hongos.

teca[2] *f.* Árbol tropical, de hasta 30 m de altura, que, por la resistencia de su madera, se usa en la construcción naval.

techar *tr.* Cubrir un edificio formando el techo.

techo 1 *m.* Parte interior y superior de un edificio, que lo cubre y cierra, o de cualquiera de las estancias o pisos que lo componen. 2 Casa, habitación.

tecla *f.* Cada una de las piezas de un instrumento musical o de cualquier máquina que, al ser pulsadas, hacen sonar el instrumento o funcionar la máquina.

teclado *m.* Conjunto de teclas de un instrumento o una máquina.

teclear *intr.* Pulsar las teclas.

tecnecio *m.* QUÍM Elemento metálico superconductor. Punto de fusión: 2200 °C. Punto de ebullición: 4567 °C. Núm. atómico: 43. Símbolo: Tc.

técnico, ca 1 *adj.* Relativo a la aplicación de las ciencias y las artes. 2 **dibujo ~**. 3 *m.* y *f.* Persona que posee los conocimientos especiales de una ciencia, arte u oficio. 4 *f.* Conjunto de procedimientos y recursos de que se sirve una ciencia, arte u oficio. 5 Habilidad o pericia para utilizarlos. 6 Cada uno de dichos procedimientos o recursos.

tecnificar *tr.* Introducir procedimientos técnicos en las ramas de producción que no los empleaban.

tecnócrata *m.* y *f.* Persona especializada en alguna materia de economía, administración, etc., que ejerce un cargo público.

tecnología 1 *f.* Conjunto de teoría y técnicas que permiten el aprovechamiento práctico del conocimiento científico. 2 Conjunto de los instrumentos y procedimientos industriales de un determinado sector o producto. || ~ **de punta** Conjunto de conocimientos sistematizados que permiten la modernización de los sistemas productivos mediante la aplicación del desarrollo científico.

tecnologizar *v. tr.* Emplear la tecnología o los elementos tecnológicos en un objeto o proceso.

tectónico, ca 1 *adj.* GEO Relativo a la corteza terrestre. 2 GEO **fosa** ~. 3 *f.* GEO Estudio de la corteza terrestre en relación con las fuerzas internas que actúan sobre ella. || ~ **de placas** GEO Teoría según la cual la corteza terrestre sólida está dividida en unas veinte placas semirrígidas, en cuyos bordes tienden a producirse sismos y erupciones volcánicas.

tedeum *m.* Cántico de la Iglesia católica para dar gracias a Dios.

tedio *m.* Aburrimiento, fastidio, desinterés.

teflón *m.* QUÍM Plástico con una resistencia al calor hasta los 300 °C y absoluta al agua y a los rayos ultravioleta. Es antiadherente y no absorbe olores ni sabores.

tegumento 1 *m.* ANAT Membrana que cubre un órgano interno. 2 BOT Tejido que cubre algunas partes de las plantas.

tehuelche *adj.* y *s.* HIST De un pueblo amerindio patagón de la Argentina meridional que fue sometido a una campaña de exterminio a mediados del s. XIX.

teína *f.* QUÍM Principio activo del té, análogo a la cafeína.

teísmo *m.* REL Doctrina que afirma la existencia de un dios creador del universo y regidor de su evolución.

teja *f.* Pieza de barro cocido, vidrio, plástico, etc., para cubrir los tejados.

tejado *m.* Parte superior y exterior de un edificio.

tejano, na *adj.* texano.

tejar *tr.* Cubrir de tejas los edificios.

tejedor, ra 1 *adj.* y *s.* Que teje. 2 *m.* Nombre de varios pájaros cuyo nido tiene forma de bolsa colgante. 3 *f.* Máquina de tejer.

tejer 1 *tr.* Formar en el telar la tela con la trama y la urdimbre. 2 Entrelazar hilos, cordones, esparto, etc., para formar trencillas, esteras y otros tejidos semejantes. 3 Hacer alguna labor de punto, ganchillo, etc. 4 ZOOL Formar ciertos animales sus telas, capullos, etc.

tejido 1 *m.* Manufactura textil laminar obtenida por el entrecruzamiento ordenado de los hilos. 2 Disposición de los hilos de las telas. 3 Conjunto homogéneo de elementos interrelacionados: *Tejido social.* 4 BIOL Asociación organizada de células de la misma naturaleza, con funciones semejantes o relacionadas. || ~ **adiposo** ANAT Aquel cuyas células poseen la propiedad de almacenar grasa en su interior. ~ **cartilaginoso** ANAT El conjuntivo caracterizado por poseer una sustancia intercelular resistente y elástica. ~ **conjuntivo** ANAT El que sirve de unión a los demás tejidos. ~ **epitelial** ANAT El que forma la piel y las superficies internas de las cavidades del cuerpo. ~ **fibroso** ANAT El conjuntivo que funciona como elemento principal de los ligamentos, tendones y aponeurosis. ~ **fundamental** BOT El del tallo que en el centro forma la médula y rodea al tejido vascular. ~ **muscular** ANAT El constituido por **fibras** musculares. ~ **vascular** BOT El que se encarga de transportar agua, minerales y nutrientes en las plantas vasculares. Hay dos tipos: **xilema** y **floema**.

tejo[1] 1 *m.* Trozo de teja. 2 Plancha metálica gruesa y de figura circular. 3 Juego consistente en lanzar un tejo de hierro, desde una distancia determinada, a un petardo para hacerlo estallar.

tejo[2] *m.* Árbol de ramas casi horizontales, hojas lineales, flores poco visibles y semilla envuelta en un arilo.

tejón, na *m.* y *f.* Mustélido carnívoro, de aprox. 1 m de largo, con el pelo blanco, negro y pajizo tostado.

tela 1 *f.* Material hecho de muchos hilos que, entrecruzados regularmente, forman una hoja o lámina. 2 ZOOL Tejido que forman la araña común y otros animales de su clase.

telar *m.* Máquina para tejer.

telaraña *f.* Tela que forma la araña.

telecabina *f.* Teleférico montado sobre un solo cable.

telecomunicación 1 *f.* TELEC Sistema de transmisión a distancia de sonidos, señales, palabras o imágenes en forma de impulsos o señales electrónicas o electromagnéticas por medio de distintos medios tecnológicos. 2 *f. pl.* TELEC Conjunto de medios de comunicación a distancia.

teleconferencia *f.* TELEC Comunicación simultánea entre varios mediante la conjugación de diversos medios (teléfono, video y otros análogos).

teledirigir *tr.* Guiar o dirigir algo con un telemando.

teleférico *m.* Vehículo que se desplaza suspendido de cables de tracción y que es empleado para salvar diferencias de altitud.

telefonear *tr.* Llamar a alguien por teléfono.

telefonía 1 *f.* TELEC Técnica de construir, instalar y manejar los teléfonos. 2 Servicio público de comunicaciones telefónicas.

telefónico, ca *adj.* Relativo al teléfono o a la telefonía.

teléfono 1 *m.* TELEC Aparato con el que se establece la comunicación telefónica. Está formado básicamente por un micrófono, un altavoz y los componentes que permiten enviar y recibir sonidos. 2 Número que se asigna a cada uno de esos aparatos. || ~ **celular, móvil** o **portátil** TELEC El dispositivo que puede efectuar y recibir llamadas desde cualquier lugar en que se halle, siempre dentro del área de cobertura del servicio que lo facilita. ~ **inalámbrico** TELEC Aquel en que la transmisión tiene lugar por medio de ondas electromagnéticas.

telégrafo *m.* TELEC Dispositivo para transmitir, mediante hilo eléctrico y un código de señales, mensajes a larga distancia.

telegrama 1 *m.* Comunicación transmitida por telégrafo. 2 Papel en el que se transcribe el mensaje transmitido mediante telégrafo.

telemando *m.* Aparato para dirigir a distancia una operación o maniobra.

telemetría *f.* Medición de distancias entre dos puntos, uno de ellos fuera del alcance visual, por medio de ondas electromagnéticas.

teleobjetivo *m.* Fot Objetivo para fotografiar objetos distantes.

teleósteo *adj.* y *m.* Zool Dicho de los peces con el esqueleto osificado, las escamas y el opérculo branquial osificados y con vejiga natatoria. Conforman un orden que engloba a la mayoría de los peces.

telepatía *f.* Coincidencia de pensamientos o sensaciones entre personas sin la intervención de los sentidos ni el empleo de medios de comunicación.

teleproceso *m.* Inf Intercambio y tratamiento de datos entre un computador central y los terminales alejados.

telerrealidad *f.* Género de televisión que busca mostrar la vida cotidiana de personas del común.

telescopio *m.* Ópt Instrumento óptico que permite observar la imagen aumentada de un objeto lejano. Se compone del objetivo, que proporciona una imagen óptica real del objeto observado, y el ocular, que amplía la imagen proporcionada por el objetivo.

teleserie *f.* Tv Serial televisivo.

telespectador, ra *m.* y *f.* Persona que ve la televisión.

teletrabajo *m.* Labor que se realiza a distancia, usando un soporte tecnológico.

televidente *m.* y *f.* TELESPECTADOR.

televisión 1 *f.* Tv Sistema de transmisión y reproducción de imágenes y sonidos a distancia, mediante ondas electromagnéticas o a través de corrientes eléctricas transmitidas por cable. 2 TELEVISOR. 3 Actividad profesional relativa a la televisión.

televisor *m.* Aparato receptor de televisión.

telofase *f.* Biol Fase final de la **mitosis** en que reaparecen el nucleolo y la membrana celular y en la que esta origina un tabique que separa a las dos células hijas.

telón *m.* Teat Lienzo grande, que se pone en el escenario de los teatros, y puede bajarse y subirse.

telonero, ra 1 *adj.* y *s.* Dicho del artista menos importante que en los espectáculos interviene en primer lugar. 2 *m.* y *f.* Persona que maneja los telones en un espectáculo.

telúrico, ca *adj.* Relativo a la Tierra como planeta.

telurio *m.* Quím Elemento de color blanco plateado que se emplea en la fabricación de dispositivos termoeléctricos, para dar color azul al vidrio, porcelana, etc. Punto de fusión: 452 °C. Punto de ebullición: 990 °C. Núm. atómico: 52. Símbolo: Te.

telurismo *m.* Influencia del relieve sobre los habitantes.

tema 1 *m.* Asunto que se trata en un discurso, escrito o exposición. 2 Motivo argumental de una obra artística o de un conjunto de obras. 3 Mús Pequeño trozo de una composición, con arreglo al cual se desarrolla el resto de ella.

temario *m.* Conjunto de temas propuestos para su estudio o discusión.

temático, ca 1 *adj.* Relativo al tema. 2 Que se dispone según el tema. 3 *f.* Conjunto de los temas contenidos en un asunto general.

temblar 1 *intr.* Agitarse una persona o un animal con un movimiento frecuente e involuntario. 2 Moverse con rapidez algo a uno y otro lado de su lugar o posición. 3 Geo Dicho de la Tierra, experimentar movimientos sísmicos.

temblor *m.* Acción y efecto de temblar.

temer 1 *tr.* Tener miedo. 2 *tr.* y *prnl.* Recelar, sospechar. 3 *intr.* Sentir temor.

temerario, ria 1 *adj.* Atrevido, que se expone a los peligros. 2 Que se dice, hace o piensa sin fundamento.

temeroso, sa 1 *adj.* Que causa temor. 2 Que siente temor de algo.

temible *adj.* Digno de ser temido.

temor 1 *m.* Sentimiento que hace evitar lo que se considera perjudicial o arriesgado. 2 Recelo, sospecha.

témpano *m.* Pedazo o plancha flotante de hielo.

témpera *f.* Art PINTURA al temple.

temperamental *adj.* Dicho de la persona de frecuentes cambios de ánimo o humor y de reacciones intensas.

temperamento *m.* Manera de ser o reaccionar de las personas.

temperancia *f.* Moderación, templanza.

temperatura 1 *f.* Grado de calor o de frío de los cuerpos. 2 Fís Magnitud física que expresa el grado o nivel térmico de los cuerpos o del ambiente. Su unidad internacional es el **grado** Kelvin (°K). || ~ **absoluta** Fís La medida en grados Kelvin, según la escala que parte del cero absoluto. ~ **crítica** Fís La máxima en que pueden coexistir las fases líquida y gaseosa de un fluido.

tempestad 1 *f.* Perturbación fuerte de la atmósfera, con viento, lluvia, nieve o granizo, y relámpagos y truenos. 2 Perturbación de las aguas del mar causada por el ímpetu de los vientos.

templado, da 1 *adj.* Que no está frío ni caliente. 2 Moderado, prudente. 3 Valiente, con serenidad y entereza. 4 Ecol **bosque** ~ y subtropical. 5 Geo **zona** ~ meridional; **zona** ~ septentrional.

templanza 1 *f.* Moderación, sobriedad, cordura. 2 Rel Virtud cardinal que consiste en moderar los apetitos y el uso excesivo de los sentidos sujetándolos a la razón.

templar 1 *tr.* Quitar el frío de algo, calentarlo ligeramente. 2 Enfriar, mediante inmersión en agua u otra sustancia, algo calentándolo por encima de determinada temperatura para mejorar sus propiedades. 3 Atirantar algo. 4 Mús Preparar un instrumento para que pueda producir los sonidos que le son propios. 5 *intr.* Perder el frío algo, empezar a calentarse.

templario *adj.* y *m.* Hist Dicho del miembro de la orden militar y religiosa del Temple, fundada en Jerusalén (1119) para defender los Santos Lugares y proteger a los peregrinos, y que fue disuelta en 1314.

temple 1 *m.* Acción y efecto de templar los metales o el vidrio. 2 Valentía serena. 3 Art **pintura** al ~.

templete 1 *m.* Pequeña estructura en forma de templo para cobijar una imagen. 2 Pabellón con cúpula sostenida por columnas.

templo 1 *m.* Edificio o lugar destinado a un culto religioso. 2 Lugar en que se cultiva con gran devoción algo especial: *Templo del saber.*

temporada *f.* Tiempo durante el cual se realiza habitualmente, y de manera continuada, una actividad.

temporal[1] 1 *adj.* Relativo al tiempo. 2 Que dura cierto tiempo. 3 Secular, profano, no religioso. 4 GRAM **conjunción** ~. 5 *m.* TEMPESTAD.

temporal[2] *adj.* y *m.* ANAT Dicho del hueso par que forma la parte lateral e inferior del cráneo correspondiente a la sien.

temporario, ria *adj.* TEMPORAL[1], que dura cierto tiempo.

temporizador *m.* Aparato que interviene en el funcionamiento de un dispositivo según un tiempo regulado.

temprano, na 1 *adj.* Que sucede, aparece o se produce pronto. 2 *adv. t.* En tiempo anterior al acostumbrado, convenido u oportuno para algún fin.

tenacidad *f.* Cualidad de tenaz.

tenaz 1 *adj.* Firme y pertinaz en un propósito. 2 Que opone mucha resistencia a desprenderse, romperse o deformarse.

tenaza 1 *f.* Instrumento compuesto de dos piezas cruzadas, móviles y articuladas, que rematan en mordazas que se pueden cerrar para sujetar objetos. 2 ZOOL Pinza de las patas de algunos artrópodos.

tendedero *m.* Lugar donde se tiende algo.

tendencia 1 *f.* Propensión, dirección o fin a que se tiende. 2 Ideas artísticas, filosóficas o políticas.

tendencioso, sa *adj.* Que manifiesta algo obedeciendo a ciertas tendencias, ideas, etc.

tender 1 *tr.* Extender, desdoblar o desplegar lo que estaba doblado, arrugado o amontonado. 2 Colgar la ropa mojada para que se seque. 3 Suspender o construir algo apoyándolo en dos o más puntos: *Tender un puente.* 4 Alargar una persona una cosa o una extremidad de su cuerpo. 5 Tener alguien o algo una característica no bien definida, pero sí aprox. a otra de la misma naturaleza. 6 *intr.* Dirigirse algo hacia un punto: *Los precios tienden a subir.* 7 *prnl.* Echarse, tumbarse.

tendero, ra *m.* y *f.* Dueño o dependiente de una tienda.

tendido 1 *m.* Acción y efecto de tender. 2 Conjunto de cables de una conducción eléctrica. 3 Ropa de cama.

tendinitis *f.* MED Inflamación aguda o crónica de un tendón.

tendón *m.* ANAT Estructura fibrosa que realiza la inserción de una masa muscular en un hueso. || ~ **de Aquiles** ANAT El que une los músculos de la pantorrilla al hueso calcáneo.

tenebroso, sa *adj.* Oscuro, tétrico, sombrío.

tenedor, ra 1 *m.* y *f.* Persona que posee algo. 2 *m.* Utensilio consistente en un mango terminado en dos o más púas, que sirve para comer alimentos sólidos.

tener 1 *tr.* Asir o mantener asida una cosa. 2 Contener en sí. 3 Poseer o dominar algo. 4 Ser preciso hacer algo u ocuparse de ello. 5 Estar algo dotado de una cualidad: *Tener clase.* 6 Pasar un espacio de tiempo de determinada manera: *Tuve un día aburridísimo.* 7 Experimentar algo: *Tener calor, hambre, vergüenza.* 8 Con nombres que significan tiempo, expresa la duración o edad de las personas o cosas de las que se habla. 9 Con la conjunción *que* y el infinitivo, denota la necesidad, precisión o determinación de hacer lo que el verbo indica: *Tendré que salir.* 10 Sentir cierta actitud hacia alguien o algo: *Le tengo cariño.* 11 *tr.* y *prnl.* Mantener, sostener. 12 Detener, parar. 13 Juzgar, considerar: *Tener a alguien por sabio.* 14 Construido con un participio se usa como verbo auxiliar y equivale a HABER, pero añade cierto énfasis: *Te tengo prohibido que salgas.* 15 *prnl.* Asegurarse o sostenerse para no caer. 16 Asentarse un cuerpo sobre otro.

tenia *f.* Gusano platelminto que, en su fase adulta, vive como parásito en el intestino de los vertebrados.

teniente, ta *m.* y *f.* Oficial de grado inmediatamente inferior al de capitán.

tenis *m.* DEP Juego de pelota que se practica con raqueta en un terreno rectangular dividido por una red. || ~ **de mesa** DEP Juego semejante que se practica sobre una mesa, con pelota ligera y pequeñas raquetas.

tenor[1] *m.* Contenido literal de un escrito u oración.

tenor[2] 1 *m.* MÚS Voz media entre la de contralto y la de barítono. 2 MÚS Persona que la tiene.

tenorio *m.* Galanteador audaz y pendenciero.

tensar *tr.* Poner tenso algo, como una cuerda, un cable, etc.

tensiómetro 1 *m.* Aparato para medir la tensión superficial de los líquidos. 2 Aparato para medir la tensión arterial.

tensión 1 *f.* Estado anímico de impaciencia, esfuerzo o exaltación. 2 Estado de hostilidad latente entre personas. 3 Estado de un cuerpo estirado. 4 FÍS Fuerza que impide que las partes de un cuerpo se separen. 5 ELECTR Voltaje con que se realiza una transmisión de energía eléctrica. || **alta** ~ ELECTR La superior a los 1000 voltios. ~ **arterial** FISIOL PRESIÓN arterial. **baja** ~ ELECTR La inferior a los 1000 voltios.

tensionar *tr.* TENSAR.

tenso, sa *adj.* En estado de tensión.

tensor, ra 1 *adj.* y *s.* Que tensa u origina tensión. 2 *m.* Mecanismo o aparato para tensar.

tentación 1 *f.* Estímulo que induce a realizar algo que no se debería hacer. 2 Impulso que induce a actuar con precipitación. 3 Lo que induce o persuade a algo.

tentaculado, da *adj.* ZOOL Dicho del animal provisto de tentáculos.

tentáculo *m.* ZOOL Cada uno de los apéndices móviles y blandos de algunos invertebrados que actúa como órgano táctil y prensil.

tentar 1 *tr.* y *prnl.* TANTEAR, examinar con el sentido del tacto. 2 *tr.* Inducir a alguien a hacer algo censurable o perjudicial. 3 Despertar una persona o una cosa deseo en alguien. 4 Probar, experimentar.

tentativa *f.* Acción de intentar, probar o tantear algo.

tenue *adj.* Delicado, sutil, de poca consistencia.

teñir *tr.* y *prnl.* Cambiar el color de algo, dándole uno distinto del que tenía o avivándolo.

teocracia *f.* POLÍT Régimen confesional en el que el control se halla en manos del clero.

teodolito *m.* Instrumento topográfico para medir ángulos horizontales y verticales.

teogonía *f.* Tratado sobre el origen y descendencia de los dioses paganos.

teología *f.* REL Ciencia que trata de Dios y de sus atributos y perfecciones, y que busca expresar los contenidos de la fe como un conjunto coherente de proposiciones. || ~ **de la liberación** REL La que propugna una lectura vivencial del Evangelio y la lucha contra la opresión.

teorema *m.* Proposición científica que puede ser demostrada. || ~ **de Pitágoras** GEOM "La suma de los cuadrados de las longitudes de los catetos de un triángulo rectángulo es igual al cuadrado de la longitud de la hipotenusa". ~ **de Tales** GEOM "Cualquier paralela a un lado de un triángulo determina sobre los otros dos lados segmentos proporcionales".

teoría 1 *f.* Conocimiento especulativo considerado con independencia de toda aplicación. 2 Conjunto de leyes y reglas que explican un determinado orden de ciertos fenómenos. 3 Hipótesis cuyas consecuencias se aplican a toda una ciencia o a parte muy importante de ella.

teórico, ca 1 *adj.* Perteneciente a la teoría. 2 Que considera las cosas tan solo especulativamente.

teosofía 1 *f.* REL Doctrina de varias sectas que pretenden estar iluminadas por la divinidad e íntimamente unidas con ella. 2 REL Movimiento fundado en la doctrina de la trasmigración y en la práctica del ocultismo.

tépalo *m.* BOT Cada una de las piezas que componen los perigonios.

tepuy *m.* GEO Meseta aislada y cortada por paredes casi verticales.

tequila *f.* Bebida alcohólica elaborada a partir de una especie de maguey.

terabyte (Voz ingl.) *m.* INF Unidad para el almacenamiento de información, equivalente a un billón de *bytes*.

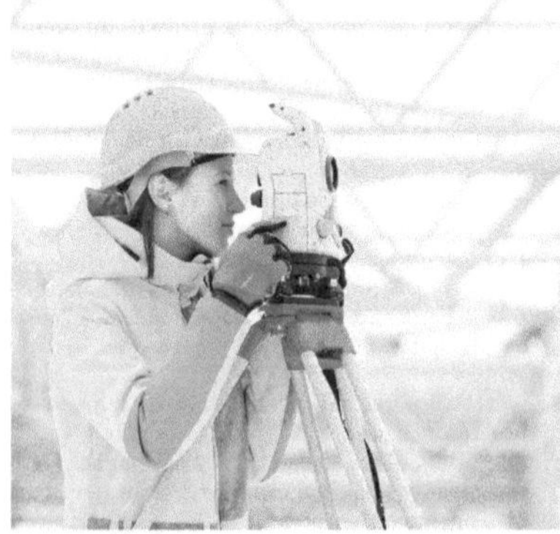

terapeuta *m.* y *f.* Persona que practica la terapéutica.

terapéutico, ca *adj.* Relativo a la terapéutica. 2 *f.* MED Parte de la medicina que se ocupa del tratamiento de las enfermedades. 3 MED Ese mismo tratamiento.

terapia *f.* TERAPÉUTICA. || ~ **ocupacional** MED Tratamiento que tiene como finalidad readaptar al paciente para que realice las actividades y los movimientos normales de la vida diaria.

terbio *m.* QUÍM Metal muy raro, de los lantánidos. Se usa en la producción de rayos láser. Punto de fusión: 1356 °C. Punto de ebullición: 3230 °C. Núm. atómico 65. Símbolo: Tb.

tercer *adj.* Apócope de TERCERO. • Siempre se emplea antepuesto al sustantivo.

tercermundista *adj.* Relativo al Tercer Mundo (conjunto de países en desarrollo).

tercero, ra 1 *adj.* y *s.* Que sigue inmediatamente en orden al o a lo segundo. 2 Dicho de cada una de las tres partes iguales en que se divide un todo. 3 Que interviene en algo además de otras dos personas o cosas. 4 *f.* Marcha del motor de un vehículo que tiene mayor velocidad y menor potencia que la primera y segunda, y menor velocidad y mayor potencia que la cuarta y quinta. 5 MÚS Intervalo que comprende dos tonos (mayor), o un tono y un semitono mayor (menor).

terceto 1 *m.* Conjunto de tres personas o cosas. 2 LIT Estrofa de tres versos endecasílabos que riman el primero con el tercero. 3 MÚS Composición para tres voces o instrumentos.

terciar 1 *tr.* Poner algo atravesado en diagonal. 2 *intr.* Mediar para arreglar o evitar algún desacuerdo o disputa.

terciario, ria 1 *adj.* Tercero en orden o grado. 2 *adj.* y *s.* GEO Dicho del primer periodo de la era **cenozoica**, que incluye las épocas **paleocena, eocena, oligocena, miocena** y **pliocena**.

tercio *m.* Cada una de las tres partes iguales en que se divide un todo.

terciopelo *m.* Tela de superficie velluda y muy suave por una de sus caras.

terco, ca *adj.* Pertinaz, obstinado.

tergiversar *tr.* Desfigurar hechos, acontecimientos o palabras, dando una interpretación errónea.

termal 1 *adj.* Dicho del agua que brota de las fuentes termales y de estas mismas fuentes. 2 GEO **fuente** ~.

termas 1 *f. pl.* Baños públicos de los antiguos romanos. 2 Baños de aguas minerales calientes.

termes *m.* Insecto social con un aparato masticador, con el que obtiene la celulosa de la que se alimenta, y un par de alas. Vive en colonias muy numerosas donde el trabajo se distribuye entre los individuos de las distintas castas (obreros, soldados, rey y reina).

térmico, ca 1 *adj.* Relativo al calor o la temperatura. 2 Que conserva la temperatura. 3 ECOL **piso** ~. 4 GEO **balance** ~; **inversión** ~; **metamorfismo** de contacto o ~.

terminación 1 *f.* Acción y efecto de terminar o terminarse. 2 Parte final de algo. 3 GRAM Letra o letras que siguen al radical de los vocablos.

terminal 1 *adj.* Que pone término o final a algo. 2 Dicho de lo que está en el extremo de algo. 3 MED Dicho del enfermo cuya muerte se prevé muy próxima. 4 *m.* ELECTR Extremo de un conductor preparado para facilitar su conexión con un aparato. 5 INF Teclado y pantalla de una computadora. 6 *f.* Lugar de origen o final de las líneas de transportes.

terminar 1 *tr.* Poner término a algo, concluirlo. 2 *intr.* y *prnl.* Tener término algo, acabar. 3 *prnl.* Dirigirse una cosa a otra como a su fin y objeto.

término 1 *m.* Límite hasta donde llega o se extiende algo. 2 Último momento de la duración o existencia de algo. 3 Delimitación de un departamento, un municipio, un distrito, etc. 4 Tiempo determinado. 5 Estado o situación en que se halla alguien o algo. 6 Palabra, vocablo. 7 Aquello dentro de lo cual se contiene enteramente algo. 8 En una enumeración con los adjetivos *primer, segundo, etc.* y *último*, lugar que se atribuye a lo que se expresa. 9 GRAM Cada uno de los dos elementos necesarios en la relación gramatical. 10 LÓG Cada una de las palabras que sustancialmente integran una proposición o un silogismo. 11 MAT En una expresión analítica, cada una de las partes ligadas entre sí por el signo de sumar o restar. 12 *pl.* Condiciones con que se plantea un asunto. 13 Forma o modo de portarse o hablar. || ~ **algebraico** MAT Producto indicado de factores numéricos y literales. ~ **medio** MAT Cantidad igual o más próxima a la media aritmética de un conjunto de varias cantidades. ~ **negativo** MAT El que lleva el signo menos (−). ~ **positivo** MAT El que lleva el signo más (+), explícito o implícito.

terminología *f.* Conjunto de términos propios de una profesión, ciencia o materia.

termita *f.* TERMES.

termo *m.* Vasija aislante de doble pared, con cierre hermético, que conserva la temperatura de los líquidos.

termodinámico, ca 1 *adj.* Relativo a la termodinámica. 2 *f.* FÍS Campo de la física que estudia los cambios producidos en los sistemas al variar su energía en forma de calor, así como las leyes que rigen dichos cambios.

termoelectricidad *f.* ELECTR Conversión directa de calor en energía eléctrica, o viceversa.

termografía *f.* FÍS Registro gráfico del calor emitido por la superficie de un cuerpo.

termómetro *m.* Instrumento para medir la temperatura.

termonuclear *adj.* FÍS **reacción** ~.

termopar *m.* FÍS Aparato para medir altas temperaturas, basado en la corriente eléctrica producida al calentarse una juntura de dos metales distintos.

termopausa *f.* GEO Zona de transición entre la termosfera y la exosfera caracterizada por el aumento constante de la temperatura.

termoplástico *m.* Plástico que se moldea mediante presión y calor.

termorresistente *adj.* Dicho de un material, resistente al calor extremo.

termosfera *f.* GEO Zona de la atmósfera inmediatamente superior a la mesopausa, en la que la temperatura crece con la altitud.

termostato o **termóstato** *m.* Regulador que impide que la temperatura suba o baje del grado conveniente.

terna 1 *f.* Conjunto de tres candidatos a un cargo o empleo. 2 TRÍO, conjunto de tres personas, animales o cosas. || ~ **pitagórica** MAT La conformada por tres números naturales que corresponden a las longitudes de los lados de un triángulo rectángulo y, por tanto, cumplen el teorema de Pitágoras.

ternero, ra 1 *m.* y *f.* Vacuno joven. 2 *f.* Su carne.

ternura 1 *f.* Cualidad de tierno. 2 Actitud cariñosa y afable.

terpenos *m. pl.* QUÍM Polímeros naturales del **isopreno**. En las plantas forman grupos de aceites esenciales y en los animales actúan en la síntesis de los esteroides.

terracota 1 *f.* Arcilla modelada y endurecida al horno. 2 ART Escultura pequeña de este material.

terraplén *m.* Macizo de tierra que se levanta sobre el nivel del terreno para construir un camino.

terráqueo, a *adj.* Compuesto de tierra y agua. Se refiere únicamente al globo terrestre.

terrateniente *m.* y *f.* Propietario de tierras o fincas rurales de gran extensión.

terraza 1 *f.* En las casas y apartamentos, espacio descubierto o parcialmente cubierto. 2 Zona acotada delante de un bar, restaurante, etc. para sentarse al aire libre. 3 Cada una de las eras de los cultivos en pendiente, dispuestas en niveles superpuestos. 4 GEO Cada uno de los espacios de terreno llano, estrechos y continuos, dispuestos en forma de escalones en la ladera de un terreno elevado.

terremoto *m.* GEO Perturbación, en forma de sacudida o movimiento brusco, de la corteza terrestre.
□ Los terremotos son consecuencia de choques o desplazamientos de masas causados por distintos fenómenos (vulcanismo, ajuste de las placas, etc.). Van seguidos de pequeñas oscilaciones posteriores (*réplicas*), debidas al restablecimiento del equilibrio en el lugar donde se ha iniciado el movimiento interno (*hipocentro* o *foco*).

terrenal 1 *adj.* Perteneciente a la tierra. 2 PROSAICO.

terreno, na 1 *adj.* TERRENAL. 2 *m.* Espacio de tierra destinado a un uso concreto. 3 Campo o esfera de acción. 4 GEO Conjunto de sustancias minerales que tienen origen común. || ~ **de aluvión** GEO El formado por la acción mecánica de las corrientes de agua. ~ **de transición** GEO El sedimentario donde se han hallado fósiles primitivos. ~ **sedimentario** GEO El formado por sedimentación.

terrestre 1 *adj.* Relativo a la Tierra. 2 Que vive, se desarrolla o se da en la tierra, en oposición al cielo, mar o aire. 3 GEO **corteza** ~; **manto** ~; **núcleo** ~.

terrible 1 *adj.* Que causa o inspira terror. 2 Desmesurado, extraordinario. 3 Áspero y duro de genio o condición.

terrícola 1 *m.* y *f.* Habitante de la Tierra. 2 *adj.* TERRESTRE, relativo a la tierra.

territorial 1 *adj.* Perteneciente al territorio. 2 ZOOL Dicho de los animales que, mediante la defensa y la agresión, ocupan un territorio y sus recursos.

territorialidad 1 *f.* Característica de las cosas en cuanto están dentro del territorio de un Estado. 2 Hecho de considerar ciertas cosas de los diplomáticos (como sus sedes, residencias o vehículos) parte del territorio de su propia nación. 3 ZOOL Condición del animal territorial.

territorio *m.* Parte de la superficie terrestre perteneciente a una nación, región, etc.

terrón *m.* Masa pequeña y compacta de tierra.

terror 1 *m.* Miedo intenso, pánico. 2 Lo que lo provoca.

terrorismo 1 *m.* Dominación por el terror. 2 Sucesión de actos de violencia realizados para infundir terror. 3 POLÍT Forma violenta de lucha política que pretende un clima de terror e inseguridad para intimidar al adversario. || ~ **de Estado** POLÍT Uso sistemático de amenazas y represalias, por parte de un gobierno, con el fin de imponer obediencia a la población.

terruño *m.* Terreno que se trabaja y del que se vive.

terso, sa *adj.* Liso, sin arrugas.

tertulia *f.* Reunión habitual de personas que se juntan para conversar.

tesela *f.* Cada una de las piezas con que se forma un mosaico.

tesis 1 *f.* Trabajo de investigación original que se presenta para obtener un grado. 2 LÓG Proposición que se enuncia con razonamientos.

tesitura *f.* MÚS Registro de una voz o de un instrumento.

tesón *m.* Firmeza, perseverancia.

tesorería 1 *f.* Cargo de tesorero. 2 Su oficina o despacho. 3 ECON Parte del activo de una empresa disponible en metálico para efectuar sus pagos.

tesorero, ra *m.* y *f.* Persona que guarda y contabiliza los fondos de una institución.

tesoro 1 *m.* Dinero u objetos preciosos reunidos y guardados. 2 Erario de la nación. 3 Persona o cosa de mucho valor o gran estimación.

test *m.* Examen tipo cuestionario en el que hay que elegir una respuesta entre varias opciones.

testaferro *m.* Persona que presta su nombre para un negocio de otra persona.

testamento 1 *m.* DER Declaración de voluntad por la que una persona ordena el destino de sus bienes para después de su fallecimiento. 2 Documento en que consta.

testículo *m.* ANAT Cada una de las dos glándulas genitales masculinas que producen los espermatozoides.

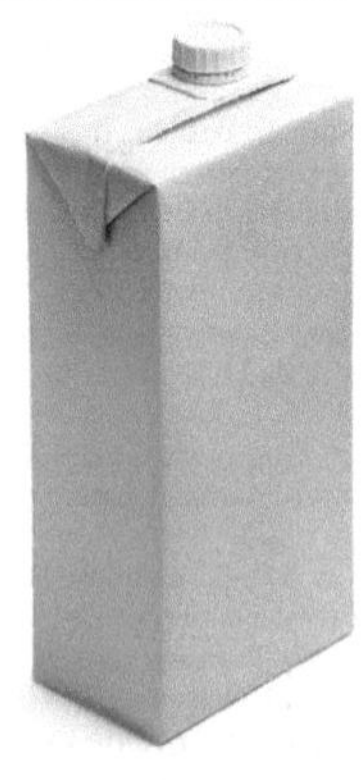

testificar *tr.* Declarar o actuar como testigo.

testigo 1 *adj.* y *s.* Dicho de lo que sirve para determinar, por comparación, el resultado de un experimento. 2 *m.* y *f.* Persona que presencia algo.

testimonio *m.* Prueba de la certeza o verdad de algo.

testosterona *f.* BIOQ Hormona, secretada en el testículo, que estimula la formación de espermatozoides e induce y mantiene los caracteres sexuales masculinos.

teta *f.* ANAT **MAMA.**

tétanos (Tb. tétano) *m.* MED Infección producida por un bacilo que penetra, generalmente, por las heridas.

tetera *f.* Vasija con asa y vertedor para hacer y servir el té.

tetero *m.* **BIBERÓN.**

tetilla 1 *f.* ANAT Teta de un mamífero macho, menos desarrollada que las de las hembras. 2 **CHUPETE** del biberón.

tetrabrik *m.* Envase impermeable de cartón, hermético y rectangular que es utilizado para almacenar líquidos sin necesidad de refrigerarlos.

tetracloruro *m.* QUÍM Combinación que contiene cuatro átomos de cloro. || ~ **de carbono** QUÍM Líquido denso que se utiliza en la fabricación de refrigerantes, propulsores de aerosoles y extintores.

tetraedro *m.* GEOM Sólido formado por cuatro caras. || ~ **regular** GEOM Aquel cuyas caras son triángulos equiláteros.

tétrico, ca *adj.* Triste, lúgubre, deprimente.

teutón, na *adj.* y *s.* HIST De un pueblo germánico que habitó antiguamente cerca de la desembocadura del Elba y hacia el 120 a.C. se instaló en la Galia.

textil 1 *adj.* Dicho de un material utilizado en la confección de tejidos. 2 Que se relaciona con los tejidos o con su fabricación.

textilero, ra *adj.* Perteneciente o relativo a la industria textil.

texto 1 *m.* Conjunto de enunciados relacionados entre sí y organizados en torno a una idea o tema. 2 Obra escrita, libro. 3 Libro para estudiar una asignatura.

textual 1 *adj.* Relativo al texto. 2 Que es exacto: *Palabras textuales.*

textura *f.* Disposición de las partes de un cuerpo que le da este una cualidad perceptible mediante el tacto o la vista: *Tela de textura áspera.*

tez *f.* Superficie del rostro, cutis.

thriller (Voz ingl.) *m.* Película de suspenso.

ti Forma del pronombre personal de segunda persona de singular.

tiamina *f.* **VITAMINA** B1.

tiara *f.* Tocado alto usado por el papa que simboliza su triple autoridad como papa, obispo y rey.

tibia 1 *f.* ANAT Hueso largo que forma con el peroné el esqueleto de la pierna. 2 ZOOL Pieza de las patas de los insectos que se articula con el fémur y el tarso.

tibio, bia *adj.* Templado, entre caliente y frío.

tiburón *m.* Nombre común dado a los peces **selacios.** Muchas especies son grandes depredadoras capaces de cazar y devorar a casi cualquier otro animal marino.

tic *m.* Movimiento convulsivo producido por contracciones musculares involuntarias.

ticuna *m.* Tribu que habita en las regiones colombianas del Amazonas y Caquetá.

tiempo 1 *m.* Duración de las cosas. 2 Parte de esta duración. 3 Edad de algo desde que empezó a existir. 4 Cada una de las etapas en que se divide la ejecución de algo, como las composiciones musicales o algunos eventos deportivos. 5 Fís Magnitud que representa la sucesión continuada de momentos y que permite ordenar su secuencia, estableciendo un pasado, un presente y un futuro. Su unidad es el **segundo**. 6 Geo Condiciones climatológicas que se dan en un momento determinado. 7 Gram Cada una de las categorías (**futuro**, **presente** y **pretérito** o pasado) que indican el momento en que se realiza o sucede lo significado por el verbo. 8 Mús Cada una de las partes de igual duración en que se divide el compás. || ~ **absoluto** Gram El que expresa lo significado por el verbo con respecto al momento en que se habla. Los tiempos absolutos son: **futuro**, **imperativo**, **presente**, **pretérito** perfecto compuesto y **pretérito** perfecto simple. ~ **compuesto** Gram El que se forma con el verbo auxiliar *haber* y participio pasivo del verbo que se conjuga: *He amado, había amado, hube amado, habré amado, habría amado.* ~ **cronológico** Lit En textos literarios como el cuento o la novela, el que se emplea para narrar los acontecimientos en una secuencia lineal sin alterar el orden en el que suceden. ~ **geológico** Geo El transcurrido en las sucesivas eras geológicas y cuya duración se mide en millones de años. ~ **pascual** Rel El que principia en la víspera del Sábado Santo y acaba en las vísperas del Domingo de la Santísima Trinidad. ~ **relativo** Gram El que expresa lo significado por el verbo desde el punto de vista de su relación con otra acción o situación, como el **pretérito** imperfecto o el **pluscuamperfecto**. ~ **simple** Gram El del verbo que se conjuga sin auxilio de otro verbo: *Canto, cantaba, cantó, cantaré, cantaría, cantar.*

tienda 1 *f.* Establecimiento donde se venden artículos al por menor. 2 Cubierta de lona, tela o piel que se monta sobre un armazón y se usa como alojamiento temporal al aire libre.

tienta *f.* Prueba para comprobar la bravura de las reses.

tiento 1 *m.* Ejercicio del sentido del tacto. 2 Habilidad para hablar u obrar con acierto.

tierno, na 1 *adj.* Blando, delicado. 2 Reciente, de poco tiempo. 3 Afectuoso, cariñoso.

tierra 1 *f.* Planeta del sistema solar en que habita el ser humano. • Se escribe con may. inic. 2 Parte superficial de la Tierra no ocupada por el mar. 3 Material desmenuzable de que principalmente se compone el suelo natural. 4 Terreno dedicado al cultivo o propio para ello. 5 Geo **lengua** de ~. 6 Electr **toma** de ~. 7 Nación, país, región.

□ Astr y Geo La Tierra dista 149,6 millones de km del Sol y completa una órbita a su alrededor en 365 días, 5 horas y 48 minutos. Tiene un movimiento de rotación, de O a E, que se completa en 23 horas, 56 minutos y 4,1 segundos. Su radio ecuatorial es de 6378,3 km y el polar de 6356,9 km. Posee una superficie sólida o **corteza** terrestre, una extensa **hidrosfera**, que cubre el 71 % de la superficie, una **magnetosfera**, ligada al campo magnético, y una envoltura gaseosa, la **atmósfera**.

tieso, sa 1 *adj.* Firme, rígido, difícil de doblar o romper.

tiesto 1 *m.* MACETA, vasija. 2 Pedazo de una vasija de barro.

tifón *m.* Geo HURACÁN.

tifus *m.* Med Grupo de enfermedades infecciosas cuya sintomatología es fiebre alta, aparición de costras negras en la boca y manchas punteadas en la piel.

tigre, gresa 1 *m.* y *f.* Félido asiático de pelaje amarillento con listas negras. Llega a alcanzar, en el caso del tigre siberiano, 2,8 m de longitud sin incluir la cola. 2 JAGUAR.

tigrillo *m.* Félido poco mayor que un gato, de pelaje amarillo con manchas y cola larga.

tijera 1 *f.* Instrumento para cortar, compuesto de dos hojas o cuchillas de acero de un solo filo, cruzadas y articuladas en un eje. • U. m. en pl. 2 *f.* Nombre de ciertas cosas compuestas de dos piezas cruzadas que giran alrededor de un eje.

tijereta 1 *f.* Insecto cuyo abdomen termina en unos apéndices a modo de tijera. 2 Ave palmípeda de pico desigual, cuello largo y cola ahorquillada.

tilapia *f.* Pez dulciacuícola tropical del que hay varias especies, algunas de las cuales se cultivan comercialmente.

tilde *f.* Ort Rayita oblicua (que baja de derecha a izquierda) usada para indicar en la escritura el realce de la sílaba cuya vocal la lleva (*cámara, útil, salió*). Recibe también los nombres de *acento agudo, gráfico* u *ortográfico*. • En términos generales, llevan tilde las palabras agudas cuando terminan en *n, s* o en vocal (*corazón, compás, café*); las palabras graves cuando no terminan en *n, s* o vocal (*álbum, azúcar, hábil, lápiz*) y todas las esdrújulas y sobreesdrújulas (*plástico, explícamelo*). || ~ **diacrítica** Ort La que se usa para distinguir palabras con idéntica forma, pero que ejercen funciones gramaticales distintas: *Haz que te dé el pastel de chocolate; él debe llevar el sombrero; lo sabe más que comprobado, mas no lo dice.*

tilo *m.* Árbol de hojas puntiagudas y serradas, flores olorosas de cinco pétalos y fruto en caja.

timar 1 *tr.* Robar con engaño. 2 Engañar a otro con falsas promesas.

timbal *m.* Mús Tambor de un solo parche, con caja semiesférica.

timbrado, da 1 *adj.* Dicho del papel que lleva sello oficial. 2 *f.* Acción de timbrar.

timbrar *tr.* Llamar con el timbre.

timbre 1 *m.* Aparato para llamar o avisar. 2 Mús Cualidad que permite distinguir las diferencias entre los sonidos característicos de los instrumentos y las voces.

tímido, da *adj.* Irresoluto, temeroso, apocado.

timina *f.* Biol Base nitrogenada fundamental, que forma parte del ADN. Símbolo: T.

timo *m.* Anat y Fisiol Glándula endocrina cuya función es regular el crecimiento (se atrofia al llegar a la pubertad).

timol *m.* Quím Fenol contenido en la esencia de ciertas plantas, como el tomillo o la menta.

timón 1 *m.* Volante de un automóvil. 2 Pieza laminar articulada que en una aeronave o embarcación sirve para fijar la dirección o el rumbo.
timonel *m.* y *f.* Persona que gobierna el timón de la embarcación.
timonera *f.* Zool Cada una de las plumas grandes que tienen las aves en la cola.
tímpano 1 *m.* Anat Membrana que separa el oído medio del conducto auditivo externo. 2 Arq Espacio triangular entre las cornisas inclinadas de un frontón y la horizontal de su base. 3 Zool Membrana que constituye el aparato auditivo de los insectos.
tina *f.* Pila que sirve para bañarse todo el cuerpo.
tinaja *f.* Vasija grande de cerámica, abultada en el centro y de boca ancha.
tinglado 1 *m.* COBERTIZO. 2 TARIMA.
tiniebla *f.* Falta o insuficiencia de luz.
tino 1 *m.* Destreza para dar en el blanco. 2 Cordura, prudencia.
tinte *m.* Color o sustancia con que se tiñe.
tintero *m.* Recipiente para la tinta de escribir.
tinto, ta 1 *adj.* Rojo oscuro. 2 *adj.* y *m.* Dicho del vino de color rojo oscuro. 3 Dicho de la infusión de café. 4 *f.* Líquido coloreado que se usa para escribir, dibujar o imprimir figuras y textos. 5 Zool Secreción producida por una glándula de los cefalópodos y que usa el animal como elemento defensivo. || **media** ~ Art Tinta general que se da primero para pintar al temple y al fresco. 3 Art Color que une los claros con los oscuros.
tintorería *f.* Establecimiento donde se tiñe o limpia la ropa.
tintura 1 *f.* TINTE. 2 Líquido en que se ha disuelto una sustancia que le comunica color: *Tintura de yodo.*
tinturar *tr.* TEÑIR.
tiña *f.* Med Micosis contagiosa de la piel.
tío, a *m.* y *f.* Respecto de una persona, hermano o primo de su padre o madre.
tiovivo *m.* CARRUSEL, plataforma giratoria.
tipi *m.* Tienda cónica de pieles y armazón de postes de madera.
típico, ca *adj.* Peculiar de un grupo, país, región, época, etc.
tipificar *tr.* Representar alguien o algo un tipo.
tiple 1 *m.* Mús La más aguda de las voces humanas. 2 Mús Instrumento similar a la guitarra, pero de voz muy aguda.
tipo, pa 1 *m.* y *f.* Modelo que representa a un grupo con características comunes. 2 Categoría que reúne personas o cosas con características comunes. 3 *m.* y *f.* **persona.**

tipografía *f.* IMPRENTA, técnica de imprimir y lugar donde se imprime.
tiquete *m.* Vale, bono, boleto o recibo.
tira 1 *f.* Trozo largo, delgado y estrecho de algo. 2 Franja de dibujos en la que se cuenta alguna historia o parte de ella.
tirado, da 1 *adj.* Dicho de lo que se vende muy barato. 2 Dicho de lo que es muy fácil de hacer. 3 *f.* Acción de tirar. 4 Acción y efecto de imprimir. 5 Número de ejemplares de que consta una edición.
tiraje *f.* TIRADA, número de ejemplares.
tiranía 1 *f.* Polít Gobierno ejercido por un tirano. 2 Abuso de autoridad, fuerza o superioridad.
tirano, na 1 *adj.* y *s.* Polít Que obtiene contra derecho el gobierno de un Estado. 2 Polít Que gobierna con despotismo e injusticia. 3 Que trata con tiranía.
tiranosaurio *m.* Reptil bípedo, carnívoro y feroz perteneciente al grupo de los dinosaurios, que habitó el planeta durante el periodo cretácico. Medía unos 14 m de largo y 5 m de altura y pesaba más de 4 toneladas. Poseía una mandíbula poderosa y patas posteriores más largas y fuertes que las anteriores.
tiranta *f.* Cada una de las dos tiras que sostienen desde los hombros ciertas prendas, como el pantalón o la falda.
tirante 1 *adj.* Que tira. 2 Tenso, estirado. 3 Dicho de la situación incómoda. 4 *m.* TIRANTA.
tirar 1 *tr.* Dejar caer intencionalmente algo de la mano. 2 Derribar, echar abajo. 3 Deshacerse de algo por ser ya inútil. 4 Estirar o extender. 5 Derrochar dinero o bienes. 6 Imprimir de una publicación el número de ejemplares que se expresa. 7 Trazar: *Tire una línea entre estos dos puntos.* 8 *tr.* e *intr.* Arrojar algo en dirección determinada. 9 Disparar un proyectil. 10 Tener relaciones sexuales. 11 *intr.* Atraer, cautivar: *Cómo tira el campo.* 12 Sacar bruscamente una cosa de un sitio. 13 Tender a algo: *Tirar a gris.* 14 Producir la chimenea la corriente suficiente para la combustión. 15 *prnl.* Arrojarse, dejarse caer. 16 Tenderse encima de algo.
tiritar *intr.* Temblar o estremecerse de frío o miedo.
tiro 1 *m.* Señal, impresión o herida que hace lo que se tira. 2 Disparo de un proyectil. 3 Acción de lanzar la pelota. 4 Conjunto de animales que tiran de un carruaje. 5 Corriente de aire ascendente que produce la chimenea. 6 Holgura entre las perneras del pantalón. 7 Dep Deporte que consiste en acertar blancos por medio de armas de fuego, arcos, flechas, etc.
tiroides 1 *adj.* y *s.* Anat y Fisiol Dicho de la glándula endocrina que, adosada a la tráquea y a la laringe, está formada por dos lóbulos unidos entre sí. Interviene en la regulación del crecimiento. 2 Cartílago situado en la parte anterior y superior de la laringe, conocido popularmente como nuez.
tirón 1 *m.* Acción y efecto de tirar bruscamente de algo. 2 Agarrotamiento de un músculo.
tiroxina *f.* Bioq Hormona de la tiroides que actúa sobre el metabolismo.
tirria *f.* Antipatía injustificada.
tisana *f.* Infusión de hierbas medicinales.
tisis *f.* Med Tuberculosis pulmonar.
tisú *m.* Tela de seda entretejida con hilos de oro o plata.
tisular *adj.* Biol Relativo a los tejidos de los organismos. || **sistema** ~ Anat y Fisiol Sistema que engloba los distintos tipos de **tejidos** que, de forma especializada o en asociación con otros órganos, realiza funciones vitales para el organismo.

titán 1 *m.* Mit En la mitología griega, cada uno de los hijos de Urano y de Gea. 2 Persona que descuella por ser excepcional.

titanio *m.* Quím Elemento metálico que se usa en la fabricación de aceros especiales, pinturas, plásticos, etc. Punto de fusión: 1660 °C. Punto de ebullición: 3287 °C. Núm. atómico, 22. Símbolo: Ti.

títere 1 *m.* Muñeco que se mueve por medio de hilos o introduciendo las manos en su interior. 2 *pl.* Teat Espectáculo público hecho con dicho tipo de muñecos.

tití *m.* Primate pequeño de pelaje largo y suave, arborícola y omnívoro. Vive en la América meridional.

titilar 1 *intr.* Agitarse, con ligero temblor, una parte de un organismo animal. 2 Centellear alguna luz o algún cuerpo luminoso.

titiritero, ra *m. y f.* Persona que maneja los títeres.

titubear *intr.* Mostrarse indeciso, dudar.

titular[1] 1 *adj.* Que posee algún título. 2 *adj.* y *s.* Dicho de la persona que ocupa un cargo teniendo el título o nombramiento correspondiente. 3 *m. pl.* Encabezamiento de una información periodística.

titular[2] 1 *tr.* Poner título, nombre o inscripción a algo. 2 Quím Valorar una solución. 3 *prnl.* Obtener alguien un título académico.

título 1 *m.* Nombre, palabra o frase con que se enuncia un texto, una de sus partes, o una obra artística o intelectual. 2 Nombre de la profesión, el grado o la categoría de alguien. 3 Documento en que se acredita el derecho a este nombre. 4 Dignidad nobiliaria, como la de conde, marqués, etc. 5 Contrato que es causa de la adquisición de una propiedad u otro derecho. || ~ **de una solución** Quím Relación entre el peso del cuerpo disuelto y el peso total de la solución. ~ **valor** Econ Documento financiero que representa una deuda pública o un valor comercial.

tiza 1 *f.* Arcilla aglomerada y coloreada que se usa para escribir o dibujar en un pizarrón. 2 La que se usa en el billar para untar los tacos.

tiznar *tr.* y *prnl.* Manchar con tizne.

tizne *m.* o *f.* Humo que se pega a los recipientes que han estado al fuego.

tizón 1 *m.* Palo a medio quemar. 2 Hongo parásito de algunos cereales.

tlaxcalteca *adj.* y *s.* Hist De un antiguo pueblo mexicano, que logró mantener su independencia frente a los aztecas, y que tras ser derrotado por Cortés se convirtió en su aliado.

toalla *f.* Tela de hilos rizados que se utiliza para secarse después de lavarse. || ~ **higiénica** Compresa higiénica.

tobera 1 *f.* Tubo de salida por el que termina el conducto de descarga de un fluido. 2 En los motores de reacción, parte posterior por la que sale el gas de combustión.

tobillo *m.* Protuberancia inferior de cada uno de los dos huesos de la pierna llamados tibia y peroné (la del primero sobresale en el lado interno y la del segundo en el lado externo del pie).

tobogán *m.* Pista deslizante por la que las personas se dejan resbalar, sentadas o tendidas.

toca *f.* Prenda para cubrirse la cabeza.

tocadiscos *m.* Aparato para reproducir los discos de vinilo o acetato.

tocado[1] 1 *m.* Prenda para adornar la cabeza. 2 Peinado o adorno del cabello.

tocado[2], da *adj.* Ligeramente chiflado, medio loco.

tocador 1 *m.* Mueble con espejo ante el cual se maquilla y peina una persona. 2 Habitación destinada a este fin.

tocar 1 *tr.* Entrar en contacto alguna parte del cuerpo con otra cosa. 2 Hacer sonar un instrumento musical. 3 Llamar a una puerta con la aldaba, el timbre o golpeando con la mano. 4 Tropezar ligeramente una cosa con otra. 5 Haber llegado el momento indicado de hacer algo. 6 *tr.* e *intr.* Estar una cosa en contacto con otra en algún punto. 7 *intr.* Pertenecer a alguien parte de algo que se reparte. 8 Ser algo de la obligación de alguien. 9 Tener algo su turno para su cumplimiento. 10 Caer en suerte algo.

tocata *f.* Mús Pieza musical destinada a instrumentos de teclado.

tocayo, ya *m. y f.* Respecto de una persona, otra de su mismo nombre.

tocino *m.* Capa de grasa que tiene el cerdo bajo la piel.

tocón *m.* Parte del tronco de un árbol que queda unida a la raíz cuando lo talan.

todavía 1 *adv. t.* Expresa la duración de una acción o de un estado hasta un determinado momento. 2 *adv. m.* No obstante, sin embargo. 3 Tiene sentido concesivo corrigiendo una frase anterior. 4 Denota encarecimiento o ponderación.

todo, da 1 *adj.* Dicho de lo que es considerado en su integridad o en el conjunto de todas sus partes. 2 Seguido de un sustantivo en singular y sin artículo, toma y da a este sustantivo valor de plural: *Todo artista* equivale a *todos los artistas.* 3 En plural equivale a veces a *cada*: *Tiene visitas todos los meses;* es decir, *cada mes.*

todopoderoso, sa 1 *adj.* Que todo lo puede. 2 *m.* Por antonomasia, Dios. • Se escribe con may. inicial.

todoterreno *adj.* y *s.* Dicho del automóvil diseñado para circular por terrenos accidentados.

tofu *m.* Queso de leche de soya.

toga *f.* Prenda larga y holgada que usan los magistrados y graduandos.

toldillo *m.* MOSQUITERO, colgadura.

toldo *m.* Cubierta de tela, lona o plástico, que se extiende para dar sombra o resguardar de la intemperie.

tolerancia 1 *f.* Acción y efecto de tolerar. 2 Respeto y consideración hacia las opiniones o prácticas de los demás.

tolerar 1 *tr.* Soportar, tener paciencia. 2 Permitir algo sin aprobarlo expresamente. 3 Consentir ideas u opiniones distintas de las propias. 4 Resistir el organismo una sustancia sin experimentar daño o trastorno.

tolteca *adj.* y *s.* HIST De un pueblo amerindio del valle de México, que desarrolló una importante cultura entre los s. VIII y XII. Sus miembros fueron excelentes guerreros y artesanos y ejercieron gran influencia en los **aztecas.**

tolueno *m.* QUÍM Hidrocarburo líquido empleado, principalmente, en la fabricación de trinitrotolueno.

toma 1 *f.* Abertura por donde se desvía parte de un caudal de agua. 2 ELECTR **TOMACORRIENTE.** 3 CIN y FOT Acción y efecto de fotografiar o filmar. || ~ **de tierra** ELECTR Conductor que, como medida de seguridad, une parte de una instalación o aparato eléctrico a tierra.

tomacorriente 1 *m.* ELECTR Punto de un circuito por donde puede salir el fluido de la corriente. 2 ELECTR Enchufe de conexión eléctrica.

tomar 1 *tr.* Asir algo con la mano o por un medio cualquiera. 2 Recibir algo. 3 Ocupar por la fuerza un sitio. 4 Comer o beber. 5 Adoptar una decisión, poner por obra. 6 Servirse de un medio de transporte: *Tomar el tren.* 7 Interpretar algo en determinado sentido: *Tomar a broma.* 8 Medir algo con instrumentos adecuados: *Tomar la temperatura.* 9 Elegir entre varias cosas, una de ellas. 10 Con ciertos nombres verbales, significa lo que ellos sugieren: *Tomar impulso,* impulsarse; *Tomar posesión,* posesionarse. 11 Empezar a seguir una dirección: *Tomar la derecha.*

tomate 1 *m.* Fruto de la tomatera, que es una baya roja de superficie lisa y brillante y en cuya pulpa hay numerosas semillas. 2 **TOMATERA.**

tomatera *f.* Planta solanácea trepadora de hojas lobuladas y dentadas y flores pentámeras en ramillete. Su fruto es el tomate.

tómbola *f.* Rifa pública de objetos.

tomento *m.* BOT Capa de vellos entrelazados que cubre los tallos, hojas y otros órganos de algunas plantas.

tomillo *m.* Planta muy olorosa, de hojas lanceoladas y flores blancas o rosadas. Se usa como condimento.

tomismo *m.* FIL Sistema filosófico de santo Tomás de Aquino, en el que destaca la primacía de la existencia sobre la esencia.

tomo *m.* Volumen de una obra de cierta extensión.

tomografía *f.* MED Registro gráfico de un plano determinado del cuerpo mediante rayos X, ultrasonido, resonancia magnética, etc.

tonada *f.* Composición métrica destinada a ser cantada.

tonal *adj.* MÚS Relativo al tono o a la tonalidad.

tonalidad 1 *f.* Conjunto o sistema de colores y tonos. 2 MÚS Organización de la música alrededor de una nota (tónica) que sirve como punto focal.

tonel *m.* Recipiente grande para líquidos.

tonelada *f.* Peso de 1000 kg. Símbolo: t.

tóner *m.* INF Pigmento negro usado en fotocopiado e impresión láser.

tonicidad *f.* FISIOL Grado de tensión de los órganos, en especial de los músculos.

tónico, ca 1 *adj.* Relativo al tono o tonicidad. 2 *adj.* y *f.* FON Dicho de la vocal, sílaba o palabra que se pronuncian con acento prosódico. 3 MÚS Se aplica al primer grado de la escala diatónica o a una tonalidad. 4 *m.* Medicamento que mejora el estado general del organismo. 5 *f.* Tendencia general, estilo. 6 Bebida gaseosa a base de quinina.

tonificar *tr.* Dar fuerza y vigor al organismo.

tono 1 *m.* Grado de elevación de un sonido. 2 Modo de hablar según la intención o el estado de ánimo. 3 Sentido en que se usa una expresión. 4 Carácter o estilo de un escrito, discurso, etc. 5 Señal acústica que suena en el auricular del teléfono. 6 Grado de intensidad de los colores. 7 FISIOL Capacidad de los órganos para ejercer las funciones que le corresponden. 8 MÚS Intervalo o distancia que media entre una nota y su inmediata, excepto del *mi* al *fa* y del *si* al *do.*

tonsura *f.* Corte de pelo que indica el grado preparatorio del estado clerical.

tontería 1 *f.* Cualidad de tonto. 2 Dicho, hecho o cosa de poca importancia.

tonto, ta *adj.* y *s.* Poco inteligente o escaso de entendimiento.

topacio *m.* Piedra fina, amarilla y muy dura.

topar 1 *tr.* Chocar una cosa con otra. 2 *tr., intr.* y *prnl.* Hallar casualmente o sin querer.

tope[1] 1 *m.* Parte por donde una cosa puede topar con otra. 2 Pieza que en algunos instrumentos sirve para impedir que se pase de un punto determinado con su acción o movimiento.

tope[2] *m.* Extremo a que se puede llegar en una cosa.

topetar *tr.* e *intr.* Dar golpes con la cabeza.

tópico 1 *adj.* y *m.* FARM Dicho del medicamento de uso externo. 2 *m.* **LUGAR** común.

topo[1]**, pa** *m.* y *f.* Mamífero pequeño de cola corta, pelaje tupido, ojos casi atrofiados y hocico afilado que vive en madrigueras.

topo[2] 1 *m.* Alfiler grande de adorno para sujetar una prenda. 2 Pequeña esfera de oro que se lleva como adorno en la oreja.

topografía 1 *f.* Técnica de describir y delinear, con detalle, la superficie de un terreno de poca extensión. 2 Conjunto de particularidades que presenta un terreno en su configuración superficial.

topográfico, ca *adj.* Relativo a la topografía.

topónimo *m.* Nombre propio de lugar.

toque 1 *m.* Acción de tocar algo. 2 Sonido de las campanas o de otro instrumento, que sirve para anunciar algo. 3 Golpe leve. 4 Detalle que posee alguien o algo y que lo caracteriza. || ~ **de queda** Medida gubernamental que, en los estados de excepción, prohíbe la permanencia de la gente en las calles durante determinadas horas.

toquilla *f.* Prenda de abrigo en forma de capa corta.

tora *f.* Libro de la ley de los judíos que incluye los cinco primeros libros del Antiguo Testamento.

torácico, ca 1 *adj.* ANAT Relativo al tórax. 2 ANAT **canal ~.**

tórax 1 *m.* ANAT Parte del cuerpo comprendida entre el cuello y el abdomen, y separada de este último por el diafragma. 2 Zool Región media de las tres en que se divide el cuerpo de los insectos, arácnidos y crustáceos.

torbellino 1 *m.* Remolino de viento o polvo. 2 Concurrencia confusa y abundante de cosas. 3 Folcl Danza y canto colombianos de carácter mestizo, con acentuado carácter indígena.

torcaz *adj.* y *f.* Paloma silvestre.

torcedura *f.* Acción y efecto de torcerse un miembro.

torcer 1 *tr.* y *prnl.* Encorvar o doblar algo. 2 Mover bruscamente un miembro del cuerpo hacia una posición distinta a la normal. 3 Cambiar el curso o posición de algo. 4 RETORCER.

torcido, da 1 *adj.* Que no es o no está recto. 2 Dicho de la persona que no obra con rectitud.

tordo *m.* Pájaro de pico delgado y negro, lomo gris y vientre amarillento.

torear 1 *intr.* y *tr.* Lidiar los toros en la plaza. 2 *tr.* Provocar a alguien con palabras que pueden irritarle. 3 Azuzar, provocar, incitar.

torero, ra *m.* y *f.* Persona que se dedica a la lidia de los toros.

torio *m.* Quím Elemento radiactivo, dúctil y maleable. Se usa en la industria nuclear y para proporcionar dureza a ciertos metales. Punto de fusión: 1750 °C. Punto de ebullición: 4850 °C. Núm. atómico: 90. Símbolo: Th.

tormenta 1 *f.* Geo Perturbación atmosférica violenta acompañada de descargas eléctricas, viento fuerte y lluvia, nieve o granizo. 2 Perturbación en algún aspecto político o económico. || ~ **solar** Astr Viento solar muy fuerte que procede de los agujeros de la corona, donde el gas es más frío y menos denso que en el resto de la corona.

tormento 1 *m.* Acción y efecto de atormentar o atormentarse. 2 Dolor físico muy intenso. 3 Aflicción, congoja. 4 Persona o cosa que la ocasiona. 5 Hist Antigua práctica judicial que consistía en violentar físicamente al acusado para obtener de él la confesión de un delito.

tornado *m.* Geo Tromba muy violenta y de gran diámetro en cuyo eje central existe una fuerte corriente vertical ascendente capaz de elevar objetos pesados.

tornar 1 *tr.* y *prnl.* Cambiar, transformar. 2 *intr.* Regresar, volver. 3 Seguido de *a* y de un infinitivo, volver a hacer lo que este expresa.

tornasol 1 *m.* Reflejo o viso que produce la luz en materias muy tersas y las hace cambiar de color. 2 Quím Tintura azul violácea que sirve de reactivo para reconocer los ácidos, que la tornan roja. 3 Quím **papel** ~.

tornear *tr.* Labrar o dar forma a algo con el torno.

torneo 1 *m.* Hist Espectáculo caballeresco que consistía en una lucha entre dos bandos de caballeros armados que combatían en un cercado. 2 Dep Competición deportiva.

tornillo 1 *m.* Pieza cilíndrica o cónica con resalto helicoidal, que entra en la tuerca. 2 PRENSA, herramienta de sujeción.

torniquete 1 *m.* Aparato provisto de barras giratorias que se usa para permitir el acceso de las personas, de una en una, a un espacio público. Suele tener un mecanismo para registrar el número de usuarios. 2 Med Instrumento para contener mecánicamente las hemorragias de las extremidades.

torno 1 *m.* Armario cilíndrico empotrado en el muro de una habitación, que gira sobre un eje y permite introducir y extraer objetos sin ver el interior. 2 Disco que gira horizontalmente y sobre el que se coloca la pieza de arcilla que se ha de trabajar. 3 TORNIQUETE, aparato provisto de barras giratorias. 4 FRESA[2]. 5 Máquina simple que consiste en un

cilindro dispuesto para girar alrededor de su eje por la acción de palancas, cigüeñales o ruedas, y que actúa sobre la resistencia por medio de una cuerda, cable o cadena que se va arrollando al cilindro. || **en ~ a** 1 *loc. prepos.* ALREDEDOR DE. 2 ACERCA DE. **en ~ de** ALREDEDOR DE.

toro 1 *m.* Mamífero rumiante de cabeza grande con dos cuernos, piel dura, pelo corto y cola larga. 2 *pl.* Fiesta o corrida de toros.

toronja *f.* Fruto del toronjo, de aprox. 20 cm de diámetro, con la corteza lisa de color amarillo claro y pulpa amarga y comestible.

toronjil *m.* Hierba de hojas opuestas, flores axilares y fruto seco. Se usa como remedio tónico.

toronjo *m.* Árbol de hojas ovadas, flores blancas y cuyo fruto en hesperidio es la toronja.

torpe 1 *adj.* Falto de habilidad y destreza física. 2 Tardo en comprender.

torpedear 1 *tr.* Lanzar torpedos. 2 Hacer fracasar un asunto o proyecto.

torpedero *m.* Buque o avión adaptado para lanzar torpedos.

torpedo 1 *m.* Pez **ráyido** provisto de órganos eléctricos que vive en los fondos arenosos marinos. 2 Proyectil explosivo submarino autodirigido.

torre 1 *f.* Construcción alta de planta cuadrada, circular o poligonal. 2 Pieza del juego de ajedrez que se sitúa en los cuatro ángulos del tablero. 3 Estructura que soporta los cables conductores de energía eléctrica. 4 Columna de destilación de una refinería de petróleo. || ~ **de control** Construcción con altura suficiente para dominar visualmente un aeropuerto, en la que están instalados los servicios de radionavegación para regular el tránsito de aviones.

torrente 1 *m.* Corriente impetuosa de agua que sobreviene en tiempos de muchas lluvias o de rápidos deshielos. 2 Curso de la sangre en el aparato circulatorio.

torreón *m.* Torre grande de defensa en una fortaleza o un castillo.

tórrido, da 1 *adj.* Muy caliente. 2 Geo **zona** ~ o intertropical.

torsión *m.* Acción y efecto de torcer o torcerse en forma helicoidal una cosa.

torso *m.* Tronco del cuerpo humano.

torta *f.* Pastel grande de masa de harina y relleno de frutas, crema, etc.

tortícolis (Tb. torticolis) *m.* Espasmo doloroso de los músculos del cuello.

A B C D E F G H I J K L M N Ñ O P Q R S T U V W X Y Z

tortilla 1 *f.* Fritada de huevo batido en la que se incluye a veces algún otro ingrediente como la papa. 2 Torta delgada y circular de maíz.

tórtolo, la *m.* y *f.* Paloma silvestre de dorso rojizo, pecho rosado y cola larga en abanico.

tortuga *f.* ZOOL Nombre común de diversos reptiles con el cuerpo protegido por un caparazón óseo, dentro del cual retraen la cabeza, las extremidades y la cola. Sus extremidades son cortas y la cabeza tiene maxilares cubiertos por una estructura córnea en forma de pico. En muchas especies las extremidades están modificadas en forma de pala para el nado.

tortuoso, sa 1 *adj.* Que tiene vueltas, curvas y rodeos. 2 Enrevesado, difícil, complicado.

tortura 1 *f.* Intenso dolor físico o psicológico causado a alguien como medio de castigo o con el fin de obtener una confesión. 2 Dolor, angustia, pena o aflicción grandes.

torturar *tr.* y *prnl.* Dar tortura, atormentar.

tos *f.* Movimiento convulsivo y ruidoso del aparato respiratorio que abre violentamente la glotis ocluida.

tosco, ca 1 *adj.* Sin pulimento o hecho con materiales de escaso valor. 2 *adj.* y *s.* Inculto, sin educación.

toser *intr.* Tener o padecer tos.

tósigo 1 *m.* Veneno, ponzoña. 2 *adj.* Imprudente, fastidioso.

tostado, da 1 *adj.* Dicho del color subido y oscuro. 2 *m.* Acción y efecto de tostar.

tostar 1 *tr.* y *prnl.* Exponer algo a la acción del fuego para que tome color tostado, sin llegar a quemarse. 2 Poner el sol la piel del cuerpo bronceada.

total 1 *adj.* Completo, que comprende todo. 2 *m.* MAT Suma, resultado de una adición. 3 *adv. m.* En conclusión, en resumen.

totalidad 1 *f.* Cualidad de total. 2 Todo, cosa íntegra. 3 Conjunto de todas las personas o cosas que forman una categoría. 4 ASTR **zona de ~.**

totalitarismo *m.* POLÍT Régimen que atribuye al Estado un valor absoluto, con mengua de los derechos individuales y que no permite otros partidos distintos al que detenta el poder.

tótem 1 *m.* REL Entidad natural que es objeto de culto. 2 Emblema que representa esta entidad.

totora 1 *f.* Junco que se emplea para construir techos, balsas, esteras, etc. 2 Canoa o balsa elaborada con haces de totora.

totuma 1 *f.* Fruto del totumo. 2 Vasija hecha con este fruto.

totumo 1 *m.* Planta dicotiledónea tropical de tallos trepadores caracterizada por su fruto de corteza dura y pulpa blanca. 2 TOTUMA.

tour *m.* GIRA, viaje.

toxemia *f.* MED Presencia de sustancias tóxicas en la sangre.

tóxico, ca 1 *adj.* y *s.* Dicho de las sustancias venenosas. 2 ECOL **residuo ~.**

toxicomanía *f.* MED Hábito de consumir sustancias que procuran estados artificiales placenteros o que suprimen el dolor.

toxina *f.* BIOL Sustancia producida por organismos vivos que obra como veneno.

toxoplasmosis *f.* MED Enfermedad cuyos síntomas recuerdan a los de un catarro común. Puede ocasionar anomalías en el feto si una mujer la contrae durante el embarazo.

tozudo, da *adj.* Obstinado, testarudo.

traba 1 *f.* Acción y efecto de trabar. 2 Lo que dificulta la realización de algo o la acción de alguien.

trabajador, ra 1 *adj.* Que trabaja. 2 *m.* y *f.* Persona que trabaja bajo dependencia y por cuenta ajena.

trabajar 1 *intr.* Ejercer un oficio o profesión. 2 Tener una ocupación remunerada. 3 Realizar un esfuerzo físico o intelectual en una actividad determinada. 4 Funcionar una máquina. 5 Desarrollar su actividad un establecimiento o una institución. 6 *tr.* Ejecutar algo arreglándose a método y orden. 7 Elaborar o dar forma a una materia: *Trabajar la madera, la arcilla, el cuero.*

trabajo 1 *m.* Acción y efecto de trabajar. 2 Producto que resulta. 3 Ocupación retribuida. 4 Operación de la máquina o herramienta que se emplea para algún fin. 5 Dificultad, impedimento. 6 ECON Factor de producción consistente en el esfuerzo humano aplicado a la producción de riqueza. 7 ECON **bolsa de ~.** 8 FÍS Resultado de una fuerza productora de un movimiento. || **~s forzados** En los que se ocupa el presidiario como parte de la pena que le ha sido impuesta. **~ social** Profesión cuyo objetivo es el desarrollo individual y de grupo o el alivio de las condiciones sociales y económicas adversas.

trabajoso, sa *adj.* Que da o causa mucho trabajo.

trabalenguas *m.* Palabra o frase difícil de pronunciar.

trabar 1 *tr.* Juntar o unir una cosa con otra, para darles mayor fuerza o resistencia. 2 Poner trabas. 3 Espesar un líquido o darle mayor consistencia a una masa. 4 *tr.* e *intr.* Prender, agarrar, coger. 5 *prnl.* Entorpecérsele a alguien la lengua al hablar.

trabilla 1 *f.* Tira de tela que pasa por debajo del pie para sujetar el pantalón. 2 La que ciñe a la cintura las prendas de vestir. 3 Tirita que sujeta el cinturón del pantalón o de la falda.

trabuco *m.* Antigua arma de fuego con el cañón ensanchado por la boca.

tracción 1 *f.* Acción y efecto de tirar de algo para arrastrarlo. 2 Acción de hacer andar un vehículo por algún procedimiento mecánico. 3 Fuerza o fuerzas que actúan sobre un cuerpo y tienden a alargarlo.

tracio, cia *adj.* y *s.* HIST De un pueblo indoeuropeo que se instaló entre el Danubio, el mar Negro y el mar Egeo en el s. II a.C.

tracto *m.* ANAT Estructura anatómica en que predomina la longitud: *Tracto gastrointestinal.*

tractor, ra 1 *adj.* Relativo a la tracción. 2 *m.* Automotor cuyas ruedas o cadenas se adhieren con fuerza al terreno y es empleado para arrastrar arados, remolques u otras máquinas.

tradición 1 *f.* Transmisión de generación en generación de hechos, obras literarias, costumbres, leyes, doctrinas y leyendas. 2 Costumbre o norma así transmitida. 3 DER Entrega de algo a alguien: *En las escrituras está la tradición de la propiedad.*

tradicionalismo *m.* Apego a las costumbres, ideas o normas del pasado.

traducción 1 *f.* Acción y efecto de traducir. 2 Texto traducido. 3 Sentido que se da a un texto. 4 BIOQ Parte del proceso de síntesis de proteínas durante la cual es copiada una cadena de ARN mensajero.

traducir 1 *tr.* Expresar en una lengua lo que está escrito o se ha expresado antes en otra. 2 Explicar, interpretar, expresar, representar.

traer 1 *tr.* Conducir o trasladar algo desde el lugar en que se halla a otro más próximo al hablante o al lugar del que se habla. 2 Atraer o tirar hacia sí. 3 Causar, ocasionar: *La pereza trae sus males.* 4 Tener puesta una prenda: *Traía un bonito sombrero.* 5 Alegar razones para la comprobación de un asunto: *Traer a cuento.* 6 Referido a publicaciones, contener lo que se expresa o tratar sobre ello.

traficar 1 *intr.* Comerciar, negociar. 2 Hacer negocio de algo de forma indebida.

tráfico 1 *m.* Acción de traficar. 2 Circulación de vehículos por las vías de comunicación.

tragaluz *m.* Ventana abierta en el techo.

tragamonedas *m.* y *f.* y *adj.* Máquina o aparato que funciona automáticamente mediante la introducción de una moneda.

tragar 1 *tr.* Hacer que algo pase de la boca al aparato digestivo por la faringe. 2 Comer con voracidad. 3 *tr.* y *prnl.* Tolerar algo desagradable.

tragedia 1 *f.* LIT Género dramático en el que los personajes enfrentan conflictos provocados por las pasiones humanas con un desenlace fatal. 2 LIT Obra de cualquier género en la que predominan los rasgos de la tragedia. 3 Suceso de la vida real de consecuencias terribles.

trágico, ca *adj.* Relativo a la tragedia.

tragicomedia 1 *f.* LIT Género dramático en que se alternan elementos trágicos y cómicos. 2 Suceso de la vida real en que se mezclan lo trágico y lo cómico.

tragicómico, ca *adj.* Relativo a la tragicomedia.

trago 1 *m.* Porción de líquido que se bebe de una vez. 2 Bebida alcohólica.

traición *f.* Falta que se comete quebrantando la lealtad y fidelidad debidas.

traicionar *tr.* Hacer traición.

traidor, ra 1 *adj.* y *s.* Que comete traición. 2 *adj.* Que implica o denota traición. 3 De apariencia inofensiva, pero que es dañino.

traílla *f.* Correa con que se lleva atado al perro.

traje *m.* Vestido exterior completo.

trajín *m.* Acción de trajinar.

trajinar *intr.* Moverse de un lugar a otro trabajando.

trama 1 *f.* Conjunto de hilos cruzados con los de la urdimbre. 2 Enlace entre las partes de un asunto. 3 Confabulación para perjudicar a alguien. 4 BIOL Conjunto de elementos celulares que constituyen la armazón de un tejido. 5 LIT Organización de acontecimientos y acciones en una obra.

tramar 1 *tr.* Atravesar los hilos de la trama por entre los de la urdimbre. 2 Preparar con astucia un engaño o enredo.

trámite *m.* Cada una de las diligencias necesarias para la conclusión de un asunto.

tramitología 1 *f.* Método para facilitar los trámites. 2 Exceso de trámites.

tramo *m.* Cada una de las partes en que se divide o se puede dividir algo.

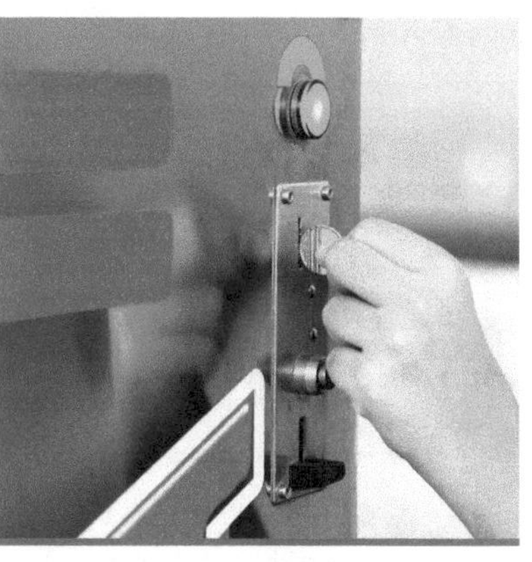

tramoya *f.* TEAT Maquinaria con la que se efectúan los cambios de decorado y los efectos especiales en los escenarios.

trampa 1 *f.* Artificio para cazar o matar animales. 2 Puerta en el suelo que pone en comunicación una parte de un edificio con otra inferior. 3 Dispositivo que sirve para retener una sustancia separándola de otras. 4 Contravención disimulada a una ley, convenio o regla. 5 Ardid para engañar a alguien.

trampear *tr.* Usar ardides para engañar a alguien o eludir una obligación.

trampolín *m.* Tabla elástica que permite a los nadadores aumentar la altura de su salto.

tranca *f.* Palo grueso que se pone atravesado detrás de las puertas o ventanas cerradas para mayor seguridad.

trancar 1 *tr.* Asegurar una puerta, ventana, etc. 2 *prnl.* Contenerse, refrenar un impulso.

trance 1 *m.* Momento decisivo y difícil de algún suceso o acción. 2 Estado en que un médium manifiesta fenómenos paranormales.

tranco *m.* Paso largo que se da abriendo mucho las piernas.

tranquilidad *f.* Quietud, reposo, sosiego.

tranquilizante 1 *adj.* Que tranquiliza. 2 *adj.* y *m.* FARM SEDANTE.

tranquilizar *tr.* y *prnl.* Poner tranquilo, calmar.

tranquilo, la 1 *adj.* Quieto, sosegado. 2 Despreocupado, que no le importa quedar mal.

transacción *f.* Trato o acuerdo comercial.

transamazónico, ca *adj.* Que está al otro lado o que atraviesa el Amazonas o la Amazonia.

transaminasa *f.* MED Enzima que produce el hígado e interviene en el metabolismo.

transandino, na *adj.* Que está al otro lado de los Andes o que los atraviesa.

transar 1 *intr.* Transigir, ceder. 2 Llegar a un acuerdo.

transatlántico, ca 1 *adj.* Que está al otro lado del Atlántico. 2 Dicho de los medios de locomoción que atraviesan el Atlántico. 3 *m.* Barco de grandes dimensiones destinado a hacer la travesía de un gran mar.

transbordador, ra 1 *adj.* Que transborda. 2 *m.* FERRI. || ~ **espacial** Nave espacial tripulada que regresa a la Tierra volando como un avión en la última fase de aproximación y puede utilizarse de nuevo.

transbordar 1 *tr.* Trasladar efectos o personas de un vehículo a otro. 2 *intr.* Cambiar alguien de vehículo durante un viaje.

transcontinental (Tb. trascontinental) *adj.* TRASCONTINENTAL.

transcribir 1 *tr.* Poner por escrito algo que se oye. 2 Escribir con un sistema de caracteres lo escrito en otro. 3 Escribir en una parte lo escrito en otra, copiar. 4 Mús Arreglar para un instrumento la música escrita para otro.

transcripción 1 *f.* Acción y efecto de transcribir. 2 Biol Parte de la síntesis de proteínas en la que se copia la cadena del ADN por el ARN mensajero.

transculturación *f.* Recepción por un grupo social de formas de cultura procedentes de otro que sustituyen las propias.

transcurrir 1 *intr.* Pasar el tiempo: *Transcurrió una hora.* 2 Desarrollarse algo de cierta manera: *La reunión transcurrió en calma.*

transeúnte *adj.* y *s.* Que transita o pasa por algún lugar.

transexual *adj.* y *s.* Dicho de la persona que adquiere los caracteres sexuales propios del sexo opuesto mediante tratamiento hormonal e intervención quirúrgica.

transferencia (Tb. trasferencia) *f.* Acción y efecto de transferir.

transferente *adj.* Bioq **ARN** ~.

transferir (Tb. trasferir) 1 *tr.* Pasar o llevar algo de un lugar a otro. 2 Traspasar a otro el derecho que se tiene sobre algo. 3 Pasar una cantidad de una cuenta bancaria a otra.

transfiguración (Tb. trasfiguración) *f.* Acción y efecto de transfigurar o transfigurarse.

transfigurar (Tb. trasfigurar) *tr.* y *prnl.* Hacer cambiar de figura o aspecto a alguien.

transformación (Tb. trasformación) 1 *f.* Acción y efecto de transformar o transformarse. 2 Biol Fenómeno por el que algunas células adquieren material genético de otras. 3 Mat En una operación algebraica, obtención de otra equivalente, pero de forma distinta. 4 Mat Correspondencia unívoca entre dos subconjuntos de puntos del plano.

transformador, ra (Tb. trasformador) 1 *adj.* y *s.* Que transforma. 2 *m.* Electr Aparato que transforma el voltaje de una corriente eléctrica.

transformar (Tb. trasformar) 1 *tr.* y *prnl.* Hacer cambiar de forma o cualidad a alguien o algo. 2 Convertir una cosa en otra. 3 Cambiar de manera de ser o de costumbres.

transformismo (Tb. trasformismo) *m.* Oficio del transformista.

transformista (Tb. trasformista) *m.* y *f.* Actor que hace cambios rapidos en sus representaciones.

tránsfuga (Tb. trásfuga) *m.* y *f.* Persona que varía su pensamiento ideológico y cambia de militancia.

transfusión (Tb. trasfusión) *f.* Med Acción de administrar, por vía intravenosa, sangre de una persona sana a un enfermo o herido.

transgénico, ca *adj.* Biol Dicho de los **organismos** cuya dotación genética ha sido modificada.

transgredir (Tb. trasgredir) *tr.* Quebrantar, infringir un precepto, ley o estatuto.

transición *f.* Estado intermedio entre uno del que se parte y otro al que se llega en un cambio.

transigir *intr.* y *tr.* Ceder a los deseos u opiniones de alguien, en contra de los propios.

transistor 1 *m.* **Electrón** Dispositivo cuyo funcionamiento se basa en las propiedades de los semiconductores; puede llevar a cabo funciones de amplificación, detección, rectificación, etc. 2 Nombre impropio de los receptores de radio equipados con transistores.

transitar 1 *intr.* Ir por una vía pública. 2 Viajar, circular.

transitivo, va 1 *adj.* Que pasa o se transfiere de uno a otro. 2 Gram **verbo** ~.

tránsito 1 *m.* Acción de transitar. 2 Circulación de vehículos por calles y carreteras.

transitorio, ria *adj.* Pasajero, temporal, que no es definitivo.

transmigrar (Tb. trasmigrar) 1 *intr.* Pasar a vivir a otro país todo un pueblo o la mayor parte de él. 2 Según la metempsicosis, pasar un alma de un cuerpo a otro.

transmisión (Tb. trasmisión) 1 *f.* Acción y efecto de transmitir. 2 Conjunto formado por las piezas que contribuyen a transmitir el movimiento del motor a las ruedas motrices de un automóvil.

transmisor, ra (Tb. trasmisor) *adj.* y *s.* Que transmite o puede transmitir.

transmitir (Tb. trasmitir) 1 *tr.* Hacer pasar algo de una parte a otra: *Las células receptoras transmiten el impulso a través del nervio olfatorio.* 2 Hacer que algo pase de un ser vivo a otro: *El gen determina la transmisión de los caracteres hereditarios.* 3 Hacer que algo pase de una persona otra: *Transmitió su saber a sus discípulos.* 4 Comunicar un sentimiento o un estado de ánimo: *Me transmitió todo su optimismo.* 5 Fís Propagar, a través del medio por el que se mueve, la electricidad, la luz o el sonido. 6 Med Contagiar a alguien una enfermedad. 7 Imprimir un movimiento aplicando una fuerza. 8 Comunicar mensajes por encargo de otro. 9 *tr.* e *intr.* Difundir algo a través de los medios de comunicación.

transmutar (Tb. trasmutar) *tr.* y *prnl.* Convertir o hacer cambiar una cosa en otra.

transnacional (Tb. trasnacional) 1 *adj.* Que se extiende a través de varias naciones. 2 *f.* MULTINACIONAL.

transoceánico, ca (Tb. trasoceánico) 1 *adj.* Que atraviesa un océano. 2 Situado al otro lado del océano.

transparencia (Tb. trasparencia) 1 *f.* Cualidad de transparente. 2 Fot DIAPOSITIVA.

transparentar (Tb. trasparentar) 1 *intr.* y *prnl.* Permitir un cuerpo ver la luz u otra cosa a través de él. 2 Ser transparente un cuerpo.

transparente (Tb. trasparente) 1 *adj.* Dicho del cuerpo que deja transparentar la luz y los objetos. 2 TRASLÚCIDO. 3 Que se deja adivinar o vislumbrar, comprensible.

transpiración (Tb. traspiración) 1 *f.* Acción y efecto de transpirar o transpirarse. 2 Bot Salida de vapor de agua a través de las membranas de las células superficiales de las plantas y, especialmente, por los estomas.

transpirar (Tb. traspirar) 1 *intr.* y *prnl.* Segregar un cuerpo a través de sus poros un líquido en forma de vapor o gotas minúsculas. 2 *intr.* SUDAR.

transponer *tr., intr.* y *prnl.* TRASPONER.

transportador, ra (Tb. trasportador) 1 *adj.* y *s.* Que transporta. 2 **cinta ~.** 3 *m.* GEOM Semicírculo graduado que sirve para medir y trazar ángulos. 4 MÚS Pieza suelta que, aplicada transversalmente sobre las cuerdas de la guitarra, sirve para elevar la entonación del instrumento.

transportar (Tb. trasportar) 1 *tr.* Llevar personas o cosas de un lugar a otro. 2 Dirigir la mente hacia lugares o sentimientos determinados. 3 *prnl.* EMBELESARSE.

transporte (Tb. trasporte) 1 *m.* Acción y efecto de transportar. 2 Medio o vehículo destinado al traslado de personas o cosas. 3 GEO Acarreo de materiales erosionados por las aguas, el viento, etc.

transposición *f.* TRASPOSICIÓN.

transuránico *adj.* QUÍM Dicho de los elementos que en la tabla periódica ocupan un lugar superior al 92, que es el del uranio, y se han obtenido artificialmente.

transustanciación (Tb. transubstanciación) *m.* REL Dogma según el cual el pan y el vino de la eucaristía se convierten, por la consagración, en el cuerpo y la sangre reales de Jesucristo, aunque la materia del pan y el vino permanezca inalterada.

transvasar *tr.* TRASVASAR.

transversal (Tb. trasversal) 1 *adj.* Que se halla o se extiende atravesado de un lado a otro. 2 Que se cruza en dirección perpendicular con la cosa de que se trata.

transverso, sa (Tb. trasverso) *adj.* Que está situado o ubicado de modo atravesado.

tranvía *m.* Vehículo público que circula sobre rieles.

trapeador *m.* Utensilio para limpiar el piso consistente en un manojo de fibras de material absorbente provisto de un mango largo.

trapear *tr.* Limpiar el piso con el trapeador o trapero.

trapecio 1 *m.* Barra horizontal suspendida por sus extremos de dos cuerdas, que sirve para ejercicios gimnásticos y circenses. 2 ANAT Cada uno de los dos músculos situados en la parte dorsal del cuello y anterior de la espalda. 3 ANAT Hueso par de la segunda fila del carpo. 4 GEOM Cuadrilátero en el que dos lados, sus bases, son desiguales y paralelos.

trapecista *m.* y *f.* Acróbata que hace ejercicios en el trapecio.

trapense *adj.* Relativo a la Trapa, instituto religioso cisterciense reformado en el s. XVII.

trapero, ra 1 *m.* y *f.* Persona que comercia con trapos, papeles viejos u otros objetos usados. 2 TRAPEADOR.

trapezoide 1 *m.* ANAT Hueso del carpo situado al lado del trapecio. 2 GEOM Cuadrilátero irregular que no tiene ningún lado paralelo a otro.

trapiche *m.* Molino para extraer el jugo de la caña de azúcar.

trapisonda 1 *f.* Riña agitada y ruidosa. 2 Embrollo, enredo.

trapo 1 *m.* Trozo de tela viejo, roto o inútil. 2 Paño, bayeta para limpiar o secar.

tráquea 1 *f.* ANAT Conducto respiratorio cilíndrico formado por anillos cartilaginosos, que va desde la laringe a los bronquios. 2 ZOOL Túbulo ramificado que forma el aparato respiratorio en los artrópodos.

traqueal 1 *adj.* Relativo a la tráquea. 2 ZOOL **respiración ~.**

traqueotomía *f.* MED Abertura artificial que se hace en la tráquea para impedir, en ciertos casos, la asfixia de los enfermos.

traqueteo *m.* Movimiento continuo de algo al transportarlo.

tras 1 *prep.* Después de, a continuación de, aplicado al espacio o al tiempo. 2 Además, fuera de esto. 3 En busca, en seguimiento de. 4 Detrás de, en situación posterior.

trasbocar *tr.* VOMITAR.

trascendencia (Tb. transcendencia) 1 *f.* Cualidad de trascendente. 2 Existencia de realidades trascendentales.

trascendental (Tb. transcendental) 1 *adj.* Que es de mucha importancia, por sus probables consecuencias. 2 Que supone la intervención de un principio exterior y superior a los seres o acciones naturales.

trascendentalismo (Tb. transcendentalismo) *m.* Cualidad de trascendental.

trascendente (Tb. transcendente) 1 *adj.* Que trasciende. 2 Que se eleva por encima de un nivel o límite dados. 3 TRASCENDENTAL, que supone la intervención de un principio exterior y superior.

trascender (Tb. transcender) 1 *intr.* Exhalar un olor tan intenso y penetrante que se percibe a distancia. 2 Empezar a conocerse algo que estaba oculto. 3 Extenderse los efectos de unas cosas a otras. 4 Superar un determinado límite. 5 FIL Traspasar los límites de la experiencia posible.

trascontinental (Tb. transcontinental) *adj.* Que atraviesa un continente.

trascordarse *prnl.* Perder la noticia puntual de una cosa por olvido o por confusión con otra.

trascripción *m.* TRANSCRIPCIÓN.

trasdós 1 *m.* ARQ Superficie exterior convexa de un arco o bóveda contrapuesta al intradós. 2 ARQ Pilastra situada detrás de una columna.

trasegar 1 *tr.* Mover cosas de un sitio para otro. 2 Pasar constantemente personas de un lugar a otro.

trasero, ra 1 *adj.* Que está, se queda o viene detrás. 2 *m.* Parte posterior del animal. 3 Nalgas, culo.

trasfondo *m.* Lo que está detrás de la apariencia o intención de alguna cuestión, asunto o acción.

trásfuga *m.* y *f.* TRÁNSFUGA.

trashumancia *f.* Acción y efecto de trashumar.

trashumar *intr.* Pasar el ganado con sus pastores de una región a otra en busca de pastos.

traslación (Tb. translación) 1 *f.* Acción y efecto de trasladar. 2 ASTR Movimiento de la Tierra alrededor del Sol, dando lugar a las estaciones del año. 3 ASTR El de cualquier astro a lo largo de sus órbitas. 4 BIOL Proceso por el que la secuencia lineal de nucleótidos de la molécula de ARN mensajero dirige la secuencia lineal específica de los aminoácidos. 5 FÍS Movimiento de un cuerpo cuando todas sus partes siguen una dirección constante. 6 GEOM Movimiento directo en el que cada punto y su imagen determinan rectas paralelas.

trasladar 1 *tr.* y *prnl.* Cambiar de lugar. 2 *tr.* Hacer pasar a alguien de un empleo o cargo a otro de la misma categoría. 3 Variar la fecha en que debía verificarse un acto, junta, reunión, etc.

traslapar *tr.* Cubrir total o parcialmente una cosa a otra.

traslaticio, cia (Tb. translaticio) *adj.* LING Dicho del sentido en que se usa una palabra para que adquiera un significado distinto del que le es propio.

traslúcido, da (Tb. translúcido) *adj.* Dicho del cuerpo, a través del cual pasa la luz, que permite ver confusamente lo que hay detrás de él.

traslucir (Tb. translucir) 1 *tr.* y *prnl.* Conjeturarse o inferirse una cosa en virtud de algún antecedente o indicio. 2 *prnl.* Ser traslúcido un cuerpo.

trasluz *m.* Luz que pasa a través de un cuerpo traslúcido.

trasmano, a 1 *loc. adv.* Fuera del alcance de la mano. 2 Fuera de los caminos frecuentados.

trasmutar *tr.* y *prnl.* TRANSMUTAR.

trasnochado, da 1 *adj.* Falto de novedad o actualidad. 2 *f.* Acción de trasnochar.

trasnochar *intr.* Pasar la noche, o gran parte de ella, velando o sin dormir.

trasoceánico *adj.* TRANSOCEÁNICO.

traspapelar *tr.* y *prnl.* Perder o extraviar algún papel por colocarlo, entre otros, en lugar distinto del que le corresponde.

traspasar 1 *tr.* Pasar o llevar algo de una parte a otra. 2 Pasar a la otra parte o al otro lado. 3 Ceder a favor de otro el derecho o dominio de algo. 4 *tr.* y *prnl.* Atravesar de parte a parte con algún arma o instrumento penetrante. 5 Exceder de lo debido, contravenir lo razonable.

traspaso 1 *m.* Acción y efecto de traspasar. 2 Cosa o conjunto de cosas traspasadas. 3 Precio por el que se traspasa algo.

traspié 1 *m.* Resbalón o tropezón. 2 Error o indiscreción.

trasplantar 1 *tr.* Trasladar plantas del lugar en que están plantadas a otro. 2 MED Trasladar un órgano desde un organismo donante a otro receptor para sustituir, en este, al que está enfermo. 3 *tr.* y *prnl.* Hacer salir de un lugar o país a personas arraigadas en él para asentarlas en otros. 4 Introducir en una región costumbres, instituciones, etc., procedentes de otra.

trasplante *m.* Acción y efecto de trasplantar.

trasponer (Tb. transponer) *tr.* y *prnl.* Ocultarse a la vista de alguien una persona o cosa, doblando una esquina, un cerro u otra cosa semejante.

trasposición (Tb. transposición) 1 *f.* Acción y efecto de transponer o transponerse. 2 Alteración del orden normal de los términos en la oración. 3 MAT Pasar un término de un miembro a otro en una ecuación o desigualdad. 4 MÚS Traslación de un fragmento musical en una tonalidad distinta.

trasquilar *tr.* y *prnl.* Cortar sin orden ni arte el pelo a alguien.

trastabillar 1 *intr.* Dar traspiés o tropezones. 2 Tambalear, vacilar.

trastada *f.* Acción perjudicial e inesperada contra alguien.

traste *m.* MÚS Cada uno de los resaltos del mástil de la guitarra o instrumentos análogos. Al oprimir entre ellos las cuerdas con los dedos, dan a estas la longitud adecuada al sonido que se quiere producir.

trastear 1 *intr.* TRASEGAR, mover cosas. 2 *tr.* y *prnl.* Mudarse, dejar la casa que se habita y pasar a otra.

trastero *m.* Pieza o desván destinado a guardar trastos inútiles.

trasto *m.* Mueble, objeto o utensilio, que se tiene arrinconado por inútil o roto.

trastocar *tr.* Alterar el orden establecido o la buena marcha de algo.

trastornar 1 *tr.* Desordenar o revolver las cosas. 2 Alterar el orden de algo, producir un cambio perjudicial. 3 Inquietar, perturbar. 4 *tr.* y *prnl.* Alterar el estado mental, volver loco.

trastorno 1 *m.* Acción y efecto de trastornar o trastornarse. 2 MED Alteración leve de la salud.

trastrocar *tr.* y *prnl.* Cambiar el estado, orden o sentido de algo.

trasunto *m.* Imitación, imagen o representación de algo.

trasvasar (Tb. transvasar) *tr.* Pasar un líquido de un recipiente a otro.

trasverso *adj.* TRANSVERSO.

trata *f.* Tráfico o comercio con seres humanos. || ~ **de blancas** Tráfico de mujeres, que consiste en obligarlas a trabajar como prostitutas.

tratable 1 *adj.* Que se puede o deja tratar con facilidad. 2 Cortés, amable, de trato llano.

tratadista *m.* y *f.* Autor de tratados.

tratado 1 *m.* Obra escrita que comprende todo lo concerniente a una materia. 2 TRATO, acuerdo. 3 Escrito firmado por partes contendientes en que constan los acuerdos tomados. || ~ **comercial** ECON Acuerdo entre países para concederse beneficios de forma mutua. Existen tres tipos fundamentales: zona de libre comercio, unión aduanera y unión económica.

tratamiento 1 *m.* Trato, acción y efecto de tratar o tratarse. 2 Modo de tratar o ser tratado. 3 Título de cortesía que se da a alguien por su dignidad o autoridad, como: *Merced; señoría; excelencia,* etc. 4 Procedimiento que se emplea en una experiencia o en la elaboración de algún producto. 5 MED Método que se emplea para curar enfermedades.

tratante 1 *adj.* Que trata: *Tengo un médico tratante.* 2 *m.* Persona que se dedica a la trata de personas.

tratar 1 *intr.* Procurar el logro de un fin. 2 Tener un escrito, obra, etc., algo específico como tema. 3 *tr.* Manejar algo, usarlo materialmente. 4 Gestionar un negocio. 5 Comportarse con alguien de una determinada manera. 6 Dar a alguien el tratamiento que se expresa. 7 Aplicar los medios adecuados para curar o aliviar una enfermedad. 8 Someter algo a la acción de una sustancia. 9 Analizar o discutir un asunto. 10 *intr.* y *prnl.* Relacionarse dos o más personas: *Alfredo y María se tratan.* 11 *prnl.* Cuidarse bien o mal alguien.

trato 1 *m.* Acción y efecto de tratar o tratarse. 2 Acuerdo, convenio o conclusión en algún asunto o negocio.

trauma *m.* TRAUMATISMO.

traumatismo 1 *m.* MED Lesión producida por agentes mecánicos, físicos o químicos. 2 PSIC Perturbación ocasionada por un choque emocional.

traumatizar *tr.* y *prnl.* Causar trauma.

traumatología *f.* MED Especialidad dedicada al diagnóstico y tratamiento de los traumas que afectan al aparato locomotor.

través 1 *m.* Inclinación o torcimiento de una cosa hacia algún lado. || **a ~ de** *loc. prepos.* Pasando de un lado a otro de: *Pasé a través del puente.* 2 Por entre: *Caminé a través del bosque.* 3 Por intermedio o mediación de: *Obtuvo la información a través de Alicia.*

travesaño *m.* Pieza de madera, hierro u otro material, que une dos partes opuestas de algo.

travesía 1 *f.* Viaje por mar o por aire. 2 Distancia entre dos puntos de tierra o de mar.

travesti (Tb. travestí) *m.* y *f.* Persona que se viste con ropas del sexo contrario.

travesura *f.* Burla ingeniosa y de poca importancia.

traviesa *f.* Cada uno de los maderos sobre los que se asientan perpendicularmente los rieles de la vía del tren.

travieso, sa *adj.* Inquieto y revoltoso.

trayecto 1 *m.* Espacio que dista de un punto a otro. 2 Espacio que se recorre o puede recorrerse de un punto a otro. 3 Acción de recorrerlo.

trayectoria 1 *f.* Línea descrita en el espacio por un punto que se mueve. 2 Curso que, a lo largo del tiempo, siguen el comportamiento o las actividades de alguien o algo. 3 GEOM y FÍS Curva descrita en el plano o en el espacio por un punto móvil. 4 GEO Curso de una tormenta giratoria.

traza 1 *f.* Huella, vestigio, señal. 2 Apariencia o aspecto de alguien o algo. 3 **Electrón** Trayectoria de un punto luminoso en una pantalla.

trazado 1 *m.* Acción y efecto de trazar. 2 Recorrido de un camino, canal, carretera, etc. 3 ARQ Planta, diseño o proyecto de una obra.

trazador *m.* QUÍM Isótopo de un elemento que tiene una peculiaridad que permite determinar su paso a través de una serie de procesos.

trazar 1 *tr.* Dibujar o hacer trazos o líneas. 2 Diseñar el plano de un edificio u otra obra. 3 Describir concisamente. 4 Discurrir los medios para realizar algo.

trazo 1 *m.* Raya trazada en una superficie. 2 Cada una de las partes de la escritura en que se considera dividida la letra.

trebejos *m. pl.* Instrumentos, utensilios o herramientas.

trébol *m.* Planta herbácea leguminosa de hojas casi redondas y trifoliadas y flores agrupadas en cabezuelas redondeadas.

trece 1 *adj.* Diez y tres. 2 Que ocupa el último lugar en una serie ordenada de trece.

treceavo, va *adj.* y *s.* Dicho de cada una de las trece partes iguales en que se divide un todo.

trecho *m.* Espacio o distancia de lugar o tiempo.

trefilar *tr.* Pasar un metal por la hilera para transformarlo en hilo.

tregua 1 *f.* Cesación de hostilidades, por determinado tiempo, entre enemigos en guerra. 2 Descanso temporal en cualquier actividad.

treinta 1 *adj.* Tres veces diez. 2 *m.* Conjunto de signos con que se representa el número treinta.

treintavo, va *adj.* Cada una de las treinta partes iguales en que se divide un todo.

treintena *f.* Conjunto de treinta unidades.

trematodo *adj.* y *m.* ZOOL Dicho de los platelmintos parásitos de los vertebrados, cuyo cuerpo posee dos o más ventosas, y a veces ganchos, que les sirven para fijarse al cuerpo de su huésped. Conforman una clase.

tremebundo, da *adj.* Espantoso, que causa horror.

tremedal *m.* Terreno pantanoso, cubierto de hierba.

tremendismo *m.* ART y LIT Corriente estética española (s. XX) que consistió en dar la mayor expresividad a los aspectos más crudos de la vida.

tremendista *adj.* y *s.* Aficionado a contar noticias alarmantes de forma exagerada.

tremendo, da 1 *adj.* Terrible y formidable, digno de ser temido. 2 Muy grande o extraordinario.

trementina 1 *f.* Resina que fluye de los pinos y otros árboles, pegajosa y odorífera. 2 Aceite o esencia que resulta de la destilación de esta resina y se emplea como diluyente para pinturas.

tremolar *tr.* e *intr.* Agitar en el aire los pendones, banderas, etc.

trémulo, la *adj.* Dicho de lo que tiene un movimiento semejante al temblor.

tren 1 *m.* Conjunto de una locomotora y de los vagones arrastrados por ella. 2 Marcha, velocidad en las carreras a pie. 3 Comodidades y lujo con que se vive. || **~ de alta velocidad** El que alcanza velocidades punta superiores a 300 km/h. **~ de aterrizaje** Conjunto de estructuras apoyadas en la armazón del fuselaje o de las alas, terminando por abajo en ruedas (o esquís o patines), y que tiene por objeto facilitar el aterrizaje y despegue del avión. ~ **de cercanías** El que conecta una ciudad muy poblada con las pequeñas localidades vecinas. ~ **de levitación magnética** El de alta velocidad, que levita, sobre un carril denominado carril guía, impulsado por campos magnéticos.

trenza 1 *f.* Conjunto de tres o más ramales que se entretejen para formar un mismo cuerpo alargado. 2 Peinado que se hace con el cabello largo entretejido y cruzado.

trenzar *tr.* Hacer trenzas.

trepador, ra 1 *adj.* Que trepa. 2 Bot Dicho de la planta que crece adhiriéndose a los árboles, paredes u otros objetos. 3 Zool Dicho de las aves especializadas en trepar, como los loros y los pájaros carpinteros.

trepanación *f.* Med Acción de trepanar.

trepanar *tr.* Med Horadar el cráneo u otro hueso.

trepar 1 *intr.* y *tr.* Subir a un lugar poco accesible, ayudándose de pies y manos. 2 *intr.* Crecer las plantas adhiriéndose a las superficies mediante zarcillos, raicillas u otros órganos.

trepidar *intr.* Temblar fuertemente.

treponema *m.* Biol y Med Género de bacterias espiroquetas parásitas y a veces patógenas.

tres 1 *adj.* Dos y uno. 2 *adj.* y *s.* Tercero, que sigue en orden al segundo. 3 Mat **regla de ~; regla de ~ compuesta.** 4 *m.* Signo con que se representa el número tres. 5 *f.* Tercera hora a partir de mediodía o medianoche.

trescientos, tas 1 *adj.* Tres veces ciento. 2 *m.* Conjunto de signos con que se representa este número.

treta *f.* Engaño sutil y hábil para conseguir algo.

tríada *f.* Conjunto o grupo de tres.

trial *m.* Dep Prueba motociclista de habilidad sobre un terreno con obstáculos.

triangular[1] 1 *adj.* De figura de triángulo o semejante a él. 2 Dicho del acuerdo o relación entre tres partes.

triangular[2] 1 *tr.* Disponer en triángulo. 2 Efectuar una triangulación.

triángulo 1 *m.* Geom Figura geométrica formada por tres rectas que se cortan mutuamente. 2 Mús Instrumento de percusión metálico en forma de triángulo, que se hace sonar golpeándolo con una varilla. || ~ **de Pascal** Mat Distribución de números obtenida al expandir potencias sucesivas de $(x + y)$ –esto es $(x + y)^1$, $(x + y)^2$...–, que proporciona los coeficientes correspondientes de estos desarrollos. ~ **equilátero** Geom El que tiene los tres lados iguales. ~ **escaleno** Geom El que tiene los tres lados desiguales. ~ **esférico** Geom El trazado en la superficie de la esfera. ~ **esférico birrectángulo** Geom El esférico que tiene dos ángulos rectos. ~ **esférico trirrectángulo** Geom El esférico que tiene los tres ángulos rectos. ~ **isósceles** Geom El que tiene iguales solamente dos ángulos y lados. ~ **rectángulo** Geom El que tiene recto uno de sus ángulos.

triásico, ca *adj.* y *s.* Geo Dicho de la primera de las tres divisiones de la era mesozoica, que abarcó un periodo de entre 225 y 195 millones de años y en la que el supercontinente Pangea empezó a desmembrarse. Aparecieron los dinosaurios y los bosques de coníferas constituyeron la vegetación dominante.

triatlón *m.* Dep Deporte que combina ciclismo, natación y carrera pedestre.

tribal *adj.* Relativo a la tribu.

tribu *f.* Unidad social conformada por personas que tienen costumbres, lengua y territorio comunes, y en la que es muy importante la afiliación por nacimiento y el parentesco.

tribulación *f.* Pena, disgusto, aflicción, preocupación.

tribuna 1 *f.* Plataforma elevada y con antepecho, desde donde se habla al público o desde la cual se presencia un espectáculo. 2 En las pistas deportivas, espacio con graderías para los espectadores.

tribunal *m.* Der Lugar donde los jueces administran justicia.

tribuno *m.* Orador, especialmente político, con gran elocuencia.

tributar 1 *tr.* Pagar un tributo o cierta cantidad como tributo. 2 Demostrar admiración o gratitud hacia alguien.

tributario, ria 1 *adj.* y *s.* Que paga tributo o está obligado a pagarlo. 2 Geo Dicho de un curso de agua con relación al río o mar donde desemboca.

tributo 1 *m.* Contribución, impuesto u otra obligación fiscal. 2 Expresión de cierto sentimiento favorable hacia alguien.

tricentenario 1 *m.* Fecha en que se cumplen trescientos años de algún acontecimiento o suceso famoso. 2 Actos con que se celebra.

tríceps *adj.* y *m.* Anat Dicho del músculo que tiene tres cabezas o tendones de inserción en uno de sus extremos. || ~ **braquial** Anat El que al contraerse extiende el antebrazo. ~ **espinal** Anat El que está a lo largo de la columna vertebral e impide que esta caiga hacia adelante. ~ **femoral** Anat El que al contraerse extiende con fuerza la pierna.

triceratops *m.* Dinosaurio herbívoro del cretácico caracterizado por tener uno o más cuernos en la parte frontal y un gran pico.

triciclo *m.* Vehículo de tres ruedas.

tricocéfalo *m.* Med y Zool Gusano nematodo que parasita en el intestino grueso y provoca diarrea crónica, anemia, etc.

tricolor *adj.* De tres colores.

tricornio *m.* Sombrero de tres picos.

tricúspide 1 *adj.* De tres cúspides o puntas. 2 Anat **válvula ~.**

tridente *adj.* y *m.* De tres puntas o dientes.

tridimensional *adj.* De tres dimensiones.

triedro *m.* Geom Poliedro de tres caras.

trifásico, ca *adj.* Electr Dicho de la corriente formada por tres corrientes alternas y desplazadas mutuamente en un tercio de periodo.

trifulca *f.* Pelea o riña con alboroto entre varias personas.

trifurcarse *prnl.* Dividirse algo en tres ramales, brazos o puntas.

trigal *m.* Campo sembrado de trigo.

trigésimo, ma *adj.* y *s.* Que ocupa el último lugar en una serie ordenada de treinta.

triglicérido *m.* BIOQ Molécula de glicerina que es un lípido constituyente de la mayoría de las grasas orgánicas. Sirve como depósito de energía en las células.

triglifo (Tb. tríglifo) *m.* ARQ Ornamento del friso del orden dórico, formado por un rectángulo saliente.

trigo *m.* Planta herbácea gramínea de tallo hueco y flores en espiga, de cuyas semillas se extrae la harina con la que se elabora el pan. Ha sido cultivado como alimento desde tiempos prehistóricos.

trigonometría *f.* MAT Parte de las matemáticas que estudia las relaciones entre los elementos de un triángulo, especialmente entre sus ángulos y sus lados.

trigonométrico, ca *adj.* MAT Relativo a la trigonometría.

trigueño, ña *adj.* De color del trigo, entre moreno y rubio.

trilingüe 1 *adj.* Que tiene tres lenguas. 2 Que habla tres lenguas. 3 Escrito en tres lenguas.

trilla *f.* Acción y efecto de trillar.

trillado, da 1 *adj.* Triturado. 2 Dicho del asunto muy conocido, común y sabido por todos.

trillador, ra 1 *adj.* Que trilla. 2 *f.* Máquina agrícola para trillar.

trillar 1 *tr.* Triturar la mies y separar el grano de la paja. 2 Descascarar, clasificar y seleccionar los granos de café.

trillizo, za *adj.* y *s.* Dicho de cada uno de los tres hermanos nacidos en un parto triple.

trilobites *m.* Artrópodo marino del Paleozoico, de cuerpo deprimido y contorno oval dividido en tres regiones, que medía de 1 a 7 cm.

trilogía *f.* Conjunto de tres obras literarias de un autor que constituyen una unidad.

trimembre *adj.* De tres miembros o partes.

trimestral 1 *adj.* Que sucede o se repite cada tres meses. 2 Que dura tres meses.

trimestre *m.* Periodo de tres meses.

trinar 1 *intr.* Hacer trinos musicales. 2 Gorjear los pájaros.

trincar 1 *tr.* Atar fuertemente. 2 Sujetar a alguien con los brazos o las manos.

trinchar 1 *tr.* Partir en trozos la comida para servirla. 2 Asegurar con el trinche o tenedor un trozo de comida.

trinche *m.* Tenedor de mesa.

trinchera *f.* Posición de defensa consistente en una zanja que permite moverse y disparar a cubierto del enemigo.

trineo *m.* Vehículo con patines o esquís, en lugar de ruedas, que se desliza sobre el hielo o la nieve.

trinidad *f.* REL En la religión católica, distinción de tres personas divinas en una sola y única esencia. • Se escribe con may. inic.

trinitrotolueno *m.* QUÍM Cada uno de los distintos compuestos obtenidos por la sustitución de tres átomos de hidrógeno de tolueno por tres grupos nitro. Uno de ellos, conocido como TNT, se puede fundir y verter en artefactos explosivos.

trino[1], na *adj.* Que contiene en sí tres cosas distintas o participa de ellas.

trino[2] *m.* Gorjeo de los pájaros.

trinomio *m.* MAT Expresión compuesta de tres términos algebraicos.

trinquete[1] *m.* Palo de proa.

trinquete[2] *m.* Mecanismo para asegurar el arrastre en un sentido, a la vez que lo impide en el otro, de un órgano en rotación.

trío 1 *m.* Conjunto de tres personas, animales o cosas. 2 MÚS Conjunto de tres voces o instrumentos.

tripa 1 *f.* Conjunto de intestinos o parte de intestino. 2 Vientre, parte donde se encuentran los intestinos. 3 Vientre abultado. 4 Parte abultada de algunos objetos, particularmente de las vasijas.

tripanosoma *m.* BIOL y MED Nombre común de diversos protozoos parásitos de la sangre y otros líquidos orgánicos de los vertebrados. Se transmiten a través de los artrópodos hematófagos, como la mosca tse-tse y el chinche.

tripanosomiasis *f.* MED Enfermedad causada por tripanosomas, como la enfermedad del sueño.

tripartito *adj.* Dicho del pacto celebrado por tres personas o entidades, especialmente entre tres naciones.

triple 1 *adj.* y *m.* Dicho del número o cantidad que es tres veces mayor. 2 Dicho de lo que va acompañado de otras dos cosas semejantes.

tripleta *f.* Conjunto de tres personas o cosas.

triplicado *m.* Tercera copia de un escrito.

triplicar 1 *tr.* y *prnl.* Multiplicar por tres. 2 *tr.* Hacer tres veces una misma cosa.

trípode *m.* Armazón de tres pies, para sostener ciertos instrumentos.

tríptico *m.* ART Pintura, grabado o relieve dispuestos en tres cuerpos de forma que los dos exteriores se cierran sobre el central.

triptongo *m.* GRAM Unión de tres vocales en una sola sílaba. Se produce cuando una vocal abierta va entre dos cerradas átonas: *Averiguáis; ansiéis; miau; guau.*

tripulación *f.* Conjunto de personas encargadas en una embarcación, aeronave o nave espacial de su maniobra y servicio.

tripular *tr.* Conducir una embarcación, aeronave o nave espacial, o prestar servicio en ellas.

triquina *f.* Gusano nematelminto parásito del cerdo, a través de cuya carne pasa al intestino de las personas.

triquiñuela *f.* Truco astuto para conseguir o eludir algo.

triquitraque *m.* Ruido y golpes repetidos y desordenados.

trirreme *m.* Antigua embarcación de tres órdenes de remos.

tris *m.* Porción muy pequeña de algo.

trisecar *tr.* GEOM Cortar o dividir una figura en tres partes iguales.

triste 1 *adj.* Afligido, apesadumbrado. 2 Que denota pesadumbre. 3 Que la ocasiona: *Noticia triste.*

tristeza 1 *f.* Cualidad de triste. 2 Suceso que provoca pena o melancolía.

tritón 1 *m.* MIT Deidad marina con figura de hombre desde la cabeza hasta la cintura y de pez el resto del cuerpo. 2 Anfibio urodelo de extremidades medianas y cola comprimida lateralmente que en estado larvario es exclusivamente acuático.

triturar 1 *tr.* Moler una materia sólida sin reducirla a polvo. 2 Mascar, desmenuzar la comida con los dientes.

triunfalismo 1 *m.* Optimismo exagerado. 2 Manifestación pomposa de esta actitud.

triunfar 1 *intr.* Quedar victorioso. 2 Conseguir con esfuerzo algo que se pretende.

triunfo 1 *m.* Acción de triunfar. 2 Éxito en algún empeño.

triunvirato 1 *m.* HIST Magistratura de la Roma antigua, en que intervenían tres personas. 2 Junta de tres personas que gobiernan algo.

trivalente 1 *adj.* Que tiene tres valores. 2 QUÍM Que funciona con tres valencias.

trivial *adj.* Sin importancia, novedad o trascendencia.

trivialidad 1 *f.* Cualidad de trivial. 2 Dicho, hecho o cosa trivial.

trivializar *tr.* Quitar importancia o no dársela a algo.

trivio *m.* HIST En la Edad Media, conjunto de las disciplinas relativas a la elocuencia (gramática, retórica y dialéctica).

triza *f.* Trozo pequeño de algo: *El florero quedó hecho trizas.*

trocánter 1 *m.* ANAT Eminencia de la extremidad de algunos huesos largos, como la de la parte superior del fémur. 2 ZOOL Segunda de las cinco piezas de que constan las patas de los insectos.

trocar 1 *tr.* Cambiar una cosa por otra. 2 Mudar una cosa en algo distinto u opuesto. 3 *prnl.* Cambiarse por entero algo: *Trocarse la suerte.*

trocear *tr.* Dividir alguna cosa en trozos.

trocha 1 *f.* Camino abierto en la maleza. 2 Camino angosto y difícil. 3 Anchura de la vía ferroviaria.

trofeo *m.* Objeto, insignia o señal de una victoria.

trófico, ca 1 *adj.* Relativo a la nutrición. 2 ECOL **pirámide** ~; **red** ~.

troglodita *adj.* y *s.* Dicho de la persona de la Edad de Piedra que habitó en cavernas.

troika (Tb. troica) *f.* Trineo tirado por tres caballos.

trol *m.* MIT En la mitología escandinava, ser malévolo que robaba o se comía a los viajeros.

trole 1 *m.* Pértiga metálica flexible que, en los vehículos de tracción eléctrica, sirve para transmitir la corriente del cable aéreo al motor. 2 **TROLEBÚS.**

trolebús *m.* Ómnibus de tracción eléctrica que toma la corriente del trole.

tromba *f.* GEO Torbellino violento que desciende de la base de un cumulonimbo y que va acompañado de una especie de surtidor formado por partículas de agua, polvo, arena, etc. levantadas del suelo.

trombo *m.* MED Coágulo de sangre en el interior de un vaso sanguíneo o del corazón.

trombocito *m.* BIOL Plaqueta de la sangre.

tromboflebitis *f.* MED Inflamación de las venas con formación de trombos.

trombón *m.* MÚS Instrumento de viento parecido a la trompeta, pero de mayor tamaño.

trombosis *f.* MED Proceso de formación de un trombo.

trompa 1 *f.* MÚS Instrumento de viento consistente en un tubo de metal enroscado que va ensanchándose desde la boquilla al pabellón. 2 ZOOL Prolongación muscular prensil de la nariz de algunos mamíferos. 3 ZOOL **PROBOSCIDE** de algunos dípteros. || ~ **de Eustaquio** ANAT Conducto que comunica el oído medio con la faringe. **~s de Falopio** ANAT Conductos de las hembras de los mamíferos que se extienden desde los ovarios hasta la zona superior del útero.

trompada *f.* Puño dado con gran fuerza.

trompeta *f.* MÚS Instrumento de viento consistente en un tubo de metal que va ensanchándose desde la boquilla al pabellón.

trompetero, ra 1 *m.* y *f.* Persona que hace trompetas. 2 *m.* Pez teleósteo con el hocico en forma de tubo. 3 *f.* Ave americana del tamaño de la gallina, de cuello y patas largos y pico recto. Se domestica fácilmente y sirve como guardián de otras aves.

trompetista *m.* y *f.* Persona que toca la trompeta.

trompo *m.* Juguete de madera, de figura cónica y terminado en una púa de hierro, al cual se enrolla una cuerda para lanzarlo y hacerlo bailar.

trompudo, da *adj.* De labios muy abultados y boca saliente.

tronar 1 *intr. impers.* Sonar truenos. 2 *intr.* Producir algo un ruido parecido al del trueno: *Truenan los cañones.* 3 Resonar la voz con fuerza.

troncal *adj.* y *f.* Relativo a las vías principales.

tronchar 1 *tr.* y *prnl.* Partir o romper con la mano el tallo o las ramas de las plantas, o cualquier cosa semejante. 2 Dislocarse un pie.

tronco 1 *m.* BOT Tallo principal, fuerte y macizo, de los árboles y arbustos. 2 ANAT Parte del cuerpo prescindiendo de la cabeza y las extremidades. 3 ANAT Conducto principal del que salen o al que concurren otros menores. 4 GEOM Parte de un cuerpo, especialmente de una pirámide o un cono, comprendida entre la base y una sección transversal. 5 Ascendiente común de dos o más ramas, líneas o familias. 6 Par de animales de tiro enganchado a un carruaje. 7 *m.* y *f.* Persona insensible o inútil. || ~ **braquiocefálico** ANAT El que nace del cayado aórtico y se bifurca en dos ramas, la subclavia y la carótida derecha.

tronera 1 *f.* Ventana angosta por donde entra escasamente la luz. 2 Abertura en un buque, una muralla, etc., desde la que se disparaba. 3 Cada uno de los agujeros o aberturas que hay en las mesas de billar para que por ellos entren las bolas.

trono 1 *m.* Asiento con gradas en el que se sientan personas de alta dignidad. 2 Dignidad de rey o soberano.

tronzar *tr.* Dividir, quebrar o hacer trozos.

tropa 1 *f.* Categoría formada por los soldados, marinos y aviadores y sus graduaciones. 2 Recua de ganado.

tropel 1 *m.* Muchedumbre de gente que se mueve con desorden y ruido. 2 TROPELÍA, aceleración confusa.

tropelía 1 *f.* Aceleración confusa y desordenada. 2 Acción violenta cometida con abuso de autoridad o poder.

tropezar 1 *intr.* Dar con los pies en algún obstáculo al caminar. 2 Encontrar algún obstáculo o dificultad que detiene o impide avanzar en un intento. 3 *intr.* y *prnl.* Encontrar por casualidad una persona a otra.

tropezón *m.* Acción y efecto de tropezar.

tropical 1 *adj.* GEO Relativo a los trópicos. 2 GEO **clima** ~. 3 ECOL **bosque** de sabana ~; **bosque** ~ lluvioso.

trópico *m.* GEO Cada uno de los dos círculos del globo terráqueo cuyos planos se encuentran equidistantes al Ecuador a una latitud de 23° 27', en todos sus puntos. El del hemisferio norte se llama trópico de Cáncer y el del sur, trópico de Capricornio. Señalan el límite septentrional y meridional, respectivamente, de la zona intertropical.

tropiezo 1 *m.* Hecho de tropezar 2 Lo que estorba o impide.

tropilla *f.* Manada de caballos, guanacos o vicuñas.

tropismo *m.* BIOL Movimiento de los organismos determinado por el estímulo de agentes físicos o químicos. Si se dirige hacia la fuente del estímulo, es **positivo** y si se aleja, es **negativo**.

tropo *m.* Figura retórica mediante la cual una palabra toma un significado que en sentido estricto no le corresponde. Comprende la **sinécdoque**, la **metonimia** y la **metáfora**.

tropopausa *f.* GEO Zona de discontinuidad entre la troposfera y la estratosfera.

troposfera (Tb. tropósfera) *f.* GEO Capa inferior de la atmósfera donde se producen los fenómenos meteorológicos. Se extiende hasta una altitud de 11 km en las zonas polares y hasta 16 km en las ecuatoriales.

troquel *m.* Molde metálico para el estampado de piezas metálicas.

troquelar *tr.* Imprimir y sellar una pieza de metal por medio del troquel.

trotamundos *m.* y *f.* Persona aficionada a viajar y recorrer países.

trotar 1 *intr.* Ir las caballerías al trote. 2 Cabalgar alguien sobre un caballo que va al trote. 3 Correr, como ejercicio físico durante cierto tiempo, a poca velocidad y sin afán competitivo.

trote 1 *m.* Modo de caminar los caballos entre el paso y el galope. 2 Actividad muy intensa, apresurada y fatigosa.

trotskismo *m.* POLÍT Movimiento basado en las doctrinas de Trotski (1879-1940) contrarias al estalinismo y a favor de la tesis de la revolución permanente.

trova 1 *f.* Verso, poesía. 2 Canción amorosa cantada o compuesta por los trovadores.

trovador, ra *m.* y *f.* Poeta o cantor.

trovar 1 *intr.* Hacer versos o componer trovas. 2 *tr.* Imitar una composición métrica, aplicándola a otro asunto.

troza *f.* Tronco de un árbol preparado para hacer tablas.

trozar 1 *tr.* Destrozar, romper. 2 Dividir en trozas un tronco.

trozo *m.* Pedazo o parte de algo separado del todo.

trucaje *m.* Acción y efecto de trucar.

trucar *intr.* y *tr.* Disponer o preparar algo con artificios o trampas que produzcan el efecto que se desea.

trucha *f.* Pez dulciacuícola de cuerpo alargado, color pardo con pintas rojizas o negras, cabeza pequeña, aleta caudal con una escotadura y carne blanca o rosada comestible.

truco 1 *m.* Ardid para el logro de un fin. 2 Artificio para producir efectos en el ilusionismo, la fotografía, la cinematografía, etc.

truculento, ta *adj.* Atroz, cruel, terrible.

trueno 1 *m.* Estampido o estruendo producido en las nubes por una descarga eléctrica. 2 Ruido semejante causado por una explosión.

trueque *m.* Acción y efecto de trocar o trocarse.

trufa *f.* Hongo ascomiceto subterráneo con cuerpos fructíferos de color pardo que constituyen la parte comestible.

truhan, na *adj.* y *s.* Que vive de engaños y estafas.

truncado, da 1 *adj.* Cortado, incompleto. 2 GEOM Dicho del poliedro cortado por uno o más planos. 3 GEOM **cono** ~; **pirámide** ~.

truncar 1 *tr.* Cortar una parte de algo. 2 Dejar incompleto el sentido de lo que se escribe o lee. 3 Impedir que llegue a realizarse completamente algo. 4 MAT Eliminar las fracciones decimales de un número para dejar solo la parte entera.

trusa *f.* Malla, vestido de tejido muy fino que, ajustado al cuerpo, usan los artistas de circo, bailarines, deportistas, etc.

trust *m.* ECON Forma de monopolio mercantil que se da cuando se crean acuerdos y alianzas entre los fabricantes u oferentes de un producto o servicio, aunque se ofrezca la imagen de que impera la competencia.

tsunami (Tb. sunami) *m.* Ola de enormes proporciones que surge tras un terremoto o la erupción de un volcán en el fondo del mar.

tu, tus *adj.* Apócope de *tuya, tuyo, tuyas* y *tuyos* que se emplea como posesivo para los dos géneros y solo antepuesto al sustantivo.

tú Pronombre personal de segunda persona en el género masculino o femenino y número singular. Funciona como sujeto.

tuareg *adj.* y *s.* De un pueblo bereber del Sáhara Central fuertemente mestizado e islamizado, pero que ha preservado su lengua y costumbres (nomadismo, matriarcado y cría de camellos y cabras).

tuátara *m.* Reptil endémico de Nueva Zelanda de 20 cm de longitud, cabeza grande, cola poderosa y una cresta espinosa a lo largo del dorso.

tuba *f.* Mús Instrumento de viento, perforación cónica y con pistones elaborado en cobre.

tuberculina *f.* Farm Preparación hecha con gérmenes tuberculosos para el diagnóstico y tratamiento de la tuberculosis.

tubérculo 1 *m.* Bot Parte engrosada y subterránea del tallo de las plantas, como la papa, rica en sustancias de reserva. 2 Med Lesión morbosa de la tuberculosis. 3 Zool Protuberancia del dermatoesqueleto o la superficie de varios animales.

tuberculosis *f.* Med Enfermedad infecto-contagiosa que adopta formas muy diferentes según el órgano atacado. Su lesión habitual es un pequeño nódulo, de estructura especial, llamado tubérculo.

tuberculoso, sa 1 *adj.* Relativo a la tuberculosis. 2 *adj.* y *s.* Que padece tuberculosis.

tubería *f.* Conjunto de tubos para conducir un fluido.

tuberosidad *f.* Med Tumor, hinchazón.

tubo 1 *m.* Pieza hueca, generalmente cilíndrica y abierta por ambos extremos, que se utiliza como medio de conducción de fluidos. 2 Recipiente cilíndrico, de paredes flexibles, con una abertura con tapa en uno de sus extremos. 3 Biol Conducto natural: *Tubo digestivo*. || ~ **de ensayo** El de vidrio, usado para los análisis químicos. ~ **de rayos X Electrón** En el que hay una placa metálica frente al cátodo, que al ser bombardeada por electrones emite rayos X. ~ **de vacío Electrón** El de acero o vidrio con un ánodo y un cátodo, entre los cuales pueden moverse libremente los electrones, y un tercer electrodo (rejilla) interpuesto entre los anteriores. ~ **digestivo** Anat Conjunto de órganos del aparato **digestivo** en el que se lleva a cabo la parte principal del proceso de asimilación de los alimentos. ~ **fluorescente** Electr El de iluminación eléctrica cuyas paredes, de vidrio, están recubiertas de una sustancia fluorescente.

tubular 1 *adj.* Relativo al tubo. 2 En forma de tubo. 3 *m.* NEUMÁTICO, anillo tubular de caucho. 4 LLANTA, pieza anular de caucho.

túbulo *m.* Biol Conducto anatómico muy delgado.

tucán *m.* Ave de pico arqueado, grueso y casi tan largo como su cuerpo, alas cortas y plumaje muy colorido.

tuerca *f.* Pieza con un hueco labrado en espiral en el que se ajusta el tornillo.

tuerto, ta *adj.* y *s.* Falto de un ojo o de la vista de uno.

tuétano *m.* Médula, sustancia contenida dentro de los huesos.

tufarada *f.* Olor fuerte y desagradable que se percibe.

tufo 1 *m.* Emanación gaseosa que se desprende de las fermentaciones. 2 Olor desagradable que despide de sí algo o alguien.

tugurio *m.* Habitación o vivienda miserables.

tuit *m.* Mensaje transmitido a través de la red social Twitter, cuyo texto no puede sobrepasar los 140 caracteres.

tuitear *tr.* Enviar o intercambiar mensajes a través de la red social Twitter.

tul *m.* Tejido de seda o algodón que forma malla en octágonos.

tulio *m.* Quím Elemento metálico de los lantánidos que se utiliza como fuente de rayos X. Punto de fusión: 1545 °C. Punto de ebullición: 1950 °C. Núm. atómico 69. Símbolo: Tm.

tulipán 1 *m.* Planta herbácea de hojas anchas, flor única de seis pétalos de diversos colores y fruto en cápsula. 2 Flor de esta planta.

tullido, da *adj.* y *s.* Que ha perdido el movimiento del cuerpo o de alguno de sus miembros.

tullir 1 *tr.* Dejar tullido a alguien. 2 *prnl.* Quedarse tullido.

tumba *f.* Sepulcro, sepultura.

tumbaga *f.* Aleación de oro y cobre empleada en joyería.

tumbar 1 *tr.* Hacer caer o derribar a alguien o algo. 2 *prnl.* Echarse o tenderse especialmente para dormir.

tumbo 1 *m.* Vaivén violento. 2 Vuelco o voltereta.

tumbona *f.* Silla con largo respaldo de lona y patas en tijera, que permiten inclinarla en ángulos muy abiertos.

tumefacción *f.* Med Hinchazón de alguna parte del cuerpo.

tumor *m.* Med Alteración patológica, con aumento de volumen, de los tejidos orgánicos, por crecimiento autónomo. || ~ **benigno** Med El formado por células muy semejantes a las normales. ~ **maligno** Med El que produce metástasis y que no tratado adecuadamente lleva a la muerte a quien lo padece.

tumoración *f.* Med Aumento patológico de alguna zona orgánica.

túmulo 1 *m.* Sepulcro levantado sobre el suelo. 2 Montecillo con que se cubre una sepultura. 3 Armazón en la que se coloca el ataúd para celebrar exequias.

tumulto *m.* Confusión agitada producida por una multitud.

tuna *f.* Mús Orquesta formada por estudiantes.

tunal 1 *m.* CHUMBERA. 2 Sitio donde abunda esta planta.

tunante, ta *adj.* y *s.* Pícaro, bribón, granuja.

tundir *tr.* Igualar con tijera o cuchilla el pelo de los paños y pieles.

tundra *f.* Ecol Terreno abierto y llano de subsuelo helado, cubierto de musgos, líquenes y pequeñas hierbas. Es propio de las regiones árticas y antárticas. || ~ **alpina** Ecol Terreno de características similares propio de las altas montañas de la zona templada.

túnel *m.* Paso subterráneo abierto artificialmente para establecer comunicaciones. || ~ **de viento** Larga cavidad cilíndrica por la que se hace circular aire a la velocidad conveniente para ensayar modelos de aviación, náutica, automovilismo, etc.

tungsteno *m.* Quím Elemento metálico caracterizado por tener un punto de fusión más alto que cualquier otro metal. Se usa en la fabricación de filamentos eléctricos. Punto de fusión: 3410 °C. Punto de ebullición: 5660 °C. Núm. atómico: 74. Símbolo: W.

túnica 1 *f.* Vestidura larga y holgada. 2 ANAT Membrana que envuelve un órgano. 3 BOT Telilla que, en algunas frutas o bulbos, está pegada a la parte interna de la cáscara. || ~ **úvea** ANAT Cara posterior del iris.

tunicado *adj.* y *f.* ZOOL Dicho de los animales marinos con cuerpo blando, de vida libre (larva) o sésil (adulto). En estado adulto viven en el interior de una túnica de celulosa segregada por ellos mismos.

tunjo *m.* Objeto de oro hallado en las guacas.

tuno *m.* HIGO chumbo.

tupido, da *adj.* Espeso, que tiene sus elementos muy juntos.

tupí-guaraní *m.* LING Familia lingüística suramericana, la más importante por su extensión territorial y el número de hablantes.

tupir *tr.* y *prnl.* Apretar mucho una cosa.

tupí *adj.* y *s.* De un conjunto de pueblos indígenas amerindios que habita en la cuenca del Amazonas y en Paraguay, Brasil y Guayana.

turba[1] *f.* GEO Combustible fósil, clase de carbón, formado de residuos vegetales carbonizados. Se extrae de zonas con aguas estancadas y tiene un poder calórico bajo.

turba[2] *f.* Muchedumbre de gente desordenada y tumultuosa.

turbación *f.* Acción y efecto de turbar o turbarse.

turbante *m.* Tocado que consiste en una tira larga de tela que se enrolla en la cabeza.

turbar 1 *tr.* y *prnl.* Alterar el orden o el curso natural de algo. 2 Poner a alguien en un estado de fuerte emoción.

turbera *f.* Yacimiento de turba[1].

turbina *f.* Máquina motriz rotativa, capaz de transformar en energía mecánica la energía de la corriente continua de un fluido.

turbio, bia 1 *adj.* Mezclado o alterado por algo que quita la claridad natural. 2 Confuso, poco claro, dudoso. 3 Dicho del lenguaje, la explicación, etc., confusos u oscuros.

turbión 1 *m.* Aguacero impetuoso con viento fuerte y de poca duración. 2 Cantidad de cosas que caen de golpe.

turbohélice *m.* TURBOPROPULSOR.

turbopropulsor *m.* Motor de un avión que comprende una turbina unida a una hélice mediante un reductor de velocidad.

turborreactor *m.* Motor de reacción que comprende una turbina de gas cuya expansión por medio de toberas produce un efecto de propulsión por reacción.

turbulencia 1 *f.* Cualidad de turbio o de turbulento. 2 FÍS Movimiento desordenado de un fluido en el cual las moléculas describen trayectorias sinuosas y forman torbellinos. 3 GEO Formación de remolinos producida por variaciones irregulares y rápidas de la dirección y velocidad del viento.

turbulento, ta 1 *adj.* Alborotado y agitado. 2 Que provoca disturbios, discusiones, etc. 3 FÍS **movimiento** ~.

turco, ca 1 *adj.* HIST De un grupo de pueblos nómadas asiáticos, probablemente originarios de la cordillera del Altai, que después de someter el N de China y Mongolia (s. VI) se extendieron por todo el continente asiático. 2 *f.* Cama baja y estrecha. 3 *m.* LING Lengua hablada en Turquía y parte de Bulgaria, Grecia, Rumania y Bosnia-Herzegovina.

turcomano, na *adj.* y *s.* Dicho de la persona perteneciente a cierta rama entroncada con los turcos y muy numerosa en Irán.

turgente *adj.* Abultado y firme.

turismo 1 *m.* Acción de viajar por placer o instrucción. 2 Conjunto de actividades puestas en práctica al realizar este tipo de viajes. 3 ECON Industria cuya finalidad es satisfacer las necesidades del turista. 4 Automóvil de uso particular.

turista *m.* y *f.* Persona que recorre un país por distracción y recreo.

turmalina *f.* Piedra fina traslúcida o transparente cuyo componente principal es un silicato de alúmina.

turnar *intr.* y *prnl.* Alternar ordenadamente con otras personas en el disfrute de un beneficio, el desempeño de un cargo o cualquier trabajo.

turno 1 *m.* Orden alternado que se observa entre varias personas para realizar una cosa, o en la sucesión de estas cosas. 2 Momento en que corresponde a alguien hacer algo basándose en un orden establecido. 3 Conjunto de trabajadores que desempeñan su tarea en el mismo horario.

turpial *m.* Pájaro de plumaje amarillo-naranja en el cuerpo y negro en la cabeza y las alas. Su canto es muy apreciado.

turquesa 1 *f.* Gema de color azul verdoso. 2 *adj.* Dicho del color azul verdoso.

turrón *m.* Dulce de almendras, piñones, avellanas y nueces mezclados con miel o azúcar.

tusa 1 *f.* Corazón de la mazorca de maíz. 2 Hoja que envuelve a la mazorca del maíz.

tusar *tr.* Cortar a ras el pelo a alguien.

tutear *tr.* y *prnl.* Hablar a alguien de tú.

tutela 1 *f.* Dirección o amparo de una persona respecto de otra. 2 DER Institución cuyo fin es la protección y asistencia de alguien que no puede valerse por sí mismo. 3 DER Medida que garantiza a todos los ciudadanos la posibilidad de reclamar ante los jueces la protección inmediata de sus derechos fundamentales, cuando no se dispone de otro medio de defensa judicial. 4 DER **acción** de ~.

tutelar[1] *tr.* Ejercer la tutela.

tutelar[2] *adj.* y *s.* Que guía, ampara o defiende.

tutifruti *m.* Helado o dulce compuesto de varios frutos.

tutor, ra 1 *m.* y *f.* Persona que ejerce la tutela de alguien. 2 Profesor privado que tiene a su cargo la educación general de un alumno. 3 Persona encargada de aconsejar a los alumnos de un curso o asignatura.

tutoría 1 *f.* Cargo de tutor. 2 Orientación que ofrece un tutor a los alumnos de un curso o asignatura.

tutorial 1 *adj.* Perteneciente a la tutoría o relacionado con el acompañamiento de procesos. 2 *m.* INF Manual que orienta sobre el desarrollo de los procesos informáticos.

tutsi *adj.* y *s.* De un pueblo que conformaba la elite gobernante en los reinos africanos tradicionales de los actuales Ruanda y Burundi y en una pequeña parte de Tanzania.

tutú *m.* Vestido de bailarina de danza clásica, consistente en un corpiño ajustado y una falda corta, ligera y vaporosa.

tuyo, ya, tuyos, yas 1 *adj. posesivo.* De la persona a quien se habla; que corresponde o pertenece a ella. • Se apocopa en *tu, tus* cuando precede al sustantivo: *Tengo los discos tuyos/Tengo tus discos.* 2 *pron. posesivo.* Segunda persona en género masculino y femenino y ambos números. • Se usa también como neutro con la terminación del masculino en singular: *Lo tuyo.*

twist (Voz ingl.) 1 *m.* Baile de carácter individual caracterizado por el movimiento integral del cuerpo, en especial por el balanceo de las caderas y los hombros. 2 Música que acompaña este baile.

u[1] *f.* Vigesimosegunda letra del **alfabeto** español y quinta de sus vocales. Su nombre es *u* y representa el fonema vocálico /u/. Es letra muda en *gue, gui* (cuando no lleva diéresis) y *que, qui.* • pl.: *úes.* || **doble** ~ La letra *w.*

u[2] *conj. disy.* Se emplea en vez de la conjunción *o* cuando esta precede palabras que empiezan por *o* o por *ho*: *Serían las siete u ocho de la noche; tendrá 10 u 11 años de edad; no sé si era belga u holandés.*

ubérrimo, ma *adj. sup.* Muy abundante y fértil.

ubicación *m.* Acción y efecto de ubicar.

ubicar 1 *intr.* y *prnl.* Estar en un lugar determinado. 2 *tr.* Poner, situar. 3 Dar con lo que se busca. 4 Hacer algo para hallar a alguien o algo.

ubicuidad *f.* Cualidad de ubicuo.

ubicuo, cua *adj.* Dicho de Dios, que está presente a un mismo tiempo en todas partes.

ubre 1 *f.* Cada una de los órganos de las hembras de los mamíferos por los que segregan la leche para amamantar a sus crías. 2 Conjunto de esos órganos.

uchuva 1 *f.* Planta solanácea de hojas alternas, flores amarillas, fruto en baya, amarilla, cubierto de una delgada envoltura globular. 2 Fruto de esta planta; es comestible.

uf *interj.* Denota cansancio, fastidio o sofocación.

ufanarse *prnl.* Engreírse, jactarse.

ufano, na 1 *adj.* Arrogante, presuntuoso. 2 Satisfecho, contento.

ufología *f.* Estudio de los ovnis.

ukelele *m.* Mús Instrumento hawaiano de cuatro cuerdas y mástil con trastes.

úlcera 1 *f.* Med Lesión de la piel o de las mucosas que tiende a no cerrarse. 2 Bot Exudación de savia corrompida a través de la parte leñosa de una planta.

ulterior *adj.* Que se dice o sucede después de otra cosa.

ultimar 1 *tr.* Dar fin a una cosa, concluirla. 2 Matar.

ultimátum *m.* Resolución tajante.

último, ma 1 *adj.* Que viene detrás o después de los demás. 2 Se dice de lo que en su línea no tiene otra cosa después de sí. 3 Se dice de lo más remoto, retirado o escondido. 4 Se dice de lo extremado en su línea.

ultraderecha *f.* Derecha política de ideología radical o extremista.

ultraísmo *m.* Lit Movimiento literario hispanoamericano de principios del s. XX que reclamaba la total renovación del espíritu y la técnica poética. Destacaron Vicente Huidobro y Juan Ramón Jiménez.

ultraizquierda *f.* Tendencia política en la que militan personas que defienden conceptualmente y, de hecho, la ideología de extrema izquierda.

ultrajar *tr.* Ofender gravemente de palabra o de obra a personas o cosas personificadas: *Ultraje a la bandera.*

ultraje *m.* Acción de ultrajar.

ultraligero *m.* Avión deportivo de poco peso y escaso consumo.

ultramar *m.* País o conjunto de países que están al otro lado del mar; se decía, en España, de los territorios coloniales.

ultranza, a *loc. adv.* A todo trance, resueltamente.

ultrasonido *m.* Fís Onda sonora no perceptible por el oído humano.

ultratumba *f.* Lo que se cree o se supone que existe después de la muerte.

ultravioleta *adj.* Fís **radiación ~; rayos ~.**

ulular 1 *intr.* Hacer su voz los búhos y lechuzas. 2 Emitir o producir algo un sonido parecido.

umbela 1 *f.* Bot Inflorescencia en que los pedúnculos nacen de un mismo punto y se elevan a igual altura. 2 Zool Parte superior redondeada del cuerpo de las medusas.

umbilical 1 *adj.* Anat Relativo al ombligo. 2 Anat **cordón ~.**

umbral 1 *m.* Parte inferior de la puerta contrapuesta al dintel. 2 Primer paso o entrada de cualquier cosa. 3 Valor a partir del cual empiezan a ser perceptibles los efectos de un agente físico.

un, una 1 Artículo indeterminado en género masculino y femenino y número singular. • Se emplea *un* como femenino ante sustantivo que empieza por el sonido de *a* tónica, incluso si le precede *h* muda. 2 *adj.* **uno.**

unánime *adj.* Se dice la opinión, intención o sentimiento que comparten varias personas.

unanimidad *f.* Cualidad de unánime. || **por** ~ Sin discrepancia, de manera unánime.

unanimismo *m.* Tendencia exagerada a actuar con unanimidad.

unción *f.* Acción de ungir.

uncir *tr.* Sujetar los animales de tiro al yugo.

undécimo, ma *adj.* Que sigue inmediatamente en orden al o a lo décimo.

underground (Voz ingl.) 1 *adj.* Dicho de una manifestación artística o cultural, marginal y contestataria, o de las personas que la crean o la promueven. 2 *m.* Movimiento que patrocina y difunde manifestaciones artísticas y culturales marginales.

undívago, ga *adj.* Que ondea como las olas.

ungir 1 *tr.* Extender una materia grasa sobre algo. 2 Signar con óleo sagrado a una persona.

ungüento *m.* Sustancia que se unge o unta.

unguiculado, da *adj.* y *s.* ZOOL Que tiene los dedos provistos de uñas.

unguis *m.* ANAT Hueso muy pequeño que en cada una de las órbitas contribuye a formar los conductos lagrimal y nasal.

ungulado, da *adj.* ZOOL Se dice del mamífero con pezuñas; puede ser artiodáctilo o perisodáctilo.

unicameral *adj.* Se dice del poder legislativo formado por una sola Cámara.

unicelular *adj.* BIOL Que consta de una sola célula.

único, ca 1 *adj.* Solo y sin otro de su especie. 2 Singular, extraordinario.

unicornio *m.* MIT Animal fabuloso de figura de caballo con un cuerno en mitad de la frente.

unidad 1 *f.* Cada una de las cosas completas y diferenciadas de otras que se hallan en un conjunto. 2 Cualidad por la que algo constituye un todo independiente que no se puede dividir sin alterar su esencia. 3 Lo que posee esa cualidad: *El átomo es la unidad básica de la materia.* 4 Unión de las partes de un todo. 5 Cantidad elegida como término de comparación para medir las demás de su especie: *La unidad de la longitud es el metro.* 6 Fracción de una fuerza militar. 7 ART y LIT Cualidad de la obra en que solo hay un asunto o pensamiento principal, generador y lazo de unión de todo lo que en ella ocurre, se dice o representa. || ~ **astronómica** ASTR Distancia media de la Tierra al Sol, que equivale a 149,5 millones de kilómetros. Símbolo: UA. ~ **central de proceso** INF Circuito que se ocupa del control y proceso de datos en los computadores. ~ **de cuidados intensivos** MED Sección de un hospital donde se concentran aparatos y personal destinados a la atención inmediata y constante. ~ **de medida** FÍS y MAT **UNIDAD**, cantidad elegida como término de comparación. ~ **monetaria** ECON Moneda que sirve de patrón en cada país. **sistema internacional de ~es** El de pesas y medidas cuyas unidades fundamentales son: **metro, kilogramo, segundo, amperio, kelvin, mol** y **candela.**

unidimensional *adj.* Que tiene una sola dimensión.

unido, da 1 *adj.* Que tiene unión. 2 Que tiene conformidad o compenetración con otro.

unifamiliar *adj.* Que corresponde a una sola familia.

unificación *f.* Acción y efecto de unificar.

unificar 1 *tr.* y *prnl.* Hacer de varias cosas una o un todo. 2 Hacer que cosas diferentes o separadas formen un orden, produzcan un efecto, tengan una misma finalidad, etc.

uniformar 1 *tr.* y *prnl.* Hacer uniformes dos o más cosas. 2 Hacer que los individuos de un cuerpo vistan el mismo traje o uniforme.

uniforme 1 *adj.* Siempre igual. 2 FÍS **movimiento ~.** 3 *m.* Traje igual o semejante que llevan los miembros de un cuerpo, institución, etc.

unilateral 1 *adj.* Que solo contempla un aspecto de la cuestión. 2 Se dice de la manifestación o acto que solo obliga al que lo hace.

unión 1 *f.* Acción y efecto de unir o unirse. 2 Acción y efecto de unirse en matrimonio. 3 Lugar o punto en que se unen dos o más cosas. 4 Lo que resulta de mezclar de algunas cosas entre sí. 5 Entidad que resulta de unir países, compañías, profesionales, partidos políticos, etc. 6 MAT Conjunto formado por los elementos de dos o más conjuntos. Su símbolo es $\cup$: *Dados dos conjuntos, A y B, su unión se representa por* $A \cup B$*, que es igual al conjunto que contiene los elementos de ambos.*

unipersonal *adj.* Que corresponde o pertenece a una sola persona.

unir 1 *tr.* Hacer que dos o más cosas formen un todo. 2 Juntar dos o más cosas de modo que queden continuas. 3 Conectar entre sí una o más cosas: *La nueva vía unirá los municipios ribereños.* 4 Concertar las voluntades, ánimos o pareceres. 5 *intr.* y *prnl.* Presentarse dos o más cosas a la vez: *La fuerza y la mansedumbre se unen en este perro.* 6 *prnl.* Confederarse varios para el logro de algún intento. 7 Juntarse alguien a la compañía de otra persona.

unisex *adj.* Que es apropiado para ambos sexos, especialmente si se refiere a la moda.

unisexual 1 *adj.* BIOL Se dice del individuo que tiene un solo sexo. 2 BOT **flor ~.**

unísono, na 1 *adj.* Que tiene el mismo tono o sonido que otra cosa. 2 *m.* MÚS Trozo de música en el que varias voces o instrumentos suenan en idénticos tonos.

unitario, ria 1 *adj.* Relativo a la unidad. 2 Que constituye una unidad.

unitarismo 1 *m.* POLÍT Doctrina, tendencia u opinión que se opone al particularismo o a la diversidad. 2 REL Doctrina protestante que acepta la moral de Jesucristo, pero niega su divinidad.

univalvo, va *adj.* y *m.* ZOOL Se dice de la concha con una sola valva o pieza, y del molusco que la tiene.

universal 1 *adj.* Relativo al universo. 2 Que comprende o es común a todos en su especie. 3 Que pertenece o se extiende a todo el mundo, a todos los países, a todos los tiempos. 4 Lo que por su naturaleza es apto para ser predicado de muchos. 5 FISIOL y MED **receptor ~.** 6 POLÍT **sufragio ~.**

universalismo *m.* REL Fe que incorpora muchos dogmas y que sigue el principio de "la armonía entre los adeptos de todas las confesiones religiosas".

universalizar *tr.* Hacer universal algo, extendiéndolo a todos o generalizándola.

universidad 1 *f.* Institución de enseñanza superior, dividida en facultades y otros centros, que concede títulos de profesional, licenciado, doctor, etc. 2 Edificio o conjunto de edificios destinado a las cátedras y oficinas de una universidad.

universitario, ria 1 *adj.* Relativo a la universidad. 2 *m.* y *f.* Profesor, graduado o estudiante de universidad.

universo 1 *m.* Mundo como conjunto de todos los seres existentes, con el espacio en que están y se mueven. 2 ASTR Conjunto de toda la materia y energía existentes.

□ El universo tiene una edad estimada de 15 000 millones de años y, según la teoría inflacionaria, todo salió de un único punto en una bola de fuego conocida como Gran Explosión o *big bang*. Aprox. cuatro minutos después del principio tuvieron lugar una serie de reacciones nucleares en las que al menos el 25 % del material nuclear terminó en forma de helio y el resto en forma de hidrógeno. Algo más de 30 minutos después, la materia se encontraba en estado de **plasma**. Esta actividad prosiguió durante unos 300 000 años, hasta que la temperatura se acercó a la que existe hoy en la superficie del Sol (aprox. 6000 °C) y durante los 500 000 años siguientes se formaron átomos de hidrógeno y helio. Las estrellas y galaxias empezaron a formarse aprox. 200 000 años después, una vez que la materia y la radiación dejaron de interactuar.

univitelino, na *adj.* Se dice de los mellizos procedentes de un solo óvulo.

unívoco, ca 1 *adj.* Que tiene solo una significación o un sentido. 2 MAT **correspondencia ~**.

uno, na 1 *adj.* Que no está dividido en sí mismo. 2 Se dice de la persona o cosa identificada o unida, física o moralmente, con otra. 3 Idéntico, lo mismo: *Esa razón y la que yo digo es una*. 4 Con sentido distributivo, se usa contrapuesto a *otro*. 5 En plural y antepuesto a un número cardinal, poco más o menos. 6 *pron. indet.* En singular, significa una y en plural dos o más personas cuyo nombre se ignora o no quiere decirse. Se usa también en número singular y aplicado a la persona que habla o a una indeterminada. 7 *m.* MAT Unidad, cantidad que se toma como término de comparación. 8 MAT Signo con que se expresa la unidad sola.

untar 1 *tr.* Aplicar una sustancia grasa o pegajosa. 2 *prnl.* Mancharse con una materia untuosa.

untuoso, sa *adj.* Graso, pegajoso.

uña 1 *f.* ANAT Cada una de las láminas córneas que crecen en la parte terminal de las falangetas. 2 Pezuña o casco de un animal. 3 ZOOL Punta corva en que remata la cola del alacrán. 4 BOT Espina corva de algunas plantas. 5 MÚS **PLECTRO**. 6 Corte cóncavo o convexo que se hace en el canto de algunos libros para facilitar su manejo.

uombat *m.* Marsupial herbívoro de unos 90 cm de longitud, corpulento y con miembros aptos para excavar.

uperizar *tr.* Esterilizar un alimento calentándola por etapas y sometiéndolo a la acción de vapor purificado y muy caliente.

uracilo *m.* BIOL Base nitrogenada fundamental que forma parte del ARN. Símbolo: U.

uranio *m.* QUÍM Elemento químico metálico radiactivo, dúctil y maleable, muy duro y denso. Se ha usado en la bomba nuclear y es el combustible nuclear empleado en los reactores de fisión. Punto de fusión: 1132 °C. Punto de ebullición: 3818 °C. Núm. atómico: 92. Símbolo: U. || **~ enriquecido** QUÍM Aquel en que la proporción de isótopo fisionable está aumentada con relación a su proporción natural.

urapán *m.* Árbol de hasta 25 m, tronco grueso, hojas compuestas alternas, flores muy pequeñas y frutos aplanados y alargados.

urbanidad *f.* Cortesía, buenos modos.

urbanismo *m.* ARQ Conjunto de conocimientos y normas que regulan la creación, el desarrollo y el funcionamiento de las ciudades; tiene en cuenta, principalmente, la distribución de la población, la

circulación y el transporte público y las directrices para la protección ambiental.

urbano, na *adj.* Relativo a la ciudad. 2 **aglomeración ~**; **casco ~**; **zona ~**.

urbanización *f.* Acción y efecto de urbanizar.

urbanizar 1 *tr.* y *prnl.* Hacer urbano y sociable a alguien. 2 Dotar a un terreno de la infraestructura necesaria para construir un conjunto residencial.

urbe *f.* Ciudad grande y muy poblada.

urdimbre *f.* Conjunto de hilos longitudinales que se colocan paralelamente en el telar para formar una tela con los de la trama.

urdir 1 *tr.* Preparar los hilos para pasarlos al telar. 2 Maquinar alguna cosa, como una intriga, una conjura.

urea *f.* QUÍM Compuesto orgánico presente en la sangre y que se elimina por la orina principalmente.

urente *adj.* **URTICANTE**.

uréter *m.* ANAT Cada uno de los conductos por los que corre la orina desde los riñones a la vejiga.

uretra *f.* ANAT Conducto muscular liso que expele la orina desde la vejiga al exterior; en los machos sirve también de canal deferente del semen.

urgencia 1 *f.* Cualidad de urgente. 2 Necesidad o falta apremiante de algo. 3 *pl.* En los hospitales, sala donde se atiende a los que necesitan cuidados médicos inmediatos.

urgente *adj.* Que urge o debe hacerse rápidamente.

urgir 1 *tr.* Pedir o exigir algo con urgencia. 2 Instar a alguien a que actúe rápidamente. 3 *intr.* Instar o precisar algo a su pronta ejecución.

úrico, ca *adj.* De la orina. || **ácido ~** QUÍM Sustancia ligeramente soluble en agua que se encuentra en la orina y está compuesta de carbono, nitrógeno, hidrógeno y oxígeno; puede formar cálculos.

urinario, ria 1 *adj.* Relativo a la orina. 2 *m.* Lugar destinado para orinar. || **aparato ~** ANAT y FISIOL Conjunto de órganos que producen y excretan la orina. Está constituido por los riñones y una serie de conductos que conducen la orina al exterior. Los riñones filtran las sustancias del torrente sanguíneo; los residuos forman parte de la orina, que circula de los uréteres a la vejiga, de donde pasa, a través de la uretra, al exterior.

urna 1 *f.* Recipiente para conservar las cenizas de los muertos. 2 Recipiente en que se meten las papeletas para los sorteos, votaciones, etc. 3 Caja de cristal en que se expone un objeto.

urodelo *adj.* y *m.* ZOOL Se dice de los anfibios que conservan las branquias en estado adulto. Tienen cuerpo cilíndrico, patas cortas y piel lisa con manchas vistosas, como las salamandras. Conforman un orden.

urogallo *m.* Ave galliforme de plumaje gris y patas y pico negros; la hembra posee una mancha rojiza en el pecho.

urogenital *adj.* ANAT Relativo a las vías y órganos genitales y urinarios.

urología *f.* MED Estudio del aparato urinario.

urraca *f.* Pájaro de unos 40 cm de longitud, con pico robusto, cola larga y plumaje blanco y negro.

úrsido *m.* ZOOL Dicho de un mamífero, de gran tamaño, pelaje espeso patas y garras fuertes, cabeza grande y ancha, ojos pequeños, perteneciente al grupo de los carnívoros plantígrados: *El oso polar y el oso pardo forman parte del grupo de los úrsidos.*

urticante *adj.* Que escuece, que produce ardor.

urticaria *f.* MED Enfermedad eruptiva de la piel.

usado, da 1 *adj.* Gastado por el uso. 2 De segunda mano, adquirido del segundo vendedor.

usanza *f.* Ejercicio o práctica de algo.

usar 1 *tr.* Disfrutar alguien algo. 2 Hacer algo habitualmente o por costumbre. 3 Llevar una prenda, adorno, etc. 4 *tr.* e *intr.* Utilizar una cosa. 5 *intr.* Tener costumbre. 6 *prnl.* Estar algo de moda, ser de uso corriente.

USB *m.* INF Dispositivo que posibilita la comunicación entre el computador y otros aparatos análogos o compatibles. • Sigla de *Universal Serial Bus.*

uso 1 *m.* Acción y efecto de usar. 2 Ejercicio o práctica general de algo. 3 Modo de obrar. 4 Empleo continuado y habitual de algo. || ~ **de razón** Posesión del natural discernimiento, que se adquiere pasada la primera niñez.

usted 1 *pron. pers.* GRAM Pronombre personal de segunda persona, para los dos géneros, que desempeña funciones de sujeto y atributo y concuerda con el verbo en tercera persona. 2 *pl.* GRAM Pronombre personal de segunda persona, en número plural, para los dos géneros y para el sujeto y el vocativo: *Ustedes no se enteran de nada.*

usual *adj.* Que común o frecuentemente se usa o se practica.

usuario, ria *adj.* y *s.* Que usa ordinariamente algo.

usufructo 1 *m.* Disfrute de bienes ajenos con la obligación de conservarlos. 2 Provecho que se obtiene de algo.

usura 1 *f.* Interés que se lleva por el dinero o el producto en el contrato de mutuo o préstamo. 2 Interés excesivo en un préstamo.

usurero, ra *m.* y *f.* Prestamista con interés excesivo o ilegal.

usurpación *f.* Acción y efecto de usurpar.

usurpar *tr.* Apoderarse de bienes o derechos ajenos.

utensilio 1 *m.* Objeto o útil de uso manual y frecuente: *Utensilios de cocina.* 2 Herramienta de un oficio.

uterino, na 1 *adj.* Relativo al útero. 2 ANAT **cuello ~.**

útero *m.* ANAT Órgano de las hembras de los mamíferos destinado a recibir el óvulo fecundado; es un saco muscular revestido interiormente de una mucosa. Comunica con la vagina a través del cuello uterino.

útil[1] 1 *adj.* Que produce provecho, interés o comodidad. 2 Apto para un servicio.

útil[2] *m.* Utensilio o herramienta.

utilería *f.* Conjunto de objetos y enseres que se emplean en un escenario teatral o cinematográfico.

utilidad 1 *f.* Cualidad de útil[1]. 2 ECON Beneficio que se puede obtener al realizar una transacción.

utilitario, ria 1 *adj.* Destinado a prestar un servicio útil. 2 Que propende a conseguir lo útil. 3 Que antepone a todo la utilidad.

utilitarismo *m.* FIL Doctrina ética que identifica el bien con lo útil, entendiendo por útil lo que aumenta la dicha o preserva de un dolor.

utilizar 1 *tr.* y *prnl.* Emplear algo de manera útil. 2 Servirse de algo para un fin preciso.

utopía *f.* Idea o proyecto hermoso y halagüeño pero irrealizable.

utópico, ca 1 *adj.* Relativo a la utopía. 2 POLÍT **socialismo ~.**

uva *f.* Fruto de la vid, que es una baya globosa y jugosa, la cual nace en racimos. Es comestible y, triturada, produce el mosto que, fermentado, da el vino.

uve *f.* Nombre de la letra *v.* || ~ **doble** Nombre de la letra *w.*

úvea *adj.* ANAT **túnica ~.**

úvula *f.* ANAT Lóbulo carnoso que pende del centro de la parte media del velo del paladar.

uy (Tb. huy) *interj.* Palabra o expresión que indica asombro, preocupación, incomodidad, admiración o dolor.

A B C D E F G H I J K L M N Ñ O P Q R S T U V W X Y Z

v 1 *f.* Vigesimotercera letra del alfabeto español y decimaoctava de sus consonantes. Recibe los nombres de *ve, ve corta* o *uve.* Representa el mismo sonido que la *b* y su articulación, por tanto, es bilabial y sonora. • pl.: *ves* o *uves.* 2 En la numeración romana, y en may., V equivale a 5. || **doble** ~ La letra *w.*

vaca 1 *f.* Hembra del toro. 2 MED **enfermedad** de las **~s** locas. 3 Dinero que se reúne entre varios para compartir un gasto.

vacación *f.* Interrupción temporal del trabajo o de la actividad escolar. • Se usa más en plural.

vacante *adj.* y *f.* Se dice del empleo que está sin ocupar.

vaciado, da 1 *m.* Acción de vaciar en un molde. 2 Figura que se ha formado en el molde.

vaciar 1 *tr.* y *prnl.* Dejar vacío algo. 2 Verter o arrojar el contenido de un recipiente. 3 *tr.* Formar un objeto echando en un molde un material fluido y blando. 4 Formar un hueco en algo.

vacilar 1 *intr.* Moverse alguien o algo de forma inestable e imprecisa. 2 Titubear, estar alguien indeciso. 3 *tr.* e *intr.* Divertirse a costa de alguien; tomar el pelo.

vacío, a 1 *adj.* Falto de contenido o de la solidez correspondiente. 2 Ligero, insustancial. 3 *m.* Abismo, precipicio. 4 **bomba** de ~. 5 ELECTRÓN **tubo** de ~. 6 FÍS Espacio en que la presión se encuentra muy por debajo de la atmosférica, de manera que los gases que aún queden no afectan los procesos de movimiento en ese espacio. 7 En sentido estricto, espacio libre de materia.

vacuidad *f.* Cualidad de vacuo.

vacuna *f.* MED Preparado de antígenos procedentes de microorganismos patógenos, cuya finalidad es la creación de anticuerpos que produzcan la inmunidad del organismo inoculado.

vacunar *tr.* y *prnl.* MED Inocular una vacuna.

vacuno, na 1 *adj.* Se dice del ganado bovino. 2 *m.* Animal bovino.

vacuo, cua *adj.* Vacío, sin contenido ni sustancia.

vacuola *f.* BIOL Cavidad que se forma en el citoplasma, principalmente de las células vegetales, y que almacena sustancias de desecho o de reserva.

vadear *tr.* Pasar una corriente de agua por un vado.

vademécum *m.* Manual con los conocimientos básicos de una materia.

vado 1 *m.* Paraje poco profundo de un río por el que se puede pasar a pie, cabalgando o en vehículo. 2 Parte rebajada de una acera para facilitar la entrada y salida de vehículos.

vagabundo, da 1 *adj.* Que anda errante de una parte a otra. 2 *adj.* y *s.* Que no tiene un oficio o domicilio fijos.

vagancia 1 *f.* Acción de vagar[1]. 2 Cualidad de vago[1].

vagar[1] *intr.* Estar ocioso y sin hacer nada.

vagar[2] *intr.* Andar de una parte a otra sin especial detención en alguna.

vagaroso, sa *adj.* Que de continuo se mueve de una a otra parte.

vagina *f.* ANAT Conducto muscular que en las hembras mamíferas une el cuello del útero con la vulva.

vago[1], ga 1 *adj.* y *s.* Holgazán, perezoso. 2 Sin oficio ni ocupación.

vago[2], ga 1 *adj.* Confuso, indefinido. 2 *adj.* y *s.* ANAT **nervio** ~.

vagón *m.* Cada uno de los coches de un tren.

vagoneta *f.* Vagón pequeño y descubierto.

vaharada *f.* Acción y efecto de echar el vaho, aliento o respiración.

vahído *m.* Desvanecimiento, turbación breve del sentido.

vaho *m.* Vapor que despiden los cuerpos en determinadas condiciones de temperatura y humedad.

vaina 1 *f.* Funda en que se guardan algunas armas o instrumentos. 2 Contrariedad, molestia. 3 BOT Cáscara alargada en que están encerradas algunas semillas o frutos. 4 BOT Ensanchamiento del peciolo o de la hoja que envuelve el tallo. 5 *pl.* Casualidad, azar.

vainilla *f.* Orquídea trepadora de hojas oblongas, flores verdosas y fruto aromático en caja, que se emplea como condimento.

vaivén 1 *m.* Movimiento alternativo de un cuerpo en dos sentidos opuestos. 2 Inconstancia o inestabilidad de algo.

vajilla *f.* Conjunto de platos, fuentes, vasos y tazas para el servicio de la mesa.

vale[1] 1 *m.* Bono o tarjeta que sirve para adquirir algo. 2 Documento en que se reconoce una deuda u obligación. 3 Nota que se da al que ha de entregar una cosa para que acredite la entrega.

vale[2] *interj.* Indica asentimiento o conformidad.

valencia *f.* QUÍM Exponente de la capacidad de combinaciones de un átomo o radical. Expresa el número de electrones que un átomo puede dar a –o aceptar de– otro átomo (o radical) durante una reacción.

valentía 1 *f.* Decisión, vigor o arrojo en situaciones peligrosas o difíciles. 2 Acción que demuestra estas cualidades.

valentón, na *adj.* Que alardea de valiente.

valer 1 *tr.* Tener las cosas un precio determinado para la compra o la venta. 2 *tr.* e *intr.* Equivaler una cosa a otra en número, significación o valor: *Una nota negra vale dos corcheas.* 3 *intr.* Tener alguna cualidad que merezca estimación. 4 Ser vigente algo: *Este pasaje no vale, pues su fecha ya pasó.* 5 Ser una cosa de utilidad para el logro de algo. 6 Tener algo el valor que se requiere: *Este examen vale para el cómputo final.* 7 Con *por*, incluir en sí equivalentemente las cualidades de otra cosa: *Esta razón vale por muchas.* 8 *prnl.* Servirse de personas, circunstancias o cosas para conseguir algo. 9 Tener alguien la capacidad para cuidarse él mismo.

valeriana *f.* Planta herbácea de tallo erguido, fruto en aquenio y rizoma fragante con propiedades medicinales.

valeroso, sa *adj.* Valiente, con coraje físico y moral.

valía *f.* Conjunto de cualidades dignas de aprecio en una persona.

validación *f.* Acción y efecto de validar.

validar 1 *tr.* Hacer válido y aceptable algo, darle sustento legal. 2 *tr.* e *intr.* Llenar los requisitos para que algo sea válido, aceptable o legal.

validez 1 *f.* Cualidad de válido. 2 Tiempo en que algo es válido.

valido *m.* Favorito de un soberano o de un alto personaje.

válido, da *adj.* Que satisface los requisitos para producir un efecto: *No fue una jugada válida.*

valiente 1 *adj.* Que está dispuesto a afrontar los peligros o dificultades que conlleva una acción arriesgada. 2 Grande, excesivo: *¡Valiente frío!* 3 Se usa irónicamente con el sentido de ineficaz o insuficiente: *¡Valiente amigo tienes!*

valija 1 *f.* MALETA. 2 Bolsa para llevar las cartas.

valioso, sa *adj.* Que tiene mucho valor o precio.

valla 1 *f.* Cerco para cerrar o proteger un lugar. 2 Cartelera situada en calles, carreteras, etc., con fines publicitarios. 3 DEP Cada uno de los obstáculos que han de saltarse en algunas competiciones deportivas. 4 DEP PORTERÍA.

vallado *m.* VALLA, cerco.

vallar *tr.* Cercar o cerrar un sitio con vallas.

valle 1 *m.* Terreno entre dos montañas o alturas. 2 Conjunto de lugares, caseríos o aldeas situados en un valle. 3 GEO Depresión de la superficie terrestre, de forma alargada e inclinada hacia un lago, mar o cuenca endorreica, habitualmente ocupada por un río.

vallenato *m.* FOLCL Canto de la costa N de Colombia, cuya letra narra historias y se acompaña con acordeón, caja y guacharaca.

valón, na *adj.* y *s.* Se dice de uno de los dos principales grupos étnicos de Bélgica, cuyos miembros están asentados, en su mayoría, en la parte meridional del país. El otro grupo lo componen los flamencos.

valor 1 *m.* Grado de calidad, mérito, utilidad o precio que tienen personas y cosas. 2 Significación e importancia de algo. 3 Resolución de ánimo para emprender acciones arriesgadas. 4 ART En una composición cromática o un dibujo, grado de claridad, media tinta o sombra de un elemento en relación con los demás. 5 ECON Suma de dinero que se paga por poseer las cosas. 6 **impuesto** al ~ agregado. 7 ECON Título mercantil del dinero invertido en una empresa. 8 MÚS Duración de un sonido según la notación musical. || ~ **absoluto** MAT Número que se obtiene al prescindir de los signos en los números enteros y racionales. ~ **agregado** ECON Incremento del valor de un bien en el transcurso de las diferentes fases del proceso productivo. ~ **de posición** MAT Valor que representa un dígito según su posición en un número: *El valor de posición del dígito 3 en el número 375 corresponde a 300 unidades.* ~ **relativo** MAT El de los números acompañados de su signo.

valorar 1 *tr.* Señalar el precio de algo. 2 Atribuir determinado valor o estima a alguien y algo. 3 QUÍM Determinar la composición química de una disolución.

valorizar 1 *tr.* Valorar, evaluar. 2 Hacer que aumente el valor de algo.

valquiria *f.* MIT Divinidad de la mitología escandinava que en los combates designaba a los que habían de morir y en el cielo les servía de escanciadora.

vals 1 *m.* Baile por parejas que se mueven en sentido giratorio. 2 MÚS Música con que se acompaña este baile, cuyas frases constan generalmente de 16 compases.

valva 1 *f.* BOT Parte en que se divide por sus suturas el pericarpio de una legumbre. 2 ZOOL Cada una de las piezas duras y movibles que constituyen la concha de los bivalvos.

válvula 1 *f.* Dispositivo que, en una máquina o un sistema conductor, permite interrumpir la comunicación entre dos de sus partes, o entre estas y el exterior. 2 Dispositivo que impide el retroceso de un fluido en un conducto. 3 ANAT Pliegue membranoso que impide el retroceso del flujo que circula por los conductos del organismo. || ~ **bicúspide** o **mitral** ANAT La que está entre la aurícula y el ventrículo izquierdos del corazón de los mamíferos. ~ **ileocecal** La situada en el intestino delgado y que evita el retroceso de los productos de desecho. ~ **tricúspide** ANAT La situada entre la aurícula derecha y el ventrículo derecho del corazón.

vampiresa *f.* Se dice de la mujer atractiva y seductora.

vampirismo *m.* Creencia en los vampiros (espectros).

vampiro, ra 1 *m.* y *f.* MURCIÉLAGO hematófago con incisivos agudos que le permiten perforar la carne de la presa; posee un anticoagulante en la saliva que mantiene la sangre fluida mientras se alimentan. 2 Espectro o cadáver que, según creen algunos, va por las noches a chupar poco a poco la sangre de los vivos hasta matarlos.

vanadio *m.* QUÍM Elemento metálico muy duro que se usa para aumentar la resistencia del acero. Punto de fusión: 1890 °C. Punto de ebullición: 3380 °C. Núm. atómico 23. Símbolo: V.

vanagloriarse *prnl.* Jactarse de la propia valía.

vandalismo *m.* Inclinación a destruir y devastar.

vándalo, la 1 *m.* y *f.* Persona que comete actos de vandalismo. 2 *adj.* y *s.* HIST De un pueblo bárbaro escandinavo que al mando de Genserico (429) conformó un reino en el N de África, que Belisario, general de Justiniano, incorporó al Imperio bizantino (534). • U. t. c. s. pl.

vanguardia 1 *f.* Tropa de soldados que precede al grueso de un ejército. 2 Avanzada de cualquier movimiento político, artístico o literario. 3 *pl.* ART y LIT Nombre genérico con que se designan varias escuelas o tendencias estéticas del s. XX, como el cubismo, el surrealismo y el constructivismo.

vanguardismo 1 *m.* Tendencia hacia la creatividad y las nuevas formas de expresión literaria o artística.

vanidad 1 *f.* Cualidad de vano. 2 Estima excesiva de sí mismo.

vanidoso, sa *adj.* y *s.* Que tiene y muestra vanidad.

vano, na 1 *adj.* Que carece de entidad o sustancia. 2 *m.* Parte de un muro en que no hay apoyo para el techo o bóveda, como los huecos de ventanas o puertas.

vapor 1 *m.* FÍS Fluido gaseoso cuya temperatura es inferior a su temperatura crítica. Al ser comprimido, va transformándose en líquido sin que aumente su presión, como el producido por la ebullición del agua. 2 **máquina de ~**. || **~ saturado** FÍS El de un líquido puro a su temperatura de ebullición. **~ sobresaturado** Aquel cuya temperatura es superior a su punto de ebullición.

vaporización 1 *f.* Acción y efecto de vaporizar o vaporizarse. 2 Uso terapéutico de vapores.

vaporizador *m.* Recipiente para efectuar en este la vaporización.

vaporizar 1 *tr.* y *prnl.* Convertir un líquido en vapor por la acción del calor. 2 Pulverizar un líquido.

vaporoso, sa 1 *adj.* Que arroja de sí vapores. 2 Tenue, ligero.

vapulear 1 *tr.* y *prnl.* Golpear, maltratar. 2 Criticar duramente a alguien.

vaquería *f.* Lugar donde hay vacas o se vende su leche.

vaquero, ra 1 *m.* y *f.* Pastor de reses vacunas. 2 Jinete que se desempeña como pastor de reses vacunas. 3 *m.* BLUYÍN.

vara 1 *f.* Rama larga, delgada y sin hojas. 2 Palo largo y delgado. 3 Medida de longitud que varía entre 0,80 m y 1,10 m.

varadero *m.* Fondeadero para reparación y limpieza de los barcos.

varado, da 1 *adj.* Que no tiene recursos económicos. 2 Que no tiene trabajo fijo. 3 Se dice del vehículo que está averiado.

varal 1 *m.* Vara muy larga. 2 Cada uno de los dos largueros dispuestos a los costados de las andas de las imágenes. 3 Cada uno de los dos palos donde encajan las estacas que forman los costados de la caja de las carretas.

varano *m.* Lagarto carnívoro de entre 2 m y 4 m de longitud, cabeza cubierta de placas y cuello y cola largos. Vive en África, Asia y Oceanía.

varar 1 *tr.* Poner en seco una embarcación. 2 *intr.* Encallar un buque. 3 Averiarse un vehículo.

variable 1 *adj.* Que varía o puede variar. 2 Inconstante, mudable. 3 *adj.* y *f.* MAT Se dice de la cantidad que puede tomar cualquiera de los valores de un conjunto determinado, explícita o implícitamente expresado. 4 MAT **polinomio** de una ~. 5 MAT **polinomio** de varias ~s. || **~ aleatoria** MAT Magnitud cuyos valores están determinados por las leyes de probabilidad, como los resultados del lanzamiento de un dado. **~ dependiente** MAT Aquella cuyos valores dependen de los asignados a la variable independiente. **~ estadística** MAT Característica de una población finita o una muestra, que puede ser medida, y a las que asocia una distribución de frecuencias. **~ independiente** MAT Aquella cuyos valores son libres de escoger en su dominio de definición.

variación 1 *f.* Acción y efecto de variar. 2 BIOL Diferencias entre los individuos de una misma población o entre los de una especie. 3 MAT Cambio de valor de una magnitud o de una cantidad. 4 MÚS Cada uno de los desarrollos de un mismo tema musical.

variado, da *adj.* Que tiene variedad.

varianza *f.* MAT En la distribución de frecuencias de una variable aleatoria, cuadrado de la desviación media.

variante 1 *adj.* Que varía. 2 *f.* Variedad entre diversas clases o formas de una misma cosa. 3 Desviación de un trecho de una carretera o camino.

variar 1 *tr.* Volver diferente algo. 2 Dar variedad. 3 *intr.* Cambiar cosas de situación, estado, etc.

várice (Tb. varice) *f.* MED Dilatación permanente de una vena, con deformación o ruptura de sus paredes, sobre todo en las piernas.

varicela *f.* MED Infección que se caracteriza por fiebre, astenia y erupciones vesiculosas.

variedad 1 *f.* Diferencia dentro de la unidad. 2 Conjunto de cosas diversas. 3 BIOL Categoría taxonómica inferior a las de especie o subespecie. 4 *pl.* Espectáculo ligero en que alternan números musicales, cómicos, etc.

varilla 1 *f.* Barra larga y delgada. 2 Cada una de las piezas que forman la armazón de objetos como paraguas o abanicos.

vario, ria 1 *adj.* Diverso o diferente. 2 *pl.* Algunos, unos cuantos.

varón 1 *m.* Persona de sexo masculino. 2 Hombre que ha alcanzado la madurez sexual.

varonil 1 *adj.* Relativo al varón. 2 Esforzado, valeroso.

vasallaje 1 *m.* HIST Tributo que el vasallo pagaba a cambio de tierras y protección. 2 Rendimiento, sumisión.

vasallo, lla 1 *adj.* y *s.* HIST En la Europa feudal, persona vinculada a otra por lazos de dependencia y fidelidad. 2 *m.* y *f.* Persona que se somete a otra.

vasco, ca 1 *adj.* y *s.* Relativo al País Vasco o a esta región. 2 *m.* LING Lengua hablada en una parte del País Vasco (centro y E de Vizcaya, Guipúzcoa, NO de Navarra) y en el País Vasco francés.

A B C D E F G H I J K L M N Ñ O P Q R S T U V W X Y Z

vascular 1 *adj.* BIOL Relativo a los vasos que contienen o conducen los líquidos en plantas y animales. 2 BOT Se dice de las plantas que poseen un tejido especializado en el transporte interno de agua y nutrientes. 3 BOT **tejido ~.**

vasectomía *f.* MED Sección quirúrgica de los conductos deferentes para interrumpir la fertilidad masculina.

vaselina *f.* Sustancia semilíquida que se obtiene de la parafina y que se emplea en farmacia, perfumería y como lubricante.

vasija *f.* Recipiente cóncavo para contener líquidos o alimentos.

vaso 1 *m.* Recipiente de forma y tamaño adecuados para asirse con la mano, que se usa para beber. 2 Cantidad de líquido que contiene. 3 BIOL Conducto, tubo o canal por donde circula un líquido orgánico. || **~s comunicantes** Recipientes unidos por conductos que permiten el paso de un líquido de unos a otros. **~ criboso** BOT Cada uno de los que conduce la savia descendente. **~ leñoso** El de membrana muy lignificada, que conduce la savia bruta desde la raíz hasta las hojas. **~ liberiano** El formado por células con tabiques de separación, que conduce la savia elaborada desde las hojas hasta el resto de la planta.

vasoconstricción *f.* MED Reducción del calibre de un vaso sanguíneo.

vasodilatación *f.* MED Aumento del calibre de un vaso sanguíneo.

vasopresina *f.* BIOQ Hormona que estimula la reabsorción del agua.

vástago 1 *m.* Persona descendiente de otra. 2 Renuevo de una planta. 3 Varilla corta para asegurar o articular diversas partes de un mecanismo o aparato.

vasto, ta *adj.* Espacioso, dilatado.

vate *m.* LIT **POETA.**

vaticano, na 1 *adj.* Relativo al Vaticano. 2 Relativo al papa o a la curia pontificia.

vaticinar *tr.* Predecir, pronosticar.

vatio *m.* ELECTR Unidad de potencia eléctrica equivalente a un julio por segundo. Símbolo: W.

váucher *m.* Comprobante de pago que se genera de una transacción comercial realizada a través de soporte o medios electrónicos.

ve *f.* **UVE.**

vecinal *adj.* Relativo a los vecinos o al vecindario.

vecindad 1 *f.* Cercanía, proximidad. 2 **VECINDARIO.** 3 Cercanías de un lugar.

vecindario *m.* Conjunto de vecinos de una casa, un barrio o población.

vecino, na 1 *adj.* y *s.* Que habita con otros en un mismo pueblo, barrio o casa, en lugar independiente. 2 Cercano, inmediato o próximo.

vector 1 *m.* Agente que transporta alguna cosa de un lugar a otro, transmisor. 2 FÍS Magnitud física (velocidad, aceleración, fuerza, etc.) en que además de la cuantía se tiene en cuenta su punto de aplicación, la dirección y el sentido. 3 GEOM Representación gráfica de la magnitud vectorial, constituida por un segmento de recta orientado y definido por el punto de origen, la recta que lo contiene, su sentido y su longitud. 4 GEOM **radio** de un ~.

vectorial 1 *adj.* Relativo al vector. 2 FÍS Se dice de la magnitud que actúa en un sentido y dirección determinados.

veda 1 *f.* Acción y efecto de vedar. 2 Periodo en que está prohibida la caza o la pesca.

vedar 1 *tr.* Prohibir alguna cosa por ley o mandato. 2 Impedir el logro de un fin.

vedete 1 *f.* Mujer que ocupa el papel principal en un espectáculo escénico. 2 Persona que sobresale.

vedette *f.* **VEDETE.**

védico, ca *adj.* Relativo al vedismo.

vedismo *m.* FIL y REL Concepción filosófica y religiosa hindú que busca la adecuación del yo individual al cosmos, mediante el control de los sentimientos y sensaciones.

veedor *m.* Inspector o visitador que hace visitas de reconocimiento.

veeduría 1 *f.* Cargo u oficio de veedor. 2 Oficina del veedor.

vega *f.* Tierra baja, llana y fértil.

veganismo *m.* Actitud de rechazo al consumo y uso de alimentos de origen animal.

vegetación 1 *f.* ECOL Conjunto de plantas que constituyen la flora de una región o zona geográfica. 2 ECOL **piso** de ~.

vegetal 1 *adj.* Que vegeta. 2 Relativo a las plantas. 3 ECOL **manto** ~. 4 *m.* BOT Cualquier miembro del reino Vegetal o reino Plantas conformado por musgos, hepáticas, helechos, plantas herbáceas y leñosas, arbustos, trepadoras, árboles y otras formas de vida que cubren la tierra y viven también en el agua.

☐ BOT Los vegetales son organismos autótrofos que presentan múltiples superficies de absorción, a través de las cuales toman el agua y los minerales disueltos en su entorno, y que mediante la fotosíntesis transforman el anhídrido carbónico en materia orgánica. Su reproducción es sexual (polen, óvulos) o asexual (esporas, esquejes, gemación, etc.), y la mayoría produce semillas que les permite dispersarse en el medio. En el reino Vegetal se engloban más de 260 000 especies que se organizan en varios filos agrupadas en plantas **vasculares**, la gran mayoría, y no vasculares, o **briofitas** (aprox. 20 000 especies).

vegetar *intr.* Llevar alguien una vida meramente orgánica.

vegetarianismo *m.* Sistema dietético en que entran exclusivamente los vegetales, los huevos y los productos lácteos.

vegetariano, na 1 *adj.* Relativo al vegetarianismo. 2 *adj.* y *s.* Se dice del partidario del vegetarianismo.

vegetativo, va 1 *adj.* FISIOL Relativo a las funciones de nutrición o reproducción. 2 FISIOL Se dice del sistema **nervioso** autónomo.

vehemencia *f.* Cualidad de vehemente.

vehemente *adj.* Se dice de la expresión o acción impetuosa y apasionada y de la persona que actúa o se expresa así.

vehículo 1 *m.* Máquina o utensilio que sirve para transportar personas o cosas. 2 Lo que sirve para transmitir fácilmente algo, como el agua respecto a los gérmenes, el aire respecto al sonido, etc.

veinte 1 *adj.* Dos veces diez. 2 *m.* Conjunto de signos con que se representa este número.

veinteavo, va *adj.* y *s.* Se dice de cada una de las veinte partes iguales en que se divide un todo.

veintena *f.* Conjunto de veinte unidades.

veintiúnico, ca *adj. coloq.* Se dice de lo que es exclusivo en su especie.

vejación *f.* Acción y efecto de vejar.

vejamen *m.* VEJACIÓN.

vejar *tr.* Maltratar a alguien humillándolo de palabra o de hecho.

vejez 1 *f.* Cualidad de viejo. 2 Senectud o edad senil.

vejiga 1 *f.* ANAT Saco membranoso, que tienen muchos vertebrados, en el que va depositándose la orina segregada por los riñones. 2 Ampolla que se forma en la piel, llena de aire o de líquido seroso. || ~ **natatoria** ZOOL Bolsa de aire, adosada al tubo digestivo, que les permite a algunos peces ascender o descender o mantenerse en equilibrio a un nivel determinado.

vela[1] 1 *f.* Acción y efecto de velar[1]. 2 Pieza cilíndrica de cera, sebo, etc., con pabilo en el eje para dar luz.

vela[2] *f.* Lona que, fija en los palos y asegurada con vergas, recibe la presión del viento e impulsa la embarcación.

velada 1 *f.* Reunión nocturna para charlar y divertirse. 2 Sesión literaria o musical que se celebra por la noche.

velador 1 *m.* Mesita redonda de un solo pie. 2 Mesita de noche.

veladora *f.* Lámpara o luz portátil que se mantiene encendida.

veladura *f.* ART Tinta transparente con que se suavizan los tonos de una pintura.

velamen *m.* Conjunto de velas de una embarcación.

velar[1] 1 *intr.* Mantenerse despierto en tiempo destinado normalmente al sueño. 2 Cuidar solícitamente de algo. 3 *tr.* Hacer de centinela por la noche. 4 Asistir de noche a un enfermo o pasarla ante un difunto. 5 Observar atentamente algo.

velar[2] 1 *tr.* y *prnl.* Cubrir con un velo algo u ocultarlo a medias. 2 FOT Borrarse total o parcialmente una fotografía por la acción de la luz.

velar[3] 1 *adj.* ANAT Relativo al velo del paladar. 2 FON Se dice del sonido consonántico que se pronuncia aproximando el dorso de la lengua al velo del paladar, como en la *k* y la *g*.

velatorio *m.* Acción de velar a un difunto.

veleidad 1 *f.* Ligereza, inconstancia. 2 Capricho, deseo vano.

velerismo *m.* DEP Deporte náutico que se practica con embarcaciones de vela.

velero *m.* Embarcación de vela.

veleta *f.* Pieza que se pone en alto que al girar sobre un eje señala la dirección del viento.

vello 1 *m.* Pelo suave y corto que sale en algunas partes del cuerpo. 2 BOT Pelusilla que cubre algunos frutos, tallos y hojas.

vellón 1 *m.* Toda la lana de un carnero u oveja que se esquila. 2 Mechón de lana. 3 Cuero curtido del carnero o de la oveja con su lana.

vellosidad 1 *f.* Vello abundante. 2 ANAT Prominencias digitiformes que tienen algunas mucosas.

|| ~ **intestinal** ANAT La de la mucosa intestinal, que desempeña un importante papel en la absorción intestinal.

velludo, da *adj.* Que tiene mucho vello.

velo 1 *m.* Tela o cortina que cubre una cosa. 2 Prenda de tul o gasa para cubrir el rostro. 3 Manto para cubrir la cabeza. 4 Cualquier cosa ligera y flotante que encubre más o menos otra. || ~ **del paladar** ANAT Membrana muscular que separa la cavidad de la boca de la de la faringe y termina en la úvula.

velocidad 1 *f.* Rapidez, ligereza en el movimiento. 2 Cualquiera de las posiciones motrices en la caja de cambios de un vehículo. 3 FÍS Relación entre el espacio recorrido y el tiempo empleado en recorrerlo. Es un vector cuya magnitud se expresa como distancia recorrida por unidad de tiempo (normalmente, una hora o un segundo).

velocímetro *m.* Aparato que indica la velocidad de traslación de un vehículo.

velocirréptor *m.* Dinosaurio carnívoro del Cretácico; alcanzaba 1,5 m de altura y 2,75 m de longitud.

velocista *m.* y *f.* DEP Persona que participa en carreras cortas.

velódromo *m.* DEP Pista para pruebas ciclísticas.

velón *m.* Vela para alumbrar de mayor tamaño que la normal o común.

velorio *m.* VELATORIO.

veloz *adj.* Que se traslada con rapidez de un sitio a otro.

vena 1 *f.* ANAT Cada uno de los vasos o conductos por los que en el organismo vuelve la sangre al corazón. 2 Fibra de la vaina de ciertas legumbres. 3 Filón metálico. 4 Lista ondulada o ramificada de ciertas piedras y maderas que se distingue de la masa en que se halla interpuesta. 5 BOT NERVIO. 6 ZOOL NERVADURA. || ~ **cava** ANAT Cada una de las que desembocan en la aurícula derecha después de recoger la sangre de la cabeza y del tórax (la superior) y del vientre y los miembros inferiores (la inferior). ~ **de agua** GEO Conducto natural y subterráneo por el que corre agua. ~ **yugular** ANAT Cada una de las dos que hay a uno y otro lado del cuello.

venablo *m.* DARDO.

venado *m.* CIERVO.

venal *adj.* Que se deja sobornar.

venalidad *f.* Cualidad de venal.

vencedor, ra *adj.* y *s.* Que vence.

vencejo *m.* Pájaro de 20 cm de longitud, cola ahorquillada, alas puntiagudas y plumaje blanco y negro.

A B C D E F G H I J K L M N Ñ O P Q R S T U V W X Y Z

vencer 1 *tr.* Rendir o derrotar al enemigo. 2 Triunfar en una competición o superar a otro competidor. 3 Superar las dificultades o estorbos. 4 Prevalecer algo sobre otra cosa. 5 Coronar una altura. 6 *tr.* y *prnl.* Hender o partir una cosa sin que queden sus pedazos separados del todo. 7 *intr.* Cumplirse un término o plazo. 8 Salir alguien con el intento deseado, en contienda física o moral, disputa o pleito.

vencido, da 1 *adj.* Superado por alguien o algo. 2 *f.* Acto de vencer o de ser vencido.

vencimiento *m.* Cumplimiento del plazo de una deuda, obligación, etc.

venda *f.* Tira de gasa o tela con que se cubre una herida o se fijan los apósitos.

vendaje 1 *m.* Técnica terapéutica basada en la correcta aplicación de vendas. 2 Venda o vendas que sostienen un apósito.

vendar 1 *tr.* Cubrir con una venda, en especial una herida. 2 Poner un impedimento o estorbo al conocimiento o a la razón.

vendaval *m.* Viento muy fuerte que no llega a ser temporal.

vender 1 *tr.* Traspasar a otro por el precio convenido la propiedad de lo que uno posee. 2 Exponer u ofrecer mercancías para el que las quiera comprar. 3 Faltar alguien a la fe, confianza o amistad que debe a otro. 4 *prnl.* Dejarse sobornar.

vendimia 1 *f.* Recolección y cosecha de la uva. 2 Tiempo en que se hace la recolección y cosecha de la uva.

veneno 1 *m.* Sustancia tóxica, de naturaleza biológica o química. 2 Rencor o resentimiento que va oculto en lo que se dice.

venerable 1 *adj.* Digno de veneración y respeto. 2 Título dado a los prelados. 3 *adj.* y *s.* REL Se aplica al primer título que concede la Iglesia católica a los que mueren con fama de santidad, y al cual sigue el de beato y, por último, el de santo.

venerar 1 *tr.* Tributar culto a personas o cosas santas. 2 Tener en gran estima a alguien.

venéreo, a 1 *adj.* Relativo al placer o al acto sexual. 2 MED **enfermedad** ~.

venganza *f.* Acción y efecto de vengar o vengarse.

vengar *tr.* y *prnl.* Tomar satisfacción de un agravio o daño.

venia 1 *f.* Inclinación de cabeza como signo de saludo cortés. 2 Licencia o permiso: *Con su venia, señoría.*

venial *adj.* Que contraviene levemente una ley o precepto.

venida 1 *f.* Acción de venir. 2 Regreso, vuelta.

venidero, ra *adj.* Que está por venir o suceder.

venir 1 *intr.* Caminar una persona o moverse una cosa de allá hacia acá. 2 Llegar una persona o cosa a donde está el que habla. 3 Comparecer una persona ante otra. 4 Deducirse o ser consecuencia una cosa de otra. 5 Acercarse el tiempo en que ha de ocurrir algo: *El año que viene reformaré la casa.* 6 Proceder una cosa de otra. 7 Acudir algo a la mente: *Me viene el recuerdo.* 8 Manifestarse o iniciarse algo. 9 Con *a* y un infinitivo, suceder finalmente lo que se esperaba. 10 Con *a* y los verbos *ser, tener, decir* y otros, denota equivalencia aprox. 11 Aparecer algo en una publicación; estar incluido o mencionado en esta. 12 Persistir en una acción o estado: *Pedro viene molesto desde anteayer.*

venoso, sa *adj.* Relativo a las venas.

venta 1 *f.* Acción y efecto de vender. 2 Conjunto de cosas vendidas. 3 Contrato por el que se transfiere el dominio de una cosa mediante un precio. 4 Hospedería en caminos o despoblados.

ventaja 1 *f.* Hecho de ir por delante de otro en alguna actividad o competición. 2 Circunstancia de ser algo mejor que otra cosa. 3 DEP **ley** de la ~.

ventajista *adj.* y *s.* Se dice de la persona que saca ventaja y provecho sin parar en trabas.

ventajoso, sa 1 *adj.* Que tiene ventaja o que la reporta. 2 VENTAJISTA.

ventana 1 *f.* Abertura que se deja en un muro para dar luz y ventilación. 2 Hoja u hojas de madera y de cristales con que se cierra esa abertura. 3 ANAT Cada uno de los orificios nasales. 4 INF Parte de la pantalla que puede contener su propio documento o mensaje.

ventanilla 1 *f.* Ventana pequeña, en especial la de automóviles, trenes, aviones, etc. 2 Taquilla en bancos y otras oficinas, para despachar. 3 Abertura transparente en los sobres, que permite leer la dirección.

ventarrón *m.* Viento que sopla con mucha fuerza.

ventear 1 *intr. impers.* Soplar fuerte el viento. 2 *tr.* Olfatear algo, en el aire, los animales.

ventilación 1 *f.* Acción y efecto de ventilar o ventilarse. 2 Sistema, mecanismo o abertura para ventilar un recinto.

ventilador *m.* Aparato que remueve el aire de una habitación.

ventilar 1 *tr.* y *prnl.* Renovar el aire en un lugar cerrado. 2 Poner una cosa al aire. 3 Hacer que trascienda al público un asunto privado. 4 Tratar con alguien una cuestión.

ventisca *f.* Borrasca de viento, o de viento y nieve.

ventisquero 1 *m.* Altura de los montes más expuesta a las ventiscas. 2 Lugar de los montes en que perduran la nieve y el hielo.

ventolera *f.* Determinación brusca o extravagante: *Le dio la ventolera de alistarse en la Legión.*

ventosa 1 *f.* Pieza cóncava elástica en la que, al ser oprimida contra una superficie lisa, se produce el vacío, con lo cual queda adherida a esta superficie. 2 ZOOL Órgano que poseen algunos animales para adherirse al andar o para apresar.

ventosear *intr.* y *prnl.* Expulsar los gases intestinales.

ventosidad *f.* Gas intestinal que se expele por el ano.

ventoso, sa *adj.* Se dice del tiempo o lugar en que sopla viento fuerte.

ventrículo 1 *m.* ANAT Cada una de las dos cavidades que hay entre las cuerdas vocales. 2 ANAT y FISIOL Cada una de las dos cavidades inferiores del corazón, a las que afluye la sangre desde las respectivas aurículas. 3 ANAT Cada una de las cuatro cavidades del encéfalo que contienen el líquido cefalorraquídeo.

ventrílocuo, cua *adj.* y *s.* Se dice de la persona que mediante modulaciones de la voz da la impresión de que hablan diferentes personas.

ventriloquía (Tb. ventriloquia) *f.* Arte del ventrílocuo.

ventura 1 *f.* Felicidad, buena suerte. 2 Contingencia, azar.

venturoso, sa 1 *adj.* Que tiene buena suerte. 2 Que implica felicidad.

venusiano, na *adj.* Relativo al planeta Venus.

ver 1 *tr.* Percibir por los ojos los objetos mediante la acción de la luz. 2 Observar, considerar algo. 3 Reconocer con cuidado y atención una cosa, leyéndola y examinándola. 4 Visitar a una persona. 5 Percibir algo con cualquier sentido o con la inteligencia. 6 Hacer lo necesario por comprobar o enterarse de algo. 7 Experimentar o reconocer por el hecho. 8 Prevenir las cosas del futuro; inferirlas de lo que sucede en el presente. 9 Conocer, juzgar. 10 Usado en futuro o en pretérito, sirve para remitir a otra ocasión, algún tema que se toca de paso, o para aludir a algo que ya se trató. 11 *prnl.* Hallarse constituido en algún estado o situación. 12 Avistarse una persona con otra para algún asunto. 13 Representarse la imagen o semejanza de algo.

vera *f.* ORILLA.

veracidad *f.* Cualidad de veraz.

veranda *f.* Galería o balcón cubierto y cerrado con cristales.

veranear *intr.* Pasar el verano o las vacaciones de verano fuera de la residencia habitual.

verano 1 *m.* GEO Estación más calurosa del año, que en el hemisferio norte se extiende del 21 de junio al 21 de septiembre, y en el sur, del 21 de diciembre al 21 de marzo. 2 GEO En las zonas ecuatoriales, donde las estaciones no son sensibles, temporada de sequía que dura algunos meses, con algunas intermitencias y alteraciones.

veras *f. pl.* Lo que es cierto o verdadero. || **de ~** *loc. adv.* De manera cierta, segura o firme.

veraz 1 *adj.* Que dice la verdad. 2 Verdadero, real.

verbal 1 *adj.* Que se refiere a la palabra, o se sirve de esta. 2 Que se hace o estipula solo de palabra, y no por escrito. 3 GRAM Relativo al verbo. 4 Se dice de las palabras que se derivan de un verbo. 5 **sintagma ~**; **locución ~**; **predicado ~**. 6 LING **perífrasis ~**.

verbalizar *tr.* Expresar algo mediante palabras.

verbena *f.* Fiesta popular nocturna que se celebra al aire libre.

verbigracia *adv.* Por EJEMPLO.

verbo 1 *m.* Sonido o sonidos que expresan una idea. 2 Modo de expresarse mediante palabras. 3 GRAM Palabra que en la oración funciona como núcleo del predicado e indica acción, proceso o estado y cuyas desinencias expresan **aspecto, modo, número, persona** y **tiempo.** || **~ auxiliar** GRAM El que se emplea en la formación de tiempos compuestos y en la voz pasiva; específicamente son dos: haber y ser: *He llegado; habrás salido; habiendo llegado; él era apreciado; ha sido agasajado.* También funcionan como auxiliares cualesquiera otros verbos que constituyan el primer elemento de una **perífrasis** verbal: *Tengo que sobrepasarlo.* **~ copulativo** GRAM El que sirve de unión entre el sujeto y el atributo, sin que agregue nada al significado de la oración: *El niño está alegre; Este perro parece agresivo.* **~ defectivo** El que solo se usa en algunos modos, tiempos o personas, como *abolir, atañer* y *soler.* **~ impersonal** El que carece de sujeto, sea tácito o expreso, como *nieva, llueve, truena.* Solo se emplea en la tercera persona. **~ incoativo** El que indica el comienzo de una acción,

como *amanecer.* **~ intransitivo** El que se construye sin complemento directo, como *nacer, morir, correr.* **~ irregular** Aquel cuya **conjugación** presenta, en alguna de sus formas, alteraciones en su raíz, como *caber* e *ir.* **~ iterativo** El que expresa una acción que se compone de acciones repetidas, como *hojear* y *pisotear.* **~ pronominal** El que se construye con un pronombre átono que no desempeña ninguna función sintáctica oracional, como *arrepentirse* y *atreverse.* Muchos verbos que no son estrictamente pronominales pueden construirse como tales: *Peinar/peinarse; caer/caerse.* **~ regular** El que se ajusta en su **conjugación** al modelo que se fija como propio de esa conjugación, como *amar, temer, partir.* **~ transitivo** Aquel en el que la acción del sujeto se transmite directamente a otra persona o cosa. Tiene que construirse con un complemento directo para completar su significación: *Rafael levanta el madero; María dice la verdad.*

verbosidad *f.* Abundancia de palabras en la elocución.

verdad 1 *f.* Conformidad del pensamiento o idea con la realidad de las cosas. 2 Adecuación de lo que se dice con lo que se piensa o siente. 3 Juicio o proposición que no se puede negar racionalmente. 4 Cualidad de veraz. 5 Realidad, existencia real de algo.

verdadero, ra 1 *adj.* Que contiene verdad. 2 Real y efectivo.

verde 1 *adj.* y *m.* De color semejante al de la hierba fresca, la esmeralda, etc. Es el cuarto color del espectro solar, entre el amarillo y el azul. 2 *adj.* Por contraposición a seco, se dice del árbol o la planta vivos. 3 Se dice de lo que aún no está maduro. 4 Se dice de las legumbres que se consumen frescas. 5 Se dice de la persona con inclinaciones galantes que no corresponden a lo que se considera adecuado a su edad: *Viuda verde; viejo verde.* 6 *adj.* y *s.* Se dice de los partidarios de los movimientos ecologistas.

verdear 1 *intr.* Ir tomando algo color verde. 2 Empezar a brotar plantas, o cubrirse los árboles de hojas y brotes.

verdín *m.* Capa verde que forman algunos hongos, algas, musgos o líquenes en las aguas dulces estancadas y en los lugares húmedos.

verdugo *m.* Funcionario judicial que aplica la pena de muerte.

verdugón *m.* Roncha que produce un golpe.

verdulero, ra *m.* y *f.* Persona que vende verduras.

verdura *f.* Hortalizas en general, y especialmente las de hoja verde.

vereda 1 *f.* Senda estrecha. 2 Acera de una calle o plaza. 3 Subdivisión territorial de un municipio.

veredicto 1 *m.* Sentencia de un jurado. 2 Dictamen emitido por un experto.

verga 1 *f.* PENE. 2 Palo horizontal que en un mástil sirve para asegurar la vela.

vergel *m.* Huerto con flores y árboles frutales.

vergonzoso, sa *adj.* Que causa vergüenza.

vergüenza 1 *f.* Sentimiento penoso debido a timidez, pudor o humillación. 2 Estimación de la propia honra: *Es un hombre de vergüenza.* 3 Acción que deja en mala opinión a quien la ejecuta. 4 Pudor sexual que impide mostrarse desnudo.

vericueto *m.* Lugar tortuoso difícilmente transitable.

verídico, ca *adj.* Que se ajusta o corresponde a la verdad.

verificación *f.* Acción de verificar, probar si algo es verdadero.

verificar 1 *tr.* Probar algo que se dudaba era cierto. 2 Comprobar la exactitud de un resultado o el funcionamiento de un aparato. 3 *tr.* y *prnl.* Efectuar, realizar. 4 *prnl.* Salir cierto y verdadero lo que se dijo o se pronosticó.

verismo *m.* Tendencia estética que pretende un realismo extremo, sin exclusión de lo feo y vulgar.

verja *f.* Estructura de barras de hierro que sirve de puerta, ventana o cerca.

vermicular 1 *adj.* BIOL Que se parece a los gusanos. 2 ANAT **apéndice ~**.

vermífugo, ga *adj.* y *s.* FARM Que mata o expulsa las lombrices intestinales.

vernáculo, la *adj.* Propio del país; se aplica a las costumbres, la cultura y muy especialmente a la lengua.

verosímil 1 *adj.* Con apariencia de verdadero. 2 Creíble por no ofrecer carácter alguno de falsedad.

verraco *m.* Cerdo semental.

verriondo, da *adj.* Se dice del cerdo y otros animales en celo.

verruga *f.* Excrecencia cutánea de forma redonda.

versado, da *adj.* Instruido, práctico en alguna ciencia o arte.

versalita *adj.* y *f.* **letra ~**.

versar *intr.* Con *sobre* o *acerca de,* tratar de tal o cual materia.

versátil *adj.* Capaz de adaptarse con facilidad y rapidez a diversas exigencias.

versículo *m.* REL Cada una de las breves divisiones de los capítulos de algunos libros sagrados, como la Biblia o el Corán.

versificación *m.* Acción y efecto de versificar.

versificar 1 *intr.* Componer versos. 2 *tr.* Poner en verso.

versión 1 *f.* Traducción de una lengua a otra. 2 Modo que tiene cada uno de referir un mismo suceso. 3 Cada una de las formas que adopta la relación de un suceso, el texto de una obra, la interpretación de un tema, etc.

verso *m.* Serie de palabras sujetas a medida y cadencia, o solo a cadencia. || ~ **alejandrino** El de catorce sílabas. ~ **de arte mayor** El que tiene diez sílabas o más. ~ **de arte menor** El que no pasa de ocho sílabas. ~ **libre** El que no está sujeto a rima ni a metro fijo.

versta *f.* Medida itineraria rusa que equivale a 1067 m.

versus *prep.* Contra, frente a alguien.

vértebra *f.* ANAT Cada una de las piezas óseas que, articuladas entre sí, forman la columna vertebral. Forman el conducto raquídeo, que alberga la médula espinal.

vertebrado, da 1 *adj.* Que tiene vértebras. 2 Estructurado, organizado. 3 *adj.* y *s.* ZOOL Se dice de los cordados que tienen esqueleto con columna vertebral y cráneo, dos pares de extremidades y sistema nervioso central constituido por médula espinal y encéfalo, como los peces, los anfibios, los reptiles, las aves y los mamíferos.

vertebral 1 *adj.* Relativo a las vértebras. 2 ANAT **columna ~**.

vertebrar *tr.* Dar estructura interna, organizar, cohesionar.

vertedero 1 *m.* Sitio adonde o por donde se vierte algo. 2 Conducto para darle salida al exceso de agua en depósitos, presas, etc.

verter 1 *tr.* y *prnl.* Derramar líquidos o cosas menudas. 2 Inclinar un recipiente para vaciar su contenido. 3 *tr.* Traducir de una lengua a otra. 4 *intr.* Desembocar una corriente de agua en otra, en el mar, etc.

vertical 1 *adj.* Que está o aparece perpendicular al horizonte. 2 En figuras, impresos, pinturas, etc., que están colocados con su dimensión mayor en disposición o dirección que va de arriba abajo. 3 GEOM **plano ~**. 4 Se dice de las organizaciones que están fuertemente subordinadas al estrato superior máximo.

vértice 1 *m.* GEOM Punto en que se cortan los dos lados de un ángulo o las caras de un poliedro. 2 Punto donde concurren tres o más planos. 3 Cúspide del cono o de la pirámide. 4 Punto de una curva en que esta se encuentra con su eje.

verticilo *m.* BOT Conjunto de tres o más ramas, hojas, flores, pétalos u otros órganos, situados en un mismo plano alrededor de un eje.

vertido *m.* Acción y efecto de verter.

vertiente 1 *f.* Declive por donde corre o puede correr agua. 2 GEO Pendiente comprendida entre una cima montañosa y el fondo de un valle. 3 Idea religiosa, política, artística, etc., que se deriva de un credo, una corriente política o estética, etc.

vertiginoso, sa *adj.* Se dice del movimiento muy rápido, o de la velocidad muy grande.

vértigo 1 *m.* Sensación de mareo producida al mirar a lo hondo desde una altura. 2 MED Perturbación del sentido del equilibrio por una sensación de movimiento rotatorio del cuerpo o de las cosas que lo rodean.

vertimiento *m.* Acción y efecto de verter.

vesania *f.* Locura o demencia.

vesical *adj.* Relativo a la vesícula biliar o a la vejiga urinaria.

vesícula 1 *f.* VEJIGA, ampolla. 2 BIOL Órgano en forma de cavidad o saco, lleno de líquido o aire. || ~ **biliar** ANAT La situada debajo del hígado; almacena la bilis y la descarga en el duodeno. ~ **seminal** Cada una de las dos situadas a uno y otro lado del conducto deferente, en que se almacena el esperma.

vespa (De Vespa®, marca registrada) *f.* Motocicleta liviana de llantas pequeñas, plataforma de apoyo y plancha delantera para la protección del conductor.

vespertino, na *adj.* Relativo a la tarde o al atardecer.

vestíbulo 1 *m.* Habitación grande inmediata a la entrada de un edificio. 2 RECIBIDOR. 3 ANAT Cavidad del oído interno inserta en el temporal.

vestido 1 *m.* Ropa que cubre el cuerpo humano. 2 Conjunto de prendas que sirven para este uso.

vestidura 1 *f.* Prenda litúrgica con que se reviste el sacerdote para el culto divino. • U. m. en pl. 2 Vestido en general.

vestier 1 *m.* Probador de las tiendas de ropa y talleres de costura. 2 Habitación de la casa para vestirse y guardar las prendas de vestir.

vestigio 1 *m.* Señal o resto que queda de algo. 2 Indicio del cual se infiere algo.

vestir 1 *tr.* Cubrir o adornar el cuerpo con el vestido. 2 Cubrir una cosa con otra para su protección o adorno. 3 Facilitar a alguien el vestido o el dinero para comprarlo. 4 Ser una prenda o la materia o el color de ella, especialmente a propósito para el lucimiento: *El terciopelo viste mucho.* 5 Hacer los vestidos para otro: *Lo viste un sastre caro.* 6 *intr.* y *prnl.* Ponerse un vestido. 7 Adoptar cierta actitud: *Se vistió de serenidad.*

vestuario 1 *m.* Conjunto de ropas de vestir. 2 Conjunto de trajes para una representación teatral o el rodaje de una película. 3 En los teatros, campos de deportes, etc., lugar para cambiarse de ropa.

veta *f.* VENA, lista ondulada o ramificada de ciertas piedras y maderas.

vetar *tr.* Poner veto a una proposición o medida.

vetear *tr.* Señalar o pintar vetas en algo.

veterano, na *adj.* y *s.* Se dice de la persona que por largo tiempo ha desempeñado un oficio y, por tanto, es experta en este.

veterinario, ria 1 *m.* y *f.* Persona preparada y autorizada para ejercer la veterinaria. 2 *f.* Ciencia de prevenir y curar las enfermedades de los animales.

veto 1 *m.* Derecho o facultad de una persona o corporación para impedir algo. 2 Cualquier tipo de prohibición. 3 POLÍT Prerrogativa de alguno de los poderes del Estado (normalmente el Ejecutivo) para anular una disposición o ley que ya ha aprobado el Parlamento o el Congreso.

vetusto, ta *adj.* Deteriorado por lo muy antiguo.

vez 1 *f.* Momento en que ocurre o sucede algo. 2 Alternación de las cosas por turno u orden sucesivo. 3 Realización de un suceso o una acción en momentos y circunstancias distintos. || **hacer las veces** Ejercer la función de otra persona o cosa.

vía 1 *f.* CAMINO por donde se transita. 2 Procedimiento para hacer algo. 3 TRAYECTO, espacio que se recorre. 4 Dirección que ha de seguirse para llegar a algún lugar. 5 Ruta que se sigue en un viaje: *Vía Bogotá Caracas.* 6 Medio de transmisión de mensajes: *Vía aérea; vía satélite.* 7 Dirección que un vehículo toma en su desplazamiento. 8 Cualquiera de los conductos del cuerpo por donde pasan los líquidos, el aire, los alimentos y los residuos de la digestión. || ~ **de comunicación** Ruta terrestre, marítima, fluvial o aérea utilizada para el transporte y el comercio.

vía crucis (Tb. viacrucis) 1 *m.* REL Práctica piadosa de los cristianos que consiste en recordar el camino de Jesús hacia el Calvario a lo largo de catorce estaciones, intercalando rezos y cantos. 2 REL Conjunto de catorce cruces o cuadros que representan los pasos del Calvario. 3 Sufrimiento prolongado de una persona.

viable 1 *adj.* Que puede vivir. 2 Se dice del asunto con probabilidad de salir adelante.

viaducto *m.* Puente que salva una hondonada.

viajar 1 *intr.* Trasladarse de un sitio a otro en un medio de locomoción. 2 Desplazarse un vehículo siguiendo una ruta o trayectoria.

viaje 1 *m.* Acción y efecto de viajar. 2 Jornada de un punto a otro de un país, o de un país a otro. 3 Itinerario, trayecto. 4 Carga que se lleva de un lugar a otro.

viajero, ra 1 *adj.* Que viaja. 2 *m.* y *f.* Persona que hace un viaje.

vial *adj.* Relativo a las vías.

vianda *f.* Comida que se sirve a la mesa.

viático 1 *m.* Provisión para un viaje en dinero o en especie. 2 REL Comunión que en la religión católica se da a los moribundos.

víbora *f.* ZOOL Cualquier serpiente venenosa caracterizada por poseer una cabeza triangular, bien diferenciada del resto del cuerpo, y cola que se estrecha bruscamente.

vibra (acort. de vibración) *f.* Sensación instintiva que alguien percibe de su contacto con otra persona, con un objeto o un lugar.

vibración 1 *f.* Acción y efecto de vibrar. 2 FÍS Movimiento de una partícula de un cuerpo vibrante durante un periodo. 3 FISIOL Movimiento repetido de los órganos productores del sonido que crea una onda sonora al salir el aire de estos.

vibrafonista *m.* MÚS Músico especializado en la interpretación del vibráfono.

vibráfono *m.* MÚS Instrumento de percusión que consta de una serie de láminas metálicas con un tubo vibrador bajo cada una de estas. Se toca con baquetas.

vibrante 1 *adj.* Que vibra. 2 Se dice de la voz sonora o del discurso entusiasta. 3 *adj.* y *f.* FON Se dice del sonido consonántico que se pronuncia apoyando la lengua en los alvéolos superiores y produciendo con ella una o varias vibraciones como el de la *r* en *hora* (vibrante simple) y *honra* (vibrante múltiple).

vibrar 1 *intr.* Oscilar una cosa con movimiento pequeños y rápidos en torno a sus posiciones de equilibrio. 2 Tener un sonido trémolo la voz.

vibrisas 1 *f. pl.* BOT Pelos sensoriales de las plantas insectívoras. 2 ZOOL Pelos rígidos que actúan como receptores táctiles, como los bigotes del gato. 3 ZOOL Cerdas sensibles que algunas aves tienen en la base del pico o alrededor de los ojos.

vicaría 1 *f.* Cargo de vicario. 2 Despacho o residencia del vicario. 3 Territorio de su jurisdicción.

vicariante 1 *adj.* BIOL Se dice de los pares de caracteres genéticos mutuamente excluyentes. 2 ECOL Se dice de los taxones ecológicamente equivalentes en áreas distantes geográficamente. 3 FISIOL Se dice del órgano capaz de suplir la insuficiencia de otro órgano.

vicariato *m.* VICARÍA.

vicario, ria *adj.* y *s.* Se dice de la persona que hace las veces de otro, especialmente en asuntos religiosos.

vicealmirante *m.* Oficial general de la armada, inmediatamente inferior al almirante.

vicecampeón, na *m.* y *f.* SUBCAMPEÓN.

vicecanciller *m.* Persona que sustituye al canciller.

vicecónsul *m.* Funcionario de la carrera consular inmediatamente inferior al cónsul.

vicepresidente, ta *m.* y *f.* Persona que hace o está facultada para hacer las veces de presidente.

vicerrector, ra *m.* y *f.* Persona que suple, o puede reemplazar, al rector.

viceversa *adv. m.* Al contrario, por lo contrario; inversión del orden de los términos.

viciado, da 1 *adj.* Se dice del aire no renovado en un espacio habitado. 2 Se dice del acto, contrato, ley, etc., que ha perdido su valor y eficacia.

viciar 1 *tr.* ENVICIAR, hacer que alguien contraiga algún vicio. 2 Quitar valor a un acto, contrato, ley, proposición, etc. 3 *tr.* y *prnl.* Pervertir o corromper física o moralmente.

vicio 1 *m.* Afición excesiva a algo perjudicial. 2 Defecto moral en las acciones. 3 Mala calidad, defecto o daño físico en las cosas. 4 Frondosidad desbordada de las plantas.

vicioso, sa *adj.* y *s.* Entregado a los vicios.

vicisitud 1 *f.* Suceso adverso que puede afectar el desarrollo de algo. 2 Alternancia de sucesos prósperos y adversos.

víctima 1 *f.* Persona o animal sacrificado o destinado al sacrificio. 2 Persona que padece daño o muere por culpa de otras. 3 Persona que padece daño o muere a causa de un accidente: *La inundación cobró decenas de víctimas.*

victimario, ria *adj.* y *s.* HOMICIDA.

victoria *f.* Superioridad o ventaja que se consigue del contrario, en disputa o competición. || ~ **regia** Planta acuática tropical cuyas hojas pueden llegar a medir hasta 4 m de diámetro y las flores alcanzar 40 cm de diámetro.

victoriano, na *adj.* De la época, estilo, costumbres, etc., del reinado de Victoria I de Gran Bretaña.

vicuña 1 *f.* Mamífero camélido de pelo largo y suave y costumbres gregarias, que vive en los Andes centrales. 2 Pelo de este animal y tejido hecho con este.

vid *f.* Planta trepadora de tronco retorcido, vástagos flexibles y nudosos, hojas alternas y partidas en cinco lóbulos, y flores verdosas en racimo, cuyo fruto es la uva.

vida 1 *f.* BIOL Estado de actividad de los seres orgánicos que se manifiesta en el crecimiento, la capacidad de renovarse, relacionarse y reproducirse. 2 Hecho de existir seres vivos: *¿Habrá vida en Marte?* 3 Tiempo que media entre el nacimiento de un ser vivo y su muerte. 4 Duración de las cosas. 5 Modo de vivir y de comportarse: *Vida campesina; vida espiritual.* 6 Animación, viveza, vitalidad: *Un cuadro lleno de vida.* 7 ECON **esperanza** de ~; **nivel** de ~.

□ La vida surgió en la Tierra aprox. 1000 millones de años después de su formación; los primeros seres vivos fueron bacterias anaerobias. Luego de un largo proceso evolutivo surgieron bacterias con capacidad fotosintética que iniciaron la liberación de oxígeno. Hace 2000 millones de años el oxígeno empezó a acumularse en la atmósfera, y después de la formación de la capa de ozono se dio una verdadera explosión de vida. Los primeros organismos **eucariotas** aparecieron hace unos 1500 millones de años, y los primeros pluricelulares hace unos 670 millones.

vidente 1 *adj.* y *s.* Que ve. 2 *m.* y *f.* Persona que adivina lo oculto o pasado y predice el futuro. 3 Persona que tiene visiones sobrenaturales.

video (Tb. vídeo) 1 *m.* Sistema de grabación y reproducción de imágenes mediante cinta magnética, disco óptico, etc. 2 Sucesión de imágenes obtenida con esta técnica. 3 **cámara** de ~. 4 VIDEOCLIP.

videoarte *m.* ART Expresión artística basada en el tratamiento de las imágenes de video.

videoclip *m.* Filmación en video para acompañar o promocionar una canción.

videoconferencia *f.* TELEC Conferencia a distancia entre varios, realizada mediante cámaras y monitores ubicados en sus instalaciones o en un centro de conferencia.

videodisco *m.* Disco en el que se registran imágenes y sonidos que, mediante un rayo láser, pueden reproducirse en una pantalla.

videojuego *m.* Juego electrónico que se practica sobre una pantalla.

vidriar *tr.* Aplicar **esmalte** a las piezas de barro o loza para que tomen el lustre del vidrio.

vidriero, ra 1 *m.* y *f.* Persona que fabrica, coloca o vende vidrios. 2 *f.* Bastidor con vidrios artísticos con que se cubren y adornan puertas y ventanas. 3 Escaparate o vitrina de una tienda.

vidrio 1 *m.* Sustancia transparente o traslúcida, dura y frágil a la temperatura ordinaria, que se obtiene fundiendo una mezcla de sílice con potasa o sosa y pequeñas cantidades de otras bases. Existen vidrios naturales, como la obsidiana. 2 QUÍM **fibra** de ~.

vidrioso, sa 1 *adj.* Que es frágil como el vidrio. 2 Se dice de los ojos cuando parecen no mirar.

viejo, ja 1 *adj.* Antiguo o del tiempo pasado. 2 Que no es reciente ni nuevo. 3 Deslucido, estropeado por el uso. 4 *adj.* y *s.* Se dice de la persona o animal de mucha edad.

viento 1 *m.* GEO Corriente de aire producida por diferencias de presión atmosférica, atribuidas, sobre todo, a diferencias de temperatura. 2 GEO **rosa** de los ~s. 3 MÚS **instrumentos** de ~. || **~s alisios** GEO ALISIOS. **~ monzón** GEO MONZÓN. **~ solar** ASTR Flujo constante de gas ionizado arrojado desde la corona solar, con velocidades de entre 400 km/s y 700 km/s.

vientre 1 *m.* Parte externa del cuerpo correspondiente al abdomen. 2 ANAT Cavidad que contiene los órganos principales de los aparatos digestivo y urinario, y los órganos internos del aparato reproductor. 3 Panza de una vasija.

viernes *m.* Quinto día de la semana, que sigue al jueves.

viga 1 *f.* Madero largo y grueso que se emplea como sostén en las construcciones. 2 Perfil de hierro de doble T que se emplea con el mismo fin. 3 Pieza larga y prismática de hormigón que se emplea con el mismo fin.

vigente *adj.* Se dice de lo que está en uso y vigor.

vigésimo, ma 1 *adj.* Que sigue en orden al decimonoveno. 2 *adj.* y *m.* Se dice de cada una de las veinte partes iguales en que se divide un todo.

vigía *m.* y *f.* Persona que vigila desde un sitio alto.

vigilancia 1 *f.* Cuidado y atención en las cosas que tiene a cargo cada uno. 2 Servicio ordenado y dispuesto para vigilar.

vigilar 1 *tr.* e *intr.* Velar cuidadosamente sobre personas o cosas. 2 Cuidar de algo o de alguien.

vigilia 1 *f.* Acción de estar en vela. 2 Víspera de una festividad religiosa. 3 Abstinencia de carne en la comida en cumplimiento de un mandato religioso.

vigor 1 *m.* Fuerza de las cosas animadas o inanimadas. 2 Vitalidad de los seres vivos. 3 Vigencia de leyes y costumbres.

vigorizar 1 *tr.* y *prnl.* Dar vigor. 2 Animar, esforzar.

VIH *m.* MED VIRUS de inmunodeficiencia humana causante del sida.

vihuela *f.* MÚS Instrumento de cuerda de aspecto parecido al de la guitarra, pero de cuerpo ovalado.

vikingo, ga *adj.* y *s.* HIST Del navegante escandinavo (danés, sueco y noruego) que desde finales del s. VIII hasta inicios del s. XII realizó incursiones por las islas del Atlántico y por casi toda Europa occidental. En América abrió las rutas de Groenlandia (h. 985) y Vinlandia (ya en el continente norteamericano, h. 1000). • U. t. c. s. pl.

vil 1 *adj.* Se dice del acto indigno y despreciable: *Fue una vil estafa.* 2 *adj.* y *s.* Se dice de quien corresponde mal a la confianza en él depositada.

vilano *m.* BOT Apéndice filamentoso que corona el fruto o la semilla de algunas plantas.

vileza 1 *f.* Cualidad de vil. 2 Acción vil.

vilipendiar *tr.* Tratar con vilipendio.

vilipendio *m.* Desprecio, denigración de que es objeto alguien o algo.

villa 1 *f.* Población con algunos privilegios o cierta importancia histórica. 2 Casa con jardín, y especialmente la que está en el campo.

villancico 1 *m.* Canción popular de tema religioso, que se canta en Navidad. 2 Copla popular con estribillo.

villano, na 1 *adj.* y *s.* HIST Miembro del estado llano que vivía en una villa o aldea, por contraposición al hidalgo, al noble o al burgués. 2 *adj.* Ruin o indigno.

vilo, en 1 *loc. adv.* Sin apoyarse. 2 Con inquietud y zozobra.

vinagre *m.* Líquido agrio que resulta de la fermentación de líquidos alcohólicos, como el vino, que se emplea como condimento de ensaladas.

vinagrera *f.* Vasija para el vinagre de uso diario.

vinagreta *f.* Salsa para carnes y pescados, que se prepara con aceite, vinagre y cebolla.

vinajera 1 *f.* Conjunto de los dos jarrillos y de la bandeja donde se colocan. • U. m. en pl. 2 Cada uno de los dos jarrillos que contienen el vino y el agua para la misa.

vinculante *adj.* Que es de obligatorio cumplimiento.

vincular 1 *tr.* Unir mediante vínculo a alguien o algo con otra persona u otra cosa. 2 Sujetar a alguien a una obligación. 3 *prnl.* Entrar una persona a formar parte de una institución, organización, etc.

vínculo *m.* Lazo o unión inmaterial entre personas, entre cosas o entre personas y cosas: *Vínculo matrimonial, lingüístico, institucional.*

vindicar *tr.* y *prnl.* Defender, especialmente por escrito, al calumniado o injuriado.

vinícola *adj.* Relativo a la industria del vino.

vinicultura *f.* Elaboración de vinos.

vinificación *f.* Transformación del zumo de la uva en vino.

vinilo *m.* QUÍM Radical monovalente derivado del etileno, con tendencia a formar polímeros. Sus derivados se utilizan en tuberías plásticas, recubrimientos, juguetes, tejidos, muebles, etc.

vino 1 *m.* Bebida alcohólica que se obtiene del zumo de las uvas exprimido, y cocido naturalmente por la fermentación. 2 Por extensión, zumo de otras plantas o frutos que se cuece y fermenta al modo del de las uvas.

viñedo *m.* Terreno plantado de vides.

viñeta 1 *f.* Adorno gráfico que ilustra el comienzo y final de una página, un capítulo o un libro. 2 Dibujo humorístico que se acompaña de un texto o comentario.

viola *f.* MÚS Instrumento de cuerda y arco, algo mayor que el violín.

violación 1 *f.* Acción y efecto de violar una ley, un lugar sagrado, etc. 2 DER Delito de abuso carnal contra una persona, ejerciendo violencia física sobre esta, o sin tal violencia si se trata de menor de 12 años de edad.

violar 1 *tr.* Infringir o quebrantar una ley o precepto. 2 Cometer una violación. 3 Profanar un lugar sagrado.

violencia 1 *f.* Cualidad de violento. 2 Acción violenta. || ~ **intrafamiliar** Actos violentos cometidos en el hogar entre miembros de una familia. **no** ~ POLÍT Procedimiento para conseguir un fin por medio de actos no eficaces en sí mismos, pero de gran notoriedad pública, fundamentalmente la resistencia o desobediencia civil.

violentar 1 *tr.* Forzar la resistencia de personas o cosas con medios violentos. 2 Penetrar en propiedad ajena contra la voluntad de su dueño.

violento, ta 1 *adj.* Que actúa con ímpetu y fuerza: *Marejada violenta.* 2 Que se hace con ímpetu e intensidad extraordinarias. 3 Se dice de la persona impetuosa y que se deja llevar fácilmente de la ira. 4 Que se hace fuera de razón y justicia.

violeta 1 *adj.* y *m.* Se dice del color morado claro; es el séptimo del espectro luminoso, con la menor longitud de onda. 2 *f.* Planta de tallos rastreros, hojas acorazonadas y flores moradas o blancas, de aroma suave. 3 Flor de esta planta.

violín 1 *m.* MÚS Instrumento de cuatro cuerdas y arco, en forma de óvalo estrechado por el medio, con dos aberturas en forma de S en la tapa, y un mástil. 2 *m.* y *f.* Persona que toca este instrumento.

violón *m.* MÚS **CONTRABAJO**, instrumento de cuerda.

violonchelo *m.* MÚS Instrumento de cuerda y arco, intermedio entre la viola y el contrabajo.

viperino, na 1 *adj.* Perteneciente a la víbora. 2 Malintencionado, que busca hacer daño.

viracocha *m.* Nombre que los incas les dieron a los primeros conquistadores españoles.

viraje *m.* Acción y efecto de virar.

viral *adj.* BIOL Relativo a los virus.

virar *intr.* Cambiar de dirección en la marcha o ruta de un vehículo.

virgen 1 *adj.* y *s.* Se dice de la persona que no ha tenido relaciones sexuales. 2 *adj.* Se dice de lo que mantienen su entereza originaria, o no ha sido manipulado. 3 *f.* REL Por antonomasia, María, madre de Dios. • Se escribe con may. inic.

virginal 1 *adj.* Relativo a la persona virgen. 2 Puro, inocente.

virginidad *f.* Estado y condición de virgen.

virgo 1 *adj.* y *s.* **VIRGEN**, que no ha tenido relaciones sexuales. 2 Se dice de las personas nacidas bajo el signo de Virgo, entre el 23 de agosto y el 22 de septiembre. 3 *m.* **HIMEN**.

virgulilla *f.* ORT Cualquier signo de figura de coma, rasguillo o trazo, como el apóstrofo, la cedilla, el que lleva la ñ, etc.

vírico, ca *adj.* **VIRAL**.

viril *adj.* Relativo al varón, varonil.

virilidad 1 *f.* Cualidad de viril. 2 Vigor, entereza.

viroide *m.* BIOL Microorganismo patógeno, más simple que el virus, constituido por ARN sin cubierta proteica.

virosis *f.* MED Proceso infeccioso debido a los virus.

virreina *f.* **VIRREY**.

virreinal *adj.* Relativo al virrey o virreinato.

virreinato 1 *m.* Demarcación administrativa y jurisdiccional cuyo gobierno el rey delegaba en un alto representante, el virrey. 2 Dignidad o cargo de virrey. 3 Tiempo que dura su cargo.

□ HIST El primer virreinato del Nuevo Mundo fue conferido a Colón. En 1535 se creó el virreinato de Nueva España (México) y en 1543, el de Perú. En el s. XVIII se crearon el de Nueva Granada (1717 y, definitivamente, 1739) y el del Río de la Plata (1776). El contrapeso a las facultades virreinales fue asegurado por la autoridad colegiada de las **audiencias**. Los virreinatos americanos desaparecieron a principios del s. XIX, al concluir la dominación española.

virrey, rreina 1 *m.* y *f.* Quien gobernaba en nombre y con la autoridad del rey. 2 *f.* La mujer del virrey.

virtual 1 *adj.* Con capacidad para hacer o producir algo, aunque no lo haga de hecho. 2 Tácito, implícito. 3 Con existencia aparente. 4 INF **realidad** ~.

virtud 1 *f.* Actividad o fuerza de las cosas para producir sus efectos. 2 Poder de obrar. 3 Disposición de la voluntad para actuar según la ley moral. 4 REL Según la teología católica, propensión a hacer el bien, residente en el alma. || ~ **cardinal** REL Cada una de las cuatro (prudencia, justicia, fortaleza y templanza) que son principio de otras en ellas contenidas. ~ **teologal** REL Cada una de las tres (fe, esperanza y caridad) cuyo objeto directo es Dios.

virtuosismo *m.* Dominio perfecto de una técnica o un arte.

virtuoso, sa 1 *adj.* y *s.* Que practica la virtud u obra según ella. 2 *adj.* Se aplica igualmente a las mismas acciones. 3 *m.* y *f.* Persona que sobresale en la técnica de su arte.

viruela 1 *f.* MED Enfermedad contagiosa, esporádica o epidémica, que se caracteriza por cefaleas, vómitos y erupción de gran número de pústulas. 2 MED Cada una de las pústulas que produce.

virulencia *f.* Cualidad de virulento.

virulento, ta 1 *adj.* Producido por un virus. 2 Violento, mordaz, aplicado a una palabra, una diatriba o un estilo literario.

virus 1 *m.* BIOL Entidad orgánica compuesta tan solo de material genético (ARN o ADN, nunca ambos), rodeado por una envoltura protectora de proteína. 2 INF Programa diseñado para evitar su detección y para autorreproducirse e interferir con el hardware de un computador o con su sistema operativo. || ~ **de inmunodeficiencia humana (VIH)** MED Retrovirus que produce en el ser humano el **sida**.

□ BIOL Los virus carecen de vida independiente, pero pueden replicarse en el interior de las células vivas, proceso que, en muchos casos, perjudica a su huésped. Los virus causan diversas enfermedades (rubéola, herpes, sarampión, poliomielitis, etc.).

viruta *f.* Tira fina y en espiral que se saca al labrar la madera o los metales.

visa *f.* VISADO.

visado 1 *m.* Acción y efecto de visar. 2 Sello oficial que en un pasaporte indica que este se considera válido para la entrada legal en un país.

visar *tr.* Examinar y dar el visto bueno a un pasaporte u otro documento.

víscera *f.* Cada uno de los órganos contenidos en las principales cavidades del cuerpo.

visceral 1 *adj.* Relativo a las vísceras. 2 Se dice de la impresión, sentimiento, etc., intenso y muy arraigado.

viscosidad 1 *f.* Cualidad de viscoso. 2 Materia viscosa. 3 Fís Propiedad de los fluidos de resistirse a fluir, debida al rozamiento entre sus moléculas.

viscoso, sa *adj.* Pegajoso, glutinoso.

visera 1 *f.* Parte saliente de la gorra y otras prendas similares, que protege la vista contra el sol. 2 En los automóviles, ala movible colocada sobre el parabrisas, en el interior del automóvil, para evitar el deslumbramiento por los rayos solares.

visibilidad 1 *f.* Cualidad de visible. 2 Geo Grado de distancia a que puede verse algo, según las condiciones atmosféricas.

visible 1 *adj.* Que se puede ver. 2 Patente, manifiesto. 3 Fís **radiación** ~.

visigodo, da 1 *adj.* Relativo al arte, usos, costumbres, etc., de los visigodos. 2 *adj.* y *s.* Se dice del individuo perteneciente a este pueblo. 3 Hist De un pueblo de las ramas de los **godos**, que ante el avance de los hunos (s. IV) se desplazó hacia los Balcanes, penetró en Italia, saqueó Roma (410) y llegó hasta la Galia e Hispania (410-415). ♦ U. t. c. s. pl.

visillo *m.* Cortina pequeña.

visión 1 *f.* Acción y efecto de ver. 2 Lo que se ve, **campo** visual. 3 Fisiol Sentido de la **vista**. 4 *f.* Punto de vista. 5 Hecho de ver algo sin mediación del sentido de la vista: *En mi visión eras coronada reina.*

visionar *tr.* Ver imágenes de cine, fotografía o televisión desde un punto de vista técnico o crítico.

visionario, ria *adj.* y *s.* Se dice de la persona que se adelanta a su tiempo o tiene visión de futuro.

visir *m.* Cargo ministerial en las monarquías musulmanas.

visita 1 *f.* Acción de visitar. 2 Persona o grupo de personas que acuden a ver a alguien o algo. 3 Inspección, reconocimiento.

visitación *f.* VISITA, acción de visitar.

visitador, ra 1 *m.* y *f.* Empleado que tiene a su cargo hacer visitas de reconocimiento. 2 Persona que visita a los médicos para mostrar los productos farmacéuticos y las novedades terapéuticas.

visitar 1 *tr.* Ir a la casa o lugar de estancia de una persona para estar con esta. 2 Acudir a un lugar para conocerlo. 3 Ir a un templo o santuario por devoción. 4 Realizar las autoridades actos de inspección o reconocimiento en un determinado lugar.

vislumbrar 1 *tr.* Ver algo de forma confusa por la mucha distancia o la poca luz. 2 Conjeturar por indicios.

vislumbre 1 *f.* Tenue resplandor de luz. 2 Indicio, conjetura.

viso 1 *m.* Reflejo de luz de una superficie. 2 Apariencia que da algo: *Sus palabras tenían un viso de revancha.*

visón *m.* Mamífero mustélido muy apreciado por su piel.

visor 1 *m.* Cin y Fot Sistema óptico o pantalla que llevan algunas cámaras para delimitar y enfocar el campo de visión. 2 Cin y Fot Dispositivo con lentes de aumento para visionar películas o imágenes. 3 Dispositivo de ciertas armas o instrumentos que ayuda a precisar el objetivo.

víspera *f.* Día inmediatamente anterior a otro.

vista 1 *f.* Acción y efecto de ver. 2 Fisiol Sentido por el que se percibe la luz, las formas y los colores de los objetos. 3 Conjunto de ambos ojos. 4 Extensión que se descubre desde un punto, paisaje. 5 **punto** de ~.

□ Fisiol En los seres humanos y en otros animales con ojos de análoga complejidad, la visión se relaciona con la percepción del color, de la forma, la distancia y las imágenes en tres dimensiones. Dentro de los principios ópticos normales, un punto por encima de la línea directa de visión queda un punto por debajo del centro de la retina y viceversa, razón por la cual la imagen del objeto formada en la retina aparece invertida. Mediante un razonamiento inconsciente, la mente le asigna a cualquier objeto una talla determinada o conocida.

vistazo 1 *m.* Mirada superficial y ligera. 2 Reconocimiento superficial que se hace de algo.

visto *m.* Fórmula para anunciar un fallo o dictamen. || ~ **bueno** Fórmula que se pone al pie de ciertos documentos para autorizarlos o darlos por buenos.

vistoso, sa *adj.* Llamativo, que atrae por su brillantez o apariencia ostentosa.

visual 1 *adj.* Relativo a la vista. 2 *f.* Línea recta que se considera tirada desde el ojo del espectador hasta el objeto.

visualizar 1 *tr.* Representar gráficamente fenómenos no específicos de la vista, como el sonido, la corriente eléctrica, etc. 2 Hacer visible algo mediante procedimientos ópticos o electrónicos. 3 Ilustrar ideas o conceptos con dibujos o metáforas plásticas.

vital 1 *adj.* Relativo a la vida. 2 De suma importancia. 3 Que está dotado de energía o impulso para actuar o vivir.

vitalicio, cia *adj.* Que dura de por vida, aplicándose a cargos, seguros y rentas.

vitalidad 1 *f.* Cualidad de tener vida. 2 Fuerza y eficacia de algo.

vitamina *f.* Bioq Cada una de las sustancias orgánicas presentes en pequeñas cantidades en las materias nutritivas, y que sin tener valor nutritivo son indispensables para los procesos vitales del organismo.

□ Bioq y Med La vitamina **A** se encuentra en la leche, el hígado, la yema de huevo, las espinacas, la zanahoria, etc., y su falta provoca lesiones epiteliales, ceguera nocturna, diarrea, etc. La **B1**, o **tiamina**, se encuentra en huevos, vegetales de hoja verde, cereales enteros, bayas y frutos secos; su insuficiencia produce debilidad muscular. La **B2**, o **riboflavina**, participa en el metabolismo de los carbohidratos, grasas y proteínas. Sus fuentes son el hígado, la leche, la carne, verduras de color verde oscuro, cereales y setas. La **B3** ayuda liberar la energía de los nutrientes; sus fuentes son: *hígado, aves, carne, salmón y atún enlatados, cereales enteros, granos y frutos secos*. La **B6** es necesaria para el metabolismo de aminoácidos; sus fuentes: *granos enteros, cereales, hígado, aguacate, espinacas y plátano*. La **B9**, o **ácido fólico**, se encuentra en los cereales, la levadura, yema de huevo, leche e hígado. Su déficit origina retrasos en el crecimiento. La **B12** es necesaria para la formación de proteínas y glóbulos rojos; sus fuentes son: *hígado, carne, pescado, huevos y leche*. La vitamina **C**, o **ácido ascórbico**, favorece la absorción de hierro procedente de los alimentos de origen vegetal; su deficiencia produce escorbuto; sus fuentes son: *cítricos, fresas frescas, piña, guayaba, brócoli, tomate, espinaca, etc*. La **D** interviene en la formación de los huesos y en la retención de calcio y fósforo; sus fuentes son: *la yema del huevo, hígado, atún y leche enriquecida*. También se fabrica en el cuerpo gracias a la radiación solar. La **E** participa en la formación de los glóbulos rojos, músculos y otros tejidos; sus fuentes son: *los aceites vegetales, el germen de trigo, hígado y las verduras*. La **K** es necesaria para la coagulación de la sangre; sus fuentes son: *la alfalfa y el hígado de pescado*.

vitamínico, ca *adj*. Relativo a las vitaminas o que las contiene.

vitelino, na 1 *adj*. Relativo al vitelo. 2 BIOL **saco ~**.

vitelo *m*. BIOL Conjunto de sustancias almacenadas en el citoplasma del huevo para nutrición del embrión.

viticultura *f*. Cultivo de la vid y conjunto de sus técnicas.

vitiligo (Tb. vitíligo) *m*. MED Enfermedad de la piel que se manifiesta con manchas blancas que van cubriendo todo el cuerpo, debido a problemas de la pigmentación.

vitorear *tr*. Aclamar, dar vivas y vítores.

vitral *m*. ART Bastidor en el que se encuadran vidrios con dibujos coloreados con esmaltes, unidos entre sí mediante tiras de plomo.

vítreo, a *adj*. Relativo al vidrio, con sus propiedades o su aspecto.

vitrificar 1 *tr*. y *prnl*. Convertir una sustancia en vidrio. 2 Hacer que algo adquiera las apariencias del vidrio.

vitrina *f*. Escaparate o armario con puertas o tapas de cristales, para exponer o exhibir objetos o mercancías.

vitualla *f*. Conjunto de víveres.

vituperar *tr*. Criticar a alguien duramente, censurarlo.

vituperio *m*. Acción y efecto de vituperar.

viudo, da *adj*. y *s*. Se dice de la persona a la que se le ha muerto el cónyuge.

vivacidad 1 *f*. Cualidad de vivaz. 2 Esplendor y lustre de algo.

vivaz 1 *adj*. De ingenio pronto o agudo. 2 BOT Se dice de la planta que vive más de dos años.

vivencia 1 *f*. Hecho de vivir algo. 2 Recuerdo que se tiene de una experiencia propia.

víveres *m. pl*. Alimentos necesarios para abastecer a un grupo de personas.

vivero 1 *m*. Terreno en que se cultivan las plantas hasta su trasplante definitivo. 2 Criadero de peces, crustáceos o moluscos.

viveza 1 *f*. Prontitud o celeridad en las acciones. 2 Energía en las palabras. 3 Agudeza de ingenio. 4 Dicho agudo, pronto o ingenioso. 5 Esplendor y lustre de los colores. 6 Gracia particular de los ojos en el modo de mirar o de moverse.

vívido, da *adj*. Capaz de suscitar la imagen de lo que narra o describe.

vividor, ra *adj*. y *s*. Se dice de quien sin escrúpulos vive a costa de los demás.

vivienda 1 *f*. Espacio cubierto dotado con los servicios necesarios para habitar permanentemente en este. 2 Cualquier recinto en el que se habita: *Su vivienda era un cuartucho húmedo y estrecho*.

vivificar *tr*. Reanimar, confortar.

vivíparo, ra *adj*. y *s*. ZOOL Se dice de los animales cuyas hembras paren fetos ya desarrollados, a diferencia de los ovíparos.

vivir[1] *m*. Vida, existencia.

vivir[2] 1 *intr*. Tener vida, estar vivo. 2 Durar las cosas. 3 Habitar en un lugar o en un país. 4 Llevar cierto género de vida. 5 Durar en la memoria de la gente después de muerto. 6 Acomodarse a las circunstancias. 7 Estar presente en la memoria algo. 8 *tr*. Experimentar la impresión producida por algún hecho o acaecimiento.

vivo, va 1 *adj*. y *s*. Que tiene vida. 2 *adj*. Intenso, fuerte. 3 Que actúa en beneficio propio. 4 Que dura y subsiste en toda su fuerza y vigor. 5 Durable en la memoria. 6 Rápido y ágil. 7 Muy expresivo. 8 Se dice del interés, sentimiento, etc., grande. 9 Se dice del color brillante y luminoso. 10 *m*. Borde, canto u orilla de algo.

vizcacha *f*. Roedor parecido a la liebre, pero con cola muy larga. Vive en las llanuras meridionales de América del Sur.

vizconde, desa *m*. y *f*. Título nobiliario inferior al de conde o condesa.

vizcondesa *f*. **VIZCONDE**.

vocablo 1 *m*. GRAM **PALABRA**. 2 Su representación gráfica.

vocabulario 1 *m*. Conjunto de palabras de un idioma. 2 Diccionario, libro en que se contiene ese conjunto. 3 Léxico de una ciencia o arte. 4 Conjunto de palabras que usa o conoce alguien.

vocación 1 *f*. Inclinación a cualquier estado, profesión o carrera. 2 REL Inspiración con que Dios llama a algún estado, especialmente al de religión.

vocacional *adj*. Relativo a la vocación.

vocal 1 *adj*. Relativo a la voz. 2 Que se expresa con la voz. 3 MÚS **música ~**. 4 *adj*. y *f*. FON Se dice del sonido en cuya pronunciación el aire espirado no encuentra ningún obstáculo en su salida. 5 Signo que representa gráficamente un sonido y articulación vocálicos; son cinco: *a, e, i, o, u.* 6 *m.* y *f.* Persona que tiene voz en un consejo, una congregación, etc. || ~ **abierta** FON Se dice de la vocal que tiene la mayor abertura, en cuya articulación se abre el paso del aire, como *a, e* y *o.* ~ **cerrada** FON La que se emite dejando poco paso al aire entre la lengua y el paladar, como ocurre con *i* y *u.*

vocálico, ca *adj.* Relativo a la vocal.

vocalista *m.* y *f.* Cantante de un conjunto musical.

vocalización *f.* Acción y efecto de vocalizar.

vocalizar 1 *intr.* Pronunciar de forma precisa las palabras para hacer plenamente inteligible lo que se habla o se canta. 2 MÚS Hacer ejercicios de canto con una vocal en vez de con las notas musicales.

vocativo *m.* GRAM Palabra o grupo de palabras que sirven para llamar, nombrar o dirigirse directamente a alguien o algo personificado: *¿Pasaste buena noche, Mamá? No, mi estimado amigo, las cosas no son así.*

vocear *tr.* PREGONAR.

vocero *m.* Portavoz, el que habla en nombre de otro u otros.

vociferar *intr.* Dar grandes voces, gritar.

vodca *f.* VODKA.

vodevil *m.* TEAT Comedia frívola, de argumento basado en el equívoco, que puede incluir números musicales y de variedades.

vodka *m.* y *f.* Aguardiente de graduación muy alta, originario de los países de la Europa oriental.

voladizo, za *adj.* y *s.* Que sale de lo macizo en las paredes o edificios.

volador, ra 1 *adj.* Que vuela. 2 *m.* COHETE, fuego de artificio.

voladura *f.* Acción y efecto de hacer saltar con explosivos algo.

volante 1 *adj.* Que vuela. 2 Que no tiene lugar fijo. 3 *m.* Adorno de una prenda de vestir en forma de pliegue o fruncido. 4 Hoja de papel en que se manda un aviso. 5 Pieza en figura de aro con la que el conductor dirige el automóvil. 6 DEP Pequeña semiesfera muy liviana, coronada de plumas o tiritas, que se usa para jugar bádminton. 7 DEP En el fútbol, jugador que se mueve en el medio campo.

volantín 1 *m.* COMETA, juguete. 2 VOLTERETA.

volar 1 *intr.* Moverse por el aire, sosteniéndose con las alas. 2 *intr.* y *prnl.* Elevarse algo en el aire y moverse algún tiempo en este. 3 Elevarse en el aire y moverse de un punto a otro en un aparato. 4 Sobresalir del paramento de un edificio. 5 Hacer algo con gran prontitud y ligereza. 6 *tr.* Hacer saltar con violencia o elevar en el aire algo mediante un explosivo.

volátil 1 *adj.* Que vuela o puede volar. 2 QUÍM Se aplica a la sustancia que se volatiliza en condiciones de temperatura y presión normales.

volatilizar *tr.* y *prnl.* QUÍM Convertir un cuerpo sólido o líquido en gaseoso.

volcán *m.* GEO Formación geológica que consiste en una fisura en la corteza terrestre por donde asciende material rocoso fundido, acompañado de gases, y cuya salida al exterior se produce a través de cráteres o grietas en la superficie. Las erupciones dan lugar a elevaciones de terreno, llamadas también volcanes.

volcar *tr.* e *intr.* Volver una cosa hacia un lado o totalmente, de modo que caiga lo contenido en esta. •U. t. c. prnl.

volear *tr.* Golpear algo en el aire para impulsarlo.

voleibol *m.* DEP Juego que se practica entre dos equipos de seis jugadores, quienes, separados por una red, tratan de echar un balón, golpeándolo con la mano, por encima de esta red en el campo enemigo.

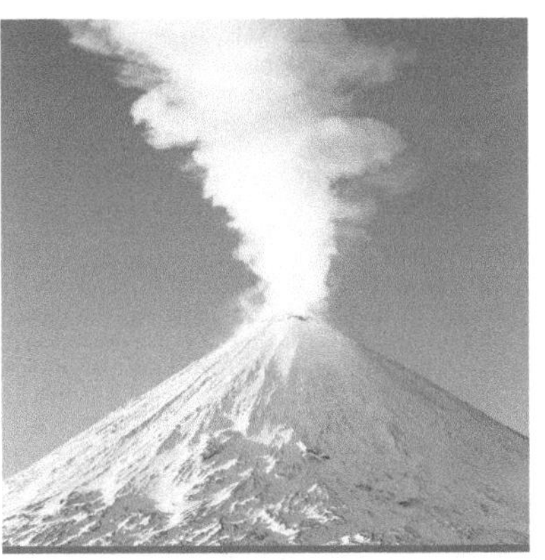

voleo *m.* Golpe dado en el aire a una cosa antes de que caiga al suelo.

volframio *m.* QUÍM TUNGSTENO.

volición *f.* Acto de la voluntad.

volitivo, va *adj.* Relativo a la voluntad.

volqueta (Tb. volquete) *m.* Camión de transporte de carga con una caja que se puede volcar para descargarlo.

voltaje *m.* ELECTR Tensión de una corriente medida en voltios.

voltear 1 *tr.* Hacer que algo muestre el lado contrario al que tenía: *Volteó la hoja y siguió leyendo.* 2 *tr.* e *intr.* Volver el cuerpo, o parte de este, y especialmente la cabeza, hacia una dirección distinta a la que tenía. 3 Cambiar de dirección alguien o algo que va moviéndose: *Aceleró al voltear la esquina.* 4 *tr.* y *prnl.* Dar o hacer dar vueltas sobre sí a alguien o algo. 5 *tr.* e *intr.* Poner algo al revés de como estaba: *El viento volteó la mesa.* • U. t. c. prnl. 6 *intr.* Dar vueltas alguien o algo, cayendo y rodando. 7 *prnl.* Cambiar de idea, propósito, tendencia política, etc.

voltereta *f.* Vuelta rápida que se da en el aire, apoyando a veces las manos y la cabeza en el suelo.

voltio *m.* ELECTR Unidad de diferencia de potencial y de fuerza electromotriz equivalente a la diferencia de potencial entre dos puntos de un conductor cuando al transportar entre ellos un culombio se realiza el trabajo de un julio. Símbolo: V.

voluble 1 *adj.* De carácter inconstante y mudadizo. 2 Que se enrolla fácilmente. 3 BOT Se dice del tallo que crece formando espiras alrededor de los objetos.

volumen 1 *m.* Corpulencia o bulto de una cosa. 2 Libro, ejemplar encuadernado. 3 Intensidad de un sonido. 4 Importancia de un asunto. 5 FÍS Magnitud que expresa la extensión de un cuerpo en tres dimensiones: *largo, ancho y alto.* Su unidad internacional es el metro cúbico (m^3). 6 GEOM Conjunto de puntos del espacio limitados por superficies.

voluminoso, sa *adj.* De mucho volumen o bulto.

voluntad 1 *f.* Facultad por la que el ser humano se decide a obrar de un modo o de otro. 2 Ánimo o resolución de hacer algo. 3 Disposición o mandato de una persona. 4 Inclinación o afecto a las personas. 5 Consentimiento, asentimiento.

voluntario, ria *adj.* Que se hace por propia voluntad y no por coacción u obligación.

A B C D E F G H I J K L M N Ñ O P Q R S T U **V** W X Y Z

voluntarioso, sa *adj.* Que quiere hacer siempre su voluntad.

voluptuosidad *f.* Complacencia en los deleites sensuales.

voluptuoso, sa 1 *adj.* Que inspira voluptuosidad o la hace sentir. 2 *adj.* y *s.* Dado a los placeres o deleites sensuales.

voluta *f.* Cosa que tiene forma de espiral.

volver 1 *intr.* y *prnl.* Regresar al punto de partida o adonde antes había estado. 2 Girar el cuerpo o el rostro en señal de atención a algo o a alguien. 3 Pasar alguien o algo a tener características opuestas a las que tenía: *Se volvió alegre; la situación se volvió absurda.* 4 *intr.* Con *a* y otro verbo en infinitivo, repetir lo que antes se ha hecho. 5 *tr.* Hacer que la parte interna de algo quede afuera o a la vista, o viceversa: *Volver los bolsillos.* 6 Hacer que algo quede en posición distinta a la que tenía: *Volvió su rostro hacia mí.* 7 *tr.* y *prnl.* Hacer que cambie una persona o cosa de un estado o aspecto a otro, transformar: *El ejército lo volverá disciplinado; el vino se volvió vinagre.*

vómer *m.* ANAT Hueso que forma la parte posterior del tabique nasal.

vomitar *tr.* Arrojar violentamente por la boca lo contenido en el estómago.

vomitivo, va *adj.* y *s.* Que produce náuseas o vómitos.

vómito 1 *m.* Acción de vomitar. 2 Lo vomitado.

voracidad *f.* Cualidad de voraz.

vorágine 1 *f.* Remolino impetuoso de las aguas. 2 Aglomeración confusa de sucesos, gentes o cosas en movimiento. 3 Pasión desenfrenada o mezcla de sentimientos muy intensos.

voraz 1 *adj.* Se dice del que come mucho o con mucha avidez. 2 Que destruye o consume rápidamente, por ejemplo, el fuego.

vórtice *m.* GEO Centro de las tormentas giratorias.

vos 1 *pron. pers.* GRAM Pronombre personal de segunda persona del singular: *Vos tenés; si vos querés; vos te equivocás.* 2 Pronombre personal de segunda persona, masculino y femenino y singular y plural. Se usa como tratamiento de respeto: *Vos, doña Maruja, sois sabia.*

vosear *tr.* Darle a alguien el tratamiento de vos.

voseo *m.* Uso del pronombre vos en lugar de tú. Su uso va acompañado, generalmente, de formas verbales peculiares, como los presentes de indicativo en plural y sin diptongo: *Vos tenés; vos cantás.*

vosotros, tras *pron. pers.* GRAM Pronombre personal de segunda persona en número plural, masculino y femenino para el sujeto y el vocativo: *Vosotras no os enteráis de nada.*

votación 1 *f.* Acción y efecto de votar. 2 Conjunto de votos emitidos.

votar 1 *tr.* e *intr.* Elegir a una persona o decidir sobre un asunto emitiendo cada uno su voto u opción. 2 *tr.* Aprobar por votación.

voto 1 *m.* Parecer o dictamen de cada una de las personas que deciden en la elección de un candidato o en la aprobación o rechazo de una propuesta. 2 Gesto, papeleta u otro objeto con que se expresa tal parecer o dictamen. 3 Deseo: *Hago votos por su prosperidad.* 4 REL Promesa que se hace a Dios o a sus santos. 5 REL Cada una de las promesas que constituyen el estado religioso: *pobreza, obediencia y castidad.*

voyerista *m.* y *f.* Persona que busca la excitación sexual mirando a otras personas en prácticas eróticas.

voyeur *m.* y *f.* VOYERISTA.

voz 1 *f.* Sonido que produce el aire expelido por los pulmones al hacer vibrar las cuerdas vocales de la laringe. 2 Calidad, timbre o intensidad de este sonido. 3 Sonido que forman algunas cosas inanimadas: *La voz del viento.* 4 Palabra o vocablo. 5 Facultad de emitir un parecer, aunque no de votar, en una asamblea. 6 GRAM Accidente gramatical que indica si el sujeto realiza la acción, la recibe o la experimenta. 7 MÚS Sonido o tono particular en el canto o el sonido de los instrumentos. || ~ **activa** GRAM Forma de conjugación que sirve para significar que el sujeto es agente: *Manuel dibuja.* ~ **latina** LATINISMO. ~ **media** Forma de conjugación que sirve para significar que el sujeto es afectado por la acción que denota el verbo, sin que exista un agente externo que cause esa acción: *El auto se averió; Juan se accidentó.* Suele construirse con un verbo en forma pronominal. ~ **narrativa** LIT La que adopta el narrador dentro de una obra literaria para contar los sucesos en un orden determinado. ~ **pasiva** GRAM Forma de conjugación que sirve para significar que el sujeto es paciente: *Sara es amada.* **segunda** ~ MÚS La que acompaña a una melodía entonándola generalmente una tercera más baja.

vudú *m.* REL Culto que combina elementos del catolicismo y de religiones africanas, en el que los dioses tribales se asimilan a santos católicos. Se practica en el Caribe, Brasil y Estados Unidos.

vuelco 1 *m.* Acción y efecto de volcar o volcarse. 2 Movimiento con que una cosa se vuelve o trastorna enteramente.

vuelo 1 *m.* Acción de volar. 2 Espacio que se recorre volando sin posarse. 3 Trayecto que recorre un avión, haciendo o no escalas, entre el punto de origen y el de destino. 4 Amplitud o extensión de una vestidura en la parte que no se ajusta al cuerpo.

vuelta 1 *f.* Acción de volver. 2 Movimiento de un cuerpo sobre sí mismo, o alrededor de un punto, con giro de 180º o de 360º. 3 Cada una de las circunvoluciones de una cosa alrededor de otra. 4 Curvatura en una línea, o desviación del camino recto. 5 Regreso al punto de partida. 6 Paseo, caminata. 7 Diligencia, trámite. 8 Parte de una cosa, opuesta a la que se tiene a la vista. 9 Ronda de un juego de mesa. 10 DEP En ciclismo, carrera en etapas en torno a un país, región, etc. 11 DEP Cada una de las dos series de partidos que constituyen una competición en que los equipos han de jugar dos veces con todos los demás. 12 *f.* Dinero que, al cobrar o pagar una cuenta, se entrega a quien hace un pago. • U. m. en pl.

vuelto *m.* Vuelta del dinero sobrante. • U. m. en pl.

vuestro, tra, tros, tras *adj. poses.* y *pron.* Pronombre y adjetivo posesivos de segunda persona, en género masculino, femenino y neutro, plural en cuanto a los poseedores y singular y plural en cuanto a la cosa poseída.

vulcanismo *m.* GEO Conjunto de fenómenos relativos a los volcanes, sus erupciones, etc.

vulcanizar *tr.* Someter el caucho a un proceso de presión y altas temperaturas, para darle mayor elasticidad y resistencia.

vulcanología *f.* GEO Estudio geológico de los fenómenos volcánicos.

vulgar 1 *adj.* Relativo al vulgo. 2 Común o general, por contraposición a especial o técnico. 3 **lengua ~**.

vulgaridad *f.* Dicho o hecho ofensivo, indecente o grosero.

vulgarismo *m.* Palabra, expresión o frase vulgar.

vulgarizar *tr.* y *prnl.* Hacer vulgar o común algo.

vulgo 1 *m.* El común de la gente popular. 2 Conjunto de personas no iniciadas en algún arte, ciencia o tema.

vulnerable *adj.* Que puede recibir algún daño físico o moral.

vulnerar 1 *tr.* Transgredir una ley o un mandato. 2 Dañar, perjudicar: *Con sus indirectas vulneró mi honra.*

vulnerario, ria 1 *adj.* y *m.* FARM Se dice del medicamento que cura las llagas y heridas. 2 *f.* Planta leguminosa de hojas pinnadas y cabezuelas de florales amarillas.

vulva *f.* ANAT Partes que rodean y constituyen la abertura externa de la vagina.

w *f.* Vigesimocuarta letra del **alfabeto** español y decimonovena de sus consonantes. Su nombre es *doble ve* o *uve doble,* y aparece principalmente en voces de origen extranjero. Representa en unos casos el sonido bilabial sonoro /b/: *Wagner; wolframita;* en otros conserva la pronunciación de *u* con valor de semiconsonante: *Web; wapití.* • pl.: *dobles ves.*

wahabismo *m.* Ideología radical musulmana que defiende las posiciones más conservadoras del islam.

walkiria *f.* MIT **VALQUIRIA.**

wapití *m.* Ciervo de hasta 2 m de alzada de color pardo. El macho tiene una cornamenta ramificada de gran tamaño. Habita en Norteamérica.

waterpolo *m.* DEP Deporte, análogo al fútbol, que se practica en una piscina y en el que el balón se impulsa con las manos.

wayúu 1 *adj.* y *s.* De un pueblo indígena americano asentado en el departamento de La Guajira, en Colombia, y en el Estado de Zulia, en Venezuela. 2 *adj.* Perteneciente o relativo a los wayúus.

web 1 *f.* INF Red mundial de comunicación informática que permite el acceso a las autopistas de la información y particularmente a internet. 2 INF **página** ~.

wélter *adj.* y *m.* DEP En boxeo y lucha, dicho de la categoría en la que los boxeadores pesan alrededor de 65-66 kg.

whisky (Voz ingl., y esta del gaélico *uisce beatha*) *m.* Bebida alcohólica que se fabrica con cereales malteados o ya germinados.

wifi (Del ingl. *Wi-Fi®*, marca reg.) *m.* INF Sistema de conexión inalámbrica, dentro de un área determinada, entre diferentes dispositivos electrónicos y para acceso a internet. • Acrónimo de *wireless fidelity.*

x 1 *f.* Vigesimoquinta letra del **alfabeto** español y vigésima de sus consonantes. Su nombre es *equis* y representa un sonido doble, compuesto de /k/, o de /g/ sonora, y de /s/: *Axioma; exento.* Muchas palabras de origen mexicano y algunos nombres propios conservan la grafía antigua *x* para el sonido /j/, siendo escritas de ambas formas. En todo caso, lo correcto es pronunciar /j/: *México, Ximena.* • pl.: *equis.* 2 Signo con que se suple el nombre de una persona que no se quiere mencionar. 3 En la numeración romana y en mayúscula, signo del número diez. 4 Letra que representa a las abscisas en un sistema de coordenadas cartesianas. 5 BIOL Cromosoma sexual, doble en la hembra y sencillo en el macho. 6 MAT En álgebra, signo que representa la incógnita, o la primera de ellas si son dos o más. 7 MAT Signo que indica la operación de multiplicar.

xantofila *f.* BOT Pigmento amarillo presente en los cloroplastos de las células vegetales.

xenofobia *f.* Odio a los extranjeros o a lo extranjero.

xenón *m.* QUÍM Elemento gaseoso noble que se encuentra en la atmósfera en cantidades muy pequeñas. Punto de fusión: −111,8 °C. Punto de ebullición: −108,1 °C. Núm. atómico 54. Símbolo: Xe.

xerocopia *f.* Copia obtenida por el procedimiento de la xerografía.

xerófilo, la *adj.* BOT Dicho de la planta con estructura funcional destinada a prevenir la pérdida de agua por evaporación.

xeroftalmia (Tb. xeroftalmía) *f.* MED Enfermedad de los ojos, causada por falta de vitamina A, que consiste en la sequedad de la membrana conjuntiva que cubre internamente los párpados.

xerografía 1 *f.* Sistema de impresión en seco que fija la imagen por la acción del calor. 2 Fotocopia así obtenida.

xeromorfo, fa *adj.* BOT **XERÓFILO.**

xhosa 1 *adj.* y *s.* De un grupo tribal de África meridional organizado en clanes patriarcales poligámicos. Intentaron oponerse a la colonización de los bóers (guerras Cafres, 1779-1850). 2 *adj.* Perteneciente o relativo a los xhosas.

xifoides *adj.* y *m.* ANAT Cartílago en forma de punta en que termina el esternón.

xilema *m.* BOT Tejido leñoso que proporciona soporte mecánico y conduce agua y sales inorgánicas por toda la planta.

xilófago, ga *adj.* y *m.* ZOOL Dicho del insecto que se alimenta de madera.

xilófono *m.* MÚS Instrumento de percusión, parecido al vibráfono pero con láminas de madera.

xilografía 1 *f.* ART Técnica de grabado en láminas de madera. 2 ART Impresión realizada mediante esta técnica.

y[1] 1 *f.* Vigesimosexta letra del **alfabeto** español y vigesimoprimera de sus consonantes. Su nombre es *i griega* o *ye.* Representa dos sonidos: uno palatal sonoro y otro que corresponde al sonido vocálico /i/. Al final de palabra se pronuncia como /i. • pl.: *yes.* 2 Letra que representa la ordenada en un sistema de coordenadas cartesianas. 3 BIOL Cromosoma sexual, solo presente en el macho en dotación sencilla.

y[2] 1 *conj. copulat.* Se usa en oraciones que contienen palabras o cláusulas enlazadas conceptualmente: *Una casa desvencijada y misteriosa.* Cuando son más de dos solo se expresa, generalmente, antes de la última: *El perro ladraba, aullaba, hacía extrañas cabriolas y mostraba sus amenazadores dientes.* Para dar fuerza a la expresión de los conceptos se puede intercalar entre cada uno de ellos: *Es muy ladino, y sabe de todo, y escribe que da gusto.* 2 Se usa al principio de frases interrogativas y exclamativas para dar énfasis o fuerza expresiva a lo que se dice: *¿Y si fuera otra la causa?; ¡y si no llega a tiempo!* 3 Precedida y seguida por una misma palabra, denota idea de repetición indefinida: *Días y días.* • Toma la forma *e* ante palabras que empiezan por el fonema /i/ (*ciencia e historia; catedrales e iglesias*) salvo si forma diptongo (*cobre y hierro; estratosfera y ionosfera*).

ya 1 *adv. t.* Denota el tiempo pasado. 2 En el tiempo presente, haciendo relación al pasado: *Era muy rico, pero ya es pobre.* 3 En tiempo u ocasión futuros: *Ya nos veremos.* 4 Finalmente o últimamente: *Ya es preciso tomar una decisión.* 5 Luego, inmediatamente: *Ya voy.* 6 Se usa como conjunción distributiva: *Ya en la milicia; ya en las letras.* 7 En frases como: *Ya entiendo; ya se ve,* concede o apoya lo que otro dice.

yac *m.* YAK.

yacaré *m.* Reptil cocodriliano de unos 2 m de largo que vive en los ríos y las ciénagas de las zonas tropicales y subtropicales de América.

yacer 1 *intr.* Estar echada o tendida una persona. 2 Estar un cadáver en la fosa o en el sepulcro. 3 Tener relaciones sexuales.

yacimiento 1 *m.* Lugar donde se hallan restos arqueológicos. 2 GEO Sitio donde se halla naturalmente una roca, un mineral o un fósil.

yagua 1 *adj.* y *s.* De una tribu amerindia de la Amazonia peruana y colombiana. 2 *adj.* Perteneciente o relativo a los yaguas.

yagual *m.* Rodete para llevar pesos sobre la cabeza.

yak *m.* Bóvido de las altas montañas asiáticas. Se emplea como bestia de silla y carga y se aprovecha su carne, leche y lana.

yanacón, na *m.* y *f.* Indio arrendatario o aparcero.

yanacona 1 *adj.* y *s.* HIST Dicho del servidor personal de las autoridades incas, cuya situación social se encontraba en un punto intermedio entre la esclavitud y la pertenencia a una clase privilegiada. 2 Indio que estaba al servicio personal de los españoles en algunos países de la América meridional. 3 De un pueblo indígena que habita en su mayoría en el departamento del Cauca, Colombia. 4 *adj.* Perteneciente o relativo a los yanaconas.

yang *m.* Según el taoísmo, fuerza activa o masculina que, en síntesis con el yin, constituye el principio del orden universal.

yanomami 1 *adj.* y *s.* De un pueblo amerindio que habita en el Alto Orinoco. 2 *adj.* Perteneciente o relativo a los yanomamis.

yanqui 1 *adj.* y *s.* Natural de Nueva Inglaterra, zona de los Estados Unidos de América. 2 *adj.* Perteneciente o relativo a Nueva Inglaterra o a los yanquis.

yapa *f.* Añadidura gratis que se agrega a lo comprado.

yarará *f.* Serpiente de gran tamaño, muy venenosa. Vive en la cuenca del Amazonas.

yaraví *m.* FOLCL Cantar amoroso y melancólico de las regiones andinas de Perú, Ecuador, Bolivia y Argentina.

yarda *f.* Medida de longitud equivalente a 0,914 m.

yarumo *m.* Árbol andino de hasta 20 m de altura. Tiene hojas grandes de color verde claro por encima y blanco plateado por debajo.

yate *m.* Embarcación de recreo, de motor o de vela.

ye *f.* Nombre de la letra *y.*

yegua *f.* Hembra del caballo.

yeísmo *m.* Pronunciación de la *ll* con el sonido palatal sonoro de la *y.*

yekuana 1 *adj.* y *s.* De un pueblo amerindio asentado en los Estados de Amazonas y Bolívar en Venezuela. Son excelentes carpinteros de ribera y navegantes fluviales. 2 *adj.* Perteneciente o relativo a los yekuanas.

yelmo *m.* Parte de la armadura que protegía cabeza y rostro.

yema 1 *f.* BOT Brote inicial de una planta, que da origen a tallos o flores. 2 BIOL Protuberancia del cuerpo de espongiarios, celentéreos, gusanos y tunicados, que se desarrolla hasta constituir un nuevo individuo. 3 BIOL El menor de los dos corpúsculos que resultan de dividirse una célula por gemación. 4 ZOOL Parte central del huevo de los vertebrados ovíparos, que contiene el embrión.

yerba *f.* HIERBA. || ~ **mate** MATE[2].

yerbatero, ra 1 *adj.* y *s.* Dicho del curandero o médico que cura con hierbas. 2 *m.* y *f.* Persona que vende hierbas o forraje.

yermo *m.* Terreno inhabitado.

yerno *m.* El marido de la hija respecto de los padres de esta.

yerro *m.* Error o falta, aunque no sea consciente.

yérsey *m.* SUÉTER.

yesca *f.* Material muy seco, preparado para que resulte inflamable.

yeso 1 *m.* GEO Sulfato de calcio hidratado, compacto o terroso, blanco por lo común, y muy blando; tras ser deshidratado adquiere la propiedad de endurecerse rápidamente cuando se amasa con agua. Se emplea en construcción, en labores de vaciado de moldes, para endurecer vendajes, etc. 2 Vendaje enyesado. 3 ART Obra de escultura vaciada en yeso.

yeyuno *m.* ANAT Porción del intestino delgado entre el duodeno y el íleon.

yidis *m.* LING Lengua hablada por los judíos de cultura asquenazí, que mezcla elementos de numerosas lenguas.

yihad *f.* REL Principio ético musulmán según el cual las personas deben realizar el máximo esfuerzo para conseguir un objetivo, siendo este normalmente la lucha contra cualquier cosa que no sea buena.

yin *m.* Según el taoísmo, fuerza pasiva o femenina que, en síntesis con el yang, constituye el principio del orden universal.

yo 1 *pron. person. m.* y *f.* Forma que, en nominativo, designa a la persona que habla o escribe. 2 *m.* PSIC Parte consciente del individuo, mediante la cual la persona se hace cargo de su identidad y de sus relaciones con el entorno.

yodo *m.* QUÍM Elemento halógeno poco soluble en agua y soluble en disolventes orgánicos. Se encuentra en el agua de mar y en algunos organismos marinos, como las algas. Se emplea en el tratamiento de enfermedades tiroideas. Punto de fusión: 113,6 °C. Punto de ebullición: 185 °C. Núm. atómico: 53. Símbolo: I.

yodoformo *m.* FARM Antiséptico compuesto de yodo, hidrógeno y carbono.

yoduro *m.* QUÍM Cuerpo resultante de la combinación del yodo con un radical.

yoga 1 *m.* FIL Doctrina filosófica hindú, que se basa en las prácticas ascéticas, el éxtasis, la contemplación y la inmovilidad absoluta, para llegar al estado perfecto. 2 Conjunto de prácticas modernas derivadas de dicha doctrina y dirigidas a obtener mayor eficacia en el dominio del cuerpo y la concentración anímica.

yogui *m.* y *f.* Persona adepta al yoga.

yogur *m.* Producto lácteo fermentado, semilíquido, elaborado con leche cocida y fermentada con cultivos de ciertas bacterias.

yóquey (Tb. yoqui) *m.* y *f.* Jinete profesional de carreras de caballos.

yoqui *m.* y *f.* YÓQUEY.

yoruba 1 *adj.* y *s.* HIST De un pueblo africano guineano que desarrolló una civilización urbana. Fue sometido por los británicos en el s. XIX. Sus descendientes viven en Togo, Benín y en el SO de Nigeria. 2 *adj.* Perteneciente o relativo a los yorubas.

yoyó *m.* Juguete que consiste en dos discos unidos por un eje; se le hace subir y bajar a lo largo de una cuerda atada a ese mismo eje.

yubarta *f.* Cetáceo de hasta 15 m de largo, con enormes aletas pectorales y el cuerpo cubierto de nudosidades.

yuca 1 *f.* Arbusto tropical de hasta 2,5 m de altura, con hojas divididas, flores verdosas dispuestas en racimo, raíz muy grande y carnosa, de la cual se extrae una harina alimenticia. 2 Raíz de esta planta. 3 Planta de tallo arborescente rematado en un penacho de hojas ensiformes y flores blancas y colgantes. || ~ **amarga** o **brava** Variedad cuya raíz contiene un componente venenoso que puede eliminarse mediante el calor.

yudo *m.* DEP Sistema de lucha que tiene por objeto defenderse sin armas mediante llaves y movimientos aplicados con destreza.

yudoka *m.* y *f.* Persona que practica el yudo.

yugo 1 *m.* Útil agrícola en forma de madero transversal con dos entrantes en los extremos, a los que se uncen los animales de tiro. 2 Armazón de madera que se le sobrepone a la campana para voltearla. 3 Cualquier carga que oprime o aprisiona.

yugular 1 *adj.* Relativo a la garganta 2 *adj.* y *f.* ANAT **vena ~**.

yumbo, ba 1 *adj.* y *s.* De un pueblo amerindio que vive en el Ecuador, en la región amazónica próxima a la parte central de la cordillera de los Andes. 2 *adj.* Perteneciente o relativo a los yumbos.

yunque 1 *m.* Prisma de hierro terminado en punta, sobre el que se trabajan los metales a golpe de martillo. 2 ANAT Huesecillo del oído medio que se articula con el martillo y el estribo.

yunta *f.* Par de bueyes, mulas u otras caballerías que se emplean en la labranza o en el acarreo.

yurta *f.* Tienda circular con techo en forma de cúpula utilizada por los nómadas del N de Mongolia.

yute 1 *m.* Fibra textil que se saca de la corteza interior de una planta. 2 Hilado o tejido de esta materia.

yuxtaponer *tr.* y *prnl.* Poner una cosa junto a otra o inmediata a ella.

yuxtaposición *f.* Acción y efecto de yuxtaponer o yuxtaponerse.

yuxtapuesto, ta 1 *adj.* Que está junto o en posición inmediata a algo. 2 GRAM Dicho de las palabras que están relacionadas sin ningún enlace gramatical concreto. 3 GRAM **oración ~**.

yuyo 1 *m.* Mala hierba, maleza. 2 *m. pl.* Hierbas que sirven de condimento. 3 Hierbas tiernas comestibles.

z 1 *f.* Vigesimoséptima y última letra del **alfabeto** español y vigesimosegunda de sus consonantes. Su nombre es *zeta* y representa el sonido correspondiente a la *s*, que, a su vez, lo representa también la letra *c* ante las vocales *e, i.* En la mayor parte de España la articulación de la *z* es interdental, fricativa y sorda. • pl.: *zetas.* 2 MAT En mayúscula, representa el conjunto de los números enteros.

zábila (Tb. zabila) *f.* ALOE.

zacateca 1 *adj.* y *s.* De un antiguo pueblo amerindio del grupo nahua, que se hallaba asentado en los actuales estados de Zacatecas y Durango (México). Eran nómadas, con una incipiente agricultura. 2 *adj.* Perteneciente o relativo a los zacatecas.

zafar 1 *tr.* y *prnl.* Soltar algo, liberarlo de ataduras. 2 Librarse de una molestia. 3. Desprender un hueso de su posición. 4 Soltarse o salirse algo de lo que lo tenía sujeto, como la cadena de la bicicleta del piñón. 5 Desentenderse, librarse de un compromiso o de una obligación.

zafarrancho *m.* Alteración del orden, confusión.

zafiro *m.* Corindón de color azul, estimado como piedra preciosa.

zafra 1 *f.* Cosecha de la caña de azúcar. 2 Fabricación del azúcar de caña y, por extensión, del de remolacha.

zaga *f.* Parte posterior de algo. || **a la** ~ Atrás o detrás.

zagal, la 1 *m.* y *f.* Muchacho o muchacha que ha alcanzado la adolescencia. 2 Pastor o pastora joven.

zaguán *m.* Portal o vestíbulo cubierto de una casa inmediato a la calle.

zaguero, ra *adj.* Que va en la zaga.

zaherir 1 *tr.* Reprender a alguien echándole en cara algo. 2 Maltratar con la palabra a una persona.

zahón *m.* Prenda consistente en unas perneras abiertas que se atan a los muslos y llegan hasta media pierna.

zahorí *m.* y *f.* Persona que, con la ayuda de una horquilla de madera o metal, localiza agua, minerales u otros materiales del subsuelo.

zalamería *f.* Demostración de cariño afectada y empalagosa.

zamarra *f.* Chaleco o chaqueta, hechos con piel de oveja, que conserva la lana.

zamarrear *tr.* Sacudir violentamente algo.

zamarros *m. pl.* Zahones para montar a caballo.

zamba *f.* FOLCL Danza cantada del NO de Argentina.

zambo, ba *adj.* y *s.* Hijo de negra e indio o viceversa.

zambomba 1 *f.* MÚS Instrumento formado por un cilindro abierto por un extremo y cerrado por el otro con una piel tirante con un mástil en el centro, el cual, frotado, produce un sonido ronco y monótono. 2 *interj.* Se usa para manifestar sorpresa.

zambra 1 *f.* Bulla, regocijo y ruido de muchos. 2 Bronca, pelea.

zambullir *tr.* y *prnl.* Sumergir bruscamente en el agua o en cualquier otro líquido.

zampar 1 *tr.* Meter una cosa en otra de prisa y de forma que no se vea. 2 Asestar, propinar. 3 *tr.* y *prnl.* Comer mucho y apresuradamente.

zampoña *f.* MÚS Flauta rústica de uno o varios tubos.

zanahoria 1 *f.* Planta de raíz fusiforme, amarilla y comestible, con tallos estriados y pelosos y flores en umbela. 2 Raíz de esta planta.

zanca 1 *f.* Pata de las aves. 2 coloq. Pierna larga y delgada de hombre o animal.

zancada *f.* Paso largo que se da con movimiento acelerado o por tener las piernas largas.

zancadilla 1 *f.* Acción de cruzar alguien su pierna por entre las de otro para hacerle caer. 2 Ardid con que se derriba o pretende derribar a alguien de un puesto o cargo.

zanco *m.* Cada uno de los dos palos altos con horquillas en que se apoyan los pies, para andar con ellos.

zancudero *m.* Nube de mosquitos.

zancudo, da 1 *adj.* Que tiene las zancas largas. 2 *m.* MOSQUITO. 3 *adj.* y *f.* ZOOL Antiguo orden de aves que comprendía especies caracterizadas por sus largas patas, como la cigüeña o la grulla.

zángano, na 1 *m.* y *f.* Persona holgazana. 2 *m.* Macho de la abeja reina.

zangolotear *tr.* y *prnl.* Mover continua y violentamente una cosa.

zanja *f.* Excavación larga y estrecha para echar los cimientos, conducir las aguas, etc.

zanjar *tr.* Poner fin a una dificultad o inconveniente.

zapa *f.* Acción y efecto de zapar.

zapallo *m.* AHUYAMA.

zapapico *m.* Herramienta a modo de pico con dos bocas, una puntiaguda y la otra de corte angosto.

zapar *intr.* Excavar galerías subterráneas o zanjas.

zapata 1 *f.* Pieza puesta horizontalmente sobre una columna u otro elemento para sostener la viga que va encima. 2 Pieza del freno de ciertos vehículos que actúa por fricción sobre el eje o sobre las ruedas.

zapateado 1 *m.* FOLCL Baile español en el que un bailarín golpea el suelo de forma rítmica con los pies. 2 FOLCL Música de este baile.

zapatear *tr.* Golpear con el zapato, o dar golpes en el suelo con los pies calzados.

zapatería 1 *f.* Lugar donde se hacen, remiendan o venden zapatos. 2 Oficio de hacer zapatos.

A B C D E F G H I J K L M N Ñ O P Q R S T U V W X Y Z

zapatero, ra 1 *adj*. Relativo a los zapatos. 2 *m*. y *f*. Persona que hace, compone o vende zapatos. 3 *m*. Armario para guardar el calzado.

zapatilla 1 *f*. Zapato ligero y de suela muy delgada. 2 Calzado para el ballet clásico.

zapatismo 1 *m*. HIST Movimiento revolucionario mexicano liderado por Emiliano Zapata a principios del s. XX, que, bajo el lema "Tierra y libertad", buscaba la implementación de una reforma agraria. 2 POLÍT Movimiento surgido en 1994 con el levantamiento campesino del Estado mexicano de Chiapas; reivindica los postulados del zapatismo.

zapato *m*. Calzado que no pasa del tobillo.

zape 1 *interj*. Se emplea para ahuyentar a los gatos. 2 Denota extrañeza, miedo o precaución.

zapeo *m*. Práctica consistente en cambiar de forma continua, mediante el control remoto, el canal de televisión.

zapote 1 *m*. Árbol de hojas parecidas a las del laurel, flores rojizas en racimos y fruto aovado con pulpa rojiza muy suave y azucarada. Del tronco se extrae la gomorresina llamada chicle. 2 Fruto de este árbol. 3 Árbol de unos 12 m de altura, con hojas alternas, flores blancas asentadas en el tronco, fruto aovado con pulpa color naranja, fibrosa y dulce. 4 Fruto de este árbol.

zapoteca 1 *adj*. y *s*. HIST De un pueblo amerindio mexicano que floreció como cultura entre los ss. III a.C. y XVI d.C. Básicamente agrícola, llegó a disponer de un complejo sistema de regadío. Sobresalió por sus urnas funerarias antropomorfas. Fue sometido por los españoles en 1551. 2 *adj*. Perteneciente o relativo a los zapotecas.

zapping (Voz ingl.) *m*. ZAPEO.

zaque *m*. HIST Título de los soberanos muiscas de Hunsa (actual Tunja, Colombia).

zar, rina 1 *m*. y *f*. HIST Título que llevaban los emperadores y las emperatrices de Rusia y los reyes búlgaros. 2 *f*. Esposa del zar.

zarabanda 1 *f*. Cualquier cosa que causa ruido estrepitoso o molestia repetida. 2 Lío, embrollo. 3 Danza popular española de los ss. XVI y XVII. 4 Copla que se cantaba con esta danza.

zaranda 1 *f*. Criba, cedazo. 2 TROMPO.

zarandar *tr*. Pasar por la zaranda.

zarandear 1 *tr*. y *prnl*. ZARANDAR. 2 Sacudir con violencia a alguien.

zarcillo 1 *m*. Pendiente, arete. 2 BOT Cada uno de los órganos delgados y volubles de algunas plantas y que les sirven para asirse a tallos u otros objetos próximos.

zarco, ca *adj*. De color azul claro.

zarévich *m*. Príncipe primogénito del zar reinante.

zarigüeya *f*. Mamífero marsupial americano de cola prensil, lisa y desnuda.

zarismo *m*. HIST Forma de gobierno absoluto, propio de los zares.

zarpa *f*. Mano o pie con uñas fuertes y afiladas de algunos mamíferos, como el león.

zarpar 1 *tr*. Levar anclas un barco. 2 *intr*. Partir o salir embarcado.

zarrapastroso, sa *adj*. y *s*. Andrajoso y desaliñado.

zarza 1 *f*. Planta arbustiva de tallos espinosos, con hojas elípticas, flores en racimos y fruto en infrutescencia, que es la zarzamora. 2 Cualquier arbusto espinoso.

zarzamora *f*. Fruto de la zarza, que es una baya parecida a la mora, aunque menor y redonda.

zarzaparrilla 1 *f*. Arbusto de tallos volubles y espinosos, con hojas pecioladas y nervudas, flores en racimos axilares y fruto en bayas globosas. 2 Bebida refrescante que se prepara con esta planta.

zarzo *m*. DESVÁN.

zarzuela 1 *f*. MÚS y LIT Obra dramática y musical en la que alternan el canto y la declamación; es un género típicamente español. 2 MÚS y LIT Letra o música de la misma obra.

zascandil, la *m*. y *f*. Persona despreciable, ligera y enredadora.

zelote *m*. HIST Movimiento político-nacionalista fundado en el s. I por Judas el Galileo contra los romanos.

zen *adj*. y *m*. FIL y REL Doctrina budista según la cual a través de la meditación se puede alcanzar la iluminación espiritual.

zenú 1 *adj*. y *s*. HIST De un pueblo precolombino de la región caribe colombiana. Se destacó por su orfebrería y la construcción de vastos sistemas de drenaje y riego. 2 *adj*. Perteneciente o relativo a los zenúes.

zepelín *m*. Dirigible aerostático de estructura metálica rígida y cubierta de algodón.

zeta[1] *f*. Nombre de la letra *z*.

zeta[2] 1 *f*. Nombre de la octava letra del alfabeto griego.

zeugma *m*. Figura de construcción que consiste en hacer intervenir en dos o más periodos consecutivos una palabra que se expresa solo en uno de ellos, sobrentendiéndose en los demás: *Era de complexión recia, seco de carnes, enjuto de rostro, gran madrugador y amigo de la caza.*

zigurat *m*. Torre piramidal escalonada de la arquitectura religiosa asiria y caldea.

zigzag *m*. Línea quebrada que forma alternativamente ángulos entrantes y salientes.

zipa *m*. HIST Título de los soberanos muiscas de Bacatá (actual Bogotá, Colombia).

zíper *m*. CREMALLERA, cierre.

zoca 1 *f*. Retoño de la caña de azúcar. 2 Renuevo del tronco del árbol del café.

zócalo 1 *m*. ARQ Cuerpo inferior del exterior de un edificio, que sirve para elevar los basamentos a un mismo nivel. 2 Friso de la parte inferior de una pared. 3 Miembro inferior del pedestal. 4 GEO Parte inferior de una unidad geológica.

zoco 1 *m*. Plaza de una población. 2 Lugar donde se celebra el mercado.

zodiacal *adj*. Relativo al Zodiaco.

zodiaco *m.* ASTR Zona celeste que se extiende aprox. 8° a uno y otro lado de la eclíptica, dentro de la cual se mueven el Sol, la Luna y los planetas. • Se escribe con may. inic.

zombi 1 *m.* y *f.* REL Dios serpiente del culto vudú, capaz de resucitar a los muertos. 2 Muerto dotado de vida aparente. 3 *adj.* y *s.* coloq. ATONTADO.

zona 1 *f.* Terreno cuyos límites están determinados por razones administrativas, políticas, etc. 2 GEO Cada una de las cinco partes en que se considera dividida la superficie de la Tierra por los trópicos y los círculos polares. 3 FÍS ~ **neutra.** 4 GEOM Parte de la superficie de la esfera comprendida entre dos planos paralelos. || ~ **azul** Conjunto de calles en las que los vehículos pueden estacionarse por un tiempo determinado. ~ **batial** GEO Parte de la profundidad oceánica comprendida entre los 200 y 2000 m, correspondiente al talud continental. ~ **de parcialidad** ASTR En un eclipse de Sol, cada una de las bandas situadas a ambos lados de la zona de totalidad en la superficie terrestre, en que el eclipse es parcial. ~ **de totalidad** ASTR En un eclipse de Sol, banda en la superficie terrestre, en la que el eclipse es total. ~ **desnuda** BOT Parte de la raíz entre los pelos absorbentes y la cofia, donde se sitúan los **meristemos.** ~ **fiscal** ECON Región de un país en la que rigen excepciones tributarias. ~ **franca** ECON Espacio en el cual no rigen los derechos de aduana vigentes para el resto del país. ~ **industrial** Área metropolitana reservada para las instalaciones industriales. ~ **pilífera** BOT Parte de la raíz por encima de la cofia y constituida por numerosos pelos absorbentes. ~ **polar antártica** GEO La que se halla al sur del círculo polar antártico. ~ **polar ártica** GEO La que se halla al norte del círculo polar ártico. ~ **sensible** INF Lugar de un puntero de ratón que marca la posición exacta de la pantalla que se verá afectada por su acción. ~ **templada meridional** GEO La que se extiende entre el círculo polar antártico y el trópico de Capricornio. ~ **templada septentrional** GEO La localizada entre el círculo polar ártico y el trópico de Cáncer. ~ **tórrida** o **intertropical** GEO La que forma un cinturón a ambos lados del ecuador, entre el trópico de Cáncer y el trópico de Capricornio. ~ **urbana** Casco de población. ~ **verde** Terreno que en una ciudad se destina a arbolado o parques.

zonificar *tr.* Dividir un terreno en zonas.

zoofilia *f.* PSIC BESTIALISMO.

zoófito *adj.* y *m.* ZOOL Dicho de un animal, que se asemeja, por sus características físicas, a un vegetal.

zoología *f.* ZOOL Parte de la biología que estudia los animales. Algunas de sus ramas son la entomología que estudia los insectos; la ictiología, los peces; la herpetología, los anfibios y reptiles; la ornitología, las aves y la paleontología animal, los fósiles.

zoológico, ca 1 *adj.* Relativo a la zoología. 2 *m.* PARQUE zoológico.

zoomorfo, fa *adj.* Que tiene forma o apariencia de animal.

zoónimo 1 *m.* Nominación específica de un animal: Pez espada. 2 Nombre propio de un animal: *Incitatus fue el caballo de Calígula.*

zoonosis *f.* MED Enfermedad que se da en los animales y que es transmisible al ser humano.

zooplancton *m.* BIOL Fracción de plancton constituida por animales.

zootecnia *f.* Rama de la zoología que estudia la cría y mejora de los animales domésticos.

zopenco, ca *adj.* y *s.* Dicho de la persona torpe y bruta.

zopilote *m.* Ave carroñera de la familia del cóndor, de color negro y pardo rojizo oscuro en las regiones desnudas de la cabeza y el cuello.

zoquete, ta 1 *adj.* Persona lenta para comprender. 2 *m.* Trozo de madera que sobra al labrar un madero.

zoroastrismo *m.* REL Religión monoteísta de la antigua Persia (ss. VI al IV a.C.) cuyos dogmas básicos consisten en el culto monoteísta de Ahura Mazda (Señor de la sabiduría) y un dualismo ético que contrapone la verdad (*Asha*) y la mentira (*Druj*). Hoy se conserva en algunas regiones de India e Irán.

zorra 1 *f.* Carro bajo y fuerte para transportar grandes pesos. 2 Carro de tracción animal. 3 Vehículo manual a modo de un cajón abierto, con dos ruedas.

zorro, rra 1 *m.* y *f.* Cánido de cabeza ancha, hocico agudo, orejas empinadas y extremidades cortas; su pelaje es pardo rojizo y muy espeso. 2 Persona taimada, solapada y astuta.

zorzal *m.* Pájaro de unos 30 cm de largo de plumaje pardo por encima, rojizo con manchas grises en el pecho y blanco en el vientre.

zozobra 1 *f.* Acción y efecto de zozobrar. 2 Inquietud, aflicción, que no deja sosegar.

zozobrar 1 *intr.* Peligrar la embarcación por la fuerza y el contraste de los vientos. 2 Estar en gran riesgo y muy cerca de perderse algo.

zueco 1 *m.* Zapato de madera de una pieza. 2 Zapato de cuero con suela de corcho o de madera.

zulú 1 *adj.* y *s.* HIST De un pueblo africano que habita en Suráfrica. Establecido en la región desde el s. XV, luchó contra los bóers y fue sometido por los británicos (1879). 2 *adj.* Relativo a los zulúes.

zum 1 *m.* ÓPT Sistema de lentes que permite el cambio de planos sin desplazamiento físico en relación con lo que se desee captar. 2 ÓPT Objetivo con dicho sistema.

zumaque *m.* Arbusto cuya corteza, rica en tanino, se emplea como curtiente.

zumbar 1 *intr.* Hacer una cosa un ruido continuado y bronco. 2 Producirse un zumbido dentro de los oídos.

zumbido *m.* Acción y efecto de zumbar.

zumo *m.* Jugo que se extrae de las flores, las frutas y los vegetales en general.

zuncho *m.* Abrazadera resistente que se emplea para reforzar o sujetar fuertemente distintas piezas.

zura *f.* Paloma silvestre.

zurcir 1 *tr.* Coser la rotura de una tela, juntando los pedazos con puntadas ordenadas. 2 Suplir con

puntadas muy juntas y entrecruzadas los hilos que faltan en el agujero de un tejido.

zurdo, da 1 *adj.* y *s.* Que usa la mano izquierda en lugar de la derecha. 2 *f.* Mano izquierda. 3 *adj.* Relativo a la mano zurda.

zuro *m.* Corazón de la mazorca del maíz después de desgranada.

zurra *f.* Paliza, serie de golpes que recibe una persona.

zurrar *tr.* Castigar a alguien, especialmente con azotes o golpes.

zurriago *m.* Látigo de cuero o de cordel.

zurrón *m.* Morral o bolso de cuero útil en el campo.

zutano, na *m.* y *f.* Vocablo usado para aludir a alguien cuyo nombre se ignora o no se quiere expresar.

EL UNIVERSO

El universo ha sido objeto de estudio por el hombre desde mucho tiempo atrás.

Científicos de todas las épocas han formulado teorías para tratar de entenderlo y explicarlo. De estas teorías la más aceptada para explicar su origen es la del ***Big Bang***.

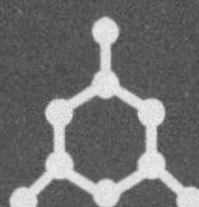

En su apariencia el universo es un espacio vacío, oscuro y frío, formado por materia y energía.

Está constituido por:

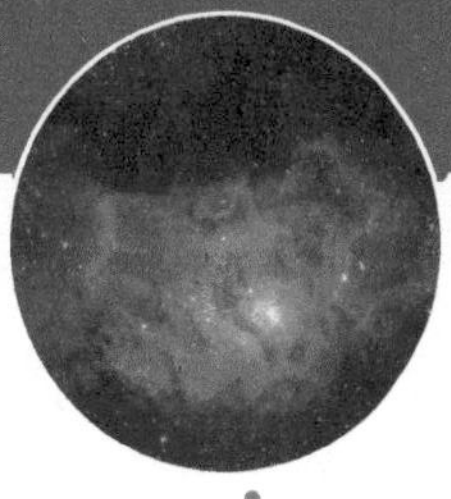

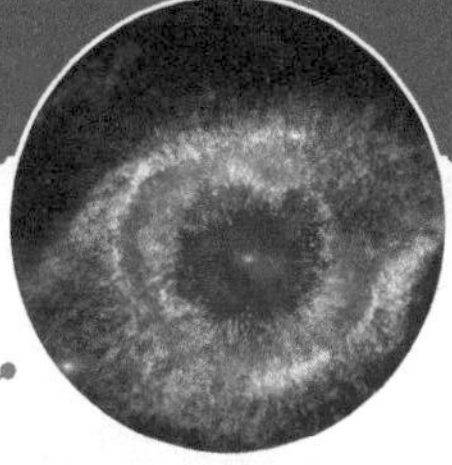

Nebulosas, varios tipos de estrellas, planetas, constelaciones y galaxias

LOS PLANETAS

El Sistema Solar está compuesto por:

Plutón

Neptuno

Urano

Saturno

Júpiter

Marte

Tierra

Venus

Mercurio

Planetas enanos

Ceres, Plutón, Eris, Makemake, Haumea y Sedna.

Ocho planetas

Una estrella, que es el **Sol**.

Cuerpos pequeños como: **asteroides** y **cometas**.

LA TIERRA

La Tierra se formó hace unos **4 600 millones de años** y es el tercer planeta del Sistema Solar.

Tiene una temperatura media de **15 °C**, agua en forma líquida y una atmósfera densa con oxígeno; condiciones necesarias para el desarrollo de la vida.

7 de cada 10

partes de la superficie terrestre están cubiertas de agua.

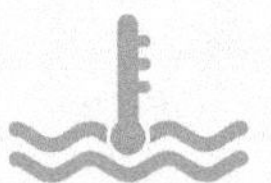

Los mares y océanos ayudan a regular la temperatura.

La Tierra vista desde el espacio luce como una bola azul y blanca.

EL SOL

El Sol es la estrella más cercana a la Tierra y alrededor de la cual gira nuestro planeta y el resto de planetas del Sistema Solar. Se encuentra a una distancia media de **149 600 000 km** de la Tierra.

Su tamaño es enorme,
su diámetro es de **| 1 392 684 km**
y su temperatura de **| 5 500 °C**

La luz del Sol calienta nuestro planeta y hace posible la vida; como estrella activa presenta diversos fenómenos relacionados con el campo magnético, los cuales impactan el espacio cercano a la Tierra y determinan nuestro "clima espacial".

LA LUNA

La Luna es un satélite natural de la Tierra y el único de todos los cuerpos del Sistema Solar que podemos ver a simple vista o con instrumentos sencillos. Tiene un cuarto del tamaño de la Tierra: **3 474 km de diámetro**

No tiene atmósfera, ni agua; en consecuencia las temperaturas son extremas, oscilando entre **100 °C al medio día y 173 °C durante la noche**.

La Luna gira alrededor de la Tierra y sobre su eje en el mismo periodo:

27 días, 7 horas y 43 minutos.

LA LUNA Y SUS FASES

El brillo de la Luna no es propio, es el reflejo de la luz del Sol.

El movimiento de la Luna en su órbita alrededor de la Tierra hace que el Sol la ilumine de distinta forma, según la posición que se repite en cada vuelta.

Cuando ilumina toda la cara que vemos se llama **luna llena**

Cuando no la vemos en el cielo es la fase de **luna nueva**

Entre estas dos fases solo se ve una parte de la luna:

un cuarto **creciente**

un cuarto **menguante**

ECLIPSES

Cuando el Sol, la Luna y la Tierra se sitúan formando una línea recta entonces se producen sombras, de forma que la de la Tierra cae sobre la Luna o al revés. **Son los eclipses.**

Si un astro llega a ocultar totalmente al otro, el eclipse es **total**, si no, es **parcial**.

Cuando la Luna pasa por detrás y se sitúa a la sombra de la Tierra, se produce un **Eclipse Lunar**.

Cuando la Luna pasa entre la Tierra y el Sol, lo tapa y se produce un **Eclipse Solar**.

Algunas veces la Luna se pone delante del Sol, pero únicamente oculta el centro. Entonces el eclipse tiene forma **anular**, de anillo.

EL RELIEVE

Las diferentes formas que tiene la superficie de la Tierra es lo que se denomina como relieve y este se agrupa de las siguientes maneras:

RELIEVE DE MONTAÑA

Comprende las formas elevadas del terreno: **cordilleras, montañas, mesetas, colinas, nevados, volcanes**.

RELIEVE PLANO

Se caracteriza porque no presenta grandes inclinaciones o elevaciones: las **llanuras**, los **valles** y los **altiplanos**.

RELIEVE DE COSTA

Comprende las formas de terreno que están en contacto con el mar: **cabo, isla, bahía, archipiélago, golfo, península**.

Algunas de estas formas del relieve sobresalen por sus características y pueden llegar a ser majestuosas, ya sea por su altura, como la cordillera de los Andes, o por ostentar algún récord, como ser el río más largo del mundo, en el caso del Amazonas.

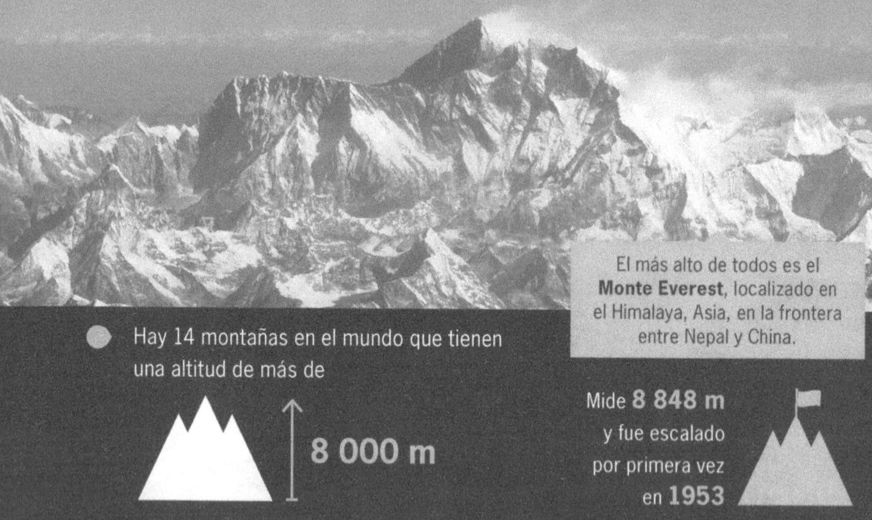

El más alto de todos es el **Monte Everest**, localizado en el Himalaya, Asia, en la frontera entre Nepal y China.

- Hay 14 montañas en el mundo que tienen una altitud de más de **8 000 m**

Mide **8 848 m** y fue escalado por primera vez en **1953**

- La **cordillera de los Andes**, ubicada en la zona occidental de América del Sur, es la cadena de montañas más larga de la Tierra.

Recorre la costa del océano Pacífico y parte del mar Caribe a lo largo de **7 240 km** y ocupa una superficie aproximada de **3 370 794 km²**

La cumbre más alta de los Andes es el Aconcagua, ubicado en Argentina, con una altitud de **6 960 km**

- Los 10 volcanes más activos están en América. El volcán más alto del mundo es el nevado **Ojos del Salado**.

Mide **6 891 msnm** y se localiza entre Chile y Argentina.

Su última erupción se calcula que ocurrió entre [illegible] y [illegible] años atrás.

El volcán **Edna**, ubicado en Sicilia, Italia, es el más alto **(3 322 msnm)** y más activo de Europa.

Cubre un área de **1 190 km²**, con una circunferencia basal de **140 k**

- **La Gran llanura europea** es una planicie de Europa considerada como el accidente geográfico libre de montañas más grande de ese continente.

Se extiende desde la coyuntura de los Pirineos y del Atlántico, al oeste, hasta los Urales, al este.

En América sobresalen las grandes llanuras templadas de la **Región pampeana**, en el sur de Sudamérica, y los **Grandes Llanos** del centro de Norteamérica.

- **Groenlandia** se considera como la isla más grande del mundo.

Tiene un área de 2 130 800 km²

- El lago más grande del mundo es el **mar Caspio** y mide **371 000 km²**

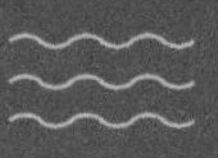

A pesar de ser físicamente un lago, recibe el nombre de mar porque es muy profundo y tiene agua salada.

El mar Muerto y el mar Aral también son lagos.

Más de la mitad de los lagos del mundo están en Canadá.

- El río más largo y caudaloso del mundo es el **Amazonas**, que atraviesa varios países en Suramérica (Colombia, Perú y Brasil).

Tiene una extensión de **6 800 km**, **100** más que el Nilo, en África.

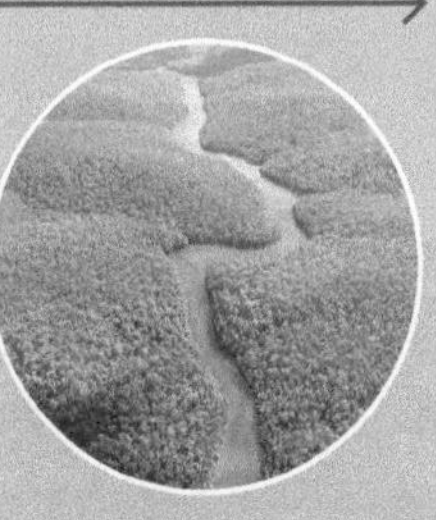

- **El Golfo de México** es el más extenso del mundo.

Está localizado entre **México**, **Estados Unidos** y **Cuba**.

Tiene una superficie de | **1 550 000 km²**
y una profundidad de | **4 384 m**

DESASTRES NATURALES

En la naturaleza se producen constantemente cambios que se conocen como *fenómenos naturales*; algunos simplemente son sorprendentes o inusuales, como el arcoíris o la aurora boreal, y otros son producto de movimientos y transformaciones que pueden convertirse en *desastres naturales*.

Estos últimos influyen en la vida humana porque afectan las condiciones climáticas y ocasionan daños y destrucción.

Desastres generados por procesos sucedidos en la superficie de la Tierra

Alud

Es el movimiento de una masa de nieve o hielo hacia abajo por una pendiente.

Puede desprenderse parte del sustrato y de la capa vegetal.

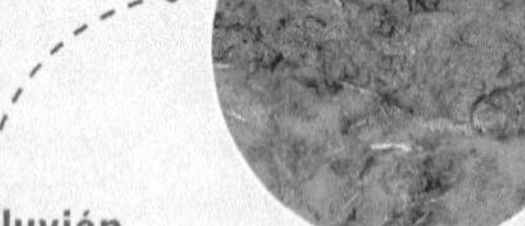

Aluvión

Es el flujo de grandes volúmenes de lodo, agua, hielo y rocas ocasionado por la ruptura de una laguna o el deslizamiento de un nevado.

Deslizamiento

Ocurre cuando hay cambios repentinos o progresivos de la composición, estructura, hidrología o vegetación de un terreno pendiente o en declive.

Huaico

Es el desprendimiento de lodo y rocas que se desliza velozmente ocasionado por lluvias torrenciales.

Derrumbe

Sucede cuando una franja de terreno pierde su firmeza y se cae.

Desastres generados por fenómenos meteorológicos o hidrológicos

Granizada
Es la precipitación abundante de granizo.

Helada
Es el descenso de la temperatura casi hasta la congelación.

Causa daño en especial a las plantas y animales.

Inundación
Sucede cuando grandes cantidades de agua, como ríos, lagunas o lagos, se precipitan y cubren los terrenos dejando sumergidas las casas, animales y automotores, o anegando los terrenos con daños considerables.

Huracán

Es el viento fuerte que gira en círculos con una velocidad de más de **145 mph** como consecuencia de la interacción del aire caliente y húmedo en las zonas tropicales.

Mareas
Es el producto de la influencia que ejerce la fuerza gravitatoria del sol y de la luna sobre los mares y océanos haciendo que el agua se eleve sobre su nivel normal.

Afecta especialmente las costas.

Tormenta eléctrica
Se produce en la atmósfera por la presencia de dos o más masas de aire con diferentes temperaturas y cuyo encuentro origina descargas eléctricas acompañadas de truenos y lluvias fuertes.

Tornado
Son los vientos huracanados que se producen en forma giratoria a grandes velocidades, de forma violenta y que arrasan con todo a su paso.

Sequía

Es la ausencia de agua por un tiempo largo debido a lluvias insuficientes, produciéndose un desequilibrio hidrológico.

Desastres generados en el interior de la Tierra

Erupción volcánica

Se produce cuando en el interior de la Tierra hay una gran actividad volcánica y emergen a la superficie lava, cenizas y gases.

Terremoto

Es un movimiento brusco de la corteza terrestre que genera deformaciones intensas en las rocas del interior de la Tierra.

Acumula energía que súbitamente es liberada en forma de ondas que sacuden la superficie terrestre.

Tsunami

Son olas gigantescas que se producen por el movimiento de la corteza terrestre en el fondo del océano (maremotos, erupciones volcánicas).

Se propagan rápidamente hasta llegar a las costas.

CURIOSIDADES DEL MUNDO ANIMAL

El mundo animal es grandioso, existe una gran diversidad de especies, cada una con sus propias características, algunas de ellas poco frecuentes y podría decirse que extrañas.

Veamos algunas de estas rarezas o datos curiosos

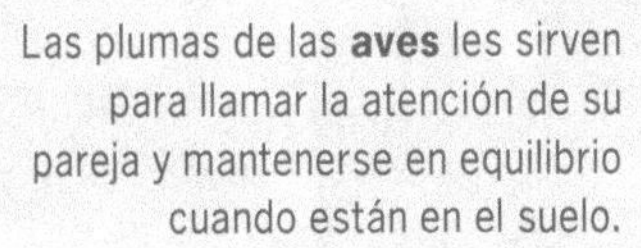

Las plumas de las **aves** les sirven para llamar la atención de su pareja y mantenerse en equilibrio cuando están en el suelo.

Además de proteger del calor y del agua.

La piel de los **reptiles** está recubierta de escamas o placas endurecidas y es impermeable para que el animal no se deshidrate en tierra.

Los animales que viven en zonas heladas tienen un pelaje espeso para ayudar al cuerpo a mantener el calor, como el **oso polar**.

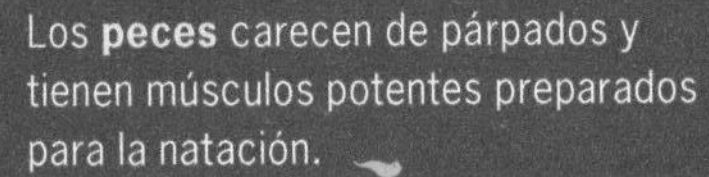

Los **peces** carecen de párpados y tienen músculos potentes preparados para la natación.

Los animales utilizan sus extremidades no sólo para desplazarse; también las usan para cazar o romper los alimentos duros y comérselos.

- El lagarto más grande del mundo es el **dragón de Komodo**.

Puede medir entre **2 y 3 m** y pesar hasta **70 kg**

- El **guepardo** es el animal terrestre más veloz del mundo.

Puede pasar de **0 a 96 km** por hora en apenas **3 segundos**

El **rorcual común**, una especie de ballena casi en extinción, es el cetáceo más veloz del mundo ya que alcanza hasta **40 km** por hora.

Por su tamaño también es uno de los más grandes; puede llegar a medir hasta 27 m

- La **hembra del canguro** tiene la capacidad de procrear en cualquier época del año y produce diferentes tipos de leche materna para alimentar a sus crías durante las distintas etapas de desarrollo del embrión.

- Una tortuga gigante puede vivir hasta **200 años.**

La hembra de la **tortuga espalda de diamante** con solo aparearse una vez puede asegurar la puesta de huevos por varios años, ya que mantiene el esperma en buen estado y lo utiliza a su acomodo.

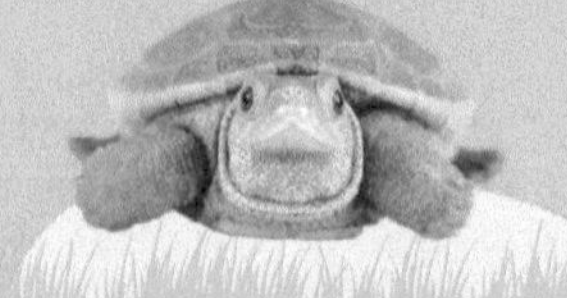

La temperatura de incubación de los huevos puede determinar el sexo de algunos animales.

Las hembras del **cocodrilo** del Nilo nacen a **83 °F** y los machos a **95 °F**

Mientras que los machos de la **tortuga** verde nacen a **82 °F** y las hembras a **90 °F**

Hay ranas venenosas, como la **rana flecha venenosa**, que con el veneno de su piel podría matar a **20 000 ratones**

Aunque la serpiente *leimadophis epinephelus* es inmune a su veneno.

Las ranas ponen cientos de huevos, algunas ponen hasta **25 000 huevos**

El **okapi** tiene una lengua tan larga que puede limpiarse el interior de las orejas.

Su cuerpo es corto y compacto, con el dorso descendente como el de la jirafa pero con su cuello mucho más corto y las patas largas; sus orejas son anchas y los cuernos cortos; en sus muslos y nalgas tiene rayas blancas y negras, y su cola es corta y tiene una pequeña borla.

La **mamba negra** es la serpiente más rápida del mundo, alcanza unas

15 millas por hora

La **serpiente mapanare** es considerada como la más peligrosa de América Central y América del Sur porque ha causado más muertes de humanos que cualquier otro reptil americano.

Sus cuerdas vocales son grandes y los machos tienen cámaras especiales en la garganta que permiten la emisión de sonidos de gran alcance y volumen.

El aullido más potente emitido por un animal terrestre lo produce el **mono aullador**, un primate de América Central y Suramérica.

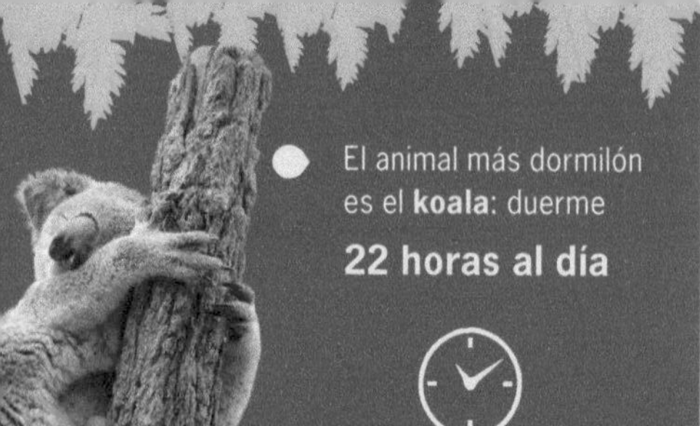

El animal más dormilón es el **koala**: duerme **22 horas al día**

El mamífero con mayor cantidad de dientes es el **numbat**, un marsupial australiano, que tiene entre **50** y **54**

Los **camellos** viven en el desierto, zona muy seca, pero tienen en la giba su propio almacén de reserva de agua cuando el líquido y los alimentos escasean.

El corazón del **colibrí**, igual que el del canario, late hasta **1 000 veces** por minuto

Cuando las **avispas** atacan inyectan un veneno con su aguijón, pero no pierden el aguijón como le ocurre a la abeja.

Una de cada **200 personas** es alérgica a su veneno.

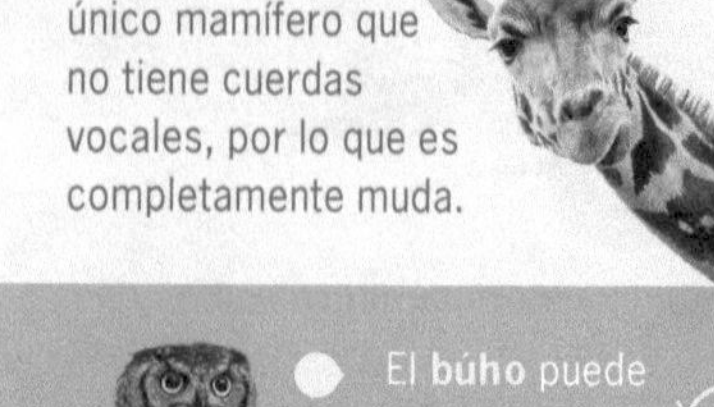

La **jirafa** es el único mamífero que no tiene cuerdas vocales, por lo que es completamente muda.

La edad de una **foca** puede medirse por los anillos formados en sus dientes caninos.

El **búho** puede girar la cabeza **360 grados**

Los cuernos del **carnero** de Canadá son tan grandes que pueden llegar a pesar hasta **25 kg**

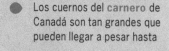

Y tienen forma de espiral

El ojo del **avestruz** es más grande que su cerebro.

ANIMALES AMENAZADOS

La supervivencia de muchos animales se hace cada vez más preocupante debido a la pérdida de su hábitat, la caza y otros fenómenos relacionados con el cambio climático. Según el Fondo Mundial para la Naturaleza –WWF– estos son algunos animales amenazados.

El tigre

El hábitat natural del tigre ha disminuido un **40 %** durante el último decenio y según datos recientes su población es de **3 200** en el continente asiático.

Las principales razones para esta situación son dos:

la incontrolable deforestación y la caza indiscriminada.

La morsa del Pacífico

En 2011 se produjo la muerte de cerca de **200 morsas** en la costa del mar Chuckchi, en Alaska, el hogar natural de esta especie que también es víctima del cambio climático, pues al derretirse las capas flotantes de hielo dejan de tener un espacio para el descanso, dar a luz, amamantar y proteger a sus crías de los depredadores.

El pingüino de Magallanes

Los derrames de petróleo y la pérdida del alimento son las dos graves amenazas para los pingüinos de Magallanes.

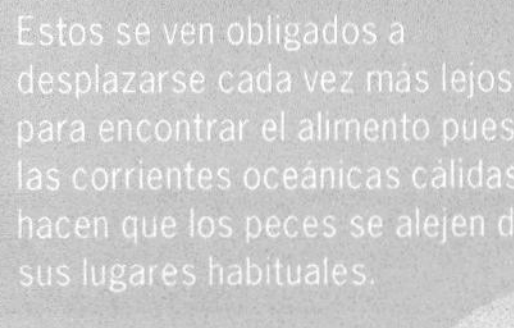

Estos se ven obligados a desplazarse cada vez más lejos para encontrar el alimento pues las corrientes oceánicas cálidas hacen que los peces se alejen de sus lugares habituales.

El oso polar

La región polar antártica ha sido una de las más afectadas por el fenómeno del cambio climático y una de sus especies está amenazada: el oso polar.

Estos quedan aislados durante largas temporadas en tierra debido a la falta de hielo, lo cual modifica su ciclo reproductivo y disminuye la cantidad de nacimientos. También la caza indiscriminada ha disminuido sensiblemente su población.

Mariposa monarca

Uno de los mayores y más admirados fenómenos del mundo animal lo constituye la emigración anual que millones de mariposas monarcas hacen desde Canadá y el norte de Estados Unidos a los bosques de México para hibernar.

Tanto el lugar de origen como al que emigran deben protegerse para evitar su extinción.

El atún rojo

Utilizado en la preparación del sushi y catalogado como de primera calidad, el atún rojo está muy cerca de desaparecer. Debido a su alto consumo, su pesca ha aumentado dramáticamente.

Su hábitat natural es el océano Atlántico y el mar Mediterráneo.

Por ello se adelanta una campaña mundial para no consumirlo hasta que haya una recuperación de esta especie.

La tortuga laúd

A pesar de que ha logrado sobrevivir por millones de años, hoy la tortuga laúd se encuentra en peligro de extinción hasta el punto que se estima que en el Pacífico solo quedan **2 300** tortugas hembras

En el Atlántico es más estable su existencia pero esta situación se ve amenazada por su captura accidental a cargo de los pescadores y el aumento tanto de las temperaturas como del nivel del mar.

Rinoceronte de Java

El rinoceronte de Java es considerado el mamífero más grande en peligro de extinción a nivel mundial, ya que se estima que queda solo una población total de **60 animales**

Los bosques que son su lugar de vivienda han sido reemplazados por campos para el cultivo.

El oso panda gigante

En las montañas sudoccidentales de China vive el oso panda gigante pero su población se ha diezmado y se calcula en menos de **2 500** ejemplares en su hábitat natural.

Desde hace unas décadas se adelantan programas para conservar las reservas y evitar su extinción.

El gorila de montaña

La guerra en el Congo, África, hizo que la caza del gorila de montaña aumentara y que su hábitat natural estuviera seriamente en peligro; pero gracias a los esfuerzos para su conservación, en la última década se ha logrado aumentar su población en Uganda y el Congo.